U0063061

全新 英汉汉英 大词典

双色本

New English–Chinese Chinese–English Dictionary

商务印书馆国际有限公司

中国·北京

图书在版编目(CIP)数据

全新英汉汉英大词典：双色本 / 商务国际辞书编辑部编. -- 北京：商务印书馆国际有限公司，2024.6（2024.10重印）

ISBN 978-7-5176-1084-7

Ⅰ. ①全… Ⅱ. ①商… Ⅲ. ①英语－词典②词典－英、汉 Ⅳ. ①H316

中国国家版本馆 CIP 数据核字(2024)第 100789 号

New English-Chinese Chinese-English Dictionary

全新英汉汉英大词典(双色本)

编　　者	商务国际辞书编辑部	
出版发行	商务印书馆国际有限公司	
地　　址	北京市朝阳区吉庆里 14 号楼	
	佳汇国际中心 A 座 12 层	
邮　　编	100020	
电　　话	010 － 65592876(编校部)	
	010 － 65598498(市场营销部)	
网　　址	www.cpi1993.com	
印　　刷	北京中科印刷有限公司	
开　　本	880mm×1230mm　1/32	
印　　张	36.25	
字　　数	2400 千字	
版　　次	2024 年 10 月第 1 版第 2 次印刷	
书　　号	ISBN 978-7-5176-1084-7	
定　　价	68.00 元	

目 录
CONTENTS

出版说明

PREFACE

为了满足广大中学生课堂学习、课外阅读和升学考试等方面的实际需求,商务国际辞书编辑部策划并编纂了这部《全新英汉汉英大词典》(双色本)。这部词典是在充分研究中学英语课程标准和现行有代表性的中学教材的基础上,遵照国家语言文字法规和有关标准,遵循科学性、实用性和规范性的原则,并充分考虑广大中学生的年龄特点和认知水平,由从事教学与研究的一线教师、学者和辞书专家精心编纂而成。

本词典的主要特色有:

一、定位明确,针对性强。本词典是专门为中学生设计、编纂的学习型双语工具书,包括英汉和汉英两个部分。英汉部分收词 15,000 余条,涵盖中学英语课程标准的全部词汇,并酌情收录了课外阅读中的常见词汇;汉英部分收单字条目 3,700 余条,多字条目 20,000 余条,包括日常学习和生活中常用的字、词。

二、功能齐全,实用性强。为了使广大中学生更好地理解和应用英语,本词典对所收的词汇进行了全方位的解释和说明。英汉部分提供音标、词性、释义、例句、语法、用法、屈折变化、近义词、反义词等,汉英部分提供拼音、词性、汉英双解释义、例句等,功能极为丰富。

三、规范科学,印装精美。本词典以中学英语课程标准为编写指导,全面贯彻国家语言文字法规。英汉部分按字母顺序排列,汉英部分字形严格遵循《通用规范汉字表》,按拼音顺序排列,并附有汉字笔画索引,便于查找。本词典版式设计疏朗清晰,层次分明,双色印刷,装帧精美,非常适合学生读者查阅使用。

在编纂过程中,我们得到了许多辞书专家和中学骨干教师的鼎力支持,在此表示衷心的感谢。词典的编纂繁复琐碎,我们虽力求严谨,但难免会有疏漏,敬请广大读者及时给予指正,以便我们改进、提高。

商务国际辞书编辑部

英 汉 词 典

ENGLISH-CHINESE
DICTIONARY

体例说明

GUIDE TO THE USE OF THE DICTIONARY

一、词　条

1. 词条按英语字母顺序排列。拼法相同但词源、词义不同的词目分立词条,在词目的右上角以 1、2、3 等数码标注。

2. 词目有不同拼法时,若拼法接近,只是少数字母有差别,则合并为一个词目,并给有差别的字母加圆括号表示可省略;若拼法接近,但有差别字母无法用圆括号解决,则并列列出,并用","隔开;若拼法相差较大,则分别单列词目,并对使用频率较高的词目进行解释,另一词目的释义用等号解决。

3. 词目左上角标注"＊"的词为《义务教育英语课程标准》中的词汇。

4. 词目划分音节,音节之间用"•"表示。

二、注　音

1. 词目后用国际音标注明发音,放在"[　]"内。

2. 词目若因词性不同而读音不同时,分别标注发音。

三、词　性

1. 音标后标明词性。词性共分 9 类:名词(*n*.),动词(包括及物动词 *vt*.,不及物动词 *vi*.,助动词 *v. aux*.),代词(*pron*.),形容词(*adj*.),副词(*adv*.),介词(*prep*.),连接词(*conj*.),感叹词(*int*.),冠词(*art*.)。词目若有几种不同词性,各词性前分别标以罗马数字Ⅰ.、Ⅱ.等。

2. 可数名词在词性后标注Ⓒ,不可数名词标注Ⓤ。

3. 词目的不规则变化形式,如名词的复数,动词的过去式、过去分词和现在分词,形容词和副词的比较级、最高级,均标注在词性前。

四、释　义

1. 词目或短语有多条不同的义项时,各义项分别列出,前面标以❶、❷、❸等数码。

2. 释义前标示词源、语体、语域或修辞色彩的略语,放在"[　]"内,释义前标示释义所属学科的略语,放在"【　】"内。

3. 部分词条提供近义词、反义词等,用[近][反]等标注,放在相应的释义前。

五、符　号

1. 代字号"～"用于替代与词目相同的部分。

2. 斜线号"/"用于分隔例证与例证。

3. 圆括号"(　)"用于标示词目的不规则变化形式、可省略部分、可替换部分、补充说明等。

略 语 表

ABBREVIATIONS USED IN THE DICTIONARY

[口] 口语	[谚] 谚语	[书] 书面语
[贬] 贬义	[喻] 比喻	[方] 方言
[讽] 讽刺语	[罕] 罕用	[俚] 俚语
[俗] 俗语	[诗] 诗歌用语	[旧] 旧时用法
[谑] 戏谑语	[缩] 缩略语	[古] 古语

*   *   *

[英] 英国英语	[美] 美国英语	[法] 法语
[苏格兰] 苏格兰英语	[爱尔兰] 爱尔兰英语	[意] 意大利语
[澳] 澳大利亚英语	[拉] 拉丁语	

*   *   *

【心】心理学	【音】音乐	【宗】宗教
【史】历史	【语】语言学	【哲】哲学
【军】军事	【体】体育	【逻】逻辑学
【戏】戏剧	【商】商业	【经】经济
【摄】摄影技术	【机】机械工程	【无】无线电技术
【自】自动控制	【解】解剖学	【天】天文学
【交】交通运输	【数】数学	【化】化学
【宇】宇宙空间技术	【医】医学	【气】气象学
【农】农业	【冶】冶金技术	【建】建筑;建筑学
【纺】纺织	【电】电学	【药】药物;药物学
【矿】矿物学	【印】印刷技术	【测】测绘
【物】物理学	【生】生物学	【原】原子能
【鸟】鸟类学	【海】航海	【空】航空
【动】动物;动物学	【船】造船	【计】计算机
【地】地理学;地质学	【植】植物学	【律】法律

A a

A，a¹ ［eɪ］（A's，a's 或 As，as ［-z]）*n*. ❶ⒸⓊ 英语字母表的第 1 个字母 ❷ⒸⓊА 形物 ❸Ⓒ Ⓤ［美］优，优等（表示学业成绩最优的符号）：an *A*（或 a straight *A*）student 优等生 ❹Ⓤ［常用 A］【音】A 音；A 调：*A* major（minor）A 大调（小调）

*a² ［强 eɪ；弱 ə]，**an** ［强 æn；弱 ən，n]*art*. ［不定冠词］❶（非特指的）一（个）：*a* tree 一棵树 ❷每一（个）：once *a* month 每月一次 ❸［用于专有名词前］某一（个）；类似…的一个（相当于 one like)：*A* Miss Jane called. 有位叫简的小姐打过电话。❹同一（类、种）：Birds of *a* feather flock together. 物以类聚。❺任何…都，（一类事物中的）任何一个：*A* bicycle has two wheels. 自行车有两个轮子。❻［与不可数名词连用，用于某些表示食物、饮料的物质名词前]一杯，一客：*a* cup of tea 一杯茶/*an* ice cream 一客冰淇淋 ❼［用于不可数的抽象名词前，表示某种具体的情况或概念]：She has *a* knowledge of English. 她精通英语。

a·ban·don ［ə'bændən］ Ⅰ. *vt*. ❶（［近］desert，give up）抛弃；放弃：~ all hopes 放弃一切希望 ❷ 离弃（家园、船等）；遗弃（妻儿等)：The sailors ~ed the burning ship. 船员们离弃了着火的船。❸ 纵情于，沉溺于：~ oneself to pleasure 纵情欢乐 Ⅱ. *n*. Ⓤ放纵，纵情；无拘无束：They were so excited that they jumped and shouted with ~. 他们兴奋极了，尽情地又跳又叫。

a·bate ［ə'beɪt］（~d ［-ɪd]；abating) *vt*. 使（数量、程度、价值等）减少，减轻，减退；降（价）*vi*. （数量、价值等）减少，减轻，减退；（洪水、风暴等）平息，（病痛等）减少：The storm has ~d. 暴风雨已经平息了。

ab·bre·vi·ate ［ə'briːvɪeɪt］（~d ［-ɪd]；abbreviating）*vt*. ❶ 简略；简写；缩写："No."is ~d from Number. No. 是 Number 的缩写。❷缩短（访问等）；节略（读物等）

abbreviation ［əˌbriːvɪ'eɪʃən］ *n*. ❶ Ⓒ 缩写式，缩写词 ❷Ⓤ 缩短；缩略

a·bet ［ə'bet］（abetted ［-ɪd]；abetting) *vt*. 唆使，煽动；对…进行教唆

a·bide ［ə'baɪd］（~s ［-z]；abode ［ə'bəʊd］或 ~d ［-ɪd]；abiding) *vt*. ❶ ［常用于否定句和疑问句]忍受，容忍：I can't ~ such people. 对这种人我不能容忍。❷ 等候，守候 *vi*. ❶保持，持续 ❷遵守（法律、诺言、决定等）；坚持（意见等)(by)：~ by traffic regulations 遵守交通规则 ❸［古]逗留，住(at，in)

a·bil·i·ty ［ə'bɪlɪtɪ］（abilities ［-z]）*n*. ❶ Ⓤ（［近]capability)（［反]weakness）能力，本领：She has the ~ to go to college. 她有上大学的能力。/have great （或 remarkable) *abilities* in 在…方面有很强的能力 ❷Ⓒ［常用复数]技能，才能，本领：natural *abilities* 天才/exhibit（或 show) one's ~ to do 表现…的才能

a·ble ［'eɪbl］（~r；~st）*adj*. （［反]unable) ❶ 有能力的，有才能的：an ~ leader 有才干的领导者 ❷ 能够…的(to do sth.) ❸ 出色的，才华出众的

ab·nor·mal ［æb'nɔːml］ *adj*. （［反]normal)反常的，不正常的，变态的；不规则的

a·board ［ə'bɔːd］ Ⅰ. *adv*. ❶ 在船（或车、飞机等运输工具)上：go ~ 上船（车、飞机）❷并肩地；沿边地 Ⅱ. *prep*. 在（船、车、飞机等)上；上（船、车、飞机等)：the passengers ~ the plane 飞机上的乘客

a·bode ［ə'bəʊd］ Ⅰ. *n*.ⓊⒸ［常用单数]居住；居室，住所：take up one's ~ 定居 / of（或 with) no fixed ~ 居无定所 Ⅱ. abide 的过去式和过去分词

a·bol·ish ［ə'bɒlɪʃ］（~es ［-ɪz]；~ed ［-t]）*vt*. 废除（法律、制度、习俗等)，废止；取消：~ slavery 废除奴隶制度

a·bo·li·tion ［ˌæbə'lɪʃən］ *n*. Ⓤ❶（法律、习惯等的）废除，废止 ❷（美国的）废除黑奴制度

a·bom·i·na·ble ［ə'bɒmɪnəbl］ *adj*. ❶ 令人讨厌的，令人厌恶的 ❷［口]（天气、气味等)极坏的；糟透的：（气味等)令人作呕的：~

A

weather 恶劣的天气/～ taste 令人作呕的气味

a·bor·tion [ə'bɔːʃən] *n*. ❶ⓤ流产,堕胎 ❷ⓤ(计划等的)中途失败,夭折 ❸ⓒ 流产的胎儿;畸形的人(或动物)

a·bound [ə'baʊnd] (～s[-z];～ed [-ɪd]) *vi*. ❶(物产或资源)丰富,丰裕:Natural resources ～ in our country. 我国自然资源丰富。❷富于,充足;充满;盛产(in,with):The river ～s in (或 with) fish. 这条河里有很多鱼。

a·bout [ə'baʊt] Ⅰ. *adv*. ❶ 在四周,在周围;向四周:look ～ 四处环顾;查看周围情况 ❷各处,到处([美]一般用 around):people sitting ～ on the grass 草地上到处坐着的人们 ❸ 在近处,附近([美]一般用 around):There was nobody ～. 附近没有人。❹ 倒转,向相反方向:～ turn(face)向后转 ❺轮流地,交替地:go round ～ 绕道而行 ❻大概,大约;[口]几乎,差不多:I met him (at) ～ noon. 我大约在中午时和他碰了面。Ⅱ. [只用作表语]*adj*. ❶活动中的,进行中的:He is up and ～ again. 他已能起来走动了。❷在传播中的,盛行的:Typhoid is ～. 伤寒在流行。❸即将,正要:The sun is ～ to sink in the west. 太阳正要西下。Ⅲ. *prep*. ❶到处,在…各处 ❷在…身上(或性格中),在…身边:Do you have a pen ～ you? 你身上有钢笔吗?❸在…一带,在…附近:I saw it ～ here. 我在这附近见过它。❹关于,涉及;对于:a book ～ flower 关于花卉的书 ❺从事于,忙于:What are you ～? 你在从事什么工作?

a·bove [ə'bʌv] Ⅰ. [无比较等级]*adv*. ❶在上头;在(或向)上面;在楼上:in the room ～ 在楼上的房间里 ❷在上文;上述 ❸(表示数量)以上;之上,高于;超过:people of 60 and ～ 60 或 60 岁以上的人 Ⅱ. *adj*. 上面的;上述的:for the ～ reason 根据上述的理由 Ⅲ. *prep*. ([反]below) ❶(表示位置、职权、级别等)高于…;在…之上,在…上面:There was a lamp hanging ～ the table. 有一盏灯悬挂在桌子上方。❷(程度)较…为上,超过:The temperature is ～ average this summer. 今年夏天的气温超过平均温度。❸(品质、行为、能力等)超出…之外;超出…之所及;高过,胜过:He's ～ stealing. 他不至于偷窃。❹(限度)超过,超越:This book is far ～ me. 这本书的内容太深,我看不懂。

a·bridge [ə'brɪdʒ] (～s [-ɪz];abridging) *vt*. 缩短,删节,精简(文章等):an ～d edition (或 version) of *War and Peace*《战争与和平》的节略版

a·broad [ə'brɔːd] [无比较等级]*adv*. ❶([反]at home)在国外,到海外 ❷ 到处,广泛地 ❸(谣言等)在传播中,在四处流传:A rumour is ～. 谣言四起。

a·brupt [ə'brʌpt] (～er;～est 或者 more ～; most ～) *adj*. ❶[近]quick, sudden)骤然的,突然的;出其不意的:an ～ ending, change,departure 突如其来的终止、骤然的变化、突然的离去 ❷([近]impolite)(举止或言谈等)无礼的,粗鲁的:an ～ manner 无礼的态度 ❸(斜面、山崖等)险峻的,陡峭的:an ～ slope 陡坡

ab·sence [ˈæbsəns] (～s[-ɪz]) *n*. ⓤⓒ ❶([反]presence)缺席,不在:～ from classes 缺课 ❷缺乏;不足:in the ～ of evidence 在缺乏证据的情况下

ab·sent Ⅰ. [ˈæbsənt] *adj*. ❶([反]present)缺席的,不在的,外出的:I'll be ～ from home in the afternoon. 我下午不在家。❷ 缺乏的,不存在的 ❸[常作定语]心不在焉的;茫然的:an ～ expression 茫然的表情 Ⅱ. [æbˈsent](～ed [-ɪd]) *vt*. 使缺席;不在:She deliberately ～ed herself from the meeting. 她故意不到会。

ab·sen·tee [ˌæbsənˈtiː] (～s [-z]) *n*. ⓒ 缺席者,不在者;缺勤者;外住者

ab·so·lute [ˈæbsəluːt] *adj*. ❶([反]relative)绝对的,完全的:have ～ trust in sb. 对某个人绝对的信任 ❷纯粹的;纯的 ❸确实的,不容置疑的:have ～ proof 有确凿的证据 ❹无条件的:make an ～ promise 无条件答应 ❺【语】独立的:an ～ participle 独立分词 ❻专制的,独裁的:an ～ ruler 独裁统治者

ab·solve [əbˈzɒlv] (～s[-z];absolving) *vt*. ❶宣告…无罪 ❷ 解除,免除(某人的责任) ❸【宗】赦免;宽恕:～ sb. from sin 赦免某人的罪

ab·sorb [əbˈsɔːb] (～s[-z]) *vt*. ❶ ([近]drink in,take in)吸收,吸取(液体、气体等):Plants ～ oxygen. 植物吸收氧气。❷ [常用被动]吸引(注意);使全神贯注:be ～ed in thoughts 在沉思中 ❸理解,掌握,吸收(知识等):～ knowledge 吸取知识 ❹ 合并(公司等);吞并

ab·sorp·tion [əbˈsɔːpʃən] (～s [-z]) *n*. ⓤ ❶吸收,吸收作用 ❷合并,同化(into) ❸全神贯注,专心;专注(in):～ in sports 热衷于运动

ab·stract Ⅰ. [ˈæbstrækt] [无比较等级]*adj*. ❶([反]concrete)抽象的,不具体的 ❷难懂的,深奥的 ❸(艺术上)抽象(派)的:an ～ painting 抽象画/an ～ artist 抽象派画家 Ⅱ. *n*. ⓒⓤ ❶(书、文章等的)摘要,概要,梗概 ❷抽象事物;抽象派作品 Ⅲ. [æbˈstrækt](～ed [-ɪd]) *vt*. ❶提取,抽取(from) ❷[口]窃取,偷走 ❸摘录 ❹使抽象化

ab·stract·ed [æb'stræktɪd] *adj.* ❶([近] absent-minded)出神的;心不在焉的 ❷抽取的;被分离的(from)

ab·strac·tion [æb'strækʃən] (～s [-z]) *n.* UC❶抽象,抽象化 ❷抽象概念,抽象词(语) ❸出神;心不在焉

a·bun·dance [ə'bʌndəns] *n.* ❶丰富,充裕:a year of ～ 丰年/an ～ of sunshine 充足的阳光 ❷大量,多

a·bun·dant [ə'bʌndənt] *adj.* ❶大量的;充足的(in) ❷丰富的,富饶的(in):an ～ supply of fruit 水果的充足供应

a·buse I. [ə'bjuːz] (～s[-ɪz];abusing) *vt.* ❶([反]cherish)滥用,妄用:～ one's authority 滥用职权 ❷虐待:a much ～d wife 备受虐待的妻子 ❸([近]insult)辱骂,口出恶言 II. [ə'bjuːs] (～s[-ɪz]) *n.* ❶UC滥用,妄用 ❷C恶习,陋习;弊端:remedy an ～ 纠正陋习 ❸U虐待;凌辱:child ～ 虐待儿童 ❹U辱骂,恶言伤人:personal ～ 人身攻击

ac·a·dem·ic [ˌækə'demɪk] I. *adj.* ❶(综合性)大学的;学术的:an ～ degree 学位 ❷文科的;文学的 ❸脱离实际的,空论的:an ～ question 一个空谈的问题 II. *n.* C大学学生;大学教师;学术界人士

a·cad·e·mi·cian [əˌkædə'mɪʃən] (～s [-z]) *n.* C❶学会会员;(研究室)院士 ❷学究式的艺术家,作家等

a·cad·e·my [ə'kædəmɪ] (academies [-z]) *n.* C❶高等专科院校,学院:a music ～ 音乐学院 ❷(学者、作家、艺术家等的)学会;研究院 ❸私立中学,中等学校

ac·cel·e·rate [æk'seləreɪt] *vt.* ❶增加…速度 ❷使加快,促进 *vi.* 快速前进;加速

ac·cent I. ['æksənt] *n.* ❶C重音 ❷C重音符号 ❸C口音;音调,腔调:have an American ～ 有美国口音 ❹C语调,声调:speak in mild ～ 用温和的语调讲话 ❺U特别强调,重点,注重(on):In all our products, the ～ is on quality. 在我们所有的产品中,最注重的是质量。II. [æk'sent] *vt.* ❶重读,用重音读(音节、词或短语) ❷强调,注重;使特别显著

ac·cept [ək'sept] (～ed [-ɪd]) *vt.* ([反]reject,refuse,decline) ❶接受;领受,(尤指乐意地)收受:She ～ed my apology. 她接受了我的道歉。❷同意,答应;承认,认可:He ～s the judge's decision. 他同意法官的判决。❸相信,对…信以为真:We don't ～ what you have said. 我们不相信你所说的话。❹接纳,招收,吸收(为成员) ❺承兑(票据、汇票等) *vi.* ❶接受,领受;同意承认 ❷承兑(of)

ac·cep·ta·ble [ək'septəbl] *adj.* ❶可接受的;合意的,令人满意的,受到欢迎的:Is the proposal ～ to you? 这个建议你可接受吗? ❷可忍受的,承受得住的

ac·cept·ance [ək'septəns] (～s [-ɪz]) *n.* UC❶(愉快的、主动的)接受,接纳 ❷(想法等的)赞同,认同:The new law gained widespread ～. 新法律广获赞同。❸(票据的)承兑,认付

ac·cess ['ækses] I. (～es [-ɪz]) *n.* ❶U接近,临近,进入:Miss Wu is easy of ～. 吴小姐易于接近。❷C入口;通道;(接近或进入、使用的)门路(或方法):The only ～ to the farm is across the fields. 到那农场的唯一通路是穿过田地。❸U进入(或接近、使用)的权利(或机会)(to):get ～ to the President 获得接近总统的机会 ❹C(疾病等的)突然发作;(感情等的)突发,发作:in an ～ of rage 勃然大怒 ❺U【计】调取,存取 II. (～es [-ɪz]) *vt.* 【计】取出(资料),存取;接通(计算机)

ac·ces·so·ry [ək'sesərɪ] I. (accessories [-z]) *n.* ❶C附件,附属物,(尤指妇女的)服装搭配物(如提包、手套、项链等);配件:bicycle *accessories* 自行车附件 ❷C【律】从犯;帮凶;同谋:He was charged with being an ～ to murder. 他被控为谋杀案的从犯。II. *adj.* 附加的,额外的:an ～ factory 附属工厂

ac·ci·dent ['æksɪdənt] *n.* C❶([反]intent)意外,意外的事,偶发事件:We got back without ～. 我们安全地回来了。❷(伤亡)事故,不幸的事:a traffic ～ 交通事故

ac·ci·den·tal [ˌæksɪ'dentl] *adj.* 意外的,偶然的,无意中的:an ～ meeting with a friend 偶然遇到一位朋友

ac·claim [ə'kleɪm] I. (～s [-z]) *vt.* ❶鼓掌欢迎;向…欢呼;为…喝彩:～ the winner of a race 为赛跑获胜者喝彩 ❷以欢呼声宣布(或承认、拥戴、推举):They ～ed him chairman of the meeting. 他们推举他为大会主席。II. *n.* U欢呼,喝彩

ac·cla·ma·tion [ˌæklə'meɪʃən] (～s [-z]) *n.* UC❶欢呼,喝彩 ❷鼓掌(或欢呼)表示通过:elected by ～ 用欢呼声表示当选

ac·com·mo·date [ə'kɒmədeɪt] (～d[-ɪd]; accommodating) *vt.* ❶([近]adjust)使适应,使迁就:I can ～ you. 我可以迁就你。❷([近]supply)供给,供应,提供:The bank will ～ you with a loan. 银行将给你一笔贷款。❸为…提供住宿,供给(某人)住宿:The hotel can ～ up to 700 guests. 这家旅馆可供 700 位来宾住宿。❹给(某人)以帮助,施恩惠于;帮(某人)忙:I shall endeavour to ～ you whenever

A

possible. 只要有可能,我将尽力帮你。

ac•com•mo•da•tion [əˌkɒməˈdeɪʃən] (~s [-z]) *n*. ❶ⒸⓊ [常用复数]住宿设备,(旅馆等的)房间:Can we find ~s at a hotel for tonight? 我们今晚能找到旅馆住宿吗? ❷ⓊⒸ帮助,方便;便利设施(或用具) ❸Ⓤ适应;调节(to) ❹ⓊⒸ调停;(争端等的)和解:The two sides failed to agree on every point but came to an ~. 双方并非在每一点上意见都一致,但已达成和解。

ac•com•pa•ny [əˈkʌmpəni] (accompanies [-z]; accompanied) *vt*. ❶伴随(某人),随行,同行:I must ask you to ~ me to the police station. 我得要求你陪我去一趟警察局。 ❷随同,陪着⋯;和⋯一起发生,附带:Strong winds *accompanied* the rainstorm. 狂风夹着暴雨。❸为⋯伴奏(或伴唱)

ac•com•plish [əˈkʌmplɪʃ, əˈkɒm-] (~es [-ɪz];~ed [-t]) *vt*.([近]achieve, carry out)完成(任务、使命、计划等);达到(目的等),实现:~ one's aim 达到目的/~ a task 完成任务

ac•cord [əˈkɔːd] I.(~s [-z]; ~ed [-ɪd]) *vt*. ❶使一致,使调和;使适合 ❷把⋯给予;把⋯献给:a warm welcome 向某人表示热烈欢迎 *vi*. 与⋯一致,调和,跟⋯相符合(with) II. *n*. ❶Ⓤ一致,(颜色等的)调和 ❷Ⓒ(国家间的)协定,协议

ac•cord•ance [əˈkɔːdəns] *n*. Ⓤ([近]agreement)一致;调和,符合

ac•cord•ing to [əˈkɔːdɪŋ tə] *prep*. ❶据⋯所说;按⋯所报道 ❷依据;按照

ac•cord•ing•ly [əˈkɔːdɪŋli] *adv*. ❶符合地,一致地;相应地:You must act ~. 你必须采取相应的行动。❷因此,所以:The weather has changed suddenly,and we must alter our plans ~. 天气突变,我们必须改变计划。

ac•count [əˈkaʊnt] I. *n*. ❶Ⓒ计算,账(单);收支明细;借贷清单:cast ~s 算账/keep ~s 记账 ❷Ⓒ(银行等的)账户,户头:open an ~ 开户头 ❸Ⓒ解释,说明;叙述,报道:Give us an ~ of what happened. 请把事情发生的经过告诉我们。❹Ⓤ理由,根据:I won't be able to come on this ~. 因为这个缘故,我不能来。❺Ⓤ考虑,深思熟虑 II. *vt*. 认为,把⋯看作,视为:We all ~ him a good student. 我们大家都认为他是一名好学生。*vi*. ❶说出(钱等的)用途 ❷说明⋯的原因:His illness ~s for his absence. 他因病缺席。

ac•coun•ta•ble [əˈkaʊntəbl] [常作表语] *adj*. (对自己行为)应加以说明的;有责任的,应负责的:She is ~ to us for this action. 她对

我们负有说明这一行动的责任。

ac•coun•tant [əˈkaʊntənt] *n*. Ⓒ会计师,会计员

ac•cu•mu•late [əˈkjuːmjʊleɪt] (~d [-ɪd]; accumulating) *vt.& vi*. 积累,积聚;积存:We ~d enough evidence to ensure his conviction. 我们搜集起足够证据,以给他定罪。

ac•cu•ra•cy [ˈækjʊrəsi] *n*. ([反]inaccuracy)Ⓤ准确,准确度;精确度,精确性

ac•cu•rate [ˈækjʊrɪt] *adj*. ([反]inaccurate) ❶精确的,精密的 ❷正确(无误)的:His description was ~. 他的叙述很正确。

ac•cu•sa•tion [ˌækjuːˈzeɪʃən] (~s [-z]) *n*. ❶ⓊⒸ指责,谴责 ❷Ⓒ(被告发的)罪名,罪状 ❸Ⓒ控诉,指控,告发:*Accusation* of corruption have been made against him. 对他贪污的控诉已经提出。

ac•cuse [əˈkjuːz] (~s [-ɪz]; accusing) *vt*. ([近]censure) ❶指责,谴责:~ sb. of cowardice 指责某人怯懦 ❷指控,控告,控诉(of):He was ~d of murder. 他被控谋杀。

ac•cus•tom [əˈkʌstəm] (~s [-z]) *vt*. 使习惯,习惯于(to):be ~ed to hard work 习惯艰苦的工作

ace [eɪs] I.(~s [-ɪz]) *n*. Ⓒ ❶(纸牌、骰子等的)一点 ❷(网球、羽毛球等)发球得分 ❸[口]能手,专家;佼佼者:an ~ footballer 足球健将 II. *adj*. [口]头等的;第一流的,优秀的:an ~ writer 优秀的作家

ache [eɪk] I.(~d [-t]; aching) *vi*. ❶(持续性地)痛,疼痛:I'm aching all over. 我浑身疼痛。/My head ~s. 我头痛。❷深切同情;(心)痛(for):My heart ~s for you. 我为你心痛。❸想念,思慕,渴望(for, to do):I ~d for home. 我非常想家。II. *n*. ⒸⓊ(连续的)疼痛,隐痛:He has an ~ in the chest. 他胸部疼痛。

a•chieve [əˈtʃiːv] (~s [-z]; achieving) *vt*. ❶完成(任务等);实现:I've ~d only half of what I'd hoped to do. 我希望做到的只完成了一半。❷达到(目的);获得,赢得(胜利):~ success 获得成功/~ one's goals 达到目的

a•chieve•ment [əˈtʃiːvmənt] *n*. ❶([近]accomplishment,fulfilment)Ⓤ完成,达到;实现,获得:celebrate the ~ of one's aims 庆祝目标的实现 ❷Ⓒ成就,成绩,业绩:the greatest scientific ~ of the decade 这10年最伟大的科学成就

a•cid [ˈæsɪd] I. *adj*. ❶酸的,酸味的:Vinegar has an ~ taste. 醋有酸味。❷(性情或言辞)尖刻的,辛辣的,刻薄的:His remarks were rather ~. 他的话有些尖酸刻薄。❸

（[反]alkaline)【化】酸的,酸性的 **II** . *n* . U C
❶【化】酸 ❷酸味物质,酸的东西

ac·knowl·edge [əkˈnɒlɪdʒ] (~s [-ɪz] ; ac-knowledging) *vt* . ❶([近]admit]承认,自认:
I ~*d* having been defeated. 我认输了。 ❷
（对某人）打招呼(以示相识): I was standing right next to her, but she didn't even ~ me. 我站在她旁边,可她连个招呼也不跟我打。
❸告知收到(信件、礼物等): ~ (receipt of) a letter 告知已收到一封信 ❹对…表示感谢:
We ~*ed* the professor's help. 我们对教授的帮助表示感谢。

ac·knowl·edg(e)ment [əkˈnɒlɪdʒmənt] *n* . ❶U 承认,招供;认知 ❷U C 感谢,谢意 ❸C 收条;回音

a·cous·tic [əˈkuːstɪk] [无比较等级] *adj* . ❶听觉的,声波的,音响的 ❷(乐器录音)原音的,未经电子放大的

a·cous·tics [əˈkuːstɪks] *n* . U ❶[用作单数]声学,音响学 ❷[用作复数](礼堂等的)音响装置;音响效果

ac·quaint [əˈkweɪnt] (~ed [-ɪd]) *vt* . ❶告诉,告知;使知道,使了解(with): Please ~ me with the facts of the case. 请把这事的情况告诉我。 ❷使熟悉,使相识;与…结识,介绍(with)

ac·quaint·ance [əˈkweɪntəns] (~s [-ɪz]) *n* . ❶U 知道,了解,熟悉,认识: He has some little ~ with the Japanese language. 他稍微会一点儿日语。 ❷C 相识的人,熟人: She's an old ~. 她是老相识。

ac·quire [əˈkwaɪə(r)] (~s [-z] ; acquiring [-rɪŋ]) *vt* . ❶([近]obtain, get, gain)（靠自己的努力或行动）获得;学到(知识): ~ a good knowledge of English 学好英语 ❷获得(财产、权利等)

ac·qui·si·tion [ˌækwɪˈzɪʃən] (~s [-z]) *n* . ❶U 获得,得到 ❷C (有价值的)获得物(或人): This car is my latest ~. 这辆汽车是我最新添置的。

ac·quit [əˈkwɪt] (acquitted [-ɪd] ; acquitting) *vt* . 宣判(某人)无罪,使免罪,赦免,释放: The jury acquitted him of murder. 陪审团宣告他谋杀罪不成立。

a·cre [ˈeɪkə(r)] (~s [-z]) *n* . C ❶英亩(面积单位) ❷[用复数]地产,田地;土地

ac·ro·bat [ˈækrəbæt] *n* . C 杂技演员,杂技表演者

a·cross [əˈkrɒs] **I** . [无比较等级] *adv* . ❶交叉,相交 ❷从一边到另一边;横过,越过:
Can you swim ~? 你能游过去吗? ❸在(或到)另一边;在(或到)对面: They live ~ (the

road)from us. 他们住在我们对过儿（即马路对面)。 ❹宽(…),直径(…): The river is half a mile ~. 这条河有半英里宽。 **II** . *prep* . ❶从一边到…的另一端,横过: walk ~ the street 走过这条街 ❷在(或到)…的对面;越过: My house is just ~ the street. 我的房子就在马路对面。 ❸与…交叉,与…呈十字形: He sat with his arms ~ his chest. 他两臂在胸前交叉坐着。

act [ækt] **I** . *n* . C ❶动作;举止,行为: It is an ~ of kindness to help a blind man across the street. 帮助盲人过马路是善意行为。 ❷(法庭、立法机关等的)决议;条例,法令,法规 ❸(戏剧、歌剧中的)一幕: a play in five ~s 一出五幕剧 ❹(戏剧、马戏等中的)连续表演的一段节目 ❺假装,做作: She's just putting on an ~. 她只是装模作样罢了。 **II** . (~ed [-ɪd]) *vi* . ❶(在舞台上)表演,演戏;扮演角色 ❷假装,做作;似乎在演戏: He's not really angry; he's just ~ing. 他不是真生气,只不过是装装样子。 ❸(剧本)适于演;(角色)适于扮演: The play ~s well. 这个剧演出效果很好。 ❹举动,表现;行动,采取行动: The time for talking is past; we must ~ at once. 没有时间再说了,我们必须立刻行动。 ❺起某种作用,用作,当作: The drug fails to ~. 这种药不起作用。 *vt* . ❶饰演,扮演(角色);演出(戏): Who is ~ing Hamlet? 谁演哈姆雷特? / She ~ed her part well. 她演的那个角色很成功。 ❷举止与…相称: Don't ~ the child. 别做孩子气。 ❸假装: Some people ~ the fool now and then. 有些人时常装傻。

acting [ˈæktɪŋ] **I** . [无比较等级] *adj* . ❶适于演出的 ❷代理的,暂时担任的: the ~ manager 代理经理 **II** . *n* . U 演戏;演技;表演业

ac·tion [ˈækʃən] (~s [-z]) *n* . ❶U 活动,行动: The time has come for ~. 行动的时候到了。 ❷C 动作,姿态;所做的事情: You must judge a person by his ~s. 你一定要依据一个人所做的事来判断一个人。 ❸C 举止,行为;品行;(待人的)态度: He's regretting his ~s. 他对他的行为感到懊悔。 ❹U([近]reaction)(某事产生的)作用,影响,反应,效应: The ~ of salt on ice causes it to melt. 盐作用于冰而使其融化。 ❺U (机器、人体器官等的)运转,工作: the ~ of the heart 心脏的机能 ❻C (小说、故事或戏剧的)情节 ❼U C【律】诉讼 ❽C U 战斗,战事: killed in ~ 阵亡

ac·ti·vate [ˈæktɪveɪt] (~d [-ɪd] ; activating) *vt* . ❶使活动;使活跃,使活泼 ❷【化】使活化,使激活: ~d carbon 活性炭

ac·tive [ˈæktɪv] *adj* . ❶([反]inactive)活

A

动的,在活动中的:an ～ volcano 活火山 ❷能动的,活泼的,活跃的;敏捷的,灵敏的:have an ～ brain 头脑灵活/an ～ boy 一个活泼的男孩 ❸真实的;积极(参与)的:an ～ interest 确实关心/play an ～ role 起积极的作用 ❹【语】主动的:the ～ voice 主动语态

ac•tiv•i•ty [æk'tɪvɪtɪ] (activities [-z]) n. ❶U能动性,活动性;积极性;活跃:subjective ～ 主观能动性 ❷ C[常用复数]某种具体的活动(或消遣):outdoor activities 户外活动

ac•tor ['æktə(r)] (～s [-z]) n. C❶行动者,参与者 ❷演员,男演员:a film(stage) ～ 电影(舞台)演员

ac•tress ['æktrɪs] (～es [-ɪz]) n.C女演员

ac•tu•al ['æktʃʊəl] [无比较等级] adj. ([反]imaginary)实际的、现实的;事实上的;真实的:the ～ state 现状

ac•tu•al•ly ['æktʃʊəlɪ] [无比较等级] adv. ❶实际上;真正地,真实地;其实:What did he ～ say? 他实际上说了些什么? ❷居然,竟然:He ～ said so.他竟然这样说。

a•cute [ə'kjuːt] (～r;～st) adj. ❶尖锐的,敏锐的,灵敏的:Dogs have an ～ sense of smell.狗的嗅觉敏锐。/an ～ remark 尖锐的评论 ❷(疼痛等)剧烈的,强烈的,厉害的:suffer ～ pain 感到剧烈的疼痛 ❸(事态等)严重的,危急的;极困难的:There's an ～ shortage of water.严重缺水。❹(声音)高的,尖的(音调)刺耳的 ❺【数】锐角的:an ～ angle 锐角

ad [æd] n. C[口]广告(advertisement 的缩写)

a•dapt [ə'dæpt] (～ed [-ɪd]) vt. ❶([近]adjust)使适合,使(自己)适应:She ～ed herself quickly to the new climate.她很快适应了这种新的气候。❷改编,改造:The play was ～ed from a novel.这个剧本是由小说改编的。vi.适应(to)

add [æd] (～s [-z];～ed [-ɪd]) vt. ❶加上,增加;添加;附加:Many words have been ～ed to this edition of the dictionary.本词典的这一版本里新增加了很多词。❷又说,补充说;附言,再言:He ～ed that he didn't believe it.他补充说他不相信。❸合计,加,总共:Add the figures up together.将这些数字加起来。vi. ❶添加,增加:This ～s to my pleasure.这使我更加高兴。❷做加法:She is learning to ～.她正在学加法。

ad•di•tion [ə'dɪʃən] (～s [-z]) n.UC❶加,添加 ❷【数】加法 ❸增加物,附加物;(尤指建筑物的)增建部分

ad•di•tion•al [ə'dɪʃənl] [无比较等级] adj.增加的,附加的,外加的;另外的:～

charges 外加的费用/ an ～ tax 附加税

ad•dress [ə'dres] I . ❶C发言,致辞;(尤指)正式演讲,演说:deliver an opening ～ 致开幕词 ❷C地址,住址:Write your name and ～, please.请写下你的姓名和地址。❸U谈吐,风度,举止 ❹C(计算机存储器的)地址码 II . (～es [-ɪz];～ed [-t]) vt. ❶写信给;向…说话,向…致辞,同…讲话:The chairman will now ～ the meeting.现在由主席向与会者讲话。❷(在信封、包裹等)写上收件人的姓名地址;致(函等):I ～ed the envelope to Miss Li.我在信封上写了李小姐的姓名地址。❸提出(意见、不满等):Please ～ all complaints to the manager.一切意见请向经理提出。❹称呼:Don't ～ me as "officer".不要称呼我"长官"。

ad•e•quate ['ædɪkwɪt] adj. ❶([反]inadequate)足够的,充分的:Their earnings are ～ (to their needs).他们挣的钱足够(需要)。❷适合的,适当的:take ～ precautions 采取适当的预防措施 ❸能胜任的:I hope you will be ～ to the job.我希望你能胜任这项工作。

ad•here [əd'hɪə(r), æd-] (～s [-z]) vi. ❶黏附,胶着:Gum ～d to his fingers.口香糖粘住了他的手指。❷坚持,依附;追随;墨守:～ to one's opinions 坚持自己的意见/～ to a promise 坚守诺言

ad•ja•cent [ə'dʒeɪsənt] adj.([近]next)接近的,邻近的;毗连的,毗邻的(to):My room is ～ to his.我的房间与他的相邻。

ad•jec•tive ['ædʒɪktɪv] I . n.C【语】形容词 II . adj. ❶形容词的,修饰性的:an ～ phrase 形容词短语 ❷从属的,隶属的

ad•join [ə'dʒɔɪn] (～s [-z]) vt. & vi. 贴近,接近;邻接,毗连:The playing field ～s the school.运动场紧靠着学校。

ad•journ [ə'dʒɜːn] (～s [-z]) vt. 推迟,使延期;使中止,休(会):The meeting will be ～ed to (或 till)next Monday.会议暂停,下星期一继续举行。 vi. ❶休会,闭会:The Congress ～ed for the summer.国会夏天休会。❷(与会者)移动会场;移动,去别处(to):Let's ～ to the playground.让我们移到操场吧。

ad•just [ə'dʒʌst] (～ed [-ɪd]) vt. ❶调整,整顿:You can ～ this desk to the height of any child.这桌子可以配合小孩的高度任意调整。❷使适合,使适应:The body quickly ～s (itself) to changes in temperature.身体迅速(自行)调节,以适应气温的变化。❸校准,校正,对准:～ a watch 把手表拨准 vi. 适应于(环境)(to):He soon ～ed to army life.他很快适应了军中生活。

ad•min•is•ter [əd'mɪnɪstə(r)] (～ ing

[-rɪŋ]) *vt* . ❶([近]manage)管理,治理,掌管,支配:～a country 治理国家 ❷实行,实施,执行,施行(法律、惩罚):～ the law 执法 ❸给予,供给;治疗;(给病人)药物)～ medicine to a patient 给患者吃药 *vi* . ❶管理(upon) ❷给予帮助,有助于,照顾:Physical exercise ～s to the circulation of the blood. 体操有助于血液循环。

ad·min·is·tra·tion [ədˌmɪnɪˈstreɪʃən] *n* . ❶Ⓤ管理,经营:He works in hospital ～. 他从事医院管理工作。❷Ⓤ行政,施政:a country under military ～ 军事统治下的国家 ❸Ⓒ行政机关,执行机关,管理部门:civil ～ 民政/military ～ 军政 ❹Ⓤ(法律、惩罚等的)施行,执行 ❺Ⓤ Ⓒ(药的)服用;配药

ad·min·is·tra·tive [ədˈmɪnɪstrətɪv] *adj* . 行政的,管理的;执行的,实施的:～ problem 行政问题/ ～ ability 管理的才能

ad·min·is·tra·tor [ədˈmɪnɪstreɪtə] (～s [-z]) *n* . Ⓒ❶管理者,管理员 ❷行政官员,行政人员 ❸【律】遗产管理人

ad·mi·ra·ble [ˈædmərəbl] *adj* . ❶令人钦佩的,令人赞赏的:His handling of the situation was ～. 他对该情况的处理令人钦佩。❷极好的,出色的

ad·mi·ral [ˈædmərəl] (～s [-z]) *n* . Ⓒ舰队司令,海军将官,海军上将

ad·mi·ra·tion [ˌædməˈreɪʃən] *n* . ❶Ⓤ钦佩,赞赏,羡慕:I have great ～ for his courage. 我十分钦佩他的勇气。❷Ⓒ令人钦佩(赞美、羡慕)的人(或物),令人赞美的对象:He was the ～ of his whole family. 他受到全家人的钦佩。

ad·mire [ədˈmaɪə(r)] (～s[-z]; admiring [-rɪŋ]) *vt* . ❶([近]respect)钦佩;赞美,羡慕:I ～ him for his success in business. 我钦佩他事业有成。❷([近]praise)称赞,夸奖:Aren't you going to ～ my new dress? 难道你不想夸夸我的新衣裳吗?

ad·mis·sion [ədˈmɪʃən] (～s [-z]) *n* . ❶Ⓤ允许进入,入场;入会,入学:～ to British universities 进入英国大学 ❷Ⓤ入场费,入会费,入学费:You have to pay $ 2 ～. 你得付2美元的入场费。❸Ⓒ承认,供认;承认的真相;供认的罪行:an ～ that one has lied 对自己说了谎的供认

ad·mit [ədˈmɪt] (admitted;admitting) *vt* . ❶允许进入(或使用),让…进入:Each ticket ～s two people to the party. 每张票可供两人入场参加聚会。❷容纳,装得下:The hall ～s 1,000 people. 这个大厅可容纳1,000人。❸承认(事实、错误等),供认,招认:The prison-

er has *admitted* his guilt. 犯人认罪了。*vi* . ❶容许;留有…余地(of):The matter ～s no delay. 此事不容拖延。❷承认(to)

ad·mit·tance [ədˈmɪtəns] *n* . Ⓤ进入,(正式)入场;允许进入,有权进入:No ～. 严禁入内。

ad·mon·ish [ədˈmɒnɪʃ] (～es [-ɪz]; ～ed [-t]) *vt* . ❶警告,告诫;(温和地)责备:～ sb. of a danger 警告某人当心危险 ❷劝告,忠告;提醒:She ～ed us to seek professional help. 她劝我们向专业人士求助。

a·do [əˈduː] *n* . Ⓤ忙乱,麻烦,费力,艰难:It was all much ～ about nothing. 完全是庸人自扰。

ad·o·les·cence [ˌædə(ʊ)ˈlesns] *n* . Ⓤ青春;青春期

ad·o·les·cent [ˌædə(ʊ)ˈlesnt] Ⅰ . *adj* . 青春期的;成长中的,未成熟的 Ⅱ . *n* . Ⓒ青少年,青春期的男女

a·dopt [əˈdɒpt] (～ed [-ɪd]) *vt* . ❶领养(孩子):Having no children of their own, they decided to ～ an orphan. 他们因为没有亲生儿女,所以决定领养一个孤儿。❷采用,采纳,接受(观点、意见等);采取(计划、方法、措施等):～ one's idea 采纳某人的意见 ❸投票通过和接受(提议等):The House ～ed the report. 议院正式接受这一报告。❹选定,选举(某人为候选人或代表)

a·dore [əˈdɔː(r)] (～s [-z]; adoring [-rɪŋ]) *vt* . ❶([近]worship, admire)崇拜(神、上帝);敬慕:He ～s his teacher. 他敬仰他的老师。❷[不用进行式][口]很喜欢:I simply ～ that dress! 我简直太喜欢那件连衣裙了!

adorn [əˈdɔːn] (～s [-z]) *vt* . ([近]decorate)使生色;装饰,装点:admire the paintings that ～ the walls 欣赏那些装点四壁的绘画

ad·ult [əˈdʌlt, ˈædʌlt] Ⅰ . *adj* . ([反]immature)成熟的;已成人的,成年人的:His behaviour is not particularly ～. 他的举止行为还不太成熟。Ⅱ . *n* . Ⓒ成年人

ad·vance [ədˈvɑːns] Ⅰ . (～s [-ɪz]; ～d [-t]; advancing) *vt* . ❶推进,前进,促使:Our troops have ～d two miles. 我们的部队已经前进了2英里。❷提升(某人),使升级;提拔;晋升:He worked so well that his boss ～d him to a higher position. 他工作表现非常好,所以上司提拔了他。❸提前,提早:The date of the meeting was ～d from 10 to 3 June. 会议日期已由6月10日提前到6月3日。❹提高(价格、费用等);增进:～ prices 提高价格 ❺预付(款),预支:He asked his employer to ～ him a month's salary. 他请求

雇主先预支 1 个月的薪水。*vi*. ❶前进,向前移:~ against the enemy 向敌人进攻 ❷进展:Time passed rapidly and the work didn't ~ at all. 时间飞逝,但工作却一点儿也没有进展。❸提升,(地位)高升,晋升:She ~*ed* in life. 她飞黄腾达。❹(物价、费用)上涨;(数量)增加:Property values continue to ~ rapidly. 房地产价值继续急速上涨。Ⅱ. (~s [-ɪz]) *n*. ⓊⒸ❶前进,推进:The enemy's ~ was halted. 敌军的推进遭到了遏制。❷(显著的)改进;增进;进展:recent ~*s* in medical science 医学上的新进展 ❸(价值、费用等的)提高,增高;上涨:Share prices showed significant ~*s* today. 今日股票价格大幅上涨。❹[用作复数]亲近的表示(以求得宠),求爱;献殷勤(to):He made ~*s* to her. 他向她示爱。Ⅲ. *adj*. ❶在前的,先头的:~ guard 前卫 ❷预先的,事先的,提前的:give sb. an ~ warning 给某人预先警告

ˈad·vanced [əd'vɑːnst] *adj*. ❶在前面的,前进的;预先的,先期的:have ~ ideas 具有先进的思想 ❷(年)老的,年事已高的:He is ~ years. 他年事已高。❸(在科学、技术、哲理等方面)先进的,高级的;高等的;高深的:~ studies 高深的研究

ad·van·tage [əd'vɑːntɪdʒ] Ⅰ. *n*. ([反] disadvantage) ❶ⓊⒸ处于支配地位,有利地位;优越(性),优势:gain an ~ over an opponent 获得超越对手的优势 ❷Ⓒ优点:This school has many ~*s*. 这个学校具有很多优点。❸Ⓤ利益,好处;便利,方便:There is little ~ in buying a dictionary if you can't read. 如果不识字,买字典也没什么用。❹Ⓤ(网球的)局末平分或盘末平分后所得的第一分(常缩作 ad 或 vantage)Ⅱ. (~s[-ɪz]; advantaging) *vt*. 有利于,有益于;促进,推动

ad·van·ta·geous [ˌædvən'teɪdʒəs] *adj*. 有利的,有益的,有助的;便利的:It is ~ to us. 这对我们有利。

ad·vent ['ædvənt,-vent] *n*. Ⓤ❶来临,到来:With the ~ of the new chairman, the company began to prosper. 随着新主席的到来,公司也开始有了起色。❷ [A-] [宗]耶稣降临;降临节:~ hymns 降临节圣歌

ad·ven·ture [əd'ventʃə(r)] Ⅰ. *n*. ❶ⓊⒸ([近]risk)冒险(活动);危险遭遇:her ~*s* in Antarctic 她在南极的冒险经历/sense of ~ 冒险意识 ❷Ⓒ奇遇,(富于浪漫色彩的)奇异经历;惊险活动 Ⅱ. (~s [-z]; adventuring [-rɪŋ]) *vt*. ❶拿…冒险;冒…的危险;使遭(受)危险:~ one's life 冒生命危险 ❷敢作,敢于;大胆表示:~ an opinion 大胆提出一个意见 *vi*. 从事大胆的事业;冒险

ad·ven·tur·ous [əd'ventʃərəs] *adj*. 喜欢冒险的,大胆的;冒险的,有危险性的:an ~ holiday 惊险刺激的假日

ad·verb ['ædvɜːb] (~s [-z]) *n*. Ⓒ【语】副词

ad·ver·bi·al [əd'vɜːbɪəl, æd-] Ⅰ. *adj*.【语】副词的,状语的:an ~ clause 状语从句 Ⅱ. *n*. Ⓒ【语】状语

ad·ver·sa·ry ['ædvəsərɪ] (adversaries [-z]) *n*. Ⓒ敌手,敌方;对手;反对者:He defeated his old ~. 他击败了他的老对手。

ad·verse ['ædvɜːs] *adj*. ❶逆的,相反的;对立的,敌对的,反对的:~ currents(河水的)逆流/ an opinion ~ to sb.'s 与某人相反的意见 ❷不利的;有害的:in ~ conditions 在不利的情况下

ad·ver·si·ty [əd'vɜːsɪtɪ] (adversities [-z]) *n*. ❶Ⓤ悲惨的境遇;不幸;逆境:remain cheerful in ~ 处于逆境但仍乐观 ❷Ⓒ[常用复数]灾难,苦难;祸患:She overcame many *adversities*. 她饱经苦难但百折不挠。

ˈad·ver·tise ['ædvətaɪz] (~*s* [-ɪz]; advertising) *vt*. ❶(为产品等)大做广告;大肆宣扬:She ~*d* her house for sale. 她登广告售房。❷通知,通告:I ~*d* him of my plan. 我把我的计划通知了他。*vi*. ❶做广告,登广告:~ in the newspaper 在报纸上登广告 ❷(登广告等)征求(或寻找):She ~*d* for a house. 她登广告找房子。

ad·ver·tise·ment [əd'vɜːtɪsmənt] *n*. Ⓒ广告;启事

ˈad·vice [əd'vaɪs] (~*s* [-ɪz]) *n*. ❶Ⓤ劝告,忠告;意见,指点:take sb.'s ~ 接受某人的劝告 ❷Ⓒ[常用复数]报道,消息,情报;报告,通知:diplomatic ~ 外交情报

ad·vis·a·ble [əd'vaɪzəbl] *adj*. 适当的,适宜的;可劝告的;可取的:This course of action is ~. 这个办法是可取的。

ˈad·vise [əd'vaɪz] (~*s* [-ɪz]; advising) *vt*. ❶向…提出劝告,向…提意见;劝告,忠告:~ sb. against the danger 劝某人提防危险 ❷通知,通告,告知:Please ~ us of the dispatch of the goods. 货物发出时,请通知我们。*vi*. ❶商议,商量,磋商:~ with sb. on(或about)sth. 同某人商量某事 ❷提出意见;做顾问

ad·vised [əd'vaɪzd] *adj*. ❶考虑过的;经过…考虑的,深谋远虑的:well ~ conduct 明智的行为 ❷得到消息的,熟知的

ad·vi·so·ry [əd'vaɪzərɪ] Ⅰ. *adj*. ❶顾问的,咨询的:an ~ committee 咨询委员会 ❷劝告的,忠告的 Ⅱ. (advisories [-z]) *n*. Ⓒ(尤指气象方面的)预告

ad·vo·cate Ⅰ. ['ædvəkət] *n*. Ⓒ❶辩护者;

（辩护）律师 ❷ 鼓吹者；提倡者，拥护者：He is a strong ~ of the new method of teaching. 他是新教学法的积极倡导者。Ⅱ. ['ædvə keɪt] vt. 拥护，提倡，鼓吹；为…辩护：He doesn't ~ building large factories. 他不主张建大工厂。

aer·i·al ['eərɪəl] Ⅰ. [无比较等级]adj. ❶空气的，大气的：~ current 气流 ❷无形的，幻想的：~ music 梦幻般的音乐 ❸航空的，飞行的，空中的 Ⅱ. n.ⓒ[天]天线

aer·o·plane ['eərəpleɪn] n.ⓒ[英]飞机（[美]airplane）

aes·thet·ic [iːs'θetɪk] adj. ❶（有关）美学的，美的；审美的：an ~ sense 美感/~ design 美观的设计 ❷艺术的，爱好艺术的

a·far [ə'fɑː(r)] adv. 从远处，在远处，遥远地

affair [ə'feə] (~s [-z]) n.ⓒ ❶事情：It's not my ~. 那不是我的事。❷[常用复数]事态，事务，业务：~s of state 国事，国务 ❸事件，事变：The press exaggerated the whole ~ wildly. 新闻报道肆意夸大了整个事件。❹风流韵事，桃色事件

af·fect¹ [ə'fekt] (~ed [-ɪd]) vt. ❶([近]influence)影响；对…有影响；对…起作用：Their opinion will not ~ my decision. 他们的意见不会影响我的决定。❷([近]move)感动：The story ~ed us deeply. 这个故事深深地感动了我们。

af·fect² [ə'fekt] vt. ❶喜爱，爱好，爱用，爱穿：She ~s plaid coats. 她爱穿方格呢外衣。❷假装，假冒，冒充：~ not to know sth. 假装不知道某事

af·fec·ta·tion [ˌæfek'teɪʃən] (~s [-z]) n.ⓊⒸ假装；做作，炫耀，故弄玄虚；装模作样，矫揉造作：I detest all ~. 我厌恶一切矫揉造作的行为。

af·fec·tion [ə'fekʃən] (~s [-z]) n.ⓊⒸ（对人或物的）爱，喜爱，爱慕，钟爱之情；慈爱，友爱：He felt great ~ for his sister. 他很爱他的妹妹。

af·fec·tion·ate [ə'fekʃənɪt] adj. ([反]cold)充满爱慕之情的，有深情的；挚爱的，亲爱的：an ~ word 充满深情的话语

af·fil·i·ate [ə'fɪlieɪt] (~d [-ɪd]) affiliating)vt.(使)发生密切联系；参加，加入，使联合，结交；吸收(或接纳)…为成员：Our club is ~d with the national organization. 我们的俱乐部加入了全国性的组织。vi. 交往；有关(with)

af·firm [ə'fɜːm] (~s [-z]) vt.([反]deny)肯定地说；断言：He ~ed that he was responsible. 他断言应由他负责。vi.【律】不经宣誓而正式宣称

af·fir·ma·tive [ə'fɜːmətɪv] Ⅰ.([反]negative)adj.赞成的，认可的：an ~ reply 肯定的回答/ an ~ vote 赞成票 Ⅱ. n.ⓒ肯定词，肯定的陈述命题：answer in the ~ 肯定的回答

af·fix Ⅰ. [ə'fɪks] (~es [-ɪz]) vt. ❶贴上，粘上(to)：~ a stamp to an envelope 在信封上贴邮票 ❷附加，加(附言)；盖章：~ one's signature to a contract 在合同上签字 Ⅱ. ['æfɪks] n.ⓒ ❶附加物，添加剂；附录 ❷【语】词缀

af·flict [ə'flɪkt] (~ed [-ɪd]) vt. [常用被动]使痛苦，使苦恼；(病痛)折磨：Severe drought has ~ed the countryside. 严重的干旱使乡村深受其害。

af·ford [ə'fɔːd] (~s [-z]；~ed [-ɪd]) vt. ❶买得起，担负得起(…的费用)；抽得出时间(一般与 can 或 be able to 连用)：They can't ~ a new car. 他们买不起新车。❷给予，供给：Television ~s pleasure to us.电视给我们带来乐趣。

a·flame [ə'fleɪm] [无比较等级] Ⅰ. adj. [常作表语]❶燃烧着的 ❷发着火光的；发亮的，发红的：The whole building was soon ~. 整个建筑物很快就燃烧起来了。Ⅱ. adv. 发亮；发红

a·float [ə'fləʊt] [无比较等级]adv. & adj. ❶浮着(的)，漂浮(的)：The ship was listing badly but still kept ~. 船倾斜得很厉害，但仍漂浮不沉。❷在船上(的)，在海上(的)：enjoy life ~ 喜欢海上生活 ❸为水所淹(的)：The lower deck is ~. 低层甲板被水淹没。❹(消息、谣言等)在流传中(的)，在传播中(的)：Rumors are ~. 谣言在流传。❺(经济上)应付自如(的)；免于经济困难(的)

a·fraid [ə'freɪd] [常作表语]adj. ❶怕，害怕；畏惧：Don't be ~. 不要怕。❷担心，担忧：He's ~ of losing customers. 他担心失去顾客。

Af·ri·ca ['æfrɪkə] n.非洲

Af·ri·can ['æfrɪkən] Ⅰ. adj.非洲的，非洲人的 Ⅱ. n.ⓒ非洲人

af·ter ['ɑːftə(r)] Ⅰ. prep. ❶[表示位置]在…的后面，在…背后，在…之后：Shut the door ~ you when you go out. 出去时请随手关门。❷[表示时间]在…以后，迟于：the day ~ tomorrow 后天 ❸寻找，追求；跟踪，追随：She's ~ a job in publishing. 她在找一份出版业的工作。❹因为，由于，鉴于：After what he did to my family, I hate him. 由于他对我家庭的所作所为，所以我很恨他。❺尽管，不管，不

顾：*After* all our advice, he insists on going. 尽管我们劝阻他，他仍然坚持要去。❻依从，依照；仿照，仿效：a painting ～ Rubens 一幅仿鲁本斯的画 ❼为纪念…，取名于：a child named ～ Lincoln 一个以林肯命名的孩子 ❽关于，有关：They inquired ～ you. 他们在问候你。Ⅱ．*adv*.（[近]afterwards）❶[表示位置]在后面，背后，在后：She followed on ～. 她在后面跟着。❷[表示时间]以后，之后；后来，随后：They lived happily ever ～. 他们后来一直生活得很幸福。Ⅲ．*conj*.（时间）在…以后，在…之后：*After* the work was done, we sat down to sum up experience. 工作结束后，我们坐下来总结经验。Ⅳ．*adj*. 以后的，随后的，继…之后的：in ～ years 在以后的岁月里

°**af·ter·noon** [ˌɑːftəˈnuːn] Ⅰ．*n*.Ⓤ Ⓒ下午，午后：She goes there two ～s a week. 她每星期有两天下午到那里去。Ⅱ．*adj*.下午的，午后的：an ～ sleep 午觉/～ tea 下午茶

af·ter·ward(s) [ˈɑːftəwəd(z)] *adv*.后来，以后：Let's go to the theatre first and eat ～. 咱们先去看戏，然后再吃吧。

°**a·gain** [əˈɡen, əˈɡeɪn] [无比较等级] *adv*. ❶恢复原状，复还：He was glad to be home ～. 他回到家里，感到很高兴。❷再一次，再，又：Try ～. 再试一下。/See you ～. 再见，再会。❸而且；此外；另一方面；其次：I might, and then ～ I might not. 我可能，可也不一定。❹ 回音，回答，回复

°**a·gainst** [əˈɡenst, əˈɡeɪnst] *prep*. ❶（[反]for）相反；反对；违反，违背：That's ～ the law. 那是违法的。❷撞击；跟…相撞，同…冲突，顶着：hit one's head ～ a brick wall 碰壁 ❸逆行，逆…方向，对着：We were rowing ～ the current. 我们逆水划船。❹与…（形成）对照，与…对比；以…为背景：The skier's red clothes stood out clearly ～ the snow. 滑雪者的红衣服在雪的衬托下分外醒目。❺贴着，毗连；紧靠，倚着：He was leaning ～ a tree. 他倚着一棵树。❻防备，预防：take precautions ～ fire 采取防火措施

°**age** [eɪdʒ] (～s [-ɪz]) Ⅰ．*n*. ❶Ⓤ Ⓒ（人或事物的）年龄，年纪，年岁：What ～ is she? 她多大年纪? /He's five years of ～. 他 5 岁。❷Ⓤ时期，（生命发展的）阶段：full ～ 成年/middle ～ 中年/old ～ 老年 ❸Ⓤ老态，老年，晚年：His face was wrinkled with ～. 他的脸因苍老而起皱。❹Ⓒ历史时期，时代：the modern ～ 现代/the nuclear ～ 核时代 ❺Ⓒ[口][常用复数]很长一段时间，长久：I waited (for) ～s. 我等候很久了。Ⅱ．(aging 或～ing) *vt*.& *vi*.（使）变老，显老；（物）成熟，

（使）老化；（使）变陈旧：Worry ～d him rapidly. 忧虑使他老得很快。

aged [ˈeɪdʒɪd] *adj*. ❶老的，年老的；陈年的；老化的：an ～ man 一位老人/～ wine 陈酒 ❷[常作表语]…岁的：The boy was ～ ten. 那个男孩 10 岁。

°**a·gen·cy** [ˈeɪdʒənsɪ] (agencies [-z]) *n*. ❶Ⓤ力量；(能动)作用，动作 ❷Ⓒ代理（权）；代理处，代办处，经销处：an employment ～ 职业介绍所 ❸Ⓒ（政府的）机构：Central Intelligence *Agency* 中央情报局

agent [ˈeɪdʒənt] *n*. Ⓒ❶施行者，动作者；(起作用或影响的)动因，原动力，作用力：the ～ of his own ruin 他自我毁灭的根源 ❷【化】剂，媒介（物）：cleaning ～ 除垢剂/oxidizing ～ 氧化剂 ❸代理人，代理商；经纪人：an insurance ～ 保险业经纪人/a secret ～ 特务，间谍

ag·gra·vate [ˈæɡrəveɪt] (～d [-ɪd]; aggravating) *vt*. ❶ 使（病情）更恶化，使（疾病、痛苦等）加剧、加重：He ～d his condition by leaving hospital too soon. 他因过早出院而使病情恶化。❷[口]激怒，触怒，使恼火：He ～s her just by looking at her. 他只是看着她就把她惹恼了。

ag·gres·sion [əˈɡreʃən] (～s [-z]) *n*.Ⓤ Ⓒ侵略，侵犯；侵略行为：an act of open ～ 公然的侵略行为

ag·gres·sive [əˈɡresɪv] *adj*. ❶侵略的，挑衅的；(行为)过分的，放肆的：*Aggressive* nations threaten world peace. 具有侵略成性的国家威胁世界和平。❷进取的，敢作敢为的；积极的：If you want to be a success in business, you must be ～. 如果你想要生意成功，就一定要积极进取。

ag·gres·sor [əˈɡresə] (～s [-z]) *n*.Ⓒ侵略者，侵略国；攻击者：～ troops 侵略军

ag·ile [ˈædʒaɪl] *adj*.灵活的，机敏的；活泼的，敏捷的：an ～ mind 敏捷的才思

ag·i·tate [ˈædʒɪteɪt] (～d [-ɪd]; agitating) *vt*.鼓动，搅动，扰乱(人心)：She was ～d by his sudden appearance at the party. 他在聚会上突然出现，使她心烦意乱。*vi*.进行鼓动；发起运动；激烈辩论：～ for tax reform 鼓吹税制改革/～ against nuclear weapons 鼓动反对核武器

ag·i·ta·tion [ˌædʒɪˈteɪʃən] *n*. ❶Ⓤ(液体等的)摇动，搅动 ❷Ⓤ(情绪等的)纷乱，振奋，焦虑：She was in a state of great ～. 她极度心慌意乱。❸Ⓤ Ⓒ鼓动，煽动

°**a·go** [əˈɡəʊ] *adv*.前，以前，已往(与动词一般过去式连用)：twenty years ～ 20 年前/

not long ～ 不久以前

a·go·ny [ˈægənɪ] (agonies[-z]) **n.** Ⓤ Ⓒ（精神上或肉体上的）极度痛苦；苦闷：The wounded man was in ～. 那受伤的人痛苦至极。

a·gree [əˈgriː] (～s [-z]) **vi.** ❶答应，应允；同意，赞成：Is she going to ～ to our suggestion? 她会同意我们的建议吗？❷（性情等）投合；相合；一致：You can't ～, can you? 你们好像合不来吧？❸（意见）相同；（与某人）有相同的看法：We couldn't ～ on a date. 关于日期，我们未能取得一致意见。/ I ～ with his analysis of the situation. 我同意他对该情况的分析。❹（气候、食物等）适合，适宜：The cold weather didn't ～ with her. 那寒冷的气候不适合她。❺【语】（数、人称、格）一致 **vt.** ❶赞成，同意；承认：He ～d that he should have been more careful. 他承认他当初应再仔细一些。❷（对价钱、条件等）达成令人满意的协议；商定，约定：They met at the ～d time. 他们在约定的时间相见了。

a·gree·a·ble [əˈgriːəbl] **adj.** ❶（[反]disagreeable）令人愉快的，惬意的，宜人的：～ weather 宜人的天气 ❷欣然同意的：I'll invite her, if you're ～ to her coming. 如果你乐意她来的话，我就请她。

a·gree·a·bly [əˈgriːəblɪ] **adv.** 令人愉快地，惬意地：～ surprised 惊喜交加

a·gree·ment [əˈgriːmənt] **n.** ❶Ⓤ一致；同意，赞成：The two sides failed to reach ～. 双方未能达成一致意见。❷Ⓒ协定，协议；合同，契约：Please sign the ～. 请签协议。❸Ⓤ【语】（在数、人称等方面主谓语的）一致关系

ag·ri·cul·tur·al [ˌægrɪˈkʌltʃərəl] **adj.** 农业的，农耕的：～ land 农业用地

ag·ri·cul·ture [ˈægrɪkʌltʃə(r)] **n.** Ⓤ ❶农业，农艺；农耕 ❷农学

a·head [əˈhed] **I.** **adv.** &. **adj.** ❶在前面（的），向前（的），前头（的）：He ran ～. 他跑在前面。❷提前（的），预先（的）；在…之前（的）(of)：fulfil the plan ～ of time 提前完成计划 ❸领先（的），超过（的），胜过（的）：She was always well ～ of the rest of the class. 她在班上总是遥遥领先。

AI [缩] Artificial Intelligence 人工智能

aid [eɪd] **I.** (～ed [-ɪd]) **vt.** 帮助，帮忙，援助：Sleep ～s recovery. 睡眠有助于恢复健康。/ ～ sb. in doing sth.（或 to do sth.）帮助某人做某事 **II.** ❶Ⓤ帮助，援助，协助：with the ～ of a friend 在朋友的帮助下/ legal ～ 法律援助 ❷Ⓒ帮手，助手；辅助物 ❸Ⓒ辅助物，辅助设备：a hearing ～ 助听器/ teaching ～ 教具

aim [eɪm] **I.** (～s [-z]) **vt.** 把…瞄准，把…对准；针对：He ～ed his gun at the target. 他用枪瞄准目标。**vi.** ❶以…为目标瞄准：You're not ～ing straight. 你瞄得不准。❷目的在于，志向：She ～s high. 她志向很高。**II.** **n.** ❶Ⓤ瞄准：My ～ was accurate. 我瞄得很准。❷Ⓒ目的，目标：He has only one ～ in life. 他活着只有一个目的。

aim·less [ˈeɪmlɪs] **adj.** 无目标的，无目的的

air [eə(r)] **I.** (～s [-z]) **n.** ❶Ⓤ空气，大气：Let's go out for some fresh ～. 咱们出去呼吸点儿新鲜空气吧。❷Ⓤ空间，天空，空中：the birds of the ～ 天空中的鸟/send goods by ～ 空运货物 ❸Ⓒ外貌，样子；气氛，神态，态度：smile with a triumphant ～ 带着胜利神情的微笑 ❹Ⓒ[常用复数]矫揉造作的举止，傲气，神气，架子：sanctified ～s 装出神圣不可侵犯的气派 **II.** (～s [-z]; ～ing [-rɪŋ]) **vt.** ❶使通风，使换气，透气 ❷晾干（衣、被等），风干，晒干 ❸宣扬，公开发表（意见、观点、理论等）；炫耀：He likes to ～ his knowledge. 他喜欢炫耀自己的知识。**vi.** 通风，通气；晾晒

air·craft [ˈeəkrɑːft] **n.** Ⓒ[单复同]航空器，飞行器（包括飞机、飞船、气球、直升机等）：an ～ carrier 航空母舰

air·less [ˈeəlɪs] **adj.** ❶无（新鲜）空气的，不通风的：an ～ room 空气不流通的房间 ❷无风的：It was a hot,～ evening. 那是一个闷热的晚上。

air·plane [ˈeəpleɪn] **n.** Ⓒ[美]飞机

air·port [ˈeəpɔːt] **n.** 机场；航空港

air·y [ˈeərɪ] (airier; airiest 或 more ～; most ～) **adj.** ❶空气的 ❷空想的，空幻的，虚无缥缈的，梦幻的 ❸轻如空气的，轻盈的；优雅的，优美的：an ～ silk gauze 轻飘飘的丝质薄纱 ❹轻松愉快的，逍遥自在的；快乐的，快活的 ❺（举止、谈吐等）轻率的，轻浮的 ❻通风的，通气的：The office was light and ～. 那间办公室既明亮又通风。❼[口]做作的

aisle [aɪl] **n.** Ⓒ❶（教堂的）侧廊 ❷（成排座椅间的）过道；走廊，通道

a·larm [əˈlɑːm] **I.** (～s [-z]) **n.** ❶Ⓒ警报；报警器，警报装置：give the ～ 发出警报/ a fire ～ 火警警报器 ❷Ⓒ闹（钟）铃 ❸Ⓤ惊恐，惊慌，惊惧：This news fills me with ～. 这消息使我大为惊慌。**II.** **vt.** ❶向～报警，告急，使警觉 ❷使惊动，使惊慌，使焦虑不安：Alarmed by the noise, the birds flew away. 那声响把鸟吓飞了。

a·las [əˈlæs] **int.** 哎呀！（表示悲哀、遗憾、懊悔或忧虑的感叹词）

al·bum [ˈælbəm] (～s [-z]) **n.** Ⓒ❶（收集照

片、邮票或亲笔签名的)空白簿：a photograph ~ 相册/ a stamp ~ 集邮簿 ❷唱片集 ❸(诗、文、曲、画等的)选集，文选

al·co·hol [ˈælkəhɒl] n. ❶C∪【化】酒精；乙醇 ❷∪含有酒精的饮料，酒：prohibit the sale of ~禁止售酒

a·lert [əˈlɜːt] I. adj. ❶([近]careful, watchful)警惕的，警戒的，留心的：be ~ to possible dangers 对可能发生的危险有警觉 ❷(思想)敏锐的，迅速的；(动作)灵敏的，机灵的，活泼的：Although he's over eighty, his mind is still remarkably ~.他虽已年逾80，但头脑仍十分机敏。II. n. C❶(空袭)警报，警戒；receive the ~ 收到警报 ❷警报期间，警戒期间，警戒状态：The troops were placed on full ~.部队处于全面警戒状态。III. vt.使警觉，使(部队)处于待命状态；向…发出警报，警戒：The troops were ~ed 部队处于待命状态。

al·ge·bra [ˈældʒɪbrə] n. ∪代数(学)：elementary ~ 初等代数/ higher ~ 高等代数

al·ien [ˈeɪljən] I. [无比较等级] adj. ❶外国(人)的，异乡的，异己的：an ~ land 外国 ❷完全不同的，不可思议的：Their ideas are ~ to our way of thinking.他们的看法与我们的思维方式完全不同。❸相反的，不相容的，格格不入的：Cruelty was quite ~ to his nature. 残忍的行为与他的本性格格不入。II. n. C❶外国人，侨民 ❷外人，局外人 III. vt. 【律】转让，让与(土地等)，让渡(所有权)

a·light[1] [əˈlaɪt] (~ed[-ɪd]或 alit[əˈlɪt]) vi. ❶(从…)下来；下车，下马，下飞机：Passengers should never ~ from a moving bus. 公共汽车未停稳时，乘客切勿下车。❷(飞机等)降落，降；(鸟等)飞落：The sparrow ~ed on a nearby branch.那只麻雀飞落在附近的树枝上。❸意外(或偶然)遇见，偶然发现：My eyes ~ed on a dusty old book at the back of the shelf.我偶然发现书架后面有一本满是灰尘的旧书。

a·light[2] [əˈlaɪt] [常作表语] adj. ❶点着的，烧着的，燃着的：A cigarette set the dry grass ~.香烟把干草点着了。❷照亮的，变亮的，发亮的：Their faces were ~ with joy.他们因喜悦而容光焕发。

a·like [əˈlaɪk] I. [常作表语] adj. 相像的；相同的，同样的；相似的：The twins don't look at all ~. 这对双胞胎一点儿都不像。II. adv. 相似地；相同地，同样地，一样地：treat everybody exactly ~ 一视同仁

a·live [əˈlaɪv] adj. ❶([反]dead)活的，在世的：She was still ~ when I reached the hospital.当我赶到医院的时候，她还活着。

存在的，现存的；(记忆)犹新的 ❸活泼的，有活力的，活跃的，充满着…生气的：Although she's old she's still very much ~.她虽然年纪大了，但仍然充满活力。❹注意到的，感觉到的：He is fully ~ to the possible dangers. 他充分注意到会有危险。

all [ɔːl] I. adj. ❶全部的，所有的，一切的；全体的：~ the world 全世界 / All the people you invited are coming. 你所邀请的人全都会来。❷尽可能的，尽量的；with ~ speed 全速/ in ~ honesty 最诚实地 ❸仅仅有，只，只有：Life is not ~ pleasure.生活并不全是乐趣。II. pron. ❶每人，大家，全体；一切；全部：All must die.人总有一死。❷所有的事情，一切事情：All I want is peace and quiet. 我所要的只是安宁。III. (某人)所有的一切，全部：give your ~ 献出你的一切 IV. adv. ❶完全(地)，彻底(地)；全体，全然；十分：She was ~ excited. 她十分兴奋。❷每个，各，各自；(球赛等)双方得分相等：The score was four ~.比分是四平。

al·lay [əˈleɪ] (~s [-z]) vt. ([近]lessen)使镇静，减轻，解除(痛苦、疼痛、忧虑等)：~ suffering 减轻苦难/ ~ suspicion 解除嫌疑

al·lege [əˈledʒ] (~s [-ɪz]; alleging) vt. (独断地)宣称，无根据地断言；辩解：We were ~d to have brought goods into the country illegally. 我们被指控非法携带货物入境。

al·leged [əˈledʒd] adj. ❶有嫌疑的，被指控的：the ~ assassin 受嫌疑的行刺者 ❷所谓的，声称的，宣称的

al·le·vi·ate [əˈliːvɪeɪt] (~d [-ɪd]; alleviating) vt. 减轻(痛苦、疾苦等)；使缓和：The doctor gave her an injection to ~ the pain. 医生给她注射以减轻疼痛。

al·ley [ˈælɪ] (~s [-z]) n. C❶庭院(或公园)中的林间小径 ❷胡同，巷；小街，背街 ❸(保龄球等的)球道；保龄球场

al·li·ance [əˈlaɪəns] (~s [-ɪz]) n. ❶∪C(国家、政党的)联合，联盟；联姻，同盟 ❷C盟国，联邦；同盟者

al·lot [əˈlɒt] (allotted [-ɪd]; allotting) vt. 按比例(或股份)分配，分派，指派；规定：We finished the work within the time they'd ~ted (to) us.我们在指定的时间内把他们分配给我们的工作做完了。

al·low [əˈlaʊ] (~s [-z]) vt. ❶([近]permit)允许，准许，许可；让：Passengers are not ~ed to smoke. 乘客不允许吸烟。❷允许有，让与，给予：她每月给她儿子 10 美元。❸让…进入，允许进入，准入：Dogs not ~ed.不准携狗入内。❹承认(要求、权利等) vi. ❶考虑到，顾

及；体谅 ❷容许

al·low·a·ble [əˈlaʊəbl] *adj.*（可）容许的，可允许的，许可的

al·low·ance [əˈlaʊəns] **I.**（~s [-ɪz]）*n.* ☐❶（给小孩、受赡养者或军人的）津贴，补助费：I didn't receive any ~ from my father. 我没有收到父亲给的零用钱。❷折扣，折价：make an ~ of 5% for cash payments 付现金打 95 折 **II.**（~s [-ɪz]；~d [-t]；allowancing）*vt.* ❶定量供应（食物、饮料等物品）❷发津贴给

al·loy I. [ˈælɔɪ]（~s [-z]）*n.* ☐Ⓤ合金：~ steel 合金钢 **II.** [əˈlɔɪ]（~s [-z]）*vt.* ❶使（金属）不纯，减低（金属）成色 ❷合铸（金属）使成合金 ❸（混有杂质）使低劣，使低贱；减低（乐趣等）：happiness that no fear could ~ 不受恐惧影响的幸福 *vi.*合铸（易于）熔合：Iron ~s well. 铁易于熔合。

al·lude [əˈluːd]（~s [-z]）~d [-ɪd]；alluding）*vi.*（随便或间接地）提到，提及，谈到；暗指（to）：You ~d to some developments in your speech—what exactly did you mean? 你在讲话中提到某些发展——确切的意思是什么呢？

al·lu·sion [əˈluːʒn]（~s [-z]）*n.* Ⓤ☐暗指，（间接的）提到，（随便的）说起，提及，涉及，典故：His poetry is full of obscure literary ~s. 他的诗里用了很多晦涩的文学典故。

al·ly I. [əˈlaɪ]（allied）*vt.*使联姻，使（国家）结盟，使联合：Britain has *allied* itself with other western powers for trade and defence. 英国与其他西方强国结成了贸易及防御联盟。*vi.*结盟 **II.** [ˈælaɪ]（allies[-z]）*n.* ☐❶同盟国，同盟者；伙伴，合伙人；助手 ❷[the Allies]（第一次世界大战中的）协约国；（第二次世界大战中的）同盟国

almost [ˈɔːlməʊst] **I.** *adv.* 几乎，差不多：I ~ dropped the bulb. 我差点儿失手把灯泡摔了。**II.** *adj.* [罕]几乎是…的：be in a state of ~ collapse 几乎垮台的状态

a·lone [əˈləʊn] **I.** *adv.* ❶孤零地，孤单地：The house stands ~ on the hill. 那房子孤零地屹立在小山上。❷单独地，独自：She lives all ~ in that large house. 她独自一人住在那所大房子里。❸只有，仅仅，才（置于名词、代词之后）：You ~ can help me. 只有你才能帮助我。**II.** [常作表语]*adj.* ❶孤零的，孤单的 ❷单独的 ❸独一无二的，无双的：She stands ~ among modern sculptors. 她在现代雕塑家中是独一无二的。

a·long [əˈlɒŋ] **I.** *prep.* 沿着，循：walk the street 沿着街道走 **II.** *adv.* ❶向前，往前，在前面：The policeman told the crowds to

move ~. 警察让人群向前走动。/ Come ~ or we'll be late. 快点儿吧，要不然就迟到了。❷一道，一起，共同，做伴：Come to the party and bring some friends ~. 请来参加聚会并带些朋友来。❸在…手边，在…身上，在…身边：She took her umbrella ~. 她带着伞

a·long·side [əˈlɒŋˌsaɪd] **I.** *prep.* 在…旁边，在…附近；横靠；与…并肩 **II.** *adv.* 傍，靠；并排地，（肩）并肩地

a·loud [əˈlaʊd] *adv.* ❶高声地，大声地：She called ~ for help. 她高声呼救。❷出声地：He read his sister's letter ~. 他大声地读他妹妹的信。

al·pha·bet [ˈælfəbɪt] *n.* ❶☐Ⓒ字母表，字母系统：English ~ 英语字母表 ❷[the ~]初步，入门

al·read·y [ɔːlˈredɪ] [无比较等级]*adv.* 已经，早已，业已：She had ~ left when I phoned. 我打电话时，她早已走了。

al·so [ˈɔːlsəʊ] **I.** [无比较等级]*adv.* ❶也，亦，同样地 ❷而且，还：She speaks French and ~ a little Russian. 她会说法语，还会说一点儿俄语。**II.** *conj.* [口]还

al·tar [ˈɔːltə(r)]（~s [-z]）*n.* ☐祭坛，祭台；（基督教教堂内的）圣坛；圣餐台

al·ter [ˈɔːltə(r)]（~s [-z]；~ing [-rɪŋ]）*vt.* 更改，改变，变更；改做（衣服）：The plane ~ed its course. 飞机更改了航线。*vi.* 改变，变化，变样：I didn't recognize him because he had ~ed so much. 我没认出他来，因为他变了许多。

al·ter·nate [ˈɔːltənət] **I.** [无比较等级]*adj.* ❶轮流的，交替（发生）的，相间的：a pattern of ~ circles and squares 圆形与方形相间的图案 ❷间隔的，交错的：on ~ days 每隔一日 **II.** *n.* ☐代理人，代表人；替代物 **III.** [ˈɔːltəneɪt]*vt.* 使轮流，使交替；轮流进行，使交替排列：He ~d kindness with cruelty. 他恩威并行。*vi.* 更迭，轮流（或交替）地做，交替发生：Rainy days ~d with dry ones. 雨天与晴天交替更迭。

al·ter·na·tive [ɔːlˈtɜːnətɪv] **I.** [无比较等级]*adj.* 两者（或两者以上）择一的，二择其一的，选择的：~ routes 可选择的两条路线 **II.** *n.* ☐❶[the ~]（两者或两者以上）选择，抉择：Caught in the act, he had no ~ but to confess. 他被当场抓住，除了招供别无出路。❷可供选择的办法；可供选择的事物：There are several ~s to your plan. 除了你的计划，另有几种选择方案。

al·though [ɔːlˈðəʊ] *conj.* 虽然，尽管；即使，纵然：*Although* he is very old, he is quite strong. 他虽然年纪大了,但身体很健壮。

al·ti·tude [ˈæltɪtjuːd] (∼s [-z]) *n*.Ⓤ Ⓒ ❶ 高度(尤指海拔);高:We are flying at an ∼ of 20,000 feet. 我们的飞行高度是 20,000 英尺。❷ [常用复数]高处,高地:It is difficult to breathe at these ∼s. 在这么高的地方很难呼吸。❸【数】顶垂线,高线

ˈal·to·geth·er [ˌɔːltəˈɡeðə(r)] *adv*. ❶ ([近]completely)全然,完全;全部地:I don't ∼ agree with you. 我并不完全同意你的意见。❷ 总共,合计:You owe me 6 dollars ∼. 你总共欠我 6 美元。❸ 总而言之,总之:The weather was bad and the food dreadful. *Altogether* the holiday was very disappointing. 天气又坏,吃的又糟。总而言之,这次假日很扫兴。

ˈal·ways [ˈɔːlweɪz, ˈɔːlwɪz] [无比较等级] *adv*. ❶ 一直,总是,老是:She has ∼ loved gardening. 她一直喜爱园艺。❷ 始终,不断地,永远地:He said he would love me ∼. 他说他会永远爱我。❸ 在任何时候,随时:You could ∼ use a dictionary. 你可以随时使用字典。

am [æm;əm] be 的第一人称单数现在时陈述语气形式,见 be

ˈ**AM.**, **a.m.** [缩][拉] ante meridiem 午前;上午

ˈam·a·teur [ˈæmətə(r),-tjʊə(r),-tʃə(r), ˌæməˈtɜː(r)] I.(∼s [-z]) *n*.Ⓒ ❶ 业余活动者,业余爱好者:Although he's only an ∼, he's a first-class player. 虽然他只是个业余爱好者,但却是一流的高手。❷(泛指)非专业人员 II. *adj*. ❶ 业余的:an ∼ photographer 业余摄影爱好者 ❷ 非专业的,非专家的

ˈa·maze [əˈmeɪz] I.(∼s [-ɪz]; amazing) *vt*.([近]astonish, surprise)使惊奇,使吃惊,使惊愕,使惊讶:He ∼d everyone by passing his driving test. 他驾驶考试合格使大家很惊奇。II. *n*.Ⓒ[诗]惊奇,惊愕

ˈa·maz·ing [əˈmeɪzɪŋ] *adj*. 惊人的,令人惊奇的:an ∼ speed 令人惊异的速度

ˈam·bas·sa·dor [æmˈbæsədə(r)] (∼s [-z]) *n*.Ⓒ大使,使节:an ∼ at large 巡回大使,特使

am·ber [ˈæmbə] I. *n*.Ⓤ 琥珀,琥珀色;(红绿灯的)黄灯 II. *adj*. 琥珀似的;琥珀色的,黄灯的 III. *vt*. 使呈琥珀色

am·big·u·ous [æmˈbɪɡjʊəs] *adj*. ❶ 可能有两种(或多种)解释的,双关的 ❷ 不明确的,模糊的;模棱两可的:an ∼ smile 用意含糊的微笑

ˈam·bi·tion [æmˈbɪʃən] (∼s [-z]) *n*. ❶Ⓤ Ⓒ志向,志气;抱负,雄心,野心,企图:have

great ∼s 有远大的志向 ❷Ⓒ(具体的)抱负目标,所希望的东西

ˈam·bi·tious [æmˈbɪʃəs] *adj*. ❶ 胸怀大志的,有志气的,有雄心壮志的;野心勃勃的;an ∼ young manager 有雄心壮志的年轻的经理 ❷ 热望的,热切的,渴求的:She is ∼ of success. 她渴望成功。

am·bu·lance [ˈæmbjʊləns] (∼s [-ɪz]) *n*.Ⓒ 救护车;救护船;救护飞机

am·bush [ˈæmbʊʃ] I. *n*.Ⓤ Ⓒ伏击;伏兵;设伏地点,埋伏:lie (或 wait) in ∼ 打埋伏 II.(∼es [-ɪz]; ∼ed [-t]) *vt*. & *vi*. 埋伏,打埋伏;伏击:∼ an enemy patrol 伏击巡逻的敌人

a·men [ˌɑːˈmen, ˌeɪˈmen] *int*.(基督教祈祷或圣歌的结束语)阿门!

a·mend [əˈmend] (∼s [-z]; ∼ed [-ɪd]) *vt*. ❶ 改好,改进,改良,改善:You must ∼ your behaviour. 你的行为得改一改。❷ 改正,矫正;订正;修正(议案、提案、法令等):∼ a document 修改文件 *vi*. 改过自新

a·mends [əˈmendz] *n*.Ⓒ[复](对毁坏、损坏的)赔偿;赔罪,赔礼:How can I ever make ∼ for ruining their party? 我把他们的聚会弄糟了,这个罪可怎么赔得起呀?

A·mer·i·ca [əˈmerɪkə] *n*. ❶ 美洲(包括北美和南美洲)❷ 美国:the United States of ∼ 美利坚合众国(略作 U.S.A)

A·mer·i·can [əˈmerɪkən] I. *adj*. ❶ 美洲的 ❷ 美国的,美国人的:II. *n*. ❶Ⓒ 美洲人,美国人 ❷Ⓤ 美国英语

a·mi·a·ble [ˈeɪmjəbl] *adj*. 友善的,亲切的,和蔼可亲的;温柔的:an ∼ character 温柔的性格/ an ∼ mood 欢快的心情/ an ∼ conversation 亲切的交谈

a·mi·ca·ble [ˈæmɪkəbl] *adj*. 友好的,友善的;和睦的:We reached an ∼ agreement. 我们达成了一项友好的协议。

ˈa·mid [əˈmɪd] *prep*. 在…当中,在…中间,在…之中:*Amid* all the rush and confusion, she forgot to say goodbye. 她在忙乱中忘记了告辞。

am·me·ter [ˈæmɪtə(r)] (∼s [-z]) *n*.Ⓒ【电】电表,安培计

ˈa·mong [əˈmʌŋ] *prep*. ❶ 在…中间,被…所环绕,在其中:He found it ∼ a pile of old books. 他是在一堆旧书中找到它的。❷ 在…数目中,在…一类中:He is ∼ the best of our students. 他是我们最好的学生之一。❸ …之一;包括在…之中:That singer is very popular ∼ young people. 那位歌手很受年轻人的欢迎。❹ 在…之间(分配):Divide the money ∼ the five of them. 把这钱分给他们 5 个人。

A

a•mount [ə'maʊnt] Ⅰ. (~ed [-ɪd]) vi. ❶合计,总计,共达:The cost ~ed to 300 dollars. 费用共达 300 美元。❷等于,相当于:What you say ~s to a direct accusation. 你所说的话等于直接的指责。Ⅱ. n. ❶ⓤ金额;总数,总和;总计:Can you really afford this ~? 你真付得起这个金额吗?❷ⓒ数量,数额:a large ~ of money 大量的钱

am•pere ['æmpeə(r)] n. ⓒ【电】安培(电流单位)

am•ple ['æmpl] (~r;~st) adj. ❶(体积、长度等)宽大的,广阔的,宽敞的:The house has an ~ yard. 这房子有一个宽大的庭院。❷足够的;充分的:A small piece of cake will be ~. 一小块蛋糕就足够了。❸充足的,充裕的,富足的:We have ~ money for the journey. 我们有充裕的钱去旅行。

am•pli•fy ['æmplɪfaɪ] (amplifies[-z];amplified) vt. ❶放大,增加,扩展,扩大 ❷详述,详说:We must ask you to ~ your statements. 我们得请你对你的陈述做进一步的说明。❸【电】放大,扩音,增幅:~ the sound 增强声音/~ electric current 增强电流 vi. 详说,详述,引申:He amplified on his remarks with drawing and figures. 他用图画和数字来进一步说明他的话。

a•muse [ə'mjuːz] (~s [-ɪz];amusing) vt. ([反]bore) ❶使欢乐,使娱乐,给…娱乐(或消遣):These toys will help to keep the baby ~d. 这些玩具能让这个婴儿很快乐。/ They ~d themselves by looking at old photographs. 他们以看旧照片来消遣。❷逗…笑,逗…乐:My funny drawings ~d the children. 我的滑稽图画把孩子们给逗乐了。

a•muse•ment [ə'mjuːzmənt] n. ❶([近]delight)ⓤ娱乐,消遣,乐趣:To my great ~ his false beard fell off. 使我感到极其好笑的是,他的假胡子掉下来了。❷ⓒ娱乐活动,文娱节目:The hotel offers its guests a wide variety of ~s. 这个旅馆为旅客提供了各种各样的娱乐活动。

a•mus•ing [ə'mjuːzɪŋ] adj. ([近]funny) 有趣的,引人发笑的,好笑的:an ~ story 有趣的故事

an [强 æn;弱 ən] art. 见 a

an•a•logue ['ænəlɒg] (~s [-z]) n. ⓒ类似物,相似物

a•nal•o•gy [ə'nælədʒɪ] (analogies [-ɪz]) n. ❶ⓒ类似,相似(性),相似之处:point to analogies between the two events 指出两起事件的相似之处 ❷ⓤ类推;模拟:My theory applies to you and by ~ to others like you.

我的理论适用于你;照此类推,也适用于像你一样的其他人。

a•nal•y•sis [ə'næləsɪs] (analyses[ə'næləsiːz]) n. ⓤⓒ ❶分析;分解;解析:Close ~ of sales figures shows clear regional variations. 对销售额的仔细分析显示出明显的地区差别。❷[美]精神分析 ❸【化】分解,解析 ❹分析结果

an•a•lyt•ic(al) [ænə'lɪtɪk(l)] adj. 分析的,分解的,解析的

an•a•lyze, -se ['ænəlaɪz] (~s [-ɪz];analyzing) vt. ❶分析;分解;解析:~ the sample and identify it 分析样品进行鉴定 ❷对…细查,研究:We must try to ~ the cause of the strike. 我们必须研究一下罢工的原因。

a•nat•o•my [ə'nætəmɪ] n. ⓤⓒ ❶解剖学;(对动、植物的)解剖 ❷(动、植物的)构造,身体结构:the ~ of the frog 青蛙的解剖构造 ❸分解;分析,剖析

an•ces•tor ['ænsestə(r),-sɪs-] (~s [-z]) n. ⓒ([反]descendant) 祖先,祖宗

an•ces•try ['ænsestrɪ,-sɪs-] (ancestries [-z]) n. ⓤⓒ ❶(家族)血统;家世;门第:a distinguished ~ 名门望族 ❷[集合用法]祖先,祖宗,列祖

an•chor ['æŋkə(r)] Ⅰ. (~s [-z]) n. ⓒ ❶锚,锚状物:They brought the boat into the harbour and dropped (the) ~. 他们把船开进海港,下锚停泊。❷使人觉得稳定(或安全)的东西;[喻]依靠 Ⅱ. (~s [-z];~ing [-rɪŋ]) vt. & vi. 抛锚泊(船);(使)固定,(使)稳固,稳定:We ~ed (our boat) close to the shore. 我们近岸抛锚停泊(船)。

an•cient ['eɪnʃənt] Ⅰ. adj. ❶古代的;远古的,久远的:~ civilizations 古代的文明 ❷古老的:an ~ city 一座古城 ❸老式的;(形式)古旧的,过时的 Ⅱ. n. ⓒ古代人,老年人;[用复数]古代民族(尤指古希腊、罗马人)

and [强 ænd;弱 ənd,ən] conj. ❶和,跟,与,及,同;并;兼;又,亦,也;另外,此外,而且[用来连接具有相同语法作用的成分]:bread ~ butter 面包和黄油/ slowly ~ carefully 缓慢而小心地/ able to read ~ write 能读又能写 ❷加,加上:5 ~ 5 makes 10. 5 加 5 等于 10。❸而;则;因此,所以:Water the seeds ~ they will grow. 给种子浇上水,种子就会生长。❹相反;但是,可是,而(通常使用 and yet 的形式):She is rich, ~ (或~ yet)leads a modest life. 她很富有,但却过着朴素的生活。❺然后,接着:She came in ~ sat down. 她进来以

A

后就坐下了。

an·ec·dote ['ænɪkdəʊt] *n*. ⓒ趣闻

a·new [ə'njuː] *adv*. 再一次,重新:repent and start ～ 悔过自新

an·gel ['eɪndʒəl] (～s [-z]) *n*. ⓒ❶天使: You are an ～! 你真像位天使! ❷守护神 ❸ 可爱的人,天真无邪的人,安琪儿:Mary's three children are all ～s. 玛丽的三个孩子都像安琪儿一样可爱。

an·ger ['æŋgə(r)] Ⅰ. *n*. Ⓤ([反]pleasure)怒,愤怒:be filled with ～ 满腔怒火 Ⅱ. (～s [-z]; ～ing [-rɪŋ]) *vt*. 使发怒,使愤怒,激怒:He was ～ed by the selfishness of the others. 他因为别人的自私而发怒。

an·gle¹ ['æŋgl] Ⅰ. (～s [-z]) *n*. ⓒ❶ 【数】角;角位;角的度数:an ～ of 45° 一个45° 的角 ❷(建筑物、家具等的)角,隅:the ～ of the bed 床角 ❸(考虑问题的)角度,方面;观点,着眼点:Seen from this ～ the woman in the picture is smiling. 从这个角度来看,画中的女子面带微笑。 Ⅱ. (～s [-z]; angling) *vt*. & *vi*. ❶(使…)形成角度;转变(…的)角度 ❷从某一角度报道(新闻等);偏重,侧重:This programme is ～d at young viewers. 这个节目是针对年轻观众的。

angle² ['æŋgl] (～s [-z]; angling) *vi*. ❶钓鱼 ❷(用不正当的手段)攫取(某物),捞取:～ for compliments 诱使别人夸奖

an·gry ['æŋgrɪ] (angrier;angriest) *adj*. ❶ 怒的,发怒的,愤怒的:I was ～ with myself for making such a stupid mistake. 我因为犯了这么愚蠢的错误而生自己的气。 ❷(风、雨等)狂暴的,风雨交加的:～ waves 怒涛/～ winds 狂风 ❸(患处)发炎的,疼痛的

an·guish ['æŋgwɪʃ] Ⅰ. *n*. Ⓤ极度痛苦,苦恼;悲痛:She was in ～ until she knew her child's life had been saved. 她一直万分痛苦,直到她知道她孩子的生命已得救才放心。 Ⅱ. (～es [-ɪz]; ～ed [-t]) *vt*. & *vi*. (使)悲痛,(使)苦恼

an·i·mal ['ænɪml] Ⅰ. (～s [-z]) *n*. ⓒ❶ 动物:Men, dogs, birds, fish and snakes are all ～s. 人、狗、鸟、鱼和蛇都是动物。 ❷(人类以外的)动物;哺乳动物,兽;牲畜,家畜:a wild ～ 野兽 ❸畜生般的人,无理性的人,残暴的人 Ⅱ. *adj*. 动物的,野兽的,兽性的:～ life 动物的生活/～ instinct 动物的本能

an·imate Ⅰ. ['ænɪmeɪt] (～d [-ɪd]; animating) *vt*. ❶赋予生命;使活泼,使有生气,使有活力。A smile sunshine ～d her face. 一丝笑容使她脸上平添了生气。 ❷鼓舞,鼓动;激励:～ sb. to greater efforts 激励某人更加努力 ❸

制作(动画片) Ⅱ. ['ænɪmɪt] *adj*. ❶活的,有生命的:The dog lay so still that it scarcely seemed ～. 那条狗狗卧着一动也不动,简直不像活的。 ❷活泼的,有生气的,有活力的

an·kle ['æŋkl] *n*. ⓒ踝关节,踝

an·nex Ⅰ. [ə'neks] (～es [-ɪz]) *vt*. ❶附加,添加,附带:A new wing has been ～ed to the hospital. 医院已经增建了一个新配楼。 ❷吞并(领土等):～ a neighbouring state 兼并邻国 Ⅱ. ['æneks] (～es [-ɪz]) *n*. ⓒ❶【建】附属建筑物,增建部分 ❷附件,附录

an·ni·ver·sa·ry [ˌænɪ'vɜːsərɪ] Ⅰ. (anniversaries [-z]) *n*. ⓒ周年纪念日,周年纪念(或庆祝):our wedding ～ 我们的结婚周年纪念 Ⅱ. *adj*. 周年的,周年纪念的:an ～ dinner 周年纪念餐

an·nounce [ə'naʊns] (～es [-ɪz]; ～d [-t]; announcing) *vt*. ❶宣布,宣告;公布,发表:They ～d their engagement to the family. 他们向家里宣布他们已经订婚了。 ❷报告…的来到,通知客到,报到:Would you ～ the guests as they come in? 客人来时你通报一声好吗? ❸预告,预示:A warm sunshine ～s that spring is coming. 温暖的阳光预示春天即将来到。 ❹当播音员(或广播员)

an·nounce·ment [ə'naʊnsmənt] *n*. Ⓤⓒ宣布,宣告;广播;发表;通告,布告:Announcements of births, marriages and deaths appear in some newspapers. 有些报纸刊登出生、婚姻、死亡的通告。

an·noy [ə'nɔɪ] (～s [-z]) *vt*. ([近]anger, bother) 使烦恼,使苦恼;使生气;打搅:His constant sniffing ～s me. 他不停地抽鼻子使我心烦。

an·noy·ance [ə'nɔɪəns] (～s [-ɪz]) *n*. ❶Ⓤ烦恼,苦恼;烦扰,骚扰:a look of ～ 烦恼的表情/to sb.'s ～ 使人烦恼的(是) ❷ⓒ令人烦恼的事情(或人):One of the ～s of working here is the difficulty of parking near the office. 在这里工作有一件伤脑筋的事,就是在办公室附近很难停车。

an·nu·al ['ænjʊəl] Ⅰ. [无比较等级] *adj*. ❶一年的,一年一次的;每年的;年度的:annual income 年收入/an ～ event 一年一次的大事 ❷一年生的,季生的(如豆类或谷类):an ～ plant 一年生植物 Ⅱ. *n*. ⓒ❶年鉴,年刊,年报 ❷一年(或一季)生植物

an·nu·i·ty [ə'njuːɪtɪ] (annuities [-z]) *n*. ⓒ年金,养老金:receive a modest ～ 获得微薄的年金

an·num ['ænəm] *n*. [拉]一年:per ～ 每年

a·nom·a·lous [ə'nɒmələs] *adj*. 反常的,

异常的;不规则的;破格的:an ~ verb 不规则动词

*an·oth·er [ə'nʌðə(r)] I. adj. ❶再一个的;又一个的:Would you like ~ cup of tea? 你要再来一杯茶吗? ❷别的,另一个的:That's quite ~ matter. 那完全是另一回事。II. pron. ❶再一个,又一个:Can I have ~? 我能再来一个吗? ❷别的东西,另一个人:I don't like this room — let's ask for ~. 我不喜欢这间屋子——咱们另要一间吧。

*an·swer ['ɑːnsə(r)] I. n. ⓒⓊ❶回答,答复;回复,回音,复信:The ~ he gave was quite surprising. 他的回答出人意料。❷回击,反击:His ~ was a well-aimed blow. 他的反应是致命的一击。❸解答,答案:Who knows the ~ to this question? 谁知道这个问题的答案? II. (~s [-z]; ~ing[-rɪŋ]) vt. ❶([反]ask)对…回答,以…作答;答复,应答:~ the question 回答问题 ❷(对于电话、门铃等)应接,应(门):~ the telephone 接电话/~ the door 应门 ❸满足(需要),解决(问题),适合(目的):~ sb.'s purpose 适合某人的目的 ❹符合,与…相符,适应:The man ~s the description. 这个人与所描述的相符。❺成功,奏效,解决问题:My prayers have been ~ed. 我的祈祷已经应验了。vi. ❶回答,答复;答复:She ~ed with a smile. 她报以微笑回答。❷负责,保证:He has a lot to ~ for. 他要负责很多事情。❸适合于,符合;适应:The photograph ~s to the description of the wanted man. 这张照片与通缉犯相符。

an·swer·a·ble ['ɑːnsərəbl] adj. ❶有责任的,应负责的:I am ~ to the company for the use of this equipment. 我要向公司承担使用这一设备的责任。❷可答复的,可驳斥的

ant [ænt] n. ⓒ蚂蚁

an·tag·o·nist [æn'tægənɪst] n. ⓒ对抗者,对手,敌手:an ~ in the war 战事的对方

ant·arc·tic [æn'tɑːktɪk] I. [无比较级] adj. 南极的,南极区的,南极地带的:an ~ expedition 南极探险/ the Antarctic 南极/ the Antarctic Circle 南极圈/ the Antarctic Continent 南极洲;南极区;南极圈 II. n. 南极圈;南极区

An·tarc·ti·ca [ænt'ɑːktɪkə] n. 南极洲;南极大陆

an·te·ce·dent [ˌæntɪ'siːdənt] I. adj. 先行的;在先的;在前的,先前的 II. n. ⓒ❶前事,前例,先例 ❷[常用复数]祖先,列祖;履历 ❸【语】先行词

an·ten·na [æn'tenə] n. ⓒ❶(antennae [æn'teniː])【动】触角 ❷(~s [-z])[美]【天】(收音机、电视机的)天线

an·te·room ['æntɪrʊm] (~s [-z]) n. ⓒ前厅,(来宾)接待室

an·them ['ænθəm] (~s [-z]) n. ⓒ❶赞美诗,圣歌 ❷赞歌,颂歌:the national ~ 国歌

an·thro·poid ['ænθrəpɔɪd] I. adj. ❶似人的,类人的:ancestors of modern man 现代人的类人祖先 ❷似猿的:a brutish man with ~ features 一个具有似猿相貌的野人 II. n. ⓒ类人猿

an·tic ['æntɪk] I. adj. 古怪的,奇特的;滑稽的,诙谐的 II. n. [常用复数]滑稽可笑的动作,古怪的行为

*an·tic·i·pate [æn'tɪsɪpeɪt] (~d [-ɪd]; anticipating) vt. ❶盼望,预期;期望;期待:Do you ~ (meeting) any trouble? 你预料会遇到什么麻烦吗? ❷抢先行动,比…先采取行动:Earlier explorers probably ~d Columbus's discovery of America. 早期的探险家可能在哥伦布之前已发现美洲。❸(想到别人可能提出的命令、要求等)预先做好:She ~s all her mother's needs. 她预见到母亲的一切需要并且事先做好安排。❹预先使用(或享受):~ one's income 提前使用进款

an·tic·i·pa·tion [ænˌtɪsɪ'peɪʃən] (~s [-z]) n. Ⓤ❶预期,预测,预料;期望 ❷抢先,占先

an·tip·a·thy [æn'tɪpəθɪ] (antipathies [-z]) n. ❶Ⓤⓒ厌恶,憎恶,反感:She felt great ~ towards him. 她对他有很大的反感。❷ⓒ讨厌的人(或东西),被人厌恶的事物

an·tique [æn'tiːk] I. adj. ❶古代的,古老的 ❷古风的,古式的:an ~ clock 旧式的挂钟 II. n. ❶ⓒ古物,古玩,古董 ❷[the ~]古式(尤指古希腊、古罗马的雕刻、建筑等)

an·tiq·ui·ty [æn'tɪkwɪtɪ] (antiquities[-z]) n. ❶Ⓤ古代(尤指中世纪前):the heroes of ~ 古代的英雄 ❷Ⓤ古色古香;年深月久:Athens is a city of great ~. 雅典是一座古城。❸ⓒ[常用复数]古迹,遗址;古物;古风:a museum full of Greek and Roman antiquities 有许多希腊和罗马古物的博物馆

*an·to·nym ['æntəʊnɪm] (~s [-z]) n. ⓒ反义词:"Far" is the ~ of "near". "远"是"近"的反义词。

*anx·i·e·ty [æŋ'zaɪətɪ] (anxieties [-z]) n. ❶Ⓤ忧虑,担忧,担心,焦急:We waited for news with a growing sense of ~. 我们等待着消息,越来越焦急。❷ⓒ焦虑的事,(心神)不宁的原因:The doctor's report removed all their anxieties. 医生的报告消除了他们的一切忧虑。❸Ⓤ渴望,热望,急切:~ to do well 渴望做好

*anx·ious [ˈæŋ(k)ʃəs] *adj.* ❶([近]worried, concerned)忧虑的,担心的,焦虑的:She is very ～ about her mother's health. 她非常担心她妈妈的健康。❷令人忧虑的,使人担心的:We had a few ～ moments before landing safely. 我们在安全着陆以前,感到阵阵忧虑。❸渴望的,切望的,热望的:～ to meet you 渴望见到你

*an·y [ˈenɪ] **I . *adj.* ❶**(两个以上的人或物中)任一的,任何一个的;不论哪个的,任何的:Take ～ book you like. 你喜欢哪本书就拿哪本。❷[常用于疑问句、否定句、条件从句中,或与含有疑问、否定意义的词连用]什么;一些,有多少:There was hardly ～ free time. 简直没有什么空闲时间。/Do you know ～ French? 你会法语吗? **II . *pron.*** (任何)一个,(无论)哪一个;(任何)一些,(无论)哪些;任何数量或数目;任何人,任何:If he had read ～ of those books, he would have known the answer. 他假若看了这些书中的任何一本,就会知道答案。**III . *adv.*** [常与比较级连用]在任何程度上;根本,稍,丝毫,略微;也许:I can't run ～ faster. 我无法跑得更快了。

*an·y·bod·y [ˈenɪˌbɒdɪ,-bədɪ] **I . *pron.*** [用于疑问句、否定句、条件从句中]任何人;无论什么人:Hardly ～ came. 几乎没有人来。/ Anybody will tell you where the bus stop is. 谁都能告诉你公共汽车站在哪里。**II . *n.*** Ⓤ 有名望的人物,重要人物:She wasn't ～ before she got that job. 她得到那份工作以前并非重要人物。

*an·y·how [ˈenɪhaʊ] [无比较等级]*adv.* ❶不论用何种方法,以任何方法:The window won't open ～. 窗户怎么也打不开。❷不管怎样,总之;无论如何:It's too late now ～. 无论如何,现在已经太迟了。❸杂乱无章地,随随便便地,马马虎虎地:The books were lying on the shelves all ～. 书都乱放在书架上。

*an·y·one [ˈenɪwʌn] *pron.* 任何人;无论什么人

*an·y·thing [ˈenɪθɪŋ] **I . *pron.*** [常用于疑问句、否定句、条件从句中,或与含有疑问、否定意义的词连用]任何事情(或事件、事实等);什么事(物);一切:Did she tell you ～ interesting? 她跟你讲过什么有趣的事吗? **II . *adv.*** 在任何方面,在任何程度内;有一点儿:Is she ～ like her mother? 她有点儿像她的妈妈吗?

an·y·time [ˈenɪtaɪm] *adv.* 任何时候,无论何时

*an·y·way [ˈenɪweɪ] [无比较等级]*adv.* ❶无论如何,不管怎样,总之;至少,起码:Any-

way, you can try. 至少你可以试试。❷杂乱无章地,随便地,马虎地

*an·y·where [ˈenɪweə(r)] *adv.* ❶任何地方,无论哪里,无论何处:Put the box down ～. 把箱子放在哪里都行。❷[常用于否定句、疑问句或条件从句]在任何程度上,在(或到)任何地方:I can't see it ～. 我在什么地方都见不到它。

apart [əˈpɑːt] [无比较等级]*adv.* ❶在旁边,在一边:She keeps herself ～ from other people. 她与别人保持距离。❷相隔,相距:The two houses stood 500 metres ～. 这两所房子相距 500 米。❸拆开;成碎片:I'm sorry, the cup just fell ～ in my hands. 很抱歉,这个杯子竟在我手里碎了。❹分开,分离:You never see them ～ these days. 他们近来形影不离。❺(暂且)撇开不谈,除此:all joking ～[口]不开玩笑(正经地说)

*a·part·ment [əˈpɑːtmənt] *n.* Ⓒ❶房间;成套房间(尤指一套公寓房间),单元式宿舍❷[美]公寓(也称 apartment house)

ap·a·thet·ic [ˌæpəˈθetɪk] *adj.* 无情(感)的;冷漠的,漠不关心的,冷淡的

ap·a·thy [ˈæpəθɪ] *n.* Ⓤ❶无情,漠不关心❷冷漠,无动于衷,漠然

ape [eɪp] **I . *n.*** Ⓒ❶猿,类人猿(尤指黑猩猩、大猩猩等)❷模仿者,仿造者,学样的人 **II . *vt.*** 模仿,仿效

a·piece [əˈpiːs] *adv.* 每人,每个,每件,各:We wrote it together, a page ～. 我们一起写的,每人一页。

*a·pol·o·gize, -ise [əˈpɒlədʒaɪz] (～s [-ɪz]; apologizing) *vi.* ❶道歉,谢罪:I must ～ for not being able to meet you. 我因没能接你向你道歉。❷(通过演说、书写)辩护,辩解

*a·pol·o·gy [əˈpɒlədʒɪ] (apologies [-z]) *n.* Ⓒ❶道歉,认错,谢罪:accept an ～ 接受道歉❷(为某种思想、宗教、哲学等进行)辩护,辩解❸勉强的代用物,临时凑合的代用品:Please excuse this wretched ～ for a meal. 请包涵这顿不像样的饭菜。

*app [æp] *n.* Ⓒ应用软件

ap·pa·ra·tus [ˌæpəˈreɪtəs] (～es [-ɪz]) *n.* ❶ⓊⒸ仪器,器械;设备,装置:laboratory ～ 实验室设备❷Ⓒ器官:the respiratory ～ 呼吸器官❸Ⓒ(政党)组织,团体;机构,机关:the whole ～ of government 整个政府机构/the state ～ 国家机器

*ap·par·ent [əˈpærənt] *adj.* ❶([近]obvious, noticeable) 明显的,显然的,显而易见的:Certain problems were ～ from the outset. 有些问题从一开始就是显而易见的。❷

外表的,表面上的,外观上的:Her ～ indifference made him even more nervous. 她表面上若无其事反而使他更加紧张。

ap·peal [əˈpiːl] **I.** (～s [-z]) *vi.* ❶【律】诉:She ～ed to the high court against her sentence. 她不服判决而向高等法院上诉。❷ (迫切)要求,恳求,求援:The police ～ed to the crowd not to panic. 警方向群众呼吁不要惊慌。❸有吸引力,有感染力,投人所好:Her sense of humour ～ed to him enormously. 他的幽默感把他强烈地吸引住了。❹诉(诸),诉之于 **II.** (～s [-z]) *n.* ❶Ⓤ Ⓒ呼吁,诉诸:a charity ～ 慈善募捐呼吁/ make an ～ to reason 诉诸理性 ❷Ⓤ Ⓒ (迫切)要求(帮助、同情等),恳求,哀求:Her eyes held a look of silent ～. 她眼中流露着无声的求助神情。❸Ⓤ(人或物的)吸引力,感染力:The new fashion soon lost its ～. 那种新式样不久就失去了吸引力。❹Ⓒ Ⓤ【律】上诉,上诉请求:lodge an ～ 提出上诉

ap·pear [əˈpɪə(r)] (～s [-z];～ing [-rɪŋ]) *vi.* ❶出现,显露,显现:A ship ～ed on the horizon. 船出现在水平线上。❷看来好像,似乎,显得:She ～s to be happy at the good news. 她听到这个好消息时显得很高兴。/ You ～ to have many friends. 你似乎有很多朋友。❸(在公开场合)露面;出庭;出版,发表,问世:～ for the defendant 为被告出庭辩护/ The news ～ed next day on the front page. 那则消息次日刊登在头版上了。

ap·pear·ance [əˈpɪərəns] (～s [-ɪz]) *n.* Ⓤ Ⓒ❶出现,呈现,露面;登台;出庭:The sudden ～ of a policeman caused the thief to run away. 警察突然出现,小偷就逃跑了。❷(人或物的)外表,外貌;外观;仪表:The building was like a prison in ～. 这座建筑的外观像监狱。❸ [常用复数](事物的)表面,表面迹象

ap·pen·dix [əˈpendɪks] (appendices [əˈpendɪsiːz] 或 ～es [-ɪz]) *n.* Ⓒ❶附录,附属物:This dictionary has several *appendices*, including one on irregular verbs. 这部词典有几项附录,其中包括不规则动词附录。❷【解】阑尾

ap·pe·tite [ˈæpɪtaɪt] *n.* Ⓤ Ⓒ❶食欲,胃口:Don't spoil your ～ by eating sweets before meals. 饭前不要吃糖,以免影响食欲。❷欲望,嗜好,爱好:He has an amazing ～ for hard work. 他出奇地喜爱艰巨的工作。

ap·plaud [əˈplɔːd] (～s [-z];～ed [-ɪd]) *vt.* ❶(向…)喝彩,(向…)欢呼:The crowd ～ed him for five minutes. 群众为他鼓掌5分钟。❷赞扬,赞成,赞许:I ～ your decision. 我赞成你的决定。*vi.* 鼓掌欢迎;欢呼

ap·plause [əˈplɔːz] *n.* Ⓤ鼓掌欢迎,拍手喝彩;称赞,赞成,赞扬:He sat down amid deafening ～. 他在震耳欲聋的掌声中就座。

ap·ple [ˈæpl] (～s [-z]) *n.* Ⓒ苹果;苹果树

ap·pli·ance [əˈplaɪəns] (～s [-ɪz]) ([近] apparatus) *n.* Ⓒ(家庭用)器具;装置,器械

ap·pli·ca·ble [ˈæplɪkəbl] *adj.* 能应用的,可适用的;适当的,合适的:This part of the form is not ～ to foreign students. 表格中的这一部分不适用于外国学生。

ap·pli·cant [ˈæplɪkənt] *n.* Ⓒ申请人,请求者(如求职、求助者):As the wages were low, there were few ～s for the job. 因为工资低,没有什么人申请这份工作。

ap·pli·ca·tion [ˌæplɪˈkeɪʃən] (～s [-z]) *n.* ❶Ⓤ应用,使用,适用:a new invention that will have ～ in industry 工业上可应用的新发明 ❷Ⓤ Ⓒ 施用;敷,敷用,敷贴(尤指药物):three ～s per day 每日敷用三次 ❸Ⓤ Ⓒ请求,申请;申请书,申请表,求职书:We received 400 ～s for the job. 对于这份工作,我们接到400人的申请。❹Ⓤ(密切)注意;专心,勤奋:Success as a writer demands great ～. 要成为作家就得狠下功夫。

ap·ply [əˈplaɪ] (applies [-z]; applied) *vt.* ❶涂抹,敷(药),搽用:～ the glue to both surfaces 两面都涂上胶水 ❷把…应用于,运用;使用,应用;实施:～ economic sanctions 施行经济制裁 ❸适用:You can't ～ this rule to every case. 这个规则并不能适用于所有的情况。*vi.* ❶请求,申请:～ for passport 申请护照 ❷应用,适用:What I have said *applies* only to some of you. 我所说的只适用于你们当中的一部分人。

ap·point [əˈpɔɪnt] (～ed [-ɪd]) *vt.* ❶指定(日期、地点等),约定,确定,决定:～ a date to meet 约定一个日期见面 ❷任命,委任,选派:We have ～ed a new manager. 我们已任命了一位新经理。

ap·point·ment [əˈpɔɪntmənt] *n.* Ⓒ Ⓤ❶任命,委任,选派:His promotion to manager was a popular ～. 他升任经理是众望所归的。❷([近] position)(任命的)职位,职务:I'm looking for a permanent ～. 我正在寻找一份固定的工作。❸([近] engagement)(时间、地点的)约定,约会:make an ～ with sb. 与某人约会 ❹ [常用复数]家具;设备

ap·prais·al [əˈpreɪzl] (～s [-z]) *n.* Ⓒ Ⓤ评价,鉴定,估价:give(或 make) an objective ～ of him 对他做一个客观的评价

ap·praise [əˈpreɪz] (～s [-ɪz]; appraising) *vt.* 为…定价;评价,估价;鉴定:It would be

A

unwise to buy the house before having it ~*d*. 买房子不事先估价是不明智的。

ap·pre·cia·ble [əˈpriːʃɪəbl] *adj.* 可充分感觉到的,可看到的,可估计的,可觉察到的

ap·pre·ci·ate [əˈpriːʃɪeɪt] (~d [-ɪd]; appreciating) *vt.* ❶欣赏,赏识,鉴赏:You can't fully ~ foreign literature in translation. 看翻译作品很难欣赏到外国文学的精髓。❷感激,感谢:I greatly ~ your help. 我非常感谢你的帮助。❸评价;鉴别 *vi.* 提高价值,涨价:Local property has ~d since they built the motorway nearby. 自从附近修建了高速公路,本地的房地产就增值了。

ap·pre·ci·a·tion [əˌpriːʃɪˈeɪʃən] (~s [-z]) *n.* Ⓤ Ⓒ ❶欣赏,鉴赏,赏识,赞赏:She shows little or no ~ of good music. 她对于好音乐鲜有或没有欣赏的能力。❷感激,感谢:Please accept this gift in ~ of all you've done for us. 承蒙鼎力相助,敬请笑纳这份薄礼。❸鉴别,鉴定,评价:an ~ of the poet's work 对诗人作品的评价 ❹增值,涨价,提价:an ~ of 30% in property values 房地产增值30%

ap·pre·hend [ˌæprɪˈhend] (~s [-z]; ~ed [-ɪd]) *vt.* ❶逮捕,捕捉;拘押:The thief was ~ed in the act of stealing a car. 窃贼在偷汽车时当场被逮捕。❷领悟,理解,认识 *vi.* 懂得,理解;认识

ap·pre·hen·sion [ˌæprɪˈhenʃən] (~s [-z]) *n.* ❶ Ⓤ Ⓒ 理解(力),领会,领悟 ❷ Ⓤ 逮捕,拘押:the ~ of the robbers 逮捕强盗 ❸畏惧,担心,忧虑:filled with ~ 忧心忡忡

ap·pre·hen·sive [ˌæprɪˈhensɪv] *adj.* 担心的,忧虑的:be ~ about the results of the exams 为考试成绩担忧/ be ~ for sb.'s safety 担心某人的安全

ap·pren·tice [əˈprentɪs] Ⅰ. (~s [-ɪz]) *n.* Ⓒ学徒,徒弟;初学者,新手:an ~ electrician 见习电工 Ⅱ. (~s [-ɪz]; ~d [-t]; apprenticing) *vt.* 使当学徒,使为学徒

ap·proach [əˈprəʊtʃ] Ⅰ. (~s [-ɪz]; ~ed [-t]) *vi.* ❶靠近,迫近,接近:The time for graduation is ~*ing*. 毕业的日子临近了。❷近似 *vt.* ❶向…靠近,接近:As you ~ the town, the first building you see is the church. 接近那座城镇的时候,首先看到的就是教堂。❷相似,近于;近似:Her work is ~*ing* perfection. 她的作品近乎完美。❸向…提议,与…接洽;与…打交道:~ a bank for a loan 向银行接洽贷款事宜 ❹处理(问题等),着手 Ⅱ. (~es [-ɪz]) *n.* ❶ Ⓤ 靠近,临近,逼近;接近:Heavy footsteps signalled the

teacher's ~. 沉重的脚步声显示老师已经走近了。❷ Ⓤ Ⓒ (对某人)主动的表示,打交道,亲近的表示;建议:He resented his persistent ~es. 他一再地表示亲近的做法让他很反感。❸ Ⓒ 进路,通路;入门,入口:All the ~es to the palace were guarded by troops. 通往宫殿的所有道路都有部队把守。❹ Ⓒ 方法,手段:a new ~ to language teaching 语言教学的新方法

ap·pro·pri·ate¹ [əˈprəʊprɪət] *adj.* ([反] inappropriate)合适的,适当的;恰当的,恰如其分的:You will be informed of the details at the ~ time. 在适当的时候将把详情告诉你。

ap·pro·pri·ate² [əˈprəʊprɪeɪt] (~d [-ɪd]; appropriating) *vt.* ❶把…据为己有;占用;专用,独用 ❷盗用,挪用:He was accused of *appropriating* club funds. 他被控告挪用俱乐部基金。❸拨出(款项等),拨出…为专用:$4,000 has been ~d for a new training scheme. 为新的训练计划已经拨款4,000美元。

ap·pro·pri·a·tion [əˌprəʊprɪˈeɪʃən] (~s [-z]) *n.* ❶ Ⓤ 占用,挪用,盗用 ❷ Ⓒ 拨款

ap·prov·al [əˈpruːvəl] *n.* Ⓤ 同意,许可;批准;赞成:give one's ~ 表示同意

ap·prove [əˈpruːv] (~s [-z]; approving) *vt.* ❶([反]disapprove)同意,许可;批准,核准:The auditors ~ the company's accounts. 审计员核准了公司的账目。❷赞成,赞许,满意 *vi.* 给予批准,认可;赞成,称赞:I ~ of your decision. 我赞成你的决定。

ap·prox·i·mate Ⅰ. [əˈprɒksɪmɪt] [无比较等级] *adj.* ([反]exact)近似的,大约的,大概的,近于准确的:an ~ price 大约的价格 Ⅱ. [əˈprɒksɪmeɪt] (~d [-ɪd]; approximating) *vt.* ❶(在数量、性质或设计方面)接近,靠近,近似:The design ~s perfection. 这个设计近似于完美。❷使接近,使靠近 *vi.* 接近,近于:Your story ~s to the facts we already know. 你所说的情况与我们已经了解的事实很接近。

a·pri·cot [ˈeɪprɪkɒt] *n.* ❶ Ⓒ 【植】杏,杏树 ❷ Ⓤ 杏黄色

A·pril [ˈeɪprəl] *n.* 四月(略作 Apr.)

a·pron [ˈeɪprən] (~s [-z]) Ⅰ. *n.* Ⓒ ❶围裙,工作裙 ❷ 【空】(飞机场的)停机坪 ❸前舞台,台口 Ⅱ. *vt.* 用围裙围住

apt [æpt] (~er; ~est或more ~; most ~) *adj.* ❶([近]accurate)适当的;恰如其分的,恰当的;贴切的:an ~ quotation 恰当的引语

❷([近]likely)有…倾向的,趋向的;很可能的;易于…的:My pen is rather ～ to leak. 我的钢笔爱漏墨水。❸([反]inapt)聪明的,善于(学习)的,伶俐的:She's one of my ～est students. 她是我的最聪明的学生之一。

ap•ti•tude ['æptɪtju:d]（～s [-z]）n . U C 能力,才能;天资,才智:He has an ～ for games. 他有体育方面的天赋。

Ar•ab ['ærəb]Ⅰ.（～s [-z]）n . C ❶阿拉伯人 ❷阿拉伯马 Ⅱ. adj . 阿拉伯的;阿拉伯人的

Ar•abi•a [əˈreɪbɪə] n . 阿拉伯;阿拉伯半岛

A•ra•bi•an [əˈreɪbjən]Ⅰ.[无比较等级] adj . 阿拉伯的;阿拉伯人的 Ⅱ.（～s [-z]）n . C 阿拉伯人

Ar•a•bic ['ærəbɪk]Ⅰ. adj . 阿拉伯的,阿拉伯人的,阿拉伯语的 Ⅱ. n . U 阿拉伯语

ar•bi•ter ['ɑ:bɪtə(r)]（～s [-z]）n . C ❶公断人,仲裁人 ❷主宰者,独断者;裁决人:the ～s of fashion 时装的权威

ar•bi•tra•ry ['ɑ:bɪtrərɪ] adj . ❶任意的,随意的 ❷专制的;专横的:～ powers 霸权

ar•bi•trate ['ɑ:bɪtreɪt]（～d [-ɪd];arbitrating）vt . & vi . 仲裁,公断(纷争等);交付仲裁:He was asked to ～ between management and the unions. 他被邀请在资方与工会之间做出仲裁。

arc [ɑ:k]Ⅰ. n . C ❶弧线;弓形物,扇形物 ❷【电】电弧,弧光 ❸(尤指圆的)弧,圆弧形;弧度 Ⅱ.（～ed或arcked;～ing或arcking）vi . ❶走弧线,做弧线运动 ❷【电】产生电弧,发生弧光

arch[1] [ɑ:tʃ]Ⅰ.（～es [-ɪz]）n . C ❶弓形结构;拱,拱门,拱桥;类似弓形结构的建筑(如纪念碑;牌楼)a bridge with three ～es 有 3 个拱的桥 ❷弓形;拱形,半圆形 ❸弓状物(尤指人体结构的弓形部分):the dental ～ 牙弓/～ of the foot 足底弓 Ⅱ. vt . ❶用拱连接,盖以拱顶 ❷使弯成弓形,弄弯,使弯曲:The cat ～ed its back when it saw the dog. 那猫看见狗时就拱起了背。 vi . ❶成为弓形 ❷拱起,架拱,以拱形跨越(或横越):Tall trees ～ed across the river. 高大的树木成拱形,横跨过那条河。

arch[2] [ɑ:tʃ]（～er;～est）adj . ❶狡黠的,狡猾的 ❷调皮的,淘气的:an ～ glance 淘气的目光

ar•chae•ol•o•gy [ˌɑ:kɪˈɒlədʒɪ] n . U 考古学

ar•cher•y ['ɑ:tʃərɪ] n . U ❶箭术,射艺;射箭运动 ❷弓、箭等射器,射箭用器 ❸[集合用法]弓箭手,射手,射箭运动员

ar•chi•tect ['ɑ:kɪtekt] n . C ❶建筑师,设计师,设计者:A famous ～ made plans for his house. 一位著名的建筑师为他设计房子。❷缔造者,制定者,创作者:the ～s of our constitution 我国宪法的制定者

ar•chi•tec•ture ['ɑ:kɪtektʃə(r)] n . U ❶建筑学,建筑术,建筑业 ❷建筑式样(或风格);建筑物:the ～ of the eighteenth century 18 世纪的建筑风格 ❸构造,结构,组织

arc•tic ['ɑ:ktɪk]Ⅰ. adj . ❶北极的;北极区的:the Arctic Ocean 北冰洋 ❷极冷的:The conditions were ～. 周围环境极冷。Ⅱ. n . 北极;北极圈

ar•dent ['ɑ:dənt] adj . 热情的,热烈的;(感情)强烈的:an ～ supporter of the government 政府的热心支持者

are[1] [强 ɑ:;弱 ə] be 的第一、二、三人称复数和第二人称单数

are[2] [ɑ:] n . C 公亩(面积单位,等于 100 平方米)

area ['eərɪə]（～s [-z]）n . C ❶地面;地区,地域,地方:Do you like the ～ where you're living? 你喜欢你居住的地区吗?❷U C 面积:The kitchen is 12 square metres in ～. 厨房的面积是 12 平方米。❸C (活动等的)范围,区域,领域:～ of science 科学领域

ar•gue ['ɑ:gju:]（～s [-z];arguing）vi . ❶([近]quarrel)辩论,争论,争辩:Don't ～ with your mother. 不要和母亲争辩。❷持异议;争吵,争执:The couple next door are always arguing. 邻居的夫妻俩总吵架。vt . ❶辩论,争论,讨论:The lawyers ～d the case for hours. 律师们对那个案件辩论了几个小时。❷提供…证据,表明(原因等);预示,意指 ❸说服,劝告

ar•gu•ment ['ɑ:gjʊmənt] n . ([近]quarrel) ❶U C 论证,论据,论点:There are strong ～s for and against capital punishment. 对于执行死刑,赞成与反对的双方都有强有力的论据。❷C U 争论,辩论:We agreed without much further ～. 我们没怎么进一步争论就达成了一致意见。❸C (书、剧本等的)提要,摘要,梗概;主题

a•rise [əˈraɪz]（～s [-ɪz];arose[əˈrəuz];arisen[əˈrɪzn];arising）vi . ❶起来;起床;起立 ❷升起,上升,升高:A mist ～ from the lake. 湖上起雾了。❸(事物、局面等)形成,发生;出现,呈现:A new difficulty has arisen. 出现了新困难。❹由…而引起,由…而产生;起源于:problems arising out of the lack of communication 由于缺乏交流而产生的问题

ar·is·toc·ra·cy [ˌærɪs'tɒkrəsɪ] n. ❶Ⓤ 贵族专政,贵族统治;寡头政治 ❷ [the ～] [集合用法]有特权的统治阶级;贵族(阶层); 上流社会:members of the ～ 贵族成员 ❸Ⓒ (在某一方面被认为)最优秀的人,出类拔萃之 辈:an ～ of talent 人杰

ar·is·to·crat ['ærɪstəkræt] n.Ⓒ❶贵族阶 层的成员;贵族 ❷有贵族气派的人 ❸主张贵 族政治的人

ˈ**a·rith·me·tic** [ə'rɪθmətɪk] n.Ⓤ算术,计 算,运算:mental ～ 心算

a·rith·met·ic(al) [ˌærɪθ'metɪk(ə)l] [无比较 等级]adj. 算术的,计算的

ˈ**arm**¹ [ɑːm] (～s [-z]) n. Ⓒ❶臂:She held the baby in her ～s. 她抱着那个婴儿。❷臂 状物:the ～ of a chair 椅子的扶手/ an ～ of the sea 海湾/ an ～ of a tree 大树枝 ❸衣服 袖子:There's a tear in the ～ of my jacket. 我上衣袖子上有个破口。❹权力,权威:the long ～ of the law 法律的强大权力,天网恢恢

ˈ**arm**² [ɑːm] Ⅰ. (～s [-z]) n. ⓊⒸ❶ [常用 复数]武器,兵器,军械 ❷ [常用复数]战事,战 争;作战,交战 ❸国徽;(公司等的)徽章;纹章 ❹兵种,军种:troops supported by the air ～ 有空军支援的部队 Ⅱ. vt. 武装(起来),装 备;准备(斗争);准备…以随时应战:warships ～ed with nuclear weapons 有核武器装备的 军舰 vi. 武装起来

ar·ma·da [ɑː'mɑːdə] n. ❶Ⓒ 舰队;(飞机) 机群 ❷ [the Armada]无敌舰队(1588 年西班 牙派往英国而被击毁)

ar·ma·ment ['ɑːməmənt] n.ⓊⒸ❶ [常用 复数](一国的)武装力量,兵力;武器,军械 ❷ 武装,战备,军备:the expansion of ～s 军备 的扩充

ar·mo(u)r ['ɑːmə(r)] Ⅰ. n.Ⓤ❶盔甲,甲 胄:a suit of ～ 一副盔甲 ❷(动,植物的)保护 器官 ❸(军舰、军用飞机、车辆等的)装甲(钢) 板,防弹板 ❹装甲部队,装甲兵(种)Ⅱ. vt. 为 …穿盔甲;为…装甲

ˈ**ar·my** ['ɑːmɪ] (armies [-z]) n.ⓒⓊ❶军 队;(尤指)陆军:join the ～ 入伍/ leave the ～ 退伍 ❷军,团体;野战军,集团军;兵团:an ～ of volunteers 志愿军 ❸(人、动物等的)大 群:an ～ of workmen 一大群工人

a·rose [ə'rəuz] arise 的过去式

ˈ**a·round** [ə'raund] Ⅰ. prep. ❶围绕,环绕 着:The earth moves ～ the sun. 地球围绕着 太阳运转。❷在…附近,在近处,在…身边:I saw him ～ the place this morning. 今天早

晨我看见他就在那儿附近。❸在…周围,朝… 四周,在…四周:They sat ～ the table. 他们 在桌子周围坐下。❹到处,在…各处,去…各 处:Chairs were left untidily ～ the room. 屋 里到处乱放着椅子。❺([近]about)[美]大 约,差不多:It happened ～ 10 years ago. 那 是大约在 10 年前发生的事。Ⅱ. adv. ❶在周 围,向周围,在四周:hear laughter all ～ 听到 四周的笑声 ❷到处,各处:run ～ 到处跑 ❸在 附近,在近处:I can't see anyone ～. 我看见 附近一个人都没有。❹(方向、信仰等)相反, 背道而驰:Turn ～! 向后转! ❺以圆周(计 算)❻沿着环形路线,兜着圈子 ❼ [美口]大 约,大概:at ～ two o'clock 2 点钟左右

ˈ**a·rouse** [ə'rauz] (～s [-ɪz]; arousing) vt. ❶唤醒,使觉醒:He was ～d from his nap by the doorbell. 他午睡时被门铃吵醒。❷鼓动, 激发;激起,唤起:Her strange behaviour ～d our suspicions. 她不寻常的举动引起我们的 猜疑。vi. 睡觉,觉醒

ar·range [ə'reɪndʒ] (～s [-ɪz]; arranging) vt. ❶排列,整理,布置:～ the books on the shelves 整理书架上的书 ❷准备,筹备,安排: ～ a programme 安排节目 ❸达成(协议);调 停,调解 ❹(乐曲等)改编 vi. ❶(就某事与某 人)达成协议,(与某人)商定(某事):I ～d with my parents that we could borrow their car. 我和父母说好我们可以用他们的汽车。 ❷准备,预备,安排:I've ～d for a car to meet you at the airport. 我已经准备了一辆 汽车到机场接你。

ar·range·ment [ə'reɪndʒmənt] n.ⓊⒸ❶ 整理;分类;布置,排列:The new ～ of the furniture changed the atmosphere of the room. 家具重新布置改变了室内的气氛。❷ ([近]preparation)[常用复数]准备(工作), 安排:He's responsible for all the travel ～s. 他负责旅行的一切安排。❸(争端、不和等的) 调解,调停;商定:We can come to some ～ over the price. 价钱方面,我们可以商议解 决。❹改编的乐曲

ar·ray [ə'reɪ] Ⅰ. (～s [-z]) vt. ❶排列,集 结(部队),(军队等)列阵:His soldiers were ～ed along the river bank. 他的士兵沿着河 岸摆开阵势。❷装扮,打扮:～ ed in ceremo- nial robes 穿着长袍礼服 Ⅱ. (～s [-z]) n.Ⓤ Ⓒ❶(军队等的)列阵 ❷陈列;系列;一批:a ～ of information 一系列信息 ❸衣服,服装; 盛装:The royal couple appeared in splendid ～. 王室伉俪身穿盛装出席。

ar·rest [ə'rest] Ⅰ. (～ed [-ɪd]) vt. ❶逮 捕,拘留;扣留:The police ～ed the man. 警

察逮捕了那个人。❷阻止,停止;抑制;妨碍: Attempts are being made to ~ the spread of the disease. 现正设法遏止这种疾病的蔓延。❸引起(注意),吸引(注意):An unusual painting ~ed his attention. 一幅异乎寻常的画引起了他的注意。Ⅱ. n. ◍Ⓒ❶逮捕;拘留:The police made several ~s. 警方逮捕了好几个人。❷制动器,制动装置

*ar·riv·al [əˈraɪvəl] n. ◍Ⓤ❶到来,抵达,到达:On ~ at the hotel, please wait for further instructions. 抵达旅馆后,请听候进一步指示。❷ Ⓒ到达者(或物):We're expecting a new ~ in the family soon. 我们期待着家中不久将添一个新生儿。

*ar·rive [əˈraɪv] (~s[-z];arriving) vi. ❶([反]leave) 达到(目的地);抵达,到达:They will ~ in New York at noon. 他们将于中午到达纽约。❷达到某点(或某阶段):~ at a conclusion 得出结论 ❸(时间)到来,来临:The baby finally ~d just after midnight. 婴儿终于在刚过午夜时降生了。❹成功,成名:You know you've ~d when you're asked to appear on TV. 邀请你在电视上亮相的时候,你就知道你已经名声在外了。

ar·ro·gance [ˈærəgəns] n. Ⓤ骄傲自大,妄自尊大,傲慢:guard against ~ 戒骄戒躁

ar·ro·gant [ˈærəgənt] adj. 骄傲自大的,傲慢的,目中无人的:an ~ tone of voice 傲慢的口气

*ar·row [ˈærəʊ] (~s [-z]) n. Ⓒ❶箭,矢❷箭号(即→):Follow the ~ on the map. 跟着地图上的箭头走。

*art¹ [ɑːt] n. ❶ⓊⒸ艺术,美术:children's ~ 儿童的艺术/an ~ lover 艺术爱好者❷Ⓤ Ⓒ技能;技艺,技术,技巧,窍门:the healing ~ 医术/ the ~ of writing 写作技巧❸Ⓤ(区别于自然界的)人的创造力;人工,人为:the beauty of nature and ~ 自然与人工之美 ❹Ⓒ[常用复数]学科,(尤指)人文学科:Master of Arts 文学硕士 ❺ Ⓒ[常用复数]奸计,诡计:well-practised in the ~s of seduction 惯用诱骗诡计

art² [ɑːt] vi. [古]be 现在式的第二人称单数(与 thou 连用)

art·ful [ˈɑːtfʊl] adj. ❶精明的,机灵的 ❷狡猾的,狡诈的:He's an ~ devil. 他诡计多端。

*ar·ti·cle [ˈɑːtɪkəl] Ⅰ. (~s [-z]) n. Ⓒ❶(章程、法规、条约、合同等的)款项,条款,条文:~ of an agreement 协定的条款❷文章,论文:an interesting ~ on education 一篇令人感兴趣的有关教育的文章❸物品,物件,东

西;商品:The ~s found in the car helped the police identify the body. 警方根据从汽车里找到的物品认出了尸体的身份。❹[语]冠词 Ⅱ. (~s [-z];articling) vt. ❶提出(控告),控告;列举(罪状)❷使受协议条款的约束,订约雇用:~d to a solicitor 受律师实习条款约束的/an ~d clerk 订有见习合同的职员

ar·tic·u·late Ⅰ. [ɑːˈtɪkjʊlət] adj. ❶有(关)节的,关节相连的,用关节连接的 ❷(人讲话)发音清晰的,分节发音的 ❸表达得清楚有力的,(人)表达力强的:She's unusually ~ for a ten-year-old. 对于一个10岁的孩子来说,她异乎寻常地能说会道。Ⅱ. [ɑːˈtɪkjʊleɪt] (~d [-ɪd];articulating) vt. ❶(用关节)接,使接合:bones are ~d with others 以关节与其他骨骼相连的骨骼 ❷清楚地发(音)❸明确地表达 vi. ❶清楚地说话,清晰地发音 ❷连接起来;结合起来

ar·ti·fact [ˈɑːtɪfækt] (亦作 artefact) n. Ⓒ制造物,人工制品:explosive ~ 爆炸物

*ar·ti·fi·cial [ˌɑːtɪˈfɪʃəl] adj. ❶([反]natural)人工的,人造的,人为的:~ rainfall 人工降雨 ❷仿造的,仿制的,假的:~ flowers 假花 ❸不自然的,矫揉造作的,做作的:Her ~ gaiety disguised an inner sadness. 她以矫揉造作的快乐掩饰着内心的悲痛。

ar·til·ler·y [ɑːˈtɪləri] n. Ⓤ❶[集合用法]大炮,火炮❷[the ~]炮兵,炮兵部队

*ar·tist [ˈɑːtɪst] n. Ⓒ❶艺术家(如音乐家,演员等);美术家(尤指画家、雕塑家):Qi Baishi was a great Chinese ~. 齐白石是一位伟大的中国画家。❷(某方面的)能手,里手;擅长技艺的人:She is an ~ in words. 她擅长写作。

ar·tis·tic [ɑːˈtɪstɪk] adj. ❶艺术的,美术的;艺术家的,美术家的:an ~ temperament 艺术家的气质/~ talent 艺术的才能 ❷([反]inartistic)艺术性强的,精巧的,雅致的:She comes from a very ~ family. 她出身于很有艺术修养的家庭。❸爱好艺术的,有审美力的

art·less [ˈɑːtlɪs] adj. ❶笨拙的,愚笨的 ❷自然的;朴素的,朴实的 ❸坦率的,天真的,单纯的:as ~ as a child of five 像5岁孩子那样天真烂漫

as [强 æz;弱 əz] Ⅰ. adv. [表示程度]同样地,相同地,相等地:I'm just ~ happy at home. 我同在家一样高兴。Ⅱ. conj. ❶[表示比较]像…一样:She's unusually tall, ~ both her parents. 她特别高,像她的父母一样。❷[表示方式]按照,如同:Do ~ I say and sit down. 照我说的,坐下。❸[表示时间]当…的时候,和…同时:I watched her ~ she combed her hair. 她梳头的时候，我一直看着她。❹[表示原因]因为，由于；鉴于：As she's been ill，perhaps she'll need some help. 她由于生病，可能需要些帮助。❺[表示让步，词序倒装]虽然，尽管：Young ~ I am，I already know what career I want to follow. 我虽然年轻，但对要从事的职业已胸有成竹了。**Ⅲ.** *pron.* ❶如(情形或事实所表示)，这一点：He is very careful，~ his work shows. 他很细心，他的工作已显示出这一点了。/The statement reads ~ follows. 声明如下。❷[用于比较，与 such 或 the same，as 连用]照此；如；像……一样的人(或物)：My hometown is no longer the same ~ it was. 我的家乡同过去不一样了。**Ⅳ.** *prep.* ❶当作，作为：Treat me ~ a friend. 把我当作朋友。❷如同，跟……一样：dressed ~ a policeman 打扮得跟警察一样 ❸例如：beasts，~ lions and tigers 野兽，如狮子和老虎

as·cend [ə'send] (~s[-z]；~ed[-ɪd]) *vt.* ❶([反]descend)沿着……上升，登上，攀登：~ a hill 登山 ❷追溯……(的)根源) *vi.* ❶上升，升高；攀登：We watched the mists ~*ing* from the valley below. 我们看着薄雾从下面的山谷中升起。❷由低音升到高音；(地位等)升高：notes ~*ing* and descending the scale 上升及下降音阶的音符/~ the throne 登基

as·cend·an·cy，as·cend·en·cy [ə'sendənsɪ] *n.* Ⓤ支配(或统治)地位；优势：He has the ~ over all his main rivals. 他有压倒一切主要对手的优势。

as·cent [ə'sent] *n.* ⒸⓊ❶([反]descent)上升，升高；攀登，登高，爬坡：Who was the first man to make an ~ in a balloon? 第一个乘气球升空的人是谁？❷(社会地位、声望等)提高，提升 ❸斜坡路；斜度：The last part of the ~ is steep. 最后一段斜坡路很陡。

as·cer·tain [ˌæsə'teɪn] (~s[-z]) *vt.* 探知，发现；弄清，查明(真相等)；确定：~ the true facts 查明事实真相

as·cribe [ə'skraɪb] (~s[-z]；ascribing) *vt.* ❶归……于，把……归因于，把……归咎于：He ~d his failure to bad luck. 他把失败归咎于运气不好。❷认为……属于，认为……是某人所有；认为……来自某人：You can't ~ the same meaning to both words. 不要认为这两个词的意思是相同的。

ash[1] [æʃ] (~es[-ɪz]) *n.* ❶Ⓤ灰，灰末；cigarette ~ 香烟灰/volcanic ~ 火山灰 ❷[常用复数]灰烬；骨灰

ash[2] [æʃ] (~es[-ɪz]) *n.* ⒸⓊ【植】梣木；白蜡树

a·shamed [ə'ʃeɪmd] [常作表语]*adj.* ❶羞耻的，羞愧的，惭愧的：He felt ~ of having done so little work. 他因只做了这么一点儿工作而感到惭愧。❷害臊的，耻于……的；勉强的：I'm ~ to let you see my paintings. 让你看我的画，很难为情。

a·shore [ə'ʃɔː(r)] *adv.* 上岸，在岸上；上陆，在陆上：We went ~ when the boat reached the port. 船一靠港，我们就上岸了。

ash·y ['æʃɪ] (ashier；ashiest) *adj.* ❶灰的；覆盖着灰的 ❷灰色的，灰白的；苍白的

A·sia ['eɪʃə，'eɪʒə] *n.* 亚洲：Southeast ~ 东南亚

A·sian ['eɪʃən，'eɪʒən] **Ⅰ.** *adj.* 亚洲的；亚洲人的 **Ⅱ.** (~s[-z]) *n.* Ⓒ 亚洲人

a·side [ə'saɪd] **Ⅰ.** *adv.* ❶在(或到)一边，到旁边，向一边(或旁边)：Stand ~ and let these people pass. 靠边站，让这些人过去。❷贮存……供备用；留下：Please put this jumper ~ for me. 请给我留着这件毛衣。❸把……搁置起来；(暂且)撇开不谈 **Ⅱ.** (~s[-z]) *n.* Ⓒ❶(演员的)旁白 ❷(书面的)离题话

ask [ɑːsk] (~ed[-t]) *vt.* ❶([反]answer)问，询问，打听：Did you ~ the price? 你问价钱了吗？❷向……提问题：I had to ~ the teacher what to do next. 我得问问老师下一步做什么。❸请，邀请：He's ~ed me out several times already. 他已经几次邀请我外出。❹请求，要求，恳求：Did you ~ your boss for a pay increase? 你要求老板加薪了吗？*vi.* ❶请求；需要，向……要……；要求：~ to use the car 请求允许使用汽车 ❷询问，问候，探问：He ~ed about your health. 他询问了你的身体状况。

a·sleep [ə'sliːp] [常作表语]*adj.* ([反]awake) ❶睡着的，睡熟的：She's fast ~. 她睡得很熟。❷(四肢等)发麻的，麻木的：I've been sitting on my leg and now it's ~. 我把腿坐麻了。

as·pect ['æspekt] *n.* ⒸⓊ❶外貌，外表，面貌，样子：Her face had an angry ~. 她脸上显出怒容。❷观点，(事物等的)方面；形势，(事物的)外观：Look at every ~ of the problem. 看该问题的各个方面。❸(建筑物的)方位，方向：The house has a southern ~. 这所房子朝南。❹【语】体(动词的语法范畴，以"has+过去分词"表示，如：has worked；或以"be+现在分词"表示，如：is working)

as·pi·rant [ə'spaɪərənt] **Ⅰ.** *n.* Ⓒ(名誉、地位等的)追求者，有上进心的人，抱负不凡者 **Ⅱ.** *adj.* [只用于名词前]有上进心的；有野

心的

as·pi·ra·tion [ˌæspəˈreɪʃən] (~s[-z]) *n*. ❶ⒸⓊ渴望；志气，抱负：She was filled with the ~ to succeed in life. 她渴望有所成就。❷ Ⓤ【语】送气音

as·pire [əˈspaɪə(r)] (~s [-z]；aspiring [-rɪŋ]) *vi*. 渴求，渴望；追求(知识、名誉等)：~ after knowledge 渴望知识

as·pi·rin [ˈæspərɪn] (~s[-z]) *n*. ❶Ⓤ阿司匹林(解热镇痛药) ❷Ⓒ阿司匹林药片：take two ~s for a headache 服两片阿司匹林治头痛

ass¹ [æs] (~es [-ɪz]) *n*. Ⓒ❶驴 ❷傻子，笨蛋：Don't be such an ~! 别这么傻了!

ass² [æs] *n*. Ⓒ[俚]屁股(粗俗用语)

as·sail [əˈseɪl] (~s[-z]) *vt*. ❶攻击，袭击；冲击：~ed with fierce blows to the head 殴打头部 ❷使被困扰：~ed by worries 饱受烦恼的折磨

as·sas·sin [əˈsæsɪn] (~s[-z]) *n*. Ⓒ暗杀者，行刺者，刺客(常指政治性的)

as·sas·sin·ate [əˈsæsɪneɪt] (~d [-ɪd]；assassinating) *vt*. ❶谋杀，行刺(尤指刺杀政治要人)❷中伤，破坏(名誉等)

as·sault [əˈsɔːlt] **I**. *n*. ⓊⒸ❶(武力或口头上的)攻击，袭击；抨击：make an ~ on the enemy lines 突袭敌军阵线 ❷【律】殴打(尤指未遂的殴打)；(用言语等的)威胁，胁迫 **II**. (~ed [-ɪd]) *vt*. ❶攻击，袭击，冲击：He got two years' imprisonment for ~ing a police officer. 他因袭击警察而遭两年监禁。❷施加暴行于(人)：Five women have been sexually ~ed in the area recently. 最近，这一带有 5 名女子遭受强奸猥亵。*vi*. 动武

as·sem·ble [əˈsembəl] (~s[-z]；assembling) *vi*. 集合，集中：The whole school ~d in the main hall. 全校学生在大礼堂集合。*vt*. ❶集合；调集：~ forces 调集兵力 ❷装配，安装(机器等)：~ a machine 装配机器

as·sem·bly [əˈsemblɪ] (assemblies [-z]) *n*. ❶([近]collection)Ⓤ集合，会合：an ~ point 集合地点 ❷Ⓒ集会；[集合用法]与会者，会众：There was a large ~ yesterday. 昨天到会的人很多。❸ [the Assembly] [美]州议会众议院 ❹ⓊⒸ(机械的)装配；配件：The ~ of cars is often done by machines. 汽车常由机器装配。

as·sent [əˈsent] **I**. (~ed [-ɪd]) *vi*. 同意，对(意见、计划等)赞成，赞同：I can never ~ to such a request. 我决不能同意这种要求。**II**. *n*. Ⓤ同意，赞成；允许：give one's ~ to a proposal 对建议表示同意

as·sert [əˈsɜːt] (~ed [-ɪd]) *vt*. ❶断言；宣称：She ~ed that she was innocent. 她宣称她是无辜的。❷坚持，维护(权利、要求等)：~ one's authority 维护自己的权威性

as·ser·tion [əˈsɜːʃən] (~s[-z]) *n*. ⓊⒸ主张，断言；坚持，维护权利：~ of one's authority 对自己权威的维护

as·ser·tive [əˈsɜːtɪv] *adj*. 肯定的，断定的；武断的；断言的：an ~ sentence 肯定句

as·sess [əˈses] (~es [-ɪz]；~ed [-t]) *vt*. ❶对(财产、收入等)进行估价(作为征税根据)；评估，确定(税款、罚款)的金额：~ sb.'s taxes 评估某人的税额 ❷征收(税、罚款) ❸评定，评价，判断

as·set [ˈæset] *n*. Ⓒ❶[常用复数]资产，财产：His ~s included shares in company and a house in London. 他的财产包括公司的股票和位于伦敦的房子。❷ 宝贵的人(或物)：Good health is a great ~. 健康就是莫大的财富。/ He's an enormous ~ to the team. 他是队里的骨干。

as·sid·u·ous [əˈsɪdjʊəs] *adj*. 殷勤的；刻苦的，勤奋的，孜孜不倦的：The book was the result of ten years' ~ research. 那本书是十年苦心钻研的成果。

as·sign [əˈsaɪn] *vt*. ❶([近]fix)确定，指定(时间、地点)：It is impossible to ~ an exact date to this building. 确定这座建筑物的确切年代是不可能的。❷([近]appoint)任命，委派；指派，选派：They've ~ed their best man to do the job. 他们选派了最合适的人做那项工作。❸([近]allocate)分配(任务)，把…分配给：The teacher has ~ed each of us a holiday task. 老师给我们每个人都分配了假日的任务。❹【律】(把要求、权利、财产等)转让给，让渡

as·sign·ment [əˈsaɪnmənt] *n*. ❶([同]appointment)Ⓤ任命，选派，委派；分配 ❷Ⓒ指定的作业，分配的任务：She was sent abroad on a difficult ~. 她被派出国执行一项艰巨的任务。❸Ⓤ【律】(要求、权利、财产等)转让：a deed of ~ 转让契约

as·sim·i·late [əˈsɪmɪleɪt] (~d [-ɪd]；assimilating) *vt*. ❶吸收(食物)；消化；同化：Some foods are ~d more easily than others. 有些食物比另一些食物容易吸收。❷吸收(思想、异种文化)：Children in school are expected to ~ what they have been taught. 在校儿童期望吸收教师的知识。❸使相同，使相似，使类似 *vi*. ❶成为相同(或相似) ❷被吸收；被同化

A

as·sist [ə'sɪst] (~ed [-ɪd]) *vt*.([近]aid, help)(给予)帮助,援助,辅助:Two men are ~*ing* the police in their enquiries. 有两个人正在协助警方进行对他们的询问。 *vi*. ❶援助,帮忙:~ in a department store 在百货店里帮忙 ❷出席,参加:~ at the ceremony 参加仪式

as·sist·ance [ə'sɪstəns]([近]aid, help)*n*.Ⓤ援助,帮助:afford(或 offer)~ 提供援助

as·sist·ant [ə'sɪstənt] Ⅰ.*n*.Ⓒ助手,助手;助理,助教:My ~ will operate the tape-recorder. 我的助手将操纵录音机。Ⅱ.*adj*.辅助的,助理的;帮助的;副的:the ~ manager 副经理

as·so·ci·ate Ⅰ.[ə'səʊʃɪeɪt] *vt*. ❶([近] connect)把…联结起来,把…联系起来;使联合:Whisky is usually ~*d* with Scotland. 人们常把威士忌同苏格兰联系起来。❷交往,与…结交:I don't like you *associating* with such people. 我不喜欢你和那些人交往。❸把…联想起来:I always ~ him with fast trains. 我总是由他联想到高速列车。 *vi*. ❶(与别人)交往,结交 ❷联结,联合 Ⅱ.[ə'səʊʃɪət] *n*.Ⓒ❶朋友,同伴;合作者;同事:one's business ~s 业务合伙人 ❷准会员 Ⅲ.*adj*.(会员)非正式的;合伙的,联合的:*Associate* members do not have the rights to vote. 准会员没有选举权。/the ~ producer of a film 联合制片人

as·so·ci·a·tion [ə,səʊsɪ'eɪʃən] *n*. ❶Ⓤ联合,联系;合伙;交往,结交:There has always been a close ~ between these two schools. 这两所学校一向有密切联系。❷Ⓒ团体,社团;协会,联合会;联盟 ❸ⒸⓊ(思想、感觉、记忆等的)联想;(思想或观念的)联系:What ~s does the sea have for you? 你从大海能联想到什么?

as·sort [ə'sɔːt] (~ed [-ɪd]) *vt*.把…分等,把…分类;为…配备各种物品 *vi*.属于同类;协调,相称;交往:well (ill) ~ with 与…相称(不相称)

as·sort·ment [ə'sɔːtmənt] *n*.Ⓒ❶分类,分等,分级 ❷(各种各样的)聚合,杂集:a wide ~ of gifts to choose from 各式各样的礼品可供选择

as·sume [ə'sjuːm] (~s [-z]; assuming) *vt*. ❶呈现(某种面貌、形式等),具有;采用,采取:The problem has ~*d* a new aspect. 那个问题已呈现出新的局面。❷僭取,侵占 ❸承担,担任;接受:~ office 就职/He will ~ his new responsibilities next month. 他下月将承担新任务。❹假定,设想:We must ~ him to

be innocent until he is proved guilty. 尚未证实他有罪,就得假定他是清白的。❺装出,佯装;假装:~ ignorance 假装不知情

as·sump·tion [ə'sʌmpʃən] *n*. ❶ⓊⒸ假设,设想:The theory is based on a series of wrong ~s. 该理论是以一系列错误的设想为根据的。❷ⓊⒸ承担,担任;采用,采取:her ~ of supreme power 她掌握大权 ❸Ⓤ傲慢,自负,僭越

as·sur·ance [ə'ʃʊərəns] (~s [-ɪz]) *n*. ❶Ⓒ保证;信任,信赖:He gave me an ~ that it would be ready by Friday. 他向我保证星期五一定准备好。❷Ⓤ确信,把握,自信:with ~ 有把握/possess ~ 胸有成竹 ❸Ⓤ[英]保险:a life ~ policy 人寿保险单

as·sure [ə'ʃʊə(r)] (~s [-z]; assuring [-rɪŋ]) *vt*. ❶使(某人)确信,使信服,使相信:She was able to ~ herself that nothing had been taken from her purse. 她确信钱包里什么东西都没被拿走。❷向…保证;担保:I ~ you they'll be perfectly safe with us. 我向你保证,他们和我们在一起十分安全。❸保证获得,保证使…得到:Nothing can ~ permanent peace. 没有什么能确保永久和平。❹[英]给…上保险,对…进行保险:What is the sum ~*d*?人寿保险额是多少?

as·sured [ə'ʃʊəd] *adj*. ❶确定的,有把握的;可靠的,有信心的,自信的:His public speaking manner is still not very ~. 他演讲的神态还是看出有点儿缺乏自信。❸有保证的;给…保险的

as·ton·ish [ə'stɒnɪʃ] (~es [-ɪz]; ~ed [-t]) *vt*.([近]surprise)使惊讶,使惊愕,使惊奇:He was ~*ed* to hear he had got the job. 他听到获得了那份工作后感到惊讶。

as·ton·ished [ə'stɒnɪʃt] [常作表语] *adj*.惊讶的,惊愕的:be ~ at sth. 对某事感到惊讶/She looked ~ when she heard the news. 她听到那消息时显得很吃惊。

as·ton·ish·ment [ə'stɒnɪʃmənt] *n*. ❶Ⓤ惊讶,惊异,惊愕,诧异:To my ~, it had completely disappeared. 使我惊讶的是,它已消失得无影无踪了。❷Ⓒ使人惊讶的人(或物)

a·stray [ə'streɪ] *adv*.离开正道;入歧途;迷路:He had been led ~ by undesirable friends. 他被损友引入歧途。

as·tro·naut [ˈæstrənɔːt] *n*.Ⓒ宇航员;航天员

as·tro·nom·er [ə'strɒnəmə(r)] (~s [-z]) *n*.Ⓒ天文学家,天文观测员

A

as·tro·nom·i·cal [ˌæstrə'nɒmɪkəl] *adj.*
❶天文学的，天体的 ❷(数字)极巨大的，天文数字的：~ figures 天文数字/He's been offered an ~ salary. 有人出巨额薪水聘请他。

as·tron·o·my [ə'strɒnəmɪ] *n.* Ⓤ 天文学：radio ~ 射电天文学

a·sy·lum [ə'saɪləm] (~s [-z]) *n.* ❶Ⓒ避难所，庇护所 ❷Ⓤ政治避难(权)，庇护(权)，(一国对他国难民提供的)保护 ❸Ⓒ精神病院，救济院，收容所

*at [强 æt；弱 ət] prep. ❶[表示存在或出现的地点、场所、位置空间]在(某地)，在…里；在…上；在…旁，靠近(某处)：~ the corner of the street 在街道的拐角/~ the office 在办公室里 ❷[表示动作的对象，目标]对准；到，向，往，朝(目标、目的)：She shouted ~ me but I couldn't hear. 她冲着我喊，可是我并没听见。❸忙着，从事于；工作：She was still ~ work in her office. 她仍然在办公室里工作。❹[表示状态、情况]在…中，处于…情况(或状态)，在…条件下：They were ~ war with their neighbours 与他们的邻国交战/stand ~ ease 稍息 ❺以…方式(方法)：She sold the painting ~ auction. 她以拍卖的方式卖了那幅画。❻[表示动作的原因]因为，由于；一经：We are all annoyed ~ his behavior. 我们全都因他的行为而感到气恼。❼[表示判断对象]关于；在…方面：hopeless ~ playing chess 对下国际象棋不堪造就 ❽[在数量、程度、数目、比率、价格等]以：I bought this coat ~ half-price. 我以半价买了这件外衣。❾[表示时间、时刻、时节、年代、年龄]在(或近于)某一时刻(或时代)；时期，于，当：~ two o'clock 两点钟/once 立刻，马上/He left school ~ 16. 他16岁时中学毕业。❿在…的期间，在…的时候：At night you can see the stars. 夜晚可以看到星星。

*ath·lete ['æθliːt] n. Ⓒ❶运动员，运动家 ❷田径运动员

ath·let·ic [æθ'letɪk] *adj.* ❶运动的，体育的；运动员的：an ~ club 运动员俱乐部/~ sports 体育运动 ❷有健壮体格的；活跃的

ath·let·ics [æθ'letɪks] *n.* ❶[用作单数或复数]体育运动，竞技；[英]田径运动 ❷[用作单数]体育(课)，运动技巧(或竞技)规则

*At·lan·tic [ət'læntɪk] **I**. *adj.* 大西洋的，在大西洋上的：the ~ Ocean 大西洋 **II**. *n.* [the ~]大西洋

at·las ['ætləs] (~es [-ɪz]) *n.* ❶Ⓒ地图集，图表集 ❷[A-]阿特拉斯(顶天的巨神，传说被罚用双肩在世界极西处顶住天)；阿特拉

斯山脉

*at·mos·phere ['ætməsfɪə(r)] *n.* ❶Ⓤ大气；大气层 ❷Ⓤ空气：The ~ is very stuffy in here. 这里的空气很闷。❸Ⓒ气氛，(社会)环境：The ~ changed as soon as she walked in. 她一进来气氛就变了。❹Ⓒ(戏剧、小说等艺术品的)基调

at·mos·pher·ic [ˌætməs'ferɪk] [无比较等级] *adj.* ❶ 大气的，大气层的；空气的：unusual ~ conditions 异常的大气状态 ❷气氛的，有(或产生)某种气氛的；有感情气氛的

*at·om ['ætəm] (~s[-z]) *n.* Ⓒ❶【物】原子：Two ~s of hydrogen combine with one atom of oxygen to form a molecule of water. 两个氢原子和一个氧原子结合而形成一个水分子。❷微量；(最)少量：The tower was blown to ~s by the force of the explosion. 爆炸的力量把塔炸得粉碎。

*a·tom·ic [ə'tɒmɪk] [无比较等级] *adj.* ❶原子的：~ warfare 原子战争 ❷原子能的

a·tone [ə'təʊn] (~s [-z]；atoning) *vi.* 赎罪，偿还，抵偿(罪行等)；弥补：~ for a crime 抵罪/~ for one's mistakes 弥补过错

at·tach [ə'tætʃ] (~es [-ɪz]；~ed [-t]) *vt.* ❶([近]fasten, fix)结、系、缚、拴、贴：~ a label to each piece of luggage 每件行李上都贴上标签 ❷ 添加，附加，加(用法说明，附录、补遗等)：I ~ed my signature to the contract. 我在合同书上签了字。❸ 隶属，属于；使附属：You'll be ~ed to this department until the end of the year. 你在年底前将暂属于这一部门。❹ 把…归因于，把…归于；认为有：No blame ~es to you in this affair. 这件事不怪你。❺[律]逮捕，拘留(某人)；扣押，查封(财产) ❻ 依附：I ~ed myself to a group of tourists entering the museum. 我随着一队游客混入了博物馆。*vi.* 系，缚，附；从属；附着

*at·tack [ə'tæk] **I**. (~ed [-t]) *vt.* ❶ 攻击，进攻，袭击：~ a neighbouring country 攻击邻国 ❷ 抨击，非难；指责，斥责：a newspaper article ~ing the Prime Minister 报纸上抨击首相的文章 ❸ 投入，着手，从事：The Government is making no attempt to ~ unemployment. 政府无意解决失业问题。❹ (疾病)侵袭，侵害：a disease that ~s the brain 侵袭大脑的疾病 *vi.* 攻击，进行袭击 **II**. *n.* ❶ Ⓤ Ⓒ([近]assault)攻击，袭击，进攻：make an ~ on the enemy 向敌人进攻 ❷ Ⓒ 抨击，非难：an ~ on the Government's policies 对政府政策的抨击 ❸ Ⓒ (疾病的)侵袭，(慢性病的)复发，突发：a heart ~ 心脏病发作 ❹ Ⓤ Ⓒ (工作、任务等的)开始，着手，从事：This piece of music needs to be played with more ~. 这段乐曲的开始部分要演奏得更加雄壮有力。

at·tain [əˈteɪn] *vt* . ❶（[近]achieve, complete, accomplish）（通过努力）获得；完成（任务等）；达到（目的）：~ a position of power 获得权位/~ one's goal 达到目的 ❷到达，达到…地步：He ~ed the age of 35 before marrying. 他到 35 岁时才完婚。*vi* . 到达；（成功地）达到（目的）；获得，得到

*at·tempt** [əˈtempt] **Ⅰ** . *n* . Ⓒ ❶ 尝试；企图，试图：They failed in all their ~s to climb the mountain. 他们攀登那座山的一切尝试都失败了。❷袭击，攻击；企图杀害：An ~ was made on Pope's life. 有人策划杀害教皇。**Ⅱ** . (~ed [-ɪd]) *vt* . 尝试；企图，试图：The prisoners ~ed to escape but failed. 囚犯企图逃跑，但是失败了。

*at·tend** [əˈtend] (~s [-z]; ~ed [-ɪd]) *vt* . ❶ 侍候，招待；照顾，护理；给予帮助：She ~ed him in hospital. 她在医院护理他。❷ 陪同，陪伴，陪…一起去：The Queen was ~ed by her ladies-in-waiting. 女王由宫廷女侍陪伴。❸伴随（情况或结果）：Success ~ed her efforts. 成功来自她的努力。❹ 出席，参加，到场：The meeting was well ~ed. 有很多人出席会议。*vi* . ❶关心；注意，留意 ❷ 致力于，专心于：*Attend* to your work and stop talking. 专心工作，不要说话。❸伴随；侍候

at·tend·ance [əˈtendəns] (~s [-ɪz]) *n* . ❶ ⓊⒸ 出席，参加，到场：You have missed several ~s this term. 这学期你有几次缺席。❷ Ⓤ护理，看护：a doctor in ~ 护理医生 ❸ Ⓒ 出席人数；出席人员：They're expecting a large ~ at the meeting. 他们期望有很多人出席这次会议。

at·tend·ant [əˈtendənt] **Ⅰ** . *adj* . ❶ 护理的，服侍的，侍从的：an ~ nurse 专职护士 ❷ 出席的，在座的，到场的 ❸伴随的；附随的，随同的：famine and its ~ diseases 饥荒及随之而来的疾病 **Ⅱ** . *n* . Ⓒ❶侍者，侍从；服务员，招待员：the queen's ~s 女王的侍从 ❷ 出席者，参加者 ❸相伴物，伴随物

*at·ten·tion** [əˈtenʃən] *n* . ❶Ⓤ专心，专注；注意（力），注目：She turned her ~ to a new problem. 她把注意力转移到一个新问题上。❷Ⓤ关心；考虑，思考：He gives all his ~ to his car. 他十分关心他的汽车。❸ⒸⓊ[常用复数]关怀，体贴，殷勤：He showed his concern for his sick mother by his many little ~s. 他对病中的母亲表现了无微不至的关怀。❹Ⓤ【军】立正姿势；立正（口令）：stand at ~ 立正

at·ten·tive [əˈtentɪv] *adj* . （[反]inattentive）❶当心的，留心的，注意的：an ~ audience 聚精会神的听众 ❷体贴的，关怀的；殷勤的 ❸有礼貌的

at·ten·tive·ly [əˈtentɪvlɪ] *adv* . 专心地，体贴地，有礼貌地：listening ~ to the speaker 专心地听讲者演讲

at·tic [ˈætɪk] *n* . Ⓒ 顶楼，阁楼：furniture stored in the ~ 在阁楼里存放的家具

at·tire [əˈtaɪə(r)] **Ⅰ** . (~s [-z]; attiring) *vt* . 给…穿衣（尤指漂亮衣服），使穿衣；装饰，打扮：~d in robes of silk and fur 穿着丝织和毛皮的长袍 **Ⅱ** . *n* . Ⓤ服装，衣服；盛装：wearing formal ~ 穿着礼服

*at·ti·tude** [ˈætɪtjuːd] (~s [-z]) *n* . Ⓒ❶姿势，姿态：The photographer has caught him in the ~ of prayer. 摄影者捕捉住他祈祷的姿势。❷（[近]point of view）态度，看法，意见：She shows a very positive ~ to her work. 她工作态度非常积极 ❸倾向，意向

at·tor·ney [əˈtɜːnɪ] *n* . Ⓒ（被当事人授权的法律事务中的）代理人；[美]律师：power of ~ 代理权

*at·tract** [əˈtrækt] (~ed [-ɪd]) *vt* . ❶（[近]interest, invite）（以物理的性质）吸引：A magnet ~s iron. 磁石吸铁。❷引起（赞赏、注意、兴趣等）；诱惑，引诱，吸引：~ sb.'s attention 引起某人的注意 *vi* . 有吸引力，有迷惑力；引起注意：Babies are ~ed to bright colours. 婴儿喜欢鲜艳的颜色。

*at·trac·tion** [əˈtrækʃən] (~s [-z]) *n* . ❶（[近]charm）Ⓤ吸引；吸引力，魅力，迷惑力，诱惑力：The television has little ~ for me. 电视对我没有什么吸引力。❷Ⓒ 吸引物，诱惑物；喜闻乐见的事物：City life holds few ~s for me. 城市生活中没有什么吸引我的东西。❸Ⓤ【物】引力：~ of gravity 重力/magnetic ~ 磁力

*at·trac·tive** [əˈtræktɪv] *adj* . （[反]unattractive）❶吸引人的，诱人的：goods for sale at ~ prices 价钱低廉的货物 ❷令人注目的，引起兴趣的；令人愉快的：I don't find him ~ at all. 我发觉他一点儿也不讨人喜欢。

*at·trib·ute **Ⅰ** . [əˈtrɪbjuːt] (~d [-ɪd]; attributing) *vt* . ❶认为…是某人所有，认为…是某人创造，认为…是…产生：This play is usually ~d to Shakespeare. 这个剧本通常被认为是莎士比亚创作的。❷把…归因于，把…归咎于：She ~s her success to hard work and a bit of luck. 她把成功归功于她的勤奋和一点儿运气。❸把…品质归于某人，认为某人具

有…品性　Ⅱ. ['ætrɪbjuːt] *n*. Ⓒ❶人（或物）的属性，特性，特征；品性，品质：Patience is one of the most important ~s in a teacher. 当教师最重要的品性之一就是要有耐心。❷（文艺作品中人物、职务等的）象征，标志❸【语】定语

at·trib·u·tive [ə'trɪbjʊtɪv] Ⅰ. [无比较等级]*adj*. ❶归属的，属性的；品质的，品性的 ❷【语】定语的，形容的，修饰性的：an ~ adjective 定语形容词 Ⅱ. *n*. Ⓒ【语】修饰性形容词

auc·tion ['ɔːkʃən] Ⅰ. (~s [-z]) *n*. ⓊⒸ拍卖：The house will be sold by ~. 这所房子将要拍卖。Ⅱ. (~s [-z]) *vt*. 拍卖，竞卖

au·da·cious [ɔː'deɪʃəs] *adj*. ❶勇敢的，无畏的，大胆的；敢冒风险的：an ~ scheme 大胆的设计❷冒失的，放肆的，鲁莽的；厚颜无耻的：an ~ remark 放肆的话

au·di·ble ['ɔːdəbl] *adj*. ([反]inaudible) 听得见的；可听的，可闻的：Her voice was scarcely ~ above the noise of the wind. 在风声中，她的声音几乎听不见。

au·di·ence ['ɔːdjəns] (~s [-ɪz]) *n*. ❶Ⓒ（演讲、音乐会、收音机等的）听众，（剧院、电视的）观众；[美]读者：She has addressed ~s all over the country. 她曾向全国各地的听众演讲。❷Ⓤ听取（意见等）❸ⓊⒸ正式会见（或接见）；谒见：grant a private ~ to a foreign ambassador 准予外国大使私人谒见

au·di·o ['ɔːdɪəʊ] [无比较等级]*adj*. ❶[常作定语]听觉的；声音的 ❷[美]【物】音频的

au·dit ['ɔːdɪt] Ⅰ. *n*. Ⓒ❶会计检查，查账，审计 ❷查账人（或审计员）的决算 Ⅱ. (~ed [-ɪd]) *vt*. ❶审计，查（账）❷ [美]（大学生）旁听（课程）*vi*. 审计，查账

au·di·to·ri·um [ɔːdɪ'tɔːrɪəm] (~s 或 auditoria) *n*. Ⓒ❶（学校等的）礼堂；[美]（供公众集会、演讲等用的）大礼堂 ❷听众席，观众席

aug·ment [ɔːg'ment] (~ed [-ɪd]) *vt*. & *vi*. (使)增大，增加，扩大

Au·gust ['ɔːgəst] *n*. 八月（略作 Aug.）

aunt [ɑːnt] *n*. Ⓒ❶姨母，姑母，舅母；伯母，婶母 ❷阿姨（对年长妇女的尊称）

aunt·ie, aunt·y ['ɑːntɪ] *n*. Ⓒ对 aunt 的昵称

au·ral ['ɔːrəl] *adj*. 耳的，听觉的：~ comprehension tests 听力测验/an ~ surgeon 耳科医生

aus·pic·e ['ɔːspɪs] (~s[-ɪz]) *n*. Ⓒ❶预兆，前兆❷（根据飞鸟行动的）占卜❸ [复]支持；主办；保护，赞助，资助：set up a business un-

der the ~s of a government aid scheme 在政府援助计划资助下创办公司

aus·pi·cious [ɔː'spɪʃəs] *adj*. ❶吉祥的，吉利的 ❷幸运的；繁荣的

aus·tere [ɒ'stɪə(r)] (~r [-rə]; ~st [-rɪst] 或 more ~; most ~)*adj*. ❶严厉的，严峻的；（神色、态度等）严肃的，苛刻的 ❷节制的，苦行的，禁欲（主义）的；means leading simple, ~ lives 过着清苦生活的僧侣 ❸简朴的，朴素的；无装饰的：The room was furnished in ~ style. 这间屋子的陈设简单朴素。

Aus·tra·lia [ɒ'streɪljə] *n*. ❶澳洲大陆 ❷澳大利亚（大洋洲国家，位于整个澳大利亚大陆上并包括其邻近若干岛屿）

au·then·tic [ɔː'θentɪk] *adj*. ❶可信的，可靠的；有根据的：an ~ statement 可靠的陈述 ❷真的，真实的：an ~ painting 绘画真品

au·then·tic·ate [ɔː'θentɪkeɪt] (~d [-ɪd] authenticating) *vt*. 证实，认证，鉴定：Experts have ~d the writing as that of Shakespeare himself. 专家们已经鉴定出这是莎士比亚的笔迹。

au·thor ['ɔːθə] (~s [-z]) Ⅰ. *n*. Ⓒ❶创造者，创作者；发明者，创始人：As the ~ of the scheme I can't really comment. 我作为这一计划的创始人是不便置评的。❷（书、文章等的）作者；作家，撰稿者 ❸某作家的（全部）著作：Dickens is my favourite ~. 狄更斯是我最喜欢的作家。Ⅱ. *vt*. ❶著(书)，写作❷创造

au·thor·i·ty [ɔː'θɒrɪtɪ] (authorities [-z]) *n*. ❶Ⓤ([近]power, right)权力；职权；授权：We have the ~ to search this building. 我们有权搜查这座建筑物。❷Ⓤ权威，权势；威信，威望：Teachers should have greater ~ over their students. 老师对学生应该有更多的威望。❸Ⓤ(出处或证据的)可靠性 ❹Ⓒ[常用复数]官方，官厅，当局：I shall have to report this to the authorities. 我得把这事向当局报告。❺Ⓒ权威，专家；有经验者：She's an ~ on phonetics. 她是语音学权威。❻ⓊⒸ有权威性的典籍；根据，证明

au·thor·ize, -ise ['ɔːθəraɪz] (~s [-ɪz] authorizing) *vt*. ❶(官方)批准；认可，允许；使合法：~ a payment 批准付款 ❷授权，委托：I have ~d him to act for me while I am away. 我已经委托他当我不在的时候代我处理。

au·to ['ɔːtəʊ] (~s [-z]) Ⅰ. *n*. Ⓒ[美]汽车 Ⅱ. *vi*. [旧]乘汽车

au·to·bi·og·ra·phy [ˌɔːtəbaɪ'ɒgrəfɪ] (autobiographies) *n*. ⓒⓊ❶自传写作，自传文学 ❷自传

au·to·mat·ic [ˌɔːtəˈmætɪk] **I**. *adj*. ❶自动的,自动装置的;an ~ washing-machine 自动洗衣机 ❷无意识的;机械的;For most of us breathing is ~. 我们大多数人的呼吸都是无意识的。**II**. *n*. ☐❶自动装置 ❷自动枪(或炮)

au·to·ma·tion [ˌɔːtəˈmeɪʃən] *n*. ⓤ❶自动化,自动操作;process ~ (生产)过程自动化 ❷自动学

au·to·mo·bile [ˌɔːtəməˈbiːl,-mə-] (~s [-z]) *n*. ☐[美]汽车;机动车;the ~ industry 汽车制造业

au·ton·o·mous [ɔːˈtɒnəməs] *adj*. 自治的,有自治权的;独立的;an alliance of ~ states 自治州联盟/an ~ region 自治区

au·ton·o·my [ɔːˈtɒnəmɪ] *n*. ❶ⓤ自治,自治权;自主,独立 ❷☐[常用复数]自治的国家、政府或团体;自治区

*****au·tumn** [ˈɔːtəm] **I**. (~s [-z]) *n*. ❶ⓤ☐秋季([美]fall);The leaves turn brown in ~. 秋天树叶变黄了。❷ⓤ成熟期,渐衰期 **II**. *adj*. 秋季的,秋天的;~ colours 秋季的色彩

*****aux·il·i·ary** [ɔːgˈzɪljərɪ,-lə-] **I**. *adj*. ❶帮助的,辅助的 ❷附属的;备用的;~ troops 辅助部队 **II**. (auxiliaries [-z]) *n*. ☐❶助手,辅助者;medical *auxiliaries* 医疗辅助人员 ❷[常用复数]外国(或盟国)的援军 ❸【语】助动词[亦作 auxiliary verb]

a·vail [əˈveɪl] **I**. (~s [-z]) *vt*. 有益于,有助于;有利于,(使)有利;You must ~ yourself of every opportunity to speak English. 你要利用一切机会说英语。**II**. (~s [-z]) *n*. ⓤ效用,(有效的)帮助;好处,利益;The advice we got was of no ~. 我们得到的建议完全没用。

*****a·vail·a·ble** [əˈveɪləbəl] *adj*. ([反]unavailable) ❶可用的,便于利用的;This was the only ~ room. 只剩下那个房间可用了。❷可得到的,可达到的;Tickets are ~ at the box office. 票房有票。❸有效的;有益的

av·a·lanche [ˈævəlɑːntʃ,-lɑːnʃ] (~s [-ɪz]) **I**. *n*. ☐❶雪崩,山崩 ❷(雪崩似的)压下;(雪片似的)飞来,(邮件)涌来;We received an ~ of letters in reply to our advertisement. 广告登出后,我们收到雪片般涌来的大批信件。**II**. *vi*. 雪崩;雪崩似地倒下 *vt*. 大量涌进

av·a·rice [ˈævərɪs] *n*. ⓤ贪婪,贪财,贪心;*Avarice* makes rich people want to become even richer. 贪婪使富人想要更富。

a·venge [əˈvendʒ] (~s [-ɪz];avenging) *vt*. 报复,为…雪耻;(为冤屈等)报仇;She ~d her father's murder. 她报了杀父之仇。

*****av·e·nue** [ˈævənuː,-njuː] *n*. ☐❶林荫路,小路;[英](两旁栽树,通往乡村住宅的)小路 ❷[美](城市中的)街道;(尤指)大街,大路,大道 ❸[喻](达到目的的)途径,方法,手段;an ~ to success 成功之路

*****av·er·age** [ˈævərɪdʒ] **I**. (~s [-ɪz]) *n*. ❶☐平均;平均数,平均值;The ~ of 4,5,and 9 is 6. 4、5、9 三个数的平均数是 6。❷☐ⓤ普通;一般水平,平均标准;These marks are well above ~. 这些分数远在一般水平以上。**II**. [无比较等级] *adj*. ❶平均的;The ~ age of the students is 19. 学生的平均年龄是 19 岁。❷通常的,普通的,一般的;children of ~ intelligence 智力一般的儿童 **III**. *vi*. 作为平均数,按平均数计算 *vt*. ❶计算…的平均数,求…的平均值;I've done some *averaging* to reach these figures. 我做了平均以后得出这些数。❷平均为,平均;The rainfall ~s 36 inches a year. 年降雨量平均为 36 英寸。❸按比例分配,平均分配

a·verse [əˈvɜːs] [常作表语] *adj*. ❶不愿意的,不乐意的;嫌恶的;He seems to be ~ to hard work. 看来他不愿做艰苦的工作。❷反对的;相反的

a·ver·sion [əˈvɜːʃən] (~s [-z]) *n*. ❶ⓤ反感,厌恶,嫌恶;He took an immediate ~ to his new boss. 他一见到新老板就反感。❷☐被人厌恶的人(或事物),讨厌的人(或东西);Smoking is one of my pet ~s. 吸烟是我特别讨厌的一件事。

a·vert [əˈvɜːt] (~ed [-ɪd]) *vt*. ❶避开,转移(目光、思想等);~ one's glance from the terrible sight 转移目光,不看那可怕的情景 ❷避免,防止(灾祸等)发生;挡住;He managed to ~ suspicion. 他设法避嫌。

a·vi·a·tion [ˌeɪvɪˈeɪʃən] *n*. ⓤ❶航空,航空学;civil ~ 民航/an ~ ground 飞机场 ❷飞机制造业

av·o·ca·tion [ˌævəˈkeɪʃən] (~s [-z]) *n*. ☐嗜好,副业;业余爱好

*****a·void** [əˈvɔɪd] (~s [-z];~ed [-ɪd]) *vt*. ❶逃避,避免;躲开,回避;I think he's ~*ing* me. 我觉得他在躲着我。❷【律】使无效;撤销;废止

*****a·wait** [əˈweɪt] (~ed [-ɪd]) *vt*. ❶等候,等待;~ *ing* results 等待结果 ❷(事件等)准备着,期待;A surprise ~ed us on our arrival. 我们到达的时候,等待着我们的是一件出

乎意料的事。

*a·wake [ə'weɪk] Ⅰ.（awoke[ə'wəʊk] 或 ~d [-t]；awoken[ə'wəʊkən] 或 ~d；awaking）vt. ❶唤醒，叫醒；弄醒，使醒：He *awoke* the sleeping child. 他把那个睡着的孩子弄醒了。❷引起，唤起（回忆、恐惧等）：The letter *awoke* old fears. 那封信又勾起了往日的恐惧。vi. ❶醒，醒来，醒着：I *awoke* at five in the morning. 我早上5点就醒了。❷觉悟，觉醒；领会；醒悟：~ to the dangers 觉察到有危险 Ⅱ.［作表语］adj. ❶醒着的，不睡的：Are the children still ~? 孩子们还没睡着吗? ❷洞察的，警觉的；意识到的：Are you fully ~ to the danger you're in? 你充分意识到自己处所的危险了吗?

*a·wak·en [ə'weɪkən]（~s [-z]）vt. & vi.（使）醒，唤醒；（使）醒悟，（使）觉醒；唤起，意识：We ~ed to find the others had gone. 我们醒来发觉其他人已经走了。/Her story ~ed our interest. 她说的事引起了我们的兴趣。

a·ward [ə'wɔːd] Ⅰ.（~s [-z]；~ed [-ɪd]）vt. ❶（法院、公断人、仲裁人）判给；判定，判断：The judges ~ed both finalists equal points. 裁判员判定决赛双方分数相同。❷（［近］present）授予，把…给予，把…颁发：She was ~ed a medal for bravery. 她因勇敢而获得奖章。Ⅱ.n.©❶（法院或公断人、仲裁人的）判决，判定，裁定；裁决书：the ~ of a scholarship 奖学金颁发决定 ❷奖赏，奖品，奖：She showed us the athletics ~s she had won. 她给我们看她赢得的体育运动奖品。

*a·ware [ə'weə(r)] adj.（［反］unaware）❶警觉的，警惕的，机警的：~ of the risk 觉察到风险 ❷意识到的，认识到的：I don't think you're ~ how much this means to me. 我想你还没意识到这对我多么重要。❸知晓的，见闻广博的

*a·way [ə'weɪ] Ⅰ.adv. ❶远离，离，距；走开，不在：The sea is 3 miles ~ from the hotel. 大海离旅馆3英里远。/Don't go ~. 不要走开。/They're ~ on holiday for two weeks. 他们外出度假两星期。❷在另一方向，转方向：look ~ 眼望他处 ❸…去，…掉；消逝，消失，消退：clear snow ~ 把雪清除掉/The picture faded ~. 图画已完全褪了色。❹不停地，连续地，持续不断地：They worked ~ for two days to get it finished. 他们连续两天

不停地工作才做完。Ⅱ.adj. ❶不在的，缺席的：She is ~ now. 她现在不在。❷远隔的，远离的：a mile ~ 一英里远的 ❸［美］（棒球、足球等的比赛）不在自己场地进行比赛的：They are playing ~ games tomorrow. 他们明天在客场场地比赛。

*aw·ful ['ɔːful] Ⅰ.adj. ❶（［近］dreadful）令人敬畏的，令人崇敬的；威严的，庄重的 ❷使惧怕的，可怕的：an ~ accident 可怕的事故 ❸［口］极坏的，糟透的；讨厌的：What ~ weather! 多么坏的天气! /It's an ~ nuisance! 讨厌透了! Ⅱ.adv.［口］非常，很，极其

*awk·ward ['ɔːkwəd] adj. ❶不熟练的，笨拙的，不灵活的：I was always an ~ dancer. 我跳舞一向是笨手笨脚的。❷使用不便的，难操纵的：It's an ~ door. 这扇门很不灵活。❸（引起）不方便的，使人感觉麻烦的；难堪的：Yor've put me in a very ~ position. 你把我弄得很狼狈。❹令人困惑的，使窘迫的；棘手的，尴尬的：I realized that they wanted to be alone together，so I felt very ~. 我意识到了他们想要单独在一起，所以觉得很尴尬。

*ax(e) [æks] Ⅰ.（~es [-ɪz]）n. ❶©斧（子）❷Ⓤ（经费、人员等的）削减：apply the ~ to local government spending 大刀阔斧地削减地方政府的开支 Ⅱ.（axes ['-ɪz]；axed；axing）vt. ❶用斧头砍 ❷削减（经费、人员等）；去掉，消除，除去：His job has been ~ed. 他的工作已经被裁减掉了。

ax·iom ['æksɪəm]（~s [-z]）n.©❶格言，箴言 ❷原理，原则，准则 ❸［数］公理

*ax·is ['æksɪs]（axes ['æksiːz]）n.©❶轴，轴线；中心；中枢：The earth's ~ is the line between the North and South Poles. 地轴是南北极之间的线。/The ~ of a circle is its diameter. 圆的轴线是其直径。❷轴心（国家、集团等的联盟）

ax·le ['æksəl]（~s [-z]）n.©（汽车轮的）轴；车轴：The back ~ is broken. 后车轴断了。

az·ure ['æʒə(r)] Ⅰ.adj. 蔚蓝色的，天蓝色的：a dress of ~ silk 天蓝色的丝绸连衣裙 Ⅱ.n.Ⓤ❶蔚蓝色，天蓝色，天青色 ❷［诗］碧空，苍天 Ⅲ.vt. 使成天蓝色

B b

*ba·by [ˈbeɪbɪ] **Ⅰ**.（babies[-z]）*n*.Ⓒ❶婴儿，幼儿：Both mother and ～ are doing well.母子均平安。❷孩子气的人，幼稚的人；胆怯的人：Stop crying and don't be such a ～.别哭了，不要这样孩子气。❸一团体（或一家）中最年轻者，最幼的孩子：He's the ～ of the team.他在队里最年轻。❹［美俚］姑娘，年轻女子 **Ⅱ**.*adj*.婴儿的；非常年轻的；小的：a ～ monkey 幼小的猴子/a ～ car 小型汽车 **Ⅲ**.（babies [-z]；babied）*vt*.把…当婴儿对待；娇养；溺爱：Don't ～ him.不要溺爱他。

bach·e·lor [ˈbætʃələ(r)]（～s [-z]）*n*.Ⓒ❶单身汉，男光棍 ❷文（或理）学士

*back [bæk] **Ⅰ**.*n*.❶Ⓒ背（部），脊柱：She broke her ～ in a climbing accident.她在一次攀登事故中折断了脊梁骨。❷Ⓒ［常用the ～]椅背，靠背 ❸Ⓒ后面，背面；后部：The index is at the ～ of the book.索引在书的末尾。❹UⒸ（足球等的）后卫 **Ⅱ**.［无比较级，最高级用backmost]*adj*.［作定语]❶（［反]front)后面的，背后的：a ～ garden 后花园/the ～ door 后门 ❷边远的，偏僻的 ❸过期的，过时的：～ issues of a magazine 过期的杂志 ❹拖欠的，未付的：～ pay 拖欠的工资 ❺向后的，反向的，倒退的：a ～ current 逆流 ❻【语]舌后的，后（元音)的 **Ⅲ**.*adv*.❶向后，在后：stand ～ 向后站 ❷回原处；回复原状：on the way ～ 归途 ❸回溯，追溯：～ in the Middle Ages 追溯到中世纪 **Ⅳ**.*vt*.❶使后退，使倒退：～ a car out of the garage 开倒车驶出车库 ❷支持，帮助：She ～ed me in the argument.在辩论中，她支持我。❸下赌注于，打赌：I ～ed four horses but won nothing.我在四匹马上下了赌注，但全都输了。❹给…装背衬，衬托：The photograph was ～ed with cardboard.照片背面衬上了一层纸板。❺背书，在（支票等）背面签名：～ a bill 在单据上背书 *vi*.❶后退，倒退：A car ～ed toward us.一辆车朝我们这方向后退。❷背朝

back·bone [ˈbækbəʊn]（～s [-z]）*n*.❶（[近]spine，spinal column)Ⓒ【解]脊柱，背脊 ❷Ⓒ支柱，中枢，骨干 ❸U意志力，勇气，毅力；决心

*back·ground [ˈbækɡraʊnd]（～s [-z]）*n*.❶UⒸ背景，衬景；（事件等的）背景：She took a picture of me with the mountain in the ～.她以那座山为背景为我照了一张相片。❷Ⓒ（人的)阅历，经历：He has a working-class ～.他是工人阶级出身。❸Ⓒ不显著的位置，幕后：stay in the ～ 留在幕后 ❹Ⓒ背景资料

back·ward [ˈbækwəd] **Ⅰ**.*adv*.（[反]forward)❶向后，在后：He looked ～ over his shoulder.他回头向后看。❷倒，逆；相反地：It's not easy to run ～.倒着跑不容易。❸追溯 ❹退步，由好变坏：Instead of making progress，my work actually seems to be going ～.我的工作不但没有进步，实际上像是在退步。**Ⅱ**.*adj*.❶［作定语]向后的：a ～ glance 向后一瞥 ❷迟疑的，畏缩的 ❸（发展)迟缓的，缓慢的：a very ～ part of the country 这个国家中发展缓慢的地区

back·wards [ˈbækwədz] *adv*.= backward

ba·con [ˈbeɪkən] *n*.U腌肉，咸猪肉

bac·te·ri·a [bækˈtɪərɪə] *n*.［用作复数](细菌 bacterium 的复数)

*bad [bæd] **Ⅰ**.（worse[wɜːs]；worst[wɜːst]）*adj*.❶（[反]good)不好的，坏的：It is ～ to tell a lie.说谎是不好的。❷不胜任的，不熟练的，拙劣的：a ～ teacher 滥竽充数的教师 ❸腐烂的，变坏的：The fish will go ～ if you don't put it in the fridge.这鱼不放入冰箱内就会变质。❹不正确的，错误的：～ pronunciation 错误的发音 ❺（[近]harmful)有害的，危害的：Smoking is ～ for your health.吸烟有害于你的健康。❻病的，（身体)不适的，不健康的：a ～ back 背部疼痛 ❼遗憾的，难过的；令人不愉快的，不适宜的；不祥的：～ news 噩耗 **Ⅱ**.*n*.U坏事，劣质，恶劣状态；邪恶 **Ⅲ**.*adv*.［口]坏，恶劣地，非常，极：Are you hurt ～？你伤得厉害吗？

badge [bædʒ]（~s [-ɪz]）*n*.Ⓒ❶像章,徽章,勋章:a cap ~ 帽徽 ❷标记,标志,象征

badly ['bædlɪ]（worse [wɜːs] ; worst [wɜːst]）*adv*.❶（[反]well）坏,恶劣地,邪恶地:I'm afraid our team's doing rather ~.恐怕我们队的表现不太好。❷令人不快地,不正确地 ❸[口]非常,极:They want to see her very ~.他们很想见到她。

bad·min·ton ['bædmɪntən] *n*.Ⓤ羽毛球运动

baf·fle ['bæfl] I.（~s [-z];baffling）*vt*.❶（[近]amaze）使迷惑,使困惑;使（思想）混乱:Police are ~*d* as to the identity of the killer.警方不解凶手是谁。❷阻碍,妨碍:She ~*d* all our attempts to find her.她千方百计不让我们找到她。II.（~s [-z]）*n*.Ⓒ隔板,挡板,缓冲板

bag [bæg] I.（~s [-z]）*n*.Ⓒ❶袋,提包;(女用)手提包(或钱包):a shopping ~ 购物袋 ❷猎囊,猎物:We got a good ~ today.我们今天猎得很多猎物。❸(满满)一袋:three ~s of rice 三袋米 ❹袋状物;(衣服、皮肤的)肿胀:~s under the eyes 眼下的肿包 ❺[口]裤子 ❻(棒球的)垒 II.（bagged;bagging）*vt*.❶把…装入袋中:~ wheat 把小麦装进袋里 ❷猎获,捕杀(猎物):They *bagged* nothing except a couple of rabbits.他们除了猎到两只兔子以外,一无所获。❸[口](未经许可)夺得,得到:She *bagged* the most comfortable chair.她占了最舒适的椅子。*vi*.(袋)膨胀;(衣服)宽松住下垂:trousers that ~ at the knee 膝盖部分宽松的裤子

bag·gage ['bægɪdʒ] *n*.Ⓤ❶[美]行李 ❷(军队的)携带装备,军用行李

bag·gy ['bægɪ]（baggier;baggiest）*adj*.膨胀如袋的;宽松下垂的:~ trousers 宽松的裤子

bait [beɪt] I.*n*.Ⓤ饵,钓饵;诱饵,诱惑物:The fish swallowed the ~.那鱼吞下了鱼饵。II.*vt*.❶装饵于(钩上、陷阱中):~ a hook with a worm 把鱼虫放在钩上作鱼饵 ❷折磨,欺负,扰乱 ❸放狗逗弄(被绑住的动物)

bake [beɪk]（~*d* [-t];baking）*vt*.❶烘,焙,烤(面包等):~ bread 烤面包 ❷烘干,烘硬(尤指上釉的粗陶器):The sun ~*d* the ground hard.太阳把地晒得硬邦邦的。❸曝晒,使(自己)受灯光照射:We are *baking* in the sun.我们在太阳下曝晒。*vi*.❶烘,烤(面包、饼干等):The bread is *baking*.面包正在烘烤。❷被晒干;(土)被晒得干硬

bak·er ['beɪkə(r)]（~s [-z]）*n*.Ⓒ面包师傅

bak·ing ['beɪkɪŋ] *n*.Ⓤ(面包、陶器等的)烤,烘,焙

bal·ance ['bæləns] I.（~s [-ɪz]）*n*.❶Ⓒ天平,秤 ❷Ⓤ平衡;权衡:Try to achieve a better ~ between work and play.争取把工作和娱乐更好地结合起来。❸Ⓤ情绪的稳定,平静;常态:His wife's sudden death upset the ~ of his mind.他妻子突然去世,他感到六神无主。❹ⓊⒸ(设计、绘画、乐曲等的)协调,调和:This painting has a pleasing ~ of shapes and colours.这幅画在构图和色彩方面都十分协调。❺Ⓒ(收支)平衡;收支余额,差额:I must check my bank ~.我要核对一下我在银行的余额。II.（~s [-ɪz];~*d* [-t];balancing）*vt*.❶比较,对比;权衡:She ~*d* the attractions of a high salary against the prospect of working long hours.她对高薪和长工时两者的利弊做了权衡比较。❷使平衡;抵销:Be sure to ~ the expenditure with the income.务必使收支平衡。❸保持稳定,使保持均衡:Try to ~ your diet by eating more fruit and less protein.多吃些水果,少摄入些蛋白质,使饮食均衡合理。❹结算,使借贷双方平衡:~ an account 结账 *vi*.❶平衡,均衡 ❷贷借双方均等

bal·con·y ['bælkənɪ]（balconies [-z]）*n*.Ⓒ❶眺台,阳台 ❷(剧场的)楼厅;阳台

bald [bɔːld] *adj*.❶秃头的 ❷(山等)光秃的;无树的,无叶的 ❸毫不掩饰的,露骨的;坦率的,不加渲染的:a ~ statement of the facts 对事实直截了当的陈述

balk [bɔːk,bɔːlk] I.*n*.Ⓒ❶障碍;挫折 ❷(棒球)投手犯规 II.*vt*.阻碍,阻止;挫败:~ sb.'s plans 使某人的计划受挫 *vi*.停止,(马等)停止不前;踌躇

*ball*¹ [bɔːl] I.（~s [-z]）*n*.ⒸⓊ❶球,球状物:the ~ of an eye 眼球 ❷球的投掷(尤指棒球或其他球的传球方式):send over a ~ 高吊传球 ❸([近]shell)炮弹,子弹,弹丸 ❹球类运动(尤指棒球) ❺身体中类似球的部分:the ~ of the thumb 大拇指下面近掌心的球形部分 ❻(棒球)传球 II.*vt*.&*vi*.使成球状;形成球状:~ one's fist 攥拳

ball² [bɔːl]（~s [-z]）*n*.Ⓒ❶舞会 ❷[口]狂欢作乐的时光

bal·lad ['bæləd]（~s [-z]）*n*.Ⓒ❶民谣,民歌 ❷叙事歌,叙事曲 ❸流行歌曲,(尤指)情歌

bal·let ['bæleɪ]（~s [-z]）*n*.ⒸⓊ❶芭蕾舞;芭蕾舞剧:enjoy (the) classical ~ 欣赏古典芭蕾舞 ❷芭蕾舞音乐,芭蕾乐曲 ❸芭蕾舞团

B

B

bal·loon [bə'luːn] Ⅰ. (~s [-z]) n. ⓒ ❶ 气球 ❷ 玩具气球 ❸ 漫画中圈出人物对话所画的线条 Ⅱ. vt. 使膨胀,使充气: Her skirt ~ed in the wind. 她的裙子让风吹得鼓起来了。 Ⅲ. vi. 乘气球: They like to go ~ing at weekends. 他们周末喜欢乘气球玩。

bal·lot ['bælət] Ⅰ. n. ❶ⓒ 选票 ❷ⓤⓒ 投票,选举方式(尤指秘密投票): We should put it to a ~. 我们应该对此进行无记名投票。 ❸ [the ~]ⓒ 投票权 ❹ⓒ 投票总数 Ⅱ. (~ed [-ɪd]) vi. 通过投票决定;投票: The union ~ed its members on the proposed changes. 工会让会员们以无记名方式就所建议的改革进行表决。

balm [bɑːm] (~s [-z]) n. ❶ⓤ 香脂,芳香树脂 ❷ⓤⓒ 安慰物,慰藉: The gentle music was (a) ~ to his ears. 那柔和的音乐对他是一种安慰。

balm·y ['bɑːmɪ] (balmier; balmiest) adj. 芳香的;温和的:a ~ day 温暖的日子

bam·boo [bæm'buː] Ⅰ. (~s [-z]) n. ⓤⓒ 【植】竹,竹子 Ⅱ. adj. 竹的,竹制的:a ~ chair 竹椅

ban [bæn] Ⅰ. (banned; banning) vt. ([近] prohibit)禁止,查禁;取缔(新闻、书刊、电影等): The government has *banned* the use of chemical weapons. 政府已经禁止使用化学武器。 Ⅱ. n. ([近]prohibition)ⓒ 禁令,禁止: put a ~ on the import of alcohol 宣布禁止酒类进口

ba·na·na [bə'nɑːnə] (~s [-z]) n. ⓒ 【植】芭蕉;香蕉(指果实)

band [bænd] Ⅰ. (~s [-z]) n. ⓒ ❶ 带,环,圈,箍;衣带,饰带:iron ~s round a barrel 桶外的铁箍/the waist ~ of a dress 衣裙上的腰带 ❷(颜色或图案的)条纹,条饰:a white plate with a blue ~ round the edge 带蓝边的白盘子 ❸(收音机的)频带,波段 ❹(为共同目的而组合的)一群人,一帮,一伙;队,组:a ~ of robber 一帮强盗 ❺ 乐队,乐团:a military ~ 军乐队/a jazz ~ 爵士乐队 Ⅱ. vt. ❶ 用带绑扎 ❷ 使联合起来: ~ together against a common enemy 联合起来共同对敌

ban·dage ['bændɪdʒ] Ⅰ. (~s [-ɪz]) n. ⓒ 绷带 Ⅱ. (~s [-ɪz]; bandaging) vt. 用绷带包扎: ~ (up) a wound 用绷带包扎伤口

ban·dit ['bændɪt] (~s 或 banditti [bæn'dɪ-ti(ː)]) n. ⓒ 盗匪;歹徒;逃犯

bang[1] [bæŋ] Ⅰ. (~s [-z]) vt. ❶ 砰然而击,重击,猛敲: He was ~ing on the door with his fist. 他正在用拳头砸门。 ❷ 砰然关上(门、

窗等): He ~ed the door. 他砰的一声关上了门。 vi. ❶ 砰砰作响;突然巨响: A door was ~ing somewhere. 不知哪里有扇门砰砰作响。 ❷ 砰然重击,砰然相撞: He ran round the corner and ~ed straight into a lamppost. 他跑过拐角处时迎面撞在灯柱上。 Ⅱ. (~s [-z]) n. ⓒ ❶ 重击,重打,猛撞: He fell and got a nasty ~ on the head. 他摔了一跤,头部磕得很重。 ❷ 砰砰的声音;突然的巨响: The fireworks exploded with a loud ~. 烟火砰的一声爆开了。 Ⅲ. adv. ❶ 砰然地,轰然地 ❷ 突然地;正巧:~ in the middle of the performance 演出正进行到一半

bang[2] [bæŋ] Ⅰ. (~s [-z]) n. ⓒ [常用复数] 女孩前额的刘海 Ⅱ. (~s [-z]) vt. 把(前额头发)剪成刘海式

ban·ish ['bænɪʃ] vt. ❶ (~es [-ɪz]; ~ed [-t])流放,放逐;驱逐(出境): He was ~ed from his homeland for life. 他被终生流放他乡。 ❷ 消除;去掉,排除:~ fear 消除恐惧

bank[1] [bæŋk] Ⅰ. n. ⓒ ❶ 银行:have money in the ~ 在银行中有存款/a ~ account 银行账户 ❷(赌博的)庄家;(庄家的)赌本 ❸(贵重物品、信息等的)储存:a blood ~ 血库/a data ~ 数据库 Ⅱ. vt. 把(钱)存入银行:~ one's savings 把余钱存入银行 vi. 与银行往来;存款:Who do you ~ with? 你在哪家银行存款?

bank[2] [bæŋk] Ⅰ. n. ⓒ ❶(土、雪)堆;(云)层;埂,垄:The sun went behind a ~ of clouds. 太阳钻到云堆里去了。 ❷(山)坡,陡坡;(弯道、路道等的)倾斜 ❸(河)岸,堤:My house is on the south ~ of the river. 我家坐落在河的南岸。 ❹(海、湖的)浅滩;沙洲;尤指大陆架的突出部分 ❺【空】(飞机拐弯时的)倾斜飞行 Ⅱ. (~ed [-t]) vt. ❶ 堆积(成堤);筑堤防护: The wind ~ed the snow up against the wall. 雪风吹而堆积到墙边。 ❷ 封(炉火)(飞机拐弯时)使倾斜飞行 vi. ❶ 筑堤,堆积:~ up a stream 筑堤以堵截水流 ❷(飞机拐弯时)倾斜飞行

bank[3] [bæŋk] n. ⓒ ❶(有两排桨的帆船的)桨手座 ❷ 一排:a ~ of oars 一排桨 ❸(键盘或仪表板的)键排

bank·er ['bæŋkə(r)] (~s [-z]) n. ⓒ ❶ 银行家,银行业者 ❷(赌博的)庄家

bank·rupt ['bæŋkrʌpt] Ⅰ. n. ⓒ 破产者;无力还债者 Ⅱ. adj. ❶ 破产的,无还债能力的:go ~ 破产 ❷ 丧失了…的;完全失败的:a society that is morally ~ 道德沦丧的社会 Ⅲ. (~ed [-ɪd]) vt. 使破产,使无力还债

ban·ner ['bænə(r)] Ⅰ. (~s [-z]) n. ❶

([近]flag)○ 旗帜,旗子:the ~ of freedom 自由的旗帜 ❷ ○ 写有广告、欢迎词等的横幅 Ⅱ.[无比较等级] *adj*. 第一流的,第一位的;极好的;杰出的:a ~ year for exports 出口情况最佳的一年

ban·quet ['bæŋkwɪt] Ⅰ. *n*. ○ ❶盛宴,筵席:a wedding ~ 婚宴 ❷正式宴会(通常有祝酒词) Ⅱ. (~ed [-ɪd]) *vt*. 宴请,设宴招待 *vi*. 参加宴会

bap·tism ['bæptɪzəm] (~s [-z]) *n*. ○ ○ ❶洗礼,浸礼(基督教的入教仪式) ❷洗礼,严峻考验

bap·tize, -ise [bæp'taɪz] (~s [-ɪz]) *vt*. 给(人)施洗礼;洗礼时命名:He was ~d Mike. 他受洗礼时被命名为迈克。

bar [bɑː(r)] Ⅰ. (~s [-z]) *n*. ○ ○ ❶(木、金属等的)条,杆,棒:a long iron ~ 长铁条 ❷栅栏,路障,障碍(物):Poor health may be a ~ to success in life. 健康不佳可能成为人一生中取得成功的障碍。❸(光或色的)线,条,带:At sunset, there was a ~ of red across the western sky. 日落时,西边天空有一道红晕。❹(法庭的)栏杆;法庭中的审判席,律师席或被告席;法庭,制裁,谴责:the prisoner at the ~ 受审讯的刑事被告 / She will be judged at the ~ of public opinion. 她将受到舆论的制裁。❺[集合用法]律师界,律师的职业 ❻售酒柜台,酒吧间:They walked into the ~. 他们走进了酒吧间。❼【音】小节线,小节 Ⅱ. (barred;barring) *vt*. ❶(用条、杆等)拴牢 ❷【律】(用法律手段)阻止(或禁止) ❸阻挡,阻碍,妨碍:Soldiers *barred* the road so we had to turn back. 士兵挡住了去路,我们只好折回。❹使在外,排斥;排挤:We ~ smoking here. 我们这里禁止吸烟。❺用线条画出,在…上画(出)线条:a sky *barred* with clouds 有一条条浮云的天空 Ⅲ. *prep*.([近]except)除…之外,除外:The whole class is here ~ two that are ill. 除两人生病外,全班都到齐了。

bar·bar·i·an [bɑːˈbeərɪən] Ⅰ. (~s [-z]) *n*. ○ ❶外侨,外国人 ❷原始人,野蛮人,未开化的人 ❸无文化的人,粗鲁无礼的人;残暴的人 Ⅱ. *adj*. ❶原始的,野蛮人的 ❷不文明的,粗野的

bar·bar·ic [bɑːˈbærɪk] *adj*. (似)野蛮人的;不文明的;粗鲁的,粗野的:~ customs 野蛮的风俗

bar·ba·rize, -ise ['bɑːbəraɪz] (~s [-ɪz];barbarizing) *vt*. 使变野蛮;使残忍,使变酷无情

bar·ba·rous ['bɑːbərəs] *adj*. ❶原始的,野蛮的,不文明的 ❷缺乏修养的,粗鲁的,粗俗

的:~ sounds 粗声粗气 ❸残暴的,残忍的:~ soldiers 残暴的士兵

bar·ber ['bɑːbə(r)] (~s [-z]) *n*. ○ 理发师,理发员

bare [beə(r)] Ⅰ. (~r ['-rə];~st ['-rɪst]) *adj*. ❶([近]naked)无覆盖的,赤裸的:~ legs 光腿/a ~ hillside 光秃的山坡 ❷无装饰的,无陈设的;空的:a room ~ of furniture 空无家具的房间 ❸不加修饰的,不加渲染的;直率的:the ~ facts 事实真相 ❹仅有的,勉强的,最低限度的:the ~ necessities of life 最低限度的生活必需品 Ⅱ. (~s [-z];baring ['-rɪŋ]) *vt*. 使赤裸,使露出;使暴露;剥光:~ the end of a wire 剥开电线的端部

barely ['beəlɪ] *adv*. ❶赤裸裸地,无掩饰地 ❷仅仅,刚刚,勉强,几乎没有:We ~ had time to catch the train. 我们几乎来不及赶火车。❸贫乏地,不足地

****bar·gain** ['bɑːgɪn] Ⅰ. (~s [-z]) *n*. ○ ❶(买卖)合同,(成交)协议 ❷交易,生意:make a bad ~ 做一笔蚀本生意 ❸便宜货,廉价商品:It's a ~. 这可是便宜货。Ⅱ. *vi*. 讨价还价;商定,成交:Dealers ~ with growers over the price of coffee. 商人与种植者就咖啡的价格进行商洽。*vt*. 通过议价把…卖掉;经讨价还价成交

****barge** [bɑːdʒ] Ⅰ. (~s ['-ɪz]) *n*. ○ ❶驳船 ❷(尤指用于庆典的)大型游艇 ❸海军旗舰上将官用的汽艇 Ⅱ. (~s ['-ɪz];barging) *vt*. 用驳船运载 *vi*. ❶蹒跚,缓慢而笨拙地移动 ❷闯入,冲进:I tried to stop him coming through the door, but he just ~d in. 我想拦住他,不让他进门,可是他硬闯进来了。❸与…相撞;鲁莽地撞着(into):Stop *barging* into people! 别撞人!

bark[1] [bɑːk] Ⅰ. *n*. ○【植】树皮 Ⅱ. (~ed [-t]) *vt*. ❶剥(树皮) ❷[口]擦破(膝盖等处的)皮

bark[2] [bɑːk] Ⅰ. (~ed [-t]) *vi*. ❶(狗)吠:Our dog always ~s at strangers. 我们的狗一见生人就叫。❷发(类似狗叫的)声响 ❸尖叫,咆哮,厉声说话:When she's angry, she often ~s at the children. 她生气时,常叫斥孩子。*vt*. 咆哮地说:The sergeant ~ed an order. 那个士官大声发出命令。Ⅱ. *n*. ○ ○ ❶狗吠声 ❷狗吠似的声音,尖叫声

bark[3] [bɑːk] *n*. ○ ❶三桅帆船 ❷[诗]船;(尤指)小帆船

bar·ley ['bɑːlɪ] *n*. ○【植】大麦

bar·man ['bɑːmən] (barmen ['bɑːmən]) *n*. ○ 酒吧间男招待

B

barn [bɑːn] (～s [-z]) n.ⓒ❶谷仓,堆物房;畜舍 ❷(美)(电车或卡车等的)车座

bar·on ['bærən] n.ⓒ❶男爵(英国世袭的最低级的贵族爵位) ❷(工商业的)巨头,大王,富商:a press ～ 报业大王

bar·rack ['bærək] vt.& vi.向…喝倒彩;嘲笑:The crowd started ～ing. 群众喝起了倒彩。

bar·rel ['bærəl] Ⅰ.(～s [-z]) n.ⓒ❶大木桶,桶 ❷一桶的量 ❸(机械类的)圆筒:the ～ of a windlass 卷扬机的圆筒 ❹空心(或实心)的圆管 ❺(军)枪管,炮管 Ⅱ.(～s [-z];bar-rel(l)ed;barrel(l)ing) vt.把…装入桶内

bar·ren ['bærən] Ⅰ.adj.❶不生育的,不孕的,(植物)不结果实的 ❷([反]fertile)贫瘠的,不毛的,荒芜的:～ land 不毛之地 ❸没有结果的;无益的,没用的:a ～ discussion 毫无意义的讨论 ❹空的,缺乏的,没有…的:～ of creative spirit 缺乏创造精神 Ⅱ.(～s [-z]) n.ⓒ❶土地贫瘠地区,荒原 ❷[常用复数]灌木丛生的沙地

bar·ri·er ['bæriə(r)] (～s [-z]) n.ⓒ❶栅栏,挡墙,壁垒;屏障,障壁:a natural ～ 天然屏障 ❷障碍,阻碍;隔离;隔阂:the language ～ 语言上的隔阂 ❸海关关卡,关口

bar·ris·ter ['bæristə(r)] (～s [-z]) n.ⓒ([近]lawyer)(英国有资格出席高等法庭并辩护的)律师;法律顾问

bar·row¹ ['bærəu] (～s [-z]) n.ⓒ❶(手推的)单轮车,(运沙土用的)独轮车 ❷双轮手推车

bar·row² ['bærəu] (～s [-z]) n.ⓒ古坟,冢

bar·ter ['bɑːtə(r)] Ⅰ.(～s [-z];～ing [-riŋ]) vt.& vi.交换,换货:～ wheat for machinery 以小麦换机器 Ⅱ.n.ⓤⓒ易货贸易;互换的货物

ba·sal ['beisl] adj.❶基部的 ❷基础的,基本的;根本的

*ᵇ**base¹** [beis] Ⅰ.(～s ['-iz]) n.❶ⓒ([近]basis)基础;底层,底部;根基:the ～ of a col-umn 柱基 ❷ⓤⓒ(某些体育运动中的)垒,起点,安全点 ❸ⓒ行动中心,供应来源;(军事或探险的)基地总部:a naval ～ 海军基地/an air ～ 空军基地 ❹ⓒ(数)(三角形的)底边;基数,根值 ❺ⓒ基本成分;(化)碱 Ⅱ.(～s ['-iz];～d [-d];basing) vt.❶以…打基础;构成…的基部;基于,以…为根据:This novel is ～d on historical facts. 这部小说是以历史事实为根据的。

base² [beis] adj.不体面的,卑鄙的,卑劣的;可耻的:acting from ～ motives 从卑鄙动机

出发的行动

base·ball ['beisbɔːl] (～s [-z]) n.([近]softball)❶ⓤ棒球运动 ❷ⓒ棒球

bash [bæʃ] Ⅰ.(～es ['-iz];～ed [-t]) vt.[口]猛击;猛撞;打碎:～ sb.on the head with a club 用棍棒猛击某人头部 vi.猛地撞毁 Ⅱ.n.ⓒ猛击,重击:give sb. a ～ on the nose 照着某人的鼻子狠狠一击

bash·ful ['bæʃful] adj.胆怯的;羞怯的;害羞的

*ᵇ**ba·sic** ['beisik] Ⅰ.adj.❶基本的;本质的:the ～ vocabulary of a language 一种语言的基本词汇 ❷基础的,入门的:My knowl-edge of physics is pretty ～. 我的物理知识相当浅薄。❸(化)碱(性)的;盐基性的 Ⅱ.n.ⓒ[常用复数]基本原则;基础军事训练

*ᵇ**ba·sin** ['beisn] (～s [-z]) n.ⓒ❶盆,盆,脸盆 ❷一盆的容量 ❸水池,水槽;池塘 ❹海湾,港湾 ❺流域;盆地

ba·sis ['beisis] (bases ['beisiːz]) n.ⓒ❶基础;基本:arguments that have a firm ～ 有坚实基础的论据 ❷主要成分(或要素)

*ᵇ**bas·ket** ['bɑːskit] n.ⓒ❶篮;筐;篓:a shopping ～ 购物篮子 ❷一篮(或筐,篓)的量:They picked two ～s of pears. 他们摘了两筐梨。❸(篮球的)篮;投篮得分:make(或score)a ～ (篮球)投进得分

*ᵇ**bas·ket·ball** ['bɑːskitbɔːl] n.❶ⓤ篮球运动 ❷ⓒ篮球

bass¹ [beis] Ⅰ.(～es ['-iz]) n.(音)❶ⓤ低音域,男低音部 ❷ⓒ男低音,男低音歌手 ❸ⓒ低音乐器(尤指低音提琴) Ⅱ.adj.(音)男低音的,低音的

bass² [bæs] n.ⓤ ⓒ鲈鱼

*ᵇ**bat¹** [bæt] Ⅰ.n.ⓒ❶(棒球、板球等的)球棒;(乒乓球)拍 ❷(棒球中的)击球 ❸([近]batsman)(板球)击球手 ❹[口]一击,打击 Ⅱ.(batted ['-id];batting) vt.❶用球棒(或球拍)打(球):He ～s well. 他是击球能手。❷用棒球击 ❸(击球员)取得平均分数 vi.❶用球棒(或球拍)打球 ❷轮到击球

bat² [bæt] n.ⓒ蝙蝠

batch [bætʃ] (～es ['-iz]) n.ⓒ❶(面包等的)一炉(或一批):baked in ～es of twenty 以 20 个为一炉烘烤的 ❷一批(人或物):a new ～ of recruits for the army 一批新兵

*ᵇ**bath** [bæθ,bɑːθ] Ⅰ.(～s [bæðz]) n.ⓒ❶洗澡,沐浴:He takes a cold ～ every morn-ing. 他每天早晨都洗冷水澡。❷洗澡水,浴水(或其他液体):Your ～ is ready. 洗澡水给你准备好了。❸浴盆,浴缸;浴室;盥洗室 ❹[用

复数]浴池,浴场;温泉;Turkish ~s 土耳其式浴场 Ⅱ.(~ed [-t]) vt.& vi.给(某人)洗澡;洗浴:~ the baby 给婴儿洗澡

*__bathe__ [beɪð] Ⅰ.(~s ['-ɪz];bathing) vt. ❶把…浸在液体中,浸于;用水洗:The nurse ~d the wound.护士冲洗伤口。❷给…洗澡 ❸(把…)弄湿,沾湿:Sweat ~d his sweater.汗水沾湿了他的毛衣。❹沐浴,笼罩,沉浸:The trees are ~d in moonlight.树林沐浴在月光中。vi. ❶洗澡,游泳 ❷沉浸 Ⅱ.(~s [-z]) n.Ⓤ[英](在海里、游泳池里等)游泳;洗澡

__bath·ing__ ['beɪðɪŋ] n.Ⓤ[英]沐浴,游泳

*__bath·room__ ['bɑːθruːm] n.Ⓒ浴室;洗手间

__bat·ter__[1] ['bætə(r)] (~s [-z];~ing [-rɪŋ]) vt. ❶连续猛击,猛烈敲打 ❷捣碎,打烂,敲碎:The huge waves ~ed the wrecked ship to pieces.巨浪将那艘失事的船只冲击得支离破碎。vi. 做连续猛击,砰砰敲打:He kept ~ing at the door.他接连不断地敲门。

__bat·ter__[2] ['bætə(r)] (~s [-z]) n.Ⓒ(棒球或板球的)击球员

__bat·ter__[3] ['bætə(r)] n.Ⓤ(制糕饼时用面粉、鸡蛋、牛奶等调成的)糊状物,稀面糊

*__bat·ter·y__ ['bætərɪ] (batteries [-z]) n.Ⓒ Ⓤ❶一组,一套,一副;系列:a ~ of lights 一组灯 ❷(棒球)投手与接手的统称 ❸【电】电池,电池组 ❹【律】(非法)殴打 ❺【军】炮台,炮位,炮兵连,导弹连;(军舰)炮组

*__bat·tle__ ['bætl] Ⅰ.(~s [-z]) n. ❶Ⓒ战役,武装斗争,战斗:a fierce ~ 激烈的战斗 ❷Ⓤ搏斗,格斗;冲突:a ~ of words 一场舌战 Ⅱ.(~s [-z];battling) vt.(在战场上)与…作战;与…斗争 vi.❶参战;战斗 ❷斗争,竞争:battling against ill health 与病魔做斗争

__bawl__ [bɔːl] Ⅰ.vt.& vi.❶呼喊,吼叫,叫嚷:We ~ed for help but no one heard us.我们大声呼援但是无人听见。❷大哭 Ⅱ.(~s [-z]) n.Ⓒ❶吆喝 ❷高喊;大哭,恸哭

__bay__[1] [beɪ] (~s [-z]) n.Ⓒ湾,港湾,海湾

__bay__[2] [beɪ] (~s [-z]) n.Ⓒ❶【建】开间(房屋相邻两梁或两桩间的分区)❷(墙壁的)凹进处;凸窗(外墙突出的窗子)❸侧厅,边房 ❹分隔间,空间(尤指飞机、船等的舱)

__bay__[3] [beɪ] Ⅰ.n.Ⓤ❶吠声 ❷走投无路的处境,绝境 Ⅱ.vi.(狗)吠叫,嗥叫:the ~ing cry of a wolf 狼的嗥叫声

__bay__[4] [beɪ] n.Ⓒ❶【植】月桂树 ❷[常用复数]桂冠;[喻]荣誉,声誉

__bay__[5] [beɪ] Ⅰ.adj.栗色的(指马) Ⅱ.n.❶Ⓒ栗色马(或其他动物)❷Ⓤ栗色

__bay·o·net__ ['beɪənɪt] Ⅰ.n.Ⓒ刺刀 Ⅱ.(~ed [-ɪd]) vt.用刺刀刺

__ba·zaar__ [bə'zɑː] (~s [-z]) n.Ⓒ❶(东方国家的)市场,集市;百货商店 ❷(通常为俱乐部、教堂等筹款的)义卖;a church ~ 教会主持的义卖

*__be__ [强 biː;弱 bɪ] vi.❶存在,活着,生存;有:Is there the God? 有上帝吗? ❷发生,产生;举行:The election was on Monday.选举是在星期一进行的。❸在…地方(或位置):The lamp is on the table.灯在桌子上。❹[作系动词时表示属性、身份、价值、原因、意义]是:The earth is round.地球是圆的。/She is a doctor.她是医生。v.aux. ❶[与及物动词的过去分词连用,构成被动语态,用 be done,表示动作或状态]被:She was knocked down by a car.她被车子撞倒了。❷[与另一动词的现在分词连用,构成进行式,表示动作的进行、持续]正在,在:"What are you doing?" "I am doing my homework." "你在做什么?" "我在做作业。" ❸[与表示未来的副词(短语)连用,表示不久的未来]预定要做,将要:She is leaving for Beijing tonight.她预定今晚要出发去北京。❹[与 always 等词连用,表示说话者轻微责难的语气]我总是挨批评:I'm always being criticized.我总是挨批评。❺[与不定式连用表示预定、义务、可能性、命运]应该;必须;注定:They are to ~ married.他们打算结婚。❻[用 if... were to do,表虚拟语气]:If it were to rain, we would have to cancel the match tomorrow.假如下雨,我们只好取消明天的比赛。❼[与某些不及物动词的过去分词连用,构成古体的完成时态]已…;正…:He is gone.他走了(已经不在这里)。

__be-__ [前缀][构成动词的前缀]❶具有 around 的一般意义:beset 包围 ❷[作强调成分]具有 completely,thoroughly 的一般意义:bedeck 用装饰品覆盖 ❸具有 away 的一般意义:bereave 夺去

*__beach__ [biːtʃ] Ⅰ.(~es ['-ɪz]) n.Ⓒ海滩,海滨,河(湖)滩 Ⅱ.(~es ['-ɪz];~ed [-t]) vt.使(船)搁浅,把(船)开上岸

__bea·con__ ['biːkən] (~s [-z]) n.Ⓒ❶(山上、杆上用作信号的)烟火,烽火,篝火 ❷(用作警告或导航的)信号灯;信标,指向标;灯塔 ❸无线电指向标

*__bead__ [biːd] Ⅰ.n.Ⓒ❶玻璃珠,木珠,金属球:a string of glass ~s 一串玻璃珠子 ❷[用复数]念珠 ❸[用复数]珠饰物;项圈 ❹(水)珠,(水)泡:~s of sweat on his forehead 他额头上的汗珠 Ⅱ.(~s [-z];~ed ['-ɪd]) vt. ❶用珠连成一串 ❷把

…像珠子般连起来 *vi*.形成珠;起泡

beak [bi:k] *n*.ⓒ❶喙(尤指猛禽的角喙),鸟嘴 ❷喙状部分,喙状物(如昆虫、鱼类的嘴,水壶嘴) ❸鼻(尤指大钩形鼻)

beak·er ['bi:kə] (～s [-z]) *n*.ⓒ❶大杯;(尤指)大酒杯;高脚杯 ❷(化学家、药剂师用的)烧杯 ❸大酒杯的容量

*[*]**beam** [bi:m] Ⅰ.(～s [-z]) *n*.ⓒ❶(建筑物的)梁,桁条;(支撑船的甲板的)横梁 ❷秤杆 ❸光线,光束 ❹[喻]喜色,笑容:a ～ of pleasure 一丝笑容 ❺(无线电雷达的)信号束,波束 Ⅱ.*vt*.❶发射(光等) ❷定向发出(无线电信号);向…广播(节目) *vi*.❶(闪闪)发光;光芒四射 ❷[喻]热情地微笑:The winner ～ed with satisfaction.获胜者满意地笑了。

*[*]**bean** [bi:n] (～s [-z]) *n*.ⓒ❶豆(各种豆科植物的通称);豆荚;(豆状)果实:broad ～s 蚕豆/coffee ～s 咖啡豆 ❷[口]头脑,脑袋 ❸[用复数][用于否定结构]很少量:not to know ～s about something 对某事一点儿也不知道

*[*]**bear**¹ [beə(r)] (bore[bɔ:];borne[bɔ:n]或born) *vt*.❶运载;带有:The sweet smell of roses was *borne* on the wind.玫瑰的花香随风飘送。❷具有,佩,带:The ring ～s an inscription.这个戒指上刻有字。❸产生;生(孩子),开(花),结(果):She has *borne* him three sons.她给他生了三个儿子。/trees ～*ing* pink blossom 开粉红色花朵的树木 ❹([近]shoulder,hold)支持,支撑;承担,负担,负荷:The ice is too thin to ～ your weight.冰太薄,承受不住你的重量。❺经受住,经得住:The plan won't ～ close inspection.那计划经不起仔细的推敲。❻([近]stand,endure)忍受,容忍:She *bore* her sorrow without complaint.她毫无怨言地忍受着悲痛。❼([近]cherish)怀有,抱有,持有,心怀(感情等):She *bore* him no ill will.她对他毫无恶意。❽为人,表现,举止:He ～s himself like a soldier.他的一举一动有如军人。*vi*.❶结果实:The tree ～s well.这树结果多。❷容忍,忍受 ❸(向某方向)行进或转弯:When you get to the fork in the road,～ right.你走到这条路的分岔口时,就向右拐。

*[*]**bear**² [beə] (～s [-z]) *n*.ⓒ❶熊:polar ～ 北极熊 ❷手脚笨拙的人,粗鲁(或粗暴)的人 ❸卖空的证券投机商,卖空,空头

*[*]**beard** [biəd] Ⅰ.(～s [-z]) *n*.ⓒ❶(下巴)胡须;He always grown a ～.他留着大胡子。❷(动物的)髭毛,颌毛 ❸(谷物、草的)芒 Ⅱ.(～s [-z];～ed ['-id]) *vt*.公然蔑视或反对

bearer ['beərə(r)] (～s [-z]) *n*.([近]carrier)ⓒ❶负荷者;运载工具;支承物 ❷结果(或开花)的植物 ❸丧礼中抬棺人;抬轿人 ❹持票(指车票、票据、汇票等)人;带信人,持信人:I'm the ～ of good news.我带来了好消息。

bear·ing ['beəriŋ] (～s [-z]) *n*.❶Ⓤ举止,风度;姿态,神态:a man of soldierly ～ 有军人仪态的人 ❷Ⓤ忍受,忍耐,容忍 ❸ⓒ[常用复数]方向,方位:take a ～ on the light house 测定灯塔的方位 ❹Ⓤⓒ意义;关系,联系:What he said had not much ～ on the problem.他说的话跟这个问题没有多大关系。❺ⓒ【机】轴承

*[*]**beast** [bi:st] *n*.ⓒⓊ❶动物(尤指四足的兽);牲畜,牲口 ❷兽性 ❸残忍的人,无耻之徒

beast·ly ['bi:stli] Ⅰ.(beastlier;beastliest 或 more ～,most ～) *adj*.❶([近]bestial)兽性的,残忍的,无理性的 ❷[口]令人厌恶的,令人不快的:What ～ weather! 多么恶劣的天气! Ⅱ.*adv*.[口]非常,很:It's ～ cold outside! 外边冷极了!

*[*]**beat** [bi:t] Ⅰ.(beat;beaten ['bi:tn]) *vt*.❶(连续)打击,(接连地)打,敲打:Who's ～*ing* the drum? 谁在敲鼓? ❷冲击,撞击,拍打:Waves are ～*ing* the rocks.波浪拍打着岩石。❸锤薄,敲平:～ metal flat 把金属锤平 ❹打,搅拌(油、蛋等):～ the flour and milk together 把面粉和牛奶搅拌一起 ❺([近]defeat)(在赛跑、竞赛中)打败,战胜,胜过:He ～ me at chess.他下棋赢了我。❻打(拍子),击(拍):The birds wings were ～*ing* frantically.那些鸟儿的翅膀在使劲地拍打着。❼踏成,踩出:a well-*beaten* path 久经践踏的路 ❽[口]使困惑,使迷惑;使为难:a problem that ～s even the experts 连行家也感到棘手的问题 *vi*.❶(连续)猛击,敲打:Somebody was ～*ing* at the door.有人在不停地敲门。❷(心脏、脉搏等)跳动,搏动;使振动:He's alive — his heart is still ～*ing*.他还活着——心脏还在跳。❸(帆船)"之"字形抢风行驶 Ⅱ.*n*.ⓒⓊ❶(心脏等的)跳动,搏动;(连续)敲打,敲击声 ❷【音】拍子,节拍 ❸(值勤)巡逻路线:a policeman out on the ～ 外出到辖区执行巡逻任务的警察 Ⅲ.[无比较等级] *adj*.[俚]疲劳不堪的,筋疲力尽的

*[*]**beat·en** ['bi:tn] Ⅰ.beat 的过去分词 Ⅱ.[无比较等级] *adj*.❶被连续猛击的;被抽打的 ❷锤薄的,锤成的 ❸踩出的,踏成的 ❹被击败的,精神沮丧的

beat·er ['bi:tə] (～s [-z]) *n*.ⓒ❶打击者,打击物 ❷拍打器;打浆机;搅拌器 ❸(帮助赶出禽兽的)猎人助手

beat·ing [ˈbiːtɪŋ]（~s [-z]）*n.* ❶Ⓒ打,敲;鞭打 ❷Ⓤ（心脏的）跳动,悸动;有节奏的鼓动 ❸Ⓒ失败,击败:Our team got a sound ~. 我们队遭到惨败。

beau·ti·cian [bjuːˈtɪʃən]（~s [-z]）*n.* Ⓒ美容师

***beautiful** [ˈbjuːtɪfl] *adj.* ❶（[反]ugly, hideous)美丽的,悦耳的,悦目的,优美的:a ~ flower 美丽的花朵/a ~ voice 悦耳的声音 ❷[常用于感叹句中]极好,很妙:What ~ timing! 时间正合适!

beau·ti·fy [ˈbjuːtɪfaɪ]（beautifies [-z]; beautified）*vt.* 使（更）美丽;美化

beau·ty [ˈbjuːtɪ]（beauties [-z]）*n.* ❶Ⓤ美,美丽;美观,美貌:the ~ of the sunset 日落之美 ❷Ⓒ美好的事物;美女,美人:The new car is an absolute ~. 那辆新车漂亮极了。❸Ⓒ美点,优点;妙处:That's the ~ of it. 那就是它的妙处。

bea·ver [ˈbiːvə(r)]（~s [-z]）*n.* ❶Ⓒ【动】海狸(一种很勤勉的动物) ❷Ⓤ海狸毛皮

***be·cause** [bɪˈkɒz,-ˈkəz] *conj.* ❶因为,由于:I went to bed early ~ I was tired. 我因为疲倦所以提早睡了。❷[用在表否定的主句之后]不因…而…:He didn't go ~ he was afraid. 他不是因为害怕而去的。

beck·on [ˈbekən]（~s [-z]）*vt.& vi.*（以招手,点头）表示招呼或召唤:She ~ed to me to follow. 她招手要我跟着她。

***be·come** [bɪˈkʌm]（~s [-z]; became [bɪˈkeɪm]; ~; becoming）*vi.* 成为,变得;逐渐变成（或发展成为）:They *became* great friends. 他们成了莫逆之交。*vt.* 适合,适宜;同…相称:Her new hat certainly ~s her. 她的新帽子十分适合她。

be·coming [bɪˈkʌmɪŋ] *adj.*（[反]unbecoming）❶适合的,适宜的;适当的;相称的:He behaved with a ~ modesty. 他举止间有一种颇为适度的谦恭。❷（穿着）合适的,合身的:Your outfit is most ~. 你的服装太合适了。

***bed** [bed] **I.**（~s [-z]）*n.* Ⓒ❶床,床铺,床位:sit on the ~ 坐在床上 ❷苗床,（花)坛 ❸河床,湖底,海底;海底养殖场:explore the ocean ~ 探测海底 ❹路基,底座:The machine rests on a ~ of concrete. 机器安装在混凝土基座上。❺【地】地层:a ~ of clay 一层黏土 **II.**（bedded [ˈ-ɪd]; bedding）*vt.* ❶为…提供住宿:The wounded were *bedded* in the farmhouse. 把伤员安置在农家住宿。❷安装,固定;放置:The bricks are *bedded* in

concrete. 用混凝土砌砖。❸栽种,把…种入（花坛、苗床上）*vi.* 上床,睡觉

bed·ding [ˈbedɪŋ] *n.* Ⓤ❶床上用品 ❷（家畜用）垫草,铺草

***bed·room** [ˈbedruːm] *n.* Ⓒ卧室

bed·side [ˈbedsaɪd] **I.** *n.* Ⓒ床边;床边空地 **II.** *adj.* 床边的:a ~ lamp 床头灯

***bee** [biː]（~s [-z]）*n.* Ⓒ❶蜜蜂 ❷（为工作或比赛而举行的）聚会:a spelling ~ 拼字比赛

***beef** [biːf] **I.**（beeves [biːvz]或~s）*n.* ❶Ⓒ肉牛,（尤指）肉用牛 ❷Ⓤ牛肉 ❸Ⓤ[口]（人的）肌肉;体力:He's got plenty of ~. 他力气很大。❹Ⓒ[复][美俚]牢骚,抱怨 **II.** *vi.*（[近]complain,grumble）[美俚]发牢骚,抱怨;抗议（about）:What are you ~*ing* now? 你在发什么牢骚?

beef·y [ˈbiːfɪ]（beefier;beefiest 或 more ~）*adj.* 结实的;肌肉发达的,健壮的

***beer** [bɪə(r)] *n.* Ⓤ❶啤酒 ❷由植物的根酿造的软饮料,麦芽汁饮料

be·fall [bɪˈfɔːl]（befell [bɪˈfel]; befallen [bɪˈfɔːlən]）*vt.& vi.* 降临到,发生:A great misfortune *befell* him. 一场大难降临到他的头上。

be·fit [bɪˈfɪt]（befitted [-ɪd]; befitting）*vt.* 适合,适宜于:You should dress in a way that ~s a woman of your position. 你的衣着应与你这种地位的妇女相称。

***be·fore** [bɪˈfɔː(r)] **I.** [无比较等级] *adv.* ❶在前面;向前;提前:look ~ and after 瞻前顾后 ❷过去,以前:I've seen that film ~. 我以前看过那部影片。**II.** *prep.* ❶（[反]after)（时间,空间,次序,等级或重要性方面）在…之前,先于:~ lunch 午餐前/He arrived ~ me. 他在我之前到达。❷（[近]in front of)（[反]behind)在…面前:We knelt ~ the throne. 我们在御座前跪下。❸在…眼前;当着…的面;在…的面前:He was brought ~ the judge. 他被带到法官面前。❹与其…宁可:death ~ dishonour 宁死不受辱 ❺面前;摆在…面前:The hardest task was ~ them. 最艰巨的任务摆在他们面前。**III.** *conj.* ❶（[反]after)早于,在前:Do it ~ you forget. 趁早动手,免得忘了。❷与其…（宁愿…）:I'd shoot myself ~ I apologized to him! 我宁死也不向他道歉!

be·fore·hand [bɪˈfɔːhænd] [无比较等级] *adv.* 事先,预先;提前,提早:I had made preparations ~. 我预先做了准备。

***beg** [beg]（~s [-z]; begged; begging）*vi.* 乞讨;乞求（施舍、礼物等）:He was so poor that

B

he had to ~ (for)money from passersby. 他穷得要向行人乞求布施。*vt.* 请求,恳求:He *begged* her for forgiveness. 他请求她原谅。

beg·gar [ˈbegə(r)] **I.** (~s [-z]) *n.*Ⓒ❶乞丐;穷人:~s can not be choosers [谚]饥不择食 ❷[口]人,家伙:The cheeky ~! 不要脸的家伙! **II.** (~s [-z]; ~ ing [-rɪŋ]) *vt.* 使沦为乞丐,使贫穷

*be·gin [bɪˈgɪn] (~s [-z]; began [bɪˈgæn]; begun [bɪˈgʌn]; beginning) *vt.*& *vi.* ([近] start) ([反]finish,end) 开始,着手;开始进行:When does the concert ~? 音乐会什么时候开始?

be·gin·ner [bɪˈgɪnə(r)] (~s [-z]) *n.*Ⓒ❶首创者,创始人 ❷新手,初学者;生手

*be·gin·ning [bɪˈgɪnɪŋ] (~s [-z]) *n.* ([反]ending,finishing)Ⓒ❶开始,开端:You've made a good ~. 你已经做出了良好的开端。❷起点;起源,来源;根源:Many big businesses start from small ~s. 许多大企业都是从小企业起步的。

be·guile [bɪˈgaɪl] (~s [-z]; beguiling) *vt.*❶([近]cheat)欺骗,诱骗,欺诈:They were ~d into giving him large sums of money. 他们受骗,给了他一大笔钱。❷愉快地度过,使陶醉;使高兴(with):Our journey was ~d with spirited talk. 我们旅行中谈笑风生,过得很愉快。

be·half [bɪˈhɑːf] *n.*Ⓤ支持,利益,方面

be·have [bɪˈheɪv] (~s [-z]; behaving) *vi.*❶(举止或行为的)表现:She ~s more like a friend than a mother. 她像朋友一样,而不像是我的母亲。❷(机器等)运转或性能良好:How's your new car *behaving*? 你的新汽车好开吗? *vt.*(使)举止规矩:Children,please ~ yourself! 孩子们,规矩些!

be·hav·io(u)r [bɪˈheɪvjə(r)] *n.*Ⓤ❶表现,举止,品行;态度:Their ~ towards me shows that they do not like me. 从他们对我的态度可以看出他们不喜欢我。❷(肌肉等有机体对刺激的)反应 ❸(机器零件等的)运转情况

be·head [bɪˈhed] (~s [-z]; ~ed [-ɪd]) *vt.* 砍…的头;将…斩首

*be·hind [bɪˈhaɪnd] **I.** *prep.* ❶([近]at the back of) ([反]in front of)在…之后,在…的后面:She glanced ~ her. 她向身后看了一眼。❷(在地位,成就等方面)落后于,不如:Britain is ~ Japan in developing modern technology. 在发展现代技术方面,英国落后于日本。❸([反]before)迟于,晚于:be ~

schedule 晚于预定时间 ❹在…的另一边,在…的那边:The sun disappeared ~ the clouds. 太阳躲到云层里去了。❺支持:I am ~ you completely. 我完全支持你。❻幕后;隐藏在背后 **II.** [无比较等级] *adv.* ❶在后,向后:The others are a long way ~. 其他的人远远落在后面。❷落后,不如:drop ~ in one's studies 某人在学习上落后 **III.** *n.*Ⓒ[口]屁股

be·hold [bɪˈhəʊld] **I.** (~s [-z]; beheld [bɪˈheld]) *vt.* 注意到,看;注视:The baby was a wonder to ~. 这个婴孩看上去令人惊奇。 **II.** *int.* 看! 瞧!

*be·ing [ˈbiːɪŋ] **I.** be 的现在分词 **II.** (~s [-z]) *n.* ❶Ⓤ存在;生存,生命:What is the purpose of our ~? 我们生存的目的是什么? ❷Ⓤ本质,本性 ❸Ⓒ(精神上的)存在物;生物;人:human ~s 人

*be·lief [bɪˈliːf] *n.* ([反]disbelief)ⓊⒸ❶相信;信以为真:She has lost her ~ in God. 她不再相信上帝。❷(宗教)信仰,信条:the Christian ~ 基督教信仰 ❸信心;信任,信赖:I haven't much ~ in his honesty. 我对他的诚实缺乏足够的信任。❹意见,看法

*be·lieve [bɪˈliːv] (~s [-z]; believing) *vt.* 相信;([近]think)认为:I ~ what he says. 我相信他的话。/ I ~ it to have been a mistake. 我认为这一直就是错的。*vi.* 相信;信任;信奉

*bell [bel] **I.** (~s [-z]) *n.*Ⓒ❶铃,钟;铃声,钟声:There's the ~ for the end of the lesson. 下课铃响了。❷铃(或钟)状物 **II.** *vt.* ❶系铃于 ❷使成铃(或钟)状

bel·ly [ˈbeli] **I.** (bellies [-z]) *n.* ([近]abdomen,stomach) ❶Ⓒ肚,腹部;胃:with an empty ~ 空着肚子 ❷Ⓒ(物体的)凸出或鼓起部分 **II.** (bellies [-z]; bellied) *vt.*& *vi.* (使)鼓起,(使)凸出;(使)膨胀:The wind *bellied* out the sails. 大风把帆张得满满的。

bel·ly·ful [ˈbeliful] *n.*Ⓒ[用单数]满腹;过分,过量:I've had a ~ of your complaints. 我已经听够了你的怨言。

*be·long [bɪˈlɒŋ] (~s [-z]) *vi.* [无进行式]❶适当;应该;适宜,对…合适:A child ~s with its mother. 孩子应该和母亲在一起。❷属于,附属;与…有关(或有联系):These books ~ to me. 这些书是我的。❸为…之一员:He has never ~ed to a trade union. 他从未加入过工会。

be·long·ings [bɪˈlɒːŋɪŋz] [复] *n.* ([近]possessions)所有物,占有物;财产:The tour-

B

ists lost all their ～ in the hotel fire. 因旅馆失火，游客财物尽失。

be·lov·ed [bɪˈlʌvd, bɪˈlʌvɪd] Ⅰ. *adj.* ❶ [作表语]被深爱的：This man was ～ of all who knew him. 认识他的人都很喜欢他。❷ [作定语]为…所爱的：in memory of my ～ husband 纪念我深爱的丈夫 Ⅱ.(～s [-z]) *n.* ⓒ心爱的人，爱人：He bought a bunch of flowers to his ～. 他买了一束鲜花送给他心爱的人。

*be·low** [bɪˈləʊ] Ⅰ. *prep.* ([反]above) ❶(位置、等级、价值等方面)低于，在…之下：The standard of his work is well ～ the average of his class. 他的成绩大大低于班上的平均成绩。❷不值得；有失…的身份；有损于：He thinks manual labour ～ him. 他认为体力劳动有失他的身份。Ⅱ. *adv.* ❶在下，向下；在下方；在底下：the sky above and the sea ～ 天在上面，海在下面 ❷在书页末；在(书等)的下文：See ～ for references. 见下面注解。❸在(或向)较低的楼层(或甲板)：live on the floor ～ 住在下一层楼 ❹(级别、数量、作用等方面)在…之下

*belt** [belt] Ⅰ. *n.* ⓒ❶带，皮带；腰带，饰带：a coat with a ～ attached 有腰带的外套/a safety ～ 安全带 ❷(机械的)皮带；传送带：a conveyor ～ 运输带 ❸地区，地带；产…的地区：a ～ of rain 降雨带 Ⅱ.(～ed [ˈ-ɪd]) *vt.* ❶用皮带等围绕(或环绕)；用带扎牢(或系、缚)：The officer ～ed his sword on. 军官用皮带扣住佩刀。❷用皮带抽打：If you don't shut up, I'll ～ you. 你再不闭嘴，我就揍你。

*bench** [bentʃ] Ⅰ.(～es [ˈ-ɪz]) *n.* ⓒ❶长凳，条凳，板凳 ❷[the ～]法官席；法官，法院 ❸(体育运动的)替补队员席 ❹工作台 Ⅱ.(～es [ˈ-ɪz]；～ed [-t]) *vt.* 使(尤指官员)到职，就职

*bend** [bend] Ⅰ.(～s [-z]；bent [bent]) *vt.* ❶([反]straighten)使弯曲，使成弓形：It's hard to ～ an iron bar. 把铁棒弄弯很不容易。❷(使)转向；把…转变方向：We ～ our steps towards home. 我们转过脚步朝家走。❸使屈从，使屈服，使让步：He tried to ～ his son to his wishes. 他想办法使儿子顺从他的愿望。❹致力于，专心：He couldn't ～ his mind to his studies. 他不能专心学习。*vi.* ❶转向；弯曲：The road ～s to the right after a few yards. 这条路在几码远的地方转向右方。❷压弯；俯身，弯腰：She bent down and picked it up. 她俯身把它拾起来。❸屈服，屈从，让步：～ to sb.'s will 顺从某人的意志 Ⅱ. *n.* ⓒ❶弯曲；弯曲部分，弯曲处(如河流) ❷

绑结(水手打的绳结)

be·neath [bɪˈniːθ] Ⅰ. [无比较等级] *adv.* 在下面，在下方，在底下：Her careful make-up hid the signs of age ～. 她的精心化妆掩饰了岁月刻下的痕迹。Ⅱ. *prep.* ❶([近]under)([反]on)在…下面，在…之下；在…底下：They found the body buried ～ a pile of leaves. 他们在一堆树叶下面发现了那具尸体。❷在…的影响(或控制)下 ❸(等级、地位、价值等)比…低劣；低于，劣于：They thought she had married ～ her. 他们认为她嫁给了社会地位比她低的人。❹不值得；有失…的身份；有损于(尊严等)：He considers such jobs ～ him. 他认为做这样的工作有失身份。

bene·fac·tion [ˌbenɪˈfækʃən] (～s [-z]) *n.* ❶ⓒ回善行；捐助，布施 ❷ⓒ捐款；捐助物：She made many charitable ～s. 她做过很多慈善捐赠。

bene·fac·tor [ˈbenɪfæktə(r)] (～s [-z]) *n.* ⓒ恩人，施主；捐助人，资助人

be·nef·i·cent [bɪˈnefɪsnt] *adj.* ([反]maleficent)慈善的，行善的，有助的

ben·e·fi·cial [ˌbenɪˈfɪʃəl] *adj.* 有利的，有益的：Fresh air is ～ to one's health. 新鲜空气有益于健康。

ben·e·fit [ˈbenɪfɪt] Ⅰ. *n.* ❶回ⓒ利益，好处；帮助，恩惠：The new regulations will be of great ～ to us all. 新规章对我们大家都大有好处。❷ⓒ[常用复数]保险金；救济金；抚恤金，补助金：medical ～s 医疗补助 ❸ⓒ义演，义卖：a ～ concert 慈善音乐会 Ⅱ. *vt.* 对…有益，有益于：These facilities have ～ed the whole town. 这些设施使全城受益。*vi.* 受益，得利：He hasn't ～ed from the experience. 他虽有体验，却无长进。

be·nev·o·lent [bɪˈnevələnt] *adj.* ([反]malevolent)仁慈的，慈善的；乐善好施的

bent [bent] Ⅰ. bend 的过去式和过去分词 Ⅱ. *adj.* ❶([反]straight)弯曲的，弯的：a ～ stick 弯曲的手杖 ❷一心的，决心的：She is ～ on going. 她一心想去。Ⅲ. *n.* ⓒ倾向；爱好，嗜好：She has a ～ for music. 她爱好音乐。

be·reave [bɪˈriːv] (～s [-z]；～d [bɪˈriːvd] 或 bereft [bɪˈreft]；bereaving) *vt.* ❶夺去，使失去(of)：bereft of hope 失去幸福 ❷(死亡等)使丧失(亲人等)(of)：an accident which ～d him of his wife and child 使他丧失妻儿的事故

be·reft [bɪˈreft] bereave 的过去式和过去分词

berg [bɜːg] (～s [-z]) *n*. ⓒ冰山

ber·ry ['berɪ] Ⅰ. (berries [-z]) *n*. ⓒ❶浆果(如葡萄、番茄、香蕉、西瓜等果实) ❷莓果(草莓类的果实) ❸(植物的)干果仁,干谷粒 Ⅱ. (berries [-z];berried) *vi*. 结浆果;采摘浆果

berth [bɜːθ] Ⅰ. (～s [-ðz]) *n*. ⓒ❶(船的)停泊地,抛锚地:find a safe ～ 寻找安全的停泊地 ❷[口]职位,职业;差事:a snug ～ 舒适的职位 ❸(火车、船等的)铺位;卧铺 Ⅱ. (～s [-ðz];～ed [-t]) *vt*. ❶使抛锚,使停泊 ❷为…提供(或占)铺位:Six passengers can be ～*ed* on the lower deck. 下层舱可为 6 位乘客提供卧铺。*vi*. ❶停泊 ❷占铺位

be·seech [bɪ'siːtʃ] (～es [-ɪz];besought [bɪ'sɔːt]或～ed [-t]) *vt. & vi*. ❶恳求(某人),请求;哀求:The prisoner *besought* the judge for mercy. 囚犯恳求法官宽恕。❷诚恳要求,恳求给予;乞求:She *besought* his forgiveness. 她乞求他原谅。

***be·side** [bɪ'saɪd] *prep*. ❶([近]near,close to)在…旁边,在…附近:Sit ～ your sister. 坐在你妹妹旁边。❷与…比较,和…相比:*Beside* your earlier work,this piece seems rather disappointing. 这件工作同你早先的工作相比,有些令人失望。❸与…无关,与…不相干;远离,差得远:His question is ～ the point. 他的问题离题了。

***be·sides** [bɪ'saɪdz] Ⅰ. [无比较等级] *adv*. ([近]in addition)再者,加之;此外,而且:She is still young and beautiful ～. 她仍然年轻而且漂亮。Ⅱ. *prep*. ❶([反]except)除…之外(还):There will be six of us for dinner,～ him. 除他之外,还有我们 6 个人一起吃饭。❷除了;除外,除…之外:No one writes to me ～ you. 除你以外,没有人给我写信。

be·siege [bɪ'siːdʒ] (～s [-ɪz];besieging) *vt*. ❶围攻,包围,围困 ❷拥挤在…周围,团团围住;群集:The Prime Minister was ～*d* by reporters. 首相被记者们团团围住。❸被扰乱,使烦恼(with):The teacher was ～*d* with questions from his pupils. 学生提出的问题很多,教师应接不暇。

***best** [best] Ⅰ. [good,well 的最高级] *adj*. ❶([反]worst)最好的;胜过一切的:my ～ friend 我最好的朋友 ❷最适合的,最称心的:He's the ～ man for the job. 他是最适合做这项工作的人。Ⅱ. [well 的最高级] *adv*. ([反]worst)最好地;最适合地;最大限度地;最:He works ～ in the morning. 他早晨工作效率最高。Ⅲ. [用 one's ～] *n*. ❶ [the ～]

最好的人,声望最高的人:He is among the ～ of our workers. 他是我们工作人员中最好的一个。❷最好的东西;最佳的状态;最好的形势 ❸全力,尽力,极力:I did my ～ to stop her. 我已尽力阻止她。❹最漂亮的衣服 Ⅳ. *vt*. 胜过,打败

be·stir [bɪ'stɜː(r)] (～s [-z];bestirred;bestirring [-rɪŋ]) *vt*. 使发奋,活跃,使行动起来:He was too lazy to ～ himself even to answer the telephone. 他懒得甚至不愿接电话。

be·stow [bɪ'stəʊ] (～s [-z]) *vt*. 赠予,把…赠予,授予:an honour ～*ed* on her by the king 国王赐予他的荣誉

bet [bet] Ⅰ. *n*. ⓒ❶打赌;赌注,赌金:make a ～ 打赌/put a ～ on the horse 在那匹马上下赌注 ❷[口]意见,预言:My ～ is they've got held up in the traffic. 我想他们一定是在路上因交通拥挤而受阻了。Ⅱ. (bet 或 betted;betting) *vt*. ❶用(钱等)打赌;与(某人)打赌:He ～*s* a lot of money on horses. 他经常在赛马上豪赌。/ She ～ me 20 dollars that I would not be able to give up smoking. 她和我以 20 美元打赌,说我戒不了烟。❷敢断定,断言:I ～ he arrives late. 我敢断定他得迟到。*vi*. 打赌:I don't enjoy *betting*. 我不喜欢赌博。

be·take [bɪ'teɪk][与反身代词连用](betook [bɪ'tʊk];betaken [bɪ'teɪkən];betaking) *vt*. ❶使用(to):～ oneself to certain measures 使用某些措施 ❷去,往:He *betook* himself to his own kingdom. 他到自己的王国去了。

be·to·ken [bɪ'təʊkən] (～s [-z]) *vt*. ❶表示,标志 ❷预示,预兆:milder weather ～*ing* the arrival of spring 预示春天到来的暖和天气

***be·tray** [bɪ'treɪ] (～s [-z]) *vt*. ❶叛变,背叛,出卖:～ one's country 背叛自己的国家 ❷泄露(秘密、机密情报等);告密(to):～*ing* state secrets 泄露国家机密 ❸不知不觉地露出:She said she was sorry,but her eyes ～*ed* her secret delight. 她说她很难过,但从她的眼神里却流露出她内心的喜悦。❹显示,暴露,表现:He had a good disguise,but as soon as he spoke he ～ himself. 他伪装得很好,可是一说话就原形毕露。

be·troth [bɪ'trəʊð] (～s [-z])[常用被动语态] *vt*. 把…许配给;(女子)同…订婚(to):She was ～*ed* to the duke. 她已许配给公爵了。

***better** ['betə(r)] Ⅰ. *adj*. ([反]worse) ❶较好的,更好的:a ～ worker 更好的工作人员

❷(健康状况)好转,气色好转的:The patient is much ～ today. 病人今天好多了。**Ⅱ.** [well 的比较级] *adv.* 更好地;更加,更大限度:She sings ～ than I do. 她比我唱得好。/ You'll like it ～ when you understand it more. 当你对它更了解时,你就会更喜欢它。**Ⅲ.** *n.* ⓒ ❶[用 one's ～ s]上司,长辈:You should show greater respect for your ～s. 你应该对上司尊重些。❷较优者,较佳者:We had hoped for ～. 我们曾希望情况好转。**Ⅳ.** *vt.& vi.* 超越,胜过;改善,改进:The government hopes to ～ the conditions of the workers. 政府希望改善工人们的状况。

*be·tween [bɪ'twiːn] **Ⅰ.** *prep.* ([近] amidst) ❶在(两者)之间:Peter sat ～ Mary and Jane. 彼得坐在玛丽和简之间。❷(时间、数量、程度)在(两者)之间:I'm usually free ～ Tuesday and Thursday. 我通常在星期二至星期四有空。❸同心协力,共同;共享:We can afford to buy a house ～ us. 我们有能力合买一所房子。❹两者择其一:You must decide ～ these two. 你必须在这两个之间决定一个。**Ⅱ.** [无比较等级] *adv.* ❶(距离、位置、作用)在其间:One town ends where the next begins and there's a road that runs ～. 一个城镇连接着另一个城镇,两者之间有一条路。❷(时间)在…当中,在…期间,在…中间:We have two lessons this morning, but there's some free time in ～. 今天上午我们有两节课,课间有些休息时间。

bev·er·age ['bevərɪdʒ] (～s [-ɪz]) *n.* ⓒ 饮料(尤指除水以外的汽水、酒等)

be·ware [bɪ'weə(r)] [仅用于不定式及祈使句] *vi.& vt.* 注意,当心;提防,谨防:Beware of danger! 当心,危险!

be·wil·der [bɪ'wɪldə] (～s [-z]; ～ing [-rɪŋ]) *vt.* 使迷惑,使困惑,使糊涂:I am totally ～ed by the clues to this crossword puzzle. 这个纵横字谜的提示完全把我弄糊涂了。

*be·yond [bɪ'jɒnd] **Ⅰ.** *prep.* ❶在(或向)…的那边,超过:The new housing estate stretches ～ the playing fields. 新的住宅区一直延伸到游乐场的那一边。❷(时间)晚于;较迟于:It won't go on ～ midnight. 这不会持续到午夜以后。❸超出(范围、可能性、理解力):The bicycle is ～ repair. 这辆自行车已不能修理了。❹除…之外:I didn't notice anything ～ his rather strange accent. 除了他那颇为古怪的口音以外,我没注意到别的。**Ⅱ.** *adv.* 在远处,向远处;更远地:We must look ～ for signs of change. 我们应该把目光放远,看到变化的迹象。

bi·as ['baɪəs] **Ⅰ.** (～es [-ɪz]) *n.* ⓒ ⓤ ❶(织物上的)斜纹,(织物的)斜线,斜缝 ❷偏爱,癖好;倾向,偏见:The university has a ～ towards the sciences. 该大学偏重理科。**Ⅱ.** (biased 或 biassed; biasing 或 biassing) *vt.* 使抱偏见,使怀成见:a ～ed account 有偏见的叙述

Bi·ble ['baɪbl] (～s [-z]) *n.* ⓒ ❶《圣经》(基督教经典,包括《旧约圣经》和《新约圣经》) ❷一本(或特种版本)基督教《圣经》 ❸各宗教的经典 ❹[用 bible](权威或正式的)典籍

bib·li·og·ra·phy [ˌbɪblɪ'ɒgrəfɪ] (bibliographies [-z]) *n.* ⓒ ⓤ ❶目录学 ❷书目,专题书目,作者参考书目

bib·li·o·phile ['bɪblɪəʊfaɪl, -fɪl] (亦作 **bibliophil** ['bɪblɪəʊfɪl]) (～s [-z]) *n.* ⓒ 书籍爱好者;藏书家

*bi·cy·cle ['baɪsɪkl] **Ⅰ.** (～s [-z]) *n.* ⓒ 自行车,脚踏车:ride a ～ 骑自行车 **Ⅱ.** (～s [-z]; bicycling) *vi.* 骑自行车

*bid [bɪd] **Ⅰ.** (～s [-z]; ～ 或 bade [beɪd, bæd]; ～ 或 bidden ['bɪdn]; bidding) *vt.* ❶([近]tell)命令,吩咐:She bade me come in. 她命令我进来。❷(拍卖中)出(价):He ～ 400 dollars for the painting. 那幅画他出价400美元。❸祝;表示;告别:He bade farewell to his sweetheart. 他向他的情人告别。❹邀请:guests bidden to the feast 应邀赴宴的宾客 ❺(打桥牌时)叫牌 *vi.* 出价;叫牌 **Ⅱ.** (～s [-z]) *n.* ⓒ ❶出价,喊价;投标:Any higher ～s? 还有出更高价的吗? ❷企图,试图:make a ～ for power 争取权力 ❸叫牌

bid·der ['bɪdə(r)] (～s [-z]) *n.* ⓒ ❶(拍卖时的)出价人,投标人 ❷(桥牌中的)叫牌人,开牌人

*big [bɪg] **Ⅰ.** (bigger; biggest) *adj.* ❶([反]little) 大的:a ～ garden 大花园/ ～ money 大笔的钱 ❷成长的,年龄较大的:my ～ sister 我的姐姐 ❸怀(孕)的;充满着…的:The dog is ～ with young. 那只狗怀孕了。/ eyes ～ with tears 眼中充满泪水 ❹([近]great)重要的,重大的;伟大的,杰出的:a ～ decision 重大的决定 ❺自负的,自大的;夸大的:～ talk 大话 ❻宽宏大量的,大方的;大度的:a ～ heart 宽大的胸怀 **Ⅱ.** (bigger; biggest) *adv.* ❶自负地,自大地 ❷宽广地;极成功地:Let's think ～. 我们要立大志展宏图。

big·ot ['bɪgət] (～ed ['-ɪd]) *n.* ⓒ 固执己见的人,顽固的人

big·ot·ry ['bɪgətrɪ] *n.* ⓤ 偏执,顽固,偏见

*bike [baɪk] **Ⅰ.** *n.* ⓒ [口] ❶自行车 ❷摩

托车 **Ⅱ**. (~d [-t];biking) *vi*. 骑自行车;骑摩托车:Let's go *biking*. 咱们骑车去吧。

*bill¹ [bɪl] **Ⅰ**. (~s [-z]) *n*. ©❶账单,发货票,发票:telephone ~s 电话账单 ❷广告,传单,招贴:Stick no ~s! 禁止招贴! ❸(剧场)节目单:a horror double ~ on TV 一张介绍两部恐怖片子的电视节目单 ❹法案,议案:propose a ~ 提出一项议案 ❺汇票 ❻([近]note) [美]钞票,纸币 **Ⅱ**. *vt*. ❶给…开账单 ❷(用广告、传单等)通告,宣布,预告

bill² [bɪl] **Ⅰ. (~s [-z]) *n*. ([近]beak)©❶鸟嘴,鸟喙 ❷(甲鱼的)嘴 **Ⅱ**. *vi*. 接嘴,亲嘴

**bil·liard ['bɪljəd] [只作定语] *adj*. 台球的,弹子戏的:a ~ table 台球桌

*bil·lion ['bɪljən] *num*. ❶(美、法)十亿 ❷(英、德)万亿,兆

bil·low ['bɪləʊ] **Ⅰ. (~s [-z]) *n*. ©❶巨浪,波涛 ❷波涛般的东西(如烟火、声音等) **Ⅱ**. *vi*. (巨浪)奔腾,(波涛)汹涌澎湃

*bin [bɪn] *n*. ©❶垃圾箱 ❷有盖的大容器,箱,柜

**bind [baɪnd] (~s [-z];bound [baʊnd]) *vt*. ([反]unbind) ❶(用绳、带)系,捆,绑,束紧:They *bound* his legs together so he couldn't escape. 他们将他的双腿捆在一起,使他无法逃跑。❷(用绷带)包扎:包,缠:~ (up) a wound 包扎伤口 ❸使黏合,使凝固:Frost ~s the soil. 霜把土壤冻硬了。❹(缝纫时)给(带)缏边,收边,镶边:~ the cuffs of a jacket with leather 给上衣袖口镶皮边 ❺装订(书):~ a book 装订书籍 ❻束缚,约束:~ sb. to pay a debt 使某人必须还债 ❼使结合:the feelings that ~ him to her 把他与她结合在一起的感情 *vi*. ❶硬结,变硬,凝结:Add an egg-yolk to the flour to make it ~. 在面粉中加入蛋黄使之凝结。❷束缚,约束

**bind·er ['baɪndə(r)] (~s [-z]) *n*. ©Ⓤ❶装订工;包扎工具 ❷黏合剂 ❸收割打捆机;割捆机

bind·ing ['baɪndɪŋ] **Ⅰ. (~s [-z]) *n*. ❶Ⓤ捆绑 ❷©(滑雪屐上的)扣紧皮带 ❸©(书的)活页封面和封底,封皮 ❹Ⓤ©黏剂 **Ⅱ**. *adj*. 有限制性的,有约束力的:The agreement is ~ on both parties. 协议对双方具有约束力。

bino·mi·al [baɪ'nəʊmɪəl] **Ⅰ. [无比较等级] *adj*. 【数】二项式的 **Ⅱ**. *n*. 【数】二项式

**bi·og·ra·phy [baɪ'ɒɡrəfɪ] (biographies [-z]) *n*. ❶©传记 ❷Ⓤ传记文学

**bi·ol·o·gy [baɪ'ɒlədʒɪ] *n*. Ⓤ生物学;生态(学)

**bi·on·ic [baɪ'ɒnɪk] *adj*. ❶[口]超人的 ❷生物工程学的

**bi·plane ['baɪpleɪn] (~s [-z]) *n*. ©双翼飞机

birch [bɜːtʃ] **Ⅰ. (~es ['-ɪz]) *n*. ❶©Ⓤ【植】桦树;桦木(材) ❷©(鞭打用的)桦条 **Ⅱ**. (~es ['-ɪz];~ed [-t]) *vt*. 用桦条鞭打

*bird [bɜːd] (~s [-z]) *n*. ©❶鸟,禽 ❷[口]人(尤指行为古怪的人);[英俚]年轻女子,漂亮姑娘:He's got a new ~. 他有了新女朋友。

*birth [bɜːθ] *n*. ❶([反]death) Ⓤ©出生,诞生;分娩,生产:There were three ~s at the hospital yesterday. 昨天这所医院里有3个婴儿出生。❷([近]origin)Ⓤ血统,出身,出生的背景:She is French by ~. 她是法国血统。❸Ⓤ©原始,开始,起源:the ~ of an idea 一种思想的起源

*birth·day ['bɜːθdeɪ] *n*. ©生日

*bis·cuit ['bɪskɪt] *n*. ❶©[英]饼干 ❷©[美]软饼;面包干 ❸Ⓤ淡棕色,浅褐色

**bi·sect [baɪ'sekt] (~ed [-ɪd]) *vt*. 把…一分为二,二等分 *vi*. 分开

**bish·op ['bɪʃəp] *n*. ©❶[常用 Bishop]主教 ❷(国际象棋中的)象

*bit¹ [bɪt] *n*. ©❶一点,一些;小片:~s of bread 一点面包/a ~ of advice 一点儿劝告 ❷少许,有点儿;一会儿(常与 a 连用,作副词):I'm a ~ tired. 我有点儿累。❸[美口]一角二分半;辅币,小钱币

**bit² [bɪt] bite 的过去式和过去分词

**bit³ [bɪt] *n*. ©【计】字节(计算机传送讯息的最小单元)

bite [baɪt] **Ⅰ. (bit [bɪt];bitten ['bɪtn]或bit;biting) *vt*. ❶咬:The dog just *bit* me in the leg. 那条狗刚咬了我的腿。❷(昆虫)咬,叮,蜇:badly *bitten* by mosquitoes 被蚊子叮得很厉害 ❸(寒风)剌骨,剌痛;剌伤,辣(鼻):Her fingers were *bitten* by the frost. 她的手指冻伤了。*vi*. ❶咬,啃:She *bit* into the apple. 她咬了一口苹果。❷刺痛;咬痛 ❸咬紧;攫住,钉牢:Wheels won't ~ on a slippery surface. 车轮在光滑的表面上打滑。❹(鱼)上钩;上当,受骗:The fish won't ~ today. 今天鱼不上钩。**Ⅱ**. (~s [-z]) *n*. ❶©咬,叮,刺:The dog gave me a playful ~. 狗咬着我玩儿。❷©(鱼的)上钩:anglers waiting for a ~ 等着鱼上钩的垂钓者 ❸Ⓤ刺痛;尖刻:There's a ~ in the air. 寒风剌骨。❹©咬(或叮、蜇)伤,伤口:snake ~s 蛇咬伤 ❺©少量(食物),一口(食物):A ~ had been taken out of my sandwich. 我的三明治给咬去了一

B

口。

***bit·ter** [ˈbɪtə(r)] **I**. (~er [-rə]；~est [-rɪst]) *adj*. ❶（[反]sweet)有苦味的，（气味等)辛辣的：Black coffee leaves a ~ taste in the mouth.不加奶的咖啡在嘴里留下了一些苦味。❷辛酸的，痛苦的，悲痛的：~ tears 悲痛的眼泪 ❸（[近]harsh)尖锐的，严厉的；([近]freezing)刺骨的，凛冽的：a ~ wind 刺骨的寒风 ❹怀恨的，抱怨的 **II**. *adv*.苦苦地；厉害地，痛苦地；剧烈地 **III**. *n*.ⓒⓊ❶（[反]sweet)苦，苦味 ❷[英]苦啤酒，苦味酒

***black** [blæk] **I**. *adj*. ❶（[反]white)黑的，黑色的：a ~ suit 一套黑衣服 ❷（[近]dark)全然无光的；完全黑暗的；漆黑的：a ~ starless night 一个漆黑没有星星的夜晚 ❸（肤色和头发)黑色的，黑人的：~ culture 黑人的文化 ❹（咖啡)不加牛奶、糖等的 ❺弄脏的，污秽的：hands ~ with grime 污黑的手 ❻邪恶的，恶劣的 ❼灾难性的；损失惨重的；不吉利的，不高兴的 ❽无望的，暗淡的：The future looks ~.前途暗淡。 **II**. *n*.ⓤ❶黑色；黑颜料，黑油漆，黑墨水：Black is my favourite colour.黑色是我喜欢的颜色。❷ⓤ黑衣；(尤指)丧服 ❸ⓒ[常用 Black]黑人 **III**. *vt*. ❶使变黑；使弄脏 ❷用黑鞋油擦(鞋)

***black·board** [ˈblækbɔːd] (~s [-z]) *n*.ⓒ黑板

black·en [ˈblækən] (~s [-z]) *vt*. ❶使变黑 ❷诽谤，诋毁；辱骂：~ a person's name 诋毁某人的名声 *vi*.变黑

black·guard [ˈblægɑːd] **I**. (~s [-z]) *n*.ⓒ坏蛋，恶棍，流氓 **II**. *vt*.辱骂，责骂，漫骂

black·ing [ˈblækɪŋ] *n*.ⓤ黑色鞋油；黑色涂料

black·list [ˈblæklɪst] **I**. *vt*.把…列入黑名单 **II**. *n*.ⓒ黑名单

black·mail [ˈblækmeɪl] **I**. *n*.ⓤ敲诈，勒索，讹取 **II**. *vt*.向…敲诈；胁迫(某人)做某事：He was ~ed by an enemy agent. 敌特威胁他。

black·out [ˈblækaʊt] *n*.ⓒ❶(剧终时)灯光熄灭 ❷(空袭时)灯火管制 ❸(因电力不足而实行的)断电 ❹临时的眩晕(或失明) ❺(新闻的)查禁(或封锁)

blad·der [ˈblædə(r)] (~s [-z]) *n*.ⓒ❶【解】膀胱 ❷囊状物

***blade** [bleɪd] (~s [-z]) *n*.ⓒ❶(植物,尤指草的)叶,叶片 ❷桨叶;螺旋桨叶;螺旋桨 ❸刀刃,(工具、器具、武器等的)刃

***blame** [bleɪm] **I**. (~s [-z]；blaming) *vt*. ❶责备，谴责，指责：I don't ~ you. 我不怪

你。❷把…归咎于，归罪于：She ~d him for the failure of their marriage. 她把婚姻的失败归咎于他。**II**. *n*.ⓤ❶责备，指责，责怪 ❷(过错、失败等的)责任：bear the ~ 承担责任

blank [blæŋk] **I**. *adj*. ❶空白的，未作记号(或符号)的：a ~ page 空白的一页 ❷单调的，无聊的，失色的，无表情的；不知所措的：He looked ~. 他显得不知所措。❹(思想)空虚的，茫然的：a ~ expression 茫然的表情 **II**. *n*.ⓒ❶空白，空白处：fill in the ~s 填空 ❷空白表格：an application ~ 申请表 ❸空地，空间；空闲时间 ❹破折号(——)的读法 ❺【军】空炮弹(又称 ~ cartridge)

***blank·et** [ˈblæŋkɪt] **I**. *n*.ⓒ❶毛毯，毡子 ❷像毡似的东西；覆盖(物)：a ~ of fog 一层雾 **II**. *adj*.总括的，综合的，全面的：a ~ rule 总则 **III**. (~ed [-ɪd]) *vt*.(用毯子)盖;覆;布满：The countryside was ~ed with snow. 乡村被雪覆盖着。

blare [bleə] **I**. (~s [-z]；blaring [ˈ-rɪŋ]) *vt.& vi*.(像喇叭般)发嘟嘟声；吼叫；高声发出(或奏出)：The trumpets ~d out. 喇叭鸣。**II**. *n*.ⓤ(喇叭等的)嘟嘟声，洪亮回响的声音

blas·pheme [blæsˈfiːm] (~s [-z]；blaspheming) *vt.& vi*. ❶亵渎神，亵渎(上帝或圣物) ❷辱骂，漫骂

blast [blɑːst] **I**. *n*. ❶ⓒ一阵(风)；(一阵)狂风，疾风；一股(气流)：the wind's icy ~s 阵阵冰冷的风 ❷ⓒ(喇叭等所)发出的响亮声音：blow a ~ on a bugle 军号吹出的声音 ❸ⓤ(炸药的)爆炸，爆破：a bomb ~ 炸弹的爆炸 **II**. (~ed [-ɪd]) *vt*. ❶使枯萎，使凋谢，使毁灭，摧毁：buds ~ed by frost 被霜所毁的幼芽 ❷使爆炸，(用炸药)炸：The village was ~ed by the enemy. 村子被敌人炸毁。❸激烈攻击(或批评)：The film was ~ed by the critics. 这部电影遭到影评人们猛烈的抨击。

***blaze¹** [bleɪz] **I**. (~s [ˈ-ɪz]) *n*.ⓒⓊ❶([近]flame)火光，火焰；熊熊烈火 ❷灼热的强光；强烈的阳光，炫目的光：the ~ of searchlights 炫目的探照灯 ❸(感情等的)爆发，迸发：a ~ of anger 勃然大怒 ❹闪耀；闪光；光辉灿烂：The high street is a ~ of lights in the evening. 夜晚大街上灯火辉煌。❺[用复数](委婉用语)地狱 **II**. (~s [ˈ-ɪz]；blazing) *vi*. ❶燃烧，冒火焰：When the firemen arrived, the whole building was *blazing*. 消防队到达时，整座建筑物正在熊熊燃烧着。❷发光，闪耀：The sun ~d down on the desert. 阳光照射在沙漠上。❸激发，(因发怒而非常)激动：His eyes ~d(with anger).(由于

B

愤怒)他的眼里充满怒火。

blaze² [bleɪz] **I**. *n*.© ❶(动物脸上的)白斑 ❷(刮去树皮后留下的)痕迹 **II**. (~s ['-ɪz]; blazing) *vt*.(在树皮上割出指示去向的)记号

blaze³ [bleɪz] (~s['-ɪz]; blazing) *vt*.公之于众;传播,宣布:The news was ~d all over the daily papers. 所有日报都刊登了这条消息。

bla·zon ['bleɪzn] **I**. (~s [-z]) *n*.©纹章,(盾形)徽章 **II**. *vt*. ❶广为宣传,宣布;宣扬;夸示 ❷绘制(纹章);用纹章装饰

bleach [bliːtʃ] **I**. (~es ['-ɪz]; ~ed [-t]) *vt*.& *vi*.漂白,脱色;变白:clothes ~ed by the sun 由于日晒而发白的衣服 **II**. (~es ['-ɪz]) *n*.Ⓤ漂白剂

bleak [bliːk] *adj*. ❶荒凉的,光秃秃的;萧瑟的:~ hills 荒凉的丘陵 ❷寒冷刺骨的,阴冷的 ❸无望的,暗淡的,惨淡的:The future looks ~. 前途黯淡。

blear·y ['blɪərɪ] (blearier;bleariest) *adj*.朦胧的,视力模糊的

bleed [bliːd] (bled[bled]) *vi*. ❶出血,流血:~ to death 流血而死 ❷(在战斗或为事业奋斗中)洒热血;阵亡:those who bled for the revolution 为革命而献身的人们 ❸感到疼痛,悲痛,悲伤;同情 ❹渗出,流出 *vt*. ❶使流出血;吸尽…的血汗 ❷【医】给…放血,替…抽血:Doctors used to ~ people when they were ill. 从前医生常常给病人放血。❸榨取(液汁、浆等) ❹[口]敲诈,勒索:The blackmailers bled him for every penny he had. 勒索者把他的钱榨得一干二净。

blem·ish ['blemɪʃ] **I**. (~es [-ɪz]; ~ed [-t]) *vt*.损害,损伤;有损…的完美:The pianist's performance was ~ed by several wrong notes. 钢琴家的演奏由于弹错了几个音符而使人感到美中不足。**II**. (~es [-ɪz]) *n*.© ❶污点,瑕疵:a ~ on tablecloth 桌布上的污点 ❷缺点,缺陷

blend [blend] **I**. (~s [-z]; ~ed ['-ɪd] 或 blent [blent]) *vt*. ❶把…掺在一起:~ed tea 混合的茶叶 ❷使混合,掺和,把…混成一体:~ the eggs and milk together 把蛋和奶掺和到一起 *vi*. ❶相混合,掺和:Oil and water do not ~. 油与水不能混合。❷(颜色)混成一体,融合:The sea and the sky seemed to ~ into each other. 大海和蓝天似乎连成了一片。❸协调,调和;相称:The new office block doesn't ~ in with its surroundings. 新办公大楼与周围的环境很不协调。**II**. (~s [-z]) *n*.©混合;混合物:Which ~ of coffee

would you like? 你要哪一种混合咖啡?

*bless [bles] (~es ['-ɪz]; ~ed [-t] 或 blest [blest]) *vt*. ❶为…祝福,为…祈神赐福:The Pope ~ed the crowd. 教皇向人群祝福。❷赐予,给予,赋予;赐福于:Bless all those who are hungry, lonely or sick. 求神赐福于那些饥饿、孤独或患病的人。❸赞美(上帝),对(上帝)感恩 ❹(在自己胸前画十字)净化,使神圣

blessed ['blesɪd] *adj*. ❶神圣的 ❷幸福的;(使)有福的:Blessed are the meek. 温顺的人有福了。❸带来欢乐的;给人愉快(或满足)的 ❹[无比较等级]被诅咒的;该死的

bless·ing ['blesɪŋ] (~s [-z]) *n*.([近]bliss) ❶Ⓤ祈祷;祝福,(上帝的)赐福 ❷©(饭前或饭后的)感恩祷告 ❸©神赐的权力;天赋;幸事,恩惠:What a ~ you weren't hurt in the accident! 你在这次事故中没有受伤,真是幸运! ❹Ⓤ赞成,同意;鼓励

blight [blaɪt] **I**. *n*. ❶Ⓤ(植物的)凋萎病,疫病 ❷Ⓤ©毁坏;阻碍发展的东西:Unemployment is a ~ on our community. 失业是我们社会的一大祸患。❸Ⓤ©受毁坏的状况(或结果);受挫 **II**. (~ed [-ɪd]) *vt*. ❶使(植物)枯萎,使凋谢:The apple trees were ~ed by frost. 苹果树因严寒而枯萎。❷使(希望、计划等)落空;使受挫,挫败:a career ~ed by ill-health 因体弱多病所影响的事业 *vi*.枯萎

*blind [blaɪnd] **I**. *adj*. ❶瞎的,盲人的:~ school 盲人学校 ❷盲目的,无识别(或判断理解)能力的;无明确方向的:Love is ~. 爱是盲目的。❸看不见的,隐蔽的:a ~ entrance 隐蔽的入口 ❹穿不过的,走不进的:a ~ path 走不通的路 ❺不觉察的,视而不见的:He is completely ~ to her faults. 他一点儿也不觉察不到她的错误。❻【空】仅靠仪表飞行的;未经目击的:~ flying 仪器导航飞行 **II**. (~s [-z]) *n*.© ❶障眼物 ❷遮光物;窗帘;百叶窗:drew up the ~s 拉上窗帘 ❸[美](狩猎时的)隐蔽处;埋伏地点 **III**. *vt*. ❶使失明,使无视力:The soldier was ~ed in the explosion. 这个军人在那次爆炸中双目失明。❷使丧失洞察力(或判断力),蒙蔽

blind·fold ['blaɪndfəʊld] **I**. (~s [-z]; ~ed [-ɪd]) *vt*.(用布或带)蒙住…的眼睛:~ a hostage 蒙住人质的双眼 **II**. *n*.©蒙眼布;障眼物 **III**. [无比较等级] *adj*.被蒙住眼睛的;看不见的 **IV**. *adv*.盲目地;胡乱地

blind·man ['blaɪndmən] (blindmen ['blaɪndmen]) *n*.© ❶[英](邮局的)辨字员 ❷盲人

blink [blɪŋk] **I**. (~ed [-t]) *vt*.& *vi*. ❶眨

眼睛：He ~ed in the bright sunlight. 他在灿烂的阳光照射下眨着眼睛。❷闪耀，闪烁：Harbour lights were ~ing on the horizon. 海港的灯火在地平线上闪烁着。❸视而不见，无视，忽视 Ⅱ. n. ◎❶眨眼 ❷（光等的）闪烁；转瞬之间

bliss [blɪs] n. ([近]blessing)Ⓤ❶极大的快乐（或幸福）：a life of ~ 幸福的一生 ❷极乐，福，天国的狂喜

blis·ter ['blɪstə(r)] Ⅰ. (~s [-z]) n. ◎❶疱，水疱 ❷（植物）类似疱的东西；（油漆等表面所起的）泡；气泡 Ⅱ. (~s [-z]；~ing [-rɪŋ]) vt.& vi. 使起疱；起水疱

bliz·zard ['blɪzəd] (~s [-z]) n. ◎暴风雪；夹雪的暴风

bloat [bləʊt] Ⅰ. (~ed ['-ɪd]) vt.& vi. (使)膨胀，(使)肿胀 Ⅱ. n. ◎❶浮肿病人；膨胀物 ❷（家畜的）膨胀病

block [blɒk] Ⅰ. n. ◎❶大块木料（石料或金属）；大块，方块：a ~ of marble 一块大理石 ❷砧板，铁砧 ❸拍卖台；(假发用的)木制假头 ❹障碍，阻碍物；阻塞：a road ~ 路障 ❺滑轮，滑轮组；滑车 ❻积木 ❼[英]大楼，大厦，建筑群：an office ~ 办公大楼 ❽[美]街区；一排房屋；街区的一边 ❾一群(人)；一批，一组：a ~ of shares 一大宗股份 ❿[俚](人)头 Ⅱ. (~ed [-t]) vt. ❶阻塞，阻碍，封锁，堵塞：The accident ~ed traffic in the town center. 事故堵塞了市中心的交通。❷妨碍，阻止 ❸限制或禁止（货币、资产等）的使用；冻结：~ed sterling 冻结英国货币

block·ade [blɒ'keɪd] Ⅰ. (~s [-z]) n. ◎❶封锁；封锁行动 ❷实施封锁的部队 ❸战略屏障 Ⅱ. (~s [-z]；blockading) vt. 封锁：A harbour ~d by enemy ships. 海港被敌方舰艇封锁。

block·ish ['blɒkɪʃ] adj. ❶木头似的，呆笨的，呆板的 ❷愚蠢的

blond(e) [blɒnd] Ⅰ. adj. ❶有白皙皮肤的，金发碧眼的 ❷（头发）金色的，淡黄色的；（皮肤）白皙的 Ⅱ. ◎白肤金发碧眼的人

blood [blʌd] Ⅰ. n. Ⓤ❶血，血液：give sb. a ~ 供血 ❷血气，气质；脾气 ❸血统，世系；家世；门第：They are of the same ~. 他们是同宗。Ⅱ. (~ed[-ɪd]) vt. ❶让(猎狗)尝、嗅、看猎物的血 ❷让(人)开始获得新经验

blood·y ['blʌdɪ] Ⅰ. (bloodier；bloodiest) adj. ❶血污的；流血的，出血的：give sb. a ~ nose 把某人打得鼻孔流血 ❷残忍的，嗜杀的，嗜血的：a ~ deed 残忍的行为 ❸[英俚]非常的：a ~ fool 天大的傻瓜 Ⅱ. adv. [英俚]非

常，很

bloody·mind·ed ['blʌdɪ'maɪndɪd][无比较等级] adj. [英]特别固执的，刚愎自用的

bloom [bluːm] Ⅰ. (~s[-z])([近]blossom，flower) n. ❶◎花，花朵：Those roses have beautiful ~s. 这些玫瑰花开得真美。❷Ⓤ开花；开花期：The garden looks lovely when the roses are in ~. 玫瑰花开时园内美丽诱人。❸Ⓤ青春，风华正茂，全盛时期 ❹Ⓤ（面颊、皮肤等的）红润 ❺Ⓤ（李子、葡萄等果实成熟时表面上生成的）白粉，白霜 Ⅱ. vi. ❶开花：Daffodils ~ in the spring. 水仙花在春天开放。❷兴旺，茂盛，繁盛

bloom·ing ['bluːmɪŋ] adj. ❶盛开的，开着花的 ❷兴旺的，繁荣的；旺盛的 ❸[口]完全的，彻底的

blos·som ['blɒsəm] Ⅰ. (~s [-z]) n. ❶◎花（尤指果树的花）❷Ⓤ[集合用法]（一棵树下所有的）花：an apple tree full of white ~ 开满了白花的苹果树 ❸Ⓤ开花；开花期 Ⅱ. vi. ❶开花：The cherry trees ~ed early this year. 樱桃树今年开花早。❷繁盛，兴旺，旺盛 ❸发展，成长：She has ~ed out into a beautiful young woman. 她已亭亭玉立，长成了美丽的少女。

blot [blɒt] Ⅰ. n. ◎❶墨水渍；污渍；瑕疵：a page covered in ink ~s 染有墨迹的一页 ❷（道德上的）污点，耻辱，不光彩：His involvement in the scandal was a ~ on his reputation. 他因卷入丑闻，在名誉上留下污点。Ⅱ. (blotted ['-ɪd]；blotting) vi. ❶弄脏，玷污：a book blotted with ink 被墨水弄脏的书 ❷（用吸墨纸）吸干：~ spilt ink 把洒出的墨水吸干

blouse [blaʊz] (~s ['-ɪz]) n. ◎❶（工人穿的）宽大短外套 ❷（妇女、儿童等穿的）罩衫 ❸（美国陆军的）军上衣

blow¹ [bləʊ] Ⅰ. (~s [-z]；blew [bluː]；blown[bləʊn]) vi. ❶（风）吹，（气流）流动：A cold wind blew across the river. 河面刮过一股冷风。❷（用口）吹气：~ on one's fingers 向手指呵气 ❸气喘，呼吸急促 ❹吹响：the noise of trumpets ~ing 吹喇叭产生的噪音 ❺（鲸）喷水和喷气 ❻（被风、气流）吹掉，刮跑 ❼（轮胎）爆裂；（保险丝）烧断 ❽[美俚]跑掉，离开 vt. ❶吐，吹(气)：He drew on his cigarette and blew a stream of smoke. 他吸了一口香烟，吐出一股烟雾。❷吹动：hair ~ing in the wind 被风吹拂的头发 ❸吹响（管乐器），吹(号角等)：~ a horn 吹号 ❹吹制（玻璃器皿）；吹(肥皂泡)：~ bubbles 吹泡泡 ❺擤，使通气：~ one's nose 擤鼻涕 ❻使

B

爆炸;使(保险丝等)烧断:I've *blown* a fuse. 我把保险丝烧断了。❼([近]damn) [口]浪费,大肆挥霍 Ⅱ. *n.* ◎❶(乐器的)吹奏 ❷擤鼻涕 ❸强风,疾风,大风

blow² [bləʊ] (~s [-z]) *n.* ◎❶(用拳头、武器等)打;(猛烈的)一击,打击:He received a severe ~ on the head. 他头部受到重重的一击。❷意外的灾难(或不幸),(精神上的)打击:His wife's death was a great ~ to him. 他妻子的去世对他是一个很大的打击。

blow³ [bləʊ] (~s [-z];blew[blu:];blown [-n]) *vi.* 开花 *vt.* 使开花

blue [blu:] Ⅰ. (~r;~st) *adj.* ❶蓝色的;天蓝色的,海蓝色的:~ eyes 蓝眼睛 ❷(脸色)发青的,发灰的;青灰色的:He was ~ in the face. 他脸色发青。❸悲哀的,忧郁的,沮丧的:Don't look so ~! 别那么沮丧! ❹[口]下流的,猥亵的 Ⅱ. (~s [-z]) *n.* ❶Ⓤ◎蓝色,天蓝色,海蓝色 ❷Ⓤ◎蓝颜料(或染料) ❸[the ~]大海,蓝天 ❹[the ~s]布鲁斯音乐(源自美国南方黑人中情调忧郁的慢速爵士音乐) ❺[the ~s]忧郁,沮丧

bluff¹ [blʌf] Ⅰ. (~ed [-t]) *vi.* & *vt.* 吓唬(人),虚张声势:She's only ~*ing* us. 她只是吓唬我们罢了。Ⅱ. *n.* Ⓤ吓唬,虚张声势

bluff² [blʌf] Ⅰ. *adj.* ❶壁立的,陡的 ❷坦率的;粗率的 Ⅱ. *n.* ◎悬崖,峭壁

blun•der ['blʌndə(r)] Ⅰ. (~s [-z];~ing [-rɪŋ]) *vi.* ❶慌乱地走;跌跌撞撞:He ~*ed* about the room,feeling for the light switch. 他在房间里跌跌撞撞地摸索灯的开关。❷犯大错,(因无知、愚蠢、疏忽而)铸成大错 Ⅱ. *n.* ◎荒谬(或可笑)的错误,大错:I've made an awful ~. 我做了一件大错特错的事。

blunt [blʌnt] Ⅰ. *adj.* ❶(头脑)迟钝的;呆笨的 ❷(刀等)钝的,不锋利的:a ~ knife 钝的小刀 ❸直言不讳的,坦率的 Ⅱ. (~ed ['-ɪd]) *vt.* & *vi.* (头脑)迟钝;使(刀)钝:a fine mind ~*ed* by boredom 因厌烦而变得迟钝的头脑

blush [blʌʃ] Ⅰ. (~es ['-ɪz];~ed [-t]) *vi.* ❶(因羞愧、窘迫而)脸红:She ~*ed* at her stupid mistake. 她因自己干了蠢事而脸红。❷惭愧,羞愧:I ~*ed* to admit my mistake. 我羞愧地承认我的错误。Ⅱ. (~es ['-ɪz]) *n.* ◎脸红;玫瑰红,红润

blush•ing•ly ['blʌʃɪŋlɪ] *adv.* 脸红地;腼腆地

board [bɔ:d] Ⅰ. (~s [-z]) *n.* ❶◎板材,木板,薄板 ❷◎(作特殊用途的)木板、牌、栏等 ❸◎(书籍封面用的)纸板 ❹Ⓤ餐桌;伙食,膳食 ❺◎(管理商业学校等的)董事会;委员会,(政府机关或商业)部门:The ~ is unhappy about falling sales. 董事会对销售额下降很不满。Ⅱ. (~s [-z];~ed ['-ɪd]) *vt.* ❶用木板遮住或封住;用板盖:All the windows were ~*ed* up. 所有窗户都用木板遮住了。❷使寄宿;供膳宿 ❸上(火车、公共汽车等):Please ~ the plane immediately. 请立刻上飞机。*vi.* 搭伙,寄宿

board•er ['bɔ:də(r)] (~s [-z]) *n.* ◎寄膳(或膳宿)者;寄宿生

board•ing ['bɔ:dɪŋ] *n.* Ⓤ❶隔板,围板 ❷[集合用法]木板 ❸上船(或车、飞机)

boast [bəʊst] Ⅰ. *vi.* 自夸,夸耀:That's nothing to ~ about. 那没有什么值得自夸的。*vt.* ❶夸口说,吹嘘:He ~*ed* that he was the best player in the team. 他自夸是队里的最佳队员。❷以…自豪,以…为荣,自恃有:The city ~*s* a world-famous art gallery. 这座城市引以为荣的是有个闻名于世的美术馆。Ⅱ. *n.* ◎❶自夸;自夸的话 ❷值得自豪的事

boat [bəʊt] Ⅰ. *n.* ◎❶小船,(小)艇:We crossed the river by ~. 我们乘船渡河。❷大船,舰:go to Japan by ~ 乘船到日本 ❸船形碟 Ⅱ. *vi.* 坐船(游览),划船:We go ~*ing* on the lake every weekend. 我们每个周末都到湖上划船。

bob¹ [bɒb] Ⅰ. (~s [-z];bobbed;bobbing) *vt.* & *vi.* ❶轻敲,轻拍;上下晃动:toy boats *bobbing* on the waves 在水波上颠簸的玩具船 ❷行屈膝礼:The ballerina *bobbed* a curtsy before leaving the stage. 那个芭蕾舞女演员在下台之前行屈膝礼。Ⅱ. (~s[-z]) *n.* ◎上下来回摆动;屈膝礼

bob² [bɒb] Ⅰ. *n.* ◎❶(女性发型的)短发,束发 ❷球形垂物,垂饰;(钓鱼线上的)浮漂 Ⅱ. (~s [-z];bobbed;bobbing) *vt.* (将女子的头发)剪短

bod•i•ly ['bɒdɪlɪ] Ⅰ. [无比较等级] *adj.* ([近]physical) ([反]spiritual,mental) 肉体的;身体的:~ needs 身体的需要 Ⅱ. *adv.* ❶亲自,本人 ❷全部,全体,整体:The audience rose ~ to cheer the speaker. 听众全体起立,向演讲者欢呼。❸作为一组,作为一单位

bod•y ['bɒdɪ] (bodies [-z]) *n.* ❶◎(人或动物的)身体,身躯:Children's *bodies* grow steadily. 儿童的身体不断发育成长。❷◎(人或动、植物的)躯干 ❸◎死尸,尸体,尸首:The police found a ~ at the bottom of the lake. 警方在湖底发现了一具尸体。❹◎[口]人:a cheerful old ~ 快乐的老人 ❺◎群,批;团

体,机关:a legislative ~ 立法团体 ❻Ⓒ大部分,大多数 ❼Ⓒ主要部分(尤指车身、船身、机身);正文,本文 ❽Ⓒ 物体;实体:heavenly *bodies* 天体 ❾Ⓤ(液体的)稠度(或浓度);(酒的)醇度:a wine with plenty of ~ 浓郁的酒

bog [bɒg] **I**. (~s [-z]) *n*. ⒸⓊ沼泽,泥塘 **II**. [常用被动语态](bogged;bogging) *vt*. & *vi*. (使)陷入泥沼,(使)陷入困境:Our discussions got *bogged* down in irrelevant detail. 我们的讨论纠缠在无关紧要的细节上。

*__boil__ [bɔɪl] **I**. (~s [-z]) *vi*. ❶煮沸,沸腾蒸发:The water is ~ing. 水开了。 ❷激动,愤怒:He was ~ing with rage. 他怒火中烧。 ❸ 在沸水中煮:Have the egg ~*ed*?鸡蛋煮熟了吗? *vt*. ❶煮沸,烧开:Please ~ some water for the rice. 请把水烧开做饭。 ❷在沸水中煮 **II**. *n*. Ⓤ煮沸,沸点,沸腾

boil•er ['bɔɪlə(r)] (~s [-z]) *n*. Ⓒ❶煮器(锅、水壶等) ❷锅炉

boil•ing ['bɔɪlɪŋ] *adj*. ❶沸腾的 ❷ [口]极炎热的:You must be ~ in that thick sweater. 你穿着那件厚毛衣一定很热吧。

bois•ter•ous ['bɔɪstərəs] *adj*. ❶狂暴的,汹涌的 ❷吵闹的,喧闹的;兴高采烈的:a ~ party 热闹的聚会

bold [bəʊld] *adj*. ❶([反]timid)大胆的,勇敢的,无畏的:~ plans 大胆的计划 ❷(行动、举止)鲁莽的,冒失的;无耻的 ❸(悬崖)陡峭的,险峻的 ❹引人注目的;粗大的,醒目的,轮廓鲜明的:the ~ outline of a mountain against the sky 天空衬托出山的清晰轮廓 ❺用黑体(或粗体)印的

bol•ster ['bəʊlstə(r)] **I**. (~s [-z]) *n*. Ⓒ❶(狭长的)枕垫 ❷枕状的支撑物 **II**. *vt*. 支撑;支持,援助:The government borrowed money to ~ up the economy. 政府借贷以促进经济发展。

bolt[1] [bəʊlt] **I**. *n*. Ⓒ❶闪电,雷电 ❷(门等)的插销,门闩 ❸栓,螺栓,螺钉 **II**. (~ed ['-ɪd]) *vt*. & *vi*. ❶用门闩闩住 ❷囫囵吞下:Don't ~ your food! 别这么狼吞虎咽! ❸(马)惊跑;逃跑 ❹退出(政党或团体) **III**. *adv*. 笔直地,垂直地

bolt[2] [bəʊlt] (~ed ['-ɪd]) *vt*. ❶筛(粉、谷等) ❷筛选

bomb [bɒm] **I**. (~s [-z]) *n*. Ⓒ❶炸弹 ❷高压气体容器 ❸ [the ~]原子弹 **II**. *vt*. & *vi*. 轰炸,炸坏:Terrorists ~*ed* several police stations. 恐怖分子炸毁了几所警察分局。

bom•bard [bɒm'bɑːd] (~s [-z];~ed [-ɪd]) *vt*. ❶轰炸,炮击:Enemy positions were ~*ed* before our infantry attacked. 炮轰敌军阵地之后,我步兵开始进攻。 ❷(用问题、建议等)不断攻击,连续质问

bom•bard•ier [ˌbɒmbə'dɪə] (~s [-z]) *n*. Ⓒ【军】❶投弹手,轰炸员 ❷(英、加拿大的)炮兵军士

bomb•er ['bɒmə(r)] (~s [-z]) *n*. Ⓒ❶轰炸机 ❷轰炸员,投弹手

bomb•shell ['bɒmʃel] (~s [-z]) *n*. Ⓒ❶炸弹 ❷[喻]突然的意外事件

*__bond__ [bɒnd] **I**. (~s [-z]) *n*. ❶Ⓒ绳,带;捆绑物,束缚物;约束物 ❷ⓊⒸ 联结,连接:the ~s of friendship 友谊的纽带 ❸Ⓒ盟约;契约,合同 ❹ⒸⓊ结合物,胶粘物;黏结剂 ❺Ⓒ[用复数]镣铐,枷锁 ❻Ⓒ公债,债券:National Savings ~s 国家储蓄债券 **II**. (~s [-z];~ed ['-ɪd]) *vt*. ❶使凝固,使结合 ❷把(货物)扣存入关栈:~*ed* cigarettes 扣存关栈以待完税的香烟 *vi*. 连结,结合在一起

*__bone__ [bəʊn] **I**. (~s [-z]) *n*. Ⓒ❶(脊椎动物的)骨 ❷ [用复数]骨骼,骸骼;身体,尸体:Her ~s were laid to rest. 她的尸骨已下葬。 ❸骨制品 **II**. (~s [-z];boning) *vt*. 剔去…的骨:~ a fish 剔去鱼刺

boned [bəʊnd] *adj*. ❶ [无比较等级][用以构成复合词]骨(头)…的,有(特种)骨的 ❷剔骨的,去骨的

bon•net ['bɒnɪt] *n*. Ⓒ❶(儿童、妇女戴的)有带无边帽 ❷(火炉、烟囱等的)金属帽盖,炉罩 ❸ [英]汽车罩盖

bon•ny ['bɒnɪ] (bonnier;bonniest) *adj*. ❶美丽的,标致的;健康的 ❷好的;愉快的

bo•nus ['bəʊnəs] (~es [-ɪz]) *n*. Ⓒ❶额外津贴;奖金 ❷ [英](给保险客户的)债息;(给股东的)红利,股息

bon•y ['bəʊnɪ] (bonier;boniest) *adj*. ❶骨的,像骨的 ❷多骨的 ❸消瘦的,憔悴的,骨瘦如柴的

*__book__ [bʊk] **I**. (~s [-z]) *n*. Ⓒ❶书,书本,书籍;著作 ❷(书的)卷,篇,册:Book Ⅰ 第一卷 ❸账簿,笔记本,登记簿;名册:The company's ~s are audited every year. 这家公司的账目每年都核对。 ❹(装订成簿的整套的)比赛票、支票、邮票等:a ~ of stamps 一本邮票 **II**. (~ed [-t]) *vt*. ❶把…记载入册,把…列入:The police ~*ed* me for speeding. 警方因为我超速行车把我的姓名记了下来。 ❷预定,定(房间、车票等);We're ~*ed* on the next flight. 我们预订了下一班的机票。 *vi*.预定

book•ing ['bʊkɪŋ] (~s [-z]) *n*. ⒸⓊ(讲演、演出等的)预约

boom¹ [bu:m] Ⅰ. (～s [-z]) *vi*. 发出深沉、洪亮的声音,发出隆隆声;(蜜蜂等)发嗡嗡声;waves ～*ing* on the seashore 撞击海岸发出隆隆声的海浪 Ⅱ. (～s [-z]) *n*. Ⓒ❶(雷、重型武器等的)轰鸣,炮声,隆隆声;(蜜蜂等的)嗡嗡声 ❷(青蛙等动物的)洪亮叫声

boom² [bu:m] *n*. Ⓒ❶帆的下桁 ❷话筒吊杆;起重臂 ❸拦船木栅;横江铁索

boom³ [bu:m] Ⅰ. (～s [-z]) *vt*. & *vi*. (在规模、重要性、活动等方面)突然增加;迅速发展;繁荣,兴旺:Business is ～*ing*. 商业正在迅速发展。 Ⅱ. *n*. Ⓒ激增,暴涨;繁荣:The oil market is enjoying a ～. 石油市场欣欣向荣。

boost [bu:st] Ⅰ. (～ed ['-ɪd]) *vt*. ❶升,提,推;把…向上推 ❷促进;支援,支持:～ production 促进生产 ❸提高;(在数量、力量等方面)增加:～ share prices 提高股票价格 Ⅱ. *n*. Ⓒ❶升;推动,推进 ❷帮助,支援,促进 ❸增加,提高

***boot¹** [bu:t] Ⅰ. *n*. Ⓒ❶[美](皮、橡胶、布等制的)长筒靴:a pair of ～*s* 一双长筒靴 ❷[英](汽车的)行李箱 ❸踢 ❹[the ～][俚]解雇,开除 Ⅱ. (～ed ['-ɪd]) *vt*. ❶踢:～ a ball 踢球 ❷[俚]解雇(或开除某人)

boot² [bu:t] Ⅰ. [常与 it 连用] *vt*. 有益于;使致富;补救 Ⅱ. *n*. Ⓤ效用

booth [bu:ð,bu:θ] (～s [bu:ðz,bu:θs]) *n*. Ⓒ❶(市场或集市上的)货摊,摊店 ❷(有某种用途的)小房间:a telephone ～ 电话亭/a polling ～投票间 ❸(餐馆中的)雅座

booty ['bu:tɪ] *n*. ⓊⒸ❶战利品;掠夺物 ❷有价值的收获

bor·der ['bɔ:də(r)] Ⅰ. (～s [-z]) *n*. Ⓒ❶边,缘;边缘,边沿:the ～ of a picture 图画的装饰边 ❷([近]boundary,frontier)边界,国界;边境,边疆地区:The terrorists escaped across the ～ 恐怖分子越过边境逃走了。 Ⅱ. (～s [-z];～ing[-rɪŋ]) *vt*. ❶在(衣服等)上镶边:a handkerchief ～*ed* with lace 镶了花边的手帕 ❷邻接,毗连:France ～*s* Germany. 法国与德国接壤。*vi*. ❶邻接:Our garden is ～*ed* on one side by a stream. 我们的花园有一边以小河为界。❷几乎,近似:Our task ～*s* on the impossible. 我们的任务几乎不可能完成的。

bore¹ [bɔ:(r)] Ⅰ. (～s [-z]; boring['-rɪŋ]) *vt*. & *vi*. 钻(孔),打(眼),挖(洞、隧道等);～ a hole in wood 在木头上钻个洞 Ⅱ. (～s [-z]) *n*. Ⓒ❶孔,洞 ❷(管、圆筒等的)内径,直径;(枪、炮等的)口径

bore² [bɔ:(r)] Ⅰ. (～s [-z]; boring['-rɪŋ])

vt. 使(人)厌烦:The long speech *bored* us all. 那冗长的演讲使我们都感到厌烦。 Ⅱ. (～s [-z]) *n*. Ⓒ令人讨厌的事物;麻烦:Don't be such a ～! 别这么讨厌!

bore³ [bɔ:(r)] bear¹ 的过去式

bore⁴ [bɔ:(r)] *n*. Ⓒ(涨潮时的)波涛,涌潮

bore·dom ['bɔ:dəm] *n*. ⓊⒸ厌倦,厌烦;无聊的事

***bor·ing** ['bɔ:rɪŋ] *adj*. 无趣的;乏味的

***born** [bɔ:n] Ⅰ. bear¹ 的过去分词(仅用于被动语态,不与 by 连用):She was ～ in 1990. 她生于 1990 年。 Ⅱ. [无比较等级] *adj*. ❶出生于…的:Japan-～ 日本籍 ❷生来的,天生的:He is a ～ leader. 他是天生的领袖。

***bor·row** ['bɒrəʊ] *vt*. ❶([反]lend,loan)(向某人)借用,借入:～ money from the bank 向银行借钱 ❷采纳,采用:～ sb.'s methods 采用某人的方法 *vi*. 借用,借(词)

bo·som ['buzəm] Ⅰ. (～s [-z]) *n*. Ⓒ❶胸:hold sb. to one's ～把某人搂在自己的怀里 ❷辽阔的表面:the ～ of the sea 海面 ❸([近]breast)胸怀,内心 ❹内部,当中;亲密关系:Grandmother was happy in the ～ of my family. 奶奶幸福地享受天伦之乐。❺(上衣的)胸襟 Ⅱ. [无比较等级] *adj*. 怀有(感情)的,亲密的,内心深处的:a ～ friend 亲密的朋友 Ⅲ. *vt*. 怀抱

***boss¹** [bɒs] Ⅰ. (～es ['-ɪz]) *n*. Ⓒ❶[口]老板,经理,上司;领班:ask one's ～ for a pay rise 请求老板增加工资 ❷(政治机构或政党中的)首领,领袖 Ⅱ. (～es[-ɪz];～ed [-t]) *vt*. [口]当…的首领;指挥:He's always ～*ing* his wife about. 他总是呼来唤去地指使妻子。Ⅲ. *adj*. 主要的;首领的

boss² [bɒs] (～es ['-ɪz]) *n*. Ⓒ❶突出部,节疤 ❷浮雕装饰

bot·a·ny ['bɒtənɪ] *n*. Ⓤ❶植物学 ❷(某地区的)植物(群);植物生态

***both** [bəʊθ] ([反]neither) Ⅰ. [无比较等级] *adj*. 两者的,双的:He is blind in ～ eyes. 他双目失明。/ Both his sisters are at university. 他的两个妹妹都上大学。Ⅱ. *pron*. 两者;两人,双方:His parents are ～ dead. 他父母双亡。Ⅲ. *conj*. 两个都;既…又…,不但…而且…(and):She spoke ～ French and English. 她既会说法语,又会说英语。

both·er ['bɒðə(r)] Ⅰ. (～s [-z];～ing[-rɪŋ]) *vt*. 使烦恼,使焦虑,烦扰,纠缠:Does my smoking ～ you? 我吸烟会不会影响你? *vi*. 紧张不安,慌张,担心:Don't let his criti-

cisms ～ you. 别因为他批评你而感到不安。
Ⅱ. n. ❶Ⓤ烦恼,忧虑;纠纷,吵闹:I'm sorry
to have put you to all this ～.真抱歉,给你添
了这么多的麻烦。❷Ⓒ[用 a ～]麻烦的事
物,讨厌的事物:What a ～! We've missed
the bus. 真恼人! 我们误了公共汽车。

both·er·some [ˈbɒðəsəm] *adj.* 讨厌的,令
人烦恼的

****bot·tle** [ˈbɒtl] **Ⅰ. (～s** [-z]) *n.* **❶**Ⓒ瓶;
wine ～酒瓶 ❷Ⓒ一瓶(的量):We drank a
～ of wine between us. 我们俩喝了一瓶酒。
❸Ⓒ婴儿奶瓶;奶瓶里的奶 ❹[the ～]酒**Ⅱ.**
(～s [-z];bottling) *vt.* 把(酒等)装瓶,把…
灌入瓶内:~d beer 瓶装啤酒

****bot·tom** [ˈbɒtəm] **Ⅰ. (～s** [-z]) *n.* **❶**
([反]surface)Ⓒ底,底部:There are tea
leaves in the ～ of my cup.我的杯底有茶叶。
❷Ⓒ(棒球比赛的)后半局 ❸Ⓤ底座,基部 ❹
Ⓤ下侧,下面,下部:The telephone is at the
～ of the stairs.电话在楼梯下面。❺Ⓒ(椅子
的)椅垫;[口]臀部 ❻Ⓒ(海湾、小巷等的)最
里头;尽头,末端:There's a pub at the ～ of
the road.路的尽头有一家酒馆。❼Ⓤ水底,
(海、湖、河的)底部❽Ⓒ船底;船(尤指货船)
❾[the ～]根底,原因,根源**Ⅱ.** [无比较等
级]*adj.*底部的,最低的,最后的;根本的:Put
your books on the ～ shelf. 把你的书放在最
下层的架子上。**Ⅲ. (～s** [-z]) *vt.* **❶**装
底 ❷查明原因,究其根底 ❸建立基础

bough [baʊ] (～s [-z]) *n.* Ⓒ大树枝,主枝

bought [bɔːt] buy 的过去式和过去分词

bounce [baʊns] **Ⅰ. (～s** [-ɪz];～d [-t];
bouncing) *vt.* **❶**(使)弹回,跳回:She ～d
the ball against the wall. 她把球掷到墙上让
它弹回。❷使跳起;使欢蹦乱跳:He ～d his
baby on his knees. 他把婴儿放在膝上颠着
玩。*vi.* **❶**(球)反跳,弹起 ❷(人)跃起,欢蹦
乱跳:The child ～d on the bed. 那孩子在床
上欢蹦乱跳。**Ⅱ. (～s** [-ɪz]) *n.* ⒸⓊ❶弹
回;跳跃;弹力 ❷[俚]活力,生气:She's got a
lot of ～. 她浑身都是劲儿。

bounc·er [ˈbaʊnsə] (～s [-z]) *n.* Ⓒ(酒馆、
夜总会等的)保镖

bounc·ing [ˈbaʊnsɪŋ] [无比较等级] *adj.* 健
康的,强壮的:He was ～ with energy. 他身强
力壮。

bounc·y [ˈbaʊnsɪ] (bouncier;bounciest 或
more ～;most ～) *adj.* **❶**充满活力的 ❷(球
等)弹力大的

bound¹ [baʊnd] **Ⅰ. (～s** [-z];～ed [-ɪd])
vi. 跳跃;(球等)反跳,弹回:He ～ed into the

room. 他蹦蹦跳跳地跑进房间里。**Ⅱ. (～s**
[-z]) *n.* Ⓒ跳动;反跳,弹回

****bound²** [baʊnd] **Ⅰ.** bind 的过去式和过去
分词**Ⅱ.** [无比较等级] *adj.* **❶**被限制的,被
束缚的 ❷(书)装订的

****bound³** [baʊnd] *adj.* 准备(或正在)到…去
的;(船等)开往…的:I am ～ for home. 我打
算回家。

bound⁴ [baʊnd] **Ⅰ. (～s** [-z]) *n.* Ⓒ[常用
复数]边境,边界;界限,领域;边境地区**Ⅱ.**
(～s [-z];～ed [ˈ-ɪd]) *vt.* **❶**限定,限制 ❷形
成… 的边界,接壤:The airfield is ～ed by
woods on all sides. 飞机场的四周都是树林。

bound·a·ry [ˈbaʊndərɪ] (boundaries [-z])
n. ([近]border,frontier)Ⓒ**❶**分界线;边界:
The river forms the ～ between the two cit-
ies. 那条河成为两座城市的界线。❷范围;
界限

bound·en [ˈbaʊndən] [无比较等级] *adj.*
(道义或法律上)必须履行的,有责任的:～du-
ty 应尽的义务

bound·less [ˈbaʊndlɪs] *adj.* 无边际的;无限
的

boun·te·ous [ˈbaʊntɪəs] *adj.* **❶**慷慨的,大
方的 ❷丰富的,充足的

boun·ti·ful [ˈbaʊntɪfʊl] *adj.* = bounteous

boun·ty [ˈbaʊntɪ] (bounties [-z]) *n.* **❶**Ⓤ
慷慨,大方;恩惠 ❷Ⓒ赠物,馈赠 ❸Ⓒ奖
赏,奖金,津贴

bour·geois [bʊəˈʒwɑː] **Ⅰ. n.** Ⓒ[单复同]
❶资产阶级分子;中产阶级分子 ❷庸人,因循
守旧的人 **Ⅱ. adj.** 资产阶级的,中产阶级的;
庸俗的

****bow¹** [baʊ] **Ⅰ. (～s** [-z]) *vi.* **❶**点头,弯
腰;屈膝,鞠躬(以示尊敬或招呼):The cast
～ed to the audience. 演员向观众鞠躬。❷
(对权威)服从,屈从,屈服:We're tired of
having to ～ to authority. 我们对必须服从权
威这一点感到厌倦。*vt.* **❶**使弯曲;压弯,压
倒;压垮:～ branches ～ed down by the snows
on them 被积雪压弯的树枝 ❷低头;点头,鞠
躬(以示尊敬、祈祷、感谢等):The congrega-
tion ～ed their heads in prayer. 会众在一起
低头祷告。**Ⅱ. (～s** [-z]) *n.* Ⓒ鞠躬,点头,
弯腰(表示尊敬、问候等)

bow² [bəʊ] **Ⅰ. (～s** [-z]) *n.* Ⓒ**❶**弯曲物,弓
形物;弯曲 ❷弓;hunt with ～s and arrows 以
弓、箭行猎 ❸(小提琴等的)琴弓 ❹ 蝴蝶结;
蝴蝶结领结**Ⅱ. vt.** (把…)弯成弓形

bow³ [bəʊ] (～ [-z]) *n.* Ⓒ**❶**([反]stern)
船首;船的前部 ❷(舢板的)前桨手

bow·er [ˈbauə] (～s [-z]) *n.* ⓒ❶凉亭;树荫处 ❷[诗]闺房;卧室

bowl¹ [bəʊl] (～s [-z]) *n.* ⓒ❶碗,钵;a sugar ～ 糖钵 ❷碗状物,碗状部分,(尤指)汤匙的盛物部分;(烟斗的)斗 ❸ [美]圆形露天剧场(或竞技场),露天大型运动场 ❹一碗(或一钵、一匙)的量

bowl² [bəʊl] Ⅰ.(～s [-z]) *n.* ⓒ❶(滚木球戏中用的)木球 ❷(滚木球戏中的)投球,球的滚动 Ⅱ. *vt.* & *vi.* ❶滚动(球等) ❷(在板球赛中)投(球);Well ～ed! 投得好!

bowl·er¹ [ˈbəʊlə] (～s [-z]) *n.* ⓒ❶玩滚木球戏者;(板球的)投球手

bowl·er² [ˈbəʊlə] (～s [-z]) *n.* ⓒ[英]圆顶硬礼帽

bowl·ing [ˈbəʊlɪŋ] *n.* ⓒⓊ保龄球(运动)

*****box¹** [bɒks] Ⅰ.(～es [ˈ-ɪz]) *n.* ⓒ❶箱,盒,匣;She packed her books in cardboard ～es. 她把书装进纸箱里。❷一箱(或一盒)的容量;a ～ of chocolates 一盒巧克力 ❸(戏院、体育馆等的)包厢 ❹岗亭,哨所;信号所(法庭里的)陪审席,证人席 ❻(报刊上的)花边文字❼(棒球的)打击区(打击手、投手、跑垒指导员及捕手的各自位置)Ⅱ.(～ed [-t]) *vt.* 给…装箱(或盒);a ～ed set of records 盒装的一套唱片

box² [bɒks] Ⅰ.(～es [ˈ-ɪz]) *n.* ⓒ(一)巴掌,(一记)耳光,一拳 Ⅱ.(～es [ˈ-ɪz];～ed [-t]) *vt.* & *vi.* ❶用手(或拳)打(人)耳光 ❷拳击,(和某人)比拳击

box³ [bɒks] (～es [ˈ-ɪz]) *n.* ⓒⓊ【植】黄杨;黄杨木

box·ing¹ [ˈbɒksɪŋ] *n.* Ⓤ装箱(或盒);箱(或盒)状罩

box·ing² [ˈbɒksɪŋ] *n.* Ⓤ拳击运动,拳术

*****boy** [bɔɪ] Ⅰ.(～s [-z]) *n.* ⓒ❶少年,男孩;男青年,小伙子(尤指 18 岁以下者);A group of ～s were playing football in the street. 一帮小伙子当时正在街上踢足球。❷男仆,家仆 ❸[口]儿子;His eldest ～ is at university. 他的长子上大学了。❹旅馆服务员,旅馆侍者Ⅱ. *int.* [美口](表示欢欣或惊奇)哇,噢;Boy, am I glad to see you! 啊,见到你真高兴!

boy·cott [ˈbɔɪkɒt] Ⅰ.(～ed [-ɪd]) *vt.* ❶联合起来拒绝跟…来往 ❷联合抵制;联合拒绝购买;～ing foreign imports 联合抵制外国货物进口 Ⅱ. *n.* ⓒ联合抵制;联合拒绝购买

brace [breɪs] Ⅰ.(～s [ˈ-ɪz];～d [-t])brac-ing) *vt.* ❶缚紧,拉紧,使绷紧,使紧 ❷撑住,支住;He ～d his foot against the wall and jumped. 他一只脚抵着墙跳。❸支撑;用支撑物撑住;The struts are firmly ～d. 构架的支柱很牢固。❹激发,鼓舞,振奋 Ⅱ.(～s [ˈ-ɪz]) *n.* ⓒ❶一对,一双 ❷扣件;钩扣 ❸[用复数][英](裤子的)背带,吊带 ❹大括弧(即{}) ❺支柱,支撑物 ❻【医】支架,畸牙矫正器 ❼(钻的)曲柄

brace·let [ˈbreɪslɪt] *n.* ⓒ❶手镯 ❷[俚][常用复数]手铐

brac·ing [ˈbreɪsɪŋ] *adj.* 令人鼓舞的,令人振奋的;使人清爽的;～ sea air 宜人的海滨空气

brack·et [ˈbrækɪt] Ⅰ. *n.* ⓒ❶(建筑用的)撑架,支撑;托架 ❷[常用复数]括弧;square ～s 方括弧/round ～s 圆括弧 ❸(收入额等的)等级;一类人,阶层 Ⅱ. *vt.* ❶把…括入括弧内 ❷把…归入同一类;把…相提并论

braid [breɪd] Ⅰ.(～s [ˈ-ɪz];～ed [ˈ-ɪd]) *vt.* ❶交错编织(多股毛发、草等);把(头发)编成辫子;She ～s her hair every morning. 她每天早晨都梳辫子。❷用穗带装饰(衣物或料子)Ⅱ.(～s [-z]) *n.* ❶Ⓤ饰带,滚带,编带 ❷ⓒ辫子

*****brain** [breɪn] Ⅰ.(～s [-z]) *n.* ⓒ❶脑(子);脑髓 ❷([近]intelligence)[常用复数]脑力,智力,智能;He has one of the best ～s in the university. 他是这所大学里才智出众的人。❸[口]智囊;负责人Ⅱ. *vt.* 击碎…的脑袋;猛击…的头部

brake¹ [breɪk] Ⅰ. *n.* ⓒ❶制动器,刹车,闸;His ～s failed on a steep hill. 他的车闸在陡峭的山路上失灵了。❷[喻]阻碍Ⅱ.(～d [-t];braking) *vt.* & *vi.* (用制动器)制动,刹(车),关(闸);The driver ～d hard as the child ran onto the road in front of him. 那孩子跑到汽车前面的路上,司机猛踩刹车。

brake² [breɪk] *n.* ❶ⓒ灌丛,荆棘;丛林 ❷ⓒⓊ【植】欧洲蕨

*****branch** [brɑːntʃ] Ⅰ.(～es [ˈ-ɪz]) *n.* ⓒ❶(树)枝,分枝 ❷支脉,支线;支流;分叉;a ～ of the Rhine 莱茵河的支流 ❸(学科)分科;部门;Gynaecology is a ～ of medicine. 妇科学是医学的一个分科。❹(一组织的)支部,分支;分部,分店,分行,分局;支族,旁系;a post office ～ 邮局的分局;His uncle's ～ of the family emigrated to Australia. 他的家族中叔父这一支系已移居澳大利亚。Ⅱ.(～es [ˈ-ɪz];～ed [-t]) *vi.* 分叉,分支

brand [brænd] Ⅰ.(～s [-z]) *n.* ⓒ❶燃烧着的木头 ❷(古时盖在犯人身上的)印记;(牲口身上以示所有权的)烙印 ❸[喻]耻辱(或犯罪)的标记;烙印 ❹商标牌子,标签;Which ～ of toothpaste do you prefer? 你爱用什么牌

B

子的牙膏? ❺ ［诗］火炬；剑 Ⅱ. (～s [-z]；
~ed ['-ɪd]) vt. ❶在…上打烙印(或标记)；
铭刻,铭记 ❷污辱；给…抹黑,给…打上耻辱
的标记:The scandal ~ed him for life. 这件
丑闻使他终生蒙受耻辱。

bran·dish ['brændɪʃ] (～es [-ɪz]；~ed [-t])
vt. (威胁地或狂喜地)挥舞

bran·dy ['brændɪ] (brandies [-z]) n. Ⓤ Ⓒ
白兰地(酒)；一杯白兰地

brash [bræʃ] Ⅰ. adj. ❶急躁的,鲁莽的,轻
率的 ❷无礼的,冒失的；傲慢的,厚颜无耻的
Ⅱ. n. Ⓤ Ⓒ ❶胃灼热,反酸 ❷阵雨

brass [brɑːs] Ⅰ. (～es ['-ɪz]) n. ❶Ⓤ黄铜
❷Ⓒ黄铜器,黄铜制品 ❸Ⓒ［常用复数］铜管
乐器 ❹Ⓤ［俚］厚脸皮,厚颜无耻 Ⅱ. adj. 黄
铜制的；含黄铜的

bras·sy ['brɑːsɪ] (brassier；brassiest) adj.
❶黄铜的；(颜色等)似黄铜的 ❷高声的,刺耳
的 ❸厚脸皮的,厚颜无耻的

*__brave__ [breɪv] Ⅰ. (～r；~st) adj. (［反］
cowardly) ❶勇敢的,无畏的,有勇气的:Be
~! 勇敢些! ❷美好的,美妙的:a ～ new
world 美好的新世界 Ⅱ. (～s [-z]) n. Ⓒ ❶
勇敢的人,勇士 ❷［美］北美印第安战士 Ⅲ.
(～s [-z]；braving) vt. 敢于面对,冒(风险、
危险等):~ dangers 冒着危险

breach [briːtʃ] Ⅰ. (～es ['-ɪz]) n. ❶Ⓒ Ⓤ
破坏,违背,违反；不履行,不遵守(法律、诺言、
风俗等):a ～ of loyalty 不忠 ❷Ⓒ 缺口,裂
口:The huge waves made a ～ in the sea
wall. 大浪在堤上冲出一个缺口。❸Ⓒ (友好
关系的)破裂；不和,口角:a ～ of diplomatic
relations between two countries 两国之间外
交关系的破裂 Ⅱ. (～es ['-ɪz]；~ed [-t]) vt.
❶攻破；使有缺口 ❷违反(法律),违背(诺言)

*__bread__ [bred] n. Ⓤ ❶面包:a slice of ～一
片面包 ❷面食,面包制品 ❸［集合用法］食
物,粮食 ❹(［近］livelihood)生计；生活:earn
one's ～谋生

breadth [bredθ] n. (［近］width)Ⓤ Ⓒ ❶宽
度,阔度,广度:river ten meters in ～10 米宽
的河流 ❷幅宽,(布的)幅面,宽度 ❸(胸襟等
的)宽广,宽宏大量,宽容

*__break__ [breɪk] Ⅰ. (broke[brəʊk]；broken
[brəʊkən]) vt. ❶打碎,打破,使破裂,冲破:
~ a cup 打破杯子 ❷折断(骨等)；损坏,弄
坏:His watch is broken. 他的表环了。❸弄
破(皮肤),磨破 ❹(［反］keep)违背(诺言),
违反(法律等):~ the law 违反法律 ❺中断,
打断,切断(电路):We broke our journey at
Beijing. 我们在北京中止了行程。❻减弱,毁
坏:The Government is determined to ～

the power of the trade unions. 政府决心摧毁
工会的势力。❼打破(纪录):~ the world
100 meters record 打破 100 米世界纪录 ❽译
解,破译:~ a code 译解密码 ❾驯服,使服从
❿公布；透露,泄露(消息等) ⓫闯进,闯入(房
屋等)；越出,跳出:~ prison 越狱 ⓬拆开(整
体)；使(士兵等)离开编队；使不整齐 ⓭使破
产；摧残(身体健康) ⓮兑开(大额钞票、硬币
等) vi. ❶破,破碎；爆裂；坏掉:Glass ~s
easily. 玻璃容易破碎。❷强行闯入,侵入:
The gang of two robbers broke into the
shop. 那两个盗匪闯入商店。❸暂停活动(或
工作):Let's ～ for tea. 咱们停一停,喝点儿
茶。❹突变,突然转向；变调:Her voice
broke as she told the dreadful news. 她说出
这可怕的消息时,嗓音都变了。❺(拳击赛中)
扭成一团后拆散 ❻突然发生,突然形成(或产
生；事情(或消息)传开；(天)破晓 ❼(在健康、
生命力、精神等方面)衰退,垮掉,变弱 Ⅱ. n.
Ⓒ Ⓤ ❶破裂,断裂,裂口 ❷闯入,猛冲；(越狱)
逃跑 ❸破晓,天亮:at the ～ of the day 破晓
时分 ❹中断,中止,停顿；打断:a ～ in diplo-
matic relationship 外交关系的中断 ❺(时间
的)间隔,工作(或课间)休息,间歇:have an
hour's ～ for lunch 休息 1 小时进午餐 ❻(友
好关系的)破裂,不和,绝交；决裂 ❼(天气的)
骤变,突变:a ～ in the weather 天气的突变
❽［美俚］机会,运气

break·able ['breɪkəbl] Ⅰ. adj. (［反］
unbreakable)易破碎的,脆的 Ⅱ. n. Ⓒ［常用
复数］易损坏的东西

break·age ['breɪkɪdʒ] (～s [-ɪz]) n. ❶Ⓤ
破裂,破损 ❷Ⓤ Ⓒ 破损物;破损量 ❸Ⓤ损耗,
损失

break·er ['breɪkə(r)] (～s [-z]) n. Ⓤ Ⓒ ❶
轧碎机 ❷碎浪,浪花 ❸［电］电流断路器

*__break·fast__ ['brekfəst] Ⅰ. n. Ⓤ Ⓒ 早餐,
早点:She doesn't eat much ～. 她早点吃得不
多。Ⅱ. vi. 进早餐:We ～ on eggs and milk.
我们用的早餐是鸡蛋和牛奶。vt. 请(某人)吃
早餐

breast [brest] Ⅰ. n. Ⓒ ❶(女人的)乳房:a
baby at the ～哺乳的婴孩 ❷胸膛,胸(脯);
(衣服的)胸部:a soldier with medals pinned
to the ～ of his coat 胸前别着许多奖章的士
兵 ❸胸怀,心绪,心情:a troubled ～心烦意乱
Ⅱ. vt. ❶把胸部对着…,面对 ❷坚定地面对
(或对付)；逆…而进:~ing the waves 破浪
前进

*__breath__ [breθ] n. Ⓤ Ⓒ ❶ 呼吸;气息:She
took a deep ～. 她做了一次深呼吸。❷Ⓒ 呼
吸动作,一呼,一吸 ❸Ⓤ 香气；微风:There
wasn't a ～ of wind. 一点儿风都没有。❹(不

明显的)暗示(或迹象)：the first ~ of spring 早春的气息 ❺【语】气息音

breathe [briːð] (~s [-z]；breathing) *vi.* ❶呼吸，吸气或呼气：People ~ more slowly when they are asleep. 人睡觉时呼吸比较缓慢。❷活着，活；生存：She's still *breathing*. 她还活着。❸歇口气，停一下 *vt.* ❶吐露，(向…)注入；表示出：The team ~d confidence before the match. 该队在比赛前显得很有信心。❷低声说，低语，耳语 ❸使休息，使歇口气 ❹呼吸，吸入(空气)：I went out and ~d the fresh air. 我出去呼吸新鲜空气。

breath·ing [ˈbriːðɪŋ] *n.* ＣＵ❶呼吸 ❷一口气，一瞬间 ❸稍事休息，短暂的休息

bred [bred] breed 的过去式和过去分词

breed [briːd] Ⅰ. (~s [-z]；bred [bred]) *vt.* ❶产生，造成，引起：Dirt ~s disease. 污秽导致疾病丛生。❷使繁殖，使生殖 ❸饲养，养牛 ❸培育(动、植物)，培植 ❹教育，培养；教养：a well-*bred* child 有教养的孩子 *vi.* ❶发源于，产生，滋生 ❷生仔，繁殖，生殖：Rats ~ quickly. 老鼠繁殖得快。Ⅱ. (~s [-z]) *n.* ＣＵ❶(动、植物的)品种 ❷种类，类型

breeze [briːz] Ⅰ. (~s [ˈ-ɪz]) *n.* ❶ＣＵ风(尤指微风，和风)：a sea ~ 海风 ❷Ｃ [美俚]轻而易举的事情，容易做的事 Ⅱ. (~s [ˈ-ɪz]；breezing) *vi.* ❶(风)吹起来，吹微风 ❷[俚]轻快地前进；迅速地，很容易地通过

breez·y [ˈbriːzɪ] (breezier；breeziest) *adj.* ❶有微风的，清风徐徐的：a ~ day 风和日丽 ❷轻松愉快的，活泼轻快的：You're very bright and ~ today! 你今天满面春风啊！

brew [bruː] Ⅰ. (~s [-z]) *vt. & vi.* ❶酿造(啤酒等) ❷调制，冲泡：We ~ed a nice pot of tea. 我们沏了一壶好茶。❸策划阴谋，密谋：~(up) a wicked plot 图谋不轨 Ⅱ. (~s [-z]) *n.* ＵＣ❶酿造液；(一次)酿造量 ❷(啤酒或茶等的)质量

brew·er·y [ˈbruːərɪ] (breweries [-z]) *n.* Ｃ酿酒厂，啤酒厂

bribe [braɪb] Ⅰ. (~s [-z]) *n.* Ｃ贿赂，行贿物：accept ~s 受贿 Ⅱ. (~s [-z]；bribing) *vt. & vi.* (向…)行贿，贿赂：attempt to ~ a jury with offers of money 试图以金钱贿赂陪审团

brick [brɪk] Ⅰ. *n.* ❶ＣＵ砖，砖块：a pile of ~s 一堆砖 ❷Ｃ砖状物 ❸Ｃ积木 Ⅱ. *adj.* 砖砌的，砖似的 Ⅲ. *vt.* 用砖建造(或围砌)

brid·al [ˈbraɪdl] Ⅰ. [无比较等级] *adj.* 新娘的，婚礼的：a ~ suite 新婚套间 Ⅱ. *n.* Ｃ婚礼，婚宴

bride [braɪd] (~s [-z]) *n.* Ｃ新娘

bride·groom [ˈbraɪdgruːm,-ʊm] (~s [-z]) *n.* Ｃ新郎

brides·maid [ˈbraɪdzmeɪd] (~s [-z]) *n.* Ｃ女傧相，伴娘

brides·man [ˈbraɪdzmən] (bridesmen) *n.* Ｃ男傧相

bridge¹ [brɪdʒ] Ⅰ. (~s [ˈ-ɪz]) *n.* Ｃ❶桥，桥梁：a railway ~ 铁路桥梁 ❷(连接、联系的)桥梁：Cultural exchanges are a way of building ~s between nations. 文化交流是国与国之间建立联系的桥梁。❸鼻梁；(眼镜上的)鼻架；(假牙上的)齿桥，桥托 ❹(船上的)驾驶台；船桥，舰桥 Ⅱ. (~s [ˈ-ɪz]；bridging) *vt.* ❶架桥于；用桥连接：~ a canal 在运河上架桥 ❷[喻]越过，跨过(障碍等)

bridge² [brɪdʒ] (~s [ˈ-ɪz]) *n.* Ｕ桥牌(一种纸牌游戏)

bri·dle [ˈbraɪdl] Ⅰ. (~s [-z]) *n.* Ｃ❶马勒(包括笼头、嚼子、缰绳等) ❷约束(物)，控制 Ⅱ. (~s [-z]；bridling) *vt.* ❶给(马)上马勒 ❷控制，抑制，约束：~ one's emotions 控制感情 *vi.* 昂首表示生气(或轻蔑、傲慢等)；发怒

brief [briːf] Ⅰ. *adj.* ❶([近]short)短暂的，短时间的：a ~ conversation 短暂的谈话 ❷简明的，简洁的，简要的：a ~ account of the accident 对事故简短的叙述 Ⅱ. *n.* Ｃ❶摘要，概要；短文；概括 ❷【律】诉讼摘要，(律师的)辩护状 ❸[用复数]紧身的短衬裤，针织三角裤 Ⅲ. (~ed [-t]) *vt.* ❶做…的摘要，摘录，概要 ❷给(人)必要的指示，向…下达简令

brief·case [ˈbriːfkeɪs] (~s [-ɪz]) *n.* Ｃ(扁平、柔韧的、装文件的)公文包

brief·ing [ˈbriːfɪŋ] (~s [-z]) *n.* ＵＣ(对会议出席者所作的)概况说明，简报

brief·less [ˈbriːflɪs] *adj.* (律师等)无人委聘的

bright [braɪt] Ⅰ. *adj.* ❶([反]dark)光明的，明亮的，闪烁的；[喻]光辉灿烂的；晴朗的：~ sunshine 灿烂的阳光 ❷(色彩)鲜明的，鲜艳的；(声音)嘹亮的，清晰的：a ~ blue dress 宝蓝色的连衣裙 ❸活泼的，欢快的，生气勃勃的：She has a ~ personality. 她性格开朗。❹充满幸福(或希望)的，辉煌的：a child with a ~ future 有前途的孩子 ❺([反]dull)伶俐的，聪明的，机智的：He is the ~est in the class. 他是班里最聪明的。Ⅱ. *adv.* 明亮地，光亮地；鲜明地；愉快地：The stars were shining ~. 星光灿烂。

bright·en [ˈbraɪtn] (~s [-z]) *vt. & vi.* ❶([反]darken)(使)发光，(使)发亮：Flowers ~ (up) a room. 房间里有了花显得满室生辉。❷([近]cheer up)(使)快活，(使)活跃；

He ~*ed* when he heard the good news. 他听到这个好消息时喜形于色。

bril·liance [ˈbrɪljəns] *n.* Ⓤ❶光辉，辉煌；鲜明，光彩 ❷显赫，才气横溢，大智

*bril·liant** [ˈbrɪljənt] Ⅰ. *adj.* ❶光辉的；辉煌的；耀眼的，灿烂的：a ~ diamond 耀眼的钻石 ❷(色彩、光彩等)鲜艳的，鲜明的；强烈的 ❸显著的，杰出的，卓越的：a ~ scientist 卓越的科学家 Ⅱ. *n.* Ⓒ宝石

brim [brɪm] Ⅰ. (~s [-z]) *n.* Ⓒ❶(杯、碗等)的边，缘：full to the ~ 满到边 ❷(物体突出的)边缘 Ⅱ. (~s [-z]；brimmed；brimming) *vt.* 注满(容器等) *vi.* 满溢：eyes *brimming* with tears 盈盈泪眼

*bring** [brɪŋ] (~s [-z]；brought[brɔːt]) *vt.* ❶拿来，带来；使(人)来到：*Bring* a glass of water for me . 给我拿一杯水来。❷使产生，发生，导致：The revolution *brought* many changes. 这场革命带来了许多变化。❸(对…)引起；使得：The sad news *brought* tears to her eyes. 这悲伤的消息使她眼泪盈眶。❹(货物)卖得，售得：Her painting *brought* 600 dollars in the auction. 她的画在拍卖会上以 600 美元售出。❺(出庭)控告，提出(诉讼)：~ a charge against sb . 指控某人 ❻招来(某人)：Her cries *brought* the neighbours running. 她大声喊叫，邻居闻声朝她跑来。

brisk [brɪsk] (~er；~est 或 more ~；most ~) *adj.* ❶活泼的；敏捷的，轻快的；精力旺盛的，精神饱满的：at a ~ pace 以轻快的步伐 ❷(天气等)凉爽的，凉快的，清新的：a ~ breeze 清新的微风 ❸生气勃勃的，繁忙的；兴旺的，繁荣的

bris·tle [ˈbrɪsl] Ⅰ. (~s [-z]) *n.* Ⓒ❶(动、植物的)短而硬的毛，(猪等的)鬃毛 ❷(刷子等的)毛 Ⅱ. (~s [-z]；bristling) *vi.* ❶(像鬃毛似地)竖立 ❷(因害怕、激怒而毛发)直立；怒发冲冠：The dog's fur ~*d* as it sensed danger. 那狗觉察到危险时，毛都竖起来了。❸(密密地)覆盖，(困难等)重重；充满：The problem ~*s* with difficulties. 此问题困难重重。

*Brit·ain** [ˈbrɪtn] *n.* 大不列颠(岛)(由英格兰 England、苏格兰 Scotland、威尔士 Wales 等组成的英国的主岛，亦称为 Great Britain)

*Brit·ish** [ˈbrɪtɪʃ] Ⅰ. [无比较等级] *adj.* (大)不列颠的；英国的，英国人的 Ⅱ. *n.* ❶ [the ~] [集合用法]不列颠人，英国人 ❷ = ~ English 英国英语

brit·tle [ˈbrɪtl] (~r；~st) *adj.* ❶易碎的，易裂的；易爆的；脆弱的：as ~ as thin glass 如薄玻璃一样容易破碎 ❷(声音等)尖利的，尖

刻的，刺耳的：a ~ laugh 尖利的笑声 ❸(态度)生硬的，固执的；冷漠的，冷淡的；不友好的：a ~ woman 冷漠的女人

*broad** [brɔːd] Ⅰ. *adj.* ❶([近]wide)([反]narrow)宽的，宽阔的；辽阔的，广阔的：a ~ street 宽阔的街道 ❷…宽的(置于表长度名词之后)：a river twenty metres ~ 一条 20 米宽的河 ❸完全明朗的；明白显著的；明显的：a ~ hint 明显的暗示 ❹(在发音等方面)方言性的；口音重的：a ~ Sichuan accent 很重的四川口音 ❺粗俗的，开下流玩笑的：~ humour 粗俗的幽默 ❻容忍的，宽宏大量的：a man of ~ views 豁达大度的人 ❼主要的；总是，概括性的 ❽广泛的，无限制的 Ⅱ. (~s [-z]) *n.* Ⓒ❶(手掌等的)宽阔部分 ❷ [美俚]女人，下流的女人

*broad·cast** [ˈbrɔːdkɑːst] Ⅰ. (~ 或 ~ed [-ɪd]) *vt.* ❶撒播(种子) ❷广为传播(消息、流言蜚语等) ❸(由无线电或电视)广播，播送：~ the news 播送新闻 *vi.* 广播或播送(无线电或电视)节目 Ⅱ. [无比较等级] *adj.* ❶被广为撒播的；被广为传播的 ❷广播的 Ⅲ. *n.* Ⓤ Ⓒ广播，播音；广播节目：a ~ of a football match 足球比赛的广播节目 Ⅳ. *adv.* 到处，广泛地，四面八方

broad·en [ˈbrɔːdn] (~s [-z]) *vt.* & *vi.* ([近]widen)([反]narrow)放宽，变宽，加宽；扩大：You should ~ your experience by travelling more. 你应该多到各地走走，以增长见识。

Broad·way [ˈbrɔːdweɪ] *n.* 百老汇(大街)(贯通纽约南北的街道，该市主要戏院、夜总会、娱乐场所多设于此)

broil[1] [brɔɪl] Ⅰ. (~s [-z]) *vt.* ([近]grill) ❶烤，焙，炙(肉等)：~ a chicken 烤鸡 ❷使直接受到灼热 *vi.* (太阳)灼(人)：sit ~*ing* in the sun 坐在阳光下曝晒 Ⅱ. (~s [-z]) *n.* Ⓤ Ⓒ❶烤；灼热 ❷被烤焙的东西

broil[2] [brɔɪl] Ⅰ. *n.* Ⓒ争吵；吵闹，喧嚷 Ⅱ. (~s [-z]) *vi.* 大声争吵

*broke** [brəʊk] Ⅰ. break 的过去式 Ⅱ. [作表语] *adj.* [俚]无钱的，身无分文的；破产的

*bro·ken** [ˈbrəʊkən] Ⅰ. break 的过去分词 Ⅱ. [无比较等级] *adj.* ❶([反]mended)破碎的，破裂的；发生故障的 ❷遭违背的，被违反的：a ~ promise 违约 ❸(家庭等)破碎的，(婚姻)破裂的 ❹患病的，衰弱的，(精神)沮丧的，消沉的：He was a ~ man after the failure of his business. 他生意失败以后，整个人一蹶不振。❺破产的，倒闭的 ❻(地面等)起伏不平的 ❼([反]whole)断断续续的；不完整的，零碎的 ❽(语言)蹩脚的，不标准的：speak in ~ English 英语说得不标准

bro·ker [ˈbrəʊkə(r)] (~s [-z]) *n.* Ⓒ掮客，

B

代理人,中间人;经纪人

bronze [brɒnz] Ⅰ. (~s ['-ɪz]) n. ❶Ⓤ青铜(铜与锡合金) ❷Ⓒ青铜制品,青铜艺术品 ❸Ⓤ古铜色Ⅱ. adj. 青铜制的;青铜色的:a ~ vase 青铜制的花瓶Ⅲ. (~s ['-ɪz];bronzing) vt. 使成青铜色,上青铜色于:a face ~d by the sun 被太阳晒成青铜色的面孔 vi. 变成青铜色

brooch [brəʊtʃ](~es ['-ɪz]) n. Ⓒ饰针,胸针

brood [bruːd] Ⅰ. (~s [-z]) n. Ⓒ❶(集合用法)(一窝孵出的)幼鸟;(一次产出的)动物:a hen and her ~ 母鸡和它的一窝小鸡 ❷(一家庭的)所有孩子 ❸(同种或同类的)一伙(人);一类事物 Ⅱ. (~s [-z];~ed ['-ɪd]) vt. ❶孵(蛋);孵出盘算,细想 vi. ❶孵卵,(蛋)孵化 ❷冥思苦想,郁闷地沉思 ❸(云等)低覆,笼罩

broody ['bruːdɪ] (broodier;broodiest 或 more ~;most ~) adj. ❶家(禽)要孵卵的 ❷郁闷沉思的,冥思苦想的

brook[1] [brʊk] n. Ⓒ小溪,小河

brook[2] [brʊk] [常用于否定句] (~ed [-t]) vt. 容忍,忍受,忍耐:I will not ~ anyone interfering with my affairs. 我决不让任何人干预我的事。

brook·let ['brʊklɪt] n. Ⓒ小河,小川

broom [bruːm] (~s [-z]) Ⅰ. n. ❶Ⓤ【植】金雀花 ❷Ⓒ扫帚Ⅱ. vt. 用扫帚扫,扫除

broth·er ['brʌðə(r)] Ⅰ. (~s [-z]) n. Ⓒ ❶兄,弟;兄弟:my elder ~ 我的哥哥 ❷同行,同事,同志 ❸(常用 brethren)(同教会的)教友 Ⅱ. int. 用以表示恼怒或惊奇:Oh,~! 噢,好家伙!

broth·er·ly ['brʌðəlɪ] adj. 兄弟般的,友好的,亲切的

brought [brɔːt] bring 的过去式和过去分词

brow [braʊ] (~s [-z]) n. Ⓒ❶[常用复数]眉毛,眉 ❷([近]forehead)额 ❸(面部)表情,容貌 ❹崖顶,悬崖:Our car stalled on the~ of a steep hill. 我们的汽车在山顶陡坡处抛锚了。

brown [braʊn] Ⅰ. adj. ❶褐色的,棕色的,咖啡色的:~ eyes 棕色的眼睛 ❷皮肤黑的:He's very ~ after his summer holiday. 他一暑假皮肤晒得黝黑。Ⅱ. (~s [-z]) n. Ⓤ褐色,棕色,咖啡色Ⅲ. (~s [-z]) vi. & vt. (使)变成褐色(或棕色):Heat the butter until it ~s. 把黄油加热,直到变成褐色为止。

browse [braʊz] Ⅰ. (~s ['-ɪz]) n. ⓒⓊ❶(牲畜吃的)嫩叶(或嫩草) ❷浏览:have a ~ in a bookshop 在书店浏览一段时间Ⅱ. (~s ['-ɪz];browsing) vi. ❶(牲畜)啃(嫩叶,嫩草

等):cattle *browsing* in the fields 在田间吃草的牛 ❷随便翻阅,浏览(书刊):~ in a library 在图书馆里浏览书籍

bruise [bruːz] Ⅰ. (~s ['-ɪz];bruising) vt. & vi. (使)青肿,擦伤,(水果等)碰伤;创伤:Her face was badly ~d in the crash. 她碰得鼻青脸肿。Ⅱ. (~s ['-ɪz]) n. Ⓒ青肿,(水果等的)伤痕;[喻](感情等的)创伤:He was covered in ~ after falling off his bicycle. 他从自行车上摔下来,全身青一块紫一块。

brush[1] [brʌʃ] Ⅰ. (~es ['-ɪz]) n. Ⓒ❶刷子,毛刷;画笔:a tooth ~ 牙刷 ❷刷,拂拭:give one's clothes a good ~ 把自己的衣服好好刷一刷 ❸轻拂,轻触 ❹(尤指狐狸的)毛茸茸的尾巴Ⅱ. (~es ['-ɪz];~ed [-t]) vt. ❶刷,擦:~ your teeth 刷你的牙 ❷涂,抹;掸,拂 ❸轻触,掠过,碰着:leaves ~ing one's cheek 拂着面颊的树叶 vi. 轻推,掠过,擦过

brush[2] [brʌʃ] (~es ['-ɪz]) n. Ⓤ[美]小树枝;灌木丛,树丛

bru·tal ['bruːtl] adj. ❶兽性的,凶猛的,残忍的;蛮横的;冷酷无情的:a ~ attack 野蛮的进攻 ❷严厉的,(气候)严酷的;令人难受的:a ~ winter 严冬

brute [bruːt] Ⅰ. n. Ⓒ❶兽,畜生,动物 ❷人面兽心的人,残酷无情的人 Ⅱ. [无比较等级] adj. ❶无理性的,没有理智的 ❷畜生(般)的,兽性的,粗野的

bub·ble ['bʌbl] Ⅰ. (~s [-z]) n. ⒸⓊ❶泡,水泡,气泡:soap ~s 肥皂泡 ❷泡影,幻影;妄想 ❸冒泡声,沸腾声Ⅱ. (~s [-z];bubbling) vi. ❶冒泡,沸腾:stew *bubbling* in the pot 在锅里冒着泡的炖肉 ❷发出沸腾声,(水)汩汩地流

buck[1] [bʌk] Ⅰ. (~或~s) n. Ⓒ❶雄鹿;公羊,雄兔 ❷[口]年轻的男黑人(或印第安人)Ⅱ. (~ed [-t]) vt. & vi. ❶(马等)猛然弯背跃起,后蹄踢,尥蹶子 ❷[美口]顽强反抗,坚决反对:Don't try to ~ the system. 不要反对这个制度。

buck[2] [bʌk] n. Ⓒ❶[美俚]美元 ❷(打扑克时用的)庄家标志

buck·et ['bʌkɪt] Ⅰ. n. Ⓒ❶桶,水桶,提桶 ❷一桶的量,满桶:four ~s of water 4 桶水 ❸[用复数]大量(尤指雨,泪):She wept ~s. 她泪如雨下。Ⅱ. (~ed [-ɪd]) vi. ❶(指雨)倾盆而下:The rain ~ed down all afternoon. 瓢泼大雨下了一下午。❷飞速前进,横冲直撞地驾驶(汽车等)

buck·le ['bʌkl] Ⅰ. (~s [-z]) n. Ⓒ❶扣子,金属扣,皮带扣 ❷(金属板等的)弯曲,变形;膨胀Ⅱ. (~s [-z];bucking) vt. ([反]

B

unbuckle）❶扣住，把…扣紧：My belt is loose；I didn't ~ it up tightly enough. 我的腰带松了，我没扣紧。❷使弯曲，使起伏不平 *vi.* ❶扣上，扣紧 ❷弯曲，弄弯，扭弯：The metal ~d in the heat. 金属因受热而变形。

bud [bʌd] **I**．(~s [-z]) *n.* ⓒ❶芽，萌芽，蓓蕾：~s appear on the trees in spring 春天树木发芽了 ❷未成熟的人（或物）**II**．(budded ['-ɪd]；budding) *vi.* 发芽，萌芽，长出芽

Bud·dhism ['bʊdɪzəm] *n.* Ⓤ佛教

bud·ding ['bʌdɪŋ] [无比较等级] *adj.* 正发芽的；崭露头角的

budg·et ['bʌdʒɪt] **I**．*n.* ⓒ❶预算，预算报告 ❷（家庭、个人等生活收支的）预算费用 **II**．(~ed [-ɪd]) *vt.* ❶把…编入预算：The government has ~ed 20,000 dollars for education spending. 政府将20,000美元编入教育预算。❷详细计划；安排（时间等）*vi.* 编预算

buff [bʌf] **I**．*n.* ❶Ⓤ（水牛、黄牛或其他兽皮制的坚韧而柔软的）浅黄色皮革 ❷Ⓤ浅黄色，米色 ❸ⓒ[美口]热心者，爱好者，迷 ❹ⓒ[口]裸露的皮肤 **II**．(~ed [-t]) *vt.* （用柔软的材料）擦亮（或擦净），抛光：~ shoes with a cloth 用布把鞋擦亮

buff·er ['bʌfə] **I**．*n.* ⓒ❶【机】缓冲器，缓冲垫，减震器 ❷缓冲的人（或物）**II**．(~s [-z]；~ing [-rɪŋ]) *vt.* 缓冲；用缓冲剂处理

buf·fet ['bʌfɪt] *n.* ⓒ❶餐具柜，碗橱 ❷供应便餐的柜台（或餐桌）❸便餐部，餐厅；（车站、火车内的）餐室 ❹快餐，自助餐

bug [bʌg] **I**．(~s [-z]) *n.* ⓒ❶昆虫，虫子（尤指臭虫、蟑螂等害虫）❷[口]细菌，病菌，病毒：I think I've caught a ~. 我看我已经受细菌感染了。❸[美俚]防盗报警器；窃听器 ❹[口]缺陷，毛病，故障 ❺迷；狂热者，爱好者 **II**．(bugged；bugging) *vt.* ❶在…设防盗报警器，在…装窃听器；通过窃听器窃听：This office is *bugged*. 这个办公室已装上了窃听器。/a *bugging* device 窃听装置 ❷烦忧，打扰；使恼火：That man really ~s me. 那个人真把我惹火了。

bu·gle ['bjuːgl] **I**．*n.* ⓒ军号，喇叭 **II**．(~s [-z]；bugling) *vt.* & *vi.* 吹（军）号，吹喇叭；吹号召集

build [bɪld] **I**．(~s [-z]；built [bɪlt]) *vt.* ❶建筑，建造；建立，设立：~ a house 修建房屋 ❷创建，创办，建立（事业等）；增进，增强：~ a business 创业 *vi.* ❶建筑，建造，盖（房屋等）❷（在数目、力量等方面）增加，增长 **II**．*n.* Ⓤⓒ构造，造型；体格；体形：We are of the same ~. 我们的体形相同。

build·ing ['bɪldɪŋ] (~s [-z]) *n.* ❶ⓒ建筑物，营造物 ❷Ⓤ（房屋、船等的）营造，建筑；建筑术：~ materials 建筑材料

built [bɪlt] build 的过去式和过去分词

bulb [bʌlb] (~s [-z]) *n.* ⓒ❶【植】球茎，鳞茎 ❷鳞茎状物，圆形物；球状物；灯泡：an electric light ~ 电灯泡

bulb·ous ['bʌlbəs] *adj.* 鳞茎状的；由鳞茎生长的

bulk [bʌlk] **I**．*n.* ❶Ⓤ容器，体积；容量；大批，大量 ❷ⓒ巨大的形体（或身躯）：He heaved his huge ~ out of the chair. 他挺起巨大的身躯，从椅子上站了起来。❸[the ~] 主体，主要部分；大部分，大多数：The ~ of the work has already been done. 大部分工作已经完成。❹Ⓤ（肠内的）食物渣滓；纤维性物质 ❺Ⓤⓒ（船舱）容积；船舱载货 **II**．(~ed [-t]) *vi.* 显得大，显得重要 *vt.* 使（某物）成大块（或大量）：add extra pages to ~ a book out 增加额外页数使书更厚

bull[1] [bʊl] **I**．(~s [-z]) *n.* ⓒ❶公牛 ❷（象、鲸等）雄兽 ❸买空的证券交易投机商 ❹力大如牛的人，粗壮如牛的人 ❺[美俚]警察；侦探 **II**．*adj.* ❶公的，雄的：a ~ elephant 公象 ❷价格上涨的：a ~ market 上涨行情

bull[2] [bʊl] *n.* ⓒ（尤指教皇的）训令，法令，教令

bull[3] [bʊl] Ⓤ荒谬可笑的话，自相矛盾的话

bul·let ['bʊlɪt] *n.* ([近]shot,shell) ⓒ子弹，枪弹，弹丸：He was killed by a single ~ in the heart. 他因被一颗子弹射中心脏而亡。

bul·le·tin ['bʊlɪtɪn] *n.* ⓒ❶公报，公告，通报 ❷（报纸、电台、电视的）新闻简报 ❸（为某团体成员发表的）定期出版物；学会期刊，会刊

bul·lion ['bʊljən] *n.* Ⓤ金条，银块

bull·ish ['bʊlɪʃ] *adj.* ❶公牛般的 ❷（证券交易所的）行情看涨的 ❸乐观的

bull·ock ['bʊlək] *n.* ([近]steer)ⓒ小公牛；阉牛

bul·ly[1] ['bʊlɪ] **I**．(bullies [-z]) *n.* ⓒ恃强欺弱的人，恶霸，暴徒 **II**．(bullies [-z]；bullied) *vt.* 威吓，欺侮：He was *bullied* by the older boys at school. 他在学校里受到大孩子的欺负。**III**．[无比较等级] *adj.* [口]很好的，第一流的 **IV**．*int.* [口]好，妙；干得好

bul·ly[2] ['bʊlɪ] *n.* Ⓤ罐头牛肉，腌牛肉

bum[1] [bʌm] **I**．(~s [-z]) *n.* ⓒ[美口]❶流浪汉，游民，乞丐：~s sleeping rough in the streets 横七竖八地睡在街上的无业游民 ❷得

过且过的人,游手好闲者,懒汉 **II**.(～s [-z];
bummed;bumming) *vt.* 乞讨,乞求;～ a lift
请求搭便车 **III**.[无比较等级] *adj.* [作定
语]质量低劣的,粗劣的:a ～ film 劣质影片

bum² [bʌm] *n.* C[英俚]屁股,臀部

bump [bʌmp] **I**.(～ed [-t]) *vt.* 碰撞,撞
击:In the dark I ～ed a chair. 我在黑暗中
撞到了椅子。 *vi.* ❶碰,撞,冲撞:The car
～ed against the kerb. 汽车撞上了路边石。
❷(车等)颠簸地行驶:The bus ～ed along the
mountain road. 公共汽车沿着山路颠簸行驶。
II.*n.* C❶碰撞声,撞击 ❷(因碰撞而引起
的)肿块 **III**.*adv.* 砰的一声;突然地:He fell
off the ladder and landed ～ on the ground.
他从梯子上砰的一声跌到地上。

bump·er¹ [ˈbʌmpə(r)](～s [-z]) *n.* C
([近]buffer)减震器,(尤指汽车首尾的)保
险杠

bump·er² [ˈbʌmpə(r)] *adj.* 特大的;丰富
的;大胜利的:a ～ harvest 特大的丰收

bun [bʌn](～s [-z]) *n.* C❶小(圆)面包,甜
点心 ❷小面包状的卷发,(女性的)圆发髻

bunch [bʌntʃ] **I**.(～es [ˈ-ɪz]) *n.* C❶束,
串,簇,捆:a ～ of bananas 一串香蕉 ❷[俚]
一群,一帮,一伙:a ～ of thugs 一群恶棍 **II**.
(～es [-ɪz];～ed [-t]) *vi.* ❶成一串(或一
束),聚集成一堆 ❷(衣,裙等)打褶:a blouse
that ～es at the waist 束腰女衬衫 *vt.* ❶使成
一束,使聚集成一堆 ❷(衣服)加上衣裙

bun·dle [ˈbʌndl] **I**.(～s [-z]) *n.* ❶(束,
捆,扎,包在一起的)东西:a ～ of clothes 一包
衣物 ❷[用 a ～][口]大堆的东西,大量的事
物 **II**.(～s [-z];bundling) *vt.* ❶包,捆,扎:
Please ～ up the books. 请把书捆起来。❷把
…匆匆送走,把…打发走:She ～d her son off
to school. 她匆匆忙忙把儿子打发到学校去
了。❸把…随便扔:She ～d her books into
the drawer. 她把书胡乱扔进抽屉里。*vi.* 匆
忙离开,仓促而去

bung [bʌŋ] **I**.(～s [-z]) *n.* C(桶等的)塞
子;盖子 **II**.*vt.* ❶(用塞子)塞住,堵:The
drains are ～ed up with dead leaves. 落叶把
下水道堵住了。❷[俚]扔,抛,掷

bunk¹ [bʌŋk] **I**.*n.* C❶(轮船、火车等的)
床铺 ❷(儿童用的)双层床铺 **II**.(～ed [-t])
vi. [口]睡在铺位上;去睡 *vt.* 为…提供睡铺

bunk² [bʌŋk] *n.* U[美俚]空话,废话;假话,
骗人的鬼话:Don't talk ～! 别胡说!

bun·ker [ˈbʌŋkər](～s [-z]) *n.* C❶(船上
的)燃料舱,煤舱 ❷[军]地堡,(地下钢筋水泥
的)掩体 ❸(高尔夫球场的)洞

buoy [bɔɪ] **I**.(～s [-z]) *n.* C❶(湖、河等

中的)浮标 ❷救生圈 **II**.*vt.* ❶使浮起,使漂
浮 ❷鼓舞,激励:We felt ～ed up by the good
news. 我们觉得这个好消息很令人鼓舞。

bur·den [ˈbɜːdn] **I**.(～s [-z]) *n.* C U❶
担子,重载:shoulder a heavy ～ 肩负重担 ❷
重担,重任:责任,义务;累赘:the ～ of heavy
taxation on the tax-payer 纳税人负担的重税
❸(船的)载重量,吨位 **II**.*vt.* 把重担加于,
使负重担:refugees ～ed with all their pos-
sessions 带着沉重家当的难民

bu·reau [ˈbjʊərəʊ](～s或～x [-z]) *n.* C❶
[英]有抽屉的写字台,办公桌 ❷[美]装有镜
子的衣柜,五斗橱,镜台 ❸[美]部,司,局,处,
科;办公署

bu·reauc·ra·cy [bjʊəˈrɒkrəsɪ] *n.* ❶U官
僚政治 ❷C官吏,官僚 ❸U官僚作风,文牍
主义

bu·reau·crat [ˈbjʊərəkræt] *n.* C官僚(主
义者)

bur·glar [ˈbɜːglə(r)](～s [-z]) *n.* C夜盗,
窃贼

bur·ial [ˈberɪəl](～s [-z]) *n.* U C埋葬,葬
礼:The ～ took place on Friday. 葬礼已在星
期五举行。

burly [ˈbɜːlɪ](burlier;burliest) *adj.* 粗壮
的,强健的,结实的

*** burn** [bɜːn] **I**.(～s [-z];burnt [bɜːnt]或
～ed) *vt.* ❶烧,燃烧:This hotel ～s gas for
all cooking and heating. 这家旅馆做饭取暖
都烧煤气。❷烧坏,烧焦,烤焦:I've burnt
the toast. 我把面包片烤焦了。❸晒,晒黑:
The grass was ～ed brown by the sun. 草被
太阳晒得枯黄。❹ 烧伤,烫伤,烧灼:The
child burnt its fingers while playing with a
match. 那孩子玩火柴时把手指烧伤了。❺在
…上打烙印;烧制(砖、陶器等):The wood
was ～ed for charcoal. 这些木材烧制成了
炭。❻(火、热等)烧成,烧穿 *vi.* ❶点燃,着
火;燃烧:Paper ～s easily. 纸容易点燃。❷发
光,发热,发烫:A fire is ～ing brightly in the
fireplace. 壁炉里的火燃得正旺。❸烧焦,烤
焦 ❹发烧,发烫;感觉火辣辣:My face ～ed
as if it was on fire. 我的脸像火烤似的发烧。
❺(因渴望、生气等而)激动,发怒,激怒:be
～ing with rage 怒火中烧 **II**.(～s [-z]) *n.*
❶C U烧伤,灼伤 ❷C(火箭引擎等
的)喷射,发射

burn·er [ˈbɜːnə(r)](～s [-z]) *n.* C❶炉
膛;灯头 ❷炉子;燃烧器

burn·ing [ˈbɜːnɪŋ] *adj.* ❶燃烧的;高热的
❷[反]cold]热烈的,激励的,强烈的

burn·ish [ˈbɜːnɪʃ](～es [-ɪz];～ed [-t])

vt. & vi. 擦亮,磨光,抛光:～*ed* copper 经过抛光的铜

burnt [bɜːnt] **I**. burn 的过去式和过去分词 **II**. *adj.* 烧坏的,烧焦的;烧伤的:Your hand looks badly ～. 你的手好像受了严重的烫伤。

bur·row [ˈbʌrəʊ] **I**. (～s [-z]) *n.* ⓒ ❶(狐、兔等动物挖的)地洞,穴 ❷(地下)躲避处 **II**. *vt.* ❶ 挖洞,掘穴:Rabbits had ～*ed* holes in the grassy bank. 兔子在河岸的草地上挖了些洞。❷把…藏在地洞里,(在洞里)掩蔽,遮蔽 *vi.* ❶挖掘;挖出 ❷钻出…,隐藏 ❸找寻,探查(into)

*	**burst** [bɜːst] **I**. (burst) *vt.* ❶使爆炸,使炸裂;使胀破,使砸开;使冲决:In the late summer,the rivers swell and often ～their banks. 夏末,河流涨水,常常冲决河岸。❷充满;使膨胀到爆炸点 *vi.* ❶爆炸,炸裂;胀破;溃决,冲破,砸开:The shell ～ overhead. 炮弹在头顶上爆炸了。❷突然发生,突然发作:The crowed ～ into prolonged cheering. 人群中突然发出经久不息的欢呼声。❸充满,挤满:His heart ～*s* with envy. 他心里充满了嫉妒。❹(花苞、花蕾等)绽放:The buds of the cherry blossoms were ～*ing*. 樱花的花蕾正绽放着。**II**. *n.* ⓒ ❶爆炸;破裂,裂口,缺口:the ～ of bombs 炸弹爆炸 ❷(感情等的)爆发,(怒气、精力等)的迸发:a ～ of anger 怒火的迸发

*	**bur·y** [ˈberɪ] (buries [-z];buried) *vt.* ❶埋葬,埋:He was *buried* with his wife. 他和他妻子葬在一起。❷埋藏,把…藏于地下:The house was *buried* under ten feet of snow. 那所房子被掩埋在 10 英尺厚的雪底下。❸遮盖,隐匿,掩蔽:She *buried* her face in her hands and wept. 她双手掩面哭了起来。

*	**bus** [bʌs] **I**. (～es或busses [ˈ-ɪz]) *n.* ⓒ 公共汽车:Shall we walk or go by ～? 我们是步行,还是乘公共汽车? **II**. (～ed 或 bussed [-t],～ing或bussing) *vi.* 乘公共汽车去:I usually ～ to work in the morning. 我早上通常乘坐公共汽车上班。*vt.* 用公共汽车运送

*	**bush** [bʊʃ] (～es [ˈ-ɪz]) *n.* ❶ⓒ 灌木,矮树;灌木丛:a rose ～玫瑰花丛 ❷[the-]丛林,未开垦的荒地

bush·el [ˈbʊʃəl] *n.* ⓒ 蒲式耳(计量谷物等的容量单位)

*	**busi·ness** [ˈbɪznɪs] (～es [-ɪz]) *n.* ❶([近]occupation) Ⓤ ⓒ 工作,职业,行业:He tries not to let ～ interfere with his home life. 他尽量不让日常工作妨碍他的家庭生活。❷([近]duty) Ⓤ ⓒ 某项任务,职责,应尽的事:It is the ～ of the police to protect the

community. 保障社会的安全是警察的职责。❸Ⓤ ⓒ 事,事情,事务:an odd ～怪事 ❹([近]trade) Ⓤ 商业,生意,营业:We don't do ～ with foreign companies. 我们跟外国公司没有生意来往。❺ⓒ 商店,商行;企业;工厂 ❻Ⓤ(戏剧中与台词相对的)动作,表情

bust¹ [bʌst] *n.* ⓒ ❶半身雕塑像 ❷(尤指妇女的)胸部;(妇女的)胸围

bust² [bʌst] **I**. *vt.* ❶使爆裂,使爆发;击破 ❷使破产,使失败 ❸[美]使降级:He was ～*ed* for being absent without leave. 他因擅离职守而被降级。❹[美口]使变得驯服 ❺[美]打,猛击;殴打 ❻[美]逮捕,突击,搜捕,突袭 *vi.* ❶击败,打败;破裂 ❷破产 **II**. *n.* ⓒ[美] ❶失败 ❷财政破产 ❸殴打 ❹逮捕,突袭

bus·tle [ˈbʌsl] **I**. (～s [-z];bustling) *vt. & vi.* (使)忙乱,(使)繁忙,(使)活跃,催促:She ～*d* the children off to school. 她催促孩子们上学去。**II**. *n.* Ⓤ 奔忙;喧闹,熙攘;活跃:the ～ of city life 都市生活的繁忙景象

*	**bus·y** [ˈbɪzɪ] **I**. (busier;busiest) *adj.* ❶([反]free)忙的,忙碌的;繁忙的:a ～ day 忙碌的一天/a ～ street 繁忙的街道 ❷(电话)占线的 ❸(图案等)复杂的,使人眼花缭乱的:This wallpaper is too ～ for the bedroom. 这壁纸的图案太乱,不适合用于卧室。**II**. (busies [-z];busied) *vt.* 使忙,忙于:The bees *busied* themselves at making honey. 蜜蜂忙于采蜜。*vi.* 忙碌,奔忙(about,around)

*	**but** [bʌt] **I**. *prep.* [与 no,nobody,nothing,all,anywhere 等连用]除了,除…之外:Everyone was there ～ him. 除了他之外,所有的人都在。**II**. *conj.* ❶但是,可是;而(是),然而:She cut her knee badly,～ didn't cry. 她弄伤了膝盖,但是并没有哭。❷([近]unless)而不;若不;除非(表示唯一的条件):Nothing would do ～ he must come himself. 除非他亲自来,否则没有别的办法。❸[用于否定词或疑问词之后,表示否定意义,相当于that not]尽管…还是;不至于…:No man is so old ～(that) he may learn. 活到老,学到老。❹[用于否定词、疑问词加 doubt,deny,question 等词之后,无实际意义,相当于连词 that]:I don't doubt ～ they will come. 我确信他们要来。**III**. *adv.* ([近]only)只,仅仅;只不过,只是:He's ～ a boy. 他只不过是个孩子。**IV**. *pron.* [关系代词,意义相当于 who… not,which. . . not]:There is not one of us ～ wishes to help you. 我们没有一个人不想帮助你。

*	**butch·er** [ˈbʊtʃə(r)] **I**. (～s [-z]) *n.* ⓒ ❶屠夫,屠户 ❷卖肉者,肉商 ❸屠杀者,残杀

者,刽子手:a mindless ～ of innocent people 滥杀无辜毫无人性的刽子手 Ⅱ.(～s [-z]; ～ing[-rɪŋ])*vt.* ❶屠宰(动物);屠杀,残杀 (人、猎物等):Women and children were ～ed by the rebels. 妇女和儿童遭到叛乱者的 屠杀。❷(将工作等)弄糟,搞坏,搞乱

butch·er·y ['bʊtʃərɪ] (butcheries [-z]) *n.* Ⓤ❶屠宰业 ❷屠杀,残杀,杀戮

butt[1] [bʌt] *n.* Ⓒ❶粗端;(工具的)柄,鞭柄, 枪托 ❷残端,残余部分(尤指香烟蒂) ❸靶,射 击目标 ❹笑柄,揶揄的对象 ❺[美俚]屁股

butt[2] [bʌt] Ⅰ. *vt.* & *vi.* (用头)撞击,顶撞, 抵触:～ sb. in the stomach 撞某人的腹部 Ⅱ. *n.* Ⓒ(用头)撞击,顶撞;碰撞

butt[3] [bʌt] *n.* Ⓒ(容量 500 升的)大酒桶;桶

*butter** ['bʌtə(r)] Ⅰ. *n.* Ⓤ❶黄油;奶油 ❷似黄油的东西:apple ～ 苹果泥 Ⅱ. (～s [-z];～ing[rɪŋ]) *vt.* 涂黄油于…上,用黄油 涂料:～ed toast 涂了黄油的烤面包片

but·ter·fly ['bʌtəflaɪ] *n.* (butterflies [-z]) Ⓒ❶蝴蝶 ❷[喻]轻浮的人(尤指妇女),追求 享乐的人:a social～ 交际花 ❸蝶泳:doing (the)～游蝶泳

*but·ton** ['bʌtn] Ⅰ. (～s [-z]) *n.* Ⓒ❶纽 扣,扣子 ❶lose a ～ 掉了一个纽扣 ❷(门铃、机 器开关等的)按钮:push an elevator ～按电梯 的按钮 Ⅱ. *vt.* & *vi.* 扣上纽扣;用纽扣装饰; 用纽扣扣上:～ one's coat 扣上大衣的纽扣

*buy** [baɪ] Ⅰ. (～s [-z];bought[bɔːt]) *vt.* ([反]sell) ❶买,购买,购置:Where did you ～ that coat? 那件大衣你是在哪儿买的? ❷ (付出一定代价)换得,赢得,获得:The victory was dearly *bought*. 胜利是以昂贵的代价换 来的。❸收买,向…行贿,贿赂 ❹ [美俚]接 受;相信;同意:No one will ～ that excuse. 谁也不会相信那个借口。*vi.* ([近]purchase) 购买,采购:～ and sell 买卖 Ⅱ. (～s [-z]) *n.* Ⓒ❶购买,购买的东西 ❷ [美口]廉价货, 便宜货

buzz [bʌz] Ⅰ. (～es ['-ɪz]) *vt.* ❶使营营 响,使嗡嗡叫 ❷(飞机)低空掠过(建筑物等), 俯冲:Two fighters ～ed the convoy as it ap- proached the coast. 当船队接近海岸时,两架 战斗机飞近示警。❸用蜂音器传呼(或传唤): The doctor ～ed the next patient. 医生按蜂 音器传唤下一个病人。❹ [口]打电话给(某 人) *vi.* ❶(蜂等)嗡嗡叫 ❷喊喊喳喳;传播流 言蜚语:The office is ～ing with rumours. 办 公室里喊喊喳喳地议论着谣言。Ⅱ. *n.* Ⓒ❶ (机器等)嗡嗡声,营营声 ❷嘈杂声,混乱声: the ～ of voices in the crowded room 挤满人

的房间里乱哄哄的声音 ❸蜂音器传出的信号 ❹ [俚]电话:give sb. a ～ 给某人打电话

*by** [baɪ] Ⅰ. *prep.* ❶([近]near) [表示空间 关系]靠近,在…附近,在…旁边,在…手头: Come and sit ～ me. 来坐在我身旁。❷ [表 示时间关系]在…期间,在…时候;不迟于:By the time (that) this letter reaches you, I will have left the country. 你接到这封信时,我已 离开这个国家了。❸([近]through) [表示运 动的方向]沿,经,经过,经由;经过…旁边:He walked ～ me without speaking. 他从我身边 走过,没说一句话。❹ [表示方法、手段或媒 介]靠,用,通过,藉,由:I shall contact you ～ letter. 我将写信和你联系。❺ [表示方式、样 式]根据,按,依照,逐一,连续:year ～ year 逐年地 ❻[用作虚词表示尺寸、长度、面积] 到…地步(或程度);(尺寸、面积)乘,(用所给 数)作乘或除:The room measures fifteen feet ～ twenty feet. 这房间 15 英尺宽,20 英 尺长。/6 multiplied ～ 2 equals 12. 6 乘以 2 等于 12。Ⅱ. *adv.* ❶近在手头,在附近;在近 旁:He lives near ～. 他住在附近。❷(搁)在 一边,存放:I always keep a bottle of wine～ in case friends call round. 我平时总存着一 瓶酒,以备朋友来时喝。❸经过:Time goes ～ so quickly. 时间过得真快。

bye [baɪ] *int.* [口]再见,再会

bye·bye ['baɪbaɪ] Ⅰ. *int.* [口]再见,再会 Ⅱ. *n.* ⓒⓊ(儿语)睡觉

by·gone ['baɪɡɒn] Ⅰ. [无比较等级] *adj.* 过去的,从前的,以往的:a ～ age 过去的年代 Ⅱ. (～s [-z]) *n.* Ⓒ[用复数]过去的事情, 往事:Let ～s be ～s!过去的事就让它过去吧!

by·pass ['baɪpɑːs] Ⅰ. (～es [-ɪz]) *n.* Ⓒ❶ Ⓤ旁路,边道;近路,绕道:If we take the ～, we'll avoid the town centre. 如果我们走近 道,就能避开市镇的中心。❷绕流管,旁通管; 支路 Ⅱ. (～es [-ɪz];～ed [-t]) *vt.* 绕过,迂 回;回避:～ a difficulty 避开困难

by·path ['baɪpɑːθ] *n.* Ⓒ小路,旁道,便道

by·prod·uct ['baɪˌprɒdʌkt] *n.* Ⓒ副产品

byre ['baɪə(r)] (～s [-z]) *n.* Ⓒ[英]牛栏, 牛棚

by·road ['baɪrəʊd] (～s) *n.* Ⓒ = byway

by·stand·er ['baɪˌstændə] (～s [-z]) *n.* Ⓒ 旁观者

by·street ['baɪstriːt] (～s) *n.* Ⓒ小街,侧街

by·way ['baɪweɪ] (～s [-z]) *n.* ❶([近]by- road)Ⓒ支路,(偏僻的)小路 ❷ [the ～](研 究等的)次要活动,次面部分,次要方面

C c

cab [kæb]（~s[-z]）**I**. *n*. C ❶马车，（尤指）出租马车 ❷出租汽车 ❸（机车、卡车、起重机等的）司机室，驾驶室 **II**. *vi*. 乘出租马车（或汽车）

cab·bage [ˈkæbɪdʒ]（~s[-ɪz]）*n*. C U【植】甘蓝，卷心菜，洋白菜

cab·in [ˈkæbɪn]（~s[-z]）*n*. C ❶（简陋的）小屋；茅屋 ❷船舱；机舱：book a ~ on a boat 预订船舱

cab·i·net [ˈkæbɪnɪt] *n*. C ❶（有抽屉或架子的）橱柜：a filing ~ 文件柜 ❷（唱机、收音机、电视机等的）匣子，机壳 ❸［常用 the Cabinet］［美］内阁，美国州长（或市长）的顾问团：Members of the ~ are chosen by the Prime Minister. 内阁阁员是由首相挑选的。

ca·ble [ˈkeɪbl] **I**. *n*. ❶ C U 缆，索；钢丝绳；锚链 ❷ C U 电缆，地下（或海底）电缆 ❸ C 电报，海报电报：receive a ~ 接收电报 **II**. *vi*. 拍越洋电报：Please write or ~. 请来信或来电。*vt*. 给…拍越洋电报：News of his death was ~*d* to his family. 他的死讯已电告其家属。

cac·tus [ˈkæktəs]（~es [-ɪz] 或 cacti [ˈkæktaɪ]）*n*. C【植】仙人掌，仙人球

ca·dre [ˈkɑːdə]（~s[-z]）*n*. C ❶干部 ❷骨干，核心

***ca·fe** [ˈkæfeɪ]（~s[-z]）*n*. ❶ U［美］咖啡 ❷ C 咖啡馆 ❸ C 小餐馆，饮食店，饭店 ❹ C 酒吧

caf·e·te·ria [ˌkæfɪˈtɪərɪə]（~s[-z]）*n*. C 自助餐馆，自助食堂

***cage** [keɪdʒ] **I**. *n*. C ❶笼，鸟笼；兽笼 ❷囚笼，牢房，战俘营 ❸（电梯）车厢，（矿井中的）升降车 ❹［美］棒球练习馆；（篮球的）球篮；（曲棍球的）球门 **II**.（~s['-ɪz]；caging）*vt*. 把…关入笼内，监禁；把（曲棍球等）击入球门

***cake** [keɪk] **I**. *n*. ❶ C 饼，烤饼：fish ~*s* 鱼肉饼 ❷ C U 糕，蛋糕：a piece of ~ 一块蛋糕/a fruit ~ 水果蛋糕 ❸ C 块，块状物：a ~

of soap 一块香皂 **II**.（~*d*[-t]；caking）*vt*. & *vi*.（使）结成块状，（使）凝固：Blood from the wound had ~*d* on his face. 伤口的血在他脸上凝固了。

ca·lam·i·ty [kəˈlæmɪtɪ]（calamities [-z]）*n*. U C 深重的苦难，灾难；灾祸

cal·cu·late [ˈkælkjʊleɪt]（~*d*[-ɪd]；calculating）*vt*. ❶计算，核算：I can ~ how much the new project will cost. 我能算出这项新工程要花多少钱。❷估计，预计；推断，推测，预测：I was ~*d* that the enemy reinforcements had arrived. 据推测，敌人的增援部队已经到达。❸计划，筹划；打算：His speech was ~*d* to stir up the crowd. 他的讲话是有意鼓动群众的。❹［美口］以为，认为，觉得；猜想：I ~ you are right. 我认为你是正确的。*vi*. ❶计算，核算；估计；预料 ❷依靠，依赖；指望：We can't ~ on having good weather for the barbecue. 我们不能指望着有好天气才去烧烤。

cal·cu·lat·ing [ˈkælkjʊleɪtɪŋ] *adj*. ❶精明的，专为自己打算的：a ~ businessman 精明的商人 ❷计算的：~ machine 计算机

cal·cu·la·tion [ˌkælkjʊˈleɪʃən]（~s[-z]）*n*. ❶ U C 计算；计算出的结果 ❷ U C 估计，计划，打算 ❸ U 深谋远虑，算计

cal·cu·la·tor [ˈkælkjʊleɪtə(r)]（~s[-z]）*n*. C ❶计算者 ❷计算器

cal·cu·lus [ˈkælkjʊləs]（~es [-ɪz] 或 calculi [ˈkælkjʊlaɪ]）*n*. ❶ C【医】结石 ❷ U【数】演算；微积分（学）

cal·en·dar [ˈkælɪndə(r)]（~s[-z]）*n*. C ❶历法，历书；日历，月历：Do you have next year's ~? 你有明年的日历吗？❷一览表；日程表

calf [kɑːf]（calves[kɑːvz]）*n*. ❶ C 小牛 ❷ C（象、鲸、鹿等的）幼仔 ❸ U 小牛皮

***call** [kɔːl] **I**.（~s[-z]）*vt*. ❶大声说（或读）出；喊叫，叫唤；宣告：He ~*ed* her name to

C

find out if she was home. 他大声叫她的名字，看她是否在家。❷召集（会议），召开；召唤：He's seriously ill；please ～ a doctor at once. 他病得厉害，请立即叫一位医生来。❸把…叫作，称呼，称之为：What's your dog ～ed? 你的狗叫什么名字？❹认为，以为，视为，把…说成：I～ his behaviour mean and selfish. 我认为他的行为卑鄙、自私。❺叫醒，唤醒：Please ～ me at 7 o'clock. 请在 7 点钟叫醒我。❻（[近]telephone）与…通电话，用电话告别；打电话给：What were you doing when I ～ed you on the telephone? 我给你打电话的时候，你在做什么？❼下令举行（罢工等），命令：～ a strike 下令举行罢工❽（裁判员）宣布停止（比赛），裁定：The umpire ～ed him out. 裁判员判他下场。❾（纸牌）叫牌 vi. ❶大声说，嚷，喊：She ～ed to her father for help. 她向父亲喊叫求救。❷（鸟、兽）鸣，叫，啼，吼❸访问，拜访：Has anybody ～ed? 有人来访吗？❹打电话：He promised to ～ at noon. 他答应中午打电话。❺（纸牌）叫牌 II. n. ⓒ ⓤ❶呼声，叫声；（鸟、兽的）鸣叫声；模仿鸟兽鸣叫声的装置（如哨子）❷召集，召唤：The Prime Minister is waiting for a ～ to the palace. 首相待召进宫。❸吸引力，诱惑力：the ～ of the sea 大海的吸引力❹必要，需要；理由：You have no ～ for more money. 你不需要更多的钱。❺（短暂的）访问，拜访：a friendly ～ 友好访问❻叫牌❼（运动等的）判定，裁决

cal·ler ['kɔːlə(r)]（～s[-z]）n. ⓒ❶呼唤者，鸣叫者❷打电话者❸来访者

cal·lig·ra·phy [kə'lɪɡrəfɪ] n. ⓤ❶墨宝❷书法，书写；笔迹

call·ing ['kɔːlɪŋ]（～s[-z]）n. ❶ⓤ ⓒ呼唤，召唤❷ⓒ职业，行业❸ⓤ ⓒ（神的）感召；（从事某种职业或活动的）强烈使命感：He believes it is his ～ to become a priest. 他认为当教士是自己的使命。

calm [kɑːm] I. n. ❶ⓤ无风，平静：the ～ of a summer evening 夏日夜晚的宁静❷安静，镇定 II. adj. ❶（[反]stormy）无风的，平静的；风平浪静的：～ weather 无风天气❷镇静的，沉着的，安稳的：It is important to keep ～ in an emergency. 在紧急情况下保持镇静是很重要的。 III. vt. & vi.（[反]arouse）（使）安静，（使）冷静，（使）镇定下来：Just ～ down a bit! 你先冷静一下！

cam·el ['kæməl]（～s[-z]）n ❶ⓒ【动】骆驼：an Arabian ～ 单峰骆驼❷ⓤ驼色，浅棕色

cam·e·ra ['kæmrə]（～s[-z]）n. ⓒ❶摄影机，照相机❷电视摄像机

cam·ou·flage ['kæməuflɑːʒ] I. n. ⓒ ⓤ 掩盖，掩饰；[喻]伪装手段，幌子：use the branches of trees as ～ 用树枝伪装 II.（～[-ɪz]；camouflaging）vt. 伪装，掩饰：The soldiers ～d themselves with leaves and branches. 士兵们用树枝和树叶把自己伪装起来。

camp [kæmp] I. n. ❶ⓤ ⓒ帐篷，野营地；营地：a summer ～ 夏令营/an army ～ 军营❷阵营，（志同道合的一群人的）集团：They belong to different political ～s. 他们属于不同的政治阵营。 II.（～ed[-t]）vt. 扎营；露营，露宿：Where shall we ～ tonight? 我们今晚在哪儿宿营？

cam·paign [kæm'peɪn] I.（～s[-z]）n. ⓒ❶战役❷（[近]movement）运动，竞选活动：a ～ to raise money for the needy 为贫苦人筹款的运动 II. vi. ❶参加运动；参加竞选活动，竞选：She spent her life ～ing for women's rights. 她毕生致力于女权运动。❷参战，参加战役，出征

cam·pus ['kæmpəs] I.（～es[-ɪz]）n. ❶ⓤ ⓒ校园，学校场地；大学校园：He lives on the ～. 他在学校里住。❷ⓒ[美]大学校区或其分校 II. adj. 校园的：～ life 校园生活

can[1] [强 kæn；弱 kən] v. aux.（过去式 could[强 kud，弱 kəd]）❶[表能力]会：She ～ speak English. 她会说英语。❷[表可能]能，能够：Can you be ready at seven o'clock tomorrow morning? 你能在明天早晨 7 点准备好吗？❸[表可能性]可能：Even experienced teachers ～ make mistakes. 即使是经验丰富的教师也可能会犯错。❹[表请求]能不能：Can you help me with this box? 你能帮我弄这个箱子吗？❺[表许可]允许，可以：Can I read your newspaper? 我能看看你的报纸吗？

can[2] [kæn] I.（～s[-z]）n. ⓒ❶（用金属制的）容器：a milk ～ 牛奶罐/a garbage ～ 垃圾箱❷[美]罐头食品；一罐，一满罐：He drank four ～s of beer. 他喝了 4 罐啤酒。 II.（canned；canning）vt. 罐装，把（食物等）装罐：canned fruit 罐装水果

Can·a·da ['kænədə] n. 加拿大（北美洲）

ca·nal [kə'næl]（～s[-z]）n. ⓒ❶运河；（引水灌溉用的）渠道：the Suez Canal 苏伊士运河❷【解】（食道、气管等的）管，道

can·cel ['kænsl]（～s[-z]；cancel(l)ed；cancel(l)ing）vt. ❶（[近]delete）（用线或记号）划去，划掉，删除（文字等）：Cancel that last sentence. 把最后一句删掉。❷把…作废，取消，撤销，使无效：The match had to be cancelled because of bad weather. 比赛因天气不好只得取消。❸【数】约去（约数）；消去（方程式或账目两面的相等部分）❹（用邮戳等）盖

C

销(邮票等) *vi.* 互相抵消力量：These arguments ~ out. 不同的争论势均力敌。

can·cel·la·tion [ˌkænsəˈleɪʃən] (~s[-z]) *n.* ❶ⓊⒸ删除；作废，取消；撤销：Her ~ of her trip to Paris upset our plan. 她取消了巴黎之行，打乱了我们的计划。❷Ⓒ删除的记号；(邮票等的)盖销记号

can·cer [ˈkænsə(r)] (~s[-z]) *n.* ❶ⓊⒸ【医】癌，癌症：lung ~肺癌/~ of the liver 肝癌❷ⓊⒸ(散播于社会上的)弊端，恶习：Violence is a ~ in our society. 暴力行为是我们社会的祸害。❸ [用 Cancer]【天】巨蟹(星)座

can·did [ˈkændɪd] *adj.* ❶公正的；正直的；诚实的，坦率的：a ~ opinion 直言❷快拍的；自然的；传真的：a ~ photograph 快拍摄影

can·di·date [ˈkændɪdɪt, ˈkændɪdeɪt] *n.* Ⓒ ❶([近]runner)候选人；候补者：a presidential ~总统候选人❷应试者；应征者：Most ~s passed in grammar. 大多数应试者的语法及格。

can·died [ˈkændɪd] *adj.* ❶糖的，糖制的；蜜饯的❷(语言)甜蜜的，谄媚的：~ words 甜言蜜语

can·dle [ˈkændl] (~s[-z]) *n.* Ⓒ蜡烛；烛形物：light a ~点蜡烛

can·dy [ˈkændɪ] I. (candies[-z]) *n.* ⒸⓊ❶砂糖结晶；冰糖❷糖果，蜜饯：The jar contains assorted candies. 这罐子里装了各式各样的糖果。II. *vt.* 糖煮，把…制成糖果(蜜饯)：candied fruits 果脯

cane [keɪn] I. *n.* ❶Ⓒ(某些植物，如竹、藤等长而有节的)茎❷Ⓒ(拷打用的)鞭棍，笞杖❸Ⓒ手杖，拐杖 ❹Ⓤ(用于编织椅子座面的)藤条，藤料，竹料 II. (~s[-z]；caning) *vt.* ❶用笞杖(或荆条等)打，鞭笞 ❷用竹(或藤等)编制

can·non [ˈkænən] I. *n.* Ⓒ❶大炮❷榴弹炮；(飞机上的)机关炮 II. *vi.* 炮轰，炮击

ca·noe [kəˈnuː] I. (~s[-z]) *n.* Ⓒ独木舟；皮舟 II. *vi.* 划(或乘)独木舟

can·on [ˈkænən] (~s[-z]) *n.* Ⓒ❶教会法，教规❷ [常用复数]准则，原则；(批评、判断的)标准，尺度：This film offends against all the ~s of good taste. 这部影片违反了审美的一切准则。❸教会所认定的经典圣经；(某作家的)真作：the Shakespeare ~莎士比亚真本 ❹弥撒典文 ❺天主教公认的圣徒名单 ❻【音】轮唱法，轮唱曲

can·teen [kænˈtiːn] (~s[-z]) *n.* Ⓒ❶军人服务社；(工厂、办事处、学校等的)餐厅，小卖部❷(随身携带的)小壶，军用水壶 ❸(军用)

炊具箱，餐具箱；饭盒

can·vas [ˈkænvəs] (~es[-ɪz]) *n.* ❶Ⓤ(用作帐篷、风帆的)粗帆布❷Ⓒ油画布；油画：Turner's ~es 特纳的油画

cap [kæp] I. *n.* Ⓒ❶(无帽边或前有帽舌的)帽子：put on a ~戴帽❷帽状物；盖(子)套(子)，罩：Take off the lens ~. 打开(照相机)镜头的盖子。❸(玩具枪的)火药帽 II. (capped[-t]；capping) *vt.* ❶给…戴帽；(在顶或端上)覆以，盖上，覆盖：mountains capped with snow 被雪覆盖着的山峰❷胜过，优于

ca·pa·bil·i·ty [ˌkeɪpəˈbɪlɪtɪ] (capabilities[-z]) *n.* ❶ⓊⒸ(实际)能力，才能；本领，手腕；接受力：You have the ~ of doing this job well. 你有能力把这件工作做好。❷Ⓒ [常用复数]潜在的能力，可发展的能力：He has great capabilities as a writer. 他极具作家潜质。

ca·pa·ble [ˈkeɪpəbl] *adj.* ([反]incapable)有能力的，有才能的，有技能的：a very ~ woman 很能干的女子

ca·pac·i·ty [kəˈpæsɪtɪ] (capacities[-z]) *n.* ❶Ⓤ容纳能力；容量，含量；容积，体积：a hall with a seating ~ of 1,500 1,500 个座位的大厅❷ⓊⒸ能力，才能，才智 ❸Ⓤ生产(能力)；能量；(最高)生产率：The production ~ of the plant has expanding. 这个工厂的生产能力不断扩大。❹Ⓒ职位；地位，身份；资格：act in one's ~ as a police officer 以警察的身份行事

cape[1] [keɪp] *n.* Ⓒ披肩，短斗篷

cape[2] [keɪp] *n.* Ⓒ岬(角)，海角

ca·per [ˈkeɪpə(r)] I. (~s[-z]；capering[-rɪŋ]) *vi.* 跳跃，蹦蹦跳跳：lambs ~ing in the fields 在田野上蹦蹦跳跳的小羊羔 II. *n.* Ⓒ ❶雀跃，嬉戏，戏弄，玩笑，把戏：What's your little ~? 你搞什么名堂？

ca·pil·la·ry [kəˈpɪlərɪ] I. *adj.* ❶毛状的，毛细的❷有孔的，毛细管的 II. (capillaries[-z]) *n.* Ⓒ❶毛细管❷【医】微血管，毛细血管

cap·i·tal[1] [ˈkæpɪtl] I. *adj.* ❶死刑的：a ~ crime 死罪❷(最)重要的，主要的，首要的：Language is a ~ instrument in communication. 语言是交流的重要工具。❸大写字母的 ❹ [口]第一流的，上等的：What a ~ idea！真是一个好主意！ II. (~s[-z]) *n.* ❶Ⓒ大写字母❷Ⓒ首都；首府，省会：Beijing is the ~ of China. 北京是中国的首都。❸Ⓤ资金，资本，本钱：fixed~固定资本/~ and interest 本金和利息 ❹Ⓤ [常用 Capital] [集合

C

用法]资本家,资方;～ and labour 资方与劳方

cap·i·tal² [ˈkæpɪtl] n.ⓒ【建】(建筑)柱顶,柱头

cap·i·tal·ism [ˈkæpɪtəlɪzəm] Ⅰ.n.Ⓤ资本主义,资本主义制度Ⅱ.[无比较等级]adj.资本主义(者)的,资本家的;赞成(或实行)资本主义的

cap·i·tal·ize, -ise [ˈkæpɪtəlaɪz] (～s[-ɪz];capitalizing) vt.❶使作资本用;把…转化为资本;使资本化❷出资于,投资于❸用大写字母书写(或印刷)vi.利用(on,upon)

cap·i·ta·tion [ˌkæpɪˈteɪʃən] n.Ⓤ人头税;按人收费,按人计算

ca·price [kəˈpriːs] (～s[-ɪz]) n.ⒸⓊ反复无常;任性,异想天开

ca·pri·cious [kəˈprɪʃəs] adj.多变的,变幻莫测的;任性的

cap·sule [ˈkæpsjuːl] (～s[-z]) n.Ⓒ❶【医】胶囊❷【空】航天舱;太空舱❸【解】被囊,荚膜❹【植】蒴果

cap·tain [ˈkæptɪn] Ⅰ.(～s[-z]) n.Ⓒ❶陆军(或空军)上尉;海军上校❷船长,舰长;(民航机的)机长❸(体育方面的)队长:He is the ～ of the football team. 他是足球队队长。Ⅱ.vt.做…的首领,领导,指挥

cap·tion [ˈkæpʃən] Ⅰ.(～s[-z]) n.Ⓒ❶(新闻报道、文章等的)标题,题目❷(插图、照片上的)说明文字❸(电影的)翻译字幕Ⅱ.vt.在(电影)上加字幕

cap·ti·vate [ˈkæptɪveɪt] (～d[-ɪd];captivating) vt.迷住,强烈地感染,吸引;使神魂颠倒:He was ～d by her beauty. 他被她的美色迷住了。

cap·tive [ˈkæptɪv] Ⅰ.(～s[-z]) n.Ⓒ❶([近]prisoner)俘虏,战俘❷(被美色或爱情)迷住的人,着迷的人Ⅱ.[无比较等级]adj.❶被俘虏的;被奴役的:a ～ nation 被奴役的民族❷被迷住的,着了迷的

cap·tiv·i·ty [kæpˈtɪvɪtɪ] n.Ⓤ被俘,关押,监禁:He was held in ～ for three years. 他被囚禁了3年。

cap·ture [ˈkæptʃə(r)] Ⅰ.(～s[-z]) n.❶Ⓤ捕获,捕捉,俘获:the ～ of a thief 捕捉窃贼❷Ⓒ获得的奖品、战利品;被俘的人Ⅱ.(～s[-z];capturing[-rɪŋ]) vt.❶([近]arrest)捕获,俘获;夺取,占领:～ an escaped convict 捉拿逃犯❷捕捉(易逝的无形之物):～ a baby's smile in a photograph 拍摄到婴儿的微笑❸赢得,引起(注意)

car [kɑː(r)] (～s[-z]) n.Ⓒ❶车,汽车;自动车,小客车:We're going by ～. 我们开车去。❷(市内)有轨电车❸[美]电梯;(火车)车厢❹(气球、飞艇的)吊舱,吊篮,悬艇

car·a·mel [ˈkærəmel] (～s[-z]) n.ⓊⒸ❶加味(或着色用)的焦糖❷酱色,淡褐色

car·a·van [ˈkærəvæn] (～s[-z]) n.Ⓒ❶沙漠旅行队,(尤指)沙漠商队❷结队成列的车马❸[英](可用马或汽车拖曳的)活动房屋

car·bon [ˈkɑːbən] n.❶Ⓤ【化】碳(元素符号C)❷Ⓒ复写纸❸Ⓒ复写的副本

card¹ [kɑːd] (～s[-z]) n.Ⓒ❶纸牌;扑克牌:a deck of ～s 一副纸牌❷卡片;请帖,贺卡;名片:a membership ～会员证/a credit ～信用卡/a Christmas ～ 圣诞卡❸(运动会等的)比赛节目单❹[口]诙谐的怪人,丑角

card² [kɑːd] Ⅰ.n.Ⓒ钢丝刷;梳棉机Ⅱ.(～s[-z];～ed[-ɪd]) vt.梳理(毛、棉等),刷

card·board [ˈkɑːdbɔːd] Ⅰ.n.ⓊⒸ卡片,卡纸;薄纸板Ⅱ.adj.❶纸板的,卡纸的❷不真实的,虚假的

car·di·ac [ˈkɑːdɪæk] Ⅰ.adj.心脏的;心脏病的:～ muscles 心肌Ⅱ.n.Ⓒ强心剂

car·di·nal [ˈkɑːdɪnl] Ⅰ.[无比较等级]adj.❶主要的,首要的,基本的;中枢的:The ～ value of your plan is that it is creative. 你的计划最主要的价值在于有创意。❷深红色的Ⅱ.n.❶Ⓤ深红色,鲜红色❷Ⓒ一种女士短外套❸Ⓒ基数❹Ⓒ(北美)红雀

care [keə(r)] Ⅰ.(～s[-z]) n.❶Ⓤ([近]trouble)烦恼,忧虑:free from ～ 无忧无虑❷Ⓒ[常用复数]烦恼、忧虑的缘故,操心的事:not have a ～ in the world 无尘世之忧❸([近]attention)Ⓤ注意,当心,小心,谨慎:Care is needed when crossing the road. 过马路时要小心。❹Ⓤ关怀,关心;爱护:a mother's ～ for her children 母亲对孩子的关怀❺Ⓤ看护,照管,照顾,管理,监护:He's old enough to take ～ of himself. 他长大了,能照顾自己了。❻Ⓒ责任;关心的事Ⅱ.(caring[-rɪŋ]) vi.❶介意,在乎,计较:He failed the examination,but he didn't seem to ～. 他考试不及格,但似乎并不在乎。❷关心,关怀;担心:All she ～s about is her social life. 她所关心的只是她的社交活动。vt.❶([近]mind)关怀;介意,计较:I don't ～ what he'll say. 我不在乎他说什么。❷想要,希望,欲望:Would you ～ to go for a walk? 你愿意散步吗?

ca·reer [kəˈrɪə(r)] Ⅰ.(～s[-z]) n.Ⓒ❶生涯,经历,履历:a ～ in politics 政治生涯❷([近]occupation,employment)职业,专业;(毕生的)事业Ⅱ.[无比较等级]adj.职业性的:a ～ writer 职业作家Ⅲ.vi.猛冲,飞奔,

急驶：～*ing* down the road on a bicycle 骑着自行车沿路飞奔而去

care·ful ['keəful] *adj*. ❶周到的，精心的；缜密的，精确的：a ～ worker 一丝不苟的工作者 ❷（［反］careless）仔细的，谨慎的，小心的，审慎的：Be ～ not to hurt her feelings. 当心别伤了她的感情。

care·less ['keəlıs] *adj*. ❶疏忽的，掉以轻心的；粗心的，草率的：a ～ worker 粗心大意的工作者 ❷不负责任的，不关心的，漫不经心的，不介意的

ca·ress [kə'res] Ⅰ. (～es [-ız]；～ed [-t]) *vt*. 抚爱，抚摸：She ～ed his hand. 她抚摸他的手。Ⅱ. (～es [-ız]) *n*. ⓒ爱抚，亲吻，拥抱；抚摸

car·go ['kɑ:gəʊ] (～es 或～s [-z]) *n*. ⓤⓒ船货，（船、飞机、卡车等运输的）货物

car·na·tion [kɑ:'neıʃən] (～s [-z]) *n*. ❶ⓒ荷兰石竹；康乃馨 ❷ⓤ淡红色；肉色

car·ol ['kærəl] Ⅰ. (～s [-z]) *n*. ⓒ欢乐之歌，颂歌 Ⅱ. (carol(l)ed；carol(l)ing) *vi*. ❶欢唱 ❷唱颂歌

car·pen·ter ['kɑ:pıntə(r)] (～s [-z]) *n*. ⓒ木匠，木工

car·pen·try ['kɑ:pıntrı] *n*. ⓤ❶木工，木匠业 ❷木器

car·pet ['kɑ:pıt] Ⅰ. *n*. ⓒ❶地毯，毡毯；lay a ～ 铺地毯 ❷似地毯的覆盖物；一片：a ～ of snow 一片白雪 Ⅱ. (～ed [-ıd]) *vt*. 在…铺上地毯；(地毯似的)铺盖：a lawn ～ed with fallen leaves 被落叶覆盖着的草坪

car·riage ['kærıdʒ] (～s [-ız]) *n*. ❶ⓤ运输，运送，搬运；运费：～ free 运费免付 ❷ⓤⓒ仪态，举止 ❸ⓒ四轮马车；婴儿车 ❹ⓒ[英](火车的)客车车厢 ❺ⓒ车架，炮架；机器的滑动部分；(打字机的)滑动架

car·rier ['kærıə(r)] (～s [-z]) *n*. ⓒ❶运送人，送信者；使者；搬运工人 ❷从事客货运输的人(或机构) ❸载重车，车架，置物架 ❹运载工具；航空母舰 ❺(传染病的)带菌者；媒介物

car·rot ['kærət] *n*. ⓒⓤ【植】胡萝卜

car·ry ['kærı] Ⅰ. (carries [-z]；carried) *vt*. ❶搬运，运载；手提，肩挑：On her arm she carried a basket. 她手臂上挽着一个篮子。❷传送，传播：Metals ～ heat. 金属传热。❸担负，负担；支撑，支持：These pillars ～ the weight of the roof. 这些柱子支撑着屋顶的重量。❹具有，带有；含有：This word now carries with some certain special connotation. 这个词现在带有某种特殊的含义。❺(随身)携带，佩戴，戴着；把…带到：I never ～ much

money about me. 我身上从来不带很多钱。❻使(自己)保持某种姿态：He carried his head proudly. 他傲慢地昂着头。❼(报纸)刊登；(无线电)广播；(电视)播映 ❽攻克，攻占(堡垒等) ❾赢得支持，使获得赞成(或通过)；获得(大多数选票)：His motion has been carried. 他的提议已经通过了。❿有(某种商品)出售，备办(货物)；经营 *vi*. ❶携带：This suitcase carries easily. 这衣箱便于携带。❷(火箭、枪炮、声音等)能射及，能传到：The noise of the plane carried many miles. 飞机的声音传到很远的地方去了。Ⅱ. (carries [-z]) *n*. ⓒ❶(枪炮、火箭等的)射程；(高尔夫球的)击出距离 ❷运输，运载；携带(的方法)

cart [kɑ:t] Ⅰ. *n*. ⓒ❶二轮运货马(或牛)车 ❷手推车，手拉车 Ⅱ. (～ed [-ıd]) *vt*. 用车运送，运输 *vi*. 驾驶运货马车；强制带走

car·ton ['kɑ:tn] (～s [-z]) *n*. ⓒ纸板箱，纸板盒；盒形容器：a ～ of cigarettes 一条香烟

car·toon [kɑ:'tu:n] (～s [-z]) *n*. ⓒ❶(报刊上的)政治性漫画，讽刺画 ❷草图，底图 ❸连环画 ❹卡通电影，卡通

car·tridge ['kɑ:trıdʒ] (～s [-ız]) *n*. ⓒ❶【军】弹药筒；子弹，枪弹 ❷(唱机的)唱头，(拾音器的)心座 ❸(照相)软片卷筒暗盒，插入式片盒；钢笔囊

carve [kɑ:v] (～s [-z]；carving) *vt*. ❶雕刻：The statue was ～d of stone. 这座像是用石头雕刻的。❷开创，创造：～ a career 创业 ❸切开，切；将…切成碎片：Please ～ me another slice. 请再给我切一片。 *vi*. ❶雕像，刻图像 ❷切肉

cas·cade [kæs'keıd] Ⅰ. (～s [-z]) *n*. ⓒ❶小瀑布 ❷瀑布状物：a ～ of blonde hair 金发垂鬓 Ⅱ. *vi*. & *vt*. (使)瀑布似地落下

*case*¹ [keıs] (～s [-ız]) *n*. ❶ⓒ例子，举例：Could you give us a concrete ～? 能不能给我们举个具体事例? ❷ⓒ病症，病例，病人：a ～ history 病历/an incurable ～ 不治之症 ❸ⓒ案件，案情，诉讼，判例：a ～ of murder 谋杀案 ❹ⓒ令人信服的论据(或证据)；(言行的)正当理由：You have a very strong ～. 你的论据很有力。❺ⓒⓤ[常用 the ～]实情，真相，事实：If that is the ～, you will have to work much harder. 果真如此，你就得更加努力了。❻ⓤ【语】格

case² [keıs] Ⅰ. (～s [-ız]) *n*. ⓒ❶箱，盒；柜子；套，罩：Exhibits in museums are often displayed in glass ～s. 博物馆中的展品常摆在玻璃橱里。❷一满箱，一满盒：a ～ of beer 一箱啤酒 ❸框子，框架(如窗框、门框等) ❹(印刷用的)字盘，活字分格盘 Ⅱ. (～d [-t]；

casing) *vt*. 把…装入箱(或盒等)内

cash [kæʃ] **I**. *n*. Ⓤ现金,现款;钞票,硬币:pay ～付现金 **II**. (～es ['-ɪz];～ed[-t]) *vt*. 把…兑现,支现,付现金:～ a cheque 把支票兑现

cash·ier¹ [kæˈʃɪə] (～s[-z]) *n*. Ⓒ 出纳员,收银员

cash·ier² [kæˈʃɪə] (～s[-z];～ing[-rɪŋ]) *vt*. ❶撤职,革职,解雇 ❷废除,抛弃

cas·ket ['kɑːskɪt] *n*. Ⓒ ❶(贮藏珠宝的)小匣子,首饰盒 ❷[美]棺材,灵柩;骨灰盒

cas·sette [kæˈset,kə-] *n*. Ⓒ ❶【摄】(照相软片的)暗盒 ❷盒式磁带;盒式录像带;盒式照相胶片 ❸【空】弹夹

***cast** [kɑːst] **I**. (cast) *vt*. ❶投,掷,抛;扔;丢;撒:～ an anchor 抛锚/～ dice 掷骰子 ❷投向,把(注意力等)转向;投射(光、影、视线等):He ～ a furtive glance at her. 他偷偷瞥了她一眼。 ❸投(票):Negative votes were ～ by some countries. 有些国家投了反对票。 ❹抛弃,摆脱;蜕皮,脱落:Snakes ～ their skins. 蛇能蜕皮。 ❺合计,计算(账、金额等) ❻铸造,铸成:a statue ～ in bronze 青铜铸成的像 ❼为(戏剧或电影)选派演员,为(角色)选派演员 *vi*. 投,抛;垂钓;铸造:This is a good place to ～. 这是个垂钓的好地方。 **II**. *n*. ❶Ⓒ一掷,一瞥;投程,射程 ❷Ⓒ铸件,(铜或石膏)铸像;(敷在断肢上的)管型石膏夹:His leg was in a plaster ～. 他的腿上了石膏。 ❸Ⓒ(戏剧、电影等的)演员表;演员的阵容 ❹ⓊⒸ表情,外表;特征,类型;气质

***cas·tle** ['kɑːsl] **I**. *n*. Ⓒ ❶城堡:a medieval ～ 中世纪的城堡 ❷(国际象棋的)车 **II**. *vt*. 筑城堡防御

cas·u·al ['kæʒʊəl] **I**. *adj*. ❶([反]deliberate,planned)偶然的,碰巧的:a ～ meeting 不期而遇 ❷不定期的,临时的:a ～ labourer 临时工 ❸漫不经心的,草率的:a ～ inspection 草率的检查 ❹非正式的,随便的,不拘礼的:～ wear 便装 **II**. *n*. Ⓒ ❶临时工 ❷[用作复数]便鞋,便服

cas·u·al·ty ['kæʒʊəltɪ] (casualties [-z]) *n*. Ⓒ ❶意外事故,事故;灾害 ❷[常用复数](作战)伤亡人员;(事故中的)死难者,受害者:Heavy *casualties* were reported in the fighting. 据报道,战斗中伤亡惨重。

***cat** [kæt] *n*. Ⓒ ❶猫科动物;猫:She keeps two ～s. 她养了两只猫。 ❷心地恶毒的女人

cat·a·log(ue) ['kætəlɒg] **I**. (～s[-z]) *n*. Ⓒ ❶目录,货物价目表:a library ～ 图书目录 ❷[美]学校课程一览表,(大学)行事一览

表 **II**. (catalog(u)ed;catalog(u)ing) *vt*. 把…编入目录,编…的目录

cat·a·lyst ['kætəlɪst] *n*. ⒸⓊ【化】催化剂

cat·a·ract ['kætərækt] *n*. Ⓒ ❶大瀑布 ❷洪水,急流,大雨 ❸【医】白内障

***ca·tch** [kætʃ] **I**. (～es ['-ɪz];caught [kɔːt]) *vt*. ❶抓住,逮捕;捕获:The policeman has *caught* the murderer alive. 警察已将凶手生擒。 ❷偶然撞见,觉察:He was *caught* in a lie. 他说谎时被当场识破。 ❸突然打中,击中:The stone *caught* him on the side of the head. 那块石头击中了他头部的侧面。 ❹(及时)赶上,赶到:I *caught* the last bus home last night. 昨晚我赶了末班车回家。 ❺引起(注意);迷住,吸引住:She was *caught* by his smile and good nature. 她被他的微笑和温文尔雅迷住了。 ❻感染上(疾病),患病;感受;着(火):～ pneumonia 染上肺炎/Paper ～es fire easily. 纸容易着火。 ❼领会,领悟;听到:I don't ～ your meaning. 我不明白你的意思。 ❽挂住,钩住,绊着:I *caught* my dress on a nail. 我的衣服被钉子挂住了。 *vi*. ❶(被)抓住;(被)钩住;接住:His kite *caught* in a tree. 他的风筝挂在树上了。 ❷着火,燃着,点着 ❸锁住:The lock won't ～. 这锁锁不上了。 ❹(棒球)当接手 **II**. (～es [-ɪz])Ⓒ ❶抓,抓捕,捕获;接住;捕获物;捕获量 ❷值得追求的人,宜于婚配的对象 ❸圈套,诡计;隐藏的难题:There is a ～ to that question. 那句问话中有诈。

catch·ing ['kætʃɪŋ] *adj*. ❶有传染性的;感染性的 ❷有吸引力的,迷人的

catch·y ['kætʃɪ] (catchier;catchiest) *adj*. ❶吸引人的,引人注意的 ❷(曲调等)易记忆的 ❸狡诈的,使人上当的

cat·e·go·ry ['kætɪgərɪ] (categories [-z]) *n*. Ⓒ ❶种类,部属,类别 ❷(哲学的)范畴;类型

ca·ter ['keɪtə] (～s[-z];～ing[-rɪŋ]) *vi*. ❶供应伙食,备办(宴席):～ for a party 为聚会备办食物 ❷满足;迎合,投合:TV must ～ for many different tastes. 电视节目必须迎合各种人的爱好。 *vt*. 为(宴会、婚礼等)承办酒席

cat·er·pil·lar ['kætəpɪlə(r)] (～s[-z]) *n*. Ⓒ ❶毛毛虫(蝴蝶或蛾的幼虫) ❷履带式拖拉机

ca·the·dral [kəˈθiːdrəl] **I**. (～s[-z]) *n*. Ⓒ 主教堂,(尤指)大教堂 **II**. *adj*. 大教堂的

cath·ode ['kæθəʊd] *n*. Ⓒ【电】阴极、负极

cath·o·lic ['kæθəlɪk] **I**. *adj*. ❶普遍的,广泛的:have ～ tastes 有广泛的爱好 ❷[C-]

C

天主教的，罗马天主教的：a ～ priest 天主教教士Ⅱ．［C-］n．ⓒ天主教徒，罗马天主教徒

cat·tle [ˈkætl] n．［集合用法］家畜；牲畜；牛：a herd of ～一群牛

caught [kɔːt] catch 的过去式和过去分词

caus·al [ˈkɔːzl] ［无比较等级］adj．❶原因的；构成原因的；因果关系的❷【语】表示原因（或理由）的：a ～ conjunction 表示原因的连词

caus·a·tive [ˈkɔːzətɪv] Ⅰ．adj．❶产生（或引起）结果的，引起…的❷【语】使役的：a ～ verb 使役动词Ⅱ．n．ⓒ【语】使役动词

cause [kɔːz] Ⅰ．n．❶（［反］effect）ⓒⓤ原因，起因：Police are investigating the ～ of the explosion．警方正在调查爆炸的原因。❷（［近］reason）ⓤ理由，缘故，根据：You have no ～ for complaint．你没有理由抱怨。❸ⓒ事业，（奋斗的）目标：Her life was devoted to the ～ of justice．她为正义事业而献身。❹ⓒ【律】诉讼（案件），诉因Ⅱ．（～s［ˈ-ɪz］；causing）vt．招致，导致，引起：Smoking can ～ lung cancer．吸烟可致肺癌。

cau·tion [ˈkɔːʃən] Ⅰ．（～s［-z]）n．❶ⓒⓤ警告，告诫，劝告：The policeman gave him a ～ for speeding．他因超速行车而受到警察的警告。❷（［反］carelessness）ⓤ小心，谨慎：Proceed with ～．小心行事。❸ⓒ［口］引人注目的人（或物）Ⅱ．vt．（［近］warn）劝…谨慎小心；警告，告诫：He ～ed me for trespassing．他警告我闯入禁区。

cau·tious [ˈkɔːʃəs] （［近]careful，attentive）adj．细心的，谨小慎微的，慎重的：a ～ driver 谨慎的司机

cav·al·ry [ˈkævəlrɪ] n．［单复同］［集合用法］骑兵；装甲部队：a ～ officer 装甲兵军官

cave [keɪv] Ⅰ．（～s［-z]）n．ⓒ❶洞穴，窑洞❷地窖Ⅱ．（～d；caving）vt．❶挖空；在…挖（窖）洞❷使陷了，使倒坍，使崩溃vi．陷下，倒坍

cav·ern [ˈkævən] Ⅰ．（～s［-z]）n．ⓒ洞穴；（尤指）大洞穴，大山洞Ⅱ．vt．置于…山洞中；挖空（out）

cav·i·ty [ˈkævɪtɪ] （cavities［-z]）n．ⓒ❶洞，穴；凹处❷【解】腔：the mouth ～ 口腔❸牙腔，蛀牙的洞

cease [siːs] Ⅰ．（～s［ˈ-ɪz］；～d[-t]；ceasing）vt．& vi．结束，停止；中止，中断：The paper ～d publication．该报停止出版。Ⅱ．n．ⓤ停息；终止

cease·less [ˈsiːslɪs] adj．不停的，不断的，无休止的：His ～ chatter began to annoy me．

他不停唠叨使我厌烦起来。

ceil·ing [ˈsiːlɪŋ] （～s［-z]）n．ⓒ❶天花板，顶棚❷（政府规定的价格、工资等的）最高限度：The government has set a wages and prices ～ of 10%．政府规定工资和物价提高的最高限度为10%。❸【空】云底高度，云幕高度；（飞机的）最大飞行高度

cel·e·brate [ˈselɪbreɪt] （～d[-ɪd]；celebrating）vt．❶歌颂，赞美：People ～d his heroic deeds in songs．人们用歌曲来赞颂他的英雄事迹。❷庆贺，欢庆：庆祝圣诞节vi．（以欢庆活动）纪念，庆祝（节日、周年等）：When the war ended，the whole country ～d．当战争结束时，普天同庆。

cel·e·bra·tion [ˌselɪˈbreɪʃən] （～s［-z]）n．❶ⓤ庆祝，纪念：a day of ～ 庆祝日❷ⓒ（庆祝的）典礼（或仪式），庆祝会

ce·leb·ri·ty [sɪˈlebrɪtɪ] （celebrities［-z]）n．❶ⓤ名声，名望，声誉❷ⓒ著名人士，名人，知名人士：celebrities of screen 影视界名人

cel·e·ry [ˈselərɪ] n．ⓤ【植】芹菜

ce·les·tial [sɪˈlestjəl] ［无比较等级］adj．❶天的；天空的：a ～ body 天体❷天国的，神圣的

cell [sel] （～s［-z]）n．ⓒ❶女修道院的密室；单人牢房❷（蜂房的）巢室❸（团体、党派或政治运动的）基层组织❹【生】细胞❺【电】电池

cel·lar [ˈselə(r)] Ⅰ．（～s［-z]）n．ⓒ❶地窖，地下室；酒窖❷（酒窖的）藏酒量Ⅱ．vt．把…藏入地窖

cel·lu·loid [ˈseljʊˌlɔɪd] Ⅰ．n．ⓤ【化】赛璐珞❷［美］电影；电影胶片Ⅱ．adj．细胞状的

ce·ment [sɪˈment] Ⅰ．n．ⓤ❶水泥❷胶合剂；结合物，结合剂❸（牙科等用的）黏固粉Ⅱ．（～ed[-ɪd]）vt．❶（用水泥）黏合，以水泥接合：He ～ed the bricks into place．他用水泥砌砖。❷加强，巩固；凝成：～ a friendship 加强友谊vi．粘牢

cem·e·ter·y [ˈsemɪtrɪ] （cemeteries［-z]）n．ⓒ公墓，墓地

cen·sor [ˈsensə(r)] Ⅰ．（～s［-z]）n．❶ⓒ（古罗马负责调查人口、检查公共道德的）监察官❷ⓒ（新闻、出版物、电影等的）审查员❸ⓤ潜意识的压抑作用Ⅱ．vt．使（新闻、出版物、电视等）受到审查：the ～d version of a film 经过检查的电影版本

cen·sure [ˈsenʃə(r)] Ⅰ．n．ⓤⓒ责难，指责，谴责Ⅱ．（～s［-z]；censuring）vt．谴责，指责：He was ～d by the manager．他受到经

理的责备。

census ['sensəs] (~es [-ɪz]) *n*. ⓒ人口普查，人口调查 *vt*. 统计…的人口数字

*__cent__ [sent] *n*. ⓒ ❶(美国、加拿大等国的货币单位)分，分币 ❷百：twenty per ~ 百分之二十

cent. [缩] ❶centigrade 摄氏的 ❷centimetre 厘米 ❸century 世纪 ❹central 中心的

cen·te·na·ry [sen'ti:nərɪ] = centennial

cen·ten·ni·al [sen'tenɪəl] Ⅰ. (~s [-z]) *n*. ⓒ百年纪念；一世纪，一百周年 Ⅱ. *adj*. 一百年的，百年纪念的；每百年一次的

cen·ti·grade ['sentɪgreɪd] [无比较等级] *adj*. 百分度的；摄氏的：a ~ thermometer 摄氏温度计

cen·ti·gram(me) ['sentɪgræm] (~s[-z]) *n*. ⓒ厘克(= 1/100 克, 略作 cg.)

cen·ti·li·tre, -li·ter ['sentɪˌliːtə(r)] (~s[-z]) *n*. ⓒ厘升(= 1/100 升, 略作 cl.)

cen·ti·me·tre，-me·ter ['sentɪˌmiːtə(r)] *n*. ⓒ厘米(= 1/100 米, 略作 cm.)

*__cen·tral__ ['sentrəl] Ⅰ. [无比较等级] *adj*. ❶中心的，中央的，中枢的：Our house is very ~. 我们的房子就在市中心。❷重要的，核心的，枢纽的：the ~ point of an argument 争论的焦点 Ⅱ. (~s [-z]) *n*. ⓒ[美]电话总机；电话接线员

cen·tral·ism ['sentrəlɪzəm] *n*. ⓤ中央集权主义，中央集权制

cen·tral·ize, -ise ['sentrəlaɪz] (~s[-ɪz]; centralizing) *vt*. & *vi*. ❶(使)成为…的中心，(使)聚集于中心 ❷把(权力等)集中于中央组织；实行中央集权制：a highly ~d system of government 一个高度中央集权的政府体制

*__cen·tre，cen·ter__ ['sentə(r)] Ⅰ. (~s [-z]) *n*. ⓒ ⓤ ❶中心，中心点；中央，中枢：a town ~ 市中心 ❷中心区：a shopping ~ 购物中心 ❸使人感兴趣的集中点：Children will be the ~ of attention. 儿童将成为引人注意的集中点。❹(足球、曲棍球等的)中锋 ❺[常用 the Centre](政治的)中间派 Ⅱ. (~s [-z]；~ing[-rɪŋ]) *vt*. ❶把…放在中部，把…置于中心：She ~ed the vase on the table. 她把花瓶放在桌子中央。❷使聚集于一点，集中：The meeting ~ed discussion on the new teaching method. 会议集中讨论了这种新的教学方法。❸传(球)给中锋，传中 *vi*. 集中：Most of the trade between the two countries ~ed at this port. 两国间的贸易大部分集中在这个港口进行。

*__cen·tu·ry__ ['sentʃʊrɪ] (centuries [-z]) *n*. ⓒ ❶百年；世纪：the 21st ~ 21 世纪 ❷一百，百个

ce·ram·ic [sɪ'ræmɪk] [无比较等级] *adj*. ❶陶器的，陶瓷的 ❷制陶术的；陶器学的

ce·re·al ['sɪərɪəl] Ⅰ. (~s[-z]) *n*. ❶ⓒ[常用复数]谷类；谷类植物 ❷ⓤⓒ由谷类制成的食物 Ⅱ. *adj*. 谷类的；谷类植物的

cer·e·mo·ni·al [ˌserɪ'məunɪəl] Ⅰ. *adj*. 典礼的，仪式的，礼仪的；正式的：~ dress 礼服/ a ~ occasion 正式场合 Ⅱ. (~s[-z]) *n*. ⓤⓒ典礼，仪式；礼节，礼仪：performed with due ~ 按照适当礼仪进行

cer·e·mo·ni·ous [ˌserɪ'məunɪəs] *adj*. 礼仪的，正式的；讲究礼节的

cer·e·mo·ny ['serɪmənɪ] (ceremonies [-z]) *n*. ❶ⓒ典礼，仪式：a wedding ~ 结婚典礼 ❷ⓤ礼节，礼仪：There's no need for ~ between friends. 朋友之间不必拘礼。

*__cer·tain__ ['sɜːtn] Ⅰ. *adj*. ❶确定的，必定的；有把握的，确信的：It is ~ that he will agree. 他肯定会同意。❷可靠的，可信赖的：~ evidence 可靠的证据 ❸某，某一，某种：For ~ reasons, I will be unable to attend the meeting. 因为某种原因，我不能出席这次会议。❹一定程度上的，一些：There was a ~ coldness in her attitude towards me. 她对我的态度有点儿冷淡。Ⅱ. *pron*. 某些，某几个：Certain of those present had had too much to drink. 有些出席的人喝得太多了。

*__cer·tain·ly__ ['sɜːtnlɪ] *adv*. ❶无疑地，确定地；必定：He will ~ die if you don't call a doctor. 如果你不请大夫来，他就要死了。❷[口]当然，当然可以："May I borrow your pen for a moment?" "Certainly." "我可以借用一下你的钢笔吗？" "当然可以。"

cer·tain·ty ['sɜːtntɪ] (certainties [-z]) *n*. ❶ⓤ可靠性，确信 ❷ⓒ必然的事，确定的事

cer·tif·i·cate [sə'tɪfɪkɪt] *n*. ⓒ ❶证(明)书：a birth ~ 出生证明书 ❷执照：teacher's ~ 教师资格证书 ❸(中、小学)毕业证书，文凭

cer·tif·i·ca·tion [ˌsɜːtɪfɪ'keɪʃən] *n*. ❶ⓤ证明 ❷ⓒ证明书，保证书

cer·ti·fy ['sɜːtɪfaɪ] (certifies[-z]；certified) *vt*. 证明，证实；确证：He certified it was his wife's handwriting. 他证明那是他妻子的笔迹。*vi*. (对…)给予证明：The accused has been certified to be insane. 被告有书面证明为精神失常。

chaff¹ [tʃɑːf] *n*. ⓤⓒ ❶谷壳，糠 ❷(切碎的)秸秆，干草 ❸废物；无价值的东西

chaff² [tʃɑːf] Ⅰ. *n*. ⓤ(无恶意的)开玩笑，

戏弄 Ⅱ.(~ed[-t])*vt*. & *vi*. 戏弄,取笑,打趣;开玩笑:They ~*ed* him about his love-life. 他们拿他的爱情生活开玩笑。

***chain** [tʃeɪn] Ⅰ.(~s[-z])*n*. Ⓒ Ⓤ ❶链,链条:a length of ~ 一截链条 ❷([近]bondage)[常用复数]镣铐,枷锁;束缚:the ~*s* of poverty 贫困的桎梏 ❸一连串,一系列;连锁;山系:a ~ of circumstances 一系列的情况/ a ~ of mountains 连绵的山 ❹连锁商店(或餐馆):a supermarket ~ 连锁超市 Ⅱ.*vt*. ❶用链条系(或拴)住,用链锁住;束缚:~ a dog for the night 晚上用链子把狗拴起来

***chair** [tʃeə(r)] Ⅰ.(~s[-z])*n*. Ⓒ ❶椅子(通常指单人用、有靠背的椅子):Take a ~. 就座。❷教授的职位(或讲座),主席(或议长等)的职位(或席位) ❸[the ~](会议的)主席,议长:All remarks should be addressed to the ~. 所有意见均应向主席提出。❹[美]电椅(指处死刑用的一种刑具) Ⅱ.(~s[-z];~ing['-rɪŋ])*vt*. 任(会议的)主席,主持(会议):~ a meeting 主持会议

***chairman** ['tʃeəmən](chairmen)*n*. Ⓒ ❶(会议的)主席,议长:He was elected ~ of the committee. 他当选该委员会的主席。❷委员长;会长,社长;董事长

chair·per·son ['tʃeəˌpɜːsn](~s[-z])*n*. Ⓒ 议长,委员长,会长

chair·wom·an ['tʃeəˌwʊmən](chairwomen)*n*. Ⓒ 女主席;女会长;女议长

***chalk** [tʃɔːk] Ⅰ.*n*. ❶Ⓤ 白垩 ❷Ⓤ Ⓒ 粉笔:a stick of ~ 一支粉笔 Ⅱ.*vt*. 用粉笔写、画(或画记号):The boys ~*ed* out goalposts on the playground wall. 男孩们在运动场的墙上用粉笔画上了球门柱。

chalk·y ['tʃɔːkɪ](chalkier; chalkiest)*adj*. 白垩的,似白垩的,白垩质的

chal·lenge ['tʃælɪndʒ] Ⅰ.(~s[-ɪz])*n*. ❶Ⓒ 挑战;邀请参加比赛:accept a ~ 接受挑战 ❷Ⓒ Ⓤ 质疑,质问,诘问:a serious ~ to the Prime Minister's authority 对首相的权威性郑重提出异议 ❸Ⓒ 查问口令,盘问 ❹Ⓒ【律】(对某陪审员出庭等表示的)反对 Ⅱ.(~d;challenging)*vt*. ❶向…发出查问的口令:The sentry ~*d* the stranger at the gates. 哨兵查问在门口的陌生人。❷对…表示反对(或异议),质疑:This new discovery ~*s* traditional beliefs. 这项新的发现对传统观念提出了异议。❸向…挑战;挑动:~ sb. to a duel 要求某人参加决斗 ❹考验(某人的)能力;激励,鞭策:The job doesn't really ~ him. 这项工作不能真正考验他。

cham·ber ['tʃeɪmbə(r)](~s[-z])*n*. Ⓒ ❶房间,(尤指)卧室 ❷[用复数]法官议事厅(或办公室) ❸会议厅;(立法或司法机关的)会议室,议事厅 ❹[常用 the ~]议院:the upper ~ 上议院 ❺(动、植物体内的)腔,室,房,窝:a ~ of a heart 心室,心房

champ[1] [tʃæmp](~ed[-t])*vt*.(马等)大声地嚼,用力嚼 *vi*.(人)焦急,不耐烦:The boys were ~*ing* to start. 男孩们恨不得马上就出发。

champ[2] [tʃæmp] *n*. Ⓒ [口]冠军,优胜者

cham·pagne [ʃæm'peɪn] *n*. Ⓤ 香槟酒

***cham·pi·on** ['tʃæmpɪən] Ⅰ.(~s[-z])*n*. Ⓒ ❶勇士,战士 ❷捍卫者;保护者,支持者:a ~ of women's rights 妇女权力的支持者 ❸([近]winner)(比赛的)冠军,得胜者;(博览会中的)得奖者,佼佼者:a chess ~ 国际象棋冠军 Ⅱ.[无比较等级]*adj*. 冠军的,优胜的 Ⅲ.*vt*. 为…而战,捍卫;支持,拥护:~ a just cause 支持正义事业

***chance** [tʃɑːns] Ⅰ.(~s['-ɪz])*n*. ❶Ⓤ Ⓒ 偶然(性);运气,幸运,侥幸:Let ~ decide. 碰碰运气吧。❷Ⓒ 风险,冒险:This road may not be the one we want, but that's a ~ we're going to have to take. 我们要走的并不是这条路,但我们还是要冒险试一试。❸([近]opportunity)Ⓒ 机会,时机:This is your big~! 这是你的大好机会! ❹Ⓤ Ⓒ 可能性:What are the ~*s* of his coming? 他来的可能性有多大? Ⅱ.[无比较等级]*adj*.[作定语]偶然的,意外的:a~ meeting 偶然相遇 Ⅲ.(~d [-t];chancing)*vi*. 偶然发生,碰巧:She ~*d* to be in when he called. 他打电话时,她碰巧在家。*vt*. 冒…险:We'll have to ~ meeting an enemy patrol. 我们不得不冒着可能遇上敌人巡逻兵的危险。

chan·cel·lor ['tʃɑːnsələ(r)](~s[-z])*n*. Ⓒ ❶(英国政府)大臣;司法官 ❷(美国某些大学的)校长;(英国某些大学的)名誉校长 ❸(德国、奥地利等国的)总理(或首相) ❹(美国某些州)平衡法院的首席法官

***change** [tʃeɪndʒ] Ⅰ.(~d; changing)*vt*. ❶代替,取代;替换,更换:~ one's job 换一份工作❷交换,调换:Can I ~ seats with you? 我可以和你换个座位吗? ❸改变,变换;使变化,使变成:She's ~*ed* her mind. 她改变了主意。❹兑换;把…换成:I'd like to ~ a ten dollar bill. 我想把10美元的钞票换成零钱。❺换(床上等的)罩盖物:~ the beds 换床单 *vi*. ❶变更,变化;改变,转变;更换:You've ~*d* a lot since I last saw you. 自从我上次见到你以来,你改变了很多。❷换乘(火车、公共汽车等):All ~! 所有的乘客全部换车! ❸换

C

衣,更衣:She is *changing* for the party. 她正在换衣服,以便参加聚会。**Ⅱ**.(~s['-ɪz]) *n*. ❶ C U 改变,变化:a ~ in the weather 天气的变化 ❷ C 替换的(新)衣服:Don't forget to take a ~ of clothes. 不要忘记带着替换的衣服。❸ U 零钱,找头

change•able ['tʃeɪndʒəbl] *adj*. 可改变的,易变的,无常的;不定的

change•ful ['tʃeɪndʒful] *adj*. 多变的,反复无常的

change•less ['tʃeɪndʒlɪs] *adj*. 不变的,无变化的;确定的

chan•nel ['tʃænəl] **Ⅰ**.(~s[-z]) *n*. C ❶ 水道;海峡:the(English)*Channel* 英吉利海峡 ❷(液体的)管路 ❸ 航道,航路:The ~ is marked by buoys. 航道由浮标标明。❹[喻][常用复数]路线,途径;系统:Your complaints must be made through the proper ~s. 你的意见必须通过正当途径投诉。❺(广播的)频道,波段 **Ⅱ**.(channel(l)ed; channel(l)ing) *vt*. ❶ 在…开辟(或形成)水道;在…上开渠 ❷ 开辟(道路);为…开辟途径;引导:Water is ~*ed* through a series of irrigation canals. 把水引入一系列灌溉渠中。

chaos ['keɪɒs] *n*. U ❶ 混沌(状态)❷ 纷乱,混乱(状态),无秩序:The wintery weather has caused ~ on the roads. 因风雪交加,道路上混乱不堪。

chap•el ['tʃæpəl] (~s[-z]) *n*. ❶ C 小教堂,小礼拜堂 ❷ C (医院、学校、兵营等内的)附属教堂 ❸ U (小教堂的)礼拜仪式:go to ~ 去做礼拜 ❹ C 英国非国教教徒的教堂

chap•ter ['tʃæptə(r)] (~s[-z]) *n*. C U ❶(书、论文或其他著作的)章,节,回:I've just finished ~ 3. 我刚看完第3章。❷[喻](历史或人生的)重要篇章;一页:the most glorious ~ in our country's history 我国历史上最光辉的时期 ❸[宗]牧师会 ❹(俱乐部、协会等的)地方支部,分会

char•ac•ter ['kærɪktə] (~s[-z]) *n*. ❶ C 书写符号,印刷符号;字体,(汉)字:The book is printed in large ~s. 这本书是用大写字体印刷的。❷ U C([近]feature)(事物的)特性,特征;特色:The whole ~ of the village has changed since I was last here. 自从我上次到过这里以来,这个村的特色完全改变了。❸ U C (人的)性格,个性;品质,品格:She's a real ~! 她真有个性!❹([近]quality,reputation) C 名誉,名声,声望:damage sb.'s ~ 损害某人的名声 ❺ U 地位,身份,资格 ❻ C 要人,知名人士,名流:He is a ~ in

this district. 他是这个地区的知名人士。❼ C (戏剧、小说中的)人物,角色 ❽ C 怪人,奇人

char•ac•ter•is•tic [ˌkærɪktəˈrɪstɪk] **Ⅰ**. *adj*.([反]uncharacteristic)特有的,独特的;典型的:He spoke with ~ enthusiasm. 他以特有的热情说话。**Ⅱ**. *n*. C 特征,特性,特质;独特性:Arrogance is one of his less attractive ~s. 骄傲自大是他的一个缺点。

char•ac•ter•ize, -ise ['kærɪktəraɪz][亦作 characterise](~s[-ɪz]) *vt*. ❶ 描写(或描绘)…的特性;刻画…的性格:The novelist ~s his heroine as capricious and passionate. 这位小说家把女主人公刻画成反复无常而又多情的人。❷ 以…为特性:The giraffe is ~*d* by its very long neck. 长颈鹿以其长颈为特征。

char•coal ['tʃɑːkəʊl] (~s[-z]) *n*. U C ❶ 炭,木炭 ❷(木)炭笔 ❸ 木炭画

charge [tʃɑːdʒ] **Ⅰ**.(~*d*; charging) *vt*. ❶ 把弹药装入(火器、大炮等)❷ 使(电池组等)充电 ❸ 使承担(任务等),使负责,委…以责任:She was ~*d* with an important mission. 她被委以重任。❹ 命令,指示,责令:The judge ~*d* the jury. 法官对陪审团做指示。❺ 控诉,控告;指控,指责:She ~*d* me with neglecting my duty. 她指控我玩忽职守。❻([近]demand)要(价),收(费):How much do you ~ for mending shoes? 修鞋要多少钱?❼ 记账,赊账:Please ~ these goods to my account. 请把这些货物记在我的账上。❽ 向…冲去:The children ~*d* down the stairs. 孩子们冲下楼梯。*vi*. ❶([近]rush)冲锋,向前冲 ❷ 收费,要价 **Ⅱ**.(~s['-ɪz]) *n*. ❶ U C 电荷,充电 ❷ C 责任,职责 ❸ U 掌管;照管,照顾;保管:leave a child in a friend's ~ 把孩子留给朋友照管 ❹ C 被托管的人(或物),受照顾者 ❺ C 指示,嘱咐;命令 ❻ C 指责,控告 ❼ C 费用,(物品的)价钱;收费,债务,欠款:All goods are delivered free of ~. 一切物品免费送货。❽ C 突击,冲锋

charge•a•ble ['tʃɑːdʒəbl][无比较等级] *adj*. ❶ 应付费的;应由某人负责的 ❷ 可能被指控的

char•i•ta•ble ['tʃærɪtəbl] *adj*. ❶ 仁慈的,慈善的,大慈大悲的 ❷ 为慈善事业的 ❸ 宽恕的,宽厚的

char•i•ty ['tʃærɪtɪ] (charities [-z]) *n*. ❶ U[宗](基督教)上帝(对人)之爱;博爱 ❷([反]malice) U (对别人的)宽大,宽容;仁慈,慈悲:judge people with ~ 宽厚度人 ❸ U C 施舍;慈善事业,慈善团体:raise money for ~ 为施舍助人而集资

charm [tʃɑːm] I . (~s[-z]) n . ❶ Ⓒ 咒,符咒;护身符 ❷ Ⓒ (手镯等上的)小饰物 ❸ ⓊⒸ ([近]attraction;fascination)魅力;(某人或某物的)诱人之处,可爱之处: He has a lot of ~. 他很有魅力。II . vt . ❶ 对⋯施行魔法,用魔法(或符咒)保护: He has a ~ed life. 他的生命似有神灵保护。❷ 迷住,使陶醉;使欣赏: He was ~ed by her vivacity. 她的活泼把他迷住了。

charming [ˈtʃɑːmɪŋ] adj . ([近]attractive,lovely)有魅力的,迷人的,妩媚的;可爱的: a ~ song 迷人的歌

chart [tʃɑːt] I . n . Ⓒ ❶ 海图,航空图: a naval ~ 海军航图 ❷ 图,图表;曲线图: a weather ~ 天气图/ a sales ~ 销售图 II . vt . ❶ 制⋯的海图(或航空图);绘制⋯的地图 ❷ 制定(行动计划)

char·ter [ˈtʃɑːtə(r)] I . (~s[-z]) n . ❶ Ⓒ (政府等的)特许状: privileges granted by royal ~ 皇家特许状所给予的特权 ❷ ⓊⒸ 宪章: the Charter of the United Nations 联合国宪章 ❸ Ⓒ (船只、公共汽车、飞机等的)租用,包租 II . vt . ❶ 授予⋯特许状,特许 ❷ 包租: a ~ed plane 包机

chase¹ [tʃeɪs] I . (~d[-t];chasing) vt . ❶ ([近]hunt)追逐;追赶;追求: He ~d the burglar but couldn't catch him. 他追赶窃贼,却未捉住。❷ 赶走⋯,驱逐: ~ the cat out of the kitchen 把猫赶出厨房 vi . ❶ 追逐,追赶,追踪;追求: He's always chasing after girls. 他不断地追求女孩子。❷ 东奔西跑 II . (~s[ˈ-ɪz]) n . Ⓒ ❶ 追踪;追求: in ~ of sb.(sth.) 追求某人(某物) ❷ 被追逐者

chase² [tʃeɪs] (~d[-t];chasing) vt . 雕镂,镂刻

chasm [ˈkæzəm] (~s[-z]) n . Ⓒ ❶【地】(地壳、岩石等的)深坑,裂缝 ❷ (意见、感情等的)隔阂,分歧: the political ~ between 在⋯之间政治上的大分歧

chaste [tʃeɪst] (~r;~st) adj . ❶ (女性)纯洁的,贞洁的,清纯的 ❷ (文体等)简朴的;高尚的,高雅的

chasten [ˈtʃeɪsn] (~s[-z]) vt . ❶ (为了使人悔改、从善而)惩罚(人);(苦难等)磨炼(人),锻炼(人) ❷ 压抑(感情等),抑制: a ~ing experience 使人压抑的感受 ❸ 精练(文体);净化(心灵)

chat [tʃæt] I . (chatted[ˈ-ɪd];chatting) vi . 闲谈,聊天: They were chatting away in the restaurant. 他们正在餐厅里聊天。II . n . Ⓒ 闲谈,聊天: have a ~ with 与⋯闲谈

chatter [ˈtʃætə(r)] I . (~ed;~ing[-rɪŋ]) vi . ❶ 喋喋不休,唠叨,饶舌: Do stop ~ing on about the weather when I'm trying to read. 别再没完没了地唠叨天气了,我要看书了。❷ (鸟)啁啾,(猴子)吱吱叫: sparrows ~ing in the trees 在树上喋喋叫的麻雀 ❸ (牙齿冷得)咔嗒咔嗒作响,颤抖 ❹ (机器)震颤碰触声 vt . 喋喋地说 II . n . Ⓤ 喋喋不休;震颤声

cheap [tʃiːp] I . adj . ❶ ([反]dear,expensive)便宜的,价廉的;费用低的: ~ tickets 廉价票 ❷ 质量低劣的;低级的: ~ furniture 劣质家具 ❸ 轻松的,容易得到的: a ~ victory 容易获得的胜利 ❹ 小气的 II . adv . ❶ 便宜地: get sth. ~ 廉价买到某物 ❷ 卑贱地,卑鄙地

cheap·en [ˈtʃiːpən] (~s[-z]) vt . ❶ 降低⋯的价格,跌价: ~ the cost of sth. 降低某物的价钱 ❷ 使低贱;使质量低劣: It's only ~ing yourself to behave like that. 那样做只能使你自贬身价。 vi . 降价,跌价

cheat [tʃiːt] I . (~ed[ˈ-ɪd]) vt . ([近]deceive)欺骗;骗(人)使之⋯,诈取(金钱、财物): He was ~ed(out) of his rightful inheritance. 他依法应得的遗产被人骗走了。 vi . ❶ 行骗,欺诈;作弊,作假: accuse sb. of ~ing at cards 指责某人玩纸牌时作弊 ❷ (丈夫或妻子)不忠,不贞: ~ on his wife 对他的妻子不忠 II . n . ⓊⒸ ❶ 骗子,欺骗,诈取;作弊,欺骗的手段

check [tʃek] I . n . ❶ Ⓒ 阻止,遏止,抑制;阻碍;阻止(抑制)者: keep one's temper in ~ 控制自己不发脾气 ❷ Ⓒ 核对,检查;[美]核对的记号: an on-the-spot ~ 现场检验,现场调查 ❸ Ⓒ [美]支票 ❹ Ⓒ [美](餐厅的)发票,账单: I'll ask the waiter for the ~. 我找服务员要账单。❺ Ⓒ (寄存物品)存根 ❻ ⓊⒸ 格子图案,格子花样;格子布 ❼ ⓊⒸ (象棋)攻王棋,将军: You're in ~! 将你一军! II . vt . ❶ ([近]hinder)阻止⋯,抑制住⋯;制止,遏止: ~ one's complacency 抑制自满 ❷ ([近]examine)核查,核对,查对,检查;[美]在⋯打上验讫的符号: ~ the accounts 查对账目/ ~ the items against the list 照清单查点各项 ❸ [美]暂时寄存(行李): Have you ~ed your baggage? 你已经行李托运(或寄存)了吗? ❹ (国际象棋中)将军 vi . 检查,核对,查对,检查: The police are ~ing on the names of him. 警察正在检查核对他的名字。❷ (与⋯)一致,符合: The words ~ed with the truth. 这些话与事实相符。

cheek [tʃiːk] I . n . Ⓒ ❶ 脸颊: healthy pink

~s 健康的红面颊 ❷ [口]ⓊⒸ 傲慢的态度，没有礼貌；厚脸皮：What a ~ ! 真没皮没脸！ Ⅱ . vt . [口]以傲慢的态度(言语)对人

cheer [tʃɪə(r)] Ⅰ . (~s[-z]；~ing['-rɪŋ]) vt . ❶对…欢呼，喝彩；声援(某人)，为(某人)加油，打气：The supporters ~ed winning team. 热情的观众向获胜队喝彩。❷[反]depress)使振奋；提起精神，激励(人)：The news ~ed the family. 那个消息使那家人振奋不已。 vi . ❶欢呼，喝彩；感到振奋：The crowd ~ed when the chairman appeared. 当主席出现时，群众发出欢呼声。❷(人)恢复活力；提起精神：Try and ~ up a bit；life isn't that bad! 想办法高兴点儿，生活并不是那么糟！ Ⅱ . n . ❶Ⓒ欢呼，喝彩：the ~s of the crowd 群众的欢呼声 ❷ⓊⒸ鼓励，激励；声援：words of ~ 鼓励人的话 ❸Ⓤ振奋，愉快；心情，情绪：Christmas should be a time of great ~. 圣诞节应是欢乐的时刻。

cheer·ful ['tʃɪəful] ([反]depressed，sad) adj . ❶兴高采烈的，快活的，情绪好的：a ~ smile 欢乐的微笑 ❷愉快的，高兴的；令人愉快的：The news isn't very ~, I'm afraid. 依我看，这个消息不太乐观。❸兴致勃勃的：a ~ student 一个兴致勃勃的学生

cheer·y ['tʃɪərɪ] (cheerier；cheeries 或 more ~；most ~)adj . ❶开心的 ❷爽朗的 ❸喜气洋洋的；活泼的：a ~ greeting 喜气洋洋的致意

cheese [tʃiːz] (~s['-ɪz]) n . ⒸⓊ乳酪，干酪：a selection of French ~s 精选法国干酪

chem·i·cal ['kemɪkəl] Ⅰ . adj . 化学的，化学性的：the ~ industry 化学工业 Ⅱ . n . Ⓒ [常用复数]化学制品，化学药品，化学物质：heavy ~s 大量生产的化学药品

chem·ist ['kemɪst] n . Ⓒ❶化学家，化学师 ❷[英]药剂师；药品商

chem·is·try ['kemɪstrɪ] n . Ⓤ❶化学 ❷化学性质，化学作用：the ~ of copper 铜的化学性质 ❸(男、女之间的)来电：the strange ~ that causes me to love him 奇怪的触电感觉让我爱上他

cheque [tʃek] (= [美]check) n . Ⓒ支票：a ~ for 500 yuan 开一张 500 元的支票

cher·ish ['tʃerɪʃ] (~es [-ɪz]；~ed[-t]) vt . ❶珍视，珍爱；抚育(小孩等) ❷心中怀着(希望、志愿等)，心中抱着…：~ the memory of one's dead father 怀念先父

cher·ry ['tʃerɪ] Ⅰ . (cherries [-z]) n . ❶Ⓒ樱桃 ❷Ⓒ【植】樱桃树 ❸Ⓤ樱桃木 ❹Ⓤ樱桃色，鲜红色 Ⅱ . [无比较等级]adj . 樱桃色的；

鲜红色的：~ lips 樱桃唇

chess [tʃes] n . Ⓤ国际象棋：play (at) ~ 下象棋

chest [tʃest] n . Ⓒ❶胸，胸部，胸腔；胸膜：~ pains 胸部疼痛 ❷(坚固、有盖子的)大箱，柜子，容器；一箱(的量)：a ~ of tea 一箱茶叶

chest·nut ['tʃestnʌt] Ⅰ . n . ❶Ⓒ栗子(果实)：roast ~s 炒栗子 ❷Ⓒ【植】栗树 ❸Ⓤ栗木 ❹Ⓤ栗色 ❺Ⓒ栗色毛的马 Ⅱ . adj . 栗色的；似栗的：~ hair 栗色的头发

chew [tʃuː] (~s[-z]) vt . ❶咬碎，咀嚼：Chew your food well before you swallow it. 食物要先嚼烂再下咽。❷深思，细想(over，upon) vi . 咀嚼

chick [tʃɪk] n . Ⓒ小鸡；小鸟

chick·en ['tʃɪkɪn] Ⅰ . (~s[-z]) n . ❶Ⓒ小鸡，小鸟；[美]鸡，家禽：keep ~s 养鸡 ❷Ⓤ鸡肉：slices of roast ~ 烧烤鸡肉片 ❸Ⓒ胆小的人，懦夫 Ⅱ . adj . [美俚]胆小的；软弱的 Ⅲ . vi . [美俚]害怕，丧胆，逃跑(out)：He ~ed out (of) to see the dentist at the last moment. 他到最后都不敢去看牙医了。

chide [tʃaɪd] (~s[-z]；chid [tʃɪd] 或 ~d ['-ɪd]；chid 或 chidden ['tʃɪdn]或~d；chiding) vt . & vi . 责骂；责备：She ~d him for his laziness. 她责备他懒惰。

chief [tʃiːf] Ⅰ . n . Ⓒ首领，领袖；首长，长官；头目：a ~ of police 警长/ the ~ of the state 国家元首 Ⅱ . [无比较等级]adj . [作定语]❶最高的，为首的：a ~ delegate 首席代表 ❷([近]main)首要的，主要的：Smoking is one of the ~ causes of lung cancer. 吸烟是导致肺癌的主要成因之一。

chief·ly ['tʃiːflɪ] adj . ❶([近]mainly)主要地；首要地，尤其：Air consists ~ of nitrogen. 空气主要由氮气组成。

child [tʃaɪld] (children ['tʃɪldrən]) n . Ⓒ❶小孩(可指男孩或女孩)：a ~ actor 儿童演员 ❷儿子，女儿：an only ~ 独生子 ❸有孩子气的人，幼稚的人：You wouldn't think a man of thirty could be such a ~. 想不到 30 岁的人竟像个小孩子。❹某时代的人物：She's a real ~ of the 21th's. 她是真正的 21 世纪的产儿。

child·ish ['tʃaɪldɪʃ] adj . ❶孩子的，孩子所特有的：~ laughter 孩子的笑声 ❷幼稚的，傻气的：Don't be so ~! 不要这么孩子气！

child·ren ['tʃɪldrən] child 的复数

chill [tʃɪl] Ⅰ . n . Ⓒ[常用复数]❶寒冷，寒气：There's quite a ~ in the air this evening. 今天晚上空气很寒冷。❷寒战，风寒；受寒：catch a ~ 着凉 ❸扫兴；寒心：The bad news

C

cast a ~ over the gathering. 这坏消息使参加聚会的人感到颇为扫兴。**II**. *vt*. ❶使变冷;使感到冷:The winter wind ~ed us. 冬天的风使我们感到十分寒冷。❷使扫兴,使寒心,使沮丧:The raw weather ~ed our enthusiasm for a swim. 天气阴冷,我们游泳的兴致大减。*vi*. 变冷;感到寒冷,发冷:Let the pudding ~ for an hour. 把布丁冰镇一小时。**III**. *adj*. ❶凉飕飕的,冷的❷冷淡的;疏远的

chill·y ['tʃɪlɪ] (chillier; chilliest) *adj*. ❶([近]cold)寒冷的;感到寒冷的:feel ~ 感到寒冷 ❷冷淡的;不友好的:a ~ welcome 冷淡的迎接

chime [tʃaɪm] (~s[-z]) *n*. ⓒ ❶ [常用复数](有音阶的)乐钟,音乐门铃;(有音阶的)钟声,钟乐 ❷【音】管钟(将长短不同的金属管按照音阶组合起来的打击乐器)**II**. (~s[-z];chiming) *vt*. ❶在(钟)上击出谐和的乐声 ❷用钟响报(时);打钟召集(人) *vi*. (乐器、钟等)奏出谐和的乐声

chim·ney ['tʃɪmnɪ] (~s[-z]) *n*. ⓒ ❶烟囱 ❷(煤油灯、汽油灯的)玻璃罩 ❸(登山时)仅容一个人攀登的岩石裂口

chin [tʃɪn] (~s[-z]) *n*. ⓒ颏,下巴

China ['tʃaɪnə] *n*. 中国:East ~ 华东

chi·na ['tʃaɪnə] *n*. ❶ⓤⓒ瓷器:made of ~ 瓷制的 ❷ⓤ瓷土,高岭土 ❸ⓒ瓷器柜

Chi·nese [tʃaɪ'niːz] **I**. [单复同] *n*. ❶ⓒ中国人 ❷ⓤ中国话;汉语;中文 **II**. *adj*. 中国的;中国人的:the ~ classics 中国古典文学,中国经典

chip [tʃɪp] **I**. *n*. ⓒ ❶屑片;(金属等的)切屑;(玻璃、瓷器等的)碎片:a ~ of wood 木屑 ❷(碎裂的)凹口;缺口:This mug has a ~ in it. 这个大杯子上有个缺口。❸(土豆、水果等的)薄片;[复]油煎土豆片 ❹[常用复数](作赌注用的)码子;[俚]钱:The ~s are down. 赌注已下。**II**. (chipped; chipping) *vt*. 在(瓷器等)上造成缺口;把…切成薄片:chipped potatoes 土豆片 *vi*. 形成缺口;碎裂:These plates ~ very easily. 这些盘子边缘容易破损。

chis·el ['tʃɪzl] **I**. *n*. ⓒ凿子,錾子 **II**. (chisel(l)ed; chisel(l)ing) *vt*. ❶凿,镂,雕:The sculptor *chiselled* the lump of marble into a fine statue. 雕刻家把大理石块凿成优美的雕像。❷[俚]欺骗,诈骗:He *chiselled* me out of my feeling. 他欺骗了我的感情。*vi*. ❶用凿子凿…,(用凿子)雕…:a temple *chiselled* out of solid rock 在岩石中凿出的庙宇 ❷[俚]欺骗(或诈骗)行为

choc·o·late ['tʃɒkəlɪt] **I**. *n*. ❶ⓤⓒ巧克力,朱古力;巧克力糖:Have another ~. 再吃一块巧克力糖。❷ⓤ巧克力饮料:a mug of hot ~ 一大杯子热巧克力饮料 ❸ⓤ巧克力色 **II**. *adj*. 巧克力制的;巧克力色的:a ~ carpet 深褐色地毯

choice [tʃɔɪs] **I**. (~s['-ɪz]) *n*. ❶([近]alternative)ⓤⓒ选择,抉择:make a ~ 做出选择 ❷ⓤ选择机会;选择权;选择能力:If I had the ~, I would have a rest. 如果我有选择的余地,我现在就休息。❸ⓒ被选中的东西;入选者;精华:She wouldn't be my ~ as girlfriend. 她不是我选中做女朋友的人。❹ⓒⓤ供选择的种类;范围:There's not much ~ in the shops. 这些商店中没有多少可挑选的东西。**II**. *adj*. ❶值得选用的 ❷优质的;精选的:She summed up the situation in a few ~ phrases. 她言简意赅地总结了情况。

choir ['kwaɪə(r)] (~s[-z]) *n*. ⓒ ❶(教会的)歌唱队,唱诗班 ❷歌唱队(或教士)的席位

choke [tʃəʊk] **I**. (~d [-t]; choking ['-ɪŋ]) *vt*. ❶闷塞,闷死,掐死;噎塞;~ the life out of sb. 掐死某人 ❷堵塞;阻塞:The drains are ~ed (up) with dead leaves. 下水道被枯叶堵住。*vi*. 窒息;噎住;说不出话来:~ with anger 气得说不出话来 **II**. *n*. ⓒ ❶窒息;噎【机】阻塞门,阻气门;【无】扼流圈

choose [tʃuːz] (~s['-ɪz]; chose [tʃəʊz]; chosen ['tʃəʊzn]; choosing) *vt*. ❶选择;挑选:~ a carpet 挑选地毯/ I want to ~ her a nice present. 我想要挑选一份精美的礼物送给她。❷决定;愿意:The author ~s to remain anonymous. 作者不愿署名。/ She *chose* that her son (should) stay at home. 她决定让他的儿子待在家里。*vi*. ❶选择:She had to ~ between giving up her job or hiring a nanny. 她得在放弃工作和雇用保姆两者之间做一个选择。❷决定(要…);宁愿,愿意:You may do as you ~. 你喜欢怎么做就怎么做

chop¹ [tʃɒp] **I**. (chopped [-t]; chopping) *vt*. ❶劈,斩,砍:*chopping* wood in the garden 在花园里劈木头 ❷切细,剁碎:~ the meat into cubes before frying it 把肉切成块状再炸 ❸劈路前进:~ a way through the undergrowth 在矮树林中劈出一条路来 ❹(网球等的)切(球)❺[喻]割断(up) *vi*. 砍,猛击:~ down a dead tree 砍倒枯树 **II**. *n*. ⓒ ❶砍,劈,剁:She cut down the sapling with one ~. 她一斧子就把树苗砍倒了。❷粗肉条;排骨:a pork ~ 猪排骨 ❸(网球等的)切球,削球

chop² [tʃɒp] **Ⅰ.**（chopped [-t]；chopping）*vi.*（风向等）突然改变（about，around）**Ⅱ.** *n.* ⓒ交换

chop³ [tʃɒp] *n.* ⓒ❶戳记；官印；护照 ❷商标；货物品质：the first ~ 一级，头等

chop•per ['tʃɒpə(r)]（~s[-z]）*n.* ⓒ❶伐木者 ❷斧头；屠刀，大砍刀 ❸【电】断路器；断续器；【无】振动换流器；限制器，斩波器 ❹［用复数］［俚］牙齿

chop•stick ['tʃɒpstɪk] *n.* ［常用复数］筷子

chord [kɔːd] **Ⅰ.**（~s[-z]）*n.* ⓒ❶（乐器的）弦 ❷［喻］心弦：touch the ~ 触动心弦 ❸【音】和弦，和音 ❹【解】腱，带 **Ⅱ.**（~ed ['-ɪd]）*vt. & vi.* 弹奏；调弦；协调；（使）和谐

chore [tʃɔː(r)，tʃɔə(r)]（~s[-z]）*n.* ⓒ❶［美］家庭杂务；日常零星工作 ❷困难（或不合意）的工作；讨厌的工作

cho•rus ['kɔːrəs] **Ⅰ.**（~es [-ɪz]）*n.* ⓒ❶合唱队；歌舞团 ❷合唱曲；歌舞剧中的合唱台词：the Hallelujah *Chorus* 哈利路亚合唱曲 ❸齐声，一齐：The proposal was greeted with a ~ of approval. 大家对该建议异口同声地表示赞成。**Ⅱ.** *vt.* 齐声背诵；合唱；异口同声地说：The crowd ~ed their approval. 群众齐声表示赞成。

chose [tʃəʊz] choose 的过去式

cho•sen ['tʃəʊzn] choose 的过去分词

Christ [kraɪst] **Ⅰ.** *n.* 基督，耶稣基督 **Ⅱ.** *int.* ［口］哎呀，岂有此理（表惊愕、愤怒等）：*Christ*! We're running out of petrol. 天哪！我们的汽油要用完了。

Chris•tian ['krɪstʃən] **Ⅰ.**（~s[-z]）*n.* ⓒ❶基督教徒；信徒 ❷［口］正派的人；善良的人 **Ⅱ.** ❶*adj.* 信基督教的；基督教的，基督的：the ~ Church 基督教教堂/ a ~ country 信仰基督教的国家 ❷表现基督精神的；信仰虔诚的；正派的：That's not a very ~ way to behave. 那可不大像基督教徒的行为。

chris•ti•an•i•ty [ˌkrɪstɪ'ænɪtɪ] *n.* Ⓤ基督教；基督教的信仰；基督教精神

Christ•mas ['krɪsməs] *n.* Ⓤ❶圣诞节：~ presents 圣诞节礼物 ❷圣诞节时期

chron•ic ['krɒnɪk] **Ⅰ.** *adj.* ❶（［反］acute）长期的，慢性的：~ arthritis 慢性关节炎 ❷惯常的，经常的：a ~ alcoholic 经常酗酒的人 **Ⅱ.** *n.* ⓒ患慢性病的人

chron•i•cle ['krɒnɪkl] **Ⅰ.**（~s[-z]）*n.* ⓒ❶年代史，编年史 ❷历史，记事 **Ⅱ.**（~s[-z]；chronicling）*vt.* 把…载入编年史；记述：*chronicling* the events of a war 把战争中的重大事件载入编年史中

chron•o•log•i•cal [ˌkrɒnə'lɒdʒɪkl]［无比较等级］*adj.* 年代学的；按照年月顺序的：a ~ list of Shakespeare's plays 莎士比亚戏剧的编年史

chro•nol•o•gy [krə'nɒlədʒɪ] *n.* ❶Ⓤ年代学 ❷ⓒ（资料等）按年月次序的排列；年表

chrys•an•the•mum [krɪ'sænθəməm]（~s [-z]）*n.* ⓒ【植】❶菊花 ❷［C-］菊属

chub•by ['tʃʌbɪ]（chubbier；chubbiest）*adj.* 圆脸的；丰满的：~ cheeks 圆胖脸/ a ~ child 胖乎乎的孩子

chuck [tʃʌk] **Ⅰ.**（~ed[-t]）*vt.* ❶轻拍，抚弄 ❷扔；抛：~ old clothes away 把旧衣服扔掉 ❸放弃，丢弃（up, in）：He ~ed in his job last week. 上星期他辞了职。**Ⅱ.** *n.* ⓒ抚弄：He gave a ~ on his face. 他抚弄了一下他的脸。❷ⓒ扔掉；丢弃 ❸Ⓤ赶走；撵出

chuck•le ['tʃʌkl] **Ⅰ.**（~s[-z]；chuckling）*vi.* 抿着嘴轻声地笑：What are you *chuckling* about? 你笑什么？**Ⅱ.** *n.* ⓒ轻声笑，暗自笑：She gave a ~ of delight. 她高兴得笑出声来。

church [tʃɜːtʃ] **Ⅰ.**（~es ['-ɪz]）*n.* ❶ⓒ教堂，礼拜堂：The procession moved into the ~. 人们陆续进入教堂。❷Ⓤ【宗】礼拜：*Church* is at 7 o'clock. 礼拜仪式 7 点开始。❸Ⓤ教会，教派：the Catholic *Church* 天主教 **Ⅱ.** *adj.* 教堂的；［英］国教的

ci•der ['saɪdə(r)]（~s[-z]）*n.* Ⓤ❶苹果汁：a ~ press 苹果汁压榨机 ❷苹果酒

ci•gar [sɪ'gɑː(r)]（~s[-z]）*n.* ⓒ雪茄烟，雪茄：the smell of ~ smoke 雪茄烟的气味

cig•a•rette [ˌsɪgə'ret] *n.* ⓒ香烟，卷烟

cin•e•ma ['sɪnɪmə]（~s[-z]）*n.* ❶ⓒ电影院：go to the ~ 去看电影 ❷ⓒ（一部）电影，影片：It is a good ~. 这是一部好影片。❸Ⓤ［the ~］［集合用法］电影；电影的制作（事业）：He works in the ~. 他从事电影业。

ci•pher ['saɪfə(r)] **Ⅰ.**（~s[-z]）*n.* ❶ⓒ零（即 0）❷ⓒ（从 1 到 9 的）阿拉伯数字 ❸ⓒ不重要的人；无价值的东西：a mere ~ 无足轻重的人 ❹ⓒⓊ密码，暗号；密码电报：a letter in ~ 密码信 **Ⅱ.**（~s[-z]）*vt. & vi.* 用密码书写；（将…）密码化

cir•cle ['sɜːkl] **Ⅰ.**（~s[-z]）*n.* ⓒ❶圆，圆周；圈；环状物：use your compasses to draw a ~ 用圆规画圈 ❷（具有共同兴趣、利益的人们所形成的）圈子；集团：She has a large ~ of friends. 她交游很广。❸楼厅（剧场的二楼厅座），马戏场：We've booked seats in the ~. 我们预订了楼厅包厢的座位。❹周期，循环；完整的一系列：the ~ of the season 四季的循

环 Ⅱ.（~s[-z]；circling）vt. ❶环绕；绕过；围：The moon ~s the earth every 28 days. 月亮每28天绕地球一圈。❷将…圈起来，包围：~ these letters in red ink 用红笔把这些字母圈起来 vi. 盘旋，旋转；环行：vultures circling（around）over a dead animal 在死去的动物上空盘旋的秃鹫

cir·cuit ['sɜːkɪt] n. ⓒ U ❶环行；周线；范围：The ~ of the city walls is two miles. 环绕本市城墙的周长是2英里。❷巡行；巡回审判（或传道）；巡回区：go to ~ 进行巡回审判 ❸【电】【无】电路；回路；线路：a ~ diagram 电路图 ❹同业性的联合组织；轮回上演（或上映）的若干戏院（或电影院）❺（汽车等的）赛车场，环行路线

cir·cu·i·tous [sə'kjuːɪtəs] adj. ❶迂回的，绕行的：a ~ route 迂回的路线 ❷（说话等）拐弯抹角的，婉转的

cir·cu·lar ['sɜːkjʊlə(r)] Ⅰ. adj. ❶圆形的：a ~ saw 圆锯 ❷环形的，环状的：a tour 环程旅行 ❸迂回的：a ~ word 拐弯抹角的话 Ⅱ.（~s[-z]）n. ⓒ通知，通告

cir·cu·late ['sɜːkjʊleɪt]（~d[-ɪd]；circulating）vt. ❶使（血液等）循环，使环流 ❷散布，传播（消息等）：He ~d news about her to others. 他向别人散布关于她的消息。❸使（货币等）流通：a circulating money 流通货币 vi. ❶（血液等）循环：Blood ~s through the body. 血液在体内循环。❷（消息、名声等）流传，传播：The news of her death ~d quickly. 她死的消息迅速传播开了。❸（在宴会上）周旋于人群中：The host and hostess ~s（among their guests）. 男女主人（在客人间）走来走去招待客人。

cir·cu·la·tion [ˌsɜːkjʊ'leɪʃən]（~s[-z]）n. ⓒ U ❶循环，环流；运行：have a good ~ 血液循环良好 ❷（货币、消息等）流通，传播；（报刊等）发行：the ~ of news 新闻的传播 ❸[用 a ~]发行量，销售量

cir·cum·fer·ence [sə'kʌmfərəns]（~s[-ɪz]）n. U ⓒ 圆周，周围；周线，圆周线

cir·cum·spect ['sɜːkəmspekt] adj. 谨慎小心的，周到的，慎重的：~ action 谨慎的行为

cir·cum·stance ['sɜːkəmstəns]（~s[-ɪz]）n. ❶ⓒ[常用复数]情况，形势，环境：She was found dead in suspicious ~s. 她死的情况可疑。/ act according to ~s 随机应变 ❷ ⓒ[常用复数]境况，境遇：What are his ~s？他的经济状况怎样？❸ⓒ（事情的）详情，细节 ❹ U 隆重，铺张

cir·cus ['sɜːkəs]（~es [-ɪz]）n. ⓒ❶（圆形

的）马戏场，杂技场 ❷马戏团：a travelling ~ 流动马戏团 ❸（古罗马的）竞技场 ❹ [英]十字路口的圆形广场

ci·ta·tion [saɪ'teɪʃən]（~s[-z]）n. ❶ U ⓒ引用；引文 ❷ ⓒ【律】传讯；传票；（对于法律、先例等的）援引 ❸ ⓒ【军】传令嘉奖；嘉奖状，荣誉状

cite [saɪt]（~d['-ɪd]；citing）vt. ❶引证，引用；举（例）：She ~d the high unemployment figures as evidence of the failure of government policy. 她引证庞大的失业数字，以证明政府政策的失败。❷【律】传讯（出庭）：be ~d in divorce proceedings 因离婚案被传讯 ❸表彰，表扬：He was ~d in dispatches. 他在公报中受到表扬。

cit·i·zen ['sɪtɪzn]（~s[-z]）n. ⓒ❶市民；（城市）居民：a ~ of Changchun 长春市民 ❷公民：a Chinese ~ 中国公民 ❸ [美]平民，老百姓（区别于军人、警察等）：a plain ~ 老百姓

cit·y ['sɪtɪ]（cities [-z]）n. ⓒ❶城市，都市：Which is the world's largest ~? 世界上最大的城市是哪个？❷市；城邦：the central area of a ~ 市中心 ❸ [常用复数]全体市民

civ·ic ['sɪvɪk] adj. ❶ 城市的：a ~ centre 市中心 ❷市民的，公民的：~ duties 公民的义务

civ·il ['sɪvl, 'sɪvɪl]（~er；~est 或 more ~；most ~）adj. ❶市民的，国民的，公民的；民用的：~ aviation 民用航空 ❷（与军人、僧侣等相对的）一般平民的；民间的：~ life 一般平民的生活 ❸【律】民事的，根据民法的；法律规定的：~ cases 民事案件 ❹文明的；有礼貌的，客气的：How very ~ of you! 你多么彬彬有礼呀！❺国内的，国民间的：~ affairs 内政事务 ❻非军职的，文职的

ci·vil·ian [sɪ'vɪljən] Ⅰ.（~s[-z]）n. ⓒ平民，老百姓（与军、警相对而言）：Two soldiers and a ~ were killed in the explosion. 在爆炸中，有两名士兵和一个平民被炸死。Ⅱ. [无比较等级]adj. 平民的，民间的；民用的：~ clothes 便服（区别于军警制服）

ci·vil·i·ty [sɪ'vɪlɪtɪ]（civilities [-z]）n. ❶ U 礼貌，客气：show ~ to a guest 对客人有礼貌 ❷ⓒ 礼貌的举止

civ·il·i·za·tion,-sa·tion [ˌsɪvɪlaɪ'zeɪʃən]（~s[-z]）n. ❶（[反]barbarism）U ⓒ 文明；文化：the ~ of ancient Egypt 古埃及文化/ modern ~ 现代文明 ❷ U[集合用法]文明世界：live far from ~ 生活在远离文明世界的地方 ❸ U 教化，开化：The ~ of mankind has taken thousands of years. 人类经数千年才文明开化。

C

civ·i·lize, -ise ['sɪvɪlaɪz] (~s[-ɪz]; civilizing) *vt*. ❶使文明;开化：~ a jungle tribe 使丛林部族开化 ❷熏陶(人),使文雅：His wife has had a *civilizing* influence on him. 他妻子对改进他言谈举止有潜移默化的影响。

claim [kleɪm] **I**. (~s[-z]) *vt*. ❶(根据权利)要求;认领：~ compensation for the losses 要求赔偿损失/ Has anyone ~ed this watch? 有人来认领这只表吗? ❷声称…,断言;主张：She ~s (that) she is related to the manager. 她声称和经理有亲属关系。/ They ~ed to do that thing agreeably. 他们欣然主张做那件事。❸值得,需要：This matter ~s our attention. 这事值得我们注意。**II**. (~s [-z]) *n*. ❶C(根据权利而提出的)要求：put in a ~ for damages 提出损害赔偿要求 ❷C主张,断定：Nobody believed his ~ that she was innocent. 他断定她是清白的,但没人相信他。❸CU(对某事物的)权利;要求权;所有权：His ~ to ownership is invalid. 他的所有权是无效的。❹C要求(而得到)的东西;索赔物：That's a very large ~! 索要的是一大笔钱!

clam·ber ['klæmbə] **I**. (~s[-z]; ~ing [-rɪŋ]) *vi*. 攀登,爬：The children ~ed over the rocks. 孩子们吃力地爬过了岩石。**II**. *n*. C爬行,攀登

clam·my ['klæmɪ] (clammier; clammiest) *adj*. 冷湿的,黏糊的：~ hands 又湿又黏的手

clam·our ['klæmə(r)] **I**. (~s[-z]) *n*. UC❶吵闹,喧嚷,(表示支持的)叫喊 ❷(不满、抗议等的)喧闹,叫嚣：a ~ for revenge 复仇的喊声 **II**. (~s[-z]; ~ing[-rɪŋ]) *vt. & vi*. 吵闹,喧嚷;叫喊;用喧嚷迫使：The baby ~ed to be fed. 婴儿饿得大声哭叫。/ The public are ~ing for a change of government. 公众大声疾呼要求撤换政府。

clamp [klæmp] **I**. *n*. C夹钳,夹子 **II**. *vt*. (用夹钳)夹住,夹紧：He kept his pipe ~ed between his teeth. 他一直叼着烟斗。

****clap** [klæp] **I**. (clapped [-t]; clapping) *vt*. ❶拍;轻拍：She ~ed her hands in delight. 她高兴地拍起手来。❷(亲密地)拍(人的)…：~ sb. on the back 轻拍某人的背 ❸[口]迅速地移动…;投进：The boy ~ed the stone into the river. 小男孩啪地把石子扔进河里。*vi*. 拍,拍手：The audience ~ed for a while. 听众鼓了好一阵掌。**II**. *n*. C噼啪声;(雷等的)轰鸣声：a ~ of thunder 雷鸣声

clar·i·fy ['klærɪfaɪ] (clarifies[-z]; clarified) *vt*. ❶澄清,讲清楚,阐明：~ a remark 澄清一项意见 ❷【化】澄清(液体等) *vi*. (液体等)澄清

clar·i·ty ['klærɪtɪ] *n*. U❶(意义、理论等的)清晰,明确：~ of expression 表达清楚 ❷清澈;透明

clash [klæʃ] **I**. (~es ['-ɪz]; ~ed[-t]) *vt*. 使(铃铛、刀剑等)碰撞作声 *vi*. ❶(铃铛、刀剑等)碰撞作声：Their swords ~ed. 他们的剑互相撞击,铿锵有声。❷(意见、利益、颜色等)抵触,不调和(with)：The colour of the wallpaper ~es with the carpet. 壁纸的颜色和地毯不调和。❸(活动或时间)相冲突：It's a pity, the two concerts ~. 真可惜,这两个音乐会时间上有冲突。**II**. *n*. ❶UC(刀剑等的金属)碰撞声：a ~ of swords 剑的撞击声 ❷C抵触,冲突;不调合：a ~ of culture 文化上的差别/ a ~ of opinions 意见的冲突

clasp [klɑːsp] **I**. *n*. C❶扣子,钩子,扣紧物(如书夹子等)：The ~ of my brooch is broken. 我胸针的钩子坏了。❷紧握,抱紧,拥抱：He held her hand in a firm ~. 他紧紧握着她的手。**II**. *vt*. ❶紧握,握紧：They ~ed hands briefly before saying goodbye. 他们匆匆握手告别。❷扣住,扣紧,钩住：~ a bracelet round one's wrist 将手镯戴在手腕上

****class** [klɑːs] **I**. (~es ['-ɪz]) *n*. ❶C班,班级;年级;[美](某年)毕业班：We were in the same ~ at school. 我们上学时在同一班。❷C(一)节课;课：I have a maths ~ at 9 o'clock. 我9点钟有数学课。❸CU阶级：the working ~ 工人阶级/~ differences 阶级差别 ❹C社会等级：the upper ~es 上层社会 ❺C等级,等;(相似性质的)种类,类别：I find him as a novelist second ~. 我认为他只是个二流的小说家。❻C[美](某年)毕业班 ❼[口]U出众;风度：She's got a lot of ~. 她确实很有气质。**II**. *vt*. 把…分类(或分等级);将…认作同一类：Immigrant workers were ~ed as resident aliens. 移民来的工人已归入外侨类。

clas·sic ['klæsɪk] **I**. [无比较等级]*adj*. ❶[作定语](文学、艺术等)最优秀的,第一流的：a ~ novel 最佳小说 ❷古典(指古罗马或古希腊文艺)的;古典派的：~ literature 古典文学 ❸(服装)式样简朴的,传统式样的;代代相传的：a ~ dress 传统连衣裙 ❹(文学或历史上)有名的,有来历的 **II**. *n*. C❶[复]经典(著作);(古罗马或古希腊的)古典文学：She enjoys reading the ~s. 她喜欢读经典著作。

clas·si·cal ['klæsɪkl] *adj*. ❶古典(派)的,古典文学的：a ~ scholar 研究古希腊与古罗马文学艺术的学者 ❷(文学、艺术等)古典的,

C

古典主义的 ❸【音】古典的，古典性的：～ mu-sic 古典音乐 ❹传统的；权威的

clas·si·fi·ca·tion [ˌklæsɪfɪˈkeɪʃən]（～s [-z]）*n.* ❶Ⓤ分类；分级 ❷Ⓒ分类结果；分类项目 ❸Ⓒ【生】分类法

clas·si·fy [ˈklæsɪfaɪ]（classifies[-z]；classified）*vi.* ❶把…分类；把（货物等）分等级：The books in the library are *classified* according to subject. 图书馆的书是按照科目分类的。❷［美］（将文件等）列为机密

class·mate [ˈklɑːsmeɪt] *n.* Ⓒ同班同学：Mrs. Zhang was my ～ in the college. 张女士是我大学时的同学。

class·room [ˈklɑːsruːm] *n.* Ⓒ教室

clat·ter [ˈklætə(r)] Ⅰ. *n.* Ⓤ Ⓒ ❶（硬物相撞击所发出的）瞬啪声：the ～ of a typewriter 打字机的咔嗒声 ❷吵架的声音；喧嚷的谈话声 Ⅱ.（～s[-z]；ing [-rɪŋ]）*vt.* 发出瞬啪的声音；将…弄出瞬啪声：Don't ～ your knives and forks. 不要将刀叉相碰出声。*vi.* ❶发出瞬啪的声音：The children ～ed downstairs. 孩子们噔噔地跑下楼。❷叽叽呱呱地聊；谈笑

clause [klɔːz]（～s[-ɪz]）*n.* Ⓒ ❶【语】分句，从句：The sentence consists of a main ～ and a subordinate ～. 这个句子由一个主句和一个从句组成。❷条款，款项：There is a ～ in the contract forbidding tenants to sublet. 合同列有条款，禁止承租人转租。

claw [klɔː] Ⅰ.（～s[-z]）*n.* Ⓒ ❶（动物的）爪，脚爪；（蟹、虾等的）钳，螯 ❷爪状物；拔钉锤；羊角锤 Ⅱ. *vt.* & *vi.* 用爪子抓(at)：The cats ～ed at each other. 猫用爪子互相抓。

clay [kleɪ] *n.* Ⓤ黏土；泥土：～ soil 黏质土壤

clay·ey [ˈkleɪɪ] *adj.* 黏土的，黏土质的

clean [kliːn] Ⅰ. *adj.* ❶（［反］dirty）清洁的，干净的；整洁的：～ hands 干净的手 ❷（［近］pure）纯洁的；清白的；不淫秽的：lead a ～ life 过清白的生活 ❸有洁癖的；爱清洁的：Cats are ～ animals. 猫喜爱干净。❹好看的，美好的；干净利落的；（比赛等）公正的，遵守规则的：a ship with ～ lines 造型优美的船 / a ～ match 精彩的比赛 ❺彻底的，完全的：make a ～ break with him 和他一刀两断 ❻（原子弹、氢弹）爆炸时无（或很少）放射性尘埃的 Ⅱ.［无比较级型］*adv.* ❶完全地，全然地：The bullet went ～ through his shoulder. 子弹穿透他的肩膀。❷干净地：sweep ～ 打扫干净 ❸［口］公正地 Ⅲ. *vt.* & *vi.* 把…弄干净，为…去除污垢；清洁；净化：～ the windows 擦窗户 *vi.* 被弄干净：This floor ～s easily.

这地面容易擦洗干净。

clean·ing [ˈkliːnɪŋ]（～s[-z]）*n.* Ⓤ Ⓒ ❶清洁，打扫 ❷清洗

clean·ly Ⅰ. [ˈklenlɪ]（cleanlier；cleanliest）*adj.* 爱清洁的，常保持清洁的 Ⅱ. [ˈkliːnlɪ] *adv.* 清洁地；干净地

clear [klɪə(r)] Ⅰ.（～er [ˈ-rə]；～est [ˈ-rɪst]）*adj.* ❶（［近］bright）（［反］cloudy）清澈的；光亮的；无污垢的：～ glass 明亮的玻璃 ❷［近］explicit）清楚的，明了的；（人、头脑）清晰的，聪明的：a ～ photograph 清楚的照片 / a ～ voice 清晰可辨的声音 ❸晴朗的；无云的；碧空的：～ weather 无云雾的天气 ❹显然的，明显的：a ～ case of cheating 明显的欺骗 ❺（人）确信的；确定的：Are you ～ that he will left right now? 你确定他马上要走吗？❻畅通的，无障碍的：a ～ view 一览无余 ❼没有…的，清除了…的：～ of debt 无债务的 / You are now ～ of all suspicion. 你现在已经没有嫌疑了。❽问心无愧的，无歉疚的，无罪的：a ～ conscience 问心无愧的良心 ❾完全的，整个的：Allow three ～ days for the letter to arrive. 信要整整3天才能到达。Ⅱ. *adv.* ❶清晰地，清楚地：It is too dark to see ～. 天太黑，看不清楚。❷完全；一直；整整：The prisoner got ～ away. 该囚犯逃之夭夭了。Ⅲ.（～s[-z]；～ing[ˈ-rɪŋ]）*vt.* ❶把…弄干净，为…去除污垢；使净化：～ the table 收拾桌子 ❷宣布…无罪；开释：She was ～ed of all charges. 对她的一切控告均已撤销。❸使清澈：～ the river 使河水清澈 ❹跳过，越过；穿过：The horse ～ed the fence easily. 那匹马轻易地越过了篱笆。❺办理（船）的出港手续；办妥（货物）通关手续 ❻使（议案等）获得批准：a plane for taking off 准予飞机起飞 ❼清算；结账清除（库存品），售净 *vi.* ❶（天空、雾等）放晴朗；转晴朗：The sky ～ed after the storm. 暴风雨过后，天空转晴了。❷变干净，变清澈：The river has ～ed up. 河水变清澈了。❸结账，清算

cleave [kliːv]（～d或 cleft[kleft] 或 clove [kləʊv]；～d或 cloven[ˈkləʊvn]）*vt.* ❶劈，劈开：～ a block of wood in two 把一块木头劈成两半 ❷劈开（通路）；（船）破浪前进；（鸟）掠过天空：The ship's bows ～d the waves. 轮船破浪前进。*vi.* 劈开，裂开：This wood ～s easily. 这种木材容易裂。

clem·ent [ˈklemənt]（［反］inclement）*adj.* ❶仁慈的，宽厚的 ❷（气候）温和的

cler·gy [ˈklɜːdʒɪ] *n.* Ⓤ【集合用法】神职人员，牧师：All the local ～ attended the ceremony. 当地所有的牧师都出席了仪式。

cler·gy·man [ˈklɜːdʒɪmən]（clergymen）*n.*

Ⓒ 牧师;教士

cler·i·cal ['klerɪkl] [无比较等级] *adj*. ❶ 牧师的;教士的: ～ dress 牧师服 ❷ 办事员的,书记的:～ work 办事员的工作

clerk [klɑːk] *n*. Ⓒ❶ 办事员,职员;书记员,秘书:a bank ～ 银行办事员 ❷ [美]店员

clev·er ['klevə] (～er [-rə]; ～est [-rɪst]) *adj*. ❶([近]bright, intelligent) 聪明的,伶俐的:～ at English 擅长英语 ❷ 灵巧的,熟练的;be ～ with a needle 针线活儿好 ❸ 机敏的,精明的:Are you trying to be ～? 你想要心眼吗?

click [klɪk] Ⅰ. *n*. Ⓒ❶ 咔嗒声 ❷ 点击,单击:a double ～ 双击 Ⅱ. *v*. ❶ 点击,单击 ❷ 发出咔嗒声

client ['klaɪənt] *n*. Ⓒ❶(律师等的)当事人;委托人;(私人医生的)病人 ❷(商店等的)顾客

cliff [klɪf] *n*. Ⓒ 悬崖,(尤指海边的)峭壁

cli·mate ['klaɪmɪt] *n*. ❶Ⓒ◎ 气候:Britain has a temperate ～. 英国气候温和。❷Ⓒ 风土;地带:She moved to a warmer ～. 她迁往气候较温暖的地方。❸Ⓒ◎ 一般(社会)趋势,(社会)风气:the current ～ of opinion 目前的舆论气氛/ a ～ of suspicion 怀疑的风气

cli·max ['klaɪmæks] Ⅰ.(～es [-ɪz]) *n*. Ⓒ❶◎(兴趣等的)顶点,极点;(小说、戏剧等的)高潮:The music approached a ～. 乐曲接近高潮。❷【语】逐渐增强达到顶点(指一种修辞手法)Ⅱ. *vt*. & *vi*.(使)达到顶点,(使)达到最高潮:Her career ～ed in the award of an Oscar. 她荣获奥斯卡金像奖是她事业的顶峰。

climb [klaɪm] Ⅰ.(～s [-z]) *vt*. ❶(攀)登,爬上:～ a wall 爬墙 ❷(植物)在…上攀缘而上 *vi*. ❶ 攀登,爬:～ up a ladder 爬上梯子 ❷(太阳、炊烟等)徐徐上升;(飞机)爬升(道路、楼梯等)倾斜而上:The plane ～ed to 20,000 feet. 飞机上升到 20,000 英尺。❸(在社会地位等方面)向上爬,钻营 Ⅱ. *n*. Ⓒ 攀登,攀爬:an exhausting ～ 令人筋疲力尽的攀登

climb·er ['klaɪmə(r)] (～s [-z]) *n*. Ⓒ❶ 爬山的人 ❷ 攀缘植物

cling [klɪŋ] (～s [-z]; clung [klʌŋ]; ～ ing ['-ɪŋ]) *vi*. ❶ 粘着;缠着,紧紧握着:survivors ～ing to a raft 紧抓木筏的生还者 ❷ 坚持,墨守:～ to a belief 坚持一种信仰

clin·ic ['klɪnɪk] *n*. Ⓒ◎❶ 诊所,门诊所:He is being treated at a private ～. 他正在私人诊所接受治疗。❷(一般指)特约诊所 ❸ 实地讲习;临床讲解

clip¹ [klɪp] Ⅰ. *n*. Ⓒ 夹,钳;回形针;钢夹:a hair-～ 头夹/ a diamond ～ 钻石别针 Ⅱ.(clipped [-t]; clipping) *vt*. 用夹子夹住,钳牢:There was a cheque *clipped* to the back of the letter. 在信背面夹着一张支票。

clip² [klɪp] Ⅰ.(clipped [-t]; clipping) *vt*. ❶ 剪,剪短;修剪:～ one's finger nails 修剪指甲 ❷ 剪(车票等) ❸(在拼法、发音方面)省略:He *clipped* his words when speaking. 他说话时把话缩短了。❹[俚]痛打,猛击:～ sb.'s ear 打某人耳光 Ⅱ. *n*. Ⓒ◎❶ 剪,修剪;剪毛 ❷ 剪取(羊等的)毛 ❸ 猛击:She gave him a ～ round the ear. 她打了他一记耳光。❹[口]迅速

clip·per ['klɪpə(r)] (～s[-z]) *n*. Ⓒ❶[常用复数]大剪刀,钳子;(理发、修指甲等用的)轧刀 ❷ 剪毛者;剪毛器:the barber's ～s 理发推子 ❸ 快速帆船

clip·ping ['klɪpɪŋ] (～s[-z]) *n*. ❶◎ 剪取,剪下;修剪 ❷Ⓒ 剪下物:hair ～s 剪下的头发 ❸ Ⓒ[美](报纸、杂志等的)剪辑,剪报:a newspaper ～ 剪报

cloak [kləuk] Ⅰ. *n*. Ⓒ❶ 斗篷,披风;(无袖的)外套 ❷ 覆盖(物):They left under the ～ of darkness. 他们在黑暗的遮掩下离开了。❸ 借口,伪装:under the ～ of kindness 以善良为借口 Ⅱ.(～ed[-t]) *vt*. 掩盖,包藏;覆盖:The negotiations were ～ed in secrecy. 谈判是秘密进行的。/ be ～ed with cloth 用布盖上

clock [klɒk] Ⅰ. *n*. Ⓒ❶(时)钟:The ～ gains. 钟快了。❷[口](附在机件上的)仪表(或钟)(如速度表、里程计等):a car with 20,000 miles on the ～ 里程表上显示已行驶 20,000 英里的车 Ⅱ. *vt*.(用机械)记录(时间、距离、速度等):He ～ed 9.6 seconds in the 100 metres. 他用9.6秒跑完 100 米。

clois·ter ['klɔɪstə(r)] (～s[-z]) *n*. Ⓒ❶ 修道院;修道院的生活;隐居地 ❷(修道院、教堂、学院等处的)回廊,走廊 Ⅱ. *vt*. ❶ 使居于修道院中;使与尘世隔绝 ❷ 设回廊于

close¹ [kləuz] (～s['-ɪz]; closing) *vt*.([反]open)([近]shut) ❶ 关上,闭上;合上:～ the door 关门/ ～ eyes 闭上眼睛 ❷ 关(商店等),下班;封闭(道路等):We will ～ the shops at 5:30. 商店 5 时 30 分关门。❸([近]finish)(使某物)终止,结束:As far as I am concerned,the matter is ～d. 对我来说,事务已了结。❹ 使堵塞(空隙等);阻挡,阻塞:～ a pipe 堵塞管口 *vi*. ❶ 关,闭;盖:The door ～d quietly. 门轻轻地关上了。❷ 关闭,停止(营业);下班:The theatres have ～d for the summer. 戏院现已歇夏。❸(说话、会议等)结

束,终了:The meeting ~d at night. 会议晚上结束。❹堵塞,阻挡:Traffic has ~d up. 交通已阻塞。

close² [kləʊs] **I**. (~r; ~st) *adj*. ❶([反]far, distant) 近的,接近的:The two buildings are ~ together. 这两座建筑物距离很近。/ The children are ~ to each other in age. 孩子们彼此的年龄很接近。❷(关系)亲切的,亲近的:a ~ friend 密友 ❸ 紧密的,没有空隙的;狭窄的:material with a ~ texture 质地紧密的材料 ❹紧身的;短的,紧贴(皮肤)的:a ~ jacket 紧身夹克 ❺势力均敌的;不分上下的;几乎相等:a ~ contest 势力均敌的竞赛 ❻严密的,周密的;密切的:~ reasoning 严谨的推理/ pay ~ attention to sth. 密切关注某事物 ❼不透气的,不通风的,闷人的:It's very ~ and thundery today. 今天天气阴沉有雷。/ a ~ atmosphere 室闷的空气 ❽秘密的,隐藏的;嘴紧的,沉默的:be ~ about sth. 对某事守口如瓶 ❾吝啬的,小气的:He's very ~ with his money. 他用钱很吝啬。**II**. *adv*. ❶接近地,靠近地:They live quite ~. 他们住得很近。❷紧密地,紧紧地:hold sb. ~ 紧紧地拥抱某人

closed [kləʊzd] [无比较等级] *adj*. 关闭的,闭合的,封闭(性)的;排外的:a ~ society 闭关自守的社会/ a ~ cabin 密闭舱

clos·et ['klɒzɪt] **I**. *n*. C ❶私室,小房间 ❷衣橱;壁橱:a clothes ~ 衣橱 **II**. *vt*. 将(某人)关在密室中;把…引进密室会谈:He was ~ed with the manager for three hours. 他与经理在密室里会谈了 3 个小时。

cloth [klɒθ] *n*. ❶U 布;(棉、毛、丝、麻、合成纤维等的)织物;衣料:enough ~ to make a suit 够做一身衣服的料子 ❷C (有特殊用途的)布,布料;桌布:a table ~ 一块桌布

clothe [kləʊð] (~d或[古] clad [klæd]) *vt*. ❶给…穿衣;为…提供衣服:warmly ~d 穿得暖暖的/ He can barely feed and ~ his family. 他勉强能给予全家人温饱。❷覆盖,使披上:a landscape ~d in mist 笼罩于雾中的风景 ❸表达:~ an idea in unmistakable language 用明白无误的语言表达一个想法

clothes [kləʊðz] [复] *n*. ❶ 衣服:fashionable ~ 时髦的衣服 ❷[集合用法]被褥

cloth·ing ['kləʊðɪŋ] *n*. U [书] [集合用法] 衣类,衣服,衣着:waterproof ~ 防水服

cloud [klaʊd] **I**. (~s[z]) *n*. ❶U C 云:black ~s appearing from the west 西方升起的乌云 ❷C 云状物(如尘雾等):a mushroom ~ (核爆炸形成的)蘑菇云 ❸C (鸟、虫、飞机等)飞掠过的一大群(或一大队):a ~ of lo-

custs 一群飞蝗 ❹C (悲伤、不安、疑惑等的)暗影,阴影:A ~ of suspicion is hanging over him. 有一团疑云笼罩着他。❺C U (镜子、玻璃等的)朦胧;朦胧的影斑 **II**. (~ed['-ɪd]) *vt*. ❶使布满着云 ❷使(记忆等)模糊不清;使朦胧 *vi*. 云层密布:The sky ~ed over. 天空云层密布。

cloud·y ['klaʊdɪ] (cloudier; cloudiest) *adj*. ❶([反] bright, clear, sunny) 多云的;被云遮住的;阴天的:a ~ sky 多云的天空 ❷(液体、水晶等)浑浊的;镜子模糊的:a ~ mirror 模糊的镜子/ a ~ river 浑浊的河水 ❸(言语、记忆、照片等)不清楚的,模糊的:~ ideas 模糊的观念 ❹(心情、情绪等)郁郁不乐的,阴郁的

clover ['kləʊvə] (~s[-z]) *n*. C U【植】三叶草,苜蓿属植物

clown [klaʊn] **I**. (~s[-z]) *n*. C ❶(马戏、喜剧等的)小丑,丑角 ❷乡下佬;粗人 **II**. *vi*. 扮小丑:Stop ~ing around! 不要再像小丑那样闹了!

cloy [klɔɪ] *vt*. 使吃饱;使吃腻:~ed with rich food 吃腻美食 *vi*. 吃饱;(乐趣等)因过度而使人发腻:The pleasures of idleness soon ~. 无所事事的享乐很快就使人厌烦了。

club [klʌb] **I**. (~s[-z]) *n*. C ❶俱乐部;会,社团:a working ~ 工人俱乐部 ❷俱乐部会所:The ~ has decided to increase subscriptions. 会所决定增加报刊订阅份数。❸棍棒(通常指一端较粗的木棒);警棍:Indian ~s 体操用的瓶状棒 ❹(高尔夫球等的)球杆 ❺(纸牌中的)梅花;(一张)梅花纸牌 ❻夜总会 **II**. (~bed; clubbing) *vt*. 用棍棒打;像用棍棒一样地打:a mad dog to death 用棍子打死疯狗 *vi*. 摊付费用:They clubbed together to buy her a present. 他们出份子给她买礼物。

clue [klu:] **I**. (~s[-z]) *n*. C (为调查、猜谜等提供的)线索,暗示:We have no ~ as to where she went after she left home. 我们对她离家后去往何处毫无线索。**II**. (cluing) *vt*. 为…提供线索,提示:~ sb. to what happened 就已发生的情况给某人提供一点儿线索

clump [klʌmp] **I**. *n*. C ❶(树、灌木等的)丛,簇:a small ~ of oak trees 橡树丛 ❷(密密的)一团;一块:a ~ of earth 土块 **II**. (~ed[-t]) *vi*. ❶用沉重的脚步行走:~ing about in heavy boots 穿着笨重的靴子走来走去 ❷结块;成群;丛生 *vt*. 使结块,使成群:The children's shoes were all ~ed together in a corner. 孩子们的鞋子堆在角落里。

C

clum·sy [ˈklʌmzɪ]（clumsier；clumsiest）*adj*. 笨拙的；手脚不灵活的，姿势不雅观的：You ～ oaf — that's the second glass you've broken today! 你这个笨家伙——这是你今天打碎的第2个玻璃杯！/ a ～ girl 姿势不雅的女孩

clung [klʌŋ]cling 的过去式和过去分词

clus·ter [ˈklʌstə(r)] I.（～s[-z]）*n*. C ❶（葡萄等的）挂，串：ivy growing in thick ～s 成丛生长的常春藤 ❷（人、动物的）群集，（东西的）聚集：a ～ of houses 密密匝匝的房屋 II.（～s[-z]；～ing[-ɪŋ]）*vt*. & *vi*. 使成群；成群结队：Reporters were ～ed round the Prime Minister. 记者把首相团团围住。

clutch [klʌtʃ] I.（～es [ˈ-ɪz]；～ed[-t]）*vt*. 抓住，攫住：He ～ed the rope we threw to him. 他急忙抓住我们扔给他的绳子。*vi*. 抓，攫：～ at a straw 抓救命稻草 II. *n*. C ❶（一把）抓住，攫住：make a ～ at sth. 想抓取某物 ❷［常用复数］爪子；手；毒手；掌握，控制：be in sb.'s ～es 在某人控制下 ❸【机】离合器；离合器踏板：She released the ～ and the car began to move. 她放开离合器，汽车就开动了。❹［美口］紧要关头

coach [kəutʃ] I.（～es [ˈ-ɪz]）*n*. C ❶（旧时的）四轮大马车，公共马车：a stage-～ 驿马车 ❷（铁路上的）客车：a ～ station 长途汽车站 ❸（有别于卧车、餐车等的）普通客车 ❹私人教师，辅导者：a tennis ～ 网球教练 II.（～ed[-t]）*vt*. & *vi*. 指导，教导；辅导：～ a swimmer for the Olympics 训练准备参加奥林匹克运动会的游泳运动员

***coal** [kəul] I.（～s[-z]）*n*. ❶U 煤，煤块：put more ～ on the fire 往火里再加些煤 ❷C（燃烧中的）煤块：A hot ～ fell out of the fire and burn the carpet. 火炉里掉出一块炽热的煤，把地毯给烧了。❸C 木炭 II. *vt*. & *vi*. 供应煤给（船上）；装煤，上煤：～ a steamer 给轮船上煤 / ～ at a port（船）在港口上煤

coarse [kɔ:s]（～r；～st）*adj*. ❶粗的；粗糙的：～ salt 粗盐 / ～ cloth 粗布 ❷（食物等）粗劣的；(物品等)品质差的 ❸粗鲁的，粗暴的，粗俗的：～ manners 粗鲁的举止 / ～ jokes 粗俗的笑话

***coast** [kəust] I. *n*. C［常用复数］❶海岸，沿岸：The ship was wrecked on the Kent ～. 该船在肯特海岸遇难。❷［美］（雪橇等的）向下滑行；滑行的斜坡 II. *vt*. 在…做沿岸航行 *vi*. ❶沿海岩航行：～ down a hill to save petrol 滑行下山以省汽油 ❷毫不费力地做；一帆风顺：Mr. Li is ～ing to victory in the election. 李先生在选举中会轻易获胜。

coast·al [ˈkəustəl][无比较等级]*adj*.［常作定语]海岸的,沿岸的：～ waters 近海水域

***coat** [kəut] I. *n*. C ❶大衣，外套；女式上装：a waterproof ～ 防水的大衣/ a tweed ～ and skirt 粗花呢的外套和裙子 ❷(动物的)皮毛，毛；(植物的)表皮：a dog with a smooth ～ 长有光滑毛的狗 ❸(漆等的)涂层；(灰尘等的)表面：give sth. a second ～ of paint 在某物上涂上第二层颜料 II.（～ed[ˈ-ɪd]）*vt*. 在…上涂，覆盖…的表面：～ fish in batter 把鱼蘸上一层面、蛋、奶调成的糊/ furniture ～ed with dust 落上灰尘的家具

coax [kəuks]（～es [ˈ-ɪz]；～ed[-t]）*vt*. ❶劝诱，哄劝：He ～ed her into letting him take her to the cinema. 他哄得她同意被他带去看电影。❷哄得：I had to ～ the information out of him. 我得用好话套出他掌握的情况。*vi*. 哄骗

cob·ble[1] [ˈkɒbl]（～s[-z]）*n*. C（铺路等用的）大鹅卵石，圆石块：The cart clattered over the ～-stones. 马车嘚嘚地驶过石子路。II. *vt*. 用圆石砌(路)

cob·ble[2] [ˈkɒbl]（～s[-z]；cobbling）*vt*. ❶修，补(鞋等) ❷粗制滥造(up)

***cock** [kɒk] I. *n*. C ❶公鸡 ❷雄禽 ❸(水管、煤气管等的)旋塞，龙头，开关：turn the ～ on(off) 开(关)龙头 ❹(枪的)击铁,扳机；准备击发 ❺(圆锥状)干草堆 II. *vt*. ❶扳上(枪的)扳机 ❷(帽边、眼梢等的)翘起，竖起；歪戴，歪着：The horse ～ed its ears when it heard the noise. 那马听到声音就竖起了耳朵。

cock·tail [ˈkɒkteɪl] I.（～s[-z]）*n*. C U ❶鸡尾酒 ❷西餐中头道进食的开胃品：a shrimp ～ 开胃虾仁 II. *adj*. 鸡尾酒的

cock·y [ˈkɒkɪ]（cockier；cockiest）*adj*. 骄傲自大的，趾高气扬的

co·co [ˈkəukəu]（～s[-z]）*n*. C【植】椰子；椰子树

co·coa [ˈkəukəu]（～s[-z]）*n*. ❶U 可可粉 ❷U C（一杯）可可茶

co·co·nut [ˈkəukənʌt] *n*. C U 椰子(果)；椰子肉

co·coon [kəˈku:n]（～s[-z]）*n*. C 蚕茧；茧状物

code [kəud] I.（～s[-z]）*n*. ❶C U 代号，代码；电码，密码：a letter in ～ 密码信 ❷C 规则，准则；礼教习俗：the highway ～ 公路法规 / a ～ of behaviour 行为准则 ❸C 法典：the penal ～ 刑法 II. *vt*. 把…译成电码：～d messages 用密码编写的信息

cof·fee ['kɒfɪ] *n*.©U❶(一杯)咖啡,咖啡茶,咖啡粉,咖啡豆:Two black ~s, please. 请来两杯不加奶的咖啡。❷U咖啡色:a ~ carpet 咖啡色的地毯

cof·fin ['kɒfɪn] Ⅰ. (~s[-z]) *n*.©棺材,棺木,灵柩Ⅱ. *vt*.把…装入棺材

co·hab·it [kəʊ'hæbɪt] (~ed[-ɪd]) *vi*. (男女)同居;姘居

co·here [kəʊ'hɪə(r)] (~s[-z]; cohering ['-rɪŋ]) *vi*. ❶粘着,黏合 ❷(论据等)紧凑,连贯;符合:The adornments do not ~ with the basic design. 装饰物与设计的基调不协调。

co·her·ent [kəʊ'hɪərənt] *adj*. ❶黏着的,黏附的 ❷紧凑的,连贯的,首尾一致的;表达清楚的:a ~ analysis 前后一致的分析

coil [kɔɪl] Ⅰ. (~s[-z]) *vt*. ❶卷(绳子等),把…卷成圈:~ a length of rope 卷一段绳子 ❷(蛇等)(在…)缠绕,盘绕 *vi*. (蛇等)成圈状:a snake ~ing around its prey 缠绕着猎物的一条蛇 Ⅱ. ©❶(绳子等)缠绕的卷,圈;一卷;一圈:a ~ of flex 一盘花线/ a ~ of hair 发圈 ❷【无】线圈,绕组

coin [kɔɪn] Ⅰ. (~s[-z]) *n*.©U❶硬币:two gold ~s 两枚金币 Ⅱ. *vt*. ❶铸造(硬币);把(金属)铸成硬币 ❷创造,杜撰(新词、新语等):~ words for new products 为新产品创造新词

co·in·cide [ˌkəʊɪn'saɪd] (coinciding) *vi*. ❶同时发生;巧合:Her arrival ~d with our departure. 她来到时我们正好离开。❷(意见等)一致,相符:They did not ~ in opinion. 他们的意见不一致。

co·in·ci·dence [kəʊ'ɪnsɪdəns] (~s[-ɪz]) *n*.©U巧合;巧合的事情:By strange ~, we happened to be travelling on the same train. 巧得出奇,我们正好坐同一列车。

co·in·ci·den·tal [kəʊˌɪnsɪ'dentl] *adj*. 巧合的,同时发生的:The similarity between these two essays is too great to be ~. 这两篇文章雷同的地方很多,并非巧合所致。

cold [kəʊld] Ⅰ. *adj*. ❶([反]hot)冷的,寒冷的:feel ~ 觉得冷 ❷([近]indifferent)冷淡的,冷漠的,不热情的:a ~ look 冷淡的表情 ❸冷静的,客观的;冷酷的,无情的:kill sb. in ~ blood 残忍地把某人杀死 ❹令人泄气的,败兴的:pour ~ water on sb.'s plans 对某人的计划泼冷水 ❺寒色的(如灰色、蓝色等):a ~ grey colour 冷灰色 ❻U无准备的,贸然的 ❼[口](猜谜、游戏等)差得很远的,离题的 Ⅱ. *n*. ❶U寒冷,冷:shiver with ~ 冷得发抖 ❷©U伤风;感冒:have a ~ in the head

患伤风头疼

col·lab·o·rate [kə'læbəreɪt] (~d[-ɪd]; collaborating) *vi*. ❶协作,合作(尤指在文艺、科学等方面):She ~d with her sister on a biography of their father. 她和姐姐合作写父亲的传记。❷勾结(with):He was suspected of *collaborating* with the enemy. 他被怀疑与敌人勾结。

col·lab·o·ra·tion [kəˌlæbə'reɪʃən] *n*. U❶合作,协作:She wrote the book in ~ with her friend. 她和朋友合写这本书。❷勾结(敌人)

col·lapse [kə'læps] Ⅰ. (~s[-ɪz]; ~d[-t]; collapsing) *vt*. ❶使倒塌;使崩溃:The heavy snow ~d the fence. 大雪压垮了栅栏。❷折叠(椅子等),可折叠 ❸【医】(肺、血管等)虚脱,使虚脱 *vi*. ❶崩溃,瓦解:The roof ~d under the weight of snow. 雪把房顶压塌了。❷(椅子等)折叠起来:a chair that ~s for easy storage 为便于存放而折叠起来的椅子 ❸(健康等方面的)衰退,垮下:His health ~d under the pressure of work. 他的身体被工作压垮了。❹【医】虚脱,萎陷 Ⅱ. (~s[-ɪz]) *n*. U©倒塌;崩溃

col·lar ['kɒlə(r)] Ⅰ. (~s[-z]) *n*.©❶衣领,硬领:grab sb. by the ~ 抓住某人的领子 ❷(狗等的)项圈 ❸项饰;领章 ❹(环绕动物颈部的)皮毛的色圈 ❺【机】环管;轴环 Ⅱ. (~ing[-rɪŋ]) *vt*. ❶给(衣服)上领子;给…加项圈 ❷扭住(某人)的衣领;抓住:She ~ed me as I was leaving the building. 我正要离开大楼时,她把我拉住了。❸占取;窃取:Who has ~ed my pen? 谁拿走我的钢笔了?

col·league ['kɒli:g] (~s[-z]) *n*.© 同事;同僚:Mrs. Zhang is a ~ of mine. 张小姐是我的同事。

col·lect [kə'lekt] Ⅰ. (~ed[-ɪd]) *vt*. ❶搜集…;(人)集合:~ the empty glasses 收集空瓶 ❷收(租、税、账等);募集(捐款):The Inland Revenue is responsible for ~ing income tax. 税务局负责征收所得税。❸集中(思想等);使镇定:~ oneself after a shock 受惊之后镇定下来 ❹[口](去)带某人(来),(去)拿来(某物):~ a child from school 从学校接回孩子/ The dustmen ~ the rubbish once a week. 垃圾工每周运走一次垃圾。*vi*. ❶聚集,堆积:A crowd soon ~ed at the scene of the accident. 群众迅速聚集在出事现场。❷收款;收账:He's ~ing for famine relief. 他正在为赈济饥民募捐。Ⅱ. *adj*. 由收到者付款的,送到即付现款的:a ~ call 受话人付款的电话 Ⅲ. *adv*. 由收到者付款地,

送到即付现款地

col·lec·tion [kəˈlekʃən] (～s[-z]) n. ❶ⓒ Ⓤ收集,采集,搜集;集成:a ～ of snow 积雪 ❷ⓒ收藏品,收集品:a fine ～ of painting 精美的绘画收藏品 ❸ⓊⒸ收款;募捐;捐来的款子:a ～ for famine relief 赈济饥民的募捐 ❹ⓊⒸ(税金、费用等的)征收 ❺ⓒ(水、尘土等的)堆积,聚集:a ～ of junk 一堆破旧物品

col·lec·tive [kəˈlektɪv] Ⅰ. [无比较等级] adj. ❶集合的;聚合性的 ❷共同的,集体的;集团的;集体主义的:the ～ wishes of the people 人民的共同愿望 Ⅱ. n. 【语】集合名词

col·lec·tor [kəˈlektə] (～s[-z]) n. ⓒ ❶收集人,收藏家;采集者:a stamp ～ 集邮者 ❷收税员,收款员;募捐人

col·lege [ˈkɒlɪdʒ] (～s[-ɪz]) n. ❶ⒸⓊ(综合大学中的)学院:a secretarial ～ 秘书学院 ❷ⓒ(独立的)学院,高等专科学校;[美]大学;the Oxford and Cambridge ～s 牛津及剑桥诸学院:Eton ～ 伊顿学院 ❹ⓒ职业学校,技术学校 ❺ⓒ学会,社团

col·lide [kəˈlaɪd] (～s[-z];～d[-ɪd];colliding) vi. ❶(车、船等)相撞;冲突,抵触(with):As the bus turned the corner, it ～d with a van. 公共汽车转过拐角时与运货车相撞。❷(意见等)不一致(或相反):The interests of the two countries ～. 两国的利益发生冲突。

col·li·sion [kəˈlɪʒən] (～s[-z]) n. ⓊⒸ ❶(车、船等的)碰撞:a ～ between two cars 两车(迎头)相撞 ❷(利益、意见等的)冲突:Her political activities brought her into ～ with the law. 她的政治活动触犯了法律。

col·lo·ca·tion [ˌkɒləˈkeɪʃən] (～s[-z]) n. ❶Ⓤ【语】(字、词的)搭配 ❷ⓊⒸ排列;配置;布置

col·loid [ˈkɒlɔɪd] Ⅰ. (～s[-z]) n. ⓒ胶体,胶质Ⅱ. adj. 胶体的;胶质的

col·lo·qui·al [kəˈləʊkwɪəl] adj. 口语的,会话的;用通俗口语的

co·lon [ˈkəʊlən] (～s[-z]) n. ⓒ冒号(即:)

colo·nel [ˈkɜːnəl] (～s[-z]) n. ⓒ[英]陆军(或海陆战队)上校;[美]陆军(或空军、海军陆战队)上校

co·lo·nial [kəˈləʊnɪəl] Ⅰ. [无比较等级] adj. ❶[常作定语]殖民地的,殖民的 ❷(美国独立前)十三州时代的,美国初期的 ❸【生】集群的;群体的 Ⅱ. n. ⓒ殖民地居民

co·lo·nial·ism [kəˈləʊnɪəlɪzəm] n. Ⓤ殖民主义

col·o·ny [ˈkɒlənɪ] (colonies [-z]) n. ⓒ ❶殖民地:a former British ～ 前英国殖民地 ❷移民队,殖民团 ❸(住在外国大都市区域的)侨民;侨居地:the American ～ in Paris 巴黎的美国侨民区 ❹【生】集群;群体;菌落:a ～ of ants 蚁群/ a seal ～ 海豹群

co·los·sal [kəˈlɒsəl] adj. ❶巨大的,庞大的:a ～ building 巨大的建筑物 ❷[口]惊人的,可观的:a ～ price 惊人的价格

col·o(u)r [ˈkʌlə(r)] Ⅰ. (～s[-z]) n. ❶ⓊⒸ颜色;色彩;彩色:The garden was a mass of ～. 花园中五彩缤纷。❷[用复数]颜料;染料:paint in water～s 水彩画 ❸Ⓤ脸色,血色;红晕:He has very little ～. 他脸色不好。❹ⒸⓊ肤色,有色人种的肤色:～ prejudice 不同肤色的种族偏见 ❺ⓊⒸ外貌;(表面的)真实性;幌子:The scars on his body lent ～ to his claim that he had been tortured. 他说他受过折磨拷打,从他身上的伤疤来看倒也可信。❻Ⓤ特色,特性;生动:Her description of the area is full of ～. 她对该地区的描述绘声绘色。❼Ⓒ[常用复数]旗帜;(作为所属团体色彩标志的)绶带,徽章,衣帽:salute the ～s 向军旗致礼 Ⅱ. (～ing[-rɪŋ]) vt. ❶给…着色;染;改变…的颜色:～ a picture 给画片着色 ❷大肆渲染;使带上色彩:She gave a highly ～ed account of her travels. 她把旅行的事大大地渲染了一番。 vi. ❶(树、果实成熟时等)变色:It is autumn and the leaves are beginning to ～. 秋天到了,叶子开始变黄了。❷(脸)变红:She ～ed at his remarks. 她听了他的话而脸红。

col·o(u)red [ˈkʌləd] Ⅰ. adj. ❶有色的:～ chalks 彩色粉笔 ❷[常用以构成复合词]有某种颜色的:fresh-～ 肉色的 ❸经过渲染的,有色彩的;伪装的 ❹混血种的(尤指非纯白色人种的) Ⅱ. n. ⓒ有色人种的人(尤指黑人);混血人

co·lo(u)r·ful [ˈkʌləful] ❶adj. ([反] colourless) 颜色丰富的,多色的;艳丽的 ❷吸引人的;丰富多彩的:a ～ period of history 历史上多姿多彩的时期

col·o(u)r·ing [ˈkʌlərɪŋ] (～s[-z]) n. Ⓤ ❶颜料,着色剂:This yogurt contains no artificial flavouring or ～. 这种酸乳酪不含人造香料或着色剂。❷着色(法);面色;外貌:She has a very fair ～. 她脸色白皙。

col·o(u)r·less [ˈkʌləlɪs] adj. ❶无色的 ❷苍白的,无血色的;色彩暗淡的 ❸无趣味的,不生动的;无特色的

col·umn [ˈkɒləm] (～s[-z]) n. ⓒ ❶柱,支

柱,圆柱:The temple is supported by massive ~s. 此庙由粗大的柱子支撑。❷柱状物:a ~ of smoke 烟柱 ❸(报刊等中的)栏;段 ❹专栏:the fashion ~ 时装专栏 ❺【数】列;柱:add up a long ~ of figures 把一串纵行数字相加 ❻【军】(士兵的)纵列

comb [kəʊm] **Ⅰ.** (~s[-z]) **n.** ⓒ梳子 ❷梳理:Your hair needs a good ~. 你的头发需要好好梳一下。❸【动】肉冠:鸡冠状的东西 ❹【动】蜂房 **Ⅱ. vt.** ❶用梳子梳理:Don't forget to ~ your hair before you are out! 不要忘记临出门梳梳头! ❷彻底搜查(某处):Police are ~ing the woods for the missing children. 警察搜遍树林,以寻找失踪的孩子。

com·bat ['kɒmbæt] **Ⅰ. n.** ⓒ Ⓤ❶战斗,争斗:The troops were exhausted after months of fierce ~.部队经过几个月的激战已筋疲力尽。❷竞争;争论 **Ⅱ.** (combat(t)ed; combat(t)ing) **vt.** 跟⋯战斗;反对:~ the enemy 与敌人作战 **vi.** 战斗,搏斗

com·ba·tant ['kɒmbətənt] **Ⅰ.** ⓒ战斗人员;格斗者 **Ⅱ. adj.** 战斗的

com·bi·na·tion [ˌkɒmbɪ'neɪʃən] **n.** ❶ⓒ Ⓤ结合,联合,合并;结合体,联合体:The firm is working on a new product in ~ with several overseas partners. 公司正在联合几家海外合伙人制造新产品。❷ⓒ(为了打开密码锁的)对号密码 ❸ⓒ【用复数】连裤内衣 ❹Ⓤⓒ化合;化合物 ❺ⓒ【数】组合;配合

com·bi·na·tive ['kɒmbɪnətɪv] **adj.** 结合的;结合而成的

com·bine **Ⅰ.** [kəm'baɪn] (~s[-z]; combining) **vt.** ❶使结合;使联合:Combine the eggs with a little flour and heat the mixture gently. 把鸡蛋和少量面粉调匀,用文火加热。❷使⋯化合:~ acid with alkali 将酸与碱化合 **vi.** ❶结合;联合:The two parties ~d against the government. 那两党联合起来反对政府。❷化合:Hydrogen ~s with oxygen to form water. 氢与氧化合成水。**Ⅱ.** ['kɒmbaɪn] (~s[-z]) **n.** ⓒ❶(为某种目的而联合的)联合企业 ❷联合收割机

com·bus·ti·ble [kəm'bʌstəbl] **Ⅰ. adj.** ❶易燃的;可燃的:Petrol is highly ~. 汽油极易燃。❷易于激动的:a ~ temperament 易冲动的脾气 **Ⅱ.** (~s[-z]) **n.** ⓒ【常用复数】易燃物;可燃物

come [kʌm] (~s [-z]; came [keɪm] come; coming) **vi.** ❶来,来临:She came into the room and shut the door. 她进到房间里来,然后关上了门。/She came sobbing into the room. 她哭着进屋来了。❷(往对方的

方向)去;(说话者与聆听者)一起去:Can I ~ and see you this afternoon? 今天下午我去拜访你好吗?❸到达(某场所),抵达;达到(某一阶段):They came to a river. 他们来到河边。❹(时间)到,来到;(轮流)到:按顺序)来到⋯:The time has ~ to act. 行动的时间到了。/ Your turn ~s next. 下一个轮到你。❺(数额)达⋯:That all ~s to twenty dollars exactly. 全部刚好 20 美元。❻变成,达到(某种状态):The door came open quietly. 门静悄悄地开了。❼(事情)演变到⋯;终于到:How did he ~ to break his leg? 他怎么把腿弄折了呢? ❽发生,降临;(心中)浮现;出现:May ~s between April and June. 5月在4月与6月之间。/ The truth suddenly came to me. 我突然了解到了真相。❾出身于,来自:The delegates came from all parts of the country. 代表们来自全国各地。❿(从⋯)产生;(商品等以某种形态)供货:This dress ~s in three sizes. 这种衣服有 3 种尺码供应。/ Wine ~s from grapes. 葡萄酒是葡萄制成的。⓫[用作感叹词]得啦,喂,好啦(用命令式,表批评、警告、激动等):Come,~, you shouldn't go there. 得啦,得啦,你不该去那儿的。⓬到⋯的时候:She will be 21 ~ May. 到 5 月份时她将满 21 岁。⓭[英口]摆出⋯的样子,假装:Don't ~ the bully with me! 不要跟我无理取闹!

co·me·di·an [kə'miːdɪən] (~s[-z]) **n.** ⓒ ❶喜剧演员(或作家) ❷[口]行动滑稽的人

com·e·dy ['kɒmɪdɪ] (comedies [-z]) **n.** Ⓤ ⓒ❶([反]tragedy)喜剧;喜剧作品:I prefer ~ to tragedy. 我喜欢喜剧,而不喜欢悲剧。❷喜剧场面;喜剧性事件:He didn't appreciate the ~ of the situation. 他没有意识到处境的有趣方面。

come·ly ['kʌmlɪ] (comelier; comeliest) **adj.** 标致的;秀丽的:a ~ girl 一个标致的女孩

com·er ['kʌmə(r)] (~s[-z]) **n.** ⓒ❶来者;前来(申请参加等)的人:Late-~s will not be allowed in. 迟到者不得入内。❷[俚]有成功希望的人(或事物)

com·et ['kɒmɪt] **n.** ⓒ彗星

com·fit ['kʌmfɪt] **n.** ⓒ糖果;蜜饯;果脯

com·fort ['kʌmfət] **Ⅰ.** ([反]discomfort) **n.** ❶Ⓤ安慰:a few words of ~ 几句安慰的话 ❷ⓒ安慰者;给予安慰的东西:Her children are a great ~ to her. 她的孩子是她最大的安慰。❸Ⓤ舒适,安逸:They did everything for our ~. 他们尽力使我们觉得舒适。❹ⓒ[常用复数](生活方面)使人舒适的设

备,方便的东西:The hotel has all modern ~s. 这家旅馆设有各种现代化的舒适设备。**Ⅱ.**(~ed[-ɪd])*vt.* 安慰;使舒适:The child ran to its mother to be ~ed. 孩子跑到母亲身边,以求得到安慰。

com·for·ta·ble ['kʌmfətəbl] *adj.* ❶([反]uncomfortable)(居家、家具等)舒适的,舒服的:She made herself ~ in a big chair. 她舒舒服服地坐在大椅子上。❷无忧无虑的:a ~ job 无忧无虑的工作

co·mic ['kɒmɪk] **Ⅰ.** *adj.* ❶喜剧的,喜剧性的:a ~ actor 喜剧演员 ❷滑稽的,好笑的:His accident with the microphone brought some welcome ~ relief to a very dull party. 他撞上了话筒,这给极沉闷的聚会带来了些欢乐。**Ⅱ.** *n.* ◎喜剧演员;喜剧作家;喜剧人物:a popular ~ 观众喜爱的喜剧演员

com·i·cal ['kɒmɪkl] *adj.* 滑稽的,诙谐的,怪里怪气的:He looked highly ~ wearing that tiny hat. 他戴着顶小帽子,看上去真滑稽。

com·ing ['kʌmɪŋ] **Ⅰ.** [作定语]*adj.* ❶正在来到的,即将来到的:the ~ Sunday 即将来到的星期日 ❷(人或事物)有指望成功的 **Ⅱ.** *n.* ◎Ⓤ[用单数]来到,到达:the ~ of the space age 太空时代的到来

com·ma ['kɒmə] (~s[-z]) *n.* ◎逗号(即,):put a ~ 加逗号

com·mand [kə'mɑːnd] **Ⅰ.** (~s[-z]; ~ed [-ɪd]) *vt.* ❶指挥,统帅;命令:Do as I ~ you. 照我命令你的去做。/The tribunal has ~ed that all copies of the book must be destroyed. 法庭命令必须将本书的所有印本销毁。❷控制;对…有支配权;拥有…(可供使用):~ funds 掌握资金/ The ship captain ~s all the officers and men. 船长统率舰上全体官兵。❸应得;博得(尊敬等):Great men ~ our respect. 伟人受到我们尊敬。❹俯临,俯瞰:a fortress ~ing the entrance to the valley 俯临山谷入口的要塞 *vi.* 命令;指挥;控制:Who ~s here? 这里是谁在指挥? **Ⅱ.** *n.* ❶◎命令:Her ~s were quickly obeyed. 她的命令已经迅速执行。❷Ⓤ统帅(地位);指挥(权):He should not be given ~ of troops. 不应该把部队的指挥权交给他。❸Ⓤ◎掌握;运用能力:He has enormous funds at his ~. 他掌握着巨额资金。/He has a good ~ of the French language. 他精通法语。❹◎司令部,指挥部:Bomber *Command* 轰炸机组的指挥部

com·man·der [kə'mɑːndə(r)] (~s[-z]) *n.* ◎❶指挥员,司令员;指挥官;司令:the ~ of the expedition 探险队指挥官 ❷海军中校;空军中校

com·mand·ment [kə'mɑːndmənt] *n.* ◎戒律;圣戒:obey God's ~s 恪守上帝的戒律

com·mem·o·rate [kə'meməreɪt] (~d [-ɪd]; commemorating) *vt.* ❶纪念:We ~ the founding of our nation with a public holiday. 我们放假一天,以庆祝建国。❷(物品、日期等)成为…的纪念:This memorial ~s those who died in the war. 这座纪念碑是纪念战争中牺牲者的。

com·mem·o·ra·tion [kə,memə'reɪʃən] (~s[-z]) *n.* ❶Ⓤ纪念:a statue in ~ of a national hero 纪念民族英雄的雕像 ❷◎纪念会,纪念仪式;纪念物

com·mence [kə'mens] (~s[-ɪz]; ~d[-t]; commencing) *vt.* ([近]begin)开始…;(正式)倡导:Shall we ~ the ceremony? 开始举行仪式好吗? *vi.* 开始

com·mend [kə'mend] (~s[-z]; ~ed[-ɪd]) *vt.* ❶称赞,表扬,嘉奖:Her teaching was highly ~ed. 她的教学工作受到高度赞扬。❷推荐:That's excellent advice; I ~ it to you. 那意见极好,我把它推荐给你。❸把…交托给(to):~ one's soul to God 把自己的灵魂托付给上帝

com·ment ['kɒment] **Ⅰ.** *n.* ❶◎Ⓤ评论,批评:Do you have any ~s to make on the recent developments? 你对最近的事态发展有什么评论吗? ❷◎Ⓤ注释;评注 ❸Ⓤ◎闲话,流言蜚语:The scandal caused a lot of ~. 这件丑闻遭到很多议论。**Ⅱ.** *vi.* 评论,批评;解释:Asked about the date of the election, the Prime Minister ~ed that no decision had yet been made. 首相对询问选举日期一事解释说尚未做出决定。

com·men·ta·ry ['kɒməntərɪ] (commentaries[-z]) *n.* ❶◎注解(本);注释:a Bible ~《圣经》集注 ❷◎Ⓤ(广播的)解析,评论;实况报道:a broadcast ~ of a football match 足球赛实况的广播报道 ❸Ⓒ[用复数]纪事

com·merce ['kɒmɜːs] *n.* Ⓤ❶商业,贸易:We must promote ~ with neighbouring countries. 我们必须促进与邻国的贸易。❷社交;(意见等的)交流

com·mer·cial [kə'mɜːʃəl] **Ⅰ.** *adj.* ❶商业的,商务的:~ law 商业法 ❷商品化的;以获利为目的的:~ theatre 以获利为目的的剧院 ❸(药品等)市面上出售的;工业用的 ❹由广告商付费的;商业性的:I work for a ~ radio station. 我在商业广播电台工作。**Ⅱ.**

(～s[-z])*n*. ⓒ无线电(或电视)中的广告节目

com·mer·ci·a·lize, -ise [kəˈməːʃəlaɪz] *vt*. 使商业化;使商品化

com·mis·er·ate [kəˈmɪzəreɪt] (～d[-ɪd]; commiserating) *vt*. & *vi*. 同情,怜悯:I ～d with her on the loss of her job. 她失去了工作,我很同情她。

com·mis·sion [kəˈmɪʃən] Ⅰ. (～s[-z]) *n*. ❶ⓊⒸ(权限、任务等)委托;委任;委任状:She has received many ～s to design public buildings. 她接受多项委托设计公共建筑。❷ⓒ委员会:the Military Commission 军事委员会 ❸ⓊⒸ(委托业务的)酬金,佣金;回扣:You can get a 10% ～ on everything you sell. 你可以从售出的每种货物中得到10%的佣金。❹Ⓤ犯罪:a sin of ～ rather than omission 违法罪而不是疏忽罪 ❺ⓊⒸ【军】(军官的)任命,派遣;军官的地位 Ⅱ. *vt*. ❶ 给(某人)…权限;委托(某人)向(某人)要求:～ an artist to paint a picture 委托画家画一幅画 ❷委托制作(艺术品等):He ～ed a statue of his wife. 他请人制作他妻子的雕像。❸将(某人)任命为军官:She was ～ed as a lieutenant in the Women's Army Corps. 她被委任为陆军妇女队的中尉。❹使(军舰)服役

com·mit [kəˈmɪt] (committed[-ɪd]; committing) *vt*. ❶犯(错误、罪行),干(坏事、傻事):～ murder 犯凶杀罪/～ an unforgivable error 犯不可原谅的错误 ❷把…交托给;把…提交给:～ a patient to a mental hospital 把病人送进精神病院

com·mit·ment [kəˈmɪtmənt] *n*. ⓊⒸ❶委托;委任 ❷约定,承诺,许诺

com·mit·tee [kəˈmɪtɪ] (～s[-z]) *n*. ⓒ委员会:The ～ has decided to dismiss him. 委员会已决定辞退他。

com·mod·i·ty [kəˈmɒdɪtɪ] (commodities [-z]) *n*. ⓒ商品;日用品:household *commodities* 家庭日用品/ the ～ market 商品市场

com·mon [ˈkɒmən] Ⅰ. (～er; ～est 或 more; ～ most) *adj*. ❶[反]uncommon 普通的,一般的;通常的;平常的:a ～ flower 普通的花 ❷共有的;共用的;共同的:～ property 共有的财产 ❸公众的,公共的:a ～ denominator 公分母 ❹粗俗的;低劣的:She is so ～, shouting like that so all the neighbours can hear! 她非常粗俗,大喊大叫,周围人都能听到! Ⅱ. (～s[-z]) *n*. ⓒ公用地,公有地

com·mon·place [ˈkɒmənpleɪs] Ⅰ. *adj*. 平凡的;司空见惯的:He's not at all exciting,

in fact he's really rather ～. 他毫不出奇,实际上平庸得很。Ⅱ. *n*. ⓒ司空见惯的事;平凡的话:Air travel is a ～ nowadays. 现在坐飞机是平常事。

com·mon·wealth [ˈkɒmənwelθ] *n*. ❶ⓒ国家;共和国 ❷[the Commonwealth]英联邦(由联合王国及原所辖的自治领和属地组成的联邦)

com·mu·nal [ˈkɒmjʊnl] [无比较等级] *adj*. ❶自治体的;乡镇的 ❷共同的,公共的;集体的:～ life 集体生活

com·mune¹ [kəˈmjuːn] (～s[-z]; communing) *vi*. ❶密切磋商,亲密交往:friends *communing* together 在一起亲密交谈的朋友 ❷[美](基督教)领受圣餐

com·mune² [ˈkɒmjuːn] *n*. ❶ⓒ市镇(法国、比利时等国的最小地方行政区) ❷Ⓤ公社

com·mu·ni·cate [kəˈmjuːnɪkeɪt] (～d [-ɪd]; communicating) *vt*. ❶传达,传送(热、感情、消息等):This poem ～s the author's despair. 这首诗流露出作者的绝望心情。❷传染(疾病):～ a disease 传播疾病 *vi*. ❶通讯;通话:The police ～ with each other by radio. 警察通过无线电(互相)联络。❷(房间、道路等)互通:My garden ～s with the one next door by means of a gate. 我的花园有道大门与邻家的门相通。

com·mu·ni·ca·tion [kəˌmjuːnɪˈkeɪʃən] (～s[-z])*n*. ❶Ⓤ通信,通讯;传达;(意见等)交换,交流,交往:Being deaf and dumb makes ～ very difficult. 又聋又哑很难与人交流。❷ⓒ传达的信息,消息:receive a secret ～ 收到一个秘密消息 ❸ⓒⓊ交通;交通工具:a world ～s network 环球通讯网

com·mu·ni·ca·tive [kəˈmjuːnɪkətɪv] *adj*. ❶爱说话的:I don't find Peter very ～. 我觉得彼得不爱说话。❷通讯联络的

com·mu·ni·que [kəˈmjuːnɪkeɪ] *n*. ⓒ [法]公报,正式发表的声明:A government ～ issued this morning, states that... 今晨发布的政府公报宣称…

com·mu·nism [ˈkɒmjʊnɪzəm] *n*. Ⓤ共产主义(制度)

com·mu·nist [ˈkɒmjʊnɪst] Ⅰ. *n*. ⓒ❶共产主义者 ❷共产党员 Ⅱ. *adj*. 共产主义(者)的;共产党的

com·mu·ni·ty [kəˈmjuːnɪtɪ] (communities [-z])*n*. ❶ⓒ公社;团体;(政治)共同体:work for the good of the ～ 为集体利益服务 ❷Ⓤ[the ～](一般)社会,公众:～ service 社会服务 ❸Ⓤ(财产等的)共有;(思想、利益

等的)一致:～ of interests 利益的一致/ a ～ spirit 集体精神 ❹ⓒ【生】(动、植物的)群栖

com·mute [kəˈmjuːt] (~d[-ɪd]; commuting) vt. ❶更换···,变换(支付方式);～ an annuity into a lump sum 将年金改为一次性总付款 ❷减轻(刑罚等):She was given a ~d sentence. 她获减刑判决。vi. 购买和使用长期车票;经常来往:She ~s from Oxford to London everyday. 她每天通勤于牛津和伦敦之间。

com·pact¹ [ˈkɒmpækt] n. ⓒⓤ契约,合同

com·pact² [kəmˈpækt] Ⅰ. adj. ❶紧密的;坚实的;结实的:a ～ mass of sands 坚实的沙堆 ❷(汽车、房子等)轻便的,小型的:The computer looks ～ and functional. 这个计算机看起来小巧而实用。❸(文体)简洁的;紧凑的 Ⅱ. vt. ❶使紧密;使结实:The ~ed snow on the pavement turned to ice. 人行道上被踩实的雪已变成了冰。❷使简洁

com·pan·ion [kəmˈpænɪən] (~s[-z]) n. ⓒ ❶同伴;同事;同忧乐的人;志趣相投的人:A dog is a faithful ～. 狗是忠实的伙伴。/ ~s in misfortune 共患难的人 ❷旅伴:my ～ on the journey 我的旅伴 ❸受雇服侍病人(或老人)者:take a post as a paid ～ 受雇做陪伴人 ❹成对(或成副、成双等)物之一:The ～ volume will soon be published. 这卷书的姐妹篇即将问世。❺(作书名用)指南,参考书:the Gardener's *Companion*《园艺指南》

com·pa·ny [ˈkʌmpənɪ] Ⅰ. (companies [-z]) n. ❶ⓤ交际,交往;陪行:I enjoy his ～. 我喜欢和他在一起。❷ⓤ朋友;同伴:judge sb. by the ～ he keeps 从某人所交的朋友来判断他的为人 ❸ⓤ访客,客人:We're expecting ～ next week. 我们下星期有客来访。❹ⓒ公司,商号:a manufacturing ～ 制造公司 ❺ⓒ(一)群,(一)队;(一)伙:She told the assembled ～ what had happened. 她把发生的事告诉了聚会的人。❻【军】(陆军的)步兵连;连队 ❼ⓒ【海】(集体用法)(船的)全体船员 Ⅱ. vt. 陪伴 vi. 交往

com·pa·ra·ble [ˈkɒmpərəbl] adj. ❶(与···)相比的,比较的:The achievements of an athlete and a writer are not ～. 运动员的成就与作家的成就不能相提并论。❷类似的:A heart is ～ with a pump. 心脏类似水泵。

com·par·a·tive [kəmˈpærətɪv] [无比较等级] adj. ❶比较的,比较上的:～ linguistics 比较语言学 ❷相当的(与其他事物相比):In a poor country, owning a bicycle is a sign of ～ wealth. 在贫穷的国家里,有辆自行车就是相当富裕的象征。❸【语】比较级的

com·pare [kəmˈpeə(r)] (~s[-z]; comparing [-rɪŋ]) vt. ❶比较;对照:If you ～ their work, you'll find hers is much better. 要是把他俩的工作比较一下,就会发现她的好得多。❷比喻,比作:Poet has ~ed sleep to death. 诗人把睡眠比喻成死亡。vi. 比得上,相比:This can't ～ with that. 这个无法与那个相比。

com·par·i·son [kəmˈpærɪsn] (~s[-z]) n. ⓒⓤ ❶比较,对照:make a ～ between the two designs 将两种设计进行比较 ❷比喻:the ～ of the heart to a pump 把心脏比喻成水泵 ❸【语】比较级

com·part·ment [kəmˈpɑːtmənt] n. ⓒ ❶区划;划分;隔间:a case with separate ~s for shoes 分格存放鞋的箱子 ❷列车车厢分隔间

com·pass [ˈkʌmpəs] (~es[-ɪz]) n. ⓒ ❶罗盘,指南针 ❷(常用复数)圆规:a pair of ~es 一只圆规 ❸界限;范围:beyond the ～ of the human mind 超出人类智力范围

com·pas·sion [kəmˈpæʃən] n. ⓤ同情,怜悯:They took ～ on her children and offered them a home. 他们因可怜她的孩子而给他们提供了住处。

com·pat·i·ble [kəmˈpætəbl] adj. ❶不矛盾的,能相容共存的:The couple separated because they were not ～. 这对夫妻因不合而分居。❷【无】兼容制的:This printer is ～ with most microcomputers. 这台打印机是与大多数微型电子计算机兼容的。

com·pel [kəmˈpel] (~s[-z]; compelled; compelling) vt. ❶强迫,使不得不;迫使屈服:We can't ～ you to do it, but we think you should. 我们不能强迫你去做,但我们认为你应该做。❷强制获得(反应、同意、服从等):You can't ～ obedience from me. 你无法逼我去服从。

com·pen·di·um [kəmˈpendɪəm] (~s[-z]; 或 compendia[kəmˈpendɪə]) n. ⓒ 概要,概略;纲要;简编:This encyclopedia is truly a ～ of knowledge. 这部百科全书真正是知识宝库。

com·pen·sate [ˈkɒmpenseɪt] (~d[-ɪd]; compensating) vt.& vi. 补偿,赔偿:She was ~d by the insurance company for her injuries. 她受伤后获得保险公司的赔偿。

com·pen·sa·tion [ˌkɒmpenˈseɪʃən] n. ⓤ ❶补偿,赔偿;补偿物:*Compensation* of injured workers has cost the company a lot. 公司花了一大笔钱赔偿受伤的工人。❷赔偿金;补偿金:receive £ 500 in ～ for injury 因受伤获500英镑赔偿 ❸[美]报酬,津贴,薪水:

My job is hard，but it has its ~s. 我的工作虽苦，但薪水可心。❹【心理】补偿作用

com·pete [kəm'piːt] (~d[-ɪd]；competing) *vi*. ❶比赛，竞争：Several companies are *competing* for the contract. 几家公司正为争取一项合同而互相竞争。❷匹敌(with)

compe·tence ['kɒmpɪtəns] *n*.Ⓤ❶能力；胜任：No one doubts her ~ as a teacher. 谁也不怀疑她能胜任教师工作。❷权能，权限：matters within the ~ of the court 法院权限以内的事

com·pe·tent ['kɒmpɪtənt] *adj*. ❶([反] incompetent)有能力的，能胜任的：He's not ~ to look after young children. 他没有看小孩的能力。❷足够的：~ knowledge 足够的知识 ❸有权能的；有法定资格的

com·pe·ti·tion [ˌkɒmpɪ'tɪʃən] (~s[-z]) *n*. ❶Ⓒ竞赛，比赛：He came first in the poetry ~. 他获得诗歌比赛第一。❷Ⓤ竞争；角逐：We are in ~ with several other companies for the contract. 我们与另几家公司角逐争取这项合同。❸Ⓒ竞争对手：She had a chance to see the ~ before the interview. 她在面试之前有机会见到了对手。

com·pe·ti·tive [kəm'petɪtɪv] *adj*. 竞争的；比赛的：~ sports 竞争性的体育运动

com·pet·i·tor [kəm'petɪtə(r)] (~s[-z]) *n*.Ⓒ竞争者；比赛者；敌手：The firm has better products than its ~s'. 这公司的产品比其他对手的好。

com·pi·la·tion [ˌkɒmpɪ'leɪʃən] (~s[-z]) *n*.ⓊⒸ编辑；汇编；编辑物：Her latest album is a ~ of all her best singles. 她的最新专辑是她的最佳单曲唱片的合集。

com·pile [kəm'paɪl] (~s[-z]；compiling) *vt*. ❶收集(资料等)：~ statistics for a report on traffic accidents 为交通事故报告汇集统计数字 ❷编辑(词典等)：a guidebook ~d for a variety of sources 汇集多方资料编辑的旅行指南 ❸【计】编译(程序)；转化成机器语言

com·pla·cent [kəm'pleɪsnt] *adj*. 自满的；自鸣得意的：We must not be ~ about our achievements; there is still a lot to be done. 我们一定不能满足于我们的成绩，还有很多事情要去做。

com·plain [kəm'pleɪn] *vt*. 抱怨；发牢骚：He ~ed that his meal was cold. 他抱怨说他的饭菜凉了。*vi*. ❶抱怨；叫屈，诉苦：She ~ed to me about his rudeness. 她向我诉苦说他粗鲁。❷申诉；控告：We ~ed to the po-

lice about the noise from the bar. 酒吧间的声音太大，我们向警方投诉。

com·plaint [kəm'pleɪnt] *n*. ❶ⒸⓊ抱怨，叫屈；诉苦；抗议：The road works caused much ~ among the local residents. 修路引起周围居民很多怨言。❷Ⓒ【法】控诉，申诉：She lodged a ~ about the noise. 她就噪音问题提出投诉。❸Ⓒ疾病：a heart ~ 心脏病

com·ple·ment ['kɒmplɪmənt] Ⅰ. *n*.Ⓒ❶补充物；补足物：Rice makes an excellent ~ to a curry dish. 有咖喱的菜配米饭最佳。❷【语】补(足)语：In the sentence "I am angry"，"angry" is the ~. 在"I'm angry"一句中，angry是补语。❸船上的定员；【军】编制人数，定额装备：the ship's ~ 船上的编制名额 ❹【数】余数；余角 Ⅱ. ['kɒmplɪment] *vt*. 补充；补足

com·ple·men·ta·ry [ˌkɒmplɪ'mentərɪ] *adj*. 补足的；补充的；互补的：They have ~ personalities. 他们二人的性格可取长补短。/ ~ angle【数】余角

com·plete [kəm'pliːt] Ⅰ. *adj*. ❶([近] full, entire)([反]incomplete)完全的；全部的：a ~ collection 全部的收藏/ a ~ set 完善的设备 ❷彻底的；十足的；全然的：a ~ stranger 素不相识的陌生人 / It was a ~ surprise to me. 这对我来说完全是件意外的事。❸结束的，完成的：When will the building work be ~? 建筑工作何时完成？Ⅱ. (~d[-ɪd]；completing) *vt*. ❶完成，结束：When will the railway be ~d? 铁路何时竣工？❷使…完整，使…完善，使…完满：A few words of praise from her would have ~d his happiness. 她要是能夸他两句，他就心满意足了。

com·ple·tion [kəm'pliːʃən] *n*.Ⓤ完成，结束；完满：The film is nearing ~. 电影制作即将完成。

com·plex ['kɒmpleks] Ⅰ. *adj*. ❶([反]simple)复杂的，难懂的：a ~ problem 复杂的问题 ❷由各种部分所构成的，复合的，合成的：a ~ sentence 复合句 Ⅱ. (~es[-ɪz]) *n*.Ⓒ ❶综合设施；集团：a big industrial ~ 大型工业联合体 ❷复合物，综合体 ❸情结；【俚】变态心理：an inferiority ~ 自卑情结/ He has a ~ about his weight. 他对自己的体重提心吊胆。❹【口】固定观念，强迫观念

com·plex·ion [kəm'plekʃən] (~s[-z]) *n*. Ⓒ❶肤色(尤指面部肤色)：a good ~ 脸色好/ a sallow ~ 脸色黄 ❷情况，局面，样子：Her resignation puts a different ~ on things. 她一辞职则情随事迁。

com·pli·ance [kəm'plaɪəns] (~s[-ɪz]) *n*.

Ⓤ依从,屈从:In ～ with your wishes, we have withdrawn our suggestion. 遵照你的要求,我们已将建议撤销。

com·pli·ant [kəm'plaɪənt] *adj.* ❶依从的;顺从的❷驯服的;屈从的

com·pli·cate ['kɒmplɪkeɪt] (～d[-ɪd]; complicating) *vt.* ❶使…复杂,使…难懂:Her refusal to help ～s matters. 她不肯帮忙,事情就更难办了。❷使…麻烦;使(疾病等)恶化:a headache ～d by an eye trouble 因眼病并发而加剧的头痛病 *vi.* 变复杂

com·pli·ca·tion [ˌkɒmplɪ'keɪʃən] (～s [-z]) *n.* ❶ⒸⓊ复杂化,复杂性 ❷Ⓒ使事情变复杂难解的因素;麻烦的情况:A further ～ was Mrs. Wang's refusal to travel by air. 更麻烦的是,王女士拒绝坐飞机。❸Ⓒ【医】并发症:Complications set in, and the patient died. 病人因出现并发症而死亡。

com·pli·ment Ⅰ. ['kɒmplɪmənt] *n.* Ⓒ❶赞美的话;称赞:One likes to hear ～s on one's appearance. 人人都爱听夸奖自己容貌的话。❷敬意;荣誉的事:My ～ to your wife. 向您的夫人致意。❸[用复数]问候,道贺,贺词:Compliments of the season. 谨致节日的祝贺。Ⅱ. ['kɒmplɪment] *vt.* ❶赞美;夸奖:I ～ed her on her skillful performance. 我钦佩她娴熟的技艺。❷赠送(某人)(with)

com·pli·men·ta·ry [ˌkɒmplɪ'mentəri] *adj.* ❶赞美的;表敬意的;问候的:～ remarks 赞美话 ❷免费赠送的:a ～ seat 优待席 / a ～ ticket 赠票

com·ply [kəm'plaɪ] (complies[-z]; complied) *vi.* (对命令、要求等)顺从,依从,听从:She was told to pay the fine, but refused to ～. 通知她交纳罚款,但她拒不服从。

com·po·nent [kəm'pəʊnənt] Ⅰ. *adj.* 组成的,合成的:the ～ parts of a sentence 句子的组成成分 Ⅱ. *n.* Ⓒ(机器、设备等的)构成要素;零件:the ～s of a camera 照相机的部件

com·pose [kəm'pəʊz] (～s[-ɪz]; composing) *vt.* ❶[常用被动]组成,构成:The committee is ～d of fifteen members. 该委员会由15位成员组成。❷创作(乐曲、诗歌等);为(歌词等)作曲:She began to ～ songs at an early age. 她年轻时就已开始创作歌曲。❸使镇定,使平静:Please ～ yourself; there is no need to get excited! 请镇静,不必激动! ❹调停(纠纷等) *vi.* 创作;作曲

com·po·si·tion [ˌkɒmpə'zɪʃən] (～s[-z])

n. ❶Ⓤ写作;作曲:He played a piano sonata of his own ～. 他演奏了一首自己创作的钢琴奏鸣曲。❷Ⓒ(文学、美术、音乐等)作品;(尤指学生在校写的)作文:Swan Lake is one of Tchaikovsky's best-known ～. 《天鹅湖》是柴可夫斯基最著名的作品之一。❸Ⓤ构成;构造:Her drawing is competent, but her ～ is poor. 她的画有功力,但布局欠佳。❹Ⓤ(东西的)成分;组成:the ～ of the soil 土壤的成分 ❺Ⓤ气质,脾性:He has a touch of madness in his ～. 他有点儿疯疯癫癫的。❻Ⓒ合成物;混合物:a ～ used as flooring materials 合成的地板材料

com·pound¹ ['kɒmpaʊnd] Ⅰ. *adj.* ❶混合的,化合的 ❷复合的:an insect's ～ eye 昆虫的复眼 / ～ nouns 复合名词 Ⅱ. (～s[-z]) *n.* Ⓒ❶混合物;化合物:Common salt is a ～ of sodium and chlorine. 食盐是钠和氯的化合物。❷【语】复合词;合成词 Ⅲ. [kəm'paʊnd] (～ed[-ɪd]) *vt.* ❶使复合;使混合;使化合;使合成:The druggist ～ed the chemicals in the vat. 那位药剂师把化学药品混合放到大桶里。❷[常用被动语态](使恶劣的局面)更严重;使恶化

compound² ['kɒmpaʊnd] (～s[-z]) *n.* Ⓒ(用篱笆或围墙圈起的)场地;建筑群

com·pre·hend [ˌkɒmprɪ'hend] (～s[-z]; ～ed[-ɪd]) *vt.* ❶了解,领会:I can't ～ how you could have been so stupid. 我真不明白你怎么那么蠢。❷包含,包括

com·pre·hen·si·ble [ˌkɒmprɪ'hensəbl] *adj.* 可了解的;易了解的:a book that is ～ only to specialists 只有专家才看得懂的书

com·pre·hen·sion [ˌkɒmprɪ'henʃən] (～s [-z]) *n.* ❶Ⓤ([反]incomprehension)理解,理解力:a problem above sb.'s ～ 某人理解不了的问题 ❷ⓊⒸ(语言学习中的)理解练习

com·pre·hen·sive [ˌkɒmprɪ'hensɪv] *adj.* 包含内容多的,综合的:a ～ description 全面的描述

com·press Ⅰ. [kəm'pres] (～s[-ɪz]; ～ed [-t]) *vt.* ❶压缩;压挤;紧压:～ straw into blocks for burning 将干草压成块供燃烧 ❷使(语言等)简练;归纳(思想):～ an argument into just a few sentences 将论点概括成几句话 Ⅱ. ['kɒmpres] *n.* Ⓒ(止血、消炎用的)敷布;压布:a cold ～ 冷敷布

comp·pres·sion [kəm'preʃən] *n.* Ⓤ❶压缩,浓缩,凝缩:the ～ of gas 气体的压缩 ❷(思想等的)归纳

com·prise [kəm'praɪz] (～s[-ɪz]) [无进行时]*vt*. ❶(整体)由(…部分)组成:a committee *comprising* people of widely differing views 由观点极不相同的成员组成的委员会 ❷构成:Two small boys and a dog ～*d* the street entertainer's only audience. 两个小男孩和一只狗成了街头艺人仅有的观众。

com·pro·mise ['kɒmprəmaɪz] **I.** (～s[-ɪz]) *n*. ❶ⒸⓊ妥协,和解:Most wage claims are settled by ～. 对提高工资的要求大多都能折中地解决。❷Ⓒ妥协方案,折中方法,和解契约:The final proposals were a rather unsuccessful ～ between the need for profitable people and the demands of local conservationists. 最终的方案是受益者和地区自然资源保护者之间颇为勉强的相互妥协。**II.** (～s[-ɪz]; compromising) *vi*. 妥协,让步:I wanted to go to Greece, and my wife wanted to go to Italy, so we ～*d* on Spain. 我想去希腊,可我妻子想去意大利,于是我们折中了一下,去了西班牙。*vt*. 损害(名誉、声誉等);危及,连累:He was photographed in *compromising* situations with a call girl. 他和应召女郎在有伤风败俗的情形下被人拍了照片。

cum·pul·sion [kəm'pʌlʃən] (～s[-z]) *n*. ❶Ⓤ强制;强迫:I refuse to act under ～. 我决不能让人逼着做事。❷Ⓒ【心理】强迫作用:a ～ to destroy things 毁物欲

com·pul·sive [kəm'pʌlsɪv] *adj*. 强迫的,难以控制的:～ eating 强迫性进食/ a ～ gambler 对赌博着迷的人

com·pul·so·ry [kəm'pʌlsəri] [无比较等级]*adj*. 强制性的,强迫的;义务性的:Is military service ～ in your country? 你们国家实行义务兵役制吗? / Is English a ～ subject? 英语是必修科目吗?

com·pu·ta·tion [ˌkɒmpju'teɪʃən] (～s[-z]) *n*. ❶Ⓤ计算,估计:A quick ～ revealed that we would not make a profit. 粗略计算后可以看出我们无利可图。❷Ⓒ计算的结果:It will cost £5,000 at the lowest ～. 估计最少值5,000英镑。

com·pute [kəm'pjuːt] (～*d*[-ɪd]; computing) *vt*. & *vi*. 计算,估计:He ～*d* his losses at £5,000.他估计自己损失5,000英镑。

com·pu·ter [kəm'pjuːtə] (～s[-z]) *n*.Ⓒ ❶计算机;电子计算机 ❷计算者

com·put·er·ize, -ise [kəm'pjuːtəraɪz] (～s[-ɪz]; computerizing) *vt*. ❶用电子计算机处理(信息等)❷使…计算机化;给…存入电脑:The firm has ～*d* its records. 公司已将记录存入计算机。

com·rade ['kɒmrɪd,-reɪd] (～s[-z]) *n*.Ⓒ ❶(男性的)同事,伙伴;亲密的伙伴:We were ～s in the war. 我们从前是战友。❷同志:We must fight for our rights, ～s! 同志们,我们必须为自己的权利而斗争!

con·ceal [kən'siːl] (～s[-z]) *vt*. 对…隐藏,隐瞒:He tried to ～ his heavy drinking from his family. 他极力对家人隐瞒自己酗酒的事。

con·cede [kən'siːd] (～s[-z]; ～*d*[-ɪd]; conceding) *vt*. ❶(勉强)承认…;让步:I was forced to ～ that she might be right. 我不得不承认她可能是对的。/ ～ a point in an argument 在辩论中承认其一点正确 ❷让给;让与(某人):We can't ～ any of our territory. 我们寸土不让。❸承认(比赛、选举等)的失败:The chess-player ～*d* the game when he saw that his position was hopeless. 棋手一看出自己陷入绝境,就承认(那局)输了。*vi*. 承认失败

con·ceit [kən'siːt] *n*. ❶Ⓤ自负,自高自大,骄傲自满:The ～ of the man——comparing his own work with Picasso's! 这个自高自大的人——竟把自己的作品与毕加索的相比! ❷Ⓒ奇想,幻想;牵强附会的比喻

con·ceiv·a·ble [kən'siːvəbl] *adj*. 可想象的,想得到的;可相信的

con·ceive [kən'siːv] (～s[-z]; conceiving) *vt*. ❶构想出(主意、计划等);想象,设想:I cannot ～ that he would wish to harm us. 我不能想象他会伤害我们。❷怀有;怀(孕):The child was ～*d* on the night of their wedding. 那孩子是在新婚之夜怀上的。*vi*. ❶认为;想象 ❷怀孕;受孕:She was told she couldn't ～. 她得知自己不能怀孕。

con·cen·trate ['kɒnsəntreɪt] **I.** (～*d*[-ɪd]; concentrating) *vt*. ❶集中于,集中注意力于;使聚精会神:He ～*d* his energies on studying. 他把精力专于于研究。❷使集中(于一点);汇合:The Government's plan is to ～ new industries in areas of high unemployment. 政府的计划是将新的工业集中于高失业区。❸浓缩(液体)*vi*. ❶集合;全神贯注:Having failed my French exams, I determined to ～ on science subject. 我因法语考试不及格而决心专攻理科。❷集合,汇合:Troops are *concentrating* south of the river. 军队正向河的南边集结。**II.** *n*.ⒸⓊ浓缩物;浓缩液:an orange ～ which you dilute with water 兑水饮用的浓缩橙汁

con·cen·tra·tion [ˌkɒnsən'treɪʃən] (～s

[-z]）*n*.❶Ⓤ集中；专心：Stress and tiredness often result in a lack of ～. 紧张和疲劳常使人精神不集中。❷ⒸⓊ（人口等的）集结；（军队等的）集结：～s of enemy troops 敌军的集中 ❸Ⓤ【化】浓缩；浓度

con·cept ['kɒnsept] *n*.Ⓒ概念；观念，思想：the ～ of freedom 自由的观念

con·cep·tion [kən'sepʃən]（～s[-z]）*n*. ❶ⓊⒸ概念；观念，想法：I have no ～ of what you mean. 我完全不懂你的意思。／a clear ～ 清楚的概念 ❷Ⓒ构思，构想；设计 ❸ⒸⓊ开始怀孕；妊娠：an unplanned ～ 计划外受孕

con·cern [kən'sɜːn] **Ⅰ**.（～s[-z]）*vt*.❶涉及，和…有关系：Don't interfere in what doesn't ～ you. 别管与自己无关的事。❷从事；参与：There's no need to ～ yourself with this matter，we are dealing with it. 你不用管这事了，我们正在处理。❸使关心；使挂念，使担心：Our losses are beginning to ～me. 我们的损失使我担起心来。**Ⅱ**.（～s[-z]）*n*. ❶ⒸⓊ关系；利害关系：What ～ is it of yours? 那与你有什么关系？❷Ⓤ关心，关怀；担心，忧虑，挂念：There is now considerable ～ for their safety. 现在对他们的安全相当担心。❸Ⓒ所关切的事，重要事件：It's no ～ of mine. 这事与我无关。❹商行，企业：Our little corner shop is no longer a paying ～. 我们这个街头小店已赚不到钱了

con·cer·ned [kən'sɜːnd] *adj*.❶有关的，涉及的 ❷忧虑的；担心的，担忧的：We are all ～ for her safety. 我们都为她的安全担心。

con·cern·ing [kən'sɜːnɪŋ] *prep*. 关于：a letter ～ your complaints 关于你投诉的信件

con·cert Ⅰ. ['kɒnsət] *n*.Ⓒ音乐会，演奏会：a ～ pianist 在音乐会上演奏的钢琴家 **Ⅱ**.[kɒn'sɜːt] *vt*.商议，共同议定 *vi*.协力

con·cert·ed [kən'sɜːtɪd] *adj*. 协同的，共同一致的：～ action by several police force 警方数部门的联合行动

con·ces·sion [kən'seʃən]（～s[-z]）*n*. ❶Ⓒ Ⓤ让步；（退一步）承认：As a ～ to her inexperience，they allowed her to have some help. 他们体谅她缺乏经验，允许她获得些帮助。❷Ⓒ让步事项，让步行为 ❸Ⓒ（政府对采矿权、土地使用权等的）特许，特许权：a ～ to drill for oil 石油钻探权 ❹Ⓒ[美]（公园、剧场等的）营业权，商场使用权；营业场所

con·ces·sive [kən'sesɪv] *adj*. 让步的：a ～ clause【语】让步从句

con·cise [kən'saɪs] *adj*.（语言、文章等）简洁的，简明的，简要的：a ～ summary 简明的

摘要

*con·clude [kən'kluːd]（～s[-z]；concluding）*vt*.❶结束，使终止：She ～ her talk with a funny story. 她以一个有趣的故事结束了谈话。❷推断出，断定：The jury ～d that she was guilty from the evidence. 陪审团根据证据做出结论，认为她有罪。❸缔结；议定：Britain ～d a trade agreement with China. 英国和中国签署了贸易协定。*vi*. 结束，完结：The story ～s with the hero's death. 这个故事随着男主人公死亡而告终。

con·clu·sion [kən'kluːʒən]（～s[-z]）*n*. ❶（[近]decision）Ⓒ结论，推论：What ～ do you draw from the evidence you've heard? 你从你听到的证据中得到了什么结论？❷ⒸⓊ终了，结束；结尾，结局：at the ～ of his speech 他讲话的结尾／bring sth. to a speedy ～ 将事情迅速结束 ❸ⒸⓊ（条约等的）缔结；（买卖等的）决定：Hostilities ended with the ～ of a peace treaty. 和平条约签订以后，战事随之结束。

con·clu·sive [kən'kluːsɪv] *adj*.（[反]inconclusive)最后的；结论性的，确定性的：Her fingerprints on the gun were ～ proof of her guilt. 她在枪上留下的指纹就是她犯罪的确凿证据。

con·cord ['kɒnkɔːd] *n*.ⓊⒸ❶和谐，一致，协调❷（国际间的）协定，协约 ❸【音】和声，谐声

con·crete ['kɒnkriːt，'kɒn-] **Ⅰ**.[无比较等级] *adj*. ❶（[反]abstract）具体的；有形的：Physics deals with the forces acting on ～ objects. 物理学研究作用于物体上的力。❷凝结成的；混凝土制的 **Ⅱ**. *n*.Ⓤ混凝土；凝结物：modern buildings made of ～ 用混凝土建造的现代建筑物 **Ⅲ**. *vt*. 用混凝土修筑：～ a road 用混凝土铺路

con·cur [kən'kɜː(r)]（～s[-z]；concurred；concurring [-rɪŋ]）*vi*. ❶同意，一致，赞成：She has expressed her opposition to the plan，and I fully ～ with her in this matter. 她对计划表示反对，在这一问题上我完全同意她的意见。❷同时发生；共同起作用：Everything *concurred* to produce a successful result. 所有的事同时发生而产生了圆满的结果。

con·cur·rent [kən'kʌrənt] [无比较等级] *adj*. ❶同时发生的；并存的：developments ～ with this 与此同时发生的事情 ❷一致的；同意的

con·demn [kən'dem]（～s[-z]）*vt*. ❶谴责；（严厉地）责难：The papers were quick to ～ him for his mistake. 报纸及时地指摘他的错

C

误。❷宣告(某人)有罪;判(某人)刑;证明(某人)有罪:~ sb. to death 判处某人死刑/［~ ＋名(人)＋(for名)］He was ~ed for murder. 他因凶杀被判有罪。❸把(某人)逼入(某种状态),使(某人)注定…:As old person, one is often ~ed to live alone. 老年人常出于无奈而独自生活。❹宣告(病人)患不治之症 ❺宣告没收(或征用)(财产等)

con·den·sa·tion [ˌkɒnden'seɪʃən] (~s [-z]) n. ❶Ⓤ ⒸＣ【物】凝结(作用);冷缩(作用):the ~ of steam to water 蒸汽之凝结为水 ❷Ｃ凝缩(物);(由水蒸气液化而成的)水滴:His shaving mirror was covered with ~. 他的剃须镜上有一层小水珠。❸Ｃ Ｕ缩短;(文章等的)精简:The report is a brilliant ~ of several years' work. 该报告是几年工作的精华。

con·dense [kən'dens] (~s [-z]; ~d [t]; condensing) vt. ❶使冷凝,使凝结:Steam ~s into water when it touches a cold surface. 蒸汽接触冷的表面而凝结成水珠。❷浓缩(液体):~d soup 浓缩汤 ❸缩短;精简(文章等):~ a long report into a brief summary 将长篇报告精简为摘要 vi. 浓缩;凝结

con·de·scend [ˌkɒndɪ'send] (~s [-z]; ~ed [-ɪd]) vi. ❶屈尊,谦虚地做:She actually ~ed to say hello to me in the street today. 她今天在街上竟能屈尊跟我打招呼。❷(带着优越感)表示关心,用恩赐态度相待:I do wish he wouldn't ~ to the junior staff in his department. 我但愿他不要假惺惺地对部里的低级员工表示关心。

*˙**con·di·tion** [kən'dɪʃən] Ⅰ. (~s [-z]) n. ❶ⒸＵ(人、事物本身的)状况,状态:He's in excellent ~ for a man of his age. 就其年龄而言,他身体极好。/ the rusty ~ of the bicycle 自行车生锈的状况 ❷Ｃ［常用复数］环境;形势:poor working ~s 恶劣的工作环境 ❸Ｃ条件:One of the ~s of the job is that you should be able to drive. 做这项工作的其中一个条件是要会开车。❹Ｃ(社会)地位,身份:the ~ of worker 工人的身份 ❺Ｃ［美］(有补考资格的)分数;(暂准升级)的规定条件 ❻Ｃ疾病:What is the treatment for this ~? 这种病用什么方法治疗? Ⅱ. vt. ❶使处于正常(或良好)状态 ❷使适应,使习惯于环境:We have all been ~ed by our upbringing. 我们都习惯于所受的教育。❸决定,为…的条件;影响:Environment ~s an animal's development. 环境能影响动物的成长。

con·di·tion·al [kən'dɪʃənəl] ［无比较等级］adj. 附有条件的;视…而定的(on, upon):

Payment of the money is ~ upon delivery of the goods. 货到方可付款。

con·dole [kən'dəʊl] (~s [-z]; condoling) vi. 吊唁,慰问;哀悼

con·do·lence [kən'dəʊləns] (~s [-ɪz]) n. ❶Ｕ哀悼,吊慰 ❷Ｃ［常用复数］慰问的话:a letter of ~ 吊唁信

con·duce [kən'dju:s] (~s [-ɪz]; ~d [-t]; conducing) vi. 有助于;导致;引起:A good diet ~s to good health. 良好的饮食有助于健康。

con·du·cive [kən'dju:sɪv] adj. 有助于…的,有益于…的,助长的(to):These noisy conditions aren't really ~ to concentrated work. 这嘈杂的环境实在不利于专心工作。

con·duct Ⅰ. ['kɒndʌkt] n. ⓊＵ❶行为,品行,举动:The prisoner was released early because of good ~. 该罪犯因表现良好提前获释。/ the rules of ~ 行为准则 ❷指导,引导:There was growing criticism of the Government's ~ of the war. 政府领导作战的方式受到越来越多的批评。❸实施,处理,经营,进行:the ~ of state affairs 国事的处理 Ⅱ. [kən'dʌkt] (~ed [-ɪd]) vt. ❶引导,带领,陪伴(游客等):I asked the attendant to ~ him to the door. 我让服务员领他到门口。❷指挥(军队、乐队等):a concert by the Philharmonic Orchestra, ~ed by Sir Colin Davis 由科林·戴维斯爵士指挥、爱乐交响乐团演出的音乐会 ❸实施,处理,经营,进行:~ business 经营生意/ ~ investigations 进行调查 ❹传导,传(热、电等) vi. 传导,传热(电等)

con·duc·tion [kən'dʌkʃən] n.Ｕ【物】传导

*˙**con·duc·tor** [kən'dʌktə(r)] (~s [-z]) n. Ｃ❶［近］director) 指导者;引导者;管理人 ❷(乐队、合唱团的)指挥 ❸【电】导体;导线;避雷针 ❹(电车等的)售票员;［美］列车员

cone [kəʊn] (~s [-z]) Ⅰ. n.Ｃ❶圆锥,圆锥形 ❷圆锥形的物体 ❸【植】球果 Ⅱ. vt. 使成锥形

con·fed·er·a·cy [kən'fedərəsɪ] (confederacies [-z]) n.ⓊＣ同盟,联盟;邦联

con·fed·er·ate [kən'fedərət] Ⅰ. adj. ❶(美国南北战争时)南部邦联的:the Confederate States of America 美国南部邦联 ❷联盟的;同盟的:~ countries 联盟国家 Ⅱ. n.Ｃ❶共谋者,同伙;党羽:his ~s in the crime 他的同犯 ❷［C-］同盟国,同盟者;联盟国 Ⅲ. [kən'fedəreɪt] (~d [-ɪd]; confederating) vt. & vi. (使)同盟,(使)联盟;成联盟

con·fed·e·ra·tion [kənˌfedə'reɪʃən] n.Ｃ

Ⓤ联盟,同盟;邦联

con·fer [kənˈfɜː(r)] (~s[-z];conferred;conferring[-rɪŋ]) *vt.* 授予(称号、学位等):The Queen *conferred* knighthoods on several distinguished men. 女王将爵士头衔授予几位杰出人士。*vi.* 交换意见,协商

con·fer·ence [ˈkɒnfərəns] (~s[-ɪz]) *n.* Ⓒ Ⓤ❶(正式的)会议,讨论会,协商会:The Director is in ~. 主任正在开会。❷协商,讨论:have a ~ with 与…协商 ❸[美](运动、宗教团体、学校等的)联合会

con·fess [kənˈfes] (~es[-ɪz];~ed[-t]) *vt.* ❶供认,坦白(罪行、过失、隐私等);承认:She refused to ~ her crime. 她拒不招供罪行。❷向上帝(或神父)忏悔(罪恶等):The priest ~ed the criminal. 神父听取那罪犯的忏悔。*vi.* ❶供认,交代;承认:The prisoner finally ~ed. 该犯最后招认了。❷忏悔

con·fes·sion [kənˈfeʃən] (~s[-z]) *n.* Ⓒ Ⓤ ❶招供,坦白;承认:make a full ~ of one's crimes 对自己所犯罪行供认不讳 ❷忏悔:I always go to ~ on Friday. 我总是每星期五去做忏悔。

con·fide [kənˈfaɪd] (~s[-z];~d[-ɪd];confiding) *vt.* 吐露(秘密等):She ~d her troubles to a friend. 她向朋友倾吐了内心的烦恼。*vi.* 吐露(秘密);信任(in):There is no one here I can ~ in. 这里没有一个我可以信赖的人。

con·fi·dence [ˈkɒnfɪdəns] (~s[-ɪz]) *n.* ❶Ⓤ信任:Don't put too much ~ in what the papers say. 不要过分相信报纸上的话。❷Ⓤ信心,自信,把握:have ~ in sb. 对某人抱有信心/ He answered the question with ~. 他很有把握地回答了那个问题。❸Ⓒ(向知心人)吐露的秘密;私房话:I'm telling you this in strict ~ so don't breathe a word of it. 我现在告诉你这件事是个绝对的秘密——千万不可外传。

con·fi·dent [ˈkɒnfɪdənt] *adj.* 确信的;满怀信心的:He is ~ of victory. 他对胜利充满信心。

con·fi·den·tial [ˌkɒnfɪˈdenʃəl] *adj.* ❶秘密的,机密的:~ information 机密情报 ❷极受信任的,心腹的:a ~ secretary 机要秘书

con·fine Ⅰ. [kənˈfaɪn] (~s[-z];confining) *vt.* ❶把…禁闭:Is it cruel to ~ a bird in a cage? 把鸟关在笼子里不残忍吗?❷限定;把…限制于(某个范围内):*Confine* your criticism to matters you understand. 发表评论时,不要超出自己所了解的事情的范围。❸[常用被动语态]分娩,坐月子 Ⅱ. [ˈkɒnfaɪn] *n.* Ⓒ[常用复数]边界,范围;国境:beyond the ~s of human knowledge 超出人类知识的范围

con·firm [kənˈfɜːm] (~s[-z]) *vt.* ❶进一步证实,进一步确定;批准(条约);查证…的真假:The rumours of an attack were later ~ed. 发动攻击的谣传后来得到了证实。/ When asked, she ~ed that she was going to retire. 当有人问她时,她证实了她要退休。❷牢固(决心、意见等);使(人)有信心:The incident ~ed him in his dislike of dogs. 出了这件事之后,他就更加不喜欢狗了。❸(基督教的)给…行坚信礼

con·fir·ma·tion [ˌkɒnfəˈmeɪʃən] (~s[-z]) *n.* Ⓒ Ⓤ ❶确定;确实:We are waiting for ~ of our onward reservations. 我们在等候通知,看预定的下一步行程是否落实。❷【宗】坚信礼

con·firm·ed [kənˈfɜːmd][作定语] *adj.* ❶已被确定的,已被证实的 ❷(习惯)根深蒂固的;(疾病)慢性的:a ~ drunkard 饮酒成癖的人

con·fis·cate [ˈkɒnfɪskeɪt] Ⅰ. *vt.* 没收,把…充公 Ⅱ. *adj.* 财产被没收的,被充公的

con·fla·gra·tion [ˌkɒnfləˈɡreɪʃən] (~s[-z]) *n.* Ⓒ 大火,大火灾;(战争等的)爆发

con·flict Ⅰ. [ˈkɒnflɪkt] *n.* Ⓤ Ⓒ ❶斗争,战斗;倾轧:soldiers involved in armed ~ 遭遇武装冲突的士兵 ❷抵触;冲突;争论,论战:Your statement is in ~ with the rest of the evidence. 你的陈述同其他证据相冲突。Ⅱ. [kənˈflɪkt] (~ed[-ɪd]) *vi.* 战斗,争执,冲突:The statements of the two witnesses ~. 两个证人的证词不一致。

con·form [kənˈfɔːm] (~s[-z]) *vi. & vt.* ❶(对规则、风俗、社会规范等)遵从,顺从;适应:her refusal to ~ to the normal social conventions 她拒绝遵从正常的社会习俗 ❷使一致(或符合):His ideas do not ~ with mine. 他的想法跟我的不一致。

con·found [kənˈfaʊnd] (~s[-z];~ed[-ɪd]) *vt.* ❶使(某人)糊涂,使为难,使困惑:His behaviour amazed and ~ed her. 他的所作所为让她感到既惊愕又困惑。❷混淆…,弄错:~ right and wrong 混淆是非

con·front [kənˈfrʌnt] (~ed[-ɪd]) *vt.* ❶勇敢地(或镇定地)面对(危险等):A soldier often has to ~ danger. 士兵常常要身临险境。❷使面对(危险、困难等);使遭遇:I have been ~ed with a new problem. 我面临一个新的

问题。❸ 与 … 面对面；相对：They ～ed the prisoner with his accusers. 他们让犯人与原告对质。

con·fuse [kən'fju:z] (～s[-ɪz]；confusing) *vt*. ❶ 把 … 弄糊涂；使慌乱：They ～d me by asking so many questions. 他们提了一大堆问题，都把我弄糊涂了。❷ 使混乱；把 … 混淆：I always ～ the sisters；they look so alike. 我总是分不出这对姐妹，她们看上去一模一样。❸ (论点等)混淆，搞乱：Don't ～ the issue. 不要把问题搅乱。

con·fused [kən'fju:zd] *adj*. 糊涂的；迷惑的

con·fu·sion [kən'fju:ʒən] *n*. Ⓤ ❶ 忙乱，惊慌失措：Her unexpected arrival threw us into total ～. 她来得很突然，使我们完全不知所措。❷ 混淆：There has been some ～ of names. 有些名字弄混了。❸ 混乱，杂乱：His room was in complete ～. 他的房间乱七八糟。

con·ge·ni·al [kən'dʒi:nɪəl] *adj*. ❶ ([反] uncongenial)性情相似的，志趣相投的：a ～ companion 情投意合的伴侣 ❷ (职业、环境等)适意的，适合的 … ：a ～ climate 适宜的气候

con·grat·u·late [kən'grætjʊleɪt] (～d [-ɪd]；congratulating) *vt*. 祝贺，向 … 致祝贺词：～ sb. on his marriage 祝贺某人新婚

con·grat·u·la·tion [kənˌgrætjʊ'leɪʃən] (～s[-z]) *n*. ❶ Ⓤ 庆祝，祝贺：*Congratulations* on winning the prize! 祝贺你获奖! ❷ Ⓒ [常用复数]贺词；祝贺词：a speech of ～ for the winner 对获胜者的贺词

con·gre·gate ['kɒŋgrɪgeɪt] Ⅰ. (～d[-ɪd]；congregating) *vt. & vi*. (使)集合；聚集：A crowd quickly ～d round the speaker. 大群的人迅速地在演讲者周围聚集起来。Ⅱ. *adj*. 集合在一起的

con·gre·ga·tion [ˌkɒŋgrɪ'geɪʃən] (～s[-z]) *n*. ❶ Ⓒ聚集的群众 ❷ Ⓤ Ⓒ 会集，集合 ❸ Ⓒ (宗教士的)集会；(教堂里的)会众

con·gress ['kɒŋgres] (～es [-ɪz]) *n*. Ⓤ Ⓒ ❶ (代表)大会；专业人员代表会议：a medical ～ 医学会议 ❷ (美国等国的)国会，议会；国会(或议会)会议(期)

con·gres·sion·al [kɒŋ'greʃənəl] *adj*. ❶ (美国)国会的；议会的 ❷ (代表)大会的；会议的：a ～ investigation 代表大会的审查

con·ic ['kɒnɪk] [无比较等级]*adj*. 圆锥的；圆锥形的

con·i·cal ['kɒnɪkl] *adj*. 圆锥形的

con·jec·ture [kən'dʒektʃə(r)] Ⅰ. (～s [-z]) *n*. Ⓒ Ⓤ 猜测，猜想：What the real cause was is open to ～. 尽可任凭猜测真正的原因是什么。Ⅱ. (conjecturing[-rɪŋ]) *vt. & vi*. 猜测；假设；猜想：What made you ～ that? 是什么促使你推测出这样的结论

con·join [kən'dʒɔɪn] (～s[-z]) *vt. & vi*. (使)结合，(使)联合

con·joint ['kɒndʒɔɪnt] [无比较等级] *adj*. 结合的，联合的

con·junc·tion [kən'dʒʌŋkʃən] (～s[-z]) *n*. ❶ Ⓒ【语】连(接)词 ❷ Ⓤ 结合，联合；连接；并联：the ～ of workmanship and artistry in making jewellery 在珠宝饰物的制造中手工与艺术的结合

con·jure ['kʌndʒə(r)] (～s[-z]；conjuring [-rɪŋ]) *vt*. 用戏法变出，用魔法幻想出 (或驱走)；用魔术影响 *vi*. 念咒召鬼，施魔法：learn how to ～ 学变魔术

con·nect [kə'nekt] (～ed [-ɪd]) *vt*. ❶ ([反] disconnect) 连接，连结：*Connect* the fridge to the electricity supply. 接通冰箱的电源。❷ 把 … 联系起来；给 … 接通电话：Hold on，I'll just ～ you with Miss. Jones. 请等一下，我这就给您接通琼斯小姐的电话。❸ 把 … (与 …)联想：People ～ Vienna with waltz and coffee house. 人们一提到维也纳就会联想华尔兹圆舞曲和咖啡馆。*vi*. ❶ (交通工具)连接；相通；衔接：These two planes ～. 这两架班机在时间上互相衔接。❷ 连结，结合：Where does the cooker ～ with the gaspipe? 煤气炉在什么地方与煤气管道衔接？

con·nect·ed [kə'nektɪd] *adj*. ❶ 连接的，连结的 ❷ 有关联的 ❸ 有亲戚关系的

con·nec·tion [kə'nekʃən] ([英]亦作 connexion)(～s[-z]) *n*. ❶ ([反]disconnection) Ⓒ Ⓤ 连接，联合；(电话的)接通：How long will the ～ of the telephone take? 安装电话机与总机接通要多长时间？ ❷ Ⓒ Ⓤ 关系，联系：His dismissal has no ～ with the quality of his work. 他被解雇一事与他的工作好坏无关。❸ Ⓒ 联运交通工具(如船、公共汽车、飞机等)：The train was late and I missed my ～. 列车误点了，我没能赶上联运。❹ Ⓒ [常用复数]亲戚(尤指姻亲)：She is British but also has ～s. 她是英国人，但也有一些德国亲戚。❺ Ⓒ [常用复数]顾客；(贸易上的)往来关系

con·nive [kə'naɪv] (～s[-z]；conniving) *vi*. ❶ (对坏事、恶行等)默许，纵容：Not to protest is to ～ at the destruction of the environment. 对于破坏环境的行为不加反对就是纵

容。❷共谋；串通，暗中勾结（with）

con·no·ta·tion [ˌkɒnəʊˈteɪʃən]（～s[-z]）*n.* ❶ⓒ[常用复数]含义：The word "hack" means "journalist" but has derogatory ～s. "hack"一词意为"新闻记者"，但含贬义。❷ Ⓤ【逻】内涵

con·note [kəˈnəʊt]（～d[-ɪd]；connoting） *vt.*（言语）暗示着（别的意思）；含蓄着：a term *connoting* disapproval 暗含不赞成的话语

con·quer [ˈkɒŋkə(r)]（～s[-z]；～ing [-rɪŋ]）*vt.* ❶征服，攻克，战胜：The Normans ～ed England in 1066. 诺曼人于1066年征服了英国。 她已使许多男子倾心。❷克服（困难等），破除（坏习惯）：You must ～ your fear of driving. 你必须克服驾驶车辆的恐惧心理。 *vi.* 战胜，得胜

con·quest [ˈkɒŋkwest] *n.* ❶Ⓤ征服，攻克，克服；获得：the Norman *Conquest* 诺曼人的征服/ the ～ of cancer 战胜癌症 ❷ⓒ由征服所得之物；占领地：the Roman ～s in Africa 罗马人在非洲的征服所得 ❸ⓒ（在爱情等方面）被俘虏的人：He is one of her many ～s. 她倾倒众生，他是其中一个。

con·science [ˈkɒnʃəns]（～s[-ɪz]）*n.*ⓒⓊ 良心，道义感，善恶之心：She cheerfully cheats and lies；she's got no ～ at all. 她以撒谎和骗人为乐，完全没有良心。

con·scious [ˈkɒnʃəs] *adj.* ❶（[反]unconscious）[作表语]有意识的，意识到的，自觉的；被意识到的：be ～ that one is being watched 觉察有人在监视自己/Are you ～ of how people will regard such behaviour? 你知道人们是怎样看待这种行为的吗？❷[作表语]神志清醒的；He was in a coma for days, but now he's fully ～ again. 他昏迷了几天，但现在又完全清醒了。❸[作定语]故意的，蓄意的：I had to make a ～ effort not to be rude to him. 我得刻意约束自己不要对他粗鲁。❹羞怯的，懦弱的，腼腆的

con·scious·ness [ˈkɒnʃəsnɪs] *n.* Ⓤ❶意识，知觉，觉悟，自觉；The blow caused him to lose ～. 那一击打得他失去了知觉。/class ～ 阶级觉悟❷（个人或集体的）意识，精神

con·sent [kənˈsent] Ⅰ.（～ ed [-ɪd]）*vi.* 同意，赞成；答应：They finally ～ed to go with us. 他们终于同意了和我们一起走。/ She readily ～ed to my request. 她欣然同意了我的请求。Ⅱ. *n.* Ⓤ同意，赞成；答应：Her parents refused their ～ to the marriage. 她的父母不答应这门婚事。

con·se·quence [ˈkɒnsɪkwəns]（～s[-ɪz]） *n.* ❶ⓒ结果，后果：Her investment has disastrous ～s：she lost everything she owned. 她的投资结果很惨，血本无归。❷ⓒ【逻】推论，推断 ❸Ⓤ重要（性），重大性：It is of no ～. 这无关紧要。

con·se·quent [ˈkɒnsɪkwənt] *adj.* 必然的，理所当然的，因…的结果而起的：his resignation and the ～ public uproar 他的辞职以及由此而引起的公众的哗然

con·ser·va·tion [ˌkɒnsəˈveɪʃən] *n.* Ⓤ❶保护，保存：wildlife ～ 对野生动物的保护 ❷（自然资源的）控制使用；节约

con·ser·va·tive [kənˈsɜːvətɪv] Ⅰ. *adj.* ❶保守的，保守主义的，守旧的：Old people are usually more ～ than young people. 老年人通常比年轻人保守。❷[C-]（英国的）保守党的：*Conservative* principles 英国保守党的政策 ❸谨慎的，慎重的；～ decision 慎重的结论 Ⅱ. *n.* ⓒ❶保守的人，保守主义者❷（英国等的）保守党人

con·serve Ⅰ. [kənˈsɜːv]（～s[-z]；conserving）*vt.* 保存；保护：～ one's strength 保存体力/new laws to ～ wildlife in the area 保护该地区野生动物的新法令 Ⅱ. [ˈkɒnsɜːv] *n.* ⓒⓊ[常用复数]（水果的）蜜饯，果酱

con·sid·er [kənˈsɪdə(r)]（～s[-z]；～ing [-rɪŋ]）*vt.* ❶考虑，细想：We have ～ed your application carefully, but can't offer you the job. 我们已经仔细地考虑了你的申请，认为不能聘请你做这份工作。❷（[近]think, regard）认为，把…视为：We ～ this to be very important. 我们认为这非常重要。/ We ～ that you are not to blame. 我们认为不应该责怪你。❸体谅，顾及；考虑到：We must ～ the feelings of other people. 我们必须顾及他人的感情。*vi.* 考虑，细想：Let me ～. 让我考虑一下。

con·sid·e·ra·ble [kənˈsɪdərəbl] *adj.* ❶相当大（或多）的，很大（或多）的：a ～ quantity 相当大的数量❷值得重视的，重要的；值得考虑的：a ～ thing 重要的事

con·sid·er·ate [kənˈsɪdərɪt] *adj.*（[反]inconsiderate）❶考虑周到的 ❷体谅的，体贴的：It was ～ of you not to play the piano while I was asleep. 在我睡觉时你不弹钢琴，真是体贴入微。

con·sid·e·ra·tion [kənˌsɪdəˈreɪʃən]（～s [-z]）*n.* ❶Ⓤ考虑，思考：Please give the matter your careful ～. 此事请你仔细考虑。❷ⓒ需要考虑的事；所考虑的事；Time is an important ~ in this case. 在这种情况下,时间是一个要考虑的重要因素。❸Ⓤ体谅,照顾: He had never shown much ~ for his wife's needs. 他从来不太会考虑妻子的需要。❹Ⓒ报酬;补偿: I will do it for you for a small ~. 我愿替你做这件事,只需给我一点儿小小的报酬。

con·sid·er·ing [kən'sɪdərɪŋ] **I** . *prep* . 考虑到;就…而言: She's very active, ~ her age. 就她的年龄来说,她是够活跃的。**II** . *conj* . 就…而论,考虑到: *Considering* he's only just started,he knows quite a lot about it. 考虑到他只是刚刚开始,他对此了解已经不少了。**III** . *adv* . 从各方面来看: You've done very well,~. 从各方面来看,你已经做得够好的了。

con·sign [kən'saɪn] *vt* . 把…委托给,把…交付与(to): ~ a task to him 把任务交给他

con·sist [kən'sɪst] (~ed[-ɪd]) *vi* . ❶〔无被动语态〕由…组成,由…构成(of): a mixture ~*ing* of flour and water 面粉和水的混合❷在于,存在于(in): Happiness ~s in struggle. 幸福存在于斗争中。

con·sis·ten·cy [kən'sɪstənsɪ] 〔亦作 consistence〕(consistencies [-z]) *n* . ❶Ⓤ(文章等的)一致性,连贯性;言行一致: His views lack ~: one day he is a conservative, the next he's a liberal. 他的观点缺乏一致性:时而保守,时而开明。❷ⒸⓊ(液体等的)浓度,密度,稠度

con·sis·tent [kən'sɪstənt] *adj* . ❶(人、言行、文章等)前后一致的,没有矛盾的: You're not very ~: first you condemn me,then you praise me. 你前后矛盾;开始责备我,接着又夸奖我。❷(与…)一致,符合: I left as early as ~ with politeness. 我在不失礼的情况下提前离去了。

con·sole[1] [kən'səʊl] (~s[-z]; consoling) *vt* . 安慰,慰问: Nothing could ~ him when his pet dog died. 他的爱犬死后,什么事也不能宽慰他。

con·sole[2] ['kɒnsəʊl] (~s[-z]) *n* .Ⓒ❶(收音机、电视机等的)落地式支架❷(管风琴的)演奏台(包括键盘、踏板、音栓等部分);(电动机器的)操纵台;(电脑等的)操作桌❸【建】螺形支架

con·sol·i·date [kən'sɒlɪdeɪt] (~d[-ɪd]; consolidating) *vt* . ❶巩固,使加强: With his new play he has ~d his position as the country's leading dramatist. 他有了新创作的剧作,巩固了他在国内的杰出剧作家的地位。❷合并(公司);统一: All the debts have been ~d. 所有债务均已合并。 *vi* . ❶巩固,变坚固: The time has come for the firm to ~ after several years of rapid expansion. 公司过几年的迅速发展之后,到该整顿的时候了。❷联合;统一: The two companies ~d for greater efficiency. 这两家公司为提高效率而合并。

con·so·nant ['kɒnsənənt] **I** . *n* .Ⓒ【语】辅音;辅音字母 **II** . *adj* . ❶(与…)一致的,符合…的: behaving with a dignity ~ with his rank 举止带有与其地位相称的尊贵气派❷【音】和音的 ❸【语】辅音的

con·spic·u·ous [kən'spɪkjʊəs] *adj* .(〔反〕inconspicuous)明显的,显著的;惹人注目的: If you're walking along a badly-lit road at night,you should wear ~ clothes. 晚上在照明差的路上行走,应该穿显眼的衣物。

con·spir·a·cy [kən'spɪrəsɪ] (conspiracies [-z]) *n* .ⒸⓊ阴谋,密谋;阴谋活动: accused of ~ to murder 被控参与谋杀罪

con·spir·a·tor [kən'spɪrətə] *n* .Ⓒ共谋者;阴谋家

con·spire [kən'spaɪə(r)] (~s[-z]; conspiring [-rɪŋ]) *vi* . ❶密谋策划;搞阴谋: ~ with others against one's leader 与他人共谋反对上司❷(巧合地)协力促成: circumstances *conspiring* against our success 阻碍我们成功的种种情况凑在一起 *vt* .(共同)图谋

con·sta·ble ['kʌnstəbl] (~s[-z]) *n* .Ⓒ 〔英〕警察;警官: *Constable* Johnson 约翰逊警察

con·stan·cy ['kɒnstənsɪ] *n* .(〔反〕inconstancy)Ⓤ坚定,坚贞;经久不变: ~ of purpose 目标坚定

con·stant ['kɒnstənt] **I** . *adj* . ❶(〔近〕changeless)固定的,不变的;永恒的: Pressure in the container remains ~.容器中的压力保持恒定不变。❷(〔反〕occasional)经常的,不断的: ~ complaints 没完没了的抱怨 ❸不渝的,忠贞的: a ~ companion 忠实的伴侣 **II** . *n* .Ⓒ【数】常数❷【物】不变,恒量

con·stel·la·tion [ˌkɒnstə'leɪʃən] (~s [-z]) *n* .Ⓒ星宿;星座

con·sti·tu·en·cy [kən'stɪtjʊənsɪ] *n* .Ⓒ 选举区;[集合用法](选举区的)选民

con·sti·tu·ent [kən'stɪtjʊənt] **I** . 〔无比较等级〕*adj* . ❶形成的,组成的: Analyse the sentence into its ~ parts. 把这个句子的各个成分加以分析。❷有选举权的 ❸有权制定(或修改)宪法的 **II** . *n* .Ⓒ❶成分,要素;【语】构成成分,组成要素: the ~s of the mixture 混合物的成分 ❷(有权选举议员等的)选民,选举人,委托人

con·sti·tute ['kɒnstɪtjuːt] (~d[-ɪd];constituting) *vt.* ❶构成,由…组成:Twelve months ~ a year. 12 个月为一年。/The committee is ~d of members of all three parties. 委员会由 3 个政党所有的成员组成。❷设立(机构、委员会等);制定(法律等):The committee had been improperly ~d, and therefore had no legal power. 该委员会的设立不合规定,因而没有合法的权力。❸指定,任命,派…为:He seemed to have ~d himself our representative. 他俨然已自封为我们的代表。

con·sti·tu·tion [ˌkɒnstɪ'tjuːʃən] (~s[-z]) *n.* ❶Ⓒ章程,法规;宪法:Britain has an un-written ~, and the United States has a written ~. 英国有不成文宪法,美国有成文宪法。❷Ⓤ(事物的)构造,组成(方式):the ~ of an advisory group 咨询小组的组成 ❸ⒸⓊ(法律或规章等的)建立,设立:the ~ of law 法律的制定 ❹Ⓒ Ⓤ(人的)体格,体质;性格,素质:Only people with a strong ~ should go climbing. 只有身体强健的人才可以去登山。

con·strain [kən'streɪn] (~s[-z]) *vt.* ❶强迫(某人做…):As an artist, he didn't consider himself ~ed by the same rules of social conduct as other people. 作为一名艺术家,他认为自己不必像一般人那样受社会行为准则的束缚。❷抑制…,压制(某人);拘禁

con·straint [kən'streɪnt] *n.* ❶Ⓤ强逼,强制;压抑;拘束:act under ~ 受逼迫而行 ❷Ⓒ(对…的)压力,约束力,束缚力 ❸Ⓤ紧张感,(关系等的)紧张状态:I was aware of a certain ~ on their part when they were in my presence. 我觉察到我在时他们有些拘束。

con·struct [kən'strʌkt] (~ed[-ɪd]) *vt.* ❶构筑,建造:~ a factory 建工厂 ❷作(文章),造(句),建立(理论):a well-~ed novel 结构完善的小说 ❸作(几何图)

con·struc·tion [kən'strʌkʃən] (~s[-z]) *n.* ❶Ⓤ建造,建筑;建设:the ~ of new roads 新道路的施工 ❷Ⓒ建筑物;建造物:a complex ~ of wood and glass 木和玻璃综合建造的建筑物 ❸Ⓒ【语】(句子、段落的)结构,构造:This dictionary gives the meanings of words and also illustrates the ~s they can be used in. 本词典提供词义解释,并举例说明遣词造句的方法。❹Ⓒ解释,意义:The sentence does not bear such a ~. 这句话并不含有那样的意思。

con·struc·tive [kən'strʌktɪv] *adj.* ❶建

设的;建设性的:~ criticism 建设性的批评 ❷结构上的,构造上的

con·strue [kən'struː] (~s[-z]; construing) *vt.* ❶解释;理解:How do you ~ what he did? 你对他的所为做何理解?【语】分析(句子);将(词、短语)做语法性的说明

con·sul ['kɒnsəl] (~s[-z]) *n.* Ⓒ领事:the British *Consul* in Marseilles 英国驻马赛领事

con·su·late ['kɒnsjʊleɪt] *n.* ❶Ⓒ领事馆 ❷Ⓤ领事的职位

con·sult [kən'sʌlt] (~ed[-ɪd]) *vt.* ❶与…商量,请教,咨询;(找医生)看病:~ one's lawyer 请教律师/I ~ed a doctor about my pains. 我找过医生诊治病痛。❷查阅(词典、书籍等):~ a dictionary 查阅词典 *vi.* 商量,磋商;协商:~ with one's partners 与合伙人商量

con·sul·tant [kən'sʌltənt] *n.* Ⓒ❶顾问:the President's ~ on economic affairs 总统的经济事务顾问 ❷顾问医师;会诊医师

con·sul·ta·tion [ˌkɒnsəl'teɪʃən] (~s[-z]) *n.* ❶Ⓒ Ⓤ商量,磋商:act in ~ with the director 在征询过主任的意见并得其同意后行事 ❷Ⓒ评议会,(专家等的)会议:top-level ~s between the US and Russian delegations 美、俄代表团之间最高级别的磋商 ❸Ⓤ(书籍等的)参考,参阅,参照:~ of a dictionary 查词典

con·sume [kən'sjuːm] (~s[-z]); consuming) *vt.* ❶消费,耗尽;耗费:The car ~s a lot of fuel. 这辆汽车很费汽油。❷吃光…,喝完…:He ~d all the sandwiches. 他吃光了所有的三明治。❸(火)将…烧尽:The fire quickly ~d the wooden hut. 火焰很快吞噬了那所小木屋。❹(感情)迷住(人心):be ~d with envy 充满了忌妒

con·sum·er [kən'sjuːmə(r)] (~s[-z]) *n.* Ⓒ 消费者,用户:*Consumers* are encouraged to complain about faulty goods. 要鼓励消费者对劣质商品投诉。

con·sump·tion [kən'sʌmpʃən] *n.* Ⓤ❶消费:The meat was declared unfit for human ~. 这种肉已宣布不适宜人类食用。❷(体力上的)消耗 ❸【医】肺痨,结核病

con·tact Ⅰ. ['kɒntækt] *n.* ❶Ⓤ接触,碰触:The two substances are now in ~ and a chemical reaction is occurring. 现在这两种物质接触产生了化学反应。❷Ⓤ联系,联络:in constant telephone ~ with sb. 与某人经常保持电话联系 ❸Ⓒ Ⓤ(社会上、职业上的)社会关系,熟人;门路:I have a useful ~ in

New York. 我在纽约有个熟人可以联系。❹Ⓒ【电】接点，触点；接触器：The switches close the ～s and complete the circuit. 这些开关可使接触器接通电流形成回路。❺Ⓒ(传染病等的)可能带菌者 Ⅱ. [ˈkɒntækt, kənˈtækt] vt.(用电话、传真等)联络(人)，与…接触：Where can I ～ you tomorrow? 明天我在哪里能跟你联系?

con·ta·gious [kənˈteɪdʒəs] adj.(接触)传染的；(有)传染性的；有传染力的：a ～ disease 传染病

con·tain [kənˈteɪn] vt. ❶包含；容纳：Whisky ～s a large percentage of alcohol. 威士忌所含酒精的百分比很高。❷能容纳，能装入…：This barrel ～s 50 litres. 这个桶容量为 50 升。❸控制(情绪、感情等)，克制：I was so furious, I couldn't ～ myself. 我气极了，无法克制自己。❹【数】被…除尽：12 ～s 2，3，4 and 6.12 可被 2、3、4、6 除尽。

con·tam·in·ate [kənˈtæmɪneɪt] (～d [-ɪd]; contaminating) vt. 弄脏，沾污，污染；给…带来坏影响：Flies ～ food. 苍蝇可污染食物。

con·tem·plate [ˈkɒntempleɪt] (～d [-ɪd]; contemplating) vt. ❶打算；沉思：He ～d what the future would be without the children. 他思忖着要是没有这些孩子，将来又如何。/She is contemplating a visit to London. 她正打算去伦敦观光。❷呆视，凝视：She stood contemplating the painting. 她站着审视那幅图画。

con·tem·po·ra·ne·ous [kənˌtempəˈreɪnɪəs] adj.同时代的，同时期的：～ events 同时期的事件

con·tem·po·ra·ry [kənˈtempərəri] Ⅰ. adj. ❶同时代的，同时期的：Dickens was ～ with Thackeray. 狄更斯与萨克莱属于同一时代。❷现代的，当代的：furniture of ～ style 现代风格的家具 Ⅱ. (contemporaries [-z]) n.Ⓒ同时代的人；年龄相仿的人：She and I were contemporaries at college. 她和我在大学里是同学。

con·tempt [kənˈtempt] n.Ⓤ❶轻视，轻蔑：I feel nothing but ～ for people who treat parents so cruelly. 我鄙视如此虐待父母的人。❷受辱，丢脸：behaviour which is generally held in ～ 被人看不起的行为 ❸蔑视(法规、行为)：～ of court 藐视法庭罪

con·temp·tu·ous [kənˈtemptʃʊəs] adj.轻视的，轻蔑的：He threw it away with a ～ gesture. 他带着不屑一顾的样子把它扔了。

con·tend [kənˈtend] (～s [-z]; ～ed [-ɪd]

vt.坚决主张…，力言：I would ～ that unemployment is our most serious social evil. 我认为失业是我们社会最为严重的弊病。vi. ❶竞争，斗争：Several teams are ～ing for the prize. 有几个队在争夺锦标赛奖。❷争论：She's had a lot of problems to ～ with. 她有许多问题要争论。

con·tent[1] [ˈkɒntent] n. ❶Ⓒ[常用复数]内容物；容纳的东西：the ～s of a box 盒里的东西 ❷Ⓒ[用复数](书刊等的)内容；目录：She hadn't read the letter and so was unaware of its ～s. 她没有看那封信，所以不知道信的内容。❸Ⓤ(文章的)主旨，要旨 ❹Ⓤable容量，含量：the silver ～ of a coin 硬币中银的含量

con·tent[2] [kənˈtent] Ⅰ. adj. [作表语]满足的，满意的：Are you ～ with your present salary? 你对现在的薪水满意吗? Ⅱ. n.Ⓤ满足，满意：the quiet ～ of a well-fed child 孩子喂饱后不哭不闹的满足状态 Ⅲ. (～ed [-ɪd]) vt. 使(某人)满足：As there's no cream, we'll have to ～ ourselves with black coffee.既然没有奶油，我们喝黑咖啡也很满足。

con·ten·tion [kənˈtenʃən] (～s[-z]) n. ❶Ⓤ竞争，斗争，争论：two teams in ～ for the title 争夺冠军的两个队/This is not a time for ～. 这不是争论的时候。❷Ⓒ主张，论点：It is my ～ that… 我的论点是…

con·ten·tious [kənˈtenʃəs] adj. ❶(人)好争吵的；爱议论的 ❷(问题等的)引起争论的，成为争辩因素的：a ～ book 有争议的书

con·test Ⅰ. [ˈkɒntest] n.Ⓒ❶比赛，竞赛：The election was so one-sided that it was really no ～.选举呈现一边倒的局面，实际上毫无竞争可言。❷纷争，搏斗；争议 Ⅱ. [kənˈtest] (～ed[-ɪd]) vt. ❶为(得到…)争夺，角逐：a seat in Parliament 争夺国会席位 ❷对…提出异议：～ a will 对遗嘱提出质疑 vi.争论 (with，against)

con·tes·tant [kənˈtestənt] n.Ⓒ竞争者；参赛者

con·text [ˈkɒntekst] n.ⒸⓊ❶(文章的)上下文，前后关系：Can't you guess the meaning of the word from the ～? 你能联系上下文猜出这个词的意思吗? ❷(事情的)来龙去脉；环境，背景：You have to see these changes in ～, they're part of a large plan. 看待这些改革必须要纵观全局，这些改革是大局中的局部。

con·ti·nent [ˈkɒntɪnənt] n. ❶Ⓒ大陆(指亚洲 Asia，非洲 Africa，北美洲 North America，南美洲 South America，欧洲 Europe，澳洲 Australia，南极洲 Antarctica 等七大洲之一；略为 Cont.）❷［the C-］（英国人所指的不包括英伦三岛的）欧洲大陆：holidaying on the *Continent* 在欧洲大陆度假

con·ti·nen·tal [ˌkɒntɪ'nentl] **Ⅰ.** *adj.* ❶大陆的，大陆性的：a ～ climate 大陆性气候❷［C-］欧洲大陆的：～ wars 欧洲大陆的战争 ❸［C-］（美国独立战争时期）美洲殖民地的 **Ⅱ.**（～s[-z]）*n.* Ⓒ❶［C-]欧洲大陆人 ❷［C-]美国独立战争中的美国士兵

con·tin·u·al [kən'tɪnjuəl] *adj.* ❶频繁的，反复发生的：How do we prevent these ～ breakdowns? 我们如何防止这些频繁发生的故障？ ❷不间断的，连续的：～ rain 连续不停的雨

con·tin·u·a·tion [kənˌtɪnju'eɪʃən] *n.* ❶Ⓤ继续，连续，持续：He argued for a ～ of the search. 他主张继续进行搜查。❷Ⓒ 继续部分；延长物；增加物：This road is a ～ of the motorway. 这条公路是高速公路的延伸。

*∗**con·tin·ue** [kən'tɪnju:]（～s[-z]；continuing）*vt.* ❶使继续，使连续，使延伸，使延长：It's been decided to ～ the motorway. 已决定将高速公路延长。/ We ～d rehearsing the chorus after the break. 休息之后，我们继续排练合唱节目。❷使留下，挽留（某人）*vi.*（［反］stop，discontinue）继续，连续；延伸，延长：The desert ～ as far as the eye could see. 沙漠一直伸展到视线的尽头。❸（［近］remain）持续…的情况；仍旧：Weather may ～ wet for a few more days. 多雨的天气可能还要持续好几天。❸留，留任（职位）：She ～d in office for two more years. 她再留任两年。

con·ti·nu·i·ty [ˌkɒntɪ'nju:ɪtɪ] *n.* ⓊⒸ❶继续（性），连续（性），持续（性）：We must ensure ～ of fuel supplies. 我们应该确保燃料供给不中断。❷电影分镜头剧本；剧情说明 ❸广播节目之间的说明词（或音乐）：a ～ announcer 插白广播员

con·tin·u·ous [kən'tɪnjuəs]（［反]discontinuous）*adj.* 继续的，连续的；延长的：Is this a ～ flight，or do we stop off anywhere? 我们是不着陆的连续飞行呢，还是要在中途的某个地方停一停？

con·tract Ⅰ. ['kɒntrækt] *n.* Ⓒ契约，合同：You shouldn't enter into ～ until you have studied its provisions carefully. 你应该先仔细研究合同的条款，然后再签字。**Ⅱ.** [kən'trækt] *vt.* ❶使缩小，使缩短：～ a muscle 收缩肌肉 ❷与…订合同；承包：～ an alliance with a neighbouring state 与邻国缔结同盟 ❸得（病）；养成（习惯）；负（债）：～ measles

患麻疹/～ debts 负债/～ bad habits 染上恶习 ❹［语]缩短（语句的音、词）："I will" can be ～ed to "I'll". "I will" 可缩写为 "I'll"。*vi.* ❶订契约；承包，承办；～ with a firm for the supply of fuel 与一家公司就供应燃料事项签订合同❷（［反]expand)缩小，缩短；变窄：The tunnel ～s to a narrow passageway as you go deeper. 再往里走，坑道缩小成了一条窄窄的通道。

con·trac·tion [kən'trækʃən]（～s[-z]）*n.* ❶Ⓤ收缩，缩短：the ～ of a muscle 肌肉的收缩 ❷ⓊⒸ【语】(词、句的)缩短；缩短形式

con·tra·dict [ˌkɒntrə'dɪkt]（～ed[-ɪd]）*vt.* ❶（陈述、行为等）与…相矛盾：The speaker had got confused and started ～ing himself. 演讲者弄糊涂了，说话自相矛盾起来。❷否定（陈述等)，反驳（某人）：The witness ～ed the driver's statements. 目击者反驳那名司机的陈述。*vi.* 反驳；驳斥

con·tra·dic·tion [ˌkɒntrə'dɪkʃən]（～s[-z]）*n.* Ⓒ Ⓤ❶否定；反驳，驳斥：She will permit no ～. 她决不允许有异议。❷矛盾：That's a flat ～ of what you said before. 这可和你从前说的恰恰相反。

*∗**con·tra·ry** ['kɒntrərɪ] **Ⅰ.** *adj.* ❶相反的，相对的，反对的：～ beliefs 截然相反的信仰 ❷（风向、天气等）逆向的；不利的：The ship was delayed by ～ winds. 航船因遇逆风而延误了。❸脾气倔强的，固执的：He's an awkward ～ child. 他是一个又麻烦又不听话的孩子。**Ⅱ.**（contraries[-z]）*n.* ⓊⒸ 相反，反面；相反的事物：I've never opposed it. The ～ is true：I've always supported it. 我从未反对过它；恰恰相反，我一贯支持它。**Ⅲ.** *adv.* 相反地：act ～ to law 违反法律的行为

con·trast Ⅰ. ['kɒntrɑ:st] *n.* ⓒⓊ❶对比，对照：She had almost failed the exam；but her sister，by ～，had done very well. 她考试差点儿不合格，而相比之下她的妹妹考得很好。❷（对照之下形成的）悬殊差别：The ～ of light and shade is important in photography. 在摄影艺术中，明与暗的反差是很重要的。**Ⅱ.** [kən'trɑ:st] *vt.* 使对比，使对照：～ his work with hers 把他的作品和她的作品加以比较 *vi.* 形成对照：Her action ～ed sharply with her promises. 她的行动与她的诺言相差甚远。

con·trib·ute [kən'trɪbju:t]（～d[-ɪd]；contributing）*vt.* ❶捐（款）；提供（时间、精力等）；～ aids for refugees 向难民提供援助/Everyone should ～ what he or she can afford. 人人都应该尽自己的能力做贡献。❷投

（稿）：She has ～d several poems to literary magazines. 她给文学刊物投了几首诗稿。*vi*. ❶捐献，捐钱；出一份力：～ much to a fund 为一笔基金提供大量捐款 ❷撰稿；投稿

con·tri·bu·tion [ˌkɒntrɪ'bjuːʃən]（～s [-z]）*n*. ❶Ⓤ Ⓒ 捐助（物）；捐献的钱：the ～ of money to charity 慈善捐款 ❷Ⓒ Ⓤ 贡献，助益：The signing of such a treaty would be a major ～ towards world peace. 签订这样一项条约是对世界和平的重大贡献。❸Ⓤ Ⓒ 投稿；投稿文章：The editor is short of ～s for the May issue. 编辑缺少五月号刊物用的稿件。

con·tri·bu·to·ry [kən'trɪbjʊtərɪ]［无比较等级］*adj*. ❶有助的；促成的：a ～ factor 能促进作用的因素 ❷捐赠的（指养老金、保险金）；劳资分配的：a ～ pension scheme 共集年金制（由雇主和职工共同出资）

con·trive [kən'traɪv]（～s [-z]；contriving）*vt*. ❶发明；设计；造出：～ a device 设计一个装置 ❷策划，策谋，企图：～ a means of escape 策划逃跑 ❸想办法做（某事）：～ to live on a small income 靠微薄的收入精打细算地过日子

con·trol [kən'trəʊl] Ⅰ.（～s [-z]）*n*. ❶Ⓤ支配（力），管制，管理：children who lack parental ～ 缺乏父母管教的孩子/She managed to keep ～ of her car on the ice. 她在冰上开车时，尽力控制了汽车。/～ of traffic 交通管制 ❷Ⓤ抑制（力），控制（感情）：He has no ～ over his emotions. 他控制不住自己的感情。❸Ⓒ［用复数］操纵装置，控制器；（收音机）调节装置：The pilot is at the ～s. 飞行员在掌握操纵仪。/the volume ～ of a radio 收音机的音量调节器 ❹Ⓤ（棒球投手的）控球能力 Ⅱ.（～s [-z]；controlled；controlling）*vt*. ❶支配…，管制；控制：Can't you ～ that child? 你管不了那个孩子吗？❷克制（情感），抑制：She can't ～ her anger. 她抑制不住愤怒。

con·trol·ler [kən'trəʊlə(r)]（～s [-z]）*n*. Ⓒ ❶审计员；查账员 ❷管理人，负责人：the ～ of BBC Radio 英国广播公司广播电台负责人

con·tro·ver·sy ['kɒntrəvɜːsɪ, kən'trɒvəsɪ]（controversies [-z]）*n*. Ⓒ Ⓤ 争吵；争论；论战：The appointment of the new director aroused a lot of ～. 新负责人的任命引起了激烈的争论。

con·vene [kən'viːn]（～s [-z]；convening）*vi*. & *vi*. 召集（会议，人等）；开会；（人）集会：～ the members 召集成员/The tribunal will ～ tomorrow. 法庭将于明日开庭。

con·ve·ni·ence [kən'viːnjəns]（～s [-ɪz]）*n*. ❶（［反］inconvenience）Ⓤ 便利，方便；适

宜：I keep my reference books near my desk for ～. 我把参考书放在书桌旁为了用着方便。❷Ⓒ 便利的事物（或设施）：The house has all the modern ～s. 这所房屋有各种现代化的设施。❸Ⓒ［英］（公共）厕所

con·ve·nient [kən'viːnjənt] *adj*. ❶（［反］inconvenient）便利的，方便的；合适的：We must arrange a ～ time and place for the meeting. 我们必须安排一个合适的时间和地点开会。/Will it be ～ for you to start work tomorrow? 你明天开始工作方便吗？❷近便的，附近的：It's useful to have a ～ supermarket. 附近有家超级市场实在方便。

con·vent ['kɒnvənt] *n*. Ⓒ 女修道院：enter a ～ 当修女

con·ven·tion [kən'venʃən]（～s [-z]）*n*. Ⓒ Ⓤ ❶（政治、宗教、政党等的）会议，大会；全国性大会：the US Democratic Party *Convention* 美国民主党代表大会 ❷公约；（换俘、停战等的）协定：the Geneva *Conventions* 日内瓦公约 ❸惯例，习俗；常规：defy ～ by wearing outrageous clothes 穿着奇装异服以对抗习俗 ❹（打桥牌时）叫牌的一套常规

con·ven·tion·al [kən'venʃənəl] *adj*. ❶常规的，惯例的；传统的：a ～ design 传统的式样/He made a few ～ remarks about the weather. 他说了几句关于天气的客套话。❷陈腐的，老套的：～ clothes 老套的衣服/She's so ～ in her views. 她的观点太保守了。

con·ver·sa·tion [ˌkɒnvə'seɪʃən]（～s [-z]）*n*. Ⓒ Ⓤ 谈天，交谈；非正式会谈：have a quiet ～ with a friend 跟朋友静静地谈天/He was deep in ～ with his accountant. 他与会计深入交谈。

con·verse[1] Ⅰ.[kən'vɜːs]（～s [-ɪz]；～d [-t]；conversing）*vi*. 谈话，交谈：She sat *conversing* with the President. 她坐着与总统交谈。Ⅱ.['kɒnvɜːs] *n*. Ⓤ 交谈；谈话

con·verse[2] ['kɒnvɜːs] Ⅰ.［无比较等级］*adj*. 相反的，颠倒的，逆的：They hold ～ opinions. 他们持相反的意见。Ⅱ. *n*. Ⓒ［the ～］❶逆；相反的事物：He says she is satisfied, but I believe the ～ to be true; she is very dissatisfied. 他说她已心满意足了，不过我认为实际情况相反；她很不满意。❷【逻】转语

con·ver·sion [kən'vɜːʃən]（～s [-z]）*n*. Ⓒ Ⓤ ❶（形状、性质、机能等的）变换，转化：the ～ of a barn into a house 仓房之改为寓所/*Conversion* to gas central heating will save you a lot of money. 改用煤气集中供暖将节省大笔开支。❷（信仰、意见、宗教、党派等的）改

变 ❸（橄榄球的）触地得分；（篮球的）罚球得分：He kicked a penalty goal and two ~s. 他一次罚球得分，两次触地后射门得分。

con·vert Ⅰ. [kən'vɜːt] *vt*. ❶转变，变换：~ a house into flats 把一所房屋改建成几个单元❷使皈依宗教；（在宗教、党派、意见、信仰等方面）使改变：~ sb. from atheism to Christianity 使某人放弃无神论，改信基督教❸兑钱；换钱：~ pounds into dollars 把英镑兑换成美元 *vi*. ❶改变，改用：Britain ~ed to a decimal currency system in 1971. 英国于1971 年改用十进制货币体系。❷皈依；改变信仰：He's ~ed to Catholicism. 他已皈依天主教。❸兑换 Ⅱ. ['kɒnvɜːt] *n*. Ⓒ 皈依宗教者；改变信仰者：a ~ to socialism 改而信奉社会主义的人

con·ver·ti·ble [kən'vɜːtəbl] Ⅰ. [无比较等级]*adj*. ❶可转变的，可转换的：a sofa that is ~ 可改变的沙发 ❷【商】兑换性的：~ currencies 可兑换的货币 Ⅱ. *n*. Ⓒ 敞篷车（有可折叠车篷的汽车）

con·vey [kən'veɪ] (~s[-z]；~ed) *vt*. ❶运送（旅客、货物等）；搬运，转运：Pipes ~ hot water from the boiler to the radiator. 通过管道把热水从锅炉输送到散热器中。❷转达，传达（思想、感情等）：a poem that perfectly ~s the poet's feelings 充分地表达出诗人思想感情的诗篇 ❸【律】转让（财产等）

con·vict [kən'vɪkt] Ⅰ. (~ed[-ɪd]) *vt*. （[反]acquit）证明有罪；宣判有罪：She has twice been ~ed of fraud. 她已有两次被判诈骗罪。Ⅱ. ['kɒnvɪkt]*n*. Ⓒ 罪犯，囚犯：an escaped ~ 逃犯

con·vic·tion [kən'vɪkʃən] (~s[-z]) *n*. Ⓒ Ⓤ ❶（[反]acquittal）定罪，证明有罪：She has six ~s for theft. 她有 6 次因盗窃而被判刑。❷深信，确信：It's my ~ that complacency is at the root of our troubles. 我深信自满情绪是我们各种问题的根源。❸说服力；可信度：She'd made such promises before, and they lacked ~. 她以前也做过这样的承诺，但都不可信。

con·vince [kən'vɪns] (~s[-ɪz]；~d [-t] convincing) *vt*.使确信，使信服：How can I ~ you of her honesty? 我怎样才能使你相信她很诚实呢？/ What she said ~d me that I was mistaken. 她的一番话使我认识到我错了。

con·vinc·ing [kən'vɪnsɪŋ] *adj*. （[反]unconvincing)有说服力的，使人信服的：a ~ speech 有说服力的讲话

con·vul·sion [kən'vʌlʃən] (~s[-z]) *n*. Ⓒ ❶[常用复数] 痉挛；抽搐：The child reacted to the drug by going into ~s. 这孩子全身痉挛，对药物有反应。❷[用复数]大笑，狂笑 ❸（社会的）骚动，动乱：The leader's assassination led to political ~s. 领导人遇刺引起了政治大乱。

con·vul·sive [kən'vʌlsɪv] *adj*. ❶震动的；起痉挛的：a ~ movement 抽搐的动作 ❷（笑）使人前仰后合的

cook [kʊk] Ⅰ. (~ed[-t]) *vt*. ❶烹调，煮；烧：I like to ~ Chinese dishes for my family. 我喜欢给家里人做中国菜。❷窜改，伪造（账目等）：He was sent to prison for ~ing the books. 他因窜改账目而入狱。*vi*. ❶烹饪，烹调：Where did you learn to ~? 你在哪里学的烹饪？❷（食物）被烹调，被煮：The meat needs to ~ for at least an hour. 这肉至少需要煮一个小时。Ⅱ. *n*. Ⓒ 厨师，炊事员

cook·er ['kʊkə(r)] (~s[-z]) *n*. Ⓒ ❶炊事用具（尤指锅、炉灶等）：a gas ~ 煤气炉❷烹调用的水果：These apples are good ~s. 这些苹果宜于烹饪。

cook·e·ry ['kʊkərɪ] *n*. Ⓤ 烹调学；烹调法：a ~ school 烹调学校

cook·ie ['kʊkɪ] [亦作 cooky] (cookies [-z]) *n*. Ⓒ [美]家常小甜饼

cool [kuːl] Ⅰ. *adj*. ❶（[反]warm)凉的，凉快的：a ~ room 凉爽的房间/The coffee is not ~ enough to drink. 咖啡还不够凉，不能喝。❷（[近]calm)冷静的，沉着的：She always remains ~, calm and collected in a crisis. 她在危难中总能保持冷静、平静和镇静。❸冷淡的：She was decidedly ~ about the proposal. 她对这个提议漠然置之。❹保守的，被抑制的：~ jazz 保守的爵士乐 ❺厚脸皮的：You should have seen the ~ way she took my radio without even asking. 你没瞧见她那副厚脸皮的样子，连问也不问就把我的收音机拿走了。❻（数额等）不折不扣的，整整的：The car cost a ~ twenty thousand. 这辆汽车价值足足两万元。❼ [美俚]极妙的，了不起的：Her guy's real ~. 她的男朋友真帅。Ⅱ. (~s[-z]) *vt*. ❶使凉快，使冷却：Her unresponsiveness failed to ~ his ardour. 她对他无动于衷，这并未能冷却他的感情。❷使平静下来；使（怒气等）平息：A year in jail ~ed him off. 一年的铁窗生活使他冷静了下来。*vi*. ❶变凉；冷却下来：The hot metal contracts as it ~ down. 热金属一冷却下来就收缩。❷（怒气等）平息；（人）平静下来；失去热情：She's very angry；don't speak to her until she is ~ed down a bit. 她气极了，等她消消气再跟她说话。Ⅲ. *n*. ❶ [the ~]凉；凉快的地方（或时候、东西

C

等）：Step out of the sun into the ～. 到阴凉处去躲避烈日。/the pleasant ～ of the evening 傍晚时的凉爽宜人 ❷Ⓤ平静,镇静

cool·er ['kuːlə(r)] (～s[-z]) n.ⒸⓊ❶冷却器;冷却装置：a wine ～ 冰酒器 ❷ 清凉饮料 ❸【俚】监狱：two years in the ～ 两年监禁 ❹【化】冷却剂

co·op·er·ate [kəʊ'ɒpəreɪt] (～d[-ɪd]；cooperating) vi.合作,协作;(事物)配合：～ with one's friends in raising money 与朋友合作集资

co·op·er·a·tion [kəʊˌɒpə'reɪʃn] n.❶Ⓤ协作,合作：～ between the police and the public in catching the criminal 在追捕罪犯过程中警方与公众之间的相互配合❷Ⓒ合作社

co·op·er·a·tive [kəʊ'ɒpərətɪv] I.adj. ❶([反]uncooperative)合作的,协助的：a ～ attempt 合作的尝试 ❷ 共同掌握所有权和管理权并分享其利的;合作的：a ～ farm 合作农场Ⅱ.(～s[-z]) n.Ⓒ合作社;合作商店;合作企业(或组织)

co·or·di·nate [kəʊ'ɔːdɪneɪt] I.adj. ❶同等的;同位的;同格的❷【语】对等的,并列的 Ⅱ.n.Ⓒ❶同等的人(或事物)❷【数】坐标：the x and y ～s on a graph 图表上的 x 和 y 坐标 ❸【用复数】(色彩、图案、式样等)相搭配的衣服Ⅲ.[kəʊ'ɔːdɪneɪt] (～d[-ɪd]；coordinating) vt.使…协调;使调和：～ one's movement when swimming 游泳时协调动作/The plan was not very well ～d. 这计划的各部分配合得不够好。

co·or·di·na·tion [kəʊˌɔːdɪ'neɪʃn] n.Ⓤ ❶同等❷(肌肉运动的)调整,配合

cop [kɒp] I.n.Ⓒ【口】警察 Ⅱ.(copped；copping) vt. ❶逮住,抓住：He was copped for speeding. 他因超速行车而被捕。❷偷,偷窃：He was copping money when we found him. 当我们发现他时,他正在偷钱。

cope¹ [kəʊp] (～d[-t]；coping) vi.竞争;巧妙地对付,妥善处理：～ with misfortune 对付灾祸

cope² [kəʊp] I.n.Ⓒ❶(教士的)斗篷式长袍 ❷【建】顶层;顶盖 Ⅱ.vt.加盖于…

co·pi·ous ['kəʊpɪəs] adj.❶丰富的;大量的：She supports her theory with ～ evidence.她以大量的例证来充实自己的理论。❷(人)话多的;(作家)多产的：～ words 许多话/a ～ writer of detective stories 写侦探小说的多产作家

cop·per ['kɒpə(r)] I.n.❶Ⓤ铜：Is the pipe ～ or lead? 这管子是铜的还

是铅的? ❷Ⓒ[英口]铜币：It only costs a few ～s. 这只值几个铜板。❸Ⓒ铜制品Ⅱ.adj. ❶铜的;铜制的❷铜色的：～hair 铜色的头发

cop·y ['kɒpɪ] I.(copies[-z]) n.❶Ⓒ誊本;复本,副本：Is this the original drawing or is it a ～? 这是原画还是誊本? ❷Ⓒ(相同书籍、报纸、杂志等的)一份,一本：If you can't afford a new ～ of the book, perhaps you can find a secondhand one. 这书要是你买不起新的,你或许能找到一本旧的。❸Ⓤ原稿,稿子：The journalist has handed in her ～. 这个女记者交了稿。❹Ⓤ(报纸、电视、广告等的)材料,富于新闻性的题材：The government crisis will make good ～. 政府的危机将成为新闻报道的好题材。❺Ⓒ(习字或画的)范本;摹本 Ⅱ.(copied) vt. ❶抄写;誊写;复制：～ documents on a photocopier 用复印机复印文件❷模仿…,效仿…：Don't always ～ what the others do, use your own ideas. 不要老是效仿他人,你自己应该有主见。❸抄袭 vi.作弊,抄袭;做假：She was punished for ～ing during the examination. 她因考试抄袭作弊而受到处罚。

cor·al ['kɒrəl] I.(～s[-z]) n.❶ⓊⒸ珊瑚;珊瑚工艺品：necklace made of ～ 珊瑚项链 ❷珊瑚色;深红色❸【口】珊瑚虫Ⅱ.adj. ❶珊瑚色的：～ lipstick 珊瑚色口红 ❷珊瑚(制)的

cord [kɔːd] I.(～s[-z]) n.❶ⓊⒸ细绳,粗线,索：parcels tied with ～ 用绳子捆扎的包裹❷Ⓤ(电的)绝缘电线;小电线 ❸Ⓒ【解】索状组织,韧带：the spinal ～ 脊髓❹Ⓤ灯芯绒;～ skirts 灯芯绒裙子 Ⅱ.(～ed['-ɪd]；～ing['-ɪŋ]) vt.用细绳(或粗绳)捆绑

cor·dial ['kɔːdjəl] I.adj.热诚的,衷心的,真诚的;亲切的：a ～ smile 热诚的微笑/a ～ handshake 亲切的握手Ⅱ.n.ⒸⓊ❶[英]水果果汁：lime juice ～ 酸橙汁饮料❷甜香酒,甘露酒,浸果酒

core [kɔː(r)] I.(～s[-z]) n.❶Ⓒ果实的心;果核❷(the ～)中心部分;(事情的)核心：This concept is at the very ～ of her theory. 这个概念是她的理论的核心。❸Ⓒ(电磁铁、感应线圈等的)磁心 Ⅱ.(～s[-z]) vt.挖去…的果心：～an apple 挖去苹果的果心

cork [kɔːk] I.n. ❶Ⓤ软木❷Ⓒ软木塞,软木制品 Ⅱ.vt. ❶用软木塞塞住：～ a bottle 塞住瓶子❷抑制(感情等)(up)：Don't ～ it all up, if you feel angry, show it. 别什么都闷在心里,你有气就发泄出来。

corn¹ [kɔːn] (～s[-z]) n.❶Ⓤ(美、加拿大、澳大利亚)玉蜀黍,玉米❷Ⓤ[英]小麦;谷

物,谷类:grinding ～ to make flour 把谷物磨成粉 ❸Ⓒ谷粒,小粒 ❹Ⓤ[俚]陈腐的事物(指乐曲、思想等)

corn² [kɔːn] (～s[-z]) *n*. Ⓒ鸡眼,钉胼

cor·ne·a [ˈkɔːniə] (～s[-z]) *n*.Ⓒ【解】角膜:a ～ graft 角膜移植片

cor·ner [ˈkɔːnə(r)] Ⅰ. (～s[-z]) *n*.Ⓒ❶(箱子等的)角,转角:A square has four ～s; a cube has eight. 正方形有 4 个角;立方体有 8 个角。❷街角,拐角,屋角,角:the shop on the ～ 位于街角的商店 ❸(遥远的)地区;角落,冷僻处:She lives in a quiet ～ of Yorkshire. 她住在约克郡的一个僻静的地区。Ⅱ. (～ing [-rɪŋ]) *vt*.使走投无路,把…难住:The escaped prisoner was ～ed at last. 那逃犯最后走投无路了。*vi*.(交通工具、驾驶者)转弯:Don't ～ so fast! 转弯别转得太快!

cor·po·ral¹ [ˈkɔːpərəl] [无比较等级]*adj*. 肉体的,身体的:～ punishment 肉刑;体罚

cor·po·ral² [ˈkɔːpərəl] *n*.Ⓒ【军】下士(级别最低的军官):a ～ of the guard 警卫班长

cor·po·rate [ˈkɔːpərɪt] *adj*. ❶法人的,社团的:～rights 法人权利❷全体的;共同的:～ action 共同的行动

cor·po·ra·tion [ˌkɔːpəˈreɪʃən] (～s[-z]) *n*.Ⓒ❶[律]社团,法人 ❷公司,企业;[美]有限公司:large multinational ～s 大跨国公司 ❸(市、镇的)自治机关:the municipal ～ 市行政机关

corps [kɔː(r)] (corps[kɔːz]) *n*.Ⓒ❶军团;军(介于师与集团军之间的陆军单位) ❷团体;队:the press ～ 记者团

corpse [kɔːps] (～s [-ˈɪz]) *n*.Ⓒ死尸,尸首

cor·rect [kəˈrekt] Ⅰ. *adj*.❶([近]right)([反]incorrect)正确的,准确的:The description is ～ in every detail. 每个细节的叙述都很正确。❷合乎礼节的;妥当的,适当的:Such casual dress would not be ～ for a formal occasion. 这样的便服不宜在正式的场合穿。Ⅱ. (～ed[-ɪd]) *vt*. ❶改正(错误),修改:～ an essay 批改作文/ ～ spelling 改正拼写错误❷纠正,矫正:Spectacles ～ faulty eyesight. 眼镜可以矫正视力缺陷。

cor·rec·tion [kəˈrekʃən] *n*. ❶ⓊⒸ订正,修改;校正:the ～ of exam papers 试卷的批改 ❷ Ⓤ惩罚,惩戒:the ～ of young delinquents 失足少年的改造

cor·rec·tive [kəˈrektɪv] Ⅰ. [无比较等级]*adj*. 改正的,纠正的;矫正的:～ training 管教 Ⅱ. *n*. Ⓒ矫正物;矫正法:These artefacts are ～s to the usual view of these people as

completely uncivilized. 这些人通常被认为完全没有开化,是这些工艺品改变了人们的这种看法。

cor·re·late [ˈkɒrɪleɪt] Ⅰ. (～d[-ɪd];correlating) *vt*. & *vi*.(使)相互关联;有联系:The results of this experiment do not ～ with the results of earlier ones. 这次试验的结果与往次试验的结果毫不相干。Ⅱ. *n*. Ⓒ相互关联的事物(或人)

cor·re·la·tion [ˌkɒrɪˈleɪʃən] (～s[-z]) *n*. ⓒⓊ相互关系,伴随关系;关联(作用):the ～ between sb.'s height and weight 身高与体重之间的关系

cor·rel·a·tive [kəˈrelətɪv] Ⅰ. *adj*.有相互关系的,相关的 Ⅱ. (～s[-z]) *n*. ❶Ⓒ相关物❷【语】关联词

cor·re·spond [ˌkɒrɪˈspɒnd] (～s [-z];～ed [-ɪd]) *vi*. ❶ 符合,一致:Your account of events ～s with hers. 你说的情况跟她的说法一致。❷ 相当,相应:The American Congress ～s to the British Parliament. 美国的国会相当于英国的议会。❸通信:We've ～ed with each other for years. 我们已(互相)通信多年了。

cor·re·spon·dence [ˌkɒrɪˈspɒndəns] (～s [-ɪz]) *n*. ❶Ⓒ Ⓤ一致;符合;调和;相似:a close ～ between the two accounts 两种叙述接近一致❷Ⓤ通信:She has a lot of ～ to deal with. 她有大批信件需要处理。

cor·re·spon·dent [ˌkɒrɪˈspɒndənt] Ⅰ. *n*.Ⓒ❶(新闻)通讯员,记者:a foreign ～ 外国记者 ❷通信者 Ⅱ. [无比较等级]*adj*.一致的,符合的

cor·re·spond·ing [ˌkɒrɪˈspɒndɪŋ] *adj*.❶对应的,相应的,一致的:Imports in the first three months have increased by 10 per cent compared with the ～ period last year. 第一个季度的进口额与去年同期相比增长了10%。❷通讯的

cor·ri·dor [ˈkɒrɪdɔː(r)] (～s[-z]) *n*.Ⓒ❶走廊,回廊;通路 ❷走廊地带

cor·rode [kəˈrəʊd] (～s[-z];～d [-ɪd];corroding) *vt*. & *vi*.腐蚀…;侵蚀:Acid has ～d the iron away.酸把铁腐蚀了。

cor·ro·sion [kəˈrəʊʒən] *n*.Ⓤ❶腐蚀,腐蚀作用❷(因腐蚀而产生的)锈;铁锈

cor·ro·sive [kəˈrəʊsɪv] Ⅰ. *adj*. ❶腐蚀性的❷(人心等)腐蚀的 Ⅱ. (～s[-z]) *n*.Ⓒ腐蚀剂:Rust and acids are ～. 锈及酸类都是腐蚀性物质。

cor·rupt [kəˈrʌpt] Ⅰ. *adj*. ❶腐败的;贪污

的;堕落的:～ officials who won't issue permits unless you bribe them 不行贿就不给办理许可证的贪污官吏/～ life 堕落的生活 ❷ (语言、版本等)讹用的;多讹误的:a ～ manuscript 有错误的文稿 ❸ 污浊的,不洁的:～ air 不洁的空气 Ⅱ.(～ed[-ɪd])vt. ❶使堕落;使败坏:young people whose morals have been ～ed 道德败坏的年轻人 ❷使面目全非;涂改(原文等)vi.堕落,腐化

cor·rup·tion [kəˈrʌpʃən] n.Ⓤ❶堕落;颓废:claiming that sex and violence on TV led to the ～ of young people 断言电视中所宣扬的色情和暴力会诱使年轻人堕落 ❷贪污,贿赂:officials who are open to ～ 可以买通的官员 ❸(东西的)腐烂:the ～ of the body 尸体的腐烂

cos·me·tic [kɒzˈmetɪk] Ⅰ.n.Ⓒ 化妆品 Ⅱ.adj.化妆用的;装饰性的

cos·mic [ˈkɒzmɪk] adj. ❶宇宙的:Physics is governed by ～ laws. 物理学受宇宙法则的约束。❷有秩序的

cos·mos [ˈkɒzmɒs] n.Ⓤ❶[the ～]宇宙 ❷秩序,和谐

cost [kɒst] Ⅰ.n. ❶ⒸⓊ价值;成本,费用:the ～s involved in starting a business 开创一家企业所需要的资金/the ～ of living 生活费用 ❷ⓊⒸ牺牲,损失;代价:the ～ in time and labour 时间和精力方面的消耗 ❸Ⓒ[用复数]【律】诉讼费用 Ⅱ.(cost)vt. ❶价值为;要价:These chairs ～ £40 each. 这些椅子每把价值 40 英镑。❷花费(时间、劳力等),付出代价;牺牲生命:Compiling a dictionary ～s much time and patience. 编纂词典要用很多的时间,要有极大的耐心。❸(costed)【商】计算…的成本 vi.花费

cost·ly [ˈkɒstlɪ] (costlier; costliest) adj. ❶高价的,昂贵的;豪华的:It would be too ～ to repair the car. 修理这辆汽车要花多少钱。❷代价高的:a ～ mistake 造成重大损失的错误

cos·tume [ˈkɒstjuːm] Ⅰ.(～s[-z]) n. ❶Ⓤ(某时代、时期所特有的)服装,装束 ❷Ⓒ(特定活动时穿的)服装:skiing ～ 滑雪服 ❸ⒸⓊ(戏剧、化装舞会时穿的)戏装 ❹Ⓒ(短上衣和裙子搭配的)套装 Ⅱ.vt.为…提供服装

co·sy [ˈkəʊzɪ] [亦作 cozy] Ⅰ.(cosier; cosiest) adj.舒适的:a ～ room 舒适的房间 Ⅱ. n.Ⓤ舒适

cot [kɒt] ([美]crib) n.Ⓒ[英](四周有护栏的)婴儿床;吊床

cot·tage [ˈkɒtɪdʒ] (～s[-ɪz]) n.Ⓒ❶[美]

(避暑胜地等的)小别墅 ❷(郊外的)小屋;农舍,村舍:farm labourers' ～s 农场雇工的小屋

cot·ton [ˈkɒtn] Ⅰ.n.Ⓤ❶棉,棉花:bales of ～ 大包小包的棉花 ❷棉布:a ～ dress 棉布连衣裙 ❸棉纱,棉线:a needle and ～ 针和线 ❹棉树:working in the ～ fields 在棉田里干活 Ⅱ.(～s[-z])vi. ❶[俚]明白,赞成:At last she's ～ed on to what they mean. 最后,她终于明白了他们的意思。❷和谐;一致

couch [kaʊtʃ] Ⅰ.n.Ⓒ❶睡椅,长沙发椅 ❷休息处 Ⅱ.vt.[常用被动语态或 oneself]使躺下 vi.躺下

cough [kɒf] Ⅰ.vt.咳出:He'd been coughing up blood. 他那时一直在咳血。vi.咳嗽;清喉咙:She was coughing all night. 她咳了一整夜。Ⅱ.n.Ⓒ❶咳嗽;咳嗽声:She gave a quiet ～ to attract my attention. 她轻轻地咳了一声,好引起我注意。❷[a ～]咳嗽病:have a bad ～ 咳嗽得很厉害

could [强 kʊd;弱 kəd] [can 的过去式] v.aux. ❶[用于虚拟语气]能,可以:If I ～ go with you, I should feel very glad. 假使我能同你一起去,我会感到非常高兴。❷[表示可能性]能,可能:You ～ be right, I suppose. 我想你可能是对的。❸[用于婉转语气]能:Could I use your phone? 让我用一下你的电话好吗?❹[表示建议]可以:We ～ write a letter to the headmaster. 我们不妨给校长写封信。

couldn't [ˈkʊdnt] [口]could not 的缩写形式

coun·cil [ˈkaʊnsəl] n.Ⓒ❶商议会,讨论会议,协调会 ❷(地方自治体的)议会:The local ～ is in charge of repairing roads. 地方议会负责修道路。

coun·sel [ˈkaʊnsəl] Ⅰ. n. ❶Ⓤ劝告;忠告:Listen to the ～ of your elders. 听从长辈的劝告吧。❷商议;评议;商量:take(或hold) ～ with sb. 与某人商议 ❸Ⓒ辩护人,律师;辩护律师团:The court heard ～ for both sides. 法庭听取了双方律师的陈述。Ⅱ.(～s[-z];counsel(1)ed;counsel(1)ing)vt. & vi.(给某人)忠告,劝告;建议:He counselled them to give up the plan. 他建议他们放弃这项计划。

count¹ [kaʊnt] Ⅰ.(～ed[ˈ-ɪd])vt. ❶([近]calculate)计算,计(数):～ the number of people present 计算出席人数 ❷计算在内;包括:We were a party of eleven ～ing our teacher. 连老师在内,我们一行人 11 人。❸认为,视为;看作:I ～ him a good judgement of character. 我认为他很会判断人品的好坏。vi. ❶数,计数:I can ～(up) to 100. 我能数

C

到 100。❷被算进;包含:This discovery ~s among the greatest ones in this century. 这项发明算是本世纪中数一数二的。❸有(考虑的)价值:Knowledge without common sense ~s for little. 光有学问而无常识,则这种学问甚无价值。Ⅱ. *n.* Ⓒ Ⓤ ❶计算,计数:I want you to start on a ~ of 5. 我要你在数到 5 时开始。❷总数;总计:What is the ~? 总数是多少?❸【法】(控告的一条)罪状 ❹(击球者的)球数;(拳击赛的)10 秒钟计时

count² [kaʊnt] *n.* Ⓒ 伯爵(除英国以外,如法、意等国的贵族头衔之一)

coun·te·nance ['kaʊntɪnəns] (~s[-ɪz]) *n.* ❶Ⓒ面部表情;面容;脸色:a woman with a fierce ~ 面目凶恶的女人❷Ⓤ Ⓒ[亦用 a ~]冷静,镇定 ❸Ⓤ赞助,赞同,支持:I would not give ~ to such a plan. 我不赞同这样的计划。

coun·ter¹ ['kaʊntə(r)] (~s[-z]) *n.* Ⓒ ❶计算器;计算者❷(游戏时计分用的)筹码;代币 ❸柜台

coun·ter² ['kaʊntə(r)] Ⅰ. [无比较等级] *adj.* 反方的;对立的:~ tides 逆流Ⅱ. [无比较等级] *adv.* 反方向地,(与⋯)相反地:act ~ to sb.'s wishes 违背某人的意愿 Ⅲ. (~s [-z]) *n.* Ⓒ ❶相反,反面;相反物:believe the ~ of a saying 相信(与此)相反的说法❷(皮鞋等)鞋帮后跟部的坚硬部分 ❸(拳击等)(受击或挡架来拳时的)回拳,回击 Ⅳ. (~ing [-rɪŋ]) *vt.* ❶违反⋯,反对:They ~ed our proposal with one of their own. 他们针对我们的建议提出了一项相反的建议。❷取消,抵销 ❸(拳击的)还击,反击 *vi.* ❶反对❷失效,取消 ❸还击,反击:The champion ~ed with his right-handed punch. 这位卫冕者挥起右拳还击。

coun·ter·act [ˌkaʊntə'rækt] *vt.* 抵抗,抵制;消除:~ sb.'s bad influence 消除某人的不良影响

coun·ter·feit ['kaʊntəfɪt] Ⅰ. [无比较等级] *adj.* ❶伪造的,假冒的:~ money 假钱币 ❷假装的,虚伪的 Ⅱ. *n.* Ⓒ 赝品,冒牌货,伪造物:This ten-dollar bill is a ~. 这张 10 元钞票是伪钞。Ⅲ. (~ed[-ɪd]) *vt.* 伪造,假造:a gang of criminals ~ing ten-pound notes 伪造 10 镑钞的犯罪集团

coun·ter·foil ['kaʊntəfɔɪl] (~s[-z]) *n.* Ⓒ (支票、汇票、收据等的)存根,票根

coun·ter·part ['kaʊntəpɑːt] *n.* Ⓒ 相互应的人(或物),配对物;极相像的人(或物)

count·less ['kaʊntlɪs] *adj.* 无数的,多得不计其数的:I have told her ~ times. 我已告诉她无数次了。

coun·try ['kʌntrɪ] Ⅰ. (countries [-z]) *n.* ❶Ⓒ国家;国土:There will be rain in all parts of the ~. 全国各地将有雨。❷Ⓒ家乡,故乡;祖国:China is our ~. 中国是我们的祖国。❸[the ~][集合用法]国民;选民:The whole ~ resisted the invaders. 全国抗击侵略者。❹[the ~]乡下,农村;田野地带:live in the ~住在乡下 ❺Ⓤ(具有某种地理特征的)区域;地区:We passed through miles of wooded ~. 我们经过了大片的森林地带。Ⅱ. *adj.* 乡下的,农村的

coun·try·side ['kʌntrɪsaɪd] *n.* Ⓤ乡村;农村

coun·ty ['kaʊntɪ] (counties [-z]) *n.* Ⓒ ❶ [美]县(州以下的行政区域名)❷(中国等国的)县 ❸ [英]郡(英国最大的地方行政区)

couple ['kʌpl] Ⅰ. (~s[-z]) *n.* Ⓒ ❶(一)对,(一)双:five ~(s) of rabbits 5 对兔子 ❷夫妻;未婚情侣;一对男女:Several ~s were on the dance floor. 有几对舞伴在跳舞。/ married ~s 成对夫妻 ❸ [口]几个,少数人:I won't have any more whiskies;I have had a ~ already. 我不能再喝威士忌了,我已经喝了几杯了。Ⅱ. *vt.* ❶结合,连接(两物):The dining-car was ~d onto the last coach. 餐车已挂在末节车厢上。❷联想;并提 *vi.* ❶结合,结婚 ❷(动物)交配

cour·age ['kʌrɪdʒ] *n.* Ⓤ勇气,胆量:I plucked up my ~ and asked her to marry me. 我鼓起勇气向她求婚。

cou·ra·geous [kə'reɪdʒəs] *adj.* 勇敢的,无畏的,有胆量的:It was ~ of her to oppose her boss. 她真有胆量,竟敢对抗上司。

course [kɔːs] Ⅰ. (~s[-ɪz]) *n.* ❶Ⓤ过程,进行;变迁,演变:In the ~ of my long life, I've known many changes. 我在漫长的一生中饱经沧桑。❷Ⓒ方向,路线,航线:The plane was on ~. 飞机航线正确。❸Ⓒ方针,做法:The wisest ~ would be to ignore it. 上上策是不予理睬。❹Ⓒ(大学等的)课程,讲座:an elementary ~ in maths 初级数学课程 ❺Ⓒ一道(菜):The main ~ was a vegetable stew. 主菜是炖蔬菜。❻Ⓒ跑道;(高尔夫球)球场:a golf-~ 高尔夫球场/a race-~ 赛马跑道 Ⅱ. *vt.* 追,追逐(用猎犬等)猎(野兔等) *vi.* 跑,追;(河水等)奔流:Tears ~d down her cheeks. 眼泪沿着她的面颊流下来。

court [kɔːt] Ⅰ. *n.* ❶Ⓒ Ⓤ法庭,法院;裁判:The prisoner was brought to ~ for trial. 囚犯被提到法庭受审。/a ~ usher 法院传达员 ❷ [the ~][集合用法]法官,审判官:The ~ rose as the judge entered. 法官出庭时,全体到庭人员起立。❸Ⓒ Ⓤ(向国王、女王的)谒

见;宫廷会议 ❹ⒸⓊ[C-]宫廷,王宫:the *Court* of St. James 英国宫廷 ❺Ⓒ(由建筑物或墙壁围绕成的)庭院 ❻Ⓒ(网球、篮球等的)场地:Do you prefer grass or hard ~s? 你喜欢草地球场,还是硬地球场? ❼Ⓒ(三面被建筑物围绕而成的)短巷,死巷❽Ⓤ(向女性的)求爱,求宠,献殷勤:pay ~ to 向…献殷勤;向…求爱 Ⅱ.(~ed[ˈ-ɪd]) vt. ❶讨好,奉承;向…求爱:He had been ~ing Jane for six months. 他追求简已有 6 个月之久。❷希望得到(某人的赞赏、支持等);获得:~ sb.'s approval 取悦于某人以获其同意 ❸招致(危险、灾难等):~ death 导致死亡 vi.(男、女)(以结婚为目的而)交往:The two have been ~ing for a year. 两人交往已有一年之久。

cour·teous [ˈkɜːtɪəs] adj. 有礼貌的;谦恭的;殷勤的

cour·tesy [ˈkɜːtɪsɪ] n. ❶Ⓤ礼貌,谦恭;殷勤❷ⒸⓊ好意,优遇

cous·in [ˈkʌzn] (~s[-z]) n. Ⓒ❶表(或堂)兄弟;堂(或表)姐妹:She is my ~. 她是我的表姐。❷远亲,亲戚;同类性质的人:We are ~s. 我们是亲戚。

cove [kəʊv] (~s[-z]) Ⅰ. n. Ⓒ❶小凹❷(险峻的)峡谷;小海湾 Ⅱ. vt. & vi.(使)内凹

cove·nant [ˈkʌvənənt] n. ❶Ⓒ契约;盟约❷[the Covenant]《圣经》(上帝赐给以色列人的)条约

cov·er [ˈkʌvə(r)] Ⅰ.(~s[-z];~ing[-rɪŋ]) vt. ❶([反]expose)盖,铺;覆盖;遮盖:The hole was ~ed with canvas. 这个洞被帆布遮盖了。❷涂抹(油漆等);加封信;遮蔽…的表面:The wind blew from the desert and ~ed everything with sand. 沙漠那边吹来的风把所有的东西都蒙上了一层沙子。掩盖,掩饰;隐瞒:He laughed to ~ his nervousness. 他哈哈大笑,以遮掩紧张的心情。❹包括,包含;占用,延续(一段时间或空间):Is that word ~ed in the dictionary? 这部词典里有那个单词吗? /This story ~s only three days and is very interesting. 这故事前后过程只有 3 天,但是非常有趣。❺行过(路程):By sunset, we had ~ed thirty miles. 到日落的时候,我们已走了 30 英里。❻(钱)够…用:£10 will ~ our petrol for the journey. 10 英镑就足够支付我们旅行的汽油费。❼对…进行新闻采访,报道:~ the Labour Party's annual conference 报道工党年会新闻 ❽给(货物等)保险:Are you fully ~ed? 你是否保了足够的火险和盗窃险? ❾(大炮、火箭)射程达到…;(炮火)掩护;(要塞等)控制,掌握:The artillery gave us ~ing fire. 炮

火掩护着我们。❿【体】(为夺球)盯住(对手);守(位),防守 vi.❶覆盖;涂 ❷代替,顶替:I'll ~ for Jane while she's on holiday. 简休假期间我替补她工作。Ⅱ. n. ❶Ⓒ盖子,套子:Some chairs are fitted with loose ~s. 有些椅子配有椅套。❷Ⓒ(书的)封皮,封面:The magazine had a picture of a horse on the ~. 这本杂志封面上有一幅马的图片。❸ⒸⓊ掩蔽处;掩护(物),掩藏(物):The bicycles are kept under ~. 自行车存放在棚子下面。❹Ⓒ假装,伪装;假身份:The agent's ~ had been broken, and he had to leave the country. 那特务暴露了身份,只好离开该国。❺Ⓒ(一副)餐具;餐席 ❻Ⓤ保险;(保险的)给付金

cov·er·age [ˈkʌvərɪdʒ] n. ❶Ⓤ(保险的)保险项目(或范围);赔偿额❷ⒸⓊ新闻报道;范围:There's little ~ of foreign news in the newspaper. 报纸上几乎没有国外新闻的报道。

cov·er·ing [ˈkʌvərɪŋ] Ⅰ.(~s[-z]) n. ❶Ⓤ覆盖❷Ⓒ覆盖物,盖子,覆罩 Ⅱ. adj. 掩护的

cov·ert [ˈkʌvət] Ⅰ.[无比较等级]adj. 隐藏的;暗地里的,偷偷摸摸的:a ~ glance 偷偷一瞥 Ⅱ. n. Ⓒ(小野兽等的)隐藏处;隐蔽处

cov·et [ˈkʌvɪt] (~ed[-ɪd]) vt. & vi. 妄想(别人的东西);垂涎;渴望:~ sb.'s possessions 觊觎某人的财产

cow¹ [kaʊ] (~s[-z]) n. Ⓒ❶母牛;奶牛 ❷(象、犀牛、鲸、海豹等的)母兽 ❸[美俚]肥胖难看又不修边幅的女人

cow² [kaʊ] (~s[-z]) vt. & vi. 吓唬,威胁:The men were ~ed into total submission. 这些人被吓得服服帖帖。

cow·ard [ˈkaʊəd] Ⅰ.(~s[-z]) n. Ⓒ懦夫,胆怯者:I am a terrible ~ when it comes to dealing with sick people. 我一和病人打交道就提心吊胆。Ⅱ. adj. 怯懦的;胆小的

cow·ard·ice [ˈkaʊədɪs] n. Ⓤ懦弱,胆怯:contemptible ~ 可鄙的怯懦行为

coy·ote [ˈkɔɪəʊt; ˈkaɪəʊt] n. Ⓒ(产于北美西部草原的)郊狼,小狼

crab¹ [kræb] (~s[-z]) n. ❶Ⓒ【动】蟹(包括如寄居蟹等类似蟹的甲壳类)❷Ⓤ蟹肉:dressed ~ 加佐料的蟹肉 ❸[the ~]【天】巨蟹座

crab² [kræb] Ⅰ.(~s[-z]) n. Ⓒ❶【植】沙果;酸苹果树 ❷脾气乖戾的人,爱发牢骚的人 Ⅱ.(crabbed;crabbing) vt. 对…找岔子,严厉批评 vi. 挑剔;发牢骚:The boss is always *crabbing* about my work. 老板对我的工作总是横挑鼻子竖挑眼。

C

crack [kræk] I . *n* . © ❶裂缝,龟裂,碎裂: Don't go skating today—there are dangerous ~s in the ice. 今天别去溜冰了——冰上有裂缝很危险。❷破裂声,爆裂声,噼啪声:the ~ of a pistol shot 噼啪啪啪的手枪声 ❸ [口] (砰的)一击:give sb. a ~ on the head 啪的一声打在某人头上 ❹ [俚]尝试:Have another ~ at solving this puzzle. 再试一试把这个难题解决了吧。❺ [俚]俏皮话,挖苦话:She made a ~ about his fatness. 她取笑他肥胖。❻(嗓子的)变音,粗哑 II . (~ed[-t]) *vt* . ❶ 使破裂,使爆裂,使开缝:She has ~ed a bone in her arm. 她手臂有一处骨裂。❷使发出爆裂声,使噼啪地响:~ a casing open 噼里啪啦打开包装 ❸使(嗓音)变粗,使(嗓音)变哑 ❹ [口]撬开(金库或保险箱等):~ a safe 砸开保险箱 ❺说(笑话) ❻解开(难题等),揭开(秘密等):The calculation was difficult but we finally ~ed it. 计算起来很费劲,然而我们终于解决了。/ ~ a code 破译密码 ❼(把酒瓶盖)砰一声打开来喝 ❽ 【化】分馏(石油等) *vi* . ❶ 裂开,爆裂,断裂:The ice ~ed as I stepped onto it. 我一踩冰就裂了。❷发出爆裂声,噼啪地响:The hunter's rifle ~ed and the deer fell dead. 猎人的步枪一响,鹿便倒地而死。❸ (嗓音)突然发声;(方向等)突然改变:A boy's voice ~s at puberty. 男孩在青春期嗓音变粗。❹【化】分馏(石油等)

crack·er ['krækə(r)] (~s[-z]) *n* . © ❶一种薄脆饼干;[美]饼干 ❷爆竹;(内装糖果等的)彩包爆竹:a box of ~s 一盒彩包爆竹

cra·dle ['kreɪdl] I . (~s[-z]) *n* . ❶ © 摇篮:The mother rocked the baby to sleep in its ~. 母亲摇动摇篮使婴儿入睡。❷ © (文明的)发源地;策源地:Greece, the ~ of Western culture. 希腊,西方文化的发源地。❸ [the ~]婴儿时期:from the ~ 自幼 ❹ © 支船架,下水架;(电话听筒的)支架;(吊在建筑物外壁的)工作台 II . *vt* . ❶把…放在摇篮里;置于摇篮中(哄小孩入睡):~ a baby 把婴儿放在摇篮里

craft [krɑːft] I . *n* . ❶ 回 (工匠等的)技艺,手艺:The silversmith worked with great ~. 那个银匠的技艺非常熟练。❷ © 回 (需要特殊技能的)职业,工作;手工业:He's a master of the actor's ~. 他演技精湛。/ the potter's ~ 陶器业 ❸ [the ~] [集合用法]行会;行会成员 ❹ © [单复同]船,尤指小船;航空器(指飞机、飞艇等):Hundreds of small ~ accompany the liner into harbour. 数百只小船随同这艘班轮驶入港湾。 II . *vt* . [美]细心地制作…,精细地做:a beautiful *hand-crafted* silver

goblet 美观的手工精制的高脚银杯

crafts·man ['krɑːftsmən] (craftsmen) *n* . © 工匠,技工;熟练工人

craft·y ['krɑːftɪ] (craftier; craftiest) *adj* . 狡猾的,诡计多端的:a ~ politician 老奸巨猾的政客

crag [kræɡ] (~s[-z]) *n* . © 悬崖,危岩,峭壁

cram [kræm] (~s[-z]; crammed; cramming) *vt* . ❶把…塞进,塞满:~ food into one's mouth 把食物塞进嘴里 ❷ [口]填鸭式地教(学生);死记硬背(功课):~ pupils 以填鸭式教学生 *vi* . 贪婪地吃;死记硬背功课

crane [kreɪn] I . (~s[-z]) *n* . © ❶【机】起重机,吊车 ❷【动】鹤 II . (craning) *vt* . & *vi* . 伸(颈)(鹤似地)伸着脖子看:~ one's neck to see sth. 伸长脖子观看某物

crank [kræŋk] I . *n* . © ❶【机】曲柄,曲轴 ❷ [口]古怪的人:a health-food ~ 对保健品有怪癖的人 ❸脾气暴躁的人 II . (~ed[-t]) *vt* . ❶用曲柄旋转(转动曲柄)使(发动机等)发动:~ an engine 用曲柄启动发动机 *vi* . 转动曲柄

crash [kræʃ] I . (~es ['-ɪz]) *n* . 回 © ❶(发出猛烈声音的)碰撞,倒下,坠落;(飞机等的)坠毁:a in which two cars collided 两辆汽车相撞的事故/an air ~ 飞机坠毁 ❷撞击声,爆裂声:the ~ of dishes dropped 摔碎盘碟的声音 ❸失败,垮台;崩溃:The great financial ~ in 1929 ruined international trade. 1929年的经济大萧条摧毁了国际贸易。 II . (~es ['-ɪz]; ~ed[-t]) *vt* . ❶(发出猛烈声音地)撞击;倒下,使(飞机等)坠毁,撞坏:He ~ed his car into a wall. 他把汽车撞到墙上了。❷使发出撞击声,使发出爆裂声:She ~ed the plates on the table. 她哗啦一声把那些盘子摔到桌子上。 *vi* . ❶倒下,坠落;撞坏:The plane ~ed into the mountain. 飞机撞毁在山上了。❷发出撞击声,发出爆裂声:The dishes ~ed to the floor. 碗碟哗啦一声掉在地板上。❸ (事业、计划等)垮台,失败:The company ~ed with debts of £2 million. 那家公司因负债200万英镑而宣告破产。❹ [口](未受邀请而)闯入(会场、舞会等)

crass [kræs] *adj* . ❶极度的,非常的 ❷愚蠢的;粗野的:Don't talk to him, he's so ~. 别跟他费口舌了,他太笨了。

cra·ter ['kreɪtə(r)] (~s[-z]) *n* . © ❶火山口;喷火口 ❷(炸弹等在地上炸成的)弹坑;(月球表面的)环形山

crave [kreɪv] (~s[-z]; craving) *vt* . & *vi* . 渴望…,热望;恳求:~ sb. 's forgiveness 恳求某

C

人宽恕

crawl [krɔːl] Ⅰ. (~s[-z]) vi. ❶爬,爬行；匍匐而行：A baby ~s around before it can walk. 婴儿先能到处爬,然后才会走。❷徐缓而行,缓慢地经过：The traffic ~ed over the bridge in the rush-hour. 在高峰时刻桥上的车辆行驶缓慢。❸(虫、蚁等)爬满；充斥着：The ground was ~ing with ants. 地上满是蚂蚁。❹(肌肤)有虫子爬动的感觉,起鸡皮疙瘩 ❺以自由式游泳Ⅱ. n. ❶Ⓒ[a ~]爬,爬行；缓慢的行进：traffic moving at a ~ 缓慢蠕动的来往车辆❷ [the ~](游泳的)自由式游法：Can you do the ~? 你会自由式游泳吗？

cray·on ['kreɪən] Ⅰ. (~s[-z]) n. ⒸⓊ蜡笔；蜡笔画：a ~ drawing 彩色蜡笔画Ⅱ. vt. 用蜡笔作画

cra·zy ['kreɪzɪ] (crazier；craziest) adj. ❶疯狂的,古怪的：That noise is driving me ~. 那噪音吵得我要发狂。❷[口]狂热的,热衷的,着迷的：The kids went ~ when the film star appeared. 那位影星一出场,孩子们欣喜若狂。

cream [kriːm] Ⅰ. (~s[-z]) n. ❶Ⓤ乳脂,(鲜)奶油：whipped ~ 搅打过的奶油❷ⓊⒸ含奶油的食品：ice ~ 淇淋❸ⒸⓊ雪花膏；【药】乳剂：cold ~ 冷霜 ❹Ⓤ精华；最精彩的部分：The ~ of this year's graduates will get high-paid jobs. 本届毕业的高才生将获得高薪职位。❺Ⓤ奶油色,米色Ⅱ. vt. ❶提取(牛奶的)乳脂 ❷使成乳脂状 ❸加乳脂；用乳脂烹调 vi. 结成奶油

cream·y ['kriːmɪ] (creamier；creamiest) adj. ❶似乳脂的❷含乳脂的：~ soup 奶油汤 ❸乳脂色的,米色的

cre·ase [kriːs] Ⅰ. n. Ⓒ(衣服、纸等的)折缝,折痕,皱褶Ⅱ. vt. & vi. (使)起折痕；弄皱；起皱

cre·ate [kriːˈeɪt] (~d[-ɪd]；creating) vt. ❶创造：God ~d the world. 上帝创造了世界。❷(作家)塑造(某人物)；创作(设计)；(演员)扮演(新的角色)：A novelist ~s characters and plots. 小说家塑造人物,并设计作品的情节。/~ a role 扮演角色 ❸引起(骚动)；产生：The outrageous book ~d a sensation. 那部耸人听闻的书曾轰动一时。❹任命(某人就某地位)；授予(某人爵位)：He was a ~d Baron of Banthorp. 他被封为班绍普男爵。

cre·a·tion [kriːˈeɪʃən] (~s[-z]) n. ❶Ⓤ造,创作；(国家、制度等的)创设：the ~ of the world in seven days 七天的创世过程❷Ⓒ创作品,产物(尤指时装款式的)：the ~ of poets and artist 诗人和艺术家的创作/the lat-est ~s from London's fashion houses 伦敦时装商店的最新款式服装 ❸ [the ~](上帝创造的)宇宙 ❹Ⓤ上帝的创造物,天地,万物：all of God's ~ 神所创造的一切

cre·a·tive [kriːˈeɪtɪv] adj. ❶创造的,有创造力的：The writer described the ~ process. 这位作家叙述了创作的过程。❷产生的,引起的

cre·a·tiv·i·ty [ˌkriːeɪˈtɪvɪtɪ] n. Ⓤ创造力；独创性

cre·a·tor [kriːˈeɪtə(r)] (~s[-z]) n. ❶Ⓒ创造者,创作者；设计者：Shakespeare, the ~ of Hamlet. 莎士比亚——哈姆雷特的塑造者。❷ [the Creator]【宗】造物主,上帝

crea·ture ['kriːtʃə(r)] (~s[-z]) n. Ⓒ❶(包含人类的)生物,动物：dumb ~s 不会说话的动物/~s from Mars 来自火星的生物❷(含怜爱或轻蔑的意思)人,家伙：What a lovely ~! 多么美丽的女人！/a poor ~ 可怜的人 ❸受…支配的人；奴隶：The king would appoint one of his ~s to the post. 国王要派他的一名奴仆去做这差事。

cred·i·bil·i·ty [ˌkredɪˈbɪlɪtɪ] n. Ⓤ可信性,可靠性；信用；信誉

cred·i·ble ['kredəbl] adj. 可信的,可靠的；确实的：It seems barely ~. 这似乎难以置信。

cre·dit ['kredɪt] Ⅰ. n. ❶Ⓤ信任,信赖：The rumour is gaining ~. 相信那谣言的人越来越多了。❷Ⓤ信誉,声望,荣誉：I can't take any ~; the others did all the work. 我不能接受任何荣誉,所有的工作都是别人做的。❸Ⓤ赞扬,称赞：She was given the ~ for what I had done. 事情是我做的,她却受到了表扬。❹Ⓒ(为…)增光的人(或事物)：This brilliant pupil is a ~ to his teachers. 这名优秀学生为老师增了光。❺Ⓤ信用贷款；赊欠：give sb. six months' interest-free ~ 给予某人6个月的无息赊欠期 ❻Ⓤ(个人经济上的)信誉❼ⒸⓊ(银行中的)存款,余额：How much do I have to my ~? 我账上有多少存款？❽Ⓒ(簿记上的)贷方：Is this item a ~ or a debit? 这笔账属于贷方还是借方？❾Ⓒ(美国等学校中的)学分：gain ~s in Math and English 取得数学课和英语课的学分Ⅱ. (~ed[-ɪd]) vt. ❶相信,信赖：Do you ~ his story? 你相信他所说的情况吗？❷把…归于；认为…有(某种优点或成就等)：The relics are ~ed with miraculous powers. 这些早期遗物被认为具有神奇的力量。❸把…记入贷方：~ a customer with £8 把8英镑记入贷方客户 ❹ [美]给予(学生修完学分及格证明)

cred·i·ta·ble ['kredɪtəbl] adj.([反]discreditable)❶可信的 ❷值得称赞的；为…带来荣誉的：conduct that is very ～ to him 给他带来极好声誉的行为

cred·i·tor ['kredɪtər] (～s[-z]) n.◎债主，债权人：His ～s are demanding to be paid. 他的那些债主正在讨债。

creed [kriːd] (～s[-z]) n.❶【宗】信条，信经，教义（尤指宗教信仰）：What is your political ～? 你的政治信仰如何？ ❷[the Creed] 使徒信经 ❸◎（一般指）信念，主义

creep [kriːp] I.（crept [krept]）vi.❶（身体凑近或贴着地面）爬行，匍匐而行；悄悄地行进：She crept up to him from behind. 她从后边蹑手蹑脚地走近他。❷（植物）蔓延：Ivy had crept up the castle walls. 常春藤爬上了城堡的围墙。❸（像爬行似的）缓慢地走，慢慢前进：The car was ～ing along very slowly. 那辆车非常缓慢地前进。❹悄悄来到；（时间、感觉等）不知不觉地到来：Old age ～s upon you before you realize it. 人不知不觉地就变老了。❺（由于恐惧、厌恶等）起鸡皮疙瘩，汗毛直竖：make sb.'s flesh ～ 使某人汗毛直竖 II.n.❶◎Ū爬，蠕动 ❷◎[美俚]（向人奉承而）使人厌恶的人；卑鄙的小人：I don't like him；he gives me the ～s. 我不喜欢他，他这人很讨厌。❸◎[用复数][口]毛骨悚然的感觉；战栗：give sb. the ～s 使某人毛骨悚然

creep·er ['kriːpə(r)] (～s[-z]) n.❶◎爬行者；爬行动物；爬虫❷◎【植】攀缘植物 ❸◎[用复数][美]（婴儿的）爬行服，连衫裤

creep·y ['kriːpɪ] (creepier；creepiest) adj.感到毛骨悚然的，令人毛骨悚然的：a sight that makes you feel ～ 使人不寒而栗的情景

crept [krept] creep 的过去式和过去分词

cres·cent ['kresnt] I.n.❶◎新月，弦月❷◎弦月状之物；弦月状街道（或广场）❸[the Crescent]（土耳其等的）新月旗；伊斯兰教 II.adj.新月状的

crest [krest] I.n.◎❶（鸟、禽的）冠，鸡冠；冠毛❷盔上的羽毛饰 ❸顶；山顶；浪峰 ❹纹章，饰章II.vt.在…上加顶饰

crew [kruː] n.◎❶[集合用法]全体船员；全体乘务员；（赛艇的）全体队员：the officers and ～ of the SS London 伦敦号轮船的全体工作人员❷同事，一起工作的人：a camera ～ 电影（或电视）摄制组❸（划船比赛的）队伍；选手，船员：the Cambridge ～ 剑桥大学赛艇队 ❹伙伴，同伙：a noisy ～ 嘈杂的一伙人

crib [krɪb] I.n.◎❶❶有栏杆的婴儿小床❷[美]（俗物、盐等的）贮藏箱，贮藏仓 ❸[口]（作品等的）抄袭 ❹牛栏；秣槽 ❺

[口]（外语教科书的）逐字翻译本 II.(cribbed；cribbing) vt.❶将…关进（狭小地方）❷[口]盗用… ❸[口]抄袭他人的作品；作弊

crick·et[1] ['krɪkɪt] n.◎蟋蟀

crick·et[2] ['krɪkɪt] I.n.Ū板球运动 II.vi.打板球

crime [kraɪm] (～s[-z]) n.❶◎Ū罪，犯罪；罪行：a minor ～ like shoplifting 入店行窃之类的小罪/～ prevention 防止犯罪的措施❷◎不好的行为；违反道德的行为：It's a ～ way he bullies his children. 像他那样欺负自己的孩子真缺德。❸[a ～][口]憾事；羞耻事

crim·i·nal ['krɪmɪnl] I.[无比较等级] adj.❶犯罪的，犯法的：a ～ act 犯罪行为❷刑事上的：～ offences 刑事犯罪 ❸[口]可耻的，应受谴责的 II.(～s[-z]) n.◎犯人，犯罪者

crip·ple ['krɪpl] I.(～s[-z]) n.◎跛子；跛足的动物；残缺（或不完）的事物 II.(crippling) vt.❶[常用被动语态]使…成为瘸子，使残废❷严重损坏（或削弱）某物：The business has been ～d by losses. 这家企业因亏损而陷入困境。III.adj.跛的，残废的

cri·sis ['kraɪsɪs] (crises['kraɪsiːz]) n.◎❶危机，难关：domestic ～ 国内危机❷危急存亡之际；决定性时刻，转折点：He has reached the ～ in his illness. 他的病情到了关键的时刻。

crisp [krɪsp] I.adj.❶（食物等）脆的，酥的，松脆的：～ biscuits 脆饼干❷（蔬菜、水果等）脆而新鲜的；（钞票等）新而有脆声的：a ～ apple 脆而新鲜的水果/a ～ new £5 note 一张崭新的 5 英镑钞票 ❸清新的；凉爽的；霜冻的：a ～ winter morning 冬天的一个干冷的早晨 ❹干脆的，干净利落的：a ～ and clear answer 干脆明确的回答 ❺（头发等）鬈缩的，鬈曲的II.vt. & vi.（使…）发脆，变酥脆；（使地面）冻硬，冻化：～ the bread up in the oven 把面包放在烤箱里烤脆III.n.◎[英]炸马铃薯片（=[美]potato chips）

crisp·y ['krɪspɪ] (crispier；crispiest) adj.（食物等）酥脆的，清脆的：～ bacon 发脆的腌猪肉

criss·cross ['krɪskrɒs] I.(～es[-ɪz]) n.◎十字押，十字形；十字形图案II.adj.十字形的，交叉的：a ～ design 十字形花样III.adv.十字状地，交叉地：electricity cables erected ～ over the countryside 纵横交错电架设在乡村地区的电缆IV.n.❶标示成十字状：a sheet ～ed with pencil marks 用铅笔画有十字记号的一张纸❷交叉成十字：Rivers ～

the landscape. 河流纵横交错密如蛛网。*vi*. ❶画十字符❷交叉成十字状：Railway lines ～ in a dense network. 铁路线纵横交错密如蛛网。

cri·te·ri·on [kraɪ'tɪərɪən] (～s[-z]或 criteria [kraɪ'tɪərɪə]) *n*. Ⓒ (批评、判断等的)标准，准则，尺度：Success in making money is not always a good ～ of happiness in life. 能挣钱并不一定是衡量人生幸福的可靠标准。

crit·ic ['krɪtɪk] *n*. Ⓒ 批评家，评论家；批判者：a play praised by the ～*s* 评论家交口称赞的剧本

crit·i·cal ['krɪtɪkl] *adj*. ❶批评(性)的，批判(性)的，评论(性)的：The inquiry was ～ of her work. 该项调查对她的工作提出了批评。❷苛求的，挑剔的，吹毛求疵的：Why are you always so ～? 你怎么老是这样吹毛求疵? ❸紧要的，危急的；关键性的：The patient's condition is ～. 病人情况危急。

crit·i·cism ['krɪtɪsɪzəm] *n*. Ⓒ Ⓤ ❶批评，评论：He can't take ～. 他不喜欢别人的批评。/literary ～ 文学评论 ❷非难，苛求

crit·i·cize, -ise ['krɪtɪsaɪz] (～s[-ɪz]; criticizing) *vt*. & *vi*. ❶批评，评论：He ～*d* my taking risks. 他批评了我的冒险举动。❷苛求，对…挑剔：Stop *criticizing* my works! 别再挑剔我那作品了!

cri·tique [krɪ'tiːk] *n*. Ⓒ Ⓤ (思想、文学等的)批评，评论：The book presents a ～ of the Government's policies. 该书对政府的政策做出了评论。

croc·o·dile ['krɒkədaɪl] *n*. ❶Ⓒ【动】(尤指广阔地分布在热带地区的)鳄鱼❷Ⓤ鳄鱼皮

crook [krʊk] Ⅰ. *n*. Ⓒ ❶(牧羊人或主教用的)曲柄杖；钩形物❷(道路、河流等的)弯曲处；弯曲：carry sth. in the ～ of one's arm 臂弯里挎着某物 ❸ [俚]骗子 Ⅱ. (～ed[-t]) *vt*. & *vi*. (使)弯曲：She ～*ed* her little finger as she drank her tea. 她喝茶时弯起小拇指。

croon [kruːn] Ⅰ. (～s[-z]) *vt*. ❶低声哼唱：～ a baby to sleep 低声哼唱哄婴儿睡觉❷伤感地唱：～ a sentimental tune 轻哼伤感的歌曲 *vi*. 低声唱，轻哼歌曲：～ soothingly to a child 给孩子低声唱歌Ⅱ. *n*. Ⓒ 单调的低声唱

*__crop__ [krɒp] Ⅰ. *n*. ❶([近]harvest) Ⓒ 农作物，庄稼；收获物(谷类、蔬菜、水果等)：treat the ～*s* with fertilizer 给农作物施肥❷Ⓒ 收获量，收成：the potato ～ 马铃薯的产量/a bumper ～ 特大丰收 ❸ [a ～](同时产生的)一批，一群；大量：The programme brought quite a ～ of complaints from viewers. 该节目招致观众诸多不满。❹Ⓒ (指发型)平头；剪平头 ❺Ⓒ (鸟类的)嗉囊 ❻Ⓒ (末端带皮圈的)马鞭Ⅱ. (cropped; cropping) *vt*. ❶剪去；修剪；剪短：with hair ～*ed* short 头发剪得很短❷(动物)咬掉草尖，啃吃：Sheep had ～*ed* the grass. 羊把草啃了。❸种植(农作物) *vi*. (农作物)丰产；收获：The beans *cropped* well this year. 今年豆子丰收。

*__cross__ [krɒs] Ⅰ. (～es ['-ɪz]) *n*. ❶Ⓒ 十字形；十字形记号；十字形的东西：The place is marked on the map with a ～. 那个地方在地图上以十字形记号标出。❷Ⓒ 十字架：She wore a small silver ～ on a chain round her neck. 她脖子上戴着项链，上面挂着银的小十字架。❸ [the Cross](耶稣被钉在上面的)十字架；耶稣的苦难 ❹Ⓒ [喻]磨难，苦难；烦恼：We all have our ～*es* to bear. 每个人都有苦难需要承受。❺Ⓒ 杂种；杂交；混合物：A mule is a ～ between a house and ass. 骡是马和驴交配而生的杂交品种。Ⅱ. (～es ['-ɪz]; ～ed [-t]) *vt*. ❶越过，穿过，渡过：Electricity cables ～ the valley. 电缆跨过山谷。/～ a desert 穿过沙漠/～ the sea 渡过大海❷与…相交叉：The roads ～ each other just outside the village. 那两条路就在村外交叉。❸使…交叉；(将腿等)交叉：～ one's legs 盘腿 ❹错过；擦肩而过：We ～*ed* each other on the way. 我们在途中擦肩而过。❺画横线穿过…；划掉，勾销：a ～*ed* cheque 画线的支票/He ～*ed* his name off the list. 他从名单上划掉他的名字。❻反对，阻挠；使受挫折：He ～*es* me in everything. 他处处与我作对。/be ～*ed* in love 在恋爱上受到挫折❼使杂交：～ a horse with an ass 使马与驴杂交 *vi*. ❶横穿，横过；横渡：The river is too deep; we can't ～ over. 河太深，我们过不去。❷交叉，相交：The two main roads ～ in the center of the town. 那两条道路在市中心交会。❸交错而过，擦肩而过：Our letters seem to have ～*ed*. 我们的信好像在邮寄中互相错过。

*__cross·ing__ ['krɒsɪŋ] (～s[-z]) *n*. ❶Ⓒ Ⓤ 横道；横渡：a rough ～ from Dover to Calais 从多佛港到加来港的艰险的横渡❷Ⓒ 交叉点；十字路口；(铁路的)平交道 ❸Ⓤ Ⓒ【生】杂交

crouch [kraʊtʃ] Ⅰ. (～es ['-ɪz]; ～ed[-t]) *vi*. ❶蹲伏，低头弯腰：I ～*ed* behind the sofa. 我蹲在沙发后面。❷(因害怕而)蜷缩Ⅱ. (～es ['-ɪz]) *n*. Ⓒ [a ～]蹲伏(姿势)：drop down a ～蹲下

crow[1] [krəʊ] (～s[-z]) *n*. Ⓒ【动】鸦，乌鸦

crow² [krəʊ] **Ⅰ**. *n*. Ⓒ (鸡)啼声；(小孩)欢叫声 **Ⅱ**. (~s[-z]；~ed 或 crew [kruː]；~ed) *vi*. ❶(公鸡)啼叫，报晓❷(小孩)欢叫❸(因胜利而)自夸；得意扬扬：She won the competition and I've been ~*ing*. 她在比赛中获得了胜利，一直得意忘形。

crowd [kraʊd] **Ⅰ**. (~s[-z]) *n*. ❶Ⓒ群众；人群：A ~ had already collected outside the embassy gates. 使馆大门外已经聚集了一群人。❷[the ~]观众，听众：The ~ cheered the winning hit. 观众为那制胜的一击喝彩。❸Ⓒ[口](有共同兴趣或习惯等的)一群人；一帮人：I don't associate with that ~. 我不跟那伙人打交道。❹Ⓒ一堆，许多(东西)：a ~ of books 一大堆书 **Ⅱ**. (~ed[-ɪd]) *vt*. ❶(人)群聚(某地点)；蜂拥而至；拥挤：Tourists ~ed the pavement. 游客把人行道挤得水泄不通。❹塞满，装满，堆满：They ~ed people into the buses. 他们让许多人挤进公共汽车里。/ He ~ed the pen into a bag. 他把钢笔塞进包。*vi*. 挤，拥挤：Supporters ~ed through the gates into the stadium. 来捧场的人挤过大门，涌入运动场。

crowd·ed ['kraʊdɪd] *adj*. 拥挤的；满座的；塞满的：~ buses 拥挤的公共汽车

crown [kraʊn] **Ⅰ**. (~s[-z]) *n*. ❶Ⓒ王冕；王冠❷[the Crown]王权，君王，王位：She refused the ~. 她拒不接受王位。❸(象征荣誉、胜利等的)花冠，荣冠：Christ's ~ of thorns 基督的荆冠 ❹王冠状的东西；冠状物：A major has a ~ on the shoulder of his uniform. 少校的制服肩部有个王冠状的纹饰。❺[the ~]顶峰；最佳者；极致：the ~ of the day 一天中最好的时间 ❻(东西的)顶端：the ~ of a tree 树端❼(欧洲某些国家货币)克朗❽(牙齿的)齿冠，金冠 **Ⅱ**. *vt*. ❶为…加冕；为…加冕，立…为王：She was ~ed queen in 1952. 她于 1952 年继承王位。❷(以荣誉等)酬报；使圆满完成：a name ~ed with glory 一个光荣的称号❸给…加顶；覆盖：Beautiful fair hair ~s her head. 她长着一头浅黄色的秀发。❹镶(牙齿)

cru·cial ['kruːʃəl] *adj*. 决定性的，紧要关头的；重要的：a ~ decision 关键性的决定

cru·ci·fy ['kruːsɪfaɪ] (crucifies[-z]；crucified) *vt*. ❶把…钉死在十字架上❷折磨；使苦恼

crude [kruːd] (~r；~st) *adj*. ❶天然的，未加工的：~ oil 原油/~ sugar 粗糖❷粗陋的，粗糙的；未完成的，不成熟的：a ~ sketch 粗糙的草案❸粗鲁的，粗俗的：~ manners 粗鲁的举止❹赤裸裸的，未修饰的

cruel ['kruːəl] *adj*. ❶残忍的，残酷的：a ~ boss 残暴的老板/Don't be ~ to animals. 不要虐待动物。❷令人痛苦的；存心让别人痛苦的：a ~ blow 叫人吃不消的打击

cru·el·ty ['kruːəltɪ] (cruelties[-z]) *n*. ❶Ⓤ残忍，残酷：his ~ to his children 他对自己孩子的虐待 ❷Ⓒ[用复数]残忍的行为：the tyrant's infamous *cruelties* 该暴君可耻的凶残行径

cruise [kruːz] **Ⅰ**. (~s['-ɪz]；cruising) *vi*. ❶(船、飞机等没有目的地)巡航，巡游：a destroyer *cruising* about in the Baltic Sea 在波罗的海游弋的驱逐舰❷(出租车)缓慢行车招揽生意；(巡逻车)巡逻：Taxis ~ed about, hoping to pick up late fares. 计程车以中等速度转来转去，希望能招揽到晚归的乘客。❸(汽车、飞机)以最省燃料的巡航速度行进：a *cruising* speed of 50 miles per hour 每小时 50 英里的巡航速度 **Ⅱ**. *n*. Ⓒ巡航；乘船巡游：a round-the-world ~ 乘船周游世界

cruis·er ['kruːzə(r)] (~s[-z]) *n*. Ⓒ❶巡洋舰 ❷游艇 ❸[美]警察巡逻车

crumb [krʌm] **Ⅰ**. (~s[-z]) *n*. ❶Ⓤ Ⓒ [常用复数]面包屑；糕饼屑，碎屑：sweep the ~s off the table 把桌子上的食品屑扫掉❷Ⓤ面包心；柔软部分 ❸Ⓒ少许，点滴：I failed my exam, and my only ~ of comfort is that I can take it again. 我没考及格，唯一可宽慰的是还能补考。**Ⅱ**. *vt*. 把面粉涂在…，将…做成面包屑

crum·ble ['krʌmbl] *vt*. 弄碎，把…弄成细屑 *vi*. ❶破碎，碎裂❷崩溃，瓦解❸灭亡

crum·ple ['krʌmpl] (~s[-z]；crumpling) *vt*. 把…弄皱；扭弯：He ~d the paper up into a ball. 他把那张纸揉成一团。*vi*. ❶起皱；扭弯：material that ~s easily 容易起皱的衣料❷崩溃，一蹶不振：Her resistance to the proposal has ~d. 她对这个建议的抵触情绪已化为乌有了。

crush [krʌʃ] **Ⅰ**. (~es['-ɪz]；~ed[-t]) *vt*. ❶压坏，碾碎：Don't ~ the box；it has flowers in it. 别把盒子压破了，里面有花。❷使起皱，将…压皱：The clothes were badly ~ed in the suitcase. 衣服压在箱子里皱得不成样子。❸使挤入；塞进：You can't ~ twenty people into such a tiny room. 不能让 20 个人挤进这样一个狭小的房间里。❹压垮，压服；摧毁(精神、希望等)：Her refusal ~ed all our hopes. 她一拒绝，我们的希望就全都破灭了。*vi*. ❶压坏，压碎：Eggs ~ easily. 蛋容易被压碎。❷(衣服等)起皱，揉皱：Some synthetic materials don't ~ easily. 有些化纤衣料不易起皱。❸挤，挤(向前)，挤(入)：A large crowd ~ed past. 大群的人挤了过去。**Ⅱ**. *n*. ❶Ⓒ

C

Ⓤ压碎;压倒;镇压❷Ⓒ极度拥挤;拥挤的人群:a big ～ in the theatre bar 剧院小卖部里拥挤不堪的人群 ❸Ⓒ[口]拥挤的集会❹Ⓤ[英]果汁饮料:lemon ～ 柠檬饮料

crust [krʌst] *n*. ❶Ⓒ Ⓤ面包皮❷Ⓒ附有硬皮的一片面包:a white loaf with a crisp brown ～ 有硬焦皮的一块白面包 ❸Ⓒ Ⓤ外壳;(一般指)坚硬表面:the Earth's ～ 地壳

crutch [krʌtʃ] Ⅰ. (～es ['-ɪz]) *n*. Ⓒ ❶拐杖:go about on ～es 拄着一副拐杖走来走去❷支撑物;(精神)支柱 Ⅱ. *vt*. 用丁字形拐杖支持;支撑

*★ **cry** [kraɪ] Ⅰ. (cries[-z]; cried) *vt*. ❶哭泣,流出泪:Her mother *cried* real tears when she died. 她去世时,她的母亲流下真情的眼泪。❷叫喊,大声地说 ❸(鸟、动物)鸣叫,吼叫 ❹高声叫卖:～ one's wares 叫卖货物 *vi*. ❶哭,流泪:The child was ～*ing* for his mother. 那孩子哭着要妈妈。 ❷(因恐怖、悲伤、生气等)喊叫,大叫(out):～ with pain 疼得大叫起来 Ⅱ. (cries [-z]) *n*. Ⓒ ❶呼喊声;鸟兽的叫声:the ～ of an animal in pain 动物的疼叫声/angry *cries* from the mob 闹事的人群愤怒的喊声❷ [a ～] [口]高声哭号:Have a good ～;it will do you good. 痛痛快快地哭一场吧,哭出来就好受了。 ❸叫卖声,高声传叫的话语:the ～ of the night-watchman 守夜人的大声呼叫 ❹(表示主义、主张等的)口号;标语:"Lower taxes" was their ～. 他们的口号是"减税"。

cryp·tic ['krɪptɪk] *adj*. 隐蔽的,秘密的;神秘的:a ～ smile 神秘的微笑/～ place 隐蔽的地方

crys·tal ['krɪstl] Ⅰ. (～s[-z]) *n*. ❶Ⓤ Ⓒ水晶;(装饰用的)水晶玉;水晶制品:a necklace of ～ 水晶项链❷Ⓤ晶质玻璃;晶质玻璃制品 ❸Ⓒ结晶;salt and salt ～s 糖和盐的结晶体 ❹Ⓒ[美]钟面玻璃 Ⅱ. *adj*. ❶水晶的;水晶制的 ❷水晶般的,清澈的,透彻的:a ～ stream 清澈透底的小溪

crys·tal·lize, -ise ['krɪstəlaɪz] (～s[-ɪz]; crystallizing) *vt*. ❶使…结晶 ❷使(思想、计划等)具体,使变得明确:Reading your book helped ～ my views. 阅读你的著作有助于澄清我的思想。❸将(水果)浸糖:～d fruit 糖渍水果 *vi*. ❶形成结晶体❷(变得)具体化;变明确:His vague ideas ～d into a definite plan. 他那些模糊的想法变成了一个明确的计划。

cube [kju:b] Ⅰ. (～s[-z]) *n*. Ⓒ ❶立方体;立方形;立方形的东西:Cut the meat into ～s. 把肉饼切成块。❷【数】立方,3 次幂:The ～ of 5 is 125. 5 的立方是 125。 Ⅱ. (～s[-z]; cubing) *vt*. ❶求…的立方:10 ～d is 1,000.

10 的立方为 1,000。❷将…切成小方块

cu·bic ['kju:bɪk] [无比较等级] *adj*. ❶立方体的,立方形的 ❷【数】立方体的,3 次方的

cuck·oo ['kuku:] Ⅰ. (～s[-z]) *n*. Ⓒ❶【动】布谷鸟,杜鹃❷杜鹃叫声 ❸愚人 Ⅱ. *adj*. [俚]愚笨的,糊涂的;失常的 Ⅲ. *vi*. 杜鹃叫;学杜鹃叫

cu·cum·ber ['kju:kʌmbə] (～s[-z]) *n*. Ⓒ Ⓤ黄瓜

cue¹ [kju:] Ⅰ. (～s[-z]) *n*. Ⓒ ❶(戏剧的)尾白,提示(指演出时给同台演员或拉幕、灯光人员做暗示的说白或动作) ❷[喻](行动的)暗示,线索:When I nod my head, that's your ～ to interrupt the meeting. 我一点头,就是暗示你把会议中断。 Ⅱ. *vt*. 给…暗示:I'll ～ you in by nodding my head. 我一点头,你就开始。

cue² [kju:] (～s[-z]) *n*. Ⓒ ❶(撞球游戏的)球杆❷辫子❸(人或车辆等候者的)长队,长蛇阵

cul·prit ['kʌlprɪt] *n*. Ⓒ 犯人,罪犯:Police are searching for the ～s. 警方正在搜捕罪犯。

cul·ti·vate ['kʌltɪveɪt] (～d[-ɪd]; cultivating) *vt*. ❶耕;耕作:～ the field 耕种田地❷栽培(植物);养殖(鱼类、甲壳动物等):～ yeasts 培植酵母 ❸(以训练或学习等)修养…,培养,磨炼:reading the best authors in an attempt to ～ her mind 她为陶冶性情而阅读最优秀作家的作品 ❹力求与(某人)交往,增进友谊:You must ～ people who can help you in business. 你得结交在业务上对你有用的人。

cul·ti·vat·ed ['kʌltɪveɪtɪd] *adj*. ❶[无比较等级]耕作过的,(作物等)被栽培的:～ land 耕地❷([反]uncultivated)有教养的,有素养的;优雅的

cul·ti·va·tion [ˌkʌltɪ'veɪʃən] *n*. Ⓤ❶耕作;栽培;养殖:the ～ of the soil 耕田❷教养;修养

cul·ti·va·tor ['kʌltɪveɪtə(r)] (～s[-z]) *n*. Ⓒ❶耕作者;栽培者❷【农】耕耘机

cul·tur·al ['kʌltʃərəl] [无比较等级] *adj*. ❶文化上的,文化的:～ differences 文化上的差异❷教养的,栽培(上)的

cul·ture ['kʌltʃə(r)] Ⅰ. (～s[-z]) *n*. ❶Ⓒ Ⓤ文化;精神文明:She is a woman of considerable ～. 她是个文化修养很高的女子。❷Ⓤ教养;陶冶;修养:The ～ of the mind is vital. 修身养性是极其重要的。❸Ⓤ Ⓒ栽培;养殖;(细菌)的培养;培养菌 Ⅱ. *vt*. 使有教养;栽培

cul·tured ['kʌltʃəd] *adj*. ❶([反]uncultured)有教养的,文雅的 ❷被栽培的;被养

殖的

cu·mu·la·te Ⅰ.［'kju:mjʊlɪt］*adj*. 堆积的，累积的 Ⅱ.［'kju:mjʊleɪt］*vt*. & *vi*. 堆积，累积

cu·mu·la·tive［'kju:mjʊlətɪv］*adj*. 累积的，渐增的，累加的

cun·ning［'kʌnɪŋ］*adj*. ❶狡猾的，狡诈的：He's a ~ old fox. 他是个诡计多端的老狐狸。/a ~ smile 狡猾的微笑 ❷精巧的，熟练的 ❸（小孩、小动物等）可爱的：a ~ kitten 可爱的小猫

* **cup**［kʌp］Ⅰ. *n*. ⓒ❶杯子，茶杯：a ~ and saucer 一套杯碟 ❷（一）杯；一杯的容量（约半品脱）：She drank a whole ~ of milk. 她喝了满满一杯牛奶。❸优胜杯，奖杯：He's won several ~s for shooting. 他曾多次荣获射击比赛的奖杯。❹【宗】圣餐杯 ❺（人生中痛苦、快乐等）经历，遭遇：His ~ of happiness was full. 他幸福之极。❻杯状物；【植】（花的）花萼；（胸罩的）罩杯：an egg-~ 蛋杯 Ⅱ.（cupped；cupping）*vt*. 使成杯状；把…放入杯状物中：She *cupped* her hands round her mouth and shouted. 她窝起两只手掌围着嘴喊。

cup·board［'kʌbəd］（~s[-z]）*n*. ⓒ碗柜；衣橱：an airing ~ 烘柜（用以烘干衣物）

curb［kɜ:b］Ⅰ.（~s[-z]）*n*. ⓒ❶［美］（街道的）路边镶边石；边栏 ❷控制，约束，抑制：keep a ~ on one's anger 抑制怒火/the government put a ~ on spending 政府对开支的限制 ❸（马的）勒马绳 Ⅱ. *vt*. ❶控制，抑制，约束：~ feelings 抑制感情/~ spending 限制开支 ❷给（马）扣上勒马链

curd［kɜ:d］Ⅰ. *n*. ⓤⓒ凝乳；凝乳状物：bean ~ 豆腐 Ⅱ. *vt*. & *vi*.（使）凝结

* **cure**［kjʊə(r)］Ⅰ.（~s[-z]；curing）*vt*. ❶治愈（疾病）；纠正（坏习惯）；（药）对疾病有效：The doctor ~d her of cancer. 医生治好了她的癌症。/This illness can't be ~d easily. 这种病不好治。❷（用腌、熏、晒、烤等方法）加工处理：*well-cured* bacon 精制的熏猪肉 *vi*.（药）对疾病有效：This medicine will ~ soon. 这种药将马上见效。Ⅱ. *n*. ❶ⓒⓤ（疾病等的）治疗，（人的）恢复健康：The doctor can't guarantee a ~. 医生不能保证治愈。❷ⓒ疗法；（治疗某种疾病的）药；（处理社会问题等的）对策：Is there a certain ~ for cancer yet? 癌症迄今有无有效的治疗方法？❸ⓒ牧师的职位

cu·ri·os·i·ty［ˌkjʊərɪ'ɒsɪti］（curiosities [-z]）*n*. ❶ⓤⓒ好奇（心）：He gave in to ~ and opened the letter addressed to his sister.

他抑制不住好奇心，拆开了别人写给他妹妹的信。❷ⓒ奇物；珍品，古玩：a ~ shop 古玩店

* **cu·ri·ous**［'kjʊərɪəs］*adj*. ❶好奇的；爱探究的：~ about the origin of mankind 对人类的起源有兴趣的/~ neighbours 爱打听别人闲事的邻居/I'm ~ to know what she said. 我真想知道她都说了什么。❷（[近]strange）奇怪的，奇异的：It's ~ that he didn't tell you. 他没有告诉你，实在是反常。

curl［kɜ:l］Ⅰ.（~s[-z]）*n*. ⓒ❶卷毛，卷曲的头发：the little boy's golden ~s 这小男孩的金色卷发 ❷ⓒⓤ呈螺旋状的东西；螺旋状：a ~ of smoke rising from a cigarette 从香烟上面缭绕升起的一缕烟 Ⅱ. *vt*. ❶使卷曲，使成螺旋状：She ~ed her hair. 她已经卷过头发。❷使…卷起来；（藤、蔓等）缠上…：The plant's tendrils ~ed up the stick. 植物的卷须盘绕在枯枝上。/The heat ~ed the paper. 纸张受热而打卷。 *vi*. ❶头发卷曲：Does her hair ~ naturally? 她的头发是生来就卷的吗？❷（藤、蔓等）缠绕；（纸、叶等）卷起来：The frost made the leaves ~. 叶子受霜冻而卷了起来。❸（烟等）缭绕上升：The smoke ~ed upwards. 烟雾袅袅上升。

curl·y［'kɜ:li］（curlier；curliest）*adj*. 卷发的，卷曲的：a ~-*headed* girl 有一头卷发的姑娘

cur·ren·cy［'kʌrənsi］（currencies [-z]）*n*. ❶ⓒⓤ（现在通用的）货币，通货：gold ~ 金币 ❷ⓤ流通，通用；普及：ideas which had enjoyed a brief ~ 风行一时的观点

cur·rent［'kʌrənt］Ⅰ. *adj*. ❶［无比较等级］通用的，流行的：words that are no longer ~ 已不通用的词 ❷现时的，当前的，现行的：~ prices 目前的价格/the ~ issue of a magazine 最新一期的杂志 Ⅱ. *n*. ❶ⓒ流，水流，气流：The swimmer was swept away by the ~. 那个游泳者被激流卷走了。❷ⓒⓤ电流：A sudden surge in the ~ made the lights fuse. 电压突然增加烧断了保险丝而使电灯熄灭。❸ⓒ趋势，倾向，潮流：Nothing disturbs the peaceful ~ of life in the village. 没有任何事干扰村里一向平静的生活

cur·ric·u·lum［kə'rɪkjʊləm］（~s[-z] 或 curricula[kə'rɪkjʊlə]）*n*. ⓒ课程，全部课程

curse［kɜ:s］Ⅰ.（~s[-ɪz]）*n*. ⓒⓤ❶诅咒，咒骂，咒语：The witch put a ~ on him. 女巫念咒诅咒他。❷脏话 ❸祸因，祸根：Gambling is often a ~. 赌博往往是个祸根。❹［俚］［the ~]月经；行经 Ⅱ.（~d[-t]；cursing）*vt*. ❶诅咒：The witch-doctor has ~d our cattle. 巫医念了咒语想叫我家的牛遭殃。❷咒骂，对…口出恶言：I ~d her for spoiling my plans. 我咒骂她坏了我的事。 *vi*. 咒骂

curs•ed [ˈkɜːsɪd, kɜːst] (亦作 **curst**) *adj*. 被咒骂的；可恶的，讨厌的：This work is a ~ nuisance. 这种工作讨厌死了。

curt [kɜːt] *adj*. 简短的；粗鲁的，冷淡无礼的：He's rather ~ when he's angry. 他生气时不免有些失礼。

cur•tail [kɜːˈteɪl] (~s[-z]) *vt*. 削减（经费等）；省略（言语等）：We must try to ~ our spending. 我们必须尽力缩减开支。/~ a speech 缩短讲话

* **cur•tain** [ˈkɜːtn] Ⅰ. (~s[-z]) *n*. ⓒ ❶帘；窗帘：draw the ~s 把窗帘拉上 ❷（剧院）幕；启幕，落幕：The ~ has come down on Act Ⅱ. 第二幕已结束。❸幕状物：A ~ of rain swept over the valley. 瓢泼大雨冲刷着这个谷地。❹［用复数］［美俚］死；完蛋：When I saw he had a gun, I knew it was ~s for me. 我一见到他拿着枪，就知道这下子算完了。Ⅱ. *vt*. 在…上安装帘幕：enough material to ~ all the rooms 足够给所有的房间装上窗帘的布料

curve [kɜːv] Ⅰ. (~s[-z]) *n*. ⓒ ❶曲线；弯曲；弯曲物：a ~ on a graph 图表上的曲线/a ~ in the road 道路的弯曲 ❷（棒球的）曲线球 Ⅱ. (~s[-z]; curving) *vt*. & *vi*. 弄弯；（使）成曲线；（依）曲线行进：a knife with a ~d blade 刀身弯曲的小刀/The road ~d suddenly to the left. 那条路突然向左转弯。

cush•ion [ˈkʊʃən] Ⅰ. (~s[-z]) *n*. ⓒ ❶垫子，坐垫，靠垫 ❷缓和冲击的东西；如垫子状的东西：a ~ of moss on the rock 岩石上的一层青苔 ❸（台球桌子的）橡皮边 Ⅱ. *vt*. ❶装垫子于… ❷减轻（压力、冲击等）；缓和（苦难、冲击等）

cush•y [ˈkʊʃɪ] (cushier; cushiest) *adj*. 轻松的，愉快的。

cus•to•dy [ˈkʌstədɪ] *n*. Ⓤ ❶保管，管理；（人的）监护：leave one's valuables in safe ~ 将贵重的物品妥善保管 ❷拘留，监禁：The magistrate remanded him in ~ for two weeks. 法官命令把他拘留两个星期。

* **cus•tom** [ˈkʌstəm] (~s[-z]) *n*. ❶ⓒⓊ习惯，风俗，惯例：It is difficult to get used to another country's ~s. 要适应另一国家的风俗习惯是很困难的。❷ⓒ［用复数］关税：pay ~s on sth. 为某物缴纳进口税 ❸［the Customs］海关，报关手续：How long does it take to get through the ~s? 海关检查要费用多少时间？❹Ⓤ［顾客对商店等的］惠顾；［集合用法］顾客：We would like to have your ~. 我们欢迎您的惠顾。

* **cus•tom•a•ry** [ˈkʌstəmərɪ] *adj*. 通常的，习惯的；习俗上的：Is it ~ to tip waiters in you country? 在贵国，依照惯例是否应付给服务员小费？

cus•tom•er [ˈkʌstəmə(r)] (~s[-z]) *n*. ⓒ ❶顾客，主顾：one of the shop's best ~s 该店最好的顾客之一 ❷［口］家伙：an ugly ~ 面目可憎的家伙

* **cut** [kʌt] Ⅰ. (cut; cutting) *vt*. ❶（用利器等）切，割，割伤：She ~ her finger on a piece of broken glass. 她被一块碎玻璃划伤了手指。❷切开；砍伐（树木、树枝等），修剪（头发），割（草）：~ some flowers 剪下一些花朵/You ~ your hair, didn't you? 你剪了头发，是吗？❸刻（文字、像等）；切割（宝石等），研磨，裁剪（衣服等）：~ a diamond 雕琢钻石/~ one's initials on a tree 在树上刻自己姓名的首字母 ❹挖成（洞等），掘成；剪成：~ a hole in a piece of paper 在纸上挖个洞 ❺缩减；削减（费用）；缩短（时间）；删减（报道），删减：~ production 减少产量/His salary has been ~ by ten per cent. 他的薪水减少了 10%。❻（幼儿）长（牙）：Her baby is *cutting* a tooth. 她的宝宝长了一颗牙齿。❼切断（电路等）；截断（退路等）❽（风）刺（骨）：The cold wind ~ him to the bone. 冷风沁入他的骨髓。❾伤（某人的）感情：His cruel remarks ~ her deeply. 他那些无情的话伤透了她的心。❿［口］不理睬（某人），假装看不见（某人）：She ~ me in the street the other day. 几天前，她在街上竟把我视若路人。⓫［口］逃避（上课、开会等）：~ a class 旷课/~ a meeting 不出席会议 ⓬［口］灌制（唱片），录制（唱片、磁带等）：The Beatles ~ their first disc in 1962. 披头士乐队于 1962 年灌制了第一张唱片。⓭与…相交，与…相切：The lines ~ s the circle at two points. 一直线与圆相交于两点。⓮稀释（威士忌等）：~ whisky with water 往威士忌酒里搀些水 *vi*. ❶（利器）切（剪，刻）；（东西用利器）切下：Sandstone ~s easily. 砂岩容易切割。/This knife won't ~. 这把刀不快。❷穿（过），斜穿；抄近路：I usually ~ through the park on my way home. 我在回家途中通常抄近路穿过公园。❸（风）刺骨：The wind ~ through my thin coat. 风穿透我薄薄的外套。❹突然改变方向：The scene ~s from the shop to the street. 镜头从商店转换到街道。Ⅱ. (~s) *n*. ❶ⓒ切，割，剪，伤口；刀伤，刻痕：a deep ~ in the leg 腿上很深的伤口 ❷ⓒ缩减，削减；（工资、价格、利率等的）减少：a ~ in expenditure 费用的降低/He had to take a ~ in salary. 他不得不接受减薪。/a power ~ 电力不足 ❸ⓒ（剧本等的）删除，省略，删剪：Where can we make a ~ in this long article? 这篇长文章在什么地方可以删

掉一些? ❹ⓒ一块,(尤指)肉片:a ～ off the joint 从一大块骨肉上切下的一片 ❺ⓒ(刀、剑、鞭等的)猛击,猛打:The thief made a ～ at the policeman with his knife. 小偷持刀朝着警察猛砍。❻ⓒ[美]开出的路,管道;横贯路;近路:a short ～ 捷径 ❼ⓒⓤ(衣物的)剪裁式样,剪裁(法)(头发的)发型:I don't like the ～ of his new suit. 我不喜欢他那套新衣服的式样。❽ⓒ(网球、乒乓球等的)切球,削球:a ～ to the boundary 切至边线的一击 ❾ⓒ伤人的话(或行为):What she said was a ～ at me. 她的话是冲着我来的。❿ⓒ(对某人的)不理睬 ⓫ⓒ插图:illustrate with ～s 附图说明 ⓬ⓒ[口](利益等的)应有之份,份额:Your ～ will be ￡300. 你的一份是 300 英镑。⓭ⓒ[口](会议等的)缺席 Ⅲ. *adj.* ❶切过的;割伤的;剪下的;a ～ plane 剖面/～ flower 插花 ❷切碎的,雕刻的;剪裁的:～ glass 雕玻璃 ❸削减的:at ～ prices 廉价地

cute [kjuːt] (～r;～st) *adj.* ❶漂亮的,逗人喜爱的:Isn't she a ～ baby? 她是多么逗人喜爱的婴儿啊! ❷[口]聪明的,伶俐的:It was ～ of you to spot that. 你能把那个挑出来真是精得很。

cut·ter [ˈkʌtə(r)] (～s[-z]) *n.* ⓒ ❶从事切割的人;裁剪衣服者:a tailor's ～ 成衣店的剪裁师 ❷用于切割(或削剪等)的器械(如刀具、切草机、截煤机等):a cigar ～ 雪茄切头器 ❸【海】卡达艇;快艇;小汽艇

cut·ting [ˈkʌtɪŋ] Ⅰ. (～s[-z]) *n.* ❶ⓒⓤ切割,切断,截断 ❷ⓒ(用来插种的)插枝,插

条;take a ～ 剪枝以供扦插 ❸ⓒ[英]剪报 ❹ⓒ[英]为了兴建铁路而开凿的山路 ❺ⓤ(影片的)剪辑 Ⅱ. *adj.* ❶锋利的,尖锐的:～ knife 锋利的小刀 ❷(风)凛冽的,寒冷刺骨的 ❸(话语等)尖刻的,尖锐的:～ remarks 尖酸刻薄的言语 ❹(声音等)刺耳的

cy·cle [ˈsaɪkl] Ⅰ. (～s[-z]) *n.* ⓒ ❶周期;循环;轮转:the ～ of economic booms and slumps 经济繁荣和经济萧条的周期变化 ❷自行车;三轮脚踏车;机器脚踏车:a ～ shop 自行车商店 ❸[无]周波 ❹(故事等的)始末;(表现同一主题或描写同一人物的)一组小说(或戏剧、诗歌等):a Schubert song ～ 舒伯特的组歌 Ⅱ. (～s[-z]; cycling) *vi.* ❶骑自行车(或摩托车):He ～s work every day. 他每天骑自行车上班。❷循环;周而复始 *vt.* 使循环

cy·clic [ˈsaɪklɪk] [亦作 **cyclical**] *adj.* 周期的,循环的,轮转的:the ～ nature of economic activity 经济活动的周期性质

cy·clist [ˈsaɪklɪst] *n.* ⓒ骑自行车的人

cyl·in·der [ˈsɪlɪndə(r)] (～s[-z]) *n.* ⓒ ❶圆柱,圆筒;圆柱体 ❷【机】发动机的汽缸,汽缸 ❸(左轮手枪的)旋转弹膛

cy·lin·dri·cal [sɪˈlɪndrɪkl] [无比较等级] *adj.* 圆柱体的,圆筒形的

cyn·ic [ˈsɪnɪk] *n.* ⓒ玩世不恭的人,好挖苦人的人;愤世嫉俗者

cyn·i·cal [ˈsɪnɪkl] *adj.* 愤世嫉俗的;玩世不恭的,冷嘲热讽的:a ～ attitude 愤世嫉俗的态度

D d

dab·ble [ˈdæbl] (～s[-z]; dabbling) *vt*. 弄湿,溅湿: She ～d her fingers in the fountain. 她把手指放在喷泉中玩水。*vi*. ❶玩水 ❷涉猎,把…作为兴趣爱好尝试一下(in, at): He just ～s in politics. 他仅浅涉政治而已。

*·**dad** [dæd] (也称 **daddy**) *n*. C[口]爸爸,爹爹

daft [dɑːft] *adj*. ❶傻的,愚蠢的:Don't be so ～! 别那么傻了! ❷疯狂的

dag·ger [ˈdæɡə] I. *n*. C ❶匕首,短剑 ❷剑号(即†): the double ～ 双剑号 II. *vt*. 用剑刺

*·**dai·ly** [ˈdeɪlɪ] I. *adj*. 每日的,日常的: a ～ routine 日常工作 II. *adv*. 每日,天天: The machines are inspected ～. 机器每日均经检查。III. (dailies [-z]) *n*. C ❶日报 ❷[英口]家庭女佣人

dain·ty [ˈdeɪntɪ] I. (daintier; daintiest) *adj*. ❶优雅的,(人)秀丽的,纤细的;精致的: ～ porcelain 小巧精致的瓷器/a ～ child 娇小玲珑的孩子 ❷(对食物、服装等)过分讲究的,挑剔的: a ～ eater 饮食讲究的人 II. *n*. C[常用复数]美味精致的食物

dair·y [ˈdeərɪ] (dairies [-z]) *n*. C ❶牛奶房,制酪厂;牛奶厂: ～ cream 奶品厂制的乳脂 ❷乳制品销售店

dai·sy [ˈdeɪzɪ] (daisies [-z]) *n*. C 延命菊,雏菊;[美]法国菊 II. *adj*.[俚]上等的,极好的

dam[1] [dæm] I. *n*. C ❶水坝,水堤,水闸 ❷拦在堤坝里的水 II. (dammed; damming) *vt*. ❶筑坝拦(水); ～ (up) a river 筑坝于河流,将河水拦阻 ❷抑制,控制(in, up): ～ up one's feelings 抑制住自己的感情

dam[2] [dæm] *n*. C 母兽(尤指马、山羊、绵羊等四足家畜)

*·**dam·age** [ˈdæmɪdʒ] I. *n*. ❶U 损害,毁坏;破坏;损失: The accident did a lot of ～ to the car. 这一事故把汽车损坏得很厉害。❷ [复]【律】损害赔偿金: The court awarded £5,000 in ～s to the injured man. 法院判给伤者5,000英镑损害赔偿金。❸[the ～][口]费用: "I need a new coat!" "Oh yes? What's the ～?" "我需要买件新大衣了!" "是吗? 要花多少钱?" II. (～s [-z]; damaging) *vt*. 损害,毁坏: ～ relations between two countries 损害两国的关系

damn [dæm] I. *vt*. ❶(上帝)罚…入地狱 ❷指责(作品等),把…骂得一钱不值: The play was ～ed by the reviewers. 这出戏被评论家批评得一无是处。❸诅咒;咒骂: Damn this useless typewriter! 这个破打字机真该死! ❹毁掉(前途等) II. *n*. ❶C 诅咒,咒骂 ❷[a ～]丝毫: I don't give a ～ what you say; I'm going. 不管你怎么说,我走定了。III. *adj*.[口]糟糕的;完全的 IV. *adv*.糟透地;完全地,非常:Don't be so ～ silly! 别那么傻了!

damned [dæmd] *adj*. ❶打入地狱的,被诅咒的 ❷[口]可恶的,该死的,糟透的

dam·ning [ˈdæmɪŋ] *adj*. 诅咒的;导致定罪的,非常不利的

*·**damp** [dæmp] I. *adj*. ([近]wet)([反]dry)有湿气的,潮湿的: Don't sleep between ～ sheets.睡觉时不要用潮湿的被褥。II. *n*. U ❶湿气,潮湿: Air the clothes to get the ～ out. 晾晾衣服以驱潮气。❷消沉,沮丧 III. *vt*. ❶使潮湿 ❷(使热忱、火力等)减弱,削减;使沮丧: ～ sb.'s ardour 打击某人的热情 *vi*. 变潮湿

damp·en [ˈdæmpən] *vt*. ❶使潮湿: I always ～ shirts before ironing them. 我总是把衬衫先弄湿再熨烫。❷使减弱;使抑制: ～ sb.'s spirits 打击某人的情绪 *vt*. 变潮湿

damp·er [ˈdæmpə] *n*. C ❶(炉子等的)节气闸;炉风调节器 ❷【音】制音器 ❸令人扫兴的人(或事物);起抑制作用的因素: Their argument put a bit of ～ on the party. 他们的争论使聚会颇为扫兴。

*·**dance** [dɑːns] I. (～s [-z]; ～d [-t]; danc-

ing) *vt*. ❶跳(舞)：~ the cha-cha 跳恰恰舞
❷使(某人)跳舞；使摇晃：He ~d his girl-friend around the room. 他带领他的女朋友绕着房间跳舞. *vi*. ❶跳舞，舞蹈：I ~d with her all night. 我整晚都跟她共舞. ❷雀跃；跳跃：~ with joy 高兴得直跳 ❸轻快地移动；晃动：a boat *dancing* on the waves 随波飘荡的小船 Ⅱ. *n*. ⓒ ❶跳舞，舞蹈；(特定的)舞；舞曲：learn new ~ steps 学新舞步／The rumba is a Latin-American ~. 伦巴舞是拉丁美洲的舞蹈. ❷([近]ball)舞会：go to a ~ 参加舞会

dan·ce·ry ['dɑːnsərɪ] *n*. ⓒ跳舞厅

danc·ing ['dɑːnsɪŋ] *n*. Ⓤ跳舞，舞蹈；舞蹈法

***dan·ger** ['deɪndʒə] *n*. ❶ⓒⓊ危险；危险情况，危难：She was very ill, but is now out of ~. 她病得很重，但现已脱险. ❷ⓒ危险物，造成危险的人(或物)：Smoking is a ~ to health. 吸烟危害健康.

dan·ger·ous ['deɪndʒərəs] *adj*. 危险的，招致危险的：It is ~ to swim in this river. 在这条河里游泳很危险.

dangle ['dæŋgl] Ⅰ. *vt*.& *vi*. (使)摇晃地悬挂着 Ⅱ. *n*. ⓒ悬挂着的东西；悬垂物

dank [dæŋk] *adj*. 阴湿的：a ~ cellar 阴湿的地窖

***dare** [deə(r)] Ⅰ. (~s [-z]；daring [-rɪŋ]) *vt*. ❶敢…，有勇气做…；竟敢…：How did you ~ to tell her? 你怎么竟敢告诉她？／Do you ~ to leave the room? 你敢离开这间房间吗？❷敢于面对，敢于承担(风险)：He ~d his grandfather's displeasure when he left the family business. 他不顾祖父的不悦，放下了家族的生意. ❸激(将)，估计…没胆量：I ~ you to tell your mother! 我谅你不敢告诉你母亲！*v. aux*. 敢；胆敢…，竟敢：I ~ not ask her for rise. 我不敢要求她加薪. Ⅱ. *n*. Ⓤⓒ ❶大胆；果敢行为 ❷激将

dar·ing ['deərɪŋ] Ⅰ. *adj*. ❶大胆的，勇敢的；鲁莽的：a ~ person 勇敢的人／a ~ attack 勇猛的进攻 ❷(构想、计划等)不寻常的，创新的：a ~ attempt 大胆创新的尝试 Ⅱ. *n*. Ⓤ勇敢，胆大：the ~ of the mountain climber 爬山者的冒险精神

***dark** [dɑːk] Ⅰ. *adj*. ❶黑暗的，暗的：a ~ room 黑暗的房间 ❷(颜色)浅黑的，深的；(眼睛、头发等)黑色的；(皮肤)棕黑的：a ~ dress 深色的连衣裙 ❸阴暗的，阴郁的；阴险的：~ predictions about the future 对前途悲观的预测／~ power 罪恶的权力 ❹隐藏的，隐秘的；意义不同的：a ~ secret 无人知道的秘密／Your meaning is too ~ for me. 你的意思我

很难理解. ❺无知的，蒙昧的：~ souls 无知的人 Ⅱ. *n*. ❶[the ~]黑暗，暗处：All the lights went out and we were left in the ~. 所有的灯都熄了，我们陷入一片黑暗之中. ❷Ⓤ黄昏，傍晚；黑夜：I'm afraid to go out after ~ in the city. 在城里，我害怕天黑后出门.

dark·en ['dɑːk(ə)n] (~s[-z]) *vt*. ❶使变暗；使变黑：We ~ed the room to show the film. 我们把房间变暗以放影片. ❷使…忧郁；使阴沉 *vi*. ❶变黑；变暗：The sky ~ed as the storm approached. 风雨欲来，天色变暗. ❷(表情等)变忧郁；变阴沉

dark·ish ['dɑːkɪʃ] *adj*. 微暗的；浅黑的

darkle ['dɑːkl] *vi*. ❶变暗；变阴沉 ❷躲进暗处

dark·ling ['dɑːklɪŋ] Ⅰ. *adv*. 在黑暗中 Ⅱ. *adj*. ❶朦胧的；神秘莫测的 ❷渐暗的；在黑暗中的

dar·ling ['dɑːklɪŋ] Ⅰ. *n*. ⓒ心爱的人，宠儿：She is a little ~! 她是小宝贝！Ⅱ. *adj*. ❶心爱的，宠爱的 ❷漂亮的，吸引人的：What a ~ little room! 多么讨人喜爱的小屋子！

dart [dɑːt] Ⅰ. *n*. ❶ⓒ标枪；镖，箭 ❷[~s][用作单数]投镖游戏 ❸[a ~]飞奔，突进；飞快的动作：She made a ~ for the exit. 她冲向出口. ❹ⓒ(服饰的)褶子，缝褶(为使衣服合身，在衣料上缝去的部分) Ⅱ. *vt*. ❶投掷(飞镖等) ❷瞄一眼：She ~ed an angry look at him. 她狠狠地瞪了他一眼. *vi*. 猛冲，疾驰：The mouse ~ed away when I approached. 我走近时，老鼠就飞快地逃跑了.

***dash** [dæʃ] Ⅰ. (~es [-ɪz]；~ed [-t]) *vt*. ❶猛击；使猛撞；击碎：He ~ed the glass to the ground. 他把玻璃杯狠狠地摔在地上. ❷泼(水等)，溅：A passing car ~ed mud all over us. 一辆汽车飞驰而过，溅了我们满身泥. ❸使(计划、希望等)破灭；使(精神)沮丧：~ sb.'s spirits 使某人精神沮丧 ❹[英口]诅咒…，咒骂：*Dash* it! 可恶！*vi*. ❶猛冲，急奔：An ambulance ~ed to the scene of the accident. 救护车风驰电掣般赶往事故现场. ❷冲击；撞击；打碎：Waves ~ed against the harbour wall. 波浪撞击着港口的墙基. Ⅱ. *n*. ❶ⓒ急冲；奔跑：Mother said lunch was ready and there was a mad ~ for the table. 母亲说午饭做好了，大家一下子都向饭桌奔去. ❷ⓒ短跑：the 100-metre ~ 100 米赛跑 ❸[the ~(或 a ~)](雨、水波等的)冲击声：the ~ of waves on the rocks 波浪拍打岩石的声音 ❹[a ~]少量掺和物(或混合物)：red with a ~ of blue 略为发蓝的红色 ❺Ⓤ活力，干劲：an officer famous for his skill and ~

以老练和干劲闻名的官员 ❻ⓒ 破折号 ❼ⓒ
【电信】(莫尔斯电码的)长音

dash·y ['dæʃɪ] *adj*. 外表漂亮的,浮华的

da·ta ['deɪtə] (datum 的复数) *n*. ❶资料,事实数据;情报:The ~ is still being analysed. 资料仍在分析中。/~ protection 数据保护 ❷(计算机程序的)资料

da·table ['deɪtəbl] *adj*. 可测定日期(或时代)的

***date¹** [deɪt] Ⅰ. *n*. ⓒⓊ ❶日期;日子:Has the ~ of the meeting been fixed? 开会的日期决定了吗? ❷(历史上某一)年代,时期:This vase is of an earlier ~ than that one. 这个花瓶的年代比那个花瓶的年代早。❸ [美口]约会(尤指男女间);约会对象:My ~ is meeting me at seven. 我的约会对象 7 点钟跟我见面。/We made a ~ to go to the opera. 我们约好去看歌剧。Ⅱ. (~d[-ɪd]; dating) *vt*. ❶注明日期于(信等):Don't forget to ~ your cheque. 不要忘记在支票上写上日期。❷确定…的年代;显示出…的时代特征:the method of *dating* fossils 鉴定化石的年代的方法 ❸ [美口]和…约会:I only ~d her once. 我和她只约过一次会。❹显示(人的)年龄 *vi*. ❶从(某一年代)开始,回溯:Our partnership ~s from 1998. 我们从 1998 年就合伙了。❷ [口]和…约会:He has been *dating* with my sister for a long time. 他与我妹妹约会很长时间了。❸过时,跟不上时代:Young people's clothes ~ quickly nowadays. 现在年轻人的衣服转眼就过时。

date² [deɪt] *n*. ⓒ海枣,枣椰子

da·tum ['deɪtəm,'dɑːt-] *n*. ⓒ data 的单数形式(现代英语几乎仅用复数形式 data)

***daugh·ter** ['dɔːtə] *n*. ⓒ ❶女儿 ❷养女,媳妇;~-in-law 儿媳 ❸(像女儿似的)生出来者;产物,后代

***dawn** [dɔːn] Ⅰ. *n*. ❶ⓒⓊ黎明,拂晓:We must start at ~. 我们必须天一亮就启程。❷ [the ~][喻]开端,曙光:the ~ of a new age 新时代的曙光/the ~ of love 爱情的开端 Ⅱ. *vi*. ❶破晓,(天)刚亮:It was ~*ing* as we left. 我们离开时天开始亮了。❷(时代、局面等)开始出现,渐露端倪;变得明白:It finally ~*ed* on me that he had been lying. 最后我才明白他一直在撒谎。

***day** [deɪ] *n*. ❶Ⓤⓒ白昼,白天,黎明:He has been working all ~. 他整天都在工作。❷ⓒ(一)天,(一)日:There are seven ~s in a week. 一周有 7 天。❸ⓒ工作日:I've done a good ~'s work. 我已做足足一天的工作。

❹ⓒ节日;重要的日子:Mother's *Day* 母亲节 ❺ⓒ [常用复数]时期,时代:I was much happier in those ~s. 我在那些时期快乐得多。❻ [用单数,与物主代词 one's 连用]一生,生涯;(一生中的)全盛期,鼎盛时期 ❼ [the ~]竞争,战斗:lose the ~ 失败

***day·light** ['deɪlaɪt] *n*. Ⓤ ❶日光;日间 ❷黎明:at ~ 黎明时

daze [deɪz] Ⅰ. (dazing) *vt*. 使发昏,使迷乱,使茫然:The blow on the head ~*d* him for a moment. 他头上受了一击后就昏眩了片刻。Ⅱ. *n*. ⓒ昏迷,茫然;眼花缭乱:in a ~ 处于茫然状态

dazed [deɪzd] *adj*. ❶头昏眼花的,茫然的;眼花缭乱的 ❷ [英方](鸡蛋等)变质的,腐烂的

daz·zle ['dæzl] Ⅰ. (dazzling) *vt*. ❶(光等)炫耀,眩(眼):I was ~*d* by his headlights. 他的车头灯照得我目眩。❷眩惑;迷惑:He was ~*d* by her beauty and wit. 她的聪明貌美使他为之神魂颠倒。Ⅱ. *n*. Ⓤⓒ眩惑;眩眼

daz·zling ['dæzlɪŋ] *adj*. 眩惑的;令人眼花缭乱的

dea·con ['diːkən] *n*. ⓒ ❶(英国国教教会等的)执事 ❷(希腊教会等的)助祭

***dead** [ded] Ⅰ. [无比较等级] *adj*. ❶死的;(植物)枯萎的,凋谢的:~ flower 凋谢的花/The tiger fell ~. 老虎倒地死去。/The town is ~ now for the mine has closed. 因矿井已关闭,镇上一片死气沉沉。❷无感觉的,死一般的,麻木的:My ~ fingers would not untie the knot. 我的手指麻木了,解不开结。/He was ~ to all feelings of shame. 他恬不知耻。❸停顿的;无效的,无用的,已废的;不通电的:This debate is now ~. 辩论现已结束。/a ~ match 已擦过的火柴/The telephone has gone ~. 电话(线路)不通了。❹无生气的;寂静冷清的;无声响的:in the ~ hours of the night 在夜深人静时 ❺无生命的:~ matter 无机物,无生物 ❻(语言、习惯等)已废的,(法律等)失去效力的:a ~ language 死亡的语言 ❼(煤火等)熄灭的;(声音)不响亮的;(颜色)无光泽的;(空气)不通气的,不流畅的;(饮料)走了味的:It fell with a ~ thud. 它砰的一声倒了下来。/The walls were a ~ brown colour. 墙是暗褐色的。❽(球)反弹不起的(在球赛中)(球)无效的,停止比赛的:Rain had made the pitch rather ~. 场地因雨而阻力增大。❾ [口]筋疲力尽的 ❿突然的;完全的:~ sleep 熟睡/come to a ~ stop 猛然停住 Ⅱ. *adv*. ❶完全地,绝对地:You're ~ right! 你完全正确! ❷正对地:walk ~ ahead 往正

前方走Ⅲ. *n*.Ⓤ最冷的时刻;最寂静的时刻

dead·en ['dedn] *vt*.使(冲击力等)缓和;使失去感觉,使麻木,使(声音、光泽等)消失:My thick clothes ~*ed* the blow. 我的厚衣服减轻了打击的力量. / Unhappiness had ~*ed* her to the lives of others. 她遭遇不幸,因而对他人的生活也无动于衷。

dead·line ['dedlaɪn] *n*.Ⓒ(工作等的)最后期限,(报纸、杂志等的)截稿时间

dead·ly ['dedlɪ] Ⅰ. (deadlier;deadliest 或 more ~;most ~) *adj*. ❶致命的;(揭露等)击中要害的:~ weapons 致命的武器 ❷不共戴天的:They are ~ enemies. 他们是死敌. ❸死一般的:~ silence 死一般的沉寂 ❹非常的,极度的:~ seriousness 极其严肃 ❺ [口] (社交活动等)死气沉沉的,令人受不了的:The concert was absolutely ~. 那音乐会十分枯萎。 Ⅱ. *adv*. ❶死一般地,死人似地:~ pale 死一样地苍白 ❷极度,非常:~ serious 极度严肃

˚**deaf** [def] *adj*. ❶聋的:He's getting ~*er* in his old age. 他年纪大了,耳朵越来越聋。 ❷不愿听的:be ~ to all advice 对一切劝告充耳不闻

deaf·en ['defən] *vt*. 使聋;使听不见;The head injury ~*ed* her for life. 她的头部受伤使她终身耳聋. *vi*. 变聋,震聋

˚**deal**¹ [diːl] Ⅰ. (dealt [delt];~ing) *vt*. ❶分配,分给:She *dealt* me three pens. 她发给我 3 支钢笔. ❷发(纸牌):My mother *dealt* me four cards. 我的妈妈发给了我 4 张牌. *vi*. ❶做买卖(with);经营(in) ❷对付,应付,处理 ❸论述,论及 ❹发(纸牌):Whose turn is it to ~? 该谁发牌了? Ⅱ. *n*. ❶Ⓒ[口]买卖,交易;协议:We did a ~ with the management on overtime. 在加班问题上,我们与管理部门达成一项协议。 / The ~ fell through. 交易告吹。 ❷[a ~][口]处理;待遇:If she lost her job for being late once,she got a pretty raw ~. 她若只因迟到一次就失去了工作,这样对她未免太不公平. ❸Ⓒ(纸牌的)发牌:After the ~,play begins. 发完牌之后,纸牌游戏即开始。

deal² [diːl] *n*.ⒸⓊ松木(板),冷杉木(板)

deal·er ['diːlə(r)] *n*.Ⓒ❶贩子,商人,销售者 ❷发(纸)牌者

dealing ['diːlɪŋ] *n*. ❶ Ⓒ[复](商业)往来;交易:We've had no previous ~s with this company.我们以前和这家公司没有商业往来。❷Ⓤ作风;(尤指)经营作风 ❸Ⓤ分配,分给;对待

dean [diːn] *n*.Ⓒ❶(大学、学院的)院长;系主任;教务长:~ of the faculty of law 法律系的系主任 ❷[英](剑桥、牛津两大学的)学监 ❸(天主教的)首席司祭;地方主教;首席牧师 ❹(英国国教大教堂的)司祭长 ❺(一个团体中的)老前辈,长者

˚**dear**¹ [dɪə(r)] Ⅰ. *adj*. ❶亲爱的(常用于称呼前,表示亲切、客套等):Dear Paul! 亲爱的保罗! / My ~ fellow,surely you don't mean that! 亲爱的朋友,那绝不是你的本意吧! / Dear Sir 敬启者 ❷([近]be loved)可爱的,亲爱的,心爱的:my ~ wife 我亲爱的妻子 ❸([近]expensive)([反]cheap)(价)贵的;索价高的:That shop is too ~ for me. 对我来说,这家商店的价格太贵了。❹重视的,珍视的:He lost everything that was ~ to him. 他失去了自己珍爱的一切东西。Ⅱ. *n*.Ⓒ可爱的人,亲爱的人:Isn't that baby a ~? 多可爱的婴儿啊! Ⅲ. *adv*. 昂贵地;高价地:If you want to make money,buy cheap and sell ~. 要想赚钱,就得贱买贵卖。

dear² [dɪə(r)] *int*. 呵! 哎呀! (表示伤心、焦急、惊奇等):Oh ~! I think I have lost it! 糟糕! 我可能把它给丢了!

dear³ [dɪə(r)] *adj*.严厉的;急迫的

dear·ness ['dɪənɪs] *n*.Ⓤ昂贵,珍贵;亲爱

˚**death** [deθ] *n*. ❶ⒸⓊ死,死亡:Her ~ was a shock to him.她的死对他是个打击。❷[the ~]致死的原因:That motorbike will be the ~ of you.那辆摩托车会要了你的命。❸[the ~]the ~ of capitalism 资本主义的灭亡/the ~ of one's plan 计划的破灭 ❹[D-]死神:Death is often shown in pictures as a human skeleton.死神常被画成骷髅。❺Ⓤ死的状态,死人一般的状态:eyes closed in ~ 死后闭合的双眼

death·bed ['deθbed] *n*.ⒸⓊ❶临终床 ❷临终

death·ful ['deθf(ʊ)l] *adj*. ❶致命的;谋杀的 ❷死(一样)的

death·less ['deθlɪs] *adj*. 不死的,不朽的;永恒的:~ fame 不朽的声誉

death·like ['deθlaɪk] *adj*. 死了似的:a ~ paleness 死一样的苍白

death·ly ['deθlɪ] Ⅰ. *adj*. ❶死一般的:a ~ stillness 死一般的沉静 ❷致死的 Ⅱ. *adv*. ❶死了似地:~ cold 死人一样的冰凉 ❷非常地

death-rate ['deθreɪt] *n*.Ⓒ死亡率

de·base [dɪ'beɪs] *vt*. 降低(品质、地位、价值等);贬低(人格);使(货币等)贬值:You ~

yourself by telling such lies. 你说这些谎话就降低了身份。

de·base·ment [dɪ'beɪsmənt] *n*. Ⓤ(品质、价值的)降低;(人格的)贬低;(货币等的)贬值

de·bat·a·ble [dɪ'beɪtəbl] *adj*. ❶可争辩的,可争论的:It's ~ whether or not the reforms have improved conditions. 改革是否改善了现状,这问题仍有争议。❷争执中的,未决的

de·bate [dɪ'beɪt] Ⅰ. (~d[-ɪd];debating) *vt*. ❶([近]discuss)争论,辩论;讨论:They ~d closing the factory with the rest of the members. 他们与其他会员争论是否关闭工厂。/ We're just *debating* what to do next. 我们正讨论下一步该做什么。❷深思熟虑:I ~d it for a while,then decided not to go. 我反复考虑后决定不去。*vi*. 争论,辩论;讨论:What are they *debating* about? 他们在辩论什么? Ⅱ. *n*. ❶Ⓒ Ⓤ争论,辩论;讨论:After a long ~,the House of Commons approved the bill. 经过长时间的辩论,下议院通过了议案。❷Ⓒ讨论会,辩论会

de·bil·i·tate [dɪ'bɪlɪteɪt] (~d[-ɪd];debilitating) *vt*. 使(人)衰弱(或虚弱);耗损(体力):She has been ~d by dysentery. 她让痢疾搞得身体非常虚弱。/Huge debts are *debilitating* their economy. 沉重的债务大大削弱了他们的经济。

deb·it ['debɪt] Ⅰ. ([反]credit) *n*. Ⓒ借方;记入借方的款项:My bank account shows two ~s of ￡5 each. 我的银行账户借方记入了两笔 5 英镑的款项。Ⅱ. (~ed[-ɪd]) *vt*. 将⋯记入借方:Her account was ~ed with ￡50. 在她的账户借方记入了 50 英镑。

deb·ris ['debriː](debris ['debriːz]) *n*. Ⓤ Ⓒ ❶(损坏物的)碎片;瓦砾堆;废墟 ❷【地】岩屑,碎石

debt [det] *n*. Ⓒ Ⓤ ❶债;债务;欠款:If I pay all my ~s,I'll have no money left. 我若还清所有欠债,就分文不剩了。/We were poor,but we avoided ~. 我们穷是穷,但还不至于负债。❷恩义,情义:I'm happy to acknowledge my ~ to teachers. 能有机会向老师们表示感谢,我觉得十分高兴。/You saved my life; I am forever in your ~. 你救了我的命,我永远感恩不尽。

deb·tor ['detə] *n*. Ⓒ借方;债方;债务人:receive payment from one's ~s从债务人处收到付款

dec·a·dal ['dekədəl] *adj*. 10 的;由 10 个组成的

dec·ade ['dekeɪd,dɪ'keɪd] *n*. Ⓒ ❶10 年 ❷10 个一组;旬

dec·a·dent ['dekədənt,dɪ'keɪ-] *adj*. ❶衰微的,颓废的:~ behaviour 颓废的行为 ❷(文学、艺术等)颓废期的,颓废派的

de·camp [dɪ'kæmp] *vi*. ❶(军队)撤营,离营:The soldiers ~ed at dawn. 士兵在黎明时撤离了营地。❷逃走,逃亡:She has ~ed with all our money. 她携带我们所有的钱潜逃了。

de·cay [dɪ'keɪ] Ⅰ. *vt*. 使腐朽;使(牙齿)蛀牙;使腐烂:Sweet things ~ your teeth. 甜食会使你蛀牙。*vi*. ❶腐朽;腐蚀;腐烂;蛀牙:The wooden floor began to ~.那木地板渐渐腐烂了。❷(健康、精力等)衰退,退化;衰微:Our powers ~ in old age. 我们的体力、精力到老年时就衰退。Ⅱ. *n*. Ⓤ ❶腐朽,腐烂:tooth ~蛀牙 ❷衰退,衰微:The empire is in ~. 帝国在衰亡。❸【原】(放射性物质的)衰变,蜕变

de·ceit [dɪ'siːt] *n*. Ⓒ Ⓤ欺骗,欺诈;虚假;欺骗行为:She won her promotion by ~.她用欺骗手段得以晋升。

de·ceit·ful [dɪ'siːtful] *adj*. 欺骗的,欺诈的

de·cei·va·ble [dɪ'siːvəbl] *adj*. 可欺的

de·ceive [dɪ'siːv] *vt*. ([反]undeceive)欺骗,欺诈:His friendly manner did not ~ us for long. 他那热情的样子并没把我们欺骗多久。*vi*. 欺骗,行骗

De·cem·ber [dɪ'sembə] *n*. Ⓤ12 月(略为 D. ,Dec)

de·cen·na·ry [dɪ'senərɪ] Ⅰ. *n*. Ⓒ10 年 Ⅱ. *adj*. 10 年的

de·cen·ni·al [dɪ'senjəl] Ⅰ. *adj*. ❶10 年间的 ❷每 10 年一次的 Ⅱ. *n*. Ⓤ[美]10 周年(纪念)

de·cen·ni·um [dɪ'senjəm] (~s [-z]或 de-cennia[dɪ'senɪə]) *n*. Ⓒ10 年

de·cent ['diːsnt] *adj*. ([反]indecent) ❶正派的;(言语、举止等)合乎礼仪的:Never tell stories that are not ~. 切勿讲不雅的故事。/ That dress isn't ~. 那件连衣裙不够体面。❷[口]过得去的;体面的,还不错的:The hospital has no ~ equipments.这家医院没有像样的设备。❸[口]亲切的;宽大的

de·cen·tra·lize, -ise [diː'sentrəlaɪz] *vt*. 分散(权力等)

de·cep·tion [dɪ'sepʃən] *n*. ❶Ⓤ欺骗,蒙蔽:obtain sth. by ~用欺骗手段获得某物 ❷Ⓒ骗术;诡计:It was an innocent ~,meant as a joke. 那是无伤大雅的鬼把戏,开个玩笑而已。

de·cep·tive [dɪ'septɪv] *adj*. 骗人的;

Appearances are often ～. 外表往往是靠不住的。

de·cer·ti·fy [diː'sɜːtɪfaɪ] *vt.* 收回(或取消)…的证件(或执照)

de·ci·da·ble [dɪ'saɪdəbl] *adj.* 可以决定的;决定得了的

de·cide [dɪ'saɪd] (～s [-z];～d [-ɪd];deciding) *vt.* ❶判断;决定,决意:It has been ～d that the book should be revised. 已经决定这本书要重新修订。/ With so many choices, it's hard to ～ what to buy. 可选择的有这么多,真难决定买什么。❷解决;裁决(比赛的胜负等);判决:The judge will ～ the case tomorrow. 法官明天判决此案。❸使(某人)决定,使下决心:That ～d me to leave my job. 那件事使我决定离职。*vi.* 决定,下决心;判定;推断:It's difficult to ～ between the two. 很难在这两者之间取舍。/The judge ～d for the plaintiff. 法官判决原告胜诉。

de·cid·ed [dɪ'saɪdɪd] *adj.* ❶([反]undecided)坚决的;坚定的:a ～ attitude 坚决的态度 ❷明显的,明确的:There is ～ difference between the two sisters. 这对姐妹之间有明显不同之处。

dec·i·mal ['desɪməl] **I.** *adj.* 十进法的,以十为基础的;小数的 **II.** *n.* Ⓒ【数】小数

dec·i·ma·lize, -ise ['desɪməlaɪz] *vt.* 将(货币、度量衡等)改成十进制;使变为小数

dec·i·mate ['desɪmeɪt] (～d[-ɪd];decimating) *vt.* ❶大批杀死(或毁坏):Disease has ～d the population. 疾病使大部分人死亡。❷相当程度地减少、降低(某事物):Students numbers have been ～d by cuts in grants. 助学金削减后,学生人数大大减少。

de·ci·sion [dɪ'sɪʒən] *n.* ❶Ⓒ Ⓤ决定,决心;判断,结论:It's a matter for personal ～. 这是须由个人做决定的问题。/We took the difficult ～ to leave. 我们好不容易才作出离家出走的决定。❷Ⓤ果断,坚定:Anyone who lacks ～ shouldn't be a leader. 不果断的人不应该做领导。❸Ⓒ(法庭的)判决;(会议的)决议;(审判的)判定:The judge's ～ was to award damages to the defendant. 法官判决赔偿被告损失。

de·ci·sive [dɪ'saɪsɪv] *adj.* ❶([反]indecisive)决定的,决定性的:a～victory 决定性的胜利 ❷坚决的,果断的 ❸确定的

deck [dek] **I.** *n.* Ⓒ❶甲板,舱面:My cabin is on E ～. 我的舱位在 E 层甲板。❷(公共汽车、电车等的)底层,层:the top ～ of a *double*-～ bus 双层公共汽车的顶层 ❸一副纸牌 ❹

录音座 **II.** *vt.* ❶给(船)装甲板 ❷装饰…;打扮:She was ～ed out in her finest clothes. 她穿着盛装。

de·claim [dɪ'kleɪm] *vi.* ❶背诵,朗读 ❷做慷慨激昂的演说,雄辩:A preacher stood ～ing in the town center. 传教士站在市心慷慨陈词。❸(用激动的语气)攻击(against):She wrote a book ～ing against her corrupt society. 她写了一本书抨击她所在的腐败的社会。*vt.* 朗诵;朗读:He ～s his poetry. 他朗诵自己的诗歌。

de·clam·a·to·ry [dɪ'klæmətəri] *adj.* ❶雄辩的:her high-flown ～ style 她的夸张而雄辩的风格 ❷适宜于朗诵的

dec·la·ra·tion [ˌdeklə'reɪʃən] *n.* Ⓒ Ⓤ❶宣告,宣布,发表;宣言:He was in favour of the ～ of a truce. 他赞成宣布停战。/the *Declaration* of Human Rights 人权宣言 ❷(纳税等的)申报(书):a ～ of income 收益申报

de·clar·a·tive [dɪ'klærətɪv] *adj.* ❶宣言的,公告的 ❷陈述的,说明的

de·clare [dɪ'kleə(r)] (declaring) *vt.* ❶宣布…,发表;宣告…,公告:I ～ the meeting closed. 我宣告会议结束。/ They ～d him to be the winner. 他们宣布他为获胜者。❷断言…;声明,宣称:The man ～d his position. 那个人声明他的立场。/ She was ～d to be guilty. 已宣判她有罪。/ He ～d that he was innocent. 他郑重声明他是清白的。❸申报(纳税品等):You must ～ all you have earned in the last year. 你必须申报去年的总收入。❹(桥牌)叫(王牌)

de·clared [dɪ'kleəd] *adj.* 公然宣称(或承认)的:Her ～ ambition is to become a politician. 她公开声称她的抱负是要当政治家。

de·cline [dɪ'klaɪn] **I.** (declining) *vt.* ❶使下降,使下垂 ❷谢绝,拒绝:～ an invitation to dinner 谢绝宴请/ He ～d to discuss his plans. 他拒绝讨论他的计划。❸【语】使(名词、代词、形容词的词形)变化 *vi.* ❶谢绝,拒绝:I invited her to join us, but she ～d. 我邀请她加入到我们的行列中,可是她婉言谢绝了。❷(土地等)倾斜;(指太阳)下沉:The land ～s toward the river. 那块土地向河流方向倾斜。❸衰退,衰落;(物价、股票等)下跌:He spent his *declining* years in the country. 他在乡村度过了晚年。/ *declining* sales 销售量下降 **II.** *n.* Ⓒ下降,下垂;衰退,衰弱:the ～ of the Roman Empire 罗马帝国的衰亡/a ～ in prices 价格的降低/a～in popularity 声望的降低

de·code [diː'kəʊd] (～d[-ɪd]; decoding) *vi.*

译(电报等);译(码)

de·com·pose [ˌdiːkəmˈpəʊz] *vt.* ❶【化】使分解:A prism ~s light. 棱镜可以分解光线。❷使腐烂;使腐败:a *decomposing* corpse 腐尸 *vi.* ❶【化】化解 ❷腐烂,腐败

de·com·po·si·tion [ˌdiːkɒmpəˈzɪʃən] *n.* Ⓤ❶【化】分解 ❷腐烂,腐败

dec·o·rate [ˈdekəreɪt] (~d [-ɪd];decorating) *vt.* ❶装饰,修饰:~ a Christmas tree with coloured lights 用彩色灯装饰圣诞树 ❷装潢:We're *decorating* the kitchen again this summer. 今年夏天我们又要修饰厨房。❸授勋章给… 装饰,布置

dec·o·ra·tion [ˌdekəˈreɪʃən] *n.* ❶Ⓤ装饰,装潢 ❷Ⓒ[常用复数]装饰物;装饰品:the carved ~ around the doorway 门口周围的雕刻装饰 ❸Ⓒ勋章;奖章

dec·o·ra·tive [ˈdekərətɪv] *adj.* ([近]ornamental)装饰的,装潢的:~ art 装饰艺术

dec·o·rous [ˈdekərəs] *adj.* ([近]indecorous) 有礼貌的;正派的;有教养的:~ behaviour 高雅的举止

de·crease [dɪˈkriːs] Ⅰ. (~s [-ɪz];~d [-t];decreasing) *vi.* 减少,减小:Student numbers have ~d by 500. 学生人数减少了500名。*vt.* 使减少;使减退:~ the speed of a train 减低火车的速度 Ⅱ. *n.* ⒸⓊ减少,缩小;减小的数量:some ~ in the crime rate 犯罪率的少许降低

de·cree [dɪˈkriː] Ⅰ. *n.* Ⓒ❶ 法令,宣告:rule by ~ 以法令统治 ❷【律】(法院的)判决,判令Ⅱ. *vt.* ❶公布,下令:The governor ~d a day of mourning. 地方长官发布哀悼一日的命令。❷(命运、神等)注定:Fate ~d that they would not meet again. 他们受命运的安排再也不能相会。*vi.* 发布命令

ded·i·cate [ˈdedɪkeɪt] (~d [-ɪd];dedicating) *vt.* ❶奉献,捐献,供奉:He ~d a temple to the memory of his wife. 他捐资修建了一座寺庙,以纪念他的妻子。❷(对…)贡献(时间、精力等),致力(于…);献身于:She ~d her life to helping the poor. 她毕生致力于帮助穷人。❸题献(著作):She ~d her first book to her husband. 她把自己的第一本书献给了丈夫。

ded·i·ca·tion [ˌdedɪˈkeɪʃən] *n.* ❶ⓊⒸ奉献,供奉;揭幕仪式 ❷Ⓤ专心致力,献身

de·duce [dɪˈdjuːs] (~s [-ɪz]; ~d [-t];deducing) *vt.* 演绎,推演,推断:Detectives ~ from the clues who had committed the crime. 侦探根据所掌握的线索推断出谁是作

案的人。

de·duct [dɪˈdʌkt] (~ed [-ɪd]) *vt.* ❶([近]subtract)扣除,减去:Tax is ~ed from your salary. 税款从薪金中扣除。❷演绎

de·duc·tion [dɪˈdʌkʃən] *n.* ❶Ⓤ扣除,减除额;Ⓒ扣除额,减除额:~s from salary as insurance and pension 从工资中扣除作为保险金和退休金的数额 ❷ⒸⓊ推论;演绎(法):a philosopher skilled in ~ 擅长推理的哲学家/It's an obvious ~ that she is guilty. 很明显推断出的结论是她有罪。

deed [diːd] Ⅰ. (~s [-z]) *n.* Ⓒ❶行为;功绩;事迹:be rewarded for one's good ~s因做好事而受到奖赏/~s of heroism 英雄事迹 ❷【律】契约Ⅱ. *vt.* [美]立契转让(私人财产)

deem [diːm] *vt. & vi.* 认为,相信:I ~ it a great honour to be invited to address you. 邀我向诸位讲几句话,我觉得非常荣幸。

deep [diːp] Ⅰ. *adj.* ❶([反]shallow)深的:a ~ well 深井 ❷深度的;纵深的(置数字之后):a plot of land 100 feet ~ 一块深达100英尺的土地 ❸(性质、程度)深刻的,深入的:~ discussion 深入的讨论 ❹深奥的,难懂的:~ mystery 难以理解的奥妙 ❺深陷的;专注的:~ in study 专心于学习 ❻(颜色)深的:a ~ red 深红色 ❼(声音)低沉的;深沉的:a ~ rumbling 低沉的隆隆声Ⅱ. *adv.* ❶([近]deeply)深深地:We had to dig ~er to find water. 我们必须再挖深些才能找到水。❷晚:He went on studying ~ into the night. 他一直学习到深夜。Ⅲ. *n.* ❶Ⓒ(海、河的)深处;深沟 ❷[the] [诗]海,海洋

deep·en [ˈdiːpən] *vt.* ❶使…变深:~ a channel 加深航海 ❷加深(知识、谜语等) *vi.* ❶…变深:The water ~ed after the dam was built. 堤坝建成后水已加深。❷(知识等)加深:The mystery ~s. 这奥秘更难理解了。

deep-fry [ˈdiːpfraɪ] *vt.* (指烹饪)炸

deep·ly [ˈdiːplɪ] *adv.* ❶(程度)深深地,强烈地,非常地:~ interested 极感兴趣的 ❷(颜色)浓地;(声音)深沉地;低沉地

deep-root·ed [ˌdiːpˈruːtɪd] *adj.* 根深的;(习惯、偏见等)根深蒂固的:~ prejudice 难以消除的偏见

deep-seat·ed [ˈdiːpˈsiːtɪd] *adj.* (感情、原因、疾病等)由来已久的;根深蒂固的:The causes of the trouble are ~. 这问题的产生由来已久。

deer [dɪə(r)] *n.* Ⓒ【动】鹿

def·a·ma·tion [ˌdefəˈmeɪʃən] *n.* Ⓤ诽谤;中伤:~ of character 对品性的中伤

de·fame [ˈdɪfeɪm] *vt.* 毁坏…的名誉，诽谤：The article is an attempt to ～ an honest man. 这篇文章旨在诋毁一个正直的人的名誉。

de·feat [dɪˈfiːt] Ⅰ. (～ed [-ɪd]) *vt.* ❶战胜(对手、敌人)，打败：He has been soundly ～ed at chess. 他在国际象棋比赛中一败涂地。❷使(希望、计划等)失败，挫折：By not working hard enough, you ～ your own purpose. 你因为不太努力，所以达不到自己的目的。Ⅱ. *n.* ⒸⓊ战胜，击败；失败，挫折：I never consider the possibility of ～. 我从未考虑过失败的可能性。

de·feat·ism [dɪˈfiːtɪzəm] *n.* Ⓤ失败主义

de·feat·ist [dɪˈfiːtɪst] *n.* Ⓒ失败主义者；失败主义的人

de·fect [ˈdiːfekt, dɪˈfekt] Ⅰ. *n.* Ⓒ缺点；欠缺；不足之处：a ～ of character 性格上的缺陷／～s in the education system 教育制度上的不足之处 Ⅱ. *vi.* 脱离，亡命；背叛，投奔：She ～ed from the Liberals and joined the Socialists. 她脱离了自由党，加入了社会党。

de·fec·tion [dɪˈfekʃən] *n.* ⒸⓊ❶背信；背叛，变节 ❷亡命，脱离

de·fec·tive [dɪˈfektɪv] Ⅰ. *adj.* ❶有缺点的，有缺陷的：a ～ machine 有缺陷的机器 ❷(心智)不健全的：Her hearing was found to be slightly ～. 发现她的听力稍微有些弱。Ⅱ. *n.* Ⓒ身心有缺陷的人

*de·fence, de·fense [dɪˈfens] *n.* ❶Ⓤ防御；保卫；防护：They planned the ～ of the town. 他们制定出了该城的防御计划。❷([反]attack)Ⓒ防务，防御物；防御措施：The high wall was built as a ～ against intruders. 修建这堵高墙作为屏障以防外人闯入。❸ⓊⒸ(比赛中的)防守；守方：He has been brought in to strengthen the ～. 已请他来加强后卫力量。❹ⒸⓊ【律】辩护，答辩；被告方(包括被告及其辩护律师)：The ～ argue that the evidence is weak. 辩护律师提出理由认为证据不充分。

de·fence·less [dɪˈfenslɪs] *adj.* 无防御的；无防备的：a ～ child 没有自卫能力的孩子

*de·fend [dɪˈfend] (～s [-z]; ～ed [-ɪd]) *vt.* ❶防守，保卫，保护：When the dog attacked me, I ～ed myself with a stick. 当那狗扑向我时，我用棍子自卫。／～ sb. from attack 保护某人免受攻击 ❷拥护(某人、想法等)；为(被告)辩护：The newspaper ～ed her against the accusations. 报纸为她辩护，驳斥对她的指责。*vi.* 保卫，防御，防守：They ～ed very well in that game. 在那场比赛中，

他们防守得非常好。

de·fend·ant [dɪˈfendənt] Ⅰ. *n.* Ⓒ【律】被告；被告人Ⅱ. *adj.* 处于被告地位的

de·fen·si·ble [dɪˈfensəbl] *adj.* ([反]indefensible) 能防御的；能辩护的：a ～ castle 能防御的城堡／a ～ theory 站得住脚的理论

de·fen·sive [dɪˈfensɪv] Ⅰ. *adj.* ([反]offentsive) 防御的，防卫的；守势的：a ～ weapon system to destroy missiles approaching the country 摧毁射向该国的导弹防御武器系统Ⅱ. *n.* Ⓤ[the ～]防御，守势：The team was thrown on the ～ as their opponents rallied. 该队在对手重整旗鼓后，被迫采取守势。

de·fer[1] [dɪˈfɜː(r)] (～s [-z]; deferred; deferring[-rɪŋ]) *vt. & vi.* ❶延缓，(使)延期：～ making a decision 暂缓决定 ❷[美](人)缓期应召，缓召

de·fer[2] [dɪˈfɜː(r)] (～s [-z]; deferred; deferring[-rɪŋ]) *vi.* 听从，遵从：I ～ to your great experience in such things. 在这些问题上，我遵从你的丰富经验。

def·er·ence [ˈdefərəns] *n.* Ⓤ❶听从，依从 ❷尊敬，尊重：treat one's elders with due ～ 以应有的尊敬对待较自己年长的人

def·er·en·tial [ˌdefəˈrenʃəl] *adj.* 谦让的；恭敬的

de·fi·ance [dɪˈfaɪəns] *n.* Ⓤ❶(公然的)反抗；挑战 ❷蔑视：The protesters showed their ～ of the official ban on demonstrations. 抗议者藐视官方的示威禁令。

de·fi·ant [dɪˈfaɪənt] *adj.* 挑战的，对抗的；蔑视的：a ～ manner 蔑视的态度

de·fi·cien·cy [dɪˈfɪʃənsɪ] (deficiencies [-z]) *n.* ❶ⒸⓊ不足，缺乏：Deficiency in vitamins can lead to illness. 身体缺乏维生素会导致生病。／～ disease 营养缺乏病 ❷Ⓒ不足量，不足的数额 ❸ⒸⓊ缺陷，缺点：She can't hide her deficiencies as a writer. 她无法掩盖她身为作家的不足之处。

de·fi·cient [dɪˈfɪʃənt] *adj.* ([近]defective)不足的，缺乏的：a diet ～ in iron 缺铁质的日常饮食

de·fi·cit [ˈdɪfɪsɪt] *n.* Ⓒ亏空(额)；赤字

de·fine [dɪˈfaɪn] (defining) *vt.* ❶解释；给…下定义：It's hard to ～ exactly what has changed. 很难解释清楚到底发生了什么变化。❷立(界限)，限定，规定：When boundaries between countries are not clearly ～d, there is usually trouble. 国与国的边界未明确划定则常常会发生纠纷。❸使…的轮廓分明：The mountain was sharply ～d against the eastern sky. 那座山在东方天空的衬托下显得轮廓分明。❹明确表示：～ one's position 表明立场

def·i·nite ['definit] *adj*. （[反]indefinite）❶明确的,确切的：I have no ～ plans for tomorrow. 我明天没有确切的计划。❷一定的,肯定的：It's now ～ that the plane crashed. 现已肯定那架飞机坠毁。

def·i·nite·ly ['definitli] *adv*. ❶明确地；一定地：She states her views very ～. 她非常明确地阐述自己的观点。❷（用于对答中）的确,正是那样："Are you coming?" "Definitely!" "你来吗?" "一定来!"

def·i·ni·tion [ˌdefi'nɪʃən] *n*. ❶ⒸⓊ定义；（词语等的）释义：Dictionary writers must be skilled in the art of ～. 辞书编纂者必须精于给词语下定义的技巧。❷ Ⓤ限定,限界 ❸ Ⓤ（轮廓等的）清晰度：The photograph has poor ～. 这张照片轮廓很不清楚。

de·flate [dɪ'fleɪt] (～d[-ɪd]；deflating) *vt*. （[反]inflate）❶（抽掉、排去空气等）使缩小；使瘪下去 ❷挫（某人）的锐气,使（某人）泄气：Nothing could ～ his ego. 任何事都不能削弱他的自信心。*vi*. ❶（轮胎、气球等）放气,泄气 ❷【经】紧缩（通货）

de·fla·tion [dɪ'fleɪʃən] *n*. Ⓤ❶（[反]inflation）泄气；缩小 ❷【经】紧缩通货

de·flect [dɪ'flekt] (～ed[-ɪd]) *vt*. 使（子弹）偏离；(使)偏向：The bullet hit a wall and was ～ed from its course. 子弹击中墙壁而改变了方向。*vi*. 偏离；偏向：The missile ～ed from its trajectory. 导弹已偏离轨道。

de·flec·tion, de·flex·ion [dɪ'flekʃən] *n*. ⒸⓊ（前进路线等的）偏离；（计量器指针的）偏斜,偏差

de·form [dɪ'fɔ:m] *vt*. ❶使…歪曲；损坏…的形状,使变形：～ a spine 使一脊柱变形 ❷使…变丑陋；使残废 *vi*. 变形

de·for·ma·tion [ˌdi:fɔ:'meɪʃən] *n*. Ⓤ形状损坏,走形；走样

de·for·ma·tive [dɪ'fɔ:mtɪv] *adj*. 走形的；变丑的

de·form·i·ty [dɪ'fɔ:mɪtɪ] (deformities [-z]) *n*. ❶ⓊⒸ变形,丑陋；畸形；(尤指身体的)畸形部分 ❷Ⓒ（道德、智力等方面的）缺陷,瑕疵

de·fraud [dɪ'frɔ:d] *vt*. 欺骗；骗取,诈取：～ sb. of sth. 骗取某人的某物

deft [deft] *adj*. 灵巧的,熟练的：With ～ fingers, she untangled the wire. 她用灵巧的手指

解开了金属线。

de·fy [dɪ'faɪ] (defies [-z]；defied) *vt*. ❶（[近]dare）向…挑战；激；惹：I ～ you to prove I have cheated. 我谅你无法证实我欺骗了别人。❷公然反抗；蔑视；对…满不在乎：They *defied* their parents and got married. 他们违抗父母的意愿而结了婚。❸使不能,落空；（事物）抗拒…：The problem *defied* solution. 此问题无法解决。

de·gen·er·ate Ⅰ. [dɪ'dʒenəreɪt] (～d [-ɪd]；degenerating) *vi*. 退步,堕落；【生】退化：His health is *degenerating* rapidly. 他的健康状况迅速恶化。Ⅱ. [dɪ'dʒenərɪt] *adj*. 退化的；堕落的：a ～ art 堕落的艺术 Ⅲ. [dɪ'dʒenərɪt] *n*. Ⓒ堕落的人；退化的物

deg·ra·da·tion [ˌdegrə'deɪʃən] *n*. ⓊⒸ❶（地位的）降低,降级 ❷堕落；（品格、价值等的）低落：Being sent to prison was the final ～. 堕落到最后的地步就是被关进监狱。

de·grade [dɪ'greɪd] (～s [-z]；～d [-ɪd]；degrading) *vt*. ❶降低（某人的）地位,使降级 ❷降低…的品格,贬低：～ oneself by cheating 因欺骗而降低自己的身份 *vi*. ❶（地位、身份等）下降 ❷退化；堕落

de·gree [dɪ'gri:] *n*. ❶ⒸⓊ程度：He was not in the slightest ～ interested. 他丝毫不感兴趣。❷Ⓒ度,度数：an angle of ninety ～s 90 度角/Water freezes at 32 ～s Fahrenheit. 水结成冰的温度是 32 华氏度。❸Ⓒ学位,学衔：take a ～ in law 获得法律学位 ❹Ⓒ【语】（形容词、副词的）级：～s of comparison 比较的等级 ❺Ⓤ【法】（犯罪的）级,（罪行的）轻重：murder in the first ～ 一级谋杀罪

dei·fy ['di:ɪfaɪ] *vt*. 把…神化；把…奉若神明

deign [deɪn] (～s[-z]) *vi*. 屈尊,俯就：He walked past me without even ～ing to look at me. 他从我身旁走过,竟没有屈尊看我一眼。

de·i·ty ['di:ɪtɪ] (deities [-z]) *n*. ❶Ⓤ神性 ❷Ⓒ神：Roman *deities* 罗马诸神 ❸ [the D-] （尤指基督教的）上帝

de·ject [dɪ'dʒekt] (～ed[-ɪd]) *vt*. 使沮丧；使气馁

de·ject·ed [dɪ'dʒektɪd] *adj*. 沮丧的,情绪低落的：Repeated failure had left them feeling very ～. 他们三番五次失败后情绪非常低落。

de·jec·tion [dɪ'dʒekʃən] *n*. Ⓤ沮丧；情绪低落：The loser sat slumped in ～. 失败者垂头丧气地坐着,全身瘫软。

de·lay Ⅰ. [dɪ'leɪ] (～s[-z]) *vt*. ❶耽搁,延误,推迟：I was ～ed by the traffic. 因交通阻塞,我迟到了。❷使…延期,延缓…：We must

~ our journey until the weather improves. 我们必须把旅行推迟，等天气好转再说。*vi.* 拖延，耽搁：Don't ~! Book your holiday today! 别拖延！今天就订你假日的票！**Ⅱ.** *n.* ⓒ ⓤ耽搁，延误，延迟：We must leave without ~.我们必须立刻离开。

de·lec·ta·ble [dɪˈlektəbl] *adj.* ❶使人愉快的 ❷(食物等)美味的，好吃的：~ a meal 美餐

de·lec·ta·tion [ˌdiːlekˈteɪʃən] *n.* ⓤ欢娱，享乐

del·e·ga·ble [ˈdelɪgəbl] *adj.* 可以委托的

del·e·ga·cy [ˈdelɪgəsɪ] (delegacies [-z]) *n.* ❶ⓤ代表的派遣；代表的任命 ❷ⓤ代表的地位 ❸ⓒ代表者(团、委员会)

del·e·gate Ⅰ. [ˈdelɪgɪt] *n.* ⓒ(派遣参加会议等的)代表；使节 **Ⅱ.** [ˈdelɪgeɪt] (~d [-ɪd];delegating) *vt.* ❶派(某人)为代表：~ sb. to a conference 选派某人做代表出席会议 ❷委派(某人)做：The new manager was ~d to reorganize the department. 派这位新经理重新组织该部门。❸委任(权限等)；把…委托给(某人)：The job had to be ~d to an assistant. 这项工作得交给助手去做。

del·e·ga·tion [ˌdelɪˈgeɪʃən] *n.* ❶ⓒ代表团，使节团：She refused to meet the union ~.她拒绝接见工会代表团。❷ⓤ(代表的)委派，派遣 ❸ⓤ(权限等的)委任，授权

de·lete [dɪˈliːt] (~d[-ɪd];deleting) *vt.* 删除(文字等)；擦掉(字迹等)：The editor ~d the last paragraph from the article. 编辑删除了文章的最后一段。

del·e·te·ri·ous [ˌdelɪˈtɪərɪəs] *adj.* 有害(身心)的，有毒的

de·le·tion [dɪˈliːʃən] *n.* ⓤⓒ删除；删除的部分

de·lib·er·ate Ⅰ. [dɪˈlɪbərɪt] *adj.* ❶深思熟虑的，蓄意的，故意的：a ~ insult 蓄意的侮辱/ ~ 故意的行为 ❷审慎的，不慌不忙的：She has a slow, ~ way of talking. 她谈话的方式缓慢而审慎。**Ⅱ.** [dɪˈlɪbəreɪt] (~d [-ɪd];deliberating) *vt.* 仔细考虑；商议：~ what action to take 仔细考虑要采取的行为 *vi.* (就问题等)深思熟虑；审议，商讨：We had no time to ~ on the problem. 我们没有时间仔细思考这个问题。

de·lib·er·a·tion [dɪˌlɪbəˈreɪʃən] *n.* ❶ⓒ ⓤ考虑，细想，审议，评议：After long ~,they decided not to buy. 他们商量了很长时间后，决定不买了。❷ⓤ谨慎；审慎：speak with great ~ 从容不迫地说

del·i·ca·cy [ˈdelɪkəsɪ] *n.* ([反]indelicacy) ❶ⓤ(容姿等的)细致，优雅：the ~ of her features 她那清秀的容貌 ❷ⓤ易碎；脆弱 ❸ⓤ(身体的)柔弱，纤弱；娇气：the ~ of a child's skin 小孩皮肤的娇嫩 ❹ⓤ(事态、问题等的)微妙，棘手：She spoke with ~ of our recent loss. 她机敏婉转地谈我们最近的损失。❺ⓤ(感觉、兴趣等的)敏感 ❻ⓤ(机械等的)精巧，灵敏：the ~ of her carving 她雕刻的精巧 ❼ⓤ关怀，体贴；慎重 ❽ⓒ精美的食物：The local people regard these crabs as a great ~.当地人认为这些螃蟹是珍馐美味。

del·i·cate [ˈdelɪkɪt] *adj.* ([反]indelicate) ❶柔软的；纤细的；娇嫩的：a baby's ~ skin 婴儿娇嫩的皮肤/She has long ~ fingers. 她的手指修长而纤细。❷易碎的，易损的：~ china 易碎的瓷器 ❸(身体)病弱的：She has been in ~ health for some time. 她身体欠佳已有些日子了。❹(事态、问题等)微妙的，难以处理的，棘手的：I admired your ~ handling of the situation. 我很钦佩你这样巧妙地处理了这种局面。❺(机械等)精密的，灵敏的：a ~ mechanism 精巧的机械装置 ❻(香气、味道、颜色等)柔和的，微弱的；(食物)清淡爽口的：a ~ shade of pink 淡粉红色/a ~ perfume 淡雅的香水 ❼体贴的，顾及别人情绪的

de·li·cious [dɪˈlɪʃəs] *adj.* ❶美味的，可口的；芬芳的：It smells ~! 闻起来多香啊！❷妙的，有趣味的：What a ~ joke! 多有趣的笑话！

de·light [dɪˈlaɪt] **Ⅰ.** *n.* ❶ⓤ欣喜，喜悦，欢喜：To our great ~, the day turned out fine.我们感到高兴的是，天气转晴了。❷ⓒ令人高兴的事；嗜好：Her singing is a ~.她的歌声使人快乐。/the ~ of living in the country 在乡村生活的乐趣 **Ⅱ.** (~d[-ɪd]) *vt.* 使(某人)高兴，使欢喜；嗜好…：He often ~ed his children with magic.他时常以魔术逗他的孩子们高兴。*vi.* 乐于，取乐；嗜好：He ~s in finding fault with others. 他喜欢挑别人的毛病。

de·light·ed [dɪˈlaɪtɪd] *adj.* 欣喜的，令人高兴的：I'm ~ to hear of your success. 听到你成功的消息，我感到很高兴。/I'm ~ that you come to the party. 你来参加聚会我感到高兴。

de·light·ful [dɪˈlaɪtf(ʊ)l] *adj.* 令人喜悦的，令人快乐的，令人愉快的：No news could be more ~ to me.这消息最令我高兴。

de·light·ful·ness [dɪˈlaɪtfʊlnɪs] *n.* ⓤ高兴，快乐

de·li·mit [dɪˈlɪmɪt] (~ed [-ɪd]) *vt.* 划定…的界限：The first chapter ~s her area of research. 第一章阐明了她的研究领域。

de·lim·i·ta·tion [dɪˌlɪmɪˈteɪʃən] *n* . Ⓤ 设定界限,分界

de·lin·quen·cy [dɪˈlɪŋkwənsɪ] (delinquencies [-z]) *n* . ⒸⓊ❶(未成年的)不当行为,犯罪:a juvenile ~ 少年犯罪 ❷(义务等的)不履行,失职;怠慢

de·lin·quent [dɪˈlɪŋkwənt] Ⅰ . *adj* . ❶违法的,有过失的 ❷(义务等)怠慢的,失职的:~ behaviour 失职行为 ❸ [美](税款等)拖欠未缴的 Ⅱ . *n* . Ⓒ失职者;有过失者;违法者(特指少年罪犯):a juvenile ~ 少年违法者

****de·liv·er** [dɪˈlɪvə(r)] (~ing[-rɪŋ]) *vt* . ❶(给人)递送,传送(信件、货物等);传(口信等):We ~ your order to your door! 我们送货上门! /Did you ~ my message to my father? 你把我的信息传给我父亲了吗? ❷(向某人)交出…,引渡,自首:~ one's property over to one's children 把财产交给子女 ❸发表(演说、说教等);下(评定):She ~ed a talk on philosophy to the society. 她给协会做了一次有关哲学的演讲。/~ a judgement 发表看法 ❹予以(打击等);投(球等):In cricket, the ball is ~ed overarm. 打板球时,要举臂过肩掷球。/ ~ a blow to the jaw 给颌部一击 ❺(从…)救出(人),解救:May God ~ us from evil. 愿上帝拯救我们脱离罪恶。❻使(孕妇)分娩:Her baby was ~ed by her own doctor. 她的婴儿是由她自己的医生给接生的。❼履行(诺言);实现(期望) *vi* . 不负所望;履行诺言:They promise to finish the job in June, but can they ~ on that? 他们答应六月份完成这项工作,但他们能履行诺言吗? /~ the goods 交货/[喻]履行诺言,不负所望/~ sth. (over) to sb. 把某物交给某人

de·liv·er·ance [dɪˈlɪvərəns] *n* . ❶Ⓤ解救;释放 ❷Ⓒ投递,传递 ❸Ⓒ正式意见,判决

de·liv·er·y [dɪˈlɪvərɪ] (deliveries [-z]) *n* . ❶ⒸⓊ交付;递送,(信件、货物等的)发送;递送品:Your order is ready for ~ . 你订购的货物可随时交付。❷ⒸⓊ引渡;转让;交付 ❸ⒸⓊ分娩,生产:a difficult ~ 难产/the first stage of ~ 第一产程 ❹ⒸⓊ说话风格(或方式):Her poor ~ spoilt an otherwise good speech. 她的演讲在各方面都很好,却因表达技巧差而功亏一篑。❺ⒸⓊ投掷;(棒球等的)投球:a fast ~ 快速投球 ❻Ⓤ解救,释放

de·lude [dɪˈluːd] (~s [-z];~d [-ɪd];deluding) *vt* . 迷惑(人);欺骗;使误解:~ sb. with empty promises 以虚假的诺言哄骗别人

de·luge [ˈdeljuːdʒ] Ⅰ . *n* . Ⓒ❶洪水 ❷大雨,暴雨:a ~ of rain 一场大雨 Ⅱ . *vt* . 使泛滥

de·lu·sion [dɪˈluːʒən] *n* . ([近]illusion) ❶Ⓤ迷惑,欺瞒;受骗,上当:His arguments sound convincing, but they're based on ~ . 他的论据听起来似乎有理,但本质上是欺骗性的。❷Ⓒ误会,错觉;【医】幻想症:be under a ~ 有…的错觉/Your hopes of promotion are a mere ~ . 你提升的希望只不过是一种幻想。

de·lu·sive [dɪˈluːsɪv] *adj* . ❶令人产生错觉的,不易分辨的:a ~ impression 令人产生错觉的印象 ❷欺骗的;虚妄的;妄想的:a ~ belief 虚妄的信念

****de·mand** [dɪˈmɑːnd] Ⅰ . (~s [-z];~ed [-ɪd]) *vt* . ❶要求,请求(权利):~ an apology from sb. 要求某人道歉/ He ~s that he should be told everything. 他要求将一切都告诉他。/ She ~d to know my business. 她过问我的事情。❷(某事物)需要:Does the letter ~ an immediate answer? 这封信需要立即答复吗? Ⅱ . *n* . ❶Ⓒ要求;请求:It is impossible to satisfy all your ~s. 满足你所有的要求是不可能的。❷Ⓤ需要:Demand for skilled workers is high; but there is no ~ for unskilled ones. 非常需要熟练工人,但却不需要生手。

de·mand·able [dɪˈmɑːndəbl] *adj* . 可要求的

de·man·dant [dɪˈmɑːndənt] *n* . Ⓒ❶【律】原告 ❷提出要求者

de·mean [dɪˈmiːn] *vt* . 贬抑,降低(品格):Don't ~ yourself by telling such obvious lies. 你不要用这种明显的谎言自贬人格。

de·mean·o(u)r [dɪˈmiːnə] *n* . Ⓤ举止,行为,态度:I dislike his arrogant ~ . 我讨厌他那傲慢的行为。

de·ment [dɪˈment] (~ed [-ɪd]) *vt* . 使发狂

de·mer·it [diːˈmerɪt] *n* . Ⓒ过失,缺点

de·mil·i·ta·rize, -ise [ˌdiːˈmɪlɪtəraɪz] (~s[-ɪz];demilitarizing) *vt* . 使(某地区)非军事化:~d zone 非军事区

de·mise [dɪˈmaɪz] Ⅰ . (~s[-ɪz]) *n* . ⒸⓊ ❶不动产的转让,遗赠 ❷逊位,让位 ❸死亡,逝世;(事物的)终了:This loss led to the ~ of the business. 这一损失导致了公司的倒闭。Ⅱ . (~s[-ɪz];demising) *vt* . ❶转让,遗赠(不动产)❷逊(位)

de·mis·sion [dɪˈmɪʃən] *n* . ⓊⒸ❶辞职,退职 ❷免职

de·mit [dɪˈmɪt] (demitted [-ɪd];demitting) *vt* . & *vi* . 辞(职)

de·mo·bi·lize，-ise [ˌdiːˈməʊbɪlaɪz] (∼s [-ɪz]；demobilizing) *vt*.([反]mobilize)【军】使(军人)复员；解除(军队)

de·moc·ra·cy [dɪˈmɒkrəsɪ] (democracies [-z]) *n*. ❶ⓤ民主主义；民主政治；民主政体：parliamentary ∼议会民主政体 ❷ⓒ民主主义的国家，民主国家

dem·o·crat [ˈdeməkræt] *n*. ❶ⓒ民主主义者 ❷ [D-]ⓒ[美]民主党党员

dem·o·crat·ic [ˌdeməˈkrætɪk] [无比较等级] *adj*. ❶民主主义的；民主政治的；民主政体的：∼ rights 民主权利/∼ government 民主政府 ❷民的；平民化的：a ∼ society 民主社会/a ∼ outlook 民主的观点 ❸ [D-][美]民主党的

de·moc·ra·tism [dɪˈmɒkrətɪzəm] *n*.ⓤ民主主义

de·moc·ra·ti·za·tion，-sa·tion [dɪmɒkrətaɪˈzeɪʃən] *n*.ⓤ民主化

de·moc·ra·tize，-ise [dɪˈmɒkrətaɪz] (∼s [-ɪz]；democratizing) *vt.* & *vi*.(使)民主化：∼ the administration of an organization 使一组织的管理民主化

de·mo·ded [diːˈməʊdɪd] *adj*. 过时的，老式的

de·mo·gra·phy [dɪˈmɒɡrəfɪ] *n*.ⓤ人口统计(学)

de·mol·ish [dɪˈmɒlɪʃ] (∼es[-ɪz]；∼ed[-t]) *vt*.❶拆毁(建筑物)；破坏：They've ∼ed the slum district. 贫民区已拆除。❷推翻，粉碎(计划、议论等)：Her article brilliantly ∼es his argument. 她的文章精辟地批驳了他的论点。❸ [口]吃完，吃光(食物)：She ∼ed two whole pies. 她贪婪地吃下两张馅饼。❹ 轻易而彻底地打败

dem·o·li·tion [ˌdeməˈlɪʃən] *n*.ⓒ❶拆毁，破坏：the ∼ of the houses 房屋的拆除 ❷ (计划、议论等的)推翻

de·mon [ˈdiːmən] *n*. ⓒ❶【宗】恶魔，恶鬼，精灵：medieval carvings of ∼s 中世纪的魔鬼雕像 ❷恶棍；(魔鬼的)化身：Your son is a little ∼. 你儿子是个小恶棍。❸ [口]精力(或技巧)过人的人：She's a ∼ for work. 她工作起来精力充沛。

de·mo·ni·ac(al) [dɪˈməʊniæk(əl)] Ⅰ. *adj*.❶恶魔的，恶魔般的；邪恶的：∼ plans 邪恶的计划 ❷魔鬼附体的Ⅱ. *n*.ⓒ魔鬼附体的人；着魔的人

de·mon·ic [diːˈmɒnɪk] *adj*.❶恶魔的；凶恶的 ❷超凡的

dem·on·stra·ble [ˈdemənstrəbl，dɪˈmɒn-] *adj*.可证明的；显而易见的：a ∼ lie 明显的谎言

dem·on·strate [ˈdemənstreɪt] (∼d[-ɪd]；demonstrating) *vt*.❶将…证明，证实；论证：∼ the truth of a statement to sb. 向某人证明某说法的真实性/ How do you ∼ that the pressure remains constant? 你怎样证明压力一直不变？❷(用实例、实验等)说明，表演，表明：An assistant ∼d the washing machine to customers. 店员向顾客示范如何使用洗衣机。/ His sudden departure ∼s that he's unreliable. 他的突然离去表明他不可靠。*vi*.示威：Thousands ∼d against the price increases. 数以千计的人举行示威，抗议物价上涨。

dem·on·stra·tion [ˌdemənˈstreɪʃən] *n*.❶ⓒⓤ证明，论证：convinced by a scientific ∼ 以科学的论证使人信服 ❷ⓒⓤ实地示范，实物演示：a ∼ of the computer's functions 计算机功能的示范表演 ❸ⓒ示威，示威运动

dem·on·stra·tive [dɪˈmɒnstrətɪv] Ⅰ. *adj*.❶例证的，证明的；表明的 ❷感情外露的：Some people are more ∼ than others. 有些人较爱流露感情。❸【语】指示的 Ⅱ. *n*.ⓒ【语】指示词

dem·on·stra·tor [ˈdemənstreɪtə(r)] *n*.ⓒ❶证明者 ❷示范表演者：The ∼s set up apparatus for the experiment. 示范助教安装好了实验装置。❸示威者

de·mor·al·i·za·tion，-sa·tion [dɪˌmɒrəlaɪˈzeɪʃən] *n*.ⓤ道德败坏；(军队等的)士气低落

de·mor·al·ize，-ise [dɪˈmɒrəlaɪz] (∼s [-ɪz]；demoralizing) *vt*.❶败坏…的风纪；使道德败坏 ❷使(军队等的)士气低落：The troops were thoroughly ∼d by this setback. 这一挫折使部队士气丧失殆尽。

de·mor·al·iz·ing，-is·ing [dɪˈmɒrəlaɪzɪŋ] *adj*.伤风败俗的，道德败坏的

de·mur [dɪˈmɜː(r)] Ⅰ.(∼s [-z]；demurred；demurring[-rɪŋ]) *vi*. 表示异议，反对(to, at)：I suggested putting the matter to a vote, but the chairman *demurred*. 我建议对此事投票表决，但主席表示反对。Ⅱ. *n*.ⓤ异议，反对：They accepted the suggestion without ∼. 他们接受了这个建议，毫无异议。

de·mure [dɪˈmjʊə(r)] (∼r [-rɪ]；∼st [-rɪst]) *adj*.❶娴静的，拘谨的，严肃的：a ∼ smile 娴静的微笑 ❷假正经的：a very ∼ young lady 假装矜持的少女

de·na·ry [ˈdiːnərɪ] *adj*.十进的；十的；十

倍的

de·na·ture [diː'neɪtʃə(r)] (denaturing) *vt*. 使⋯变性;使失去自然属性

de·ni·a·ble [dɪ'naɪəbl] *adj*. (［反］undeniable) 可否认的;可拒绝的

de·ni·al [dɪ'naɪəl] *n*. ❶ⒸⓊ否定,否认: the prisoner's repeated ~s of the charges against him 囚犯对被控罪名再三否认 ❷ⒸⓊ 拒绝,谢绝: the ~ of his request for leave 对他请假予以拒绝 ❸Ⓤ自制,节制

den·i·grate ['denɪgreɪt] (~d[-ɪd]; denigrating) *vt*. 中伤(人),诽谤: ~ sb.'s achievements 诋毁某人的成就

den·i·gra·tion ['denɪgreɪʃən] *n*. Ⓤ抹黑,诋毁

den·i·gra·tor ['denɪgreɪtə] *n*. Ⓒ ❶涂黑物 ❷诋毁者;抹黑者

de·nom·i·na·te [dɪ'nɒmɪneɪt] *vt*. 给⋯命名,称呼⋯为

de·no·ta·ble [dɪ'nəʊtəbl] *adj*. 可表示的,可指示的

de·no·ta·tion [ˌdiːnəʊ'teɪʃən] *n*. ❶Ⓤ表示,指示 ❷Ⓒ【语】原义(字词表面的意义)

de·no·ta·tive [dɪ'nəʊtətɪv] *adj*. ❶指示的,表示的 ❷【逻】外延的

de·note [dɪ'nəʊt] (~d[-ɪd]; denoting) *vt*. 表示,指示;意味着: This mark ~s that a word has been deleted. 这个符号表示有个词已删掉。

de·nounce [dɪ'naʊns] (~s[-ɪz]; denouncing) *vt*. ❶谴责,痛斥,斥责: Union officials ~d the action as a breach of the agreement. 工会负责人谴责这一行动破坏了协议。❷通告废除(条约、协定等)

dense [dens] (~r; ~st) *adj*. ❶密集的,稠密的: a ~ forest 茂密的森林/a ~ crowd 密集的人群 ❷(烟、雾等)浓厚的: ~ fog 大雾

den·si·fy ['densɪfaɪ] (densifies [-z]; densified;~ing) *vt*. 使增加密度

den·si·ty ['densətɪ] (densities [-z]) *n*. ❶Ⓤ密集(状态),浓度;(人口的)密度: the ~ of a forest 森林的密度 ❷ⒸⓊ【物】比重 ❸Ⓤ愚钝

dent [dent] Ⅰ. *n*. Ⓒ凹陷,凹痕: a ~ in the boot of my car 我的汽车行李箱上的凹痕 Ⅱ. (~ed [-ɪd]) *vt*. 使⋯凹陷,使出现凹痕: The back of the car was badly ~ed in a collision. 这辆汽车后部在碰撞中造成很大的凹陷。*vi*. 出现凹痕: a metal that ~s easily 容易出现凹痕的金属

den·tal ['dentl] Ⅰ. ［无比较等级］*adj*. 牙齿的;牙科的: ~ care 牙齿的保护 Ⅱ. *n*. Ⓒ 【语】齿音

den·tist ['dentɪst] *n*. Ⓒ牙齿,牙科医生

de·nun·ci·a·tion [dɪˌnʌnsɪ'eɪʃən] *n*. Ⓒ Ⓤ ❶(公开的)谴责,痛斥;(罪状的)告状: her fierce ~(s) of her enemies 她对仇敌的强烈谴责 ❷(条约等的)废止通知

de·nun·ci·a·tor [dɪ'nʌnsɪeɪtə] *n*. Ⓒ斥责者,谴责者;告发者

de·nun·ci·a·tory [dɪ'nʌnsɪətərɪ] *adj*. 指责的,谴责的;恐吓的

de·ny [dɪ'naɪ] (denies [-z]; denied;~ing) *vt*. ❶否定,否认: She *denied* this to be the case. 她不承认情况是这样。/ He *denied* knowing anything about it. 他否认知道此事。❷拒绝(要求等);拒绝给予⋯: She was angry at being *denied* the opportunity to see me. 她因不准见我而非常生气。*vi*. 否定;拒绝

dep. ［缩］❶department 部门 ❷depart 出发 ❸deputy 代理人

de·part [dɪ'pɑːt] (~ed [-ɪd]) *vi*. ❶(［反］arrive) 出发: We ~ed for London at 10 a.m. 我们上午10点动身去伦敦。❷违反,不合: ~ from routine 违反常规

de·part·ment [dɪ'pɑːtmənt] *n*. Ⓒ ❶(公司等的)部门,科;(百货商店的)部: the men's clothing ~ 男装部/the export sales ~出口销售部 ❷ ［D-］［美］部: the *Department* of the Environment 环境部 ❸(大学的)系,科 ❹(法国等的)县,行政区

de·part·men·tal [ˌdiːpɑːt'mentl] *adj*. 部门的: a ~ manager 部门经理

de·par·ture [dɪ'pɑːtʃə(r)] *n*. ❶ⒸⓊ出发,动身,离开: His ~ was quite unexpected. 他这一走很出人意料。/notices showing arrivals and ~s of trains 列车到达和开出时刻的公告 ❷ⒸⓊ背离,脱离(from): a ~ from old customs, the standard procedure 同旧习俗、标准程序等相违

de·pend [dɪ'pend] (~s [-z];~ed) *vi*. ❶(［近］rely, count) 依靠⋯,依赖,指望: You can never ~ on his arriving on time. 你决不可指望他能准时到达。/ You can ~ on her to tackle the problem. 可以担保她必定能解决这个问题。❷视⋯而定,取决于: The time of departure ~s on the weather. 出发时间视天气而定。/ A lot will ~ on how she responds to the challenge. 在很大程度上将取决于她对这一难题的反应。

de·pend·a·ble [dɪ'pendəbl] *adj*. 可靠的,

D

可信赖的

de·pend·a·bi·li·ty [dɪ͵pendə'bɪlɪtɪ] *n*. Ⓤ依靠;可靠

de·pend·ant [dɪ'pendənt] *n*. Ⓒ家属;侍从

de·pend·ence [dɪ'pendəns] *n*. Ⓤ❶依赖,依靠;从属,隶属:the ~ of the crops on the weather 靠天收成/Find a job and end your ~ on your parents. 找份工作,别再依赖你父母了。❷信任,信赖:my complete ~ on her skill and experience 我对她的技巧和经验的完全信赖

de·pend·en·cy [dɪ'pendənsɪ] (dependencies [-z]) *n*. Ⓒ从属物;附属国,附属地

de·pend·ent [dɪ'pendənt] **Ⅰ**. ([反]independent) *adj*. ❶依赖的,被抚养的;从属的:a woman with several ~ children 带着几个无法自理的孩子的女人 ❷视…而定的;受…影响;取决于…的:Success is ~ on how hard you work. 成败取决于努力的程度。**Ⅱ**. *n*. Ⓒ[美]受抚养者;抚养的家属

de·pict [dɪ'pɪkt] (~ed [-ɪd]) *vt*. (用画、语言等)描绘,…描写:The drawing ~s her sitting on a sofa. 这幅画画的是她坐在沙发上的姿势。

de·plane [diː'pleɪn] (~s [-z]; deplaning) *vt*. & *vi*. (使)下飞机:The troops were ~d an hour later. 部队一个小时后下了飞机。

de·plen·ish [dɪ'plenɪʃ] (~es [-ɪz]) *vt*. 弄空,倒空

de·plor·a·ble [dɪ'plɔːrəbl] *adj*. ❶可叹的,可怜的 ❷悲惨的

de·plor·a·bly [dɪ'plɔːrəblɪ] *adv*. 可叹地,悲惨地

de·plore [dɪ'plɔː(r)] (~s [-z]; deploring [-rɪŋ]) *vt*. ❶对…深表遗憾,感到悔恨 ❷哀叹;哀悼(人的死亡等)

de·port [dɪ'pɔːt] (~ed [-ɪd]) *vt*. ❶(将不受欢迎的外国人)驱逐出境,放逐:He was convicted of drug offences and ~ed. 他被判犯有毒品罪而遭驱逐出境。❷[~ oneself]使(自己)举止得体

de·por·tee [͵diːpɔː'tiː] *n*. Ⓒ被驱逐(出境)者

de·port·ment [dɪ'pɔːtmənt] *n*. Ⓤ(年轻女子的)举止动作,行为;风度

de·pose [dɪ'pəʊz] (~s [-ɪz]; deposing) *vt*. ❶废黜;免…的职,罢…的官 ❷[法](宣誓)作证:~ that one saw sth. 宣誓证明亲眼见到某事物 *vi*. 作证(尤指在法庭宣誓):~ to having seen sth. 宣誓证明曾目睹某事物

de·po·sal [dɪ'pəʊzl] *n*. Ⓤ废黜;免职

de·pos·it [dɪ'pɒzɪt] **Ⅰ**. (~ed [-ɪd]) *vt*. ❶把…放置,寄存:~ sth. with sb. 把某物寄放在某人处 ❷付(保证金):I had to ~ 10% of the price of the house. 我必须先付房价的10%作定金。❸把(钱)储存,存放(银行等):The cheque was only ~ed yesterday, so it hasn't been cleared yet. 这张支票昨天才才存入银行,所以尚未兑现。❹使沉淀,使淤积:The Nile floods the fields and ~s mud on them. 尼罗河泛滥,在田野上淤积一层泥。*vi*. 沉淀,淤积 **Ⅱ**. *n*. ❶Ⓒ(银行)存款:She made two ~s of £500 last month. 她上月存了两笔500英镑的款。❷Ⓒ订金,押金;保证金 ❸ⒸⓊ堆积,沉淀物;[矿]矿床

de·pos·i·ta·ry [dɪ'pɒzɪtərɪ] (depositaries [-z]) *n*. Ⓒ储藏室,保管处,仓库

dep·o·si·tion [͵depə'zɪʃən] *n*. ⓊⒸ❶废位,免职 ❷[法]宣誓作证:The accused has made a ~. 被告已宣誓作证。❸沉淀(物);沉积物

de·pos·i·to·ry [dɪ'pɒzɪtərɪ] *n*. = depositary

de·pot ['depəʊ] *n*. ❶仓库,储藏处 ❷[军]补给站(兵员或物资的补给站) ❸[美]火车站;公共汽车站

de·prave [dɪ'preɪv] (depraving) *vt*. 使…败坏:a man ~d by bad companions 被坏朋友带坏的人

de·praved [dɪ'preɪvd] [无比较等级] *adj*. 堕落的,卑鄙的:He was totally ~. 他彻底堕落了。

de·prav·i·ty [dɪ'prævtɪ] (depravities [-ɪz]) *n*. ❶Ⓤ堕落,腐败:a life of ~ 腐化的生活 ❷Ⓒ邪恶的行为,恶行:the *depravities* of a corrupt ruler 腐败的统治者的堕落行为

dep·re·cate ['deprɪkeɪt] (~d[-ɪd]; deprecating) *vt*. 对…表示不赞成;反对:He ~s her changing the party's policy. 他不赞成她改变党的方针。

de·pre·ci·ate [dɪ'priːʃɪeɪt] (~d[-ɪd]; depreciating) *vi*. 贬值,降价:Shares in the company have ~d. 该公司的股票已经贬值。*vt*. 降低…的价值(或价格),蔑视;贬低:Don't ~ my efforts to help. 不要轻视我为帮忙所付出的努力。

de·pre·ci·a·tion [dɪ͵priːʃɪ'eɪʃən] *n*. ⒸⓊ❶贬值,跌价 ❷折旧:~ funds 折旧费 ❸蔑视,贬低

de·pre·ci·a·to·ry [dɪ'priːʃɪətərɪ] *adj*. ([反]appreciatory)❶贬值的,跌价的 ❷蔑视

的,贬低的

de·press [dɪ'pres]（～es [-ɪz]；～ed [-t]）*vt.* ❶使(人)沮丧,使(人)意志消沉,使(人)心灰意冷：Wet weather always ～es me. 我在阴雨天总是心情沮丧。❷减弱(力量、功能等)；压低(声调等) ❸使(工资、价格等)下跌；使不景气：A rise in oil prices ～es the car market. 油价上涨导致了汽车市场不景气。❹将…压下,压低：～ a piano key 按钢琴键

de·pressed [dɪ'prest] *adj.* ❶精神不振的,意志消沉的；抑郁的：～ about the election results 因选举结果而垂头丧气 ❷不景气的,萧条的；贫困的 ❸被压下的；被压低的 ❹塌陷的

de·pres·sing [dɪ'presɪŋ] *adj.* 令人沮丧的,沉闷的：a ～ prospect 令人沮丧的前景

de·pres·sion [dɪ'preʃən] *n.* ❶Ⓒ萧条,不景气 ❷ⒸⓊ意志消沉,郁闷,抑郁；【医】抑郁症：He committed suicide during a fit of ～. 他一时想不开,自杀了。❸Ⓒ洼地,坑；沉降地：The soldiers hid from the enemy in a slight ～. 士兵们隐藏在低洼处,躲过了敌人。/～ on the face of the moon 月球表面凹陷处 ❹Ⓤ压低,降低；降落,下沉 ❺Ⓒ【气】低气压：a ～ over Iceland 冰岛上空的低气压区

de·pres·sor [dɪ'presə(r)] *n.* Ⓒ❶压抑者 ❷【药】降压药

dep·ri·va·tion [ˌdeprɪ'veɪʃən] *n.* ❶Ⓤ(官职、权利等的)剥夺 ❷Ⓒ丧失,失掉

de·prive [dɪ'praɪv]（～s [-z]；depriving) *vt.* 夺去,从…夺走；使丧失：～d of one's civil rights 剥夺某人的公民权/trees that ～ a house of light 遮住房中光线的树

de·prived [dɪ'praɪvd] *adj.* 被剥夺生活必需品的：The poorest and most ～ people will receive special government help. 最穷的、生活条件最差的人可得到政府的特别援助。

dept. [缩] = department

depth [depθ] *n.* ❶ⓊⒸ[亦用 a ～]深(度)；纵深：Water was found at a ～ of 30 feet. 在 30 英尺的深处找到了水。❷Ⓤ[亦用 a ～](声音、音调等的)低沉；(颜色的)浓度 ❸ⒸⓊ[亦用 a ～](知识、想法的)深奥,深刻；(感情的)深厚,强烈程度：the ～ of her love 她爱情的真挚 ❹Ⓒ[the ～(s)]深处,深渊；底层：in the ～(s) of one's heart 在内心深处/the ～(s) of despair 绝望的深渊 ❺[the ～s]在深处,最内部；最中央；最强烈部分：in the ～(s) of winter 在隆冬/in the ～(s) of the country 在偏远的乡村

dep·u·ra·te [ˈdepjʊreɪt] *vt.* 使无杂质,使净化,使提纯 *vi.* 净化,提纯

dep·u·ra·tive [ˈdepjʊreɪtɪv,-rə-] **Ⅰ.** *adj.* 净化的 **Ⅱ.** *n.* Ⓤ净化剂

dep·u·ta·tion [ˌdepjʊ'teɪʃən] *n.* ❶Ⓤ委派代表 ❷Ⓒ代表团

de·pute [dɪ'pjuːt]（～d[-ɪd]；deputing) *vt.* ❶委托(工作)：He ～d the running of the department to an assistant. 他把部门的管理工作委托给助手了。❷指定(某人)为代理人；派…为代表：They were ～d to put our views to the assembly. 他们代表我们向议会表达我们的观点。

dep·u·tize, -ise [ˈdepjʊtaɪz]（～s [-ɪz]；deputizing) *vt.* [美]任命(某人)为代理 *vi.* 充当代理(for)：Dr. Mitchell's ill, so I'm *deputizing* for her. 米切尔博士病了,所以我做代理工作。

dep·u·ty [ˈdepjʊtɪ] *n.* Ⓒ❶代理人：I'm acting as ～ till the headmaster returns. 我在校长回来前代行他的职务。❷(法国等的)下院议员 ❸(企业、学校等领导人的)副手,代理：the Director General and his ～董事长及其副手

de·rail [dɪ'reɪl,diː-] *vt.* 使(火车)出轨：The engine was ～ed by a tree lying across the line. 有一棵树横在铁轨上,造成机车出轨。*vi.* 出轨

de·range [dɪ'reɪndʒ]（～s [-ɪz]；deranging) *vt.* ❶搅乱;扰乱(秩序等) ❷使(某人)精神错乱,使发狂：She's completely ～d. 她精神完全错乱了。

de·range·ment [dɪ'reɪndʒmənt] *n.* ⓒⓊ ❶搅乱 ❷精神错乱,发狂

der·e·lict [ˈderɪlɪkt] **Ⅰ.** *adj.* ❶(船等)被抛弃的,被遗弃的：～ areas 离弃的地区 ❷[美]玩忽职守的,不负责任的 **Ⅱ.** *n.* Ⓒ❶遗弃物；无主漂流的船 ❷流浪者；乞丐

der·e·lic·tion [ˌderɪ'lɪkʃən] *n.* ❶Ⓤ放弃,遗弃：a house in a state of ～弃置的房屋 ❷Ⓒ Ⓤ(职务的)懈怠;玩忽职守：be guilty of a serious ～ of duty 犯严重失职罪

de·ride [dɪ'raɪd]（～s [-z]；～d [-ɪd]；deriding) *vt.* 嘲笑…,嘲弄：They ～d his efforts as childish. 他们嘲笑他的做法很幼稚。

de·ri·sion [dɪ'rɪʒən] *n.* ⓊⒸ嘲笑,讥笑；嘲笑的对象,笑柄：Her naive attitude provoked their ～. 她那天真的态度受到他们的嘲笑。

de·ri·sive [dɪ'raɪsɪv] *adj.* 嘲笑的,嘲弄的；幼稚可笑的：～ laughter 嘲弄的笑声

de·ri·so·ry [dɪ'raɪsərɪ] *adj.* = derisive

de·ri·va·ble [dɪ'raɪvəbl] *adj.* 可引出的,

可诱导出来的;可派生的

de·ri·va·tion [ˌderɪˈveɪʃən] *n* . ❶Ⓤ引出、诱导 ❷ⒸⓊ起源,由来:the ~ of words from Latin 词语源自拉丁文的派生 ❸Ⓤ Ⓒ【语】词源;衍生

de·riv·a·tive [dɪˈrɪvətɪv] Ⅰ. *adj.* 被引出的,衍生的,不具独创性的:a ~ design 蹈袭前人的设计Ⅱ. *n* . Ⓒ衍生物;【语】衍生词

de·rive [dɪˈraɪv] (~s [-z] deriving) *vt.* (由…)得到,引出:~ great pleasure form one's studies 从学习中获得极大乐趣 *vi.* 起源(于…),由来;(从…)衍生:Thousands of English words ~ from Latin. 英语中有成千上万的词源自拉丁文。

der·o·gate [ˈderəɡeɪt] (~d[-ɪd] derogating) *vt. & vi.* 毁损(价值、名誉等),贬低(from):remarks *derogating* from her merits 贬低她的优点的言语

der·o·ga·tion [ˌderəˈɡeɪʃən] *n* . Ⓤ❶(价值、名誉等)减低,降低,毁损 ❷(合同、条约等的)部分废除(of,to)

de·rog·a·to·ry [dɪˈrɒɡətərɪ] *adj.* 毁损的,贬抑的,减损的

de·rog·a·to·ri·ly [dɪˈrɒɡətərɪlɪ] 美 [dɪˈrɒɡəˈtɔːrɪlɪ] *adv.* 毁损地,贬抑地,贬义地

de·scend [dɪˈsend] (~s [-z] ~ed [-ɪd]) ([反]ascend) *vt.* 使下降:She ~ed the stairs. 她走下楼梯。*vi.* ❶下降:The balloon ~ed gradually as the air came out.气球因气体外溢而缓缓下降。❷(财产、权利、习惯等)(由…)传下来:The title ~s to me from my father.这个头衔是由我父亲传给我的。❸突然袭击;突然拜访:The police ~ed on their hideout.警察突袭了他们的藏身处。❹沦落(为…),堕落:~ to bad language 堕落到使用下流语言

de·scend·er [dɪˈsendə(r)] *n* . Ⓒ❶下降物;下降者 ❷(伸至基线以下的)下行字母(如g,p,y 等)

de·scend·ant, de·scend·ent [dɪˈsendənt] Ⅰ. *n* . Ⓒ子孙,后裔:the ~s of Queen Victoria 维多利亚女王的后裔Ⅱ. *adj.* ❶下降的;降落的 ❷祖传的,世袭的

de·scent [dɪˈsent] *n* . ❶([反]ascent) ⓊⒸ降下,下降:The plane began its ~ into Paris. 飞机到巴黎开始降落。❷Ⓒ下坡,斜坡:Here there is a gradual ~ to the sea. 这里有个通向海的缓坡。❸Ⓤ世袭,血统,遗传:He traces his ~ from the Stuart King. 他的祖先可追溯到斯图亚特国王。❹ⓊⒸ突击,临检;突访:a sudden ~ by tax officials 税务官员们

的突然到来

de·scrib·a·ble [dɪˈskraɪbəbl] *adj.* ([反]indescribable)可描述的,可描绘的;可画的

de·scribe [dɪˈskraɪb] (describing) *vt.* ❶描写…,叙述…的特征;形容:Words can't ~ the beauty of the scene.那景色美到难以言传。/ *Describe* (to me) how you were received.(跟我)说说你被接待的情况。❷把…说成…,评述:He ~s himself as a doctor. 他自称是医生。❸做图;绘(图形、线等):~ a circle with a pair of compasses 用圆规画圆

de·scrip·tion [dɪˈskrɪpʃən] *n* . ❶ⒸⓊ记述,叙述,描写:The scenery was beautiful beyond ~.那风景美得难以形容。❷Ⓒ(相貌等的)特征记述,图形描述:Can you give me a ~ of the thief? 你能给我形容一下那个窃贼的模样吗? ❸Ⓒ[口]种类,类型:a house of some ~ 某种类型的房子

de·scrip·tive [dɪˈskrɪptɪv] *adj.* 描述的,描写的;说明的:a ~ passage in a novel 小说中的一段描写

des·cry [dɪˈskraɪ] (descries [-z] descried) *vt.* 发现(遥远的、模糊不清的东西);望见,看到:I ~ a sail on the horizon. 我看见在天水交接处的轮船。

de·sert[1] [ˈdezət] Ⅰ. *n* . ⒸⓊ沙漠,荒野:Vast areas of land have become ~. 广大的地区均已变为沙漠。Ⅱ. *adj.* ❶沙漠的;不毛的:~ wastes 不毛的荒地 ❷荒芜的;无人居住的:a ~ island 无人岛

de·sert[2] [dɪˈzɜːt] (~ed [-ɪd]) *vt.* ❶抛弃(某人),遗弃,丢弃:He ~ed his wife and children and went abroad. 他抛弃了妻子儿女,出国去了。❷离开(场所);舍弃:The village had been hurriedly ~ed, perhaps because terrorists were in the area.全村人都匆匆逃走了,或许因为该地区有恐怖分子。❸(勇敢等)从(某人)失去:His courage ~ed him.他失去了勇气。❹(士兵等)从军队)逃脱;擅离(工作岗位等):A soldier who ~s his post in time of war is punished severely. 战争期间,开小差的士兵要受到严惩。*vi.* 逃跑掉;擅离(职守等)

de·sert·ed [dɪˈzɜːtɪd] *adj.* ❶被舍弃的;已无人居住的;(街道等)无人通行的:a ~ area 空无一人的地区 ❷被抛弃的,被遗弃的:a ~ wife 遭遗弃的妻子

de·ser·tion [dɪˈzɜːʃən] *n* . ⓊⒸ(家人等的)遗弃;擅离职守;逃跑,开小差:Is ~ ground for divorce? 被配偶遗弃是离婚的理由吗?

de·serve [dɪˈzɜːv] (deserving) *vt.* 值得…,

有…的价值;应得: She ~s reward for her efforts. 她积极努力,应该得到奖赏。/ They ~ to be sent to prison. 他们应该入狱。/ His suggestion ~s considering. 他的建议值得考虑。*vi.* 值得受赏

de·serv·ed [dɪˈzɜːvd] *adj.* ([反]undeserved)理所当然的,应得的

de·serv·ed·ly [dɪˈzɜːvɪdlɪ] *adv.* 当然地,应得地: She was ~ praised. 她应该地受到了表扬。

de·serv·ing [dɪˈzɜːvɪŋ] *adj.* ❶值得的,该受的: be ~ of sympathy 值得同情 ❷应得援助的

de·sign [dɪˈzaɪn] Ⅰ. *n.* ❶CU图样;图案;设计;花样: industrial ~ 工业设计/The building seats 2,000 people, but is of poor ~. 这座建筑物可容纳 2,000 人,但设计很差。/a bowl with a flower ~ 有花卉图案的碗 ❷C设计图: ~ for a dress 连衣裙的设计图 ❸C意图,计划;目的;[用复数]阴谋;野心: We don't know if it was done by accident or by ~. 我们不知道那是偶然的还是故意的。/His evil ~s were frustrated. 他的罪恶企图未能得逞。❹CU(艺术作品的)构思;构想;(小说的)情节 Ⅱ. *vt.* ❶做(…的)图案;设计(…): They've ~ed us a superb studio. 他们给我们设计了一个极好的工作室。❷拟定…,筹划,意图: Can anyone ~ a better timetable? 有人能定出更好的时间表吗? / We shall have to ~ a new curriculum for the third year. 我们得设计出三年级的新课程。*vi.* 设计,构思: Do the Italian really ~ better than we do? 意大利人真比我们会设计吗?

des·ig·na·ble [ˈdezɪɡnəbl] *adj.* 可被区分的,可被识别的

des·ig·nate [ˈdezɪɡneɪt] Ⅰ. (~d[-ɪd]; designating) *vt.* ❶标示…;指示: ~ the boundaries of sth. 标示出某物的分界线 ❷任命(某人为…),指明,指定: The town has been ~d as a development area. 该城已被定为开发区。/ Jones was ~d to pitch. 琼斯被指派为投手。❸命名(某人),称呼,叫作…(as): She was ~d as sportswoman of the year. 她被命名为本年度的体坛明星。Ⅱ. *adj.* 指定的,选定的

des·ig·na·tion [ˌdezɪɡˈneɪʃən] *n.* ❶U指示,指明;指定 ❷U指派,任命 ❸C名称;称号: His official ~ is Financial Controller. 他的职称是财务总监。

de·signed [dɪˈzaɪnd] *adj.* 事先计划好的;故意的

de·signed·ly [dɪˈzaɪndlɪ] *adv.* 故意地;有计划地

des·ig·nee [ˌdezɪɡˈniː] (~s[-z]) *n.* C被指定者;被选派者

de·sir·a·bil·i·ty [dɪˌzaɪərəˈbɪlɪtɪ] *n.* U优点;可取之处;好处

de·sir·a·ble [dɪˈzaɪərəbl] ([反]undesirable) *adj.* ❶称心的,合意的,令人满意的: It is most ~ that they should both come. 他们两人都来,这最好不过了。❷引起欲望的;性感的: a very ~ woman 非常性感的女子

de·sire [dɪˈzaɪə(r)] Ⅰ. (desiring) *vt.* ❶希望,渴望;要求: She ~s you to come at once. 她希望你立即来。/ I have long ~d to meet them. 我一直渴望见到他们。/ We all ~ happiness and health. 我们都希望幸福和健康。/ We ~ that you could be happy. 我们希望你能快乐。❷想与(某人)发生性关系 *vi.* 愿望,期望 Ⅱ. *n.* ❶CU愿望,欲望;要求,请求: They had little ~ for wealth. 他们对财富无大欲望。/enough to satisfy all your ~s 完全能满足你所有的愿望 ❷C所想要的东西: She is my heart's ~. 她是我的心上人。❸CU性的欲望,情欲: my ~ for her 我对她强烈的情欲

de·sir·ous [dɪˈzaɪərəs] *adj.* [用作表语]渴望的,想望的,想要的: ~ of restoring relations between our two countries 渴望恢复我们两国之间的关系

desk [desk] Ⅰ. *n.* C❶(办公、读书用的)桌子: children seated at their ~s 坐在各自桌前的儿童 ❷(旅馆、公司等的)柜台,服务台: leave a message at the ~ of the hotel 在旅馆的服务处留言 ❸[美](报社的)编辑部;主编,总编辑: Jefferies is running the sports ~. 杰弗里斯负责体育新闻组。Ⅱ. *adj.* 桌上用的,桌上的;值勤的

des·o·late Ⅰ. [ˈdesəlɪt] *adj.* ❶(场所、土地等)荒凉的,无人烟的: a ~ industrial landscape 工业废墟 ❷凄凉的,孤寂的: We all felt absolutely ~ when she left. 她走后,我们都觉得万分孤寂。Ⅱ. [ˈdesəleɪt] (~ed [-ɪd]; desolating) *vt.* ❶使…荒芜;使…无人烟: a city ~d by civil strife 遭内乱破坏的城市 ❷使孤寂,使凄凉: a family ~d by the loss of a child 因失去孩子而悲痛欲绝的一家人

des·o·la·tion [ˌdesəˈleɪʃən] *n.* ❶UC荒芜,荒废;荒地,废墟: the ~ caused by war 战争造成的满目疮痍 ❷U寂寞,孤寂,凄凉: her utter ~ at the bad news 她听那坏消息时极度悲伤

de·spair [dɪˈspeə(r)] Ⅰ. *n.* ❶U绝望,失

计划地

望：He gave up the struggle in ～. 他绝望地放弃了斗争。❷ [the ～]令人绝望的人(或事物)：The idle boy is the ～ of all his teachers. 这个懒惰的男孩使他的所有教师深感失望。Ⅱ.(～ing[-rɪŋ]) *vi*. 绝望,死心：We've ~ed of him, he can't keep a job for more than six months. 我们对他已经绝望了,他做什么工作都不超过半年。

de·spair·ing [dɪˈspeərɪŋ] *adj*. 感到绝望的,绝望的：a ～ gesture 绝望的姿态

des·patch [dɪˈspætʃ] *vt*. & *n*. ＵＣ = dispatch

des·per·a·do [ˌdespəˈrɑːdəʊ] (～es [-z]；[美]～es 或～s) *n*. Ｃ 亡命之徒；暴徒：the ～ *es* who robbed the mail-train 抢劫邮车的亡命之徒

des·per·ate [ˈdespərɪt] *adj*. ❶ 不顾一切的；亡命的：She wrote me a ～ letter. 她给我写了一封让我感到绝望的信。❷(病情、局势等)悲观的,几乎没有希望的,危急的：a ～ illness 重病/The state of the country is ～. 该国局势危殆。❸极度渴望的；想做的：I'm ～ to see her. 我很想见到她。

de·spise [dɪˈspaɪz] (～s [-ɪz]；despising) *vt*. 轻蔑,轻视；看不起：Strike-breakers are often ~d by their workmates. 破坏罢工的人常为同事所不齿。

de·spite [dɪˈspaɪt] *prep*. 不管；尽管；任凭：*Despite* wanting to see him again, he refused to reply to his letters. 尽管她很想再见到他,但她却不愿给他回信。/ *Despite* what others say, I think he's a very nice chap. 不管别人怎么说,我仍然认为他这个人很好。

de·spite·ful [dɪˈspaɪtful] *adj*. 恶毒的,恶意的；怀恨的

de·spoil [dɪˈspɔɪl] *vt*. 抢劫,掠夺,从…夺取：Museums have ~ed India of many priceless treasures. 博物馆里有许多从印度掠夺来的无价之宝。

de·spoil·ment [dɪˈspɔɪlmənt] *n*. ＣＵ掠夺,夺取

de·spo·li·a·tion [dɪˌspəʊlɪˈeɪʃən] *n*. ＵＣ抢劫,掠夺

de·spond [dɪˈspɒnd] (～ed [-ɪd]) *vi*. 沮丧,泄气；失望(of)

de·spon·dent [dɪˈspɒndənt] *adj*. 失望的,灰心的,沮丧的：Don't be so～. 不要这么泄气。

de·spon·ding [dɪˈspɒndɪŋ] *adj*. = despondent

des·pot [ˈdespɒt] *n*. Ｃ专制君主；暴君：an enlightened ～ 开明的专制君主

des·pot·ic [deˈspɒtɪk] *adj*. 专横的；暴虐的：a ～ headmaster 专横的校长

des·pot·ism [ˈdespətɪzəm] *n*. ❶Ｕ专制；专制政治；专制主义 ❷Ｃ专制国家；专制政府

des·sert [dɪˈzɜːt] *n*. ＣＵ甜点心(用餐时的最后一道菜,如馅饼、蛋糕、冰淇淋、水果等)

des·ti·na·tion [ˌdestɪˈneɪʃən] *n*. Ｃ(旅行的)目的地,终点；收信人地址,送达地：Tokyo was our final ～. 东京是我们的最终目的地。

des·tine [ˈdestɪn] (destining) *vt*. ❶ [常用被动语态]命定；注定 ❷预定；指定(for, to)：The ship is ~d for Hong Kong. 这艘船驶往香港。

des·ti·ny [ˈdestɪnɪ] (destinies [-z]) *n*. ❶ ＣＵ命运,宿命：*Destiny* drew us together. 命运把我们连在一起了。❷ [D-]命运之神

des·ti·tute [ˈdestɪtjuːt] *adj*. ❶穷困的；贫困的：When he died, his family was left ～. 他死后家人衣食无着落。❷缺乏的,没有的：officials who are ～ of ordinary human feelings 毫无感情的官员

des·ti·tu·tion [ˌdestɪˈt(j)uːʃən] *n*. Ｕ赤贫；贫困：live in complete ～ 生活一贫如洗

de·stroy [dɪˈstrɔɪ] *vt*. ([反]construct) ❶破坏,毁坏；打破(希望、计划等)：Vandals ~ed the bus. 恣意破坏公物的人毁坏了这辆公共汽车。／～ sb.'s reputation 毁掉某人的名誉 ❷消灭,歼灭；宰杀(饲养的动物等)：The injured dog had to be ~ed. 这只受伤的狗要予以人道毁灭。

de·stroy·er [dɪˈstrɔɪə(r)] *n*. Ｃ❶破坏者,消灭者：Death, the ～. 死神,生灵之毁灭者。❷驱逐舰

de·struct·i·ble [dɪˈstrʌktəbl] *adj*. ([反]indestructible)可破坏的,可毁灭的

de·struc·tion [dɪˈstrʌkʃən] *n*. ❶Ｕ破坏；毁灭：the total ～ of a town by an earthquake 地震对一小镇的彻底毁坏 ❷ＵＣ毁灭的原因：Gambling was his ～. 赌博把他给毁了。

de·struc·tive [dɪˈstrʌktɪv] *adj*. ([反]constructive)破坏性的,毁灭性的；危害的(of, to)：the ～ force of the storm 暴风雨的破坏力

de·tach [dɪˈtætʃ] (～es [-ɪz]) *vt*. ([反]attach)❶拆分…,分离；解开；分开：～ a link from a chain 从链子上拆下一个链环 ❷派遣(军队、军舰等)；分遣：A number of men were ~ed to guard the right flank. 派遣了一些士兵守卫右翼

de·tach·a·ble [dɪ'tætʃəbl] *adj.* 可拆卸的,可分开的

de·tached [dɪ'tætʃt] *adj.* ❶分离的,分开的;(房屋)独栋的 ❷(见解、判断等)公平的,不偏袒的;超然的:a ～ mind 不偏不倚的见解

de·tach·ment [dɪ'tætʃmənt] *n.* ❶Ⓤ分离;分开,拆开 Ⓤ独立,超然;不偏不倚,公平无私:He answered with an air of ～. 他以超然的神态回答。❸Ⓒ(担任特别任务的)分遣队,特遣队:a ～ of signallers 通讯兵支队

de·tail ['di:teɪl] Ⅰ. *n.* ❶ⒸⓊ细节,琐事;详细:I checked every ～ of her research. 我核对了她学术研究的各个细节。/A good organizer pays attention to ～. 善于组织者考虑问题无微不至。❷Ⓤ(绘画、雕刻等)的细微(描写):The overall composition of the picture is good but some of the ～s is distracting. 这幅画的构图不错,但有些细微处有稍显喧宾夺主。❸Ⓒ【军】(负有特别任务的)分遣队,特遣队:the cookhouse ～营地炊事班 Ⅱ. *vt.* ❶[dɪ'teɪl] 详述…,详细说明:The computer's features are ～ed in our brochure. 该计算机的特点在我们的小册子中有详细介绍。❷[美]['di:teɪl]【军】(为了特别的任务)派遣(某人),分遣

de·tain [dɪ'teɪn] *vt.* ❶挽留(某人),留住 ❷阻止;使延迟,使耽搁:She was ～ed in the office by unexpected callers. 有些临时访客把她耽搁在办公室里了。❸拘留(某人),扣押:The police ～ed him for questioning. 警方对他进行拘留审问。

de·tect [dɪ'tekt] (～ed [-ɪd]) *vt.* ❶发觉,发现(不好的事物):The dentist could ～ no decay in her teeth. 牙医检查了她的牙齿,未发现有龋齿。❷检测(电波);对…侦查

de·tect·able [dɪ'tektəbl] *adj.* 可察觉的;易发现的

de·tect·a·phone [dɪ'tektəfəʊn] *n.* Ⓒ窃听器;窃听电话机

de·tec·tion [dɪ'tekʃən] *n.* Ⓤ发现,发觉;侦查;探测:try to escape ～ by disguising oneself 乔装打扮以躲过侦察者的耳目

de·tec·tive [dɪ'tektɪv] Ⅰ. *n.* Ⓒ侦探,侦探员;employ a private ～ 雇用一名私人侦探 Ⅱ. *adj.* 侦探的,侦探用的

de·tec·tor [dɪ'tektə(r)] *n.* Ⓒ❶发现者,发觉者 ❷检验器,检波器,探测器

de·ten·tion [dɪ'tenʃən] *n.* ⓊⒸ❶留置,(处罚学生的)放学后留校:be given two hour's ～ 被罚留校2小时 ❷拘留,扣押:～ without trial 未经审判的关押 ❸滞留

de·ter [dɪ'tɜ:r] (deterred;deterring[-rɪŋ]) *vt.* 打消主意,使(某人)断念;阻止:I was *deterred* from emigrating by the thought of leaving my family. 我舍不得离开家,所以决定不移居国外了。

de·ter·gent [dɪ'tɜ:dʒənt] Ⅰ. *adj.* 干净的,清洁的;净化的 Ⅱ. *n.* Ⓒ清洁剂,去垢剂:a synthetic ～ 合成洗涤剂

de·te·ri·o·rate [dɪ'tɪərɪəreɪt] (deteriorating) *vt.* 使(品质、价值等)变坏,使降低:Leather can ～ in damp conditions. 皮革受潮可变质。*vi.* 变质,变坏

de·ter·ment [dɪ'tɜ:mənt] *n.* ⒸⓊ制止,威慑;威慑物

de·ter·min·a·cy [dɪ'tɜ:mɪnəsɪ] *n.* Ⓤ❶确定性;确切性 ❷坚定性

de·ter·mi·nant [dɪ'tɜ:mɪnənt] *n.* Ⓒ决定的要素,决定的因素:The main ～ of economic success is our ability to control inflation. 经济方面成功的决定因素取决于我们控制通货膨胀的能力。

deter·mi·nate [dɪ'tɜ:mɪnɪt] ([反]indeterminate) *adj.* 限定的;明确的,坚决的

de·ter·mi·na·tion [dɪˌtɜ:mɪ'neɪʃən] *n.* ❶Ⓤ决心,决意;决断力:her dogged ～ to learn English 她学英语的那种坚定不移的决心 ❷Ⓤ决定,确定:the ～ of future polity 未来政策的确定 ❸Ⓒ【律】判决

de·ter·mi·na·tive [dɪ'tɜ:mɪnətɪv] Ⅰ. *adj.* 有决定作用的;限定的 Ⅱ. *n.* Ⓒ【语】限定词

de·ter·mine [dɪ'tɜ:mɪn] (determining) *vt.* ❶决心要,决意要:He firmly ～d to find a job. 他下定决心要找一份工作。/ She ～d that she would never see him again. 她决心再也不要见他。❷决定…;确定…:His future has not been ～d, but he may study medicine. 他将来要去何从尚未决定,但有可能学医。/ They have ～d where the new school will be built. 他们已决定在何处建新校。❸使(某人)下决心(要):That ～d her against leaving home. 那件事使她决定不离开家了。❹测定(位置、数量等);限定:～ the speed of light 测定光速 *vi.* 决定;决心

de·ter·mined [dɪ'tɜ:mɪnd] *adj.* ❶决意的,已下决心的:I'm ～ to success. 我决定要努力获得成功。❷果断的,断然的,坚决的:～ attitude 坚定的态度

de·ter·rent [dɪ'terənt] Ⅰ. *adj.* 威慑的,制止的;遏制性的:～ measures 遏制性的手段 Ⅱ. *n.* Ⓒ阻碍物,遏阻物;威慑物;威慑力:

nuclear ～ 核威慑

de·test [dɪ'test] (～ed [-ɪd]) *vt*. 憎恶,憎恨:I ～ complaining people.我讨厌发牢骚的人

de·tes·ta·bl·y [dɪ'testəblɪ] *adv*. 可恨地,可恶地

de·tes·ta·tion [ˌdiːtes'teɪʃən] *n*. ❶Ⓤ嫌恶,憎恶;痛恨 ❷Ⓒ极讨厌的东西

det·o·nate ['detəʊneɪt] (～d[-ɪd];detonating) *vt*. 使爆炸,使爆裂:an explosive charge ～d by remote control 遥控起爆的炸药/The bomb failed to ～.炸弹没爆炸。*vi*. (以巨大声响)爆炸

det·o·na·tion [ˌdetəʊ'neɪʃən] *n*. Ⓤ Ⓒ爆炸(声)

det·o·na·tor ['detəʊneɪtə(r)] *n*. Ⓒ雷管,(炸弹的)起爆装置,起爆管

de·tour,dé·tour ['diːtʊə(r),'deɪ-] Ⅰ. *n*. Ⓒ绕道,改道,迂回(路):We had to make a ～ round the floods.我们为避开洪水得绕道而行。Ⅱ. *vt*. 使…绕道而行;绕过:We had to ～ a road block.我们得绕过路障。*vi*. 绕道而行,迂回

de·tract [dɪ'trækt] (～ed [-ɪd]) *vi*. 减损,贬低:This unpleasant incident ～ed from our enjoyment of the evening.这件不愉快的事情使我们当晚兴致大减。/criticism that ～s from her achievements 贬低她成就的批评 *vt*. 减损(价值、名誉等),贬低,毁损

de·trac·tion [dɪ'trækʃən] *n*. Ⓤ(价值等的)减损;毁损,贬低

de·trac·tor [dɪ'træktə] *n*. Ⓒ毁损者,贬低者:The scheme is better than what its ～s suggest.这计划比贬低它的人所说的要好。

det·ri·ment ['detrɪmənt] *n*. Ⓒ Ⓤ损害;损伤:He works long hours,to the ～ of his health.他长时间地工作,有损他的健康。

det·ri·men·tal [ˌdetrɪ'mentəl] *adj*. 有害的,不利的:The measures had a ～ effort.这些措施已产生不良影响。

de·val·ue [diː'væljuː] (～d[-d];devaluing) *vt*. 降低…的价值;使减价;【经】使(货币)减值,使贬值:～ the dollar 使美元贬值/criticism that ～s our work 贬低我们工作成绩的批评 *vi*. 降低价值

de·val·u·a·tion [diːˌvæljʊ'eɪʃən] *n*. Ⓒ Ⓤ贬值:There's been a further ～ of the dollar.美元继续贬值。

dev·as·tate ['devəsteɪt] (～d[-ɪd];devastating) *vt*. ❶(因战争、灾难等)使…荒废;蹂躏,破坏:War ～d the country.战争摧毁了这

个国家。❷(坏消息等)使(某人)垮掉:She was ～d by his death.她因他去世而悲痛欲绝。

de·vel·op [dɪ'veləp] *vt*. ❶使发展;使成长;使发育;使启发:We've ～ed the project from an original idea by Stephen.我们根据斯蒂芬的设想制定了这个计划。❷开发(土地、资源、新产品等):The site is being ～ed by a London property company.这块地正由伦敦的一家房产公司开发利用。❸养成(习惯);培养(兴趣等);患病:He ～ed an interest in English.他培养出对英语的兴趣。❹阐述,详述:Please try to ～ the idea more fully.请尽力将该想法更详细地说明一下。❺揭露(事实等),显示 ❻冲洗(底片),显影:take a film to be ～ed 将胶卷送去冲洗 *vi*. ❶发展;发育;成长:The child is ～ing well.这孩子发育良好。❷揭露;(逐步)显现出来:Symptoms of malaria ～ed.疟疾的症状出现了。

de·vel·op·ment [dɪ'veləpmənt] *n*. ❶Ⓤ进展;发展,发育,成长,展开;开发:the healthy ～ of children 儿童的健康成长/encourage the ～ of small businesses 鼓励小公司的发展 ❷Ⓒ已开发的土地;[美]住宅社区:a commercial ～ on the outskirts of the town 在城郊的新商业区 ❸【生】Ⓤ Ⓒ进化;进化的结果 ❹Ⓤ(照片的)显影,冲洗

de·vel·op·men·tal [dɪˌveləp'mentl] *adj*. [无比较等级] *adj*. (身心)成长的,发育的;启发的;发展的,开发的;进化的

de·vi·ate ['diːvɪeɪt] (～d[-ɪd];deviating) *vt*. & *vi*. (使)偏离,(使)背离;(使)脱轨:I will never ～ from what I believe to be right.我绝不会背离我认为正确的道路。

de·vi·a·tion [ˌdiːvɪ'eɪʃən] *n*. ❶Ⓤ Ⓒ(从规范、准绳等的)脱轨,偏离:a ～ from the rules 违背规则 ❷Ⓒ(磁针的)偏差,自差:a compass ～ of 5°罗盘自差 5 度 ❸Ⓤ Ⓒ(统计的)偏差,离差

de·vice [dɪ'vaɪs] (～s[-ɪz]) *n*. Ⓒ❶装置;设计物,发明物:a ～ for measuring pressure 测压装置 ❷手段,方法;策略,计略;诡计:Her illness is merely a ～ to avoid seeing him.她所谓生病只不过是避免见他的花招而已。❸[用复数](徽章等的)图样,图案;商标:a heraldic ～s 纹章图案

de·vil ['devl] *n*. ❶Ⓒ魔鬼,恶魔:He believes in ～s and witches.他相信魔鬼、巫婆之类的。❷[the D-]魔王,撒旦:The *Devil* tempted Adam and Eve.撒旦引诱了亚当和

D

（人）痛苦

夏娃。❸ⓒ恶棍：He's a ～ with the ladies. 他是个玩弄女性的恶棍。❹ⓒ[口]精力充沛的人，蛮干的人 ❺ⓒ[口]家伙：The poor ～! 可怜的家伙! ❻[the ～][用作副词][口]究竟；绝非：What the ～ is that? 到底是什么鬼名堂 ❼[the ～][用作感叹词][口]该死；糟了；…才怪："I'm going to a party.""The ～ you are!""我要去参加一个聚会。""你敢!"

dev·il·ish ['devəlɪʃ] Ⅰ. *adj*. 如恶魔的；凶暴的：a ～ plan 毒计/～ cunning 奸计 Ⅱ. *adv*. [口]非常地，极：～ hot 热得要命

dev·il·kin ['devlkɪn] *n*. ⓒ小魔鬼；小鬼

dev·il·ment ['devlmənt] *n*. ⓒⓤ恶作剧；恶行：She's up to some ～ or other. 她正要搞恶作剧什么的。

de·vi·ous ['di:vjəs] *adj*. ❶迂回的；绕道的，弯曲的：The coach followed a rather ～ course to its destination. 长途汽车要绕很多弯路才到达目的地。❷不正直的，不正当的；不坦率的；走入歧途的：get rich by ～ means 以不正当的手段致富

de·vise [dɪ'vaɪz] (～s [-ɪz]；devising) *vt*. ❶设计，想出；发明：～ a new type of transistor 发明一种新晶体管 ❷【法】遗赠（不动产）给…

de·vis·er [dɪ'vaɪzə] *n*. ⓒ设计者，发明者；计划者

de·vote [dɪ'vəʊt] (～d [-ɪd]；devoting) *vt*. 奉献（人生、时间、精力等），把…专用（于）；致力于…：～ all one's efforts to one's task 全力以赴地工作/ ～ oneself to a noble cause 献身于一项崇高的事业

de·vot·ed [dɪ'vəʊtɪd] *adj*. ❶献身的；忠实的；挚爱的：a ～ friend 忠实的朋友/She is ～ to her children. 她深爱她的孩子。

de·vo·tion [dɪ'vəʊʃən] *n*. ❶ⓤ献身，挚爱，热爱：a mother's ～ to her children 母亲对子女深深的爱 ❷ⓤ专心，热衷：a teacher's ～ to her task 教师全心全意投入其工作的态度 ❸ⓤ宗教信仰，虔诚：a life of great ～ 信仰诚笃的一生 ❹[用复数]祈求，祈祷：a priest at his ～s 正在祈祷的教士

de·vo·tion·al [dɪ'vəʊʃənl] [无比较等级] *adj*. 信仰的，虔诚的；祈祷的：～ literature 灵修书刊

de·vour [dɪ'vaʊə(r)] (～ing[-rɪŋ]) *vt*. ❶吞食…，狼吞虎咽地吃：～ the food ravenously 狼吞虎咽地吃东西 ❷（火灾、瘟疫等）毁灭，吞没：Fire ～ed a huge area of forest. 大火吞噬了大片森林。❸凝视，倾听：He ～ed her with his eyes. 他用色迷迷的目光盯着她。❹挥霍，耗尽（财产等）❺（好奇心、忧虑等）使

de·vout [dɪ'vaʊt] *adj*. 虔诚的，虔敬的；诚恳的：a ～ Muslim 虔诚的穆斯林/a ～ hope 衷心的希望

dew [dju:] Ⅰ. *n*. ⓤ❶露，露水：The grass was wet with ～. 草被露水沾湿了。❷（泪、汗等的）水珠，水滴 Ⅱ. *vi*. 结露水

dew·drop ['dju:drɒp] *n*. ⓒ露珠

dew·i·ly ['dju:ɪlɪ] *adv*. ❶带露水地，露水般地 ❷纯洁地

dew·y ['dju:ɪ] *adj*. ❶带露水的；似露的 ❷纯洁的

dex·ter·i·ty [deks'terɪtɪ] *n*. ⓤ灵巧；巧妙，机敏；熟练：A juggler needs great ～. 玩杂耍的人要有非常灵巧的手。

dex·ter·ous ['dekstərəs] *adj*. 手巧的，熟练的；巧妙的；聪明的，伶俐的：She's very ～ with the knitting needles. 她擅长用织针。/a ～ movement 灵巧的动作

di·a·ble·rie [dɪ'ɑ:blərɪ] *n*. ⓒⓤ❶魔法，妖术 ❷邪恶；恶行

di·a·bol·i·c(al) [ˌdaɪə'bɒlɪkl] *adj*. ❶残忍的，恶魔似的；邪恶的；穷凶极恶的：～ plan 阴毒的计划 ❷[口]真讨厌的，好烦人的

di·a·crit·i·cal [ˌdaɪə'krɪtɪkl] *adj*. 有区别的，区分的；区别发音的：a ～ mark 发音符号

di·a·dem ['daɪədem,-dəm] Ⅰ. *n*. ⓒ❶王冠，冕 ❷王权；王位 ❸（花、叶等的）冠 Ⅱ. *vt*. 为…加冕

di·ag·nose ['daɪəgnəʊz] (～s [-ɪz]；diagnosing) *vt*. & *vi*. 诊断（疾病）：The doctor ～d measles. 医生诊断出麻疹。

di·a·gram ['daɪəgræm] Ⅰ. *n*. ⓒ图表；图形；图解：a ～ of a gear-box 齿轮箱示意图 Ⅱ. (diagram(m)ed；diagram(m)ing) *vt*. 用图解法表示

di·a·gram·mat·ic [ˌdaɪəgrə'mætɪk] *adj*. 图解的，图表的：a ～ map 图解地图

di·a·gram·mat·i·cal·ly [ˌdaɪəgrə'mætɪkəlɪ] *adv*. 图解地，图表地

dial ['daɪəl] Ⅰ. *n*. ⓒ❶（钟表、仪器等的）钟面，钟盘：the ～ of an electricity meter 电表盘 ❷（电话、收音机、电视等的）旋转式号码盘 ❸日晷仪 Ⅱ. (dial(l)ed；dial(l)ing) *vt*. ❶打电话给：～ the operator 打电话给接线员 ❷调（电视频道、电台）；收听，收视

di·a·lect ['daɪəlekt] *n*. ⓒⓤ❶方言，乡音，地方口音：a play written in ～ 用方言写的剧本 ❷（特殊行业或阶层等的）行话

di·a·lec·tal [ˌdaɪə'lektl] *adj*. 方言的：～

differences between two areas 两个地区方言的差别

di·a·lec·tic·(al) [ˌdaɪəˈlektɪkl] *adj.* 辩证的;辩证法的:~ method 逻辑论证的方法

di·a·lec·tics [ˌdaɪəˈlektɪks] [复] *n.* (〔反〕 metaphysics) [用作单数]辩证法

di·a·log(ue) [ˈdaɪəlɒg] **I**. *n.* ⓒⓊ❶ (小说、剧本等的)对白部分;对话体:Most plays are written in ~.大多数戏剧都是用对话体写的。/a long ~ in the opening scene 开场的大段对白 ❷对白,对话;交换意见:a useful ~ on common problems 就共同问题进行的有益的磋商 **II**. *vi*. 对话

di·am·e·ter [daɪˈæmɪtə(r)] *n.* ⓒ❶直径,径:the ~ of a tree trunk 树干的直径 ❷倍 (透镜等的放大单位):a lens that magnifies 20 ~s 放大 20 倍的透镜

di·a·met·ri·cal [ˌdaɪəˈmetrɪkl] *adj.* ❶直径的 ❷正相反的;对立性的

di·a·met·ri·cal·ly [ˌdaɪəˈmetrɪklɪ] *adv.* ❶按直径地 ❷正好相反地,完全地,截然地

di·a·mond [ˈdaɪəmənd] (~s[-z]) *n.* ❶Ⓤ钻石,金刚钻:a ring with a ~ in it 钻石戒指 ❷ⓒ金刚石(玻璃)钻刀 ❸ⓒ(电唱机的)钻针 ❹ⓒ钻石形;菱形 ❺ⓒ(纸牌的)红方块:the five of ~s 方块五 ❻ⓒ(垒球、棒球的)内场;棒球场

di·a·ry [ˈdaɪərɪ] (diaries [-z]) *n.* ⓒ日记,日志;日记簿:keep a ~ 记日记

dice [daɪs] **I**. (~(s)[-ɪz]) *n.* ❶ⓒ骰子:play ~ 掷骰子 ❷Ⓤ骰子戏,赌博 **II**. (~d; dicing) *vt*. (把蔬菜等)切成小方块,将…切成了:*Dice* the beetroot (up) neatly. 将甜菜根切成整齐的小方块。*vi*. 投骰子,赌博

dic·tate I. [dɪkˈteɪt] (~d[-ɪd]; dictating) *vt*. ❶听写,口述;使笔录:The teacher ~d a passage to the class. 教师读一段文章让全班听写。❷命令,要求:~ terms to a defeated enemy 向战败的敌人指定条件 *vi*. 口授,口述:He often ~s to his secretary. 他经常向他的秘书口述。**II**. [ˈdɪkteɪt] *n.* ⓒ[常用复数](至上)命令;支配;使唤:Follow the ~s of common sense. 按常识行事。

dic·ta·tion [dɪkˈteɪʃən] *n.* ❶Ⓤ口述,口授;听写:shorthand ~ 速记 ❷ⓒ口授的文字;听写测验:three English ~s 三段英语听写文字 ❸Ⓤ命令;支配

dic·ta·tor [dɪkˈteɪtə(r)] *n.* ⓒ独裁者;口授者,口述者:Our boss is a bit of a ~. 我们的老板有点霸道。

dic·ta·tor·ship [dɪkˈteɪtəʃɪp] *n.* ❶ⓒⓊ

独裁者的权力;独裁政治 ❷ⓒ独裁国家

dic·tion [ˈdɪkʃən] *n.* Ⓤ❶措辞,用词风格;辞令 ❷(歌唱中的)发音;发音法:Clarity of ~ is vital for a public speaker. 发音清晰对演说家至关重要。

dic·tion·a·ry [ˈdɪkʃənərɪ] (dictionaries [-z]) *n.* ⓒ字典,词典:an English ~ 英语词典/a ~ of architecture 建筑学词典

dic·tum [ˈdɪktəm] (dicta [ˈdɪktə]) *n.* ⓒ❶ (专家的)断语,见解,断言 ❷名言,格言,金玉良言:The well-known ~ "Knowledge is power." 著名的格言"知识就是力量。"

dic·ty [ˈdɪktɪ] [美俚] **I**. *adj.* ❶高级的;漂亮的;时髦的 ❷有钱的;傲慢的 **II**. *n.* ⓒ贵族;富人;时髦人

did [dɪd] do 的过去式

didn't [ˈdɪdnt] = did not

die[1] [daɪ] (dying) *vi*. ❶死,死亡;(植物、花朵等)枯萎,凋谢:Flowers soon ~ without water. 花如果没有水很快就会枯死。/~ from a wound 受伤不治而死 ❷(渐渐)结束;火(熄灭)(声音、光线等)变弱;(制度、艺术、名声等)消逝;(爱情等)减退:His secret ~d with him. 他的秘密随他一同入土了。/love that will never ~永不止息的爱/dying traditions 行将消失的传统/The flame ~d. 火熄了。

die[2] [daɪ] (dice [daɪs]) *n.* ⓒ骰子;骰子状物

die[3] [daɪ] (~s[-z]) *n.* ⓒ❶铸模 ❷冲模;冲垫

diehard [ˈdaɪhɑːd] *n.* ⓒ(对于新思想等)顽固分子;极端的保守派分子,死硬派

die·sel [ˈdiːzəl] *n.* ⓒ内燃机车,柴油机车:a ~ lorry 柴油机运货卡车

diet[1] [ˈdaɪət] **I**. *n.* ❶Ⓤ(日常的)饮食;日常食物:Too rich a ~ is not good for you. 吃太多油腻的食物对你的身体不好。/illness caused by poor ~饮食不佳导致的疾病 ❷ⓒ (为了维持健康、治疗、调节体重而规定的)饮食;饮食疗法:a salt-free ~ 无盐食谱 **II**. (~ed [-ɪd]) *vi*. (某人)实施饮食疗法,实行节食:You ought to ~ and take more exercise. 你应该节食并多做运动。*vt*. 使(某人)实施饮食疗法,给(病人)指定饮食

diet[2] [ˈdaɪət] *n.* ⓒ[the ~](英、美以外国家的)国会,议会

di·e·tar·y [ˈdaɪətərɪ] [无比较等级] *adj.* 饮食的;规定食物的:~ rules 饮食规定

di·e·tet·ic·(al) [ˌdaɪɪˈtetɪk(əl)] *adj.* 营养(学)的;饮食的

di·e·tet·ics [ˌdaɪɪ'tetɪks] [复] *n*. [用作单数]营养学;饮食学

die·tit·ian,die·tic·ian [ˌdaɪə'tɪʃən] *n*. © 营养师;营养学家,饮食学家

dif·fer ['dɪfə(r)] (～ing[-rɪŋ]) *vi*. ❶(与…)不同,相异:In this respect,French ～s from English. 在这方面,法语不同于英语。❷([近]disagree)意见不同;持异议:I'm sorry to ～ with you on that. 对不起,在那一点上我与你意见不同。

dif·fer·ence ['dɪfrəns] (～s[-ɪz]) *n*. ❶© Ⓤ 差别,差异;差异点,变化之处:the marked ～s between the two children 两个孩子之间的显著差异 ❷© 意见不合,争执:We had a ～ of opinion over who had won. 我们在究竟是谁获胜的问题上发生了争执。❸Ⓤ [亦用 a ～]差,差额:There's an age ～ of six years between them. 他们俩相差六岁。

dif·fer·ent ['dɪfrənt] [无比较等级] *adj*. ❶差异的,不同的:The room looks ～ with the furniture gone. 家具搬走之后,这房间变样了。❷各式各样的;各不相同的:They are sold in ～ colours. 这批货有多种颜色供选购。❸[口]与众不同的,特别的:a very ～ way of living 非常独特的生活方式

dif·fer·en·tial [ˌdɪfə'renʃəl] Ⅰ. *adj*. ❶区别的;有差别的;特定的:～ treatment of applicants for jobs 对求职者区别对待 ❷【数】微分的 Ⅱ. *n*. © 差异;工资差额:a dispute about the ～ between men and women workers 有关男女不同酬的争议

dif·fer·en·ti·ate [ˌdɪfə'renʃIeIt] (～d [-Id];differentiating) *vt*. ❶区分,区别:Can you ～ one variety from the other? 你能将这两个品种区别开来吗? ❷(某一特征)构成…间的差别:The male's orange beak ～s it from the female. 那种鸟雄鸟的喙呈橙色,与雌鸟不同。*vi*. 区别,区分:Can you ～ between the two varieties? 你能区别这两个品种吗?

dif·fer·en·tia·tion [ˌdɪfəˌrenʃɪ'eɪʃən] *n*. Ⓤ © ❶区别;差别 ❷分化,变异

dif·fi·cult ['dɪfɪkəlt] *adj*. ❶([反]easy) ([近]hard)难的,困难的,艰难的:He finds it ～ to stop smoking. 他觉得戒烟很不容易。❷(人)难应付的:a ～ customer 难对付的顾客

dif·fi·cul·ty ['dɪfɪkəltɪ] (difficulties [-z]) *n*. ❶Ⓤ困难,艰难;费力:Bad planning will lead to ～ later. 计划不善会给今后带来困难。/She got the door open,but only with some ～. 她倒是把门打开了,但却花了些力气。❷© 难事,难处:She met with many difficulties when travelling. 她在旅行时遇到了许多难事 ❸© [常用复数]逆境,困境;财务困难:financial difficulties 财务困难 ❹© 不和,争吵 ❺© 不满,反对:I want to marry her, but my parents are making difficulties. 我想娶她,但我父母从中阻挠。

dif·fi·dence ['dɪfɪdəns] *n*. Ⓤ缺乏自信,懦怯

dif·fi·dent ['dɪfɪdənt] *adj*. 缺乏自信的,胆怯的:Don't be so ～ about your talents. 别对自己的才能这么缺乏自信。

dif·fuse[1] [dɪ'fjuːz] (～s [-ɪz];diffusing) *vt*. ❶使(光、热、气味等)扩散:～ a light 传送光/～ an odour 散发气味 ❷传播(知识):～ learning 传授知识 *vi*. ❶(光、气味或液体等)慢慢散开,扩散:A drop of milk ～d in the water,and it became cloudy. 一滴奶在水中扩散开来,使水变得混浊不清了。❷传播,散布

dif·fuse[2] [dɪ'fjuːz] *adj*. ❶散布的;弥漫的,扩散的:～ light 漫射光 ❷(说话等)散漫的,东拉西扯的:a ～ writer 行文冗赘的作者

dif·fu·sion [dɪ'fjuːʒən] *n*. Ⓤ ❶散布;扩散,弥漫:the ～ of gases and liquids 气体和液体的扩散 【化】渗滤 ❸【物】漫射

dif·fu·sive [dɪ'fjuːsɪv] *adj*. ❶散开的;扩散的 ❷冗长的

dig [dɪg] Ⅰ. (dug [dʌg];digging) *vt*. ❶挖掘(洞穴等);挖凿(庭院等):They are digging the soil away from the bottom of the wall. 他们正将墙根的泥土挖出来。❷(从土中)掘出…:We are digging mineral deposits. 我们正在掘地挖矿。❸捅…,戳…;把…刺(入…):～ a fork into the meat 把叉子插进肉里 ❹[俚]喜欢,了解:I don't ～ that crazy stuff. 我不懂那种没意思的玩意儿。*vi*. 挖掘,发掘:They are digging through the hill to make a tunnel. 他们正在凿山建隧道。Ⅱ. *n*. ❶©(轻轻地)刺,戳,捅:give sb. a ～ in the ribs 戳某人的肋部 ❷©[口]挖苦,讥讽:She made me little ～s at him. 她冲他说了一些刻薄的挖苦话。❸©(考古)挖掘的地点;出土物 ❹[复][英口]出租公寓;住地

di·gest [dɪ'dʒest,daɪ-] Ⅰ. (～ed [-Id]) *vt*. ❶消化(食物),助消化 ❷理解(想法等);领会:Have you ～ed the report yet? 这个报告你领会了吗? ❸([近]summarize)整理(资料、材料等);做…摘要 *vi*. 消化:The food ～s well. 这食物容易消化。Ⅱ. *n*. © 摘要,文摘

di·gest·i·ble [dɪ'dʒestəbl,daɪ-] *adj*. ([反]indigestible) ❶可消化的,易消化的 ❷

可做摘要的，可了解的

di·ges·tion [dɪˈdʒestʃən,daɪ-] *n*．([反]in-digestion)Ⓤ Ⓒ ❶消化；消化作用：have a poor ～消化力弱 ❷(知识等的)领悟

di·ges·tive [dɪˈdʒestɪv,daɪ-] Ⅰ．*adj*．消化的,有消化力的；助消化的：the ～ juices 消化液Ⅱ．*n*．Ⓒ消化剂；助消化药

dig·ger [ˈdɪɡə(r)] *n*．Ⓒ挖掘者；挖掘器,挖掘机

dig·ging [ˈdɪɡɪŋ] *n*．Ⓤ Ⓒ❶挖掘,采掘 ❷[单复同]矿区,金矿 ❸[用复数]采掘物

di·git [ˈdɪdʒɪt] *n*．Ⓒ❶手指,足趾 ❷数字；位(数)：binary ～ 二进制数字；二进制数位

di·git·al [ˈdɪdʒɪtl] *adj*．数字式的；显示数字的

dig·ni·fied [ˈdɪɡnɪfaɪd] *adj*．尊严的,高贵的

dig·ni·fy [ˈdɪɡnɪfaɪ] (dignifies [-z]；dignified) *vt*．❶使有尊严,使高贵：a ceremony *dignified* by the presence of the ambassador 因大使光临而生辉的典礼 ❷夸赞：I wouldn't ～ this trash by calling it a novel. 这部劣等作品我是不会美称为小说的。

dig·ni·tar·y [ˈdɪɡnɪtərɪ] (dignitaries [-z]) *n*．Ⓒ达官贵人,名流；高僧；教会的显要

dig·ni·ty [ˈdɪɡnɪtɪ] (dignities [-z]) *n*．❶Ⓤ尊贵,尊严：Only a truly free person has human ～．只有真正自由的人才具有人的尊严。❷Ⓤ(举止、仪态的)庄严,端庄：She kept her ～ despite the booing. 尽管嘘声四起,她依然泰然自若。❸Ⓒ高位,显职：The Queen conferred the ～ of a peerage on him. 女王封他为贵族。

di·gress [daɪˈɡres] (～es [-ɪz]) *vi*．扯开,离开主题(from)：Don't ～ from the subject when lecturing. 讲课时不要岔开主题。

di·gres·sion [daɪˈɡreʃən] *n*．Ⓒ Ⓤ离题；枝节话：If you'll allow a slight ～,... 请允许我说几句题外话…

di·gres·sive [daɪˈɡresɪv] *adj*．离题的；枝节的

dike[1],**dyke** [daɪk] Ⅰ．*n*．Ⓒ❶堤防,坝,堤,河堤 ❷沟,渠,排水道Ⅱ．(diked；diking) *vt*．& *vi*．以堤防保护…；(给…)开沟排水

dike[2] [daɪk] *n*．Ⓒ[美俚]搞同性关系的女人

di·lap·i·date [dɪˈlæpɪdeɪt] (～d [-ɪd]；dilapidating) *vt*．使(部分)损毁 *vi*．(部分)损毁

di·lap·i·dat·ed [dɪˈlæpɪdeɪtɪd] *adj*．(房屋等)坍塌的,(器具、衣服等)破旧了的

di·lap·i·da·tion [dɪˌlæpɪˈdeɪʃən] *n*．Ⓤ坍毁；荒废,破旧

di·lap·i·da·tor [dɪˈlæpɪdeɪtə] *n*．Ⓒ损坏者；浪费者

dil·a·to·ry [ˈdɪlətərɪ] *adj*．❶迟缓的,慢吞吞的：The Government has been ～ in condemning the outrage.政府迟迟才谴责那次暴行。❷拖延的,拖时间的：～ behaviour 拖拉的行为

di·lem·ma [dɪˈlemə,daɪ-] *n*．Ⓤ Ⓒ两难,左右为难；困境：be in a ～ 进退两难的境地

dil·i·gence [ˈdɪlɪdʒəns] *n*．Ⓤ勤勉,勤奋,用功：She shows great ～ in her school work.她做作业非常用功。

dil·i·gent [ˈdɪlɪdʒənt] *adj*．([近]industrious)([反]lazy) ❶勤勉的,勤奋的：a ～ worker 勤奋的工作者 ❷认真刻苦的；用功的：They've very ～ in keeping records.他们做记录十分认真。

di·lute [daɪˈluːt] Ⅰ．(～d [-ɪd]；diluting) *vt*．❶冲淡,稀释(液体)：～ wine with water 掺水把酒冲淡 ❷削弱(力量)：*diluting* standards in our schools 降低我们各校的水平Ⅱ．*adj*．稀释的,淡的：～ sulphuric acid 稀硫酸

di·lu·tion [daɪˈluːʃən] *n*．❶Ⓤ(液体的)稀释；稀释度 ❷Ⓒ稀释物；稀释液

dim [dɪm] Ⅰ．(dimmer；dimmest) *adj*．❶不明亮的,微暗的；暗淡的：a ～ corridor with no windows 没有窗户的昏暗走廊/reading by ～ candle light 就着微弱的烛光读书 ❷模糊的,朦胧的,不清楚的：the ～ outline of buildings on a dark night 黑暗里建筑物朦胧的轮廓 ❸(眼睛等)看不清东西的；(视力)差的：His sight is getting ～.他的视力越来越差了。❹[口]迟钝的 Ⅱ．(dimmed；dimming) *vt*．& *vi*．(使)变暗淡,(使)变模糊；(使)失去光泽：Old age hasn't *dimmed* her memory. 她虽然年事已高,但记忆并未模糊。

di·men·sion [dɪˈmenʃən,daɪ-] *n*．❶[用复数]体积,容积；范围；程度：a creature of huge ～s 体积庞大的动物/I did not realized the ～s of the problem. 我未曾意识到问题的严重程度。❷Ⓒ尺寸,尺度：What are the ～s of the room? 这个房间的面积是多少? ❸Ⓒ【数】维(数),度(数)

dim·i·di·ate Ⅰ．[dɪˈmɪdɪɪt] *adj*．两分的,对半的 Ⅱ．[dɪˈmɪdɪeɪt] (～d [-ɪd]；dimidiating) *vt*．将…对分,将…折半

di·min·ish [dɪˈmɪnɪʃ] (～es [-ɪz]) ([反]augment,increase) *vt*．& *vi*．减少,减小,缩减：Nothing could ～ her enthusiasm for the project.什么也不能影响她对这项计划的热忱。/His strength has ～*ed* over the years.

经过这么多年月，他的体力不如从前了。

dim·i·nu·tion [ˌdɪmɪˈnjuːʃən] *n*. ⒞⒰ 减少，减小，缩小

di·min·u·tive [dɪˈmɪnjʊtɪv] Ⅰ. *adj*. ❶小的，小型的：her ~ figure 她那矮小的身材 ❷【语】表示"小"的 Ⅱ. *n*. ⒞❶【语】表示"小"的语词，指小词（如 booklet 为 book 的指小词）❷昵称

dim·ple [ˈdɪmpl] Ⅰ. *n*. ⒞酒窝；凹处；波纹 Ⅱ. (dimpling) *vt*. & *vi*. (使)起波纹，(使)起涟漪；(脸颊等)形成酒窝：The surface of the water was ~d by the breeze. 轻风拂动水面，荡起了涟漪。/Her cheeks ~d as she smiled. 她一笑，脸上露出了酒窝。

din [dɪn] Ⅰ. *n*. ⒰[亦用 a ~](连续的)喧闹声，骚扰声：They made so much ~ that I couldn't hear you. 他们太吵了，我听不见你说的话。Ⅱ. (dinned；dinning) *vt*. 以喧闹声扰(人)；[口]一再提起：I *dinned* it into him that he had to manage things differently. 我三番五次告诉他得改一改处理事情的方法了。*vi*. 发出喧闹声：They drove away from the city center, the roar of the traffic still *dinning* in their ears. 他们驶出了市中心，但车来人往的喧嚣声仍在耳中回响。

dine [daɪn] (dining) *vt*. 招待(某人)吃饭，宴请：We are *dining* the ambassador this week. 我们本星期宴请大使。*vi*. 进餐(尤指用晚餐)：We ~d on smoked salmon. 我的晚餐吃的是熏鲑鱼。

din·er [ˈdaɪnə(r)] *n*. ⒞❶用餐的人，就餐者 ❷[美](火车的)餐车

din·gy [ˈdɪndʒɪ] *adj*. 肮脏的；邋遢的；无生气的；死气沉沉的：a ~ room in a cheap hotel 低级旅馆中又黑又脏的房间

din·ing [ˈdaɪnɪŋ] *n*. ⒰进餐

*__**din·ner** [ˈdɪnə(r)] *n*. ❶⒞⒰正餐，晚餐：Shall we ask him to~? 我们请他吃饭好吗？/I never eat a big ~. 我向来饭量不大。❷([近]banquet)⒞宴会：A~was given for the ambassador. 宴请大使。

din·ner-jack·et [ˈdɪnədʒækɪt] *n*. ⒞(没有燕尾的)晚礼服(在不很隆重的场合时穿)

din·ner-par·ty [ˈdɪnəpɑːtɪ] *n*. ⒞宴会；聚餐会

di·no·saur [ˈdaɪnəsɔː(r)] *n*. ⒞恐龙(古生物)

dip [dɪp] Ⅰ. (dipped；dipping) *vt*. ❶浸，蘸：Dip your pen into the ink. 将钢笔在墨水中蘸一蘸。❷(为了掏某物)把(手等)伸入：He *dipped* his hand into the pocket to get his

pen out. 他把手伸进口袋拿出钢笔来。❸舀(水等)，汲出：She *dipped* the stew into the individual bowls. 她把炖菜舀进各人的碗里。❹把…下降后即行升起(作为行礼或信号)：~ the headlights of a car 将汽车前灯的远光调为近光 ❺把…(放在杀虫液里)浸洗：浸染(衣服等) *vi*. ❶泡，浸 ❷(价格等)下降；(太阳)西沉；(道路等)倾斜；(飞机等)俯冲：The sun *dipped* down below the horizon. 太阳落到地平线下了。/The land ~s down gently to the south. 这块地微微向南倾。❸(为了掏某物而)把手伸入：~ into one's purse 掏钱包 Ⅱ. *n*. ❶⒞蘸，浸渍；[口]洗澡：have a ~ 去水里泡一泡 ❷⒞(道路、土地等的)倾斜；下沉；洼坑：a ~ in the road 路上的斜坡 ❸⒞(价格的)下跌，下降 ❹⒞⒰(用杀虫液浸洗羊的)消毒水；浸液 ❺⒰⒞(蘸饼干、蔬菜等的)酱；调味汁：cheese ~ 奶酪酱

di·plo·ma [dɪˈpləʊmə] (~s 或 diplomata [dɪˈpləʊmətə]) *n*. ⒞❶(大学等的)毕业证书，毕业文凭；学位证书 ❷执照，资格证书

di·plo·ma·cy [dɪˈpləʊməsɪ] *n*. ⒰外交；外交手腕；外交手段：International problems must be solved by ~, not war. 国际问题应通过外交途径来解决，不应诉诸战争。

dip·lo·mat [ˈdɪpləmæt] *n*. ⒞外交官，外交家；有外交手腕的人

dip·lom·ate [ˈdɪpləmeɪt] *n*. ⒞(大学)毕业文凭持有者；学位证书持有者

dip·lo·mat·ic [ˌdɪpləˈmætɪk] [无比较等级] *adj*. ❶外交(上)的，外交工作的；外交官的：settle disputes by ~ means 通过外交手段解决纷争 ❷有外交手腕的；老练的，办事圆滑的：be ~ in dealing with people 与人打交道老练得体

dip·lo·mat·i·cal·ly [ˌdɪpləˈmætɪkəlɪ] *adv*. ❶在外交上 ❷凭外交手腕；靠外交途径

di·plo·ma·tist [dɪˈpləʊmətɪst] *n*. ⒞❶外交家，外交官 ❷有外交手腕的人，圆滑的人

dire [ˈdaɪə(r)] (~r[-rə]；~st[-rɪst]) *adj*. ❶可怕的，悲惨的：a ~ situation 可怕的处境/The firm is in ~ straits and may go bankrupt. 这商行已陷入岌岌可危的境地，可能要破产了。❷急迫的；极度的：We're in ~ need of your help. 我们太需要你的帮助了。

*__**di·rect** [dɪˈrekt, daɪ-] Ⅰ. *adj*. ❶([同]straight)笔直的，直线的；直达的：follow a ~ course 沿笔直的航线/a ~ train 直达车 ❷([反]indirect)直接的；径直的：I'm in ~ contact with the hijackers. 我与劫机者保持着直接的联系。/~ sunlight 直射的日光 ❸直率

的,直截了当的:She has a ～ way of speaking. 她说话直率。❹直(或嫡)系的 ❺正好的;全然的:Your reply today is in ～ contradiction to what you said last week. 你今天的回答跟你上星期说的恰好相反。Ⅲ. *adv*. 直接地,径直地:The train goes there ～. 这趟列车直达那里。/ I prefer to deal with him ～. 我还是直接跟他打交道为好。Ⅳ. (～ed[-ɪd]) *vt*. ❶指引,指导;管理:She ～ed the planning of the festival. 她统管节日活动的筹划。/ ～ a group of workers 指挥一群工作人员 ❷指挥(演奏);导演(电影);演出(戏剧):Who ～ed to play? 这出戏是谁导演的? ❸命令(某人)做…:The officer ～ed them to advance. 指挥官命令他们前进。/ The owners ～ed that the factory be closed. 厂主下令关厂。❹指点,指路:Can you ～ me to the station? 你能告诉我到车站怎么走吗? ❺把…对准某一目标(或方向):Let me ～ these remarks to the younger students. 这些话还是让我来对低年级的学生说吧。❻把(信等)寄至:Shall I ～ the letter to his business address or to his home address? 我该把这封信寄到他的办公地点,还是寄到他家里呢? *vi*. 指导;指挥

di·rec·tion [dɪˈrekʃən, daɪ-] *n*. ❶CU方向,方位;方面:Tom went off in one ～ and Harry in another. 汤姆朝一个方向走,哈里则朝另一个方向走。/We're making changes in various ～s. 我们正在多方面进行改革。❷U指导;指挥;监督;管理:He did the work under my ～. 他在我的监督下做这件事。/He feels the need for firm ～. 他感到需要有人好好地点拨自己。❸C[常用复数]指示,用法说明;吩咐,命令:Simple ～s for assembling the model are printed on the box. 盒上印有装配模型的简要说明。

di·rec·tive [dɪˈrektɪv, daɪ-] Ⅰ. *n*. C命令,指令,指示:a ～ from headquarters calling for increased output 总部要求提高产量的指示 Ⅱ. *adj*. 指示的,起指导作用的;吩咐的

di·rect·ly [dɪˈrektlɪ, daɪ-] *adv*. ❶直率地,直截了当地:She speaks very ～ to people. 她对人说话非常直率。❷笔直地;直线地;直达地:～ in front of me 在我的正前方 ❸直接地:She's ～ responsible to the Minister. 她直接受部长领导。❹正好,刚好:～ opposite 正好相反 ❺([近]at once)即刻地,马上;[口]不久:Come in ～. 立刻进来吧。

di·rec·tor [dɪˈrektə(r), daɪ-] *n*. C❶管理者;(公司)董事;理事;处长,主任,局长:the orchestra's musical ～ 乐团的音乐总监 ❷指导者;管理者 ❸(戏剧、电影等的)导演;(乐队等的)指挥

di·rec·to·ry [dɪˈrektəri, daɪ-] (directories [-z]) *n*. C姓名地址录;工商行名录

di·rec·tress [dɪˈrektrɪs, daɪ-] *n*. C❶女指导者 ❷女董事 ❸女导演;女指挥

dire·ful [ˈdaɪəfʊl] *adj*. 可怕的;悲痛的;预兆不祥的

dirt [dɜːt] *n*. U❶污垢,污物(如烂泥、灰尘等):His clothes were covered with ～. 他的衣服蒙上了灰尘。❷泥土;松土,散土:a pile of ～ beside newly-dug trench 在新挖的沟渠旁的一堆土 ❸肮脏,卑鄙;下流黄色的东西(如黄色小说、电影等):Be quiet! We don't want to hear that kind of ～! 别说了! 我们不想听那种下流话! ❹[口]坏话,闲话:He likes to hear all the ～ about his colleagues. 他就爱听有关同事的流言蜚语。

dirt·y [ˈdɜːtɪ] Ⅰ. (dirtier; dirtiest) *adj*. ❶脏的;弄脏的:～ clothes 脏衣服/a ～ job 脏活 ❷卑鄙的;下流的:～ joke 下流的笑话/That was a mean and ～ thing to do! 做出那种事真够卑鄙无耻的! ❸[口](天气)恶劣的:I'm glad I don't have to go out on such a ～ night. 我庆幸自己夜晚不必在这样恶劣的天气外出。❹(原子武器)多辐射的,含大量放射性尘埃的;贻害深远的 Ⅱ. (dirties [-z];dirtied [-ɪd]) *vt*. & *vi*. 弄脏…,玷污…;被玷污:Don't ～ your new dress. 别把你的新衣服弄脏了。

dis·a·bil·i·ty [ˌdɪsəˈbɪlətɪ] (disabilities [-z]) *n*. ❶U无能,无力:Physical ～ causes mental anguish. 生理伤残会引起心理苦闷。❷C残疾,残废:She swims well despite her *disabilities*. 她虽然身有残疾,却是个游泳好手。❸U【法】无行为能力;无资格

dis·a·ble [dɪsˈeɪbl] (disabling) *vt*. ❶使(某人)残废;使成残障:a soldier ～d by wounds 受伤致残的士兵 ❷使…失去资格

dis·ad·van·tage [ˌdɪsədˈvɑːntɪdʒ] Ⅰ. *n*. C U不利;不利条件:The other candidate's main ～ is her age. 另一候选人的主要不利条件是她的年龄问题。Ⅱ. (disadvantaging) *vt*. 使不利

dis·ad·van·ta·geous [ˌdɪsædvɑːnˈteɪdʒəs] *adj*. ❶不利的;引起不便的:in a ～ position 处于不利的境地 ❷贬损的,诽谤的

dis·af·fect·ed [ˌdɪsəˈfektɪd] *adj*. (对政府等)不满的;不忠的:*Disaffected* members have left to form a new party. 那些不忠分子脱离开党另组了一个新党。

dis·af·fec·tion [ˌdɪsəˈfekʃən] *n*. U不满;

不忠,叛离

dis·a·gree [ˌdɪsəˈgriː] *vi*.([反]agree) ❶(事情与…)不一致,不符:The reports from Rome ~ with those from Milan.罗马的报道与米兰的不符。❷意见相反,不同意:She ~d with me on that point. 她对于那一点和我意见相反。❸(气候、食物等)(对人)不适合:I feel sick;that fish ~d with me.我感到恶心,那条鱼吃得我不舒服。

dis·a·gree·able [ˌdɪsəˈgriəbl]([反]agreeable) *adj*.❶不合意的,不爽快的,讨厌的:a ~ experience 令人不愉快的经历 ❷难相处的,脾气坏的:a ~ person 脾气坏的人

dis·a·gree·ment [ˌdɪsəˈgriːmənt] *n*.ⓊⒸ 不一致;相违;意见相左;争论:total ~ on how to proceed 对于如何继续进行,意见完全不同/~s between colleagues 同事间的意见分歧

dis·al·low [ˌdɪsəˈlaʊ] *vt*.不允许,不承认;驳回

dis·ap·pear [ˌdɪsəˈpɪə(r)] (~ing[-rɪŋ]) *vi*.([反]appear)不见,消失:The rash soon ~ed.疹子很快就消了。/His anger soon ~ed.他的怒气一会儿就消了。

dis·ap·point [ˌdɪsəˈpɔɪnt] (~ed [-ɪd]) *vt*.❶使(某人)失望:The tenor ~ed us by singing flat.那位男高音歌手以降半音唱,让我们十分扫兴。❷使(计划等)受挫折,使(希望等)落空:~ sb.'s expectations 使某人的希望破灭

dis·ap·poin·ment [ˌdɪsəˈpɔɪtmənt] *n*.❶Ⓤ失望,失意;扫兴,沮丧:To our great ~, it rained on the day of the picnic.使我们大失所望的是,野餐那天下起雨来了。❷Ⓒ令人失望的人;令人扫兴的事情:His children are a ~ to him.他的孩子让他感到失望。

dis·ap·pro·ba·tion [ˌdɪsæprəʊˈbeɪʃən] *n*.Ⓤ不赞成,不认可;不满

dis·ap·prov·al [ˌdɪsəˈpruːvl] *n*.([反]approval)Ⓤ不赞成;反对:He shook his head in ~.他摇了摇头表示反对。

dis·ap·prove [ˌdɪsəˈpruːv] (disapproving) *vt*.& *vi*.不赞成,不允许,反对:She wants to be an actress,but her parents ~ of her intentions.她想当演员,但她父母不赞成她的想法。

dis·ar·range [ˌdɪsəˈreɪndʒ] (~s [-z];disarranging) *vt*.扰乱…;弄乱:~ sb.'s papers 弄乱某人的文件/Her sudden departure has ~d my plans.她的突然离去打乱了我的计划。

dis·ar·range·ment [ˌdɪsəˈreɪndʒmənt]

n.Ⓤ扰乱;混乱,紊乱

dis·ar·ray [ˌdɪsəˈreɪ] Ⅰ.(~s[-z]) *n*.Ⓤ Ⓒ紊乱,杂乱;(服装等的)不整齐:Changing offices has left my paper in complete ~.办公室搬迁,使我的文件全部乱了套。Ⅱ.(~s [-z]) *vt*.❶弄乱,扰乱 ❷脱去…的衣服

dis·as·ter [dɪˈzɑːstə(r)] (~s[-z]) *n*.([近]catastrophe)Ⓒ Ⓤ灾难,祸患;天灾

dis·as·trous [dɪˈzɑːstrəs] *adj*.灾害的,灾难性的;损失惨重的;悲惨的:a defeat that was ~ to the country 给国家带来灾难性的一场败仗

dis·a·vow [ˌdɪsəˈvaʊ] (~s[-z]) *vt*.抵赖,否认,不承认:She ~s any part in the plot.她否认参与了这一密谋。

dis·band [dɪsˈbænd] *vt*.& *vi*.解散;遣散:~ a club 解散俱乐部/The regiment ~ed when the war was over.战争结束后,这个团就解散了。

dis·be·lief [ˌdɪsbɪˈliːf] *n*.Ⓤ不信任,怀疑:He listened in ~ to this extraordinary story.他满腹疑惑地听着这个离奇的故事。

dis·be·lieve [ˌdɪsbɪˈliːv] (~s [-z];disbelieving) *vt*.& *vi*.怀疑;不相信:I ~ every word you say.你说的我一句都不信。/~ in ghosts 不相信有鬼

dis·burden [dɪsˈbɜːdn] (~s[-z]) *vt*.([反]burden)❶卸下…的重负;解除…的负担 ❷卸去(负担等) *vi*.卸货

dis·burse [dɪsˈbɜːs] (~s [-ɪz];disbursing) *vt*.❶支出;支付:funds ~d for travelling expenses 用于支付旅行费用 ❷分配

disc [dɪsk] *n*.Ⓒ❶圆盘;圆板;盘状物;圆面 ❷【动】盘【植】花盘 ❸唱片 ❹【解】椎骨间的软骨层;椎间盘

dis·card [dɪsˈkɑːd] (~ed [-ɪd]) *vt*.❶舍弃(废物、习惯等),摒弃;解雇(某人):old ~ clothes 扔掉的旧衣服/~ one's winter clothes in spring 春天里换下冬装/~ outdated beliefs 抛弃过时的信仰 ❷(纸牌戏中)垫(牌);打出(无用的牌):She ~ed a four,and picked up a king.她打一张4点的牌,抓起一张K。*vi*.(纸牌戏中)垫牌

dis·cern [dɪˈsɜːn] (~s[-z]) *vt*.❶觉察,了解:~ sb.'s true intentions 弄清某人的真实意图 ❷分辨,辨别,识别:In the gloom I could only just ~ the outline of a building.在黑暗中,我只能依稀分辨出一座建筑物的轮廓来。*vi*.分清;辨明

dis·charge Ⅰ.[dɪsˈtʃɑːdʒ] (~s [-ɪz];discharging) *vt*.❶使(液体、气体等)流出:The sewers ～ their contents into the sea. 下水管道将污物排入大海。❷ 释放(人)，解雇(某人)：～ a soldier 批准士兵退伍/The accused man was found not guilty and ～d. 被告男子被判无罪而获释。❸ 履行(义务、誓约等)；完成(任务)；清偿(债务)：She undertook to ～ all the responsibilities of a Minister. 她承担了做部长的所有职责。❹ 给(船)卸货；(交通工具)让乘客下(车、船、飞机等)：～d the ship of its cargo. 从船上卸下货。❺ 发射(枪炮等)；放箭：The rifle was ～d accidently. 步枪走火了。❻【电】使(电池等)放电 ❼【法】撤销(法院的命令) vi. ❶(液体、气体等)流出：The Nile ～s into the Mediterranean. 尼罗河流入地中海。❷【电】(电池等)放电 ❸(船)卸货 ❹(枪、炮等)发射 Ⅱ. [ˈdɪstʃɑ:dʒ] n. ❶ⓊⒸ 流出，排出；排出物：The wound hasn't healed；there's still some ～. 伤口没好，还有些分泌物。❷ⓊⒸ 释放，解职；解雇；解职令；退伍证明书 ❸Ⓤ(义务等的)执行，履行；(债务的)偿还：money accepted in full ～ of a debt 所收到的全部债款 ❹ⒸⓊ 发射，开炮：the accidental ～ of a rifle 步枪的意外走火 ❺ⒸⓊ【电】放电

dis·ci·ple [dɪˈsaɪpl] n. Ⓒ 门徒，信徒；追随者；【宗】耶稣十二门徒之一

dis·ci·pline [ˈdɪsɪplɪn] Ⅰ. (～s [-z]；disciplining) vt. ❶ 训练，训导：a well ～d orchestra 训练有素的管弦乐队/Parents have to ～ their children. 做父母的必须管教子女。❷ 处罚，惩罚：The teacher ～d the class by giving them extra homework. 老师布置额外的家庭作业来处罚学生。Ⅱ. (～s[-z]) n. ❶Ⓤ 训练；修行：Strict ～ is imposed on army recruits. 新兵受着严格的训练。/monastic ～ 僧侣的修行 ❷Ⓤ 纪律，风纪；教养；管教：The soldiers showed perfect ～ under fire. 士兵在枪林弹雨中严守军纪。/The children are happy at the school，but they lack ～. 孩子们在学校里很快活，但很散漫。❸Ⓤ 惩罚，惩戒：the teacher's cruel ～ 该教师施予的残酷处罚 ❹Ⓒ 训练方法：Yoga is a good ～ for learning to relax. 要学会身心松弛，瑜伽是一种有效的锻炼方法。❺Ⓒ(学问的)领域，学科：scientific ～ 科学科目

dis·claim [dɪsˈkleɪm] (～s[-z]) vt. & vi. ❶ 否认，不承认(责任、关系等)：The gang ～ed all responsibility for the explosion. 这个匪帮声称与这次爆炸事件毫无关系。❷ 放弃(权利)：She ～ed ownership of the vehicle. 她放弃了这辆车的所有权。

dis·claim·er [dɪsˈkleɪmə(r)] (～s[-z]) n.

Ⓒ(责任、关系等的)弃权书，否认声明：send a ～ 发表声明加以否认

dis·close [dɪsˈkləʊz] (～s [-ɪz]；disclosing) vt. ❶ 露出(隐藏的东西)；使显露：He opened the box，*disclosing* the contents to the audience. 他打开盒子，露出里面的东西给观众看。❷ 使…公开，揭发；泄露：She wouldn't ～ her friend's whereabouts to the police. 她不愿把她朋友的下落告诉警方。

dis·co [ˈdɪskəʊ] n. Ⓒ ❶ 迪斯科舞厅；迪斯科舞台 ❷(迪斯科舞厅的)音响及灯光效果设备

dis·com·fit [dɪsˈkʌmfɪt] (～ed [-ɪd]) vt. 使(某人)茫然失措；使困窘；使狼狈：be ～ed by rude questions 因他人提出的问题粗鄙而感到尴尬

dis·com·fi·ture [dɪsˈkʌmfɪtʃə(r)] n. Ⓤ ❶ 困窘；狼狈 ❷(计划等的)挫败，失败

dis·com·fort [dɪsˈkʌmfət] Ⅰ. n. ❶Ⓤ 不舒适；不自在，不安：He still suffers considerable ～ from his injury. 他因那次受伤至今仍感到不适。❷Ⓒ 不舒服的事物：the ～s of travel 旅行的诸多不便 Ⅱ. vt. 使不舒适；使不自在；使不安

dis·com·pose [ˌdɪskəmˈpəʊz] (～s [-ɪz]；discomposing) vt. 使(某人的心)慌乱；使…不安

dis·con·cert [ˌdɪskənˈsɜːt] (～ed [-ɪd]) vt. 使(人)惊惶失措，使紧张：He was ～ed to find the other guests formally dressed. 他看到其他客人都穿着正式，觉得很尴尬。

dis·con·nect [ˌdɪskəˈnekt] (～ed [-ɪd]) vt. 切断(电话、电源等)，断开：Operator, I have been ～ed. 话务员，我的线断了。

dis·con·so·late [dɪsˈkɒnsəlɪt] adj. 哀伤的，忧郁的；郁郁不乐的：The death of her father left Mary ～. 玛丽因父亲去世而伤心难过。

dis·con·tent [ˌdɪskənˈtent] Ⅰ. n. ⓊⒸ 不满，不平：The strikes were a sign of ～ with poor pay. 那些罢工事件是对低薪不满的一种表示。Ⅱ. adj. 不满的 Ⅲ. (～ed [-ɪd]) vt. 使…感到不满

dis·con·tin·ue [ˌdɪskənˈtɪnjuː] (discontinuing) vt. & vi. 中止；中断；停止出版(或订阅)：The local rail service ～d in 1958. 当地的铁路运输在1958年中断了。/I'll have to ～ these weekly visits. 我每周一次的访问得停止了。

dis·con·tin·u·ous [ˌdɪskənˈtɪnjʊəs] adj. 不连续的，中断的；间断的

dis·cord [ˈdɪskɔːd] Ⅰ. n. ❶([反]con-

D

cord)ⓒⓊ(意见等的)不一致;不和:A note of ~ crept into their relationship. 他们的关系出现了裂痕。❷([反]harmony)ⓊⒸ【音】不和谐(音)Ⅱ. vi. 不一致;不和

dis·cord·ant [dɪsˈkɔːdənt] adj. 不一致的;不调和的;不和的

dis·count Ⅰ. [ˈdɪskaʊnt, ˈdɪskaʊnt] n. Ⓒ Ⓤ(商品、票据等的)折扣;【商】贴现:We give a 10% ~ for cash. 现金付款,我们予以 9 折优惠。Ⅱ. [dɪsˈkaʊnt] (~ed [-ɪd]) vt. ❶打折扣卖(商品);把…打折 ❷看轻,低估(别人的话)

dis·coun·te·nance [dɪsˈkaʊntɪnəns] (~s [-ɪz];discountenancing) vt. 不赞成…,不支持,反对;挑毛病

dis·cour·age [dɪsˈkʌrɪdʒ] (~s [-ɪz];discouraging) vt. ❶([反]encourage)使(某人)气馁,使失去信心,使沮丧:Don't ~ her; she's doing her best. 别泄她的气,她正尽力做呢。❷取消(做…的念头),劝阻(某行为):She ~d his attempt to go to the mountains. 她劝他打消爬山的念头。/ Parents should~ their children from smoking. 做父母的应该劝子女不要吸烟。

dis·cour·ag·ing [dɪsˈkʌrɪdʒɪŋ] adj. 令人泄气的,使人沮丧的,阻止的:a ~ result 使人泄气的结果

dis·course Ⅰ. [ˈdɪskɔːs] (~s[-ɪz]) n. ❶Ⓒ演讲,论说;论文 ❷Ⓤ会谈,会话:~ analysis 话语分析Ⅱ. [dɪsˈkɔːs] (~s[-z];discoursing) vi. 演讲;谈话,讲述:The speaker ~d knowledgeably on a variety of subjects. 演讲者头头是道论述了一系列问题。

dis·cour·te·ous [dɪsˈkɜːtjəs] adj. 不礼貌的;失礼的:It was ~ of you to arrive late. 你迟到了,真是没礼貌。

dis·cour·te·sy [dɪsˈkɜːtɪsɪ] n. Ⓤ Ⓒ无礼,冒失;不礼貌的言行:I must apologize for my ~ in arriving late. 我要为迟到而道歉。

dis·cov·er [dɪsˈkʌvə(r)] (~s [-z];~ing [-rɪŋ]) vt. 发现,看出:I've ~ed a super restaurant near here! 我在附近找到一家一流的餐馆! / I never ~ed how to start the engine. 我怎么学也不会如何发动引擎。/ We ~ed that our luggage had been stolen. 我们发觉行李被偷了。/ I ~ed him to be quite trustworthy. 我发现他相当可靠。

dis·cov·er·y [dɪˈskʌvərɪ] (discoveries [-z]) n. ❶Ⓤ Ⓒ发现:the ~ by Franklin that lightning is electricity 富兰克林对闪电即是电这一发现 ❷Ⓒ被发现的事物:Like many discoveries, atomic power can be used for good or evil. 正如人类发现的许多事物一样,原子能既可用来为善,也可用来作恶。

dis·cred·it [dɪsˈkredɪt] Ⅰ. (~ed[-ɪd]) vt. ❶不信任…;使丧失信誉:The Government was ~ed by the scandal. 政府因这桩丑闻而名声败坏。❷不相信…,怀疑…:His theories were ~ed by scientists. 科学家对他的理论很怀疑。/There is no reason to ~ what she says. 没理由不相信她说的话。Ⅱ. n. Ⓤ Ⓒ❶不信,怀疑:The findings of the report threw ~ on the protester's claims. 报告中展示的调查结果使抗议者的主张遭到了怀疑。❷丧失名誉;破坏名誉的事物;(一种)耻辱:The police, to their ~, arrived too late. 警察来得太晚了,真丢人。/He is a ~ to his family. 他是他们家的耻辱。

dis·cred·it·a·ble [dɪsˈkredɪtəbl] adj. 可耻的,不名誉的;丢脸的:~ tactics 不名誉的伎俩

dis·creet [dɪˈskriːt] adj. ([反]indiscreet)(在行动、说话等方面)谨慎的,考虑周到的:~ behavior 谨慎的行为

dis·crete [dɪˈskriːt] adj. 分立的,分离的;不连续的

dis·cre·tion [dɪˈskreʃən] n. ([反]indiscretion)Ⓤ❶谨慎,审慎:This is a secret, but I know I can count on your ~. 这可是个秘密,不过我知道你嘴严。❷决定的自由;处理权(限):Don't keep asking me what to do; use your own ~. 不要老是问我做什么事,你自行决定吧。

dis·crim·i·nate [dɪˈskrɪmɪneɪt] (~d [-ɪd];discriminating) vt. 分辨,辨别:~ one case from another 将一件事与另一件事区分开 vi. ❶区别,辨别:The law ~s between accidental and intentional killing. 过失杀人和故意杀人在法律上是有区别的。❷歧视,差别对待:Society still ~s against women. 社会上仍然歧视女性。

dis·cur·sive [dɪsˈkɜːsɪv] adj. (人、文章、谈话等)杂乱无章的;东拉西扯的,散漫的:a rather ~ account of the events 对那些事件东拉西扯的描述

dis·cus [ˈdɪskəs] n. Ⓒ【体】铁饼

dis·cuss [dɪˈskʌs] (~es [-ɪz];~ed [-t]) vt. 商讨,讨论;谈论:Jack was still ~ing the game when I got there. 当我到那儿的时候,杰克还在谈论那场比赛呢。/ We ~ed when to go. 我们商讨了什么时候动身。

dis·cus·sion [dɪˈskʌʃən] (~s[-z]) n. Ⓒ Ⓤ商讨,讨论,研讨:After much ~, they decided to accept our offer. 经过反复商讨,他

们决定接受我们开的价。

dis·dain [dɪsˈdeɪn] **Ⅰ**. *n*. Ⓤ 轻蔑;轻视: treating other people's ideas with ~ 轻视别人的意见 **Ⅱ**. (~s[-z]) *vt*. ❶轻视,瞧不起: ~ an offer of help 鄙视他人的援助 ❷不屑于(做⋯):He ~s going to the cinema. 他不屑于去看电影。

dis·dain·ful [dɪsˈdeɪnfʊl] *adj*. 轻蔑的,蔑视的:He's ~ of anyone from America. 美洲来的人他都瞧不起。

****dis·ease** [dɪˈziːz] (~s [-ɪz]) *n*. Ⓒ Ⓤ 疾病;病:an incurable ~ 不治之症/prevent ~ 预防疾病

dis·en·gage [ˌdɪsɪnˈɡeɪdʒ] (disengaging) *vt*. ❶使⋯脱离;使⋯解脱:He managed to ~ himself from Martha's embrace. 他使劲挣脱了玛莎的拥抱。❷使⋯撤退:We must ~ our troops from the conflict. 我们必须把部队从战斗中撤出。*vi*. ❶解脱;分离 ❷(军队)撤退:The fighter planes quickly ~d from the combat. 歼击机很快从战斗中撤出了。

dis·en·gaged [ˌdɪsɪnˈɡeɪdʒd] *adj*. 脱离了的,解约的;闲着的,空着的:I'll be ~ on Saturday. 星期六我就有空了。/Is this room ~? 这房间空着吗?

dis·fa·vo(u)r [ˌdɪsˈfeɪvə(r)] **Ⅰ**. *n*. Ⓤ❶不喜欢,不赞成:regard sb. with ~ 不喜欢某人 ❷受冷待,失宠:be in ~ 受冷遇 **Ⅱ**. *vt*. 不赞成;冷待,疏远

dis·fig·ure [dɪsˈfɪɡə(r)] (~s [-z];disfiguring[-rɪŋ]) *vt*. 毁坏⋯的容貌,丑化:The accident ~d him for life. 那事故使他毁容,终生无法恢复。/a landscape ~d by a power station 被发电厂破坏了的风景

dis·grace [dɪsˈɡreɪs] (~s [-ɪz];disgracing) **Ⅰ**. *n*. Ⓤ 丢脸,耻辱,不名誉:There is no ~ in being poor. 贫穷并不丢脸。**Ⅱ**. *vt*. ❶使丢脸,使蒙羞:Your behaviour ~s us all. 你的行为使我们大家丢脸。❷使(官吏等)失宠,使失势:After the defeat, two generals were publicly ~d. 那两位将军吃了败仗之后,在公众心目中威望扫地。

dis·guise [dɪsˈɡaɪz] (~s [-ɪz];disguising) **Ⅰ**. *vt*. ❶使假扮,伪装:The raiders ~d themselves as security guards. 袭击者都装扮成了保安人员。❷隐藏,掩饰:There's no *disguising* the fact that he's a liar. 他爱撒谎,这可是掩盖不了的。**Ⅱ**. *n*. Ⓒ Ⓤ❶假扮,伪装:put on a ~ 伪装起来/a master of ~ 伪装的能手 ❷假装,做作,借口

dis·gust [dɪsˈɡʌst] **Ⅰ**. *n*. Ⓤ 发呕(令人作呕)的;嫌恶,厌恶:his ~ at the sight of the

rotting food 他看到腐败的食物而感到恶心 **Ⅱ**. (~ed [-ɪd]) *vt*. 因⋯而恶心;使人厌烦:The use of torture must ~ any civilized person.施用酷刑必为文明社会的人所不齿。*vi*. 令人作呕;令人厌恶

dis·gust·ing [dɪsˈɡʌstɪŋ] *adj*. 使人反感的,讨厌的,令人作呕的:~ personal habits 令人厌恶的个人习惯

****dish** [dɪʃ] **Ⅰ**. (~es [-ɪz]) *n*. ❶Ⓒ 碟,盘:a glass ~ 玻璃盘子 ❷ [the ~es]餐具:put away the ~es 放好餐具 ❸Ⓒ 碟形物 ❹Ⓒ 一盘菜;食物:a big ~ of curry 一大盘用咖喱作调味的菜/a restaurant specializing in Indonesian ~es 印度尼西亚风味的餐馆 ❺Ⓒ [美俚]外貌有吸引力的人;漂亮女人 **Ⅱ**. (~es [-ɪz]) *vt*. ❶盛⋯于盘中 ❷ [英俚]挫败(人、计划等),使(希望等)破灭:The scandal ~ed his hopes of being elected.这桩丑闻使他当选的希望破灭了。

dis·heart·en [dɪsˈhɑːtn] (~s[-z]) *vt*. 使(人)沮丧,使(人)气馁:Don't let this setback ~ you. 不要因这一挫折而气馁。

dis·hon·est [dɪsˈɒnɪst] *adj*. ([反]honest)不诚实的,不正直的:a ~ man 不诚实的人

dis·hon·es·ty [dɪsˈɒnɪstɪ] (dishonesties [-z]) *n*. Ⓤ Ⓒ❶不正直;不诚实 ❷ 不正直的行为

dis·hon·o(u)r [dɪsˈɒnə(r)] **Ⅰ**. *n* ❶Ⓤ 不名誉,不光彩,丢脸:bring ~ on one's family 使自己的家庭蒙羞 ❷ [a ~]丢脸的人(或事) **Ⅱ**. (~s[-z];~ing[-rɪŋ]) *vt*. ❶ 使⋯丢脸,使丧失名誉:a cowardly act that ~s his memory 使他一想起便羞愧不已的怯懦之举 ❷【商】(银行)拒付:拒绝承兑(支票、汇票等)

dis·hon·o(u)r·a·ble [dɪsˈɒnərəbl] *adj*. 不名誉的,不光彩的:a ~ discharge from the army 被开除出军队这一不名誉的事

dis·in·cline [ˌdɪsɪnˈklaɪn] (~s [-z];disinclining) *vt*. 使(人)不愿;使无意于:be ~d to go out 不愿出去

dis·in·fect [ˌdɪsɪnˈfekt] (~ed [-ɪd]) *vt*. 杀死⋯的细菌,给⋯消毒:~ a hospital ward 为医院病房消毒

dis·in·te·grate [dɪsˈɪntɪɡreɪt] (~d[-ɪd]; disintegrating) *vt*. & *vi*. (使)瓦解;(使)崩溃:The family is starting to ~. 这个家庭要破裂了。/The plane flew into a mountain and ~d on impact.飞机冲向一座山,撞得粉碎。

dis·in·te·gra·tion [dɪsˌɪntɪˈɡreɪʃən] Ⓤ❶崩溃,瓦解 ❷分裂;分解:the gradual ~ of tradition values 传统价值观念的逐渐淡薄

dis·in·ter [ˌdɪsɪnˈtɜːr] (disinterred; disinterring[-rɪŋ]) *vt.* 挖掘出(被埋的某物):The court granted him permission to ～ the body. 法院批准他掘出尸体。

dis·join [dɪsˈdʒɔɪn](～s[-z]) *vt. & vi.* 拆散; 把…分开

disk [dɪsk] *n.* © ❶圆盘(状的东西);(田径用的)铁饼;唱片:a floppy ～ 软式磁盘 ❷(球形物体的)平圆面:the sun's ～ 太阳的表面 ❸【解】椎间盘

dis·like [dɪsˈlaɪk] Ⅰ. (～d[-t];disliking) *vt.* ([反]like)讨厌, 嫌恶, 不喜欢:I like cats but ～ dogs. 我喜欢猫,不喜欢狗。/ My mother ～s seeing you with me. 我母亲不喜欢看到你和我在一起。Ⅱ. *n.* ([反]liking, like)© Ⓤ不喜欢, 讨厌, 嫌恶:have one's pet ～s 有自己特别不喜欢的东西/a strong ～ of modern poetry 对现代诗的强烈反感

dis·loy·al [dɪsˈlɔɪəl] *adj.* 不忠诚的:be ～ to a cause 对事业不忠

dis·mal [ˈdɪzməl] *adj.* 阴郁的,凄凉的;阴沉的:～ weather 阴沉沉的天气/a ～ manner 郁郁寡欢的样子

dis·man·tle [dɪsˈmæntl] (～s [-z];dismantling) *vt.* ❶把(机械等)拆卸:～ a faulty motor 把有毛病的发动机拆开 ❷从(房子、船等)拆除 ❸去掉…的覆盖物

dis·may [dɪsˈmeɪ] Ⅰ. (～s[-z]) *vt.* 使灰心,使沮丧;使惊愕:We were all ～ed at his refusal to cooperate. 他不肯合作使我们感到非常失望。Ⅱ. (～s[-z]) *n.* Ⓤ惊慌,胆怯;沮丧:be struck with ～ at the news 听到这消息感到惊愕

dis·miss [dɪsˈmɪs] (～es [-ɪz];～ed [-t]) *vt.* ❶摒弃(想法等),丢开:He tried without success to ～ her memory from his thought. 他尽量不去想她,然而无济于事。❷把…解雇,解职;开除:workers who have been unfairly ～ed 被无理解雇的工人 ❸使…离开;解散(集会等):The duchess ～ed the servant from her presence. 公爵夫人让那个仆人退下。❹【法】驳回,不受理(诉讼案件) *vi.* 解散

dis·mis·sal [dɪsˈmɪsl] (～s[-z]) *n.* © Ⓤ ❶解雇,免职:The ～s led to a strike. 雇主解雇工人导致了罢工事件。/a strike caused by the ～ of two workers 因解雇两名工人而引起的罢工事件 ❷打发走,解散 ❸【法】不受理,驳回

dis·mount [dɪsˈmaʊnt] *vt.* 使下马,使下车;从…下来 *vi.* 下马,下车:～ from horseback 下马

服从;不顺从:He was punished for his ～. 他因不服从而受到惩罚。

dis·o·be·di·ent [ˌdɪsəˈbiːdjənt] *adj.* 不服从的;不顺从的:I was very ～ towards my father. 我根本不听父亲的话。

dis·o·bey [ˌdɪsəˈbeɪ] (～s[-z]) *vt. & vi.* ([反]obey)不服从,不遵从,不遵守

dis·or·der [dɪsˈɔːdə(r)] Ⅰ. (～s[-z]) *n.* ❶Ⓤ© 无秩序,混乱;骚动:Everyone began shouting at once and the meeting broke up in ～. 大家一下子开始喊叫起来,会议秩序大乱而被迫中断。❷© Ⓤ(身心的)失调,不适:He's suffering from severe mental ～. 他患有严重的精神疾病。Ⅱ. (～s [-z];～ing [-rɪŋ]) *vt.* ❶把…的秩序扰乱,使混乱:～ sb.'s papers 把某人的证件弄乱 ❷使(身心)失调

dis·or·der·ly [dɪsˈɔːdəlɪ] [常作定语] *adj.* ❶无秩序的,混乱的:a ～ heap of clothes 乱七八糟的一堆衣服 ❷妨碍治安的,目无法纪的:a ～ mob 扰乱社会秩序的暴民

dis·or·gan·ize, -ise [dɪsˈɔːgənaɪz] (～s [-ɪz];disorganizing) *vt.* 把…组织瓦解;妨碍治安;使…混乱:～ a schedule 打乱程序

dis·par·age [dɪˈspærɪdʒ] (～s [-ɪz];disparaging) *vt.* 轻视,轻蔑,贬低:～ sb.'s work 贬低某人的作品

dis·par·ity [dɪˈspærətɪ] *n.* © Ⓤ不同,不一致;不相称:～ in age 年龄的差距/Comparison of the two accounts revealed numerous disparities. 把这两本账一比较,发现有许多出入。

dis·part [dɪsˈpɑːt] (～ed [-ɪd]) *vt. & vi.* (使)分裂;(使)裂开

dis·patch [dɪsˈpætʃ] Ⅰ. (～es [-ɪz];～ed [-t]) *vt.* ❶快速传送(信件);派遣(人、军队等):～ a letter 发信/American warships have been ～ed to the area. 美国军舰已派往该地区。❷迅速处理(工作、用餐等)结:The chairman ～ed the meeting in 20 minutes. 主席仅用20分钟时间就结束了会议。❸杀害:A vet ～ed the injured horse. 兽医把那匹受伤的马杀死了。Ⅱ. (～es [-ɪz]) *n.* ❶Ⓤ快递;特派:We welcome the ～ of the peace-keeping force. 我们对派出维持和平部队此举表示欢迎。❷© (急件的)公文;(报纸的)快电 ❸Ⓤ迅速地处理;迅速准确

dis·pel [dɪˈspel] (dispelled; dispelling) *vt.* 驱散(雾等);消除(烦恼等):The company is trying to ～ rumours about a take-over. 公司力图澄清有关控制权移交的流言。

dis·pense [dɪˈspens] (～s [-ɪz];dispensing)

vt. ❶分配,分发;施予:On Saturday morning my father solemnly ~d pocket money to each of the children. 星期六上午我父亲郑重其事地给每个孩子发零花钱。❷实施,执行(法律等)❸配(药),配(方);发(药):~ a prescription 按处方配药

dis·perse [dɪˈspɜːs] (~s [-ɪz]; ~d [-t]; dispersing) *vt. & vi.* (使)分散;(使)散开;(使)解散:The wind ~d the clouds. 风把云吹散了。/The crowd ~d(in all directions). 人群散开了。

dis·pir·it [dɪˈspɪrɪt] (~ed [-ɪd]) *vt.* 使(人)沮丧;使气馁:She refused to be ~ed by her long illness. 她并未因长期患病而萎靡不振。

dis·place [dɪsˈpleɪs] (~s [-ɪz]; displacing) *vt.* ❶从(原来的地方)移开;使(人)离开 ❷取代;代替:Weeds tend to ~ other plants. 杂草越来越多,有取代其他植物之势。

dis·place·ment [dɪsˈpleɪsmənt] *n.* ❶Ⓤ移位,取代 ❷解雇,免职 ❸Ⓒ[a ~](船的)排水量:a ship with a ~ of 10,000 tons 排水量为 10,000 吨的船只

dis·play [dɪˈspleɪ] Ⅰ. (~s[-z]) *vt.* ❶展示,陈列:It's the first time the painting has been ~ed to the public. 这是该画首次公开展出。❷把(感情等)表露出;把(能力等)发挥出:~ one's angry 表露出自己的愤怒/Her writing ~s natural talent. 她的作品显示出她天赋极高。❸夸耀,夸示:~ one's wealth 炫耀自己的财富 Ⅱ. (~s[-z]) *n.* ❶Ⓒ Ⓤ展示,陈列;展览 ❷Ⓒ[用复数]展示品:The ~s in Harrods are one of the sights in London. 哈罗德百货公司的陈列品是伦敦一景。/put sth.on ~ 展出某物 ❸Ⓒ Ⓤ(感情等的)显露;(能力等的)发挥:an appalling of greed 极其贪婪的表现 ❹Ⓤ Ⓒ炫耀,夸耀:a of military 军事威力的炫耀

dis·please [dɪsˈpliːz] (~s[-z]; displeasing) *vt.* ([反]please)惹怒,使人不快;使不高兴:He would do anything rather than ~ his parents. 他无论如何也不会惹父母生气。

dis·pleas·ing [dɪsˈpliːzɪŋ] *adj.* 使人不愉快的,令人不高兴的:Modern music can at first seem ~ to the ear. 现代音乐乍听起来可能让人很不舒服。

dis·pleas·ure [dɪsˈpleʒə(r)] *n.* Ⓤ❶不愉快 ❷生气,不满:His rash outburst incurred the ~ of the judge. 他勃然大怒使法官不悦。

dis·port [dɪˈspɔːt] Ⅰ. (~ed [-ɪd]) *vt. & vi.* 玩乐,嬉戏,消遣:children ~ing themselves like puppies on the beach 像一群小狗

似的在海滩上嬉戏的孩子们 Ⅱ. *n.* Ⓤ娱乐,游戏

dis·pos·al [dɪˈspəʊzl] *n.* Ⓤ Ⓒ❶处置,处理;整理:The safe ~ of nuclear waster is a major problem. 安全处置核废料是个大问题。❷(自由)处置权:Students have a well-stocked library at their ~. 学生有个藏书丰富的图书馆,非常方便。❸布置,配置,排列

dis·pose [dɪˈspəʊz] (~s [-ɪz]; disposing) *vt.* ❶配置…,配备:~ the chairs in a semi-circle 把椅子排成半圆形 ❷使(某人)愿意,使有意于:His criminal record does not ~ me to trust him. 他有前科,我不会轻易相信他。❸处理,处置 *vi.* 处置,处理

dis·po·si·tion [ˌdɪspəˈzɪʃən] *n.* Ⓤ Ⓒ❶安排;布置;配置:the ~ of furniture in a room 房内家具的布置 ❷性情,气质;性格:a calm ~沉静的性格 ❸意向,倾向:There was a general ~ to ignore the problem. 人们一般都忽视了这个问题。

dis·pos·sess [ˌdɪspəˈzes] (~es [-ɪz]; ~ed [-t]) *vt.* 从(某人)夺取,剥夺:The nobles were ~ed of their estates after the revolution. 革命后剥夺了贵族们的财产。

dis·praise [dɪsˈpreɪz] Ⅰ. (~s [-ɪz]; dispraising) *vt.* 指摘;非议;谴责;骂 Ⅱ. *n.* Ⓤ指摘;非议;骂

dis·prove [dɪsˈpruːv] (~s [-z]; disproving) *vt.* 证明(争论等)错误;反驳,驳斥:The allegations have been completely ~d. 这些指控证明完全是无中生有。

dis·pu·ta·ble [dɪˈspjuːtəbl, ˈdɪspjʊtəbl] *adj.* ([反]indisputable)可质疑的,有争论余地的;未确定的:He made some very ~ claims about his record. 他声称创造了新纪录,可那大有争议。

dis·pu·ta·tion [ˌdɪspjuːˈteɪʃən] *n.* Ⓒ Ⓤ争辩,争论:a matter of ~ (可)争论的事情

dis·pute [dɪˈspjuːt] Ⅰ. (~d[-ɪd]; disputing) *vt.* ❶争论,争辩:We ~d the problem for hours. 这个问题我们争论了好几个钟头。/ They ~d how to get the best results. 他们争论如何才能取得最好的效果。❷对…表示异议:The election result was ~d. 有人对选举的结果提出了异议。❸争夺(土地、胜利等):Our soldiers ~d every inch of ground. 我方战士寸土必争。*vi.* 争论;争辩;争执:The two professor enjoy *disputing*. 那两位教授喜好争辩。 Ⅱ. *n.* Ⓒ Ⓤ争论,争吵;纷争:a border ~ that could easily become a war 容易引起战争的边界争端

dis·qual·i·fi·ca·tion [dɪsˌkwɒlɪfɪˈkeɪ

∫ən] n. U C 取消资格；无资格：(a) ～ for driving while drunk 因酒后驾驶而吊销执照

dis·qual·i·fy [dɪs'kwɒlɪfaɪ] (disqualifies [-z]；disqualified) vt. 使(某人)不合格，取消…的资格；使(某人)丧失资格：She was *disqualified* in the first round. 她在第一局就被淘汰了。

dis·qui·et [dɪs'kwaɪət] I. (～ed [-ɪd]) vt. 使(人)不安，打搅；使忧虑；使担心：be greatly ～ed by the fall in public support 因公众支持率的下降而大为不安 II. n. U 不安，忧虑：The strength of the dollar is causing considerable ～ on the Stock Exchange. 美元的坚挺表现在证券交易所中引起很大的不安。

dis·re·gard [ˌdɪsrɪ'gɑːd] I. (～s[-z]；～ed [-ɪd]) vt. 漠视，不顾；无视：He completely ～ed my point of view. 他完全不理会我的观点。 II. n. U [a～]不关心，轻视：She shows a total ～ for other people and their feelings. 她显然丝毫不顾及别人及别人的感情。

dis·rep·u·table [dɪs'repjʊtəbl] adj. ❶名声不好的，声名狼藉的 ❷品行坏的：I've been accused of using ～ methods to get what I want. 我被指控采取不正当的手段谋取私利。

dis·re·pute [ˌdɪsrɪ'pjuːt] n. U 声名狼藉，坏名声：Since the scandal, the school has rather fallen into ～. 自从发生了这桩丑闻，该校名声大为下降。

dis·re·spect [ˌdɪsrɪ'spekt] I. n. U 无礼，失礼：He meant no ～ by that remark. 他的话并无不敬之意。 II. (～ed [-ɪd]) vt. 不尊敬；不尊重

dis·re·spect·ful [ˌdɪsrɪ'spektfʊl] adj. 不恭敬的；失礼的：We often criticize the Government, but we're never ～ towards the Royal Family. 我们经常抨击政府，但对皇室从无不敬之意。

dis·rupt [dɪs'rʌpt] vt. (～ed [-ɪd]) ❶使(交通或通信等)混乱：Fog ～ed traffic. 大雾使交通陷于混乱。 ❷使(国家、政党等)分裂，瓦解

dis·sat·is·fac·tion [ˌdɪsˌsætɪs'fækʃən] n. ❶U 不满，不平(with, at) ❷C 令人不满的事物

dis·sa·tis·fac·tory ['dɪsˌsætɪs'fæktərɪ] adj. 令人不满的；使人不平的

dis·sat·is·fy [dɪs'sætɪsfaɪ] (dissatisfies；dissatisfied) vt. 使不满，使不平：be *dissatisfied* with 对…不满

dis·sen·sion [dɪ'senʃən] n. C U 不和，意见分歧；争吵：Father's will caused much ～ among his children. 父亲的遗嘱引起了子女之间的纷争。

dis·sent [dɪ'sent] I. (～ed [-ɪd]) vi. 对…持有不同意见，持异议：I wish to ～ from the motion. 我不同意该动议。 II. n. U ❶意见不合；异议：In those days, religious ～ was not tolerated. 那年头不容许对宗教信仰持异议。 ❷ [D-]反对国教，不顺从国教

dis·sim·i·lar [dɪ'sɪmɪlə(r)] adj. 不同的，不相似的：Her latest book is quite ～ from her previous one. 她新近写的这本书跟她以前写的截然不同。

dis·sim·i·lar·i·ty [ˌdɪsɪmɪ'lærətɪ] n. C U 不同；不同之点：They correct any ～ between batches of work. 他们改正各批活儿的不统一之处。

dis·si·mi·la·te [dɪ'sɪmɪleɪt] vt.& vi. (使)不一样，(使)不同；(使)异化

dis·si·pate ['dɪsɪpeɪt] (～ed [-ɪd]；dissipating) vi. ❶驱散；消散：The mist quickly ～d as the sun rose. 太阳升起时，雾很快就消散了。 ❷放荡，酗酒 vt. ❶使(云、雾等)消散 ❷消除(恐惧、疑惑等)：Her son's letter ～d all her fears and anxiety. 她儿子的来信消除了她一切恐惧和焦虑。 ❸浪费(时间、金钱等)：～ one's efforts 浪费自己的精力

dis·si·pa·tion [ˌdɪsɪ'peɪʃən] n. U ❶(云、心事等的)消失；消散 ❷浪费；放荡

dis·so·ci·ate [dɪ'səʊʃɪeɪt] (～d [-ɪd]；dissociating) vt. 把…分离；把…分开 vi. 分离

dis·solve [dɪ'zɒlv] I. (～s [-z]；dissolving) vt. ❶使溶解；(使)分解：Water ～s salt. 水能溶解盐。 ❷解散(议会、团体等)；解除(关系、合同等)：～ a business partnership 解除商业合伙关系 vi. ❶分解；溶解：Salt ～s in water. 盐在水中溶解。 ❷解散；消除：Parliament ～s tomorrow. 议会定于明日解散。 ❸(景色、画面等)渐渐消失；(希望等)破灭：All his hopes ～d at the terrible news. 那个极坏的消息使他的一切希望都破灭了。/The view ～d in mist. 那景色在雾中消失了。 II. n. U 叠化画面；溶暗

dis·suade [dɪ'sweɪd] (～d [-ɪd]；dissuading) vt. ([反] persuade) 劝阻：The police managed to ～ him from jumping off the building. 警方已设法劝他不要从大楼上跳下来。

dis·tance ['dɪstəns] (～s[-ɪz]) n. ❶C U 距离，路程；远处；远离：It's a great ～ from here. 离此处很远。/At a ～ of six miles you can't see much. 距离 6 英里以外的东西很难看清。 ❷C U (时间的)间隔；(身份、意见等的)差异：*Distance* is no problem with modern telecommunications. 在电信发达的今天，相距遥远已不再是什么问题了。❸ⓊⒸ（心理的）相隔；冷淡，疏远：Is his ～ a result of snobbery or shyness? 他态度冷淡是因为他势利眼呢，还是因为他腼腆呢？

dis·tant ['dɪstənt] *adj.*（[反]near）❶（距离、时间上）远的，远离的：a ～ land 遥远的地方/the ～ past 遥远的过去 ❷（旅行等）从远方来的；到远方去的 ❸（人）远亲的；（关系）淡薄的；（类似处）微小的：She is a ～ cousin of mine. 她是我的远房表妹。/There is ～ connection between the two theories. 这两种学说之间没什么关联。❹（在心理上）疏远的，冷淡的：a ～ attitude 不太热情的态度

dis·taste [dɪs'teɪst] *n.*ⓊⒸ[亦用 a ～]嫌恶；不喜欢，厌恶(for)：turn away in ～ 厌恶地走开/a ～ for violent sports 不喜欢剧烈的运动

dis·taste·ful [dɪs'teɪstful] *adj.* 讨厌的，使人不愉快的：Even the thought of her was ～ to him. 他甚至一想起她来，感到恶心。

dis·tem·per[1] [dɪs'tempə] *n.*Ⓤ❶坏脾气，愠怒 ❷犬瘟热（犬类等的一种疾病）

dis·tem·per[2] [dɪs'tempə] **I**.*n.*Ⓤ❶胶画颜料；胶画法 ❷水浆；涂料**II**.（～s[-z]；～ing[-rɪŋ]）*vt.* 用胶画颜料画：～ the walls green 用刷墙水粉把墙壁刷成绿色

dis·tend [dɪ'stend]（～ed[-ɪd]）*vt.& vi.*（使腹部）鼓起来，（使）膨胀：a ～ed intestine 膨胀的肠

dis·til [dɪ'stɪl]（distilled；distilling）*vt.* ❶蒸馏；以蒸馏法提取：～ fresh water from seawater 用蒸馏法从海水中提取淡水 ❷使…滴下；使滴下 ❸提取…的精华；抽出：useful advice *distilled* from a lifetime's experience 从一生的经历中得出的有益的教训 *vi.* 滴下；蒸馏

dis·tinct [dɪ'stɪŋkt] *adj.* ❶有区别的，不同的；独特的：Mozart's style is quite ～ from Haydn's. 莫扎特在风格上与海顿截然不同。❷明显的；清楚的：The footprints are quite ～；they must be fresh. 足迹清晰易辨，一定是不久前留下来的。

dis·tinc·tion [dɪ'stɪŋkʃən]（～s[-z]）*n.* ❶ⒸⓊ区分，区别；差别：He drew a quite artificial ～ between men and women readers. 他把男读者和女读者硬是人为地区分开来。❷Ⓤ优秀，卓越：a work of ～ 优秀的作品 ❸ⒸⓊ荣誉，名声；勋章：win a ～ for bravery 因表现英勇而获得勋章

dis·tinc·tive [dɪ'stɪŋktɪv] *adj.* 特别的；有特色的，与众不同的：a ～ appearance 特别的

外表

dis·tin·guish [dɪ'stɪŋgwɪʃ]（～es[-ɪz]）*vt.* ❶区别，识别；辨别：The twins are so alike that no one can ～ one from the other. 这对孪生子长得很像，无人能分辨出谁是谁。❷清楚地看见…；能辨认…：～ distant objects 辨别出远处的物体 ❸显示…的特征；把… 和…区别：Speech ～es human beings from the animals. 使用语言是人类有别于动物的特征。❹使著名，引人注目：She ～ed herself by her coolness and bravery. 她因头脑冷静、敢作敢为而为人称道。*vi.*（[近]discriminate）区别，识别，辨别：People who can not ～ between colours are said to be colour-blind. 不能辨别颜色的人称为色盲。

dis·tin·guished [dɪ'stɪŋgwɪʃt] *adj.* ❶卓越的；著名的；显著的：She is a ～ novelist and philosopher. 她是一个杰出的小说家和哲学家。❷高贵的；显示尊贵的：I think grey hair makes you look rather ～. 我觉得你灰白的头发使你看上去很高贵。

dis·tort [dɪ'stɔːt]（～ed[-ɪd]）*vt.* ❶弄歪，扭曲（嘴、脸等）：a face ～ed by pain 因疼痛而扭曲的脸 ❷歪曲（事实等），扭曲：～ sb.'s words 歪曲某人的言语 ❸使（电视等的声音、影像）变形，使失真：The announcement was so ～ed that I couldn't understand what was said. 通告播出的声音严重失真，我听不懂说的是什么。

dis·tor·tion [dɪ'stɔːʃən]（～ed[-ɪd]）*n.* ❶Ⓤ扭曲，变形 ❷Ⓒ变形的事物 ❸ⓊⒸ（事实等的）曲解；被歪曲的话语：a ～ of the facts 对事实的歪曲 ❹ⒸⓊ（电波、声音等的）失真

dis·tract [dɪ'strækt]（～ed[-ɪd]）*vt.* ❶转移，分散（他人的注意）：Children are so easily ～ed. 儿童的注意力很不容易集中。❷混乱，迷惑，困扰（人心）

dis·trac·tion [dɪ'strækʃən]（～s[-z]）*n.* ❶ⓊⒸ精神涣散；分散注意力的东西：He found the noise of the photographers a ～. 他觉得摄影师们的嘈杂声分散了他的注意力。❷Ⓒ娱乐，消遣：TV can be a welcome ～ after a hard day's work. 辛苦一天之后，看看电视有时算是很美的消遣。❸Ⓤ心慌意乱；精神错乱：He loves her to ～. 他爱她爱到了发疯的地步。

dis·tress [dɪ'stres]（～es[-ɪz]）*n.*Ⓤ**I**.❶痛苦，忧伤，悲叹：Her death was a great ～ to all the family. 她去世后，全家人极为悲痛。❷[常用 a ～]苦恼的原因 ❸贫苦，穷困：The Government acted quickly to relieve the widespread ～ caused by the earthquake. 地震造成广泛地区受难，政府迅速采取行动赈济

D

灾民。❷困难，危险情况；【海】遇难：a ship in ～遇险的船只Ⅱ. (～es[-ız]；～ed[-t]) *vt.* ❶使（某人）痛苦，使苦恼：Please don't ～ yourself. 请你不要忧愁了。❷使贫困；使困苦

dis·tress·ful [dı'stresfʊl] *adj.* (［同］distressing)令人痛苦的；苦难重重的，悲惨的；难受的：a ～ sight 悲惨的情景

dis·trib·ute [dı'strıbjuːt] (～d[-ıd]；distributing) *vt.* ❶分配…；分发：The demonstrators ～d leaflets to passers-by. 示威者向行人分发传单。❷散布：Baggage loaded onto an aircraft must be evenly ～d. 飞机载运的行李应均匀放置在各个部位。❸把…分类，区分 ❹【印】拆（版）

dis·trib·u·tion [ˌdıstrı'bjuːʃən] (～s[-z]) *n.*ⒸⓊ❶分发，分配；配给：the ～ of catalogues 目录的分发 ❷分布；分布状态；散布：the ～ of schools in this district 这个区里的学校分布情况 ❸分类 ❹分配装置

dis·trib·u·tive [dı'strıbjʊtıv] Ⅰ. *adj.* ❶分配的；分发的 ❷个体的，个别的Ⅱ. *n.*Ⓒ【语】个体词(如 each, every, either 等)

dis·trib·u·tor [dı'strıbjʊtə(r)] (～s[-z]) *n.*Ⓒ❶分发者；分配者 ❷销售者(尤指批发商) ❸分配器；【电】配电盘

*ˈ***dis·trict** ['dıstrıkt] Ⅰ. *n.*Ⓒ❶区，管区，行政区 ❷地区，区域：poor ～ 贫困地区Ⅱ. (～ed[-ıd]) *vt.*把…划分成区

dis·trust [dıs'trʌst] Ⅰ. *n.*ⒸⓊ不信任，怀疑：He has a ～ of strangers. 他不信任陌生人。Ⅱ. *vt.* (［反］trust)不信任，怀疑：He's so suspicious he would ～ his own mother. 他这人疑心太重，连自己的母亲也不信任。

*ˈ***dis·turb** [dı'stɜːb] (～s[-z]) *vt.* ❶打扰(某人)，扰乱(人心等)，妨碍(睡眠、安静)：She opened the door quietly so as not to ～ the sleeping child. 她轻轻地开门，以免惊扰了睡着的孩子。/ Don't ～ the papers on my desk. 别把我写字台上的文件弄乱了。❷弄乱；打乱(计划等) ❸使(人)心神不宁：She was ～ed to hear the news. 她听到这消息后感到心神不宁。

dis·turb·ance [dı'stɜːbəns] (～s[-ız]) *n.*❶Ⓒ骚动，动乱：violent ～s in inner-city areas 发生在市中心的激烈骚乱 ❷ⒸⓊ打扰；干扰；扰乱：The teacher told him to leave as he was a ～ to the other students. 因为他干扰了其他学生，所以老师叫他出去。❸Ⓤ【心】精神错乱；心绪纷乱

dis·use Ⅰ. [dıs'juːz] (～s[-ız]；disusing) *vt.*不用，废弃Ⅱ. [ˌdıs'juːs] *n.*Ⓤ不用，废弃：rusty from ～ 因弃置不用而生锈

ditch [dıtʃ] Ⅰ. (～es['-ız]) *n.*❶Ⓒ(明)沟，沟渠 ❷[英] [the D-]英吉利海峡；北海Ⅱ. (～es[-ız]；～ed[-t]) *vt.* ❶在…上开沟，在…上筑渠 ❷抛弃；I hear she's ～ed her boyfriend. 我听说她把她男朋友给甩了。*vi.* ❶开沟，筑渠 ❷被迫把(飞机)降落在水面上；强迫降落：A sudden engine failure forced the pilot to ～. 由于发动机突然出现故障，飞行员不得不紧急降落。

dith·er ['dıðə] Ⅰ. (～s[-z]) *n.*Ⓒ❶发抖：have the ～s [口]哆嗦 ❷慌乱；兴奋Ⅱ. (～s[-z]；～ing[-rıŋ]) *vi.* ❶发抖 ❷[口]犹豫不决：Stop ～ing about which film you want to see or you'll miss them both! 到底要哪一部影片，别再犹豫了!不然的话，两部影片你都要错过了!

di·van [dı'væn] (～s[-z]) *n.*Ⓒ❶(无靠背、无扶手的)长沙发；矮床 ❷(土耳其等国的)国务会议；会议室

dive [daıv] Ⅰ. (～s[-z]；～d或 dove [dəʊv]；diving) *vi.* ❶(头朝下)跳水：He ～d from the bridge to rescue the drowning child. 他从桥上跳入水中，去救那溺水儿童。❷(潜水艇、潜水员等)潜水：They ～d down for oysters. 他们潜入水中采牡蛎。❸(鸟、飞机)急剧俯冲；突然下降：The plane ～d steeply. 那架飞机垂直俯冲。❹冲进，跑进，逃进：When the rain started, we ～d into a cafe. 雨下了起来，我们立即跑进了一家小餐馆。❺冲向某处；急忙搜寻某物：We ～d for cover when the storm started. 暴风雨来临时，我们急忙寻找躲避的地方。❻将手伸入(…中)：He ～d into his pocket and pulled out a quarter. 他将手伸入口袋中，取出一枚 25 美分的硬币。❼钻研，探究，投入：～ into a new project 潜心钻研一个新项目Ⅱ. *n.*Ⓒ❶跳水；潜水；俯冲：The goalkeeper made a spectacular ～ to save the goal. 守门员做了一个精彩的鱼跃动作救回一球。❷[英]设在地下室的饮食店：an oyster ～ 专售牡蛎的地下食品店 ❸[美]下等酒吧间；下等娱乐场所

di·verge [daı'vɜːdʒ] (～s[-ız]；diverging) *vi.* ❶(［反］converge)(线条、道路等)分叉，岔开 ❷(意见等)分歧：Our views ～d so greatly that it was impossible to agree. 我们的观点存在着严重的分歧，绝无调和余地。❸离题；偏离(计划、标准等)：～ from the truth 不符合事实

di·ver·gence [daı'vɜːdʒəns] *n.* (［反］convergence)ⓊⒸ❶(道路等的)分叉，岔开 ❷(意见等的)分歧；背驰(from)

divers ['daıvɜːz, -vəz] *adj.* (［近］varied, various)各种各样的；好几个的，若干个的

diverse [daɪ'vɜːs] *adj*. ❶（和…）不一样的 (from) ❷多种多样的；形形色色的：Her interests are very ～. 她的兴趣非常广泛。

di·ver·si·fy [daɪ'vɜːsɪfaɪ]（diversifies [-z]；diversified）*vt*. 使多样化；使不同：～ agriculture 使农产品多样化 *vi*.（尤指企业）从事多种经营；多元化：Some publishers are now ～ing into software. 有些出版社目前正兼营软件。

di·ver·sion [daɪ'vɜːʃən] *n*. ❶ⓊⒸ偏离；转向：the ～ of one's thoughts 思想的转变 ❷Ⓒ（道路禁止通行时的）临时绕行路，改道：traffic ～s 交通改道 ❸Ⓒ用以转移视线的事物；为转移注意力而制造的假象 ❹ⓊⒸ消遣，娱乐：the ～s of city life 城市的各种消遣

di·vert [daɪ'vɜːt]（～ed [-ɪd]）*vt*. ❶使…转向，转移；使改道：～ traffic from one road to another 使车辆绕道行驶／～ sb.'s attention 将某人的注意力转移到别处 ❷使欢娱，使高兴：Children are easily ～ed. 孩子们有娱乐就很高兴。

di·vest [daɪ'vest]（～ed[-ɪd]）*vt*. ❶脱去…的衣服：～ a child of his clothes 脱去小孩的衣服 ❷解除（某人的权力、职责等）；剥夺：The disgraced official was ～ed of all authority. 该失势官员的权力都被解除了。

di·vide [dɪ'vaɪd] Ⅰ.（～d [-ɪd]；dividing） *vt*. ❶使分割开，划分；使分开；使分隔：～ an apple in half 把苹果分成两半／～ the class into small groups 把那个班分成几个小组 ❷分配；分享，分担：We ～d the work between us. 我们分担这项工作。/He ～s his energies between politics and business. 他把一部分精力用来搞政治，一部分用来经商。❸将…分开；在…之间划分界限：The English Channel ～s England from France. 英吉利海峡把英、法两国分隔开来。❹使产生分歧；使对立：This issue has ～d the government. 这一问题在政府中引起意见分歧。❺（使议会）分组表决 ❻【数】（用…）除，除尽… *vi*. ❶分，分开：The river ～s near its mouth. 那条河流在河口附近分岔。/The railway ～s here into two lines. 铁道在这里分成两条支线。❷分裂；意见分歧：On some minor points he and I ～d. 在一些细节问题上，他与我意见不同。❸【数】（被）除（尽）：Six ～s by two. 6 能被 2 除尽。Ⅱ. *n*. Ⓒ分水岭，分水线；分界线

div·i·dend ['dɪvɪdend] *n*. ❶Ⓒ（付给股票持有者的）股息，红利；（付给足球赛打赌赢家的）彩金：declare a ～ 宣布发放股息 ❷【数】被除数

di·vid·er [dɪ'vaɪdə(r)] *n*. ❶Ⓒ分隔物：a room ～ 分隔房间的隔板 ❷［用复数］分线规；

两脚规：a pair of ～s 一副分线规

div·i·na·tion [ˌdɪvɪ'neɪʃən] *n*. Ⓤ❶占卜 ❷预测；预见

di·vine [dɪ'vaɪn] Ⅰ.［无比较等级］*adj*. ❶神的；神性的；the ～ will 天意 ❷神圣的；庄严的；非凡的 ❸极好的；可爱的：The bride was just ～! 新娘真的好漂亮！Ⅱ.（divining）*vt*.& *vi*. ❶占卜；卜测；预言 ❷（凭直觉）意识到，推测：～ sb.'s thoughts 领悟某人的思想

di·vin·er [dɪ'vaɪnə(r)]（～s[-z]）*n*. Ⓒ占卜者；预言者；推测者

div·ing ['daɪvɪŋ] *n*. Ⓤ潜水，(游泳的)跳水

di·vi·sion [dɪ'vɪʒən]（～s[-z]）*n*. ❶ⓊⒸ分，分割，划分；分配：the ～ of wealth 财产的分配/make a fair ～ of the profits 将利润公平分配 ❷Ⓒ（区分出的）部分；分成的一部分 ❸Ⓒ（组织或机构的）单位，部门（如处、科、组、军队的师等）：the sale ～ of our company 本公司的销售部 ❹Ⓒ分界线；间隔物：A hedge forms the ～ between her land and mine. 有一道树篱在她的土地和我的土地之间形成了分界线。❺ⓊⒸ（思想、生产方式等的）歧异，差别；差距：a ～ of opinions in the party 党内的意见分歧 ❻Ⓒ（议会中的）分组表决：The Bill was read without a ～. 该法案未经分组表决即进行宣读。❼Ⓤ【数】除法❽Ⓒ【军】师

di·vi·sor [dɪ'vaɪzə(r)]（～s[-z]）*n*. Ⓒ【数】除数，约数：common ～ 公约数

di·vorce [dɪ'vɔːs] Ⅰ.（～s [-ɪz]）*n*. ❶ⒸⓊ离婚；离异：ask for a ～ 申请离婚/He got a ～ from his wife. 他和他的妻子离婚了。❷Ⓒ断绝关系；分离：the ～ between religion and science 宗教与科学的分离Ⅱ.（～s [-ɪz]；～-[-t]；divorcing）*vt*. ❶使离婚：She ～d her husband two years ago. 她和她的丈夫在两年前离婚了。❷使…分离：You can't ～ science from ethical questions. 不能把科学与伦理问题截然分开。

di·vor·cee [dɪˌvɔː'siː] *n*. Ⓒ离了婚的人

di·vulge [daɪ'vʌldʒ]（～s [-ɪz]；divulging）*vt*.泄露(秘密等)：～ a confidential report 泄露机密报告/I cannot ～ how much it cost. 我不能把价钱泄露出来。

diz·zy ['dɪzɪ] Ⅰ.（dizzier；dizziest）*adj*. ❶头晕目眩的；失去平衡的；昏乱的：After another whisky, I began to feel ～. 我又喝了一杯威士忌酒之后，就觉得头晕目眩。❷使人头晕的；过分高（或快）的：a ～ height 使人眩晕的高度 ❸被弄糊涂的；愚蠢的Ⅱ.（dizzies [-z]；dizzied）*vt*. ❶使头昏眼花 ❷使茫然，使混乱

do¹ [dʊ,də,duː]（强 duː；弱 du）(does [强 dʌz,

弱 dəz]；did [did]；done [dʌn]）**v. aux.** ❶ ［构成疑问句］*Does* she speak French? 她会说法语吗? /How ～ you know I am here? 你怎么知道我在这里的? /Where *did* you meet her? 你在哪里遇见她的? ❷ ［构成否定句］：I *don't* like fish. 我不喜欢鱼。/They *don't* go to London. 他们不去伦敦。/*Don't* tell a lie. 别说谎。❸ ［用来强调句中的动词］：You ～ look nice today! 你今天看起来真漂亮! /She *did* write to say thank you. 她的确写信向你道谢了。/*Do* be careful! 一定要仔细! ❹ ［用于倒装句］：Not only *does* she speak Spanish，（but）she also speaks French. 她不但会说西班牙语，还会说法语。/So much *did* they eat that they could not move. 他们吃得太多了，以至于不能活动。**v. substitute** ❶ ［用来避免动词的重复］：He drives faster than he *did* a year ago. 他开车比一年前快多了。/I thought she'd come，but she *didn't*. 我原以为她会来，但却没来。/"*Do* you mind if I sit here?" "No, please ～." "你介意我坐在这里吗?" "不，请坐。" ❷ ［用于反问］：He plays the piano，*doesn't* he? 他会弹钢琴，不是吗? /She *doesn't* work here，*does* she? 她不在此地工作，是吗? **vt.** ❶ 做…，干…；尽（力）：What are you *doing* this evening? 今晚你打算做什么? /He *does* nothing but complain. 他只会发牢骚。❷ 带来…，给予：Crying *does* no good. 哭没有益处。/Will you ～ me a favour? 帮我个忙好吗? /This remedy will ～ you some good. 这种药物对你会有益处的。❸ 学习，研究；进行（某项活动或工作）：～ a university degree 攻读大学学位/She *did* economics at Oxford University. 她曾在牛津大学学习经济学。/Have you *done* any Shakespeare? 你研究过莎士比亚的作品吗? ❹ 解答（某事物）；解决：I can't ～ this sum. 我不会做这道算术题。❺ 制作，产生：a film 摄取电影/She *did* five copies of the agenda. 她将议程表复制了5份。❻ Does this pub ～ lunches? 这家酒馆供应午餐吗? ❻ 翻译：I'll ～ a translation for you. 我来为你翻译。❼ 处理…，洗涤…；打扫…；整理（头发等）：～ one's teeth 刷牙/I like the way you've *done* you hair. 我喜欢你梳的发式。/We'll have to get someone to ～ the roof. 我们得找人来修理房顶。❽ 演出或演排（戏剧、歌剧等）；扮演（角色）：He *did* the main character in the play. 他在那出戏中饰演主角。/The Dramatic Society are *doing* "Hamlet" next year. 戏剧社准备明年演出《哈姆雷特》。❾ 结束（某事物）；完成：*Did* you get your article *done* in time? 你的论文按时写完了吗? ❿ 走过（某距离），前进；（以某种速度）行进；How many miles did you ～ during your tour? 你旅行了多少英里? /The car was *doing* 90 miles an hour. 汽车以每小时90英里的速度行驶。/They *did* the journey in an hour. 他们一小时走完了行程。⓫ ［口］游览（某地）；观光：We *did* Tokyo in three days. 我们在东京游览了3天。⓬ 度过（一段时间）：She *did* a year at university，but decided to give up the course. 她在大学里读过一年书，但后来决定放弃学业。/He *did* six months for burglary. 他因盗窃罪服刑6个月。⓭ 足够（或能满足）…的需要：Ten dollars will ～ me until payday. 10美元能让我支撑到发薪日。⓮ 烹制（某物）：You ～ omelets very well. 你蛋卷煎得很好。/How would you like your steak *done*? 你的牛排要几成熟? ⓯ ［常用被动语态］欺骗或诈骗（某人）：～ sb. out of sth. 从某人处骗取某物⓰抢劫，盗窃（某物）：The gang *did* a warehouse and a supermarket. 那帮匪徒抢劫了一个仓库和一家超级市场。⓱ ［俚］逮捕某人；宣判某人有罪：He got *done* for speeding. 他因超速开车而被逮住。⓲ ［俚］伤害，打击（某人）**vi.** ❶ 做；行动；表现：*Do* as you wish. 你愿意怎么干就怎么干吧。/*Do* as you are told. 人家叫你怎么做，你就怎么做。❷ 结束；完成：The work won't take too long to ～. 这工作不需要很长时间就能完成。❸ 足够；满足：These shoes won't ～ for climbing. 这些鞋不适合登山。/This log will ～ fine as a table for our picnic. 这块大圆木可以用作我们野餐的桌子。❹ 进展；表现：She's *doing* very well at school. 她在学校里功课很好。/I *did* quite badly in the last examination. 上次的考试我考得很不好。/Everything in the garden is *doing* splendidly. 花园里的一切植物都长得极好了。

do² [dʊ，də，duː] **n.** C ❶ （［近］party）聚会：I hear the Toms are having a big ～ tonight. 听说汤姆家里今晚举行盛大的宴会。❷ ［英口］花招，骗局：If you ask me，the whole thing is a ～. 依我说，这事完全是个骗局。

docile [ˈdəʊsaɪl] **adj.** 驯良的；驯服的；温顺的：a ～ child 温顺的孩子

dock¹ [dɒk] **Ⅰ.** **n.** Ū C ❶ 船埠；船坞：go into ～ 进入船坞 ❷ ［常用复数］（设有码头、货栅等的）港区：work at the ～s 在港区工作 ❸ 泊位，码头 **Ⅱ.** （～ed [-t]）**vt.** ❶ 把…引入船坞；把…引入码头 ❷ 使（宇宙飞行器）在外层空间对接 **vi.** ❶ （船）进港；进入船坞 ❷ （太空飞行器）在外太空衔接

dock² [dɒk] （～ed [-t]）**vt.** ❶ 剪短…的尾巴 ❷ 把…的头发剪短 ❸ 削减；扣除：They've ～ed my salary. 他们扣除了我的一部分工

资。/～15% from sb.'s earnings 从某人的收入中扣除 15%

dock³ [dɒk] *n*.C 酸模（一种阔叶野草）；酸模属草类

dock⁴ [dɒk] *n*. (the ～)（刑事法庭的）被告席：The judge looked over to the prisoner in the ～. 法官打量了被告席上的犯人。

dock·et ['dɒkɪt] Ⅰ. *n*.C ❶【律】判决摘要书；备审案件目录 ❷诉讼摘录 ❸（贴在货物包装上标示项目的地等的）标签Ⅱ. *vt*. ❶把…记入备审案件目录 ❷给…贴上签条

doc·tor ['dɒktə(r)] Ⅰ. (～s[-z]) *n*.C ❶医生，大夫：You'd better see a ～ about that cut. 你最好去找医生看看那个伤口。/a ～ of traditional Chinese medicine 中医大夫 ❷博士（缩写为 D. 或 Dr.）：*Doctor* of philosophy 哲学博士 ❸ [俚] 修理师，修理人Ⅱ. (～ing [-rɪŋ]) *vt*. ❶治疗，医治：～ a cold 医治感冒 ❷阉割（家畜等）❸掺杂（酒水、饮料等）❹窜改，伪造（某事物）：～ the evidence 伪造证据

doc·tor·al ['dɒktərəl] *adj*. 博士的；博士学位的：a ～ thesis 博士论文

doc·tri·naire [ˌdɒktrɪ'neə] *adj*. 空谈主义的；教条主义的：～ attitudes 教条主义的态度

doc·tri·nair·ism [ˌdɒktrɪ'neərɪzəm] *n*.U 空谈主义，教条主义

doc·tri·nal [dɒk'traɪnl] *adj*. 教条的，教义的

doc·trine ['dɒktrɪn] *n*.CU ❶教义；主义；学说；信条：Marxist ～ 马克思主义的学说 ❷ [口] 教训，训诲

doc·u·ment Ⅰ. ['dɒkjumənt] *n*.C ❶公文，文件；文献：official ～ 公文/diplomatic ～ 外交文件 ❷证件；证券：accounting ～s 会计凭证 ❸纪录影片；纪实小说Ⅱ. ['dɒkjument] (～ed[-ɪd]) *vt*. 用文件证实或证明（某事）：Can you ～ these claims? 你能为这些要求提供证明吗？

doc·u·men·ta·ry [ˌdɒkju'mentərɪ] Ⅰ. [无比较等级] *adj*. ❶文件的；文献的：～ evidence 书面证据 ❷纪实的；纪录的：～ films showing the lives of working people 反映劳动人民生活的纪录片Ⅱ. (documentaries [-z]) *n*.C 纪录片；纪实的广播（或电视）节目

doc·u·men·ta·tion [ˌdɒkjumen'teɪʃən] *n*.U ❶文件（或证书等）的提供，引证 ❷证明文件；证件

dodge [dɒdʒ] Ⅰ. (～s['-ɪz]; dodging) *vi*. 躲闪，躲开，躲避；搪塞：She ～d round the corner. 她在角落处躲躲闪闪。*vt*. ❶闪开，避开：The boxer ～d the blow. 那位拳击手敏捷地躲过一击。❷（巧妙地）推托掉（责任

等），回避（质问等）；逃避（检查等）：～ military service 逃避兵役Ⅱ. (～s[-ɪz]) *n*.C ❶（巧妙的）躲闪；闪开：make a sudden ～ to the right 突然向右一闪 ❷搪塞；推托逃避；（推托的）妙计，诡计：a tax ～ 偷税的伎俩

does [dʌz, dəz] 强 [dʌz] 弱 [dəz, dz] do¹ 的第三人称单数现在式

doesn't ['dʌznt] = does not

dog [dɒg] Ⅰ. *n*.C ❶狗，犬；犬科动物：a police ～ 警犬/a guide ～ 导盲犬 ❷雄狗；雄兽（尤指狐、狼等）：a ～ fox 雄狐 ❸ [用复数] [英] 赛狗：I won ￡10 on the ～s. 我赛狗赢了 10 英镑。❹ [口] 人，家伙：a sly ～ 狡猾的家伙 ❺可恶的人；卑鄙之徒：He's a vile ～! 他是个无耻之徒! ❻ [美俚] 蹩脚货；不受喜爱的人；不成功的事 ❼ [用复数] （炉中的）铁架 ❽【机】卡具，夹具挡块，止动器Ⅱ. (dogged; dogging) *vt*. ❶尾随，紧跟：～ sb.'s footsteps 跟踪某人 ❷（灾难等）缠住：The man was *dogged* by misfortunes all his life. 那个人一生都为厄运所困。

dog·gie ['dɒgɪ] (～s[-z]) *n*.C 小狗

dog·ma ['dɒgmə] (～s 或 [罕] dogmata ['dɒgmətə]) *n*.UC 教义，教理；教条；信条：political ～ 政治信条

dog·mat·ic [dɒg'mætɪk] *adj*. ❶教义的；教理的；以教义为基础的：～ theology 教义神学 ❷武断的；自以为是的：a ～ attitude 武断的态度

dog·ma·tism ['dɒgmətɪzəm] *n*.U 教条主义；武断（主义）

do·ings ['duːɪŋz] [复] *n*. ❶U 已做（或正在做）的事；活动：I've been hearing a lot about your ～. 我常听到关于你做的很多事情。❷C 需要的东西：Where's she ～ for mending punctures? 补车胎上的洞的工具在什么地方？

dole [dəʊl] Ⅰ. (～s[-z]) *n*. ❶C（给穷困者等的）施舍物，赈济品 ❷ (the ～) 失业者可以申请的救济：be on the ～ 接受失业救济Ⅱ. (～s[-z]; doling) *vt*. 少量地发放（救济品）

dole·ful ['dəʊlfl] *adj*. 令人悲哀的；令人沮丧的：a ～ expression 忧郁的表情

doll [dɒl] Ⅰ. (～s[-z]) *n*.C ❶玩偶；玩具娃娃 ❷ [美俚] 漂亮女子：She's quite a ～! 她真是个美人! Ⅱ. *vt*.& *vi*. （把…）打扮得漂漂亮亮（up）：I'm going to get ～*ed* up for the party. 我马上好好打扮一下去参加聚会。

dol·lar ['dɒlə(r)] (～s[-z]) *n*. ❶C 元（美国、加拿大、澳大利亚等国的货币单位）：Oil from these fields is priced in ～s. 这些油田产的油以美元定价。❷C 一元的纸币（或硬币）❸ (the ～) 国际金融市场的美元价格

dol·phin ['dɒlfɪn] (～s[-z]) *n*.Ⓒ海豚

do·main [də(ʊ)'meɪn] *n*.Ⓒ❶(国家的)领地,领土;版图;(私人的)所有地:Our sacred ～ brooks no aggression. 我们的神圣领土不容侵犯。❷产业,房地产;产业所有权 ❸(思想、知识或活动的)领域,范围;范畴:the ～ of science 科学领域/Military history is really outside my ～. 我对军事史实在一窍不通。

dome [dəʊm] (～s[-z]) *n*.Ⓒ❶(半圆球形的)圆屋顶;圆盖,穹窿:The church has a huge ～. 那个教堂有个很大的圆屋顶。❷半球形之物:the ～ of the sky 苍穹 ❸壮丽的建筑物;大厦 ❹[美俚](秃)脑袋

do·mes·tic [də'mestɪk] Ⅰ.*adj*.❶家庭的;家务的:～ water 家庭用水/～ economy 家庭经济 ❷国内的;国产的:～ trade 国内贸易/～ goods 国内产品 ❸(动物)饲养的,驯养的;非野生的:～ animals 家畜Ⅱ.*n*.Ⓒ(操持家务的)仆人,女佣

do·mes·ti·cate [də'mestɪkeɪt] (～d[-ɪd]; domesticating) *vt*. ❶驯养(动物)❷使习惯于(或喜爱)家务和家庭生活:He's become a lot more ～d since his marriage. 他婚后比以前恋家多了。

do·mes·tic·i·ty [ˌdəʊmes'tɪsɪtɪ] (domesticities [-z]) *n*.ⓊⒸ❶家庭生活:a scene of cosy ～ 闲适的家庭生活景象 ❷[用复数]家庭事务 ❸对家庭生活的挚爱

dom·i·nance ['dɒmɪnəns] *n*.Ⓤ优势,优越;支配:the absolute ～ of the governing party 执政党的绝对优势

dom·i·nant ['dɒmɪnənt] *adj*.❶最重要的;最突出的;占支配地位的,占优势的:the ～ party 第一大党,多数党 ❷(位置)居高临下的,超群孤立的,高耸的:The castle stands in a ～ position above the town. 古堡耸立在市镇中一个高处。❸【生】显性的;优势的

dom·i·nate ['dɒmɪneɪt] (～d [-ɪd]; dominating) *vt*. ❶支配;统治;控制:His wife ～d him. 他的太太支配着他。/Price tends to ～ all other considerations. 首先考虑的往往是价格问题。❷俯视…,高耸于…之上:The Acropolis ～s the city of Athens. 雅典的卫城高耸于雅典全城之上。*vi*.处于支配地位,拥有压倒势力:At one time this view was *dominating* over the academic circles. 这种观点一度在学术界占有支配地位。

do·min·ion [də'mɪnjən] *n*.❶Ⓤ统治;管辖;支配:under foreign ～ 在外国统治下 ❷Ⓒ领土;版图:the ～s of the Roman Empire 罗马帝国的版图 ❸Ⓒ(旧时)英联邦的自治领

do·nate [dəʊ'neɪt] (～d[-ɪd]; donating) *vt*.

捐赠;(尤指对慈善事业)赠送(财物等):～ blood 献血/～ large sums to relief organizations 向救济组织捐赠巨款 *vi*.捐款;赠送(toward)

do·na·tion [dəʊ'neɪʃən] (～s[-z]) *n*.❶Ⓒ捐赠物,捐款:a ～ for relief organizations 给救济组织的捐款 ❷Ⓤ捐赠;赠送

done [dʌn] Ⅰ.do¹的过去分词Ⅱ.*adj*.❶完成的;完毕了的:get sth. ～ as quick as possible 尽快把某事干完 ❷煮熟了的:The meat is ～. 肉煮熟了。❸精疲力竭的:The horse was too ～ to go any farther. 马疲乏得不能再走了。❹合乎礼俗的:I don't think that it is ～. 我认为那是不合礼俗的。Ⅲ.*adv*.[美俚]已经(= already)

don·key ['dɒŋkɪ] (～s[-z]) *n*.Ⓒ❶驴 ❷愚蠢的人;固执的人:He's an absolute ～. 他是个十足的蠢驴。

do·nor ['dəʊnə(r)] (～s[-z]) *n*.Ⓒ❶捐赠者;赠送者 ❷献血者;捐献器官者

doom [duːm] Ⅰ.*n*.Ⓤ死亡;毁灭;劫数,厄运:go to one's ～ 死亡/send a man to his ～ 将某人处死;使某人陷入绝境Ⅱ.*vt*.注定;命定;判决:The plan was ～ed from the start. 那计划从一开始就注定要失败。

* **door** [dɔː(r)] (～s[-z]) *n*.Ⓒ❶门:open the ～ 开门/hammer on the ～ 砰砰地敲门 ❷门口,房门口,出入口:the front ～ 正门口 ❸家:My uncle lives only a few ～s away. 我的叔叔就住在隔壁几家之外。

dor·mant ['dɔːmənt] *adj*.暂时不活动的;休眠的;蛰伏的:a ～ volcano 休眠火山/Many plants lie ～ throughout the winter. 许多植物冬天处于休眠状态。

dor·mi·to·ry ['dɔːmɪtərɪ] (dormitories [-z]) *n*.Ⓒ❶[美](学校等的)宿舍,学生宿舍;[英]集体寝室

dose [dəʊs] (～s[-ɪz]) Ⅰ.*n*.Ⓒ❶(药的)剂量;用量;一剂,一服:take a ～ 吃一剂药 ❷(接受放射线的)一次剂量:a lethal ～ of radiation 致死的辐射量 ❸[口](经历的)一次,一番;一定期间:a ～ of boring conversation 一次令人厌倦的谈话/What you need is a good ～ of laughter. 你需要的是大笑一场。❹[美俚]性病,花柳病(尤指淋病)Ⅱ.(～s[-ɪz]; dosing) *vt*.给…服一定剂量的药:heavily ～d with pain-killing drugs 大剂量地服用了止痛药

dot¹ [dɒt] Ⅰ.*n*.Ⓒ❶圆点;小圆点;句号:Join the ～s up to complete the drawing. 顺点连线把图画画好。❷【数】小数点;【音】符点(在音符后的一点,表示延长1/2)❸点状物;

D

少量,微量,一点儿:I like just a ~ of milk in my tea. 我喜欢在茶里稍微放一点儿牛奶。Ⅱ. (dotted ['ɪd];dotting) vt. ❶以小圆点标出(某物)❷将(物或人)分布各处;分散:The sky was dotted with stars. 天空繁星密布。❸(英俚)打(某人):He dotted me in the eye. 他击中了我的眼睛。

dot² [dɒt] n. Ⓒ嫁妆,妆奁

dote [dəʊt] (~d[-ɪd];doting) vi. ❶昏聩 ❷喜爱,溺爱(或宠爱)某人(upon,on):She ~s on her grandchildren. 她十分宠爱孙儿女。

·dou·ble ['dʌbl] Ⅰ. [无比较等级] adj. ❶加倍的;两倍的:two ~ whiskey 两杯双份威士忌/He is ~ my age. (或 His age is ~ mine.)他的年龄是我的两倍。❷双重的;一副;一对:a ~ window 双层窗/a knife with a ~ edge 双刃刀/a ~-page advertisement 一则占左右两页的广告 ❸供两人(或两物)用的;双人的:a ~ room 双人房间/a ~ bed 双人床 ❹(人、性格等)表里不一,怀有二心的:She leads a ~ life. 她过着双重生活。❺(意义)双关的;模棱两可的:The word has a ~ meaning. 这个词有双重意思。❻(花)重瓣的 Ⅱ. adv. ❶两倍地;加倍地:pay ~ 加倍付钱/at ~ the speed 以加倍速度 ❷双重地,双人地;双份地:fold a blanket ~ 把毯子对折起来 Ⅲ. n. Ⓘ两倍,双倍:He's paid ~ for the same job. 他做同样的工作,而报酬比别人多一倍。❷Ⓒ酷似的人(或物):She's the ~ of her mother at the same age. 她和她母亲年轻时十分相似。❸Ⓒ(电影中的)特技演员 ❹Ⓒ[用复数](网球等的)双打:mixed ~s 混合双打 ❺[the ~](在同类比赛中的)两次获奖:She's going for the ~ this year, the Olympics and the World Championship. 今年她要夺取奥林匹克和世界杯冠军赛的双料冠军。❻Ⓒ(棒球)二垒安打 ❼Ⓒ(桥牌中的)加倍 Ⅳ. (doubling) vt. ❶使…加倍;是…的两倍:He ~d his income in five years. 他5年内收入增加了一倍。❷把…对折:~ a blanker(over)for extra warmth 为了暖和一些,把毯子对折起来 ❸兼奏(另一种乐器);兼唱(另一声部)❹绕(岬角、岛屿等)航行 vi. ❶加倍,变成两倍;增加一倍:The price of houses has virtually ~d over the past few years. 房价这几年来简直涨了一倍。❷兼作某物:When we have guests, the sofa ~s as an extra bed. 我们有客人时,沙发可兼作临时的床用。❸(急忙)退回,折回;转身逃走:The animal ~d on its tracks. 那野兽急忙折回逃跑。❹(桥牌中)加倍 ❺(棒球)击出二垒打

doubt ['daʊt] Ⅰ. (~ed['-ɪd]) vt. 怀疑,不信,拿不准:Do you ~ my word? 你怀疑我

的话吗? / I ~ whether he'll come. 我不敢肯定他是否来。/I ~ if it's true. 我看这未必是事实。/ I don't ~ that our team will win. 我队获胜是没有疑问的。vi. 怀疑:We have never ~ed of the success of our experiment. 我们的实验会成功,对此我们从未怀疑过。Ⅱ. n. ⓊⒸ❶怀疑,不信任;不确定:There's some ~ about his suitability for the job. 对于他是否适合该工作有些疑问。/There is no room for ~. 没有怀疑的余地。❷不相信:There's not much ~ about. 那件事情没有什么可疑之处。

doubt·ful ['daʊtfʊl] adj. ❶(指人)感到怀疑的,不能确定的:feel ~ about whether to go or not 拿不定主意去还是不去 ❷令人生疑的;不能确定的:The weather looks rather ~. 看来天气靠不住。❸未必的;不大可能的 ❹(名声等)不太好的;可疑的,有问题的:a rather ~ character 很可疑的人物

doubt·less ['daʊtlɪs] adv. ❶无疑地:This is ~ the best. 这无疑是最好的。❷[口]很可能:Doubtless he'll be bringing his friend, as usual. 他很可能跟平常一样,带他的朋友来。

dough [dəʊ] n. Ⓤ❶(做面包、糕点等的)生面团 ❷[美俚]钱,现款

dove¹ [dʌv] dive 的过去式

dove² [dʌv] n. Ⓒ❶鸽子(与 pigeon 同义,特指小型的种类,常用作和平的象征)❷鸽派人物,主和派人物;和平使者 ❸纯洁温柔的人

down¹ [daʊn] Ⅰ. [最高级 downmost] adv. ❶向下,向下方;下降;向地面;(坐)下,(躺)下:pull ~ a blind 拉下窗帘/The sun went ~ below the horizon. 太阳落山,消失于地平线下。/She fell ~ and hurt herself. 她跌倒受伤。❷[表示状态]在下面;在下边;(咽)下;(倒)下:The sun is ~. 太阳西下了。/I can't get this pill ~. 这个药丸我吞不下。❸(地图上)向下;向南:We drove ~ from New York to Florida. 我们开车从纽约往南驶到佛罗里达。❹(从首都、城市、北方、上游、内地、大学往边远地区、农村、南方、下游、海边等一般被看作下方的地区)往下方;在下方:go ~ to the south 南下/move ~ from London to the country 离开伦敦搬到乡下 ❺写下来;记下来:Please write ~ your name on this paper. 请把你的名字写在这张纸上。❻花掉(某钱数);付(定金):Pay me £50 ~ and the rest at the end of the month. 先付给我50英镑定金,余款要月底付清。❼(程度、价格、品质、身份)由高到低;由大到小:Please turn the radio ~. 请把收音机的音量关小。/ Prices are coming ~. 物价正在下跌。/The expenses have been greatly cut ~. 经费被大

D

幅度削减。❽（健康）衰退地;（精神上）消沉地;She is ~ with a bad cold. 她因患重感冒而卧病在床。❾表示上（或下）级:Everyone played well,from the captain ~.上自队长下至每个队员都表现得很好。❿彻底,完全地: He spent all his money ~ to the last penny. 他把所有的钱都花光,分文不剩。Ⅱ.[最高级 downmost] *adj.* ❶向下的;向下方的;下降的:a ~ slope 下坡/a ~ train 下行列车 ❷首次支付款的;现款的:a ~ payment 定金,预付款 ❸气馁的;沮丧的:feel ~ 颓丧,闷闷不乐 ❹（竞赛）落后于对方的 Ⅲ. *prep.* ❶从高处向下:The stone rolled ~ the hill. 石头滚下山。/Her hair hung ~ her back to her waist. 她的长发披在后背直垂到腰间。❷往（河流的）下流;在（河流的）下游:sail ~ the river 顺流而下 ❸沿着;顺着:walk ~ the street 沿街走去/He lives just ~ the street. 他就住在街的那头。❹（时间、段落）贯穿;遍及:an exhibition of costumes ~ the ages 历代服装展览 Ⅳ. *vt.* ❶将…打倒在地 ❷很快喝下:We ~ed our beer and left. 我们一口气把啤酒喝光就走了。Ⅴ. *n.* ⓒ（道路等的）下降;下坡 ❷[常用复数]倒霉;逆境;没落

down² [daʊn] *n.* Ⓤ ❶绒羽;羽绒:pillows filled with ~ 羽绒枕头 ❷绒毛,汗毛,毫毛;【植】茸毛

down³ [daʊn] *n.* ❶开阔的高地;[常用复数]丘陵;(作牧场用的)丘陵草原;沙丘

Downing Street [ˈdaʊnɪŋ striːt] *n.* ❶唐宁街（英国伦敦西区一街名,首相官邸和一些主要政府部门的所在地）❷英国政府

download [ˌdaʊnˈləʊd] *vt.*（通过网络）下载

downstairs [ˌdaʊnˈsteəz] Ⅰ. *adv.* ❶顺楼梯向下:He fell ~ and broke his wrist. 他从楼梯跌下,摔伤了手腕。❷在楼下;往楼下:They're waiting for us ~. 他们在楼下等我们。Ⅱ. *adj.* 楼下的:the ~ toilet 楼下的厕所 Ⅲ. *n.* ⓒ楼下:The whole ~ needs repainting. 楼下全层需要重新粉刷。

downtown [ˌdaʊnˈtaʊn] Ⅰ. *adv.* [美]（在）（城镇的）中心区:I went ~ to do some shopping today. 我今天到商业区购物。Ⅱ. *adj.* [美]（城镇的）中心区的;商业区的 Ⅲ. *n.* ⓒⓊ[美]（城镇的）中心区;商业区

downward [ˈdaʊnwəd] [无比较等级] *adj.* ❶向下的:give the rope a ~ pull 把绳子向下一拉 ❷趋向没落的

downwards [ˈdaʊnwədz] *adv.* ❶向下;（在年代、位次等方面）往下:lie on the ground face ~ 脸向下躺在地上/The garden sloped gently ~ the river. 花园呈缓坡向河边倾斜。❷趋向没落:go ~ politically 政治上衰退

doze [dəʊz] Ⅰ.（~s [-ɪz];dozing）*vi.* 打瞌睡,打盹儿:doze ~ off during the film. 我看电影时打起盹儿来了。Ⅱ. *n.* Ⓤ[a ~]打瞌睡,打盹:I had a quick ~ on the train. 我在火车上打了一会儿瞌睡。

dozen [ˈdʌzn]（~(s)）*n.* ⓒ❶（一）打;十二个:Eggs are sold by the ~. 鸡蛋按打卖。❷[用复数]几十;许多

dozy [ˈdəʊzi]（dozier;doziest） *adj.* ❶想睡的,困倦的;昏昏欲睡的:I'm feeling a bit ~ this afternoon. 今天下午我觉得有点儿困。❷[英口]愚蠢的;愚笨的

Dr. , Dr [ˈdɒktə(r)] [缩] ❶博士（附加在拥有博士学位的人的姓之前,不可置于名字之前）:Dr. Wang 王博士 ❷医生（附加在医生的姓氏之前）:Dr. Walker 沃克医生

drab [dræb] *adj.* ❶淡褐色的,灰黄色的 ❷单调乏味的;无趣的;无聊的:a ~ evening 单调乏味的夜晚

draft [drɑːft] Ⅰ. *n.* ❶ⓒ草稿;草案,草图:a ~ for a speech 讲话草稿/make a ~ of a treaty 起草条约/The plan is in ~. 那计划还正在草拟中。❷ⓒⓊ汇票;支取(款项);要求:pay by ~ 以支票支付/a ~ on an American bank 向一家美国银行提款的汇票 ❸ⓒ[集合用法]特遣队;特派小组:We're sending a fresh ~ of nurses to the worst hit area. 我们新派遣一组护理人员开赴受灾最重的地区。❹ⓒⓊ穿堂风,通风,通风装置:There's a ~ in this room. 这房间里有一股风灌进来。❺Ⓤ[the ~][美]征兵,征集:a ~ card 征兵卡 ❻ⓒ一饮(的量),一吸(的量);（药等一次的）服用量:drink a glass of water at a ~ 一口气喝下一杯水 ❼Ⓤ[美]（车等的）拉曳,牵引 ❽ⓒ（捕鱼等的）一网(鱼的)捕获量 ❾Ⓤ[美]（船的）吃水(深度) Ⅱ.（~ed [-ɪd]） *vt.* ❶起草,为…打样,设计:~ a contract 起草一份合同 ❷选派,抽调:Extra police are being ~ed into controlling the crowds. 现正额外抽调警察去控制人群。❸[美]征募;征召:be ~ed into the army 应征入伍

drag [dræg] Ⅰ.（~s [-z];dragged;dragging） *vt.* ❶拖;拉;扯;搜:We dragged the carpet out of the room. 我们把那张地毯拖出房间。/~ oneself along 抱着疲乏的身子前行 ❷（强迫）硬拖(某人),拖入,拉进:I could hardly ~ the children away from the party. 我好不容易才把孩子们从聚会中劝走。❸（用网等）拖捞;打捞:They dragged the canal for the missing child. 他们用拖网沿运河打捞失踪男孩的尸体。 *vi.* ❶缓慢而吃力地行进:She always ~s behind. 她总是在后面吃力地跟着。❷（某物）在地上拖拉:The bride's dress *dragged* behind her. 那个新娘的礼服在她背后拖曳着。❸拖延；拖长：How much longer is this going to ~ on? 这事还要拖多久？ Ⅱ. *n.* ❶ⒸⓊ拖拉；拉曳；拖曳物 ❷Ⓤ（飞行器的）空气阻力 ❸Ⓒ累赘，拖累；阻碍物：She loves her family, but they're a ~ on her career. 她热爱自己的家庭，但家庭却是她事业的累赘。❹Ⓒ[a ~][俚]无聊的人物，使人厌烦的东西 ❺Ⓒ[俚]香烟；深吸一口烟

***drag•on** ['drægən] (~s[-z]) *n.* Ⓒ❶龙 ❷凶恶的人；(尤指)悍妇

drag•on•fly ['drægənflaɪ] (dragonflies [-z]) *n.* Ⓒ蜻蜓

drain [dreɪn] Ⅰ. (~s[-z]) *vt.* ❶使…流走；排去…的水：She ~*ed* the water out of the bathtub. 她将浴缸的水放干。❷喝光，喝干：~ one's glass dry 把杯中饮料喝光 ❸使…耗尽；用光：The work ~*ed* his strength. 那工作耗尽了他的力气。*vi.* ❶(水等)流଼淌 ❷渐渐枯竭(off，away)：The flood will ~ away in a few days. 那洪水将在两三天内退去。❸(土地)排水；(衣服、碗碟等)滴干：Put the umbrella there to ~. 把伞放在那里让它滴干。Ⅱ. *n.* ❶Ⓒ排水管，下水道；[用复数]排水设备：We had to call a plumber to unblock the ~*s*. 我们得叫管道工来通一通下水道。❷Ⓒ[医]导管，排液管；引流；导液 ❸ⓊⒸ耗费；耗尽，枯竭：Military spending is a huge ~ on the country's resources. 军费开支是国家资源的一大消耗。❹Ⓒ[口]一口；一点儿

drain•age ['dreɪnɪdʒ] *n.*Ⓤ❶排水；放水 ❷排水系统 ❸排出的污水；下水道的污物

dra•ma ['drɑːmə] (~s[-z]) *n.* ❶Ⓒ戏剧；剧本 ❷Ⓤ戏剧文学；戏剧艺术 ❸Ⓒ戏剧性事件；一连串紧张刺激的事件 ❹ⓊⒸ激情；激动人心的事：Her life was full of ~. 她的生活充满激动人心的事情。

dra•matic [drə'mætɪk] [无比较等级] *adj.* ❶戏剧的；a ~ society 戏剧协会 ❷戏剧性的；激动人心的；给人深刻印象的：~ changes 激动人心的变化

dra•mat•ics [drə'mætɪks] [复] *n.* ❶[用作单数]戏剧表演或演出；(业余)演剧活动：amateur ~业余戏剧活动 ❷[用作复数]夸张情感的言辞或行为；过分的表现：I've had enough of your ~. 我看够你装腔作势的表现了。

dram•a•tist ['dræmətɪst] *n.*Ⓒ剧作家；戏曲家

draught [drɑːft] *n.* ❶Ⓤ拉，拖，曳，牵引 ❷Ⓒ吸饮；汲出：have a ~ of water 饮一口水 ❸ⓊⒸ通风；气流：Can you close the door? There's an awful ~ in here. 你把门关上好吗？这里穿堂风太大。❹Ⓤ(船的)吃水深度 ❺Ⓒ一网(鱼) ❻[复]西洋跳棋(=[美] checkers)

draughts•man ['drɑːftsmən] (draughtsmen) *n.*Ⓒ❶起草人；制图员 ❷善画者；美术家 ❸[英]西洋跳棋棋子

***draw** [drɔː] Ⅰ. (drew [druː]；drawn [drɔːn]) *vt.* ❶划；画；绘制；描写：She *drew* a house. 她画了一所房子。❷拖，拉；引出；拉开；拉上：She *drew* the curtain. 她把窗帘拉上了。/ She *drew* a cover over the typewriter. 她拿过罩子将打字机套上。❸抽出；拔出；拉出：~ a file from a drawer 从抽屉里取出一份卷宗/Can you ~ the cork out? 你能把瓶塞拔出来吗？❹获取，汲取；抽取：~ water from a well 从井中汲水/~ support from one's family 从家庭获得支持 ❺(从银行中)取；提(款)；领取(工资等)：Can I ~ £50 from my account? 我可以从我的账户上提取50英镑吗？❻吸引；使感兴趣；产生反应(或回应)：The film is ~*ing* large audiences. 这部影片很卖座。❼使某人说出(某事)：She wouldn't be *drawn* about her private life. 关于她的私生活你就别想让她吐露半点儿。❽开出；签发(支票等)：Please ~ a check on my bank in Beijing. 请开一张我在北京开户银行的支票。❾(比赛等)打成平局，不分胜负 ❿抽签，抓阄：~ the winner(在抽彩等活动中)抽签决定中奖者 ⓫[海](船)吃水 ⓬拔(牙) ⓭除去，取出(鸡等的)内脏 *vi.* ❶画线；制图；画画：She ~*s* well. 她画图画得很好。❷拉，拖：The cart ~*s* easily. 这车子容易拉。❸(向某一方向)移动：The train *drew* into the station. 火车进站了。❹(烟囱或壁炉)通风：The flue should ~ better once it's been swept. 烟道一经清扫，通风情况应好些。❺抽签；抓阄 ❻打成平局，不分胜负：The two teams *drew*. 两队打平。❼吸香烟，抽烟 ❽(茶)泡开 Ⅱ. *n.*Ⓒ❶拉，拖；吸 ❷拔出；抽签 ❸平局，不分胜负

draw•er[1] [drɔː(r)] *n.* ❶Ⓒ(桌子、衣橱等的)抽屉：open the ~ of a desk 打开书桌的抽屉/clear out one's ~*s* 清理抽屉 ❷[用复数](女性用的)内裤；衬裤

drawer[2] [drɔː(r)] (~s[-z]) *n.*Ⓒ❶(支票、票据等的)开票人，出票人 ❷制图者；绘图员：I'm not a very good ~. 我不擅长绘图。

***draw•ing** ['drɔːɪŋ] (~s[-z]) *n.* ❶Ⓤ绘画(艺术)；制图(技巧)：classes in figure ~人物素描课 ❷Ⓒ图画；图样；素描

drawing-room ['drɔːɪŋˌrʊm] (~s[-z]) *n.*Ⓒ

客厅;休息厅

drawl [drɔːl] **I**. (~s[-z]) **vt.& vi.**拖长腔调慢吞吞地说(出);拉长声音唱(出) **II**. **n**.回慢吞吞说话的样子;拖长的腔调

drawn [drɔːn] **I**. draw 的过去式 **II**. **adj.** ❶不分胜负的:a ~ game 不分胜负的比赛;和局;平局 ❷疲惫的;憔悴的,愁眉苦脸的:She looked pale and ~ after weeks of sleepless nights. 她经历了数周不眠之夜后,看上去脸色苍白,面容憔悴。

dray [dreɪ] (~s[-z]) **n**.回(无边的)四轮大车;运货马车

dread [dred] **I**. **n**. ❶回回恐惧;畏惧:He has always stood in ~ of his father. 他一见到他父亲就害怕。❷回令人惧怕的事物 **II**. (~ed [-ɪd]) **vt.**怕…,畏惧;担心:~ illness 害怕生病/ The girl ~ed going(或 to go)to school. 那个女孩害怕上学。/ I ~ that I may never see you again. 我很怕再也见不到你了。

dread·ful ['dredfʊl] **adj.** ❶令人恐惧的,可怕的:a ~ accident 可怕的事故/Death is ~ to everyone.死亡对每个人来说都是可怕的。❷糟糕的;讨厌的,烦人的:a ~ film 糟糕的影片/The noise was ~. 噪音真讨厌。❸极端的;I'm afraid it's all a ~ mistake. 看来全都大错特错了。

****dream** [driːm] **I**. (~s[-z];~ed [dremt, driːmd]或 dreamt [dremt] **vi.** ❶做梦;梦见,梦到:He sometimes ~s of his home town. 他有时梦见自己的家乡。❷幻想(或梦想)某事物:He ~s of one day becoming a famous violinist. 他梦想有朝一日成为著名的小提琴家。**vt.** ❶梦见(某事):Was it real or did I ~ it! 是真的还是我当时在做梦? ❷梦想;幻想(某事物):I never ~ed that I'd see you again. 我绝没想到还能看见你。❸(因空想而)虚度(时间等) **II**. (~s[-z]) **n**.回❶梦:I had a strange ~ last night. 我昨晚做了一个奇怪的梦。❷抱负;理想;梦想:She realized her ~ of becoming an actress. 她实现了当女演员的梦想。❸梦幻,出神,恍惚;白日梦:live in a ~ 生活在梦幻中 ❹[用单数]美丽(或美好)的人:Her new dress is an absolute ~. 她的新连衣裙漂亮极了。

dreamt [dremt] dream 的过去式和过去分词

dream·y ['driːmɪ] (dreamier; dreamiest) **adj.** ❶(指人)心不在焉的;爱空想的 ❷模糊的;不清楚的:a ~ recollection of what happened 对已发生的事情模糊的回忆 ❸轻柔的;轻松恬静的 ❹绝妙的;极好的:What a ~ little house! 多么小巧玲珑的房子!

drear·y ['drɪərɪ] (drearier; dreariest) **adj.** ❶阴沉的;阴郁的;使人闷闷不乐(或沮丧)的 ❷令人厌烦的;单调的;枯燥的

drench [drentʃ] (~es ['-ɪz];~ed [-t]) **vt.** ❶使浸透;使淋透:He was ~ed through with rain. 他被雨淋得浑身湿透了。❷使充满;使洋溢

****dress** [dres] **I**. **n**. ❶回连衣裙(上、下连身的)女装:She makes all her own ~es. 她的连衣裙都是自己做的。❷回衣服;服装(尤指外衣):He doesn't care much about ~. 他不太注意衣着。❸回礼服:evening ~ 晚礼服 **II**. (~es [-ɪz];~ed [-t]) **vt.** ❶给…穿衣;供衣着给:She ~ed her baby. 她给婴儿穿衣服。/ Is she old enough to ~ herself yet? 她能自己穿衣服吗? ❷整理;修整;装饰:~ a street with flags 用旗装饰街道 ❸清洗并包扎(伤口):The nurse ~ed his burns. 那护士给他的烧伤敷药。❹加工、处理(或修整)…的表面 ❺为烹调(或食用)准备(食物) ❻给(马等)梳刷;梳理 ❼整顿(队伍等) **vi.** ❶穿衣:We ~ed in a hurry. 我们急忙穿上衣服。❷穿晚礼服:Do I need to ~ for the theatre? 我去剧院需要穿晚礼服吗? ❸【军】看齐:~ to the left 向左看齐

dressing ['dresɪŋ] (~s[-z]) **n**. ❶回穿衣;衣服;服装;打扮;(头发的)梳理 ❷回回(治疗伤口用的)药膏;包扎用品 ❸回回回(食物)调料;(尤指拌制沙拉的油和醋的)混合物:salad ~ 沙拉调料 ❹回(鸡、鸭、肉等的)填料

drew [druː] draw 的过去式

drift [drɪft] **I**. **n**. ❶回回漂;漂动;漂流;漂移:the ~ of an iceberg 冰山的漂移 ❷回(风吹成的)堆积物,吹积物;漂流物;雪堆:deep snow ~s(风吹成的)厚厚的积雪 ❸回回倾向;动向;趋势:a slow ~ into crisis 渐渐陷入危机 ❹回坐观;放任自流 ❺回[用单数]主旨;大意;含意:Did you get the ~ of the argument? 辩论的中心你明白了吗? **II**. (~ed [-ɪd]) **vt.**使漂流;使漂移:The wind ~ed the boat toward the shore. 风将小船吹向岸边。**vi.** ❶飘移;漂流:The boat ~ed down the river. 船顺河漂流而下。❷(雪、沙等)受风吹积:Some roads are closed owing to ~ing. 有些道路因积雪而封闭。❸移动;漂泊;流浪:The crowds ~ed away from the stadium. 人群慢慢从体育场散去。

drill¹ [drɪl] **n**.回(用麻或棉织成的)结实的斜纹布

drill² [drɪl] **I**. **n**.回❶犁沟;垄沟 ❷播种机 ❸用播种机播下的一行种子 **II**. **vt**.在垄沟里播(种)

drill³ [drɪl] **I**. (~s[-z]) **n**. ❶回钻;钻头;钻孔器;钻床:an electric ~ 电动钻孔机 ❷回

ⓒ(反复的)重复练习,演练;(军队的)操练;演习:~ in English words 英文单词的反复练习/a fire ~ 消防演习 **Ⅱ.** *vt.* ❶操练;训练:~ troops on a parade ground 在演兵场上练兵 ❷在…上钻孔:~ a hole in the wall 在墙上打洞 ❸用子弹射穿(某人) *vi.* ❶钻孔;钻通:~ for oil 钻探石油 ❷操练;训练;重复训练;反复练习:~ in English pronunciation 英语发音练习

drink [drɪŋk] **Ⅰ.** (drank [dræŋk]; drunk [drʌŋk]) *vt.* ❶饮,喝:I want to ~ water. 我想要喝水。❷(植物、土壤等)吸收:The dry ground *drank* the water. 那片干土地吸收了水分。❸举杯祝贺;向…举杯祝贺:~ sb.'s health 举杯祝某人健康:~ ❶饮,喝:We *drank* from the stream. 我们喝了溪水。❷喝酒:He never ~s. 他从不喝酒。❸干杯(to):~ to the health of sb. 为某人的健康干杯 **Ⅱ.** *n.* ❶ⓤ ⓒ饮料:food and ~ 食物及饮料 ❷ⓒ一饮;一杯:a ~ of water 一杯水 ❸ⓤ ⓒ酒:Isn't there any ~ in the house? 家里有酒吗? ❹ⓤ 喝酒,酗酒:*Drink* is a growing problem among the young. 在年轻人当中,酗酒的问题越来越严重。

drip [drɪp] **Ⅰ.** (dripped [-t]; dripping) *vt.* 使滴下:He *dripped* paint onto her shirt. 他把油漆滴到了她的衬衫上。*vi.* ❶滴下;湿透:Rain was *dripping* (down)from the trees. 雨水从树上滴下来。/Your umbrella is *dripping*. 你的伞湿淋淋的。❷充满;盖满:His letter was *dripping* with flattery. 他的信中充满了恭维话。**Ⅱ.** *n.* ❶ⓒ 滴;水滴;滴水声:The ~ of the rain is so noisy that I can't sleep. 雨滴声搞得我睡不着。❷ⓒ ⓤ【医】点滴;吊针装置 ❸ⓒ懦弱的人;讨厌鬼

*`**drive** [draɪv] **Ⅰ.** (~s[-z]; drove[drəʊv]; driven['drɪvn]) *vt.* ❶驾驶;驱赶:He ~s a taxi. 他开计程车。❷用车送(人);载(人):Could you ~ me to the station? 你可以开车送我去车站吗? ❸驱赶,赶走:~ sheep into a field 把羊赶到地里/~ the enemy out of country 将敌人驱逐出国境 ❹(风、洪水等)把…推动;卷;刮;冲:Huge waves *drove* the yacht onto the rocks. 巨浪把游艇卷到岩石上。❺逼迫;迫使:The urge to survive *drove* them on. 求生的欲望驱使他们继续努力。❻(动力)驱动,推动:This ship is *driven* by atomic power. 这条船是由原子动力推动的。❼把(钉、桩等)打进:~ a nail into the wall 把钉子钉进墙壁 ❽挖掘(隧道等);使(铁路)贯通:They *drove* a tunnel through the rock. 他们凿通一条穿过岩石的隧道。❾努力做(生意);使成交:We *drove* a hard bargain. 我们

竭力讨价还价。❿猛击(球),猛抽(球) *vi.* ❶赶车;开车;乘车:They *drove* to the station. 他们开车到车站。/*Drive* with caution! 小心驾驶! ❷急速地(或猛烈地)运动:The rain was *driving* against the windows. 雨点猛打在窗户上。❸用力击球,猛力掷球;抽球 **Ⅱ.** *n.* ❶ⓒ驾驶;乘车旅行;旅程:Let's go for a ~ in the country. 我们开车去郊野兜兜风吧。/Shall we take a ~? 我们驾车去出游如何呢? ❷ⓒ[美](通往住宅的)私人车道 ❸ⓒ ⓤ(网球、高尔夫球、板球等的)猛击,猛抽 ❹ⓤ干劲,动力;魄力:Our sales people need determination and ~. 我们的推销人员需要有决心和干劲。❺ⓒ(为达到某个目的而展开的)运动攻势:a ~ for traffic safety 宣传安全活动 ❻ⓤ ⓒ转动;或驱动(装置):a car with left-hand ~ 方向盘在左边的汽车

driven ['drɪvən] drive 的过去分词

driver ['draɪvə(r)] (~s[-z]) *n.* ⓒ ❶驾驶员,司机:a taxi ~ 出租车司机 ❷(牛、马等的)驱赶者 ❸【机】(汽车、火车等的)驱动轮;传动装置 ❹(高尔夫球的)球棒

driz·zle ['drɪzl] **Ⅰ.** (~s [-z]; drizzling) *vt.* 下蒙蒙细雨,下毛毛雨:It had been *drizzling* all day. 下了一整天毛毛雨。**Ⅱ.** *n.* ⓤ蒙蒙细雨;毛毛雨

droop [druːp] **Ⅰ.** (~ed [-t]) *vi.* ❶(头、树枝等)低垂;下垂;(草、花等)枯萎:flowers ~ing for lack of water 因缺水而发蔫的花 ❷(精神)衰弱,颓丧;垂头丧气:His spirits ~ed at the news. 那消息使他情绪低落。*vt.* 使下垂 **Ⅱ.** *n.* ⓤ[常用 the ~]低垂,枯萎;颓丧,意气消沉

*`**drop** [drɒp] **Ⅰ.** (dropped [-t]; dropping) *vt.* ❶使滴落;使淌下:He *dropped* some soup down his suit. 他把汤洒在西装上了。❷使落下;使掉落:She *dropped* the vase on the floor. 她失手把花瓶掉到了地板上。/*Drop* the hammer down to me. 把锤子扔给我。❸使变弱,降低或减少:He *dropped* his voice. 他放低了声音。❹把(人、行李等)(从车上)放下,卸下:Could you ~ me (off) near the post office? 你可以让我在邮局附近下车吗? ❺遗漏;跳过:She *dropped* one line when she was typing. 她打字时漏打了一行。❻戒掉,革除(坏习惯等);结束(讨论等);与…断交:*Drop* everything and come here! 把一切工作都放下,到这里来! ❼将…除名;解雇:He was *dropped* from the team. 他被队上除名了。❽(无意中)漏出(消息),(随便地)说出(别人的话等);给…写(短信等):I *dropped* her a hint. (或:I *dropped* a hint to her.)我给了她一个暗示。❾[口](因赌博、玩股票

D

等)损失(金钱)⑩ [口]把(人)打倒;击败 *vi*. ❶滴落;洒落:Water is *dropping* down slowly.水慢慢滴下。/Rain began to ～.雨下起来了。❷落下;掉落:She *dropped* to safety from the burning building.她从失火的建筑物上坠落到安全的地方。❸(人或动物)(因筋疲力尽)倒下:I feel ready to ～.我要累倒了。❹(价格、温度等)下降;(风、声音等)变弱:His voice *dropped* to a whisper.他的声音已降低成轻声细语了。Ⅱ. *n*. ❶ⓒ滴,水滴;一滴:a ～ of water 水滴/Blood fell in ～s.血一滴一滴地滴落。/It is raining in small ～s.天下着小雨。❷ⓒ[用复数]滴剂:eye～s滴眼泪,眼药水 ❸Ⓤ[口]少量的液体;点滴:I like my tea with just a ～ of milk.我喜欢茶里加一点点牛奶。❹ⓒ滴状物;(尤指)糖果;坠子饰物 ❺ⓒ[a ～]降落,下跌,下降;落差:a ～ in temperature 气温的降低/a ～ of price 物价的下跌 ❻ⓒ空投;空投物 ❼ⓒ丢放东西的装置;[美](邮箱的)投信口

drought [draʊt], **drouth** [draʊθ] *n*. ⓒ Ⓤ 旱灾;干旱:areas of Africa affected by ～遭受旱灾的非洲地区

drove¹ [drəʊv] drive 的过去式

drove² [drəʊv] (～s[-z]) *n*. ⓒ ❶(被驱赶的或向前走动的)畜群:a ～ of horses 一群马 ❷[常用复数]移动的人群(或大批的东西):～s of sightseers 一群群的游客/Letters of protest arrived in ～s. 抗议信大批涌来。

*****drown** [draʊn] (～s[-z]) *vt*. ❶把…淹死;溺死(人或动物):～ a kitten 溺死小猫/The man ～ed himself in the lake.那个人投湖自尽了。❷淹没,浸没(某物):The great flood ～ed many houses.那次大洪水把许多房子淹没了。❸(噪音等)把(声音)压倒,盖住;淹没:She turned up the radio to ～ the noise of the traffic.她放大收音机的音量以盖住往车辆的嘈杂声。*vi*.淹没;溺死

drowse [draʊz] Ⅰ. (～s [-ɪz];drowsing) *vi*.假寐;半醒半睡;打瞌睡 *vt*.使瞌睡 Ⅱ. *n*. [用单数]假寐;瞌睡:in a ～ 在打瞌睡

*****drug** [drʌg] Ⅰ. (～s[-z]) *n*. ⓒ ❶药;药物;药材:a pain-killing ～ 止痛药 ❷麻醉药;(有害的)药物:take ～s 吸食毒品/peddle(或push) ～s 贩毒 Ⅱ. (～ged;drugging) *vt*. ❶(在食物或饮料中)投放麻醉药,下麻醉药于 ❷给某人使用麻醉药

drug·gist ['drʌgɪst] *n*. ⓒ ❶药剂师;药商 ❷兼卖杂货的药房老板

drug·store ['drʌgstɔː(r)] *n*. ⓒ [美]药店(兼卖杂货、食物、饮料及便餐等);杂货店

drum [drʌm] Ⅰ. (～s[-z]) *n*. ❶ⓒ鼓;乐鼓:play the ～(s) in a band 在乐队中当一名鼓手 ❷Ⓤ鼓声;击鼓般的声音:the ～ of rain onto a roof 雨点打在屋顶上的咚咚声 ❸ⓒ鼓状的东西;(机械的)滚筒;汽油桶 ❹ⓒ【解】鼓膜 Ⅱ. (～s [-z];drumming) *vi*. ❶打鼓;咚咚地响:～ at the door 咚咚地敲门 ❷(鸟、昆虫鼓翅)发出嗡嗡声 *vt*. ❶打鼓奏(曲调);敲出(声音) ❷咚咚地敲:drum one's feet on the floor 用脚连续敲踏地板

*****drunk** [drʌŋk] Ⅰ. drink 的过去分词 Ⅱ. [常作表语] *adj*. ❶醉的:be blind ～ 酩酊大醉 ❷陶醉;飘飘然的:～ with joy 陶醉于欢乐中 Ⅲ. *n*. ⓒ[俚]酒鬼;醉汉

drunk·en ['drʌŋkən] [常作定语] *adj*. ❶醉的;常醉的:her ～ husband 她那常喝醉酒的丈夫 ❷酒醉引起的:a ～ argument 酒醉引起的争论 ❸喝醉酒似的;摇摇晃晃的:in a ～ manner 摇摇晃晃地

*****dry** [draɪ] Ⅰ. (drier;driest 或 ～er;～est) *adj*. ❶干的;干燥的:～ air 干燥空气 ❷干旱的;少雨的:a ～ climate 干燥的气候/It has been ～ for three months.这 3 个月没有下雨了。❸干涸的;枯竭的:a ～ well 干涸的井 ❹非液体的;固体的 ❺禁酒的;实施禁酒法的 ❻[口]口渴的;令人口渴的:I'm a bit ～.我有点儿口渴。❼(面包)没有涂奶油的;硬的;不新鲜的;(酒)无甜味的;无水果味的:a crisp white wine 新鲜可口的白葡萄酒 ❽枯燥的;无趣味的:They offered no apology, just a ～ explanation for the delay.他们并不道歉,只是干巴巴地解释一下耽搁的原因。❾(开玩笑、讽刺等)一本正经地表达出来的 ❿感情不外露的;冷静的:a ～ manner 冷静的态度 ⓫沉闷的;令人厌烦的:The subject reports tend to make rather ～ reading.课题报告读起来往往使人感到厌烦。Ⅱ. (dries [-z];dried) *vt*. ❶使干燥;把…弄干:Dry your hands on this towel.用这条毛巾擦干你的手。❷(为保存)使(食物)干燥,晒干,使脱水;风干 *vi*.变干;干涸:The shirt will soon ～ in the sun.那衬衫在阳光下很快就可以晒干。

du·al ['djuːəl] [无比较等级] *adj*.双的;二重的;二元的;二体的:～ nature 双重性/She has ～ nationality.她具有双重国籍。

du·bi·ous ['djuːbɪəs] *adj*. ❶怀疑的,半信半疑的:I remain ～ about her motives.我仍怀疑她的动机。❷可疑的;引起怀疑的:a ～ business venture 一项无把握的商业冒险 ❸未定的;悬而未决的:The result is still ～.结局仍未定。

duck¹ [dʌk] Ⅰ. (～ed [-t]) *vi*. ❶突然潜入水中;迅速低下头(或弯下身) ❷闪避;逃避 *vt*. ❶将…短时浸入水中 ❷突然低下(头或身

子）：*Duck* your head down！低下头来！❸推卸；回避：He tried to ～ the thorny problem. 他设法躲避那棘手的问题。Ⅱ. *n*. ⓒⓊ❶（头、身体等）突然弯下 ❷突然潜入水中

duck² ［dʌk］ *n*. ❶ⓒ鸭；母鸭；雌鸭：a wild ～ 野鸭 ❷Ⓤ食用鸭肉：roast ～ 烤鸭 ❸ⓒ［口］亲爱的人；宝贝儿 ❹ⓒ（板球）击球手所得的零分：make a ～ 得零分

duck³ ［dʌk］ *n*. ❶Ⓤ麻布；粗布 ❷［用复数］粗布裤子

due ［dju:］ Ⅰ. *adj*. ❶（借款等）应付的；（票据等）到期的；期满的：My rent isn't ～ till Wednesday. 我的租金星期三才到期。❷计划的；安排的；指望的：His book is ～ to be published in October. 他的书计划10月份出版。❸合适的；适当的；应有的：after ～ consideration 经过适当的考虑后 ❹由…引起的；由于…的：The accident is ～ to your careless driving. 那件意外事故归因于你驾驶不小心。Ⅱ. *adv*. （罗盘方向）正向地：sail ～ east 向正东航行 Ⅲ. *n*. ❶ⓒ应付之物，应得物；应得报酬；应得权益：He has received the recognition which is his ～. 他得到了他应该获得的褒奖。❷［用复数］费用，租费；应付款；税款：I haven't paid my ～s yet. 我尚未交纳会费。

du·el ［'dju:əl］（～s[-z]）*n*. ⓒ❶决斗；抗争 ❷（二者间的）斗争；竞争：engage in a ～ of words 双方斗嘴 Ⅱ. *vi*. 决斗

duet ［dju:'et］, **du·et·to** ［dju:'etəʊ］ *n*. ⓒ【音】二重奏曲；二重唱曲

dug ［dʌg］ dig 的过去式和过去分词

duke ［dju:k］ *n*. ⓒ❶［英］公爵（英国贵族的最高爵位，英国爵位以外的公爵称之为 prince）❷（欧洲公国的）君主

dull ［dʌl］ Ⅰ. *adj*. ❶（[反]sharp）不锋利的，钝的：a ～ knife 钝刀 ❷（[反]bright）迟钝的；呆笨的：a ～ pupil 迟钝的学生 ❸阴暗的；不鲜明的；不清楚的：a ～ colour 暗淡的颜色 ❹枯燥无味的；令人厌烦的；单调的：The conference was deadly ～. 会议开得死气沉沉的。❺（疼痛）隐隐的：I have a ～ pain in my stomach. 我肚子隐隐作痛。❻［近]brisk)（生意)萧条的；清淡的：There's always a ～ period after the January sales. 在一月份大减价之后，市场总会经历一段萧条时期。Ⅱ. *vt*. ❶弄钝；使迟钝；使不活泼：Watching television ～s one's wits. 看电视能使人头脑迟钝。❷使阴暗；缓和；减轻（痛苦等）：She took drugs to ～ the pain. 她吃了药以减轻疼痛。*vi*. ❶变得迟钝 ❷（兴趣、痛苦等）减少；减轻

du·ly ［'dju:lɪ］ *adv*. ❶正确地；适当地；正当地：The president was ～ elected. 总统已正式

选出。❷按时地；适时地；准时地：Your letter has been ～ received. 你的信已按时收到。

dumb ［dʌm］［无比较等级］*adj*. ❶哑的，不能说话的：She's been ～ from birth. 她生来即哑。❷无声的，沉默的；拒绝说话的：They begged him to explain, but he remained ～. 他们请求他解释，但他保持沉默不语。❸［美俚]笨的，愚蠢的：That was a pretty ～ thing to do. 那件事干得可真蠢。

dump¹ ［dʌmp］ Ⅰ.（～ed [-t]）*vt*. ❶丢弃；倾倒（垃圾等）：～ a load of gravel 倾倒一车碎石 ❷丢下或抛弃（某人）：She ～ed the kids at her mother's and went to the theatre. 她把孩子放在娘家，然后就看戏去了。❸向国外倾销（国内市场不需要的货物）❹转储（数据等）Ⅱ. *n*. ⓒ❶垃圾场；垃圾堆 ❷（材料、衣服等的）堆存处；(前线军需品)临时堆集处 ❸肮脏（或讨厌）的地方

dump² ［dʌmp］ *n*. ⓒ❶［英］短而粗的东西 ❷［英］矮胖的人 ❸球形糖果 ❹［英］造船用螺栓

dump³ ［dʌmp］ *n*. ［用复数]忧郁，沮丧：(down) in the ～s 沮丧的；忧郁的

dump·ling ［'dʌmplɪŋ］ *n*. ⓒ❶（蒸或煮的）小面团；汤团；团子 ❷（将水果放在面团中烘制而成的)水果布丁 ❸［口]矮胖的人；胖墩子

dun¹ ［dʌn］ Ⅰ.（dunned；dunning）*vt*. ❶（不断地）向…讨债，催讨债款 ❷对…纠缠不清 *vi*. 催债 Ⅱ. *n*. Ⓤⓒ催讨；催债；讨债者

dun² ［dʌn］ Ⅰ.（dunner；dunnest）*adj*. 暗褐色的，阴暗的；阴郁的 Ⅱ. *n*. Ⓤ暗褐色 Ⅲ. *vt*. 使成暗褐色

dunce ［dʌns］（～s[-ɪz]）*n*. ⓒ愚笨而迟钝的人（尤指学生）

dune ［dju:n］（～s[-z]）*n*. ⓒ（由于风吹而形成的)沙丘，沙堆

dunk ［dʌŋk］（～ed [-t]）*vt*. ❶将（食物）浸一浸：～ a biscuit in one's coffee. 将饼干泡入咖啡 ❷将…在水中浸一下，蘸一蘸：They ～ed her in the swimming pool as a joke. 他们跟她开玩笑，把她在游泳池里浸了一下。*vi*. 把自己浸入水中

dupe ［dju:p］ Ⅰ.（～d[-t]；duping）*vt*. 欺骗；哄骗；愚弄：～ sb. into doing sth. 哄骗某人做某事 Ⅱ. *n*. ⓒ容易受骗的人；被人愚弄的人

duple ［'dju:pl］［无比较等级］*adj*. ❶双的，二倍的；二重的 ❷【音】二拍子的

du·pli·cate ［'dju:plɪkɪt］ Ⅰ.［无比较等级］*adj*. ❶二重的；二倍的；成对的：a ～ receipt 双联式收据 ❷复制的；完全一样的；完全相同的：a ～ set of keys （与另一套）完全相同的一套钥匙 Ⅱ. *n*. ⓒ副本；复制品：Is this a ～ or the original? 这是复印件还是原件? **Ⅲ.** (~d[-ɪd]:duplicating) *vt.* ❶复写;打印;复制 ❷使重复(尤指不必要地):This research merely ~s work already done elsewhere. 这项研究仅仅是重复别人已经做过的工作而已。

du·pli·ca·tion [ˌdjuːplɪˈkeɪʃən] *n.*Ⓤ Ⓒ复制;重写;复制品:We must avoid wasteful ~ of effort. 我们必须避免无谓的重复劳动。

du·ra·ble [ˈdjʊərəbl] **Ⅰ.** *adj.* 耐用的;持久的:a ~ peace 持久的和平/a ~ pair of shoes 一双耐穿的鞋 **Ⅱ.** *n.* [常用复数]耐久的物品

du·ra·tion [djʊəˈreɪʃən] *n.*Ⓤ持续(时间);持久;期间:a meeting of short ~ 短会/for the ~ of this government 本届政府执政期间

during [ˈdjʊərɪŋ] *prep.* 在…期间;在…时候:~ the day 在白天/He came to see me ~ my illness. 在我生病的时候,他来看我。

dusk [dʌsk] *n.*Ⓤ黄昏;傍晚:The street lights come on at ~ and go off at dawn. 路灯在黄昏时开,拂晓时关。

dusk·y [ˈdʌskɪ] (duskier;duskiest) *adj.* ❶昏暗的;黑暗的;暗淡的;朦胧的:the ~ light inside the cave 山洞内昏暗的光线 ❷颜色深的;颜色暗的 ❸皮肤黑的;肤色深的

dust [dʌst] **Ⅰ.** *n.*Ⓤ❶灰尘;尘土;尘埃:a speck of ~/chalk ~ 粉笔灰 ❷粉末;【植】花粉 ❸【英】垃圾,灰烬 ❹遗骸 **Ⅱ.** (~ed [-ɪd]) *vt.* ❶去掉…上的灰尘:~ the furniture 拭去家具上的灰尘 ❷把…弄成粉末 ❸撒(粉末);(把粉末)撒在…上:~ sugar onto a cake 在饼上撒糖 *vi.*去掉灰尘

dust·er [ˈdʌstə(r)] (~s[-z]) *n.*Ⓒ❶布,抹布;除尘器 ❷打扫工 ❸撒粉器;撒糖器

dust·y [ˈdʌstɪ] (dustier;dustiest) *adj.* ❶满是灰尘的;布满灰尘的 ❷灰尘的;粉末状的

Dutch [dʌtʃ] **Ⅰ.** *adj.* 荷兰(人)的;荷兰语的;荷兰制的;荷兰式的 **Ⅱ.** *n.*Ⓤ荷兰人;荷兰语

Dutch·man [ˈdʌtʃmən] (Dutchmen) *n.*Ⓒ荷兰人

du·ti·ful [ˈdjuːtɪfl] *adj.*恭敬顺从的;尽职的,尽本分的:a ~ son 恭顺的儿子

duty [ˈdjuːtɪ] (duties [-z]) *n.*Ⓤ Ⓒ❶责任;义务;本分:do one's ~ 尽职 ❷职务;勤务;任务:I'm doing night ~ this week. 这个星期我

上夜班。❸税;关税:*duties* on imported goods 商品进口税 ❹【机】(机器在给定条件下所作的)功,能率;负载;工作状态

dwarf [dwɔːf] **Ⅰ.** *n.*Ⓒ❶矮子;侏儒;矮小的动物(或植物) ❷(神话中)有魔法的小矮人 **Ⅱ.** *vt.* ❶阻碍;充分生长发育;阻碍生长 ❷使…相比之下显得矮小 *vi.*变矮小

dwell [dwel] (dwelt [dwelt]或~ed) *vi.* ❶住;居住 ❷凝思;细想;细谈:Let's not ~ on your past mistakes. 我们不要再细说你过去的错误了。

dwelling [ˈdwelɪŋ] *n.*Ⓒ住处;住宅;寓所

dwelt [dwelt] dwell 的过去式和过去分词

dwin·dle [ˈdwɪndl] (~s [-z];dwindling) *vi.*逐渐变小;减少;缩小:*dwindling* profits 日渐减少的利润/Their savings have ~d away to nothing. 他们的存款减少到分文不剩了。*vt.*使缩小

dye [daɪ] **Ⅰ.** (~s[-z]) *vt.*染(某物);把…染上颜色:~ a dress in blue 把一件衣服染成蓝色 *vi.*着色,(染)上色:a fabric that ~s well 易染色的织物 **Ⅱ.** *n.*Ⓒ Ⓤ❶染色 ❷染料:vegetable ~s 植物染料

dy·ing [ˈdaɪɪŋ] **Ⅰ.** die 的现在分词 **Ⅱ.** *adj.* ❶快要死的;垂死的 ❷临终的:one's ~ wish 临终心愿 ❸快熄灭的;将完结的

dy·nam·ic [daɪˈnæmɪk] ([反]static) **Ⅰ.** *adj.* ❶动力的;动力学的;动态的 ❷精力充沛的;有力的:a ~ personality 精力充沛的人 **Ⅱ.** *n.* [用作单数]❶动力,原动力 ❷动态

dy·na·mics [daɪˈnæmɪks] *n.*Ⓤ❶ [用作单数]动力学;力学:gas ~ 气体动力学 ❷【音】强弱法

dy·na·mite [ˈdaɪnəmaɪt] **Ⅰ.** *n.*Ⓤ❶达纳炸药;黄色炸药 ❷具有爆炸性的事(或物) ❸了不起的人(或事):Their new album is sheer ~. 他们的这套新唱片一下子轰动起来。**Ⅱ.** *vt.* ❶(用炸药)炸毁(某人或某物) ❷使…完全失败

dy·na·mo [ˈdaɪnəməʊ] *n.* ❶Ⓒ【电】发电机(尤指直流发电机) ❷精力充沛的人:a human ~ 干劲十足的人

dyn·as·ty [ˈdɪnəstɪ] *n.*Ⓒ王朝;朝代:the Ming ~ 明朝/overthrow a ~ 推翻一个王朝

E e

each [iːtʃ] **Ⅰ**. [无比较等级]*adj*.各个的,各自的;每,各…;on ~ side of the road 在路的每一边 **Ⅱ**. *pron*. 每个,各自: *Each has his merits.*各有所长. /*I'll see ~ of you separately.*我要分别见你们每一个人. **Ⅲ**. [无比较等级]*adv*. 各个(地),各自(地);每一人(个):The cakes are 20 pence ~. 糕饼每块 20 便士。

ea·ger [ˈiːɡə(r)] (~er[-rə];~est[-rɪst]或 more ~;most ~) *adj*. ❶ 渴望的,殷切期盼的;~ for success 渴望成功/be ~ for (或 about) sth.渴求某事物 ❷热心的,热衷的:He is very ~ in his studies. 他非常热衷于学习。

eagle [ˈiːɡl] (~s[-z]) *n*. ⓒ❶【动】鹰 ❷鹰徽(美国的国徽) ❸(高尔夫球中)老鹰(比标准打数 par 少两杆进洞)

ear[1] [ɪə(r)] (~s[-z]) **Ⅰ**. *n*. ⓒ(麦、玉米等的)穗;be in the ~ 正在抽穗 **Ⅱ**. *vi*.抽穗

ear[2] [ɪə(r)] (~s[-z]) *n*. ❶ⓒ 耳,耳朵:Rabbits have large ~s. 兔子的耳朵很长。❷ⓒ[常用单数]听觉,听力;音感;辨音力:have a keen ~ 听觉灵/have an ~ for music 有音乐鉴赏力 ❸ⓒ耳状物;(水瓶的)耳状把柄

early [ˈɜːlɪ] (earlier;earliest) **Ⅰ**. *adj*. ❶([反]late)(时间、时期)早的:in ~ spring 早春 ❷初期的,很久以前的:the ~ part of the century 世纪的初期 ❸[无比较等级]不久的将来,最近的;立即的:The shop is to open at an ~ date.那家商店准备在近期开张. **Ⅱ**. *adv*. ❶(时间、时期)早,提早:I got up ~ today. 我今天起得很早。❷在初期,在早期:~ next year 明年初

earn [ɜːn] (~s[-z]) *vt*. ❶(工作)赚(钱等),挣得;~ one's living 谋生 ❷得到(名声、地位等);获得:He ~ed confidence by fair dealing. 他以公正行为获得信赖。❸博得(名声、赏赐 等):His honesty ~ed him great respect. 他因诚实而博得人们的尊敬。❹生(利息、红利等):Money ~s more in a high interest account. 钱放在高利息的账户里获利多。

ear·nest[1] [ˈɜːnɪst] *n*. ❶ⓒ[an ~]定金,保证金 ❷[an ~]预兆,前兆

ear·nest[2] [ˈɜːnɪst] **Ⅰ**. *adj*. ❶([近]serious)(人、感情)认真的,真挚的;热心的;a terribly ~ young man 认真得不得了的年轻人 ❷(事态)重大的,严肃的:~ affairs 重大事件 **Ⅱ**. *n*.ⓤ认真;诚挚

earn·ings [ˈɜːnɪŋz] [复]*n*. 所得,收入,工资;(公司等的)收益

ear·th [ɜːθ] **Ⅰ**. *n*. ❶ [the ~]地球:The moon goes round the ~. 月球环绕地球运转。❷([近]the ground)ⓤ(相对于天空的)大地,地;(相对于海的)陆地:heaven and ~ 天地 ❸ⓤ(相对于岩石的)土,土壤:fill a hole with ~ 用泥土填洞 ❹[the ~] [集合用法]全世界的人类 ❺ⓤ(相对于天堂、地狱的)尘世,俗世 ❻ⓤ ⓒ[英]【电】(电气用品的)接地:~ wire(接)地线 **Ⅱ**. *vt*. ❶用土覆盖(树根、蔬菜等) ❷ [英]把(电气用品)接地,接上地线

ear·th·quake [ˈɜːθkweɪk] *n*. ⓒ地震

ease [iːz] **Ⅰ**. *n*.ⓤ❶安逸,轻松;舒适,安心:a life of ~ 安逸舒适的生活/~ of mind 心情的舒畅 ❷([反]difficulty)容易,轻易,不费力:He writes with ~. 他笔墨流畅。❸(态度)悠闲自在,从容不迫;(衣服等的)宽松,宽大 **Ⅱ**. ~s[-ɪz];~ing)*vt*. ❶使(人、心)舒畅,使安心;使(痛苦、忧虑等)缓和,减轻:~ sb.'s mind 使某人安心,使某人宽慰/~ sb. of his troubles 消除某人的烦恼 ❷(疼痛、紧张等)缓和,减轻:The aspirins ~d my headache. 阿司匹林使我头疼减轻了。❸放宽(衣服、绳等):Please ~ my dress at the waist. 请将我衣服的腰身部分放宽。❹缓慢地移动… *vi*.(痛苦、紧张等)缓和,减轻:The pain ~d. 疼痛减轻了。

ea·si·ly [ˈiːzɪlɪ] *adv*. ❶([近]with ease)容易地,轻易地;易于:I can ~ finish it tonight.我今晚轻而易举就可把它做完。❷确切地,确实;大概:It's ~ the best film I've seen this year.这确实是我今年所看过的最好的电影。❸安逸地,安乐地;舒适地

*east [iːst] I . n . ❶Ⓤ东,东部:The red
sun rises in the ～. 红太阳在东方升起。❷
[the East]东方 ❸[the East](美国的)东部
地区Ⅱ.[无比较等级]adj.❶东方的;东部
的:He lives on the ～ coast. 他住在东部海岸
地区。❷(风)从东面来的:an ～ wind 东风
Ⅲ.[无比较等级]adv. 朝东,向东:My win-
dow faces ～. 我的窗户朝东。/go ～ 向东走

East·er ['iːstə(r)] n.Ⓤ【宗】复活节:the ～
holidays 复活节假期

east·er·ly ['iːstəli] I . adj . ❶东方的,朝
东的:in an ～ direction 朝东方方向 ❷(风)
从东方来的:an ～ wind 东风Ⅱ. adv. 向
(朝)东方;(风)从东方:The wind blows ～.
风从东方吹来。

*east·ern ['iːstən] I . adj . ❶东方的,向东
的:the ～ countries 东方国家 ❷[E-]东方
(部)的:Eastern customs 东方的习俗 ❸[E-]
[美](美国的)东部的 ❹[E-]东欧的,东欧集团
的 Ⅱ. n.Ⓒ[常用 Eastern]东方人

east·ward ['iːstwəd] I .[无比较等级]
adv.朝东,向东 Ⅱ.[无比较等级]adj.朝东
的,向东的 Ⅲ. n .[the ～]东方,东部

east·wards ['iːstwədz] adv. = eastward

*eas·y ['iːzɪ] (easier;easiest) I . adj . ❶
([反]difficult)(事情)简单的,容易的:It is
an ～ place to reach. 那是个容易到达的地
方。❷安逸的,舒适的,安心的:My mind is
easier now. 现在我安心多了。❸(态度)悠然
惬意的;(衣服等)宽适的:an ～ fit 宽适的衣
服 ❹宽大的,温顺的,不严厉的:He is ～ to
get along with. 他很平易近人。❺(速度等)缓
慢的;从容的:have ～ manners 举止从容 Ⅱ.
adv.❶([近]easily)[口]轻松地,安闲地;从
容地 ❷慢慢地;当心地:Go ～ here,the road
is very rough. 这儿得慢慢走,路很不平。

eas·y·go·ing ['iːzɪ'gəʊɪŋ] adj.([反]unea-
sy) ❶悠闲的,自在的,轻松的 ❷(指人)随和
的;温和宽容的:My mother doesn't mind
who comes to stay,she's very ～. 我母亲不在
乎有什么人来住,她非常随和。

*eat [iːt] (ate [et;美 eɪt];eaten ['iːtn]) vt.
❶吃,喝(汤等):Eat your dinner. 你把饭吃
了。❷腐蚀,侵蚀(土壤等);蛀:Acid ate
holes in my coat. 我的外套被酸蛀烂了几个
洞。❸[常用进行时表示,多以 what 当主语]
[口]使(人)不高兴:What's ～ing you? 你为
何不开心呢? vi.❶吃,吃饭:He was too ill
to ～. 他病重得不能吃东西了。❷腐蚀(金属
等);侵蚀:Acids ～ into metals.酸能腐蚀金
属。

eat·a·ble ['iːtəbl] I . adj . ([近]edible)

(食物)可吃的,可吃(状态)的:Our school
meals are hardly ～. 我们学校的饭菜简直没
法吃。Ⅱ.(～s[-z])n .Ⓒ[常用复数](尤指)
未烹调的食物

eat·er ['iːtə] (～s[-z]) n .Ⓒ 食者:He is a
big greedy ～. 他很贪嘴。

eaves [iːvz][复]n.(房子的)檐,屋檐:birds
nesting under the ～ 在屋檐下筑巢的鸟

ebb [eb] n .❶Ⓤ落潮,退潮:the ～ and flow
of the tide 退潮涨潮 ❷Ⓤ[喻](精神、力量等
的)衰退,衰落:Our enthusiasm soon began to
～. 我们的热情不久就减下来了。

ec·cen·tric [ɪk'sentrɪk] I . adj . ❶(人、行
为等)古怪的,异常的,超出常规的;不正常的:
his ～ habits 他那古怪的习惯 ❷(两个以上的
圆)不同圆心的;(天体轨道)非正圆的 Ⅱ. n .
Ⓒ古怪的人,怪癖的人

ech·o ['ekəʊ] I . (～es[-z]) n .Ⓤ Ⓒ❶回
声,回音;反响:This cave has a good ～. 这个
洞回声很大。❷(舆论等的)反应,共鸣:His
statements found an ～ in many minds. 他的
言论在众人间产生共鸣。❸重复,模仿;模仿
者:He has no original opinions;he's just his
father's ～. 他没有主见,只是随声附和他父亲
的意见。Ⅱ. (～es[-z]) vt .❶发回声;使…
回响:The valley ～ed his song. 山谷中传回他
唱歌的回声。❷重复,模仿:They ～ed their
leader's every word. 他们重复领袖的每一句
话。 vi . 发出回声;起反响:Their shouts ～ed
through the forest. 他们的叫喊声在林中回
荡。

e·clipse [ɪ'klɪps] I . (～s[-ɪz]) n . ❶Ⓒ
【天】(日、月的)蚀,食:a total(partial)～ of
the sun 日全(偏)食 ❷ⒸⓊ(名声、荣誉等的)
丧失,黯然失色:After suffering an ～,she is
now famous again. 她声望一度跌落后,现在
又名声大振了。Ⅱ. (～s[-ɪz];～d [-t];
eclipsing) vt .❶遮蔽(其他天体的光):The
sun is partly ～d(by the moon). 太阳(被月
球)遮住一部分。❷超越…,使…失色 ❸(对
幸福等)投下阴影,使暗淡

e·col·o·gy [ɪ'kɒlədʒɪ] n .Ⓤ生态;环境

e·co·nom·ic [ˌiːkə'nɒmɪk, ˌe-][无比较等
级]adj.经济的;经济学的

e·co·nom·i·cal [ˌiːkə'nɒmɪkl, ˌe-] adj. ❶
经济的,节约的,廉价而实用的:She is ～ with
(或 in)her use of paper when writing. 她写
作时用纸很节省。❷(人)节俭的,节约的:an
～ person 节俭的人

e·co·nom·ics [ˌiːkə'nɒmɪks, ˌe-][复]n .
❶[用作单数]经济学 ❷[用作复数](国民
的)经济状态:the third world ～第三世界的

经济状况

e·con·o·mist [ɪˈkɒnəmɪst] *n*. ℂ 经济学者;经济学家

e·con·o·my [ɪˈkɒnəmɪ] (economies [-z]) *n*. ❶Ⓤℂ 节约,俭约:practise ~ 实行节约 ❷Ⓤ(家庭、国家等的)经济,财政:The state of ~ is very worrying. 目前经济状况令人十分担忧。❸ℂ经济(结构):national ~ 国民经济 ❹ [作定语]廉价的;价廉而适用(的),经济(的):an ~ pack 经济装

ec·sta·sy [ˈekstəsɪ] (ecstasies [-z]) *n*. ❶Ⓤℂ 狂喜,精神恍惚,销魂:in an ~ of delight 欣喜若狂 ❷ℂⓊ(宗教的)大喜乐

ed·dy [ˈedɪ] Ⅰ. (eddies [-z]) *n*. ℂ(风、烟、灰尘、水等的)涡流,旋涡:*Eddies* of dust swirled in the road. 路上尘埃滚滚。Ⅱ. (eddies [-z];eddied) *vt*.& *vi*.(使)旋转;(使)起旋涡

***edge** [edʒ] Ⅰ. (~s [ˈ-ɪz]) *n*. ❶ℂ 边缘,端,棱(湖泊等的)边,旁边:He lives at the ~ of the forest. 他住在森林边上。❷ℂ(刀器的)刃,刀口:a knife with a sharp ~ 锋利的刀 ❸Ⓤ[亦用 an ~](感情等的)敏锐;激烈 ❹ℂⓊ优势条件:a decisive ~ in military strength 军事力量上的决定性优势 Ⅱ. (~s [ˈ-ɪz];edging) *vt*. ❶ 给…镶边:She ~d the handkerchief with white lace. 她给手帕镶上了白边。❷ 加刃于(刀器),使锐利:~ the axe 开斧刃 ❸使慢慢移动;使侧着移动:The policeman slowly ~d his way forward. 警察慢慢地向前移动。*vi*. 徐徐移动;侧着移动:The climber ~d carefully along the narrow rock ledge. 爬山者沿着狭窄的岩架缓缓攀爬。

edge·ways [ˈedʒweɪz], **edge·wise** [ˈedʒwaɪz] *adv*. 刀刃(外缘)朝外(或朝前)地;从旁边;斜着:If you turn it ~ you'll get the desk through the door. 如果你把书桌斜过来,就能通过这道门了。

edg·ing [ˈedʒɪŋ] (~s [-z]) *n*. Ⓤℂ 装饰边缘,边饰,镶边

ed·i·ble [ˈedɪbl] ([近]eatable) Ⅰ. *adj*. 可食的,食用的:This food is scarcely ~. 这种食物算不上能吃。Ⅱ. (~s [-z]) *n*. ℂ[常用复数]食物,食用品

ed·i·fice [ˈedɪfɪs] (~s [-ɪz]) *n*. ℂ(雄伟的)大建筑物,大厦

ed·it [ˈedɪt] (~ed [-ɪd]) *vt*. 编辑(书、报纸等);剪接,剪辑(电影、录音带等):~ a book of poetry 编辑一本诗集

e·di·tion [ɪˈdɪʃən] (~s [-z]) *n*. ℂ❶(发行物的)版;(某版的)发行册数:the first ~ 初版 ❷(装订上的)…版:a paperback (hard-cov-er)~ 平装本(硬皮本) ❸ [喻]很相似的人(或物),翻版:He is a taller ~ of his elder brother. 他跟他哥哥很相像,不过高一些。

ed·i·tor [ˈedɪtə(r)] (~s [-z]) *n*. ℂ 编者;(报纸、杂志等的)主编,编审员

ed·i·to·ri·al [ˌedɪˈtɔːrɪəl] Ⅰ. (~s [-z]) *n*. ([近]leading article) ℂ 社论,评论 Ⅱ. *adj*. ❶编者的;编辑的:the ~ office 编辑部/~ work 编辑工作 ❷社论的,评论的

ed·u·cate [ˈedjʊkeɪt] (~d [-ɪd];educating) *vt*. ❶教育(人);送…上学:It's a difficult task to ~ children. 教育孩子是困难的事。❷培养(兴趣);训练(人、才能等):Parents should ~ their children to behave well. 父母应当教育子女守规矩。

***ed·u·ca·tion** [ˌedjʊˈkeɪʃən] *n*. ❶Ⓤℂ 教育:A child receives its early ~ at home. 幼儿在家庭接受早期教育。❷Ⓤℂ(受到)教育,(人有)教养:a man of little ~ 不太有教养的人 ❸Ⓤ 教育学,教授法

ed·u·ca·tion·al [ˌedjʊˈkeɪʃənəl] *adj*. 教育的,有关教育的;有教育意义的

ed·u·ca·tor [ˈedjʊkeɪtə(r)] (~s [-z]) *n*. ℂ 教育(学)家;教育工作者;教育行政官员

eel [iːl] (~s [-z]) *n*. ℂ【动】鳗鱼(亦指类似鳗鱼的康吉鳗、星鳗、韧鱼等鱼)

ef·face [ɪˈfeɪs] (~s [-ɪz];~d [-t];effacing) *vt*. 消除,抹掉(文字等);[喻]使(印象等)被忘却:Time alone will ~ those unpleasant memories. 只有时间才能使人淡忘那些不愉快的记忆。

***ef·fect** [ɪˈfekt] Ⅰ. *n*. ([反]cause) ❶Ⓤℂ 结果:cause and ~ 因果 ❷Ⓤℂ 效果,效力;(药等的)功效;影响:The accident had quite an ~ on her. 这件事故对她影响极大。❸ℂ(色彩、声音、形状等的)印象,感触;外观(电影、戏剧等的)效果:The general ~ of the painting is overwhelming. 这幅画给人总的印象是很有气势。❹ [用复数]动产,财产;所有物:personal ~s 个人财产 Ⅱ. (~ed [-ɪd]) *vt*. 使产生,招致;实现(目的等):I will ~ my purpose;no one shall stop me. 我决心达到我的目的,无论是谁也不能够阻止我。

ef·fec·tive [ɪˈfektɪv] *adj*. ❶([近]effectual)有效的,有效力的:take ~ measures 采取有效措施 ❷(法律等)生效的,起作用的:The law is no longer ~. 该法令已失效。❸([反]nominal)实际的,事实上的;有战斗力的:the number of ~ members 实际成员人数

ef·fec·tu·al [ɪˈfektjʊəl,-tʃʊ-] *adj*. 有效果的,有效的:take ~ measures 采取有效措施

ef·fi·cien·cy [ɪˈfɪʃənsɪ] *n*. Ⓤ❶效能;(机

械等的)效率;raise labour ～ 提高劳动效率 ❷能力;实力

ef·fi·cient [ɪˈfɪʃənt] *adj*. ❶([近]effectual)([反]inefficient)有效率的,有效果的:an ～ new filling system 有效的新归档系统 ❷(人)有能力的;能胜任的:an ～ secretary 能干的秘书/He's ～ at his job.他能胜任工作。

*ef·fort** [ˈefət] *n*. ❶Ⓤ Ⓒ 努力;尽力:His ～s were much appreciated.大家都夸他很努力。❷Ⓒ 努力的成果;精心杰作:That's a good ～.这事干得不错。

ef·fuse [ɪˈfjuːz] *vt*.流出(液体);发出(光);吐露(感情等) *vi*.流出,发出

ef·fu·sive [ɪˈfjuːsɪv] *adj*.(人、表达等)情感流露的,溢于言表的

egg¹ [eg] (～s[-z]) *vt*.煽动,教唆:I didn't want to do it,but Peter kept ～*ing* me on.我本不想做那件事,但彼得一直怂恿我。

*egg**² [eg] (～s[-z]) *n*. ❶Ⓒ 蛋;鸡蛋 ❷Ⓤ(做成菜的)蛋的一部分:You've got some ～ on your shirt.你衬衫上沾了些鸡蛋。❸Ⓒ【生】卵;卵细胞 ❹Ⓒ[俚]家伙,男子:He's a good ～.他是个好人。

egg·plant [ˈegplɑːnt] *n*. ❶Ⓒ【植】茄子 ❷Ⓒ Ⓤ(食用的)茄子(的果实)

egg·shell [ˈegʃel] (～s[-z]) *n*.Ⓒ 蛋壳

eg·o [ˈegəʊ, ˈiː-] (～s[-z]) *n*. ❶Ⓒ Ⓤ 自我(意识) ❷Ⓤ[口]自尊心,自负:Losing the match made quite a dent in his ～.比赛失败对他的自尊心打击很大。

eg·o·tism [ˈegəʊtɪzəm, ˈiː-] *n*.Ⓤ ❶利己主义;自我吹嘘;自我中心 ❷自高自大

*eight** [eɪt] Ⅰ. *n*. ❶Ⓤ Ⓒ(数目的)8;8的数字:*Eight* plus ～ equals sixteen.8加8等于16。❷[用复数]8个;8人:*Eight* are playing games.8人在玩游戏。❸Ⓤ8点;8分;8岁:It is ～ now.现在8点钟了。❹Ⓒ8个一组的东西(人);8桨赛艇选手:Is the Oxford ～ winning? 牛津的划船队能赢吗?Ⅱ. *adj*. ❶8的,8个的,8人的:～ pens 8只笔 ❷[作表语]8岁的

eight·een [ˈeɪˈtiːn] Ⅰ. *n*. ❶Ⓤ Ⓒ(数目的)18;18的数字:Two times nine is ～.2乘9等于18。❷Ⓤ18点,18分 ❸[用作复数]18人 Ⅱ. *adj*. ❶18的,18个的,18个人的 ❷[作表语]18岁的

eight·eenth [ˈeɪˈtiːnθ] Ⅰ. *adj*. ❶[常用the ～]第18的,第18个的 ❷十八分之一的 Ⅱ. *n*. ❶Ⓤ Ⓒ[常用the ～](每月的)18号 ❷Ⓒ 十八分之一

eighth [eɪtθ] Ⅰ. *adj*. ❶[常用the ～]第8

的,第8个的 ❷十八分之一的 Ⅱ. *n*. [常用the ～]第8个(的东西);(每月的)8号

eight·i·eth [ˈeɪtɪɪθ] Ⅰ. *adj*. ❶[常用the ～]第80的,第80个的 ❷八十分之一的 Ⅱ. *n*.第80个;Ⓒ 八十分之一

*eight·y** [ˈeɪtɪ] Ⅰ. (eighties [-z]) *n*. ❶Ⓤ Ⓒ(数目的)80;80的数字 ❷Ⓤ80岁 ❸[用复数]80个,80人 ❹[用复数]80年代;80岁;80到89的数目 Ⅱ. *adj*. ❶80的;80个的;80人的 ❷[作表语]80岁的

*ei·ther** [ˈaɪðə(r)] Ⅰ. *conj*. [～...or...] ❶[用于肯定句](两者之中)或…或…(之一):I left it ～ on the table or in the drawer.我不是把它放在桌子上了,就是放在抽屉里了。❷[用于否定句]既(不)…也(不):She can't speak ～ Korean or English.她既不会讲朝鲜语,也不会讲英语。Ⅱ. [无比较等级][置于单数形式名词之前]*adj*. ❶(两者中)任一的,无论哪一个的:You can have ～ half of the cake.这个蛋糕你想要哪一半都可以。❷(两者之中)每一方的:You can park on ～ side of the street.在街道哪边停车都可以。Ⅲ. [用于肯定句]*pron*.(两者之中的)任何一方,各方,每一方:I've bought two cakes—You can have ～.我买了两块蛋糕——你要哪一块都可以。Ⅳ. *adv*. ❶(用于否定句或否定词组后加强语气)也;而且;根本:He can't hear and he can hardly speak ～.他既听不见也几乎不能说话。❷[口]而且(不…),欲加(不…):She is very pretty and she is not stupid ～.她十分漂亮,而且头脑也不笨。

ej·ect [ɪˈdʒekt] (～ed[-ɪd]) *vt*. ❶强迫某人(某物)出去,逐出;轰出(from):The noisy youths were ～ed from the cinema.吵闹的青年人都已从影院被驱逐出去。❷喷出(熔岩,火山灰等)

e·lab·o·rate Ⅰ. [ɪˈlæbərɪt] *adj*.精致的,精心制作的,精巧的:an ～ design 精心的设计 Ⅱ. [ɪˈlæbəreɪt] (～d[-ɪd];elaborating) *vt*.精心制作…,用心做,推敲:Please ～ your plan.请仔细做出你的计划。*vi*.详细说明(或解释某事):～ on a theory 对理论做详细说明

e·lab·o·ra·tion [ɪˌlæbəˈreɪʃən] *n*. ❶Ⓤ 精心制作;细致,精巧性 ❷Ⓒ 苦心之作;精巧的作品;附加细节

e·lapse [ɪˈlæps] Ⅰ. *vi*.(时间)过去,消逝:Time ～d soon.时间很快过去了。Ⅱ. *n*.Ⓒ(时间)的过去,消逝

e·las·tic [ɪˈlæstɪk] Ⅰ. *adj*. ❶有弹性的;伸缩自如的:Rubber is ～.橡皮有弹性。❷灵活的;柔韧的:Our plans are fairly ～.我们的计划相当灵活。❸(人、性情等)能很快恢复活动的,能适应的,开朗的:an ～ temperament

开朗的性情 Ⅱ . *n* .◫(用于裤带、吊裤带等的)有伸缩性的织物;松紧带;橡皮圈

el·as·tic·i·ty [ˌɪlæˈstɪsəti] *n* .◫❶弹力,弹性,伸缩性❷灵活性

el·bow [ˈelbəʊ] Ⅰ . (~s[-z]) *n* .◪❶肘;(衣服)肘的部分:He sat with his ~s on the table. 他双肘支在桌上坐着。❷肘状(L 字形)之物;肘形弯管(用于烟囱、铁管等的弯处)Ⅱ . (~s[-z]) *vt* .用肘撞(推)…;He ~ed me out of the way. 他用肘部把我挤到一边。*vi* .挤着前进

el·der [ˈeldə(r)] [old 的比较级之一,最高级 eldest]([反]younger) Ⅰ . [常置于名词之前,不与 than 连用] *adj* .❶(两个兄弟、姐妹之中的)年龄较大的,年长的(在美国则多用 older);my ~ brother 我的哥哥❷前辈的,资格老的:an ~ statesman 政界元老(一般指已退休的)Ⅱ . (~s[-z]) *n* .❶◪(两者之中的)年长者:He is her ~ by several years. 他比她大几岁。❷[用复数]前辈,祖先:the village ~s村中德高望重的前辈❸◪元老,长老

eld·er·ly [ˈeldəli] *adj* .年长的,近老年的:He's very active for an ~ man. 按老年人来说,他非常活跃。

eld·est [ˈeldɪst] *adj* .[old 的最高级]([反]youngest)(兄弟、姐妹之中)最年长的:Jim is my ~ son.吉姆是我的长子。

e·lect [ɪˈlekt] Ⅰ . (~ed [-ɪd]) *vt* .❶选举(某人)(用选举的方式)推选;选出:They ~ed a new president. 他们选举出一位新总统。❷决定…;选定:She ~ed to become a lawyer. 她决定当律师。Ⅱ . *adj* .被选定的,当选的:the president ~ 候选总统 Ⅲ . *n* .[常用 the ~][用作复数]被选定的人,特殊阶层;上帝的选民

e·lec·tion [ɪˈlekʃən] (~s[-z]) *n* .◫◪选举,选出;获选,当选:He's standing for ~. 他是候选人。

e·lec·tive [ɪˈlektɪv] Ⅰ . *adj* .❶由选举产生的,选任的:an ~ office 选任的职位❷有选举权的:an ~ assembly 有选举权的大会❸(尤指美国大学课程等)选修的:~ subjects 选修科目 Ⅱ . (~s[-z]) *n* .◪[美]选修科目

e·lec·tor [ɪˈlektə] (~s[-z]) *n* .◪❶选举人;合格选民:Many ~s didn't vote today because of the bad weather. 由于天气恶劣,许多选民今天没有投票。❷[美]选举团成员;总统选举人

e·lec·tric [ɪˈlektrɪk] *adj* .❶[无比较级][作定语]电的:an ~ current 电流❷电动的,用电的:an ~ lamp 电灯❸有电的;导电的:an ~ plug 电源插头❹[无比较级]

如受到电击般的,强烈的,令人兴奋的:The news had an ~ effect.这消息顿时使人热情激昂。

e·lec·tri·cal [ɪˈlektrɪkl] [无比较等级] *adj* .❶[作定语]与电有关的;用电的;用电处理的:This machine has an ~ fault.这台机器有电器故障。❷ = electric

e·lec·tri·cian [ɪˌlekˈtrɪʃən] (~s[-z]) *n* .◪电气技师,电工

e·lec·tric·i·ty [ɪˌlekˈtrɪsəti] *n* .◫❶电,电流;电力:Don't leave the lights on — it wastes ~. 离开时要随手关灯——以免浪费电。❷强烈兴奋,激动

e·lec·trif·y [ɪˈlektrɪfaɪ] (electrifies [-z]; electrified) *vt* .❶给…接通电,充电;使(某人)触电❷使(铁路、房屋等)电气化❸给予(某人)冲击,使震惊:the athlete's ~ing burst of speed 运动员惊人的爆发速度

e·lec·trode [ɪˈlektrəʊd] (~s[-z]) *n* .◪【电】电极

e·lec·tron [ɪˈlektrɒn] (~s[-z]) *n* .◪【物】电子

e·lec·tro·neg·a·tive [ɪˌlektrəʊˈnegətɪv] *adj* .【物】负电性的,阴电性的

e·lec·tron·ic [ɪˌlekˈtrɒnɪk] *adj* .电子的,电子操纵的,用电子设备生产的:an ~ calculator 电子计算机/~ control 电子控制

e·lec·tron·ics [ɪˌlekˈtrɒnɪks] *n* .◫[用作单数]电子学

el·e·gance [ˈelɪgəns] , **el·e·gan·cy** [ˈelɪgənsɪ] *n* .◫❶优雅,高尚,典雅 ❷(思考等的)简洁,精确

el·e·gant [ˈelɪgənt] *adj* .❶(人、动作等)优雅的,优美的:an ~ style of writing 优美的写作风格 ❷(艺术、文体等)文雅的,高格调的,高雅的:Flower arrangement is an ~ art. 插花是一门高雅的艺术。❸(思虑)简洁确切的,精确的

el·e·ment [ˈelɪmənt] *n* .❶◪[常用复数]要素,成分:Honesty is one of the chief ~s of success. 诚实是成功的主要要素之一。❷◪【化】元素:Water is composed of the ~s hydrogen and oxygen. 水是由氢元素和氧元素组成的。❸[用复数](知识的)原理;基础:You must understand the ~s of math before we can proceed further. 你必须先弄懂数学基础知识,我们才能进一步学习。❹[用复数](风、雨、雪等的)自然力;暴风雨:exposed to (the fury of) the ~s 经受风吹雨打 ❺[an ~]多少(的…);(…的)气息:There's always an ~ of danger in mountain climbing. 登山总是有些危险的。❻◪(生物固有的)栖息场

所,环境;(人的)本分:Water is fish's natural ~.水是鱼的自然栖息地。❼©【数】元素

ele·men·tal [ˌelɪˈmentl] *adj*. ❶(如自然力量般)强烈的,巨大的:the ~ fury of the storm 暴风雨的肆虐 ❷自然的:the ~ forces 自然力 ❸基本的;元素的:~ truth 基本事实

el·e·men·ta·ry [ˌelɪˈmentərɪ] *adj*. 初步的,基本的;(问题等)单纯的:The questions were so ~ that he easily passed the test. 问题很好答,他轻而易举就及格了。

el·e·phant [ˈelɪfənt] [~(s)] *n*.©【动】象:a herd of ~象群

el·e·vate [ˈelɪveɪt] (~d [-ɪd];elevating) *vt*. ❶使更有修养,使(精神等)振奋 ❷将(物品)提起,抬高 ❸提拔(人),提到更高地位:He's been ~d to the peerage. 他升为贵族。

ele·vat·ed [ˈelɪveɪtɪd] *adj*. ❶提高的;高的 ❷(思想、言语等)高尚的,高贵的:~ sentiments 高尚的情操

el·e·va·tion [ˌelɪˈveɪʃn] (~s[-z]) *n*. ❶© [亦用 an ~]高度(尤指海拔):The city is at an ~ of 2,000 metres. 这座城市海拔 2,000 米。❷© 隆起之处,高地:a small ~ of the ground 地面上的小隆起处 ❸Ⓤ 高贵,高尚:~ of language (style, thought)语言(风格、思想)的高尚 ❹Ⓤ 提高;晋级;提升:~ to the peerage 升为贵族 ❺©【建】(建筑物等的)立视图;正视图:the front side ~ of a house 一座房子的正面立视图 ❻©[an ~]仰角;【军】(枪)的射角:The gun has an ~ of 45 degrees. 这门炮的仰角是 45 度。

el·e·va·tor [ˈelɪveɪtə(r)] (~s[-z]) *n*.© ❶[美]电梯 ❷抬高物品的装置;升降机 ❸(能吊卸、储存,有时也进行加工的)谷物仓库

e·lev·en [ɪˈlevn] Ⅰ. (~s[-z]) *n*. ❶© (数目字的)11;11 的数字 ❷Ⓤ11 点,11 分;11 岁:It's ~ now. 现在 11 点了。❸ Ⓤ[用作复数]11 个,11 人 ❹©11 个(人或物)一组;(足球等)11 人所组成的团队Ⅱ. *adj*. ❶11 的,11 个的,11 人的 ❷[作表语]11 岁的

e·lev·enth [ɪˈlevnθ] Ⅰ. *adj*. ❶[常用the ~]第 11 的,第 11 个的 ❷十一分之一的 Ⅱ. (~s[-z]) *n*. ❶Ⓤ[常用 the ~]第 11 个(的东西);(每月的)11 号 ❷©十一分之一

e·lic·it [ɪˈlɪsɪt] (~ed [-ɪd]) *vt*.诱出(真相、回答等),引起,探出(事实、反应等):At last we've ~ed the truth from him. 我们终于从他那里探出真相。

el·i·gi·ble [ˈelɪdʒəbl] *adj*. ❶有被选举资格的,适当的;有做…资格的:~ for a pension 有资格领取养老金 ❷(尤指丈夫)合适的,可选作丈夫合意的:an ~ young man 合意的年轻人

e·lim·i·nate [ɪˈlɪmɪneɪt] (~d[-ɪd];eliminating) *vt*. ❶删除;淘汰:He was ~d (from the contest) in the fourth round. 他在第四轮(比赛中)被淘汰。❷清除,排除(尤指不必要或不需要的某人或某物):The police have ~d two suspects. 警方已排除了两名嫌疑人。❸[口]杀(死),除掉:The dictator had ~d all his political opponents. 独裁者已将所有政敌干掉。

e·lite [eɪˈliːt, ɪ-] *n*. [法] ❶[集合用法]精华,杰出人物:the scientific ~ 科学方面的精英 ❷© 精锐部队:an ~ force 精锐部队

e·llipse [ɪˈlɪps] (~s[-ɪz]) *n*.©【数】椭圆;椭圆形

el·o·quence [ˈeləkwəns] *n*.Ⓤ ❶雄辩,口才:The crowd were swayed by his ~. 他的能言善辩打动了群众。❷雄辩术;修辞法

el·o·quent [ˈeləkwənt] *adj*. ❶(人、演说、文体等)雄辩的,滔滔不绝的,有说服力的:an ~ speaker 雄辩的演讲者 ❷表情丰富的;富于表情的:an ~ gesture 富于表情的姿势

else [els] [无比较等级] Ⅰ. [与不定代词、疑问代词、否定代词或副词连用]*adv*.此外,另外,其他:Did you see anybody ~? 你见到其他人了吗? Ⅱ. *conj*. ([近]otherwise)[用 or ~句型]否则;要不然:Run or ~ you'll be late. 快跑,要不然你要迟到了。

else·where [ˌelsˈweə(r)] *adv*.在别处,到别处:Our favourite restaurant was full, so we had to go ~. 我们最喜欢的饭馆已客满,所以我们只得到别处去。

e·lude [ɪˈljuːd] *vt*.(巧妙地)逃避,躲避(责任、危险等)

e·lu·sive [ɪˈljuːsɪv] *adj*. ❶逃避的,难以捕捉的:a most ~ criminal 极难逮捕的罪犯 ❷难以理解的,难以捉摸的,难以记起的:an ~ person 难以捉摸的人/an ~ word 难记的词

e·mail [ˈiːmeɪl] Ⅰ. *n*. Ⓤ©电子邮件 Ⅱ. *vt*. 给…发电子邮件

e·man·ci·pate [ɪˈmænsɪpeɪt] (~d [-ɪd]; emancipating) *vt*.([近]liberate)解放(人),使成为自由身

e·man·ci·pa·tion [ɪˌmænsɪˈpeɪʃən] (~s [-z]) *n*.([近]liberation)Ⓤ(从支配、束缚等)解放:the ~ of women 妇女的解放

e·man·ci·pa·tor [ɪˈmænsɪpeɪtə(r)] (~s [-z]) *n*.©解放者

em·bank [ɪmˈbæŋk] (~ed [-t]) *vt*.筑堤围栏;筑堤防护:~ a river 筑河堤

em·bar·go [emˈbɑːgəu] Ⅰ. (~es[-z]) *n*. ©禁令;禁止贸易令;禁止船舶行驶令;封港令:a gold ~ 禁止黄金买卖令 Ⅱ. (~es[-z])

vt.禁止(船舶)出入港口;禁止(商品的)输出
输入

em·bark [ɪmˈbɑːk] (～ed [-t]) *vi*.上(船、飞机等);上船,上飞机:Passengers with luggage must ～ first.带行李的乘客必须先上船。*vt*.使(乘客)上(船、飞机),将(货物)装入(船、飞机):～ passengers and cargo 载客和装货

em·bar·rass [ɪmˈbærəs] (～es[-ɪz];～ed [-t]) *vt*. ❶[常用被动语态]使窘迫,使苦恼;使为难:I was ～ed by his comments about my clothes.他评论我的衣服使我很尴尬。❷打扰…,妨碍 ❸使财政困难,使拮据:financially ～ed 经济拮据

em·bar·rass·ing [ɪmˈbærəsɪŋ] *adj*.令人为难的,困惑的,令(人)局促不安的:an ～ question 令人困窘的问题

em·bas·sy [ˈembəsɪ] (embassies [-z]) *n*. ❶C[常用 Embassy]大使馆:the American Embassy in London 美国驻伦敦大使馆 ❷C[E-][集合用法]大使馆员:～ officials 大使馆官员 ❸U(大使的)任务,使命

em·bed [ɪmˈbed] (embedded [-ɪd];embedding) *vt*.[常用被动语态]把…嵌进(埋入,放入):The arrow *embedded* itself in the wall.箭牢牢地扎进墙里。

em·bit·ter [ɪmˈbɪtə] (～s[-z]) *vt*.[常用被动语态]使(人)难受,使苦恼;使发怒;使怨恨

em·blem [ˈembləm] (～s[-z]) *n*.C❶象征:The dove is an ～ of peace.鸽子是和平的象征。❷徽章,符号,标记

em·bod·i·ment [ɪmˈbɒdɪmənt] *n*.U化身;赋予形体;具体化(of):She is the ～ of kindness.她是慈祥的化身。

em·bod·y [ɪmˈbɒdɪ] (embodies [-z];embodied) *vt*. ❶体现;使(思想、感情等)具体化:To me,he *embodies* all the best qualities of a teacher.在我看来,他本身体现出了教师应有的一切优秀品质。❷包含,收录

em·brace [ɪmˈbreɪs] Ⅰ. (～s[-ɪz];～d[-t];embracing) *vt*.❶拥抱:She ～d her son before leaving.她在离开前拥抱儿子。❷包含,涵盖,包括:The term "mankind" ～s men, women and children. "人类"一词包括男人、女人和儿童。❸捉住(机会),(欣然)接受(提议、申请等);信奉(教义):～ Christianity 信奉基督教 *vi*.(相互)拥抱 They ～d (each other)warmly. 他们(相互)热情拥抱。Ⅱ. *n*.C拥抱:He held her in a warm～. 他热情地拥抱她。

em·broi·der·y [ɪmˈbrɔɪdərɪ] *n*.UC❶刺绣(制品):a beautiful piece of ～一件美丽的刺绣制品 ❷(故事等的)润色,虚构细节

em·bry·o [ˈembrɪəʊ] (～s[-z]) *n*.C❶胎儿;(植物的)胚芽;(动物的)胚胎 ❷(事物的)初期,萌芽阶段

e·merge [ɪˈmɜːdʒ] (～s[-ɪz];emerging) *vi*.❶从(水中、阴暗处等)显露,显出:The moon ～d from behind the clouds.月亮从云层后露出。❷(问题、事实等)暴露,知悉:No new evidence ～d during the enquiry.在调查过程中未发现新证据。❸(从困境中)摆脱,翻身

e·mer·gen·cy [ɪˈmɜːdʒənsɪ] (emergencies [-z]) *n*.CU紧急情况,危急的情势;[作定语]紧急情况用的:You should only use this door in an～.在紧急情况下才能使用这扇门。

em·i·grate [ˈemɪɡreɪt] (～d [-ɪd];emigrating) *vi*.(从本国往他国)移居:～ from China to Australia to find work 从中国移居到澳大利亚寻找工作

em·i·gra·tion [ˌemɪˈɡreɪʃən] (～s[-z]) *n*.❶UC(往他国的)移居 ❷U[集合用法]移民:the mass ～ of refugees in wartime 战时大规模的逃难移民

em·i·nent [ˈemɪnənt] *adj*.([近]prominent) ❶(人)著名的,杰出的;(地位)高的(尤指在学问、艺术等专门领域内有名)(for,as):He is ～ both as a sculptor and as a painter.他既是著名的雕刻家,又是著名的画家。❷(品德等)突出的;优良的:a man of ～ goodness 品德优良的人

e·mit [ɪˈmɪt] (emitted [-ɪd];emitting) *vt*.放射,散发(光、热、气味、声音等);发表意见:A volcano ～s smoke and lava.火山喷射出烟和熔岩。

e·mo·tion [ɪˈməʊʃən] (～s[-z]) *n*. ❶([近]feeling)C(喜、怒、哀、乐等的)感情;情绪:Love, joy, hate, fear, and jealousy are all ～s.爱情、喜悦、憎恨、恐惧、嫉妒都是强烈的感情。❷U激动,兴奋:He answered in a voice filled with ～.他以激动的声音回答。

e·mo·tion·al [ɪˈməʊʃənl] *adj*.❶感情的,以感情为基础的:～ problems 情感问题 ❷诉诸感情的;引起情感的:an ～ response 富于情感的反应/～ songs 抒情歌曲 ❸感情脆弱的;易激动的:She is embarrassing ～ in public.她在大庭广众前常激动得让人难为情。

em·per·or [ˈempərə(r)] (～s[-z]) *n*.C皇帝,君主:the Roman ～s 罗马皇帝

em·pha·sis [ˈemfəsɪs] (emphases [ˈemfəsiːz]) *n*. C U❶强调,重视;重点:Some schools put (或 lay) great ～ on language study.有些学校极注重语言学习。❷【语】加强(短语、字、音节等的)语气

em·pha·size,-ise [ˈemfəsaɪz] (～s[-ɪz];em-phasing) *vt*. 强调；着重；重读；加强语气：He ~*d the importance of study*. 他强调学习的重要性。

em·phat·ic [ɪmˈfætɪk] *adj*. ❶ 强调的，着重的，有力的：He was ~ that I should go. 他极力强调我应该去。❷（信念等）坚强的，坚决的：an ~ denial 断然的否认 ❸ 显著的；明确的：an ~ victory 有目共睹的胜利

em·pire [ˈempaɪə(r)] (~s[-z]) *n*. ❶ ⓒ [常用 E-] 帝国；（由某个人或集团所控制的）大企业，王国：the Roman *Empire* 罗马帝国 ❷ ⓤ（皇帝的）权威，（绝对的）支配：the responsibilities of ~ 有绝对支配权的统治

em·ploy [ɪmˈplɔɪ] Ⅰ. (~s[-z]) *vt*. ❶ （[近]use）使用（物，能力）：You could ~ your funds better. 你可以把你的资金利用得更好些。❷聘请（某人做…），雇用：She is ~*ed* as a taxi driver. 她受雇当计程车司机。❸花费（时间，精力于…）；占用：He ~*s* most of his time in reading. 他把大部分时间都花在读书上。Ⅱ. *n*. ⓤ雇用；使用：How long has she been in your ~? 你雇用她多长时间了？

em·ploy·ee [ˌemplɔɪˈiː, ɪmˈplɔɪiː] (~s[-z]) *n*. ⓒ 从业员工，雇员，雇工：The manager sacked three ~*s*. 经理开除了三名雇员。

em·ploy·er [ɪmˈplɔɪə] (~s[-z]) *n*. ⓒ 雇主；雇用者：They are not good ~*s*. 他们不是好雇主。

em·ploy·ment [ɪmˈplɔɪmənt] *n*. ❶ⓤ（人的）受雇，雇用：The expansion of the factory will mean the ~ of thirty extra workers. 工厂的扩展意味着将增雇 30 名工人。❷ⓤⓒ职业，工作：give ~ to sb. 雇用某人/find ~ 找工作 ❸ⓤ（手段等）的运用；（工具等）的使用：the flexible ~ of forces 兵力的灵活运用

em·pow·er [ɪmˈpaʊə(r)] (~s[-z]) ；~ing [-rɪŋ] [常用被动语态] *vt*.（[近]authorize）授权（给某人）

em·press [ˈemprəs] *n*. ⓒ 女皇；皇后

emp·ty [ˈempti] Ⅰ. (emptier；emptiest) *adj*. ❶（[反]full）空的，空着的：an ~ box 空盒子 ❷（语言等）空虚的，空洞的，无意义的：words ~ of meaning 无意义的话 ❸ 无，没有：~ streets 空无一人的街道 ❹ [口] 空腹的：It's not good to drink on an ~ stomach. 空着肚子喝酒不好。Ⅱ. (empties [-z]；emptied) *vi*.（[反]fill）把（容器等）倒空，把…掏空：He *emptied* his pockets of their contents. 他把衣袋里的东西全部掏出来了。*vi*. 变空；（河流等）注入，流进：The streets soon *emptied* (of people) when the rain started. 下起雨来了，街道很快便空无一人了。Ⅲ. (empties[-z]) *n*. ⓒ [常用复数] 空瓶；空桶

en·a·ble [ɪˈneɪbl] (~s[-z]；enabling) *vt*. ❶ 使能够，赋予…能力（资格）：This pass ~*s* me to travel half-price on trains. 我用这张通行证坐火车享受半价。❷使（某事）成为可能：The conference will ~ greater international cooperation. 这次会议能进一步促进国际间的合作。

en·chant [ɪnˈtʃɑːnt] (~ed [-ɪd]) *vt*.（[反] disenchant）❶对…施行魔法 ❷ [常用被动语态] 使喜悦，使陶醉：~*ed* by（或 with）the singing of the children 被孩子们的歌声迷住

en·cir·cle [ɪnˈsɜːkl] (~s[-z]；encircling) *vt*. ❶ [常用被动语态] 环绕；围绕；包围：The teacher was ~*d* by a lot of students. 那位老师被很多学生围住了。❷绕行…

en·close [ɪnˈkləʊz] (~s[-ɪz]；enclosing) *vt*. ❶ [常用被动语态]（用墙、篱笆等）围住，圈起：~ a garden with a wall 在花园周围筑起墙 ❷把…附在（信、包裹等）中

en·clo·sure [ɪnˈkləʊʒə(r)] (~s[-z]) *n*. ❶ ⓤ ⓒ 圈地；包围：opposed to the ~ of common land 反对把公地圈为私有 ❷ⓒ围场；围栏：She keeps a horse in that ~. 她在那个围栏里养了一匹马。❸ⓒ（尤指信内的）附件

en·coun·ter [ɪnˈkaʊntə(r)] Ⅰ. (~s[-z]；~ing[-rɪŋ]) *vt*. ❶偶遇，邂逅：I ~*ed* my old friend on the street. 我在街上偶然遇到我的老朋友。❷遭遇（敌人）；与…交战：We ~*ed* three enemy aircraft. 我们遇到 3 架敌机。❸遇到，面临（困难、危险等）：I ~*ed* many difficulties when I first started to do this job. 我开始做这项工作时，遇到了许多困难。Ⅱ. (~s[-z]) *n*. ⓒ ❶邂逅，遭遇：A brief ~ was enough to tell me that I did like him. 仅短暂的接触，我就十分清楚我的确喜欢他。❷交战，冲突：I had an ~ with a stranger. 我与一个陌生人发生了冲突。

en·cour·age [ɪnˈkʌrɪdʒ] (~s[-z]；encouraging) *vt*. ❶（[反]discourage）鼓励，激励（某人）：The good news ~*d* him. 那个好消息激励了他。❷促进；助长：Don't ~ bad habits in a child. 不要助长孩子的坏习惯。

en·cour·ag·ing [ɪnˈkʌrɪdʒɪŋ] *adj*. 令人鼓舞的；激励的：This year's sales figures are very ~. 今年的销售额很令人鼓舞。

en·cy·clo·p(a)e·di·a [ɪnˌsaɪkləʊˈpiːdɪə] (~s[-z]) *n*. ⓒ 百科全书，专科全书，大全

end [end] Ⅰ. (~s[-z]) *n*. ❶（[近]close）ⓒ末端；尽头；尖：the ~ of a road 路的终点 ❷ⓤⓒ结束，最后；终了：the ~ of a story 故事的结尾 ❸ [the ~，one's ~] 最后，死亡：She came to an untimely ~. 她死的时候很年

轻。❹([近]limit)ⓒ界限,极限:at the ～ of one's forbearance 忍无可忍 ❺([近]purpose)[常用复数]目的;目标:with this ～ in view(to this ～)以此为目标(为达此目的) ❻ ⓒ[常用复数]残片;残屑:candle ～ 蜡烛头 **Ⅱ.** (～ed ['-ɪd]) *vt.* 结束;终止:They decided to ～ their relationship. 他们决定结束彼此的关系。*vi.* 结束;终止:The road ～s here. 这条路到此为止。

en·dan·ger [ɪn'deɪndʒə(r)] (～s[-z];～ing [-rɪŋ]) *vt.* 危及,危害;使遭到危险:Smoking ～s your health. 吸烟危害健康。

en·deav·o(u)r [ɪn'devə(r)] **Ⅰ.** (～s [-z];～ing[-rɪŋ]) *vi.* 努力;尽力;力图:They ～ed to make her happy but in vain. 他们尽量使她快乐,却徒劳无功。**Ⅱ.** (～s[-z]) *n.* Ⓤ ⓒ努力,尽力:Please make every ～ to arrive punctually. 请尽量准时到达。

end·ing ['endɪŋ] (～s[-z]) *n.* ⓒ ❶(电影等的)结局,终结:That story had a happy ～. 那个故事有个圆满的结局。❷[语]后缀;词尾

end·less ['endlɪs] *adj.* ❶(时间、空间、力量等)无穷的,无尽的;长久的:The hours of waiting seemed ～. 等候了很多小时,似乎无尽无休。❷[机]环状的,无端的

en·dur·a·ble [ɪn'djʊərəbl] *adj.* ([反]unendurable)[常用否定句]可忍受的,能持久的:He found the boredom scarcely ～. 他觉得这种厌烦难以忍受。

en·dur·ance [ɪn'djʊərəns] *n.* Ⓤ❶忍耐,持久:His treatment of her was beyond ～. 他对待她(的态度)让人无法忍受。❷持久力(性),持久力:cold ～ 寒性

en·dure [ɪn'djʊə(r)] (～s[-z];enduring [-rɪŋ]) *vt.* ❶忍耐,忍受:～ toothache 忍受牙痛 ❷[常与can not,could not 连用]容忍:I can't ～ that woman. 我对那个女人忍无可忍。*vi.* ❶忍受;忍耐:You have to learn to ～. 你要学会忍耐。❷持续,持久:fame that will ～ for ever 将永世长存的声望

en·dur·ing [ɪn'djʊərɪŋ] *adj.* 持久的,不朽的,永恒的:an ～ peace 持久的和平

en·e·my ['enəmɪ] **Ⅰ.** (enemies [-z]) *n.* ❶ⓒ敌人([反]friend):He has many *enemies*. 他的敌人很多。❷[the ～][集合用法]敌兵,敌军;敌国:The ～ was (were)forced to retreat. 敌军被迫撤退了。❸ⓒ[喻]有害之物,…之敌:Poverty and ignorance are the *enemies* of progress. 贫穷和愚昧是进步的敌人。**Ⅱ.** *adj.* 敌人的,敌国的:～ propaganda 敌方的宣传

en·er·get·ic [ˌenə'dʒetɪk] *adj.* 精力充沛

的;充满活力的;积极的

en·er·gy ['enədʒɪ] (energies [-z]) *n.* ⓒ Ⓤ ❶精力,干劲:She's full of ～. 她精力充沛。❷[亦用复数]活力:What he writes is full of ～. 他写的文章生气勃勃。❸[物]能;能量:nuclear ～ 核能

en·fold [ɪn'fəʊld] (～s[-z];～ed [-ɪd]) *vt.* ❶包,包住 ❷拥抱,抱:He ～ed the child in an affectionate embrace. 他疼爱地将那个孩子紧紧抱在怀里。

en·force [ɪn'fɔːs] (～s[-z];enforcing) *vt.* ❶实行,实施;执行:The police are there to ～ the law. 有警方执法。❷强制,强迫(某行为、状态等):～ obedience to an order 强迫服从命令 ❸加强;坚持(意见、主张等):Have you any proof that would ～ your argument? 你有没有支持自己论点的证据?

en·gage [ɪn'geɪdʒ] (～s[-ɪz];engaging) *vt.* ❶(使)从事…:I ～d him in conversation. 我让他加入谈话。❷雇用,聘用(偏重于聘雇专业人员):She was ～d as an interpreter. 她应聘当译员。❸吸引(注意等);占用(时间等):Nothing ～s his attention for long. 什么事都无法使他长时间精神集中。❹使(某人)参加,使卷入:We tried to ～ him in conversation, but in vain. 我们设法让他参加我们的谈话,但没有成功。❺预订(房间等) ❻使订婚:Tom is ～d to Anne. 汤姆已与安妮订婚。❼约定;保证:Can you ～ that? 你能保证吗? ❽攻击…;与…交战:Our orders are to ～ (the enemy) immediately. 我们的命令是立即(与敌军)开战。❾(机器零件等)啮合,衔接:～ the clutch(first gear)使离合器啮合(挂一挡) *vi.* ❶从事(某事);参加:I have no time to ～ in gossip. 我无暇闲聊。❷交战:The two armies were fiercely ～d for several hours. 两军激战达数小时。❸啮合;衔接:The two cogwheels ～d and the machine started. 那两齿轮一啮合,机器就启动了。

en·gaged [ɪn'geɪdʒd] *adj.* ❶从事(工作)的,忙于…:I can't come to dinner on Tuesday. I'm otherwise ～. 我星期二不能来参加宴会,我有别的事。❷已订婚的:She's ～d to Peter. 她与彼得订了婚。❸(时间)被占用的 ❹(电话线)使用着的,占线的:Sorry! That number's ～. 对不起! 这个号码现在占线。❺[常作表语](房间、剧院、座位等)预订的

en·gage·ment [ɪn'geɪdʒmənt] *n.* ❶ⓒ约会;约定:I have several ～s for next week. 我下周有几个约会。❷ⓒ订婚:Their ～ was announced in the local paper. 他们订婚的消息已登在当地报纸上了。❸Ⓤ ⓒ聘用;雇用期:the ～ of three new assistants 聘用3名新

助手 ❹ⓒ[常用复数]【商】债务：He doesn't have enough money to meet all his ~s. 他无钱偿付承诺的一切债务。❺ⓒ 交战：The general tried to avoid an ~ with the enemy. 那位将军竭力避免与敌军交战。❻Ⓤ【机】(齿轮等的)啮合

en·gine ['endʒɪn] (~s[-z]) *n*. ⓒ❶发动机，引擎：This car has a new ~. 这辆汽车的发动机是新的。❷机车；火车头：I prefer to sit facing the ~ 我喜欢面朝机车坐。❸机器；工具：a fire ~ 救火车/~s of war 战争工具

en·gine-driv·er ['endʒɪn'draɪvə] (~s[-z]) *n*. ⓒ[英]火车司机(= [美]locomotive engineer)

*__**en·gi·neer**__ [‚endʒɪ'nɪə(r)] Ⅰ. (~s[-z]) *n*. ⓒ❶工程师，机械工：a civil (electrical, mechanical)~ 土木(电气、机械)工程师 ❷(汽船等的)轮机员；[美]火车司机：the chief ~ on a cruise liner 游轮的轮机长 ❸精明干练的人；有本事的人 ❹【军】(陆军的)工兵：He's in the Royal *Engineers*. 他在皇家工兵部队服役。Ⅱ. (~s[-z]；~ing[-rɪŋ]) *vt*. ❶[常用被动语态]设计；建设；监督：~ a building 设计一幢楼房 ❷[口]策划；(精明地)处理

en·gi·neer·ing [‚endʒɪ'nɪərɪŋ] *n*. Ⓤ❶工程学：She's studying ~ at university. 她正在大学学习工程学。❷工程(技术)；土木工程(的成果)

*__**Eng·land**__ ['ɪŋglənd] *n*. ❶英格兰(英国的主要部分) ❷(泛指)英国

*__**En·glish**__ ['ɪŋglɪʃ] Ⅰ. *adj*. ❶英格兰的；英格兰人的：Is there any different weather ~ and Scotland weather? 英格兰的天气和苏格兰的不同吗？❷英国的；英国人的：He is very ~ in his attitudes. 他的态度英国味十足。❸英语的：He's studying ~ literature. 他在研究英国文学。Ⅱ. *n*. ❶Ⓤ[常不加冠词]英语：He speaks excellent ~. 他英语讲得好极了。❷Ⓤ(学科之一的)英文：I must work hard to improve my ~. 我必须努力提高英文成绩。❸[the ~][集合用法]英格兰人；英国人，英吉利人

En·glish·man ['ɪŋglɪʃmən] (Englishmen) *n*. ⓒ❶英格兰人(与威尔士人、苏格兰人、爱尔兰人区别时使用) ❷(男性的)英国人

En·glish·wom·an ['ɪŋglɪʃwumən] (Englishwomen ['ɪŋglɪʃwɪmɪn]) *n*. ⓒ❶(女性的)英格兰人 ❷(女性的)英国人，英吉利人

en·grave [ɪn'greɪv] (~s[-z]；engraving) *vt*. ❶(把文字、图案)雕刻(在硬物上)：His initials were ~d on the cigarette case. 他姓名的首字母刻在香烟盒上。❷铭记，牢记(在心

头)：Memories of that terrible day are forever ~d in my mind. 那可怕的一天永远留在我的记忆中。

en·grav·ing [ɪn'greɪvɪŋ] (~s[-z]) *n*. ❶ⓒ Ⓤ雕刻；雕刻术 ❷ⓒ版画；雕版印刷品

en·gross [ɪn'grəus] (~es[-ɪz]；~ed[-t]) *vt*. ❶[常用被动语态]使全神贯注，吸引注意；占用(时间)：an ~ing book 一本有趣的书 ❷用大字体写(文书等)；正式誊清

en·hance [ɪn'hɑːns] (~s[-ɪz]；~d[-t]；enhancing) *vt*. 增加，增强；提高(价值、吸引力等)：~ the status(reputation, position) 提高某人的身份(声望、地位)

*__**en·joy**__ [ɪn'dʒɔɪ] (~s[-z]) *vt*. ❶欣赏，喜爱：I ~ed that meal. 我很喜欢那顿饭。❷享有(某事物)，享受：Men and women should ~ equal rights. 男女应当享有平等权利。

en·joy·a·ble [ɪn'dʒɔɪəbl] *adj*. 愉快的，快乐的：an ~ weekend 愉快的周末

en·joy·ment [ɪn'dʒɔɪmənt] *n*. ❶Ⓤ乐趣，欢乐，愉快：He spoiled my ~ of the film by talking all the time. 他一直说话，影响了我看电影的兴致。❷ⓒ令人愉快的事，乐事：Painting is one of her chief ~s. 画画是她的主要乐趣之一。❸Ⓤ[常用 the ~]拥有，享有：the ~ of equal rights 享有平等权利

en·large [ɪn'lɑːdʒ] (~s[-ɪz]；enlarging) *vt*. 扩大，使(数量等)增加；使(照片)放大：I want to ~ the lawn. 我想把草坪扩大。*vi*. ❶扩大，变大：I'm afraid this print won't ~ well. 这张照片放大起来恐怕不会很好。❷详述，细说：Can you ~ on what has already been said? 你能把所说的事再详尽地说说吗？

en·large·ment [ɪn'lɑːdʒmənt] *n*. ❶Ⓤ[亦用 an ~]扩大，放大；增大：He's working on the ~ of the business. 他正在努力扩展业务。❷ⓒ已扩大成的放大物(尤指照片)：~s of the wedding photographs 婚礼照的放大照片

en·light·en [ɪn'laɪtn] (~s[-z]) *vt*. 教导，启发；开导；启蒙：Can you ~ me as to the new procedure? 你能给我讲讲这新程序吗？

en·list [ɪn'lɪst] (~ed[-ɪd]) *vt*. ❶使入伍，征募：They ~ed four hundred recruits for the navy. 他们为海军征募了 400 名新兵。❷获得(赞助、支持、合作、同情等)(in, for)：We've ~ed a few volunteers to help solve the problem. 我们已经找到几个人自愿协助解决这个问题。*vi*. ❶入伍，征兵：Have you ~ed yet? 你参军了吗？❷参加，(协助)支持(in)：Sarah has been ~ed to organize the party. 萨拉已应邀组织这一聚会。

en·liv·en [ɪn'laɪvn] (~s[-z]) *vt*. 使活跃，

使有生气;使快活:How can we ~ this par-
ty?*我们怎样使这聚会热闹些呢?

e·nor·mous [ɪˈnɔːməs] *adj*. 巨大的,庞大
的:an ~ amount of money 巨款

*__e·nough__ [ɪˈnʌf] ([近]sufficient) Ⅰ. *adj*.
足够的,充足的:Have we got ~ sandwiches
for lunch? 我们午饭的三明治够吃吗? Ⅱ.
[置于形容词、副词等之后]*adv*. ❶充分地,足
够地:I wish you'd write clearly ~ for us to
read it. 但愿你能写得清楚点儿,我们好能看
明白。❷相当地,尚,到一定的程度:She plays
well ~ for a beginner. 对于初学者来说,她
弹奏得已相当不错了。Ⅲ. [不定代词]*pron*.
充足的数量,足够的量;过多:Is 100 yuan ~
for all your expenses? 100 元钱够你的全部
开销吗? Ⅳ. *int*. 够了:Enough! 够了!(别
再说了!)

en·quire [ɪnˈkwaɪə(r)] *vt*. & *vi*. = inquire

en·quir·ing [ɪnˈkwaɪərɪŋ] *adj*. = inquiring

en·quir·y [ɪnˈkwaɪərɪ] *n*. ⓊⒸ = inquiry

en·rage [ɪnˈreɪdʒ] (~s[-ɪz];enraging) *vt*.
使(人)愤怒:His arrogance ~d her. 他很傲
慢,她为此十分恼怒。

en·rich [ɪnˈrɪtʃ] (~es[-ɪz];~ ed [-t]) *vt*.
❶使富裕:a nation ~ed by the profits from
tourism 因旅游业的赢利而富裕起来的国家
❷丰富(精神、物质生活等):Reading ~ *es*
the mind. 读书可以充实头脑。❸使(土地)肥
沃:soil ~ed with fertilizer 因施肥而肥沃的
土壤 ❹(加维生素等)提高…的营养价值

en·riched [ɪnˈrɪtʃt] *adj*. 浓化的;加浓的;浓
缩的;加料的

en·rol(l) [ɪnˈrəʊl] (~s[-z];enrolled;en-
rolling) *vt*. ❶把(某人姓名)记入名簿,登记
❷使入会;使入伍:使入伍:~ new students
招收新生 *vi*. ❶注册,成为会员;参军:~ in
evening class 注册上晚间课程班

en·slave [ɪnˈsleɪv] (~s[-z];enslaving) *vt*.
把(某人)当奴隶;(以魅力等)使(人)成为俘
虏:Her beauty ~d many young men. 她的美
貌倾倒了很多青年男子。

en·sure [ɪnˈʃʊə(r)] (~s[-z];ensuring
[-rɪŋ]) *vt*. ❶担保,保证:The book ~d his
success. 那本书确定了他的成就。❷使…安
全,(从…)保护(某人):We should ~ our-
selves against all possible risks. 我们要保护
自己,以防备任何可能出现的危险。

en·tail [ɪnˈteɪl] (~s[-z]) *vt*. ❶需要,使
(人)承担(费用等):This job ~s a lot of
hard work. 这项工作需要十分努力。❷[常用
被动语态]【法】限定…的继承人:The house
and estate are ~ed on the eldest daughter.
这所房子和地产限定由长女继承。

en·tan·gle [ɪnˈtæŋgl] (~s[-z];entangling)
vt. ❶使(头发、线等)纠缠,缠结在一起:Her
long hair ~d itself in the rose bush. 她的长
发让玫瑰丛给钩住了。❷[常用被动语态]使
(某人)陷入(不好的事情之中),连累卷入:be-
come ~d in money problems 陷入金钱问题
之中 ❸使(事态、问题等)混乱,使错综复杂

*__en·ter__ [ˈentə(r)] (~s[-z];~ing [-rɪŋ])
vt. ❶进入,入场:The train ~ed the tunnel.
火车进入了隧道。❷加入,参加,入学(会):
~ a school 考上学校 ❸把(名字)登记(在
…),登录:I haven't ~ed your name and oc-
cupation yet. 我尚未记下你的名字和职业。
❹进入,开始(新生活、新局面):~ a profes-
sion 从事一职业/~ battle 开始战斗 ❺报名
参加(比赛等):~ an examination 报名参加
考试 *vi*. ❶进入;上场:Don't ~ without
knocking. 进屋前先敲门。❷参加,加入:~
for mass swim 参加群众性游泳活动

en·ter·prise [ˈentəpraɪz] (~s[-ɪz]) *n*. ❶
Ⓒ(艰巨而带有冒险性质的)事业,计划:his
latest business ~ 他最新的企业规划 ❷Ⓤ进
取心,事业心:He got the job because he
showed the spirit of ~. 他因为表现出进取精
神,所以得到了这份工作。❸ⒸⓊ企业,公司;
企业形态

en·ter·tain [ˌentəˈteɪn] (~s[-z]) *vt*. ❶款
待,招待:Liz ~ed us to dinner last night. 昨
晚利兹设宴款待了我们。❷使(人)快乐,使人
感兴趣:Could you ~ the children for an
hour, while I make supper? 我做饭时,你能
哄孩子们玩一个小时吗?❸怀有(感情),抱有
(怀疑、希望等):~ ideas 有想法 *vi*. 款待,请
客:I don't ~ very often. 我不常在家请客。

en·ter·tain·ment [ˌentəˈteɪnmənt] *n*. ❶
Ⓤ招待会;招待,款待:the ~ of a group of
foreign visitors 宴请一批外宾 ❷ⒸⓊ游艺,
演艺,表演会:give a musical ~举行音乐会
❸ⒸⓊ娱乐,消遣:a place of ~ 娱乐场所

en·thu·si·asm [ɪnˈθjuːzɪæzəm] (~s[-z])
n. ⒸⓊ热心,热情,热忱:His ~ made every-
one interested. 他的热心激发了大家的兴趣。

*__en·tire__ [ɪnˈtaɪə(r)] [无比较等级]*adj*. ❶
([近]whole)整个的;全部的:I've wasted an
~ day on this. 我为此事浪费了一整天的时
间。❷([近]complete)全然的,完全的:We
are in ~ agreement with you. 我们完全同意
你的意见。❸(构成一组的东西)全部齐全的;
(物品)未损坏的,无损的

en·tire·ty [ɪnˈtaɪətɪ] *n*. Ⓤ完全,整体;全部

en·ti·tle [ɪnˈtaɪtl] (~s[-z];entitling) *vt*.

❶[常用被动语态]给(文章、书籍等)定名:He has already ~d his book. 他的书已经取名字了。❷给某人做某事(或获得某物的权利):This ticket doesn't ~ you to sit in the first class. 你这张票不能坐头等位。

en·ti·ty ['entɪtɪ] (entities [-z]) *n*. ❶© 实际存在物;独立存在;实体:a separate political ~ 独立的政治实体 ❷Ⓤ实在;存在

en·trance¹ ['entrəns] (~s[-ɪz];~d[-t]; entrancing) *vt*. [常用被动语态]令(人)出神,使(人)陶醉,令(人)入迷;使(人)狂喜:They were completely ~d by (或 with) the music. 他们完全陶醉在音乐中。

en·trance² ['entrəns] *n*. ❶([反]exit)© 入口,大门口:Where's the ~ to the cave? 这个洞穴的入口在哪里? ❷©Ⓤ进入;入场;入学;入会:An actor must learn his ~s and exits. 演员一定要懂得何时出场和退场。❸Ⓤ进入的权力,准予进入:They were refused ~ to the club. 他们被拒于俱乐部门外。❹©Ⓤ(新生活等的)开始,着手;就任:the Prime Minister's ~ into office 首相就职

en·treat [ɪn'triːt] (~ed [-ɪd]) *vt*. 恳求,请求,乞求:May I ~ a favour of you? 您能帮忙吗?

en·trust [ɪn'trʌst] (~ed [-ɪd]) *vt*. 将…委托于某人,托付:Can I ~ you with the secret plans? 我能把这些秘密计划委托给你吗?

en·try ['entrɪ] (entries [-z]) *n*. ❶Ⓤ© 进入,入场;参加;加入:The children were surprised by the sudden ~ of their teacher. 老师突然进来把孩子们吓了一跳。❷Ⓤ入场权:He finally gained ~ to the hotel by giving some money to the doorman. 他给了门卫一些钱,终于得以进入旅馆。❸©(比赛等的)参加者;参赛物,参加作品;参加数目:There's a large ~ for the flower show this year. 今年的花展有大量花卉参展。❹©[美]入口,大门口:the ~ to a block of flats 公寓大楼的入口处 ❺©Ⓤ记载事项,记录(账簿、日记、图表等的)记入,记账:There's no ~ in his diary for that day. 他的日记上没有那一天的记录。

en·vel·op [ɪn'veləp] (~ed [-t]) *vt*. 包住…,裹住;包封;围绕:a baby ~ed in a blanket 裹在毛毯中的婴儿

en·ve·lope ['envələʊp] *n*. ©❶信封,封套;封皮:writing paper and ~s 写信纸和信封 ❷包裹物;包壳 ❸(热气球、飞船等的)气囊:an airship hull ~ 汽艇气囊

en·vious ['envɪəs] *adj*. ([近]jealous)羡慕的;嫉妒心重的:He was ~ of his partner's success. 他忌妒他同伴的成功。

en·vi·ron·ment [ɪn'vaɪrənmənt] *n*. Ⓤ© 环境,周围状况;自然环境

en·vis·age [ɪn'vɪzɪdʒ] (~s[-ɪz]; envisaging) *vt*. 想象,设想,展望:Nobody can ~ the consequences of war. 没有人能想象出战争的后果。

en·voy ['envɔɪ] (~s[-z]) *n*. ©❶使者;(尤指)外交使节 ❷公使,全权公使

en·vy ['envɪ] Ⅰ. (envies [-z]) *n*. ❶([近]jealousy)©Ⓤ羡慕,嫉妒:His new car excited their ~. 他们很羡慕他的新汽车。❷[the ~]令人羡慕的人(或事物):Her many talents were the ~ of all her friends. 她多才多艺,所有的朋友都很羡慕她。Ⅱ. (envies [-z]; envied) *vt*. 羡慕,嫉妒:I have always envied your good luck. 我一直羡慕你好运气。

en·zyme ['enzaɪm] (~s[-z]) *n*. ©【化】酶,酵素

ep·ic ['epɪk] Ⅰ. *n*. ©❶史诗,叙事诗 ❷史诗般的文学作品 Ⅱ. *adj*. ❶史诗般的,史诗的 ❷英勇的,雄壮的:an ~ struggle(achievement)英勇的斗争(伟大的成就)

ep·i·dem·ic [ˌepɪ'demɪk] Ⅰ. *adj*. ❶(疾病等)流行性的,传染性的:an influenza ~ 流行性感冒 ❷(风尚等)极为流行的 Ⅱ. *n*. ©❶传染病 ❷(疾病的)流行,蔓延,盛行

ep·i·logue ['epɪlɒg] (~s[-z]) *n*. ©(诗歌、小说、戏剧等的)结尾,尾声;跋;收场白

ep·i·sode ['epɪsəʊd] (~s[-z]) *n*. ©插曲,片段;一个事件

e·pis·to·lar·y [ɪ'pɪstələrɪ] *adj*. 书信的;书信体的:an ~ friendship 书来信往的友谊

ep·i·taph ['epɪtɑːf] *n*. ©墓志铭

e·pit·o·me [ɪ'pɪtəmɪ] (~s[-z]) *n*. ©[the ~]缩影;典型;梗概

e·poch ['iːpɒk] *n*. ©❶([近]era)新纪元,新时代;划时代的事件,值得纪念的事件:make an ~ in science 开辟科学上的新纪元 ❷(值得纪念或有重大发展的)时代 ❸【地】世

e·qual ['iːkwəl] Ⅰ. [无比较等级]*adj*. ❶([反]unequal)(指数量、程度、大小、价值等)相等的,同等的,不相上下的,相当的:They are of ~ height. 他们一般高。❷平等的:Now that she has been promoted she is on ~ terms with her ex-boss. 她既然已升级,就和原先的上司平起平坐了。❸(任务上)能胜任的;具备(做…)资格(能力)的:She feels ~ to the task. 她认为能胜任该项工作。❹(指竞赛等)双方不分上下的,势均力敌的 Ⅱ. (~s[-z]) *n*. ©同等(对等)的人;对手,匹敌者:He's my ~ in strength. 他和我力气一样大。Ⅲ. (~s[-z]; equal(l)ed; equal(l)ing) *vt*. ❶

等于⋯:Three and（或 plus）three ～s six. 3 加 3 等于 6。❷ 与⋯匹敌,比得上⋯: He is *equalled* by no one in kindness. 没有人比他 更善良。

e·qual·i·ty [ɪ'kwɒlətɪ] *n*. Ⓤ ❶（[反]ine-quality）（数量、程度、价值、能力等的）相等;对 等;平等:Women are still struggling for true ～ with men. 妇女仍在争取与男人真正平等。 ❷（表面、运动等的）均一性,一致性

e·qual·i·za·tion, -sa·tion [ˌiːkwəlaɪ-'zeɪʃən] *n*. Ⓤ 同等化;平等化;均等化

e·qual·ly ['iːkwəlɪ] *adv*. ❶ 相同程度地,同 样地:They are ～ clever. 他们一样聪明。❷ 平等地,均一地:They share the housework ～ between them. 他们平等地分担家务。❸ 也;同时;又;可是

e·quate [ɪ'kweɪt]（～d [-ɪd];equating）*vt*. ❶ 使等同,使相等,使均衡: He ～s poverty with misery. 他认为贫穷就是不幸。❷【数】表 示⋯相等,把⋯做成等式

e·qua·tion [ɪ'kweɪʒən, -ʃən]（～s[-z]）*n*. ❶ Ⓒ【数】方程式,等式 ❷ Ⓤ 相等,等同: The ～ of wealth with happiness can be danger-ous. 把财富与幸福等同起来有时候很危险。 ❸ Ⓤ 同等看待,视为相等

e·qua·tor [ɪ'kweɪtə(r)] *n*.（the ～）赤道

e·qui·lat·er·al [ˌiːkwɪ'lætərəl] *adj*.【数】 等边的:an ～ triangle 等边三角形

e·quip [ɪ'kwɪp]（equipped [-t];equipping） *vt*. ❶ 装备,配备: Please ～ yourself with a sharp pencil and a rubber for the exam. 请准 备一支尖的铅笔和一块橡皮参加考试。❷ 使 ⋯本身具有（必要的学问、能力之类）:They want to ～ their children with some special skills. 他们要使他们的小孩子具有某些特殊才 能。❸ 使（人）能⋯:Working has *equipped* him to be sociable with all sorts of people. 因为工 作,他得和形形色色的人交往。

e·quip·ment [ɪ'kwɪpmənt] *n*. Ⓤ ❶[集合 用法]装置,设备:office ～ 办公设备 ❷ 装备, 配备:The ～ of the photographic studio was expensive. 装备摄影室的开支很大。❸（工作 必备的）知识,技术

eq·ui·ta·ble ['ekwɪtəbl] *adj*.（[反]ineq-uitable）公平的,公正的:the most ～ solution to the dispute 对该纠纷最公正的解决

eq·ui·ty ['ekwɪtɪ]（equities [-ɪz]）*n*. ❶ Ⓤ 公平,公正: The ～ of the referee's decision was accepted by everyone. 大家都同意裁判 员的公正裁决。❷ Ⓤ【律】衡平法 ❸[常用复 数]普通股

e·quiv·a·lent [ɪ'kwɪvələnt] Ⅰ.[无比较 等级]*adj*.（价值、数量、意义之类）相等的,相 当的,等值的:What is ￡5 ～ to in French francs? 5 英镑相当于多少法郎? Ⅱ. *n*. Ⓒ 同等的东西;同义词

e·quiv·o·cal [ɪ'kwɪvəkl] *adj*.（[反]une-quivocal）❶（词句）含有两层意思的,语意含 糊不清的,暧昧的:The politician gave an ～ answer. 那政客的答复模棱两可。❷ 不确定 的,未知的:an ～ outcome 未定的结局 ❸（人 或行动）可疑的,靠不住的:～ behaviour 可疑 的行为

e·quiv·o·cate [ɪ'kwɪvəkeɪt]（～d [-ɪd]; equivocating）*vi*.（故意）使用暧昧的词语,含 糊其辞,躲闪

e·ra ['ɪərə]（～s[-z]）*n*.（[近]age, epoch）Ⓒ ❶ 时代,时期:We are living in the computer ～. 我们正生活在计算机时代。❷ 纪元: be-fore the Christian ～ 公元前【地】代

e·rad·i·cate [ɪ'rædɪkeɪt]（～d [-ɪd];erad-icating）*vt*. 根除;歼灭;消灭:Smallpox has almost been ～d. 天花几乎已消灭。

e·rase [ɪ'reɪz]（～s[-z];erasing）*vt*. ❶ 擦 去,抹去;除去;删掉:The recording can be ～d. 录音可以抹去。❷ 消除（记忆等）:She couldn't ～ the incident from her memory. 她难以忘却那次事故。

e·ras·er [ɪ'reɪzə(r)]（～s[-z]）*n*. Ⓒ 擦除 器;清除用具,（尤指擦去铅笔笔迹的橡皮等）

ere [eə(r)] Ⅰ. *prep*.（[近]before）[古]在⋯ 之前:～ break of day 破晓前 Ⅱ. *conj*. 在 做⋯之前,在⋯以前:～ long 不久以后

e·rect [ɪ'rekt] Ⅰ. *adj*. ❶（[近]upright）竖 直的,直立的:stand ～ 笔直地站着 ❷（阴茎） 勃起的 Ⅱ.（～ed [-ɪd]）*vt*. ❶（[近]build） 建立,设立:A statue was ～ed to Queen Vic-toria. 为纪念维多利亚女王建立了一座雕像。 ❷ 竖立,使直立:～ a tent(a flagstaff)搭起帐 篷（竖起旗杆）❸ 制定（制度等）

e·rode [ɪ'rəʊd]（～s[-z];～d [-ɪd];eroding） *vt*.（酸）腐蚀（金属）（风雨）侵蚀（土地）:The sea has ～d the cliff face over the years. 海 水经年累月冲刷着峭壁的表面。*vi*.（金属） 被腐蚀;（土地）被侵蚀:Metals are ～d by acids. 金属被酸腐蚀。

err [ɜː(r)]（～s[-z];～ing [-rɪŋ]）*vi*.（[近] make a mistake）犯错误;弄错:～ in obser-vation 观察方面出错

er·rand ['erənd]（～s[-z]）*n*. Ⓒ ❶ 差使;差 事: He was tired of running ～s for his sister. 他已厌烦给姐姐当跑腿了。❷（差使的） 目的,任务,使命:I've come on a special ～. 我是专程来完成一件差使任务的。

er·ro·neous [ɪˈrəʊnjəs] *adj.*（言语、思想等）错误的，不正确的：~ ideas (conclusions, statements) 错误的观念（结论、说法）

er·ror [ˈerə(r)] (~s[-z]) *n.* ❶ⓒ失误，错误：spelling ~s 拼写错误 ❷Ⓤ（行为、信仰等的）错误：The letter was sent to you in ~. 此信误送给你了。❸ⓒ（棒球中的）失误，失策 ❹ⓒ【数】误差：an ~ of 2 per cent 2%的误差

e·rupt [ɪˈrʌpt] (~ed [-ɪd]) *vi.* ❶（火山等）喷出，爆发：It's many years since Mount Vesuvius last ~ed. 维苏威火山上一次爆发至今已有很多年了。❷（感情）爆发；（暴动等）突然发生：When I saw the size of the bill I simply ~ed. 我看到巨额账单时简直火冒三丈。

e·rup·tion [ɪˈrʌpʃən] (~s[-z]) *n.*Ⓤⓒ ❶（火山的）爆发，（熔岩的）喷出；喷出物：The volcano is in ~. 火山正在喷发。❷（感情、战争等的）爆发；（疾病的）突发：the ~ of hostilities 战事爆发 ❸【医】疹，发疹，出疹

es·cape [ɪˈskeɪp] Ⅰ. (~d [-t]; escaping) *vt.* ❶逃离（危险、灾难等），逃脱：I ~d death by sheer luck. 我能逃过一死，可以说全靠运气。❷被（人）遗忘；未被注意：Her name ~s me. 我想不起她的名字。❸禁不住说出（叹息声等）：A moan ~d the patient. 那病人不禁呻吟了一声。*vi.* ❶（从…）逃走，逃跑，逃出：A lion has ~d from its cage. 有一头狮子从笼中逃走了。❷（气体、液体等）漏出，流出：Make a hole to let the water ~. 弄个洞让水排出。Ⅱ. *n.* ❶Ⓤⓒ逃走，逃离，逃脱，逃跑：There have been few successful ~s from this prison. 没有什么人能从这座监狱逃走。❷ⓒ逃亡手段，逃路：The police have just found the ~ vehicle. 警方刚找到逃亡者使用的车辆。❸Ⓤ（亦用 an ~）（暂时）逃避现实（消遣事物）：He listens to music as an ~ from the pressure of work. 他听音乐以缓解一下工作的压力。❹ⓒ（气体、水等的）漏出：an ~ of gas 漏出煤气

es·cort Ⅰ. [ˈeskɔːt] *n.* ❶ⓒ护送者，护卫者（队），护航舰队：The government provided an armed ~ for the visiting head of state. 政府为到访的国家元首派出了武装卫队。❷ⓒ（在舞会等上）陪伴女性的男士 ❸Ⓤ护卫，护送：The gold bullion was transported under police ~. 金锭在警方的护送下运走了。Ⅱ. [ɪˈskɔːt] (~ed [-ɪd]) *vt.* 护卫，护送；陪同：a princess ~ed by soldiers 由士兵护送的公主/ May I ~ you to the ball? 我可以陪你去参加舞会吗？

es·pe·cial [ɪˈspeʃəl] *adj.* （[反]ordinary）特别的，特殊的；特有的：a matter of ~ inter-

est 特别有趣的事

** **es·pe·cial·ly** [ɪˈspeʃəlɪ, eˈs-] *adv.* （[近]particularly, specially）特别地，格外地；尤其：This is ~ for you. 这是特别为你准备的。

es·say Ⅰ. [ˈeseɪ] (~s[-z]) *n.* ❶ⓒ（文艺上的）小品文，论文，随笔；（学校的）作文：We had to write three ~s in the history exam. 我们考历史要写 3 篇短文。❷尝试，企图；努力：make an ~ to assist sb. 试图帮助某人 Ⅱ. [ˈeseɪ, eˈseɪ] *vt.* 尝试，企图：~ a task 尝试做一工作

es·sence [ˈesns] (~s[-ɪz]) *n.* ❶Ⓤ本质，精髓；实质：She was the ~ of kindness. 她本性善良。❷Ⓤⓒ（从植物等提炼出来的）香精，精；精：vanilla ~ 香草精

es·sen·tial [ɪˈsenʃəl] Ⅰ. *adj.* ❶不可缺少的，绝对必要的；极为重要的：Is money ~ to happiness? 金钱对于幸福是必不可少的吗？❷本质的，实质的；基本的：His ~ decency makes it impossible to dislike him. 他十分正派，使人不能不喜欢他。❸精髓的，精华的；提炼的：an ~ oil（香）油精 Ⅱ. (~s[-z]) *n.* （[反]non-essential）ⓒ（常用复数）必需元素，要点：We only had time to pack a few ~s. 我们只来得及装上几件必需品。

es·tab·lish [ɪˈstæblɪʃ] (~es[-ɪz]; ~ed [-t]) *vt.* ❶建立（设施、事业等），设立；制定（法律、制度等）：This business was ~ed in 1860. 这家公司成立于 1860 年。❷使任职；安置，安顿；使定居：He ~ed himself as governor of the province. 他当上了省长。❸确立（某事物）；证明（事实）：~ friendly relations with... 与…建立友好关系/ [~＋that...] We're ~ed that he's innocent. 我们已证实他无罪。

es·tab·lished [ɪˈstæblɪʃt] *adj.* ❶确立的，既定的；常设的：an ~ fact 既成事实/an ~ custom 常规 ❷国教的

es·tab·lish·ment [ɪˈstæblɪʃmənt] *n.* ❶Ⓤ设立，创立；创办：the ~ of a new college 新学院的成立 ❷ⓒ企业，设立的机构（公司、学校、医院、图书馆、旅馆、餐厅等）：What made you come and work in this ~? 你到这个机构来工作的原因是什么？❸Ⓤ确立，证明：the ~ of a new rule 新规则的确立 ❹ⓒ家庭，住宅 ❺ⓒ（官署、部队的）常设编制 ❻ [the E-] 领导阶段；体制 ❼ [the E-]英国国教会

es·tate [ɪˈsteɪt] *n.* ❶ⓒ土地，房地产，所有地（尤指建有宅邸的乡下广大土地）：He owns a large ~ in Scotland. 他在苏格兰有大量地产。❷Ⓤ财产，资产；遗产：Her ~ was divided between her four children. 她的遗产分给了她的 4 个孩子。❸Ⓤ（人生的）时期，状态：

the holy ～ of matrimony 已婚状况 ❹Ⓒ社会阶层 ❺Ⓒ[英]计划开发地区；a housing ～ 住宅区

es•teem [ɪˈstiːm] Ⅰ．(～s[-z]) *vt*．❶尊重，尊敬：I ～ his work highly. 我非常尊重他的工作。❷认为，视为：I ～ it a privilege to address such a distinguished audience. 我认为能向各位贵宾演讲十分荣幸。Ⅱ．(～s[-z]) *n*．Ⓤ尊重，尊敬：She is held in great ～ by those who know her well. 熟悉她的人都极为尊重她。

es•ti•mate Ⅰ．[ˈestɪmeɪt] (～d[-ɪd]；estimating) *vt*．❶估计，概算：She ～d that the work would take three months. 她估计这项工作需要 3 个月。❷评价，判断：He is highly ～d among his classmates. 同学们对他的评价很高。*vi*．估计；估价：We asked our builder to ～ for the repair of the ceiling. 我们要求营造商估算一下修理天花板的费用。Ⅱ．[ˈestɪmɪt] *n*．Ⓒ❶估计，估算；估价单：I can give you a rough ～ of the number of bricks you will need. 我可以大略估算一下你需要多少砖。❷评价，判断：I don't know her well enough to form an ～ of her abilities. 我对她不太了解，无法对她的能力作出判断。

etc. [ɪtˈsetərə] [缩] [拉]et cetera 等等，及其他

e•ter•nal [ɪˈtɜːnl] *adj*．❶永久的，永恒的；不灭的：～ life 永生 / ～ love 永恒的爱 ❷无尽的，不停的：I am tired of your ～ arguments. 我讨厌你那没完没了的争论。

e•ter•ni•ty [ɪˈtɜːnɪtɪ] *n*．Ⓤ❶永远，永久，永恒；不朽 ❷Ⓤ来世，(死后的)永世 ❸[an ～](令人感觉无限的)漫长的时间

eth•i•cal [ˈeθɪkl] *adj*．❶伦理的，道德的；伦理学上的：largely an ～ problem 主要是道德问题 ❷[常用于否定句]合乎道义的：His behaviour has not been strictly ～. 他的行为不太道德。❸(药品)合乎规格的；凭医生处方而贩卖的

eth•ics [ˈeθɪks] [复] *n*．❶伦理学，(学科的)伦理 ❷[用复数](个人、社会、职业的)道义，道德原则

e•ti•quette [ˈetɪket] *n*．Ⓤ❶礼仪；礼节：*Etiquette* was considered very important in Victorian England. 英国在维多利亚时代非常注重礼仪。❷(同业间的)成规，道德规范；规矩：medical ～ 医务界的成规

Eu•rope [ˈjʊərəp] *n*．❶欧洲(省略为 Eur.)❷[英](除了英国以外的)欧洲(大陆)

Eu•ro•pe•an [ˌjʊərəˈpiən] Ⅰ．*adj*．欧洲(人)的；全欧洲的：an author with ～ recog-nition 名闻欧洲的作家 Ⅱ．(～s[-z]) *n*．Ⓒ[the ～s][集合用法]欧洲人

e•van•gel•ist [ɪˈvændʒɪlɪst] *n*．Ⓒ❶传播福音者 ❷[E-]【宗】福音书的作者

e•vap•o•rate [ɪˈvæpəreɪt] (～d[-ɪd]；evaporating) *vt*．使蒸发；使干燥：Heat ～s water into steam. 水受热变成水蒸气。*vi*．❶蒸发；挥发：The water soon ～d in the sunshine. 水在阳光下不久就蒸发了。❷消失，(希望等)破灭：His hopes ～d. 他的希望破灭了。

eve [iːv] *n*．❶Ⓒ[常用 E-](节日的)前夕，前夜：Christmas Eve 圣诞节前夕 ❷[the ～](重要事件等的)前夕：the ～ of the election 选举前夕 ❸Ⓒ傍晚

e•ven[1] [ˈiːvn] (～s[-z]) *n*．ⒸⓊ傍晚，黄昏

e•ven[2] [ˈiːvn] *adv*．❶即使，连(…都)，甚至：It was cold there ～ July. 那里即使七月份都很冷。❷更加，更：You know ～ less about it than I do. 你对此事知道得比我还少。❸甚至可以说，实际上：It's an unattractive building,～ ugly (或 ugly ～). 这座建筑物很不起眼，甚至可以说很难看。

e•ven[3] [ˈiːvn] Ⅰ．(more ～ ；most ～ 或 ～er；～est) *adj*．❶(表面)平坦的，平滑的；平的：A billiard-table must be perfectly ～. 台球桌必须十分平。❷等高的，同一平面的；平行的，水平的：The water was ～ with the rim. 水齐到边上了。❸有规律的，平稳的；连贯一致的；均匀的：The child's pulse is now ～. 孩子的脉搏现在稳定了。❹(数、量等)相同的，相等的；恰好的：Our scores are now ～. 我们的分数现在相等了。❺【数】偶数的：4,6,8 are ～ numbers. 4,6,8 是偶数。❻温和的，沉着的：She has a very ～ temper. 她的性情非常温和。❼整数的，整整的：an ～ mile 整整一英里 ❽互无借贷的，结算清的 Ⅱ．(～s[-z]) *vt*．❶将…弄平，使平坦：～ out the soil with a spade 把土铲平 ❷使平等，使相等；使平稳结算(up)：～ up accounts with... 与…结清账目

eve•ning [ˈiːvnɪŋ] (～s[-z]) *n*．❶ⓊⒸ傍晚，黄昏，晚上(从日落到就寝时)；[作定语]傍晚的，晚上的：We were at home yesterday ～. 我们昨天晚上在家。❷Ⓒ晚会；晚间的外出活动：A theatre ～ has been arranged. 已安排好一个戏剧晚会。❸Ⓤ最后部分，(尤指)晚年，暮年：in the ～ of his life 在他的晚年

eve•nly [ˈiːvnlɪ] *adv*．❶平坦地，均匀地 ❷平等地，公平地 ❸平静地

e•vent [ɪˈvent] *n*．❶Ⓒ可能发生的事情；事件，大事：It was quite an ～ when a woman first became the Prime Minister. 首次由女人

任首相倒是件大事。❷Ⓒ（运动的）项目,一场
比赛,一场胜负:Which ~*s* have you entered
for? 你参加了哪几项比赛?❸ⓊⒸ 结果,后
果:in the natural course of ~*s* 自然的结果

e·vent·ful [ɪ'ventfʊl] *adj*.❶多变故的,多
大事的:He's had an ~ life. 他一生中有很多
大事。❷重大的:an ~ affair 重大的事件

e·ven·tu·al [ɪ'ventʃʊəl]［无比较等级］*adj*.
最终的,结局的,最后的:his foolish behaviour
and ~ failure 他的愚蠢行为和最后的失败

ev·er ['evə(r)] *adv*.❶［用于疑问句］曾
经;这以前,至今:"Have you ~ flown a heli-
copter?" "No, never." "你坐过直升机吗?" "没
有,从未坐过。"❷［用于否定句］在任何时候,
从来:Nothing ~ happens in this village. 这
个村子里从未发生过任何事。❸［用于 if 从
句］曾经:I wondered if he'd ~ stopped to
think how I felt. 我不知道他是否曾考虑过我
的感受。❹［与最高级、比较级连用］至今:
This is the best work you've ~ done. 这是你
做得最好的工作。❺［用于特殊疑问句,加强
语气］究竟,到底:Which ~ do you want? 你
究竟要哪一个?❻［美口］（用在动词"to be"
作谓语的倒装句中,加强语气）非常,极:Was
he ~ delighted! 他高兴极了!

ev·er·green ['evəɡriːn] Ⅰ. *adj*.（树木）常
绿树,常青的 Ⅱ.（~s[-z]）*n*.Ⓒ常绿树:The
pine is ~. 松树是常绿树。

ev·er·last·ing [ˌevə'lɑːstɪŋ] Ⅰ. *adj*.❶
永久的,无穷尽的,不朽的:~ life 永生 ❷持
久的,依旧的;接连不断的:I'm tired of his ~
complaints. 我厌倦了他没完没了的抱怨。
Ⅱ. *n*.Ⓤ永久,永恒;无穷

eve·ry ['evrɪ] *adj*.❶［与单数可数名词连
用］每一个的,所有的,各:*Every* child in
the class passed the exam. 班里所有的学生考
试都及格了。❷ 每…中的,每隔的;每逢的:
The buses go ~ 10 minutes. 公共汽车每隔10
分钟一辆。❸（［近］all possible）［与可数名词
单数连用］所有可能的;凡…无不的:You
have ~ chance of success. 你完全有可能成
功。

eve·ry·bod·y ['evrɪbɒdɪ,-bədɪ] *pron*. 每
个人,人人:It's impossible to remember ~'*s*
name. 把每个人的名字都记住是不可能的。

eve·ry·day ['evrɪdeɪ]［只作定语］*adj*.❶
每天的,每日的:~ routine 每日的例行公事,
日常工作 ❷平日的,日常的,平常的:~ life
日常生活 ❸常有的,司空见惯的:an ~ oc-
currence 常有的事

eve·ry·one ['evrɪwʌn] *pron*.（［近］eve-
rybody）人人,每人:Not ~ is kind. 并非每个

人都很亲切。

eve·ry·thing ['evrɪθɪŋ] *pron*.❶［用作单
数］一切事物,每样事物,事事:I'll tell you ~
I know. 我要把我所知道的一切都告诉你。❷
［仅用于补语中］最重要的东西（通常用于 be
动词之后,不可作为主语）:Money isn't ~. 金
钱并不是最重要的。

eve·ry·where ['evrɪweə(r)] *adv*.❶到
处,处处:I've looked ~. 我各处都看过了。❷
［当连词用］无论何处,无论什么地方

ev·i·dence ['evɪdəns] Ⅰ.（~*s*[-ɪz]）*n*.❶
Ⓤ证据,物证;证词:There is no ~ that he is
guilty. 没有任何证据证明他有罪。❷ⓊⒸ形
迹,迹象,征兆:The room bore ~ of a strug-
gle. 这房间有搏斗过的痕迹。Ⅱ.（~*s*[-ɪz];
~*d*;evidencing）*vt*.（依据证据）证明…,表明
…:His answer ~*d* a guilty conscience. 他的
回答证明了良心有愧。

ev·i·dent ['evɪdənt] *adj*.（［近］obvious）显
然的,明显的,明白的:He looked at his chil-
dren with ~ pride. 他看着自己的孩子,充满
自豪。

e·vil ['iːvl,-ɪl] Ⅰ.（evil(l)er; evil(l)est）
adj.❶（［近］bad, wicked）邪恶的,道德败坏
的,罪恶的:~ thoughts 邪念 ❷不吉利的;不
幸的:in an ~ hour 在不幸的时刻 ❸有害的,
坏的:~ devices 奸计 ❹讨厌的,厌恶的:an
~ smell 难闻的气味 Ⅱ.（~*s*[-z]）*n*.❶
（［反］good）Ⓤ恶,罪恶:You cannot pretend
there's no ~ in the world. 不要以为世界上
没有罪恶。❷Ⓒ恶事,弊病:do no ~ 不干坏
事,不作恶 ❸ⓊⒸ不幸;灾祸:War, famine
and flood are terrible ~*s*. 战争、饥饿、洪水
都是可怕的灾难。

e·voke [ɪ'vəʊk]（~*d*[-t];evoking）*vt*.❶唤
起（记忆、感情等）,引起（笑声、喝彩等）:The
music ~*d* memories of her youth. 这乐曲勾
起她对青年时期的回忆。❷召唤（死者的灵
魂）

e·vo·lu·tion [ˌiːvə'luːʃən,ˌe-] *n*.❶Ⓤ发
展,进展:a social and economic ~ 社会和经
济的发展 ❷Ⓤ（生物的）进化;进化论:
Darwin's theory of ~ 达尔文的进化论 ❸Ⓒ
进化出来的东西

e·volve [ɪ'vɒlv]（~*s*[-z];evolving）*vt*.❶使
发展;使逐渐形成:He has ~*d* a new theory
after many years of research. 他经过多年的
研究,逐渐总结出了新的理论。❷使进化 *vi*.
❶进展,发展;展开 ❷进化;渐进,演化;发育

ex·act [ɪɡ'zækt]（［反］inexact）Ⅰ. *adj*.❶
（［近］accurate）正确的,精确的:What were
his ~ words? 他的原话是怎么说的? ❷严密

的,精密的:the ~ sciences 精密科学 ❸一丝不苟的,严格的:She's a very ~ person. 她是个一丝不苟的人。Ⅱ.(~ed [-ɪd]) vt. ❶强索(税、金钱等);强要:~ payment from a client 逼迫委托人付款 ❷(迫切)需要,要求:Her work ~s great care and attention to detail. 她的工作需要极为细心,一丝不苟。

ex·act·ly [ɪɡ'zæktlɪ] adv. ❶正确地,精确地,严密地:Your answer is ~ right. 你回答得完全正确。❷恰好,正好:You've arrived at ~ the right moment. 你到得正是时候。❸(用于对答)正是,一点儿不错:"So he wants to sell the house and move to London?" "*Exactly*." "那么说,他是想把房子卖掉,搬到伦敦去?" "对。"

ex·ag·ger·ate [ɪɡ'zædʒəreɪt] (~d [-ɪd]; exaggerating) vi. 夸大地说(想),夸张:He always ~s to make his stories more amusing. 他总爱添枝加叶,把故事讲得更有趣。vt. 夸张,把…夸大,把…言过其实:You are *exaggerating* the difficulties. 你把困难夸大了。

ex·alt [ɪɡ'zɔːlt] (~ed [-ɪd]) vt. ❶提高;提升;提拔:be ~ed to the position of... 被提升为…之职 ❷赞扬,赞赏:~ sb. to the skies 把某人捧上天

ex·al·ta·tion [ˌeɡzɔːl'teɪʃən] (~s [-z]) n. U❶得意扬扬,得意,狂喜 ❷(地位、名誉等的)提高,提升

ex·alt·ed [ɪɡ'zɔːltɪd] adj. ❶地位(身份)崇高的;高尚的:his ~ position in the firm 他在公司的高职位上 ❷狂喜的,得意扬扬的

ex·am [ɪɡ'zæm] (~s [-z]) n. C 考试:school ~s 学校的考试

ex·am·i·na·tion [ɪɡˌzæmɪ'neɪʃən] (~s [-z]) n. ❶C 考试:pass (或 fail) an ~ 考试及格(不及格) ❷UC 检查,调查;诊察;检讨:On further ~, it was found that the signature was not genuine. 经过进一步的调查发现签名不是真迹。❸ UC【律】审问,审理:a fresh ~ of the witness 对证人的再次讯问

ex·am·ine [ɪɡ'zæmɪn] (~s [-z]; examining) vt. ❶调查,检查;研讨:~ an old manuscript 仔细检查旧手稿 ❷测验:~ students in math (或 on their knowledge of math) 测验学生数学 ❸诊察,检查疾病:The doctor ~d her patient carefully. 那位医生仔细诊察她的病人。❹【律】盘问(证人、被告等),审问:~ a witness in a court of law 在法庭上讯问证人

ex·am·i·nee [ɪɡˌzæmɪ'niː] (~s [-z]) n. C 应试者;接受检查的人:Ten of ~s were pas-

sed. 应考者有 10 名及格。

ex·am·in·er [ɪɡ'zæmɪnə(r)] (~s [-z]) n. C 主考人;检查人;审查员;审问证人者:He is one of the science ~s. 他是理科主考人之一。

ex·am·ple [ɪɡ'zɑːmpl] (~s [-z]) n. C ❶([近] instance) 例子,实例:This dictionary has many ~s of how words are used. 这部词典有许多条说明词语用法的实例。❷样本,标本:an ~ of a rare insect 稀有的昆虫标本 ❸榜样,模范:His bravery should be ~ to all of us. 他的勇敢应作为我们大家的榜样。❹警诫,告诫:Let this be an ~ to you. 你要以此为警诫。

ex·ceed [ɪk'siːd] (~s [-z]; ~ed [-ɪd]) vt. [不用进行时] ❶超过(限度等),超越:Their success ~ed all expectations. 他们的成功出乎所有人的预料。❷(在…上)胜过,多于…,凌驾…:Does Tokyo ~ New York in population? 东京人口比纽约多吗?

ex·ceed·ing [ɪk'siːdɪŋ] adj. 超越的,胜过的;非常的;极度的

ex·cel [ɪk'sel] (~s [-z]; excelled; excelling) vt. 胜过;超越(in, at, as):His meals are always very good, but this time he's *excelled* himself. 他做的饭菜一直很不错,但这次做得更好。vi. 优于,突出,擅长:~ in foreign languages 擅长外语

ex·cel·lence ['eksələns] (~s [-ɪz]) n. U 卓越,优秀,杰出:They do not recognize her many ~s. 他们无视她的各种长处。

ex·cel·len·cy ['eksələnsɪ] n. C 阁下(对于大臣、大使、总督、职位高的神职者及他们的夫人的尊称;直接称呼时,附接在 Your 之后;间接称呼时,附接在 His, Her, Their 之后)

ex·cel·lent ['eksələnt] [无比较等级] adj. ([近] very good) ❶优越的,优秀的,极好的:She speaks ~ French. 她的法语说得非常漂亮。/an ~ meal 精美的一餐 ❷[用于对答]不错,很好:"They won't be coming, then?" "*Excellent*!" "那么他们不来了?" "太好了!"

ex·cept [ɪk'sept] Ⅰ. prep. [除名词、代词外,又可与动词、介词短语、连词等引导的从句连用] 除…之外:The restaurant is open every day ~ Monday. 这家饭店除星期一外,每天都营业。Ⅱ.(~ed [-ɪd]) vt. (从…)除去,除外:Only children under five are ~ed from this survey. 这次调查仅仅不包括 5 岁以下的儿童。

ex·cept·ing [ɪk'septɪŋ] prep. ([近] except) 除了…之外,…以外:Everybody must take the English examination, not ~ those who have a better grasp of English. 每个人都必须参加英语考试,对英语学得比较好的人也不例外。

ex·cep·tion [ɪk'sepʃən] (~s[-z]) n. ❶ ⓤ ⓒ 例外;例外之物,破例:All students without ~ must take the English examination. 所有的学生毫无例外,都必须参加英语考试。❷ ⓤ 异议,反对;【律】提出异议,抗辩

ex·cep·tion·al [ɪk'sepʃənl] adj. ❶ 例外的,特别的;稀有的,异常的:This weather is ~ for June. 这种天气在六月份很罕见。❷ 非常优秀的,卓越的:show ~ musical ability 表现出非凡的音乐才能

ex·cerpt I. ['eksɜ:pt] n. ⓒ 摘录,引用文;(论文的)抽印本:~s from a novel 一部小说的摘录 II. [ek'sɜ:pt] vt. 摘,选;引用

ex·cess I. [ɪk'ses] (~es[-ɪz]) n. ❶ ⓤ ⓒ [亦用 an ~]超过,过剩;过量:An ~ of fat in one's diet can lead to heart disease. 饮食中脂肪过量能导致心脏病。❷ ⓤ ⓒ 过度,过分;无节制;过火:Don't carry your anger to ~. 不要肝火过盛。❸ ⓒ [用复数]过分的行为,暴行:His ~es at parties are well known. 尽人皆知,他在聚会上十分放肆。II. ['ekses] adj. 超过的,过剩的:A company which makes high profits must pay ~ profit duty to the government. 赢利高的公司须向政府交纳额外所得税。

ex·ces·sive [ɪk'sesɪv] adj. 过度的,过分的,极端的:an ~ amount of alcohol 过量的酒精

ex·change [ɪks'tʃeɪndʒ] I. (~s[-ɪz];exchanging) vt. ❶ 交换,互换;调换:The enemy countries ~d prisoners. 敌国间交换了俘虏。❷ 兑换;把…换成:Can I ~ RMB for dollars here? 我可以在这里把人民币兑换成美元吗? II. (~s[-z]) n. ❶ ⓤ ⓒ 交换,互换;调换:the ~ of contracts 互换契约 ❷ ⓒ 交换物,调换物 ❸ ⓤ 兑换;汇兑;汇票;汇率:What is the rate of ~ between the dollar and the pound? 美元和英镑之间的兑换率是多少? ❹ ⓒ 交易所:a stock ~ 证券交易所 ❺ ⓒ 电话交换台

ex·cheq·uer [ɪks'tʃekə] n. ❶ [the E-](英国的)财政部 ❷ 国库 ❸ [a ~,the ~][口](个人的)财源,财力

ex·cit·a·ble [ɪk'saɪtəbl] adj. 易兴奋的,易激动的;情绪不安的:an ~ child 易兴奋的孩子/an ~ breed of dog 一种易受刺激的狗

˙**ex·cite** [ɪk'saɪt] (~d[-ɪd];exciting) vt. ❶ 使兴奋,刺激:Don't ~ yourself. 不要激动。❷ 引起(感情);引发(某行为):~ public

suspicion 引起大众怀疑 ❸ 刺激(神经、器官等):drugs that ~ the nervous system 刺激神经系统的药物

˙**ex·cit·ed** [ɪk'saɪtɪd] adj. 兴奋的;激动的:It's nothing to get ~ about. 这没什么可值得激动的。

ex·cite·ment [ɪk'saɪtmənt] n. ⓤ ❶ 兴奋,激动;刺激:The news caused great ~. 这消息令人极为兴奋。❷ ⓒ 令人兴奋的事物;刺激的事物:the ~s associated with a cruise around the world 关于乘船周游世界的令人兴奋的事

˙**ex·cit·ing** [ɪk'saɪtɪŋ] adj. 令人兴奋的,令人激动的,使人激动的;极其有趣的:an ~ piece of work 令人兴奋的工作

ex·claim [ɪk'skleɪm] (~s[-z]) vt. ([近]cry)(由于惊异、欣喜、痛苦等而)叫喊,惊叫:He ~ed that it was untrue. 他大声说那不是事实。vi. 惊叫,惊呼:"What?" he ~ed,"Are you leaving without me?""怎么着?"他喊道,"你要把我丢下自己走吗?"

ex·cla·ma·tion [͵eksklə'meɪʃən] (~s[-z]) n. ❶ ⓤ ⓒ (惊奇、欣喜等的)叫喊;感叹的言辞:"Oh!","Look out!" and "Ow!" are ~s. "啊!"、"小心!"和"哎哟!"都是感叹词语。❷ ⓒ [语]感叹句;感叹词,感叹语

ex·clude [ɪk'sklu:d] (~s[-z];~d[-ɪd];excluding) vt. ❶ ([反]include)拒绝接纳,把…除外:~ a person from membership of a society 拒绝接纳某人入会 ❷ 不把…列入考虑,不允许:We must not ~ the possibility that the child has run away. 我们不可排除这孩子离家出走的可能性。

ex·clu·sion [ɪk'sklu:ʒən] (~s[-z]) n. ⓤ 排斥,除外,排除

ex·clu·sive [ɪk'sklu:sɪv] I. adj. ❶ ([反]inclusive)排他的,闭锁的;限制入会资格的:The two plans are mutually ~. 这两个方案是相互抵触的。❷ [置于名词前]独占的,专有的:The interview is ~ to this magazine. 本杂志得到独家访问权。❸ [口](店铺、旅馆等)高级的,高档的:~ styles 高档的式样 II. n. ⓒ 独家消息,独家新闻:a Daily Mirror ~ 《每日镜报》独家报道

ex·cur·sion [ɪk'skɜ:ʃən] (~s[-z]) n. ([近]a short journey) ⓒ (团体的)远足;短途旅行;(特别优待费用的)周游旅行

ex·cur·sive [ɪk'skɜ:sɪv] adj. ❶ 离题的,扯开的 ❷ 散漫的,漫然的:an ~ conversation 漫谈

ex·cus·able [ɪk'skju:zəbl] adj. ([反]inexcusable)(行为)能原谅的;合理的;可辩解的:an ~ mistake 可原谅的错误

E

*ex•cuse Ⅰ. [ɪkˈskjuːz] (～s [-ɪz]; excusing) vt. ❶([近]forgive, pardon) 原谅，宽恕：Please ～ my late arrival. 请原谅我来晚了。❷[通常用否定句、疑问句](某事)成为…的理由，为…辩解：Nothing can ～ such rudeness. 如此无礼实在不可宽恕。❸[常用被动语态]使免除(义务等)；允许中途退席：He was ～d (from) piano practice. 他获准不必练习钢琴。Ⅱ. [ɪkˈskjuːs] (～s [-z]) n. ❶Ⅱ Ⓒ 辩白，辩解；(作为辩解的)理由，借口：He's always making ～s for being late. 他迟到总是有借口。❷[用复数]歉意；道歉：Please offer (或 give) them my ～s. 请代我向他们致歉。❸Ⅱ Ⓒ 原谅，免除：There's no ～ for such behaviour. 这种行为不可原谅。❹Ⓒ 请假条，请假单

ex•e•crate [ˈeksɪkreɪt] (～d [-ɪd]; execrating) vt. 憎恶，嫌恶，痛骂

ex•e•cute [ˈeksɪkjuːt] (～d [-ɪd]; executing) vt. ❶实施，实行(计划等)；执行(命令、职务等)：～ sb.'s commands 执行某人的命令 ❷执行死刑，处决：He was ～d for treason. 他因叛国罪已被处死。❸演奏(曲子等)，表演；制作(艺术作品)：The piano sonata was badly ～d. 这首钢琴奏鸣曲演奏得很糟。❹【律】执行(法律、判决等)，实施，使(证书、契约书等)在法律上生效：～ a will 依照遗嘱行事

ex•e•cu•tion [ˌeksɪˈkjuːʃən] (～s [-z]) n. ❶Ⅱ(计划等的)实行；(命令、职务等的)执行；实施：The plans were finally put into ～. 这些计划终于得以实施。❷Ⅱ Ⓒ 执行死刑，处决：～ by hanging 以绞刑处决 ❸Ⅱ 演奏(技巧)；(演员的)演技；(技术作品的)制作，手法：The pianist's ～ of the concerto was marvellous. 那钢琴师弹奏协奏曲的技巧很高超。❹Ⅱ(武器等的)破坏威力，摧毁效果

ex•ec•u•tive [ɪgˈzekjʊtɪv] Ⅰ. (～s [-z]) n. ❶Ⓒ(公司等的)经营者，经理(人员)，高级干部(用于个人、团体两方面)：a sales ～ 营业主任 ❷Ⓒ 行政官，执行委员，高级官员：～ officer 行政主任 ❸[the ～]政府的行政部门 Ⅱ. adj. ❶实行的，有执行力的，处理事务的：possess ～ ability 具有管理的才能 ❷行政上的，行政的：～ authorities 行政当局

ex•em•pli•fy [ɪgˈzemplɪfaɪ] (exemplifies [-z]; exemplified) vt. 例示，例证，成为…的例子：This painting exemplifies the artist's early style. 这幅画是该画家早期艺术风格的典型。

ex•empt [ɪgˈzempt] Ⅰ. (～ed [-ɪd]) vt. 免除(某人的义务等)，豁免：His bad eyesight ～ed him from military service. 他因视力不好而免服兵役。Ⅱ. adj. 被免除责任(或义务)：be ～ from military service 免服兵役

*ex•er•cise [ˈeksəsaɪz] Ⅰ. (～s [-ɪz]) n. ❶Ⅱ Ⓒ 运动，体操：The doctor advised him to take more ～. 医生建议他多运动。❷Ⓒ 练习，训练；功课：The teacher set her class a mathematics ～ for homework. 那位教师给班上布置数学家庭作业。❸Ⅱ(能力等的)运用；(权力等的)行使；使用：The ～ of patient is essential in diplomatic negotiations. 在外交谈判中，重要的是要有耐性。❹Ⓒ[常用复数]【军】(军事)演习：military ～s 军事操练 ❺[用复数][美]仪式；典礼：opening ～s 开幕仪式 Ⅱ. (～s [-ɪz]; exercising) vt. ❶运动，训练：He ～s his dogs every morning. 他每天早上遛狗。❷运用(注意力、智力等)；行使(权力等)；利用；施加：～ control 运用控制力 ❸[常用被动语态]使(人)担心，烦恼：I am very ～d about the education of my son. 我对儿子的教育深为担忧。vi. 练习，锻炼：He ～s twice a day. 他每天锻炼两次。

ex•ert [ɪgˈzɜːt] (～ed [-ɪd]) vt. 发挥(威力等)；运用；施加(压力等)受(影响等)：He ～ed all his influence to make them accept his plan. 他用尽一切影响力使他们接受他的计划。

ex•haust [ɪgˈzɔːst] Ⅰ. (～ed [-ɪd]) vt. ❶([近]consume)[常用被动语态]使精疲力竭；使消耗：The long cycle ride ～ed her. 她因长途骑车而疲惫不堪。❷([近]fatigue)[常用被动语态]耗尽(资源、体力等)：～ one's patience (strength) 失去耐性(用尽力气) ❸详尽研究，详尽阐述：I think we've just about ～ed that subject. 我认为我们对这一问题已差不多是言无不尽了。❹([近]empty)汲空(井等)；抽空：～ a well 将井汲干 Ⅱ. n. ❶Ⅱ排泄，排出：the smell of the ～ 排出的废气气味 ❷Ⓒ 排气管，排气装置：My car need a new ～. 我的汽车该换排气管了。

ex•haust•ed [ɪgˈzɔːstɪd] adj. ❶耗尽的，精疲力竭的：I'm ～! 我已筋疲力尽了! ❷被用尽的

ex•hib•it [ɪgˈzɪbɪt] Ⅰ. (～ed [-ɪd]) vt. ❶展出，陈列，展览：～ flowers at a flower show 在花展上展出花卉 ❷([近]show)表现，显示，显出(感情、性质等)：He ～ed total lack of concern for the child. 可以看出他对那孩子毫不关心。vi. 兴办展览会；展览产品：The young painter has ～ed in several galleries. 那年轻画家的作品已在几家美术馆中展出。Ⅱ. n. ❶Ⅱ Ⓒ 展览物；展示作品：Do not touch the ～s. 请勿触摸展品。❷Ⓒ【律】证件，证物：The first ～ was a knife which the prosecution claimed was the murder weapon. 当庭出

示的第一件证物是一把刀,据原告称是谋杀凶
器。❸ⓒ[美]展览会

ex·hi·bi·tion [ˌeksɪˈbɪʃən] (~s[-z]) *n*.
ⓒ❶展览(会);展览品:hold a ~ 开展览会
❷(性质、技能等的)显示,表现,发挥:The
quiz was a good opportunity for the ~ of
his knowledge. 这次测验是他显示学识的好机
会。❸[英](学校所赠予的)奖学金

ex·hort [ɪgˈzɔːt] (~ed [-ɪd]) *vt*. 力劝,规
劝;告诫:The teacher ~ed him to work
hard. 教师谆谆告诫他要用功。

ex·ile [ˈeksaɪl, ˈegz-] Ⅰ. (~s[-z]) *n*. ❶Ⓤ
放逐;流放;充军:go (或 be)sent into ~ 流亡
(遭放逐)❷ⓒ被放逐者,被流放者;流亡者:
There were many French ~s in England. 有
许多法国人流亡在英国。Ⅱ. (~s[-z];exi-
ling) *vt*. 把(人)放逐,流放,使流亡:~d for
life 遭终生流放

ex·ist [ɪgˈzɪst] (~ed [-ɪd]) *vi*. ❶[不用进
行时]存在,实际上有:Do you believe fairies
~? 你相信真有神仙吗?❷生活;生存:I can
hardly ~ on the wage I'm getting. 我靠我挣
的工资简直难以糊口。

ex·ist·ence [ɪgˈzɪstəns] *n*.Ⓤⓒ❶([近]be-
ing)存在,实有:Do you believe in the ~ of
ghosts? 你相信有鬼吗?❷[常用 an ~]生
活,生活方式:We led a happy enough ~ as
children. 我们小时候的生活过得很愉快。❸
生存:The peasants depend on a good harvest
for their very ~. 农民要靠丰收才能活命。

ex·it [ˈeksɪt, ˈegzɪt] Ⅰ. *n*. ❶([反]en-
trance)ⓒ出口,出路:There are four emer-
gency ~s in the department store. 这家百货
公司有 4 个紧急出口。❷ⓒ退出,退去;(演员
从舞台)退场:The heroine makes her ~
(from the stage). 女主角退场。Ⅱ. (~ed[-
ɪd]) *vi*. ([反]enter)离开,退去:退场:At the
end of the third scene, the actress ~s. 该女
演员于第三场结束时退场。

ex·ot·ic [ɪgˈzɒtɪk] *adj*. ❶异国情调的,奇特
有趣的,吸引人的:~ clothes 奇装异服 ❷外
来的,外国产的:mangoes and other ~ fruits
芒果及其他外国水果

ex·pand [ɪkˈspænd] (~s[-z];~ed [-ɪd])
vt. ❶张开,展开;使膨胀:Why not try to ~
your story into a novel? 你怎么不把你的故
事扩展成小说呢?❷扩大,扩张:~ business
扩充事业 *vi*. ❶增大,扩大,鼓起:Metals ~
when they are heated. 金属受热则膨胀。❷
伸展,张开,展开:The petals of the flowers
~ed in the sunshine. 花瓣在阳光下张开了。
❸详细说明,详述(on,upon):You mentioned
the need for extra funding. Would you ~

on that? 你曾提到需要一笔额外资金。请你
详细谈谈好吗?❹感到心旷神怡,敞开心扉;
变得热情(或愿意交谈)

ex·panse [ɪkˈspæns] (~s[-ɪz]) *n*.ⓒ(陆、
海、空等的)广袤,广阔的区域:the blue ~s of
the sky 广阔的蓝天

ex·pan·sion [ɪkˈspænʃən] (~s[-z]) *n*. ❶
Ⓤ扩张,扩大;发展;展开:the ~ of the
school system 学校机构的扩大 ❷Ⓤ膨胀:
~ of gases when heated 气体受热时的膨胀
❸ⓒ扩张物

ex·pan·sive [ɪkˈspænsɪv] *adj*. ❶有膨胀力
的,膨胀性的;扩张的:He greeted us with
an ~ gesture and a wide smile. 他手舞足蹈
笑逐颜开地迎接我们。❷广大的,辽阔的 ❸
(人、态度等)坦率的,健谈的,胸襟开阔的:an
~ after-dinner speaker 健谈的饭后演讲者

ex·pect [ɪkˈspekt] (~ed [-ɪd]) *vt*. ❶预
期,预料;指望;期望(用于好事、坏事两种意义
均可):I am ~ing a phone call from him. 我
正在等他的电话。❷(理所当然的)盼望,乞
求:I was ~ing a present from her. 我一直盼
望着能收到她送的礼物。❸[口][不可用进
行时]认为,猜想:"Who has eaten all the
cakes?""I ~ (that) it was Tom." 谁把蛋糕
都吃光了?"大概是汤姆吧。"

ex·pec·ta·tion [ˌekspekˈteɪʃən] (~s[-z])
n. ❶Ⓤ期待,预期,预料:He has little ~ of
winning prize. 他对获奖不抱什么希望。❷ⓒ
[常用复数](成功、幸运等的)期望;(尤指有继
承遗产的)指望:His parents have great ~s
for his future. 他父母对他的前途寄予厚望。

ex·pe·di·tion [ˌekspɪˈdɪʃən] (~s[-z]) *n*.
❶ⓒ远征,探险(旅行),(以学术研究等为目
的)旅行;远征队;探险队:send a party of
people on an ~ 派一队人去考察 ❷Ⓤ迅速;
敏捷:We carried out the captain's orders
with all possible ~. 我们毫不迟疑地迅速执
行船长的命令。

ex·pel [ɪkˈspel] (~s[-z];expelled;expel-
ling) *vt*. ❶(正式)开除;驱逐:Two attaches
at the embassy were *expelled* from the coun-
try. 大使馆的两名随员已被驱逐出境。❷排出
(水、空气等):~ smoke from the lungs 用力
呼出肺里的烟

ex·pend [ɪkˈspend] (~s[-z];~ed [-ɪd])
vt. ([近]spend)花费(时间、精力、金钱等),
消费;用尽:~ all one's fuel(stores)用尽所有
的燃料(储备)

ex·pend·i·ture [ɪkˈspendɪtʃə(r)] *n*.([反]
income) ❶Ⓤ消费,支出,花费:~ of energy
on a project 在一项目上耗费的精力 ❷Ⓤⓒ

经费,支出金额

ex·pense [ɪk'spens] (～s[-ɪz]) *n* . ❶Ⓤ[亦用 an ～]支出;开支;花费:Most children in Britain are educated at public ～. 英国大多数儿童靠公费受教育。❷Ⓒ[常用复数]经费,支出金额:Who's meeting the ～s of your trip? 谁为你支付旅费呢? ❸Ⓒ花费的东西(事):Running a car is a great ～. 一辆汽车的开支很大。❹Ⓤ损失,牺牲:He hired a plane,regardless of ～. 他不惜代价,租了一架飞机。

ex·pen·sive [ɪk'spensɪv] *adj* . (〔近〕costly,dear)(〔反〕inexpensive,cheap) 昂贵的,花钱的:Houses are very ～ in this area. 这个地区房价很高。

ex·pe·ri·ence [ɪk'spɪərɪəns] Ⅰ. (～s[-z]) *n* . ❶Ⓤ经验,体验:He hasn't had enough work ～ for the job. 他做这项工作尚无足够的经验。❷Ⓒ经历;阅历;体会:What was your ～ with the task? 你对这项任务有什么体会? Ⅱ. (～s[-ɪz];～d[-t];experiencing)*vt* . 经历,体验:I don't think I've ever ～d real difficulties. 我认为我从未体验过真正的困难。

ex·pe·ri·enc·ed [ɪk'spɪərɪənst] *adj* . 有经验的;老练的,熟练的:He's ～ in looking after children. 他有照料孩子的经验。

ex·per·i·ment Ⅰ. [ɪk'sperɪmənt] *n* . Ⓤ Ⓒ 实验;试验,尝试:The researchers are repeating the ～ on rats. 研究人员用老鼠反复做该实验。Ⅱ. [ɪk'sperɪment] (～ed [-ɪd]) *vi* . 进行实验(或试验):～ with new methods 以新方法试验

ex·pert ['ekspɜːt] (〔反〕 inexpert) Ⅰ. *n* . Ⓒ❶专家;能手:an ～ in psychology 心理学专家 ❷[美]【军】特等射手 Ⅱ. *adj* . 熟练的,老练的;擅长的:He's ～ at (或 in) cooking. 他善于烹饪。

ex·pi·ra·tion [ˌekspɪ'reɪʃən] (〔反〕inspiration)*n* . Ⓤ❶(期限、权利等的)期满,完了,终止;到期:the ～ of the lease (agreement, contract)租约(协议、合同)的期满 ❷吐气,呼气

ex·pire [ɪk'spaɪə(r)] (～s [-z];expiring [-rɪŋ])*vi* . ❶(期限等)届满,到期:When does your driving licence ～? 你的驾驶证何时到期? ❷呼气;断气,死亡

ex·plain [ɪk'spleɪn] (～s[-z])*vt* . ❶解释,说明;阐明:He ～ed his plan in some details. 他仔细地说明了自己的计划。❷辩解,辩明,辩护;(事物)成为…的原因:That ～s his

absence. 那就是他缺席的原因。*vi* . 说明,解释;辩解:She ～ed to the children that the school had been closed. 她向孩子们解释说学校已经关门了。

ex·pla·na·tion [ˌeksplə'neɪʃən] (～s [-z]) *n* . ❶Ⓤ Ⓒ 说明,解释;辩白:I should say a few words ～. 我应当说几句解释的话。❷Ⓒ(可说明事件的)言语,原因,事实;背景:That's not an adequate ～. 这并不足以说明问题。

ex·plic·it [ɪk'splɪsɪt] *adj* . ❶(〔反〕implicit)(说明、陈述等)明确的;详述的;明晰的:He gave me ～ directions on how to get there. 他清清楚楚地告诉我怎样到达那里。❷直率的,开诚布公的:She was quite ～ about why she came. 她对自己来的原因直言不讳。

ex·plode [ɪk'spləʊd] (～s[-z];～d[-ɪd];exploding)*vt* . ❶使爆炸;使爆破;使破裂:～ a bomb 使一颗炸弹爆炸 ❷推翻(迷信、思想、学说等);驳倒,戳穿:The new findings ～d the old theory. 那项新的调查结果推翻了该旧理论。*vi* . ❶(火药、煤气等)爆炸;破裂:The firework ～d in his hand. 那个爆竹在他手里响了。❷(因生气、笑等)使感情爆发:She ～d into loud laughter. 她突然大笑起来。❸(人口等)急速增加:the exploding world population 激增的世界人口

ex·ploit ['eksplɔɪt] Ⅰ. *n* . Ⓒ英勇的行为;功绩;伟业:The daring ～s of the parachutists were much admired. 跳伞者大胆的冒险动作令人赞叹不已。Ⅱ. (～ed [-ɪd])*vt* . ❶剥削,不正当地利用:They ～ed her generosity shamelessly. 他们无耻地利用了她的慷慨。❷开发或利用(资源等):～ oil reserves(water power,solar energy)开发石油资源(开发水利资源、利用太阳能)

ex·plo·ra·tion [ˌeksplə'reɪʃən] (～s[-z]) *n* . Ⓤ Ⓒ❶勘探,探测;探索:an ～ of the subconscious mind 对潜意识的探索 ❷探究,调查,钻研:detailed ～ of a subject 对一题目的详细探究

ex·plore [ɪk'splɔː(r)] (～s[-z];exploring)*vt* . ❶探测(未知的地方),实地调查:Columbus discovered America but did not ～ the new continent. 哥伦布发现了美洲,但没有探测这块新大陆。❷探究(问题、可能性等),探查:We ～d several solutions to the problem. 我们探讨了几种解决该问题的办法。

ex·plor·er [ɪk'splɔːrə(r)] (～s[-z]) *n* . Ⓒ探险家;探查员;调查人员:a great ～ 一位伟大的探险家

ex·plo·sive [ɪk'spləʊsɪv] Ⅰ. *adj* . ❶爆炸

(性)的;爆发的:~ materials 爆炸材料 ❷(性情等)容易激动的,暴躁的:an ~ temper 暴躁的脾气 ❸(问题等)引起争议的;一触即发的:an ~ situation(issue)一触即发的形势(极易引起争端的问题) Ⅱ.(~s[-z])n.C 爆炸物,炸药:Dynamite is an ~.炸药是爆炸物。

ex·po·nent [ɪkˈspəʊnənt] **Ⅰ**.n.C ❶(学说等的)阐释者,说明者;解释…之物(人) ❷代表者,拥护者,倡导者:an ~ of free trade 自由贸易的拥护者 ❸【数】(乘方的)指数,幂 **Ⅱ**.adj.阐述的;说明的

ex·port Ⅰ.[ɪksˈpɔːt](~ed[-ɪd])vt.输出,出口:India ~s tea and cotton to many different countries.印度向许多国家出口茶叶和棉花。**Ⅱ**.[ˈekspɔːt]n. ❶U 输出:a ban on a ~ of gold 禁止黄金出口 ❷C【常用复数】输出品;输出额:Last year's ~s exceeded imports in value. 去年的出口价值超过进口。**Ⅲ**.adj.出口的;输出的:an ~ licence 出口许可证

ex·pose [ɪkˈspəʊz](~s[-ɪz];exposing)vt. ❶使暴露于(日光、风雨等),使遭受(危险等);使面临:~ one's skin to the sun 使皮肤暴露于阳光下 ❷泄漏;揭发;通报(坏事等);揭穿:That unfortunate remark ~d his ignorance of the subject. 他说了那句不妥的话,暴露了自己对此事的无知。❸陈列(商品等) ❹(摄影时)使底片(胶卷)曝光:~ a reel of film 使一卷软片曝光

ex·po·si·tion [ˌekspəˈzɪʃən](~s[-z])n. ❶UC 阐明,解释,说明:an ~ of the advantages of the machine 对那机器优越性的阐释 ❷C 展览会,展示会,博览会:an industrial ~ 工业博览会

ex·pos·i·tor [ɪkˈspɒzɪtə](~s[-z])n.C 说明者,讲解者;阐述者;评注者

ex·pound [ɪkˈspaʊnd](~s[-z];~ed[-ɪd])vt.详细说明,阐述:He ~ed his views on education to me at great length. 他向我详细讲述了他的教育观点。vi.解释,说明

ex·press [ɪkˈspres] **Ⅰ**.(~es[-ɪz];~ed[-t])vt. ❶(以言语、表情)表达;表白;叙述:The guests ~ed their thanks before leaving. 客人们临走表示了谢意。❷[英]用快件寄出(信件、货物等);[美]通过快递公司快递(货物),快运,快汇 ❸榨出(油、果汁等)(from,out of):juice ~ed from grapes 自葡萄榨出的汁 **Ⅱ**.adj. ❶快递的,特快的:~ delivery 快递 ❷明确的,明白的;确切的:It was his ~ wish that you have his gold watch after he died. 他的愿望很明确,死后把金表留给你。❸特别的,特殊的:for the ~ purpose of 为了…

的特殊目的 **Ⅲ**.(~es[-ɪz])n. ❶C 快车 ❷U[英]快信,快递邮件 ❸UC[美]快递;快汇 ❹C(办理快递业务的)快递公司 **Ⅳ**.adv.搭快车,以快递方式:The parcel was sent ~.这包裹是用快件邮寄的。

ex·pres·sion [ɪkˈspreʃən](~s[-z])n. ❶UC(思想、感情、想法等的)表达,表示;表伤之情:She gave ~ to her sadness.她流露出了悲伤之情。❷C 表情;声调,音调:a happy ~ 愉快的表情 ❸U 表现力:She spoke with much ~.她说话时表现力丰富。❹C(言语的)措辞,词语,说法:"Shut up" is not a polite ~.
"闭嘴"是不礼貌用语。❺C【数】式;表达式

ex·pres·sive [ɪkˈspresɪv]adj. ❶表情丰富的;意味深长的:an ~ face 富有表情的脸 ❷表现的,表达…的:a look ~ of despair 表示绝望的神情

ex·qui·site [ˈekskwɪzɪt, ɪkˈs-]adj. ❶优雅的,精致的;精巧的,优美的:(an) ~ painting 极漂亮的画 ❷(痛苦、快乐等)剧烈的,强烈的:~ happiness 极大的幸福 ❸(感觉等)敏锐的;(兴趣等)有高度鉴赏力的:~ sensibility 细腻的感情

ex·tend [ɪkˈstend](~s[-z];~ed [-ɪd]) ❶vt.(空间、时间的)延长,伸长;扩展:Can you ~ your visit a few days longer? 你能多停留几天吗? ❷(把手、脚等)伸出,展开:He ~ed his hand to the new employee.他主动与新雇员握手。❸给予(帮助、友谊等):They ~ed a warm welcome to her. 他们向她表示热烈欢迎。❹使(自己、某人或动物)竭尽全力:Jim didn't really have to ~ himself in the examination. 吉姆这次考试大可不必那么拼命。vi.(空间、时间等)伸长,扩展;延续:The road ~s for miles and miles. 这条路向远处绵延伸展。

ex·ten·sion [ɪkˈstenʃən](~s[-z])n. ❶U 延伸;扩展,扩大:The ~ of the garden will take several weeks. 扩建花园需要几个星期。❷C 延长部分;扩展部分;扩建部分:Our ~ is nearly finished.我们的扩建部分已接近完工。❸UC(期限等的)延长,延期;缓期:He's got an ~ to finish writing his thesis. 他获准延期交论文。❹C(电话的)分机

ex·ten·sive [ɪkˈstensɪv]adj. ❶(场所)广大的,广阔的:the ~ grounds of a country house 农舍的宽敞庭院 ❷广泛的,多方面的:Her knowledge of the subject is ~. 她这方面的学识很渊博。❸大量的,庞大的:~ alterations to a building 对一建筑物大规模的改建

ex·tent [ɪkˈstent]n.UC ❶宽度,广度,长度;[an ~]大片面积:The new race track is nearly six miles in ~.这条新跑道将近6英里

长。❷［亦用 an ～］程度，限度；范围：To some ～, you are correct. 在某种程度上，你是正确的。

ex·te·ri·or [ɪkˈstɪərɪə(r)] **Ⅰ**. **adj**. 外表的，外侧的；外部的；外观上的：～ features of a building 建筑物的外观 **Ⅱ**. (～s[-z]) **n**. ❶ⓤⓒ外侧，外面，外部，外观。这建筑物的外观很不起眼。ⓒ（戏剧、绘画等的）屋外风景，外景

ex·ter·nal [ɪkˈstɜːnl] **Ⅰ**. **adj**. ❶外部的，外面的；（作用等）从外面来的；【医】外用的：for ～ use only 仅供外用 ❷外表的，外观的；表面上的 ❸外国的，外来的；对外的：～ trade 对外贸易 **Ⅱ**. (～s[-z]) **n**. ⓒ［常用复数］外形，外观，外表；外部情况：Do not judge people by ～s alone. 不能仅以貌取人。

ex·tin·guish [ɪkˈstɪŋgwɪʃ] (～es[-ɪz]；～ed[-t]) **vt**. ❶［近］put out）（火、光等）熄灭：Please ～ your cigarettes. 请将香烟熄灭。❷使（热情、希望等）消失：His behaviour ～ed the last traces of affection she had for him. 他的这种行为使她对他的最后一丝爱慕之情荡然无存。

*__**ex·tra** [ˈekstrə] **Ⅰ**. ［无比较等级］**adj**. 额外的，追加的；临时的，特别的：～ pay for ～ work 额外工作的额外报酬/The football match went into ～ time. 这场足球赛进入加时赛。**Ⅱ**. (～s[-z]) **n**. ⓒ ❶额外的东西；追加的费用，另外收费的事物：Her school fees are ￡400 a term；music and dancing are ～s. 她的学费是每学期 400 英镑，音乐和舞蹈课另外收费。❷（报纸的）号外；（杂志的）增刊，特刊：a late night ～ 晚间号外 ❸（电影的）临时演员 **Ⅲ**. **adv**. 格外地，特别地：～ fine quality 特别好的质量

ex·tract Ⅰ. [ɪkˈstrækt] (～ed[-ɪd]) **vt**. ❶抽出，拔出：～ a cork from a bottle 拔出瓶塞 ❷（从某人）获取（情报、金钱等）：The police finally ～ed the information after hours of questioning. 警方经数小时的盘问，终于套得这一情报。❸（从书中）选取，摘录，引用：She ～ed passages for the students to translate. 她选了些短文让学生翻译。❹压出，榨出（汁、液等）：～ juice from orange 榨出橙子汁 **Ⅱ**. [ˈekstrækt] **n**. ❶ⓤⓒ抽出物，汁；精髓：beef ～ 浓缩的牛肉汁 ❷ⓒ（从书中的）摘录，选萃：an ～ from a long poem 长诗选萃

ex·traor·di·na·ry [ɪkˈstrɔːdənərɪ] **adj**. ❶（［反］ordinary）异常的，不平常的；非凡的，惊人的：Her talents are quite ～. 她才华出

众。❷临时的，特别的：～ general meeting 特别全会

ex·trav·a·gant [ɪkˈstrævəgənt] **adj**. ❶浪费的；挥霍无度的，奢侈的：an ～ use of natural resources 自然资源的滥用 ❷（想法、行为等）奇异的；放肆的：～ behaviour（claims）放肆的行为（过度的要求）

ex·treme [ɪkˈstriːm] **Ⅰ**. ［无比较等级］**adj**. ❶极端的，极度的；偏激的，彻底的：in ～ pain 在极度的痛苦中 ❷尽头的，末端的：the ～ edge of the forest 森林最远的边端 **Ⅱ**. (～s[-z]) **n**. ⓒ［常用复数］极端；极端的行为（手段）

ex·trem·i·ty [ɪkˈstremɪtɪ] (extremities[-z]) **n**. ❶ⓒ端，末端，尽头：the extremities of the world 世界的尽头 ❷ⓤ［亦用 an ～］极度，极端；困境：How can we help them in their ～? 我们怎样帮助他们摆脱困境呢？❸［用复数］极端（偏激）的行为；非常手段：Both armies were guilty of extremities. 两军都犯有残暴的罪行。❹［用复数］手脚，四肢：Cold affects the extremities first. 手和脚最先感到寒冷。

ex·ult [ɪgˈzʌlt] (～ed[-ɪd]) **vi**. 大喜，狂喜；欢欣鼓舞：He obviously ～ed in winning. 他获胜后喜形于色。

*__**eye** [aɪ] **Ⅰ**. (～s[-z]) **n**. ❶ⓒ眼；眸子；眼圈：She opens her ～s. 她睁开眼睛。❷ⓒ视力，视觉；视线：She has sharp ～s. 她视力极好。❸［常用单数］眼光，观察力：To her expert ～, the painting was terrible. 她以内行的眼光看，这幅画糟透了。❹［用复数］眼神，目光：with happy ～s 用幸福的眼神 ❺［用复数］见解，观点，判断：In my ～s, that will do. 我看那样能行。❻ⓒ眼状物：the ～ of a needle 针鼻儿 **Ⅱ**. (～s[-z]；～d) **vt**. 盯着…，凝视：He ～d me with suspicion. 他怀疑地看着我。

eyed [aɪd] **adj**. ❶有眼的 ❷［常用以构成复合词］长着…眼睛的；有着…眼光的

eye·ful [ˈaɪful] (～s[-z]) **n**. ❶［只用单数］满眼 ❷ⓒ［俚］美人儿；非常悦目的东西

eye·let [ˈaɪlɪt] **n**. ⓒ眼孔；针眼

eye·lid [ˈaɪlɪd] (～s[-z]) **n**. ⓒ眼睑：hang on by the ～s 千钧一发

*__**eye·sight** [ˈaɪsaɪt] **n**. ⓤ视力；目力

eye·sore [ˈaɪsɔːr] (～s[-z]) **n**. ⓒ［口］丑的东西；刺眼的东西（或人）

eye·water [ˈaɪˌwɔːtə] **n**. ⓤ眼药水

eye·wit·ness [ˈaɪwɪtnɪs] (～es[-ɪz]) **n**. ⓒ目击者；见证人

F f

fab·ric·ate [ˈfæbrɪkeɪt](～d[-ɪd];fabricating) *vt*. ❶装配,组合;制造:a ～d ship 组合船 ❷捏造,编造;辩解;伪造(文书):～ an excuse(an accusation)编造借口(捏造罪名)

***face** [feɪs] Ⅰ. (～s[-ɪz]) *n*. ❶ⓒ脸,面孔:Go and wash your ～. 去把脸洗一洗。❷ⓒ面容,表情:a sad ～ 悲伤的面容 ❸([反] back)ⓒ(物体的)表面;正面:A cut diamond has many ～s.经切割的钻石有很多晶面。❹ⓒ外观,外表:You are a good judge of ～s. 你会根据人的相貌来判断人的性格。❺Ⓤ面目,面子:a loss of ～ 丢面子 ❻ⓒ[常用 the ～][口]厚颜:have the ～ to do sth. 居然有脸做某事 ❼ⓒ【矿】采掘场,采掘面 ❽ⓒ【印】版面 Ⅱ. (～s[-ɪz];～d[-t];facing) *vt*. ❶面对,面向:Turn around and ～ me. 转过身来面对着我。❷([近]confront)面临(困难等),应付,对付:～ facts 面对事实 ❸(在墙壁等上)涂上表层,使表面光洁:～ a wall(with plaster)(用灰泥)涂墙壁 ❹缝边,镶边 *vi*.向,朝:Left(Right)～!【军】向左(右)转!

fa·cial [ˈfeɪʃəl] Ⅰ. [无比较等级] *adj*.脸的,面部用的:a ～ expression 面部表情 Ⅱ. *n*.Ⓤⓒ[口]面部按摩;美容:I've made an appointment for a ～ next week. 我已经预约了下星期去美容。

fa·cil·it·ate [fəˈsɪlɪteɪt](～d[-ɪd];facilitating) *vt*.使(工作、事物等)变得容易,使便利:It would ～ matter if you were more co-operative. 要是你再合作些就省事了。

fa·cil·i·ty [fəˈsɪlətɪ](facilities[-z]) *n*. ❶Ⓤⓒ能力,本事;才能:have(a)great ～ in(learning)language 有(学习)语言的天才 ❷ⓒ[常用复数]设施,设备,方便:sports *facilities* 运动设施

***fact** [fækt] *n*. ❶([近]truth)Ⓤ事实:He's resigned;I know it for a ～. 他已经辞职了,我知道这是事实。❷Ⓤ(与理论空想相对的)现实,真实,真相:The story is founded on ～. 这故事有事实根据。❸[the ～]【律】(犯罪等的)行为,罪行:after the ～ 作案后

***fac·tor** [ˈfæktə(r)](～s[-z]) *n*.ⓒ❶(造成某结果的)因素,要素;原动力:the ～s that influenced my decision 影响我做出决定的因素 ❷【数】因数,因子;【机】系数,率;【生】基因,遗传因子 ❸代理人,代理商

***fac·to·ry** [ˈfæktərɪ](factories[-z]) *n*.ⓒ工厂,制造厂;[作定语]工厂的:～ workers 工厂工人

fac·tu·al [ˈfæktjʊəl] *adj*.事实的,真实的:a ～ account 真实的报道

fac·ul·ty [ˈfækəltɪ](faculties[-z]) *n*.Ⓤ❶才能,能力;技能:have a great ～ for learning languages 有学习语言的才能 ❷(身体、精神等)的机能,官能:the ～ of sight 视力 ❸(大学的)学院,系:the Faculty of Law(Science) 法律学院(理学院) ❹[集合用法]全体教职员:a ～ meeting 全体教员会议

fade [feɪd](～s[-z];～d[-ɪd];fading) *vt*.使褪色:Sunlight has ～d the dress.阳光使衣服褪色。*vi*.❶(某物)褪色,(颜色)消退:Will(the colour in)this material ～? 这块料子(的颜色)褪色吗? ❷(气势等)衰退;(花、草)凋谢,枯萎:She is *fading* fast. 她身体很快就衰弱了。❸(声音、光线等)变微弱,变暗淡,消失:The sound of the cheering ～d away in the distance. 欢呼声在远处逐渐消失了。

***fail** [feɪl] Ⅰ. (～s[-z]) *vt*.❶使…不及格:He ～ed his driving test. 他驾驶测试不合格。❷未能…,忘记;懒于:She ～ed to reach the semi-finals. 她未能进入半决赛。❸(勇气等)缺少,离弃:His heart ～ed him. 他失去了勇气。*vi*.❶失败:I ～ed in persuading him. 我没能说服他。❷(考试、学科)不及格:I passed in maths but ～ed in English. 我数学及格,但英语不及格。❸(水等物资)缺乏,中断;(农作物)歉收:The crops ～ed because of drought. 由于干旱,农作物歉收。❹(健康)衰退,衰弱;(机械等)失灵,失去作用:The brakes ~ed.刹车失灵了。❺（企业）倒闭,破产:Several banks ~ed during the depression.有几家银行在不景气时期倒闭了。Ⅱ.(~s[-z]) n.ⒸⓊ（考试）不及格;失败:I had three passes and one ~.我考试三门及格,一门不及格。

fail·ure ['feɪljə(r)] (~s[-z]) n.❶([反]success)Ⓤ失败,不成功;（考试等的）不及格:Success came after many ~s.经过多次失败后,终于获得成功。❷([反]success)Ⓤ失败者,不及格者;失败的作品:He was a ~ as a doctor.他当过医生,却不称职。❸ⓊⒸ怠慢,不履行,没做到:~ to comply with the regulations 未遵守规则 ❹ⓊⒸ不足,缺乏;歉收:*Failure* of crops often results in famine. 歉收常引起饥荒。❺ⓊⒸ衰弱,（力量等的）衰退;故障:a case of heart ~ 心力衰竭的患者 ❻ⓊⒸ破产;停止付款,无支付能力:bank ~s 银行破产

fain [feɪn] Ⅰ.[只作表语] adj.❶向往的;愿意的:They are ~ to go there.他们很愿意去那。❷勉强的,不得不的 Ⅱ.adv.（用在 would 后）欣然,乐意地:I would ~ come.我愿意来。

faint [feɪnt] Ⅰ.adj.❶（声音、颜色、气味、光线等）微弱的,暗淡的,模糊的:The sounds of music grew ~er in the distance.音乐的声音在远处逐渐模糊了。❷（思想等）模糊不清楚的;（希望等）微小的:There is a ~ hope that she may be cured.她escape治愈的希望渺茫。❸（身体状况）无力的,虚弱的,衰弱的:His breathing became ~.他的呼吸变得衰弱。❹昏晕的,感到头晕的:She looks ~.她看来要晕倒了。❺（行动等）无生气的,无精打采的:a ~ show of resistance 软弱无力的抵抗 Ⅱ.(~ed['-ɪd]) vi.（因…）昏倒,昏厥:He ~ed from hunger.他饿得昏倒了。Ⅲ.(~s[-z]) n.Ⓤ晕倒,昏倒,昏厥

fair [feə(r)] Ⅰ.adj.❶([近]just)([反]unfair)公正的,公平的,合理的:She deserves a ~ trial.她应该得到公正的审判。❷尚可的,相当的,颇:His knowledge of French is ~, but ought to be better.他法语不错,但应该再好些。❸([近]fine)晴朗的,天气好的(风、潮水等)顺畅的:They set sail with the first ~ wind.他们一有顺风就扬帆起航。❹([反]dark)（头发）浅色的,金色的;（皮肤）白皙的:~ complexion 白皙的肤色 ❺（女人）美丽的:a ~ maiden 美丽的姑娘 ❻干净的,无污点的:a sheet of ~ white paper 一张洁白的纸 ❼（诺言等）说得好听的,花言巧语的:Don't fall for the ~ words of that man.不要相信

那个男人的花言巧语。Ⅱ.adv.❶([反]unfair)公平地,公正地 ❷清晰地;彬彬有礼地:copy ~ 抄写清楚 ❸直接地,正好:strike sb. ~ in the face 正好打在某人的脸上

fair·ly ['feəlɪ] adv.❶公平地,公正地;光明正大地:You're not treating us ~.你对我们不公平。❷相当地,颇为:This is a ~ easy book.这是一本相当浅易的书。❸完全地,全都;简直:I ~ jumped for joy.我简直高兴得跳起来。

fair·y ['feərɪ] (fairies[-z]) n.❶Ⓤ仙子,精灵（一般相信有两种:一种帮助人类的,一种给人类带来灾害的）❷[用作形容词]仙子般的,优美的 ❸Ⓒ[美俚]（男性）同性恋者

faith [feɪθ] n.❶Ⓤ信任;信念;信心:Do you have any ~ in what he says? 你相信他的话吗? ❷ⓊⒸ信仰;信条,教义:a strong ~ 坚定的宗教信仰 ❸Ⓤ保证,诺言,誓约:give one's ~ to sb.向某人保证 ❹Ⓤ信义,忠诚,诚意:in good ~ 真诚地

faith·ful ['feɪθfʊl] adj.❶([反]unfaithful)忠实的,忠诚的:a ~ friend 忠实的朋友 ❷（对事实、原书等）如实的,正确的:a ~ account 精确的报道 ❸（对夫或妻）忠贞的,爱情专一的:She was always ~ to her husband.她对丈夫一直很忠贞。

faith·ful·ly ['feɪθfʊlɪ] adv.❶忠实地,诚实地:The old nurse had served the family ~ for thirty years.老保姆为这个家庭忠实地服务了30年。❷正确地:judge ~ 正确判断

faith·less ['feɪθlɪs] adj.❶不诚实的,无信的 ❷不可信赖的,不能依靠的:a ~ friend 不可信的朋友 ❸无信仰的,不信神的

fake [feɪk] Ⅰ.(~d[-t];faking) vt.❶伪造,捏造:Her whole story had been ~d.她的话全都是编造的。❷假装,佯装,欺骗（对方）:~ surprise 装出吃惊的样子 Ⅱ.n.Ⓤ❶冒牌货,仿造品,赝品;谎报:That's not a real diamond necklace.It's just a ~! 那不是真钻石项链,是假的! ❷冒充者,骗子:He looked like a postman,but he was really a ~.他看上去像个邮递员,但实际上是假冒的。Ⅲ.adj.假的,伪造的;冒充的:a ~ policeman 假冒的警察

fall [fɔːl] Ⅰ.(~s[-z];fell [fel];fallen ['fɔːlən]) vi.❶([反]rise)落下(雪、雨等),下降;(树叶)脱落:The rain was ~ing steadily.雨不停地下着。❷倒下,跌倒;(战场上)阵亡,战死:He *fell* into the river.他掉进河里了。❸(温度、价格等)下降,跌落;(声音、风势等)减弱:The temperature *fell* sharply in the night.夜间温度急剧下降。❹([近]become)变成(…的状态)：Has she *fallen* ill again?她又病了吗? ❺垂下，低垂：Her hair *fell* over her shoulders in a mass of curls. 她的鬈发披在肩上。❻(道路等)变成下坡，倾斜：Beyond the hill, the land ~s (away) sharply towards the river. 山那边地面呈陡坡向河边倾斜。❼(政府等)垮台；(都市等)陷落：Troy finally *fell* (to the Greeks). 特洛伊最终被(希腊人)攻陷。❽(夜幕)降临；(寂静)来临：A sudden silence *fell*. 突然静了下来。❾(光线等)照射，投射；(视线)停留，指向；(重音等)落在：My eye *fell* on a curious object. 我突然看见一个奇怪的东西。❿(脸色)变得阴沉：His face (或 jaw) *fell*. 他的脸沉下来了。⓫(言语)被说出；被透露：Not a word *fell* from his lips. 他什么话也没说。Ⅱ. (~s [-z]) *n*. ❶[近] autumn Ⓤ Ⓒ[美]秋天；[作定语]秋天的，秋天用的：several ~s ago 几年之前 ❷Ⓒ掉落，落下，下降：a heavy ~ of snow(rain)一场大雪(大雨) ❸Ⓒ跌倒，掉下：I had a ~ and broke my arm. 我跌了一跤，把胳膊摔断了。❹Ⓒ下降，(价格、物价)下跌：a steep ~ in prices 价格的暴跌 ❺Ⓤ没落，灭亡；陷落；坠落：the rise and ~ of the Roman Empire 罗马帝国的兴亡 ❻([近]waterfall)Ⓒ[常用复数]瀑布：Niagara *Falls* 尼亚加拉瀑布 ❼Ⓒ倾斜；下坡 ❽Ⓒ(摔跤比赛的)双肩触地

fall·en ['fɔːlən] Ⅰ. fall 的过去分词 Ⅱ. *adj*. 落下的，倒下的；死亡的，灭亡的；陷落的，堕落的：~ leaves 落叶

* **false** [fɔːls] Ⅰ. (~r; ~st) *adj*. ❶([反] true)错的，错误的，不正确的：sing a ~ note 唱错音符 ❷虚伪的，谎骗的：~ tears 虚伪的眼泪 ❸不诚实的，不忠实的，虚妄的：a ~ friend(lover)不忠实的朋友(情人) ❹假的，伪造的，人造的：~ hair 假发 ❺不真实的，全无根据的：~ pride 妄自尊大，虚荣心 ❻[尤其用于植物名称]假…，仿… Ⅱ. *adv*. [只用play sb. ~]欺诈地；叛卖地

fal·si·fy ['fɔːlsɪfaɪ] (falsifies[-z]; falsified) ❶伪造，篡改(文件等)：~ accounts 伪造账目 ❷歪曲；误传：~ an fact 歪曲事实 ❸证明…是假的：~ a theory 证明一理论不成立 *vi*. 说谎，误传

fal·si·ty ['fɔːlsəti] (falsities[-z]) *n*. Ⓤ Ⓒ虚假，谎言；背信；不真实，错误

fame [feɪm] *n*. Ⓤ 名声，名气，声望：The young teacher rose quickly to ~. 那个年轻的老师很快就出了名。

fa·mil·iar [fə'mɪljə(r)] *adj*. ❶(事情)众所周知的，熟知的；看惯的；听惯的：the ~ voices of one's friends 朋友的熟悉的声音 ❷[作表语]熟悉，通晓的：She is ~ with French. 她通晓法语。❸亲近的，亲密的：I'm on ~ terms with my bank manager. 我与银行经理交情很好。❹过于亲昵的；随便的：The children are too ~ with their teacher. 这帮小学生对老师过于随便。❺(文体、语法)浅而易懂的，不拘形式的：a ~ essay 小品文，随笔

fa·mil·i·ar·i·ty [fəˌmɪlɪ'ærəti] (familiarities[-z]) *n*. ❶Ⓤ熟悉，通晓：His ~ with the local languages surprised me. 他对当地各种语言如此精通令我吃惊。❷Ⓤ亲近，亲密，亲昵；放肆：You should not address your teacher with such ~. 你不应该这样冒失地称呼你的老师。❸Ⓒ[常用复数]放肆的言行(态度)

fa·mil·i·ar·ize, -ise [fə'mɪljəraɪz] (~s [-ɪz]; familiarizing) *vt*. ❶使(人)亲近；使熟悉，使熟知：*familiarizing* oneself with a foreign language 熟悉一门外语 ❷使通俗化，使普及，使家喻户晓

* **fam·i·ly** ['fæməlɪ] Ⅰ. (families[-z]) *n*. ❶Ⓤ[集合用法]家，家庭；一家人：He's a friend of the ~. 他是那家的朋友。❷([近] children)Ⓤ[亦用 a ~]子女，孩子们：They have a large ~. 他们子女很多。❸Ⓒ家族 ❹Ⓤ家世，家系：a man of good ~ 家世很好的人 ❺Ⓒ(分类上的)同族；【生】科；【语】语系：Lions belong to the cat ~. 狮子属于猫科动物。Ⅱ. *adj*. 家族的，家庭的

fam·ine ['fæmɪn] *n*. Ⓤ Ⓒ ❶饥荒：The long drought was followed by months of ~. 久旱之后出现长达数月的饥荒。❷(东西的)缺乏，不足：a coal ~ 煤荒

* **famous** ['feɪməs] *adj*. ❶有名的，著名的：Paris is a ~ city. 巴黎是著名的城市。❷[口]很棒的，极好的：We've won a ~ victory. 我们赢得了辉煌的胜利。

* **fan¹** [fæn] Ⅰ. (~s [-z]) *n*. Ⓤ ❶电扇；送(抽)风机，鼓风机：It's too hot — please turn the ~ on. 这么热——请把电扇打开。❷扇，扇子，风扇：a folding ~ 折扇 ❸扇形物(如孔雀开屏) Ⅱ. (~s [-z]; fanned; fanning) *vt*. ❶(用扇子等)扇：cool one's face by *fanning* it with a newspaper 用报纸扇风使脸凉快 ❷煽动，激起(感情等)：Her wild behaviour merely *fanned* the flames of his jealousy. 她那放肆的举动把他的妒火完全煽动。❸(风)徐徐地吹到…，吹拂：The breeze *fanned* our faces. 微风轻轻吹在我们的脸上。❹使展成扇形：He *fanned* the cards in his hand before playing. 他出牌前先把纸牌在手里展成

扇形。*vi*.展开成扇形(尤指士兵):The troops *fanned out as they advanced*. 部队向前推进时呈扇形散开。

fan² [fæn] (~s [-z]) *n*.©[口](电影、运动等的)迷,热心爱好者(支持者):football (movie) ~*s* 足球迷(影迷)

fa·nat·ic [fəˈnætɪk] Ⅰ.*n*.©(主义、宗教等的)狂热者:a religious(political)~ 宗教狂(政治狂)Ⅱ.*adj*.狂热的,入迷的:She's ~ about keeping fit. 她如痴如醉地注重健美。

fan·cy [ˈfænsɪ] Ⅰ.(fancies[-z]) *n*.❶Ⓤ©想象(力);空想,幻想:the novelist's ~ 小说家的想象力 ❷Ⓤ一时的念头,(毫无根据的)想象:I have a ~ that he will be late. 我感觉他要迟到。❸Ⓤ嗜好,爱好:I have a ~ for reading.我喜欢读书。Ⅱ.(fancier;fanciest) *adj*.❶装饰的,精心设计的,花哨的:That's a very ~ pair of shoes! 那是一双非常别致的鞋!❷空想的,幻想的:a ~ idea 奇异的想法 ❸(商品)高级的,精选的:~ vegetables 精选的蔬菜 ❹(价格)过高的:~ prices 高昂的价格 ❺(动、植物)品种珍奇的:~ dogs 品种珍奇的狗 Ⅲ.(fancies[-z];fancied) *vt*.❶想象,假想,空想:I can't ~ his doing such a thing.我想不到他会做出这种事。❷认为,猜想:I ~ that he won't come. 我想他不会来。❸([近]like)喜欢;希望得到(某事物),想要:I don't ~ this place at all.这地方我一点儿也不喜欢。

fan·tas·tic [fænˈtæstɪk] *adj*.❶[口]极好的,很棒的:She's a ~ swimmer. 她游泳游得非常好。❷(大小、数量等)巨大的,异常的,惊人的:Their wedding cost a ~ amount of money.他们的婚礼费了很大一笔钱。❸荒诞的;怪异的,奇怪的:~ dream 荒诞的梦 ❹(想法、计划等)空想的,不实际的,荒唐的:~ schemes 不切实际的计划

fan·ta·sy [ˈfæntəsɪ] (fantasies[-z]) *n*.❶Ⓤ空想,幻想,狂想:live in a ~ world 生活在幻想世界中 ❷©空想的产物;幻想的文学作品 ❸©【音】幻想曲

far [fɑː(r)] (farther [ˈfɑːðə]; farthest [ˈfɑːɪst] 或 further [ˈfɜːðə]; furthest [ˈfɜːðɪst]) Ⅰ.*adv*.❶([近]near)(表示距离)远,遥远地,往远处:How ~ have we walked? 我们走了多远了? ❷(表示时间)久远:I often read ~ into the night. 我经常读书到深夜。❸(修饰形容词、副词短语及其比较级、最高级,表示程度)远:He's fallen ~ behind in his work.他的工作远远没有做完。Ⅱ.*adj*.❶(时间、距离上)远的,远方的:a ~ country 远方的国家 ❷(二者中)较远的;那一

边的:at the ~ end of the street 在街的那一头

farce [fɑːs] (~s[ˈ-ɪz]) *n*.❶Ⓤ©笑剧,滑稽戏,闹剧:I prefer ~ to tragedy. 我喜欢笑剧,而不喜欢悲剧。❷©可笑的行为,滑稽荒唐的事情

fare [feə(r)] Ⅰ.(~s[-z]) *n*.❶©(交通工具的)票价,车费:What is the bus ~ to New York? 至纽约的公共汽车费是多少? ❷©(出租车等的)乘客 ❸Ⓤ伙食;饮食:fine(simple, wholesome)~ 很好的(简单的、有益健康的)饮食 Ⅱ.(~s[-z];faring [ˈ-rɪŋ]) *vi*.❶过日子,生活:How did you ~ while you were abroad?你在国外时过得好吗(生活如何)? ❷(以 it 为主语,与 well,ill 等副词连用)(事情)进展:It has ~d well(或 ill) with him. 他走运(或倒霉)了。

fare·well [ˈfeəˈwel] Ⅰ.*int*.再会! 再见!(比 good bye 正式的说法):Farewell until we meet again! 下次再见! Ⅱ.(~s[-z]) *n*.Ⓤ辞别,告别;[作定语]辞别的,送别的:make one's last ~s 做最后的告别

farm [fɑːm] Ⅰ.(~s[-z]) *n*.©❶农场,农庄:We've lived on this ~ for twenty years. 我们已在这个农场住了 20 年了。❷饲养场,养殖场:a pig (chicken)-~ 养猪(鸡)场 ❸农家 ❹(棒球)(隶属于大联盟球队的)小联盟球队 Ⅱ.(~s[-z]) *vi*.耕作土地;经营农场:He is ~*ing* in hometown.他在家乡务农。*vt*.耕作,耕种:She ~s 10 acres. 她耕种 10 英亩土地。

farm·er [ˈfɑːmə(r)] (~s[-z]) *n*.©农场主;农夫,农民

far-see·ing [ˈfɑːˈsiːɪŋ] *adj*.有先见之明的;目光远的

far·ther [ˈfɑːðə(r)] [far 的比较级] Ⅰ.*adv*.❶(时间、距离)更远地,更前面地:We can't go any ~ without resting.我们要是不休息就再也走不动了。❷[常用 further](程度上)更进一步地:They inquired ~ into the problem.他们进一步地调查那个问题。Ⅱ.*adj*.❶(距离、时间)更远的;(两者之中)较远的:The cinema was ~ down the road than I thought.电影院在路的另一端,比我原来想的还远。❷[常用 further](程度上)进一步的,更远的

far·thest [ˈfɑːðɪst] [far 的最高级形式之一] Ⅰ.*adj*.最远的:Go to the ~ house in the village and I'll meet you there. 到村上最远的那座房子那儿去,我在那里与你见面。Ⅱ.*adv*.最远地:It's ten miles away at the ~. 最远不超过十英里。

fas·ci·nate [ˈfæsɪneɪt] (~d[-ɪd];fascinating) *vt.* ❶使着迷,使神魂颠倒: The girl's beauty and cleverness ~d him. 那女孩的美貌和风采使他神魂颠倒。❷被吓呆,慑住…使动弹不得: That boy was ~d by the snake. 那男孩被蛇吓呆了。

fas·ci·na·ting [ˈfæsɪneɪtɪŋ] *adj.* 迷人的,使人神魂颠倒的;极美的

fas·ci·na·tion [ˌfæsɪˈneɪʃən] (~s[-z]) *n.* ❶Ⓤ魅力,诱惑力;迷恋,陶醉的样子 ❷Ⓒ有魅力的东西

fas·cism [ˈfæʃɪzəm] *n.* Ⓤ[常用 F-]法西斯主义,独裁主义

fash·ion [ˈfæʃən] (~s[-z]) *n.* ❶([近]vogue)Ⓤ Ⓒ流行,时髦;时尚;(尤指女性的)流行服饰: Short skirts are in ~. 现在流行短裙子。❷Ⓤ Ⓒ款式,式样;方式,样子: He speaks in a peculiar ~. 他说话的样子很怪。Ⅱ. *vt.* (用材料)制成,使成形

fash·ion·a·ble [ˈfæʃənəbl] *adj.* ❶流行的,时尚的;时髦的:~ clothes 时髦的服装 ❷上流社会的;高级的

fash·ion·a·bly [ˈfæʃənəblɪ] *adv.* 时髦地

fast[1] [fɑːst] Ⅰ. (~ed[-ɪd]) *vi.* (尤指因宗教上的理由)禁食,绝食;斋戒 Ⅱ. *n.* Ⓤ Ⓒ禁食(期),斋戒(期): a ~ of two days 禁食两日/break one's ~ 开斋,开戒

fast[2] [fɑːst] Ⅰ. *adj.* ❶([反]slow)快速的,迅速的;敏捷的: He is ~ in reading. 他读得很快。❷(钟表)走得快的,快的: That clock's ten minutes ~. 那钟快了10分钟。❸高速度的;(软片)高感光度的: a ~ road 快速车道 ❹([近]firm)([反]loose)牢固的,稳固的: The post is ~ in the ground. 那柱子牢牢地埋在地里。❺可靠的,忠实的,忠心的: a ~ friend(friendship)忠实的朋友(牢不可破的友谊) ❻(颜色)不褪色的: If the colours are ~, you can wash the shirt in hot water. 如果不褪色,衬衣可以用热水洗。Ⅱ. *adv.* ❶([近]quickly)快,快速地;匆忙地: Can't you run any ~er than that? 你不能跑得再快点儿吗? ❷接连不断地,快速不断地: His tears fell ~. 他的眼泪流个不停。❸([近]firmly)牢固地,稳固地;紧紧地: The door was ~ shut. 门紧闭着。❹([近]sound)酣畅地;熟睡地: be ~ asleep 酣睡

fas·ten [ˈfɑːsn] (~s[-z])([近]fix firmly)([反]unfasten) *vt.* ❶([近]fix firmly)把…系牢,扣住,捆绑;束紧(up;together): *Fasten* your coat. 把你的大衣系紧。❷(眼睛)注视,盯住;集中注意力(于…): The boy ~ed his eyes on the toys. 那

孩子眼睛盯着玩具。❸把(讨厌的事物)推给(某人),加(罪);取(绰号): He was looking for someone to blame and ~ed on me. 他正在找替罪人,于是便推到我身上。*vi.* ❶(门等)关紧;闩住: The door ~s with a latch. 这门是用撞锁锁住的。❷抓住(某事物),盯住: ~ on an idea 坚持某种想法

fas·ten·er [ˈfɑːsənə] (~s[-z]) *n.* Ⓒ紧固物;(衣服等的)扣件(如扣子、按钮、拉链、夹子等)

fat [fæt] Ⅰ. (fatter;fattest) *adj.* ❶([反]lean,thin)肥胖的,丰满的: Laugh and be(或grow) ~. [谚]心宽体胖;福临笑家门。❷脂肪多的,肥的:~ meat 肥肉 ❸厚实的,塞满的: a ~ wallet 装满钞票的钱包 ❹丰富的;(土地)肥沃的;收获多的:~ lands 肥沃的土地 ❺收益多的,丰厚的,赚钱的: a ~ incomes 优厚的收入 Ⅱ. *n.* Ⓤ Ⓒ❶脂肪,油脂,肥肉: This ham has too much ~ on it. 这火腿肥肉太多。❷肥胖

fa·tal [ˈfeɪtl] *adj.* ❶致命的,生死攸关的: a ~ accident 致命的事故 ❷决定性的,命中注定的: the ~ hour 决定性的时刻 ❸无可挽回的,毁灭性的;不幸的

fa·tal·i·ty [fəˈtælətɪ] (fatalities[-z]) *n.* ❶Ⓒ(因意外事故导致的)死亡,死者(人数);(造成死亡的)事故,惨剧;灾祸: There have been ten swimming *fatalities*. 今年夏季已有10人游泳溺水身亡。❷Ⓤ(疾病等)致命(性),不治(症): the ~ of certain diseases 某些疾病的致命性 ❸Ⓤ Ⓒ[常用 a ~]宿命,命运

fate [feɪt] *n.* ❶Ⓤ Ⓒ命运,宿命;定数: I am resigned to my ~. 我听天由命。❷Ⓒ不幸的命运,毁灭;死亡: He met his ~ bravely. 他死得很英勇。❸[the F-](希腊、罗马神话中)命运三女神

fate·ful [ˈfeɪtfʊl] *adj.* ❶决定命运的,决定性的,重大的:~ events(decision)决定性的事件(重大的决定) ❷预言性的 ❸致命的

fa·ther [ˈfɑːðə(r)] Ⅰ. (~s[-z]) *n.* ❶Ⓒ父亲,爸爸(称自己父亲时,常用 Father 即不加冠词,而以大写字母开头;口语则用 dad,daddy,papa,pa等): That baby looks just like her ~! 那婴儿真像她父亲! ❷Ⓒ[常用复数]祖先,祖宗;前辈: the land of our ~s 我们祖先的土地 ❸Ⓒ创始人,鼻祖,开山祖师: the Pilgrim *Fathers* 美国的开国先驱 ❹Ⓒ(县市议会、乡村代表会等的)长老;city ~s 城市中德高望重的元老 ❺Ⓒ(天主教)神父(作称呼用,亦常置于姓氏前作头衔用): Good morning, *Father*. 神父早。❻[the Father,Our Father]圣父,上帝 Ⅱ. (~s[-z];~ing

[-rɪŋ]）vt. ❶做…的父亲；(作为父亲)生育
(子女)：~ a child(作为父亲)生个孩子 ❷创
始,创立(计划等)：~ a plan 最先提出一项计划

fa·ther·ly [ˈfɑːðəlɪ] adj. 像父亲的,慈祥的;
作为父亲的：~ advice 慈父般的忠告

fa·tigue [fəˈtiːg]（~s[-z]）n. ❶Ⓤ(身
心的)疲劳,疲倦：We were all suffering from
~ at the end of our journey. 我们到旅程终
点时全都累垮了。❷Ⓒ辛苦的工作,劳苦 ❸Ⓒ
(军队中打扫、饮食等的)杂务,劳役：Instead
of training the men were put on ~s.那些士
兵没有接受训练,而是派去做杂务。❹Ⓤ【机】
(金属材料等的)疲劳：The aeroplane wing
showed signs of metal ~.机翼显出有金属疲
劳的现象。❺[用复数]工作服 Ⅱ.（~s[-z]；
fatiguing）vt. 使(人、金属等)疲劳：feeling
~d 感到疲劳 vi.疲劳

fault [fɔːlt] Ⅰ. n. ❶([近]defect)Ⓒ(性格
上的)缺点,毛病；缺陷：I like him despite his
~s.虽然他有种种缺点,但我仍然喜欢他。❷
([近]mistake)Ⓒ错误；过失,过错：There are
a lot of ~s in your paper. 你的答卷上有许多
错误。❸Ⓤ责任,咎：It is my ~ that we are
late.我们迟到的责任在我。❹Ⓒ【地】断层 ❺
Ⓒ(网球等的)发球失误 Ⅱ.（~ed[-ɪd]）vt.
[常用否定句]对…挑毛病；挑剔：No one
could ~ his performance.他的演出无可挑
剔。vi.出差错；【地】(岩石)产生断层

fault·less [ˈfɔːltlɪs] [无比较级] adj.无缺
点的,无可挑剔的

fault·y [ˈfɔːltɪ]（faultier；faultiest）adj. 有
缺点的,有过失的,不完美的：a ~ switch 有毛
病的开关/a ~ argument 有错误的论据

*fa·vo(u)r** [ˈfeɪvə(r)] Ⅰ.（~s[-z]）n.
❶Ⓒ善行,恩惠：May I ask a ~ of you? 请您
帮个忙好吗? ❷Ⓤ喜欢,欢心,好感；赞同,支
持：win sb.'s ~ 获得某人的好感 ❸Ⓤ偏爱,
偏袒：He obtained his position more by ~
than by merit or ability. 他因得宠而获此地
位,并非有何特长或本事。❹Ⓒ(显示善意而
送的)赠品,纪念品 ❺Ⓒ(附赠给参加者、会员
的)徽章；会员章：Everyone at the rally wore
red ribbons as ~s.参加集会的人都系着红丝
带作为支持大会的标记。Ⅱ.（~s[-z]；~ing
[-rɪŋ]）vt. ❶喜爱；支持,赞同：Of the two
possible plans I ~ the first. 在这两种可行方
案中我赞成前者。❷偏爱,偏袒：She always
~s her youngest child. 她总是偏爱她最小的
孩子。❸施予(某人)恩惠：I should be grate-
ful if you would ~ me with an early reply.
若蒙早日赐复,则不胜感激。❹(气候、情况
等)有利于,有助于：The wind ~d their sail-

ing at dawn.这风便于他们在黎明时航行。❺
[口](容貌)像(父母亲)

fa·vo(u)r·able [ˈfeɪvərəbl]（[反]unfavo(u)-
rable）adj. ❶赞同的；称赞的：Is he ~ to the
proposal? 他支持这项建议吗? ❷顺利的,有
利的；适合的：~ winds 顺风 ❸善意的,讨人
喜欢的：We formed a very ~ impression of
her. 我们对她印象极好。

*fa·vo(u)r·ite** [ˈfeɪvərɪt] Ⅰ. adj. 心爱
的,最喜爱的：Who is your ~ singer? 你最喜
欢哪位歌手? Ⅱ. n. ❶Ⓒ心爱的人(或物),受
宠的人,亲信：He is a ~ with his teacher. 他
的老师特别喜欢他。❷[the ~](竞赛中)被认
为会获胜的马、竞争者等

*fear** [fɪə(r)] Ⅰ.（~s[-z]）n. ❶Ⓤ恐惧,
害怕：unable to speak from ~ 吓得说不出话
来 ❷Ⓤ Ⓒ 不安,提心：The doctor's report
confirmed our worst ~s. 医生的报告证实了
我们最为担心的事。❸Ⓤ(对神等的)敬畏 Ⅱ.
（~s[-z]；~ing[-rɪŋ]）vt. ❶恐惧,害怕：~
death 怕死 ❷担心,忧虑：I ~（that）he is
going to die.我担心他快死了。❸对(神)等敬
畏,崇拜：~ God 敬畏上帝 vi. ❶害怕,恐惧：
She ~ed to speak in his presence. 她怕在他
的面前说话。❷担心,忧虑：I ~ for her safe-
ty in this weather. 在这种天气里我很担心她
的安全。

fear·ful [ˈfɪəful] adj. ❶可怕的,令人毛骨
悚然的：a ~ railway accident 火车失事惨剧
❷害怕的,担心的：~ of waking the baby 生
怕把孩子吵醒 ❸[口](指坏事)严重的,非常
的：What a ~mess! 简直是一塌糊涂!

*fear·less** [ˈfɪəlɪs] adj. 无畏的,勇敢的,不
怕的：~ of the consequences 不计后果的

fear·some [ˈfɪəsəm] adj.(面孔等)可怕的,
可怖的：The battlefield was a ~ sight. 这战
场的情景触目惊心。

fea·si·ble [ˈfiːzəbl] adj. ❶可行的,行得通
的；可能的：It is not ~ to follow your pro-
posals. 按照你的计划去做是行不通的。❷
[口]可能有的,似真的 ❸可利用的,合适的,
适宜的

feast [fiːst] Ⅰ. n.Ⓤ❶([近]banquet)盛宴,
宴会：He made a speech at the wedding ~.
他在婚宴上讲了话。❷[喻](感官等方面的)
享受,赏心乐事：a ~ of colours（sounds）赏心
悦目的颜色(悦耳动听的声音) ❸(宗教上的)
祭日,节日：the ~ of Christmas 圣诞佳节 Ⅱ.
（~ed[-ɪd]）vt. ❶宴请(某人),款待：I ~ed
my friends on my birthday. 我过生日时宴请
了朋友们。❷使(感官)享受,使悦目：She ~ed
her eyes on the beauty of the valley. 她饱览

了那山谷的美景。*vi*. 尽情地吃;参加宴会:
They celebrated by ~*ing* all day. 他们整天
大吃大喝地庆祝。

feat [fi:t] *n*. C ❶(勇敢的)功勋,功绩 ❷技
艺,武艺,伟业

feath·er ['feðə(r)] I. (~s[-z]) *n*. ❶C
(鸟类的)羽,羽毛:as light as a ~ 轻如鸿毛,
很轻 ❷U(猎)鸟类 II. (~s[-z];~ing
[-rɪŋ]) *vt*. ❶为(帽子)装羽饰;在(箭)上装箭
翎:~ an arrow 给箭装上羽 ❷使(船桨)与水
面平行

feath·er·y ['feðəri] *adj*. ❶长有羽毛的,被
羽毛覆盖的 ❷像羽毛似的,轻薄的

fea·ture ['fi:tʃə] I. *n*. ❶C特
征,特色:an interesting ~ of city life 城市生
活的一个有趣特点 ❷C(眼、鼻、口等)脸部的
一部分:His eyes are his most striking ~. 他
面部最突出的部分是那双眼睛。❸[用复数]
面貌,容貌:a woman of striking (delicate)
~s 相貌动人(秀气)的女子 ❹C(报纸、电视
等)特写,特别报道;(上映节目的)主要作
品;长片:This magazine will be running a
special ~ on education next week. 这一杂志
下周要发表一篇关于教育的专题文章。 II.
(~s[-z];featuring) *vt*. ❶给(某人、某物)以
显著地位;由…主演:a film that ~s a new
French actress 由法国新人女星主演的电影
❷以…为特色:Round-the-clock service ~s
this restaurant. 日夜服务是这家餐厅的特色。
vi.(在…)起重要作用,引人注目

fea·tured ['fi:tʃəd] *adj*. ❶面貌秀丽的 ❷
[构成复合词]有…面貌特征的:well-~ 面貌
端正的

*****Feb·ru·ary** ['februəri] *n*. U二月(略为
Feb.)

fed [fed] feed 的过去式和过去分词

fed·er·al ['fedərəl] I. *adj*. ❶[常用 Fed-
eral]美国联邦政府的,联邦国家的:Switzer-
land is a ~ state. 瑞士是联邦国家。❷联邦
制的:~ unity 联邦制的统一 ❸[F-](美国南
北战争时的)北部联盟的 II. *n*. C[F-](美国
南北战争时的)北部联盟支持者,北军

fed·er·a·tion [ˌfedə'reɪʃən] (~s[-z]) *n*.
❶C联邦政府,联邦制度 ❷C(团体的)联合,
联盟,联合会 ❸C联邦化

fee [fi:] (~s[-z]) *n*. ❶C(付给专业人员的)
酬金,报酬:The doctor's ~ was higher than
we expected. 医生的诊费比我们预期的要高。
❷C入场费,入会费;缴纳款:If you want to
join, there's an entrance ~ of £20. 入会须
缴纳入会费 20 英镑。❸U【律】继承的财产

(尤指土地)

fee·ble ['fi:bl] (~r;~st) *adj*. ❶(身体)虚
弱的,衰弱的:a ~ old man 衰弱的老人 ❷(声
音、气力)微弱的,无力的:a ~ cry 微弱的喊
声 ❸(性格)懦弱的;(智力)低能的

*****feed** [fi:d] I. (~s[-z];fed[fed]) *vt*. ❶
给…喂食物,喂养:The baby can't ~ itself
yet. 这婴儿还不会自己吃东西。❷扶养(家庭
等);饲养(动物):She has a large family to
~. 她要养活一大家子人。❸用…当饲料:~
oats to horses 用燕麦喂马 ❹提供…,供给:
The moving belt ~s raw material into the
machine. 传送带向机器输送原料(把原料输入
机器中)。❺使满足;悦(目),悦(耳):~
one's eyes on a beautiful scene 欣赏美景 *vi*.
(动物)吃,饲养;(人)吃饭:Have you *fed*
yet? 你吃过饭没有? II. *n*. ❶U饵食,饲料:
There isn't enough ~ left for the hens. 母鸡
的饲料不够了。❷C一顿,进食(通常指给动
物或婴儿):When is the baby's next ~? 这
孩子下顿什么时候喂? ❸C[口]吃饭(仅用于
戏剧) ❹C[口]供给口(指输给机器燃料、原
料等的管子) ❺U(输进的)燃料、原料等

feed·er ['fi:də(r)] (~s[-z]) *n*. C❶进食或
吸收养料者(指动、植物) ❷给食者,饲养者 ❸
(河流的)支流;(铁路、航空线等的)支线 ❹机
器的进料装置;加油器 ❺[英]围嘴;奶瓶

feed·ing ['fi:dɪŋ] I. *adj*. ❶给食的,饲用
的 ❷【机】进食的;进料的 II. *n*. U❶给食;
喂 ❷进料,加料 ❸收场

*****feel** [fi:l] I. (~s[-z];felt[felt]) *vt*. ❶
感觉到,觉得;感知,体验到(身体上或情绪上
的情况):Can you ~ the tension in this
room? 你能觉察出这房间里的紧张气氛吗?
❷(用手)触摸;摸,触:Can you ~ the bump
on my head? 你能摸到我头上的肿块吗? ❸
认为,感觉为…:He *felt* that the plan was
unwise. 他认为该计划不当。*vi*. ❶([近]be)
感觉,觉得:You'll ~ better after a good
night's sleep. 你好好睡上一觉就会好些。❷
(用手等)摸索,探索,寻找:She *felt* along the
wall for the door. 她沿着墙摸索着找门。❸
(东西摸起来)感觉为:This wallet ~s to me
like leather. 我觉得这钱包像是皮的。❹有知
觉,有感觉:The dead cannot ~. 死人没有知
觉。❺(对…)同情,同感(for):I really ~s
for her. 我从心底同情她。II. *n*. ❶[a ~,
the ~]触觉,触感;[口]触摸:You can tell
it's silk by the ~. 你摸摸就知道是绸缎。❷
[a ~, the ~]感觉,感受:She loved the ~
of the sun on her skin. 她喜欢太阳射在皮肤
上的感觉。

feel·ing ['fi:lɪŋ] **I**. (~s[-z]) *n*. ❶Ⓤ感觉，知觉：I've lost all ~ in my legs. 我的双腿完全失去了知觉。❷Ⓤ[常用 a ~]感觉，意识：a ~ of hunger 饥饿的感觉 ❸ⓊⒸ（笼统的）想法；意见；预感：My own ~ is that we should buy it. 我个人的看法是我们应该把它买下来。❹[用复数]感情，情感：You've hurt my ~s. 你伤了我的感情。❺Ⓤ（对于…的）同情，体谅：You have no ~ for the sufferings of others. 你对别人的痛苦漠不关心。❻Ⓤ气愤，反感，敌意：She speaks with ~ about the high rate of unemployment. 她针对失业率之高慨陈词。❼ⓊⒸ感受力，鉴赏力：He plays piano with great ~. 他演奏钢琴时表现出极强的感受力。**II**. *adj*. 有同情心的，多感情的：She is a very ~ person. 她很有同情心。

feet [fi:t] foot 的复数形式

fe·lic·i·ty [fɪ'lɪsətɪ] (felicities[-z]) *n*. ❶Ⓤ非常的幸福；福气 ❷ⓊⒸ（表现的）得体，巧妙；适当的表达，恰当的词句

fell¹ [fel] fall 的过去式

fell² [fel] (~s[-z]) *vt*. ❶砍伐(树木) ❷击倒，打倒(某人)：He ~ed his enemy with a single blow. 他一拳就把敌人打倒了。

fel·low ['feləʊ] (~s[-z]) *n*. Ⓒ❶([近] boy, chap, guy)[口]男人，家伙，老兄：He's a nice ~. 他是个很好的人。❷([近] companion)[常用复数](利害与共的)同伴；同事；同辈：~s in misery 共患难的人 ❸一对中之一：Here's one of my shoes, but where is its ~? 我的一只鞋在这里，另一只在哪儿呢？❹[口](泛指)人(也用于说话者自称)：A ~ must sleep. 凡是人都需要睡眠。❺[美]领取奖学金的研究生；[英](大学的)评议员，特别研究员 ❻(学会的)特别成员

fel·low·ship ['feləʊʃɪp] *n*. ❶Ⓤ友情，交情：~ in misfortune 患难之交 ❷ⒸⓊ团体，协会；(团体的)会员资格：admitted to ~ 获准入会 ❸Ⓒ[美](给予研究生、特别研究员等的)特别奖学金；接受特别奖学金地位 ❹Ⓤ[英](大学的)特别研究员、评议员的地位

fe·male ['fi:meɪl] **I**. [无比较等级] *adj*. ❶女的，女性的：~ suffrage 妇女选举权 ❷(动、植物)雌的，雌性的：a ~ dog 母狗 ❸【机】(螺丝、插座的)阴的，凹的 **II**. (~s[-z]) *n*. ❶Ⓒ[主要为学术、统计用语][蔑]女性 ❷Ⓒ(动、植物)的雌性

fem·i·nine ['femɪnɪn] *adj*. ❶女性的；女人似的；(男人)娘娘腔的：a ~ voice (figure, appearance)女性的嗓音(体形、容貌) ❷【语】

阴性的

fen [fen] (~s[-z]) *n*. ❶Ⓒ[常用复数]沼地，沼泽地；潮湿地带 ❷[the ~]英国英格兰东部的沼泽地区

fence [fens] **I**. (~s['-ɪz]) *n*. Ⓒ❶(庭院、田地等的)围墙，栅栏，篱笆；砖墙 ❷买卖赃物者 **II**. (~s['-ɪz]；~d[-t]；fencing) *vt*. 把…用栅栏等围起来；防护：Farmers ~d their fields. 农民用篱笆把田地围起。 *vi*. ❶躲避(质问等)：Stop *fencing* with me — answer my question! 别躲躲闪闪——回答我的问题！❷击剑

fenc·er ['fensə] (~s[-z]) *n*. Ⓒ击剑选手，剑客

fenc·ing ['fensɪŋ] *n*. Ⓤ❶击剑，剑术 ❷[集合用法]栅栏，围栅，围墙；栅栏的材料

fer·ment **I**. ['fɜ:ment] *n*. ❶Ⓒ酵母，酵素；Ⓤ发酵 ❷Ⓤ[亦用 a~](政治、社会的)动乱，骚动 **II**. [fə'ment] (~ed['-ɪd]) *vi*. ❶发酵：Fruit juices ~ if they are kept a long time. 果汁放置日久会发酵。❷骚动 *vt*. ❶使发酵 ❷引起(动乱)，使骚动：~ trouble among the workers 在工人中引起骚动

fe·ro·cious [fə'rəʊʃəs] *adj*. ❶凶猛的；残忍的，恐怖的：a ~ beast 猛兽 ❷[口]猛烈的，非常的，惊人的：a ~ campaign against us in the press 新闻界对我们的猛烈抨击

fer·rous ['ferəs] *adj*.【化】铁的；含铁的

fer·ry ['ferɪ] **I**. (ferries[-z]) *n*. Ⓒ❶渡船：travel by ~ 乘渡船 ❷渡口：We waited at the ~ for two hours. 我们在渡口等了两个小时。**II**. (ferried) *vt*. & *vi*. 以船渡河；摆渡：Can you ~ us across? 你能渡我们过去吗？

fer·tile ['fɜ:taɪl] *adj*. ([反]barren, sterile) ❶(土地)肥沃的，多产的，富饶的：This plain is extremely ~. 这块平原极其肥沃。❷(动、植物)多产的，有繁殖力的，有生殖力的 ❸(人、心)富于创造力的：have a ~ imagination 有丰富的想象力

fer·til·i·ty [fɜ:'tɪlətɪ] *n*. Ⓤ❶(土地的)肥沃：the ~ of the soil 土壤的肥沃 ❷(动、植物的)多产；繁殖力强 ❸(创造力等的)丰富：great ~ of mind 丰富的智慧

fer·ti·li·za·tion, -sa·tion [ˌfɜ:tɪlaɪ'zeɪʃən] *n*. Ⓤ❶施肥 ❷【生】受精，受胎，受粉

fer·ti·lize, -ise ['fɜ:tɪlaɪz] (~s[-ɪz]；fertilizing) *vt*. ❶使(土地)肥沃，施肥于：~ the garden with manure 给花园施肥 ❷【生】使…受精(受胎，受粉)

fer·ti·liz·er, -is·er ['fɜ:tɪlaɪzə(r)] (~s[-z]) *n*. ⓊⒸ肥料，化肥

fes·ti·val [ˈfestɪvl] Ⅰ. (~s[-z]) n. ⓤ ⓒ ❶节日,喜庆日: the Spring *Festival* 春节 ❷(定期举办的)文化性活动;会演: the Edinburgh *Festival* 爱丁堡艺术会演 Ⅱ. adj. 节日的,喜庆的: a ~ atmosphere 节日的气氛

fetch [fetʃ] (~es[ˈ-ɪz]; ~ed[-t]) vt. ❶([近]go and bring back)拿来,取来;请来: *Fetch* a doctor at once. 快去请医生来。❷[口]卖得(某价钱),售得: Those old books won't ~ (you) a good price. 这些旧书卖不了好价钱。❸[口]给(某人)一击;给...一拳: She ~ed him a terrific slap in the face. 她狠狠地给了他一记耳光。❹发出(叹息、呻吟等): ~ed a deep sigh 发出深深的叹息 vi. 取来,带来;(猎犬)去拾回猎物: Go ~!(对狗说)叼回来!

fet·ter [ˈfetə(r)] Ⅰ. (~s[-z]) n. ⓒ[常用复数]脚镣,足械;[喻]束缚,约束: The prisoner was kept in ~s. 犯人戴着脚镣。Ⅱ. (~s[-z]; ~ed; ~ing[-rɪŋ]) vt. 给...上脚镣;束缚: I hate being ~ed by petty rules and regulations. 我讨厌受清规戒律的束缚。

fe·ver [ˈfiːvə(r)] n. ❶ⓤ[亦用 a ~]发烧,发热: He has a high ~. 他发高烧。❷ⓤ热病: typhoid ~ 伤寒 ❸[a ~]兴奋,激动: He waited for her arrival in a ~ of impatience. 他激动不安地等待她的到来。

fe·ver·ish [ˈfiːvərɪʃ] adj. ❶发热的,发烧的: The child's body felt ~. 这孩子身上发烧。❷发烧引起的: During her illness, she had ~ dreams. 她生病期间因发烧而做梦。❸狂热的,兴奋的

few [fjuː] Ⅰ. adj. ❶几乎没有,很少: There are very ~ opportunities for promotion. 晋升的机会很少。❷[a ~]少数的,几个: He asked us a ~ questions. 他问了我们几个问题。Ⅱ. n. [用作复数]少数的人们,有限的一部分: I recognized a ~ of the other guests. 在其余的客人中,我认识几位。

fi·bre [ˈfaɪbə(r)] n. [亦作 fiber] ❶ⓒ纤维: a cotton ~ 棉纤维 ❷ⓤ纤维质 ❸ⓤ(人的)素质,品格: a woman of strong moral ~ 道德观念强的女子

fic·tion [ˈfɪkʃən] n. ❶ⓤ小说;创作: works of ~ 小说作品/Truth is often stranger than ~. 事实往往比小说更离奇。❷([反]fact)ⓤⓒ杜撰(的话),虚构(的事)

fic·ti·tious [fɪkˈtɪʃəs] [无比较等级] adj. ❶虚构的,想象的,非真实的: All the places and characters in my novel are entirely ~. 我这篇小说中所有的地点和人物都是虚构的。❷假的,假装的: a ~ name 假名

fiddle [ˈfɪdl] Ⅰ. (~s[-z]) n. ⓒ[口]小提琴 Ⅱ. (~s[-z]; fiddling) vi. ❶拉小提琴;以小提琴演奏: He learned to ~ as a young boy. 他自幼学拉小提琴。❷拨弄,摆弄: She ~d with her watch so much that it broke. 她总胡乱摆弄手表,结果把它弄坏了。❸闲荡(around, about): Stop *fiddling* (about) and do some work. 别再瞎混了,做点儿事吧。❹(在数字、账簿等上)作假,篡改: ~ one's expenses 虚报开支

fid·dler [ˈfɪdlə(r)] (~s[-z]) n. ⓒ[口]小提琴手;(账目等的)弄虚作假者

fidg·et [ˈfɪdʒɪt] Ⅰ. (~ed[-ɪd]) vt. 使坐立不安;使烦躁: What's ~ing you? 什么事使你烦躁不安? vi. 坐立不安;烦躁: Hurry up, your father is beginning to ~. 快点儿,你父亲有些不耐烦了。Ⅱ. n. ❶[the ~s]烦躁,坐立不安,不安定: I always get the ~s during long meetings. 会议开得我都坐不住了。❷ⓒ烦躁不安的人

field [fiːld] Ⅰ. (~s[-z]) n. ⓒ ⓤ ❶田地,牧场(通常用来指未开垦的原野): a fine ~ of wheat 一片好麦田 ❷原野,旷野: an ice ~ 冰原 ❸运动场,场地;(棒球)外场: a baseball ~ 棒球场 ❹(研究、活动等的)范围,领域: in the ~ of art (science, music)在艺术(科学、音乐)领域 ❺[近]battlefield)战场: a ~ of battle 战场 ❻(矿物等的)埋藏地,产地: a coal ~ 煤田 ❼[物](磁力等的)场: a magnetic ~ 磁场 ❽(望远镜等的)视野: one's ~ of vision 视野 ❾野外;实地: technical personnel working in the ~在实地(或野外)进行工作的技术人员 ❿(画、图样等的)底色;底子 ⓫[the ~][集合用法]全体比赛者;全体狩猎者 Ⅱ. (~s[-z]; ~ed[ˈ-ɪd]) vt. ❶(棒球等的)接(球),截(球),守(球): She ~ed the ball. 她把球接住了。❷使(选手、队伍)上场;担任防守: They're ~ing a very strong side this season. 他们本季派出一支很强的球队上场。vi. (棒球等)担任外场员

fierce [fɪəs] (~r; ~st) adj. ❶(人、动物等)凶猛的,残忍的: ~ dogs 恶狗 ❷(暑热、感情等的)强烈的,狂热的: ~ hatred 痛恨

fi·ery [ˈfaɪərɪ] (fierier; fieriest) adj. ❶火的,火焰的;燃烧着的: a ~ sky 火红的天空 ❷(感觉等)暴躁的;激烈的: a ~ temper 暴躁的脾气

fif·teen [ˈfɪfˈtiːn] Ⅰ. n. ❶ⓤ ⓒ(数的)15;15 的数字 ❷[用作复数]15 个,15 个人 ❸ⓤ15 分,15 点,15 岁 ❹ⓒ15 人一组;[英]橄榄球队 ❺ⓤ1 分(网球发球方的得分) Ⅱ.

adj. ❶15 的,15 个的,15 人的 ❷15 岁的

fif·teenth [ˈfifˈtiːnθ] Ⅰ. *adj*. ❶ [常用 the ～]第 15 的,第 15 号的 ❷1/15 的 Ⅱ. *n*. ❶ [常用 the ～]第 15 个(的东西);(一个月里的)第 15 日 ❷Ⓒ1/15

fifth [fifθ] Ⅰ. *adj*. ❶ [常用 the ～]第 5 的,第 5 号的 ❷1/5 的 Ⅱ. *n*.Ⓒ❶ [常用 the ～]第 5 的东西;(每月的)第 5 日 ❷1/5 ❸ [美口]1/5 加仑(瓶)

fif·ti·eth [ˈfiftiɪθ] Ⅰ. *adj*. ❶ [常用 the ～]第 50 的,第 50 号的 ❷1/50 的 Ⅱ. *n*. ❶ [常用 the ～]第 50 ❷Ⓒ1/50

fif·ty [ˈfifti] Ⅰ. (fifties[-z]) *n*. ❶ⓊⒸ(数字的)50;50 的数字 ❷ [用作复数]50 个;50 人 ❸Ⓤ50 人,50 岁 ❹ [the fifties]五十年代,五十几岁:She was born in the *fifties*. 她生于五十年代。Ⅱ. *adj*. ❶50 的,50 个的,50 人的 ❷50 岁的

fig [fig] (～s[-z]) *n*. ❶Ⓒ【植】无花果(桑科的果树或果实) ❷ [a ～] [口]少许,一点儿:I don't care a ～ what others think of me. 我毫不在乎别人对我有什么想法。

fight [fait] Ⅰ. (fought[fɔːt]) *vt*. ❶与…搏斗;打仗,作战:The boxer has *fought* many opponents. 该拳手已与许多对手交锋。❷打(仗);进行(战斗,决斗等):～ a war (duel) 打仗(进行决斗) ❸使(狗等)打架 *vi*. ❶打仗,搏斗;打架:The two dogs were ～*ing* over a bone. 两只狗为一块骨头撕咬。❷战斗;斗争;奋斗 Ⅱ. *n*. ❶Ⓒ打仗,战斗;打架,斗争:the ～ against poverty 与贫困所做的斗争 ❷ⓊⒸ斗志,战斗力:In spite of many defeats, they still had plenty of ～ left in them. 他们尽管多次失败,但仍有很强的战斗力。❸Ⓒ(特指拳击赛的)比赛

fight·er [ˈfaitə(r)] (～s[-z]) *n*.Ⓒ❶战士,斗士:a freedom ～ 自由战士 ❷ [近]fighter plane)战斗机:a jet ～ 喷气式战斗机 ❸Ⓒ(职业)拳击手

fig·ure [ˈfigə] Ⅰ. (～s[-z]) *n*.Ⓒ❶(从 0 到 9 的)数字;(数字的)位,位数:He has an income of six ～s. 他有 6 位数字的收入。❷ [用复数]计算,算术:Are you good at ～s? 你的算术好吗? ❸图,图解;图形,图案:The ～ on page 20 shows a map of Africa. 第 20 页的插图是非洲的地图。❹(人的)影;相貌,外形;体型:I saw a ～ approaching in the darkness. 我看见黑暗中有个人影走近。❺人物,大人物:historical ～s 历史人物 ❻画像,塑像,肖像:The central ～ in the painting is the artist's daughter. 画中间的那个人是画家的女儿。❼ [与修饰词连用]价格:sell sth. at a low ～ 以低价出售某物 Ⅱ. (～s[-z]; figuring [-riŋ]) *vt*. ❶认为,估计:It's what I ～*d*. 我是这样认为的。❷(在心里)想象;描绘:～sth. to oneself 想象某事物 *vi*. (作为某人物)出现;扮演角色;露头角,引人注目:She ～*d* conspicuously in the public debate on the issue. 她在该问题的公开辩论中很引人注目。

fig·ured [ˈfigəd] [无比较等级] *adj*. 有花纹的;带图案的;图解的

fig·ure·head [ˈfigəhed] (～s[-z]) *n*.Ⓒ❶船头像(附在帆船船头的雕像) ❷名义上的领袖,傀儡

fil·a·ment [ˈfiləmənt] *n*.Ⓒ❶(极细的)纤维;细线 ❷(电灯泡的)灯丝,白炽丝

file¹ [fail] Ⅰ. (～s[-z]) *n*.Ⓒ❶(整理保存文件,信函等的)文件夹;公文箱:I need another ～ for my letters. 我还需要一个存放信件的夹子。❷档案,卷宗;(计算机)文件:I can't access the ～ on your company because I've forgotten the code. 我无法取出贵公司的文件,因为我把代码忘了。Ⅱ. (～s[-z]; filing) *vt*. ❶将(文件等)合订;归档,分类整理(away):～ (away) letters in a drawer 把信件归档放入抽屉中 ❷提出(申请等),提交:～ an application for divorce 提交离婚申请书

file² [fail] Ⅰ. (～s[-z]) *n*.Ⓒ❶锉刀 ❷狡猾的人:a close ～ 吝啬鬼 Ⅱ. (～s[-z]; filing) *vt*. 用锉刀锉,用锉切削:～ an iron bar in two 把铁棒锉成两截

fill [fil] Ⅰ. (～s[-z]) *vt*. ❶([反]empty)使充满,装满,填满:Please ～ this glass for me. 请把这个杯子给我斟满。❷(以感情)充满(人,心等):I am ～*ed* with admiration for your bravery. 我由衷钦佩你英勇绝伦。❸(人,物等)填上(场所);用…填塞(洞穴);填补(牙齿);消磨,打发(时间):A dentist often has to ～ teeth. 牙科医生常常给患者补牙。❹任(职位);派人担任:She ～s the post satisfactorily. 她非常尽职。❺满足(需要,要求等):～ an urgent need 满足急需 *vi*. 充满,充塞:The hall soon ～*ed*. 大厅不久就满了。Ⅱ. (～s[-z]) *n*.Ⓒ❶ [用 one's ～]吃饱(或喝足)的量:No more coffee, thank you, I've had my ～. 谢谢你,不要再添咖啡了,我已经喝足了。❷满量,堆满的量:a ～ of tobacco 一烟斗的烟丝

fill·ing [ˈfiliŋ] (～s[-z]) *n*. ❶Ⓒ(牙齿的)填充物,填塞物:I had to have two ～s at the dentist's today. 我今天要请牙医给我补两颗

牙。❷ⓒ馅:a sponge cake with jam ～ 果酱馅饼 ❸Ⓤ装满

film [fɪlm] **I**．(～s[-z]) **n**．❶Ⓤ ⓒ(摄影的)底片,胶卷:put a new ～ in one's camera 在照相机里装上新胶卷 ❷[近]movie)ⓒ影片,电影:What's your favourite ～? 你最喜欢哪部影片? ❸Ⓤ[常用 a ～]薄膜,薄层:a ～ of dust 一层灰尘 **II**．(～s[-z]) **vt**．❶拍摄,把…拍成电影:They're ～ing a new comedy. 他们正在拍摄一部新的喜剧片。❷给…覆上一层薄膜:Thin ice ～ed the lake. 湖上结了一层薄冰。**vi**．❶拍摄电影:They've been ～ing for six months. 他们拍电影已经半年了。❷拍成电影;适于拍照:She ～s well. 她很上相。❸覆盖上一薄层;变得朦胧

fil·ter ['fɪltə(r)] **I**．(～s[-z]) **n**．ⓒ❶过滤器,过滤装置;(布、纸、木炭等的)过滤用材料 ❷【物】(摄影的)滤色镜;滤光镜:I took this picture with a red ～. 这张照片我是用红色滤光镜拍摄的。**II**．(～s[-z];～ing [-rɪŋ]) **vt**．过滤,滤除:It won't take long to ～ the coffee. 用不了多少时间就可以把咖啡过滤好。**vi**．滤过,(光等)透过;(思想等)渗透;(谣言)泄漏

filth [fɪlθ] **n**．Ⓤ❶污物,污秽:Look at the ～ on your shirt! 看你衬衫上的脏东西! ❷猥亵(下流)的话、文学、杂志等

fin [fɪn] (～s[-z]) **n**．ⓒ❶(鱼的)鳍 ❷鳍状物;(潜水用的)鸭脚板;(飞机的)垂直安定翼;(潜水艇等的)水平舵

fi·nal ['faɪnl] **I**．[无比较等级] **adj**．❶([近]last)最末的,最后的:the ～ page of a book 书的最后一页 ❷决定性的;最终的:The judge's ruling is ～. 法官的判决是不可改变的。**II**．(～s[-z]) **n**．ⓒ❶[常用复数]决赛:the football ～s 足球决赛 ❷[常用复数](大学等的)期末考试,毕业考试:take one's ～s 参加大学毕业考试 ❸[口](当天报纸的)末版:late night ～ 晚间最后版

fi·nal·ize, -ise ['faɪnəlaɪz] (～s[-ɪz]; finalizing) **vt**．使完成,使结束;对…做最后决定:～ one's plans(arrangements) 把计划(安排)确定下来

fi·nal·ly ['faɪnəlɪ] **adv**．❶最终,终于,最后:After a long delay, the performance ～ started. 演出拖延很久,最后总算开始了。❷完全地,决定性地:We must settle this matter ～. 我们必须彻底解决这一问题。

fi·nance ['faɪnæns, fɪ'næns] **I**．(～s[-ɪz]) **n**．❶Ⓤ财政,财务,财政学:an expert in ～ 财务专家 ❷[用复数]财政状况;财源,资金:The firm's ～s are sound. 这家公司的财政状

况很可靠。**II**．(～s[-ɪz]; ～d[-t]; financing) **vt.& vi**．提供资金给…;筹措资金:The scheme is partly ～d by a government grant. 此计划有一部分是政府资助的。

fi·nan·cial [faɪ'nænʃəl, fɪ-] **adj**．财政的,金融的:New York is one of the major ～ centres. 纽约是主要的金融中心之一。

fi·nan·cier [f(a)ɪ'nænsɪə(r)] (～s[-z]) **n**．ⓒ财政家;金融家

find [faɪnd] **I**．(～s[-z]; found[faʊnd]) **vt**．❶偶然发现;遇到(人):Look what I've found? 看,我发现了什么? ❷[不可用于进行时]找到,发现(在寻找的东西):Did you ～ the book you lost? 你丢的书找到了吗? ❸找出,查明:Can you ～ out what time the train leaves? 你能查问出火车什么时候开吗? ❹[不可用于进行时](凭经验)知道,明白;感到:We found him(to be)dishonest. 我们认为他不诚实。/I found the beds very comfortable. 我觉得这些床很舒服。❺(在某个场所)发现,存在(分布于):This precious mineral is found in many provinces. 许多省都有这种珍贵的矿物。❻得到(某事物),获得;设法筹措(经费)等:Who will ～ the money to pay for this trip? 谁来筹措旅费? ❼提供,供给;支付:They are found in everything. 他们一切都得到供应。❽(自然地)达到;到达:The arrow found its mark. 箭射中了目标。❾【律】判决,做出裁决:The jury found him guilty. 陪审团裁定他罪名成立。**vi**．裁决,判决:～ for the plaintiff 做出有利于原告的裁决 **II**．(～s[-z]) **n**．ⓒ(矿山等的)发现;(财宝等的)发现物;被发觉有惊人能力的人:Our new gardener was a marvellous ～. 我们找到了一个很出色的花匠。

find·er ['faɪndə(r)] (～s[-z]) **n**．ⓒ❶发现者,拾到者 ❷(照相机、望远镜等的)取景器

find·ing ['faɪndɪŋ] **n**．❶Ⓤⓒ发现;发现物,拾得物 ❷ⓒ[常用复数](委员会等的)调查结果,报告 ❸ⓒ【律】(法官的)判决,(陪审团的)裁决

fine¹ [faɪn] **I**．(～s[-z]) **n**．ⓒ罚金,罚款:Offenders may be liable to a heavy ～. 触犯者罚款很重。**II**．(～s[-z]; fining) **vt**．处以罚金:The court ～d him £500. 法庭罚他 500英镑。

fine² [faɪn] (～r; ～st) **I**．**adj**．❶美好的,美妙的,优秀的;漂亮的:a very ～ performance 非常精彩的表演/a ～ view 美丽的景色 ❷[口]很棒的,好的,好极了的:That's ～! 好极了! /A ～ friend you are! [讽]你真够朋友! ❸([近]clear, fair)(天气)晴朗的,无云

的：It poured all morning，but turned ～ later. 下了一上午的瓢泼大雨，后来才转晴。❹
[无比较等级]［口］精神好的；健康的；心情愉快的："How are you?"" Fine，thanks!""你好吗？""很好，谢谢！"❺优雅的，高尚的；文雅的：She has a ～ taste in clothes. 她的衣着品位高雅。❻细的，纤细的；微细的：～ thread 细线/ ～ powder(dust) 细粉末(微的灰尘) ❼(意义、区别)微妙的；(感觉)敏锐的：You are making very ～ distinctions. 你做的区分非常精细。/a ～ sense of humour 敏锐的幽默感 ❽精巧的，精密的：～ workmanship 精巧的手工 ❾(言语或文字)辞藻华丽的，恭维的，修辞的：His speech was full of ～ words which meant nothing. 他的讲话净是华而不实的辞藻。❿(不掺杂质)纯粹的，纯的：～ gold 纯金 Ⅱ．*adv*．❶［口］很，很好地：That suits me ～. 那对我很合适。❷细微地，精巧地：～ drawn distinctions 细微的差别

fine·ly [ˈfaɪnlɪ] *adv*．❶优雅地，漂亮地，美好地 ❷细致地，精巧地

fine·ness [ˈfaɪnnɪs] *n*．Ⓤ❶优雅，漂亮，优秀；美好 ❷考究；高雅 ❸细致，纤细

˙**fin·ger** [ˈfɪŋɡə(r)] Ⅰ．(～s[-z]) *n*．Ⓒ❶手指(尤指大拇指以外的手指)：There are five ～s on each hand. 每只手有 5 个手指。❷(手套的)指部 ❸指状物；(计时器等的)指针 ❹一指之阔(测量酒容量的单位)：She poured herself two ～s of whisky. 她给自己倒了两指幅的威士忌。Ⅱ．(～s[-z]；～ing [-rɪŋ]) *vt*．❶用指抚弄，触摸：She ～ed the silk to feel its quality. 她摸了摸这块绸料看质量如何。❷用指弹奏(乐器)

fin·i·cal [ˈfɪnɪkl] *adj*．苛求的，过分讲究的；小题大做的

fi·nis [ˈfaɪnɪs] *n*．([近]end) Ⓤ终结，完毕(用在书或电影的结尾)

˙**fin·ish** [ˈfɪnɪʃ] Ⅰ．(～es[-ɪz]；～ed[-t]) *vt*．❶结束，完成：～ one's work 把工作做完/ ～ reading a book 读完一本书 ❷做最后的润饰；给…磨光：put the ～*ing* touches to a works of art 为艺术作品做最后的润饰 ❸吃光；用光：We might as well ～ (up) the cake，there isn't much left. 咱们索性把蛋糕吃完吧，也没剩多少了。❹［口］用完，消灭，耗尽：That bike ride absolutely ～*ed* me (off). 我骑了一路自行车已筋疲力尽了。*vi*．❶结束，终止，停止；做完：Term ～*es* next week. 下周学期结束。/Have you ～*ed* with that book? 那本书你用完了吗？❷(在比赛等中)到达终点，获得名次：She was leading for part of the race，but finally ～*ed* fourth. 她

在比赛中一度领先，但最后得了第四名。Ⅱ．*n*．Ⓤ[只用单数] ❶([近]end)结束；最后阶段，终结：the ～ of a race 赛跑的终点 ❷最后的加工：furniture with a fine ～ 最后工序做得很细的家具

fin·ished [ˈfɪnɪʃt] *adj*．([反]unfinished) ❶完成了的，做完了的；结束了的：the ～ product 制成品/I won't be ～ for another hour. 我还有一个小时才能做完。❷精致完美的；绝顶的 ❸［口］完蛋了的

fin·ite [ˈfaɪnaɪt] [无比较等级] *adj*．([反] infinite) ❶有限的，有限度的：Human knowledge is ～. 人类的认识是有限的 ❷【语】(动词)限定的

˙**fire** [ˈfaɪə(r)] Ⅰ．(～s[-z]) *n*．❶Ⓤ火，火焰：man's discovery of ～ 人类对火的发现 ❷Ⓒ炉火：make a ～ 生火/Warm yourself at the ～. 来烤烤火吧。❸Ⓤ Ⓒ火灾，失火：forest ～ 森林火灾/a ～ in the warehouse 仓库失火 ❹Ⓤ炮火，开炮射击；(言语上的)攻击：The soldiers kept up a steady ～. 士兵们不停地射击。❺Ⓤ热情，激情；兴奋：His speech lacked ～. 他的讲话缺乏热情。❻Ⓒ[英]暖气设备：a gas ～ 煤气暖炉 Ⅱ．(～s[-z]；firing) *vt*．❶放(枪、炮等)；射出(子弹)：He ～*d* several shots (at the target). 他向目标射出了几发子弹。❷点燃，燃烧：～ a haystack 点燃草堆 ❸(对…)猛烈地发出(质问、责难等)：～ insults (questions)at sb. 对某人像连珠炮似的说侮辱的话(提出问题) ❹([近] discharge)([反]hire) ［口］解雇，开除：He was ～*d* for stealing money from the till. 他因从柜台抽屉偷钱而被解雇。❺激发(想象力)；使充满热情：Adventure stories ～*d* his imagination. 冒险小说激发起他的想象力。❻烧制(陶器等)：～ bricks in a kiln 在窑内烧砖瓦 ❼往(暖炉等)加燃料 *vi*．开火，射击："*Fire!*" ordered the captain. "开火！"上尉命令道。

fire·fly [ˈfaɪəflaɪ] (fireflies[-z]) *n*．Ⓒ萤火虫

˙**fire·man** [ˈfaɪəmən] (firemen) *n*．Ⓒ消防员

fire·place [ˈfaɪəpleɪs] (～s[-ɪz]) *n*．Ⓒ壁炉

fire·side [ˈfaɪəsaɪd] *n*．Ⓒ[常用 the ～]炉边；家庭；全家团圆：sitting at the ～ 坐在壁炉旁/[作定语]a ～ chair 炉旁的椅子

fire·work [ˈfaɪəwɜːk] *n*．❶Ⓒ烟火具；[用复数]烟火会 ❷[用复数](怒气等的)爆发，激愤

firm¹ [fɜːm] (～s[-z]) *n*．Ⓒ商号，商店，公司(指两个人以上合资经营的商业机构)：our ～ has made 100 workers redundant 我们公司已裁减 100 名雇员

firm² [fɜːm] **I. *adj.* ❶**([近]solid, strong and hard)([反]infirm)坚硬的，结实的：~ soil 坚硬的土壤/a ~ sofa 结实的沙发 ❷牢固的，稳固的；(动物等)沉稳的：a ~ foothold 稳固的立足点/a ~ handshake 有力的握手 ❸([近]steady, decided)(信念等)坚定的，不变的：a ~ belief in socialism 对社会主义坚定的信念/a ~ decision 不改变的决定 ❹(态度)坚决的，严厉的：Parents must be ~ with their children. 父母对孩子一定要严格。❺(物价、市场情况)稳定的；坚挺的：The pound remained ~ against the dollar, but fell against the yen. 英镑对美元保持稳定，但对日元则疲软。**II. *adv.*** 稳固地；坚定地：hold ~ to one's beliefs 坚持自己的信仰 **III. (~s[-z]) *vi.*** 变结实；变坚定：Exercise will ~ up your muscles. 锻炼身体能使肌肉结实。*vt.* 使牢固；使坚定

fir·ma·ment [ˈfɜːməmənt] *n.* [the ~]天空；苍天

first [fɜːst] **I. *adj.* ❶**[用在名词之前时，常与the或one's连用]第一位的；首要的；最重要的；第一流的：of the ~ importance 最重要的/Your ~ duty is to take care of your family. 你的首要责任是照顾家庭。❷首先的，最初的：his ~ wife 他的第一任妻子/the ~ public performance of the play 该剧的首次公演 **II. *adv.* ❶**首先，最初；第一：Think ~, then act. 先想清楚再行动。/Who came ~ in the race? 谁赛跑得第一？❷首次，第一次：When did you ~ meet him? 你第一次见他是什么时候？❸宁可，宁愿：He said he'd resign ~. 他说他宁愿辞职。**III. *n.* ❶**[C][常用the~]最初的人、物；第一位：I'm the ~ in my family to go to university. 我是我们家第一个上大学的。❷[C][常用the ~](月份的)第一天，一号：The ~ of May is International Labour Day. 五月一日是国际劳动节。❸[C][英](大学考试的)第一名；冠军：She got a ~ in maths at Oxford. 她在牛津大学数学系毕业获一级荣誉学位。❹[U](汽车的)最低挡：go up the hill in ~ gear 挂一挡上山坡 ❺[U][亦为~ base](棒球)一垒

first-class [ˈfɜːstˈklɑːs] **I. [无比较等级] *adj.* ❶**第一流的，最高级的；优秀的 ❷(交通工具)头等的 ❸(邮件)第一类的 **II. *adv.* ❶**(交通工具)乘头等车(或舱)❷(邮件)作为第一类

first·hand [ˈfɜːstˈhænd] **I. *adj.*** 直接的，第一手的：~ information 第一手消息 **II. *adv.*** 直接地，第一手地：experience sth. ~ 亲自经历某事

first-rate [ˈfɜːstˈreɪt] **I. [无比较等级] *adj.* ❶**一流的，第一级的，最佳的：The food here is ~. 这里的食品是第一流的。❷[口]非常好的，极妙的 **II. *adv.*** [口]很好，极好：feel ~ 身体极好

fis·cal [ˈfɪskl] *adj.* ❶财政的；会计的：the government's ~ policy 政府的财政政策 ❷国库的

fish [fɪʃ] **I. (~(es)[ˈ-ɪz]) *n.*** [常用复数] ❶[U][C]鱼；[集合用法]鱼类：They caught several ~. 他们捉到几条鱼。/catch a lot of ~es 捕到许多种鱼 ❷[U]鱼肉：Fish was served after the first course. 第一道菜之后就上鱼。❸[C][主要用于复合词]水产动物，水栖动物：cuttlefish ~ 墨鱼，乌贼 ❹[C][口]人，家伙：a queer ~ 怪人 **II. (~ed[-t]) *vt.* ❶**(在河流、水池、湖水里)钓鱼，捕鱼：I often ~ at weekends. 我经常在周末去钓鱼。❷捞出，取出；摸索出：~ a needle out of the ocean 大海捞针 *vi.* ❶捕鱼，钓鱼：~ing for salmon 捕大马哈鱼 ❷摸索，寻找：~ for pearls 采集珍珠

fish·er [ˈfɪʃə(r)] (~s[-z]) *n.* [C]❶渔夫 ❷捕鱼船 ❸食鱼貂

fish·er·man [ˈfɪʃəmən] (fishermen) *n.* [U]打鱼人；渔夫，渔民(通常指以捕鱼为业的人)

fish·er·y [ˈfɪʃərɪ] (fisheries[-z]) *n.* ❶[U]渔业，水产业 ❷[C]渔场，养鱼场(常在海岸边)：offshore fisheries 近海渔场

fish·ing [ˈfɪʃɪŋ] *n.* ❶[U](当作职业的)捕鱼，渔业；(当作运动的)钓鱼：Fishing is still the main industry there. 捕鱼业仍为那里的主要行业。❷[C]渔场，钓鱼场

fish·mon·ger [ˈfɪʃmʌŋgə(r)] (~s[-z]) *n.* [C][英]鱼贩，鱼商

fist [fɪst] *n.* [C]拳，拳头：He struck me with his ~. 他用拳头打我。

fit¹ [fɪt] **I. (fitter; fittest) *adj.* ❶**([近]suitable)([反]unfit) 合适的，恰当的，得当的：The food was not ~ for human consumption. 这食物不适宜人吃。❷准备妥当的；几乎要…：He laughed ~ to burst. 他要笑破肚子了。❸([近]healthy)健康的；精力充沛的：He's been ill and isn't ~ for work yet. 他一直在生病，尚不能工作。**II. (fitted[ˈ-ɪd]或 fit; fitting) *vt.* ❶**([近]suit)使适合，使适宜：These shoes don't ~ me. 这双鞋我穿着不合适。❷安装，装置；在…镶上：~ handles on the cupboards 给柜橱装把手 *vi.* 适合，符合；配合：The cooker won't ~ in (或 into) your new kitchen. 你的新厨房装不下这套炉具。**Ⅲ**. *n*. ⒞[常用 a ～](衣服等的)合身,合身的样子:The coat is a good ～. 那件大衣很合身。

fit² [fɪt] *n*. ⒞❶(疾病的)发作,痉挛:a ～ of coughing 一阵咳嗽/a fainting ～ 一阵眩晕 ❷(感情等的)突发,冲动:a ～ of anger 一股怒气

fit·ful ['fɪtfʊl] *adj*. 发作的;继续的;不规则的,不稳定的:～ bursts of energy 一阵阵的干劲/a ～ night's sleep 夜间时断时续的睡眠

fit-out ['fɪtaʊt] *n*. ⒞[口]装备;旅行的准备

fit·ter ['fɪtə(r)] (～s[-z]) *n*. ⒞❶(机器的)组合工人,装配工,钳工 ❷(试穿时)试样的裁缝师

fit·ting ['fɪtɪŋ] **Ⅰ**. *adj*. 适当的,恰当的;相称的:It was ～ that he should be here to receive the prize in person. 他应该亲自来领奖才对。**Ⅱ**. (～s[-z]) *n*. ⒞❶试衣,试穿:a ～ for a wedding dress 试穿结婚礼服 ❷[常用复数](房间等的)设备,家具;日用器具

*　**five** [faɪv] **Ⅰ**. *n*. ❶ⓊⒸ(数字的)5;5 的数字:a row of ～s on the blackboard 黑板上的一行"5"字 ❷[用作复数]5 个,5 人:a ～-*year* contract 5 年合同 ❸Ⓤ5 点;5 分;5 岁:～ o'clock 5 点整/a girl of ～ 5 岁的女孩 ❹Ⓤ(东西)5 个一套;5 人一组 ❺Ⓒ(纸牌等的)5 点 **Ⅱ**. *adj*. ❶5 的,5 个的,5 人的:There are ～ children at the party. 聚会中有 5 个孩子。❷5 岁的:He's ～ today. 今天他 5 岁

*　**fix** [fɪks] **Ⅰ**. (～es['-ɪz]; ～ed[-t]) *vt*. ❶ 把…固定于…,安装;把…牢记(在心里等):～ a post in the ground 把杆子固定在地上/～ sb.'s name in one's mind 牢记某人的名字 ❷决定;确定:We will ～ the rent at ￡100 a week. 我们要把租金定为每周 100 英镑。❸(把目光)盯住,凝视;(把注意力)集中:Her eyes were ～ed on the car. 她紧盯着那辆车。/～ one's attention on what one is doing 全神贯注地工作 ❹吸引(注意力):The exhibited new products ～ed our attention. 展出的新产品把我们吸引住了。❺修理,调整:My watch has stopped — it needs ～ing. 我的表停了——需要修理一下。❻[美]整理;整顿:Let me ～ my hair and I'll be ready. 我梳梳头,马上就好。❼[美]安排;准备(饭食等):He's just ～ing a snack. 他在准备一点儿小吃。/Can you ～ me a drink? 你给我弄点儿饮料好吗? /Let me ～ supper for you. 我去给你准备晚饭。❽[口](在比赛等中)作弊,操纵;收买(某人):I know the race was

～ed. 我知道这一次比赛有鬼。❾使担负(责任等),推诿:～ the blame on sb. 把过错推给某人 ❿[俚]报复;惩罚:I'll ～ him so that he never bothers you again. 我来收拾他,叫他再也不会打扰你。⓫使定影;使(颜色)固着;使凝固 **Ⅱ**. (～es[-ɪz]) *n*. ❶Ⓒ[a ～]困境,窘境:get oneself into a ～ 处于尴尬的境地 ❷Ⓒ(飞机、船等的)定位,方位 ❸[a ～][口]合谋,搞鬼,勾当:His promotion was a ～, I'm sure. 我敢肯定他的提升有鬼。❹Ⓒ(毒品的)注射

fixed [fɪkst] *adj*. ❶固定的,固有的:a ～ rate of interest 固定的利率 ❷坚定的,确定的,不变的:He had the ～ idea that a woman's place was in the home. 他有个成见,认为女人的天地是在家里。❸(视线等)不动的,专注的:a ～ smile(stare) 呆板的微笑(凝视) ❹[口]串谋的

fix·ing ['fɪksɪŋ] (～s[-z]) *n*. ❶Ⓤ固定,安装;(照片的)定影 ❷Ⓤ修理,维修 ❸[用复数][美](菜的)配料,配菜

fix·ture ['fɪkstʃə(r)] (～s[-z]) *n*. ⒞❶[常用复数](住宅等的)固定装置,设备:the electric ～s of a room 室内电气装置 ❷长期固定于(某工作、地位等)的人 ❸(确定了日期的)竞赛大会,竞赛项目;(预定的)预定举行日

flag¹ [flæg] **Ⅰ**. (～s[-z]) *n*. ⒞石板,铺路石 **Ⅱ**. (～s[-z]; flagged; flagging) *vt*. 用石板铺(路等)

flag² [flæg] (～s[-z]; flagged; flagging) *vi*. ❶无力地下垂;(植物等)枯萎:Rose will ～ in the summer heat. 夏天炎热玫瑰就要枯萎。❷(力气等)衰退;(兴趣等)减退,低落:My enthusiasm is *flagging*. 我的热情正在减退。

*　**flag³** [flæg] **Ⅰ**. (～s[-z]) *n*. ⒞❶旗:The white ～ is a symbol of a truce or surrender. 白旗表示停战或投降。❷旗状物;(猎狗等的)茸尾 **Ⅱ**. (～s[-z]; flagged; flagging) *vt*. ❶悬旗于…,用旗点缀:The streets were *flagged* to celebrate the royal wedding. 街上挂起了旗子,庆祝皇室婚礼。❷打旗号表示;打旗号使(汽车、火车等)停下(down):～ a train down 打旗号使火车停下

flake [fleɪk] **Ⅰ**. *n*. ⒞(雪等的)薄片:snow ～s 雪花 **Ⅱ**. (～d[-t]; flaking) *vi*. (雪等)纷纷掉落;(油漆等)剥落(off):The paint on the walls is beginning to ～ (off). 墙上的漆开始剥落了。

flame [fleɪm] **Ⅰ**. (～s[-z]) *n*. ❶ⓊⒸ[常用复数]火焰:the tiny ～ of a cigarette-lighter 打火机微小的火焰 ❷Ⓒ火焰般的光辉,光芒:The flowering shrubs were a scarlet ～.

花丛一片嫣红。❸ⓒ热情,激情:the ～ of passion 激情的烈焰 Ⅱ.(～s[-z];flaming) *vi*. ❶发出火焰,燃烧:The burning coals started to ～ yellow and orange. 燃烧着的煤开始发出了黄色与橙色的火焰。❷似火焰般地闪耀;(脸等)泛红:a *flaming* sunset 火红的晚霞/His face ～d with anger. 他气得面红耳赤。❸(感情)爆发:His anger ～d up at the sight. 见此情景,他勃然大怒。

flam·ing [ˈfleɪmɪŋ] *adj*. ❶燃烧的;冒火焰的;灼热的 ❷(脸色)涨红的 ❸激情的;热情的:a ～ row 激烈的争吵

flank [flæŋk] Ⅰ. *n*.ⓒ❶胁,胁腹 ❷(山、建筑物等的)侧面,侧旁 ❸【军】(部队、舰队等的)侧面,侧翼 Ⅱ.(～ed[-t]) *vt*. ❶[常用被动语态]位于…的侧面:The garden is ～ed to the north with large maple trees. 花园的北侧是一些高大的枫树。❷【军】攻击…的侧面

flan·nel [ˈflænl] Ⅰ.(～s[-z]) *n*. ❶ⓤ法兰绒;[美]棉绒 ❷[用复数]法兰绒衣服(如内衣、男子长裤等) ❸ⓒ[英]手巾,面巾 Ⅱ. *adj*.法兰绒的

flap [flæp] Ⅰ.(flapped[-t];flapping) *vt*. ❶使(上下、左右地)拍打,摆动;飘动,(鸟)振翅:The sails were *flapping* gently in the wind. 船帆迎风摆动。❷(以扁平之物)轻拍:～ at a fly with a cloth 用布来拍打苍蝇 *vi*. 拍打;飘动;(鸟)振翅:the flags *flapping* in the wind 迎风飘扬的旗帜 Ⅱ. *n*.ⓒ❶吧嗒吧嗒(的声音);随风飘动;(鸟)的振翅声 ❷用以轻敲的扁平之物 ❸垂下物;(口袋)的盖布;(信封)的口盖;(折叠桌子的)折板 ❹【空】(飞机)的副翼,襟翼 ❺[口]惴惴不安,惊慌失措:I got into a real ～ when I lost my keys. 我丢了钥匙,心里发慌。

flap·per [ˈflæpə(r)] (～s[-z]) *n*.ⓒ❶拍击者;拍击物,苍蝇拍 ❷(鱼的)阔鳍

flare [fleə(r)] Ⅰ.(～s[-z];flaring [ˈ-rɪŋ]) *vi*. ❶(火焰)燃烧;闪耀:The match ～d in the darkness. 火柴的光亮在黑暗中一闪。❷[喻](怒气等)突然爆发:He ～s up at the slightest provocation. 稍一激怒,他就大发脾气。Ⅱ.(～s[-z]) *n*. ❶ⓤ摇曳的火焰,闪烁:the sudden ～ of a torch in the darkness 手电筒的光在黑暗中的一闪 ❷ⓒ照明装置,照明弹;(在海上等所用的)发光信号:The captain of the sinking ship used ～s to attract the attention of the coastguard. 轮船正在下沉,船长向海岸巡逻队发出闪光信号以吸引海岸警卫队的注意。❸ⓒ(怒气等)爆发 ❹ⓤ(器物的)喇叭状张开;(裙子的)下摆

张开

flash [flæʃ] Ⅰ.(～es[ˈ-ɪz]) *n*. ❶ⓒⓤ(光、火焰等的)闪烁,闪光:a ～ of lightning 一道闪电 ❷ⓒ(照相机的)闪光灯:I'll need a ～ for this shot. 我拍这张照片需用闪光灯。❸ⓒ(想法等的)闪现;恍然大悟:a ～ of inspiration 灵机一动 ❹ⓒ(电影)的瞬时场面,闪景,短景 ❺ⓒ(电视、广播的)新闻快报 Ⅱ.(～es[ˈ-ɪz];～ed[-t]) *vt*. ❶(眼睛)闪烁,使闪烁 ❷(眼睛)闪耀,(表情、眼神)强烈显示…:Her eyes ～ed anger(at everyone). 她(看着大家)眼中闪现出愤怒。/～ sb. a meaning look 给某人使个眼色 ❸用闪光灯发出信号;迅速发出(新闻):～ a signal with one's car headlights 用汽车前灯发信号/～a message on the screen 在屏幕上映出一条信息 *vi*. ❶闪光,闪烁:A light house was ～ing in the distance. 灯塔在远处发出闪烁的光。❷(想法等)掠过,闪现:An idea ～ed into(或 through)his mind. 他脑子里闪过一个念头。❸(眼光等)闪耀:His eyes ～ed angrily. 他的眼睛里闪烁着怒火。❹急速通过:The train ～ed by at high speed. 火车疾驶而过。Ⅲ. *adj*. ❶瞬间的,急速的 ❷[口]俗艳的;浮夸的;摩登的

flash-light [ˈflæʃlaɪt] *n*.ⓒ❶[美]手电筒 ❷(摄影机的)闪光灯;闪光装置 ❸(灯塔等的)闪光信号灯

flash·y [ˈflæʃɪ] (flashier;flashiest) *adj*. 华丽而俗气的,虚饰的,华而不实的:～ clothes 花哨的服装

flat¹ [flæt] *n*. ⓒ❶[英]分层住宅,一套房间(通常指包括饭厅、厨房、卧室等,一个家庭所居住的住所):They're renting a furnished ～ on the second floor. 他们租了 3 楼的一套带家具的房间。❷[用复数][英]公寓:a new block of ～s 一座新的公寓

flat² [flæt] Ⅰ.(flatter;flattest) *adj*. ❶([反]rough)平的,平坦的:a ～ surface for writing on 可以在上面写字的平面 ❷[无比较级](容器等)浅的:～ dishes 浅碟子 ❸[无比较级]平伏的,平卧的:He was lying ～ on his back. 他正仰卧着。❹(轮胎)泄了气的,瘪的:The tire went ～. 那轮治泄了气。❺(饮料等)走了汽的;无味的:The beer tastes ～. 这啤酒喝起来没有汽了。❻([近]dull)单调的,乏味的,无聊的:He felt a bit ～ after his friends had gone. 朋友们走了以后,他觉得有些无聊。❼(拒绝等)断然的,直截了当的,直率的:give sb. a ～ denial 对某人断然否认 ❽【音】降(半)音的:Your piano is ～;it needs tuning. 你的钢琴的音低了,该调一调

了。❾(色彩)单调的,无变化的,(图画等)无景深的;平板的:His paintings are deliberately ~, it's part of his style. 他作画刻意用单一色调,这是他的一种风格。❿(价格等)统一的;一律的:a ~ rate 统一收费率 ⓫(电池)电力不足的,电用完的 Ⅱ. adv. ❶[近bluntly]必然地,直截了当地:My boss told me ~ that I could not leave early. 我的老板明确地告诉我不能早走。❷恰恰,正好:He ran the 50 metres dash in 5 seconds ~. 他 50 米正好跑了 5 秒。❸【音】降半音:She sings ~ all the time. 她总是唱低半音。❹[口]完全地:I'm ~ broke. 我一贫如洗。Ⅲ. n.ⓒ❶平面;平坦的部分:the ~ of a blade 刀面 ❷[常用复数]平地;低洼沼泽地:mud ~s 泥塘 ❸[美]泄了气的车胎 ❹(舞台上可移动的)背景屏 ❺【音】降半音,降半音符号

flat·fish ['flætfɪʃ] (~es[-ɪz]) n.ⓒ 比目鱼(身体扁平,两眼都在同一边的鱼)

flat·i·ron ['flætˌaɪən] (~s[-z]) n.ⓒ 熨斗

flat·ten ['flætn] (~s[-z]) vt. ❶使…变平:~ a piece of metal by hammering it 把一块金属砸平 ❷击倒;把(东西)摧毁:~ one's opponent 击倒对手 ❸【音】把(音阶)降半音唱(演奏)。vt. 变平:The land ~s out near the coast. 海岸附近地势变得很平坦。

flat·ter ['flætə(r)] (~s[-z]; ~ing[-rɪŋ]) vt. ❶谄媚,奉承,讨好:If you ~ your mother a bit,she might invite us all to dinner. 你要是奉承你母亲几句,说不定她会把我们全请去吃饭。❷[常用被动语态]使高兴,使满意:I was ~ed by your invitation. 承蒙邀请,深感荣幸。❸(相片等)比(本人)漂亮

fla·vo(u)r ['fleɪvə(r)] Ⅰ. (~s[-z]) n.❶ⓤⓒ 味道;风味:Adding salt to food improves the ~. 食物中加盐可以提味。❷ⓤⓒ 香料,调味料 ❸ⓤⓒ 韵味,情调,情趣:The film retains much of the book's exotic ~. 这部电影保存了原著的许多异国情调。Ⅱ. (~s[-z]; ~ing[-rɪŋ]) vt. 给…调味;给…添加情趣:~ a stew (with onions) (加洋葱)给炖肉提味

fla·vo(u)r·ing ['fleɪvərɪŋ] (~s[-z]) n.ⓤ ⓒ 调味品,调味香料

flaw [flɔː] Ⅰ. (~s[-z]) n.ⓒ❶(宝石、陶器等的)裂痕,瑕疵:The vase would be perfect but for a few small ~s in its base. 这花瓶底部没有那几个小瑕疵就十全十美了。❷缺点,缺陷:a ~ in a contract 合同中的一个漏洞 Ⅱ. (~s[-z]) vt. 使有缺陷;使无效:His reasoning can't be ~ed. 他的推理无懈可击。

flaw·less ['flɔːlɪs] adj. 无缺点的,完美的:a

~ performance 完美的表演

flax [flæks] n.ⓤ【植】亚麻(亚麻科一年生草本植物;纤维可做成线,种子可榨取亚麻仁油);亚麻纤维

flax·en ['flæksən] [无比较等级] adj. ❶(头发)亚麻色的,淡黄色的 ❷亚麻的,亚麻制的

flea [fliː] (~s[-z]) n.ⓒ【动】跳蚤

fleck [flek] Ⅰ. n.ⓒ❶(颜色、光线等的)斑点,斑纹;(皮肤的)斑,雀斑:~s of brown and white on a bird's breast 小鸟胸部棕色和白色的斑点 ❷小片,细片;微粒:~s of dust 灰尘的微粒 Ⅱ. (~ed[-t]) vt. [常用被动语态]使有斑点;使斑驳:The sea was ~ed with foam. 大海上涌起点点泡沫。

flee [fliː] (~s[-z]; fled[fled]) vi. ❶逃跑,逃走;避开:The customers fled (from the bank) when the alarm sounded. 警钟响起,顾客们纷纷(从银行)逃走。❷消失,消散(时间)飞逝:All hope had fled. 一切希望都破灭了。vt. 逃离;逃避:During the civil war thousands of people fled the country. 在内战期间成千上万的人逃离了这个国家。

fleece [fliːs] Ⅰ. (~s[-ɪz]) n. ❶ⓤ羊毛;ⓒ(从一只羊身上一次所剪的)羊毛 ❷ⓤⓒ羊毛状物(如云、雪、白发等) Ⅱ. (~s['-ɪz]; ~d[-t]; fleecing) vt. ❶剪羊毛 ❷诈取,骗取:Some local shops are really fleecing the holiday makers (of their money). 本地的一些商店简直是敲诈来度假的人(的钱财)。

fleet[1] [fliːt] n.ⓤ❶舰队 ❷([近]navy)[the ~]全部舰队,海军 ❸(商船、渔船的)船队;(车、飞机等的)队,群;(一家出租车行、公共汽车公司等的)所有车辆

fleet[2] [fliːt] Ⅰ. adj. ([近]swift)快速的,敏捷的:~ of foot 脚步快的,捷足的 Ⅱ. (~ed ['-ɪd]) vi. 疾驶,一瞬即逝:planes ~ing across the sky 掠过天空的飞机

fleet·ing ['fliːtɪŋ] adj. 飞逝的,疾驰的;短暂的:For a ~ moment I thought the car was going to crash. 刹那间,我想到汽车要碰撞

flesh [fleʃ] n. ❶ⓤ(人、动物的)肉:The trap had cut deeply into the rabbit's ~. 捕兽夹子紧紧夹住兔子的皮肉。❷ⓤ(鱼肉、鸟肉以外的)食用肉(通用 meat):Lions are ~-eating animals. 狮子是肉食动物。❸ⓤ果肉(指水果、蔬菜的可食用部分) ❹[the ~](相对于精神、灵魂的)肉体:The spirit is willing, but the ~ is weak. [谚]心有余而力不足。❺[the ~]肉欲;情欲 ❻ⓤ肉色(带粉红色的肤色)

flesh·ly ['fleʃlɪ] *adj*. 肉体的;肉欲的:~ lusts 肉欲

flew [fluː] fly 的过去式

flex [fleks] **I**. (~es['-ɪz]) *n*. ⓤ ⓒ [英]【电】(可自由弯曲的)花线,皮线 **II**. *vt*.& *vi*. 弯曲;折曲

flight[1] [flaɪt] *n*. ⓤ ⓒ 逃跑,溃退;(资金等的)抽逃,外逃:Many soldiers fell wounded in their ~ from the defeat. 许多士兵在溃逃中受伤。

flight[2] [flaɪt] *n*. ❶ ⓤ ⓒ 飞,飞行,飞翔:The bird had been shot down in ~. 这只鸟是在飞翔中打下来的。❷ ⓒ (飞机的)班次,班机;航空旅行:All ~s have been cancelled because of fog. 因为有雾所有航班都已取消。❸ ⓒ 飞翔的一群;飞行的一队:a ~ of sparrows 一群飞雀 ❹ ⓤ (时间的)飞逝 ❺ ⓒ (思想、想象等的)焕发,昂扬:a ~ of fancy 奇想,异想天开 ❻ ⓒ 一段楼梯:There was no lift and we had to climb six ~s of stairs. 没有电梯,我们得爬6段楼梯。

flight·y ['flaɪtɪ] (flightier; flightiest 或 more ~; most ~) *adj*. (尤指女性)轻浮的;反复无常的,见异思迁的

flim·sy ['flɪmzɪ] **I**. (flimsier; flimsiest 或 more ~; most ~) *adj*. ❶ (布等)轻而薄的;(东西)易损坏的:a ~ dress 薄的连衣裙/a cardboard box 不结实的纸箱 ❷ (借口、辩解等)不周密的,不足信的:a ~ excuse 站不住脚的借口 **II**. (flimsies[-z]) *n*. ⓒ 薄纸,复写纸

fling [flɪŋ] **I**. (~s[-z]; flung [flʌŋ]) *vt*. ❶ 用力投,猛扔,抛出:~ a stone at a door 朝门扔石头 ❷ 急伸,挥动(手臂、腿等):He *flung* his arm out just in time to stop her falling. 他急忙伸出手臂把她扶住,她才没有跌倒。❸ 使突然陷入;把…粗暴地推入:The students were *flung* into confusion. 学生们陷入一片混乱。*vi*. 猛击,急冲;(马等)乱踢:He *flung* out of the room. 他愤怒地冲出房间。**II**. (~s[-z]) *n*. ❶ ⓒ 抛,投,掷 ❷ ⓒ 奔放的舞蹈

flirt [flɜːt] **I**. (~ed['-ɪd]) *vi*. ❶ (和异性)调情:It's embarrassing when they ~ like that in public. 他们在大庭广众之下那样调情,真让人难堪。❷ 不认真地考虑,举动轻率:~ with danger 把危险当儿戏 **II**. *n*. ⓒ (尤指女性)卖弄风骚者,卖俏者

flit [flɪt] (flitted['-ɪd]; flitting) *vi*. ❶ (鸟、蝴蝶等)飞来飞去,掠过:bees *flitting* (about) from flower to flower 在花丛中飞来飞去的蜜蜂 ❷ (思想、想法等)掠过,突然转变:A thought *flitted* through my mind. 在我头脑中有一闪念。

float [fləʊt] **I**. (~ed['-ɪd]) *vt*. ❶ 使浮起,使漂浮:There wasn't enough water to ~ the ship. 水不够深,船浮不起来。❷ 使漂流,使漂动:~ a raft of logs down the river 使圆木筏顺河流下 ❸ 开办(公司);发行(债券) ❹ 使(货币)对外汇率浮动:~ the pound 使英镑的对外汇率浮动 *vi*. ❶ ([反]sink)漂,漂浮:Wood ~s (in water). 木头能漂浮(于水面)。❷ 漂流,漂动:A balloon ~ed across the sky. 有个气球从空中飘过。❸ (指传闻)在传播中:There's a rumour ~ing around of a new job in the unit. 这个部门盛传有个新职位要聘人。❹ (货币)变成浮动汇率制 **II**. *n*. ⓒ ❶ 浮游物;漂浮物;木筏,浮标,鱼鳔;(水上飞机的)浮筒,浮码头 ❷ 上面浮有冰淇淋的饮料 ❸ (游行时用的)花车

float·ing ['fləʊtɪŋ] [无比较等级] *adj*. 漂浮的,浮动的;流动性的:a ~ body 浮体/~ population 流动人口

flock [flɒk] **I**. *n*. ⓒ ❶ (飞禽、牲畜等的)群:a ~ of wild geese 一群雁/~ of sheep 羊群 ❷ ([近]crowd) [口]人群;群众,一大群人:People came in ~s to see the parade. 人们蜂拥而至看游行。❸ [集合用法]同属一个牧师管辖的全体教徒;一家的子女;一校的学生:a priest and his ~ 牧师和他的教友 **II**. (~ed['-t]) *vi*. 聚集,群集(together):Huge numbers of birds has ~ed together by the lake. 成群的鸟聚集在湖畔。

floe [fləʊ] (~s[-z]) *n*. ⓒ [常用复数](海上的)浮冰,流冰块

flood [flʌd] **I**. (~s[-z]) *n*. ⓒ ❶ 洪水;水灾;[the F-]《圣经》诺亚的洪水:battle against the ~ 与洪水搏斗 ❷ 大量,大批;滔滔不绝:a ~ of letters 大量涌来的信件/The girl was in ~s of tears. 那小姑娘哭起了泪人儿。❸ ([反]ebb)涨潮,满潮:The tide is at the ~. 正在涨潮。**II**. (~ed['-ɪd]) *vt*. ❶ 淹没,使泛滥:The river had burst its banks and ~ed the valley. 河水冲破堤岸,淹没了山谷。❷ 涌到,充满:The place was ~ed with light. 那地方十分光亮。*vi*. ❶ 被水所淹,浸水,泛滥:The cellar ~s whenever it rains heavily. 一下大雨,地窖就灌满了水。❷ (大量地)涌入;涌到:Applications ~ed into the office. 申请书像潮水般涌进办公室。

floor [flɔː(r)] **I**. (~s[-z]) *n*. ❶ ⓒ 室内地面,地板:There weren't enough chairs so I had to sit on the ~. 房间里椅子不够,我只好坐在地上。❷ ⓒ (建筑物的)楼层:Her office is on the second ～. 她的办公室在 3 楼。❸ [the ～] (议会的) 议员席; [美] (议会会场的) 发言权:speak from the ～ 在议员席上发言 ❹Ⓒ (价格、工资等的) 最低限额, 底价 ❺Ⓤ (海洋、山洞等的) 底:the ocean (valley,cave) ～ 海洋的底 (谷底、洞底) Ⅱ . (～s[-z]; ～ing ['-rɪŋ]) vt . ❶给…铺设地板, 铺盖 (石头、砖等):～ a bridge with concrete plates 用水泥板铺桥面 ❷把…打倒在地;击败;He ～ed his opponent with a fine punch . 他猛击一拳就把对手打倒在地。❸ [口] (问题、争论等) 驳倒, 难倒:Tom was completely ～ed by two of the questions in the exam . 试卷中有两个问题把汤姆难倒了。

flor·id ['flɒrɪd] adj . ❶华丽的;过于装饰的:a ～ room 过分装饰的房间 ❷ (颜色) 鲜红的, 红润的:a ～ complexion 红润的面色

flor·ist ['flɒrɪst] n .Ⓒ花商;花卉栽培者

floun·der ['flaʊndə(r)] Ⅰ . (～s[-z]; ～ing[-rɪŋ]) vi . ❶挣扎;挣扎着前进:Anna couldn't swim and was left ～ing (about 或 around) in the deep end of the swimming-pool . 安娜不会游泳, 在游泳池的深水区里挣扎着。❷ (在演说等时) 出错误:～ (on) through a badly prepared speech 由于准备不充分而讲得错误百出 Ⅱ . (～s[-z];) n .Ⓒ 【动】比目鱼, 鲽鱼 (比目鱼科中可食用的鱼类)

* **flour** ['flaʊə(r)] Ⅰ . n .Ⓤ面粉; (一般谷物的) 粉 Ⅱ . (～s[-z]; ～ing[-rɪŋ]) vt . (在桌子上) 撒上面粉; [美] 把 (小麦等) 磨成粉:～ the pastry board 在做点心的案板上撒上面粉

flour·ish ['flʌrɪʃ] Ⅰ . (～es[-ɪz]; ～ed [-t]) vt . ❶挥动, 挥舞:He stormed into the classroom, ～ing a letter of mine . 他挥舞着我的信冲进了教室。❷盛饰;夸耀, 夸示 vi . ❶ (植物等) 茂盛, 繁茂:This species of flower ～es in a warm climate . 这种花在温暖的气候中长得茂盛。❷ (事业等) 兴隆;兴旺:No new business can ～ in the present economic climate . 在目前的经济气候中, 任何新生意都兴旺不起来。❸ (人) 精力充沛, 健壮而活跃:All the family are ～ing . 全家人身体都很好。Ⅱ . (～es[-ɪz];) n .Ⓒ ❶挥舞, 炫耀性的动作:He opened the door for her with a ～. 他潇洒地为她打开了门。❷ (手写花体字、签名等的) 花饰 ❸ (喇叭等的) 吹奏 ❹华丽的辞藻

* **flow** [fləʊ] Ⅰ . (～s[-z]) vi . ❶ ([近] pour) (液体) 流动:Most rivers ～ into sea . 江河大多流入海洋。❷ (讲话、写作等) 流畅:Conversation ～ed freely when the speaker invited discussion . 演讲人请大家讨论, 于是

人人畅所欲言。❸ (头发、衣服等) 垂下;随 (风) 飘动:Her hair ～ed down over her shoulders . 她长发披肩。❹源自, 来自:Many benefits will ～ from this discovery . 这项发现将带来许多好处。❺ ([反]ebb) 涨潮;涌出, 泛滥:The tide began to ～ and our footprints were covered . 开始涨潮了, 潮水遮住了我们的脚印。Ⅱ . n . [只用单数] ❶ [a ～, the ～] 流, 流动;流量:a steady ～ of traffic 川流不息的来往车辆/the total ～ 总流量 ❷ ([反]ebb) Ⓤ涨潮:the ebb and ～ of the sea 海潮的涨落

flow·er ['flaʊə(r)] Ⅰ . (～s[-z]) n . ❶Ⓒ花, 花卉:The plant has a brilliant purple ～. 那颗植物开着一朵鲜艳的紫花。❷Ⓤ开花, 盛开:The roses have been in ～ for a week . 这些玫瑰已经开了一个星期了。❸Ⓤ [常用 the ～] 精华, 精英, 兴盛时期:the ～ of nation's youth 该国青年的精英/in the ～ of one's maturity 正当成熟的时候 Ⅱ . (～s[-z]; ～ing[-rɪŋ]) vi . 开花;成熟, 繁荣:These plants will ～ in the spring . 这些植物到了春天就开花。/Her language talent ～ed early . 她的语言天赋很早就展现出来了。

flow·er·y ['flaʊərɪ] (flowerier; floweriest) adj . ❶多花的, 以花覆盖的:～ fields 有很多花的田野 ❷像花的;用花装饰的 ❸ [贬] (言语) 华丽的:a ～ speech 辞藻过分华丽的讲话

flown [fləʊn] fly[1] 的过去分词

flu [fluː] n .Ⓤ [口] 流行性感冒

fluc·tu·ate ['flʌktjʊeɪt] (～d[-ɪd]; fluctuating) vi . (物价等) 变动, 波动;动摇:The value of RMB does not ～. 人民币价值稳定。/fluctuating opinions 变化不定的意见

flu·en·cy ['fluːənsɪ] n .Ⓤ (语言等的) 流利, 流畅:She speaks English with great ～. 她说英语非常流利。

flu·ent ['fluːənt] adj . ❶ (言语等) 流利的, 流畅的:speak ～ French 说流利的法语 ❷ (指人) 能言善辩的;be ～ in speech 讲话流利

flu·id ['fluːɪd] Ⅰ . (～s[-z]) n .ⓊⒸ 流体, 液体:There's some sort of sticky ～ on the floor . 地板上有一种发黏的液体。Ⅱ . adj . ❶流动的, 液体的:a ～ substance 流体 ❷ (状态、意见等) 不固定的;易变的:The situation is still ～. 局势尚不稳定。

flung [flʌŋ] fling 的过去式和过去分词

flush [flʌʃ] Ⅰ . (～es['-ɪz]; ～ed[-t]) vt . ❶使 (脸等) 涨红;使变红:Fever ～ed his cheeks . 他发烧满脸通红。❷ (用水) 冲洗:Please ～ the toilet after you've used it . 便

后请冲水。❸［常用被动语态］使兴奋,使得意:be ~ed with success 因成功而满脸喜色. *vi*. ❶(［近］blush)(脸)发红,变红:His face ~ed(red)with anger. 他气得满脸通红。❷(水等)奔流,涌出:The tide ~ed through the narrow inlet. 潮水通过小湾. Ⅱ. (~es[ˈɪz])*n*. ❶◎◎红光,红晕:in the first ~ of dawn 在曙光初照时 ❷◎冲洗:Give the toilet a ~. 冲一次马桶. ❸◎兴奋,得意,激动:a ~ of enthusiasm 一阵热情 ❹◎(嫩草等的)发芽,刚发芽的嫩草 ❺◎旺盛,精力充沛,生气勃勃:in the ~ of youth 在精力旺盛的青春时期

flute[fluːt] Ⅰ. *n*.◎ ❶笛,长笛 ❷(柱子等的)长凹槽 Ⅱ. (~d[ˈ-ɪd]; fluting)*vt*. ❶用长笛演奏(乐曲)❷用长笛般的声音唱(或说)❸在(柱子等上)刻凹槽:~d columns 饰有凹槽的柱子 *vi*. ❶吹长笛 ❷发出长笛般的声音

flut·ter[ˈflʌtə(r)] Ⅰ. (~s[-z]; ~ing[-rɪŋ])*vt*. ❶拍(翅),振(翼):The bird ~ed its wings in the cage. 鸟在笼中拍着翅膀。❷使(某物)迅速而无规则地乱动:She ~ed her eyelashes(at me). 她(朝我)眨眼睛. *vi*. ❶(鸟)振翼,拍翼:The wings of the bird still ~ed after it had been shot down. 那鸟被击落后翅膀仍在拍动。❷(旗等)飘动,飘扬:a flag ~ing from the mast head 在旗杆顶上飘扬着的旗帜 ❸(花、叶子等)飘落,飘飞:autumn leaves ~ing to the ground 飘摇落地的秋叶 ❹(心脏、脉搏等)不规则地跳动 ❺烦躁不安地走动:She ~ed nervously about, going from room to room. 她烦躁不安地从这房间到那房间四处走动. Ⅱ. *n*. ❶[a ~, the ~]振翅;飘动;颤动:the ~ of wings 翅膀的拍动 ❷[a ~][口]不安,慌乱:all of a ~ 突然一阵慌乱 ❸◎[无](录音的)放音失真,音频颤动 ❹◎[英俚]小赌,小投机,小冒险:have a ~ at the races 在赛马中下个小赌注

fly[flaɪ] Ⅰ. (flies[-z]; flew[fluː]; flown[fləʊn])*vt*. ❶驾驶(飞机);空运(乘客、货物等);搭乘(班机);飞越:Only experienced pilots ~ large passenger aircraft. 只有经验的飞行员才能驾驶大型客机。❷使(旗等)飘扬;升(旗):~ the Union flag 升起英国国旗 ❸逃避,逃出:The robbers have flown the country. 抢劫犯逃到国外去了. *vi*. ❶(鸟、飞机等)飞;(人坐飞机)飞行;驾驶飞机:watch the birds learn to ~ 看鸟学飞/I'm ~ing(out)to Hong Kong tomorrow. 明天我要乘飞机去香港。❷(旗等)飘扬,飘荡;飞舞:balloons of various colours ~ing over the square 在广场上空飘荡的彩色气球

❸飞跑,飞奔;(时间)飞逝:The children flew to meet their mother. 孩子们飞跑过去迎接妈妈。❹(门、窗等)猛然打开:David gave the door a kick and it flew open. 大卫一脚向门踹去,那门猛地开了。❺逃跑,逃避 Ⅱ. (flies[ˈz])*n*.◎ ❶飞,飞行:have a ~ in an aeroplane 乘飞机飞行 ❷(棒球)高飞球 ❸[常用复数](西服、裤等的)拉链;(纽扣洞上的)盖布;(帐篷的)门帘:John, your ~ is undone! 约翰,你的拉链开了!

fly[flaɪ](flies[-z])*n*.◎ ❶苍蝇;飞虫 ❷(钓鱼用的)假蚊钩;假蝇

fly[flaɪ] *adj*. [英俚]机敏的,敏捷的:He's a very ~ character. 他是个很精明的人。

fly·able[ˈflaɪəbl] *adj*. (天气等)宜于飞动的,适航的;(飞机等)可以在空中飞行的

fly·ing[ˈflaɪɪŋ] Ⅰ. [无比较等级] *adj*. ❶飞的;飞行的:a ~ suit 飞行服 ❷(旗帜等)随风摇摆的,飘扬的 ❸飞似的,飞速的:speed on ~ feet 飞跑 ❹仓促的,匆匆的;短暂的:a ~ impression 瞬息即逝的印象 Ⅱ. *n*.◎飞,飞行

foam[fəʊm] Ⅰ. *n*.◎◎泡沫:The breaking waves left the beach covered with ~. 浪花弄得海滩都是泡沫。❷[口]泡沫材料;泡沫橡胶,泡沫塑料 Ⅱ. (~s[-z])*vi*. 起泡沫;吐白沫:a glass of ~ing beer 一杯起泡沫的啤酒 *vt*. 使起泡沫

fo·cus[ˈfəʊkəs] Ⅰ. (~es[-ɪz] 或 foci[ˈfəʊsaɪ])*n*. ❶◎◎焦点;焦距:principle ~【物】主焦点/adjust the ~ of the camera 调整照相机的焦距 ❷◎◎[常用单数](兴趣、活动等的)中心,集中点:In tonight's programme, our ~ is on Germany. 在今天晚上的节目中,我们重点介绍德国。Ⅱ. (focus(s)ed[-t]; focus(s)ing)*vt*. ❶对准(摄影机等的)焦距,使焦点集中于…;把(光线等)集中于:Focus your camera(on those trees). 把焦点集中在那些树上。❷集中(某事物):Please ~ your minds on the following problems. 请集中考虑以下问题. *vi*. ❶聚焦;注视:A nearsighted person cannot ~ on distant objects. 近视的人无法把焦点对准远处的物体。❷集中(于某事物):I'm so tired, I can't ~ on anything today. 今天我太累了,精神集中不起来。

foe[fəʊ](~s[-z])*n*.◎敌人;对手;敌对者

fog[fɒg] Ⅰ. (~s[-z])*n*.◎◎ ❶雾,雾气:We get heavy ~s on this coast in winter. 这里海边冬季有浓雾。❷【摄】(底片、照片的)模糊,朦胧 Ⅱ. (~s[-z]; fogged; fogging)*vt*. ❶以雾笼罩;使模糊:Steam has fogged the bathroom mirror. 水蒸气把浴室里的镜子遮

住了。❷ [常用被动语态]使困惑,使迷惘:I'm a bit *fogged* by these instructions. 这些说明把我搞得有些糊涂了。*vi*. 被雾笼罩;变模糊:The windscreen has *fogged*(over). 挡风玻璃让雾气遮住了。

fog•gy ['fɒgɪ] (foggier;foggiest) *adj*. ❶多雾的,浓雾的:～ weather 多雾的天气 ❷(思考等)模糊不清的,朦胧的:His ideas on this subject are a bit ～. 他对这个问题的看法有些模糊。

foil¹ [fɔɪl] (～s[-z]) *n*. ❶ U金属薄片,箔 ❷ C衬托物;陪衬物

foil² [fɔɪl] (～s[-z]) *n*. C钝头剑;花梢剑(击剑练习时,为避免刺伤而把剑端做成纽扣的细剑)

foil³ [fɔɪl] (～s[-z]) *vt*. 阻挠(对手、计划等),挫 败:His attempt to deceive us was ～ed. 他企图欺骗我们,但没有得逞。

****fold¹** [fəʊld] Ⅰ. (～s[-z];～ed['-ɪd]) *vt*. ❶折叠;对折:～ clothes(up)neatly 把衣服叠整齐 ❷合拢,交叉:The bird ～ed its wings. 那鸟收起了翅膀。❸抱紧;拥抱:Father ～ed the tiny child on his arms. 父亲把小孩抱在怀里。❹包;笼罩:*Fold* newspaper round this glass bowl. 把这个玻璃碗用报纸包好。*vi*. 可折叠成;对折起来:This garden table ～s(up) flat. 这张庭园茶点桌可以折叠成平的。Ⅱ. (～s[-z]) *n*. C❶折叠;(尤指)褶:a dress hanging in loose ～s 有宽松褶的连衣裙 ❷[用复数](地形的)起伏;山坳

fold² [fəʊld] (～s[-z]) *n*. ❶ C畜栏,(尤指)羊栏 ❷[the ～](栏中的)羊群;(教会的)信徒

fo•li•age ['fəʊlɪɪdʒ] *n*. U[集合用法]叶子,簇叶:a mass of green ～ 茂密的绿叶

****folk** [fəʊk] *n*. C U ❶[用复数]人们,伙伴:Some old ～(s) have peculiar tastes. 有些老人有特殊的爱好。❷[one's ～][口]家人,双亲;亲属:How are your ～s? 你家里人好吗? /Have you ever met my ～s? 你见过我父母吗?

****fol•low** ['fɒləʊ] (～s[-z]) *vt*. ❶([反]precede)跟随,跟着:The duckling ～ed its mother everywhere. 小鸭子跟着鸭妈妈到处走。❷(时间、顺序等)继…之后,跟着发生;接着:Monday ～s Sunday. 星期一在星期日之后。❸沿着(道路等)行走:*Follow* this road until you get to the corner, then turn left. 沿着这条路走到拐角处,然后向左转。❹听从;顺从;遵循;信奉:～ sb.'s advice 听从某人的劝告/～ the instructions 按指示办事 ❺从事(某种职业):～ a legal career 从事法律

工作 ❻([近]understand)听清,领会:I couldn't ～ his argument at all. 我根本不明白他的论点。*vi*. ❶([近]ensue)跟随;接着:You go first and I'll ～(on) later. 你先走,我随后就到。❷结果产生:I don't see how that ～s(from what you've said). (依你的话来看,)我不明白怎么会产生这样的结果。

fol•low•er ['fɒləʊə(r)] (～s[-z]) *n*. C❶(主义、学说等的)信徒;拥护者:the ～s of Mahatma Gandhi 圣雄甘地的拥护者。❷侍从,部下:He's a ～, not a leader. 他是侍从,不是领导者。❸追求者,追踪者

fol•low•ing ['fɒləʊɪŋ] Ⅰ. [无比较等级] *adj*. ❶([近]next)([反]previous) 其次的,接着的:It rained on the day we arrived, but the ～ day was sunny. 我们到达的那天正下雨,但次日天气晴朗。❷[常用 the ～]下述的,下列的:Answer the ～ question(s). 回答下列问题。❸[美](潮)顺船向而流的;(风)顺船向而吹的 Ⅱ. *n*. ❶[the ～][单复同]下述,下列:The ～ is of the greatest importance. 下面一点最为重要。❷[a ～][集合用法]一批支持者,拥护者:Our party has a large ～ in the south. 我党在南方有一大批拥护者 Ⅲ. *prep*. 在…以后,跟着:*Following* the lecture, a discussion was held. 讲课后开了讨论会。

****fond** [fɒnd] *adj*. ❶[只作表语]喜爱的,喜欢的(of):～ of music 喜爱音乐 ❷温柔的,深情的:～ eyes 温柔的目光/a embrace 充满深情的拥抱 ❸痴爱的,溺爱的:spoilt by ～ parents 被父母溺爱而惯坏的 ❹(希望等)不太可能实现的:～ hopes of success 对于成功的美梦

food [fuːd] (～s[-z]) *n*. ❶ U食物;养料:a shortage of ～ in some countries 有些国家的食物短缺 ❷ C(特定种类的)食品:breakfast ～ 早餐食品/baby ～s 婴儿食品 ❸ U饲料,饵食

****fool¹** [fuːl] Ⅰ. (～s[-z]) *n*. C❶蠢人,傻瓜;白痴:He's no ～. 他绝不是傻瓜。/I was ～ enough to believe him. 我相信他真够傻的了。❷(以往王侯贵族豢养的)小丑,弄臣 Ⅱ. (～s[-z]) *vt*. 愚弄,欺骗;诈取:You can't ～ me! 你休想骗我! /～ sb. out of his money 诈骗某人钱财 *vi*. ❶做傻事;开玩笑:Stop ～ing about with that knife or someone will get hurt. 不要摆弄那把刀,会伤人的。❷虚度;闲荡:I was meant to be working on Sunday, but I just ～ed around all day. 星期日我本应工作的,但却闲荡了一整天。

fool² [fuːl] *n*. C U奶油(或牛奶)拌水果(汁)

fool·er·y ['fuːlərɪ] (fooleries[-z]) *n*. Ⓤ Ⓒ 愚蠢的行为;愚蠢的想法

fool·har·dy ['fuːlˌhɑːdɪ] (foolhardier; foolhardiest) *adj*. 鲁莽的;有勇无谋的,蛮勇的: It was ～ (of him) to go swimming alone. (他)独自一人去游泳真是鲁莽。

* **fool·ish** ['fuːlɪʃ] *adj*. ❶([近]stupid, silly)([反]wise) 愚蠢的,傻的;不明智的: a ～ decision 不明智的决定 ❷ 可笑的,荒谬的: He's afraid of looking ～ in front of his friends. 他怕在老朋友面前出洋相。

* **foot** [fʊt] **Ⅰ**. (feet[fiːt]) *n*. ❶ Ⓒ 脚,足: He rose to his *feet*. 他站起身来。❷ Ⓤ 底部,底座;(行列等的)末尾: at the ～ of the stairs 在楼梯底部 ❸ Ⓤ Ⓒ 步伐,脚步: light of ～ 步履轻盈 ❹ Ⓒ 英尺 ❺ Ⓒ 韵脚,音步(诗句的节奏单位) ❻ Ⓤ[集合用法][用作单数]步兵 **Ⅱ**. (feet[fiːt]; ～ed['-ɪd]) *vt*. ❶ 走在…上,踏在…上;跳(某种舞) ❷ [口]支付(账单): Who's going to ～ the bill for all the repairs? 谁来付所有的修理费? *vi*. 跳舞

* **foot·ball** ['fʊtbɔːl] *n*. ❶ Ⓤ 足球运动 ❷ Ⓒ 足球

foot·ing ['fʊtɪŋ] *n*. [只用单数] ❶ [亦用 a ～]立足处,立足点: He lost his ～ on the floor and fell. 他在地板上失去平衡而摔倒了。❷ [a ～]地位,基础;立场: This enterprise is now on a firm ～ and should show profits. 现在这家企业基础稳固,很快就会赢利。❸ [a ～](军队等的)编制,体制: The army were put on a war ～. 这支军队是战时的编制(为战争做好准备)。❹ [a ～]关系,交情: be on a friendly ～ with sb. 同某人有友好的关系

foot·note ['fʊtnəʊt] **Ⅰ**. *n*. Ⓒ 脚注 **Ⅱ**. *vt*. 给…做脚注

* **for** [fə(r),fɔː(r)] **Ⅰ**. *prep*. ❶[表示对象]为了: Are all these presents ～ me? 这些礼物都是给我的吗? ❷[表示目的地、方向]往,向: This is a train ～ Beijing. 这是开往北京的火车。❸[表示目的、用途]: It's a machine ～ slicing bread. 这是切面包片的机器。❹[表示适合]适于…,适合: It's a very good day ～ hiking. 今天是远足的好日子。❺[表示等值或比例关系]换;代替: I bought a book ～ £3. 我花3英镑买了一本书。❻[表示理由、原因]由于,因为: He gave me roses ～ my birthday. 他送我玫瑰花来庆贺我的生日。❼[表示时间、距离]达,计: You said you would love me ～ ever. 你说你永远爱我。❽[表示特定的时间、机会]: I'm meeting him ～ the first time today. 今天我要与他初次见面。❾代,代表: I am speaking ～ all the workers in this firm. 我代表公司的全体工作人员讲话。❿对…来说,以…而言: He's not bad ～ a beginner. 就新手而论,他已经不错了。⓫赞成,支持,拥护: I'm all ～ pubs being open all day. 我完全赞成酒馆整日营业。⓬对于,关于: Fortunately ～ us, the weather changed. 我们运气真好,天气变了。⓭[表示比率](与 each、every 或数词连用)每…就…: There's one bad apple ～ every three good ones. 每四个苹果里就有一个坏的。⓮[美]沿用…的名字,世袭名: He was named Max ～ his grandfather. 他袭用他祖父的名字马克思。⓯对…而言(做某事)是…: It is clear enough ～ you to read. 这个很清楚,你能念的。**Ⅱ**. *conj*. (不用于句首)因为,由于: Prepare to alight, ～ we are almost there. 我们马上就要到了,准备下车吧。

for·bear[1] [fɔː'beə(r)] (～s[-z]; forebore [fɔː'bɔː]; ～ing[-rɪŋ]) *vt*. 克制,自制;避免: She could not ～ crying out. 她禁不住叫喊起来。*vi*. 克制,自制: He could not ～ from expressing his disagreement. 他忍不住要表达不同意见。

for·bear[2] ['fɔːbeə(r)] (～s[-z]) *n*. Ⓒ [常用复数]祖先

for·bear·ance [fɔː'beərəns] *n*. Ⓤ 忍耐,自制;宽容: show ～ towards sb. 对某人有耐性

* **for·bid** [fə'bɪd] (～s [-z]; forbade [fə'beɪd] 或 forbad [fə'bæd]; forbidden [fə'bɪdn];forbidding) *vt*. ([反]permit,allow)禁止…,不许;妨碍: I can't ～ you (或your)seeing that man again. 我无法禁止你再和那个男人来往。

for·bid·den [fə'bɪdn] **Ⅰ**. forbid 的过去分词 **Ⅱ**. *adj*. 被禁止的,禁止的

for·bid·ding [fə'bɪdɪŋ] *adj*. 难以接近的;可怕的,令人生畏的;险恶的: ～ appearance 冷酷的样子/a ～ coastline 险恶的海岸地形

* **force** [fɔːs] **Ⅰ**. (～s[-ɪz]) *n*. ❶ Ⓤ 力,力量: They used brute ～ to break open the door. 他们靠蛮力把门撞开了。❷ Ⓤ 暴力,武力;压力: renounce the use of ～ 放弃使用武力 ❸ Ⓒ[常用复数]军队,部队;兵力: the police ～ 警察部队 ❹ Ⓒ(因共同目的而行动的)队;集团;全员: Our work ～ are completely dependable. 我们的工作人员的能力完全可靠。❺ Ⓒ(社会上的)势力;有力人士: She's a ～ to be reckoned with. 她是不可忽视的力量。❻ Ⓤ影响力,说服力;效力: There is ～ in what he said. 他的话有说服力。❼ Ⓤ(精神上的)力量,气力,魄力: He overcame his bad habits by sheer ～ of will. 他全凭毅力改掉

了坏习惯。❽Ⓤ(言语的)主旨，真意：explain the ~ of a phrase 解释一个短语的确切意义 **Ⅱ**. (~s[ˈ-ɪz]; ~d[-t]; forcing) *vt*. ❶ ([近]compel，oblige)强迫，迫使：The president was ~d to resign (或 into resigning). 会长被迫辞职。❷强行进入；把…硬塞入…: ~ a door 强行打开门 ❸强行要求(某人)…, 把…强加于(人)：Don't ~ your idea on others. 不要把自己的想法强加于人。❹夺取，抢夺：~ the pistol from (或 out of) the criminal's hand 夺下犯人手中的枪 ❺(尤指迫于压力)勉强促成(或产生)…: She ~d herself to speak to him. 她硬着头皮和他搭话。❻促使(植物)早熟

forced [fɔːst] [无比较等级] *adj*. 强迫的，强制的，被迫的：~ labour 强迫劳动

force·ful [ˈfɔːsfʊl] *adj*. ([近]forcible)强有力的，坚强的；(话等)有说服力的

for·ci·ble [ˈfɔːsəbl] [作定语] *adj*. ❶强迫的，强制的：make a ~ entry into a building 强行进入一建筑物 ❷(人、说法等)有说服力的；强而有力的：a ~ reminder 有说服力的措辞

fore [fɔː(r)] **Ⅰ**. *adj*. 前面的，前部的：in the ~ part of the ship 在轮船的前部 **Ⅱ**. *adv*. 在前面；在船首 **Ⅲ**. *n*. [只用单数]前部；船头；前桅；(马等的)前腿

fore·cast [ˈfɔːkɑːst] **Ⅰ**. (~ed[-ɪd]) *vt*. 预报，预测：~ a fall in unemployment 预测失业人数下降 **Ⅱ**. *n*. Ⓒ 预测，预报：According to the (weather) ~, it will be sunny tomorrow. (天气)预报说，明天天气晴。

fore·fin·ger [ˈfɔːfɪŋɡə(r)] (~s[-z]) *n*. Ⓒ 食指

fore·go·ing [ˈfɔːɡəʊɪŋ] *adj*. 前述的，上述的；在前的：the ~ analysis 以上分析

fore·head [ˈfɒrɪd, -ˈred; ˈfɔːhed] (~s[-z]) *n*. Ⓒ ([近]brow)额头，脑门

for·eign [ˈfɒrɪn] *adj*. ❶([近]alien)外国的，在外国的；对外的；外国产的：~ students 外国学生/~ trade 对外贸易 ❷【医】外来的，异质的：a ~ body in the eye 眼中的异物 ❸无关的；不相干的(to)：What you say is ~ to the main issue of main discussion. 你讲的跟我们讨论的主要问题无关。

fore·man [ˈfɔːmən] (foremen) *n*. Ⓒ ❶(工厂等的)工头，领班 ❷陪审团团长

fore·most [ˈfɔːməʊst] **Ⅰ**. [无比较等级] *adj*. 第一流的，最重要的；最先的，最前的：the ~ painter of his time 在他那个时代里首屈一指的画家 **Ⅱ**. *adv*. 最先，第一：She ranks ~

among the country's leading conductors. 她在国内第一流指挥家中名列榜首。

fore·run·ner [ˈfɔːrʌnə(r)] (~s[-z]) *n*. Ⓒ ❶先驱者：the ~s of the modern bicycle 现代自行车的前身 ❷预兆，前兆

fore·see [fɔːˈsiː] (~s[-z]; foresaw[fɔːˈsɔː]; foreseen[fɔːˈsiːn]) *vt*. 预知，预测，预见：He *foresaw* that the job would take a long time. 他预见到做这件工作需要很长时间。

for·est [ˈfɒrɪst] **Ⅰ**. *n*. ❶Ⓤ Ⓒ森林；森林地带：~ animals 森林动物 ❷[常用单数]林立之物：a ~ of television aerials 林立的电视天线 **Ⅱ**. (~ed[-ɪd]) *vt*. 造林于…，使成为森林

for·ev·er [fərˈevə(r)] *adv*. ❶([近]for ever)永久地，永远：I'll love you ~! 我永远爱你！❷([近]always) [常与进行时连用]不断，始终：They are ~ arguing. 他们总是争吵。

for·gave [fəˈɡeɪv] forgive 的过去式

for·get [fəˈɡet] (forgot[fəˈɡɒt]; forgotten [fəˈɡɒtn]或 forgot; forgetting) *vt*. ❶忘记，想不起来：I've *forgotten* her name. 我把她的名字忘了。❷忽略，怠慢：Don't ~ your duties. 别玩忽职守。❸忘记带(买、做)：I *forgot* my keys. 我忘带钥匙了。❹(下意识地)忘掉，不介意：Let's ~ our differences. 咱们不要把彼此的分歧放在心上。*vi*. 忘记："Why didn't you buy any bread?" "Sorry, I *forgot*." "你怎么没买面包呢？" "真抱歉，我忘了。"

for·give [fəˈɡɪv] (~s[-z]; forgave [fəˈɡeɪv]; forgiven[fəˈɡɪvn]; forgiving) *vt*. ❶([近]pardon，excuse)原谅，饶恕，宽恕：I *forgave* her a long time ago. 我早已原谅她了。/ I can't ~ myself for not seeing my mother before she died. 母亲临终前我未去看她，使我不能原谅自己。❷免除(债务等)；赦免(某人)…: Won't you ~ me such a small debt? 这么小小的一笔债，请你免了行吗？

fork [fɔːk] **Ⅰ**. *n*. Ⓒ ❶(餐桌上用的)叉子：eat with a knife and ~ 使用刀叉吃东西 ❷耙子，草权 ❸(道路、河流等的)分岔点，岔口，支流；(树枝的)树权：Go up to the ~ and turn left. 走到岔口处向左拐。**Ⅱ**. (~ed[-t]) *vt*. (用权)权起；耙：~ the ground 耙地 *vi*. (道路、河流、树枝等)分岔；(人)走岔路：*Fork* right at the school. 到了学校向右拐。

for·lorn [fəˈlɔːn] *adj*. ❶被遗弃的，孤独的：a ~ child sitting on the street corner 坐在街角没人照顾的孩子 ❷(印象、外观等)凄凉的，荒凉的：deserted ~ farmhouses 弃置的破烂农舍

form [fɔːm] **I** . （～s[-z]） *n* . ❶（[近]shape）Ⓤ形状；形态：a jelly mould in the ～ of heart 做成心形的果冻 ❷Ⓒ（人、动物的）外形；体型：her slender graceful ～ 她那苗条优美的体型 ❸（[近]content）ⓊⒸ（与内容相对的）形式；（思想、艺术作品的）表现形式，体裁：literary ～ 文学体裁/the unity of content and ～ 内容和形式的统一 ❹（[近]letter）Ⓒ格式；表格（纸）：fill in an application ～ 填申请表 ❺（[近]manners）ⓊⒸ礼节，礼貌；仪式：Although she is not entitled to attend the dinner, I think she should be invited as a matter of ～. 尽管她没有资格参加这次晚宴，但我认为出于礼貌还是应该邀请她。❻Ⓤ（运动中的）姿势：She has a beautiful running ～. 她跑步的姿势很美。❼Ⓤ（运动员等的）状况，健康状态；精神：On present ～, America will win tonight's match. 就美国队目前的状态来看，今晚的比赛他们能赢。❽（[近]class）Ⓒ[英]（公立中等学校的）年级：Her youngest son is in the first ～. 她最小的儿子上一年级。❾ⓊⒸ【语】（与意义相对的）形式，外形；词形 ❿Ⓒ（做东西的）模型 ⓫Ⓒ[英]长板凳 **II** . （～s[-z]） *vt* . ❶使形成；构成：～ a bowl from clay 用陶土制成碗/～ sentences 构成句子 ❷组成；建立；创立：The Labour leader was asked to ～ a government. 要求工党领袖组织成政府。❸使排列，编（队伍）：The volunteers ～ed （themselves into） three groups. 志愿人员编分成 3 组。❹养成（习惯）：a character ～ed by strict discipline 靠严格的纪律培养起来的性格 ❺想出（计划等）；做出：～ an idea 形成想法 ❻【语】（根据语尾变化）构（词）；使衍生：～ the plural of a noun by adding "s" 在词尾加"s"构成名词的复数 *vi* . 形成，产生：thunder clouds ～ing in the distance 远处出现的雷雨云

for·mal [ˈfɔːml] [无比较等级] *adj* . ❶（[反]informal）正式的，礼节上的：a ～ dinner 正式的晚餐/～ dress 礼服 ❷拘泥形式的，刻板的 ❸外形的，形式上的；表面的：There is only a ～ resemblance between the two systems; they are in fact radically different. 这两种体系只是在表面上有某种相似之处，其实是根本不同。

form·er [ˈfɔːmə(r)] *adj* . ❶从前的，以前的：She's back to her ～ self again. 她又恢复了以前的样子。❷[the ～]前者的，前面的：The ～ option favours the married man. 前一种选择对已婚男子有利。

for·mu·la [ˈfɔːmjələ] （～s[-z]或 formulae [ˈfɔːmjuliː]） *n* . Ⓒ ❶（应酬话等的）惯用语，客套话："How do you do" and "Excuse me" are social *formulae*. "你好"和"对不起"是社交中的客套话。❷（双方或各方同意的）文案，计划：Managers and workers are still working out a peace ～. 劳资双方仍在商谈制订和解文案。❸制法，配方，处方：a ～ for a new drug 新药的配方 ❹【数】公式：化学式

forth [fɔːθ] *adv* . ❶（在空间上）向前，向前方；向外：step ～ 向前走/a spring issuing ～ from the hill 山中涌出的泉水 ❷（在时间上）以后：from that day ～ 从那天起

fort·night [ˈfɔːtnaɪt] *n* . （[近]two weeks）Ⓒ[英]两星期，14 天：a ～ ago 两星期前/a ～ today 自今天起两周之后

fort·night·ly [ˈfɔːtnaɪtlɪ] **I** . *adj* . [英]两周一次的，每两周的：a ～ flight to Beijing 每两周飞往北京一次的航班 **II** . *adv* . [英]两周一次地，每两周地：go home ～ 每两星期回家一次 **III** . （fortnightlies[-z]） *n* . Ⓒ[英]双周刊

for·tu·nate [ˈfɔːtʃənət] *adj* . ❶（[反]unfortunate）幸运的；侥幸的：I was ～ to have a good boss. 我很幸运，有个好老板。/It was very ～ for him that he arrived on time. 他按时到了，算他走运。❷带来幸运的，预兆吉利的：a ～ event 幸运的事

for·tune [ˈfɔːtʃən] （～s[-z]） *n* . ❶Ⓤ运气，幸运：By a stroke of ～, he won the competition. 他靠运气在竞赛中获胜。❷Ⓤ[F-]命运女神 ❸ⓊⒸ财产，财富；巨款：She inherited a large ～. 她继承了一大笔财产。❹ⓊⒸ（将来的）运气；命运

for·tune-teller [ˈfɔːtʃənˈtelə] （～s[-z]） *n* . Ⓒ（常指女性）占卜者，算命者

for·ward [ˈfɔːwəd] **I** . *adv* . ❶向前，前进：take an important step ～ 向前迈出重要的一步/The project will go ～ as planned. 该工程将按计划进行。❷将来，今后，以后：Look ～ and consider the advantages of a larger house. 从长远着想，考虑一下大房子的好处。❸出来，出现：put ～ a proposal 提出建议 **II** . [无比较等级] *adj* . ❶前方的，前部的，向前的：the ～ part of the train 火车的前部/～ movement 向前运动 ❷进步的，前进的；激进的：a ～ opinion 进步的意见 ❸（季节、庄稼、儿童等）早熟的：The crops were ～ this year. 今年农作物成熟得早。❹唐突的，莽撞的，冒昧的：I hope you'll apologize — that was a very ～ thing to do. 我希望你能道歉——那事你做得太莽撞了。❺（工作等）大有进展的，提前的 ❻热心的；急切的：be ～ in helping others 热心助人 **III** . （～s[-z]）；

~ed[-ɪd]) *vt.* ❶转递,转交(信件等):Please ~ our post（to our new house）when we move. 我们搬家后,请将邮件转递(到我们的新住宅)。❷推动,促进: ~ sb.'s career 促进某人的事业 ❸寄;发送: ~ a shipment of gloves 发送一批手套 **Ⅳ.**（~s[-z]）*n.*ⓒ(球赛等的)前卫,前锋

fos·ter ['fɒstə(r)]（~s[-z]; ~ing[-rɪŋ]）*vt.* ❶养育;抚养,照顾:People who cannot have a baby of their own sometimes ~ a child. 不能生育的人有时领养别人的孩子。❷促进,培养;鼓励: ~ an interest 培养兴趣/~ the growth of local industries 扶植地方工业 ❸抱,心怀(野心、希望等): ~ hopes for success 抱成功的希望

foul [faʊl] **Ⅰ.** *adj.* ❶([近]dirty)肮脏的,污秽的;难闻的,恶臭的;不舒服的:a ~ rubbish dump 又脏又臭的垃圾堆/This medicine tastes ~! 这药味让人恶心! ❷邪恶的,罪恶的:a ~ crime 邪恶的罪行 ❸([反]fair)(比赛中)犯规的;(棒球)界外球的:a ~ stroke 犯规的一击 ❹(天气等)恶劣的,暴风雨的:The spring was ~ this year. 今春天气恶劣。❺(水管、烟囱等)堵塞的,(道路)泥泞的 ❻(绳索、链子等)纠缠的,缠结的 **Ⅱ.** *adv.* 不正当地,违法地:play sb. ~ 用卑鄙手段对付某人 **Ⅲ.**（~s[-z]）*vt.* ❶弄脏,使污秽:The factories are responsible for ~ing up the air for miles around. 这些工厂造成大范围的空气污染。❷使(绳子等)缠结:My fishing line got ~ed in an old net. 我的钓丝跟旧渔网缠在一起了。❸(比赛中)对…犯规:He ~ed the same player again in the second half. 他在下半场对同一运动员再次犯规。*vi.* ❶腐败,腐烂;(管道等)堵塞 ❷(与某物)缠结:The ropes have ~ed up. 绳子缠住了。❸(比赛中)犯规 **Ⅳ.**（~s[-z]）*n.*ⓒ(在比赛中)犯规

found[1] [faʊnd] find 的过去式和过去分词

found[2] [faʊnd]（~s[-z]; ~ed[-ɪd]）*vt.* 铸(金属);铸造(金属制品);熔(制)

˙**found**[3] [faʊnd]（~s[-z]; ~ed[-ɪd]）*vt.* ❶创立,创办: ~ a research institute 创办研究机构 ❷建立;创作,树立;使有根据: ~ a novel on fact 根据事实写小说

foun·da·tion [faʊn'deɪʃən]（~s[-z]）*n.* ❶ⓤ创立,设立;创办:the ~ of the university 大学的创办 ❷ⓒ(建筑物的)地基,根基:lay the ~s of a building 给建筑物奠基 ❸ⓤⓒ基础,根本原则;根据,依据:The conclusions must have some solid ~s in reality. 这些结论一定有些牢固的现实基础。❹ⓒ(学校、医院等的)基金会;(设立的)基金,维持基

金:You may be able to get support from an art ~. 你可以从文艺基金会得到资助。

found·er[1] ['faʊndə(r)]（~s[-z]）*n.*ⓒ创立者,创办人,设立者

found·er[2] ['faʊndə(r)]（~s[-z]; ~ing[-rɪŋ]）*vi.* ❶(船)沉没:The boat ~ed on rocks near the harbour. 船在港口附近触礁沉没。❷(马)跌倒,摔倒:The mare ~ed under the heavy load and collapsed in the road. 那母马因负载过重而摔倒在路上。❸(计划、事业等)失败,破产:The project ~ed as a result of lack of finance. 该项目因缺乏资金而告吹。

found·er[3] ['faʊndə(r)]（~s[-z]）*n.*ⓒ铸(造)工,翻砂工

˙**foun·tain** ['faʊntɪn]（~s[-z]）*n.*ⓒ❶泉水,水源 ❷人造喷泉;喷水池:The ~s of Rome are famed for their architectural beauty. 罗马的喷泉以其建筑之美而著称。❸(公园等内的)喷泉式饮水器 ❹(知识等的)根源,源泉:the ~ of justice 正义的源泉

˙**four** [fɔː(r)] **Ⅰ.**（~s[-z]）*n.* ❶ⓤⓒ(数的)4,4 的数字 ❷[用作复数]4 个,4 人 ❸ⓤ4 点,4 分,4 岁 ❹ⓒ4 个(人)一组 ❺ⓤ(扑克牌的)4 点 **Ⅱ.** *adj.* ❶4 的,4 个的,4 人的 ❷4 岁的

four-foot·ed ['fɔː'fʊtɪd] *adj.* (动物)4 足的

˙**four·teen** ['fɔː'tiːn] **Ⅰ.** *n.* ❶ⓤⓒ(数的)14,14 的数字 ❷[用作复数]14 个,14 人 ❸ⓤ14 分,(24 时制的)14 点,14 岁 ❹ⓒ14 个(人)一组 **Ⅱ.** *adj.* ❶14 的,14 个的,14 人的 ❷14 岁的

˙**four·teenth** ['fɔː'tiːnθ] **Ⅰ.** *adj.* ❶[常用 the ~]第 14 的,第 14 号的 ❷1/14 的 **Ⅱ.** *n.* ❶[常用 the ~]第 14(的事物);(每月的)第 14 日 ❷ⓒ1/14

˙**fourth** [fɔːθ] **Ⅰ.** *adj.* ❶[常用 the ~]第 4 的,第 4 号的 ❷1/4 的 **Ⅱ.** *n.* ❶[常用 the ~]第 4,(每月的)第 4 日 ❷ⓒ1/4

fowl [faʊl]（~s[-(z)]）*n.* ❶ⓒ(长成的)鸡,家禽(鸭子、火鸡等):We keep a few ~s and some pigs. 我们养了几只鸡和几头猪。❷ⓤⓒ鸟类,禽类:the ~s of the air 飞禽 ❸ⓤ鸡肉;鸟肉:We had fish for the first course, followed by roast ~. 我们吃的第一道菜是鱼,接着上的菜是烤禽肉。

˙**fox** [fɒks] **Ⅰ.**（~es['-ɪz]）*n.* ❶ⓒ狐,狐狸:Hunting ~es is a peculiarly English sport. 猎狐是英国特有的运动。❷ⓤ狐皮 ❸ⓤ[口]诡计多端的人,狡猾的人:a sly old ~ 狡猾的老狐狸 **Ⅱ.**（~es['-ɪz]; ~ed[-t]） *vt*. ❶[俚]欺骗,欺诈 ❷(生褐斑)使(书页)褪色:This volume is ~ed on the flyleaf. 这卷书的空白页黄了。*vi*. 假装,伪装

fox·y ['fɒksɪ] (~s[-z]) *adj*. ❶狐狸似的;狡猾的,要滑头的 ❷[美口](女性)有魅力的:a ~ lady 性感的女人

frac·tion ['frækʃən] (~s[-z]) *n*.回❶片断,碎片;小部分:crumble into ~s 碎成小片 ❷一点儿,一些:Could you move a ~ closer? 你能不能再稍微挪近点儿? ❸【数】分数

fra·grance ['freɪɡrəns] *n*. ❶回芳香,馨香 ❷回香气,香味:Lavender has a delicate ~. 薰衣草有淡淡的香味。

fra·grant ['freɪɡrənt] *adj*. ❶香的,芳香的:~ flowers 芳香的花儿 ❷([近]delightful)令人愉快的:~ memories 令人愉快的回忆

frail [freɪl] *adj*. ❶(构造)脆弱的,易坏的;(身体)柔弱的,虚弱的:Careful, that chair's rather ~! 小心点儿,那把椅子不结实! ❷意志薄弱的:~ human nature 易堕落的人性

frail·ty ['freɪltɪ] (frailties[-z]) *n*. ❶回脆弱;虚弱;渺茫;(意志的)薄弱 ❷回(性格上的)弱点,缺点:She continued to love him despite his many *frailties*. 尽管他有很多缺点,但她仍爱他。

frame [freɪm] Ⅰ. (~s[-z]) *n*. ❶回(建筑物、机械、车辆等的)构架,骨架:the ~ of a bed 床的构架 ❷回(窗等的)框架;装饰框;[用复数](眼镜的)镜框:a picture ~ 画框/glasses with heavy black ~s 黑色粗框眼镜 ❸回回骨骼;体型:Sobs shook her slender ~. 她抽泣着,苗条的身体在颤动。❹回构造,组织,体制:the ~ of society 社会组织 ❺回(园艺用的)御寒玻璃罩,温室 ❻回(连环画的)单张画;(电影的)画面,镜头 ❼回(棒球的)局;(拳击)一回合;(保龄球的)一格 Ⅱ. (~s[-z]; framing) *vt*. ❶给…装框子,镶边:~ a photograph 给照片镶框 ❷构造,建造;设计,表达(思想、语言等):~ a shelter for bicycles 搭一个自行车棚/~ a set of rules 制定一套规章 ❸[俚]陷害,诬陷;捏造:The accused man said he had been ~d. 被告说他受人陷害了。

franc [fræŋk] *n*.回法郎(法国、比利时、瑞士等国的货币单位;1 法郎即 100 分)

frank [fræŋk] Ⅰ. *adj*. 直率的,坦白的;真诚的:a ~ reply 坦率的回答/to be ~ with you 老实说,坦率地 Ⅱ. (~ed[-t]) *vt*. 免费邮寄;盖免费递寄邮戳于…

fra·ter·nal [frə'tɜːnl] *adj*. ❶([近]brotherly)兄弟的;兄弟般的:~ love 手足之情 ❷

友爱的,友好的;~ greetings from fellow trade unionists 同行业工会会员的友好问候

free [friː] Ⅰ. (~r; ~st) *adj*. ❶自由的,无束缚的:After 5 years in prison, he was a ~ man again. 他坐了 5 年监狱,又成了自由人。❷随便的,随意的:Please feel ~ to use my computer. 要使用我的计算机请随意。❸([近]busy)空闲的,有时间的;(座位等)空着的:I'm usually ~ in the afternoon. 我通常下午有空。❹免费的;无税的:Admission is ~. 免费入场。❺大方的,慷慨的(with):He is very ~ with his time. 他毫不吝惜自己的时间。❻不受(形式等)拘束的,自由奔放的;(动作)悠然自得的,自然的:~ skating 自由式溜冰/a ~ gait 从容的步伐 ❼不客气的,随便的:be rather too ~ with sb. 对某人在态度上过于随便 ❽不固定的,松弛的:the ~ end of the rope 绳索松着的一端 ❾(道路等)畅通无阻的;(进出、参加等)自由的,开放的:Is the way ~? 道路畅通吗? Ⅱ. *adv*. ❶免费地,无偿地:Children under five usually travel ~ on trains. 5 岁以下的儿童乘火车通常免费。❷自由地,随便地 ❸(螺丝钉等)松弛地 Ⅲ. (~s[-z]) *vt*. ❶使…自由,解放:~ an animal from a trap 把动物从陷阱中放出来 ❷使摆脱;解除:Try to ~ yourself from all prejudices. 尽量消除一切偏见。/~ the victims from the collapsed building 把遇难者从倒塌的建筑物中解救出来

free·dom ['friːdəm] (~s[-z]) *n*. ❶回回自由,自主:He was given his ~ ten years ago. 10 年前他就获得了自由。/press ~ 出版自由 ❷回(限制、不安等的)解脱,免除(from):~ from fear, pain 没有恐惧、痛苦 ❸回(行动、使用等的)自由权:I enjoyed complete ~ to do as he wished. 他享有完全按自己的意愿行事的自由。❹[the ~](出入、使用等的)自由权;特权:I give him the ~ of my house and belongings. 我让他随便使用我的房子和东西。

freeze [friːz] Ⅰ. (~s[-ˈɪz]; froze[frəuz]; frozen[frəuzn]; freezing) *vt*. ❶使结冰;将…冷冻:The severe cold *froze* the pond. 天气寒冷使池塘结了冰。❷使冻僵(或冻伤、冻死):Two men were *frozen* to death on the mountain. 有两个人在山上冻死了。❸(因恐惧等)使呆住,使毛骨悚然:The sudden bang *froze* us in our tracks. 突然砰的一响,顿时把我们惊呆了。❹冻结(工资、物价、存款等):~ a society's funds 冻结一团体的基金 *vi*. ❶结冰;凝固:Water ~s at 0℃. 水在 0℃时结冰。❷感到极冷:It's *freezing* outside! 外面

冷极了! ❸呆住,毛骨悚然: She *froze* with terror as the door opened silently. 门一声不响地开了,把她吓呆了。Ⅱ. *n*. Ⓤ❶[亦用 a ～]结冰;严寒期: last year's big ～ 去年的严寒期 ❷[亦用 a ～](物价、工资等)冻结: a wage ～ 工资冻结

freez·ing ['fri:zɪŋ] *adj*. ❶极冷的;冻结的,凝固的 ❷(态度)冷淡的,冷冰冰的

French [frentʃ] Ⅰ. *adj*. 法国的;法国人的;法语的;法国式的: the ～ countryside 法国的乡村 Ⅱ. *n*. ❶Ⓤ法语: *French* is a Romance language. 法语是罗曼语。❷[the ～][用作复数][集合用法]法国人: The ～ are renowned for their cooking. 法国人擅长烹饪。

French·man ['frentʃmən] (Frenchmen) *n*. Ⓒ法国人;法国男人

French·woman ['frentʃ‚wumən] (Frenchwomen) *n*. Ⓒ法国人;法国女人

fre·quen·cy ['fri:kwənsɪ] (frequencies [-z]) *n*. ❶Ⓤ屡次,频繁: the ～ of premature births in this region 该地区早产情况的频繁 ❷Ⓒ出现率,次数: Fatal accidents have decreased in ～ over recent years. 近年来,死亡事故发生的频率已经下降。❸Ⓤ Ⓒ【物】周率,频率: In the evening this station changes ～ and broadcasts on another band. 该电台晚上改变频率,在另一波段播音。

fre·quent ['fri:kwənt] Ⅰ. *adj*. ❶经常(发生)的;屡次的,频繁的: the car manufacturer's ～ changes of models 汽车制造厂产品型号的经常变换 ❷惯常的,习惯的 Ⅱ. [frɪ'kwent] (～ed[-ɪd]) *vt*. 常到;常去,时常出入于…: He used to ～ the town's bars. 他以前常去镇上的酒吧。

fres·co ['freskəʊ] (～(e)s[-z]) *n*. Ⓤ Ⓒ壁画法;壁画: The ～s in the Sistine Chapel are world famous. 西斯廷教堂的壁画举世闻名。

fresh [freʃ] *adj*. ❶([反]stale)新鲜的,新生产的,新制的;非储藏(加工)的: ～ flowers 新鲜的花/～ bread 新烤的面包/～ meat 鲜肉 ❷清新的;气色好的;精神饱满的,生气勃勃的: a ～ complexion 气色好的面容 ❸(颜色)鲜艳的;(印象等)鲜明的,清晰的;(涂料等)新漆的: ～ colours in these old prints 旧印刷物上的鲜艳色彩/Their memories of the wedding are still ～ in their minds. 他们至今对婚礼仍记忆犹新。/*Fresh* paint — please do not touch. 油漆未干——请勿触摸。❹(空气)清新的;(风)凉爽的,凛冽的: Open the window and let in some ～ air. 打开窗户放进些新鲜空气。❺(人)新加入的,

(从…)刚来的;无经验的,不熟练的: students ～ from college 刚从学校毕业的学生 ❻新的,新颖的: ～ problems 新问题/a ～ approach to the difficulty 解决困难的别开生面的方法 ❼([反]salty)(水)淡的,可饮用的 ❽[口]自大的,神气活现的;(对异性)过分随便的(with): He then started to get ～ with me. 他于是对我放肆起来。

fresh·en ['freʃən] (～s[-z]) *vi*. ❶(风)变强,变凉爽 ❷变得新鲜,显得鲜艳 ❸变得精神焕发;梳洗一番 *vt*. ❶使新鲜;使清新: A good clean will really ～ the house. 好好收拾一下,的确会使房子焕然一新。❷添(饮料): Can I ～ your drink? 我再给你添些酒好吗?

fric·a·tive ['frɪkətɪv] Ⅰ. *adj*. 摩擦的,由摩擦产生的 Ⅱ. (～s[-z]) *n*. Ⓒ【语】摩擦音

Fri·day ['fraɪdɪ] (～s[-z]) *n*. Ⓤ Ⓒ星期五: We get paid on ～s. 我们星期五发工资。

fridge [frɪdʒ] (～s['-ɪz]) *n*. Ⓒ[英口](家庭用)电冰箱

fried [fraɪd] Ⅰ. fry 的过去式和过去分词 Ⅱ. *adj*. 油煎的: ～ eggs 煎鸡蛋

friend [frend] (～s[-z]) *n*. Ⓒ❶([反]enemy)朋友,友人: We are all good ～s. 我们都是好朋友。❷赞助者,支持者;助手: a ～ of justice, peace 维护正义、和平的人 ❸伙伴,同伴: At last, among ～s, he was free to speak his mind. 他终于向自己的同伴倾诉衷肠。❹有帮助的事物,可依赖的事物: Honesty has always been his best ～. 忠实可靠一向使他受益匪浅。❺[用复数]各位,大家,朋友们(用于演讲时称呼语): *Friends*, it is with great pleasure that I introduce... 朋友们,我很高兴地介绍…

friend·ly ['frendlɪ] (friendlier; friendliest) *adj*. ❶朋友般的,亲密的: The children here are quite ～ with one another. 这里的孩子相互之间十分友爱。❷([反]unfriendly, hostile)友好的,亲切的: a ～ smile 亲切的微笑 ❸有帮助的,有利的;合适的: a ～ shower 及时雨

friend·ship ['frendʃɪp] *n*. ([反]hostility)❶Ⓤ友爱,友情: The aim of the conference is to promote international ～. 会议的目的是增进国际间的友谊。❷Ⓒ友谊,友善;交友关系: I have had many ～s, but never such an intimate one. 我交过很多朋友,但从没有如此密切。

fright [fraɪt] *n*. ❶Ⓤ Ⓒ恐吓,恐怖: I got ～ of my life. 我吓得要命。❷Ⓒ[a ～][口]奇形怪状的人;怪人,怪物: She thinks that dress is pretty — I think she looks a ~ in it. 她以为那件衣服挺漂亮——依我看，她穿着像个丑八怪。

frigh·ten ['fraɪtn] (~s[-z]) *vt*. ❶[常用被动语态]([反]calm, reassure)使惊惧，惊吓;使害怕: Sorry, I didn't mean to ~ you. 对不起，我不是故意吓唬你的。❷将…吓跑: The alarm ~ed the burglars away. 警铃声把窃贼吓跑了。

fright·ened ['fraɪtənd] *adj*. 惊吓的，受惊的;害怕的: *Frightened* children were calling for their mothers. 受惊的孩子们呼喊着找妈妈。

fright·ful ['fraɪtfʊl] *adj*. ❶可怕的，令人毛骨悚然的:a ~ accident 可怕的事故 ❷[口]非常的;讨厌的，令人不愉快的:They left the house in a ~ mess. 他们离去时房子里乱七八糟。

frig·id ['frɪdʒɪd] *adj*. ❶严寒的，极冷的:a ~ climate 严寒的气候 ❷冷淡的，生硬的:a ~ glance 冷淡的目光 ❸(女性)缺乏性感的

fringe [frɪndʒ] Ⅰ. (~s['-ɪz]) *n*. ❶ⓒ(桌布、围巾等的)饰穗，毛边 ❷ⓒ(一般的)缘，边;(离开中心的)边缘:on the ~s of society 在社会的边缘 ❸ⓒ(额头的)刘海:She has a ~ and glasses. 她额前有刘海儿，戴着眼镜。❹ⓤ[集合用法]非主流派，极端论者:on the radical ~ of the party 党内意见偏激的一方 Ⅱ. (~s['-ɪz]; ~d[-ɪd]) *vt*. 给…加穗;在…加边饰:~ a shawl 给围巾加穗

frog [frɒg] (~s[-z]) *n*.ⓒ❶青蛙 ❷(用细绳等做的)饰扣

from [frəm; frɒm] *prep*. ❶[表示场所]从…:A child fell ~ the seventh floor of a block of flats. 小孩儿从公寓的8楼摔了下来。❷[表示时间]自从…:It's due to arrive an hour ~ now. 从现在起，一个小时就该到了。❸[表示数量、顺序]从…:write ~ 10 to 15 letters daily 每天写10到15封信 ❹[表示隔离、距离]从…，由…:100 yards ~ the scene of the accident 离事故现场100码 ❺[表示来源]:They come ~ the north. 他们是北方人。❻[表原料、材料]:Wine is made ~ grapes. 葡萄酒是用葡萄酿成的。❼[表示转变]:Things have gone ~ bad to worse. 事情已经越来越糟了。❽[表示区别、差异]:How do you know a fake ~ the original? 怎样识别赝品和真品呢？❾[表示原因、动机]:She felt sick ~ tiredness. 她因疲劳而感到不舒服。❿(表示立场、观点):*From* a teacher's point of view, this dictionary will be very useful. 以教师的观点来看，这部词典很有用。

front [frʌnt] Ⅰ. *n*.ⓒⓤ❶([反]back)前面;正面;前部:The ~ of the building was covered with ivy. 建筑物的前面爬满了常春藤。❷[常用the ~]前线，战线，战地:serve at the ~ 在前线服役 ❸(思想、政治、社会的)(共同)阵线:the National *Front* 民族战线 ❹[常用the ~](面临道路、海等的)土地;[英](海岸的)人行道:walk along the ~ 沿着滨海人行道走 ❺【气】锋:A cold ~ is moving in from the north. 一股冷锋从北方向这里移动。❻[常用the ~]表情，态度:put on a bold ~ 装出一副大胆的样子 ❼[口]幌子;挂名负责人;(不法行为的)掩饰物:The jewellery firm is just a ~ for their illegal trade in diamonds. 该珠宝公司不过是进行非法钻石交易的幌子。❽(衣服、衬衫的)前襟:The young boy spoilt some juice down his ~. 那男孩把果汁洒在前襟上了。❾(剧场、礼堂等的)前排座:The teacher made me move my seat to the ~ of the classroom. 老师让我把座位挪到教室的最前面去坐。Ⅱ. *adj*. 前面的，前部的;正面的;最前排的:~ teeth 门牙/the ~ seat of a bus 公共汽车前面的座位 Ⅲ. (~ed['-ɪd]) *vt*. ❶朝向…，面对:~ the audience 面对观众 ❷装饰的正面(with):The monument was ~ed with marble. 纪念碑的正面是用大理石做的。❸对抗(敌人、困难等) *vi*. 朝向，面向:hotels that ~ onto the sea 面向大海的旅馆

fron·tier ['frʌntɪə(r)] (~s[-z]) *n*. ❶([近]boundary)ⓒ边境;边疆:a town on the ~ 边境城市/a ~ zone 边境地带 ❷[the ~](靠近未开发地带的)边远地区:Beyond the ~ lay very real dangers. 在开发区以外十分危险。❸ⓒ[常用复数](知识、学问等的)尖端，新领域，未开拓的领域:teach near the ~s of one's subject 讲授个人专业领域的新知识

frost [frɒst] Ⅰ. *n*. ❶ⓤⓒ霜;降霜:The windscreen was covered with ~. 挡风玻璃上结了霜。❷ⓤⓒ严寒，冰冻;[英]冰点以下的温度:There was a heavy ~ last night. 昨夜有严重霜冻。❸ⓒ[口](演讲、集会等的)失败;乏味:His wordy and empty speech was a ~. 他的冗长空洞的讲话不受人欢迎。Ⅱ. (~ed['-ɪd]) *vt*. ❶在…上结霜:~ed pavements 结霜的人行道 ❷使(植物)受霜害 ❸[美]以糖霜撒在(蛋糕上) ❹使(玻璃、金属)去掉光泽，制成毛面 *vi*. 结霜，结冰:The car windscreen ~ed over during the night. 汽车的挡风玻璃在夜间结了霜。

frown [fraʊn] Ⅰ. (~s[-z]) *vt*. 以皱眉表示(不悦、不赞成等) *vi*. (因不悦、困惑、忧虑等)

皱眉,蹙额:Peter ～ed at the noise. 彼得听到吵闹声便皱起眉头./My parents always ～ on late nights out. 我父母一向不赞成深夜外出。Ⅱ. (～s[-z]) n.Ⓒ 皱眉,蹙额:I noticed a slight ～ of disapproval on his face. 我留意他轻轻皱了一下眉,露出不赞成的样子。

fro·zen ['frəʊzn] Ⅰ. freeze 的过去分词 Ⅱ. adj. ❶结冰的,冷冻的;极冷的:～ food 冷冻食品 ❷(态度等)冷淡的,无情的 ❸(因恐怖等)吓呆的 ❹(资产等)冻结的:～ assets 冻结资产

fru·gal ['fru:gl] adj. 俭朴的,节俭的;节省的:They lived a very ～ existence. 他们生活非常俭朴./a ～ housekeeper 节俭的管家

*__fruit__ [fru:t] Ⅰ. n. ❶Ⓒ某种水果;Ⓤ(泛指)水果:The country exports tropical ～(s). 该国出口热带水果。❷Ⓤ Ⓒ(植物的)果实 ❸[用复数]农作物,产物;收成:the ～s of the earth 农产品 ❹Ⓤ[常用复数](行为的)结果,成果;回报:enjoy the ～(s) of one's labours 享受自己的劳动成果 Ⅱ. (～ed['-ɪd]) vi. 结果实:These apple trees have always ～ed well. 这些苹果树总是结很多苹果。

fruit·ful ['fru:tful] adj. ([反]unfruitful) ❶(事物)收获多的,有益的:a ～ day's work 工作收获大的一天 ❷肥沃的,多产的;果实结得多的

frus·tra·te [frʌs'treɪt] vt. 挫败;阻挠;使感到灰心:～ the enemy in his plans 挫败敌人的计划

fry¹ [fraɪ] (fries[-z]) n.Ⓒ鱼苗,鱼秧

*__fry__² [fraɪ] Ⅰ. (fries[-z]; fried) vt. 用油炸,油煎:fried chicken 炸鸡 vi. ❶油炸,油煎:bacon ～ing in the pan 在煎锅里煎着的腌肉 ❷[口]晒黑 Ⅱ. (fries[-z]) n. ❶Ⓒ油炸物,炒菜;炸薯条 ❷Ⓒ[美](在郊外举行的)油煎品聚餐会

fry·ing-pan ['fraɪɪŋpæn] (～s[-z]) n.Ⓒ 煎锅

*__fuel__ ['fjʊəl,'fju:əl] Ⅰ. n. ❶Ⓤ Ⓒ燃料:What sort of ～ do these cars need? 这些车需要哪种燃料? ❷Ⓒ刺激因素;挑拨情绪的事物:His indifference was a ～ to her hatred. 他的无动于衷使她心中的怨恨火上浇油。Ⅱ. (～s[-z];fuel(l)ed; fuel(l)ing) vt. 供给(某物)燃料;加燃料:～ing a car with petrol 给汽车加汽油 vi.得到燃料,加油(或煤等):All aircraft must ～ before a long flight. 所有的飞机均须先加油方能做长途飞行。

ful·fil(l) [fʊl'fɪl] (～s[-z]; fulfilled; fulfilling) vt. ❶([近]complete)履行(义务、诺言等);完成(任务、工作等);实现(希望等):～ a promise 履行诺言 ❷使达到(目的、要求等);满足:～ the terms of a contract 满足合同条款的要求

*__full__ [fʊl] Ⅰ. adj. ❶([反]empty)满的,充满的;满满的:She's ～ of vitality. 她充满活力。❷完全的,十足的;最大限度的:The roses are in ～ bloom. 玫瑰花正在盛开。❸吃饱的,(喝酒)足量的;满脑子的:No more thank you. I'm ～ up. 不添了,谢谢。我已经吃饱了。❹丰富的,丰满的,圆润的;(衣服)宽松的,肥大的:～ experience 丰富的经验/Please make this coat a little ～er across the back. 请把这件大衣的后身改宽些。❺(声音)嘹亮的;强烈的,浓烈的:a ～ tone 洪亮的声调/the ～ glare of a flash 强烈的闪光 Ⅱ. adv. ❶恰恰,正好:John hit him ～ in the face. 约翰一下正打在他的脸上。❷非常地,充分地:as you know ～ well 正如你十分了解的 Ⅲ. n.Ⓤ充分,全部;极盛时期,顶点

fume [fju:m] Ⅰ. (～s[-z]) n. [常用复数](浓烈或难闻的)烟,气,汽:The air was thick with cigar ～s. 空气里弥漫着雪茄的烟味。Ⅱ. (～s[-z]; fuming) vt. 熏(木材等)使表面呈深色:～d oak 熏栎木 vi. ❶冒烟,出汽:The smouldering wreck ～d for days. 燃烧的残骸冒了好几天的烟。❷发怒,愤怒:By the time we arrived an hour late, she was fuming (with anger). 我们晚到了一个小时,她正气得七窍生烟。

*__fun__ [fʌn] n. Ⓤ ❶滑稽,幽默:She's very lively and full of ～. 她很活泼,又很幽默。❷娱乐,乐趣:We had lots of ～ at the fair today. 我们今天在游乐场上玩得很高兴。❸有趣的事(人):Sailing is great ～. 帆船运动是一大乐趣。/a ～ hat 有趣的帽子

func·tion ['fʌŋkʃən] Ⅰ. (～s[-z]) n.Ⓒ ❶功能,作用:fulfil a useful ～ 起到有益的作用 ❷职务,任务,职责:It is not the ～ of this committee to deal with dismissals. 处理解雇问题不是本委员会的职责。❸仪式,典礼;[口]社交集会,宴会:Heads of state attend numerous ～s every year. 国家首脑每年要出席很多重大宴会。❹【数】函数:X is a ～ of Y. X 是 Y 的函数。Ⅱ. (～s[-z]) vi. ❶运行;起作用,产生功能:His brain seems to be ～ing normally. 他的大脑看来功能正常。❷(起…的)作用(as):The sofa can also ～ as a bed. 这沙发也可以当床。

fund [fʌnd] Ⅰ. (～s[-z]) n. ❶Ⓒ资金;基

金,专款:a disaster ～ 赈灾款/the church restoration ～ 教堂修缮基金 ❷[用复数]现款,现金:I'm short of ～s, so I'll pay you next week. 我手头缺钱,下星期再付给你吧。❸Ⓒ(知识等的)积累,蕴藏:a ～ of knowledge, experience 大量的知识、经验 Ⅱ.(～s [-z]) vt.❶为…提供资金:The government is ～ing another unemployment scheme. 政府正在为处理失业问题的另一计划拨款。❷换(短期借款)为长期借款

fun·gus ['fʌŋgəs] (fungi ['fʌŋgaɪ] 或 ～es ['-ɪz]) n.Ⓒ真菌;真菌类植物

*__fun·ny__ ['fʌnɪ] (funnier; funniest) adj. ❶可笑的,有趣的,滑稽的:～ stories 好笑的故事/a ～ man 风趣的人 ❷[口]古怪的,稀奇的:a ～ old lady 古怪的老妇人 ❸[口]不舒服的,有病的:That drink has made me feel quite ～. 我喝了那种饮料很不舒服。

*__fur__ [fɜː(r)] (～s[-z]) n.❶Ⓤ(兽类的)软毛:The puppies haven't got much ～ yet. 小狗还没长出多少毛。❷ⓊⒸ毛皮:a coat made of ～ 毛皮大衣/a ～ coat 皮大衣 ❸Ⓒ[常用复数]毛皮制品:He gave her an expensive ～ for her birthday. 他送给她一件昂贵的毛皮衣服作为生日礼物。❹Ⓤ(生病时舌上出现的)舌苔;(水壶、锅炉等的)水锈,锅垢

fur·i·ous ['fjʊərɪəs] adj.❶(人)勃然大怒的,大发雷霆的(with):She was absolutely ～ (at his behaviour). 她(对他的行为)大发雷霆。❷(风、气势等)猛烈的,狂暴的:a ～ storm 猛烈的暴风雨

fur·nace ['fɜːnɪs] (～s[-ɪz]) n.Ⓒ❶暖气炉 ❷熔炉;灶:It's like a ～ in here — let's open a window. 这里热得像个火炉——咱们打开窗户吧!

fur·nish ['fɜːnɪʃ] (～es[-ɪz]; ～ed[-t]) vt.❶(用家具等)布置(房间、公寓):～ a room 用家具布置房间 ❷供应;提供:～ all the equipments for a major expedition 为一大探险队提供全部装备/～ a town with supplies 供应某城镇的生活用品

fur·nish·ing ['fɜːnɪʃɪŋ] (～s[-z]) n.[常用复数]❶家具,设备;陈设品 ❷服饰品

fur·ni·ture ['fɜːnɪtʃə(r)] n.Ⓤ[集合用法]家具,(办公处等的)设备

*__fur·ther__ ['fɜːðə(r)] Ⅰ.adv.❶(程度)更深一层地,更进一步地:I must enquire ～ into this matter. 我要进一步调查此事。❷([近]farther)(时间、距离)更远的,更前地:Think ～ back into your childhood. 想想你更小的

时候,回忆一下你的童年。❸此外,而且:Further, it has come to my attention... 此外,我已注意到… Ⅱ.adj.❶(程度)更深入的,更进一步的:There is nothing ～ questions? 你还有问题吗?❷([近]farther)(时间、距离)更远的,较远的:The hospital is ～ down the road. 医院在这条路上,再往前走就到了。Ⅲ.(～s) vt.推动,促进:～ the cause of peace 推动和平事业

fur·thest ['fɜːðɪst] Ⅰ.adv.❶最大程度上 ❷([近]farthest)(距离)最远地 Ⅱ.adj.❶最大程度上的 ❷([近]farthest)最远的

fur·tive ['fɜːtɪv] adj.偷偷摸摸的,鬼鬼祟祟的;秘密的:a ～ glance 偷偷一瞥

fu·ry ['fjʊərɪ] (furies[-z]) n.❶([近]anger)Ⓤ狂怒,暴怒:speechless with ～ 气得说不出话来 ❷Ⓤ[the ～](天气、战争、疾病、感情等的)激烈,猛烈:The ～ of storm abated. 暴风雨的威力已经减弱。❸Ⓒ[F-](希腊、罗马神话的)(三姐妹之一的)复仇女神

fuse [fjuːz] Ⅰ.(～s[-ɪz]) n.Ⓒ❶[电]保险丝,熔丝 ❷导火线,导火索 Ⅱ.vt.& vi.熔(断)

fu·si·ble ['fjuːzəbl] adj.([反]infusible)易熔的,可熔化的

fuss [fʌs] Ⅰ.n.Ⓤ[亦用 a ～]忙乱;大惊小怪;争吵;焦虑不安:Stop all this ～ and get on with your work. 别大惊小怪了,继续干你的活儿去吧。Ⅱ.(～es['-ɪz]; ～ed[-t]) vt.使激动,使烦躁:Don't ～ me while I'm sleeping. 我睡觉时别来烦我。vi.忙乱,大惊小怪;焦躁(about, over):Stop ～ing and eat your food! 别大惊小怪的,吃你的东西吧!

fuss·y ['fʌsɪ] (fussier; fussiest) adj.❶大惊小怪的;(因琐事)瞎忙的:～ parents 过分操心的父母 ❷(服装等)过分装饰的,过于讲究的:a ～ pattern 过分装饰的式样

fu·ti·le ['fjuːtaɪl] adj.无益的,无效的,无用的:a ～ attempt 无效的尝试

*__fu·ture__ ['fjuːtʃə(r)] Ⅰ.(～s[-z]) n.❶ⓊⒸ未来,将来;前途:Who knows what will happen in the ～? 谁知道将来会发生什么事?❷Ⓤ[语]将来时,将来式 ❸[用复数][商]期货(交易) Ⅱ.adj.❶未来的,将来的:～ events 未来的事情 ❷[语]将来的,将来式的:the ～ tense 将来时

fu·tu·ri·ty [fjuːˈtjʊərətɪ] (futurities[-z]) n.❶Ⓤ未来,将来:gazing into ～ 展望未来 ❷Ⓒ[常用复数]未来的事物;远景

G g

gab·ble ['gæbl] **I** . *n* . U急促而含糊的话: He speaks at such a ～! 他说话叽里咕噜的! **II** . (～s[-z]; gabbling) *vt* . 急促而含糊地说 *vi* . ❶急促不清地说话: Take your time and don't ～! 说话从容些,不要快得叫人听不清! ❷(鹅等)嘎嘎叫

gadg·et ['gædʒɪt] *n* . C[口](机器等上的)小配件;小器具;小玩意儿

gai·e·ty ['geɪɪtɪ] (gaieties[-z]) *n* . ❶U愉快,快活,快乐: The colourful flags added to the ～ of the occasion. 彩旗给这次盛会增添了欢乐的气氛。❷[常用复数]娱乐;庆祝活动 ❸U(服装等的)华丽,艳丽

gai·ly ['geɪlɪ] *adv* . 愉快地;华丽地,华美地

gain [geɪn] **I** . (～s[-z]) *vt* . ❶([近]get)得到,获得;赚得: ～ a possession 获得所有权 ❷增加: The plane rapidly ～*ed* height. 飞机急速升高。❸([反]lose)(钟、表等)走快: My watch ～*s* several minutes a day. 我的表一天快几分钟。❹([近]reach)(经过努力)到达(某地): After swimming for an hour, he finally ～*ed* the shore. 他游了一个小时以后,终于到达岸边。*vi* . ❶([近]profit)([反]loss)得到利益,获利: You can ～ by watching how she works. 看她怎样工作就可以获益。❷增加;增进: The patient ～*ed* daily. 病人一天天好起来。❸(钟、表等)走快 **II** . C U[常用复数]利益;收益,利润: We hope for some ～ from our investment. 我们希望投资有利可图。❷C增加,增进: a ～ in weight of two pounds 体重增加两磅

gain·a·ble ['geɪnəbl] *adj* . 可得到的;能赢得的

gain·ful ['geɪnful] [无比较等级] *adj* . 有利益的;赚钱的;带来收益的,有报酬的

gait [geɪt] *n* . C❶步态,步法: with an unsteady ～ 脚步不稳 ❷马的步法

gal·a·xy ['gæləksɪ] (galaxies[-z]) *n* . ❶[the Galaxy]银河;银河系 ❷C【天】星系 ❸

C一群出色(或著名)的人物: a ～ of talent (beautiful women) 一群才子(美女)

gale[1] [geɪl] (～s[-z]) *n* . C❶大风,强风: It's blowing a ～ outside. 外面刮着大风。❷[常用复数](突发的)一阵: ～*s* of laughter 阵阵笑声

gale[2] [geɪl] *n* . C[英]定期交付的租金: a hanging ～ 欠交租金

gall[1] [gɔːl] *n* . U❶胆汁 ❷怨恨;憎恶: words fall of venom and ～ 充满恶毒怨恨的话 ❸[美口]厚颜无耻: Of all the ～! 脸皮真厚!

gall[2] [gɔːl] **I** . (～s[-z]) *n* . C(动物的)磨伤,擦伤;(马的)鞍伤 **II** . *vt* . ❶擦伤,擦痛 ❷伤害…的感情;使烦恼;羞辱

gal·lant **I** . ['gælənt] *adj* . ❶英勇的,勇敢的: a ～ knight 勇敢的骑士 ❷华丽的,堂皇的;壮丽的: a ～ ship 豪华的船 ❸(男性)对女子殷勤的 **II** . ['gælənt, gə'lænt] *n* . C风流男子,对女子殷勤的男子

gal·lan·try ['gæləntrɪ] (gallantries[-z]) *n* . C U❶英勇,勇敢;勇敢的行为: a medal for ～ 勇敢勋章 ❷对女性的殷勤;殷勤的言行: He won many hearts by his ～. 他以殷勤热情赢得无数芳心。

gal·ler·y ['gælərɪ] (galleries[-z]) *n* . ❶C画廊,美术馆,美术品陈列室: a picture ～ 美术展览馆 ❷C(教堂、会馆等的)边座,楼座,楼厢 ❸C(剧场中票价最低的)顶层楼座 ❹U[the ～][集合用法]顶层楼座的观众;(高尔夫等比赛的)观众 ❺C回廊,走廊;狭长的房间 ❻C(矿山的)横坑道

gal·lon ['gælən] *n* . C加仑(测量液体的单位,合 4 夸脱或 4.5 升)

gal·loon [gə'luːn] *n* . C U❶(装饰或结扎用的)纱带,锻带 ❷金银丝带,金银花边

gal·lop ['gæləp] **I** . *n* . ❶[a ～]疾驰,飞跑: He rode off at a ～. 他骑着马飞奔而去。❷C骑马奔驰: go for a ～ 骑马奔驰一番 **II** . (～ed[-t]) *vt* . 使疾驰,使飞跑: He ～*ed* the horse a long the track. 他沿着跑道骑马奔驰。*vi.* ❶(马等)疾驰，飞跑：The frightened horse ~*ed* away. 受惊的马飞奔而去。❷匆匆做完：~ through one's work 快马加鞭地做完工作 ❸急速进行；迅速发展：Japan is ~*ing* ahead in the race to develop new technologies. 日本在发展新技术的竞争中突飞猛进。

gal·lows [ˈɡæləʊz] (~(es) [-(ɪz)]) *n.* ⓒ 绞刑架，绞台；[the ~]绞刑：send a man to the ~ 将某人处以绞刑

gam·ble [ˈɡæmbl] **Ⅰ**. (~s[-z]; gambling) *vt.* 用(钱)赌博：He ~*d* all his winnings on the last race. 他把赢的钱全压在最后一场赛马上了。*vi.* ❶赌博，打赌，投机：He spends all his time *gambling* in the casino. 他把时间都消磨在赌场上赌了。❷以…为赌注；孤注一掷：~ on (having) sb.'s support 孤注一掷希望获得某人的支持 **Ⅱ**. *n.* ⓒ 赌博；投机，冒险：Setting up this business was a bit of a ~. 开办这样的公司有点儿冒险。

gam·bling [ˈɡæmblɪŋ] *n.* ⓤ 打赌，赌博；投机

game[1] [ɡeɪm] *adj.* [口](腿等)跛的，有残疾的：He is ~ in the leg. 他腿瘸。

game[2] [ɡeɪm] **Ⅰ**. (~s[-z]) *n.* ❶ⓒ 游戏；娱乐，玩耍：popular children's ~*s* 儿童喜爱的游戏 ❷ⓒ 竞赛，比赛：a football ~ 足球比赛 ❸ⓒ (比赛中的)一局，一场，一盘：We need another twenty points to make ~. 我们需要再打 20 分才一局。❹ⓒⓤ比分，得分；胜负的局势：The ~ is 6 to 5. 比分是 6 比 5。❺[用复数]运动会：the Olympic *Games* 奥林匹克运动会 ❻ⓒ 游戏器具：My uncle always gives us a board ~ for Christmas. 我叔叔每逢圣诞节总要送给我们一副棋。❼ⓒⓤ玩笑，戏谑：So that's his (little) ~! 原来那就是他的鬼点子！❾ⓤ[集合用法]猎物，野味；~ pie 野味馅饼 ❿ⓤ[集合用法](责备、攻击、戏弄等的)对象，目标 ⓫ⓤ[美口]职业，行业：How long have you been in this ~? 你从事这一行业有多久了？**Ⅱ**. (~r; ~st) *adj.* ❶勇敢的，有斗志的，倔强的：He's always ~ for an adventure. 他一向热衷于冒险。❷[口]有精力的，兴致勃勃的 **Ⅲ**. (~s[-z]; gaming) *vi.* 赌博

game·some [ˈɡeɪmsəm] *adj.* 爱玩耍的，爱闹着玩儿的，快乐的

game·ster [ˈɡeɪmstə(r)] (~s[-z]) *n.* ⓒ 赌徒，赌棍

gang [ɡæŋ] **Ⅰ**. (~s[-z]) *n.* ⓒ ❶一伙人，一群人：Don't go around with that ~, or you'll

come to no good! 别跟那伙人厮混在一起，否则绝没有好下场！❷一帮(恶棍等)，一伙，暴力集团：The phone box was vandalized by a ~ of youths. 那电话亭被一帮少年歹徒故意破坏了。❸(少年的)游伴，恶少帮，阿飞党 **Ⅱ**. (~s[-z]) *vt.* 合伙攻击，结伙，群结：Bigger boys ~*ing* up on smaller ones. 高大的小伙子结伙欺侮小男孩。

gang·ster [ˈɡæŋstə(r)] (~s[-z]) *n.* ⓒ 暴力组织的一员；歹徒，匪徒

gaol [dʒeɪl] **Ⅰ**. (~s[-z]) *n.* ([近] prison) ⓒ[英]([美] jail) 监牢；监狱：be sent to ~ 入狱 **Ⅱ**. *vt.* 监禁

gap [ɡæp] *n.* ⓒ ❶(墙等的)裂缝；缺口：a ~ in a wall 墙壁的豁口 ❷(意见等的)分歧；差距：a wide ~ between the opinions of two people 两人意见的巨大分歧 ❸(时间、空间的)间断，空白：a ~ in the conversation 谈话中的停顿 ❹缺乏；缺陷，弱点：a ~ in the market 市场上某货物的脱销 ❺山峡，隘口

gape [ɡeɪp] **Ⅰ**. (~*d*[-t]; gaping) *vi.* ❶目瞪口呆地凝视(at)：What are you *gaping* at? 你目瞪口呆地看什么？❷张开；裂开：A huge chasm ~*d* before them. 他们面前有个巨大的裂痕。❸打呵欠 **Ⅱ**. *n.* ⓒ ❶目瞪口呆，张口结舌：~s of astonishment on the faces of the spectators 观众目瞪口呆的惊讶表情 ❷呵欠 ❸大的裂缝，豁口

ga·rage [ˈɡærɑːʒ, -rɪdʒ] **Ⅰ**. (~s[-ɪz]) *n.* ⓒ ❶车房，车库 ❷汽车修理厂(通常兼营加油站) **Ⅱ**. (~s[-ɪz]; garaging) *vt.* 把(车)停进车库，送修

gar·bage [ˈɡɑːbɪdʒ] *n.* ⓤ ❶[美]食物下脚；垃圾，废物 ❷[口]不足取的东西，愚蠢的想法(话)：You do talk a load of ~! 你的废话太多了！

gar·den [ˈɡɑːdn] **Ⅰ**. (~s[-z]) *n.* ❶ⓒⓤ 庭园，花园；果园，菜园：We've only a small ~. 我们只有一个很小的花园。~ weed 给菜园除草 ❷ⓒ[常用复数]公园，动(植)物园：botanical (zoological) ~*s* 植(动)物园 ❸[用单数]土地特别肥沃的地区 ❹ⓒ 露天饮食店：a tea ~ 露天茶座 **Ⅱ**. (~s[-z]) *vi.* 种植花草，从事园艺：She's outdoors ~*ing* every afternoon. 她每天下午都在户外搞园艺。

gar·land [ˈɡɑːlənd] **Ⅰ**. (~s[-z]) *n.* ⓒ 花环，花冠；胜利和荣誉的象征：a ~ of victory 象征胜利的花环 **Ⅱ**. (~s[-z]) *vt.* 给…戴上花环，用花环装饰

gar·lic [ˈɡɑːlɪk] *n.* ⓤ【植】大蒜；蒜头

gar·ment [ˈɡɑːmənt] *n.* ⓒ (一件)衣服(尤

指外套等上衣类）；[用复数]服装，衣着

gar·nish [ˈgɑːnɪʃ] **I**. (~es[-ɪz]; ~ed [-t]) *vt*. 装饰，添饰于（菜肴上），添加…：fish ~ed with slices of lemon 用柠檬片作装饰的鱼 **II**. *n*. ⓒ（菜肴的）添饰物，配料，配菜

gar·ni·ture [ˈgɑːnɪtʃə(r)] (~s[-z]) *n*. ⓒ ⓤ❶附属品，装饰品 ❷（烹饪时的）配菜，添加物 ❸服装，服饰

gar·ret [ˈgærət] *n*. ⓒ顶层房间，阁楼

gar·ri·son [ˈgærɪsn] **I**. (~s[-z]) *n*. ⓒ ❶卫戍部队，警卫部队，驻军：Half the ~ is（或 are）on duty. 有半数卫戍部队在执勤。❷驻地，要塞 **II**. (~s[-z]) *vt*. 派（兵）驻防，守卫（都市、要塞等）：A hundred soldiers were ~ed in the town. 派了100名士兵在城里驻防。

gas [gæs] **I**. (~es[-ɪz]或 gasses[-ɪz]) *n*. ❶ⓒ ⓤ气体：Air is a mixture of ~es. 空气是混合气体。❷ⓤ（燃烧用的）煤气；可燃气：Turn the ~ on and we'll have a cup of tea. 点上煤气，咱们沏杯茶吧。❸[近]gasoline) ⓤ[美口]汽油：a ~ station 加油站 ❹ⓤ（军事等用的）毒气；麻醉气：a ~ attack 毒气攻击 ❺ⓤ[口]空谈，吹牛：His long speech was nothing but ~ and hot air. 他的长篇大论只是吹牛和空话。❻[a ~][美俚]很快乐的事 **II**. (gasses [-ɪz]; gassed[-t]; gassing) *vt*. ❶使（人）毒气中毒，用毒气攻击（敌人等）：He was badly *gassed* in the war. 他在战争中深受毒气伤害。❷[美口]给（车）加油 *vi*. [口]空谈，吹牛

ga·se·ous [ˈgæsjəs, ˈgeɪ-] *adj*. ❶气体的，气态的：a ~ mixture 气体混合物 ❷空虚的，无实质的

gas·o·lene, gas·o·line [ˈgæsə(ʊ)liːn] *n*. ⓤ（[近][英]petrol）[美]汽油：a ~ bomb 汽油弹

gasp [gɑːsp] **I**. (~ed[-t]) *vt*. 喘着气说出：She managed to ~（out）a few words. 她喘着气好不容易才说出了几个字来。*vi*. ❶（因惊吓、恐惧而引起的）屏息，喘息：I ~ed with（或 in）astonishment at the magician's skill. 那魔术师技艺惊人，我不禁倒吸一口凉气。❷热望，渴望：I was ~ing for a cigarette. 我很想抽支烟。**II**. *n*. ⓒ（因惊讶）屏息；喘息，接不上气：give a sudden audible ~ 突然大声地喘了一口气

gate [geɪt] *n*. ❶ⓒ大门，城门，篱笆门：the garden ~ 花园的门/the ~s of the city 城门 ❷ⓒ出入口，门路：the ~ to success 通往成功之路 ❸ⓒ（机场的）登机门，站口：The flight is now boarding at ~ 2. 本机现在是在第2号入口检票登机。❹ⓒ闸门；阀门：a lock ~ 闸门 ❺[集合用法]（运动会等的）入场观众人数；门票总收入：Today's ~ will be given to charity. 今日的门票收入将捐献给慈善事业。

gate·way [ˈgeɪtweɪ] (~s[-z]) *n*. ⓒ ❶门口，入口：Don't stand there blocking the ~! 别站在那儿挡着门口！❷途径，手段，方法：A good education can be the ~ to success. 良好的教育是通往成功之路。

gath·er [ˈgæðə(r)] **I**. (~s[-z]; ~ing [-rɪŋ]) *vt*. ❶（[反]scatter）使…聚集，使集拢：She ~ed the children round her. 她把孩子聚集到她周围。❷搜集，渐增，积存：information ~ed from various sources 从各处搜集的信息 ❸摘取（花、果实等），收（庄稼），采集：~ing mushrooms in the fields 在野地采集蘑菇 ❹得出结论，推测：I ~ you want to see the manager. 我猜想你要见经理。❺皱拢（眉头）；给（衣裙等）打褶：a skirt ~ed（in）at the waist 腰部打褶的裙子 *vi*. ❶集合，聚集：A crowd soon ~ed. 很快聚集起一群人。❷化脓 **II**. *n*. ⓒ[常用复数]衣褶，褶皱

gath·er·ing [ˈgæðərɪŋ] (~s[-z]) *n*. ❶ⓒ聚集，集会，集合：a ~ of friends 朋友的聚会 ❷ⓒ ⓤ采集，收集，收集的东西；积聚 ❸ⓤ肿，化脓；ⓒ肿块

ga(u)ge [geɪdʒ] **I**. (~s[-z]) *n*. ❶ⓒ计量器，量计，表：a petrol ~ 汽油量表 ❷ⓒ ⓤ标准尺寸，规格：the ~ of a sheet of metal 金属板的厚度 **II**. (~s[-ɪz]; ga(u)ging) *vt*. ❶（以计量器等）测量；测定 ❷判断，估计：It was difficult to ~ how people would respond. 大家的反应如何难以估计。

gaunt [gɔːnt] *adj*. ❶瘦削的，憔悴的：the ~ face of a starving man 饿汉憔悴的面容 ❷（地方）荒凉的：the ~ landscape of the moon 月球上荒凉的景色

gav·el [ˈgævl] (~s[-z]) *n*. ⓒ（议长、法官、拍卖商等所用的）小木槌（用于要求众人肃静）

gawk [gɔːk] **I**. (~ed[-t]) *vi*. 呆望，痴呆地凝视：I hate being ~ed at! 我讨厌人家直瞪瞪地盯着我！**II**. *n*. ⓒ笨人，呆子

gay [geɪ] **I**. *adj*. ❶[口]（男性）同性恋的（主要用于同性恋者或同性恋支持者之间）❷（[近]merry）爽朗的，快乐的，愉快的，轻快的：~ laughter（music）欢快的笑声（音乐）❸[无比较等级]（[近]showy）艳丽的，华丽的 ❹[无比较等级]放荡的，寻欢作乐的；不道德的 **II**. (~s[-z]) *n*. ⓒ[口]（男性）同性恋者

gaze [geɪz] **I**. (~s[-ɪz]; gazing) *vi*. （因惊

讶、憧憬、喜悦、兴趣等而)注视,凝视:She ~d at me in disbelief when I told her the news. 当我告诉她这个消息时,她以怀疑的目光注视着我。Ⅱ. n. [a ~ 或 one's ~]注视,凝视:Under his intense ~,she felt uncomfortable. 他目不转睛地看着她,使她觉得很不自在。

ga·zette [gə'zet] n. ❶ [G-] …报纸(用于报纸名称后):the Evening *Gazette*《晚报》❷ ⓒ[英]官报;公报;(大学的)学报

gear [gɪə(r)] Ⅰ. (~s[-z]) n. ❶ⓒⓤ(汽车的)排挡;齿轮;传动装置:The car has four forward ~s and one reverse ~. 那汽车有4个前进挡和1个倒挡。❷ⓒ(用于某种目的的)装置:The landing ~ has jammed. 着陆装置发生故障。❸ⓤ(某种作业运动等的)用具,装备:All his camping ~ was packed in the rucksack. 他的野营物品全都放在背囊里了。❹ⓤ[口]衣服,服装:wearing her party ~ 穿着她赴宴的衣服 Ⅱ. (~s[-z]; ~ing [-rɪŋ]) vt. ❶将齿轮装到…;以齿轮连接 ❷使适合:Industry must be ~ed to wartime needs. 工业必须调整,以适应战时需要。vi. 搭上齿轮(into)

gem [dʒem] Ⅰ. (~s[-z]) n.ⓒ ❶宝石,美玉 ❷(有如宝石般的)贵重东西;珠宝,珍品:This picture is a ~ of the collection. 这幅画是收藏的珍品。Ⅱ. (~s[-z]; gemmed; gemming) vt. 镶嵌(在物体上等);用宝石装饰(with)

gen·der ['dʒendə] n.ⓒⓤ ❶【语】(名词、代名词的)性 ❷[口]性(别):the male and female ~s 男性和女性

gene [dʒiːn] (~s[-z]) n.ⓒ【生】遗传因子,基因

gen·er·al ['dʒenərəl] Ⅰ. adj. ❶([反]individual, particular)普遍的,全体的:The announcement was met with ~ rejoicing. 该项公告受到普遍的欢迎。❷一般的,公众的:the ~ public 人民大众 ❸([反]special)一般的,非专门的,综合的:~ knowledge 一般的知识/a ~ hospital 综合医院 ❹([反]specific)概略的,大概,笼统的:The opening chapter gives a ~ overview of the subject. 开篇第一章是对主题的概述。❺(用于职位)…长(官);总…:the ~ manager 总经理/the ~ secretary 秘书长 Ⅱ. n. ❶ⓒ陆军(或海军陆战队)上将 [美]空军上将 ❷ⓤ(用于名字前)…将军:*General* Roberts 罗伯茨上将

gen·er·al·i·ty [dʒenə'ræləti] (generalities[-z]) n. ❶ⓤ一般性,普遍性:a rule of great ~ 极具普遍性的规则 ❷ⓒ[常用复数]一般法则,通则 ❸ [the ~][用作复数]大多数,大部分:The ~ of Swedes are blond. 瑞典人大部分是金发的。

gen·er·al·i·za·tion, -sa·tion [dʒenərəlaɪ'zeɪʃən] (~s[-z]) n.ⓤⓒ ❶一般化,普遍化;通则 ❷概括,概论;推论

gen·er·al·ize, -ise ['dʒenərəlaɪz] (~s [-ɪz]; generalizing) vt. ❶从…引导出(一般法则,结论等):~ a conclusion from a set of facts 从一些事实中归纳出一项结论 ❷使一般化 ❸推广;普及 vi. 大体上说,概括而论:Perhaps you oughtn't to ~ about that. 也许你不该对那事一概而论。

gen·er·al·ly ['dʒenərəli] adv. ❶([近]usually)通常,大体上:I ~ get up early. 我通常起得很早。❷一般地;广泛地,普遍地:He is ~ popular. 他广受欢迎。❸就总体而言,大致:*Generally* speaking, it's quite a fair settlement. 大致上说,这样解决很恰当。

gen·er·ate ['dʒenəreɪt] (~d[-ɪd]; generating) vt. ❶使产生,使发生:~ heat(electricity, power)产生热(电、动力) ❷引起,导致;滋生:hatred ~d by racial prejudice 种族偏见引起的仇恨

gen·er·a·tion [dʒenə'reɪʃən] (~s[-z]) n. ❶ⓒ世代,代;(家族中的)一代:experience handed down from ~ to ~ 世代相传的经验 ❷ⓒ[用作单数]同时代的人:My ~ behaves differently from my father's. 我这一代人和我父亲表现不同。❸ⓤ产生,发生;衍生:the ~ of electricity by steam or water power 蒸汽或水力发电

gen·er·a·tive ['dʒenərətɪv] adj. 有生产力的,有生殖力的;衍生的;生产的:~ power 生产力,生殖力/~ organs 生殖器官

gen·er·a·tor ['dʒenəreɪtə(r)] (~s[-z]) n.ⓒ发电机;(瓦斯、蒸汽等的)发生器

gen·er·os·i·ty [dʒenə'rɒsɪti] (generosities[-z]) n. ❶ⓤ宽大,豁达;慷慨 ❷ⓒ[常用复数]宽大的行为;胸襟豁达

gen·er·ous ['dʒenərəs] adj. ❶慷慨的,大方的:~ with one's money 花钱大方的 ❷宽宏大量的,宽容的;豁达的:A wise ruler is ~ in victory. 贤明的统治者在胜利时能宽宏大量。❸丰盛的,丰富的:a ~ helping of potatoes 一大份马铃薯

gen·net·ic(al) [dʒɪ'netɪk(əl)] adj. ❶遗传基因的;遗传学的;遗传(性)的 ❷发生的,起源的

ge·net·ics [dʒɪ'netɪks] [复] n. [用作单数

遗传学

ge·nial [ˈdʒiːnjəl] *adj*. ❶和蔼的,亲切的,友好的:a ～ person 和蔼可亲的人 ❷(气候等)温和的,宜人的

gen·i·tive [ˈdʒenɪtɪv] Ⅰ. *adj*. 【语】所有格的 Ⅱ. *n*. Ⓤ【语】所有格,属格

gen·ius [ˈdʒiːnɪəs] (～es [-ɪz] 或 genii [ˈdʒiːnɪaɪ]) *n*. ❶ [用单数]天资;才能;天赋:have a ～ for language 有学语言的天赋 ❷([复]～es)Ⓒ 天才,有天分的人,英才:It is rare to find such ～ nowadays. 这样的天才现在非常罕见。❸Ⓤ(人、语言、制度等的)特质,风气,倾向:the ～ of the age 时代的特质 ❹([复]genii)Ⓒ(人、土地的)守护神;(支配命运的)神灵:Blame it on my evil ～! 都怪我中邪了!

gen·tle [ˈdʒentl] (～r; ～st) *adj*. ❶(人、态度等的)温柔的,和善的:be ～ with children 对儿童温和 ❷和缓的,柔和的,轻的:a doctor who is ～ with his hands 手法轻巧的医师 ❸(动物)驯服的,温顺的:as ～ as a lamb 如羔羊一般的温顺 ❹彬彬有礼的;高贵的,家世良好的

gen·tle·man [ˈdʒentlmən] (gentlemen) *n*. ❶Ⓒ绅士,君子:He's no ～! 他可不是正人君子! ❷Ⓒ男士(对男子的尊称):There's a ～ at the door. 门外有位先生。❸[用复数]诸位(用于称呼全体男性);(公司信件上的开头语)敬启者:*Gentlemen* of the jury! 陪审团诸位先生! ❹[用复数]男厕所 ❺[the Gentleman][美]某区选出的议员

gen·tle·ness [ˈdʒentlnɪs] *n*. Ⓤ温和;和缓;宽大

gen·tle·wom·an [ˈdʒentlwʊmən] (gentlewomen) *n*. Ⓒ❶贵妇人;女士;淑女 ❷(王室、贵族的)侍女,女仆

gen·tly [ˈdʒentlɪ] *adv*. ❶有礼貌地,文雅地;温柔地:speak to sb. ～ 对某人柔声地谈话 ❷静静地,轻轻地,和缓地:handle sth. ～ 轻拿轻放某物 ❸家世良好地,出身高贵地;高尚地

gen·try [ˈdʒentrɪ] *n*. ❶[常用 the ～][用作复数]上流社会的人,家世好的人;[英]绅士阶层(仅次于贵族的上层中产阶级) ❷[用作复数](某地域、职业等的)人们,一伙儿,家伙

gen·u·ine [ˈdʒenjʊɪn] *adj*. ❶([反]false)真正的,名副其实的:a ～ pearl 一颗天然珍珠 ❷([近]sincere)真心的,由衷的;不造作的:She seems ～ but can I trust her? 她似乎很诚实,但我可以信赖她吗?

ge·nus [ˈdʒiːnəs] (genera [ˈdʒenərə]或 ～es

[ˈ-ɪz]) *n*. Ⓒ❶【生】(分类上的)属 ❷种类,部类

ge·o·cen·tric [ˌdʒiːəʊˈsentrɪk] *adj*. 以地球为中心的;从地心测量的

ge·og·ra·pher [dʒɪˈɒɡrəfə(r)] (～s[-z]) *n*. Ⓒ地理学者;地理学家

ge·o·gra·ph·ic(al) [ˌdʒɪəˈɡræfɪk(l)] *adj*. 地理学上的,地理的

ge·og·ra·phy [dʒɪˈɒɡrəfɪ, ˈdʒɒ-] *n*. ❶Ⓤ地理学 ❷Ⓤ(某地区的)地理;地势,地形:get to know the ～ of a neighbouring country 了解邻国的地形 ❸Ⓒ地理学书,地志

ge·o·met·ric(al) [ˌdʒɪəˈmetrɪk(əl)] *adj*. 几何学上的,几何学的;几何图形的

ge·om·e·try [dʒɪˈɒmɪtrɪ] (geometries [-z]) *n*. ❶Ⓤ几何学 ❷Ⓒ几何学书

germ [dʒɜːm] (～s[-z]) *n*. ❶Ⓒ细菌,病菌;微生物 ❷Ⓒ【生】胚种,幼芽,胚 ❸Ⓤ(某事的)萌芽,苗头:the ～ of an idea 一种想法的发端/be in ～ 处于萌芽状态,处于不发达阶段

Ger·man [ˈdʒɜːmən] Ⅰ. *adj*. 德国的;德国人的;德语的:～ industry (traditions) 德国工业(德意志传统) Ⅱ. (～s[-z]) *n*. ❶Ⓒ德国人 ❷Ⓤ德语

Ger·ma·ny [ˈdʒɜːmənɪ] *n*. 德国;德意志(欧洲)

ger·mi·nate [ˈdʒɜːmɪneɪt] (～d[-ɪd]) *vt*. ❶使发芽,使生长:～ cabbages 使白菜发芽 ❷使(思想、感情)发育,培养 *vi*. 发芽,开始生长;(想法等)产生:The cabbages ～d within a week. 白菜一星期内就发芽了。

ger·mi·na·tion [ˌdʒɜːmɪˈneɪʃən] *n*. Ⓤ萌芽,发芽;发生;成长;发展

ger·und [ˈdʒerənd] *n*. Ⓤ【语】动名词

ges·tic·u·late [dʒesˈtɪkjʊleɪt] (～d[-ɪd]) *vt*. 用手势表达 *vi*. 指手画脚,打手势

ges·ture [ˈdʒestʃə(r)] Ⅰ. *n*. ❶Ⓒ Ⓤ姿势;手势:make a rude ～ 做出粗野的姿势 ❷Ⓒ(为求效果而展现的)姿态,动作,表示:make a ～ of sympathy 做出同情的表示 Ⅱ. (～s [-z]) *vt*. 指手画脚,做手势:She ～d her disapproval. 她用手势表示不赞成。*vi*. (对人)以动作(或手势)表示:He ～d to them to keep quiet. 他示意他们保持安静。

get [ɡet] (got; got 或 gotten; getting) *vt*. ❶获得,得到;买:She's just *got* a job with a publishing company. 她刚在出版公司得到一份工作。/Have you remembered to ～ your mother a birthday present? ⇌ Have you remembered to ～ a birthday present for your mother? 记得给你母亲买生日礼物了吗？❷ 收到；赚得；受到：I *got* a letter from my friend this morning. 今天早晨我收到朋友的来信。/You'll ～ a scolding when your mother comes home. 你母亲回家后，你会挨骂的。❸ 拿来…，带来…：Go ～ your luggage. 去把你的行李拿来。/Can I ～ you a drink? ⇌Can I ～ a drink for you? 我给您弄点儿什么喝的好吗？❹ 把…拿去，搬动，带走：We couldn't ～ the piano through the door. 我无法将钢琴搬过这道门。❺ 捕捉，捕获；(电话)接通；搭乘；收听(或收看)…：He was on the run for a week before the police *got* him. 他逃跑一周后，警方才逮住他。/I wanted to speak to the manager，but I *got* his secretary instead. 我想找经理说话，可是接电话的是他的秘书。/We're going to be late；let's ～a taxi. 我们要迟到了，坐出租车吧。/We can't ～ channel 4 on our television. 我们的电视机收看不到第 4 频道的节目。❻ 使…发动，开始：I couldn't ～ the car to start this morning. 今早我无法把汽车发动起来。❼ 使；说服…做某事：He *got* his sister to help him with his homework. 他说服他姐姐帮他做家庭作业。❽ 染(病)；感觉(寒冷等)：～ flu 患感冒/She ～s bad headaches. 她经常头痛得很厉害。❾ 理解，知道；听到：I don't ～ your meaning. 我不明白你的意思。❿ 做(餐点)，准备(饭)：I have to go home and ～ the children their supper. 我得回去给孩子做晚饭。⓫ 打动…的情感，唤起…的情感；使困惑，难住：It really ～*s* me when she starts bossing people around. 我对她颐指气使地对人感到很厌恶。⓬ [口]击中，打：The bullet *got* him in the neck. 子弹击中他的颈部。⓭ [口]打败(人)，杀；整(人)：I'll ～ you for that，you bastard! 我早晚要跟你算那笔账，你这个坏蛋! ⓮ (棒球)判…出局 *vi.* ❶ 到达，抵达：You *got* in (或 home) very late last night. 昨夜你回来很晚。❷ 变成，成为：She's *getting* better. 她渐渐好了。❸ 被…：She *got* her fingers caught in the door. 她的手指让门给夹了。❹ 做到…，成功：One day，we'll both ～ to see New York. 总有一天我俩都有机会看看纽约。

get·at·able [ˌget'ætəbl] *adj.* ([反]ungetatable)(人)易接近的；(场所)可达到的；(东西)易获得的：We've got a spare suitcase，but it's not very ～. 我们有个多余的手提箱，但是不太容易拿出来。

get-rich(-quick) [ˌget'rɪtʃ(kwɪk)] *adj.* [口]投机致富的；欺诈的

get·to·geth·er [ˈgettəˌgeðə(r)] (～s[-z])

n. ◎ [口](仅朋友参与的轻松的)聚会；(非正式的)联谊会

get·up [ˈgetʌp] *n.* ◎ ❶ [口](奇特的)服装，打扮：He looked absurd in that ～. 他穿着那套衣服看上去怪模怪样的。❷ 外观，外表；(书籍的)装订式样 ❸ 起床；起床时间

geys·er [ˈgiːzə(r)] *n.* ◎ ❶ 间歇(喷)泉(周期性喷出的温泉)❷ [ˈgiːzə][英](装在厨房、浴室等的)自动热水器

ghast·ly [ˈgɑːstlɪ] Ⅰ. (ghastlier；ghastliest) *adj.* ❶ 可怕的，恐怖的：a ～ accident 可怕的事故 ❷ 苍白的，死人一般的：She had a ～ pallor. 她脸色苍白难看。❸ [口]糟透的，令人不快的 Ⅱ. *adv.* 恐怖地；苍白地

ghost [ɡəʊst] (～s[-z]) *n.* ❶ ◎ 鬼，幽鬼：I don't believe in ～. 我不相信有鬼。❷ ◎ 幻影；痕迹；微量，一点点：You have not ～ of a chance. 你毫无机会。❸ ◎ (光学和电视上的)重像；散乱的光辉；反常回波 ❹ ◎ (美术、文艺的)代笔人，捉刀者

ghost·ly [ˈɡəʊstlɪ] *adj.* ❶ 幽灵的，鬼的；似鬼的：a ～ voice whispering in sb.'s ear 在某人耳边低语的幽灵般的声音 ❷ 神灵的；宗教上的

ghost·write [ˈɡəʊstraɪt] (ghostwrote[ˈɡəʊstrəʊt]；ghostwritten[ˈɡəʊstˌrɪtn]) *vt.* & *vi.* 代写(作品)；代笔：a *ghostwritten* newspaper column 代人捉刀的报纸专栏

gi·ant [ˈdʒaɪənt] Ⅰ. *n.* ◎ ❶ (故事或传说等的)巨人；巨汉：His son is a ～ of 6 feet already. 他的儿子已是 6 英尺高的大个子了。❷ 伟人，卓越人物；大人物：Shakespeare is a ～ among poets. 莎士比亚是诗人中的大文豪。Ⅱ. *adj.* 巨大的，巨人般的：a cabbage of ～ size 巨大的洋白菜

gibe [dʒaɪb] Ⅰ. (～s[-z]；gibing) *vt.* & *vi.* 讥笑，嘲弄：It's easy for you to ～ at them，but could you do any better? 嘲笑别人很容易，可是你能做得更好吗？Ⅱ. *n.* ◎ 嘲笑，讥笑；愚弄：cheap ～s about her fatness 对她的肥胖所做的粗俗的嘲笑

gift [gɪft] *n.* ❶ ◎ 礼物，赠品；捐赠：a birthday ～ 生日礼品 ❷ ◎ 天赋，天资；才能：I've always been able to learn language easily；it's a ～. 我学习语言一向轻而易举，这是天分。❸ ◎ 赠予(权)，授予的权力 ❹ ◎ [常用 a ～][英口]意外的收获；轻松的事：It was a ～ of a question. 解答那道题不费吹灰之力。

gi·gan·tic [dʒaɪˈgæntɪk] *adj.* 巨大的，庞大的；巨人似的：a man of ～ strength 力大无比的男子/a ～ effort 巨大的努力

gig·gle ['gɪgl] I . (~s[-z]; giggling) vi . （尤指女子）咯咯地笑，傻笑：giggling at one of her silly jokes 让她那拙劣的笑话逗得咯咯笑 II . n . C 咯咯笑，傻笑：There was a ~ from the back of the class. 从教室后面传来咯咯的笑声。

gild [gɪld] (~ed[-ɪd]或 gilt) vt . ❶把…镀上金，涂以金色：The morning sun ~s the sky. 朝阳把天空染成金色。❷修饰，装饰；虚饰

gild·ed ['gɪldɪd] adj . ❶镀金的；涂以金箔的，涂金的 ❷有钱，富裕：the ~ youth of the Edwardian era 爱德华时代的富贵年轻人

gild·ing ['gɪldɪŋ] n . U ❶镀金材料；镀金，涂金 ❷外饰，虚饰，粉饰

gill¹ [gɪl] (~s[-z]) n . C ❶［常用复数］（鱼的）鳃 ❷（蘑菇的）褶，菌褶 ❸［常用复数］［口］（人的）腮，腮下肉

gill² [gɪl] n . C 及耳（液量单位＝1/4 pint）

gilt¹ [gɪlt] I . gild 的过去式和过去分词 II . adj . 镀金的，涂金的，烫金的 III . n . U 金箔，金粉；金色涂层，镀金材料

gilt² [gɪlt] n . C 小母猪

gilt-edged [ˌgɪlt'edʒd] adj . ❶（证券、票据等）优良的，信用可靠的；上等的 ❷（纸、书籍等）金边的：~ securities 金边证券

gin·ger ['dʒɪndʒə(r)] I . n . U ❶【植】（姜科的多年植物），生姜 ❷姜粉（用姜根做的香辣味）❸姜黄色，黄褐色 ❹［口］活力，精力：The football team needs a bit more ~ in it. 这支足球队需要些活力。II . (~s[-z]; ~ing[-rɪŋ]) vt . ［口］使有活力，鼓舞

gin·ger·ly ['dʒɪndʒəlɪ] I . adv . 极为小心地，小心翼翼地：Gingerly he opened the door of the tiger's cage. 他小心翼翼地打开老虎笼的门。II . adj . 极为小心的，慎重的：She sat down in a ~ manner. 她轻轻地坐下。

gip·sy, gyp·sy ['dʒɪpsɪ] n . C ❶吉卜赛人 ❷吉卜赛语

gi·raffe [dʒə'rɑːf] n . C 长颈鹿

gird¹ [gɜːd] (~ed[-ɪd]; girt [gɜːt]) vt . ❶束（带子等）；（用带子等）束（腰等）：He ~ed himself with armour for the battle. 他穿好铠甲准备战斗。❷包围，围绕（城等）：Trees ~ed the dark lake. 树木环绕着那阴暗的湖。

gird² [gɜːd] (~ed[-ɪd]; girt [gɜːt]) vt . & vi . & n . 嘲笑；嘲弄

gir·dle ['gɜːdl] I . (~s[-z]) n . C ❶（女子的）紧身褡，束腹 ❷带子，腰带 ❸环形物，环绕物：a ~ of green fields round a town 城镇四周绿色的田野 II . (~s[-z]; girdling) vt . ❶用带束，用带缠 ❷围绕；包围：an island ~d about by blue sea 蓝色大海环绕着的岛

girl [gɜːl] (~s[-z]) n . C ❶女孩，少女；未婚女子，姑娘：a ~ in her teens or early twenties 10几岁或 20岁出头的姑娘 ❷女店员，女职员，女工：She's the new ~ in the office, so give her any help she needs. 她是办公室的新人，她有什么需要就多帮帮忙。❸［口］女朋友（通常用于所有格之后）：taking his ~ home to meet his parents 带女朋友回家见父母 ❹［口］（一般的）女人（与年纪及婚姻状况无关）；old ~s（女子学校的）女校友 ❺［口］女儿：Their eldest ~'s getting married. 他们的长女就要结婚了。

girl·ish ['gɜːlɪʃ] adj . ❶少女的，少女似的；适合少女的：~ games 女孩子的游戏 ❷（男孩）女孩子气的，娘娘腔的

give [gɪv] I . (~s[-z]; gave [geɪv]; given ['gɪvn]; giving) vt . ❶给予，赠送，赠给：What will you ~ as a present? 你要送什么礼物呢？/She gave her mother the tickets to look after. ⇌ She gave the tickets to her mother to look after. 她把票交给母亲保管。❷（有报偿地）付与，交出：How much will you ~ me for my old car? 你肯出多少钱买我那辆旧车？/You gave him ￡1,500 for that pile of scrap metal！你花了 1,500 英镑买了他那堆破铜烂铁！❸（暂时）交给；寄托，委托：They gave their children to the baby sitter. 他们把孩子委托给保姆。❹给予（某人时间、机会）；授予；（在论点上）让步；承认：I've given the matter a lot of thought. ⇌ I've given a lot of thought to the matter. 我对这事已反复思考过了。/be given the title of 被授予…的称号/He's not smart, I ~ you that. 我承认他并不聪明。❺给予（某人喜乐、痛苦等）；施与（某人惩罚）：The headmaster gave the boys a scolding. 校长训斥了那些男生。❻传染（疾病于某人）：You've given me your cold. ⇌ You've given your cold to me. 你把感冒传染给我了。❼（向某人等）表示，提出：Can you ~ me your honest opinion of the book? 你对这书有何意见可否直率提出？❽举办，开（会）；上演，演出（戏剧等）：I'm giving a dinner party next Friday evening, would you like to come? 下星期五晚上我举行宴会，您肯赏光吗？❾供给；产生，带来：The sun ~s (us) warmth and light. 太阳供给我们光和热。/All that heavy lifting has given me a pain in the back. 我一直抬那些重东西，现在腰都痛了。❿（对…）做出（某动作或行为）；发出（声音等）：She gave him a kiss. 她吻了他一下。/~ a groan 发出一声呻吟 ⓫

给某人打(电话):I'll ～ you a ring tomorrow. 明天我给你打电话。⑫做(某个动作):She *gave* a shrug of her shoulders. 她耸了耸肩膀。*vi.* ❶赠送,捐赠:Please ～ generously to famine relief. 请为饥荒募款慷慨捐赠。❷折断;垮下,凹下,弯曲:The branch began to ～ under his weight. 他身体的重量把树枝压弯了。❸(天气)转暖,变温和 **II.** *n.* U 弹力;可弯性;(性格等的)适应性:This rope has too much ～ in it. 这条绳子弹性太大。

give•a•way ['gɪvəweɪ] (～s[-z]) *n.* C[口] ❶ [常用 a ～]不小心泄露(隐瞒的事),无意间透露:The expression on her face was a (dead) ～. 她脸上的表情(完全)暴露了她的秘密。❷ [美]赠品 ❸ [美](广播、电视台举办的)有奖节目

giv•en ['gɪvn] **I.** give 过去分词 **II.** *adj.* ❶已知的;一定的,特定的:They were to meet at a ～ time and place. 他们要在规定的时间和地点会晤。❷癖好的;喜爱的;习惯的:He's ～ to going for long walks on his own. 他习惯于独自散步走很长的路。

giv•ing ['gɪvɪŋ] **I.** give 的现在分词 **II.** *n.* C 给予物;礼物

gla•ci•al ['gleɪsjəl] *adj.* ❶冰的;冰河的;冰河时期的;❷ [口]冰冷的,冷淡的:～ indifference (politeness) 冷漠(冷淡)的礼貌

gla•cier ['glæsɪə(r)] *n.* C 冰川,冰河(源自法语,表示"冰"之意)

***glad** [glæd] (gladder; gladdest)([反]sad, unhappy) *adj.* ❶(人)高兴的,欢喜的:I'm ～ about your passing the test. 你考及格了,我很高兴。❷ [无比较等级,以将来时表示]乐意去做的:If you'd like me to help, I'll be only too ～ to. 若要我帮忙,我十分乐意相助。❸ [作定语]令人高兴的,令人快乐的:a ～ day (moment) 令人高兴的日子(时刻)

glad•den ['glædn] (～s[-z]) *vt.* 使高兴,使欢喜:～ sb.'s heart 使某人心花怒放

glad•some ['glædsəm] *adj.* ❶令人高兴的,可喜的:～ tidings 喜讯 ❷喜悦的;欢乐的:a ～ countenance 喜颜悦色

glam•or•ous ['glæmərəs] *adj.* 富有魅力的,迷人的:～ film stars 富有魅力的影星

glam•o(u)r ['glæmə(r)] *n.* U 诱惑力;(尤指女性的)魅力,迷人:Now that she's an air hostess, foreign travel has lost its ～ for her. 她当上了空姐,到国外旅行对她已失去吸引力。/a girl with lost of ～ 性感迷人的女郎

***glance** [glɑːns] **I.** (～s[-ɪz]; ～d[-t];

glancing) *vt.* 用(眼睛)扫视;瞥见:～ one's eyes down (或 over)the page 粗略地用眼睛扫视一页 *vi.* ❶一瞥,看一眼,扫视:～ at one's watch 看一下手表/～ round a room 环视一下房间 ❷擦过,掠过:A bullet ～d off his skin. 一颗子弹擦过他的皮肤。❸闪耀,闪烁;water *glancing* in the sunlight 在阳光下闪闪发光的水面 **II.** (～s[-ɪz]) *n.* C ❶瞥视,乍看:We exchanged ～s. 我们迅速地互相打量了一下。❷(枪弹等的)擦过 ❸(光线的)闪耀,闪光

***glare** [gleə(r)] **I.** (～s[-z]; glaring [-rɪŋ]) *vt.* 瞪视着表示(愤怒等):～ hate at the enemy 以仇恨的眼光瞪着敌人 *vi.* ❶耀眼,眩目:the sun *glaring* (down) mercilessly from a clear sky 透过晴空的太阳正毒 ❷瞪着:He didn't shout or swear, but just ～d silently at me. 他不喊不骂,只是默默地怒视着我。**II.** *n.* ❶ U 刺目的强光,眩光:avoid the ～ of the sun (of car headlights) 避开耀眼的阳光(汽车前灯的强光) ❷ U 引人注目,显眼:The hearings were conducted in the full ～ of publicity. 那审讯是在公众密切关注下进行的。❸ C 瞪视:give sb. a hostile ～ 含敌意地注视某人

glar•ing ['gleərɪŋ] *adj.* ❶(光)闪耀的,耀眼的:～ lights 耀眼的灯光 ❷(色彩)花哨的,艳丽的 ❸(缺点等)显著的,明显的;甚大的:a ～ abuse (injustice, omission) 明显的滥用(不公、疏漏) ❹怒目而视的

***glass** [glɑːs] **I.** (～es[-ɪz]) *n.* ❶ U 玻璃:cut oneself on broken ～ 让碎玻璃割伤 ❷ C 玻璃杯(普通冷饮用的杯子;热饮用 cup):a beer ～ 啤酒杯 ❸ C 一杯(的量):Could I have a ～ of water, please? 请给我来杯水可以吗? ❹ U [集合用法]玻璃制品:All our ～ and china is kept in the cupboard. 我们所有的玻璃和陶瓷器皿都放在柜橱里。❺ C [英口]镜子:He looked in the ～ to check that his tie was straight. 他对着镜子看领带是否系正。❻ [用复数]眼镜;双筒镜:a new pair of ～es 一副新眼镜 ❼([近]mirror, looking glass)C 镜片;望远镜;显微镜 ❽ C 气压计;晴雨表:The ～ is falling. 气压在下降。**II.** (～es[-ɪz]) *vt.* 给…装上玻璃,盖上玻璃:a ～ed-in veranda 镶玻璃的阳台

glass•ful ['glɑːsfʊl] (～s[-z]) *n.* C 一玻璃杯的量

glass•ware ['glɑːsweə(r)] *n.* U 玻璃制品;玻璃器皿;料器

glass•y ['glɑːsɪ] (glassier; glassiest) *adj.* ❶玻璃似的;(水面)光滑如镜的:Be careful of

G

the icy pavement; it's really ～. 小心人行道上有冰，路面可真滑。❷（眼神等）无生气的，呆滞的：a ～ look 木然的样子

glaze [gleɪz] Ⅰ. (～s[-ɪz]; glazing) *vt*. ❶装玻璃于；给（窗户等）嵌上玻璃：～ a window 给窗户安装玻璃 ❷上釉于；上光于：～ d pottery 上釉的陶器 ❸给（食物）浇上糖汁：*Glaze* the pie with beaten egg. 在馅饼上涂上打匀的蛋液使表面发亮。*vi*. 使（眼睛）变呆滞：After six glasses of vodka his eyes ～d over and he remembered nothing more. 他喝了 6 杯伏特加之后，眼神呆滞，什么都记不住了。Ⅱ. *n*. ⓤⒸ ❶（陶瓷器的）光泽；釉（料）：The vase was sold cheaply because of a fault in the ～. 那花瓶因釉面有残已廉价售出。❷光滑面；（烹饪用的）糖汁；（绘画的）上光，上釉

gleam [gliːm] Ⅰ. (～s[-z]) *n*. ❶Ⓒ微光；闪光，反光：the sudden ～ of a match in the darkness 黑暗中突然出现擦亮火柴的闪光 ❷Ⓒ（感情、希望等的）闪现，隐现：a ～ of hope in an apparently hopeless situation 在看来绝望时闪现的一线希望 Ⅱ. *vi*. ❶发出微光，闪烁：water ～ing in the moonlight 在月光下反射微光的水面 ❷（感情等）闪现：anticipation ～ing in their eyes 在他们眼睛里流露着期待的神情

glean [gliːn] (～s[-z]) *vt*. ❶自（田地）拾落穗 ❷[常用被动语态]拾（丢弃物）❸一点点地搜集（消息、知识等）*vi*. 拾落穗

glee [gliː] (～s[-z]) *n*. ❶ⓤ欢乐，高兴：She couldn't disguise her ～ at their discomfiture. 他们受挫，她不禁喜形于色。❷Ⓒ【音】合唱曲（无伴奏的三部或四部的重唱曲）

glee·ful ['gliːf(ʊ)l] *adj*. 极高兴的，欢乐的：～ faces (laughter) 快乐的面孔（笑声）

glide [glaɪd] Ⅰ. (～s[-z]; ～d[-ɪd]; gliding) *vi*. ❶滑动，滑行：Silently the boat ～d past. 那船悄然滑行而过。❷（时间等）悄悄地流逝，消逝：The days just ～d by. 时光悄悄地流逝 ❸（尤指滑翔机）滑翔；（人）乘滑翔机飞行：The pilot managed to ～ down to a safe landing. 驾驶员设法使飞机滑行下降到安全着陆。Ⅱ. (～s[-z]) *n*. ❶Ⓒ滑行，滑动，滑翔：the graceful ～ of a skater 滑冰者优美的滑行动作 ❷【音】延音；滑奏记号 ❸【语】滑音，过渡音

glid·er ['glaɪdə(r)] (～s[-z]) *n*. Ⓒ❶滑翔机 ❷滑行物 ❸[美]秋千椅

glim·mer ['glɪmə(r)] (～s[-z]; ～ing [-rɪŋ]) *vt*. 隐约出现，闪烁不定，发微光：lights ～ing in the distance 远方隐隐忽现的灯光 Ⅱ. (～s[-z]) *n*. ❶Ⓒ微光，薄光：a ～

of light through the mist 透过薄雾隐约闪现的微光 ❷[a ～]微量，少许：a ～ of hope 一线希望

glimpse [glɪmps] Ⅰ. (～s[-ɪz]) *n*. ❶Ⓒ（[近]glance）一瞥，一看：a quick ～ at the newspaper headlines 匆匆地看一遍报纸大标题 ❷Ⓒ模糊的感觉（或认识）Ⅱ. (～s[-ɪz]; ～d[-t]) glimpsing) *vt*. 瞥见，乍看，看一眼：～ someone between the half-drawn curtains 从半掩的窗帘夹缝中瞥见某人

glint [glɪnt] Ⅰ. (～ed['-ɪd]) *vi*. 闪耀，闪闪发光：She thought the diamond was lost until she saw something ～ing on the carpet. 她认为那颗钻石已丢失，后来看见地毯上有东西闪闪发光遂失而复得。Ⅱ. *n*. Ⓒ闪光；反光；闪现：His eye caught the ～ of a revolver among the bushes. 他一眼看到灌木丛中有手枪的反光

glit·ter ['glɪtə(r)] Ⅰ. (～s[-z]; ～ing [-rɪŋ]) *vi*. 闪闪发光，闪烁：stars ～ing in the frosty sky 寒空中闪烁的星星 Ⅱ. (～s[-z]) *n*. ⒸⓊ闪光，闪耀；华丽

glob·al ['gləʊbl] *adj*. ❶全球的，世界性的：a ～ tour 环球旅行 ❷总括的，综合的：a ～ definition 总的定义 ❸球形的；球面的

globe [gləʊb] (～s[-z]) *n*. ❶Ⓒ球，球状物：The silvery ～ of the moon sank towards the horizon. 银盘似的月亮朝地平线落去。❷[the ～]地球：travel (all) round the ～ 环球旅行 ❸Ⓒ地球仪，天体仪 ❹Ⓒ球形容器（灯罩、金鱼缸等）

glob·u·lar ['glɒbjʊlə(r)] *adj*. ❶水滴的，由小球聚集而成的 ❷球状的，球形的；以球体构成的

glob·ule ['glɒbjuːl] (～s[-z]) *n*. Ⓒ（液体的）小球体；小水珠，水滴

gloom [gluːm] *n*. Ⓤ❶昏暗，阴暗：In the gathering ～, it was hard to see anything distinctly. 光线越来越暗，什么东西都看不清。❷[亦用 a ～]忧郁，沮丧：The news cast a deep ～ over the village. 这消息使全村笼罩着一片愁云惨雾。

gloom·i·ly ['gluːmɪlɪ] *adv*. 忧郁地；阴暗地，黑暗地

gloom·y ['gluːmɪ] (gloomier; gloomiest) *adj*. ❶暗的，黑暗的，阴暗的：a ～ room 黑暗的屋子/a ～ day 阴沉沉的一天 ❷忧郁的，悲观的：What are you so ～ about? Cheer up! 你为什么情绪这么低落？振作起来吧！

glo·ri·fy ['glɔːrɪfaɪ] (glorifies[-ɪz]; glorified) *vt*. ❶赞美，崇拜（神）：～ God 归荣耀

于上帝 ❷称赞(人、行为等),给予…荣耀:an ancient epic ~ing the hero's deeds in battle 歌颂战斗英雄业绩的古代史诗 ❸美化;使增光:a book which *glorifies* the horrors of war 美化战争恐怖的书

glo·ri·ous ['glɔːrɪəs] *adj*. ❶光荣,荣耀的:a ~ deed 光荣的业绩 ❷壮丽的,灿烂的:a ~ view 壮丽的景色 ❸ [口]令人愉快的,非常快乐的;(天气等)极好的:have a ~ time 过得非常愉快

glo·ry ['glɔːrɪ] **I**. (glories[-z]) *n*. ❶Ⓤ光荣,荣誉:a proud father basking in his son's reflected ~ 因儿子的荣耀其父感到骄傲 ❷ⓒ[常用复数]可夸耀的事;自豪的原因:One of the *glories* of the British heritage is the right to a fair trial. 英国人引以为豪的传统之一是有获得公正审判的权利。❸Ⓤ壮观,壮丽:the countryside in all its ~ 气象万千的郊野 ❹Ⓤ荣华;全盛,鼎盛:in one's ~ 在全盛期 ❺Ⓤ(神的)荣耀,赞美:"*Glory* to God in the highest.""在至高之处荣耀归于神。" ❻Ⓤ天国的荣耀;天国 **II**. (glories[-z]; gloried) *vi*. 骄傲,自豪,狂喜:~ in one's success 为自己的成功而骄傲

gloss[1] [glɒs] **I**. *n*. Ⓤ ❶[亦用 a ~](表面的)光泽,色泽:the ~ on sb.'s hair 某人头发的光泽 ❷[亦用 a ~]虚饰,假象:a ~ of respectability 道貌岸然的假象 **II**. (~es[-ɪz]; ~ed[-t]) *vt*. 使…具有光泽,给…上光 *vi*. 发光,发亮

gloss[2] [glɒs] **I**. *n*. Ⓒ ❶解释;注解;评注:a ~ on a word 单词的注释/The minister has put a different ~ on recent developments in the Middle East. 部长对中东局势的最新发展做了另一番解释。❷(附在书籍卷末的)词汇表 **II**. (~es[-ɪz]; ~ed[-t]) *vt*. 注释;评注:a difficult word that needs to be ~*ed* 需加注解的难词

glos·sa·ry ['glɒsərɪ] (glossaries[-z]) *n*. Ⓒ(分类的)专门用语辞典;(附于书籍卷末等的)词汇表

gloss·y ['glɒsɪ] **I**. (glossier; glossiest) *adj*. 光滑的,有光泽的 **II**. (glossies[-z]) *n*. Ⓒ[口]封面漂亮的杂志

glove [glʌv] (~s[-z]) *n*. Ⓒ ❶手套(一般指五指分开的;手指没分开的称为 mitten):a pair of ~s 一副手套 ❷棒球手套 ❸拳击手套

glov·er ['glʌvə(r)] *n*. Ⓒ手套制造者;手套商

glow [gləʊ] **I**. (~s[-z]) *vt*. ❶灼热,发光,发白热光:~ing metal in a furnace 熔炉中

炽热的金属/ A cigarette ~ed in the dark. 黑暗中有支香烟发着光。❷色彩强烈,鲜艳夺目:The countryside ~ed with autumn colours. 郊野焕发出斑斓的秋色。❸脸红,(身体)发热;(感情等)洋溢,激动:her ~ing cheeks 她发红的双颊 **II**. *n*. [a ~ 或 the ~] ❶灼热,白热:the ~ of the coal 煤炭的灼热 ❷(火红般)鲜艳夺目,光辉:The fire cast a warm ~ on the walls. 炉火映在墙上呈现一片融融红光。❸脸红发热,激情喜悦:cheeks with a rosy ~ 绯红的双颊/the special ~ you get from a truly unselfish act 从真正的无私行为中体验到的特殊喜悦

glow·er[1] ['glaʊə(r)] *n*. Ⓒ【电】炽热体;灯丝

glow·er[2] ['glaʊə(r)] **I**. (~s[-z]; ~ing[-rɪŋ]) *vi*. 怒视,凝视:He sat there ~ing at his opponent. 他坐在那里怒视着对手。**II**. *n*. Ⓒ怒视

glue [gluː] **I**. *n*. Ⓤ胶;胶水:mend a broken cup with ~ 用胶粘补破杯子 **II**. (~s[-z]; gluing) *vt*. ❶用胶(或胶水)粘上…:~ two pieces of wood together 将两块木料黏合在一起 ❷紧跟…,纠缠:The girl is ~*d* to her mother. 那个女孩一天到晚跟着她母亲。

glum [glʌm] (glummer; glummest) *adj*. ❶阴郁的,闷闷不乐的;愁闷的:~ expressions 忧伤的神情 ❷死气沉沉的;阴沉的

gnash [næʃ] **I**. (~es['-ɪz]; ~ed[-t]) *vt*. 咬(牙),啮:I was ~ing my teeth with (或 in) rage. 我咬牙切齿愤怒至极。**II**. *n*. Ⓒ咬牙

gnaw [nɔː] (~s[-z]; ~ed; ~ed 或 gnawn) *vt*. ❶咬,啮,啃:a boy ~ing his fingernails 咬着手指甲的男孩 ❷咬坏:Rats have ~*ed* a hole in the box. 老鼠在箱子上咬出一个洞。❸使烦恼,折磨:the ~ing pains of hunger 由饥饿引起的绞痛 *vi*. ❶咬,啮:a dog ~ing at a bone 啃着骨头的狗 ❷折磨,侵蚀:fear and anxiety ~ing at one's heart 心中受着恐惧和不安的折磨

go [gəʊ] **I**. (~es[-z]; went [went]; gone [gɒn]) *vi*. ❶去,出去;前进:Are you ~ing (there) by train or by plane? 你坐火车去还是乘飞机去(那儿)? ❷去…,出门:The train *went* chugging up to the hill. 火车轰隆隆地爬上山去。/ ~ shopping on a bicycle 骑自行车去买东西/She has *gone* to see her sister this weekend. 她本周末看她姐姐去了。/ ~ for a walk 去散步/~ on a journey 去旅行 ❸离开,出发:I must ~ now. 我现在得走了。/She's been *gone* an hour. 她已离开一个小时了。❹通,达,至:~ to hospital 去医院

（治疗）❺变成（某种状态）（通常表示不好的变化）：～ pale 变苍白/This milk has *gone* sour. 这牛奶变馊了。❻处于（某种状态），（一直）保持（某种情形）：You'd better ～ armed. 你最好带上武器。❼（机械等）转动，运转：This machine ～*es* by electricity. 这机器是电动的。❽（事情）进行，进展：Did everything ～ smoothly? 一切进行得顺利吗？❾（时间）过去，完了；消失，衰退：Hasn't the time *gone* quickly? 时间过得太快了吧。/His mind is ～*ing*. 他心智日衰。❿（东西）放，置；摆放：This dictionary ～*es* on the top shelf. 这部词典放在最上一格。/My clothes won't all ～ into that tiny suitcase. 那个小衣箱装不下我所有的衣物。⓫被花费了，被用于…：All her earnings ～ on clothes. 她挣来的钱都花在衣服上了。⓬卖；归于，给予（某人）：The new dictionary is ～*ing* well. 这部新词典销路很好。⓭（文句等）表达为，写着…：as the old saying ～*es* 正如俗话所说，常言道⓮（钟等）鸣响，发出声音，鸣叫：The whistle ～*es* at the end of the match. 比赛结束时哨声响了。⓯做动作：When he shakes hands, he ～*es* like this. 当他握手时，他这样做的。⓰有助于：What qualities ～ to make a successful businessman? 企业家要具备什么素质才能出人头地？⓱出（力）；诉诸（手段）：You shouldn't have *gone* to so much trouble for me. 你实在不必为我那么麻烦。Ⅱ. *n*. ❶Ⓤ去，离开 ❷Ⓤ［口］精力；干劲：She's got a lot of ～！她干劲冲天！❸Ⓒ［口］尝试，机会 ❹［a ～］［口］成功 ❺Ⓒ［口］决定之事 ❻Ⓤ（游戏等中）轮到的机会：It's your ～! 该你了！Ⅲ. *adj*. ［口］准备就绪的，一切正常的

go·a·head ['gəʊəhed] Ⅰ. *adj*. ［口］积极用新方法（或事物）的，有进取心的，积极性 Ⅱ. *n*. ［the ～］［口］（计划、行动等）许可；批准；前进命令

goal [gəʊl] (～s[-z]) *n*. Ⓒ❶（足球等的）球门；进球得分：He headed the ball into an open ～. 他乘势把球顶入球门。/score（或kick）a ～ 得（踢进一球得）一分 ❷（在比赛等的）终点 ❸（努力等的）目标，目的：one's ～ in life 人生的目标

goat [gəʊt] *n*. Ⓒ❶山羊：climb like a mountain ～ 像山羊般敏捷地爬 ❷［美口］替罪羊，牺牲品 ❸［口］色鬼：Let me go, you randy old ～! 放开我，你这老色鬼！

goa·tee [gəʊ'tiː] *n*. Ⓒ山羊胡子

goat·skin ['gəʊtskɪn] (～s[-z]) *n*. ❶Ⓤ山羊皮 ❷Ⓒ山羊皮制的服装（装酒或水等的）

山羊皮囊

gob·ble ['gɒbl] Ⅰ. (～s[-z]; gobbling) *vi*. ❶狼吞虎咽：Eat slowly and don't ～! 慢点儿吃，别狼吞虎咽的！❷（公火鸡）咯咯地叫 *vt*. 狼吞虎咽，大口大口地吞：～ one's food (down) in a hurry 匆匆忙忙吞（下）食物 Ⅱ. *n*. Ⓒ火鸡的叫声

god [gɒd] (～s[-z]) *n*. ❶［用 God］上帝，造物主（指一神教，尤其是基督教的上帝，通常视为专有名词）：As *God* is my witness, that's the truth! 上帝为我做证，这句话属实！❷Ⓒ神（特指希腊、罗马神话的）男神 ❸［G-］神，上帝（当感叹句用）：My *God*! 啊！天哪！❹Ⓒ受崇拜者，像偶像般被崇拜的人（物）：To people of their generation, Kennedy was a ～. 对他们这一代人来说，肯尼迪是他们崇拜的偶像。❺［the ～s］「用作单数」（戏院的）顶层楼座的观众

god·son ['gɒdsʌn] (～s[-z]) *n*. Ⓒ教子

god·fa·ther ['gɒdfɑːðə(r)] (～s[-z]) *n*. Ⓒ教父

god·head ['gɒdhed] *n*. ❶Ⓤ神性 ❷［the Godhead］上帝

god·less ['gɒdlɪs] *adj*. 不信神的；无宗教信仰的；无神的

god·like ['gɒdlaɪk] *adj*. 上帝般的；神圣的，庄严的

god·ly ['gɒdlɪ] *adj*. （［反］ungodly）虔诚的，虔敬的

god·speed, God·speed [gɒd'spiːd] *n*. Ⓤ（送行时的祝福语）上帝保佑，一路平安，顺风；幸运，成功

gog·gle ['gɒgl] Ⅰ. (～s[-z]; goddling) *vi*. ❶瞪眼看，斜眼看：He ～*d* at her in surprise. 他惊奇地睁大眼睛看着她。❷转动眼珠 Ⅱ. *n*. ［用复数］遮风镜，护目镜（骑摩托车或游泳的人所戴的防风、尘、水等的眼镜）

go·ing ['gəʊɪŋ] Ⅰ. *n*. ⓊⒸ❶离去，走；出发：We were all sad at her ～. 她一走我们都很难过。❷地面（或道路）状况：The path was rough ～. 这小道崎岖难走。❸行进的速度：It was a good ～ to reach London by midday. 那次行进速度很快，到中午已抵达伦敦。Ⅱ. *adj*. ❶进行中的，营业中的；发达繁荣的 ❷现行的：The ～ rate for freelance work is £5 an hour. 自由职业者的现行酬金是每小时5英镑。❸现存的，现有的

go·ings-on ['gəʊɪŋz'ɒn] *n*. ［用复数］［口］（不正常的）行为，举动：There were some strange ～ next door last night. 昨夜隔壁有些异常。

gold [ɡəʊld] *n.* Ⓤ ❶金,黄金：prospecting for ～ 勘探黄金/a ～ medal 金质奖章 ❷［集合用法］财富,钱财：a miser and his ～ 守财奴及其财富 ❸金色,金黄色：the reds and ～s of the autumn trees 秋天树木斑斓的火红色与金黄色 ❹有价值之物,贵重的东西;高贵(纯洁)的心

gold·en [ˈɡəʊldən] *adj.* ❶金色的,金黄色的：～ sand (light) 金黄色的沙子(光) ❷金的,金制的：a ～ ring 金戒指 ❸贵重的,珍贵的,极好的：a ～ opportunity 良机 ❹(时代等)全盛的,昌盛的：～ days 黄金时代

golf [ɡɒlf] Ⅰ. *n.* Ⓤ高尔夫球：play a round of ～ 打一场高尔夫球 Ⅱ. (～s[-z];～ed[-t]) *vi.* 打高尔夫球

good [ɡʊd] Ⅰ. (better [ˈbetə];best [best]) *adj.* ❶(［反］bad)令人满意的;好的,优秀的,上等的：a ～ lecture 好的演讲/Her English is very ～. 她英语很好。❷善良的,正直的,乖的：He was very ～ to me when I was ill. 我生病时他帮了我的大忙。/Try to be a ～ girl. 要做个乖女孩。❸亲切的,温柔的：Be ～ to children. 对孩子要亲切。❹合适的,适宜的;可靠的：She would be ～ for the job. 她做这工作很合适。❺能干的,擅长的;精明的：He's very ～ with children. 他很会照看孩子。❻[a ～]充分的,足够的;颇,相当的：go for a ～ long walk 好好地散散步/We had a ～ laugh at that. 那件事情叫我们笑个痛快。❼快乐的,愉快的;美妙的,有魅力的：It's ～ to be home again. 重返家园令人快慰。/We had a ～ time. 我们玩得很高兴。❽(［近］fresh)(食品)新鲜的,没有变坏的：Separate the ～ meat from the bad. 把鲜肉和腐肉分开。❾正当的,恰当的,真正的：Can you give me any ～ reason for being late? 你能给我正当的理由解释你为什么迟到吗?❿(心情等)好的,健康的,健全的：Would you speak into my ～ ear, I can't hear in the other one. 请对着我这只没有毛病的耳朵说,我那只耳朵听不见。Ⅱ. *n.* Ⓤ❶(［反］harm)利益,好处,益处：I'm giving you this advice for your own ～s. 我劝你是为你好。❷善,善良;美德：the difference between ～ and evil 善恶之分 ❸长处,优点：There is great deal of ～ in her. 她有很多优点。

good-by(**e**) [ˌɡʊdˈbaɪ] Ⅰ. *int.* 再见! 再会! Ⅱ. *n.* Ⓤ Ⓒ告辞,辞别;告别：We said our ～s and left. 我们彼此道别,然后离去。

good·ly [ˈɡʊdlɪ] *adj.* ❶漂亮的,讨人喜欢的：a ～ man 漂亮的男子 ❷相当的,颇大的：a ～ sum of money 一大笔钱

good-na·tured [ˈɡʊdˈneɪtʃəd] (［反］ill-natured) *adj.* 性情温和的,脾气好的,亲切的;温厚的

good·ness [ˈɡʊdnɪs] *n.* Ⓤ❶良好,(品质)优良,优秀;长处 ❷善良,美德;温柔;亲切：I believe in his essential ～. 我相信他本质是善良的。/her ～ to her old parents 她对年迈双亲的孝心 ❸(食品等的)养分,精华：Much of the ～ in food may be lost in cooking. 食物在烹调中可能失去许多养分。

goods [ɡʊdz] [复] *n.* [无单数形式,不可用与数词或 many 等修饰] ❶商品,货物：cheap (high-quality)～ 便宜(优质)的货物 ❷动产：stolen ～ 赃物 ❸ ［英］［作定语］(尤指铁路的)货物：a ～ train 铁路货车 ❹ ［美］衣料 ❺ [the ～]合意的人(事、物),真货;真本领

good·y [ˈɡʊdɪ] Ⅰ. (goodies[-z]) *n.* Ⓒ❶ [常用复数] ［口］好吃的东西,糖果,甜食;特别吸引人的东西 ❷英雄,好汉 Ⅱ. *int.* 好啊! 好极了! (尤为小孩用语)

goose [ɡuːs] (geese [ɡiːz]) *n.* ❶Ⓒ ［动］鹅;雌鹅 ❷Ⓤ鹅肉 ❸Ⓒ ［口］傻瓜,呆头鹅(尤指女性)：You silly ～! 你这笨蛋!

gorge [ɡɔːdʒ] Ⅰ. (～s[-ɪz]) *n.* ❶Ⓒ(山)峡,峡谷：the Rhine ～ 莱茵峡谷 ❷Ⓤ(胃中的)食物 ❸Ⓒ咽喉：a fish bone stuck in his ～ 卡在他咽部的鱼刺 Ⅱ. (～s[-ɪz];gorging) *vt.* & *vi.* 填饱,狼吞虎咽地吃：gorging (herself) on cream cakes 大吃奶油蛋糕

gor·geous [ˈɡɔːdʒəs] *adj.* ❶华丽的,灿烂的,豪华的：walls hung with ～ tapestries 挂着绚丽挂毯的墙壁 ❷ ［口］愉快的,快乐的;宜人的,极好的;美丽的：～ weather 宜人的天气/～ hair 十分好看的头发

gos·pel [ˈɡɒspl] *n.* ❶Ⓤ[常用 Gospel]福音(耶稣及其门徒的教理);基督教的教义：preach the *Gospel* 传布福音 ❷ [the Gospel]福音书(新约圣经的头四卷之一) ❸Ⓒ信条,主义,真理 ❹Ⓤ【音】福音歌

gos·sip [ˈɡɒsɪp] Ⅰ. *n.* ❶Ⓤ Ⓒ(别人的)闲话,流言蜚语：Don't believe all the ～ you hear. 那些道听途说的话不可尽信。❷(［近］chat)Ⓒ闲谈,闲聊;街谈巷议：have a good ～ with a friend 和朋友闲聊天 ❸Ⓤ(报纸、杂志的)漫谈：a ～ writer 写漫谈专栏的作家 ❹Ⓒ好说闲话者,(尤指)你这个专门搬弄是非的老家伙! You are nothing but an old ～! 你这个专门搬弄是非的老家伙! Ⅱ. *vi.* 散布小道消息;闲聊：I can't stand here ～ing all day. 我不能整天站在这里闲聊下去。

go·v·ern [ˈɡʌvn] (～s[-z]) *vt.* ❶(［反］

misgovern)治理,统治:～a country 治理国家 ❷管理(学校等) ❸支配(某人、行动等);决定,影响:self-interest ～s all his actions 他的所作所为皆取决于一己之利 ❹压抑,抑制(感情等):～one's temper 控制住脾气 ❺【语】支配(如动词或介词决定其后面的名词或代词) vi. 统治,管理

gov•ern•ance ['gʌvənəns] n.U❶统治,管理,支配:the ～ of a state 国家的管理 ❷统治方法,管理方法

gov•ern•ess ['gʌvənɪs] n.C (从前住进家中的)女家庭教师;保育员;保姆

* gov•ern•ment ['gʌvənmənt,-vəm-] n. ❶U 政治,政体:Democratic ～ gradually took the place of an all-powerful monarchy. 民主政体逐渐取代了有无上权力的君主政体。❷C「常用 Government]政府;「英]内阁:The *Government* welcomes the proposal. 政府欢迎该建议。/She has resigned from the *Government*. 她已辞去大臣职位。❸U 支配,管理,运营:If we do not have strong ～, there will be rioting. 我们若不加强控制,就会出现动乱。

gov•er•nor ['gʌvənə(r),-vn-] (～s[-z]) n.C❶「有时用 Governor](美国的)州长 ❷(英殖民地、属地等的)总督 ❸(医院、学校等公共设施的)管理者;董事、(银行等的)总裁 ❹「英口]老爸,老板(指父亲、雇主、上司等,也用于称呼)❺【机】(煤气、蒸汽等的)调节器

gown [gaʊn] (～s[-z]) n.C❶长外衣(妇女用的正式衣服):a ball-～舞会长服 ❷晨衣,睡衣 ❸礼服或长袍(法官的法衣,神职者的教士服,大学教师、学生毕业典礼所穿的服装等)

grab [græb] I. (～s[-z]; grabbed; grabbing) vt. ❶抓取,攫取:He just *grabbed* the bag from my hand and ran off. 他抢走我手中的提包就跑了。❷夺取,(不正当地)霸占:*Grab* a seat and make yourself at home. 随便找个地方坐,别客气。 vi. 抓(住)、夺(得):He *grabbed* at the boy, but could not save him from falling. 他抓住那男孩,然而那孩子还是跌倒了。Ⅱ. (～s[-z]) n.C 抓住,攫取,霸占:make a ～ at sth. 猛地去抓某物

grace [greɪs] (～s[-ɪz]) n. ❶([近]elegance)U 优美,优雅:the ～ with which a ballerina leaps into the air 芭蕾舞女演员腾空起舞的优美姿势 ❷C「常用复数]美德,优点,魅力,风度:well-versed in the social ～s 社交风度潇洒的 ❸([近]favor)U 恩惠,恩赐;宽限(期):an act of ～ 恩惠/have a couple of days' ～ 有一、两天的宽限期 ❹U【宗】(天主教中)(上帝的)恩典,恩宠:By the ～ of

God,their lives were spared. 蒙上帝恩宠,他们免于一死。❺U C (饭前、饭后的)感恩祷告 ❻U [常用 Grace]阁下,夫人(对于公爵、公爵夫人、大主教的尊称,直接称呼时在前加 Your,其他场合使用时则加 His, Her, Their):Good morning, Your *Grace*! 大人,早上好! ❼[用复数]美惠三女神(在希腊神话中,象征光辉、喜悦、繁荣的三姐妹女神)

grace•ful ['greɪsf(ʊ)l] adj. ❶(姿势、动作等)优雅的,雅致的:a ～ leap 优美的跳跃 ❷懂得礼貌的,得体的:His refusal was worded in such a ～ way that we could not be offended. 他的婉言谢绝无损于我们的颜面。

grace•less ['greɪslɪs] adj. ❶不雅的,不体面的:a room cluttered with ugly ～ furniture 零乱地摆着丑陋不雅的家具的房间 ❷不懂礼貌的,粗鲁的:a ～ remark 无礼的言辞

gra•cious ['greɪʃəs] adj. ([反]ungracious) ❶(人、行为等)体谅的,和蔼的,廉和的,殷勤的:a ～ manner 殷勤的态度/He was ～ to everyone. 他对大家彬彬有礼。❷(君主)仁慈的:by ～ permission of Her Majesty 蒙女王陛下恩准 ❸(神)恩惠的,仁慈的:He is kind and ～ to all sinners who repent. 他对忏悔的罪人一概慈悲为怀。❹优美的,雅致的

* grade [greɪd] I. (～s[-z]) n. ❶C 等级;程度;阶段:a person's salary ～ 某人的薪金级别/the ～s of growing up 成长的各阶段 ❷([近]form)C「美](小学、中学的)年级:My son's in the third ～. 我儿子上小学三年级。❸([近]mark)C「美]成绩,评分等级:She got excellent ～s in her exams. 她考试成绩优异。❹[the ～s]小学 ❺C「美]坡度,斜坡 Ⅱ. (～s[-z]; ～d[-ɪd]; grading) vt. ❶将…分等级,给…分类:Eggs are ～d from small to extra large. 鸡蛋从小的到特大的分成了等级。❷评分,打分数:The term papers have been ～d. 期末考卷已评完分数了。❸把(道路等)坡度减小 vi. ❶分等级,属于某等级 ❷(颜色等)渐渐变化,渐次调和

gra•dient ['greɪdjənt] n.C❶倾斜,倾斜度;斜坡(面):a steep ～ 陡峭的坡度 ❷【数】斜度;【物】(温度、气压等的)升降率,变化值

grad•u•al ['grædʒʊəl,-djʊəl] adj. ❶逐渐的,渐进的;阶段性的:～ decline 逐渐的衰落/a ～ increase 逐渐的增加 ❷(坡度)缓的,不陡的:a ～ rise (fall) 渐起(渐落)

* grad•u•ate ['grædʒʊeɪt,-djʊeɪt] I. (～d [-ɪd]; graduating) vi.毕业([英]主要指大学毕业,[美]则用于所有学校):She ～d from Cambridge with a degree in law. 她毕业于剑

桥大学，并获法学学士学位．**vt**. ❶[美]准予
…毕业，授以…学位：The college ~d 50
students from the science department last
year. 这所学校去年有 50 名理科毕业生。❷
将…分为等级，将…累进化：In a ~d tax
scheme the more one earns, the more one
pays. 按照累进税制，收入多者多纳税。❸刻
度于(计量器等)：a ruler ~d in both inches
and centimeters 有英制和公制两种刻度的尺
Ⅱ．['grædʒuɪt] **n**. Ⓒ❶毕业生，大学毕业生：
a law ~ 法律系毕业生 ❷【化】量筒，量杯

gra·du·a·tion [ˌgrædʒʊ'eɪʃən,-djʊ-] (~s
[-z]) **n**. ❶Ⓤ毕业([英]主要指大学的毕
业)：students without jobs to do after ~ 毕
业后工作无着落的大学生 ❷Ⓒ[美]毕业典
礼，[英]大学毕业典礼 ❸Ⓒ(计算器上的)刻
度；Ⓤ刻度线

graft¹ [grɑːft] Ⅰ．**n**. Ⓒ❶嫁接；接穗：A
healthy shoot should form a strong ~. 健康
的嫩枝可作强壮的接穗。❷【医】(皮肤、骨骼
等的)移植片，移植物：a skin ~ 移植的皮肤
Ⅱ．**vt**. 嫁接；【医】移植(皮肤、骨等)：~ one
variety of apple onto another 把一种苹果树
嫁接到另一种苹果树上

graft² [grɑːft] **n**. Ⓤ[美]贪污，受贿；不义之
财

graft·er ['grɑːftə] **n**. Ⓒ[美口]贪官；受贿者

grain [greɪn] (~s[-z]) **n**. ❶Ⓤ谷物，谷
类：America's ~ exports 美国的谷物出口 ❷
Ⓒ谷粒(砂、盐等的)粒：a few ~s of rice in
a bowl 碗中的几颗米粒/a ~ of sand 沙粒 ❸
Ⓒ一点儿，稍许：There isn't a ~ of truth in
it. 那事没有丝毫真实性。❹Ⓤ[常用 the ~]
木纹，石纹，纹理；(人的)气质：cut a piece of
wood along(或 across)the ~ 把木头顺着木
纹截断 ❺Ⓒ格令(重量的最低单位，等于
0.065 克；用于药剂等的计量)

gram·mar ['græmə(r)] (~s[-z]) **n**. ❶
Ⓤ语法：a good understanding of ~ 精通语
法 ❷Ⓒ语法书：I want to buy a French ~.
我想买一本法语语法书。❸Ⓤ措辞，语法：the
basic rules of ~ 基本语法规则

gram·mat·i·cal [grə'mætɪkl] **adj**. ❶语
法(上)的：a ~ treatise 语法论文 ❷合乎语法
的，语法正确的：That sentence is not ~. 那个
句子语法不通。

gram(me) [græm] (~s[-z]) **n**. Ⓒ克(十进
制重量单位)

gramo·phone ['græməfəʊn] (~s[-z]) **n**.
Ⓒ[英]留声机，唱机

grand [grænd] Ⅰ．**adj**. ([近]splendid) ❶

雄伟的；庄重的；堂皇的；豪华的：It's not a
very ~ house, just a little cottage. 那不是深
宅大院，只不过是个小农舍。/We dined in ~
style. 我们的宴会非常隆重。❷伟大的，高贵
的；崇高的：~ ideas 崇高的理想 ❸自负的，傲
慢的，神气的：put on a ~ air(或 manner)摆
出一副了不起的样子(架势) ❹主要的；重大
的：the ~ entrance 正门 ❺[无比较等级]
[口]极好的，美妙的：It's a ~ day today! 今
天是个好天！❻[无比较等级]全部的，总括
的：a ~ total 总计数 Ⅱ．**n**. ❶Ⓒ[口]大钢
琴 ❷Ⓒ[美口]1000 美元

grand·fa·ther ['grænfɑːðə] **n**. Ⓒ祖父；
外祖父；爷爷；姥爷；外公

grand·ly ['grændlɪ] **adv**. 盛大地，庄严地

grand·ma ['grænmɑː], **grand·mam·ma**
['grænməˌmɑː] **n**. Ⓒ[口]奶奶，外婆

grand·moth·er ['grænmʌðə] **n**. Ⓒ祖
母；外祖母；奶奶；姥姥；外婆

grand·pa ['græn(d)pɑː], **grand·pa·pa**
['grænpəˌpɑː] **n**. Ⓒ[口]爷爷，外公

grand·sire ['grændˌsaɪə(r)] (~s[-z]) **n**. Ⓒ
祖父，外祖父；[用复数]祖宗

gran·ny ['grænɪ] (grannies[-z]) **n**. Ⓒ[口]
奶奶，外婆；老太太，老奶奶

grant [grɑːnt] Ⅰ．(~ed[-ɪd]) **vt**. ❶同意，
承诺：The minister ~ed journalists an inter-
view. 部长答应接见记者。❷给予(许可等)，
授予：He was ~ed American citizenship. 他
获得美国公民权。❸承认：I ~ you that she's
a clever woman. 我同意你说的，她很精明。
❹【律】转让(财产等给别人)：These lands
were ~ed to our family in perpetuity. 这些
土地依法永远归我家族所有。Ⅱ．**n**. ❶Ⓒ
授予物(特别指从政府取得的补助金、助学金、
奖学金等)：You can get a ~ to repair your
house. 你可以得到补助金来修缮住房。❷Ⓤ
许可，承认，授予；交付

grant-in-aid [ˌgrɑːntɪn'eɪd] (grants-in-aid)
n. Ⓒ补助金，助学金

gran·u·lar ['grænjʊlə(r)] **adj**. ❶由细小颗
粒构成的，粒状的：a ~ substance 粒状物质
❷(表面)粗糙的，不光滑的：a ~ surface 粗糙
的表面

gran·u·late ['grænjʊleɪt] (~d[-ɪd]；gran-
ulating) **vt**. & **vi**. ❶使成粒(状)；成为粒
(状) ❷(使)表面变得粗糙

gran·ule ['grænjuːl] (~s[-z]) **n**. Ⓒ细小颗
粒，微粒：instant-coffee ~s 速溶咖啡微粒

grape [greɪp] **n**. Ⓒ❶葡萄：a bunch of ~s 一
串葡萄 ❷葡萄树

grape(-)vine ['greɪpvaɪn] (～s[-z]) *n*. ❶ C 葡萄藤 ❷ [the ～]谣言,传闻,小道消息:I heard on the ～ that Jill is to be promoted. 我听人说吉尔就要提升了。

graph ['grɑːf] I. *n*. C 图;图表:the rising ～ of crime statistics 罪案统计数字上升的曲线图 II. (～ed[-t]) *vt*. 以图(表)表示…

graph·ic ['græfɪk] *adj*. ❶(轮廓)鲜明的,生动的:a ～ account of a battle 对一场战斗的生动记述 ❷图表的,图解的:～ displays 图表展示

graph·ite ['græfaɪt] I. *n*. U【矿】石墨,黑铅 II. *vt*.用石墨涂抹

grap·ple ['græpl] (～s[-z]; grappling) *vi*. ❶扭打,揪打;格斗:She ～d with her assailant but he got away. 她与袭击者扭打而他却逃走了。❷努力克服(问题等):He has been *grappling* with the problem. 他一直努力解决该问题. *vi*.抓住;握紧

grasp [grɑːsp] I. (～ed[-t]) *vt*. ❶抓…,握住;抓住(机会等):He ～d my hand warmly. 他热情地捉我握手。/～ an opportunity 抓住机会 ❷([近]understand)理解,掌握,领会:She never could ～ how to do it. 她始终弄不明白该怎样做. *vi*.抓:～ at a swinging rope 尽力抓住摇摆的绳子 II. *n*. U ❶[亦用 a ～]紧抓,紧握:take a firm ～ of the handle and pull 抓住把手用力拉 ❷理解,领悟,掌握:words within sb.'s ～ 某人能理解的话语 ❸支配,控制:in the ～ of powerful emotions he could not control 在他难以控制的强烈感情支配下

grass [grɑːs] I. (～es[-ɪz]) *n*. ❶ C U 草;牧草:a meadow covered with ～ 长着草的草地 ❷ U 草地,草坪:Don't walk on the ～. 勿踏草坪。❸ U[口]大麻 ❹ C[英口]告密者 II. *adj*. 一般大众的,草根的 III. (～es[-ɪz];～ed[-t]) *vt*. ❶使长草,以草覆盖 ❷放牧

grate¹ [greɪt] (～d[-ɪd]; grating) *vt*. ❶磨碎:～ the carrot into small pieces 把胡萝卜擦成细末 ❷(因摩擦而)发出噪音 *vi*. ❶擦响,发出嘎嘎声:The hinges ～d as the gate swung back. 大门自动关上时,合页发出吱嘎的响声。❷刺激(神经等),触怒:It's her ingratitude that ～s on me. 是她忘恩负义把我惹火了。

grate² [greɪt] *n*. C ❶(暖炉的)炉格,炉栅 ❷(门、窗等的)(铁)格栅 ❸暖火炉

grate·ful ['greɪtf(ʊ)l] *adj*. ❶感激的,感谢的:I am ～ to you for your help. 我感谢你的

帮助。❷表示感谢的:a ～ letter 感谢函 ❸令人愉快的,令人舒适的:trees that afford a ～ shade 遮阴凉的树木

grat·i·fy ['grætɪfaɪ] (gratifies[-z]; gratified) *vt*. ❶使高兴,使满意:It *gratified* me to hear of your success. 获悉你取得成功,我甚感欣慰。❷使满足(欲望等),纵容:To ～ my curiosity, do tell me what it is. 为满足我的好奇心,你一定得告诉我那是什么。

grat·ing ['greɪtɪŋ] (～s[-z]) *n*. C (门、窗等的)格栅;格子板

grat·i·tude ['grætɪtjuːd] *n*. U ([近] thanks) ([反]ingratitude) 感谢,感激:She felt eternal ～ to him for saving her. 她终生感激他的救命之恩。

gra·tu·i·tous [grə'tjuːɪtəs] *adj*. ❶无偿的,义务的:～ service 义务服务 ❷无理由的,无故的,无必要的:a ～ insult 无端的侮辱

gra·tu·i·ty [grə'tjuːəti] (gratuities[-z]) *n*. ❶ U C 赏金,小费 ❷ C[英](退休、退伍时的)慰劳金;遣散金;退休金

grave¹ [greɪv] (～r;～st) *adj*. ❶重大的;严重的:～ news 重要的新闻/This could have ～ consequences. 这会造成严重后果。❷认真的,严肃的:He looked ～. There must be something wrong. 他表情严肃,一定是出什么事了。❸([近]somber)(颜色等)暗淡的,阴暗的

grave² [greɪv] (～s[-z]; graven; graving) *vt*. ❶镂刻,雕刻 ❷铭刻;铭记

grave³ [greɪv] (～s[-z]) *n*. ❶ C 墓,墓穴;葬身之地:strewing flowers on her ～ 往她的墓上撒花 ❷[常用 the ～]死,灭亡:from the cradle to the ～ 由生至死

grav·el ['grævl] I. *n*. U[集合用法]沙砾;a load of ～ 一车砾石 II. *vt*. ❶在(路等)上铺碎石:～ a road 以石子铺路 ❷使(某人)困惑,使窘困 ❸[美口]激怒(某人);使恼怒

grav·i·tate ['grævɪteɪt] (～d[-ɪd]; gravitating) *vi*. ❶受重力吸引:The earth ～s towards the sun. 地球受太阳吸引。❷(自然地)被吸引:When this beautiful girl arrived, all the men in the room ～d towards her. 这美貌的姑娘一到,全屋的男人都让她给吸引去了。*vt*. 以引力(或重力)吸引而移动

grav·i·ta·tion [ˌgrævɪ'teɪʃən] *n*. U C 【物】(万有)引力,重力;作用:effects of ～ on bodies in space 太空中万有引力对星体的影响 ❷吸引力,倾向

grav·i·ty ['grævəti] *n*. U ❶【物】重力,引力 ❷严重性,重要性:I don't think you realize the ~ of the situation. 我认为你没有意识到局势的严重。❸认真，严肃，庄重：behave with due ~ in a court of law 在法庭表现应有的庄严态度

*gray [greɪ] **I** . *adj* . ❶灰色的，灰白的：a suit 灰色西服 ❷有灰白头发的；年老的：She has turned quite ~ recently. 她近来头发多已斑白。❸阴暗的，昏暗的；冷清的：a ~ day 阴沉的一天 ❹(人、脸)苍白的 **II** . ❶Ⓤ Ⓒ 灰色，灰白色 ❷Ⓤ 灰色衣服，灰色颜料 ❸Ⓒ 灰色的马 **III** . *vt* . 使成为灰色；(使)变成灰白色：Worry had ~ed her hair. 她愁白了头发。*vi* . 变成灰(白)色

graze¹ [greɪz] (~s[-ɪz]; grazing) *vt* . ❶使吃牧草：~ sheep 牧羊 ❷把(草地)用来放牧 *vi* . 放牧：cattle *grazing* in the fields 在田野里吃青草的牛

graze² [greɪz] **I** . (~s[-ɪz]; grazing) *vt* . ❶擦过，掠过：A bullet ~d his cheek. 子弹擦过他的面颊。❷擦破(皮肤)：~ one's arm on a rock 岩石擦破胳膊 *vi* . 擦伤 **II** . Ⓤ Ⓒ 擦伤，擦伤处

gra·zi·er ['greɪzjə(r)] (~s[-z]) *n* . Ⓒ 畜牧业者；牧场主

grease I . [griːs] *n* . Ⓤ ❶(半固体的)动物脂，油脂：The ~ from pork can be used for frying. 猪肉炼出的油可以用来煎炸食品。❷(机械用的)滑油，润滑油；(头发用的)润发油：axle ~ 轴用润滑油/He smothers his hair with ~. 他用发蜡擦头发。**II** . [griːz, griːs] (~s[-z]; ~d[-t] greasing) *vt* . 在⋯除上油；给(机械等)上油

greas·y ['griːsɪ, -zɪ] (greasier; greasiest) *adj* . ❶涂上油的，油污的：~ fingers 沾着油脂的手指 ❷(食物等)油腻的，脂肪多的：~ food 油腻的食物 ❸(道路)滑的，易滑的：a ~ road 滑的路 ❹谄媚的，虚情假意的：He greeted me with a ~ smile. 他皮笑肉不笑地和我打了招呼。

great [greɪt] **I** . *adj* . ❶伟大的，杰出的：a ~ man 伟人 ❷重大的，重要的：As the ~ moment approached, she grew more and more nervous. 她因重要时刻临近而越来越紧张。❸(数量、规模等)大的，巨大的，庞大的：a ~ expanse of forest 广阔的森林 ❹(程度)大大的，非常的，异乎寻常的：Take care to do it properly. 要格外用心把这事做好。❺([近]wonderful)[口]极好的，好棒的；极快乐的：It's ~ that you can come! 你能来太好了！❻(身份、地位等)高的，高贵的：a ~ lady 贵妇人 ❼[口]对⋯拿手的，擅长某事的：She's ~ at tennis. 她擅长打网球。❽

[口]非常的，很大的：That's a ~ thick slice of cake! 那是一大块蛋糕哇！**II** . *adv* . [美口]顺利地，很好地：Things are going ~ . 万事都非常顺利。**III** . *n* . Ⓒ[the ~(s)]伟人，大人物；名家

Greece [griːs] *n* . 希腊(欧洲东南部的巴尔干半岛南部和很多小岛形成的共和国)

greed [griːd] *n* . Ⓤ贪心，贪婪：consumed with ~ and envy 充满贪婪和嫉妒

greed·i·ly ['griːdɪlɪ] *adv* . 贪得无厌地，贪心地；贪婪地；贪食地

greed·y ['griːdɪ] (greedier; greediest) *adj* . ❶贪心的，贪婪的；渴望⋯的；热望的：~ for power 贪图权力的/~ for information 渴求信息的 ❷贪吃的，嘴馋的：not hungry, just ~ 饿倒是不饿，只是贪吃罢了

*Greek [griːk] **I** . *n* . ❶Ⓒ希腊人 ❷Ⓤ希腊语 ❸Ⓤ难懂的事：It's all ~ to me. 那我一窍不通。**II** . *adj* . 希腊的；希腊人的；希腊语的

green [griːn] **I** . *adj* . ❶绿的，绿色的：as ~ as grass 像青草般绿的 ❷覆盖绿色(草木)的；气候温和的，无雪的：~ fields 绿色的田野 ❸(果实等)未成熟的，生的：apples too ~ to eat 生得不能吃的苹果 ❹[口]不成熟的，无经验的，易上当的：a ~ young novice 无经验的年轻新手/You must be ~ to believe that! 你真幼稚，竟然相信那个！❺健康的，有朝气的；新鲜的：live to a ~ old age 老当益壮/keep sb.'s memory ~ 对(逝去的)某人永记不忘 ❻(因生病、恐惧、生气等而脸色)发青的：The passengers turned quite ~ with sea-sickness. 旅客们由于晕船而脸色发青。❼(木材等)未干的，未加工的：Green wood does not burn well. 潮木头不好烧。**II** . *n* . ❶Ⓤ绿色，~ of the countryside in spring 春天郊野呈现青葱的颜色 ❷Ⓤ绿色衣物，绿色颜料：a girl dressed in ~ 穿绿衣的女孩 ❸Ⓒ草地，绿地；草坪；(高尔夫)球洞区，终担地区，球场：a village ~ 公有或共有的土地 ❹[用复数]蔬菜，青菜；(装饰用的)绿叶，绿枝：Christmas ~s 圣诞节的绿色植物

green·er ['griːnə(r)] (~s[-z]) *n* . Ⓒ[俚]生手，非熟练工人

green·ish ['griːnɪʃ] *adj* . 呈绿色的，微绿的

Green·wich ['grɪnɪdʒ, 'grenɪtʃ] *n* . 格林尼治(英国伦敦的一行政区，为格林尼治天文台所在地；通过这里的子午线为本初子午线，即经零度的位置)

green·wood ['griːnwʊd] *n* . [常用 the ~]绿林

greet¹ [griːt] (〜ed[-ˈɪd]) *vt*. ❶打招呼,问候:He 〜ed me in the street with a friendly wave of the hand. 他在街上向我亲切地挥手致意。❷欢迎,迎接:〜ing her guests at the door 在门口迎接她的客人 ❸被(眼、耳等)察觉;呈现在(眼)前:the view that 〜ed us at the top of the hill 在山顶上收入我们眼底的景色

greet² [griːt] (grat[græt];grutten[ˈgrʌtn]) *vi*.[苏格兰]哭泣,悲泣

greet·ing [griːtɪŋ] (〜s[-z]) *n*. ❶Ⓒ(见面时的)招呼,问候:exchange 〜s互致问候 ❷[常用复数](时令等的)问候语,寒暄语;问候书信 ❸Ⓒ信件的开头词

gre·nade [ɡrɪˈneɪd] (〜s[-z]) *n*.Ⓒ手榴弹,枪榴弹

gren·a·dier [ˌɡrenəˈdɪə(r)] (〜s[-z]) *n*.Ⓒ ❶掷弹兵 ❷[常用 Grenadier](英国)禁卫步兵第一团的士兵

grey [greɪ] *adj*. & *n*. & *v*. = gray

grid [ɡrɪd] (〜s[-z]) *n*.Ⓒ❶格子,格栅 ❷(汽车车顶的)格状行李架 ❸烤肉架 ❹(地图的)坐标方格,棋盘格(在地图上画有横线的坐标)

grief [ɡriːf] *n*. ❶Ⓤ悲伤,悲叹:driven almost insane by 〜 at his death 因他死去而悲伤得几乎发狂 ❷Ⓒ不幸,伤心事:His marriage to someone outside their faith was a great 〜 to his parents. 他娶了异教徒是他父母的一大伤心事。

griev·ance [ˈgriːvns] (〜s[-ɪz]) *n*.Ⓒ报怨;不平,不满:He'd been nursing a 〜 against his boss. 他一直对老板心怀不满。

grieve [ɡriːv] (〜s[-z];grieving) *vt*.使悲伤:It 〜s me to hear how disobedient you've been. 听说你很不听话,使我感到非常难过。*vi*.悲痛,伤心:Their daughter died over a year ago, but they are still *grieving*. 他们的女儿已死去一年多了,但他们现在仍很悲痛。

griev·ous [ˈgriːvəs] *adj*. ❶悲伤的,可悲的:〜 news 令人伤心的消息 ❷充满悲痛的,显示悲痛的:a 〜 cry 痛哭 ❸极恶的;严重的,难忍受的;极痛的:a 〜 error(crime)严重的错误(罪过)/〜 pain(wounds)剧痛(重伤)

grill [ɡrɪl] **I**.(〜s[-z]) *n*.Ⓒ❶(烤鱼和肉的)烤架:an electric 〜 电烤架 ❷烧烤的肉类食物 **II**.(〜s[-z]) *vt*. ❶(用烤架)烧烤食物:I'll 〜 you some fish. 我来给你烤些鱼。❷[口](严厉地)盘问,拷问:The police 〜ed him for over an hour. 警方盘问了他一个多小时。*vi*. ❶炙烤,烧烤 ❷(被太阳)炙烤受酷热:sit 〜ing in the sun 坐着晒太阳

grim [ɡrɪm] (grimmer;grimmest) *adj*. ❶严厉的,严肃的;恐怖的:He looked 〜, I could tell something was wrong. 他表情严肃,我知道可能出事了。❷坚毅的,不屈的;严峻的:a 〜 determination to win 必胜的坚定决心 ❸讨厌的,可憎的 ❹[口]阴森的,令人害怕的;令人非常不快的:a 〜 little tale of torture and murder 充满折磨凶杀内容的恐怖小故事

grime [ɡraɪm] **I**.*n*.Ⓤ污秽物,煤灰,污垢:a face covered with 〜 and sweat 满是污垢和汗水的脸 **II**.(〜s[-z];griming) *vt*.将…弄脏;使积满污垢:a face 〜d with dust 布满灰尘的脸

grim·y [ˈgraɪmɪ] (grimier;grimiest) *adj*.积满灰尘的,肮脏的:〜 windows 布满污垢的窗户

grin [ɡrɪn] **I**.(〜s[-z];grinned;grinning) *vt*.露齿笑着表示:He *grinned* his approval. 他咧嘴一笑表示赞成。*vi*. ❶露齿而笑:He *grinned* at me, as if sharing a secret joke. 他朝我咧嘴一笑,好像彼此会心领略一个笑话。❷(狗等)(因敌意、痛苦等而)露齿 **II**.*n*.Ⓒ咧嘴,露齿笑:With a nasty 〜 on his face,he took out a knife. 他狞笑着掏出了刀子。

grind [ɡraɪnd] **I**.(〜s[-z];ground) *vt*. ❶磨碎,碾碎:〜 coffee beans 磨咖啡豆/corn into flour 将谷磨成粉 ❷研磨成(粉等):〜 flour from corn 将谷物磨成面粉 ❸磨快,磨光,磨薄:a knife on a stone 在石头上磨刀 ❹使相互挤压,摩擦(发出声音):He *ground* his teeth in frustration. 他因失败而把牙咬得咯咯响。❺折磨;压榨;压迫:people *ground* by poverty 受贫困折磨的人民 ❻摇转(石磨、手摇风琴等)❼灌输,苦心教导 *vi*. ❶磨,磨碎;磨光:It won't 〜 down any finer that this. 不能磨得比这个再细了。❷摩擦发嘎嘎响:The old engine *ground* and shuddered. 那台旧发动机抖动着发出摩擦的声音。❸[美口]苦学,苦干:〜 away at one's studies 苦学不倦 **II**.(〜s[-z]) *n*. ❶Ⓤ磨,碾 ❷Ⓒ磨细的程度:a coarse 〜 粗磨 ❸Ⓤ[亦用 〜][口]辛苦的差事:Making examination papers is a real 〜. 批改试卷的确是个苦差事。❹Ⓒ[美口]苦学,苦读;苦干

grind·er [ˈgraɪndə(r)] (〜s[-z]) *n*.Ⓒ❶磨粉工,磨工 ❷碎粉机,研磨机 ❸【解】臼齿,磨牙

grind·ing [ˈgraɪndɪŋ] **I**.*n*.Ⓤ研磨 **II**.*adj*.难忍的;难熬的:a 〜 headache 难忍的头痛

grip [grɪp] Ⅰ.（gripped[-t]；gripping）*vt.*
❶紧抓，紧握：The frightened child *gripped* his mother's hand.受惊的孩子紧抓住他母亲的手。❷吸引（注意力等）：an audience *gripped* by a play 受戏剧吸引的观众 *vi.* 握（或抓）得牢：The brakes failed to ~ and the car ran into a wall. 汽车刹车失灵撞在墙上了。Ⅱ.*n.* ❶©紧抓，紧握：take a ~ on a rope 抓紧绳索 ❷Ü[亦用 a ~]支配，控制；掌握 ❸Ü[亦用 a ~]理解（力）：have a sound ~ of a problem 对问题有较深的理解 ❹©【机】柄，把手：a wooden ~ 木手柄 ❺©[美]旅行袋

groan [grəʊn] Ⅰ.（~s[-z]）*vt.* 呻吟着说 *vi.* ❶呻吟，哼：She ~ed with pain. 她痛苦地呻吟着。❷（因压制、重税等）受苦，受折磨：poor people ~*ing* under the weight of heavy taxes 在苛税重压下的贫民 ❸承受重压而作声，发吱嘎声：The ship's timbers ~ed during the storm. 船骨在暴风雨中吱嘎作响。Ⅱ.（~s[-z]）*n.*©❶呻吟声，哼声：give a ~ of dismay 发出气馁的呻吟 ❷抱怨声 ❸吱吱响

gro·cer ['grəʊsə(r)]（~s[-z]）*n.*©食品杂货商，杂货店店主

gro·cer·y ['grəʊsərɪ]（groceries[-z]）*n.* ❶©食品杂货店 ❷Ü食品杂货业 ❸[用复数]食品杂货类，杂货

groom [gruːm,-ʊ-]（~s[-z]）*n.*©❶马夫 ❷[近]bridegroom)新郎 ❸[照料（马匹等）]Ⅱ.[常用被动语态]修饰，打扮：a female ape ~*ing* her mate 为一公猿把毛皮弄干净的母猿 ❸训练，培养：He had been ~ed for a career in the Civil Service. 他受过公务员职业培训。

groove [gruːv] Ⅰ.（~s[-z]）*n.*©❶沟，槽；（唱片的）纹(道) ❷习惯，惯例：get into(或 be struck in) a ~ 养成某种生活习惯 Ⅱ.（~s[-z]；grooving）*vt.*挖沟槽于⋯

grope [grəʊp] Ⅰ.（~d[-t]；groping）*vi.* ❶摸索：~ about in the darkness 在黑暗中摸索 ❷探索：scientists *groping* blindly after the secrets of the atom 茫然探索原子奥秘的科学家们 Ⅱ.*n.*©摸索，暗中摸索

gross [grəʊs] Ⅰ.*adj.* ❶[无比较等级]总的；毛的：sb.'s ~ income 某人的总收入 ❷严重的；十足的：a ~ bookworm 十足的书呆子 ❸[口]下流的；粗俗的：~ behaviour（language）粗鲁的行为（语言）❹肥胖的，臃肿的：He's not just fat. He's positively ~! 他不只是胖。他是过于肥胖！❺粗劣的；粗劣的食物 ❻（植物等）茂盛的，浓密的 Ⅱ.（~es[-ɪz]）*n.* ❶©罗（12 打；144 件）❷[the ~]总计，全体 Ⅲ.（~es[-ɪz]）*vt.* 总共赚得：work out the ~ed up interest on a loan 计算出货款的总利息

gro·tesque [grəʊ'tesk] Ⅰ.*adj.* ❶（形状等）怪异的，古怪的，怪诞的：dancers wearing ~ masks 戴着古怪面具跳舞的人 ❷愚蠢的，可笑的：It's ~ to expect a person of her experience to work for such little money. 想让有她那样经验的人为这点儿钱工作真是可笑。❸奇异风格的 Ⅱ.*n.* ❶[the ~]奇异风格；奇异的图样 ❷©怪异的东西

ground[1] [graʊnd] Ⅰ. grind 的过去式和过去分词 Ⅱ.*adj.*磨碎的，磨成粉状的；磨光的，磨平的

ground[2] [graʊnd] Ⅰ.（~s[-z]）*n.* ❶Ü[常用 the]地面：sit on the ~ 坐在地上 ❷（[近]land）Ü土，土壤；土地：The land near the border is disputed ~. 靠近边界的土地是有争议的地区。❸©场所，⋯场地：a football ~ 足球场/a parking ~ 停车场 ❹[用复数]用地，（建筑四周的）土地，庭园：The house has extensive ~s. 这房子四周的庭园宽阔。❺（[近]basis, foundation）[常用复数]根据，理由：You have no ~s for complaint. 你没有抱怨的理由。❻Ü（争论等的）立场，观点；（研究的）领域，范围：trying to find some common ~ between the two sides 努力找出双方一致之处/They managed to cover quite a lot of ~ in a short programme. 他们设法在一个短小的节目中包罗多方面的内容。❼©（绘画等的）底子，底色：a design of pink roses on a white ~ 白底粉红玫瑰的花样 ❽（[近]earth）Ü©[美]（电器的）接地 ❾[用复数]沉淀物，渣滓：咖啡渣 Ⅱ.*vt.* ❶（[近]base）把⋯根据放在⋯；使扎根于⋯：~ one's arguments on facts 以事实为根据来立论 ❷教（人）⋯；打基础：She ~ed her pupils well in arithmetic. 她给自己的学生打下良好的算术基础。❸使触礁，使搁浅 ❹使（飞机）迫降，解除（飞行任务）：All aircraft were ~ed by fog today. 因今天有雾，所有的飞机都被迫停飞。❺[美]【电】将（电器）接地，接线于⋯ *vi.* 触礁：Our ship ~ed in shallow water. 我们的船在浅水中搁浅。

ground·less ['graʊndlɪs] *adj.*无根据的，无理由的；无稽的：Our fears proved ~. 我们感到恐惧是毫无道理的。

ground·work ['graʊndwɜːk] *n.*©基础，底子，根基；基础训练

group [gruːp] Ⅰ.*n.*©❶群：a ~ of girls 一群女孩子 ❷组，团体；（流行音乐的）乐队：Our discussion ~ is（或 are）meeting this

week.我们的讨论小组本周开会。/a drama
～ 戏剧小组 ❸(动、植物分类学上的)群;(语言学上的)语系;【化】基;【地】界:a ～ of trees 一片树林/the Germanic ～ of languages 日耳曼语系 **Ⅱ** . (～ed[-t]) **vt** . ❶使聚集;使成群:The police ～*ed* themselves round the demonstrators. 警察围聚在示威者的四周。❷(系统性地)将…分类:She ～*ed* the children into two lines. 她将孩子们分为两行。**vi** . 聚集,分类:*Group* together in fours! 每四人一组!

grove [grəʊv] (～s[-z]) **n** . ❶树丛,小树林:an olive ～ 橄榄树丛 ❷(柑橘类的)果园

grow [grəʊ] (～s[-z];grew/grown) **vt** . ❶使生长,种植:～ roses 种玫瑰 ❷使(胡子等)生长,留(胡子):～ a beard 蓄胡须 **vi** . ❶成长,生长;发育:Plants ～ from seeds. 植物是由种子发育而成的。❷(数目、数量等)增加,变大,增大:You must invest if you want your business to ～. 要想使生意扩大,就必须投资。❸([近]become, get)(逐渐)变得,变成…状态:～ old 变老/It began to ～ dark. 天渐渐变黑了。

grow·er ['grəʊə] (～s[-z]) **n** . ❶(花、蔬菜等)栽培者:rose ～*s* 种玫瑰者 ❷成长得…的植物(通常与形容词连用):a quick ～ 早熟植物

grow·ing ['grəʊɪŋ] **Ⅰ** . **adj** . 成长的,增大的;增强的;发展的:a ～ problem 越来越大的问题/his ～ indifference to her 他对她逐渐的冷淡 **Ⅱ** . **n** . **U** 成长,生长;发育

growl [graʊl] **Ⅰ** . (～s[-z]) **vt** . 咆哮着说,粗暴地说:He ～*ed* out an answer. 他愤愤地做出了回答。**vi** . ❶(动物)吼叫,咆哮,发猞猁声:The dog ～*ed* at the intruder. 狗向闯入者猞猁狂吠。❷(雷声等)隆隆作响:the thunder ～*ed* in the distance 雷在远处隆隆作响 **Ⅱ** . (～s[-z]) **n** . **C** 咆哮声,猞猁声;低沉的怒声;(雷声的)隆隆声

grown [grəʊn] **Ⅰ** . grow 的过去分词 **Ⅱ** . **adj** . ❶长成的;成年的,成人的:a ～ man 成人 ❷[构成复合词]…栽培的;…制的:*home*-～ vegetables 自己种的蔬菜 ❸被…长满(覆盖)的:a *cress*-～ stream 长满水芹的小河

grown-up [ˌgrəʊn'ʌp] **Ⅰ** . **adj** . 成熟的,成人的:Try to behave in a more ～ way. 要尽量使举止更像个大人。**Ⅱ** . **n** . **C** 大人,成年人:The child acts like a ～. 那个小孩举止像个大人。

growth [grəʊθ] **n** . ❶**U** 成长,生长;发展:Lack of water will stunt the plant's ～. 缺水会影响植物的生长。❷**U** [亦用 a～]增加,增

长,扩张:the recent ～ in(或 of) violent crime 近期暴力罪行的增加 ❸**U** 栽培;…产:apples of China ～ 中国产的苹果 ❹**C** 生长物,生成物;一簇植物:a thick ～ of weed's 一片浓密的野草 ❺**C** 脓肿;【医】肿瘤:a (non-)malignant ～ 恶(良)性肿瘤

grudge [grʌdʒ] **Ⅰ** . (～s[-z]) **n** . **C** 怨恨,不满,恶意:He has a ～ against me. 他对我有恶意。**Ⅱ** . **vt** . 嫉妒,勉强地给(某人),勉强地认可;不屑于做…:He ～*s* her earnings more than he does. 他嫉妒她挣的比他多。/I ～ paying so much for such inferior goods. 我不愿花这么多钱买次品。

grudg·ing ['grʌdʒɪŋ] **adj** . 不甘心的,勉强的,不情愿的:a ～ admission 勉强承认

grudg·ing·ly ['grʌdʒɪŋlɪ] **adv** . 勉强的,不甘心地:The boss ～ raised my salary. 老板很不情愿地给我加了薪。

grue·some ['gruːsəm] **adj** . 可怕的,使人毛骨悚然的,恐怖的:After the slaughter, the battle field was a ～ sight. 经过这场厮杀,战场上一派触目惊心的惨状。

grum·ble ['grʌmbl] **Ⅰ** . (～s[-z];grumbling) **vi** . ❶([近]complain)鸣不平,发牢骚,抱怨;不满地说…,诉苦:Stop *grumbling*! You've got nothing to complain about. 别抱怨了! 你没什么可抱怨的。❷(雷等)隆隆地响,轰鸣:thunder *grumbling*(away) in the distance 远方隆隆的雷声 **Ⅱ** . (～s[-z]) **n** . ❶**C** 不满,抱怨:a person full of ～s 满腹牢骚的人 ❷**U** [亦用人](雷等)隆隆声:a distant ～ of thunder 远方雷声隆隆

grunt [grʌnt] **Ⅰ** . (～ed[-ɪd]) **vt** . (人)嘟嘟发牢骚,低声地说:He ～*ed* his agreement without looking at me. 他连看都不看我一眼,就咕哝着说"好嘛"。**vi** . (猪等)发出咕噜声 **Ⅱ** . **n** . **C** (人的)嘟咕声,哼声,鸣不平,怨言;(猪等的)咕噜声:give a ～ of approval (pain, pleasure) 发出表示赞成(痛苦、满足)的哼声

guar·an·tee [ˌgærən'tiː] **Ⅰ** . (～s[-z]) **vt** . 保证…,担保:We cannot ～ the punctual arrival of trains in foggy weather. 我们不能保证火车在雾天正点到达。**Ⅱ** . (～s[-z]) **n** . ❶**C** **U** 保证;保证书:The watch comes with a year's ～. 这手表保修一年。/under ～ 在保修期限内 ❷**C** 起保证作用的事物;保证物;give a ～ of one's(sb.'s) good behaviour 对自己(某人)的良好品行给予保证 ❸([近]security)担保物,抵押品:"What ～ can you offer?""I can offer my house as a ～.""你用什么做抵押?""我可以拿房子抵押。"❹**C** 担

保人；保证人：Are you willing to be ～ of your friend's good behaviour?你愿担保你的朋友品行良好吗?

guar·an·tor [ˌɡærənˈtɔː(r), ɡəˈræn-] (～s [-z]) *n.* ⓒ【律】保证人

guar·an·ty [ˈɡærəntɪ] (guaranties[-z]) *n.* ⓒ【律】保证(契约)，保证书；担保品，抵押品

guard [ɡɑːd] Ⅰ. (～s [-z]) *n.* ❶ⓒ看守的人，守卫，警卫员；卫兵，岗哨；保卫者：The prisoner slipped past the ～s on the gate and escaped. 犯人从大门口的警卫身旁溜过并逃走了。❷ⓤ看守；监视，警戒：The escaped prisoner was brought back under (close) ～. 在严密的戒备下将逃犯押回。❸ⓒ[英](火车的)列车长，管理员([美]conductor) ❹ⓒ[美](监狱的)看守员([英]warder) ❺[用复数][英]禁卫军团 ❻ⓒ防护物：Ensure the ～ is in place before operating the machine. 将防护罩确实放好后再开机器。❼ⓤ(拳击等的)防御姿势，防守 Ⅱ. (～s [-z]；～ed [-ɪd]) *vt.* ❶守卫…，监视…；看守：A dragon ～ed the treasure. 有条龙守护着财宝。❷守护…(免于…)，保护 *vi.* 警惕，防止：They've been doing very well, but they should ～ against over-confidence. 他们一直干得挺好，但应防止过于自信。

guard·ian [ˈɡɑːdjən] (～s [-z]) *n.* ⓒ❶保护者，守护者；管理员：The police are ～s of law and order. 警察是法纪的守护者。❷【律】监护人

gue(r)·ril·la [ɡəˈrɪlə] Ⅰ. (～s [-z]) *n.* ⓒ游击队员，非正规的游击兵：urban ～s 城市游击队员 Ⅱ. *adj.* 游击队员的

guess [ɡes] Ⅰ. (～es [-ɪz]；～ed [-t]) *vi.* 推测，揣测；猜测，猜想：～ at an answer 猜答案 *vi.* ❶推测，猜想："Can you ～ her age?" "I'd ～ that she's about 30." "你能猜出她的年龄吗?""我估计她大概30岁。"/I ～ her(或her age)to around twenty. 我猜她大概20岁左右。❷[口]认为，想：I ～ you're feeling tired after your journey. 我想你在旅行之后一定感到很疲劳。Ⅱ. (～es [-ɪz]) *n.* ⓒ推测，猜测：My ～ is that it will rain soon. 我猜一会儿要下雨。

guest [ɡest] *n.* ⓒ❶(被邀请的)客人，宾客；(电视节目等的)特邀演员，客串演员：We are expecting ～s this weekend. 我们本周末要来客人。❷(被宴请的)客人，宾客：the ～ of honour 主宾 ❸(旅社、租屋等的)房客；(餐厅、剧场等的)顾客：This hotel has accommodation for 500 ～s. 这旅馆能接待500位客人。

guid·ance [ˈɡaɪdns] *n.* ⓤ❶指导；引导；率领：parental ～ 受父母指教 ❷学生指导，辅导：child ～ 儿童指导

guide [ɡaɪd] Ⅰ. (～s [-z]；～d [-ɪd]) *vt.* ❶为(人)带路，向导：If you haven't a compass, use the stars to ～ you. 倘若没有指南针，可利用星辰引路。❷指导(人)，引导(国家、事业等)；治理：He ～d his new business to success. 他引导他的新事业走向成功之路。❸[常用被动语态](思想、感情等)支配(人)，给予强烈的影响：Be ～d by your sense of what is right and just. 做事要是非观念和正义感。Ⅱ. (～s [-z]) *n.* ⓒ❶(旅行等的)导游，向导：I know the place well, so let me be your ～. 我熟悉那地方，我来当你们的向导。❷指标，路标，指示标记；指针 ❸旅行指南；简介，说明书：a ～ to Italy (to the British museum)意大利旅行指南(大英博物馆参观要览)

guilt [ɡɪlt] *n.* ⓤ❶有罪；犯法；犯罪，罪行，罪状：The police established his ～ beyond all doubt. 警方确凿地认定他有罪。❷内疚，知罪，罪恶感：racked by feelings of ～ because he had not done enough to help his sick friend 因朋友生病未尽力帮助而内疚

guilt·y [ˈɡɪltɪ] (guiltier；guiltiest) *adj.* ❶([反]innocent)有罪的，犯…罪的：plead ～ to a crime 认罪 ❷犯(过失等)的 ❸自觉有罪的，自知过错的；内疚的：I feel ～ about visiting her so rarely. 我因极少去看望她而感到惭愧。/have a ～ conscience 问心有愧，做贼心虚

guise [ɡaɪz] (～s [-ɪz]) *n.* ⓒ❶外观，打扮：the ～ of a knight 作骑士装束 ❷伪装，假装；外表(假装)：under the ～ of friendship 以友谊为掩饰

gui·tar [ɡɪˈtɑː(r)] (～s [-z]) *n.* ⓒ吉他，六弦琴：strum a ～ 漫不经心地弹吉他

gulf [ɡʌlf] *n.* ⓒ❶海湾：the *Gulf* of Mexico 墨西哥湾 ❷(深的)裂缝；深渊：a yawning ～ opened up by an earthquake 地震造成的裂缝 ❸(意见等的)大隔阂，鸿沟；歧异：The ～ between the two leaders cannot be bridged. 两位领导人之间的鸿沟难以逾越。

gulp [ɡʌlp] Ⅰ. (～ed [-t]) *vt.* 吞食，吞饮；(慌慌张张)咕嘟地喝下：～ one's food 狼吞虎咽地吃东西/～ down a cup of tea 一口气喝下一杯茶 *vi.* ❶(因吃惊而)猛咽一下：She ～ed nervously, as if the question bothered her. 她紧张地咽一下，似乎那问题把她难住了。❷抑制(眼泪、悲伤等)：She ～ed back her tears and tried to smile. 她忍住眼泪，强作笑容。Ⅱ. *n.* ⓒ吞咽；一大口：a ～ of cold milk 一大口冷牛奶

gum¹ [gʌm] Ⅰ. *n*.Ｕ❶([近]chewing gum)
橡皮糖,口香糖 ❷树脂;橡胶 ❸胶水 ❹眼屎
Ⅱ. (~s[-z]; gummed; gumming) *vt*. 把胶
水涂在…,用胶水粘上… *vi*. 分泌树胶;结胶;
发黏

gum² [gʌm] (~s[-z]) *n*.Ｃ[常用复数]牙
龈;牙床

gum³ [gʌm] *n*.Ｕ[英][俗]上帝(= God):
By ~! 我向上帝发誓!

gum·my ['gʌmɪ] (gummier; gummiest)
adj. ❶胶黏的;黏着性的 ❷树胶的;含树胶的

gun [gʌn] Ⅰ. (~s[-z]) *n*.Ｃ❶枪,炮(手
枪、枪、大炮等):Look out, he's got a ~! 小
心,他拿着枪呢! ❷(枪形的)喷雾器,喷枪:a
grease ~ 注油枪 ❸[常用复数]狩猎队员 ❹
(礼炮、信号炮的)鸣放 Ⅱ. (~s[z];gunned;
gunning) *vt*.用枪射击;向…开枪

gun·bar·rel [ˌgʌn'bærəl](~s[-z]) *n*.Ｃ枪
管;炮管;枪筒

gun·boat ['gʌnbəʊt] *n*.Ｃ炮艇,炮舰

gun·ner ['gʌnə(r)] (~s[-z]) *n*.Ｃ❶【军】
炮手,射击手;火炮瞄准手;(海军的)枪炮官
❷用枪打猎者

gun·ner·y ['gʌnərɪ] *n*.Ｕ炮术;射击法

gun·pow·der [ˌgʌnpaʊdə(r)] *n*.Ｕ黑色火
药,有烟火药

gur·gle ['gɜːgl] Ⅰ. (~s[-z]; gurgling) *vi*.
❶(流水)作汩汩声;(人)发咯咯声 ❷汩汩地
流,潺潺地流 Ⅱ. *n*.ＣＵ(流水的)汩汩声;
(欢乐的)咯咯声:~s of delight 咯咯的笑声

gush [gʌʃ] Ⅰ. (~es[-ɪz];~ed[-t]) *vi*. 涌
出,喷出,迸出:blood ~ing from a wound 自
伤口涌出的血 *vt*. ❶使涌出,使喷出,使迸出:
~ing water 涌出的水 ❷滔滔不绝地说:洋洋
洒洒地写:a young mother ~ing over a baby
喋喋不休地谈着婴儿的年轻母亲 Ⅱ. *n*. [用
单数]❶涌出;喷出,迸出:a ~ of oil(anger,
enthusiasm)石油的涌出(怒火的迸发、热情的
奔放) ❷感情的迸发;过分的热情 ❸滔滔不绝
的讲话;洋洋洒洒的文章

gust [gʌst] *n*.Ｃ❶阵风;一阵狂风:the wind
blowing in ~s 刮起阵阵的狂风 ❷(雨、雹、
烟、火、声音等的)突然一阵;(感情、怒气等的)
迸发,汹涌:a ~ of temper 大发脾气

gut [gʌt] *n*.❶Ｃ[用复数]内脏 ❷Ｃ[用
复数](幽门到直肠间的)肠子;[口]肚子:a
pain in the ~s 肚子疼 ❸[常用复数]内容;
内部的主要部分:remove the ~s of a clock

除去钟的机芯 ❹[用复数][俚]勇气;毅力;
力量,效力;莽撞,无礼:a man with plenty of
~s 很有魄力的人 ❺Ｕ(提琴、网球拍等的)羊
肠线 ❻Ｕ钓钩线,接钩线 ❼Ｃ狭水道;海峡
❽Ｃ[美俚]香肠 ❾Ｃ[美口](大学里)容易
的课程(= ~ course)Ⅱ. (~s[-z]; gutting)
vt.❶取出(鱼等的)内脏 ❷损毁(房屋等的)
内部装置;抽去(书籍等的)主要内容:a ware-
house *gutted* by fire 内部被火焚毁的仓库 ❸
[口]贪婪地吃

gut·ter ['gʌtə(r)] Ⅰ. (~s[-z]) *n*. ❶Ｃ水
槽;檐槽 ❷Ｃ沟,阴沟:cigarette packets
thrown into the ~ 扔在阴沟里的香烟盒 ❸Ｃ
【印】排版上的隔条;(装订)左右两页间的空白
❹([近]slums)Ｕ[口]贫民区,贫民窟:He
picked her out of the ~ and made her a
great lady.他使她脱离贫苦生活,并成为贵
妇。Ⅱ. (~s[-z]; ~ing[-rɪŋ]) *vt*. 开沟
于…;装檐槽于… *vi*.流;(蜡烛)淌蜡;(烛火)
风中摇晃

gut·tur·al ['gʌtərəl] Ⅰ. *adj*. ❶【解】喉
的,咽喉的 ❷【语】颚音的,喉音的:a low ~
growl 用喉音低声嘟囔 ❸发出不愉快(或奇
怪、不悦耳)的声音 Ⅱ. (~s[-z]) *n*.Ｃ【语】
喉音,颚音(如 [g]、[k]等);颚音字母(或
符号)

guy¹ [gaɪ] Ⅰ. (~s[-z]) *n*.Ｃ牵索(或链),
支索;拉索 Ⅱ. (~s[-z]) *vt*.(用牵索等)使
稳定,加固

guy² [gaɪ] Ⅰ. (~s[-z]) *n*. ❶Ｃ[英]衣着
古怪的人;怪丑的人 ❷Ｃ[美俚]家伙,人;小
伙子;朋友:He's a great ~. 他是一个了不起
的小伙子。❸Ｕ[英俚]逃走,出奔:give the
~ to 从…逃出;摆脱…而逃走 Ⅱ. (~s[-z])
vt.取笑,嘲弄 *vi*. [英俚]逃走,溜走

gym [dʒɪm] (~s[-z]) *n*.ＣＵ❶[口]体育
馆,健身房(gymnasium 的略写) ❷体操,体育
课(gymnastics 的略写)

gym·na·sium [dʒɪm'neɪzɪəm] (gymnasia
[dʒɪm'neɪzɪə] 或 gymnasiums[-z]) *n*.Ｃ❶
(德国或欧洲某些国家的)大学预科 ❷体育
馆,健身房 ❸体操学校

gym·nas·tic [dʒɪm'næstɪk] Ⅰ. *adj*.体操
的,体育的 Ⅱ. *n*. ❶Ｃ训练(科目) ❷[~s]
[用作单数]体操,体育

gyro·scope ['dʒaɪrəskəʊp] *n*.Ｃ【海】【空】
陀螺仪,回转仪

H h

ha [hɑ:] **I** . *int* . 哈！（表示吃惊、惊喜、怀疑、犹豫等）**II** . *vi* . "哈"地叫一声,发出"哈"声 **III** . *n* . ⓒ ⓤ "哈"的一声

***hab·it** ['hæbɪt] *n* .（[近]custom）❶ ⓒ 瘾；癖好：She has a ~ of playing with her hair while reading. 她在阅读时有玩弄头发的癖好。❷ ⓤ ⓒ（个人的）习惯：*Habit* is second nature. [谚]习惯成自然。❸ ⓤ ⓒ（动、植物的）习性：You'll not be afraid of snakes if you understand their ~s. 如果你知道蛇的习性,就不会怕它们了。❹ ⓒ（特殊职业等的）衣服：a monk's ~ 僧侣穿的僧服

hab·it·a·ble ['hæbɪtəbl]（~r；~st） *adj* .（[反]uninhabitable）（建筑物）可居住的,适合居住的：This house is no longer ~. 这所房子已经不能住人了。

hab·it·a·tion [ˌhæbɪ'teɪʃən]（~s[-z]） *n* . ❶ ⓤ 居住：a place fit for ~ 适宜居住的地方 ❷ ⓒ 聚集地 ❸ ⓒ 住所,住处

ha·bit·u·al [hə'bɪtjʊəl,-tʃʊ-]（[无比较等级] *adj* . ❶ 习惯的,惯常的：His ~ place is at the table. 他习惯坐在桌旁的位置。❷ 习以为常的

***had** [强 hæd；弱 həd,əd] have 的过去式和过去分词

hag[1] [hæg]（~s[-z]） *n* . ⓒ ❶（心地不良的）丑老妇人,母夜叉 ❷ 女巫,巫婆

hag[2] [hæg] **I** .（~s[-z]） *n* . ⓤ ⓒ ❶ 沼地；沼泽中的硬地块 ❷ 砍伐；做出标记以待砍伐的树木；[集合用法]砍倒的树木 **II** .（~s[-z]；hagged；hagging） *vt* . 砍,劈,伐(木)

hag·gard ['hægəd] *adj* .（[近]gaunt）（因操心、睡眠不足等而)憔悴的,无精打采的：He looks ~. 他显得很憔悴。

hail[1] [heɪl] **I** .（~s[-z]） *n* . ❶ ⓤ 雹,冰雹：Yesterday, ~ fell and damaged the crops. 昨天下冰雹损毁了农作物。❷ ⓒ（像冰雹一般的）一阵：a ~ of bullets 一阵弹雨 **II** .（~s[-z]） *vi* . 下(冰)雹：It's ~ing. 正在下冰雹。

hail[2] [heɪl] **I** .（~s[-z]） *vt* . ❶ 以欢呼迎接…,将(某人)高呼为…,为…而欢迎：~ sb. (as) leader 欢呼拥立某人为领袖 ❷ 对(人、车、船等)大声呼叫(使停住)：~ a baby car 叫一辆微型汽车 **II** .（~s[-z]） *n* . ⓒ ⓤ 打招呼；呼唤；欢呼；呼喊

***hair** [heə(r)]（~s[-z]） *n* . ❶ ⓤ [集合用法]头发；毛发；(动物的)体毛：have one's ~ cut 理发／a cat with a fine coat of ~ 长着一身好毛的猫 ❷ ⓒ（一根一根的）毛发：two ~s on his coat collar 他外衣领子上的两根头发 ❸ [a ~]毫发之差,些微：She won by a ~. 她以微弱的优势获胜

hair·y ['heərɪ]（hairier；hairiest） *adj* . ❶（[反]bald）毛茸茸的,多毛的 ❷ 毛状的

hale[1] [heɪl] *adj* .（老人）精力充沛的,健壮的

hale[2] [heɪl]（~s[-z]；haling） *vt* . 强拉,硬拖迫使：~ sb. into court 迫使某人去法庭

***half** [hɑ:f] **I** .（havles[hɑ:vz] 或~s） *n* . ❶ ⓤ ⓒ 半,一半；二分之一：Two *halves* make a whole. 两个一半就是整个。／It's ~ past six. 现在是 6:30。／The second ~ of the book is more exciting. 这本书的后半部分更精彩。❷ ⓒ（体育比赛、音乐会等的）半场；半局：the top ~ of the fifth inning 第5局的上半局 ❸ ⓒ [美口]5角硬币 **II** . *adj* . ❶ 一半的：~ an hour 半小时 ❷ 不完全的,部分的：~ knowl-edge 一知半解 **III** . [无比较等级] *adv* . ❶ 一半地；一半的程度：~ full 半满 ❷ 不完全地；相当程度地：~ cooked 半生不熟的

***hall** [hɔ:l]（~s[-z]） *n* . ⓒ ❶ 会堂,礼堂：the Great *Hall* of the People 人民大会堂 ❷（开会、用餐、音乐演出等用的）厅堂,大厅：a con-cert ~ 音乐厅 ❸ 门厅,前厅：Leave your coat in the ~. 把你的大衣放在门厅里。❹ [美]（建筑物的）走廊,通道 ❺（大学的）大楼,讲堂,宿舍；[英]（大学的）公共食堂,大餐厅：dine in ~ 在学院食堂用餐 ❻ [英]（地主、乡绅等庄园中的）府第

hal·loo [hə'lu:] **I** . *int* . 喂！嗨！（嗾狗声

和引人注意的喊声)Ⅱ. (～s[-z]) *vt*. & *vi*.
嗾(狗);呼喊(人)

halt¹ [hɔːlt] Ⅰ. *n*. ❶[a ～](行进中的)暂时停止,止步;中止:Work came to a ～ when the machine broke down. 机器出了毛病,工作便停顿下来。❷ⓒ[英](铁路)招呼站,旗站,小站 Ⅱ. (～ed['-ɪd]) *vt*. 使…停止:The officer ～ed his troops for a rest. 军官下令部队停下来休息。*vi*. 停止行进,停止: The soldiers ～ed for a while. 士兵们停了一会儿。

halt² [hɔːlt] (～ed[-ɪd]) *vi*. ([近]hesitate)踌躇,犹豫:～ between two opinions 拿不定主意

hal·ter ['hɔːltər] (～s[-z]) *n*. ⓒ ❶(马等的)笼头,缰绳 ❷绞索

halve [hɑːv] (～s[-z];halving) *vt*. ❶把…分成相等的两份;对半分:～ an apple 把一个苹果分成两半 ❷将…减半:The latest planes have ～d the time needed for crossing the Atlantic. 最新型号的飞机把飞越大西洋所需的时间减少了一半。*vi*. 对半分开,成两半

****ham** [hæm] Ⅰ. (～s[-z]) *n*. ❶Ⓤⓒ火腿:several ～s hanging on hooks 挂在钩上的几只火腿 ❷ⓒ[常用复数](尤指动物的)臀部 ❸ⓒ[俚]笨拙的表演者:He is a terrible ～. 他的表演糟透了。❹ⓒ业余无线电爱好者 Ⅱ. (～s[-z];hammed;hamming) *vi*. & *vt*. 表演过火:Do stop *hamming*! 不要再做戏了吧!

ham·bur·ger ['hæmbɜːgə(r)] (～s[-z]) *n*. ❶ⓒ汉堡牛排,汉堡煎牛肉饼 ❷Ⓤ碎牛肉

****ham·mer** ['hæmə(r)] Ⅰ. (～s[-z]) *n*.ⓒ ❶锤子,榔头 ❷(钢琴的)音锤 ❸(会议主席或拍卖人等用的)小木锤 ❹【体】链球 ❺【解】(中耳的)锤骨 Ⅱ. (～s[-z];～ing[-rɪŋ]) *vt*. ❶用锤敲:～ a sheet of copper 把铜片锤平 ❷强迫灌输(思想等):～ an idea into sb.'s head 把一种思想硬灌给某人 ❸[口]彻底击败,大败:Their team were ～ed 1∶5. 他们队以 1 比 5 惨败。*vi*. (反复)敲打,锤打:I could hear him ～ing in the house next door. 我可以听到他在隔壁屋子里锤打东西。

ham·per¹ ['hæmpə(r)] (～s[-z];～ing [-rɪŋ]) *vt*. 妨碍,阻碍;牵制:Our progress was ～ed by the bad weather. 我们前进时受到了恶劣天气的阻碍。

ham·per² ['hæmpə(r)] (～s[-z]) *n*.ⓒ ❶(盛食物等的)有盖的大篮子 ❷[美]洗衣篮

****hand** [hænd] Ⅰ. (～s[-z]) *n*. ❶ⓒ手:leave one's ～s in one's pocket 双手插在衣袋里 ❷ⓒ(钟、表等的)指针:the hour ～ of a watch 表的时针 ❸ⓒ人手,雇员;船员:We

are short of ～s. 我们人手不足。/All ～s on deck! 所有的船员到甲板上集合! ❹[a ～]帮助:Do you need a ～? 你需要帮助吗? ❺ⓒ支配,掌管;照管:Leave it in the ～s of him. 把这事留给他去处理吧。/The child is in good ～s. 这孩子由人好好地照看着。❻ⓒ手艺,技能:He has a light ～ with pastry. 他很会做糕点。❼Ⓤⓒ字迹,笔迹;书法:He writes a good ～. 他写得一手好字。❽ⓒ侧,方向:I see a school on my right ～. 我看到右侧有一所学校。❾[a ～][口]鼓掌:give a big ～ 热烈鼓掌 ❿ⓒ(纸牌游戏中的)一手牌:have a good ～ 拿到一手好牌 Ⅱ. (～s[-z];～ed['-ɪd]) *vt*. ❶交出,传递,给:Please ～ me that book. 请把那本书递给我。❷搀扶:She ～ed the old man into the bus. 她扶那位老人上了公共汽车。

hand·i·cap ['hændɪkæp] Ⅰ. *n*. ⓒ❶ 让步赛(给优者不利条件,给劣者有利条件以使得胜机会均等的赛制) ❷([近]barrier)障碍,不利条件:Deafness can be a serious ～. 耳聋有时算是严重的缺陷。Ⅱ. (handicapped [-t];handicapping) *vt*. ([近] disadvantage)妨碍,使处于不利地位:be *handicapped* by a lack of education 因为文化水平低而吃亏

hand·i·craft ['hændɪkrɑːft] *n*. ⓒⓊ手艺,手工艺;手工艺品:an exhibition of ～(s)手工艺品展览

hand·ker·chief ['hæŋkətʃɪf] (～s 或 handkerchieves) *n*. ⓒ手帕;围巾;纸巾

handle ['hændl] Ⅰ. (～s[-z]) *n*. ⓒ❶柄,把手,拉手:the ～ of a kettle 茶壶的把手 ❷[口]头衔,称号:have a ～ to one's name 姓名带有头衔 ❸可乘之机,把柄:give sb. a ～ (against oneself)让人抓住把柄(来反对自己) Ⅱ. (～s[-z];handling) *vt*. ❶触,摸;弄:Wash your hand before you ～ food. 洗完手再拿食物。❷ 处理;对待;应付: I was impressed by her *handling* of the affair. 我觉得她对此事的处理很了不起。*vi*. 操纵,运转:This car ～s well. 这辆汽车开起来真灵便。

hand·some ['hænsəm] (～r;～st 或 more ～;most ～) *adj*. ❶([近]good-looking)(指男子)好看的,英俊的,相貌堂堂的;(指女子)健美的,端庄的:He is a ～ man. 他是个美男子。❷堂皇的,有气派的;a ～ car 漂亮的汽车 ❸([近]generous)慷慨的,大方的;a ～ present 出手大方的礼物 ❹[美]精巧的;机敏的

hand·y ['hændɪ] (handier;handiest) *adj*. ❶([近]convenient)便于使用的,方便的:A good toolbox is a ～ thing to have in the house. 家里有一个好的工具箱就方便多了。 ❷（[近] skilled）（[反] clumsy）手巧的：He's ~ about the house. 他修理房子手很巧。❸（[近] at hand）[口] 手边的，近便的：Our flat is very ~ for the schools. 我们的住所离学校很近，非常方便。

*__hang¹__ [hæŋ] I.（~s[-z]；hung [hʌŋ]） *vt*. ❶悬挂；把…挂上，把…吊起：Hang your coat（up）on the hook. 把你的外衣挂在那个挂钩上。❷ 安装·使能摆动（或转动）：~ a door on its hinges 将门装在铰链上 ❸ 低下，垂下：She *hung* her head in shame. 她羞愧得低下头。❹ 贴（壁纸等）*vi*. ❶悬挂，吊着：A towel *hung* from the rail. 栏杆上搭着毛巾。❷ 安装：The door ~s well. 这扇门安装得很好。❸ 下垂；飘垂：Her hair ~s about her shoulders. 她秀发垂肩。II. *n*. [U]❶悬挂方式 ❷[口]用法；诀窍 ❸意义

*__hang²__ [hæŋ]（~s[-z]） *vt*. 绞死，吊死：He was ~ed for murder. 他因犯谋杀罪而被判死刑。*vi*. 被绞死，被吊死：He can't ~ for such a crime. 他犯的这种罪不可能被处以绞刑。

__hang·er__ ['hæŋə(r)]（~s[-z]）*n*. [C]挂物的东西，挂钩：a cloth ~ 衣架

__hang·ing__ ['hæŋɪŋ] I.（~s[-z]）*n*. ❶ [C][常用复数]帘子；悬挂物 ❷[U]悬挂，悬吊 ❸ [C][U]绞死 II. *adj*. ❶悬挂的，突出的 ❷ 应处绞刑的

*__hap·pen__ ['hæpən]（~s[-z]）*vi*. ❶（[近] take place）（偶然地）发生：How did the accident ~? 事故是怎么发生的？❷（[近] chance）碰巧；恰好：She ~ed to be out when he called. 他打电话时，她恰巧不在家。

__hap·pen·chance__ ['hæpəntʃɑːns]，__hap·pen·stance__ ['hæpənstæns]（~s[-ɪz]）*n*. [C][U]偶然事件，巧合

__hap·pi·ness__ ['hæpɪnɪs] *n*. [U]（[反] misery）❶ 幸福，愉快：search for ~ 追求幸福 ❷[古]幸运：I wish you every ~. 祝你幸运。❸（措辞等的）恰当，巧妙：Your examples lack ~. 你举的例子不太合适。

*__hap·py__ ['hæpɪ]（happier；happiest）*adj*. ❶（[反] unhappy）快乐的；高兴的，愉快的；满意的：a ~ marriage 美满的婚姻/Are you ~ in your work? 你对工作是否满意？❷（[近] lucky）幸运的，幸福的：by a ~ circumstance 幸运地 ❸（言行，措辞等）恰如其分的：That wasn't a very ~ choice of words. 那样的措辞并不十分恰当。

__har·bo(u)r__ ['hɑːbə(r)] I.（~s[-z]）*n*. [C][U]❶（海）港，港口，港湾：Several boats lay at anchor in the ~. 港湾里停泊着几只船。❷ 躲藏处，避难所 II.（~s[-z]；~ing[-rɪŋ]） *vt*. ❶隐藏，藏匿：be convicted of ~ing a wanted man 因窝藏通缉犯而被定罪 ❷ 心怀，怀有：~ ulterior motives 别有用心 *vi*.（船）入港停泊

*__hard__ [hɑːd] I. *adj*. ❶（[反] soft）硬的，坚固的；结实的：ground made ~ by frost 冻硬的土地/Their bodies were ~ and muscular after much training. 他们经过长期锻炼，身体又结实又强壮。❷（[近] difficult）（[反] easy）困难的；费力的：She found it ~ to decide. 她感到很难以决定。/It's ~ work shifting snow. 清除积雪是很费力的工作。❸ 刻苦的，努力的：a ~ worker 努力工作的人 ❹ 严厉的，冷酷的：a ~ father 严父 ❺ 艰苦的，难受的：have a ~ childhood 童年生活很艰苦 ❻ 凛冽的：a ~ winter 严冬 ❼ 强烈的，猛烈的；剧烈的：~ knocks 猛烈的敲击 ❽（水）含无机盐的，硬质的：~ water 硬水 ❾（货币）金属的，硬的：~ money 硬币 ❿（酒）酒精含量高的：~ liquor 烈酒 II. *adv*. ❶努力地，辛苦地：try ~ to succeed 争取成功 ❷ 猛烈地，严重地：raining ~ 下大雨 ❸ 坚硬地；牢固地：The lake was frozen ~ enough to skate on. 那个湖泊结冰结得够坚硬，可以在上面滑冰。❹ 困难地，艰难地：Our victory was ~ won. 我们的胜利来之不易。❺接近地；紧随地：follow ~ after the leading runner 紧跟在领跑者后面

__hard·en__ ['hɑːdn]（~s[-z]）（[反] soften，weaken）*vt*. ❶使坚固，使变硬：For her own good, you must ~ your heart. 替她着想，你不能心软。❷使变得冷酷无情，使麻木不仁：Her unhappy life ~ed her heart. 坎坷的遭遇使她变得冷酷无情。❸ 使（身心）强壮：~ the body 锻炼身体 ❹ 强化，坚定（信仰、信念等）*vi*. ❶变硬，变坚固：The varnish takes a few minutes to ~. 清漆几分钟就能变硬。❷变得冷酷无情：His face ~ed. 他的脸色沉下来了。

*__hard·ly__ ['hɑːdlɪ] *adv*. ❶（[近] scarcely）几乎不，简直不：He ~ ever goes to bed before midnight. 他很少在午夜前就寝。❷（用以表示某事未能发生，不大可能发生或不太合情理）大概不，不十分：He can ~ have arrived yet. 他大概还没到。

__hard·ship__ ['hɑːdʃɪp] *n*. [U][C]艰难，困苦，苦难：suffer great ~ 遭受巨大的苦难

__hard·y__ ['hɑːdɪ]（hardier；hardiest）*adj*. ❶（[反] weak，unhealthy）耐劳的；强壮的，坚强的：A few ~ people swam in the icy water.

有几个不怕冷的人在冰冷的水里游泳。❷(植物等)耐寒的

hare [heə(r)] [(~s) [-z]] *n*. © 野兔

hark [hɑːk] [(~ed [-t]) *vi*. [常用于祈使句] 听(to, at): Just ~ at him! Who does he think he is? 听听他的! 看他自以为是何许人也?

*__**harm**__ [hɑːm] **I**. *n*. ([近]damage)([反]benefit) Ⓤ 损害,伤害;危害: A few late nights never did anyone any ~. 熬几个晚上对任何人绝无害处。**II**. (~s[-z]) *vt*. 损害,伤害;危害: Were the hostages ~ed? 人质受到伤害了没有?

*__**harm·ful**__ ['hɑːmful] *adj*. 有害的(to): Smoking is ~ to your health. 吸烟有害健康。

*__**harm·less**__ ['hɑːmlɪs] *adj*. ❶ 无害的: snakes 无毒的蛇 ❷ 无恶意的:~ fun 无恶意的玩笑

har·mon·ic [hɑːˈmɒnɪk] *adj*. ❶【音】和声(学)的,泛音的;悦耳的:~ tone 和音 ❷ 和谐的,融洽的

har·mon·i·ca [hɑːˈmɒnɪkə] (~s[-z]) *n*. ©【音】口琴

har·mo·ni·ous [hɑːˈməʊnjəs] *adj*. ❶ 和谐的,调和的:a ~ group of buildings 协调的建筑群 ❷ 和睦的,融洽的:a ~ atmosphere 友好的气氛 ❸ 悦耳的:~ sounds 美妙的声音

har·mo·nize, **-ise** ['hɑːmənaɪz] (~s [-ɪz]; harmonizing) *vt*. ❶ 使…和谐;使谐调:The cottages ~ well with the landscape. 这些村舍与周围的风景显得十分协调。❷【音】为…配和声,加谐和音 *vi*. ❶ 和谐,协调;相一致:colours that ~ well 极为调和的各种颜色 ❷ 用和声唱(或演奏):That group ~s well. 那一组用和声演唱得很出色。

har·mo·ny ['hɑːmənɪ] (harmonies) *n*. Ⓤ ©❶ 调和;协调,和谐;和睦:They live together in perfect ~. 他们住在一起十分融洽。❷【音】和音,和声:The two sang in ~. 这两人用和声演唱。

har·ness ['hɑːnɪs] **I**. (~es[-ɪz]) *n*. ❶ Ⓤ ©(把马拴在马车、犁等上的)马具,挽具 ❷©(降落伞等的)背带 **II**. (~es[-ɪz]);~ed[-t] *vt*. ❶ 利用,治理;[喻]驾驭:~ a river as a source of energy 利用河水作为能源 ❷ 给(马等)套上马具

harp [hɑːp] **I**. *n*. ❶©竖琴;[美口]口琴 ❷Ⓤ[the Harp]【天】天琴(星)座 **II**. (~ed [-t]) *vi*. 弹竖琴

harsh [hɑːʃ] *adj*. ❶ ([反]soft)(声音)刺耳

的;(味道)涩口的,苦涩的;(光)刺目的:a light 刺眼的光线/a ~ sound 刺耳的声音 ❷ 严厉的;无情的:a ~ punishment 严厉的惩罚

har·vest ['hɑːvɪst] **I**. *n*. ❶ ©Ⓤ(农作物的)收获,收割;收获物:The summer ~ is about to start. 夏收即将开始。❷ Ⓤ©收获量;收成:This year's wheat ~ was poor. 今年小麦收成不好。❸ ©Ⓤ收获季节,收获期:Farmers are very busy during (the) ~. 在收获的季节里农民们非常忙碌。❹© 成果;结果:reap the ~ of one's hard work 获得辛勤劳动的成果 **II**. (~ed[-t]) *vt*. 收割(农作物):The farmers are ~ing the corn. 农民们正在收割作物。

has [强 hæz;弱 həz,əz] have 的第三人称单数现在式

has-been ['hæzbiːn] (~s[-z]) *n*. ©[口]过时的人(或物)

haste [heɪst] *n*. Ⓤ❶急忙,急促:Why all this ~? 为什么这么匆忙? ❷慌忙,性急:Haste makes waste. 忙中出错。

hast·en ['heɪsn] (~s[-z]) *vt*. 催促;加速,促进:Artificial heating ~s the growth of plants. 人工供暖能促进植物生长。*vi*. 急忙,赶快:He ~ed home. 他急忙赶回了家。

hast·y ['heɪstɪ] (hastier;hastiest) *adj*. 急速的,匆忙的;草率的:a ~ farewell 匆匆忙忙的告别

*__**hat**__ [hæt] *n*. ©(有檐的)帽子:put on one's ~ 戴帽子

*__**hatch**__[1] [hætʃ] **I**. (~es[-ɪz];~ed[-t]) *vt*. ❶孵出,孵:The hen ~es her young by sitting on the eggs. 母鸡伏在蛋上孵小鸡。❷([近]design, conceive)图谋,策划(阴谋等):What mischief are those children ~ing? 那些孩子在琢磨什么鬼花样? *vi*. 孵,孵化:When will the eggs ~? 这些蛋什么时候孵化? **II**. *n*. ❶Ⓤ(蛋的)孵化 ❷©(同时孵出的)一窝

hatch[2] [hætʃ] (~es[-ɪz]) *n*. ©❶(飞机、甲板等的)舱口,舱门 ❷两室间(尤指厨房和餐厅间)的小窗口,传菜窗 ❸下半扇(门)

hatch·et ['hætʃɪt] *n*. © 短柄的小斧头

*__**hate**__ [heɪt] **I**. (~d['-ɪd]; hating) *vt*. ([反]love, like)([近]dislike) [口]不愿(做),不想(做);遗憾;不喜欢:She ~s anyone listening when she's telephoning. 她不喜欢别人听她打电话。/I would ~ you to think I didn't care. 我很遗憾你认为我漠不关心。**II**. *n*. Ⓤ怨慨,憎恨;厌恶:a look full of ~ 充满敌意的目光

hate·able [ˈheɪtəbl] *adj*. 该受怨恨的;可憎恨的

hate·ful [ˈheɪtfʊl] *adj*. ([反]loveable)可憎的,可恨的;令人讨厌的;All tyranny is ～ to us. 我们对一切暴政都深恶痛绝。

hath [hæθ;弱 həθ] [古]have 的第三人称单数现在式

ha·tred [ˈheɪtrɪd] *n*. ([反]love)U C 憎恨,憎恶,敌意;She looked at him with ～. 她以憎恨的眼光望着他。

hat·ter [ˈhætər] (～s[-z]) *n*. C 帽商;制帽业者

haugh·ty [ˈhɔːtɪ] (haughtier; haughtiest) *adj*. 傲慢的,目中无人的;The nobles treated the common people with ～ contempt. 贵族对待平民趾高气扬、不可一世。

haul [hɔːl] I. (～s[-z]) *vt*. ❶(用力)拖,拉,拽;They ～ed the boat up the beach. 他们把船拖上岸。❷搬运(货物等) ❸【海】使(船)改变航向 *vi*. ❶拖,拉 ❷(船)改变航向 II. (～s[-z]) *n*. C [口]一次捕获量;The fishermen had a good ～. 渔民捕得满满一网鱼。

haul·age [ˈhɔːlɪdʒ] *n*. U (货物的)拖运;搬运费;the road ～ industry 公路货运

haunt [hɔːnt] I. (～ed[-ɪd]) *vt*. ❶常去,常到;This is one of the cafes I used to ～. 这是我以前常去的一家咖啡馆。❷(鬼魂等)常出没于;A spirit ～s the castle. 那座城堡中常有幽灵出现。❸(思想、回忆等)萦绕在…心头;(疾病等)缠住;The memory still ～s me. 那回忆仍然萦绕在我的心头。II. *n*. C 常去的地方;This pub is a favourite ～ of artists. 这家小酒馆是艺术家们喜欢光顾的地方。

have [强 hæv;弱 həv, əv] I. (has [强 hæz;弱 həz, əz];had[hæd;弱 həd, əd];having) *vt*. ❶持有,拥有;He has a cottage near the sea. 他在海边有一个小屋。/I don't ～ any cash with me. 我身上没带现金。❷有,具有;含有;Giraffes ～ long necks. 长颈鹿的脖子很长。The house has three bedrooms. 这所房子有 3 间卧室。❸心存,心怀;What reason ～ you for thinking he's dishonest? 你凭什么认为他不诚实?❹遭遇;遭受(病痛等);He says he has a headache. 他说他头痛。❺([近]get, receive)得到;收到;接受;They ～ orders coming in at the rate of 30 an hour. 他们每小时接到 30 份订单。❻吃;喝;吸(烟);I usually ～ a sandwich for lunch. 我午饭时通常吃块三明治。❼经历;感受;We're *having* a wonderful holiday. 我们假

期过得有意思极了。❽进行;做;Let me ～ a try. 让我试一下。❾([近]get)使…做,使…为自己做;Why don't you ～ your hair cut? 你为什么不理发? /I'll ～ the gardener plant some trees. 我要让园丁种些树。❿被…;She *had* her wallet taken. 她的钱包被人拿去了。⓫ [常用在否定句中]允许;容忍;I cannot ～ such behaviour in my house. 我不能容忍家中有这种行为。⓬邀请(某人来访、做客等);They're *having* friends for dinner. 他们邀请朋友们来吃饭。⓭从事,开(会等);We are going to ～ a party this evening. 今晚我们要举办个聚会。⓮(人、动物)生产,生育;His wife *had* a baby last week. 他妻子上星期产下一个婴儿。*v. aux*. ❶[构成现在完成式,表示完了]刚…,已…;I ～ just read the book. 我刚读完这本书。❷[表持续]一直做;They *have* known each other for three weeks. 他们已经认识 3 周了。❸[表经验]曾…(过);I ～ never been to London. 我从没去过伦敦。❹代替将来完成时(用于表示时间、条件的副词短语中,不可用 shall 或 will);I can help you when I ～ finished my homework. 我做完作业就帮你。❺[用于过去完成时](到那时为止)已做完了…;We *had* gone when he came here. 他来的时候我们已经走了。❻[用于将来完成时](到那时为止)将完成;I'll ～ finished the book by the end of this month. 到这个月末我将看完这本书。❼[表持续]到那时为止将…;They'll ～ lived together for ten years by next month. 到下个月他们已经在一起生活 10 年了。❽[表经验]到那时为止将已经…过;I'll ～ seen the movie three times if I see it once more. 如果再看一次,这部电影我就已经看过 3 次了。❾[用于虚拟语气]假如那时…的话;If it *had* not been for you, I would not ～ been late. 要不是你的话,我是不会迟到的。II. (～s[-z]) *n*. C [常用复数]有钱人,富人;富国

ha·ven [ˈheɪvn] (～s[-z]) *n*. C ❶([近]harbour)港,避风港 ❷避难所,庇护所;Terrorists will not find a safe ～ here. 恐怖分子在这里将找不到安身之处。

haw¹ [hɔː] (～s[-z]) *n*. C 【植】山楂果;山楂属植物的果实

haw² [hɔː] (～s[-z]) I. *int*. 呃,嗯 II. *vi*. 发呃声

hawk¹ [hɔːk] *n*. C ❶【鸟】鹰,隼 ❷[口]主战派者,"鹰派"人物

hawk² [hɔːk] (～ed[-t]) *vt*. ❶叫卖;兜售 ❷传播(谣言等);Who's been ～ing gossip about?是谁在散布流言蜚语? *vi*. 沿街叫卖

hawk·er [ˈhɔːkə] (~s[-z]) *n.* ① 携鹰打猎者 ② 驯养猎鹰者

hawk·ish [ˈhɔːkɪʃ] *adj.* ① 似鹰的 ② 强硬派的

hay [heɪ] *n.* Ⓤ (作家畜饲料的)干草：make ~ 制干草

haz·ard [ˈhæzəd] Ⅰ. (~s[-z]) *n.* ① ([近]danger)Ⓒ 危险：Smoking is a serious health ~. 吸烟严重危及健康。② Ⓒ (高尔夫等的)球场障碍物 ③ Ⓤ 机会；偶然的事 Ⅱ. (~s[-z];~ed[-ɪd]) *vt.* ① 冒险做出；尝试：I don't know where he is but I could ~ a guess. 我不知道他在哪里,但我可以猜猜看。② 使冒险：Rock-climbers are ~*ing* their lives. 岩石上的攀登者在拿自己的生命冒险。

haze [heɪz] Ⅰ. *n.* ① ⒸⓊ 烟雾；阴霾 ② Ⓒ 头脑糊涂：I (或 My mind)was in a complete ~. 我完全糊涂了。 Ⅱ. (~s[ˈ-ɪz], hazing) *vt.* 使矇眬,使模糊 *vi.* 变矇眬,变模糊：His eyes ~*d* over when he thought of her. 他想起她时,眼前一片模糊。

haz·y [ˈheɪzɪ] (hazier;haziest) *adj.* ① 雾蒙蒙的：We couldn't see far because it was so ~. 雾气妨碍了我们的视线。② 朦胧的,模糊的：~ memories 模糊的记忆

he [hiː;弱 hɪ] Ⅰ. *pron.* [主格] ① 他：He has two brothers. 他有两个哥哥。② 任何人；某人：He who hesitates is lost. 优柔寡断者必有所失。 Ⅱ. (~s[-z]) *n.* Ⓒ (人)男性；(动物)雄性：Is it a ~ or a she? 婴儿是男孩,还是女孩? /a ~-goat 一头公山羊

head [hed] Ⅰ. (~s[-z]) *n.* Ⓒ ① 头；头部：The ball hit her on the ~. 那球打在她头上了。② 最前面的部分；顶部,上端：at the ~ of the stairs 在台阶的顶部 ③ ([近]brain)头脑,才智：He has a good ~ for business. 他很有商业头脑。④ ([近]director)首脑,首领：the meeting of the ~ of government 政府首脑会议 ⑤ 前列；领导地位：be at the ~ of a queue 位居排头/be at the ~ of one's profession 在本专业中居领先地位 ⑥ (河流的)源头,上游 ⑦ 人数；(牛、羊等的)头数：dinner at £15 a ~ 每人15英磅的饭菜/ten ~ of sheep 10 头羊 ⑧ [常用复数](硬币的)正面 ⑨ 标题,题目：a speech arranged under five ~s 分为 5 部分的讲话 ⑩ 【植】(植物的)头状花序；穗；花冠：cut off the dead ~s of the roses 把枯萎的玫瑰花从茎梗上割掉 ⑪ (啤酒等的)泡沫 ⑫ (录音机的)磁头 ⑬ [口]头痛：I've got a terrible ~ last night. 我昨晚头痛得厉害。 Ⅱ. (~s[-z];~ed[ˈ-ɪd]) *vt.* ① ([近]lead)在…的前头,率领：Her name ~*ed* the list. 她的

名字列在名单的最前头。/~ a delegation 率领一个代表团 ② 使朝…方向行驶：They ~*ed* the car out of the town. 他们开车出城。③ 用头顶(球)：~ the ball into goal 把球顶入球门 *vi.* (朝特定方向)行进：Where are you ~*ing*? 你往哪儿去?

head·er [ˈhedə(r)] (~s[-z]) *n.* Ⓒ ① 割穗机；收割台；收获机 ② [口](游泳)头朝下跳：take a ~ into the swimming-pool 头朝下跳入游泳池 ③ (足球)头球

head·ing [ˈhedɪŋ] (~s[-z]) *n.* ① Ⓒ 标题,题目 ② 【空】航向；【海】艏向 ③ ⒰Ⓒ (足球)顶球

head·quar·ter [ˌhedˈkwɔːtə(r);~ɪŋ-rɪŋ] *vi.* 设总部；建立总部 *vt.* [常用被动语态]为…设总部：The firm is ~*ed* in Shanghai. 这家公司的总部设在上海。

head·y [ˈhedɪ] (headier; headiest) *adj.* ① 鲁莽的,冲动的,轻率的：a ~ opinion 轻率的意见 ② (酒等)易使人醉的：a ~ wine 烈性酒 ③ 令人陶醉的,令人兴奋的：a ~ perfume 气味扑鼻的香水

heal [hiːl] (~s[-z]) *vt.* ① 治愈；使痊愈：The wound is not yet ~*ed*. 伤口尚未愈合。② 化解,调停,平息：Time ~*s* all sorrows. 时间可化解一切忧伤。/~ a quarrel 平息一场争吵 *vi.* 痊愈,愈合：The wound ~*ed* slowly. 伤口愈合得很慢

health [helθ] *n.* Ⓤ ① ([反]sickness)健康,健康状况：Exercise is good for ~. 锻炼身体有益于健康。② [亦用 a ~](祝某人健康的)干杯：Your (very) good ~! 祝你健康!

health·ful [ˈhelθful] *adj.* 有益健康的

health·y [ˈhelθɪ] (healthier; healthiest) *adj.* ① ([反]unhealthy)健康的；健壮的：a ~ child 健康的孩子/a ~ tree 茁壮的树 ② ([近]healthful)有益于健康的(场所、气候等) ③ (外表、体态等)看起来健康的：a ~ bank balance 相当多的银行存款余额

heap [hiːp] Ⅰ. *n.* ① Ⓒ ([近]pile)(一)堆：a ~ of books 一堆书/She collapsed on the floor in a ~. 她蜷作一团瘫倒在地上。② [~s 或 a ~]大量；许多：We have ~*s* of time. 我们有很多时间。 Ⅱ. (~ed[-t]) *vt.* ① 堆积；蓄积：~ stones to form a dam 把石头堆成一道堤坝/~ up riches 积聚财富 ② 大量地给予,大加(赞美、侮辱等)：~ praise on sb. 对某人大加赞扬

hear [hɪə(r)] (~s[-z]) ~*d*[hɜːd]) *vt.* ① 听到；听：We listened but could ~ nothing. 我们留心听却什么也听不见。② 听说,得知：

Have you ~d the news? 你听到那消息了吗？❸听，倾听：We'd better ~ it. 我们还是听听吧。❹听取，审理：The court ~d the evidence. 法庭听取了证词。*vi.* 听，听见：She can't ~very well. 她的听觉不太好。

heard [hɜːd] hear 的过去式和过去分词

***hear·ing** ['hɪərɪŋ]（~s[-z]）*n.* ❶ Ⓤ听力，听觉：Her ~ is poor. 她的听觉不灵。❷ Ⓤ听力所及的距离：Please keep within ~. 请保持在听得见的距离内。❸ Ⓒ被倾听的机会，申辩的机会：be given a fair ~获得公平申辩的机会 ❹ Ⓒ【律】审讯，听讯

hear·say ['hɪəseɪ] Ⅰ. *n.* Ⓤ风传，传闻：You shouldn't believe ~. 你不该相信谣言。Ⅱ. *adj.* 传闻的

***heart** [hɑːt] *n.* ❶ Ⓒ心，心脏；胸部：His ~ stopped beating. 他的心脏停止了跳动。/He pressed the hand against his ~. 他把一只手按在自己的胸部。❷ Ⓒ内心；心地，心肠：I have everything my ~ desires. 我心满意足。/He has a kind ~. 他心地善良。❸ Ⓤ感情，爱：I want you to put more ~ into your singing. 我希望你唱歌的时候多带点儿感情。/an affair of the ~ 恋爱 ❹ Ⓤ中心；要点，实质：in the ~ of the forest 在森林的中央/get to the ~ of the subject 把握住问题的实质 ❺ Ⓤ精神；勇气：put one's ~ into one's work 热衷于工作 ❻ Ⓒ心状物；（纸牌的）红桃：the ten of ~s 红桃 10 点

heart·en ['hɑːtn]（~s[-z]）*vt.*（[反]dishearten）激励，使鼓舞：We are much ~ed by the latest development. 最近的事态发展使我们受到很大的鼓舞。

hearth [hɑːθ]（~s[-z]）*n.* ⓊⒸ❶ 炉床：a fire burning in the ~ 在炉床里燃烧的火 ❷家庭：a longing for ~ and home 渴望家庭的温暖 ❸中枢；活力的中心

heart·i·ly ['hɑːtɪlɪ] *adv.* ❶起劲地；热心地：laugh ~ 开怀大笑 ❷衷心地，真挚地：They welcomed the new students ~. 他们衷心地欢迎新来的学生。❸胃口很大地：He ate ~. 他吃得很多。❹ 非常，极其：I'm ~ sick of this kind of weather. 我非常讨厌这种天气。

heart·less ['hɑːtlɪs] *adj.*（[近]unkind, pitiless）无情的，残忍的

heart·y ['hɑːtɪ]（heartier, heartiest）*adj.* ❶衷心的；亲切的，热忱的：a ~ reception 热情的接待/a ~ greeting 亲切的问候 ❷精神饱满的，健壮的 ❸丰盛的：have a ~ breakfast 吃一顿丰盛的早餐 ❹开怀的，尽情的：a ~laugh 纵情大笑

***heat** [hiːt] Ⅰ. *n.* ❶ Ⓤ热，高温：The fire doesn't give out much ~. 这个炉子的火不旺。❷ Ⓤ炎热天气：Never go out in the ~ of the day without a hat. 在白天最热的时候出门不能不戴帽子。❸ Ⓤ（身体）热；发烧：This will relieve the ~ of fever. 这会减轻发烧的热度。❹ Ⓤ热烈，激烈：in the ~ of the argument 在激烈辩论中 ❺ Ⓒ一次比赛；一次活动：be eliminated in the first ~ 在第一场预赛中被淘汰 ❻ Ⓤ（雌性哺乳动物的）发情（期）Ⅱ.（~ed ['-ɪd]）*vt.* ❶使热，把⋯⋯加热：*Heating* these offices is expensive. 这些办公室的供暖费用很高。❷使激动 *vi.* 变热，发热；变暖：The room will soon ~ up. 房间很快就会暖和起来。

heath [hiːθ]（~s[-θz]）*n.* ❶ ⒸⓊ【植】石南 ❷ Ⓒ荒原

heat·ing ['hiːtɪŋ] *n.* Ⓤ供暖系统，暖气

heave [hiːv] Ⅰ.（~s[-z]；~d 或 hove [həuv]；heaving）*vt.* ❶（用力）举起，提起；拉起：We ~d the wardrobe up the stairs. 我们用力把衣柜搬上楼。❷【海】卷（缆绳）：~ the anchor 起锚 ❸（沉重地）发出（叹息、呻吟等）：~ a sigh of relief 如释重负地舒一口气 *vi.* ❶（有节奏地）起伏：his ~ing chest 他起伏的胸部 ❷【海】（用力）拉起，卷起：~ at the capstan 转动绞盘 Ⅱ.（~s[-z]）*n.* ❶ Ⓒ举；拉；扔：with a mighty ~ 猛地一拉（或使劲一扔）❷ Ⓤ起伏；升起：the steady ~ of the weaves 波浪不停的起伏

***heav·en** ['hevn]（~s[-z]）*n.* ❶ Ⓤ[常用 Heaven]【宗】天国；天堂：ascend into *Heaven* 升入天堂 ❷ [常用 Heaven]上帝；神：It was the will of *Heaven*. 这是天意。❸（[近]sky）ⒸⓊ[常用 the ~s]天，天空：Rain fell from the ~s all day long. 整天都下着雨。❹ⒸⓊ极乐之地，乐园：Sitting here with you is ~. 跟你一起坐在这里其乐无穷。

heav·en·ly ['hevnlɪ] [无比较等级] *adj.* ❶天的，天空的：~ bodies 天体 ❷天国的，在天堂的；神圣的：a ~ angel 天使 ❸好的，令人愉快的：This cake is ~. 这块蛋糕好极了。

heav·i·ly ['hevɪlɪ] *adv.* ❶重重地，沉重地：a ~ loaded lorry 重载的卡车 ❷沉闷地：Cares weighed ~ on his mind. 烦恼之事沉重地压在他心头。❸大量地：drink ~ 大量饮酒 ❹浓密地，密集地：a ~ foliaged tree 茂盛的树

heav·y ['hevɪ] Ⅰ.（heavier; heaviest）*adj.* ❶（[反]light）重的；沉重的：The box is too ~ for me to carry. 这箱子太重了，我搬不动。

❷狂暴的;猛烈的;大量的:～ seas 汹涌的海浪/a ～ blow 重击 ❸繁重的;困难的:～ job 繁重的工作 ❹沉重的,沉痛的:a ～ heart 沉重的心情 ❺(食物等)难消化的:a ～ meal 难消化的食物 ❻笨重的,迟钝的 ❼(作品等)单调乏味的:This article is ～ reading. 这篇文章读起来枯燥乏味。❽(天空等)阴沉的,阴沉起来的:a sky 阴沉的天空 ❾(道路)泥泞难走的;(土地)难以耕作的:The going was ～ behind the house. 房后的道路泥泞难走。Ⅱ.(heavies[-z]) n.ⓒ【戏】庄重的角色;饰演庄重角色的演员

hedge [hedʒ] Ⅰ.(～s['-ɪz]) n.ⓒ❶树篱,篱笆:There is a ～ around the garden. 花园周围有篱笆。❷障碍(物):buy gold as a ～ against inflation 为防通货膨胀而购买黄金 Ⅱ.(～s['-ɪz];hedging) vt. 用树篱围上 vi. 避免正面答复:Answer"yes"or"no"—stop hedging! 回答"是"或"不是"。不要闪烁其词了!

heed [hi:d] Ⅰ.(～s[-z];～ed['-ɪd]) vt.([近]notice)注意,留心;听从:～ a warning 注意一项警告Ⅱ. n.ⓤ注意,留心:pay ～ to sth. 注意某事

heel¹ [hi:l] Ⅰ.(～s[-z]) n.ⓒ❶(鞋、袜等的)后跟 ❷脚后跟 ❸踵状物;跟部:the ～ of the hand 手掌根 ❹[美俚]卑鄙的家伙 Ⅰ.(～s[-z]) vt.❶给…钉上掌:These shoes need soling and ～ing. 这鞋需要上鞋底和修后跟。❷紧跟,追赶:～ sb. downstairs 紧随某人下楼 ❸用脚后跟向后传球 vi.紧随其后

heel² [hi:l] (～s[-z]) vi.(船)倾斜:The boat ～ed over in the strong wind. 船在大风的吹袭下倾斜到了一边。vt.使(船)倾斜

***height** [haɪt] n.([近]highness) ❶ⓤⓒ高,高度;海拔:What's the ～ of the mountain? 这山有多高? /Fly at a ～ of 6,000 metres (above the sea level). 在(海拔)6,000米的高度上飞行。❷ⓤⓒ身高:He is two meters in ～. 他身高2米。❸ⓒ[常用复数]高处,高地:be afraid of ～ 恐高 ❹ⓤ[常用 the ～]顶点;极度:the ～ of summer 盛夏时节/the ～ of folly 愚不可及

height·en ['haɪtn] (～s[-z]) vt.❶加高,提高:music to ～ the dramatic effect 用来提高戏剧效果的配乐 ❷增强;增大:～ one's speed 加快速度 vi. 提高,加强

heir [eə(r)] (～s[-z]) n.ⓒ❶【律】后嗣,继承人:be ～ to the throne 是王位的继承人 ❷(特质、传统等的)继承者,沿袭者

heir·loom ['eəlu:m] (～s[-z]) n.ⓒ祖传物,传家宝

hel·i·cop·ter ['helɪkɒptə(r)] (～s[-z]) n.ⓒ直升机

he·lium ['hi:ljəm] n.ⓤ【化】氦(符号 He)

hell [hel] Ⅰ.(～s[-z]) n.❶ⓤ[常用 Hell]地狱,阴间 ❷ⓤⓒ极大的痛苦,苦境:The journey was absolute ～. 一路上吃尽了苦头。❸[the ～,in (the)～]究竟;到底:Who the ～ is he? 他究竟是谁? Ⅱ. int. [俚]畜生;混蛋:Oh,～! 混蛋! 该死!

***hel·lo** [hə'ləʊ] Ⅰ. int.❶嘿:Hello, how are you? 嘿,你好吗? ❷(打电话用语)喂:Hello, can you hear me? 喂,你听得见我说话吗? Ⅱ.(～s[-z]) n.ⓒ表示问候:Say ～ to him. 向他问好。Ⅲ.(～s[-z]) vt.& vi. 向…说"嗨"

helm¹ [helm] (～s[-z]) n.❶ⓒ舵,舵柄;舵轮:Down (with the)～! 转舵使船背风! ❷ⓒ[the ～]支配地位,指导:take the ～ of 开始掌管

helm² [helm] [古][诗] Ⅰ.(～s[-z]) n.ⓒ头盔 Ⅱ.(～s[-z]) vt. 给…戴头盔

hel·met ['helmɪt] n.ⓒ头盔,安全帽,护面盔

***help** [help] Ⅰ.(～ed[-t]) vt.❶([近]assist)帮助:A girl is ～ing the police with their enquiries. 一个女孩在协助警方进行调查。/Please ～ed me (to) look for my things. 请帮我找东西。❷促进,助长,有助于:～ digestion 促进消化 ❸ 使进食;款待:May I ～ you to some more tea? 再给你来点儿茶好吗? /Help yourself (to the fruit)! 请随便吃(水果)吧! ❹ 治疗;补救:This medicine will ～ your headache. 这药能治你的头痛。vi.❶帮助,帮忙:May I ～ with the work? 我帮你做好吗? ❷有用,有帮助:The latest development doesn't exactly ～. 这一最新情况对事情发展并没有真正的帮助。❸有效,治疗:drugs that ～ to take away pain 能止痛的药 Ⅱ. n.❶ⓤ帮助:Thank you for all your kind ～. 谢谢你各方面的热心帮助。❷ⓒ有益的东西:Her advice is a great ～. 她的劝告大有帮助。❸ⓒ帮手,助手:The ～ hasn't come this morning. 助手今早没来。❹ⓤ救济,挽救:There is no ～ for it. 没办法了。

***help·ful** ['helpfʊl] adj.([反]unhelpful)是有帮助的,有用的,有益的:He's always very ～ to his mother. 他一向都是他母亲的得力帮手。

helping ['helpɪŋ] Ⅰ.(～s[-z]) n.❶ⓒ(食物的)一份,一客:She had two generous

~s of pie. 她吃了两份分量很足的馅饼。❷Ⓤ帮助，援助：a ~ hand 援助之手

help•less [ˈhelplɪs] *adj*. ❶无助的，未得到帮助的：Without their weapons, they were ~. 他们没有武器便不能自卫。❷不能自助的，孤弱的：a ~ invalid 需要人照顾的伤残者 ❸无可奈何的，无计可施的

hem¹ [hem]（~s[-z]）*n*. Ⓒ（布、衣服等的）褶边，贴边 Ⅱ.（~[-z]；hemmed；hemming）*vt*. 给…缝边，给…镶边：~ a skirt 给裙子镶边 *vi*. 缝褶边

hem² [hem] Ⅰ. *int*. 哼，嗯（踌躇、疑虑或唤起注意、清嗓等发出的声音）Ⅱ.（~s[-z]；hemmed；hemming）*vi*. 发"嗯"声

hem•i•sphere [ˈhemɪˌsfɪə(r)]（~s[-z]）*n*. Ⓒ❶（地球或天体的）半球 ❷（活动、知识等的）领域，范围

*·**hen** [hen]（~s[-z]）*n*. Ⓒ❶母鸡 ❷雌禽：a guinea ~ 雌珍珠鸡

hence [hens] [无比较等级] *adv*. ❶因此，所以：I fell off my bike yesterday — ~ the bruises. 我昨天骑自行车摔倒了——所以青一块、紫一块的。❷今后，从此：a week ~ 从现在起一星期后

hence•forth [ˌhensˈfɔːθ]，**hence•for•ward** [ˌhensˈfɔːwəd] *adv*. 从今以后，今后：*Henceforth* I expect you to be punctual for meetings. 我希望你今后准时到会。

*·**her** [hɜː(r)；ɜː(r)，hə(r)，ə(r)] *pron*. ❶ [she 的所有格] 她的：That is ~ coat. 那是她的大衣。❷ [she 的宾格] 她：We call ~ Diana. 我们称呼她为黛安娜。

her•ald [ˈherəld] Ⅰ.（~s[-z]）*n*. Ⓒ❶传令官 ❷报信者；预兆：In England, the cuckoo is the ~ of spring. 在英国，杜鹃预告春天的来临。Ⅱ.（~s[-z]；~ed[-ɪd]）*vt*. 宣告；预示…的来临：This invention ~ed the age of the computer. 这项发明宣告了计算机时代的到来。

her•ald•ry [ˈherəldrɪ]（heraldries[-z]）*n*. ❶ Ⓤ纹章学；纹章术 ❷ Ⓒ纹章

herb [hɜːb]（~s[-z]）*n*. Ⓒ❶药草，药用植物 ❷草本植物

herb•age [ˈhɜːbɪdʒ] *n*. Ⓤ [集合用法] 草本植物

herb•al [ˈhɜːbl] [无比较等级] *adj*. 药草的；草本植物的

herd [hɜːd] Ⅰ.（~s[-z]）*n*. Ⓒ❶兽群；牧群：a ~ of cows 一群牛 ❷ [贬] 人群；民众：the common ~ 一般大众 ❸ [构成复合词] 放牧人：a sheep *herd* 牧羊人 Ⅱ.（~s[-z]；

~ed[ˈ-ɪd]）*vt*. ❶使聚集；把…赶在一起：The prisoners were ~ed (together) onto the train. 一群囚犯被驱赶着押送上了火车。❷放牧：The shepherd is ~ing his flock. 牧羊人正在放牧。*vi*. 聚集，群集

herds•man [ˈhɜːdzmən]（herdsmen）*n*. ❶ Ⓒ牧人 ❷ [the Herdsman] 【天】牧夫座

*·**here** [hɪə(r)] Ⅰ. [无比较等级] *adv*. ❶向这里，到这里：Come ~. 到这里来吧。❷ [为加强语气，可置于句首] 这里：*Here* comes the bus! 公共汽车来了! ❸在这点上；现在；这时：*Here* the speaker paused to have a drink. 这时演讲人停下来喝了一口水。❹ [置于名词之后] 这里（的），在此（的）：The boy ~ will show you the way. 这个男孩会给你指路的。❺ 在今世：We have no end of trouble ~ below. 我们在这世上烦恼永无止境。Ⅱ. *int*. ❶（用以唤起对方的注意或命令）喂：*Here*, let me carry it. 嘿，让我来搬。❷（点名时答应）有，到

here•sy [ˈherəsɪ]（heresies[-z]）*n*. Ⓤ Ⓒ【宗】异教，邪说

her•i•tage [ˈherɪtɪdʒ]（~s[-ɪz]）*n*. Ⓤ Ⓒ传统，（历史、文化等的）遗产

her•mit [ˈhɜːmɪt] *n*. Ⓒ隐士，隐居者

her•mit•age [ˈhɜːmɪtɪdʒ]（~s[-ɪz]）*n*. Ⓒ隐士的住所；隐居处

*·**hero** [ˈhɪərəu]（~es[-z]）*n*. Ⓒ❶英雄，英雄人物；勇士：receive a ~'s welcome 受到如同英雄凯旋一般的欢迎 ❷（戏剧、小说中的）男主角，男主人公

her•o•ic(al) [hɪˈrəuɪk(əl)] Ⅰ. *adj*. ❶英雄的，英勇的；崇高的：~ deeds 英勇事迹 ❷歌颂英雄的，歌颂英勇行为的 ❸（语言）夸大的，堂皇的 ❹（雕刻等）大于实物的：a statue on a ~ scale 大于真人的塑像 Ⅱ. *n*. ❶英雄诗；史诗 ❷ [用复数] 夸张的言语（或行为）：There is no need to indulge in such ~s. 根本没有必要这样肆意夸张。

her•o•ine [ˈherəuɪn]（~s[-z]）*n*. Ⓒ❶女英雄，女勇士 ❷女主角，女主人公

*·**hers** [hɜːz] *pron*. 她的（东西），她的家属（或有关人）：If this isn't Mary's bag, that one must be ~. 如果这个包不是玛丽的，那么那个包就一定是她的了。/Give my greetings to her and ~. 请向她和她的家人问好。

*·**her•self** [hɜːˈself] *pron*. ❶ [反身用法] 她自己：She must be proud of ~. 她一定为自己而骄傲。❷ [强调用法] 她亲自，她本人：She told me the news ~. 这消息是她亲口告诉我的。/She went ~. 她亲自去了。

hes·i·tant [ˈhezɪtənt] *adj.* 踌躇的，犹豫的：I'm rather ~ about signing this. 我不太愿意签这个字。

hes·i·tate [ˈhezɪteɪt] (~d[-ɪd]；hesitating) *vi.* 踌躇，犹豫：She ~d before reply. 她犹豫了一下才回答。

hew [hjuː] (~s[-z]；~ed 或 hewn [hjuːn]) *vt.* ❶(用刀、斧等)砍，劈：~ down the tree 把树砍倒 ❷砍成，劈出；开辟：They ~ed a path through the jungle. 他们在丛林中开辟一条路。*vi.* 砍，劈

hey [heɪ] *int.*（表示疑问、惊讶、喜悦或用以唤起注意等）喂；嗨：Hey, come and look at this! 喂，来瞧瞧这个！

hey·day [ˈheɪdeɪ] *n.*[只用单数]全盛时期；青春时期：She was a great singer in her ~. 她在自己的黄金时代是个了不起的歌唱家。

hi [haɪ] *int.* 嗨！喂！

hid [hɪd] hide 的过去式和过去分词

hide[1] [haɪd] Ⅰ.(~s[-z]；hid[hɪd]；hidden [ˈhɪdn]或 hid；hiding) *vt.* ❶隐蔽，把…藏起来：She's *hidden* my book. 她把我的书藏起来了。❷隐瞒；掩盖：The future is *hidden* from us. 未来是我们难以预测的。/~ one's feeling 掩饰感情 *vi.* 隐藏，躲藏：The child was *hiding* behind the sofa. 那孩子正藏在沙发后面。Ⅱ.(~s[-z]) *n.*ⓒ躲藏处；隐蔽观察处

hide[2] [haɪd] (~s[-z]) *n.*ⓒⓤ❶兽皮；皮革；boots made of buffalo ~ 水牛皮制的靴子 ❷[口][谑](人的)皮肤

hid·e·ous [ˈhɪdɪəs] *adj.*([近]ugly)([反]beautiful)丑陋的；骇人听闻的，可怕的：a ~ creature 可怕的怪物

hid·ing[1] [ˈhaɪdɪŋ] *n.*ⓤ躲藏；躲藏处

hid·ing[2] [ˈhaɪdɪŋ] (~s[-z]) *n.*([近]beating)ⓒ[口]痛打，鞭打：His dad gave him a good ~. 他爸爸给他一顿痛打。

hi·er·arch·y [ˈhaɪərɑːkɪ] (hierarchies[-z]) *n.*ⓤⓒ❶等级组织(制度) ❷神职等级制度

high [haɪ] Ⅰ.*adj.* ❶([近]tall)([反]low)高的：a ~ mountain 高山 ❷有…高度的：The wall is two meters ~. 这墙有两米高。❸[无比较等级]高级的，重要的：a ~ official 高级官员/a man of ~ birth 出身高的人 ❹高尚的：have ~ ideals 具有崇高的理想 ❺(程度、数量、大小等)高度的；强烈的，很大的；非常的：a ~ praise 高度的赞扬/be in ~ spirits 兴高采烈 ❻(等级、质量等)高级的，高等的：~ quality 高质量的 ❼高音调的，尖声的：speak in a ~ voice 尖声讲话❽[无比较等级](时间、季节等)正盛的：~ summer 盛复 ❾[口]酒醉的，(被麻醉剂等)麻醉了的：He is a little ~. 他有一点儿醉意。Ⅱ.*adv.* ❶([反]low)高：An eagle circled ~ overhead. 一只鹰在高空盘旋。❷(声音)音调高地：I can't sing that ~. 我唱不了这么高的调门儿。Ⅲ.(~s[-z]) *n.*([反]low) ❶ⓤ高处，高地：The climbers gazed down from on ~. 攀登者从高处向下俯瞰。❷ⓤ天上：God on ~ 天上的神 ❸ⓒ高水准：hit an all-time ~ 创历史最高纪录 ❹ⓤ(汽车)高速挡 ❺ⓒ高(气)压；高气压地带 ❻ⓒ[口](麻醉等引起的)恍惚状态

high·ly [ˈhaɪlɪ] *adv.* ❶高度地；很，非常：a ~ amusing film 一部非常有趣的电影 ❷赞许地：think ~ of sb. 极其赞赏某人

high·ness [ˈhaɪnɪs] *n.* ❶ⓤ高；高度：the ~ of the mountain 山的高度 ❷[H-]殿下，阁下

hi·jack [ˈhaɪdʒæk] Ⅰ.(~ed [-t]) *vt.* ❶劫持；绑架：The plane was ~ed while on a flight to paris 该机在飞往巴黎的途中遭遇劫持。❷抢劫(载运中的货物)Ⅱ.*n.*ⓒ拦路抢劫，劫持

hike [haɪk] Ⅰ.(~d[-t]；hiking) *vt.* 提高(价格等)，抬高：~ an insurance claim 提高保险索赔金额 *vi.* 徒步旅行，远足：a ~ing holiday 进行远足活动的假日 Ⅱ.*n.*ⓒ❶徒步旅行，远足：go on a twenty-mile ~ 进行一次 20 英里的徒步旅行 ❷(物价、房租等的)上涨，提高：The union demands a 10% wage ~. 工会要求提高工资 10%。

hi·lar·i·ous [hɪˈleərɪəs] *adj.* ❶有趣的，滑稽的：a ~ account of their party 对他们的聚会有趣的描述 ❷热闹的，欢闹的：a ~ party 狂欢会

hill [hɪl] (~s[-z]) *n.*ⓒ❶小山，丘陵：The house is on the side of a ~. 那所房子坐落在山坡上。❷(道路等的)斜坡，坡道：Push one's bike up a steep ~. 推着自行车上陡坡。❸土堆，土墩

hill·ock [ˈhɪlək] *n.*ⓒ小丘，山丘

hill·y [ˈhɪlɪ] (hillier；hilliest) *adj.* 多小山的；多斜坡的：~ countryside 丘陵地带

hilt [hɪlt] Ⅰ.*n.*ⓒ(刀、剑、工具等的)柄 Ⅱ.*vt.* 装柄于

him [ɪm, hɪm] *pron.*[he 的宾格]他：When did you see ~? 你是什么时候看见的?

him·self [hɪmˈself] *pron.* ❶[反身代词]他自己：Mike ought to be ashamed of ~. 迈

克应该为自己感到羞愧。❷[强调用法]他亲自,他本人:The doctor said so ~. 医生亲口这样说的。

hind [haɪnd] *adj.* 后面的,后部的,在后的:a dog's ~legs 狗的后腿

hind·er¹ ['hɪndə(r)] (~s[-z];~ing[-rɪŋ]) *vt.* ([近] prevent) 妨碍,阻碍:Production was ~ed by lack of materials. 由于缺乏原料,生产陷于停顿。/~ sb. from working 妨碍某人工作

hind·er² ['haɪndə(r)] *adj.* 后面的,后部的;在后的

hin·drance ['hɪndrəns] (~s['-ɪz]) *n.* Ⓤ Ⓒ 妨碍;妨碍的人(或物):Some kitchen gadgets are more of a ~ than a help. 这些灵巧的炊具非但没有用处反而碍事

hinge [hɪndʒ] Ⅰ. (~s['-ɪz]) *n.* Ⓒ❶铰链,合页,折叶;The gate ~s are squeaking. 大门的铰链吱吱响。❷关键,中心点Ⅱ. (~s[-ɪz];hinging) *vt. & vi.* (给门等)安装铰链

hint [hɪnt] Ⅰ. *n.* Ⓒ❶暗示;示意:She coughed to give him the ~ that he should go. 她咳了一声,向他暗示他该走了。❷微小的征兆;微量:The calm sea gave no ~ of the storm that was coming. 平静的海上没有一点儿迹象显示暴风雨即将来临。/with a ~ of suspicion 多少带点儿怀疑 ❸指点;忠告,注意事项:helpful ~s for animal lovers 对动物爱好者的有益忠告Ⅱ. (~ed[-ɪd]) *vi.* 做暗示:The possibility of an early election has been ~ed at. 已经有迹象表明选举可能提前进行。*vt.* 暗示;示意:She has already ~ed that I've won the prize. 她已经向我暗示说我获得了这个奖。

hip¹ [hɪp] *n.* Ⓒ臀部;【解】髋部:He stood with his hands on his ~s. 他两手叉腰站着。

hip² [hɪp] *n.* Ⓒ【植】蔷薇果

hire ['haɪə(r)] Ⅰ. (~s[-z];hiring) *vt.* ❶雇用(人):~ a dozen men to dig a ditch 雇12个人挖沟 ❷租借(东西),租用:~ a hall 租用礼堂Ⅱ. *n.* Ⓤ❶租借,租用:have the ~ of a car for a week 租用汽车一星期 ❷雇用,受雇:be in the ~ of sb. 受雇于某人 ❸租金;工钱:work for ~ 当雇工

hire·ling ['haɪəlɪŋ] (~s[-z]) *n.* Ⓒ单纯为金钱而听人使唤的人

his [强 hɪz;弱 ɪz] *pron.* ❶[he 的所有格]他的:He has sold ~ house. 他把他的房子卖了。❷[he 物主代词] 他的:Learning to swim has always been an ambition of ~. 他一直渴望学游泳。

hiss [hɪs] Ⅰ. (~es[-ɪz];~ed[-t]) *vt.* ❶以嘶嘶声表示(愤怒等):"Stay away from me!"she ~ed. "去你的吧!"她带着愤怒的嘶嘶声嚷道。❷(表示不赞成或不满意)发嘘声:~ a new play 向一出新戏发出嘘声 *vi.* ❶(蛇、沸水等)嘶嘶作声:A fire ~es if water is thrown on it. 把水浇到火上,火就发出嘶嘶声。❷用嘘声表示(反对或愤怒):The goose ~ed at me angrily. 那鹅愤怒地向我发出嘶嘶声。Ⅱ. (~es[-ɪz]) *n.* Ⓒ嘶声,嘘声:The crowd greeted the performers with boos and ~es. 观众向演出者发出一片嘘声

his·to·ri·an [hɪ'stɔːrɪən] (~s[-z]) *n.* Ⓒ历史学家

his·tor·ic [hɪ'stɒrɪk] *adj.* ❶历史上有名的,有历史意义的:This is a ~ occasion. 这是具有重大历史意义的时刻。❷有历史记载的:~ times 有历史记载的时期

his·tor·i·cal [hɪ'stɒrɪkl] [无比较级或最高级] *adj.* ❶历史的,有关历史的:We have no ~ evidence for it. 我们缺乏证明这一点的史学根据。❷历史上的:~ research 历史研究

his·to·ry ['hɪstərɪ] (histories[-z]) *n.* Ⓤ历史,历史学:ancient ~ 古代史 ❷ Ⓒ来历;经历;沿革:The house has a strange ~. 这所房子有一段奇怪的来历。/He has a ~ of violent crime. 他有暴力犯罪的记录。❸ Ⓒ历史事件的记载(或叙述):writing a new ~ of Europe 撰写一部新的欧洲史

hit [hɪt] Ⅰ. (hit;hitting) *vt.* ❶([近] beat)打,打击;击中:She ~ him on the head with a book. 她用书打他的头。❷碰撞,使碰撞:The lorry ~ the lamp post with a crash. 卡车"嘭"的一声撞到路灯柱上了。❸袭击;使遭受:The typhoon ~ the area. 台风袭击了那个地区。❹[口]到达,达到:I can't ~ the high notes. 我唱不了高音。❺(棒球)击(球):~ a ball over the fence 把球击过围栏 *vi.* 打,打击,击中:She ~ at him in anger. 她生气地朝他打过去。Ⅱ. *n.* ❶ Ⓒ一击;击中:a direct ~ on an enemy ship 对准敌舰的一击 ❷ Ⓒ风行一时的作品,轰动一时的成功人物(或事物):Her new film is quite a ~. 她的新影片十分成功。❸ Ⓒ讽刺;抨击:That last remark was a ~ at me. 最后的话是对我的讽刺。❹ Ⓒ(棒球)安打

hith·er ['hɪðə(r)] *adv.* 向这里,到这里

hith·er·to ['hɪðə'tuː] *adv.* 迄今,到目前为止:a ~ unknown species of plant 至今尚不知属何种类的植物

hoarse [hɔːs] (~r;~st) *adj.* (声音)嘶哑

的;叫声嘶哑的:She shouted herself ～. 她把嗓子都喊哑了。

hoar•y ['hɔːrɪ] (hoarier;hoariest) *adj*. ❶(因年老等)头发灰白的 ❷古老的,久远的:a ～ old joke 老掉牙的笑话

hob•by ['hɒbɪ] (hobbies[-z]) *n*. ☉(形成癖好的)业余消遣:My ～ is collecting stamps. 我爱好集邮。

hoe [həʊ] Ⅰ. (～s[-z]) *n*. ☉锄头 Ⅱ. (～s[-z]) *vt*. 锄:～ the flower bed 平整花坛

hoist [hɔɪst] Ⅰ. (～ed [-ɪd]) *vt*. ❶升起;提起:～ a flag 升旗 ❷(用绳索、滑轮、起重机等)吊起,举起:～*ing* crates aboard ship 将板条箱吊上船 Ⅱ. *n*. ☉U❶【机】起重机,吊车 ❷升起,提起,吊起:Give him a ～. 往上推他一下。

hold [həʊld] Ⅰ. (～s[-z];held [held]) *vt*. ❶拿着,握着:She was ～*ing* an umbrella. 她拿着一把伞。❷托住,支持: Is that branch strong enough to ～ you? 那树枝经得住你吗? ❸([近]keep)使保持某种状态:*Hold yourself still for a moment while I take your photograph.* 我给你拍照的时候你不要动。❹([近]contain)容纳,装得下;包含: Will this suitcase ～ all my clothes? 这只衣箱装得下我所有的衣服吗?❺担任(职务);占据:How long has he *held* office? 他已任职多长时间了? ❻抑制,止住;控制;约束:～ one's breath 屏住呼吸 ❼举行:We ～ a general election every four or five years. 我们每四、五年举行一次大选。❽ 持有(…见解). 我认为那个计划不可行。❾([近]consider)认为:I ～ the parents are responsible for their child's behaviour. 我认为父母应对子女的行为负责。❿吸引(注意力等):A good teacher must be able to ～ his pupils' attention. 优秀的教师一定能吸引住学生。⓫ 使遵守:She'll ～ him to his promise. 她会让他遵守诺言的。*vi*. ❶ 抓住,握住:*Hold tight!* 抓紧! ❷顶住,支撑:I don't think the shelf will ～ if we put anything else on it. 我看再往上放其他东西那架子就支撑不住了。❸ 有效,适用:The offer you made to them last week still ～s. 上星期你向他们提出的建议仍然有效。Ⅱ. (～s[-z]) *n*. ❶ U☉抓,握:She kept a firm ～ of the little boy's hand as they crossed the road. 横过马路时,她紧紧地牵着那个小男孩的手。❷ U☉掌握,控制:The military has tightened its ～ on the country. 军方加强了对这个国家的控制。❸ U☉作用,影响:He has a tremendous ～ over his young brother.

他对他弟弟的影响很大。❹ ☉ 可手攀(或脚踏)的东西,支撑点

hold•er ['həʊldə(r)] (～s[-z]) *n*. ☉❶持有者,占有者:the ～ of the world record 世界纪录保持者 ❷托(或夹)的东西;支托物,夹具:a plant pot ～ 花盆架

hold•ing ['həʊldɪŋ] (～s[-z]) *n*. ❶U租用的(田)地 ❷ ☉[常用复数]拥有的财产 ❸ U拉(抱)人阻挡(篮球、足球的犯规动作)❹ U握住;托住

hole [həʊl] Ⅰ. (～s[-z]) *n*. ☉❶洞,孔眼;破洞,裂口:He has worn ～*s* in his socks. 他把袜子穿破了。❷(动物的)洞穴:a mouse ～ 鼠洞 ❸[口]阴暗、肮脏的狭小地方:Why do you want to live here — it's a dreadful ～! 你为什么要住在这里——这小地方简直糟透了! ❹[口] 为难的处境,困境:be in (a bit of) a ～ 感到(有点儿)为难 ❺ 漏洞,缺陷,缺点:find ～s in sb.'s argument 在某人的论据中找出漏洞 ❻ (高尔夫球的)球穴:an eighteen ～ golf course 有18个洞的高尔夫球场 Ⅱ. (～s[-z];holing) *vt*. ❶凿洞于,穿孔于:The ship was ～*d* by an iceberg. 冰山把那船撞出了窟窿。❷把…放入(打入、赶入)洞中 *vi*. ❶凿洞,挖 ❷(高尔夫球等)入穴

hol•i•day ['hɒlədɪ,-deɪ] (～s[-z]) *n*. ([近]vacation) ❶ ☉假日,节日:Sunday is a ～ in Christian countries. 在基督教国家中,星期天是假日。❷ ☉[常用复数]假期:the school ～*s* 学校的假期/I'm taking two week's ～. 我正在休假两星期。

hol•low ['hɒləʊ] Ⅰ. *adj*. ❶空的,中空的;空心的:a ～ ball 空心的球 ❷凹的,凹陷的:～ cheeks 凹陷的双颊 ❸(声音)空洞的,沉闷的:a ～ groan 低沉的呻吟声 ❹ 空虚的,虚假的:He words rang ～. 他的话听起来缺乏诚意。Ⅱ. (～s[-z]) *n*. ☉❶ 洼地;洞;穴;坑:a ～ in the ground 地上的坑 ❷山谷:a wooded ～ 树木繁茂的山谷 Ⅲ. (～s[-z]) *vt*. 使成中空,挖空:river banks ～*ed* out by rushing water 由于激流冲刷而凹陷了的河岸 *vi*. 变空;凹陷 Ⅳ. *adv*. [口]彻底地,完全地:beat sb. (all) ～ 把(某人)完全打败

hol•ly ['hɒlɪ] (hollies[-z]) *n*.U☉【植】冬青属植物,冬青

ho•ly ['həʊlɪ] Ⅰ. (holier;holiest) *adj*. ❶([反]unholy)神圣的;神的,供神用的:～ ground 神圣的土地 ❷圣洁的,至善的:live a ～ life 对圣洁的生活 ❸[俚]可怕的,难以对付的 Ⅱ. (holies[-z]) *n*. ☉神圣的东西;圣堂

home [həʊm] Ⅰ. (～s[-z]) *n*. ❶ ☉U

家;住宅:The nurse visits patients in their ~s. 护士对病人进行家访。❷Ⓤ Ⓒ 家庭;家庭生活:the joys of ~ 天伦之乐 ❸ⓊⒸ家乡;本国:She was born in London, but she now looks Paris as her ~. 她生在伦敦,但是现在把巴黎看成是她的家乡。❹ [通常 the ~ ·]产地,发源地;栖息地:The tiger's ~ is in the jungle. 老虎生活在丛林里。❺Ⓒ疗养所;养育院;收容所:a ~ for the aged 养老院 ❻Ⓒ Ⓤ(赛跑等的)终点 Ⅱ.[无比较等级] adj.❶家庭的:have a happy ~ life 过幸福的家庭生活 ❷([反] foreign)本国的,国内的:a ~ market 国内市场 ❸本部的,总部的:the ~ office 总机构 ❹中肯的,击中要害的:a ~ question 严厉的(击中要害的)质问 ❺在本地(或主队)赛场举行的;主场的:a ~ match 在主场举行的比赛 Ⅲ.[无比较等级] adv.❶在本国,回本国:call an ambassador ~ 召大使回国 ❷在家;回家:stay ~ 待在家里 ❸击中要害地,深入地:drive a point ~ 把要点说得清清楚楚 Ⅳ.(~s[-z];homing) vi. 回家

home•ly ['həʊmlɪ] (homelier;homeliest) adj.❶([近]homelike)如在家里的,不拘束的,亲切的 ❷([近]plain)家常的,简朴的:a ~woman 朴素的女子

home•town ['həʊmtaʊn] n.Ⓒ家乡;故乡

home•work ['həʊmwɜːk] n.Ⓤ家庭作业

home•y,hom•y ['həʊmɪ] (homeyer;homeyest 或 homier;homiest) adj.([近]homelike)[美口]家庭似的,温暖的,舒适的

ho•mo•ge•ne•ous [ˌhɒməʊ'dʒiːnɪəs] adj. 同类的,同质的;相似的

hon•est ['ɒnɪst] adj.❶([反]dishonest)诚实的,可靠的:an ~ businessman 可靠的商人 ❷真诚的,直率的:give an ~ opinion 提出坦诚的意见 ❸用正当手段获得的;正当的:make an ~ living 靠正当的收入生活 ❹真正的;纯正的:~ milk 纯牛奶

hon•es•ty ['ɒnɪstɪ] n.([反]dishonesty)Ⓤ诚实,老实,正直

hon•ey ['hʌnɪ] Ⅰ.(~s[-z]或 honies[-z]) n.❶Ⓤ蜂蜜,蜜 ❷Ⓤ甜,甜蜜 ❸([近]darling)Ⓒ[美口]亲爱的,你这晚真漂亮!You look great tonight. 亲爱的,你今晚真漂亮! ❹Ⓒ[口]极出色的东西:The computer game's a ~. 那计算机游戏真好玩。Ⅱ.(~s[-z];~ed或honied) vt.❶加蜜于…使变甜 ❷对…说甜言蜜语;奉承

honk [hɒŋk] Ⅰ.n.Ⓒ❶雁叫声 ❷(汽车)喇叭声 Ⅱ.(~ed[-t]) vi.❶雁叫 ❷(汽车)喇叭响 vt.(汽车)鸣喇叭:The driver ~ed

his horn at me to get out of the way. 司机按汽车喇叭叫我让路。

hon•o•ra•ry ['ɒnərərɪ] Ⅰ.adj.❶荣誉的,光荣的:be awarded an ~ doctorate 被授予荣誉博士学位 ❷名誉的:the ~ President 名誉会长 Ⅱ.(honoraries[-z]) n.Ⓒ名誉学位;获名誉学位的人

hon•or•if•ic [ˌɒnə'rɪfɪk] adj. 表示敬意的;尊称的;an ~ title 尊称

hon•o(u)r ['ɒnə(r)] Ⅰ.(~s[-z]) n.❶([反]dishono(u)r)ⒸⓊ荣誉,光荣:It's great ~ to be invited. 承蒙邀请,十分荣幸。❷Ⓒ[an ~]光荣的人,光荣的事:She is an ~ to her profession. 她是同行的光荣。❸Ⓤ尊敬,敬意:They stood in silence as a mark of ~ to her. 他们肃立向她致敬。❹Ⓤ正义感:Hono(u)r demands that he should resign. 为了保持气节,他应该辞职。❺[用复数]勋章;封号:bury a person with full military ~s 以隆重的军葬礼埋葬死者 ❻[用复数](大学中的)优等成绩,荣誉学位:an ~s degree course in French literature 法国文学荣誉学位课程 ❼[H-]阁下,先生:I plead innocent, you Hono(u)r. 我不认罪,法官大人。❽Ⓤ(妇女的)贞操,贞节 Ⅱ.(~s[-z];~ing[-rɪŋ]) vt.❶使增光;给…以荣誉:Will you ~ me with a visit? 如蒙造访,则幸幸之至。❷尊敬,尊重;向…表示敬意:I feel highly ~ed by your trust. 得到您的信任,我感到十分荣幸。❸【商】承兑,支付:~ a cheque 承兑支票

hon•o(u)r•a•ble ['ɒnərəbl] adj.❶可尊敬的,高尚的:an ~ deed 高尚的行为 ❷([反]dishono(u)rable)荣誉的,光荣的:an ~ person 声誉卓著的人 ❸[the ~]阁下

hoof [huːf] (~s 或 hooves[huːvz]) n.Ⓒ蹄

hook [hʊk] Ⅰ.n.Ⓒ❶钩,挂钩;胸针:Hang your towel on a ~. 把你的毛巾挂在钩上吧。❷鱼钩,钓钩 ❸钩状物:the Hook of Holland 荷兰钩 ❹(拳击中的)勾拳:a left ~ to the jaw 照着下颌的一记左勾拳 Ⅱ.(~ed[-t]) vt.❶用钩连结,钩住:~ the caravan to the car 把有篷的拖车跟车挂上 ❷钓(鱼);[喻]引(人)上钩:~ a large fish 钓着一条大鱼 ❸使成钩状,使弯曲:~ one's finger 屈指 ❹(拳击中)用肘击去 vi.❶钩住;These two pieces of the chain ~ together. 这两个链环套在一起了。❷(拳击时)以左勾拳打

hook•ed [hʊkt] [无比较等级] adj.❶钩状的:a ~ nose 钩形鼻 ❷有钩的 ❸被钩上的 ❹[口]吸毒成瘾的

hook•ey ['hʊkɪ],**hook•y** ['hʊkɪ] n.Ⓤ逃学;矿工

hoop [huːp] Ⅰ.n.Ⓒ❶箍;环;圈:a barrel

H

bound with iron ~s 加有铁箍的桶 ❷[常用复数]（旧时女子撑裙子下摆用的）裙环 Ⅱ．（~ed [-t]）**vt**．加箍于

hop [hɒp] Ⅰ．(hopped [-t]；hopping) **vi**．❶（人）用单足跳：He had hurt his left foot and had to ~ along. 他左脚受伤了，不得不单足跳行。❷（蛙、鸟等）齐足跳跃：Several frogs were *hopping* about on the lawn. 几只青蛙在草地上跳来跳去。❸[口] 轻快地跳 ❹[口] 做短途旅行（尤指飞行）：I'm *hopping* over to Paris for the weekend. 我要去巴黎度周末。**vt**．❶跳过，跃过：~ the fence 跳过栅栏 ❷跳上（火车等）Ⅱ．**n**．C❶单足跳，齐足跳 ❷[口]（长距离飞行中的）一段航程：We flew from London to Bombay in one ~. 我们从伦敦直接飞回孟买。❸[口] 舞会；跳舞：Are you coming to the ~ tonight? 今晚你来跳舞吗？

*ˈ**hope** [həup]（[反]despair）Ⅰ．**n**．❶U C 希望：She has high ~s of winning. 她对胜利充满信心。❷ U C 可能性，期望：All ~ of finding them was abandoned. 找到他们的一切希望都已化为泡影。❸ C 被寄托希望的人（或物）：You are my last ~. 你是我最后的希望。Ⅱ．(~d [-t]；hoping) **vt**．希望；盼望：We ~ you'll be very happy. 我们希望你非常幸福。**vi**．希望，期待：I haven't heard from him for weeks，but I'm still *hoping*. 我已经有好几个星期没有他的音讯了，但仍在盼望着。

hope·ful [ˈhəupful] Ⅰ．**adj**．❶充满希望的，怀有希望的：be ~ about the future 对未来充满希望 ❷有希望的：The future does not seem very ~. 前途似乎有点儿不妙。Ⅱ．(~s[-z]) **n**．C有希望成功的人；抱有希望的人：Many young ~s went to Hollywood. 许多满怀希望的青年涌至好莱坞。

*ˈ**hope·less** [ˈhəuplɪs] **adj**．绝望的，无望的：It's ~ trying to convince her. 要说服她也是没有希望的。

ho·ri·zon [həˈraɪzn] **n**．❶[the ~]地平线：The sun sank below the ~. 太阳已落到地平线下了。❷C 范围；界限；眼界：a woman of narrow ~s 眼界狭小的女子

hor·i·zon·tal [ˌhɒrɪˈzɒntl] Ⅰ．**adj**．水平的，地平线的：a ~ line 水平线 Ⅱ．**n**．U C 水平线；水平面

horn [hɔːn] Ⅰ．(~s[-z]) **n**．C❶角；触角：~s of a bull 公牛角 ❷角制品 ❸（角制的）号角；(管乐器)喇叭，号；管乐器：a car ~ 汽车喇叭 Ⅱ．(~s[-z]) **vt**．用角顶

*ˈ**hor·ri·ble** [ˈhɒrəbl] **adj**．❶令人毛骨悚然

的；可怕的，恐怖的：a ~ crime 骇人听闻的罪行 ❷[口] 极讨厌的，糟透的：~ weather 糟糕的天气

hor·rid [ˈhɒrɪd] **adj**．❶令人惊恐的，可怕的，恐怖的：~ cruelty 骇人听闻的残暴行为 ❷[口] 引起反感的，令人厌恶的：~ food 难吃的食物

hor·rif·ic [hɒˈrɪfɪk，hə-] **adj**．令人恐惧的，极其可怕的：a ~ murder 令人胆战心惊的谋杀

hor·ror [ˈhɒrə(r)]（~s[-z]）**n**．（[近]fear）❶ U 恐怖，恐惧：She recoiled in ~ from the snake. 那条蛇把她吓得直往后缩。❷[a ~] 憎恶：He has a deep ~ of cruelty. 他对残暴的行为深恶痛绝。❸ C[口] 令人恐怖的人（或事）：the ~ of war 战争的惨状 ❹ C 极坏的事 ❺[the ~s][口] 神经过敏等的发作：Having to address an audience always gives me the ~s. 在大庭广众面前讲话，我总是感到非常紧张。

*ˈ**horse** [hɔːs] Ⅰ．(~s [ˈ-ɪz]) **n**．❶ C 马；马科动物 ❷ U[集合用法] 骑兵：a detachment of ~ 骑兵小分队 ❸ C 木马；有脚的木架 ❹ C[体]跳马；鞍马 Ⅱ．(~s [ˈ-ɪz]；~d [-t]；horsing) **vt**．使骑上马；为…备马

hors(e)·y [ˈhɔːsɪ]（horsier；horsiest）**adj**．❶马的；似马的：He had a long, rather ~ face. 他的脸很长，有点儿像马的脸。❷爱马的；爱骑马的

hose [həuz] Ⅰ．(~(s) [ˈ-ɪz]) **n**．❶ C U（用于救火、浇水等的）软管；水龙带：The firemen played their ~s on the burning building. 消防队员用水管向失火的建筑物喷水。❷U[单复同] 长筒袜 Ⅱ．(~s[ˈ-ɪz]；hosing) **vt**．用水龙软管浇

*ˈ**hos·pi·tal** [ˈhɒspɪtl]（~s[-z]）**n**．C 医院：go to ~ 去医院看病

hos·pi·tal·i·ty [ˌhɒspɪˈtælətɪ] **n**．U 好客，殷勤：Thank you for your kind ~. 感谢你的盛情款待

hos·pi·tal·ize，-ise [ˈhɒspɪtəlaɪz]（~s[-ɪz]；hospitalizing [ˈhɒspɪtəlaɪzɪŋ]）**vt**．使住院

host¹ [həust] Ⅰ．**n**．C❶主人：I was away so my son acted as ~. 我那时不在家，所以这由我儿子招待客人。❷（旅馆、饭店等的）老板：mine ~ 我住的旅店的老板 ❸节目主持人 ❹【生】宿主，寄主 Ⅱ．(~ed [ˈ-ɪd]) **vt**．做主人招待，在…上做主人

host² [həust] **n**．C 一大群；许多：He has ~s of friends. 他有很多朋友。/I can't come, for a whole ~ of reasons. 由于种种

原因,我来不了。

hos·tage ['hɒstɪdʒ] (~s[-ɪz]) *n*. Ⓒ人质;抵押品:The hijackers kept the pilot on board the plane as a ~. 劫机者把飞机驾驶员扣留在飞机上作为人质。

hos·tel ['hɒstl] (~s[-z]) *n*. Ⓒ青年旅社

host·ess ['həʊstɪs] (~s[-ɪz]) *n*. Ⓒ❶女主人 ❷女侍,女招待员 ❸空中小姐;女乘务员 ❹女主持人

hos·tile ['hɒstaɪl] *adj*. ❶敌方的,敌人的:~aircraft 敌机 ❷敌对的,不友好的:She found his manner towards her distinctly ~. 她发觉他对她的态度极不友好。

hot [hɒt] **I**.(hotter;hottest) *adj*. ❶热的;烫的:The coffee is too ~ to drink. 这咖啡太烫,不能喝。❷(身体等)发热的,发烧的 ❸(味道)刺激的,辣的:a ~ curry 辛辣的咖喱 ❹激动的,急躁的,发火的;猛烈的,激烈的:have a ~ temper 脾气暴躁/The current debate is likely to grow *hotter*. 这场争论可能会愈演愈烈。❺[口](消息等)最新的,热门的:the story that is ~ off the press 刚见报的轰动新闻 ❻(打猎时野兽留下的气味)强烈的 ❼通高压电的;放射性强的 ❽[口]受欢迎的,热销的 ❾(爵士音乐)速度快,节奏强的 ❿(体育比赛中)状态好的 ⓫[俚](指物品)因警方极力查找而难于销赃的:This painting is too ~ to handle. 这幅画不好销赃。**II**.(hotter;hottest) *adv*. ❶热地;热切地,紧迫地 ❷愤怒地,兴奋地

ho·tel [həʊ'tel] (~s[-z]) *n*. Ⓒ旅馆;旅店

hound [haʊnd] **I**.(~s[-z]) *n*. Ⓒ❶猎狗;[谑][贬]狗:The ~s lost the scent of fox. 这些猎犬失去了狐狸的嗅迹。❷[口]卑鄙的人 **II**.(~s[-z];~ed['-ɪd]) *vt*. 到处追赶:be ~ed by reporters 受到记者的纠缠

hour ['aʊə] (~s[-z]) *n*. ❶Ⓒ小时:work a *forty*-~ week 每周工作40小时 ❷Ⓒ时间,时刻:He came at the agreed ~. 他在约定的时间来了。❸Ⓒ(做某件事特定的)时间:a long lunch ~ 很长的午餐时间 ❹Ⓒ[用复数]工作时间:Office ~s are from 9 a.m. to 5 p.m.. 办公时间从上午9点到下午5点。❺Ⓒ课时:The ~ lasts fifty minutes. 一节课时间为50分钟。❻Ⓒ一段时间:She helped me in my ~ of need. 她在我需要的时候帮助了我。❼Ⓤ[喻]现在,当今;目前的问题 ❽Ⓒ一小时所完成的行程:London's only two ~s away. 到伦敦只需两小时。❾Ⓒ钟点,点钟:The clock strikes the ~s but not the half ~s. 这个钟

是正点打点,而不是半小时打点。

hour·ly ['aʊəlɪ] **I**.[无比较等级] *adj*. ❶每小时的;每小时1次的:Trains leave at ~ intervals. 列车每隔1小时开出一趟。❷不断的;频繁的:live in ~ dread of being discovered 时时刻刻担心被人发觉 **II**.[无比较等级] *adv*. ❶每小时地:This medicine is to be taken ~. 这药每小时服一次。❷随时:We're expecting news ~. 我们时刻期待着消息。

house **I**.[haʊs] (~s['haʊzɪz]) *n*. Ⓒ❶房屋;住宅:She lives in a small ~. 她住在一所小房子里。❷家族;家人:Be quiet or you'll wake the whole ~! 安静点儿,别把全家都吵醒了! ❸(为某种目的而建造的)建筑物;(动物的)棚舍;(储物的)库,房:a school ~ 校舍/a hen ~ 鸡棚/a ware ~ 仓库 ❹[集合法]听众,观众;剧场;演出场次:Is there a doctor in the ~? 观众中有医生吗? /an opera ~ 歌剧院/The second ~ starts at 8 o'clock. 第二场演出8点开始。❺[常用 the House]议院;(议院举行会议的)大楼,会议厅:enter the *House* 进入议院(成为议员)/the *House* of Representatives 众议院 ❻机构;所,社;商号:a publishing ~ 出版社/a wholesale ~ 批发商行 **II**.[haʊz] (~s[-ɪz];housing) *vt*. ❶给…房子用:We can ~ you if the hotels are full. 假若旅馆已客满,我们可以留你住宿。❷把…储藏:~ one's old books in the attic 把旧书存放在阁楼上

hous·ing ['haʊzɪŋ] *n*. ❶Ⓤ住房供给;住房建筑;[集合法]房屋,住宅:the council's ~ policy 市建住房政策/More ~ is needed for old people. 需要为老年人提供更多的住宅。❷Ⓒ(机器等的)套,罩:a car's rear axle ~ 汽车的后轴套

house·work ['haʊswɜːk] *n*. Ⓤ家务劳动

hov·er ['hɒvə(r)] (~s[-z];~ing[-rɪŋ]) *vi*. ❶(鸟、直升机等)翱翔,盘旋:There was a helicopter ~*ing* overhead. 有一架直升机在头顶上盘旋。❷徘徊,在附近逗留:He's always ~*ing* around the place annoying people. 他总是在周围转来转去打扰别人。❸[书]踌躇,犹豫:I can't work with you ~*ing* over me like that. 你那样拿不定主意,我实在无法与你合作。

how [haʊ] **I**.[无比较等级] *adv*. ❶(指方式、方法)怎样,怎么,如何:Tell us ~ you escaped. 告诉我们你是怎样逃脱的。❷(指数量、程度)多少;多么:*How* old is he? 他多大年纪了? ❸(指健康等状况):*How* are the children? 孩子们身体好吗? ❹(指原因或目的)怎么:*How* can you tell such a lie? 你怎

么能说这种谎话？❺[用于感叹句中]多么：
How well he plays the violin! 他小提琴拉得
多好啊！**Ⅱ**.(~s[-z]) *n*. **C**[the ~]方式，
方法：explain the ~s and whys of the issue
解释该问题的情况和缘由

how·ev·er [haʊ'evə(r)] **Ⅰ**.*conj*. ❶然
而，可是，但是：Certainly he apologized.
However, I won't forgive him. 他的确道歉
了，然而我不会原谅他。❷不管怎样：*However*
I approached the problem, I couldn't find a
solution. 这一问题不管怎样处理都无法解决。
Ⅱ.[无比较级等级] *adv*. ❶[引导让步状语从
句]无论：She leaves her bedroom window
open, ~ cold it is. 无论天气多么冷，她都敞
着卧室的窗户。❷可是，仍然：His first re-
sponse was to say no. Later, ~ he changed
his mind. 他最初的反应是不同意，可是后来
他改变了主意。❸[口]到底如何，究竟怎样：
However did you raise this much money? 你
究竟是如何筹措到这一大笔钱的？

howl [haʊl] **Ⅰ**.(~s[-z]) *vi*. ❶(狼、狗等)
嗥叫；号叫；狂笑：wolves ~*ing* in the forest
在森林中嗥叫的狼/The baby ~*ed* all night.
那婴儿哇哇地哭了一夜。/~ with laughter
高声大笑 ❷(风等)呼啸，发出嗖嗖声：The
wind ~*ed* through the trees. 风呼啸着穿过
树林。*vt*. 狂喊着表示；喝住：The crowd ~*ed*
its displeasure. 人群怒吼着表示不满。**Ⅱ**.
n. **C**❶(狼、狗等的)嗥叫；喊叫声；大笑：let
out a ~ of agony 发出哀号声 ❷(风等的)怒
吼，怒号

hub·bub ['hʌbʌb,-bəb] *n*. **U**❶吵闹声，喧
哗 ❷骚乱，骚动

hue[1] [hju:] (~s[-z]) *n*. ❶**C U**色调，色度：
Add orange paint to get a warmer ~. 加些
橙色颜料使它略呈暖色。❷ **C** 颜色，色彩

hue[2] [hju:] *n*. **C** 呼喊，呐喊

hug [hʌg] **Ⅰ**.(~s[-z]; hugged; hugging)
vt. ❶([近] embrace) 紧抱，紧紧抱抱：The
little girl was *hugging* her doll. 这个小女孩
抱着洋娃娃。❷抱有，坚持(观点、信仰、偏见
等)：~ one's cherished beliefs 坚持自己所抱
的信念 ❸紧靠：~ the shore 紧靠岸边 **Ⅱ**.
(~s[-z]) *n*. **C**❶紧抱；热烈拥抱：He gave his
wife an affectionate ~. 他紧紧拥抱着他的
妻子

huge [hju:dʒ] (~r;~st) *adj*. ([反] tiny)
巨大的，庞大的：China is a ~ country. 中国
是一个幅员辽阔的国家。/~ profits 巨额利
润

hull [hʌl] **Ⅰ**.(~s[-z]) *n*. **C**❶(果实等的)
外壳，(豆类的)皮：shrimp ~s 虾壳 ❷船体

船壳 **Ⅱ**.(~s[-z]) *vt*. 除去…的壳，剥皮

hum[1] [hʌm] **Ⅰ**.(~s[-z]; hummed; hum-
ming) *vi*. ❶(蜜蜂等)发嗡嗡声 ❷发哼哼声；
哼曲子：She was *humming* to herself. 她自
己在低声哼唱。❸[口]忙碌；活跃，充满活力：
The whole place was *humming* with life
when we arrived. 我们到达时，到处都是繁忙
的景象。*vt*. 哼(歌)：I don't know the words
of the song, but I can ~ it to you. 我不知道
这首歌的歌词，但我可以哼给你听。**Ⅱ**.*n*. **U**
嗡嗡声，哼哼声；嘈杂声：the ~ of distant
traffic 远处车辆的呜呜声

hum[2] [hʌm] *int*. 嗯，哼(表示犹豫、不满等)

hu·man ['hju:mən] **Ⅰ**.*adj*. ([反] inhu-
man) ❶人的；人类的：This food is not fit for
~ consumption. 这种食物不宜人类食用。❷
有人性的，通人情的，好心肠的：She'll under-
stand and forgive; she's really quite ~. 她
是能谅解的，她是个大好人。**Ⅱ**.(~s[-z])
n. ❶**C**人(= ~being) ❷[the ~]人类

hu·mane [hju:'meɪn,hjʊ-] *adj*. ([反] inhu-
mane)仁慈的，人道的；富有同情心的：a ~
penal system 合乎人道的刑罚体系

hu·man·ism ['hju:mənɪzəm] *n*. ❶**U**人道
主义；人文主义 ❷[常用 Humanism](文艺复
兴时期的)人文主义

hu·man·i·tar·i·an [hju:mænɪ'teərɪən,
hjʊ-] **Ⅰ**.*adj*. 博爱的，慈善的，人道主义的：
~ deeds 人道主义的行为 **Ⅱ**.(~s[-z]) **Ⅱ**.
C 博爱主义者，慈善家，人道主义者

hu·man·i·ty ['hju(:)'mænətɪ] *n*. ❶**U**人
道，人性：treat people and animals with ~ 以
仁慈之心对待动物 ❷[集合用法]人类，
人

hu·man·ize, -ise ['hju:mənaɪz] (~s[-z];
humanizing) *vt*. 使有人性，使变得仁慈：ani-
mal characters ~*d* in cartoons 在动画片中人
性化了的动物角色

hu·man·kind [ˌhju:mən'kaɪnd] *n*. **U**人类

hum·ble ['hʌmbl] **Ⅰ**.(~r;~st 或 more
~; most ~) *adj*. ❶谦卑的；恭顺的：in my
~ opinion 依我拙见 ❷地位低下的；粗糙的，
简陋的：man of ~ birth 出身卑微的人/a ~
home 简陋的家/a ~ meal 简单的饭菜 **Ⅱ**.
(~s[-z]; humbling) *vt*. ❶使谦卑：~ one-
self 自卑 ❷贬抑某人，压低某人的地位、身份
等：~ sb.'s pride 打掉某人的傲气

hu·mid ['hju:mɪd] *adj*. 湿的，湿气重的：~
atmosphere 潮湿的空气

hu·mi·di·fy [hju:'mɪdɪfaɪ] (humidifies
[-z]; humidified) *vt*. 使湿润，使潮湿

hu·mil·i·ate [hjuːˈmɪlɪeɪt]（~d[-ɪd]；humiliating）*vt*. 羞辱，使丢脸：He felt ~d by her scornful remarks. 他听到她那些嘲讽的话而感到羞辱。

hu·mil·i·ty [hjuːˈmɪlətɪ] *n*. Ⓤ谦虚，谦卑；谦逊的态度：a person of great ~ 很谦虚的人

hu·mor·ist [ˈhjuːmərɪst] *n*. Ⓒ❶幽默作家 ❷谈吐诙谐的人

hu·mor·ous [ˈhjuːmərəs] *adj*. 富于幽默的，有幽默感的；诙谐的：see ~ side of a situation 看到事情中滑稽的一面

hu·mo(u)r [ˈhjuːmə(r)] Ⅰ.（~s[-z]）*n*. ❶Ⓤ幽默，诙谐；幽默感：a story full of ~ 非常幽默的故事/He has a good sense of ~. 他很有幽默感。❷Ⓒ情绪，心情：I'll do it when the ~ takes me. 我心情好时就去做。❸Ⓒ[古]体液（血液、黏液、胆汁中的一种）❹Ⓤ脾气，性情：Everyone has his ~. [谚]每个人都有自己的脾气。(或：人各不同。)Ⅱ.（~s[-z]；~ing[-rɪŋ]）*vt*. 使适应，迁就，迎合：It's always best to ~ him when he's in one of his bad moods. 他心情不好的时候，最好还是迁就他。

hun·dred [ˈhʌndrəd] Ⅰ.（~s[-z]）*n*. Ⓒ❶(数的)100；100 的数字：one ~ 100/two (and) eight 208/How many ~s are there in a thousand? 1000 里有多少个 100？❷[用作复数]100 人；100 个；100 岁：Several ~ in the city have lost their houses. 这个城市中有数百人无家可归。/live a ~ 活到 100 岁。❸[用复数]几百，很多：There are ~s(of people) who need new houses. 有许许多多的人需要新的住房。❹[美] 100 美元；[英] 100 英镑：Her coat cost ~s（of pounds）. 她的大衣值好几百(镑)。Ⅱ. *adj*. ❶[通常用 a ~]许多的：I have a ~ things to do. 我有许多事情要做。❷ 100 的，100 个的；100 人的：I could give you a ~ reasons for not going. 我可以给你说出 100 个不去的理由。

hung [hʌŋ] hang 的过去式和过去分词

hun·ger [ˈhʌŋgə(r)] Ⅰ. *n*. ❶ Ⓤ饿，饥饿：He died of ~. 他饿死了。/satisfy one's ~ 解饿❷[a ~，one's ~]欲望，渴望：have a ~ for adventure 渴望冒险 ❸ Ⓤ饥荒；食物不足 Ⅱ.（~s[-z]；~ing[-rɪŋ]）*vi*. ❶挨饿❷渴望，热望：She ~ed for his love. 她渴望得到他的爱。/The whole world ~s for peace. 全世界的人都渴望和平。

hun·gry [ˈhʌŋgrɪ]（hungrier；hungriest）*adj*. ❶(感到)饥饿的，显出饥饿样子的：the

~ masses 饥民/Let's eat soon—I'm ~！咱们早点儿吃吧—我饿了！❷ 热望的，渴望的：The orphan was ~ for affection. 这个孤儿渴望得到爱。

hunt [hʌnt] Ⅰ.（~ed[ˈ-ɪd]）*vt*. ❶猎取；追猎：They ~ed foxes. 他们追猎狐狸。❷追赶；搜寻；追捕：Police are ~ing an escaped criminal. 警方正在追捕一个逃犯。/He ~ed the room for a book. 他搜遍房间找书。❸赶走，驱逐：~ the neighbour's cats out of the garden 把邻居的猫赶出花园 ❹在…中狩猎：~ the country 在郊野打猎 *vi*. ❶找猎；(兽类等)猎食：go ~ing 打猎/Wolves ~ in packs. 狼是成群猎食的。❷搜寻，寻找：I've ~ed everywhere, but I can't find it. 我到处都找遍了，就是找不到。Ⅱ. *n*. Ⓒ❶打猎：go on a fox ~ 去猎狐 ❷狩猎队 ❸搜索，搜寻：I had a good ~ for that key. 那把钥匙我找了好一阵了。

hunt·er [ˈhʌntə(r)]（~s[-z]）*n*. Ⓒ❶猎人，打猎者：~s of big game in Africa 捕猎非洲大猎物的人 ❷猎犬，猎马 ❸搜寻者；追逐者：a ~ for money 追求金钱的人

hunts·man [ˈhʌntsmən]（huntsmen）*n*. Ⓒ❶猎人；(尤指)猎狐的人 ❷(猎狐时)管理猎犬的人

hur·dle [ˈhɜːdl] Ⅰ. *n*. ❶Ⓒ障碍物；(赛马用的)栏；(赛跑用的)跨栏：a ~-race 跨栏赛 ❷[用复数]跨栏赛：He won the 400 metres ~s. 他在 400 米跨栏中获胜。❸ Ⓒ(用树枝等编成的)临时围栏 Ⅱ.（~s[-z]；hurdling）*vt*. ❶越过(栏) ❷用临时围栏围

hurl [hɜːl] Ⅰ.（~s[-z]）*vt*. ❶用力投，猛掷：rioters ~ing stones at the police 向警察扔石子的暴徒 ❷激烈地叫出(或说出)：~ insults at sb. 厉声辱骂某人 *vi*. [美口(棒球)]投球 Ⅱ.（~s[-z]）*n*. Ⓒ猛投，猛掷

hur·rah [huˈrɑː]，**hur·ray** [huˈreɪ] Ⅰ. *int*. 好哇：Hurrah for the holidays! 好哇，放假了！Ⅱ. *n*. Ⓒ"好哇"的欢呼声

hur·ri·cane [ˈhʌrɪkən]（~s[-z]）*n*. Ⓒ❶【气】飓风，12 级风 ❷[喻](感情等)的爆发

hur·ried [ˈhʌrɪd] Ⅰ. *adj*. hurry 的过去式及过去分词 Ⅱ. *adj*. 急促的，慌忙的：write a few ~ lines 草草写几行字

hur·ri·er [ˈhʌrɪə] *n*. Ⓒ匆忙的人；催促者

hur·ry [ˈhʌrɪ] Ⅰ.（hurries[-z]；hurried）*vt*. 使赶紧，使加快；催促：We're late; I must ~ you. 咱们迟到了，我必须催你一下。*vi*. 赶紧，匆忙：He picked up his bag and hurried off along the platform. 他拿起提包匆匆地沿着站台走了。**Ⅱ**. *n*. $\boxed{U}\boxed{C}$ ❶赶紧之必要:There is no ～, so do it slowly and carefully. 不要赶时间,要慢慢细心地做。❷匆忙,仓促;急切:In his ～ to leave, he forget his passport. 他急急忙忙动身的时候,忘了带护照。

* **hurt** [hɜːt] **Ⅰ**. (hurt) *vt*. ❶弄伤,使受伤:He ～ his back when he fell. 他跌倒时背部受了伤。❷使疼痛:These shoes are tight and ～ my feet. 这双鞋紧得使我的脚感到疼痛。❸伤…的感情,使痛心;使(感情)受到伤害:These criticisms have ～ his pride deeply. 这些批评使他的自尊心受到极大伤害。❹危害,损害:Sales of the product have been seriously ～ by the adverse publicity. 该产品受到反面宣传,销量大受影响。*vi*. ❶刺痛,伤痛:She was more frightened than ～. 她受惊比受伤严重。❷感到(或引起)疼痛:My shoes ～; they are too tight. 我的鞋太紧,穿着脚疼。❸危害,损害:The rain may hold off, but it won't ～ to take an umbrella with you. 雨可能下不来了,不过带把伞去总没有坏处。**Ⅱ**. *n*. ❶$\boxed{C}$创伤,疼痛:Did you suffer any ～ in the accident? 你在那次意外事故中是否受伤? ❷$\boxed{U}$(精神、感情上的)伤害,痛苦:The experience left me with a feeling of deep ～. 这段经历给我心灵上留下了严重的创伤。

hurt· ful ['hɜːtfʊl] *adj*. ([近] harmful, painful)引起疼痛的;造成伤痛的;刻薄的:She can be very ～ sometimes. 她有时是很刻薄的。/～ remarks 伤人感情的言语

* **hus· band** ['hʌzbənd] **Ⅰ**. (～s[-z]) *n*. $\boxed{C}$丈夫:He'll make someone a very good ～. 谁要嫁给他那就太幸福了。**Ⅱ**. (～ed [-ɪd]) *vt*. 节俭地使用,节约:～ one's strength 节省体力

hus· band· ry ['hʌzbəndrɪ] *n*. $\boxed{U}$❶耕作,农业:animal ～ 畜牧业 ❷家政;节约,节俭:Through careful ～, we survived the hard winter. 通过精打细算,我们终于熬过了严冬。

hush [hʌʃ] **Ⅰ**. (～es[-ɪz];～ed[-t];～ing) *vt*. 使不作声,使安静:He ～ed the baby to sleep. 他把婴儿哄得安然入睡。*vi*. 安静下来,沉默下来:*Hush*! 肃静! **Ⅱ**. (～es['-ɪz]) *n*. $\boxed{U}\boxed{C}$ 寂静,沉默:There was a sudden deathly ～. 突然间周围像死一般的寂静。**Ⅲ**. [ʃ, hʌʃ] *int*. 嘘,别作声

husk [hʌsk] **Ⅰ**. *n*. $\boxed{C}$❶外皮;壳;荚:rice in the ～ 稻谷 ❷[喻]毫无价值的外表部分,空壳 **Ⅱ**. (～ed [-t]) *vt*. 除去…的外壳(皮)

husk· y[1] ['hʌskɪ] (huskier;huskiest) *adj*. ❶壳的;有壳的;多壳的 ❷(人)喉咙发干的;(嗓子)沙哑的:I'm still a bit ～ after my recent cold. 我最近患过感冒,声音还有些哑。❸(人)结实的,强健的

husk· y[2] ['hʌskɪ] (huskies[-z]) *n*. $\boxed{C}$爱斯基摩犬

hut [hʌt] *n*. $\boxed{C}$(简陋的)小屋,棚屋

hy· drau· lic [haɪ'drɔːlɪk, -'drɒ-] [无比较等级] *adj*. ❶水力的;液力的 ❷水力学的 ❸水压的;液压的:a ～ lift 液压升降机

hy· drau· li· cian [ˌhaɪdrɔː'lɪʃən] (～s[-z]) *n*. $\boxed{C}$水利学家;水利工程师

hy· drau· lics [haɪ'drɔːlɪks, -'drɒ-] [复] *n*. [用作单]水力学

hy· dro· car· bon [ˌhaɪdrəʊ'kɑːbən] (～s [-z]) *n*. $\boxed{C}\boxed{U}$【化】碳氢化合物

hy· dro· chlo· ric [ˌhaɪdrəʊ'klɒrɪk] [无比较等级] *adj*. 含氢和氯的

hy· dro· e· lec· tric [ˌhaɪdrəʊɪ'lektrɪk] [无比较等级] *adj*. 水力发电的:a ～ plant 水力发电厂

hy· dro· gen ['haɪdrədʒən] *n*. $\boxed{U}$【化】氢

hy· giene ['haɪdʒiːn] *n*. $\boxed{U}$卫生学;卫生术

hy· gien· ic(al) [haɪ'dʒiːnɪk(əl)] *adj*. 卫生的,清洁的;保健的;卫生学的:～ conditions 清洁的环境

hymn [hɪm] **Ⅰ**. (～s[-z]) *n*. $\boxed{C}$【宗】赞美诗,圣歌 **Ⅱ**. (～s[-z]) *vt*. 唱赞美诗赞颂

hy· poc· ri· sy [hɪ'pɒkrəsɪ] (hypocrisies [-z]) *n*. $\boxed{C}\boxed{U}$伪善(行为);虚伪

hy· poth· e· sis [haɪ'pɒθɪsɪs] (hypotheses [haɪ'pɒθɪsiːz]) *n*. $\boxed{C}$假设,前提:put sth. forward as a ～ 提出一种假设/prove a ～ 证明某种假设正确

I i

I [aɪ] *pron.* [主格]我：When he asked me to marry him，～ said yes. 他向我求婚，我答应了。

ice [aɪs] **Ⅰ.** (～s [-ɪz]) *n.* ❶ Ⓤ冰，冰块；冰层：pipe blocked by ～ in winter 冬天因结冰堵塞的管子 ❷ Ⓒ冰制食品；[英]冰淇淋：Can I have a strawberry ～? 给我一份草莓冰淇淋行吗？ **Ⅱ.** (～s ['-ɪz]；～d [-t]；icing) *vt.* ❶冷冻，使成冰：The pond was ～d over during the cold spell. 寒流期间池塘都封冻了。❷在 (糕饼等)上面涂上糖霜(或糖衣)

*ice cream ['aɪs kriːm] *n.* Ⓒ Ⓤ(一份)冰淇淋

ic·y ['aɪsɪ] (icier；iciest) *adj.* ❶冰的，多冰的；被冰覆盖着的：～ road 覆盖着冰的道路 ❷似冰的，冰冷的；冷淡的：～ winds 凛冽的风/an ～ voice 冷淡的声音

*i·de·a [aɪ'dɪə] (～s [-z]) *n.* ❶([近] thought，conception) Ⓒ构想；想法，主意：Most of her ～s are not practical. 她的想法大部分都不切实际。❷ Ⓒ意见，见解：What's your ～? 你的意见如何？ ❸ Ⓒ Ⓤ模糊的感觉；想象：I have an ～ it's going to rain. 我看要下雨了。❹ Ⓒ Ⓤ思想，观念：from a new ～ of virtue 形成一种新的道德观念 ❺[the ～]目的，目标

i·de·al [aɪ'dɪəl] **Ⅰ.** [无比较等级] *adj.* ([近] perfect) ❶理想的，称心如意的，完美的：He's the ～ husband for her. 他是她理想的丈夫。❷([反] real)观念上的；想象上的：～ happiness 想象的幸福 **Ⅱ.** (～s [-z]) *n.* Ⓒ❶[常用复数]理想：He finds it hard to live up to his ～s. 他认为很难按自己的理想办事。❷理想的事物，完美的典型

i·de·al·ize，-ise [aɪ'dɪəlaɪz] (～s [-ɪz]；idealizing) *vt.* 使理想化，把…视为理想的人(或物)：an ～d account of village life 对乡村生活做理想化描述

i·den·ti·cal [aɪ'dentɪkl] [无比较等级] *adj.* ([反] different，separate) ❶同一的：This is the ～ room we stayed in last year.

这就是我们去年住过的房间。❷完全相同的，一模一样的：They're wearing ～ clothes. 他们穿着完全相同的衣服。

i·den·ti·fi·ca·tion [aɪˌdentɪfɪ'keɪʃən] *n.* ❶ Ⓤ Ⓒ识别；鉴定；验明：The ～ of the accident victims took some time. 验明事故遇难者身份的工作费了不少时间。❷ Ⓒ身份证明：Can I see some ～，please? 请给我看看能证明你身份的证件行吗？ ❸ Ⓤ同化；共鸣

i·den·ti·fy [aɪ'dentɪfaɪ] (identifies [-z]；identified) *vt.* ❶认出；鉴别；验明：Can you ～ your umbrella among this lot? 你能在这些伞中认出你自己的那把吗？ ❷使等同于，认为…一致：One cannot ～ happiness with wealth. 幸福和财富不能混为一谈。*vi.* 一致；认同

i·den·ti·ty [aɪ'dentɪtɪ] (identities [-z]) *n.* Ⓒ Ⓤ❶同一性；一致：reach an ～ of views 取得一致看法 ❷身份；本身，本体：There is no clue to the ～ of the thief. 没有确定窃贼身份的线索。❸个性，特性

*id·i·om ['ɪdɪəm] (～s [-z]) *n.* Ⓒ Ⓤ❶习语，成语，惯用语：The English language has many ～s. 英语有很多惯用语。❷(某地区、民族或行业的)语言；方言：the French ～ 法语 ❸(某一作家、艺术家等的)风格，特色

id·i·ot ['ɪdɪət] *n.* Ⓒ❶[口]傻子；极端愚蠢的人：What an ～ I was to leave my suitcase on the train! 我真笨，竟把手提箱落在火车上了! ❷白痴：an ～ since birth 天生的白痴

i·dle ['aɪdl] **Ⅰ.** (～r；～st) *adj.* ❶([反] busy)空闲的，闲着的；闲散的：Many people are ～ during the depression. 在萧条时期，很多人都无事可做。❷([近] lazy)([反] diligent)懒散的，无所事事的：an ～，useless student 懒散、不成器的学生 ❸无用的，无意义的，无聊的：～ gossip 无聊的闲言碎语 **Ⅱ.** (～s [-z]；idling) *vi.* ❶懒散，闲逛，无所事事：Stop *idling* and help me clean up. 别游手好闲，来帮我扫扫打打吧。❷【机】空转

i·dol [ˈaɪdl] (~s[-z]) n. © 偶像：The Beatles were the pop ~s of the 60's. 披头士乐队是 60 年代人们崇拜的偶像。

i·dol·a·try [aɪˈdɒlətrɪ] n. Ⓤ© ❶偶像崇拜 ❷盲目崇拜

i·dol·ize, -ise [ˈaɪdəlaɪz] (~s [-ɪz]; idolizing) vt. 把…当偶像崇拜，过度崇拜：~ a pop group 十分爱慕某流行乐团 vi. 崇拜偶像

i·e [ˌaɪˈiː] [缩] [拉] id est 即，换言之：Hot drink, ~ tea and coffee, are charged for separately. 热饮，即茶和咖啡，收费另计。

if [ɪf] I. conj. ❶[表示条件]如果：I'll only stay ~ you offer me more money. 如果你肯多给钱，我就留下。❷[表示假设]假如，要是：You can stay to dinner ~ you like. 如果你愿意，可以留下一起吃饭。❸[表示与现在事实相反的假设]如果：If he were here, I could explain to him myself. 要是他在这儿，我就可以亲自向他解释了。❹[表示与过去事实相反的假设] 如果：I couldn't have believed it possible ~ I hadn't seen it happen. 要不是亲眼看见，我决不会相信能有这种事。❺[表示几乎不可能实现的将来假设] 万一：If he should come, what shall I told him? 万一他来了，我该怎样告诉他？❻[表示让步]虽然；即使：He's a real gentleman ~ a little pompous at times. 他可是个正人君子，虽然有时略显傲慢了些。❼当，无论何时：If metal gets hot, it expands. 金属遇热则膨胀。❽是否：Do you know ~ he's married? 他结没结婚，你知道吗？❾[表示惊奇、沮丧等]：If that's not the best idea I've heard in a long time! 很久没听到过这么好的意见了！❿[表示希望对方听自己的意见]：If you ask me, she's too scared to do it. 依我看，她是吓得不敢去做。Ⅱ. n. © 条件，假设：If he wins — and it's a big ~ —he'll be the first Englishman to win for twenty years. 假使他赢了——是否能赢还不一定——他将是 20 年来第一个获胜的英国人。

ig·nite [ɪgˈnaɪt] (~d[-ɪd]; igniting) vt. 点燃，点火于：He struck a match and ~d the fuse. 他划了根火柴，点着了导火索。vi. 着火：Petrol ~s very easily. 汽油易燃。

ig·ni·tion [ɪgˈnɪʃən] (~s[-z]) n. ❶ Ⓤ点火；【机】发火：an ~ charge 点火药 ❷ © [the ~]点火装置

ig·no·ble [ɪgˈnəubl] adj. ([反] noble)卑鄙的；不体面的；可耻的：an ~ action 卑鄙的行为

ig·no·rance [ˈɪgnərəns] n. ([反] knowl-edge, wisdom) Ⓤ 无知；愚昧：We are in complete ~ of your plans. 我们对你的计划一无所知。

ig·no·rant [ˈɪgnərənt] adj. ❶([反] edu-cated, wise)无知的，没学识的，愚昧的：He's not stupid, just ~. 他并不蠢，只是无知罢了。❷不知道的(of, about)：To say you were ~ of the rules is not excuse. 说自己不知道规则是不能成为借口的。❸([近] impolite) ([反] polite)[口] 粗野的，不礼貌的：He's an ~ person. 他这个人很粗鲁。

ig·nore [ɪgˈnɔː(r)] (~s[-z]; ignoring [-rɪŋ]) vt. 不顾，不理；忽视：I can't ~ his rudeness any longer. 他粗暴无理，我再也不能不闻不问了。

ill [ɪl] I. (worse; worst) adj. ❶([近] sick)([反] well)生病的，不健康的：He's been ~ for two days. 他病两天了。❷([近] bad) ([反] good)坏的，不吉祥的；邪恶的；故意的：people of ~ repute 名声不好的人/a bird of ~ omen 不祥的鸟/bear sb. no ~ will 对某人不存恶意 Ⅱ. (worse; worst) adv. ❶坏，不利地；恶劣地：Their children are ~ cared for. 他们的孩子疏于照料。❷([近] hardly)困难地；几乎不：We can ~ afford the time for a holiday. 我们简直连度假的时间都没有。Ⅲ. n. ❶ Ⓤ罪恶，邪恶；恶意：I wish him no ~. 我希望他并无恶意。❷ © [常用复数] 不幸，灾难：the various ~s of life 人生中的种种苦难

il·le·gal [ɪˈliːgl] [无比较等级] adj. ([反] legal)不合法的，非法的：~ possession 非法拥有

il·le·gal·i·ty [ˌɪlɪˈgælɪtɪ] (illegalities[-z]) n. ❶Ⓤ不合法，违法 ❷ © 非法行为

il·lit·er·ate [ɪˈlɪtərɪt] I. [无比较等级] adj. ([反] literate) 文盲的，未受教育的，无知的：an ~ child 不识字的孩子 Ⅱ. n. © 文盲；无知的人

ill·ness [ˈɪlnɪs] (~es[-ɪz]) n. ❶([反] health)Ⓤ不健康，身体不适；疾病：They've had a lot of ~ in the family. 他们家的人患过很多病。❷ © (某种)病：serious ~es 重病

il·lu·mi·nate [ɪˈl(j)uːmɪneɪt] (~d[-ɪd]; illuminating) vt. ❶照亮，照明：a football pitch ~d with floodlights 用泛光灯照亮的足球场 ❷用灯装饰：~ a building 用彩灯装饰建筑物 ❸阐明，使明朗，解释清楚：~ a difficult passage in a book 解释书中难懂的段落 ❹用鲜明色彩装饰(书、稿等)

il·lu·mi·nat·ing [ɪˈl(j)uːmɪneɪtɪŋ] adj.

有启发性的,启迪的:an ～ analysis 很有启发的分析

il·lu·mi·na·tion [ɪˌl(j)uːmɪˈneɪʃən] *n.* ❶ Ⓤ照明;照(明)度:stage ～ 舞台照明 ❷[用复数]彩灯,灯饰:the Christmas ～s in the high street 大街上的圣诞节彩灯 ❸Ⓤ解释,启发:find great ～ in one's remarks 从某人的话中得到很大的启发 ❹Ⓒ[常用复数](旧书上的)彩饰,图案花饰

il·lu·sion [ɪˈl(j)uːʒən] (～s[-z]) *n.* ⓊⒸ❶幻想;错误的观念:I have no ～s about my ability. 我对自己的能力颇有自知之明。❷错觉,幻觉

il·lus·trate [ˈɪləstreɪt] (～d[-ɪd]; illustrating) *vt.* ❶(用图或例子等)说明,阐明:To ～ my point I have done a comparative analysis. 为了说明我的观点,我做了对比分析。❷为…做插图(或图表):a well ～d textbook 有精美插图的教科书 *vi.* 举例说明

il·lus·tra·tion [ˌɪləˈstreɪʃən] (～s[-z]) *n.* ❶Ⓒ例证,实例:The doctor gave an ～ of the dangers of smoking. 医生举例说明吸烟的危险。❷Ⓒ图表,图示,插图:colour ～s 彩色插图 ❸Ⓤ(借助图表等的)说明

il·lus·tra·tive [ˈɪləstreɪtɪv,-trə-] *adj.* ❶用作说明的;解说性的;作为例证的(of):an ～ quotation 说明性的引文 ❷插图的

il·lus·tra·tor [ˈɪləstreɪtə(r)] (～s[-z]) *n.* Ⓒ❶插图画家 ❷说明者

im·age [ˈɪmɪdʒ] Ⅰ. (～s[-ɪz]) *n.* Ⓒ❶外形,形象;典型;概念:I have this ～ of you as always being cheerful. 在我的心目中,你的样子总是兴高采烈的。❷像;肖像;偶像:a carved ～ 雕像 ❸相像的人(或物),翻版:She is the very ～ of her mother. 她简直是她母亲的翻版。❹映像,影像,图像:television ～s 电视图像 ❺【语】(形象化的)比喻:～s in a poem 诗歌中的比喻 Ⅱ. (～s[-ɪz]; imaging) *vt.* (形象化地)描绘;反映

im·ag·e·ry [ˈɪmɪdʒərɪ] *n.* Ⓤ形象化的描述,意象;[集合用法]像

i·ma·gi·na·ry [ɪˈmædʒɪnərɪ] *adj.* ([反]real)假想的,想象的;虚构的:～ fears 想象中的恐惧

i·ma·gi·na·tion [ɪˌmædʒɪˈneɪʃən] (～s[-z]) *n.* ⓊⒸ❶想象,想象力:He hasn't much ～. 他缺乏想象力。❷[口]幻想;想象出来的事物

i·ma·gi·na·tive [ɪˈmædʒɪnətɪv] *adj.* ([反]unimaginative)❶想象的;幻想的:～ power 想象力 ❷富于想象力的:an ～ writer 富于想象力的作家

i·ma·gine [ɪˈmædʒɪn] (～s[-z]; imagining) *vt.* ❶([近]assume)想象;设想:～ a house with a big garden 设想有一所带大花园的房子 ❷料想,想到:Would you ever have ～d him becoming a writer? 你怎么想到他竟能成为作家了呢?

im·i·tate [ˈɪmɪteɪt] (～d[-ɪd]; imitating) *vt.* ❶仿效;学样:Decide what you want to do; don't just ～ others. 想做什么自己决定,不要一味仿效别人。❷([近]impersonate, mimic)模仿(行为、言谈、衣着等):He is very clever at imitating his friends. 他非常擅长模仿朋友的言行。❸仿制,仿造:fabrics made to ～ silk 仿丝绸织物

im·i·ta·tion [ˌɪmɪˈteɪʃən] (～s[-z]) *n.* ❶ⓊⒸ模仿,模拟;仿造:The house was built in ～ of a Roman villa. 这所房子是仿罗马别墅式建筑。❷Ⓒ仿制品,仿造品;赝品

im·me·di·ate [ɪˈmiːdjət] [无比较等级] *adj.* ❶([近]instant)([反]delayed)立即的,即时的:I want a ～ reply. 我要求立即答复我。❷([近]direct, next)直接地:The ～ cause of death is unknown. 造成死亡的直接原因不明。❸紧靠的,邻近的:There is no post office in the ～ neighbourhood. 附近没有邮局。

im·me·di·ate·ly [ɪˈmiːdjətlɪ] Ⅰ. *adv.* ❶([近]at once)立即,马上:She answered almost ～. 她几乎立即就答复了。❷直接地;紧接地:the houses most ～ affected by the motorway 最直接受高速公路影响的房子/fix the lock ～ below the handle 把锁安在把手的紧下方 Ⅱ. *conj.* ([近]as soon as)[英]一经…(立即):I recognized her ～ I saw her. 我一看见她就立刻认出她来了。

im·mense [ɪˈmens] *adj.* ❶广大的;巨大的:of ～ important 极为重要的 ❷[口]极好的

im·mense·ly [ɪˈmenslɪ] *adv.* ❶[口]非常,很:They enjoy the film ～. 他们非常喜欢这部电影。❷极大地,无限地:～ popular 极其流行

im·merge [ɪˈmɜːdʒ] *vi.* ❶浸入,浸没 ❷专心,埋头:There is no need to ～ further into it. 不必再埋头钻研了。

im·merse [ɪˈmɜːs] (～s[-ɪz]; ～d[-t]; immersing) *vt.* 浸没;使沉浸:Immerse the plant in water for a few minutes. 把那颗植物在水里浸泡几分钟。

im·mi·grate [ˈɪmɪgreɪt] (～d[-ɪd]; immigrating) *vi.* (从外国)移来,移居入境:As a mere child, he ~d to his country from England. 当他还是孩子时，就从英格兰移居到这个国家来。

im·mi·nence ['ɪmɪnəns] (~s [-ɪz]) *n.* ❶ Ⓤ急迫,危急 ❷ Ⓒ迫近的危险(或祸患)

im·mi·nent ['ɪmɪnənt] *adj.* 急迫的;迫近的;危急的: no warning of ~ danger 没有即将发生危险的警告

im·mor·al [ɪ'mɒrəl] *adj.* ([反]moral) ❶ 不道德的,道德败坏的;邪恶的: It's ~ to steal. 盗窃是不道德的。❷放荡的;淫荡的: Some people still think it is ~ to have sex before marriage. 有些人仍认为婚前性行为是不道德的。

im·mor·al·i·ty [ɪmə'ræliti] (immoralities[-z]) *n.* ❶ Ⓤ不道德;道德败坏 ❷ Ⓒ [常用复数]不道德的行为

im·mor·tal [ɪ'mɔːtl] Ⅰ. *adj.* ([反]mortal)不朽的;永久的: the ~ Shakespeare's works 不朽的莎士比亚作品Ⅱ. *n.* Ⓒ❶ [常用复数]不朽的人物:Beethoven is regarded as one of the ~s of classical music. 贝多芬被认为是不朽的古典音乐大师。❷ [常用 the ~s] (古代希腊、罗马的)众神

im·mor·tal·ize, **-ise** [ɪ'mɔːt(ə)laɪz] (~s [-ɪz];immortalizing) *vt.* 使不朽;使名垂千古

im·mune [ɪ'mjuːn] [无比较等级] *adj.* ❶有免疫力的;可免疫的:He's ~ to smallpox as a result of vaccination. 他种过牛痘了,所以对天花有免疫力。❷ 免除的,豁免的:~ from additional taxes 免纳附加税 ❸不受影响的,无响应的:~ to criticism 不为批评所动摇

im·mu·nize, **-ise** ['ɪmjuːnaɪz,-mjʊ-] (~s [-ɪz]; immunizing) *vt.* ([近]inoculate)使免除;使免疫:Have you been ~d yet? 你接种过疫苗吗?

im·pact ['ɪmpækt] Ⅰ. *n.* ❶ Ⓒ冲击,碰撞;冲击力:He collapsed under the full ~ of the blow. 他受到重击而倒下。❷ Ⓤ Ⓒ强烈的影响:Her speech made a tremendous ~ on everyone. 她的演说对大家震动很大。Ⅱ. [ɪm'pækt] *vt.& vi.* 冲击,撞击

im·pair [ɪm'peə(r)] (~s[-z]; ~ing[-rɪŋ]) *vt.* ❶削弱;减少 ❷损害,损伤:Loud noise can ~ your hearing. 巨大的噪音有损听觉。

im·part [ɪm'pɑːt] (~ed [-ɪd]) *vt.* ❶告诉,透露:I have no news to ~. 我没有消息可告诉你。❷给予,赋予:Her presence ~ed an air of elegance to the ceremony. 她的出现给仪式增添了高雅的气氛。

im·par·tial [ɪm'pɑːʃəl] [无比较等级] *adj.*

([近] fair)([反] partial)公正的;不偏袒的;无偏见的:an ~ judge 公正的法官

im·pa·tience [ɪm'peɪʃəns] *n.* ([反] patience)Ⓤ❶不耐烦,急躁:She showed her ~ by tapping her fingers on the desk. 她用手指轻敲桌面以表示不耐烦。❷切望,期盼

im·pa·tient [ɪm'peɪʃənt] *adj.* ❶([反] patient) 不耐烦的,急躁的,忍受不了的:Don't be so ~! The bus will be here soon. 别那么不耐烦! 公共汽车马上就来了。❷急欲的,急切的:Many graduates are ~ to become managers. 很多人毕了业就迫不及待想当经理。

im·pede [ɪm'piːd] (~s[-z]; ~d[-ɪd]; impeding) *vt.* 妨碍,阻碍,阻止:The development of the project was seriously ~d by a reduction in funds. 由于基金削减,工程进度严重受阻。

im·ped·i·ment [ɪm'pedɪmənt] *n.* Ⓒ❶妨碍;阻碍;障碍:The main ~ to growth was a lack of capital. 影响发展的主要障碍是缺乏资本。❷ 口吃,结巴:a speech ~ 言语障碍

im·per·a·tive [ɪm'perətɪv] Ⅰ. *adj.* ❶紧急的,迫切的:It's ~ that we make a quick decision. 我们要尽快做出决定。❷命令的;强制的;专横的:an ~ tone of voice that had to be obeyed 必须服从的命令腔调 ❸【语】祈使的 Ⅱ. *n.* Ⓤ Ⓒ【语】祈使语气(动词)

im·per·cep·ti·ble [ɪmpə'septəbl] *adj.* ([反] perceptible)感觉不到的,无法察觉的;微妙的,细微的:an ~ change in temperature 温度上难以察觉的变化

im·pe·ri·al [ɪm'pɪəriəl] Ⅰ. [无比较等级] *adj.* ❶帝国的:the ~ power 皇权 ❷皇帝(或皇后)的:the ~ servant 皇帝的侍从 ❸威严的,堂皇的:with ~ generosity 宽宏大量地 ❹ (英国度量衡)英制的,法定标准的 Ⅱ. (~s[-z]) *n.* Ⓒ(下唇下的)小络胡须

im·pe·ri·al·ism [ɪm'pɪəriəlɪzəm] *n.* Ⓤ❶帝国主义 ❷ 帝制,霸业

im·per·son·al [ɪm'pɜːsənl] *adj.* ([反] personal) ❶不受个人情感影响的;冷淡的: Giving people time to get to know one another will make the meeting less ~. 让大家有时间相互了解一下,会议的气氛能亲切些。❷不具人格的,与人力无关的:~ forces (超越人力的)自然的力量 ❸非特指某一人的;客观的:an ~ discussion 客观的讨论

im·per·son·ate [ɪm'pɜːsəneɪt] (~d[-ɪd]; impersonating) *vt.* ❶扮演;模仿;冒充:He can ~ many well-known politicians. 他能饰

演许多著名政治家的角色。❷使人格化；是…的化身；体现

im·pe·tus [ˈɪmpɪtəs] *n*. Ⓤ Ⓒ 动力；推动(力)：The treaty gave a fresh ～ to trade. 这条约使双方的贸易又推进了一步。

im·ple·ment¹ [ˈɪmplɪmənt] *n*. Ⓒ ❶工具，器具：farm ～s 农具 ❷手段；被当作工具的人

im·ple·ment² [ˈɪmplɪmənt] (～ed [-ɪd]) *vi*. 贯彻；完成；履行：～a programme of reforms 执行改革计划

im·pli·ca·tion [ˌɪmplɪˈkeɪʃən] (～s[-z]) *n*. ❶ Ⓤ 牵连；涉及；密切关系：The trial resulted in the ～ of several major figures in the organization. 审讯结果表明这个组织中几个主要人物都牵连在案。❷ Ⓒ Ⓤ 含义，言外之意；暗示：Failure to say "No" may, by ～, be taken to mean "Yes". 没表示否定，其含义可理解为是肯定的。

im·pli·cit [ɪmˈplɪsɪt] *adj*. ❶含蓄的，不言明的；obligations which are ～ in the contract 合同中未直接载明的责任 ❷无疑的；绝对的，完全的：I have ～ faith in your abilities. 我完全相信你的能力。

im·plore [ɪmˈplɔː(r)] (～s[-z]; imploring [-rɪŋ]) *vt*. 乞求，恳求，哀求：They ～d her to stay. 他们恳求她留下。

im·ply [ɪmˈplaɪ] (implies[-z]; implied) *vt*. ❶暗示；暗指，意指：His silence *implied* agreement. 他沉默不语意味着同意了。❷必然包含；必需：Freedom does not necessarily ～ responsibility. 自由不一定包含着责任。

im·port¹ [ɪmˈpɔːt] (～ed [-ɪd]) *vt*. ❶进口；输入；引入：The country has to ～ most of its raw materials. 这个国家原料大部分靠进口。❷传入，引进(思想等)：the latest pop music ～*ed* from America 从美国传入的最新流行音乐 ❸[书]意味着，含有…的意思：What does this ～? 这意味着什么？

im·port² [ˈɪmpɔːt] *n*. ❶Ⓤ进口；输入：tariffs on the ～ of manufactured goods 工业品的进口税 ❷ Ⓒ [常用复数]进口货：restrict cheap foreign ～s 限制廉价外国进口货 ❸ Ⓤ意思，含义：the hidden ～ of his speech 他话中的言外之意 ❹ Ⓤ([近] importance) 重要性，意义：matters of no great ～ 无关紧要的事

im·por·tance [ɪmˈpɔːtəns] *n*. ([反] un-importance) Ⓤ❶重要(性)，重大：These issues now assume even greater ～. 这些问题现在就显得更加重要了。❷重要的地位(或身份)；名望：a man of ～ 重要人士 ❸傲慢，自大：speak with an air of ～ 趾高气扬地讲话

im·por·tant [ɪmˈpɔːtnt] *adj*. ([反] unimportant) ❶重要的，重大的：It's ～ to me that you should be there. 你应该在场，这对我来说很重要。❷有权力的，有地位的；显要的：It is not as if he was very ～ in the company hierarchy. 他在公司的领导层中似乎无多大的权力。❸自高自大的，自负的：an ～ manner 狂妄自大的态度

im·pose [ɪmˈpəʊz] (～s [-ɪz]; imposing) *vt*. ❶征(税等)；强加：～ a further tax on wines and spirits 对葡萄酒及烈性酒进一步加税 ❷把(想法等)强加，使强迫接受：She ～*d* her ideas on the group. 她竭力把自己的想法强加于全组人。

im·pos·ing [ɪmˈpəʊzɪŋ] *adj*. (建筑物等)庄严的；仪表堂堂的：an ～ facade 宏伟的外观

im·pos·si·ble [ɪmˈpɒsəbl] *adj*. ❶([反] possible) 不可能的，办不到的：It's ～ for me to be there before 8:00 p.m. 要我晚8点之前赶到那儿根本是不可能的。❷不可能存在的；不会发生的：It's an ～ story. 这不可能是真事。❸使人受不了的，非常讨厌的；很难对付的：an ～ situation 绝境

im·pov·er·ish [ɪmˈpɒvərɪʃ] (～es [-ɪz]; ～ed [-ɪt]) *vt*. 使穷困；使贫瘠：an elderly ～*ed* writer 穷困的老作家

im·prac·ti·ca·ble [ɪmˈpræktɪkəbl] *adj*. ([反]practicable) ❶不能实行的，行不通的：an ～ scheme 行不通的计划 ❷不能通行的：an ～ road 无法通行的路

im·press Ⅰ. [ɪmˈpres] (～es[-ɪz]; ～ed [-t]) *vt*. ❶使(某人)印象深刻：The sight of the city never fail to ～ foreign tourists. 外国游客无一不对这座城市留有深刻印象。❷铭记；使(某人)深深意识到：His words ～*ed* themselves on my memory. 他的话铭刻在我的记忆里。❸印，压印：～ designs in wax 在蜡版上压印图案 ❹强迫(…服役)；强征(…入伍) Ⅱ. [ˈɪmpres] (～es[-ɪz]) *n*. Ⓒ Ⓤ❶印记，压痕 ❷特征 ❸印象，痕迹

im·pres·sion [ɪmˈpreʃən] (～s[-z]) *n*. ❶ Ⓒ Ⓤ印象：His first speech as president made a strong ～ on is audience. 他当会长后的第一次讲演给听众留下了深刻的印象。❷ Ⓒ感想，模糊的概念：He gives the ～ of being a hard worker. 他给人的印象是工作很努力。❸ Ⓒ 压印，印记；压痕：the ～ of a leaf in a fossil 化石中一片叶子留下的痕迹 ❹ Ⓒ 印刷；印数；印次；版：the fifth ～ 第5次印刷 ❺ Ⓒ (人的)举止；效仿

im·pres·sion·a·ble [ɪmˈpreʃənəbl] *adj.*
易受影响的,敏感的:~ young people 易受影
响的年轻人

im·pres·sion·ism [ɪmˈpreʃənɪzəm] *n.* U
[常用 Impressionism]印象主义,印象派

im·pres·sion·is·tic [ɪmˌpreʃəˈnɪstɪk]
adj. ❶印象主义的;印象派的 ❷仅凭印象的,
主观的:a purely ~ description of the inci-
dent 对事情作纯凭印象的描述

im·pres·sive [ɪmˈpresɪv] *adj.* ([近]unim-
pressive)令人印象深刻的;感人的:His collec-
tion of paintings is most ~. 他的绘画收藏令
人叹为观止。

im·print[1] [ˈɪmprɪnt] (~ed[-ɪd]) *vt.* ❶印;
盖;压(印):~ one's hand in soft cement 在
未凝固的水泥上压手印 ❷使铭刻,使铭记:de-
tails ~ed on his mind 铭记于他头脑中的细节

im·print[2] [ˈɪmprɪnt] *n.* C印记;痕迹;深
刻的印象:the ~ of a foot in the sand 沙滩上
的足迹 ❷出版者的名称和地址,版权页

im·pris·on [ɪmˈprɪzn] (~s[-z]) *vt.* 关押;
监禁:Several of the rioters were ~ed cau-
sing a disturbance. 几个暴乱者因制造动乱被
关押在狱。

im·prob·a·ble [ɪmˈprɒbəbl] *adj.* ([反]
probable)未必会的;不大可能的;未必确实
的:an ~ idea 不切实际的想法/an ~ event
不太可能的结果

im·prop·er [ɪmˈprɒpə(r)] *adj.* ❶([反]
proper,suitable)不适当的;不合理的;错误
的:~ use of a word 词的误用 ❷下流的,不
道德的

im·prove [ɪmˈpruːv] (~s[-z]; impro-
ving) *vt.* ❶使更好,改善;增进:He studied
harder to ~ his French. 他更加努力提高法
语水平。❷利用(机会等):He ~d his free
time by reading a novel. 他利用空闲时间看
小说。❸ *vt.* 使(土地、建筑物等)增值 *vi.* 变
得更好:Her health is gradually improving.
她的健康状况逐渐好转。

im·prove·ment [ɪmˈpruːvmənt] *n.* ❶U
C改进;改善;增进:There is room for fur-
ther ~ in your English. 你的英语尚有进一步
提高的余地。❷C经改进的东西;改良之处:
This essay is an ~ on your last. 你这篇散文
比前一篇有进步。

im·prov·i·dent [ɪmˈprɒvɪdənt] *adj.* ❶无
远见的 ❷(在经济上)无计划的,浪费的:~
spending habit 不为将来打算的花钱习惯

im·pro·vise [ˈɪmprəvaɪz] (~s[-ɪz];impro-
vising) *vt.* ❶即兴创作,即兴演奏:The pian-

ist forgot his music and had to ~ the accom-
paniment. 弹钢琴的人把乐谱忘了,只好即兴
伴奏。❷临时凑成,临时做成:a hastily ~d
meal 匆匆拼凑的一顿饭 *vi.* ❶即兴创作(或
演奏) ❷以现成的东西做:As we have not got
the proper materials,we'll just have to ~. 我
们没有弄到合适的材料,只好临时凑合了。

im·pu·dent [ˈɪmpjʊdənt] *adj.* 厚颜无耻的;
冒失的,无礼的:an ~ child 粗俗的孩子

im·pulse [ˈɪmpʌls] **I.** (~s[-ɪz]) *n.* ❶U
C冲动;刺激:He felt an irresistible ~ to
jump. 他突然有种无法抗拒的冲动,想跳下去。
❷C 推动力,冲力:give an ~ to industrial
expansion 促进工业的扩展 **Ⅱ.** *vt.& vi.* 推动

im·pul·sive [ɪmˈpʌlsɪv] *adj.* ❶冲动的;由
冲动所造成的:an ~ decision 在冲动中做出
的决定 ❷冲击的,有推动力的:an ~ force
冲力

im·pure [ɪmˈpjʊə(r)] *adj.* ([反]pure)❶不
净的,不纯的,含杂物的:~ metals 不纯的金
属 ❷不纯洁的,不道德的:~ language 下流的
语言

im·pu·ri·ty [ɪmˈpjʊərɪtɪ] (impurities[-z])
n. ❶U不纯净,不纯:*Impurity* of the water
made it unfit to drink. 因为水质不纯洁,所以
不宜饮用。❷C 不纯物,杂质:remove *impu-
rities* from silver 去除银中的杂质

in [ɪn] **I.** *prep.* ❶[表示地点、位置]在…
之中,在…里:She lives ~ a small village ~
France. 她住在法国的一个小乡村里。❷[表
示移动]向…中,进入:Throw it ~ the water.
把它扔到水里去吧。❸[表时间]在…时候:~
the twentieth century 在 20 世纪 ❹[表示时
间]在…之后:It would be ready ~ a week.
一周之后即准备妥当。❺[表示状况、情况等]
处在…中:~ poor health 健康欠佳 ❻穿着,
戴着:~ high-heeled shoes 穿着高跟鞋 ❼
[表示职业、活动等]从事;参加:He's been ~
politics all his life. 他一生从政。❽[表示部
位]在…处:He was wounded ~ the arm. 他
的手臂受了伤。❾[表示手段、方法、材料等]
用;使用:speak ~ English 用英语说 ❿[表示
数量、排列]分为;以…的形式;成为:a novel
~ three parts 一本分为三部分的小说/stand
~ groups 成群地站着 ⓫[表示比例、比率]之
中:One ~ ten said they preferred their old
brand of car. 有 1/10 的人说比较喜欢老牌子
的汽车。/a slope of one ~ five 1:5的坡度
⓬在…方面;关于:He's behind the others ~
reading,but a long way ahead ~ arithmetic.
他在阅读方面不如别人,但算术却遥遥领先。
⓭[用于最高级后]…之中:a biggest shop ~

town 镇上最大的商店 **Ⅱ**. *adv*. ❶进，入；在里边；在内：The door opened and ~ walked my father. 门一开，父亲进来了。/The top drawer is the one with the cutlery ~. 最上面的抽屉是放刀叉的。❷在屋里；在家（或工作处）：Nobody was ~ when we called. 我们打过电话，可屋里没人。❸到达；来临：The train was ~ when we got to the station. 我们赶到火车站时，火车已停在车站上了。/Spring is ~. 春天来了。❹时髦；入时：Miniskirts are ~ again. 超短裙又流行了。❺当政；当选：Labour came ~ after the war. 战后工党开始执政。❻（食品等）上市：Strawberries are never ~ for long. 草莓上市的时间从来就不长。❼（板球、垒球等）击球：He was ~ first. 他首先击球。**Ⅲ**. *adj*. ❶内部的，里面的 ❷［口］流行的：It's the ~ thing to do at the moment. 这是目前最时兴的做法了。❸［口］小圈子内的：an ~ joke 一则内部笑话 ❹到达的：the ~ train 到站的火车 **Ⅳ**. *n*. ❶［用复数］执政党 ❷Ⓒ［美口］门路，关系

in- ［前缀］❶表示"无"、"不"、"非"：*in*correct 不正确 ❷表示"向内"：*in*come 收入

-in ［构词成分］表示"公开的集体活动"，"有很多人参加的活动"：sit-*in* 集体静坐抗议

in·a·bil·i·ty ［ˌɪnəˈbɪlɪtɪ］ *n*. Ⓤ无能为力，无能；不能：his ~ to understand mathematics 他在理解数学方面能力之差

in·ac·ces·si·ble ［ˌɪnækˈsesəbl］ *adj*. （［反］accessible）❶无法接近的；达不到的；难得到的：His busy schedule made him completely ~ to his students. 他的时间排得很满，学生根本无法和他接触。/an ~ mountain retreat 很难抵达的山间僻静处 ❷使人无法接近的；冷淡的

in·ac·cu·rate ［ɪnˈækjʊrɪt］ *adj*. （［反］accurate）不精密的；不准确的；错误的：an ~ report 失实的报道

in·ac·tive ［ɪnˈæktɪv］ *adj*. （［反］active）不活动的；不活跃的；迟钝的；懒散的：If you weren't so ~, you wouldn't be so fat! 你要是好动一些，也不至于这么胖！

in·ad·ap·ta·ble ［ˌɪnəˈdæptəbl］ *adj*. ❶无适应性的，不能适应环境的 ❷不能改写（或改编）的

in·ad·e·qua·cy ［ɪnˈædɪkwəsɪ］ （inadequacies［-z］）*n*. ❶Ⓤ不充足；不适当：the ~ of our resources 我们资源的不足 ❷Ⓒ不足之处；缺点：the *inadequacies* of the present voting system 现行选举制度的弊病

in·ad·e·quate ［ɪnˈædɪkwɪt］ *adj*. （［反］adequate）❶不充足的；不适当的：The safety precautions are totally ~. 这些安全措施完全不合格。❷不能胜任的；信心不足的：feel ~ when faced by a difficult problem 面对难题觉得力不从心

in·an·i·mate ［ɪnˈænɪmət］［无比较等级］*adj*. （［反］animate）无生命的；无生气的：A rock is an ~ object. 石头是无生命的物体。/ ~ conversation 沉闷的谈话

in·ap·pro·pri·ate ［ˌɪnəˈprəʊprɪɪt］ *adj*. （［反］appropriate）不恰当的，不相宜的，不适合的：clothes ~ to the occasion 不适合此种场合的衣服

in·ar·tic·u·late ［ˌɪnɑːˈtɪkjʊlɪt］ *adj*. ❶口齿不清的，发音不清楚的；不善表达的：a clever but ~ mathematician 聪明但不善言辞的数学家 ❷表达得不清的，含糊其辞的：an ~ essay 含糊不清的文章

in·as·much ［ˌɪnəzˈmʌtʃ］ *adv*. 因为；由于；鉴于：He is a Dane ~ as he was born in Denmark, but he became a British citizen at the age of thirty. 他按其出生在丹麦来说是丹麦人，但他在 30 岁时成了英国公民。

in·au·gu·rate ［ɪnˈɔːɡjʊreɪt］（~d[-ɪd]；inaugurating）*vt*. ❶为…举行就职典礼，就任：He will be ~d as president in April. 他将在 4 月就任总裁。❷为…举行开幕仪式（或落成典礼）：The city library was ~d by the mayor. 市长主持了图书馆的落成仪式。❸开始，开创：Concorde ~d a new era in aeroplane travel. 协和式飞机开创了空中旅行的新纪元。

in·born ［ˌɪnˈbɔːn］［无比较等级］*adj*. 生来的，天生的：Fish have an ~ ability to swim. 鱼生来就会游泳。

in·cal·cu·la·ble ［ɪnˈkælkjʊləbl］［无比较等级］*adj*. （［反］calculable）❶数不清的，无数的；极大的：do ~ harm to sb.'s reputation 严重损害某人的声誉 ❷不可预测的；难确定的：~ moods 喜怒无常的人

in·can·des·cent ［ˌɪnkænˈdesnt］ *adj*. 白热的；白炽的：an ~ lamp 白炽灯

in·ca·pa·ble ［ɪnˈkeɪpəbl］ *adj*. ❶不能的；不会的（of）：The children seem to be totally ~ of working quietly by themselves. 这些孩子简直完全不能静静地自己做功课。❷无能力的：As a lawyer, she's totally ~. 她当律师完全不合格。❸【律】没有…资格的

in·cense¹ ［ˈɪnsens］ **Ⅰ**. *n*. Ⓤ香；焚香时的烟（或香气）；香味 **Ⅱ**. *vt*. 用香熏 *vi*. 焚香

in·cense² ［ɪnˈsens］（~s[-ɪz]；~d[-t]；incensing）*vt*. 使发怒，激怒：He felt deeply ~d by the way he had been treated. 他受到那样的待遇感到非常愤怒。

in·cen·tive [ɪnˈsentɪv] **I**. (~s[-z]) *n*. ❶ⓊⒸ刺激;鼓励:the offer of cash ~ 现金奖励的提供 ❷Ⓤ魄力,干劲,动机:That good news give him ~ to work hard. 那条好消息给了他努力工作的动力。**II**. *adj*. 刺激(性)的;鼓励(性)的

in·ces·sant [ɪnˈsesnt] [无比较等级] *adj*. 不停的,连续不断的;频繁的:an ~ stream of visitors 络绎不绝的参观人流

in·cest [ˈɪnsest] *n*.Ⓤ乱伦;血亲成奸

in·ces·tu·ous [ɪnˈsestjʊəs,-tʃʊəs] *adj*. ❶乱伦的;血亲成奸的 ❷小圈子的;排外的

inch [ɪntʃ] **I**. (~es[ˈ-ɪz]) *n*.Ⓒ❶英寸:He is five feet seven ~es tall. 他身高5英尺7英寸。❷(表示数量、距离、程度等)少许,一点儿:He escaped death by an ~. 他险些丧了命。❸[常用复数]身材;身高 **II**. (~es[ˈ-ɪz]) *~ed[-t]*) *vt*. 使缓慢移动,使渐进:~ the car forward 开车慢慢前行 *vi*. 缓慢地移动,渐进:He ~ed through the narrow passage. 他慢慢地通过狭窄的通道。

in·ci·dence [ˈɪnsɪdəns] *n*.Ⓤ Ⓒ❶(事件等的)发生率:This area has a high ~ of crime. 这个地区的犯罪率很高。❷影响范围:the ~ of a tax 课税的范围 ❸【物】入射(角):the angle of ~入射角

in·ci·dent [ˈɪnsɪdənt] **I**. *n*.Ⓒ❶小事件,附带事件;事情:He could remember every trivial ~ in great detail. 他能把每件小事的细节都记得很清楚。❷(小说、剧本等中的)插曲;枝节 ❸(政治性)事件;事变:border ~s 边境事件 **II**. [无比较等级] *adj*. 易发生的,伴随而来的:responsibilities ~ upon one as a parent 作为父母自然要承担的责任

in·ci·den·tal·ly [ˌɪnsɪˈdentəlɪ] [无比较等级] *adv*. ❶附带地;顺便提及地:*Incidentally*, where did you go yesterday? 顺便问一句,昨天你去哪儿了? ❷偶然地;无意地

in·ci·sive [ɪnˈsaɪsɪv] *adj*. 尖锐的;深刻的;透彻的;(头脑)敏锐的:~ criticism 中肯的批评/an ~ mind 敏锐的头脑

in·cli·na·tion [ˌɪnklɪˈneɪʃən] (~s[-z]) *n*. ❶Ⓤ Ⓒ倾斜;斜坡,斜面:a small ~ just beyond the trees 就在树丛那边的一片小坡地 ❷Ⓒ Ⓤ(性格上的)倾向;爱好;意向;意愿:I have little ~ to listen to you all evening. 我可不愿意一晚上都听你说话。❸曲身,弯腰;点头:an ~ of his head 他点了点头 ❹志向,趋势(to):He has an ~ to be fat. 他有

发胖的趋势。

in·cline¹ [ɪnˈklaɪn] (~s[-z]; inclining) *vt*. ❶使倾向于,使有意于:His love of languages ~d him towards a career as a translator. 他对语言的热爱促使他从事翻译工作。❷使倾斜;向前弯:She ~d her head in prayer. 她低下头祈祷。*vi*. ❶倾向(于);赞同,喜爱:He ~s to laziness. 他爱偷懒。❷倾斜:The land ~s towards the shore. 地面向海岸倾斜。

in·cline² [ˈɪnklaɪn] (~s[-z]) *n*.Ⓒ斜面,斜坡:a steep ~ 陡的斜坡

in·clined [ɪnˈklaɪnd] *adj*. ❶有某方面天赋的:Louise is very musically ~. 路易丝很有音乐天赋。❷准备做某事的,有…意向的:We can go for a walk,if you feel so ~. 要是你愿意的话,咱们去散散步吧。

in·clude [ɪnˈkluːd] (~s[-z];~d[-ɪd];including) *vt*.([反]exclude) ❶包括,包含:The tour ~d a visit to the Science Museum. 旅游项目中包括参观科学博物馆。❷使成为(整体的)一部分;包括…在内:We all went, me ~d. 大家都去了,我也在内。

in·clud·ed [ɪnˈkluːdɪd] [无比较等级] *adj*. 包括的;包含在内的:postage ~ 包含邮费

in·clud·ing [ɪnˈkluːdɪŋ] *prep*.([反]excluding)包括,包含在内:The band played many songs,~ some of my favourites. 乐队演奏了许多歌曲,包括几首我所喜爱的。

in·clu·sion [ɪnˈkluːʒən] (~s[-z]) *n*. ❶Ⓤ包含;包括:the ~ of the clause in the contract 合同中该条款包括在内 ❷Ⓒ内含物

in·clu·sive [ɪnˈkluːsɪv] *adj*. 包括的,包含的:The price is £800,~ of tax. 价格800英镑,包含税在内。

in·co·her·ent [ˌɪnkə(ʊ)ˈhɪərənt] *adj*. ([反]coherent)不连贯的,无条理的;语无伦次的;支离破碎的;松散的:talk ~ gibberish 语无伦次地胡扯

in·come [ˈɪnkʌm,-əm,ˈɪŋk-] (~s[-z]) *n*. ([近]wage,salary)Ⓤ Ⓒ收入,所得:Tax is payable on all ~ over £2,000. 收入超过2,000英镑者征收所得税。

in·com·ing [ˈɪnkʌmɪŋ] *adj*. ❶进来的;正来临的:~ telephone calls 打进来的电话 ❷新来的;继任的:the ~ president 新任总裁

in·com·pa·ra·ble [ɪnˈkɒmpərəbl] [无比较等级] *adj*. 无比的,无双的;不能比较的:~ food 无与伦比的食物

in·com·pat·i·ble [ˌɪnkəmˈpætəbl] *adj*. 不能相容的,矛盾的;不和谐的,不协调的;(性情等)彼此不合的:I've never seen such an ~

couple. 我从来没见过这么不般配的一对儿。

in·com·pe·tence [ɪnˈkɒmpɪtəns] *n.*([反]competence)Ⓤ 无能力;不胜任;不合适:He was dismissed for ~. 他因不称职而遭辞退。

in·com·pe·tent [ɪnˈkɒmpɪtənt] *adj.* 无能力的;不胜任的;不合格的:He's criticized for his ~ handling of the problem. 他因处理该问题不合格而受到批评。/~ to judge 无资格做裁决

in·com·plete [ˌɪnkəmˈpliːt] *adj.*([反]complete,perfect)不完全的,不完整的;未完成的;不完善的:an ~ set of results 一组不完整的答数

in·con·clu·sive [ˌɪnkənˈkluːsɪv] *adj.*([反]conclusive)无说服力的;非决定性的;无确定结果的:an ~ argument 无结果的争论/~ evidence 无效的证据

in·con·sist·ent [ˌɪnkənˈsɪstənt] *adj.* ❶ 不一致的,不协调的;前后矛盾的:His account of the events was ~. 他对那件事情的说法前后矛盾。❷(在原则、行为等方面)反复无常的,易变的

in·con·stant [ɪnˈkɒnstənt] *adj.* 反复无常的;轻率的,易变的:an ~ lover 爱情不专的人

in·con·test·a·ble [ˌɪnkənˈtestəbl] *adj.* 无可争辩的;无可否认的;无可置疑的:an ~ fact 无可争辩的事实

in·con·ve·ni·ence [ˌɪnkənˈviːnjəns] **Ⅰ.**(~s[-ɪz]) *n.*([反]convenience)❶Ⓤ 不便;麻烦,打扰:He apologized for the ~ he had caused. 他为打扰了人家而道歉。❷Ⓒ 造成不便的人(或事物):Having to change trains is a small ~. 换乘火车多少有些不便。**Ⅱ.**(~s[-ɪz];~d[-t];inconveniencing) *vt.* 使~感到不便:The companies were greatly ~d by the postal delays. 邮件延误给这些公司造成了极大的不便。

in·con·ve·ni·ent [ˌɪnkənˈviːnjənt] *adj.*([反]convenient)不方便的,引起不便的;打扰的:Living such a long way from the shop can be very ~. 住得离商店这么远有时候非常不方便。

in·cor·po·rate [ɪnˈkɔːpəreɪt] (~d[-ɪd];incorporating) *vt.* ❶ 使结合,把…合并;吸收:The new car design ~s all the latest safety features. 汽车的新设计具备最新安全措施的一切特点。❷ 使结成社团,使组成公司:We had to ~ the company for tax reasons. 鉴于税务原因,我们得组成公司。 *vi.* ❶ 结合;联合,合并 ❷ 组成公司

in·cor·rect [ˌɪnkəˈrekt] *adj.*([反]correct) 不正确的,错误的;不妥当的:an ~ conclusion 错误的结论

in·crease¹ [ɪnˈkriːs] (~s[-ɪz];~d[-t];increasing) *vt.*([反]decrease)增加;增长;增殖;增进:He ~d his speed to overtake the lorry. 他加大速度以超过前面的货车。 *vi.*([反]reduce)增加;增多;增大:The rate of inflation has ~d by 2%. 通货膨胀率已增长了 2%。

in·crease² [ˈɪnkriːs] (~s[-ɪz]) *n.*([反]decrease)Ⓤ Ⓒ 增加;增长;增加量

in·cred·i·ble [ɪnˈkredəbl] *adj* [无比较等级]([反]credible)([近]unbelievable)❶ 不可相信的,难以置信的:What an ~ story! 这件事真不可相信!❷ [口]不可思议的;惊人的:He earns an ~ amount of money. 他挣钱多得惊人。

in·cred·u·lous [ɪnˈkredjʊləs] *adj.* ❶ 表示怀疑的,不相信的:an ~ look 怀疑的表情 ❷ 不轻易相信的

in·crim·i·nate [ɪnˈkrɪmɪneɪt] (~d[-ɪd];incriminating) *vt.* 归罪于;使负罪;牵连,连累:She refused to make a statement to the police in case she ~d herself. 她拒绝向警方作陈述,以免受连累。

in·cur [ɪnˈkɜː(r)] (~s[-z];incurred;incurring) *vt.* 招惹;惹起;遭受:~ sb.'s anger 惹某人生气

in·cur·a·ble [ɪnˈkjʊərəbl] [无比较等级] *adj.*([反]curable)无可救药的;医不好的:~ disease 不治之症/~ habits 无法矫正的习惯

in·cur·sion [ɪnˈkɜːʃən,-ʒən] (~s[-z]) *n.* Ⓒ 侵入;袭击,侵犯:repel a sudden ~ of enemy troops 击退敌人的突然侵袭

in·deed [ɪnˈdiːd] **Ⅰ.** [无比较等级] *adv.* ❶([近]really,truly)真正地,实在地:Thank you very much ~! 确实非常感谢你!❷ 的确;果然;确实:Indeed he is poor,but he is happy. 他虽然一贫如洗,但仍然很快乐。❸ 事实上:I don't mind. Indeed,I'm delighted to help. 我不在乎;其实,我很乐于帮忙。**Ⅱ.** *int.* 真的吗,哦(表示惊讶,怀疑,讽刺等):"I saw them!" "Indeed? Where was it?" "我看见他们了!" "真的吗,在哪儿呢?"

in·de·fin·a·ble [ˌɪndɪˈfaɪnəbl] [无比较等级] *adj.* 难以下定义的;难以确切表达的;模糊不清的:an ~ air of mystery 不可言状的神秘气氛

in·def·i·nite [ɪnˈdefɪnɪt] *adj.*([反]definite)❶ 不明确的,模糊的:He gave me an ~ answer. 他给我的答案模棱两可。❷ 无定限

的;无限期的:She'll be away for an ～ peri-od.她将离开一段时间,何时回来未定。❸【语】不定的:the ～ article 不定冠词

in·de·pen·dence [ˌɪndɪ'pendəns] *n*.Ⓤ 独立;自主;自立:young people who want ～ from their parents 不想依赖父母的年轻人

in·de·pen·dent [ˌɪndɪ'pendənt] **I**.*adj*. ❶独立的,自主的;自治的:The big company split into two ～ companies.那个大公司分裂成两个独立的公司。❷有主见的;自立的:She never borrows anything,she's far too ～ for that.她从不向别人借东西,很有自立性。❸不相关联的,独自的,分开的:Two ～ investiga-tors have reached virtually the same conclu-sions.两个调查人员各自做出的结论简直完全一致。❹无党派的:an ～ voter 无党派的选民 ❺(收入、财产等)足够维持温饱生活的。**II**.*n*. Ⓒ 无党派人士,无党派候选人:stand as an ～ 作为无党派候选人

in·dex ['ɪndeks] **I**.(～es[-ɪz] 或 indices ['ɪndsiːz]) *n*.Ⓒ❶索引,目录 ❷指标,标准,标志:The increasing sale of luxury goods is an ～ of the country's prosperity.奢侈品销售量日增是该国繁荣的标志。❸指数;率:the cost-of-living ～ 生活费用指数 ❹【印】指示,指标 ❺【数】指数;幂 **II**.(～es[-ɪz]) *vt*. ❶把…编入索引:～ all the quoted names in a book 把书中提到的所有人名编入索引 ❷表明,指示

In·di·an ['ɪndjən] **I**.[无比较等级] *adj*. ❶印度的;印度人的:an ～ elephant 印度象 ❷(美国)印第安人的 **II**.(～s[-z]) *n*.Ⓒ❶印度人 ❷(美国)印第安人

in·di·cate ['ɪndɪkeɪt] (～d[-ɪd]; indica-ting) *vt*. ❶指示;显示:The speedometer was *indicating* 95 mph.速度计指示着每小时 95 英里。❷表示;指出:She has not ～ how she proposes to react.她没表示打算做何回应。/He ～d the need of practice.他指出练习的必要性。❸表明;象征;预示;暗示:A red sky at night ～s that the following day will be fine.晚上天边红预示明天天气好。❹使成为必要:With the government's failure to solve the problem of unemployment,a fresh approach is ～d.鉴于政府未能处理好失业问题,有必要采取新的措施。❺发出(表示转向的)信号:He ～d that he was turing right, but then he turned left.他发出右转信号,却突然向左转了。*vi*.发出表示转向的信号:Why don't you ～? 你为什么不发出信号?

in·dic·a·tive [ɪn'dɪkətɪv] **I**.*adj*. ❶指示的;表示的;象征的;预示的:Their failure to

act is ～ of their lack of interest.他们没采取行动,表明他们对这个问题不感兴趣。❷[无比较等级]【语】陈述的:the ～ mood 陈述语气 **II**.*n*.ⓊⒸ【语】陈述语气

in·di·ca·tor ['ɪndɪkeɪtə(r)] (～s[-z]) *n*. Ⓒ❶指示者;指示物:Litmus paper can be used as an ～ of the presence of acid in a so-lution.石蕊试纸可用以测试溶液是否含酸。❷指示器;指示装置:a *traffic-*～ 交通指示器

in·di·ces ['ɪndɪsiːz] index 的复数形式

in·dict [ɪn'daɪt] (～ed[-ɪd]) *vt*.控告;告发;对…起诉:He was ～ed for murder. 他被控告杀人。

in·dif·fer·ent [ɪn'dɪfərənt] *adj*. ❶不关心的,冷淡的;不感兴趣的:How can you be ～ to the sufferings of starving people? 你怎么能对饥民的疾苦无动于衷呢? ❷不重要的,无关紧要的;不在乎的:explorers ～ to the dan-gers of their journey 把征途上的危险置于度外的探险家 ❸一般的;质量不高的;能力平常的;差得很的:an ～ wine 质量低劣的酒

in·di·ge·nous [ɪn'dɪdʒɪnəs] *adj*. ❶本地的,本土的;土生土长的:Giant Pandas are ～ to China.大熊猫产于中国。❷生来的,固有的,内在的

in·di·gent ['ɪndɪdʒənt] *adj*.([近]poor)贫穷的,贫困的

in·di·gest·i·ble [ˌɪndɪ'dʒestəbl] *adj*. ([反]digestible) ❶难消化的,不能消化的:Fried onions can be ～.炸洋葱有时很难消化。❷不易接受的,难理解的:～ statistics 难懂的统计资料

in·di·ges·tion [ˌɪndɪ'dʒestʃən] *n*.Ⓤ❶不消化,消化不良:suffer from ～ 患消化不良症 ❷不理解,不领会

in·dig·nant [ɪn'dɪgnənt] *adj*.愤慨的,义愤的:He was terribly ～ at what he saw as false accusations.他认为那些指责皆属不实之词,因而十分气愤。

in·dig·na·tion [ˌɪndɪg'neɪʃən] *n*.Ⓤ愤慨,义愤:arouse sb.'s ～ 激起某人的愤懑/Much to my ～,he sat down in my seat.我很生气的是他坐在我的座位上。

in·dig·ni·ty [ɪn'dɪgnɪtɪ] (indignities[-z]) *n*. Ⓤ❶无礼,侮辱:be subjected to ～ and humiliation 受到侮辱和羞辱 ❷侮辱的言行

in·di·rect [ˌɪndɪ'rekt] *adj*.([反]direct) ❶迂回的,曲折的:an ～ route 迂回的路线 ❷间接的;不直截了当的:～ lighting 间接照明

in·dis·creet [ˌɪndɪ'skriːt] *adj*.([反]dis-creet)轻率的,不慎重的:One ～ remark at the wrong moment could ruin the whole plan. 若时机不当，一言不慎可以毁掉整个计划。

in·dis·crim·i·nate [ˌɪndɪˈskrɪmɪnɪt] [无比较等级] *adj*. 不加区别的，无选择的；不分青红皂白的；混杂的：～ in one's choice of friends 择友不慎重/～ praise 随意的夸奖

in·di·spen·sa·ble [ˌɪndɪˈspensəbl] *adj*. 必不可少的，必需的：Air, food and water are ～ to life. 空气、食物和水都是生命中不可缺少的东西

in·dis·pu·ta·ble [ˌɪndɪˈspjuːtəbl] [无比较等级] *adj*. ([反]disputable) 无可争辩的，不容置疑的

in·di·vid·u·al [ˌɪndɪˈvɪdjʊəl] Ⅰ. *adj*. ❶个别的；单独的：Each ～ person is responsible for his own arrangements. 每人都对自己的计划负责。❷个人的，个体的：an ～ effort 个人的努力 ❸独特的；个性的：He writes in a very ～ way. 他的写作方法别具一格。Ⅱ. (～s[-z]) *n*. Ⓤ Ⓒ ❶个人，个体：the rights of an ～ compared with those of society as a whole 针对社会整体权利而言的个人权利 ❷[口] (特别的) 人：He's quite an ～! 他是个十足的怪人!

in·di·vid·u·al·ism [ˌɪndɪˈvɪdjʊəlɪzəm] *n*. Ⓤ个人主义，利己主义

in·di·vid·u·al·i·ty [ˌɪndɪˌvɪdjʊˈælɪtɪ] (individualities[-z]) *n*. ❶Ⓤ个性：a man of marked ～ 个性突出的男子 ❷Ⓤ Ⓒ个人；个体：That often presents a threat to ～. 那往往对个人自由构成威胁。❸Ⓒ [常用复数]个人的兴趣 (或爱好等)：cater for different people's *individualities* 迎合人们各式各样的爱好

in·di·vid·u·al·ly [ˌɪndɪˈvɪdjʊəlɪ] *adv*. ❶[无比较等级]个别地，各自地：speak to each member of a group ～ 对组里每个人逐个地说 ❷个人地，依个人身份 ❸发挥个性地；以独自的方式

in·di·vid·u·al·ize,-ise [ˌɪndɪˈvɪdjʊəlaɪz] (～s[-z]; individualizing) *vt*. ❶使具有个性；使具有个人特色：Does your style of writing ～ your work? 你的写作风格是否体现在你的作品中了? ❷分别考虑，个别对待；个别列举

in·di·vis·i·ble [ˌɪndɪˈvɪzəbl] [无比较等级] *adj*. ([反]divisible) 不可分的；【数】除不尽的

in·do·lent [ˈɪndələnt] *adj*. ([近]lazy) ([反]active) 懒惰的，懒散的；不积极的

in·door [ˈɪndɔː(r)] [无比较等级] *adj*.

([反]outdoor) 室内的，屋内的：an ～ swimming-pool 室内游泳池

in·doors [ˌɪnˈdɔːz] *adv*. ([反]outdoors) 在屋里；进入室内：kept ～ all week by bad weather 因天气恶劣整个星期足不出户

in·duce [ɪnˈdjuːs] (～s[-ɪz]; ～d[-t]) inducing) *vt*. ❶引诱；劝说：We couldn't ～ the old lady to travel by air. 我们无法劝说那位老妇人坐飞机去旅行。❷引起；导致：illness ～d by overwork 过度劳累造成的疾病 ❸用药物催产：an ～d labour 催生 ❹【逻】归纳 ❺【电】感应；感生

in·duce·ment [ɪnˈdjuːsmənt] *n*. Ⓤ劝诱；诱因；动机：They have little ～ to work harder. 他们几乎没有更加努力工作的动机。

in·duc·tion [ɪnˈdʌkʃən] *n*. Ⓤ Ⓒ ❶就职；入会：the ～ of new employees into their jobs 新雇员参加工作 ❷诱导，引发 ❸【电】感应 ❹【逻】归纳(法)

in·duc·tive [ɪnˈdʌktɪv] *adj*. ❶【逻】归纳的，归纳法的：～ reasoning 归纳推理 ❷【电】感应的

in·dulge [ɪnˈdʌldʒ] (～s[-ɪz]; indulging) *vt*. ❶纵容；迁就；放任：They ～ their child too much, it's bad for his character. 他们过分纵容孩子，这对孩子的性格有不良影响。❷沉溺于；满足，使达到：Will you ～ my curiosity? 你能满足我的好奇心吗? *vi*. [口]纵情，沉迷；沉溺：I shall forget about dieting today. I'm just going to ～. 今天我要把节食计划置之脑后，想吃什么就吃什么。

in·dul·gence [ɪnˈdʌldʒəns] (～s[-ɪz]) *n*. ❶Ⓤ Ⓒ任性，肆放；沉溺，着迷：Constant ～ in bad habits brought about his ruin. 他长期耽于恶习，结果毁了自己。❷Ⓒ嗜好，爱好：A cigar after dinner is my only ～. 饭后一支雪茄是我唯一的嗜好。❸Ⓤ纵容，娇养：a life of ～ 放纵的生活 ❹Ⓤ Ⓒ恩惠，特赦；(天主教的) 免罪：selling ～s 出售赎罪券

in·dul·gent [ɪnˈdʌldʒənt] *adj*. 纵容的；放纵的；溺爱的：～ parents 纵容子女的父母

in·dus·tri·al [ɪnˈdʌstrɪəl] *adj*. 工业的，产业的，实业的：～ workers 产业工人

in·dus·tri·al·ist [ɪnˈdʌstrɪəlɪst] *n*. Ⓒ工业家，实业家

in·dus·tri·al·ize,-ise [ɪnˈdʌstrɪəlaɪz] (～s[-ɪz]; industrializing) *vt*. 使工业化：the ～d nations 工业化国家 *vi*. 实现工业化

in·dus·tri·ous [ɪnˈdʌstrɪəs] *adj*. ([近]hard-working) 勤劳的，勤奋的，勤勉的

in·dus·try [ˈɪndəstrɪ] (industries[-z]) *n*.

❶ⓊⒸ工业,产业;行业:Britain's coal ～英国的煤炭工业/tourist ～旅游业 ❷Ⓤ[集合用法]工业界,产业界 ❸Ⓤ勤劳,勤奋:The ～ of these little ants is wonderful to behold.这些小蚂蚁很勤奋,看起来多奇妙。

in·ef·fi·cient [ˌɪnɪˈfɪʃənt] *adj*.([反]efficient)无效的,效率低的;能力不强的:an ～ methods 效率低的方法

in·e·las·tic [ˌɪnɪˈlæstɪk] *adj*. ❶无弹性的 ❷无适应性;生硬的,不能变通的:This timetable is too ～,you must allow for possible modifications.这个时间表太死了,你总得留有余地吧。

in·el·i·gi·ble [ɪnˈelɪdʒəbl] [无比较等级] *adj*.([反]eligible)不合格的;无被选资格的;不可取的

in·eq·ui·ta·ble [ɪnˈevɪtəbl] *adj*.[书]不公正的,不公平的;偏私的:an ～ division of the profits 利润的不公平分配

in·ert [ɪˈnɜːt] [无比较等级] *adj*. ❶无活动力的;无生命的:She lay there ～,I thought she must be dead.她躺在那儿一动不动,我想她一定是死了。❷【化】不起化学变化的,惰性的

in·er·tia [ɪˈnɜːʃə] *n*.Ⓤ❶【物】惯性;惯量 ❷不活动,惰性;迟钝:I'm unable to throw off this feeling of ～.我无法摆脱这种懒散的感觉。

in·ev·i·ta·ble [ɪnˈevɪtəbl] [无比较等级] *adj*. ❶不可避免的,无法回避的;必然(发生)的:It seems ～ that they'll lose.看来他们的败局是势不可免了。❷[口]照例必有的;老一套的:a tourist with his ～ camera 常把照相机带在身边的游客

in·ex·haust·i·ble [ˌɪnɪɡˈzɔːstəbl] *adj*. ❶用不完的,无穷无尽的:My patience is not ～.我的耐心是有限度的。❷不知疲倦的

in·ex·pen·sive [ˌɪnɪkˈspensɪv] *adj*.花费不多的,廉价的

in·fa·mous [ˈɪnfəməs] *adj*. ❶声名狼藉的,臭名昭著的:a king ～ for his cruelty 以残暴而臭名远扬的国王 ❷丢脸的;无耻的;不名誉的:his ～ treatment of her 他对她恶毒的虐待

in·fa·my [ˈɪnfəmɪ] (infamies[-z]) *n*.❶Ⓤ臭名;不名誉;邪恶:His name will live in ～.他的名字将与耻辱共存。❷Ⓒ[常用复数]恶行,丑事:guilty of many *infamies* 罪恶多端

in·fan·cy [ˈɪnfənsɪ] *n*.Ⓤ❶婴儿期,幼年:in early ～在婴儿时期 ❷初期

in·fant [ˈɪnfənt] Ⅰ.*n*.Ⓒ❶婴儿,幼儿:

～s,older children and adults 幼儿、大孩子和成人 ❷未成年者 ❸初学者;生手Ⅱ.*adj*.婴儿的;未成年的

in·fan·try [ˈɪnfəntrɪ] *n*.Ⓤ[集合用法]步兵(部队);步兵团

in·fect [ɪnˈfekt] (～ed[-ɪd]) *vt*. ❶传染,感染:Clean the ～ed area with disinfectant.把受感染的部分用消毒剂消毒。❷(因病原菌)污染(空气、食物等) ❸使受影响;感染:Her cheerful spirits and bubbing laughter ～ed the whole class.她那快乐的情绪和爽朗的笑声感染了全班。*vi*.受传染

in·fec·tion [ɪnˈfekʃən] (～s[-z]) *n*.❶Ⓤ Ⓒ传染;感染;影响:the ～ of the body with bacteria 身体受细菌侵染/the ～ of young people with dangerous ideologies 危险的思想意识对年轻人的影响 ❷Ⓒ传染病:People catch all kinds of ～s in the winter.冬天易患多种传染病。

in·fec·tious [ɪnˈfekʃəs] *adj*. ❶传染的,传染性的:Flu is highly ～.流感的传染性很强。❷有感染力的,易传播的:～ enthusiasm 有感染力的热情

in·fer [ɪnˈfɜː(r)] (～s[-z];inferred;inferring[-rɪŋ]) *vt*. ❶推论,推断:It's possible to ～ two completely opposite conclusions from this set of facts.从这些事实中可以推断出两种截然相反的结论。❷猜想,臆测

in·fer·ence [ˈɪnfərəns] (～ [-ɪz]) *n*.❶Ⓤ推断,推理:If he is guilty,then by ～ so is she.如果他有罪,可以推断出她也有罪。❷Ⓒ推断的结果,推论:Is that a fair ～ to draw from this statement? 从他的说法中得出这种结论恰当吗?

in·fe·ri·or [ɪnˈfɪərɪə(r)] Ⅰ.[无比较等级] *adj*.([反]superior)❶低等的,下级的:A captain is ～ to a major.上尉的级别低于上校。❷(质量等)劣等的,差的,次的:～ goods 次货 Ⅱ.*n*.Ⓒ下级,下属;低下的人:We should not despise our intellectual ～s.我们不应轻视智力不如我们的人。

in·fi·del [ˈɪnfɪdəl] Ⅰ.(～s[-z]) *n*.Ⓒ无宗教信仰者;异教徒 Ⅱ.*adj*.不信宗教的;异教徒的

in·fi·del·i·ty [ˌɪnfɪˈdelətɪ] (infidelities[-z]) *n*.ⒸⓊ背信;不信任;不忠诚;不忠实的行为

in·fi·nite [ˈɪnfɪnɪt] [无比较等级] *adj*.([反]finite)无限的,无穷的;无边的:You need ～ patience for this job. 做这项工作要有极大的耐心。

in·fi·ni·tes·i·mal [ˌɪnfɪnɪˈtesɪml] [无比较等级] *adj.* ❶微不足道的 ❷【数】无穷小的,无限小的

in·fin·i·tive [ɪnˈfɪnɪtɪv] Ⅰ. [无比较等级] *adj.* 【语】原形的,不定式的 Ⅱ. *n.* ©【语】(动词)原形,不定式:a verb in the ～ 原形动词

in·fin·i·ty [ɪnˈfɪnɪtɪ] (infinities[-z]) *n.* ❶Ⓤ无限,无穷;大量:the ～ of space 空间的无限 ❷Ⓤ©【数】无穷大,无穷

in·firm [ɪnˈfɜːm] *adj.* ❶体弱的,虚弱的:walk with ～ steps 迈着虚弱的步子行走 ❷意志薄弱的;不坚定的,动摇的:～ of will 意志不坚强

in·fir·ma·ry [ɪnˈfɜːmərɪ] (infirmaries [-z]) *n.* ©❶医疗室,保健室 ❷医院

in·fir·mi·ty [ɪnˈfɜːmɪtɪ] (infirmities[-z]) *n.* ❶Ⓤ体弱,虚弱:Old age and ～ had begun to catch up with him. 他开始显出年老体衰的样子了。❷©疾病,病症:Deafness and failing eyesight are among the *infirmities* of old age. 耳聋眼花是年老体衰的现象。❸©(意志等的)薄弱;弱点

in·fla·tion [ɪnˈfleɪʃən] *n.* ❶Ⓤ©通货膨胀;物价飞涨:control ～控制通货膨胀 ❷Ⓤ充气;膨胀 ❸Ⓤ夸张;自大

in·flex·i·ble [ɪnˈfleksəbl] *adj.* ([反]flexible) ❶不可弯曲的,僵硬的:made of an ～ plastic 用硬塑料制成 ❷坚定不移的,不可动摇的;不可改变的;固定的:an ～ determination 不可动摇的决心/an ～ rule 不可改变的规则

in·flict [ɪnˈflɪkt] (～es[-ɪd]) *vt.* 予以(打击);使遭受;加以(处罚):～ a crushing defeat on the enemy 把敌军打得一败涂地

in·flu·ence [ˈɪnfluəns] Ⅰ. (～s[-ɪz]) . *n.* ❶Ⓤ©影响;感化;作用:the ～ of moon on the tides 月球对潮汐的影响 ❷Ⓤ影响力;势力;权势:the ～ of parents on their children 父母对子女的影响/escape sb.'s ～ 避开某人的势力范围 ❸© 有影响的人(或事物);有势力的人:Those so-called friends of his are a bad ～ on him. 他那些所谓的朋友对他的影响很坏。Ⅱ. (～s[-ɪz]; ～d[-t]; influencing) *vt.* 感化;影响,左右:The weather in summer ～s the rice crops. 夏天的天气影响稻谷的收成。

in·flu·en·tial [ˌɪnfluˈenʃl] Ⅰ. *adj.* 有影响的;有权势的:factors that are ～ in reaching a decision 对做出决定有影响的因素 Ⅱ. *n.* ©[常用复数]有影响的人;有权势的人

in·flu·en·za [ˌɪnfluˈenzə] *n.* Ⓤ【医】流行

性感冒,流感

in·form [ɪnˈfɔːm] (～s[-z]) *vt.* 通知,告知;通报:Keep me ～ed about what happens. 有事随时通知我。*vi.* 告发,告密:One of the criminals ～ed on the rest of the gang. 有一个罪犯告发了同党。

in·for·mal [ɪnˈfɔːməl] *adj.* ([反]formal) ❶非正式的,非正规的:an ～ visit 非正式的访问 ❷不拘小节的;日常使用的:～ dress 日常服装 ❸口语化的,会话体的:～ American English 口语化的美式英语

in·for·mant [ɪnˈfɔːmənt] *n.* ©❶(语言、民俗调查等的)资料提供者 ❷提供消息(或情报)的人

in·for·ma·tion [ˌɪnfəˈmeɪʃən] *n.* ❶Ⓤ通知,报告;消息,报道;情报:For your ～,the library is on the first floor. 谨奉告,图书馆在二楼。/a useful piece of ～一份很有价值的情报 ❷Ⓤ指南,资料:The map is for the ～ of foreigners. 这张地图是供外国人参考的。❸©询问处;接待(员):Dial ～. 请拨服务专线

in·for·ma·tive [ɪnˈfɔːmətɪv] *adj.* 提供消息的;增进知识的;增长见闻的:an ～ book 令人大开眼界的书

in·fra·red [ˌɪnfrəˈred] Ⅰ. [无比较等级] *adj.* 【物】红外线的;红外区的 Ⅱ. *n.* ©红外线;红外区

in·fringe [ɪnˈfrɪndʒ] (～s[-ɪz]; infringing) *vt.* ❶侵犯,侵害:～ sb.'s rights 侵犯某人的权利 ❷违反,违背:～ the regulations 违反规则 *vi.* 侵犯,侵害:～ upon the rights of other people 侵害他人权利

in·fuse [ɪnˈfjuːz] *vt.* ❶把…注入,(向…)灌输(into) ❷使充满 ❸【医】输入,注入

in·ge·ni·ous [ɪnˈdʒiːnjəs] *adj.* ❶机灵的,足智多谋的:～ at solving difficult crossword puzzles 善于破解困难的纵横填字谜 ❷制作精巧的;(方法等)巧妙的:an ～ device 精巧的装置

in·ge·nu·i·ty [ˌɪndʒɪˈnjuːɪtɪ] *n.* Ⓤ❶机灵,足智多谋;独创性 ❷精巧;巧妙

in·gra·ti·ate [ɪnˈɡreɪʃɪeɪt] (～d[-ɪd]; ingratiating) *vt.* 使讨好,使巴结,使迎合:She tried to ～ herself with a director, in the hope of getting promotion. 她竭力巴结主任,希望得到提升。

in·gre·di·ent [ɪnˈɡriːdjənt] *n.* ©❶组成部分;配料;成分:Mix all the ～s in a bowl. 将原料放在碗里调匀。❷(构成)要素,因素:the ～s of success 成功的要素

in·hab·it [ɪn'hæbɪt] (~ed[-ɪd]) *vt*.居住于,栖息于:an island ~ed only birds 只有鸟类栖息的岛

in·hab·i·tant [ɪn'hæbɪtənt] *n*.ⓒ居民,居住者;栖居的动物:the oldest ~s of the island 岛上最早的栖息者

in·hale [ɪn'heɪl] (~s[-z] inhaling) *vt*.吸入,吸进:miners who have ~ed coal dust into their lungs 肺里吸入煤尘的矿工 *vi*.吸气:~ deeply 做深呼吸

in·her·ent [ɪn'hɪərənt] *adj*.内在的;固有的;生来就有的:an ~ weakness in a design 设计本身存在的弱点

in·her·it [ɪn'herɪt] (~ed[-ɪd]) *vt*.❶继承(传统、遗产、权力等):She ~ed a little money from her grandfather. 她从祖父处继承了小笔钱财。❷经遗传而得:She ~ed her mother's good looks. 她生来就有母亲的美貌。

in·hib·it [ɪn'hɪbɪt] (~ed[-ɪd]) *vt*.❶禁止,阻止 ❷抑制,约束:an enzyme which ~s a chemical reaction 抑制化学反应的酶

in·hi·bi·tion [ˌɪn(h)ɪ'bɪʃən] (~s[-z]) *n*.❶ⓤ压抑;禁止:Inhibition of natural impulses may cause psychological problems. 压抑自然的冲动可能会引起心理上的问题。❷ⓒ抑制力:Alcohol weakens a person's ~s. 酒精能削弱人的抑制力。

in·hos·pi·ta·ble [ɪn'hɒspɪtəbl] *adj*.[反]hospitable) ❶不好客的,不殷勤的,不亲切的:It was ~ of you not to offer her a drink. 你不给她饮料是待客不周。❷荒凉的;(地方)无处可避的:an ~ island 荒凉的小岛

in·hu·man [ɪn'hjuːmən] *adj*.❶无人性的;无同情心的,冷酷的:It was ~ to refuse him permission to see his wife. 不容许他去看自己的妻子是太不近人情了。❷非人类的,不像人的

in·hu·mane [ˌɪnhjuː'meɪn] *adj*.薄情的,残酷的,无人道的

in·hu·man·i·ty [ˌɪnhjuː'mænətɪ] (inhumanities[-z]) *n*.❶ⓤ无人性,野蛮,残酷:man's ~ to animals 人对动物的残忍 ❷ⓒ[常用复数]冷酷(或残忍)的行为

i·ni·tial [ɪ'nɪʃl] **Ⅰ**.[无比较等级] *adj*.❶[近]first)最初的,开始的:My ~ reaction was to refuse. 我最初的反应是予以拒绝。❷词首的:the ~ letter of a word 一个词的起首字母 **Ⅱ**.(~s[-z]) *n*.ⓒ[常用复数]首字母;姓名的开头字母:George Bernard Shaw was well-known by his ~s GBS. 人们对萧伯纳姓

名的首字母 GBS 非常熟悉。**Ⅲ**.(~s[-z]; initialled;initialling) *vi*.签上姓名的首字母:Initial here,please. 请在这儿签上姓名的首字母。*vt*.签姓名的首字母于:~ a document 用名字的首字母签署文件

i·ni·ti·ate¹ [ɪ'nɪʃɪeɪt] (~d[-ɪd];initiating) *vt*.❶开始;创始;发起:~ social reform 开始实施社会改革 ❷正式介绍,引进:~ sb. into a club 介绍某人加入俱乐部 ❸向某人传授基本知识:~ pupils into the elements of grammar 把基本语法教给学生

i·ni·ti·ate² [ɪ'nɪʃɪeɪt] **Ⅰ**. *adj*.接受初步知识的;新入会的 **Ⅱ**. *n*.ⓒ被传授了初步知识的人;新入会的人

i·ni·tia·tive [ɪ'nɪʃ(ɪ)ətɪv] **Ⅰ**. *n*.ⓤ❶发端;创始 ❷首创精神;主动;积极性:He took the ~ to solve the problem. 他主动解决这个问题。/He is a man of great ~. 他是个富有进取心的人。**Ⅱ**. *adj*.开始的;初步的;创始的

in·ject [ɪn'dʒekt] (~ed[-ɪd]) *vt*.❶注射;注入:~ penicillin into sb.'s arm 给某人的胳膊注射青霉素/~ foam into a cavity wall 向空心墙内注入泡沫填料 ❷插入;引入,投入:Try to ~ a bit of enthusiasm into your performance.你要尽力在演出中倾注一点儿热情。

in·jec·tion [ɪn'dʒekʃən] (~s[-z]) *n*.❶ⓤ ⓒ注射;注入:If you're going abroad,have you had your ~s yet? 你不是要出国吗,打过防疫针了吗? ❷ⓒ注射液,针剂

in·junc·tion [ɪn'dʒʌŋkʃən] (~s[-z]) *n*.ⓒ命令;责戒;【律】禁令;强制令

in·jure ['ɪndʒə(r)] (~s[-z];injuring) *vt*.❶受伤;损坏:He was seriously ~d in the crash. 他在事故中受伤很重。❷损害(名誉等);伤害(感情):Her refusal ~d his pride. 她的拒绝伤害了他的自尊心。

in·ju·ry ['ɪndʒərɪ] (injuries[-z]) *n*.ⓤⓒ❶伤,伤口;损害:Excessive dosage of this drug can result in ~ to the liver. 这种药使用过量会损害肝脏。❷(感情、名誉等的)伤害:injuries to one's reputation 对个人名声的损害

ink [ɪŋk] **Ⅰ**. *n*.ⓤ墨水,油墨:written in ~ 用墨水写的 **Ⅱ**.(~ed[-t]) *vt*.用墨水写;[美口]签署,签订

ink·ling ['ɪŋklɪŋ] *n*.ⓤ暗示;略知:Can you give me some ~ of what is going on? 现在有什么情况,你能告诉我一点儿吗?

in·land¹ ['ɪnlənd] [无比较等级] *adj*.[作定语]❶内地的;内陆的:~ areas 内陆地区

[英]国内的：～ trade 国内贸易

in·land² ['ɪnlænd] **I**. *n*. Ⓤ[the ～]内陆，内地 **II**. *adv*. 在内陆；在内地；向内陆，向内地：They live ～. 他们住在内地。

in·lay I. [ˌɪn'leɪ] (～s[-z]) *n*. ❶ⓊⒸ 镶嵌：a wooden jewel-box with gold ～镶金木质首饰盒 ❷Ⓒ【医】嵌体 **II**. [ˌɪn'leɪ] (～s[-z]；inlaid [ɪn'leɪd]) *vt*. 把…嵌入，把…镶嵌：ivory *inlaid* with gold 镶金象牙雕

in·let ['ɪnlet,-lɪt] *n*. Ⓒ ❶水湾；小港 ❷入口，进口：the fuel ～燃料入口 ❸插入物；镶嵌物

in·mate ['ɪnmeɪt] *n*. Ⓒ同在一起住院（或坐牢）的人；被收容者

inn [ɪn] (～s[-z]) *n*. Ⓒ小旅馆；客栈；小酒馆

in·ner ['ɪnə(r)] [无比较等级] *adj*. ❶内部的；里面的：an ～ room 内室 ❷思想的，心灵的；精神的 ❸内心的，秘密的：If she had ～ doubts, it was not apparent to anyone else. 她心中生疑也不形之于色。

in·no·cence ['ɪnəsəns] *n*. Ⓤ❶无罪，清白：She protested her ～. 她坚称自己无罪。❷天真，单纯：Children lose their ～ as they grow older. 童稚的天真随着年龄的增长而消逝。❸无害

in·no·cent ['ɪnəsənt] **I**. *adj*. ❶[无比较等级]无罪的，清白的：They have imprisoned an ～ man. 他们囚禁了一个无辜的男子。❷天真的，单纯的：as ～ as a new-born baby 像初生婴儿般纯洁 ❸无知的，头脑简单的：Don't be so ～ as to believe everything the politicians tell you. 别那么幼稚，以为政客说的一切都是可信的。❹无害的：～ amusements 无害的娱乐 **II**. *n*. Ⓒ❶天真的孩童 ❷单纯的人，老实的人

in·no·va·te ['ɪnə(ʊ)veɪt] (～d[-ɪd]；innovating) *vi*. 改革，创新；变革；引入新事物：prepared to ～ in order to make progress 为取得进步准备革新 *vt*. 创立，创始

in·no·va·tion [ˌɪnə(ʊ)'veɪʃən] (～s[-z]) *n*. ❶Ⓤ革命创新，改革：a period of ～革新时期 ❷Ⓒ新事物，新方法：technical ～s in industry 工业中的技术革新

in·nu·en·do [ˌɪnjuː'endəʊ,-njʊ-] **I**. (～es [-ɪz]) *n*. ⒸⓊ讽刺，影射，暗讽：He had been subject to a campaign of ～ in the press. 他一直受到新闻界指桑骂槐的影射。**II**. *vi*. 影射

in·nu·me·ra·ble [ɪ'njuːmərəbl] *adj*. 无数的，数不清的

in·or·gan·ic [ˌɪnɔː'gænɪk] [无比较等级]

adj. ❶无生物的；【化】无机的：Rocks and minerals are ～. 岩石和矿物都是无机物。❷非自然的，人造的：an ～ form of society 一种由非自然发展而形成的社会形式

in·put ['ɪnpʊt] *n*. ⓊⒸ❶（资金、劳力等的）投入，注入：the ～ of additional resources into the project 给这项工程额外注入的资金 ❷[常用单数]（数据、电力、能量等的）输入；输入的信息：an ～ of energy to a system 向某系统的能量输入/an ～ key 输入键

in·quire [ɪn'kwaɪə(r)] (～s[-z]；inquiring [-rɪŋ]) *vt*. 询问，调查：She ～d of me most politely whether I wished to continue. 她非常有礼貌地问我是否想继续下去。*vi*. 询问，打听：～ about trains to London 查询到伦敦去的车次

in·quir·ing [ɪn'kwaɪərɪŋ] [无比较等级] *adj*. 爱打听的，好询问的；好奇心强的：an ～ mind 爱探索的头脑

in·quir·y [ɪn'kwaɪərɪ] (inquiries[-ɪz]) *n*. Ⓒ Ⓤ❶询问，打听：I've been making (some) inquiries about it. 我一直在多方打听这件事。❷调查，侦查：The police are following several lines of ～. 警方正沿几条线索进行调查。

in·sane [ɪn'seɪn] *adj*. ❶精神错乱的，发疯的：an ～ person 精神错乱的人 ❷疯狂的，极其愚蠢的：an ～ desire 疯狂的欲望

in·sect ['ɪnsekt] *n*. Ⓒ❶虫；昆虫：a beneficial ～ 益虫 ❷爬行的小动物（如蜘蛛）

in·sec·ti·cide [ɪn'sektɪsaɪd] (～s[-z]) *n*. ⒸⓊ杀虫剂，杀虫药

in·se·cure [ˌɪnsɪ'kjʊə] *adj*. ([反]secure) ❶不安全的；不坚固的；无保障的；不稳定的：an ～ job 不稳定的工作 ❷缺乏安全感的；信心不足的：She feels very ～ about her marriage. 她对自己的婚姻缺乏信心。

in·sen·si·ble [ɪn'sensəbl] *adj*. ❶昏迷不醒的，失去知觉的：knocked ～ by a falling rock 被落石击中而失去知觉 ❷麻木的，无感觉的；感觉迟钝的：～ to pain 对疼痛无感觉 ❸不知道的；没察觉的：I am not ～ how much I own to your help. 你帮了我这么多忙，我不是不知道。❹不易被察觉的；极微的：by ～ degrees 不知不觉地

in·sen·si·tive [ɪn'sensɪtɪv] *adj*. ❶不顾及他人感受的：It was rather ～ of you to mention his dead wife. 你太粗心了，竟然提起他已故的妻子来。❷感觉迟钝的；无感觉的：～ to pain 对疼痛无感觉 ❸没有反应的：He's ～ to criticism. 他对批评毫无反应。

in·sert¹ [ɪnˈsɜːt] (~ed[-ɪd]) *vt*. 插入,嵌入;写入,刊登:~ an advertisement in a newspaper 在报上刊登一则广告

in·sert² [ˈɪnsɜːt] *n*. © 插入物;(书、报等的)插页:an ten page ~ 10 页的附加页

*****in·side** [ˌɪnˈsaɪd] **Ⅰ**. (~s[-z]) *n*. ❶© ([反]outside)内部,里面:The room had been locked from the ~. 这房间从里面锁上了。/ The ~s of the cylinders must be carefully cleaned. 汽缸内部必须仔细清理干净。❷© (人行道的)内侧:Walk on the ~ to avoid the traffic fumes. 在人行道内侧走,避开汽车的废气。❸ [口][用作复数]肚子,肠胃:My ~s are crying out for food. 我饿得肚子直叫。**Ⅱ**. *adj*. ❶里面的,内部的:He kept his wallet in an ~ pocket. 他把钱包放在里面的口袋里。❷内幕的;从内部得到的:Acting on ~ information, the police were able to arrest the gang before the robbery occurred. 警方根据匪徒内部情报,在劫案发生前把他们一网打尽。**Ⅲ**. *adv*. 在内部,在里面:She shook it to make certain there was nothing ~. 她把它摇了摇,想确定里面确实没有东西。**Ⅳ**. *prep*. ❶在…里面,在…之内:*Inside* the box there was a gold coin. 盒子里面曾有一块金币。❷(时间)在…之内,少于…:The job is unlikely to be finished ~ a year. 这工作一年之内不可能完成。

in·sid·er [ɪnˈsaɪdə(r)] (~s[-z]) *n*. © 内部的人,自己人;知情者,了解内幕的人

in·sight [ˈɪnsaɪt] *n*. ©Ⓤ 洞察力,眼光;洞察:a book full of remarkable ~s 一本很有真知灼见的书

in·sig·nif·i·cant [ˌɪnsɪɡˈnɪfɪkənt] *adj*. ([反]significant)无意义的,无关紧要的,无足轻重的:The rate has fallen by an ~ amount. 比率虽有下降,但微不足道。

in·sin·cere [ˌɪnsɪnˈsɪə(r)] *adj*. ([反]sincere)不真诚的,不诚恳的

in·sin·u·ate [ɪnˈsɪnjueɪt] (~d[-ɪd];insinuating) *vt*. ❶暗示,暗讽:Are you *insinuating* that I am a liar? 你绕来绕去是否暗指我在撒谎? ❷使悄然潜入;渗入;进入:~ one's body into a narrow opening 使自己的身体小心地钻入狭窄的缝隙中

*****in·sist** [ɪnˈsɪst] (~ed[-ɪd]) *vt*. ❶坚持;坚决主张;坚决认为:She kept ~*ing* that she was innocent. 她坚持说自己是清白的。❷坚决要求,一定要:I ~ that you take immediate action to put this right. 我坚决要求你立即采取行动把事情处理好。*vi*. ❶坚持,坚决主张:She will ~ on getting up early and playing

her radio loud. 她老是一大早起来把收音机音量开得很大。❷坚决要求:"You really must go!" "All right, if you ~." "你真得走了。" "好吧,一定要走,我就走。"

in·sis·tent [ɪnˈsɪstənt] *adj*. ❶极力主张的,坚持的:You mustn't be late;he was most ~ about that. 你千万不能迟到,他对这一点要求最严格。❷引人注目的,显著的,突出的:the ~ horn phrase in the third movement of the symphony 交响乐第三章中反复突出的号音

in·so·lent [ˈɪnsələnt] *adj*. 傲慢的,目空一切的;无礼的:~ behaviour 无礼的举止

in·sol·u·ble [ɪnˈsɒljubl] [无比较等级] *adj*. ❶【化】不溶的;不易溶解的 ❷不能解决的:an ~ problem 不能解决的问题

*****in·spect** [ɪnˈspekt] *vt*. ❶详细检查;审查:The customs officer ~ed his passport suspiciously. 海关官员颇为怀疑地检查了他的护照。❷视察,检阅:~ a factory 视察工厂 *vi*. 进行检查

in·spec·tion [ɪnˈspekʃən] (~s[-z]) *n*. Ⓤ© ❶检查,审查:On ~ the notes proved to be forgeries. 经检查发现钞票是伪造的。/ carry out frequent ~s 进行经常性检查 ❷检阅,视察

in·spec·tor [ɪnˈspektə(r)] (~s[-z]) *n*. © ❶检查员,视察员 ❷巡官

in·spi·ra·tion [ˌɪnspɪˈreɪʃən] (~s[-z]) *n*. ❶Ⓤ 灵感;感化:I sat down to write my essay, but found I was completely without ~. 我坐下来写文章,可发觉自己毫无灵感。❷©[口]灵机,妙想:I've just had an ~. 我突然想到一个好主意。❸© 鼓舞人心的人,激励的人(或事物)

*****in·spire** [ɪnˈspaɪə(r)] (~s[-z];inspiring [-rɪŋ]) *vt*. ❶鼓舞,激励:We were ~d by his speech. 我们被他的演说所鼓舞。❷激起;唤起;引起:His noble example ~d the rest of us to greater efforts. 他高尚的榜样激我们大家更加努力。/He ~s dislike in us. 他常引起我们的讨厌。❸赋予…灵感,使感悟 *vi*. 吸气,吸入

in·sta·bil·i·ty [ˌɪnstəˈbɪlɪti] *n*. ([反]stability)Ⓤ 不稳定(性);不坚定;易变:mental ~ 精神不稳定

in·stall [ɪnˈstɔːl] (~s[-z]) *vt*. ❶安装,设置;安置:I'm having a shower ~ed. 我正在安装淋浴。/be comfortably ~ed in a new home 在新居舒适地安顿下来 ❷任命,使就职:He was ~ed as chairman yesterday. 昨

天他就任为主席。

in·stal(l)·ment [ɪnˈstɔːlmənt] *n*. ⓒ❶分期付款，每期所付款：pay for a house by monthly ~s 按月分期付款买房 ❷（分期连载的）一集，一回：Don't miss the next ~! 下期续载，切勿错过！

in·stance [ˈɪnstəns] Ⅰ.（~s[-ɪz]）*n*. ⓒ❶（[近]example）例子，事例，实例：I can quote you several ~s of her being deliberately rude. 我可以给你举出她故意粗暴待人的几个例子。❷情况，场合 ❸请求，建议 Ⅱ.（~s [-ɪz]；~d[-t]；instancing）*vt*. 举例说明

in·stant [ˈɪnstənt] Ⅰ. *adj*. ❶（[近]immediate）立刻的，立即的：a new book that was an ~ success 一出版就大获成功的新书 ❷（[近]urgent）紧迫的，刻不容缓的：in ~ need of help 在需要紧急援助时 ❸（食品等）即食的，速溶的：~ coffee 速溶咖啡 Ⅱ. *n*. ⓒ❶瞬间，刹那，片刻：Just for a ~, I thought he was going to refuse. 我脑中有一闪念，以为他要拒绝。/I shall be back in an ~. 我马上回来。❷ [常用单数]（[近]moment）当时，（某一）时刻：I recognized her the ~ I saw her. 我一眼就认出是她。

in·stan·ta·ne·ous [ˌɪnstənˈteɪnjəs] [无比较等级] *adj*. 瞬间的；即刻的：an ~ death 猝死；立即死亡

in·stead [ɪnˈsted] [无比较等级] *adv*. 代替地；替换：She was ill, so I went ~. 她病了，所以换了我去。

in·stinct[1] [ˈɪnstɪŋkt] *n*. Ⓤⓒ❶本能；天性：Birds learn to fly by ~. 鸟会飞是出自本能。❷直觉：My first ~ was to refuse, but later I reconsidered. 最初我是凭直觉加以拒绝，但后来又重新考虑了。

in·stinct[2] [ˈɪnstɪŋkt] *adj*. [书]充满着的，洋溢着的：Those young men are ~ with life. 那些青年人生气勃勃。

in·sti·tute [ˈɪnstɪtjuːt] Ⅰ. *n*. ⓒ❶学会，协会，学社；会馆：the Chinese People's *Institute* of Foreign Affairs 中国人民外交学会 ❷学院；（大专）学校；[美]讲席会，讲座：an ~ of foreign languages 外国语学院 Ⅱ.（~d [-ɪd]；instituting）*vt*. ❶设立，建立，制定：an association 建立社团/~ rules 制定规则 ❷开始，着手：Police have ~d inquiries into the matter. 警方已就此事展开调查。

in·sti·tu·tion [ˌɪnstɪˈtjuːʃən] （~s[-z]）*n*. ❶Ⓤ建立，设立，制定：the ~ of rules 规则的制定 ❷ⓒ制定；惯例；习俗：Marriage is a sacred ~. 婚姻制度是神圣的。/Drinking tea

at 4 p.m. is a popular British ~. 下午4点吃茶点是英国人很流行的习惯。❸ⓒ（慈善、宗教等的）公共机构；协会，学会：living in an ~ 住在收容所 ❹ⓒ[口]知名人士，名人

in·struct [ɪnˈstrʌkt]（~ed[-ɪd]）*vt*. ❶教，教育；指导：~ recruits in drill 训练新兵操练 ❷指示；命令，吩咐：They haven't ~ed us where to go. 他们还未指示我们到何处去。❸通知，告知：We are ~ed by our clients that you own them £300. 我们的委托人通知你说你欠他们300英镑。

in·struc·tion [ɪnˈstrʌkʃən]（~s[-z]）*n*. ❶（[近]teaching；training）Ⓤ讲授；教育，指导：In this course, students receive ~ in basic engineering. 在本课程中，学生能学到基础工程学的知识。❷ⓒ[常用复数]指示，指令；命令：carry out an ~ 执行命令

in·stru·ment [ˈɪnstrʊmənt] *n*. ⓒ❶（精密）仪器；机械，器具：an optical ~ 光学仪器 ❷乐器：learning to play an ~ 学习演奏乐器 ❸手段，工具：We humans are merely the ~s of fate. 我们人类不过是天命的工具。❹【律】正式的文件，文书

in·stru·men·tal [ˌɪnstrʊˈmentl, -trə-] *adj*. ❶作为手段的；有帮助的，起作用的：Our artistic director was ~ in persuading the orchestra to come and play for us. 我们的艺术指导大费唇舌请来管弦乐队为我们演出。❷乐器的；用乐器演奏的：~ music 器乐曲

in·suf·fi·cient [ˌɪnsəˈfɪʃənt] [无比较等级] *adj*.（[反]enough, sufficient）不足的，不充足的；不适当的：The case was dismissed because of ~ evidence. 该案因证据不足而撤销。

in·su·lar [ˈɪnsjʊlə(r)] *adj*. ❶ [无比较等级]海岛的，岛屿的；岛形的：an ~ way of life 海岛的生活方式 ❷孤立的，隔绝的；思想狭隘的：an ~ attitude 偏狭的态度

in·su·late [ˈɪnsjʊleɪt]（~d[-ɪd]；insulating）*vt*. ❶隔离，使孤立：children carefully ~d from harmful experiences 受到细心保护免受不良影响的孩子们 ❷【物】使绝缘；使隔热：material which ~s well 绝缘性能良好的材料

in·sult Ⅰ. [ɪnˈsʌlt]（~ed[-ɪd]）*vt*. 侮辱；辱骂：She ~ed her boyfriend by telling him that he was timid. 她羞辱她的男友，说他胆子小。Ⅱ. [ˈɪnsʌlt] *n*. Ⓤⓒ侮辱，凌辱：She hurled ~s at the unfortunate waiter. 她大骂那个倒霉的服务生。

in·sur·ance [ɪnˈʃʊərəns] *n*. Ⓤⓒ❶保险；

保险费;保险业:personal ～ 人身保险/When her husband died,she received ￡50,000 in ～.她丈夫去世后,她得到了 50,000 英镑的保险金。/Her husband works in ～.她丈夫在保险业工作。❷预防措施;提防:He's applying for two other jobs as an ～ against not passing the interview for this one.他还申请了另外两份工作,以防这份工作面试不合格。

in·sure [ɪnˈʃʊə(r)] (～s[-z];insuring[-rɪŋ]) *vt.* ❶投保,保险:～ one's house against fire 为自己的房子保火灾险 ❷(保险公司)承保…险 ❸([近]ensure)保证,保险,担保

in·sur·gent [ɪnˈsɜːdʒənt] Ⅰ.[无比较等级] *adj.*[作定语]造反的;反抗的:～ troops 叛军 Ⅱ.*n.*[C][常用复数]叛军官兵;叛乱分子:an attack by armed ～s 武装叛乱士兵发起的攻击

in·sur·moun·ta·ble [ˌɪnsəˈmaʊntəbl] [无比较等级] *adj.*难以逾越的;不能克服的:The problems are not ～.问题不是无法解决的。

in·tact [ɪnˈtækt][无比较等级] *adj.*未动过的,原封不动的;无损的,完整的:He can scarcely survive this scandal with his reputation ～.他经此丑闻名誉很难不受损。

in·take [ˈɪnteɪk] *n.* ❶[C](空气、水等的)入口,引入口:the fuel ～ 燃油进口 ❷[U]吸入(量),摄取(量);录取(数):*Intake* in state primary schools is down by 10%.公立小学入学人数下降了 10%。

in·tan·gi·ble [ɪnˈtændʒəbl][无比较等级] *adj.* ❶不能触摸的 ❷模糊不清的,含糊的;难以理解的:The old building had an ～ air of sadness about it.那座古老建筑物周围笼罩着说不出的凄凉气氛。❸无实体的,无形的:the ～ value of a good reputation 良好声誉的无形价值

in·te·gral [ˈɪntɪɡrəl][无比较等级] *adj.* ❶构成整体所必要的,不可欠缺的:The arms and legs are ～ parts of the human body, they are ～ to the human body.手臂和腿是人体的组成部分,是构成完整的人体必不可少的。❷完全的,整体的:an ～ design 完整的设计 ❸【数】整的,积分的

in·te·grate [ˈɪntɪɡreɪt] (～d[-ɪd];integrating) *vt.* ❶使结合,使成一体:The buildings are ～d with the landscape.这些建筑物和周围的景物相融合,浑然一体。❷使(不同种族)融合:*integrating* black people into a largely white community 使黑人融合进白人为主的社区 *vi.*与社区结合;成为一体:foreign immigrants who don't ～ well 未能完全融入当地社会的外国移民

in·te·grat·ed [ˈɪntɪɡreɪtɪd] *adj.* ❶被合为一体的,完整的:an ～ transport scheme 综合联运计划 ❷无种族差别的,取消隔离的

in·teg·ri·ty [ɪnˈteɡrɪtɪ] *n.*[U] ❶诚实,正直;廉正:He's a man of ～;he won't break his promise.他为人诚实正直,决不食言。❷[书]完整,完全;完善:preserve a nation's territorial ～ 维护国家领土完整

in·tel·lect [ˈɪntɪlekt] *n.* ❶[U]理解力;智力,才智:*Intellect* distinguishes humans from other animals.人类与禽兽类的区别在于人类具有思维能力。❷[C]有才智的人:He was one of the most formidable ～s of his time.他是该时代的盖世奇才。

in·tel·lec·tual [ˌɪntɪˈlektjʊəl] Ⅰ.*adj.* ❶智力的;理智的:the ～ faculties 智能 ❷用脑力的,需智力的:～ people 善思考的人 Ⅱ.(～s[-z]) *n.*[C]知识分子;脑力劳动者

in·tel·li·gence [ɪnˈtelɪdʒəns] *n.*[U] ❶智力,才智;聪颖:When the water pipe burst, she had the ～ to turn off the water at the main.水管裂开时,她很聪明,连忙把总水门关上了。❷情报,信息;情报机构:an ～-gathering satellite 搜集情报的卫星

in·tel·li·gent [ɪnˈtelɪdʒənt] *adj.*有智慧的;理解力强的,聪明的;有理性的:an ～ child 聪明的孩子/～ answers 巧妙的回答

in·tel·li·gi·ble [ɪnˈtelɪdʒəbl] *adj.*易理解的,明白易懂的;清晰的:～ speech 明白易懂的讲话

in·tend [ɪnˈtend] (～s[-z];～ed[-ɪd]) *vt.* ❶想要,打算,计划:I ～ you to take over.我打算让你来接管。❷意指,意思是:What did he ～ by that remark? 他说那话是什么意思?

in·tense [ɪnˈtens] (～r;～st) *adj.* ❶强烈的,剧烈的,紧张的:～ pain 剧痛/～ interest 浓厚的兴趣 ❷热切的,热情的;认真的:an ～ person 热心的人

in·ten·si·fy [ɪnˈtensɪfaɪ] (intensifies[-z]; intensified) *vt.*使增强,使加剧:The terrorists have *intensified* their bombing campaign.恐怖分子增加了炸弹爆炸活动。*vi.*强化,增强:Her anger *intensified*.她更加生气了。

in·ten·si·ty [ɪnˈtensətɪ] *n.*[U] ❶强烈,激烈,剧烈:work with greater ～ 更加紧张地工作/I didn't realize the ～ of people's feelings on this issue.我没有意识到这一问题能引起群情激愤。❷(电、热、光等的)强度

in·ten·sive [ɪnˈtensɪv] *adj.* ❶密集的;集中的;透彻的:～ bombardment of a town 密

集轰击某城镇/An ～ search failed to reveal any clues. 经过彻底搜查未发现任何线索。❷ 加强的；激烈的；紧张的：They teach you English in an ～ course lasting just a week, it's quite an ～ few days! 他们用一周时间教英语速成课程，那几天可真紧张！❸【语】强调的；加强语气的

in·tent [ɪn'tent] Ⅰ. *adj*. ❶专注的，专心致志的：I was so ～ on my work that I didn't notice the time. 我专心工作，以致没有注意时间。❷（眼神或表情）热切的，急切的：an ～ look 热切的眼神 Ⅱ. *n*. Ⓤ意图，意向，目的：fire a weapon with ～ to kill 蓄意开枪杀人

in·ten·tion [ɪn'tenʃən]（～s[-z]）*n*. ❶Ⓤ Ⓒ意图，意向；打算；目的：What are your ～s? 你有什么打算？/What do you think was the author's ～ in this passage? 你认为作者写这一段的用意是什么？❷［用复数］［口］求婚意图；意念：Peter asked the young man if his ～s were honourable. 彼得问那年轻人是否真心实意地要娶他的女儿。

in·ten·tion·al [ɪn'tenʃənəl]［无比较等级］*adj*. 有意的，故意的：If I hurt your feelings, it was not ～. 我若伤了你的感情，那并不是有意的。

in·ter·act [ˌɪntər'ækt]（～ed[-ɪd]）*vi*. 相互作用；相互影响：chemicals that ～ to form a new compound 相互作用形成新化合物的化学物质/ideas that ～ 互相影响的想法

in·ter·cept [ˌɪntə'sept]（～ed[-ɪd]）*vt*. 拦截；截取；截击；截断：Reporters ～ed him as he tried to leave by the rear entrance. 他想从后门溜走，记者们把他截住了。/The police had been ～ing her mail. 警方一直在截查她的邮件。

in·ter·change Ⅰ. [ˌɪntə'tʃeɪndʒ]（～s[-ɪz]; interchanging）*vt*. ❶交换，互换：We ～d partners; he danced with mine, and I danced with his. 我们交换了舞伴，他和我的舞伴跳，我和他的舞伴跳。❷调换（位置）：the front tyres with the rear ones 把前轮胎和后轮胎互相调换 *vi*. 交替发生；交换位置 Ⅱ. ['ɪntətʃeɪndʒ]（～s[-ɪz]）*n*. ❶Ⓒ（高速公路上）互通式立体交叉道 ❷Ⓤ Ⓒ交换；交替

in·ter·change·a·ble [ˌɪntə'tʃeɪn(d)ʒəbl]［无比较等级］*adj*. 可交换的；可交替换的：a machine with ～ parts 零件可替换的机器/Synonyms are usually ～. 同义词通常是可互换的。

in·ter·course ['ɪntəkɔːs] *n*. Ⓤ❶【生】交合 ❷交际；交流；往来：a shy person who avoid all human ～ 避免一切人际关系的害羞的人

in·ter·de·pen·dent [ˌɪntədɪ'pendənt]［无比较等级］*adj*. 相互依赖的，相互依存的：All nations are ～ in the modern world. 当今世界上所有的国家都是相互依存的。

in·ter·est ['ɪntrəst] Ⅰ. *n*. ❶Ⓤ Ⓒ兴趣，关心；趣味：Now he's grown up, he no longer takes any ～ in his stamp collection. 他已经长大了，对集邮不再感兴趣了。❷Ⓒ感兴趣的事，爱好：Her main ～s in life are music and tennis. 她生活中的主要爱好是音乐和网球。❸Ⓤ吸引力：The subject holds no ～ for ～ to you, but it holds no ～ for me. 这个问题使你兴味盎然，可对我却毫无吸引力。❹Ⓒ［常用复数］利益，好处：He has your best ～s at heart. 他处处为你的利益着想。❺Ⓒ（合法）权益；股权（尤指企业中的利润）：He has considerable business ～s. 他有很多企业股份。❻Ⓤ利息；利率：the rate of ～ 利率 ❼Ⓒ［常用复数］同行；有共同之处的人：Powerful business ～s are influencing the government's actions. 强有力的企业集团影响着政府采取的措施。Ⅱ. （～ed[-ɪd]）*vt*. ❶使感兴趣；引起……的注意：a topic that ～s me greatly 使我大感兴趣的题目 ❷使参与，使介入，使有关系：We'll try to ～ him in the project. 我们会设法让他参与那个计划。

in·ter·est·ed ['ɪntrəstɪd] *adj*. ❶（［反］uninterested）感兴趣的；注意的，关心的：Are you ～ in history? 你喜欢历史吗？/I tried to tell him about it, but he just wasn't ～. 我想尽力把这件事告诉他，可是他简直不感兴趣。❷（［反］disinterested）［作定语］有（利害）关系的，有份儿的：As an ～ party, I was not allowed to vote. 因为其中有我的利益，所以我不能投票。

in·ter·est·ing ['ɪntrəstɪŋ] *adj*. 有趣味的；引起兴趣的：～ conversation 有趣的谈话

in·ter·fere [ˌɪntə'fɪə(r)]（～s[-z]; interfering[-rɪŋ]）*vi*. ❶介入；干涉，干预，干扰：Don't ～ in matters that do not concern you! 不要干预与你无关的事！/Don't ～ with him while he's working. 他工作的时候不要打扰他。❷妨碍，阻碍：Don't allow pleasure to ～ with duty. 不要让娱乐妨碍了职责。

in·ter·fer·ence [ˌɪntə'fɪərəns]（～s[-ɪz]）*n*. ❶Ⓤ Ⓒ妨碍；打扰；抵触，冲突 ❷Ⓤ干涉，干预：I don't want any ～ from you! 我用不着你来干涉！❸Ⓤ Ⓒ【物】（广播、无线电等的）干扰：～ from foreign broadcasting stations 外来广播电台的干扰 ❹Ⓤ Ⓒ（运动比赛中的）阻挡犯规

in·ter·im ['ɪntərɪm] Ⅰ. *n* Ⓤ中间时期；暂

时；间歇："My new job starts in July.""What are you doing in the ～?""我的新工作 7 月开始。""这期间你干什么呢?" Ⅱ. *adj.* [作定语]间歇的；期间的；暂时的，临时的：～ arrangements 临时的安排

in·te·ri·or [ɪnˈtɪərɪə(r)] Ⅰ. *adj.* ❶内的，内部的；内侧的：an ～ room 内室/～ design 室内设计 ❷内地的，内陆的：an ～ city 内陆城市 ❸国内的；内政的：～ trade 国内贸易 Ⅱ. (～s[-z]) *n.* ❶ⓊⒸ内部，内侧；内地，内陆：the ～ of a house 房子的内部/the jungles of the ～ of Africa 非洲内陆的丛林 ❷ [the Interior]内务，内政：the U.S. Department of the *Interior* 美国内政部

in·ter·me·di·ar·y [ˌɪntəˈmiːdjərɪ] Ⅰ. *adj.* 中间的，居间的；媒介的：play an ～ role in a dispute 在一场争吵中起调停人的作用 Ⅱ. (intermediaries[-z]) *n.* Ⓒ 中间物(或人)；媒介物：They conducted all their business through an ～. 他们有事都通过中间人处理。

in·ter·mis·sion [ˌɪntəˈmɪʃən] *n.* ❶ⓊⒸ间歇；停顿；中断：The rain continued all day without ～. 雨整天下个不停。 ❷Ⓒ(电影、戏剧等中间的)休息时间；幕间休息

in·ter·mit·tent [ˌɪntəˈmɪtənt] *adj.* 间歇的；断断续续的，周期性的：～ flashes of light from a lighthouse 灯塔发出的一闪一灭的光

in·ter·nal [ɪnˈtɜːnl] Ⅰ. [无比较等级] *adj.* ❶内的，内部的：the ～ workings of a machine 机器内部的运转/holding an ～ inquiry 进行内部调查 ❷国内的；内政的：～ trade 国内贸易 ❸内心的，本质的；精神的：wrestling with ～ doubts 疑虑重重，心神不定 Ⅱ. *n.* Ⓒ[常用复数]内脏；Ⓤ本质，本性

in·ter·na·tion·al [ˌɪntəˈnæʃənəl] Ⅰ. *adj.* 国际的，国际性的：an ～ conference 国际会议/～ trade 国际贸易 Ⅱ. (～s[-z]) *n.* ❶Ⓒ国际比赛：the France-America football ～ 法国对美国的足球赛 ❷Ⓒ参加国际比赛的人：a Japanese basketball ～ 日本篮球队国际选手 ❸ [the International]国际劳工联盟

In·ter·net [ˈɪntənet] *n.* ⓊⒸ国际互联网；因特网

in·ter·play [ˈɪntəpleɪ] *n.* Ⓤ相互作用；相互影响

in·ter·pose [ˌɪntəˈpəʊz] (～s[-ɪz]；interposing) *vt.* ❶插入；干预；介入：He ～d his considerable bulk between me and the window, so that I could not see out. 他个头很大，夹在我和窗户之间，我看不见外边的东西了。 ❷插(话)；提出(异议等)：～ a veto 使用否决权 *vi.* ❶插入(言语)；打断谈话："But how do you know that?"he ～d. "那你是怎么知道

那件事的呢?"他插话问道。 ❷仲裁，调解：The United Nations forces ～d between the two armies. 联合国部队介入调停两国军队。

in·ter·pret [ɪnˈtɜːprɪt] (～ed[-ɪd]) *vt.* ❶解释；说明；阐明：～ a difficult text 解释一篇难懂的课文 ❷表演；表现；演奏：～ a piece of music 演奏一首乐曲 ❸理解，了解：I would ～ his silence as a refusal. 我认为他沉默的意思是拒绝。 *vi.* 作口译：Will you please ～ for me? 请你为我翻译一下好吗?

in·ter·ro·ga·tive [ˌɪntəˈrɒgətɪv] Ⅰ. *adj.* 疑问的；询问的 Ⅱ. *n.* Ⓒ【语】疑问词

in·ter·rupt [ˌɪntəˈrʌpt] (～ed[-ɪd]) ❶打扰；打断(讲话等)：Don't ～ the speaker now, he will answer questions later. 现在不要打断他的话，他稍后再作回答。 ❷中断；中止；阻碍：We ～ this programme to bring you a news fresh. 我们中断节目，报告新闻快讯。/These new flat will ～ our view of the sea. 这些新公寓挡住我们眺望海景的视野。 *vi.* ❶打扰；打断：Don't ～ while I'm busy! 我正忙着，不要打扰我! ❷中断，中止

in·ter·sect [ˌɪntəˈsekt] (～ed[-ɪd]) *vt.* 横断；贯穿；交叉：a landscape of small fields ～ed by hedges and streams 有绿篱和小溪纵横交错分成许多小块的田野景色/The line AB ～s the line CD at E. 直线 AB 与直线 CD 相交于 E 点。 *vi.* (线等)相交；交叉：The lines AB and CD ～ at E. 直线 AB 与直线 CD 相交于 E 点。

in·ter·sperse [ˌIntəˈspɜːs] (～s[-ɪz]；～d[-t]；interspersing) *vt.* ❶散布，散置：～ flower beds among trees 树与树之间散布着的花坛 ❷点缀，由…装饰：a day of sunshine ～d with occasional showers 偶有阵雨而充满阳光的一天

in·ter·val [ˈɪntəvl] (～s[-z]) *n.* Ⓒ❶(时间、位置等的)间隔；间隙；间距：the ～ between a flash of lightning and the sound of thunder 闪电和雷声之间的间隙/They planted trees in the ～s between the houses. 他们在房子之间种上了树。 ❷间歇；幕间休息：an ～ of 15 minutes after the first act 第一幕之后的 15 分钟幕间休息 ❸【音】音程：an ～ of one octave 一个八音度的音程

in·ter·vene [ˌɪntəˈviːn] (～s[-z]；intervening) *vi.* ❶介入，介于…间；干涉，干预；阻碍：during the years that ～d 这期间的若干年里/When rioting broke out, the police were obliged to ～. 暴乱发生时，警察有责任干预。/I'll come if nothing ～s. 假若没有别的事，我一定来。 ❷调停，斡旋：～ in a dispute 调解纠纷/I ～d on her behalf to try and get the decision changed. 我代表她力争以求改变决定。

in·ter·view [ˈɪntəvjuː] **I .** (～s[-z]) *n* . C̄ 接见,会见;会谈;访问,采访:He never gives ～s. 他从不接受采访。/I asked for an ～ with my boss. 我请求和老板谈谈。 **II .** (～s [-z]) *vt* .接见,会见,访问;对…进行面试:～ the Prime Minister 采访首相/We ～*ed* 20 people for the job. 为这份工作我们对 20 人进行了面试。

in·ti·mate¹ [ˈɪntɪmɪt] **I .** *adj* . ❶亲密的,亲切的:We had been ～ for some time. 我们曾经是极其要好的朋友。 ❷私人的,个人的: an ～ diary 私人日记 ❸精通的;详尽的,深入的;由衷的:an ～ knowledge of European religions 对欧洲宗教的广博知识 ❹发生不正当关系的;通奸的:She was accused of being ～ with several men. 有人说她与几个男人关系暧昧。 **II .** *n* . C̄ 密友,知己

in·ti·mate² [ˈɪntɪmɪt] (～*d*[-ɪd];intimating) *vt* .❶暗示,示意;提示:He ～*d* his wishes with a slight nod of his head. 他微微颔首示意。/She has ～*d* to us that she no longer wishes to be considered for the post. 她已向我们透露希望不再考虑让她担任该职。 ❷通知,通告

in·tim·i·date [ɪnˈtɪmɪdeɪt] (～*d*[-ɪd];intimidating) *vt* .恫吓,恐吓;威胁:～ a witness 恐吓目击证人

*in·to** [ˈɪntə;ˈɪntʊ;ˈɪntuː] *prep* .❶(表示运动的方向)到…内;往…里;朝,向;触及(或撞上):She dived ～ the swimming-pool. 她头向下跳进游泳池里。/Speak clearly ～ the microphone. 对着话筒说话清楚些。/A lorry drove ～ a parked car. 一辆卡车撞上了一辆停着的汽车。 ❷(表示时间)进入,到:He carried on working long ～ the night. 他一直工作到深夜。 ❸(表示状态变化)成,变为:turn the spare room ～ a study room 把空房改为书房 ❹对…感兴趣,热衷于:be ～ science fiction 喜爱科幻小说

in·to·na·tion [ˌɪntə(ʊ)ˈneɪʃən] (～s[-z]) *n* . Ū C̄ 语调,声调;抑扬:In English, some questions have a rising ～. 英语中有些疑问句需用升调。/a change of ～ 语调的变化

in·tox·i·cate [ɪnˈtɒksɪkeɪt] (～*d*[-ɪd];intoxicating) *vt* . ❶使喝醉:He'd been in the bar all night and was thoroughly ～*d*. 他整天泡在酒吧里,烂醉如泥。 ❷使陶醉,使兴奋: ～*d* with the fresh air 为清新空气所陶醉

in·tri·cate [ˈɪntrɪkɪt, -ɪn'-] *adj* .错综的,复杂的:a novel with an ～ plot 情节错综复杂的小说

in·tri·gue I . [ɪnˈtriːg] (～s[-z];intriguing) *vt* .使引起兴趣(或好奇心):What you say ～ me, tell me more. 你说的很有意思,多给我讲些吧。 *vi* .策划阴谋,捣鬼:She was *intriguing* with her sister against her mother. 她和妹妹串通起来捣鬼跟母亲作对。 **II .** [ˈɪntriːg] (～s[-z]) *n* . ❶Ū 密谋,策划 ❷C̄ 阴谋,诡计:a political ～ 政治阴谋 ❸C̄ 私通; amorous ～s 偷情

in·trin·sic [ɪnˈtrɪnsɪk] [无比较等级] *adj* . 本来的,固有的;本质的:a man's ～ worth 一个人的内在价值

*in·tro·duce** [ˌɪntrəˈdjuːs] (～s[-ɪz];～*d* [-t];introducing) *vt* . ❶介绍,引见:I was ～*d* to the president at the party. 在聚会上,有人把我介绍给总裁了。 ❷推行,引进;采用: The company is *introducing* a new family saloon this year. 公司准备今年推出一种新型家庭轿车。/New paris fashions are ～*d* into Shanghai every year. 巴黎的新流行样式每年都被引进上海。 ❸引导;认识;启蒙:The first lecture ～s new students to the broad outlines of the subject. 第一堂课是让新同学概括地了解一下这个科目。 ❹提出(议案、话题等):～ a Bill before Parliament 向议会提出法案 ❺插入,纳入:～ a hypodermic needle into a vein 把皮下注射针头插入静脉

in·tro·duc·tion [ˌɪntrəˈdʌkʃən] (～s[-z]) *n* . ❶Ū C̄ [常用复数]介绍;引见:It is time to make ～s all around. 是大家相互介绍的时候了。 ❷Ū 引进,传入;采用:the ～ of new manufacturing methods 新的制造方法的采用 ❸C̄ 入门;引言,序言:"An *Introduction* to Astronomy"《天文学入门》/ The ～ explains how the chapters are organized. 前言部分说明各章的编排情况。 ❹C̄ [音]序曲;前奏:an four-bar ～ 四小节组成的前奏

in·tro·spec·tion [ˌɪntrə(ʊ)ˈspekʃən] *n* . Ū 内省,反省,自省

in·trude [ɪnˈtruːd] (～s[-z];～*d*[-ɪd];intruding) *vt* .硬挤入,强加于:Don't ～ your opinion on others. 不要强迫别人接受你的看法。 *vi* .侵入,闯入;打扰:I don't wish to ～, but could I talk to you for a moment? 我无意打扰您,不过可以跟您谈一会儿吗?

in·tru·sion [ɪnˈtruːʒən] (～s[-z]) *n* . Ū C̄ 侵入;闯入;打扰:guilty of ～ upon sb.'s privacy 侵犯某人的隐私/This article is an ～ into my private life. 这篇文章是对我私生活的侵扰。

in·tu·i·tion [ˌɪntjuːˈɪʃən] *n* . Ū C̄ ❶直觉;直觉力 ❷直觉感知的事;直觉知识 ❸敏锐的洞察力

in•vade [ɪnˈveɪd] (∼s[-z];∼d[-ɪd];invading) vt. ❶侵入,侵略；❷涌入,大批进入：Many tourists ∼ the city every summer. 每年夏天许多游客涌入那个城市。❸侵扰,侵犯：∼ sb.'s rights 侵犯某人的权利 vi.侵略；侵犯

in•va•lid[1] [ˈɪnvəliːd,-lɪd] Ⅰ. adj.病弱的,伤残的,有病的,供病人用的：an ∼ chair 病人用的轮椅Ⅱ.(∼s[-z]) n. C 病人,病弱者,伤病员：He has been an ∼ all his life. 他终生残疾。Ⅲ.(∼s[-z];∼ed[-ɪd]) vt.(因伤病、负伤等)获准退役：He was ∼ed out of army because of wounds he received. 他因负伤而退役。

in•va•lid[2] [ˈɪnvəliːd,-lɪd] [无比较等级] adj.([反]valid) ❶无效的,无法律效力的：A passport that is out of date is ∼. 护照过期是无效的。❷(主张等)论据薄弱的,不得力的：an ∼ argument 站不住脚的论据

in•val•i•date [ɪnˈvælɪdeɪt] (∼d[-ɪd];invalidating) vt.使无效,使无力；使作废：faulty logic which ∼d her argument 造成她的论据不能成立的错误逻辑

in•val•u•a•ble [ɪnˈvæljuəbl] adj.无法估价的,非常贵重的：an ∼ collection of paintings 珍品画的收藏

in•var•i•a•ble [ɪnˈveərɪəbl] [无比较等级] adj.不变的,恒定的；一律的：an ∼ temperature 恒定的温度/his ∼ courtesy 他那一贯的谦恭有礼

in•va•sion [ɪnˈveɪʒən] (∼s[-z]) n. U C ❶入侵；侵略；闯入：suffer ∼ by enemy forces 遭受敌人的侵犯 ❷涌入,蜂拥而入 ❸(疾病、声音等的)侵袭

in•vent [ɪnˈvent] (∼ed[-ɪd]) vt. ❶发明,创造：Bell ∼ed the telephone. 贝尔发明了电话。❷捏造,虚构,编造：Can't you ∼ a better excuse than that? 你就不能编个高明些的借口吗？ vi.发明,创造；捏造

in•ven•tion [ɪnˈvenʃən] (∼s[-z]) n. ❶ U 发明,创造：the ∼ of the ball-point 圆珠笔的发明 ❷ C 发明物；创造品：the scientific ∼s of the 20th century 20 世纪的科技发明 ❸ U 创造力；发明才能 ❹ C U 捏造,虚构：a story of one's own ∼ 自己杜撰的故事

in•ven•tive [ɪnˈventɪv] adj.发明的,创造的；有发明才能的：using one's ∼ powers 发挥自己的创造才能/an ∼ design 独创性的设计

in•ven•tor [ɪnˈventə(r)] (∼s[-z]) n. C 发明者,创造者

in•ven•tory [ˈɪnvəntərɪ] Ⅰ. (inventories [-z]) n. C (财产等的)目录；盘存清单：make a full ∼ 开列详尽的清单 Ⅱ. (inventories [-z];inventoried) vt.编制…的目录；为…开列存货清单：These items have not been inventoried yet. 这些物品还没编入清单。

in•verse [ɪnˈvɜːs] Ⅰ. [无比较等级] adj.相反的；倒转的；反向的：in ∼ order 以相反次序 Ⅱ. (∼s[-ɪz]) n. U C 反面；相反：This is the ∼ of his proposition. 这和他提的建议截然相反。

in•vert [ɪnˈvɜːt] (∼ed[-ɪd]) vt.使颠倒；倒转；使反向：∼ the word order in a sentence 颠倒句中的词序 vi.倒转

in•vest [ɪnˈvest] (∼ed[-ɪd]) vt. ❶投(资)：∼ one's money in a business enterprise 把自己的钱投资于一企业 ❷耗费,投入(时间、精力等)：She ∼ed a lot of emotional energy in that business. 她为那件事费尽心血。❸授予(权力、官价、职位等)：Prince Charles was ∼ed as Prince of Wales in 1969. 查尔斯王子于 1969 年受封为威尔士亲王。❹ [书]覆盖；笼罩：The place was ∼ed with an air of mystery and gloom.那地方笼罩着一种阴森诡秘的气氛。 vi. ❶投资：The best time to ∼ is now.现在是投资的最佳时机。❷ [口]花钱买进：I'm thinking of ∼ing in a new car. 我打算花一笔钱买辆新汽车

in•ves•ti•gate [ɪnˈvestɪgeɪt] (∼d[-ɪd];verstigating) vt.调查,调查研究：The police are investigating the murder.警方正在调查那起凶杀案。 vi.调查,调查研究：Scientists are investigating to find out the cause of the crash.科学家们正在调查失事的原因。

in•vest•ment [ɪnˈvestmənt] n. ❶ U C 投资：make a profit by careful ∼ 谨慎投资以赚取利润 ❷ C 投资对象；可投资的东西：Those oil shares were a good ∼. 那些石油股票是有利可图的投资。❸ U [古]【军】包围；封锁

in•vig•or•ate [ɪnˈvɪgəreɪt] (∼d[-ɪd];invigorating) vt.使精力充沛；使感觉有活力,赋予(某人)活力：I feel ∼d by all this fresh air! 空气很清新,我觉得精神焕发！

in•vis•i•ble [ɪnˈvɪzəbl] [无比较等级] adj. ❶看不见的；无形的：distant stars that are ∼ to the naked eye 肉眼看不到的遥远的星球/∼ trade 无形贸易 ❷未列在公开账目上的

in•vi•ta•tion [ˌɪnvɪˈteɪʃən] (∼s[-z]) n. ❶ U C 邀请：a letter of ∼邀请信 ❷ C 请帖,请柬函：send out ∼s to a party 发出宴会请帖 ❸ C 吸引,引诱：An open window is an ∼ to burglars. 窗户开着会引贼入室。

in•vite [ɪnˈvaɪt] (∼d[-ɪd];inviting) vt. ❶邀请；招待：I have been ∼d to give a talk at the conference. 我已受邀在大会上发言。❷请求, 征求: After his speech, he ~d questions and comments from the audience. 他讲完后请听众提问题和意见。❸招致, 引起; 惹起: Leaving the windows open is *inviting* thieves to enter. 窗户不关犹如开门揖盗。

in·voice ['ɪnvɔɪs] **I**. (~s[-ɪz]) *n*. ◎【商】发票; 发货清单: make out an ~ for the goods 开发货清单 **II**. (~s[-ɪz]; ~d[-t]; invoicing) *vi*. 开发票 *vt*. 开…的发票

in·voke [ɪn'vəʊk] (~d[-t]; invoking) *vt*. ❶祈求(神等)庇护 ❷诉诸(法律等); 实施: ~ the power of the law 求助于法律的力量 ❸恳求, 乞求 ❹用法术召唤

in·vol·un·tar·y [ɪn'vɒləntərɪ] *adj*. ❶无意的, 无心的, 非故意的 ❷非本意的, 违反本意的 ❸【解】不随意的: ~ muscle 不随意肌

in·volve [ɪn'vɒlv] (~s[-z]; involving) *vt*. ❶使卷入; 连累, 牵涉: The strike ~d many people. 许多人参加了罢工。❷包含, 含有; 需要; 意味着: The job ~d me living in London. 工作需要我住在伦敦。❸使专注, 使热衷: He was now ~d in computer. 他现在热衷于电脑。

in·volved [ɪn'vɒlvd] *adj*. ❶复杂的; 难解的; 混乱的: an ~ sentence 复杂的句子 ❷有牵连的, 有密切关联的: be ~ in politics activities 与政治活动有关联

in·ward ['ɪnwəd] **I**. [无比较等级] *adv*. ❶向内地, 向内侧; 向中心: The door opens ~. 这门向里开。❷在内心; 向心里: thoughts turned ~s 转向内省的思想 **II**. *adj*. ❶内部的, 内侧的; 中心的: an ~ curve 向内的弧 ❷内心的; 精神的: ~ feelings 内心的感觉 **III**. *n*. [用复数] [口] 内脏; 肠胃

i·on ['aɪən, 'aɪɒn] (~s[-z]) *n*. ◎【化】离子

i·ron ['aɪən] **I**. (~s[-z]) *n*. ❶◎铁: cast ~ 铸铁 ❷◎熨斗: a steam-~ 蒸汽熨斗 ❸◎(高尔夫球)铁头球杆 ❹◎铁制品, 铁制工具: a branding-~ 烙铁 ❺ [用复数] 镣铐 **II**. *vt*. 熨, 烫平: I prefer to ~ my shirts while they are still damp. 我喜欢在衬衫还潮湿时熨烫。*vi*. 熨衣: She was ~ing all evening. 她整晚都在熨衣服。

i·ron·i·c(al) [aɪ'rɒnɪkəl] *adj*. 讽刺的, 反语的: an ~ expression 讽刺的表情

i·ron·y ['aɪərənɪ] (ironies[-z]) *n*. ❶◎讽刺; 冷嘲; 反语: There was severe ~ in his remarks. 他的话里带有尖刻的讽刺。❷◎◎讽刺意味的结果: the ~ of fate 命运的嘲弄

ir·ra·tion·al [ɪ'ræʃənəl] *adj*. ([反]rational) ❶无理性的, 不明事理的: behave like an ~ animal 表现得像无理性的野兽 ❷不合理的, 荒谬的: ~ behaviour 荒唐的行为

ir·re·fu·ta·ble [ɪ'refjʊtəbl, ˌɪrɪ'fjuː-] [无比较等级] *adj*. 不可反驳的, 不能推翻的; 驳不倒的: ~ evidence 无法推翻的证据

ir·reg·u·lar [ɪ'regjʊlə(r)] **I**. *adj*. ❶不规则的, 无规律的; 不稳定的: occur at ~ intervals 不定期发生 ❷不整齐的; 参差不一的; 凹凸不平的: a coast with an ~ outline 曲折的海岸线 ❸不合常规的, 不正当的: His behaviour is highly ~. 他的行为很不规矩。❹不合法的: ~ means 非法手段 ❺【语】不规则变化的: ~ verbs 不规则动词 **II**. (~s[-z]) *n*. ◎非正规军

ir·rel·e·vance [ɪ'reləvəns] (~s[-ɪz]) *n*. ❶◎不恰当; 离题 ❷◎不切题的话; 不相干的事: Let us ignore these ~s. 咱们不必管这些不相干的事。

ir·rel·e·vant [ɪ'reləvənt] *adj*. 不相关的; 离题的: What you say is ~ to the subject. 你说的话不切题。

ir·re·sist·i·ble [ˌɪrɪ'zɪstəbl] [无比较等级] *adj*. ❶不可抗拒的, 无法压制的: an ~ temptation 无法抗拒的诱惑 ❷极具魅力的, 富有诱惑力的: On such a hot day, the sea was ~. 天这么热, 我们不禁想下海游泳。

ir·re·spec·tive [ˌɪrɪ'spektɪv] *adj*. 不顾的, 不考虑的(of): The laws apply to everyone ~ of race, creed or colour. 法律适用于所有的人, 不分种族、信仰或肤色。

ir·re·spon·si·ble [ˌɪrɪ'spɒnsəbl] *adj*. ([反]responsible) ❶无责任感的; 不负责任的: It's ~ of you not to prepare students for their exam. 你不帮助学生准备考试就是不负责任。❷不需负责的, 不承担责任的

ir·ri·gate ['ɪrɪgeɪt] (~d[-ɪd]; irrigating) *vt*. ❶灌溉; 引水: The river ~s vast stretches of farmland along its course. 这条河灌溉两岸的大片农田。❷【医】冲洗(伤口等) *vi*. 灌溉

ir·ri·ta·ble ['ɪrɪtəbl] *adj*. ❶易激怒的; (脾气)急躁的 ❷过敏的, 敏感的

ir·ri·tant ['ɪrɪtənt] **I**. *adj*. 刺激的, 刺激性的: a substance that is ~ to sensitive skins 对敏感皮肤有刺激性的物质 **II**. *n*. ◎【医】刺激物; 刺激剂

ir·ri·tate ['ɪrɪteɪt] (~d[-ɪd]; irritating) *vt*. ❶使恼怒; 使烦躁: I was very much ~d by his behaviour. 他的行为使我非常恼怒。❷刺激; 使疼痛; 使发炎: The smoke ~s my eyes. 烟熏得我眼睛发痛。

is [ɪz; 弱 z, s] be 的第三人称单数现在时

is·land [ˈaɪlənd] (~s[-z]) *n*. ⓒ❶岛,岛屿 ❷岛状物 ❸(道路的)安全岛:a safety ~ (路中)安全岛

i·so·late [ˈaɪsəleɪt] (~d[-ɪd]; isolating) *vt*. ❶使隔离;使孤立: Several villages have been ~d by heavy snowfalls. 下过大雪后,有几个村子与外界隔绝了。❷【化】使离析;使分解:Scientists have ~d the virus causing the epidemic. 科学家们已分离出引起这种流行病的病毒。

is·sue [ˈɪʃ(j)uː, ˈɪsjuː] Ⅰ. (~s[-z]) *n*. ❶ⓒ问题;争端,争论点:raise a new ~提出新议题 ❷ⓤⓒ发行;发行物;发行量;(期刊的)期号:the ~ of the dictionary 这部字典的发行/a special ~ of stamps 特别发行的邮票/the May ~ 五月号 ❸ⓤ流出;发出:the place of ~发出地/an ~ of blood 流血 ❹ⓤ[集合用法]【律】子女,后嗣:die without ~ 身故无子女 ❺ⓒ[书]结果;结局;后果:bring a campaign to a successful ~使一活动有良好结局 Ⅱ. (~s[-z]; issuing) *vt*. ❶发行;出版;发布 ❷公布;发出: The minister ~d a statement to the press. 部长向新闻界发表声明。*vi*. ❶分给,配给 ❷流出;出来;出现:blood *issuing* from a wound 从伤口流出的血 ❸由…产生的结果

it [ɪt] Ⅰ. *pron*. ❶它:"Where's your car?" "*It*'s in the garage." "你的汽车在哪儿?" "在车库里。"/Did you hit ~? 你打中了吗? ❷他:Her baby's due next mouth. She hopes ~ will be a boy. 她的孩子下月出生,她希望是个男孩儿。❸(已知的或暗含的)事实(或情况):Yes, I was at home on Sunday, what about ~? 是啊,我星期天在家了,怎么了? ❹用以确定某个人的身份:*It*'s Mike on the phone. 是麦克打来的电话。❺作长的主语(或宾语)的先行代词: *It*'s impossible for us to get there in time. 我们不可能及时赶到那里。❻指时间、距离或天气:What time is ~? 几点了? /How far is ~ to the school? 到学校有多远? / *It* is cold today. 今天很冷。❼泛指的事物;环境;情况:If ~ is convenient, I can see you tomorrow. 要是方便的话,我明天可以见你。❽用于强调句: *It* was yesterday

that I met her. 我是昨天遇到她的。Ⅱ. *n*. ❶ⓒ(捉迷藏游戏中的)捉人者 ❷ⓤ重要的东西;理想,极致;最顶尖的东西 ❸ⓤ[俚]性的魅力

I·tal·ian [ɪˈtæljən] Ⅰ. [无比较等级] *adj*. 意大利的;意大利人的;意大利语的 Ⅱ. (~s[-z]) *n*. ❶ⓒ[the ~ s][集合用法]意大利人 ❷ⓒ意大利后裔 ❸ⓤ意大利语

i·tem [ˈaɪtəm] Ⅰ. (~s[-z]) *n*. ❶ⓒ条,项;条款;项目:number the ~s in a catalogue 给目录中各条目编号 ❷(新闻等的)一条,一则: There is an important news ~ in today's paper. 今天报上有一则重要新闻。Ⅱ. *adv*. 又;同样地

i·tem·ize, -ise [ˈaɪtəmaɪz] (~s[-ɪz]; itemizing) *vt*. 逐条列记,分开列明:an ~d list 分项开列的清单

i·tin·er·ant [aɪˈtɪnərənt] Ⅰ. *adj*. [作定语]巡回的,巡游的:an ~ entertainer 巡回演员 Ⅱ. *n*. ⓒ巡回的人,巡回者

i·tin·e·ra·ry [aɪˈtɪnərərɪ] Ⅰ. (itineraries [-z]) *n*. ⓒ❶旅行计划;旅程(表);follow one's ~根据自己的旅行计划 ❷旅程记录;游记 Ⅱ. *adj*. 旅程的;巡回的

its [ɪts] *pron*. [it 的所有格]它的;(幼儿等)他的:Have you an idea of ~ value? 你知道它的价值吗? /The baby threw ~ food on the floor. 那个婴儿把食物扔到地上了。

it·self [ɪtˈself] *pron* ❶[反身代词]它自己,它本身:The wounded horse could not raise ~ from the ground. 那匹受伤的马自己站不起来了。❷[强调用法]自身,本身:The name ~ sounds foreign. 这名字本身听起来就很陌生。

i·vo·ry [ˈaɪvərɪ] (ivories[-z]) *n*. ❶ⓤ象牙;(海象等的)长牙:artificial ~人造象牙 ❷ⓒ[常用复数]象牙制品:a priceless collection of *ivories* 象牙的稀世珍品收藏 ❸ⓒ[用复数]琴键

-ize, -ise [构词成分]表示"使…化""使成为":dramat*ize* 使戏剧化/real*ize* 使成真,实现

J j

jack [dʒæk] **Ⅰ**. *n*.ⓒ❶【机】起重机,千斤顶 ❷(纸牌中的)"J"牌,杰克 ❸【船】船首旗(表示国籍)的小旗:the Union *Jack* 英国国旗 ❹雄兔;长耳大野兔 ❺公驴,公骡**Ⅱ**.(~ed [-t]) *vt*.用起重机(或千斤顶)举起:~ a car 用千斤顶把汽车顶起

jack·et ['dʒækɪt] *n*.ⓒ❶([近]coat)夹克(衫),短上衣:a tweed ~ 花呢上衣 ❷(书的)护套;(唱片的)封套 ❸(锅炉等)的保温套;绝热罩:a water ~ (发动机的)冷却套 ❹(马铃薯的)皮

jade [dʒeɪd] **Ⅰ**. *n*.❶Ⓤ玉;翡翠;硬玉 ❷ⓒ玉雕;玉制品 ❸Ⓤ绿玉色,浅绿色**Ⅱ**. *adj*.❶玉的,玉制的:a ~ ornament 一件玉石饰物 ❷绿玉色的

jail [dʒeɪl] **Ⅰ**. *n*.([近]prison)ⓒ监牢,监狱;拘留所:break out of ~ 越狱**Ⅱ**.(~s [-z]) *vt*.逮捕入狱;拘留;监禁

jail·er, jail·or ['dʒeɪlə(r)] (~s [-z]) *n*.ⓒ(监狱的)看守员

jam¹ [dʒæm] **Ⅰ**. (~s [-z];jammed;jamming) *vt*.❶把…塞进,使挤进:The ship was *jammed* in the ice. 轮船卡在冰中间无法驶出。❷塞住,堵塞:The holiday traffic is *jamming* the road. 假日的车辆堵塞了道路。❸(机械等)卡住,使不能动:There is something *jamming* the lock. 有什么东西把锁卡住了。❹【无】干扰(广播、通讯):The government tried to ~ the enemy's transmissions. 政府设法干扰敌人的无线电通讯。*vi*.❶堵塞;拥挤;挤进:~ into a crowded train 挤进拥挤的火车 ❷卡住,不能动弹:The key turned halfway and then *jammed*. 钥匙转了一半就卡住了。**Ⅱ**.(~s [-z]) *n*.ⓒ❶阻塞;拥挤;混杂:a traffic ~ in a town 城里的交通堵塞 ❷[口]困境,窘况:How am I going to get out of this ~? 我怎样才能摆脱困境呢?

jam² [dʒæm] *n*.Ⓤ果酱:She spread some strawberry ~ on her toast. 她草莓酱涂在面片上。

Jan·u·ar·y ['dʒænjʊərɪ] *n*.Ⓤ1 月(略作 Jan.)

Ja·pan [dʒə'pæn] *n*.日本(亚洲)

ja·pan [dʒə'pæn] **Ⅰ**. *n*.Ⓤ日本漆;日本式漆器**Ⅱ**.(~s [-z];japanned;japanning) *vt*.在…上涂漆;使平滑发光

Jap·a·nese [ˌdʒæpə'niːz] **Ⅰ**. *adj*.日本的;日本人的;日语的**Ⅱ**. *n*.❶ⓒ日本人 [the ~]【集合用法】日本人 ❷Ⓤ日语

jar¹ [dʒɑː(r)] (~s [-z]) *n*.ⓒ❶罐子,坛子;广口瓶:I keep my paint-brushes in old jam ~s. 我把画笔存放在旧果酱瓶里。❷满瓶(缸等)的量:a ~ of plum jam 一瓶梅子酱

jar² [dʒɑː(r)] **Ⅰ**. (~s [-z];jarred;jarring ['-rɪŋ]) *vi*.❶给人不快之感;刺激:His tuneless whistling *jarred* on my nerves. 我听到他吹着不和谐的口哨声感到心烦意乱。❷发出刺耳的声音:The ship *jarred* against the quayside. 船撞在码头上发出刺耳的声音。❸(意见等)不一致;冲突:His opinions ~ with me. 他的意见和我不一致。*vt*.震动,摇动:He *jarred* his back badly when he fell. 他这一跌,背部摔得很重。**Ⅱ**.(~s [-z]) *n*.ⓒ❶刺耳声:The side of the boat hit the quay with a grinding ~. 船舷撞到码头发出刺耳的声音。❷刺激;震摇

jaun·dice ['dʒɔːndɪs] *n*.Ⓤ❶【医】黄疸(病) ❷妒忌;厌恶;偏见:Do you detect a touch of ~ in that remark? 你听出那话里有点儿妒忌之意吗?

jaw [dʒɔː] **Ⅰ**. (~s [-z]) *n*.❶ⓒ颌;颚;下巴:the lower ~ 下颌 ❷[用复数](山谷、水道等的)狭窄入口:the ~s of a canyon 峡谷口 ❸Ⓤⓒ[口]闲聊;唠叨**Ⅱ**.(~s [-z]) *vt*.[口]啰唆地说,唠叨

jazz [dʒæz] **Ⅰ**. *n*.Ⓤ❶爵士(乐):modern ~ 现代爵士乐 ❷ [俚]说大话,空话;胡话:Don't give me that ~! 别跟我胡扯!**Ⅱ**.(~es ['-ɪz]) *vt*.演奏爵士乐,把…改编成爵士

乐：a ~*ed* up version of an old tune 被改编为爵士乐的古曲调 *vi*.演奏爵士乐

jazz•y ['dʒæzɪ] (jazzier；jazziest) *adj*. ❶爵士乐的，爵士风格的 ❷华而不实的；绚丽的：~ colours 绚丽的色彩

jeal•ous ['dʒeləs] *adj*. ❶([近]envious)妒忌的,好嫉妒的：a ~ wife 好妒忌的妻子 ❷小心的,谨慎的：She's ~ of her privileges. 她极为珍视自己的特权

jeal•ous•y ['dʒeləsɪ] (jealousies[-z]) *n*.([近]envy)◎⓾猜忌；妒忌；吃醋：I'm fed up with her ~. 她老爱吃醋,我受够了。

jeans ['dʒiːnz] *n*. ❶◎[用复数]牛仔裤；工作裤：She was wearing a pair of tight blue ~. 她穿着蓝色紧身牛仔裤。 ❷⓾细斜纹布

jeep [dʒiːp] *n*.◎吉普车，小型越野汽车

jeer [dʒɪə] Ⅰ. *vi*. 嘲笑,嘲弄(at) *vt*. 嘲笑,嘲弄 Ⅱ. *n*. ◎嘲笑；奚落人的话

jel•ly ['dʒelɪ] Ⅰ. (jellies[-z]) *n* ❶⓾◎果冻：All the strawberry *jellies* had been eaten.草莓冻都吃光了。❷⓾胶状果酱 Ⅱ. (jellies；jellied) *vt*.使成胶状,使冻结 *vi*.结冻,凝结；成胶状

jeop•ard•ize, -ise ['dʒepədaɪz] (~s[-ɪz]；jeopardizing) *vt*.([近]endanger)使受伤害,使陷入危境：The security of the whole operation has been ~*d* by one careless person. 整个作业的安全让一个粗心大意的人给破坏了。

jeop•ard•y ['dʒepədɪ] *n*.([近]danger)⓾危险,危难：be in ~ of one's life 处于生命危险中

jerk [dʒɜːk] Ⅰ. *n*.◎❶急拉,猛推,猛撞；猛然停止：The bus stopped with a ~. 公共汽车骤然停住了。❷(肌肉的)痉挛：a ~ of an eyelid 眼皮的一跳 ❸[美口]愚笨的人 Ⅱ. (~ed[-t]) *vt*.使猛地一拉,使猛地一动：He ~*ed* the fishing rod out of the water. 他猛然从水中挑起鱼竿。*vi*.猛然晃动(或颤动)：The train ~*ed* to a halt. 火车猛然停住了。

jerk•y ['dʒɜːkɪ] (jerkier；jerkiest) *adj*. ❶不平稳的；颠簸的,剧烈晃动的：The toy robot moved forward with quick ~ steps. 玩具机器人一颠一颠走得很快。❷结结巴巴的：his ~ way of speaking 他讲话时结巴的样子 ❸[美俚]愚蠢的

jest [dʒest] Ⅰ. *n*. ◎❶笑话,俏皮话 ❷打趣；嘲笑 ❸玩笑；滑稽事 Ⅱ. *vi*. 说笑话,说俏皮话 *vt*. 戏弄,取笑

jet¹ [dʒet] Ⅰ. *n*.◎❶(水、煤气、蒸汽等的)喷出,射出；喷出物：The pipe burst and ~*s* of water shot across the kitchen. 管子破了,水从厨房的这边喷到那边。❷喷气式飞机；喷气引擎：The accident happened as the ~ was about to take off. 喷气式飞机正要起飞时出了事故。❸喷出口,喷射口：clean the gas ~*s* on the cooker 把煤气炉的喷嘴弄干净。Ⅱ. (jetted['-ɪd]；jetting) *vt*. 喷出 *vi*. ❶喷射：Flames *jetted* out of the nozzles. 火焰从喷嘴中喷出来了。❷乘喷气式飞机旅行

jet² [dʒet] *n*.⓾【矿】煤玉；黑玉；乌黑发亮的颜色

jew•el ['dʒuːəl] (~s[-z]) *n*.◎❶([近]gem)宝石；宝石饰物 ❷贵重物品：a painting by Goya, the brightest ~ in his collection of art treasures 戈雅的画,他所收藏的艺术珍品中最光彩夺目的一颗明珠

jew•el•ler•y, jew•el•ry ['dʒuːəlrɪ] *n*.⓾[集合用法]珠宝,首饰

jin•gle ['dʒɪŋgl] Ⅰ. (~s[-z]) *n*.◎❶(硬币、小铃、钥匙等的)叮当声：the ~ of coins 硬币的叮当声 ❷具有简单韵律的诗句：an advertising ~ 广告顺口溜 ❸(诗或音乐)合于简单的引人注目的韵律 Ⅱ. (~s[-z]；jingling) *vt*.使叮当作响：Stop *jingling* your keys like that! 别把钥匙弄得叮当乱响! *vi*.发出叮当声：The coins ~*d* in his pocket. 他衣袋里的硬币叮当作响。

job [dʒɒb] Ⅰ. (~s[-z]) *n*.◎❶职位；职业：He got a part time ~ as a gardener. 他找到了当花匠的兼职工作。❷(个人的)工作,分内事；职责：It's not my ~ to lock up. 上锁不是我分内的事。/It's the ~ of the church to help people lead better lives. 帮助人们生活得好些是教会的责任。❸[口]困难的事,费力的事：Writing a book was a more difficult ~ than he'd thought.写书这工作可比他原来想象的难得多。❹[口](好的)作品；成果；东西：Your new car is a neat little ~, isn't it? 你这辆新汽车很精巧,是吧? ❺[俚]恶事,罪行：He got three years for a ~ he did. 他犯盗窃罪被判3年徒刑。Ⅱ. (~s[-z]；jobbed；jobbing) *vt*.作(股票、商品的)经济人 *vi*.❶干杂活,打零工 ❷(利用公职)营私舞弊

job•ber ['dʒɒbə(r)] (~s[-z]) *n*.◎❶股票经济人 ❷做零工的人；临时工

jog [dʒɒg] Ⅰ. (~s[-z]；jogged；jogging) *vi*.❶慢跑：He goes *jogging* every evening. 他每天晚上都慢跑。❷(车等)颠簸前行；(人)慢慢走：The wagon *jogged* along a rough track. 马车沿着凹凸不平的小路颠簸前行。*vt*.❶轻推；轻碰；轻摇：Don't ~ me, or you'll make me spill something! 别碰我,不然我就把东西弄洒了。❷使颠簸,使上下颠动 Ⅱ. (~s

[-z]）**n.**◎❶轻摆；轻推；轻碰：He gave the pile of tins a ～ and they all fell down.他轻轻一推，那些罐子就都倒了。❷ 慢跑；缓行

join [dʒɔɪn] **Ⅰ.**（～s[-z]）**vt.**（[近]connect）❶连接，结合：～ two sections of pipe together 把两条管子接在一起/This island is ～ed to the mainland by a bridge. 岛上有座桥与大陆相连。❷加入，参与，参加：～ the army 参军 ❸（河流、道路等）合流，汇合：The road ～s the motorway at Tianjin. 这条路在天津与高速公路连接。❹（通过婚姻、友谊等）使人结合：～ two people in marriage 使二人结为夫妻 ❺（地方、场所等）邻接，毗连：Their house ～s ours. 他们的家就在我们隔壁。**vi.** ❶加入，参加；与某人一起做：Membership is free, so ～ today! 免交会费，今天就参加吧！/My sister ～s with me in sending you our best wishes. 我姐姐和我一起向你表示美好祝愿。❷（河流、道路等）合流，相交：The M62 and the M3 ～ up south of this town. 62号高速公路与 3 号高速公路在这个小镇的南部会合。**Ⅱ.**（～s[-z]）**n.**◎❶接合处，接缝：The two pieces were stuck together so well that you could hardly see the ～. 这两块黏合得这么好，几乎看不出接缝。

join·er ['dʒɔɪnə(r)]（～s[-z]）**n.**◎❶细工木匠 ❷[口]爱参加各种俱乐部（或社团）的人

joint [dʒɔɪnt] **Ⅰ.n.**◎❶接头；接合点，接合处：Check that the ～ of the pipes are sealed properly. 检查一下管道的接口是否封严了。❷【解】关节：elbow ～ 肘关节 ❸[英]（带骨头的）大块肉：a ～ of beef 一大块牛肉 ❹[口]小酒窝；破旧的俱乐部 ❺[口]含大麻的香烟 **Ⅱ.**[无比较等级] **adj.**共同的，共有的；合并的：a ～ effort 共同的努力 **Ⅲ.**（～ed ['-ɪd]）**vt.**❶连接，结合 ❷在关节处分开；把肉切成大块肉：a ～ed chicken 切成大块的鸡

joke [dʒəuk] **Ⅰ.n.**◎Ｕ❶玩笑；笑话：tell sb. a ～ 给某人讲笑话 ❷戏谑，恶作剧 ❸[口]笑柄，笑料；嘲笑的对象：Her attempts at cooking is a complete ～. 她总也做不好饭，这事成了个笑话。**Ⅱ.**（～d[-t]；joking）**vi.**开玩笑；嘲弄：I was only *joking*. 我只不过是说着玩儿的。

jok·er ['dʒəukə(r)]（～s[-z]）**n.**◎❶爱说笑话的人：Some ～'s been playing around with my car aerial! 哪个爱胡闹的人摆弄我汽车上的天线了！❷（扑克牌中的）百搭

jok·ing ['dʒəukɪŋ] **adj.**开玩笑的：This is no ～ matter. 这不是开玩笑的事。

jol·ly ['dʒɔlɪ] **Ⅰ.**（jollier；jolliest）**adj.**❶（[近]merry）愉快的，快活的：a ～ laugh 愉快的笑声 ❷[口]略有醉意的，微醉的 ❸（[近]pleasant）[英口]极好的，令人愉快的；宜人的：a ～ song 欢乐的歌曲 **Ⅱ.**[无比较等级] **adv.**[英口]非常；很：She's a ～ good teacher. 她是个非常好的老师。**Ⅲ.**（jollies[-z]；jollied）**vt.**[口]恭维，使人高兴：You'll have to ～ him along a bit, but he'll do a good job. 得哄着他点儿，他才好好干。

jour·nal ['dʒɜːnl]（～s[-z]）**n.**◎Ｃ❶日记，日志；航海日志：He kept a ～ of his wanderings across Europe. 他记下自己漫游欧洲的日记。❷日报；杂志；定期刊物：*The Wall Street Journal*《华尔街日报》

jour·nal·ism ['dʒɜːnəlɪzəm] **n.**Ｕ❶新闻工作；新闻业 ❷[集合用法]新闻杂志

jour·nal·ist ['dʒɜːnəlɪst] **n.**◎新闻工作者：He is a ～ on the "*China Daily*". 他是《中国日报》的记者。

jour·ney ['dʒɜːnɪ] **Ⅰ.**（～s[-z]）**n.**◎Ｃ❶（陆上的）旅行：go on a long train ～乘火车出门远行 ❷旅程，行程；历程：the ～ from there to London 从那里到伦敦的路程/our great ～ through life 我们一生的漫长道路 **Ⅱ.**（～s[-z]）**vi.**旅行：～ing over land across North America 横越北美大陆

jour·ney·man ['dʒɜːnɪmən]（journeymen）**n.**◎❶学徒期满的工匠 ❷熟练工

joy [dʒɔɪ]（～s[-z]）**n.**❶（[近]delight, pleasure）Ｕ喜悦，高兴：overcome with a deep sense of ～ 喜不自胜 ❷Ｃ使人高兴的事；乐趣：He is a great ～ to listen to. 听他讲话就是极大的乐趣。

joy·ful ['dʒɔɪf(ʊ)l] **adj.**高兴的，充满喜悦的；使人高兴的：on this ～ occasion 在这愉快的时刻

joy·less ['dʒɔɪlɪs] **adj.**不快乐的；愁闷的：a ～ childhood 没有乐趣的童年

joy·ous ['dʒɔɪəs] **adj.**[书]高兴的，充满欢乐的

joy·ride ['dʒɔɪraɪd]（～s[-z]）**n.**◎❶（未经车主允许的）开车兜风 ❷（不顾后果的）鲁莽行为；追求享乐

judge [dʒʌdʒ] **Ⅰ.**（～s[-z]；judging）**vt.** ❶审判；审理；判决：Who will ～ the murder case? 谁将审理那桩谋杀案？❷判断，断定：It is difficult to ～ the full extent of the damage. 很难断定损失有多大。❸裁判；评定：He ～d the speech contest. 他担任那场演讲比赛的评审。**vi.**❶判决，审断：～ fairly 判得公正 ❷判断：As far as I can ～, they are all to blame. 据我判断，他们都有责任。❸鉴定；评

审,评判:~ of historical character 评价历史人物 **II**.(~s['-ɪz]) **n**.**C** ❶ 法官,审判员:a High Court ~ 高等法院的法官 ❷ 裁判,评判员:The ~s' decision is final. 裁判的决定就是最终决定。❸ 鉴赏家;鉴定人;批评家:a good ~ of wine 善于鉴别酒的人/I'm no ~ in such matter. 我对这些是外行。

judge·ment ['dʒʌdʒmənt] **n**.❶**UC** 判断;意见,批评:My ~ is that the plan is ill-conceived. 我的意见是该计划还欠考虑。/make an unfair ~ of sb.'s character 对某人的品格做出不公正的评语 ❷**U** 判断力;识别力;眼力:He lacks sound ~. 他缺乏准确的判断力。❸**UC** 审判;裁判;判决:The ~ was given in favour of the accused. 判决为被告无罪。❹**C** 天谴,报应:This failure is a ~ on you for being so lazy. 这次失败是你懒惰的报应。

ju·di·cial [dʒuː'dɪʃl] [无比较等级] **adj**.❶ 审判(上)的;司法的;依据判决的:take ~ proceedings against sb. 提起诉讼控告某人 ❷ 有判断力的;公正的:a ~ mind 公正的心

ju·di·ci·ar·y [dʒuː'dɪʃ(ɪ)ərɪ] **I**.(judiciaries[-z]) **n**.**CU** ❶ 司法部;司法系统;司法制度 ❷ [the ~] [集合用法] 法官 **II**.**adj**. 司法的;法官的

ju·di·cious [dʒuː'dɪʃəs] **adj**. 有见识的,明智的:a ~ choice 明智的选择

jug [dʒʌg] (~s[-z]) **n**.❶**C** [美] 水罐,壶;pour milk into a ~ 将牛奶倒入罐中 ❷**C** [英] (宽口有把手的)水瓶;一水瓶的量:spill a whole ~ of juice 洒了整整一瓶果汁 ❸**U** [俚] 监牢:three years in ~ 坐牢 3 年

*juice [dʒuːs] **I**.(~s['-ɪz]) **n**.❶**UC** (水果、蔬菜、肉等的)汁,液;果汁:One tomato ~, please. 请来一份番茄汁。/cook the meat in its own ~ 在原汁中烹制肉 ❷**UC** [常用复数] 体液,分泌液:gastric ~ 胃液 ❸**C** 精髓;[口] 活力,精力 ❹**U** [俚] 汽油:We ran out of ~ on the motorway. 我们在高速公路上行驶时汽油用完了。**II**.(~s['-ɪz];~d [-t];juicing) **vt**.榨出…的汁

juic·y ['dʒuːsɪ] (juicier;juiciest) **adj**.❶ 多汁的;水分多的:fresh ~ oranges 新鲜多汁的橙子 ❷ [口] (话等)引起兴趣的,有趣的:Tell me all the ~ details! 把有趣的细节都讲给我听! ❸[口] 报酬多的,利润多的:a nice ~ contract 有钱可赚的合同

*Ju·ly [dʒuː'laɪ] **n**.**U** 7 月

*jump [dʒʌmp] (~ed[-t]) **vi**.❶ 跳,跃;跃:The children were ~ing up and down. 孩子们兴奋得跳来跳去。❷ (话题)突然转变:I

couldn't understand his lecture, because he kept ~ing from one topic to the next. 我听不懂他的演讲,他总是从一个话题跳到另一个话题。❸ 惊跳,(因喜悦、吃惊、紧张等)跃起:The loud bang made me ~. 砰的一声巨响吓了我一跳。❹(物价等)暴涨,急升:Gold prices on western markets ~ed. 西方市场上的黄金价格暴涨。**vt**.❶ 跳过,越过:The horses ~ed all the fences. 马跳过了所有的篱笆。❷ 跳过(章、节等),略过:~ a chapter 跳过一章 ❸ [口] 突然离开;逃离

jump·er ['dʒʌmpə(r)] (~s[-z]) **n**.**C** ❶ 跳跃者 ❷ [电] 跳线,跨接线 ❸ 跳虫;障碍赛使用的马 ❹ [美] (无袖的)连衣裙 ❺ [英] (套头的)毛线衣

junc·tion ['dʒʌŋkʃən] (~s[-z]) **n**.❶**UC** 接合,结合,连接;汇合:effect a ~ of two armies 两军会师 ❷**C** 结合点,交叉点:at the ~ of two highways 在两条公路的交叉点 ❸**C** (铁路)连轨站,换车站 ❹**C** [电] 接头;接点

junc·ture ['dʒʌŋktʃə(r)] (~s[-z]) **n**.❶**C** 情况;紧要关头;危机:It is very difficult at this ~ to predict the company's future. 此时很难预料公司的前景。❷**UC** 接合;接合点;交会处:at the ~ of two rivers 在两条河流的交会处

*June [dʒuːn] **n**.**U** 6 月(略作 Jun.)

jun·gle ['dʒʌŋgl] (~s[-z]) **n**.**UC** ❶ [常用 the ~](热带)丛林,密林:The new road was hacked out of the ~. 这条新路是从丛林地带辟出的。❷ 杂乱的一堆;混乱而复杂的事物 ❸ (激烈)生存竞争的地方

jun·ior ['dʒuːnjə(r)] ([反] senior) **I**.[无比较等级] **adj**.❶ 年少的,较年轻的:He is one year ~ to me. 他比我小一岁。❷(职位等)低级的,下级的;晚辈的:a ~ clerk in an office 办公室的下级职员 **II**.(~s[-z]) **n**.**C** ❶ [美] [常用 one's ~] 较年轻的人,年少者:He is her ~ by one year. 他比她小一岁。❷ 下级;晚辈:the office ~ 办公室的一般职员 ❸ [美] (大学、高中)比最高年级低一级的学生 ❹ [用 Junior] [美口] 儿子

junk[1] [dʒʌŋk] **I**.**n**.**U** ❶ [口] 垃圾,废物;无价值的东西:You read too much ~. 你看没用的书看得太多了。❷ [口] 毒品,海洛因 **II**.(~ed[-t]) **vt**.[口](当作废物)丢掉

junk[2] [dʒʌŋk] **n**.**C** 平底中国式帆船

ju·ris·dic·tion [ˌdʒʊərɪs'dɪkʃən] **n**.❶**U** 司法(权);审判权:The court has no ~ over foreign diplomats living in his country. 法院对驻本国的外交官无裁判权。❷**UC** 管理权,

管辖权;管辖区域

ju·ris·pru·dence [ˌdʒʊərɪsˈpruːdəns] *n.* Ⓤ [书]法学;法律学;法律体系

ju·rist [ˈdʒʊərɪst] *n.* Ⓒ [书]法律学者;法学家

ju·ror [ˈdʒʊərə(r)] (~s[-z]) *n.* Ⓒ ❶陪审员 ❷评审员;评委

ju·ry [ˈdʒʊərɪ] (juries [-z]) *n.* Ⓒ ❶【律】陪审团:Seven men and five women sat on the ~. 陪审团由 7 男 5 女组成。❷ [集合用法] (竞赛等的)评审委员会:The ~ are about to announce the winners. 评委会即将宣布优胜者。

just [dʒʌst] Ⅰ. *adv.* ❶([近]exactly)正好,恰好;正当…时:The book is ~ the thing I need. 这正是我要的书。/It's ~ two o'clock. 现在的时间是 2 点整。/~ as I arrived 恰在我到达时 ❷刚才;刚刚:I have ~ seen him. 我刚才看到他了。/By the time you arrive, he will have ~ finished. 等你来到这时,他刚好能完成。❸正要,刚要:I was ~ about to tell you when you interrupt. 我正要告诉你,你就把话打断了。❹几乎不,勉强:She ~ caught the train with one minute to spare. 她差一点儿没赶上那趟火车。❺仅仅,单,只:*Just* a line to let you know that I have arrived in Shanghai. 略写几句告诉你,我已到达上海。❻请…一下:*Just* think of the result! 试想一下后果吧! ❼ [口]完全,绝对;实在:

It's ~ a miracle that he survived the accident! 他死里逃生实在是奇迹! Ⅱ. *adj.* ❶([近]upright,fair)正当的,公正的:a ~ decision 公正的判决 ❷理所当然的,应得的:a ~ punishment 应有的惩罚 ❸([近]reasonable)合理的,有充分根据的:~ demands 合理的要求 ❹([近]right,accurate)正确的;准确的:in ~ proportions 按正确的比例

jus·tice [ˈdʒʌstɪs] (~s[-ɪz]) *n.* ❶([反]injustice)Ⓤ 正义;公正,公平:laws based on the principles of ~ 以公正为原则的法律 ❷Ⓤ 正当,合理:He demanded,with some ~,that he should be given an opportunity to express his view. 他要求给他一次机会表达自己的观点,这也不无道理。❸Ⓤ 审判;司法:a miscarriage of ~ 误判 ❹Ⓒ [常用 Justice]法官(头衔):Mr *Justice* Smith 法官史密斯先生

jus·ti·fi·a·ble [ˈdʒʌstɪfaɪəbl] *adj.* 被认为是正当的,合理的:a ~ explanation 合理的解释

jus·ti·fy [ˈdʒʌstɪfaɪ] (justifies[-z];justified) *vt.* 证明(行为、言语等)正当,合理;为…辩护:You can't ~ neglecting your wife and children. 你不关心妻子、儿女是说不过去的。

ju·ve·nile [ˈdʒuːvɪnaɪl] Ⅰ. *adj.* ❶少年的;适合于青少年的:~ books 少年读物 ❷年轻的,孩子气的;不成熟的:Stop being so ~! 别再那么孩子气了! Ⅱ. (~s[-z]) *n.* Ⓒ ❶ [书]青少年;小孩 ❷扮演青少年角色的演员

J

K k

kan·ga·roo [ˌkæŋgəˈruː] (~s[-z]) *n*. © 【动】袋鼠(产于澳大利亚)

keel [kiːl] **I**. *n*. ©(船等的)龙骨：lay down a ~ 安龙骨 **II**.(~s[-z]) *vt*. 给(船等)装龙骨；把(船等)翻转 *vi*. 翻倒；晕倒；跌倒：After a couple of drinks he just ~ed over on the floor. 他喝了两杯酒后就跌倒在地了。

keen [kiːn] *adj*. ❶([近]sharp)([反]dull)锋利的，锐利的：a ~ blade 锋利的刀片 ❷(感觉、智力等)敏锐的；敏捷的：Dogs have a ~ sense of smell. 狗的嗅觉很灵敏。/a ~ wit 敏捷的头脑 ❸(寒冷等)刺骨的，凛冽的；(言辞)尖刻的；(声音)刺耳的；(作战等)激烈的：a ~ competition 激烈的竞争 ❹热心的；入迷的：She's ~ that we should go. 她热情地叫我们去。/a ~ swimmer 喜好游泳的人

keep [kiːp] **I**. (kept [kept]) *vt*. ❶([近]maintain)(长期、永久地)持有，保存；一直拥有：I ~ all her letters. 我保留着她全部的信。❷(一时的)拥有，保管：Please ~ me a place in the queue. 排队时，请给我占个位置。❸存放…，保存，贮藏：Anyway ~ your driving licence in a safe place. 驾驶执照一定要妥善保管。/We haven't enough shelves to ~ all our books. 我们的书架不够用，放不下这么多书。❹使维持(某种状态)：He's in a coma and is being *kept* alive by a life-support machine. 他处于昏迷状态，靠生命维持器活着。❺保持；继续：I'm sorry to ~ you waiting. 对不起，让您久等了。/And some more coals to ~ the fire going. 再添些煤，别让火灭了。❻([近]feed)抚养，饲养(动物)：~ hens 饲养鸡 ❼照顾；看守；防守：~ goal 守球门/She has *kept* her grandmother for a month. 她照顾她奶奶一个月了。❽保守(秘密)；遵守(规则、约定等)；守(宗教仪式)；庆祝(节日)：Can you ~ a secret? 你能保守秘密吗/~ regular hours 生活作息很有规律/~ Spring Festival 过春节 ❾([近]manage)经营；经销：He plans to ~ a pub when he retires. 他打算退

休后开酒馆。/Sorry, we don't ~ notepaper here. 对不起，我们这儿不卖信纸。❿留住；耽搁：You're an hour late, what ~ you? 你晚了一小时，是什么事给耽误了？⓫作书面记载；记(日记等)：She *kept* a diary for over twenty years. 她写日记已 20 多年了。/~ a record of what one spends each week 记录每周的开支 ⓬(经济上)支持，供给：He scarcely earns enough to ~ himself and his family. 他挣的钱难以维持全家人生活。*vi*. ❶保持(某种状态)；继续：You ought to ~ indoors with that heavy cold. 你患重感冒应该留在屋里。/The telephone *kept* ringing until I answered. 电话铃声一直响着，直到我去接才停。❷保存，(食物)不腐烂：Do finish off the sandwiches, it won't ~. 三明治留不住，都吃了吧。**II**. *n*. ❶Ⓤ生计；生活费：It's time for you to get a job and start paying for your ~! 你该找份工作来负担自己的生活费了！❷©城堡主楼

keep·er [ˈkiːpə(r)] (~s[-z]) *n*. ©❶看守人，守卫员 ❷保管者；饲养员 ❸经营者，管理员：a shop ~ 店主

keep·ing [ˈkiːpɪŋ] *n*. Ⓤ❶保管，管理；保存，保留：I'll leave the keys in your ~. 我把钥匙交给你保管。❷养育，抚养

keep·sake [ˈkiːpseɪk] *n*. © 纪念品；赠品：My aunt gave me one of her brooches as a ~. 我姑妈把她的一支胸针送给我做纪念。

keg [keg] (~s[-z]) *n*. ©❶小桶，桶 ❷(小)桶的容量

ker·nel [ˈkɜːnl] (~s[-z]) *n*. ©❶(核)仁 ❷(小麦、玉米等的)粒，谷粒 ❸[喻]核心，中心，要点：the ~ of the problem 问题的核心

ker·o·sene, ker·o·sine [ˈkerəsiːn] *n*. Ⓤ 煤油

ket·tle [ˈketl] (~s[-z]) *n*. ©(烧水用的)水壶：boil the ~ and make some tea 烧壶水沏茶

key [kiː] **I**. (~s[-z]) *n*. ❶©钥匙：the ~

to the front door 前门的钥匙 ❷([近]answer) ⓒ(解决问题的)方法;线索;秘诀;(习题等的)解答:discover the ～ to the secret 发现揭开秘密的线索 ❸[the ～]要地;要害;关口;门户:a pass known as the ～ to the Northeast 通往东北的要隘 ❹ⓒ键,键盘 ❺ⓒ【音】调,主音:a sonata in the ～ of A minor A 小调奏鸣曲 ❻ⓒ(声音等的)音调;基调:Her speech was all in the same ～. 她的演说自始至终是一个调子。Ⅱ.[无比较等级]*adj.*主要的,基本的:a ～ point 要点 Ⅲ.(～s[-z]) *vt.* ❶用键盘输入:I've ～ed this sentence three times, and it still wrong. 我把这个句子输入了 3 次,可是仍然不对。❷调节;调音

* **key·board** ['ki:bɔ:d] *n.* ⓒ(电脑、钢琴等的)键盘

* **kick** [kɪk] Ⅰ.(～ed[-t]) *vt.* ❶踢:He ～ed the ball into the river. 他把球踢进河里了。❷【足】踢进(球门)得分:That's the tenth goal he's ～ed this season. 这是他本赛季踢进的第 10 个球。*vi.* ❶ⓒ踹;踢:The child was screaming and ～ing. 那个孩子边喊边踢脚。❷(射击时)反冲,后坐;(球等)弹回 ❸[口]报怨;抗议:It's no use ～ing against the rules. 反对这些规定是徒劳的。Ⅱ.*n.* ❶ⓒ踢;踢球,踢法:If the door won't open, give it a ～. 门要是打不开,就踹一下。❷Ⓤ(射击等的)反冲,后坐力 ❸ⓒ[口]兴奋,快感,刺激:I get a big ～ from motor racing. 我觉得汽车比赛很刺激。❹Ⓤ[口]精力,力气;反应力:He has no ～ left in him. 他已精疲力竭。/This drink has quite a ～. 这酒很有劲儿。

kid [kɪd] Ⅰ.(～s[-z]) *n.* ❶ⓒ小山羊 ❷Ⓤ小山羊皮制的皮革:a bag made of ～ 小山羊皮手提包 ❸ⓒ[口]小孩;[美口]年轻人:How are your wife and ～s? 夫人和孩子们都好吗? /Half the young here are unemployed. 这里的年轻人有一半失业。Ⅱ.*adj.*(兄弟等中)较年轻的:his ～ sister 他的妹妹 Ⅲ.(～s[-z]; kidded['-ɪd]; kidding) *vt.* [口]哄骗;耍弄:Don't ～ yourself — it won't be easy. 别欺骗自己,这事不容易。*vi.* 戏弄,取笑:You're *kidding*! 你在开玩笑!

kid·nap ['kɪdnæp] (kidnap(p)ed[-t]; kidnap(p)ing) *vt.* 诱拐,绑架:A businessman has been *kidnapped* by terrorists. 有个商人被恐怖分子绑架了。

kid·ney ['kɪdnɪ] *n.* ❶ⓒ【解】肾,肾脏 ❷Ⓤⓒ(牛、羊等供食用的)腰子 ❸Ⓤ[书]气质,性格

* **kill** [kɪl] Ⅰ.(～s[-z]) *vt.* ❶杀死;使枯萎:Cancer ～s thousands of people every

year. 每年有数以千计的人死于癌症。❷削弱;使破灭;[口]否决:～s a petition(断然)拒绝请求/The bright red of the carpet. 这些鲜红色窗帘使棕色地毯黯然失色。❸消磨,打发(时间) ❹[口]关掉(引擎等):～ a car engine 关掉汽车发动机 ❺[口]给人严重打击;使筋疲力尽 ❻[口]使着迷,使倾倒;使有兴趣:His jokes ～ed me. 他说的笑话简直把我笑死了。*vi.* 杀害,杀人:Careless driving ～s! 开车大意危及生命! Ⅱ.*n.* ❶[the ～]捕杀猎物:The lion made only one ～ that day. 那天狮子只捕杀一只猎物。❷Ⓤ[集合用法]捕获物:The hunters brought their ～ back to camp. 猎人把猎物带回营地。

* **kill·ing** ['kɪlɪŋ] Ⅰ.*n.* Ⓤ杀害,屠杀 Ⅱ.*adj.* ❶杀人的,致命的 ❷令人筋疲力尽的:walk at a ～ pace 拼命赶路 ❸[口](笑话等)笑死人的:a ～ joke 极有趣的笑话

* **ki·lo** ['ki:ləʊ] *n.* ⓒ[缩][口] ❶kilometer 公里,千米 ❷kilogram 公斤,千克

kilo- [前缀]表示"1,000 倍":*kilo*meter 千米

ki·lo·cy·cle ['kɪlə(ʊ)saɪkl] (～s[-z]) *n.* ⓒ【物】千赫,千周(略作 kc.)

ki·lo·gram(me) ['kɪlə(ʊ)græm] (～s[-z]) *n.* ⓒ千克,公斤(略作 kg.)

kil·o·li·tre, -li·ter ['kɪlə(ʊ)li:tə(r)] (～s[-z]) *n.* ⓒ千升(略作 kl.)

* **ki·lo·me·tre, -me·ter** ['kɪlə(ʊ)mi:tə(r), kɪ'lɒmɪtə(r)] (～s[-z]) *n.* ⓒ公里,千米(略作 km.)

kin [kɪn] Ⅰ.*n.* Ⓤ[集合用法]家族;家属,亲戚;同类:We are near ～. 我们是近亲。Ⅱ.*adj.* 血亲的,有亲戚关系的;同类的

* **kind**[1] [kaɪnd] *adj.*([反]unkind)亲切的,和蔼的;有同情心的:She always has a ～ word for everyone. 她跟谁都能和蔼地谈话。

* **kind**[2] [kaɪnd] (～s[-z]) *n.* ❶([近]sort)ⓒ种,类,属:fruit of various ～s 各种水果/Don't trust him, I know his ～. 别相信他,这种人我了解。❷Ⓤ性质;实质:They differ in size but not in ～. 这些东西的区别只是大小不同,而实质一样。

kin·dle ['kɪndl] (～s[-z]; kindling) *vt.* ❶使着火;点燃,燃起:The sparks ～d the dry grass. 有些火星把干草点燃了。❷(热情等)激起:～ interest 激发兴奋 ❸使发亮,使明亮 *vi.* ❶着火,燃起:This wood is too wet to ～. 这木头太潮了,点不着。❷(感情等)激起来;突然生气 ❸发亮,放光:Her eyes ～d with excitement. 她兴奋得双目炯炯发光。

kind·ly [ˈkaɪndlɪ] **I**.（kindlier；kindliest 或 more ~；most ~）*adv*.❶亲切地，和蔼地：He spoke ~ to them. 他和蔼地和他们谈话。❷（[近]please）恳请，请：*Kindly* tell me your address. 请告诉我你的地址。❸乐意地，高兴地；欣然接受地：She didn't take ~ to being called plump. 她不喜欢人家说她丰满。**II**. *adj*.❶亲切的；友好的；give her some ~ advice 给某人以友好的劝告 ❷（气候、环境等）宜人的；温和的

****kind·ness** [ˈkaɪndnɪs]（~es[-ɪz]）*n*.❶Ⓤ亲切，和蔼：She always shows ~ to children and animals. 她对孩子和动物总是很温和。Ⓒ亲切的态度；好心的行为：I can never repay her many ~es to me. 我无法回报她对我的许多帮助。

kin·dred [ˈkɪndrɪd] **I**. *n*.❶[集合用法]亲戚，家族：Most of his ~ still live in the town. 他的亲戚大部分仍住在小镇里。❷Ⓤ血缘关系，亲属关系 **II**. *adj*. 有血缘关系的，同族的；同类的；同源的：English and Dutch are ~ languages. 英语和荷兰语是同源的语言。

ki·net·ic [k(a)ɪˈnetɪk]［无比较等级］*adj*.【物】运动的；由运动引起的：~ energy 动能

****king** [kɪŋ]（~s[-z]）*n*.Ⓒ❶［常用 King］国王，君主：the *King* of Denmark 丹麦国王 ❷（特定领域中）最强的人（或动物）：the ~ of beasts 百兽之王／The Beatles had been the ~s of the rock'n'roll for a long time. "甲壳虫"乐队有很长一段时间被称为摇滚乐之王。❸（纸牌中）K；（国际象棋中）王：the ~ of spades 黑桃 K

****king·dom** [ˈkɪŋdəm]（~s[-z]）*n*.❶Ⓒ王国：the United *Kingdom* 英国 ❷Ⓒ（学术、活动等）领域，世界：the ~ of the imagination 想象的领域 ❸Ⓒ（自然界三大类别中的）界：the animal ~s 动物界 ❹[the ~]【宗】天国

****kiss** [kɪs] **I**. *n*.❶Ⓒ（~es[-ɪz]；~ed[-t]）*vt*.❶吻，和…接吻：She ~ed the children goodnight. 她吻了吻孩子，向他们道晚安。❷（风、浪等）轻拂，轻触：A soft breeze ~ed the wheat in the fields. 和风轻拂田间的金色小麦。*vi*.❶吻，接吻：They ~ed passionately when she arrived. 她一到来，他们就热烈亲吻。❷轻拂，轻触 **II**.（~es[-ɪz]）*n*.Ⓒ❶吻，亲吻：give sb. a ~ 给某人一吻 ❷轻触，轻拂

kit [kɪt] **I**. *n*.❶Ⓒ一套工具；工具箱：a first-aid ~ 一套急救用具 ❷Ⓤ（运动、工作等的）装备；成套用品；（士兵的）个人装备：They marched twenty miles in full ~. 他们带着全副装备行军 20 英里。**II**.（kitted[ˈ-ɪd]；kit-

ting）*vt*.给…装备：He was all *kitted* out to go skiing. 他已整装待发要去滑雪了。

kitch·en [ˈkɪtʃɪn]（~s[-z]）*n*.Ⓒ厨房：We have breakfast in the ~. 我们在厨房吃早餐。

kitch·en·ette [ˌkɪtʃɪˈnet] *n*.Ⓒ（公寓等的）小厨房

****kite** [kaɪt] *n*.Ⓒ❶风筝 ❷【鸟】鸢（一种鹰）

knave [neɪv]（~s[-z]）*n*.Ⓒ❶（纸牌中的）杰克：the ~ of hearts 红桃杰克 ❷流氓，无赖

knav·ery [ˈneɪvərɪ]（knaveries[-z]）*n*.❶Ⓤ欺骗，奸诈 ❷Ⓒ欺骗的行为，恶行

knav·ish [ˈneɪvɪʃ] *adj*. 像流氓的；奸诈的，无赖的

knead [niːd]（~ed[ˈ-ɪd]）*vt*.❶揉（成），捏：*Knead* the dough into a ball. 把面团揉成球形。❷（[近]massage）按摩（肌肉等）

****knee** [niː]（~s[-z]）*n*.Ⓒ❶膝，膝盖；膝关节：The little boy sat on his mother's ~s. 那小男孩坐在他妈妈的膝上。❷（裤子等的）膝部：These trousers are torn at the ~. 这裤子的膝部破了。

kneel [niːl]（~s[-z]；knelt[nelt]）*vi*.跪下，屈膝：She *knelt* in prayer. 她跪下祈祷。

knell [nel] **I**. *n*.［用 a ~，the ~］钟声；丧钟；凶兆：It sounded the ~ of all his hopes. 那事听起来就像是给他的一切希望敲起了丧钟。**II**. *vi*.鸣丧钟

knelt [nelt] kneel 的过去式和过去分词

knew [njuː] know 的过去式

****knife** [naɪf] **I**.（knives[naɪvz]）*n*.Ⓒ❶刀，小刀：a *table*-~ 餐刀 ❷外科手术刀 **II**.（knives[naɪvz]；knifing）*vt*. 用刀刺：The victim had been ~d in the chest. 受害者胸部中刀。

knife-grind·er [ˈnaɪfˌɡraɪndə]（~s[-z]）*n*.Ⓒ磨刀匠；磨刀石

knight [naɪt] **I**. *n*.Ⓒ❶（中古时代的）骑士，武士 ❷［英］爵士，勋爵 ❸（国际象棋中的）马 **II**.（~ed[ˈ-ɪd]）*vt*.授予…爵位：He was ~ed for his services to literature. 他因对文学的贡献被封为爵士。

knit [nɪt]（knit 或 knitted[ˈ-ɪd]；knitting）*vt*.❶编织：She *knitted* her son a sweater. 她给儿子织了件毛衣。❷使紧密地结合，连接：a well-~ frame 结实的体格 *vi*.❶编织，针织：Do you know how to ~? 你学会针织活了吗？❷ 结合，连接：The broken bones have ~ well. 断骨已愈合良好。

knives [naɪvz] knife 的复数形式

knob [nɒb]（~s[-z]）*n*.Ⓒ❶（门、抽屉等的）

球形把手；球形开关 ❷（树木等的）瘤，结；小块 ❸小山丘

knob·bly [ˈnɒblɪ]（knobblier；knobbliest）*adj.* ［英］多节的，多瘤的；粗糙的

***knock** [nɒk] **I.**（~ed[-t]）*vt.* ❶（用力）打，揍：He ~ed me flat with one punch. 他一拳把我打倒。❷碰撞：Mind you don't ~ your head. 小心别撞着头。❸敲成，打开：~ a hole in the wall 在墙上凿个洞 ❹［口］责难，贬低：He's always ~*ing* the way I do things. 他总是挑剔我做得不对。❺［英口］使震惊，给…强烈印象 *vi.* ❶敲，打：❷碰撞：~ into sb. 撞到某人身上 ❸（引擎等）发爆震声 **II.** *n.* ⓒ❶敲，打；殴打；打击；敲击声：Did I hear a ~ at the door? 是有人敲门吗？❷（引擎等的）爆震声：What's that ~ I can hear? 我听到发动机有爆震声是怎么回事？❸（棒球等的）击球 ❹［口］不幸；困难；打击：She took a bad ~ when her husband died. 她丈夫一死，她受到沉重打击。❺［口］坏话，挑剔

knock·er [ˈnɒkə(r)]（~s[-z]）*n.* ⓒ❶敲击者 ❷门环 ❸［美口］吹毛求疵的人

knock-out [ˈnɒkaʊt] **I.** *n.* ⓒ❶（拳击）击倒，彻底的打击：He has won most of his fights by ~s. 他在拳击赛中多以击倒对方获胜。❷［口］有吸引力的人（或物）：She is an absolute ~. 她漂亮极了。**II.** *adj.* ❶打击猛烈的；强烈的 ❷（药物）使失去神志的 ❸迷人的

knot [nɒt] **I.** *n.* ⓒ❶（绳等的）结：make a ~ at the end of the rope 在绳头上打个结 ❷（装饰性的）蝴蝶结，花结；发髻 ❸【植】（木材上的）节疤；【医】（肌肉的）节瘤，硬块 ❹症结；难题，困难：~s in the mind 思想上的结 ❺结合，结合物：the marriage ~ 婚姻关系 ❻群，队；丛：A ~ of people are arguing outside the pub. 一小群人在酒馆外争论着。❼【海】节（船的速度单位）**II.**（knotted[-ɪd]；knotting）*vt.* 把…打成结：~ one's tie loosely 打

个很松的领结 *vi.* 打结：My hair ~s easily. 我的头发爱打结。

***know** [nəʊ] **I.**（~s[-z]；knew[njuː]；known[nəʊn]）*vt.* ❶知道；明白；了解：She doesn't ~ your address. 她不知道你的地址。❷认识：We have *known* each other since we were children. 我们从小就认识。❸认出；识别，辨别：I could ~ him even in a crowd. 即使他在人群中，我也能认出他来。/~ right from wrong 分辨是非 ❹会，掌握：I don't ~ how to swim. 我不会游泳。/He ~ Japanese. 他会日语。*vi.* 知道，懂得，了解：I don't ~ about that matter. 我不知道那件事。**II.** *n.* ［口］知内情，消息灵通

know·how [ˈnəʊhaʊ] *n.* ⓤ［口］实用知识；（工作中的）窍门，技巧

know·ing [ˈnəʊɪŋ] **I.** *adj.* ❶好像知道的，心照不宣的；狡黠的：a ~ look 显出了解内情的样子 ❷明知的，故意的 **II.** *n.* ⓤ知晓；认知

know·ing·ly [ˈnəʊɪŋlɪ] *adv.* ❶［书］故意地，蓄意地：I didn't ~ lie to you. 我不是故意向你撒谎。❷狡黠地；心照不宣地：He winked at her ~. 他会意地向她眨了眨眼。

***knowl·edge** [ˈnɒlɪdʒ] *n.* ⓤ❶知识；消息；见闻；了解；理解：My ~ of French is poor. 我不太懂法语。/I have no ~ of his whereabouts. 我不知道他在哪里。❷学问，学识：genuine ~ 真知

knowl·edge·a·ble [ˈnɒlɪdʒəbl] *adj.* 有见识的，博学的：She is very ~ about art. 她对艺术十分在行。

known [nəʊn] **I.** know 的过去分词 **II.** *adj.* 已知的；众所周知的：~ number【数】已知数/a ~ writer 有名的作家

kodak [ˈkəʊdæk] *n.* ⓒ❶用 Kodak 柯达（照相器材的商标）❷小型照相机

***kung fu** [ˌkʌŋ'fuː] *n.* ⓒ功夫；中国武术

L l

lab [læb]（〜s[-z]）*n.* ⓒ [口]实验室,试验室;研究室（laboratory 的简体）

la·bel ['leɪbl] Ⅰ.（〜s[-z]）*n.* ⓒ❶标签,签条,贴纸;商标:I read the information on the 〜 before deciding which jam to buy. 我先看果酱标签上的说明再决定买哪种。❷标记;符号:put a 〜 on a piece of clothing(a specimen,one's luggage)在衣物(样品、自己的行李)上加标记Ⅱ.（〜s[-z];label(1)ed;label(1)ing）*vt.* ❶贴标签于;用签条标明:a machine for *labelling* wine bottles 给酒瓶加标签的机器 ❷把…称为;把…列为:His work is difficult to 〜 accurately. 他的工作很难准确归类。

lab·o·ra·to·ry [lə'bɒrətərɪ, 'læbərətərɪ] Ⅰ.（laboratories[-z]）*n.* ⓒ❶实验室;研究室 ❷化学厂;药厂Ⅱ.*adj.* 实验室(用)的

la·bo·ri·ous [lə'bɔːrɪəs] *adj.* ❶吃力的,艰难的:a 〜 task 艰苦的工作 ❷勤劳的,努力的 ❸(文体等)矫揉造作的,不流畅的

la·bo(u)r ['leɪbə(r)] Ⅰ.（〜s[-z]）*n.* ❶([近]work)Ⓤ劳动,劳力;苦工:manual 〜 手工劳动 ❷ⓒ工作;活计:tired after one's 〜s 工作后感到疲劳 ❸Ⓤ[集合名词]劳动阶级;工人;劳工,劳动力:skilled(unskilled)〜 熟练(非熟练)工人/〜 relations 劳资关系/leaders 工会领导人 ❹Ⓤ【医】分娩;(分娩时的)阵痛:be in 〜 处于阵痛期/She had a difficult 〜. 她难产。/a 〜 ward 产房Ⅱ.（〜s[-z];〜ing[-rɪŋ]）*vt.* 在…上过分花费精力;过于详尽地阐述 *vi.* ❶劳动;操劳:I've been 〜ing(away)over a hot stove all morning. 我一上午都在热炉前忙个不停。❷努力争取,努力:〜 over a difficult problem 为了一个困难的问题大伤脑筋 ❸费力地前进;(船)前后左右颠簸,纵摇:The old man 〜ed up the hillside. 老人吃力地登山。

la·bo(u)red ['leɪbəd] *adj.* ❶吃力的,费力的,困难的:〜 breathing 困难的呼吸 ❷(文体等)不自然的,矫揉造作的

la·bo(u)r·er ['leɪbərə(r)]（〜s[-z]）*n.* ⓒ体力劳动者;工人:a farm 〜 农场工人

la·bo(u)r·ing ['leɪbərɪŋ] *adj.* ❶劳动的:the 〜 people 劳动人民 ❷困苦的,受煎熬的

lab·y·rinth ['læbərɪnθ] *n.* ❶ⓒ迷宫,曲径 ❷ⓒ[喻](事物等的)错综复杂,曲折;难以摆脱的处境 ❸[the Labyrinth]拉比林特斯迷宫(希腊神话)

lace [leɪs] Ⅰ.（〜s['-ɪz]）*n.* ❶ⓒ鞋带;带:a pair of shoe-〜s 一副鞋带/a broken 〜 一条断的带子 ❷Ⓤ花边;饰带:a wedding dress made of 〜 花边婚纱礼服/〜 curtains 花边纱帘 ❸Ⓤ(制服上装饰用的)金边Ⅱ.（〜s['-ɪz];〜d[-t];lacing）*vt.* ❶缚…的带子;用系带束紧:〜 one's shoes 系鞋带 ❷用花边装饰;使成彩色条纹 ❸加少量烈酒于:a glass of milk 〜d with rum 一杯掺了朗姆酒的奶/My drink has been 〜d. 我的饮料中已加过酒了。*vi.* 缚带子;用带子束紧:a blouse that 〜s(up)at the front 前襟系带的女衬衫

lack [læk] Ⅰ.（〜ed[-t]）*vt.* 缺少;缺乏;没有:〜 courage 缺乏勇气/They 〜ed the money to send him to university. 他们没钱送他上大学。*vi.* 缺乏,缺少;没有…而感到困扰:They 〜ed for nothing. 他们无所需求。Ⅱ.*n.* ❶Ⓤⓒ[有时用 a 〜]缺乏,不足;没有:a 〜 of care 缺乏关心 ❷ⓒ缺少的东西;需要(的东西)

lad [læd]（〜s[-z]）*n.* ⓒ❶青年男子;少年,男孩;小伙子:The town's changed a lot since I was a 〜. 从我幼时至今,这小城已有了很大变化。❷[口](表示亲密的称呼)家伙,伙伴

lad·der[1] ['lædə]（〜s[-z]）*n.* ⓒ❶梯子 ❷阶梯;(成功)发迹的途径:climbing the 〜 of success 攀登成功的阶梯 ❸[英](长筒袜等上的)抽丝

lad·der[2] ['lædə]（〜s[-z];〜ing[-rɪŋ]）*vi.* (长筒袜等)发生抽丝现象:Have you any tights that won't 〜? 有没有不易抽丝的裤袜? *vt.* 使…抽丝,使…跳线

lad·en [ˈleɪdn] *adj.* ❶装满的；充满了的：trees ～ with apples 果实满枝的苹果树 ❷负重担的；苦恼的：～ with guilt（grief，remorse）负疚沉重的（被悲哀压抑着的、无限懊恼的）

la·dy [ˈleɪdɪ]（ladies[-z]）*n.* ❶ⓒ女士，夫人，小姐 ❷ⓒ贵妇人，淑女 ❸ⓒ太太，小姐；[用复数]各位女士：Hey ～—you can't park there！嘿，小姐——那不能停车！❹[用Lady]［英］…夫人，…令夫人，…小姐：*Lady*（Randolph）Churchill（伦道夫·）丘吉尔夫人 ❺([近]female)[作定语]女性的，妇女的：a ～ doctor 女医师

la·dy·bird [ˈleɪdɪbɜːd]（～s[-z]）*n.*ⓒ［美］【昆】瓢虫（= ladybug）

la·dy·like [ˈleɪdɪlaɪk] *adj.* 如贵妇的；端庄的，贤淑高贵的

la·dy·ship [ˈleɪdɪʃɪp] *n.*ⓤ[常用Ladyship]夫人，小姐

lag[1] [læg] Ⅰ.（～s[-z]；lagged；lagging）*vi.* ❶延迟；赶不上；落后：He *lagged* behind at school. 他学业落后。❷变弱，松懈，停滞：Our revolutionary vigilance will never ～．我们永远不放松革命警惕。*vt.* 落后于Ⅱ.*n.*ⓤⓒ滞后；松懈；时差

lag[2] [læg] Ⅰ.（～s[-z]；lagged；lagging）*vt.* 给…加上外套，用隔热材料覆盖（锅炉等）Ⅱ.*n.*ⓒ护板，绝热层

lag·gard [ˈlægəd] Ⅰ.（～s[-z]）*n.*ⓒ迟钝者；落后者；懒散的人：He's no ～ when it comes to asking for more money. 到多要钱时他可不甘落后。Ⅱ.*adj.* 落后的，迟缓的

lain [leɪn] lie 的过去分词

lair [leə(r)] Ⅰ.*n.*ⓒ❶兽窝，兽穴 ❷秘密藏身处，躲藏处 ❸躺卧（休息）的地方Ⅱ.*vi.* 进窝，进穴；休息 *vt.* 把…置于窝中

lake[1] [leɪk] *n.*ⓒ湖（贮油或其他液体的）池：We sail on the ～ in summer. 夏天我们在湖上泛舟。

lake[2] [leɪk] *n.*ⓤ([近]crimson ～)深红色的颜料

lamb [læm] Ⅰ.（～s[-z]）*n.* ❶ⓒ小羊，羔羊；小羚羊 ❷ⓤ羔羊肉；羔羊皮：a leg of ～ 羔羊腿肉/a ～ chops 小羊排 ❸ⓒ［口］柔顺的人；天真无邪的人，易上当的人Ⅱ.*vi.* 产羔羊 *vt.* 生（小羊）：～ing ewes 产羔羊的母羊

lame[1] [leɪm] Ⅰ.（～r；～st）*adj.* ❶跛的，瘸的：The accident made him ～ in the left leg. 出事后，他的左腿瘸了。❷(托词、借口等)缺乏说服力的Ⅱ.（～s[-z]；laming）*vt.* 使跛；使残疾：～d in a riding accident 骑马摔瘸了腿

lame[2] [leɪm] *n.*ⓤ金银绸缎（部分使用金银色线纺织物）

la·ment [ləˈment] Ⅰ.（～ed[-ɪd]）*vi.* ❶悲叹，悲痛：～ loudly 哀号/～ over one's misfortunes 悲叹自己的不幸 ❷感到惋惜，悔恨：～ over the death of a hero 为英雄的逝世而悲伤 *vt.* ❶悲叹：～ the passing of old ways 浩叹古风的沦没 ❷痛惜；悔恨：～ this great loss 痛惜这一巨大损失Ⅱ.*n.*ⓒ❶悲叹，哀悼 ❷挽歌；悼词：a funeral ～ 挽歌

lamp [læmp] *n.*ⓒ油灯，灯；灯光

lamp·post [ˈlæm(p)pəust] *n.*ⓒ灯杆，路灯柱

land [lænd] Ⅰ.（～s[-z]）*n.* ❶ⓤ陆地；地面：travel over ～ 陆路旅行/On ～ the turtle is ungainly，but in the water it is very agile. 龟在陆地上行动笨拙，在水里则很灵活。❷ⓤ土地，田地：farming ～ 农业用地 ❸([近]country)ⓒ国土；国家：my native ～ 我的祖国/the finest orchestra in the ～ 国家最优秀的管弦乐队 ❹ⓒ民族，国民：The whole ～ rose to resist aggression. 举国奋起抗击侵略。❺ⓤ地产，田产：a house with a hundred acres of ～ adjoining it 方圆带有 100 英亩土地的住宅 ❻[the ～]田园，田园生活Ⅱ.（～s[-z]；～ed[-ɪd]）*vt.* ❶使上岸，使登陆；使（飞机等）降落：Troops have been ～*ed* at several points. 部队已在几个地点登陆。❷从（船上）卸货；使（人）从交通工具上下来：The ship ～*ed* the cargo at Dover. 那条船在多佛港卸货。❸［口］使陷于，使处于：This is a fine mess you have ～*ed* us in！这是你给我们惹的一大堆麻烦！/He's really ～*ed* himself in it this time. 这回他可是自讨苦吃了。❹［口］把（鱼）捕上岸（或船）：Fewer herring than usual have been ～*ed* this year. 今年鲱鱼捕获量比往年少。❺［口］(对人)给予（打击等)：He ～*ed* me a blow in the eye. 他朝我眼睛打了一拳。*vi.* ❶上岸，登陆；降落：We ～*ed* at Dover. 我们在多佛上岸。❷陷入：We ～*ed* in a lot of trouble. 我们陷入莫大的困境中。

land·ing [ˈlændɪŋ] *n.* ❶ⓒⓤ上岸，登陆，着陆；降落 ❷ⓒⓤ(从船上)卸货，卸鱼 ❸ⓒ码头上装卸货物(或旅客上下)的地方 ❹ⓒ楼梯平台

land·lord [ˈlændlɔːd]（～s[-z]）*n.*ⓒ❶地主 ❷房东，(旅馆等的)店主：It's a nice pub，except for the ～．酒店挺不错，可是那店主却不怎么样。

land·mark [ˈlændmɑːk] Ⅰ.*n.*ⓒ❶【海】

陆上明显标志,地标 ❷界标 ❸【喻】(历史上的)里程碑Ⅱ. *vt*.【喻】作为…的里程碑

land‧mine [ˈlændmaɪn] (～s[-z]) *n*. ⓒ【军】地雷

land‧scape [ˈlæn(d)skeɪp] Ⅰ. *n*. ❶ⓒ风景,景色:a bleak urban ～ 单调的市区景色/Mountains dominate the Welsh ～. 重峦叠嶂构成威尔士的主要景色。❷ⓒⓊ(一张)风景画,风景绘画,风景摄影;野外风景画Ⅱ. (～d[-t];landscaping) *vt*. 对…作景观美化(如加铺草地、加栽树木等)

lane [leɪn] (～s[-z]) *n*. ⓒ❶狭路,(乡间)小径;小巷(有时也可指我国的里弄):Drury Lane 德鲁里巷 ❷(狭窄的)通道 ❸(规定的单向)行车道,线道:the inside ～ 内车道/the overtaking ～ of a motorway 高速公路上的超车车道 ❹【海】(规定的)航道,航线:shipping ～s 大洋航线/ocean ～s 远洋航线 ❺【体】(田径中的)跑道

*·**lan‧guage** [ˈlæŋgwɪdʒ] (～s[-ɪz]) *n*. ❶Ⓤ语言;话:the origins of ～ 语言的起源/the development of ～ skills in young children 儿童语言技能的形成 ❷ⓒ(国家或民族的)本国语,…语:the Bantu group of ～s 班图语系/one's nation ～ 母语/an acquired ～ 后天学得的语言 ❸Ⓤⓒ(文字、声音以外的)传达信号,人造语言;(动物的)传达方法:Music has been called the universal ～. 人们称音乐为世界的语言。❹Ⓤ术语,专门语;用语:the ～ of science 科学术语/medical ～ 医学用语 ❺Ⓤ语法,文体;措辞

lan‧guish [ˈlæŋgwɪʃ] Ⅰ. *vi*. ❶变得衰弱无力,(植物等)凋萎 ❷受苦,受折磨 ❸松弛,松懈Ⅱ. *n*. Ⓤ衰弱无力,倦怠;凋萎

lan‧tern [ˈlæntən] (～s[-z]) *n*. ⓒ❶提灯,灯笼:a signal ～ 信号灯,标志灯 ❷灯塔上的灯室 ❸【建】穹隆顶塔,塔式天窗

lap¹ [læp] *n*. ⓒ❶膝部:Come and sit on Grandpa's ～! 来,坐在爷爷的膝上! ❷(衣服的)下摆,裙兜,衣兜:She gathered the fallen apples and carried them in her ～. 她捡起掉落的苹果,用衣服下摆兜着。❸(东西的)停搁之处;照顾,管理:You've got to deal with this — don't try and dump it in my ～. 这事你得去处理——别想往我身上推。

lap² [læp] Ⅰ. (lapped[-t];lapping) *vt*. ❶[书]用…包住;裹住;(环境等)包围:～ a bandage round the wrist 用绷带包扎手腕 ❷[书]使形成部分重叠,部分重叠于…之上:Each row of tiles ～s the one below. 每一排瓦都搭在下面的一排上。❸(赛跑中)比(某人)领先一圈(或几圈),跑完…的一圈:She's

lapped all the other runners. 她领先于所有赛跑者至少一圈。*vi*. [书]部分重叠;搭接;并排:The tiles ～ over each other. 瓦片相互叠盖。Ⅱ. *n*. ⓒ❶(跑道的)一圈;一段行程;游泳池的一个来回:The leading car crashed midway through the tenth ～. 领先的那辆赛车在第10圈的中途撞毁了。❷(两个物品的)重叠部分 ❸(线等的)一圈

lap³ [læp] Ⅰ. (lapped[-t];lapping) *vt*. 舔,舔食(液质食物):a dog noisily lapping water 舔着喝水发出啧啧声的狗 *vi*. ❶舔(食) ❷(波浪等)拍打,泼溅:Waves lapped against the sides of the ship. 波浪拍打着船舷。Ⅱ. *n*. ❶ⓒ舔;一次舔食的量 ❷[the ～](波浪)拍打声

lapse [læps] Ⅰ. (～s[ˈ-ɪz]) *n*. ⓒ❶(时间的)流逝,推移;间隔:after a ～ of six months 相隔6个月之后 ❷失误,小错:A brief ～ in the final set cost her the match. 她在最后一盘稍有失误而致比赛失败。❸偏离,脱离;陷入(某种状态):The debate was marred by a brief ～ into unpleasant name-calling. 因出现几句谩骂,辩论会不欢而散。/a ～ from grace 失宠 ❹【律】(因未履行义务等而引起的)权利终止,权利失效Ⅱ. (～s[ˈ-ɪz];～d[-t];lapsing) *vi*. ❶脱离,背离,陷入…:～ back into bad habits 重新沾染坏习惯/a ～d Catholic 叛教的天主教徒 ❷【律】(权利、所有权等)终止;失效:He didn't get any compensation because his insurance policy had ～d. 他因保险单失效而未获得任何赔偿。❸([近]elapse)(时间)流逝;蹉跎

*·**lap‧top** [ˈlæptɒp] *n*. ⓒ便携式电脑

*·**large** [lɑːdʒ] Ⅰ. (～r;～st) *adj*. ❶([近]big)([反]small)大的,巨大的;宽大的;大规模的:A ～ family needs a ～ house. 大家庭需要大房子。❷(数量)多的,大量的,多数的:She inherited a ～ fortune. 她继承了一大笔财产。/He has a ～ appetite. 他胃口很大。❸(见解等)广博的,开阔的;(权限等)广泛的:an official with ～ powers 权力很大的官员/take the ～ view 持豁达的观点Ⅱ. *adv*. 大大地,夸张地:talk ～ 说大话

large‧ly [ˈlɑːdʒlɪ] *adv*. ❶([近]mainly)[无比较等级]主要地,大部分:His success was ～ due to luck. 他的成功主要靠运气。❷大量地,大规模地:build ～ 大兴土木

lark¹ [lɑːk] *n*. ⓒ【动】百灵科鸣禽(如云雀)

lark² [lɑːk] Ⅰ. *n*. ⓒ[口]嬉戏,玩闹,嬉闹:The boys didn't mean any harm — they were only having a ～. 那些男孩子无意作恶——他们不过在闹着玩罢了。Ⅱ. (～ed

[-t]) *vi*. 嬉戏，闹着玩：Stop ~*ing* about and get on with your work. 别到处胡闹了，干活儿去吧。

la·ser ['leizər] (~s[-z]) *n*. 回激光(器)：~ radiation 激光辐射/a ~-guided missile 激光制导导弹

lash [læʃ] Ⅰ. (~es['-iz]) *n*. 回❶鞭梢；鞭子(尤指抽打部分)❷鞭打，抽打；[the ~]笞刑：feel the ~ of sb.'s tongue 领教某人利口如刀的厉害/sailors sentenced to the ~ 被处笞刑的水手❸(如鞭条般的)急速摆动；激烈的冲突(抨击)❹[常用复]眼睫毛 Ⅱ. (~es['-iz]；~ed[-t]) *vt*. ❶鞭打，抽打：~ the horse with a stick 用棍棒抽打马❷(波浪等)冲击，使(雨水等)急打：waves ~*ing* the shore 拍打海岸的波浪❸急伸(手、脚)；(动物)猛烈甩动(尾巴等)：a tiger ~*ing* its tail angrily from side to side 愤怒地摆动着尾巴的老虎❹痛斥，讽刺，嘲笑，挖苦❺激起，驱使，煽动：a speech cleverly designed to ~ the audience into a frenzy 巧妙策划煽动众怒的演说❻用绳(或链等)捆绑 *vi*. ❶(雨水、波浪等)冲洗：rain ~*ing*(down)on the roof 猛烈敲打着屋顶的雨点❷猛烈地甩：The lion's tail ~*ed* back and forth. 狮子的尾巴甩来甩去。

last¹ [lɑːst] Ⅰ. [无比较等级] *adj*. [late 的最高级] ❶([反]first) [the ~]最后的，最末的：December is the ~ month of the year. 12月是一年的最后一个月份。❷唯一剩下的：This is our ~ bottle of wine. 这是我们最后一瓶葡萄酒了。/He knew this was his ~ hope of winning. 他知道这是他获胜的唯一希望了。❸最近过去的，紧接前面的：~ night(week，month，summer，year)昨晚(上周、上月、刚过去的夏季、去年)❹[the ~]最近的，最新的：I thought her ~ book was one of her best. 我认为她最近出版的那本书是她的最佳著作之一。❺[the ~]极少可能的，最不适合的：the ~ thing I'd expect him to do 我最不希望他做的事/She's the ~ person to trust with a secret. 她是最不可能保守秘密的人。❻最终的，终极的，结论性的：the ~ explanation of 关于…的结论性解释 Ⅱ. *adv*. ❶最后，在最后：He came ~ in the race. 他赛跑落在了最后。/This country ranks ~ in industrial output. 这个国家的工业生产排名最后。❷上次，最近一次：I saw him ~ in New York two years ago. 我上次见他是两年前在纽约。/They ~ defeated England in 1972. 他们最近一次战胜英格兰队是在1972年。Ⅲ. *n*. [the ~] ❶回最后的人(或东西)：The ~ out will please shut the door. 最

后出去的人请关门。/the ~ of the southward wild geese 最后一批南飞的雁群❷回上回，上回：the day before ~ 前天❸回最后，末尾，临终：hold on to the ~ 坚持到最后/He came back the ~ of March. 他于3月底回来。❹回鞋楦

last² [lɑːst] (~ed['-id]) *vt*. 够…之用；使得以维持下去；经受住：He's very ill and probably won't ~ the night. 他病得很厉害，可能活不过今晚。*vi*. ❶([近]continue)延续，持续：How long do you think this fine weather will ~? 你认为这样的好天气能持续多久？❷持久；维持，支撑：Will the petrol ~ out till we reach London? 我们的汽油够开到伦敦的吗？

last·ing ['lɑːstiŋ] *adj*. 持久的；耐久的：a ~ effect(interest，relationship)持久的效力(兴趣、关系)/a work of ~ significance 有长远意义的工作

last·ly ['lɑːstli] *adv*. ([反]firstly)最后，最终地：*Lastly*, we are going to visit Athens, and fly home from there. 最后我们将访问雅典，然后从那儿乘飞机回国。

late [leit] (~r；~st)([反]early)Ⅰ. *adj*. ❶迟的，晚的：My flight was an hour ~. 我那趟航班晚了一个小时。/Because of the cold weather, the crops are ~ this year. 因天气寒冷，今年的作物成熟很晚。❷(时间)不早，晚开始的；持续到很晚，熬夜的：till a ~ hour 直到深夜/in the ~ afternoon 傍晚❸(时间)晚，接近末了的；后期的，末期的：in ~ summer 在夏末/She married in her ~ twenties. 她快30岁才结婚。/the ~ nineteenth century 19世纪末期❹([近]latest)最近的；不久前的：the ~ news 最新消息/There were several clashes before this ~ incident. 在这次事件发生之前已有过几次冲突。/the ~ craze，fashion，vogue 最新时尚、式样、样式/her ~ novel 她最近出版的小说❺[the ~，one's ~]以前的；先前的，前任的：The ~ prime minister attended the ceremony. 前任首相出席了典礼。❻[the ~，one's ~]已故的，不久前去世的：her ~ husband 她的已故丈夫 Ⅱ. *adv*. ❶迟，来不及：I arrived ten minutes ~. 我迟到了10分钟。/He always comes early and leaves ~. 他总是早来晚走。❷(时刻)晚；直到深夜；(时期)晚，后期的：I sat up ~ last night. 昨晚我一直待到深夜。/She married ~. 她结婚晚。/As ~ as the 1950s tuberculosis was still a threat. 直到20世纪50年代，结核病仍然使人不寒而栗。/He became an author quite ~ in life. 他晚年才成为作家。

late·ly [ˈleɪtlɪ] *adv.*([近]recently)最近，不久前:Have you seen her ~? 你最近见过她吗?

la·tent [ˈleɪtnt] *adj.* 潜伏的，潜在的:~ abilities 潜在的才能/~ infection 潜伏性传染病

la·ter [ˈleɪtə(r)] [late 的比较级] **I**. *adj.* 较迟的，较后的;更近的; **II**. *adv.* 较迟地,较后地;以后

lat·e·ral [ˈlætərəl] **I**. *adj.* ❶侧面的;旁边的;横(向)的:a ~ vein,artery 侧静脉、侧动脉/~ buds(branches)侧芽(侧枝) ❷【语】旁流音的,侧音的 **II**. *n*.© ❶侧面 ❷【语】侧音

lathe [leɪð] (~s[ˈ-ɪz]) **I**. *n*.© 车床,镟床 **II**. *vt*. 用车床加工

Lat·in [ˈlætɪn] **I**. (~s[-z]) *n*. ❶Ⓤ拉丁语 ❷©拉丁人(尤指拉丁美洲人) ❸©古罗马人 **II**. *adj*. 拉丁民族的;拉丁系语言的,拉丁语的

lat·i·tude [ˈlætɪtjuːd] (~s[-z]) *n*. ❶Ⓤ纬度 ❷[用复数]纬度地区:high(low)~s 高(低)纬度地区 ❸Ⓤ(言论、行动等的)自由尺度:They allow their children too much ~, in my view;they should be stricter. 我认为他们太纵容孩子了,他们应当更严厉一些。 ❹Ⓤ【摄】胶片曝光的时限

lat·ter [ˈlætə(r)] [无比较等级] *adj*. ❶([近]later)[the ~]后面的;后半的;末了的:in the ~ part of her life 在她的后半生/~ half of the year 后半年 ❷([反]former)[the ~](两者中)后者:Many people support the former alternative,but personally I favour the ~(one). 很多人都赞成前一种办法,但我个人喜欢后一种。

lat·tice [ˈlætɪs] (~s[-ɪz]) *n*.© ❶格子 ❷【建】格子窗,格子门

laugh [lɑːf] **I**. (~ed[-t]) *vt*. ❶以笑表示:He ~ed his consent. 他笑着表示同意。 ❷笑得使…:~ oneself to death 笑得要死/The child ~ed his mother into a better humour.孩子笑得使妈妈的心情好起来了。/He could tell she was in a bad mood,and tried to ~ her out of it. 他看出她心情不好,想逗她笑好让她不再想烦恼的事。 *vi*.(发出声音的)笑;嘲笑:~ aloud 出声笑/He's so funny — he always makes me ~. 他真滑稽——总是引得我笑。 **II**. *n*.© ❶笑,笑声:break into a (loud) ~ 笑(大)笑/gentle(或 polite,hearty) ~ 斯斯文文(或彬彬有礼、开怀)的笑/I recognized him by his raucous, pene-

trating ~.我听到他那沙哑而又刺耳的笑声就能认出是他。 ❷[口]引人发笑的事情:And he didn't realize it was you? What a ~! 他竟没认出那是你? 真可笑!

laugh·able [ˈlɑːfəbl] *adj*. ❶可笑的,滑稽的:a ~ attempt to discredit the Government 给政府抹黑的可笑企图 ❷笑柄的,愚蠢的

laugh·ter [ˈlɑːftə(r)] *n*.Ⓤ 笑,笑声:roar with ~ 放声大笑/tears of ~ 笑出的眼泪/a house full of ~ 充满笑声的家庭

launch [lɔːntʃ] **I**. (~es[ˈ-ɪz];~ed[-t]) *vt*. ❶使(船)下水,把船(自船坞)推到水上:The Queen is to ~ a new warship today. 今天女王要主持新军舰下水仪式。/The lifeboat was ~ed immediately to rescue the four men. 立刻放下了救生船救那 4 个人。 ❷发射;投掷:~ a missile 发射导弹 ❸着手(事业等);开始(攻击):~ an attack 发起攻击/He's ~ing his son on a career in banking.他让儿子从事银行业。 ❹使(某人)投入(事业等):~ a new enterprise 开发新企业/~ sb. in business 使某人进入商界 **II**. *n*. ❶Ⓤ发射;(船)的下水:The ~ of their new saloon received much media coverage. 他们投产的新轿车广获传媒报道。 ❷©汽艇,游艇

launch·er [ˈlɔːntʃər] (~s[-z]) *n*.© 发射器;发射架;发射者

laun·dry [ˈlɔːndrɪ] (laundries[-z]) *n*. ❶© 洗衣房,洗衣店:sent to the ~ 送往洗衣店/a ~ van 洗衣店货车 ❷Ⓤ送洗衣店去洗的衣物,洗衣店已洗好的衣物:There's not much ~ this week.本星期的洗熨衣物不多。/Did you do the ~ today? 你今天洗熨过衣物吗?

laur·el [ˈlɒrəl] (~s[-z]) *n*.© ❶【植】月桂属植物;月桂树 ❷[常用复数]荣誉,名声;胜利

lav·a·to·ry [ˈlævətərɪ] (lavatories[-z]) *n*.© ❶洗手间,盥洗室;厕所 ❷[美]洗脸盆 ❸[英](抽水)马桶

lav·ish [ˈlævɪʃ] **I**. *adj*. ❶慷慨的,不吝惜的,过分大方的;浪费的:He was ~ with his praise for the project.他对那计划赞不绝口。 ❷大量的;过分丰富的,过度的:a ~ reception 铺张的招待 **II**. (~es[-ɪz];~ed[-t]) *vt*.过多地赠送,滥花;慷慨地给予:~ care on an only child 对独生子女关怀备至

law [lɔː] (~s[-z]) *n*. ❶Ⓤ[the ~]法律,法;©(某一特定领域的)法律,法规:The new ~ comes into force next month.新法规下月实施。 ❷Ⓤ法学;法律知识:read ~ at university 在大学攻读法律学/He gave up ～ to become a writer. 他放弃学法律而从事写作。❸Ⓤ司法界；法律行业，律师业：practise the ～ 做律师 ❹Ⓤ诉讼，法律程序：go to ～ a-gainst sb. 跟某人打官司 ❺ⒸⓊ(艺术、运动、某一生活部门中的)规则，守则：the ～s of perspective(harmony)透视法(和声法)/the ～s of tennis 网球规则 ❻Ⓒ([近]rule)法则，规律，定律：the ～ of gravity 引力定律/the ～s of motion 运动定律 ❼Ⓒ【宗】戒律；(摩西)律法 ❽[the ～][口][集合用法]警察；警官：Watch out — here comes the ～! 注意——警察来了!

law·ful [ˈlɔːf(ʊ)l] [无比较等级] adj. ❶合法的：take power by ～ means 用合法的手段取得权力 ❷法定的，法律认可的：～ age 法定年龄

lawn [lɔːn] (～s[-z]) n. Ⓒ草地，草坪，草场：In summer we mow our ～ once a week. 夏天，我们一周给草坪剪草一次。

law·suit [ˈlɔːs(j)uːt] n. ([近]suit)Ⓒ诉讼：bring(或 enter) a ～ against 对…提起诉讼

***law·yer** [ˈlɔːjə(r)] (～s[-z]) n. ([近]so-licitor)Ⓒ律师；法学家

lax [læks] (～er；～est 或 more ～；most ～) adj. ❶不严格的，不严密的，马虎的，不严肃的：～ security 不严谨的保安措施/He's too ～ with his pupils. 他对小学生管教太松。❷松弛的；松懈的，懒怠的 ❸(尤指肠)宽松的，腹泻的

***lay¹** [leɪ] Ⅰ. (～s[-z]；laid[leɪd]) vt. ❶将…置放，横置…；使躺下：～ the book on the table 把书放在桌上/～ the blanket over the sleeping child 给睡着的孩子盖毯子/～ oneself down to sleep 躺下睡觉 ❷铺设，敷设；砌(砖)：～ a carpet(cable)铺地毯(架电缆)/～ the foundations of a house 给房子打地基/A bricklayer ～s bricks to make a wall. 砖瓦匠是砌砖垒墙的。❸布置，安排；拟定(计划)：～ an ambush 设下埋伏/～ mines 布雷，埋雷/～ a fire 放好木柴等准备生火 ❹下蛋，产卵：The cuckoo ～s its eggs in other birds' nests. 杜鹃在别的鸟巢中产卵。❺放(重点)在…，予以(信赖)，寄托(希望)；担负(重担)，课(税)：He laid great emphasis on world peace. 他着重强调世界和平的重要性。/I'll ～ stress on grammar this term. 我这学期会注重语法。❻使…负(责任)，归(罪)于…：The engine trouble was laid to faulty inspection. 发动机故障被认为是检查不严的结果。/～ a fault to sb.'s charge 归咎于某人/Who should we ～ the blame on. 我们该

责怪谁。❼使…处于(某种状态)；将…弄成：～ sb. under an obligation to do sth. 使某人承担某事的义务/The storm laid the crops flat. 暴风雨把庄稼刮倒了。❽平息(尘土等)；使(人)镇定：Sprinkle water to ～ the dust. 洒水使尘土落下。/～ sb.'s fears, doubts, suspicions 消除某人的恐惧、疑虑、怀疑 ❾提出(问题、主张、要求等)：～ the question be-fore a committee 把问题提交委员会/～ claim to sth. 对某物提出所有权要求 ❿把(故事背景)放在…，设于…：The scene of the story is laid in the old liberated areas in Jiangxi. 该故事以江西老解放区为背景。⓫赌(钱)，下(赌注)：gamblers ～ing their stakes in roulette 在轮盘赌上压赌注的赌徒/How much did you ～ on that race? 那场赛马你下了多少赌注? /I'll ～ you £5 that she won't come. 我看她不来了，我愿跟你赌5英镑。⓬埋葬 vi. 下蛋，产卵：The hens are not ～ing well at the moment. 现在那些母鸡不爱下蛋。Ⅱ. n. Ⓤ[the ～]位置，地形：the ～ of the land 地形

lay² [leɪ] [无比较等级] adj. 凡俗的，世俗的(与教会中神职人员相对而言)；([反]profes-sional)外行的，非专业性的：a ～ preacher 非神职的讲道者/～ opinion 外行的意见/speaking as a ～ person 说外行话

lay³ [leɪ] lie 的过去式

lay·er [ˈleɪə(r)] Ⅰ. (～s[-z]) n. Ⓒ ❶层，一层；(油漆等的)涂层：Several thin ～s of clothing will keep you warmer than one thick one. 穿几层薄的衣服总比穿一层厚的衣服暖和。/a ～ of dust on the furniture 家具上的一层尘土/a ～ of clay in the earth 地下的一层黏土/remove ～s of old paint 去除层层旧颜料 ❷置放者；铺砌者 ❸产卵鸡：a poor (good) ～ 产卵少(多)的鸡 ❹【植】(园艺的)压条 Ⅱ. (～s[-z]；～ing[-rɪŋ]) vt. ❶堆积…成层：～ lime and garden clippings to make compost 把石灰和修剪下的枝叶分层堆积做堆肥/～ed hair 分层削短的头发 ❷用压条法培植(植物)

lay-off [ˈleɪɒf] n. ❶ⓊⒸ停职，(不景气的)暂时解雇 ❷Ⓒ遭解雇的工人(通常为短期)：many ～s among factory workers 工人中许多暂遭解雇的人 ❸Ⓒ停职(暂时解雇)期间：a long ～ over the winter 长达一冬的暂时解雇

lay-out [ˈleɪaʊt] n. ⒸⓊ❶安排；布局，陈设，设计：the ～ of rooms in a building 建筑物内房间的布局 ❷(报纸等的)版面编排；版面设计：a magazine's attractive new page ～ 杂志

醒目而新颖的版面编排

la·zy [ˈleɪzɪ] (lazier;laziest) *adj.* ❶([近] idle)([反]diligent,industrious)懒惰的,懒散的:He's not stupid, just ～. 他倒不笨,就是懒。❷令人懒散的,懒洋洋的:a ～ yawn 懒洋洋的呵欠/a ～ summer evening 令人发懒的夏日黄昏/We spent a ～ day at the beach. 我们在海滩上度过了闲散的一天。❸(动作)缓慢的,慢吞吞的

lead[1] [liːd] Ⅰ. (～s[-z];led[led]) *vt.* ❶带领,引导:～ a blind man across the road 领着一盲人过马路 ❷(道路等)引导(人)到…,带往;通往…:～ a guest to his room 领客人到他自己的房间/He *led* the group out into the garden. 他把那些人领出去进了花园。❸致使,诱使:Investigations *led* us to the foregoing conclusion. 调查研究使我们得出上述结论。/What *led* you to think so? 是什么使得你这样想呢? ❹走在…的前头;列于…的前面:～ the world in cancer research 在癌症研究方面走在世界前列 ❺领导,率领;指挥:～ a strike 领导罢工/～ the singing 指挥唱歌/Who is to ～ the party into the next election?谁来领该党参加下次选举? ❻过(活),使…过(某种生活):～ a miserable existence 过悲惨的生活/He *led* his family a dog's life. 他使家人过着穷困潦倒的生活。/decide to ～ a new life 决定过新生活 ❼(打牌时)率先出(牌):～ trumps 先出王牌 *vi.* ❶通向,达:This door ～s into the garden. 此门通往花园。/This bridge ～s to the island. 这座桥通往那个岛。❷领路,带头:You ～ and I'll follow. 你带路,我随行。❸领先:The champion is ～*ing* by eighteen seconds. 该冠军领先 18 秒。❹领导,指挥:I'll take part,but I won't want to ～. 我参加,但不想当领导。❺导致,招致:This misprint *led* to great confusion. 这个印刷错误造成很大的混淆。/Your work seems to be ～*ing* no-where. 你的工作似乎不会有什么结果。❻【牌】率先出牌(或开球等)Ⅱ. *n.* ❶[the ～] 领先,首位;[用 a ～]领先程度:take(over) the ～ 夺得领先地位/have a ～ of half a lap 领先半圈 ❷U C 领导,榜样:He's the chief trouble-maker;the others just follow his ～. 他是首要的捣乱分子,其余的人只是跟着学的。❸C 提示,暗示;线索:The police are investigating an important new ～. 警方正在调查一条重要的新线索。❹C(戏中的)主角;扮演主角的演员:play the ～ in the new West End hit 在伦敦西区群众喜闻乐见的新戏中担任主角 ❺C(新闻报道开端的)内容提要,导语 ❻[常用 the ～](纸牌游戏中的)出牌权;

先出牌:Whose ～ is it? 谁先出牌? ❼C(牵狗等用的)绳索,皮带:You must keep your dog on a ～ in the park.在公园里要牵着你的狗。❽C【电】导线,引线

lead[2] [led] (～s[-z]) *n.* ❶U 铅 ❷U C 铅制品;笔铅 ❸C 铅锤(绑在绳端用来测量水深的工具)

lead·en [ˈledn] [无比较等级] *adj.* ❶铅的,铅制的 ❷铅灰色的:～ clouds promising rain 预示有雨的铅灰色的云 ❸重的,沉重的;懒洋洋的;无活力的:the ～ atmosphere of the museum 博物馆里那沉滞的气氛

lead·er [ˈliːdə(r)] (～s[-z]) *n.* C ❶领袖,领导;首领;指挥者:the ～ of the Opposition 反对党领袖/He is well up with the ～s at the half-way stage of the race. 比赛进行到一半时他已和最先的几名参赛者并驾齐驱了。❷[英]社论;(报纸上的)重要文章 ❸(电影、电视的)片头 ❹(胶卷、录音带开头的)空白片段 ❺【音】[美]指挥者;[英](管弦乐团的)首席小提琴手 ❻(招引顾客的)特价商品 ❼[美]接钩线(把钓鱼钩系在钓线上的坚牢细丝)

lead·er·ship [ˈliːdəʃɪp] *n.* ❶U 领导地位(职责):the responsibilities of ～ 领导的责任/a ～ crisis 领导者地位的危机 ❷U 领导,指挥;领导能力,领导权:qualities of ～ necessary in a team captain 任领队的领导素质/～ potential 领导潜力 ❸C[集合用法]领导者,领导阶层:calling for firm action by the union ～ 工会领导号召采取坚决行动

lead·ing [ˈliːdɪŋ] [无比较等级] *adj.* ❶第一位的,最主要的;one of the ～ writers of her day 她那个时代最重要的作家之一 ❷领导的,指引的;卓越的,一流的:the ～ bodies of the party 党的领导机关 ❸先导的,带头的:the ～ runners 跑在前面的人

leaf [liːf] Ⅰ. (leaves [ˈliːvz]) *n.* ❶C 叶;[集合用法]叶子:cabbage *leaves* 洋白菜的叶子/sweep up the dead *leaves* 扫枯叶 ❷C 页;(尤指书或本中有两个印刷面的)张:carefully turn over the *leaves* of the precious volume 小心翻动珍本书的书页/a loose ～ of paper lying on the desk 脱落在书桌上的一页纸 ❸C[口]花瓣:a rose ～ 玫瑰花瓣 ❹C(折叠式桌子的)活动面板 ❺U[集合用法]箔:gold ～ 金箔 Ⅱ. *vi.* 快速翻书页;浏览(某物):～ idly through a magazine while waiting 等候时无聊地浏览杂志

leaf·let [ˈliːflɪt] *n.* C ❶传单;活页:pick up a ～ about care of the teeth 拿起一张宣传保护牙齿的传单 ❷【植】小叶,嫩叶

leaf·y [ˈliːfɪ] (leafier;leafiest) *adj.* ❶叶多

的,阔叶的;由叶而成的:a ~ forest(branch, bush)树叶茂密的森林(树枝、灌木)/a ~ shade 叶子形成的绿荫 ❷叶状的;~ vegetables 叶状蔬菜

***league** [li:g] Ⅰ. n. C ❶(政治性的)同盟,联盟:the *League* of Nations 国际联盟 ❷(运动等的)比赛联盟:the ~ champions 联赛冠军/bottom of the ~ table 联赛成绩名次表上的末尾 Ⅱ. vi. 结盟;联合:We must ~ together against this threat. 面对这种威胁我们必须联合起来。vt. 使结盟,使联合

leak [li:k] Ⅰ. n. C ❶漏洞;漏隙:a ~ in the roof 屋顶的裂隙/a ~ in the gas pipe 煤气管上的裂缝/a slow ~ in a bicycle tyre 自行车内胎上的细孔 ❷漏出物;(水、煤气等的)漏出:smell a gas ~ 闻出有泄出的煤气味 ❸漏出量 ❹泄漏:the latest in a series of damaging ~s 一系列危害性泄密事件中最新的一桩 Ⅱ. (~ed[-t]) vt. ❶使(水、煤气等)泄漏:My pen ~s ink. 我的钢笔漏墨水。❷(向某人)泄漏(秘密等):Who ~ed this to the press? 这件事是谁泄漏给新闻界的? vi. ❶(水、煤气等)漏出:The rain's ~ing in. 雨水在往里渗。/Air ~ed out of the balloon. 空气自气球中溢出。❷(屋顶、容器等)漏:This boat ~s like a sieve. 这条船漏得像个筛子。

leak·age ['li:kɪdʒ] n. ❶U C 漏,漏出;泄漏:a ~ of toxic waste 有毒废物的渗漏 ❷C 漏出物;漏出量

leak·y ['li:kɪ] (leakier; leakiest) adj. (容器等)漏的,易漏的:a ~ ship 漏的船

***lean**[1] [li:n] Ⅰ. (~s[-z]; leant[lent] 或 [美]~ed) vt. 使依靠…;使倚靠:The workmen *leant* their shovels against the fence and went to lunch. 那些工人把铁锹往篱笆上一靠就吃午饭去了。vi. ❶倾斜,偏向:The tower is ~ing slightly. 那座塔轻微倾斜。❷([近]bend)屈身,倾向:~ out of the window 探身窗外/Just ~ forward for a moment, please. 请稍稍向前屈一下身。❸靠,倚:a ladder ~ing against the wall 倚着墙的梯子/The old man *leant* upon his stick. 那个老先生拄着个手杖。/~ on sb.'s arm 靠在某人的手臂上 ❹依赖,依靠:Don't always ~ on others for help. 不要老是依赖别人的帮助。❺(想法、见解等)倾向(于某方向):~ to a view 倾向一种观点 Ⅱ. n. [a ~]倾斜,倾向;倚靠:a wall with a slight ~ 一堵稍稍有些倾斜的墙

lean[2] [li:n] Ⅰ. adj. ❶([反]fat)(人、家畜等)瘦的;(肉)无脂肪的,精瘦的:a athletic body 瘦而矫健的身体/~ beef 瘦牛肉 ❷贫乏的;贫瘠的;缺乏营养的;收益差的:a ~ diet 量少的饮食/~ years 歉岁/a ~ season for good films 好影片不多的一段时期 Ⅱ. n. U 无脂肪的肉,瘦肉:a lot of fat but not much ~ 肥肉多瘦肉少

lean·ing ['li:nɪŋ] (~s[-z]) n. C 倾向,嗜好:a reformer with radical ~s 带有激进主义倾向的改革家

leant [lent] lean[1] 的过去式及过去分词

leap [li:p] Ⅰ. (leapt [lept]或[美]~ed) vt. ❶跳过:~ a puddle 跳过水洼 ❷使跃过:~ a horse over a fence 策马跃过篱笆 vi. ❶跳,跃:The cat *leapt* from the chair. 猫从椅子上跳开了。/A frog *leapt* out. 一只青蛙一跃而出。❷猛然行动;迅速行动:~ to the telephone 冲过去抓电话/They *leapt* to stardom with their first record. 他们录制了第一张唱片,一跃而入明星行列。❸(心等)跳动;飞腾:My heart *leapt* for joy at the news. 我听到这个消息心情万分激动。Ⅱ. n. C ❶跳跃;飞跃:He crossed the garden in three ~s. 他跳3步就跨过了花园。/a ~ in the number of people out of work 失业人数激增 ❷(必须)跃过的地方;跳跃距离:a ~ of seven metres 7米的跃距

leapt [lept] leap 的过去式和过去分词

***learn** [lɜːn] (~s[-z]; ~ed 或 learnt[lɜːnt]) vt. ❶学习;学;学会:We ~ed English from an American teacher. 我们跟一位美国老师学英语。/~ a poem by heart 背熟一首诗/She ~s languages with ease. 她学语言不费劲。❷记忆,熟记;记住:~ sth. by heart 记住(或背下)某事 ❸(看或听而)得知,获悉:We ~ed the truth about the matter at last. 我们终于得知那件事的真相。/I never ~ed his name. 我从未听说过他的名字。vi. ❶学习;学:I can't drive yet— I'm still ~ing. 我还不会开车——我仍在学。/~ from one's mistakes 从错误中学/I am going to ~ to ski this winter. 今年冬天我打算学滑雪。❷听到,获悉:I ~ed of her illness from him. 我从他那里得知她生病了。/I'm sorry to ~ of your illness. 听说你病了,我十分难过。

learn·ed Ⅰ. [lɜːnd] learn 的过去式和过去分词 Ⅱ. ['lɜːnɪd] adj. ❶有学问的;博学的;精通(某学问)的:~ men 学者/He's very ~ but rather absent-minded. 他很有学问,可是好忘事。❷学术上的,学术性的:~ journals 学术刊物/the ~ profession 有学识的职业

learn·er ['lɜːnə(r)] (~s[-z]) n. C ❶学习者;初学者,学生:I'm still only a ~, so don't expect perfection! 我还在学习,别指望我十

全十美！/a quick ～ 聪明的学习者 ❷([近] ～ driver)见习司机；That car's being driven by a ～.那辆汽车正在见习司机驾驶。

learn·ing [ˈlɜːnɪŋ] *n.* U❶学,学习：be good at ～ 善于学习 ❷学识；学问：a man of great ～ 学识渊博的人

learnt [lɜːnt] learn 的过去式和过去分词

lease [liːs] Ⅰ. (～s[ˈ-ɪz]) *n.* C(土地、建筑物等的)租赁合同；租约，租契；租借期间：take out a ～ on a holiday home 租赁一所度假住宅/When does the ～ expire? 租约什么时候期满？/The ～ has four years left to run. 租约还有 4 年。 Ⅱ. (～s[ˈ-ɪz]；～d[-t]；leasing) *vt.* 租借(土地、建筑物等)：～ a field 租土地/The firm ～s an office with views over the river. 公司租了个带临河风景的办事处。 *vi.* 出租

* **least** [liːst] Ⅰ. *adj.* [little 的最高级]([反]most)最少的,最小的：He's the best teacher even though he has the ～ experience. 他尽管经验最少,但教得最好。/The ～ worry we have is about the weather. 我们最不担心的就是天气。/If you had only the ～ thought for others, you would not have spoken out in that way. 你若稍为他人着想,一定不会那样说话。 Ⅱ. *adv.* [little 的最高级] ❶最少地：just when we ～ expected it 偏偏在我们最想不到的时候/She chose the ～ expensive of the hotels. 她选了一家最便宜的旅馆。 ❷最不：He disliked many of his teachers and Miss Smith he liked (the) ～. 很多老师他都不喜欢,最不喜欢的是那个女教师史密斯。 Ⅲ. *n.* U[常用 the ～]最小,最少：That's the ～ of our worries. 那是我们最不担心的。

leath·er [ˈleðə(r)] Ⅰ. *n.* ❶U皮革,鞣皮：This sofa is covered in real ～. 这沙发是真皮的。❷C皮革制品；[用复数]骑马用皮裤,皮马裤；皮裹腿 ❸[作定语]皮的,皮革制的：～ gloves 皮手套 Ⅱ. *vt.* [口](用皮鞭)抽打

* **leave¹** [liːv] (～s[-z]；left [left]；leaving) *vt.* ❶ 离开(某处),出发：The plane ～s Heathrow for Orly at 12:35. 飞机于 12 时 35 分自希思罗机场起飞前往奥利。❷离开(某人)的身边,与…辞别；遗弃,离弃,抛弃(家人、友人等)：Take it or ～ it — it's up to you. 或取或舍,由你自己决定。❸停止；辞去(工作等)；(自学校)毕业,退会：He left England in 1964 and never returned. 他于 1964 年离开英国,一去不返。/Many children ～ school at 16. 很多学生 16 岁就毕业了。❹把(人、物)留下,遗置,遗留；丢下…：How much

did he ～? 他遗留下多少钱？/She left me £ 500. 她遗留给我 500 英镑。/～ all one's money to charity 把所有的钱遗赠给慈善事业 ❺交出,托付…(给某人),委托…：You can ～ the cooking to me. 做饭的事你尽可以交给我。/～ an assistant in charge of the shop 留下一店员照管店铺 ❻听任…；使…处于某种状态：*Leave* the door open, please! 让门开着吧。/Don't ～ her waiting outside in the rain. 别让她在外边雨中等着。❼剩余；留下：Seven from ten ～s three. 10 减 7 得 3。/There are six days *left* before we go. 我们出发还剩下 6 天。❽死后留下(家人、财产等)：He ～s a widow and two children. 他身后留下一个寡妇和两个孩子。❾通过,经过：*Leave* the monument on the right and cross the bridge. 从右边经过纪念碑,再往前过桥。 *vi.* 出发,动身：It's time for us to ～. 我们该走了。

leave² [liːv] (～s[-z]) *n.* ❶U[书]许可,同意：She has my ～ to see him. 她得到我的许可去看他。❷U准假；休假；假期；C休假期间：sick ～ 病假/a fortnight's ～ 两周的假期/given ～ to visit one's mother 获假探母

* **leaves** [liːvz] *n.* leaf 的复数形式

* **lec·ture** [ˈlektʃə(r)] Ⅰ. (～s[-z]) *n.* ❶演讲；讲课；讲座：give a ～ 讲课/a course of ～s on Greek philosophy 希腊哲学系列讲座 ❷斥责,长篇大论的教训：The policeman let me off with a ～ about speeding. 那警察给我讲了一大堆注意车速的道理之后才让我走。/give sb. a ～ 训斥某人 Ⅱ. (～s[-z]；lecturing) *vt.* ❶向…讲演；给…讲课：She ～d a small class on modern drama. 她给一小班的学生讲授现代戏剧。❷教训；训斥：Do stop *lecturing* me! 别教训我了！/～ one's children for being untidy 训斥子女不讲究洁 *vi.* 讲演,讲课：He is *lecturing* on Russian literature. 他正讲授俄罗斯文学。

led [led] lead 的过去式和过去分词

ledg·er [ˈledʒə(r)] *n.* C(簿记用的)底账,总账

left¹ [left] leave 的过去式和过去分词

* **left²** [left] Ⅰ. *adj.* ❶[无比较等级]左,左边的,左侧的：Fewer people write with their ～ hand than with their right. 用左手写字的人比用右手的少。❷[常用 Left]左翼的,左派的：the ～ flank of an army 军队的左翼/～ forces 左派势力 Ⅱ. [无比较等级] *adv.* 在左边；向左：Turn ～ here. 由此往左。 Ⅲ. *n.* ❶U[the ～]左,左边,左方：In Britain, cars are driven on the ～. 在英国,汽车靠左

侧行驶。/She was sitting immediately to my ~.她挨着我坐在我的左边。❷ Ⓤ[常用 the ~,the Left]左派,激进分子们;议长席左侧的议员们,左派议员们:a history of the *Left* in Europe 欧洲左翼党派史 ❸ Ⓒ(拳击中的)左手拳:He knocked down his opponent with a powerful ~.他一记有力的左手拳将对手击倒。

left-hand ['lefthænd] [无比较等级] *adj*.左边的;左手的:the ~ side of the street 街的左侧/a ~ drive car 左侧驾驶的汽车

left·o·ver ['leftˌəʊvə] Ⅰ. *n*. Ⓒ[常用复数]吃剩的东西;剩饭,剩菜 Ⅱ. *adj*.剩余的;吃剩的

*****leg** [leg] (~s[-z]) *n*. Ⓒ ❶腿,足;小腿(大腿以下部分或至脚踝,有时指膝盖至脚踝):the powerful back ~s of a frog 青蛙强有力的后腿/the long thin ~s of a spider 蜘蛛细长的腿/a gammy ~ 跛腿 ❷(桌、椅等的)腿脚;支撑柱:a chair with one ~ missing 缺一条腿的椅子 ❸(衣服的)腿部:The ~ of my tights has torn.我裤袜的裤腿破了。❹(三角形底边除外的)侧边 ❺(旅程等的)一段路程;(竞走等的)一段路:The last ~ of our trip was the most tiring.我们旅行的最后一段行程最累人。

leg·a·cy ['legəsɪ] (legacies[-z]) *n*. Ⓒ ([近]inheritance) ❶(根据遗嘱留下的)遗产 ❷(得自祖先的)继承物;遗物:the cultural ~ of the Renaissance 文艺复兴时期的文化遗产/His weak chest was a ~ of a childhood illness.他那羸弱的胸肺是儿时患病的后遗症。

le·gal ['liːgl] [无比较等级] *adj*. ❶法律(上)的;关于法律的:my ~ adviser 我的法律顾问/seek ~ advice 找律师咨询/take ~ action 采取法律行动 ❷合法的,合乎法律的:Should euthanasia be made ~? 是否应将安乐死合法化? ❸([近]lawful)([反]illegal)法定的,依法制定的:the ~ age for voting 选举的法定年龄

leg·end ['ledʒənd] (~s[-z]) *n*. ❶Ⓒ传说,传奇故事:the ~ of Robin Hood 罗宾汉传奇 ❷Ⓤ[集合用法]民间传说;传奇文学:exploits famous in ~ and song 民间传说和歌谣中为人熟知的英雄事迹/the heroes of Greek ~ 希腊民间传说的英雄 ❸Ⓒ传奇性人物:Her daring work behind the enemy lines is now ~.她在敌后的英勇斗争事迹现在已是传奇美谈。❹Ⓒ(奖章、硬币等上的)题铭文字,铭文 ❺Ⓒ(地图的)图例;(插图的)说明

le·gis·late ['ledʒɪsleɪt] *vi*.立法,制定法律 *vt*.用立法规定:You can't ~ work efficiency.你不能用立法手段来提高劳动效率。

le·gis·la·tion [ˌledʒɪs'leɪʃən] *n*. Ⓤ ❶法律的制定,立法:*Legislation* will be difficult and take time.立法难且费时。❷[集合用法](制定的)法律,法规:New ~ is to be introduced to help single-parent families. 新法规即将实施以帮助单亲家庭。

le·gis·la·tive ['ledʒɪslətɪv] [无比较等级] *adj*.立法的,立法上的;有立法权的:a ~ assembly 立法会议

le·gis·la·ture ['ledʒɪsleɪtʃə] (~s[-z]) *n*. Ⓒ ❶立法机关 ❷[美](州)议会

le·git·i·mate [lɪ'dʒɪtɪmɪt] *adj*. ❶合法的,法律认可的:the ~ heir 法定继承人/I'm not sure that his business is strictly ~.我说不好他的生意是否绝对合法。❷嫡亲的;正统的 ❸合理的,正当的:a ~ argument 合乎情理的论据/Politicians are ~ targets for satire. 政治家理所当然是讽刺的靶子。

le·git·im·ize, -ise [lɪ'dʒɪtəmaɪz] *v*. 使合法化

lei·sure ['leʒə(r)] Ⅰ. *n*. Ⓤ空闲(暇),闲暇;(从工作中解脱出来的)自由空间:We've been working all week without a moment's ~.我们整个星期一直工作,没有片刻空闲。Ⅱ. *adj*.空闲的;休闲用的:~ activities 康乐活动/~ wear 便装

lei·sured ['leʒəd] *adj*. ❶有空的:the ~ classes 有闲阶级 ❷充裕的

lei·sure·ly ['leʒəlɪ] *adj*.充裕的,悠闲的;不慌不忙的:walk at a ~ pace 步态悠闲地走/work ~ 从容地工作

lem·on ['lemən] Ⅰ. (~s[-z]) *n*. ❶Ⓒ Ⓤ柠檬 ❷Ⓒ[植]柠檬树(橘科的常绿灌木) ❸Ⓤ柠檬色 ❹Ⓤ柠檬的风味;柠檬汁 ❺Ⓒ[口]无用的人;讨厌的家伙;没有魅力的人 ❻Ⓒ[口]瑕疵品;缺陷货 Ⅱ. *adj*.柠檬的;柠檬风味的;柠檬色的

lem·on·ade [ˌlemə'neɪd] *n*. Ⓤ柠檬水(以柠檬汁、水、糖制成的饮料,有时也加碳酸水)

*****lend** [lend] (~s[-z];lent [lent])([反]borrow) *vt*. ❶把…借给;贷(款);出租(书籍等):Banks ~ money at lower interests than money lenders.银行贷款利息比钱庄放款来得低。/Can you ~ me £5? I'll pay you back tomorrow.可以借我5英镑吗? 我明天还你。❷协助,给予(力量、援助等);增添(趣味)等):We ~ our support to the project. ⇌ We ~ the project our support.我们支持那项计划。/~ one's services 提供服务 *vi*.贷款;A person who borrows should be willing to ~.向人借钱者应该愿意借钱给别人。

length ['leŋ(k)θ] *n.* **❶**ⓊⒸ长,长度:a river 300 mile in ~ 长 300 英里的河/This room is twice the ~ of the other,but much narrower. 这个房间的长度是那个房间的两倍,但窄得多。/a book the ~ of "*War and Peace*"像《战争与和平》篇幅那样长的书/He jogged the ~ of the beach. 他沿海滩慢跑了一段距离。**❷**ⓊⒸ(时间)的长短;期间:You spend a ridiculous ~ of time in the bath. 你洗澡用那么长时间,真不像话。/Size of pension depends on ~ of service with the company. 养老金的多少取决于为公司服务年限的长短。/a speech of considerable ~ 相当长的演说 **❸**Ⓒ(作为长度单位的)物体的长度;动物的体长:This car will turn in its own ~. 这种汽车可以在自身长度范围内掉头。/The horse won the race by two ~s. 那匹马以两个自首至尾的距离领先赢得该场比赛。**❹**Ⓒ(某规格的)长度(的物品):timber sold in ~s 5, 10 or 20 metres 圆木分别以 5、10 或 20 米 3 种长度规格出售

length·en ['leŋ(k)θən] (~s[-z]) *vi.* 变长;放长,延长:The days start to ~ in March. 3 月份白昼开始变长。*vt.* 使加长:~ a skirt 把裙子放长

length·ways ['leŋ(k)θweɪz] [亦作 lengthwise;longways] [无比较等级] *adj.& adv.* 纵向的(地),纵长的(地):The tables were laid ~. 这些餐桌是纵向摆设的。

length·y ['leŋ(k)θɪ] (lengthier;lengthiest) *adj.* **❶**(时间)长的:*Lengthy* negotiations must take place before any agreement can be reached. 要进行多次长时间谈判才能达成协议。**❷**(说话、文章等)冗长的:~ speeches 冗长的讲话

le·ni·ent ['liːnɪənt] *adj.* 宽大的,宽厚的;仁慈的:a ~ fine 不严苛的罚款/I hope the judge will be ~. 我希望法官宽大为怀。

lens [lenz] (~es['-ɪz]) *n.* Ⓒ**❶**(眼镜的)镜片;(相机等的)镜头 **❷**(眼球的)晶状体

lent [lent] lend 的过去式和过去分词

leop·ard ['lepəd] (~s[-z]) *n.* Ⓒ【动】豹(产于非洲和南亚地区);美洲豹

less¹ [les] **Ⅰ.** [little 的比较级]**❶**([反]more) *adj.* 更少(或更小)的,较少(或较小)的:~ significance 不太重要/~ coffee than tea 咖啡比茶少/I received ~ money than the others did. 我比别人收到的钱少。/You ought to smoke fewer cigarettes and drink ~ beer. 你应当少抽烟,少喝啤酒。**❷**[书] 与…完全相同,不外乎是 **Ⅱ.** [little 的比较

级] *adv.* **❶**([反]more)较少地;更少地;I read much ~ now than I did at school. 我现在看书远比我上学时少。/It rains ~ in London than in Manchester. 伦敦的降雨量比曼彻斯特少。**❷**不像…,不如…:~ colourful (expensive、hungry、intelligent、tired)色彩不太丰富的(价钱较便宜的、不太饿的,悟性较差的,不那么疲劳的)/~ enthusiastically 不热情地 **Ⅲ.** *n.* Ⓤ更少的数(量、额):The project was completed in ~ than two years. 工程在两年不到的时间里就完成了。/expect to see ~ of sb. 不想多见某人

less² [les] *prep.* 差…,少…;扣除…:a monthly salary of £450, ~ tax and national insurance 月薪 450 英镑,先扣除所得税和国民保险费

-less [后缀] [构成形容词]**❶**(接在名词之后)表示"无":tree*less* 没树/hope*less* 没希望 **❷**(接在动词之后)表示"不做"、"不能":cease*less* 不停的

less·en ['lesn] (~s[-z]) *vi.* 变少,变小;减轻;减价:The pain was already ~*ing*. 疼痛正在减轻。*vt.* 使减少;使变小:~ the risk of sth. 减少某事物的冒险性

less·er ['lesə(r)] [无比较等级] [little 的比较级] **Ⅰ.** *adj.* 较小的,较少的:one of the author's ~ works 该作者的一部次要的著作/He's stubborn,and so is she,but to a ~ degree. 他很固执;她也是,只是程度差些。/one of the ~ lights of his profession 他那一行的一个次要人物 **Ⅱ.** *adv.* [常构成复合词]较少;不很:~ known 不很出名的

les·son ['lesn] (~s[-z]) *n.* Ⓒ**❶**[常用复数]授课,功课;学习,学业:The first ~ in driving is how to start the car. 学驾驶汽车的第一课是启动。**❷**(教科书等的)课:My yoga ~ begins in five minutes. 我 5 分钟后上瑜伽课。**❸**教训,训诫:Let this be a ~ to you never to play with matches! 把这件事当作你的教训,再也不要玩火柴了! /We are still absorbing the ~s of this disaster. 我们从这场灾难中仍不断汲取教训。**❹**日课(在基督教做礼拜时诵读圣经中的一段)

lest [lest] *conj.* **❶** [书]([近]in case,for fear that) 以免,唯恐:He ran away ~ he be seen. 他怕人家看见他就跑开了。/*Lest* anyone should think it strange, let me assure you that it is quite true. 我向你们保证那是真事,以免有人觉得奇怪。**❷** [书](置于 fear,afraid 等之后)担心…,唯恐…:She was afraid ~ he might drown. 她担心他会淹死。

let [let] **Ⅰ.** (let [let];letting) *vt.* **❶** [常

不用被动语态]允许,让:Don't ～ your child play with matches. 别让孩子玩火柴。/My father only just had his operation and they won't ～ me see him yet. 我父亲刚动过手术,医生还不允许我去看他。❷ [用于祈使句]请让(我)…,让…,让…做:Let the work be done immediately. 工作需马上完成。/Let there be no mistake about it. 不要误解我的意思。❸ [用于祈使句] [用～ us;～'s] [常置于句首]做…吧:Let's go to the cinema. 咱们去看电影吧。/I don't think we'll succeed, but ～'s try anyway. 我想我们不一定能成功,但是不管怎样还是试试吧。❹假设,若…:Let line AB be equal to line CD. 设 AB 线与 CD 线等长。/Let ABC be an angle of 90°. 设 ABC 为一个 90°的角。❺ [英]租(房子给人);出租:I ～ my spare rooms to lodgers. 我把多余的房间出租给房客。vi. 出租:They decided to ～ off the smaller flats at lower rents. 他们决定把小单元房廉价出租。Ⅱ. n. C [英] ❶(房屋等的)出租(或租赁):I can't get a ～ for my house. 我的房子租不出去。❷出租的房子(房间) ❸ [口](房屋等的)房客 ❹触网(网球、羽毛球等发球时的触网,无效)

le·thal ['liːθl] adj. 致命的,致死的:a ～ dose of poison 毒药的致命剂量/～ weapons 致命武器

***let·ter** ['letə] (～s[-z]) n. ❶C 信,函件:Are there any ～s for me? 有我的信吗? /Please inform me by ～ of your plans. 请来信把你的计划告诉我。❷C 字母:"B"is the second ～ of the alphabet. B 是字母表中的第 2 个字母。/Fill in your answers in capital ～s ,not small ～s. 答案是由大写字母填写,不要用小写字母。❸ [用复数]文学;学问;读写:the profession of ～s 文学家的职业/a woman of ～s 女文学家 ❹ [the ～]字面上的意义(而非其意义),字义;字句:in ～ and in spirit 在字面和精神实质上,在形式和内容上 ❺ C [常用复数]证书,(许可证等正式的)全权证书:～s of administration【律】管理遗产委任状 ❻C【印】铅字;铅字字体 ❼C [美]校名的第 1 个字母(颁赠给优秀选手等用以别在胸前等)

let·ter·box ['letəbɒks] (= [美]mailbox) (～es[-ɪz]) n. ([近]postbox)C [英]邮筒;(家庭等用的)信箱

let·ter·head ['letəhed] (～s[-z]) n. ❶C 印在信纸上的信头 ❷U 印有信头的信纸

let·ter·ing ['letərɪŋ] n. U ❶写字,印字,刻字(写或刻经过设计的文字) ❷(设计后)所刻的字

***lev·el** ['levl] Ⅰ. (～s[-z]) n. ❶C U 水平;水平面:The controls are at eye-～. 控制仪表盘在水平高度。❷C U 高,高度:1,000 metres above sea-～ 海拔 1,000 米/a multi-～ carpark 多层停车场 ❸([近]standard)U C (文化、学问等的)水准,程度;等级:discussions at Cabinet ～ 内阁阁员的磋商/high-～ negotiations 高级别的谈判 ❹C [美]水平仪,水准器 Ⅱ. adj. ❶([近]even,flat)(土地等)平的,水平的,平坦的:Find ～ ground for the picnic table. 找一处平坦的地面放野餐的餐桌。/Add one ～ tablespoon of sugar. 加一平餐匙糖。❷ [无比较等级]相同高度的,相同程度的:The two pictures are not quite ～ that one is higher than the other. 这两幅画挂得不一般高——这一幅比那幅高。❸(心情等)稳定的,平静的;有判断力的:a ～ stare 逼人的凝视 Ⅲ. (～s[-z];level(l)ed;level(l)ing) vt. ❶弄平,推平:The ground should be levelled before you plant a lawn. 先把地整好再植草坪。❷使平等,使划一:She needs to win this point to ～ the score. 她要赢得这一分才能将比分拉平。/～ social differences 消除社会差异 ❸(枪等)瞄准;针对…(责难),对准:The hostage had a rifle levelled at his head. 一支步枪瞄准着人质的头。❹使倒下,夷平:a town levelled by an earthquake 被地震夷为平地的城市

le·ver ['liːvə(r)] Ⅰ. (～s[-z]) n. C【机】杆,控制杆:Move this ～ to change gear. 换挡时扳动这根操作杆。Ⅱ. (～s[-z];～ing[-rɪŋ]) vt. (用杠杆)撬动;用力移动:They ～ed the rock into the hole. 他们用杠杆把大石头撬进洞里。

li·a·bil·i·ty [ˌlaɪə'bɪlɪtɪ] (liabilities[-z]) n. ❶U C (法律上的)责任,义务:～ for military service 服兵役的义务/Don't admit ～ for the accident. 不要承认对事故有责任。❷ [用复数]负债,债务 ❸C [口]不利之物:Because of his injury,Jones was just a ～ to the team. 琼斯负了伤,成为全队的累赘。❹U 易于…的倾向(to)

li·a·ble ['laɪəbl] adj. [作表语] ❶易于…的,有…倾向的 ❷易患(疾病等)的 ❸(法律上)负责任的,有义务的:Is a wife ～ for her husband's debts? 妻子对丈夫的债务负法律责任吗? /Be careful — if you have an accident I'll be ～. 小心——你要出事故,我要负责的。❹不可免去的;应该接受(罚款等)的:a road ～ to subsidence 可能塌陷的公路/Offenders are ～ to fines of up to ￡100. 触犯者可予罚款达 100 英镑。❺ [美口]可能(做

…的,大概会(做)…的:We're all ～ to make mistakes when we're tired. 人若疲劳谁都可能出差错。

li·ai·son [lɪˈeɪzn,-zɒn] (～s[-z]) n. ❶ U Ｃ【军】联络;联系:excellent ～ between our two departments 我们两个部门间出色的合作 ❷ Ｃ(男女间的)私通,通奸:a brief ～ 短暂的姘居

li·ar [ˈlaɪə(r)] (～s[-z]) n. Ｃ说谎者:a bad ～ 拙劣的撒谎者

lib·er·al [ˈlɪbərəl] Ⅰ. adj. ❶(政治上、宗教上)自由主义的 ❷宽大的,度量大的;无偏见的:a ～ attitude to divorce and remarriage 对离婚和再婚看得开 ❸(人)大方的,慷慨的;不吝啬的:She's very ～ with promises but much less so with money. 她轻诺而手紧。❹ ～ sprinkling of sugar 撒上厚厚的糖 ❹充足的,大量的 ❺通才教育的 ❻自由的;不拘泥于字面意义的:a ～ translation giving a general idea of the writer's intentions 对作者总体意思的意译 Ⅱ. n. Ｃ自由主义者

lib·er·al·ly [ˈlɪbərəlɪ] adv. ❶大方地,慷慨地 ❷大量地,充足地

lib·er·ate [ˈlɪbəreɪt] (～d[-ɪd]; liberating) vt. 使(人)获得自由,解放:～ an occupied country 解放被占领的国家

lib·er·ty [ˈlɪbətɪ] (liberties[-z]) n. ❶ U (从限制及束缚中解脱出的)自由,解放 ❷ U Ｃ自由,权利:a ～ enjoyed by all citizens 公民皆享有的自由权/They give their children a great deal of ～. 他们给孩子很大自由。❸ Ｃ随便,任意 ❹[用复数]特权,特殊待遇:liberties enjoyed by all citizens 公民皆享有的权利

li·brar·i·an [laɪˈbreərɪən] (～s[-z]) n. Ｃ图书馆管理员

li·brary [ˈlaɪbrərɪ] (libraries[-z]) n. Ｃ❶图书馆;图书室;[作定语]图书馆的:Let's meet outside the ～. 我们在图书馆外边见面。❷(个人的)书房,书库 ❸[集合用法]藏书;(唱片、影片等)收藏:He has many foreign books in his ～. 他的藏书中有许多外国书。❹丛书;文库

li·cense, li·cence [ˈlaɪsəns] Ⅰ. (～s[-ɪz]) n. ❶ U (法律上的)许可,认可,特许:Why give these people ～ to enter the place at will? 为什么允许这些人随意进入该地? ❷ Ｃ许可证,执照;牌照:a driving ～ 驾驶执照/a ～ to practise as a doctor 医生开业执照/This used to be a pub,but the landlord has lost his ～. 这铺子原是酒店,但店主已丧失营

业执照。❸ U 放肆,放纵 Ⅱ.(licensing) vt. 给予许可:shops ～d to sell tobacco 准许经销烟草的商店/～d premises 许可出售酒类的场所

lick [lɪk] Ⅰ.(～ed[-t]) vt. ❶舔:He ～ed his fingers. 他舔自己的手指。/The cat was ～ing its fur. 猫正在舔自己的毛。❷(火舌)吞卷;(海浪)冲刷(海岸):flames beginning to ～ the furniture 开始燃着家具的火焰 ❸ [口](作为惩罚而)揍,打 ❹ [口]打败;克服 Ⅱ. n. Ｃ❶舔,舔一下:One last ～ and the milk was gone. 剩奶最后一舔而光。/a ～ of ice-cream 舔一下冰淇淋 ❷ [口]少量:The boat would look better with a ～ of paint. 这小船稍加颜色就好看了。

lid [lɪd] (～s[-z]) n. Ｃ❶盖,盖子 ❷眼睑(= eyelid)

lie[1] [laɪ] Ⅰ. (～s[-z]; lay [leɪ]; lain [leɪn]; lying) vi. ❶(人、动物)躺,卧:The corpse lay face down in a pool of blood. 尸体俯卧在血泊中。/Don't ～ in bed all morning! 别一上午都躺在床上! ❷(物品等)在,位于(某方向);(景色等)展现:The letter lay open on his desk. 那信摊开在他的书桌上。❸呈…状态;闲置于:snow lying thick on the ground 地面上厚厚的雪/These machines have lain idle since the factory closed. 这些机器自工厂关闭以来一直闲置着。/I'd rather use my money than leave it lying in the bank. 我宁可把钱花了也不愿存在银行里。❹(事情)在于;(错误、责任等)发现于:The cure for stress ～s in learning to relax. 消除紧张的方法在于学会放松。/It's obvious where our interest ～s. 我们的利益所在是明摆着的事情。❺长眠地下,葬在:Here ～s John Brown. 约翰·布朗长眠于此。❻【律】可立案,可受理:an action that will not ～ 不能受理的诉讼 Ⅱ. n. Ｃ(置放物品的)位置,方向,状态;(高尔夫球)球停位置:a good(poor) ～ 好(差)落位

lie[2] [laɪ] Ⅰ.(～s[-z]; lied; lying) vt. 用欺骗致使:Be on guard against those who try to ～ themselves into our confidence. 警惕那些用谎言来骗取我们信任的人。vi. ❶撒谎:He's lying. 他在说谎。/Don't you dare ～ to me! 你胆敢跟我撒谎! /She ～s about her age. 她谎报年龄。❷(事物)造成假象;不可靠:The camera can't ～. 照相机不会造假。/lying smiles 假笑 Ⅱ. (～s[-z]) n. Ｃ谎言,假话:His story is nothing but a pack of ～s. 他说的纯粹是一派鬼话。

life [laɪf] (lives [laɪvz]) n. ❶ U 生命,命;

生存：the origins of ~ on earth 地球上生命的起源/The motionless body showed no signs of ~. 纹丝不动的躯体显示不出有生命的迹象。❷ⓒ(个人的)性命：Doctors worked through the night to save the ~ of the injured man. 医生彻夜工作以拯救伤者的生命。❸Ⓤ［集合用法］生物，活的东西：Is there ~ on Mars? 火星上有生物吗？/animal and plant ~ 动植物 ❹Ⓤ人生；人世间，世上 ❺ⓒⓊ生活(状态)；生计：public ~ 社交生活方面/Village ~ is too dull for me. 我觉得乡村的生活方式太单调乏味了。/Singing is her ~. 唱歌是她的生计。❻ⓒ传记：He's writing a ~ of Newton. 他在写牛顿的传记。❼Ⓤ元气，生气，活力；赋予活力(生气)之物：Children are always so full of ~. 儿童总是那么朝气蓬勃的。/Put more ~ into your work. 你的工作多增加些活力吧。❽Ⓤ实物，真货；同实物一般大小：a portrait drawn from ~ 以真人做模特的画像 ❾ⓒⓊ一生；(物的)寿命；有效期间：throughout the ~ of the present government 现政府任期期间/a long-~ battery 长寿电池

life·blood [ˈlaɪfblʌd] n. Ⓤ❶(生命所必需的)血液 ❷活力之源：Credit is the ~ of the consumer society. 信用是消费社会的生命线。

life·like [ˈlaɪflaɪk] adj. 酷似的；生动的，逼真的，栩栩如生的：a ~ statue 栩栩如生的雕像

lift [lɪft] Ⅰ. (~ed [ˈ-ɪd]) vt. ❶([近]raise)举起，抬起：I can't ~ this desk alone. 我自己一个人抬不起这张桌子。❷提高(嗓门、声音)，振作(精神、情绪)：This piece of luck ~ed his spirits. 这一好运振奋他的情绪。❸挖出；拔起(农作物)：~ turnips 拔萝卜 ❹解除(封锁)，解(禁)：~ a ban 解除禁令 ❺[口]偷窃(东西)；抄袭(文章等)：She was caught ~ing makeup from the supermarket. 她在超市偷窃化妆品时被捉住了。/Many of his ideas were ~ed from other authors. 他的很多意念都是剽窃别的作者的。vi. ❶(物)被抬起来，高举：The engine hood will not ~. 发动机盖揭不开。/The airplane ~ed from the airport. 飞机从机场飞起。❷(雾、云等)消散；(雨)停止：The mist began to ~. 雾开始消散。Ⅱ. n. ⓒ❶高举，举起：Give him a ~; he's too small to see anything. 把他抱起，他人矮什么也看不见。❷顺便搭载，搭便车：I'll give you a ~ to the station. 我用车顺便送你到车站去吧。❸[英]电梯；升降机：It's on the sixth floor—let's take the ~. 在第7层——我们乘电梯吧。❹

[口](心情的)高涨，高扬：Winning the scholarship gave her a tremendous ~. 她获得奖学金后受到极大的鼓舞。❺起重机

lift·er [ˈlɪftə(r)] (~s [-z]) n. ⓒ❶升降机；起重机 ❷[口]小偷，扒手

light¹ [laɪt] Ⅰ. n. ❶Ⓤ光；光线，光亮：the ~ of the sun 阳光/The ~ was beginning to fail. 天色渐暗。/This ~ is too poor to read by. 这光线太暗不能看书。❷Ⓤ日光；白天，日间 ❸ⓒ灯光，灯火；电灯，灯；信号灯：turn (switch)the ~s on (off) 开(关)灯/Far below the place we could see the ~s of London. 从飞机上俯视远处可以看到伦敦的万家灯火。/A ~ was still burning in his study. 他的书房里仍有孤灯独燃。/That car hasn't got its ~s on. 那辆汽车前灯没有打开。/Keep going, the ~s are green. 继续开吧，是绿灯。❹ⓒ(火柴、打火机等的)导火物：Have you got a ~? 你有火儿吗？❺ⓒ取光之窗，天窗：sky-~ 天窗 ❻Ⓤⓒ(眼睛等的)光辉：A soft ~ came into her eyes as she looked at him. 她望着他，眼中闪露出柔情。❼Ⓤⓒ(成为线索的)光，光明：I wrestled with the crossword clue for ages before ~ finally dawned. 那纵横字谜的提示，我琢磨了很长时间才恍然大悟。❽ⓒ(对事物的)见解，观点，了解：Try to view the problem in a new ~. 尝试以新的观点来看待这个问题。❾ⓒ显赫人物，领导者；权威 ❿Ⓤⓒ(绘画的)明亮部分：~ and shade 亮和阴暗的部分 Ⅱ. (lit [lɪt]或~ed [ˈ-ɪd]) vt. ❶点燃，点亮；点(火)：~ a cigarette 点香烟/Let's ~ a fire in the living-room tonight. 今晚我们在起居室生火吧。❷使…光明，照亮…：The candle lit the room quite well. 那支蜡烛将房间照得通明。❸(使表情)明朗起来，容光焕发 ❹点(灯)：Light the torch. 打开电筒吧——我看不见道儿。vi. ❶点燃，点火：This wood is so damp it won't ~. 这木头湿，点不着。❷变亮：Her eyes lit up with joy. 她因喜悦而目光炯炯。Ⅲ. adj. ❶明亮的：a ~ airy room 明亮通风的房间 ❷(颜色)浅的，淡的：Lights colours suit you best. 你适合穿浅色衣服。

light² [laɪt] Ⅰ. adj. ❶([反]heavy)(重量)轻的：He's lost a lot of weight—he's three kilos ~er than he used to be. 他体重减了很多，比以前轻了3公斤。❷(比规定的重量)轻的，重量不足的：This sack of potatoes is five kilos ~. 这袋土豆少5公斤。❸(数量、程度)少许的，少量的；轻微的：a ~ tap on the shoulder 在肩上轻轻地一拍/a ~ patter of rain on the window 雨点在窗户上的轻柔拍打声/a ～ knock on the door 轻轻的敲门声/be ～ on one's feet 步履轻快❹(负担)轻的;(书刊等的内容)读起来容易的,轻松的:I took some ～ reading for the train journey. 我带上一些轻松的读物乘火车时消遣。/～ music 轻音乐/～ entertainment 轻松的娱乐活动❺(心情)轻松的,愉快的;(动作)轻快的:with a ～ heart 轻松愉快地❻(饮食)易消化的,清淡的;(酒)淡的,酒精成分不多的:a ～ pudding 易消化的布丁/a ～ white wine 低度白葡萄酒❼轻装备的;轻而轻捷的:This coat is ～ but very warm. 这件大衣很轻但很暖和。/～ clothing 轻便的衣物/The old bridge can only be used by ～ vehicles. 那座旧桥只能通行轻型车辆。❽轻浮的,轻率的;浮躁的❾(因闷热、酒醉等)眩晕的 Ⅱ. *adv*. 轻轻地;轻便地:travel ～ 轻装旅行

light·en¹ [ˈlaɪtn] (～s[-z]) *vt*. 使…光明,照亮…:These new windows have ～ed the room considerably. 这些新窗使房间显得亮多了。*vi*. ❶变亮:The eastern sky ～ed. 东方亮起来了。❷打闪:It thundered and ～ed. 雷电交作。

light·en² [ˈlaɪtn] (～s[-z]) *vt*. ❶减轻(重量、负担):～ a burden 使负担变轻 ❷使(心情)变轻松:～ sb.'s duties 减轻某人的责任 *vi*. ❶(重量、负担)变轻 ❷(心情)变轻松:My mood gradually ～ed. 我的心情慢慢轻松起来。

light·er¹ [ˈlaɪtə(r)] (～s[-z]) *n*. ⓒ(点香烟用的)打火机;点火器

light·er² [ˈlaɪtə(r)] Ⅰ. (～s[-z]) *n*. ⓒ驳船 Ⅱ. (～s[-z];～ing[-rɪŋ]) *vt*. 用驳船运… *vi*. 驳运货物

light·ly [ˈlaɪtlɪ] *adv*. ❶轻轻地;悄悄地;稍微地,轻微地 ❷轻快地;敏捷地 ❸轻松地;快活地 ❹草率地,轻率地;轻蔑地,轻视地;漠不关心地:Marriage is not something to be undertaken ～. 婚姻大事不可掉以轻心。❺容易地,轻易地

light·ning [ˈlaɪtnɪŋ] Ⅰ. *n*. ⓤ闪电,闪光:be struck by ～ 遭雷电击中/a flash of ～ 一道闪电 Ⅱ. *adj*. 如闪电般的,迅速的:Police made ～ raid on the house. 警方突然查抄了那座房子。

like¹ [laɪk] Ⅰ. (～d[-t];liking)[无进行时] *vt*. ❶([反]dislike)喜欢,喜好;中意;爱好:Do you ～ fish? 你喜欢鱼吗? /She ～s him but doesn't love him. 她喜欢他,但并非爱他。/She's never ～d swimming. 她从不爱游泳。/I didn't ～ him taking all the credit.

我讨厌他把全部功劳归于自己。/On Sundays, I ～ to sleep late. 星期天我爱睡懒觉。/He ～s his guests to be punctual. 他喜欢客人守时。/"How do you ～ your tea?" "I ～ it rather weak." "你喝茶有什么喜好?" "我喜欢淡一些的。" ❷(常用 would/should ～ to do 的形式,而形成较委婉客气的说法)想要…:Would you ～ something to eat? 想吃点儿东西吗? /I'd ～ to think it over before deciding. 我还是想想再决定吧。/We would ～ you to come and visit us. 我们希望你到我们这里来做客。/I'd ～ this trouble settled at once. 我希望这个纷争立刻获得解决。❸[口](食物)适合某体质:I ～ lobster but it doesn't ～ me. 我喜欢吃龙虾,但吃了身体不适。*vi*. 喜欢:Come whenever you ～. 你随时可以来。/Do as you ～. 你喜欢怎么做就怎么做。Ⅱ. *n*. [用复数]喜好

like² [laɪk] Ⅰ. *prep*. ❶像…,似…:a house built ～ an Indian palace 建造得像印度宫殿一样的宅邸/I've always wanted a garden ～ theirs. 我总想有一座像他们那样的花园。/That sounds ～ the postman. 听声音像是邮递员。❷(作法、程度等)和…一样地,像…般地:behave ～ children 表现像孩子/run ～ the wind 跑得快如风 ❸像…,例如:It's just ～ her to tell everyone about it. 只有她才会把那件事见谁就告诉谁。❹[口]诸如…,像…这样:We could look at some modern poets, ～ Eliot and Hughes. 我们可以考虑一下现代诗人,例如艾略特和休斯。Ⅱ. *adj*. ❶[无比较等级]同样的;同类的,同种的:Like cause tend to produce ～ results. 类似的原因往往产生类似的结果。❷([反]unlike)像,一模一样:They're not twins, but they're very ～. 他们俩虽非双胞胎,却十分相像。Ⅲ. *conj*. [口]❶如…(所做)那般:No one sings the Blues ～ she did. 唱布鲁斯歌谁也比不上她。/Don't think you can learn grammatical rules ～ you learn multiplication tables. 不能像记乘法那样记语法规则。❷简直如…,像…似的:She acts ～ she owns the place. 她很霸道,就好像那地方都是她的。Ⅳ. *n*. ⓒ[常用 the ～,one's ～]相似之人(或物),同等之人(或物),可匹敌之人(或物):You should only compare ～ with ～. 只应在同类事物中做比较。/a man whose ～ we shall not see again 我们再也不想看到的那种男人/I've never seen the ～ of it! 我从未见过这种事! Ⅴ. *adv*. [口]大概,也许;所谓,还算:It'll rain this afternoon as ～ as not. 今天下午很可能要下雨。

like·ly [ˈlaɪklɪ] Ⅰ. (likelier;likeliest) *adj*.

❶有可能的,可能发生的;(话)似乎有道理的:the ～ outcome 预料的结果/It isn't ～ to rain.不大要下雨。/She's very ～ to ring me tonight. 她今晚很可能给我打电话。❷适当的,正合要求的:This looks a ～ field for mushrooms. 这地看来适合长蘑菇。Ⅱ. (likelier;likeliest 或 more ～;most ～) adv. 可能,或许

like•ness ['laɪknɪs] (～es[-ɪz]) n. ❶ⓊⒸ相似,类似;类似点:I can't see much ～ between him and his father. 我看不出他和他父亲有多少相像处。/All my children share a strong family ～. 我的孩子都有明显的家族特征。❷Ⓒ[古]画像,照片:That photo is a good ～ of David. 戴维那张照片照得很像。

like•wise ['laɪkwaɪz] [无比较等级] adv. ❶([近]similarly)同样地:I'm going to bed and you would be well advised to do ～. 我要睡觉了,你最好也睡吧。❷([近]also)也:The food was excellent,(and)～ the wine. 菜好极了,酒也是。

lil•y ['lɪlɪ] (lilies[-z]) n. Ⓒ【植】百合;百合花:water *lilies* 睡莲

limb [lɪm] (～s[-z]) n. Ⓒ ❶(人、动物的)肢,臂;(鸟的)翼:I need to sit down and rest my weary ～s. 我要坐下歇歇腿。❷【植】(树的)大枝,主枝

lime [laɪm] Ⅰ. n. ❶Ⓤ石灰;生石灰 ❷Ⓒ粘鸟胶 ❸Ⓒ【植】椴;欧椴 ❹Ⓒ【植】酸橙树(果)(橘科的常绿灌木及其果实)Ⅱ. vt. 撒石灰于(旱田等)

***lim•it** ['lɪmɪt] Ⅰ. n. ❶Ⓒ[常用复数]界限;限度;限制:within the city ～s 在该城范围内/He tried my patience to its ～s. 他把我逼得忍无可忍了。/The speed ～ on this road is 70 mph. 这条路的车速限制是每小时70英里。/There's a ～ to how much I'm prepared to spend. 我准备花多少钱是有限度的。❷Ⓒ[常用复数]边界,边界线;范围,区域:No fishing is allowed within a twenty-mile ～. 20英里范围内不准垂钓。❸[the ～][口]忍耐的极限:You really are the ～! 你真让人忍无可忍了!Ⅱ. (～ed[-ɪd]) vt. ([近]restrain,restrict)限制,限定:We must try and ～ our expenditure. 我们必须设法限制我们的开支。

lim•i•ta•tion [ˌlɪmɪ'teɪʃən] (～s[-z]) n. ❶ⓊⒸ限制,限定;局限:resist any ～ of their powers 反对限制他们的权力/impose ～s on imports 对进口加以限制 ❷[常用复数](能力、知识等的)极限,限度:He knows his ～s. 他知道自己能力有限。

lim•it•ed ['lɪmɪtɪd] Ⅰ. adj. ❶(数目、数量、空间等)有限的;不充分的:Only a ～ number of places is available. 只有少数地方可供使用。/His intelligence is rather ～. 他的智力相当有限。❷[美](火车、公共汽车等)特快的 ❸[英](公司)有限责任的 Ⅱ. n. Ⓒ[美]铁路(公路)特快车

limp¹ [lɪmp] Ⅰ. (～ed[-t]) vi. ❶跛行;蹒跚:That dog must be hurt—he's ～ing. 那条狗准是受了伤—— 一瘸一拐的。/The injured footballer ～ed slowly off the field. 受伤的足球队员跛着脚慢慢走出场地。❷(船等)由于故障)缓慢前进;(事物)进展迟滞;(诗歌)错用音律,格律紊乱:After the collision both vessels managed to ～ into harbour. 两船相撞之后都挣扎着驶进海港。Ⅱ. n. [用a ～]跛行:walk with a bad(slight)～ 跛得厉害(有点儿跛)

limp² [lɪmp] adj. ❶软绵绵的,柔软的;易弯曲的:a ～ edition 软皮书 ❷没精神的,软弱的,没劲的:a ～ handshake,gesture,response 无力的握手、姿势、反应/The flower looked ～ in the heat. 花在热天发蔫。

***line¹** [laɪn] Ⅰ. (～s[-z];lining) vt. ❶画线于…;用线隔开…:～d paper 印有横格的纸 ❷使…生皱纹:a ～d face 多皱纹的脸 ❸沿…排列:a road ～d with trees 树木成行的路/Crowds of people ～d the route of the procession. 人群在行进线路沿途站成一排。vi. (棒球)击出平飞球;出局 Ⅱ. n. ❶Ⓒ线,线条;(比赛场等的)场线:a straight ～ 直线/Sign your name on the dotted ～. 请在虚线上签名。/Don't park on the double yellow ～s. 不要把车停在双黄线外。❷Ⓒ绳索,带,线:a fishing-～ 钓鱼线/Hang(out)the clothes on the ～. 把衣服晾到绳子上去。❸Ⓒ电话线,电报线:Our firm has twenty ～s. 我们公司有20条电话线路。/I'm sorry,the ～ is engaged. 对不起,占线。❹Ⓒ列,排;(等待顺序的)行列:a ～ of customers queuing 顾客排的队/～s of trees in an orchard 果园里成行的树/a long ～ of low hills 一长列小山 ❺Ⓒ(文章的)行;诗行:page 5,～ 13 第5页第13行/The last two ～s rhyme. 诗的最后两行押韵。❻[用a ～][口]短简,短函:Just a short ～ to say thanks. 只言片语聊表谢忱。❼Ⓒ[常用复数]台词:Have you learnt your ～s yet? 你的台词背熟了吗?❽Ⓒ(火车、汽车等的)路线;(定期)航线:a branch ～ 支线/the main ～ 干线/the second stop from Oxford on the Worcester ～ 在伍斯特线上自牛津开出之第二站 ❾Ⓒ行业,职业;兴趣;专长,

擅长：He's something in the banking ~. 他在银行工作。/Her ~ is more selling than production. 她搞销售而不搞生产。/That's not(much in)my ~. 我可不大在行。❿ⓒ方向，行程；路程，路；方针，路线：Don't take that ~ with me. 不要对我采取那种方式。/I absolutely reject the management's ~ on this. 我断然否决经理部门处理此事的方法。/She always takes a Marxist ~. 她一贯奉行马克思主义路线。⓫ⓒ[常用复数]轮廓（船的）外貌：the graceful ~s of the ship 船的优美轮廓 ⓬ⓒ（脸等的）皱纹；线条，缝儿：The old man's face was covered in ~s and wrinkles. 那老人的脸上布满皱纹和褶子。⓭ⓒ边界（线），国境；[喻]境，界限：cross the ~ from Mexico into the US 从墨西哥越过边界进入美国 ⓮ ⓒ家系；血系，血脉：a ~ of kings 历代帝王/the Stuart ~ 斯图亚特家族/in the male ~ 父系/descended from King David in a direct ~ 大卫王的嫡系⓯ⓒ[常用the ~s](经线、纬线等的)线；[the ~]赤道⓰ⓒ【商】(商品的)种类，采购品：This shop has a nice ~ in winter coats. 这家商店的冬装大衣很好。⓱ⓒ【军】横队；战线：the front ~ 前线/a safe position well behind the ~s 远离前线的一处安全阵地

line² [laɪn] (~s[-z]；lining) vt . ❶加衬里于（衣服等），给（衣服等）装衬里：an overcoat ~d with silk 衬里有绸儿的大衣/fur-~d gloves 毛皮里儿的手套/Line the drawers with paper before you use them. 抽屉用纸垫好再用。/The walls of the room were ~d with books. 室内四壁摆满了书。❷[口]填(腰包)；塞(肚子)

line·man ['laɪnmən] (linemen) n . ⓒ ❶【电】(电信、电话)的架线工人；(铁路的)养路工人 ❷(美式足球)前锋

lin·en ['lɪnɪn] Ⅰ . n . ❶Ⓤ亚麻布；亚麻线(纱) ❷ⓒ[常用复数]亚麻布制品(如床单、桌布、内衣等)：a ~ cupboard 日用织品柜Ⅱ. adj . 亚麻布(制)的：~ handkerchiefs 亚麻手绢

lin·er ['laɪnə(r)] (~s[-z]) n . ⓒ ❶(大洋航线等的)大客轮，班轮；班机：a transatlantic cruise ~ 横渡大西洋的邮轮 ❷画线器 ❸(棒球)平飞球 ❹眼线笔(膏) ❺衬里；做衬里的人：nappy-~s 尿布衬里/bin-~s 垃圾塑料袋 ❻[美](唱片的)护套

line·up ['laɪnʌp] n . ⓒ ❶(因有嫌疑而排队受警方检查或指认的)一排(行)人：a ~ of men in an identification parade 嫌疑犯辨认程序中的一排男子 ❷阵容(棒球、足球的)防

守位置、攻击顺序等的)名单；(组织、团体的)成员：Jones will be missing from the team ~. 球队阵容中将没有琼斯。/A film completes this evening's TV ~. 今晚电视节目最后播映一部影片。❸(人或物的)排列，行列；列队

lin·ger ['lɪŋgə(r)] (~s[-z]；~ing[-rɪŋ]) vi . ❶([近]lag)徘徊，逗留；留恋徘徊：She ~ed after the concert，hoping to meet the star. 音乐会后她徘徊不走，希望能见一见明星。/~ about 在附近徘徊 ❷(习惯等)很难去除；(久病缠身的病人)苟延缠绵病床：Though desperately ill he could ~ on for months. 他虽病入膏肓，却尚能苟延残喘数月。/The custom still ~s (on)in some villages. 此风俗在有些村庄至今犹存。❸(工作等)拖延，耽搁：There's no time to ~~it'll soon be dark. 没时间拖延了——天快黑了。/~ (long)over one's meal 慢腾腾地吃饭 vt . 拖拖拉拉地度过(时间)；拖延：The patient ~ed out several more years. 病人又挨过了好几年。

lin·guist ['lɪŋgwɪst] n . ⓒ ❶语言学家 ❷通晓数国语言的人，擅长外国语言的人：She's an excellent ~. 她精通数国语言。/I'm afraid I'm no ~. 我不懂外国语。

lin·guis·tics [lɪŋ'gwɪstɪks] [复] n . [用作单数]语言学

link [lɪŋk] Ⅰ . n . ⓒ ❶(链的)环，圈；环状物 ❷([近]connection，joint)连接物；纽带，环节；联系：Police suspect there may be a ~ between the two murders. 警方怀疑这两起谋杀案可能有关联。/commercial ~s 商业往来 ❸[常用复数](衬衫的)袖口链扣 Ⅱ . (~ed[-t]) vi . 联系；联结，连接：The two spacecrafts will ~ up in orbit. 两艘宇宙飞船将于轨道上连接。 vt . ([近]connect，join)用环连接，接合；联系：Television stations around the world are ~ed by satellite. 全世界的电视台通过卫星联系在一起。

link·age ['lɪŋkɪdʒ] (~s[-ɪz]) n . ❶ⓒ连锁 ❷ⓒ[用 a ~]连接，结合 ❸Ⓤ【机】传杆(连动)装置

lion ['laɪən] (~(s)[-(z)]) n . ⓒ ❶狮子，雄狮 ❷勇猛的人：a literary ~ 文学泰斗 ❸社交界的红人，受欢迎的人；名人 ❹(英国王室等的)狮子徽章

lip [lɪp] n . ❶ⓒ嘴唇：the lower ~ 下嘴唇/kiss sb. on the ~s 吻某人的嘴唇/He had a cigarette between his ~s. 他叼着一支香烟。/He put the bottle to his ~s and drank deeply. 他拿着瓶子嘴对嘴儿大口喝。❷ⓒ唇

的周围(尤指鼻下部分) ❸［常用复数］(作为发音器官的)口 ❹Ⓒ(容器等的)缘,边;灌注口:the ~ of a cup 杯口 ❺Ⓤ［口］多嘴,自大的话:Less of your ~! 别那么放肆!

lip·stick [ˈlipstik] n.Ⓒ Ⓤ (棒状的)口红,唇膏

liq·ue·fy [ˈlikwifai] (liquefies[-z]; liquefied) vt.& vi.(使)液化;(使)溶解: liquefied wax 液化的蜡

*__liq·uid__ [ˈlikwid] Ⅰ.(~s[-z]) n. ❶Ⓤ Ⓒ 液体:Air is a fluid but not a ~, while water is both a fluid and a ~. 空气是流体而不是液体,水是流体也是液体。/If you add too much ~ the mixture will not be thick enough. 加入的液体太多,混合液的浓度就不够。❷Ⓒ【语】流音 Ⅱ.adj. ❶液体的,液态的:~ food (nourishment)流质食物(营养品) ❷(天空、水及眼睛等)清澈的,透明的:eyes of ~ blue 蓝莹莹的眼睛 ❸(声音、诗等)柔和的:the ~ song of a blackbird 黑鹂清脆的叫声 ❹(主义、信念等)易变的,不安定的 ❺(资产、证券、担保等)易换为现款的:one's ~ assets 流动资产 ❻【语】流音的

li·quor [ˈlikə(r)] n. ❶Ⓤ Ⓒ 酒;［美］(蒸馏)烈酒(相对发酵酒):hard ~ 烈性酒/She drinks wine and beer but no ~. 她喝葡萄酒和啤酒,但不喝烈性酒。❷Ⓤ (肉类等的)汁,液

*__list¹__ [list] Ⅰ.n.Ⓒ 表,一览表;名单,名册;目录:a shopping ~ 购物单/make a ~ of things one must do 把要做的事列出清单/put sb.(sth.)on the ~ 将某人(某事物)列在单子上/take sb.(sth.)off the ~ 将某人(某事物)从单子上除掉 Ⅱ.(~ed[ˈ-id]) vt. ❶把…列表;把…登记:~ one's engagements for the week 把一周要做的事列成表 ❷把…登录;登记在(表、名簿上):The books are ~ed alphabetically. 这些书是按字母顺序编入目录的。

list² [list] Ⅰ.n.［用a ~］(船身、建筑物等的)倾侧,倾斜:develop a heavy ~ 逐渐形成严重的倾侧 Ⅱ.(~ed[ˈ-id]) vt.使(船身等)倾斜:The damaged vessel was ~ing badly. 受损坏的船倾斜得很厉害。vi.(船身、建筑物等)倾斜:The ship ~s to port. 那船向左舷倾斜。

*__lis·ten__ [ˈlisn] Ⅰ.(~s[-z]) vi. ❶(注意地)听;倾听:We ~ed carefully but heard nothing. 我们仔细地听,但什么也没听见。/You're not ~ing to what I'm saying! 你没注意听我说话! /I ~ed to him paying a piece by Chopin on the piano. 我倾听他用钢琴弹奏肖邦的曲子。❷听,听从(忠告等):I never ~ing to what salesmen tell me. 我从不听信推销员的话。Ⅱ.n.［用a ~］［口］听:Have a ~ and if you can hear anything — I can't. 你听有声音吗——我听不见。

lit·er·a·cy [ˈlitərəsi] n.Ⓤ识字,有文化;读写能力

lit·er·al [ˈlitərəl] adj. ❶依照字面的,原义的;逐字的:a ~ transcript of a speech 讲话的全文抄本/a ~ translation 直译 ❷确确实实的,原原本本的,就事实来说的:His story is incredible in the ~ sense of the word. 他的情况令人难以置信,是真的难以相信。❸缺乏想象力的,呆板的;乏味的:His interpretation of the music was rather too ~. 那音乐他演奏得未免太乏味了。❹(印刷中)字母的,文字上的

lit·er·al·ly [ˈlitərəli] adv. ❶逐字地;照字面义上地;正确地:Idioms usually cannot be translated ~ in another language. 成语通常不能照字面翻译成另一种语言。❷(［近］exactly)不折不扣地;完全地,确实地:I was bored to death! 我真的烦死了!

lit·er·ary [ˈlitərəri] adj. ❶文学的,文艺的:~ criticism 文学批评 ❷［无比较等级］精通文学的;从事写作职业的:~ and art workers 文艺工作者 ❸(［反］colloquial)文言的;书面语的:His style is a bit too ~ for my taste. 依我看,他的文笔卷气重了一点儿。

lit·er·ate [ˈlitərit] Ⅰ.adj.(［反］illiterate) ❶识字的,有读写能力的:Though nearly twenty, he was barely ~. 他都快20了,还是不识字。❷有学问的,博学的;有教养的:Every ~ person should read this book. 凡是有文化的人都应该读一读这本书。Ⅱ.n.Ⓒ 识字的人,能读写的人

lit·er·a·ture [ˈlitəritʃə(r)] n. ❶Ⓤ 文学,文艺;［集合用法］文学作品:modern Chinese ~ 现代中国文学/French ~ 法国文学 ❷Ⓤ Ⓒ［总称］文献 ❸Ⓤ［口］印刷品,小册子;广告传单

lit·i·gate [ˈlitigeit] (~d[-id]; litigating) vt.【律】就…争讼,就…对簿公堂 vi.【律】提出诉讼

*__li·tre__,［美］**liter** [ˈli:tə] (~s[-z]) n.Ⓒ升(容量单位)

lit·ter [ˈlitə(r)] Ⅰ.n. ❶Ⓤ 杂乱无章;垃圾,废弃物:Please do not leave ~. 请勿乱扔垃圾。/His desk was covered with a ~ of books and papers. 他书桌上都是乱七八糟的书和纸。❷Ⓤ (动物)窝中的干草;褥草

❸©(一胎所生的)小动物,一窝:a ～ of puppies 一窝小狗 ❹©担架;轿子 Ⅱ. (～s[-z]; ～ing[-rɪŋ]) vt. ❶(把房间等)弄得乱七八糟:He is always ～ing the room with old magazines. 他老是乱扔旧杂志,弄得房间凌乱不堪。❷乱丢(垃圾等):Don't ～ scraps of paper over the floor. 不要在地板上乱丢纸屑。❸为(动物)铺干草 vi.乱丢垃圾

*lit·tle ['lɪtl] Ⅰ. (less [les]或 lesser; least [li:st]) adj. ❶([反]big, large)小的;可爱的;少数人的:two ～ puppies 两只小狗/a ～ group of tourists 一小批游客 ❷微不足道的,不重要的;琐碎的:a ～ mistake 小错 ❸[无比较等级](时间、距离等)短的;少许的:It's only a ～ way now. 现在没有多远了。/You may have to wait a ～ while. 你可能得等上一小会儿。❹([反]much)[用 a ～]多少有一点的,一点点的:Don't worry, you still have a ～ time. 别担心,你还有点儿时间呢。❺几乎没有的,很少的:I have very ～ time for reading. 我没多少时间看书。/There is ～ point in telling her now. 现在告诉她已没什么意义了。Ⅱ. (less [les];least [li:st]) adv. ❶少许,稍微:She left ～ more than an hour ago. 她离开一个多小时了。/I slept very ～ last night. 昨晚我睡得很少。❷一点儿也不:Little does he know what trouble he's in. 他对自己所处何种地步茫然无所知。Ⅲ. pron. 少量,少许,一点点:I understood ～ of what he said. 他说的我只听懂一点儿。

*live¹ [lɪv] (～s[-z];living) vi. ❶住,居住:Where do you ～? 你住在哪儿? ❷([反]die)活,活着:Some trees can ～ for hundreds of years. 有些树可以活数百年。❸生活,过活:He ～s well. 他过得很好。❹继续活:The doctor doesn't think he'll ～ through the night. 医生认为他活不过今天晚上了。❺继续存在,留存:The memory will ～ in my heart forever. 这份记忆将永远留在我的心中。❻享受生活:I don't want to work in an office all my life—I want to ～! 我不想一辈子坐办公室——我要享受生活的乐趣! vt. ❶过…生活,过活:～ a peaceful life 过平静的生活 ❷在生活中表现,实践:She ～d a lie for 20 years by pretending to be his wife. 她假扮他的妻子已经 20 年了。

live² [lɪv] [无比较等级] adj. ❶([反]dead)(动、植物等)活着的:～ fish 活鱼 ❷有精力的;有生气的,活泼的:a ～ young man 生气勃勃的年轻人 ❸燃烧着的,未熄灭的:～ coals 燃烧的煤 ❹(炸弹等)未爆炸的:a ～ bomb 未爆炸的炸弹 ❺通电流的:The terminal is ～.

那个接头有电。❻当前的;为人所关心的:Pollution is still very much a ～ issue. 污染现象仍然是当前的大问题。❼现场录制的:a ～ recording 现场录音 ❽(球赛中的球)有效的

*live·ly ['laɪvlɪ] (livelier; liveliest) adj. ❶([近]active)有活力的,活泼的,有生气的:She's a ～ child and popular with everyone. 她是个活泼的孩子,大家都喜欢她。❷(乐曲等)快活的,热闹的,欢快的:The music is bright and ～. 那音乐轻快活泼。❸(色彩)鲜明的,强烈的:a ～ shade of pink 鲜艳的粉红色调 ❹(球等)弹力足的,弹性的

liv·er ['lɪvə(r)] (～s[-z]) n. ❶©肝脏 ❷Ⓤ(供食用的)肝:pig's ～ 猪肝 ❸©过…生活的人:a quiet ～ 安静生活的人

*lives [laɪvz] n. life 的复数形式

live·stock ['laɪvstɒk] n. Ⓤ[集合用法]家畜,牲畜

livid ['lɪvɪd] adj. ❶铅色的;青紫色的:a ～ bruise 青肿 ❷(脸色)苍白的,土色的 ❸[口]非常生气的,大怒的:He'd be ～ if he found out what you are doing. 要是他知道了你干的事,他准得大发雷霆。

*liv·ing ['lɪvɪŋ] Ⅰ. [无比较等级] adj. ❶([反]dead)活的;有生命的;活着的:No man ～ could have done better. 当今的人没有一个能做得更好。❷([近]existing)现行的;现存的:a ～ hope 现存的希望 ❸惟妙惟肖的,逼真的:He is the ～ image of his father. 他非常像他父亲。❹活泼的,有生气的;(希望等)强烈的 ❺(维持)生活的:improve the ～ conditions of the people 改善人民的生活条件 Ⅱ. n. ❶Ⓤ活,生存;生活方式:Both the cost and the standard of ～ were lower before the war. 战前生活费用和生活水准都比较低。❷([近]livelihood)[用 a ～, one's ～]生计,谋生;收入;职业:It may not be the best job in the world, but it's a ～. 尽管这不是世界上最好的工作,但也不失为生活的出路。/earn one's ～ by writing 靠写作谋生/make a meagre ～ 过贫困的生活

*load [ləʊd] Ⅰ. (～s[-z]) n. ©❶([近]burden)装载,负荷:a ～ of goods 运载的一货物 ❷(精神上的)负担,负荷:a heavy ～ of guilt 沉重的负疚感 ❸装载量:coach-～s of tourists 一车车的游客 ❹(工作的)负荷量,分配量 ❺(子弹、胶卷等的)装填 ❻【电】【机】负荷,负载 Ⅱ. (～s[-z];～ed['-ɪd]) vt. ❶装货于:～ bricks onto a lorry 把砖装进卡车里 ❷将货物装上:～ a lorry with sand 把沙子装上卡车 ❸满载,装满:～ one's stomach with food 吃得太多 ❹大量给予:～ sb. with honour 给某人许多荣誉 ❺ 装（子弹、胶卷等）：~ a new film into the camera 把新胶卷装进照相机 *vi*. 上货，装货：The boat is still ~*ing*. 船仍在上货。

load·ed ['ləʊdɪd] *adj*. ❶ 装了货的，满载的 ❷ 装有子弹的；装有胶卷的 ❸ 灌了铅的，加重的 ❹（问题等）哄骗性的，另有用意的 ❺［美口］喝醉了的 ❻［口］富有的

* **loaf¹** [ləʊf]（loaves ['ləʊvz]）*n*. ❶ⓒ（烤成一定形状的）一块面包：Two brown *loaves* and one large white one, please. 请拿两个黑面包和一个大的白面包。❷ⓒ回（用干蒸法制成的）长方形肉类菜肴 ❸ⓒ 圆锥形糖块 ❹回ⓒ［英口］头脑，智能：Use your ~! 用你的脑袋想一想！

loaf² [ləʊf]（loaves ['ləʊvz]；~ed[-t]）*vi*. 游手好闲，不务正业，虚度光阴：Don't stand there ~*ing*—there's work to be done. 别站在那儿待着——有事要干呢。

loan [ləʊn] Ⅰ.（~s[-z]）*n*. ❶回出借，贷：May I have the ~ of your bicycle? 可以借你的自行车用用吗？❷ⓒ借贷物；贷款：I'm only asking for a ~ — I'll pay you back. 我只要求借款——日后一定奉还。/a bank ~ 银行贷款 Ⅱ.（~s[-z]；~ed['-ɪd]）*vt*. 借出：Will you ~ me your pen? 你的笔可以借给我吗？/a book ~ed by my friend 从我朋友那儿借借的书 *vi*. 贷款

lo(a)th [ləʊθ] *adj*. 不喜欢做的，不愿意的：He seemed somewhat ~ to depart. 他似乎有不愿离去之意。

loathe [ləʊð]（~s [-z]；loathing）*vt*. 极讨厌，极厌恶：I ~ having to go to these conference. 我最讨厌的是得参加这些会议。

loath·some ['ləʊðsəm] *adj*. 令人讨厌的，可恶的：What a ~ creature he is! 他是个多么讨厌的家伙！

lob·by ['lɒbɪ] Ⅰ.（lobbies[-z]）*n*.ⓒ❶（剧场、宾馆等的）大厅：the ~ of a theatre 戏院的大厅 ❷［英］（下议院的）选民接待厅 ❸（对议员施加压力的）院外游说团体 Ⅱ.（lobbies [-z]；lobbied）*vt*. & *vi*. 游说议员使（议案）通过；游说（议员），从事幕后活动：~ for 为…游说

lob·ster ['lɒbstə(r)]（~s[-z]）*n*. ❶【动】龙虾 ❷回龙虾肉

* **lo·cal** ['ləʊkl] Ⅰ.［无比较级级］*adj*. ❶（[近]regional）地方的；当地的，本地的：She's a ~ girl. 她是本地女孩。/Following the national news we have the ~ news. 国内新闻之后是本地新闻。❷【医】（身体上）局部性的：

Is the pain ~? 是局部疼痛吗？❸（火车）区间的，各站均停的：a ~ train 慢车 Ⅱ.（~s [-z]）*n*.ⓒ❶［常用复数］［口］本地人，当地居民：The ~s tend to be suspicious of strangers. 当地人对陌生人往往有戒心。❷（报纸的）地方新闻 ❸（各站均停的）普通列车 ❹［英口］当地酒店 ❺（工会等的）地方分会

lo·cal·ism ['ləʊkəlɪzəm]（~s[-z]）*n*. ❶回乡土观念；地方主义 ❷ⓒ方言，土语

lo·cal·i·ty [ləʊ'kælɪtɪ]（localities[-z]）*n*. ⓒ场所；地区；位置；现场：The entire ~ has been affected by the new motorway. 新建的高速公路影响了整个地区。

lo·cal·ize, -ise ['ləʊkəlaɪz]（~s[-ɪz]；localizing）*vt*. ❶把…限定，局限于：try to ~ an outbreak of unrest 尽力把暴乱的爆发限制在局部范围以内 ❷使…具有地方色彩 *vi*. 局部化

lo·cate [lə(ʊ)'keɪt]（~d[-ɪd]；locating）*vt*. ❶确定…的位置；找出…的场所：I'm trying to ~ Mr. White. Do you know where he is? 我要找怀特先生，你知道他在哪吗？❷在…设置，设立：The information office is ~d in the city centre. 咨询处设在市中心。*vi*.［美］定居：The company has ~d on the West Coast. 公司设在西海岸。

lo·ca·tion [lə(ʊ)'keɪʃən]（~s[-z]）*n*. ❶ⓒ（[近]position，spot）位置，场所：a good ~ for a factory 建厂的好地方 ❷回位置的选定；地点的发现：responsible for the ~ of the missing yacht 负责查明失踪游艇的下落 ❸ⓒ（电影的）外景拍摄地

* **lock¹** [lɒk] Ⅰ. *n*.ⓒ❶锁 ❷（枪的）发射装置；机枪 ❸（运河的）船闸，水闸；水门 ❹【体】（摔跤中的）抱，夹 ❺（车子的）制轮楔 ❻【机】（车的）气塞，阻塞 Ⅱ.（~ed[-t]）*vt*.（[反]unlock）❶将…上锁，加锁于；锁住：Is the gate ~ed? 大门上锁了吗？/Be sure to ~ your bicycle. 自行车务必上锁。❷将…锁进：At 9 p.m., the prisoners are ~ed in. 晚上9点犯人锁进牢房。❸使搭在一起，使固定不动：The ship was ~ed in ice. 船被冰封住了。*vi*. ❶锁住：This suitcase doesn't ~. 这个衣箱不能锁。❷搭在一起，固定不动：The pieces of the puzzle ~ into each other. 拼图各块拼合时都卡在一起。

lock² [lɒk] *n*. ❶ⓒ一绺头发：He kept a ~ of her hair as a memento. 他保留着她的一绺头发作纪念。❷［用复数］头发：He gazed ruefully in the mirror at his greying ~s. 他望着镜中自己日见花白的头发，感慨岁月不等人。

lock·er ['lɒkə(r)]（~s[-z]）*n*.ⓒ（个人用

的)锁柜,有锁的衣物柜:left-luggage ～s行李
寄存柜

lo·co·mo·tive [ˌləʊkə'məʊtɪv] **Ⅰ**. (～s
[-z]) **n**.Ⓒ火车机车,火车头:electric ～s 电
气机车**Ⅱ**. [无比较等级] **adj**.运动的,移动
的;有运动力的

lo·cust ['ləʊkəst] **n**.Ⓒ❶【昆】蝗虫 ❷[美]
【昆】蝉 ❸【植】刺槐,洋槐

lodge [lɒdʒ] **Ⅰ**. (～s['-ɪz]) **n**.Ⓒ❶(供避
暑、狩猎等用的)山庄,小屋 ❷看守人的小屋,
门卫室 ❸(工会、社团等的)地方支部,集会地
❹(海狸、水獭等的)巢穴 ❺[英](剑桥大学
的)舍监公馆**Ⅱ**. (～s['-ɪz];lodging) **vt**. ❶
供…临时住宿;(暂时)留宿:They are being
～d in an old army camp.他们暂时被安置在
一所旧军营中。❷使寄宿:These houses ～
students.这些房子租给学生们寄宿。❸把(子
弹、箭等)射入:The bullet was ～d in his
arm.子弹射入他的胳膊。❹寄存(钱等)在:
He ～d all his valuables in the bank.他把所
有贵重物品都存放在银行里。❺提出(抗议、
抱怨),申诉:～ a complaint with the police
against one's neighbours 向警方告邻居的状
vi. ❶寄宿,过夜:Where are you *lodging*?
你在哪里寄宿? ❷因射入(或卡)住而停留:
The bullet ～d in his brain.子弹射入他的脑
内。/This incident has ～d in my memory.
这件事已经留在我的记忆中了。

lodg·ing ['lɒdʒɪŋ] (～s[-z]) **n**. ❶Ⓤ[亦用
a ～]住宿处;过夜:find a ～ for the night 找
地方住宿一夜 ❷Ⓒ[常用复数]出租的房间
(或公寓):It's cheaper to live in ～s than in
a hotel.住在寄宿处比住旅馆便宜。❸Ⓤ存
放处

loft·y ['lɒftɪ] (loftier;loftiest) **adj**. ❶(思
想等)高尚的,崇高的;(目标等)远大的:～
sentiment 高尚的情操 ❷高傲的,自大的:in a
～ manner 态度傲慢 ❸极高的,高耸的:a ～
mountain 高山

log [lɒg] **Ⅰ**. (～s[-z]) **n**.Ⓒ❶原木,圆木;木
柴:Put another ～ on the fire.往炉子里再添
一段木柴。❷【海】测程仪,测速仪 ❸航海日
记;飞行日志**Ⅱ**. (～s[-z];logged;logging)
vt.❶把…锯成原木;采伐 ❷记入航海日记
(或飞行日志) **vi**.锯;采伐

log·ic ['lɒdʒɪk] **n**.Ⓤ❶逻辑学 ❷逻辑,推
理:At this point,your ～ is at fault.在这点
上,你的推理是错误的。❸[口]合理的想法;
条理;逻辑性:You have to accept the ～ of
his argument.你应该承认他的论据中有逻
辑性。

log·i·cal ['lɒdʒɪkl] [无 比 较 等 级] **adj**.

([反]illogical) ❶逻辑(上)的;合乎逻辑的,
合理的:a ～ conclusion 合乎逻辑的结论 ❷
当然的,必然的:a ～ result 逻辑上必然的
结果

lo·gi·cian [lə(ʊ)'dʒɪʃən] (～s[-z]) **n**.Ⓒ逻
辑学者;富有逻辑思维的人

loi·ter ['lɔɪtə(r)] (～s[-z];～ing[-rɪŋ]) **vi**.
闲逛,溜达:Don't ～ on the way home! 不要
在回家的路上闲逛!

lone [ləʊn] [无比较等级] **adj**.([反]accom-
panied)[书]孤独的,寂寞的;无人问津的:a
～ figure trudging through the desert 在沙漠
中独自跋涉的人

*__**lone·ly** ['ləʊnlɪ] (lonelier;loneliest) **adj**.
❶孤独的,独自一人的:I live all alone, but I
never feel ～.我虽孑然一身,但从不感到孤
独。❷寂寞的,无所依靠的:Living in a big
city can be very ～.在大城市里生活还真孤
寂。❸偏僻的,人迹罕至的:Antarctica is the
loneliest place on earth.南极是地球上最偏
远的地方。

lon·er ['ləʊnə(r)] (～s[-z]) **n**.Ⓒ[口]不合
群的人:She has been a ～ all her life.她一生
离群索居。

lone·some ['ləʊnsəm] **adj**. ❶寂寞的,孤单
的:I get ～ when you're not here.你不在时,
我颇感寂寞。❷偏远的,荒凉的:a ～ moun-
tain village 偏僻的山村

*__**long**[1] [lɒŋ] **Ⅰ**. **adj**. ❶([反]short)(距离、
长度)长的:Your hair is ～er than mine. 你的
头发比我的长。❷(时间)长的,久的:How ～
are the holidays? 假期有多长? ❸…长度的:
a railway five hundred kilometres ～ 一条
500 公里长的铁路 ❹冗长的;漫长的:wait
three ～ hours 足足等了 3 个小时/ten ～
years 漫长的 10 年 ❺【语】长音的:The vow-
el sound in "caught"is ～."caught"中的元音
是长元音。**Ⅱ**. **adv**. ❶长久,长期地:Stay as
～ as you like.你想停留多久都可以。❷在整
段时期中:I've waited for this moment my
whole life ～.我一生都在等待这个时刻。
Ⅲ. **n**.Ⓤ长时间,长时期:Will you be away
for ～? 你要离开很长时间吗?

*__**long**[2] [lɒŋ] (～s[-z]) **vi**.([近]desire)渴
望,热望:The children are ～*ing* for the holi-
day.孩子们盼望着放假。/I'm ～*ing* to see
you again.我盼望再见到你。/We ～ed for
the summer to be over soon.我们盼望夏天赶
快结束。

long·hand ['lɒŋhænd] **n**.Ⓤ普通手写体

lon·gi·tude ['lɒndʒɪtjuːd,-ŋgɪ-] (～s[-z])

n.Ⓤ Ⓒ【地】经度

long·wind·ed ['lɒŋ'wɪndɪd][无比较等级]
adj. ❶啰唆的；(话、文章等)冗长的 ❷气息
长的

*****look** [lʊk] I. (~ed[-t]) *vt.* ❶看，眺望；
注视：She ~ed me straight in the eye. 她直
瞪着她的眼睛看我。/*Look* what Denise has
given me for my birthday! 看丹尼斯送我什
么生日礼物了! ❷看起来与…相称：He ~s
his age. 他看起来和年龄相当。❸用眼神表
示：~ one's gratitude 用眼神表示感激 ❹探
查，查明：I'll ~ when the train leaves. 我来
查查火车开车的时间。❺留心，注意：You
must ~ everything is all right. 你必须注意使
每一件事都稳妥。*vi.* ❶看，瞧，望：She ~ed
at me and smiled. 她望着我微笑。/I ~ed at
the boy running with his dog. 我看看那男孩
和他的狗一起跑。/We ~ed but saw noth-
ing. 我们看了，但什么也没看见。❷好像，看起
来：That book ~s interesting. 那本书好像很
有意思。/He ~s to be a rich man. 他看起来
像有钱人。❸(房子等)朝向，面向：My bed-
room ~s onto the garden. 我的卧室对着花
园。Ⅱ. *n.* ❶Ⓒ看；一望；一瞥：I've had a
good ~ for it, but I can't find it anywhere.
我好好找了一遍，但是哪儿都找不到。❷Ⓒ脸
色；神色，表情；眼神：I knew somewhere was
wrong, everyone was giving me funny ~s.
我知道有点儿不对头，因为人人都怪模怪样地
看我。❸ [the ~, a ~]外表，样子：This old
house was taken on a new ~. 这座老房子换
上了新貌。❹ [用复数](好的)容貌：She has
got her mother's good ~s. 她有母亲端庄的容
貌。Ⅲ. *int.* 喂，哎，注意：*Look*, don't you
think you're over-reacting slightly? 喂，你不
认为你的反应有点儿过火吗?

*****look·out** ['lʊkaʊt] *n.* ❶Ⓤ[亦用 a ~]守
望；提防，警戒：keep a sharp ~ for 密切注视
着 ❷Ⓒ守望者；瞭望哨 ❸Ⓒ[英口]该关心的
事，有关的事：That's his own ~. 那是他自己
的事。

loom¹ [luːm] (~s[-z]) *vi.* 隐约出现；阴森地
逼近：A ship ~ed (up) through the fog. 一
艘船在大雾中隐约出现。

loom² [luːm] (~s[-z]) I. *n.*Ⓒ织布机Ⅱ.
vt. 在织机上织

loop [luːp] I. *n.*Ⓒ❶(用线、铁丝等绕的)
环，圈 ❷环状物；弯曲部分 ❸(特技飞行)翻跟
头时形成的圈：The plane flew round and
round in wide ~s. 飞机翻着大圈一圈一圈地
飞行。❹Ⓒ(铁路的)环状线路Ⅱ. (~ed
[-t]) *vi.* ❶使成圈，使成环：~ up a rope 把

绳子挽成圈 ❷(飞机)翻跟斗 *vt.* 用圈围住：
~ the rope round the post 把绳子缠在柱
子上

loop·hole ['luːphəʊl] (~s[-z]) I. *n.*Ⓒ❶
(城墙上的)射孔，炮眼 ❷(法则、规则等的)漏
洞，盲点：A good lawyer can always find a
~. 精明的律师专会找到漏洞。Ⅱ. *vt.* 在…
上开枪眼

*****loose** [luːs] I. (~r；~st) *adj.* ❶([反]
tight)松的，宽松的：a ~ collar 宽松的衣领
❷未系着的，解除束缚的：This dog must not
be left ~. 这条狗切不可不加束缚。❸未打结
的，解开的；散装的；松动的：a ~ tooth 松动
的牙齿/nails sold ~ by weight 按重量零售的
钉子 ❹[无比较等级]([近]free)不拘谨的，
放荡的；散漫的；不精确的：lead a ~ life 过放
荡的生活/a ~ translation 不准确的译文 ❺
(编织物)粗孔的；疏松的：cloth with a ~
weave 织得稀疏的布Ⅱ. (~s['-ɪz]；~d
[-t]；loosing) *vt.* ❶释放，使自由：Wine ~d
his tongue. 酒后他说话随便起来。❷打开(结
等) ❸发射(箭、子弹等)：Men were *loosing*
off at shadows. 士兵向黑影射击。Ⅲ. *n.*
[用 on the ~]放纵，放荡

loos·en ['luːsn] (~s[-z]) *vt.* ❶使放松，松
开：Can you ~ the lid of this jar? 你能把这
个瓶盖松开吗? ❷将(规律、限制等)放宽，松
弛 *vi.* 松，松开：This knot keeps ~ing. 这
个结老松开。

lord [lɔːd] I. (~s[-z]) *n.* ❶Ⓒ支配者，统
治者；领主，君主：our sovereign ~ the King
国王陛下 ❷[the Lord, our Lord]主，上帝；
基督 ❸Ⓒ[英]贵族：She married a ~. 她嫁
给了一个贵族。❹[用作复数][英][the
Lords]上议院议员；上议院：The *Lords* is de-
bating the issue. 上议院正在辩论这事。❺
[用 Lords]勋爵 ❻Ⓒ(实业界的)巨头，大王：
the press ~s 新闻界巨头 ❼[用 my Lord]
[英]阁下Ⅱ. *int.* [用 Lord][表示惊讶、恐
惧等]主啊，天哪Ⅲ. (~s[-z]；~ed['-ɪd])
vt. 对某人发威(或专横)：He likes to ~ it
over the junior staff. 他喜欢对下级职员逞
威风。

lord·ly ['lɔːdlɪ] (lordlier；lordliest) I. *adj.*
❶似贵族的，有气派的 ❷高傲的，傲慢无礼的
Ⅱ. *adv.* 贵族般地

lord·ship ['lɔːdʃɪp] *n.* ❶Ⓒ[常用 Lord-
ship]阁下 ❷Ⓤ支配权，统治权

*****lor·ry** ['lɒrɪ] (lorries[-z]) *n.*Ⓒ[英]卡车，
货车：an army ~ 军用卡车

*****lose** [luːz] (~s['-ɪz]；lost[lɒst]；losing) *vt.*
❶([反]gain)失去，丧失；损失：She just *lost*

her husband. 她的丈夫刚去世。/He *lost* a leg in the war. 他在战争中失去了一条腿。❷迷失(道路、方向等);使(某人)失踪: ~ oneself in the woods 在森林中迷路/She *lost* her son in the crowd. 她和她儿子在人群中走散了。❸([近]miss)错过,错失;看漏;听漏: I nearly *lost* the opportunity.我几乎错失了良机。/~ one's train 没赶上火车/I tried hard not to ~ a word of what he said. 我努力想听清他讲的一字一句。❹浪费(时间等): I don't like to ~ hours in waiting. 我不愿浪费时间去等待。/We have no time to ~. 我们没有时间了。❺([反]win)使失败,输掉: They won the battle but *lost* the war. 他们赢了这次战斗,但输了这场战争。/The motion was *lost*. 这项提议被否决了。❻使(某人)丢失: His carelessness *lost* him the job. 他因粗心大意而丢了工作。❼([反]gain)(钟、表)走慢: This clock ~s three minutes a day. 这钟一天慢 3 分钟。❽摆脱,逃离(疾病、恐怖等): I've *lost* my cold. 我伤风好了。/They managed to ~ their pursuers in the darkness. 他们趁黑摆脱了追踪的人。*vi.*失败,输掉: We *lost* to a stronger side. 我们输给了实力更强的一方。❷受损失;丢掉: I've *lost* on the horses today. 我今天赌马输了。/Poetry always ~s in translation. 诗歌一经翻译总有所失。/The shipping line *lost* considerably by it. 这家航运公司为此受到相当大的损失。❸(钟、表)慢: A good watch neither gains nor ~s. 好表不快也不慢。

los•er [ˈluːzə(r)] (~s[-z]) *n*.回失败者,败北者;亏损的人: a good ~ 输得起的人

*****loss** [lɒs] (~es[ˈ-ɪz]) *n*.回失去,遗失;丧失: The ~ of his wife was a great blow to him. 他妻子去世对他打击很大。❷回回损毁,损失: The enemy suffered heavy ~es. 敌军损失惨重。/The car was so badly damaged that it had to be abandoned as a total ~. 汽车损坏严重,只好彻底报废。❸回回失败,输: the ~ of a battle 战败 ❹回回降低: a temperature ~ of 5℃ 温度下降 5 摄氏度

*****lost** [lɒst] *adj*.❶失去的,遗失的;无法恢复的 ❷困惑的;不知所措的

*****lot**[1] [lɒt] Ⅰ. *n*.❶[用 a ~;~s][口]很多,多数;大量: Have some more pie, there's ~s left. 再吃点儿馅饼吧,还多着呢。/I have a ~ to do today. 我今天有很多事要做。❷[the ~]全部,整个儿: Take all the ~ if you want. 你想要就全部拿走。❸回(商品等)一批,一组;群,伙: Nobody in the first ~ of applicants was suitable for the job. 第一批求

职者中没有人适合做那份工作。Ⅱ. *adv*.([近]very much)[用 a ~;~s]相当,非常: Thanks a ~. 非常感谢。/I feel a ~ better today. 我今天身体好多了。

lot[2] [lɒt] *n*.❶回回签;抽签: She was chosen by ~ to represent us. 她抽中签当我们的代表。❷回[亦用 a ~]命运: Her ~ has been a hard one. 她命苦。❸回地皮;场地: a parking ~ 停车场 ❹回([近]share)份儿,份额: equal ~s 相等的份额 ❺回[美](电影)制片厂

*****loud** [laʊd] Ⅰ. *adj*.❶([反]quiet, soft)声音大的,响的: ~ voices 洪亮的嗓音 ❷喧闹的,嘈杂的: That music is too ~, please turn it down.那音乐太吵了,请把音量调低些。❸要求强烈的: be ~ in one's demands 极力要求 ❹[口](色彩)俗艳的,过分化哨的: That dress is a bit ~, isn't it? 那件连衣裙有点儿花哨了吧? Ⅱ. *adv*.大声地;高声地,响亮地: Speak ~er— I can't hear you. 大点儿声说——我听不见。

loud•ly [ˈlaʊdlɪ] *adv*.❶大声地,嘈杂地: a dog barking ~ 大声吠叫的狗 ❷艳丽地,花哨地

lounge [laʊndʒ] Ⅰ. (~s[ˈ-ɪz]; lounging) *vi*.❶(懒洋洋地)靠着: ~ about the house 在家里发懒 ❷闲荡,闲逛 *vt*.懒散地消磨(时间)Ⅱ. (~s[ˈ-ɪz]) *n*.❶回(饭店、俱乐部等的)休息室,会客厅 ❷回安乐椅,躺椅 ❸[用 a ~]闲逛

lou•sy [ˈlaʊzɪ] (lousier; lousiest) *adj*.❶[口]讨厌的,恶劣的;差劲的: a ~ holiday 糟糕的假日 ❷(人、动物等)多虱的 ❸[口]很多的,大量的: In summer, the place is ~ with tourists. 夏天,这地方的游客多如牛毛。

*****love** [lʌv] Ⅰ. (~s[-z]) *n*.❶([反]hatred)回爱;热爱: ~ of one's country 对祖国的热爱 ❷回恋爱,恋情;爱情: Their ~ has cooled. 他们的爱情冷却了。❸回酷爱,爱好: He has a great ~ for animals. 他酷爱动物。❹回喜爱的事物: Painting is one of his great ~s. 画画是他酷爱的嗜好之一。❺回情人,爱人: one of his former ~s 他从前的一个情人 ❻[口](用于招呼)宝贝,亲爱的: Take care, my ~! 小心,亲爱的! ❼回(网球等)无得分,零分: The score in the game on Court One is thirty-~. 一号球场的比分是 30 比 0。❽回[口]可爱之物: What a ~ of her daughter is! 她女儿多么可爱啊! Ⅱ. (~s[-z]; loving) *vt*.❶([反]hate)爱,疼爱;爱慕: They ~d each other. 他们彼此相爱。❷喜欢;热爱: We'd ~ you to come to dinner. 我们很喜欢请你来吃饭。*vi*.❶爱: It is wonderful to be ～*d*；but I think it much more wonderful to ～.被爱虽然很美好，但我认为去爱别人更美好。❷想做："Will you please dance with me？""I'd ～ to!"能否请你跳个舞？""我很愿意！"

*__love·ly__ ['lʌvlɪ]（lovelier；loveliest）*adj.*
❶（[近]beautiful）可爱的，动人的，美丽的：a ～ girl 可爱的女孩/～ music 动人的音乐/～ hair 秀发 ❷ [口]令人愉快的：It's ～ and warm in here.这儿的天气温暖宜人。

__lover__ ['lʌvə(r)]（～s[-z]）*n.* C ❶爱人，情人，恋人；[用复数]情侣：They say he used to be her ～.据说，他曾是她的情人。❷喜爱者，爱好者：a ～ of music 爱好音乐的人/art ～s 艺术爱好者

__lov·ing__ ['lʌvɪŋ] *adj.* ❶温柔的，含情脉脉的；爱的：～ words 体贴的话 ❷钟爱的

*__low__[1] [ləʊ] Ⅰ. *adj.* ❶（[反]high）（高度、位置等）低的，矮的：The sun is ～ in the sky. 太阳很低。/a ～ house 低矮的房屋 ❷（价格、数量、程度等）低的，浅的：The reservoir was very ～ after the long drought. 久旱之后,水库的水位很低。❸（身份、地位等）低等的；（行为、思想等）卑贱的：of ～ birth 出身低贱的/～ forms of life 低等生物/He never keeps ～ company. 他从不交庸俗的朋友。❹（身体）弱的；意志消沉的：be in a ～ state of health 健康状况不佳/be in ～ spirits 没精打采 ❺（物品）不充足的，短缺的：The enemy were ～ on ammunition. 敌军的军火供应不足。❻（声音）低沉的，小声的：Keep your voice ～. 要小声说话。❼营养价值低的；（品质）粗劣的：a ～ trick 卑鄙手段 Ⅱ. *adv.* ❶低；向下：aim ～ 向低处瞄准 ❷便宜地：The simplest way to succeed in business is to buy ～ and sell high.做生意成功最简单的途径就是贱买贵卖。❸（[反]loud）以低声调；低声：I can't sing as ～ as that.我唱不了那么低的调。/Speak ～*er*,or she'll hear you! 低点儿声说,要不她就听见了! Ⅲ.（～s[-z]）*n.* ❶ U C 低点；低水准：The value of the pound has fallen to a new ～ against the dollar. 英镑兑换美元的比值已跌到新的低点。❷ U（汽车）低速挡：put a car in ～ 把车子放到最低速

__low__[2] [ləʊ] Ⅰ. *vi*.牛叫,哞哞地叫 Ⅱ. *n*. C 哞哞叫声

__low·brow__ ['ləʊbraʊ]（[反]highbrow）Ⅰ.（～s[-z]）*n.* C 庸俗的人，无文化修养的人 Ⅱ. *adj.* 缺乏文化素养的；知识（教养等）庸俗的：a ～ programme 粗俗的节目

__low·er__[1] ['ləʊə(r)] Ⅰ.（～s[-z]；～ing [-rɪŋ]）*vt.* ❶放低，变低；降下：He ～*ed* his gun slowly. 他慢慢地把枪放下。❷降低（价格、数量、程度等）：A poor diet ～*s* one's resistance to illness.饮食不佳会降低对疾病的抵抗力。❸降低…（人格、品格等）：Don't yourself by asking him for help. 不要向他求求助以免降低身份。*vi.* ❶变低；降低：The sun was gradually ～*ing*. 太阳慢慢地下沉。❷（价格、数量、程度等）下降：Stocks generally ～*ed* in value. 股票普遍下跌。Ⅱ. [无比较等级]（[反]upper)low 的比较级

__low·er__[2] ['ləʊə(r)]（～s[-z]；～ing [-rɪŋ]）*vi.* ❶皱眉头；闷闷不乐：～*ing* looks 不悦的神情 ❷（天空）变得阴沉

__low·land__ ['ləʊlənd]（[反]highland）Ⅰ.（～s[-z]）*n.* C ❶低地 ❷ [用 the Lowlands]苏格兰（东南部）低地 Ⅱ. *adj.* ❶低地的 ❷ [用 Lowland]苏格兰（东南部）低地的

__loy·al__ ['lɔɪəl] *adj.* 忠实的，忠诚的，忠心的：remain ～ to one's principles 信守自己的原则

__loy·al·ist__ ['lɔɪəlɪst] *n.* C ❶忠臣；国王的拥护者 ❷ [常用 Loyalist]（美国独立战争时）支持英国政府的人；亲英分子

__lu·bri·cant__ ['lu:brɪkənt] Ⅰ. *n.* U C 润滑油，润滑剂 Ⅱ. *adj.* 润滑的

__lu·bri·cate__ ['lu:brɪkeɪt]（～*d*[-ɪd]；lubricating）*vt.* 给（机器）上油，使润滑：My throat needs *lubricating*. 我需要润润嗓子了。*vi.* 起润滑作用

*__luck__ [lʌk] *n.*（[近]fortune）U ❶运气，命运：have poor ～ 运气不好 ❷幸运；侥幸：I had the ～ to find him at home. 我真幸运,找他时他正好在家。

*__luck·y__ ['lʌkɪ]（luckier；luckiest）*adj.*（[反]unlucky）❶幸运的，好运的：You're very ～ to be alive after that accident. 你大难不死,可真幸运。❷侥幸的 ❸带来好运的：Seven is my ～ number. 7 是我的幸运数字。

__lu·cra·tive__ ['lu:krətɪv] *adj.* 可赚钱的，有利润的：a ～ business 赚钱的买卖

*__lug·gage__ ['lʌgɪdʒ] *n.* U 行李；旅行箱：clear one's ～ through customs 把行李交海关查验通过

__lull__ [lʌl] Ⅰ.（～s[-z]）*vt.* ❶哄入睡：～ a baby to sleep 哄孩子睡觉 ❷使宁息；缓和：The raging sea was ～*ed*. 翻腾的海浪平息了。*vi.*（风暴等）平息；缓和,减弱：By dawn, the wind had ～*ed*. 到黎明时风已停了。Ⅱ.（～s [-z]）*n.* C 间歇；稍息

__lu·l·la·by__ ['lʌləbaɪ]（lullabies[-z]）*n.* C 摇篮曲,催眠曲：sing a ～ 唱摇篮曲

lum·ber¹ [ˈlʌmbə(r)] Ⅰ. *n.* Ⓤ❶[美]木料,木材 ❷[英]无用的杂物,破烂的东西 Ⅱ. (~s[-z];~ing[-rɪŋ]) *vt.* ❶[美]砍伐,采伐 ❷[英口]硬加于;占满:It looks as though we're going to be ~ed with Uncle Bill for the whole weekend. 看来我们整个周末都得陪着比尔叔叔。*vi.*[美]砍伐木材

lum·ber² [ˈlʌmbə(r)] (~s[-z];~ing [-rɪŋ]) *vt.* 缓慢吃力地移动;蹒跚而行:elephants ~ing along 缓慢走着的象群

lu·mi·nous [ˈluːmɪnəs] *adj.* ❶发光的,光亮的:~ paint 发光涂料 ❷清楚的,明白的,易懂的:a ~ explanation 语意明晰的解释

lump¹ [lʌmp] Ⅰ. *n.* Ⓒ❶方块(糖):How many ~s do you take in your coffee? 你喝咖啡放几块方糖? ❷块,小块:break a piece of coal into small ~s 把一块煤砸成小块 ❸瘤,肿块:a ~ on his neck 他颈上的一肿块 ❹[口]笨蛋,傻瓜:Do hurry, you great ~! 快点儿,你这笨蛋! Ⅱ. *adj.* ❶成块状的 ❷整个儿的,总共的:a ~ sum 总额 Ⅲ. *vt.* ❶使成块 ❷汇总,总括:We have ~ed all the advanced students into a single class. 我们把成绩好的学生都编在一个班里。*vi.* 成块:Stir the sauce to prevent it ~ing. 把沙司搅拌一下,以免结块。

lump² [lʌmp] *vt.*[口]忍受,忍耐:If you don't like it, you may ~ it. 你不喜欢,也得容忍一下。

lump·y [ˈlʌmpɪ] (lumpier;lumpiest) *adj.* ❶多块的,成块的 ❷不平的,粗糙的:a ~ surface 不平的表面 ❸(动作)笨拙的 ❹(水面)波浪起伏的:~ waters 波浪起伏的水面

lu·nar [ˈluːnə(r)] [无比较等级] *adj.* 月(球)的;以月球公转测定的:a ~ eclipse【天】月食

lu·na·tic [ˈluːnətɪk] Ⅰ. *n.* Ⓒ狂人,怪人,疯子:You're driving on the wrong side of the road, you ~! 你现在是逆行开车,你这个疯子! Ⅱ. *adj.* 疯狂的;极愚蠢的:a ~ proposal 极愚蠢的建议

lunch [lʌntʃ] Ⅰ. (~es['-ɪz]) *n.* ❶ⓊⒸ午餐:He's gone for ~. 他吃午饭去了。❷Ⓒ便餐,小吃:We'll have a ~ after the show. 散了电影,咱们去吃便餐吧。Ⅱ. (~es['-ɪz];~ed[-t]) *vi.* 吃午餐:Where do you usually ~? 您平时在哪儿吃午饭?

lung [lʌŋ] (~s[-z]) *n.* Ⓒ肺,肺脏;breathe with the ~ 用肺呼吸

lure [l(j)ʊə(r)] Ⅰ. (~s[-z]) *n.* Ⓒ❶吸引力,诱惑力,魅力:the ~ of adventure 探险的吸引力 ❷诱惑物;诱饵 Ⅱ. (~s[-z];luring [-rɪŋ]) *vt.* 诱惑;引诱,吸引:Greed ~d him on. 他受了贪心的诱惑。

lurk [lɜːk] (~ed[-t]) *vi.* ❶潜伏,埋伏:The mantis takes the cicada, but behind him ~s the oriole. 螳螂捕蝉,黄雀在后。❷(危险、疑惑等)潜在:Some anxiety still ~ed in his mind. 他心里还暗暗有点不放心。❸(为避人耳目)偷偷地行动;潜行

lush¹ [lʌʃ] *adj.* ❶青葱的,多青草的:~ vegetation 茂盛的草木 ❷[口]奢侈的,豪华的:~ carpets 华美的地毯

lush² [lʌʃ] Ⅰ. *n.*[美口]酒鬼;醉汉 Ⅱ. *v.* 喝(酒)

lust [lʌst] Ⅰ. *n.* ⓊⒸ❶渴望,欲望 ❷热情,热心 ❸(强烈的)性欲,淫欲 ❹贪欲 ❺爱好,个人倾向 Ⅱ. *vi.* ❶有强烈的欲望;贪求(after,for)❷有强烈的性欲,好色

lus·tre,[美]luster [ˈlʌstə(r)] *n.* Ⓤ❶光泽,光辉,光亮:the deep ~ of pearls 珍珠浑厚的光泽 ❷荣誉,名誉,名声

lux·u·ri·ant [lʌɡˈzjʊərɪənt,lʌkˈsjʊ-] *adj.* ❶茂盛的,繁茂的:~ tropical vegetation 茂盛的热带植物 ❷肥沃的:~ soil 肥沃的土壤 ❸(想象力等)丰富的 ❹(装饰、文体等)华丽的

lux·u·ri·ous [lʌɡˈzjʊərɪəs,lʌkˈsjʊ-] *adj.* ❶奢侈的,豪华的 ❷精选的:This car is our most ~ model. 这种汽车是我们最豪华的型号了。

lux·u·ry [ˈlʌkʃərɪ] (luxuries[-z]) *n.* ❶Ⓤ奢侈,豪华:lead a life of ~ 过奢侈的生活 ❷Ⓒ奢侈品,奢华品 ❸ⒸⓊ乐趣;享受;满足

lynch [lɪntʃ] (~es['-ɪz];~ed[-t]) *vt.* 施加私刑;以私刑处死

M m

M.A. , MA [缩] ❶Master of Arts 文学硕士 ❷Military Academy 军事院校

ma·chine [məˈʃiːn] Ⅰ. (~s[-z]) n. ❶Ⓒ机器,机械:a sewing ~ 缝纫机 ❷Ⓒ(政党的)干部,核心组织,领导集团 ❸Ⓒ机械般工作的人(或组织) ❹ⓊⒸ组织机构:the military ~军事机构(或机器)Ⅱ. (~s[-z];machining) vt. ❶用机器制造;用机器加工 ❷(使用工具)按规定的尺寸制成;使定型

ma·chin·er·y [məˈʃiːnəri] n. Ⓤ❶[集合用法]机器;机械装置:industry ~ 工业机械 ❷团体,机构:the ~ of government 政府机构

ma·chin·ist [məˈʃiːnist] n. Ⓒ❶机修工,装备工;机械师 ❷熟练操作机床的技工 ❸机器操作工人

mad [mæd] (madder;maddest) adj. ❶([近]crazy)疯狂的;发疯的,精神错乱的:She went ~ after the death of her son. 她的儿子死后,她疯了。/go ~ 发疯/drive(或 send)a person ~ 使人发疯 ❷狂烈的;狂乱的,狂暴的 ❸愚笨的;不明智的;不可理喻的:a ~ scheme 愚蠢的计划 ❹[口]沉迷的;狂热的;狂欢的,欢闹的:have a ~ time 欢闹一场 ❺[口]愤怒的,生气的,恼火的(at)❻(狗)患狂犬病的:a ~ dog 狂犬,疯狗

mad·am [ˈmædəm] (~s[-z]或 mesdames [ˈmeidæm]) n. Ⓒ❶(对妇女的尊称)夫人,女士,太太:This way,please,~. (接待女宾时用语)女士,请这边走。/Dear Madam(或 My dear Madam)(书信中对不熟悉妇女的称呼)亲爱的女士 ❷(用于姓名或职称前)…夫人,…女士:Madam Chairman 主席女士 ❸(家庭)主妇 ❹[英口]喜欢差使别人的女子 ❺(妓院的)鸨母

made [meid] Ⅰ. make 的过去式和过去分词 Ⅱ. [无比较等级] adj. ❶制造的,被制造的 ❷虚构的,捏造的:a ~ story 编造的故事 ❸[口]…制的,做成的:a home ~ salad 自制的沙拉 ❹拼成的:a ~ dish 拼盘 ❺[口]成功的:a ~ man 一个有成就的人 ❻坚定的,决心

的:a ~ up mind 下决心

maes·tro [ˈmaistrəu] (~s[-z]或 maestri [ˈmaistri]) n. [意]Ⓒ艺术大师(尤指杰出的作曲家、指挥、音乐教师);名师,能手

mag·a·zine [ˌmægəˈziːn] (~s[-z]) n. Ⓒ❶杂志,期刊;(报纸的)星期专刊 ❷仓库,弹药库 ❸(枪上的)弹匣,弹盒 ❹(照相机、电影放映机的)软片盒,底片盒

mag·ic [ˈmædʒik] Ⅰ. n. Ⓤ❶魔法,巫术 ❷魔术,戏法 ❸魅力;不可思议的力量 Ⅱ. [无比较等级] adj. [只作定语]❶巫术的;魔术的 ❷有魔力的,不可思议的:a ~ weapon 法宝

mag·i·cal [ˈmædʒikəl] adj. 有魔力的,不可思议的:The result was ~. 结果奇妙得不可思议。

ma·gi·cian [məˈdʒiʃən] (~s[-z]) n. Ⓒ魔术师;巫师

mag·is·te·ri·al [ˌmædʒiˈstiəriəl] adj. ❶[无比较等级][作定语]官吏的,地方行政官的 ❷威严的,权威的;师长作风的 ❸专横的,盛气凌人的

mag·is·trate [ˈmædʒistreit,-trit] n. Ⓒ❶地方行政官 ❷(掌有司法权的)治安法官

mag·ne·sium [mægˈniːzjəm] n. Ⓤ【化】镁(符号 Mg)

mag·net [ˈmægnit] n. Ⓒ❶磁铁,磁石:a bar ~ 一条形磁铁 ❷有魅力的人(或物)

mag·net·ic [mægˈnetik] adj. ❶磁的,有磁性(力)的;可磁化的:~ needle【物】磁针/~ field【电】磁场 ❷吸引人的,有魅力的,有吸引力的

mag·net·ism [ˈmægnitizəm] n. Ⓤ❶【物】磁性,磁力 ❷【物】磁学 ❸吸引力

mag·ne·tize, -ise [ˈmægnitaiz] (~s[-iz];magnetizing) vt. ❶【物】使磁化,使有磁力 ❷使迷惑;吸引

mag·nif·i·cence [mægˈnifisns] n. Ⓤ❶壮丽,雄伟,宏大 ❷华丽;豪华

mag·nif·i·cent [mægˈnifisnt] adj. ❶

（［近］splendid)壮丽的,宏伟的:the ～ Great Hall of the People 宏伟的人民大会堂 ❷华丽的;豪华的 ❸［口］极好的,了不起的:～ weather 极好的天气

mag·ni·fy ['mægnɪfaɪ] (magnifies[-z]; magnified) *vt*. ❶放大,扩大:The microscope *magnifies* the object 100 times.这架显微镜能把物体放大 100 倍。❷夸张,夸大:You have *magnified* the danger.你把危险夸大了。*vi*.❶放大,扩大 ❷有放大能力

mag·ni·tude ['mægnɪtjuːd] *n*. ❶[U]巨大;重大,重要性:an affair of the first ～头等重要的事情 ❷[U]大小,数量;音量:the ～ of current 电流量 ❸[C]【天】星等(指星的光度) ❹[U]【数】量值

maid [meɪd] (～s[-z]) *n*.[C]❶少女,(未婚)年轻女子 ❷(老)处女 ❸侍女,女仆

maiden ['meɪdn] Ⅰ. (～s[-z]) *n*.[C]少女,年轻女子;处女Ⅱ.[无比较等级] *adj*. ❶少女的,未婚女子的,处女的 ❷[作定语]初次的,最初的,新的:a ～ speech 初次演说

mail [meɪl] Ⅰ. *n*.❶[U]邮件,信件:Is there any ～ for me today? 今天有我的邮件吗? ❷[C][美]邮递、邮政制度:air ～ 航空邮件 ❸[C]邮递员,邮政工具:a Chinese ～ 一艘中国邮船Ⅱ. (～s[-z]) *vt*.[美]邮寄:把…投入邮筒:～ a parcel 寄一个包裹

maim [meɪm] (～s[-z]) *vt*.残害,使丧废,使负重伤:He was ～*ed* in the First World War battle.他在第一次世界大战中受伤致残。

main [meɪn] Ⅰ.[无比较等级] *adj*.[作定语]❶([近]chief)主要的,最重要的,总的:the ～ meal of the day 一天的正餐/～ clause 【语】主句 ❷尽力的,全力的:with ～ strength 用全力Ⅱ. (～s[-z]) *n*.[C][U]❶体力,力量,气力 ❷主要部分;要点 ❸(自来水、煤气等的)总管道;(电流的)干线:the burst water ～爆裂的自来水总管道

main·tain [meɪn'teɪn,mən-] (～s[-z]) *vt*. ❶维持,使…持续;保持:～ friendly relations(with sb.)(与某人)保持友好关系/～ an open mind on a question 愿意听取对某个问题的不同意见 ❷保养;维修:Engineers ～ the machines.机修工维修机床。❸赡养,抚养;在财务上支持(某人):He ～s two sons at university. 他供两个儿子上大学。/This school is ～*ed* by a charity.该校由一慈善机构资助。❹坚持,主张,断言:～ one's innocence 坚持自己无辜

main·te·nance ['meɪntɪnəns,-tnəns] *n*.[U]❶维持,保持:price ～ 保持价格不变/money

for the ～ of one's family 养家的钱 ❷主张,坚持 ❸(根据法律须付的)赡养费,抚养费:He has to pay ～ to his ex-wife.他必须负担前妻的生活费用。

maize [meɪz] Ⅰ. *n*.[U]❶[英]玉蜀黍,玉米 ❷玉米色,黄色Ⅱ. *adj*.玉米色的,黄色的

ma·jes·ty ['mædʒɪsti] (majesties[-z]) *n*. ❶[U]君王的威严;尊严,庄严:all the ～ of royal ceremonies 皇家仪典的富丽堂皇 ❷[C][用 Majesty](冠以所有格限定词,用以称呼或提及王室人员):his(her) *Majesty* 国王(女王)陛下

ma·jor ['meɪdʒə(r)] Ⅰ.[无比较等级] *adj*. ❶([反]minor)较大的,较多的,较大范围的;主要的,重要的:a ～ road 干路/a ～ operation 大手术/～ industries 重要产业 ❷(兄弟俩或同姓男子中)年长的,大的:Smith ～大史密斯 ❸【音】大调的,大音阶的:a ～ scale 大音阶 ❹[美](学科)主修的:the ～ subjects 主修(专业)课程 ❺严重的:a ～ illness 严重的疾病Ⅱ. (～s[-z]) *n*.[C]❶(大专院校学科中的)主修科目,主修课程;主修专业:Her ～ is English.她的主修科目是英语。❷成年人,年长者 ❸【音】大调,大音阶 ❹[美]陆(空)军,[英]陆军少校 Ⅲ. *vi*.[美]主修(in):He ～s in physics.他主修物理。

ma·jor·i·ty [mə'dʒɒrɪti] (majorities[-z]) *n*. ❶[U]([反]minority)(大)多数,大部分:The ～ was(或 were)in favour of the proposal.多数人赞成这个建议。❷[C]过半数;绝大多数:be elected by an absolute ～ 得到绝对多数票而当选 ❸[C][常用 the ～]多数党,多数派;the ～ leader 多数党领袖 ❹[C][常用 a ～]多数票,领先的票数:The proposal was passed by a ～ of ten.这个提议以超过对方 10 票的多数通过。❺[U][常用单数]成人;成年;法定年龄:She reaches her ～ next month.她下个月到成人年龄了。❻[C]【军】少校军衔

make [meɪk] (made [meɪd];making) *vt*. ❶做,制作,制造:～ paper 造纸/This factory ～*s* shoes to last.这家工厂制造的鞋子耐穿。❷准备…,做…的准备;整理,布置:～ the beds 铺床/～ a fire 生火 ❸使产生,引起:～ trouble 引起麻烦,捣乱/～ no sense 毫无意义 ❹获得;挣得,发(财):She ～*s* $15,000 a year.她一年挣 15,000 美元。❺做(某种举动);进行:We'll ～ an early start.我们要早点儿出发。❻使…做…(含有强制的意思):Rain ～*s* plants grow.雨水使植物生长。/The teacher *made* Tom read the sentence three times.老师让汤姆把句子读 3 遍。

❼使成为；使…看上去成为；选成…：They *made* him their team leader. 他们选了他当队长。❽使成功，保证…飞黄腾达：He'll never ~ an actor. 他决不成演员。❾推算；估计，猜测：I ~ the distance（to be）about 60 kilometres. 我估计这距离约有 60 公里。/ ~ no doubt of it 并不怀疑 ❿前进，行进；达到（某速度）：We have *made* 20 kilometres today. 今天我们已走了 20 公里。⓫（共计），构成，总计：A hundred pence ~ one pound. 100 便士为 1 镑。⓬规定，制定：These regulations were *made* to protect children. 这些规则是为保护儿童而制定的。⓭写，创作；制定：~ one's will 立遗嘱/~ a poem 写诗/~ laws 制定法律⓮把…做成；使…成为：If you train hard, you'll ~ a good footballer. 你若要刻苦训练，就能成为优秀的足球运动员。/ She would have *made* an excellent teacher. 她本可以成为杰出的教师。*vi*. ❶正要做，刚要开始做：He *made* to go. 他要走了。❷前进，朝某方向走去；趋向：They were *making* towards the forest. 他们正向森林走去。

male [meɪl] Ⅰ. [无比较等级] *adj*. ❶男性的；雄的，雄性的 ❷由男子组成的 ❸雄赳赳的，阳刚有力的 ❹【机】（器具、零件等）阳的，凸形的Ⅱ. *n*. Ⓒ男人（动、植物）雄性

mal·ice ['mælɪs] *n*. Ⓤ❶敌意，怨恨 ❷【律】恶谋，犯罪意识

ma·lign [mə'laɪn] Ⅰ. [无比较等级] *adj*. ❶恶意的，恶毒的 ❷有坏影响的 ❸【医】（疾病）恶性的Ⅱ. *vt*. 中伤；诽谤

ma·lig·nant [mə'lɪgnənt] *adj*. （[反]benignant）❶邪恶的，恶毒的；有不良影响的 ❷【医】恶性的，有毒的；致命的

mall [mɔːl] *n*. Ⓒ购物广场

mal·nu·tri·tion [ˌmælnjuː'trɪʃən] *n*. Ⓤ营养不良，营养不调

mal·prac·tice [ˌmæl'præktɪs]（~s[-ɪz]）*n*. ⓒⓤ❶不法行为❷玩忽职守，渎职 ❸（医生的）医疗过失

man [mæn] Ⅰ. （men [men]）*n*. ❶Ⓒ（成年）男子：grow into a ~ 长大成人 ❷Ⓤ人，人类：the origin of ~ 人类的起源 ❸Ⓒ任何人：Growing old is something a ~ has to accept. 逐渐衰老是任何人都得承认的事实。❹Ⓒ（男）下属；佣人：My ~ will drive you home. 我的仆人将开车送你回家。❺Ⓒ[常用复数]士兵，水手，船员：officers and men 官兵 ❻Ⓒ有男子气概的人；男子汉，大丈夫：make a ~ of sb. 使某人成器 ❼Ⓒ（用在物主代词后）合适的对象，最佳人选：If you want a good turner,

he's your ~. 如果你要一个好车工的话，他最合适。❽Ⓒ丈夫；情郎：~ and wife 夫妇 ❾Ⓤ[口]（亲热、戏谑的称呼）老兄，伙计 ❿Ⓤ（表示不耐烦、轻蔑等的感叹语）：Nonsense ~! 胡扯！⓫Ⓒ（棋）子Ⅱ. （manned；manning）*vt*. ❶给…配备人员：~ a ship 为一艘船配备船员 ❷使增强勇气；使振作精神

man·age ['mænɪdʒ]（~s[-ɪz]；managing）*vt*. ❶管理，掌管；经营：~ a department 负责一部门/Jones ~s the finances here. 琼斯主管这里的财务。❷操纵（机械等）；驾驭（马、人），使用（工具等）；对付：~ a difficult horse 驾驭一匹不驯服的马 ❸设法做到，想办法达到：Can you ~ another slice of cake? 你能再吃一片蛋糕吗? ❹设法把…弄到手，获得（休假等）*vi*. 勉强维持下去，设法过日子：I just can't ~ on $50 a week. 我可没办法靠每星期 50 美元维持生活。

man·age·a·ble ['mænɪdʒəbəl] *adj*. （[反] unmanageable）可控制的；易管理的

man·age·ment ['mænɪdʒmənt] *n*. ❶Ⓤ管理，处理，经营；安排：personal ~ 人事管理 ❷Ⓤ运用；操纵，驾驭：the ~ of a tool（weapon, machine）工具（武器，机器）的使用 ❸ⓤⓒ（工商企业的）管理部门；资方：the ~ of the factory 工厂的管理部门/labour and ~ 劳资双方

man·ag·er ['mænɪdʒə(r)]（~s[-z]）*n*. Ⓒ❶（商店、公司等的）负责人，经营者，经理；（团体、剧团等的）监督；（演艺人员等的）经纪人：a general ~ 总经理 ❷（家事、财政的）当家人；干事，财务管理人：My mother is a good ~. 我母亲善于理财。

man·a·ge·ri·al [ˌmænɪ'dʒɪəriəl] *adj*. [作定语]经理的；管理上的

ma·nia ['meɪnjə]（~s[-z]）*n*. ❶Ⓤ【医】躁狂症，狂 ❷Ⓒ狂热，癖好：a ~ for collecting stamps 集邮癖

ma·ni·ac ['meɪnɪæk] Ⅰ. *n*. Ⓒ❶躁狂者，疯子 ❷热衷者，…迷Ⅱ. *adj*. 疯狂的，狂热的

man·i·fest ['mænɪfest] Ⅰ. [无比较等级] *adj*. （[近]evident）明显的，显而易见的，清楚的：something that is ~ to all of us 我们大家都很清楚的事情Ⅱ. （~ed[-ɪd]）*vt*. ❶表明，证明：~ the truth of a statement 证明某说法属实 ❷显示，表现出（人的品质、感情等）Ⅲ. *n*. Ⓒ❶显示，表明 ❷宣言 ❸（飞机或船的）货物清单，舱单 ❹快运货车

man·i·fes·ta·tion [ˌmænɪfe'steɪʃən] *n*. ⓤⓒ表明，表现，显示：This riot is only one ~ of people's discontent. 这骚乱仅仅是人们不满的一种表现而已。

man·i·fes·to [ˌmænɪˈfestəʊ] **Ⅰ**. *n*. Ⓒ宣言；声明：an election ～ 竞选声明/publish (issue) a ～发表宣言**Ⅱ**. *vi*.发表宣言

man·i·fold [ˈmænɪfəʊld] **Ⅰ**. [无比较等级] *adj*. ❶许许多多的，多种多样的；～ wisdom 多方面的智慧 ❷多方面的；多种特征的；由同类的几部分组成的 **Ⅱ**. (～s[-z]) *n*. Ⓒ ❶复印本；复写本 ❷【机】复式接头；歧管，多支管**Ⅲ**. (～s[-z]；～ed[-ɪd]) *vt*.复写，复印

ma·nip·u·late [məˈnɪpjʊleɪt] (～d[-ɪd]；manipulating) *vt*. ❶熟练地使用，操作：an electric device 操作电气装置 ❷(用权势或不正当的手段)操纵，控制；摆布：～ the stock market 操纵股票市场 ❸窜改，伪造(账目等)

***man·kind** [ˌmænˈkaɪnd] *n*. Ⓤ ❶ [集合用法]人类 ❷男子，男人

man·ly [ˈmænlɪ] (manlier；manliest) *adj*. ❶具有男子气概的 ❷适合于男子的 ❸(女子)有男子气的

manned [mænd] [无比较等级] *adj*.载人的；由人操纵的：～ space flight 载人的宇宙飞行

***man·ner** [ˈmænə(r)] (～s[-z]) *n*. ❶Ⓒ ([近]way) [常用单数]方法，方式：He objected in a forceful ～. 他表示坚决反对。/the ～ in which he died 他death的方式 ❷Ⓤ Ⓒ(成为个人的习惯、特征的)态度，样子，举止：I don't like her ～. 我不喜欢她的态度。 ❸ [用复数]礼貌；规矩：good (bad) ～s 有(没有)礼貌/Aren't you forgetting your ～s?你是不是没礼貌了？❹ [用复数](民族、时代的)风俗习惯；生活方式：eighteenth-century aristocratic ～s 18世纪贵族的风俗习惯 ❺ [常用单数](文学、艺术的)手法，风格：a ～ of one's own 自成一家的风格

ma·noeu·vra·ble [məˈnuːvrəbl] *adj*.可调动的；易操纵的

ma·noeu·vre [məˈnuːvə] **Ⅰ**. (～s[-z]) *n*. Ⓒ ❶(军队或军舰的)调动，布置；军事演习；机动动作 ❷策略，花招，手法：This was a craft ～ to outwit his pursuers. 这是一个高招，他以此骗到了追逐他的人。❸(谨慎而熟练的)动作：A rapid ～ by the driver prevented an accident. 司机动作迅速而熟练，因此避免了一场事故。**Ⅱ**. (～d；manoeuvring [-rɪŋ]) *vt.& vi*. ❶(使)调遣；(进行)演习 ❷熟练而巧妙地引导；诱使

man·sion [ˈmænʃən] (～s[-z]) *n*. Ⓒ ❶大厦 ❷宅第；官邸 ❸ [常用复数]公寓大楼

man·u·al [ˈmænjʊəl] **Ⅰ**. [无比较等级] *adj*. ❶手的；手工的 ❷体力的：a ～ worker 体力劳动者**Ⅱ**. *n*. Ⓒ([近]handbook)手册，

指南；(尤指)机器说明书

man·u·fac·ture [ˌmænjʊˈfæktʃə(r)] **Ⅰ**. (～s[-z]；manufacturing[-rɪŋ]) *vt*. ❶([近]produce)制造，大量生产：They ～ milling machines at the factory. 他们在工厂制造铣床。❷虚构，捏造：She ～d a false story to hide the facts.她编造谎言以掩盖事实。**Ⅱ**. *n*. ❶Ⓤ(大规模的)制造，制作；制造业：firms engaged in the ～ of plastics 从事制造塑料的公司 ❷Ⓒ [常用复数]制品，制造品；产品：goods of foreign ～外国产品

ma·nure [məˈnjʊə(r)] **Ⅰ**. *n*. Ⓤ(动物的)粪肥，肥料：dig ～ into the soil 在土壤中施肥 **Ⅱ**. (～s[-z]；manuring [-rɪŋ]) *vt*.施肥于(土地)

man·u·script [ˈmænjʊskrɪpt] **Ⅰ**. *n*. Ⓒ原稿，手稿：I'm writing the ～ for the magazine. 我正在为那本杂志写稿。**Ⅱ**. *adj*.手写的；原稿的

***many** [ˈmenɪ] **Ⅰ**. (more [mɔː]；most [məʊst]) *adj*. 多的，许多的：～ people 许多人/There are too ～ mistakes in this essay. 这篇文章错误太多。**Ⅱ**. *pron*. ❶ [用作复数]许多，许多人(东西)：Many of the students were from Japan.许多学生都是日本人。/Did you know ～ of them? 他们中很多人你都认识吗？❷ [the ～] [用作复数]大多数的人，大众，普通群众：the rights of the ～ 大众(多数人)的权利

***map** [mæp] **Ⅰ**. *n*. Ⓒ ❶图，地图：a ～ scale 地图比例尺 ❷天体图，星座图：a weather ～ 气象图**Ⅱ**. (mapped[-t]；mapping) *vt*. ❶绘制成图 ❷(为绘制地图而)勘测 ❸(详细地)制订，筹划(out)：～ out an overall plan 制订全面规划

ma·ple [ˈmeɪpl] **Ⅰ**. (～s[-z]) *n*. Ⓒ Ⓤ 【植】槭树；槭木 ❷槭树汁味，槭糖味 ❸淡棕色；灰黄色**Ⅱ**. *adj*. ❶【植】槭木的 ❷槭树汁味的

mar·ble [ˈmɑːbl] **Ⅰ**. (～s[-z]) *n*. ❶Ⓤ Ⓒ 大理石；大理石制品 ❷Ⓒ [用复数]大理石状的东西 ❸Ⓒ 大理石花纹 ❹Ⓒ(用玻璃、石头等制成的)弹子：play ～s玩弹珠**Ⅱ**. *adj*. ❶大理石的；大理石般的 ❷(像大理石一样)坚硬的；冷酷的：a ～ breast 铁石心肠

March [mɑːtʃ] *n*. Ⓤ3月(略作 Mar.)

***march** [mɑːtʃ] **Ⅰ**. (～es[ˈ-ɪz]；～ed[-t]) *vi*. ❶行进，进军：～ away from the enemy 背敌行军 ❷(事情等)进展，进行：Science never ceases ～ing on. 科学的进步从未停止过。❸(从容不迫地)走，迅速地走：She ～d up stairs without saying a word. 她一言不发地快步走上楼梯。vt. 把(人)强行带走,(迫)使前进;使行军: The prisoners of war were ~ed off to the company headquarters. 战俘被押往连部。Ⅱ. (·~es['-ɪz])n. ❶ᵁᶜ行进,进军;行程: a ten-mile ~ 10 英里的行程 ❷ᶜ游行;(尤指)游行示威 ❸ᶜ【音】进行曲: military ~es军队进行曲 ❹ᶜᵁ(行进的)步伐;(a) quick ~ 快步走 ❺[the ~]进行;进展: the ~ of progress 进步的过程

mar·gin ['mɑːdʒɪn] Ⅰ. (·~s[-z])n.ᶜ❶(书页边等的)空白,栏外;wide ~s 宽的页边/notes written in the ~写在页边上的注解 ❷边,缘,边沿: the ~ of a lake,pool 湖、水池的边 ❸(胜方在时空、票数等方面的)领先幅度;差数;余额: He beat the other runners by a ~ of ten seconds. 他以领先 10 秒战胜了其他赛跑者。❹(能力、状态等的)限度;极限: the ~ of patience 忍耐的限度 ❺(商业)利润,赚头;(买卖价的)差额: a business operating on tight ~s 赚头小的生意Ⅱ. vt.加边于

mar·gin·al ['mɑːdʒɪnl] [无比较等级] adj. ❶无关紧要的,不重要的 ❷小的,少的;轻微的: There's only a ~ difference between the two estimates. 这两种估计差别很小。❸(纸页)空白边缘的,有旁注的 ❹(土地)贫瘠的

ma·rine [məˈriːn] Ⅰ. [无比较等级] adj. ❶海(洋)的;海产的,生在海中的;~ creature (plant)海产的生物(植物) ❷航海用的,海运的;海军的;~ insurance 海上保险Ⅱ. (·~s [-z])n.❶ᶜ海军陆战队士兵(或军官) ❷ᶜ[the Marines]海军陆战队 ❸ᵁ[集合用法](一个国家的)所有船舶

mar·i·tal ['mærɪtl] [无比较等级] adj. 婚姻的;夫妻(间)的

mar·i·time ['mærɪtaɪm] [无比较等级] adj. ❶海(上)的,海运的;海事的;~ law 海事法 ❷沿海的,近海的;居于近海区的 ❸海洋性气候的

mark¹ [mɑːk] Ⅰ. n. ❶ᶜᵁ斑,痕迹;污点: Who made these dirty ~s on my new book? 谁把我的新书弄上了这些污渍?❷ᶜ符号,印记;商标;邮戳: the ~s on a box of merchandise 一箱商品上的标记 ❸ᶜ靶子;目标;指标 ❹ᶜ分数,得分,成绩: get 80 ~s in physics 物理得 80 分 ❺ᶜ(深刻的)印象;影响: The new machines on exhibition left their ~ on the visitors. 展出的新机器给观众留下了深刻的印象。❻ᶜ征兆;(感情、性质、状态等的)显露,特色: Politeness is a ~ of good breeding. 讲礼貌是有教养的一种表现。❼ᶜ(田径赛)起点,起跑线 ❽ᵁᶜ著名,名声;

重要性 ❾ᶜ十字押(不识字者用以代替签名)Ⅱ. (·~ed[-t])vt. ❶做记号于;留痕迹于;标明: a dirty road ~ed with footprints 留有脚印的泥路 ❷给(学生作业等)批分数,评成绩: ~ examination papers 评阅试卷 ❸注意,留心: Mark carefully how it is done. 注意这活是怎么干的。❹(事物)成…的记号,标志…;展现出…的特征: His death ~ed the end of an era.他的死标志着一个时代的结束。❺给(比赛等)记得分 ❻在…上贴价目(或尺寸等)的标签 ❼(球赛中)盯住(人)

mark² [mɑːk] n. ᶜ马克(德国的货币单位)

marked [mɑːkt] adj. ❶有记号的,打上标记的 ❷引人注目的;明显的,显著的: a difference 显著的差异

mar·ket ['mɑːkɪt] Ⅰ. n.ᶜ❶集市场,集市(尤指买卖牲畜或粮食的集市):The next ~ is on the 15th.下一次集市是 15 号。❷市场,商业市场:the labor ~ 劳动市场 ❸买卖,交易: an active ~ 生意兴隆,市面活跃 ❹市况,市价,行情:a dull ~ 呆滞的交易市况/a rising ~ 上涨的行情 ❺(专卖某种货物的)商店 ❻需要,需求:a good ~ for motor cars 良好的汽车销路Ⅱ. vt. ❶(在市场上)出售(某物) ❷推销(某物)(尤指借助广告宣传): We need somebody to ~ our products. 我们需要有人为我们推销产品。vi.进行交易

mar·riage ['mærɪdʒ] (·~s[-ɪz])n.ᶜᵁ❶结婚,婚姻;婚姻生活 ❷结婚仪式,婚礼 ❸婚礼的形式,婚礼习俗 ❹紧密结合

mar·ried ['mærɪd] Ⅰ. [无比较等级] adj. ❶已婚的,结婚的;婚姻的:~ life 婚后生活 ❷有配偶的,夫妇的:a newly-~ couple 一对新婚夫妇 ❸密切结合的 Ⅱ. n. ᶜ[常用复数]已婚者

mar·ry ['mæri] (marries[-z];married) vt. ❶娶,嫁;(与…)结婚: Jane is going to ~ him.简就要嫁给他了。❷(牧师等)为…证婚,为…主持婚礼: Which priest is going to ~ them? 哪位牧师来为他们主持婚礼? ❸使紧密结合: She marries wit and scholarship in her writing. 她的写作中融合了智慧和学识。vi. ❶结婚: They married when they were young. 他们年纪轻轻就结了婚。❷紧密结合: training that marries well with the needs of the job 紧密结合工作需要的训练

marsh [mɑːʃ] Ⅰ. (·~es['-ɪz])n. ([近]swamp)ᶜᵁ沼泽;湿地Ⅱ. adj.沼泽的

mar·shal ['mɑːʃl] Ⅰ. (·~s[-z])n.ᶜ❶【军】元帅;陆军元帅;最高将领;[英]空军元帅 ❷(典礼或集会的)司仪,(宫廷的)典礼官 ❸[美]联邦法院的执行官;市司法官 ❹警察

局长;消防队长 **Ⅱ**.(～s[-z]);marshal(l)ed;
marshal(l)ing)*vt*.❶排列;整理;安排 ❷指
挥,调度 ❸引领,带领

mar·tyr ['mɑːtə(r)] **Ⅰ**.(～s[-z]) *n*.ⓒ❶
烈士,殉难者;殉道者:the early Christian ～s
早期的基督教殉道者 ❷长期受痛苦的人 **Ⅱ**.
(～ing[-rɪŋ]) *vt*.❶杀害(坚持某种信仰者);
使殉难 ❷折磨;迫害(人)

mar·vel ['mɑːvl] **Ⅰ**.(～s[-z]) *n*.ⓒ令人
惊奇的事;奇迹:the ～s of modern science 现
代科学的奇迹/It's a ～ that he escaped un-
hurt. 他竟能安然逃脱,真不可思议。**Ⅱ**.(～s
[-z];marvel(l)ed;marvel(l)ing) *vt*. & *vi*.
(对…)感到惊叹,(对…)感到惊讶;大为惊讶:
I ～ that she agreed to do something so dan-
gerous. 我大为惊异的是,她竟同意做如此危险
的事。

mar·vel·lous ['mɑːvələs] *adj*.❶[口]了不
起的,极好的,绝妙的:a ～ discovery 一项了
不起的发现 ❷不可思议的;惊奇的,奇妙的

mas·cu·line ['mæskjʊlɪn] *adj*.❶男子的,
男性的;有男子气概的 ❷适合于男子的,有男
子特征的 ❸【语】阳性的

mas·cu·lin·i·ty [ˌmæskjʊ'lɪnɪtɪ] *n*.Ⓤ男
子气概,刚毅

mask [mɑːsk] **Ⅰ**.*n*.ⓒ❶面罩,面具;假面
具:put on a ～ 带假面具 ❷(保护用的)护面;
(木、象牙等的)面部雕像 ❸(棒球,击剑等的)
防护面具 ❹(蜡塑、石膏等的)面部模型 ❺隐
秘物;伪装,掩饰:aggression under the ～ of
friendship 友谊伪装下的侵略 **Ⅱ**.*vt*.([近]
unmask)❶在(脸上)戴面具 ❷伪装,掩盖:～
one's real purpose 掩饰真实目的 ❸使模糊,
使不被觉察 *vi*.戴面具

mass [mæs] **Ⅰ**.(～es['-ɪz]) *n*.❶ⓒ(聚
成一体的)块,堆,团,片:There were ～es of
dark clouds in the sky. 天上有几朵乌云。❷ⓒ
[口]用 a ～或～es)众多,大量:I got ～es of
cards on my birthday. 我生日那天收到了大
量的贺卡。❸[the ～]大多数,大部分;主要部
分,总体 ❹ⓒ[用作复数]群众,民众 ❺Ⓤ大
小,体积 ❻Ⓤ【物】质量 **Ⅱ**.*vt*. & *vi*.集合,集
结:The general ～ed his troops for a final
attack. 将军把部队集结起来发动最后的进攻。
Ⅲ.[无比较等级] *adj*.[作定语]❶群众的,
民众的:a ～ demonstration 群众示威 ❷大量
的,大批的:～ production 成批生产

mas·sa·cre ['mæsəkə(r)] **Ⅰ**.(～s[-z])
n.ⓒ大屠杀;残杀 **Ⅱ**.(～s[-z];massacring
[-rɪŋ]) *vt*.(大规模)屠杀,残杀

mas·sage ['mæsɑːʒ] **Ⅰ**.(～s[-ɪz];massa-

ging) *vt*.对…推拿,对…按摩 **Ⅱ**.(～s[-ɪz])
n.ⓒⓊ按摩,推拿

mas·sive ['mæsɪv] *adj*.❶大而重的,巨大
的 ❷魁伟的,结实的 ❸(量、程度等)大量的;
大规模的 ❹雄伟的;庄严的

mast [mɑːst] **Ⅰ**.*n*.ⓒ[船]❶桅杆,旗杆 ❷
高柱,柱 ❸天线塔 **Ⅱ**.*vt*.在…上装桅杆

mas·ter ['mɑːstə(r)] **Ⅰ**.(～s[-z]) *n*.ⓒ
❶主人,雇主;(奴隶、家畜等的)主人,饲主:～
and servant 主人和仆人 ❷师傅;能手,优胜
者;名家 ❸[常用 Master]硕士;硕士学位:
She's a *Master* of Arts. 她有文学硕士学位。
❹(商船的)船长 ❺有控制权的人,统治者:He
is a ～ of the situation. 他能控制这种局面。
❻(中、小学的)男教师:the French ～ 法语教
师 ❼[用 Master]少爷(对年龄幼小不便作先生
的男孩的尊称):*Master* Charles Smith 查
尔斯·史密斯少爷 ❽(可供复制的)原版影片,
磁带 **Ⅱ**.[无比较等级] *adj*.[作定语]❶主
人的;支配的,统治的 ❷精通的,熟练的;优秀
的:This painting is the work of a ～ hand.
这画出自名家之手。❸主要的;总的 **Ⅲ**.*vt*.
❶做…的主人;控制,制服:～ one's temper
(feeling)控制住脾气(感情) ❷掌握,精通:
She has fully ～ed the technique. 她已完全掌
握了这种技术。

mat¹ [mæt] **Ⅰ**.*n*.ⓒ❶席子,草席;地垫 ❷
(门前的)擦鞋垫 ❸(花瓶、茶杯等的)衬垫 ❹
(体操或摔跤用的)垫子 ❺一团,一丛,一簇
Ⅱ.(matted['-ɪd];matting) *vt*.❶给…铺上
垫子 ❷使缠结,纠缠(在一起):*matted* hair
缠结在一起的毛发

mat² [mæt] [无比较等级] *adj*.无光泽的;表
面粗糙的,不光滑的

match¹ [mætʃ] **Ⅰ**.*n*.ⓒ火柴:
strike a ～ 划火柴/put a ～ to sth.用火柴点
着某物

match² [mætʃ] **Ⅰ**.(～es['-ɪz]) *n*.ⓒ❶比
赛,竞赛:a box ～ of twenty rounds 20 回合
的一场拳击赛 ❷相配的人(或物),对手(for):
He's no ～ for her (in basketball). (在篮球
上)他不是她的对手。❸相配者;配对物:This
tie is a good ～ for your suit. 这条领带和你的
西装搭配得很好。❹结婚,姻缘;配偶:She
made a good ～ when she married him. 她嫁
给了他,成就了美满姻缘。**Ⅱ**.(～es['-ɪz];
～ed[-t]) *vt*.❶与…匹敌;成为…的对手;势
均力敌:No one can ～ her in knowledge of
classical music. 在古典音乐知识方面,没人能
和她相匹敌。❷与(某物)相配;与(某事物)相
一致,找到与(某物)相似(或相称)的东西:
Can you ～ this wallpaper? 你能找到和这种

壁纸相配的吗？❸与…交手，与…竞争：I'm ready to ~ my strength against yours. 我已经准备好与你较量力气。*vi.* 相称；相配合：The two pieces of furniture don't ~. 那两件家具不搭配。

mate¹ [meɪt] **I**. *n*. ⓒ❶[英口]伙伴；同事：He's old ~ of mine. 他是我的老伙伴。❷配对物，成对中之一 ❸[口]配偶；(鸟、兽)偶：The black bird sat on the nest waiting for the return of her ~. 黑鹂在巢中等候其雌鸟归来。❹(商船上的)大副，(工匠等的)助手 ❺(美海军的)军士，下级军官 **II**. (~d[-ɪd]；mating) *vt. & vi*. (使)成配偶，(使)成伙伴；(使)(鸟、兽等)交配；(使)结成夫妇(with)

mate² [meɪt] *n*. ⓒ Ⓤ(象棋中)将军，将死

ma·te·ri·al [məˈtɪərɪəl] (~s[-z]) *n*. ⓒ Ⓤ❶材料，原料；物资：raw ~s for industry 工业原料 ❷素材，题材；资料：She's collecting ~ for a newspaper article. 她正在搜集素材以在报纸上发表文章。❸织物，衣料：enough ~ to make two dresses 够做两件连衣裙的料子 ❹[用复数]工具，用具，设备：writing ~s (纸张、笔墨等的)文具，文房四宝 **II**. [无比较等级] *adj*. ❶物质的；实体的；有形的：the ~ world 物质世界 ❷身体上的，肉体的：our ~ needs 我们身体的需要 ❸重要的，有重要关系的：~ evidence 重要证据 ❹[律](对案件)有决定性影响的

ma·te·ri·al·ism [məˈtɪərɪəlɪzəm] *n*. Ⓤ❶([近]idealism)[哲]唯物主义，唯物论 ❷(注重物质利益的)实利主义，物质享乐主义

ma·ter·nal [məˈtɜːnl] [无比较等级] *adj*. ❶母亲的；母性的；母系的；母亲般的 ❷母方的，母系的

ma·ter·ni·ty [məˈtɜːnɪtɪ] **I**. *n*. ❶Ⓤ母亲身份；母性，母道 ❷ⓒ产科医院；产科病房 **II**. *adj*. [作定语]产妇的，孕妇的：a ~ dress 孕妇服装/~ leave 产假

math·e·ma·ti·cian [ˌmæθ(ɪ)məˈtɪʃən] (~s[-z]) *n*. ⓒ数学家

math·e·mat·ics [ˌmæθɪˈmætɪks] *n*. Ⓤ[用作单]数学

math(s) [mæθ(s)] *n*. Ⓤ数学(尤作为学校课程)

mat·ter [ˈmætə(r)] **I**. (~s[-z]) *n*. ❶Ⓤ物质；物体：The universe is composed of ~. 宇宙是由物质组成的。❷ⓒ主题；事件；事务：business ~s 生意上的事 ❸ⓒ事由，事态，情况 ❹Ⓤ重要性，要紧事：It's of no ~. 这无关紧要。❺Ⓤ麻烦事；毛病，困难：something seems to be the ~ 似乎有些困难 ❻Ⓤ[the

~](书籍、演讲、论文等的)内容，主旨，主题；实质 ❼Ⓤ信件，邮件 ❽Ⓤ[医]生命体排泄物；脓 **II**. *vi*. 关系重大，要紧(尤用于否定句和疑问句)：Some things ~ more than others. 有些事情更重要。/It doesn't ~ to me what you do. 你做什么我都无所谓。

mat·tress [ˈmætrɪs] (~es[-ɪz]) *n*. ⓒ❶床垫，褥垫 ❷气垫

ma·ture [məˈtjʊə(r), -ˈtʃʊə(r)] **I**. *adj*. ❶([近]ripe)完全长成了的，长大的；稳重的 ❷(果实)成熟的 ❸深思熟虑的，精密设计的 ❹(票据等)到期的，应支付的 **II**. (~s[-z]；maturing [-rɪŋ]) *vt*. ❶使成熟；使成长：Experience has ~d him greatly. 他经历这些事之后成熟多了。❷使完善；慎重做出 *vi*. ❶变成熟，长成 ❷[商](支票、债券等)到期

max·im [ˈmæksɪm] (~s[-z]) *n*. ⓒ格言，箴言；座右铭；谚语

max·i·mize, -ise [ˈmæksɪmaɪz] (maximizing) *vt*. ([反]minimize)使增加(或扩大)到最大限度：We must ~ profits. 我们必须尽量增加利润。*vi*. 达到最大值

max·i·mum [ˈmæksɪməm] ([反]minimum) **I**. (~s[-z]或 maxima [ˈmæksɪmə]) *n*. ⓒ❶最大量，最大值；最大限度 ❷顶点；最高极限 ❸[数]极大(值) **II**. [无比较等级] *adj*. 最大限度的；最高的，最大的；顶点的：the ~ temperature 最高温度

May [meɪ] *n*. Ⓤ❶5月 ❷[用 may]青春，壮年

may [meɪ] (might [maɪt]) *v. aux* ❶(表示可能性)也许，可能，大概：This coat ~ be Peter's. 这件外衣可能是彼得的。❷(表示允许)许可：Passengers ~ cross by the footbridge. 乘客可使用步行桥。❸(表示目的)为了，为了能够(在口语中以 can 或 will 代替 may)：I'll write today so that he ~ know when to expect us. 我今天就写信好让他知道我们什么时候到。❹(表示让步)不管，不论：Come what ~, I will try it. 无论发生什么，我总要试一试。❺(表示愿望和希望)祝，愿：*May* you succeed! 祝你成功！

may·be [ˈmeɪbɪ] [无比较等级] *adv*. 大概，或许，也许：*Maybe* he'll come, ~ he won't. 他也许来，也许不来。

mayor [meə(r)] (~s[-z]) *n*. ⓒ市长

mayor·ess [ˈmeərɪs] (~es[-ɪz]) *n*. ⓒ❶市长夫人 ❷女市长 ❸女市长助理

maze [meɪz] (~s[-ɪz]) *n*. ⓒ❶迷宫，迷津，迷魂阵 ❷(事情等的)错综，复杂 ❸混乱，迷惑

me [强 miː；弱 mɪ] *pron*. ❶[I 的宾格] ❶[用

作宾语]:Do you remember ～? 你还记得我吗? ❷ [口] [用作表语]我(= I):"Who is it?""It's ～."谁啊?"是我。"

mead·ow ['medəʊ] (～s[-z]) n.([近]pasture)ⓒⓊ草地,牧场

***meal**¹ [mi:l] I.(～s[-z]) n.ⓒ❶进餐;进餐时间 ❷一顿饭,一餐;一餐所吃的食物:a ～ of fish and chips 炸鱼和土豆条的一顿饭 II. vi.进餐

meal² [mi:l] n.Ⓤ❶谷物;(玉米等的)碎粉 ❷粉状物,碾碎的东西

mean¹ [mi:n] (～s[-z];meant [ment]) vt. ❶打算,意欲;存心,企图:He ～s to go. 他打算去。/He meant no harm.他没有害人的意思。❷意指,意思是:What does this sentence ～? 这个句子是什么意思? ❸意味着,表示:The sign ～s (that) the road is blocked. 这个标志表示此路不通。❹预定;指定:This gift is meant for you. 这件礼物是准备给你的。vi.具有重大意义:Fame does not ～ much to me.名声对我而言无足轻重。

***mean**² [mi:n] adj.❶([近]ungenerous)吝啬的,小气的;自私的:She's too ～ to make a donation. 她很小气,不肯捐款。❷(理解力或智力)低下的,平庸的:a man of ～ ability 一个智力平庸的人 ❸([近]unkind,nasty)卑鄙的,心地不好的,心胸狭窄的:That was a ～ trick! 那是卑鄙的伎俩! ❹([近]humble)(衣着)寒碜的,鄙陋的;(出身)低贱的 ❺性情乖僻的;难对付的,难控制的 ❻[口]感到屈辱的,羞愧的,不好意思的 ❼[口]出色的,高超的

mean³ [mi:n] I.[无比较等级] adj.中庸的;普通的,中等的;平均的:the ～ annual temperature 年平均温度 II. n.ⓒ❶中间;中庸 ❷【数】平均(数),平均(值);比例中项

mean·ing ['mi:niŋ] I.(～s[-z]) n.ⓒⓊ ❶意思,含义:a word with many distinct ～s 有许多含义的词 ❷意义,重要性:My life seems to have lost all ～.我的生活似乎已毫无目标。II. adj.有意义的,意味深长的

mean·ing·ful ['mi:niŋf(ʊ)l] adj.有目的的,有用意的;有意义的:a ～ relationship 有用意的关系

mean·ing·less ['mi:niŋlis] adj.无意义的,无目的的

***means** [mi:nz] [复] n.ⓒ❶([近]way, method) [单复同]手段,方法;工具:There is no ～ of finding out what happened. 无法搞清楚发生了什么事情。/use illegal ～ to get a passport 用非法手段获取护照 ❷金钱,财产;

财力:a man of ～ 有钱人/He lives beyond his ～.他过着入不敷出的生活。

mean·time ['mi:ntaim] I. n.Ⓤ其时,其间;在此期间 II. adv.当时:I continued working. Meantime, he went out shopping. 我继续工作,这期间他出去买东西了。

mean·while ['mi:nwail] adv.❶其间,在这期间;同时 ❷另一方面:In the accident, many people were killed, but ～ there were some who were unhurt. 在那次事故中许多人丧生,不过也有一些人没有受伤。

mea·su·ra·ble ['meʒərəbl] [无比较等级] adj.([反]immeasurable)可测量的;适度的

***mea·sure** ['meʒə(r)] I.(～s[-z]) n. ❶Ⓤ尺寸,度量,分量:clothes made to ～ 依照尺寸定制的衣服 ❷Ⓤⓒ度量单位,度量法;测量标准:the metric ～ 公制,米制 ❸ⓒ量具,量器:a quart ～ 一夸脱的容器/a ～ for liquids 液体量器 ❹ⓒ(衡量或评价)的标准,尺度,准则:It's hard to ～ his ability when we haven't seen his work. 没见过他的作品,我们很难估计他的能力。❺ⓒ措施,步骤,办法:take ～s to stop him 采取措施制止他 ❻Ⓤ ⓒ相当的量,份儿,一定程度:She achieved a ～ of success with her first book. 她的第一部书就获得了一定程度的成功。❼ⓒ议案,法令,法案 ❽Ⓤ[音]小节,节奏,拍子 ❾Ⓤ(诗歌)的韵律,格调 II.(～s[-z];measuring [-riŋ]) vt. ❶量,测量;测定:～ the width of a door 测量门的宽度 ❷衡量;斟酌;仔细考虑:He's a man who ～ his words. 他是个用词很讲究的人。vi. ❶量,测量:Can you ～ accurately with this ruler? 用这把尺子能量得准吗? ❷(测量后)有…长(或宽、高等):This room ～s 10 metres across.这房间宽 10 米。

mea·sure·ment ['meʒəmənt] n. ❶ⓒ[常用复数]量度,测量,衡量:the metric system of ～ 公制度量衡 ❷ⓒ(量得的)大小,尺寸;宽度(长度等):What is your waist ～? 你的腰围是多少? ❸Ⓤ测量法,测定法

***meat** [mi:t] n.Ⓤⓒ❶肉(通常指哺乳动物的肉) ❷[美]果肉,果实 ❸(书、话等的)内容,实质:This chapter contains the ～ of the writer's argument.这一章包含着作者论证的主要部分。❹[古]食物,餐食

me·chan·ic [mi'kænik] n.ⓒ技工;机械工;修理工:a car ～ 汽车修理工

me·chan·i·cal [mi'kænikl] [无比较等级] adj.❶机械的;用机械的;机械制造的:～ engineer 机械工程师/～ power 机械力 ❷(指人)机械似的,呆板的;无思想的 ❸机械学的

me·chan·ics [mɪ'kænɪks] [复] *n.* [U][用作单数] ❶力学;机械学 ❷[用作复数]技术性细节;结构;技巧:the ～ of writing 写作技巧

mech·a·nism ['mekənɪzəm] (～s[-z]) *n.* [C][U] ❶(尤指小型机械的)机械装置;结构;机构:the ～ of government 政府机构 ❷手法,技巧;途径

mech·a·nize, -ise ['mekənaɪz] (～s[-z]; mechanizing) *vt.* 使机械化:～d forces 机械化部队

med·al ['medl] Ⅰ. (～s[-z]) *n.* [C]奖章,勋章;奖牌;纪念章:present ～s for long service 因长期服务授予奖章/win a gold ～ for swimming 赢得游泳金牌 Ⅱ. (medal(l)ed; medal(l)ing) *vt.*授予…奖章(或勋章) *vi.*赢得奖牌(或奖章)

med·al(l)ist ['medəlɪst] *n.* [C](尤指体育运动方面的)奖章获得者

med·dle ['medl] (～s[-z]; meddling) *vi.* ❶干预;管闲事,插手:You're always *meddling*. 你老是多管闲事。/Don't ～ in my affairs. 别干预我的事。❷乱动,瞎弄(with):Don't ～ with the electrical wiring. 别乱动电线线路。

me·di·a ['miːdɪə] Ⅰ. medium 的复数形式 Ⅱ. *n.* [U]大众传播媒介;新闻媒体

me·di·ate ['miːdɪeɪt] (～d[-ɪd]; mediating) *vi.* 调解,调停,斡旋:～ in an industrial dispute 调解一劳资纠纷 *vt.* 促成(某事),使(约定、和解等)成立

med·i·cal ['medɪkl] Ⅰ. [无比较等级] *adj.* ❶医学的,医疗的;医术的:～ science 医学/～ college 医学院 ❷内科的,医药的:a ～ ward 内科病房 Ⅱ. (～s[-z]) *n.* [C] ❶[口]医科学生;医生 ❷体格检查

med·i·cine ['meds(ɪ)n, -dɪs(ɪ)n] (～s[-z]) *n.* ❶[C][U]药物,药剂(尤指内服药):Has nurse given you your ～? 护士给你服过药了吗? ❷[U]医学;医术:practise ～ 行医 ❸[U]内科(学) ❹[U]巫术,魔力,魔法

med·i·tate ['medɪteɪt] (～d[-ɪd]; meditating) *vi.*深思,沉思;冥想:I ～ in order to relax. 我沉思冥想借以松弛精神。*vt.* 企图,打算,策划:She is *meditating* leaving home. 她考虑要离开家。

Med·i·ter·ra·ne·an [ˌmedɪtəˈreɪnjən] Ⅰ. *n.* [U]地中海(＝～ Sea) Ⅱ. *adj.* 地中海的;地中海地区特有的

me·di·um ['miːdɪəm] Ⅰ. (media ['miːdɪə]或～s) *n.* [C] ❶(表达或传播的)媒介;方法,手段:Commercial television is an effective ～ for advertising. 商业电视是有效的广告宣传手段。❷介质,媒介物;传导体:Sound travels through the ～ of air. 声音可通过空气介质传播。❸中间,中庸;适中 ❹生活条件,生存空间 ❺[用～s]通灵的人,灵媒 Ⅱ. [无比较等级] *adj.* 中庸的,中等的;适中的

meet [miːt] Ⅰ. (met [met]) *vt.* ❶遇见,碰上:We *met* her in the street. 我们在街上遇见了她。❷结识(某人);被引见或介绍给(某人):I'd like you to ～ my wife. 让我为您介绍我夫人。❸迎接;出迎:Will you ～ me at the station? 你到车站接我好吗? ❹与(某人)会战,交锋:去年决赛中市队与联队交锋。❺接触,联结:My hand *met* hers. 我的手碰到了她的手。❻遭遇,经历:～ disaster 遇难 ❼满足;符合:Can we ～ all their objections? 他们提出的反对意见我们都能圆满解决吗? ❽支付,偿付:The cost will be *met* by the company. 费用由公司支付。*vi.* ❶相遇;相会:We *met* each other quite by chance. 我们彼此相遇纯属偶然。❷结识,相识:I know him by sight,but we've never *met*. 我见他面熟,但不相识。❸开会,聚会:The cabinet ～s regularly. 内阁定期开会。❹比赛,交锋:The champion and the challenger ～ next week. 下星期冠军将迎战挑战者。❺互相接触:Their hands *met*. 他们的手相触。Ⅱ. *n.* [C] ❶[美]竞赛;运动会:a track ～ 田径运动会 ❷[英](狩猎出发前的)会合,集合

meet·ing ['miːtɪŋ] (～s[-z]) *n.* [C] ❶集会;(尤指)开会:political ～ 政治集会 ❷[英]运动会([美]sports meet):an athletics ～ 体育运动会 ❸(道路的)交叉点;(河川的)汇合点:the ～ of two great rivers 两条大河的汇合处

mel·o·dy ['melədɪ] (melodies[-z]) *n.* [U][C] ❶【音】旋律,主调 ❷歌曲,曲调 ❸美妙的音乐;主旋律

mel·on ['melən] (～s[-z]) *n.* [C][U] ❶瓜,甜瓜;瓜肉 ❷[俚]红利;赃物;横财

melt [melt] (～ed['-ɪd]; ～ed 或 molten ['məʊltən]) *vt.* ❶使融化;使溶解:The ice ～ed with the sun shone on it. 太阳照在冰上,冰就融化了。❷使消散 ❸使(心等)软化:Pity ～ed her heart. 怜悯之情使她心软了。*vi.* ❶融化;溶解:It's easy to ～ butter. 黄油很容易化。❷消失;(颜色、声音)逐渐变成:The sky ～ed into the sea on the horizon. 地平线上,海天相连。❸(人、感情等)软化:Her anger ～ed. 她的怒气消了。

mem·ber ['membə(r)] (～s[-z]) *n.* [C] ❶

(社团等)成员,会员:Every ~ of her family came to the wedding. 她家的人都来参加婚礼了。❷(身体的)一部分,肢体之一;(人和动物的)器官 ❸【数】元;边,项

me·men·to [mɪˈmentəʊ] *n*.C纪念物,纪念品;引起回忆的东西

*[*]**mem·o·ra·ble** [ˈmemərəbl] *adj*.值得回忆的,难忘的;值得注意的;有特殊意义的

mem·o·ran·dum [ˌmeməˈrændəm] (~s 或 memoranda[ˌmeməˈrændə]) *n*.C ❶记录,笔记 ❷摘要,便条 ❸备忘录

me·mo·ri·al [mɪˈmɔːrɪəl] Ⅰ.[无比较等级] *adj*.[作定语]纪念性的;追悼的;记忆的 Ⅱ.(~s[-z]) *n*.C ❶纪念物,纪念碑;纪念日;纪念活动 ❷请愿书;抗议书 ❸(外交上的)备忘录

mem·o·rize, -ise [ˈmeməraɪz] (~s[-ɪz]; memorizing) *vt*.记住(某事物),熟记(某事物):She can ~ facts very quickly. 她能很快记住许多资料。

*[*]**mem·o·ry** [ˈmeməri] Ⅰ.(memories [-z]) *n*. ❶C U记忆;记忆力:He has a good ~. 他记忆力很好。/The events are still fresh in my ~. 那件事我记忆犹新。❷U记忆范围,记忆所及的时间:This hasn't happened before within ~. 据记忆,此事以前未发生过。❸U C 回忆,追忆;回忆起来的事:happy *memories* of childhood 对童年愉快的回忆 ❹U死后的名声;对死者的追思 ❺C【计】存储器,内存;存储量

men [men] man 的复数形式

men·ace [ˈmenɪs] Ⅰ.(~s[-ɪz]) *n*. ❶C U ([近]threat)威胁;威吓:in a speech filled with ~ 在充满恫吓言辞的演说中 ❷C 危险物品,危险的人(或物) Ⅱ.(~d[-t];menacing) *vt*.威胁,胁迫,恐吓;危及某人(或某事物):countries ~d by war 受战争威胁的国家 *vi*.威胁;威吓

*[*]**mend** [mend] Ⅰ.(~s[-z];~ed[ˈ-ɪd]) *vt*.❶修理,修补,修缮:~ a broken chair 修理坏的椅子 ❷改良;改正,纠正:~ your manners 要注意礼貌 ❸治愈,使恢复健康 *vi*.(病人)健康好转;(伤口等)愈合:The injury is ~*ing* slowly. 这伤口在慢慢愈合。Ⅱ.*n*.U C 修补(的地方);(尤指衣物的)补丁

me·nial [ˈmiːnɪəl] Ⅰ.*adj*.❶仆人的;卑贱的;适于仆人的 ❷乏味的,枯燥的;不体面的 Ⅱ.*n*.C仆人

men·tal [ˈmentl] [无比较等级] *adj*.❶精神的;心理的;the mind:an enormous ~ effort 巨大的精神力量 ❷智力的,脑力的,智能的 ❸精神错乱的,患精神病的 ❹在脑中进行的,用脑的:make a ~ note of sth.把某事记在脑子里

men·tal·i·ty [menˈtælɪti] (mentalities [-z]) *n*.❶U脑力,智能;智力 ❷C U思维方法;精神状态;心理(状态)

*[*]**men·tion** [ˈmenʃən] Ⅰ.*vt*.❶提及,说到;(简单地)述说:Did she ~ when she would arrive? 她说过她什么时候到吗? /He ~*ed* the survivors to the reporters. 他向记者提到生还者的名字。❷提述;提名表扬 Ⅱ.(~s[-z]) *n*.U C ❶(简短的)陈述;言及,提起:Did the concert get a ~ in the paper? 报纸上报道这次音乐会了吗? ❷提名,评价,表扬

men·u [ˈmenjuː] (~s[-z]) *n*.C ❶菜单 ❷饭菜;菜肴 ❸【计】(荧光屏上显示的)项目单,选择单

mer·chan·dise [ˈmɜːtʃəndaɪz] Ⅰ.*n*.U [集合用法]商品;货品:the ~ on display in the shop window 商店橱窗里陈列的商品 Ⅱ.*vt*.买卖(商品);推销(商品):We ~ our furniture by advertising in newspapers. 我们在报纸上做广告来推销我们的家具。

mer·chant [ˈmɜːtʃənt] Ⅰ.*n*.C商人;批发商,贸易商;[美]零售商:a coal-~ 煤商/wine-~ 酒商 Ⅱ.*adj*.商人的

mer·ci·ful [ˈmɜːsɪfʊl] *adj*.([反]merciless)仁慈的,宽大的

mer·ci·less [ˈmɜːsɪlɪs] [无比较等级] *adj*.冷酷无情的,残忍的

mer·cu·ry [ˈmɜːkjʊri] *n*.U ❶【化】汞,水银(金属元素,符号为 Hg) ❷(温度计、气压计的)水银柱

*[*]**mer·cy** [ˈmɜːsi] (mercies[-z]) *n*.C U ❶宽容,怜悯,慈悲;宽恕:They showed ~ to their enemies. 他们对敌人很仁慈。/He threw himself on my ~. 他求我宽恕他。❷[常用单数]幸运;恩惠:His death was a ~. 他的死是一种解脱。

*[*]**mere** [mɪə(r)] [无比较等级] *adj*.❶[作定语]仅仅的,只不过的:He's not a ~ boxer, he's world champion. 他不是一般拳击手,而是世界冠军。❷纯粹的;极小的,最不重要的:a ~ nobody 十足的小人物

*[*]**mere·ly** [ˈmɪəli] [无比较等级] *adv*.([近]only)仅仅,只不过:I ~ ask his name. 我只问了他的名字。

merge [mɜːdʒ] (~s[ˈ-ɪz]; merging) *vi*. ❶(企业等)合并:The bank ~*d* with its major rival. 该银行与其主要对手合并了。❷融合,汇合,逐渐消失(或变成)(另一种事物) *vt*.使

合并；使合为一体：We can ~ our two small business together into one large one. 我们可以把我们那两个小企业合并成一个大企业。

mer·it ['merɪt] **I**. *n*. Ⓤ Ⓒ ❶价值，优点；长处：I don't think there's much ~ in the plan. 我认为该计划没什么价值。❷褒奖，荣誉；功劳：The ~s of the scheme are quite obvious. 该计划的可取之处是相当明显的。❸[常用复数]功过（事情的）是与非 **II**. *vt*. & *vi*. 值得（赏罚、信赖等），应受（报答）：I think the suggestion ~s consideration. 我认为这个建议值得考虑。

mer·i·to·ri·ous [ˌmerɪ'tɔːrɪəs] *adj*. 有功的，值得奖赏的

mer·maid ['mɜːmeɪd] *n*. Ⓒ ❶（传说中的）美人鱼 ❷[美]女子游泳能手

mer·ry ['merɪ] (merrier；merriest) *adj*. ❶欢乐的，愉快的；兴高采烈的：wish sb. a ~ Christmas 祝某人圣诞快乐 ❷轻快的，优美的：at a ~ pace 用轻快的步伐 ❸[英口]微醉的：We were already ~ after only two glasses of beer. 我们只喝了两杯啤酒就已有醉意了。

mesh [meʃ] **I**. (~es['-ɪz]) *n*. ❶Ⓒ网眼，筛孔 ❷Ⓒ Ⓤ网状结构，网状织物；网络；网丝：a wire ~ 铁丝网/~ stockings 网袜 ❸[常用复数]圈套，陷阱：entangled in a ~ of political intrigue 陷入政治阴谋的罗网 **II**. *vt*. 用网捕捉

mess [mes] **I**. (~es['-ɪz]) *n*. ❶Ⓤ Ⓒ杂乱，混乱：The children have made an awful ~ in the room. 孩子们把房间弄得凌乱不堪。❷Ⓤ（狗、猫等的）粪便；脏东西：Who will clean up the cat's ~ in the bedroom? 谁去清除卧室里的猫屎？❸Ⓒ[常用 a ~]困境；困惑，麻烦：get into a ~ 陷入困境 ❹Ⓒ肮脏的人，不整洁的人 ❺Ⓒ饭厅，食堂 ❻Ⓒ[集合用法]伙食团，集体用膳人员 **II**. *vt*. 把…弄脏；弄糟；把（某事物）弄乱：Don't ~ my book. 别把我的书弄乱。*vi*. 共餐：We ~ed together when we were in the Navy. 我们在海军时一起用餐。

mes·sage ['mesɪdʒ] (~s[-ɪz]) **I**. *n*. ❶Ⓒ传言，信息；(手机)短消息：The ship sent a radio ~ asking for help. 那船发出了无线求救信号。❷Ⓒ（正式的）宣言，咨文：the President's ~ to Congress 总统致国会的咨文 ❸[the ~]（文艺作品的）主题；寓意；要旨 **II**. *vt*. （给某人）发短消息

mes·sen·ger ['mesɪndʒə(r)] *n*. Ⓒ送信人，捎信人；使者；先驱

mess·y ['mesɪ] (messier；messiest) *adj*. 凌乱的，杂乱的；肮脏的

met [met] meet 的过去式和过去分词

me·tab·o·lism [mɪ'tæbəlɪzəm] *n*. Ⓤ【生】新陈代谢；代谢(作用)

me·tal ['metl] **I**. (~s[-z]) *n*. ❶Ⓒ Ⓤ金属 ❷Ⓤ Ⓒ合金 ❸Ⓒ（铺路用的）碎石，沙砾 **II**. (metal(l)ed；metal(l)ing) *vt*. 用碎石铺设（或修补）道路

me·tal·lic [mɪ'tælɪk] [无比较等级] *adj*. 金属的，含金属的；金属似的

met·a·phor ['metəfə(r)] (~s[-z]) *n*. Ⓒ【语】隐喻，暗喻（一种修辞手法）

met·a·phys·ics [ˌmetə'fɪzɪks] *n*. Ⓤ ❶形而上学，玄学 ❷玄奥难懂的理论

me·te·or·ite ['miːtɪəraɪt] *n*. Ⓒ【天】陨星，陨石

me·te·o·rol·o·gy [ˌmiːtɪə'rɒlədʒɪ] *n*. Ⓤ气象学；气象

me·ter[1] ['miːtə(r)] (~s[-z]) *n*. Ⓒ计量器，仪；表：an electricity ~ 电表/a gas ~ 煤气表

me·ter[2] ['miːtə(r)] (~s[-z]) *n*. Ⓒ[美](= metre)米，公尺（长度单位）

me·ter[3] ['miːtə(r)] *n*. ([近]rhythm)Ⓤ Ⓒ诗韵，格律

meth·od ['meθəd] (~s[-z]) *n*. ❶Ⓒ方式，方法，办法：various ~s of payment 各种付款方式 ❷Ⓤ条理，顺序；步骤：We must get some ~ into our office filing. 我们办公室的档案管理工作必须要有条理。

me·thod·i·c(al) [mɪ'θɒdɪkl] *adj*. 按秩序做的；有理的，有系统的：a ~ person 有条理的人

meth·o·dol·o·gy [ˌmeθə'dɒlədʒɪ] (methodologies[-z]) *n*. ❶Ⓒ（某一学科的）一套方法 ❷Ⓤ方法论；方法学

met·ric ['metrɪk] [无比较等级] *adj*. 米制的，公制的；以米为单位的

met·ro ['metrəʊ] *n*. Ⓒ[常用 the Metro]（尤指巴黎的）地下铁道；地铁

me·trop·o·lis [mɪ'trɒpəlɪs] *n*. Ⓒ大城市，大都市；首都；首府

mi·cro·phone ['maɪkrəfəʊn] (~s[-z]) *n*. Ⓒ麦克风，扩音器

mi·cro·scope ['maɪkrəskəʊp] *n*. Ⓒ显微镜

mi·cro·scop·ic [ˌmaɪkrə'skɒpɪk] *adj*. ❶(用)显微镜的；用显微镜可见的 ❷微小的，微观的；非常细微的

mi·cro·wave ['maɪkrə(ʊ)weɪv] **I**. (~s

[-z]) **n.**© 【无】微波 **Ⅱ.** **adj.** 微波的

`mid·day ['mɪdɪdeɪ] **Ⅰ.** **n.** ⓤ 正午,中午 12 点 **Ⅱ.** **adj.** 正午的

`mid·dle ['mɪdl] **Ⅰ.** **n.** ⓤ❶[常用 the ~] 中间,中央,中部:the ~ of the kitchen 厨房的中间/in the very ~ of the night 子夜时分 ❷[口]身体的中部,腰部:seize sb. round his ~ 拦腰抱住某人 **Ⅱ.** [无比较等级] **adj.** ❶ 中央的,正中的,居中的:He wears a ring on his ~ finger. 他中指上戴着一枚戒指。❷中等的,适中的,平均的:He is a man of ~ height. 他中等身高。

`might¹ [maɪt] [may 的过去式] **vi.** **aux.** [无人称变化,后接不带 to 的动词不定式](表示可能、不确定、期望、许可等,相当于 may,但更带迟疑、婉转、谦逊等色彩)❶可能,也许,或许:This ointment ~ help to clear up your rash. 这种药膏也许能消除你的皮疹。❷(用于表示与事实相反情况的虚拟语气中)或许,说不定,可能:If you had come earlier, you ~ have met him. 要是你来得早一点儿,你会遇见他的。/He ~ not have got our letter. 他或许没有收到我们的来信。❸(表示请求或婉转的责备)请;应该:You ~ write more frequently. 你该经常写信才是。

might² [maɪt] **n.** ⓤ 权力,势力;力量:the ~ of a nation 国威/I pushed the car with all my ~. 我使尽全力来推车。

`mighty ['maɪtɪ] (mightier; mightiest) **Ⅰ.** **adj.** ❶强有力的;强大的:a ~ army 强大的军队 ❷巨大的,浩大的;雄伟的:the ~ ocean 浩瀚的海洋 ❸[口]伟大的;非凡的,了不起的 **Ⅱ.** **adv.** [美口]非常,很:He's ~ pleased with himself. 他对自己非常满意。

`mi·grant ['maɪgrənt] **Ⅰ.** **n.** ©❶移居者 ❷候鸟,移栖动物 ❸(流动性)劳工 **Ⅱ.** **adj.** 迁移的,移居的

`mi·grate [maɪ'greɪt] (~d[-ɪd]; migrating) **vi.** ❶迁移,迁徙;移居(尤指移居国外)❷(农忙季节的农业工人)从一处到另一处(收割庄稼)

`mi·gra·tion [maɪ'greɪʃən] (~s[-z]) **n.** © ⓤ 迁移,移民

`mild [maɪld] **adj.** ❶([近]gentle)(性情等)温和的,温柔的,温顺的:She's a very ~-mannered person. 她是个很和善的人。❷(气候等)暖和的,温暖的:a ~ climate 温暖的气候 ❸([近]slight)不严厉的,不严酷的:a ~ punishment 轻微的处罚 ❹(味道)微甜的,淡的

`mild·ly ['maɪldlɪ] (mildlier; mildliest) **adv.**

温和地,温柔地;适度地

`mile [maɪl] (~s[-z]) **n.** ©❶英里(距离单位,约 1,609 米)❷[口]较大的距离,较大的间隔

`mile·age ['maɪlɪdʒ] (~s[-ɪz]) **n.** ❶© ⓤ 英里数;英里里程 ❷ⓤ[口]利益,好处:He doesn't think there's any ~ in that type of advertising. 他认为做那种广告毫无效益。

`mil·i·tant ['mɪlɪtənt] **Ⅰ.** **adj.** 好战的;富于战斗性的:a ~ call 战斗号召 **Ⅱ.** **n.** © 好斗的人,好战者

`mil·i·ta·ry ['mɪlɪtərɪ] **Ⅰ.** **adj.** ❶军队的;军事的;军人的:do ~ service 服兵役 ❷陆军的 **Ⅱ.** ©[the ~][集合用法]军人,军队;武装力量

`mi·li·tia [mɪ'lɪʃə] **n.** ⓤ 民兵;民兵组织

`milk [mɪlk] **Ⅰ.** **n.** ⓤ❶奶,乳;(尤指)牛奶,羊奶:skimmed ~ 脱脂牛奶/dried(或 powdered)~ 奶粉 ❷(植物的)乳汁,乳液 ❸乳状制剂 **Ⅱ.** (~ed[-t]) **vt.** ❶挤…的奶:The farmer hasn't finished ~ing. 那农夫还没挤完奶。❷抽取(…乳液)❸自(某人)获取(情报、金钱等);榨取

`milk·y ['mɪlkɪ] (milkier; milkiest) **adj.** ❶乳的,乳状的;乳白色的 ❷含乳的,(似)乳的:~ tea 奶茶/~ coffee 牛奶咖啡

`mill [mɪl] **Ⅰ.** (~s[-z]) **n.** ©❶磨粉机,粉碎机,碾磨机:a coffee-~ 咖啡研磨机 ❷磨坊,面粉厂 ❸(材料)加工机 ❹工厂,制造厂:a paper-~ 造纸厂/a steel-~ 轧钢厂 **Ⅱ.** **vt.** ❶碾碎,磨碎,碾出:The grain was ~ed. 谷物磨过了。❷在(硬币)上轧花边 ❸【机】铣(金属)❹(人或动物)绕圈子,乱挤乱转

`mil·li·me·tre, -me·ter ['mɪlɪˌmiːtə] (~s[-z]) **n.** © 毫米(略作 mm.)

`mil·lion ['mɪljən] **Ⅰ.** (~s[-z]) **n.** ©❶百万:She has made her first ~ before she was thirty. 她不到 30 岁就挣到了 100 万。❷[用复数]数百万,无数:~s of people 数百万人 ❸极稀有的人(或事物);极出色的人物:She's a wife in a ~. 她是个百里挑一的妻子。/We haven't a chance in a ~. 我们胜利的机会微乎其微。**Ⅱ.** **adj.** ❶百万的 ❷数百万的;无数的

`mil·lion·aire [ˌmɪljə'neə] (~s[-z]) **n.** © 百万富翁,大富豪

`mill·stone ['mɪlstəʊn] (~s[-z]) **n.** ©❶石磨 ❷给人添麻烦者;(沉重的)负担

`mim·ic ['mɪmɪk] **Ⅰ.** [无比较等级] **adj.** [作定语]模拟的,假装的,仿造的:a ~ battle 模拟战争 **Ⅱ.** **n.** © 善于模仿的人(或动物等)

M

Ⅲ. (mimicked;mimicking) *vt*. ❶模拟;模仿;~ sb.'s voice 模仿某人的声音 ❷(某物)与…极相似,酷似;wood painted to ~ marble 漆成酷似大理石的木头 *vi*.模仿

mince [mɪns] Ⅰ. (~s['-ɪz];~d[-t];mincing) *vt*. ❶(将肉等)剁碎,切碎 ❷矫揉造作地说,装腔作势地说(或做) *vi*.碎步走,扭扭捏捏地走 Ⅱ. *n*.ⓊU绞碎的肉,肉末

mind [maɪnd] Ⅰ. (~s[-z]) *n*. ⒸU❶记忆,回忆;心思,注意力;I can't think where I've left my umbrella;my ~ is a complete blank. 我想不起把伞丢哪儿啦,一点儿印象都没有。❷想法,意见,意向;I'm of your ~. 我同意你的意见。/Speak your ~ out. 把你的想法说出来吧。❸心灵,精神;patriotic ~ 爱国精神/easy of ~ 心情舒畅 ❹理智,理性;知觉,意识;He has lost his ~. 他失去理智了。❺智力,头脑;He has a quick ~. 他头脑反应很快。❻有特殊智力(或资质)的人 Ⅱ. (~ed['-ɪd]) *vt*. ❶注意,留意,留心;*Mind* the step. 当心台阶。/*Mind* the dog. 留神那条狗。/*Mind*(that) you arrive on time. 务必准时到达。❷看管,照顾,照料;~ the baby 照顾孩子 ❸留神,挂念;密切注意;Go on with your work;don't ~ us. 你继续工作,别管我们。❹服从,听从;You should ~ your parents. 你应该用心听父母的话。❺介意,反对(常用于疑问、否定、条件句中);Do you ~ the noise? 这声音影响你吗? /I shouldn't ~ a glass of beer. 我倒想喝一杯啤酒。*vi*. ❶留心,注意;*Mind* out,you are in her way. 小心,你在挡她的路。❷介意,反对;Do you ~ if I smoke? 我吸烟你介意吗?

mind·less ['maɪndlɪs] *adj*. 无头脑的;粗心大意的,不注意的

mine[1] [maɪn] *pron*. [物主代词]我的;属于我的(东西)(所指的事物若为单数时视为单数,若为复数时则视为复数):I think that book is ~. 那本书是我的。/He's a friend of ~. 他是我的朋友。

mine[2] [maɪn] Ⅰ. (~s[-z]) *n*.Ⓒ❶矿山,矿井;a coal-~ 煤矿/a gold-~ 金矿 ❷地雷,水雷;lay ~s 布雷/clear the coastal waters of ~s 清除沿岸水域的水雷 ❸宝库,源泉;a ~ of information 消息(或资料)的来源,知识的宝库 Ⅱ. (~d;mining) *vt*. ❶开采(矿物);从(水、空气等中)提取;~ oil shale 开采油页岩/~ the earth for iron ore 开采铁矿石 ❷在…下挖坑道;在地下挖(洞)❸在…中埋雷;用雷炸毁 *vi*.开矿;挖坑道;*mining* for gold 开采黄金

min·e·ral ['mɪnərəl] Ⅰ. (~s[-z]) *n*.❶Ⓒ矿物;【化】无机物 ❷[常用复数]矿泉水,苏打水 Ⅱ. [无比较等级] *adj*.矿物的,含矿物的;【化】无机的

min·gle ['mɪŋgl] (~s[-z];mingling) *vi*.混合,掺加;相混;The water of the two rivers ~d to form one river. 两条河流汇合成一条。*vt*.把…混合,把…混在一起(with);He ~d the water with the wine. 他在水中兑上酒。

min·ia·ture ['mɪnɪətʃə(r)] Ⅰ. (~s[-z]) *n*.ⒸU❶袖珍画,小画像 ❷缩影,缩图;雏形 Ⅱ. *adj*.小型的,微型的Ⅲ. *vt*.是…的缩影

min·i·mal ['mɪnɪməl] [无比较等级] *adj*.最小的,最少的;最小限度的;We stayed with friends,so our expenses were ~. 我们住在朋友家,所以花费很少。

min·i·mize, **-ise** ['mɪnɪmaɪz] (~s[-ɪz];minimizing) *vt*. ❶([反]maximize)使减至最少,使缩到最小 ❷对…做最低的估计;贬低,轻视;He ~d the value of her contribution to his research so that he got all the praise. 他极力贬低她在那项研究中的贡献,从而独获全部奖励。

min·i·mum ['mɪnɪməm] Ⅰ. (~s[-z]或minima['mɪnɪmə]) *n*.Ⓒ❶([反]maximum)最少量,最小数,最低限度;最低额;最低点;Repairing your car will cost a ~ of £100. 修理你的车最少要 100 英镑。❷【数】极小;极小值 Ⅱ. *adj*.最小的,最少的;最低限度的;20p is the ~ fare on buses. 公共汽车票价起码是 20 便士。

min·ing ['maɪnɪŋ] Ⅰ. *n*.Ⓤ采矿,采矿业;coal ~ 采煤Ⅱ. *adj*.采矿的

min·is·ter ['mɪnɪstə(r)] Ⅰ. (~s[-z]) *n*.Ⓒ❶部长,内阁阁员,大臣;the ~ of Education 教育部长/the Prime *Minister* 首相 ❷公使,外交使节 ❸(尤指长老会和某些不信奉国教派的)牧师,神职人员 Ⅱ. *vi*.给予照料;侍候;nurses ~ing to the sick and wounded 照料伤病患者的护士

min·is·te·ri·al [ˌmɪnɪˈstɪərɪəl] [无比较等级] *adj*.❶部的;部长的,大臣的 ❷公使的,外交使节的 ❸牧师的

min·is·try ['mɪnɪstrɪ] (ministries[-z]) *n*. ⒸU❶(政府的)部;部办公楼 ❷部长的任期(或职位);the *Ministry* of Defence 国防部/Air *Ministry* 航空部 ❸(全体)牧师 ❹牧师职责;牧师职位;enter(go into)the ~ 做(从事)牧师工作

mi·nor ['maɪnə(r)] Ⅰ. [无比较等级] *adj*.❶较小的;较少的 ❷不重要的,次要的;级别较低的;~ road 辅助道路 ❸未成年的,较年

幼的：Smith ～ 小史密斯 ❹【音】小调的；小音阶的 ❺（疾病等）不严重的；无生命危险的：a ～ illness 小病/a ～ operation 小手术 Ⅱ. (～s[-z]) *n*.Ⓒ❶未成年人 ❷（大学学科中的）副修科目 ❸【音】小调；小音阶 Ⅲ. *vi*.选修（或兼修）课程：～ in physics 兼修物理

mi·nor·ity [maɪˈnɒrɪtɪ] (minorities[-z]) *n*.❶Ⓒ 少数，少数派：A small ～ voted against the motion. 投票反对该提议的人占少数。❷Ⓒ 少数民族：the rights of ethnic *minorities* 少数民族的权利 ❸Ⓤ【律】未成年，未到法定年龄

mint[1] [mɪnt] *n*.❶Ⓤ【植】薄荷；薄荷属植物：～ sauce（吃烤小羊肉用的）薄荷酱 ❷Ⓒ 薄荷糖；薄荷点心

mint[2] [mɪnt] Ⅰ. *n*.Ⓒ❶造币厂 ❷[口]（钱的）巨额，大量 Ⅱ. *adj*.崭新的，完美的，尚未使用的 Ⅲ. *vt*.铸造（货币）；造（新词）：I've just ～ed a new word. 我刚造了一个新词。

mi·nus [ˈmaɪnəs] Ⅰ. *prep*.（[反]plus）❶减（去）：Seven ～s three equals four. 7 减 3 等于 4。❷[口]没有，缺少：I'm ～ my money today. 我今天没钱了。Ⅱ. *adj*. ❶减的，减去的；负的：a ～ quantity 负数，负量 ❷（指分数或等级）略于某标准的：I got B ～ in the test. 我测验得了个B－。Ⅲ. (～es[-ɪz]) *n*.Ⓒ【数】减号，负号；负量；负数

min·ute[1] [ˈmɪnɪt] Ⅰ. *n*.Ⓒ❶分（一小时或一度的六十分之一）：It's ten ～s past six. 现在是 6 点过 10 分。/I arrived a couple of ～s early. 我早到了两三分钟。❷片刻；瞬间：Just a ～, please. 请等一下。/I'll do it this ～. 我马上就做。❸[用复数]笔记；备忘录，会议记录：Who will take the ～s? 谁做记录？Ⅱ. (～d[-ɪd]；minuting) *vt*.记下，记录：～ an action point 记录一行动要点/Your suggestion will be ～d. 你的建议将予以记录在案。

mi·nute[2] [maɪˈnjuːt] (～r；～st) *adj*. ❶极小的，微小的：water containing ～ quantities of lead 含有微量铅的水 ❷详细的；精密的，精确的：a ～ description 详细的描述 ❸微不足道的，不重要的

mir·a·cle [ˈmɪrəkl] (～s[-z]) *n*.Ⓒ❶奇迹；奇事：Her life was saved by a ～. 她性命得救全靠奇迹。❷惊人（或意外）的奇迹，不可思议的事

mi·rac·u·lous [mɪˈrækjʊləs] *adj*.❶超出自然的，非凡的，不可思议的：make a ～ recovery 奇迹般地康复

mi·rage [ˈmɪrɑːʒ, mɪˈrɑːʒ] (～s[-ɪz]) *n*.Ⓒ ❶海市蜃楼；幻景 ❷不能实现的希望，幻想；

妄想

mir·ror [ˈmɪrə(r)] Ⅰ. (～s[-z]) *n*.Ⓒ❶镜子：a driving-～ 驾驶用反光镜/a hand ～ 手镜 ❷【喻】真实的反映；反射，映照：a ～ of the times 时代的反映 Ⅱ. (～s[-z]；～ing [-rɪŋ]) *vt*.❶反射，映照：The trees were ～ed in the still water of the lake.静静的湖水映出岸上的树木。❷反映

mirth [mɜːθ] *n*.Ⓤ欢笑，欢乐，高兴

mis·ad·ven·ture [ˌmɪsədˈventʃə(r)] (～s[-z]) *n*.ⓊⒸ不幸；不幸事件，厄运：death by ～ 意外事故造成的死亡

mis·ap·ply [ˌmɪsəˈplaɪ] (misapplies[-z]；misapplied) *vt*.滥用，误用：*misapplied* efforts，talents 浪费的精力、才干

mis·ap·pre·hend [ˌmɪsæprɪˈhend] (～s[-z]；～ed[-ɪd]) *vt*.（[反]apprehend）误解，误会

mis·be·have [ˌmɪsbɪˈheɪv] (～s[-z]；misbehaving) *vt*. & *vi*.（使）行为不端，（使）举止不当

mis·be·ha·vio(u)r [ˌmɪsbɪˈheɪvjə(r)] *n*.Ⓤ不正当的举止，不规矩的行为

mis·cal·cu·late [ˌmɪsˈkælkjʊleɪt] (～d[-ɪd]；miscalculating) *vt*. & *vi*.❶算错，数错 ❷错误估计，错误判断

mis·car·riage [ˌmɪsˈkærɪdʒ] (～s[-ɪz]) *n*.（[近]abortion）ⒸⓊ❶（计划等的）失败；审判错误：the ～ of one's hopes，schemes 希望、规划的落空 ❷【医】小产，流产 ❸（邮件等的）误投，误送

mis·cel·la·neous [ˌmɪsəˈleɪnjəs] *adj*.种类繁杂的，各种各样的；多方面的：a box of ～ candies 一盒什锦糖/a ～ writer 杂文作家

mis·chance [ˌmɪsˈtʃɑːns] (～s[-ɪz]) *n*.Ⓤ不幸事件；不幸，灾难

mis·chief [ˈmɪstʃɪf] *n*.ⓊⒸ❶淘气，顽皮；恶作剧：act out of ～ 调皮的举动 ❷（人为的）损害，伤害；危害

mis·chie·vous [ˈmɪstʃɪvəs] *adj*. ❶淘气的，顽皮的：He's as ～ as a monkey. 他像猴子那么顽皮。❷（人、行为等）恶作剧的 ❸造成危害的；有害的，伤害的：a ～ letter 恶意伤的信

mis·con·ceive [ˌmɪskənˈsiːv] (～s[-z]；misconceiving) *vt*. & *vi*.误解，误会；(对…)抱错误看法

mis·con·cep·tion [ˌmɪskənˈsepʃən] (～s[-z]) *n*.ⒸⓊ误解，误会；错误的观念

mis·con·duct [ˌmɪskənˈdʌkt] Ⅰ. (～ed

[-ɪd]）*vt.* ❶管理不善,对…处置不当;办错：~ of the company's affairs 对公司事务管理不善 ❷使品行不良,使行为不端。Ⅱ. [ˌmɪs-ˈkɒndʌkt] *n.* Ⓤ处置不当;渎职;胡作非为

mis·deed [ˌmɪsˈdiːd]（~s[-z]）*n.* Ⓒ恶行,罪行,不端行为：be punished for one's many ~s 因多行不义而受惩罚

mis·de·mea·no(u)r [ˌmɪsdɪˈmiːnə(r)]（~s[-z]）*n.* Ⓒ ❶不端行为;程度轻的恶行,罪行 ❷【律】轻罪

mis·di·rect [ˌmɪsdɪˈrekt,-daɪ-]（~ed [-ɪd]）*vt.* ❶给…错误的指向;将…送错地方,写错(信件等的)地址：The letter was ~ed to our old address. 那信被误投到我们原来的地址了。❷误用,滥用：Your talents are ~ed. 你的才能没有正确发挥出来。

mi·ser [ˈmaɪzə(r)]（~s[-z]）*n.* Ⓒ吝啬鬼;守财奴,财迷

mis·er·a·ble [ˈmɪzərəbl] *adj.* ❶悲惨的,不幸的：Refugees everywhere lead ~ lives. 各地难民过着悲惨的生活。❷使人难受的,使人痛苦的：Don't look so ~! 别这么愁眉苦脸! ❸粗劣的,蹩脚的;破旧的 ❹卑鄙的,可耻的 ❺可怜的

mis·ery [ˈmɪzərɪ]（miseries[-z]）*n.* ❶Ⓤ Ⓒ痛苦,不幸,悲惨：living in ~ and want 在穷困中生活/lead a life of ~ 过悲惨的生活 ❷ Ⓒ[常用复数]痛苦的事,悲惨的境遇：the miseries of unemployment 失业的痛苦 ❸ Ⓒ[口]总发牢骚的人：It's no fun being with you, you old ~! 你总爱发牢骚,跟你在一起真没意思!

mis·for·tune [mɪsˈfɔːtʃən]（~s[-z]）*n.* Ⓤ ❶([反]fortune)不幸,厄运：suffer great ~ 遇到极大不幸/They had the ~ to be hit by a violent storm. 他们不幸遇上了猛烈的风暴。❷不幸的事;灾难,灾祸：She bore her ~s bravely. 她勇敢地忍受着苦难。

mis·gui·de [mɪsˈgaɪd]（~s[-z];~d[-ɪd]; misguiding）*vt.* 把(某人)带错方向,把…引入歧途;错误地引导：be ~d by erroneous ideas 被错误思想引入歧途

mis·guid·ed [mɪsˈgaɪdɪd] *adj.* 受错误(意见、想法等)引导的;判断错误的;误入歧途的

mis·han·dle [mɪsˈhændl]（~s[-z]; mishandling）*vt.* ❶粗暴地对待,虐待;错误地处置：A sensitive child should not be ~d. 对敏感的儿童不应粗暴。❷处理(某事)不当(或不力)：He ~d the meeting badly and lost the vote. 他没有主持好会议,结果落选了。

mis·in·form [ˌmɪsɪnˈfɔːm]（~s[-z]）*vt.* 告诉(某人)错误的消息,向…提供不正确的消息

mis·in·ter·pret [ˌmɪsɪnˈtɜːprɪt]（~ed [-ɪd]）*vt.* 译错;解释错,误解：~ sb.'s remarks 误解某人的话

mis·judge [ˌmɪsˈdʒʌdʒ]（~s[-ɪz]; misjudging）*vt.* 估计错,判断错：I'm sorry I ~d your motives. 对不起,我误会你的动机了。

mis·lay [ˌmɪsˈleɪ]（~s[-z]; mislaid）*vt.* ❶把…丢弃 ❷放错,丢失：I have mislaid the dictionary. 我不知道把词典放到哪儿去了。

mis·lead [ˌmɪsˈliːd]（~s[-z]; misled[ˌmɪs-ˈled]）*vt.* ❶给…带错路;把…引导错：We were misled by the guide. 向导给我们引错了路。❷使做错事,使入歧途 ❸骗某人做某事：He misled me into thinking he was rich. 他使我误以为他很有钱。*vi.* 把人引入歧途

mis·man·age [ˌmɪsˈmænɪdʒ]（~s[-ɪz]; mismanaging）*vt.* 对…处置不当,对…管理不善：The company had been ~d for years. 那公司多年管理不善。

mis·place [ˌmɪsˈpleɪs]（~s[-ɪz];~d[-t]; misplacing）*vt.* ❶把…放在不适当的地方,误放 ❷把(感情等)寄托在不该寄托的对象上

mis·print [ˌmɪsˈprɪnt] Ⅰ.（~ed[-ɪd]）*vt.* 【印】错印,误印：They ~d "John" as "Jhon". 他们把 John 印成 Jhon 了。Ⅱ. [ˈmɪsprɪnt] *n.* Ⓒ【印】印刷错误,错排

mis·quote [ˌmɪsˈkwəʊt]（~d[ɪd]; misquoting）*vt.* 错误地引证,误引：He is frequently ~d in the press. 新闻界常常错误地引证他的话。

mis·read [ˌmɪsˈriːd]（~s[-z]; misread）*vt.* 读错,看错;误解

miss¹ [mɪs]（~es[ˈ-ɪz]）*n.* [用 Miss] Ⓒ ❶(用于姓名或姓之前,对未婚女子的称呼)小姐：Miss Brown 布朗小姐 ❷(选美会上优胜者的头衔)：Miss England 英格兰小姐/the Miss World contest 世界小姐选美比赛 ❸(用作招呼未婚女士)小姐;(对女店员、女服务员等的称呼)小姐：I'll take your luggage to your room, Miss. 小姐,我把您的行李送到您的房间去。❹(小学生对女教师的称呼)老师：Good moring, Miss! 老师,您早!

miss² [mɪs] Ⅰ.（~es[ˈ-ɪz];~ed[-t]）*vt.* ❶未击中;未遇到,未抓住;未赶上,未出席：The plane ~ed the runway by several yards. 飞机偏离跑道几码远。❷未看见,未听见;未明白：You must have ~ed the notice on the blackboard. 你大概没有看见黑板上的通知。/He ~ed the point of my joke. 他没有

听懂我的笑话。❸失去,错过;未能利用(某事物):Don't ~ our bargain offers! 本店大减价,勿失良机! ❹避免;躲避,逃过:If you go early,you'll ~ the traffic. 你早些走就能避开交通拥挤时间。❺怀念,想念,惦记:We'll ~ you very much if you move. 如果你们搬家,我们会很想念你的。*vi.* 未击中;打偏:He shot at the bird but ~ed.他打鸟未打中。Ⅱ. *n.* ⓒ未击中;未抓住;未达到目标:score ten hits and one ~ 共计击中 10 次,未击中 1 次

mis•sile ['mɪsaɪl;美 'mɪsəl] Ⅰ. *n.* ⓒ❶发射物,投射物;(尤指)导弹 ❷投射武器(箭、石等)Ⅱ. *adj.* [作定语]可发射的,可投射的

* **miss•ing** ['mɪsɪŋ] Ⅰ. [无比较等级] *adj.* ([近]lost)失去的,缺少的;找不到的;行踪不明的:The book had two pages ~. 那本书缺两页。Ⅱ. *n.* ⓒ[the ~] [集合用法]失踪者,生死不明者

* **mis•sion** ['mɪʃən] (~s[-z]) *n.* ❶Ⓤⓒ使节团,代表团;(使节团、代表团的)任务,使命:a British trade ~ to China 英国派往中国的商务代表团 ❷ⓒ使命,天职:She regarded it as her ~ to take care for the aged. 她视照顾老人为她的天职。❸ⓒ(部队的)特殊任务(飞机或宇宙飞船的)飞行任务 ❹ⓒⓊ(被派做传教活动的)布道团,传教团;布道活动 ❺ⓒ(使节团)本部;(布道的)处所,教会;聚会所

mis•sion•a•ry ['mɪʃənərɪ] Ⅰ. [无比较等级] *adj.* 传教的,传道的;传教士的 Ⅱ. (missionaries[-z]) *n.* ⓒ传教士

mist [mɪst] Ⅰ. *n.* ⓒⓊ❶薄雾,雾气:early morning ~s in autumn 秋日清晨的薄雾 ❷视线模糊不清:She saw his face through a ~ of tears. 她泪眼蒙眬地望着他的脸。❸难以透彻了解的事物 Ⅱ. (~ed['-ɪd]) *vt. & vi.* (使)蒙上薄雾;(使)变模糊不清:The distant trees ~ed over. 远处的树木被蒙上了雾霭。

* **mis•take** [mɪ'steɪk] Ⅰ. (mistook [mɪ'stʊk]; mistaken [mɪs'teɪkən]; mistaking) *vt.* ❶误解,领会错;误会:~ sb.'s meaning 误解某人的意思 ❷把…误认为,认错;弄错:She is often *mistaken* for her twin sister. 她常被误认为是她的孪生妹妹。Ⅱ. *n.* ⓒ❶误解,误会:You can't arrest me! There must be some ~! 你们不能逮捕我! 一定是弄错了! ❷错误;过失,失策:a spelling ~ 拼写错误/learn by one's ~ 从错误中汲取教训

* **mis•tak•en** [mɪ'steɪkən] Ⅰ. mistake 的过去分词 Ⅱ. *adj.* ❶被误解的,被误会的;弄错的,搞错的:You are ~ about him. 你错怪他了。❷(判断上)有误的,(意见)错误的:a ~ idea 错误的想法/I helped him in the ~ be-

lief that he needed me. 我误以为他需要我,所以去帮助他了。

mis•ter ['mɪstə(r)] Ⅰ. (~s[-z]) *n.* ⓒ[常用单数] ❶(用于姓名或职称前常写作 Mr.)先生:*Mr.* Smith 史密斯先生/*Mr.* President 总统先生 ❷[口](不用于姓名前的称呼语)先生:Listen to me,~! 听我说,先生! ❸平民,普通男人 ❹[用 Mister](用于地名或行业等名称前指具有代表性的男子):*Mr.* Baseball 棒球之王 Ⅱ. *vt.* [口]称…为先生

mis•tress ['mɪstrɪs] (~es[-ɪz]) *n.* ⓒ❶女主人,(家庭)主妇;太太:Is the ~ of the house in? 女主人在家吗? ❷有权位的女子;起控制(或支配)作用的女子:~ of the situation 控制局面的女人 ❸(女性的)主人 ❹(中、小学的)女教师:the French ~ 法语(女)教师 ❺情妇,姘妇

mis•un•der•stand [ˌmɪsʌndə'stænd] (~s[-z]; misunderstood [ˌmɪsʌndə'stʊd]) *vt. & vi.* 误解,误会;曲解:Don't ~ me. 别误解我。

mis•use Ⅰ. [ˌmɪs'juːz] (~s[-ɪz]; misusing) *vt.* ❶误用;滥用:~s public funds 滥用公共基金 ❷虐待;苛待:He felt ~d by the company. 他觉得受到公司苛待。Ⅱ. [ˌmɪs'juːs] (~s[-ɪz]) *n.* ⓒⓊ误用,错用;滥用

mit•ten ['mɪtn] *n.* ⓒ[常用复数]连指手套

* **mix** [mɪks] Ⅰ. (~es['-ɪz]; ~ed[-t]) *vt.* ❶使混合,掺和:~ cement (mortar) 和水泥(灰浆)/He ~ed red paint with yellow paint to make orange paint. 他把红色涂料和黄色涂料调合成橙色涂料。❷配制;调制(酒类等):The chemist ~ed (up) some medicine for me. 药剂师给我配了些药。❸使…结合;使调和:Many women successfully ~ marriage and a career. 很多妇女都能做到婚姻、事业两不误。*vi.* ❶相混合;相融合:Oil doesn't ~ with water. 油不溶于水。❷交往,来往:He finds it hard to ~ at parties. 他感到在聚会上很难与人攀谈。/He ~es very little with his wife's friends. 他与他妻子的朋友几乎没有来往。Ⅱ. *n.* Ⓤⓒ❶混合,掺和 ❷ⓒ食品混合配料,调制品:a packet of cake ~ 一包蛋糕混合料

mixed [mɪkst] *adj.* ❶混合的;混杂的 ❷[无比较等级]男女混合的:a ~ school 男女生混合学校

mix•ture ['mɪkstʃə(r)] (~s[-z]) *n.* ❶Ⓤ混合,混淆 ❷ⓒ[只用单数]混合物,混合体,混合料;混合状态

moan [məʊn] Ⅰ. (~s[-z]) *n.* ⓒ❶呻吟声,

悲叹声：the ~s of the wounded 受伤者的呻吟声 ❷(风、浪等发出的)呼啸声 ❸[口]抱怨，埋怨，发牢骚：We had a good ~ about the weather. 我们对天气着实抱怨了一番。Ⅱ. vi. ❶呻吟；呜咽：He was ~ing all night long. 他整夜不断呻吟。❷[口]抱怨，叹息：He's always ~ing(on)about how poor he is. 他总是抱怨穷。

mob [mɒb] Ⅰ. (~s[-z]) n. ❶◎(无秩序的)乱民；(尤指)暴民 ❷[the ~]下层民众，群氓，暴徒 ❸◎犯罪集团；匪帮 Ⅱ. (~s[-z]；mobbed；mobbing) vt. 聚众包围，围攻；成群结队地涌进(或围着)

mobile ['məʊbaɪl] Ⅰ. adj. ❶活动的；运动的，可移动的；易流行的：a ~ library 流动图书馆/a ~ work-force 流动劳动力 ❷(表情、心情等)易变的，反复无常的：a ~ face 表情多变的脸/a ~ mind 多变的心理 Ⅱ. (~s[-z]) n. ◎❶活动物体；(由空气流动而转动的)活动装置 ❷[美]汽车 ❸【艺】(抽象派的)动态作品

mo·bil·i·ty [məʊ'bɪlɪtɪ] n. ◎移动性，流动性；机动性；可动性

mo·bil·ize，-ise ['məʊbɪlaɪz] (~s[-z]；mobilizing) vi. 动员起来；准备行动：The troops received orders to ~. 部队接到动员令。vt. 动员；(为某目的)组织，集合(资源等)：They are mobilizing their supporters to vote at the election. 他们动员其支持者去投票。

mock [mɒk] Ⅰ. (~ed[-t]) vt. ❶轻蔑，嘲笑；漠视：Kids ~ed him for being a sissy. 孩子们嘲笑他是个胆小鬼。❷(嘲弄性地)模仿，仿效：It is wrong to ~ cripples. 模仿瘸子走路来取笑是不对的。❸使无效，挫败：The river ~ed all the enemy's efforts to cross. 敌人做了一切努力还是没能过河。vi. 愚弄，嘲笑：She ~ed at my ignorance. 她嘲弄我的无知。Ⅱ. n. ◎❶嘲弄，轻蔑 ❷嘲笑；嘲弄的对象 ❸模仿，仿效 Ⅲ. [无比较等级] adj. 假的，仿制的；模拟的：a ~ exam 模拟考试

mock·ery ['mɒkərɪ] (mockeries[-z]) n. ❶◎嘲弄；讥笑 ❷◎嘲弄的对象；笑柄

mode [məʊd] (~s[-z]) n. ◎◎❶方式；样式；作风：a ~ of life(living，operation，thought)生活模式(生活方式、操作方法、思想方法)❷风尚，风气；流行；风格：the latest ~ 最新款式 ❸【音】调式，音阶 ❹(设备中的)操作状态，模式：a tape-recorder in play-back ~ 处于重放工作状态的录音机

model ['mɒdl] Ⅰ. (~s[-z]) n. ◎❶模型；雏形：a ~ of the proposed new airport 拟建的新机场模型 ❷(产品的)设计，型号：All this

year's new ~ are displayed at the motor show. 汽车展览会上展出了今年所有的新型号。❸优秀的人(或物)，模范；典型：a ~ teacher 模范教师 ❹(艺术家、摄影家等据以塑造的)模特儿：a fashion ~ 时装模特儿/a male ~ 男模特儿 ❺[英]极相似的人(或物)：She is a perfect ~ of her mother. 她活像她母亲。Ⅱ. (model(1)ed；model(1)ing) vt. ❶仿照；塑造…的模型：~ a steamboat 做一个汽船模型 ❷仿效，以…做榜样：She ~s herself on her favorite novelist. 她以最喜爱的小说家为榜样。❸当模特儿，展示(衣、帽等)❹做…模型；用(泥、蜡等)塑造某物 vi. ❶做模型 ❷当(服装等的)模特儿

mod·e·rate ['mɒdərɪt] Ⅰ. [无比较等级] adj. ❶适度的；中等的：~ price increase 适度的涨价/traveling at a ~ speed 中速行驶 ❷温和的，稳健的；不偏激的：a man with ~ views 意见温和的人/~ policies 稳健的政策 ❸有节制的，不过分的：a ~ drinker 饮酒有节制的人 Ⅱ. n. ◎温和主义者，温和派；稳健的人 Ⅲ. (~d[-ɪd]；moderating) vt. ❶使和缓，使温和，使平静：~ one's voice 压低讲话的声音 ❷主持(会议)；调停 vi. ❶变和缓：The winds has ~d. 风小了。❷主持会议

mod·e·rate·ly ['mɒdərɪtlɪ] [无比较等级] adv. 适度地，不过分地：a ~ good performance 很不错的演出

mod·e·ra·tion [ˌmɒdə'reɪʃən] n. ◎适当，适度；节制：They showed a remarkable degree of ~ in not quarreling publicly on television. 他们表现得极为克制，未在电视上公开吵起来。

*** mod·ern** ['mɒdən] Ⅰ. adj. ❶现代的，近代的：Unemployment is one of the major problem of ~ times. 失业问题是现代的主要问题。❷现代化的；时髦的；最新的：one of the most ~ shopping centres in the country 全国最时髦的购物中心 ❸(艺术、时装等)当代风格的，现代派的：~ dance 现代派舞蹈 Ⅱ. (~s[-z]) n. ◎现代人；现代派人

mod·ern·ize，-ise ['mɒdənaɪz] (~s[-ɪz]；modernizing) vt.& vi. (使)现代化；采用现代方法：If the industry doesn't ~，it will not survive. 该制造业若不现代化就不能继续生存。

*** mod·est** ['mɒdɪst] adj. ([反]immodest) ❶谦虚的，谦逊的：be ~ about one's achievements 对自己的成就很谦逊 ❷适度的，不过分的：make very ~ demands 提出非常适度的要求 ❸(女性容貌或行为)端庄的，高雅的；纯洁的 ❹朴素的，不豪华的：live in a ~ house 住

在朴素的房子里

mod·es·ty ['mɒdɪstɪ] *n*. Ⓤ谦逊,朴实;羞怯;端庄

mod·i·fi·ca·tion [ˌmɒdɪfɪ'keɪʃən] (~s [-z]) *n*. ⒸⓊ❶修改,更改:The plan was approved, with some minor ~s. 那计划已批准,仅作了些许修改。❷缓和,减轻

mod·i·fy ['mɒdɪfaɪ] (modifies[-z]; modified) *vt*. ❶缓和,减轻:The union has been forced to ~ its position. 工会已被迫稍稍改变立场。❷改善,改进:The heating system has recently been *modified* to make it more efficient. 最近供暖设备已稍加改动以提高效率。❸【语】修饰,限定

mod·u·late ['mɒdjuleɪt] (~d[-ɪd]; modulating) *vt*. ❶调整,调节 ❷改变(声音等的)音调 ❸调制(无线电波等) *vi*. 变调,转调

module ['mɒdjuːl] (~s[-z]) *n*. Ⓒ❶单位,单元;(尤指计算机或计算机程序的)模件,组件,模块:a software ~ 软件模块 ❷模板;建筑材料的标准尺寸 ❸【空】(航天器中独立的)舱:a service ~ 服务舱/a lunar ~ 登月舱 ❹(组成一门课程的)独立单元(尤指大专院校的)选修部分

moist [mɔɪst] *adj*. ([近]damp)潮湿的;多雨的;湿润的:~ eyes(lips) 湿润的眼睛(嘴唇)

moist·en ['mɔɪsn] (~s[-z]) *vi*. 潮湿,湿润:His eyes ~ed with tears. 他的眼睛裏泪水润湿了。*vt*. 使潮湿,使湿润:She ~ed her lips with her tongue. 她舔湿了嘴唇。

mois·ture ['mɔɪstʃə(r)] *n*. Ⓤ潮湿,湿气,水汽:Humidity is a measure of ~ in the atmosphere. 湿度是空气内含水分多少的量度。

molar ['məʊlə] Ⅰ. *n*. Ⓒ白齿,磨牙 Ⅱ. *adj*. 用于研磨的,能磨碎的

mole¹ [məʊl] (~s[-z]) *n*. Ⓒ❶【医】痣,色素痣 ❷(织物上的)污迹,斑点

mole² [məʊl] Ⅰ. *n*. Ⓒ❶【动】鼹鼠 ❷([近] spy)间谍,内奸 ❸防波堤 Ⅱ. *vi*. 掘隧道;打地洞

mo·lec·u·lar [məʊ'lekjʊlə(r)] *adj*. 【化】分子的;摩尔的;由分子组成的:~ structure 分子结构/~ biology 分子生物学

mol·e·cule ['mɒlɪkjuːl] (~s[-z]) *n*. Ⓒ【化】分子,摩尔

mol·ten ['məʊltən] Ⅰ. melt 的过去分词 Ⅱ. [无比较等级] *adj*. ❶熔化的,熔融的:rock 熔化的岩石 ❷铸造的,浇铸的

mom [mɒm] *n*. Ⓒ妈妈(= [英]mum)

mo·ment ['məʊmənt] *n*. ⒸⓊ❶片刻,瞬间,刹那:It was all over in a few ~s. 不一会儿就完了。❷时机,机会:wait for the right ~ 等候恰当的时机 ❸重要的时刻,重要性:decisions of ~ 重要的决定 ❹(紧要)关头,转折点 ❺【物】矩,力矩:~ of force 力矩

mo·men·ta·ry ['məʊməntərɪ] [无比较等级] *adj*. 片刻的,瞬间的;短暂的:a ~ pause 短暂的停顿

mo·men·tous [mə(ʊ)'mentəs] *adj*. 重大的,极重要的:a ~ decision 重要的决定

mo·men·tum [mə(ʊ)'mentəm] (~s[-z]或 momenta[məʊ'mentə]) *n*. ⒸⓊ❶动力,冲力;势头:The movement to change the union's constitution is slowly gathering ~. 修改工会宪章的运动正慢慢加强。❷【物】动量,冲量

mon·arch ['mɒnək] *n*. Ⓒ❶君主,国王,皇帝;女王,女皇:the reigning ~ 在位的君主❷最高统治者

mon·arch·ist ['mɒnəkɪst] *n*. Ⓒ君主主义者;拥护君主制度者

mon·ar·chy ['mɒnəkɪ] (monarchies[-z]) *n*. ❶Ⓤ君主制度,君主政体 ❷Ⓒ君主国:The United Kingdom is a constitutional ~. 英国是君主立宪国。

mon·as·tery ['mɒnəstərɪ] (monasteries [-z]) *n*. Ⓒ(男)修道院;庙宇;寺院

mo·nas·tic [mə'næstɪk] Ⅰ. [无比较等级] *adj*. ❶修士的,修道院的 ❷修道院式生活的,简朴而清静的:lead a ~ life 过着隐居的生活 Ⅱ. *n*. Ⓒ修道士

mo·nas·ti·cism [mə'næstɪsɪzəm] *n*. Ⓤ修道院生活方式;修道院制度

Mon·day ['mʌndɪ] (~s[-z]) *n*. ⒸⓊ星期一:on ~ morning 在星期一早上

mon·ey ['mʌnɪ] (~s或 monies[-z]) *n*. ❶Ⓤ钱,货币;通货:have ~ in one's pocket 口袋里有钱 ❷Ⓤ财富,财产:lost all one's ~ 失掉个人全部家当 ❸[用复数]金额,款项:public *monies* 公款 ❹Ⓤ[集合用法]富翁;金融界

mon·i·tor ['mɒnɪtə(r)] Ⅰ. (~s[-z]) *n*. Ⓒ❶(学校的)班长,级长:the homework ~ 家庭作业检查员 ❷(机器、飞机等的)监视器,控制器:a ~ for radioactivity 放射量探测器 ❸(对外国广播等的)监听员 ❹(电视台选播用的)监视屏,监控荧光屏(或装置) ❺(尤指计算机系统的)监督程序,管程 Ⅱ. (~s[-z]; ~ing[-rɪŋ]) *vt*. ❶监视;监测:~ a patient's pulse 监测病人的脉搏 ❷监听(外国无线电广播和信号)

monk [mʌŋk] *n*.© 修道士；僧侣，和尚

mon·key ['mʌŋkɪ] Ⅰ.（～s[-z]）*n*.© ❶ 猴子，猿 ❷［口］淘气鬼，顽童 ❸［英口］500英镑；［美口］500 美元 Ⅱ.*vi*.捣乱，胡闹：Stop ～ing!别胡闹！

mon·o·gram ['mɒnəgræm]（～s[-z]）*n*.© 字母组合图案，花押字（将姓名的首字母组成的图案）

mon·o·log(ue) ['mɒnəlɒg]（～s[-z]）*n*.© ❶［戏］独白；独白场面；独角戏 ❷长篇大论；滔滔不绝的话

mo·nop·o·lize, -ise [məˈnɒpəlaɪz]（～s[-ɪz]；monopolizing）*vt*.独占，据为己有，垄断；获得对…的专利：trying to ～ the supply of oil 企图垄断石油供应

mo·nop·o·ly [məˈnɒpəlɪ]（monopolies[-z]）*n*.© ❶垄断（权）；专利（权）；gain a ～ 获得专利权 ❷垄断商品，专利品；专利事业：make a ～ of some commodity 独家经营某种商品 ❸垄断者；专利者；垄断集团，垄断企业

mo·not·o·nous [məˈnɒtənəs] *adj*.单调的，乏味的；一成不变的；无聊的：a ～ voice 单调的声音／～ work 单调乏味的工作

mon·ster ['mɒnstə(r)]（～s[-z]）*n*.© ❶ 怪物，妖怪：A hideous ～ attacked the helpless villagers. 有个丑恶的怪物袭击了手无寸铁的村民。❷庞然大物 ❸恶人，残酷的人：Let go of me, you vicious ～! 放开我，你这可恶的家伙！

mon·strous ['mɒnstrəs] *adj*.❶庞大的；畸形的；怪物似的，令人恐怖的 ❷可怕的，极可笑的，荒谬的：～ crimes 滔天罪行／～ slanders 恶毒诽谤

month [mʌnθ] *n*.© 月份，月；一个月的时间：We're going on holiday next ～. 我们准备下月去度假。／The baby is three ～s old. 孩子3个月大了。/a calendar ～【天】历月

month·ly ['mʌnθlɪ] Ⅰ.［无比较等级］*adj*.每月的，每月一次的；按月计算的：a ～ income of £800 800 英镑的月收入 Ⅱ.*adv*.每月，按月：to be paid ～ 每月得到一次付款 Ⅲ.*n*.© 月刊；每月一次的刊物：a literary ～ 文学月刊 ❷月票：A ～ is more economical than 4 weeklies. 一张月票比 4 张周票划算。

mon·u·ment ['mɒnjʊmənt] *n*.© ❶纪念碑；纪念像；纪念馆：a ～ erected to soldiers killed in the war 阵亡将士纪念碑 ❷历史遗迹，遗址：an ancient ～ 一处古迹 ❸不朽的作品：a ～ of learning 不朽的学术著作

mon·u·men·tal [ˌmɒnjʊˈmentl]［无比较等级］*adj*.❶纪念碑的，纪念物的 ❷不朽的，

有历史意义的：a ～ production 伟大的不朽的作品 ❸（［近］large）非常大的，巨大的：a ～ achievement 巨大的成就／～ ignorance 极端无知

mood¹ [muːd]（～s[-z]）*n*.© ❶心境，心情，情绪：She's in a good ～ today. 今天她心情很好。/He's always in a bad ～. 他的情绪总是很坏。❷［常用复数］情绪低落，心情浮躁：He's in a ～s today. 他今天闹情绪了。❸精神状态，心态

mood² [muːd]（～s[-z]）*n*.©【语】语气：the indicative（imperative, subjunctive）～ 陈述（祈使、虚拟）语气

moody ['muːdɪ]（moodier；moodiest）*adj*.喜怒无常的；心情多变的；闷闷不乐的

moon [muːn] Ⅰ.（～s[-z]）*n*.❶［the ～］月球，月亮：explore the surface of the ～ 探察月球的表面 ❷© 卫星；人造卫星：How many ～s does Jupiter have? 木星有多少卫星？❸Ⅲ月光：There is little ～ tonight. 今晚没什么月光。❹© 月状物 Ⅱ.*vi*.闲逛，闲荡（about, around）：She spent the whole summer ～ing about at home. 她整个夏天都在家中混日子。*vt*.虚度，无所事事地过（away）：～ the night away 糊里糊涂地过了一个晚上

moor¹ [mʊə]（～s[-z]）*n*.©Ⅲ荒野，旷野；荒原：go for a walk on the ～ 到野外散步

moor² [mʊə] Ⅰ.*vt*.&*vi*.使（船等）停泊，系泊；使固定：We ～ed alongside the quay. 我们靠码头停泊。Ⅱ.*n*.© 停泊

mop [mɒp] Ⅰ.*n*.© ❶拖把，墩布，短柄拖把状用具 ❷［口］蓬乱的头发；蓬乱的一团：a ～ of curly red hair 卷曲而蓬乱的红头发 Ⅱ.（mopped[-t]；mopping）*vt*.❶用拖把擦洗：～ the floor 擦地板 ❷擦（脸、洒落的水等）；擦去：～ tears from one's face 擦去脸上的泪水

mor·al ['mɒrəl] Ⅰ.*adj*.（［反］immoral）❶［作定语］道德（上）的：the ～ sense 道德感／～ standard 道德标准 ❷有寓意的；有教育意义的 ❸有道德的，品行端正的 ❹精神上的，心灵上的；道义上的 Ⅱ.（～s[-z]）*n*.© ❶寓意，道德上的教训：draw a ～ from 从…中吸取教训 ❷［用复数］道德；品行；伦理：a high standard of ～s 高道德标准

mo·rale [mɒˈrɑːl] *n*.Ⅲ❶（军队等的）士气，精神面貌：The news is good for the team's ～. 这消息对提高全队的士气大有好处。❷道德；品行

mo·ral·i·ty [məˈrælɪtɪ] *n*.（［反］immorality）Ⅲ道德，道德规范；道义性；道德体系

mo·rass [məˈræs] **I**. (～es[-ɪz]) *n*. C❶沼泽,泥淖 ❷困难,困境:fall into the ～ of 陷入…的困境 **II**. *vt*. 使陷入困境

more [mɔː(r)] **I**. *adj*. [many,much 的比较级、最高级]❶(数量、数目、程度等)更大的,较多的,更多的:This is taking a little ～ time than we thought. 这比我们预想的要多耽搁些时间。/I know many ～ students who'd like to come. 我知道还有很多学生想来。❷(置于数词或 any,some,no,a few,a little,many,much 等后)另外的,附加的;超过的:Would you like some ～ coffee? 你再来点儿咖啡吗? /We have a lot ～ work to do. 我们还有很多工作要做。**II**. *pron*. (作为 many 的比较级时视为复数,作为 much 的比较级时则视为单数)❶更多(数量、人或物):更大的程度:What ～ can I say? 我还能再说什么? /We need a few ～.我们还需要一些。❷额外的数量,另外的一些:give me a little ～ 再给我一些/I should like as many ～. 我还要同样的数量。/She spends ～ and ～ time in her room. 她待在房间里的时间越来越多了。**III**. *adv*.(much 的比较级,常和两个音节以上的形容词或副词连用)❶更,较大程度地:He works ～ and better than he used to. 他的工作做得比过去更多、更好。/The doctor told the child to eat less and sleep ～.医生告诉这个小孩要少吃多睡❷另外,再,此外;倒不如说:Read it once ～,please. 请再念一遍。/～ in name than in reality 名不副实

more·o·ver [mɔːˈrəʊvə(r)] [无比较等级] *adv*. 并且,除此以外;而且:They knew the painting was a forgery, ～ they knew who had painted it. 他们知道那幅画是赝品,而且知道是谁仿画的。

morn·ing [ˈmɔːnɪŋ] (～s[-z]) *n*. C U❶上午;早晨,早上:an early ～ run 清晨的跑步/Morning coffee is now being served. 现在供应早晨的咖啡。/on Sunday ～ 星期日上午 ❷初期,早期:the ～ of life 生命的初期

mor·tal [ˈmɔːtl] **I**. [无比较等级] *adj*. ([反]immortal)❶终有一死的,不免一死的:All human beings are ～. 人总有一死。❷凡人的;人类的,人间的:～ morals 人的道德 ❸致命的,致死的:The collapse of the business was a ～ blow to him. 公司倒闭对他的致命打击。❹你死我活的,有深仇大恨的,不共戴天的:～ enemy 不共戴天的敌人 ❺极度的,非常的 **II**. (～s[-z]) *n*. C[常用复数]人,凡人:All ～s must die. 凡人总有一死。**III**. *adv*. [口]极,非常:be ～ ill 病得很厉害

mor·tal·i·ty [mɔːˈtælɪtɪ] *n*. ❶U必死性,不免一死 ❷[常用 a ～]死亡数,死亡率:an increase in infant ～ 幼儿死亡率的增加 ❸C(疾病、灾难等造成的)大量死亡,致命性

mort·gage [ˈmɔːɡɪdʒ] **I**. (～s[-ɪz]) *n*. U C❶抵押,质押:apply for a ～ 申请抵押事宜 ❷抵押贷款:We've got a ～ of £4,000. 我们得到4,000英镑的抵押贷款。/pay off the ～ 归还抵押贷款 ❸抵押契据 **II**. (mortgaging) *vt*. 抵押:He ～d his house in order to start a business. 他用房产抵押创业。

mor·ti·fy [ˈmɔːtɪfaɪ] (mortifies[-z];mortified) *vt*. ❶【宗】抑制,克制 ❷使(某人)感到屈辱,损害…的自尊心:He felt *mortified*. 他深感羞愧。❸【医】生坏疽,腐烂 *vi*. ❶变成坏疽 ❷苦行

mos·qui·to [məˈskiːtəʊ] (～(e)s[-z]) *n*. C蚊子

moss [mɒs] **I**. (～es[ˈ-ɪz]) *n*. U C苔藓,地衣;～-covered rocks 长满青苔的岩石 **II**. *vt*. 在…上长苔藓

most [məʊst] **I**. *adj*. [many,much 的最高级]❶最多的,最多数的;最大程度的:Who has the ～ need of help? 谁最需要帮助? /Peter made the ～ mistakes of all the class. 彼得的错误是全班最多的。/Father has the ～ sense of humor in our family. 在我们家,父亲是最具有幽默感的人。❷大部分的,大半的;大多数的:He hates ～ modern art. 他讨厌大部分的现代艺术。/Most students work hard. 大部分学生都用功。/I like ～ vegetables. 大多数的蔬菜我都喜欢。**II**. *pron*. ❶最大程度,最大量;最大限度:Do the ～ you can. 尽你最大的力量去做。/This is the ～ I can do for you. 这是我能为你做的最大限度。❷大多数,大部分;大多数人:As ～ of you know,I've decided to resign. 你们多数人都已经知道,我决定辞职了。**III**. *adv*. 最,最多;(用于3个或3个以上音节的形容词或副词前构成该词的最高级)很,非常:It was the ～ exciting holiday I've ever had. 那是我经历的最令人兴奋的假日。/What interested you (the) ～? 你最感兴趣的是什么? /I received a ～ unusual present from my mother. 我收到母亲给我的一件极不寻常的礼物。

most·ly [ˈməʊstlɪ] *adv*. 主要地,大部分地;通常;多半:We're ～ out on Sundays. 我们星期日多半不在家。

mo·tel [məʊˈtel] (～s[-z]) *n*. C汽车旅馆(为驾车旅客提供停车场)

moth [mɒθ] *n*. C【昆】蛾;蛀虫

moth·er ['mʌðə(r)] Ⅰ. (~s[-z]) n. ⓒ
Ⓤ❶母亲:My ~ died when I was 6. 我6岁
时母亲去世了。/a ~ of two 有两个孩子的母
亲 ❷(动、植物的)母:a bird ~ 母鸟 ❸(the
~)母性,母爱 ❹[喻]根由,根源:Failure is
the ~ of success. 失败是成功之母。❺女修道
院院长 Ⅱ. vt.像母亲般关怀(或照管);对…
尽母职:He likes being ~ed by his landlady.
他喜欢女房东无微不至地照顾他。

mo·tion ['məʊʃən] Ⅰ. (~s[-z]) n. ❶Ⓤ
运动,移动;(天体的)运行:The object is no
longer in ~. 该物体已不再运动。❷ⓒ动作,
举动;姿态 ❸ⓒ动议,提议;意向:propose
(put forward,reject)a ~ 提(提出、否决)一
动议 ❹ⓒ大便,通便:regular ~s 按时大便
Ⅱ. vt. & vi.以手(或头等)示意,向…示意:
He ~ed to the waiter. 他向侍者示意。

mo·ti·vate ['məʊtɪveɪt] (~d[-ɪd];motiva-
ting) vt.❶引起…的动机,激发,促使:What
~d him to do such a thing? 是什么动机促使
他做这种事? ❷[常用被动语态]成为(事情
的)动机:The murder was ~d hatred. 那凶杀
案是由仇恨引起的。

mo·tive ['məʊtɪv] Ⅰ. (~s[-z]) n. ⓒ❶动
机,目的:The police could not find a ~ for
the murder. 警方未能找出谋杀者的动机。/
the profit ~ 图利的动机 ❷(文艺作品的)主
题,中心思想 Ⅱ.[无比较等级] adj.发动的,
推动的;运动的:the ~ power 动力 Ⅲ. (~s
[-z]) vt. = motivate

mo·tor ['məʊtə(r)] Ⅰ. (~s[-z]) n. ⓒ❶
马达,发动机:an electric ~ 电动机 ❷内燃机
❸[英口]汽车 Ⅱ.[无比较等级] adj.[作定
语]❶原动的,推动的;机动的:~ vehicles 机
动车辆/a ~ mower 电动割草机 ❷机动车
的,汽车的:~ insurance 汽车保险/the ~
trade 汽车业/~ fuels 汽车燃料 ❸【解】肌肉
运动的,运动神经的:a ~ nerve 运动神经 Ⅲ.
(~s[-z];~ing[-rɪŋ]) vi. & vt.乘汽车,驾驶
汽车;用汽车运送:They spent a pleasant af-
ternoon ~ing through the countryside. 他们
一下午都在郊野开着汽车,十分愉快。

mo·tor·ist ['məʊtərɪst] n. ⓒ驾驶汽车的
人;乘汽车旅行的人

mo·tor·ize, -ise ['məʊtəraɪz] (~s[-ɪz];
motorizing) vt.❶用机动车辆装备;给…装
上马达 ❷【军】使机械化

mot·to ['mɒtəʊ] (~s或~es[-z]) n. ⓒ❶箴
言,格言,座右铭 ❷(书籍卷首引用的)题词,
警句

mo(u)ld[1] [məʊld] n. Ⓤⓒ❶霉,霉菌 ❷耕

作土壤,松软沃土

mo(u)ld[2] [məʊld] Ⅰ. (~s[-z]) n. ❶ⓒ
模子,模型;铸形 ❷ⓒ模制品,铸造物 ❸Ⓤⓒ
类型;性格,气质:He doesn't fit the tradi-
tional ~ of a university professor. 他没有大
学教授那种传统的气质。Ⅱ. vt.❶用模子
做;浇铸,造型 ❷对(舆论、思想等)产生很大
影响;把…塑造成:~ a child into a mature
adult 把孩子塑造成为成熟的成年人

mo(u)ldy ['məʊldɪ] (mouldier;mouldiest)
adj.❶发霉的 ❷陈腐的,过时的:Let's get
rid of this ~ old furniture. 我们把这件老掉
牙的旧家具扔掉吧。❸[口]乏味的;卑劣的;
小气的:They've given us a pretty ~ pay in-
crease this year. 我们今年的加薪少得可怜。

mound [maʊnd] Ⅰ. n.ⓒ❶土堆,土墩 ❷高
地,小丘 Ⅱ. vt.把…拢成堆;用土堤围 vi.成
堆,堆积

mount[1] [maʊnt] Ⅰ. n.ⓒ❶(马、自行车等)
可乘坐的东西;坐骑,骑马 ❷底座,座架 ❸支撑
物;框架 Ⅱ. (~ed['-ɪd]) vi.❶爬上,登上:
The climbers ~ed higher and higher. 攀登者
越爬越高。/a staircase that ~s to the top of
a building 通往楼顶的楼梯 ❷骑上马(自行车
等):He quickly ~ed and rode away. 他迅速
上马疾驰而去。❸(数量或强度上)增加,上
升:Profits are ~ing. 利润在增加。vt.❶登,
爬上:The child ~ed the ladder slowly. 那小
孩慢慢地爬上梯子。❷扶…上马 ❸安装,安
放;固定:~ a statue on a pedestal 把塑像安
放在像座上 ❹发动(攻势),进行袭击:~ a
protest (a demonstration,an attack)发起抗
议(示威、攻击) ❺为(某剧)准备服装、道具
等;上演;展出

mount[2] [maʊnt] n. ⓒ❶山,山丘 ❷(用于山
名前,常略作 Mt.):St. Michael's Mount 圣·
迈克尔山

moun·tain ['maʊntɪn] (~s[-z]) n. ⓒ❶
山;[用复数]山脉:Qomolangma is the high-
est ~ in the world. 珠穆朗玛峰是世界上最高
的山。❷大量,许多;堆积如山:a ~ of debts,
complaints,queries 大量的欠债、投诉、询问

moun·tain·eer [ˌmaʊntɪ'nɪə(r)] Ⅰ. (~s
[-z]) n. ⓒ❶山区居民 ❷登山者,登山运动
员 Ⅱ. (~ing[-rɪŋ]) vi.爬山,登山

moun·tain·ous ['maʊntɪnəs] adj.❶有
山的,多山的:~ country 山国 ❷巨大的,高
耸如山的:~ waves 排山巨浪

mourn [mɔːn] (~s[-z]) vt. & vi.哀痛,哀
悼:~ for(或 over) the dead 哀悼死者

mourn·ful ['mɔːnfʊl] adj.([近]sad)悲哀

的,悲伤的;令人悲痛的:a ～ look on her face 她脸上的悲伤表情

mourn·ing ['mɔ:nɪŋ] Ⅰ. n. Ⓤ❶哀痛,哀悼:express one's ～ for the dead 对死者表示哀悼 ❷丧服,戴孝 Ⅱ. adj. 哀悼的

mouse Ⅰ. [maʊs] (mice [maɪs]) n. Ⓒ❶老鼠,耗子:a field-～ 田鼠 ❷懦夫;胆小的人:Are you a man or a ～? 你是男子汉还是胆小鬼? ❸【计】鼠标,滑鼠 Ⅱ. [maʊz] (～s [-ɪz];mousing) vi. ❶捕鼠 ❷窥探;蹑手蹑脚地走动 vt. 仔细搜寻(out)

mous·tache [mə'stɑ:ʃ] n. Ⓒ❶髭,小胡子 ❷(哺乳动物的)触须;须状物

mous·y ['maʊsɪ] (mousier;mousiest) adj. ❶鼠的,似鼠的;多鼠的 ❷胆小的

mouth Ⅰ. [maʊθ] (mouths [maʊðz]) n. Ⓒ❶(人、动物的)嘴,口 ❷(需要供养的)人口:She's got five ～s to feed. 她得养活 5 口人。❸口状物;河口,火山口;容器口;出入口:at the ～ of a cave 在洞口旁 ❹言谈,讲话方式:Watch you ～! 说话注意点! Ⅱ. [maʊð] vt. ❶说出;读出 ❷做作地说;夸大地说:～ big phrase 装腔作势说大话 ❸把…放入嘴内;吃:～ down a piece of cake 吃下一块蛋糕

mouthful ['maʊθfʊl] n. Ⓒ满口;一口,少量

mov·able ['mu:vəbl] Ⅰ. [无比较等级] adj. ❶可移动的;活动的:a machine with a ～ arm for picking up objects 有活动臂可提起物体的机器 ❷【律】(指财产)动产的 ❸(日期)每年变动的,不固定的 Ⅱ. (～s[-z]) n. Ⓒ[常用复数]【律】个人的财产,动产

move [mu:v] Ⅰ. (～s[-z];moving) vt. ❶移动,搬动,推动:Please help me ～ the table. 请帮我移动桌子。❷使感动;激起:His words ～d everyone present. 他的话使在场的人都受到感动。❸提出(建议),提议:I ～ that the meeting be adjourned. 我提议休会。❹开动,使运行;使前进:This button ～s the whole mechanism. 这个电钮使所有的机械部分都运转起来了。❺鼓动;推动,促使:The inspiring speech ～d them into action. 那鼓舞人心的讲话使他们行动起来。❻使(肠子)通便 ❼(象棋)走动 vi. ❶移动;离开;动身:It is late and I think it is time to be moving. 不早了,我想该走了。❷转动,运行,运转:The piston ～s by steam pressure. 活塞在蒸汽压力下运动。❸搬家,迁移:He ～d his family to a large house. 他把家搬进了一栋较大的房子里。❹前进,(事件等)进展:Share prices ～d ahead today. 股票价格今日上涨。❺采取行动,应付,处理:Unless the employ-

ers ～ quickly,there will be a strike. 雇主若不尽快采取措施,就要引起一场罢工。/It is necessary to ～ on the problem soon. 马上对这个问题采取行动是必要的。❻活跃于,出入于:The professor ～s in many academic circles. 那位教授活跃于许多学术圈子。❼(棋、跳棋等)走棋子,走一步:In the game of chess,white has the first ～. 在下棋时,白子先走一步。❽(大便)通畅 Ⅱ. (～s[-z]) n. Ⓒ❶活动,迁移,变动:What's our next ～? 我们下一步怎么做? ❷(下棋)的走着:Whose ～ is it? 该谁走了? ❸步骤,行动

move·ment ['mu:vmənt] n. ❶ⒸⓊ运动;活动;姿态,动作:He stood there without a ～. 他一动不动地站在那里。/make a violent ～ of the hand 猛烈地挥动手 ❷Ⓒ(政治性的)运动:founding a ～ to promote women's rights 创建女权运动 ❸[常用复数]行动,活动;动静 ❹Ⓤ动向;倾向,潮流;变迁:the ～ towards greater freedom in fashion styles 时装款式向更开放方面发展的趋势 ❺ⒸⓊ(商品或股票价格的)波动,变动 ❻Ⓒ【机】机械装置 ❼Ⓒ【音】韵律,调子;乐章 ❽ⓊⒸ通便,排泄物

mov·ie ['mu:vɪ] (～s[-z]) n. Ⓒ❶电影,影片:go to a ～ 去看电影 ❷[the ～s]电影院;电影界,电影业

mov·ing ['mu:vɪŋ] adj. ❶动人的,感人的:His speech was very ～. 他的讲话非常感人。❷活动的;运转的:a ～ staircase 自动扶梯

mow [məʊ;美 maʊ] Ⅰ. (～s[-z]) n. Ⓒ❶干草堆;禾堆,谷堆 ❷(禾、草等)堆积处 Ⅱ. (～ed;～ed或mown [məʊn]) vt. 割草,收割(庄稼)

Mr.,Mr ['mɪstə] n. Ⓒ❶先生(用于男子姓名前) ❷先生(用于称呼要员)

Mrs.,Mrs ['mɪsɪz] n. Ⓒ夫人,太太(对已婚女子的称呼)

Ms.,Ms [mɪz] n. Ⓒ女士(用于女子姓名前,不指明婚否)

much [mʌtʃ] Ⅰ. (more [mɔ:];most [məʊst]) adj. 多的,许多的;大量的;程度大的:I haven't got ～ money. 我的钱不多。/Take as ～ time as you like. 你愿意用多长时间都可以。/Did you have ～ difficulty in your work? 你工作中困难多不多? /How ～ time do you need to finish your homework? 你需要多少时间能完成家庭作业? Ⅱ. pron. ❶许多,大量:He sat at his desk all morning,but he didn't write ～. 他一上午都坐在书桌前却并未写多少东西。❷重要(或意义重大)

的事情:There was not ~ to look at. 没有什么值得一看的。**Ⅲ**. *adv*. ❶很,非常;在很大程度上:I would very ~ like you to come to dinner next week. 我非常欢迎你下星期来吃饭。/It doesn't ~ matter what you wear. 你穿什么衣服没有多大关系。❷(与比较级和最高级连用)⋯多,更⋯:I feel ~ better now. 我现在感觉好多了。/We must work ~ more carefully. 我们应该更加仔细地工作。❸差不多,几乎:The patient's condition is ~ the same. 病人的情况差不多没有什么变化。/The two children are ~ of an age. 这两个孩子年龄差不多。❹常常;好久:He went ~ to the park on holidays. 假日他常去公园。

*mud [mʌd] **Ⅰ**. *n*. U❶泥,泥土;淤泥:My shoes were covered with ~. 我的鞋沾满了泥。❷诽谤,中伤:His name is ~. 他声名狼藉。**Ⅱ**. (mudded;mudding) *vt*. 使粘上污泥;弄脏

mud·dle ['mʌdl] **Ⅰ**. (~s[-z];muddling) *vt*. ❶使混乱;弄糟:My papers were all ~d up together. 我的文件全混在一起了。❷使某人糊涂,使人头脑混乱:Stop talking, or you'll ~ me completely. 别说了,要不你把我全搞糊涂了。*vi*. 胡乱对付,瞎混:~ with one's work 敷衍了事 **Ⅱ**. (~s[-z]) *n*. C❶混乱,零乱,杂乱:Your room's in a real ~. 你的房间真是乱七八糟。❷糊涂,困惑

mud·dy ['mʌdɪ] (muddier;muddiest) *adj*. ❶多泥的,泥泞的:~ roads 泥泞的路 ❷混浊的;泥土色的:a ~ stream 浑浊的小河 ❸糊涂的,混乱的:~ thinking 紊乱的思绪

muf·fle ['mʌfl] (~s[-z];muffling) *vt*. ❶裹住,包住:~ one's throat with a scarf 用围巾围住脖子 ❷压抑(声音);抑制:~ the noise 压抑嗓声/~ one's feelings 抑制自己的感情

muf·fler ['mʌflə(r)] (~s[-z]) *n*. C❶围巾,领巾,面纱 ❷消声器,减音器

mug¹ [mʌg] (~s[-z]) *n*. C(圆筒形有柄的)大杯;一大杯的量:a coffee ~ 咖啡杯/a ~ of coffee 一杯咖啡

mug², mugg [mʌg] **Ⅰ**. (~s[-z]) *n*. C[口] ❶脸;嘴;下颌:What an ugly ~! 多难看的脸! ❷傻瓜,笨蛋 ❸流氓,暴徒;轻罪犯 **Ⅱ**. (mugged['-ɪd];mugging) *vt*. ❶向⋯装鬼脸 ❷(户外)行凶抢劫:an old lady *mugged* by a gang of youths in the park 在公园里遭一帮年轻人行凶抢劫的老太太 *vi*. [英口]突击式学习

mule [mjuːl] (~s[-z]) *n*. C❶骡,骡子 ❷顽固的人,倔强的人

mul·ti·ple ['mʌltɪpl] **Ⅰ**. [无比较等级] *adj*. ❶复合的;多种多样的;复杂的:~ achivements 多种成就/be of ~ ownership 为多人共同所有 ❷【电】并联的,多路的,复接的:~ circuit 多电路,复接电路 **Ⅱ**. (~s [-z]) *n*. C【数】倍数;lowest common ~ 最小公倍数 ❷【电】并联,复联;多路系统 ❸连锁商店

mul·ti·pli·ca·tion [ˌmʌltɪplɪ'keɪʃən] *n*. U❶(数量方面的)增加,增多 ❷增殖,繁殖 ❸【数】乘法;乘法运算

mul·ti·plic·i·ty [ˌmʌltɪ'plɪsɪtɪ] *n*. U多种,多样性:a computer with a ~ of uses 多用途计算机

mul·ti·ply ['mʌltɪplaɪ] **Ⅰ**. (multiplies [-z];multiplied) *vi*. ❶增加,增多;繁殖:Our problems have *multiplied* since last year. 自去年以来,我们的问题增多了。❷【数】做乘法:2 and 3 ~ to make 6. 2 和 3 相乘得 6。*vt*. ❶增加;成倍地增加:Buy lots of raffle tickets and ~ your chances of success. 多买彩票,增加你中奖的机会。❷乘,使相乘 **Ⅱ**. *adv*. 多样地,多重地,多倍地;【电】并联地

mul·ti·tude ['mʌltɪtjuːd] (~s[-z]) *n*. U C❶多数,大批:a great ~ of people 一大群人/A large ~ has assembled to hear him preach. 一大群人聚集起来听他布道。❷[the ~(s)]群众,大众:demagogues who appeal to the ~ 迎合民心的煽动家

mu·nic·i·pal [mjuː'nɪsɪpl] [无比较等级] *adj*. ❶市的,市政的;市立的:the ~ transport system 市交通系统 ❷自治市的,地方自治的:~ affairs,elections 地方事务、选举 ❸内政的

mu·nic·i·pal·i·ty [mjuːˌnɪsɪ'pælɪtɪ] (municipalities[-z]) *n*. C❶自治市;自治地区 ❷市政府,市政当局

mu·nif·i·cence [mjuː'nɪfɪsns] *n*. U慷慨,气度大,毫不吝啬:overwhelmed by their ~ 深为他们的慷慨精神所感动

mu·ni·tion [mjuː'nɪʃən] **Ⅰ**. (~s[-z]) *n*. C[常用复数]军需品,弹药;军火 **Ⅱ**. *vt*. 供给⋯军需品

mu·ral ['mjʊərəl] **Ⅰ**. [无比较等级] *adj*. 墙壁的,在墙上的:a ~ art,decoration,etc. 壁画艺术,墙上装饰 **Ⅱ**. (~s[-z]) *n*. C(通常指大型的)壁画,壁饰

murder ['mɜːdə(r)] **Ⅰ**. (~s[-z]) *n*. C U❶谋杀,凶杀;谋杀罪,凶杀案:be guilty of ~ 犯谋杀罪/the ~ of a seven-year-old child 杀害一个 7 岁儿童的案件 ❷[口]极艰险的事;令

人沮丧的经历：It's ～ trying to find a parking place for the car. 找个停车的地方比登天还难。Ⅱ. *vt.* ❶谋杀，凶杀；屠杀：He ～ed his wife with a knife. 他用刀杀害了妻子。❷糟蹋，扼杀，毁坏：a song ～ed in the rendition 一支演唱得很糟的歌

mur·mur ['mɜːmə(r)] Ⅰ. (～s[-z]) *n*. ⓤⓒ❶潺潺声，沙沙声：the ～ of bees in the garden 花园中蜜蜂的嗡嗡声 ❷低声细语，咕哝：a ～ of conversation 一阵轻轻的谈话声 ❸怨言，牢骚：There were ～s of discontent from the workforce. 工人不满，颇有微词。❹【医】(心区等的)杂音 Ⅱ. *vi.* ❶发低沉连续的声音：The wind ～ed in the trees. 风在林中低鸣。❷咕哝，低声抱怨(against, at) *vt.* ❶低声说：～ a secret to sb. 低声告诉某人一个秘密 ❷小声抱怨(that)

mus·cle ['mʌsl] Ⅰ. (～s[-z]) *n*. ❶ⓒⓤ【解】肌，肌肉：strain a ～ 扭伤肌肉 ❷ⓤ肌力，体力，力气：have plenty of ～ but no brains 肌肉发达，头脑简单 ❸实力，力量：a trade union with plenty of ～ 强大的工会 Ⅱ. (muscling) *vi.* 硬挤入；干涉，强入(in)：～ through a crowd 用力挤过人群 *vt.* 强推；使具有力量

mus·cu·lar ['mʌskjələ(r)] [无比较等级] *adj*. ❶肌肉的；【解】肌的：～ tissue 肌组织 ❷肌肉发达的，强有力的：a ～ young man 强壮的年轻人

muse¹ [mjuːz] (～s['-ɪz]) *n*. ❶ ⓒ[the Muses](希腊或罗马神话中的)缪斯(希腊神话中宙斯的女儿，专管诗歌、音乐、舞蹈等) ❷ⓤ灵感；诗兴；诗才 ❸ⓒ诗人

muse² [mjuːz] (～s['-ɪz]; musing) *vi*. 沉思，冥想：～ on what one has heard 对听到的事左思右想 *vt*. 深思；沉思地说

mu·se·um [mjuː'zɪəm] (～s[-z]) *n*. ⓒ博物馆；美术馆，展览馆：a ～ of natural history 自然历史博物馆

mush·room ['mʌʃrʊm] Ⅰ. (～s[-z]) *n*. ⓒ❶(食用)蘑菇 ❷蘑菇状物 ❸蘑菇似的迅速长的东西 Ⅱ. *adj*. [作定语]❶(有)蘑菇的，加蘑菇烹调的 ❷蘑菇状的 ❸蘑菇似的迅速长的 Ⅲ. *vi*. ❶(在地里或林子里)采集蘑菇 ❷迅速扩散或增加：new blocks of flats and offices ～ing all over the city 在全市各处如雨后春笋般出现的新公寓楼和办公楼

mu·sic ['mjuːzɪk] *n*. ⓤ❶音乐；乐曲，乐谱：folk ～ 民间音乐/Mozart's ～ 莫扎特的乐曲/Can you read ～? 你识乐谱吗？❷音乐欣赏力 ❸和谐悦耳的声音(如鸟鸣、流水声等)：the ～ of the nightingale 夜莺的啭鸣

mu·si·cal ['mjuːzɪkl] Ⅰ. [无比较等级] *adj*. ❶音乐的；用于音乐的；配乐的：a ～ entertainment 配乐娱乐表演 ❷爱好音乐的，有音乐才能的：a ～ family 爱好音乐的家庭 ❸悦耳的，声音和谐的：a ～ voice 悦耳的声音 Ⅱ. (～s[-z]) *n*. ⓒ音乐喜剧；音乐片

mu·si·cian [mjuː'zɪʃn] (～s[-z]) *n*. ⓒ音乐家，作曲家；音乐指挥家

musk [mʌsk] *n*. ⓤⓒ❶麝香，麝香香味 ❷麝香植物

mus·ket ['mʌskɪt] *n*. ⓒ火枪，滑膛枪，旧式步枪

must [强 mʌst, 弱 məst] Ⅰ. *v. aux*. ❶(主要用于肯定句、疑问句，表示义务、必要性)必须…，应当：Something ～ be done to end the strike. 必须采取某些措施来结束这场罢工。/Cars ～ not park in front of the entrance. 入口处不得停放汽车。/You ～ be there on time. 你务必要按时到达那里。❷(表示推测、推断)必然要，必定会：You ～ be hungry after your long walk. 走了那么长的路，你一定饿了吧。Something ～ have happened or he would have been here. 很可能发生了什么事，否则他应该已经来了。❸(表示主张)一定要，坚持要：He ～ always have his own way. 他总是自行其是。/You ～ put your name down for the team. 你必须报名参加该队。/If you ～ go, at least wait till the storm is over. 如果你坚持要走，至少也要等这场暴风雨过去了再走。❹(表示请求)可以：*Must* I go now? 我现在可以去了吗？❺(表示与说话者愿望相反)不巧…，偏要…：As I was sitting down to supper, the telephone ～ *ring*. 正当我坐下来用晚餐的时候，电话偏偏响了。Ⅱ. *n*. ⓒ[口][常用单数]必须做的事，不可缺少的东西，必需的物品：His new novel is a ～ for all lovers of crime fiction. 他的新小说是罪案小说爱好者必须一读的。Ⅲ. *adj*. [口]绝对必要的，必不可少的

mus·tard ['mʌstəd] *n*. ⓤ❶【植】芥，芥菜；芥末 ❷芥末色，深黄色

mus·ter ['mʌstə(r)] Ⅰ. (～s[-z]) *n*. ⓒ❶(人或物的)集合，集中 ❷点名簿，花名册 Ⅱ. (～ing[-rɪŋ]) *vt*. ❶召集(人员)，(尤指为军事检阅)集合；使…集合：He ～ed all the troops. 他召集了所有的部队。❷激起，鼓起(勇气等)：～ public support for sth. 征集公众对某事的支持 *vi*. (军队等)集合

mute [mjuːt] Ⅰ. (～r; ～st) *adj*. ❶沉默的，无声的：remain ～ 保持沉默 ❷(指人)不能说话的，哑的：～ from birth 生来就哑的 ❸(指词中字母)不发音的 Ⅱ. *n*. ⓒ❶哑人，哑

巴 ❷【音】(乐器上的)弱音器 Ⅲ.(～d
['-ɪd];muting) vt.减弱…的声音;柔和…的
色调

mu·ti·late ['mjuːtɪleɪt]（～d['-ɪd];mutila-
ting) vt.❶使残废,使伤残 ❷使残缺不全,
把…删改得支离破碎:The editor ～d my text
by removing whole paragraphs from it.那编
辑把我的文稿整段删掉,弄得面目全非。

mut·ter ['mʌtə(r)] Ⅰ.(～s[-z];～ing
[-rɪŋ]) vi.❶轻声低语;咕哝:～ and mum-
ble 吞吞吐吐 ❷小声抱怨(at,against):For
some time people had been ～ing about the
way she ran the department.人们对她的管理
方式私下抱怨已有时日。❸(雷等)发出低沉
的轰鸣声 vt.❶轻声含糊地说:～ an answer
轻声含糊地作了回答 ❷暗地里说;抱怨地说
Ⅱ.(～s[-z]) n.Ⓤ抱怨,嘀咕

mut·ton ['mʌtn] n.Ⓤ羊肉

mu·tu·al ['mjuːtʃʊəl] [无比较等级] adj.
❶互相的,相互的;彼此的:give ～ support
and inspiration 相互支持并鼓舞 ❷[口]
([近]common)共同的,共享的:～ efforts 共
同的努力/our ～ friend 我们共同的朋友

muz·zle ['mʌzl] Ⅰ.(～s[-z]) n.Ⓒ❶
(狗、狐等动物的)鼻口部 ❷(动物的)口套,口
络 ❸喷口,喷嘴;枪口,炮口 Ⅱ.(muzzling)
vt.❶给(动物)戴上口套:Such a fierce ani-
mal ought to be ～d.这动物太凶,应该给它戴
上口套。❷禁止(某人、社团等)自由发表意见

my [maɪ] [强 maɪ;弱 mɪ] pron.❶[I 的所
有格]我的:～ schoolmates 我的同学们 ❷[用
于名词或形容词前作称呼]我的:Come along,～
dear Mr.
Smith 我亲爱的史密斯先生/Come along,～
boy! 快点儿,老兄! ❸[用于感叹语,表示惊
奇]:My goodness,what a surprise! 我的天
哪,真想不到!

myr·i·ad ['mɪrɪəd] Ⅰ.(～s[-z]) n.Ⓒ❶
(一)万 ❷极大数量;无数:Each galaxy con-
tains ～s of stars.每一星系都有无数的恒星。
Ⅱ.adj.[作定语]无数的;包罗万象的

my·self [maɪ'self] pron.❶ [I 的反身代

词]我自己:I often criticize ～.我经常进行自
我批评。/I'm going to get ～ a new suit.我
将给自己买一套新衣服。❷(用以加强语气)
我本人,我亲自:I ～ will present the prizes.
我亲自来发奖。/I said so ～ only last week.
我自己在上星期还这么说过。

mys·te·ri·ous [mɪ'stɪərɪəs] adj.❶神秘
的;不可思议的,难以理解的:a ～ event 神秘的
事件 ❷诡秘的;爱故弄玄虚的:She gave me a
～ look.她向我使了个神秘的眼色。

mys·tery ['mɪstərɪ] (mysteries[-z]) n.
Ⓤ❶难以理解的事,不可思议的事:the *mys-
teries* of nature 自然的奥秘/It's a ～ to me
why they didn't choose him.他们为什么不选
择他我觉得是个谜。❷神秘,秘密:His past is
shrouded in ～.他的过去使人捉摸不透。/
You're full of ～ tonight.你今天晚上很神
秘。❸故弄玄虚,奥秘 ❹[宗]奥秘的教理,神
迹,真谛 ❺[用复数](古希腊罗马的)秘密的
宗教仪式 ❻神秘小说,推理小说

mys·tic ['mɪstɪk] Ⅰ.adj.❶神秘主义的;
神秘的,不可思议的:～ rites and ceremonies
神秘的仪式 ❷引起敬畏的;令人惊奇的 Ⅱ.
n.Ⓒ神秘主义者

mys·ti·cal ['mɪstɪkəl] adj.❶(心灵上)具
有象征性的 ❷神秘主义的;神秘主义者的 ❸
根据直觉的

myth [mɪθ] n.❶Ⓒ(一篇)神话:the crea-
tion ～ 创世的神话/ancient Greek ～s 古希
腊神话 ❷Ⓤ[集合用法]神话:famous in ～
and legend 神话和传说中著名的 ❸Ⓒ虚构的
故事,神话式的故事(或人物)

myth·i·c(al) ['mɪθɪk(əl)] [无比较等级]
adj.❶神话的,神话式的;只存在于神话中的
❷想象的,虚构的

my·thol·o·gy [mɪ'θɒlədʒɪ] (mythologies
[-z]) n.❶Ⓤ神话学 ❷Ⓤ[集合用法]神话:
Greek and Roman ～ 希腊和罗马神话 ❸Ⓒ
神话集

M

N n

nail [neɪl] **I** . (~s[-z]) *n* . ◎❶指甲，趾甲：finger ~s 手指甲/ ❷钉，钉子：fasten sth. with ~s 用钉子把某物钉牢 **II** . (~s[-z]) *vt* . ❶钉，钉牢；使固定：~ a lid on a box 给箱子钉上盖子 ❷盯；贯注于，集中于：~ one's eyes on sth. 盯住某物看 ❸[口]说破，揭穿：I've finally ~ed the myth of his infallibility. 我终于揭穿了他"一贯正确"的神话。❹[口]抓住，抓获；拦截：She finally ~ed me in the corridor. 她最后在走廊里把我抓住了

na·ive，**na·ïve** [naɪ'iːv，nɑː'iːv] *adj* . ([近] innocent) ❶天真的，纯真的 ❷(对他人的话)过于相信的，轻信的 ❸缺少经验、智慧(或判断力)的：a ~ person 幼稚的人 ❹朴素的，朴实的

na·ked ['neɪkɪd] [无比较等级] *adj* . ❶裸体的，光身的：as ~ as the day he was born 像他出生时那样赤裸的 ❷无遮蔽的；无防备的，无保护的：a ~ light 没有灯罩的灯 ❸无掩饰的，坦白的，赤裸裸的：~ facts 赤裸裸的事实

name [neɪm] **I** . (~s[-z]) *n* . ◎❶名，名字；名称 ❷[只用单数]名誉，名声；名望：a good (an ill) ~ 好(坏)名声 ❸红人，名人：the great ~s of history 历史上的名人 ❹名义：worthy of the ~ 名副其实的 **II** . (~s[-z]；naming) *vt* . ❶给…取名，命名为…：They ~d their child John. 他们给孩子取名叫约翰。❷说出…的名称：~ all the oceans 说出五大洋的名称 ❸提名…，任命为…：~ sb. (as) manager 任命某人为经理 ❹确定，指定：The young couple have ~d the day. 这对年轻人已定下婚期。

name·ly ['neɪmlɪ] *adv* . 即，那就是

name·sake ['neɪmseɪk] *n* . ◎同名的人(物)：He is my ~. 他与我同姓(或同名)。

nap [næp] **I** . *n* . ◎小睡，打盹，瞌睡：have (或 take) a quick ~ after lunch 午饭后小睡片刻 **II** . (napped [-t]；napping) *vi* . 小睡，打盹

nar·row ['nærəʊ] **I** . *adj* . ❶([反]wide，broad)狭的，狭窄的：a ~ bridge，path 狭窄的桥、路 ❷(范围)狭小的，意义(或规模、程度)有局限的：a ~ circle of friend 交游不广 ❸狭隘的，目光短浅的：He has a very ~ mind. 他度量很小。❹精细的，严密的 **II** . (~s[-z]) *vi* . ❶使…变窄：Her eyes ~ed. 她眯起眼睛。❷弄窄，缩小，限制：The gap between the two parties has ~ed considerably. 双方的隔阂已明显缩小。 *vt* . 使缩小；使变得狭隘 **III** . (~s[-z]) *n* . ◎❶(山谷、道路等的)狭窄部分，隘路 ❷[常用复数]海峡；隘口

nar·row·ly ['nærəʊlɪ] *adv* . ❶狭窄地 ❷勉强地：He ~ escaped drowning. 他差一点儿淹死。❸严密地，仔细地：observe someone ~ 密切关注某人

nas·ty ['nɑːstɪ] (nastier；nastiest) *adj* . ❶令人厌恶的，令人不愉快的：a ~ smell，taste 令人厌恶的气味、味道 ❷恶意的；卑劣的；淫秽的：~ stories 下流的故事 ❸凶险的，威胁的；麻烦人的：He had a ~ look in his eye. 他眼露凶光。❹严重的，厉害的：She had a ~ skiing accident. 她滑雪时出了严重事故。

na·tion ['neɪʃən] (~s[-z]) *n* . ◎❶国家，民族：the ~s of Western Europe 西欧国家 ❷[用单数][集合用法]国民：the voice of the ~ 人民之声，舆论

na·tional ['næʃənəl] **I** . [无比较等级] *adj* . ❶国民的，国家的，民族的：~ and local newspapers 全国和地方报纸 ❷国有的，国营的：a ~ theatre 国家剧院 ❸全国性的，全民性的 ❹民族主义的，爱国的 **II** . (~s[-z]) *n* . ◎❶侨民，(某国的)公民：He's a French ~ working in Italy. 他是在意大利工作的法国人。❷[常用复数]全国性(体育)比赛

na·tion·al·i·ty [ˌnæʃə'nælɪtɪ] (nationalities[-z]) *n* . ❶Ⓤ◎国籍：He has French ~. 他是法国国籍。❷Ⓤ民族性；民族主义 ◎民族集团，民族群体：the minority *nationalities* 各少数民族

na·tion·al·ize, -ise ['næʃənəlaɪz] (~s [-z]; nationalizing) vt. ❶使公有化,将(某物)收归国有:a ~d industry 公有化的工业 ❷使入某国国籍,使归化:~d Poles and Greeks in the USA 已成为美国公民的波兰人和希腊人

na·tive ['neɪtɪv] I. [无比较等级] adj. ❶天生的,固有的:The ability to swim is ~ to fish. 鱼天生会游泳。❷出生地的,本国的,本土的:Her ~ language is French. 她的母语是法语。❸原产于某地的,特有的:The tiger is ~ to India. 这种虎原产于印度。❹质朴的,不做作的,自然的 ❺天然的,非合成的:~ gold 天然金 II. (~s[-z]) n. ⓒ❶本地人,本国人:He is a ~ of Beijing. 他是北京人。❷当地人,当地居民:Are you a ~ here, or just a visitor? 你是本地人呢,还是访客? ❸土著人,〔贬〕土人:The white people here don't mix socially with the ~s. 这里的白种人不与土人交往。❹产于某地的动物(或植物):The kangaroo is a ~ of Australia. 袋鼠是产于澳洲的动物。

nat·u·ral ['nætʃərəl] I. [无比较等级] adj. ❶自然的,自然界的;天然的:~ phenomena 自然现象 ❷天生的,天赋的,固有的:a ~ comedian 天才喜剧演员 ❸合乎自然规律的,意料之中的;正常的:die a ~ death 自然死亡 ❹不夸张的,不做作的;坦率的:a ~ smile 自然的微笑 ❺逼真的,栩栩如生的 ❻有血缘关系的,亲生的:~ parents 生身父母 ❼无法律关系的;(尤指)私生的,私生关系的:his ~ child 他的私生子 ❽【音】本位音的 ❾【数】自然数的,正整数的 II. (~s[-z]) n. ⓒ❶(对…)适合的人:He's a ~ for the role of Lear. 他是李尔王这一角色的理想人选。❷【音】本位音;本位记号

nat·u·ral·ize, -ise ['nætʃərəlaɪz] (~s [-ɪz]; naturalizing) vt. ❶使…入某国籍,使归化:a ~d American who was born in Poland 出生于波兰而入美国籍的人 ❷吸收,采用(外国风俗、语词等) ❸使(动、植物)顺化,移植:A number of tropical plants have been ~d in central China. 许多热带植物已移植到华中了。

nat·u·ral·ly ['nætʃərəlɪ] adv. ❶自然地,不做作地:a ~ gifted actor 天才的演员 ❷当然,必然地:One will ~ ask why. 人们当然要问为什么。❸天生地:He is ~ brave. 他天生就勇敢。

na·ture ['neɪtʃə(r)] (~s[-z]) n. ❶ⓤ自然,自然界:the wonders of ~ 大自然的奥妙 ❷([近]character)ⓤⓒ特性,性质;本质:She is proud by ~. 她生性傲慢。❸([近]kind)ⓒ种类,类型:Things of that ~ do not interest me. 我对那种事情不感兴趣。❹ⓤ本能,生理需求

naught, nought [nɔːt] n. ⓒⓤ【数】零,无:write three ~s on the blackboard 在黑板上写3个0

naugh·ty ['nɔːtɪ] (naughtier; naughtiest) adj. 顽皮的,淘气的,不听话的:He's a terribly ~ child. 他是个调皮捣蛋的孩子。

na·val ['neɪvl] adj. 海军的,军舰的;船的:a ~ officer 海军军官/a ~ power 海军强国

nav·i·gate ['nævɪgeɪt] (~d[-ɪd]; navigating) vt. ❶驾驶(船、舶、飞艇等):~ the tanker round the Cape 驾驶油轮绕过好旺角 ❷航行于,航海于,飞行于:the first woman to ~ the Amazon alone 第一个独自在亚马孙河航行的女子 ❸设法穿越,通过

nav·i·ga·tion [ˌnævɪ'geɪʃən] n. ⓤ航行,航海,航空

na·vy ['neɪvɪ] (navies [-z]) n. ⓒ❶海军 ❷[集合用法]海军部队;海军军人:join the ~ 参加海军

near [nɪə(r)] I. (~er ['-rə]; ~est ['-rɪst]) adv. ❶(空间、时间)近,接近:International Labour Day is drawing ~. 国际劳动节即将来临。❷([近]almost, nearly)几乎,差不多:dark brown coming ~ to black 与黑色差不多的深棕色 II. (~er['-rə]; ~est ['-rɪst]) adj. ❶近的,接近的:Where's the ~est bus-stop? 最近的公共汽车站在哪里? ❷亲近的,亲密的:a ~ relation 血缘关系近的人 ❸近似的,相似的:This copy is ~er the original than the others I've seen. 这个副本比我见过的其他副本更接近原件。❹几乎的,差不多是的:a ~ accident 差点儿发生的事故 ❺([近]left)([反]off)右边的,左侧的:the ~ side of the road 路的左侧 III. prep. ❶([反]far from)(距离或时间)接近,靠近:He is ~ sixty. 他接近60岁了。❷几乎,差点儿;接近:He felt ~ to death. 他觉得快要死了。IV. (~s[-z]; ~ing['-rɪŋ]) vt. 接近,靠近:The job is at last ~ing completion. 这项工作终于快要完成了。vi. 接近,走近;驶近

near·by ['nɪəbaɪ] I. [无比较等级] adj. 附近的,旁边的:a ~ village 附近的村子 II. adv. 在附近:The helicopter landed ~. 直升机在附近着陆。III. prep. 在…的附近:build a pumping station ~ the bridge 在桥附近造一个抽水站

near·ly ['nɪəlɪ] adj. ([近]almost)差不多,几乎:It's ~ one o'clock. 将近1点钟了。

neat¹ [niːt] *adj.* ❶([近]tidy)整齐的,整洁的:a ~ room 整洁的房间 ❷(衣服)朴素而雅致的;(身材)匀称的,体态优美的:She has a ~ figure.她身材匀称。❸灵巧的,巧妙的:a ~ piece of work 一件灵巧的作品 ❹[口]很棒的,好极了的 ❺(指酒等)不掺水的,不稀释的,纯的:a ~ whisky 纯威士忌

neat² [niːt] Ⅰ.[单复同] *n.* ©牛类动物;牛 Ⅱ.*adj.* 牛类的

nec·es·sa·ry ['nesɪsərɪ] Ⅰ.*adj.*([近]essential)([反]needless) ❶必需的,必要的,必不可少的:She hasn't the experience ~ for the job.她没有做那事所需要的经验。❷必然的,不可避免的:the ~ consequences 必然的结果 Ⅱ.(necessaries [-z]) *n.* ©[常用复数]必需品:daily *necessaries* 日用品

ne·ces·si·tate [nɪ'sesɪteɪt] (~d[-ɪd];necessitating) *vt.* ❶[常用被动语态]迫使:He was ~d to agree.他不得不同意。❷使…成为必要:The increase of production ~s a greater supply of raw materials. 随着生产的增加,原料的供应就必须增多。

ne·ces·si·ty [nɪ'sesɪtɪ] (necessities [-z]) *n.* ❶Ü 必要(性);需要:We will always come in case of extreme ~.遇到紧急关头我们一定来。❷Ü 必然(性),自然规律:historical ~ 历史的必然 ❸© 必需品:Food,clothing and shelter are all basic necessities of life.衣、食、住所是生活的基本必需品。❹Ü 困窘,穷困:They live in great ~.他们过着非常贫穷的生活。

neck [nek] Ⅰ.*n.* ❶©(人或动物的)脖子,颈:wrap a scarf round one's ~ 脖子上围条围巾 ❷©(衣服的)领口,衣领:My shirt is rather tight in the ~.我的衬衫领子太紧。❸Ü©(动物的)颈肉 ❹©物体的狭窄部分,颈部:the ~ of a bottle 瓶颈 ❺©[地]岩颈 Ⅱ.(~ed[-t]) *vt.* ❶拧脖子杀死 ❷缩小…的口径使成颈状 *vi.* [美口]拥抱,接吻

need [niːd] Ⅰ.(~s[-z]) *n.* ❶Ü([近]want)需要;要求;必要:Call me in time of ~.需要的时候给我打电话。❷Ü缺乏,缺少;需求:He helped me in my hour of ~.他在我困难时帮助过我。❸©([近]necessity)[常用复数]缺少的东西,需用之物:supply a baby's ~s 提供幼儿的必需品 Ⅱ.*vt.* 需要…,有…的必要:I ~ to consult a dictionary.我需要查词典。*v.aux.* ❶[无时态、人称变化,常用于疑问句和否定句]需要;必须:You ~*n't* finish that work today.你今天不必把那项工作做完。❷其实,本来,不必(表示曾做的事无必要):You ~ not have hurried.

你当时实在不必那么匆忙。

need·ful ['niːdf(ʊ)l] Ⅰ.*adj.* 需要的,必须的:promise to do what is ~ 答应做必须做的事 Ⅱ.(~s[-z]) *n.* ©需要的事物:do the ~ 做必须做的事

nee·dle ['niːdl] Ⅰ.(~s[-z]) *n.* ©❶缝衣针,织针 ❷手术针;唱针,罗盘针,指南针:She was given a ~ for whooping cough. 她因患百日咳打了一针。❸针状物(如松树的针叶、尖的岩石或山峰、方尖石碑等)❹[口]愤怒,敌意;尖锐辛辣的话:a ~ match 双方都怀有强烈敌意的比赛 Ⅱ.(needling) *vt.* [口](用言语)激怒(或烦扰某人);挑逗:Stop *needling* him or he might hit you.别再拿话激怒他了,不然他会揍你。

need·less ['niːdlɪs] *adj.* 不需要的,不必要的:~ work 不必要的工作

needs [niːdz] *adv.* [只用must 连用]一定,必须;偏要,非得:He must ~ break a leg just before we go on holiday.我们正要去度假,他却偏偏摔断了腿。

neg·a·tive ['negətɪv] Ⅰ.*adj.* ❶否定的,拒绝的,否认的:give sb. a ~ answer 给某人以否定的答复 ❷([反]positive)消极的;反对的;保守的:He has a very ~ attitude to his work.他的工作态度很消极。❸[数]负的;(电)阴极的,负极的 ❹[医]阴性的 ❺[摄]底片的 Ⅱ.(~s[-z]) *n.* ©❶否定;否定词:"No","not" are ~s. no,not 都是否定词。❷否定的陈述,否定的观点:The ~ won the debate.否定的观点赢得了辩论。❸[数]负数;[电]负极,阴极板 ❹[摄]底片 Ⅲ.(negativing) *vt.* ❶否定,否认,否决:~ an application 否决请求 ❷反驳,驳斥 ❸抵消,中立

neg·lect [nɪ'glekt] Ⅰ.(~ed[-ɪd]) *vt.* ❶([近]ignore)疏忽,忽略:~ one's duties 玩忽职守 ❷未做(或忘记做)某事;疏漏:Don't ~ writing to your mother. 别忘了给你母亲写信。Ⅱ.*n.* Ü疏忽,忽略:He showed no ~ of duty. 他不曾玩忽职守。

ne·go·ti·ate [nɪ'gəʊʃɪeɪt] (~d[-ɪd];negotiating) *vi.* 谈判,协商:We've decided to ~ with the employers about our wage claim. 我们决定就工资问题与老板谈判。*vt.* ❶协商,协定:a ~d settlement 经谈判的解决办法 ❷转让;兑现(票证等)❸超越,跨越(山、河等):The horse ~d the fence with ease.那马轻易跳过了栅栏。

ne·go·ti·a·tion [nɪˌgəʊʃɪ'eɪʃən] (~s[-z]) *n.* ©Ü谈判,协商:The price is a matter of ~.价格是可以商议的。

Ne·gro, ne·gro ['niːgrəʊ] Ⅰ.(~es[-z])

n. C黑种人,黑人(此词一般认为含有轻蔑之意,现多用 black)Ⅱ. *adj*. 黑人的

neigh [neɪ] Ⅰ. (～s[-z]) *vi*. (马)嘶叫 Ⅱ. *n*. C马嘶声

*neigh•bo(u)r** ['neɪbə(r)] Ⅰ. (～s[-z]) *n*. C❶ 邻居,邻近的人:We're next-door ～s. 我们是隔壁邻居。❷ 邻座;邻国:We were ～s at dinner table. 我们用餐时在一起。❸ 同伴,伙伴 Ⅱ. (～ing[-rɪŋ]) *vi. & vt*. 同…邻接,与…结邻;位于附近:The garden ～s on a golf course. 那花园与高尔夫球场相邻。

neigh•bo(u)r•hood ['neɪbəhʊd] *n*. ❶U邻接,邻近 ❷U邻居关系;街坊,四邻:She is liked by the whole ～. 邻近的人都喜欢她。❸C地区:We live in a rather rich ～. 我们住在很富裕的地区。

*nei•ther** ['naɪðə(r)] Ⅰ. *adj*. [与单数名词连用]两者都不:Neither answer is correct. 两个答案都不对。Ⅱ. *pron*. [常用作单数,但在口语中也有当作复数的情形]两者都不…,双方均不…:Neither of them was in good health. 他们俩人身体都不好。Ⅲ. *adv*. [用于主语前面的情态动词或助动词之前]也不:The first one was not bad, and ～ was the second. 第一个不坏,第二个也不坏。Ⅳ. *conj*. 既不…也不:The hotel is ～ spacious nor comfortable. 这旅馆既不宽敞,也不舒服。

*nephew** ['nevjuː, 'nef-] (～s[-z]) *n*. C侄子;外甥

nerve [nɜːv] Ⅰ. (～s[-z]) *n*. ❶C【解】神经:pain caused by a trapped ～ 压迫神经产生的疼痛 ❷ [用复数]神经系统;神经质,神经过敏:suffer from ～s 患神经过敏 ❸U沉着;勇敢,胆量:lose(regain)one's ～ 失去(恢复)勇气 ❹U[有时用 a ～]放肆,厚颜,鲁莽:What a ～! She just walked off with my radio! 脸皮真厚! 她一声不吭把我的收音机拿走了! ❺C【植】(叶)脉;(昆虫的)翅脉 Ⅱ. (nerving) *vt*. 使奋勇;使…有勇气(做某事):I ～d myself to face my accusers. 我下决心迎击指责我的人。

*nerv•ous** ['nɜːvəs] *adj*. ❶神经的:the ～ system of the human body 人体的神经系统 ❷([近]uneasy)神经质的,紧张的,不安的:The patient is in a ～ state. 病人处于紧张不安的状态。❸胆小的,胆怯的,害怕的:She gave a ～ laugh. 她胆怯地一笑。

nest [nest] Ⅰ. *n*. C❶巢,穴,窝:a wasps' ～ 黄蜂巢/an ants' ～ 蚁穴 ❷安逸的处所,住所:make oneself a ～ of cushions 用垫子给自己做个安乐窝 ❸(盗贼的)窝,窟;(盗贼等

的)一伙:a ～ of criminals 一伙罪犯 ❹(大小不等,可以放在一起的)一组(或一套)同类物件:a ～ of boxes(tables)一套盒子(桌子)Ⅱ. (～ed['-ɪd]) *vi*. 筑巢,做窝:Swallows are ～ing in the garage. 燕子正在汽车房做窝。*vt*. 为…筑巢;把…放入巢中

*nes•tle** ['nesl] (～s[-z];nestling) *vt. & vi*. (舒适地)安顿下来;使…舒适地安卧下来;抱,怀抱:～ into bed 躺在暖和的床上

*net**[1] [net] Ⅰ. *n*. C❶网,网状物:a large piece of ～/a wire-～ fence 铁丝网栅栏 ❷罗网,陷阱:caught in a ～ 的圈套落入罪恶的陷阱 ❸网络系统,(尤指)通讯网 Ⅱ. (netted['-ɪd];netting) *vt*. ❶编成网;编成网状物 ❷用网捕捉:They netted a good haul of fish. 他们捕了满满一网鱼。❸用网覆盖,用网保护 ❹将(球等)击入球门网

*net**[2] [net] Ⅰ. [无比较等级]([反]gross) *adj*. 净的,纯的,实的:～ price 实价 Ⅱ. *n*. U净利,净数值;最终结果 Ⅲ. (netted['-ɪd];netting) *vt*. 使净得,净赚:She netted £5 from the sale. 她从出售中净赚 5 英镑。

net•work ['netwɜːk] *n*. U C❶网状系统:a ～ of roads,railways 公路、铁路网 ❷联络网:a ～ of shops all over the country 遍及全国的商店网 ❸通讯网

neu•tral ['njuːtrəl] Ⅰ. *adj*. ❶中立的;中立国的:～ territory,ships 中立国的领土、船只 ❷不偏不倚的,公平的:a ～ judge,assessment 公正的法官、评价 ❸无明显特征的:He is rather a ～ character. 他品性平平。❹(颜色)不鲜的,不明显的 ❺(汽车的排挡)空挡的 Ⅱ. *n*. C❶中立者;中立国 ❷【机】(汽车等的)空挡位置

neu•tron ['njuːtrɒn] (～s[-z]) *n*. C【物】中子

*nev•er** ['nevə(r)] *adv*. ❶永不,决不,从未:He has ～ been abroad. 他从未出国。❷[口]不,没有,不要:You ～ did. 你肯定没做过。❸[口](表示惊异或不相信)当然不,不可能(…吧):You ～ left the key in the lock! 你总不会把钥匙落在锁上吧!

nev•er•the•less [ˌnevəðə'les] Ⅰ. *conj*. 虽然如此;然而;依然:The news may be unexpected;～, it is true. 这消息可能是出乎意料的,然而是真实的。Ⅱ. *adv*. 然而,不过:Though very intelligent, she is ～ rather modest. 她很聪明,却也很谦虚。

*new** [njuː] Ⅰ. *adj*. ❶([反]old)新的:a ～ school,theatre 新学校、剧院 ❷未见过的、未经历过的,初次的:learn ～ words in a foreign language 学习外语生词 ❸新经历的,不

同于旧的,改变了的:a ～ understanding of the problem 对问题的新理解 ❹新生的,现代的,最新型的:the ～ poor(rich)新形成的穷人(富人)❺刚开始的,重新开始的,更新的:start a ～ life 开始新生活 Ⅱ. *adv.* [常用以构成复合词]新,新近:~-built 新建 Ⅲ. *n.* [the ～]新东西,新事物

new•ly ['nju:lɪ] *adv.* ❶新近,最近:a ～ married couple 新婚夫妇 ❷重新

news [nju:z][复]. *n.* Ⓤ❶[用作单数]消息,新闻,新闻报道;信息:What's the latest ～? 有什么最新消息? ❷(用作报刊名称)…报:the United Daily *News*《联合日报》❸(可当作新闻内容的)新闻人物,新闻事件:Pop stars are always ～. 唱流行歌曲的歌星什么时候都是新闻人物。

***news•pa•per** ['nju:zpeɪpə] *n.* Ⓒ报纸;报社

***next** [nekst] Ⅰ. [无比较等级] *adj.* ❶(在顺序、空间或时间上)紧随其后的;下次的,其次的:the ～ page before 前一面 ❷隔壁的;最近的:the ～ name on the list 名单上的下一个名字 Ⅱ. *adv.* 其次,然后;紧接着地:He was wondering what was going to happen ～. 他正纳闷下面将会发生什么。Ⅲ. *prep.* 靠近,贴近:sit ～ sb. 坐在某人旁边/We live in the house ～ the church. 我们住在紧挨着教堂的房子。Ⅳ. *n.* Ⓤ下一位,下一个:I'll tell you in my ～. 我将在下一封信里告诉你。

***nice** [naɪs] *adj.* ❶[口]合宜的;漂亮的;愉快的;动人的:We had a ～ time at the beach. 我们在海滩时开心极了。❷有礼貌的,体贴人的:Try to be ～ to my father when he visits. 我父亲来这里时尽量对他好些。❸高尚的,高雅的;有教养的:She's not too ～ in her business methods. 她的经营方法不敢恭维。❹精密的;细微的,微妙的:a ～ distinction 细微的区别 ❺难以满足的;爱挑剔的,过于讲究的:be very ～ in one's food 对吃的东西挑三拣四 ❻需慎重对待的,需精心处理的:a ～ problem 一个棘手的问题

nice•ly ['naɪslɪ] *adv.* ❶愉快地,美好地:The patient is doing ～. 病人状况进展良好。❷恰好地,适宜地:That will suit me ～. 那对我很合适。

niche [nɪtʃ] (～es['-ɪz]) *n.* Ⓒ❶壁龛(放置雕像、花瓶等的墙壁凹入处)❷合适的位置(或职务等)

nick•el ['nɪkl] (～s[-z]) *n.* ❶Ⓤ【化】镍 ❷Ⓒ(美国或加拿大的)五分镍币 Ⅱ. *vt.* 将(某物)镀镍

nick•name ['nɪkneɪm] Ⅰ. (～s[-z]) *n.* Ⓒ爱称;绰号,诨名:Harold's ～ was Harry. 哈

罗德的昵称是哈里。Ⅱ. (nicknaming) *vt.* 给(某人)起绰号:He was ～d Shorty because he was so tall. 因为他很高,就给他起个外号叫"矮子"。

niece [ni:s] (～s['-z]) *n.* Ⓒ侄女;外甥女

***night** [naɪt] *n.* ❶ⒸⓊ夜,夜晚:during the ～ 在夜里 ❷Ⓒ(进行某项活动的)夜晚:the first ～ of a play 戏剧的首演夜场 ❸Ⓤ黄昏,昏暗:under(the)cover of ～ 趁着夜色 ❹Ⓤ黑夜般的状况;黑暗时期:in the ～ of Nazi rule 在纳粹统治的黑暗日子里

night•ly ['naɪtlɪ] Ⅰ. *adj.* 晚上的;夜间(发生)的:～ performances 夜间演出 Ⅱ. *adv.* 每夜;夜间:a film show twice ～每晚放映两次的电影

nim•ble ['nɪmbl] (～r;～st) *adj.* ❶([近] quick)敏捷的,灵活的;迅速的:as ～ as a goat 像山羊一样敏捷 ❷(头脑)敏锐的,聪敏的

***nine** [naɪn] Ⅰ. (～s[-z]) *n.* ❶ⓊⒸ(数字的)9;9 的数字:*Nine* plus seven equals sixteen. 9 加 7 等于 16。❷Ⓤ9 个;9 人:*Nine* are on duty. 9 个人在值班。❸Ⓤ9 时,9 岁,9 元,9 镑:School begins at ～. 学校 9 点开始上课。❹Ⓒ9 人一组;[美]棒球队 ❺Ⓒ(牌的)9 点牌 Ⅱ. *adj.* 9 的;9 个的;9 岁的:Our daughter is ～ years old. 我们的女儿 9 岁。

***nine•teen** ['naɪn'ti:n] Ⅰ. (～s[-z]) *n.* ❶ⓊⒸ(数的)19;19 的数字 ❷Ⓤ19 个;19 人 ❸Ⓤ19 分,19 时;19 岁 Ⅱ. *adj.* 19 的,19 个的;19 人的;19 岁的:She is ～. 她 19 岁。

nine•teenth ['naɪn'ti:nθ] Ⅰ. *adj.* ❶[常用 the ～]第 19 的;第 19 个的:in the ～ century 在 19 世纪 ❷1/19 的 Ⅱ. *n.* ❶Ⓤ[常用 the ～]第 19(的物品);(每月的)19 日 ❷Ⓒ1/19

***nine•ti•eth** ['naɪntɪθ] Ⅰ. *adj.* ❶[常用 the ～]第 90 的;第 90 个的 ❷1/90 的 Ⅱ. *n.* ❶Ⓤ[常用 the ～]第 90 个(东西) ❷Ⓒ1/90

***nine•ty** ['naɪntɪ] Ⅰ. (nineties[-z]) *n.* ❶ⓊⒸ(数目的)90;90 的数字 ❷Ⓤ90 个;90 人;90 岁:The company employed ～. 那家公司雇用了 90 个员工。❸[用复数]90 年代;(年龄)90 几岁 Ⅱ. *adj.* 90 的;90 个的;90 人的;90 岁的

***ninth** [naɪnθ] Ⅰ. *adj.* ❶[常用 the ～]第 9 的,第 9 个的:Today is her ～ birthday. 今天是她 9 岁的生日。❷1/9 的 Ⅱ. *n.* ❶Ⓤ[常用 the ～]第 9 个(东西);(每月的)第 9 日:on the ～ of September 在 9 月 9 日 ❷Ⓒ1/9

ni·tro·gen [ˈnaɪtrədʒən] *n*. Ⓤ【化】氮(符号 N);氮气

***no** [nəʊ] **I**. *adj*. ❶没有,无:There are ~ clouds in the sky. 天上没有云。❷并非,绝非:She's ~ fool. 她可不是傻子。❸很少,很小;一点儿:They finished the task in ~ time. 他们很快就完成了任务。❹不许…,不要…(用于省略句。通常用于公告、布告等):No smoking! 禁止吸烟! **II**. *adv*. ❶[用在形容词、副词的比较级前]并不,决不:He's ~ worse than the last exercise. 这并不比上次的练习糟。❷(用于否定的答复)不,不是:"Do you smoke?" "No, I don't." "你抽烟吗?" "我不抽。" ❸(用于加强否定语气)不:He was pleased, ~, overjoyed at his son's success. 他为儿子的成功高兴,不,应该说是欣喜若狂。❹(用以表示惊奇、怀疑或不信)不会,怎么会:"He tried to kill himself." "No, why?" "他自杀未遂。" "怎么会,为什么要自杀?" ❺(用于 or 之后)…与否:Pleasant or ~, the news is true. 不管是好是坏,反正消息是真的。❻不,并非:in ~ uncertain terms 用十分明确的言辞 **III**. (~es[-z]) *n*. Ⓒ[用复数](在辩论中)投反对票的总人数:The ~es have it. 投反对票者占多数。

***no·ble** [ˈnəʊbl] **I**. (~r; ~st)([反]ignoble) *adj*. ❶高尚的,崇高的:~ sentiments 高尚的情操/It was ~ of you to accept a lower salary to help the company. 你为了帮助公司而接受低工资真是难能可贵。❷高贵的,显贵的;贵族的:a family of ~ descent 世袭的贵族家庭 ❸壮丽的,宏伟的:a ~ building 宏伟的建筑 **II**. (~s[-z]) *n*. Ⓒ贵族成员

no·bly [ˈnəʊblɪ] *adj*. 高贵地,高尚地,华贵地:~ born 出身高贵

***no·body** [ˈnəʊbədɪ] **I**. *pron*. 没有人,无人:Nobody came to see me. 没人来看我。/ He found that ~ could speak English. 他发现没有人会说英语。**II**. (nobodies [-z]) *n*. Ⓒ小人物,无足轻重的人:He was just a ~ before he met her. 他认识她之前只是个小人物。

***nod** [nɒd] (~s[-z]; nodded[ˈ-ɪd]; nodding) *vt*. 点头;点头表示:He *nodded* approval. 他点头表示赞同。*vt*. ❶([反]shake)点头(表示同意或打招呼):The teacher *nodded* in agreement. 老师同意地点了点头。/ She *nodded* to me as she passed. 她从我身边走过时向我点头致意。❷打盹,打瞌睡:The old lady sat *nodding* by the fire. 那老太太坐在火炉旁打瞌睡。❸(花等)上下摆动 ❹(不小

心)弄错;疏忽 **II**. *n*. Ⓒ点头;点头示意:She gave me a ~ as she passed. 她走过时朝我点了一下头。

***noise** [nɔɪz] **I**. (~s[ˈ-ɪz]) *n*. ❶ⓊⒸ声音;噪音,杂音:the ~ of jet aircraft 喷气式飞机发出的噪声/Who's making those strange ~s? 谁弄出的那种怪声? ❷Ⓤ喧哗声,嘈杂声:Don't make so much ~. 别这么大声喧哗。❸[用复数]应酬话:He made all the right ~s. 他说了许多得体的应酬话。**II**. (noising) *vt*. 传言,谣传:It is being ~d abroad that he has been arrested. 他被捕的事已满城风雨。*vi*. 大声讲话,喧闹

***noisy** [ˈnɔɪzɪ] (noisier; noisiest) *adj*. ❶([反]quiet, silent)吵闹的;发出噪声的:children 吵闹的孩子们 ❷喧闹的,嘈杂的:I can't work here — it's far too ~. 我无法在这里工作——太吵了。

nom·ad [ˈnəʊmæd] (~s[-z]) *n*. Ⓒ游牧民;流浪者

nom·i·nal [ˈnɒmɪnl] *adj*. ❶([反]formal)名义上的,不实际的:the ~ ruler of the country 名义上的国家统治者/the ~ value of the shares 股份的面值 ❷极少的,象征性的:a ~ rent 象征性租金 ❸【语】名词的,名词性的

nom·i·nate [ˈnɒmɪneɪt] (~d[-ɪd]; nominating) *vt*. ❶提名(某人为某职位、职务、任务等的候选人):She has been ~d as candidate for the Presidency. 她已被提名为总统候选人。❷任命,指定,指派:The board ~d her as the new director. 董事会指定她为新董事。❸确定(日期、地点):July 1st has been ~d as the day of the election. 已确定 7 月 1 日为选举日。

nom·i·na·tion [ˌnɒmɪˈneɪʃ(ə)n] (~s[-z]) *n*. ⓊⒸ提名,任命;推荐:How many ~s have there been? 到现在已提名多少人?

nom·i·na·tive [ˈnɒmɪnətɪv] **I**. [无比较等级] *adj*. 主格的,称谓的 **II**. *n*. ⒸⓊ【语】主格;主格词

***none** [nʌn] **I**. *pron*. ❶(三者以上之中的)没有;没有任何东西:None have(或 has) arrived yet. 还没有人来。/None of us is afraid of difficulties. 我们中没有一个害怕困难的。/We ~ of us said anything. 我们谁也没说什么。❷无一人,没有一个人:He is aware;~ better than he. 谁也没有他知道得更清楚。/None came on time. 没有一人准时来。**II**. *adv*. ❶一点儿也不,毫不:He's ~ the worse for falling into the river. 他跌进河里什么事也没有。❷不很,不太:The salary they pay me is ~ too high. 他们付给我的薪

水不太高。

non·sense ['nɒnsəns] *n*. Ⓤ❶无意义的话 ❷废话,胡闹;荒唐的想法:You're talking ~! 你胡说八道!

non·sen·si·cal [nɒn'sensɪkl] *adj*. 无意义 的;不合理的;荒谬的

noo·dle ['nuːdl] (~s[-z]) *n*. Ⓒ❶[常用复 数]面条:chicken soup ~ 鸡汤面 ❷[口]笨 蛋,傻瓜

*****noon** [nuːn] (~s[-z]) *n*. ⓊⒸ❶正午,中 午:They arrived at ~. 他们是中午到的。/ She stayed until ~. 她待到中午才走。❷最高 点;全盛期:at the ~ of one's life 在壮年时

*****nor** [nə(r), nɔː(r)] *conj*. (常与 neither 连 用)❶亦不,又不:I can neither go ~ stay. 我 既不能去,又不能留。❷(与 not, no, never 连 用)也不…:He doesn't smoke ~ does he drink. 他既不抽烟也不喝酒。❸(与助动词和 情态动词连用,句中主语和谓语倒置)也不: The article is too long; ~ is the style easy. 文章太长,文笔也不流畅。

*****nor·mal** ['nɔːml] **Ⅰ**. *adj*. ❶([反]abnor-mal)正常的,常规的;标准的:~ behaviour, thinking, views 正确的行为、思想、观点 ❷智 力正常的,精神健全的:People who commit crimes like that aren't ~. 犯这种罪的人心理 都不正常。❸【生】自然发生的:~ immunity 自然免疫力 ❹【数】垂直的,正交的;法线的 **Ⅱ**. *n*. Ⓤ正常,标准,常态:Things have re-turned to ~. 事情已恢复到常态。

nor·mal·i·ty [nɔː'mælɪtɪ] *n*. Ⓤ正常状态: bring sth. back to ~ 使某事恢复正常

nor·mal·ize, -ise ['nɔːməlaɪz] *vt*. ❶使 (某事)正常,使正常化:Our relationship has been ~d. 我们的关系正常了。❷使(某事物) 合标准(规格或要求):The editors have ~d the author's rather unusual spelling. 编辑已 将作者不太规范的拼写改正过来了。

nor·mal·ly ['nɔːməlɪ] *adv*. ❶正常地,正规 地 ❷通常:I ~ get up at six. 我通常 6 点 起床。

*****north** [nɔːθ] **Ⅰ**. *n*. Ⓤ❶[常用 the ~]北, 北方:cold winds from the ~寒冷的北风/He lives to the ~ of here. 他住在这里以北的地 方。❷(一国或一个地区的)北部地区:The ~ is less expensive to live in than the south. 北 方的生活费用比南方低。❸[用 North]地球 的北部(尤指北极地区)**Ⅱ**. *adj*. 北方的,北 的;朝北的:the North Pole 北极/a ~ wind 北风 **Ⅲ**. *adv*. 在北方,向北方;lie ~ of 在… 北面/sail ~ 向北航行

north·east [ˌnɔːθ'iːst] **Ⅰ**. *n*. ❶[the ~] 东北 ❷[the Northeast](一国或一地区的)东 北部 **Ⅱ**. *adj*. 位于东北的,来自东北的:a ~ wind 东北风 **Ⅲ**. *adv*. 在东北,向东北

*****north·ern** ['nɔːðən] **Ⅰ**. *adj*. ❶[常用 Northern]北部的,北方的:the *Northern* States of the U.S.A. 美国北部各州 ❷朝北 的,来自北方的;有北方特征的:~ habits and customs 北方的风俗习惯

north·ern·most ['nɔːðənməust] *adj*. [常 作定语]最北的,极北的

north·ward ['nɔːθwəd] **Ⅰ**. *adv*. 向北方: sail ~ 向北航行 **Ⅱ**. *adj*. 北方的 **Ⅲ**. *n*. [the ~]向北的方向,朝北的地区

north·wards ['nɔːθwədz] *adv*. 向北方

north·west [ˌnɔːθ'west] **Ⅰ**. *n*. [the ~]西 北;西北部 **Ⅱ**. *adj*. 位于西北的,朝西北的; 来自西北的 **Ⅲ**. *adv*. 在西北;向西北

*****nose** [nəuz] **Ⅰ**. (~s['-ɪz]) *n*. ❶Ⓒ鼻子: give sb. a punch on the ~ 打某人鼻子一拳 ❷前端突出部,鼻状物(如飞机机首、汽车前端 等):the ~ of a missile 导弹头部 ❸嗅觉:a dog with a good ~嗅觉灵敏的狗/a ~ for news 打探消息的能力 **Ⅲ**. (nosing) *vt*. ❶闻 出;探出,侦察出:~ out something fishy 嗅 出气味有点不对头 ❷用鼻子触,用鼻子顶: The dog ~d the door open. 狗用鼻子顶开了 门。*vi*. ❶闻,嗅(at, about) ❷[口]探听,干 涉:~ into other people's affairs 探听(或干 涉)别人的事情 ❸(船等)缓慢小心地行驶: The ship ~d its way slowly through the ice. 那艘船缓缓地破冰前进。

nosed [nəuzd] *adj*. [用以构成复合词]有… 鼻子的:red-~ 红鼻子的

nos·tril ['nɒstrɪl] *n*. Ⓒ鼻孔

*****not** [nɒt] *adv*. ❶不:He warned me ~ to be late. 他提醒我不要迟到。/They can ~ speak English. 他们不会讲英语。❷[用在其 他省略结构中,代替词、短语或句子]:Correct or ~, the expression is unpopular! 不管正 确与否,这个表达是不通俗的! /They will not be discouraged, ~ they! 他们不会灰心。 他们才不会呢! ❸[与 all, both, every 连用, 表示部分否定]:*Not* all the students have read the book. 不是所有的学生都读过这本 书。/Both his sisters are ~ in Shanghai. 他 的两个姐妹不都在上海。❹[与 any, either 连 用,表示全部否定]:He did ~ like any rooms. 任何房间他都不喜欢。❺[用于表示与 紧跟其后的词或短语的相反意思]:We plan to meet again in the ~ too distant future. 我

们打算不久以后再次见面。/～ a few 不少/～ seldom 常常,经常

no·ta·ble ['nəʊtəbl] **I . adj . ❶**([近]noticeable)([反]common, ordinary)值得注意的,显著的:a ～ success, event, discovery 令人瞩目的成功、事件、发现 **❷**([近]famous)著名的,杰出的:a ～ artist 著名的艺术家**Ⅱ. n .** © 名人,显耀人物

no·ta·bly ['nəʊtəblɪ] **adv .** 显而易见地,明显地;显著地:～ successful 显著地成功

*__note__ [nəʊt] **I . n .** © U **❶** 记录;笔记:make a ～做笔记/He sat taking ～ of everything that was said. 他坐在那里把说的每件事记录下来。**❷** 注释,解释:～s to(或 on)an article 文章的注解 **❸** 便笺,短笺,(外交上的)照会:an exchange of ～s between government 两国政府互致照会/He wrote a ～ asking if I would come. 他给我写了个便条,问我是否能来。**❹** 纸币;票据,借据:Do you want the money in ～s or coins? 你要纸币还是硬币? **❺** 名声,名望:a person of ～ 名人 **❻**(乐器发出的)声音;鸟鸣声:the first few ～s of a tune 曲子的头几个音 **❼**(乐谱上的)音符;(钢琴、风琴等的)音键:the black ～s and the white ～s 黑键和白键**Ⅱ.** (～d['-ɪd]; noting) **vt . ❶** 注意,留心;注意到:Please ～ how the machine is operated. 请注意机器的操作方法。/She ～d(that)his hands were dirty. 她看到他的手很脏。**❷** 记录,记下:The policeman ～d down every word she said. 警察把她说的每句话都记了下来。**❸** 提到;指明,表明:～ the necessity of cooperation 陈述合作的必要性

note·book ['nəʊtbʊk] **n .** © 笔记本;手册;簿子

not·ed ['nəʊtɪd] **adj .** ([近]famous)著名的,知名的:a ～ pianist 著名的钢琴家

note·wor·thy ['nəʊtwɜːðɪ] **adj .** 值得注意的,显著的:a ～ performance by a young pianist 青年钢琴家的出色表演

*__noth·ing__ ['nʌθɪŋ] **I . pron .** 没什么;没什么东西,无物:*Nothing* is too difficult if you put heart into it. 世上无难事,只怕有心人。/As they had never read newspaper, they know ～ about the world. 由于他们从不看报,因此对世界一无所知。/There's ～ interesting in the newspaper. 报上没什么有趣的新闻。/She means ～ to me. 她对我来说毫无重要。/I had ～ stronger than orange juice to drink. 我只喝了橙汁,没喝酒。**Ⅱ.** (～s[-z]) **n . ❶** © U 没有东西,没有什么:There is ～ wrong with this tractor. 这辆拖拉机没

有什么毛病。**❷** U © 不存在;不存在的东西 **❸** © U 微不足道的事物(或人):They say she's married a real ～. 据说她嫁给了一个微不足道的人。**❹** U 零:He is five feet ～. 他身高刚好 5 英尺。/The Giants won the game three to ～. 巨人队以 3 比 0 赢得那场比赛。**Ⅲ. adv .** 一点儿也不,毫不;决不:It is ～ surprising. 这毫不奇怪。

noth·ing·ness ['nʌθɪŋnɪs] **n .** U 不存在,虚无,空:pass into ～ 化为乌有

*__no·tice__ ['nəʊtɪs] **I .** (～s[-ɪz]) **n .** U © **❶** 注意,注目:bring sth. into public ～ 使某人为公众所注意 **❷**([近]announcement)布告,公告,通知:put up a ～ 张贴布告/The blacksmith was there reading the ～. 那个铁匠正在那里看布告。**❸**([近]information)预告,警告,通知:receive two month's ～ to leave 收到两个月后搬家的通知 **❹** 辞职书;辞呈:He handed in his ～ last week. 他上星期递了辞职书。**❺**(图书、戏剧等的)短评,介绍:The play received good ～s. 那个剧受到了好评。**Ⅱ.** (～d[-t]; noticing) **vt . ❶**([反]ignore)注意到,看到:Did you ～d her new dress? 你有没有注意到她的新套装? /I ～d(that)he left early. 我注意到他走得很早。/Did you ～ him coming in(或 come in)? 你看见他进来了吗? **❷** 通知:The plane was ～d to take off at six o'clock. 这架飞机被通知在 6 点钟起飞。**❸** 提到,谈到:～ sb.'s merits in a speech 在演讲中提到某人的功绩 **❹** 评价,介绍:The book will be ～d in our periodical before long. 不久将在本刊介绍这本书。**vi .** 注意,留意

no·tice·able ['nəʊtɪsəbl] **adj .** 显著的,明显的:There's been a ～ improvement in his handwriting. 他的书法有了明显的进步。

no·ti·fi·ca·tion [ˌnəʊtɪfɪ'keɪʃən] (～s[-z]) **n .** U © 通知,通告;通知单

no·ti·fy ['nəʊtɪfaɪ] (notifies; notified) **vt . & vi .** ([近]inform)通知,告知;报告:～ a loss to the police 向警方报案失踪/He *notified* us that he was going to leave. 他通知我们说他要辞职。

no·tion ['nəʊʃən] (～s[-z]) **n .** © **❶**([近]conception, opinion)观念,看法;概念:have a vague ～ about sth. 对某事物有模糊的概念/I have no ～ what he means. 我不懂他是什么意思。**❷**(奇怪、模糊或可能不正确的)思想,信念:Your head is full of silly ～s. 你满脑子都是糊涂思想。/He has a ～ that I'm cheating him. 他认为我在欺骗他。**❸** 懂得,明白,理解:She has no ～ of the difficulty of this

problem.她不了解这个问题的难处。❹（针线等小日用品的）针头线脑

no·to·ri·ous [nə(ʊ)ˈtɔːrɪəs] *adj*.（[近]infamous）（[反]famous,well-known）声名狼藉的,臭名昭著的:She's ~ for her wild behaviour.她因行为野蛮而出名。/He was ~ as gambler and rake.他是声名狼藉的赌徒和浪荡子。

not·with·stand·ing [ˌnɒtwɪθ'stændɪŋ] **Ⅰ**. *prep*.（[近]in spite of）（亦可用于其所指名词之后）尽管:Notwithstanding a steady decline in numbers, the school has had a very successful year.尽管学生人数持续减少,但该校这一年仍很成功。**Ⅱ**. *adj*. 尽管如此;然而,仍然:Whatever you may say,they will do it,~.无论你怎么说,他们还是要做。**Ⅲ**. *conj*. 虽然,尽管:I went ~（that）he told me not to.尽管他告诉我不要走,我还是去了。

noun [naʊn]（~s[-z]）*n*. C【语】名词;名词词性

nour·ish [ˈnʌrɪʃ]（~es[-ɪz];~ed[-t]）*vt*. ❶滋养;养育,培育:Most plants are ~ed by water drawn up through their roots.多数植物是靠着根吸收水分来维持生命的。❷保持,怀着:~ feelings of hatred 怀恨在心

nov·el¹ [ˈnɒvəl]（~s[-z]）*n*. C（长篇）小说:the ~s of Jane Austen 简·奥斯汀的小说/a popular ~ 通俗小说

nov·el² [ˈnɒvəl] *adj*. 新奇的,新颖的;新的:a ~ idea,fashion,design 新的概念、风尚、设计

nov·el·ty [ˈnɒvltɪ]（novelties [-z]）*n*. ❶U新奇,新颖 ❷C新奇的事物（或人）:A British businessman who can speak a foreign language is still something of a ~.能说某种外国语的英国商人仍可算是新奇人物。❸C（廉价的）小玩具,小装饰品:a chocolate egg with a plastic ~ inside 内藏塑料小玩意儿的蛋形巧克力

No·vem·ber [nə(ʊ)ˈvembə(r)] *n*. U 11月（缩写 Nov.）

now [naʊ] **Ⅰ**. *adv*. ❶现在,此刻:Where are you living ~? 你现在住在哪里？/Everything is ready ~.现在一切都准备好了。❷立刻,马上:You must write ~,or it will be too late.你必须马上写信,否则就太晚了。❸（在叙述中表示所涉及的时间）那时;接着;刚才:The child was ~ five years old.那时孩子5岁了。❹[说话者用以表示继续进行叙述、请求、警告等,不表示时间]:Now what do you mean? 你到底是什么意思？/Now be

quiet for a few moments and listen to this.请安静一会儿,注意听着。**Ⅱ**. *conj*. [常用 ~ that]由于…,既然…:Now（that）you mention it,I do remember the incident.经你一提,我确实想起那件事了。**Ⅲ**. *n*. U[常用在介词后]现在,此刻:I suppose he has arrived in Tokyo by ~.我想他现在已到达东京了。/Now is the time for action.现在是行动的时候了。**Ⅳ**. *adj*. 现在的;现任的:the ~ chairman of the association 现任的协会主席/the ~ cabinet 当今的内阁

now·a·days [ˈnaʊədeɪz] *adv*. 现今,现在

no·where [ˈnəʊweə(r)] *adv*. 无处,任何地方都不:£20 goes ~ when you're feeding a family these days.如今要养家的话,20英镑买不了多少东西。/He went ~ last Sunday.上星期天他什么地方都没去。

nu·cle·ar [ˈnjuːklɪə(r)] [无比较等级] *adj*. ❶核的;(尤指)原子核的:~ particle 核微粒/~ weapons 核武器/~ physics 核物理学 ❷使用（或生产）核能的:~-powered submarines 核动力潜艇

nu·cle·us [ˈnjuːklɪəs]（nuclei[ˈnjuːklɪaɪ] 或 ~es['-ɪz]）*n*. C核,中心,原子核

nui·sance [ˈnjuːsns]（~s[-ɪz]）*n*. C令人讨厌的人（事物、行为等）:The noise was so loud that it was a ~ to the neighbours.那声音大得让邻居们讨厌。

numb [nʌm] **Ⅰ**. *adj*. 失去感觉的;麻木的:fingers ~ with cold 冻僵了的手指/The shock left me ~.我惊呆了。**Ⅱ**.（~s[-z]）*vt*. ❶使…失去感觉,使麻木:be ~ed with cold 冻僵 / Her fingers were ~ed by the cold.她的手指冻僵了。❷使（某人）麻木不仁:She was completely ~ed by the shock of her father's death.她父亲去世造成的打击使她目瞪神呆。*vi*. 变得麻木

num·ber [ˈnʌmbə(r)] **Ⅰ**.（~s[-z]）*n*. ❶（[近]numeral）C 数,数字;数目;号码:an even（odd）~偶（奇）数/a telephone ~电话号码/What's the ~ of your car? 你的汽车多少号儿？❷C U数量,数额:Visitors came in ~s.参观者蜂拥而来。/A large ~ of people have applied.很多人都申请了。/We were fifteen in ~.我们共计15个人。❸U组,集体:one of our ~我们中的一员 ❹C（期刊、报纸等的）一期:the current ~ of *"Reader's Digest"*最近一期的《读者文摘》❺C（一个）节目;（歌剧的）一部分:the first ~ on the programme 第一个节目/the solo ~s of an opera 歌剧的独唱部分 ❻U【语】数;

"Men" is plural in ～. men 是复数形式。/ The subject of a sentence and its verb must agree in ～. 句子的主语和动词的数必须一致。❼［用复数］算术，计算：He's not good at ～s. 他的算术不怎么样。❽Ⓒ［美俚］商品的某一型号：a new nylon ～ 新的尼龙品种/ That new Fiat is a fast little ～. 那辆新的菲亚特是速度很快的汽车。❾ⒸⓊ［音］节奏；［用复数］拍子，调子，韵文，诗句Ⅱ.（～s［-z］；～ing［-rɪŋ]）vt. ❶给…编号：～ the pages of a manuscript 给手稿编页码 ❷共计有，达…之数：We ～ed 20 in all. 我们共计20人。❸算为，包括在内：～ sb. among one's friend 认为某人是朋友 ❹限制，限数：The days of the patient are ～ed. 这位病人的生命危在旦夕。vi. ❶计数：visitors ～ing in the thousands 数以千计的参观者 ❷归入，包括

nu·mer·al ['nju:mərəl]Ⅰ.（～s［-z］）n. Ⓒ ❶（［近]number, figure)数字 ❷［语］数词Ⅱ. adj. 数字的

nu·mer·ous ['nju:mərəs] adj. ❶［修饰单数名词]为数众多的：her ～ friends 她的许多朋友 ❷［修饰复数名词]许多的

nun [nʌn]（～s［-z］）n. Ⓒ修女；尼姑

nun·nery ['nʌnərɪ]（nunneries [-z]) n. Ⓒ 女修道院；尼姑庵

nurse [nɜːs]Ⅰ.（～s［'-ɪz］）n. Ⓒ❶护士；护理员：a hospital ～ 医院的护士/a trained ～ 经过护士学校训练的护士 ❷［也作 dry ～]保育员，保姆；照顾小孩的女佣人 ❸［也作 wet ～]奶妈Ⅱ.（～s［'-ɪz］；～d［-t］；nursing）vt. ❶（［近]suckle)给…喂奶，哺乳 ❷（［近]tend)看护，护理，照料：She ～s her aged mother. 她照顾年迈的母亲。❸（［近］

cherish)抱有，怀有（希望、怨恨等)；～ a grudge 怀有积怨 ❹小心地操纵，节省地使用：～ an injured leg 小心护理受伤的腿/ ～ a whisky 慢慢地喝威士忌 vi. ❶喂奶；吃奶：The baby was *nursing* at it's mother's breast. 那个婴儿正在吃母亲的奶。❷看护，照料

nurs·ing ['nɜːsɪŋ] n. Ⓤ护理：train for（a career in)～ 进行护理（职业)培训

nurs·ery ['nɜːsərɪ]（nurseries [-z]) n. Ⓒ ❶托儿所，保育院；育儿院：a day ～日间托儿所 ❷苗圃，育苗场：I'm going to the ～（或 *nurseries*)to buy some plants. 我准备去苗圃买些花草。

nut [nʌt]Ⅰ. n. Ⓒ❶（树的)果实；坚果，果仁：chocolate with fruit and ～s 果料巧克力 ❷螺母，螺帽：grip ～夹紧螺帽 ❸［口]怪人，疯子；…迷，…狂：fitness（health，soccer)～ 健美迷（养生迷、足球迷)❹［口]头，脑袋：He cracked his ～ on the ceiling. 他的头往天花板碰破了。❺［口]难题；难事，难弄的人Ⅱ.（nutted ['-ɪd]；nutting）vi. 采坚果，拾坚果：go *nutting* 采坚果去

nu·trient ['nju:trɪənt]Ⅰ. adj. 营养的，滋养的Ⅱ. n. Ⓒ营养品，滋养物：a diet rich in ～s 富于营养的饮食

nu·tri·tion [nju:'trɪʃən] n. Ⓤ❶营养，滋养：adequate ～ of the body 身体需要的充足的营养 ❷营养物；食物 ❸营养学

ny·lon ['naɪlɒn]Ⅰ. n. ❶ Ⓤ【纺]尼龙，耐纶：This dress is 80% ～. 这件连衣裙的料子含80%的尼龙。❷［用复数]尼龙织品Ⅱ. adj. 尼龙制的

O o

oak [əʊk] **I**. *n*. ❶ⓒ【植】栎树，柞树，橡树：an ～ forest 栎树林 ❷ⓤ栎木，橡木：～ panels 栎木板 **II**. *adj*. 栎树的

oar [ɔː] **I**. (～s[-z]) *n*. ⓒ桨，橹：a pair ～ 一双船桨 **II**. (～ed；～ing['-rɪŋ]) *vi*. & *vt*. 划，划动，划行：～ a boat forward 把船向前划

oath [əʊθ] (～s[əʊðz]) *n*. ⓒ ❶([近]vow，promise)誓言，誓词；宣誓：There is a standard form of ～ used in lawcourt. 法庭中使用的誓词有固定的格式。❷(表示愤怒等时的)咒骂，诅咒语：He hurled a few ～s at his wife and walked out，slamming the door. 他咒骂了妻子几句，砰的一声关上门就走了。

o·be·di·ence [ə'biːdɪəns] *n*. ⓤ服从，顺从：in ～ to orders 遵照命令

o·be·di·ent [ə'biːdɪənt] *adj*. 服从的，顺从的：His dog is very ～. 他的狗很顺从。

o·bey [ə'beɪ] (～s[-z]) *vt*. ❶服从，顺从；听从：～ orders 服从命令 ❷遵守：～ the law 遵守纪律 *vi*. 服从；听话：Soldiers are trained to ～ without question. 士兵已训练得绝对服从命令。

ob·ject **I**. ['ɒbdʒɪkt] *n*. ⓒ ❶([近]thing)(可见到及可触摸的)实物，物体：There were several ～s on the floor of the room. 房间的地板上有几样东西。❷(情感、思想或行为的)对象，客体：This church is the main ～ of his interest. 他最感兴趣的是这座教堂。❸([近]aim，purpose)目的，目标：with the ～ of going into business 有打入工商业的意向 ❹[英口]外表可笑的人(或物) ❺【语】宾语：a direct (an indirect) ～ 直接(间接)宾语 **II**. [əb'dʒekt] (～ed[-ɪd]) *vi*. ([反]approve) 反对；抗议：I ～ to the proposal. 我反对这个建议。*vt*. 提出(某事)作为反对的理由(或根据)：I ～ed that he was too young for the job. 我反对的理由是因为他太年轻，不适合做那份工作。

ob·jec·tion [əb'dʒekʃən] (～s[-z]) *n*. ❶ⓤⓒ反对，不赞成；异议：raise an ～ 提出异议 ❷ⓒ反对的理由：present one's ～s 提出反对的理由 ❸ⓒ缺点，缺陷：The chief ～ to the story is its tediousness. 这本小说的主要缺点是沉闷乏味。❹ⓒ妨碍，障碍：There can be no ～ to your doing so. 你这样做没什么不可以的。

ob·jec·tive [ɒb'dʒektɪv，əb-] **I**. [无比较等级] *adj*. ❶([反]subjective)客观的，无偏见的：an ～ assessment 客观的评估 ❷真实的，存在的 ❸【语】宾语的：the ～ case 宾格 **II**. (～s[-z]) *n*. ⓒ ❶目的，目标：Everest is the climber's next ～. 珠穆朗玛峰是这个登山者的下一个目标。❷【军】(战争中要夺取的)军事目标 ❸【语】宾语 ❹(显微镜或望远镜的)物镜

ob·jec·tiv·i·ty [ˌɒbdʒek'tɪvɪtɪ] *n*. ([反]subjectivity)ⓤ客观性；客观现实

ob·li·ga·tion [ˌɒblɪ'geɪʃən] (～s[-z]) *n*. ❶([近]duty，responsibility)ⓒⓤ(法律、道德等的)义务，职责，责任：～ s of conscience 良心上的责任 ❷ⓒ恩惠；帮助：I feel an ～ to him for his help. 对于他的帮助，我很感激。❸ⓒ【律】合同，合约，契约 ❹ⓒ【律】偿付债务的款项，债券

o·blige [ə'blaɪdʒ] (～s [-ɪz]；obliging) *vt*. ❶([近]compel，force)(以法律、协议或道义)强迫，强制：The law ～s parents to send their children to school. 法律强制要求父母送子女入学。❷([近]favour) 施恩惠于；使满足(做)：Will you ～ me by closing the windows? 劳驾您替我关上窗好吗? ❸[用被动语态]使感激：We are much ～d to you for your help. 非常感激你给我们的帮助。*vi*. 做某事表示好意，取悦：Will you ～ with a song? 请唱一首歌好吗?

o·blig·ing [ə'blaɪdʒɪŋ] *adj*. 乐于施惠于人的；乐于助人的；有礼貌的：～ neighbours 乐于助人的邻居

ob·scure [əb'skjʊə(r)] **I**. (～r[-rə]；～st [-rɪst]) *adj*. ❶([近]unclear)暗的，昏暗的，

朦胧的:an ～ view 朦胧的景色 ❷不易明白的,难解的;模糊的:Is the meaning still ～ to you? 你觉得意思仍然不清楚吗? ❸([反] noted)不著名的,无名的:an ～ poet 名不见经传的诗人 Ⅱ. (～s [-z];obscuring) vt. ❶使变暗;遮掩:The moon was ～d by dark clouds. 月亮被乌云遮蔽了。❷使难解;使变模糊:The main theme of the book is ～d by frequent digressions. 该书文字枝蔓,主题不明。

ob·scu·ri·ty [əbˈskjʊərɪtɪ] (obscurities [-z]) n. ❶Ⓤ不清楚,不明了;模糊 ❷Ⓒ不明了处,晦涩(或不明)的事物:a philosophical essay full of obscurities 充满晦涩文字的哲学文章 ❸Ⓤ不著名,无名:content to live in ～ 安于默默无闻的生活

ob·serv·a·ble [əbˈzɜːvəbl] [无比较等级] adj. ❶看得见的,觉察得到的 ❷值得注意的,显著的:This is an ～ phenomenon. 这是一个值得注意的现象。❸可遵守的,可奉行的

ob·serv·ance [əbˈzɜːvəns] (～s [-ɪz]) n. ❶Ⓤ(法律、习俗、礼仪等的)遵守,奉行:the ～ of school rules 对校规的遵守 ❷Ⓤ(节日、生日等的)庆祝,纪念 ❸Ⓒ(宗教)仪式,传统庆典:religious ～s 宗教仪式

ob·serv·ant [əbˈzɜːvənt] [无比较等级] adj. ❶机警的,敏锐的:Journalists are trained to be ～. 新闻记者都要训练成有敏锐观察力的人。❷当心的,注意的 ❸(对法律、规章、风俗等)严格遵守的:～ of the rules 遵守规则

ob·ser·va·tion [ˌɒbzəˈveɪʃən] (～s [-z]) n. ❶Ⓤ Ⓒ观察,注意:We escaped ～. 我们避开了人们的注意。❷Ⓒ观察力:A scientist's ～ should be very good. 科学家的观察力应该很敏锐。❸Ⓤ察觉,监视:keep sb. under ～ 监视某人 ❹Ⓒ言论,评论:She made one or two ～s about the weather. 她说了一两句关于天气的话。❺[用复数]观察记录,观察报告:He's just published his ～s on British bird life. 他刚发表了英国鸟类生活观察报告。

ob·serv·a·to·ry [əbˈzɜːvətərɪ] (observatories [-z]) n. Ⓒ天文台,气象台,观象台

ob·serve [əbˈzɜːv] (～s [-z];observing) vt. ❶遵守,奉行(规则、法令等):～ the laws of the land 遵守该国法律 ❷([近]notice) ([反]ignore)看到,注意到;观察;监视:～ the behaviour of birds 观察鸟类的行为 ❸庆祝(节日等)过(节日、生日等周年):Do they ～ Christmas Day in that country? 那个国家

的人过圣诞节吗? ❹说,评论,谈论:He ～ that our work was very well done. 他说我们的工作做得很好。 vi. ❶注意;观察 ❷([近] comment)说;评述,评论(on,upon)

ob·serv·er [əbˈzɜːvə(r)] (～s [-z]) n. Ⓒ ❶观察者;遵守者;评论者:an ～ of nature 自然界的观察家 ❷(会议、课堂等的)观察员;旁观者:an ～ at a summit conference 高峰会议上的观察员

ob·sta·cle [ˈɒbstəkl] (～s [-z]) n. Ⓒ障碍;妨碍:an ～ race 障碍赛跑

ob·sti·nate [ˈɒbstɪnɪt] adj. ([近] stubborn,unbending)([反]tame) ❶固执的;倔强的:be ～ in argument 在辩论中固执己见 ❷(疾病等)难治愈的;难克服的,难以去除的:an ～ rash on his face 他脸上的顽疹

ob·tain [əbˈteɪn] (～s [-z]) vt. 获得,得到:Where can I ～ a copy of her latest book? 在哪里能买到她最新出版的书? vi. (风俗等)通行,流行:The practice still ～s in some areas of England. 这种做法在英格兰一些地区仍很流行。

ob·tain·a·ble [əbˈteɪnəbl] adj. 可获得的,可取得的,可买到的

ob·vi·ous [ˈɒbvɪəs] adj. ([近]apparent) ([反]indistinct)明显的,明白的,清楚的:It is ～ that he is wrong. 显然他错了。

ob·vi·ous·ly [ˈɒbvɪəslɪ] adv. 明显地,显然地:He was ～ drunk. 他显然是醉了。

oc·ca·sion [əˈkeɪʒən] Ⅰ. (～s [-z]) n. ❶Ⓒ(事情发生的)时刻,时候;场合:a formal ～ 正式的场合 ❷Ⓒ特殊的事件(或庆典):The wedding was quite an ～. 该婚礼是一盛会。❸([近]chance)Ⓒ Ⓤ时机,机会:choose one's ～ 选择时机 ❹Ⓤ Ⓒ原因,理由;需要:I've had no ～ to visit him recently. 我最近无须去看他。❺Ⓒ起因,近因:The real cause of the riot was unclear,but the ～ was the arrest of two men. 骚乱的真正原因不明,但起因是由于逮捕了两名男子。 Ⅱ. vt. 引起,导致:～ (sb.) inconvenience(给某人)带来不便

oc·ca·sion·al [əˈkeɪʒənəl] [无比较等级] adj. ❶偶然的,偶尔的:There will be ～ showers during the day. 白天将偶有阵雨。❷应时的,应景的:～ verses 应景诗 ❸临时的(需要的):an ～ table 备用桌;临时茶几

Oc·ci·dent [ˈɒksɪdənt] n. Ⓤ [诗]西方; [the ～]西方国家

Oc·ci·den·tal [ˌɒksɪˈdentl] Ⅰ. adj. 西洋的,西方的 Ⅱ. n. Ⓒ西方人,西洋人

oc·cu·pan·cy [ˈɒkjʊpənsɪ] *n*. U❶（对土地、房产等的）占有 ❷占有，居住；占用期：industrial ～ 工业生产占用 ❸供占用（或居住）的房屋

oc·cu·pa·tion [ˌɒkjʊˈpeɪʃən]（～s[-z]）*n*. ❶U居住；占有，占领：an army of ～ 占领军 ❷（[近]trade）U C 工作，职业；行业：What's your ～? 你的职业是什么？❸C U 业余活动，消遣：His favorite ～ is reading. 他的业余爱好是读书。

oc·cu·pa·tion·al [ˌɒkjʊˈpeɪʃənl]［无比较等级］*adj*. 职业的；职业引起的：an ～ advice service 职业咨询服务

oc·cu·py [ˈɒkjʊpaɪ]（occupies [-z]；occupied）*vt*. ❶占用，占有（房屋、土地等）；居住于：They ～ the house next door. 他们住在隔壁。❷（军事）占领，侵占：The army *occupied* the enemy's capital. 军队占领了敌国首都。❸占据；充满（时间、空间等）：The speeches *occupied* three hours. 发言共占去 3 个小时。❹担任（某职）；居（某地位）：He *occupies* an important position in the Department of the Environment. 他在环境部担任要职。

*　**oc·cur** [əˈkɜː(r)]（～s[-z]；occurred；occurring[-rɪŋ]）*vi*. ❶（[近]happen）发生：Don't let the mistake ～ again. 不要让这样的错误再次发生。❷（[近]appear）存在；被发现；出现：The disease ～s most frequently in rural areas. 这种疾病多见于农村地区。❸想起，想到：An idea has *occurred* to me. 我有主意了。

oc·cur·rence [əˈkʌrəns]（～s [-ɪz]）*n*. ❶C 发生的事情，事件：an unfortunate ～ 不幸事件 ❷U出现；发生：be of frequent(rare)～ 经常（很少）发生

*　**o·cean** [ˈəʊʃən]（～s[-z]）*n*. ❶C❶海洋；大海：an ～ voyage 海洋航行/the ～ waves 海浪 ❷［用 Ocean］（地球上划分出的）洋：the Pacific(Atlantic, Arctic, Indian) *Ocean* 太平洋(大西洋、北冰洋、印度洋)❸［口］许多，大量

*　**O·ce·an·ia** [ˌəʊʃɪˈeɪnɪə] *n*. 大洋洲

*　**o'clock** [əˈklɒk] *adv*. …点钟：It is just eight ～. 正好 8 点。

*　**Oc·to·ber** [ɒkˈtəʊbə(r)] *n*. U 10 月（略为 Oct.）：They married on ～ 8. 他们在 10 月 8 日结了婚。

odd [ɒd] *adj*. ❶（[近]strange）奇怪的，不寻常的，古怪的：What an ～ man！多古怪的男人哪！❷（[反]even)奇数的，单数的：～ numbers 奇数 ❸单只的(指一双、一套、一组等中单个的)，不成对的：an ～ shoe 单只的鞋 ❹

剩余的，多余的，稍多于的（常直接置于数字之后）：five hundred ～ 500 多 ❺临时的，非固定的；不规则的：do ～ jobs 打杂，做额外的零活

odds [ɒdz]［复］*n*.［用作单数或复数］❶可能性，机会：The ～ are against him. 他可能失败。❷差异；不平等：a victory against overwhelming ～ 以弱胜强 ❸（比赛或打赌时给对方的）让步：give (receive)～ 提出（接受）让步

o·do(u)r [ˈəʊdə(r)]（～s[-z]）*n*. ❶（[近]smell）C 气味，味道：the delicious ～ of freshly-made coffee 新煮的咖啡的香味 ❷U C 名声，声誉：an ～ of sanctity 圣洁的声誉，德高望重

*　**of** [ɒv]［强；弱 əv , v , f］*prep*. ❶属于（某人或某物）：a friend ～ mine 我的朋友 ❷[用于表示某人的权利或责任的名词之后]…的：the role ～ the teacher 教师职责/the rights ～ man 人的权利 ❸[表示起源、出处]来自…的，从…，出身于：a woman ～ royal descent 出身皇族的女子 ❹[表示存在的人、事物]：the works ～ Shakespeare 莎士比亚的著作 ❺[表示动作的目的、对象]：the support ～ the voters 选民的支持 ❻[表示制作某物的材料]由…制成：a dress ～ silk 丝的连衣裙 ❼[表示数量或内容]…之量的；…份的：a cup ～ tea 一杯茶/a loaf ～ bread 一个面包❽[表示…的部分]：a member ～ the football team 足球队一队员 ❾[表示时空、距离]从…，距…：within an hour ～ sb.'s departure 在某人出发后一小时之内 ❿[表示除去、剥夺等]：cure sb. ～ a disease 医好某人的病 ⓫[表示原因、出处]…的缘故，因为…：He died ～ cancer. 他死于癌症。⓬[表示性质、特征]拥有…性质的：a girl ～ ten 10 岁的女孩/a woman ～ genius 有天才的女子⓭[用于两名词之间，前者修饰后者]：He's got the devil ～ a temper. 他脾气极坏。⓮（[近]about）[表示关联、主题]与…有关，关于：the result ～ the debate 辩论的结果 ⓯[同类中]选出；与…成对照：I'm surprised that you ～ all people think that. 我感到奇怪，在所有的人当中只有你想着这件事。⓰[用在"It is (was)＋形容词"的句型中，表示描述的对象]：It's very kind ～ you to offer. 谢谢你的好意。⓱经常在（某时刻）发生：They used to visit me ～ a Sunday. 从前，他们每星期日都来看看。⓲[表示时间]差…：It's quarter ～ four. 现在差一刻 4 点钟。

*　**off** [ɒf] Ⅰ.［无比较等级］*adv*. ❶距，离：The town is two miles ～. 那小城在两英里外。❷不工作，休息：She's ～ today. 她今天休

息。❸脱掉,脱离(尤指离开身体):take one's hat ~摘下帽子 ❹出发;离开:She's ~ to London tomorrow. 她明天出发去伦敦。❺取消,中断;停止:The wedding is ~. 婚礼取消了。❻(自来水、电等)断开;不供应:The water is ~. 水停了。❼折扣,削价:All shirts have 10% ~. 衬衫一律9折。Ⅱ. *prep.* ❶离…,距(某处)…:a big house ~ the high street 离大街不远的一所大房子 ❷从…落下(或离开):The rain ran ~ the roof. 雨水自屋顶流下。❸(道路)可由某处进入:a narrow lane ~ the main road 可由主路进入的乡间小路 ❹下班,休假:~ duty 不上班 ❺停止;不需要:He's finally ~ drugs. 他终于戒毒了。❻(口)从…:buy sth. ~ another 从其他地方买来一些东西 ❼靠…生活:live ~ an inheritance 靠遗产生活 ❽低于…,从…中扣除:a dollar ~ the list price 比价目表价格便宜1美元 Ⅲ. [无比较等级] *adj.* ❶([反]near)较远的;另一面的:go round to the ~ side of the wall 绕到墙后面去 ❷([反]left)([近]right)(车轮等)在右侧的,右边的:the ~ front wheel 右前轮 ❸(路等)分支的,偏离的;非主要的:an ~ branch of a river 河的支流 ❹休假的,空闲的:an ~ day 休假日 ❺(电器等)关着的,停着的:The motor is ~. 马达停了。❻(指食物)不新鲜的,变质的:The milk smells decidedly ~. 牛奶闻起来完全变味了。❼(口)(对人)不礼貌的,不友好的,不对头的:He was a bit ~ with me this morning. 他今天早晨对我有些冷淡。Ⅳ. *n.* ⓒ❶[the ~]起跑:They're ready for the ~. 他们已准备好起跑。❷(板球)击球员面对着的半边场地

of·fence,[美]**offense** [ə'fens] (~s [-ɪz]) *n.* ❶([近]crime, fault)ⓒ犯法行为,违法:commit an ~ 犯过错/a capital ~ 死罪/be charged with a serious ~ 被控犯重罪 ❷Ⓤ触怒,冒犯:I'm sure he didn't mean to cause ~ (to you). 我肯定他并非有意得罪你。❸ⓒ使人不悦的事物,令人讨厌(或生气)的东西:The new shopping center is an ~ to the eye. 新购物中心很不顺眼。❹([近]attack)([反]defence)Ⓤⓒ进攻,攻击:weapons of ~ rather than defence 攻击型而不是防御型的武器

of·fend [ə'fend] (~s [-z];~ed [-ɪd]) *vt.* ❶([反]please)冒犯,触怒,伤…感情:She was ~ed by his sexist remarks. 他那些带有性别歧视的话把她惹恼了。❷使…不快,使(某物)不适:sounds that ~ thc ear 刺耳的声音 *vi.* 触犯,冒犯;违反法律:~ against hu-

manity 违反人性/His conduct ~ed against the rules of decent behaviour. 他的行为已经出格儿了。

of·fend·er [ə'fendə(r)] (~s[-z]) *n.* ⓒ冒犯者;罪犯,犯法者:an ~ against society 危害社会者

of·fen·sive [ə'fensɪv] Ⅰ. *adj.* ❶([近]unpleasant)不愉快的,烦扰人的;令人生气的;得罪人的:~ behaviour 无礼的行为/I find your attitude most ~. 我觉得你十分失态。❷([反]defensive)进攻(性)的,侵犯的:~ weapons 进攻性武器 Ⅱ. (~s[-z]) *n.* ⓒ攻击,攻势,进攻:take an ~ 发动攻势

of·fer ['ɒfə(r)] Ⅰ. (~s[-z];~ing[-rɪŋ]) *vt.* ❶([近]present)提供;提出(…建议),提议:~ sb. a cup of tea 给某人端上一杯茶/~ lesson in English 设有英语课程/The company has ~ed a high salary. 公司已提出高薪聘请。❷([近]sacrifice)奉献,贡献:~ (up) prayers 做祷告 ❸开价,出价:We ~ed him the house for £35,000. 这所房子我们向他索价35,000英镑。❹(主动)表示愿意(或有意)做…:We ~ed him a lift, but he didn't accept. 我们建议他搭我们的车,但他没有接受。/~ to help sb. 表示愿意帮助某人 *vi.* 发生,出现;呈现:take the first opportunity that ~s 有机会切勿放过 Ⅱ. *n.* ⓒ❶提议,建议:an ~ of help from the community 社区提出的帮助建议/accept(refuse)an ~ 接受(拒绝)建议 ❷【商】报价,开价,发价:a firm ~ 实盘/I've had an ~ of £1,200 for the car. 有人向我出价1,200英镑买这辆汽车。

of·fer·ing ['ɒfərɪŋ] (~s[-z]) *n.* ❶Ⓤ提供,给予(物);给予 ❷提供的物品;赠品,奉献物:a church ~ 给教堂的捐献

of·fice ['ɒfɪs] (~s[-ɪz]) *n.* ❶ⓒ办公室,办公楼,事务所,办事处:our London ~ 我们在伦敦的办事处/Our ~ is in the centre of the town. 我们的办公楼在市中心。/~ equipments 办公设备/a lawyer's ~ 律师事务所 ❷ⓒ[常用 Office](政府部门的)部,局,厅:the Foreign *Office* 外交部 ❸Ⓤⓒ公职,官职;公务:He has held the ~ of chairman for many years. 他当主席已经很多年了。/take ~ 就职/leave(resign)~ 离(辞)职 ❹ⓒ(常指服务性的)有特定用途的房间(或建筑物):a ticket ~ at a station 火车站售票处/the local tax ~ 地方税务所 ❺[用 Office][宗](基督教徒的)仪式,祷告:the *Office* for the dead 为死者举行的宗教仪式

of·fi·cer ['ɒfɪsə(r)] Ⅰ. (~s[-z]) *n.* ⓒ❶政府官员;(公司、组织等中的)高级职员:

executive and clerical ~s 行政的主管人员和办事员/the ~s of state 政府各部部长/a customs ~ 海关官员 ❷军官：a Naval ~ 海军军官/All the ~s and ratings were invited. 全体海军官兵都受到了邀请。❸警官，法警，警察（用作对男女警察的称呼）❹高级船员：a chief（second, third）~（船上的）大（二，三）副/~s and crew 全船工作人员 **Ⅱ**.（~ing [-rɪŋ]）**vt**.［常用被动语态]❶给…配备军官 ❷指挥；统率

*of·fi·cial [əˈfɪʃəl] **Ⅰ**. **adj**. ❶官员的，公职的；公务（上）的：an ~ title 官衔/an ~ letter 公函/~ routine 例行公事/in his ~ capacity as mayor 以他市长的官方身份 ❷（［反］officious）官方的，正式的；法定的：an ~ announcement 官方公告/The news is almost certainly true although it is not ~. 尽管消息是非官方的，但是几乎确凿无疑。❸官气十足的，讲究形式的，官僚作风的 **Ⅱ**.（~s [-z]）**n**. ©公务员，官员：government ~s 政府官员/bank ~s 银行高级职员

of·fi·cious [əˈfɪʃəs] **adj**. ❶好管闲事的；好用权威的：We were tired of being pushed around by ~ civil servants. 我们厌烦那些官老爷把我们支来支去。❷（外交上）非官方的，非正式的

off·set [ˈɒfset]（offset; offsetting）**Ⅰ**. **vt**. 补偿，抵消：The gains ~ the losses. 得失相当。**Ⅱ**. **n**. ©❶补偿，抵消：an ~ to the loss 对损失的补偿 ❷【机】（管道等的）支管，分支 ❸支族，旁系

off·spring [ˈɒfsprɪŋ] **n**. ©［单复同]❶子孙；后代：She's the ~ of a scientist and a musician. 她是一位科学家和一位音乐家的女儿。❷结果；产物：the ~ of modern times 近代的产物 ❸幼苗；仔，崽

*of·ten [ˈɒfn, -ftən]（~er; ~est或more~; most~）**adv**. ❶（［近］usually, frequently）（［反］seldom）经常，常常，时常：We ~ go to the countryside. 我们经常下乡。❷在很多情况下：Old houses are ~ damp. 旧房屋大多潮湿。

*oh [əʊ] **int**. ❶（［近］O）［表示惊奇、恐惧、快乐等]啊，哈，噢：Oh, how horrible! 哎呀，多可怕呀！/Oh, no! 噢，真糟糕！❷［用以加强语气或引人注意]喂，嘿：Oh Pam, can you come over here for a minute? 喂，帕姆，你能来一下吗？

ohm [əʊm] **n**. ©【电】欧姆（电阻单位，符号为 Ω）

*oil [ɔɪl] **Ⅰ**.（~s [-z]）**n**. ❶Ü油：coconut ~ 椰子油/salad ~ 沙拉油 ❷Ü石油；燃料

油；drill for ~ in the desert 在沙漠中钻探石油/crude ~ 原油 ❸Ü润滑油 ❹©油画；［常用复数]油画颜料，油画作品：paint in ~s 画油画 **Ⅱ**. **vt**. ❶加油于；给…加润滑油：~ the bearings of a machine 给机器的轴承加润滑油 ❷使涂满（或浸透）油；用油处理 ❸［口]贿赂：~ sb. 贿赂某人 **vi**. ❶（轮船等）加燃料油 ❷（脂肪等）溶化

oil·y [ˈɔɪlɪ]（oilier; oiliest）**adj**. ❶（含）油的：an ~ liquid 油状液体 ❷涂有油的，浸透油的，含油多的：an ~ skin 油性皮肤/~ food 油腻的食物 ❸［贬]过于奉承的，油滑的，谄媚的：I don't like ~ shop assistants. 我不喜欢过分殷勤的店员

*O.K., OK [ˈəʊˈkeɪ] **Ⅰ**. **adj**. & **adv**.［口]好，不错：I hope the children are ~. 我希望孩子们都好。**Ⅱ**. **n**. ©同意，确认：Have they given you their ~? 他们准许你了吗？**Ⅲ**.（OK'd; OK'ing）**vt**. 同意（某事）；认可：He ~'d my idea. 他同意我的主意。

*old [əʊld] **Ⅰ**.（~er; ~est或 elder, eldest）**adj**. ❶（［反］young）年老的，老的：Old people cannot be as active as young people. 老年人不能像年轻人那样活跃。/He's too ~ for you to marry. 他比你大得多，你不宜嫁给他。❷（年龄）…岁的：He's twenty years ~. 他 20 岁了。/How ~ are you? 你多大岁数了？❸早已认识的，旧交的，熟悉的：an ~ friend of mine 我的一位老朋友/We're ~ rivals. 我们是老对手了。❹（［反］modern）古老的，古代的；旧时的：~ religious practices 古老的宗教活动 ❺（［反］new）以前的，从前的：at my ~ school 在我以前的学校里/I prefer the chair in its ~ place. 我觉得这把椅子还是放在老地方好。/We had a larger garden at our ~ house. 我们以前住的房子花园大。❻有经验的；老练的：~ in diplomacy 擅长外交事务的/an ~ hand at sth. 进行某事的老手 ❼［口］［用于表示亲昵或亲密关系的用语]：Dear ~ John 亲爱的约翰 ❽［口］［用于加强语气]：Any ~ thing will do. 什么东西都行。**Ⅱ**.（~s [-z]）**n**. ❶Ü古时，旧时：days of ~ 昔时 ❷©…年岁的人：a seven-year-~ child 7 岁的孩子 ❸（the ~）旧事物 ❹（the ~）老人们

ol·ive [ˈɒlɪv] **Ⅰ**.（~s [-z]）**n**. ❶©橄榄：put ~s in a salad 在沙拉中加入橄榄 ❷［也作~ tree]橄榄树：a grove of ~s 橄榄树园 ❸Ü［也作~ green]橄榄色 **Ⅱ**. **adj**. 橄榄的，橄榄色的：~ paint 橄榄色颜料

O·lym·pic [əʊˈlɪmpɪk] **adj**. 奥林匹克运动

会的：an ～ athlete 奥林匹克运动员/She has broken the ～ 5,000 metres record. 她打破了奥林匹克运动会 5,000 米长跑纪录。

omen [ˈəʊmən] **I** . *n* . Ⓤ Ⓒ 预兆，征兆，兆头：a happy ～ 喜兆 **II** . *vt* . ❶预示，预告 ❷预测，预言

omit [əʊˈmɪt] (omitted[-ɪd]；omitting) *vt* . ❶省略，删去：You may ～ the second paragraph from the article. 这篇文章的第 2 段你可以删去。❷忘记（做某事）；忽略：Don't ～ locking(或 to lock) the door. 别忘了锁门。

om·ni·bus [ˈɒmnɪbəs, -ʌs] (～es[-ɪz]) *n* . Ⓒ ❶公共汽车：a private(或 family) ～ (铁路公司提供的)载运旅客和行李往返车站的专用车；公共汽车 ❷选集，文集：a George Orwell ～ 乔治·奥威尔选集

on [ɒn] **I** . *prep* . ❶(表示位置)在…之上；(接触某表面)乘载于…上：a picture ～ the wall 墙上的画/dirty marks ～ the ceiling 天花板上的污斑/float ～ the water 浮在水面上/stick a stamp ～ an envelope 往信封上贴邮票/hit sb. ～ the head 击某人的头部/travel ～ America 在美洲旅行/travel ～ the bus 乘坐公共汽车 ❷有，身上带着…：Have you got any money ～ you? 你带着钱了吗？❸(表示时间)在…时候：～ Monday 在星期一/～ May the first 在 5 月 1 日/～ the evening of May the first 在 5 月 1 日晚上 ❹在某事(或某场合)之时(后)：～ the death of his mother 在他母亲去世时/～ the unexpected news of his accident 在获悉他发生事故这一意外的消息后 ❺依附于，以…支持：stand ～ one foot 单脚站立/lean ～ my arm 靠着我的胳膊 ❻关于，论及；关于…方面：a lesson ～ philosophy 一堂哲学课/a programme ～ twentieth-century musicians 20 世纪音乐家的节目/exchange views ～ questions of common concern 就共同关心的问题交换意见 ❼(是)…的成员；在…供职：the panel in 评判小组中的成员/He is ～ the "People's Daily". 他在《人民日报》供职。❽(表示方向)朝，向：marching ～ the capital 向首都进发/turn one's back ～ sb. 把背朝向某人 ❾接近，靠近(某地点或时间)：a town ～ the coast 沿海的一个城镇 ❿由于，因为：a story based ～ facts 以事实为依据的故事 ⓫消耗(或用掉)：Most cars run ～ petrol. 多数汽车用汽油驱动。/live ～ bread and water 靠面包和水生活 ⓬(财务上)依赖，依靠：live ～ a pension 靠养老金生活 ⓭借助于；用(某事物)：I heard the happy news ～ the radio. 我从收音机里听到这喜讯。/talk ～ the telephone 在电话里交

谈 ⓮由…支付(费用等)：This lunch is ～ me. 这顿午饭由我来支付。⓯(尤指费用)加上：a tax ～ tobacco 烟草税/charge interests ～ the loan 要为借款付息 ⓰…又…，接连：suffer disaster ～ disaster 一再遭受灾祸/receive insult ～ insult 屡受侮辱 **II** . [无比较级] *adv* . ❶([反]off)穿上，戴上：Put your coat ～. 穿上你的大衣。/Why hasn't she got her glasses ～? 她怎么没戴眼镜呢？❷继续地，不停地：She talked ～ for two hours without stopping. 她不停地讲了两个钟头。❸(表示在空间或时间上前进或进展)一直持续着：from that day ～ 从那天起 ❹([反]off)(煤气、电气、自来水等)接通：The lights were all ～. 灯都开着。/Someone has left the tap ～. 有人忘记关水龙头了。❺(戏剧、演出等)在上演，在放映；(演员)在台上，在演出：The film was already ～ when we arrived. 我们到达时，电影已经开演了。/What's ～ at the cinema tonight? 今晚电影院演什么？/I'm ～ in five minutes. 我 5 分钟后就要上场。❻按计划将发生：Is the match ～ at 2 p.m. or 3 p.m.? 比赛是下午 2 点还是 3 点开始？❼(工作人员)值班，工作；在上班：The night nurse goes ～ at 7 p.m. 晚班护士 7 点钟上班。❽进入…，在…里面：The driver waited until everybody was ～. 司机等着大家都上了车。

once [wʌns] **I** . *adv* . ❶一次，一回：eat ～ a day 一天吃一次/I've only been there ～. 我只去过那里一次。❷曾经，一度；从前：a ～ famous man 一度出名的人/He ～ lived in London. 他曾经在伦敦住过。❸[用于否定句或疑问句]完全，根本；一次也…：I couldn't ～ understand what they meant. 我完全不能理解他们的意思。/He never ～ offered to help. 他从未主动提出帮忙。/Did she ～ show any sympathy? 她表示过同情吗？❹[用于条件句中]一旦：He'll succeed if ～ given a chance. 一旦有机会，他就会获得成功。**II** . *conj* . 一旦…；一…就：Once you understand this rule, you'll have no further difficulty. 你一旦明白了这条规则，就再也没有困难了。/How would we cope ～ the money had gone? 钱一旦用完，我们怎么办？**III** . *n* . Ⓤ 一次，一回：She's only done it the ～, so don't too angry. 她只做了这一次，不要太生气。

one [wʌn] **I** . *pron* . ❶一个，一人；本人：Book *One*, Chapter *One* 第一册，第一章/I've got two brothers and ～ sister. 我有两个弟弟和一个妹妹。/There's only ～ piece of cake left. 只剩下一块蛋糕了。/*One* of my friends lives in Beijing. 我有个朋友住在北京。❷（泛指）人们，人家：In these circumstances ~ prefers to be alone. 在这种情况下谁都愿意独处。/One must be sure of *one's* facts before making a public accusation. 要先掌握实据才可公开指责。❸［与 any，every，no，some 等连用］：No ~ of us has had such an experience. 我们没有人有这样的经验。❹［与 the other，another 或 the others 连用，表示对比、对照或区别］：One has come，the others have not. 一个人来了，其他人还没有来。/The two girls are so alike that strangers find it difficult to tell the ~ from the other. 那两个女孩儿像极了，外人难以分清她们谁是谁。❺某人：John is ~ who must certainly be invited. 约翰当然是必须邀请的。Ⅱ．（~s[-z]）*n*. ⓒⓤ（数字）一，一个；一人；点钟；一元的钞票；一岁：~ of the students 学生中的一个/hundred dollars 100 美元/at ~ thirty 在 1 点 30 分 Ⅲ．*adj*. ❶一个的，一种的，一人的：girl 一个女孩/~ or two days 一两天 ❷一致的，同一的；同种类的：They are of ~ age. 他们同岁。/I'm ~ with you on this subject. 在这个问题上我同你看法一致。/We are all going in ~ direction. 我们都在向同一个方向前进。❸唯一的，单独的：the ~ way to do it 做这事的唯一方法/the ~ solution to the problem 问题的唯一答案 ❹（表示与其他的对照）这一…，一方面…：from ~ side to the other 从这一边到另一边/with a book in ~ hand and a pen in the other 一手拿书，一手拿笔 ❺某一的：~ night 一天晚上/~ morning in May 5 月的一个早晨 ❻完整的，一体的：with ~ accord 一致地

* **one·self** [wʌn'self] *pron*．［one 的反身代词，作动词的宾语］（表示动作为自身而做）❶自己；本身，亲身：teach ~ 自修/one's ability to wash and dress ~ 自己洗澡和穿衣的能力 ❷（用于强调）亲自：One could easily arrange it all ~. 谁都能自己安排好。

on·ion [ˈʌnjən]（~s[-z]）*n*. ⓒⓤ 洋葱，葱头：Spanish ~s 西班牙洋葱/chop ~s to make a sauce 剁洋葱做调味汁/French soup 法式洋葱汤

* **on·line** [ˌɒnˈlaɪn] Ⅰ．*adj*. 线上的；联网的 Ⅱ．*adv*. 在网上；利用网络

* **on·ly** [ˈəʊnlɪ] Ⅰ．［无比较等级］*adj*. ❶唯一的，仅有的：the ~ way out 唯一出路/the ~ child of Mr. Smith 史密斯先生的孩子/She was the ~ person able to do it. 她是唯一能做那事的人。❷最好的，最合适的；最值得考虑的：He's the ~ man for the job. 他

是最适合做这一工作的人。/She says Paris is the ~ place to go for the holiday. 她说巴黎是度假的最佳去处。Ⅱ．*adv*. 只，仅仅：Only he knows. 只有他知道。/He is ~ a child. 他只不过是个孩子。Ⅲ．*conj*. ❶［口］只是；但是，可是：I'd love to come，~ I have to work. 我倒是很愿意来，但是我还得工作呢。/This dictionary is very useful，~ it's rather expensive. 这本字典非常有用，只是贵了点儿。❷要不然，要不是：He would probably do well in the examination ~ very nervous. 他要不是考试很紧张，成绩可能很不错。

* **on·to** [ˈɒntʊ] *prep*．到…上面，移动（某物）表面：jump ~ the stage 跳到台上/The pen slipped ~ the floor. 钢笔滑到了地上。

on·ward [ˈɒnwəd] Ⅰ．［无比较等级］*adj*．［常作定语］向前的，前进的：an ~ march 前进 Ⅱ．*adv*．向前，前进：move ~ 向前进

* **open** [ˈəʊpən] Ⅰ．*adj*. ❶（［反］closed）开的，开着的：leave the book ~ 让书打开着/The door burst ~ and the children rushed in. 门突然撞开了，孩子们闯了进来。/Stay at the room with the window ~. 待在窗户敞开的屋子里。❷（［反］close）开阔的，空旷的；敞开的：an ~ field 旷野/an ~ stretch of moor 一片空旷的沼泽 ❸营业的：The shops aren't ~ yet. 商店尚未开始营业。❹解开的，松开的：an ~ shirt 没系纽扣的衬衫 ❺（［反］uncovered）没覆盖的，没遮盖的；裸露的：an ~ car 敞篷汽车 ❻公开的；公共的，可自由进入的：an ~ competition 公开比赛/an ~ market 公开市场/She was tried in ~ court. 她受法庭公开审讯。❼诚实的，坦率的；不保密的：an ~ quarrel 公开的争吵/He was quite ~ about his reasons for leaving. 他毫不隐瞒自己离去的原因。❽未作决定的；尚未解决的：Let's leave the matter ~. 这件事先悬着吧。/The position is still ~. 这职位仍空缺着。❾稀疏的，稀松的：an ~ texture （布的）稀松织法 Ⅱ．（~s[-z]）*vt*. ❶（［反］close，shut）打开，张开：~ the window 打开窗户/Open your book at page nine. 把书翻到第 9 页。❷开张；开放；开始（某事物）：~ a library 开放图书馆/The new railway will soon be ~ed to traffic. 这条新铁路不久就可通车。/Another supermarket ~ed last week. 上星期又有一家超市开张了。❸开发，开垦；开辟；开通：~ a new road through a forest 开辟一条穿过森林的新路/~ a mine 开矿/~ a well 打井 ❹揭开；展开；表明：~ one's mind 讲明自己的心意/The Queen ~s Parliament. 女王宣布议会会开会。❺【医】切开；使

(肠)畅通：~ an abscess 切开脓肿 *vi*. ❶打，打开；张开；展开：The window ~s to the north. 这扇窗户是向北打开的。/His understanding ~ed with the years. 随着年龄的增长，他的理解力也增长了。❷开始：He did not ~ on the subject. 他没有谈那个问题。/School ~s next Monday. 下星期一开学。❸展示，展现；被看见：A magnificent view ~ed before our eyes. 一幅宏伟的图景展现在我们面前。Ⅲ. *n*. [the ~]户外，野外，露天：The children love playing out in the ~. 孩子们喜欢在野外玩耍。

o·pen·a·ble [ˈəʊpənəbl] *adj*. 能开的，可开的

o·pen·er [ˈəʊpənə(r)] (~s[-z]) *n*. © [常用以构成复合词]开启者；开具：a bottle ~ 开瓶刀

o·pen·ing [ˈəʊpənɪŋ] Ⅰ. (~s[-z]) *n*. ❶© Ⓤ开始，开端：the ~ of a novel 小说的开头 ❷© 开业，开张：the ~ of a new library 新图书馆的开幕 ❸© (进出的)通路；开口，孔，洞；空隙：an ~ in a fence 篱笆上的豁口/an ~ in the forest 林间空地 ❹© 好的时机，有利的环境：excellent ~s for trade 做生意的大好时机/The last speaker gave me the ~ I was waiting for. 最后的发言者给了我等待已久的讲话机会。❺© (职位等)空缺：an ~ in an advertising agency 广告公司的空缺 Ⅱ. [无比较等级] *adj*. 首先的，开始的；第一个的：one's ~ remark 开场白/the ~ scene of a film 电影开始的镜头

o·pen·ly [ˈəʊpənlɪ] *adv*. 公开地，公然地；坦率地

o·pen·ness [ˈəʊpənnɪs] *n*. Ⓤ真诚，坦率：They were surprised by her ~ when talking about her private life. 她谈起私生活时非常坦率，大家都很吃惊。

op·er·a [ˈɒprə] (~s[-z]) *n*. ❶© Ⓤ歌剧：an ~ by Wagner 瓦格纳的歌剧 ❷© Ⓤ歌剧作品；歌剧艺术：We're very fond of ~. 我们很喜爱歌剧。❸© 歌剧团；歌剧院：the Vienna State *Opera* 维也纳国家歌剧院

op·er·ate [ˈɒpəreɪt] (~d[-ɪd]；operating) *vi*. ❶([近]work)操作，工作，运转：This machine ~s night and day. 这台机器日夜运转。/~ in deep water 在深水中操作 ❷有效，起作用：These factors ~ to our advantage. 这些因素对我们有利。/The medicine began to ~ at once. 药立刻开始见效。/The system ~s in five countries. 有 5 个国家实施这种体制。❸经营，管理(掌管某事物)：The company ~s from offices in London. 那家公司由设在伦敦的办事处管理。❹动手术：The doctor decided to ~ immediately. 医生决定马上动手术。❺(军队等)采取军事行动：~ against the invaders 对入侵敌人作战 ❻从事投机(指证券、股票等) *vt*. ❶操作，开动：~ the machine 操作机器 ❷([近]manage)经营，管理：~ factories and mines 经营厂矿 ❸对…施行手术，对…开刀：~ a patient on the head 对病人头部动手术

op·er·a·ting [ˈɒpəreɪtɪŋ] *adj*. ❶操作的，工作的；运转的；经营的：~ speed (time)操作速度(时间) ❷【医】外科手术的：an ~ room 手术室

op·er·a·tion [ˌɒpəˈreɪʃən] (~s[-z]) *n*. ❶Ⓤ运转；操作；实施：the ~ of a machine 操作机器/I can use a word processor, but I don't understand its ~. 我能使用文字处理机，但不了解其运转机制。❷©【医】手术：undergo an ~ for appendicitis 接受阑尾切除手术/a liver transplant ~ 肝脏移植手术 ❸©公司，企业：a huge multinational electronics ~ 一家大规模的跨国电子公司 ❹© 作业，工作；活动：involved in building ~ 经营建筑业 ❺([近]influence)Ⓤ© 作用；效力：the ~s of nature 大自然的作用/the ~ of a drug 药物的效力 ❻© (作战或训练中的)军事行动，作战行动：the officer in charge ~s 军事行动指挥官 ❼©【数】运算

op·er·a·tion·al [ˌɒpəˈreɪʃənl] *adj*. ❶操作的；手术的；营业上的；业务上的：~ costs 操作成本 ❷即可使用的，即可行动的：The telephone is fully ~ again. 电话又完全可以使用了

op·er·a·tive [ˈɒpərətɪv] Ⅰ. [无比较等级] *adj*. ❶操作的，工作着的：~ skills 操作技巧 ❷有效的，起作用的；使用中的：This law becomes ~ on 12 May. 此法令自 5 月 12 日起生效。Ⅱ. (~s[-z]) *n*. ©❶工人，技工；(尤指)体力劳动者：factory ~s 工厂工人 ❷[美]特务，间谍

op·er·a·tor [ˈɒpəreɪtə(r)] (~s[-z]) *n*. ©❶(机床等的)操作人员；技师，技工：a computer ~ 计算机操作者 ❷(电话)接线员，话务员：Dial 100 for the ~. 拨 100 找接线员。❸(尤指私人工商业的)经营者：Our holiday was cancelled when the travel ~ went bankrupt. 旅行社破产了，我们度假的事取消了。❹[口]精明圆滑的人：He's a slick ~. 他是个狡猾的人。

o·pin·ion [əˈpɪnjən] (~s[-z]) *n*. ❶© 意见，看法，主张：political ~ 政见/What's your ~ of our new headmaster? 你对我们的新校

长有什么看法? ❷Ⓤ舆论;(一般人的)见解: *Opinion* is shifting in favour of the new scheme.舆论正逐渐转向支持新计划。❸Ⓒ [用单数]评价;印象: have a good ~ of sb. (sth.)对某人(某事)评价好/have no ~ of sb.(sth.)认为某人(某事)不行 ❹(专业性的)鉴定;判定: get lawyer's ~ on the question 取得律师对该问题的意见

o·pi·um [ˈəupjəm] **I** . *n* . Ⓤ鸦片: ~ smuggling 鸦片走私 **II** . *adj* . 鸦片的

op·po·nent [əˈpəunənt] **I** . *n* . Ⓒ对手,敌手;对方;反对者: our ~s in Saturday's game 我们星期六的比赛对手/~s to a bill 议案的反对者/~s of nuclear arms 反对核武器的人 **II** . *adj* . 对立的,对抗的;敌对的

op·por·tun·ism [ˈɒpətjuːnɪzəm] *n* . Ⓤ [贬]机会主义: political ~ 政治上的机会主义

op·por·tun·ist [ˈɒpətjuːnɪst] **I** . *n* . Ⓒ [贬]机会主义者 **II** . *adj* . 机会主义的

op·por·tu·ni·ty [ˌɒpəˈtjuːnɪtɪ] (opportunities [-z]) *n* . ⒸⓊ([近]chance;occasion) 良机,机会: make an ~ of doing (或 to do) sth.创造做某事的机会/have no ~ for hearing good music 没有机会听到好的音乐

op·pose [əˈpəuz] (~s [-ɪz]; opposing) *vt* . ❶([近]object to)([反]support)反对,反抗;使相对: ~ a scheme 反对某计划/~ the Government 反政府/He ~d the proposal to build a new supermarket.他反对修建新超市的建议。❷与(某人)对抗,与(某人)较量: Who is *opposing* you in the match? 你和谁比赛? *vi* . 采取反对行为,对抗: Do not ~ your will against mine.不要用你的意愿和我抗衡。

op·posed [əˈpəuzd] *adj* . 反对的;敌对的,对抗的: She seems very much ~ to your going abroad. 她好像很反对你出国。

op·po·site [ˈɒpəzɪt,-sɪt] **I** . [无比较等级] *adj* . ❶另一面的,相对的: on the ~ side of the street 在马路对面/In England, you must drive on the ~ side of the road to the rest of Europe. 在英国,路上开车与欧洲其他国家相反。❷面对着的,对面的: I asked the man ~ if he would open the door. 我问对面的人愿不愿意开门。❸([近]different)相反的,对立的: go in the ~ direction 向相反的方向去/Her views and mine are completely ~. 她的看法和我的看法完全相反。 **II** . *n* . Ⓒ对立面,对应物;反义词: Hot and cold are ~s. "热"和"冷"是一对反义词。/I thought he is strong and brave, but he's completely the ~. 我以为他强壮而勇敢,结果却完全相

反。**III** . *prep* . 在…的对面: live ~ the post office 住在邮局对面/The wardrobe is in the corner ~ the door. 衣柜在对门的那个角落里。**IV** . *adv* . 在对面,对过: He stood ~. 他站在对面。/The woman sitting ~ is an actress. 坐在对面的那个女子是个演员。

op·po·si·tion [ˌɒpəˈzɪʃən] *n* . ❶Ⓤ反对;敌对;抵抗;对抗: There's not much ~ to the scheme. 反对该规划的人不太多。/His proposal met with strong ~. 他的建议遭到强烈的反对。❷Ⓒ反对派;竞争者,对手: The ~ have a strong defence. 对方防卫力量很强。❸Ⓒ [the Opposition]反对党: the leader of the *Opposition* 反对党领袖/the *Opposition* benches 反对党议席

op·press [əˈpres] (~es [-ɪz]; ~ed [-t]) *vt* . ❶([反]liberate)压迫;压制: Women are often ~ed by men in old society. 在旧社会,女人经常受男人压迫。❷压抑;使烦恼: The heat ~ed him and made him ill. 他热得病了。/be ~ed with anxiety, poverty 因焦虑、贫穷而烦恼

op·pres·sion [əˈpreʃ(ə)n] (~s [-z]) *n* . ❶ ⓊⒸ压迫;压制;虐待: victims of ~受迫害者/a tyrant's ~ of his people 暴君对人民的压迫 ❷Ⓒ压制手段;压迫行为

op·pres·sive [əˈpresɪv] *adj* . ❶压迫的,压制的;不正义的;暴虐的: ~ laws 不正义的法规 ❷烦闷的,难以忍受的: ~ weather 令人难忍受的天气/The heat in the tropics can be ~. 热带气候热得难受。

op·pres·sor [əˈpresər] (~s [-z]) *n* . Ⓒ压迫者;暴虐的统治者: suffer at the hands of an ~在暴君的统治下受苦

op·tical [ˈɒptɪkl] [无比较等级] *adj* . ❶视觉的,视力的: ~ effects and sound effects 视觉效果和声音效果 ❷【物】光学的;光的: ~ instruments 光学仪器/~ illusion 视错觉,光幻觉

op·tim·ism [ˈɒptɪmɪzəm] *n* . Ⓤ乐观,乐观主义: He was still full of ~ for the future despite his many problems. 尽管有许多问题,他对未来仍十分乐观。

op·ti·mis·tic [ˌɒptɪˈmɪstɪk] *adj* . 乐观主义的;乐观的: an ~ view of events 对事情的乐观看法

op·tion [ˈɒpʃən] (~s [-z]) *n* . ❶([近] choice)Ⓤ选择权;选择自由;选择: at one's ~ 随意/have little ~ 没有多少选择的余地/make one's ~ 进行选择/He was given one month's imprisonment without the ~ of a

fine. 他被判监禁一个月，不得以罚款相抵。❷
C 可选择的东西 ❸C 在限定时间内买卖某
物的特权：an ~ on a package holiday 包价旅
游选择权
op•tional ['ɒpʃənl] ［无比较等级］ *adj.*
（[反]compulsory）可选择的,任意的,非强制
的：~ subjects at school 学校的选修课
or¹ [ɔː,弱 ə] *conj.* （表示选择关系）❶［用
于陈述句中]或,或者：You can wait some
time, ~ change the note. 你得等我一些时候
付钱,或者把这张大票子换开。❷［用于疑问
句中]还是：Are you coming ~ not? 你来不
来? /Was he glad ~ sorry to give up teach-
ing? 他放弃教学是喜还是忧呢? ❸［用于否
定句中]也不,都不：He can't read ~ write.
他不会看书,也不会写字。❹否则,要不然：
Hurry up, ~ you'll be late. 赶快,否则你要
迟到了。❺即,即是；(表示对前面的词语作进
一步阐释)换言之：geology, ~ the science of
the earth's crust 地质学,即"研究地壳的科
学" ❻大约,或许：sooner ~ later 迟早/I
have given it to John ~ somebody. 我把它给
了约翰或哪一位了。
or² [ɔː] Ⅰ. *n.* ⓊC (纹章色彩中的)金色,黄
色 Ⅱ. *adj.* 金(色)的
oral ['ɔːrəl] ［无比较等级］ *adj.* ❶([近]spo-
ken)口头的,口述的：stories passed on by ~
tradition 口头流传的故事 ❷口的,口部的；
口用的：~ hygiene 口腔卫生
or•ange ['ɒrɪndʒ] (~s [-ɪz]) *n.* ❶C
【植】柑橘 ❷C［常用~tree]柑橘树：an ~
grove 柑橘园 ❸Ⓤ橘黄色,橙黄色：a pale
shade of ~ 淡橘红色
or•a•tor ['ɒrətə] (~s [-z]) *n.* C 演说者;
演说家,雄辩家：a fine political ~优秀的政
治演说家
or•a•tor•i•cal [ˌɒrə'tɒrɪkl] *adj.* 演说(术)
的;高谈阔论的：an ~ contest 演讲比赛
orb [ɔːb] (~s [-z]) *n.* C 球体;星球,天体:
an ~ of purple light 发紫光的球体
or•bit ['ɔːbɪt] Ⅰ. *n.* ⓊC【天】❶(天体运
行的)轨道：The earth's ~ round the sun. 地
球绕行太阳的轨道。❷(活动、势力、知识等
的)范围;生活圈子：Marketing does not come
within the ~ of his department. 市场推销业
务不归他这一部门管。Ⅱ. (~ed [-ɪd]) *vt.*
环绕(天体等)轨道运行：How many space-
craft have ~ed the moon? 有多少航天器绕
月球轨道运行? *vi.* 绕轨道运行：~ in space
在太空中沿轨道运行
or•chard ['ɔːtʃəd] *n.* ⓊC 果园,果树(林):

an apple ~苹果园
or•ches•tra ['ɔːkɪstrə] (~s[-z]) *n.* C ❶
管弦乐队 ❷管弦乐队的乐器组：He conducts
the London Symphony *Orchestra*. 他指挥伦
敦交响乐团。❸[亦称~ pit](剧场中的)乐队
席;池池 ❹[亦称~ stalls]剧场的部分座位,
(尤指)前排座位
or•ches•tral [ɔː'kestrəl] ［无比较等级］
adj. 管弦乐的;供管弦乐队演奏的：an ~
concert 管弦乐演奏会
or•dain [ɒ'deɪn] (~s[-z]) *vt.* ❶委任…为
牧师：He was ~ed priest last year. 他去年被
授予牧师一职。❷注定;规定,制定：Fate had
~ed that he should die in poverty. 命中注定
他得死于贫困。
or•der ['ɔːdə(r)] Ⅰ. (~s[-z]) *n.* ❶C
[常用复数]命令,指示：Soldiers must obey
~s. 军人必须服从命令。/He gave ~s that
the work should be started immediately. 他
发出指令应立即开始工作。❷([反]disorder)
Ⓤ次序,顺序：He always asked the same
three questions, and usually in the same ~.
他总是问3个同样的问题,而且通常是按同
样的顺序来问的。❸([反]disorder)Ⓤ秩序,
规程,治安：The police must try to restore
~. 警方必须努力恢复治安。/public ~ 社会
秩序 ❹Ⓤ(会议、国会、法庭等的)规则,程序：
the new (old)~ 新(旧)秩序/rules of ~ 议事
程序 ❺Ⓤ整齐,有条理,有次序：in good ~ 状
况正常/Get your ideas into some kind of ~
before beginning to write. 把思绪理清再写。
❻C 定购,订单,订货：an ~ for merchandise
or services 商品订货/He gave his ~ to the
waiter. 他点的东西告诉了服务员。❼([近]
rank)C[常用复数]社会等级,阶级;阶层：all
~s and degrees of men 各阶层的人 ❽C 汇
票,汇单：a postal ~ for £100 100 英镑的邮
政汇票 ❾C 勋章,勋位;获得勋位者：wear all
one's ~s and medals 佩戴全部的勋章和奖章
❿Ⓤ宗教团体;(尤指)修道会(神职)的级别
⓫C【生】目,族：the ~ of primates 灵长目/
The rose and the bean families belong to the
same ~. 蔷薇科和豆科同属一目。⓬C【建】
(古希腊和罗马建筑的)柱型,柱式：the five
classical ~s of architecture 建筑学上的5种
古典柱式 Ⅱ. (~ing[-rɪŋ]) *vt.* ❶命令;吩
咐;指示：The doctor ~ed him to stay in
bed. 医生吩咐他卧床休息。/The chairman
~ed silence. 主席要大家安静。/He ~ed
that the work (should) be started at once. 他
命令立即开始工作。❷订购;定购;预定：I've
~ed a new carpet. 我已定购了一块新地

毯。/We don't have the book in stock but we can ～ it.这书我们没有存货,但是可以预订。❸订(饭菜、饮料等):I've ～ed a steak.我订了一份牛排。/He ～ed himself a pint of beer.他要了一品脱啤酒。❹整顿;整理;布置:～ one's affairs 料理事务/I must have time to ～ my thoughts.我得找时间整理一下想法。*vi.* ❶下命令,指挥:The boy was ～ed out of the room.那男孩受指示离开房间。❷订购,订货

or·der·li·ness [ˈɔːdəlinis] *n*. U ❶ 条理性;整齐状态 ❷ 有秩序;守纪律

or·der·ly [ˈɔːdəli] Ⅰ. *adj*. ❶有秩序的;有条理的,整齐的:an ～ desk 整齐的书桌/The room is in ～ condition.房间整齐清洁。/an ～ football crowd 守秩序的足球观众 ❷品行良好的,有礼貌的,顺从的:an ～ person 品行良好的人 Ⅱ. (orderlies [-z]) *n*. C ❶(医院的)勤杂工;护理员:a medical ～(军队中的)卫生员【军】传令兵;勤务兵;通讯员 Ⅲ. *adv*. ❶顺序地 ❷整齐地;有条理地

or·di·nar·y [ˈɔːdənəri] *adj*. ❶([近] common,usual)([反]extraordinary)普通的;通常的;平凡的:～ workers 普通劳动者/～ people like you and me 你我之类的老百姓/We were dressed up for the party,but she was still in her ～ clothes.我们都盛装赴会,而她却依然身着日常装束。❷([近]inferior)([反]superior)低等的,不精致的:a very ～ wine 劣等酒

ore [ɔː] (～s [-z]) *n*. U C 矿;矿石:iron ～ 铁矿石/an area rich in ～ 矿产丰富的地区

or·gan [ˈɔːgən] (～s [-z]) *n*. C ❶器官:the ～s of speech 发音器官/The eye is the ～ of sight.眼睛是视觉器官。❷(官方的)机关;机构:the ～s of political power 政权机关/Parliament is the chief ～ of government.议会是政府的主要机关。❸(集团、党派等的)宣传工具;机关报刊:～s of public opinion 舆论的喉舌/This paper is the official ～ of the Labour Party.这份报纸是工党的官方喉舌。❹风琴:a pipe ～管风琴/a mouth ～ 口琴

or·gan·ic [ɔːˈgænik] [无比较等级] *adj*. ([反]inorganic) ❶器官的;器质性的:an ～ disease 器质性疾病 ❷生物体的;有机体的,有机物的:～ compounds 有机化合物 ❸有组织的,有系统的:an ～ part of our business 我们公司的一个组成部分

or·gan·ism [ˈɔːɡənizəm] (～s [-z]) *n*. C ❶生物,有机体:study the minute ～s in water 研究水中的微生物 ❷机体,有机组织

or·gan·ist [ˈɔːɡənist] *n*. C 风琴演奏者,风

琴手:a church ～ 教堂中的风琴手

or·gan·i·za·tion, -sa·tion [ˌɔːɡənaiˈzeiʃən] (～s [-z]) *n*. ❶ C 团体,组织;系统:party ～s of all levels 各级党组织/a social ～ 社会团体/all the local leisure ～s 所有的地方康乐组织 ❷ U 组织性,条理性:be engaged in the ～ of a strike 从事于组织罢工的工作/She is brilliant but her work lacks ～.她很有才华,但工作缺乏条理。

or·gan·ize, -ise [ˈɔːɡənaiz] (～s [-iz]; organizing) *vt*. ❶创立,创建;组织:to ～ a cooperation 创立公司/She ～d the class into four groups.她把全班分成 4 组。❷整理;使有条理:～ an essay 构思一篇文章 ❸为(某事)做安排(或准备);筹划:～ a picnic 筹备野餐活动 *vi*. 组织起来,成立组织

o·ri·ent Ⅰ. [ˈɔːriənt] *n*. U ❶[诗]东方 ❷[the Orient]东方;亚洲(尤指远东):perfumes and spices from the *Orient* 东方的香水和香料 Ⅱ. [ˈɔːrient] *vt*. ❶使……向东(尤指教堂圣坛设在东头) ❷给……定方位;调整,引导;使某物朝向(或瞄准);(为某人)专门设计(某物):Our firm is ～ed towards the export side of the business.我们公司业务已转向出口方面。❸使适应;使(自己)熟悉(新情况):～ oneself to new surroundings 使自己适应新环境

o·ri·en·tal [ˌɔːriˈentl] Ⅰ. *adj*. 东方的;东方国家的:～ art 东方艺术 Ⅱ. (～s [-z]) *n*. C [常用 Oriental] [贬]东方人;(尤指)日本人,中国人

or·i·gin [ˈɒridʒin] *n*. ❶([近]root) C U 起源;开端,起点:the ～s of life on earth 地球上生命的起源/the ～s of civilization 文明的发源/a certificate of ～ 【商】(出口商向进口商品国家提供的)商品产地证明书 ❷([近]birth) U C 血统;背景,出身:He is a German by ～.他原籍德国。

o·rig·i·nal [əˈridʒinəl] Ⅰ. [无比较等级] *adj*. ❶([近]primitive)原始的,最初的;原先的:the ～ inhabitants of the country 这个国家最早的居民/I prefer your ～ plan to this one.我认为你原先的计划比这个好。❷([近]novel,creative)([反]old-fashioned)新创的,新颖的;有创见的;原创性的:an ～ thinker 有创见的思想家/an ～ mind 有创造力的头脑/His designs are highly ～.他的设计独树一帜。❸原作的,非抄袭的,非模仿的:the ～ picture 画的原作/This is a reproduction,not the ～.这是复制品,不是原作。 Ⅱ. (～s [-z]) *n*. C ❶[the ～]原作;原稿;原型:This painting is a copy;the ～ is in Paris.这幅画是复制品,原作在巴黎。❷原文(最初写成

作时所用文字）：read Homer in the ～读荷马的原作 ❸（行为、思考等）与众不同的人，古怪的人：His aunt is certainly an ～. 他的姨妈真是个怪人。

o•rig•i•nal•i•ty [əˌrɪdʒɪˈnælɪtɪ] *n* . Ⓤ 新颖；创新；创造力，独创力：a man of great ～ 很有创见的人/His designs have great ～. 他的设计十分新颖。

o•rig•i•nate [əˈrɪdʒɪneɪt] （～d[-ɪd]；originating） *vi* . 发源；起因，发起：All theories ～ from（或 in）practice. 任何理论都来源于实践。 *vt* . 创作，发明；创始：～ a new theory 创作一种新理论/Who ～d the concept of stereo sound? 立体声是谁设想出来的？

or•na•ment I . [ˈɔːnəmənt] *n* . ❶Ⓤ 装饰，修饰：The clock is simply for ～, it doesn't actually work. 那时钟纯粹是为了装饰，其实不能走。 ❷Ⓒ 装饰物，点缀品，摆设：a shelf crowded with ～s 摆满装饰品的架子 ❸Ⓤ 增添光彩的人（或物）：He is an ～ to his profession. 他为同行增了光。 II . [ˈɔːnəment] （～ed[-ɪd]） *vt* . ［近］decorate）装饰，美化，点缀：Christmas trees ～ed with tinsel 饰有金银箔的圣诞树

or•na•men•tal [ˌɔːnəˈmentl] *adj* . 装饰的；装饰用的

or•phan [ˈɔːfən] I . （～s[-z]） *n* . Ⓒ 孤儿：He has been an ～ since he was three. 他 3 岁时即沦为孤儿。 II . （～s[-z]） *vt* . ［常用被动语态］使…成为孤儿：He was ～ed in the war. 他在战争中沦为孤儿。 III . *adj* . 孤儿的

or•phan•age [ˈɔːfənɪdʒ] （～s [-ɪz]） *n* . Ⓒ 孤儿院

os•trich [ˈɒstrɪtʃ] I . （～es[-ɪz]） *n* . Ⓒ ❶【鸟】鸵鸟：Her dress was trimmed with ～ feathers. 她的衣边饰有鸵鸟的羽毛。/an ～ egg 鸵鸟蛋 ❷不正视所面临危险的人，回避现实的人 II . *adj* . 鸵鸟（般）的

oth•er [ˈʌðə(r)] I . *adj* . ❶［常用 the ～］（两个中的）另一的：Those trousers are dirty — you'd better wear your ～ pair. 这条裤子脏了，你最好穿另一条。 ❷其他的，另外的：She's engaged to Peter, but she often goes out with ～ men. 她已经和彼得订了婚，但她还常跟其他男子约会。/On the ～ bank of the river, there was a tall tree. 在河的彼岸，有一棵高大的树。 ❸［用于 the 或物主代词之后与一复数名词连用］其余的，剩下的：The ～ students in my class are from China. 我班其余的同学都是中国人。/I haven't read "Cymbeline", but I've read all the ～ plays by Shakespeare. 莎士比亚的剧作除了《辛白

林》，别的我都读过了。 II . *pron* . ❶［常用复数］其他的人（或物），另外的（或别的）人（或事物）：Others are going to visit the Science Museum this afternoon. 其余的人今天下午去参观自然科学博物馆。/Some of us like singing and dancing, ～s go in for sports. 我们中有些人喜欢唱歌和跳舞，而另一些人喜欢运动。 ❷［用在 the 或表示所属关系的限定词之后］其余的（或剩下的）人（或事物）：I went swimming while the ～s played tennis. 我去游泳，其余的人都打网球去了。/This article is better than the ～s. 这篇文章比其余的好。 III . *adv* . 另外地，不同地

oth•er•where [ˈʌðəweə(r)] *adv* . 到别处；在别处

oth•er•wise [ˈʌðəwaɪz] I . *adv* . ❶用别的方法；不同：You obviously think ～. 显然，你的想法不同。/He should have been working, but he was ～ engaged. 他应该在工作，可他却干别的事。 ❷在其他方面；除此以外：The rent is high, ～ the house is fine. 租金贵是贵，但房子倒是好。 II . *conj* . 否则，不然：He reminded me of what I ～ have forgotten. 他提醒了我，要不然我就会把这事给忘了。/We must run, ～ we'll be too late. 我们得跑着去，要不然太晚了。 III . *adj* . 另外的，不那样的：His students in Chinese literature are also his ～ teachers. 这些人在中国文学方面是他的学生，可是在其他方面却是他的老师。/The truth is quite ～. 实情大有出入。

ought [ɔːt] I . *v. aux* . ［无时态和人称变化，后接动词不定式］ ❶（表示责任、合适性、可能等等）应当，应该，总应该：We ～ to have more activities like that. 我们应有更多的这样的活动。/Such things ～ not to be allowed. 不该容许这类事情。/If he started at seven, he ～ to be here now. 要是他 7 点钟出发，这会儿总应该到了。 ❷［后接动词不定式的完成式］早应该，本应，本应当：You ～ to have done the work yesterday. 你昨天就应把这工作做好了。/The child ～ not to have been allowed to go alone. 本不应该让这孩子一个人去。 II . *n* . Ⓤ 责任；(应尽的)义务

ounce [aʊns] （～s [-ɪz]） *n* . Ⓒ ❶盎司(重量单位，缩写为 oz)(常衡 = 1/16 磅, 金衡或药衡 = 1/12 磅) ❷少量，一点点：She hasn't an ～ of common sense. 她一点儿常识也没有。/If you had had an ～ of resolution, that would not have happened. 你要是稍有一点儿决心的话，那事本来是不会发生的。

our [ˈaʊə] *pron* . ［we 的所有格］ ❶我们的：～ country 我们的国家/Our main export is

rice.我们主要的出口物是大米。❷［用 Our］
用于直接（或间接）称呼上帝等：*Our* father 天
父（上帝）

ours [ˈaʊəz] *pron* .［we 的名词性物主代词］
我们的：Their house is similar to ~. 他们的
房子和我们的差不多。/Your photos are
lovely—do you want to see some of ~? 你
们的照片很漂亮，想看看我们的吗？

our·selves [ˌaʊəˈselvz] *pron* .［we 的反身
代词］❶我们自己：We try and keep ~ in-
formed about current trends. 我们设法随时
了解形势的发展。/We'd like to see it for
~. 我们想亲眼看看。❷用以强调 we 或 us］
我们亲自；我们本人：We've often thought of
going there ~. 我们经常想亲自到那里去。

out [aʊt] **I** . *adv* . ❶（［反］in）远离；在外，
外出；离开某地：go ~ for dinner 出外吃饭/
They live five miles ~. 他们住在 5 英里以外
的地方。/open the door and run ~ into the
garden 开门出去跑进花园/find one's way ~
寻找出路/The book you wanted is ~. 你要
的书已借出。❷不在（家、工作地点等）；远离
（陆地、祖国、城镇等）：I phoned Mary, but
she was ~. 我给玛丽打电话，可她不在。/
The teacher is ~ at the moment. 老师现在
不在。/She lives right ~ in the country. 她
住在偏远的乡间。❸显露出来；已发表；已暴
露：The moon will soon be ~. 月亮快出来
了。/His article will come ~ in tomorrow's
papers. 他的文章将在明天的报纸上登出。❹
（火、灯、燃烧物等）熄灭：put the fire ~ 把火
熄灭/All the lights went ~ in the streets. 街
上的灯光都灭了。❺不时兴，不流行：This
dress is ~. 这种女装已过时了。❻（政治上）
无权力，处于在野状态：The Labour Party
went ~ in 1980. 工党于 1980 年在野。❼在
罢工中：Thousands of workers are ~. 成千上
万的工人在罢工。❽处于无知觉状态，失去知
觉；昏迷着：He's been ~ for five minutes. 他
已昏迷了 5 分钟。❾（潮汐）退潮，落潮：We
couldn't swim — the tide was too far ~. 我
们不能游泳，潮水退得太远了。❿有差错
地；不一致地：We are ten yuan ~ in our ac-
counts. 我们账上有 10 元的差错。/My watch
is five minutes ~. 我的手表差了 5 分钟。⓫
（［近］up）从头至尾地；彻底地；完全地：I'm
tired ~. 我筋疲力尽了。/have one's sleep
~ 睡个够/Supplies are running ~. 供应品快
用完了。⓬毫不迟疑地；清晰而响亮地：speak
~ about sth. 大声说出某事/tell sb. sth.
straight ~ 直截了当地告诉某人某事 ⓭［口］
（板球、棒球等）出局，退场；（网球、羽毛球等）
（球）出界，界外：He lost the point because

the ball was ~. 他丢了那分是因为球出界了。
II . *n* . Ⓒ❶（棒球等中的）出局 ❷（［反］in）
Ⓒ在野派；在野党人：the ins and ~s 执政党
与在野党 **III** .［无比较等级］*adj* . ❶外面的，
外边的；往外去的：the ~ sign 指示出口的标
示 ❷遥远的，偏僻的：the ~ country 偏僻的
乡下 ❸在野；下台的 ❹特大的：a coat of
an ~ size 特大尺寸的上衣 ❺（棒球等）出局
的，界外的 ❻［美俚］最新式的 **IV** . (~ed
[ˈ-ɪd]) *vi* . 暴露；（尤指）成为人所共知：The
truth will ~. 真相终将大白。*vt* . 赶出，赶走
V . *prep* . ❶通过…而出：run ~ the door 跑
出门去 ❷［口］沿着…而走：drive ~ the
wooded road 沿着树木茂密的道路驶去

out·break [ˈaʊtbreɪk] *n* . Ⓒ爆发；（尤指疾
病或暴力行为）突然发生：an ~ of typhoid 伤
寒的发作/an ~ of hostilities 战争的爆发

out·come [ˈaʊtkʌm] (~s[-z]) *n* .［近
end，result］Ⓒ结果；成果：What was the ~
of your meeting? 你们会晤的结果如何？/
the ~ of scientific experiments 科学研究
成果

out·door [ˈaʊtdɔː(r)]［无比较等级］*adj* .
户外的，野外的，露天的：~ sports 户外运动/
~ activities 户外活动

out·doors [ˌaʊtˈdɔːz] **I** . *adv* . 在露天，
野外，在户外：It's cold ~. 外面很冷。/go
for military training 到野外进行军事训练
II . *n* .［the ~］露天，郊外，旷野：I enjoy the
great ~ too much. 我酷爱郊外的环境。

out·er [ˈaʊtə(r)]［无比较等级］*adj* .（［反］
inner）❶外部的，外面的，外侧的：the ~ lay-
er of wallpaper 壁纸的外层/the ~ covering
外面的覆盖物 ❷远离中心的：an ~ region 边
远地区/the ~ hall 外厅

out·er·wear [ˈaʊtəweə] *n* . Ⓤ［总称］外
衣；外套

out·ing [ˈaʊtɪŋ] **I** . (~s[-z]) *n* . Ⓒ外出游
览；短途旅游，远足：go on an ~ 去远足/the
firms annual ~ to the theatre 公司一年一度
的外出观剧活动 **II** . *adj* . 短途旅游的

out·law [ˈaʊtlɔː] **I** . (~s[-z]) *n* . Ⓒ❶被
剥夺公民权者；被放逐者 ❷歹徒，逃犯（尤指
犯法后躲藏起来的人）：A bunch of ~s lived
in the forest. 成群的歹徒犯法后栖身于树林
中。**II** . *vt* . ❶剥夺（某人）的公民权；将（某
人）放逐 ❷宣布…在法律上失效

out·law·ry [ˈaʊtlɔːrɪ] *n* . Ⓤ被剥夺公民权；
（宣布）非法化；放逐

out·let [ˈaʊtlet] *n* . Ⓒ❶（［反］inlet）（河流
等的）出口；出路；排气机：an ~ of a lake 湖

的出水口/an ~ for export produce 出口商品的口岸 ❷(精力、感情等的)发泄途径;排遣:an ~ for the emotions 情感的发泄/He needs an ~ for all that pent-up anger. 他那积愤需要有机会倾吐。❸(出售某种产品的)商店;销路:This cosmetics firm has 30 ~s in Britain. 这家化妆品公司在英国有 30 个经销店。

out•line ['aʊtlaɪn] Ⅰ. (~s [-z]) n. Ⓒ ❶ 轮廓,外形;略图,素描:She could see only the ~(s) of the trees in the dim light. 朦胧中她只看见树木的轮廓。❷要点,纲要;主要原则:an ~ for an essay 文章的要点/an ~ of European History 欧洲历史纲要 Ⅱ. (outlining) vt. ❶ 画出(或标出)…的轮廓:The railway bridge is ~d by lights. 灯光勾画出铁路桥的轮廓。❷概括,概述(某事物):We ~d our main objections to the proposal. 我们扼要地说明了反对该建议的意见。

out•look ['aʊtlʊk] n. Ⓒ ❶ 景色,景致,风光:a room with an ~ on the sea 面临海景的房间 ❷(对生活等的)观点,看法;眼界,视野:a narrow ~ on life 狭隘的人生观 ❸前景,展望:a bright ~ for future 未来的光明展望/weather ~, dry and sunny 天气预测,干燥而晴朗

out•put ['aʊtpʊt] n. Ⓤ Ⓒ ❶ [常用单数]产量;产物:the annual ~ of steel 钢的年产量/the literary ~ of the year 一年的出版物数量/The average ~ of the factory is 30 cars a day. 该工厂的平均产量是每天 30 台汽车。❷【电】(电等的)输出(功率):an ~ of 100 watts 输出功率 100 瓦

out•set ['aʊtset] n. [the ~]开头,起始;最初:At the ~ of her career she was full of optimism but not now. 她事业伊始十分乐观,但现在已今非昔比了。

***out•side** ['aʊt'saɪd] Ⅰ. (~s [-z]) n. ([反]inside) Ⓒ ❶ 外面,外部;外表:Don't judge thing from the ~. 别从外表看事物。/Lower the window and open the door from the ~. 落下窗户,从外面打开门。❷(与某建筑物等)接近的地方:walk round the ~ of the building 在楼房周围散步 Ⅱ. adj. ❶外部的,外面的,外侧的:~ measurements 外围的尺寸/a house with only two ~ walls 只有两面外墙的房子 ❷外界的;局外的,外来的:We'll need ~ help before we can finish. 我们需要外界援助才能完成。/Ask the switchboard operator for an ~ line. 叫接线员接外线。❸(可能性、机会等)极小的:an ~ chance of winning the game 微乎其微的获胜可能 ❹

最高的,极限的:an ~ price 最高的价格 Ⅲ. adv. ❶在外面,向外面;在户外:The children are playing ~. 孩子们正在外面玩呢。/It's warmer ~ than in this room. 外面比这间屋子里暖和。❷外观上,外表上 Ⅳ. prep. ❶在…外面,向…外面:walk ~ the house 走向屋子外/You can park your car ~ our house. 你可以把汽车停在我们房子外面。❷超出…的范围:The matter is ~ my area of responsibility. 此事超出我的责任范围。❸[口]除了:No one objected ~ one or two. 除了一两个人外,没有人反对。

out•sid•er [ˌaʊt'saɪdə(r)] (~s [-z]) n. Ⓒ ([反]insider) ❶ 外人;局外人;非会员:Women feel like ~s in that club. 女性在那个俱乐部里感觉是外人。❷(比赛中)不大可能获胜的选手(或赛马等):That horse is a complete ~. 那匹马绝无获胜可能。

out•skirt ['aʊtskɜːt] n. Ⓒ [常用复数]市郊,远郊;外围:They live on the ~s of New York. 他们住在纽约市郊。

out•stand•ing [ˌaʊt'stændɪŋ] adj. ❶杰出的,出众的,优秀的:~ contributions 卓越的贡献 ❷(地位)显著的,突出的:the ~ features of the landscape 景色的显著特点 ❸(报酬、工作、问题等)未偿付的;未完成的;未解决的:~ debts 未偿清的债务/A good deal of work is still ~. 不少工作尚未完成。

***out•ward** ['aʊtwəd] ([反]inward) Ⅰ. [无比较等级] adj. ❶(旅行等)外出的;外的;向外的:an ~ voyage 海外航行/He got lost on the ~ journey. 他外出旅行迷失了方向。❷外面的,外表的:the ~ appearance of things 东西的外表/For ~ application only. (药品标签用语)只供外用。❸明显的,可见的;公开的 ❹(言行)表露的:She gives no ~ sign of the sadness she must feel. 她一定很难过,但毫不形于色。Ⅱ. adv. ❶向外:The door opens ~. 这扇门是向外开的。❷离家;离开出发地:a train traveling ~ from London 从伦敦向外开行的火车

o•val ['əʊvl] Ⅰ. adj. ([近]egg-shaped) 卵形的;椭圆形的:an ~-shaped face 鸭蛋脸 Ⅱ. (~s [-z]) n. Ⓒ 卵形(物);椭圆形(物)

ov•en ['ʌvn] (~s [-z]) n. Ⓒ 火炉,烤炉,烤箱:Bread is baked in an ~. 面包是在烤炉里烤制的。

***o•ver** ['əʊvə(r)] Ⅰ. prep. ❶([反]under)在(或向)…的上方:There was a lamp ~ the table. 桌子上方悬着一盏灯。❷([近]on)([反]under)在…表面覆盖,蒙在…上面:Spread a cloth ~ the table. 在桌子上铺上块

布。❸从(某物)的一边到另一边;横越,越过:
a bridge ~ the river 桥横跨河面/climb ~ a
wall 爬过一堵墙/escape ~ the frontier 逃出
边界 ❹在(某物的)对面;在彼岸:a city ~
the border 边界对过的一座城市/He lives ~
the river. 他住在河对面。❺遍及,遍布:He's
famous all ~ the world. 他名闻全世界。/He
sprinkled sugar ~ his cereal. 他在麦片粥上
撒了糖。❻([近]more than)超过,(某年龄、
时间、数量、价格等)多于:He is ~ fifty. 他50
多岁了。/He stayed in Austria (for) ~ a
month. 他在奥地利逗留了一个多月。❼
([反]under)(地位、职位、势力等)高于…,在
…之上:He is ~ me in the office. 他职务比
我高。/He ruled ~ a great empire. 他统治
着一个大帝国。❽(表示时间)在…期间:stay
in Wales ~ Christmas and New Year 在威尔
士度过圣诞节和新年/work ~ night 通宵工
作 ❾在从事…的时候:He went to sleep ~
his work. 他干着干着就睡着了。/We'll
discuss it ~ our dinner. 我们吃饭时再讨论这
个问题。❿遍经;(温习、检验等时)从头至尾
经过:show a guest ~ the house 领客人走遍
全屋参观/go ~ one's notes 把笔记从头至尾
看一遍 ⓫([近]about)对于;由于;关于(某
事):a disagreement ~ the best way to pro-
ceed 对于用哪种方式进行最好而产生的分歧/
Debates arose ~ some technical questions.
在一些技术问题上产生了争论。⓬([反]on)
通过…传送:listen to a newscast ~ the radio
听无线电新闻广播/She wouldn't tell me ~
the phone. 她不在电话里告诉我。Ⅱ. adv.
❶从直立位置向外(或向下)翻倒,翻转:Don't
knock the bottle ~. 别把那个瓶子碰翻。/
He fell ~ on the ice. 他摔倒在冰上。❷从一
边到另一边:Turn the patient ~ onto his
front. 把病人翻过去让他俯卧。❸穿过,横过,
越过:Take these letters ~ to the post of-
fice. 把这些信送到对面邮局去。/He has
gone ~ to America. 他到美国去了。❹再次,
又:He repeated it several times ~ until he
could remember it. 他重复了几次,直到记住
为止。/We did the house ~ and bought new
furniture. 我们把房子重新布置一番,并买了
新家具。❺剩余,剩下:7 into 30 goes 4 with
2 ~. 用7除30得4余2。❻超过(某数量),
多一些:children of ten and ~ 10岁和10岁
以上的少年 ❼结束,完结:By the time we ar-
rived, the meeting was ~. 我们到达时,会议
已结束了。❽传递,交给;更换:Hand that
book ~ to me. 把那本书递给我。/Please
change the plates ~. 请把盘子调换一下。❾
从头到尾;详尽地:Let's talk it ~. 让我们详

谈一下。/read a book several times ~ 把一
本书读好几遍 ❿全部地;遍及地:paint sth.
~ 把某物全部涂上颜料/The lake is com-
pletely frozen ~. 湖面全部封冻了。Ⅲ.
adj. ❶上面的;表面的;外面的 ❷结束的,完
结的:His life is ~. 他的生命已结束。❸通过
的,越过的 Ⅳ. (~s[-z];~ing[-rɪŋ]) vt. &
vi. 越过,跳过

o•ver•all ['əʊvərɔːl] Ⅰ.[无比较等级] adj.
❶全体的,全部的:~ consideration 全盘考
虑/the ~ measurements of a room 一个房间
的总面积 ❷总的,包括一切的:There's been
an ~ improvement recently. 近来各方面有
所改进。Ⅱ. adv. ❶总共:How much will
it cost ~? 总共多少钱? ❷大致上,大体上,
总体上:Overall, it's been a good match. 总
的来说,那场比赛很好。Ⅲ. (~s[-z]) n. ❶
Ⓒ长罩衫 ❷[用复数]工作装,工装裤:The
carpenter was wearing a pair of blue ~s. 那
木匠穿着蓝色的工装裤。

over•board ['əʊvəbɔːd] adv. 向舷外

over•coat ['əʊvəkəʊt] n. Ⓒ外套,大衣:
He wore a hat, gloves and an ~. 他戴着帽
子、手套,还穿着大衣。

o•ver•come [ˌəʊvəˈkʌm] (~s[-z];over-
came[ˌəʊvəˈkeɪm];overcoming) vt. ❶战胜,
克服:~ a bad habit 改掉坏习惯/~ difficul-
ties 克服困难 ❷征服;越过:~ obstacles 越过
障碍 ❸使(某人)软弱(或不适),使无能为力:
be ~ by gas fumes 被煤气熏倒/~ by laugh-
ter 笑得浑身无力 vi. 取胜:We shall ~! 我
们一定胜利!

o•ver•flow Ⅰ. [ˌəʊvəˈfləʊ] (~s[-z]) vt.
使泛滥;使溢出:The river ~ed the banks. 河
水淹没了两岸。vi. 泛滥;满得溢出:Your
bath is ~ing. 你澡盆里的水都溢出来了。Ⅱ.
['əʊvəfləʊ] n. ❶ⓊⒸ溢出;泛滥:Stop the
~ from the cistern. 止住水使之不再从水箱
中溢出。❷Ⓒ过剩物(或人):a large ~ of
population from the cities 从城市外流的大批
人 ❸Ⓒ[也作~ pipe]溢流管

o•ver•head Ⅰ. ['əʊvəhed] adj. ❶头顶上
的,上空的:an ~ railway 高架铁路 ❷经营
的:~ expenses 经费的开支 Ⅱ. [ˌəʊvəˈhed]
adv. 在头顶上;在空中:birds flying ~ 空中
的飞鸟

o•ver•hear [ˌəʊvəˈhɪə(r)] (~s[-z]; ~d
[ˌəʊvəˈhɜːd];~ing[-rɪŋ]) vt. 无意中听到;偷
听到:I ~d them quarrelling. 我无意中听到
他们在争吵。

o•ver•look [ˌəʊvəˈlʊk] (~ed[-t]) vt. ❶眺
望,俯瞰:My room ~s the sea. 从我的房间可

眺望大海。❷未看到,未注意到;忽视:～ a printer's error 放过一处印刷错误/She ～ed his rudeness and tried to pretend nothing had happened. 她没有理会他的粗鲁举动,竭力装作若无其事的样子。

o·ver·night [ˌəʊvəˈnaɪt] **Ⅰ. adv. ❶**在晚上,在夜里:stay ～ at a friend's house 在朋友家过夜 **❷**一夜之间,突然:She become a celebrity ～. 她一下子成了名人。**Ⅱ. adj. ❶**晚上的,夜里的:an ～ journey 夜间旅行 **❷**突然的:an ～ success 突然间的成功

o·ver·seas [ˌəʊvəˈsiːz] **Ⅰ. adj.** 海外的,国外的:～ trade 海外贸易/～ students in Britain 在英国的外国留学生 **Ⅱ. adv.**([近]a-broad)在海外,到国外:live ～ 到海外生活

o·ver·take [ˌəʊvəˈteɪk] (overtook[-ˈtʊk]; overtaken[-ˈteɪk];overtaking) **vt. ❶**追上,赶上;超过:～ other cars on the road 在路上超越其他汽车/Supply will soon ～ demand. 供货很快就要大于求。**❷**(指不愉快的事情)突然降临;意外地碰上:be overtaken by fear 不胜恐惧/On his way home he was overtaken by a storm. 他在回家的路上遭遇到了暴风雨。

o·ver·throw [ˌəʊvəˈθrəʊ] **Ⅰ.** (～s [-z]; overthrew[-ˈθruː];overthrown[-ˈθrəʊn]) **vt.** 推翻,颠覆:The rebels tried to ～ the government. 叛乱者企图推翻政府。**Ⅱ. n. ⓤ**推翻,颠覆

o·ver·time [ˈəʊvətaɪm] **Ⅰ. n. ⓤ**加班;加班时间:working ～ 加班工作 **Ⅱ. adj.** 加班的;超时的;在规定时间之外的:～ payments 加班费 **Ⅲ. adv.** 超时地

o·ver·turn [ˌəʊvəˈtɜːn] (～s [-z]) **vt. ❶**打翻,使翻转,翻倒:He ～ed the boat. 他把船弄翻了。**❷**推翻,颠覆:～ the military regime 推翻军政权 **vi.** 翻身;倾覆;翻转

o·ver·whelm [ˌəʊvəˈwelm] (～s [-z]) **vt. ❶**淹没;覆盖:A great mass of water ～ed the village. 大水淹没了村庄。**❷**压倒;制服,击败:be ～ed by the enemy 被敌军击溃

o·ver·work [ˌəʊvəˈwɜːk] **Ⅰ.** (～ed [-t]) **vt. ❶**使工作过度,使过分劳累:～ a horse 使马劳累过度 **❷**把…做过头;把…说过火;滥用:～ one's excuse 把借口讲得太过分 **vi. ❶**工作过度,劳累过度 **❷**做得过分;说得过火

Ⅱ. [ˈəʊvəwɜːk] **n. ⓤ**额外工作;过度工作:stress caused by ～ 工作过累造成的紧张

owe [əʊ] (～s[-z];owing) **vt. ❶**欠(某人债等),应该向(某人)付出:He ～s $ 50 to his father. 他欠他父亲 50 美元。/I ～ you for your help. 由于你的帮助,我还得谢谢你呢。**❷**对…有义务,对…尽责:～ loyalty to a political party 对某政党效忠 **❸**将某事归功于某人(或某事):He ～s his success more to luck than to ability. 他认为他的成功是靠运气而不是因为自己有能力。**❹**应感激:I ～ my teachers and parents a great deal. 我深深感激师长和父母。**vi.** 欠钱:Henry still ～s for his clothes. 亨利还欠着买衣服的钱。

ow·ing [ˈəʊɪŋ] [无比较等级] **adj.** 未付的,该付的:ten dollars ～ on a bill 账单上欠 10 美元

owl [aʊl] (～s [-z]) **n. ⓒ【**鸟**】❶**猫头鹰 **❷**[口]惯于晚上活动的人,夜生活者

own¹ [əʊn] **adj.** [用于所有格后](强调某事物的个人所有或私人性质)**❶**自己的:I saw with my ～ eyes. 那是我亲眼所见。/The workers took him as one of their ～. 工人们把他当作自己人。**❷**为自己的,自己做的:I can cook my ～ meals. 我能做自己的饭。

own² [əʊn] (～s [-z]) **vt. ❶**([近]have)拥有,有:She ～s a car but rarely drives it. 她有一辆汽车,但很少开。**❷**([近]admit, acknowledge)承认…:Finally she ～ed the truth of what he had said. 她终于承认他所说的属实。/He ～ed himself defeated. 他承认自己失败了。**vi.** 承认;供认:～ to having done wrong 承认做错

own·er [ˈəʊnə(r)] (～s [-z]) **n. ⓒ**物主,所有人,拥有者:the ～ of the building 楼房的主人/Who's the ～ of this house? 谁是这房子的房主?

ox [ɒks] (oxen[ˈɒksən]) **n. ⓒ**[集合用法] **❶**牛 **❷**公牛,阉牛

ox·ide [ˈɒksaɪd] **n. ⓤⓒ【**化**】**氧化物

ox·y·gen [ˈɒksɪdʒən] **n. ⓤⓒ【**化**】**氧;氧气

oys·ter [ˈɔɪstə(r)] (～s [-z]) **n. ⓒ【**动**】**牡蛎,蚝:～ stew 炖牡蛎

P p

pace [peɪs] **I**. (~s['-ɪz]) *n*. ❶ⓒ(行走或跑的)步,步伐;一步:only a few ~s away 仅数步之外 ❷Ⓤ(行走或跑的)步速;节奏;(进展等的)速度:quicken one's ~ 加速步伐 **II**. (~s['-ɪz];~d[-t];pacing) *vt*. ❶踱步走;踱来踱去:The prisoner ~d the floor of his cell.那犯人在牢房里来回地踱步走着。❷用步子测(off):~ off a distance of thirty metres 用步子测出 30 米的距离 ❸为…定速度 *vi*. 踱步,慢慢走:He ~d up and down (the platform),waiting for the train.他(在月台上)踱来踱去等候火车。

pa·ci·fic [pə'sɪfɪk] **I**. *adj*. ❶〔近〕peaceful)和解的,和平的;宁静的 ❷〔用 Pacific〕太平洋的:the *Pacific* Ocean 太平洋 **II**. *n*. 〔the Pacific〕太平洋

pacify ['pæsɪfaɪ] *vt*. ❶使平静,使安静;安抚 ❷平定,平息:~ the commotion 平息动乱 ❸使服从,使屈服

pack [pæk] **I**. *n*. ⓒ❶(〔近〕package)捆;包,包裹:a ~ of cloth 一捆布 ❷〔美〕小包,小盒;袋:a ~ of cigarettes 一包香烟 ❸(野兽、飞禽等的)一群:Wolves hunt in packs.狼总是成群猎食。❹一伙人,一帮人:a ~ of liars 一伙骗子 ❺许多人,大量:a ~ of lies 连篇的谎话 ❻涂敷剂(如润面霜、冰袋等) **II**. (~ed[-t]) *vt*. ❶把…包装;将(某物)装入:Have you ~ed all your things? 你所有的东西都包装好了吗?❷(〔近〕fill)挤满,装满:The audience ~ed the hall. 听众挤满了大厅。❸装填,充填:~ a leaking joint in a pipe 填塞一个漏水的管子接头 ❹把(食品等)装罐:~ meat 把肉装罐 ❺携带,配有:weapons ~*ing* nuclear war-heads 配备有核弹头的武器 ❻把…堆积在一起:The wind ~ed the snow against the wall. 风把雪吹到墙边堆起来。*vi*. ❶包装,装入;整理行装:an hour in which to ~ 用一小时整理行囊 ❷能被包装:This dress ~ easily. 这件连衣裙易于装箱。❸(人)挤入(…中):Supporters of the reform ~ed into the hall. 支持改革的人挤进会场。❹(雪、土等)堆在一处

pack·age ['pækɪdʒ] **I**. (~s[-ɪz]) *n*. ⓒ❶(〔近〕packet)包,包裹:The postman brought me a large ~.邮递员给我送来了一个大包裹。❷(盒子、箱子等的)包装物 **II**. (~s[-ɪz];~d[-d];packaging) *vt*. 把…包装:Their products are always attractively ~d.他们的产品总是包装得非常精美。

pack·et ['pækɪt] **I**. *n*. ⓒ❶(包装商品用的)小包,小捆;小包裹:a ~ of biscuits 一小包饼干 ❷〔英口〕一大笔钱:make a ~ 挣一大笔钱 ❸〔亦用 ~-boat〕(短途)定期邮船,班轮 ❹一小批,一小群 **II**. *vt*. 把…打成小包;把…包起来

pack·ing ['pækɪŋ] *n*. Ⓤ❶包装;包装法:a ~ department 包装车间 ❷包装材料;填料;衬垫:a ~ ring 填料环

pad [pæd] **I**. (~s[-z]) *n*. ⓒ❶垫料;衬垫,护垫:shin ~s 护腿 ❷便笺本:a writing ~ 拍纸簿 ❸〔亦用 ink ~〕打印台,印台;印泥 ❹(某些动物的)肉趾(如狗、狐等) ❺(航天器)发射台;直升机升降场:a launching ~ 发射台 ❻〔口〕住处;窝,住屋;房间:Come back to my ~.回到我的住处。**II**. (~s[-z];padded ['-ɪd];padding) *vt*. ❶(用软物等)填塞,衬填:a jacket with *padded* shoulders 带垫肩的外衣 ❷(加入不必要的词句)拉长,扩充:I *padded* out my answer with plenty of quotations.我用了大量引文把答案拉长。❸〔美〕虚报(账目等):a *padded* bill 虚报的账单 使(声音)低沉,减弱…的声音

pad·dle[1] ['pædl] **I**. (~s[-z]) *n*. ⓒ❶短而阔的桨;(划独木舟用的)双叶桨 ❷桨状物;(桨状)搅拌物;捣衣棒;〔美口〕扁形刑杖 **II**. (~s[-z];paddling) *vt*. & *vi*. (用桨)划;划桨行进:We ~d (the canoe) slowly upstream.我们慢慢地划着(独木舟)逆流而上。

pad·dle[2] ['pædl] **I**. (~s[-z];paddling) *vi*. ❶(用脚或手)玩水;涉水:*paddling* at the water's edge 在水边涉水 ❷（用手或脚）轻轻划水（或拨水）❸（小孩）摇摇晃晃地走 Ⅱ. *n*. ［常用单数］玩水；涉水

pad·lock ['pædlɒk] Ⅰ. *n*. C 挂锁，扣锁 Ⅱ.（~ed[-t]）*vt*. 用挂锁锁上；把…上锁；把…关入围场：She ~ed her bike to the railings. 她用挂锁把自行车和栏杆锁在一起。

page¹ [peɪdʒ] Ⅰ.（~s['-ɪz]）*n*. C ❶（书、报刊等的）页：turn to ~ five 翻到第5页 ❷（报刊的）专页，专栏：the editorial ~ 社论专页 ❸（值得记载的）事件，插曲：a glorious ~s of Chinese history 中国历史上光辉的一页 Ⅱ.（~s['-ɪz]；paging）*vt*. 标明…的页数 *vi*. 翻页；阅读；逐页处理

page² [peɪdʒ] Ⅰ.（~s['-ɪz]）*n*. C ❶（旅馆或俱乐部雇用的）穿制服的小听差，年轻男侍 ❷年轻的男仆从（或侍相）Ⅱ.（~s[-ɪz]；paging）*vt*.（用扩音喇叭）呼唤（某人）

pag·eant ['pædʒənt] *n*. C ❶露天表演，露天历史剧 ❷盛装的游行；壮丽的场面

pa·goda [pə'gəʊdə] *n*. C（印度和东亚的）塔，佛塔，宝塔；塔式寺庙

paid [peɪd] Ⅰ. pay 的过去式和过去分词 Ⅱ. *adj*. ❶支取薪金的，受雇用的：a ~ advisor 支薪金的顾问 ❷已付的，付清的：a ~ cheque 付讫支票/a ~ debt 还清的借款

pail [peɪl]（~s[-z]）*n*. C ❶（［近］bucket）桶，提桶：a ~ of water 一桶水 ❷一桶

pain [peɪn] Ⅰ.（~s[-z]）*n*. ❶C U（肉体上的）痛，疼痛：stomach ~s 胃痛 ❷U（精神上的）痛苦，苦楚；悲痛：the ~ of separation 分离的痛苦 ❸C 苦恼，烦恼；讨厌的人（或事）：She's been complaining again — she's a real ~! 她又发牢骚了——真烦人！❹［用复数］刻苦，辛苦；苦心：take ~s with one's work 努力工作 Ⅱ.（~s[-z]）*vt*. 使疼痛；使烦恼：My foot is still ~ing me. 我的脚还痛。

pain·ful ['peɪnfʊl] *adj*. ❶痛的，令人疼痛的：His shoulder is still ~. 他的肩还很痛。❷令人难堪的，令人痛苦的：a ~ experience 痛苦的经历 ❸困难的，麻烦的；伤脑筋的：a ~ problem 棘手的问题

pain·less ['peɪnlɪs] *adj*.（［反］painful）无痛的，不痛的：a ~ injection 无痛注射

paint [peɪnt] Ⅰ. *n*. ❶U 涂料，油漆，涂层：wet ~ 油漆未干 ❷U C 颜料；绘画颜料：a set of oil ~s 一套油画颜料 ❸U ［口］化妆品：She wears far too much ~. 她化妆太浓。Ⅱ.（~ed['-ɪd]）*vt*. ❶涂色于…：She was ~ing a wooden chair. 她正在油漆一把木椅。

子。❷绘，用颜料绘画：Who ~ed this picture? 这张画是谁画的？❸描写，（用语言）描绘：In her latest novel she ~s a vivid picture of life in Victorian England. 她在最新的一部小说里生动地描绘了维多利亚时代的英国生活。❹化妆，涂或搽（脂粉、口红等）：~ one's nails red 把指甲涂成红色 *vi*. ❶（用颜料等）绘画：She ~s well. 她善于绘画。❷搽脂粉（或化妆品）❸油漆

paint·er ['peɪntə(r)] *n*. C ❶画家：a famous ~ 著名画家 ❷油漆工，粉刷工：He is a ~ and decorator. 他是油漆饰工。

paint·ing ['peɪntɪŋ] *n*. ❶U 涂色，上油漆 ❷U 绘画艺术 ❸C 画；油画，水彩画：a famous ~ 名画

pair [peə(r)] Ⅰ.（~s[-z]）*n*. C ❶一对，一双，一副：a ~ of gloves（shoes，socks）一副手套（一双鞋，一双袜子）❷由两部分组成的单件物品：These trousers cost £30 a ~. 这种裤子30英镑一条。❸（动物或人的）一对（尤指夫妇、配偶）：the newly married ~ 新婚夫妇 ❹相约放弃投票权的对立两党的两名议员（或其中一方）Ⅱ.（~s[-z]；~ing ['-rɪŋ]）*vt*. ❶使成对，把（人或物）组成对：~ the pupils in question and answer drills 把小学生们组成对来做问答练习 ❷使（对立政党议员）成为同意某议案不投票的一对 *vi*. 成对，配对；结婚，成配偶

pal·ace ['pælɪs] *n*. C ❶宫殿，皇宫；（大主教的）宅邸：The ~ has just issued a statement. 王宫发言人刚刚宣布了一项声明。❷宏伟的建筑物；华丽的娱乐场所：Compared to ours, their house is a ~. 他们的房子和我们的相比简直太豪华了。

pale [peɪl] Ⅰ.（~r；~st）*adj*. ❶（脸色）苍白的，灰白的：She has a ~ complexion. 她面色苍白。❷（［近］dark）（颜色）浅的，暗的：~ sky 灰蒙蒙的天空 ❸（光）微弱的，暗淡的：the ~ light dawn 晨曦的微光 Ⅱ.（~s[-z]；paling）*vt*. & *vi*.（使）变苍白；（使）变暗淡；（使）失色：She ~d with shock at the news. 她听到那消息大惊失色。

palm¹ [pɑːm] Ⅰ.（~s[-z]）*n*. C ❶手掌，掌心：sweaty ~s 有汗的手掌 ❷（手套的）掌部：gloves with leather ~s 掌部为皮革的手套 Ⅱ. *vt*. ❶（变戏法时）将（纸牌等）藏于手中 ❷用手掌击：The goal-keeper just managed to ~ the ball over the crossbar. 守门员用手掌勉强把球挡出球门横木。

palm² [pɑːm]（~s[-z]）*n*. C ❶棕榈树：coconut ~ 椰子树 ❷棕榈叶（用作胜利、荣誉的象征）

palm·y ['pɑːmɪ] （palmier; palmiest） *adj.*
❶多棕榈的,棕榈繁茂的 ❷繁荣的,兴盛的:
in my ～ days 在我春风得意时

pam·phlet ['pæmflɪt] *n.* Ⓒ 小册子: be
published in ～ form 以小册子形式出版

pan [pæn] Ⅰ. （～s[-z]） *n.* Ⓒ❶锅;平底
锅:a frying ～ 煎锅 ❷盘状器皿 ❸（天平的）
秤盘 ❹【矿】淘盘:gold ～ 淘金盘 ❺[亦作
salt ～]盐田,晒盐池 ❻（不透水的）硬土层
Ⅱ. （～s[-z]; panned; panning） *vt.* ❶（用平
锅）烧（菜） ❷（用淘盘）淘（金子或含金的矿石
等） ❸ [口]严厉地批评:The film was
panned by the critics. 该影片受到评论家的
严厉批评。 *vi.* ❶（用淘盘）淘金;出金,产金
❷（计划等）发展,结果（out）:It depends how
things ～ out. 那得看事情结果怎样了。

pan·cake ['pænkeɪk] *n.* ❶Ⓒ薄饼,烙饼
❷Ⓤ（化妆品的）粉饼

pan·da ['pændə] （～s[-z]） *n.* Ⓒ【动】❶熊
猫,大熊猫（生活于中国西南山区） ❷小猫熊,
小熊猫（产于印度,似浣熊,毛棕色,尾长蓬松）

pane [peɪn] Ⅰ. （～s[-z]） *n.* Ⓒ❶窗格（玻
璃）:a *windowpane* 一块窗玻璃 ❷（门或墙上
的）嵌板,镶板 Ⅱ. （～s[-z]） *vt.* 嵌玻璃于:
～ a window 在窗上嵌玻璃

pan·el ['pænl] Ⅰ. （～s[-z]） *n.* Ⓒ【建】
❶（门、墙、天花板的）嵌板,镶板,窗格:a ceiling
with carved ～s 带刻花镶板的天花板 ❷油画
板;油画板上的画;条形大相片 ❸（车身的）金
属板 ❹【机】控制面板;仪表板,仪表盘;面板
❺（衣服上的）镶条,饰片,布块 ❻（广播或电
视中）就重大问题进行公开讨论的小组:a ～
of experts 专家小组 ❼陪审团;陪审团成员名
单 ❽国民保健署医生名单 Ⅱ. （～s[-z];
panel(l)ed; panel(l)ing） *vt.* （用嵌板等）镶
嵌（门、墙等）;（用饰条）镶饰（衣服）:a *pan-
elled* room（ceiling）有镶板的房间（天花板）

pan·ic ['pænɪk] Ⅰ. *n.* Ⓒ Ⓤ❶[近]
alarm]恐慌,惊慌:be in state of ～（about
sth.）对（某事）惊慌失措 ❷（迅速传开的）大
恐慌（尤指金融方面）:The collapse of the
bank caused ～ on the Stock Exchange. 那家
银行倒闭,证券市场上惶恐万状。 Ⅱ. *adj.*
恐慌的,引起恐慌的:a ～ price 恐慌价格 Ⅲ.
（panicked[-t]; panicking） *vt.* ❶[[反]re-
lax]使（人或动物）受惊,使恐慌:The gunfire
panicked the horse. 枪声惊吓了马。 ❷[美
俚]使狂热;使喝彩:～ an audience 引起观众
的狂热叫好 *vi.* 十分惊慌;惊慌失措

pant [pænt] Ⅰ. （～ed['-ɪd]） *vi.* ❶气喘,
喘息:He was ～*ing* heavily as he ran. 他气喘
吁吁地跑着。 ❷（心等）悸动,剧跳 ❸[常用于

进行时]渴望（for, after）:He was ～*ing* with
desire for her. 他在拼命地追求她。 *vt.* 气喘
吁吁地说（out）:He ～*ed* out the message. 他
上气不接下气地说出此事。 Ⅱ. *n.* Ⓒ喘,喘
息;breath in short ～s 气喘吁吁

pan·ther ['pænθə(r)] （～(s)[-z]） *n.* Ⓒ❶
【动】豹;（尤指）黑豹 ❷【动】美洲狮,美洲豹

pants [pænts] [复] *n.* Ⓒ❶[英]男用短衬
裤 ❷[美]（儿童或妇女穿的）紧身短衬裤 ❸
[美]长裤,裤子

pa·pa [pə'pɑː] *n.* Ⓒ[口]（尤作儿语）爸爸

pa·per ['peɪpə(r)] Ⅰ. （～s[-z]） *n.* ❶Ⓒ
纸:a piece of ～ 一张纸 ❷Ⓒ报纸:a daily
(an evening, a Sunday) ～ 日报（晚报、星期
日）报 ❸[用复数]文件,文书;证明书:Immi-
gration officials will ask to see your ～s. 移
民局的官员将要求出示证件。 ❹Ⓒ论文,报
告;文章:He read a ～ at a medical confer-
ence on the results of his research. 他在医学
会议上宣读了他的研究论文。 ❺Ⓒ试卷,试
题,答卷:The French ～ was set by our form
teacher. 法语试卷是我们的班主任出的。 ❻
[集合用法]证券,票据;纸币 ❼Ⓒ Ⓤ壁纸,墙
纸 Ⅱ. *adj.* ❶纸做的:a ～ bag 纸袋 ❷纸上
的,名义上的;仅在理论上存在的:～ warfare
纸上论战,笔墨官司 ❸作为纸币发行的 Ⅲ.
vt. ❶用纸包装;用墙纸裱糊:We're ～*ing*
the bathroom. 我们正给浴室贴壁纸。 ❷掩
盖,粉饰:～ over the cracks 弥补裂痕

par·a·chute ['pærəʃuːt] Ⅰ. *n.* Ⓒ降落伞:
a ～ drop zone 跳伞区,空投区 Ⅱ. *vt.* 用降
落伞降落;用降落伞发送,伞投:Supplies were
～*d* into the earthquake zone. 求援物资已空
投到地震区。 *vi.* 跳伞

pa·rade [pə'reɪd] Ⅰ. （～s[-z]） *n.* Ⓒ Ⓤ
❶[[近]procession]游行;行进:take part in a
～ 参加游行 ❷（部队的）检阅,点名:ceremo-
nial ～s 阅兵式 ❸阅兵场 ❹供散步的广场;
商业街 Ⅱ. （～s[-z]; ～d[-ɪd]; parading）
vt. ❶游行,在…游行;为展示某事物而行进:
a band *parading* the streets 行进在大街上的
乐队 ❷（部队）接受（检阅或点名等）:The
colonel ～*d* his troops. 上校检阅自己的部队。
❸展示;炫耀:She was *parading* her new fur
coat yesterday. 昨天她向人炫耀她那件新毛
皮大衣。 *vi.* ❶游行;列队行进:～ through
the People's Square 游行通过人民广场 ❷炫
耀,自吹 ❸集合军队（以受检阅或操练）

par·a·dise ['pærədaɪs] （～s[-ɪz]） *n.* Ⓒ Ⓤ
❶天堂,天国 ❷理想（或完美）的地方;乐园,
福地:This island is a ～ for bird. 这个岛是鸟
类的理想去处。 ❸ [用Paradise][不用冠词]

（《圣经》中的）伊甸园

para·dox ['pærədɔks] *n.* ❶©Ⓤ似非而可能是的论点或说法 ❷©自相矛盾的话（人或事物）：It is a ~ that such a rich country should have so many poor people living in it. 如此富足的国家竟有如此多的穷人，这是个矛盾的现实。

para·graph ['pærəgrɑ:f] Ⅰ. *n.* ©❶（文章的）段落，节：begin a new ~ 开始一个新段落 ❷[也作 ~ mark]段落号，节号 ❸（报纸、杂志等上的）报道，短评：There's a ~ on the accident in the local paper. 当地报纸对该事故有一短篇报道。Ⅱ. *vt.*（将…）分段落

par·al·lel ['pærəlel] Ⅰ. [无比较等级] *adj.* ❶平行的，并行的：~ lines 平行线 ❷相对应的；相同的，类似的：a ~ case 相同的事例 ❸【电】并联的：~ circuit 并联电路 Ⅱ.（~s [-z]）*n.* ©❶[也作 ~ line]平行线；平行面 ❷[也作 ~ of latitude]（地球或地图的）纬线；纬度圈 ❸类似的人、情况、事情等：a career without ~ in modern times 当代无可匹敌的业绩 ❹对比，比较；相似处：draw a ~ between A and B 把 A 和 B 相比较 ❺【电】并联 Ⅲ.（~s [-z]；parallel(1)ed；parallel(1)-ing）*vt.* ❶使成平行，与…平行 ❷比较，对比：~ one thing with another 把一件事与另一件事相比较 ❸比得过，配得上，与…相应

par·a·lyze, -se ['pærəlaɪz]（~s [-ɪz]；paralyzing）*vt.* ❶使…瘫痪，使麻痹：She is ~d in both legs. 她两腿瘫痪。❷[常用于被动语态]使无力，使气馁，使丧失能力：The little girl was ~d with terror. 那个小女孩被吓得目瞪口呆。

para·meter [pə'ræmɪtə(r)] *n.* ❶Ⓤ【数】参数，参量：~ of distribution 分布参数 ❷©特点，特性 ❸[常用复数]（限定性的）因素；特征；界限：We have to work within the ~s of time and budget. 我们工作受时间和财力所限。

par·cel ['pɑ:sl] Ⅰ.（~s [-z]）*n.* ©❶（[近]package）小包；包裹：The postman has brought a ~ for me. 邮递员给我送来了一个包裹。❷（货物的）一批，一宗 ❸（土地的）一片，一块：a ~ of land 属产业上的一片地 ❹一群，一组：a ~ of fools 一群蠢人 Ⅱ.（~s [-z]；parcel(1)ed，parcel(1)ing）*vt.* ❶将某物分成若干部分（out）：He ~ed out the land into small plots. 他把那片土地分成小块。❷将（某物）打包，包起（某物）：She ~ed up the books. 她把书包了起来。

parch [pɑ:tʃ]（~es [-ɪz]；~ed [-t]）*vt.* ❶烘，烤 ❷使焦干，使干透：earth ~ed by the sun 被太阳晒得干热的土地 ❸使（人）极渴 *vi.* 烘干，干透，焦干

parch·ment ['pɑ:tʃmənt] *n.* ❶Ⓤ羊皮纸，仿羊皮纸 ❷©羊皮纸文稿（或文件）

par·don ['pɑ:dn] Ⅰ.（~s[-z]）*n.* ❶©Ⓤ原谅，宽恕：ask sb.'s ~ for sth. 就某事请求某人原谅 ❷©Ⓤ赦免：general ~ 大赦 ❸©赦免令，赦免状 Ⅱ.（~s [-z]）*vt.* ❶（[反]punish）原谅，饶恕：He kindly ~ my fault. 他善意地原谅了我的过错。❷【律】赦免

par·don·able ['pɑ:dənəbl]（[近]unpardonable）*adj.* 可原谅的；可宽恕的：a ~ error 可原谅的错误

par·ent ['peərənt] *n.* Ⓤ❶[常用复数]父母，双亲：His ~s are still alive. 他的父母都还健在。❷（动植物的）亲本；母体 ❸起源，根源；原因

par·ent·age ['peərəntɪdʒ] *n.* Ⓤ父母的身份（或地位）；家世，出身：a person of unknown ~ 家世不明的人

par·ish ['pærɪʃ] *n.* ©❶教区，牧区（郡下的分区，有教堂和牧师）：He is a vicar of a rural ~. 他是农村一牧区的牧师。❷（英国）郡以下的行政区 ❸[集合用法]教区居民；（尤指）教区内按时上教堂的教徒

park [pɑ:k] Ⅰ. *n.* ©❶公共场所；公园；游憩场：The children have gone to play in the ~. 孩子们到公园玩耍去了。❷（乡间住宅的）庭园，园林 ❸[英]（汽车等的）停车场 ❹[美]运动（或游乐）场地 ❺（枪炮、军需品等的）放置场，材料库 Ⅱ.（~ed[-t]）*vt.* ❶停放（飞机、车辆等）：Don't ~ the car in the street. 不要在这条街上停放车辆。❷[美口]寄放；搁置，放置：Don't ~ your books on my desk! 不要把你的书堆放在我的桌子上！ *vi.* 停放车辆：No *Parking* Here. 此处禁止停车。

par·lia·ment ['pɑ:ləmənt] *n.* ❶©[集合用法]议会，国会：convene a ~ 召开议会 ❷Ⓤ[用 Parliament]英国国会（包括下议院、上议院和英王）：a Member of *Parliament* 国会议员 ❸©两次大会之间一届议会（或国会）

par·lo(u)r ['pɑ:lə(r)] *n.* ©❶客厅，起居室；会客室 ❷（旅馆、酒吧等的）接待室，休息室，会客室 ❸（出售商品或提供服务的）店，馆：a beauty ~ 美容院

par·rot ['pærət] Ⅰ. *n.* ©【鸟】❶鹦鹉 ❷盲目重复他人的话（或模仿他人行为）的人 Ⅱ.（~ed['-ɪd]）*vt.* 盲目重复；盲目模仿

par·son ['pɑ:sn] *n.* ©Ⓤ❶（英国国教的）牧区牧师，牧区教堂牧师 ❷[口]新教教士

part [pɑːt] **I**. *n*. ❶([近]whole)ⓒⓤ部分;局部:We spent ～ of our holiday in Japan.我们假期一段时间是在日本度过的。❷ⓒ(人或动、植物可区分的)部分:the ～s of the body 身体各部 ❸ⓒ(整体的若干等份中的)一部分:A second is the sixtieth ～ of a minute.1秒钟是1分钟的1/60。❹ⓒ(机器或结构的)零件,部件,备件:the working ～s of the machine 机器的操作部件 ❺ⓤⓒ[常用复数](个人的)职责,义务;作用;本分:Everyone must do his ～.大家都要做好分内的事。❻[常用复数]才华:a man of ～s 有才华的人 ❼[常用复数]地区,区域:He's just arrived back from foreign ～s.他刚从国外归来。❽ⓤ(交易、冲突等的)一方:Neither ～ accepted this suggestion.(两方之间)任何一方都不接受这个建议。❾ⓒ(书、广播连续节目等的)部,集:a TV serial in 10 ～s 10集电视连续剧 ❿([近]role)ⓒ(戏剧、电影等中的)人物,角色;台词:He took the ～ of Hamlet.他扮演哈姆雷特这个角色。⓫ⓒ(音乐的)部,声部;段:sing in three ～s 3声部合唱 ⓬ⓒ[美](头发)分开的缝 **II**.(～ed ['-ɪd])*vt*. ❶分开;(使某人)离开(或与某人分离):A huge rock ～s the stream. 巨岩使溪水分流。❷断绝(关系、联系) ❸区分,辨别(学说、理论等) *vi*. ❶分开(河流)等:The crowd ～ed to let him pass.人群分开一条路让他通过。❷分手,分别;断绝关系:They two ～ed at the door.他们两人在门口分别。**III**. *adj*. 部分的,局部的:～ payment 分期付款 **IV**. *adv*. 部分地:The dress is ～ silk, ～ wool.这件连衣裙是丝毛混纺的。

par·tial ['pɑːʃəl] *adj*. ❶[无比较级]部分的,不完全的:a ～ recovery 部分复原 ❷([反]impartial)偏心的,偏向的,偏袒的:be ～ to one while neglecting the other 厚此薄彼 ❸偏爱的:He's ～ to a glass of beer after dinner.他饭后爱喝一杯啤酒。

par·tic·i·pate [pɑː'tɪsɪpeɪt] (～d[-ɪd]; participating) *vi*. ❶([近]take part)参加,参与:～ in a competition 参加竞赛 ❷分享,分担(in,with):～ with sb. in his sufferings 与某人共患难

par·ti·ci·ple ['pɑːtɪsɪpl] *n*. ⓒ【语】分词:present ～ 现在分词/past ～ 过去分词

par·ti·cle ['pɑːtɪkl] (～s[-z]) *n*. ⓒ❶微粒,颗粒:～s of dust 尘埃 ❷极少量:There's not a ～ of truth in her story. 她讲的没有一句实话。❸【物】粒子,质点 ❹【语】虚词(某些副词、冠词、连词、介词、感叹词等没有词形变化的词语);前缀

par·ti·cu·lar [pə'tɪkjʊlə(r)] **I**. [无比较等级] *adj*. ❶个别的;个人的:in this ～ case 在此个别情况中 ❷非一般的,特别的,特殊的:a matter of ～ importance 特别重要的事情 ❸分项的,详细的,细致的:give a full and ～ account of a conference 详尽描述大会的情况 ❹讲究的,挑剔的;难以满足的:a ～ customer 挑剔的顾客 **II**.(～s[-z])*n*. ❶ⓒⓤ个别的事物,细目:When you explain try to be exact in every ～.你说明的时候,尽量把每个项目说准确。❷ⓒ[常用复数]信息,项,细节:Her account is correct in all ～s.她的账目笔笔无误。

par·ti·tion [pɑː'tɪʃən] **I**.(～s[-z])*n*. ❶([近]division,distribution)ⓤ分割,划分,分裂:the ～ of India in 1947　1947年印度的分裂 ❷ⓒ隔离物;隔墙,隔板:plywood ～ between two rooms 两个房间的夹板墙 ❸ⓒ部分;隔开部分,隔开的房间:～s in a ward 病房里的隔开部分 **II**.(～s[-z])*vt*. ❶将…分成部分;分割 ❷分开,隔开:We've ～ed off one end of the kitchen to make a breakfast room.我们已把厨房的一头隔开作为吃早饭的房间。

part·ner ['pɑːtnə(r)] **I**.(～s[-z])*n*. ⓒ❶伙伴,同伙;(尤指)合伙人,股东:～s in trade 合股做生意的人 ❷(跳舞、桥牌、网球等的)同伴,搭档:dancing ～s 舞伴 ❸配偶,情人,伴侣:one's life ～ 终身伴侣/He doesn't have a regular ～ at the moment. 他现在没有固定的伴侣。**II**. *vt*. 做(某人的)同伴(或搭档):～ sb. in a tango 和某人共跳探戈舞 *vi*. ❶合伙,成为搭档:～(sb.)off(with sb.) ❷使…配成对,做搭档:We(were)～ed off for the next dance. 下一舞曲我们两人一起跳。

part·ner·ship ['pɑːtnəʃɪp] *n*. ⓤ❶合伙人身份;合股;合股经营:enter into ～ with 同某人结成伙伴关系,与某人合股 ❷(在一起工作、游戏等的)两人,一伙人:a successful ～ 配合默契的人

par·ty ['pɑːtɪ] (parties[-z]) *n*. ⓒ❶社交集会,(尤指庆祝的)纪念会:I'm giving a ～ next Saturday night. 下星期六我举行晚会。❷[集合用法](一起工作、同行的)群,组,一伙人:the Foreign Minister and his ～ 外交部部长及其随行人员 ❸[集合用法]党,政党;(尤用以构成复合词或用以修饰名词)党派:He is a member of the Communist *Party*.他是共产党员。❹(契约或争论中的)一方,当事人:the guilty ～ 有罪过的一方 ❺[口](一个)人:an old ～ with spectacles 戴眼镜的老头儿

pass [pɑːs] I . (~es['ɪz];~ed[-t]或 past [pɑːst]) vt . ❶通过,穿过,越过;经过;超过: ~ a barrier (sentry) 通过障碍(哨卡) ❷使(某物)沿某方向移动,使(某物)移至(某位置):She ~ed her hand across her forehead. 她用手抹了一下额头。❸(考试、测验等)合格,通过:He didn't ~ the English examination this time. 这次英语考试他没有及格。❹表决通过(议案、法案等):Parliament ~ed the bill. 议会通过了该法案。❺度过(时间等),消磨,打发:Where did you ~ the summer holiday? 暑假你是在哪儿度过的? ❻把…递给…;传递:Pass me that book. 把那本书递给我。❼(在足球、曲棍球、橄榄球中)将球传给,踢给…: ~ the ball to the centre forward 把球传给中锋 ❽宣布(某事);提出(批评、意见等):~ judgement on a matter 宣布对某事的裁决 ❾超越,超出:~ one's comprehension 难以理解 ❿(纸牌中)不出牌,不叫牌;弃权 ⓫排泄,通(大、小便);分泌:If you're ~ing blood, you ought to see a doctor. 要是便血,就该找医生看看。vi . ❶穿过,越过;经过:No ~ing permitted. 不准超车。❷沿某方向行进(或移动):The procession ~ed slowly down the hill. 队伍从山上慢慢向山下移动。❸继承,把(财产、权力等)转让,转移:On his death, the title ~ed to his eldest son. 他死后,爵位传给了长子。❹变化,转化: ~ from youth to age 从青年到老年 ❺(时间)消逝,过去:This thought grew as the days ~ed . 随着时间的推移,这个想法越来越强烈了。❻(在考试、测验中)合格,及格:Of all applicants, only eight ~ed . 在所有的应试者中,只有 8 个人合格。❼发生:Strange things will come to ~ . 怪事总会发生的。❽结束,完结:They waited for the storm to ~ . 他们等待暴风雨过去。❾(法案、法规等)表决通过:The bill ~ed by 12 votes to 10. 那个法案以 12 票对 10 票通过。❿许可,同意:His rudeness ~ed without comment. 他鲁莽无礼而未受到批评。⓫传球 ⓬(纸牌中)不叫牌;弃权 II . (~es['ɪz]) n . ❶通行证,许可证;乘车券:a monthly bus ~ 公共汽车月票 ❷考试及格:get a ~ in French 法语及格 ❸[a ~]情况;状况,境遇(尤指不利处境) ❹关隘,山口;山路,山道 ❺(足球、曲棍球、橄榄球中)传球:a long ~ to the strike 给前锋的长传 ❻(纸牌中的)不出牌,不叫牌;弃权 ❼(变戏法或魔术中)用手(或手中物)对某物施遮眼法的动作,手法:The conjuror made a few ~es with his hand over the hat. 魔法师用手在帽子上方来回移动几下。

pas·sage ['pæsɪdʒ] I . (~s['ɪz]) n . ❶Ⓤ

Ⓒ通过,穿过;横行:The ~ of motor vehicles is forbidden. 机动车禁止通行。❷Ⓒ(时间的)推移,变迁:the ~ of time 时间的推移 ❸Ⓤ通行权;通行自由:They were denied ~ through the occupied territory. 他们被禁止穿越占领区。❹([近]channel)Ⓒ通道,通路:force a ~ through the crowd 在人群中挤出一条通道 ❺([近]voyage)Ⓒ(船或飞机等的)航程;旅费:have a smooth ~ 航行顺利 ❻Ⓒ(人体内的)管道(如气管、分泌管等):the nasal ~ 鼻腔通道 ❼([近]paragraph)Ⓒ(文章、讲话、乐曲等的)一段,一节:a ~ from the "Bible"《圣经》中的一段经文 II . (~s['ɪz];passaging) vt . ❶通过,横过,穿过 ❷航行,旅行

pas·sen·ger ['pæsɪndʒə(r)] (~s[-z]) n . Ⓒ❶乘客,旅客:The streets are full of ~s. 街上行人熙攘。❷(团体中的)闲散人员,不中用的人员:This firms can't afford ~s. 这家商行养不起闲散人员。

pass·ing ['pɑːsɪŋ] I . [无比较等级] adj . ❶通过的,经过的;穿过的;越过的:the ~ years 消逝的岁月 ❷([反]permanent)短暂的,短促的;飞逝的:a ~ thought 闪现的念头 ❸随便的,不经意的;粗略的:give a ~ glance 随便地看一眼 II . n . Ⓤ❶经过,通过:the ~ of a major bill 重要法案的通过 ❷末尾,尽头:the ~ of the old year 除夕 ❸去世:They all mourned his ~. 大家都对他的去世表示悲痛。

pas·sion ['pæʃən] (~s[-z]) n . Ⓤ Ⓒ❶激情,热情;强烈的情感:She argued with great ~. 她争论时情绪激动。❷([近]rage)愤怒,盛怒:get into a ~ 勃然大怒 ❸强烈的爱恋,情欲:His ~ for her made him blind to everything else. 他强烈地爱着她,对其他一切都已熟视无睹。❹([近]love)热爱,酷爱:a ~ for chocolate 很喜欢巧克力 ❺[the Passion]【宗】耶稣的受难

pas·sion·ate ['pæʃənɪt] adj . ❶([反]dispassionate)热情的,热烈的;情绪激昂的:a ~ lover of music 非常热爱音乐的人 ❷容易激动的,易怒的 :a ~ nature 易动感情的天性 ❸情欲强烈的

pas·sive ['pæsɪv] I . adj . ❶([反]active)被动的;消极的:~ smoking 被动吸烟 ❷冷淡的,不主动的:He had a ~ expression on his face. 他脸上有一种漠然的表情。❸【语】被动的;被动语态的:~ sentence 被动句 ❹【物】【化】钝性的;钝态的 ❺(电子元件等)无源的 II . (~s[-z]) n . Ⓒ【语】被动式

pass·port ['pɑːspɔːt] n . Ⓒ❶护照:a Chi-

nese ～ 中国护照 ❷(获得某事物的)手段;保
障:The only ～ to success is hard work.通往
成功的唯一途径是努力奋斗。

past [pɑːst] **Ⅰ**. *adj*. ❶([反]present,fu-
ture)过去的,以前的:The time for discussion
is ～.讨论的时间已经过去。❷刚过去的,刚
完成的,刚结束的:I've seen little of her in
the ～ few weeks.近几周我很少见到她。❸
先前的,以往的,前期的:～ and present
students of the college 该学院的校友和在校
学生 ❹(指动词形式)过去式的:～ tense
过去时 **Ⅱ**. *n*. ❶**U**[the ～]过去,昔时,往
事:memories of the ～ 对往事的回忆 ❷**C**
过去的经历,履历;(尤指不名誉的)历史:We
know nothing of his ～.我们对他的经历一无
所知。❸[亦用～ tense]【语】过去时态,过去
式 **Ⅲ**. *prep*. ❶(时间)迟于,过;在…之后:at
half ～ seven 在 7 点半 ❷(年龄)超过:She is
～ sixty.她 60 多岁了。❸经过…,通过…:He
hurried ～ me without stopping.他匆忙从我
身边走过,连停都没停。❹超过年龄(范围、能
力、限度等):It's quite ～ my comprehen-
sion.这件事已远超出我的理解力了。**Ⅳ**.
adv. 经过,通过

paste [peɪst] **Ⅰ**. *n*. **U**❶[a ～]面团:She
mixed the flour and water to a ～.她用水和
面做成面团。❷糨糊 ❸(掺鱼、肉等而做的)糊
状物 ❹[作定语](制人造宝石的)铅质玻璃:
～ jewellery 人造宝石 **Ⅱ**.～d[-ɪd];pas-
ting) *vt*. ❶用糨糊粘…,在…上涂糨糊:She
～d posters onto the wall.她把海报贴在墙
上。❷[口]痛打,揍

pas·time ['pɑːstaɪm] (～s[-z]) *n*. ([近]
recreation,entertainment) **C** 消遣,娱乐:
Photography is her favourite ～.摄影是她最
喜爱的消遣。

pas·tor ['pɑːstə] (～s[-z]) *n*. **C**(基督教
的)牧师

pas·try ['peɪstrɪ](pastries[-z]) *n*. **UC** 面
团制的糕点,酥皮糕点:You eat too much ～.
你吃油酥点心吃得太多了。

pas·ture ['pɑːstʃə(r)] **Ⅰ**. (～s[-z]) *n*. ❶
C U 牧场,牧地;大草原:acres of rich ～广
阔富饶的牧场 ❷**U** 牧草 **Ⅱ**. (～s[-z];pastu-
ring) *vt*. 放牧;使吃牧草:～ one's sheep on
the village common 在村庄的公共地上放羊
vi. (牛、羊等)吃草

pat¹ [pæt] **Ⅰ**. *n*. **C**❶轻拍,轻打:She gave
the child a ～ on the head. 她轻轻拍了一下
那孩子的头。❷小团,小块(尤指黄油):a ～
of butter 一小块黄油 **Ⅱ**. (patted ['-ɪd];
patting) *vt*. ❶轻拍,轻打:～ sb.'s hand 轻

拍某人的手 ❷将(某物)拍成某状态(或拍到
某处):She *patted* her hair into shape. 她把
头发拍整齐了。*vi*. ❶轻拍,轻敲 ❷发出轻的
拍打声

pat² [pæt] **Ⅰ**. [无比较等级] *adj*. ❶恰好
的,适当的;适时的 ❷伶牙俐齿的,油嘴滑舌
的 **Ⅱ**. [无比较等级] *adv*. 合适地;立即地;
流畅地:Her answer came ～.她回答得很
干脆。

patch [pætʃ] **Ⅰ**. (～es['-ɪz]) *n*. **C**❶(衣服
等的)补丁,补缀:She sewed a ～ onto the
knee of the trousers. 她在裤子的膝部打了个
补丁。❷眼罩:He wears a black ～ over his
left eye.他左眼上戴着黑色的眼罩。❸(与周
围颜色、材料等不同的)斑点,斑块:damp ～*es*
on a wall 墙上一块块的潮斑 ❹(尤指种菜用
的)小块土地 ❺[英口](尤指警察巡视的)地
区,地段:He knows every house in his ～. 他
熟悉自己管辖区中每所房子。**Ⅱ**. (～es
['-ɪz];～ed[-t]) *vt*. ❶修补,补缀,打补丁:
～ a hole in a pair of trousers 在裤子的洞上
打补丁 ❷修理(某物);(尤指)迅速(或临时)
修补(up):The wrecked car was ～*ed* up and
resold.撞坏的汽车草草修理一下就卖掉了。
❸平息,调停(up):They ～*ed* up their differ-
ences.他们调解了彼此间的分歧。

pa·tent ['peɪtnt,'pæt-] **Ⅰ**. *adj*. ❶([近]
evident)显著的,清楚的,明显的:his ～ dis-
like of the plan 他对该计划明显的不喜欢 ❷
[无比较等级](发明等)有专利的;受专利保护
的;专利生产的,专利经营的:～ drugs(medi-
cines)专利药物 **Ⅱ**. *n*. **C**❶专利证书;许可
证;专利权:take out a ～ on an inven-
tion 取得专利证书以保护一项发明 ❷专
利发明,专利品:It's my ～.那是我的专利发
明。**Ⅲ**. (～ed[-ɪd]) *vt*. 取得(某项发明或
方法的)专利权

path [pɑːθ] (～s[pɑːðz]) *n*. **C**❶(走出来
的)路;小径,小道:The ～ follows the river
and then goes through the woods. 这条小路
与河并排,然后穿过林子。❷(公路旁的)人行
道,(竞走或自行车比赛用的)跑道 ❸([近]
course)路线,轨道;路程:the ～ of the mete-
or 流星轨迹 ❹(思想、生活、行为等的)道路,
生活方式,思想方法:I strongly advised him
not to take that ～.我极力劝他不要采取那种
做法。

pa·thet·ic [pə'θetɪk] *adj*. ❶([近]heart-
breaking,sad)可怜的,悲哀的,让人怜悯的:
His tears were ～ to witness.他的眼泪引起
在场人的怜悯。❷差劲的,可鄙的,寒酸的:a
～ excuse 极不充分的借口

pa·tience ['peɪʃəns] *n*. Ⓤ❶([反]impa-tience)忍耐力；容忍；耐性：I warn you，I'm beginning to lose my ~. 我警告你，我已经渐渐失去耐性了。❷坚忍，坚持，毅力：Learning to walk again after his accident required great ~. 他出事后重新学走路要有极大的毅力。❸[英](通常为单人玩的)一种纸牌游戏

pa·tient ['peɪʃənt] Ⅰ. *adj*. ([反]impa-tient)有耐心的；忍耐的，容忍的：She's a ~ worker. 她工作很有耐心。Ⅱ. *n*. Ⓒ(接受治疗的)病人，(在某医生处注册的)患者：I have been a ~ of Dr. Douglas for many years. 多年来，我一生病就请道格拉斯医生给我看。

pat·ri·ot ['pætrɪət] *n*. Ⓒ Ⓤ爱国者，爱国主义者：an true ~ 真正的爱国者

pat·ri·ot·ic [ˌpætrɪ'ɒtɪk] *adj*. 爱国的，有爱国心的：~ members of the public 公众中的爱国分子

pa·tri·ot·ism ['pætrɪətɪzəm，'peɪt-] *n*. Ⓤ爱国主义；爱国精神，爱国心

pa·trol [pə'trəʊl] Ⅰ. (~s[-z]) *n*. ❶Ⓤ巡逻；巡查：carry out a ~ 执行巡逻任务 ❷Ⓒ巡逻者，巡逻车，巡逻艇，巡逻机：a naval(army，police) ~ 海军(陆军、警察)的巡逻人员 ❸Ⓒ童子军小队 Ⅱ. (~s[-z]；patrolled；patrol-ling) *vt*. 巡逻，巡查：police ~ the streets at night 警察夜间在街道上巡逻 *vi*. 巡逻

pa·tron ['peɪtrən] (~s[-z]) *n*. Ⓒ❶老主顾，顾客：*Patrons* are requested to leave their bags in the cloakroom. 顾客请将手提包留在衣帽间。❷资助人，赞助人：a wealthy ~ of the arts 艺术方面的富有的赞助人

pat·tern ['pætn] Ⅰ. (~s[-z]) *n*. Ⓒ❶([近]design，style)(衣物、地毯等的)图案，花样，式样：a geometrical ~ 几何图案 ❷(制作某物的)模型，样式；(原)型：a sentence ~ 句型 ❸(衣料等的)样品：a book of tweed ~s 粗花呢样品簿 ❹形式，格局，模式：the ~ of economic decline in Britain 英国经济衰退的形式 ❺模范，典范，榜样：This company's profit-sharing scheme set a ~ which others followed. 这家公司的利润分成计划已成为各公司的样板。Ⅱ. (~s[-z]) *vt*. ❶模仿，仿造：a coat ~ed on a Chinese model 一件仿照中国式样做的上装 ❷以图案装饰，给…加上花样 ❸与…相配，学…的样，模仿(to，with)

paunch [pɔːntʃ] Ⅰ. (~s['-ɪz]) *n*. ❶Ⓒ(尤指男子的)大肚子，大肚皮；腹部 ❷Ⓤ【动】瘤胃(即反刍动物的第一胃) Ⅱ. *vt*. 剖…之腹

pau·per ['pɔːpə(r)] Ⅰ. *n*. Ⓒ贫民，穷人，乞丐：He died a ~. 他死时身无分文。Ⅱ. *adj*. (为)贫民的

pause [pɔːz] Ⅰ. (~s['-ɪz]) *n*. ❶([近]break)Ⓒ中止，暂停；停顿：during a ~ in the conversation 谈话暂停时 ❷Ⓒ(书写或印刷中的)停顿符号；(话的)停顿，断句 ❸Ⓒ【音】延音；延长记号 Ⅱ. (~s[-z]；pausing) *vt*. ❶中止，暂停，停留：Let's ~ for a cup of cof-fee. 我们歇歇喝杯咖啡吧。❷(在…之处)犹豫；踌躇：She ~d on that word. 说到那个词的时候，她犹豫了一下。

pave [peɪv] (~s[-z]；paving) *vt*. ❶用石(或砖)铺(with)：The path is ~d with concrete slabs. 这条路是用混凝土板铺成的。❷铺满，密布：a garden well ~d with flowers 长满了花的花园

pave·ment ['peɪvmənt] *n*. ❶Ⓒ用石(或砖)铺的路面，铺过的道路 ❷Ⓒ人行道：Don't ride your bicycle on the ~. 不要在人行道上骑自行车。❸Ⓒ硬路面 ❹Ⓤ铺设；铺路材料

paw [pɔː] Ⅰ. (~s[-z]) *n*. Ⓒ❶爪子，脚爪：a dog's ~ 狗爪子 ❷[口][贬]手：Take your dirty little ~s off me. 别用你的小黑爪子着我。Ⅱ. (~s[-z]) *vt*. ❶用(脚爪等)抓(或挠)：The horses ~ed the dust of the street. 马群踢起了街上的尘土。❷[口]用手胡乱地摸，粗鲁地抚弄 *vi*. ❶用脚爪等抓：The cat ~ed at a mouse. 猫向老鼠抓去。❷粗鲁地摸弄，乱抓

pawn [pɔːn] Ⅰ. (~s[-z]) *n*. ❶Ⓤ Ⓒ典当(物)，抵押：My watch is in ~. 我把表当了。❷Ⓒ(国际象棋中的)兵，卒 ❸Ⓒ爪牙 Ⅱ. (~s[-z]) *vt*. ❶典当，抵押：He ~ed his gold watch to pay the rent. 他典当了金表用以交租。❷以…做担保：~ one's honour 以个人名誉作担保

pay [peɪ] Ⅰ. *n*. Ⓤ❶工资，薪金：He doesn't like the job，but the ~ is good. 他不喜欢那份工作，但薪水很高。❷报偿，回报 Ⅱ. (~s[-z]；paid[peɪd]) *vt*. ❶支付，付清；缴纳：How much did you ~ for that book? 你买那本书花了多少钱？❷偿还；抵偿，补偿：Have you *paid* all your debts yet? 你的债务全还清了吗？❸(商业等)有收益，有利可图：an investment ~ing 10 per cent 能获利10%的投资 ❹对某人有利(或有好处)：It doesn't ~ one to be dishonest. 不老实的人总要吃亏。❺给予(注意等)；致以(问候等) *vi*. ❶付款，付清：Are you ~ing in cash or by cheque? 你用现款还是用支票支付？❷偿还；付出代价；[喻]得到报应：~ for the damage 赔偿损失 ❸有利，划算，值得：It will ~ to read that book.读读那本书是值得的。❹有收益;(职位等)有报偿:The shop closed because it didn't ~.该店因不赚钱而关闭。

pay·ment ['peɪmənt] *n*. Ⓤ Ⓒ ❶支付,付款,报酬:*Payment* of subscriptions should be made to the club secretary. 会费应交给俱乐部秘书。❷支付额,预付款:The television can be paid for in ten monthly ~s of £50. 这台电视机可每月付 50 英镑 10 次付清。❸报答,报偿

PE [ˌpiː'iː] *n*. Ⓤ 体育(课)(physical education 的缩写)

pea [piː] (~s[-z]) *n*. Ⓒ 【植】豌豆;豌豆属植物

peace [piːs] *n*. Ⓤ ❶([反]war)和平,太平;和平时期:world ~ 世界和平 ❷「常用Peace]和约:the *Peace* of Versailles 凡尔赛和约 ❸[常用 the ~]治安;社会秩序:a breach of the ~ 扰乱治安的行为,闹事 ❹和睦,友好:live together in ~ 和睦相处 ❺平静,安宁;寂寞:disturb sb.'s inward ~ 扰乱某人的内心平静

peace·able ['piːsəbl] *adj*. ([反]noisy, unfriendly)平和的,息事宁人的:a ~ discussion 心平气和的商讨

peace·ful ['piːsfʊl] *adj*. ❶爱好和平的,寻求和平的:~ nations 爱好和平的国家 ❷安宁的;宁静的;平静的:a ~ evening (scene, death)宁静的黄昏(静谧的景色、安详的死亡)

peach [piːtʃ] (~es['-ɪz]) *n*. ❶Ⓒ桃子;桃树:tinned ~es 桃罐头 ❷Ⓤ桃红色 ❸Ⓒ[口]极好的东西;美人儿,漂亮女子

pea·cock ['piːkɒk] (~(s)) *n*. Ⓒ ❶雄孔雀 ❷爱虚荣的人

pea-hen ['piːhen] *n*. Ⓒ【鸟】雌孔雀

peak¹ [piːk] Ⅰ. *n*. ([反]bottom, base)Ⓒ ❶尖顶;(尤指)山峰,巅:The climbers made camp half-way up the ~. 登山队员在半山腰扎营。❷尖端,顶点,顶端:the ~ of a roof 屋的尖顶 ❸(帽子的)遮檐,帽舌 ❹(价值、成就等的)最高峰,顶峰:She's at the ~ of her career. 她正处于事业的顶峰。Ⅱ. *adj*. [作定语]最大值的;最忙的,最紧张的:the ~ hour 高峰时间 Ⅲ. (~ed[-t]) *vi*. 达到高峰,使达到最高点:Toy sales ~ed just before Christmas and are now decreasing. 玩具销售额在圣诞节前夕达到最高峰,现已逐渐下降。

peak² [piːk] (~ed[-t]) *vi*. ❶消瘦,变憔悴 ❷逐渐减少,缩小(out)

pea·nut ['piːnʌt] Ⅰ. *n*. ❶Ⓒ【植】花生;落花生;花生米 ❷[用复数]极少的量,小额:He

gets paid ~s for doing that job. 他那份工作报酬甚微。Ⅱ. *adj*. 渺小的;微不足道的

pear [peə(r)] *n*. ❶Ⓒ梨;梨树 ❷Ⓤ梨木

pearl [pɜːl] (~s[-z]) *n*. ❶Ⓒ珍珠:a string of ~s 一串珍珠 ❷Ⓒ 似珍珠的东西:~s of dew on the grass 草上的露珠 ❸Ⓒ 极宝贵(或极有价值)的人(或事物):a ~ among women 女子中的杰出者 ❹Ⓤ珍珠色;银白花色

peas·ant ['peznt] *n*. Ⓒ ❶农民(拥有或租有小片土地的耕作者)❷(旧时)贫穷的雇农 ❸[口]举止粗鲁的人,乡下人:He's an absolute ~. 他是个大老粗。

peas·ant·ry ['pezntrɪ] *n*. Ⓤ[集合用法]农民,农民阶级

peb·ble ['pebl] Ⅰ. (~s[-z]) *n*. ❶Ⓒ小圆石,卵石 ❷Ⓤ Ⓒ水晶;水晶透镜 Ⅱ. *vt*. 用卵石铺

peck [pek] Ⅰ. (~ed[-t]) *vt*. ❶啄,啄成:The bird was ~ing the bark. 鸟啄着树皮。❷(用尖头的工具)凿(开),琢:~ figures into the rock 在岩石上琢出图形 ❸[口]匆匆地轻吻 *vi*. ❶啄:birds ~ing at the window 啄玻璃窗的鸟 ❷斯文地吃:~ at one's food 一点一点地吃 Ⅱ. *n*. Ⓒ ❶啄;啄痕,啄伤:The parrot gave me a sharp ~ on the finger. 鹦鹉把我的手指啄得很疼。❷[俚]匆匆的一吻

pe·cu·liar [pɪ'kjuːlɪə(r)] Ⅰ. *adj*. ([反]usual, common, ordinary)❶奇怪的,奇异的;罕有的:a ~ taste 怪异的口味 ❷独有的,独特的:Language is ~ to mankind. 语言是人类特有的。❸专门的,特别的:a matter of ~ interest 特别使人感兴趣的事 ❹[口]有点儿不舒服的:I'm feeling rather ~ — I think I'll lie down for a while. 我觉得有点儿不舒服,我想躺一会儿。Ⅱ. *n*. Ⓤ Ⓒ ❶专有财产;专有特权 ❷(不受当地司法机关管辖的)特殊教会(或教区)

pe·cu·li·ar·i·ty [pɪˌkjuːlɪ'ærɪtɪ] (peculiarities[-z]) *n*. ❶Ⓤ Ⓒ 特点,特性:These small spiced cakes are a ~ of the region. 这些别有风味的小蛋糕是该地的特产。❷Ⓤ独特性,特殊性 ❸Ⓒ怪异的事物,怪癖

ped·al ['pedl] Ⅰ. (~s[-z]) *n*. Ⓒ ❶(自行车、缝纫机等的)踏板 ❷(钢琴等的)踏板;(风琴等的)脚键盘:the loud ~ 钢琴的强音 Ⅱ. (~s[-z];padal(l)ed, pedal(l)ing) *vi*. 踩踏板:~ down the hill 骑车下山 *vt*. 踩动踏板驱动或操纵(机器):~ a bicycle across the field 骑自行车越过田野

ped·ant ['pednt] *n*. Ⓒ ❶学究,书呆子 ❷卖弄学问的人,空谈家

pe·des·tri·an [pɪ'destrɪən] **Ⅰ**. (～s[-z]) *n*. Ⓒ 步行者,行人:Two ～s and a cyclist were injured when the car skidded. 汽车打滑时伤了两个行人和一个骑自行车的人。**Ⅱ**. *adj*. ❶缺乏想象力(或灵感)的,平淡的,沉闷的:a ～ description of events that were actually very exciting 对极激动人心的事所作的乏味描述 ❷行人的;为行人而设的:a ～ walkway 人行道

pedlar ['pedlə(r)] *n*. Ⓒ ❶沿街叫卖的小贩,商贩 ❷(主意、想法等的)兜售者

peek [pi:k] **Ⅰ**. *vi*. ❶偷看,窥视 ❷看一眼,瞥 **Ⅱ**. *n*. Ⓒ ❶偷偷的一看 ❷一瞥

peel [pi:l] **Ⅰ**. *n*. Ⓤ Ⓒ (蔬菜、水果等的)皮:lemon ～ 柠檬皮 **Ⅱ**. (～s[-z]) *vt*. 剥(皮),削(皮):～ a banana 剥香蕉 *vi*. ❶(外皮等)剥落:～ away the outer layer 剥掉外层 ❷(覆盖层)剥落,脱落:The wallpaper is ～ing (off). 壁纸正在剥落。

peel·er ['pi:lə] *n*. Ⓒ [用以构成复合词]剥皮机,削皮器:a potato ～ 马铃薯削皮器

peep¹ [pi:p] **Ⅰ**. *n*. Ⓒ 偷看,窥视:have a ～ through the window 隔着窗户偷看 **Ⅱ**. (～ed[-t]) *vi*. ❶偷看,窥视:～ at a secret document 偷看秘密文件/～ behind the scenes 在幕后窥探 ❷(光等)透过孔隙透入:daylight ～ing through the curtains 穿过窗帘的阳光 ❸慢慢露出,隐现:The moon ～ed out from behind the clouds. 月亮从云层中隐现。

peep² [pi:p] **Ⅰ**. *n*. Ⓒ ❶(鼠、鸟等的)吱吱声,啾啾声 ❷汽车的喇叭声 ❸[口]人语声;嘀咕声:I haven't heard a ～ out of the children for an hour. 有一个小时我没听见孩子们出声了。**Ⅱ**. (～ed[-t]) *vi*. 发出啾啾声,吱吱叫

peer¹ [pɪə(r)] (～s[-z];～ing ['-rɪŋ]) *vi*. ❶凝视,瞪着看,仔细看:～ shortsightedly 因近视而仔细看 ❷隐约可见,微现:The sun ～ed through a vast cloud. 太阳从大块云朵中隐约出现。

peer² [pɪə(r)] (～s[-z]) *n*. Ⓒ ❶(地位、等级或功绩等)同等的人:It will not be easy to find his ～. 很不容易找到像他那样的人。❷同龄人:He doesn't spend enough time with his ～s. 他不大与同龄人交往。❸(英国的)贵族,有爵位的男子:a life ～ 终身为贵族的男子

peg [peg] **Ⅰ**. *n*. Ⓒ ❶(木或金属的)小钉,小栓 ❷挂钉,挂钩;系帐篷的桩、栓、界桩:a hat ～ 挂帽钉 ❸[英]晒衣夹(亦作

clothes ～) ❹(提琴上的)琴轴,琴栓 ❺(桶等的)孔塞 ❻(木制的)假肢,假腿 **Ⅱ**. (～s[-z];pegged;pegging) *vt*. ❶用钉(或桩等)固定:～ sth. in place 用钉子将某物固定住 ❷稳定,限定:Pay increases were *pegged* at five per cent. 工资增长率已限制在5%。

pen¹ [pen] **Ⅰ**. (～s[-z]) *n*. Ⓒ ❶笔;钢笔,圆珠笔:a fountain ～ 钢笔/a ball ～ 圆珠笔 ❷写作,文笔,笔法:He lives by his ～. 他靠写作为生。**Ⅱ**. (～s[-z];penned;penning) *vt*. ([近]write)写:She *penned* a few words of thanks. 她写了几句致谢的话。

pen² [pen] **Ⅰ**. (～s[-z]) *n*. Ⓒ ❶(牛羊、家禽等的)圈;(围)栏;棚:a sheep ～ 羊圈 ❷(潜艇用的)防空隐蔽坞 **Ⅱ**. (～s[-z];penned;penning) *vt*. 把…圈入围栏:～ up the chickens for the night 把鸡关进鸡棚过夜

pen³ [pen] [pen] (～s[-z]) *n*. Ⓒ【鸟】雌天鹅

pen·al·ty ['penltɪ] (penalties [-z]) *n*. ([近]punishment)([反]reward) ❶Ⓤ Ⓒ 刑罚,处罚,惩罚:It is part of the contract that there is a ～ for the delivery. 合同中有延交货的惩罚规定。❷Ⓒ 罚款,罚金:It is an offence to travel without a valid ticket — ～ £100. 无有效票证乘坐交通工具——违章罚款100英镑。❸Ⓤ Ⓒ (行为等造成的)困难,障碍;不利后果:One of the *penalties* of fame is loss of privacy. 成名的弊端之一是失去了私人活动自由。❹Ⓒ (体育和竞赛等的)处罚(尤指足球中罚任意球):The referee awarded a ～ to the home team. 裁判判给主队罚对方任意球。

pence [pens] penny 的复数

pencil ['pensl] **Ⅰ**. (～s[-z]) *n*. Ⓒ ❶铅笔;铅笔字:a ～ drawing 铅笔字 ❷铅笔状物:an eyebrow ～ 眉笔 **Ⅱ**. (～s[-z];pencil(l)ed,pencil(l)ing) *vt*. 用铅笔写(画或标记):She *pencilled* the rough outline of a house. 她用铅笔画出房子的轮廓图。

pen·cil·led ['pensld] *adj*. [英]❶用铅笔写的;用画笔画的 ❷(禽类羽毛等)有彩色细纹的 ❸【物】成锥状的;【数】成束的

pen·du·lum ['pendjʊləm] (～s[-z]) *n*. Ⓒ ❶摆;钟摆:a simple ～ 单摆 ❷[喻]摇摆的人(或物):the ～ of public opinion 舆论的动荡

pen·e·trate ['penɪtreɪt] (～d[-ɪd];penetrating) *vt*. ❶([近]enter)进入(或穿过)某物;穿透,透过:The heavy rain had ～d right through her coat. 大雨湿透了她的大衣。❷充满,遍布:Cold horror ～d her whole being. 她吓得浑身发凉。❸看穿或透过(某事物):～

the mystery of the atom 揭开原子的谜团 ❹ 被(他人)充分理解(或领悟)：Nothing we say ~s his thick skull! 无论我们说什么他都不懂！ *vi*. ❶ 穿入，刺入：The arrow ~d through the target. 箭射过靶子。 ❷ 看穿，看透，识破 ❸ 渗透；弥漫，扩散：Her voice doesn't ~. 她的声音不太响亮。 ❹[口](思想、感情等)被人理解(或领悟)：His words ~d into our minds. 他的话给我们很深刻的印象。

pen·e·tra·tion [ˌpenɪˈtreɪʃən] *n*. Ⓤ ❶ 进入，穿过；充满，洞察，领悟：the economic ~ of foreign monopoly capital 外国垄断资本的经济渗透 ❷ 洞察力，领悟力：He writes with ~. 他写的文章尖锐、深刻。

*__pen·guin__ [ˈpeŋgwɪn] *n*. Ⓒ 企鹅

pe·nin·su·la [pɪˈnɪnsjʊlə] (~s[-z]) *n*. Ⓒ 【地】半岛：the Iberian ~ 伊比利亚半岛

*__pen·ny__ [ˈpenɪ] (pence[pens] 或 pennies [-z]) *n*. Ⓒ ❶ 便士(英币货币单位，其值为一英镑的 1/100)：Potatoes are 20 *pence* a pound. 土豆每磅20便士。 ❷(美国或加拿大辅币)分 一枚钱；一笔钱：I don't have a ~. 我一文钱都没有。

pen·sion [ˈpenʃən] I. (~s[-z]) *n*. Ⓒ 养老金；退休金；抚恤金：draw one's ~ 领取退休金 II. (~s[-z]) *vt*. 发给(某人)养老金(退休金或抚恤金)

*__peo·ple__ [ˈpiːpl] I. *n*. ❶ Ⓤ[用作复数]人，人们：Were there many ~ at the party? 聚会上的人多吗？ ❷ Ⓒ 民族，种族；部落；人民：the English speaking ~s 说英语的民族 ❸ Ⓒ[the ~]国民，公民(尤指有选举权者)：The President no longer has the support of the ~. 总统已失去国民支持。 ❹[the ~]普通人；平民，民众：the common ~ 老百姓 ❺ Ⓒ[常用作复数](国王的)臣民；(领袖的)拥护者：a king loved by his ~ 受臣民爱戴的国王 ❻[用作复数]家族；家人，亲属：She's spent the Spring Festival with her ~. 她与亲人一起过的春节。 II. (~s[-z]；peopling) *vt*. 使(某地)住满人，居于，住于；栖息在…：a thickly ~d area 人口稠密地区

pep·per [ˈpepə(r)] I. (~s[-z]) *n*. ❶ Ⓤ 胡椒；胡椒粉 ❷ Ⓒ 辣椒，番椒 II. *vt*. ❶ 撒胡椒粉于… ❷ 雨点般地撒(或掷、射)：The wall had been ~ed with bullets. 墙上有密集的子弹痕迹。

per [pɜː(r), 弱 pə(r)] *prep*. ❶ 每，每一(时间、长度等单位)：~ day (month, year) 每日(月、年) ❷ 经，由，靠：~ post 经邮局

per·ceive [pəˈsiːv] (~s[-z]；perceiving) *vt*. ❶[近]discover, see)意识到，注意到，观察到：I ~d a change in his behaviour. 我发觉他的行为有些变化。 ❷([近]understand)理解，领悟：I ~d his comment as a challenge. 我认为他的批评是对我的激励。

*__per cent__,[美]**per·cent** [pəˈsent] I. *n*.[常用单数，但可与复数动词连用]1/100；百分率，百分比：Output of steel has increased by 50 ~. 钢的产量已增加了50%。 II. *adv*. & *adj*. 百分之…地(的)：a fifty ~ increase in price 价格上涨50%

per·cent·age [pəˈsentɪdʒ] *n*. Ⓤ Ⓒ ❶ 百分比，百分率：the lowest (highest) ~ 最低(最高)的百分比 ❷ 所占比例；部分：What ~ of his income is taxable? 他的收入有多少需纳所得税？

perch [pɜːtʃ] I. (~es[ˈ-ɪz]) *n*. Ⓒ ❶(禽鸟的)栖息处(如树枝、棍、杆等)：The bird took its ~. 鸟停歇在栖木上。 ❷ 高位，高处：He watched the game from his ~ on top of the wall. 他在墙头居高临下看比赛。 ❸ 杆(长度单位，等于5.03米，尤用以丈量土地) II. (~es [ˈ-ɪz]；~ed[-t]) *vi*. ❶(鸟)栖息(在树枝上)：A pretty bird ~ed on the branch of the tree. 一只漂亮的鸟歇在树枝上。 ❷ 置于(高处)；(人)坐在(高处)：~ on high stools at the bar 坐在酒吧的高凳上 ❸(某物)置于高处(或危险处)：a castle ~ed above the river 临河而建的城堡

*__per·fect__ [ˈpɜːfɪkt] I.[无比较等级] *adj*. ❶([反]imperfect)完美的，无瑕的，极好的：He speaks ~ English. 他说一口极好的英语。 ❷ 完好的，完备的；健全的：in ~ silence 鸦雀无声地 ❸([近]accurate, correct)正确的，精确的：a ~ copy 精确的副本 ❹ 适合的，适当的：~ day for a picnic 最适合野餐的日子 ❺ 完全的，绝对的：a ~ fool 十足的傻瓜 ❻【语】完成的 II. *n*. Ⓒ【语】完成时；完成式：the present (past, future) ~ 现在(过去、将来)完成时 III. [pəˈfekt, pəˈfɪkt] (~ed[-ɪd]) *vt*. 使完美，使完善；使精通：~ oneself in French 使自己精通法语

per·fec·tion [pəˈfekʃən] *n*. Ⓤ ❶ 尽善尽美，无比精确，完整无缺：He aims at ~ in everything he does. 他做任何事情都指望尽善尽美。 ❷ 完成，完善；圆满 ❸ 尽善尽美的状况(或质量)，理想：Her singing was ~. 她的歌唱得已是炉火纯青。

*__per·fect·ly__ [ˈpɜːfɪktlɪ] *adv*. ❶([反]imperfectly)完美地，完满地 ❷ 完全地；十分：well 十分好 ❸ 极，非常；绝对地：a ~ delicious cake 非常好吃的蛋糕

per•form [pə'fɔːm] (~s[-z]) *vt.* ❶([近] carry out) 做；执行，履行：~ what one has promised 履行诺言 ❷表演(戏剧，戏法)，演奏(音乐)：They are ~ing his play tonight. 他们今晚演出他的剧。❸正在进行；施行(某事)：~ a ceremony 举行典礼 *vi.* ❶演出，演奏，表演：~ under a circus tent 在杂技场大篷下演出 ❷(指机器等)工作，运转；(发明等)运用：The new machine is ~ing very well. 新机器运行良好。

per•form•ance [pə'fɔːməns] (~s[-iz]) *n.* ❶([近] fulfilment) [U] 施行，实行；完成：faithful ~ of a task 忠实执行任务 ❷([近] play) [C] 表演(戏剧)，演奏(音乐)：Come and see her in ~ with the new band. 来看她在新乐中的演奏吧。❸[C](工作等的)成绩，功绩：This novel is really a remarkable ~. 这部小说确实是一部出色的作品。❹[U](机械等的)性能，特性：The customer was impressed by the machine's ~. 顾客对机器的良好性能很满意。

per•fume I. ['pɜːfjuːm] (~s[-z]) *n.* [C] [U] ❶香水；香料：French ~ 法国香水 ❷香味，芳香：the ~ of the flowers 花的香味 II. [pə'fjuːm] (~s[-z]；perfuming) *vt.* ❶(指花等)带香味：The roses ~d the room. 玫瑰花熏得室内一片香。❷向…洒香水：~ a handkerchief 向手帕上洒香水

per•haps [pə'hæps] *adv.* ([反] surely) 也许，可能，大概：*Perhaps* the weather will change this evening. 今晚可能要变天。

per•il ['peril] I. (~s[-z]) *n.* ❶([近] danger) [U] 危险，危难(尤指可招致死亡等的危险)：in mortal ~ 在致命的危险中 ❷[C] 危险的事物(或环境)，险境：These birds are able to survive the ~s of the Arctic winter. 这些鸟能在北极的严冬中生存。II. (~s [-z]；peril(l)ed，peril(l)ing) *vt.* 使临险境；置…于危险中：~ one's life 冒生命的危险

pe•ri•od ['piəriəd] (~s[-z]) *n.* [C] ❶期间，(一段)时间：I lived in Tokyo for a ~ of time. 我们在东京住了一段时间。❷([近] age)(人、国家、文明)时期，时代：the post-war ~ 战后时期 ❸【地】纪：the Jurassic ~ 侏罗纪 ❹(学校的)学时，课时：a teaching of 45 minutes 45分钟的一堂课 ❺【物】周期 ❻[常用复数]月经期 ❼[美]句号，句点 ❽[美口]结束，终止 ❾完全句(尤指有几个分句者)

per•ish ['perif] (~es[-iz]) *vi.* ❶([近] die) 毁灭，消亡，灭亡：Thousands of people ~ed

in the earthquake. 那次地震死者数以千计。❷(某物)腐烂；(橡胶)失去弹性，老化：The rubber belt on this machine has ~ed. 这机器上的橡皮胶带已失去弹性 *vt.* ❶毁坏；使死去：Oil will ~ your rubber boots. 油会毁坏你的橡胶鞋。❷使困顿；使麻木：be ~ed with cold 冻僵了

per•ma•nent ['pɜːmənənt] I. *adj.* ([反] temporary) ❶永久的，永恒的；持久的 ❷长期不变的，固定的：She is looking for ~ employment. 她正在找固定的工作。II. *n.* [C](化学)烫发(= ~ wave)

per•mis•sion [pə'mifən] *n.* ([反] prohibition) [U] 许可，允许；同意：She refused to give her ~. 她拒不同意。

per•mit I. [pə'mit] (permitted [-id]；permitting) *vt.* ([反] forbid) 允许，许可：We do not ~ smoking in the office. 在我们的办公室不准吸烟。*vi.* 允许，容许：We'll also explain the second paragraph if time ~s. 如果时间允许，我们还要讲第二段。II. ['pɜːmit] *n.* [C] 执照，许可证；(尤指)通行证：You cannot enter a military base without a ~. 无通行证者不得擅入军事基地。

per•pen•dic•u•lar [ˌpɜːpən'dikjələ(r)] I. *adj.* ([反] horizontal) ❶垂直的，成直角的：a line drawn ~ to another 向一线引一垂线 ❷竖立的，直立的 ❸(指悬崖、石壁等)陡峭的；矗立的：The valley ended in a ~ rim of granite. 那山谷的尽头是花岗石的断崖。II. (~s[-z]) *n.* ❶[C] 垂线；垂直面：The wall is a little out of the ~. 那墙有点儿倾斜。❷[U] 垂直；垂直方向

per•pet•u•al [pə'petfʊəl] *adj.* ❶([近] eternal) 永久的，永恒的：the ~ snow of Arctic 北极终年不化的积雪 ❷([近] continuous) 不间断的，持续的，反复的：the ~ noise of traffic 不绝于耳的交通噪音

per•plex [pə'pleks] (~es[-iz]；~ed[-t]) *vt.* ❶([近] confound；confuse) 使(某人)困惑，使迷惑：The question ~ me. 那问题把我难住了。❷使复杂化；使纠缠不清：Don't ~ the problem. 不要使问题复杂化。

per•plexed [pə'plekst] *adj.* 困惑的，不知所措的：The audience looked ~. 听众看样子都没听懂。

persecute ['pɜːsikjuːt] *vt.* 虐待，残害；迫害：~ animals 虐待动物

per•se•vere [ˌpɜːsi'viə(r)] (~s[-z]；persevering) *vi.* 坚持不懈，锲而不舍：She ~d in her efforts to win the championship. 她为赢

得冠军而不断努力。

per·sist [pəˈsɪst] (~ed[-ɪd]) *vi*. ❶坚持不懈;执意:If you ~，you will annoy them even more. 你若执意,他们就更恼火了。❷不畏困难继续做(某事):They ~ed with the agricultural reforms，despite opposition from the farmers.他们不顾农民反对,仍继续进行农业改革。❸持续;存留:Fog will ~ throughout the night.雾将整夜不散。

per·sist·ent [pəˈsɪstənt] *adj*. ❶([近]dogged，determined)坚持不懈的;不屈不挠的:She eventually married the most ~ of her admirers. 她终于嫁给了最执着追求她的人。❷([近]constant，continual)持续不断的,不间断的:~ questioning 无休止的讯问

*person** [ˈpɜːsn] (~s[-z]) *n*. ❶ⓒ人:a courageous ~ 勇敢的人 ❷ⓒ人身;身体:freedom of the ~ 人身自由 ❸ⓤⓒ容貌,外表;风度:He has a fine ~.他风度很好。❹ⓤⓒ【语】人称:the first (second，third)~ 第一(二、三)人称

*per·son·al** [ˈpɜːsənəl] *adj*. ❶([反]public)个人的,私人的:one's ~ affairs 私事 ❷本人的,亲自的:I shall give the matter my ~ attention. 我将亲自过问此事。❸为某人所做的:We offer a ~ service to our customers.我们为顾客提供个人服务。❹涉及个人的;人身攻击的:The argument was becoming too ~.那场争论已演变成过分的人身攻击了。❺人身的,身体的:~ hygiene 个人卫生 ❻【语】人称的

per·son·al·i·ty [ˌpɜːsəˈnælɪtɪ] (personalities[-z]) *n*. ❶ⓒⓤ性格,个性:He has a very strong ~. 他个性很强。❷ⓤ品格,人格;特性:We need someone with lots of ~ to organize the party. 我们需要有个人见人爱的人来组织这个聚会。❸ⓒ(常指娱乐界或体育界的)名人:one of the best-known *personalities* in the world of volleyball 排球界最著名的人物之一 ❹[常用复数]人身攻击,诽谤:refrain from *personalities* 避免对别人进行人身攻击

per·son·nel [ˌpɜːsəˈnel] **I**. *n*. [集合名词] ❶[作复数]全体人员,全体员工:naval ~ 海军人员 ❷ⓤ[也作~ department]人事部门:*Personnel* is (are) organizing the training of the new members of staff. 人事部门正组织新雇员的培训。

per·spec·tive [pəˈspektɪv] **I**. (~s[-z]) *n*. ❶ⓤⓒ透视画法;透视图:She drew a row of trees receding into the distance to demonstrate the laws of ~. 她画了一排由近而远高度递减的树,以演示透视法的规律。❷ⓒ远景;前景,展望:get a ~ of the whole valley 取整个山谷的远景 ❸ⓤⓒ观点,看法:a personal ~ of the nation's history 国家历史之我见 **II**. *adj*. 透视的;透视画的

*per·suade** [pəˈsweɪd] (~s[-z];~d[-ɪd]) *vt*. ❶([反]dissuade)说服,劝服:Nothing would ~ her. 什么都不能劝服她。❷使(某人)相信,使某人信服:William ~d Jack of his sincerity. 威廉使杰克相信他的真诚。

per·sua·sion [pəˈsweɪʒən] *n*. ❶ⓤ说服,信服,劝服:After a lot of ~，he agreed to come. 好说歹说,他才同意来。❷ⓤⓒ信念;见解:It is my ~ that the decision was a mistake. 我认为那个决定是错误的。❸ⓤⓒ(宗教的)信仰:people of all ~s 持各种信仰的人们

*pest** [pest] *n*. ❶ⓒ(害虫、害兽、害鸟等)有害生物:Stores of grain are frequently attacked by ~，especially rats. 储存的谷物经常受损坏,尤其是老鼠为患最甚。❷[口]讨厌的人;害人虫;害人的事物:a ~ of society 社会上的害虫 ❸[古]瘟疫,鼠疫

*pet¹** [pet] **I**. *n*. ⓒ ❶宠物,玩赏动物:They have many ~s，including three cats. 他们有很多宠物,猫就有 3 只。❷宠儿,宝贝:a teacher's ~ 老师的得意门生 ❸善良的,讨人喜爱的人:Their daughter is a perfect ~.他们的女儿很可爱。 **II**. *adj*. ❶(动物)可爱的,讨人喜欢的:a ~ cat 宠物猫/a ~ shop 宠物店 ❷最得意的;特别珍爱的 **III**. (petted[-ɪd];petting) *vt*. ❶宠爱(尤指动物) ❷[口]抚摸,爱抚

pet² [pet] *n*. ⓒ生气,愠怒,不开心:There's no need to get in a ~ about it. 没必要为这件小事发火。

pe·ti·tion [pɪˈtɪʃən] **I**. (~s[-z]) *n*. ⓒ ❶请愿,申请,请求:the right of ~ 请愿权 ❷请愿书:a ~ against closing the library signed by hundreds of local residents 数百名当地居民联合签名反对关闭图书馆 ❸(向法院呈交的)诉状 ❹祈求,(尤指向上帝的)祈祷 **II**. (~s[-z]) *vt*. 向…请愿;向…祈求:the government for a change in the immigration laws 向政府请愿要求修改移民法 *vi*. 请愿;祈求:~ for a retrial in the light of new evidence 根据新证据请求重审

pet·rol [ˈpetrəl] *n*. ⓤ[英]汽油:fill a car up with ~ 给汽车的油箱灌满油

pe·tro·leum [pɪˈtrəʊlɪəm] *n*. ⓤ石油:the

～ industry 石油工业

pet·ti·coat ['petɪkəut] *n*. ⓒ❶衬裙；(尤指妇女或幼儿穿的)裙子 ❷裙状物 ❸[口]女子，少女；[用复数]女性

pet·ty ['petɪ] (pettier；pettiest) *adj*. ❶([反]important，vital)小的，琐碎的；不重要的：～ details 细节 ❷心胸狭隘的，气量小的；小气的：～ and childish behaviour 小心眼和孩子气的行为 ❸地位低微的，下级的：a ～ official 小官吏

phase [feɪz] Ⅰ. (～s['-ɪz]) *n*. ⓒ❶阶段，时期：a ～ of history 历史的一个阶段 ❷面，方面；侧面：This is but one ～ of the problem. 这只不过是问题的一个方面。❸(月球的)位相；消长盈亏：the ～s of the moon 月相 Ⅱ. (～s['-ɪz]；phasing) *vt*. ❶使调整相位，使定相：～ the recorder to the incoming signal 调整记录器使与输入信号同相 ❷按阶段(或计划)实行：The modernization of the industry was ～d over a 20-year period. 工业现代化分 20 年逐步实现。*vi*. 逐步采用：The use of leadfree petrol is now being ～d in. 无铅汽油的应用现正逐步推广。

phe·nom·e·na [fɪ'nɒmɪnə] phenomenon 的复数

phe·nom·e·non [fɪ'nɒmɪnən] (phenomena[fɪ'nɒmɪnə]) *n*. ⓒ❶现象：the *phenomena* of nature 自然界的各种现象 ❷非凡的人，天才 ❸稀有现象，奇迹：the ～ of their rapid rise to power 他们迅速掌权的奇迹

phi·los·o·phy [fɪ'lɒsəfɪ] (philosophies [-z]) *n*. ❶Ⓤ ⓒ哲学；哲学体系：conflicting *philosophies* 互相矛盾的哲学体系 ❷Ⓤⓒ(某一学科的)基本原理：the ～ of economics 经济哲学 ❸Ⓤ哲人态度；达观(冷静)沉着 ❹Ⓤ ⓒ人生哲学；生活的信念(或原则)：a man without a ～ of life 没有生活信念的人

phone[1] [fəun] Ⅰ. (～s[-z]) *n*. ❶Ⓤⓒ电话：Do you know the headmaster's ～ number? 你知道校长的电话号码吗？ ❷ⓒ受话器，听筒，耳机：hang up the ～ 挂断电话 Ⅱ. (～s[-z]；phoning) *vt*. ❶[口]给…打电话：*Phone* the doctor at once. 马上打电话给医生。❷打电话通知(一件事)：～ a message to sb. 打电话告诉某人一件事 *vi*. 打电话(to)

phone[2] [fəun] (～s[-z]) *n*. ⓒ【语】音素，音子

phonetic [fəu'netɪk] *adj*. 【语】语言的；语音学的

pho·to ['fəutəu] Ⅰ. (～s[-z]) *n*. ([近]picture)ⓒ 照片(photography 的缩略)：take a ～ 拍照 Ⅱ. (～s[-z]) *vt*. [口]给…照相 *vi*. 照相，被照相

pho·to·graph ['fəutəgrɑ:f] Ⅰ. *n*. ⓒ 照片，相片：take a ～ of sb. 给某人拍照 Ⅱ. *vt*. 为…拍照：have oneself ～ed 请人给自己拍照 *vi*. 拍照，被照相：I always ～ badly. 我照相老是照不好。

pho·to·graph·ic [ˌfəutə'græfɪk] *adj*. ❶摄影的，摄影用的：～ equipments 摄影设备 ❷(指人的记忆)记得详细准确的：a ～ mind 照相机般的头脑 ❸(描写、叙述)逼真的；生动的

pho·to·graph·y [fə'tɒgrəfɪ] *n*. Ⓤ摄影术；摄影：colour ～ 彩色摄影术

phrase [freɪz] Ⅰ. (～s['-ɪz]) *n*. ⓒ❶【语】短语，词组，片语：an adjective ～ 形容词短语 ❷习语，成语，警语，隽语：a wellchosen ～ 选用得恰当的习语 ❸措辞，说法，用语：be expressed in simple ～ 用简单的话表达 ❹【音】乐句，分句 Ⅱ. (～s[-ɪz]；phrasing) *vt*. ❶用言语表达，用话语描述：～ one's criticism very carefully 对批评用语字斟句酌 ❷【音】将(乐曲)分成乐句(尤指演奏时)

phys·i·cal ['fɪzɪkl] Ⅰ. *adj*. ❶([反]unnatural)物质的；有形的；实物的：This ～ evidence completely shattered that story. 这一确凿的证据完全粉碎了那一说法。❷([近]bodily)([反]mental)身体的，肉体的：～ fitness (well-being，strength)健康(安康、体力)/～ constitution 体格 ❸自然规律的，按自然法则的：It is a ～ impossibility to be in two places at once. 同时身处两地在自然法则是不可能的。❹物质世界的；自然特征的：～ geography 自然地理学 ❺物理现象的；物理学的：～ chemistry 物理化学 ❻使用暴力的，粗暴对待的：Are you going to cooperate or do we have to get ～? 你是跟我们合作呢，还是要我们动武？ Ⅱ. *n*. ⓒ[美]体格检查

phys·i·cal·ly ['fɪzɪkəlɪ] *adv*. ❶身体上；体格上：～ exhausted 身体疲劳/attack sb. ～ 攻击某人身体 ❷根据自然法则，按自然规律

phy·si·cian [fɪ'zɪʃən] (～s[-z]) *n*. ⓒ医师；(尤指)内科医生：a chief ～ 主任医师

phys·i·cist ['fɪzɪsɪst] *n*. ⓒ物理学家；物理学研究者

phys·ics ['fɪzɪks] [复] *n*. Ⓤ[用作单数或复数] ❶物理(学)：applied ～ 应用物理学 ❷物理特性；物理过程；物理现象：the ～ of flight 飞行的物理过程

phys·i·o·lo·gy [ˌfɪzɪ'ɒlədʒɪ] *n*. Ⓤ生理学：plant ～ 植物生理学

pian·ist ['pɪənɪst,pɪ'ænɪst] *n*. ©钢琴家；钢琴演奏者：She's a good ~. 她钢琴弹得很好。

pi·an·o [pɪ'ænəʊ] (~s[-z]) *n*. ©钢琴：a cottage ~小型竖式钢琴

pick[1] [pɪk] **I**. (~ed[-t]) *vt*. ❶([近]choose)挑选，选择：~ the best seeds 挑选最好的种子 ❷(用手指)采，摘(花、果等)：~ plums 采摘梅子 ❸(用手指或尖状物)挖，掏；剔除：~ one's nose 挖鼻孔 ❹(鸟类)啄食，(人)少量地吃 ❺撕开，解开，扯开(纤维等)：~ oakum 撕开麻絮 ❻撬开(尤指偷窃采用的方法)：~ a lock with a wire 用铁丝撬锁 ❼找理由(或寻找机会)吵架，找碴儿：~ a quarrel with sb. 寻机会和某人吵架 ❽[美]拨(琴弦)，弹(弦乐器等) *vi*. ❶(用鹤嘴镐等)凿，掘，挖 ❷挑选，采集，收集，采摘：Grapes ~ easily. 葡萄容易采摘。❸啄食，少量地吃：The chickens ~ed about the yard. 小鸡在院子里到处啄食。❹偷窃，扒窃 ❺弹弦乐器 **II**. *n*. ❶©©挑选，选择；选择权：The winner has first ~ of the prizes. 胜者有选择奖品的优先权。❷©[the ~]最佳选择，精华：the ~ of the new season's fashions 新款精选

pick[2] [pɪk] *n*. ©❶(也作 ~ axe)鹤嘴锄，镐 ❷[常用以构成复合名词]：a tooth pick 牙签 ❸(弹弦乐器用的金属或角质)拨子

pick·ed [pɪkt] *adj*. ❶精选的，仔细挑选的：~ troops 精兵 ❷(植物果实等)摘下的，摘收的：~ berries 摘下的浆果

pick·le ['pɪkl] **I**. (~s[-z]) *n*. ❶©腌菜，泡菜：red cabbage ~ 红卷心菜泡菜 ❷©泡菜水，腌菜的汁 ❸©©[a ~]困境，苦境：be in a sad ~ 处境困难 ❹©[口]顽皮孩子：She's a real little ~. 她真是个小调皮。**II**. (~s[-z];pickling) *vt*. (以腌菜汁)腌渍(蔬菜等)：~d cabbages 腌洋白菜

pick·y ['pɪkɪ] (pickier;pickiest) *adj*. [美口]挑剔的，难以取悦的；吹毛求疵的

pic·nic ['pɪknɪk] **I**. *n*. ©郊游野餐；(自带食品的)聚餐：It's a nice day—let's go for a ~ 天气真好——咱们去野餐游玩吧。**II**. (picnicked[-t];picnicking) *vi*. 去野餐；参加野餐：They were ~ing in the woods. 他们在林子里野餐。

pic·nick·er ['pɪknɪkə] (~s[-z]) *n*. ©野餐者：Picnickers are requested not to leave litter behind. 野餐者不得随地丢弃垃圾。

pic·ture ['pɪktʃə(r)] **I**. (~s[-z]) *n*. ©©❶画，图画；素描：His ~ of lobsters won a prize. 他画的虾的作品获了奖。❷照片，相片：

They showed us the ~s of their wedding. 他们给我们看他们的结婚照片。❸肖像画：Will you paint my ~? 您给我画像行吗？❹电影，影片 ❺(电视、电影的)图像，画面：adjust the TV set for a brighter ~ 调节电视机使图像更清晰 ❻美景；美丽如画的事物：The park is a ~ itself. 这公园美景如画。❼(语言等)生动的描写，描绘：The article gives an excellent ~ of the student activities. 这篇文章对学生的活动作了生动的描写。❽心目中的情景：in one's mind ~s 在某人的想象之中 ❾相似的形象；化身，体现：She is the ~ of her mother. 她跟她母亲长得一模一样。❿[口]事态，局面，状况 **II**. (~s[-z];picturing) *vt*. ❶画；用图表示；拍照：They were ~d against a background of flowers. 他们拍了张背景有很多花的照片。❷想象；设想：I can't ~ the village without the church. 我无法想象村子里没有教堂像什么样子。

pic·tur·esque [ˌpɪktʃə'resk] *adj*. ❶美丽如画的，迷人的：a ~ village 景色如画的村庄 ❷(语言等)生动的，形象的：a ~ account 十分生动形象的叙述。❸(人、举止、外貌等)有个性的，与众不同的：a ~ figure in her flowery hat and dungarees 她戴着花帽子穿着粗蓝布工作服的怪样子

pie [paɪ] (~s[-z]) *n*. ©©(面点)馅饼，派；肉馅派，果馅派：an apple ~ 苹果派

piece [piːs] (~s[-'ɪz]) *n*. ©❶部件；部分：The table is made in five ~s. 这桌子是 5 部分组成的。❷碎块，碎片，断片：The cup lay in ~s on the floor. 地上那杯子的碎片。❸块，段，截：a ~ of bread 一块面包 ❹(事例的)项，条，桩：a ~ of advice 一个忠告 ❺(按固定规格生产或发售的)件，匹，卷，条：cloth sold by the ~ 按匹发售的布 ❻(一套中的)任何一件，一部分：a three-~ suite 三件一套的沙发 ❼(文艺作品的)篇，幅，首：a ~ of poetry 一首诗 ❽硬币：a ten-pence ~ 10 便士硬币 ❾(尤指象棋的)棋子 ❿[俚]女人，丫头 ⓫[常用以构成复合词]枪，炮：a fowling ~ 鸟枪 ⓬一段距离：His house is over there a ~. 他的房子在那边，离这儿有一段距离。**II**. (~s[-'ɪz];piecing) *vt*. ❶补缀，修补 ❷拼合，凑合(或组装)：~ together the torn scraps of paper in order to read what was written 把破碎的文件拼凑起来以阅读其内容 ❸从各种证据中发现(事情原委、事实等)：We managed to ~ together the truth from several sketchy accounts. 我们从几方面粗略的说法中设法弄清了真相。

pier [pɪə(r)] (~s[-z]) *n*. ©❶码头，突码

头;防波堤 ❷桥墩 ❸(供散步游乐的)突堤(常设有餐厅及娱乐场所)❹窗间壁,扶壁

pierce [pɪəs] (～s['-ɪz];～d[-t];piercing) vt. ❶([近]enter,penetrate)刺穿,刺破;穿过:The arrow ～d his shoulder. 那支箭刺入他的肩膀。❷在…上刺眼,穿孔 ❸(痛苦、寒冷等)刺骨,穿透:Her suffering ～d their hearts. 她遭受的苦难使他们心如刀绞。❹(光、声等)穿入,透入:Her shrieks ～d the air. 她尖锐的叫声直刺云天。❺深深地打动,感动:～ sb. to the core 深深打动某人 ❻看穿;洞察:to ～ a mystery 揭开一个秘密 vi. 穿入,刺人,透入:Earth-moving equipment ～d through the jungle. 推土机穿过丛林。

pig [pɪg] I. (～s[-z]) n. ❶([近]swine,hog)ⓒ猪,野猪;[美]小猪 ❷([近]pork)ⓤ猪肉 ❸ⓒ[口]肮脏的人,贪婪的人,粗野的人:Don't be such a ～! 别这么贪心! ❹ⓒ[英口]困难(或讨厌)的事情:a ～ of job 讨厌的工作 ❺ⓤ ⓒ金属锭;(尤指)铁锭,铅锭 ❻ⓒ[俚](男)警察 II. (～s[-z];pigged;pigging) vi. ❶生小猪 ❷像猪一样地产仔

pi·geon ['pɪdʒɪn] (～s[-z]) n. ❶ⓒ鸽子;a carrier ～ 通信鸽 ❷ⓤ野鸡肉;～ pie 鸽肉派

pi·geon·hole ['pɪdʒɪnhəʊl] I. (～s[-z]) n. ⓒ鸽巢;(文件或信件的)分类格架 II. vt. ❶将(文件等)放进分类架中,把文件分类(或归档) ❷(把计划等)搁置,把…束之高阁:The plan was ～d. 这个计划被搁置了。

pig·gish ['pɪgɪʃ] adj. 像猪的;肮脏的;贪吃的

pig·gy ['pɪgɪ] I. (piggies[-z]) n. ⓒ小猪,猪 II. adj. 像猪的;肮脏的;贪婪的

pig·let ['pɪglɪt] n. ⓒ小猪(尤指乳猪)

pike [paɪk] I. n. ⓒ❶矛,长枪;矛头;(行人防御用的)尖头杖 ❷[英](英国湖畔地方)有尖峰的高山;(常用作地名)尖峰 II. (～d[-t];piking) vt. 用矛穿刺(或刺伤、刺死)

*pile [paɪl] I. (～s[-z]) n. ⓒ❶堆,摞,叠:The rubbish was left in a ～ on the floor. 地板上堆着垃圾。❷[口]大批;大数目;大笔钱财 ❸火化堆(火化尸体等的燃料堆)❹高大的建筑物;建筑群 ❺[电]电池组 ❻[也作 atomic ～]核反应堆 II. (～s[-z];piling) vt. ❶累积,积聚;堆积:～ the books into a stack 把书堆成一摞 ❷在…上堆东西:～ papers on the table 把报纸堆放在桌子上 vi. ❶堆积,堆成;积累:Work has ～d up during his absence. 在他离开期间,工作堆积起来了。❷拥;挤;进入(into);离开;走出(out of):The children ～d noisily into the bus. 孩子们闹哄

哄地挤上了公共汽车。

pil·grim ['pɪlgrɪm] (～s[-z]) n. ⓒ❶朝圣者;朝拜圣地者;～s on their way to Mecca 赴麦加的朝圣者 ❷旅行者;流浪者

pil·grim·age ['pɪlgrɪmɪdʒ] (～s[-ɪz]) n. ❶ⓒⓤ朝圣,朝觐:go on (a) ～ 去朝圣 ❷ⓒ(有特别目的的)长途旅行,长期旅行 ❸ⓒ人生(历程)

pill [pɪl] (～s[-z]) n. ⓒ❶药丸,丸剂:a vitamin ～ 维生素丸 ❷[the ～]口服避孕药 ❸[a ～][俚]讨厌的家伙

pil·lar ['pɪlə(r)] I. (～s[-z]) n. ⓒ❶柱,柱子;柱形物 ❷[喻](某事物的)强大支持者:She was a ～ of strength to us when our situation seemed hopeless. 在我们近乎绝望之际,她给了我们有力的支撑。❸【建】墩;【矿】矿柱,煤柱 II. (～s[-z];～ing[-rɪŋ]) vt. 用柱支持,用柱加固

*pil·low ['pɪləʊ] I. (～s[-z]) n. ⓒ枕头;枕状物:sit in propped with ～s 靠着枕头坐在床上 II. (～s[-z]) vt. ❶将…搁在枕上;使靠在:～ one's head on one's arm 把头枕在手臂上 ❷给…当枕头,垫:Her arm ～ed the sleeping child. 她的臂枕着熟睡的孩子。vi. 靠在枕上

pi·lot ['paɪlət] I. n. ⓒ❶(飞行器的)驾驶员,飞行员 ❷(船舶的)领航员,领港员 ❸向导,先导 ❹【机】【电】导向器,指示灯 II. (～ed[-ɪd]) vt. ❶驾驶,为…导航:～ a ship through the Panama Canal 引领一船通过巴拿马运河 ❷带领,指引,引导:～ sb. through a crowd 带领某人穿过人群 ❸(在议会中)使(法案等)顺利通过:～ a bill through the House 使法案在议会中获得通过 ❹试行,试用(某事物):Schools in this area are ～ing the new maths course. 这一带的学校正试行新的数学教程。III. adj. ❶引导的,导向的,领示的 ❷试验性的,试点的:a ～ project 试验性工程

pin [pɪn] I. (～s[-z]) n. ⓒ❶针;别针,大头针:a tie ～ 领带别针 ❷饰针 ❸栓,闩;轴钉;插头 ❹[也作 safety ～](手榴弹上的)保险针,保险销 ❺[口]腿 II. (～s[-z];pinned;pinning) vt. ❶用(针、别针等)固定(钉住或别住):They held him with his arms *pinned* to his side. 他们抓住了他,把他的胳膊按在肋部。❷使不能行动;牵制:They *pinned* him against the wall. 他们把他压在墙上,使他不能动弹。

pinch [pɪntʃ] I. (～es['-ɪz]～ed[-d]) vt. ❶捏,掐,拧,夹:The door ～ed my finger as it shut. 关门时,把我手夹住了。❷(尤指鞋

夹脚：These new boots ～ me. 我这双新鞋夹脚。❸使不舒服；使苦恼；使萎缩 ❹擅自拿走（或偷窃）某物：Who's ～ed my dictionary? 谁把我的词典拿走了？❺[口]捉住，逮捕：He was still carrying the stolen goods when he was ～ed. 抓住他的时候，他身上还带着赃物。❻拮据，节衣缩食：be ～ed for money 手头拮据 ❼掐掉：～ off the dead flowers 掐掉凋谢的花 vi. ❶挤压，收缩，收紧 ❷吝啬，小气，节省 Ⅱ. (～es ['-ɪz]) n. ❶ⓒ捏，掐，拧，夹：She gave him a ～ to wake him up. 她掐了他（胳膊）一下，把他叫醒。❷ⓒ一小撮；微量：a ～ of chilli powder 一撮辣椒粉 ❸Ⓤ重压，困苦；匮乏：the ～ of poverty 贫困的重压

pine¹ [paɪn] (～s[-z]) n. ❶ⓒ[也作～ tree]松树 ❷Ⓤ松木：a ～ dresser 松木碗橱

pine² [paɪn] (～s[-z]; pining) vi. ❶渴望或想念：She was *pining* for her mother. 她思念着母亲。❷憔悴，消瘦：She lost interest in living and just ～d away. 她已了无生趣，日渐憔悴。

pine·ap·ple ['paɪnæpl] (～s[-z]) n. ⓒ【植】凤梨，菠萝：～ juice 菠萝汁

pink¹ [pɪŋk] Ⅰ. n. ❶Ⓤ粉红色，桃红色：*Pink* is her favourite colour. 她最喜欢的颜色是粉红色。❷ⓒ【植】石竹；石竹花 ❸ⓒ[口](思想、观点等)比较左倾的人：a parlour ～ 只会空谈的温和激进派 ❹Ⓤ极致，化身，典范：He is the ～ of politeness. 他真是客气极了。Ⅱ. adj. ❶粉红色的，淡红色的 ❷[口]略带左翼政治观点的 ❸面红耳赤的，激怒的

pink² [pɪŋk] (～ed[-t]) vt. ❶刺，扎，戳(某物) ❷(用讽刺、嘲笑等)刺伤，刺痛 ❸将(某物)的边剪成锯齿形(或扇边形)

pink³ [pɪŋk] (～ed[-t]) vi. [英](指汽车发动机运转不正常时)发响爆声，爆震

pink·ish ['pɪŋkɪʃ] adj. 略带桃红色的，带粉红色的：a ～ glow 略带粉红色的光泽

pin·point ['pɪnpɔɪnt] Ⅰ. n. ⓒ❶针尖，极尖的顶端 ❷一点儿，微物，琐事：a ～ of iron 一粒铁屑 Ⅱ. adj. ❶针尖大小的，极微小的：～ holes 极微小的孔 ❷精确的，细致的，详尽的：with ～ accuracy 非常精确地 Ⅲ. (～ed[-ɪd]) vt. 准确定位；指出，确认：～ a place on a map 在地图上查明一个地方

pint [paɪnt] n. ⓒ❶品脱(液量或某些干量的计量单位=1/2 夸脱，略作 pt)：a ～ of beer (shrimps) 1 品脱啤酒(小虾) ❷[英口]1 品脱的量(尤指牛奶或啤酒)：They stopped at the pub for a ～. 他们到商店喝了 1 品脱的啤酒。

pi·o·neer [ˌpaɪə'nɪə(r)] Ⅰ. (～s[-z]) n. ⓒ❶[英]【军】(比本部队先动身的)轻工兵 ❷拓荒者，开拓者，探险者：～s in space 探索宇宙空间的人 ❸创办者；倡导者：They were ～s in the field of microsurgery. 他们是显微外科学领域的创始人。Ⅱ. (～s[-z]; ～ing [-rɪŋ]) vt. ❶开创；倡导，首倡：She ～d the use of the drug. 是她最先使用的这种药品。❷开拓，开辟(道路等)：～ a new route to the coast 开辟通往海岸的新路线 vi. 当拓荒者，当开发者；当先驱 Ⅲ. adj. ❶最早的，原先的，首创的 ❷开拓的，先驱的

pi·ous ['paɪəs] adj. ([反]impious) ❶虔诚的；敬神的 ❷假虔诚的；虚伪的，道貌岸然的：He dismissed his critics as ～ dogooders who were afraid to face the facts. 他把批评他的人斥之为不敢面对事实的假善人。❸孝顺的；尽本分的

pipe [paɪp] Ⅰ. n. ⓒ❶管子，导管：a water ～ 水管/a seamless steel ～ 无缝钢管 ❷(人或动物的)管状器官；[常用复数]发声器官，嗓子，呼吸器官 ❸管乐器；笛；排箫 ❹哨子声；歌声，鸣叫声 ❺烟斗，旱烟筒：smoke a ～ 吸烟斗 ❻大酒桶(约容 105 加仑)；一大酒桶的量 Ⅱ. (～d[-t]; piping) vt. ❶用管道输送(水、煤气等)：～ oil across the desert 用管道穿过沙漠输油 ❷用管乐器演奏；(用有线系统等)传送(音乐等)：Nearly all the shops have ～d music. 差不多所有的商店都连续播放有线广播的音乐。❸用长口哨召集(或指挥)：～ all hands on deck 吹哨召集所有的水手到甲板上 ❹(为衣物)绲边，镶边；在(糕点)上加(奶油、巧克力等)花饰：～ "Happy Birthday" on a cake 在生日蛋糕上加上"生日快乐"字样 vi. ❶吹奏管乐：He ～d so that we could dance. 他用笛子吹奏，好让我们跳舞。❷尖声叫嚷；发出尖声 ❸吹长口哨传递命令

pipe·line ['paɪplaɪn] Ⅰ. (～s[-z]) n. ⓒ❶(长距离输送油、气等的)管道，管线 ❷[喻](传递)途径，渠道：a ～ of information 情报渠道 Ⅱ. vt. 用管道(或管线)输送

piper ['paɪpə(r)] (～s[-z]) n. ⓒ吹管者；(尤指)风笛吹奏者

pi·rate ['paɪrɪt] Ⅰ. n. ⓒ❶掠夺者；(尤指)海盗；海盗船 ❷侵犯版权者，盗印者 Ⅱ. (～d[-ɪd]; pirating) vt. ❶(以海盗方式)掠夺 ❷非法翻印：a ～d edition of the plays 戏剧集的盗印本

pis·tol ['pɪstl] (～s[-z]) n. ⓒ手枪；信号枪

pit [pɪt] Ⅰ. n. ❶ⓒ坑；地坑，深注 ❷ⓒ矿井，矿坑：a gravel ～ 采石场 ❸ⓒ(动、植物体的)自然凹陷处；窝，凹：the ～ of the stomach

胸口/arm ～ 腋窝 ❹ⓒ(物体表面上的)小凹陷;(尤指)天花疤痕,麻子 ❺[the ～]《圣经》中或修辞中)地狱 ❻ⓒ(捕猎野兽用的)陷阱 ❼[the ～]剧院正厅后座(的观众)❽ⓒ(舞台前的)乐池 ❾ⓒ(修车处的)检修坑;(机动车赛中的)检修加油站 ❿ⓒ[美](交易所中)某种商品的交易场:corn ～ 玉米交易场 Ⅱ.(pitted ['-ɪd];pitting)vt. ❶使(某物上)有凹陷;使留有麻点:Acid had *pitted* the surface of the silver. 酸把银器的表面腐蚀了。❷使对立,使竞争,使…较量:～ one's wits against the bureaucracy of the tax office 与税务局的官僚作风斗智

pitch¹ [pɪtʃ] n. Ⓤ❶沥青(石油蒸馏后所残留的黑色黏性物质)❷(针叶树的)树脂,松脂

pitch² [pɪtʃ] Ⅰ.(～es ['-ɪz];～ed[-t])vt. ❶搭(帐篷);扎营:～ tents for shelter 搭帐篷居住 ❷投,掷,抛:～ a stone into the river 向河中扔石头 ❸【音】为…定调;以某种形式表达:～ a tune high 把曲调定高 ❹[美](棒球)投球给击球手;作为投手打(一局球等) ❺讲(故事);使用(借口):They ～ed a yarn about finding the jewels. 他们编了一个找到宝石的故事。❻把…定于特定角度,把…定在:～ the roof steep 使屋顶陡斜 vi. ❶安营;搭帐篷:The surveying team ～ed on the mountain. 测量队在山上搭起帐篷。❷投,掷,抛 ❸(路面、道路等)倾斜 ❹(指船或飞行器等)颠簸:The ship ～ed and rolled and many passengers were sick. 那船颠簸摇晃,很多乘客头晕恶心。❺(头向下)坠落,摔倒,跳入:The car hit the child and she ～ed over backwards. 汽车把孩子撞了,她重重地向后摔倒。Ⅱ.(～es['-ɪz])n. ❶ⓒ(板球、足球、曲棍球等)球场 ❷Ⓤⓒ掷,抛,投;投球:a full ～ 全场球(投出的球直击球员、中间不落地) ❸Ⓤⓒ(音符或噪音的)高低度,音高:give the ～ 定出音高 ❹Ⓤ(船只的)摇摆;(飞机的)上下颠簸 ❺Ⓤ【建】(屋顶的)斜度,坡度,高跨比 ❻Ⓤⓒ【机】(齿轮的)齿距,节距,螺距 ❼Ⓤ程度,强度:The excitement of the audience was at a high ～. 观众异常激动。❽ⓒ[英](街头的)商贩摆摊处 ❾ⓒ[美口](推销员等的)叫卖;(摊贩等的)行话:a clever sales ～ 动听的推销员高调

pitch•er ['pɪtʃə(r)] (～s[-z]) n. ⓒ❶(单柄或双柄带嘴的,通常为陶制的)大罐;大壶 ❷一罐(或一壶)的量 ❸【植】瓶状叶

pit•i•ful ['pɪtɪf(ʊ)l] adj. ❶令人怜悯的,可怜的:Their suffering was ～ to see. 他们受的苦让人见了感到同情。❷[反]pitiless 慈悲的;有同情心的:have a ～ heart 有慈悲心肠

❸可鄙的,毫无价值的:～ coward 可鄙的胆小鬼

pit•y ['pɪtɪ] Ⅰ.(pities [-z])n. ❶Ⓤ同情,怜悯;feel ～ for sb. 同情某人 ❷ⓒ遗憾(的事),可惜的事;What a ～! 真可惜! 真是遗憾! Ⅱ.(pities [-z];pitied)vt. ❶可怜;对(某人)感到同情(或怜悯):Survivors of the disaster who lost their relatives are much to be *pitied*. 灾难中丧失亲人的幸存者很值得同情。❷让(某人)觉得可鄙:I ～ you if you think this is an acceptable way to behave. 你要是认为这种行为可以原谅,那你就太可鄙了。vi. 有怜悯心;觉得可怜

pi•zza ['pi:tsə] n. ⓒⓊ比萨饼

place [pleɪs] Ⅰ.(～s ['-ɪz])n. ⓒ❶地点,场所;所在地:Is this the ～ where it happened? 这就是事发地点吗? ❷地区(城市、城镇、乡村等);居民点:This town is the coldest ～ in Australia.这镇子是澳大利亚最冷的地方。❸(有特殊用途的)建筑物,场所:a ～ of amusement 娱乐场所 ❹(物体、身体等表面的)特定部位:a sore ～ on the leg 腿上伤痛处 ❺(书、戏剧中的)某段落(或某部分):Put a piece of paper in to mark your ～. 在你读到的地方夹上纸条。❻([近]position)座位,位子;空位;席位:Return to your ～s and get on with your work. 各回各位去做自己的工作吧。❼([近]post)(社会等的)等级,地位,身份:keep one's ～ 保持个人的地位 ❾([近]house)房子,住所;(尤指)乡间住宅:He lives in a very nice ～. 他住在一个非常漂亮的房子里。❿(常用于专有名词前)广场,街道:Langham *place* 兰厄姆广场 ⓫(竞赛中)获胜者的名次:He finished in third ～. 他得了第3名。⓬【数】(小数点后的)位:calculated to 4 decimal ～s 计算到小数点后 4 位数。Ⅱ.(～s['-ɪz];placing)vt. ❶([近]position)放置,安置:Please ～ them in the right order. 请把它们按顺序放好。❷任命,安排(某人)处于.sb. in a dilemma position 使某人进退两难 ❸寄托(希望等);给予(信任等):～ confidence in sb. 对某人抱有信心 ❹认出,想起:～ someone's face 想起某人的脸 ❺评价(某人、某事物),将(某物)分类:I would ～ her among the world's greatest sopranos. 我认为她可以算是世界上第一流的女高音。❻为某人找到、安排或安置:They ～d the orphans with foster-parents. 他们为这些孤儿找到了养父母。❼订购,发订单:Do you wish to ～ an order now? 你现在想定购吗? ❽投(资);存(款):The stockbroker has ～d the money in industrial stock. 证券经纪人已用钱购入了工业股票。❾(体育竞赛中)

定出…名次:She was ~d third. 她被定为第3名。

plague [pleɪɡ] **I**. (~s[-z]) *n*. ⓒ ❶ 瘟疫:The incidence of cholera in the camps has reached ~ proportions. 营中霍乱流行已酿成瘟疫之灾。❷ [口] 天灾,灾害,祸患:a ~ of locusts 蝗灾 ❸ [口] 惹人烦恼的事物、人或原因:What a ~ that fellow is! 那家伙真是讨厌极了! **II**. (~s[-z];plaguing) *vt*. ❶ 使烦恼,烦扰(某人):~ sb. with questions 一再询问烦扰某人 ❷ 给某人(某事物)造成麻烦(或困难):a construction schedule ~d by bad weather 因天气恶劣受阻的工程进度

plain [pleɪn] **I**. *adj*. ❶ [近]obvious] 清楚的,明白的;明显的:His meaning is ~. 他的意思很清楚。❷ 简单的,朴素的,普通的;平凡的:a ~ but very elegant dress 朴素而极雅致的连衣裙 ❸ (指人、行为、思想等)率直的,坦率的,直接的:Let me be ~ with you. 让我开诚布公地跟你说吧。❹ (相貌)平常的,不漂亮的,不好看的:From a rather ~ child, she had grown into a beautiful woman. 她从一个相貌平平的女孩子成长为一个漂亮的妇人。❺ 没有图案(或花纹的):~ cloth 平布,平纹织物 ❻ 完全的,彻底的:~ cheating 彻头彻尾的欺骗 **II**. (~s[-z]) *n*. ⓒ ❶ 平原,旷野:the great ~s of the American Midwest 美国中西部的大平原 ❷ [常用复数] 平纹布,素色布;(编织中的)平针 **III**. *adv*. 清楚地,明白地:speak ~ 清楚地说 ❷ 绝对地;简直:That is just ~ stupid. 那简直是愚不可及。

plait [plæt] **I**. *n*. ⓒ ❶ [英](头发等的)辫子,发辫:wear one's hair in ~s 把头发编成辫子 ❷ 褶裥,褶边 **II**. (~ed['-ɪd]) *vt*. 将…编成辫:~ one's hair 编辫子

plan [plæn] **I**. (~s[-z]) *n*. ⓒ ❶ 规划;方案;草案:a five-year ~ 五年计划 ❷ (城、镇、区等的)详图,平面图,设计图,图样:a general ~ 总图 ❸ 方式,方法:the best ~ to prevent diseases 预防疾病的最好方法 **II**. (~s[-z];planned;planning) *vt*. ❶ 设计,绘制:~ a garden 设计花园 ❷ 计划,打算,部署:We've been *planning* this party for months. 几个月来,我们一直在安排这次聚会。

plane¹ [pleɪn] **I**. (~s[-z]) *n*. ⓒ ❶ ([近] aeroplane)飞机:The ~ is about to land. 飞机即将着陆。❷ 平面;几何平面:a horizontal ~ 水平面 ❸ (思想、存在或发展的)水平,水准;程度;阶段:This species has reached a higher ~ of development 这一物种已达到更高的发展阶段。**II**. *adj*. 平的,平面的:a ~ surface 平面 **III**. (~s[-z];planing) *vi*. (飞

机等)飞行,滑行

plane² [pleɪn] **I**. (~s[-z]) *n*. ⓒ 刨子 **II**. (~s[-z];planing) *vt*. 刨,刨平:~ the edge of the plank 刨木板的边缘 *vi*. 刨木板:a *planing* machine 刨床,刨机

planet ['plænɪt] *n*. ⓒ 【天】行星:superior ~s 外行星/inferior ~s 内行星

plank [plæŋk] **I**. *n*. ⓒ ❶ 厚(木)板 ❷ [美](政党的)政纲条款:the main ~s of their disarmament platform 他们的裁军政纲准则 **II**. (~ed[-t]) *vt*. ❶ 在…上铺板 ❷ [口]用力放下,摔下 ❸ [美口]立即支付

plant [plɑːnt] **I**. *n*. ❶ ⓒ 植物,作物:*Plants* need light and water. 植物需要光和水。❷ Ⓤ 机械设备,装置:~ hire 机器租赁 ❸ ⓒ 工厂,车间:a chemical ~ 化工厂 ❹ ⓒ 栽赃物;伪证 **II**. (~ed['-ɪd]) *vt*. ❶ 种植,栽种:We ~ed beans and peas in the garden. 我们在花园中种菜豆和豌豆。❷ 建立,设立(城镇、教会等) ❸ 安置;安放,插:He ~ed his feet firmly on the ground. 他在地上双脚站得很稳。❹ 灌输(思想等):Who ~ed that idea in your head? 是谁给你灌输的这种思想? ❺ 使(某人)秘密加入一集团;(尤指)安插眼线(或坐探):The police had ~ed a spy in the gang. 警方在那伙中安插了一名坐探。❻ [口]给予(打击):~ a blow on the side of sb.'s head 向某人头侧一击 *vi*. 种植:Farmers should know the time to ~. 农民应该知道适合播种的时节。

plan•ta•tion [plæn'teɪʃən, plɑːn-] (~s[-z]) *n*. ⓒ ❶ 种植园,(尤指热带国家的)大农场:a rubber ~ 橡胶园/a ~ owner 种植园主 ❷ 人造大林,人工林,人工植物带

plant•er ['plɑːntə(r)] (~s[-z]) *n*. ⓒ ❶ (农场的)种植者,栽培者:rubber ~ 橡胶种植者 ❷ 播种器;种植器 ❸ 种植园主 ❹ (尤指室内的)花盆,花架

plas•ter ['plɑːstə(r)] **I**. *n*. Ⓤ ❶ 【建】(涂墙等用的)灰泥 ❷ 烧石膏,熟石膏:She broke her ankle weeks ago and it's still in ~. 她的踝关节数周前骨折,至今仍打着石膏。**II**. (~s[-z];~ing[-rɪŋ]) *vt*. ❶ 在…上涂灰泥:The child rose from the ground ~ed over with yellow clay. 孩子满身沾着黄泥从地上爬起来。❷ 粘贴于;使紧贴:~ the town with posters 把海报贴遍布镇 ❸ 给…上打石膏 ❹ 弄平,梳理:~ one's hair down 用发蜡把头发梳平

plas•tic ['plæstɪk] **I**. *adj*. ❶ 塑料的,塑料制的:a ~ bag 塑料袋 ❷ (材料或物质)塑的,塑性的:Clay is a ~ substance. 黏土是

可塑物质。❸柔顺的；易受影响的：the ～ af-fections of children 孩子们易受感情的影响 ❹造型的，塑造的：the ～ arts 造型艺术 Ⅱ. n. ❶Ⓒ[常作复数]塑料；合成树脂：*Plastics is sometimes used instead of leather.* 塑料有时可以代替皮革。❷Ⓤ[用复数]塑料学 ❸Ⓤ[口](塑料制)信用卡：Shall we use cash or ～? 我们是用现金还是用信用卡?

plate [pleɪt] Ⅰ. n. Ⓒ❶盒子，盘子，碟子：a dinner ～ 菜盘 ❷Ⓒ一盘所盛之物：a ～ of strawberries 一盘草莓 ❸Ⓤ[集合用法]金质(或银质)餐具：silver ～ 银餐具 ❹Ⓤ Ⓒ(教堂中的)捐款(盘)，奉献(盘) ❺Ⓒ(金属、玻璃等的)薄板材：steel ～s 钢板 ❻Ⓒ金属牌(尤指刻有居住人姓名等的黄铜门牌) ❼Ⓒ【印】印版，图版；书籍插图(尤指照片插页，与正文分开印刷)：colour ～ 彩色插图 ❽Ⓒ【摄】(照相用的)感光底片 ❾[the ～]体育比赛(尤指赛马)金(或银)奖杯 ❿Ⓒ(棒球中的)本垒得分板 ⓫Ⓤ【医】假牙托，托牙板；[口]一副假牙 Ⅱ. (～d['-ɪd]；plat-ing)vt. ❶镀；电镀：a copper tray ～d with silver 镀银的铜托盘 ❷给(船等)覆以金属板 ❸【印】给…制印版

pla·teau ['plætəʊ] (～s[-z] 或 plateaux ['plætəʊz, plæ'təʊz]) n. Ⓒ❶高地，高原 ❷(迅速增长和发展后的)稳定状态：After a pe-riod of rapid inflation, prices have now reached a ～. 经急剧通货膨胀后，物价现已趋于平稳。

plat·form ['plætfɔːm] n. Ⓒ❶(火车站的)站台，月台：He came running along the ～ just as the train was leaving. 火车刚开就见他沿月台跑过来。❷讲台；舞台，戏台：the concert ～ 钢琴演奏台 ❸(火车、电车上的)上下平台 ❹[美](政党的)纲领，宣言

plat·ter ['plætə(r)] (～s[-z]) n. Ⓒ❶(尤指盛肉或鱼的)大浅盘 ❷[口]唱片

play [pleɪ] Ⅰ. n. ❶Ⓤ游戏，玩耍，娱乐：His life is all work and no ～. 他的生活是只知工作没有娱乐。❷Ⓤ比赛，竞赛，运动；赌博：There was no ～ yesterday. 昨天没有比赛。❸Ⓤ比赛、竞赛或运动的表现(或作风)；(游戏的)轮值：They were penalized for too much rough ～. 他们在比赛中过于粗野而受罚。❹Ⓒ戏剧，剧本：act(或 take part)in a ～ 在一剧中(参加)演出 ❺Ⓤ跳动，闪动；不断转换的动作：the ～ of colours 彩色缤纷 ❻Ⓤ活动的范围(或空间)：We need more ～ on the rope. 绳子要松些。❼Ⓤ活动，作用；相互影响 Ⅱ. (～s[-z])vt. ❶玩，玩耍；装

扮：～ cards 玩牌 ❷开(玩笑)；嘲弄，愚弄：They ～ed me a rotten trick. 他们跟我开了一个很讨厌的玩笑。❸同…比赛；玩(球等)，打球；使…上场：The coach ～ed him at cen-tre. 教练叫他担任中锋。❹(比赛中)击，踢，掷，投；(纸牌游戏中)出牌，(棋子)移动：She ～ed her bishop. 她走了象。❺赌(某事物)；在(某事物中)赌博：He ～ed his last 20 dollars. 他以仅有的20美元下赌注。❻演奏(乐器等)；播放(唱片、唱机等)：～ "the Internationale"on the piano 用钢琴演奏《国际歌》❼扮演…的角色；(戏剧)演出，上演：*"The Red Shoes"*演出《红菱艳》❽装扮，装成；以某种方式表现：John ～ed an important part in the project. 约翰在这个计划中担任重要的角色。❾使闪动，使晃动：～ a flashlight upon 用手电在…上闪照 ❿(接连)发射；使(泉水等)喷射 ⓫(恶作剧地)引起，造成：havoc 造成破坏 ⓬让(上钩的鱼)挣扎得筋疲力尽 vi. ❶玩，游戏；装扮：The kids are ～ing in the nursery garden. 孩子们在托儿所的花园内玩耍。❷进行竞赛，参加比赛：She ～ed at the ball and missed. 她击球未中。❸演奏，弹(或吹)奏，奏鸣：We heard an organ ～ing. 我们听见有人在弹风琴。❹表演，上演，扮演：They are ～ing at the Capital Theatre to-night. 他们今晚在首都剧场演出。❺赌博，～ for money 赌钱 ❻(唱片、录音机等)放音：a record ～ing at a rate of 转速为…的唱片 ❼快而轻地移动；闪动，晃动；浮现：Flashes of lightning ～ed across sky. 空中电光闪闪。❽(机器等)运转自如 ❾接连发射，(泉水等)喷射；(光)照射：Scores of hoses ～ed on the flames. 几十根水龙带向火喷水。❿施加影响：See that direct heat does not ～ on it. 当心别让它直接受热。

play·er ['pleɪə(r)] (～s[-z]) n. Ⓒ❶游戏者；选手，运动员：a game for four ～s 4人玩的游戏 ❷(戏剧)演员 ❸演奏者：a trumpet ～ 吹奏小号的人 ❹唱机(= recorder ～)

play·ful ['pleɪfʊl] adj. ❶爱玩耍的，嬉戏的：a ～ kitten 顽皮的小猫 ❷开玩笑的，取乐的：～ remarks 开玩笑的话

play·ground ['pleɪɡraʊnd] n. Ⓒ❶操场；游乐场；活动场所

plea [pliː] (～s[-z]) n. Ⓒ❶恳求，请求：He was deaf to her ～s. 他对她的请求充耳不闻。❷【律】抗辩，答辩，辩护：enter a ～ of guilt 承认有罪 ❸托词，借口，口实：He refused to contribute, on the ～ that he couldn't afford it. 他借口无能为力拒不捐献。

plead [pliːd] (～ed['-ɪd]或 pled [pled])vt.

❶提出(理由或借口)：They asked him to pay for the damages but he ~ed poverty. 他们要他付损害赔偿金,但他借口贫穷而不偿还。❷【律】为(案件)辩护：They employed the best lawyer they could get to ~ their case. 他们聘请了能请到的最好的律师为他们陈述案情。❸【律】以…作为答辩,抗辩 vi. ❶再三恳求(或请求)：He ~ed with his parents for a more understanding attitude. 他求父母多加谅解。❷【律】辩护,申诉：I asked him to ~ for me.我请求他为我辩护。❸极力主张；以辩论支持(某事业)：~ for the modernization of the city's public transport 极力主张城市公共交通现代化

* **pleas·ant** ['pleznt] adj. ❶([反]unpleasant)使人愉快的；合意的；令人喜欢的：~ weather 令人愉快的天气 ❷礼貌而友好的：Do try to be more ~! 尽量亲切友好一些!

* **please** [pliːz] (~s['-ɪz]；pleasing) vt. ❶使(某人)满意；使高兴,使喜欢：It's difficult to ~ everybody. 很难做到人人满意。/a person hard to ~ 难以讨好的人/I shall have nothing to do on holiday but ~ myself.我在假日只图快乐,别的什么事都不做。❷[用于祈使句]请：Please come in. 请进来。/Will you ~ pass me the pencil? 请把铅笔递给我好吗? /Those in favour of the suggestion ~ sign your names. 赞成这个建议的人请签名。vi. ❶满意,中意；讨人喜欢：be anxious to ~ 急于讨好 ❷欢喜；愿意：That child behaves just as he ~s. 那孩子想干什么就干什么。/Do what you ~. 你想做什么都行。

* **pleased** [pliːzd] adj. ❶([近]glad,delighted)对某人(某事)满意的；高兴的,愉快的：Your mother will be very ~ with you. 你母亲对你十分满意。/be much ~ at the good news 听到这个好消息很高兴 ❷乐于(做某事)：I was very ~ to be able to help. 我能帮上感到很高兴。

* **pleas·ure** ['pleʒə(r)] (~s['-z]) n. ❶([近]displeasure)Ⓤ愉快,快乐,高兴；满足：It gives me much ~ to hear of your progress. 听到你的进步我很高兴。❷Ⓒ乐趣；乐事,令人快乐的事物：The work is a ~ to me. 这工作对我是件乐事。/It's been a ~ meeting you. 认识你是十分高兴的事。❸Ⓤⓒ(感官上的)享乐,声色之乐：His life is spent in the pursuit of ~. 他一生都在寻欢作乐。❹Ⓤ意愿,愿望：consult sb.'s ~ 趁某人高兴时/Is it your ~ to go at once? 你愿意立刻就去吗?

pledge [pledʒ] (~s['-ɪz]) n. Ⓤ Ⓒ ❶誓言,誓约；保证：give a ~ never to reveal the secret 保证决不泄密/make a solemn ~ 庄严宣誓 ❷抵押(品),典当(行)：put(hold)sth. in ~ 以(收下)某物做抵押/take sth. out of ~ 赎回抵押的某物 ❸(表示友情、爱情等的)信物,象征物：gifts exchanged as a ~ of friendship 交换象征友谊的信物 Ⅱ. (~s['-ɪz]；pledging) vt. ❶发誓,保证(给予支持等)：a donation to a charity 承诺向慈善机构捐款/be ~d to secrecy 誓守秘密/The government has ~d itself to send aid to the famine victims. 政府已承诺赈济饥民。❷典当(某物)：He's ~d his mother's wedding ring. 他把母亲的结婚戒指典当了。❸向…祝酒,向…祝愿：~ the bride and bridegroom 向新娘和新郎祝酒

plen·ti·ful ['plentɪfʊl] adj. ([近]abundant)大量的,丰富的；多的：a ~ supply of food 充裕的食品供应

* **plen·ty** ['plentɪ] Ⅰ. n. Ⓤ充足,大量,丰富：live in ~ 生活富裕/They always gave us ~ to eat. 他们总是给我们很多东西吃。/There is ~ of time. 时间很充裕。Ⅱ. adj. 很多的,充足的：Six will be ~. 6 个足够了。Ⅲ. adv. [口]充分地,完全地；十分：It is ~ big enough. 这足够大了。/There's ~ more paper if you need it.你需要纸的话,有的是。

plot [plɒt] Ⅰ. n. Ⓒ❶(作特定用途的)小块土地,小块地皮：a vegetable ~ 一块菜地 ❷(戏剧或小说的)故事情节：a novel almost without ~ 几乎没有什么情节的长篇小说/a neatly worked-out ~ 丝丝入扣的故事情节 ❸(几个人的)密谋,阴谋：a ~ to assassinate the king 刺杀国王的阴谋 ❹标绘图；平面图 Ⅱ. (plotted['-ɪd],plotting) vt. ❶将(某大片土地)分成小块,划分(out) ❷绘制…的平面图：~ the ship's course 标绘该船的航线为(文学作品)设计情节,构思 ❸密谋,策划：They were plotting the overthrow of the government. 他们正在策划推翻政府。vi. 密谋,策划：~ with others against the state 伙同他人阴谋反对政府

* **plough** [plaʊ] Ⅰ. (~s[-z]) n. ❶Ⓒ犁：a two-wheeled double-share ~ 双轮双铧犁 ❷Ⓒ似犁的工具：a snow ~ (清除路面或铁路积雪用的)雪犁 ❸Ⓤ犁过的地,耕地：100 acres of ~ 100 英亩耕地 ❹[the Plough]北斗七星(也叫 the Big Dipper)Ⅱ. (~s[-z]) vt. ❶犁,耕：~ the field 犁田/The meadow's been ~ed up.那片草地已用犁翻过。❷用犁掘,挖(沟、槽)；刨(煤),用刨煤机采(煤)；[喻]使起皱纹：a face ~ed with wrinkles 有皱纹的脸 ❸开路,破浪:Our gun-boats ~ed the waves. 我军炮艇破浪前进。❹对…投资:~ a hefty sum into a project 对一项工程进行巨额投资 ❺[英俚]使(某人)考试不及格:The examiners ~ed half the candidates. 主考人刷掉了一半应试者。vi. ❶犁,耕,用犁:the season for spring ~ing 春耕时节 ❷开路,跋涉;[喻]钻研:~ through the mud 在泥泞中跋涉

plow [plaʊ] n. © & vt. & vi. [美] = plough

pluck [plʌk] I. (~ed[-t]) vt. ❶拔去…的毛:Have the turkeys been ~ed? 火鸡的毛都拔了吗? ❷([近]pick)采,摘;拔:~ a rose from the garden 从花园里摘一朵玫瑰花 ❸拉,扯,撕:~ the notice down from the wall 从墙上撕下布告/~ the paper to pieces 把纸扯碎 ❹拨或弹(乐器的弦):~ the strings of a guitar 弹吉他的弦 vi. 拉,拽;抓住:The child was ~ing at her mother's skirt. 那孩子揪住母亲的裙子。/A stranger ~ed at my sleeve as I was leaving. 我刚要离去,一个陌生人拽住了我的袖子。II. n. ❶© 快而猛的拉:feel a ~ at one's sleeve 觉得袖子被人猛拉一下 ❷Ⓤ(动物的)内脏。❸Ⓤ勇气,胆量;精神:She showed a lot of ~ in dealing with the intruders. 她对付那些闯入的歹徒表现得十分勇敢。

plug [plʌg] I. (~s[-z]) n. © ❶塞子,栓:Stop up the leak with a ~. 用塞子把漏洞堵住。❷插头,插塞:put the ~ in the outlet 用插头插入插座/a two-pin ~ 双线插头 ❸(内燃机的)火花塞,点火栓(= sparking ~)❹(压制成的)扁形烟草块;口嚼香烟 ❺[口](在传播媒介中插入宣传商品的)推销广告 II. (~s[-z];plugged;plugging) vt. ❶把塞子堵:Let's use it to ~ the hole in your boat. 咱们用这个把你船上的洞堵住。/He used his body to ~ up a hole in the dyke. 他用身体堵水堤的裂口。❷[口](在传播媒介中)反复地宣传:They've been plugging his new show on the TV. 他们一直在电视上宣传他的新节目。❸[口]殴打;击打(某人)

plum [plʌm] (~s[-z]) n. ❶© 洋杏,梅子 ❷©(也作 ~ tree)李树,梅树 ❸Ⓤ紫红色;青紫色 ❹©[口]好的事物(尤指报酬高的工作):She's got a ~ of a job. 她得到一份高薪的工作。

plumb·er ['plʌmə(r)] n. © 铅管工;管子工;水温工

plumb·ing ['plʌmɪŋ] n. Ⓤ ❶(建筑物的)管件,管道装置:There is something wrong with the ~. 水管设备有毛病了。❷铅管业,

管子工行业:We employed a local man to do the ~. 我们雇了一个当地人做管道装修工作。

plume [pluːm] I. (~s[-z]) n. © ❶(尤指大而长的)羽毛,翎子 ❷羽毛(或类似羽毛)材料的饰物,羽状物:a ~ of ostrich feathers 鸵鸟羽毛的装饰 II. (~s[-z];pluming) vt. ❶(鸟)整理(羽毛)❷用羽毛装饰,华丽地打扮 ❸自夸,自喜,自矜:He does not ~ himself on these achievements. 他并不因为这些成就而自夸。

plump[1] [plʌmp] I. adj. 丰满的;饱满的,鼓起的:a baby with ~ cheeks 双颊胖乎乎的婴儿/You're getting a bit ~ —you need to diet. 你有点儿发胖了——得减肥了。II. (~ed [-t]) vt. & vi. (使)丰满,(使)鼓起,(使)膨胀:His cheeks are beginning to ~ up. 他的脸颊胖起来了。

plump[2] [plʌmp] I (~ed[-t]) vi. ❶使(某人,某物)突然而重重地落下,猛地触撞:~ down the heavy bags 把重袋子一下子放下 ❷选举某人,投票赞成;坚决拥护(for):The committee ~ed for the most experienced candidate. 委员会很有把握地选择了那个最有经验的候选人。vt. 使突然而沉重地落下 II. n. ©(沉重的)坠落,碰撞;坠落声,碰撞声:The book landed with a ~ on floor. 那书砰的一声掉在地板上。III. adj. 直率的,爽直的,直截了当的 IV. adv. ❶扑通一声地,沉重地:fall ~ into the hole 砰的一声掉在洞里 ❷[口]突然地,蓦地:come ~ upon the enemy 出其不意地袭击敌人

plun·der ['plʌndə(r)] I. n. ❶Ⓤ掠夺,抢劫;盗窃:be guilty of ~ 犯抢劫罪 ❷© 赃物,抢夺物:They loaded the carts with ~. 他们把掠夺来的东西装在大车里。II. vt. ❶掠夺,劫掠,抢劫(尤指战争时):The invaders ~ed food and valuables from coastal town and villages. 侵略者在沿海城乡抢劫食物和贵重物品。❷偷,盗窃 vi. 劫掠,抢劫

plunge [plʌndʒ] I. (~s['-ɪz];plunging) vt. ❶插入;使投入,使陷入:~ one's hand into water 把手伸进水中/~ a road into a blocked drain to clear it 用棍通下水道使之畅通 ❷使…进入(或陷入)某状态:The news ~d us into despair. 我们听到那消息后就陷入了绝望。/~ a country into war 使某个国家陷入战争 vi. ❶投入,跳入,冲入:~ into a swimming pool 跳入游泳池 ❷下降,突降:The horse ~d and she fell off. 马一个前失,把她摔了下来。❸(船只等)剧烈颠簸 ❹[口]盲目地投资(或投机);[俚]负债 II. n. © ❶(向前或向下的)冲,投,落:a ~ into debt 背

债 ❷跳水,游泳:a ～ into the sea from the rocks 从岩石上跳入海中

plu·ral ['pluərəl] I. adj. ❶【语】复数的,有复数形式的:Most ～ nouns in English end in "s".英语的复数名词多以"s"结尾。❷不止一个的:a ～ society 多元社会 II.(～s[-z]) n.❶U【语】复数 ❷C(词的)复数形式;复数形式的单词

plus [plʌs] I. adj. ❶([反]minus)加的,正的:a ～ sign 正号;加号 ❷略大的,较高的;标准以上的:get a grade of B ～ in English 英语获得B加的成绩 ❸口有增益的,附加的:～ sales 有利的买卖/a ～ factor 有利因素 ❹[口]非凡的,非凡的:She has personality ～. 她具有非凡的性格。II. prep. 加,加上:Four ～ one equals five. 4 加 1 等于 5。III.(～es ['-ɪz]) n.C❶【语】加号,正号 ❷正面因素,好处:Her knowledge of French is a ～ in her job. 她会法语,这对她工作很有好处。

ply¹ [plaɪ] I.(plies [-z]) n.❶C层度,层片;折叠:be composed of 3 plies of cloth 由 3 层布叠成 ❷C(绳或纱的)一股:four-～ knitting wool 4 股毛线 ❸C倾向,癖性:take a ～ 有某种倾向 II.(plies [-z];plied) vt.折,弯;使绞合:～ two single yarns 绞并两股纱

ply² [plaɪ] (plies [-z];plied) vt.❶挥动;(尤指使劲地)挥舞,辛勤地使用:～ a hoe in a cornfield 在玉米地里不断地挥动锄头 ❷(船、公共汽车等)来回于,往返于:～ the route between the islands 定期在两岛间航行 ❸从事,经营:～ a trade 从事某工作 ❹不断供…(以饮食):She plied us with cakes. 她再三让我们吃蛋糕。vi.❶努力地从事 ❷(车、船等)定期地来回,定期地往返:ferries that ～ between England and France 往返英法间的渡轮 ❸(出租汽车司机、船夫等)候客,揽客,等生意:taxis licensed to ～ for hire at the railway station 许可在火车站候客的出租车 ❹【海】(帆船)逆风行驶,抢风调向

P.M.,p.m. [缩][拉] post meridiem 下午,午后

pock·et ['pɒkɪt] I. n. C❶口袋,钱袋,衣袋;一袋(常指用来称量物体的一种重量单位):a cost ～ 衣袋/stand with one's hands in one's ～s 手插在口袋里站着/You will find information about safety procedures in the ～ in front of you. 在您座位前方的袋子里有安全措施须知。❷[口]钱,财力:easy on the ～ 手头充裕 ❸(孤立的)小块地区(或范围);孤立的小群体:～s of unemployment in an otherwise prosperous region 繁荣地区中个别的失业现象 ❹(棒球)传球处,袋形区;

(台球的)球袋 ❺大气中的真空区域 ❻(矿物)矿穴,小矿藏;矿囊,矿袋:～s of coal 煤矿穴 II. adj. ❶可放在衣袋内的,小型的,袖珍的:a ～ dictionary 袖珍字典 ❷压缩的,紧凑的 III.(～ed[-ɪd]) vt. ❶将…装入衣袋:He ～ed the tickets 他把票放进衣袋里了。❷将(某物)据为己有,把…装进腰包:He was given £ 20 for expenses,but ～ed most of it.他得到 20 英镑的公款,但大部分都进了他的腰包了。❸将(球等)打进球袋 ❹忍受;深藏,抑制,压抑:～ an insult 忍受侮辱

poem ['pəʊɪm] (～s[-z]) n. C❶诗,韵文:write(compose)～s 写(作)诗/a lyric ～ 抒情诗 ❷诗一般的事物,富有诗意的东西

poet ['pəʊɪt] n. C❶诗人:a romantic ～ 浪漫主义诗人/a realistic ～ 现实主义诗人 ❷富有想象、善于抒情的艺术家

po·et·ry ['pəʊɪtrɪ] n. U❶ [集合用法]诗,诗集:a ～ book 诗集/a ～ reading 诗歌朗诵会 ❷诗意,美感:a ballet dancer with ～ in every movement 动作皆富诗意的芭蕾舞演员

point [pɔɪnt] I. n. C|U❶(物体的)尖儿,尖端:pin ～ 针尖儿/knife ～ 刀尖儿 ❷(文字中的)标点;(数学的)小数点:The first two figures after the decimal ～ indicate tenths and hundredths respectively. 小数点后的头两位数分别表示十分位和百分位。❸具体(或确定)的位置,地点;(空间的)一点:on an itinerary 确定行程的地点 ❹(时间上的)一点,特定时间,瞬间:the ～ of death 死亡时刻/At one ～ I thought she was going to refuse,but in the end she agreed. 当时我以为她要拒绝,但最后她却同意了。❺[常用于专有名词之后]岬角,海角 ❻(物理等概念中的)点,度;阶段:boiling ～ 沸点 ❼(作测量、数值、记分等单位的)点,分:a ～ on a scale 刻度上的一点/The pound fell several ～s on the Stock Market today. 今天证券市场上英镑下跌了好几点。❽分数(比赛的)得分:We need one more ～ to win the game. 我们再得一分就能胜这一局。❾(说法、做法或想法的)点,项,条;(故事、笑话、意见等的)中心意思,重点,理由:the main ～s of a story 故事的要点/There's no much ～ in complaining;they never take any notice. 埋怨也没什么用,人家根本不理睬。❿论点,见解,观点:Various committee members made interesting ～s. 许多委员提出了使人关注的意见。⓫ [the ～]核心问题,要点:The speaker kept wandering off from the ～. 演讲的那个人总是跑题。/The ～ is this. 问题的要点是这样。⓬特点,特征:I'm afraid tidiness is not his strong ～.

我看他这个人不太讲究整洁。/sb. 's good (strong, bad, weak) ~s 某人的优点(长处、缺点、弱点)⑬(言论、论证等的)有力,鼓动力: He has a ~ there. 他的话极有道理。⑭插座;(电器的)接点: a 13-amp ~ 13 安培的插座⑮(芭蕾舞)足尖,脚尖: dancing on ~s 用足尖跳舞 ⑯[也作 switch](铁路上的)转辙器,道岔 ⑰(板球中击球员右侧的)防守球员;防守位置 Ⅱ. (~ed ['-ɪd] vt. ❶弄尖,削尖: ~ a pencil with a knife 用刀削尖铅笔 ❷指出,指向,示意: ~ out a mistake 指出错误/A compass needle ~s north. 罗盘磁针永远指向北方。❸把…对准,使对准: ~ a gun at sb. 用枪瞄准某人 ❹使尖锐;加强,强调: a story that ~s a moral 突出某寓意的故事/~ (up) an argument with facts 用事实加强论据 ❺(水泥工)嵌填,勾抹(墙缝等): ~ a wall 勾墙缝 vi. ❶指,指向;朝向: "That's the man who did it, "she said, ~ing at me. "那事一定是他干的,"她指着我说。/The building ~s to the east. 这座大楼朝东。❷表明,暗示: All the facts ~ to the same conclusion. 所有的事实都说明同样的结论。❸【海】(船)迎风行驶

point·ed ['pɔɪntɪd] adj. ❶有尖的,尖的: a ~ hat 尖帽子 ❷(语言等)针对某人的;率直的;尖锐的: a ~ remark 直言不讳的评论 ❸(头脑等)敏锐的

poi·son ['pɔɪzn] Ⅰ. (~s [-z]) n. ❶ⓒ U 毒物,毒药: rat ~ 老鼠药/~ for killing weeds 除草剂/~ gas (尤指战争中用的)毒气 ❷U[俚](烈)酒;劣酒 Ⅱ. vt. ❶施毒于…,放毒;使中毒: ~ mice 毒杀老鼠/blood ~ed by infection 因感染而中毒的血液 ❷(在道德上)败坏(某事物),腐化(某事物),使…受破坏(或毁坏): ~ sb.'s mind 毒害某人的思想/an experience that ~s sb.'s life 使某人一生受害的经历 vi. 放毒,下毒

poi·son·ous ['pɔɪzənəs] adj. ❶有毒的,有毒害的: ~ snakes 毒蛇/~ plants(chemicals)有毒的植物(化学物质) ❷恶意的,恶毒的,道德败坏的: sb. with a ~ tongue 言语恶毒的人 ❸[喻]讨厌的;不愉快的: The heat is simply ~. 热得讨厌极了。

poke [pəʊk] Ⅰ. (~d [-t]; poking) vt. ❶(用棍棒、手指等)捅,拨,戳: ~ the fire 用通条捅火/She ~d me in the cheek with her finger. 她用手指戳我的脸颊。❷伸(头等);把…指向: ~ one's head out of the window 把头伸出窗外/He ~d his head round the door to see if she was in the room. 他在门口探了一下头,看她是否在屋里。❸[口]用拳揍,击,打: ~ sb. a blow 打某人一拳 vi. ❶刺,戳;拨

弄: ~ among the waste materials with a stick 用棒在废料堆中东翻西戳/~ at that policy 攻击那项政策 ❷(头等)伸出;[喻]探听;干涉: ~ into sb.'s private affairs 探听某人的私事 ❸摸索着走;迸,闲荡: ~ about in a second-hand bookstore 逛旧书店 Ⅱ. n. ⓒ ❶戳,捅,拨,触: give the fire a ~ 拨一拨火/give sb. a ~ in the ribs 捅某人肋部一下 ❷[口]一拳;(板球赛等的)一击

po·lar ['pəʊlə(r)] adj. ❶(南、北)极的,地极的,近极的: the ~ regions 极区 ❷极的,磁极的: ~ attraction 极向引力 ❸有两种相反性质的,有两种相反方向的,极端对立的

pole[1] [pəʊl] Ⅰ. (~s [-z]) n. ⓒ ❶竿,杆,棒,杖: a tent ~ 帐篷支杆 ❷杆(长度名) Ⅱ. (~s [-z]; poling) vt. 用杆、篙等撑: ~ a punt up the river 用篙撑方头平底船逆流而上

pole[2] [pəʊl] (~s [-z]) n. ⓒ ❶极点,地极: the North (South) Pole 北(南)极 ❷磁极,电极: the negative(positive)~ 负(正)极 ❸[喻]相反,对立的两极之一: Our points of view are at opposite ~s. 我们的观点截然相反。

po·lice [pə'liːs] Ⅰ. n. [集合用法]❶警察机关,警察部门;警方: the marine ~ 水上警察队/The ~ have not made any arrests. 警方未逮捕任何人。/There were over 100 ~ on duty at the demonstration. 在游行期间,有 100 名警察值勤。❷警察性组织;治安,公安;警察性组织的人员: security ~ at a college 大学中的治安保卫组织 Ⅱ. (policing) vt. ❶维持…的治安;监督: The teachers on duty are policing the school buildings during the lunch hour. 在午饭期间,值班教师负责维护校内秩序。❷管辖,控制,整顿

po·lice·man [pə'liːsmən] (policemen) n. ⓒ(男)警察

po·lice·wo·man [pə'liːsˌwʊmən] (policewomen) n. ⓒ 女警察

pol·i·cy[1] ['pɒlɪsɪ] (policies [-z]) n. ⓒ U ❶政策,方针: domestic(foreign)~ 国内(对外)政策/according to our present ~ 据我们的现行政策 ❷策略,手段;精明的行为: for reasons of ~ 由于策略上的原因

pol·i·cy[2] ['pɒlɪsɪ] (policies [-z]) n. ⓒ 保险单: a fire-insurance ~ 火灾保险单/a ~ holder 投保人

pol·ish ['pɒlɪʃ] Ⅰ. (~ed [-t]) vt. ❶擦光,擦亮,使光滑: ~ furniture 擦家具/I ~ed my shoes before I left home. 我在出门之前擦亮了鞋子。❷修正,修改;润饰;使完美: ~ an article 给文章润色 vi. 发亮,变光滑,变优美:

This table-top ~es up nicely. 这个桌面能擦得很亮。Ⅱ. (~es[-ız]) n. ❶Ⓤ磨光,擦亮,修饰:give the floor a thorough ~ 把地板彻底弄光亮 ❷ⓊⒸ擦光剂,上光剂:apply ~ to sth.给某物上光 ❸Ⓤ文雅,高雅,优美:a crude performance of the symphony, quite without ~ 那支交响乐拙劣的演奏,毫无美感

*pol·ite [pə'laıt] adj. ❶([反]impolite)有礼貌的,客气的;文雅的:a ~ child 有礼貌的孩子/making a few ~ remarks to keep the conversation going 说几句客气话以免谈话冷场 ❷高雅的,有教养的;上流社会的:a word mentioned in ~ society 在上流社会说的话

*po·li·ti·cal [pə'lıtıkl] adj. ❶政治的;政党的;国家的,行政的:a system 政治制度/a party ~ broadcast 党的施政广播 ❷(人)关心政治的,政治上活跃的:sb. who is very ~ 颇有政治头脑的人 ❸政治上的,党派的,政策性的:a ~ party 政党

pol·i·ti·cian [ˌpɒlı'tıʃən] (~s[-z]) n. Ⓒ ❶政治家;积极从事政治活动的人 ❷ [贬]政客,专搞党派政治的人;玩弄权术者:You need to be a bit of a ~ to succeed in this company. 要想在这家公司步步登高,就需要要点儿手腕。

*pol·i·tics ['pɒlıtıks] [复] n. Ⓤ用作单数或复数 ❶政治;政治学:She's reading ~ at university. 她在大学里攻读政治学。❷政治活动,政治事务:party ~ 政党政治 ❸政见,政治信仰:What are your ~? 你的政见如何? ❹政策,权术:office ~ 公务上的争权夺利

poll [pəul] Ⅰ. (~s[-z]) n. ❶Ⓤ(选举)投票;计票:on the eve of the ~ 在选举投票的前夕/The result of the ~ has now been declared. 选举结果已经公布。❷ⒸⓊ投票记录,投票票数:head the ~ 得票最多/a light (heavy) ~ 低(高)票率 ❸Ⓒ[常用复数]投票处:The country is going to the ~s tomorrow. 明天将在全国进行选举投票。❹Ⓒ民意测验;民意测验记录:We're conducting a ~ among school leavers. 我们正在对中学毕业生进行民意调查。Ⅱ. (~s[-z]) vt. ❶收受及登记…的选票,获得(一定数量的选票):Mr. Hill ~ed over 3,000 votes. 希尔先生获得了3,000多张的选票。❷对…进行民意测验:Of those ~ed, seven out of ten said they preferred brown bread. 那些被调查者10人中有7人说他们比较爱吃黑面包。❸截去(牛的)角;剪去(树木的)顶部枝梢 vi. 投票

*pol·lute [pə'lu:t] (~d[-ıd];polluting) vt. ❶([近]dirty)弄脏,污染:air ~d by radio

active fallout 被放射性尘埃污染的空气 ❷玷污,败坏,亵渎:~ the minds of the young with foul propaganda 宣传不良事物腐蚀青年人的思想

*pol·lu·tion [pə'lu:ʃən] n. ❶Ⓤ污染:the ~ of the atmosphere 大气层的污染/the ~ of our beaches with oil 石油对我们海滩的污染 ❷污染物质 ❸玷污,亵渎,败坏

pomp [pɒmp] n. Ⓤ华丽,壮丽,盛况;宏伟壮丽的景象:the ~ and ceremony of the state opening of parliament 国会揭幕的盛况 ❷虚荣,浮华;不必要且无意义的铺张和排场:forsaking worldly ~ for the life of a monk 摒弃世间的浮华而出家

pond [pɒnd] (~s[-z]) n. Ⓒ池塘,池沼:a fish ~ 养鱼池/~ life 在池塘中生活的动物

pon·der ['pɒndə(r)] (~s[-z]);~ing [-rıŋ]) vt. ❶([近]consider)默想;深思;考虑:I ~ed the incident, asking myself again and again how it could have happened. 我反复思索那件事,一再自问究竟是怎么回事。❷衡量,估量:I am ~ing how to respond. 我在琢磨该怎样回答。vi. 默想,沉思,深思:You have ~ed long enough;it is time to decide. 你考虑的时间够长了,该做决定了。

po·ny ['pəunı] (ponies [-z]) n. Ⓒ❶小型马,矮种马 ❷ [英口]25英镑

*pool¹ [pu:l] (~s[-z]) n. Ⓒ❶[也作swimming ~](游泳用的)游泳池 ❷水池,水塘,(尤指自然形成的)水坑:After the rainstorm, there were ~s on the roads. 暴雨过后,路上有许多水洼儿。❸ [美]【地】油田地带,石油层,瓦斯层

pool² [pu:l] Ⅰ. n. ❶Ⓒ(集中在一起的)款额,共同储金;(尤指)赌博者所下的全部赌注;(某一项目上的)赌注总额 ❷Ⓒ集中使用的资金,物资库:a ~ car 共用汽车 ❸Ⓒ合伙经营,联营;集合基金(用来操纵证券或商品行情);合伙经营者 ❹Ⓤ落袋弹子戏(有6只袋,通常用15只球)Ⅱ. (~s[-z]) vt. 合伙经营,联营,合资;合伙:They ~ed their savings and bought a house in the country. 他们用积蓄的钱合资在乡下买了一所房子。/If we ~ our ideas, we may find a solution. 我们集思广益,就能找到解决办法。

*poor [pʊə(r), pɔ:(r)] (~er ['-rə];~est ['-rıst]) adj. ❶贫穷的,贫困的:She was too ~ to buy clothes for her children. 她穷得没钱给孩子买衣服。❷缺乏的,不充足的,贫瘠的:a district ~ in minerals 矿产贫乏的地区 ❸粗劣的,劣质的:a ~ diet 粗劣的日常饮食/be in ~ health 健康不佳/~ food(light) 劣质

食品(微弱的光线) ❹对某事物不熟练的,笨拙的:a ～ judge of character 对品性判断不准/a ～ hand at chess 不高明的棋手 ❺乏味的,无聊的,没意思的:Her remarks were in very ～ taste. 她的话真没意思。/have a ～ time 过一段乏味的时间 ❻浅薄的,不重要的:in my ～ opinion 依我浅见 ❼[无比较等级]([反]lucky) 可怜的,不幸的:The ～ little puppy had been abandoned. 那可怜的小狗被人遗弃了。❽可鄙的,卑劣的:his ～ attempts to be witty 他那卑劣的取巧行为

pop¹ [pɒp] **I . adj .** (音乐、电影等)通俗的,流行的,大众的:～ music 流行音乐/a ～ singer 流行歌曲演唱家 **II . n .** ❶C[美口]流行音乐,流行歌曲,流行唱片 ❷C[用复数]流行音乐会 ❸U流行艺术(=～ art)

pop² [pɒp] **I . n .** ❶C短而清脆的爆破声:The cork came out of the bottle with a loud ～. 瓶塞砰的一声拔出来了。❷U[口](尤指不含酒精的)起泡饮料,汽水:a bottle of ～ 一瓶汽水 **II .** (popped[-t]; popping) **vi .** ❶(突然)爆开,砰然地响:The champagne cork *popped* . 香槟酒的软木塞砰的一声开了。❷(向某物)开枪射击:They were *popping* away at the rabbits all afternoon. 他们一下午都在用枪打兔子。❸(意外或突然地)出现,发生;(突然)行动;来,去:～ into a room (突然地)进入一个房间 ❹(眼睛)睁大,凸出,瞪大:His eyes *popped* (out) with surprise. 他惊讶得眼睛都瞪起来了。 **vt .** ❶使…爆裂;发出短促清脆的声音:The children were *popping* balloons. 孩子们把气球弄得噼啪作响。❷(突然地)伸出,抛出;提出:～ one's head in the door 突然将头伸进门内/～ a series of questions at sb. 向某人提出一连串问题 **III . adv .** 砰的一声,突然地:It came out ～. 那东西砰的一声就出来了。

pope [pəʊp] **n .** [用 Pope](天主教的)教皇,教宗:the election of a new *Pope* 新教皇的选举/*Pope* John Paul 约翰·保罗教皇

pop·py ['pɒpɪ] (poppies[-z]) **n .** C【植】罂粟(属):the opium ～ 可提制鸦片的罂粟

pop·u·lar ['pɒpjʊlə(r)] **adj .** ❶([近]prevailing)流行的;大众喜爱的,(民间)流传的:～ song 流行歌曲/Jeans are ～ among the young. 年轻人很喜爱牛仔裤。❷普及的,通俗的,大众化的:～ science readings 科普读物/in ～ language 用通俗的语言 ❸[无比较等级]([近]general) 人民的,大众的,民众的:a ～ opinion poll 民意测验/issues of ～ concern 大众关心的问题/by ～ demand 根据大众的要求 ❹民间的,流传于民间的;(指信念

等)广大民众所持有的:a ～ myth 民间的神话

pop·u·lar·i·ty [ˌpɒpjʊ'lærɪtɪ] **n .** U❶通俗性,大众性;普及;流行:the ～ of table tennis 乒乓球运动的盛行 ❷名望,声望:Her books have grown in ～ recently. 她的书近来大受欢迎。/win the ～ of the voters 获得广大选民的拥戴

pop·u·la·tion [ˌpɒpjʊ'leɪʃən] (～s[-z]) **n .** CU❶(地区、城市、国家等的)全体居民:the ～s of Western European countries 西欧国家的全体居民/The government did not have the support of the ～. 政府不得人心。❷(人或物的)总数:What is the ～ of Ireland? 爱尔兰人口有多少?/a city with a ～ of over 10 million 人口超过 1,000 万的城市 ❸(人口的)聚居:encourage ～ of remote border regions 鼓励向偏僻的边境地区移民 ❹(人口、动物聚居的)密度:areas of dense ～ 人口稠密地区

porce·lain ['pɔːsəlɪn] **I . n .** U[集合用法]瓷,瓷器:a piece of ～ 一件瓷器/a valuable collection of antique ～ 一批珍贵的古代瓷器收藏品 **II . adj .** 瓷的,瓷制的:～ glaze 瓷釉

porch [pɔːtʃ] (～es[-ɪz]) **n .** C❶(上有顶棚的)门廊,入口处 ❷[美]走廊,游廊

pork [pɔːk] **n .** U猪肉,(通常指未加盐或未加工处理的)鲜猪肉:roast ～ 烤猪肉/a leg of ～ 猪腿肉

por·ridge ['pɒrɪdʒ] **n .** U麦片粥,粥:a bowl of ～ with milk and sugar for breakfast 早餐吃的一碗甜奶粥

port [pɔːt] **n .** C❶([近]harbor)港,港口:a naval ～ 军港/The ship spent four days in ～. 该船在港口停泊了 4 天。/They reached ～ at last. 他们终于抵港了。/a free ～ 自由港/an ice-free ～ 不冻港 ❷港口城市,口岸:Hong Kong is a major ～. 香港是个重要的港口城市。❸货物(或人员)出入境的场所(如机场、航空站等)

port·able ['pɔːtəbl] **I . adj .** 便携式的,手提的,轻便的:a ～ radio (television set) 便携式收音机(电视机) **II .** (～s[-z]) **n .** C便携式物品,轻便物品

por·ter¹ ['pɔːtə(r)] (～s[-z]) **n .** C(旅馆、大建筑物等的)门卫,门房守门人:The hotel ～ will call a taxi for you. 旅馆的门卫可以给你叫出租车。

por·ter² ['pɔːtə(r)] (～s[-z]) **n .** ❶C搬运工,脚夫;(尤指火车站、旅馆的)行李搬运工人 ❷C[美](银行、商店等的)杂务工,清洁工 ❸

ⓒ（铁路卧车或特等客车上的）列车员，服务员 ❹ⓤ［英］黑啤酒

por•tion ['pɔːʃən] Ⅰ．（~s[-z]）n．❶ⓒ部分，一部分：He divided up his property and gave a ~ to each of his children. 他把财产分给子女，每人一份。/for the great ~ of one's life 一生中的大部分时间 ❷ⓒ（食物的）一份，一客：order a ~ of fried eggs 要一客煎蛋/She cut the pie into six ~s. 她把馅饼切成6份。❸ⓤⓒ（人的）命运；定数：It seemed that suffering was to be his ~ in life. 他好像命中注定要受苦受难似的。Ⅱ．（~s[-z]）vt．分配，把…分成数份：She ~ed out the money equally between both children. 她把钱均分给两个孩子。/The work was ~ed out fairly. 工作分配得很公平。

***por•trait** ['pɔːtrit] n．ⓒ❶画像，人像，相片；（尤指面部的）肖像：paint sb.'s ~ 给某人画像/She had her ~ painted. 她让人给自己画了像。❷文字描绘，描写

portray [pɔː'trei, pəʊ'-] vt．❶画（人物、景象等）❷描绘，描写，描述 ❸表现

pose[1] [pəʊz] Ⅰ．（~s ['-ɪz]；posing）vt．❶使摆好姿势：The artist ~d his model carefully. 那位画家仔细摆好模特儿的姿势。/~ one's spectacles 扶正眼镜 ❷引起（某事物）；造成，提出：Heavy traffic ~s a problem in many old towns. 交通拥挤是许多旧城镇的难题。/Winter ~s particular difficulties for the elderly. 冬天给上年纪的人带来特殊的困难。vi．❶摆好姿势：The artist asked her to ~ for him. 那位画家要求她摆好姿势以便为她画像。❷装腔作势，摆样子：Stop ~ing and tell us what you really think. 别装蒜啦，告诉我们你的真实想法吧。/She ~s as an expert in old coins. 她自诩为古钱币专家。Ⅱ．（~s ['-ɪz]）n．ⓒ❶（为画像或拍照而摆的）姿势，姿态：She adopted an elegant ~. 她摆了一个优美的姿势。❷装腔作势（的举动）：His concern for the poor is only a ~. 他对穷人的关心只不过是做做样子罢了。

pose[2] [pəʊz] （~s ['-ɪz]；posing） vt．❶盘问，查问 ❷（用难题等）难住；使困惑

***po•si•tion** [pə'zɪʃən] Ⅰ．（~s[-z]）n．❶ⓒ位置，方位：From his ~ on the cliff top, he had a good view of the harbour. 他位于悬崖顶上，海湾看得清清楚楚。❷ⓒ姿势，姿态：lie in a comfortable ~ 舒服地躺着/in a upright（a horizontal）~ 以垂直（水平）方式 ❸ⓒⓤ地位，身份：a high ~ in society 高的社会地位/people of ~ 上层人士 ❹ⓒ（有报酬的）职位，工作：a ~ in a big company 在一家

大公司中的职务 ❺ⓒ适当位置，位次，席次：The players are in ~. 球员们已各就各位。❻ⓒ处境，形势，状况：What would you do in my ~? 你处在我的处境，你会怎样做呢？/in a favourable ~ 处于有利地位 ❼ⓒ看法，主张，态度，观点：one's ~ on this problem 某人对这个问题的看法/She has made her ~ very clear. 她已明确阐述了自己的观点。Ⅱ．（~s[-z]）vt．把…放置；给…定位：She ~ed herself near the warm fire. 她待在温暖的炉子旁边。/They were able to ~ the yacht by means of radar. 他们能够用雷达测定快艇的方位。

pos•i•tive ['pɒzɪtɪv] Ⅰ．adj．❶（［反］uncertain）确定的，明确的：a ~ fact 无可怀疑的事实/We have no ~ proof of her guilt. 我们没有她犯罪的确切证据。❷有把握的，确信的：I am ~ that he is correct. 我确信他是正确的。/She was quite ~ about the amount of money involved. 她对所涉及的钱数十分肯定。❸过于自信的，乐观的，独断的：~ thinking 必胜的思想 ❹［口］彻底的，绝对的，安全的：Her behaviour was a ~ outrage. 她的行为残暴到了极点。❺实际的，现实的：a ~ mind 实事求是的人 ❻积极的，建设性的，确有助益的；肯定的：make ~ proposals 提出有益的建议/There have been ~ development in international relations. 国际关系已逐步改善。/Positive progress has been achieved during the negotiations. 谈判已取得了良好的进展。❼【数】正的；【电】正电的，正极的：a ~ number 正数/a ~ charge 正电荷 ❽【摄】（照片）正片的：a ~ image 正片摄像 ❾【语】原级的 Ⅱ．n．ⓒ❶明确，实在，确实 ❷【摄】正片，正像 ❸【数】正数；（电池的）阳极板 ❹【语】原级

pos•sess [pə'zes] （~es[-ɪz]；~ed[-t]） vt．❶占有，拥有；持有：~ landed property 拥有地产/They ~ property all over the world. 他们在世界各地均拥有财产。❷具有（某品质）：~ the noble qualities of the proletariat 具有无产阶级的崇高品质/Does he ~ the necessary patience and tact to do the job well? 他有做好这项工作的耐性和应变能力吗？❸懂得；掌握：people who ~ the truth of Marxism 掌握了马克思主义真理的人 ❹控制，支配：~ oneself 保持镇定/~ one's soul in patience 耐心等待/She was ~ed by jealousy. 她妒火中烧。

***pos•ses•sion** [pə'zeʃən] （~s[-z]） n．❶ⓤ拥有，持有，具有：the information in sb.'s ~ 某人拥有的消息/The ~ of a passport is essential for foreign travel. 去国外旅行需持有护照。/The house is for sale with vacant ~. 空房出售。❷ⓒ[常用复数]所有物；财产：He lost all his ~s in the fire. 他在火灾中损失了所有的财产。/personal ~s 个人财产 ❸ⓒ 属地，领地：The former colonial ~s are now independent states. 以前的许多殖民地现已成为独立的国家。

pos·si·bil·i·ty [ˌpɒsɪ'bɪlɪtɪ] (possibilities [-z]) *n*. ❶([反]impossibility)Ⓤ 可能；可能性：There is no ~ of his coming back this week. 他本星期不可能回来。/The ~ of breaking the world record never occured to him. 他从来没想到有可能打破世界纪录。❷ⓒ 可能的事，可能的情况：Changing jobs is one ~. 换换工作是有可能的事。I see great *possibilities* in the experiment. 我看实验成功的可能性很大。❸ⓒ 潜力，发展，可以利用（或改善）的余地：She saw the *possibilities* of the scheme from the beginning. 她从一开始就预见到计划可能成功。

pos·si·ble ['pɒsɪbl] Ⅰ. *adj*. ❶([反]impossible) 可能的；可能存在（或发生）的：the best ~ means 尽可能好的办法/It is entirely ~ for us to fulfil the task ahead of schedule. 我们完全有可能提前完成任务。❷合情理的，认为可以的：two ~ solutions to the problem 两种可以用来解决的办法/There are several ~ explanations. 存在着几种合乎情理的解释。Ⅱ. (~s[-z]) *n*. ❶[the ~]可能性，潜在性 ❷ⓒ[常用复数](职位、运动队等)可能的候选人：They interviewed 30 people of whom five were ~s. 他们对 30 人进行了面试，其中有 5 人符合候选条件。/a Rugby trial between "probables and ~s" "预备队员"和"候补队员"之间的橄榄球选拔赛

pos·si·bly ['pɒsɪblɪ] *adv*. ❶可能地；合理地；可以想到地：I will come as soon as I ~ can. 我尽可能早来。/You can't ~ take all that luggage with you. 你绝不可能把所有行李都带着。❷大概，或许，也许：It may ~ be so. 也许是这样的。/She was ~ the greatest writer of her generation. 她也许是她那个时代最伟大的作家。❸[用于否定句、疑问句]无论如何，不管怎样：He cannot ~ forget it. 他无论如何也不会忘记。

post¹ [pəʊst] Ⅰ. *n*. ⓒ❶(金属或木头的)柱子，支柱；标杆：a boundary ~ 界桩，界柱/a distance ~ 路程标/a sign ~ 标杆/a goal ~ 球门柱 ❷(速度、竞赛的)起点(或终点)柱：the starting ~ 起跑点的标志 Ⅱ. (~ed ['-ɪd]) *vt*. ❶贴出(布告、通告等)，将(告示、

招贴等)贴在(某物)上：~ a wall with advertisements 在墙上张贴广告/Advertisements have been ~ed up everywhere announcing the show. 到处贴满了广告宣传这一新节目。❷(以公告)宣布；公告：All the ship's crew was ~ed as lost at sea. 那艘船上全体船员被宣告在海上失踪。

post² [pəʊst] Ⅰ. *n*. ❶Ⓤ[英]邮政(制度)，邮递：send sth. by ~ 邮寄某物/The parcel was damaged in the ~. 包裹在邮寄中损坏了。❷Ⓤⓒ 信件，包裹，(一批)邮件：There was a big ~ this morning. 今早邮件很多。/He's dealing with his ~ at the moment. 他此刻正在处理信件。❸[the ~]邮局；邮箱，邮筒：Please take these letters to the ~. 请将这些信件投邮。❹ⓒ (旧时)驿站；驿马，驿车 Ⅱ. (~ed['-ɪd]) *vt*. ❶投寄，邮寄：Could you ~ this letter for me? 你替我把这封信寄出去行吗？❷记账，将(账目)登入分类账，(尤指)将账目过入分类账：~ export sales 把出口销售额登入分类账

post³ [pəʊst] Ⅰ. *n*. ⓒ❶职位，工作：He was appointed to the ~ of general manager. 他被任命为总经理。/fill successively the ~s of 历任…等职 ❷岗位；(尤指士兵的)哨位：The sentries are all at their ~s. 哨兵们都已各就各位。❸(部队的)驻地，防区，营房，兵营；(尤指)边防要塞 ❹[也作 trading ~](指旧时的)贸易站，租界 Ⅱ. (~ed['-ɪd]) *vt*. ❶布置(岗哨等)；驻扎：We ~ed sentries at the gates. 我们在大门口设了岗哨。❷任命，委派：After several years in London, he was ~ed to the embassy in Moscow. 他在伦敦任职几年后被派往驻莫斯科大使馆工作。

post·age ['pəʊstɪdʒ] *n*. Ⓤ邮费，邮资：What is the ~ on this parcel? 寄这个包裹要多少钱？/ How much is the ~ for an airmail letter to Canada? 寄往加拿大的航空信件要多少邮费？

post·al ['pəʊstl] Ⅰ. *adj*. 邮政的，邮务的；邮递的，邮寄的：~ charges 邮费/*Postal* applications must be received by 12 December. 邮寄的申请书须于 12 月 12 日以前寄达。Ⅱ. *n*. ⓒ[也作 ~ card][美口]明信片

post·card ['pəʊstkɑːd] *n*. ⓒ 明信片

post·er ['pəʊstə(r)] (~s[-z]) *n*. ⓒ 招贴，海报，广告画：a ~ advertising the circus 宣传马戏团的海报

post·man ['pəʊstmən] (postmen) *n*. ⓒ 邮递员

post·pone [ˌpəʊst'pəʊn, pə'spəʊn] (postponing) *vt*. ❶([近]put off)延缓，延迟，推迟(某事)：The match was ~d to the following

Saturday because of bad weather. 比赛因天气不好而延期到下星期六举行. /be ~d for six months 延期 6 个月/~ sending an answer 暂缓答复 ❷把(人或事物)放在次要地位

pot [pɒt] **I** . *n* . ❶ⓒ[常用以构成复合词]罐,锅,壶:a glass ~ 玻璃罐/~s and pans 锅碗瓢盆/a tea ~ 茶壶/a sauce ~ 蒸煮锅/a flower ~ 花盆 ❷ⓒ一锅(罐、壶等)的量:They've eaten a whole ~ of jam. 他们吃了满满一罐果酱. /a ~ of soup 一锅汤/Bring me another ~ of coffee. 给我再来一壶咖啡. ❸ⓒ(钱等)的大量;[口]大笔钱:making ~s of money 赚大钱 ❹ⓒ 运动会的奖品;[口](尤指)银杯 ❺ⓒ(纸牌戏的)一局;赌注的总额,奖金的总额 ❻ⓤ(一个团体的)资金总额,储金 ❼ⓤ[美口]大麻叶 ❽ⓒ[俚]大腹便便的人 ❾ⓒ(台球中)把球打入袋中的一击 ❿ⓒ[也作~-shot]胡乱射击;(对某事物的)随便一试 **Ⅱ** . (potted ['-ɪd];potting) *vt* . ❶将…放在罐里:potted beef 装罐保存的牛肉 ❷将…栽在花盆里:~ up chrysanthemum cuttings 把菊花插枝种在花盆里 ❸向某物射击,用乱箭射死(动物):~ at a rabbit 向兔子射击 ❹(台球)击球入袋 ❺[口]抓住,获得 *vi* . 射击,乱射(at)

po·ta·to [pəˈteɪtəʊ] (~es[-z]) *n* . ⓒⓤ 马铃薯,土豆,洋山芋:The ~es are ready to be dug up. 快要收获土豆了. /The ~ is vulnerable to several pests. 马铃薯易受几种害虫的侵害. /a dish of meat topped with mashed ~ 一盘土豆泥盖浇肉

po·ten·tial [pəˈtenʃəl] **I** . *adj* . ❶可能存在(或出现)的,可能的:a ~ source of conflict 可能引起冲突的根源/the ~ demand of the market 市场上可能达到的需求量 ❷[无比较等级]潜在的,有潜力的:~ resources 潜在的资源/a machine with several ~ uses 具有多种潜在功能的机器 **Ⅱ** . *n* . ⓤ❶潜在性,可能性;潜力,潜能:tap the ~ of production 挖掘生产潜力/He studied the Chinese market to find the ~ there for profitable investment. 他对中国市场进行了研究以寻求投资获利的可能性. /She has an artistic ~. 她有做艺术家的潜质. /The product has even more ~ in export markets. 这种产品在出口市场上甚至会有更大的销售潜力. ❷【电】电势,电位,电压:a current of high ~ 高压电

pot·ter ['pɒtə(r)] (~s[-z]) *n* . ⓒ 陶工,制陶工人

pot·ter·y ['pɒtərɪ] (potteries[-z]) *n* . ❶ⓤ 陶器:a valuable collection of Japanese ~ 一批珍贵的日本陶器收藏 ❷ⓤ 陶器制术,

陶器制造业 ❸ⓒ 陶器制造厂,陶器作坊

poul·try ['pəʊltrɪ] *n* . ⓤ[集合用法]家禽:a ~ farm 家禽饲养场/Poultry is expensive at this time of year. 一年中的这个时候禽肉很贵.

pound¹ [paʊnd] (~s[-z]) *n* . ❶ⓒ 磅(重量单位,合 16 盎司或 0.454 千克,缩写 lb):Apples are sold by the ~. 苹果按磅出售. /The luggage weighs 40 lbs. 这行李重 40 磅. ❷ⓒ[英]磅(英国、爱尔兰、以色列及马耳他等国的货币单位):a five-~ note 一张 5 英镑的钞票/I've spent 5 ~s on food today. 今天我买食品花了 5 英镑. ❸ⓤ 英国货币在外汇市场上的比价,英镑行情:The government is worried about the weakness of the ~. 英国政府担忧货币疲软.

pound² [paʊnd] **I** . (~s[-z];~ed['-ɪd]) *vt* . ❶捣碎;舂烂:~ rice in a mortar 在臼中舂米/~ the meat into a paste 把肉磨碎成酱 ❷(连续)猛击;(猛烈)敲打:~ nail into a board 把钉子敲进木板 ❸反复灌输,强迫吸收:~ sense into him 向他灌输理智 *vi* . ❶(连续)猛击;(猛烈)敲打:the sound of feet ~ing on the stairs 楼梯上响起的沉重脚步声/Someone was ~ing at the door. 有人在砰砰地敲门. ❷(心脏)剧烈地跳动:a heart ~ing 剧烈跳动的心脏 ❸沉重而快速地向某方向移动:The horses came ~ing along the track. 马都在沿着跑道奔驰着. /Don't ~ up the stairs! 上楼梯脚步轻点儿吧! **Ⅱ** . (~s[-z]) *n* . ⓒⓤ 重击,重击声

pour [pɔː(r)] **I** . (~s[-z];~ing['pɔːrɪŋ]) *vt* . ❶倒,灌,注:Pour the milk into a jug. 把牛奶灌进壶里. /Let me ~ you a glass of wine. ⇌Let me ~ a glass of wine for you. 我给你斟一杯酒. ❷(接连不断地)射出;注,不断地涌来(或涌现):Commuters were ~ing into the station. 通勤者涌入车站. /The fans ~ed out of the stadium cheering wildly. 体育爱好者们欣喜若狂地从体育场中蜂拥而出. *vi* . ❶不断流出,泻,涌:Blood was ~ing from the wound. 血从伤口中涌出. /I knocked over the bucket and the water ~ed all over the floor. 我打翻了水桶,水流了一地. ❷(指雨)倾盆而下:She watched the rain ~ing down the windows. 她注视着顺着窗户往下流的大雨. /a ~ing wet day 大雨天 ❸涌来,源源而来:People ~ed out to the rally. 人们踊跃参加群众大会. **Ⅱ** . (~s[-z]) *n* . ⓤⓒ❶流,注,倾,泻 ❷倾盆大雨

pov·er·ty ['pɒvətɪ] *n* . ⓤ❶([反]wealth)贫穷,贫困:live in ~ 过着穷困的生活/She had been worn down by ～ and illness. 她贫病交加，受尽折磨。❷贫乏，缺乏：the ～ of the soil 土地的贫瘠/They were handicapped by ～ of resources. 他们因资源缺乏处境窘迫。❸低劣，劣质：They were recognizable by the ～ of their dress. 根据衣着寒酸这一点，可以把他们认出来。

pow•der ['paʊdə(r)] **I** . (～s[-z]) *n* . ❶ⒸⓊ粉；粉末，细粉：reduce sth. to ～ 把某物弄成粉末/crush lumps of sugar to ～ 把成块的糖压成粉末 ❷Ⓤ粉状物质：face ～ 扑面粉/soap ～ 肥皂粉/baking ～ 发酵粉 ❸ⒸⓊ（一服）药粉；粉剂：take a ～ to care indigestion 服用药粉以治消化不良 ❹Ⓤ火药，炸药（= gunpowder）**II** . (～s[-z]；～ing [-rɪŋ]) *vt* . ❶撒粉；（用粉状物）覆盖于 ❷在…上搽粉，擦粉：～ a baby after her bath 给婴儿洗澡后再扑爽身粉 ❸使成粉末，使磨成药 *vi* . ❶变成粉末 ❷搽粉

pow•er ['paʊə(r)] **I** . (～s[-z]) *n* . ❶Ⓤ本领；能力：do everything in one's ～ to help 尽力帮助 ❷［用复数］（生理或精神上的）机能，体力；智力；精力，活力：His ～s are failing. 他的体力正在衰退。/a woman of impressive intellectual ～s 智力超群的女子 ❸Ⓤ力，力量：There was a lot of ～ behind that blow. 那一击的力量很大。/They were defeated by the ～ of her oratory. 她靠能言善辩战胜了他们。❹Ⓒ权威，职权：organs of state ～ 国家权力机关/The President has exceeded his ～s. 总统已逾越了自己的职权。❺Ⓤ政权，统治：This government came(in)to ～ at the last election. 这一届政府是经最近大选后上台执政的。❻Ⓒ大国，强国：The England was a great naval ～ in past centuries. 英国在前几个世纪是海上强国。❼Ⓒ有权力的人；有权力的机构：He made the mistake of underestimating the ～ of the press. 他犯的错误是低估了新闻界的力量。❽Ⓤ动力；电力：the ～ supply 电源/nuclear ～ 核动力 ❾Ⓒ【数】乘方，幂 ❿Ⓤ【物】（透镜）放大率，放大倍数 ⓫Ⓒ［常用复数］神灵，鬼怪：She believed in the existence of a benevolent ～. 她相信有大慈大悲的神仙。⓬Ⓒ［口］多数，多量：do a ～ of work 做大量的工作 **II** . (～s[-z]；～ing [-rɪŋ]) *vt* . 用动力发动，给以动力；使有力量

pow•er•ful ['paʊəfʊl] **I** . *adj* . ❶（［反］weak）强有力的，强大的；强健的：a ～ blow 有力的一击 ❷效力大的，作用大的：a ～ image（speech）清晰的影像（有力的讲话）❸权力大的，有势力的：a ～ enemy 强敌 **II** . *adv* .

很，非常：be ～ glad 非常高兴

prac•ti•cal ['præktɪkl] **I** . *adj* . ❶（［反］impractical）实践的，实际的：a ～ experience 实践经验/It's an interesting idea，but there are many ～ difficulties. 这是一个很有意思的想法，然而却存在着许多实际困难。❷切合实际的，实用的：a ～ proposal 切实可行的建议/a ～ device with many different uses 一种多用途的实用器械 ❸（［反］unskilled）（人）富有实地经验的，心灵手巧的：She's very ～. 她心灵手巧。/He has a ～ partner who organizes everything for him. 他有一个很能干的伙伴，替他把一切弄得井井有条。❹（人）注重实践的，注重实际的：a ～ mind 注重实际的头脑 ❺事实上的，实际的：The owner's brother has been in ～ control of the firm for years. 业主的弟弟实际控制该商行已有多年。**II** . *n* . Ⓒ［口］［英］实验课考试，实习课：a physics ～ 物理实验

prac•ti•cal•ly ['præktɪkəlɪ] *adv* . ❶［口］几乎，差不多：His work is ～ unknown here. 他的作品在这里实际上不为人所知。❷实际上地，实事求是地：look at a question ～ 从实际出发观察问题

prac•tice ['præktɪs] **I** . (～s[-ɪz]) *n* . ❶Ⓤ实践；实行：Correct ideas come from social ～. 正确的思想来自社会实践。/The idea would never work in ～. 那种设想永远也实现不了。❷ⓊⒸ（反复经常的）练习：do ～ in speaking English 练习讲英语/Playing the piano well requires a lot of ～. 要弹好钢琴就得多练习。❸ⒸⓊ常规，惯例；习惯，习俗：according to the international ～ 按照国际惯例/It is the ～ in Britain to drive on the left. 车辆靠左行驶是英国的制度。/the ～ of closing shops on Sundays 星期天店铺休业的惯例 ❹ⓊⒸ（律师）职业，业务；律师事务所；（医生）工作，开业；诊所：commence the ～ of law 挂牌做律师/a doctor working in general ～ 全科医生（如家庭医生）**II** . *vt* . & *vi* . ［美］= practise

prac•tise ['præktɪs]（［美］practice）(～s[-ɪz]；～d[-t]；practising) *vt* . ❶实践；实行：～ strict economy 厉行节约 ❷练习，实习：～ shooting 练习射击/I need to ～ my Italian before my business trip. 我出差以前需要练习一下意大利语。❸习惯做，习惯地进行：He ～s early rising. 他经常早起。❹开业，从事：～ medicine 开业行医 *vi* . ❶实践，实行；练习：～ on the organ 练嗓音 ❷（医生、律师）开业，从事：She ～d as a solicitor for many years. 她当了许多年事务律师。

praise [preɪz] Ⅰ. (~s['-ɪz];praising) *vt*. 赞美;赞扬;称颂:He is warmly ~d for his spirit of absolute selflessness. 他毫无自私自利之心的精神受到人们的热烈赞扬。/The guests ~d the meal. 客人们称赞这顿饭做得好。/He was obviously expecting to be ~d. 他显然想要得到赞扬。*vi*. 赞美,颂扬(上帝);崇拜 Ⅱ. (~s['-ɪz]) *n*. Ⓤ❶([反]criticism)称赞,赞扬:high ~ 高度的赞扬/He received ~ from his colleagues for winning the prize. 他因获得该奖而受到同事们的称赞。❷(对上帝的)崇拜,赞美:a hymn of ~ 赞美诗

pray [preɪ] (~s[-z]) *vt*. ❶恳求,请求:I ~ you to bear with my faults. 我恳求你容忍我的过错。❷祈祷…,祷告(…);衷心愿望,祈求:He ~ed Gods for forgiveness. 他祈求上帝的宽恕。/They ~ed that she would recover. 他们为她尽快康复而祈祷。*vi*. 祈祷,祷告:The priest ~ed for the dying man. 牧师为死者做祷告。

pray·er [preə(r)] (~s[-z]) *n*. ❶ⓊⒸ祈祷,祷告,礼拜:a morning(an evening)~ 早(晚)祷/a person at ~ 在做祷告的人/He arrived,as if in answer to her ~s. 他终于来了,好像她祷告很灵验。❷Ⓒ祈祷文,祈祷辞:say one's ~s 做祈祷/a book of ~s 祈祷书,经书 ❸Ⓒ恳求;请求(或祈求)的事物 ❹[用复数]祝福,祝愿:Whatever you decide,you have my ~s. 不论你怎样决定,我都祝福你。

P **preach** [priːtʃ] (~es['-ɪz]) *vt*. ❶宣讲,传道,说教:He ~es the same sermon every Christmas. 他每逢圣诞节都宣讲同一教旨。/~ the Gospel 布讲福音 ❷鼓吹,说教:~ the value of fresh air and cold bath 鼓吹新鲜空气和冷水浴的好处/She ~ed economy as the best means of solving the crisis. 她大力鼓吹节约是解决危机的关键。❸劝说,倡导 *vi*. ❶讲道,说教:He ~ed against violence. 他讲道宣讲反对暴力的道理。❷宣扬,鼓吹;劝诫:You are in no position to ~ to me about efficiency! 你没有资格对我大谈什么效率问题! /I am tired of listening to you ~. 我懒得听你的大道理。

pre·cau·tion [prɪ'kɔːʃən] (~s[-z]) *n*. ❶Ⓤ预防,防备;谨慎:by way of ~ 为了小心(或预防) ❷Ⓒ预防方法,预防措施:take ~s against fire 采取预防火灾的措施/fire ~s 防火措施

pre·cede [prɪ'siːd] (~s[-z];~d[-ɪd];preceding) *vt*. ❶(在时间、顺序、行列等上)在…之前,先于(某事物):The Mayor entered,

~d by members of the council. 市政会的委员们入场了,市长也入场了。/This point has been dealt with in the *preceding* paragraph. 这一点在前面一段里已经交代过了。❷在(讲话前)加上…,为…加上引言:She ~d her speech with a vote of thanks to the committee. 她发表讲话以前先提议向全体委员表示感谢。*vi*. 在前面;居前,领先:in the chapters that ~ 在前面各章中

prec·e·dent ['presɪdənt] Ⅰ. *n*. ⓊⒸ先例,前例:create a ~ for sth. 为某事开创先例/There is no ~ for such an action. 这种行动没有先例可循。Ⅱ. *adj*. 在前的,在先的

pre·ced·ing [prɪ'siːdɪŋ] [无比较等级] *adj*. 在前的,在先的,前面的:in the ~ years 在前几年

pre·cious ['preʃəs] Ⅰ. *adj*. ❶([近]valuable,dear)珍贵的,贵重的:the ~ metals 贵金属 ❷宝贵的,受到珍爱的:Each life is ~. 生命都是非常宝贵的。/She is very ~ to him. 她在他心中占着非常重要的地位。❸(言语、行为等)过分讲究的,矫揉造作的:poetry full of ~ images 尽是挖空心思的意象的诗篇 ❹[口]可观的,十足的:A ~ lot of good that will do! 那样做大有好处! Ⅱ. *adv*. [口]很,非常:She has ~ little to be cheerful about. 她几乎毫无乐趣。

prec·i·pice ['presɪpɪs] (~s['-ɪz]) *n*. Ⓒ❶悬崖,峭壁 ❷危险的处境(或形势):The country's economy was on the edge of the ~. 该国的经济已处于崩溃的边缘。

pre·cise [prɪ'saɪs] *adj*. ❶([反]inexact,imprecise)精确的,准确的,确切的:the ~ meaning of a word 一个词的确切含义/a record of events 对事件的准确的记载 ❷正好的,丝毫不差的:at that ~ moment 恰在那时 ❸精细的,一丝不苟的:a ~ worker 一丝不苟的工作者

pre·cise·ly [prɪ'saɪslɪ] *adv*. ❶精确地;恰好;细心地:I can't remember ~ what happened. 我记不清发生过的事情了。/That is ~ what I mean. 那正是我的意思。❷(用于表示同意)正是这样,的确那样

pre·ci·sion [prɪ'sɪʒən] *n*. Ⓤ❶准确(性),确切(性),精确(性):Your report lacks ~. 你的报告不够准确。/point out with scientific ~ 以科学的精确性指出 ❷精密度:The diagram had been copied with great ~. 该图表的复制件极精确。/~ timing 恰到好处的时机

pre·de·ces·sor ['priːdɪsesə(r)] (~s[-z]) *n*. Ⓒ❶前任,前辈:one's immediate ~ 某人

的直接前任者 ❷(被取代的)原有事物,前身:Will the new plan be any more acceptable than its ~s?新计划比原先计划更能让人满意吗?

pred·i·cate [ˈpredɪkɪt] I. n.【语】谓语 II. adj.【语】谓语的. III. [ˈpredɪkeɪt] vt. ❶宣称,断言:~ the earth to be round 断言地球是圆的 ❷使基于,使取决于,使依据:The project was ~d on the assumption that the economy was expanding. 这一计划是以经济发展的设想为依据的。

pre·dict [prɪˈdɪkt] (~ed[-ɪd]) vt.([近]foretell)预言;预报,预告:The earthquake had been ~ed several months before. 这次地震早在几个月以前就发布了预报。/It is impossible to ~ who will win. 要预测出谁将获胜是不可能的。

pref·ace [ˈprefɪs] I. (~s[-ɪz]) n. C ❶序言,前言,绪言;引语:in the ~ to this book 在这本书的序言中 ❷(行动的)开端,开始 II. (~s[-ɪz];~d[-t], prefacing) vt. ❶给(某书)作序:~ a book with an introduction 给一本书作序 ❷开始(讲话等),做…开场白:She ~d her talk with an apology for being late. 她先为迟到表示歉意,然后开始讲话。

pre·fer [prɪˈfɜː(r)] (~s[-z]; preferred; preferring [-rɪŋ]) vt. ❶宁可,宁愿(选择),更喜欢:He ~s fish to meat. 他比较喜欢鱼,而不喜欢肉。/They preferred their son to go to college. 他们宁可让儿子上大学。/She preferred that nobody should come to see her. 她宁愿没有人来看她。❷提出(请求、控诉等);提起…:~ a charge against sb. 对某人提出控告

pref·er·ence [ˈprefərəns] (~s[-ɪz]) n. ❶([近]choice, selection) U C 更加的喜爱,偏爱:It's entirely a matter of ~. 这完全是个见仁见智的问题。/She has a ~ for blue. 她特别喜欢蓝色。❷ C 喜爱物,特别爱好的事物:What are your ~s?你最喜欢什么?❸ C U 优待,优惠;优先权:She tried not to show ~ in her treatment of the children in her care. 她对待她所照顾的孩子尽可能不厚此薄彼。

pre·fix I. [ˈpriːfɪks] (~es[-ɪz]) n. C ❶【语】前缀,词头 ❷(人名前的)称谓,尊称 II. [priːˈfɪks, ˈpriːfɪks](~es[-ɪz];~ed[-t]) vt. ❶(在单词前)加前缀(词头)❷将(某事物)加在前面:The official ~ed an explanatory note to the list of statistics. 那官员在统计表前加了一段说明文字。

preg·nan·cy [ˈpregnənsɪ] n. U C 怀孕;

孕期,妊娠期:discomfort caused by ~ 因怀孕而引起的不适

preg·nant [ˈpregnənt] adj. ❶(妇女或雌性动物)怀孕的,妊娠的:She was six months ~. 她那时已怀有 6 个月的身孕。❷充满…的,富于(某事物)的:~ with joy 洋溢着喜悦之情的/be ~ with new ideas 孕育着新思想 ❸意义深长的,含蓄的

prej·u·dice [ˈpredʒʊdɪs] I. (~s[-ɪz]) n. ❶([反]fairness) C U 偏见,成见:colour(或 racial)~ 种族偏见/have a ~ against(in favour of)sb. 对某人有偏见(偏爱)❷ U【律】(对某人利益的)损害:the ~ of sb.'s rights 有损于某人的权利 II. (~s[-ɪz]; prejudicing) vt. ❶使(某人)抱偏见,使抱成见:Try not to be ~d in your judgements. 你做判断时要尽量做到不存偏见。❷损害,侵害;削弱:Lack of self-discipline ~d her chances of success. 她缺乏自制力对她获得成功有所影响。

pre·lim·i·na·ry [prɪˈlɪmɪnərɪ] I. adj. ([反]final)预备的,初步的,开端的:after a few ~ remarks 在几句开场白之后/a ~ contest(heat, round)预赛(初赛、选拔赛)II. (preliminaries [-z]) n. C ❶初步的行动,开端;准备:the necessary preliminaries to a peace conference 为召开和平会议而举行的必要的筹备会 ❷初试,预考;预赛,淘汰赛

prem·i·er [ˈpremjə(r)] I. n. C 首相,(政府)总理:Premier of the State Council 国务院总理 II.[无比较等级] adj. 首位的,首要的;最早的:The company has achieved a ~ position in the electronics field. 该公司占据电子行业之首位。

prep·a·ra·tion [ˌprepəˈreɪʃən] (~s[-z]) n. ❶ U 预备,准备:You can't pass an exam without ~. 不准备就考不及格。❷ C 准备的事物;预备措施:finish all necessary ~s 完成所有必要的准备工作/The country is making ~s for war.该国正进行备战。❸ C U 功课,家庭作业[英] prep.)❹ C(食品的)烹调,烹饪;(化妆品、药品的)配制品:a pharmaceutical ~ 药剂

pre·par·a·to·ry [prɪˈpærətərɪ] I.[无比较等级] adj. 准备的,预备的,筹备的:~ investigations 为准备做某事而进行的调查 II. (preparatories [-z]) n. C 预备学校,预科 III. adv. 作为准备,在先前

pre·pare [prɪˈpeə(r)] (~s[-z]; preparing [-rɪŋ]) vt. ❶准备…,预备…;(为…)做准备:She was preparing the new lesson with other teachers. 她在和别的老师一起准备新课程。/～ children for an examination 指导儿童准备考试/Mother is *preparing* father to enter the hospital. 母亲正在为父亲入院做准备。❷使有准备，使…做准备：He ～d himself to accept a defeat. 他已做好认输的准备。/～d against fire 防火/～ someone for bad news 使某人对坏消息有所准备 ❸对…进行训练，为…配备，装备：～ an expedition 为探险队做各方面配备 ❹制，调制：～ a meal 做饭菜/bread ～d from the best flour 用最好的面粉做的面包 *vi*．预备；做准备：～ for trouble 准备应付麻烦事/She was ～d for anything to happen. 她已准备好应付一切。

prep·o·si·tion [ˌprepəˈzɪʃən] (～s[-z]) *n*．Ⓒ【语】介词，前置词

pre·scribe [prɪˈskraɪb] (～s[-z]; prescribing) *vt*．❶([近]command)命令，指示；规定：The law ～s heavy penalties for this offence. 法律规定对这种不法行为从严惩处。❷开(药方)；建议(或吩咐)采用(治疗法等)：She ～d some pills to help me to sleep. 她让我吃些药片以助睡眠。/Ask the doctor to ～ something for that cough. 请医生开点儿咳嗽药。/The doctor ～d radiotherapy for him. 医生要他做放射治疗。*vi*．❶命令，指示，规定 ❷开处方：～ for a patient 给病人开处方

pre·scrip·tion [prɪˈskrɪpʃən] (～s[-z]) *n*．❶Ⓤ Ⓒ命令，指示；规定；法规 ❷Ⓤ Ⓒ处方，药方；处方上的药；开方处：The doctor gave me a ～ for painkillers. 医生给我开了个止痛药方。/The chemist made a mistake when making up the ～. 药剂师配错了药。❸Ⓤ【律】时效，法定期限

pres·ence [ˈprezns] *n*．❶([反]absence)Ⓤ出席，在场：We shall be very glad to have your ～. 你如能出席，我们将感到很高兴。❷Ⓤ存有，存在：The United Nations maintains a military ～ in the area. 联合国在该地区驻有军队。❸Ⓤ谒见；面前，眼前：admitted to his ～ 被允许会见他 ❹Ⓤ仪态，风度；气质：a man of great ～ 潇洒的男人/The power of his stage ～ could never be forgotten. 他的舞台表演才能令人难忘。❺Ⓒ(感觉中的)鬼怪，精灵

pre·sent¹ [ˈpreznt] Ⅰ．[无比较等级] *adj*．❶([近]absent)出席的，在场的：Were you ～ when the news was announced? 宣布那消息时你在场吗？❷现存的，现有的；现在的，目前的：the ～ climate of opinion 当前的舆论/the ～ government 现在的政府/He is not going to buy this house at the ～ high

price. 他不准备在目前价高时买这所房子。❸正在考虑、处理(或讨论)中的：the ～ proposal for increasing taxation 正在讨论中的增税提案 ❹【语】现在(时态)的 Ⅱ．*n*．❶[the ～]当前，目前：the past, the ～ and the future 过去、现在和将来/work out a plan for the immediate ～ 制订一个从当前着眼的计划 ❷Ⓤ Ⓒ【语】现在时(态)

pre·sent² [ˈpreznt] *n*．Ⓒ礼物，赠品：a birthday ～ 生日礼物/This book was a ～ from my brother. 这本书是我哥哥赠送给我的。

pre·sent³ [prɪˈzent] (～ed[-ɪd]) *vt*．❶赠送，给予；呈献：They ～ed flowers to their teachers. 他们把鲜花送给他们的老师。/Colleagues ～ed the retiring workman with a cheque. 同事们把一张支票交给退休的工人。❷正式介绍，引见：May I ～ my new assistant to you. 请允许我向你介绍我的新助手。/The ambassador was ～ed to the president. 大使被引见总统。❸提出，呈递：She ～ed her views to the committee very clearly. 她非常清楚地向委员会陈述自己的意见。/They ～ed a petition to the governor. 他们向总督递交一份请愿书。❹呈现，描述；显示：Falling interest rates ～ the firm with a new problem. 利息一下降给公司带来一个新的问题。/The characters in the novel are vividly ～ed. 小说中人物被描写得很生动。❺提交；交付：Has the builder ～ed his bill yet? 营造商把账单送来了吗？❻演出(戏剧等)，主持上演(节目等)；主持播出(广播或电视节目等)：The National Theatre ～ "Hamlet" in a new production. 国家剧院上演新戏《哈姆雷特》。/Who will ～ his show while he's away? 他不在场时，将由谁主持播放他的节目？❼举(枪支等)表示敬意

pres·en·ta·tion [ˌprezənˈteɪʃən] (～s[-z]) *n*．❶Ⓒ Ⓤ赠送，授予：We want to make her a ～ to celebrate her jubilee. 我们想送她一件礼物以庆贺她的纪念日。❷Ⓤ Ⓒ上演，上映；公开露面：They are preparing for the ～ of a new musical. 他们正准备上演新的歌舞喜剧。❸Ⓤ显示，呈现；介绍：The cheque is payable on ～. 本支票见票即付。

pre·serve [prɪˈzɜːv] Ⅰ．(～s[-z]; preserving) *vt*．❶保护，维护：～ one's eyesight 保护视力/Efforts to ～ the peace have failed. 维护和平的努力已经失败了。❷维持，保持；(使某事物)不受损失：It is difficult to ～ one's self-respect in that job. 做那样的工作很难保持自尊。❸([反]ruin)保存，保藏；防

P

腐：Salt and spices help to ~ meat. 盐和调味品有助于保藏肉类。❹腌(肉等)；把…制成蜜饯,把…制成罐头：~ peaches 制桃子酱 ❺圈为禁地；(尤指)禁猎,不准外人(狩猎等)：The fishing in this stretch of the river is strictly ~d. 此段河流严禁外人捕鱼。Ⅱ. n. ❶ⓒ Ⓤ[常用复数]蜜饯,果酱；罐头水果：apricot ~s 杏脯/strawberry ~ 草莓酱 ❷ⓒ禁猎地,专供私人行猎(或捕鱼)的保留区 ❸ⓒ(某人活动的)范围,领域：She regards negotiating prices with customers as her special ~. 她把与顾客讨价还价看作自己的专长。

pre·side [prɪˈzaɪd] (~s[-z]；~d[-ɪd], pre-siding) vi. ❶(在会上)担任主席,主持(会议等)：the presiding officer 主持会议的官员/ Whoever ~s will need patience and tact. 无论谁做主席,都需既要有耐性,又要机敏老练。❷负责,掌管,领导：The city council is ~d over by the mayor. 市政委员会由市长领导。/The present director has ~d over a rapid decline in the firm's profitability. 现任领导对公司利润的急剧下降负有责任。

pres·i·den·cy [ˈprezɪdənsɪ] (presidencies [-z]) n. ⓒⓊ❶总统(或会长、大学校长、总经理)职位：She hopes to win the ~. 她希望争取会长职位。❷总统等职位的任期：the last days of his ~ 她当主席的最后几天

pres·i·dent [ˈprezɪdənt] n. ⓒ❶总统,国家主席：the President of the United States 美国总统 ❷(学院的)院长,(政府部门或机构的)首长,(社会团体等的)会长：the President of the Board of Trade 贸易委员会主席/He was made ~ of the cricket club. 他被任命为板球俱乐部会长。❸(银行的)行长；(公司等的)总裁,董事长

press [pres] Ⅰ. (~es[ˈ-ɪz]；~ed[-t]) vt. ❶按,压,挤,推：If you ~ the button, the machine will start. 你按这按钮的话,机器就会发动。/The child ~d her nose against the window. 那小女孩把鼻子贴在窗户上。/~ the trigger of a rifle 扣枪的扳机 ❷压榨,榨取(汁等)：~ grapes to make wine 榨葡萄制酒/~ fruit dry 把水果榨干 ❸熨烫,熨平(衣物)：She is ~ing our coats. 她在熨我们的上衣。❹紧握,紧抱,使紧贴：She ~ed the child to her. 她把那孩子搂在怀里。/~ sb.'s hand 紧握某人的手 ❺敦促,催逼,催促：The bank is ~ing us for repayment of the loan. 银行催我们偿还贷款。/They are ~ing us to make a quick decision. 他们正在敦促我们迅速做决定。❻强迫接受(想法、意见、东西等)：They ~ed the money on him, but he would

not take it. 他们硬要他收下这笔钱,但他不肯收。/~ one's opinion upon sb. 把自己的意见强加于某人 ❼使苦恼,使烦恼,使窘迫：be ~ed for time 因缺少时间而烦恼/be ~ed with want 迫于贫困 ❽压制(唱片) vi. ❶压,重压；挤压：Press down on the lever. 请把杠杆压下来 ❷紧迫,催逼,迫切：Time ~es and we must get back to work. 时间紧迫,我们得回去上班了。/This problem ~es for solution. 这个问题急需解决。❸挤向前,挤开(人)前进：The children ~ed about her and made a ring. 孩子们挤在她周围,围成了一个圈。❹承压,受压,逼近 Ⅱ. (~es[ˈ-ɪz]) n. ❶ⓒ按,压,挤,榨：Flatten the dough with a ~ of the hand. 用手把生面团压平。❷ⓒ[口]熨烫：Those trousers need a ~. 那条裤子该熨一熨。❸ⓒ压榨机,挤压器：a cider ~ 苹果榨汁机 ❹ⓒ印刷机；印刷品：He took a copy of the newspaper as it came off the ~. 报纸在印刷机上印出来后他拿了一份。❺[集合用法][常用 Press]报刊；新闻报道；新闻界,出版界,记者群：The Press were not allowed to attend the trial. 新闻界人士不得出庭旁听。/The power of the ~ is very great. 报界的力量是巨大的。/the freedom of the ~ 新闻报道的自由/The majority of the ~ support the Government's foreign policy. 舆论界多数支持政府的外交政策。❻[a ~](广播、报刊等)对个人、团体、事件等的报道评论：have a good ~ 受到报刊的好评 ❼ⓒ印刷业；出版业；出版社：Oxford University Press 牛津大学出版社 ❽Ⓤ人群,人丛：The child got lost in the ~ of people leaving the match. 在看完比赛后散场的人群中孩子挤丢了。❾Ⓤ事务的压力,紧迫,繁忙：the ~ of modern life 现代生活的压力 ❿ⓒ 衣柜,柜橱

pres·sure [ˈpreʃə(r)] Ⅰ. (~s[-z]) n. ❶([近]force)Ⓤ ⓒ 压力；挤,压：The ~ of the water caused the wall of the dam to crack. 水的压力使堤坝决口。/work at high ~ 在很大的压力下工作 ❷Ⓤ【气】大气压：atmospheric ~ 气压/A band of low ~ is moving across the country. 一个低压带正横越该国。❸Ⓤⓒ压迫；强制,紧迫；艰难：The ~s of city life forced him to move to the country. 都市生活的艰难迫使他迁往乡村。/She left home to escape the ~ to conform to her family's way of life. 她离家出走以求摆脱她家庭生活方式对她的束缚。Ⅱ. (~s [-z]；pressuring) vt. 对…施加压力：The bank will bring ~ to bear on you if you don't pay. 你要是不付款,银行就会向你施加

压力。

pres·sur·ize，-ise ['preʃəraɪz]（~s[-ɪz]；pressurizing）*vt.* ❶使（高空飞行的飞机机舱等）增压；密封：a ~*d* cabin 增压舱 ❷强迫，对…施加压力：She was ~*d* into agreeing to merger. 她被迫同意与公司合并。

pres·tige [pre'stiːʒ] **I**．*n*．回 ❶威望，威信：lose（regain）~ 失去（恢复）威望 ❷影响力：have ~ in the community 在社会上很有影响 **II**．*adj*．有威信的

pre·sume [pri'zjuːm]（~s[-z]；presuming）*vt*．❶假定，推测，假设：Let's ~ that he has told the truth. 我们姑且认为他说的是真话。/I ~ that an agreement will eventually be reached. 我想最终是会达成协议的。❷擅自，敢于（做某事）：~ to order people about 擅自对人发号施令/I won't ~ to disturb you. 我不敢打扰你。❸推定；意味着：A signed invoice ~s receipt of the shipment. 经过签收的发货单表示运去的货物已收到。*vi*．❶擅自行动，放肆 ❷设想，相信

pre·tence [pri'tens]（[美]pretense）（~s[-ɪz]）*n*．回回 ❶虚假；假装；做作：Their friendliness was only ~. 他们的友谊完全是虚假。/a man without ~ 不装腔作势的人 ❷借口，托词，口实：under the ~ of friendship 以友谊为借口 ❸自称，自诩，炫耀：I have no ~ to being an expert on the subject. 我并不自命是这方面的专家。

* pre·tend [pri'tend]（~s[-z]；~ed[-ɪd]）*vt*．❶假装，装作：He didn't want to go to school, so he ~*ed* illness. 他不想上学，所以装病。❷伪装（某事物）；佯称：His ~*ed* friendship was part of the deception. 他所谓的友谊是一场骗局。❸自命，自称，声称：He does not ~ to be a scientist. 他并不自命为科学家。*vi*．❶自称；觊觎，妄求：~ to the throne 觊觎王位 ❷假装，装作：He ~s as though he were not guilty. 他假装无罪。

pretext ['priːtekst] **I**．*n*．回 ❶借口，托词：find a ~ for 为…找借口/on（或 under）the ~ of（或 that）以…为借口 ❷掩饰，装腔作势 **II**．[priː'tekst]*vt*．以…为借口，假托

* pret·ty ['prɪtɪ] **I**．（prettier；prettiest）*adj*．❶漂亮的，可爱的；标致的：a ~ child 可爱的孩子/She looks very ~ in that hat. 她戴着那顶帽子真是漂亮极了。❷美好的，良好的；令人愉快的：a ~ turn of phrase 巧妙的措辞 ❸[口]不好的，糟糕的：You've got yourself into a ~ mess now! 你现在可惹了麻烦了！❹[口]好多的，相当多的：a ~ sum of money 相当大的一笔钱 **II**．*adv*．相当，颇：

The situation seems ~ hopeless. 这情况似乎没有多大希望了。/She seemed ~ satisfied with the result. 她对那结果似乎相当满意。

pre·vail [prɪ'veɪl]（~s[-z]）*vi*．❶盛行，流行；普遍发生：This custom does not ~ now. 这种风俗现在已经不流行了。/conditions ~ing in the region 该地区的普遍状况 ❷胜过，战胜；占上风：Virtue will ~ against evil. 美德定将战胜邪恶。

pre·val·ent ['prevələnt] *adj*．（[反]rare）盛行的，流行的；普遍的：The ~ opinion is in favour of reform. 一般舆论都支持改革。

* pre·vent [prɪ'vent]（~ed[-ɪd]）*vt*．妨碍…，阻碍…；防止…，预防…：Rain ~*ed* the baseball game. 下雨使棒球比赛无法举行。/We should do our best to ~ accidents. 我们应该尽力防止事故发生。*vi*．妨碍，阻止：We shall come tomorrow if nothing ~s. 如果没有什么阻碍的话，我们明天来。

pre·ven·tion [prɪ'venʃən] *n*．回 预防，防止；妨碍：the ~ of crime 防止犯罪行为

pre·vious ['priːvɪəs] [无比较等级] *adj*．❶（[反]later，following）先的，前的，以前的：He was there the ~ day. 他前一天还在那里呢。/I am unable to attend because of a ~ engagement. 我因有约在先故不能出席。❷[口]过早的，过急的：He was a little too ~ in making the decision. 他做出这个决定太匆忙了些。

prey [preɪ] **I**．*n*．回回 ❶被捕食的动物，捕获物：Mice and other small creatures are the owl's ~. 老鼠以及其他小动物都是猫头鹰的捕食物。❷[喻]被剥削者；牺牲品；受损害者：She was easy ~ for dishonest salesmen. 她很容易让奸商敲了竹杠。❸捕食：a bird of ~ 食肉鸟 **II**．*vi*．❶（猛兽等）捕食：hawks ~ing on small birds 捕食小鸟的老鹰 ❷掠夺，剥削：The villagers were ~ed on by bandits from the hills. 村民们受到山里强盗抢劫。❸伤害，损害；使烦恼：Fear of the consequences ~ed on her mind. 她担心其后果而惴惴不安。/Remorse ~ed upon his mind. 悔恨使他内心痛苦。

* price [praɪs] **I**．（~s ['-ɪz]）*n*．❶回 价钱，价格：sell at a fair ~ 以公平价格出售/reduce a ~ 减价/He sold the house at a good ~. 他以很高的价钱卖了那所房子。/charge high ~s 要价高 ❷回回 代价，牺牲：Being recognized wherever you go is the ~ you pay for being famous. 出名所付出的代价是，不管你走到哪里都会被人认出来。❸回（对杀死或捉拿某人的）赏金；（贿赂的）金额 ❹回

（赌博中）赌注与赢款的差额 **Ⅱ**．（～s[ˈ-ɪz]；
～d[-t]；pricing）**vt**．❶给…定价，给…标价：
These goods are ~d too high. 这些货物定价
太高。/The assistant ~d the garments be-
fore putting them on display. 营业员先给服
装标好价再摆出来卖。❷[口]问…的价格，
问价

price·less [ˈpraɪslɪs] **adj**．❶（[近]costly）
（[反]cheap）无价的，极其贵重的：a ~ treas-
ure 无价之宝 ❷[口]极为有趣的；十分荒唐
的：You look absolutely ~ in that hat. 你戴
着那顶帽子很滑稽。

prick [prɪk] **Ⅰ**．（~ed[-t]）**vt**．❶刺，扎，
戳：The child ~ed the balloon and it burst.
那孩子在气球上刺了个洞，气球就爆了。❷刺
痛（某物），把（某物）刺痛：She ~ed her finger
with a needle. 她的手指被针给扎伤了。❸使
（某人）痛苦；使（某人）不安：His conscience is
~ing him now that he realizes what he has
done. 他因为已经认识到了自己的所作所为，
所以在良心上深感不安。**vi**．刺；刺痛，有刺痛
感：The vapour made his eyes ~. 水汽熏得他
眼睛发痛。**Ⅱ**．**n**．Ⓒ❶刺，扎，戳：I gave my
finger a ~ with a needle. 我的手指被针给扎
了一下。❷刺痛，刺伤：I can still feel the ~.
我还有那刺痛的感觉。

pride [praɪd] **Ⅰ**．**n**．❶ⓊⒸ得意，自豪；引
以为豪的人（或事物）：She looked with ~ at
the result of her work. 她自豪地看着自己的
工作成果。/He was the ~ of the village af-
ter winning the championship. 他获得冠军之
后成了全村的骄傲。❷Ⓤ高傲，傲慢：He was
puffed up with ~. 他傲气十足。❸ⓊⒸ自尊
心，自豪：Her ~ was hurt. 她的自尊心受到了
伤害。❹Ⓤ最优秀部分，精华；全盛（期）；顶
点：in the ~ of one's life 在年富力强时期
Ⅱ．（~s[-z]；~d[-ɪd]；priding）**vt**．使得
自己的花园非常得意。

priest [priːst] **n**．Ⓒ❶基督教的神职人员（尤
指助祭以上主教以下者）；司铎，司祭，牧师，神
甫：a parish ~ 牧区牧师/the ordination of
women ~s 女司铎的授圣职仪式 ❷（基督教
以外的）神职人员；教士，僧人

pri·ma·ry [ˈpraɪmərɪ, -mərɪ] **Ⅰ**．**adj**．❶
（[近]first）（[反]last）[无比较级]最初的，
原始的；初步的；最早的：in the ~ stage of
development 在发展的最初阶段/~ causes 始
发原因 ❷基层的；初级的，初等的；基本的：a
~ unit 基层单位/a ~ school 小学/~ edu-
cation 小学教育，初等教育 ❸首要的，重要
的：This is of ~ importance. 这是最重要的。

Ⅱ．（primaries [-z]）**n**．Ⓒ 也作 ~ elec-
tion（美国）（为大选推举党内候选人而进行
的）初选：the presidential primaries 提名总统
候选人的初选

prime¹ [praɪm] **Ⅰ**．[无比较级] **adj**．❶最
初的，原始的；基本的：the ~ reason 基本的理
由 ❷最重要的，首要的；首位的：Her ~ mo-
tive was personal ambition. 她的主要动机是
为了实现个人的志向。/Her ~ concern is to
protect the property. 她最为关心的是保护财
产。❸质量好的，第一流的：~ beef 上等牛
肉/a ~ site for development 最适于发展的
场地 ❹最理想的，最典型的：That's a ~ ex-
ample of what I was talking about. 这就是一
个恰能印证我所谈的内容的极好的例子。**Ⅱ**．
n．Ⓤ❶最初；初期：the ~ of the moon 新月
❷全盛时期，最好情况：When is a man in his
~? 一个人的盛年在什么时候？/be past
one's ~ 已过壮年 ❸最佳部分，最完美的状
态，精华：the ~ of life 正当年富力强

prime² [praɪm] （~s[-z]；priming）**vt**．❶
装，填，（注入油、水等）使起动：~ a mine 为地
雷装雷管/~ a pump（注入水等）使泵起动 ❷
在…上涂底漆（或底色）：~ the wall with
white paint 在墙上涂白漆打底 ❸[口]使吃
饱，给某人充足饮食：We were well ~d for
journey with a large breakfast. 为了去旅行，
我们早餐都吃得饱饱的。❹事先给…指导；事
先为…提供消息：The witness had been ~d
by a lawyer. 这证人曾经受到律师的指点。

prim·i·tive [ˈprɪmɪtɪv] **Ⅰ**．**adj**．❶原始
的，远古的；早期的：~ culture 原始文化/~
man 原始人 ❷简陋的，简单的：Living condi-
tions in the camp were pretty ~. 营地的生
活条件甚为原始。**Ⅱ**．（~s[-z]）**n**．Ⓒ❶原
始派艺术家 ❷文艺复兴前的艺术家（或其作
品）

prince [prɪns] （~s[-ɪz]）**n**．Ⓒ❶[常用
Prince]王子，太子；君主家族（除国王外）的男
性成员：the Prince of Wales 威尔士王储 ❷
（小国的）世袭的王室统治者，君主：Prince
Rainier of Monaco 摩纳哥国王雷尼尔 ❸（英
国以外国家的）公爵，侯爵 ❹[喻]某领域中优
秀（或杰出）的人物：Bocuse, a ~ among chefs
博卡斯，厨师中的佼佼者

prince·ly [ˈprɪnslɪ] （princelier；princeliest
或 more ~；most ~）**adj**．❶王子的，王公贵
族的；王公贵族统治的 ❷豪华的，慷慨的：a ~
gift 丰厚的礼物 ❸高贵的；堂皇的

prin·cess [prɪnˈses] （~es[-ɪz]）**n**．Ⓒ❶
[常用 Princess]君王家族（除女王或王后外）
的女性成员；公主，王女：Princess Margaret

玛格丽特公主 ❷[常用 Princess](小国的)王妃 ❸[常用 Princess](英国以外的)公爵夫人

prin·ci·pal ['prɪnsəpl] Ⅰ.[无比较等级] *adj*.([反]secondary)主要的,首要的;最重要的:the ~ members of the government 政府高级官员/The low salary is her ~ reason for leaving the job.工资太低是她辞去那工作的最重要的原因。Ⅱ.(~s[-z]) *n*. ❶ⓒ某组织的最高领导人,首长;(尤指某些学校和学院的)校长,院长:a lady ~ 女校长 ❷ⓒ(话剧、歌剧等中的)主角,主要演员 ❸Ⓤ[常用单数]本金;资本:repay ~ and interests 付还本金和利息 ❹ⓒ【律】被代理人,委托人:I must consult my ~s before agreeing to your proposal.我得同委托人商量后才能接受你的建议。❺ⓒ【律】主犯,首犯

prin·cip·ally ['prɪnsəplɪ] *adv*.主要地;大部分,多半:The dialect is spoken ~ in the rural areas.该方言主要通行于农村地区。

prin·ci·ple ['prɪnsəpl] (~s[-z]) *n*. ❶([近]rule,standard)ⓒ原则;主义,原理:the basic ~s of Marxism 马克思主义的基本原理/the ~ of equality of opportunity for all 人人机会均等的原则/Discussing all these details will get us nowhere;we must get back to first ~s.讨论这些枝节问题是毫无用处的,我们必须回到基本原则上来。❷Ⓤⓒ行为准则;信条,规范:It would be against my ~s to lie to you.对你说假话是违背我的行为准则的。/live according to one's ~s 按自己的准则行事 ❸Ⓤ操守,道义:He is quite without ~.他完全没有道德观念。❹ⓒ(机器等的)操作方法,工作原理:These machines both work on the same ~.这两台机器的工作原理是一样的。/The system works on the ~ that heat rises.该项装置是按照热力上升的原理运转的。

print [prɪnt] Ⅰ.*n*. ❶Ⓤ印刷;印刷字体;印出的字:clear ~ 清晰的印刷字体/Headlines are written in large ~.标题是用大号字体印刷的。/The ~ is too small for me to read without glasses.印刷字体太小,我不戴眼镜就看不清。❷ⓒ图片,版画,图案;(由底片印出的)照片:a series of ~s of London life 一组伦敦生活的画片/colour ~s 彩色照片 ❸ⓒ[常构成合成词]印痕,印记:finger ~s 指纹 ❹Ⓤⓒ印花,印花布:She bought a flowery ~ to make a summer dress.她买了一块有花卉图案的印花布做夏天的连衣裙。/a ~ dress 印花布连衣裙 Ⅱ.(~ed['-ɪd]) *vt*. ❶在纸上印(字母、图画等):They bought a new machine to ~ the posters.他们购置了

一台新机器,用来印海报。/The first 64 pages of the book have been ~ed.该书的前64页已印出。❷印刷(书籍、图画等):The publisher has ~ed 10,000 copies of the book.这本书出版社已印了10,000册。❸用印刷体写:*Print* your name and address here,please.请用印刷体在这里写上你的姓名和住址。❹印(图案),将(图案)印在…上:*Print* a flower design on cotton fabric.在棉织品上印花卉图案。❺由底片(或感光板)印(照片),晒印:How many copies shall we ~ (off) from the negative? 我们要用那张底片印几张相片? ❻使…铭记,铭刻:The events ~ed themselves on her memory.这些事铭刻在她的记忆中。*vi*.印刷;从事印刷;印照片:The new press ~s rapidly.新印刷机印得很快。/a negative that ~s well 底片印得很好

print·ing ['prɪntɪŋ] *n*. ❶Ⓤ印刷;印刷业,印刷术:They have made a good job of the ~.他们干印刷工作很出色。❷ⓒ(一次的)印刷份数,印刷次数:a ~ of 5,000 copies 5,000册的印数

printout ['prɪntaʊt] *n*.ⒸⓊ(计算机或电传打字机的)打印出的资料:Get me a ~ of the statistic.给我一份打印出的统计资料。

pri·or ['praɪə(r)] Ⅰ.[无比较等级] *adj*. ❶在先的,在前的;居先的:have a ~ engagement 已另有约会/You need no ~ knowledge to be able to do this test.不必预先学习,就能做这项测试。❷优先的,更重要的:~ claim 优先要求权/This task is ~ to all others.这项任务比所有其他任务都重要。Ⅱ.(~s[-z]) *n*.ⓒ(大修道院的)副院长;(小修道院的)院长

pri·or·i·ty [praɪ'ɒrətɪ] (priorities [-z]) *n*. ❶Ⓤ优先,重点;优先权;先取权:I have ~ over you in my claim.在要求此事方面,我比你有优先权。❷ⓒ优先考虑的事物:You must decide what your priorities are.你应该分清轻重缓急。/Rebuilding the area is a (top) ~.重建这一地区是当务之急。

prism ['prɪzəm] (~s[-z]) *n*.ⓒ❶【数】棱柱(体);棱柱(体) ❷棱柱形透明物;棱镜,三棱镜

prison ['prɪzn] (~s[-z]) *n*. ❶ⓒ监狱;看守所:The ~s are overcrowded.监狱人满为患。❷Ⓒ Ⓤ像监牢的地方,牢笼:Now that he was disabled,his house had become a ~ to him.因为他残疾了,他的房子就成了他的牢笼。❸Ⓤ监禁,服刑,坐牢:She is in ~.她已入狱了。/He was sent to ~ for five years.他被判了5年监禁。

pris·on·er [ˈprɪzənə(r)] (~s[-z]) *n*. ⓒ
❶犯人,囚犯,刑事被告,拘留犯:a prison
built to hold 500 ~s 可容纳500名囚犯的监
狱/political ~s 政治犯 ❷被抓起来的人,被
捕获的人:You are our ~ now and we won't
release you until a ransom is paid. 你现已遭
我们禁锢,要交出赎金以后才能放你走。❸俘
虏:~ of war 战俘

pri·vate [ˈpraɪvɪt] Ⅰ. *adj*. ❶([反]public)
私人的;私有的,个人的:~ letter 私人信件/
~ property 私有财产/~ income 私产所得
❷个体经营的,私营的;不受国家控制的:~
industry 私营企业/~ education(medicine,
medical treatment)民办教育(私人行医、民间
疗法)❸不公开的,秘密的:I'm not going to
tell you about it,it's ~. 我不打算把此事告诉
你,这是私事。/I'd like a ~ chat with you.
我想跟你私下谈谈。❹隐蔽的,幽静的;不受
侵扰的:Let's find some ~ spot where we
can discuss the matter. 咱们找个清静的地方
谈谈这个问题吧。❺非官职的,与工作(或官
职)无关的:She is acting as a ~ individual in
this matter. 她在这个问题上只代表她个人的
意见。/The Queen is making a ~ visit to
Canada. 女王正对加拿大进行私人访问。Ⅱ.
n. ⓒ士兵,列兵:He enlisted as a ~. 他入伍
当了士兵。/*Private* Smith 列兵史密斯

priv·i·lege [ˈprɪvɪlɪdʒ] Ⅰ. (~s[-ɪz]) *n*.
❶ⓒⓊ特权,特别待遇:She had led a life of
luxury and ~. 她过着养尊处优的生活。❷ⓒ
特别给予的好处(或待遇),特别的荣幸:It was
a ~ to hear her sing. 能听她唱歌十分荣幸。
❸ⓒⓊ言行自由权:an Act which granted
the trade unions certain legal ~s 特准工会
享有某些合法言行自由权的法案 Ⅱ. (~d
[-ɪd];privileging) *vt*. 给予⋯特权;特免:~
sb. from a tax 特免某人纳税

prize [praɪz] Ⅰ. (~s[-ɪz]) *n*. ⓒ❶奖
励,奖品,奖赏;(在比赛或有奖游戏中获得的)
奖金,彩金:She won the first ~ in the 100
metres race. 她在百米赛跑中获得了头奖。/
She had the ~-winning lottery ticket. 她抽
到了得奖的彩票。❷值得争求的东西:The
greatest ~ of all — world peace — is now
within our grasp. 我们为之奋斗的最可贵的事
物——世界和平——已指日可待。Ⅱ. *adj*.
❶可获奖的,该得奖的:a ~ exhibit in the
flower show 在花展中获奖的展品 ❷[口]十
足的,糟透了的:a ~ ass 不折不扣的笨蛋 Ⅲ.
(~s[-ɪz];prizing) *vt*. 珍视,珍爱:The por-
trait of her mother was her most ~d posses-
sion. 她母亲的这张肖像是她最珍爱的物品。

prob·a·bil·i·ty [ˌprɒbəˈbɪlɪtɪ] (probabili-
ties [-z]) *n*. ❶Ⓤ可能性,或然性:There is
little ~ of his succeeding. 他不大可能成
功。/There is every ~ of his coming. 他多
半会来的。❷ⓒ可能的事,可能的结果:A fall
in interest rates is a ~ in the present eco-
nomic climate. 从目前的经济形势看,很有可
能降低利率。❸Ⓤ【数】概率,或然率:~
curve 概率曲线

prob·a·ble [ˈprɒbəbl] Ⅰ. *adj*. ([反]im-
probable)很可能的,有望发生(或实现)的:It
is ~ that he forgot. 很可能他是忘了。Ⅱ.
(~s[-z]) *n*. ⓒ[口]很可能的事;很可能被
选中(或获胜)的人:He is a ~ for the nation-
al team. 他很可能被选入国家队。

prob·a·bly [ˈprɒbəblɪ] *adv*. 很可能,大
概,或许:He's late — he's ~ stuck in a traf-
fic jam. 他迟到了——很可能是由于交通阻塞
耽误了。

prob·lem [ˈprɒbləm] (~s[-z]) *n*. ⓒ❶
问题,难题:a knotty ~ 错综复杂的事物/the
housing ~ in the inner cities 城市中心区的
住房问题 ❷(待答复或待解决的)问题:a
mathematical ~ 数学题/She has found the
answer to the ~. 她找到了那个问题的答
案。/[作定语]a ~ child 有问题的儿童/a
newspaper's ~ page 报纸的读者问题专版

pro·ce·dure [prəˈsiːdʒə(r)] (~s[-z]) *n*.
ⓒⓊ❶(政治、法律、工商等事务的)程序:
usual ~ 一般的程序/Stop arguing about ~
and let's get down to business. 别再为程序争
辩了,咱们着手议正事吧。❷手续,步骤;办事
程序:break the normal ~ 打破常规/His
first ~ was to make a thorough investiga-
tion. 他首先采取的步骤是进行彻底调查。/
What's the ~ for opening a bank account?
在银行开个账户要办什么手续?

pro·ceed [prəˈsiːd] (~s[-z];~ed[-ɪd]) *vi*.
❶前进,行进:I was ~ing along the High
Street in a northerly direction when... 我当
时正沿着大街向北去,走着走着⋯ ❷继续进
行,继续做:Work is ~ing slowly. 工作正在慢
慢地继续进行着。/Having said how much
she liked it, she then ~ed to criticize the
way I'd done it. 她先表明她非常喜欢这个,然
后批评我方法不当。❸开始(或接着)做(某
事):Please ~ with your report. 请继续做你
的报告吧。

pro·ceed·ing [prəˈsiːdɪŋ] (~s[-z]) *n*. ❶
Ⓤ进程;进行 ❷ⓒ[用复数]诉讼(程序):
start ~s(against sb.) for divorce 提出(与
某人)离婚的诉讼/take(或 start,institute)le-

gal ~s against sb. 对某人起诉 ❸Ⓒ[用复数] (学会等发表的)记录,报道,公报,纪要:His paper was published in the ~s of the Archaeological Society. 他的论文已在《考古学会学报》上发表。❹Ⓒ[用复数]办事的手续(或程序);(会议、仪式等的)议程,议项:The ~s will begin with a speech to welcome the guests. 大会议程首先是向来宾致欢迎词。

pro·cess ['prəʊses;'prɒses] Ⅰ. (~es[-ɪz]) n. ❶Ⓒ步骤,程序;过程:Reforming the education system will be a difficult ~. 改革教育制度将是一个艰难的过程。❷ⓊⒸ(时间等的)变化过程(尤指自然发生的和不知不觉的过程):the ~es of digestion 消化过程/the ~es of growing old 逐渐变老过程 ❸Ⓒ操作工序;制作法;工艺流程:They have developed a new ~ for rustproofing car bodies. 他们研究出了车身抗锈的新方法。❹Ⓒ【律】诉讼程序,诉讼;传票:serve ~ on 对…发出传票 ❺Ⓒ【生】(动、植物体上的)隆起部分,突起 Ⅱ. (~es[-ɪz]) vt. ❶对(原材料、食物等)进行加工,处理:~ed cheese 经加工的干酪/~ medicinal herbs 给草药加工 ❷审查,审阅;处理(文件等):It may take a few weeks for your applications to be ~ed. 审查你的申请书也许要等几个星期。❸【摄】冲印(胶卷等):~ photographic film 冲洗摄影胶片 ❹【计】用计算机处理(某事物):How fast does the new micro ~ the data? 这种新微型计算机处理数据有多快?

pro·ces·sion [prə'seʃən] (~s[-z]) n. ❶Ⓒ(人或车辆等的)行列,队伍:a funeral ~ 送葬行列/The ~ moved slowly down the hill. 游行队伍缓慢地走下坡路。❷Ⓤ进行,行走;(尤指)列队行进:The congregation entered the church in ~. 教徒们排着队进入教堂。

pro·ces·sor ['prəʊsesə;'prɒsesə](~s[-z]) n. Ⓒ❶(农产品的)加工业者 ❷【计】资料处理机:a word ~ 文字处理机

pro·claim [prə'kleɪm] (~s[-z]) vt. ❶宣告,公布;声明:~ the good news 宣布好消息/~ a public holiday 宣布定某日为公共假日/They ~ed her (to be)the rightful owner of the land. 他们宣告她是那块土地的合法所有人。❷表明,显示:His accent ~ed him a Scot. 他的口音表明他是苏格兰人。

proc·la·ma·tion [ˌprɒkləˈmeɪʃən] (~s [-z]) n. ⒸⓊ宣告,公告;声明:issue a ~ 发布公告/by public ~ 公开声明

pro·cure [prəˈkjʊə(r)] (~s[-z];procuring [-rɪŋ]) vt. ❶([反]lose)努力取得,设法获得;为…获得:Please ~ me some specimens. 请设法给我搞一些标本。/The book is out of print and difficult to ~. 那书已绝版,很难弄到手。❷实现,达成;完成:~ an agreement 达成协议

pro·duce Ⅰ. [prə'djuːs] (~s[-ɪz];~d [-t];producing) vt. ❶制造,制作;创造:America ~d more cars this year than last year. 美国今年生产的汽车比去年多。❷出产,生产;生育,产(崽):The cow has ~d a calf. 这母牛产了一头小牛。/The soil ~s good crops. 这种土壤能长出好庄稼来。❸产生,引起(某事物),导致:~ a sensation 引起轰动/His announcement ~d gasps of amazement. 他宣布的消息引起了一片惊呀声。❹上演,演出;创作(影片、电视节目、唱片等):She is producing "Romeo and Juliet" at the local theatre. 她正在当地的剧院里安排演出《罗密欧与朱丽叶》。❺拿出,出示;显现:He can ~ evidence to support his allegations. 他能提出证据以表明他的指控属实。❻使(线)延长;使(面)扩展:~ the line AB to C 把线段 AB 延长到 C 点 vi. 生产,制造;创作:an oil well that no longer ~s 不再出油的油井 Ⅱ. ['prɒdjuːs] n. Ⓤ[集合用法]产品;(尤指)农产品:fresh ~ 新鲜的农产品

prod·uct ['prɒdʌkt] n. ❶ⒸⓊ产品,产物;出品;制品:a firm known for its high-quality ~s 以产品优良而久负盛名的公司/the finished ~ 制成品 ❷Ⓒ结果,成果;产物:They are the ~s of post war affluence. 他们是战后富裕生活的产物。❸Ⓒ【数】积,乘积:The ~ of 4 and 10 is 40. 4 与 10 的乘积是 40。❹Ⓒ(化学反应的)生成物

pro·duc·tion [prə'dʌkʃən] n. ❶Ⓤ生产,(尤指大批量的)制造:oil ~ 采油/Production must become more efficient. 必须提高生产效率。/mass ~ 大量生产 ❷Ⓤ产率,产量:increase ~ by using more efficient methods 采用更有效的方法提高产量/a fall in ~ 产量的减少 ❸ⒸⓊ(电影、戏剧等的)摄制,演出;电影,戏剧:They saw several National Theatre ~s. 他们看了国家剧院上演的几出戏。

pro·duc·tive [prə'dʌktɪv] adj. ❶生产的;生产性的,有生产能力:a ~ day 生产日 ❷多产的,丰饶的:They work hard,but their efforts are not very ~. 他们很努力,但效率不太高。❸有收获的,富有成效的:I spent a very ~ hour in the library. 我在图书馆里这一小时收获很大。❹造成某种结果的,产生某

物的：The changes were not ~ of better labour relations. 这些改变并未能使劳资关系获得改善。

pro·fess [prəˈfes] *vt.* ❶表示，声称；承认 ❷自称；冒充，假装：~ ignorance 自称（或假装）不知情 ❸宣称信奉（宗教等）*vi.* 表白；承认

pro·fes·sion [prəˈfeʃən] （~s[-z]）*n.* ❶ C 专业，（尤指须受高深教育及专业训练的）职业：the ~ of a doctor 医生的职业/advising college leavers on their choice of ~ 给予院校毕业生以择业上的指导 ❷U[集合用法]同业，同行：The legal ~ has（或 have）always resisted change. 法律界人士对变革总是加以抵制。❸C 声明，表白，宣言：a ~ of sympathy 表示赞同/His ~s of concern did not seem sincere. 他所表示的关心看来并非出自内心。

pro·fes·sion·al [prəˈfeʃənl] Ⅰ. [无比较等级]*adj.* ❶（[反]amateur, unprofessional）职业的，从事职业的；专业的：~ knowledge 专业知识/~ associations 专业协会/The doctor was accused of ~ misconduct. 那医生被控有违行医道德。❷具有专门知识的，内行的，高水准的：Many of the performers were of ~ standard. 许多表演都具有专业水平。/ She is extremely ~ in her approach to her job. 她对工作极为精通。❸（指运动等）职业性的，非业余的：a ~ boxer 职业的拳击手/a ~ football 职业的足球赛 Ⅱ. （~s[-z]）*n.* C ❶从事某专业的人，专业人士：You need a ~ to sort out your finances. 你需要专业人士替你管理财务。❷职业选手；职业演员：a golf ~ 高尔夫球职业运动员 ❸内行，专家：She's a true ~！她真不愧为专家！

pro·fes·sor [prəˈfesə(r)] （[缩]Prof.）（~s[-z]）*n.* C ❶（大学）教授（的头衔）：*Professor* Brown 布朗教授/She is a *Professor* of Archaeology at Oxford. 她是牛津大学考古学教授。❷（美国大学的）教师，教员

prof·it [ˈprɒfit] Ⅰ. *n.* ❶（[反]loss）U C（企业等）赢利，盈余；（财产等）收益，利润：do sth. for ~ 为赢利而做某事/They're only interested in a quick ~. 他们急切想获利。/The company has declared an increase in ~s. 该公司宣布利润增加。❷U得益；益处，好处：You could with ~ spend some extra time studying the text. 你多花点儿时间学习课文是有好处的。Ⅱ. （~ed[-id]）*vt.* 有益于：We hope our criticisms will ~ you. 我们希望我们的批评将对你有益。*vi.* 得益，有利：He ~ed greatly from his year abroad. 他在国外一年获益匪浅。/I hope to ~ by（或

from）your comments. 我希望从你的评语中受益。

pro·found [prəˈfaʊnd] *adj.* ❶（[近]deep）（[反]shallow）深深的，深切的；深远的：~ understanding 深刻的理解/a ~ sigh（shock）一声长叹（一片沉重的打击）❷（学问、知识等）渊博的，高深的：a ~ thinker 学识渊博的思想家/~ mysteries 难解之谜 ❸极度的，完全的：take a ~ interest in sth. 对某事物产生极大的兴趣

pro·fun·di·ty [prəˈfʌndɪtɪ] （profundities [-z]）*n.* ❶U 深度；深刻；深奥：He impressed his audience by the ~ of his knowledge. 他知识渊博给听众留下了深刻的印象。❷C 深刻的言语（或思想）：a poem full of *profundities* 寓意深长的诗

pro·gram(me) [ˈprəʊɡræm] Ⅰ. （~s[-z]）*n.* C ❶（音乐会等的）节目单，节目表；（戏剧演员、歌剧演唱演员等的）演出名单；（载有演员阵容的）演出说明书；（广播或电视等的）节目：There is an interesting ~ on television tonight. 今晚有个好看的电视节目。/ The ~ includes two Mozart sonatas. 节目单中有两首莫扎特的奏鸣曲。❷纲领；纲要；（教学）大纲；课程：plan a ~ of lectures for first-year students 为一年级新生拟制教学大纲/announce the ~ of political action 宣布施政纲领 ❸【计】程序，编码，指令：write a ~ for producing a balance sheet 为编制资产负债表而编写程序 Ⅱ. （~s[-z]；program(m)ed；program(m)ing）*vt.* [常用被动语态] ❶为…安排节目；把…列入节目：~ a music festival 为音乐会演排节目/A trip to the museum is ~d for next Tuesday. 已计划下星期二去参观博物馆。❷为…制订计划；使…按规定的步骤进行：Their early training ~s them to be obedient and submissive. 他们早先受过的教育已把他们训练得俯首帖耳、唯命是从。❸【计】为…编制程序；使按程序工作：The computer has been ~d to calculate the gross profit margin on all sales. 计算机已输入了程序指令以计算各项销售的毛利率。

pro·gress Ⅰ. [ˈprəʊɡres；美 ˈprɒɡres] *n.* ❶U 前进；行进：The walkers were making slow ~ up the rocky path. 行人沿着岩石小道慢慢向上走。/The building of the bridge is in ~. 桥梁正在建造中。❷U进步；进展；发展：the ~ of civilization 文明的进步/Strike leaders have reported some ~ in the talks to settle the dispute. 罢工的领导者们汇报了在解决争端的谈判中所取得的某些进展。❸C [英]（帝王等的）巡行，游历：a royal ~

around the country 国王之全国巡游 Ⅱ. [prəˈgres] vi. ❶前进；进行：The construction of the new railway is ~ing successfully. 那条新铁路的建设正在顺利进行。❷进步；前进；发展：Medical science is ~ing rapidly in our country. 我们的医学进展很快。

pro·gres·sion [prəˈ(ʊ)ˈgreʃən] n. ❶回行进；进展；进程；(尤指按步骤的或渐次的)进步：Adolescence is the period of ~ from childhood to adulthood. 青春期是由童年到成年的过渡期。❷回回(行为、事件等的)连续；一系列：a long ~ of sunny days 连续的晴天

pro·gres·sive [prə(ʊ)ˈgresɪv] Ⅰ. [无比较等级] adj. ❶前进的；进步的；有进展的：~ views 进步的观点 ❷逐渐的；渐进的；逐步增加的：Her condition is showing a ~ improvement. 她的情况已逐步改进。❸(社会状况)不断改善的；(效率)不断提高的：a ~ nation 发展中国家 ❹主张进步(或改革)的；先进的：a ~ political party 进步的政党 Ⅱ. n. 回支持进步的政策(或采用进步方法)的人；进步人士：改革派人士

pro·hib·it [prəˈhɪbɪt] (~ed[-ɪd]) vt. ❶禁止；阻止：Smoking is ~ed. 禁止吸烟。/ The law ~s tobacconists from selling cigarettes to children. 法律禁止烟贩向儿童出售香烟。❷妨碍；使不可能：The high cost ~s the widespread use of the drug. 该药昂贵而影响广泛应用。

pro·hi·bi·tion [ˌprəʊˈbɪʃən] (~s[-z]) n. ❶回回禁止；阻止：They voted in favour of the ~ of smoking in public areas. 他们投票赞成禁止在公共场所吸烟。❷回禁令；禁律 (against)：a ~ against the sale of firearms 禁止出售火器的法令 ❸回禁酒；[常用 Prohibition]【美史】禁酒时期(1920－1933 年间美国以法律禁止酿酒及售酒的时期)

pro·ject Ⅰ. [ˈprɒdʒekt] n. 回❶计划；规划；方案：a ~ to develop local industries 发展地方工业的规划/a ~ to establish a new national park 建立一个新的国家公园的工程 ❷科研项目；课题：The class are doing a ~ on the Roman occupation of Britain. 这个班在进行一次关于古罗马人占领不列颠的研究。Ⅱ. [prəˈdʒekt] (~ed[-ɪd]) vt. ❶计划；规划；设计：~ a new canal 规划新的运河 ❷投掷；发射；喷射：an apparatus to ~ missiles into space 将导弹发射到宇宙空间的装置 ❸投射(光线、影子、影像等)；放映：~ a movie on a screen 在银幕上放映电影/~ spotlights on a performer 把聚光灯对准一位表演者 ❹传达；把(自己的)想法、感情等)告知给(某人)

(通常指不愉快的感情)：You mustn't ~ your guilt onto me. 你不要以为我也和你一样内疚。❺向(他人)表现(以使其产生深刻的或良好的)印象)：The party is trying to ~ a new image of itself as caring for the working classes. 这个党竭力装出一副关心工人阶级的新形象。❻做…的投影图 vi. 凸出；伸出：a balcony that ~s over the entrance 在入口处上面突出的阳台

pro·jec·tion [prəˈdʒekʃən] n. ❶回计划；设计；发射：the ~ of images on a screen 影像在屏幕上的投影 ❷回回凸出(物)：a ~ of rock on a cliff face 悬崖表面凸出的岩石 ❸回回投射；投影；投影图；投影图法 ❹回(对未来形势的)估计；预测；推算：sales ~s for the next financial year 对下一财政年度销售情况预测

pro·le·tar·ian [ˌprəʊlɪˈteəriən] Ⅰ. (~s[-z]) n. 回无产者；无产阶级的人 Ⅱ. adj. 无产者的；无产阶级的：a ~ party 无产阶级政党

pro·le·tar·i·at [ˌprəʊlɪˈteəriət] n. 回❶[常用 the ~]无产阶级：one of the ~ 无产阶级的一员 ❷【史】(古罗马社会中的)最下层阶级

pro·long [prəˈlɒŋ] vt. ([反]shorten)延长；拉长；拖延：drugs that help to ~ life 延年益寿的药物/They ~ed their visit by a few days. 他们把访问时间延长了几天。

prom·i·nent [ˈprɒmɪnənt] adj. ❶突出的；凸出的：cheekbones 突出的颧骨 ❷显著的；引人注目的：the most ~ feature in the landscape 风景中最显著的特色 ❸杰出的，卓越的；重要的：a ~ political figure 杰出的政治人物

prom·ise [ˈprɒmɪs] Ⅰ. (~s[-ɪz]) n. ❶回承诺，许诺；诺言：We received many ~s of help. 许多人答应帮助我们。/ I told him the truth under a ~ of secrecy. 我在他答应保守秘密之后把真相告诉了他。❷回回可望出现(或发生)某事物的迹象；指望，希望：There is a ~ of better weather tomorrow. 明天天气可能更好。/ There seem little ~ of success for the expedition. 看来这次探险的成功希望不大。❸回征兆；征候；迹象：She shows great ~. 她大有前途。/a scholarship for young musicians of ~ 为有发展前途的青年音乐家提供的奖学金 Ⅱ. (~s[-ɪz]) ~d [-t]; promising) vt. ❶允诺；答应：He has ~d a thorough investigation into the affair. 他已答应彻底清查此事。/She ~d me(that) she would be punctual. 她向我保证一定会准

P

时。❷有…的希望;使…很有可能:The clouds ~ rain. 阴云预示有雨。/It ~s to be warm this afternoon. 今天下午可望转暖。*vi*. ❶允诺;做出保证:I can't ~, but I'll do my best. 我不能保证做到,但我一定尽力而为。❷有指望;有前途:a research item that ~s well 大有前途的科研项目

prom·is·ing ['prɒmɪsɪŋ]([反]unpromising) *adj*. 有指望的;有希望的;前途好的:a ~ young pianist 有前途的青年钢琴家/The results of the first experiments are very ~. 第一次实验的结果充满了希望。

pro·mote [prə'məʊt](~d[-ɪd];promoting) *vt*. ❶([反]demote)晋升;升级;提升(某人)至(某职位):The football team was ~d to the first division. 该足球队已晋升为甲级队。/He was ~d to sergeant. 他已被提升至中士。❷促进;发扬;促使(法案等)通过:The organization works to ~ friendship between nations. 该组织旨在促进各国之间的友谊。/~ a bill in Parliament 促使某法案在议会通过 ❸宣传(某物)以促进销售,促销:a publicity campaign to ~ her new book 为推销她的新书而开展的宣传活动 ❹发起;创立(企业等)

pro·mo·tion [prə'məʊʃən](~s[-z]) *n*. ([反]demotion)❶ⓊⒸ 提升;晋级:gain ~ 获得晋级/If you are successful, you can expect ~. 你只要做出成绩,就能指望获得提升。❷Ⓤ促进;提倡;赞助:They worked for the ~ of world peace. 他们为促进世界和平而努力。❸ⒸⓊ (为推销商品而做的)广告宣传;推销活动;(某商品的)推销广告(或宣传活动):Advertising is often the most effective method of ~. 做广告往往是最有效的推销方法。/We are doing a special ~ of our products. 我们正在搞我们产品的特别推销活动。

prompt [prɒmpt] I. *adj*. ([反]hesitant, late) ❶迅速的;及时的:a ~ reply 及时的答复/be ~ in responding 立刻响应 ❷(指人)敏捷的;行动迅速的:They were ~ to respond to our call for help. 他们对我们的求助迅速回应。II. (~ed['-ɪd]) *vt*. ❶促使;激励(某人):What ~ed him to be so generous? 是什么原因使得他如此大方呢? /The accident ~ed her to renew her insurance. 这一事故促使她为投保续期。❷引起;激起;唤起:Her question was ~ed by worries about her future. 她提出那个问题是因为她对前途十分忧虑。❸给(发言者)做提示;给(演员)提词:The actor needed to be ~ed frequently. 那演员经常需要提词。III. *n*. Ⓒ给(发言

者等的)提示,提词:She needed an occasional ~. 她需要给予提词。IV. *adv*. [英口]准时地:at 6 o'clock ~ 在6点整

pro·noun ['prəʊnaʊn](~s[-z]) *n*. Ⓒ【语】代词,代名词:a personal ~ 人称代词/a possessive ~ 物主代词

pro·nounce [prə'naʊns](~s[-ɪz];~d[-t];pronouncing) *vt*. ❶发…的音:People ~ the word differently in this part of the country. 在该国这一地区,这个单词的发音不同。❷宣称;宣布;宣判:~ a sentence of three years on sb. 宣判某人服徒刑3年/The doctor ~d him to be no longer in danger. 医生宣称他已脱离危险。/The expert ~d that the picture was a fake. 专家宣布那幅画是赝品。*vi*. ❶发音:He ~s well. 他发音好。❷发表意见;作出判断;表态

pro·nounced [prə'naʊnst] *adj*. 非常明显的;明确的:a ~ tendency 显著的倾向/She has very ~ views on the importance of correct spelling. 她极力主张拼写正确是十分重要的。

pro·nun·ci·a·tion [prənʌnsɪ'eɪʃən](~s[-z]) *n*. ⓊⒸ发音;发音法:She had difficulty learning English ~. 她学习英语发音有困难。/Which of these three ~s is the most usual? 这三种读法中,哪一种最常用?

proof [pruːf] I. *n*. ❶ⒸⓊ证据;证物;证言:Do you have any ~ that you are the owner of the car? 你有证据证明这汽车是属于你的吗? /written ~ 书面证明 ❷Ⓤ验证;证明,证实:Is the claim capable of ~? 这要求能证明是合理的吗? ❸Ⓒ【数】验算;验证:the ~ of a theorem 定理的验证 ❹Ⓒ【印】校样;印样;【摄】照相样片:check the ~s of a book 校对某书的校样/the ~s the wedding photos 结婚照的样片 ❺Ⓤ(酒类的)标准酒精度:The liquor is 80%. ~. 这种酒为标准度数的80%。II. *adj*. ❶抗…的;防…的;耐…的:leak-~ batteries 防漏电池 ❷有防护作用的;能抵御…的:~ against temptation 能抵御诱惑的 ❸验证用的;检验用的:a ~ sample 试样/a ~ test 验收试验 III. (~ed[-t]) *vt*. ❶检验;试验 ❷把…印成校样;校对 ❸对(某物)处理使有耐久性;使…防水

prop·a·gan·da [ˌprɒpə'ɡændə](~s[-z]) *n*. Ⓤ宣传;传播,宣传活动:The play is sheer political ~. 那出戏剧纯属政治宣传。/carry on active ~ 大力宣传

prop·a·gate ['prɒpəɡeɪt](~d[-ɪd];propagating) *vt*. ❶(动、植物等)繁殖;使增殖:~ plants by taking cuttings 借插枝繁殖植物/

P

Trees ~ themselves by seeds. 树木靠种子繁衍。❷传播,宣传(观点、知识、信仰等):Missionaries went far afield to ~ their faith. 传教士到远方去传播其信仰。❸传导;传送:~ vibrations through rock 通过岩石传导震动

pro·pel·ler,pro·pel·lor [prə'pelə(r)] (~s[-z]) n. C(轮船或飞机的)推进器,螺旋桨

prop·er ['prɒpə(r)] adj. ❶([近]fit)([反]improper)[无比较等级]恰当的;适当的;适宜的:a ~ arrangement 适当的安排/the ~ tool for the job 适用于这种工作的工具 ❷遵守规矩的;正确的;准确的:the ~ way to hold the bat 正确的执拍方法 ❸合乎体统的;体面的;可敬的:~ behaviour 正当的行为/She's not at all a ~ person for you to know. 她可不是正派人,你不应该结识她。❹名副其实的;真正的:I discovered that he was not a ~ doctor. 我已经发现他并不是合格的医生。❺固有的;特有的;本来的;本身的:the weather ~ to the North 北方特有的天气/the literature ~ to this subject 专门有关这个题目的参考书刊 ❻彻底的;十足的:We are in a ~ mess now. 我们现在真是一团糟。

prop·er·ty ['prɒpətɪ] (properties [-z]) n. ❶([近]belongings,capital)U财产;资产:protect state ~ 保护国家财产/The jewels were her personal ~. 这些首饰是她的私人财产。❷UC房地产;不动产:a man of ~ 有产者/She invested her money in ~. 她进行房地产投资。❸U财产权;所有权:*Property* brings duties and responsibilities. 有了财产权也就有了义务和责任。❹C[常用复数](物质的)特性;性质:Certain plants have medicinal *properties*. 某些植物具有药物性质。❺[常用复数]([口]prop)(舞台或电影中用的)道具

proph·e·cy ['prɒfɪsɪ] (prophecies [-z]) n. UC预言,预示,预言(能力):He seemed to have the gift of ~. 他似乎有预言的天赋。/Her ~ was proved to be correct. 她的预言实现。

proph·e·sy ['prɒfɪsaɪ] (prophesied) vt. 预言;预测,预告:He *prophesied* the strange events that were to come. 他预言要有怪事发生。/They *prophesied* correctly that the Conservatives would win the election. 他们预言保守党人在选举中获胜,果然不出所料。

proph·et ['prɒfɪt] n. C❶预言者;预言家:I'm afraid I'm no weather ~. 我可不会预测天气。❷[用 Prophet](基督教、犹太教及伊斯兰教的)先知

pro·por·tion [prə'pɔːʃən] I. n. ❶C部分,份儿;局部:a large ~ of the earth's surface 地球表面的大部分 ❷U比例;比率:the ~ of births to the population 人口出生率/the ~ of passes to failures in the final examination 期末考试中及格者与不及格者的比例 ❸UC均衡;匀称;协调:The two windows are in admirable ~. 这两扇窗户十分相称。❹[用复数]面积;体积;规模,大小:a ship of large ~s 巨大的船只 ❺U【数】比例(法) II. (~s[-z]) vt. 使成比例;使相称;使均衡:~ the expenses to the receipts 量入为出

pro·po·sal [prə'pəʊzl] (~s[-z]) n. ❶UC([近]suggestion)建议;提议:the ~ for uniting the two companies 将两公司联合起来的建议/a ~ to offer a discount to regular customers 对经常性的主顾予以折扣优惠的方案 ❷C求婚;提议结婚:She had had many ~s (of marriage),but preferred to remain single. 许多人向她求婚,但她愿过独身生活。

pro·pose [prə'pəʊz] (~s [-ɪz];proposing) vt. ❶建议,提议:~ a motion 提出动议/The committee ~d that new legislation should be drafted. 委员会建议着手起草新法规。❷打算;计划;意欲:The writer ~s a rather long rest this year. 那位作家计划今年要停笔稍长一段时间。/I ~ to make(或 making)an early start tomorrow. 我打算明天早早出发。❸推荐(某人)担任(某职);提名(某人):~ him for membership of the society 推荐他为协会会员/I ~ Mary as a candidate for the presidency. 我提名玛丽为总裁候选人。❹提议结婚;求(婚):He had ~d marriage,unsuccessfully,twice already. 他已经两次求婚,均未成功。vi. 求婚

prop·o·si·tion [ˌprɒpə'zɪʃən] I. (~s [-z]) n. ❶C陈述;主张;说法;见解:The ~ is so clear that it needs no explanation. 观点十分明确,无须解释。❷C提议;建议:a business ~ 买卖的提议 ❸C要处理的事;问题;任务:It's a tough ~. 这是一件棘手的事。❹C【逻】定理,命题 II. (~s[-z]) vt. [口]向…提出要求(尤指猥亵下流的要求)

prose [prəʊz] I. n. UC散文;散文体:a page of well-written ~ 一篇写得很好的散文/the great ~ writers of the 19th century 19 世纪的伟大散文作家 II. vt. 把…写成散文 vi. 写散文

pros·e·cute ['prɒsɪkjuːt] (~d[-ɪd];prosecuting) vt. ❶检查,告发(某人);对(某人)提起公诉:He was ~d for exceeding the speed limit. 他因超速行车而被起诉。❷执行；彻底进行：~ an investigation 彻底进行调查 *vi*. 起诉；告发

pros·e·cu·tion [ˌprɒsɪˈkjuːʃ(ə)n] (~s [-z]) *n*. ❶ⓤ©(被)检举；(被)告发；(被)起诉：Failure to pay your taxes will make you liable to ~. 不缴纳税款就可能被起诉。❷ⓤ[常用 the ~]原告及其律师 ❸ⓤ执行；进行；从事：In the ~ of his duties, he met with a good deal of resistance. 他在执行任务中遇到许多阻力。

pros·pect Ⅰ. [ˈprɒspekt] *n*. ❶© 景象；景色，景观；前景，展望：a magnificent ~ of mountain peaks and lakes 山峰和湖泊的壮丽景色 ❷©[用复数]成功的机会；前程；前途：The job has no ~s. 这工作毫无前途。/ young people with brilliant ~s 前程无量的青年 ❸ⓤ指望；期望；期待：A rich harvest is in ~. 丰收在望。/I see little ~ of an improvement in his condition. 我看他的情况没有什么改进的希望。❹© 有希望的人；有前程的人：He's a good ~ for the British team. 他很可能被选入英国队。❺© 可能成为顾客(或委托者)的人：He was an experienced car salesman and recognized an easy ~ when he saw one! 他是个很有经验的汽车推销员，一眼就能看出谁是容易劝说的买主！Ⅱ. [prəˈspekt] (~ed[-ɪd]) *vt*. 勘探(矿藏)；勘察(地区)：~ a mine 勘探矿藏 *vi*. 探矿，勘探：~ for oil 勘探石油矿/The company are ~ing for gold in that area. 这家公司正在那地区勘探金矿。

pro·spec·tive [prəˈspektɪv] [无比较等级] *adj*. 预期的；未来的；可能的；有希望的：~ changes in the law 法律上将进行的一些修改/showing the house to a ~ buyer 带领可能买房子的人看房子

pros·per [ˈprɒspə(r)] (~s [-z]；~ing [-rɪŋ]) *vt.* & *vi*. (使)繁荣,(使)昌盛：Our great motherland is ~ing with each passing day. 我们伟大的祖国正蒸蒸日上。/The business is ~ed. 生意兴隆。

pros·per·i·ty [prɒˈsperɪtɪ] *n*. ⓤ成功；富足；兴旺；繁荣：the ~ of a country 国家的兴旺/The increase in the country's ~ was due to the discovery of oil. 该国经济之日趋繁荣是由于发现石油的缘故。

pros·per·ous [ˈprɒspərəs] *adj*. 成功的；兴旺的；富裕的；繁荣的：make a country ~使国家昌盛/bring a plan to a ~ issue 使计划获得成功/~-*looking* businessman 看来事业有成的商人

pros·trate Ⅰ. [ˈprɒstreɪt] *adj*. ❶俯卧的；平卧的；卧倒的：She was found ~ on the floor of the cell. 有人发现她趴在小屋的地板上。❷(表示尊敬或顺从等)匍伏的；拜倒的：lie ~ at the feet of sb. 拜倒在某人脚下 ❸被征服的；无能为力的；降服的：a ~ enemy 被降服的敌人 ❹衰竭的；疲惫的；沮丧的 Ⅱ. [prəˈstreɪt] (~d[-ɪd]；prostrating) *vt*. ❶使…倒下；使弄倒：trees ~d by the gales 被大风刮倒的树木 ❷使(自己)俯卧；使…拜倒(尤指表示顺从、崇拜)：The pilgrims ~ themselves before the altar. 朝圣者都匍伏在圣坛前。❸使屈服；使衰竭；使疲惫：be ~d by the heat 热得昏倒

pro·tect [prəˈtekt] (~ed[-ɪd]) *vt*. ❶ ([近]defend)保护；保卫：You need warm clothes to ~ you against the cold. 你需穿暖些，以免着凉。/The union was formed to ~ the rights and interests of miners. 建立起工会是为保护矿工的权利和利益。❷【经】(对进口物资征收保护性关税以)保护(国内工业)：~ed trade 保护贸易/The country's car industry is so strongly ~ed that foreign cars are rarely seen there. 该国对汽车工业严加保护，外国汽车甚为罕见。

pro·tec·tion [prəˈtekʃən] *n*. ❶ⓤ保护；防卫：appeal for ~ from the police 请求警方给予保护 ❷©防护物；保护物：He wore thick overcoat as a ~ against the bitter cold. 他穿着厚实的大衣以抵御严寒。❸ⓤ贸易保护措施：Textile workers favoured ~ because they feared an influx of cheap cloth. 纺织工人拥护贸易保护措施，因为他们担心涌入廉价纺织品。❹ⓤ(歹徒勒索的)保护费 ❺© 通行证；护照

pro·tec·tive [prəˈtektɪv] *adj*. ❶保护的；防护的：~ colouring (动物的)保护色/a ~ layer of varnish 一层保护清漆 ❷保护贸易的：~ tariffs on imported goods 加于进口物的保护性关税

pro·tec·tor [prəˈtektə(r)] (~s [-z]) *n*. © ❶保护人；防御者：their guardian and ~ 他们的监护人和保护人 ❷保护装置；防护物：The swordsmen wore chest ~s. 那些剑客都披着护具。

pro·tein [ˈprəʊtiːn] Ⅰ. (~s [-z]) *n*. ⓤ© 蛋白质；朊：~ deficiency 蛋白质缺乏 Ⅱ. *adj*. (含)蛋白质的

pro·test Ⅰ. [ˈprəʊtest] *n*. ⓤ© 抗议；异议；反对；抗议书：make a ~ against 对…提出抗议/The minister resigned in ~ against the decision. 这位部长是反对那项决议而辞职。

Ⅱ. [prə'test] (~ed[-ɪd]) vi. 抗议；反对（某事物）；对…提出异议：They are holding a rally to ~ against the government's defence policy.他们正举行集会以抗议政府的防务政策。/She ~ed strongly at being called a snob.她极力反对别人说她势利眼。vt. 严正地（或坚决地）申明；(尤指)声辩；主张：She ~ed that she had never seen the accused man before.她坚持说她以前从未见过这一被指控的男子。

proud [praud] adj. ❶自豪的；得意的；骄傲的：They were ~ of their success.他们为自己的成功而骄傲。/They were ~ to belong to such a fine team.他们为这么好的一个队而自豪。❷自尊的；有自尊心的；自主的：They were poor but ~.他们虽然穷苦，但很有骨气。/They arc a ~ and independent people.他们是独立自主的民族。❸骄傲自大的；自负的；傲慢的：He is too ~ to ask questions.他太骄傲了，总不问人。/I got angry at his ~ manner.我因他那傲慢的态度而发怒。❹壮观的；堂皇的；值得夸耀的：soldiers in ~ array 雄赳赳的列队士兵/a ~ period in the country's history 国家历史上的全盛期

prove [pru:v] (~s[-z]；~d 或[美]proven ['pru:vən]；proving) vt. ❶证明；证实：Can you ~ it to me? 你能向我证实吗？/~ oneself (to be) an outstanding man 证明自己是出色的人 ❷认证(遗嘱)：The will has to be ~d before we can inherit.遗嘱要先认证，然后我们才能继承遗产。❸结果是；表现出；被发现：He ~d himself (to be) a better driver than the world champion.他的表现说明他的驾驶技术胜过世界冠军。❹检验；试验；考验：~ a new weapon 试验新武器 ❺使(面团)发酵 vi. ❶证明是 ❷(面团)发酵

prov·erb ['prɒvɜ:b] (~s[-z]) n. ⓒ谚语，格言，箴言：as the ~ runs(或 says) 俗话说；常言道

pro·vide [prə'vaɪd] (~s[-z]；~d[-ɪd]；providing) vt. ❶提供；供给：The management will ~ food and drink. 管理部门将供应饮食。/The firm has ~d me with a car. ⇌The firm have ~d a car for me.公司给我提供一辆汽车。❷规定；提出：A clause in the agreement ~s that the tenant shall pay for repairs to the building. 协议中有一条规定，承租人负担建筑物的修理费。vi. ❶预防；防备发生：The government has to ~ against a possible oil shortage in the coming months. 政府须为未来几个月中可能出现的油荒做好准备。❷赡养，抚养；供应某人所需：They

worked hard to ~ for their large family. 他们努力工作供养一大家子人。

pro·vided [prə'vaɪdɪd] conj. 倘若；除非；假若：I will agree to go ~ that my expenses are paid.假如为我负担费用，我就同意去。

prov·ince ['prɒvɪns] (~s[-ɪz]) n. ❶ⓒ(某些国家的)省；省份：Canada has ten ~s. 加拿大有 10 个省。❷[用复数]首都以外的地方：The show will tour the ~s after it closes in Beijing.这一表演在北京结束以后，还将全国各地巡回举行。❸ⓒ(学术)领域；部门；(活动)范围：The matter is outside my ~.那不是我分内之事。/Medieval painting is not his ~.中世纪的绘画不属于他的研究范围。❹ⓒ【宗】大主教辖区

pro·vin·cial [prə'vɪnʃəl] Ⅰ. [无比较等级] adj. ❶省的：the ~ government 省政府/a ~ governor 省长 ❷外省的；地主的；乡间的：a ~ paper 地方报纸 ❸偏狭的；守旧的；过时的；迂腐的：a ~ outlook 偏狭的观念(或眼界)Ⅱ. (~s[-z]) n. ⓒ某一地方的人；乡下人：Whenever I go to London, I feel a ~. 我一去伦敦，就总是觉得自己像个乡巴佬。

pro·vi·sion [prə'vɪʒən] Ⅰ. (~s[-z]) n. ❶Ⓤ供应，供给；提供：The government is responsible for the ~ of medical services. 政府负责提供医疗服务。❷ⓒ供应量，储存之必需品：The ~ of specialist teachers is being increased. 配备专业教员的人数有所增加。❸Ⓤ预备，准备：make ~ for one's old age 为他日养老而做准备 ❹ⓒ(法律、合同)条款；规定；条文：She accepted the contract with the ~ that it would be revised after a year. 她同意签订这合同，其中规定一年之后加以修订。Ⅱ. (~s[-z]) vt. 向…供应食物：~ed for a long voyage 为远航备足食粮

pro·voke [prə'vəʊk] (~d[-t]；provoking) vt. ❶激怒(某人)；惹(某人)气恼：I am not easily ~d, but this behaviour is intolerable! 我这人不爱生气，但是这种行为使人忍无可忍！❷对…挑衅；挑拨；煽动；刺激：He was ~d by their mockery to say more than he had intended. 他受到他们的嘲笑而恼羞成怒，说了一些过头的话。/His behaviour finally ~d her into leaving him. 他把她气得终于离开了他。❸引起(某种感情等)；使…发生：laughter(violence) 引起大笑(暴力行为)

pru·dent ['pru:dənt] adj. ([反]imprudent) 慎重的；小心谨慎的；精明的：~ housekeeping 精明治家/It would be ~ to save some of the money.存点儿钱是有远见的。

psy·chol·o·gy [saɪ'kɒlədʒɪ] (psychologies

[-z]）*n*. Ⓤ❶心理学：child ～儿童心理学/
industrial ～ 工业心理学 ❷心理；心理特点：
the ～ of the adolescent 青春期心理特点

psy•cho•log•ical [ˌsaɪkə'lɒdʒɪkl] *adj*. 心
理上的；心理学的：～ methods 心理学的方法

pub•lic ['pʌblɪk] Ⅰ. *adj*. ❶（[反]pri-
vate）[无比较等级]公共的；公众的；与公众有
关的：a danger to ～ health 对公众健康的威
胁/～ expenditure 公共事业开支 ❷公用的；
公开的；为公众的（尤指由中央或地方政府提
供的）：～ education（libraries，parks）民众教
育（公共图书馆、公园）❸官方的；公共事务
的：He is one of the most admired ～ fig-
ures. 他是当今公共事务中最受大家爱戴的
人。❹向大众公开的；众所周知的：She decid-
ed to make her views ～. 她决定把自己的观
点公开。Ⅱ. *n*. ❶[the ～][用作单数或复
数]公众；民众；众人：the British ～ 英国公
众/The ～ is（或 are）not allowed to enter
the courtroom. 一般民众不准进入审判室。❷
Ⓤ（某一方面的）群众；大众：the theatregoing
～ 爱看戏的人/She knows how to keep her
～ satisfied. 她知道怎样迎合她那些读者的
需要。

pub•li•ca•tion [ˌpʌblɪ'keɪʃən]（～s[-z]）
n. ❶Ⓤ出版；发行：the date of ～ 出版日期
❷Ⓒ出版物：There are many ～s on the sub-
ject. 关于这一问题的出版物很多。❸Ⓤ发表；
公布：～ of exam results 考试成绩的公布/
The government has delayed ～ of the trade
figures. 政府已将贸易统计数字延后公布。

pub•lic•i•ty [pʌ'blɪsɪtɪ] *n*. Ⓤ❶公开；引
起公众的注意：avoid ～ 避免引起公众注意/in
the ～ of the street 在街道上大家都看得见的
情况下 ❷宣传（业务）；广告：Her new play
has attracted a lot of ～. 她的新剧作已获得
广泛宣传。

pub•lic•ly ['pʌblɪklɪ] *adv*. ❶公然地；公开
地 ❷由公家；由公众（出资或持有等）

pub•lish ['pʌblɪʃ]（～es[-ɪz]；～ed[-t]）
vt. ❶出版；发行（书籍、期刊等）；发表（作品、
著作等）：He ～es articles in various news-
papers. 他在许多报纸上发表文章。❷公布；宣
布：The firm ～es its accounts in August. 该
商行于 8 月份公布会计账目。*vi*. 出版；发行：
The journal is ～ed monthly. 那本杂志是
月刊。

pud•ding ['pʊdɪŋ]（～s[-z]）*n*. ❶Ⓒ Ⓤ布
丁；（西餐中的）甜点心：bread and butter ～
面包黄油布丁 ❷Ⓒ 材料（或外观）似布丁之
物；[作定语]肥胖而大的脸：～ face 大胖脸
❸Ⓤ Ⓒ 血香肠

puff [pʌf] Ⅰ. *n*. ❶Ⓒ喷；吹；一阵，一股（气
味、烟雾等）；噗的一声：a ～ of wind 一阵风/
She blew out the candles in one ～. 她噗的一
声把蜡烛都吹灭了。❷Ⓒ（= powder ～）粉扑
❸Ⓒ 酥皮点心；（奶油）松饼：a cream ～ 奶油
酥 ❹Ⓤ[口]呼吸，喘息：out of ～ 气喘吁吁
的 ❺Ⓒ[美]被子；鸭绒被 Ⅱ.（～ed[-t]）*vi*.
❶阵阵喷出：Smoke ～ed from the chimney.
烟从烟囱里一股一股地喷出来。❷吸，抽烟：
～ away at a cigarette 一口一口地喷着香烟
❸喘气；喘息，喘着气走：He was ～ing hard
when he reached the station. 他到达车站时
喘得厉害。/She ～ed up the hill. 她气喘吁吁
地爬上山顶。*vt*. ❶（一阵阵地）喷出：The
kettle ～ed out steam. 水壶噗噗地喷气。❷吸，
抽：He sat ～ing his pipe. 他坐着抽烟斗。

pull [pʊl] Ⅰ.（～s[-z]）*n*. ❶Ⓒ Ⓤ拉；拖；
拉；牵：A ～ on the rope will make the bell
ring. 一拉绳子钟就响。/I felt a ～ at my
sleeve and turned round. 我觉得有人扯我的
袖子，便转过身来。❷[the ～]（自然界的）
力；磁力；引力：The tides depend on the ～ of
the moon. 潮汐是月亮引力作用的结果。❸Ⓤ
Ⓒ影响力，吸引力：He felt the ～ of the sea
again. 他又感到了海上生活的吸引力。/He
has a lot of ～ with the managing director.
他对总经理有很大的影响力。❹Ⓒ一口（酒）；
一口（烟）：She took a long ～ at her ciga-
rette. 她深深地吸了一口烟。/take a long ～
at a bottle 从瓶里喝一大口酒 ❺Ⓒ划船；一
次划桨动作：go for a ～ on the lake 到湖上去
划船 ❻[用单数]费力地前进；攀登：a long
uphill 长时间的吃力爬山 ❼Ⓒ拉手；把柄；拉
环：drawer ～s 抽屉的把手 ❽Ⓤ[常用 a ～]
提携，门路；特殊关系：have some ～ with the
company 与那公司有些特殊关系 ❾Ⓒ【印】
（印刷）样张，校样 ❿Ⓒ（板球或高尔夫球的）
一种击球方式 Ⅱ.（～s[-z]）*vt*. ❶拉；扯；
拽；牵：Fred ～ed his sister's hair and made
her cry. 弗雷德揪他妹妹的头发，把她弄哭
了。/Pull the plug out！把塞子拔掉！/
Pull the door open. Don't push it！把门拉
开，别推！❷抽出，拔出：～ a tooth 拔一颗牙
齿/She spent the afternoon ～ing weeds in
the garden. 她一下午都在花园里拔草。❸撕
开；扯开：The seam of his coat is ～ed. 他外
套上的线缝被撕开了。❹拉伤；弄伤；扭伤：He
～ed the muscles in the leg. 他把腿部的肌肉
拉伤了。❺划；划船：～ a boat to the shore 把
船划向岸边 ❻吸引；招揽；获得：The singer
usually ～s middle aged crowds. 那歌手通常
吸引中年观众。❼犯（罪）；对某人耍（花招）：

They ~*ed* a bank. 他们抢了银行。*vi*. ❶拖拉;拔:The tractor ~s well. 这台拖拉机拉力大。❷能拉(或拖、拔):These roots ~ easily. 这些根很好拔。❸(船)划动;划船:They ~*ed* hard and reached the shore quickly. 他们用力划船,很快就到了岸边。

pul·ley [ˈpʊlɪ] (~s[-z]) *n*. Ⓒ滑轮;滑车;皮带轮:a fixed ~ 定(滑)轮/a movable ~ 动(滑)轮

pull·o·ver [ˈpʊləʊvə(r)] Ⅰ. (~s[-z]) *n*. Ⓒ套领毛衣;套衫 Ⅱ. *adj*. 套穿的

*pulse [pʌls] Ⅰ. (~s[ˈ-ɪz]) *n*. Ⓒ[常用单数]❶脉搏:feel sb.'s ~ 给某人诊脉 ❷(有规律的)节拍;律动:the throbbing ~ of the drums 鼓的打击节拍 ❸连续的脉动;脉冲波:The machine is operated by an electronic ~. 这台机器由电子脉冲信号操纵。Ⅱ. (~s[ˈ-ɪz];~d[-t];pulsing) *vi*. 脉搏跳动,(心脏)跳动:The news sent the blood *pulsing* through his veins. 这消息使他的血液都沸腾起来了。

*pump [pʌmp] Ⅰ. *n*. Ⓒ❶泵;抽气机;抽水机:A ~ in the boiler sends hot water round the central heating system. 热水器中的水泵将热水输送给集中供热设备。❷(泵的)抽吸,压送,充气:After several ~s, the water began to flow. 用泵抽了几下之后,水流出来了。Ⅱ. (~ed[-t]) *vt*. ❶用(泵等)抽出(或压入):The heart ~s blood round the body. 心脏将血液压送到全身。❷给…打气:~ air into a tyre 给轮胎打气 ❸握住(某人的手)上下摇动:He ~*ed* my hand (up and down) vigorously. 他握住我的手用力地(上下)摇晃。❹[口]盘问;对…追问以探知(消息):He tried to ~ the secretary for information. 他极力向秘书打探消息。❺投入(大量资金等):The firm ~*ed* money into the development of the new product. 这家企业投入大量资金以开发这种新产品。*vi*. ❶操作唧筒;如唧筒般地运动 ❷(水等)一阵阵喷出

pump·kin [ˈpʌmpkɪn] (~s[-z]) *n*. ❶Ⓒ【植】南瓜 ❷Ⓤ南瓜的果肉;瓜瓤;~ pie 南瓜馅饼

punch¹ [pʌntʃ] Ⅰ. (~es[ˈ-ɪz]) *n*. Ⓒ❶打孔器;穿孔机;冲床 ❷压印器;冲头 Ⅱ. (~es[ˈ-ɪz];~ed[-t]) *vt*. ❶打孔;给(某物)穿孔:~ a train ticket 在火车票上打孔 ❷(用冲床)冲出孔;(用打孔器)打出(孔);(用打印机)打印

punch² [pʌntʃ] *n*. Ⓤ(用果汁、香料、茶、酒等掺和的)混合甜饮料

punch³ [pʌntʃ] Ⅰ. *n*. ❶Ⓒ拳

击;猛击;give sb. a ~给某人一拳 ❷Ⓤ力量;活力:a speech with plenty of ~ 很有力量的演说 Ⅱ. (~es[ˈ-ɪz];~ed[-t]) *vt*. ❶用拳猛击,用拳打:~ a man on the chin 挥拳猛击一男子的下巴 ❷[美](用刺棒)赶(牲口);放牧(牲口)

punc·tu·al [ˈpʌŋktjuəl] *adj*. ❶([反]unpunctual)准时的;正点的;守时的:a ~ start to the meeting 会议准时开始/The tenants are ~ in paying the rent. 房客都能按时缴纳房租。❷(表达方式等)正确的;准确的

punc·tu·a·tion [ˌpʌŋktjuˈeɪʃən] (~s[-z]) *n*. ⓊⒸ标点;标点法;标点符号:~ marks 标点符号

*pun·ish [ˈpʌnɪʃ] (~es[ˈ-ɪz]) *vt*. ❶([反]reward)处罚;惩罚:~ sb. for an offence 因某人犯罪而惩罚他/He ~*ed* the children for their carelessness by making them pay for the damage. 他让孩子赔偿损失,以惩罚他们粗心大意。❷[口]粗暴对待(某人);痛打(某人):He ~*ed* his opponent with fierce ~*es* to the body. 他猛击对手的身体。

pun·ish·ment [ˈpʌnɪʃmənt] *n*. ⓊⒸ处罚;受罚:corporal ~ 体罚/~ by death 死刑/The ~s inflicted on the children was too severe. 对这些孩子的处罚过于严厉。

*pu·pil¹ [ˈpjuːpl] (~s[-z]) *n*. Ⓒ❶学生;(尤指)小学生:There are 30 ~s in the class. 这个班上有 30 名学生。❷弟子;门生;追随者:The painting is the work of a ~ of Manet. 这幅画是莫奈的一位弟子的作品。

pu·pil² [ˈpjuːpl] (~s[-z]) *n*. Ⓒ【解】瞳孔;瞳仁

pup·pet [ˈpʌpɪt] *n*. Ⓒ❶木偶;玩偶:a glove ~ 布袋木偶 ❷[喻]傀儡:The union representative was accused of being a ~ of the management. 那名工会代表受到了指责,说他是资方的傀儡。/a ~ government 傀儡政府

pup·py [ˈpʌpɪ] (puppies[-z]) *n*. Ⓒ❶小狗;幼犬 ❷[口]自负傲慢的年轻人:You insolent young ~! 你这个目中无人的小子!

pur·chase [ˈpɜːtʃɪs] Ⅰ. (~s[ˈ-ɪz]) *n*. ❶Ⓤ购买;购置:the date of ~ 购买日期/They began to regret the ~ of such a large house. 他们开始后悔不该买这么大的房子。/hire ~ 分期付款购买 ❷Ⓒ购买之物:make a ~ 买件东西/It was the most extravagant ~ I have ever made. 这是我买过的最奢侈的东西。❸Ⓒ抓住;紧握:The climbers had difficulty getting a ~ on rock fall. 攀登者很难抓住岩

石表面的东西。**Ⅱ**．(～s[-ɪz]；～d[-t]；pur-chasing) *vt*．❶买，购买：～ a house 购买房屋/Employees are encouraged to ～ shares in the firm. 该企业号召职工购买其股票。❷(通过付出努力、牺牲而)获得；争取到：a dearly ～d victory 以巨大的代价换来的胜利

* **pure** [pjʊə(r)] (～r['-rə]；～st ['-rɪst]) *adj*．❶纯的；纯粹的：～ gold 纯金/～ alcohol 纯酒精 ❷纯净的；洁净的；不掺杂的：～ water 纯净的水/The air is so ～ in these mountains. 这些山区里的空气格外清新。❸纯血统的；纯种的：She is a ～ Red Indian. 她是血统纯正的北美印第安人。❹无邪的；清白的；贞洁的：～ motives 纯洁的动机/keep oneself ～ 洁身自好 ❺仅仅的；完全的；单纯的：～ folly (nonsense)愚蠢透顶(一派胡言)/They met by ～ accident. 他们的相遇纯属偶然。❻纯理论的；非实用的：～ mathematics 理论数学 ❼(声音)清晰的；不发颤的：a ～ voice 纯正的嗓音

pu·ri·fy ['pjʊərɪfaɪ] (purifies [-z]；purified) *vt*．❶使(某物)纯净；净化：Water is *purified* by passing through rock. 水在穿透岩石的过程中得到了净化。/an air-～*ing* plant 净化空气的设备 ❷使道德上净化：～ sb. from sth.洗清某人的罪过

pu·ri·ty ['pjʊərɪtɪ] *n*．Ⓤ纯净，纯洁，纯粹；纯正；纯度：test the ～ of the water 检测水的纯度

pur·ple ['pɜːpl] **Ⅰ**．*n*．ⓊⒸ❶紫色；紫红色；(～穿紫色衣服 ❷[the ～](昔日帝王显贵穿的)紫袍；王位，显位：be born in the ～生于显贵之家 **Ⅱ**．*adj*．❶紫的；紫红的：a ～ flower 紫色的花朵 ❷(指文章)刻意雕琢的；辞藻华丽的

* **pur·pose** ['pɜːpəs] **Ⅰ**．(～s[-ɪz]) *n*．❶([近]aim)Ⓒ目的；意图：What is his ～ in coming? 他来的意图是什么? /Getting rich seems to be her only ～ in life. 她生活的唯一目的似乎是发财。❷Ⓒ用途；效果；意义：time spent to no ～ 花得无意义的时间/Is there any ～ in waiting? 等下去有用吗? ❸Ⓤ决心；意志；毅力：be firm in ～ 意志坚定/Her approach to the job lacks ～. 她干这项工作缺乏毅力。**Ⅱ**．(～s[-ɪz]；～d[-t]；purposing) *vt*．有意(做)；打算(做)：They ～ to make(或 making)a further attempt. 他们有意做进一步的尝试。

* **purse** [pɜːs] **Ⅰ**．(～s[-ɪz]) *n*．❶Ⓒ钱袋；钱包(常指妇女用的，有夹子、带扣的钱包)：a leather ～ 皮钱包/Her ～ was stolen from her handbag. 她的钱包放在手提包里被人偷

走了。❷ⓊⒸ备用款；资金；财源：a common ～公共资金/be beyond one's ～ 非某人财力所及，为某人所买不起 ❸Ⓒ募集的款项；捐款：make up a ～ 募捐一笔款子/put up (或give)a ～ 捐赠奖金 **Ⅱ**．(～s['-ɪz]；～d[-t]；pursing) *vt*．❶把…放进钱袋 ❷使缩拢；使皱起 *vi*．缩拢

pur·sue [pə'sjuː] (～s[-z]；pursuing) *vt*．❶追赶；追逐：The police ～d the stolen vehicle along the motorway. 警察在高速公路上追赶被窃的车辆。❷追随；跟随(疾病、灾难等)纠缠：Illness ～d him till his death. 疾病一直纠缠着他，直到他去世。❸追求；寻求：～ a lofty goal 追求崇高的目标 ❹继续从事；忙于；进行：She decided to ～ her studies after obtaining her first degree. 她决定在获得学士学位之后继续深造。

pur·suit [pə'sjuːt] *n*．❶Ⓤ追求；寻求；从事；消遣：The ～ of profits was the main reason for the changes. 做出这些改变主要是为了追求利润。/She devoted her life to the ～ of pleasure. 她一生都在寻求享乐。❷Ⓤ追赶；追捕；追击：come in ～ 追踪而来 ❸Ⓒ事务；职业；乐趣：daily ～s 日常事务/devote oneself to worthwhile ～s 从事有意义的活动

* **push** [pʊʃ] **Ⅰ**．(～es ['-ɪz]；～ed[-t]) *vt*．❶推；推动：～ the pram up the hill 推着婴儿车上山/He ～ed the door open. 他把门推开了。❷使突出；使伸出：Some plants ～ their roots deep into the soil. 有些植物的根深深长入土中。❸逼迫；敦促；催促：One has to ～ the child or she will do no work at all. 这孩子要有人敦促，否则她什么也不干。/We ～ed him hard to take up science. 我们极力让他学习自然科学。/She was ～ed into going to university by her parents. 她是父母逼着上大学的。❹推销；劝人购买(物品等)或接受(某意见)：Unless you ～ your claim, you will not get satisfaction. 不努力争取就得不到满意的结果。❺[口]向嗜毒者贩卖(毒品)：She was arrested for ～*ing* heroin. 她因贩卖海洛因而被捕。*vi*．❶推；推进：You ～ from the back and I'll pull at the front. 你在后面推，我在前面拉。❷向前挤；推开：The crowd ～ed past (us). 人群从(我们)旁边挤了过去。❸伸展；扩展：a dock that ～es far out into the river 远远深入江中的码头 **Ⅱ**．(～es ['-ɪz]) *n*．❶Ⓒ推；推进：Give the door a hard ～. 用力推那门。❷Ⓒ攻击；攻势：make a ～ on the enemy 对敌人发起攻击/an economic ～ 经济攻势 ❸Ⓤ[口]毅力；推动力：He hasn't enough ～ to be a successful salesman. 他缺乏优秀推销员应有的闯劲。

put [pʊt]（put；putting）*vt.* ❶放；放置：I ～ the book on the table. 我把书放在桌子上。/He ～ his hands in his pocket. 他把双手放在口袋里。/She ～ her hand to her mouth. 她用一只手捂住嘴。/Maradona ～ the ball in the net. 马拉多纳把球踢进了网内。❷向…移动，拨动：～ the hands of the clock back 把时钟的针向后拨 ❸投掷，推(铅球)，发射：～ the shot 推铅球/～ a satellite into orbit 把人造卫星射入轨道 ❹安装；安放：We must ～ a new lock on the front door. 我们得在前门上安一把新锁。❺写上；标上；记录：～ one's signature to a document 在文件上签字/～ a cross against sb.'s name 在某人的名字上打叉 ❻使处于某种状态：The incident ～ her in a bad mood. 这件事使她心情不好。/Her injury to her back will ～ her out of action for several weeks. 她背部受了伤，几个星期都活动不了。❼使从事；把…用于：～ oneself to the study of medicine 开始学医/～ sb. to process the data 指派某人分析数据 ❽使某人遭受(耻辱、痛苦等)：～ sb. to shame 使某人受到耻辱 ❾提出(问题等)：I ～ a question to him. 我向他提出一个问题。/～ a matter before a committee 把一件事提交委员会 ❿委托，交给；托付…投入(精力、金钱等)：They ～ the work under my charge. 他们把那工作托付给我。⓫表达；表述；翻译：She ～ it very tactfully. 她说得很有技巧。/～ an article into English 把一篇文章译成英语 ⓬估计；估价；标价：I ～ the capacity at the generator of 100,000 kilowatts. 我估计这部发电机的发电量为 10 万千瓦。/I always ～ a high value on your suggestions. 我对你的建议一向评价很高。⓭投(资)；征(税)：～ a tax on alcoholic drinks 对含酒精的饮料缴税 ⓮赋予；给予；推诿：～ the proper interpretation on a clause in the agreement 对协定条款做出正确的解释/～ the blame on others 把罪责推给别人 *vi.*（船等)航行；行驶：The ship ～ off（或 out)to sea. 船由海航行。

puz·zle ['pʌzl] Ⅰ.（～s[-z]）*n.* Ⓒ ❶难题；令人费解的事：Their reason for doing it is still a ～ to me. 我还是不理解他们为什么要做此事。❷[常构成合成词](游戏的)猜谜；智力竞赛：crossword ～s 纵横字谜/a jigsaw ～ 拼图玩具 Ⅱ.（～s[-z]；puzzling）*vt.* ❶使伤脑筋；使困惑：The sudden fall in the value of the dollar has ～d financial expert. 美元突然贬值，财经专家无不大伤脑筋。❷对(某事)苦苦思索；使绞尽脑汁：She's been *puzzling* his strange letter for weeks. 她几个星期也琢磨不透他那封奇怪的来信。*vi.* 感到迷惑；苦思

pyr·a·mid ['pɪrəmɪd]（～s[-z]）*n.* Ⓒ ❶(尤指古埃及的)金字塔 ❷【数】棱锥(体)；角锥(体) ❸金字塔形物：a ～ of tins in shopwindow 商店橱窗中摆成金字塔形的罐头

P

Q q

quack[1] ［kwæk］ **I** . *n* . ©❶(鸭叫的)嘎嘎声 ❷嘈杂声 **II** . (～ed［-t］) *vi* . ❶(鸭子)嘎嘎叫 ❷大声闲聊；发吵闹声

quack[2] ［kwæk］ **I** . *n* . ©❶庸医，江湖医生：Don't be taken in — he's just a ～. 可别上当。他纯粹是江湖医生。❷冒充内行的人，骗子 **II** . *vt* . 用骗术行医

quake ［kweɪk］ **I** . (quaking) *vi* . ❶(地面等)震动，颤动：They felt the ground ～ as the bomb exploded. 当炸弹爆炸时，他们觉得地都震动了。❷(指人)颤抖，哆嗦：quaking with fear 因恐惧而颤抖 **II** . *n* . © ❶地震；震动 ❷发抖，战栗

qual·i·fi·ca·tion ［ˌkwɒlɪfɪˈkeɪʃən］ (～s ［-z］) *n* . ❶Ü赋予资格；获得资格 ❷© 资格，资历；(获得的)合格证明：What sort of ～s do you need for the job? 做这项工作需要什么资格？/a teacher's ～s 通过训练与考试而获得的)教师资格 ❸©Ü限制；限定性条件：I can recommend him without ～. 我可以毫无保留地推荐他。/She gave her approval to the scheme，but not without several ～s. 她批准了这项计划，但附加了几项意见。

qual·i·fy ［ˈkwɒlɪfaɪ］ (qualifies ［-z］; qualified) *vt* . ❶(［反］disqualify)使(某人)具有资格；给(某人)某种资格；使合格：A stroll round the garden hardly *qualifies* as exercise! 在花园转转算不上锻炼！/The training course *qualifies* you to be a driving instructor. 参加了培训课你就有资格成为驾驶教练。❷使具有(某种)合法权利：Your passport *qualifies* you to receive free medical treatment. 你所持的护照可使你享有免费医疗。❸限制，限定：I'd like to ～ my approval. 我想对我的批准限定个条件。❹把…称作；认为；形容，描述：～ a proposal as practical 认为建议是切实可行的 ❺【语】限定；修饰 ❻使缓和，使减轻：～ sb.'s anger 减轻某人的怒气 *vi* . ❶取得资格：Our team has *qualified* for the semifinal. 我们队已有资格进入半决赛。❷具有合法权利：After three years here you'll ～ for a rise. 你在这里 3 年就可获加薪。

qual·i·ty ［ˈkwɒlɪtɪ］ **I** . (qualities ［-z］) *n* . ❶Ü© 质量；优质：goods of the highest ～ 质量最高货物/There are many different *qualities* of gold and silver. 金银的成色有很多种。❷Ü品质；优点：keep the fine *qualities* of the working people 保持劳动人民的优良品质/As an actor，he shows real ～. 他表现出演员的真正才华。❸© 特性；特征，特点；特色：One ～ of this plastic is that it is almost unbreakable. 这种塑料有个特点是不易断裂。 **II** . *adj* . ❶优质的，高级的：～ leather 优质皮革 ❷上流社会的；贵族化的

quan·ti·ty ［ˈkwɒntɪtɪ］ (quantities ［-z］) *n* . ❶Ü【数】量；大小；总量：a great ～ 大量/a large ～ of flowers 许多花/there can be no quality. 没有数量也就没有质量。❷© 数目；大量：What ～ do you require? 你要求多大的量？/It's cheaper to buy goods in ～. 大批量购货较便宜。

quar·rel ［ˈkwɒrəl］ **I** . (～s［-z］) *n* . ©❶争吵；吵架；不和；口角：have a ～ with sb. about sth. 因某事与某人争吵/make up ～ 言归于好/I had a ～ with my wife about who should do the housework. 我与妻子为谁应做家务而吵了一架。❷报怨；不满；争吵的原因：I have no ～ with him. 我没有理由责怪他。 **II** . (quarrel(l)ed; quarrel(l)ing) *vi* . ❶吵嘴；争吵：Stop *quarrel(l)ing*，children! 孩子们，别吵了！/She *quarrel(l)ed* with her brother about the terms of their father's will. 她和哥哥为父亲遗嘱条款一事争吵起来。❷不同意(或挑剔)；抱怨：You can't ～ with the court's decision—it's very fair. 你不能反对法院的判决，判得很公平。

quar·ry[1] ［ˈkwɒrɪ］ **I** . (quarries ［-z］) *n* . ©采石场；石坑；石矿 **II** . (quarried) *vt* . 采(石)：～ out a block of marble 挖出一块大理石 *vi* . 大力搜寻(资料等)：～ing in old documents for historical evidence 查阅旧文件以寻找历史证据

Q

quar·ry² ['kwɒrɪ] *n* . Ⓤ❶正在被捕猎的猎物：The hunters lost sight of their ～ in the forest. 猎人失去了在林中追捕的鸟兽踪影。❷追求物；目标：It took the police several days to track down their ～. 警方用了几天追查到案中目标。

quart [kwɔːt] *n* . Ⓒ❶夸脱(英美干量或液量单位，＝2品脱；略作 qt.) ❷1 夸脱的容器

quar·ter ['kwɔːtə(r)] Ⅰ. (～s[-z]) *n* . ❶Ⓒ1/4；4 等分：a ～ of a mile 1/4 英里/the first ～ of 20th century 20 世纪头 25 年/Divide the apples into ～s. 把这些苹果分成 4 份。❷Ⓒ一刻钟；～ to (past) three 3 点差(过)1 刻/The buses leave twice every hour on the ～. 公共汽车在每小时第 1 刻钟和第 3 刻钟都开出一班车。❸Ⓒ季度；学季，付款季：pay one's rent at the end of each ～每一季度末付房租/Sales of dictionary are twice what they were in the same ～ last year. 这部字典的销售量是去年同季度的两倍。❹Ⓒ(美、加拿大的)2 角 5 分钱，1/4 元：It'll cost you a ～. 你要花 2 角 5 分钱。❺Ⓒ方向，方位：The wind blew from all ～s. 风从四面八方吹来。❻Ⓒ地区；城镇的一部分：a residential ～住宅区 ❼Ⓒ(某方面的)人；(尤指可能提供援助、消息等的)团体：As her mother was now very poor, she could expect no help from that ～. 她母亲现已很贫困，她无法指望得到母亲的帮助。❽Ⓒ月球公转的1/4；弦 ❾Ⓒ[常用单数]船舱的后部 ❿Ⓒ[用复数]住处 ⓫Ⓤ(对降敌或对手的)慈悲；宽恕：give ～ 饶恕；饶命/receive ～ 得到宽恕 Ⅱ. (～ing[-rɪŋ]) *vt* . ❶把…分成 4 等份：～ an apple 把苹果分成 4 瓣 ❷供给(某人)住宿：troops ～ed on the local villagers 驻扎在当地村民家中的部队

quartz [kwɔːts] *n* . Ⓤ[矿]石英：milk ～乳石英/～clock 石英钟

queen [kwiːn] *n* . (～s[-z])Ⓒ❶女王；女酋长；女首脑：*Queen* Elizabeth Ⅱ 英女王伊丽莎白二世/be made ～ 被立为女王 ❷王后：King George Ⅵ and *Queen* Elizabeth 英王乔治六世及王后伊丽莎白白 ❸(权力、地位、相貌等)出众的女人：Marilyn Monroe is the most famous of all American movie ～s. 玛丽莲·梦露是全美最著名的影后。/a beauty ～ 选美赛的冠军 ❹[喻]出类拔萃的事物(或地方)，胜地：the ～ of summer resort 避暑胜地/Venice，the ～ of the Italy 威尼斯，意大利的名城 ❺(蜜蜂、蚂蚁等)王：The ～ bee never leaves the hive. 蜂王从不离开蜂房。❻(纸牌中)的王后；(国际象棋中)的后：the ～ of

heart 红桃 Q

queer [kwɪə(r)] Ⅰ. (～ er ['-rə]；～est ['-rɪst]) *adj* . ❶([反]common，ordinary)不同的；奇怪的；古怪的：The fish had a ～ taste. 那鱼有一股怪味道。/His behaviour seemed ～. 他的举动似乎有些古怪。❷[口]令人生疑的；可疑的：a ～ character 可疑的人物/I heard some very ～ noises in the garden. 我听到花园里有些可疑的声音。❸不舒服的；眩晕的：I woke up feeling rather ～. 我醒来觉得有些头晕。Ⅱ. *vt* . [口]弄糟，破坏：～ sb.'s plans 破坏某人的计划

quench [kwentʃ] (～es['-ɪz]) *vt* . ❶熄灭，扑灭：～ a fire 灭火/～ a lamp 熄灯 ❷解(渴)：～ one's thirst with cold water 喝冷水止渴 ❸压制；抑制；终止：Nothing could ～ her longing to return home again. 她重返家园的念头怎么也打消不掉。❹[冶](热物体)放入水中急速冷却；淬火；蘸火

quest [kwest] Ⅰ. *n* . Ⓒ寻求；追求：the ～ for happiness 追求幸福 Ⅱ. (～ed['-ɪd]) *vt* . 寻求；探索 *vi* . 试图找到(某事物)；搜索：continue to ～ for clues 继续寻找线索

ques·tion ['kwestʃən] Ⅰ. (～s[-z]) *n* . ❶Ⓒ问题：ask a lot of ～s 问很多问题/I will be happy to answer ～s at the end. 我愿在最后回答一些问题。❷Ⓒ议题；难题：What about the ～ of security? 安全的问题怎么办? ❸Ⓤ质疑；疑问：There is no ～ about his honesty. 他的诚实没有问题。/Her sincerity is beyond ～. 她态度诚恳毋庸置疑。❹Ⓒ[语]疑问句：a direct ～直接疑问句/a special ～特殊疑问句 Ⅱ. *vt* . ❶问(某人)问题；询问：They ～ed her closely about her friendship with the dead man. 他们仔细查问她与死者之间的情谊。/I was ～ed by the police for six hours. 警方把我盘问了 6 个小时。❷对…怀疑；对…提出异议：Her sincerity has never been ～ed. 她的诚意从未受到怀疑。/I seriously ～ whether we ought to continue. 我真正怀疑我们是否应该继续下去。/It can not be ～ed but (或 that，but that) the new method is superior to old one. 新方法比旧方法好，这是毫无疑义的。

queue [kjuː] Ⅰ. (～s[-z]) *n* . Ⓒ❶发辫；辫子 ❷(人或车辆等的)长队；行列：People had to stand in a ～ for hours to buy tickets. 人们买票得排几个小时的队。/a ～ of cars at the traffic light 交通灯前的一长列汽车 Ⅱ. (queuing) *vi* . 排队(等候)：We ～d for an hour but didn't get in. 我们排队等候一小时也没进去。/They're *queuing* up to see a film. 我们排着队等候看电影。

quick [kwɪk] **I**. *adj*. ❶([反] slow）（[近]rapid，swift）快的；迅速的；急速的：Be ~! 快点儿！/a ~ reader 阅读速度快的人/ Taxis are ~er than buses. 出租车比公共汽车快。/Are you sure this is the ~est way? 你确定这条路最快吗？❷([近]intelligent) 灵活的；灵敏的；伶俐的；机警的：a ~ ear for music 对音乐灵敏的耳朵/Her ~ wits saved the boy's life. 她靠机智救了那男孩一命。❸敏感的；易怒的：Be careful not to annoy him — he's got a ~ temper. 小心别惹他。他脾气急。**II**. *n*. Ⓤ(指甲下的)软而嫩的活肉：She has bitten her nails down to the ~. 她咬指甲一直咬到肉。**III**. *adv*. 快地，迅速地：Come as ~ as you can! 你要尽快来！/Everyone is trying to get rich ~ nowadays. 现在每个人都想要尽快发财致富。

quick·en ['kwɪkən] (~s[-z]) *vi*. ❶(某事物)加快，变快：His pace ~ed. 他的步伐加快了。❷变得更活跃：Her pulse ~ed. 她的脉搏加快了。*vt*. ❶使(某事物)加快：We ~ed our steps. 我们加快了脚步。❷使…变得更活跃：His interest was ~ed by an article he had read. 他读了一篇文章便兴趣大增了。

quiet ['kwaɪət] **I**. *adj*. ❶轻声的；无声的；安静的：~ footsteps 轻轻的脚步声/Ask them to keep ~. 叫他们保持安静。❷([近] silent，still)不动的；静止的；平静的：a ~ sea 风平浪静的海洋/The roads are usually ~ in the afternoon. 下午路面通常很清静。/Business is ~ at this time of the year. 一年中的这个时候生意很冷清。❸文静的；温和的；温顺的：a lady of a ~ disposition 文静的女士/a ~ mind 宁静的心境 ❹(环境、生活方式等)单调的；无变化的：lead a ~ life 过着平淡的生活 ❺(颜色)不鲜艳的，素净的：a ~ shade of blue 暗淡的蓝色/~ clothes 朴素的衣服 ❻不表露的；克制的：keep sth. ~ 将某事保密/Her manner concealed ~ resentment. 她心中怨恨而不形于色。**II**. *n*. Ⓤ寂静，平静；平和：the ~ of the countryside 乡村的寂静/live in peace and ~ 过着平静、安定的生活 **III**. (~ed[-ɪd]) *vt*. 使平静，使平息：~ sb.'s fears 消除某人的恐惧 *vi*. 平静；平息：The children soon ~ed down. 孩子们不久就静下来了。

quilt [kwɪlt] **I**. *n*. Ⓒ被褥；被子；褥子 **II**. (~ed['-ɪd]) *vt*. 填塞衬料后缝合；为…加衬垫：a ~ed coat 棉袄

quit [kwɪt] **I**. (~(ed) ['-(ɪd)]) *vt*. ❶离去；退出；放弃(思想、行动、职业等)：He got his present job when he ~ the army. 他退伍后得到现在这份工作。❷停止：~ work 停止工作 *vi*. ❶离开，退出；(思想、行为、职业等)放弃：If I don't get a pay rise, I'll ~. 若不给我加薪，我就不干了。❷停止活动；停下来 **II**. *adj*. [只作表语]摆脱了…的；自由的：I'd like to be ~ of the responsibility. 我很想摆脱这个责任。**III**. *n*. Ⓒ Ⓤ [美口]退出；离开；辞职

quite [kwaɪt] *adv*. ❶完全；十分；彻底：~ right 完全对/~ perfect 完全完美/You are ~ mistaken. 你完全弄错了。❷相当；颇；或多或少地：~ big 相当大/The girl sang ~ a long song. 这女孩唱了一首很长的歌。/I ~ like some opera music. 我颇喜欢某些歌剧乐曲。❸(用于对答)的确；真正："It's not something we want to have talked about!" "*Quite*."那不是我们要谈的事!"的确。"

quiver¹ ['kwɪvə(r)] **I**. (~ing[-rɪŋ]) *vt*. (轻微地)颤动；抖动：The moth ~ed its wings. 蛾子抖动着翅膀。*vi*. 发抖：*Quivering* with rage he slammed the door shut. 她气得浑身发抖，砰的一声把门关上了。**II**. *n*. Ⓒ颤抖，抖动；颤动

quiv·er² ['kwɪvə(r)] (~s[-z]) *n*. Ⓒ箭袋；箭筒

quiz [kwɪz] **I**. (quizzes ['-ɪz]) *n*. Ⓒ(广播节目等中的)一般知识测验；答问比赛，猜谜；小型考试：take part in a ~ 参加知识竞赛/~ game 问答游戏 **II**. (quizzed；quizzing) *vt*. 问(某人)问题；对…作测试：She *quizzed* him all night about the people he'd seen. 她整夜盘问他都见到谁了。

quota ['kwəʊtə] **I**. *n*. Ⓒ(分)配额；限额；定额；定量：fulfill a ~ 完成定额/meet a ~ 达到限额 **II**. *vt*. 给…规定限额；分配

quo·ta·tion [kwəʊ'teɪʃən] (~s[-z]) *n*. ❶Ⓤ引用，引述，引证：Support your argument by ~. 引用他人的话来支持你的论点。❷Ⓒ语录；引文；引用语：a dictionary of ~s 语录汇编 ❸Ⓒ【商】行情；牌价：the latest ~s from the Stock Exchange 股票交易所的最新行情

quote [kwəʊt] **I**. (~d['-ɪd]；quoting) *vt*. ❶引用，引述，引证：He's always *quoting* verses from the Bible. 他经常引用《圣经》中的章节。❷举证以支持论点：Can you ~ (me) an example of what you mean? 你能否举个例子以证明你的意思？❸【商】报价；开价：~ a commodity at ten dollars 将一件商品开价10美元 *vi*. 引用；引证：I shall ~ from Milton. 我将引用弥尔顿的话。**II**. *n*. Ⓒ[口] ❶引用文；引用语 ❷ [常用复数]引号

R r

rab·bit ['ræbɪt] **I**. *n*. **①**ⓒ兔;野兔 **②**Ⓤ兔子的毛皮;兔肉 **③**ⓒ[英口](尤指网球、板球等)蹩脚的运动员 **II**. *vi*. 打兔子;猎兔:go ~*ing* 去打兔子

race¹ [reɪs] **I**. (~s['ɪz]) *n*.ⓒ**①**(速度上的)比赛,竞赛;竞争:a horse ~ 赛马 **②**[用复数]赛跑会(尤指赛马会):a day at the ~s 赛马会的一天 **③**(广泛的)竞争战:a ~ for the champion 冠军之战 **④**(江、海潮的)急流:a tidal ~潮汐引起的急流 **⑤**(人生的)历程;生涯 **II**. (~d[-t];racing) *vi*.**①**赛速度;参加比赛:The cars ~*d* round the track. 汽车沿着跑道进行比赛。**②**疾走;全速行进:The police ~*d* after the chief. 警察追逐那个贼。**③**(机件因阻力或负荷减少而)猛转:The driver waited for the green light, his engine *racing*.那司机等候绿灯放行,让发动机空转着。*vt*.**①**使参加速度竞赛;和…比赛:I'll ~ you to school. 我要和你比赛看谁先到学校。**②**使(某物)高速运转:Don't ~ your engine. 不要让发动机空转。**③**使疾走;使全速行进;使迅速通过:~ the bill through the House 使议案在议院迅速通过

race² [reɪs] (~s[-ɪz]) *n*.**①**ⓒ人种,种族;民族:the black ~s 黑色人种**②**ⓒ(动、植物的)类,属,种,族:the human ~ 人类 **③**ⓒⓊ世系,宗族;血统:people of ancient and noble ~古老贵族的后裔

ra·cial ['reɪʃəl] [无比较等级] *adj*. 人种的;种族的;由种族引起的:a ~ feature, type, difference, etc. 人种特征、类型、差异等

rack [ræk] **I**. *n*.ⓒ**①**架子;支架,挂架:a plate-~盘碟架 **②**【机】齿条;齿板;齿轨:a steering ~转向齿条 **③**(旧时的)拷问台 **II**. (~ed[-t]) *vt*.**①**把…放在刑架上施刑 **②**使极为痛苦:~ *ed* with pain 因疼痛而痛苦 **③**剥削;榨取

rack·et¹ ['rækɪt] *n*.ⓒ(网球、羽毛球等的)球拍;乒乓球拍

rack·et² ['rækɪt] **I**. *n*.**①**⒰ⓒ喧嚷;吵闹:What a ~ the children are making! 这些孩子太吵了! **②**ⓒ[口]敲诈;勒索;诈骗:be in on a ~ 参与敲诈 **③**ⓒ生计;职业:What's your ~? 你是干哪一行的? **II**. (~ed[-ɪd]) *vi*. 喧嚷;大声吵闹

ra·diant ['reɪdɪənt] *adj*. **①**光芒四射的;光辉灿烂的:the ~ sun 光辉灿烂的阳光 **②**放射的;辐射的:a ~ heater 辐射加热器/~ rays 辐射线 **③**(人、面容等)容光焕发的;喜气洋洋的:a ~ face 容光焕发的脸

ra·di·ate ['reɪdɪeɪt] (~d[-ɪd];radiating) *vi*. **①**(光、热等)散发:warmth *radiating* from the stove 从火炉中散发出来的热量 **②**(神情)显露出来:joy that ~s from sb.'s eye 某人的眼光中流露出的欢乐 **③**(指线路等)自中心向各方伸展:Five roads ~ from this roundabout. 有 5 条道路以中心向各方伸展。*vt*. **①**发射(光、热等):a stove that ~s warmth 发生热量的火炉 **②**散发:*radiating* confidence (enthusiasm, health)显示出信心(热情、健康)

ra·di·a·tion [ˌreɪdɪ'eɪʃən] (~s[-z]) *n*. **①**Ⓤ(光、热等的)放射;辐射,放射现象:Some cancers are treated by ~ therapy. 有些癌症可用放射疗法治疗。**②**ⓒ放射物,(尤指)放射性微粒;放射线:~s emitted by an X-ray machine X 射线机放射出来的放射线

ra·di·a·tor ['reɪdɪeɪtə(r)] (~s[-z]) *n*.ⓒ **①**辐射体;辐射器;辐射源 **②**(取暖用的)散热器;(汽车等的)水箱;冷却器:This car has a fan-cooled ~.这辆汽车有一个风扇冷却器。

rad·i·cal ['rædɪkl] **I**. *adj*.**①**([近]basic)根本的;基本的:make ~ changes 做根本的改变 **②**彻底的;完全的;激烈的:~ reforms 彻底的改革 **③**激进的;激进派的:She is ~ in her demands. 她的要求十分偏激。**II**. (~s[-z]) *n*.ⓒ**①**激进分子 **②**【数】根式,根号 **③**【化】基,根;原子团

ra·di·o ['reɪdɪəʊ] **I**. (~s[-z]) *n*.**①**ⓒ无线电设备;收音机:a portable (transistor)

～便携式(晶体管)收音机 ❷Ⓤ无线电广播：I heard it on the ～. 我从无线电广播中听到了这个消息。❸Ⓒ无线电传送：contact a ship at sea by ～ 用无线电与海上的船只联络 ❹Ⓒ无线电报机 Ⅱ. *vt.* 向…发无线电报；用无线电发送：～ (sb.) one's position 用无线电告知(某人)自己的位置 *vi.* (向…)发无线电报：*Radio* to them where we are. 用无线电通知他们我们所在的地方。

rad·ish ['rædɪʃ] *n.* Ⓒ【植】(红或白的)小萝卜：bunches of ～s 成捆的萝卜

ra·dius ['reɪdjəs] (radii ['reɪdɪaɪ] 或 ～es [-ɪz]) *n.* Ⓒ❶半径：within a ～ of 2 miles 在半径 2 英里之内 ❷(行动、能力等的)范围，区域：Police searched all the woods within a six-wide ～. 警方搜索了在周围 6 英里以内的树林各处。❸【解】(人与兽的)桡骨(位于前腕外侧的骨)

raft [rɑːft] Ⅰ. *n.* Ⓒ ❶筏；筏子；木排：shipwrecked sailors on a makeshift ～ 在临时用的筏子上的遇难船员 ❷(海水浴场等用的)浮台 Ⅱ. (～ed['-ɪd]) *vt.* 用筏子载运(人或货物)；乘筏子：～ people across river 用筏子运人过河 *vi.* 乘筏子；划筏子

rag [ræg] (～s[-z]) *n.* ❶ⒸⓊ碎布；破布：The shirt was worn to ～s. 这件衬衫已穿得很破了。❷Ⓒ破旧衣服：a tramp dressed in ～s and tatters 衣衫褴褛的流浪汉 ❸Ⓒ[用复数](制造优质纸的)破布料 ❹Ⓒ报纸；杂志：I read it in the local ～. 我从当地的报纸上看到这条消息。

rage [reɪdʒ] Ⅰ. (～s['-ɪz]) *n.* ❶ⓊⒸ([近]anger) (一阵)狂怒；盛怒：trembling with ～ 气得直哆嗦 ❷ⓊⒸ(风、浪等的)狂暴，凶猛：The storm's ～ continued. 风暴肆虐不已。❸Ⓒ热情；狂热，热衷：a ～ for collecting stamps 集邮癖 Ⅱ. (～d[-ɪd]) *vi.* ❶大发脾气，动怒：He ～d against me for disagreeing. 他因我有异议对我大发雷霆。❷(风、浪等)猖獗；狂暴：The storm ～d for hours. 风暴猛刮了好几个小时。❸(疾病等)迅速蔓延：A flu epidemic ～d through the school for weeks. 流感在这所学校里蔓延了几个星期。

rag·ged ['rægɪd] *adj.* ❶(衣服)破旧的；褴褛的：a ～ coat 破旧的大衣 ❷(人)衣衫褴褛的：a ～ old man 衣衫褴褛的老人 ❸粗糙的；凹凸不平的；锯齿状的：the ～ profile of the cliffs 参差不齐的峭壁 ❹不流畅的；不完美的：The choir gave a ～ performance. 合唱队演唱得很不和谐。

raid [reɪd] Ⅰ. (～s[-z]) *n.* Ⓒ❶([近]at-

tack)突袭；袭击：an air ～ 空袭 ❷抢劫；行凶：an armed ～ 持械抢劫 ❸(警察等的)突入搜查，突入搜捕：a police drugs ～ 警方进行的毒品搜查 ❹(为使价格下跌而进行的)集体抛售 Ⅱ. (～ed['-ɪd]) *vt. & vi.* (对某处)进行突然袭击、抢劫或搜查：Customs men ～ed the house. 海关人员突然搜查了这所房子。

rail [reɪl] Ⅰ. (～s[-z]) *n.* ❶Ⓒ(护栏等的)横条；扶手；(挂东西的)横杆：a towel ～ 挂毛巾的横杆 ❷Ⓒ铁轨；铁道：a single line of ～s 单线铁轨 ❸ⓊⒸ铁路(交通)；铁路运输：a ～ strike 铁路员工罢工 Ⅱ. (～s[-z]) *vt.* 用栏杆包围；用栏杆隔开：～ off a field 用栏杆把场地圈开

rail·ing ['reɪlɪŋ] (～s[-z]) *n.* ❶Ⓒ[常用复数]栏杆；扶手；围栏；栅栏 ❷Ⓤ[集合用法]铁轨(材料)

rail·road ['reɪlrəʊd] Ⅰ. (～s[-z]) *n.* [美]Ⓒ铁道，铁路；铁路部门；铁路公司：work on the ～ 在铁路上工作 Ⅱ. (～s[-z]) *vt.* ❶用铁路输送 ❷[美口]使(议案等)强行通过：～ a bill through Congress 使议案在国会上强行通过 ❸ 轻率判处

rail·way ['reɪlweɪ] Ⅰ. (～s[-z]) *n.* Ⓒ❶[英]铁路，铁路轨道；铁路公司：～s under construction 修建中的铁路 ❷[美]轻轨铁路；市内电车

rain [reɪn] Ⅰ. *n.* ❶Ⓤ雨；雨水；雨天：Don't go out in the ～. 不要冒雨出去。❷[the ～s](热带地区的)雨季：The ～s come in September. 雨季于 9 月份到来。❸[用单数]像雨点般降落的东西，倾泻物(of)：a ～ of bullets 子弹如雨点一般 Ⅱ. *vi.* ❶下雨：It is ～ing. 正在下雨。❷雨点般地落下：Blows ～ed on the door. 敲门声像雨点一样。*vt.* 使(雨等)大量降下；使…如雨而下：The suitcase burst open and its contents ～ed on the floor. 手提箱裂开了，里面的东西纷纷落在了地板上。

rain·bow ['reɪnbəʊ] *n.* Ⓒ彩虹

rain·y ['reɪnɪ] (rainier；rainiest) *adj.* 下雨的；多雨的：the ～ reason 雨季

raise [reɪz] Ⅰ. (raising) *vt.* ❶([近]lift)举起；升起；提起，抬起：He ～d his eyes from work. 他停下工作举目观看。❷提高，增加；提升，提拔：～ one's voice 提高嗓门/He was ～d to executive. 他晋升为主管。❸引起，激起(某事物)；使…产生(或出现)：～ doubts in people's minds 引起人们的怀疑 ❹提出(质疑、问题、抗议等)：I'm glad you ～d that point. 你能把那一点指出来，我感到高兴。❺([近]breed，bring up)饲养(家畜)；种植，生

产(作物);养育(孩子等);～ crops 种庄稼 ❻ ([近]set up)建造;竖立(纪念碑、雕像等);～ a memorial to those killed in war 立碑纪念 战争中的死难者 ❼征集,集结(某事物);筹 措:～ an army 招募军队 ❽解除(禁令、封锁 等) ❾[英口]找(到)某人;与(某人)建立联 系:I can't ～ her on the phone. 我打电话找 不到她。Ⅱ. n. C[美]加薪(=[英]rise): get a ～ of $ 20 获得加薪 20 美元

rai·sin ['reɪzn] (～s[-z]) n. C(常指无核 的)葡萄干

rake[1] [reɪk] Ⅰ. n. C❶(长柄的)耙子,钉齿 耙,草耙;(马或拖拉机等牵的)耙机,耙形用具 ❷(赌台上用的)钱耙 Ⅱ. (～d[-t];raking) vi. ❶(用耙子)耙;耙松:I was busy raking. 我在忙着用耙子干活。❷搜索,搜寻:～ a- mong the papers 在文件中翻寻 vt. ❶(用枪、 照相机、望远镜等)扫射,扫拍;扫视:He ～d the horizon with a telescope. 他用望远镜扫 视地平线。❷(用耙子)耙;耙松:～ the soil 把 地耙平 ❸搜索,搜集:～ one's memory 竭力 回忆

rake[2] [reɪk] n. C过放荡生活的男子(尤指时 髦社会的男子);浪子

rake[3] [reɪk] Ⅰ. n. U倾斜;斜度 Ⅱ. vi. 倾 斜:The stage ～s steeply. 这舞台坡度很大。 vt. 使…倾斜

ral·ly[1] ['rælɪ] Ⅰ. (rallies[-z];rallied) vi. ❶(人)集合起来;(人、军队等)重新召集:The troops rallied. 部队重新集结。❷从(疾病、打 击等中)复原,恢复;重振:The team rallied after the first half. 该队在上半场过后士气大 增。❸(网球、羽毛球等)连续对打;(股票价 格等)止跌回升 vt. ❶集合;召集:The leader rallied his men. 指挥官重新集结其部属。❷ 振作(精神等);恢复(元气等):She rallied her strength and stood up to the opponent. 她重 振精神,与敌手对抗。Ⅱ. (rallies[-z]) n. C ❶集合;集结;重整 ❷(政治上的)群众集会, 群众大会:a party ～政党集会 ❸(健康、力量 等)恢复,康复,复原:～ from an illness 病愈 ❹(网球、羽毛球等的)连续对打:a fifteen- stroke ～连续对打了 15 下 ❺公路赛车

ral·ly[2] ['rælɪ] (rallies[-z];rallied) vt. & vi. 嘲笑,挖苦;开玩笑

ram·ble ['ræmbl] Ⅰ. (～s[-z];rambling) vi. ❶漫步;闲逛:I like rambling in the country. 我喜欢在乡间漫步。❷漫谈,闲聊: The old man ～ about the past. 这位老者在 闲聊过去的事情。❸(植物等)蔓生,攀缘生长 Ⅱ. (～s[-z]) n. C漫步;闲逛:go for a ～ in the country 去乡间漫步

ran [ræn] run 的过去式

ranch [rɑːntʃ] (～es['-ɪz]) Ⅰ. n. C❶大牧 场(尤指美国、加拿大的)大农场;果园 ❷牧 场;饲养场:a mink ～ 水貂饲养场 Ⅱ. (～es [-ɪz];～ed[-t]) vi. 经营牧场(或农场);在牧 场(或农场)工作 vt. 在…经营牧场(或农场)

ran·dom ['rændəm] Ⅰ. adj. [只作定语]随 便的;任意的;胡乱的:a few ～ remarks 随意 说的话 Ⅱ. n. U[现仅用于 at ～ 中]随便, 随意:draw the winning numbers at ～ 任意 抽出的中奖数字

rang [ræŋ] ring 的过去式

range [reɪndʒ] Ⅰ. (～s['-ɪz]) n. ❶ C列, 排;连续;山脉:a ～ of buildings 一排房屋 ❷ C成套(或成系列)的东西;种类:The new model comes in an exciting ～ of colours. 这 种新式样有各种鲜艳的颜色。❸UC(种类或 变化等的)限度,范围,幅度:That subject is outside my ～. 那个问题已超出了我的研究范 围。❹U视力(或听力)所达到的距离;声音所 能传送的距离:It came within my ～ of vi- sion. 该物体进入了我的视野。❺UC(枪炮、 导弹等的)射程:The gun has a ～ of five mi- les. 这炮的射程为 5 英里。❻C射击场;靶场; (火箭、导弹等的)发射场 ❼C(某类植物、动 物等的)生长区,分布区:the ～ of the panda in our country 我国大熊猫的分布区 ❽C(大 面积空旷的)狩猎场,放牧场 ❾C炉灶;a kitchen～厨房中的炉灶 Ⅱ. (～s[-ɪz];ran- ging) vt. ❶使…排成行(或队);把…分类: The spectators ～d themselves along the route of the procession. 观众沿队伍行进的路 线排成行。❷漫游于;行遍:They ～d the plain. 他们在那平原上徘徊 vi. ❶(在一定范 围等内)变动;扩展;在…之间变化:Their ages ～ from 25 to 50. 他们的年龄在 25 岁和 50 岁之间。❷漫游,漫步;[喻]涉及:He ～d over hills and plains. 他在山丘和平地上到处 走。❸(枪、炮等)射程达到某距离:This rifle ～s over a mile. 这种步枪射程达 1 英里。

rank [ræŋk] Ⅰ. n. ❶CU阶层,阶级;身 份,地位;等级:ministers of Cabinet ～ 内阁 各大臣 ❷CU军阶;军衔:officers of high ～高级军官 ❸C排;横列,行:a taxi ～一排 出租车 ❹C(士兵、警察等肩并肩站着的)行 列;列队:keep ～s 保持队形 ❺C[用复数] 士兵;士官(与军官相对而言):join ～s 当兵 Ⅱ. (～ed[-t]) vt. ❶位居(某阶级、名 等);(按特性、成就等)分等级:I ～ her among the country's best writers. 我认为她 可属全国最优秀作家之列。❷[美]级别高于;

A major ∼s a captain. 少校比上尉军衔高。 *vi.* 列入：He ∼s among the worlds eminent scientists. 他名列世界著名的科学家之中。

rap [ræp] **I.** *n.* ❶ⓒ叩击(声)，敲击(声)；急敲(声)：There was a ∼ on(或 at) the door. 有敲门声。❷ⓤⓒ[美俚]速度快的谈话；唠叨 ❸ⓒ[口]责备，责骂；训斥 **II.** (rapped[-t]；rapping) *vt.* ❶轻敲，急敲：She *rapped* my knuckles. 她轻敲我的指节。❷[美口]责备，训斥：She *rapped* the Minister publicly for his indiscreet remarks. 她公开斥责那位大臣言论失当。*vi.* ❶快速地说；唠叨 ❷敲击；急拍：∼ on the table 轻敲桌子

rap·id ['ræpɪd] **I.** *adj.* ❶([近]quick，swift)([反]slow)迅速的；快的：ask several questions in ∼ succession 快速连续提出几个问题 ❷敏捷的；伶俐的：Cats have ∼ reflexes. 猫的反应很敏捷。❸(斜坡)陡的：a ∼ rise in the highway 公路上陡然上升的坡道 **II.** (∼s[-z]) *n.* ⓒ[常用复数]急流；湍流：shoot the ∼s 穿过急流

ra·pid·i·ty [rə'pɪdɪtɪ] *n.* ⓤ❶快，迅速：with great ∼ 非常迅速地 ❷陡，险峻

rap·ture ['ræptʃə(r)] (∼s[-z]) *n.* ⓤ([近]delight)极度的欢喜；着迷；销魂：gazing in ∼ at the girl he loved 喜不自胜地注视着他心爱的姑娘

rare[1] [reə(r)] *adj.* ❶([反]common)([近]unusual)稀有的；罕见的；不寻常的：a ∼ sight 罕见的现象 ❷稀薄的；稀疏的：the ∼ air on the mountain top 山顶的稀薄空气 ❸[口]极好的；极大的：We had a ∼ time at the party. 我们在聚会时玩得高兴极了。

rare[2] [reə(r)] *adj.* (肉类，通常指牛肉)半熟的(里面色红肉嫩的)：a ∼ steak 半生半熟的牛排

ras·cal ['rɑːskl] (∼s[-z]) *n.* ⓒ❶不诚实的人；流氓；无赖 ❷喜欢恶作剧的人；爱捣蛋的家伙(尤指儿童)：Give me my keys back, you little ∼! 把钥匙还给我，你这个小淘气鬼!

rash[1] [ræʃ] *adj.* ❶([反]careful，cautious)轻率的；未仔细考虑后果的：Don't make ∼ promises. 勿轻易许诺。❷急躁的；性急的；鲁莽的：It's ∼ of you to do such a thing. 你做这种事情真是太鲁莽了。

rash[2] [ræʃ] (∼es['-ɪz]) *n.* ⓒ❶【医】疹；皮疹：I break out in a ∼ if I eat chocolate. 我一吃巧克力就出皮疹。❷(令人不快的事物)突然大量出现：a ∼ of ugly new houses 一下子冒出来的一大片难看的房子

rat [ræt] **I.** *n.* ⓒ❶老鼠；耗子(通比住宅

内的小老鼠 mouse 更大型的鼠类) ❷[口]不忠的人；叛徒；变节者；告密者：So you've changed side，you dirty ∼! 那么，你改变立场了，你这可耻的叛徒! **II.** (ratted ['-ɪd]；ratting) *vi.* ❶(尤指狗)捕捉老鼠 ❷[口]背弃，泄密，背叛(on)：She's *ratted* on us——here comes the head teacher! 她把我们出卖了——瞧，校长来了!

rate [reɪt] **I.** *n.* ❶ⓒ比率；率：walk at a ∼ of 3 miles an hour 以每小时 3 英里的速度行走 ❷[只用单数]速度；进度：at a great ∼ 以很高的速度 ❸ⓒ等级，品级：a first ∼ job 头等的工作 ❹ⓒ费用，价格；行情：a high hourly ∼ of pay 按小时收取的高报酬 ❺[常用复数](地方当局征收的)房地产税：an extra £5 on the ∼s 在房地产税中增加 5 英镑 **II.** (∼d[-ɪd]；rating) *vt.* ❶评定某人(某物)的价值：I don't ∼ this play at all. 我认为这一点儿都不好。❷把某人(某事)看成是；认为：He is ∼d (as) a good teacher. 他被看作是好老师。❸[英]向∼征税；为了征税而核定(财产的)价值：a house ∼d at £500 per annum 按财产核定每年应纳税 500 英镑的房子 ❹[口]值得，应得：That joke didn't ∼ a laugh. 那笑话不值一笑。*vi.* 被评价，被列等级；有价值：∼ high in sb.'s estimation 受到某人很高的评价

rath·er ['rɑːðə(r)] *adv.* ❶[通常表示批评、失望或惊奇]在一定程度上；颇：The book is ∼ long. 这本书有点儿长。❷或多或少地；有几分；相当地：It seems ∼ a good idea. 这似乎是个相当不错的主意。❸宁可，宁愿；倒不如(通常以 rather...than 与 rather than...的形式使用)：I'd ∼ walk than take a bus. 我宁愿走路也不愿意坐公共汽车。❹更确切地说；与其说∼，不如说∼(通常用 or ∼ 表示)：He worked till late last night，or ∼，early this morning. 他一直工作到深夜，或者更确切地说，到今天凌晨。❺[英口]当然的，的确(用于回答提议等，须重读)："How about a trip to the coast?" "*Rather*!"去海滨玩玩好吗?"好极了!"

rat·i·fy ['rætɪfaɪ] (ratified；ratifing) *vt.* 使(协议、条约等)正式生效；正式批准：∼ a convention 批准公约

ra·ti·o ['reɪʃɪəʊ] (∼s[-z]) *n.* ⓤⓒ比；比率；【数】比例：The ∼s of 1 to 5 and 20 to 100 are same. 1 与 5 之比和 20 与 100 之比相同。

ra·tion ['ræʃən] **I.** (∼s[-z]) *n.* ⓒ❶(食物的)定量，配给量：a ∼ card 定量供应卡 ❷[用复数](军队等每月的)口粮：draw ∼s 领取口粮 **II.** *vt.* ❶[常用于被动]按定量供应

给…;配给:People were ~ed to one egg a week. 每周配给一个鸡蛋。❸定量发给(out): ~ the remaining water out among the survivors 把剩余的水分发给幸存者

ra·tion·al ['ræʃənl] *adj*.([反]irrational) ❶出于理性的;理智的;明事理的:~conduct 合理的行为/a ~ argument 合乎情理的论证 ❷有理性的;能推理的:Man is a ~ being. 人是理性的动物。❸头脑清醒的;神志正常的: No ~ person would go do that. 任何神志正常的人都不会那么做。❹【数】有理的

rat·tle ['rætl] Ⅰ.(~s[-z];rattling) *vt*. ❶使…发出嘎嘎声:The wind ~d the windows.风把窗户刮得嘎嘎作响。❷[口]使(某人)紧张;使恐惧;使惊慌:The policeman's visit really got her ~.警察来访时把她吓了一跳。*vi*. 发出嘎嘎声:Hailstones ~d on the tin roof.冰雹落在铁皮屋顶上发出砰砰声。Ⅱ.*n*. ❶ⓊⒸ一连串的短促而尖厉的声音:the ~ of bottles 瓶子哐啷哐啷响 ❷Ⓒ拨浪鼓(一种幼儿玩具) ❸Ⓒ响环(响尾蛇尾部的角质环,摆动时格格作响)

rav·age ['rævɪdʒ] Ⅰ.(~s[-ɪz];ravaging) *vt*. ❶([近]demolish)严重损坏;毁坏:forests ~d by fire 毁于火灾的森林 ❷抢劫;掠夺;蹂躏:Bands of soldiers ~d the countryside.成群的士兵洗劫了乡村。Ⅱ.(~s[-ɪz]) *n*. ❶Ⓤ大破坏;劫掠;荒废 ❷Ⓒ[常用复数]破坏力:the ~s of deforestation on the hills 滥伐山林的恶果

raw [rɔː] Ⅰ.[无比较等级] *adj*. ❶([反] cooked)未经烹煮的;生的:~ meat 生肉 ❷自然状态的;未(或半)加工的:~ sugar(未精炼的)粗糖 ❸(指人)不熟练的,未经训练的;无经验的:mistake made by a very ~ reporter 毫无经验的记者犯的错误 ❹(伤痛)未愈合的;流血的;(皮肤)擦掉而疼痛的:a ~ cut 未愈的伤口 ❺不完善的:His literary style is still rather ~.他的文学风格还很不成熟。❻(天气)阴冷的,湿冷的:~ northeast winds 阴冷的东北风 Ⅱ.*n*.[the ~](人、马等身体上的)擦伤处;疼痛处

ray [reɪ] (~s[-z]) *n*. Ⓒ❶光线,射线:the ~s of the sun 太阳的光线 ❷辐射状的直线 ❸光辉;光芒:a ~ of intelligence 一线智慧的光芒 ❹[喻](好事或希望的事物)点滴迹象:a few ~s of hope 一线希望

ra·zor ['reɪzə(r)] (~s[-z]) *n*. Ⓒ剃刀,刮脸刀;电动刮胡刀:a safety ~ 保险剃刀

reach [riːtʃ] Ⅰ.(~es['-ɪz];~ed[-t]) *vt*. ❶([近]arrive at)到达;抵达:We'll ~ New York by one o'clock.我们将于1点钟到达纽

约。❷达到;获得:~ a conclusion 得出结论 ❸伸手取(某物);把(某物)递给(某人): Please ~ (me) the atlas down from the bookshelf.请把那本地图册从书架上取下来给我。❹延伸到(某处);够得着(某物):My feet can hardly ~ the pedals.我的脚怎么也够不着踏板。❺与(某人)取得联系:I can't ~ him by phone.我打电话找不到他。❻影响,对…起作用:This rule does not ~ the case.这条规则不适用于这种情况。*vi*. ❶([近]extend)达到;延伸:Our campus ~es down to the river.我们的校园一直延伸到河边。❷伸出手(或脚):He ~ed for his gun.他伸手去拿枪。❸延伸;够得着:I can't ~ so high.我够不着这么高。Ⅱ.(~es['-ɪz]) *n*. ❶Ⓤ伸手可达到的距离:a boxer with a long ~出拳距离远的拳击手 ❷Ⓤ(智力、影响等)能及的范围 ❸Ⓒ区域;河段;河流流程:the upper ~es of the Thames 泰晤士河上游

re·act [rɪ'ækt] (~ed[-ɪd]) *vi*. ❶做出反应;回应:~ negatively to a suggest 对一项建议做出反对的回应 ❷(物质)起化学反应:Iron ~s with water and air to produce rust. 铁遇水和空气起化学反应而生锈。❸有影响;产生变化:How do acids ~ on metals? 酸对金属起什么反应? ❹反对;反抗;反动:Will the people ever ~ against this dictator? 有朝一日人民会起来反抗这个独裁者吗?

re·ac·tion [rɪ'ækʃən] (~s['-z]) *n*. ❶ⒸⓊ反应;回应:What was his ~ to the news? 他对这消息的反应如何? ❷ⓊⒸ化学反应:nuclear ~ 核反应 ❸ⓊⒸ生理上的反应(通常指不良反应):I had a bad ~ after my typhoid injection.我注射伤寒针剂后产生了不良反应。❹Ⓤ恢复原状;复旧:After all the excitement, there was ~.热闹一番过后,又恢复了旧观。❺Ⓤ反动;反对(进步或改革):The forces of ~ made reform difficult.反动势力对改革造成了困难。

read¹ [riːd] Ⅰ.(~s[-z];read[red]) *vt*. ❶读;阅读:I can't ~ your untidy writing. 你的字太乱,我看不懂。❷读给(某人)听;朗读: ~ the article through twice. 他把那篇文章读了两遍。❸读到;获悉:~ the news 看新闻 ❹学习;研究:~ law at the university 在大学学习法律 ❺读懂;察知:Doctors must be able to ~ symptoms correctly. 医生要有正确诊断症状的能力。❻(测量仪器)读数为;显示:The meter ~s 5,500 units. 仪表标明为5,500单位。❼(指勘误)把(某词语等)改作(另一词语等):For "neat" in line 3 ~ "nest". 把第3行中的"neat"改为"nest"。*vi*.

❶读;阅读:She has enough time to ~. 她有足够的时间看书报。❷朗读:He was ~*ing* silently. 他正在默读。❸读到,获悉:I ~ about her in today's paper. 我在今天的报纸上读到关于她的消息。❹有某字样;显示:The sign ~s "Keep Left". 路标上写着"靠左行驶"。**II**. *n*. © ❶[用口]阅读:have a long (quiet, little) ~ 长时间(静静、短时间)的阅读 ❷读物:This author is a very good ~. 这位作家的著作非常好。

read² [ri:d] **I**. read 的过去式和过去分词 **II**. *adj*. 博学的;有学问的;博览群书的:a well-~ person 博览众书的人

read·er ['ri:də(r)] (~s[-z]) *n*. © ❶读者;爱读书的人:He's a great ~ of science fiction. 他很喜欢科学幻想的小说。❷读物;读本;阅读教材:an English ~ 英语读本 ❸[用 Reader]高级讲师(居于教授 Professor 和讲师 Lecturer 之间的职位):*Reader* in English literature 英国文学讲师 ❹(出版部门特约的)审稿人 ❺校对员

read·ily ['redɪlɪ] *adv*. ❶([近]willingly)乐意地:He ~ consented. 他欣然同意。❷迅速地 ❸无困难地;容易地:The sofa can be ~ converted into a bed. 这张沙发可以很容易地改成床。

read·ing ['ri:dɪŋ] (~s[-z]) *n*. ❶回阅读;读书,朗读:have a ~ knowledge of French 有阅读法语的能力 ❷©回读物;读本;书本知识:a pupil of wide ~ 有丰富书本知识的学生 ❸©(不同版本的)文本:There were several ~s for the passage. 这一段有几种异文。❹© 朗诵会;朗诵的章节:a poetry ~ 读歌朗诵会 ❺©读数,(仪器)指示数:~s on a thermometer 温度计上的读数 ❻©(对某事物的)解读,理解:my ~ of this clause in the contrast 我对合同这一条款的理解 ❼©(向公众正式宣布的)公告;告白:the ~ of a marriage banns 结婚等的启事

read·y ['redɪ] **I**. (readier; readiest) *adj*. ❶([反]unwilling, unprepared)[作表语]准备好的;(指人)决心做某事的:The troops were ~ for anything. 部队已做好了一切准备。❷([反]inclined)[作表语]即将(做某事);正要(做某事):be ~ to launch an attack 即将发动进攻 ❸([近]quick)[用作定语]敏捷的;立刻行动的:a ~ wit (mind, tongue) 头脑机敏(脑子快、口齿伶俐) ❹在手边的;现成的;容易得到的:Keep your dictionary ~ at all times. 把词典随时放在手边。**II**. *adv*. 预先;事先:The products are packed ~. 产品已预先包装好。**III**. (readies [-z], readied)

vt. 使准备好:The two sides are ~*ing* themselves for negotiations. 双方正在为谈判做好准备。**IV**. *n*. 回 ❶[军]射击准备姿势 ❷[the ~][英俚]现款;现金:not have enough of the ~ 现款不足

real [rɪəl, 'ri:əl] **I**. *adj*. ❶确实的;实在的:The growth of violent crime is a very ~ problem. 暴力犯罪的增加是个非常现实的问题。❷真实的;真正的:Tell me the ~ reason. 把真正的原因告诉我。❸真的,非模仿的:silk 真丝 ❹[经](收入、价值等)按购买力衡量的:*Real* incomes have got up by 10% in the past year. 去年,实际收入提高了 10%。**II**. *adv*. [美口]非常;的确:have a ~ fine time 玩得非常愉快

re·al·i·ty [rɪˈælɪtɪ] (realities [-z]) *n*. ❶ 回([近]truth, fact)真实(性):the lifelike ~ of his paintings 他的绘画作品中表现的真实性 ❷回现实;现实世界:bring sb. back to ~ 使某人面对现实 ❸© 现实的事物,实际存在的事物:The plan will soon become a ~. 该计划不久就要变为现实。

real·i·za·tion, -sa·tion [ˌrɪəlaɪˈzeɪʃən] *n*. 回❶认识;领会;了解:I was struck by the sudden ~ that I would probably never see her again. 我突然意识到可能再也见不到她了。❷(愿望、目的等的)实现,达成;成为现实:the ~ of one's hopes 希望的实现

re·al·ize, -ise ['rɪəlaɪz] (~s[-ɪz]; realizing) *vt*. ❶了解;认识到:~ one's mistake 认识到自己的错误 ❷实现;实践;达成(计划、希望等):~ one's hopes 实现自己的希望 ❸变卖(财产、股票等):Can these bonds be ~d at short notice? 这些债券能在短期内兑现吗? ❹(因出售、投资等而)获得(利润):The furniture ~d £900 at the sale. 拍卖这家具获得 900 英镑。

real·ly ['rɪəlɪ] *adv*. ❶([近]actually)事实上;实际上;真正地;真实地:Do you ~ want to go? 你真的想去吗? ❷完全地;非常:a long journey 非常长的一次旅行 ❸(表示兴趣、惊奇、异议、怀疑等)真的,是吗:"We're going to Japan next month.""Oh, ~?"我们下个月要去日本。""啊,真的吗?"

realm [relm] (~s[-z]) *n*. © ❶王国;国土;领土:an independent ~ 独立王国 ❷(活动或兴趣的)领域,范围:in the ~ of literature 在文学领域里

reap [ri:p] (~ed[-t]) *vt*. & *vi*. ❶收割(谷物等);收获:~ the rice 收割稻子 ❷获得;得到:~ the reward of years of study 从多年研究中获得报偿

rear¹ [rɪə(r)] Ⅰ. (~s[-z]) n. ❶Ⅱ([反]front)后部;后面;背部:a kitchen in the ~ of the house 在房子后部的厨房 ❷Ⓒ【军】后方:The wounded fighters have been sent to the ~ for safety. 为了保障安全,伤员们被送到后方去了。❸Ⓒ[口](委婉用法)臀部,屁股 Ⅱ. adj. 后部的;后面的;背面的:the ~ lamps of a car 汽车的后灯

rear² [rɪə(r)] (~s[-z];~ing['-rɪŋ]) vt. ❶([近]breed)养育,培养:~ a family 养家 ❷栽培,种植,饲养:~ crops 培育庄稼 ❸抬起,竖起(马等)用后腿站立:The horse ~ed in fright. 那马因受惊而后腿直立起来。

reason ['riːzn] Ⅰ. (~s[-z]) n. ❶ⒸⓊ原因;动机,理由:We have good ~ to believe that he is lying. 我们有充分的理由认为他说谎。❷Ⓤ理性;理智;推理力:Only man has ~. 只有人类才有理性。❸Ⓤ道理;情理;明智;常理:There's a good deal of ~ in what you say. 你的话很有道理。Ⅱ. vt. ❶思考;推断;推理:His argument was well ~ed. 他的论点条理分明。❷劝喻;讨论;说服(某人):She was ~ed into a sensible course of action. 她被人劝而采取了理智的做法。vi. ❶推论,推理;思考:~ from general laws 从一般规律推论 ❷评理,劝说:I ~ed with her for hours about the danger, but she would not change her mind. 我跟她争辩了几个小时,想让她认识到危险性,可她就是不听。

rea·son·able ['riːzənəbl] adj. ❶讲道理的;明事理的;合情理的:No ~ person could refuse. 凡是明事理的人都不会拒绝此事。❷([反]unreasonable)公平的;不过分的;适度的:a ~ claim 公平合理的要求 ❸还可以的;平均水平的:~ food 过得去的食物

rea·son·ing ['riːzənɪŋ] n. Ⓤ推理,推论:Your ~ on this point is faulty. 你在这一点上的推论是错误的。

reb·el Ⅰ. ['rebl] (~s[-z]) n. Ⓒ❶反政府的人;反叛者;造反者:~ forces 叛军 ❷反抗权威的人;叛逆者:She has always been a bit of a ~. 她总是有点儿桀骜不驯。Ⅱ. [rɪ'bel] (~s[-z];rebelled;rebelling) vi. ❶造反;反叛,武力反抗;反对:~ against exploitation 反抗剥削 ❷叛逆;强烈抗议;反抗:He finally rebelled against his strict upbringing. 他终于起来反抗那严厉管教他的方式。

re·bel·lion [rɪ'beljən] (~s[-z]) n. ⓊⒸ造反;叛乱;反抗:rise (up) in open ~ 起来造反/five ~s in two years 两年中的五次叛乱

re·bel·li·ous [rɪ'beljəs] adj. 叛逆的;难以控制的;造反的;反抗的:~ behaviour 叛逆的

行为/~ tribes 反叛部落

re·build [ˌriː'bɪld] (rebuilt[ˌriː'bɪlt]) vt. ❶重建;重新组装:~ the city centre after an earthquake 地震后重建城市中心区 ❷恢复;使复原:After his divorce, he had to ~ his life completely. 他离婚后得完全重新安排生活。vi. 重建

re·built [ˌriː'bɪlt] rebuild 的过去式和过去分词

re·buke [rɪ'bjuːk] Ⅰ. (~d[-t];rebuking) vt. ([近]blame)严厉斥责;指责,谴责;非难:My boss ~d me for coming to work late. 我的上司指责我上班迟到。Ⅱ. n. ⓊⒸ指责;非难;责难:administer a stern ~ 予以严厉的谴责

re·call [rɪ'kɔːl] Ⅰ. vt. ❶使想起;使回忆:I can't ~ his name. 我想不起他的名字。❷召回,叫回(某人):~ all members on leave 召回所有休假人员 ❸收回,撤销,取消:~ one's word 收回前言 ❹(使某人)重新注意到(某事物);意识到…:The danger ~ed him to a sense of duty. 这种危险唤起了他的责任感。Ⅱ. n. ❶ⒸⓊ召回,唤回:the temporary ~ of embassy staff 使馆人员的临时召回 ❷Ⓤ Ⓒ记忆(力);记性:My powers of ~ are not what they were. 我的记忆力已大不如以前。❸Ⓒ(军队等的)归队信号:sound the ~ 吹归队号

re·ceipt [rɪ'siːt] n. ❶Ⓤ收受;接受;领取:We sent out the goods on ~ of your postal order. 我们收到你的邮汇后就将货物发出了。❷Ⓒ收条;收据:get a ~ for your expense 对开销要索取据 ❸[用复数](营业)收到的款项;收入:net ~s 纯收入

re·ceive [rɪ'siːv] (~s[-z];receiving) vt. ❶收到,得到;接受;领取:~ a letter 收到一封信 ❷接待(客人、成员等);接纳,承认:rooms ready to ~ their new occupants 准备接待新房客的房间 ❸对(某人事物)做出反应:The reforms have been well ~d by the pubic. 公众对改革反应良好。❹(用收音机、电视)收听,收看:~ a programme via satellite 通过卫星接收节目 vi. ❶收到;得到;接受 ❷接待;接纳,承认:We do not ~ on Thursdays. 我们星期四不接待。

re·ceiv·er [rɪ'siːvə(r)] (~s[-z]) n. Ⓒ❶([反]sender)接受者;收件人;收款人 ❷接收器;受话器;电话听筒:take up the ~ 拿起听筒 ❸【无】接收机:a radio ~ 无线电接收机收音机 ❹【律】破产管理员:call in the ~ 申请委派破产管理员

re·cent ['riːsnt] adj. ([反]old,out of date)

最近的;近来的;不久前的:~ news 最近的消息

re·cent·ly [ˈriːsntlɪ] *adv.*（[反]lately）不久前;近来:I have't seen her ~. 我最近不曾遇到她。

re·cep·tion [rɪˈsepʃən]（~s[-z]）*n.* ❶U 接受;接待;接纳;接收:prepare rooms for the ~ of guests 准备房间以接待宾客 ❷U（旅馆或事务所的）接待处:Wait for me at ~. 在接待处等我吧。❸C 正式的欢迎场合,欢迎会;招待会;宴会:hold a wedding ~ 举办结婚宴会 ❹U（无线电信号的）接收;接收效果:a radio with excellent ~ 接收性能极好的收音机

re·cite [rɪˈsaɪt]（~d[-ɪd]；reciting）*vt.* ❶背诵;朗诵;（当众）吟诵:~ a speech from "Hamlet" to the class 向班上同学背诵《哈姆雷特》中的一段话 ❷叙述;详述;列举:~ the names of all the European capitals 一一说出欧洲各国首都的名称 *vi.* ❶背诵,朗诵 ❷[美]回答（课文中的）提问

reck·less [ˈreklɪs]（[反]careful, cautious）*adj.*（人或行为）不考虑后果,不顾危险的,鲁莽的:He's quite ~ of his own safety. 他完全不顾及自己的安全。

reck·on [ˈrekən] *vt.* ❶把…看作,认为是…:She is ~ed（to be）the cleverest pupil in the class. 她被看作是班上最聪明的学生。❷假定;思忖;猜想:I ~（that）it will cost about £100. 我估计大约要 100 英镑。❸算出（数量、数目、费用等）;计算:Hire charges are ~ed from the date of delivery. 租金由货到之日起计算。*vi.* ❶数,计算:The children can ~ from 1 to 100. 这孩子能从 1 数到 100。❷指望,依赖:~ on sb.'s help 指望某人的帮助

rec·og·ni·tion [ˌrekəgˈnɪʃən] *n.* U ❶认识;认出;识别:The place has changed beyond ~. 这地方变得认不出来了。❷承认:the ~ of new state 对一个新成立的国家的承认 ❸公认;奖赏;赏识:He has won wide ~ in the field of tropical medicine. 他在热带疾患这一医学领域里广博赞誉。

rec·og·nize, -ise [ˈrekəgnaɪz] *vt.* ❶认出;识别出:I ~d her by her red hat. 我根据她的红色帽子认出了她。❷承认（事实）;认可:Everyone ~d him to be the lawful heir. 大家都承认他为合法继承人。❸公认;赏识:His service to the State were ~d. 他对国家的贡献获得了赏识。

rec·ol·lect [ˌrekəˈlekt]（~ed[-ɪd]）*vt.* [不用于被动语态]想起;记得;回忆起:~ one's childhood 回忆起童年时代 *vi.* 回忆;记忆:As far as I ~, you come late. 我记得你来晚了。

rec·ol·lec·tion [ˌrekəˈlekʃən]（~s[-z]）*n.* ❶U 记忆力;回忆:I have some ~ of that day. 那天的事我还记得一些。❷C 记忆中的往事;回忆录:vague（clear, distant）~s of childhood 依稀记得的（历历在目的、遥远的）童年往事

rec·om·mend [ˌrekəˈmend]（~ed[-ɪd]）*vt.* ❶推荐;推举;赞许:She was strongly ~ed for the post. 她被大力推荐担任这个职务。❷劝告;建议:I ~（you）meeting him first. 我建议（你）先见见他。❸（行为、性质等）讨人喜欢;使具有魅力:His integrity ~ed him to his employers. 他很正直,雇主对他都有好感。

rec·om·men·da·tion [ˌrekəmenˈdeɪʃən]（~s[-z]）*n.* ❶UC 推荐;推举;赞许;建议:I bought it on your ~. 我是经你推荐买的。❷C 推荐信;求职介绍信:write sb. a ~ 为某人写推荐信 ❸C 可取之处;优点;长处:The cheapness of coach travel is its only ~. 乘长途汽车唯一的可取之处就是旅费便宜。

rec·on·cile [ˈrekənsaɪl]（~s[-z]；reconciling）*vt.* ❶使和解;使和好;使言归于好;化解;调解;调停:We were finally ~d when he apologized. 他道歉以后我们终于言归于好了。❷使一致;调和:~ the evidence with the facts 使证据符合事实 ❸使顺从（于）;使听从（于）;使甘心（于）:The high salary ~d me to living abroad. 我为获得高薪只好在国外生活。

rec·ord Ⅰ. [ˈrekɔːd]（~s[-z]）*n.* C ❶（对事实、事件等的）记录;记载:~ of birth, marriages and deaths 出生、婚姻和死亡记录 ❷履历;经历;前科记录:He had a good war ~. 他有良好的作战经历。❸最好成绩;最佳纪录（尤指体育运动）:She holds the world ~ in the 100 metres. 她保持着 100 米世界纪录。❹唱片:a pop（jazz, hit）~ 通俗歌曲（爵士音乐、流行歌曲）唱片 ❺【计】记录（计算机文件中形成一个单元的一组相关的数据）Ⅱ. [rɪˈkɔːd]（~ed[-ɪd]）*vt.* ❶记录;记载:Historians ~ how Rome fell. 历史学家记载了罗马帝国衰亡的经过。❷录音;录像:~ music from the radio 录下无线电广播中的音乐 ❸（测量仪器）标明,显示,指示;自动记下:The thermometer ~ed 40℃. 温度计上显示出 40℃。*vi.* 进行录音:My voice ~s quite well. 我的声音录下来很好听。

re·cord·er [rɪˈkɔːdə(r)]（~s[-z]）*n.* C

❶记录者;记录员 ❷录音机;录像机:a tape ～磁带录音机 ❸竖笛(木制或塑料制的管乐器,有八个指孔)

re·cord·ing [rɪˈkɔːdɪŋ] n. ❶Ⓤ录制,录音;录像:during the ～ of the show 在录制节目期间 ❷Ⓒ(录制的)音像;录音;录像:make a video ～ of a wedding 为婚礼录像

re·cov·er [rɪˈkʌvə(r)] (～s[-z];～ing [rɪŋ]) vt. ❶重新获得;收复:～ stolen goods (lost property)找回被盗的货物(失去的财物) ❷恢复(能力、健康等):I'm slowly ～ing my strength after a bout of flu.我得过流感后体力正在慢慢恢复。 ❸重新控制(自己的行动、情绪等):The skater quickly ～ed his balance.那个滑冰者很快恢复了平衡。 ❹挽回;弥补:We ～ed lost time by setting out early.我们提前出发,从而把损失的时间补了回来。 vi. 痊愈,复原;恢复;恢复原状:He's now fully ～ed from his stroke.他现在从中风病中完全康复了。

re·cov·er·able [rɪˈkʌvərəbl] [无比较等级] adj. 可重获的;可找回的;可治愈的:～ deposits (losses,assets)能索回的定金(能挽回的损失、能收回的资产)

re·cov·ery [rɪˈkʌvəri] n. Ⓤ❶找回;重新获得:the ～ of the missing diamonds 找回丢失的钻石 ❷恢复;复原:make a quick (speedy,good) ～ from illness 从疾病中很快(迅速、完全)恢复 ❸监护部(医院中监护刚做过手术的病人的地方):The patient is in ～.该病人在手术后的监护部。

re·cre·a·tion [ˌrekrɪˈeɪʃən] n. Ⓒ Ⓤ([近] amusement,entertainment)消遣;娱乐;(身心的)放松;休憩:My favorite ～ is chess.我最喜欢的娱乐是国际象棋。/Gardening is a form of ～.园艺活动是一种消遣方式。

re·cruit [rɪˈkruːt] Ⅰ. n. Ⓒ❶(未经训练的)新兵:drilling ～s on the parade ground 在练兵场上训练的新兵 ❷(俱乐部、会社等的)新成员,新会员:gain new ～s from among the young unemployed 从年轻的失业者中吸收新成员 Ⅱ. (～ed[-ɪd]) vt. ❶吸收(某人)为新成员;征募:～ new members 吸收新成员 ❷(吸收新成员)组成(军队、党派等):～ a task force 为特遣部队招募新兵 vi. 征募新兵;吸收新成员

rec·tan·gle [ˈrektæŋgl] (～s[-z]) n. Ⓒ❶ 【数】长方形;矩形 ❷长方形物

rec·tan·gu·lar [rekˈtæŋgjʊlə(r)] [无比较等级] adj. 长方形的;矩形的

rec·ti·fi·ca·tion [ˌrektɪfɪˈkeɪʃən] (～s

[-z]) n. ❶Ⓤ Ⓒ 纠正;矫正;整顿:errors needing ～需纠正的错误 ❷Ⓤ【化】精馏 ❸Ⓤ 【电】整流

rec·ti·fy [ˈrektɪfaɪ] vt. ❶纠正,改正;矫正;整顿:～ a mistake 纠正错误 ❷调整,校正:～ a telescope 调整望远镜

re·cur [rɪˈkɜː(r)] (～s[-z];recurred;recurring[-rɪŋ]) vi. ❶再发生;复发:correct one's mistakes thoroughly so that they may not ～ 彻底改正错误以免再犯/The symptoms tend to ～.这种症状有可能复发。 ❷重新提起 (to):I shall ～ to the subject later on.关于这个问题,我后面还要提到。 ❸(往事等)重新浮现:Our first meeting often ～s to my mind.我们初次见面的情形时常浮现于我的脑海。

re·cur·rence [rɪˈkʌrəns] n. Ⓒ Ⓤ复发;反复;重现:Let there be no ～ of this error.不要再犯这种错误。

re·cur·rent [rɪˈkʌrənt] adj. 一再发生的;经常发生的,周期性的:～ attacks (fits,headaches)周期性发作的疾病(痉挛、头痛)

re·cy·cle [ˌriːˈsaɪkl] (～s[-z];recycling) vt. 回收利用(废物等);使再循环:～ newspaper 回收旧报纸/～d glass 再造的玻璃 vi. 再循环

red [red] Ⅰ. (redder;reddest) adj. ❶红的;红色的:Maple leaves turn ～ in the autumn.枫叶在秋天变红了。 ❷(眼睛)发红的;充血的;(脸)涨红的:Her eyes were ～ with weeping.她的眼睛哭红了。 ❸(毛发或动物皮毛)红褐色的:～ squirrels 红松鼠 ❹革命的;共产主义的 Ⅱ. (～s[-z]) n. ❶Ⓤ Ⓒ红色:the ～s and browns of the woods in autumn 秋天树林中呈现的红色和褐色 ❷Ⓤ红衣服:dressed in ～ 穿着红衣服 ❸Ⓒ拥护社会主义(或共产主义)的人;赤色分子;激进分子:a union organized by ～ 由激进分子组织的工会 ❹[the ～]负债;欠债:My bank account is £50 in the ～.我的银行账户有 50 英镑的亏空。

re·duce [rɪˈdjuːs] (～s[-ɪz];～d[-t];reducing) vt. ❶缩减;减少;减低:～ volume (quantity,pressure,speed)减小体积(减少数量、减轻压力、减低速度)/This kind of shirt was greatly ～d in the sale.这种衬衣在大减价时降价很多。 ❷降低(某人的)地位;降职:～ a sergeant to the ranks 把一名中士降为士兵 ❸使某人(某物)陷入(通常指更坏的)状态(或状况)中:The fire ～d the house to ashes.这场火灾把那所房子化为灰烬。 ❹归纳;归并:～ a problem to two main issues 把某问

R

题归纳成两个要点 ❺【化】将(化合物)还原：~ water by electrolysis 用电解法把水还原 *vi*. (有意识地)减轻体重；节食

re·duc·tion [rɪ'dʌkʃ*ə*n] (~s[-z]) *n*. ❶ ([反]increase)Ⓤ Ⓒ 缩减；降低；简化；还原：the ~ of tax 税金的减少/a price ~价格的降低 ❷Ⓒ 缩减之量；(尤指)减去的价钱：sell sth. at a huge ~ 大幅度降价出售某物/make ~s on certain articles 对某些商品减价 ❸Ⓒ (地图、图片等的)缩版，缩图 ❹Ⓤ【数】约分；【化】还原

redundant [rɪ'dʌnd*ə*nt] *adj*. ❶过多的，过剩的；多余的 ❷累赘的，冗长的 ❸[英](因人员过剩而)被解雇的，失业的

reed [riːd] (~s[-z]) *n*. ❶Ⓒ Ⓤ芦苇(丛)；芦苇秆 ❷Ⓒ (双簧管、低音管、单簧管等的)簧片

reef [riːf] Ⅰ. *n*. ❶礁；礁脉：The ship was wrecked on a coral ~.那艘船触珊瑚礁失事。❷【海】缩帆 Ⅱ. (~ed[-t]) *vt*. 卷起或折起(缩帆)

reel¹ [riːl] Ⅰ. (~s[-z]) *n*.Ⓒ ❶(线绳、金属丝、钓丝、摄影胶片、磁带等的)卷轴，卷筒，卷盘：a cotton ~ 棉线轴/a cable ~ 电缆卷轴 ❷(卷于卷轮上之物的)一盘，一卷；(影片的)盘：a six-~ film 一部有六盘胶片的电影 Ⅱ. *vt*. ❶缠绕；抽出；拉拽：The angler ~ed the trout in slowly. 钓鱼的人慢慢地收绕钓丝钓起鳟鱼。❷一口气说出(或写出)：~ off a poem (list of names, set of instructions)一口气背出一首诗(说出许多名字、发出一系列指令)

reel² [riːl] *vi*. ❶摇摇晃晃地移动；摇摆；蹒跚：She ~ed from the force of the blow. 她受此一击而打了个趔趄。❷(指心智或头脑)眩晕；迷乱；发昏：His mind ~ed when he heard the news. 他听到那消息后感到头发晕。

re·fer [rɪ'fɜː(r)] (~s[-z]；referred；referring[-rɪŋ]) *vi*. ❶提到；说到；涉及：This incident in his childhood is never again *referred* to. 他小时候的这件事永远不再提了。❷查阅，参考；查询；打听：I *referred* to my watch for the exact time. 我看了一下手表好知道准确的时间。*vt*. ❶把…归类于，把…归属于：~ this flower to the rose family 把这花归入蔷薇科 ❷把…送交；把…委托：~ a patient to a specialist for treatment 把病人交给专科医生治疗 ❸指点；使求助于；使向…请教：The dispute was *referred* to the United Nations. 该项争端已提交联合国处理。

ref·er·ee [ˌrefə'riː] Ⅰ. (~s[-z]) *n*.Ⓒ ❶(足球、拳击等的)裁判员 ❷仲裁者；调解者；公断人 ❸(愿为求职者提供证明的)证明人，

介绍人，推荐人：The headteacher often acts as a ~ for his pupils. 这位校长常为求职学生做证明人。Ⅱ. *vt*. & *vi*. 当裁判：Who ~d (the match)？谁当(这场比赛的)裁判？

ref·er·ence ['refərəns] (~s[-ɪz]) *n*. ❶Ⓤ Ⓒ 提到；说到；涉及：Avoid any ~ to his illness. 千万别提起他的病。❷Ⓤ Ⓒ 出处；参考；附注；旁注：a thesis crowded with ~s to other sources 有旁征博引附注的论文 ❸Ⓒ (书信等的)编号：Please quote our ~ when replying. 回信时请注明我方函件编号。❹Ⓒ 证明文书；介绍信，证明人：She has excellent ~s from former employers. 她持有以前的雇主写得很好的证明书。

re·fine [rɪ'faɪn] (~[-z]；refining) *vt*. ❶精炼；精制；提炼：~ sugar (oil, ore)制糖(炼油、提炼矿石) ❷改良(某事物)：~ one's working methods 改进自己的工作方法 ❸美化(言语、态度等)，使优雅：~ one's manners (taste, language)使举止更高雅(趣味更高雅、语言更文雅)

re·fined [rɪ'faɪnd] [无比较等级] *adj*. ❶精炼的；纯净的：~ sugar (oil) 精制的糖(精炼的油) ❷有教养的；文雅的；不粗俗的：Her tastes are very ~. 她的趣味十分高雅。

re·flect [rɪ'flekt] (~ed[-ɪd]) *vt*. ❶(镜子等)映现：He looked at his face ~ed in the mirror. 他照镜子看看脸。❷反射(光、热、声等)：This wall ~s heat waves. 这墙壁能反射热。❸表现…的性质；表达；反映：The literature of a period ~s its values and tastes. 某一时期的文学可反映出该时期的价值观念和审美观念。❹(行为)招致(信任、不信任等)；使(某人)蒙受不良影响；给(某人)带来(名誉或耻辱)：Stealing ~s dishonour on your family. 偷窃行为会使家人蒙羞。*vi*. ❶仔细考虑；深思熟虑；反省：I need time to ~ on your offer. 我需要时间来考虑你的建议。❷丢脸；责备；有影响，有关系：This scandal will ~ badly on the party as a whole. 这件丑闻可以说明这个党在整体上不健康。

re·flec·tion, re·flex·ion [rɪ'flekʃ*ə*n] *n*. ❶Ⓤ反射：heat transmitted by ~ 由反射传导的热 ❷Ⓒ 被反映(或反射)之物；映像：the ~ of the trees in the lake 湖面映出的树的倒影 ❸Ⓒ 可反映人、任务等本质的事物：Your clothes are a ~ of your personality. 一个人的衣着反映出其个性。❹Ⓤ 沉思；回忆；思考：A moment's ~ will show you are wrong. 只要略加考虑就可看出你错了。❺Ⓒ (考虑后得到的)意见，想法；感想：publish one's ~s on sexism 发表对性别歧视的看法 ❻Ⓒ [用a

Ⓡ

～]丢脸,责难;责难(或丢脸)的话;丢脸的行为;Your remarks are a ～ on my character. 你的话是对我人格的污辱。

re·flec·tive [rɪ'flektɪv] *adj.* ❶(指人、心情等)思考的,沉思的;in a ～ frame of mind 在沉思中 ❷(指物体表面等)反射的;反映的;反光的:～number plates 反光的号码牌

re·form [rɪ'fɔːm] Ⅰ. (～s[-z]) *vt.* ❶([近]improve)改善;改革,改良,革新;～outdated and irrational rules and regulations 改革旧的不合理的规章制度 ❷使(人)悔改;使改邪归正:～a criminal through labour 通过劳动改造犯人 *vi.* 悔改;改邪归正:There are signs that he's ～ing. 有迹象表明他在变好。Ⅱ. *n.* ❶Ⓤ改善;改进;改良;改革;改造:the ～ of social system 社会制度的改革 ❷Ⓒ(缺点等的)克服;(错误等的)改正;纠正:carry out ～s in education 实行教育改革

re·form·er [rɪ'fɔːmə(r)] *n.* Ⓒ改进者;改良者;改造者:a social(political,religious)～社会的(政治的、宗教的)改革者

re·frain[1] [rɪ'freɪn] *n.* Ⓒ【音】(歌曲或诗歌的)叠句;(尤指每节末的)反复部分,副歌;副歌曲调

re·frain[2] [rɪ'freɪn] *vi.* 克制;抑制:Let's hope they will ～. 希望他们能克制。

re·fresh [rɪ'freʃ] (～es[-ɪz]) *vt.* ([反]exhaust)使恢复;使振作:She felt ～ed after her sleep. 她睡了一觉就精神了。

re·fresh·ment [rɪ'freʃmənt] *n.* ❶(常用复数)茶点;点心;饮料:take some ～s 吃些点心 ❷Ⓤ(精力的)恢复;(身心的)爽快:feel ～of mind and body 感到身心爽快

re·fri·ge·ra·tor [rɪ'frɪdʒəreɪtə(r)] (～s[-z]) *n.* [口语作 fridge]冷藏室,冰箱;冷藏库

ref·uge ['refjuːdʒ] *n.* ❶([近]shelter)Ⓤ避难;庇护:seek ～ from the storm 躲避暴风雨/give ～ to sb. 庇护某人 ❷Ⓒ庇护所;避难所:The climbers sought a ～ from the storm.那些登山者寻找了一个躲避暴风雨的地方。❸Ⓒ安全地带;隐蔽处;安全岛

re·fu·gee [ˌrefjʊ'dʒiː] (～s[-z]) *n.* Ⓒ难民;流亡者;避难者:a political ～ 政治避难者/a ～ government 流亡政府

re·fus·al [rɪ'fjuːzl] *n.* ❶([反]acceptance)Ⓤ Ⓒ谢绝;拒绝;辞退:～ of a request (an invitation, an offer)回绝请求(邀请、建议)/a blunt (flat,curt) ～ 干脆的(断然的、粗率的)拒绝 ❷Ⓤ[常用 the ～]优先取舍权,优先购买权:have the ～ on a car (house)对是

否购买某汽车(房子),有优先取舍权

re·fuse[1] [rɪ'fjuːz] (～s[-ɪz];refusing) *vt.* 拒绝;回绝;谢绝;推辞;不准:～a gift (an offer,an invitation)拒绝接受礼物(建议、邀请) *vi.* 拒绝;谢绝:I asked him to lend me his dictionary,but he ～d. 我请求他把字典借给我,但他拒绝了。

refuse[2] [rɪ'fjuːz] Ⅰ. *n.* Ⓤ废料;废物;渣滓;垃圾:a ～ dump 垃圾堆 Ⅱ. *adj.* 废弃的;无用的

re·fute [rɪ'fjuːt] *vt.* 反驳;驳斥:～a claim (a theory,an argument)驳斥某要求(理论、论点)/～an opponent 反驳对方

re·gard [rɪ'gɑːd] Ⅰ. (～s[-z];～ed[-ɪd]) *vt.* ❶注视;凝视:She ～ed him closely (intently,curiously). 她紧张地(目不转睛地、好奇地)注视着他。❷([近]consider,think)把…看作;把…认为:We ～ your action as a crime. 我们认为你的这种行为是犯罪行为。❸[常用于否定句和疑问句]考虑;留意,注意:He seldom ～s my advice. 他很少听我的话。❹尊敬,尊重:We all ～ him highly. 我们都很尊敬他。❺与…有关;涉及…:Your argument does not ～ the question. 你的论点与这个问题无关。Ⅱ. (～s[-z]) *n.* ❶Ⓤ注意;关心;顾虑:drive without ～ for speed limits 不顾速度限制开快车 ❷Ⓤ尊重;敬重;尊敬:have a great ～ for sb.'s judgement (intelligence,achievements)极为尊重某人的判断(才智、成就) ❸Ⓤ事情,事项;关系:His remarks have special ～ to the question at issue. 他的话对这个争论中的问题特别有关系。❹[用复数]致意;问候:Please give my ～s to your brother. 请代我向令兄致意。

re·gard·ing [rɪ'gɑːdɪŋ] *prep.* ([近]about)对于,关于;至于:She said nothing ～ your request. 她对你的要求只字不提。

re·gard·less [rɪ'gɑːdlɪs] Ⅰ. [无比较等级]([近]heedless,disregarding) *adj.* 不留心的;不注意的;不关心的:crush sth. with ～ tread 不留心踩坏某物 Ⅱ. *adv.* [口]不理会;不顾:I protested,but she carried on ～. 我极力反对,但她置之不理仍一意孤行。

re·gime [reɪ'ʒiːm] (～s[-z]) *n.* Ⓒ ❶([近]administration)政治方式(或制度);政体:a puppet ～ 傀儡政权 ❷管理制度(如商业中):changes made under the present ～ 现行管理方法带来的变化 ❸养生法;摄生法

reg·i·men ['redʒɪmen,-ən] Ⅰ. *n.* Ⓒ ❶(炮兵和装甲兵的)团;团队:enlist in a crack infantry ～ 加入赫赫有名的团队 ❷大批;大量:a whole ～ of volunteers 大批志愿者 Ⅱ.

(~ed[-ɪd]) vt. ❶【军】把…编成团；把…编成组 ❷严格管制；严密地编组、编队等；管辖：~ed school outings 控制极严的校外远足活动

re·gion ['riːdʒən] (~s[-z]) n. C ❶（[近] area，district）地区；区域；范围：the Arctic (desert，tropical)regions 北极（沙漠、热带）地区 ❷行政区：an autonomous ~ 自治区 ❸【解】(身体的)区，部；部位：pains in the abdominal ~ 腹部的疼痛 ❹（大气、海水等的）层：the upper ~ of the sea 海水的上层

reg·is·ter ['redʒɪstə(r)] I . (~s[-z]) n. C U ❶登记，注册；登记簿；注册簿：make entries in a ~ 登记入册/The class teacher called the names on the ~. 任课老师点了名。❷记录器；计数器；【计】寄存器：a timing ~ 自动计时器 ❸【音】(人声或乐器的)声区；音区：notes in the upper ~ 高声区音区 ❹【语】语域(在特定社交场合或专业领域中人们使用的词汇、语法等的范围)：the informal ~ of speech 通俗语体 ❺通风装置；调温装置，(冷、暖设备的)节气门 II . (~s[-z]；~ing[-rɪŋ]) vt. ❶登记；给…注册；记录：~ the house in your name 把房子登记在你的名下 ❷挂号托运：I'd like to ~ this letter. 我要把这封信挂号寄出。❸(仪表等)指示；自动记下：The thermometer ~ed 32℃. 温度计显示的读数为32℃。❹(用表情、动作等)显示；表达：His face ~ed both surprise and joy. 他脸上流露出惊喜交加的表情。❺(以书面形式)提出…：~ a strong protest at the government's action 对政府的行动提出强烈抗议 ❻[口]了解到；记住；注意到 vi. ❶登记；注册；挂号：~ at a hotel 登记入住旅馆/You must ~ with the police (at the embassy). 你应该向警方(使馆)登记。❷[口]被了解；记住；被注意：[~ + (with 名)]Her name didn't ~ (with me). 我没记住她的名字。

re·gis·tra·tion [ˌredʒɪ'streɪʃən] n. ❶U C 登记；注册；挂号：~ of students for a course 学生选课登记/~ fees 注册费 ❷C 登记(或注册)的项目；登记者(人数)：an increase in ~s for ballet classes 芭蕾舞班注册人数的增加

*re·gret [rɪ'gret] I . (regretted[-ɪd]；regretting) vt. ❶对…惋惜，可惜，遗憾，抱歉：I ~ to say the job has been filled. 十分抱歉，那个工作已经有人做了。/She *regretted* that she had missed the train. 她没有赶上火车感到很懊悔。❷痛惜；悼念；哀悼：His death was *regretted* by all. 他去世了，大家都感到悲痛。II . n. ❶U C 懊悔；悔恨；遗憾；失望：I heard of his death with profound ~. 我听到他去世

的消息感到万分悲痛。❷［用复数］(婉转的)拒绝；歉意：Please accept my ~s. 请接受我的歉意。

re·gret·ta·ble [rɪ'gretəbl] adj. 令人痛惜的；令人遗憾的；可悲的；不幸的：Her rudeness was highly ~. 她粗俗无礼，令人遗憾。

*reg·u·lar ['regjʊlə(r)] I . adj. ❶([反] irregular) 有规律的；定期的；定时的：~ breathing 均匀的呼吸/a ~ pulse (heartbeat)正常的脉搏(心跳)/a ~ income，work 固定的收入、工作/lampposts placed at ~ intervals 按等距离设置的路灯柱 ❷正当的；适合的；符合规定的；正式的：He applied for the job through the ~ channels. 他通过正常的途径申请这一工作。❸均匀的；整齐的；匀称的：her ~ teeth (features)她那整齐的牙齿(匀称的五官) ❹正常的；经常的，常规的：my ~ doctor 经常给我看病的医生 ❺连续的；习惯性的；固定不变的：He was a ~ visitor of hers. 他是她家的常客。❻【军】常备军的；正规军的：a ~ soldier (army，battalion)正规士兵(军、营) ❼【语】(动词、名词等)按规则变化的 ❽[口]彻底的；完全的：a ~ rascal 名副其实的流氓 ❾[美口]挺不错的；好的：He's a ~ guy. 他是个好人。II . (~s[-z]) n. C ❶【军】正规军，常备兵 ❷[口](商店、酒馆等的)老主顾；常客：He's one of our ~s. 他是我们的老主顾。

re·gu·lar·i·ty [ˌregjʊ'lærɪtɪ] n. U 规律性；规则性；经常性：~ of attendance at church 经常去教堂做礼拜/They meet with great ~. 他们定期会面。

reg·u·late ['regjʊleɪt] (~d[-ɪd]；regulating) vt. ❶(以规章制度)管理，管制；控制：~ one's conduct (expenditure，lifestyle) 约束行为(限制消费、节制生活方式) ❷([近] adjust)调整，校准，调节：This valve ~s the flow of water. 这个阀门控制着水的流量。

re·gu·la·tion [ˌregjʊ'leɪʃən] I . (~s[-z]) n. ❶U 管理；调整；校准；调节；控制：the ~ of share prices 股票价格的管制 ❷C 规章；规则；法则；条例：~s laid down for your guidance 为指导工作而制定的规章制度 II . adj. 规定的；正规的：in ~ dress 穿规定的服装/drive at the ~ speed 按规定速度行车

re·hears·al [rɪ'hɜːsl] (~s[-z]) n. U C ❶(戏剧、歌剧等的)排练，排演；演习：put a play into ~ 排练一出戏 ❷叙述；背诵；默诵：a ~ of what he would say 对要说的话默诵

re·hearse [rɪ'hɜːs] (~s[-z]；~d[-t]；rehearsing) vt. ❶排练；排演；预演；给…排练：~ the actors for the fight scene 指导演员排

练武打场面 ❷ 讲述;(尤指)自述;背诵:~ one's grievances 诉苦/He ~ed the interview in his mind beforehand. 他把面试时要说的话预先想好了. *vi.* 排练;排演:~ with a full cast 与全体演出人员进行预演

reign [reɪn] **I** . *n* . ❶([近]rule)Ⓤ统治;支配;势力范围:under the ~ of 在…统治下 ❷Ⓒ朝代;在位期间:The revolution was followed by a ~ of terror. 革命之后随即出现了恐怖统治. **II** . *vi* . ❶当政;统治:~ over the country 统治国家 ❷面临;支配;盛行:Silence ~ed. 万籁俱寂.

rein [reɪn] . (~s[-z]) *n* . Ⓒ[常用复数] ❶缰绳:ride on a short ~ 骑马时拉紧缰绳 ❷(成人牵着幼儿走路用的)保护带,拉绳 ❸控制(手段);管理;支配:hold(take up, assume) the ~s of government 掌握(取得、执掌)的政权 **II** . *vt* . ❶(用缰绳)勒住:~ in a horse 勒住马 ❷驾驭;控制;统治:~ in one's temper 捺住火气

re·in·force [ˌriːɪnˈfɔːs] (~s[-z];~d[-t]; reinforcing) *vt* . ❶增强;加强;强化:~ a wall(bridge, dyke) 把墙(桥、堤坝)加固/ This evidence ~s my view that he is a spy. 这个证据证实了我认为他是间谍的这一看法. ❷([反]weaken)增援:Our defences must be ~d against attack. 我们必须加强防御设施以抵抗敌人的进攻.

re·ject **I** . [rɪˈdʒekt] (~ed[-ɪd]) *vt* . ❶拒绝;辞退;抵制:She ~ed his offer of marriage. 他向她求婚,她拒绝了. /After the transplant his body ~ed the new heart. 他的身体对新移植的心脏产生排斥作用. ❷([反] accept,choose,select)抛弃;摒弃;剔除:Imperfect articles are ~ed by our quality control. 我们进行质量检验时,有缺陷的产品均予剔除. ❸慢待;不给予(某人)应有的爱:The child was ~ed by its parents. 这孩子未受到父母的疼爱. **II** . *n* . Ⓒ被拒绝(或被抛弃)的人(或事物):export ~s 被拒收的出口货物

re·jec·tion [rɪˈdʒekʃən] *n* . Ⓒ Ⓤ 拒绝;摒弃:Her proposal met with continual ~s. 她的建议一再遭受拒绝.

re·joice [rɪˈdʒɔɪs] (~s[-z];~d[-t]; rejoicing) *vi* . 感到高兴;欣喜:~ at sb.'s success 为某人的成功而高兴 *vt* . 使欣喜;使高兴:The news ~d him. 这消息使他很高兴.

re·joic·ing [rɪˈdʒɔɪsɪŋ] *n* . ❶Ⓤ([近]happiness,joy)快乐;欢喜;高兴 ❷[用复数]欢庆;庆祝:loud ~s after the victory 胜利之后的欢呼声

re·late [rɪˈleɪt] (~d[-ɪd]; relating) *vt* . ❶

叙述(事实、经历等);讲述:She ~d how it happened. 她讲述那事发生的经过. ❷(和…)关联;将…联系起来;涉及某人(某事物):It is difficult to ~ cause and effect in this case. 这个案件中的动机与效果很难联系起来. *vi* . ❶(与某人)友好相处;能理解并同情(某人、某事):The two men just can't ~ to each other. 那两个人怎么也合不来. ❷有关;涉及:Does the new law ~ only to theft? 新法规是否只涉及盗窃案?

re·lat·ed [rɪˈleɪtɪd] [无比较等级] *adj* . ❶([反]unrelated)有联系的;相关的:crime ~ to drug abuse 与滥用麻醉药品有关的罪案 ❷属于同一家族(或种类)的:He is ~ to her by marriage. 他与她是姻亲.

re·la·tion [rɪˈleɪʃən] (~s[-z]) *n* . ❶Ⓤ联系;关系;关联:the ~ between rainfall and crop production 降雨量与作物产量之间的关系 ❷[用复数]人际关系;利害关系;国际往来:the friendly ~s between our countries 我们国家之间的友好关系 ❸([近]relative)Ⓒ Ⓤ亲戚;家属;亲戚关系,亲属关系:He's no ~ to me. 他跟我不是亲戚. ❹ Ⓤ Ⓒ叙述;叙述的事,故事

re·la·tion·ship [rɪˈleɪʃnʃɪp] *n* . ❶Ⓤ Ⓒ 关系;联系;关联;人际关系:The author had a good working ~ with his editor. 该作者与编辑之间工作关系很融洽. ❷Ⓤ亲戚关系:a father-son ~ 父子关系

rel·a·tive [ˈrelətɪv] **I** . [无比较等级] *adj* . ❶有关系的;相关的:the facts ~ to the problem 与该问题有关的事实 ❷([反]absolute)相对的;比较的:They are living in ~ comfort. 他们现在生活比较舒适. ❸成比例的;对应的:Supply is ~ to demand. 供应要与需求保持一定比例. ❹[语]表示关系的 **II** . (~s[-z]) *n* . Ⓒ❶亲戚;亲属;亲人:a ~ of hers 她的近亲 ❷[语]关系词,(尤指)关系代词

rel·a·tiv·i·ty [ˌreləˈtɪvɪtɪ] *n* . Ⓤ❶相对性;关联性:the ~ of contradiction 矛盾的相对性 ❷[物]相对论:the general theory of ~ 广义相对论

re·lax [rɪˈlæks] (~es[-ɪz];~ed[-t]) *vt* . ❶使放松;使轻松:~ one's grip(或 hold, grasp)(on sth.) 放松(对某物的)掌握 ❷放宽(制度、规章等):We could ~ the procedure slightly in your case. 我们可以根据你的情况通融一些. ❸使(某人)休息;使镇定:These pills will ~ you and make you sleep. 这些药丸有镇静催眠作用. ❹使松懈;使涣散:You cannot afford to ~ your vigilance for a moment.警惕性是万万不可放松的。*vi.* ❶放松;轻松:Let your muscles ~ slowly. 让你的肌肉慢慢放松。❷缓和;松懈;放宽:Discipline is often ~ed at weekends. 一到周末纪律往往松弛下来。❸休养;休息;娱乐:A holiday will help you ~ after your exams. 考试之后放个假有助于弛缓紧张情绪。

re·lax·a·tion [ˌriːlækˈseɪʃən] *n.* ❶Ⓤ松弛;放松;休息;松懈:some ~ of the rules 对规则的某些放宽 ❷Ⓒ消遣;娱乐:Fishing is his favourite ~. 他最喜爱的消遣是钓鱼。

re·lease [rɪˈliːs] Ⅰ. (~s[-z];~d[-t];releasing) *vt.* ❶([近]free)放走(人或物);释放;解放。她轻轻地从他的双臂中挣脱。❷豁免;赦免;免除:~ sb. from his debt 豁免某人的欠款 ❸放开;解开;松开:~ one's grasp (of sth.) 松开手(不再抓住某物) ❹发射(箭等)、投掷(炸弹等):The bullet is ~d from the gun at very high speed. 子弹从枪膛中高速射出。❺([近]issue)发布(新闻等);发行(唱片、书等):The latest developments have just been ~d to the media. 最新的进展情况已向大众传播媒介发表。❻放弃(财产、权利);让与 Ⅱ. (~s[-ɪz]) *n.* ❶ⓊⒸ解放;释放;解脱;免除:an order for sb.'s ~ from prison 释放某人出狱的命令 ❷Ⓤ(消息、影片等的)发行;发布:The film is on general ~. 该影片发行面很广。❸Ⓒ发行(或发表)的事物:the latest ~s 最新的发行物 ❹ⓊⒸ【律】弃权;让渡;弃权(或让渡)证书 ❺Ⓒ【机】释放装置;排放装置;【电】断路器

re·li·a·bil·i·ty [rɪˌlaɪəˈbɪlɪtɪ] *n.* Ⓤ可靠性;可信赖性;确实性:~ trial (汽车等)长距离耐久试验

re·li·a·ble [rɪˈlaɪəbl] *adj.* ([反]unreliable)可信赖的;可靠的;确实的:a ~ assistant, witness,report 可靠的助手、可信的证人、合乎事实的报道

re·lief[1] [rɪˈliːf] *n.* ❶([近]abatement)Ⓤ(痛苦、困苦、忧虑等的)减轻;解除:The drug gives some ~ from pain. 这种药可以减轻一些痛苦。❷Ⓤ宽慰,安心,慰藉;休息,消遣,休养:His jokes provided some comic ~ in what was really a dull speech. 他说的笑话给极沉闷的讲话增添几分轻松气氛。❸Ⓤ(对灾民等的)救济;救济品:send ~ to those made homeless by floods 给水灾中无家可归的人发送救援物资 ❹ⓊⒸ换班(人);接替(人);轮班人:a ~ driver 轮换的驾驶员 ❺Ⓒ增开的公共汽车、火车等;加班车:The coach was full,so a ~ was put on. 长途汽车已满员,所

以增开了一辆。

re·lief[2] [rɪˈliːf] *n.* ❶ⓊⒸ浮雕(法);浮雕图;浮雕品 ❷Ⓤ(绘画等的)凸现,显著;显眼,鲜明;生动:The hills stood out in sharp ~ against the dawn sky.拂晓时,群山的轮廓在天空的映衬下显得很突出。❸Ⓤ(山和山谷等)高度的差异,起伏:The ~ is clearly shown on this plan. 在这张平面图上,地势的起伏表示得很清楚。

re·lieve [rɪˈliːv] (~s[-z];relieving) *vt.* ([近]aid,help) ❶减轻;减缓(痛苦、忧虑等):This drug will ~ your discomfort. 这种药可减轻你的病痛。❷给予;提供帮助;救援:famine in Africa 救济非洲的饥荒灾民 ❸接替(某人)工作;换班:I'm to be ~d at six.6点钟有人来换我的班。❹解除(负担、责任等):The general was ~d of his command. 这位将军指挥权被解除了。❺调剂;使不单调;使不乏味:~ the tedium of waiting 调剂等候时的乏味 ❻[口]从(某人处)盗取;盗走:The thief ~d him of his wallet. 小偷把他的钱包偷走了。❼衬托;使显著

re·li·gion [rɪˈlɪdʒən] (~s[-z]) *n.* ❶ⓊⒸ宗教;宗教信仰:practise one's ~ 用自己的宗教信仰指导行动 ❷Ⓒ信条;主义;心之所好:Football is like a ~ for Bill. 对比尔来说,足球就是他天大的乐趣。

re·li·gious [rɪˈlɪdʒəs] Ⅰ. *adj.* ❶([反]irreligious)宗教的;宗教上的:~ belief,faith 宗教信仰 ❷笃信的;虔诚的:lead a ~ life 过着虔诚的宗教生活 ❸审慎的;十分认真的:pay ~ attention to detail 对细节一丝不苟 Ⅱ. *n.* [单复同]修道士;修女;和尚;尼姑

rel·ish [ˈrelɪʃ] Ⅰ. (~es[-ɪz];~ed[-t]) *n.* ❶Ⓤ风味;滋味;美味;乐趣:eat with great ~ 津津有味地吃/She savoured the joke with ~. 她对这个笑话很感兴趣。❷Ⓤ兴趣;吸引力;感染力:Routine office job have no ~ at all for me. 我对坐办公室那种刻板的工作毫无兴趣。❸ⓊⒸ开胃小菜;调味品:cucumber,sweet corn,etc. ~ 黄瓜、甜玉米等调味品 Ⅱ. (~ed[-t]) *vt.* ❶津津有味地吃;品味;欣赏;品尝:~ one's food 津津有味地吃东西 ❷喜欢,爱好…:I don't ~ having to get up so early. 我可不乐意这么早起床

re·luc·tance [rɪˈlʌktəns], **reluctancy** [rɪˈlʌktənsɪ] ([反]willingness) *n.* Ⓤ厌恶,嫌恶,讨厌;勉强,不愿:She made a great show of ~, but finally accepted our offer. 她对我们的建议表现出极不满意的样子,但最后还是接受了。

R

re·luc·tant [rɪ'lʌktənt] adj. ([反]eager, willing)不情愿的;勉强的;厌恶的:She was very ~ to admit the truth. 她很不情愿地承认了这个事实。

re·ly [rɪ'laɪ] (relies [-z]; relied) vi. ❶ ([近]depend)依赖;依靠;依仗:She cannot be relied on to tell the truth. 别指望她能说真话。/Nowadays we increasingly ~ on computers to help us. 现今我们越来越依赖计算机协助工作。❷信任,信赖;对…有信心:I ~ upon you to finish the work today. 我相信你今天能完成这个任务。

re·main [rɪ'meɪn] (~s[-z]) vi. ❶剩下;剩余;遗留:After the fire, very little ~ed of my house. 火灾过后,寒舍所剩无几。❷尚待…;留待…:It ~s to be seen whether you are right. 你是否正确,以后可见分晓。❸停留;逗留;留下:I ~ in London until May. 我在伦敦一直到五月。❹仍然是;保持不变:In spite of their quarrel, they ~ed the best of friends. 他们尽管吵过架,却仍不失为最好的朋友。

re·main·der [rɪ'meɪndə(r)] (~s[-z]) n. ❶([近]rest)[常用the ~]剩下的人、事物(或时间);剩余部分:Ten people came, but the ~ stayed away. 来了 10 个人,其余的没来。❷Ⓒ【数】差数;余数 ❸Ⓒ(因滞销而积压的)剩余图书:dispose of the ~s 处理剩书

re·mains [rɪ'meɪnz] n. [常用作复数,也可用作单数] ❶剩余物;残余:The ~ of the supper were take away. 晚餐吃剩的东西被收去了。❷废墟,遗址;遗迹:the ~ of an abbey (of ancient Rome) 寺院(古罗马)的遗迹 ❸遗迹;遗骸:His mortal ~ are buried in the churchyard. 他的遗体埋葬在教堂的墓地里。❹遗稿;(古代作家)尚存的遗作

re·mark [rɪ'mɑ:k] Ⅰ. (~ed[-t]) vt. ❶谈论,评论;叙述:Critics ~ed that the play was not original. 评论家指出该剧缺乏创意。❷注意到;察觉:~ the likeness between father and son 注意到父子之间的相似之处 vi. 评论,谈论:I couldn't help ~ing on her youth. 我脱口而出说她那么年轻。Ⅱ. n. ❶Ⓒ评论;评述;注意;察觉:In the light of your ~s, we rejected her offer. 鉴于你的评语,我们拒绝了她的提议。❷Ⓤ注意;觉察:Nothing worthy of ~ happened. 没有什么值得注意的事。

re·mark·a·ble [rɪ'mɑ:kəbl] adj. 值得注意的;不寻常的;独特的:a ~ person (feat, event, book)出类拔萃的人(非凡的业绩、引人瞩目的事件、特别好的书)

rem·e·dy ['remɪdɪ] Ⅰ. (remedies [-z]) n. ❶ⓊⒸ治疗;治疗(法),药物:The ~ seems worse than the disease. 这种疗法比病本身更让人难受。❷Ⓒ[喻]矫正(法),改善法:He found a ~ for his grief in constant hard work. 他找到了排忧解愁的方法,就是一刻不停地工作。Ⅱ. (remedies [-z]; remedied) vt. ❶治疗;医治 ❷纠正;补救:~ injustices (mistakes, losses, deficiencies) 消除不公(纠正错误、弥补损失、克服缺点)

re·mem·ber [rɪ'membə(r)] (~s[-z]; ~ing[-rɪŋ]) vt. ❶([反]forget)想起;记起;忆起:I can't ~ his name. 我想不起他的名字了。❷记住;牢记;不忘:Remember to lock the door. 别忘了锁门。❸给(某人)小费:Please ~ the waiter. 别忘了给服务员小费。❹提及,纪念(某人)(尤指在祈祷中):a church service to ~ the war dead 为纪念战争中的死难者而举行的宗教仪式 ❺代…致意;代…问好:He asked me to ~ him to you. 他要我代他向你问好。vi. 记得;记起;记住:If I ~ rightly the party starts at 8 p.m. 我记得聚会是在晚上 8 点开始。

re·mem·brance [rɪ'membrəns] (~s[-z]) n. ❶Ⓤ记忆;回忆;记性:have no ~ of sth. 不记得某事 ❷Ⓒ纪念物;纪念品:He sent us a small ~ of his visit. 他送给我一件他观光的小纪念品。❸[用复数]问候;致意:Give my kind ~s to all the comrades. 请代我向全体同志问好。

re·mind [rɪ'maɪnd] (~ed[-ɪd]) vt. 提醒;使记起;使想起:Remind me to answer that letter. 提醒我回复那封信。vi. 提醒

re·mind·er [rɪ'maɪndə(r)] (~s[-z]) n. Ⓒ ❶提醒者;提醒物;令人回忆的东西 ❷([近]hint)提示;暗示:send (或give) sb. a gentle ~ 婉言提醒某人

re·mit [rɪ'mɪt] (remitted; remitting) vt. ❶汇(款);汇寄;寄运:~ a cheque 汇寄支票 ❷宽恕;赦免;免除:~ a tax 免除捐税 ❸缓解;减轻:~ pain 缓解疼痛 vi. 汇款;邮汇付款

rem·nant ['remnənt] n. Ⓒ ❶剩余的小部分,残余物;余下的数量:~s of a meal 残羹剩饭 ❷遗留物;遗迹:~s of one's former glory 自己过去的光荣见证 ❸(削价出售的)零头布;零料;a ~ sale 布头的减价出售

re·mote [rɪ'məut] (~r; ~st 或 more ~; most ~) adj. ❶([近]distant, far)遥远的;偏僻的:a ~ region (village, farmhouse) 偏僻的地区(村子、农舍) ❷很长久的;很久远的:in the ~ past 在遥远的过去 ❸(亲属关

系)远的;a ~ ancestor of mine 我的远祖 ❹ 冷淡的;疏远的;漠不关心的:be ~ and cold in one's manner 态度冷淡 ❺微小的;轻微的: a ~ possibility 微乎其微的可能性 ❻【计】远程的;遥控的

re•mov•al [rɪˈmuːvl] (~s[-z]) *n.* Ⓤ Ⓒ ❶ 移动;迁移;迁居:a ~ to a new house 迁入新居 ❷除掉;排除:the ~ of obstacles 障碍的排除 ❸撤换;免职

re•move [rɪˈmuːv] Ⅰ. (~s[-z];removing) *vt.* ❶([近]take off,shift)移走;移开: The statue was ~d to another site. 塑像被挪到另一地方。❷免去(某人的职务等):He was ~d from his position as chairman. 他被撤去主席的职务。❸脱下;摘下:~ one's hat 摘下帽子 ❹去掉;消除:She ~d her make-up with a tissue. 她用纸巾擦掉脂粉。/~ doubts from sb.'s mind 消除某人的疑虑 *vi.* 移居;迁移:We are removing from London to the country. 我们正从伦敦迁往乡下。Ⅱ. (~s[-z]) *n.* Ⓒ ❶距离;间隔;间距:Your story is several ~s from the truth. 你的说法与事实有些距离。❷迁居;搬家;迁移 ❸[英](学校中学生的)升级;(某些学校的)年级

ren•der [ˈrendə(r)] *vt.* ❶([近]give)把…还给;回报;报答:~ homage (obedience,allegiance)表示敬意(顺从、效忠)/~ good for evil 以德报怨 ❷递交;开出(账单):account ~ed £50 开出 50 英镑的账单 ❸使(某人,某物)处于某种状态:Your action has ~ed our contract invalid. 你们的这种做法导致双方的合同失效。❹演奏;演出;扮演;表现:The artist had her gentle smile perfectly. 该艺术家把她那温柔的笑容表现得惟妙惟肖。❺翻译,移译:Rendering poetry into other language is difficult. 翻译诗歌是很难的。❻【建】在(石或砖上)抹灰泥打底;粉刷 ❼熬化(脂肪等);将…熔炼(down) ❽移交,交出;放弃(up):~ up a fort to the enemy 放弃要塞被敌人占领

ren•der•ing [ˈrendərɪŋ] (~s[-z]) *n.* ❶Ⓒ Ⓤ演奏;演唱;扮演;表演:a moving ~ of a Brahms song 勃拉姆斯歌曲动人的演唱 ❷Ⓒ Ⓤ翻译;译文:exquisite ~s of ancient Chinese verse 中国古诗的精心翻译 ❸Ⓒ(石或砖上)打底的灰泥;底灰

re•new [rɪˈnjuː] *vt.* ❶翻新;更新:~ worn tyres 更换磨损的轮胎 ❷赋予…新的生命或活力;使复原:The brandy ~ed his strength. 他喝了白兰地后就又恢复了体力。❸重新(或开始)做(某事);恢复:~ one's efforts to break a record 为破纪录而再接再厉 ❹重复;

重申;重建:I ~ed my offer of help. 我重申愿给予帮助。❺使…延期;续期;延长;延伸: ~ a passport (lease,contract) 延长护照(租约、合同)的期限

re•nown [rɪˈnaʊn] *n.* ([近]fame)Ⓤ名誉;声望;win ~ 获得声誉/an artist of great ~ 极有名望的艺术家

rent[1] [rent] *n.* Ⓒ ❶(衣服等的)破裂处;裂缝;缝隙:mend a ~ in a sleeve 缝补衣袖上的裂缝/The sun shone through a ~ in the clouds. 太阳透过云间的缝隙照射出来。❷[喻](意见等的)分歧,不合

rent[2] [rent] Ⅰ. *n.* Ⓤ Ⓒ 租金;地租;房租;租费:Rents are going up again. 租金又涨了。Ⅱ. (~ed[ˈ-ɪd]) *vt.* ❶租借,租用:Do you own or ~ your video? 你的录像机是自己的,还是租来的? ❷把…出租给(某人);以一定租金出租:Mr. Hill ~s this land (out) to us at £500 a year. 希尔先生把这块地租给我们,租金每年 500 英镑。*vi.* 出租:The building ~s at £5,000 a year. 这座建筑物以每年5,000英镑的租金出租。

ren•ter [ˈrentə(r)] (~s[-z]) *n.* Ⓒ ❶租赁人;租户 ❷出租人 ❸[英]影片经销商

re•pair[1] [rɪˈpeə(r)] Ⅰ. (~s[-z];~ing[-rɪŋ]) *vt.* ❶修理,修补;修缮:I must have my car ~ed. 我必须把车送去修理。❷纠正;修正;补救:Can the damage done to international relations be ~ed? 国际关系受到的损害还能够弥补吗? Ⅱ. (~s[-z]) *n.* ❶Ⓤ修理,修补:The vase was beyond ~. 这个花瓶已不能修理了。❷Ⓒ[常用复数]修理工程;修理工作:The shop is closed for ~s. 该店停止营业进行整修。

re•pair[2] [rɪˈpeə(r)] *vi.* [书](大伙儿)去;赴;经常去:~ to seaside resorts in the summer 经常前往海滨胜地避暑

re•pay [rɪˈpeɪ] (~s[-z];repaid) *vt.* ❶付还;偿还:If you lend me £5, I'll ~ it to you tomorrow. 你要是借给我 5 英镑,我明天就还给你。❷报答,回报(某人):How can I ever ~ (you for) your kindness? 我怎样能报答你的恩惠呢?

re•peal [rɪˈpiːl] Ⅰ. (~s[-z]) *vt.* ([近]abolish)撤销(决议等);废除(法令等);取消 Ⅱ. (~s[-z]) *n.* Ⓒ Ⓤ废除;撤销;撤回

re•peat [rɪˈpiːt] Ⅰ. (~ed[-ɪd]) *vt.* ❶重复;重做;重申:~ a demand 重复一个要求/Am I ~ing myself? 我以前说过这件事吗? ❷使重复发生;使反复出现:History will not ~ itself. 历史不会重演。❸复述,背诵:Re-

peat the oath after me. 跟着我宣誓。❹向（某人）转述 *vi.* ❶（食物）留有余味：Do you find that onions ~（on you）? 你感觉到吃洋葱后口中留有余味吗？❷重复说（或做）：His language won't bear ~*ing*. 他的话别人实在说不出口。Ⅱ. *n.* ⓒ❶ 重复；反复；复述；背诵：a ~ performance（showing）重演（重映）❷【音】反复记号

re·peat·ed [rɪ'piːtɪd] [无比较等级] *adj.* 反复的；再三的；屡次的；重复的：~ blows（warnings, accidents）多次的打击（警告、事故）

re·pent [rɪ'pent]（~ed[-ɪd]）*vt.* 后悔；悔悟：He bitterly ~ed his folly. 他对自己干的蠢事后悔至极。*vi.* 后悔；【宗】忏悔：*Repent* and ask her forgiveness. 你要忏悔，请求她的宽恕。

rep·e·ti·tion [ˌrepɪ'tɪʃən]（~s[-z]）*n.* ❶ Ⓤⓒ重复；反复；重做；背诵：learn by ~ 反复学习／Let there be no ~ of this behaviour. 别再干这种事了。❷ⓒ复制件；副本；拷贝：a ~ of a previous talk 前次会谈的副本

re·place [rɪ'pleɪs]（~s[-ɪz]；~d[-t]）replacing）*vt.* ❶把…放回原处；送还：~ the book on the shelf 把书放回书架上 ❷代替；取代：His deputy ~d him as leader. 他的副手接替他当了领导。❸更换；替换：~ a broken window with a new one 用新窗户更换破了的窗户

re·place·ment [rɪ'pleɪsmənt] *n.* ❶Ⓤ代替；更换：the ~ of worn parts 磨损零件的更换 ❷ⓒ代替者；替换物：find a ~ for Sue while she is ill 苏珊生病时找个代她工作的人

re·ply [rɪ'plaɪ] Ⅰ.（replies [-z]；replied）*vi.* ❶回答；答复：I don't know what to ~. 我不知该回答什么。❷（以行动）回应；作答；回击：He *replied* with a nod. 他点头作为回答。*vt.* 回答：Not a word did he ~. 他一句话也没有回答。Ⅱ.（replies [-z]）*n.* ⓒ回答；答复：She made no ~. 她没有回答。

re·port [rɪ'pɔːt] Ⅰ.（~ed[-ɪd]）*vt.* ❶（以口头或书面形式）报告；报道；记述；叙述：~ a debate 报道辩论情况／Tom ~ed his discoveries to the professor. 汤姆向教授汇报了自己的发现。／She ~ed that she had seen the gunman. 她叙述说曾看见那持枪歹徒。❷公布；发布；宣告：They ~ed sighting the plane. 他们宣称看见了那架飞机。❸向…报告；告状；举报：~ sb.'s lateness to the manager 向经理告发某人迟到一事 ❹使报到；使复命；宣布；表明：The officer ~ed his men in position. 那军官报告其部下已到位了。*vi.* ❶

报告；汇报；报道：~ on recent developments 报告近况／~ on progress made 报告取得的进展 ❷报到：~ for duty at 7 a.m. 上午7点钟报到上班 Ⅱ. *n.* ❶ⓒ 报告；报道；消息：reliable（conflicting, detailed）~s 可靠的（互相矛盾的、详细的）报道 ❷ⓒ（学生）成绩报告单；（雇员的）工作鉴定书：a school ~ 学生成绩报告单 ❸Ⓤⓒ传闻；谣言；道听途说：I have only ~s to go on. 我的依据只是传闻而已。❹Ⓤ名誉；名声：be of good ~ 名声好 ❺ⓒ爆炸声；爆裂声：The tyre burst with a loud ~. 轮胎砰的一声巨响爆裂了。

re·port·er [rɪ'pɔːtə(r)]（~s[-z]）*n.* ⓒ❶报告人；汇报人 ❷记者；新闻通讯员：press ~s 报刊记者／an on-the-spot ~ 现场记者

rep·re·sent [ˌreprɪ'zent]（~ed[-ɪd]）*vt.* ❶（在绘画、雕塑或戏剧中）表现；描绘；塑造：The painting ~s scene of a bumper harvest. 这幅画描绘丰收的景象。❷代表；象征；标志：What does "x" ~ in this equation? 这个方程式中的"x"代表什么？❸作为…的代表；做…的代理：The Queen was ~ed at the funeral by the British ambassador. 英国大使代表女王参加了葬礼。❹是…的结果；相当于；意味着：This new car ~s years of research. 这种新型汽车是多年研究的成果。❺把…叙述为…；主张；声称：He ~ed himself as an expert. 他把自己说成是专家。❻向（某人）诉说；愤怒地指出：They ~ed their grievances to the governor. 他们向总督申斥冤情。❼演出；扮演

rep·re·sen·ta·tion [ˌreprɪzen'teɪʃən]（~s[-z]）*n.* ❶Ⓤ表现；表示 ❷ⓒ被表现之物；（尤指）图画；雕塑；戏剧：stained-glass ~s of saints 彩色玻璃的圣徒画像 ❸Ⓤ代表；代理；代表权：The firm needs more ~ in China. 这家公司需要在中国多设代理机构。❹ [常作复数]申述；抗议；呼吁：The ambassador made forceful ~s to the White House. 该大使向白宫提出了强烈抗议。❺Ⓤⓒ上演；演出；扮演：an excellent ~ of *The Teahouse* 《茶馆》的精彩演出

rep·re·sent·a·tive [ˌreprɪ'zentətɪv] Ⅰ. *adj.* ❶描写的；表现的；表示的：a narrative ~ of army life 描写军队生活的故事 ❷（[近] characteristic）有代表性的；典型的：samples ~ of the latest industrial development 代表工业上最新发展的样品 ❸代表的；代议制的；代理的：~ organs 代表机关／~ elections（governments, institutions）代议制的选举（政府、机构）Ⅱ.（~s[-z]）*n.* ⓒ❶典型事例；有代表性的人（或事物）：Many ~s of the older generation were there. 老一辈的各类人都在那里。❷代理商;代理人:act as sole ~s of oil company 充当石油公司的总代理 ❸代表他人的人;(被选入立法机构的)代表:Queen's ~ at the ceremony 参加典礼的女王代表/our ~ in the House of Commons 我们在下议院的代表

re·press [rɪˈpres]（~es[ˈ-ɪz];~ed[-t]）*vt*.❶([近]restrain)抑制;压抑(感情等);压制,压迫:~ an urge to scream 强忍着不喊出来/His childhood was ~ed and solitary. 他童年经受了压抑和孤独。❷镇压;平息(暴乱等):All protest is brutally ~ed by the regime. 一切抗议活动都遭到当局的野蛮镇压。

re·proach [rɪˈprəʊtʃ] **I**.（~es[-ɪz]）*n*.❶([近]blame)Ⓤ责备;斥责;指责:a word (look,sigh) of ~ 责备的话(目光、叹息)❷Ⓒ责备的话;责骂:heap ~es on sb. 对某人诸多指责 ❸Ⓤ耻辱;丢脸:bring ~ upon oneself 给自己蒙羞 **II**. *vt*. 责备;申斥;指责,非难:She ~ed him for forgetting their anniversary. 她责备他竟把他们的结婚周年纪念日忘了。

re·pro·duce [ˌriːprəˈdjuːs]（~s[-ɪz];~d[-t];reproducing）*vt*.❶复制;复写:This copier can ~ colour photographs. 这台复印机可复制彩色照片。❷繁殖,生殖:Ferns ~ themselves by spores. 蕨类植物用孢子繁殖。❸使再现;放映;播放:The computer ~d the data as a set of diagrams. 计算机用一组图表把那些数据重新显示出来。*vi*.❶被复制;Some colours ~ well. 有的颜色复制效果好。❷繁殖,生殖:How do whales ~? 鲸鱼如何繁殖呢?

re·pro·duc·tion [ˌriːprəˈdʌkʃən]（~s[-z]）*n*.❶Ⓤ复制;重现;翻版:Compact disc recordings gave excellent sound ~. 激光唱片播放的声音保真度很高。❷Ⓒ再生(再现)的东西 ❸Ⓤ繁殖过程:study ~ in shellfish 研究水生有壳动物的繁殖过程 ❹Ⓒ复制品(尤指艺术作品):Is that painting an original or a ~? 那幅画是原作还是复制品?

re·proof [rɪˈpruːf] *n*.（[反]praise）Ⓤ Ⓒ 责备;非难;责备的话语:Tom swept up the broken glass without a word of ~ of his son. 汤姆把碎玻璃打扫干净,没说一句责备儿子的话。

re·prove [rɪˈpruːv]（~s[-z];reproving）*vt*.（[反]praise）责备;指责;谴责:The priest ~d people for not coming to church. 牧师责备那些不做礼拜的人。*vi*. 责备,非难

rep·tile [ˈreptaɪl] **I**.（~s[-z]）*n*.Ⓒ❶爬行动物;[口]爬虫 ❷卑躬屈节的人;卑鄙的人 **II**. *adj*. 爬行的

re·pub·lic [rɪˈpʌblɪk] *n*.Ⓒ共和国;共和政体:the People's *Republic* of China 中华人民共和国/a constitutional ~ 立宪共和国

re·pub·li·can [rɪˈpʌblɪkən] **I**.[无比较等级] *adj*. 共和国的;共和政体的;拥护共和政体的:a ~ party 共和党 **II**.（~s[-z]）*n*.Ⓒ❶拥护共和政体的人;共和主义者 ❷[用Republican][美]共和党党员

rep·u·ta·tion [ˌrepjuˈteɪʃən] *n*.Ⓤ Ⓒ ❶([近]fame)名誉;名声:of high ~ 名誉很好的 ❷好名声;声望:live up to one's ~ 不负盛名 ❸荣誉;信誉;体面;盛名:a person of ~ 有信誉的人;体面的人

re·quest [rɪˈkwest] **I**. *n*.❶([近]asking)Ⓤ Ⓒ 请求;要求;恳求:make repeated ~s for help 一再请求帮助 ❷Ⓒ请求的事;请求的内容:Your ~s will be granted. 你的要求能够获准。❸Ⓤ需要,需求:Walking tractors are in great ~. 手扶拖拉机非常需要。**II**.（~ed[-ɪd]）*vt*.([近]beg,ask for)请求…,恳求:All I ~ed of you was that you came early. 我只要求你早点儿来。/I ~ed him to help. 我请求他帮忙。

re·quire [rɪˈkwaɪə(r)]（~s[-z];requiring）*vt*.❶(不用于进行时态)需要:We ~ extra help. 我们需要额外的帮助。❷命令:I have done all that is ~d by law. 我已按照法律规定把一切做好了。❸(强制性地)要求;规定:"Hamlet"is ~d reading for the course. 《哈姆雷特》为本课程指定读物。❹想要:Will you ~ tea? 你要茶吗?

res·cue [ˈreskjuː] **I**.（~s[-z];rescuing）*vt*.([近]free,save)援救;营救;挽救:Police ~d the hostages. 警方救出了人质。**II**.（~s[-z]）*n*.Ⓤ Ⓒ 营救;搭救;援救:a ~ party 救援队

re·search [rɪˈsɜːtʃ] **I**.（~es[ˈ-ɪz]）*n*.Ⓤ Ⓒ研究;探讨;调查:medical (scientific) ~ 医学(科学)研究/Their ~es have been fruitful. 他们的研究已有成果。**II**. *vi*. 研究;调查;探究:The subject has already been fully ~ed. 这个课题已进行过充分的研究。

re·sem·blance [rɪˈzembləns]（~s[-z]）*n*.Ⓒ Ⓤ ([近]likeness)相似(点);相像:He bears a strong ~ to his father. 他长得很像他的父亲。

re·sem·ble [rɪˈzembl]（~s[-z];resembling）*vt*.([近]be like)与…相似;像:She ~s her brother in looks. 她和她的弟弟长得

很像。

re·sent [rɪ'zent]（~ed[-ɪd]）*vt.*（[近]dislike）对…愤恨；对…不满；怨恨；愤慨：I bitterly ~ your criticism. 我对你批评我的话十分反感。

res·er·va·tion [ˌrezə'veɪʃən]（~s[-z]）*n.* ❶ⓒⓊ保留；限制：I support this measure without ~. 我毫无保留地支持这一措施。❷ⓒ预订；预订的房间（或座位）：Have you made your ~s?你预定好了吗？❸ ⓒ[美]保留地；居留地；专用地；禁猎地

re·serve [rɪ'zɜːv] **I.** （~s[-z]；reserving）*vt.* ❶（[近]hold，keep）留出；储备；留存：*Reserve* your strength for the climb. 留点儿力气准备攀登吧。❷保存；保留（权利等）：The management ~s the right to refuse admission. 资方有权拒绝接纳。❸预订；订购：~ a table for two in the name of Hill 以希尔的名字预订一个双座的桌位 ❹推迟作出；延迟：The court will ~ judgement. 法庭将延期判决。**II.** （~s[-z]）*n.* ❶[近]store]ⓒ 储备（物）；储备量：have great ~s of capital（energy，stock）储备有大量资金（能源、物资）❷ ⓒ[常用复数]后备军；后备队；预备队：commit one's ~s to the battle 将后备役部队投入战斗 ❸ⓒ[体]预备队员；替补队员 ❹ⓒ保留用地；(土著部落的)专用居留地；(尤指)自然保护区 ❺Ⓤ保留；限制条件：We accept your statement without ~. 我们毫无保留地接受你的意见。❻ⓒ底价（尤指拍卖时）：put a ~ of £95,000 on a house 把一所房子的底价定为 95,000 英镑 ❼Ⓤ（言语、行动的）矜持；克制；自制：speak with ~ 说话谨慎

re·served [rɪ'zɜːvd] *adj.* ❶预订的；保留的：~ seats 预定的座位 ❷（[反]unreserved）矜持的；缄默的：a ~ disposition（manner）矜持的性格（态度）

reservoir ['rezəvwɑː(r)]（~s[-z]）*n.* ⓒ❶蓄水池；水库：a storing ~ 贮水池 ❷储蓄；汇集：a ~ of information（facts，knowledge）信息(事实、知识)的蓄积

re·side [rɪ'zaɪd]（~d[-ɪd]；residing）*vi.* ❶（[近]live）定居；居住：~ abroad 住在国外 ❷（权力、权利等）归于，属于：Supreme authority ~s in the State. 最高权力属于国家。

res·i·dence ['rezɪdəns]（~s[-z]）*n.* ❶ⓒ房子；官邸；宅邸：10 Downing Street is the British Prime Minister's official ~. 唐宁街10 号是英国首相的官邸。❷ⓒⒾ居住；居留期间：Foreign visitors are only allowed one month's ~. 外国访客只准逗留一个月。

res·id·ent ['rezɪdənt] **I.** *n.* ⓒ❶居民(非来访者)：local ~s 当地居民 ❷(旅馆的)住宿者：Restaurant open to non-~s. 餐厅对非住宿者开放。❸[英]住院实习医生 **II.** *adj.* 定居的；常驻的：the ~ population of the town 城中的居民人口/be ~ abroad 常驻国外

res·i·den·tial [ˌrezɪ'denʃəl] *adj.* 居住的；住宅的；作住家用的：a ~ area 住宅区

re·sign [rɪ'zaɪn]（~s[-z]）*vt.* ❶放弃；辞去(工作、职位等)：She ~ed her directorship and left the firm. 她放弃了董事职务，离开了公司。❷把…托付给：~ a task to sb. 把任务交给某人 ❸使顺从：The team refused to ~ themselves to defeat. 该队不甘失败。*vi.* 辞职：The Minister ~ed from office. 那部长辞职了。

res·ig·na·tion [ˌrezɪg'neɪʃən]（~s[-z]）*n.* ❶ⓒⒾ放弃；辞职；辞职书：He is considering ~（from the Board）. 他正考虑辞去(委员会中的)职务。❷Ⓤ听任；顺从：accept a failure with ~ 情愿承认失败

*　**re·sist** [rɪ'zɪst] **I.** （~ed[-ɪd]）*vt.* ❶抵抗；对抗；反抗：He was charged with ~ing arrest. 他被控拒捕。❷抵制；抗拒(计划、主张等)：~ the call for reform 抗拒实行改革的号召 ❸抗；耐：~ corrosion（damp，frost，disease）抗腐蚀(防潮、防霜冻、防病)❹经得住；不屈从：~ temptation 经受住引诱/Jill couldn't ~ making jokes about his baldness. 吉尔忍不住拿他的秃顶开玩笑。*vi.* 抵抗，反抗：He could ~ no longer. 他再也抵抗不住了。**II.** *n.* Ⓤ(印染等用的)防染剂

re·sist·ance [rɪ'zɪstəns] *n.* （~s[-z]）❶（[反]submission）Ⓤⓒ 抵抗；对抗：break down（overcome，put an end to）armed ~ 粉碎(战胜、停止)武装抵抗 ❷Ⓤ反抗；抗拒；抵制：make（或 offer，put up）~ to the proposed changes 对改革建议进行抵制 ❸Ⓤ阻力：The firm has to overcome its ~ to new technology. 这家公司必须克服对采用新技术的阻力。❹Ⓤ(对疾病等的)抵抗力；抗力：the body's natural ~ to disease 身体对疾病的自然抵抗力 ❺ Ⓤ[常用 the Resistance]抵抗运动；秘密抵抗组织 ❻Ⓤⓒ【电】电阻；电阻器

res·ist·ant [rɪ'zɪstənt] *adj.* （[反]yielding)抵抗的；对抗的；抗拒的；有阻力的：The transplanted seedlings are ~ to cold weather. 移植的秧苗有抗寒力。

res·o·lute ['rezəl(j)uːt] *adj.* （[反]irresolute)坚决的；坚定的；有决心的：a ~ refusal（approach，measure）断然的拒绝(坚决的手

段、果断的措施)

res·o·lu·tion [ˌrezəˈl(j)uːʃən] (~s[-z]) *n*. ❶([反]uncertainty)Ⓤ坚决；坚定；坚毅：His speech ended on note of ~. 他演讲结束时语调很坚决。❷⒰Ⓒ决定；决心：New Year ~s 新年伊始下的决心 ❸Ⓒ（会议等的）决议，正式决定：a ~ demanding better conditions 要求改善环境的决议 ❹Ⓤ解决；解答：the ~ of a problem（question，difficulty）难题（问题，困难）的解决 ❺⒰Ⓒ【化】分解；解析；【物】（光学仪器的）分辨率

re·solve [rɪˈzɒlv] Ⅰ. (~s[-z]；resolving) *vt*. ❶下决心；决定：She ~d that she would never see him again. 她决心不再见他。❷（议会等）做出…决议；正式决定；表决：The meeting ~d to increase economic aid to developing countries. 会议决定增加对发展中国家的经济援助。❸解决（问题、疑问等）：~ an argument（a difficulty，a crisis）解决争端（困难、危机）❹把…分解为：~ a complex argument into its basic elements 将复杂的论证内容分为若干要点 *vi*. 决心；决意；决定：The assembly has ~d on the construction of a new road. 会议决定辟建一条新道路。Ⅱ. *n*. ❶Ⓤ坚决；坚定；坚毅：be strong in one's ~ 很坚决 ❷Ⓒ决心；决定要做的事：make a ~ not to smoke 决心不吸烟

re·sort [rɪˈzɔːt] Ⅰ. (~ed[-ɪd]) *vi*. ❶经常去；经常到：The police watched the bars which he was known to ~. 警方监视着他常去的酒吧。❷诉诸；凭借 Ⅱ. *n*. ❶Ⓒ游览区，度假胜地：seaside（skiing，health）~s 海滨（滑雪，休养）度假胜地 ❷Ⓤ求助；凭借；采取：talk calmly，without ~ to threats 心平气和地说，不要采取威胁手段 ❸Ⓒ可求助的人（或事物）；采取的应急手段（或对策）：Our only ~ is to inform the police. 我们唯一的办法就是向警方报案。

re·source [rɪˈsɔːs, -ˈzɔːs] (~s[-z]) *n*. ❶Ⓒ[常用复数]资源；物资；财源：Is there any ~ that we have left untapped? 还有什么资源我们尚未发掘吗？❷Ⓤ才智，谋略；机敏；应付对策：a man of great ~ 足智多谋的男子 ❸Ⓒ（紧要关头的）手段；方法；依靠：He has no inner ~s and hates being alone. 他没有内在的精神寄托，因而害怕孤独。❹Ⓒ乐趣；消遣：An only child is often left to his own ~s. 独生子女往往要自寻乐趣。

re·spect [rɪˈspekt] Ⅰ. (~ed[-ɪd]) *n*. ❶Ⓤ尊重，尊敬（for）：I have the greatest ~ for you. 我非常敬重您。❷[用复数]敬意；问候：offer him my ~s 代我向他致意 ❸Ⓤ[口]考虑；重视；关心：pay ~ to the needs of the people 考虑人民的需要；关心人民的疾苦 ❹Ⓒ关系；方面；着眼点：in this one ~ 在这一点上 Ⅱ. *vt*. ❶([近]admire)尊敬；对…表示敬意：I ~ you for your honesty. 由于你为人正直，我对你十分敬重。❷重视；考虑；尊重：~ one's wishes（opinions，feelings）尊重某人的意愿（意见、感情）❸遵守；不妨害：~ a contract 遵守合同

re·specta·ble [rɪˈspektəbl] *adj*. ❶([反]dishonourable)可敬的；体面的；值得尊重的；高尚的；文雅的：a ~ married couple 一对值得尊敬的夫妻/What he did is not quite ~. 他做的事不很体面。❷（质量）过得去的；不错的；（数量）不少的；相当大的；可观的：His work is ~ but not outstanding. 他的工作还不错，但不算突出。

re·spect·ful [rɪˈspektful] *adj*. ([近]courteous，polite)恭敬的；表示尊敬（或尊重）的：Listen in ~ silence. 毕恭毕敬地静听着。

re·spect·ing [rɪˈspektɪŋ] *prep*. ❶关于；至于：laws ~ property 关于财产的法律 ❷由于；鉴于：*Respecting* these facts，a special committee is to be appointed. 由于这些事实，必须成立一个专门委员会。

re·spec·tive [rɪˈspektɪv] [无比较等级] *adj*. ([近]individual) [作定语，置于复数名词之前]各自的；各个的；分别的：They each excel in their ~ fields. 他们在各自领域里都是出类拔萃的。

re·spec·tive·ly [rɪˈspektɪvlɪ] *adv*. 各自地；分别地：We shall discuss the two questions ~. 我们将分别讨论这两个问题。

re·spond [rɪˈspɒnd] (~ed[-ɪd]) *vi*. ❶（[近]reply）回答；作答：She asked where he'd been，but he didn't ~. 她问他到什么地方去了，他却不回答。❷（以动作）对…回应；反击；响应：He ~ed to the insult with a punch. 他对那侮辱报以一拳。❸对…反应灵敏；易为…所控制：The car ~s well to the controls. 这辆汽车操纵灵敏。*vt*. 以…回答：The doctor ~ed that he could not tell the name of her disease. 医生回答说他无法说出她的病名。

re·sponse [rɪˈspɒns] (~s[-z]) *n*. ❶([近]reply，reaction)Ⓒ回答；答复（to）：She made no ~. 她没有回答。❷Ⓒ Ⓤ反应；响应：Her cries for help met with no ~. 她那求救的呼声没有激起任何反应。❸Ⓒ[常用复数]（礼拜时会众对牧师的）应答；唱和

re·spon·si·bil·i·ty [rɪˌspɒnsəˈbɪlɪtɪ] *n*.

❶([反]irresponsibility)Ⓤ责任(心);负责:take(或 assume,accept,bear)full ~ for the consequences 对后果承担全部责任 ❷Ⓒ职责;任务;义务:It's my ~ to lock the doors. 我负责锁门。

re·spon·si·ble [rɪ'spɒnsəbl] *adj*. ❶([反]irresponsible)[作表语]有责任的;应承担责任的:I am wholly ~ for the confusion. 我对此混乱情况负有全部责任。❷(人)可靠的;可信赖的:behave like ~ citizens 做有责任心的公民 ❸(地位、工作等)责任重大的:a highly ~ position(appointment,role)极其重要的职位(职务、职责)❹成为…的原因;应归咎(或归因)于…:Somking is ~ for many cases of lung cancer. 吸烟是许多人患肺癌的致病因素。

re·spons·ive [rɪ'spɒnsɪv] *adj*. ❶回答的;应答的:a ~ smile(gesture)表示回应的微笑(手势)❷反应热烈(或良好)的;反应灵敏的:These brakes should be more ~. 这些制动器应该更灵敏些。

rest¹ [rest] **Ⅰ**. *n*. ❶Ⓤ Ⓒ 睡眠;休息:take a ~ from all your hard work 放下繁重的工作休息一下 ❷Ⓤ安静;安宁;安心;冷静 ❸Ⓤ停止;停顿;静止 ❹Ⓤ(委婉用法)安息;长眠 ❺Ⓒ休息处;住宿处:a seamen's ~ 海员之家 ❻Ⓒ【音】休止(符)❼Ⓒ支承物;支架;支座;托;垫:an arm-~ 扶手 **Ⅱ**. (~ed ['-ɪd]) *vi*. ❶静止;睡眠;停止:~ing from our efforts 工作后休息一下 ❷安心;放心;平心静气:He will never ~ until he knows the truth. 他不获真相是不会安心的。❸中止;平静:The matter cannot ~ here. 事情不能到此为止。❹躺(或倚靠)在(某物)上;靠…支撑:He ~ed against the wall. 他倚靠在墙上。❺依靠;依赖;使依赖:British hopes of a medal ~ed on Ovett. 英国把获得奖牌的希望寄托在奥维特的身上。❻(视线等)凝注;凝视;停留:His eyes ~ed on her face. 他双眼凝视着她的脸。❼(委婉用法)长眠;安息:May he ~ in peace. 愿他安息。❽【农】(土地)休耕 *vt*. ❶使静止;使睡眠;使停止活动(工作):You should ~ your eyes after a lot of reading. 长时间阅读后应该让眼睛休息一下。❷使支撑(在);使搁(在):Rest the ladder against the wall. 把梯子靠在墙上。❸把…寄托(于):~ one's argument on facts 以事实作为论据

rest² [rest] *n*. [the ~]其余部分;其余;其他;其他事物(of):Take what you want and throw the ~ away. 把你要的拿走,剩下的扔掉。

res·tau·rant ['restərɒnt,-rɒn] *n*. Ⓒ饭店;饭馆;餐馆

rest·ful ['restfʊl] *adj*. 宁静的;平静的;让人得到休息的:a ~ Sunday afternoon 可以好好休息一下的星期日下午

rest·less ['restlɪs] *adj*. ❶得不到休息的:spend a ~ night 度过一个不眠之夜 ❷([反]calm)不静止的;永不平静的:the ~ motion of the sea 大海的不停翻腾 ❸不安宁的;烦躁的;焦虑的:The audience was becoming ~. 观众渐渐地不耐烦了。/The children grew ~ with the long wait. 孩子们等了很久便着急了。

re·sto·ra·tion [ˌrestə'reɪʃən] *n*. ❶Ⓤ归还:the ~ of stolen property 失窃财物的归还 ❷Ⓤ复原;恢复;重新采用:the ~ of order after the riots 骚乱之后秩序的恢复 ❸Ⓤ Ⓒ(建筑物、美术品等的)修复;重建;重建物:The castle is largely ~. 该城堡大部分是重建的。❹Ⓒ(绝种动物、已毁建筑物等的)模型

re·store [rɪ'stɔː(r)] (~s[-z]; restoring [-rɪŋ]) *vt*. ❶还给;归还:Police ~d the stolen jewels to the showroom. 警方将被盗的珠宝交还给了陈列室。❷使恢复;使复原;使复位:Law and order were quickly ~d after the riots. 骚乱过后很快恢复了治安。❸修补;使重建;修复:~ an ancient text 校勘古本

re·strain [rɪ'streɪn] *vt*. ([近]keep,prevent)❶抑制;管制:The police had difficulty in ~ing the crowd from rushing on to the pitch. 警方难以阻止人群涌入球场。❷限制;约束:~ trade 限制贸易

re·straint [rɪ'streɪnt] *n*. ❶([反]freedom)Ⓤ Ⓒ抑制;约束;管制;管制措施;约束力:submit to ~ 忍受束缚/the ~s on the family budget of a limited income 有限的收入对家庭开支预算的约束 ❷Ⓤ克制;节制;适度

re·strict [rɪ'strɪkt] (~ed[-ɪd]) *vt*. ([近]limit)限制;约束;限定:measures ~ing one's freedom(authority,right)限制自由(权力、权利)的措施/Speed is ~ed to 30 mph in towns. 市内车速每小时不可超过30英里。

re·stric·tion [rɪ'strɪkʃən] (~s[-z]) *n*. Ⓤ Ⓒ限制;约束;约束性规定:There are currency ~s on the sums allowed for foreign travel. 到国外旅行允许携带的款额有所限制。

re·sult [rɪ'zʌlt] **Ⅰ**. *n*. ❶Ⓤ Ⓒ结果;效果;成果;成效:My investigations were without ~. 我的调查毫无结果。❷Ⓒ(运动、竞赛、考试等的)比赛结果;比分;成绩:announce the ~s of an election 宣布选举结果 ❸Ⓒ【数】(计算)结果;答案 **Ⅱ**. (~ed[-ɪd]) *vi*.

❶(作为结果)发生;产生:injuries ~ing from a fall 因摔倒而受的伤 ❷终归;导致;引起:Our efforts ~ed in success. 我们的努力终于使我们获得成功。

re•sume [rɪ'z(j)uːm] (~s[-z];resuming) **vt.** ❶([反]cease)重新开始;继续(中断的事情):Resume reading where you left off. 从停下来的地方接着往下读吧。❷重新取得…,重新占有:~ possession of a title 恢复头衔 **vi.** 继续;再开始:Hostilities ~d after a cease-fire. 停火过后,战事再度爆发。

ré•sumé ['rezjuːmeɪ,-zjʊm] **n.** Ⓒ❶摘要;概要;梗概:give a ~ of the meeting 作会议的纪要 ❷[美]履历表,(求职者的)简历

re•tail ['riːteɪl] **Ⅰ. n.** ([反]wholesale) ⓤ零售;零卖:shops for the ~ of leather goods 皮革制品零售店 **Ⅱ. adv.** 以零售方式:Do you buy wholesale or ~? 你是整批买还是零买? **Ⅲ. vt.** ❶零售;零卖:~ cloth at forty cents per yard 以每码 4 角的价格零售布料 ❷传播(闲话、流言蜚语等) **vi.** 零售;零卖

re•tain [rɪ'teɪn] **vt.** ❶([近]keep)保持;保留;保住:Despite losing his job he ~s his pension. 他虽然失去了工作,但仍然享有养老金。❷能记住:She ~s a dear impression of the incident. 她对那件事印象很深。❸止住;保持;容纳:A dyke was built to ~ the floods. 修了一道堤坝挡住洪水。❹(付定金)雇用;聘请(律师等):a ~ing face 聘用定金

re•tell [riː'tel] (~s[-z];retold [ˌriː'təʊld]) **vt.** 再讲;复述:a French fable retold in English 用英语复述的一则法国寓言

re•tire [rɪ'taɪə(r)] (~s[-z];retiring [-rɪŋ]) **vi.** ❶退职;退役;退休:He will ~ from the army next year. 他明年将从部队退役。❷(军队等)撤退:Our forces ~d to prepared position. 我们的部队撤退到既设阵地上。❸退下;退出;引退:After lunch he ~d to his study. 他午饭后就到书房去了。❹[书]就寝 ❺(体育比赛中)主动退出比赛:The boxer ~d from the contest with eye injuries. 该拳击手因眼部受伤而退出比赛。**vt.** 使退职;使退休:I was ~d on full pay. 给我全薪让我退休了。

ri•tired [rɪ'taɪəd] **adj.** ❶[无比较等级]退职的;退休的;退役的:a ~ Civil Servant 退职的公务员 ❷隐僻的;幽静的:a ~ valley 幽谷

re•tire•ment [rɪ'taɪəmənt] **n.** ❶ⓤⒸ退职;退役;退休:There have been several ~s in my office recently. 最近,我办公室里有几个人退休了。❷ⓤ退休时期:He lives in ~ in New York. 他在纽约过退休生活。

re•tir•ing [rɪ'taɪərɪŋ] **adj.** 孤僻的;害羞的;

过隐居生活的:Joanna had a gentle ~ disposition. 乔安娜性格温柔而腼腆。

re•tort [rɪ'tɔːt] **Ⅰ.** (~ed[-ɪd]) **vi.** 回嘴;反驳;反击:~ upon sb. 反驳某人 **vt.** 反驳:He ~ed that it was my fault as much as his. 他反驳说我的错误并不比他的错误小。**Ⅱ. n.** Ⓒⓤ反驳;回嘴;反驳的回答:He made a rude sign by way of ~. 他做出粗鲁动作表示反驳。

re•treat [rɪ'triːt] **Ⅰ.** (~ed[-ɪd]) **vi.** ❶([近]withdraw)撤退;退却;后退:We ~ed half a mile. 我们后撤了半英里。❷退避;避让;退缩:~ from the public eye 避开公众的眼睛 **Ⅱ. n.** Ⓒⓤ❶撤退;退却:The army was in full ~. 军队已全线撤退。❷[the ~]撤退信号:sound the ~ 发出撤退信号 ❸ⓤⒸ退避;隐遁;静居处;隐居处:spend weekends at my country ~ 在我的乡间僻静处过周末

re•turn [rɪ'tɜːn] **Ⅰ.** (~s[-z]) **vi.** ❶回;返回:She ~ed to collect her umbrella. 她回来取伞。❷恢复(原来的活动或情况);回复:The bus service has ~ed to normal after the strike. 罢工结束后,公共汽车恢复了正常的运营。**vt.** ❶带回;归还;放回:I ~ed the letter unopened. 我把那封信原封退回了。❷报答;回报;回礼:I cannot ~ your love. 我无法回报你的爱。❸正式宣布;申报,呈报:~ the details of one's income 申报个人收入细目 ❹产生(利润):Our investment accounts ~ a high rate of interest. 我们的投资项目利润回报很高。❺选举;选出…为议员:Smith was ~ed as MP for Bath. 史密斯当选为巴斯市的议员。❻回答(说);答复;反驳 ❼【体】(板球、网球等)回击(球) **Ⅱ.** (~s[-z]) **n.** ❶ⓤⒸ返回;回来:Welcome the ~ of the delegation. 欢迎代表团归来。❷ⓤⒸ恢复原先的活动(或情况):a ~ to normal working hours 正常工作时间的恢复 ❸ⓤⒸ带回;归还:the ~ of library books 图书馆借阅书籍的归还 ❹Ⓒ回礼;答谢:These flowers are a small ~ for your kindness. 向您献花聊表谢忱。❺Ⓒ(网球等的)回击 ❻Ⓒ[常用复数]赢利;收益:You'll get a good ~ on these shares. 投资这种股票可获优厚利润。❼Ⓒ(正式的)报告;报告书:make one's tax ~ 做所得税的申报 ❽Ⓒ[英口]来回票;往返票:a day-~ to London 去伦敦的当日往返票

re•veal [rɪ'viːl] (~s[-z]) **vt.** ❶([反]conceal,hide)展现;显露出:The open door ~ed an untidy kitchen. 透过敞开的房门可以看见凌乱的厨房。❷显露,透露,揭露,泄露:Her answers ~ed her to be innocent. 她的回答显

示出她无辜。

rev·el [ˈrevl] **I**. (～s[-z]；revel(1)ed；revel(1)ing) *vi*. ❶作乐；狂欢：*revelling* until dawn 狂欢达旦 ❷尽情享受…；沉迷于…(in)：*revelling* in her newfound freedom 充分享受她新获得的自由 **II**. (～s[-z]) *n*. Ⓤ Ⓒ[常用复数]狂欢；欢宴：holding midnight ～s 举行午夜狂欢会

rev·e·la·tion [ˌrevəˈleɪʃən] (～s[-z]) *n*. ❶Ⓤ显露；泄露；透露；揭露：the ～ of his identity 他的身份的暴露 ❷Ⓒ被揭露的内情；被暴露出来的事：scandalous ～s in the press 新闻界对丑闻的揭露

re·venge [rɪˈvendʒ] **I**. *n*. Ⓤ❶报复；复仇；复仇心：take one's ～ on sb. 向某人报仇 ❷(体育比赛中的)雪耻机会：give Leeds their ～ 让利兹队有雪耻机会的比赛 **II**. (～[-ɪz]；revenging) *vt*. 为…报仇；复仇；雪耻；雪恨：～ an injustice(injury，insult)对受到的冤屈(伤害、侮辱)进行报复

rev·e·nue [ˈrevɪnjuː] (～s[-z]) *n*. ❶Ⓤ(国家的)税收：the main source of a country's ～ 一国税收的主要来源 ❷[用复数]各项收入；总收入：the ～s of the city council 市议会的总收入

rev·er·ence [ˈrevərəns] **I**. *n*. ([近]admiration)Ⓤ尊敬；崇敬；敬畏：He removed his hat as a sign of ～. 他脱下帽子表示敬意。**II**. (～s[-ɪz]；～d[-t]；reverencing) *vt*. 尊敬；敬重；崇敬：～ the country's laws 尊重国家法律

rev·erse [rɪˈvɜːs] **I**. *adj*. ❶(与预期的事)相反的；未料到的：～ tendencies(processes)相反的趋势(过程) ❷背面的；反面的：the ～ side of the coin 硬币的背面 **II**. (～s[-ɪz]) *n*. ❶[the ～](与预期的事)相反的事物；未料到的情况：do the ～ of what one is expected to do 做与别人对自己期望相反的事 ❷Ⓒ背；反面；背部：The 50p coin has a crowned lion on its ～. 50便士硬币反面的图案是个戴皇冠的狮子。❸Ⓒ逆转；挫折；不幸；灾难；失利：We suffered some serious ～s. 我们受到一些严重挫折。❹Ⓒ【机】换向装置；回动装置；反向齿轮：The car is in ～. 汽车在往后倒开。**III**. (～s[-ɪz]；～d[-t]；reversing) *vt*. ❶使(某物)颠倒；使翻转：～ the collar on a shirt 把衬衫的领子翻过来 ❷使(车辆)倒退行驶；使…倒转：He ～d the car into a tree. 他倒开车撞到了树上。❸使彻底转变；互换(功能、位置等)：Their situations are now ～d as employee has become employer. 他们双方的地位转换了，雇员成了雇主。❹【律】撤销；

废除(法令等)：～ the decision of a lower court 撤销下级法院的裁决 *vi*. 倒退行驶：The garage is open，so you can ～ in. 车库的门开着呢，你可以倒着开过去。

re·ver·sion [rɪˈvɜːʃən] *n*. ❶Ⓤ(习惯、状况等的)恢复；回复；复原：a ～ to former habits 旧习惯的恢复 ❷Ⓤ Ⓒ【律】(财产等的)归还；复归权；未来所有权；继承权：succeed to an estate in ～ 获得一地产的复归权 ❸Ⓤ【生】回复变异；返祖遗传

***re·view** [rɪˈvjuː] **I**. (～s[-z]) *n*. ❶Ⓒ Ⓤ复查；复阅；重新考虑：The terms of the contract are subject to ～. 合同的条款有待复查决定。❷Ⓤ回顾；检讨；述评：a ～ of the year's sport 全年体育活动回顾 ❸Ⓒ书评，影评；评论性的期刊：The play got splendid ～s. 该剧受到高度的评价。❹Ⓤ Ⓒ(部队、舰队等的)检阅；阅兵(式)：hold a ～ 举行阅兵式 **II**. (～s[-z]) *vt*. ❶再检查；重新考虑；再审：The government is ～*ing* the situation. 政府在重新检讨形势。❷思考；回顾：～ one's successes and failures 反省自己的成败 ❸写书评；批评；评论…：The play was well ～*ed*. 该剧受到好评。❹复习(功课等)：～ last week's lessons 复习上周的功课 ❺检阅(部队)；视察：～ a guard of honour 检阅仪仗队 *vi*. ❶思考；回顾 ❷评论；写书评：She ～s for the "Spectator". 她为《观众》杂志写评论。

re·vise [rɪˈvaɪz] **I**. (～s[-ɪz]；revising) *vt*. ❶修正；改正；校订；复核：～ a manuscript before publication 审校手稿以备出版 ❷[英]温习，复习(功课)：She's *revising* her history notes for the test. 她正在复习历史课笔记以准备测验。**II**. (～s[-z]) *n*. Ⓒ[常作复数](印刷业务中的)再校样，二校样

re·vi·sion [rɪˈvɪʒən] (～s[-z]) *n*. ❶Ⓤ Ⓒ复查；校订；修正：Our budget needs drastic ～. 我们的预算需作重大修改。❷Ⓤ[英]复习，温习 ❸Ⓒ修订本；修订版：submit the ～ of a novel publication 送交小说的修订本准备出版

re·vi·sion·ism [rɪˈvɪʒənɪzəm] *n*. Ⓤ修正主义；修正论

re·vive [rɪˈvaɪv] (～s[-z]；reviving) *vt*. ❶使复活；使苏醒；使振作：She fainted but the brandy soon ～*d* her. 她昏迷了，但喝些白兰地酒就很快醒过来了。❷重新使用(某事物)；使(某事物)恢复活动(或重新流行)：old practices (customs，trends) 恢复旧做法(再兴旧习俗、重现某倾向) ❸重新上演(戏剧、电影等) *vi*. ❶复活；恢复；苏醒：The flowers will ～ in water. 这些花一浇水就能

活过来。❷重新流行

re·volt [rɪˈvəʊlt] I . (～ed[-ɪd]) vi. ❶反抗；造反；起义；反叛：The people ～ed against the military dictator. 人民反抗军事独裁者。❷对…感到不愉快；憎恶，厌恶：Human nature ～s against such cruelty. 人出自本性厌恶这种暴行。vt. 使憎恶，使厌恶：I was ～ed by his dirty habit of spitting. 我很讨厌他随地吐痰的恶习。II . n. Ⓤ Ⓒ 叛乱；反叛；反抗；违抗：quell (put down) a ～ 镇压(平息)叛乱

rev·o·lu·tion [ˌrevəˈluːʃən] n. ❶Ⓤ Ⓒ 革命：He has lived through two ～s. 他经历了两次革命。❷Ⓒ (方法、情况等的)彻底改变；重大变革：Credit cards have brought about a ～ in people's spending habits. 信用卡的使用给人们的消费习惯带来了巨大改变。❸Ⓒ Ⓤ 旋转；运行：the ～ of the earth on its axis round the sun 地球以太阳为轴的旋转

rev·o·lu·tion·a·ry [ˌrevəˈluːʃənərɪ] I . [无比较等级] adj. ❶[作定语]革命的：～ leaders 革命领袖 ❷彻底改变的；重大变革的：Genetic engineering will have ～ consequences for mankind. 遗传工程将对人类产生深远的影响。II . (revolutionaries [-z]) n. Ⓒ 革命者；革命活动家

re·volve [rɪˈvɒlv] (～s[-z]；revolving) vt. ❶绕着…回转；使回转；使旋转：The mechanism that ～s the turntable is broken. 带动转盘旋转的机械装置坏了。❷使沉思；使默想；使再三考虑：～ a scheme 反复思考一方案 vi. ❶旋转；绕转：The earth ～s round the sun. 地球围绕太阳公转。❷沉思；(念头等使人)再三考虑：Ideas ～d in his mind. 他思考再三。

re·volv·er [rɪˈvɒlvə(r)] (～s[-z]) n. Ⓒ ❶左轮手枪 ❷旋转者；旋转式装置

re·ward [rɪˈwɔːd] I . (～s[-z]) n. ❶([反]punishment) Ⓤ Ⓒ 报案；报偿：work without hope of ～ 没有希望获得报偿的工作 ❷Ⓒ 报酬；酬金；奖金；奖赏：A ￡100 ～ has been offered for the return of the stolen painting. 悬赏 100 英镑寻找失窃的画。II . (～ed[-ɪd]) vt. 报答；酬劳；奖赏：Is this how you ～ me for helping? 你就这样报答我对你的帮助吗？

rhyme [raɪm] I . (～s[-z]) n. ❶Ⓤ 韵；韵脚(指在诗句中末尾相同的音韵，如：day 和 away，puff 和 rough) ❷Ⓒ 押韵词；同韵词 ❸Ⓒ 押韵诗；韵文；韵律：Can you put that into ～? 你能把它改写成韵文吗？II . (～s[-z]；

rhyming) vt. & vi. 押韵；使…押韵(with)

rhythm [ˈrɪðəm] (～s[-z]) n. ❶Ⓒ Ⓤ 节奏；节律；韵律：Latin-American ～s 拉丁美洲的音乐节奏 ❷Ⓤ 节奏感：a natural sense of ～ 天生的节奏感 ❸Ⓤ Ⓒ (事件或过程)有规律的反复出现：the ～ of the tides (seasons) 潮汐的涨落(四季的循环)

rib [rɪb] I . (～s[-z]) n. ❶Ⓒ (人、动物的)肋骨；肋条：broken (fractured，bruised) ～s 折断的(断裂的、挫伤的)肋骨 ❷Ⓒ (肋部的)排骨：barbecued spare-～s 烤猪排骨 ❸Ⓒ 肋骨状物：the ～s of an umbrella (a fan) 伞骨(扇骨) ❹Ⓤ Ⓒ (针织物的)凸起条纹；罗纹 II . (～s[-z]；ribbed；ribbing) vt. ❶加肋于 ❷在…上织罗纹 ❸逗弄；戏弄：She was constantly ribbed about her accent. 人家总拿她的口音开玩笑。

rib·bon [ˈrɪbən] (～s[-z]) n. ❶Ⓒ Ⓤ (丝、尼龙等的)捆扎带；装饰带：Her hair was tied back with a black ～. 她的头发用黑缎带扎在后面。❷Ⓒ (奖章、勋章、勋位等的)绶带；勋带，勋表 ❸Ⓒ (打字机等的)色带 ❹[用复数]碎布条：The wind tore the sail to ～s. 大风把帆刮成了碎片。

rice [raɪs] n. Ⓤ ❶稻；稻米 ❷大米；米饭：a bowl of ～ 一碗米饭/～ pudding 大米布丁

rich [rɪtʃ] adj. ❶([近]wealthy)富的；富裕的；富有的；有钱的：a ～ film star 很有钱的电影明星 ❷贵重的；昂贵的；华丽的；豪华的：～ clothes (furnishings) 华丽的衣服(豪华的家具) ❸丰富的；富饶的；多产的：Oranges are ～ in vitamin C. 橙子含有丰富的维生素 C。❹肥沃的；繁茂的；丰产的：～ soil 沃土 ❺(食物)营养价值高的；油腻的；味浓的；有味道的：(香味)强烈的；芳醇的：a ～ fruitcake 油腻的水果蛋糕 ❻(色彩)鲜艳的；(声音)深沉的；洪亮的：cloth dyed a ～ purple 被染成深紫色的布

riches [ˈrɪtʃɪz] n. ([反]poverty)财富；财产；富有：He claims to despise ～. 他声称视财富为粪土。

rid [rɪd] (rid 或 ridded [-ɪd]；ridding) vt. 使摆脱；使去掉；除去：～ the world of famine 使世界不再有饥荒

rid·den [ˈrɪdn] I . ride 过去分词 II . adj. [常构成复合词]受…支配的，受…控制的；横行的：a flea-～ bed 满是跳蚤的床/crisis-～ 充满危机的/guilt-～ 罪孽深重的

rid·dle¹ [ˈrɪdl] (～s[-z]) n. Ⓒ ❶谜；谜语：propose a ～ 出谜/She talks in ～s—it's very difficult to know what she means. 她说话含

糊其辞——实在令人费解。❷难以捉摸的人；莫名其妙的事物：She's a complete ～,even to her parents. 她是个很难了解的人，连她父母都无法了解她。

rid·dle² ['rɪdl] **Ⅰ**. (～s[-z]) **n**. ⓒ(筛谷物、砂石等的)粗筛 **Ⅱ**. (～s[-z]; riddling) **vt**. ❶用粗筛筛(谷物、砂石等) ❷将…打得满是窟窿(with)：The roof was ～d with bullet holes. 房顶满是子弹打的窟窿。❸[常用被动结构]充斥，布满：They are ～d with disease. 他们饱受病痛之苦。

*   **ride** [raɪd] **Ⅰ**. (rode; ridden; riding) **vi**. ❶骑(马、自行车等)：*riding* on her father's shoulders 骑在她父亲的肩上 ❷搭乘(交通工具)；乘(汽车等)：You ～ in the back of the car with your brother. 你跟你弟弟坐汽车的后座。❸经常骑马外出(消遣等)：She hasn't been out *riding* since the accident. 她自从出了事故以后，一直没有骑马外出过。❹漂游；航行：The ship *rode* on the waves. 船乘浪前进。**vt**. ❶骑(马等)；乘(车等)：～ one's horse at the enemy 策马向敌人冲去 ❷骑马(或搭乘交通工具)通过(某处)：I've been *riding* these trails for 40 years. 我40年来一直骑自行车走这条小路。❸漂浮于(水等)之上；漂流于…之上；乘(风、浪等) ❹缠住…；控制；压制，骑在…的头上：Don't ～ me. 别缠住(或欺负)我。**Ⅱ**. **n**. ⓒ❶乘骑(马、自行车、摩托车等)；搭乘；骑马(乘车)旅行：We went for a ～ in her new car. 我们坐了一趟她的新汽车。❷乘坐汽车时的感觉：The luxury model gives a smoother ～. 坐这种豪华型汽车感觉很平稳。❸可供骑行(通常指骑马)的小路(尤指林间小道)

rid·er ['raɪdə(r)] **n**. ⓒ❶骑马(或骑自行车等)的人：She's no ～. 她不善骑马。❷(供述、裁定等后面)附加的评论；附文：We should like to add a ～ to the previous remarks. 我们想在原有的意见后面再加上一条。

ridge [rɪdʒ] **Ⅰ**. (～s['-ɪz]) **n**. ⓒ❶脊；脊梁；脊状物：the ～ of a roof 屋脊 ❷山脊；山脉；分水岭 ❸【气】(天气图上的)高压脊 **Ⅱ**. (～s[-ɪz]) **vt**. 给…加脊状物；使…成脊状：a slightly ～d surface 略呈脊状的表面

ri·di·cule ['rɪdɪkjuːl] **Ⅰ**. **n**. ([反]praise) ⓤ嘲弄；戏弄；嘲笑：He's become an object of ～. 他成了大家嘲笑的对象。**Ⅱ**. (～s[-z]; ridiculing) **vt**. 嘲弄；嘲笑：The opposition ～d the government's proposals, saying they offered nothing new. 反对派揶揄政府的建议，说成是老调重弹。

ri·dicu·lous [rɪ'dɪkjʊləs] **adj**. ([近]funny)可笑的；荒唐的；荒谬的：You look ～ in those tight jeans. 你穿上那紧身牛仔裤样子真可笑。

ri·fle¹ ['raɪfl] **Ⅰ**. (～s[-z]) **n**. ⓒ步枪；来复枪：an automatic ～ 自动步枪 **Ⅱ**. (～[-z]; rifling) **vt**. 在(枪管)内制出来复线

ri·fle² ['raɪfl] (～s[-z]; rifling) **vt**. 搜劫，抢劫；掠夺：The safe had been ～d and many documents taken. 保险箱遭到搜劫，许多文件被盗走了。

*   **right¹** [raɪt] **Ⅰ**. **adj**. ([反]left)右边的；右方的：In Britain, we drive on the left side of the road, not the ～ side. 在英国，车辆靠路的左侧行驶，而不是靠右侧行驶。**Ⅱ**. **adv**. 向右；往右：Turn ～ at the end of the street. 在这条街的尽头向右拐。**Ⅲ**. **n**. ❶ⓤ右边；右面；右方：the first turning on the ～ 向右转的第一个弯 ❷ⓒ右手；右手拳：Defend yourself with your ～. 要用右手护卫自己。❸[the ～](政党或团体的)右翼，右派

*   **right²** [raɪt] **Ⅰ**. **adj**. ❶对的；正确的；准确的：Did you get the answer ～? 你找到正确答案了吗？❷正当的；正义的；符合要求的：You were quite ～ to refuse. 你予以拒绝是正当的。❸([近]proper)最切合实际的；最适宜的；最恰当的：He is the ～ man for the job. 他做这工作最适合。❹如实的；真正的；名副其实的：give a ～ account of sth. 如实地叙述某事 ❺正(面)的；the ～ side of a fabric 织物的正面 ❻[英口]十足的；完全的(尤用于含贬义的词组)：You made a ～ mess of that! 你把那事完全弄糟了！**Ⅱ**. **adv**. ❶(位置、时间)准确地；直接地：go ～ home 直接回家 ❷([近]directly)从头到尾；彻底地；完全地：Go ～ to the end of the road. 一直走到这条路的尽头。❸([近]correctly)正确地；令人满意地；恰当地：Nothing seems to be going ～ for me at the moment. 我现在好像事事不顺心。❹立即；马上：I must answer that phone, and I'll be ～ back. 我得去接电话，马上就回来。**Ⅲ**. **n**. ❶ⓤ正确；正当；公正；正义：You did ～ to tell me the truth. 你把真相告诉了我，这事做得对。❷ⓒⓤ权利，依法可做的事：What ～ have you to do that? 你有什么权利做那事？❸[用复数]专有权；法定授权力，正当要求：the film (translation) ～s (of a book)(某书的)改编成电影的制片权，翻译权 **Ⅳ**. (～ed[-ɪd]) **vt**. ❶使…回到正确位置；弄直；扶正：The ship ～ed itself after the big wave had passed. 大浪过后，船又平稳了。❷改正；矫正；纠正：The fault will ～ itself if you give it time. 只要过一些时候,这个毛病就能自行更正了。

right·eous ['raɪtʃəs] [无比较等级] *adj.* ❶ 正直的;公正的:a ~ man 一个正直的人 ❷ 正义的;正当的:~ anger(或 indignation,wrath)义愤

right·ful ['raɪtf(ʊ)l] [无比较等级] *adj.* [作定语] ❶([反]unlawful)正当的;合法的:a ~ claim 正当的要求 ❷正义的,公正的:~ action 正义的行动 ❸恰当的;合适的:proceed in the ~ order 按合适的顺序进行

rig·id ['rɪdʒɪd] *adj.* ❶([反]flexible)坚硬的;不弯曲的;刚性的:a ~ support of tent 帐篷坚硬的支柱 ❷严格的;苛严的 ❸坚强的;不变的:a man of very ~ principles 原则性很强的人

rim [rɪm] Ⅰ.(~s[-z]) *n.* ⓒ❶(尤指圆形物的)边;缘;(眼镜等的)框边:the ~ of a cup(bowl)杯(碗)的边 ❷边缘:close to the ~ of war 接近战争边缘 ❸(车轮的)轮缘;外轮;轮圈 Ⅱ.(~s[-z];rimmed;rimming) *vt.* 给…镶边;形成…的边缘:Mountains *rimmed* the valley. 群山环绕着这个山谷。

ring¹ [rɪŋ] Ⅰ.(~s[-z];rang [ræŋ];rung [rʌŋ]) *vi.* ❶(铃、钟等)响;鸣;摇铃;敲钟:The metal door *rang* as it slammed shut. 金属门猛一关上时发出吭的响声。❷鸣铃召唤:~ for the maid(for room service)按铃召唤女仆(召唤客房用餐服务部)❸(声音等)响着:The playground *rang* with children's shouts. 游戏场上到处是儿童的喊叫声。❹回响;响彻:The music was so loud;it made my ears ~. 音乐的声音太大了,把我耳朵震得直响。❺产生某种声音效果;听起来:His story may seem incredible,but it *rang* true. 他说的事情尽管难以置信,但听起来却似有其事。*vt.* ❶按(铃);摇(铃);敲(钟等):~ the bell for school assembly 敲钟通知全校集合 ❷给…打电话:*Ring* the airport and find out when the plane leaves. 给机场打个电话,问清楚什么时候起飞。❸敲钟报时:~ the hours but not the quarters 每小时响一次而不是每刻钟响一次 Ⅱ.(~s[-z]) *n.* ❶[用 a ~,the ~](钟、铃等的)鸣声;响声:the ~ of church bells 教堂钟声 ❷ⓒ鸣(钟),按(铃):There was a ~ at the door. 有人按门铃。❸[用 a ~,the ~](声音等的)特质;腔调:That has a ~ of truth about it. 那件事听起来像是确有其事。❹ⓒ电话;通话:I'll give you a ~ tomorrow. 我明天给你电话。

ring² [rɪŋ] Ⅰ.(~s[-z]) *n.* ⓒ❶环;圈;环形物:a key ~ 钥匙环 ❷戒指;耳环;镯子:a

diamond ~ 钻戒 ❸圆圈;圆环:The men were standing in a ~. 那些人站成一个圆圈。❹(拳击等的)竞技场;运动场;(马戏团的)马戏场:knock sb. out of the ~s 把某人击出场地 ❺(尤指秘密的)集团:a ~ of dealers controlling prices at an antiques auction 操纵古物拍卖价格的一帮买卖人 Ⅱ.(~s[-z]) *vt.* ❶围绕,环绕:A high fence ~ed the prison camp. 有一道高高的铁丝网围着战俘营。❷环绕(某物)做圆形标记;将(某物)圈出:*Ring* the correct answer with your pencil. 用铅笔圈出正确的答案。❸给(鸟)套上金属环;给(牛等)戴鼻圈

rinse [rɪns] Ⅰ.(~s[-z];~d[-t];rinsing) *vt.* ❶洗涤;漱洗;冲洗;漂洗:He ~d his hands quickly before eating. 他吃东西以前很快洗了一下手。❷漂洗掉;冲洗掉(out of):He ~d the shampoo out of his hair. 他把头发上的洗发剂冲洗干净了。❸涮;漱(out):He ~d the teapot out under the tap. 他在水龙头下涮洗茶壶。❹(用水或液体)吞下(食物)(down):a sandwich and a glass of beer to ~ it down 一份三明治加一杯啤酒送下 Ⅱ.(~s[-z]) *n.* ❶ⓒ洗涤;冲洗:Give your hair a good ~ after shampooing it. 用洗发剂洗头后,要把头发好好冲洗干净。❷ⓒ Ⓤ染发液;护发液

ri·ot ['raɪət] Ⅰ. *n.* ❶([反]calm,order)ⓒ暴乱;骚动:*Riots* broke out in several areas. 有几个地方发生了骚乱。/The police succeeded in quelling the ~. 警方把暴乱镇压了下去。❷[只用单数](色彩等的)极度丰富;(感情等)放纵:The flower-beds were a ~ of colour. 花坛里色彩缤纷。❸ ⓒ[用 a ~]极有趣的事物(或人);非常成功的事 Ⅱ.(~ed [-ɪd]) *vi.* ❶([近]rebel)暴动;闹事;骚乱:There's ~ing in the streets. 街上有人闹事。❷放纵;沉溺于(in):~ in drink 狂欢

rip [rɪp] Ⅰ.(ripped[-t];ripping) *vt.* 撕裂…;划破…:I've *ripped* my trousers. 我把裤子撕破了。*vi.* 被撕裂;裂开:Be careful with that dress;it ~s easily. 小心那件连衣裙,很容易被撕破。Ⅱ. *n.* ⓒ裂口;裂缝:There's a big ~ in my sleeve. 我的袖子破了一大块。

ripe [raɪp] (~r;~st) *adj.* ❶(指水果、谷物等)成熟的:harvest the ~ corn 收割已成熟的谷物 ❷成熟老练的;老成的;成年的:~ judgement(scholarship)成熟的判断力(丰富的学识)❸时机成熟的;适宜的;准备就绪的:land that is ~ for development 适合开发的土地

rip·en ['raɪpən] (~s[-z]) *vt. & vi.* (使某

物)成熟:peaches ~ed by the sun 经日晒而成熟的桃

rip·ple ['rɪpl] Ⅰ. (~s[-z])ⓒ n. ❶波纹;涟漪:She threw a stone into the pond and watched the ~s spread. 她把一块石头扔进池塘里,看着水的波纹扩散开。❷外观(或运动)如波纹的物体:slight ~s on the surface of the metal 金属表面上的小波纹 ❸轻柔的起伏声:a ~ of laughter 轻柔的笑声 Ⅱ. (~s[-z];rippling) vt. & vi. (使水面等)起涟漪;(使…)起波纹;起伏:corn rippling in the breeze 在微风中起伏如波浪的庄稼

* **rise** [raɪz] Ⅰ. (~s[-z];rose [rəʊz];risen ['rɪzn];rising) vi. ❶(太阳、月亮等)升起;上升:The sun ~s in the east and sets in the west. 太阳从东方升起,至西方落下。❷站起来;起身;起床:He rose to welcome me. 他起身欢迎我。❸(河水、物价等)上涨;达到较高的水平、位置等:The cost of living continues to ~. 生活费用继续上涨。❹(风)刮起来(更猛):The wind is rising — I think there's a storm coming. 风越刮越猛——大概要来暴风雨了。❺(情绪)增高;(声音)提高:Her voice rose in anger. 她因愤怒而提高了嗓门。❻(声望、地位等)提升;上升;高升:He rose from the ranks to become an officer. 他由士兵升为军官。❼反叛;造反;起义:~ (up) against the foreign invaders 反抗外国侵略者 ❽[英](议会等)休会:Parliament ~s on Thursday. 国会星期四休会。❾(生面团、面包等)发酵胀起 ❿(指河流)发源;起因:The Thames ~s the Cotswold Hills. 泰晤士河发源于科茨沃尔德丘陵。Ⅱ. (~s[-'ɪz]) n. ❶ⓒ上升;升起:at ~ of sun 日出之时 ❷ⓒ(金钱、数量等)的上涨:a ~ in the price of meat (the value of the dollar,the average temperature) 肉类价格的上涨(美元的升值、平均温度的增高) ❸ⓒ(工资的)增加:demand a ~ (in wages) from next October 要求从下个10月份起增加工资 ❹ⓒ Ⓤ进展;振兴;发迹;晋升:His ~ to power was very rapid. 他很快掌握了大权。❺ⓒ斜坡;小山;岗;丘:a church situated on a small ~ 坐落在小山上的教堂

risk [rɪsk] Ⅰ. n. ❶([反]safety)Ⓤⓒ危险;风险;危险性;冒险:There's no ~ of her failing. 她不会有失败的危险。❷ⓒ(保险的)危险(率);保险额;被保险人(或物):He's a poor ~. 他是个风险很大的保护对象。Ⅱ. (~ed[-t];~ing) vt. ❶使…遭受危险;使one's fortune 使遭受丧失财富之险 ❷冒着…的危险;甘愿承受(可能发生的事):~ failure

冒着失败的危险

risk·y ['rɪskɪ] (riskier;riskiest 或 more ~;most~) adj. ([反]safe)充满危险(或风险)的;有很大危险(或风险)的:a ~ undertaking 冒险事业

rite [raɪt] n. ⓒ❶(宗教等)隆重的仪式(或典礼):marriage ~ 结婚仪式 ❷习俗,惯例:the ~s of hospitality 招待客人的礼节

ri·val ['raɪvl] Ⅰ. (~s[-z]) n. ⓒ竞争者;对手;敌手;可与之相比者:She has no ~ in the field of romantic fiction. 她写的浪漫小说谁也比不了了。Ⅱ. (~s[-z];rival(l)ed;rival(l)ing) vt. 与…竞争;与…匹敌;比得上:a view rivalling anything the Alps can offer 可以与阿尔卑斯山的任何景物相媲美的景色 Ⅲ. adj. 竞争的;对抗的

ri·val·ry ['raɪvəlrɪ] (rivalries [-z]) n. ([反]cooperation)ⓒ Ⓤ竞争;竞赛;对抗;较量:a country paralysed by political rivalries 由于政治对抗而陷入瘫痪的国家

* **riv·er** ['rɪvə(r)] (~s[-z]) n. ⓒ❶ 江,河;水道:a boundary ~ 国境河/~ traffic 内河航运 ❷巨流;[用复数]大量:~s of blood 血流成河

* **road** [rəʊd] (~s[-z]) n. ❶ⓒ路;道路;公路:the ~ to Bristol 通往布里斯托尔的公路 ❷[用 Road,[缩]Rd.](城市的)…路,…街:35 York Rd. London SW16 伦敦西南16区约克路35号 ❸[近]way)ⓒ[喻](通向…的)途径;方法,手段:the ~ to success 成功之途 ❹[常用复数](供船只停泊的)近岸水域,近岸锚地:the Southampton Roads 南安普敦港外锚地

roam [rəʊm] Ⅰ. (~s[-z]) vi. ❶漫无目的地走动;漫步;漫游;闲逛:~ through the deserted village 漫步于空寂无人的村庄 ❷漫谈:The speaker ~ed freely over the events of the past week. 那个人东拉西扯地谈了一些上周的事。vt. 在…漫步;漫游,游历:He used to ~ the streets for hours on end. 他过去常逛大街,一逛就是几个小时。Ⅱ. n. ⓒ漫步;漫游;闲逛

roar [rɔː(r)] Ⅰ. (~s[-z]) n. ⓒ(狮子的)吼叫声;似狮子的吼叫声;轰鸣声;喧闹声:the ~ of traffic 车辆的隆隆声 Ⅱ. (~s[-z];~ing[-rɪŋ]) vi. ❶(猛兽等)吼叫;咆哮:tigers ~ing in their cages 在笼中吼叫的老虎 ❷大声吼叫;喧嚷;哄笑:~ with laughter (pain,rage) 放声大笑(痛得大叫、怒吼) ❸轰鸣;发出隆隆响声,呼啸:Cars ~ed past. 汽车隆隆地驶过。vt. 呼喊;大声喊出;高唱:The crowd ~ed its approval. 群众高呼赞成。

roast [rəʊst] **I** . (~ed['-ɪd]) *vi* . ❶烤;炙;烘;焙: the delicious smell of meat ~ing its own juices 原汁烤肉的香味 ❷(烤得)变热(或烫): We're going to lie in the sun and ~ for two weeks. 我们打算躺着晒太阳,晒上两个星期。*vt* . ❶烘;焙;烤(肉等): ~ a joint of meat (a chicken, some potatoes) 烤一大块肉(鸡、一些土豆) ❷烘干或烤(某物): ~ coffee beans (peanuts, chestnuts) 烘焙咖啡豆(花生、栗子) ❸烤火;晒太阳: ~ oneself at the fire 烤火取暖 ❹[口]批评;嘲讽: The critics ~ed her new play. 评论家们狠狠挖苦她的新剧。**II** . *n* . ❶ⓊⒸ烤过(或适于烤食)的大块肉;order a ~ from the butcher 向肉商订购一块烤着吃的大块肉 ❷Ⓒ户外烧烤餐 ❸ⒸⓊ[口]严厉的批评;嘲讽;挖苦 **III** . *adj* . 烘烤的;烤制的: ~ beer 烤牛肉

*∗**rob** [rɒb] (~s[-z];robbed;robbing) *vt* . ❶抢夺;抢劫;盗窃: ~ a man of his money 抢人钱财 ❷剥夺;使丧失: Those cats *robbed* me of my sleep. 那些猫吵得我无法入睡。

rob·ber ['rɒbə(r)] (~s[-z]) *n* . Ⓒ抢劫者;强盗;盗贼: bank ~s 银行抢劫犯

rob·ber·y ['rɒbərɪ] (robberies [-z]) *n* . ⒸⓊ抢劫(案);盗窃(案);偷窃;失窃: three *robberies* in one week 一周内的3起劫案

robe [rəʊb] **I** . (~s[-z]) *n* . Ⓒ❶长袍;罩袍;[美]晨衣;(化妆时穿的)长衣;浴衣: Many Arabs wear long flowing ~s. 许多阿拉伯人身穿松垂的长袍。❷[常用复数]礼服;官服;制服 ❸(毛皮、织物等制的)披肩,覆盖物;盖毯: a lap ~ 盖膝的毯子 **II** . (robing) *vt* . & *vi* . (给…)穿上长袍(或罩袍等);(给…)披上法衣: black-*robed* judges 穿黑袍的法官

*∗**ro·bot** ['rəʊbɒt] *n* . Ⓒ❶机器人;自动仪;自动仪器: Many production-line tasks in car factories are now performed by ~s. 在汽车制造厂里,生产线上的许多工作现在是由机器人来完成的。❷行动像机器人,机器般工作的人

*∗**rock**[1] [rɒk] *n* . ❶ⒸⓊ岩;岩层;岩石;礁石: as firm as (a) ~ 坚如磐石 ❷Ⓒ石头;石块: That boy threw a ~ at me. 那男孩朝我扔了一块石子。❸Ⓒ柱石;基石;靠山 ❹Ⓤ[英]彩色硬棒糖(通常为薄荷味): a stick of ~ 一根彩色硬棒糖

rock[2] [rɒk] **I** . (~ed[-t]) *vi* . ❶摇动;摇晃: Our boat ~ed to and fro on the waves. 我们的船随波摇来摇去。❷(某物)剧烈震动或摇摆: The whole house ~ed when the

bomb exploded. 炸弹爆炸时,整座房子都震得直晃。*vt* . ❶摇,使轻摇: ~ a baby to sleep 摇晃婴儿使其入睡 ❷使摇动;使摇摆,使摆动: The town was ~ed by an earthquake. 该城遭地震而发生剧烈震动。❸使…极为不安(或震惊): The scandal ~ed the government. 这件丑闻把政府搅得十分狼狈。**II** . *n* . ⓊⒸ❶摇;摇动 ❷[也作~ music]摇滚乐

rock·et ['rɒkɪt] **I** . *n* . Ⓒ❶火箭;火箭弹;火箭发射机: a space ~ 宇宙火箭 ❷火箭式烟火(或装置): a distress ~ 呼救信号火箭 **II** . (~ed[-ɪd]) *vi* . ❶迅速增加;猛涨: Unemployment levels have ~ed (to new heights). 失业率猛然上升(到新的水平)。❷飞快行进: He ~ed to stardom. 他转瞬间成了明星。

rod [rɒd] (~s[-z]) *n* . Ⓒ❶(细长的)棒;杆;杖;枝条: curtain ~s 挂帘子的杆子 ❷(棒球的)鞭子;荆条 ❸(度量单位)杆 ❹[美口](左轮)手枪 ❺钓竿;钓鱼者

rode [rəʊd] ride 的过去式

*∗**role** [rəʊl] (~s[-z]) *n* . Ⓒ【戏】角色: play a variety of ~s 扮演各种角色 ❷作用;任务;重要性: the key ~ of the teacher in the learning process 教师在学习中的关键作用

*∗**roll** [rəʊl] **I** . (~s[-z]) *vi* . ❶滚动;打滚: The ball ~ed down the hill. 球滚下了山。❷转动;旋转;转圈: His eyes ~ed strangely. 他那双眼睛滴溜溜地转动,甚是古怪。❸卷,裹;卷缩: The hedgehog ~ed up into a spiky ball. 刺猬卷起身子成了一个刺球。❹左右摇晃;摇摆: The ship ~ed and heaved. 船摇晃颠簸。❺起伏;作起伏状;波动: wave ~ing into the beach 涌向海滩的滚滚波涛 ❻发出隆隆声: The thunder ~ed in the distance. 远处雷声隆隆。❼(时间)流逝;过去: The years ~ed on. 岁月流逝。*vt* . ❶滚动;滚动: man ~ing barrels across a yard 滚着圆桶经过院子的人 ❷使(某物)转动,旋转;转圈: ~ing a pencil between his fingers 把铅笔夹在他的指头上捻 ❸将(某物)卷(或绕)成球形(或圆柱形): I always ~ my own cigarette. 我总是抽我自己卷的烟。❹将…包(或裹)住: He ~ed himself up in his blanket. 他用毛毯裹住身体。❺用碾子轧平(某物);将…碾平: ~ the ground flat 把地碾平 ❻摇摆,摇晃: The huge waves ~ed the ship from side to side. 巨浪把船打得左右摇晃。❼擂(鼓);发(卷舌音或颤音) ❽开动(摄影机等) ❾抢(骰子)❿抢劫(某人)(尤指抢劫喝醉的人或睡觉的人) **II** . (~s[-z]) *n* . Ⓒ❶卷状物;带有卷状物的人(或物): a ~ of carpet 一卷地毯 ❷

面包卷;卷饼;春卷;肉卷:a ham ～ 火腿面包 ❸正式的表册;登记表;(尤指)名单;花名册:the electoral ～ 选举人名单 ❹摇晃;摇摆:The slow,steady ～ of the ship made us feel sick. 船老是晃晃悠悠的,弄得我们很恶心。❺隆隆声,轰响声;(鼓)急敲声:the distant ～ of thunder 远处传来的隆隆雷声 ❻[美口]一卷(或一叠)钞票

Ro·man ['rəʊmən] **I.** (～s[-z]) *n.* ◎❶古罗马人;罗马人:after the ～ invaded Britain 在古罗马人入侵不列颠之后 ❷天主教徒 ❸[用 roman]罗马字体;正体字 **II.** *adj.* ❶罗马的;罗马人的:～ remains 古罗马的遗迹 ❷罗马基督教会的;天主教的:the *Roman* rite 天主教仪式 ❸[用 roman](印刷字体)罗马字体的;正体的

ro·mance [rə(ʊ)'mæns] **I.** (～s[-ız]) *n.* ❶◎Ü富于想象力的故事;浪漫故事;浪漫传奇;传奇文学:(a) medieval ～ 中世纪的传奇故事 ❷Ü浪漫气氛;传奇色彩:There was an air of ～ about the old castle. 那座古城堡颇有传奇色彩。❸◎爱情故事;风流韵事:a holiday ～ 假日的风流事 ❹◎Ü绘声绘色的夸张(或虚构);虚构的情节:The story he told was complete ～. 他说的那件事纯属虚构。**II.** (～s[-ız];romancing) *vi.* ❶写传奇;讲传奇故事 ❷渲染,夸大;虚构;幻想 ❸谈情说爱 *vt.* 追求(异性),向…求爱

ro·man·tic [rə(ʊ)'mæntık] **I.** *adj.* ([反]unromantic) ❶有浪漫色彩的;传奇的:～ scenes 富于传奇色彩的场面(冒险、故事) ❷爱情的;罗曼蒂克的:a ～ involvement 堕入情网 ❸(指人、性格等)多情的;浪漫的;不切实际的:She has a dreamy ～ nature. 她既爱幻想又多情。❹[用 Romantic](音乐、文学等)浪漫主义的:Keats is one of the greatest *Romantic* poets. 济慈是伟大的浪漫主义诗人。**II.** *n.* ◎❶浪漫的人 ❷[用 Romantic]浪漫派艺术家

Rome [rəʊm] *n.* ❶罗马(意大利首都) ❷【史】罗马城;罗马城邦;罗马共和国;罗马帝国

roof [ruːf] **I.** *n.* ◎❶屋顶;屋顶构架;住处;家:The ～ of the mine passage collapsed. 巷道的顶部塌了。❷[the ～]最高处;顶部;天花板:the ～ of the world 世界屋脊 **II.** (～ed[-t]) *vt.* 给…盖上屋顶;作…的顶部(with):a hut crudely ～ed with strips of bark 简简单单用树皮作顶的小屋

room [ruːm,rʊm] **I.** *n.* ◎❶房间;室;[用复数]一套房间;寓所:a large airy ～ 宽敞通风的房间 ❷Ü可占用的空间(或地方)(for):Is there enough ～ for me in

the car? 汽车里还有我坐的地方吗? ❸Ü[喻]余地;机会;范围:There's ～ for improvement in your work. 你的工作还有改进的余地。❹◎[集合用法]房间里的人:The whole ～ was silent. 整个房间里鸦雀无声。**II.** (～s[-z]) *vi.* 居住;寄宿:He's ～ing with my friend Alan. 他住在我的朋友艾伦家里。*vt.* 为…提供住宿

roost·er ['ruːstə(r)] (～s[-z]) *n.* ◎❶([近]cock)公鸡;雄鸡 ❷[美]狂妄自大的人

root [ruːt] **I.** *n.* ◎❶(植物的)根;地茎:a plant with very long ～s 根部很长的植物 ❷(毛发、牙齿、指甲或舌头的)根部;根状物:pull hair out by the ～s 把头发连根拔掉 ❸(家族的)根;祖先;起源:Many Americans have ～s in Europe. 许多美国人祖先在欧洲。❹根源;根基;根本;基础:The ～ of the problem is lack of trust. 产生该问题的根源在于缺乏信任。❺[语]词根;根词 ❻【数】方根;根 **II.** (～ed['-ıd]) *vt.* ❶种植(某物):*Root* the cuttings in peat. 把插枝扦插在泥炭中。❷使(某人)站立不动:Fear ～ed him to the spot. 他吓得呆若木鸡。❸使(某事物)深深扎根;使牢固树立(某事物):Her affection for him is deeply ～ed. 她对他矢志不渝。❹根除;铲除(out,up):determined to ～ out corruption 决定根除腐败现象 *vi.* 生根;成长:This type of plant ～s easily. 这种植物容易生根成长。

root·er ['ruːtə(r)] (～s[-z]) *n.* ◎[美口]啦啦队员;热情的支持者

rope [rəʊp] **I.** *n.* ❶◎Ü绳,索,套绳:We tied his feet together with ～. 我们用绳子把他的双脚捆在一起。❷◎缠结(或串连)成绳状的东西:a ～ of onions (pearls) 一串洋葱(珍珠) ❸[the ～]绞索;绞刑:bring back the ～ 恢复死刑 ❹[the ～s](拳击等)比赛场地四周围着的栏索 **II.** (～d[-t];roping) *vt.* ❶用绳系住(或捆绑):They ～d him to a tree. 他们把他绑在树上。❷用绳围起(off):～ off the scene of the accident 把事故现场用绳子拦起来 ❸说服某人(参与一项活动):All her friends have been ～d in to help organize the event. 她所有的朋友都已被动员来协助组织这一活动。

rose¹ [rəʊz] rise 的过去式

rose² [rəʊz] (～s[-z]) *n.* ❶◎玫瑰花;蔷薇花:a bunch of red ～s 一束红色玫瑰花 ❷Ü玫瑰红;玫瑰色;[复]红润的面容:lose one's ～s 失去红润的脸色 ❸◎(喷壶或水管的)莲蓬式喷嘴

rot [rɒt] **I.** (rotted;rotting) *vi.* ([近]go

bad, corrupt) 腐烂；腐坏；腐蚀：The wood has *rotted away completely.* 那木头已完全朽了。*vt.* 使(事物)腐烂；使腐坏：Oil and grease will ~ the rubber of your tyres. 油污能腐蚀轮胎橡胶。**II**. *n*. Ⓤ❶腐坏；腐烂：There's dry ~ in the floor. 地板已经朽了。❷[英口]胡说；谬论：Don't talk such utter ~! 别说这种荒唐话了! ❸[the ~](羊的)肝蛭病

ro·ta·ry ['rəʊtərɪ] **I**. [无比较等级] *adj*. [常作定语] ❶([反]fixed) 旋转的；转动的：a ~ drill (clothes drier, switch) 旋转式钻机(干衣机, 开关) ❷循环的；轮流的：a ~ hiring system 轮流雇佣制 **II**. (rotaries [-z]) *n*. Ⓒ ❶环状交叉路(多条道路的交叉口，车辆均须按相同方向绕行)(美亦称 traffic circle；英则称为 roundabout) ❷转缸式发动机

ro·tate [rəʊ'teɪt] (~d [-ɪd]; rotating) *vi*. ❶([近]spin, turn) 旋转；转动：The earth ~s around the sun. 地球绕着太阳转。❷循环；轮流：The season ~. 四季循环。*vt*. ❶使旋转：~ the handle slowly 轻轻地转动手柄 ❷使轮流；使交替：We ~ crops in this field. 我们在这块土地轮种农作物。

ro·ta·tion [rəʊ'teɪʃən] (~s [-z]) *n*. ❶Ⓤ Ⓒ旋转；转动；(旋转的)一圈；一转：the ~ of the earth 地球的自转 ❷Ⓤ轮流；轮换：the ~ of crops 作物的轮作

rot·ten ['rɒtən] *adj*. ([反]fresh, good) ❶腐坏的；变质的：The wood was so ~; you could put your finger through it. 木头已经朽了，用手指一捅就是一个窟窿。❷道德败坏的；腐化的：an organization (a person, a policy) that is ~ to the core 腐败透顶的组织(人, 政策) ❸[口]极坏的；极讨厌的：The film was pretty ~. 这部影片简直糟透了。

rough [rʌf] **I**. *adj*. ❶([反]smooth)表面不平的；参差不齐的；粗糙的：~ hands 粗糙的手/~ woollen cloth 粗糙的毛料布 ❷([反]mild)粗鲁的；粗野的：~ behaviour 粗暴的行为 ❸暴风雨的；狂暴的；剧烈的：~ weather 狂风暴雨的天气 ❹未加工的；粗加工的；粗制的：~ rice 未舂的稻谷 ❺粗略的；大致的；初步的：I'll give you a ~ estimate of the costs. 我给你大致估计一下费用。❻(味道、声音等)令人不快的；难吃的；刺耳的：a ~ red wine 难喝的红葡萄酒 ❼粗陋的；简陋的；不讲究的：a ~ accommodation of a small inn 小客栈的简陋招待设备 ❽不舒服的：I feel a bit ~——I'm going to bed. 我有点儿不舒服——想去睡觉了。**II**. *adv*. 粗鲁地；粗暴地；粗略地：a team that is notorious for playing ~ 因动作粗鲁而声名狼藉的运动队

III. *n*. ❶Ⓤ粗糙的状态；崎岖不平的土地；(高尔夫球场的)深草区 ❷Ⓤ Ⓒ粗糙的东西；未加工状态；粗加工状态；粗制品；毛坯 ❸Ⓒ草图；草样：Have you seen the ~s for the new book? 你看到那本新书的草稿了吗? ❹Ⓒ[英]无法无天的人；流氓：beaten up by a gang of young ~s 遭一帮小流氓殴打 **IV**. *vt*. ❶使不平；使毛糙；给(马等)装防滑钉：Satin is very easily ~ed. 缎子是很容易起毛的。❷拟定…的草案(或梗概)(out)：He ~ed out some ideas for the new buildings. 他为新建筑物提出了一些初步设想。❸粗暴对待；殴打(up) ❹将…弄乱(或弄得不平整)(up)：Don't ~ up my hair! 别把我的头发弄乱了!

round [raʊnd] **I**. *adj*. ❶圆的；球形的；环形的：a ~ plate (window) 圆盘(窗)/The ball is ~. 球是圆的。❷圆而胖的；丰满的：~ cheeks 圆而胖的脸 ❸(声音)圆润的；嘹亮的：a ~ voice 圆润的嗓子 ❹圈状的；绕圈的；来回的：a ~ dance 圆舞，华尔兹舞 ❺整整的；十足的：a ~ dozen 整整一打 ❻取整数的；不计尾数的：a ~ sum of money 一笔很可观的钱 ❼大量的；可观的：a ~ sum of money 一笔很可观的钱 ❽(文体、风格等)完美的；流畅的：a ~ style of writing 流畅的写作风格 ❾率直的；毫不含糊的；耿直的：a ~ dealing 光明正大的做法 ❿【语】圆唇(音)的：a ~ vowel 圆唇元音 **II**. *adv*. ❶朝反方向；转过来；~ turn the car ~ 使汽车掉头 ❷循环地；从头至尾地：Spring will soon come ~ again. 春天又快到了。❸以周长计；围绕地：They've built a fence all ~ to stop the children falling in. 他们在四周围起一圈栅栏防止儿童掉进去。❹在周围，在附近：A crowd soon gathered ~. 一群人马上围了上来。❺依次；逐个轮到：Hand the biscuits ~. 把饼干分给大家。❻绕道地；迂回地：We decided to come the long way ~ in order to see the countryside. 我们决定绕远路来，为的是看一看野外的景色。❼到某(指定)地点：I'll be ~ in an hour. 我在一小时后就到。**III**. (~s [-z]) *n*. Ⓒ ❶圆形物；(整片的)面包片：a ~ of toast 整片的烤面包片 ❷绕行路线；(时间的)循环：His life is one long ~ of meetings. 他的生活内容就是一个会议接着一个会议。❸(游戏、比赛等的)一轮，一局，一场，一回合：a boxing-match of ten ~s 十回合的一场拳击赛 ❹一连串，一系列；一套，一组(中之一)：a new ~ of paying bargaining 新的一轮增加工资的谈判 ❺(掌声、欢呼声等的)一阵：Let's have a good ~ of applause for the next performer. 咱们为下一个表演者热烈鼓掌吧。❻(枪炮的)一次射击(或群射)；一发子弹(或炮弹)：They fired several ~s at us. 他们向我们

射击了几次。❼【音】轮唱 **Ⅳ**. *prep*. ❶围绕；环绕：The earth moves ～ the sun. 地球环绕太阳运行。❷绕过：There's a garage ～ the next bend. 在下一个转弯处有个汽车服务站。❸在…周围；在…附近：sitting ～ the table 围桌而坐 ❹在…各处；向…四周：show sb. ～ the house 领某人参观房子 **Ⅴ**. (～ed[-d]) *vt*. ❶使成圆形：～ the lips 把嘴唇撮成圆形 ❷环绕(某物)而行；拐(弯)：We ～ed the corner at high speed. 我们以高速度绕过拐角。❸完成；使圆满结束(off)：He ～ed off his career by becoming Home Secretary. 他担任内政大臣一职，在事业上登峰造极了。❹使某人(某物)集合在一起(up)：The guide ～ed up the tourists and led them back to the coach. 导游把游客集合在一起，并领他们回到车上。*vi*. ❶…变圆；发胖；丰满起来：Her body is beginning to ～ out. 她身体开始丰满起来了。❷兜圈；环行；拐弯：The runners ～ed into the home stretch. 赛跑者拐弯进入了接近终点的一段距离。

round·a·bout ['raʊndəbaʊt] **Ⅰ**. *adj*. 绕道的；兜圈子的；拐弯抹角的：take a ～ route 绕远道 **Ⅱ**. *n*. C[英]❶(游乐场等的)旋转木马 ❷环状交叉路(多条道路的交叉口，车辆均须按相同方向绕行)(= [美]rotary, traffic circle)

rouse [raʊz] (～s[-z]; rousing) *vt*. ❶[书]([反]calm)叫醒；唤起(某人)；(某人)觉醒：It's time to ～ the children. 该叫醒孩子们了。❷使(某人)振奋；使鼓舞；激起(某人的情绪)：He was ～d to anger by the insult. 那侮辱激起他的愤怒。❸惊起；吓走(猎物等)：The boat ～d wild ducks to flight. 船使野鸭受惊飞走。

rout [raʊt] **Ⅰ**. *n*. C溃败；大败；彻底的失败：After our fifth goal, the match became a ～. 我们队进了第 5 个球以后，对方一败涂地。**Ⅱ**. (～ed[-ɪd]) *vt*. 彻底打败(某人)；使(某人)溃退：He resigned after his party was ～ed in the election. 他所在的那个党在选举中遭到惨败，他随之辞职了。

route [ruːt] **Ⅰ**. *n*. C路；路途；路线；航线：a train (bus) ～ 火车(公共汽车)路线/We drove home by a roundabout ～. 我们开车绕道回的家。**Ⅱ**. (～d[-ɪd]; routing) *vt*. ❶按(某路线)发送：This flight is ～d to Chicago via New York. 这班机是经纽约飞往芝加哥的。❷给…定路线；安排…的程序

rou·tine [ruː'tiːn] **Ⅰ**. (～s[-z]) *n*. ❶CU固定而有规则性的程序；例行公事；常规；惯例：She found it difficult to establish a new ～ after retirement. 她退休后觉得很难建立起新的生活秩序。❷C(舞蹈等)表演的成套动作：go through a dance ～ 做一套舞蹈动作 **Ⅱ**. *adj*. 日常的；惯例的；例行的：the ～ procedure 例行手续

row[1] [rəʊ] (～s[-z]) *n*. C❶一行；一排；一列：a ～ of books (houses, desks) 一排书(房子、书桌) ❷(戏院等的)成排座位：the front two ～s 前两排座位 ❸(两边排列着房子的狭小)路；街道

row[2] [rəʊ] **Ⅰ**. (～s[-z]) *vt*. ❶划(船)：They ～ed (the boat) across (the river). 他们划(船)过了河。❷(划船)载运：Row me across (the river). 划船把我送到对岸去吧。❸与(某人)进行划船比赛：We're ～ing Cambridge in the next race. 我们在下一次划船比赛中要跟剑桥大学队较量。❹(在赛船上)当划桨队员：He ～s 5 in the crew. 他在划船队中当 5 号划手。*vi*. 划船；荡桨；划动 **Ⅱ**. (～s[-z]) *n*. C划船；划船游览；划程：go for a ～ 去划船

row[3] [raʊ] **Ⅰ**. (～s[-z]) *n*. ❶UC闹声；吵闹：How can I read with all this ～ going on? 吵闹声这么大，我怎能读书呢？❷C大声而激烈的争吵；吵架：I think they've had a ～. 我想他们一定吵架了。❸C[口]受批评，斥责：She gave me a ～ for being late. 因为我迟到了，她批评了我。**Ⅱ**. *vi*. 大声争吵；吵闹(with)：They're always ～ing with each other. 他们总是吵架。

roy·al ['rɔɪəl] **Ⅰ**. [无比较等级] *adj*. ❶国王的；女王的；王室的；王族的：the ～ family 王室，皇族 ❷[用 Royal](英国)皇家的：the *Royal* Air Force 皇家空军 ❸堂皇的；盛大的；庄严的；高贵的：a ～ welcome 盛大的欢迎 ❹极大的；一流的，极好的：of ～ dimensions 尺寸(或面积)极大的 **Ⅱ**. *n*. C[口]王室成员

roy·al·ty ['rɔɪəltɪ] (royalties[-z]) *n*. ❶CU王室成员；[总称]王族：a shop patronized by ～ 王室成员光顾的商店 ❷U王室成员的身份：the duties of ～ 王室成员的职责 ❸C版税；专利权使用；(公司等付给土地所有者的)矿区使用费：oil *royalties* 石油开采地使用费

rub [rʌb] **Ⅰ**. (～s[-z]; rubbed; rubbing) *vt*. ❶摩擦；擦：He *rubbed* his chin thoughtfully. 他抚摩着下巴，陷入沉思。❷搽上，抹上，涂上：*Rub* the lotion on the skin. 在皮肤上搽上涂剂。❸把…擦成…状：～ the surface smooth (clean, dry) with a cloth 用布把表面擦光(净、干) ❹在(某物)上磨出(洞等)：a ～

bald patch in one's trousers 裤子上磨出一片斑痕 *vi.* ❶摩擦:The journal ~s against the bearing surface. 轴颈在轴承面上摩擦。❷擦破;磨破:The heel of my shoe keep *rubbing*. 我的鞋后跟磨脚。Ⅱ.(~s[-z])*n.* ❶回擦;磨;摩擦:Give the spoons a good ~ to get them clean. 把这些汤匙擦亮干净。❷[the ~]困难;障碍:There's the ~. 难就难在这里。

rub·ber [ˈrʌbə(r)](~s[-z])*n.* ❶回橡胶;合成橡胶:an electric cable insulated by ~ 用橡胶作绝缘材料的电缆 ❷回(擦铅笔或墨水痕迹的)橡皮:a pencil with a ~ on the end 一端带橡皮的铅笔 ❸[用复数](防水的)橡胶套鞋

rub·bish [ˈrʌbɪʃ] Ⅰ.*n.* ❶回垃圾;废物:The dustmen haven't collected the ~ yet. 清洁工还没把垃圾收走。❷无聊的想法;胡说:His book is a load of ~. 他的书简直是废话连篇。Ⅱ.*vt.* [英口]贬损;把…看得一文不值:The film was ~ed by the critics. 影评家们把这部影片贬得一无是处。

ru·by [ˈruːbɪ](rubies[-z]) Ⅰ.*n.* ❶回红宝石;红玉:~ red 红宝石色 ❷回红宝石色;深红色 Ⅱ.*adj.* [常作定语]深红色的:~ lips 深红色的嘴唇

rude [ruːd](~r;~st)*adj.* ❶原始的;简单的;未开化的:~ stone implements 原始石制工具 ❷加工粗糙的;简陋的;拙劣的:~ fare 粗陋的食物 ❸([反]polite)(指人或行为)粗鲁的;粗野的;无礼的:He's very ~ man. 他这人非常粗野。❹下流的;有伤风化的:a rather ~ joke 颇为粗鄙的笑话 ❺狂暴的;惊人的;突然的:a ~ blast of wind 一阵狂风 ❻[英]苗壮的;强健的:the ~ health of the children 孩子们健壮的身体

rug [rʌg](~s[-z])*n.* 回 ❶小地毯:a hearth-~ 壁炉前的小地毯 ❷(围膝盖的)小毯:a travelling-~ 旅行毯(乘车汽车等时,盖住膝部)

rug·ged [ˈrʌgɪd]*adj.* ❶([反]smooth)粗糙的;不平的;多岩石的:a ~ coastline 多岩石的海岸线 ❷强健的;结实的:a ~ player 强健的运动员 ❸粗鲁的;不文雅的:~ manners 粗鲁的举止 ❹(声音)刺耳的;难听的:a ~ tone 刺耳的音调 ❺(生活)艰难的;(气候)严酷的;狂风暴雨的:a ~ life 艰难的生活

ru·in [ˈrʊɪn,ˈruːɪn] Ⅰ.(~s[-z])*n.* ❶([反]reconstruction)回毁坏;毁灭;灭亡:The news meant the ~ of all hopes. 这消息使我们的一切希望都破灭了。❷回破败、坍塌或毁坏的状态:The castle has fallen into ~. 那城堡已破败不堪。❸回废墟;(建筑物的)断垣残壁;遗迹:The abbey is now a ~. 那修道院已成废墟。❹回(金钱、资财的)完全丧失;(前途的)断送;祸根:Ruin was staring her in the face. 她眼看就要倾家荡产了。Ⅱ.(~s[-z])*vt.* [常用被动语态]毁坏,毁灭,毁损:The island has been ~ed by tourism. 该岛毁在旅游业上了。

rule [ruːl] Ⅰ.(~s[-z])*n.* ❶回规则;规章;规定;条例:The ~ is that someone must be on duty at all times. 按照规定,任何时候均需有人值班。❷回习惯;惯例;规律:My ~ is to get up at seven every day. 我习惯每天7点起床。❸回统治;管理;控制;支配:the ~ of law 法治 ❹回(木工等用的)尺;(特指)折尺 ❺回(通常指直的)线条;破折号 Ⅱ.(~s[-z];ruling[ˈ-ɪŋ])*vt.* ❶统治;管理:Charles Ⅰ ~d England for eleven years. 查理一世统治了英国11年。❷控制或影响(某人、某人的感情等);支配;操纵:Don't allow yourself to be ~d by emotion. 不要感情用事。❸裁决;裁定:The chairman ~d that the question was out of order. 主席裁定该问题不合议事规则。❹在(纸上)画线,用尺画线于:~ lines on paper 在纸上画线 *vi.* ❶统治;管辖;控制;支配:She once ~d over a vast empire. 她曾统治过一个版图辽阔的帝国。❷做出裁决;做出裁定:The court will ~ on the matter. 法院将对此事做出裁决。❸(价格等)保持某一程度

rul·er [ˈruːlə(r)](~s[-z])*n.* 回 ❶统治者;管辖者;支配者 ❷尺;直尺

rul·ing [ˈruːlɪŋ] Ⅰ.[无比较等级]*adj.* [常作定语] ❶([近]leading)统治的;支配的;占主导地位的:His ~ passion was ambition. 他一心要实现自己的抱负。❷普遍的;时下的:the ~ price 时价 Ⅱ.(~s[-z])*n.* ❶回回统治;支配 ❷回裁决;裁定:When will the committee give its ~? 委员会什么时候能做出裁决? ❸回回(用尺)划出的线;(用尺)量度

ru·mo(u)r [ˈruːmə] Ⅰ.(~s[-z])*n.* ❶回回谣言;传闻;传说:Rumour has it that he was fired. 据说,他被解雇了。❷回喃喃细语 Ⅱ.(~s[-z];~ing[-rɪŋ])*vt.* 谣传;传闻:He is ~ed to have escaped. 据说他已逃走了。

run [rʌn] Ⅰ.(~s[-z];ran[ræn];run;running)*vi.* ❶跑;奔跑:He cannot ~ because he has a weak heart. 他有心脏病,不能跑。❷跑步锻炼;跑步运动:You're very unfit;you ought to take up *running*. 你身体很弱,应该练练跑步。❸(参加)赛跑:Peter will be *run*-

ning in the 1,500 metres tonight. 彼得今晚将参加1,500米赛跑。❹迅速(或急迫)地前往某处:I've been *running* around all morning looking for Christmas presents. 我跑了一上午寻购圣诞礼物。❺(火车、汽车、船等)往来行驶:Buses to Oxford ～ every half hour. 去牛津的公共汽车每半小时开一班。❻开车前往:It's a lovely sunny day;why don't we ～ down to the coast? 天气多好哇,咱们为何不开车到海边玩玩? ❼向某方向移动:The lorry ran down the hill out of control. 卡车失去控制直往山下冲去。❽(植物)蔓生;(道路)伸展;延伸:Ivy *ran* over the walls of the cottage.村舍的墙壁上爬满了常春藤。❾持续;延续:Election campaigns in Britain ～ for three weeks. 英国选举活动持续3周。❿(在一定期限内)起作用;有效:The lease on my house has only a year to ～. 我那房子的租期只有一年了。⓫(液体)流动;流满(液体):The River Rhine ～s into the North Sea. 莱茵河流入北海。⓬融化:It was so hot that the butter *ran*. 天气太热,黄油都化了。⓭(海水、潮水、河水等)上涨,流动加快:The tide was running strong. 潮水涨得很猛。⓮达到某种状态;变成:The river *ran* dry during the drought. 大旱期间,这条河都干了。⓯(机器等)运转;(工作等)进行,继续不断:Your new car seems to ～ very nicely. 你的新汽车开起来还很不错。⓰使用(某种交通工具):A bicycle is cheap to ～. 使用自行车是很经济的。⓱竞选(某一政治职位):How many candidates are *running* in the Presidential election? 有多少人参加总统竞选? ⓲(事情等)(在某时候)发生;(火车等)(在时刻)到达:The trains are *running* an hour late.火车晚点一个小时。⓳[美](针织品)脱丝;抽丝 ⓴(鱼在产卵期)洄游:The salmon are *running*.鲑鱼正在洄游。*vt.* ❶使跑:～ sb. off his legs 使某人疲于奔命 ❷跑完(一段距离):Who was the first man to ～ a mile in under four minutes? 谁第一个在4分钟内跑完了一英里? ❸使…参加赛跑;使举行赛跑:Cram ran a fine race to take the gold medal. 克拉姆在赛跑中成绩突出夺得了金牌。❹(公共汽车、火车等)运营:London Transport ～ extra trains during the rush hour. 伦敦运输公司在交通高峰时增开加班列车。❺开车送(某人):Can I ～ you to the station? 我开车送你去车站好吗? ❻使(某物)向某方向移动:She *ran* her fingers lightly over the keys of the piano. 她用手指轻轻地弹着钢琴。❼运载;偷运(走私物等):He used to ～ guns across the border. 他过去经常偷运枪支过境。

❽(叙述、陈述等)有某样言词、内容等:The story ～s that she poisoned her husband. 据报道说,她把丈夫毒死了。❾使(液体)流动:She *ran* hot water into the bowl. 她用碗接点儿热水。❿负责(某事物);经营;管理:He has no idea of how to ～ a successful business. 他不知道把企业办好的方法。⓫使…运转;开动(机器等):Could you ～ the engine for a moment? 你让发动机转一会儿好吗? ⓬驾驶;开;使用(交通工具):I can't afford to ～ a car on my salary. 凭我的薪水我是开不起汽车的。⓭提出(候选人);提出(某人)参加竞选:～ a candidate in the Presidential election 提出竞选总统的候选人 ⓮追捕(猎物等);追查;探究:～ a rumour back to its source 追查谣言的来源 ⓯使处于;冒(险)等:～ sb. into difficulties 使某人陷入困境 ⓰感染:～ a fever 发烧 ⓱(报刊)刊登;发表:"The China Daily" is *running* a series of articles on Third World Economics.《中国日报》发表了论《第三世界经济》的一系列文章。⓲划;描:～ a contour line on a map 在地图上划等高线 Ⅱ. (～s[-z]) *n.* ❶ⓒ 跑;跑步;奔跑;奔跑的一段时间:Catching sight of her, he broke into a ～. 他一看见她就赶紧跑。❷ⓒ 行程,航程;航线,班次:The boat operates on the Dover—Calais ～. 这艘船运行多佛至加莱航线。❸ⓒ 短期的旅行;旅行期间:Oxford to London is about an hour's ～ by train. 从牛津到伦敦乘火车大约有一小时行程。❹ⓒ (戏剧等)持续的演出:The play had a good ～ of six months. 那出戏演了半年。❺ⓒ 时期;一段时间:We've enjoyed an exceptional ～ of fine weather recently. 我们这里最近天气好极了。❻ⓒ 争购;畅销:The book has a considerable ～. 这本书销路很好。❼[the ～]趋势;趋向:the ～ of events 事态的趋势 ❽ⓒ(机器等的)运转;运转期:a trial ～ (机器、汽车等的)试车,(船等)试航 ❾ⓒ(家畜、家禽等的)饲养场:a chicken-～ 养鸡场 ❿ⓒ(板球或棒球中的)得分 ⓫【音】(按音阶顺序的)急奏;急唱 ⓬ⓒ(滑雪等的)小道 ⓭ⓒ脱针;抽丝 ⓮ⓒ洄游的鱼群 ⓯[the ～s][口]腹泻;拉肚子

run·ner [ˈrʌnə(r)] (～s[-z]) *n.* ⓒ ❶奔跑的人(或动物);赛跑的人(或动物):There are eight ～s in the final race. 有8匹马参加决赛。❷信差;送信人;外勤员;跑街;(银行或股票经纪人的)跑外 ❸偷运货物出入某地的人;走私者:drug-～s 偷运毒品的人 ❹滑行装置;(雪车等的)滑橇;(溜冰鞋的)冰刀 ❺【植】匍匐茎;纤匍枝:strawberry ～ 草莓纤匍枝 ❻

(走廊等的)细长地毯;(铺在条桌中间的)长条桌布

run·ner-up [ˌrʌnərˈʌp] *n*. C❶ 亚军:a ~ in the contest 比赛中的亚军 ❷(在竞选等中)占第2位的人

run·ning [ˈrʌnɪŋ] **I**. [无比较等级] *adj*. ❶跑着的;边跑边做的:a ~ jump (kick) 跑步起跳(跑动踢球) ❷(水)流动的:I can hear ~ water. 我听见有流水的声音。❸连续的;不断的:a ~ battle for control of the party 为控制该党而进行的持续斗争 ❹(机器等)操作的;开动中的;运转中的 ❺(伤口等)排出液体的;流脓的 **II**. *n*. U❶跑;跑步;赛跑:take up ~ 开始跑步 ❷(机器等的)开动;运转 ❸管理;经营:the day-to-day ~ of a shop 商店的日常经营

ru·ral [ˈrʊərəl] *adj*. ❶([反] urban)乡村的;在乡村的;田园的:~ areas (scenes, smells, accents) 农村地区(乡村风光、乡土气息、乡下口音) ❷农业的:~ economy 农业经济

rush[1] [rʌʃ] **I**. (~es[ˈ-ɪz]; ~ed[-t]) *vi*. ❶急冲;急奔;急流:The children ~ed out of school. 孩子们飞快跑出学校。/Water went ~ing through the lock gates. 水流经水闸时十分湍急。❷仓促行事:~ into marriage 仓促结婚 ❸突然出现;涌现:An idea ~ed into my mind. 我突然想起一个主意。*vt*. ❶使急速去(或来):Ambulances ~ed the injured to hospital. 救护车把受伤的人火速送往医院。❷匆忙地做:~ sb. into signing a contract 催促某人匆匆签署合同 ❸突袭:~ the enemy's positions 向敌人的阵地突然发起进攻 ❹[英口]向(顾客等)索高价;敲竹杠:How much did the garage ~ you for those repairs? 汽车服务站敲了你多少修理费? **II**. (~es[ˈ-ɪz]) *n*. ❶ C 急促的动作;冲,奔:The tide comes in with a sudden ~ here. 这里潮水来势汹涌。❷U[用作单数]突发;突现:a ~ of blood to the cheeks 脸一下子红起来 ❸U匆忙;急迫:Why all this mad ~? 为什么要这么匆忙呢? ❹ C(对货物等的)大量急需;争购:a ~ on umbrellas 争购雨伞 ❺[常用复数]未经剪辑的样片

rush[2] [rʌʃ] (~es[ˈ-ɪz]) *n*. C❶【植】灯芯草;灯芯草属植物:a ~ matting 灯芯草编织的席子 ❷无价值的东西

Rus·sia [ˈrʌʃə] *n*. 俄罗斯(欧洲,原苏联加盟共和国);俄国

Russ·ian [ˈrʌʃən] **I**. *adj*. 俄国的;俄罗斯的;俄罗斯文化的;俄语的;俄国人的:~ folklore (dancing) 俄罗斯民俗(舞蹈) **II**. *n*. ❶ C俄国人,俄罗斯人;(泛指旧时的)苏联人 ❷ U俄罗斯语;俄语

rust [rʌst] **I**. *n*. U❶(铁)锈:badly corroded with ~ 严重锈蚀的 ❷(脑子等)发锈,迟钝;惰性:keep one's mind from ~ 使头脑不生锈 ❸赤褐色;铁锈色 ❹【植】锈病;锈菌 **II**. (~ed[ˈ-ɪd]) *vi*. 生锈;脑子衰退:Brass doesn't ~. 黄铜不生锈。*vt*. 使生锈,使脑子衰退:The underneath of the car was badly ~ed. 汽车底部锈得很厉害。

rus·tic [ˈrʌstɪk] *adj*. ❶ 乡村的;农村风味的;朴素的 ❷ 乡下风格的;质朴的

rus·tle[1] [ˈrʌsl] **I**. *n*. U C轻而爽的声音;沙沙声:the ~ of banknotes (petticoats) 钞票(衬裙)的沙沙声 **II**. (~s[-ɪz]; rustling) *vi*. 发出沙沙声:Leaves ~d gently in the breeze. 树叶迎着微风沙沙作响。*vt*. 使发出沙沙声:I wish people wouldn't ~ their programmes during the solos. 在独奏进行时,我希望人们不要把节目单翻得沙沙作响。

rus·tle[2] [ˈrʌsl] (~s[-z]; rustling) *vi*. ❶使劲干;急速动 ❷觅食 ❸偷牛(或马等) *vt*. ❶弄到(食物等) ❷把(牛等)赶拢 ❸偷(马或牛)

rus·ty [ˈrʌstɪ] (rustier; rustiest) *adj*. ❶生锈的;锈的:~ nails 生锈的钉子 ❷(脑子等)生锈的;变迟钝的,衰退的:a ~ mind 变迟钝的头脑 ❸ 铁褐色的;赭色的;(衣服等)已褪色的:a ~ old coat 颜色泛黄的旧上衣 ❹陈旧的;过时的:a ~ joke 听腻了的笑话 ❺(嗓音等)嘶哑的;刺耳的 ❻【植】患锈病的;有锈斑的

ruth·less [ˈruːθlɪs] *adj*. ❶([反] merciful)无情的;冷酷的;残忍的:show ~ disregard for other people's feelings 对别人的感情漠不关心 ❷决不松懈的;永不停止的;持久的:set off at a ~ pace 勇往直前

R

S s

sab·o·tage ['sæbətɑ:ʒ] **I**. *n*. ⓤ 蓄意破坏;阴谋破坏(尤指摧毁对方武器或装备以及挫败对方计划等行为):Was the fire an accident or (an act of) ~? 这场大火是意外事故还是有人破坏？ **II**. (~s[-ɪz]; sabotaging) *vt*. 破坏(某事物):They tried to ~ my party by getting drunk. 他们想借耍酒疯来破坏我的聚会。 *vi*. 从事阴谋破坏活动

sack [sæk] **I**. *n*. ❶ ⓒ 麻袋,粗布袋 ❷ ⓒ (一)大袋;(一)满袋 ❸ ⓒ (小的包装食品等的)纸袋,塑料袋 ❹ [the ~] [口] 开除;解雇:give sb. the ~ 解雇某人 **II**. *vt*. ❶ 把…装入(大袋) ❷ [口] 开除;解雇

sac·ri·fice ['sækrɪfaɪs] **I**. (~s[-ɪz]) *n*. ❶ ⓤⓒ 供奉;献祭;供品;牺牲 ❷ ⓤⓒ 舍身;牺牲:He became a top sportsman at some ~ to himself. 他为成为优秀运动员付出了一些代价。 ❸ ⓒ 亏本出售;大贱卖;亏本出售的商品:sell sth. at a ~ 亏本出售某物 **II**. (~s[-ɪz]; sacrificing) *vt*. ❶ 供奉;献祭 ❷ 牺牲;献出:She ~d her career to marry him. 她为了嫁给他而牺牲了自己的事业。 ❸ [口] 亏本出售 *vi*. ❶ 献祭 ❷ [美] (棒球比赛中)做牺牲的一击

sad [sæd] (sadder; saddest) *adj*. ❶ 悲哀的;忧愁的;难过的:I'm ~ you're leaving. 你要走了,我很难过。 ❷ 该受责备(或批评)的;坏的;十分糟糕的:a ~ state of affairs 很糟糕的事态 ❸ 令人遗憾(或惋惜)的

sad·dle ['sædl] **I**. (~s[-z]) *n*. ❶ ⓒ (马等的)鞍;(自行车、摩托车的)车座 ❷ ⓒ 鞍部(两峰间的凹下部分);鞍状物;鞍状山脊 ❸ ⓒⓤ (动物的)带脊骨和肋骨的大块肉 **II**. (~s[-z]; saddling) *vi*. 装鞍于(马等) *vt*. ❶ 给(马等)装鞍 ❷ 使负重担,使承担任务(或责任);强加:The boss ~d her with all the most difficult customers. 老板把那些最难应付的顾客全推给了她。

safe [seɪf] **I**. (~r; ~st) *adj*. ❶ [反] unsafe, dangerous) 安全的;平安的;无危险的;You'll be ~ here. 你在这里很安全。 ❷ 无恙的;不会引起损失的:The missing child was found ~ and well. 失踪的孩子已找到,平安无事。 ❸ 可靠的,保险的:It's not ~ to go out at night. 夜晚出门不安全。 ❹ 谨小慎微的;小心的;不冒险的:a ~ driver 谨慎的驾驶员 **II**. *n*. ⓒ 保险箱;保险柜

safe·guard ['seɪfgɑ:d] **I**. (~s[-z]) *n*. ⓒ 安全设施;保护性措施:We will introduce legal ~s against fraud. 我们为制止诈骗活动将采取法律保护措施。 **II**. (~s[z]; ~ed [-ɪd]) *vt*. ❶ 保护,保卫:We have found a way of ~ing our money. 我们已有了保护钱财的方法。 ❷ 为…提供防护措施 ❸ 护卫;护送

safe·ty ['seɪftɪ] *n*. ❶ ([反] danger) ⓤ 安全;平安:I'm worried about the ~ of the children. 我为孩子们的安全担心。 ❷ ⓒ 安全设备,保险装置;(枪炮等的)保险机;有保险机的武器:~ devices 安全设备 ❸ ⓒ [美] (棒球)安打(指保险的一击);(美式足球)把球掷过本队球门线;最后方的后卫

sa·ga·cious [sə'geɪʃəs] *adj*. ([近]wise)睿智的;精明的;有判断力的:a ~ person 精明的人

sage [seɪdʒ] **I**. (~s['-ɪz]) *n*. ⓒ 圣人;贤人;智者:consult the ~s of the tribe 向部落的智者求教 **II**. *adj*. ([近]wise)[讽]贤明的;貌似聪明的:a ~ judge 贤明的法官

said [sed] **I**. say 的过去式和过去分词 **II**. *adj*. (法律、商业文件用语)上述的;该~:(the) ~ contract 上述契约

sail [seɪl] **I**. (~s[-z]) *n*. ❶ ⓒⓤ 帆;篷:hoist the ~s 扬帆 ❷ ⓒ [单复同]帆船:a fleet of twenty ~ 有20艘船的船队 ❸ ⓒ 帆状物;风车的翼板 ❹ ⓤ [用单数]航行游览;航程:go for a ~ 乘船游玩 **II**. *vi*. ❶ (船)行;(坐船、游艇等)旅行:~ up (along) the coast 向(沿)海岸航行 ❷ 起航;开船:When does the ship ~? 这船何时起航？ ❸ (能)驾驶(船):Do you ~? 你会驾船吗？ ❹ (鸟、飞机

等)翱翔;(鱼、云等)浮游,飘;[口]平稳地行进:The bird ~ed across the sky. 鸟儿平稳地飞过天空。❺(尤指女人)仪态万方地走:The manager ~ed into the room. 经理神态自若地走进房间。**vt.** ❶乘船在(海洋等)上航行;越过(海洋等)旅行:~ the Aegean in a cruiser 乘游艇在爱琴海上旅行 ❷驾驶(船等):She ~s her own yacht. 她驾驶自己的游艇。

sailor ['seɪlə(r)] **n.** C水手;海员;乘船(航行)者

saint [seɪnt] **n.** ❶C(教会正式承认的)圣徒;圣者 ❷C[常用复数]进入天国的人;逝者:in the company of the ~s 已死亡 ❸C道德高尚的人;圣人 ❹U(加在圣徒、教会、学校、街道等的名字前,通常略写为 St.)圣…❺C无私的人;极有耐心的人:You must be a ~ to be able to stand her temper! 能受得了她的脾气,一定要非常有涵养!

sake [seɪk] **n.** CU缘故;理由:for the ~ of convenience 为了方便起见

sal·ad ['sæləd] (~s[-z]) **n.** ❶CU沙拉;凉拌生菜;有沙拉的凉拌食品 ❷U生菜(适于生吃的蔬菜)

sal·a·ry ['sælərɪ] (salaries [-z]) **n.** CU(非体力劳动雇员的)薪金;薪水(通常按月计):Has your ~ been paid yet? 你发薪了吗?

sale [seɪl] (~s[-z]) **n.** ❶UC卖;出售;销售:I haven't made a ~ all week. 我整个星期没有卖出东西。❷C[用复数]销售额;销售量:Sales are up this month. 本月销售量增加。❸C(商店等的)廉价出售,贱卖:buy goods at the ~s 减价期间购物 ❹UC销路;市场需求:They found no ~ for their goods. 他们的商品没有销路。❺C竞卖,拍卖

sa·lient ['seɪlɪənt] **I.** *adj.* ❶显著的;突出的;主要的:the ~ points of a speech 讲话的要点 ❷(指角)凸出的,凸起的 **II.** *n.* C❶凸角 ❷【军】进攻防卫阵地的突出部分

salon ['sælɒn] **n.** [法] C❶雅致的大会客室;(旅馆等的)大厅;(客轮上的)交谊室 ❷沙龙(旧时知名人士在上流社会女主人家的聚会或聚会场所):a literary ~ 文学沙龙 ❸(营业性质的)店;厅;院:a beauty ~ 美容院

sa·loon [sə'luːn] (~s[-z]) **n.** C❶([近] salon)(轮船、旅馆等的)大厅;交谊厅:the ship's dining ~ 轮船的餐厅 ❷(有某用途的)公共大厅(或建筑物):a billiard ~ 台球室 ❸([近]bar)[美]酒店;酒吧间 ❹([近]~-car)可容纳4至7个乘客的大轿车

salt [sɔːlt] **I.** **n.** ❶U盐;食盐;氯化钠:common ~ 食盐 ❷C盐类化合物;[用复数]浴盐:bath ~s 浴盐(用以使洗澡水芳香用途)❸U风趣;兴味;刺激性:a talk full of ~ 饶有风趣的谈话 ❹C[口]有经验的水手:an old ~ 老水手 **II.** *adj.* ([反] fresh)含盐的,咸的;腌的 **III.** (~ed['-ɪd]) **vt.** ❶在(食物)中加盐 ❷用盐腌(食物):~ (down) pork 腌猪肉 ❸将盐撒在(路上等)使冰雪融化

salty ['sɔːltɪ] (saltier; saltiest) *adj.* ❶含盐的,咸的 ❷(才智、语言等)活泼的;生动的:her ~ humour 她那机智的幽默话语

sa·lu·ta·tion [ˌsæljuː'teɪʃən] **n.** ❶UC问候;致意;致敬:raise one's hat in ~ 举帽行礼 ❷C(信函中的)称呼语

sa·lute [sə'l(j)uːt] **I.** **n.** CU❶招呼;敬礼;行礼:The officer returned the sergeant's ~. 军官向中士还了礼。❷[美]礼炮;鞭炮:fire a ~ of ten guns 鸣礼炮十响 **II.** (~d[-ɪd]; saluting) **vt.** ❶向…打招呼;向…行军礼;向…致敬;迎接:The royal visitor was ~d by a fanfare of trumpets. 皇室贵宾在嘹亮的铜管乐曲中受到热烈欢迎。❷颂扬,赞扬:We ~ you for your tireless efforts for peace. 我们为您在寻求和平方面做出的不懈努力向您表示敬意。**vi.** 打招呼;行礼;致敬:The guard ~d (the general) smartly. 卫兵非常精神地(向将军)行礼。

sal·vage ['sælvɪdʒ] **I.** **n.** U❶(对船只、船上货物的)海上救捞;(对火灾、水灾等的)财物抢救:Salvage of the wreck was made difficult by bad weather. 船遇难后因天气恶劣救援工作十分困难。❷抢救出的财产;(为抢救财产付的)救援费 ❸可利用的废物;废物的回收:collect old newspapers and magazines for ~ 回收旧报纸和杂志 **II.** (~s[-ɪz]; salvaging) **vt.** ❶([近]rescue)救助;营救;抢救:The doctors succeed in salvaging the patient. 医生们成功地抢救了这个病人。❷打捞 ❸利用(废物、损坏的货物等)

sal·va·tion [sæl'veɪʃən] **n.** ❶U救助;拯救:the road of ~ 生路 ❷U【宗】(对人的灵魂的)救度;超度:pray for the ~ of sinners 祈求拯救道德的罪人 ❸C救济品;救助的手段(或方法)

same [seɪm] **I.** *adj.* ([反] different) ❶同一的:They both said the ~ thing. 他们俩说的一样。❷依然如故的;同样的:Don't make the ~ mistake again. 不要再犯同样的错误。❸(与前面提到的)一模一样的;相同的:I saw the ~ shoes in a shop last week. 我上个星期在一家商店里看到了

同一式样的鞋。❹[与 this，that，these，those 连用，强调语气或含贬义]刚才提到（或想到）的；上述的：This meter is mounted on that ~ panel. 这表就装在上述那块仪表板上。❺[通常与 the 连用]千篇一律；单调的：the ~ old story 老一套 **Ⅱ**. *prep*. ❶同一事物：He and I said the ~. 我和他说的是同一件事。❷(法律、商业上的旧用法；常略去定冠词)该人；上述事物；上述情况：We have heard from your branch office and have replied to ~. 你处分公司来函收悉，并已回复。**Ⅲ**. *adv*. 同样地；相同地：The two words are spelled differently, but pronounced the ~. 这两个字拼写不同，但发音相同。

sam·ple ['sɑːmpl] **Ⅰ**. (~s[-z]) *n*. ❶货样；样品；标本：a ~ of his handwriting (他的)手写样本 ❷(免费)分发的小量试(货)样；赠样：hand out free ~s of the perfume 送出香水的赠样 **Ⅱ**. (~s[-z]; sampling) *vt*. ❶抽样检查(某物)；取样：~ a new type of flour for oneself 试样选择一种新的面粉 ❷(凭样品)试…；试食，试用：~ the delights of Chinese food 品尝中国美食

sanc·tion ['sæŋkʃən] **Ⅰ**. (~s[-z]) *n*. ❶Ⓤ批准；认可：These measures have the ~ of tradition. 这些措施已约定俗成。❷Ⓒ(使人们不违背法律、规定等的)约束因素；约束力：Is prison the best ~ against a crime like this? 为遏止这类罪行，监禁手段是否上策？❸Ⓒ制裁；[常用复数]国际制裁：apply economic ~s against that country 对那个国家实行经济制裁 **Ⅱ**. *vt*. 批准；认可：I can't ~ your methods. 我不能同意你的方法。

sand [sænd] **Ⅰ**. (~s[-z]) *n*. ❶Ⓤ沙；沙粒：mix ~ and cement to make concrete 把沙子和水泥混合制成混凝土 ❷Ⓤ[常用复数]沙地；沙滩 ❸[用复数](沙漏中的)沙粒 ❹ 时刻；寿命：the ~s of a man's life 人的寿命，毕生的岁月 **Ⅱ**. (~ed['-ɪd]) *vt*. ❶用砂纸等擦(或磨)：The bare wood must be ~ed down. 这个没有皮的木料得用砂纸磨光。❷在(某物)上撒沙；用沙覆盖

san·dal ['sændl] (~s[-z]) *n*. Ⓒ❶凉鞋；便鞋：straw ~s 草鞋 ❷浅口橡胶套鞋

sand·wich ['sænwɪdʒ,-tʃ] **Ⅰ**. (~es[-ɪz]) *n*. Ⓒ 夹心面包；三明治 **Ⅱ**. (~es[-ɪz]) *vt*. 将…夹在另两人或两物中间(尤指受空间限制)：I ~ed myself between two fat men on the bus. 我在公共汽车上，一边一个胖子把我夹在中间不能动。

sand·y ['sændɪ] (sandier; sandiest) *adj*. ❶含沙的；覆盖着沙的 ❷(指毛发等)沙色的

sane [seɪn] (~r; ~st) *adj*. ❶([反]insane)心智健全的；神志正常的：It's hard to stay ~ under such awful pressure. 处于这种可怕的压力之下，不疯才怪呢。❷明智的；稳健的；理智的

sang [sæŋ] sing 的过去式

san·guine ['sæŋgwɪn] *adj*. ❶面色红润的；红光满面的：a ~ complexion 红润的脸色 ❷([近]optimistic)充满希望的；乐观的：not very ~ about our chances of success 对我们成功的机会不很乐观

san·i·tary ['sænɪtərɪ] *adj*. ([反]insanitary) ❶清洁的；卫生的；保健的：Conditions in the kitchen were not very ~. 厨房环境不太卫生。❷保健的；有关保健的：a ~ inspector 卫生检查员

san·i·ta·tion [ˌsænɪ'teɪʃən] *n*. Ⓤ公共卫生；卫生设备(尤指下水管道设备)

sank [sæŋk] sink 的过去式

sap[1] [sæp] *n*. Ⓤ❶(树)液，汁：The ~ rises in trees in springtime. 春天树中的汁液向上流动。❷([近]vigour)元气；精力：He's full of ~ and ready to start. 他精神抖擞准备出发。

sap[2] [sæp] **Ⅰ**. *n*. Ⓒ【军】地道；坑道；地下战壕 **Ⅱ**. (sapped [-t]; sapping) *vt*. ❶(挖坏地基而)削弱(城堡等) ❷逐渐削弱(势力、自信、健康等)；逐渐耗竭：I was *sapped* by months of hospital treatment. 我住院治疗几个月，大伤元气。

sar·dine [sɑː'diːn] (~(s)[-z]) *n*. Ⓒ沙丁鱼(通常为罐装)

sat·el·lite ['sætəlaɪt] *n*. Ⓒ❶【天】卫星：The moon is the Earth's ~. 月球是地球的卫星。❷人造卫星：a communications ~ 通信卫星 ❸卫星国(依附于某大国并受其控制者)：the great powers and their ~s 列强及其卫星国

sat·is·fac·tion [ˌsætɪs'fækʃən] (~s[-z]) *n*. ([反]dissatisfaction) ❶Ⓤ满意；满足：She can look back on her career with great ~. 她回顾自己的经历觉得心满意足。❷Ⓤ(希望、愿望等的)实现：the ~ of a hope, desire, ambition 希望、愿望、抱负的实现 ❸Ⓒ令人满足(或带来乐趣)的事物；乐事：the ~ of doing work that one loves 做自己喜欢的工作从中得到的乐趣 ❹Ⓤ赔偿；还债；履行义务；赔偿物：demand ~ for the damage 要求损害赔偿 ❺Ⓤ复仇；决斗

sat·is·fac·to·ry [ˌsætɪs'fæktərɪ] *adj*. ([反]unsatisfactory)满意的；满足的；称心如意的：The result of the experiment was

～. 实验结果令人满意。

sat·is·fy ['sætɪsfaɪ] (satisfies [-z]; satis-fied) ([反] dissatisfy) *vt*. ❶使(某人)满意(或满足):Nothing *satisfies* him; he's always complaining. 他对什么都不满意,总是抱怨。 ❷满足(需要、愿望等);达到(要求等):～ sb.'s curiosity 满足好奇心 ❸(向某人提供证据、消息等)使弄清楚:～ the police that one is innocent 向警方证实自己是清白的 ❹履行(义务等);偿清(债务等);偿付(债权人等) *vi*. 令人满意;令人满意

sat·u·rate ['sætʃəreɪt] (～d[-ɪd]; satura-ting) *vt*. ❶浸…,使浸透;使湿透:clothes ～d with water 浸湿的衣服 ❷使…充满(或吸收):We lay on the beach,～d in sun-shine. 我们躺在沙滩上,淋浴在阳光里。

Sat·ur·day ['sætədɪ] (～s[-z]) *n*. Ⓤ Ⓒ 星期六

sauce [sɔːs] **Ⅰ**. (～s['-ɪz]) *n*. ❶Ⓒ Ⓤ 沙司;调味汁;酱:fruit pudding and brandy ～ 水果布丁和白兰地调味汁 ❷Ⓤ Ⓒ [英口]无礼;莽撞:None of your ～! 不要无礼! ❸ [the ～] 烈酒:Keep off the ～! 别喝烈酒! **Ⅱ**. (～s['-ɪz]; saucing) *vt*. ❶给…调味;浇酱汁于 ❷对(某人)无礼(或粗鲁):Don't you dare ～ me! 你竟敢对我无礼!

sau·cer ['sɔːsə(r)] (～s[-z]) **Ⅰ**. *n*. Ⓒ ❶茶碟;茶托 ❷(放在花盆下防水流干的)垫盆 ❸浅碟形物;浅碟形凹地 **Ⅱ**. *vt*. 使成碟状

sau·sage ['sɒsɪdʒ] (～s[-ɪz]) Ⓒ Ⓤ 香肠;腊肠:grill some ～s 烤些香肠

sav·age ['sævɪdʒ] **Ⅰ**. *adj*. ❶([近]fero-cious)野性的;凶猛的:a ～ attack by a big dog 凶猛大狗的攻击 ❷([近]cruel)残酷的;恶毒的;敌意的:He has a ～ temper. 他脾气暴躁。❸([近]wild)野蛮的;未开化的:a ～ tribe 原始部落 **Ⅱ**. (～s['-ɪz]) *n*. Ⓒ ❶野蛮人;野人:an island inhabited by ～s 野蛮人居住的岛 ❷凶残的人;粗野的人;粗暴的人 **Ⅲ**. (～s['-ɪz]; savaging) *vt*. 残暴地攻击(某人);残害:a novel ～d by the reviewers 遭评论家猛烈抨击的小说

save¹ [seɪv] **Ⅰ**. (～s[-z]; saving) *vt*. ❶救;挽救;援救:It was too late to ～ the sick woman, and she died. 病妇未获及时抢救而死亡。❷储存;储蓄;保留,保存:*Save* your strength for the hard work you'll have to do later. 留着点儿劲儿,你一会儿还得干重活儿呢。❸顾全;保全;保留:Can the school be ～d from closure? 能保全这所学校不至关闭吗? ❹节省(劳力、时间、花费等);节约…;省去:Walking to the office ～s (me) spending

money on bus fares. 步行上班可节省公共汽车费。❺【宗】拯救(摆脱罪愆或罪孽);赦罪 ❻(足球等)阻碍对方得(分等),救(球):The goalie managed to ～ a shot struck at close range. 守门员救出一个近距离射的球。*vi*. 储存;储蓄:It's prudent to ～. 储蓄是有远见的。**Ⅱ**. *n*. Ⓒ(足球等的)阻碍对方得分;救球

save² [seɪv] [亦用 saving] *prep*. 除了…外(表示所说的不包括在内):We know nothing about her ～ that her surname is Jones. 我们除了知道她姓琼斯外,对她全不了解。

sav·ing ['seɪvɪŋ] (～s[-z]) *n*. ❶Ⓤ Ⓒ 节约;节省:a useful ～ of thing and money 在时间和金钱方面有价值的节省 ❷Ⓒ [用复数]储蓄金;存款;积蓄:keep one's ～s in the bank 把储蓄的钱存在银行里

sa·vio(u)r ['seɪvjə] (～s[-z]) *n*. ❶Ⓒ救助者;拯救者;救星 ❷[the ～]【宗】救世主(耶稣)

sa·vo(u)r ['seɪvə(r)] **Ⅰ**. (～s[-z]) *n*. ❶Ⓤ Ⓒ 味;味道;([近]flavour)滋味;风味:soup with a slight ～ of garlic 略带蒜味的汤 ❷Ⓒ [常用 a ～][喻](抽象的)味道;风趣;有几分…:Life seems to have lost some of its ～. 生活中似乎已失去了一些值得享受的乐趣。**Ⅱ**. (～s[-z]; ～ing[-rɪŋ]) *vt*. ❶品尝;欣赏(某物)的味道(或风味):～ the finest French dishes 品尝最好的法国菜 ❷尝到;经历到:Now the exams are over, I'm ～*ing* my free-dom. 因为考试结束了,我现在自由自在了。*vi*. 具有…的滋味;带有…的味道:Her re-marks ～ of hypocrisy. 她说的话听起来有点儿虚伪。

saw¹ [sɔː] see 的过去式

saw² [sɔː] **Ⅰ**. (～s[-z]) *n*. Ⓒ [常构成复合词]锯:cutting logs with a power ～ 用电锯锯原木 **Ⅱ**. (～s[-z]; sawed; sawn[sɔːn] 或 [美]sawed) *vt*. ❶锯(某物);锯成(原木段等) ❷像拉锯一样来回移动:She was ～*ing* the bread with a blunt knife. 她正在用一把钝刀拉锯般地切着面包。*vi*. ❶用锯;拉锯;锯开:This wood ～s easily. 这木材很容易锯开。❷拉锯般来回移动

say [seɪ] **Ⅰ**. (～s[sez]; said[sed]) *vt*. ❶说:Did you ～ "please"? 你说"请"这个字了吗? ❷表明(看法、意见等):I can't ～ I blame her for resigning. 我不能说她辞职是错的。❸念;背诵:～ a short prayer 背诵简短的祈祷文 ❹写道;报道;预报:The radio ～s heavy rain in the afternoon. 广播中预报今天下午有大雨。❺假设;比如说:Let's take

S

any writer ~ Dickens. 咱们可以随便拿个作家为例,比方说狄更斯. *vi.* 说;讲;述说:You may well ~ so. 你完全可以这么说. **II.** *n.* ⓊⒸ[常用单数]要说的话;意见;发言机会;发言权:I want a ~ in the management of the business. 我想要在业务管理方面有发言权.

say·ing ['seɪɪŋ] (~s[-z]) *n.* ⓊⒸ❶言语;言论:*Saying* and doing should agree with each other. 言行应该一致. ❷([近]proverb)谚语;格言;俗话:"More haste, less speed,"as the ~ goes. 常言道:"欲速则不达".

scale¹ [skeɪl] **I.** (~s[-z]) *n.* ❶Ⓒ鳞;鳞片;鱼鳞:scrape the ~*s* from a herring 刮去鲱鱼的鳞 ❷Ⓒ鳞状物;(尤指皮肤的)鳞屑. ❸Ⓤ水碱;水锈;牙垢 **II.** (~s[z];scaling) *vt.* 刮去…的鳞片;剥去…的壳;除去…的积垢 *vi.* 呈片状剥落(或脱落)(off):paint *scaling* off a wall 墙壁脱落下来的油漆

scale² [skeɪl] **I.** (~s[-z]) *n.* Ⓒ❶天平盘;秤盘 ❷[常用复数]天平;磅秤:a pair of ~*s* 一台天平 **II.** (~s[-z];scaling) *vt.* 称得重量为…:The boxer ~*d* 90 kilos. 那拳击手体重为 90 公斤.

scale³ [skeɪl] **I.** (~s[-z]) *n.* ❶Ⓒ标度;刻度;尺度;刻度尺:This ruler has one ~ in centimetres and another in inches. 这把尺上有厘米刻度和英寸刻度. ❷Ⓒ量度制;进位制;计数法 ❸Ⓒ比例;比率;比例尺;缩尺:a large ~ map 大比例的地图 ❹Ⓒ等级;级别:a person who is high on the social ~ 社会地位高的人 ❺ⓊⒸ规模;程度;范围:entertain on a large ~ 举办大规模的招待会 ❻Ⓒ【音】音阶:practise ~*s* on the piano 练习弹奏钢琴的连续音阶 **II.** (~s[-z];scaling) *vt.* ❶攀登(悬崖、墙等);到达…的顶点:Fireman ~*d* the building. 消防员攀登大楼. ❷(按比例)排列;(用比例尺)衡量;(按比例尺或标准)绘制;调节:Prices were ~*d* down 5%. 价格按比例下降了 5%.

scan [skæn] **I.** (~s[-z];scanned;scanning) *vt.* ❶([近]examine)细看(某物);仔细检查:He *scanned* the horizon, looking for land. 他细看天水相连的地方,寻找陆地. ❷用扫描器扫描(身体或身体的部位) ❸(探照灯等)扫掠(某处):The flashlight's beam *scanned* every corner of the room. 手电筒的光束扫描屋内各个角落. ❹(电视等)扫描 ❺([近]skim, survey)匆匆而粗略地看:She *scanned* the newspaper over breakfast. 她吃着早餐把报纸大略看了一遍. ❻划分(诗句

的)音步;有顿挫地吟诵 *vi.* (诗)符合格律,顿挫合拍 **II.** *n.* Ⓒ[用单数]❶细看;审视 ❷扫描;扫掠:a body ~ 全身扫描

scan·dal ['skændl] (~s[-z]) *n.* ❶ⒸⓊ公愤;民愤;引起公愤的举动:cause a ~ 激起民愤 ❷ⒸⒸ丑事;丑闻;丑行:It is a ~ that the defendant was declared innocent. 宣判被告无罪,这真是可耻的事. ❸Ⓤ流言蜚语;闲话:Most of us enjoy a bit of ~. 我们大多愿意知道一点儿别人的坏事.

scan·da·lous ['skændələs] *adj.* ❶出丑的;令人反感的;诽谤人的 ❷(报道或谣传)含有引起人公愤内容的

scanty ['skæntɪ] (scantier; scantiest) *adj.* ❶([近]inadequate; insufficient; scarce)不充分的,缺乏的,不足的;一点点的:~ knowledge 一知半解的知识 ❷([反]ample)(衣服等)尺寸不够的;过小的

scar [skɑː(r)] **I.** (~s[-z]) *n.* Ⓒ❶伤痕;疤:Will the cut leave a ~? 这伤口能留下疤痕吗?❷(精神上的)创伤:Her years in prison left a ~. 她在狱中的岁月留下了精神创伤. **II.** (~s[-z]; scarred; scarring ['-rɪŋ]) *vt.* 使留下伤痕:a face *scarred* by smallpox 出过天花的脸 *vi.* 痊愈(留下疤痕);结疤:Will the cut ~? 这伤口能结疤吗?

scarce [skeəs] (~r; ~st) *adj.* ❶([反]plentiful)缺乏的,不足的:It was wartime and food was ~. 那时是战争时期,食物短缺. ❷[常作表语]稀有的;罕见的:This book is now ~. 这书现在很难得.

scarce·ly ['skeəslɪ] [无比较等级] *adv.* ❶([近]hardly)仅仅;几乎不:I ~ know him. 我不太认识他. ❷决不:You can ~ expect me to believe that. 别以为我能相信那件事. ❸[相当于 not 的减弱语气]不很;大概不:I ~ think so. 我可不这么想.

scare [skeə(r)] **I.** (~s[-z];scaring['-rɪŋ]) *vt.* ❶惊吓;使恐慌:That noise ~*d* me. 那响声把我吓坏了. ❷将(某人)吓跑,吓走:He ~*s* people away by being so brash. 他狂妄自大把别人都吓跑了. ❸将…吓出来:They will ~ her out of telling the police. 他们要把她吓得不敢报警. *vi.* 受惊吓;感到害怕 **II.** (~s[-z]) *n.* Ⓒ惊恐;恐慌:The explosion at the chemical factory caused a major pollution ~. 化工厂发生爆炸引起了害怕污染的巨大恐慌.

scared [skeəd] *adj.* 惊恐的;恐惧的:I'm ~ (of ghosts). 我害怕(鬼).

scarf [skɑːf] (~s 或 scarves [skɑːvz]) *n.* Ⓒ

围巾；头巾；披肩

scar·let [ˈskɑːlɪt] **I**. *n*. U 猩红色；绯红色；鲜红色 **II**. *adj*. 猩红的；绯红的；鲜红的：He turned ~ with rage. 他气得脸色通红。

scat·ter [ˈskætə(r)] **I**. (~s[-z]；~ing [-rɪŋ]) *vt*. ❶（[反]collect）使（人或动物）散开：The police ~ed the crowd. 警察驱散了人群。❷撒；散布：We ~ed plates of food around the room before the party. 我们在聚会前把一盘盘食物摆在屋中各处。❸撒于…；撒播：~ the lawn with grass seed 把草籽撒在草坪上 *vi*. 消散；分散；溃散：The crowd ~ed. 人群散开了。**II**. *n*. ❶ U 散播 ❷ C [用 a ~]被撒播之物；分散之物；稀疏之物；零星少数

scene [siːn] (~s[-z]) *n*. C ❶（事件或故事的）发生地点：the ~ of the accident，crime 事故、犯罪的现场 ❷情景；事件：the horrific ~ after the earthquake 地震后的惨状 ❸（戏剧或电影中的）片段；场面；情节：The ~ in the hospital was very moving. 在医院的那一场面十分感人。❹（舞台上的）场景；布景：The first ~ of the play is the king's palace. 剧中的第一个场景是王宫。❺景色；景象；景致：They went abroad for a change of ~. 他们出国换换环境。❻当众吵闹；发脾气：make a ~ 大吵大闹

scenery [ˈsiːnərɪ] *n*. U ❶舞台布景：a piece of ~ 一幅布景 ❷景色；风景；风光：stop to admire the ~ 停下来欣赏风景

scent [sent] **I**. *n*. ❶ UC（某物特有的）气味；香味 ❷（[近]perfume）U 香精；香水：a bottle of ~ 一瓶香水 ❸ C（动物的）臭迹；遗臭：a strong ~ 强烈的臭迹 ❹ U（尤指狗的）嗅觉：hunt by ~ 靠嗅觉追猎 ❺ C [用单数] 觉察能力（或本能）：a ~ of danger，fear，trouble 察觉出危险、恐惧感、麻烦事 **II**. (~ed[ˈ-ɪd]) *vt*. ❶嗅出；闻到：The dog ~ed a rat. 那狗嗅出老鼠的气味。❷预感；觉察到：~ a crime 察觉出有犯罪的情形 ❸ [尤用于被动]使某物有香味：~ed notepaper，soap 有香味的信纸、肥皂

scep·tic，[美]**skep·tic** [ˈskeptɪk] *n*. C ❶持怀疑态度的人；对某事物持怀疑态度的人：The government must still convince the ~s that its policy will work. 政府仍须使持怀疑态度的人相信其政策可行。❷怀疑宗教教义的人；[口]无神论者

sched·ule [ˈʃedjuːl；ˈskedʒʊl] **I**. (~s[-z]) *n*. C ❶进度表；程序表；议事日程：a factory production ~ 工厂生产进度表 ❷（[近]time-table）时间表；课程表：The fog disrupted air-line ~s. 这场大雾扰乱了航空公司时刻表。❸清单；明细表；一览表：The attached ~ gives details of the shipment. 装运货物的细目见所附清单。**II**. (~s[-z]；scheduling) *vt*. 将（某事）列入进度表；为（某事）安排时间：The sale is ~d for tomorrow. 大减价定于明日举行。

scheme [skiːm] **I**. (~s[-z]) *n*. C ❶计划；规划；方案：a pension ~ 养老金方案 ❷组合；配合 ❸阴谋；诡计：a ~ for not paying tax 逃税的诡计 **II**. (~s[-z]；scheming) *vt*. 策划（某事）；图谋（某事）：Her enemies are *scheming* her downfall. 她的对头正在策划把她搞垮。*vi*. 计划；设计；搞阴谋：They are *scheming* to get her elected as leader. 他们正策划让她当选领导。

schol·ar [ˈskɒlə(r)] (~s[-z]) *n*. C ❶学者（多指人文学者；古典学者）：a Greek，classical，history ~ 研究希腊问题的、研究古典著作的、研究历史的学者 ❷获奖学金的学生：a British Council ~ 获英国文化协会奖学金的学生 ❸[口]有学问的人；博古通今的人

school [skuːl] **I**. (~s[-z]) *n*. ❶ C 学校；专科学校：primary and secondary ~s 小学和中学 ❷ C 学院；大学：famous ~s like Yale and Harvard 像耶鲁、哈佛这样的著名大学 ❸ U 上学；上课；上课时间；功课；学期：There will be no ~ tomorrow. 明天不上课。❹ [the ~] 全校学生；全校师生：The head teacher told the ~ at assembly. 校长在全校学生大会上讲话。❺ C U 大学的院系：the law，medical，history ~ 法学院、医学院、历史系 ❻ C（通常指为成人设的）专门学科课程：a summer ~ for music lovers 音乐爱好者暑期班 ❼ C 学派；流派：different ~s of thought 各种不同学派 ❽ U 锻炼；磨炼：go through the hard ~ of adversity 经受逆境的磨炼 **II**. (~s[-z]) *vt*. 教育，培养，训练：~ oneself in patience 培养自己的忍耐力

school·bag [ˈskuːlbæg] *n*. C 书包

school·ing [ˈskuːlɪŋ] *n*. U 教育：He had very little ~. 他没受过什么教育。

sci·ence [ˈsaɪəns] *n*. ❶ U 科学；科学研究：*Science* is an exact discipline. 研究科学可以锻炼人思维严谨。❷ UC（一门）科学；学科：the natural ~s 自然科学 ❸ U 自然科学；理科：I prefer ~ to the humanities. 与人文科学比，我更喜欢自然科学。❹ UC 专门技术或技巧：In this game. you need more ~ than strength. 在这项比赛中，技巧比力气更重要。

sci·ent·if·ic [ˌsaɪənˈtɪfɪk] [无比较等级]

adj.（[反] unscientific）❶科学的；用于科学的；关于科学的：a ～ discovery 科学发现 ❷采用科学方法的：They are very ～ in their approach. 他们的方法很科学。❸具有、采用或需要技术（或专门知识）的：a ～ player 有专门技术的选手

* **sci·ent·ist** ['saɪəntɪst] *n*. C 自然科学家；研究自然科学的人

scis·sors ['sɪzəz] [复] *n*. 剪刀；剪子

scoff¹ [skɒf] Ⅰ. （～ed[-t]）*vi*.（[近]ridicule）嘲笑；嘲弄：Don't ～, he's quite right. 别讥笑，他没错。Ⅱ. *n*. [常用复数]嘲笑；嘲笑：She ignored the ～s of her workmates. 她对同事们的嘲笑不屑一顾。

scoff² [skɒf] Ⅰ. （～ed[-t]）*vt*. & *vi*. 贪婪地吃；狼吞虎咽：Who ～ed all the biscuits? 是谁把饼干全都吃光了？Ⅱ. *n*. U C ❶[俚]狼吞虎咽 ❷食物；食品：Where's all the ～ gone? 食物都到哪儿去了？

* **scold** [skəʊld] Ⅰ. （～s[-z]；～ed['-ɪd]）*vt*. 骂，责骂（尤指对儿童）；叱责：Did you ～ her for breaking it? 她把那件东西打破了，你责骂她了吗？Ⅱ. （～s[-z]）*n*. C 爱骂街的人

scoop [skuːp] Ⅰ. *n*. C ❶铲状工具；铲子；勺，小勺 ❷铲；舀，一铲；一舀：After three ～s, the jar was nearly empty. 舀了 3 勺后，罐子就快空了。❸[口]抢先报道的新闻 ❹[美口]抢先赚得的巨额利润 Ⅱ. （～ed[-t]）*vt*. ❶舀；铲起；捞起：He ～ed the coins in his hands. 他用手把硬币捧了起来。❷抢先报道新闻：She ～ed all the national newspapers to get the story. 她抢在全国各报之前发表了这一消息。❸抢先获得（利润等）

scope [skəʊp] *n*. U ❶（发挥能力等的）余地；机会：a job with ～ for self-fulfilment 有机会发挥自己的能力的工作 ❷（处理、研究事物的）范围：Does feminist writing come within the ～ of your book? 你这本书是否涉及女权主义内容？❸视界；眼界：a mind of wide ～ 广博的见识

scorch [skɔːtʃ] （～es[-ɪz]；～ed[-t]）*vt*. ❶烧焦，烤焦，使枯萎：～ one's clothes by staying too near the fire 因太靠近炉火而烤焦衣服 ❷挖苦；用话刺痛 *vi*. ❶烧焦，烤焦；枯萎 ❷挖苦；刺痛人 ❸[英口]高速驾驶：motorcyclists ～ing down the road 沿路疾驶的摩托车手

* **score** [skɔː(r)] Ⅰ. （～s[-z]）*n*. C ❶（比赛中的）得分；分数；比分；（测验的）成绩；评分：What's my ～? 我得了多少分？❷[单复

数]二十：a ～ of people 20 人 ❸[用复数]很多，大量："How many people were there?" "There were ～s of them.""那里有多少人？""有很多人。"❹刻痕；划痕：～s made by a knife on the bark of a tree 用刀在树皮上划的痕迹 ❺欠账，欠款：pay the ～ at the hotel 付旅店费 ❻【音】总谱；乐谱；（电影、戏剧等的）配乐：the piano ～ of the opera 歌剧中的钢琴乐谱 ❼[口]真实情况；真相：know the ～ 知道真相 Ⅱ. （～s[-z]；scoring）*vt*. ❶（在比赛、测验中）得分：She ～d 120 in the IQ test. 她在智商测验中得了 120 分。❷记录（比赛等的）分数；给（考试）评分 ❸获得（成功等）；获胜：The programme ～d a real hit with the public. 那节目备受群众欢迎。❹在（某物上）刻痕；划痕：They ～d the floorboards by pushing furniture about. 他们推动家具，在地板上留下了划痕。❺[美]严厉批评（某人）；骂；叱责：Critics ～d him for his foolishness. 评论家们批评他愚蠢。❻[常用被动语态]为…改编（乐曲）；编写总谱（或配乐曲）*vi*. ❶得分；得胜：The home team has yet to ～. 主队还没有得分。❷记录（比赛）分数：Who's going to ～? 谁记分？

scorn [skɔːn] Ⅰ. *n*. ❶（[近]contempt）U 鄙视；轻蔑：be filled with ～ 十分鄙视 ❷ U 嘲笑；嘲弄；奚落：point the finger of ～ at sb. 奚落某人 ❸[用单数]受某人鄙视的人（或事物）：She was the ～ of her classmates. 她常受同学们的鄙视。Ⅱ. *vt*. ❶鄙视（某人、某事物）：As a professional painter, she ～s the efforts of amateurs. 她是专业画家，看不起业余画家的创作。❷拒绝；不屑（做）：～ to ask for help 不屑于求助

scorn·ful ['skɔːnfʊl] *adj*. 轻蔑的；藐视的：～ of the greed of others 看不起别人的那么贪心

scourge [skɜːdʒ] Ⅰ. （～s['-ɪz]）*n*. C ❶（用以打人的）鞭子 ❷苦难的根源；带来灾难的人（或事物）；灾祸：The new boss was the ～ of the inefficient. 新老板上任以后，不称职的人就遭殃了。Ⅱ. （～s['-ɪz]；scourging）*vt*. ❶鞭打；鞭笞 ❷使（某人）受痛苦：～d by guilt 受内疚的煎熬

scout [skaʊt] Ⅰ. *n*. C ❶侦察员；侦察舰；侦察排 ❷童子军：the Boy（Girl）Scouts 男（女）童子军 ❸物色（运动员、演员等）人才的工作人员 Ⅱ. （～ed['-ɪd]）*vi*. ❶侦察：～ around for enemy troops 到各处侦察寻找敌军 ❷寻找某人（或某物）：We'd better start ～ing about for a new secretary. 我们最好着手物色一个新秘书。*vt*. 侦察；跟踪；搜索；监

视：～ a village 侦察一个村子的情况

scrab·ble ['skræbl] (～s[-z]；scrabbling) *vi.* ❶用手指摸索着抓：～ about under the table for the dropped sweets 在桌子底下摸索寻找掉在地下的糖块 ❷乱涂，乱写

scram·ble ['skræmbl] **I**.(～s[-z]；scrambling) *vi.* ❶([近]climb)攀登；爬：The children ～d out of the hollow tree. 孩子都从树洞里爬出来了。❷竞争，争夺；抢夺：They were all *scrambling* to get the bargains. 他们都争先恐后抢购廉价货。❸勉强拼凑：～ for a living 勉强凑合着过日子 ❹【军】紧急起飞应战 *vt.* ❶使杂乱；搅乱：Bad weather ～d the air schedules. 恶劣的天气把飞机班次打乱了。❷(用牛奶和黄油)炒(蛋)❸改变频率使(通话)不被窃听 ❹【军】使(军用飞机)紧急起飞 **II**.*n.* ⓒ❶攀登；爬行：a ～ over the rocks at the seashore 攀登海边的岩石 ❷争夺；抢夺：There was a ～ for the best seats. 大家都在抢最好的座位。❸[英](摩托车的)越野比赛；越野试车

scrap¹ [skræp] **I**.*n.* ❶([近]piece)ⓒ碎片；破片；小片：～s of paper，cloth，wood 纸片、布头、木屑 ❷[用复数]剩下的食物；剩饭：Give the ～s to the dog. 把剩下的东西喂狗吧。❸ Ⓤ 废弃材料；废物：A man comes round regularly collecting ～. 有个男子按时来收破烂。❹ ⓒ(文学等的)片断；(从书报上)剪下的图片，短文：～s of a letter 函件的片断 ❺ ⓒ[用单数]少量；一点儿：There's not a ～ of truth in the claim. 这种说法毫无真实性。**II**.(scrapped [-t]；scrapping) *vt.* 抛弃；抛掉(无用的或用坏的东西)：Lack of cash forced us to ～ plans for a new house. 我们现款不足，只好打消买房子的念头。

scrap² [skræp] **I**.*n.* ⓒ[口]打架；吵架：He had a ～ with his sister. 他和妹妹吵了一架。**II**.*vi.* 打架；吵架：He was always *scrapping* at school. 他在学校总打架。

scrape [skreɪp] **I**.(～d[-t]；scraping) *vt.* ❶擦；磨；刮；擦去：She is *scraping* the path clear of snow. 她正在把路上的积雪铲掉。❷擦伤；刮坏：I ～d the side of my car against a wall. 我的汽车车身蹭墙划坏了。❸使(某物)擦着：Don't ～ your feet on the floor. 别用脚蹭地板。❹挖出；挖成：～ a hole (out) in the soil for planting 挖个土坑栽种 ❺[口](艰难地)凑集；积蓄；积攒：We ～d together an audience of fifty for the play. 我们张罗来 50 个观众看这出戏。*vi.* ❶刮(或擦)出刺耳声 ❷勉强通过；挤过：She only just ～d through the test. 她测验勉强及格。❸勉强

日子；(艰难地)积攒钱财 **II**.*n.* ⓊⒸ刮；擦；刮擦的声音：the ～ of sb.'s pen on paper 某人的钢笔尖在纸上划出沙沙声 ❷ ⓒ擦伤；擦痕：a ～ on the elbow 胳膊肘上的擦伤 ❸ ⓒ[口](因举动愚蠢或考虑不周而陷入的)尴尬处境；窘境：Don't expect me to get you out of your ～s. 你自讨苦吃别期望我来帮忙。

scratch [skrætʃ] **I**.(～es['-ɪz]；～ed[-t]) *vt.* ❶搔；抓；抓伤：The knife has ～ed the table. 刀子把桌子划出了道子。❷擦成；挖成(洞穴等)；刻上：～ a line on a surface 在物体表面划出一条线 ❸搔(痒)：*Scratching* the rash will make it worse. 丘疹越挠越坏。❹从…中刮取，擦下：～ the rust off the wheel 把轮子上的锈刮掉 ❺删除；划掉：Her name had been ～ed out of the list. 她的名字已从名单上划掉了。❻(潦草地)涂写；乱画：～ a few lines to a friend 给朋友草草写封短信 ❼使…取消参加(出场)；使…弃权 *vi.* ❶搔；抓；抓伤：The dog is ～ing at the door. 狗正在抓门。❷发出刮(或擦)的声音：My pen ～es. 我的笔在写字时发出刮纸声。❸(赛马等)退出比赛；未能赴约 ❹勉强糊口，艰难地生活 ❺取消参加；弃权 **II**.(～es['-ɪz]) *n.* ❶ ⓒ刮、划、抓等痕、伤或声音：He escaped without a ～. 他安全逃脱了。❷[用单数]挠；搔；搔痒 ❸ ⓒ【体】起跑线 ❹Ⓤ[美口]现金 **III**.*adj.* ❶[口]碰巧的；偶然的 ❷[口]拼凑的；匆匆合成的：a ～ dinner 临时准备的一顿便饭

scream [skriːm] **I**.(～s[-z]) *vi.* ❶尖叫；放声大笑：Those cats have been ～ing for hours. 那些猫叫了半天了。❷(风、机器等)发出尖锐刺耳的声音；尖叫着移动：The hurricane ～ed outside. 外面狂风呼啸着 ❸强烈要求；大叫大嚷着抗议 *vt.* 尖叫着说；尖叫着发出：The baby was ～ing himself red in the face. 那小孩哭叫得脸都红了。**II**.*n.* ⓒ❶尖叫(声) ❷[用单数]令人大笑的人(或事物)：He's an absolute ～. 他非常滑稽。

screech [skriːtʃ] **I**.(～es['-ɪz]；～ed[-t]) *vt.* 尖叫；尖声喊叫；发出尖厉的声音："Help me!"she ～ed. "救命!"她尖声喊道。*vi.* 发出尖锐刺耳的叫声：The brakes ～ed as the car stopped. 汽车停下时刹车发出尖厉的声音。**II**.(～es['-ɪz]) *n.* ⓒ尖厉刺耳的声音；尖锐声：the ～ of tyres 轮胎发出的刺耳声音

screen [skriːn] **I**.(～s[-z]) *n.* ❶ ⓒ屏风；围屏；帘；帐；隔板；纱门；纱窗：a ～ in front of the fire 炉前的隔板 ❷ ⓒ掩蔽物：He was using his business activities as a ～ for crime. 他用生意活动作掩护干着犯罪的勾当。❸ ⓒ银幕；屏幕[常用 the ～]电影；电影

界；电影院：Two smaller ～s will be opening in May. 五月份将有两家小型电影院开业。❹Ⓒ(筛煤、砾石等的)筛子 ❺Ⓒ(尤指旧教堂的)圣坛屏幕；唱诗班屏幕 **II**. *vt*. ❶隐藏；掩护；遮蔽：The trees ～ the house from view. 有这些树蔽着看不见那所房子。❷包庇；祖护：You can't ～ your children from real life for ever. 不能总护着孩子不让他们接触实际生活。❸筛(煤、砾石等) ❹检查；测试；审查：Government employees are often ～ed by the security services. 政府雇员经常受到保安部门审查。❺上映；放映：The film has been ～ed in the cinema and on TV. 这部电影已在电影院及电视上放映。*vi*. 拍电影；出现在屏幕上

screw [skruː] **I**. (～s[-z]) *n*. Ⓒ❶螺丝钉；螺钉；螺丝；螺旋状物 ❷拧；转动：The nut isn't tight enough yet, give it another ～. 螺母不太紧，再拧一下吧。❸(尤指船的)螺旋桨：a twin ～ cruiser 双螺旋桨的机动游艇 ❹[英](拧口的)小纸包及所盛之物 ❺[用单数]薪水；工资 **II**. *vt*. ❶用螺丝钉拧紧；把…用螺丝钉固定：～ all the parts together 用螺丝钉把所有的部件都拧在一起 ❷旋；拧：～ the lid on (off) the jar 拧上(拧开)罐盖 ❸[口]扭歪；皱起；眯紧：～ one's head round 扭过头去看 ❹[口]诈骗：We got ～ed when we bought this house. 我们买这所房子上当了。*vi*. 旋；拧：This type of bulb ～s into the socket. 这种灯是拧到灯座上的。

scrib•ble ['skrɪbl] **I**. (～s[-z]；scribbling) *vt*. 潦草书写；乱写；乱涂：scribbling figures on an envelopes 在信封上乱写数字 *vi*. 乱涂；乱画：a child scribbling all over the page 整页上乱画东西的孩子 **II**. *n*. ❶ⓊⒸ潦草的字迹：I can't read this ～. 我看不懂这种潦草的字。❷ Ⓒ乱画的东西：～s all over the page 整页上乱画的东西

script [skrɪpt] **I**. *n*. ❶[近]handwriting]ⓊⒸ笔迹；手迹；手写体 ❷Ⓒ(戏剧、电影、广播、讲话等的)剧本；脚本；讲稿：That line isn't in the ～. 脚本上没有那一段词。❸Ⓤ Ⓒ(某种语言的)字母体系；文字体系：Arabic ～ 阿拉伯语字母 ❹Ⓒ[英](笔试)答卷：The examiner had to mark 150 ～s. 主考人须评阅150份试卷。**II**. *vt*. 为(电影、电视或广播剧等)写脚本：a film ～d by a famous novelist 由著名小说家撰写脚本的电影

scrip•ture ['skrɪptʃə(r)] (～s[-z]) *n*. ❶ [常用 the Scripture] 基督教《圣经》 ❷Ⓒ[用复数](基督教以外其他宗教的)经典；经文

scrub¹ [skrʌb] (～s[-z]) *n*. ❶Ⓤ矮树丛；杂木林 ❷Ⓒ矮小的人(或东西)；不中用的人(或东西) ❸ Ⓒ[口]二流球队；二流选手；候补选手

scrub² [skrʌb] **I**. (～s[-z]；scrubbed；scrubbing) *vt*. ❶用力擦洗；(尤指用肥皂和水)刷洗：Scrub the walls down before painting them. 先把墙刷干净再上漆。❷([近]cancel)[口]取消(计划等)：We wanted to go for a picnic, but we had to ～ it because of the rain. 我们原想去野餐，但后来因为下雨而取消了。*vi*. ❶擦洗干净：He's down on his knees, scrubbing (away). 他跪在地上擦洗(起来)。❷(施行外科手术前)进行手臂消毒 **II**. *n*. Ⓒ擦洗；刷洗：give the floor a good ～ 把地面好好刷洗一番

scru•ple ['skruːpl] **I**. (～s[-z]) *n*. ⓊⒸ踌躇；顾虑；顾忌：She tells lies without ～. 她撒谎肆无忌惮。**II**. (～s[-z]；scrupling) *vi*. [常用于否定句]犹豫，有顾虑：She wouldn't ～ to tell a lie if she thought it would be useful. 她只要认为说谎有利，就连犹豫都不犹豫。*vt*. 对…感到犹豫，对…有顾虑

scru•pu•lous ['skruːpjələs] *adj*. ❶极仔细彻底的；一丝不苟的：a ～ inspection of the firm's accounts 对公司的账目彻底审核 ❷审慎的；极诚实的：behave with ～ honesty 表现极为正直

scru•ti•ny ['skruːtɪnɪ] (scrutinies [-z]) *n*. ❶ⓊⒸ细看；细阅；仔细检查：make a ～ of the day's newspaper 仔细地阅读当天的报纸 ❷Ⓒ选票复查

sculp•tor ['skʌlptə(r)] (～s[-z]) *n*. Ⓒ雕刻家；雕塑家

sculp•ture ['skʌlptʃə(r)] **I**. (～s[-z]) *n*. ❶Ⓤ雕塑；雕刻：the techniques of ～ in stone 石雕技术 ❷Ⓒ雕塑品，雕像：a ～ of Venus 维纳斯雕像 **II**. (～s[-z]；sculpturing [-rɪŋ]) *vt*. ❶([近]sculpt)为…做塑像或雕像；将(某物)制成雕塑品：～ a statue out of hard wood 用硬木雕刻塑像 ❷以雕刻装饰：～d columns 用雕刻装饰的柱子 *vi*. 从事雕塑业；作雕塑师：learn to ～ 学习雕塑

scum [skʌm] **I**. *n*. ❶ⓊⒸ(煮沸或发酵时发生的)泡沫；(池塘或其他静止水面上的)浮垢；浮渣 ❷[用作复数][集合用法]渣滓；社会最底层；卑贱的人 **II**. *vi*. 起泡沫

scythe [saɪð] **I**. (～s[-z]) *n*. Ⓒ(长柄大镰刀 **II**. (～s[-z]；scything) *vi*. (用长柄大镰刀)割(草等)：workers scything in the meadow 用长柄大镰刀在草地上割草的工人 *vt*. 用长柄大镰刀割(草等)

S

sea [si:] (～s[-z]) *n*. ❶([近]ocean) Ⓤ 海;海洋:fly over land and ～ 飞越陆地和海洋 ❷Ⓤ[用于专有名词中]海;内海;湖:the Caspian *Sea* 里海 ❸Ⓒ海浪;波涛:The ship was struck by a heavy ～. 那艘船遇到了巨浪。❹Ⓒ大量;浩瀚;茫茫一片:I stood amid a ～ of corn. 我站在茫茫一片庄稼之中。

seal¹ [si:l] (～(s)) *n*. Ⓒ【动】海豹

seal² [si:l] Ⅰ. (～s[-z]) *n*. Ⓒ❶封腊;封铅;火漆;封条;封印:The letter bears the ～ of the king. 这封信有国王封印。❷印章;图章 ❸(密封容器的)封条;密封垫;密封胶;封纸 ❹(尤指出售以捐助慈善事业的)印花贴签 ❺印信;保证;批准;誓约:put the ～ of approval on a scheme 批准某一方案 ❻象征;标志:Their handshake was a ～ of friendship. 他们的握手是友谊的象征。Ⅱ. *vt*. ❶在…上加封盖印 ❷粘住;封住;密封住:*Seal* (up) the window to prevent draughts. 把窗户封起来以防风。❸给…加保护层(或面或涂上密封胶等):～ the boat's hull with special paint 给船体涂上特种油漆 ❹决定;确定;解决:Her fate is ～ed. 她的命运已定。

search [sɜ:tʃ] Ⅰ. (～es['-ɪz];～ed[-t]) *vt*. ❶搜查(某人);细查(某物或某处);搜索:The police ～ed her for drugs. 警察搜查她,看她身上是否有毒品。❷细看;细细检查 *vi*. 搜查;搜寻;调查:We ～ed through the drawer for the missing papers. 我们翻遍抽屉寻找遗失的文件。Ⅱ. (～es['-ɪz]) *n*. Ⓤ Ⓒ 搜查;搜寻:Volunteers joined the ～ for the lost child. 有人自告奋勇也来寻找那失踪的孩子。

season ['si:zn] Ⅰ. (～s[-z]) *n*. Ⓒ❶季;季节:Plants grow fast in the warmest ～. 植物在最暖和的季节生长得快。❷特定的时期;时令;旺季;活动期:The ball was the highlight of the London ～. 那次舞会是伦敦社交活动时期的高潮。Ⅱ. (～s[-z]) *vt*. ❶(用盐、胡椒等)给(食物)调味:lamb ～ed with garlic and rosemary 用蒜和迷迭香调味的羊肉 ❷使(木材)风干后适用 ❸使(某人)通过实践而有经验:a politician ～ed by six election campaigns 经历6次竞选锻炼而富经验的政治家 *vi*. (木材)风干后适用:Timber ～s quickly in the wind. 木材在风中干得很快。

sea·son·able ['si:zənəbl] *adj*. ❶合时令的,应时的:～ snow showers 应时的一阵雪 ❷及时的;合时宜的:a ～ time for discussion 适宜于讨论的时刻

sea·son·al ['si:zənl] *adj*. 季节的;季节性的;随季节而变化的:～ work 季节性的工作

sea·son·ing ['si:zənɪŋ] (～s[-z]) *n*. Ⓤ Ⓒ 调味品;佐料:not enough ～ in the stew 炖菜里佐料不够

seat [si:t] Ⅰ. *n*. Ⓒ❶座;座位:She rose from her ～ to protest. 她从座位上站起来提出抗议。❷(椅子、凳子等的)座部 ❸(人或裤子的)臀部:a hole in the ～ of his trousers 他的裤子臀部上的洞 ❹[英](立法会、议会、委员会等的)席位;议会议员的选区 ❺(某事物或活动的)所在地;中心:In the US, Washington is the ～ of government. 在美国,华盛顿是政府所在地。❻[亦用country ～]宅第;别墅:the family ～ in Norfolk 在诺福克郡的祖传宅邸 ❼骑马的方式(或姿势):an experienced rider with a good ～ 姿势好的有经验的骑手 Ⅱ. (～ed['-ɪd]) *vt*. ❶[常用被动]使…就座;使坐下:*Seat* the boy next to his brother. 让那个孩子坐在他哥哥旁边。❷(场所等)供给…座位;坐得下…人:This airliner is ～ed for 40. 这架班机有40个人的座位。❸使得居席;使当选就职;使登位:The queen of that country was ～ed last year. 那个国家的女王是去年登位的。

se·cede [sɪ'si:d] (～s[-z];～d[-ɪd];seceding) *vi*. 退出;脱离(组织等):the Southern States which ～d from the Union in 1860～1861 在1860～1861年脱离联邦的南方各州

se·clude [sɪ'klu:d] (～s[-z];～d[-ɪd];secluding) *vt*. ([近]separate)使…与他人隔离;使…隔绝:You can't ～ yourself from the world. 人不能与世隔绝。

sec·ond¹ ['sekənd] Ⅰ. *adj*. ❶第二的:February is the ～ month of the year. 二月是一年的第二个月份。❷(除第一个以外)又一个的;额外的;附加的:You will need a ～ pair or shoes. 你需要再有一双鞋。❸次等的;次要的:We never use ～ quality ingredients. 我们决不使用次等配料。❹【音】第二音程的;低音部的 Ⅱ. *adv*. 居第二位;归第二类:The English swimmer came ～. 英国游泳选手得了第二名。Ⅲ. (～s[-z]) *n*. ❶[the ～]第二个人(或事物):I was the first to arrive, and she was the ～. 我是第一个到的,她是第二个。❷[用单数]另一个人或事物 ❸Ⓒ大学中已得荣誉学位 ❹Ⓤ(汽车、自行车等的)第二挡:Are you in first or ～? 你用的是一挡还是二挡? ❺[常用复数]乙等品;次品:These plates are ～s. 这些盘子是乙等品。❻[用复数]第二份食物:I'm going to ask for ～s. 我想再要一份吃的。❼Ⓒ帮手;辅助手;(拳击)助手 ❽Ⓒ【音】二度(音程) Ⅳ. (～ed[-ɪd]) *vt*. ❶(决斗中)当…的助

手;做…的后援:I was only ~ed in this research by my son. 在这项研究中,我儿子帮了我很大的忙。❷附议(某动议、决议等):~ a motion to adjourn 附议休会的动议 ❸临时调往;调派(某人):an officer ~ed from the Marines to staff headquarters 从海军陆战队调往总参谋部的军官

* **second²** ['sekənd] (~s[-z]) *n.* C ❶(时间、角度的)秒:The winning time was 1 minute 5 ~s. 获胜的时间是 1 分零 5 秒。❷一会儿;片刻:The food was on the table in ~s. 吃的东西一转眼就摆在桌上了。

sec·ond·ary ['sekəndərɪ] *adj.* ❶([反] main, primary)第二的;次要的:Such considerations are ~ to our main aim of improving efficiency. 对于我们提高效率的主要目的来说,这些想法都是次要的。❷中等教育的:a ~ school 中学 ❸从属的;次生的;继发性的:~ literature 二次文献

* **se·cret** ['si:krɪt] I . *adj.* ❶([反] open, public)秘密的;保密的;机密的 ❷不公开说的;不公开承认的:I'm a ~ fan of soap operas on TV. 我从不声张我是电视连续剧迷。❸(地方)人迹罕至的;幽静的:my ~ cottage in the country 我在郊外的寂静小舍 II . *n.* ❶ C 秘密;机密:Are you going to let him in on the ~? 你想让他知道这个秘密吗? ❷ U C 秘诀;诀窍;窍门:the ~ of success 成功的秘诀 ❸ C 奥秘;神秘的事物:the ~s of nature 自然界的奥秘

sec·re·tar·i·al [ˌsekrɪˈteərɪəl] [无比较等级] *adj.* 秘书的;书记的:~ staff, duties, training, colleges 任秘书的工作人员、秘书工作、秘书培训、秘书专科学校

* **sec·re·tary** ['sekrətrɪ] (secretaries [-z]) *n.* C ❶秘书;书记:I sometimes think my ~ runs the firm. 我有时认为是我的秘书经管着公司。❷(俱乐部、协会等的)干事,文书 ❸([近] minister)[用 Secretary] 大臣;部长:*Secretary* of the Treasury 财政部长

sec·tion ['sekʃən] I . (~s[-z]) *n.* C ❶部分:This ~ of the road is closed. 这段路已经封闭。❷([近] part)部件;零件 ❸纵剖面;纵断面;纵切面:This illustration shows a ~ through the timber. 本图所示为木材的纵剖面。❹集体中的小团体;小集团 ❺(组织、机构等的)部门;处;科;组;股:the woodwind ~ of the orchestra 乐队中的木管乐组 ❻(文件、书等的)节,款,项,段:the financial ~ of the newspaper 报纸上的金融栏 ❼[美]平方英里 ❽市镇的范围;市区 ❾切除的部分;切片;断面:put a ~ of tissue under the micro-

scope 把组织的切片放在显微镜下 II . *vt.* 将…分成部分;将…切片:a library ~ed into subject areas 按科目划分的图书馆

sec·tion·al ['sekʃnl] [无比较等级] *adj.* ❶截面的;剖面的:a ~ drawing 截面图 ❷组装的;组合的:~ furniture 组合家具 ❸社会中某群体的:~ interests 不同群体的利益 ❹地区的;地方性的

sec·tor ['sektə(r)] (~s[-z]) *n.* C ❶[数] 扇形;扇形面:the ~ of a circle 圆的扇形 ❷部门;(尤指)经济领域:the service ~ 服务性行业 ❸[军]战区;防区

se·cure [sɪˈkjʊə(r)] I . (~r [-rə]; ~st [-rɪst] 或 more ~; most ~) *adj.* ([反] insecure) ❶无忧无虑的;无疑虑的:feel ~ about one's future 对自己的前途无忧无虑的 ❷([近]sure)有把握的;确切的;有保证的:have a ~ job in the Civil Service 在政府部门有一份稳定的工作 ❸([近]firm)牢固的;稳固的;可靠的:Is that ladder ~? 那个梯子牢固吗? ❹安全的;得到保护的:The strongroom is as ~ as we can make it. 我们的保险库建造得十分安全。 II . (~s[-z]; securing [-rɪŋ]) *vt.* ❶使…安全;保护:Can the town be ~d against attack? 能保护这个市镇不受攻击吗? ❷保证…,使确保;保障:The new law will ~ the civil rights of the mentally ill. 这一新法则可保障精神患者享有公民权。❸获得;得到:They've ~d government backing for the project. 他们得到政府对该计划的支持。❹将…固定住;缚住;系住:*Secure* all the doors and windows before leaving. 要把所有的门窗关好再出门。

se·cu·ri·ty [sɪˈkjʊərɪtɪ] (securities) *n.* ❶([反] insecurity) U 安全;保护;保障:Religion gave him a sense of ~. 宗教带给他安全感。❷ U C 防护;防御(措施);防备;安全:A good fire is a ~ against wild beasts. 生一堆大火可确保不受野兽侵扰。❸ C U 担保;抵押品;保证金:lend money on ~ 凭抵押品贷款 ❹[用复数]证券,债券:government *securities* 政府证券

se·duce [sɪˈdjuːs] (~s[-ɪz]; ~d[-t]; seducing) *vt.* ❶诱惑;引诱,诱拐:He's trying to ~ his secretary. 他竭力勾引他的秘书。❷唆使(做);教唆:I let myself be ~d into buying a new car. 我情不自禁买了一辆新汽车。

see [si:] (~s[-z], saw [sɔ:], seen [si:n]) *vt.* ❶(不用于进行时)看见;看到:He looked for her but couldn't ~ her in the crowd. 他寻找她,但在人群中看不见她。❷弄清;调查;查看;察看:Could you go and ~ what the children are doing? 你去看看孩子们在干什么呢，好吗？ ❸遇见；会见；约见；访问：I *saw* your mother in town today. 我今天在城里碰见你母亲了。❹观看（戏剧等）；参观；游览：Fifty thousand people *saw* the match. 有 5 万人观看了这场比赛。❺参看；见…：See page 158. 参看第 158 页。❻（[近]understand）看出；发现；领会；理解；认为：I don't think she *saw* the point of the story. 我看她没有明白那故事的意思。❼设想；想象：Her colleagues ~ her as a future Prime Minister. 她的同事设想她将来能当首相。❽注意；当心；留神；务必使；考虑：We'll ~ that the boy is properly educated. 我们一定设法使这男孩受到很好的教育。❾目睹；经历；遭遇…：He has *seen* a great deal (of life). 他见多识广。❿陪伴；护送：He *saw* her to the door. 他把她护送到门口。⓫照料；使维持下去：have enough food to ~ one to the end of the year 有足够的食物可维持到年底⓬（赌博中）下（相同赌注）；下（与另一人）相同的赌注 *vi* . ❶看；看见；观看：How far can you ~? 你能看得多远？❷[常用于祈使句]瞧；注意；当心：Wait and ~ . 等着瞧吧。❸看出；理解；知道：as everybody can ~ 众所周知 ❹想；考虑；调查：Let me ~ , what was I saying? 让我想一想，刚才我说什么来着？

seed [si:d] **I** . (~s[-z]) *n* . ❶C U 种子；籽 ❷C 原因；根源；根本：Are the ~s of criminal behaviour sown early in life? 犯罪行为的根源是否始自幼时？❸ U [用复数][集合用法]子孙；种族 ❹C（比赛中的）种子选手：a final between the first and second ~s 一号和二号种子选手的决赛 **II** . (~ed ['-ɪd]) *vt* . ❶播种；在…播种：~ a field with wheat 在地里播种小麦 ❷除去…的籽 ❸（运动竞赛中）挑选（种子选手）：The ~ed players all won their matches. 这些种子选手已全部获胜。*vi* . （植物）结籽

seed•ling ['si:dlɪŋ] **I** . (~s[-z]) *n* . C 秧苗；幼苗 **II** . *adj* . 籽生的；籽状的；幼苗

seedy ['si:dɪ] (seedier; seediest) *adj* . ❶多种子的，多籽的；结籽的：The grapes are delicious but very ~ . 葡萄好吃是好吃，就是籽儿太多。❷衰败的；破旧的；破烂的：a cheap hotel in a ~ part of town 在城里破烂地区的廉价旅店 ❸（[近]unwell）[常用作表语] 身体不舒服的；feeling ~ 觉得不舒服

seek [si:k] (sought [sɔ:t]) *vt* . ❶（[近]look for）寻找，寻求；找到：~ shelter from the rain 寻找躲雨的地方 ❷（[近]ask for）征求；请求：You must ~ permission from the

manager. 你要请求经理批准。❸设法（做某事）；试图：They are ~ing to mislead us. 他们竭力误导我们。❹朝…向（某处）移动：The flood started and we had to ~ higher ground. 发大水了，我们得到高的地方去。*vi* . 寻找；寻求；探索

seem [si:m] (~s[-z]) *vi* . （[近]appear）似乎；好像；仿佛：She ~s happy. 她好像很愉快。

seem•ing ['si:mɪŋ] [无比较等级] *adj* . （[近]apparently）看上去的；貌似的：~ intelligence，interest，anger 貌似聪明、有兴趣、气愤

seemly ['si:mlɪ] (seemlier; seemliest 或 more ~; most ~) *adj* . （[近]unseemly）恰当的；得体的；适宜的：It would be more ~ to tell her after the funeral. 待葬礼后再告诉她较合适

seg•re•gate ['segrɪgeɪt] (~d[-ɪd]) segregating) *vt* . ❶（[反]integrate）使分离；使分开；使隔离：The two groups of fans must be ~d in the stadium. 必须把体育场中这两部分球迷隔开。❷[常用被动语态]（因种族歧视等）在…施行种族隔离政策

seize [si:z] (~s[-ɪz]; seizing) *vt* . ❶（[近]grasp）抓住；捉住：She ~d me by the wrist. 她抓住了我的手腕。❷（依法）没收，扣押；查封：20 kilos of heroin were ~d yesterday at Heathrow. 昨日在希思罗机场扣押了 20 千克的海洛因。❸夺取；占领；获得 ❹抓住；把握（机会等）：Seize any opening you can. 只要有机会，就要抓住。❺（疾病）侵袭；（情绪）支配：Panic ~d us. 我们惊恐万状。*vi* . 立即接受（提议等）；利用，抓住（机会等）：She ~d on my suggestion and began to work immediately. 她采纳了我的建议，马上干了起来。

seiz•ure ['si:ʒə] (~s[-z]) *n* . ❶ U C 夺取；扣押，没收：the ~ of contraband by Customs officers 海关官员对违禁品的扣押 ❷C （中风等的）发作

sel•dom ['seldəm] *adv* . （[反]often）不常；罕见；难得：I have ~ seen such brutality. 我很少见到这种暴行。

se•lect [sɪ'lekt] **I** . (~ed[-ɪd]) *vt* . 选择；挑选；选拔（尤指最好的或最合适的人）：He was ~ed as the team leader. 他被选中做队长。**II** . *adj* . ❶仔细挑选的；精选的：~ passages of Milton's poetry 弥尔顿诗选 ❷（指会社、俱乐部、集会等）选择成员严格的：a ~ group of top scientists 最优秀科学家小组

se•lec•tion [sɪ'lekʃən] (~s[-z]) *n* . ❶ U

S

Ⓒ挑选；选择；选拔：I'm delighted about my ~ as leader. 选中了我作领导，我十分欣喜。 ❷Ⓒ待选物；精选物；选集；选手：a ~ of milk and plain chocolates 精选的牛奶和纯巧克力

se·lect·ive [sɪˈlektɪv] *adj*. ❶选择的；挑选的；选拔的 ❷挑拣的：I'm very ~ about the people I associate with. 我与他人来往极慎重，不滥交。

￮ **self** [self] (selves [selvz]) *n*. ❶ⓊⒸ自我；自己：analysis of the ~ 对自己的分析 ❷Ⓒ本性；本质：By doing that he showed his true ~. 他那样做显示了他的本性。❸ Ⓤ私利；私心：You always put ~ first. 你总是把个人利益放在首位。❹ Ⓒ本人：a cheque payable to ~ 付给自己的支票

self-con·ceit [ˌselfkənˈsiːt] *n*. Ⓤ自负；自大；自命不凡

self-con·fi·dence [ˌselfˈkɒnfɪdəns] *n*. Ⓒ自信

self-con·scious [ˌselfˈkɒnʃəs] *adj*. ❶自觉的；自我意识的 ❷忸怩的；不自然的：a ~ smile 局促不安的微笑

self-crit·i·cism [ˌselfˈkrɪtɪsɪzəm] *n*. Ⓤ自我批评：conduct criticism and ~ 进行批评和自我批评

self-de·ter·min·a·tion [ˈselfdɪˌtɜːmɪˈneɪʃən] *n*. Ⓤ自决；自主

self-dis·ci·pline [ˌselfˈdɪsɪplɪn] *n*. Ⓤ自律（力）；自我约束：Dieting demands ~. 节食需有自我约束力。

self-es·teem [ˌselfɪˈstiːm] *n*. Ⓤ自尊；自负，自大：injure sb.'s ~ 伤某人的自尊心

self-ev·i·dent [ˌselfˈevɪdənt] *adj*. 不言而喻的；明显的：a ~ fact 明摆着的事实

self-ex·am·i·na·tion [ˌselfɪɡˌzæmɪˈneɪʃən] *n*. Ⓤ自我检查；反省

self-ex·pres·sion [ˌselfɪkˈspreʃən] *n*. Ⓤ（尤指通过在言行、艺术作品等方面的）自我表现，个性表现

self-in·ter·est [ˌselfˈɪntrɪst] *n*. Ⓤ私利；利己之心：do sth. purely from ~ 纯粹从私利出发做某事

self·ish [ˈselfɪʃ] *adj*. 自私的；不顾他人的；（行动）出于自私动机的：He's too ~ to think of lending me his car. 他很自私，不想把汽车借给我。

self-re·li·ant [ˌselfrɪˈlaɪənt] *adj*. 依靠自己的；独立的：too ~ to want to borrow from anyone 过分依靠自己而不想借贷

self-respect [ˌselfrɪˈspekt] *n*. Ⓤ自尊心；自重：lose all ~ 完全丧失自尊心

self-sac·ri·fice [ˌselfˈsækrɪfaɪs] *n*. Ⓤ放弃个人利益；自我牺牲（精神）

self-sat·is·fied [ˌselfˈsætɪsfaɪd] *adj*. 自满的；自负的：a ~ person 得意忘形的人

self-seeking [ˌselfˈsiːkɪŋ] *n*. & *adj*. Ⓤ追逐私利（的）

self-serv·ice [ˌselfˈsɜːvɪs] **I**. *n*. Ⓤ（饭店、加油站等的）自我服务；自助式 **II**. *adj*. 自助的：a ~ canteen 自助食堂

self-suf·fi·cient [ˌselfsəˈfɪʃənt] *adj*. 自给自足的：She's handicapped but very ~. 她身体有缺陷，但很有自立的能力。

self-sup·porting [ˌselfsəˈpɔːtɪŋ] *adj*. （人）自食其力的；（生意）足以维持的

self-taught [ˌselfˈtɔːt] *adj*. 自学的；靠自学获得的

self-willed [ˌselfˈwɪld] *adj*. 任性的；固执的，执拗的：a troublesome ~ child 调皮捣蛋而又任性的孩子

sell [sel] **I**. (~s[-z]; sold[səʊld]) *vt*. ❶卖；出售；经销：Can she be persuaded to ~ the house? 能劝服她把房子卖了吗？❷销售；推销；买卖 ❸使人买（某物）；将（某物）卖出：It is not price but quality that ~s our shoes. 我们的鞋好卖不是因为价格低而是因为质量好。❹出卖；背叛（祖国、朋友等）；牺牲（自尊、名誉等）❺[口]宣传；推荐（想法等）；使相信…，使接受…：You have to ~ yourself at a job interview. 在接受求职面试时，要毛遂自荐。❻[常用被动语态][口]欺骗（某人），使上当：You've been *sold* again. That car you bought is a wreck. 你又上当了，你买的那辆汽车是个废品。*vi*. 卖；销售；有销路：The badges ~ at 50 pence each. 这种纪念章 50 便士一个。**II**. *n*. ❶[a ~][口]欺骗；失望：It's a real ~; the food seems cheap but you pay extra for vegetables. 真骗人，饭食好像很便宜，可是菜还得另付钱呢。❷ Ⓤ推销（术）：They're certainly giving the book the hard ~, with advertisements every night on TV. 他们用硬推销术宣传这本书，每天晚上都在电视上登广告。

seller [ˈselə(r)] (~s[-z]) *n*. Ⓒ❶卖者；卖方 ❷销售物：This model is a poor ~. 这种型号的不好卖。

sem·i·nar [ˈsemɪnɑː(r)] (~s[-z]) *n*. Ⓒ❶（大学的）研究班；研讨会 ❷研讨班课程 ❸[美]专家讨论会；（或交流）讨论会

￮ **sen·ate** [ˈsenɪt] *n*. Ⓒ[常用 Senate] ❶（美、法等国议会的）参议院；上院：a *Senate*

committee 参议院委员会 ❷（某些大学的）教务委员会；理事会 ❸（古罗马的）元老院 ❹立法机构；立法机构全体议员；立法程序

sen·ator ['senətə(r)]（～s[-z]）*n.* ⓒ❶[常用 Senator] 参议员 ❷（古罗马的）元老院议员 ❸（大学的）评议委员

send [send]（～s[-z]；sent [sent]）*vt.* ❶送；寄；寄发：～ goods，documents，information 发送货物、文件、资料 ❷派遣；打发；使…前往：I've *sent* the children to bed. 我把孩子们打发上床了。❸发射；发出：The radio operator *sent* an appeal for help to headquarters. 无线电报务员向司令部发出求救信号。❹使（某物）猛然（或迅速）移动：Whenever he moved，the wound *sent* pains all along him arm. 他只一动，伤口就连带整个胳膊都疼。❺使…陷于（…状态）：The news *sent* the Stock Exchange into a panic. 这个消息把证券交易所里的人吓得惊慌失措。❻[口]（音乐、电影等）使…兴奋；使激动：That music really ～s me! 我听到这种音乐非常兴奋！*vi.* 寄信；送信：If you want me，please ～. 如果你需要我，请捎个信来。

se·nior ['siːnjə(r)] Ⅰ．*adj.*（[反] junior）❶[无比较等级] 较年长的：He is ten years ～ to me. 他比我大 10 岁。❷（级别、地位等）较高的：the ～ partner in a firm 商行的主要合伙人；大股东 ❸资历深厚的；资格较老的：She is ～ to me，since she joined the firm before me. 她比我资格老，因为她加入公司比我早。❹[常用 Senior]（置于姓名之后，父或母与子女同名情况下的）老，大：John Brown *Senior* 老约翰·布朗 ❺[英]（学校）高年级的 Ⅱ．（～s[-z]）*n.* ⓒ❶较年长者；前辈：She is my ～ by two years. 她比我大两岁。❷（中学或大学）毕业班的学生：her ～ year at college 她在大学毕业班那一年

sen·sa·tion [sen'seɪʃən, sən-, sn-]（～s[-z]）*n.* Ⓤⓒ❶（[近] sense）感觉；知觉；感受：Some ～ is coming back to my arm. 我的胳膊在逐渐恢复一些知觉。❷轰动（群情）激动：The news caused a great ～. 这个消息十分轰动。

sen·sa·tional [sen'seɪʃənl, sən-] *adj.* ❶轰动；群情激动的；耸人听闻的：a ～ victory 轰轰烈烈的胜利 ❷极好的；绝妙的：That music is ～. 这段乐曲太完美了。

* **sense** [sens] Ⅰ．（～s[-ɪz]）*n.* ❶ⓒ感官；官能；五种感官之一 ❷ⓒⓊ辨别力；理解力；领悟力：not have much ～ of humour 没什么幽默感 ❸Ⓤⓒ觉察；觉悟：a ～ of one's own importance，worth 对自身的重要性、价值的

觉察 ❹ Ⓤ 识别力；常识；见识：There's a lot of ～ in what she says. 她说话很有见地。❺[用复数] 知觉；理智；理性：bring sb. to his ～s 使某人觉醒过来 ❻ ⓒ（[近] meaning）含意；意思：The ～ of the word is not clear. 这个词的意思不明确。❼ Ⓤ 公众意见（或倾向）：The ～ of meeting was that he should resign. 与会者普遍认为他应该辞职。Ⅱ．（～s[-ɪz]；～d[-t]；sensing）*vt.* ❶意识到；感觉到：～ sb.'s sorrow，hostility 感觉到某人的忧戚、敌意 ❷（机器）检测出；探测出 ❸了解；领悟：I did not ～ his meaning. 我没有领会他的意思。

sense·less ['senslɪs] *adj.* ❶[无比较等级][常作表语] 失去知觉的；无感觉的：fall ～ to the ground 倒在地上不省人事 ❷愚蠢的；无意义的：It would be ～ to continue any further. 再继续下去就没有意义。

sen·si·bil·i·ty [ˌsensɪ'bɪlɪtɪ, sə'b-]（sensibilities [-z]）*n.* ❶（[反] insensibility）Ⓤⓒ感觉（力）；感受（力）：tactile ～ 触觉 ❷ Ⓤⓒ鉴赏力；识别力；敏感性；灵敏度：the ～ of a poet 诗人的鉴赏力 ❸[用复数] 感情

sen·si·ble ['sensəbl] *adj.* ❶（[反] senseless）可感觉到的：a ～ rise in temperature 可以感觉到的温度升高 ❷[用作表语] 可觉察的：Are you ～ of the danger of your position? 你觉察出你处境中的危险了吗？❸明智的，明白事理的；合情理的：That was ～ of you. 你做得很明智。❹（衣着等）实用的：wear ～ shoes for long walks 为走长路而穿舒适的鞋

sen·si·tive ['sensɪtɪv] *adj.*（[反] insensitive）❶易受影响的，敏感的；易受伤害的：This material is heat-～. 这种材料对温度变化很敏感。❷易生气的；情感容易冲动的；神经质的：a frail and ～ child 脆弱而娇气的孩子 ❸有细腻感情的；同情理解的：an actor's ～ reading of a poem 演员富于感情的诗朗诵 ❹（仪器等）灵敏；灵敏度高的 ❺高度机密的；极为微妙的：a ～ issue like race relations 需慎重对待的种族关系问题

sen·si·tiv·i·ty [ˌsensɪ'tɪvɪtɪ] *n.* Ⓤ易受伤害的特性；敏感性；灵敏度：～ to pain, light, heat 对疼痛、光、热的敏感

sen·sor ['sensə(r)]（～s[-z]）*n.* ⓒ【自】传感器；灵敏元件；探测设备

sen·so·ry ['sensərɪ] *adj.* 感觉的；知觉的；感官的：a ～ nerves 感觉神经

* **sen·tence** ['sentəns] Ⅰ．（～s[-ɪz]）*n.* ❶ ⓒ【语】句，句子 ❷ ⓒ Ⓤ【律】判决；宣判；判

刑：The judge pronounced ～ on the prisoner. 法官宣布了对犯人的判决。Ⅱ. (～s [-ɪz]；～d[-t]；sentencing) *vt.* 判决；宣判：He has been ～d to pay a fine of £1,000. 他被判罚款1,000英镑。

sen·ti·ment [ˈsentɪmənt] *n.* ❶ Ⓤ ⓒ情感；情趣；情操：There's no room for ～ in business. 做生意不能婆婆妈妈的感情用事。❷ Ⓤ ⓒ情绪，心情：a rising ～ against sth. 不断增长的反对某一事物的情绪 ❸ ⓒ [常用复数]意见；感想；观点：What are your ～s on this issue? 你对这个问题有什么看法?

sen·ti·mental [ˌsentɪˈmentl] *adj.* ❶情感的；感情用事的：do sth. for ～ reasons 由于感情用事的原因而做某事 ❷多愁善感的；易动感情的：She's too ～ about her cat. 她对她的猫未免太牵肠挂肚了。

sen·ti·nel [ˈsentɪnl] (～s[-z]) *n.* Ⓒ岗哨；哨兵：The Press is a ～ of our liberty. 新闻界是捍卫我们自由的卫士。

sen·try [ˈsentrɪ] (sentries [-z]) *n.* Ⓒ岗哨；哨兵：People approaching the gate were challenged by the ～. 向大门走去的人们受到了哨兵的查问。

sep·a·rate Ⅰ. [ˈsepərɪt] [无比较等级] *adj.* ❶单独的；分开的：The children sleep in ～ beds. 孩子都睡在各自的床上。❷不同的；各别的：That is a ～ issue and irrelevant to our discussion. 这是另一个问题，同我们的讨论无关。Ⅱ. [ˈsepəreɪt] (～d[-ɪd]；separating) *vt.* ([反]join，combine) ❶使分离；使分开；使分散：England is ～d from France by the Channel. 英法两国由英吉利海峡隔开。❷区分；识别：It is not difficult to ～ a butterfly from a moth. 区别蝴蝶和飞蛾并不难。❸使分居；使脱离关系；使退役：They are not divorced, but they have been ～d for ten years. 他们没有离婚，但已分居 10 年了。*vi.* ❶分离；分开；分割：The branch has ～d from the trunk of the tree. 这个树枝已从树干上脱落了。❷ 别离；(夫妻)分居；分手：We talked until midnight and then ～d. 我们一直谈到深夜才分手。❸离析；析出：Oil and water always ～ out. 油和水总是分开的。

sep·a·ra·tion [ˌsepəˈreɪʃn] *n.* ❶ Ⓤ Ⓒ分离；分隔；分开：*Separation* from his friends made him sad. 他离开了朋友，这令他十分难过。❷ Ⓒ分离处；分界线；分支点：the ～ of a river 河流的分支处 ❸ Ⓤ Ⓒ【律】(夫妻)分居：decide on (a) ～ 决定按法律程序分居

Sep·tem·ber [səpˈtembər, sep-, sɪp-] (略作 Sep., Sept.) (～s[-z]) *n.* Ⓒ Ⓤ九月

se·pul·chral [sɪˈpʌlkrəl] [无比较等级] *adj.* ❶坟墓的；埋葬的 ❷阴森森的；阴沉的；(声音)低沉的

se·quence [ˈsiːkwəns] (～s[-ɪz]) *n.* ❶ Ⓤ Ⓒ连续；接续；一连串：a ～ of bumper harvests 连续的丰收 ❷ Ⓤ次序；顺序；先后；关联：deal with events in historical ～ 按照历史上的先后研究大事件 ❸ Ⓒ (影片中描述同一个场景或主题的)连续镜头：a thrilling ～ that includes a car chase 含有汽车追逐镜头的紧张片段

se·quoi·a [sɪˈkwɔɪə] *n.* Ⓒ【植】红杉；巨杉 (高大常绿树，产于美国加利福尼亚州)

se·rene [sɪˈriːn] *adj.* ❶晴朗的；明朗的；无云的：a ～ sky 晴朗的天空 ❷平静的；宁静的：In spite of the panic, she remained ～ and in control. 尽管人心惶惶，但她却泰然自若。❸安详的：a ～ look 安详的神情

ser·geant [ˈsɑːdʒənt] *n.* Ⓒ ❶【军】军士；[英]陆军(或空军、海军陆战队)中士 ❷[英]巡佐；警佐：the ～ of the guard 警卫班长

se·ries [ˈsɪəriːz, -rɪz] *n.* [单复同] ❶ Ⓒ连续；接连；一系列：a ～ of good harvests 接连的丰收 ❷ Ⓒ Ⓤ【电】串联

se·ri·ous [ˈsɪəriəs] *adj.* ❶([近]grave)严肃的；庄重的；正经的：Please be ～ for a minute; this is very important. 请严肃点儿，这事很重要。❷(书、音乐等)启发思考的；非消遣的：a ～ essay about social problems 关于社会问题发人深省的文章 ❸([近]grave)严重的(可能有危险或风险的)；重大的：The international situation is extremely ～. 国际形势极为严峻。❹([近]earnest)认真的；真诚的：Is she ～ about learning to be a pilot? 她真想学开飞机吗?

ser·ious·ly [ˈsɪəriəsli] *adv.* ❶严肃地；庄重地；启发性地；严重地；认真地：speak ～ to her about it 跟她认真地谈谈这件事 ❷(用于句首)说正经的；说真的：*Seriously* though, you could really hurt yourself doing that. 说正经的；你那样做可真是要自讨苦吃了。

ser·ious·ness [ˈsɪəriəsnɪs] *n.* Ⓤ严肃(性)；庄重；严重；认真：the ～ of his expression 他的表情严肃

ser·mon [ˈsɜːmən] Ⅰ. (～s[-z]) *n.* Ⓒ ❶(教堂中的)说教；讲道 ❷[口]训诫；喋喋不休的说教：We had to listen to a long ～ about not wasting money. 我们硬着头皮听了一通别浪费钱的大道理。Ⅱ. *vt.* 对…说教

ser·vant [ˈsɜːvənt] *n.* Ⓒ ❶雇工；仆人；佣人：employ a large staff of ～s 雇用大批佣人

❷公务员；(政府的)雇员：a public ～ 公仆；政府官员 ❸忠实的门徒(或信徒)：a ～ of Jesus Christ 耶稣基督的忠仆

*serve [sɜːv] Ⅰ. (～s[-z]；serving) vt. ❶为…工作；(尤指)当佣人：He has ～d his master for many years. 他伺候主人很多年了。❷为…服务；为…服役：She has ～d her country well. 她为国尽职。❸经历；度过：～ ten years for armed robbery 因持械抢劫罪服刑 10 年 ❹招待(顾客等)；端上；摆出(饭、菜等)：We ～ coffee in the lounge. 我们起居室里有咖啡客客。❺为…提供设施：The town is well ～d with public transport. 这个市镇公共交通设施很完善。❻符合；对…适用；对…有用：It's not exactly what I wanted but if will ～ my purpose. 这个跟我想要的不太一样，但也够用了。❼对待(某人)；对…施以…的行为：They have ～d me shamefully. 他们待我很坏。❽送交(传票等)：～ a court order on sb. 把法院的命令送达某人 ❾(网球等)发(球)；开球：She's already ～d two aces this game. 她在这一局中已两次发球得分。vi. ❶帮佣；服务；服役；供职：～ on a committee, board 担任委员、董事 ❷招待；上菜：He ～s in a shoeshop. 他在鞋店卖鞋。❸对…有用；符合；满足：This room can ～ as (或 for) a study. 这个房间可作书房用。❹开球；发球 ❺【宗】在(宗教仪式上)担任助祭 Ⅱ. n. ⓒⓊ(网球等的)发球；开球：Whose ～ is it? 该谁发球？

*ser•vice ['sɜːvɪs] Ⅰ. (～s[-z]) n. ❶Ⓤⓒ服务；贡献；帮助：My car has given me excellent ～. 我的汽车很好用。❷ⓒ政府部门；公用机构：the Civil Service 政府的行政部门 ❸ⓒⓊ军种；勤务；服役：Which ～ is she in? 她在哪个军种服役？❹Ⓤⓒ帮佣，服侍；供应：The food is good at this hotel, but the ～ is poor. 这家旅馆饭菜很好，但服务很差。❺ⓒⓊ(交通、通信等的)公用事业；业务：There is a bus ～ between the two cities. 两城之间有公共汽车相通。❻ⓒ服务业(非生产制品的运输业、娱乐业等)：We get export earnings from goods and ～s. 我们用货物和劳务创收外汇。❼Ⓤⓒ礼拜(仪式)；祈祷仪式：attend morning (evening) ～ 参加早(晚)祷告 ❽ⓒⓊ(车辆、机器等的)定期维修：We offer excellent after-sales ～. 我们提供完备的售后服务。❾ⓒ(全套)食用器具：a 30 piece dinner ～ 一套30件的餐具 ❿ⓒ(网球等的)发球；发球方式：Whose ～ is it? 该谁发球了？Ⅱ. (～s[-z]；servicing) vt. ❶维修(车辆、机器等)：～ a car 检修汽车 ❷向…提

供服务：The power station is ～d by road transport. 这座发电站的燃料是由公路运送的。❸支付(贷款的)利息：The company hasn't enough cash to ～ its debts. 这家公司没有支付债务利息的现款。

ses•sion ['seʃən] n. Ⓤⓒ❶(议会等的)会议；(法庭的)开庭(期)：the next ～ of arms negotiations 军备谈判的下一届会议 ❷(从事某项活动的)一段时间：After several ～s at the gym, I feel a lot fitter. 我在健身房锻炼了几次以后，觉得身体好多了。❸上课时间；学年；(大学的)学期：Some crowded schools have double ～s. 有些学生众多的学校每天分两批上课。❹基督教长老会的管理机构

*set [set] Ⅰ. (set；setting) vt. ❶([近] put)摆放；将…放在某处(或某位置)：We ～ food and drink before the travellers. 我们把食物和饮料摆在旅客面前。❷将某物移至(或放置)在接近(或接触)到另一物处：She ～ the glass to her lips. 她把玻璃杯送到嘴边。❸使…处于(或达到)某状态：The firm's accounts need to be ～ in order. 公司的账目需要清理。❹使(某人)做某事：We ～ them to chop wood in the garden. 我们让他们在花园里劈木柴。❺调整；校正；拨准(钟、表)：She ～ the camera on automatic. 她把照相机调到自动位置。❻摆设(刀、叉等餐具)；铺桌子：Could you ～ the table for supper? 你铺好桌子准备吃晚饭好吗？❼镶嵌(宝石等)：～ a gold ring with sapphire 将蓝宝石镶在金戒指上 ❽安排；确定，决定(某事物)：They haven't ～ a date for their wedding yet. 他们的婚期还没有定下来。❾建立；树立(榜样等)；创造(纪录等)：She ～ a new world record for the high jump. 她创下了跳高的世界新纪录。❿提出(任务等)；指派、出(题目等)：Who will be setting the French exam? 谁负责出法语试题？⓫设置(戏剧、小说等的)背景；为(词句、诗等)谱曲；配乐：The novel is ～ in pre-war London. 这部小说以战前的伦敦为背景。⓬排(铅字)；为(原稿等)排版：This dictionary is ～ in Press Roman. 本词典的英文排版用的是 Press Roman 字体。⓭签(字)；盖(印)：～ one's hand and seal to a document 在文件上签名盖章 ⓮使凝结；使凝固；使牢固：They ～ the cement in a mold. 他们将水泥注入模子凝固。⓯使(脸或身体某部)呈板表情(或姿势)：He ～ his jaw in a determined fashion. 他挺着下巴显得很坚决。⓰固定发型；做头发：She's having her hair ～ for the party this evening. 她正在为参加今晚的聚会做头发。⓱将(断骨)接好(或复位)：The surgeon ～ her broken arm. 外科医生为

她接好断臂。**vi.** ❶([反] rise)（日、月等）落；下沉：In Britain, the sun ~s much later in summer than in winter. 在英国，夏季日落时间比冬季晚得多。❷凝结；凝固；定型：His face ~. 他的脸板起来了。❸（潮水等）流动；具有特定倾向：The current ~s strongly eastwards. 急流迅猛东去。❹着手；从事：He has ~ to learning English. 他已开始学习英语。❺（母鸡）孵卵 ❻（猎狗）蹲住以指示猎物所在 **Ⅱ.n.** ❶Ⓒ一组；一套；一副；一对：a tea ~ 一套茶具 ❷[集合用法]一伙人；一群人 ❸Ⓤ形状；身材；姿势：There was a stubborn ~ to his jaw. 他紧闭着嘴。❹ⓊⒸ（风、水流等的）方向；倾向，趋势：The ~ of opinions was toward building a new irrigation canal. 大家的意见倾向于修建一条新的灌溉渠。❺Ⓒ收音机；电视机 ❻Ⓤ【数】集；集合 ❼Ⓒ[用单数]凝结；凝固：You won't get a good ~ if you put too much water in the jelly. 果冻掺水太多就凝固不好了。❽Ⓤ日落；日沉：at ~ of sun 日落时 ❾Ⓒ（网球等比赛的）局，（一）盘❿Ⓒ（戏剧、电影等的）布景；场景：We need volunteers to help build and paint the ~. 我们需要有人自愿帮忙把布景搭起并画好。⓫Ⓒ幼苗；树苗；秧 ⓬Ⓒ固定发型；做头发：A shampoo and ~ costs £8. 洗头发和做头发共8英镑。⓭Ⓒ成套扳手；(铺路用的)花岗石板 **Ⅲ.adj.** ❶规定的；指定的：a ~ form 规定的格式 ❷[无比较等级]固定的；事先安排的：The meals in this hotel are at ~ time. 这家旅馆的用餐时间是固定的。❸固定不变的：He's a man of ~ opinions. 他是个有固定见解的人。❹（人的表情）呆板的；凝滞的：Her face wore a grim, ~ look. 她脸上显出严厉、木然的神情。❺故意的；有目的的：We've come here for a ~ purpose. 我们来到这里是有目的的。❻准备妥当的；（赛跑等）做好预备姿势的；（棒球、板球中）稳住身体准备出击的

set·ting ['setɪŋ]（~s[-z]）**n.** ⓊⒸ❶镶嵌；镶嵌底座：The ring has a ruby in a silver ~. 这枚戒指的银底座上镶着一块红宝石。❷环境，风景：The castle stands in a picturesque ~ surrounded by hills. 这座城堡四周环山，风景如画。❸（舞台等的）布景；背景：The ~ of the story is a hotel in Paris during the war. 故事发生在战时巴黎的一家旅馆里。❹（为诗等谱写的）乐曲 ❺（日、月等的）下落（在地平线以下）❻（装置、机器等的）可调节点；挡

settle ['setl]（~s[-z]; settling）**vt.** ❶([近]decide)决定；确定；处理：You should ~ your affairs before you leave. 你应该把你的

事情处理好再走。❷调停（争端等）；解决（问题、纠纷等）：The international affairs of each country should be ~d by its own people. 各国的内政应由各国人民自己去解决。❸([反]unsettle)使定居；使移居；殖民于：After years of travel, we decided to ~ here. 我们旅行多年后，决定在此定居。❹安置…，放好…；使…舒适：He ~d himself on the sofa to watch TV. 他舒舒服服地坐在长沙发上看电视。❺使…平静下来；使镇静；使放松：Have a drink to ~ your stomach. 喝点儿饮料胃里就舒服些。❻结清账；还清债务：The insurance company has ~d her claim. 保险公司已经清偿了她的索赔款额。❼为（所受的伤害、侮辱等）惩罚（某人）❽使…下沉；使下降；使…沉淀；使…澄清：The shower of rain has ~d the dust. 这一阵雨把尘土赶到地上了。**vi.** ❶定居；移民；殖民：The Dutch ~d in South Africa. 荷兰人在南非殖民。❷停歇；停留：Clouds have ~d over the mountain tops. 那些云彩在山顶上空停留不散。❸偿付；结算：Have you ~d (up) with her for the goods? 你跟她结算贷款了吗？❹（尘土等）堆积；（渣滓等）沉淀：The dregs have ~d at the bottom of the bottle. 渣滓都沉到瓶底了。❺（地基、建筑物等）下陷；下沉：The wall sagged as the earth beneath it ~d. 由于墙基的土下陷，墙也凹陷了。❻变平静；镇定下来：Wait until all the excitement has ~d. 等到激动情绪平静下来再说。

set·tled ['setld] **adj.** ([反]unsettled)固定的；稳定的；永久的：a ~ spell of weather 持续一阵的天气

set·tle·ment ['setlmənt] **n.** ❶ⓊⒸ解决；处理；和解；协议：The strikers have reached a ~ with the employers. 罢工者们已同雇主达成协议。❷ⒸⓊ金钱（或财产）的转让（契约）；转让的金钱（或财产）❸ⓊⒸ殖民；殖民地：Dutch and English ~s in North America 荷兰人和英国人在北美的殖民地

set·tler ['setlə(r)] **n.** Ⓒ移民到新的发展中国家的人；殖民者：Welsh ~s in Argentina 移居阿根廷的威尔士人

sev·en ['sevn] **Ⅰ.**（~s[-z]）**n.** ❶ⓊⒸ（数字的）7，7的数字 ❷[用作复数]7个，7人 ❸Ⓤ7时，7分；7岁 ❹Ⓒ7个（人或物）一组 **Ⅱ.adj.** ❶7的，7个的；7人的 ❷7岁的

sev·en·teen [ˌsevn'tiːn] **Ⅰ.n.** ❶ⓊⒸ（数字的）17；17的数字 ❷[用作复数]17个；17人 ❸Ⓤ17时；17分；17岁 **Ⅱ.adj.** ❶17的，17个的 ❷17岁的

sev·enth ['sevnθ] **Ⅰ.n.** ❶[常用 the

S

~]第 7 个(人、物、事);(月的)第 7 日 ❷ⓒ七分之一 Ⅱ. adj. ❶第 7 的,第 7 个的 ❷七分之一的

sev·enty ['sevntɪ] Ⅰ. n. ❶Ⓤⓒ(数字的)70,70 的数字 ❷ [用作复数]70 个;70 人 ❸Ⓤ70 岁 ❹[用 one's seventies]70 年代 Ⅱ. adj. ❶70 的,70 个的;70 人的 ❷70 岁的

sev·er ['sevə(r)] (~s[-z];~ing[-rɪŋ]) vt. ❶切断;割断;把…割下:~ a rope 割断绳子 ❷把…分隔开 ❸中断;断绝:She has ~ed her connection with the firm. 她已同那家公司脱离了关系。vi. 断;断裂:The rope ~ed under the strain. 绳子拉断了。

sev·er·al ['sevrəl] Ⅰ. [无比较等级] adj. ❶一些;几个;数个(至少三个):Several letters arrived this morning. 今天上午来了几封信。❷各自的;个别的:each ~ part 各部分 Ⅱ. pron. 几个;数个:Do you keep postcards? We want ~. 你们有明信片出售吗?我们要买几张。

se·vere [sɪ'vɪə(r)] (~r[-rə];~st[-rɪst]或 more ~; most ~) adj. ❶([近] stern, strict)严格的;严厉的;苛刻的;纪律严明的:a ~ critic of modern drama 严厉批评现代戏剧的评论家 ❷恶劣的;猛烈的:The drought is becoming increasingly ~. 旱灾日趋严重。❸严峻的;激烈的;艰难的:a ~ test of climber's stamina 对攀登者耐力的严峻考验 ❹纯洁的;朴素的:Her plain black dress was too ~ for such a cheerful occasion. 她穿着黑色连衣裙,在这种欢乐的场合未免太素了。

sew [səʊ] (~s[-z];sewed;sewn [səʊn]或 sewed) vt. 缝制;缝合(衣物):~ a dress 缝制连衣裙 vi. (用针线)缝:sitting ~ing by the fire 坐在火炉旁不停地缝着

sew·age ['sjuːɪdʒ,'suː-] n. Ⓤ(下水道里的)污物

sewer ['sjuːə(r),'suː-] (~s[-z]) n. ⓒ下水道;阴沟;污水管;排水管

sew·er·age ['sjuːərɪdʒ,'suːər-] n. Ⓤⓒ污水排除;污物处理;排水系统

sewn [səʊn] sew 的过去分词

sex [seks] Ⅰ. (~es['-ɪz]) n. ❶Ⓤ性别;性:Everyone is welcome, regardless of age or ~. 欢迎大家,无论男女老幼一律欢迎。❷ⓒ男性;女性;雄性;雌性:There has always been some conflict between the ~es. 两性之间从来就有矛盾。❸Ⓤ性活动;性行为;性欲;性感:During puberty, young people become more interested in ~. 年轻人在青春期

对性逐渐产生较大兴趣。❹Ⓤ性交 Ⅱ. (~es ['-ɪz]) vt. 鉴别…的性别

sex·ual ['seksjʊəl,-kʃʊ-] adj. ❶性别的;性的;男性或女性的:~ differences 性的区别 ❷性交的;性行为的;性吸引的 ❸【生】生殖的;有性生殖的:~ organs 生殖器官

shab·by ['ʃæbɪ] (shabbier; shabbiest) adj. ❶破旧的;失修的:a ~ room 破旧的房间 ❷([反] smart) 衣衫褴褛的:You look rather ~ in those clothes. 你穿着那种衣服显得很寒酸。❸卑鄙的;不光彩的:a ~ excuse 卑劣的借口

shack [ʃæk] Ⅰ. n. ⓒ([近]shanty)简陋的棚子,棚屋,小房子 Ⅱ. vi. 居住;暂住

shade [ʃeɪd] Ⅰ. (~s[-z]) n. ❶Ⓤ荫;阴凉处:The trees give some welcome ~ from the sun. 这些树遮住了阳光,很舒适凉快。❷ⓒ[常用以构成复合词]遮光物 ❸[用复数]阴暗,黑暗:the ~s of evening 暮色 ❹[用复数]太阳镜,墨镜 ❺Ⓤⓒ(图画、照片等)较阴暗部分:There is not enough light and ~ in your drawing. 你这幅画的明暗色调不够。❻ⓒ明暗度;色度:Do you like the blouse in this ~? 你喜欢这种色度的女衬衫吧? ❼ⓒ细微差别:These two words have delicate ~s of meaning. 这两个词在意义上有细微的差别。❽[用单数]少量;些微:She feels a ~ better than yesterday. 她感觉比昨天好一些。❾ⓒ灵魂;鬼魂;阴魂:the ~s of my dead ancestors 我的先祖的幽魂 Ⅱ. (~s[-z];~d [-ɪd];shading) vt. ❶荫蔽;遮蔽;给…阴凉:She ~d her eyes from the sun with her hand. 她把手放在眼睛上方挡住阳光。❷遮挡(灯、光等),为…挡光:~ the bulb with a dark cloth 用深色布遮挡灯泡使光暗些 ❸画阴影于…;使…颜色加深:the ~d parts on a picture 图画的阴影部分 vi. (色彩等)渐变:scarlet shading (off) into pink 猩红色逐渐变成粉色

shadow ['ʃædəʊ] Ⅰ. (~s[-z]) n. ❶ⓒⓊ阴影;影子:The chair casts a ~ on the wall. 椅子的影子映射到墙上了。❷ⓒ深色的斑;深色部分:have ~s under the eyes 眼睛下面有黑圈 ❸Ⓤⓒ(绘画等的)阴暗部分:areas of light and ~ 明暗的部分 ❹ⓒ形影不离的人;[美俚]侦探:The dog is his master's ~. 这条狗和主人形影不离。❺ⓒ虚幻的东西,幻影:catch at ~s 捕捉虚无缥缈的东西 ❻ⓒ苗头;预兆;痕迹:There's not a ~ of justification for your behaviour. 你的举动毫无道理。❼[用单数]某人(某事)的巨大影响:For years he lived in the ~ of his famous mother. 他

多年受母亲盛名所累难露头角。Ⅱ. **vt.** ❶投阴影于；使阴暗：The wide brim of his hat ~*ed* his face. 他的大帽檐的影子映在他的脸上。❷跟踪；尾随：The cruiser was ~*ed* by a submarine. 这艘巡洋舰被一艘潜艇紧紧尾随着。**vi.** 渐变；变阴暗：The mountains were ~*ing* into blackness. 群山渐渐消失在黑暗中。

shad·ow·y [ˈʃædəʊɪ] **adj.** ❶有影子的；多阴凉的：the ~ interior of the barn 谷仓阴凉的内部 ❷似影子的；模糊的：a ~ figure glimpsed in the twilight 在暮色中闪现出的一个人影

shady [ˈʃeɪdɪ] (shadier；shadiest) **adj.** ❶遮阳的；背阴的：a ~ corner of the garden 花园背阴的一角 ❷[口]不太正直的；名声不好的：a ~ business 不正当的生意

shaft [ʃɑːft] Ⅰ. **n.** ❶箭；矛；箭杆；矛杆 ❷[美口]伤人或讽刺人的话：her brilliant ~s of wit 她的机智犀利的词锋 ❸车杠；辕；辕子 ❹【建】柱身；尖塔 ❺【机】连杆，传动轴，旋转轴 ❻(电梯的)升降机井；通风管道；(屋顶上的)烟囱 ❼[the ~]苛刻待遇；诡计：We were given the ~, and lost a lot of money. 我们上了大当，损失了很多钱。❽(光线等的)束，道：a ~ of moonlight 一道月光 Ⅱ. **vt.** [口]欺骗；利用

shaggy [ˈʃægɪ] (shaggier；shaggiest) **adj.** ❶([反]smooth，sleek)有粗糙而不整齐的毛发(或纤维)的：a ~ dog 粗毛狗 ❷粗浓的，蓬乱的：~ hair 蓬乱的头发 ❸(人)邋遢的；不修边幅的 ❹粗野的

shake [ʃeɪk] Ⅰ. (shook；shaken；shaking) **vt.** ❶使…急速摇动(或颠簸)：*Shake* the bottle before taking the medicine. 服药前先将药瓶摇一摇。❷使…心绪不宁；使烦扰；使惊吓：This surprising development quite *shook* me. 这一惊人的新情况把我吓坏了。❸动摇(…的想法)；减弱：Her theory has been *shaken* by this new evidence. 这一新证据动摇了她的理论。❹[口]摆脱，抛弃：~ a bad habit 改掉坏习惯 **vi.** ❶震动；颤动：The whole house *shook* during the earthquake. 地震时整个房子都震动了。❷发抖，颤抖：She was *shaking* with cold. 她冷得直打颤。❸[口]握手：We're agreed，so let's ~. 咱们意见一致了，握握手吧。❹【音】发颤音 Ⅱ. **n.** ❶[常用单数]摇动；震动；颠簸：I gave my purse a ~, and a coin fell out. 我摇了一下钱包，掉出一枚硬币。❷[用复数]哆嗦；寒战：a high temperature and a fit of the ~s 发高烧打哆嗦 ❸[口]瞬间；片刻；马上 ❹[美

俚]奶昔；冰淇淋雪泡

shaken [ˈʃeɪkən] shake 的过去分词

shall [ʃæl，ʃəl，ʃə，ʃ] (should[ʃʊd]；弱[ʃəd]) (shall not 的缩写为 shan't[ʃɑːnt]) **v. aux.** ❶(表示单纯的将来)将要，会：We *shan't* know the results until next week. 我们下星期才能知道结果。❷(表示意愿或决心)应；必须；可以：You ~ have a new dress for your birthday. 你过生日一定得有件新连衣裙。❸(表示征求对方意见)…好吗，要不要…：Shall I do the washing-up? 我来洗餐具好吗？❹(表示义务或规定)应；必须：The new regulation ~ take effect on June 1st. 新章程自 6 月 1 日起施行。

shal·low [ˈʃæləʊ] Ⅰ. **adj.** ❶([反]deep)浅的：~ water 浅水 ❷(指人)肤浅的，浅薄的；浅显的 Ⅱ. [~s[-z]] **n.** [用复数](河或海的)浅水处

sham [ʃæm] Ⅰ. (~s[-z]；shammed；shamming) **vt. & vi.** 作伪；假装：He's only *shamming*. 他只是假装而已。Ⅱ. (~s[-z]) **n.** ❶[C]假的东西；赝品；假装的行为：She claims to know all about computers，but really she's a ~. 她自称精通计算机，其实她是假充内行。❷[U]假装：What he says is all ~. 他说的都是假的。Ⅲ. **adj.** 假装的；假的

shamble [ˈʃæmbl] Ⅰ. (~s[-z]；shambling) **vi.** 笨拙地走(或跑)；蹒跚：a *shambling* gait 蹒跚的脚步 Ⅱ. **n.** [C][用单数]拖着脚步的步态

shame [ʃeɪm] Ⅰ. (~s[-z]) **n.** ❶([反]honour；pride)[U]羞耻；羞愧，惭愧：feel ~ at having told a lie 说谎后感到羞愧 ❷[U]羞愧感：She is completely without ~. 她恬不知耻。❸[U]耻辱：How can we make people forget the family's ~? 我们怎么能让人忘记这一家庭耻辱呢？❹[C]可耻的人(或事物)；遗憾的事；可惜：What a ~ you didn't win. 你没赢，真遗憾。Ⅱ. (~s[-z]；shaming) **vt.** ❶使…感到羞愧：He was ~*d* by how much more work the others had done. 别人做得多得多，他感到很难为情。❷给…带来耻辱；使丢脸：You're ~*d* your family. 你给你们家丢脸。❸使痛感惭愧而…：~ sb. into apologizing 使某人惭愧得赔礼道歉

sham·poo [ʃæmˈpuː] Ⅰ. (~s[-z]) **n.** ❶[U][C]洗发剂；洗发液；洗发膏；洗涤剂：a new perfumed ~ 新出的香型洗发液 ❷[C]洗发；洗头；(地毯等的)清洗：give sb. a ~ 给某人洗头发 Ⅱ. (~s[-z]) **vt.** 用洗发剂洗(头发等)；洗(地毯等)

shan't [ʃɑːnt] shall not 的缩写式

shan·ty [ˈʃæntɪ] (shanties 或~s[-z]) *n.* ⒞ 水手(起锚时)的劳动号子

*__shape__ [ʃeɪp] Ⅰ. *n.* ❶([近]form) ⒞ ⓤ 外形;形状;样子:clouds of different ~s in the sky 天空中各种形状的云彩 ❷ ⒞ 模糊的东西;朦胧的形状:A huge ~ loomed up out of the fog. 在雾中隐约出现一个巨大的影像。❸ ⓤ 情况;状态:She's in good ~ after months of training. 她经过几个月训练身体好了。❹ ⒞ 模;模子;模型 ❺ ⓤ ⒞ 定形;(具体的)形式;体现;具体化:get one's ideas into ~ 理清思路 Ⅱ. (~d[-t];shaping) *vt.* ❶ 形成…,构成…;使…成形:~ the sand into a mound 把沙堆成小丘 ❷ 对…有重大影响;决定…:His attitudes were ~d partly by early experiences. 他的想法在一定程度上是由他早期的经历决定的。❸ 使(想法、计划等)具体化;整理;进展;表达… : The writer ~d what he had in his mind into the novel. 作家把他心中的思绪整理成了小说。❹ 使…适合于;使(衣服)合身:a dress ~d to sb.'s figure 做得很合某人身材的衣服 *vi.* (想法、计划等)具体化;成形;形成:Our plans are *shaping* well. 我们的计划进展顺利。

*__share__[1] [ʃeə(r)] Ⅰ. (~s[-z]) *n.* ❶ ⒞ 一份;份儿:Your ~ of the cost is £10. 你这一份费用是 10 英镑。❷ ⓤ 份额;分担量:What ~ did he have in their success? 在他们的成绩中他有何贡献? ❸ ⒞ 股;股份 Ⅱ. (~s[-z];sharing[-rɪŋ]) *vt.* ❶ 分享(感情、利害等),赞同(想法等);分担(费用等):The profits are ~d equally among the partners. 合伙人均分利润。❷ 与别人共用具有,合用(某物);(在某方面)有共同之处:Will you ~ your pen with me? 我能与你合用你的笔吗? ❸ 将(某事)告诉(某人):I want to ~ my news with you. 我想把我得到的消息告诉你。*vi.* 分享;分担;参与:She ~s in my troubles as well as my joys. 她与我同甘共苦。

share[2] [ʃeə(r)] (~s[-z]) *n.* ⒞ 犁头;犁铧

shark [ʃɑːk] *n.* ⒞ ❶ 鲨,鲨鱼 ❷[口]敲诈勒索的人;放高利贷的人;骗子:a loan ~ 高利贷者/the big ~s 垄断资本家

*__sharp__ [ʃɑːp] Ⅰ. *adj.* ❶([反]dull,blunt)([近]keen)锋利的;尖锐的;尖的:The shears aren't ~ enough to cut the grass. 这些大剪刀不够快,剪不动草。❷(指曲线、弯、斜坡等)急转的;陡峭的:a ~ bend in the road 路上的急转弯 ❸ 突然的;急剧的:a ~ drop in prices 价格的暴跌 ❹([近]clear)轮廓鲜明的;明显的;清晰的:There is a ~ contrast between the lives of the poorest and the richest members of society. 社会上贫富悬殊的鲜明对照。❺(指声音)尖声的;刺耳的:a ~ cry of distress 痛苦的尖叫声 ❻(味道或气味)强烈的;辛辣的;刺鼻的:the ~ taste of lemon juice 柠檬汁的强烈酸味 ❼ 刺骨的;凛冽的;剧烈的:a ~ frost 严寒的霜 ❽ 灵敏的;敏锐的;机警的:It was very ~ of you to notice that detail straight away. 你真机灵,一下子就注意到这一细节。❾ 蓄意批评的;尖刻的;严厉的:He has a ~ tongue. 他说话尖酸刻薄。❿ 迅速的;敏捷的;活跃的:That was ~ work. 这件工作干得很利索。⓫ 过分精明的;狡猾的;不择手段的 ⓬[口]过分时髦的;漂亮的:a gambler in a ~ suit 衣着入时的赌徒 ⓭【音】偏高的;升半音的 Ⅱ. *n.* ⒞【音】升半音;升半音号 Ⅲ. *adv.* ❶ 正;准时地:Please be here at seven ~. 请 7 点整到这里来。❷ 突然地;急剧地:stopped ~ 突然停住 ❸【音】偏高地

sharp·en [ˈʃɑːpən] (~s[-z]) *vt.* ([反]blunt) ❶ 削尖;磨快:~ a pencil 削铅笔 ❷ 使敏锐;使敏捷:~ one's vigilance 提高警惕 ❸ 使剧烈;使尖锐:The tone of his letters has ~ed recently. 他最近来信的口气变得刻薄起来。*vi.* 变尖;变锋利;尖锐化,急剧化:This knife needs ~ing. 这把刀要磨一下。

shat·ter [ˈʃætə(r)] (~s[-z];~ing[-rɪŋ]) *vt.* ❶ 使…粉碎;使…破碎:The explosion ~ed all the windows. 这次爆炸把所有的窗户都震碎了。❷ 使…破灭;使…坏掉:This event ~ed all my previous ideas. 这件事把我以前所有的想法都推翻了。❸ 扰乱(某人)的心境;使震撼:We were ~ed by the news. 这一消息震撼了我们。❹[口]使(某人)筋疲力尽:We were totally ~ed after the long journey. 我们经过长途旅行都精疲力竭。*vi.* ❶ 破碎;粉碎:The pot ~ed as it hit the floor. 罐子掉在地板上摔个粉碎。❷ 被损坏;毁坏

*__shave__ [ʃeɪv] Ⅰ. (~s[-z];shaved;shaved 或 shaven[ˈʃeɪvn]) *vt.* ❶ 剃,刮(胡须等);修剪(草坪等):Why don't you ~ your beard off? 你怎么不把胡子刮掉? ❷ 削薄…;刨;削;刮:~ wood 刨木头 ❸ 掠过;擦过:The bus just ~d me by an inch. 那辆公共汽车从我身边掠过,离我只有 1 英寸。*vi.* 修面;刮脸:I ~ every morning. 我每天早上刮脸。Ⅱ. (~s[-z]) *n.* ⒞ 剃;刮:A sharp razor gives a close ~. 剃刀锋利刮得就干净。

*__she__ [强 ʃiː,弱 ʃɪ] Ⅰ. *pron.* 她;(指雌性动物)它:Doesn't ~ look like her mother? 她长得是不是很像她母亲? Ⅱ. (~s[-z]) *n.* ⒞

[口]女;雌性动物:We didn't know it was a ~ until it had puppies. 我们原来不知道这条是母的,后来这狗下了小狗才知道。

sheaf [ʃiːf] (sheaves[ʃiːvz]) *n*. ℂ❶捆;束:a ~ of wheat 一捆麦 ❷(文件的)扎;束:a ~ of papers 一扎文件

shear [ʃɪə(r)] (~s[-z];shorn[ʃɔːn] 或 ~ed) *vt*. ❶剪;剪…的毛(或发);修剪:All her beautiful tresses have been ~ed. 她那长长的秀发都给剪掉了。❷切;切断;折断:The bar fell into the machinery and ~ed a connecting rod. 那根棒掉进机器里把连杆给打弯了。❸(被)剥夺:His recent illness has *shorn* him of strength. 他最近的一场病使他的体力大为减弱。*vi*. 剪;修剪;剪羊毛:We shall be ~ing tomorrow. 我们明天要剪羊毛了。

shears [ʃɪəz] [复] *n*. (剪羊毛、修树篱等用的)大剪刀:a pair of ~ 一把大剪刀

sheath [ʃiːθ] (~s[ʃiːðz]) *n*. ℂ❶(刀、剑的)鞘;(枪)壳;套;护套;鞘状物 ❷(女用)紧身连衣裙:a ~ gown 紧身长袍 ❸避孕套;保险套

sheathe [ʃiːð] (~s[-z];sheathing) *vt*. ❶将…插入鞘(或套)中:He ~d his sword. 他把剑插进鞘里。❷加上保护套:electric wire ~d with plastics 有塑料护皮的电线

shed[1] [ʃed] (~s[-z];shed;shedding) *vt*. ❶流(泪、血等);滴;滴落:~ tears 流泪 ❷使脱落;使剥落;蜕下或脱下:The snake ~s its skin regularly. 蛇到时候会蜕皮。❸去掉(某物);除掉:*shedding* one's clothes on a hot day 天热时脱掉衣服 ❹散发出:She ~s happiness all around her. 她焕发着喜悦的神采。*vi*. ❶流出;溢出;泻去 ❷散发;散布 ❸蜕皮(或壳等);脱落

shed[2] [ʃed] (~s[-z]) *n*. ℂ❶(常用以构成复合词)棚;小屋:a cattle ~ 牲口棚 ❷货棚;工作棚;车库:a tool ~ 工具房

sheep [ʃiːp] *n*. [单复同] ❶ℂ羊;绵羊:a flock of ~ 一群羊 ❷Ⓤ羊皮;羊皮革 ❸ℂ害羞而忸怩的人;胆小鬼;驯服的人

sheer[1] [ʃɪə] Ⅰ. (~er['-rə];~est['-rɪst]) *adj*. ❶([近]pure,nothing but)完全的;彻底的;十足的:~ nonsense 一派胡言 ❷(织物等)极薄的;轻的;几乎透明的:~ nylon 薄而透明的尼龙 ❸陡峭的;垂直的:a ~ cliff 陡峭的悬崖 Ⅱ. *adv*. ❶全然;十足地;彻底地:be torn ~ out by the roots 被连根拔掉 ❷垂直地;陡峭地:a cliff that rises ~ from the beach 矗立于海滩上的悬崖

sheer[2] [ʃɪə] (~s[-z];~ing['-rɪŋ]) *vi*. (车、船等)突然改变方向;转换话题;避开:She

tends to ~ away from any discussion of her divorce. 一谈到她离婚的事,她就尽量转换话题。

sheet [ʃiːt] Ⅰ. *n*. ℂ❶被单;褥单;床单:put clean ~s on the bed 把干净的被单铺在床上 ❷薄板;薄片:a ~ of glass 一块玻璃 ❸纸;印刷物;广告单;传单;小册子;整版邮票:The book is in ~s. 这本书尚未装订。❹(水、冰、雪、火等的)一大片:The rain came down in ~s. 大雨滂沱。Ⅱ. (~ed['-ɪd]) *vt*. ❶给…铺上被单;覆盖:Mist ~s the valleys. 雾笼罩着山谷。❷铺开;展开;使成一大片:~ rain 大雨 *vi*. 大片地落下;成片铺开;大片地流动:The fog ~ed in from the sea. 雾从海上弥漫过来。

shelf [ʃelf] (shelves[ʃelvz]) *n*. ℂ❶(柜橱、书架等的)搁架;搁板:a book ~ 书架 ❷搁板状物;(尤指悬崖等上)突出的岩石;大陆架:the continental ~ 大陆架 ❸沙洲;暗礁;岩棚;浅滩

shell [ʃel] Ⅰ. (~s[-z]) *n*. ❶ℂⓊ贝壳;贝;(动物、蛋、果实、种子等的)紧硬外皮;壳;甲壳:collecting sea ~s on the beach 在海滩捡贝壳 ❷ℂ(建筑物的)骨架;框架(或外罩):Only the ~ of the factory was left after the fire had been put out. 大火被扑灭之后,工厂只剩下个空架子了。❸ℂ炮弹;猎枪子弹;爆破筒:The building was destroyed by an artillery ~. 这座建筑物被炮弹炸毁了。❹ℂ贝壳状的小舟;轻快的赛艇 ❺ℂ(心理的)封闭;隔阂;矜持 Ⅱ. (~s[-z]) *vt*. ❶除去…的壳;剥;使(小麦等)脱粒 ❷炮轰;射击:~ the enemy positions 炮击敌人阵地 *vi*. 脱壳;(颗粒)脱落;脱出

she'll [强 ʃiːl,弱 ʃl] [缩]she will,she shall

shel·ter ['ʃeltə(r)] Ⅰ. (~s[-z]) *n*. ❶Ⓤ遮蔽;庇护,保护;隐藏:The high fence affords (us) some ~ from the wind. 这道高栅栏(给我们)挡住了风。❷ℂ遮蔽物;庇护物;收容所:a bus ~ 公共汽车站的候车亭 Ⅱ. (~s[-z];~ing[-rɪŋ]) *vt*. ([近]protect)给…提供庇护处;保护:Is our country's industry ~ed from foreign competition? 我国的工业在与外国竞争时是否有足够保障? *vi*. 躲避;避难:~ from the rain 避雨

shep·herd ['ʃepəd] Ⅰ. (~s[-z]) *n*. ℂ❶牧羊人;牧羊者 ❷牧师 ❸(保护羊群的)牧羊狗 Ⅱ. (~s[-z];~ed[-ɪd]) *vt*. ❶牧(羊);护(羊) ❷护送;带领;引导:A guide ~ed the tourists into the coach. 导游把游客领进旅游车里。

sher·iff ['ʃerɪf] *n*. ℂ❶[常用 High Sher-iff]郡长;行政长官;司法长官 ❷ [美]县治安官

shield [ʃiːld] **I .** (~s[-z]) *n .* ⓒ❶盾,盾牌 ❷盾形物;盾形徽章;[美]警察徽章 ❸(机器等的)护板;挡风板;防尘板:a welder's eye ~ 电焊工的护目罩 ❹起保护作用的人(或物):This car polish is an effective ~ against rust. 这种汽车上光蜡很有防锈作用。**II .** (~s[-z];~ed['-ɪd]) *vt .* 保护;庇护:I tried to ~ him against prying journalists. 我竭力为他挡驾,挡住那些锲而不舍的记者。

shift [ʃift] **I .** (~ed['-ɪd]) *vt .* ❶([近]move,remove)使…改变位置(或方向):The teacher ~ed the chairs around in the classroom. 那个教师挪动了教室里的椅子。❷除掉(污垢等):Soap won't ~ that stain. 肥皂洗不掉那个污迹。❸[美]换(挡);调速:Learn to ~ gear at the right moment. 要学会掌握在什么时候换挡。❹推卸;转嫁:Don't try to ~ the responsibility onto others. 不要企图把责任推给别人。*vi .* ❶([近]move,change)转换;转移;移动;转变:The wind ~ed from east to north. 风由东转向北。❷设法应付;想办法:~ as one can 尽力设法应付 ❸[美](汽车)调挡;变速:Shift up when you reach 30 mph. 车速达到每小时 30 英里时要换高挡。**II .** *n .* ⓒ❶转换;转移;转变:There has been a ~ in fashion from formal to more informal dress. 服装的式样已经有了转变,以前很拘谨现在较随便。❷轮班职工;轮班:the day ~ 日班 ❸手段;应急办法;权宜之计:As a temporary ~, he covered up the leak with a plastic bag. 作为权宜之计,他用塑料袋把漏洞给包上了。❹推诿;哄骗:a ~ of responsibility 推卸责任 ❺狭窄的直筒式连衣裙 ❻换字键(打字机等的大小写字体转换键):Press "Shift" and type A. 按"换字键"然后打字母 A。

shil‧ling ['ʃɪlɪŋ] (~s[-z]) *n .* ⓒ❶先令([英]1971 年前用的货币单位,值旧币 12 便士,为 1 镑的二十分之一,略作 S .,sh .) ❷先令(肯尼亚、乌干达、坦桑尼亚的基本货币单位,等于 100 分)

shine [ʃaɪn] **I .** (~s[-z];shone[ʃɔn] 美 ʃəʊn];shining) *vi .* ❶照耀;发光:The moon is shining through the window. 月光正透过窗户照了进来。❷表现突出;出众:She does not ~ in conversation. 她不擅长谈话。*vt .* ❶使发光;使发亮;向…照射:The police shone a searchlight on the house. 警察用电筒照灯照射这所房子。❷([近]polish)擦亮(某物) **II .** *n .* ❶Ⓤⓒ 光亮;光泽;光辉:Give

your shoes a good ~. 把你的鞋好好擦一下。❷Ⓤ阳光;晴天:Rain or ~, we'll set out tomorrow. 不论天气好坏,我们明天将出发。

shiny ['ʃaɪnɪ] (shinier ['ʃaɪnɪə];shiniest ['ʃaɪnɪɪst]) *adj .* ❶晴朗的;发亮的;闪耀的 ❷有光泽的;擦亮的:All the cups are clean and ~. 杯子都很干净亮亮。❸磨光的;磨损的:a ~ coat 因磨损而发亮的外衣

ship [ʃip] **I .** *n .* ⓒ❶船;舰:a sailing ~ 帆船 ❷ [美]宇宙飞船;太空船;飞行器 **II .** (shipped[-t];shipping) *vt .* ❶把…装上船 ❷装运;(尤指用船)运送:We ~ grains to Africa. 我们把谷物运往非洲。❸把…放进船内:We shipped the oars and moored alongside the bank. 我们收起桨,把船泊在岸边。❹在舷侧进(水):The boat shipped a good amount of water. 船里进了大量的水。❺[美]解雇;将…送走:The children had been shipped off to boarding-school at an early age. 孩子们很小就送进了寄宿学校。*vi .* 当船员:~ as a steward on an Atlantic liner 在航行大西洋的班轮上当乘务员

ship‧ping ['ʃipɪŋ] *n .* Ⓤ❶船运;运送;航行:the ~ of oil from the Middle East 从中东经水路运送石油 ❷(一国或一海港的)船舶:The canal is now open to ~. 该运河现已通航。

shirt [ʃɜːt] *n .* ⓒ❶(通常指男用的)衬衫;衬衣:a dress ~ 礼服衬衫 ❷ [美]汗衫;贴身衣

shi‧ver ['ʃivə(r)] **I .** (~s[-z];~ing[-rɪŋ]) *vi .* ([近]tremble,shudder)(尤指因寒冷或恐惧而)颤抖;哆嗦:She ~ed at the thought of going into the dark house alone. 她想到要独自走进那所黑洞洞的房子里去就不寒而栗。**II .** (~s[-z]) *n .* ⓒ❶发抖;哆嗦 ❷[用 the ~s](因高烧或恐惧而引起的)颤抖;战栗:lying in bed with a bout of the ~s 躺在床上浑身打颤

shoal[1] [ʃəʊl] **I .** (~s[-z]) *n .* ⓒ❶(海的)浅水处;沙洲;浅滩:steer away from the ~s 绕开浅水处 ❷[常用复数]隐伏的危险(或困难);隐患 **II .** *vi .* (海、河等)变成浅滩

shoal[2] [ʃəʊl] **I .** *n .* ⓒ鱼群;[口]大量;许多:Shoals of tourists come here in the summer. 这里夏季游人如鲫。**II .** *vi .* (鱼等)成群;群集

shock [ʃɔk] **I .** *n .* ❶ⓒⓊ冲击;冲撞;(剧烈的)震动:The ~ of the blast shattered many windows. 许多窗户在爆炸中震碎了。❷Ⓤⓒ震惊;震骇;惊愕:The news of his mother's death was a terrible ~ to him. 他

母亲去世的噩耗使他非常震惊。❸ⓒ(电流通过身体引起的)电震;电击 ❹Ⓤ【医】休克;中风:She died of ～ following an operation on her brain. 她做脑科手术后因休克死亡。Ⅱ. (～ed[-t]) vt. ❶使⋯震惊;使⋯感到厌恶、愤怒、恐惧等:I was ～ed at the news of her death. 我听到她去世的消息十分震惊。❷[常用被动语态]电击;使⋯受电击

shock•ing [ˈʃɒkɪŋ] adj. ❶令人气愤的;令人厌恶的;极坏的;非常错误的:What she did was so ～ that I can hardly describe it. 她的行为太过分了,我简直无法形容。❷令人震惊的;骇人听闻的 ❸很糟的

* **shoe** [ʃuː] Ⅰ. (～s[-z]) n. ⓒ❶鞋:a pair of ～s 一双鞋 ❷蹄铁 ❸鞋状物;(手杖等的)金属包头 ❹(自行车、汽车等的)煞车瓦,闸瓦 Ⅱ. (shod[ˈʃɒd] 或～d) vt. 给(马)钉马蹄铁:a blacksmith ～ing a pony 给小马钉马蹄铁的铁匠

shone [ʃɒn] shine 的过去式和过去分词

shook [ʃʊk] shake 的过去式

* **shoot** [ʃuːt] Ⅰ. (shot[ʃɒt]) vt. ❶开(枪或其他武器);发射(子弹、箭等):He shot several bullets before hitting the target. 他射出好几发子弹才击中目标。❷射击;射伤;射死:She went out ～ing rabbits. 她打兔子去了。❸(向某人)投以(眼光、微笑);投射;提出(疑问等);发出:She shot an angry glance at him. 她愤怒地扫了他一眼。❹(花草或灌木)发芽;生枝:The trees are ～ing out new branches. 树在长新枝。❺拍摄:～ sb. from various angles 从各种不同的角度给某人拍照 ❻(船等)迅速穿过(某物):～ing the rapids 迅速通过急流 ❼插上,拔开(门闩)❽[口](高尔夫球)击出(杆数):shot a 75 in the first round 第一场击出75杆 ❾[美口]玩(某些)游戏 ❿(足球、曲棍球等)射(门):～ the ball into the goal 把球踢进球门 ⓫[口][不用于被动](给⋯)注射(毒品) vi. ❶射击;放出;发射:The guns ～ many miles. 这些炮能射出好几里远。❷射击;射猎:Can you ～ well? 你枪打得准吗?❸飞快地移动;迅速冒出;喷出:The sports car shot past us. 赛车从我们前面飞驰而过。❹(指疼痛)刺痛;剧痛:The pain shot up her arm. 她手臂一阵剧痛。❺(幼芽、枝叶等)长出;发芽:Rose bushes ～ again after being cut back. 玫瑰丛修剪后能再长出新枝。❻拍摄:We're ready to ～. 我们已经准备好拍摄了。❼(门闩)被闩上;被锁上 ❽射门;投篮:She's looking for an opportunity to ～. 她正在寻找机会射门。❾[只用于祈使句]说出(要说的话) Ⅱ. n. ⓒ❶(花草或灌

木的)嫩芽;幼苗;新枝:trim the new ～s of a vine 修整藤蔓的新枝 ❷狩猎队;狩猎;狩猎场 ❸发射;射击;(火箭、导弹等的)试验发射:a moon ～ 向月球进行的发射

* **shop** [ʃɒp] Ⅰ. n. ⓒ❶[英]商店;店铺(=[美]store):a butcher's ～ 肉铺 ❷([近]workshop)工厂;车间;作坊:an engineering ～ 机械加工车间 ❸办事处;(工商业)机构;企业:I want this ～ to run as smoothly as possible. 我想让这个机构办得尽可能顺利。Ⅱ. (shopped[-t]; shopping) vi. 去买东西;购买:I'm shopping for Christmas presents. 我正在购买圣诞礼物。vt. ❶去(商店)买东西:shopping the stores looking for bargains 逛商店去找便宜货 ❷[英口](尤指向警方)告发(某人):The gang leader was shopped by one of the robbers. 有个劫匪向警方告发了匪首。

* **shop•ping** [ˈʃɒpɪŋ] n. Ⓤ❶买东西;购物:do one's ～ 去买东西/[作定语]a ～ street 商业街 ❷购入的东西,所购之物:Where did I leave my ～? 我把买到的东西忘在哪儿了?

* **shore** [ʃɔː(r), ʃɔə(r)] (～s[-z]) n. ⓒⓊ(海或湖等大水域的)岸;滨:This island is two miles off ～. 这个岛离岸2英里。

* **short** [ʃɔːt] Ⅰ. adj. ❶([反]long)短的:You've cut my hair very ～. 你把我的头发剪得太短了。❷短期的;短暂的;短促的:The days get ～ as winter approaches. 冬天来临,白天越来越短了。❸([反]tall)矮的;低的:a ～ person 身材矮小的人 ❹短缺的;不足的:These goods are in ～ supply. 这些货物供应不足。❺简短的;简略的;缩写的:"Doc" is for "doctor." "Doc"是"doctor"的缩略。❻简便的;唐突的;暴躁的:She was rather ～ with him when he asked for help. 他请她帮忙,她却不客气地把他顶了回去。❼(智力等方面)弱的;浅薄的;(记忆力)差的:a man long on ideas but ～ on knowledge 一个主意不少但知识肤浅的人 ❽(汇票等)短期的;即将兑现的 ❾【音】(元音或音节)短音的,非重读的 ❿(指烈性酒)少而浓的;烈性的:I rarely have ～ drinks. 我很少喝烈性酒。⓫(饼或面点心)油酥的:a flan with a ～ crust 果馅酥饼 Ⅱ. adv. ❶简短地:talk ～ with everyone present 和在场的每个人简短地交谈 ❷唐突地;突然地:He stopped ～ when he heard his name called. 他听到有人叫他,就突然停了下来。Ⅲ. n. ❶[the ～]要点;概略 ❷ⓒ[常用复数]短缺之物;不足 ❸ⓒ[口]电影短片;短篇小说 ❹[用复数]少量烈性酒精饮料;(尤指)烈酒 ❺[用复数]短裤

short•age [ˈʃɔːtɪdʒ] (～s[-ɪz]) n. ([近]

lack)©Ⓤ短缺;不足;缺少:There was no ~ of helpers. 不缺帮手.

shortly [ˈʃɔːtlɪ] *adv.* ❶([近]soon)马上;立刻;不久:~ afterwards 不久以后/coming ~ 很快就来 ❷无礼地;唐突地:spoke to me rather ~ 很不客气地和我说话

shot[1] [ʃɒt] shoot 的过去式和过去分词

shot[2] [ʃɒt] *n.* ❶©射击;射击声:His remark was meant as a ~ at me. 他的话是冲着我来的. ❷©枪弹;弹丸 ❸©射手;枪手;炮手:a first-class ~ 一流的射手 ❹Ⓤ(猎枪用的)铅沙弹 ❺©【体】(运动竞赛用的)铅球:put the ~ 推铅球 ❻©[口]试图;设法:have a ~ at this problem 设法解决这一问题 ❼© 镜头;景;连续镜头:an action ~ of a car chase 汽车追赶动作的连续镜头 ❽©(宇宙火箭、导弹等的)发射:the second space ~ this year 今年的第二次空间发射 ❾©[美]皮下注射(的药物等):Have you had your typhus ~s yet? 你打过斑疹伤寒防疫针了吗? ❿© [口](威士忌、杜松子酒等的)少量:a ~ of vodka 一点伏特加

shot[3] [ʃɒt] *adj.* ❶闪色的;杂色的:~ silk 闪光绸 ❷交织着的;渗透的:be ~ through with wit 充满着机智 ❸[口]筋疲力尽的;病弱的;用坏的;破旧的;毁灭的;失败的:Her patience was completely ~. 她已忍无可忍.

should [ʃʊd;ʃəd,ʃd,ʃt] [shall 的过去式] *v. aux.* ❶[常用于间接引语](表示过去将来)将…;会…:The group leader announced that we ~ begin to work soon. 小组长宣布过,我们不久就要开始工作了. ❷(表义务或责任)应该…,应当…;最好…,理应…:You *shouldn't* drink and drive. 你不应该酒后开车. ❸(用以表示劝告或推荐)应该已经…:You ~ not leave a baby alone in the house. 你不应该把婴儿一个人留在家里. ❹(用以表示试探性的推断)可能;该:We ~ arrive before dark. 我们按说能在天黑前到达. ❺(用以表示假定的结果)就会…;将会…:If I was asked to work on Sundays I ~ resign. 要是叫我星期天上班,我就辞职. ❻[用于条件状语从句、让步状语从句中]万一…会;即使…也:If you ~ change your mind, do let me know. 万一你要改变主意,一定要告诉我. ❼(用在 so that, in order that 之后,表示目的或机会):She repeated the instructions slowly in order that he ~ understand. 她把那些指示慢慢重复了一遍,好让他听明白. ❽[与疑问句连用](表示意外、纳闷、惊讶等)究竟是…,到底…:Why ~ he think that? 他怎么那么想呢? ❾(用于表示请求的客气说法):I ~ like

to make a phone call, if possible. 劳驾,我想打个电话. ❿(与 imagine, say, think 等连用,表达不成熟的意见):I ~ say she's over forty. 我说她有 40 多岁了.

shoul·der [ˈʃəʊldə(r)] Ⅰ.(~s[-z]) *n.* ❶©肩;肩膀;肩部:This coat is too narrow across the ~s. 这件大衣肩部太窄. ❷[用复数]背的上部;[喻]有责任(或须承担责任)的人:The duty fell upon her ~s. 这一责任落在了她肩上. ❸©(衣服的)肩部 ❹©Ⓤ前腿肉(从动物前腿上部切下来的肉) ❺©形状(或部位)似肩的部分;肩状物 Ⅱ.(~s [-z];~ing[-rɪŋ]) *vt.* ❶扛;担;挑;掮(某物):She ~ed her rucksack and set off along the road. 她背起帆布背包就上路了. ❷担负,承担(罪责、责任等):She won't ~ all the blame for the mistake. 她不承担该过失的全部责任. ❸用肩顶(某人,某物):~ sb. to one side 用肩膀把某人顶到一旁 *vi.* 用肩顶:He ~ed off a defender and shot at goal. 他用肩膀挡开防守队员后射门.

shout [ʃaʊt] Ⅰ. *n.* ©呼喊;喊叫(声):Her warning ~ came too late. 她发出的警告呼喊声来得太晚了. Ⅱ.(~ed[ˈ-ɪd]) *vt.* 大声说;喊;呼;叫;呼喊:They ~ed their disapproval. 他们大声喊着反对. *vi.* 呼喊,喊叫:I ~ed to him to shut the gate. 我大声告诉他把门关上.

shove [ʃʌv] Ⅰ.(~s[-z];shoved;shoving) *vt.* ❶([近]push)(猛)推;挤;撞:He ~d her out of the way. 他把她推到了一旁. ❷乱塞;随意放:~ papers in a drawer 把文件往抽屉里胡乱一塞 *vi.* 使劲推;连推带挤地走:a crowd pushing and *shoving* to get in 推推搡搡往里挤的人群 Ⅱ. *n.* [常用单数]乱推;挤;撞:give sb. (sth.) a good ~ 猛推某人(某物)

shov·el [ˈʃʌvl] Ⅰ.(~s[-z]) *n.* ©❶铲;铁锹;铁锹;挖土机 ❷一铲的量 Ⅱ.(shovel(l)ed;shovel(l)ing) *vt.* ❶铲;铲起;铲成:~ sand into the hole 把沙子铲进洞里 ❷[口]把…扔进;把…大量倒入:*shovelling* food into their mouths 把食物大块大块地塞进嘴里 *vi.* 铲;用铲

show [ʃəʊ] Ⅰ.(~s[-z]) *n.* ❶©表演;演出;节目:a comedy ~ on radio 收音机里的喜剧节目 ❷©展览;展览会:His paintings are on ~ here this month. 他的绘画作品本月在这里展览. ❸©Ⓤ表面上做出的样子;外观:His public expressions of grief are nothing but ~. 他公开表示悲痛只不过是做做样子而已. ❹©Ⓤ炫耀;夸示;卖弄:They are too

S

fond of ~. 他们太好炫耀了。❺ⓒ 景象;奇观;壮观;What a fine ~ of blossom! 好一片鲜花盛开的景象! ❻Ⓤⓒ[口]显示;表现;a poor ~ 表现不佳 ❼Ⓤⓒ[英口](正在发生的)事情;组织;事业;企业;She runs the whole ~. 她负责全部业务。Ⅱ. (~s[-z];showed;shown[ʃəʊn] 或 showed) *vt*. ❶出示;显出;He ~ed me his pictures. 他给我看了他的照片。❷陈列;展示;展出;The film is being *shown* at the local cinema. 本地影院正在上映这部电影。❸([近]indicate)指出;指示;The clock ~s half past two. 时钟的指针指示着 2 点半。❹表露(感情等);表现…;表现…;The king often ~s mercy. 这位国王常大发慈悲。❺证明;证实;阐明;显示;They were *shown* the tragedy of war. 他们了解到了战争的悲惨。❻([近]guide)引领(某人);引导;指引;We were *shown* into the waitingroom. 把我们带到了候客室。*vi*. ❶显现;露出;显露;His fear ~ed in his eyes. 他眼里露出恐惧的目光。❷[口]上演,演出;The film is now ~ing throughout the country. 那部电影现在全国各地上映。❸[美里]赛马中得名次。

*** show·er** ['ʃaʊə(r)] Ⅰ. (~s[-z]) *n*. ⓒ ❶阵雨;骤雨;急降的雨;be caught in a ~ 遇到阵雨 ❷涌至;纷至;如雨般落下;a ~ of applause 一阵热烈的掌声 ❸淋浴设备;喷头;淋浴室;I'm in the ~. 我在淋浴室呢。❹淋浴;take a ~ 淋浴 ❺[美](尤指为结婚或分娩的女子举行的)礼物赠送会 Ⅱ. (~ing [-rɪŋ]) *vi*. 下阵雨;阵雨般落下;Small stones ~ed (down) on us from above. 小石块阵雨般地落在我们身上。*vt*. ❶浇;溅;使湿透;The wave ~ed spray over us. 一个浪头迎面扑来,把我们溅得浑身是水。❷倾注;大量地给予;The dancer was ~ed with praise. 那个跳舞的人备受称赞。

shrewd [ʃruːd] *adj*. ❶机灵的;敏锐的;精明的 ❷锐利的;尖锐的;剧烈的;a ~ pain 剧痛

shriek [ʃriːk] ([近]screech) Ⅰ. (~ed[-t]) *vi*. 尖叫;尖声喊;~ing with laughter, excitement 尖声大笑、激动的尖叫 *vt*. 尖叫发出;~ an alarm 尖声报警 Ⅱ. *n*. ⓒ尖叫声;惊叫声;尖锐的笑声;He gave a loud ~ and dropped the pan. 他尖叫了一声就把锅扔下了。

shrill [ʃrɪl] Ⅰ. *adj*. ❶([近]piercing)尖声的;刺耳的 ❷(要求等)强烈的;激烈的;his ~ protests about cruelty 他大声疾呼反对残酷行为 Ⅱ. *vi*. 尖叫 *vt*. 尖声发出

shrimp [ʃrɪmp] Ⅰ. (~(s)) *n*. ❶ⓒⓊ 小虾 ❷ ⓒ[贬][口]矮子,微不足道的人;a pale, skinny ~ 面黄肌瘦的小个子 Ⅱ. *vi*. 捕小虾

shrine [ʃraɪn] (~s[-z]) *n*. ⓒ❶神圣的地方(或处所);圣地;圣坛;圣祠;圣龛;He built a chapel as a ~ to the memory of his dead wife. 他建了一座小教堂作为悼念亡妻的圣所。❷圣陵;圣骨匣;圣物柜

shrink [ʃrɪŋk] Ⅰ. (shrank [ʃræŋk] 或 shrunk[ʃrʌŋk]; shrunk 或 shrunken['ʃrʌŋkən]) *vi*. ❶收缩;蜷缩;皱缩;Will this shirt ~ in the wash? 这件衬衫洗后会缩水吗? ❷([反]swell)缩小;减少;Car sales have been ~ing recently. 汽车销量近来一直在下降。❸畏缩;畏怯;退避;We will never ~ back before difficulties. 我们在困难面前决不退缩。*vt*. 使收缩;使皱缩;使缩小;The hot water *shrank* my pullover. 我的套头毛衣遇热水后收缩了。Ⅱ. *n*. ❶ Ⓤ(织物等的)缩水;收缩;How much must we allow for ~? 要留多少缩水长度? ❷ⓒ[美口]神经科医生

shrink·age ['ʃrɪŋkɪdʒ] *n*. Ⓤⓒ❶收缩;皱缩;缩水;There has been much ~ of the clothes in the wash. 这些衣服洗后已缩了很多。❷减少;萎缩;低落;There has been some ~ in our export trade. 我们的出口贸易有些萎缩。❸收缩度;收缩量;a ~ of two inches in the length 长度上 2 英寸的缩短量

shriv·el ['ʃrɪvl] (~s[-z]; shrivel(l)ed; shrivel(l)ing) *vt*. 使收缩;使枯萎;使变得无用;使失效;The dry air ~s the leather. 因空气干燥,皮革都已起皱了。*vi*. 萎缩;枯萎;变得无用;失效

shrub [ʃrʌb] (~s[-z]) *n*. ⓒ灌木

shrug [ʃrʌg] Ⅰ. (~s[-z]; shrugged; shrugging) *vt*. & *vi*. 耸(肩)(以示怀疑、冷漠、蔑视、与己无关、不知道等);I asked her where Sam was, but she just *shrugged* her shoulders. 我问她萨姆在哪儿,她只是耸了耸肩。Ⅱ. (~s[-z]) *n*. ⓒ耸肩;She gave a ~ and walked away. 她耸了耸肩就走开了。

shud·der ['ʃʌdə(r)] Ⅰ. (~s[-z]) *n*. ⓒ战栗;哆嗦;摆动;震动;A ~ of fear ran through him. 他吓得浑身直哆嗦。Ⅱ. (~s[-z]; ~ing[-rɪŋ]) *vi*. ❶([近]tremble, shiver)(因寒冷、恐惧等)发抖;打颤;战栗;I ~ to think of the problems ahead of us. 我想到摆在面前的问题就不寒而栗。❷(剧烈地)摇晃;震动;The ship ~ed as it hit the rocks. 船撞到礁石上剧烈地摇晃起来。

shut [ʃʌt] (shut;shutting) *vt*.（[反]open）（[近]close）❶关上；闭上；关闭：～ the doors and windows at night 夜晚把门窗都关上 ❷合上；合拢：～ one's eyes 合上眼睛 ❸封闭：～ every pass through the mountains 封锁通过山间的各条狭路 ❹[英]（公司、商店等）停止营业（尤指暂时停业）：It's time to ～ the shop. 商店该关门了。❺把…轧住；夹进：～ one's finger in the door（关门时）手指被夹在门里 *vi*.❶关上。～. 这窗户关不上。❷（尤指眼睛或嘴）闭上；合上：His eyes ～ and he fell asleep. 他合上眼睛睡着了。❸[英]（店等）打烊；关闭；停止经营：When do the pubs ～? 酒馆什么时候关门？

shut·ter [ˈʃʌtə(r)] Ⅰ.（～s[-z]）*n*. Ⓒ ❶活动的窗板（或窗帘）；百叶窗：The shop-front is fitted with rolling ～s. 那商店的店面装有卷动门帘。❷（照相机镜头的）快门 Ⅱ.（～s[-z]；～ing[-rɪŋ]）*vt*.❶为…装窗板（或快门等）❷关上…的窗板：The house was empty and ～ed. 这所房子是空的，窗板都关上了。

shut·tle [ˈʃʌtl] Ⅰ.（～s[-z]）*n*. Ⓒ ❶（织机的）梭；（缝纫机的）滑梭；摆梭 ❷穿梭船的来回移动；短程穿梭运输工具：I'm flying to Boston on the ～. 我将乘穿梭班机去波士顿。Ⅱ.（～s[-z]；shuttling）*vt*. & *vi*.（使…）穿梭般来回移动；短程穿梭般输送

shy [ʃaɪ] Ⅰ.（～er；～est 或 shier；shiest）*adj*.❶（[反]bold, confident）害羞的；怕羞的；怕陌生的：He was too ～ to speak to her. 他很怕羞，连话都不敢跟她说。❷（鸟、兽等）易受惊的；胆怯的 ❸迟疑的；有戒心的；有顾忌的：I'm ～ of buying shares, in case I lose money. 我不敢买股票，怕赔钱。❹隐蔽的；晦涩的；费解的 ❺[口]不足的，缺乏的：We've plenty of wine, but we're ～ on beer. 我们有很多葡萄酒，但啤酒不够。Ⅱ.（shies [-z]；shied）❶ *vi*.（指马）受惊；惊吓：The colt *shied* at the fence and refused to jump over it. 这马驹到障碍物前害怕不敢跳过去。❷逃避；避免：I've always *shied* away from close friendships. 我总是避免与人深交。

sick [sɪk] Ⅰ.*adj*.❶（[近]ill）（[反]well）（身体或精神）不适的；患病的：She has been ～ for weeks. 她已病了好几个星期了。❷作呕的；恶心的：You'll make yourself ～ if you eat all those sweets. 要是你把这些糖都吃下去就要恶心。❸[作表语]厌倦的；腻烦的；厌恶的：I'm ～ of waiting around like this. 我腻烦像这样的一旁等着。❹[口]不愉快的；懊丧的：We were pretty ～ about losing the match. 我们比赛输了感到很恼火。❺病态的；反常的；讨厌的 Ⅱ.*vt*.[英口]呕吐 Ⅲ.*n*.❶Ⓒ[英口]呕吐物 ❷[the ～]病人；患者：visit the ～ in hospital 看望住院的病人

sickle [ˈsɪkl]（～s[-z]）*n*. Ⓒ 镰刀

sick·ly [ˈsɪklɪ]（sicklier；sickliest）*adj*.❶有病的；多病的：a ～ child 多病的孩子 ❷不健康的：He looked weak and ～. 他看上去虚弱有病态。❸虚弱的；无力的 ❹阴沉的；不愉快的：a ～ smile 苦笑 ❺令人作呕的；令人厌恶的：a ～ green colour 令人生厌的绿色

sick·ness [ˈsɪknɪs] *n*.❶Ⓤ Ⓒ 疾病；患病；不健康：They were absent because of ～. 他们因病缺席。❷Ⓤ作呕；呕吐：The ～ passed after I lay down for a while. 我躺下一会儿后就不恶心了。

side [saɪd] Ⅰ.（～s[-z]）*n*. Ⓒ Ⓤ ❶面；侧面；旁边：There is a garage built onto the ～ of the house. 这所房子的一侧建有一个车库。❷边缘；边界：the south ～ of the field 田地的南边 ❸（物体的）一面；（薄物品的里、外）面：Write on one ～ of the paper only. 只在纸的一面写字。❹一边；（里、外的）一侧：the ～ of the mountain 山的坡面 ❺（人体的）左侧或右侧；肋；身旁；身边：On my left ～ stood Fred. 我的左侧站着弗雷德。❻（已宰杀供食用动物的）半边躯体；肋肉 ❼（由一界线分成两部分之一的）面；边；部分：She stood on the other ～ of the fence. 她站在篱笆的另一边。❽[英口]（电视）频道：Switch over to the other ～. 转到另一个频道看看。❾（辩论、竞赛等双方的）一方；（辩论中所持的）立场或观点：There are faults on both ～s. 双方都有错。❿（比赛的）队：the winning ～ 胜方 ⓫观点；方面：the gentle ～ of her character 她性格中温柔的一面 ⓬家系；世系；血统 Ⅱ.[无比较等级] *adj*.❶旁边的；侧面的；边的：～ door 边门 ❷从侧面来的；向一侧的：a ～ blow 侧击 ❸枝节的；次要的；附带的：a ～ job 附带做的工作 Ⅲ.（～s[-z]；～d[-ɪd]；siding）*vt*. & *vi*.（在争论、辩论等中）支持（某人）；站在…一边：She ～d with her brother against the others in the class. 她在班上支持哥哥反对其他同学。

side·line [ˈsaɪdlaɪn] Ⅰ.*n*.❶Ⓒ 兼售的货类：a butcher selling groceries as a ～ 兼卖杂货的肉商 ❷Ⓒ 副业；兼职：I'm a teacher really；my writing is just a ～. 我其实是个教师，写作只是我的兼职。❸[用复数]（足球场、网球场等的）边线：some spectators on the ～s 在边线外的一些观众 Ⅱ.*vt*.使退出比赛；使中止活动：Our best player has been ～d by injury. 我们的主力队员已因受伤而退出了

S

比赛。

siege [si:dʒ] (～s['-ɪz]) *n*. ❶ⓊⒸ 围攻；包围；围城：By the time the ～ ended，the citizens were nearly starving. 围城停止时，市民已饿得濒于死亡。❷Ⓒ[美](疾病等的)长期折磨；(灾难等的)不断袭击：a ～ of illness 疾病的长期折磨

sieve [sɪv] **Ⅰ**. (～s[-z]) *n*. Ⓒ 筛子；漏勺；过滤器 **Ⅱ**. (～s[-z]；sieving) *vt*. 用漏勺(或筛子)滤…：～ the flour into a bowl 把面粉筛进盆里

sift [sɪft] (～ed['-ɪd]) *vt*. ❶筛；筛分；过滤 ❷筛撒；筛下(某物)：～ sugar onto a cake 把糖筛撒在糕饼上 ❸详察；细审：～ the evidence，data 认真审查证据、数据

sigh [saɪ] **Ⅰ**. (～s[-z]) *n*. Ⓒ 叹息；叹息声：give a ～ 发出一声叹息 **Ⅱ**. (～s[-z]) *vi*. ❶叹息；叹气：She ～ed as she lay back on the bed. 她在床上向后一躺，长叹了一声。❷(风)哀鸣；呼啸 ❸(对失去的、遥远的事物)思念，热望：an exile who ～s for home 想念家的流放者 *vt*. 叹息着说(或表示)："I wish I didn't have so much to do，she ～ed."" 我但愿能没有这么多事情做，"她叹息着说。

sight [saɪt] **Ⅰ**. *n*. ❶Ⓤ 视力；视觉：Some drugs can affect you ～. 有些药物能影响视力。❷ⓊⒸ 看；看见；目睹：When can we have ～ of your new house? 我们什么时候能够看看你的新房子？❸Ⓤ 视野；视界：The ship came into ～ out of the fog. 那艘船驶出浓雾，依稀可见。❹Ⓤ 见解；想法：Say frankly what is right in your own ～. 请直率地说出你心中认为对的事。❺Ⓒ 情景；景象；奇观；壮观：The flowers are a lovely ～ in spring. 春天百花盛开十分美丽。❻Ⓒ[用复数]名胜；观光胜地：Come and see the ～s of London. 来看看伦敦的名胜。❼Ⓒ[口]滑稽可笑(或杂乱)的景象：This kitchen is a ～. Clean it up at once! 这厨房太乱了，马上整理一下吧! ❽Ⓒ(步枪等的)瞄准器；观测器：the ～s of a gun 枪的瞄准器 **Ⅱ**. (～ed['-ɪd]) *vt*. ❶看见：After three days at sea，we ～ed land. 我们在海上航行 3 天后见到了陆地。❷(用仪器)观测(星等)

sign [saɪn] **Ⅰ**. (～s[-z]) *n*. Ⓒ ❶记号；符号：mathematical ～s 数学符号 ❷牌子；招牌；指示牌：Look out for a ～ to the motorway. 留意通往高速公路的路标。❸姿态；手势；信号；示意：She gave us a ～ to leave the room. 她示意我们离开房间。❹征兆；迹象；痕迹：These clothes are showing ～s of wear. 这些衣服看得出已穿旧了。❺【天】(黄道十二宫之一的)宫；星座 **Ⅱ**. (～s[-z]) *vt*. ❶签(名)；署名；签字于…；～ a legislative bill into law 签字批准法案使其成为法律 ❷示意；做手势(传达信息、请求或命令)：The policeman ～ed them to stop. 警察示意他们停住。❸雇用，聘请：Arsenal have just ～ed a new striker. 阿森纳队刚雇用了一名新前锋。*vi*. ❶签名：～ to go 示意该走了 ❷以动作示意：～ to sb. that it is time to go 示意某人该走了 ❸(签约)应聘，受雇：He ～ed for Arsenal yesterday. 他昨天阿森纳队签约。

sig·nal ['sɪɡnəl] **Ⅰ**. (～s[-z]) *n*. Ⓒ ❶(传递信息、命令等的)信号；手势；暗号：A red light is usually a ～ for danger. 红灯通常是危险的信号。❷信号器；信号物：The railway ～ was on red，so the train stopped. 铁路红灯亮了，所以火车停下了。❸开端；导火索；动机：Is this announcement the ～ of better times ahead? 宣布的这件事是否预示着往后日子越来越好了？**Ⅱ**. (～s[-z]；signal(l)ed；signal(l)ing) *vt*. 用信号传达(某信号)；用信号与…通信：The ship *signalled* her position hourly. 这艘船每小时用信号报告它的位置。*vi*. 发信号，打信号：She ～ed to the other girls that everything was all right. 她向其他女孩打信号说一切都顺利。**Ⅲ**. *adj*. 显著的；出色的

sig·na·ture ['sɪɡnɪtʃə(r)] (～s[-z]) *n*. Ⓒ ❶签字；签名；署名：Her ～ is almost illegible. 她的签字很难辨认。❷【印】书贴(印刷后依页码次序可折成一迭的书页)

sig·nif·i·cance [sɪɡ'nɪfɪkəns] *n*. Ⓤ ❶([反]insignificance) 含义；意思：with a look of deep ～ 用意味深长的表情 ❷([近]importance) 重大意义；重要性：Few people realized the ～ of the discovery. 很少有人意识到这一发现的重要性。

sig·nif·i·cant [sɪɡ'nɪfɪkənt] *adj*. ❶有意义的：Their change of plan is strange，but I don't think it's ～. 他们改变了计划十分奇怪，我觉得没什么用意。❷意味深长的 ❸重要的；重大的；可观的：a ～ rise in profits 利润的巨大增长 ❹显著的，有效的：～ figures 有效数字 ❺表明…的：actions ～ of one's real purposes 说明某人真实目的的行动

sig·ni·fy ['sɪɡnɪfaɪ] (signifies [-z]；signified) *vt*. ❶表示；表明；意味：What does this word ～? 这个词表示什么意思？❷意味着：Do dark clouds ～ rain? 乌云表示有雨吗？*vi*. ([近]matter) 要紧，有重要性；有关系：It doesn't ～，so you needn't worry about it. 那无关紧要，你用不着担心那件事。

si·lence ['saɪləns] I. (~s[-ɪz]) *n*. ❶Ⓤ 沉默;无声:All my questions were met with ~ from him. 对我所有的问题他都闭口不答。 ❷(〔近〕stillness)Ⓤ寂静:A scream shattered the ~. 一声尖叫打破了寂静。❸Ⓒ 一段时间 的沉默:a conversation with many ~s 中间 有着多次沉默的一次谈话 ❹ Ⓤ无音信;无联 系:Forgive me for my long ~. 请原谅我好 久没给你写信。❺Ⓤ(对于某事的)缄默;不发 表意见:The document's ~ on this point is amazing. 文件没提到这一点令人惊讶。 II. (~s[-ɪz];~d[-t];silencing) *vt*. 使沉默;使 安静;使哑口无言:This insult ~d him com-pletely. 这一侮辱使他哑口无言。

si·lent ['saɪlənt] *adj*. ❶沉默的;不作声 的;寡言的:She was ~ for months before I got a letter from her. 在我收到她的信之前, 她沉默了几个月。❷声音极小的;寂静的;沉 寂的:The children went out, and the room was ~. 孩子们出去了,房间里寂静无声。❸ 未说出的;未明言的:~ longing 内心的渴望 ❹未作记述的;未(被)提到的:History is ~ about it. 历史对这件事没有记载。❺静止的; 不活动的 ❻无声的;无对话的;【语】不发音 的:a ~ film 无声电影

silk [sɪlk] I. *n*. ❶Ⓤ蚕丝;丝;丝线;丝织 物:raw ~ 生丝 ❷Ⓒ[常用复数]丝绸制品; 绸衣:dressed in fine ~s 身着精制丝绸衣服 ❸Ⓒ[英]御用律师;王室法律顾问 II. *adj*. 丝的;丝织的:~ cloth 丝绸布

silk·en ['sɪlkən] [无比较等级] *adj*. ❶丝制 的;丝绸的:a ~ gown 绸袍 ❷柔软的;有光泽 的:a ~ voice 柔和的嗓音

sill [sɪl] (~s[-z]) *n*. Ⓒ❶【建】基石;底木 ❷窗台;门槛:a window-~ 窗台

sil·ly ['sɪlɪ] I. (sillier;silliest) *adj*. ❶傻 的;愚蠢的;愚昧的:What a ~ thing to say. 这话说得多蠢。❷可笑的;荒唐的:made us play ~ games 让我们做荒唐可笑的游戏 II. (sillies[-z]) *n*. Ⓒ[口]呆子;傻瓜;笨蛋(常 用以指儿童或儿童常用语):Of course I won't leave you alone, you ~! 当然我不会把你单 独留下,你这个小傻瓜!

sil·ver ['sɪlvə(r)] I. *n*. Ⓤ❶银,白银: solid ~ 纯银 ❷银币(银或似银合金铸成的硬 币):Have you any ~ on you? 你带银币了 吗? ❸银器,银制用具:We keep the ~ in this sideboard. 我们把金属餐具放在这个餐具 柜里。II. [无比较等级] *adj*. 银(制)的;似 银的 III. (~s[-z];~ing[-rɪŋ]) *vt*. ❶镀银 于 ❷使成银白色:The years have ~ed her hair. 随着岁月流逝,她的头发已白了。*vi*. 变

成银白色:Her hair had ~ed. 她的头发已变 成银白色。

sim·i·lar ['sɪmɪlə(r)] *adj*. ❶(〔近〕like) 相像的;类似的:We have ~ tastes in music. 我们在音乐方面爱好相似。❷【数】相似的:~ triangles 相似三角形

sim·i·lar·i·ty [ˌsɪmɪ'lærɪtɪ] (similarities [-z]) *n*. ❶Ⓤ相似;类似:the ~ of a cat to a tiger 猫和虎的相似 ❷Ⓒ相似之处;相似性: *similarities* in age and background 年龄与背 景相似

sim·ple ['sɪmpl] (~r;~st) *adj*. ❶(〔反〕 complex;complicated)简单的,简易的;简明 的:When speaking to young people,keep it ~. 对年轻人说话,要简明易懂。❷朴素的;简 朴的;质朴的:I like my clothes to be ~ but elegant. 我喜欢穿朴素大方的衣服。❸纯真 的;纯朴的;天真的;单纯的:as ~ as a child 像儿童一样天真 ❹头脑简单的;幼稚的;无经 验的:Are you ~ enough to believe what that liar tells you? 你会蠢到相信那骗子说的 话吗? ❺纯粹的;纯然的:It's a ~ fact. 这就 是事实。❻简单的;单纯的;非复合的 ❼社会 地位不高的;普通的;卑微的:My father was a ~ farmworker.我父亲是个普通的农民。

sim·pli·ci·ty [sɪm'plɪsɪtɪ] *n*. Ⓤ❶简单; 简易;简明:The method is ~ itself.这一方法 再简单不过了。❷朴素;单纯;直率;天真

sim·pli·fy ['sɪmplɪfaɪ] (simplifies [-z];sim-plified) *vt*. (〔反〕complicate)简化;精简;使 单纯;使易做;使易懂:That will ~ my task. 那可简化我的工作。*vi*. 变简易

sim·ply ['sɪmplɪ] *adv*. ❶简单地;简明地; 简易地:Explain it as ~ as you can. 尽可能简 单地解释一下。❷朴素地;朴实地:dress ~ 衣 着朴素 ❸完全地;绝对地:His pronunciation is ~ terrible. 他的发音实在糟透了。❹[无比 较等级](〔近〕just;only)仅;只:I bought the house ~ because it was large. 就是因为这所 房子大我才买的。

sim·u·late ['sɪmjʊleɪt] (simulating) *vt*. ❶ 假装;冒充 ❷模仿;伪装:change colour to ~ the background 改变颜色以模仿得与背景一 致 ❸(用模型等)模拟:The computer ~s conditions on the sea bed.这个计算机能模拟 海底环境。

sim·ul·tan·eous [ˌsɪməl'teɪnjəs] [无比较 等级] *adj*. 同时的;同时发生的;同时进行的: This event was almost ~ with that one. 这件 事几乎是与那件事同时发生的。

sin [sɪn] I. (~s[-z]) *n*. ❶⒰Ⓒ(宗教或道

德上的)罪;罪孽;罪恶:commit a ～ 犯罪 ❷ Ⓒ (违犯礼节、习俗的)过失;失礼:Being late is an unforgivable ～ round here. 迟到在这儿是一种不可原谅的过错。Ⅱ. (～s[-z];sinned;sinning) vi. 犯有罪恶;犯过错:It's human to ～.犯过错是人之常情。

* **since** [sɪns] Ⅰ. prep. (与现在完成时态或过去完成时态连用)自…以来;…以后;自从:I haven't eaten ～ breakfast. 我吃了早饭后到现在还什么都没吃呢。Ⅱ. conj. ❶从…以后;…以后:They have seen each other often ～ they met. 他们自从相识后经常见面。❷因为;既然:Since we've no money we can't buy a new car. 因为我们没钱,没法买新汽车。Ⅲ. adv. ❶(与现在完成时态或过去完成时态连用)从那时以来;后来:He left home two weeks ago and we haven't heard from him ～. 他两星期以前离开了家,到现在我们一直没有他的消息。❷([近]ago)以前:The movie theatre was closed two years ～. 那家电影院2年前就关闭了。

sin·cere [sɪn'sɪə(r)] (～r[-rə];～st[-rɪst] 或 more ～;most ～) adj. ❶([反]insincere)(感情、行为等)真实的;诚挚的:His was a ～ offer of help. 他真心实意愿意帮助。❷(人)诚实的;直率的:She wasn't entirely ～ when she said she liked me. 她说她喜欢我,这话有些言不由衷。

sin·cer·ity [sɪn'serɪtɪ] n. Ⓤ真诚;诚挚;诚实:the warmth and ～ of his welcome 他热情而真诚的欢迎

* **sing** [sɪŋ] Ⅰ. (～s[-z];sang[sæŋ];sung [sʌŋ]) vt. ❶唱;演唱:He can't ～ a note. 他完全不会唱。❷唱着哄孩子入睡:He sang the baby to sleep. 他唱着歌哄孩子入睡。vi. ❶唱;演唱:She ～s well. 她很会唱歌。❷(鸟等)啼,啭,鸣:Birds were ～ing away happily outside. 小鸟在外面愉快地唱个不停。❸(风)呼啸;(水壶、小河、蜂等)发嘶嘶声,嗖嗖声等;(耳)鸣:The kettle was ～ing away on the cooker. 水壶在炉子上发出鸣鸣声。❹[口]告密;自首:She'll ～ if we put the pressure on. 我们给她些压力她就会讲出来。Ⅱ. n. Ⓒ [美口]合唱会;歌唱会

sing·ing [ˈsɪŋɪŋ] Ⅰ. n. Ⓤ❶唱歌;歌声:I heard ～ next door. 我听见隔壁的歌声。❷唱歌的技巧;歌唱;声乐 Ⅱ. adj. (歌)唱的

* **sin·gle** [ˈsɪŋɡl] Ⅰ. [无比较等级] adj. ❶单一的;单个的;仅一个的:a ～ apple hanging from tree 树上仅挂着一个苹果 ❷个别的:not make one ～ concession 不作任何一点儿让步 ❸([反]married)未婚的;独身的:

She decided to remain ～.她决定单身。❹单人的;适于单人的;单人用的:reserve one ～ and one double room 预订一个单人房间和一个双人房间 ❺ [英]单程的:a ～ ticket(= [美]a one-way ticket)单程车票 ❻(植物)单瓣的:a ～ tulip 单瓣郁金香 Ⅱ. (～s[-z]) n. Ⓒ❶一个;单个 ❷单打比赛:play ～s 进行单打比赛 ❸(板球的)一分打;(棒球的)一全打 ❹[英]单程票:two second-class ～s to Leeds 两张到利兹的二等的单程票 ❺[口](旅馆的)单人房 ❻(每面只录有一段录音的)单曲唱片:a hit ～ 畅销的单曲唱片 ❼ [用复数]未婚的人:a club for ～s 未婚者俱乐部 Ⅲ. (singling) vt. 挑出,选出(out):Which would you ～ out as the best? 你觉得哪一个最好?

sin·gly [ˈsɪŋɡlɪ] adv. 单个地,单独地;一个一个地:Do you teach your students ～ or in groups? 你教学生是个别地教还是按组教?

sin·gu·lar [ˈsɪŋɡjʊlə(r)] Ⅰ. adj. ❶ [无比较等级]【语】单数的 ❷异常的;奇怪的:a ～ occurrence, event, circumstance 异常的现象、事件、情况 ❸突出的,非凡的:a person of ～ courage and honesty 极为勇敢和诚实的人 Ⅱ. (～s[-z]) n. [常用 the ～]【语】单数(形式)

* **sink** [sɪŋk] Ⅰ. (sank [sæŋk] 或 sunk [sʌŋk];sunk 或 sunken [ˈsʌŋkən]) vi. ❶([反]float)(船等)下沉;沉没;([反]rise)(日、月)落,没:Wood doesn't ～ in water, it floats. 木头在水中不沉,而是漂在水面。❷(面颊、眼睛)内陷,凹陷:His eyes have sunk in. 他的眼睛凹下去了。❸(水位、地面等)下落;下陷;塌陷;倾斜:The foundations sank after the flood. 洪水退后地基下陷了。❹(火、风等)减弱;(声音、音调等)变低:His voice sank to a whisper. 他的声音降低为耳语。❺(数量、价值等)减少;下降;降低;下跌:Stocks and shares are ～ing. 股票正在逐渐贬值。❻(十分疲倦地)坐下;倒下;(头、肩等)下垂:I sank (down) into an armchair. 我一下子坐到了单座沙发上。❼堕落;衰弱;消沉:His spirits sank. 他的情绪低落。❽渗透;被吸收;完全理解:The rain sank into the dry ground. 雨水渗入干燥的土地。❾陷入(消沉、不活跃或不愉快的状态):Don't let yourself ～ into despair. 别让自己陷入绝望的境地。vt. ❶使下沉;使沉没:They sank the barge by making a hole in the bottom. 他们在驳船底部打个洞把它弄沉了。❷使…变低;将…下降:～ one's voice to a whisper 把自己的声音减少变成耳语 ❸挖;凿;掘;埋入:～ a well 井 ❹搞垮;使完蛋:The press want to ～ his bid for the Presidency. 新闻界想搞垮他参选总统职位的计划。❺投入（资金、精力等）：They *sank* all their profits into property. 他们投入全部赢利购买了房地产。❻将（球）击入袋中（或洞中）❼[口]匆匆喝（尤指大量的酒）：They *sank* a bottle of gin between them. 他们俩喝了一瓶杜松子酒。Ⅱ．*n*．Ⓒ❶（厨房的）洗涤槽；水槽；[美]西式脸盆❷污水沟；脏水坑❸[书]（罪恶的）渊薮

sip [sɪp] Ⅰ．（sipped[-t]；sipping）*vt*．& *vi*．呷；小口喝；啜：~ one's coffee 一小口一小口地喝咖啡Ⅱ．*n*．Ⓒ小口喝；抿：a few ~s of brandy 抿了几口白兰地

sir [sə(r),sɜː(r)] (~s[-z]) *n*．❶先生（对男子的礼貌称呼）：Are you ready to order, ~? 先生，要点什么？❷[常用 Sir]敬启者（用于正式信函开头）：Dear *Sir* 敬启者❸[常用 Sir]爵士（冠于准男爵的姓名或是名字之前；但不可只用于姓）：*Sir* Lawrence Oliver 劳伦斯·奥利维尔爵士❹老兄；"先生"（对被申诉者、孩子等的挖苦）：Will you be quiet, ~! 喂，老兄，静一点儿！❺[美口]一定，绝对（用于强调肯定或否定的语气）：I never smoke, no ~! 我从来不吸烟，绝对不吸！

si·ren ['saɪərɪn] (~s[-z]) *n*．Ⓒ❶汽笛；警报器：an air-raid ~ 空袭警报器❷海妖（希腊神话中半人半鸟的女妖，常用美妙的歌声引诱航海者触礁毁灭）❸妖艳而危险的女人

sis·sy ['sɪsɪ] Ⅰ．（sissies[-z]）*n*．Ⓒ[口]柔弱（或怯懦）的男子；女人腔的男子Ⅱ．*adj*．（男人）娘娘腔的；怯弱的，胆怯的

sis·ter ['sɪstə(r)] (~s[-z]) *n*．Ⓒ❶姐；妹；姐妹：He has two ~s. 他有两个姐妹。❷[喻]亲如手足的女子；女同事；女友❸[英]护士长；护士❹[用 Sister]修女；（基督教）女教员：the Little *Sister* of the Poor 贫民救济修女会❺同样类型的东西

sit [sɪt] (sat[sæt]；sitting) *vi*．❶（[反]stand）坐；就座：Are you *sitting* comfortably? 你坐得舒服吗？❷（鸟等）栖；（狗等）蹲，踞：A big bird was *sitting* alone on the branch. 一只大鸟孤单地栖在树枝上。❸坐着供人画像（或拍照）：I *sat* every day for a week until the painting was finished. 我每天那样坐着，一个星期才把我画好。❹坐落于；位于：The farm ~s on top of the hill. 那个农场坐落在山顶上。❺（国会、法庭、委员会等）开会；开庭：The House of Commons was still *sitting* at 3 a.m. 下议院凌晨 3 点仍在开会。❻（衣服等）合身；适合：That dress ~s well on her. 那件衣服她穿起来很合身。❼（禽、鸟

等）孵卵：The hen ~s for most of the day. 这只母鸡整天大部分时间都在抱窝。❽[英]参加考试：~ for a scholarship 为获奖学金而参加考试 *vt*．❶使坐；使就座：The mother *sat* the child at a little table. 母亲把小孩放到小桌旁坐好。❷骑（马）

site [saɪt] Ⅰ．*n*．Ⓒ❶（建筑物、城镇等的）地方，位置；遗址；地基：deliver the materials to a building ~ 把建筑材料送到工地去❷（事情发生或活动的）地点，场所Ⅱ．（siting）*vt*．选定⋯的位置；设置：Where have they decided to ~ the new factory? 他们决定把新工厂建在什么地方？

sit·ting ['sɪtɪŋ] (~s[-z]) *n*．ⒸⓊ❶坐；就座❷入席❷（法庭、议会等的）开庭；开会期间：during a long ~ 在冗长的议会开会期间❸一批人就餐的时间：About 100 people can be served at one ~. 约 100 人可同时进餐。❹持续进行某一活动的时间：finish reading a book at one ~ 一口气读完一本书❺供人画像（或拍照）的时间❻（一只母鸡等）一次孵的卵数

sit·u·ate ['sɪtjʊeɪt,-tʃʊeɪt] (situating) *vt*．使位于：The company wants to ~ its headquarters in the north. 公司想把总部设在北方。

sit·u·a·tion [ˌsɪtjʊ'eɪʃən] (~s[-z]) *n*．Ⓒ❶（[近]position）（城镇、建筑物等的）位置；地点：a beautiful ~ overlooking the valley 可俯瞰山谷的优美地点❷状况；处境；局面；形势：The company is in a poor financial ~. 公司财务状况不佳。❸工作；职位：find a new ~ 找个新工作

six [sɪks] Ⅰ．（~es[-ɪz]）*n*．❶ⓊⒸ（数字的）6；6 的数字：I've read to Chapter *Six*. 我已读到第 6 章。❷Ⓤ[用作复数]6 个；6 人❸Ⓤ6 点；6 岁：I have a date at ~. 我 6 点钟有约会。❹Ⓒ以 6 个（或 6 人）为一组之物❺Ⓒ纸牌 6 点Ⅱ．*adj*．❶6 的；6 个的；6 人的❷6 岁的

six·teen [ˌsɪks'tiːn] Ⅰ．*n*．❶ⓊⒸ（数字的）16；16 的数字：*Sixteen* can't be divided by seven exactly. 16 不能被 7 除尽。❷[用作复数]16 个；16 人：*Sixteen* remained alive after the explosion. 那次爆炸后有 16 人生还。❸Ⓤ16 分；16 时；16 岁：a girl of ~ 16 岁的少女Ⅱ．*adj*．❶16 的；16 个的；16 人的❷16 岁的

six·teenth [ˌsɪks'tiːnθ] Ⅰ．*adj*．❶第 16 的，第 16 个的❷十六分之一的Ⅱ．（~s[-ðz]）*n*．❶[the ~] 第 16；The country is the ~ member state of the United Nations.

这个国家是联合国第 16 个成员团。❷Ⓒ十六分之一:~ of total 总数的十六分之一

sixth [sɪksθ] **I** . *adj* . ❶第 6 的,第 6 号的 ❷六分之一的 **II** . *n* . ⓊⒸ第 6;六分之一:He won the ~ place in the match. 他在比赛中获得第 6 名。

six·ti·eth ['sɪkstɪθ] *n* . &. *adj* . ⓊⒸ第 60(的);六十分之一(的)

six·ty ['sɪkstɪ] **I** . (sixties [-z]) *n* . ❶Ⓤ Ⓒ(数字的)60;60 的数字:You will find it on page ~. 你可在第 60 页查到它。❷ [用作复数]60 个;60 人:Sixty are still missing. 还有 60 人仍然行踪不明。❸Ⓤ60 岁:a woman of ~ 60 岁的女人 ❹ [用复数](世纪的)60 年代 **II** . *adj* . ❶60 的,60 个的,60 人的 ❷60 岁的

size [saɪz] **I** . (~s['-ɪz]) *n* . ❶ⒸⓊ大小;尺寸;体积;规模;身材:They're both of a ~. 这两个大小相同。❷Ⓒ(服装等的)号,尺码:What ~ shoes do you wear? 你穿什么尺码的鞋子? ❸Ⓤ身价;声望;才干:The governorship is too big for the ~ of him. 他的声望够不上当州长。 **II** . (~s['-ɪz];sizing) *vt* . ❶将(某物)按大小排列(或分类) ❷估量(或判断)某人(或某事物):We ~d each other up at our first meeting. 我们初次见面时相互打量了一番。

skate [skeɪt] **I** . (~d['-ɪd];skating) *vi* . 滑冰;溜冰:Can you ~? 你会滑冰吗? **II** . *n* . Ⓒ [常用复数]溜冰鞋;四轮溜冰鞋:a pair of ~s 一双冰鞋

skel·e·ton ['skelɪtn] (~s[-z]) *n* . Ⓒ ❶(人或动物的)骨骼;骨架:The child was reduced to a ~. 这孩子骨瘦如柴。❷ (建筑物的)骨架结构;框架结构:The block is still just a ~ of girders. 这栋建筑还只是仅有主要的骨架。❸纲要;提要:Her notes give us just the bare ~ of her theory. 她的笔记只给我们提供了她的理论的梗概。❹(进行一项作业所需的)最起码数量的人员、车辆等

sketch [sketʃ] **I** . (~es['-ɪz]) *n* . Ⓒ ❶素描;速写;草图 ❷简短的陈述(或描写):a newspaper ~ of a debate in Parliament 报上关于议会辩论的简短报道 ❸(滑稽的)短剧;独幕剧:She writes satirical ~es for a magazine. 她为一家杂志撰写了讽刺小品。 **II** . (~es['-ɪz];~ed[-t]) *vi* . ❶素描;画速写:go into the park to ~ (flowers) 去公园(花卉)写生 ❷概述;草拟:Sketch out what you intend to do. 把你要做的事概括地叙述一下。

ski [ski:] **I** . (~s[-z]) *n* . Ⓒ滑橇;滑雪板:

a pair of ~s 一副滑雪板 **II** . (~s[-z]) *vi* . 滑雪:go ~ing in Switzerland 去瑞士滑雪

skill [skɪl] (~s[-z]) *n* . ❶Ⓤ熟练;娴熟;本领;本事:play the piano with ~ 钢琴弹得熟练 ❷Ⓒ技能;技艺;技巧:the practical ~s needed in carpentry 木工所需的应用技艺

ski·l(l)ful ['skɪlful] *adj* . ❶灵巧的;熟练的:a ~ performance 娴熟的表演 ❷制作精巧的:~ handicrafts 精巧的手工艺品

skim [skɪm] (~s[-z];skimmed;skimming) *vt* . ❶撇去(液体)表面的:~ the milk of its cream 撇去牛奶上的奶油 ❷([反]scan)略读;浏览:~ the report in half an hour 用半小时浏览这份报告 ❸掠过;滑过;漂过:aircraft skimming the rooftops 从屋顶上掠过的飞机 ❹使(石头等)飞掠过(水面):He skimmed a flat stone across the creek. 他掷出一块扁石使之漂掠过小溪。 *vi* . ❶掠过;滑过:The swallows were skimming over the water. 燕子掠过水面。❷浏览;略读:This book is worth skimming through. 这本书值得泛读一下。

skin [skɪn] **I** . (~s[-z]) *n* . ❶ⓊⒸ皮;皮肤:She has a beautiful ~. 她肤色很美。❷Ⓤ Ⓒ([近]fur)毛皮;([近]leather)皮革 ❸ ([近]peel)Ⓒ果皮;植物的外皮:grape ~s 葡萄皮 ❹Ⓒ外壳(层);船壳(板):the metal ~ of an aircraft 飞机的金属外壳 ❺ⓊⒸ(结于某些液体的)薄层(如煮过的牛奶的表面):the ~ on a milk pudding 牛奶布丁上的乳皮 **II** . (~s[-z];skinned;skinning) *vt* . ❶剥掉(如动物)的皮:~ a rabbit, fox 剥兔子、狐狸的皮 ❷擦破…的皮肤;擦伤:I skinned my elbow against the wall. 我的肘部撞在墙上擦破了皮。❸ [口]诈骗;骗取…的钱财:~ sb. of all his money 骗取某人的全部钱财

skip [skɪp] **I** . (skipped[-t];skipping) *vi* . ❶(轻快地)蹦跳:a child skipping along the road 沿路蹦跳的小孩 ❷跳绳:children skipping in the playground 在操场中跳绳的儿童 ❸(话题等)突然转换;无次序地急速转换:She skipped from one subject to another. 她讲得没有条理,东拉西扯。❹ [口]悄悄地(或匆匆地)离开;溜走:~ off without saying anything to anyone 一声不吭地匆匆溜走 ❺(看书、写字等)略过;遗漏:I read the whole book without skipping. 我一页不漏地读完了全书。❻ [美]跳级;越级升班 *vt* . ❶跳过;使跳跃:~ a stone across a pond 使石子飞掠过池塘的水面 ❷跳读;遗漏;略过:Skip the first chapter and start on page 25. 跳过第一章,从第 25 页开始看。❸ [口]故意不参加(会议

等）：～ a lecture，an appointment，a class 未参加讲座、没赴约、旷课 Ⅱ．*n*．ⓒ❶轻跳；走走边跳 ❷省略；遗漏；略过；漏看的东西；略过的东西 ❸【自】跳跃（进位）；（计算机）"空白"指令

skir·mish ['skɜːmɪʃ] Ⅰ．(～es[-ɪz]) *n*．ⓒ【军】小规模战斗；小冲突；（尤指）遭遇战：a brief ～ on the frontier 边界上的小规模冲突 Ⅱ．(～es[-ɪz]；～ed[-t]) *vi*. 进行小规模战斗；发生小冲突

*　**skirt** [skɜːt] Ⅰ．*n*．ⓒ❶裙子；（衣服的）下摆（自腰以下的部分）：She was wearing a red ～. 她穿着红裙子。❷［常用复数］周围；（城镇的）外围；郊外；（地区的）边界：on the ～s of a city 在市郊 ❸（车辆或机器基部的）护板：the rubber ～ round the bottom of a hovercraft 气垫船底部四周的橡胶护板 Ⅱ．(～ed['-ɪd]) *vt*．❶位于…的边缘；绕过…的边缘：The road ～s the forest. 那条路在森林的边上。❷避开（危险等）；回避（问题等）*vi*. 位于边缘；沿着边走（along，round）：The path ～s along the edge of the lake. 路沿着湖边蜿蜒。

skull [skʌl] (～s[-z]) *n*．ⓒ❶颅骨；脑壳头盖骨 ❷［口］头脑：have a thick ～ 笨头笨脑

*　**sky** [skaɪ] Ⅰ．(skies[-z]) *n*．❶天；天空：a blue ～ 蔚蓝的天空 ❷［常用复数］天气；气候：the sunny *skies* of Italy 意大利的晴朗天气 ❸［the ～］【宗】天堂；天国；西天 Ⅱ．(skies[-z]；skied 或 skyed) *vt*．❶［口］将（球等）击向空中 ❷将（某人的）画挂在墙上高处

slab [slæb] Ⅰ．(～s[-z]) *n*．ⓒ平板；厚板；厚片：a ～ of stone 一块石板 Ⅱ．*vt*．使成厚板；把…切割成厚板

slack [slæk] Ⅰ．*adj*．❶（［反］taut）不紧的；松弛的：Will you make my bandage a little ～er？ 请你把我的绷带放松一点儿好吗？❷懈怠的；疏忽的：He's been getting ～ and making silly mistakes. 他越来越懒散，出了些荒谬的错误。❸粗心的；马虎的；松散的：Organization of the conference was rather ～. 会议的组织工作很松散。❹（生意）清淡的，萧条的，不景气的：Trade is ～ in winter. 冬季贸易不景气。❺慢的；滞缓的 Ⅱ．(～ed[-t]) *vt*．(［近］slacken) ❶马虎从事；松垮地做（工作等）❷(［近］loosen) 放松（绳索等）❸(［反］quicken) 使缓慢；使缓和：～ one's pace 放慢步子 *vi*．❶［英口］松懈；怠惰；偷懒：Don't ～ off in your studies. 不要放松学习。❷减低速度；减弱；减退：*Slack* off as you approach the junction. 接近交叉口时要减速。❸（绳索等）松弛 Ⅲ．*n*．❶ⓒⓊ（绳等的）松弛（部分）；

too much ～ in the tow-rope 拖缆很松 ❷［用复数］宽松的裤子（便装的男裤或女裤）：a pair of ～s 一条宽松的裤子 ❸ⓒ（生意等的）萧条期；淡季 ❹Ⓤ（煤筛后剩下的）煤末

slack·en ['slækən] (～s[-z])(［反］tighten) *vt*．❶放松；松懈：～ one's muscles 放松肌肉 ❷使（某事物）放慢；使减缓：The car has ～*ed* its speed. 车速放慢了。*vi*．❶（绳索等）变松弛；松劲：The rope ～*ed*. 绳子松了。❷放慢；迟缓：The ship's speed ～*ed*. 船速减慢了。

slain [sleɪn] slay 的过去分词

slake [sleɪk] (～d[-t]；slaking) *vt*．❶消除；平息；使缓和；满足：～ one's anger 息怒 ❷使熄灭；减弱（火焰）❸使（石灰）熟化：～*d* lime 熟石灰

slam [slæm] Ⅰ．(～s[-z]；slammed；slamming) *vt*．❶使劲关；砰地关上（门等）；砰地放下：He *slammed* the lid down. 他砰的一声盖上了盖子。❷猛力地放、推、扔或敲：She *slammed* the box down on the table. 她使劲把盒子摔在桌子上。❸［口］猛烈抨击：The minister was *slammed* by the press for the cuts. 这位部长因削减一事受到报界猛烈抨击。*vi*．❶发出砰砰声；砰地关上：The door *slammed* (to). 门砰的一声关上了。❷猛攻；使劲干：～ into one's work 使劲干起活来 ❸［美口］猛烈抨击；漫骂 Ⅱ．*n*．［常用单数］猛然关闭的声音：the ～ of a car door 关汽车门发出的声音

slan·der ['slɑːndə(r)] Ⅰ．(～s[-z]) *n*．Ⓤ ⓒ诽谤；诋毁；中伤；诽谤罪：a vicious ～ 恶毒的诽谤 Ⅱ．(～ing[-rɪŋ]) *vt*．对…诽谤；诋毁；中伤（某人）

slang [slæŋ] Ⅰ．*n*．Ⓤ俚语："Grass"is criminal ～ for "informer". "grass"是罪犯用的俚语，意思是"告密的人"。Ⅱ．*vt*．［口］抨击（某人）；漫骂：The driver was ～*ing* a pedestrian who had got in his way. 那司机破口大骂挡他路的行人。

slant [slɑːnt] Ⅰ．(～ed['-ɪd]) *vt*．❶使倾斜；使斜向；使歪斜：He ～*ed* his cap. 他斜戴着帽子。❷［美］歪曲；有倾向性地报道（消息等）：She ～*ed* the report so that I was made to appear incompetent. 她做出歪曲报道好让我显得无能。*vi*. 倾斜；歪斜：Her handwriting ～*s* from left to right. 她写的字从左往右斜。Ⅱ．*n*．❶［用 a ～］倾斜；歪斜：The roof has a slight ～. 那屋顶有点儿倾斜。❷ⓒ观点；意见；看法；见解：get a new ～ on the political situation 对政治形势有新的看法

slap [slæp] Ⅰ．(slapped[-t]；slapping) *vt*．❶掌击；（用掌）捆、拍：People *slapped* me on the back after the fight. 拳击比赛后大家拍拍我的背。❷ 啪的一声放下；猛掷：He *slapped* the book down. 他啪的一声把书扔下。❸ 将…额外加价：They've *slapped* 10 pence on the price of cigarettes. 他们把香烟的价格肆意抬高了 10 便士。❹压制；压抑…；猛烈打击：She tried to object，but the chairman *slapped* her down. 她试图提出异议，但主席坚决地阻止了她。*vi*. 用手猛拍(或打)；拍；打：Rain *slapped* at the window. 雨拍打窗户。Ⅱ. *n*. Ⓒ(掌)击；掴；拍(的声音)：I heard a loud ~ behind me. 我听见身后一声响亮的拍击声。Ⅲ. *adv*. ❶[口]直接地；一直地：The car ran ~ into the wall. 那辆汽车径直地撞在墙上。❷正好；恰好地

slat [slæt] Ⅰ. *n*. Ⓒ百叶板；细长的薄板条(用于百叶窗等的木制、金属之物)Ⅱ. *vt*. 给…装板条

slate [sleɪt] Ⅰ. *n*. ❶Ⓤ板岩；页岩 ❷Ⓒ(建筑或书写用的)石板；石板瓦：a cement ~ 水泥板 ❸Ⓤ石板色 Ⅱ. *vt*. 用石板铺盖 Ⅲ. *adj*. 板岩的；石板的

slaugh·ter ['slɔːtə(r)] Ⅰ. *n*. ⓊⒸ❶屠宰(尤指供食用)❷屠杀；杀戮：the ~ of innocent civilians 对无辜平民的屠杀 ❸[口]惨败：the total ~ of the home team 主队的惨败 Ⅱ. (~s[-z]；~ing[-rɪŋ]) *vt*. ❶屠宰(动物)❷屠杀；杀戮：thousands ~ed by the invading army 被侵略军杀害的数以千计的人 ❸[口]彻底打败；使彻底败北

* **slave** [sleɪv] Ⅰ. (~s[-z]) *n*. Ⓒ❶奴隶：treat sb. like a ~ 像对待奴隶一样对某人 ❷受习惯支配的人；沉湎于欲望的人：Don't be a ~ of drink. 不要沉湎于酒类。Ⅱ. (~s[-z]；slaving) *vi*. 刻苦工作；苦干：I've been *slaving* at the housework all day. 我整天都在干繁重的家务活儿。

slaver ['sleɪvə] Ⅰ. *n*. ([近]saliva)Ⓤ口水；唾液 Ⅱ. (~s[-z]；~ing[-rɪŋ]) *vi*. ❶([近]slobber)流口水；垂涎：~*ing* over a plate of spaghetti 垂涎一盘意大利面条 ❷热望；渴望

slav·ery ['sleɪvərɪ] *n*. Ⓤ❶[喻]受奴役的状态；奴隶状态：sold into ~ 被卖为奴役 ❷奴隶制 ❸苦差事；苦役；报酬低的工作

slay [sleɪ] (~s[-z]；slew[sluː]；slain[sleɪn]) *vt*. ❶杀死；杀害；残杀 ❷[口]使赞同；使禁不住大笑

sled [sled] (~s[-z]) *n*. Ⓒ[美](滑雪用的)小橇；(运载用的)雪橇：ride on a ~ 乘坐雪橇 Ⅱ. (~s[-z]；sledded[-'ɪd]；sledding) *vt*. & *vi*. 用雪橇运送；乘坐雪橇；用雪橇滑行

sledge [sledʒ] Ⅰ. (~s['-ɪz]) *n*. Ⓒ❶[英]

(小型)雪橇(=[美]sled) ❷(搬运货物用的)大型雪橇 Ⅱ. (~s['-ɪz]；sledging) *vt*. & *vi*. 乘坐雪橇，用雪橇滑行；用雪橇运送：go *sledging* 乘雪橇去

* **sleep** [sliːp] Ⅰ. *n*. Ⓤ❶睡眠，睡觉：He didn't get much ~. 他睡眠不足。❷睡眠时间：have a short，good，restful ~ 短时间的、良好的、安静的睡眠 ❸昏迷状态；麻木；长眠；死亡：My foot has gone to ~. 我的脚麻木了。❹(动物的)冬眠，蛰伏；(植物叶子、花瓣的)夜间闭合 Ⅱ. (slept[slept]) *vi*. ❶睡；睡眠；睡着：I got up early，but he *slept* on. 我起得很早，而他还睡呢。❷静止；不活动；长眠；被埋葬着：He lived strenuously and now ~s peacefully in his grave. 他在世时精力充沛，现在则安详地长眠于墓中。❸过夜；住宿：I *slept* at a friend's house last night. 我昨晚睡在朋友家里。*vt*. ❶睡；使睡得 ❷为…提供床位：Our caravan ~s six in comfort. 我们居住的拖车可舒服服服地睡 6 个人。

sleep·er ['sliːpə(r)] (~s[-z]) *n*. Ⓒ❶睡眠者：a heavy ~ 不易醒的人 ❷[英](铁路)枕木；轨枕；【建】小搁栅；【船】机座垫 ❸卧车；卧铺 ❹[美口]完成后迟获成功(或获意外成功)的作品(书、戏剧、唱片等)

sleep·less ['sliːpləs] [无比较等级] *adj*. ❶失眠的；不眠的；醒着的：a ~ night 不眠之夜 ❷警觉的；戒备不懈的 ❸永不停息的，无休止的：the ~ wind 刮个不停的风

sleepy ['sliːpɪ] (sleepier；sleepiest) *adj*. ❶想睡的；瞌睡的；困乏的：feel ~ 昏昏欲睡；困倦 ❷懒散的 ❸寂静的，不活跃的：a ~ valley 寂静的山谷 ❹(水果因开始腐烂而)干枯无味的

* **sleeve** [sliːv] Ⅰ. (~s[-z]) *n*. Ⓒ❶袖子；袖套：a dress with short ~s 短袖的连衣裙 ❷唱片套(=[美]jacket) ❸(杆、缆绳等的)管；套筒：a metal cable inside a plastic ~ 套着塑料管的金属电缆 Ⅱ. (~s[-z]) *vt*. 给…装上袖子；给…装上套筒

sleigh [sleɪ] Ⅰ. (~s[-z]) *n*. Ⓒ(马拉的)雪橇；雪车 Ⅱ. (~s[-z]) *vi*. 乘雪橇：go ~*ing* 坐雪橇

sleight [slaɪt] *n*. Ⓤ❶奸诈；诡计 ❷熟练；灵巧

slen·der ['slendə(r)] (~er[-rə]；~est[-rɪst]；或 more ~；most ~) *adj*. ❶([近]slim)细长的；苗条的；纤细的：~ fingers 纤细的手指 ❷([近]slight，slim)微薄的；不足的；微小的：a ~ income 微薄的收入 ❸(声音)微弱的；不洪亮的

slept [slept] sleep 的过去式和过去分词

slew¹ [slu:]slay 的过去式

slew² ,[美]**slue** [slu:] (~s[-z]) vi. 旋转；(猛地)转向:The car ~ed round on the icy road.汽车在结冰的路上打滑了。vt. 使旋转；使(猛地)转向:The driver ~ed the crane round. 司机把吊车转了过来。

slew³ [slu:] n. [用 a ~][美口]大量；大批:a whole ~ of problems 一大堆问题

slice [slaɪs] I. (~s[-ɪz]) n. ◯❶薄片；切片；片;a ~ of bread 一片面包 ❷([近]slice)部分；份儿:get a ~ of the profits 得到一份利润 ❸切刀，菜刀，锅铲 ❹斜击球(击出的球向右或向左弯曲)；(棒球、高尔夫球等)曲球 II. (~d[-t];slicing) vt. ❶把…切成薄片 ❷切开；切下:~ a thin wedge from the cake 从蛋糕上切下一角 ❸切；割；劈:The axe ~d through the wood. 斧子一下劈开了木头。❹(高尔夫球)曲打球；斜击

slid [slɪd]slide 的过去式和过去分词

slide ['slaɪd] I. (~s[-z];slid [slɪd];slid 或 slidden[slɪd]; sliding) vi. ❶滑；滑动；滑行:The ship slid (down) into the water. 船滑入水中。❷滑落；滑脱:The glass slid from the hand of the frightened woman. 杯子从那名受了惊吓的妇女手中滑落。❸悄悄走去；偷偷潜入:The thief slid out (of the door) while no one was looking. 小偷趁没人注意时溜了出去。❹(不知不觉地)渐渐陷入:~ into bad habits 不知不觉地沾染上坏习惯 vt. ❶使…滑动:I slid the rug in front of the fire. 我挪了挪铺在火炉前的地毯。❷把…偷偷放入:She slid a coin into his hand. 她把一枚硬币偷偷塞进他的手里。II. n. ◯❶滑；滑行:have a ~ on the ice 在冰上滑行 ❷(冰、压实的雪等的)滑面；(运送货物用的)滑坡，滑道，滑槽；(儿童游戏用的)滑梯 ❸幻灯片；(显微镜的)载片 ❹(机器等的)滑动部件(如长号上的 U 形管) ❺[常用以构成复合词]塌方；山崩；雪崩:land ~ 山崩/snow ~ 雪崩

slight [slaɪt] I. adj. ❶([反]considerable)不严重的；不重要的，微小的；轻微的:The differences between the pictures are very ~. 这两幅画差别很大。❷([近]thin，frail)不粗壮的；脆弱的；细长的 II. (~ed['-ɪd]) vt. 轻视；藐视；怠慢:She felt ~ed because no one spoke to her. 没人跟她说话，她觉得受到了冷落。III. n. ◯轻视，轻蔑，侮辱，怠慢:My remark was not meant as a ~ to you. 我的话并没有冒犯你的意思。

slim [slɪm] I. (slimmer;slimmest) adj. ❶([近]slender)([反]stout)纤细的；修长的；苗条的:I'm trying to get ~. 我想要瘦一些。❷([近]slight，slender)微小的；不充分的:~ hopes of success 成功的希望不大 II. (~s[-z];slimmed;slimming) vi. (借节食、运动等)减轻体重；变苗条:trying to get fit and ~ (down) 努力使身体健康、体形苗条 vt. 减少…的数量；缩小:~ down the factory's work force 缩减工厂劳力

slime [slaɪm] n. ⓤ❶稠、软而滑的液态物质；(尤指)泥浆:There was a coating of ~ on the unwashed sink. 未刷过的水槽上有一层污垢。❷(蜗牛、蛞蝓等的)黏液:a trail of ~ 蜗牛的黏液痕迹

sling [slɪŋ] I. (~s[-z]) n. ◯❶投石器；投石环索；(游戏用的)弹弓 ❷(用以悬挂或提起物体的)吊具，吊索，吊链 ❸(用以固定断臂、腕等的)悬带:have one's arm in a ~ 用悬带吊着手臂 II. (~s[-z];slung [slʌŋ]) vt. ❶(用力)投掷…；抛出:~ing stones at birds 投石击鸟 ❷悬挂；吊挂:~ a hammock between two tree-trunks 把吊床悬在两树干间

slip [slɪp] I. (slipped[-t];slipping) vi. ❶滑动；滑行:The lorry turned and its load slipped. 卡车转弯时车上的货物滑离了原位。❷滑跤；跌倒:The climber's foot slipped，and he fell.那个攀登者脚一滑就摔倒了。❸滑落；滑脱:The fish slipped out of my hand. 鱼从我手中滑走了。❹悄悄(或匆匆)到某处；溜走:The thief slipped out by the back door. 那个贼偷偷从后门溜出去了。❺疏忽；犯错误；不经意中说出；被遗忘:Not a work slipped from his mouth about his illness. 他只字不提自己的病。❻匆忙地穿(或脱):She slipped into (out of) her clothes. 她很快地穿上(脱掉)衣服。vt. ❶使滑动；使滑行 ❷错过；被…忽略:Her request completely slipped my mind. 我完全忘了她的请求。❸悄悄移动；偷偷地放入；悄悄递给:I tried to ~ him the note while the teacher wasn't looking. 我想趁老师不注意时把纸条偷偷递给他。❹很快地穿或脱(衣服):He slipped the gaudy shirt on (off). 他很快地穿上(脱下)那件花哨的衬衫。❺放开；释放(某物):~ a dog from its leash 松开皮带把狗放开 ❻逃离；摆脱；挣脱:The ship slipped its moorings. 那船漂离了系泊处。II. n. ◯❶滑动；滑倒；失足:One ~ and you could fall off the cliff. 脚下一滑就可能从悬崖上跌下去。❷小错误；小疏忽:There were a few trivial ~s in the translation. 译文中有几处小错误。❸(有肩带的)女式长衬裙 ❹([近]slipway)船台；下水滑道 ❺纸条:a salary ~ 薪金单 ❻(嫁接或种植用的)接穗，插条 ❼(板

球赛中)通常位于击球员左后方的外场员(的位置);外场员的守球区

slip·per ['slɪpə(r)] (~s[-z]) *n*. C(室内用的)便鞋;拖鞋:a pair of ~s 一双拖鞋

slip·pery ['slɪpərɪ] (slipperier; slipperiest) *adj*. ❶(指物体表面)滑的;光滑的 ❷(人)狡猾的;不可靠的:She's as ~ as an eel. 她很狡猾。❸(形势、话题、问题等)难处理的;棘手的:the rather ~ subject of race relations 相当棘手的种族关系问题

slit [slɪt] Ⅰ. (slit; slitting) *vt*. 切开;划开;在…上开缝:~ sb.'s throat 切开某人的喉咙 Ⅱ. *n*. C狭长的切口;裂缝;开口:the ~ of the letter-box 信箱的投信口 Ⅲ. *adj*. 有裂口的

slo·gan ['sləʊɡən] (~s[-z]) *n*. C口号;标语:political ~s 政治标语

slot [slɒt] Ⅰ. *n*. C❶(可投入东西的)窄孔:put a 10 pence coin in the ~ 把一枚10便士的硬币投入孔中 ❷沟,槽;滑道:The curtain hooks run along a ~ in the curtain rail. 窗帘的吊钩可沿轨槽滑动。❸(组织、机构中的)地位;位置;(电视或广播的)时段:find a ~ for a talk on the economy 为经济问题演讲安排时间 Ⅱ. (slotted ['-ɪd];slotting) *vt*. ❶在…中开沟、槽、狭缝等 ❷使…插入或置于(某位置):~ this disk in 把这张盘放进去

slope [sləʊp] Ⅰ. *vi*. ❶倾斜;有坡度 ❷[口]逛;溜走(away, off) *vt*. 使倾斜;使有坡度 Ⅱ. *n*. ❶C斜坡,坡地 ❷C U倾斜;斜度

sloth [sləʊθ] (~s[sləʊðz]) *n*. ❶U懒惰;懒散 ❷C【动】树懒(南美洲等地产的一种哺乳动物,栖于森林,行动缓慢)

slough[1] [slaʊ] *n*. ❶C沼泽;沼地;泥泞的地方 ❷C(加拿大西部)(雨水融雪形成的)水池;池塘 ❸[用单数]难以改变的不良心理;绝望的境地:a ~ of despair, self-pity 绝望、自怜的深渊

slough[2] [slaʊ] Ⅰ. *n*. C❶蛇蜕下来的皮;按时脱落的死组织 Ⅱ. *vt*. ❶使(皮、死组织等)蜕下(或脱落);舍弃(某物) ❷摆脱;抛弃(某事物):~ off one's bad habits 抛弃坏习惯

slow [sləʊ] Ⅰ. *adj*. ❶([反]fast, quick)慢的;缓慢的;迟缓的:She walked at a ~er pace than his. 她以比他缓慢的步伐行走。❷([反]fast)(钟、表)慢的:That clock is five minutes ~. 那座钟慢了5分钟。❸迟钝的;愚钝的:a ~ child 迟钝的孩子 ❹不活跃的;不景气的:Business is rather ~ today. 今天生意很不景气。❺迟缓的;犹豫的:She's not ~ to tell us what she thinks. 她总是毫不犹豫地

把她的想法告诉我们。❻(路径等)不能快速行进的:the ~ road through the mountains 只能慢行的山路 Ⅱ. *adv*. 缓慢地;低速地:Tell the driver to go ~er. 告诉司机开慢些。Ⅲ. (~s[-z]) *vt*. ❶使…缓行;减慢:She ~ed the car down and stopped. 她把汽车速度减慢后停了下来。❷(生意等)变得萧条;放慢(工作等)的步调:Lack of demand will ~ our economic growth. 市场需求低就要拖慢我们的经济增长速度。*vi*. ❶慢下来;降低速度:The train ~ed as it approached the station. 火车进站时慢了下来。❷松弛下来:*Slow* up a bit, or you'll make yourself ill. 别这么卖力气,不然你要累出病来的

slum [slʌm] Ⅰ. (~s[-z]) *n*. C❶贫民窟;陋巷:brought up in a ~ 在贫民窟长大 ❷[用复数]贫民区 Ⅱ. (~s[-z];slummed;slumming) *vi*. (为了好奇、寻乐或救济而)访问贫民区:go *slumming* 去访问贫民区

slum·ber ['slʌmbə(r)] Ⅰ. (~s[-z];~ing [-rɪŋ]) *vi*. ([近]sleep)睡眠(尤指睡得安稳而舒服):The baby was ~*ing* peacefully. 婴儿睡得正香。Ⅱ. *n*. C U睡眠;安睡:fall into a deep ~ 酣然入睡

slump [slʌmp] Ⅰ. (~ed[-t]) *vi*. ❶沉重地落下(或倒下):Tired from her walk, she ~ed (down) onto the sofa. 她走累了,一屁股坐在了沙发上。❷(价格、贸易、商业活动)突然(或大幅度)下跌(或减少):What caused share values to ~? 股价暴跌是什么原因? Ⅱ. *n*. C❶([近]depression)商业萧条期;不景气;经济衰退 ❷(个人、运动队等)的低潮状态:a ~ in her career 她事业中的低谷

slur [slɜː(r)] Ⅰ. (~s[-z];slurred;slurring ['-rɪŋ]) *vt*. ❶含糊不清地发出(声音)或说(话):the *slurred* speech of a drunk 喝醉的人说得含糊不清的话 ❷[音]将(音)连接起来演奏;(音符上)加连接线 ❸诋毁(某人的名誉);诽谤;诬蔑:*slurred* by accusations of dishonesty 遭诽谤被指责为不诚实 ❹回避(令人不快的事、棘手的问题等):She *slurred* over the high cost of her plan. 她避而不谈她这一计划费用之巨。Ⅱ. (~s[-z]) *n*. ❶C U诋毁;诽谤;中伤:cast a ~ on sb. 诽谤某人 ❷C[音]圆滑运;连接线(用以表示把一组音符唱成或奏成一个音节) ❸C含糊不清的声音

small [smɔːl] Ⅰ. *adj*. ❶([反]large)(体积)小的;(程度、数目、价值)小的;微不足道的;(数量)小的:This hat is too ~ for me. 这顶帽子我戴太小了。❷幼小的,年纪轻的:I lived in the country when I was ~. 我年幼时

住在乡下。❸小规模的；微小的：a ～ farmer, trader 小农场主、小本商人 ❹不重要的；琐细的；微不足道的：a ～ matter 小事 ❺卑鄙的；气量小的：Only somebody with a ～ mind would have refused to help. 只有气量小的人才会拒绝提供帮助。❻很少的；几乎没有的：have ～ cause to be glad 没有什么理由值得高兴 Ⅱ. adv. ❶微小地：Don't draw the picture too ～. 不要把图画得太小。❷细小地；些微地：slice sth. ～ 把某物切成小片 Ⅲ. (～s[-z]) n. ❶[the ～](物体的)较纤细部分：the ～ of the back 腰背部 ❷[用复数]内衣裤；小件衣物

smart [smɑːt] Ⅰ. adj. ❶鲜明的；新奇的；衣冠楚楚的；整洁的；洒脱的：You look very ～ in your new suit. 你穿上新的套装看上去很潇洒。❷([近]clever, intelligent)精明的；机灵的；有创造力的：It was ～ of you to bring a map. 你够精明的，带来了一张地图。❸轻快的；敏捷的：go for a ～ walk 做一次轻快的散步 ❹(打击或批评)有力的；严厉的；尖锐的：I gave a ～ blow on the lid, and it flew open. 我用力猛击盖子，一下子把它砸开了。❺时髦的；漂亮的：a ～ restaurant 时髦的餐厅 Ⅱ. (～ed['-ɪd]) vi. ❶刺痛；扎疼；针扎似地作痛：The bee sting ～ed terribly. 蜜蜂蜇得人十分疼痛。❷感到伤心；感到痛苦：They're still ～ing from their defeat in the final. 在决赛中被击败，他们现在仍感到伤心。Ⅲ. n. ⓊⒸ(身体或心灵方面的)剧痛，刺痛：the constant ～ of the blisters on his feet 他脚上水泡引起的持续的疼痛

smash [smæʃ] Ⅰ. (～es['-ɪz]；～ed[-t]) vt. ❶([近]shatter)粉碎；打碎；打败：The lock was rusty, so we had to ～ the door open. 锁生锈了，我们不得不把门砸开。❷猛撞；猛击：The batsman ～ed the ball up into the air. 击球手将球猛击到空中。❸击溃；击毁；粉碎(对手或其活动)；打破(惯例、纪录等)：We are determined to ～ terrorism. 我们决心粉碎恐怖主义。❹(网球中)猛扣(球)；杀(球) vi. ❶破坏；被打碎：The bottle ～ed to pieces. 那个瓶子砸碎了。❷猛撞；猛冲：The car ～ed into a wall. 汽车猛撞在墙上。❸破灭；瓦解；垮掉 Ⅱ. n. Ⓒ❶撞击；撞碎声：the ～ of breaking glass 砸碎玻璃杯的声音 ❷(火车等的)猛撞：an awful ～(-up) on the motorway 高速公路上一次可怕的汽车相撞事故 ❸破产；毁灭；失败；溃败 ❹(网球)扣球；杀球 ❺[口]风行一时；轰动一时的话剧、歌曲、影片等 Ⅲ. adv. 以轰隆一声，猛烈碰撞地：land ～ on the floor 轰隆一声撞到地上

smell [smel] Ⅰ. (～s[-z]) n. ❶Ⓤ嗅觉：Taste and ～ are closely connected. 味觉和嗅觉是密切相关的。❷ⒸⓊ气味：a strong ～ of gas 一股强烈的煤气味 ❸ⒸⓊ臭味；难闻的气味：There's a bit of a ～ in here. 这儿有股难闻的臭味。❹Ⓒ[常用单数]嗅；闻：take a ～ at the milk 闻一闻牛奶的气味 Ⅱ. (～[-z]；smelt[smelt] 或 smelled) vt. ❶嗅；嗅到：Do you ～ anything unusual? 你有没有闻到一股奇特的气味？❷发出…的气味：You ～ wine. 你身上全是酒气味。❸察觉出：The reporter began to ～ a good story. 记者意识到要有精彩的报道材料。vi. ❶有嗅觉；嗅：Can fish ～? 鱼类有嗅觉吗？❷散发气味；有…的味道：The flowers ～ sweet. 这些花气味芬芳。❸发出臭味；有臭味：Your breath ～s of brandy. 你呼吸中带着白兰地酒味。

smelt[1] [smelt] smell 的过去式和过去分词

smelt[2] [smelt] (～ed['-ɪd]) vt. 熔炼；精炼 vi. (被)熔炼；(被)精炼

smile [smaɪl] Ⅰ. (～s[-z]；smiling) vi. ❶([反]frown)微笑；眉开眼笑：He never ～s. 他从不露笑脸。❷赞成；同意；鼓励：The council did not ～ on our plan. 委员会不同意我们的计划。vt. 以微笑表示：She ～d her approval. 她以微笑表示赞同。Ⅱ. (～s[-z]) n. Ⓒ微笑；笑容：give sb. a happy ～ 向某人投以愉快的微笑

smite [smaɪt] (smote [sməut]；smitten ['smɪtn]或 smote；smiting) vt. ❶重击；重打：He smote the ball into the grandstand. 他把球打到看台上去了。❷(疾病等)侵袭；袭击：be smitten with palsy on one side 患半身不遂病 ❸使极度不安；折磨；使神魂颠倒：His conscience smote him. 他受到了良心的谴责。

smith [smɪθ] n. Ⓒ❶锻冶工；锻工 ❷[用以构成复合词]金属工匠(…的)制造者)：lock ～ 锁匠/a gold ～ 金匠

smit·ten ['smɪtn] smite 的过去分词

smog [smɒg] n. Ⓤ雾和烟的混合物；烟雾

smoke [sməuk] Ⅰ. n. ❶Ⓤ烟；烟尘；烟柱：～ from factory chimneys 工厂烟囱冒出的烟 ❷Ⓤ烟状物；雾；水气；蒸汽 ❸Ⓒ[口]香烟；(特指)纸烟 ❹Ⓒ吸烟；抽烟：They stopped work to have a ～. 他们停下工作吸口烟。Ⅱ. (～d[-t]；smoking) vi. ❶冒烟；冒蒸汽：That oil lamp ～s badly. 那油灯冒烟很厉害。❷抽烟：Do you ～? 你抽烟吗？❸烟似地升起；(雾等)弥漫 vt. ❶吸(烟)：He ～s a pipe. 他抽烟斗。❷用烟熏制(肉、鱼等)：

S

~d ham，salmon 熏火腿、鲑 ❸ 把…熏黑；把…熏成灰暗

smok·er [ˈsməʊkə(r)]（~s[-z]）*n*. ⓒ ❶ 吸烟者：a heavy ~ 烟瘾大的人 ❷（火车上的）吸烟车厢：Shall we sit in a ~ or a non-smoker? 我们要乘坐吸烟车厢还是非吸烟车厢？

smok·ing [ˈsməʊkɪŋ] *n*. Ⓤ 吸烟；抽烟：*Smoking* damages your health. 吸烟有损于你的健康。

smooth [smuːð] Ⅰ. *adj*. ❶（[反]rough）光滑的；平坦的；平滑的：This material is very ~. 这种料子非常光滑。❷ 平稳的；安稳的：a ~ landing in an aircraft 乘飞机平稳的降落 ❸ 无困难的；处于顺境中的：The new bill had a ~ passage through Parliament. 那项新议案在议会中顺利通过了。❹ 醇美的；无涩味的；柔和的：a ~ whisky 味道醇美的威士忌 ❺（文章、文体等）流畅的；（诗歌等）节奏和谐悦耳的：~ verse 流畅的诗句 ❻（液体、糨糊等）调匀的；搅拌均匀的：Mix the butter and sugar to a ~ paste. 黄油和糖调成糊状。❼ 圆滑的；迎合讨好的；油腔滑调的：~ words 圆滑讨好的话 Ⅱ.（~s[-z]）*vt*. ❶ 使光滑；使平滑；把…弄平；烫平：~ her skirt over her hips 把她裙子的臀部那块地方拉平 ❷ 消除（障碍、困难、分歧等）：Speaking the language fluently certainly ~ed our path. 我们说这种语言说得很流利，确实为我们带来许多方便。*vi*. ❶ 变光滑；变平滑 ❷ 变平静；变缓和：The sea gradually ~ed down. 海面逐渐平静下来。

smote [sməʊt]smite 的过去式

smug·gle [ˈsmʌɡl]（~s[-z]；smuggling）*vt*. ❶ 走私；偷运：~ goods across a frontier 把货物偷运过边界 ❷ 偷带；偷送：~ people out of the country 将人偷偷运送出国 *vi*. 走私

snack [snæk] Ⅰ. *n*. ⓒ 小吃；点心：Usually I only have a ~ at lunchtime. 我中午通常只吃点心。Ⅱ. *vi*. 吃点心；吃小吃：I prefer to ~ when I'm travelling rather than have a full meal. 我旅行时喜欢吃小吃而不吃正餐。

snail [sneɪl] Ⅰ. *n*. ⓒ ❶ 蜗牛：*Snails* have been eating our lettuces. 蜗牛一直在吃我们的莴苣。❷ 动作缓慢的人（或动物）；懒人 Ⅱ. *vi*. 缓慢移动

snake [sneɪk] Ⅰ. *n*. ⓒ ❶ 蛇 ❷ 阴险的人；卑劣的人 Ⅱ.（~d[-t]；snaking）*vi*. ❶ 蛇般爬行；蜿蜒前进，迂回前进：The river ~d away into the distance. 那条河蜿蜒曲折流向远方。❷ 偷偷行进；偷偷溜走 *vt*. 迂回地取

（道）：a train *snaking* its way along the slope 沿着山坡蜿蜒而行的一列火车

snap [snæp] Ⅰ.（snapped[-t]；snapping）*vt*. ❶ 猛咬；攫取；抢：The dog *snapped* his leg. 狗咬了他的腿。❷ 使突然断裂；把…拉断：The great weight *snapped* the metal bar in two. 重量很大把金属杆咔吧一声压成两截了。❸ 使（某物）突然发出尖厉声音：The circus manager *snapped* his whip. 马戏团主管把鞭子抽得很响。❹ 呛喝着说；大声地说；厉声～ sb. a sharp reply 怒气冲冲地用话把某人顶回去 ❺ 给…拍快照；拍摄 *vi*. ❶ 咬；攫；抓：A fish *snapped* at the bait. 鱼咬住饵了。❷ 突然折断；绷断；（神经、抵抗等）突然坍塌：Suddenly the branch that he was standing on *snapped* off. 他踩着的树枝突然啪的一声折断了。❸ 打开或关闭（某物）并突然发出尖厉声音：He *snapped* down the lid of the box. 他砰的一声把箱子盖合上了。❹ 厉声说；急促地说（at）：He never speaks calmly—just ~s all the time. 他从来不心平气和地说话——总是高声喊叫。Ⅱ. *n*. ❶ ⓒ 噼啪（砰、咔嚓）声：The lid shut with a ~. 盖子啪嗒一声合上了。❷ ⓒ 猛咬；猛扑：The dog made an unsuccessful ~ at the meat. 那条狗没咬住肉。❸ ⓒ 快照：She showed us her holiday ~s. 她给我们看了她假期的照片。❹ ⓒ（小的）脆饼干 ❺ ⓒ（天气的）一阵突变：There was a cold ~ after Christmas. 圣诞节后出现一段寒冷天气。❻ Ⓤ 精力；活力；生机：a young man with plenty of ~ 精力充沛的小伙子 ❼ ⓒ[美口]轻松的工作；轻而易举的事：The course was a ~ for him. 这课程对他来说太容易了。❽ ⓒ 少量；一点儿；一口；一小块：care not a ~ for sb.'s advise 对某人的劝告一点儿也不在意 Ⅲ. *adj*. ❶ 匆忙的；仓促的：a ~ decision 仓促的决定 ❷ 极简单容易的：a ~ course 极容易的课程 Ⅳ. *adv*. 啪的一声；猛然：Suddenly the oar went ~. 桨突然啪的一声断了。

snare [sneə(r)] Ⅰ.（~s[-z]）*n*. ⓒ ❶（近]trap）罗网；（用于捕捉小野兽及鸟类，尤指有套索）陷阱：The rabbit's foot was caught in a ~. 套索把兔子的脚套住了。❷ [喻]（易使人上当或受害的）圈套：All his promises were ~s and delusions. 他的许诺是圈套和骗局。❸（绷在小鼓下面的）响弦 Ⅱ.（~s[-z]；snaring[ˈ-rɪŋ]）*vt*. ❶（用罗网或陷阱）捕捉：~ a rabbit 设陷阱捕捉兔子 ❷（巧妙地）把…弄到手

snarl¹ [snɑːl] Ⅰ.（~s[-z]）*vi*. ❶（狗等）吠；嗥：The dog ~ed at the salesman. 那只狗对着推销员吠叫。❷（人）咆哮；厉声喊叫：His anger ~s forth in hot words. 他用愤怒的言辞表达了他的愤怒. vt. 咆哮着说;吼叫着表示 II. n. C怒吼声;咆哮声: the sudden ~ of the dog 那狗突然发出的吠叫声

snarl² [snɑ:l] I. (~s[-z]) n. C(头发、毛线等的)缠结;混乱: My knitting was in a terrible ~. 我织的东西都乱成一团了。II. (~s [-z]) vt. ([近]tangle)使(某物)混乱;使缠结在一起: The machine ~ed the material up. 机器把材料搅在一起了. vi. 缠结

snatch [snætʃ] I. (~es['-ɪz];~ed[-t]) vt. ❶抢夺;夺取;攫取: He ~ed the letter from me. 他从我手里抢走了信. ❷[美口]拐走;绑架: The baby had been ~ed from its pram. 那婴儿被人从婴儿车中劫走了. ❸(趁机)迅速取得;急急忙忙地吃;迅速地吃: ~ a meal between jobs 趁工作间歇时吃饭 vi. 攫取;抓取: We ~ at every chance to improve our work. 我们抓住一切机会改进我们的工作. II. (~es['-ɪz]) n. C❶抓;抢;夺取: make a ~ at sth. 抢夺某物 ❷一小节;片断;片刻: overhear ~es of conversation 偶然听到谈话的若干片断

sneak [sni:k] I. (~ed[-t]) vi. ❶偷偷摸摸地行动;偷偷地走;潜行: The cat ate the food and ~ed off. 猫吃完食物就偷偷跑了. ❷[英口]告状;打小报告: She ~ed on her best friend to the teacher. 她向老师告了她最好的朋友一状. vt. 偷偷取得…;偷窃;骗取;侵吞: ~ a chocolate from the box 从盒子里偷拿一块巧克力 II. n. C❶鬼鬼祟祟的人;卑鄙的人 ❷[英口]怯懦而惯于欺骗的人(尤指告密者) III. adj. 出其不意的;秘密而突如其来的: a ~ attack 偷袭

sneer [snɪə(r)] I. (~s[-z];~ing['-rɪŋ]) vi. 轻蔑地笑;冷笑;讥笑: ~ at one's supposed inferiors 嘲笑自以为不如自己的人 vt. 轻蔑地说;嘲笑着说: ~ a reply 冷笑着回答 II. n. C嘲笑;冷笑;讥笑: ~s of disbelief 表示不相信的嘲笑

sneeze [sni:z] I. (~s[-z];sneezing) vi. 打喷嚏: With all that dust about, he couldn't stop sneezing. 到处都是灰尘,他不停地打着喷嚏. II. (~s['-ɪz]) n. C喷嚏: She let out a loud ~. 她打了一个很响的喷嚏.

sniff [snɪf] I. (~ed[-t]) vi. ❶(有声音地)以鼻吸气;嗅: ~ing and trying not to weep 抽泣着而忍住不哭出声来 ❷嗤之以鼻;蔑视(at): His generous offer is not to be ~ed at. 他的慷慨厚意不可嗤之以鼻. vt. ❶用力吸;嗅;闻: ~ the sea air 呼吸海上的空气 ❷嗅出;觉察出;找出: ~(out)danger 觉察出危险 II. n. C用鼻孔吸气;呼吸;嗅;闻: get a ~ of sea air 呼吸一下海上的空气

snig·ger ['snɪgə(r)] I. (~s[-z]) n. ([近] snicker)C窃笑;暗笑(尤指笑某事物不当或他人不幸): Her shabby appearance drew ~s from the guests. 她样子寒酸,客人不禁暗自发笑. II. (~s[-z];~ing[-rɪŋ]) vi. 窃笑;暗笑: superior people who ~ed at her foreign accent 暗笑她有外国腔调的那些自以为比她强的人

snob [snɒb] (~s[-z]) n. C势利小人;谄上欺下的人;炫耀(知识、学问)的人: an intellectual ~ 自以为有学识的人

snore [snɔ:(r)] I. (~s[-z];snoring[-rɪŋ]) vi. 打鼾;打呼噜: snoring noisily with his mouth open (他)张着嘴大声打鼾 II. (~s [-z]) n. C打鼾(声);打呼噜(声): Loud ~s from the other room kept her awake. 那边房间有人打鼾声音很大她无法入睡。

snort [snɔ:t] I. (~ed[-ɪd]) vi. ❶(马等)喷鼻息;打响鼻 ❷发哼声(表示轻蔑、愤怒、惊讶或不信): ~ with rage 愤怒地哼了一声 ❸(蒸汽机等)发喷气声: The train ~ed and stopped. 火车喷着气停了下来. vt. ❶哼着鼻子说(或表示) ❷(喷鼻息般地)喷出 ❸[美口]吸入(粉末状的麻醉毒品) II. n. C❶喷鼻息;打响鼻;发哼声(从鼻孔)吸毒: give a ~ of contempt 轻蔑地哼了一声 ❷[口](烈酒的)一杯 ❸[口](用鼻孔吸入的)少量毒品

snow [snəʊ] I. (~s[-z]) n. ❶UC雪;雪片;雪花;(地面上的)积雪: a heavy fall of ~ 一场大雪 ❷C降雪: The ~s came early that year. 那年的降雪很早. ❸UC雪白般的东西;[用复数]白发: the ~s of seventy years 70高龄老人的苍苍白发 ❹U[口](粉状的)可卡因 II. (~s[-z]) vi. 下雪: It ~ed two feet deep. 雪下了2尺深. vt. ❶使像雪一般落下: After the rain the peach blossoms ~ed their petals. 雨后桃花雪片般地落下了花瓣. ❷用雪覆盖;用雪困住 ❸[美口]用花言巧语欺骗(或说服)

snowy ['snəʊɪ] (snowier;snowiest) adj. ❶下雪的;多雪的: ~ weather 下雪的天气 ❷被雪覆盖的: ~ roofs 有雪的屋顶 ❸洁白清新的: a ~ tablecloth 洁白的桌布

snuff¹ [snʌf] (~ed[-t]) vt. ❶剪(蜡烛等的)芯;熄灭(蜡烛) ❷[口]扼杀;消灭;扑灭: His hopes were nearly ~ed out. 他的希望几乎破灭了.

snuff² [snʌf] I. n. U鼻烟(粉末状烟叶,用鼻孔吸入) II. vt. & vi. (用鼻孔)用力吸

（气）

snug [snʌg] **Ⅰ.** (snugger;snuggest) *adj.* ❶
（[近]cosy,comfortable）不受风寒侵袭的;温暖而舒适的:a ～ little house 温暖舒适的房子 ❷（衣服等）贴身的;紧身的:This jacket's a bit ～ now.这件外衣有点儿瘦了。❸够舒适的:a ～ little income 足够过舒适生活的收入 **Ⅱ.** *n.* Ⓒ[英]（小酒馆的）雅间,包厢

so [səʊ,sə] **Ⅰ.** [无比较等级] *adv.* ❶（表示方式、方法、情况等）这么;这样;那样:Is that ～? 是那样的吗? ❷（表示程度）这么;那么;如此地:Don't upset yourself ～. 别那么慌张。❸[口]很;非常;极:It's ～ good of you! 你真好! ❹就像那样,是这样（承接前句的内容）:You told me ～. 你对我这么说过。❺(…亦)如此,(…也)同样:I was late and ～ was she.我迟到了,她也是。❻[口]正是那样,的确如此:"She is smart." "*So* she is." "她聪明。" "不错,确实如此。" **Ⅱ.** *conj.* ❶（指结果）因此;所以:The shops were closed,～ I didn't get any milk.铺子都关门了,所以我没有买到牛奶。❷（表示目的）为了;以便:I gave you a map ～ you wouldn't get lost. 我给你一张地图,这样你就不会迷路。❸那么;这样看来:*So* I've been in prison for three years. 就这样我在狱中待了 3 年。❹（用以引出下文）:*So* now it's winter again and I'm still unemployed. 现在又是冬天了,但我仍在失业。

soak [səʊk] **Ⅰ.** (～ed[-t]) *vt.* ❶浸;泡;使浸透:He ～ed his stained shirt in hot water. 他把脏衬衫浸在热水里了。❷吸;吸收:Sponge ～s up water. 海绵吸水。❸使…湿透:The rain ～ed me to the skin. 我被雨水淋得湿透了。❹浸泡以除去（某物）:～ the dirt out of the clothes 把污垢（从衣服上）浸泡掉 ❺[口]向…敲竹杠;向…征重税:Are you in favour of ～ing the rich? 你赞成向富人多征税吗? *vi.* ❶浸泡:Leave the dried beans to ～ overnight. 把这些干豆子泡一夜。❷渗透;渗进:Blood ～ed through the bandage. 血渗透了绷带。**Ⅱ.** *n.* Ⓒ❶浸;泡;湿透:Give the sheets a good ～. 把床单好好泡一泡。❷[英口]大雨 ❸[口]酒徒;酒鬼。

soap [səʊp] **Ⅰ.** *n.* Ⓤ肥皂:There's no ～ in the bath room. 浴室里没有肥皂。**Ⅱ.** (～ed[-t]) *vt.* 将肥皂涂在…;用肥皂擦:～ the clothes 往衣服上擦肥皂

soar [sɔː(r)] (～s[-z];～ing['rɪŋ]) *vi.* ❶（高空）飞升;高飞;翱翔:Seagulls were ～ing above the rocks. 海鸥在岩石上空飞翔着。❷（山、建筑物等）高耸;屹立:Skyscrapers ～

above the horizon.摩天大楼拔地而起高耸入云。❸（物价、气候等）飞涨;暴涨:Prices are ～ing.物价飞涨。

sob [sɒb] **Ⅰ.** (～s[-z];sobbed;sobbing) *vi.* ❶啜泣;呜咽;抽噎:We could hear the child *sobbing* in the other room.我们听到那间屋子里的小孩在抽抽搭搭地哭着。❷（风等）发鸣咽声;作萧萧声:The wind ～s. 风在鸣咽。*vt.* 哭诉;呜咽地说:She *sobbed* out the story of her son's violent death. 她哭诉说儿子横死的经过。**Ⅱ.** (～s[-z]) *n.* Ⓒ 啜泣(声);抽噎声:The child's ～s gradually died down.那孩子的啜泣声渐渐静了下来。

so·ber ['səʊbər] **Ⅰ.** (～er[-rə];～est[-rɪst] 或 more ～;most ～) *adj.* ([反]drunk(en)) ❶清醒的;未喝醉的:Does he ever go to bed ～? 他有过没喝醉就睡觉的时候吗? ❷认真的;审慎的;郑重的:a very ～ and hard-working young man 认真而勤奋的年轻人 ❸不夸大的;不歪曲的;非想象的:the ～ truth 不加渲染的事实真相 ❹（颜色）不鲜艳的;暗淡的:a ～ grey suit 一套暗灰色的西服 **Ⅱ.** (～s[-z];～ing[-rɪŋ]) *vt.* 使清醒;使严肃;使持重:The bad news had a ～*ing* effect on all of us.对我们大家来说,这个坏消息是发人深省的。*vi.* 清醒起来;变严肃;变持重:The excited spectators have ～*ed* down. 激动的观众们安静下来了。

soc·cer ['sɒkə(r)] *n.* ([近]football,Association Football)Ⓤ（英式）足球

so·cial ['səʊʃəl] **Ⅰ.** [无比较等级] *adj.* ❶社会的:～ customs 社会习俗 / These problems are ～ rather than economic. 这些是社会问题,而不是经济问题。❷社会上的;社会阶层的;社会地位的:one's ～ equals 与自己社会地位相同的人 ❸好交际的;合群的;友好的:He's not a very ～ person. 他不很合群。❹社交的;交谊的;联谊的;联欢的:～ club 联谊会 ❺（动物等）群居的:Man is a ～ animal. 人是群居的动物。**Ⅱ.** *n.* Ⓒ联谊会;联欢会:a church ～ 教友联谊会

so·cia·lism ['səʊʃəlɪzəm] *n.* Ⓤ社会主义（制度）:scientific ～ 科学社会主义

so·cial·ist ['səʊʃəlɪst] **Ⅰ.** *n.* Ⓒ社会主义者;社会党人 **Ⅱ.** *adj.* 社会主义的;拥护社会主义的;有关社会主义的

so·ci·e·ty [sə'saɪətɪ] (societies[-z]) *n.* ❶⒰Ⓒ社会;社会体制;群落:human ～ 人类社会 ❷Ⓒ（为某目的组成的）会;社;团体;协会:the school debating ～ 学校辩论协会 ❸Ⓤ友谊;交往;陪同:spend an evening in the ～ of one's friends 跟朋友聚会过一个晚上

❹Ⓤ名人圈子;上层社会;leaders of ～ 上流社会的顶尖人物

so·ci·ol·o·gy [ˌsəʊsɪˈɒlədʒɪ] *n*. Ⓤ社会学

*****sock**¹ [sɒk] *n*. Ⓒ[常用复数]短袜;袜子;a pair of ～s 一双短袜

sock² [sɒk] Ⅰ. *n*. Ⓒ重击(尤指用拳);Give him a ～ on the jaw! 给他下巴上来一拳! Ⅱ. (～ed[-t]) *vt*. ❶猛掷;猛投;用投掷物击中(某人);～ a stone at sth. 向某物掷石头 ❷拳打;猛击;Sock him on the jaw! 揍他的下巴!

sock·et [ˈsɒkɪt] *n*. Ⓒ❶窝;穴;孔;the eye ～ 眼窝 ❷插座;插口;管座

so·da [ˈsəʊdə] *n*. ⓊⒸ❶苏打;碳酸钠;washing-～ 洗涤碱 ❷([近]～ water)(无味的)苏打水;[美](甜味)加苏打水的饮料 ❸冰淇淋苏打(= ice-cream ～)

so·di·um [ˈsəʊdjəm] *n*. Ⓤ【化】钠(符号 Na)

sofa [ˈsəʊfə] (～s[-z]) *n*. Ⓒ(长)沙发(通常可坐两三人);He was lying on the ～ watching TV. 他躺在沙发上看电视。

*****soft** [sɒft] Ⅰ. *adj*. ❶([反]hard)软的;柔软的;Warm butter is ～. 温热的奶油是软的。❷(指表面)软滑的;细嫩的;～ skin 细嫩的皮肤 ❸(光、颜色等)不刺眼的,柔和的;the glow of candlelight 柔和的烛光 ❹(轮廓、线条)模糊的;不明显的 ❺(风)温和的;宜人的;(声音)轻柔的;低的;～ summer winds 夏季的和风 ❻(言词、答话等)不粗鲁的;温和的;温雅的;His reply was ～ and calm. 他的回答温和平静。❼同情的;仁慈的;have a ～ heart 有一副好心肠 ❽软弱的;不坚强的;Don't be so ～;there's nothing to be afraid of. 别那么优柔寡断了,没什么可怕的。❾笨的;愚蠢的;疯狂的 ❿容易的;轻松的;a ～ job 轻松而待遇优厚的工作❶❶【语】(辅音)软音的;非爆破的 ❶❷(饮料)不含酒精的;(水)软性的;不含矿盐的;Would you like some wine or something ～? 你想来点儿葡萄酒还是点儿软饮料? Ⅱ. *adv*. 柔软地;温柔地;温和地

soft·en [ˈsɒfn] (～s[-z]) *vt*. ❶([反]harden)使变软;使软;I greased my glove to ～ its leather. 我给手套抹油使皮革变软。❷使(声音、光、颜色)变柔和,使(心、言行等)变温和;The thick walls ～ed the noise of the street. 厚实的墙壁使得街道传来的噪音变小了。*vi*. 变软;软化;变温和;变软弱;The butter will ～ out of the fridge. 黄油从冰箱里拿出来会变软。

soil¹ [sɔɪl] *n*. ([近]earth)ⓊⒸ❶土地;土壤;地表层;good ～ 沃土 ❷([近]land)国家;国土;one's native ～ 本国;家乡 ❸农业生活;务农;a man of the ～ 务农的人

soil² [sɔɪl] Ⅰ. (～s[-z]) *vt*. ❶弄脏;弄污;He refused to ～ his hands. 他拒绝干脏活。❷玷污;败坏 *vi*. 变脏;弄脏;This material ～s easily. 这种材料容易脏。Ⅱ. *n*. Ⓤ❶污垢;污点 ❷污物;粪便;污水

sol·ace [ˈsɒlɪs] Ⅰ. (～s[-ɪz]) *n*. ⓊⒸ慰藉;安慰;安慰物;The sick man found ～ in music. 那男病人从音乐中找到了安慰。Ⅱ. (～s[-ɪz];～d[-t];solacing) *vt*. 安慰;抚慰;She was distracted with grief and refused to be ～d. 她悲痛得精神恍惚,怎么安慰也没有用。

so·lar [ˈsəʊlə(r)] [无比较等级] *adj*. ❶太阳的;与太阳有关的;～ energy 太阳能 ❷利用太阳能的;～ heating 太阳能供热

sold [səʊld] sell 的过去式和过去分词

sol·der [ˈsɒldə(r)] Ⅰ. *n*. Ⓤ焊料;焊锡 Ⅱ. (～s[-z];～ing[-rɪŋ]) *vt*. ❶用焊料连接(或修补);He ～ed the wire back on. 他把电线又焊上了。❷使联接在一起 *vi*. ❶用焊料连接(或修补) ❷联接在一起

sol·dier [ˈsəʊldʒə(r)] Ⅰ. (～s[-z]) *n*. Ⓒ❶(陆军)军人;士兵(通常指男性);The children were playing at ～s. 孩子们在扮演军人。❷(可受雇为任何国家或个人作战的)雇佣兵 ❸(为主义、主张而战的)战士;斗士 Ⅱ. (～s[-z];～ing[-rɪŋ]) *vi*. 当军人;服兵役

sole¹ [səʊl] [无比较等级] *adj*. ❶唯一的;单独的;the ～ agent 独家代理商 ❷(某人或某公司)专用的;独占的;不共用的;We have the ～ right to sell this range of goods. 我们有独家出售这一系列货物的权利。❸(常指女子)独身的;未婚的

sole² [səʊl] Ⅰ. (～s[-z]) *n*. Ⓒ❶脚底;(人脚的)底部 ❷(袜子、鞋)的底部;鞋底;袜底;holes in the ～s of his socks 他袜底的几个洞 Ⅱ. (～s[-z];soling) *vt*. 为(鞋等)装配底

sol·emn [ˈsɒləm] *adj*. ❶庄严的;严肃的;庄重的;a ～ promise 庄严的诺言 ❷沉重的;表情严肃的;～ faces 严肃的面孔 ❸以宗教(或其他)仪式举行的;正式的;a ～ funeral procession 肃穆的送葬行列

so·lic·it [səˈlɪsɪt] (～ed[-ɪd]) *vt*. ❶恳求;请求;要求;～ sb. for help 请求某人帮助 ❷征求;Both candidates ～ed my opinion. 两个候选人都征求了我的意见。❸诱惑;勾引…做坏事;(妓女)拉客 *vi*. 请求;恳求;征求(for);

~ for subscriptions 征求订户

so·lic·i·tor [sə'lɪsɪtə(r)] (~s[-z]) *n*. ⓒ ❶[英](初级)律师 ❷[美](政府部门或一城市中负责法律事务的)法务官 ❸推销员;募捐者;(尤指)挨门挨户游说的人

sol·id ['sɒlɪd] Ⅰ. *adj*. ❶固体的;(保持)固定形态的:When water freezes, it becomes ~ and we call it ice. 水冻结时就变成固体,我们称它为冰。❷坚固的;可支撑重物的;可抵抗压力的:~ buildings 坚固的建筑物 ❸[无比较等级]实心的;无孔的;无空隙的:a ~ sphere 实心球 ❹[无比较等级]纯质的;纯色的:~ silver cutlery 纯银刀叉餐具 ❺[无比较等级]([近]continuous)连续的;不间断的:wait for a ~ hour 连续等了一个钟头 ❻可靠的;可依赖的;声誉好的:~ arguments 理由充分的论点 ❼一致的;没有分歧的;团结的:The miners were ~ on this issue. 矿工们对这一争端立场一致。❽[无比较等级]立体的;立方的:a ~ figure 立方体 Ⅱ. (~s[-z]) *n*. ⓒ❶固体:Cheese is a ~, milk is a liquid. 乳酪是固体,牛奶是液体。❷立体图形

so·lid·ar·i·ty [ˌsɒlɪ'dærɪtɪ] *n*. Ⓤ团结一致:national ~ in the face of danger 面临危险时全国的团结一致

so·lid·i·fy [sə'lɪdɪfaɪ] (solidifies [-z]; solidified) *vi*. 变坚固;变凝结;结晶:The paint had *solidified* in the tin. 铁桶里的漆已凝固了。*vt*. ❶使(液体等)凝固,使凝结 ❷使团结

sol·i·tar·y ['sɒlɪtərɪ] Ⅰ. [无比较等级] *adj*. ❶([近]lonely)独居的;无伴的;孤独的:a ~ walk 独自散步 ❷偏僻的;人迹罕至的;荒凉的:a ~ valley 人迹罕至的山谷 ❸唯一的;单个的:She couldn't answer a ~ question correctly. 她连一个问题都答不对。Ⅱ. *n*. ❶Ⓤ单独监禁:He's in ~ for the weekend. 周末他受隔离拘禁。❷ⓒ隐居者;隐士

sol·i·tude ['sɒlɪtjuːd] (~s[-z]) *n*. ❶([近]loneliness)Ⓤ孤独;独处的状态;寂寞:She enjoys the ~ of her own flat. 她喜欢独自在自己的公寓里。❷ⓒ(人迹罕至的)偏僻地方;荒凉地

so·lo ['səʊləʊ] Ⅰ. (~s[-z]) *n*. ⓒ❶独奏曲;独唱曲 ❷单独进行的工作;(舞蹈等)的独舞;单独飞行:The trainee pilot flew his first ~ today. 那受训的飞行员今天首次单独飞行。Ⅱ. [无比较等级] *adj*. ❶单独(进行)的:a ~ attempt 一个人独自进行尝试 ❷独奏的;独唱的:a piece for ~ cello 大提琴独奏曲 Ⅲ. *adv*. 单独地;独奏(唱)地

sol·u·ble ['sɒljʊbl] *adj*. ([反]insoluble) ❶【化】可溶的;可乳化的:Sugar is ~ in water. 糖在水中溶解。❷可解答的;可解决的;可解释的:problems that are not readily ~ 不易解决的问题

so·lu·tion [sə'luːʃən] (~s[-z]) *n*. ❶Ⓤⓒ解决(办法);解答;解释:She can find no ~ to her financial troubles. 她无法解决她的经济困难。❷Ⓤ【化】溶解;溶解过程:the ~ of sugar in tea 糖在茶中溶解 ❸Ⓤⓒ溶液;溶剂

solve [sɒlv] (~s[-z]; solving) *vt*. 解决;解答;解释:Help me to ~ my financial troubles. 请帮我解决经济困难。

solv·ent ['sɒlvənt] Ⅰ. *adj*. ❶有偿付能力的 ❷溶解的;有溶解力的:the ~ action of water 水的溶解作用 Ⅱ. *n*. Ⓤⓒ溶剂;溶媒(尤指液体):Petrol is a good grease ~. 汽油是很好的油脂溶剂。

som·bre, som·ber ['sɒmbə] *adj*. ❶([近]gloomy, dark)暗色的;阴沉的:~ clothes 暗色的衣服 ❷([近]grave)忧郁的;~ expression on his face 他脸上忧郁的表情

some [强 sʌm; 弱 səm] Ⅰ. *adj*. ❶一些;若干:I have ~ questions. 我有一些问题。❷一部分的;有些:Some people have naturally beautiful voices, while others need to be trained. 有些人天生就一副好嗓子,而有些人则需要训练。❸相当多的;好些:That is ~ help to us. 那对我们很有用。❹(表示未知的或未明确指的人、地点或事物)某个,某些的;某地方的:Some man at the door is asking to see you. 门口有人要见你。❺约…;大约…的:He spent ~ twelve years of his life in Africa. 他在非洲度过了近12个年头。Ⅱ. *pron*. ❶若干,多少;一些;几分:Some were late. 一些人迟到了。❷有些人;有些事物:Some of the students had done their homework but most hadn't. 有些学生做了作业,但大多数都没做。Ⅲ. *adv*. ❶[口]稍微;有几分;大约:He felt ~ better. 他觉得好些了。❷[美口]非常;极为:That'll keep you ~ busy. 那要使你忙一番了。

some·bod·y ['sʌmbədɪ, -bɒdɪ] Ⅰ. *pron*. ([近]someone) [用作单数]某人;有人:There is ~ waiting for you. 有人在等你。Ⅱ. (somebodies [-z]) *n*. ⓒ了不起的人物;要人,出色的人;伟人:He thinks he's really ~. 他自以为很了不起。

some·how ['sʌmhaʊ] *adv*. ❶以某种方式;通过某种途径:We must stop him from seeing her ~. 我们得想个办法不能让他再跟她来往。❷由于某种(未弄清的)原因;不知怎么地;莫明其妙地:Somehow I don't feel I can trust him. 不知什么缘故，我觉得不能相信他。

some·one ['sʌmwʌn] *pron*. （[近]somebody）某人；有人：Someone called on him yesterday. 昨天有人拜访他了。

some·thing ['sʌmθɪŋ] I . *pron*. [用作单数]❶某物；某事：There's ~ under the table. 桌子底下有个东西。❷多少；相当；若干：I know ~ about her. 她的事我多少知道一点儿。❸[口]重要人物（或事物）；了不起的事（或人）：There is ~ in what you say. 你所说的有些道理。II . *adv*. ❶几分；多少；稍微：be ~ impatient 有点儿不耐烦 ❷[口]很；非常：It rained ~ awful last night. 昨天晚上雨下得很大。

some·time ['sʌmtaɪm] I . *adv*. （过去或将来的）某个时候：I saw him ~ last summer. 去年夏天的某个时候我曾经见过他。II . *adj*. 曾经的；以前的：a ~ leader of the group 这个团体以前的领导人

some·times ['sʌmtaɪmz] [无比较等级] *adv*. 不时；有时；间或：He ~ writes to me. 他间或给我写信。

some·what ['sʌmwɒt] I . *adv*. 达到某种程度；颇为：I was ~ surprised to see him. 见到他我有点儿吃惊。II . *pron*. ❶一点儿；几分：The machine has lost ~ of its speed. 这机器的速度有点儿慢了。❷某事；某物 ❸重要东西；重要人物

some·where ['sʌmweə(r)] I . *adv*. ❶到某处；在某处：He lives ~ in this neighbourhood. 他住在附近某处。❷大约；约；大概：He will reach there ~ about four. 他会在 4 点左右抵达那儿。II . *pron*. 某处，某个地方：I'll think of ~ to stay. 我要找个住处。

son [sʌn] (~s[-z]) *n*. C ❶儿子：I have a ~ and two daughters. 我有一个儿子和两个女儿。❷女婿；养子 ❸[用复数]男性后代；子孙；（国家、家庭等的）男性成员：one of France's most famous ~s 最著名的法国男子 ❹年轻人；孩子（用于对年轻男子昵称）："What is it you want to tell me, my ~?" asked the priest. "年轻人，你有什么话要对我说呢？"教士问道。❺[the Son]圣子；耶稣基督

so·nar ['səʊnɑ:r] (~s[-z]) *n*. U C ❶声呐装置；声纳系统 ❷鱼群探测器；潜艇探测器

song [sɒŋ] (~s[-z]) *n*. ❶ C 歌；歌曲；歌词：sing a ~ 唱歌 ❷ U 声乐；歌唱：burst into ~ 突然唱起歌来 ❸ U 诗歌；韵文：a hero honoured in ~ 诗歌中所歌颂的英雄 ❹ C U （鸟的）鸣声：the ~ of the birds 鸟的鸣声

so·no·rous ['sɒnərəs] *adj*. ❶洪亮的；响亮

的：a ~ voice 洪亮的声音 ❷庄重的：a ~ style of writing 庄严的文体

soon [su:n] *adv*. ❶[无比较等级]不久；即刻；很快地：He arrived ~ after six. 6 点刚过他就到了。❷早；快：How ~ can you be ready? 你最快什么时候可以准备好？

soot [sʊt] I . *n*. U 煤烟；烟灰；油烟：sweep the ~ out of the chimney 扫除烟囱里的黑灰 II . (~ed[-ɪd]) *vt*. 覆以黑烟灰：The flue has become ~ed up. 烟道内都是黑烟灰。

soothe [su:ð] (~s[-z]; soothing) *vt*. ❶安慰；抚慰；使平静；使镇静：~ a crying baby 哄啼哭的婴儿 ❷使（痛苦、疼痛）缓和（或减轻）：This will help to ~ your sunburn. 这个有助于减轻你晒伤处的疼痛。*vi*. 起抚慰作用

so·phis·ti·cat·ed [sə'fɪstɪkeɪtɪd] *adj*. ❶（[近]unsophisticated）老于世故的；不自然的：a ~ woman 世故的女人 ❷（[近]complicated, complex）精细的；复杂的；高深的；奥妙的：~ modern weapons 尖端的现代武器

soph·o·more ['sɒfəmɔ:(r)] (~s[-z]) *n*. C [美]（高中或大学的）二年级学生

sor·did ['sɔ:dɪd] *adj*. ❶（状况、地方等）破烂的；肮脏的；不舒服的：a ~ slum 破烂的贫民窟 ❷（指人、行为等）卑鄙的；自私的；下贱的：a ~ affair 卑鄙的勾当

sore [sɔ:(r)] I . (~r ['-rə]; ~st ['-rɪst]) *adj*. ❶痛的；疼痛的；刺痛的：My leg is still very ~. 我的腿仍然很痛。❷使人痛苦的；恼火的：Her weight is rather a ~ subject with her. 一谈到她的体重就很容易使她不高兴。❸严重的；剧烈的：His mother is a ~ trial to him. 他的母亲真让他受不了。II . (~s[-z]) *n*. C ❶一碰就痛之处；伤；肿块；溃烂：Her hands are covered in ~s. 她的双手到处是伤。❷令人难过的回忆；痛处；心痛的往事

sor·row ['sɒrəʊ] I . (~s[-z]) *n*. ❶（[反]joy）U 悲伤；悲痛；懊丧；悔恨：~ at sb.'s death 因某人去世而感到悲伤 ❷ C 可悲的事情；不幸；苦难；担心的事：He has many ~s in his life. 他生活中颇多不幸。II . (~s[-z]) *vi*. 悲叹；懊惜；懊悔：~ing over his child's death 因他孩子夭折而悲伤

sor·ry ['sɒrɪ] I . (sorrier; sorriest) *adj*. ❶难过的；感到可怜的：We're ~ to hear of your father's death. 我们获悉令尊去世，对此非常难过。❷感到抱歉的；后悔的：Aren't you ~ for what you've done? 你难道不为自己做的事情感到惭愧吗？❸（表示礼貌地拒绝或不赞成等）遗憾的：I'm ~ I'm late. 对不起，我来晚了。❹可怜的；寒酸的；破旧不堪的；悲惨

的：This car is in a ～ state. 这部车子破旧不堪。**Ⅱ**. *int*. ❶（用以表示歉意、搪塞等）对不起，抱歉，过意不去：*Sorry*，I don't know where she lives. 很抱歉，我不知道她住在哪儿。❷对不起，请再说一遍（因未听清而请求对方再说一遍的用语，发音为上扬的语调）

sort [sɔːt] **Ⅰ**. *n*. © ❶（[近]kind）种类；类型：He's the ～ of person I really dislike. 他这种人我真不喜欢。❷ [口]某种人，某类人：He's not a bad ～ really. 他其实不坏。**Ⅱ**.（～ed[-ɪd]）*vt*. 把…分类；整理；拣选：He was ～*ing* his foreign stamps. 他正在整理外国邮票。*vi*. 交往（with）

sought [sɔːt] seek 的过去式和过去分词

soul [səul] **Ⅰ**.（～s[-z]）*n*. ❶ ©ⓤ 灵魂；心灵：body and ～ 肉体和灵魂 ❷ © ⓤ 精神；精力；魄力；气魄：This music has no ～. 这音乐没有气魄。❸ © 精髓，精华；中心人物：the ～ of a book 一本书的精髓 ❹ ⓤ [用单数]（某种美德或品质的）完美典型；化身：He is the ～ of honour. 他是荣誉的化身。❺ © 鬼魂；亡灵；幽魂：All *Soul's* Day 万灵节 ❻ © 人；家伙：There wasn't a ～ to be seen. 一个人影儿都看不见。❼ ⓤ（[近]～ music）灵乐（美国黑人通俗音乐，源自福音音乐、布鲁斯音乐和爵士乐，表达浓烈的情感）**Ⅱ**. *adj*. [美口]黑人的；黑人特有的

sound¹ [saund] **Ⅰ**. *adj*. ❶完好的；健康的；健全的；无损伤的：have a ～ mind 心智健全 ❷正确的；合理的；稳妥的：Is he ～ on state education? 他对国家教育的见解有道理吗？❸充分的；彻底的：a ～ thrashing 一顿痛打 ❹细心的；严谨的；有力的；稳健的：a ～ tennis player 网球技术娴熟的人 ❺（睡眠）酣的；香甜的；不中断的：a ～ night's sleep 睡一夜好觉 **Ⅱ**. *adv*. 彻底地；充分地：The baby is ～ asleep. 婴儿正酣睡着。

sound² [saund] **Ⅰ**.（～s[-z]）*n*. ❶ ⓤ © 声，声音：*Sound* travels more slowly than light. 声波比光波传播得慢。❷ © ⓤ 噪音；闹声；声响：I heard a strange ～ outside. 我听到外边一种奇怪的声音。❸ [用 a ～，the ～]（对某消息、言语等的）印象，感觉：I don't like the ～ of her husband. 我对她丈夫没有好印象。❹ ⓤ 可听见的范围：within ～ of sb.'s voice 在听得到某人声音的地方 **Ⅱ**.（～s[-z]；～ed[-ɪd]）*vi*. ❶ 听起来：His voice ～*ed* hoarse. 他说话声音嘶哑。❷鸣；响；发出声音；作响：The bell ～*ed* when he was in the bathroom. 他在浴室时门铃响了。*vt*. ❶使发声；使（尤指乐器）发出声音：～ a trumpet 吹喇叭 ❷用声音发（信号）；发布：The officer

～*ed* the retreat. 军官发出撤退信号。❸发出…声音：You don't ～ the "h" in "hour". hour 中的 h 不发音。❹听诊；触探：～ a person's chest 对某人的胸部进行听诊

sound³ [saund] （～s[-z]；～ed[-ɪd]）*vt*. ❶测…的深度；锤测（深度）；探测（大气上层）的温度：～ the sea 测量海深 ❷试探，探询：Have you ～*ed* him out yet about taking the job? 你是否探听出他对接受这项工作的意见了？*vi*. 测探；试探：I try to ～ out the manager on the question of holidays. 关于放假问题，我要探探经理的口风。

sound⁴ [saund] （～s[-z]）*n*. © 海峡；海湾；海口；河口

soup¹ [suːp] *n*. ⓤ 汤；羹

soup² [suːp] （～ed[-t]）*vt*. [口]增加（发动机等）的马力（或效率）

sour [sauə (r)] **Ⅰ**. （～er ['-rə]；～est ['-rɪst]）*adj*. ❶酸的；酸味的：The fruit is still green and eats ～. 果子还青，吃起来酸。❷酸腐的；酸臭的：This milk has turned ～. 这牛奶发酸了。❸坏脾气的；别扭的；乖戾的：What a ～ face she has! 她的脸色多难看！**Ⅱ**. （～s[-z]；～ing['-rɪŋ]）*vt*. ❶使变酸；使变酸腐；使发酵：The hot weather ～*ed* the milk. 天热，牛奶都酸了。❷使变得不愉快；使失望：This experience has ～*ed* him for any further contact. 这一经历使他再也不愿有进一步的接触了。*vi*. ❶变酸；变酸腐；发酵：Milk ～*s* quickly in heat. 牛奶受热易变酸。❷变得不愉快；感到厌烦

source [sɔːs] （～s['-ɪz]）*n*. © ❶（江、河的）源头；发源地：Where is the ～ of the Rhine? 莱茵河发源于何处？❷来源；出处：a limited ～ of income 有限的收入来源 ❸提供资料者 ❹原始资料：He cited many ～*s* for his book. 他在书中引用了许多资料。

south [sauθ] **Ⅰ**. *n*. ⓤ ❶南；南方：*South* is opposite to north on a compass. 指南针上南与北是相对的。❷南面，南边：The window faces ～. 窗子朝南。❸ [the South]（国家的）南方；南部；南部地区：He came to the *South* to look for a job. 他到南方来找工作。**Ⅱ**. [无比较等级] *adj*. ❶南方的；在南方的；近南部的；向南的；在南侧的：*South* Wales 南威尔士 ❷（风）南来的：a ～ wind 南风 **Ⅲ**. *adv*. 向南方；到南方；向南：go ～ out of town 出城向南走

south·east [ˌsauθ'iːst] **Ⅰ**. *n*. [the ～] ❶东南方 ❷ [用 Southeast]（一国或一地区的）东南部 **Ⅱ**. [无比较等级] *adj*. ❶位于东南的；向东南的 ❷来自东南的：a ～ wind 东南

风 Ⅲ. *adv.* 在东南;向东南;从东南

south·east·er [ˌsaʊθ'iːstər] (~s[-z]) *n.*
Ⓒ 东南风

south·east·ern [ˌsaʊθ'iːstən] *adj.* ❶(在)
东南的;向东南的 ❷来自东南的 ❸(一国或一
地区)东南部的

south·east·ward [ˌsaʊθ'iːs(t)wəd,ˌsaʊ-]
adv. & *adj.* 向东南(的)

* **south·ern** ['sʌðən] *adj.* ❶(一国或一地
区)南方的;南部的;南部方言的:the ~ state
of the U.S.A. 美国南部各州 ❷来自南方的
❸朝南的

south·ward ['saʊθwəd] *adv.* & *adj.* 向南
地;向南的;南行(的)

south·west [ˌsaʊθ'west] Ⅰ. *n.* [the ~]
❶西南 ❷(一国或一地区)西南部 Ⅱ. *adj.*
❶位于西南的;向西南的 ❷来自西南的:a ~
wind 西南风 Ⅲ. *adv.* 在西南;向西南;从
西南

south·west·ern [ˌsaʊθ'westən] *adj.* 西南
的;西南部的

south·west·ward [ˌsaʊθ'westwəd] *adv.* &
adj. 向西南(的)

sou·ve·nir [ˌsuːvə'nɪə(r)] (~s[-z]) *n.* Ⓒ
纪念品;纪念物:~ shop 纪念品店

sove·reign ['sɒvrɪn] Ⅰ. (~s[-z]) *n.* Ⓒ
❶最高统治者(如国王、女王、皇帝);君主;元
首 ❷(从前英国的)、英镑金币 Ⅱ. *adj.* ❶
[无比较等级](指权力)最高的;无上的;无限
的:Who holds ~ power in the state? 在这
个国家谁享有最高权力? ❷ [无比较等级](指
国家、统治者)有至高无上权力的;有主权的;
有全部主权的:became a ~ state 成为一个主
权国家 ❸极好的,有效的:Is there a ~ reme-
dy for this condition? 对于这种情况是否有
有效的补救方法?

sow¹ [səʊ] (~s[-z];sown [səʊn]或 ~ ed)
vt. ❶播种;播种于(土地等):~ a plot of
land with grass 在一片土地上播种草籽 ❷散
布;传播;惹起:~ doubt in sb.'s mind 引起某
人的怀疑 ❸使密布;使布满:a sky *sown* with
stars 满天星斗 *vi.* 播种:As a man ~s,so he
shall reap. [谚]种瓜得瓜,种豆得豆。

sow² [saʊ] (~s[-z]) *n.* Ⓒ(已长大的)母猪

soy [sɔɪ] *n.* ❶Ⓤ酱油 ❷Ⓒ大豆;黄豆

* **space** [speɪs] Ⅰ. (~s['-ɪz]) *n.* ❶Ⓤ(与
时间相对的)空间:time and ~ 时间和空间
❷Ⓤ[亦作 outer space]宇宙;太空:travel
through ~ to other planets 穿过太空飞向其
他行星 ❸Ⓤ Ⓒ(两物或多物之间的)间隔;距
离:There's a ~ here for your signature. 你

可以在这空白处签字。❹Ⓤ未占用的地方(或
区域);空地:There isn't much ~ left for
your luggage. 没剩下多少空地给你放行李。
❺Ⓒ一段时间;时期:a ~ of two weeks be-
tween appointments 两次约会之间相隔两周
Ⅱ. (~s[-ɪz];~d[-t];spacing) *vt.* 在…留
一定的间隔;保持间隔、距离:~ out the posts
three metres apart 按 3 米的间隔栽埋柱子

spa·cious ['speɪʃəs] *adj.* ([近]roomy)广阔
的;宽敞的;广大的:a very ~ kitchen 一个非
常宽敞的厨房

spade¹ [speɪd] Ⅰ. (~s[-z]) *n.* Ⓒ铲;铁
锹:a garden ~ 一把花园用的铁锹 Ⅱ. (~s
[-z];~d['-ɪd];spading) *vt.* 铲;用铁锹掘

spade² [speɪd] (~s[-z]) *n.* Ⓒ(扑克牌中
的)黑桃牌

Spain [speɪn] *n.* 西班牙(欧洲)

span [spæn] Ⅰ. (~s[-z]) *n.* Ⓒ❶指距:
measure by ~s 用指距来量 ❷跨度;跨径;
(桥墩间的)墩距;支点距:The arch has a ~
of 60 metres. 那个拱的跨度是 60 米。❸(某
事物)自始至终的持续时间(或期间):the ~
of life 一生的时间 Ⅱ. (~s[-z];spanned;
spanning) *vt.* ❶(桥梁)跨过(河流等);在(河
流等)架设(桥梁):Rails ~ mountains and
rivers. 铁路跨山越水。❷跨越;穿越(某事
物);贯穿:His knowledge ~s many different
areas. 他的知识广博,遍及许多领域。

* **Span·ish** ['spænɪʃ] Ⅰ. *adj.* 西班牙的;西
班牙人的;西班牙语的;西班牙式的;西班牙裔
的:a ~ dance 西班牙舞 Ⅱ. *n.* Ⓤ❶西班牙
语 ❷[the ~]西班牙人

spar¹ [spɑː] *n.* Ⓤ【矿】晶石

spar² [spɑː] (~s[-z]) *n.* Ⓒ圆杆,圆材(如
船舶的桅杆、帆桁等)

spar³ [spɑː] Ⅰ. (~s[-z];sparred;sparring
[-rɪŋ]) *vi.* ❶(拳击中)用拳攻击与防卫,拳击
❷争论;争吵 Ⅱ. (~s[-z]) *n.* Ⓒ❶拳斗动
作;拳斗赛 ❷争论;争吵

* **spare** [speə(r)] Ⅰ. (~s[-z];sparing
[-rɪŋ]) *vt.* ❶节制使用(或提供);吝惜;节约:
~ no expense 不惜工本 ❷(为某人或某目
的)提供(时间、金钱等);拨出;匀出;分出:I
can't ~ the time for a holiday at the mo-
ment. 目前,我抽不出时间去度假。❸用不着;
省掉;免(某人)也可以:He could have ~d
the explanation. 他本可不必解释。❹饶(某
的)命;赦免:~ sb.'s life 饶某人一命 Ⅱ.
(~r['-rə];~st['-rɪst]) *adj.* ❶ [无比较等
级]多余的;剩下的;备用的:Do you carry a
~ wheel in your car? 你的汽车上有备用车

轮吗?❷[无比较等级](时间)空闲的;未占用的:He paints in his ～ time. 他在空闲时绘画。❸(指人)瘦削的:a ～ figure 瘦削的身材 ❹少量的;贫乏的;不足的:a ～ meal 量小的一顿饭 Ⅲ.(～s[-z])*n*.ⓒ(机器等的)备件;(尤指)汽车备用车轮:I've got a puncture and my ～ is flat,too! 我的车胎扎破了,备用的也瘪了!

spark [spɑːk] Ⅰ.*n*.ⓒ❶火花;火星;电火花:*Sparks* from the fire were flying up the chimney. 火星沿着烟囱向上飘。❷生气;活力;(才智等的)焕发:the ～ of life 生气;活力 ❸[常用于否定句]丝毫;一点点:He hasn't a ～ of generosity in him. 他一点儿也不慷慨。Ⅱ.(～ed[-t]) *vi*.❶发出火花;冒火星:The fire is ～*ing* dangerously. 那堆火迸出火星,十分危险。❷热烈赞同;欣然同意:～ to the idea of an early start 热烈赞成早一点儿出发 *vt*.发动;激发(感情等);鼓舞:Our success ～*ed* us to fresh efforts. 我们的成就鼓舞我们做进一步的努力。

spar·kle [ˈspɑːkl] Ⅰ.(～s[-z];sparkling) *vi*.❶闪耀;闪烁:Her diamonds ～*d* in the candle-light. 她的钻石在烛光中闪闪发光。❷(活力和才智)焕发;活泼:She always ～*s* at parties. 在聚会上她总是活力四射。Ⅱ.*n*.Ⓤⓒ❶闪亮;光辉;火花;闪光:There was a sudden ～ as the fireworks were lit. 烟火点燃后火花迸发。❷(才气等的)焕发;闪耀;活力;生气

spark·ling [ˈspɑːklɪŋ] *adj*.❶(酒等)起泡的:～ white wine 白葡萄汽酒 ❷活泼机智的:～ conversation 轻松愉快的交谈

spar·row [ˈspærəʊ](～s[-z]) *n*.ⓒ麻雀

spat[1] [spæt]spit 的过去式和过去分词

spat[2] [spæt] Ⅰ.*n*.ⓒ❶[口]小争吵;口角;争执:a ～ between brother and sister 兄妹俩的小吵小闹 ❷(大雨点落下的)噼啪声 Ⅱ.(spatted;spatting) *vi*.❶[口]争吵;吵嘴 ❷雨点般溅落:Bullets were *spatting* down. 子弹像雨点般落下。*vt*.拍打,轻打

spa·tial [ˈspeɪʃəl] [无比较等级] *adj*.空间的;有关空间的;存在于空间的

speak [spiːk] (spoke [spəʊk]; spoken [ˈspəʊkən]) *vi*.❶说;说话;陈述:Please ～ more slowly. 请慢点儿说。❷(与某人)交谈;用语言表达;谈话:I was ～*ing* to him only yesterday. 昨天我还跟他说过话呢。❸发表演说;讲演:She *spoke* for forty minutes at the conference. 她在会上讲了 40 分钟。❹(事物)显示;表示(事实、感情等);表明:Actions ～ louder than words.[谚]行动胜于雄

辩。❺(枪炮、乐器等)发响声 ❻[英](狗)吠:The dog *spoke* for the bones. 那只狗汪汪叫着要吃骨头。*vt*.❶说;讲;操(某种语言):He ～*s* English very well. 他英语说得很好。❷讲出;说出:He ～*s* the sentiments of us all. 他讲出了我们大家的感想。❸显示;表达(情感等):In this passage,the writer is ～*ing* his own convictions. 在这段文章里,作者表达出他自己的坚定信心。

speak·er [ˈspiːkə(r)](～s[-z]) *n*.ⓒ❶说话者;演讲者;演说家;代言人:May I introduce our ～ for this evening? 我来介绍一下今晚演讲的人好吗? ❷扬声器 ❸说某种语言的人 ❹[the Speaker](英国下议院及其他议会的)议长

speaking [ˈspiːkɪŋ] Ⅰ.*adj*.❶发言的;交谈的:a ～ acquaintance 泛泛之交 ❷雄辩的;富于表情的:a ～ face 富于表情的脸 ❸栩栩如生的;逼真的 Ⅱ.*n*.Ⓤ说话;演讲;辩论

spear [spɪə(r)] Ⅰ.(～s[-z]) *n*.ⓒ❶矛;枪;梭镖;鱼叉 ❷[植](如草或芦的)嫩叶;幼芽 Ⅱ.(～s[-z];～ing[-rɪŋ]) *vt*.用矛攻击;刺死:They were standing in the river ～*ing* fish. 他们站在水中用矛叉鱼。*vi*.刺,戳

spe·cial [ˈspeʃəl] Ⅰ.[无比较等级] *adj*.❶([反]general)特别的;特殊的:He did it as a ～ favour. 作为特别关照,他做了那件事。❷专门的;特设的:You'll need a ～ tool to do that. 干那个活要用专用工具。❸额外的;格外的:Why should we give you ～ treatment? 我们为什么要给你额外待遇呢? Ⅱ.*n*.ⓒ❶特别之物;特使;专车;临时列车;特别节目:an all night television ～ on the election 电视上整夜的选举专题报道 ❷[美口]特价品:There's a ～ on coffee this week. 本星期咖啡特价出售。

spe·cial·ize, -ise [ˈspeʃəlaɪz](～s[-ɪz];specializing) *vi*.成为专家;专门研究:This shop ～*s* in chocolates. 这家商店专门出售巧克力。*vt*.把…用于专门目的;限定…的范围;使专门化:～ one's studies 使研究专门化

spe·cie [ˈspiːʃiː] *n*.Ⓤ硬币:payments in ～ 用硬币支付

spe·cies [ˈspiːʃiːz] *n*.[单复同]ⓒ❶[生]物种;种:various animal ～ 各种动物 ❷种类;类型:an odd ～ of writer 一位古怪的作家

spe·ci·al·i·ty [ˌspeʃiˈælɪtɪ] (specialities [-z]) *n*.ⓒ❶专业;专长;专门研究:Physics is his ～. 物理是他的专业。❷特产;特有产品;特级产品;优质服务:Homemade ice-cream is one of our *specialities*. 家制冰淇淋是我们的特产之一。

S

spe·cif·ic [spɪˈsɪfɪk] **I . adj . ❶**详细而精确的;确切的:What are your ~ aims? 你有确切的目标吗? **❷**([反]general)[无比较等级]特定的;具体的:The money is to be used for one ~ purpose—the building of new theatre. 这笔钱有专门用途——就是建造新剧院。**II . n . C ❶**特效药 **❷**具体的情况;详情;细节

spec·i·fi·ca·tion [ˌspesɪfɪˈkeɪʃən] (~s [-z]) **n . ❶ U**具体说明;详述:the ~ of details 细节的详述 **❷ C** 规格;规格说明;说明书:the technical ~s of a new car 新汽车的技术规格

spec·i·fy [ˈspesɪfaɪ] (specifies [-z];specified) **vt .** 确切说明(细节、材料等);明确规定;详述:The contract *specifies* steel sashes for the window. 合同指定用钢窗。

spec·i·men [ˈspesɪmɪn] (~s [-z]) **n . C ❶** 样本;标本;样品;抽样:There were some fine ~s of rocks and ores in the museum. 博物馆里有些很好的岩石和矿石标本。**❷**供检查用的材料;标本:supply ~s for laboratory analysis 提供做实验分析的标本 **❸**[口]有某特点的人(尤指有些怪异的人):That new librarian is an odd ~,isn't he? 新来的图书管理员挺古怪的,是不是?

speck [spek] **I . n . C ❶** 小斑点;小污点;(泥土等的)小颗粒:a ~ on his shirt 他衬衫上的小斑点 **❷**[常用 a ~]少量;一点点:There is not a ~ of truth in the claim. 那个声明没有一点儿事实根据。**II . vt .** 使有斑点

spec·ta·cle [ˈspektəkl] (~s [-z]) **n . C ❶** 公开展示;场面:The ceremonial opening of Parliament was a fine ~. 该议会的开幕式场面隆重。**❷** 光景;景象;壮观;奇观:The sunrise seen from high in the mountains was a tremendous ~. 从山上居高远望,日出景象蔚为奇观。**❸**注意的目标;(尤指)不同寻常(或滑稽)的人(或事物):The poor fellow was a sad ~. 那可怜的家伙看着就叫人难过。**❹**[用复数][英]眼镜:a pair of ~s 一副眼镜

spec·tac·u·lar [spekˈtækjʊlə(r)] **I . adj . ❶**壮观的;精彩的:Their concert in the stadium was ~. 他们在体育场举行的音乐会场面浩大。**❷**引人注目的;出色的;与众不同的:a ~ victory by the Chinese athlete 那个中国运动员的辉煌胜利 **II .** (~s [-z]) **n . C** 精彩的节目(或表演);壮观的场面:an aerobatic ~ at the air show 航空表演中的特技飞行奇观

spec·ta·tor [spekˈteɪtə(r)] (~s [-z]) **n . C** 观看者;(尤指表演或比赛的)观众:noisy ~s at a football match 足球比赛中喧闹的观众

spec·tre, specter [ˈspektə(r)] (~s [-z]) **n . C ❶**鬼怪;幽灵 **❷**忧虑,恐怖:The ~ of unemployment was always on his mind. 他心头一直萦绕着可能失业的恐惧感。

spec·tro·meter [spekˈtrɒmɪtə(r)] (~s [-z]) **n . C**[物]分光计,光谱仪

spec·trum [ˈspektrəm] ([复] spectra [ˈspektrə]) **n . C ❶**系列;范围;幅度:covering the whole ~ of ability 涉及整个能力范围 **❷**[物]谱;波谱;光谱:atomic ~ 原子谱 **❸**[无]射频频谱;无线电(信号)频谱

spec·u·late [ˈspekjʊleɪt] (~d[-ɪd];speculating) **vi . ❶** 思索;沉思;推测(on,upon,about):I wouldn't like to ~ on the reasons for his resignation. 我不愿意猜测他辞职的原因。**❷**投机;做投机买卖:~ in oil shares 做石油股票的投机买卖

specu·la·tion [ˌspekjʊˈleɪʃən] **n . ❶ U C** 思索;思考;推断;推测;推测结论;猜测:My ~s proved totally wrong. 我猜想的全错了。**❷ U**投机活动:dishonest ~ in property development 房地产开发中的欺诈投机活动 **❸ U C**投机买卖;投机生意:make some unprofitable ~s 做些无利可图的投机生意

speech [spiːtʃ] (~es['-ɪz]) **n . ❶ C** 讲话;发言;演说:give a ~ 发言 **❷ U**说话;说话的能力:Man is the only animal that has the faculty of ~. 人类是唯一有说话能力的动物。**❸ U**说话方式:His indistinct ~ made it impossible to understand him. 他口齿不清,无法听懂他的意思。**❹ U**民族语言;方言;专门语言 **❺ C**(演员的)台词:I've got some very long ~es to learn in Act 2. 在第二幕中我有些大段台词要记。**❻ U**[语]引语;用语:direct (indirect) ~ 直接(间接)引语

speech·less [ˈspiːtʃlɪs] **adj . ❶**说不出话的:Anger left him ~. 他气得说不出话来。**❷**无法用言语表达的:~ rage 无法用言语表达的愤怒

speed [spiːd] **I . n . ❶ U C** 速度;速率:drive at full ~ 全速行驶 **❷ U**快;迅速:He moves with great ~. 他动作很迅速。**❸ C**[摄](胶片、照相纸等的)感光度;(摄影机的)曝光速率:What's the ~ of the film you're using? 你用的胶卷感光度是多少? **❹ C**(汽车等的)速率排档 **II .** (sped [sped]或~ed) **vi . ❶**([近]hurry)快速行进;疾行:He *sped* down the street. 他沿着那条街快步走去。**❷**(驾车者)违章超速驾驶(或行驶):The police said he had been ~*ing* on the motorway. 警察说他在高速公路上违章超速行驶。❸（某事物）加速：The heart ~*s* up. 心跳加速。*vt*. ❶快速传送；发射：He *sped* the ball on its way. 他带球迅速前进。❷使（某事物）快速移动（或行进）：This medicine will help ~ her recovery. 这药能加快她康复。

speed·om·e·ter [spɪˈdɒmɪtə(r)] *n*. Ⓒ（机动车等的）速度计；里程计

spell¹ [spel] (spelt [spelt]或~ed) *vt*. ❶（用字母）拼（某字）；拼写：How do you ~ your name? 你的名字怎么拼写？❷拼成…；读成…：C-A-T ~*s* cat. C-A-T 拼成 cat. ❸招致（某事物）；意味着：The failure of their crops *spelt* disaster for the peasant farmers. 作物歉收农民就要受灾。*vi*.（正确地）拼字：These children can't ~. 这些孩子不会拼写。

spell² [spel] Ⅰ. (~*s*[-z]) *n*. Ⓒ❶轮班；轮值；轮值时间：We took ~*s* at carrying the baby. 我们轮流抱孩子。❷（某事物持续的）一段时间：a long ~ of warm weather 持续很久的温暖的天气 Ⅱ. *vt*.［口］轮替，替换

spell³ [spel] (~*s*[-z]) *n*. ❶Ⓒ咒语；咒；符号：The wizard recited a ~. 那术士念了一咒。❷［用单数］吸引力；迷惑力；魅力：under the ~ of her beauty 被她的美艳迷住

spell·ing [ˈspelɪŋ] *n*. ❶Ⓤ拼写能力：His ~ is terrible. 他的拼字功底极差。❷Ⓒ拼法：Which is the better ~："Tokio" or "Tokyo"? Tokio 和 Tokyo 哪种拼法好呢？

spend [spend] (spent [spent]) *vt*. ❶用（钱）花费：She's *spent* all her money. 她把钱都花光了。❷花费（时间等）；用完；耗尽（某物）：I've *spent* all my energy on this. 我对此事已呕尽心血。❸度过；消磨：How do you ~ your spare time? 你业余时间怎么打发？*vi*. 花钱；花费：His wife ~*s* freely. 他的妻子花钱慷慨。

spent [spent] Ⅰ. spend 的过去式和过去分词 Ⅱ. *adj*. ❶［无比较等级］用过的；失去效力的；衰竭的：a ~ match 燃过的火柴 ❷（［近］exhausted）筋疲力尽的：He returned home ~, dirty and cold. 他回到家时筋疲力尽，又脏又冷。

sperm [spɜːm] (~(s)) *n*. ❶Ⓒ精子 ❷（［近］semen）Ⓤ精液

spew [spjuː] Ⅰ. *vi*. ❶（［近］vomit）呕吐；呕出：She ~*ed* up the entire meal. 她把那餐全吐出来了。❷喷出；射出：Water ~*ed* out of the hole. 水从孔中射出来。*vt*. ❶使（某物）喷出；射出：The volcano ~*ed* molten lava. 火山

喷出了熔岩。❷呕出 Ⅱ. *n*. Ⓒ呕吐物；喷出物；渗出物

sphere [sfɪə(r)] (~*s*[-z]) *n*. Ⓒ❶（［近］ball, globe）球体；球形；球状物：The earth is a ~. 地球是个球体。❷（某人的兴趣、活动、影响等的）范围；领域：Her ~ of interests is very limited. 她的爱好很有限。❸社会阶层；（社会）地位：It took him completely out of his ~. 这件事完全超出了他的生活范围了。

spher·i·cal [ˈsferɪkl] *adj*. ❶球的；球形的；球面的：a ~ object 球状的物体 ❷天体的

sphinx [sfɪŋks] *n*. ❶［常用 the Sphinx］斯芬克斯（埃及的狮身人面或狮身兽面石像）❷Ⓒ内心世界不外露的人；谜一样的人

spice [spaɪs] Ⅰ. (~*s*[ˈ-ɪz]) *n*. ❶ⒸⓊ香料；调味品：a dealer in ~ 香料商人 ❷Ⓤ趣味；风味：a story that lacks ~ 乏味的故事 Ⅱ. (~*s*[ˈ-ɪz]；~*d*[-t]；spicing) *vt*. ❶加香料于…；（用香料）为…添加味道：Have you ~*d* this cake? 这蛋糕中加香料了吗？❷为…增添情趣；使添加趣味：His stories are ~*d* with humour. 他的小说里有许多幽默风趣的片断。

spi·der [ˈspaɪdə(r)] (~*s*[-z]) *n*. Ⓒ❶蜘蛛 ❷设圈套者 ❸［美］长柄平底锅

spike [spaɪk] Ⅰ. *n*. Ⓒ❶（金属、木质等的）尖状物；尖头：sharp ~*s* on top of the railings in the park 公园栏杆上的尖头 ❷（鞋底的）防滑钉 ❸［用复数］钉鞋：a pair of ~*s* 一双钉鞋 ❹（玉米等的）穗；穗状花序：~*s* of barley 大麦穗 Ⅱ. (~*d*[-t]；spiking) *vt*. ❶给…装上钉：~*d* running shoes 赛跑用的钉鞋 ❷用尖钉刺伤（或伤害）：~ an enemy with a bayonet 用刺刀刺敌人 ❸［美］阻止；抑制；使（计划等）受挫折：~ a rumour 制止谣言

spill¹ [spɪl] Ⅰ. (~*s*[-z]；~ed 或 spilt [spɪlt]) *vt*. ❶使溢出；使溅出；使散落：Who has *spilt* the milk? 谁把牛奶泼出来了？❷使（血）流出：Much innocent blood is *spilt* in war. 许多无辜的人在战争中受伤或死亡。❸使…摔下；使跌下：be *spilt* from a horse 从马车上摔下 ❹［口］泄漏（秘密等）：Who *spilt* the news? 是谁把这消息捅出去的？*vi*. ❶溢出；溅出；（人群等）涌流：The ink *spilt* all over the desk. 墨水洒了一桌子。❷（马、马车等）倾覆；（人）摔下；跌下 ❸泄密 Ⅱ. (~*s* [-z]) *n*. ⒰Ⓒ❶洒落；溅出；流出 ❷［口］（马、马车等的）倾覆；（人）摔下；跌下：have a nasty ~ 重重地摔下来 ❸溢出量；溢出物

spill² [spɪl] (~*s*[-z]) *n*. Ⓒ（点燃蜡烛、烟斗等用的）木片；纸捻

spilt［spɪlt］spill¹ 的过去式和过去分词

spin［spɪn］Ⅰ.（～s［-z］;spun［spʌn］;spinning）vt. ❶（以羊毛等）纺:She ～s goat's hair into wool. 她将羊毛纺成毛线。❷（蚕等）吐（丝）;作（茧）;（蜘蛛）结（网）:spiders *spinning* their webs 织网的蜘蛛 ❸使旋转:They *spun* a coin to decide who should start. 他们抛硬币以决定由谁开始。❹编造;撰写;虚构（故事等）:The old sailor loves to ～ yarns about his life at sea. 那位老水手喜欢讲述他的航海生活。vi. ❶纺纱;从事纺纱工作:I enjoy *spinning*. 我喜爱纺织工作。❷（蚕等）吐丝;作茧;（蜘蛛）结网 ❸（迅速地）旋转:She *spun* round to catch the ball. 她飞快地转身接球。❹疾驰:The car was *spinning* merrily along the road. 那汽车沿着公路轻快地奔驰。❺（头）晕眩,眼花:My head is *spinning*. 我头晕。Ⅱ.（～s［-z］）n. ❶ⓒⓊ旋转:The bowler gave a ～ to the ball. 投球手发一个旋球。❷ⓒ（飞机的）盘旋下降:get into a ～ 开始盘旋下降 ❸ⓒ［口］疾驶;兜一圈:Let's go for a ～ in my new car. 咱们乘坐我的新汽车出去兜风。

spi·ral［ˈspaɪərəl］Ⅰ.adj. 螺旋形的;涡旋形的:a ～ staircase 螺旋形楼梯 Ⅱ.（～s［-z］）n. ⓒ❶螺旋（形）;螺线:The kite came down in a ～.那只风筝盘旋而下。❷螺旋形的东西（如弹簧等）❸连续不断的增减（或升降）:the ～ of rising wages and prices 工资和物价的交替上升 Ⅲ.（～s［-z］;spiral(l)ed;spiral(l)ing）vi. ❶呈旋状移动;盘旋运动:The smoke *spiralled* upward. 烟盘旋上升。❷不断急剧地增加（或减少）:Prices are still *spiralling*.物价仍在飞速上涨。

spir·it［ˈspɪrɪt］Ⅰ.n. ❶（近］mind)Ⓤ精神;心灵:His ～ is troubled. 他内心苦恼。❷ⓒ灵魂;亡魂;幽灵;鬼怪:the ～ of the dead 死者的灵魂 ❸（近］soul)ⓒ精灵;妖精;神灵:tribal beliefs that ～ is everywhere and in everything 认为神灵无所不在、无事不有的部落信仰 ❹ⓒ具有某种精神（或品质）的人:She's an independent ～. 她是个有主见的人。❺Ⓤ勇气,锐气;活力;志气:a man of ～ 有志气的人 ❻Ⓤ［用单数］心境;态度:approach sth. in the wrong ～ 以错误的态度对待某事 ❼（反］letter)Ⓤ本质;精神;主旨:the ～ of the times 时代精神 ❽［用复数］心情;心境:in high ～s 情绪高涨,兴高采烈 ❾ⓒ［用复数］烈性酒:I don't drink ～s. 我不喝烈性酒。❿Ⓤ［英］（工业用）酒精:white ～ 白色酒精 Ⅱ.（～ed［-ɪd］）vt. ❶使精神振作;鼓舞;鼓励(up) ❷迅速而神秘地带走;拐走;偷走(away,off)

spir·ited［ˈspɪrɪtɪd］adj.（［近］animated)精神饱满的;活泼的;猛烈的:a ～ horse 勇猛的马

spir·i·tu·al［ˈspɪrɪtʃʊəl］Ⅰ.adj. ❶（［反］material,bodily,physical)精神（上）的;心灵的:concerned about sb.'s ～ welfare 关心某人精神上的幸福 ❷教会的;宗教（上）的:The Pope is the ～ leader of many Christians. 教皇是数目众多的基督徒的精神领袖。❸上帝的;神圣的;神的:～ songs 圣歌;赞美歌 Ⅱ.（～s［-z］）n. ⓒ［美］(黑人)圣歌

spit¹［spɪt］Ⅰ.（spat 或 spit;spitting）vt. ❶吐,吐出（唾液、食物等）:The baby *spat* its food onto the table. 婴儿把食物吐在桌上了。❷口出（恶言、粗话等）;啐骂:He *spat* out hateful words at his father. 他对父亲口出恶言。❸点燃:～ a fuse 点燃导火线 vi. ❶吐口水;吐痰:She *spat* at him. 她啐了他一脸唾沫。❷发出类似啐唾沫的声音（以示愤怒）;啐骂:He walked off *spitting* with fury. 他啐骂着愤然离去。❸（指火、热油脂）发出突突声;（枪等）发出火舌;（发动机等）噼啪作响:fried bacon *spitting* in the pan 在平锅里煎得噼啪作响的咸肉 ❹［以 it 为主语］(雨、雪等)哗哗地下:It's not raining heavily any more,but it's still *spitting* a bit. 大雨已经停了,但仍飘着小雨。Ⅱ.n. ❶Ⓤⓒ吐;啐;（［近］saliva)口水;唾液 ❷Ⓤ（某些昆虫的）白色泡沫状分泌物

spit²［spɪt］Ⅰ.n. ⓒ❶烤肉（铁）叉;炙叉 ❷（伸入海或湖泊中的）狭长陆地;岬 Ⅱ.（～ed［-ɪd］）vt. 用炙叉把（肉片等）叉上:a *spitted* whole lamb 一只叉烧全羊

spite［spaɪt］Ⅰ.n. Ⓤⓒ恶意;怨恨;伤害;烦扰:have a ～ against sb. 对某人怀恨在心 Ⅱ.（～ed［-ɪd］;spiting）vt.［仅用于带 to 的不定式］出于恶意而伤害、烦扰、触怒,恶意对待;刁难:The neighbours play their radio loudly every afternoon just to ～ us. 邻居每天下午把收音机声音开得很大就是为了向我们泄愤。

splash［splæʃ］Ⅰ.（～es［-ɪz］;～ed［-t］）vt. ❶使（液体）飞溅;使溅湿;泼湿:The children love ～ing water over each other. 孩子们喜欢彼此往身上泼水。❷使溅起了水花（或泥浆）;溅着泥浆（或水）走（路）:We ～ed our way through the mud. 我们溅着泥浆前进。❸使成斑驳状:mountainsides ～ed with snow 白雪斑斑的山腰 ❹［美口］以显眼位置展示（或发表）:The story was ～ed across the front page of the newspaper. 报纸在头版上

大肆报道了这条新闻。❺［英口］挥霍(钱财)：He thinks he can win friends by ~*ing* his money about. 他认为靠挥霍钱财能争取到许多朋友。*vi.* ❶(指液体)飞溅；溅落：Water ~*ed* into the bucket from the tap. 水从龙头里喷溅着注入水桶中。❷飞溅；溅起水；激起水花：children happily ~*ing* about in the bath 在浴缸里欢乐戏水的孩子们 ❸发出溅水声；劈劈啪啪地踏击：咯吱咯吱地踏着泥浆：The boy ~*ed* into the lake. 那男孩扑通一声跳入湖中。Ⅱ.(~es['-ɪz]) *n.* ⓒ❶溅；泼；溅泼声：He fell into the water with a ~. 他扑通一声落入水中。❷溅污的斑点；污迹：There are some ~*es* of mud on your trousers. 你裤子上溅有泥点。❸色斑(尤指动物皮毛的斑点)❹［口］夸示；炫耀；(夸示或炫耀所产生的)生动印象；(报刊上)引人注目的报道：The story got a front-page ~. 这新闻在头版醒目地登出。❺少量的液体(尤指加入饮料中的苏打水)

splen·did ['splendɪd] *adj.* ❶(［近］magnificent)华丽的；壮丽的；辉煌的：a ~ sunset, house 壮观的日落、华丽的房屋 ❷显著的；杰出的：a ~ figure in history 历史上的杰出人物 ❸［口］极佳的；绝妙的：a ~ dinner 极好的晚宴

splint [splɪnt] Ⅰ. *n.* ⓒ❶【医】(夹在骨折部位的)夹板：put an arm in ~s 给胳臂带夹板 ❷(编结篮子等用的)藤条；薄木条：match ~s 火柴梗 Ⅱ. *vt.* 用夹板固定

splin·ter ['splɪntə(r)] Ⅰ.(~s[-z]) *n.* ⓒ❶(木头、玻璃、炮弹等的)裂片；碎片；尖片：bomb ~s 弹片 ❷分裂出来的小派别 Ⅱ.(~s[-z]；~ing[-rɪŋ]) *vt. & vi.* (使)裂成碎片；(使)分裂：The windscreen cracked, but did not ~. 挡风玻璃裂了，但未破碎

split [splɪt] Ⅰ.(split; splitting) *vt.* ❶使(某物)裂开；使碎裂；劈开：He was *splitting* logs with axe. 他正用斧子劈木头。❷使分裂；使分离；分成：a compound into its elements 把化合物分解成元素 ❸［美］分割…；分担(费用)；分配…：~ the cost of the meal 分摊饭钱 *vi.* ❶被劈开；裂开；爆裂：Some kinds of wood ~ easily. 有些木头容易劈开。❷(党派等)分裂；分离：The party ~ up into three small groups. 该党分裂成三个小派别。❸绝交；断绝关系：Jenny and Joe have ~ up. 珍妮和乔闹翻了。❹［英俚］告发，告密：Billy's friend ~ on him to the teacher. 比利的朋友向老师告了他一状。Ⅱ. *n.* ⓒ❶裂口；裂缝：sew up a ~ in a seam 缝好绽开的线缝 ❷分裂；分离：a ~ in the Labour Party

工党的分裂 ❸(覆有奶油、冰淇淋等的)水果条甜食；(尤指)奶油冰淇淋香蕉条：a banana ~ 奶油冰淇淋香蕉条 ❹［用复数］(舞蹈、体操等的)劈叉：do the ~s 劈一字腿

splut·ter ['splʌtə(r)] (［近］sputter) Ⅰ.(~s[-z]；~ing[-rɪŋ]) *vt.* 急促地、语无伦次地(或含混不清地)说：~(out)a few words of apology 语无伦次地道歉 *vi.* ❶(因气愤、激动等)急促而语无伦次地说话 ❷发噼啪声；毕剥作响 Ⅱ.(~s[-z]) *n.* ⓒ噼啪声；毕剥声

spoil [spɔɪl] Ⅰ.(~s[-z]；~ed 或 spoilt [spɔɪlt]) *vt.* ❶毁坏；损坏；破坏；糟蹋：The rain ~*ed* our excursion. 下雨破坏了我们的远足计划。❷宠坏；溺爱：That little girl is terribly *spoilt* — her parents give her everything she asks for. 那个小女孩真被惯得不像话——父母对她是有求必应。*vi.* (食物等)变坏；变质；腐败：Some kinds of food soon ~. 有些食物易发变质。Ⅱ.(~s[-z]) *n.* ［用复数］❶抢劫品；掠夺品；赃物：The thieves divided up the ~s. 窃贼把赃物分了。❷［美］凭政治权力获取的利益：the ~s of office 利用官职捞取的私利

spoke¹ [spəʊk] *n.* ⓒ(自行车等的车轮上的)辐条

spoke² [spəʊk] speak 的过去式

spo·ken ['spəʊkən] Ⅰ. speak 的过去分词 Ⅱ. *adj.* ❶口说的；口头上的；口语的 ❷［用以构成复合词］以…为说话特点的：plain-~ 直言不讳的；坦率的

spokes·man ['spəʊksmən] (spokesmen) *n.* ⓒ发言人；代言人

sponge [spʌndʒ] Ⅰ.(~s['-ɪz]) *n.* ❶ⓒⓊ(用作清洗工具或衬垫物的)海绵；海绵状物：a large bath ~ 洗澡用的大块海绵 ❷ⓒ(外科手术用的)消毒纱布；药棉 ❸ⓒ［用单数］用海绵(或吸水物)进行的清洗、擦拭等：She gave the floor a vigorous ~ all over. 她用海绵把地板使劲儿擦了一遍。❹ⓒ［口］食客；依靠他人生活的人 Ⅱ.(~s[-ɪz]；sponging) *vt.* ❶用海绵(或海绵状物)擦拭(或清洗)：~ a wound 用海绵擦洗伤口 ❷擦掉，消除(债务等)；忘却(往事等)(off, out, away)：~ out a stain in the carpet 用海绵把地毯上的污迹擦掉 ❸［口］敲诈；骗取：~ a dinner 白吃一顿 *vi.* ［口］乞讨；依赖他人生活：He always ~s off others. 他总是揩别人的油。

spongy ['spʌndʒɪ] (spongier; spongiest) *adj.* 海绵状的；海绵似的；松软而有弹性的；有吸水性的：~ moss 湿软的苔藓

spon•sor [ˈspɒnsə(r)] **I**. (～s[-z]) *n*. © ❶担保人;保证人(如为求学者作担保者) ❷【宗】(洗礼时的)教父;教母 ❸发起者;倡议者;提案人 ❹[美]赞助人;赞助公司;广告客户 **II**. (～s[-z];～ing[-rɪŋ]) *vt*. 担保,赞助(某人或某事);倡议:an athlete ～ed by a bank 由某银行资助的运动员

spon•ta•ne•ous [spɒnˈteɪnɪəs] *adj*. ❶自发的;主动的;自动的:a ～ offer of help 主动提供的帮助 ❷(举止等)自然的;非勉强的:a ～ gaiety of manner 天真愉快的神态 ❸本能的;自动的:～ combustion 自燃

spoon [spuːn] **I**. (～s[-z]) *n*. © ❶勺;匙子;羹匙:a soup-～ 汤匙 ❷一勺的量:Two ～s sugar,please. 请放两匙糖。**II**. (～s[-z]) *vt*. 用匙舀,舀取:～ sugar from the packet into a bowl 把食糖从袋子中舀到糖罐里 *vi*. 用匙舀水

spoon•ful [ˈspuːnfʊl] (～s[-z]或 spoonsful) *n*. © 一勺的量:a heaped ～ of sugar 满满的一匙糖

sport [spɔːt] **I**. *n*. ❶Ⓤ(尤指户外的)文体活动;运动:She plays a lot of ～. 她经常运动。❷©文娱活动;游戏,消遣:Don't spend the evening in ～ and play only. 晚上的时间不要仅仅玩牌。❸[用复数]运动会:the school ～s 学校运动会 ❹Ⓤ玩笑;戏谑:物;笑柄:say sth. in ～ 说着玩儿 ❺©[口]随和、开朗、大度的人;讨人喜欢的人 ❻©【生】突变;变种 **II**. (～ed[-ɪd]) *vt*. [口]夸示(某物);炫耀:He was ～ing his new golfing kit. 他在炫耀他的新高尔夫球具。*vi*. 玩要;嬉戏:seals ～ing about in the water 在水中嬉戏的海豹

sporting [ˈspɔːtɪŋ] *adj*. ❶娱乐的;体育运动的;爱好文体活动的:a ～ man 爱好运动的男子 ❷公正的;堂正大度的;风格高的

sport•ive [ˈspɔːtɪv] *adj*. 爱玩耍的;顽皮的;闹着玩的

sports•man [ˈspɔːtsmən] (sportsmen) *n*. © ❶运动家;爱好运动的人 ❷有文体道德的人

spot [spɒt] **I**. *n*. © ❶点;(通常指圆的)斑点:Which has ～s,the leopard or the tiger? 豹跟虎哪一个身上有斑点? ❷污渍;迹:clean off the coffee ～ from the table cloth 擦掉桌布上的咖啡污迹 ❸(皮肤上由于疾病而引起的)红斑;红疙瘩;红疹:She has chicken-pox and was covered in ～s. 她得了水痘,出了一身丘疹。❹地点;场所;[口]娱乐场所:a well-known beauty ～ 风景胜地 ❺插

在广播(或电视节目)间的简短通知(或广告) ❻[用单数]少量;一点儿:Are you ready for a ～ of lunch? 你想吃点儿午饭吗? ❼(人格、名声等的)污点;瑕疵:There isn't a ～ on her reputation. 她的声誉没有半点儿瑕疵。❽[美]某点数的纸牌;某票面的钞票 ❾[美俚](舞台等的)聚光灯 **II**. (spotted[ˈ-ɪd];spotting) *vt*. ❶使…有斑点(或污点);弄脏…:The mud *spotted* the window. 泥巴溅污了窗子。❷[口]找出;辨出;认出;瞥见;发觉.I can't ～ the difference between them. 我看不出两者的区别。❸[常用被动语态]布置;安置:Cameras are *spotted* about twenty feet from the rostrum. 摄影机安置在离主席台约 20 英尺的地方。*vi*. ❶沾上污渍;变污;弄污:This linen cloth ～s easily. 这麻布容易玷污。❷[英]下间断小雨:It's beginning to ～. 开始下小雨了。**III**. *adj*. ❶现场的;在现场的:～ reporting on accident 意外事故现场报道 ❷现货的;现付的:a ～ transaction 现货交易

spot•less [ˈspɒtlɪs] *adj*. ❶没有污点的;纯洁的;无瑕疵的:a ～ reputation 无瑕疵的名誉 ❷非常干净的;非常清洁的

spot•light [ˈspɒtlaɪt] **I**. *n*. ❶©(舞台等的)聚光灯;聚光灯照明圈 ❷[the ～]公众注意中心;出风头:This week the ～ is on the world of fashion. 本周公众注意的中心是在时装界。**II**. (spotlit 或 ～ed[-ɪd]) *vt*. 把光线集中在…上;使注意力集中在…上:The report has ～ed real deprivation in the inner cities. 这篇报道披露了旧城区的贫困真相。

spot•ted [ˈspɒtɪd] *adj*. 有斑点的;有污点的;玷污的:a ～ dog 有斑点的狗

spot•ter [ˈspɒtər] (～s[-z]) *n*. ©[美]观察员;侦察员:an aircraft ～ 飞机侦察员

spot•ty [ˈspɒtɪ] (spottier;spottiest) *adj*. ❶(指人)(尤指在脸上)有斑点的:～ youths 多雀斑的青年 ❷有污点的;有污渍的:a ～ table-cloth 有污点的台布

spouse [spaʊz,spaʊs] **I**. (～s[-ɪz]) *n*. © 配偶(指夫或妻)**II**. *vt*. 和…结婚

spout [spaʊt] **I**. *n*. © ❶喷管;喷口;水嘴:The ～ is chipped,so it doesn't pour very well. 这水嘴有个缺口,因此出水不畅。❷喷水;水柱;液柱;涌流 **II**. (～ed[-ɪd]) *vt*. ❶使喷出;使涌出:The wound ～ed blood. 伤口涌出血来。❷[口]滔滔不绝地朗诵(或讲话):He can ～ Shakespeare for hours. 他能一连几个小时滔滔不绝地谈论莎士比亚。*vi*. (液体)喷;涌;喷出来;涌出:blood ～ing from a severed artery 从切断的动脉涌出的血

spray¹ [spreɪ] **I.** (～s[-z]) **n. ❶**[U]浪花;水花;水雾:the ～ of a waterfall 瀑布飞溅的水花 **❷**[用a～]飞沫状之物;喷雾:a fine ～ of perfume 一股香水的细雾 **❸**[C] 喷雾器:I've lost my throat ～.我把润喉剂喷筒丢失了。**❹**[U]喷雾液;液体制剂:hair-～ 定型喷雾 **Ⅱ.**([近]sprinkle) **vt.** 把液体喷射在…上:a farmer ～ing his crops with pesticide 给庄稼喷杀虫剂的农民 **vi.** 喷;(如浪花般)喷射:Water ～ed out over the floor.水喷洒到了地板上。

spray² [spreɪ] (～s[-z]) **n.** [C]**❶**小树枝;小花枝 **❷**枝状物;枝状花饰

spread [spred] **I.** (～s[-z];spread) **vt. ❶**伸开;展开;铺开;摆:The bird ～ its wings.鸟儿伸开翅膀。**❷**传播;散布;使扩大蔓延开去:Flies ～ disease.苍蝇传播疾病。**❸**把…分期完成;使延长:the payment over three months 分3个月付款 **❹**涂,敷;涂上:～ butter on bread 在面包上涂黄油 **❺**摆饭菜于(餐桌上);上(菜);摆好(餐食):We ～ the table for dinner.我们摆桌子准备吃晚餐。**vi. ❶**伸展;扩展;延伸:The forest ～s as far as the river.森林一直延伸到河边。**❷**传播;散布;蔓延开:The disease is ～ing fast.疾病正在迅速蔓延。**❸**继续;延长:a course of studies ～ over three years 为时3年的学习课程 **❹**涂抹;涂上;抹上:Butter ～s more easily when it's softer.黄油柔软时更容易涂抹。**Ⅱ.**(～s[-z]) **n. ❶**[用单数]范围;宽度;伸展:The survey revealed a wide ～ of opinion.调查结果表明,各种意见差别很大。**❷**[U]传播;散布;蔓延:the ～ of disease 疾病的蔓延 **❸**[C]报刊上显著地位的登载;报刊上整面(或跨栏)的文章(或广告等) **❹**[C][口]丰盛的酒席;宴会 **❺**[C][美]铺开的东西(尤指覆盖某物的布单):a bed ～ 床单 **❻**[U][C]涂抹食品的酱(如果酱、黄油等):chocolate ～ (食物上的)巧克力涂层

*__**spring¹**__ [sprɪŋ] **n.** [U][C]春天;春季:In the ～,leaves begin to grow on the trees.树木在春天开始长出叶子。

spring² [sprɪŋ] **I.** (～s[-z]) **n. ❶**[C]跳;跳跃:With an easy ～,the cat reached the branch.那猫轻轻一跃就够到了树枝。**❷**[U]弹性;弹力:the ～ of rubber tyres 橡胶轮胎的弹力 **❸**[C]弹簧;发条:Don't bounce on the bed—you'll break the ～s! 别在床上乱蹦——你会把弹簧弄断的。**❹**[C]泉;泉水:a hot ～ 温泉 **❺**[U][C]精力;活力;劲头:walk with a ～ in one's step 脚步轻快地行走 **Ⅱ.**(～s[-z];sprang [spræŋ];sprung [sprʌŋ])

vi. ❶跳;跃;跃起;跳出:A cat sprang out of the bushes.灌木丛中窜出一只猫来。**❷**弹起;弹回:The branch sprang back and hit me in the face.树枝弹回来打在我脸上。**❸**发源(于);来自(于);出身(于):Hatred often ～s from fear.仇恨常常源于恐惧。**❹**突然出现;发生;(念头)突然浮现(up):weeds ～ing up everywhere 很快长得到处都是的杂草 **vt. ❶**使跳起;跳过:The dog sprang the fence.那只狗跳过围墙。**❷**使…弹开;使…弹起:The rat sprang the trap.老鼠触动了捕鼠器。**❸**突然提出(或宣布):I hate to ～ this on you at such short notice.很抱歉,向你突如其来提出这件事。

sprin·kle ['sprɪŋkl] **I.** (～s[-z];sprinkling) **vt.** ([近]spray)洒;喷淋;散布:～ a dusty path with water 把水洒在尘土飞扬的小路上 **vi. ❶**洒;撒 **❷**[美]下稀疏小雨 **Ⅱ.**(～s[-z]) **n.** [C]**❶**[美]小雨 **❷**[常用a～]少量:a ～ of sand 一点儿沙子

sprin·kling ['sprɪŋklɪŋ] **n. ❶**[U]喷洒;撒 **❷**[C]少量;少数;点滴:a ～ of rain 小雨

sprout [spraʊt] **I.** (～ed['-ɪd]) **vi.** (种子、植物)发芽;萌芽;出现;长出来:The onions are beginning to ～(up).洋葱正在抽芽。**vt.** 生出;长出(某物):Tom has ～ed a beard since we saw him last.汤姆长胡子了,我们上次见到他时还没长呢。**Ⅱ.** **n.** [C]**❶**(植物的)芽;新芽;嫩枝 **❷**[口]球芽甘蓝

spur [spɜ:(r)] **I.** (～s[-z]) **n.** [C]**❶**踢马刺;靴刺:a pair of ～s 一副马刺 **❷**刺激物;鼓励品;鼓舞:a ～ to greater efficiency 提高效率的刺激因素 **❸**马刺状物;(攀爬者靴鞋上装的)刺铁;(斗鸡时加于鸡腿上的)距铁 **❹**山嘴;支脉;横岭 **❺**(公路或铁路的)支线 **Ⅱ.**(～s[-z];spurred;spurring [-rɪŋ]) **vt. ❶**用马刺策马前进:He spurred his horse on and galloped away.他用靴刺策马奔驰而去。**❷**鼓舞;激励:The magnificent goal spurred the team on to victory.他们那一球进得漂亮,鼓舞了全队的士气夺取了胜利。**vi. ❶**策马前进 **❷**疾驰:The rider spurred on to his destination.骑士向目的地疾驰而去。

*__**spy**__ [spaɪ] **I.** (spies [-z]) **n.** [C]间谍;密探;情报员:suspected of being a ～ 有间谍嫌疑的 **Ⅱ.**(spies [-z];spied) **vt.** 仔细观察(某人、某事);看见;注意到:We spied three figures in the distance.我们望见远处有3个人影。**vi. ❶**暗中监视…的行动;侦察;窥探:I'm sure my neighbour is ～ing on me.我肯定邻居暗中监视我。**❷**仔细察看

squad ['skwɒd] **I.** **n.** [C]**❶**【军】班:a rifle

～ 步枪班 ❷ 小队：a fire-fighting ～ 消防队 Ⅱ. *vt.* 把…编成班（或小队）

squad·ron ['skwɒdrən] (～s[-z]) *n.* Ⓒ 【军】(陆军)装甲营；骑兵大队；(海军)分遣舰队；(空军)飞行中队

squan·der ['skwɒndə(r)] (～s[-z]；～ing [-rɪŋ]) *vt.* 浪费；挥霍；浪费地使用：He's ～ed all his savings on drink. 他把他所有的积蓄都浪费在喝酒上了。

* **square** [skweər] Ⅰ. (～s[-z]) *n.* Ⓒ❶正方形；四方形；方形物：draw a ～ 画正方形 ❷ (城市中的)广场；广场四周的建筑和街道：listen to the band playing in the ～ 聆听广场上乐队的演奏 ❸【数】平方；二次幂：The ～ of 7 is 49. 7的平方是49。❹曲尺；钉字尺；矩尺；直角规 ❺[俚]古板守旧的人；I'm basically a bit of a ～. 我基本上属于旧派人物。Ⅱ. (～r[-rə]；～st['-rɪst]) *adj.* ❶[无比较等级]正方形的；四方形的，方的：a ～ room 方屋 ❷ (与…)成直角(或近似直角)的；方形的：～ corners 方角 ❸【数】平方的；自乘的：A carpet six metres ～ has an area of 36 ～ metres. 6米见方的地面面积是36平方米。❹宽阔而结实的：a woman of ～ frame 膀阔腰圆的女人 ❺适当的；正好的：We should get everything ～ before we leave. 我们离开前应当把一切都收拾干净。❻水平的；平行的：table arranged ～ with the wall 顺墙摆放的桌子 ❼[无比较等级]结清的；平衡的：get one's accounts ～ 结清账目 ❽坦诚的；不妥协的；坚决的：a ～ refusal 断然拒绝 ❾公正的；诚实的：I want you to be ～ with me. 我要求你对我诚实。❿[俚]古板的；守旧的 Ⅲ. *adv.* ❶成直角地；成方形地；面对面地；对准地：The path turned ～ to the left. 这条路成直角地向左转去。❷[口]正直地；公平地：play fair and ～ 表现得正大光明 ❸坚定地；坚实不动地 Ⅳ. (～s[-z]；squaring [-rɪŋ]) *vt.* ❶使成直角；使成方形：～ a timber 将木材锯方 ❷使(肩膀、肘等)笔直；挺直：挺起：～ one's shoulders 把肩膀放平；挺胸 ❸【数】自乘；得出(某数的)平方：Four ～s is sixteen. 4自乘得16。❹[俚]贿赂；收买：He has been ～d to say nothing. 他已被收买而保持缄默。❺使…相符；使…一致：You should ～ your practice with your principles. 你应该言行一致。❻结清(账目)；清算(血债等)；拉平(球赛等)的比分：This victory has ～d the series. 赢了这一场就把这组赛事的总分拉平了。*vi.* ❶相符；一致：Your theory doesn't ～ with the known facts. 你的理论与已知事实不相符。❷结清；付讫：～ for one's meal 付饭钱

squash¹ ['skwɒʃ] Ⅰ. (～es['-ɪz]；～ed [-t]) *vt.* ❶把…压扁；把…压碎：He sat on his hat and ～ed it. 他坐在了他的帽子上，把它压扁了。❷([近]squeeze)压进…；推进…；挤进…；They managed to ～ forty people into the bus. 他们设法使40人挤进那辆公共汽车。❸镇压；压制：My plan was firmly ～ed by the committee. 我的计划被委员会坚决地予以拒绝。*vi.* 被压碎；被压扁；被压烂：Don't all try to ～ into the lift together. 不要都想一起挤进电梯里。Ⅱ. (～es['-ɪz]) *n.* ❶Ⓒ挤在一起的人群；杂乱的人群：a violent ～ at the gate 挤在大门口的一群暴徒 ❷Ⓒ Ⓤ压碎；压碎声；挤压；挤压声 ❸Ⓤ Ⓒ[英]果汁饮料；果汁冷饮(加入果汁的清凉饮料)：Two ～s, please. 请拿两份果汁饮料。❹Ⓤ【体】壁球；软式网球

squash² ['skwɒʃ] (～(es)) *n.* Ⓒ Ⓤ【植】南瓜；西葫芦

squat [skwɒt] Ⅰ. (squatted [-ɪd]；squatting) *vi.* ❶蹲；蹲坐：He *squatted* down on the ground. 他蹲坐在地上。❷(动物)趴在地上；蹲伏 ❸擅自搬进空屋；擅自在空地定居 ❹[英]坐；闲坐：Can you find somewhere to ～? 你能找个地方坐下吗？Ⅱ. *n.* ❶Ⓒ Ⓤ蹲；蹲坐；蹲踞；蹲踞的姿势 ❷Ⓒ被擅自占住的空房：live in a ～ 住在私占的空屋里 Ⅲ. (squatter；squattest) *adj.* 矮胖的；粗矮的：a ～ man 矮胖的人

squeak [skwiːk] Ⅰ. *n.* Ⓒ短促而尖厉的叫声；嘎吱声：The door opened with a ～. 门嘎吱一声打开了。Ⅱ. (～ed[-t]) *vi.* ❶发出短促而尖厉的声音：Can you hear the mice ～ing? 你听到老鼠吱吱叫吗？❷[俚](尤指向警方)告密；充当告密者：Somebody's ～ed! 有人告密了！❸[口]非常勉强地通过；非常侥幸地成功(或获胜)：He managed to ～ by somehow. 他想了个什么办法总算对付过去了。*vt.* 以尖厉的声音说话(out)：～ out a few frightened words 惊恐地尖叫几声

squeeze [skwiːz] Ⅰ. (～s['-ɪz]；squeezing) *vt.* ❶压榨；挤压；拧干：～ the dish-cloth out 把洗碗布拧干 ❷挤出；榨出(水、汁等)：～ the juice out of a lemon 榨柠檬汁 ❸紧抱…；紧握…；压碎…；压坏：She ～d my hand with tears in her eyes. 她眼眶里含着眼泪，紧握我的手。❹压进；塞进；挤进；勉强通过：I ～d myself onto the crowded train. 我勉强挤上拥挤的火车。❺[口]榨取…；勒索；强取：～ a promise out of sb. 逼某人作出保证 *vi.* ❶挤，压；挤过去：There were already four people in the lift, but he managed to ～ in. 电

S

梯里已经有 4 个人了,但他还是挤进去了。❷
勉强通过:The measure ~d through the par-
liament. 议案在议会勉强通过。Ⅱ.（~s
['-ɪz]）*n*. ❶ⓒ压榨;挤压;紧紧握手（或拥
抱）:She gave my hand a gentle ~. 她握着
我的手,轻轻捏了捏。❷ⓒ榨出的少量东西:
a ~ of lemon in your drink 挤在你饮料中的
少量柠檬汁 ❸ⓒ[用单数]拥挤;挤压:It was
a tight ~, but we finally got all the clothes
into the case. 箱子已经很满了,但我们还是
把衣服全塞进去了。❹ⓒ紧迫状态;拮据;苦
境;困境:She's just lost her job, so they're
really feeling the ~. 她刚失业,这下他们
真正感到生活艰难了。❺ⓒ[口]（金融）紧
缩:a credit ~ 信贷紧缩

squir·rel ['skwɪrəl]（~s[-z]）*n*. ❶ⓒ松
鼠:Red ~s are now very rare in Britain. 红
色松鼠在英国已十分罕见了。❷ⓤ松鼠的毛
皮:a ~ hat 松鼠皮帽

stab [stæb] Ⅰ.（~s[-z]; stabbed; stab-
bing）*vt*. ❶刺;戳;刺入;刺伤:He *stabbed*
the meat with his fork. 他用叉子叉肉。❷
（在感情方面）刺痛;使受创伤:The news
stabbed him to the heart. 这消息刺伤了他的
心。*vi*. 刺;刺伤;刺痛:The thought *stabbed*
through her like a knife. 这念头就像刀一样
刺痛了她。Ⅱ.（~s[-z]）*n*. ⓒ❶刺;刺伤;
刺破的伤口:a ~ in the arm 手臂上捅的伤口
❷（身体、心等的）剧痛:a ~ of pain in the
chest 胸部的一阵刺痛 ❸[口]试图;尝试

sta·bil·i·ty [stə'bɪlɪtɪ] *n*.（[反] instabili-
ty）ⓤ稳定性;稳定状态;稳固

sta·bi·lize, -ise ['steɪbɪlaɪz]（~s[-ɪz];
stabilizing）*vt*. 使稳定;使变得稳定:govern-
ment measures to ~ prices 政府采取的稳定
物价的措施 *vi*. 稳定,保持稳定:His blood
pressure tended to ~. 他的血压趋向稳定。

sta·ble[1] ['steɪbl]（~r; ~st 或 more ~;
most ~）*adj*. ❶（[近]steady）稳定的;稳固
的;牢固的;固定的:Commodity prices are ~
in our country. 我国物价稳定。❷（人或性格）
沉稳的;持重的;可靠的

sta·ble[2] ['steɪbl] Ⅰ.（~s[-z]）*n*. ⓒ❶[常
用复数]厩;马厩;马棚;牛棚 ❷属于同一马主
的赛马;厩中的马;栏里的牛 ❸[口]训练基
地;培训处;学校:actors from the same ~ 在
同一处受训的演员 Ⅱ.（~s[-z]; stabling）
vt. & vi. 把（马）拴入马厩;（马）住于厩中

stack [stæk] Ⅰ. *n*. ⓒ❶（稻草、麦秆、谷物
等的）堆,垛;整齐堆叠的一堆:a wood ~ 木
材堆 ❷[口]大量;一大堆:I've got ~s of

work to do. 我有一大堆工作要做。❸烟囱
群;烟囱;（车、船的）烟道;排气管;（高炉的）炉
身;a factory ~ 工厂的火烟囱 ❹[用复数]书
架;书库 ❺（突出海面的）浪蚀岩柱;石柱 Ⅱ.
（~ed[-t]）*vt*. ❶将（某物）堆起（或摞起）:
Please ~ your chairs before you leave. 走之
前请把椅子摞在一起。❷在…堆放;堆满:The
floor was ~ed high with bales of cotton. 地
板上高高地堆放着许多棉花。❸【空】使（飞行
器）分层盘旋待降;指示（飞行器）分层盘旋待
降 ❹洗（牌）作弊 *vi*. 堆起;堆成堆

sta·di·um ['steɪdɪəm]（~s 或 stadia
['steɪdjə]）*n*. ⓒ体育场;运动场（通常有看
台）:build a new ~ for the Olympic Games
为奥林匹克运动会建造新的体育场

staff [stɑːf] Ⅰ.（~s 或 staves[steɪvz]）*n*.
ⓒ❶手杖;棍棒;权杖:The old man leant on
a long wooden ~. 老人拄着一根长长的木手
杖。❷[常用单数]全体工作人员;（全体）职
员:The ~ in this shop are very helpful. 这
家店里的店员很热心。❸[常用复数]【军】参
谋;参谋人员;参谋机构:the general's ~ 将军
的参谋人员 ❹支撑(物);支柱:the ~ of life
生活必需品 ❺[用 staves]【音】五线谱 Ⅱ.
（~ed[-t]）*vt*. 为（某部门）配备人员;担任
（某部门的）工作人员:The school is ~ed en-
tirely by graduates. 这个学校的教职员全是
大学毕业生。

stage [steɪdʒ] Ⅰ.（~s['-ɪz]）*n*. ⓒ❶舞
台;讲台:He was on ~ for most of the play.
他几乎整出戏都在台上。❷演艺界;戏剧界;
戏剧文学;舞台生涯:She advised her son not
to choose the ~ as a career. 她劝儿子不要
选择戏剧表演做职业。❸[喻]场所;（事件发
生的）现场:Geneva has become the ~ for
many meetings of world leaders. 日内瓦已
成为世界领袖经常召开会议的地方。❹（发展
等的）时期;阶段:At this ~, it's impossible to
know whether our plan will succeed. 目前尚
无法预测我们的计划能否实现。❺（旅行的）
休憩地;驿站[英]（一段公共汽车的）路程:
She did the first ~ of the trip by train. 她
行程的第一段是乘火车的。❻【空】（火箭的）
级 Ⅱ.（~s['-ɪz]; staging）*vt*. ❶将…搬上
舞台;上演:~ a new production of "King
Lear"上演新编排的《李尔王》❷实行;进行;
举行:~ a protest rally 举行抗议大会

stag·ger ['stæɡə(r)] Ⅰ.（~s[-z]; ~ing
[-rɪŋ]）*vi*. ❶蹒跚;摇晃;摇晃着移动:She
~ed and fell. 她踉跄了几步,跌倒在地。❷
犹豫;动摇:I ~ed at his horrible idea. 我对
他的可怕想法感到不知所措。*vt*. ❶使摇晃;

使东倒西歪：The high fever has been ~ing her. 高烧使她发晕。❷使犹豫；使动摇；使震惊：This unexpected blow did not ~ his resolution. 这个意外的打击并没有动摇他的决心。❸使交错；使错开：~ the annual holidays 错开年假 Ⅱ. n. ◎蹒跚；跟跄；摇晃不稳的动作：He picked up the heavy suitcase and set off with a ~. 他提起沉重的箱子，打个趔趄就走了。

stain [steɪn] Ⅰ. (~s[-z]) n. ❶ Ⓤ ◎染色剂；染料；颜料；着色剂：How much ~ should I buy for the table? 给这张桌子上色，我得买多少颜料？❷ ◎污点；污斑；污迹：There's an ink ~ on your shirt. 你的衬衫上有一个墨水斑。❸(某人名声等的)玷污；品德上的污点：a ~ on sb.'s reputation 某人名誉上的污点 Ⅱ. vt. ❶(以⋯)弄脏(衣服等)，染污；沾污：His overalls were ~ed with paint. 他的工作裤被沾上了油漆。❷给⋯染色(或着色)：He ~ed the wood dark brown. 他把木头染成深褐色了。❸玷污；败坏(某人的名声等)：The incident ~ed his career. 那件小事给他的事业抹上了污点。

stain·less ['steɪnlɪs] adj. ❶没有污点的；纯洁的：a ~ character 纯洁的品德 ❷不锈的：~ steel 不锈钢

stair [steə(r)] (~s[-z]) n. ◎ ❶[用复数]楼梯：I passed her on the ~s. 我在楼梯上遇见她了。❷梯级

stake [steɪk] Ⅰ. n. ◎ ❶桩；标桩：tie the horse to a ~ 把马拴在桩上 ❷(旧时的)火刑柱；火刑：be burnt at the ~ 以火刑处死 ❸[用复数]赌注；赌金：play for high ~s 下大赌注赌钱 ❹投资；投放的本钱：She has a ~ in the future success of the business. 她在这项生意上投了资将来会获利。❺[用复数]奖品，奖金；有奖赛马 Ⅱ. (~d[-t]; staking) vt. ❶用桩支撑(某物)：~ newly planted trees 用桩支撑新栽的树 ❷([近]bet)拿⋯(就某事)打赌(或冒险)：I'd ~ my life on it. 我敢拿性命来担保。❸[美口]资助；支持：~ a business 资助一家公司

stale [steɪl] Ⅰ. (~r; ~st) adj. ❶([反]fresh)(食品等)不新鲜的；走味的；干瘪的：~ bread 不新鲜的面包 ❷过时的；陈腐的：Her performance has become ~. 她的表演没有新意了。❸疲惫不堪的，(运动员等)因训练疲劳而竞技状态不佳的：He has gone ~. 他已疲惫不堪了。Ⅱ. (~s[-z]; staling) vi. 变陈旧；变得无味：The pleasure I get from listening to such music never ~s. 这种音乐我百听不厌。

stalk[1] [stɔːk] n. ◎ ❶【植】(植物的)茎；秆 ❷叶柄；花梗；果实的柄

stalk[2] [stɔːk] Ⅰ. (~ed[-t]) vi. ❶大踏步地走；踱着方步走：He ~ed angrily out of the room. 他愤然踱出了房间。❷蹑手蹑脚地走近；潜近(猎物) ❸(疾病等)猖獗；蔓延：Starvation and disease ~ed across the enemy occupied area. 饥饿和疾病在敌占区蔓延。vt. ❶偷偷地靠近；悄悄地接近：The boy tried to ~ the beautiful bird. 那男孩试着悄悄接近那只美丽的小鸟。❷(疾病等)在⋯蔓延；猖獗：Ghosts are said to ~ the castle. 据说，有鬼魂在这座城堡里出没。Ⅱ. n. ◎ ❶潜随 ❷高视阔步

stall [stɔːl] Ⅰ. (~s[-z]) n. ◎ ❶(畜舍内的)分隔栏；牲畜棚：horse ~s 马厩 ❷[英](街间、车站等的)店铺；摊位；售货亭：a book ~ at the station 车站的书亭 ❸[英](戏院里的)正厅前排(座位)：two seats in the ~s 两个前排座位 ❹(教堂里的)唱诗班席位；牧师座位 ❺(房间内的)隔间(常指供单人使用)：~s for changing in at the swimming-pool 游泳池内的更衣间 Ⅱ. vt. ❶将(动物)关在栏内 ❷使(发动机)熄火；使发动机转不动；使(飞机)失速：Learner drivers often ~ their cars. 见习司机常造成汽车熄火现象。❸对(某人、某事的要求等)支吾(或敷衍)：~ one's creditors 敷衍债主 vi. ❶(发动机等)熄灭；(飞机)失控下降：The plane ~ed suddenly. 那飞机突然失控下降。❷支吾；拖延(以争取时间)：Stop ~ing and give me an answer. 别支支吾吾的了，快回答我的问题。

stam·mer ['stæmə(r)] Ⅰ. (~s[-z]; ~ing [-rɪŋ]) vt. 口吃；结巴：He ~s badly. 他口吃得厉害。vt. 结结巴巴地说；口吃着说(out)：He ~ed out his request. 他结结巴巴地说出他的要求。Ⅱ. n. ◎口吃；结巴：speak with a ~ 说话结巴

stamp [stæmp] Ⅰ. n. ◎ ❶邮票；印花：Put a 25 cent ~ on the envelope. 在信封上贴两角五分的邮票。❷印章；图章：a rubber ~ 橡皮图章 ❸印记；戳记：Have you got any ~s in your passport? 你的护照盖印了吗？❹特征；特质；烙印：His face bears the ~ of suffering. 他的脸上有饱经苦难的烙印。❺跺脚；跺脚声：give a ~ of impatience 不耐烦地跺脚 ❻种类；类型：men of the same ~ 同一类的人 Ⅱ. (~ed[-t]) vt. ❶贴邮票于：*Stamp* the letter and post it. 把这封信贴上邮票寄出去。❷压、盖、(印、图案等)；盖印于⋯；盖章于：They didn't ~ my passport. 我的护照上没盖章。❸重重地踩在⋯

上;踩;踏平;踩扁:He ~ed his foot in anger. 他气得直跺脚。❹使(某事物)铭记:The date is ~ed on her memory forever. 那个日子她永志不忘。❺使显示为…:This achievement ~s her as a genius. 这一成就已足见她是个天才。❻消除,毁灭,压制:~ out terrorism 消除恐怖活动 vi. ❶迈着很重的步子走,踩着脚走:Don't ~ ;you'll wake everyone up. 脚步别这么重,会把大家都吵醒的。❷拒绝;扑灭;毁掉(on):We told him our idea, but he just ~ed on it. 我们把主意告诉了他,但他贸然拒绝了。

stance [stæns,-ɑːns] *n.* [用单数] ❶姿势;(尤指板球、高尔夫球等运动中准备击球的)站立姿势 ❷(对某事物的)姿态;态度;观点;立场:adopt an independent ~ in international affairs 在国际事务中采取独立的姿态 ❸位置,场地

stand [stænd] Ⅰ. (~s[-z]; stood [stud]) *vi.* ❶站立;站着:Stand still while I take your photograph. 我给你拍照时,站着不要动。❷起立;站起来:Everyone *stood* (up) when the Queen entered. 女王进来时大家都站起来了。❸在某处;位于:A tall poplar tree once *stood* here. 这儿曾经有过一棵高大的白杨树。❹站住;停步;(汽车、机器等)停止;[美](短时间)停车:The car *stood* at the traffic lights for a few moments, then moved off. 那辆汽车在交通灯前停了一会儿,然后驶去了。❺处于某种状态(或情形):We *stood* in a terrible financial crisis. 我们处在严重的财政危机中。❻(规则等)有效;仍然有效;保持效力:The order issued last week still ~s. 上星期发布的命令仍然有效。❼处于某水平;指向某一点:The fund ~s at £500. 这项基金有500英镑。❽测得特定高度为…:He ~s six foot two. 他身高6英尺2英寸。❾(液体、混合物等)停滞,不流动:Tears *stood* in his eyes. 他双眼含了泪。❿[英]当候选人;竞选:He will ~ for parliament. 他将竞选国会议员。⓫(船航行时)取某特定航向:~ in for the shore 驶向海岸 *vt.* ❶使站立;使直立;竖放:Don't ~ cans of petrol near the fire. 不要把汽油罐放在近火处。❷忍受(某事物);经受得起;容忍:He can't ~ hot weather. 他受不了炎热的天气。❸接受(审判);通过(检查等):He ~s trial for theft. 他因盗窃罪而接受审判。❹[口](吃饭时)为…付账,请客:He *stood* me a good dinner. 他请我吃了一顿丰盛的晚餐。❺有供…站立的位置:The bus ~s 40 people. 这辆公共汽车内可站立40人。Ⅱ. (~s[-z]) *n.* ⓒ❶站立;立定;停止;静止:come

to a ~ 停下来 ❷立脚点;站立位置:He took his ~ near the window. 他站在窗前。❸抵抗;抵御;抵抗时期:the rebels' last ~ 叛乱者的最后抵抗 ❹[常构成合成词]架;座;台:a coat ~ 衣架 ❺摊位;售货亭:a newspaper ~ 报摊 ❻(出租车等的)候客处:a taxi ~ 出租汽车停车处 ❼[用复数]看台:A cheer rose from the south ~(s). 南看台上响起一片欢呼声。❽旅行剧团的停留演出;停留演出地:a one-night ~ 一夜的停留演出 ❾[美]法院的证人席:take the ~ 作证

stan·dard ['stændəd] Ⅰ. (~s[-z]) *n.* ❶ⒸⓊ标准;基准;水准;规格;规范:People were very poor then, by today's ~s. 以今天的标准而言,那时候的人很穷。❷ⓊⒸ平均质量;熟练程度;业务水平:The ~ of her work is high. 她的工作质量很高。❸Ⓒ(礼仪性的)旗;旗帜:the royal ~ 王旗 ❹Ⓒ(度量衡的)基本单位 ❺Ⓒ直立的柱子(或台座);(尤指)支柱;基座 ❻Ⓒ(货币制度的)本位 Ⅱ. *adj.* ❶标准的;符合标准的:the ~ atmospheric pressure 标准大气压 ❷普通的;正常的;一般的:This procedure is ~. 这一手续是正常的。❸公认为权威的(或优秀的):This is the ~ textbook on the subject. 这是这一科的权威性课本。❹(拼法、读法、语法等)规范的:~ English 规范的英语

stan·dard·ize, -ise ['stændədaɪz] (~s[-ɪz];standardizing) *vt.* 使标准化;使合乎规格:Car parts are usually ~d. 汽车部件一般都是统一规格的。*vi.* 定出标准

stand·ing ['stændɪŋ] Ⅰ. [无比较等级] *adj.* ❶直立的;竖直的:a ~ jump 立定跳远 ❷停滞的;不流动的;不在运转的:pools of ~ water 死水潭 ❸常备的;永久的;常立的:a ~ army 常备军 ❹长期有效的:a ~ joke 永不乏味的笑料 Ⅱ. *n.* Ⓤ❶(尤指社会上的)地位;名声;身份;等级:a woman of some ~ in the community 在那个群体中颇有地位的女子 ❷持续;持续时间:a friendship of long ~ 多时的友谊

stand·point ['stændpɔɪnt] *n.* ([近]point of view) Ⓒ立场;观点;看问题的角度:from the ~ of the customer 从顾客的角度来看

stand·still ['stændstɪl] Ⅰ. *n.* ([近]stop) Ⓒ[用单数]停顿;停止:Work is grinding to a ~. 工作逐渐陷入停顿状态。Ⅱ. *adj.* 停顿的;停顿的

sta·ple¹ ['steɪpl] Ⅰ. (~s[-z]) *n.* Ⓒ订书钉;U形钉 Ⅱ. (~s[-z];stapling) *vt.* 用订书钉(或U形钉)钉住或固定(某物)

sta·ple² ['steɪpl] Ⅰ. *adj.* 主要的;基本的;

大宗生产的：Rice is the ～ diet in many Asian countries. 稻米是亚洲许多国家的主食。**Ⅱ.**（～s[-z]）*n.* ❶ Ⓒ（某国家或地区买卖的）主要产品，大宗生产：Cotton is one of Egypt's ～s. 棉花是埃及的主要贸易项目之一。❷Ⓒ 主要成分；主要内容；（尤指）主食：The weather forms the ～ of their conversation. 天气状况是他们的主要话题。❸Ⓤ 纤维；（纤维的）长度；原材料

star [sta:(r)] **Ⅰ.**（～s[-z]）*n.* Ⓒ❶星；恒星：There are no ～s out tonight. 今晚天上没有星星。❷星状物；[美]星形勋章：This restaurant gets three ～s in the guidebook. 这家餐馆在旅游指南中标有 3 颗星。❸（电影、戏剧等的）明星，主角；健将：He's got the ～ role in the new film. 他将主演这部新片子。❹（星象学中的）星宿，命星：born under a lucky ～ 生来福星高照 **Ⅱ.**（～s[-z]；starred；starring['-rɪŋ]）*vt.* ❶为…标上星号；加星号于；点缀：*Star* the items you want to buy in the catalogue. 请在目录中把想买的商品打个星号。❷使（某人）担任主角；由某人主演 *vi.*（在戏剧、电影等中）担任主角；主演：She is to ～ in a new film. 她将主演一部新影片。

stare [steə(r)] **Ⅰ.**（～s[-z]；staring ['-rɪŋ]）（[近]gaze）*vi.* 盯；凝视；目不转睛地看：Do you like being ～d at? 你喜欢被别人盯着看吗？*vt.* 盯着看；凝视；目不转睛地看：The man ～d me up and down. 那人从头到脚盯着我看。**Ⅱ.**（～s[-z]）*n.* Ⓒ盯；凝视；注视

start [sta:t] **Ⅰ.**（～ed['-ɪd]）*vi.* ❶启程；动身：We ～ for Beijing at 6：30 a.m. tomorrow. 我们明天早晨6：30 启程去北京。❷（[近]begin）启动；开始；着手：Our school ～s at eight fifty. 我们学校在8：50 开始上课。❸（机器等）开始运转，…开始发动：The car won't ～. 这辆汽车发动不起来。❹（因恐惧、惊讶、痛苦）惊起；惊跳；吓一跳：He ～ed from his seat. 他突然从座位上跳了起来。❺（血）喷出，（泪）涌出；（眼睛等）凸出，鼓出：Tears ～ed to her eyes. 她的双眼突然充满了泪水。*vt.* ❶使开始；着手（做）：He's just ～ed a new job. 他刚开始干一个新工作。❷使（机器等）开始运转；使…开始发动：I can't ～ the car. 我无法让这辆汽车发动起来。❸使产生；使开始；开设；创办：He decided to ～ a newspaper. 他决定创办一份报纸。❹惊动；使惊起：～ a fox from its lair 把狐狸惊出巢穴 ❺使松动；使脱落；使翘曲：The collision ～ed a seam. 碰撞使一条缝松了。**Ⅱ.** *n.* ❶Ⓒ起

程，动身；着手；开始：He knew from the ～ the idea was hopeless. 自开始起，他就知道这个主意没有希望。❷[the ～]起跑（线）：runners lined up at the ～ 在起跑线上排成一行的赛跑选手 ❸Ⓒ 时机；起推动作用的外力：The money gave him just the ～ he needed. 这笔钱正是他开创事业所需要的。❹Ⓒ Ⓤ 有利条件；优先地位：He got a good ～ in business. 他在商业上得天独厚。❺ Ⓒ（由于惊愕、恐惧而引起的）惊跳：The news gave me quite a ～. 这个消息使我大吃一惊。

start·er ['sta:tə(r)]（～s[-z]）*n.* Ⓒ❶参加起跑的人；参赛马 ❷（赛跑开始的）发令员 ❸开端的人；起步的人：He's a fast ～. 他干什么都起步非常快。❹起动装置；（尤指发动机的）启动器

start·le ['sta:tl] **Ⅰ.**（～s[-z]；startling）*vt.* 使…吃惊；使受惊而跳起来，使吓一跳：I was ～d to hear his news. 听到他的消息使我大吃一惊。**Ⅱ.**（～s[-z]）*n.* Ⓤ Ⓒ 惊愕；吃惊；令人惊吓的事

starve [sta:v]（～s[-z]；starving）*vi.* ❶饿死；饥饿；挨饿：Many people ～d to death because of the famine. 那次饥荒中有许多人饿死。❷[只用于进行式]感觉很饿：What's for dinner? I'm *starving*! 晚饭吃什么？我要饿死了！❸渴望；急需：I've been *starving* to see you. 我一直很想与你见面。*vt.* ❶使（某人）饿死；使饥饿：She's *starving* herself to try to lose weight. 她为了减轻体重而忍饥挨饿。❷（以饥饿）迫使：It took 8 days to ～ them out (of the building). 饿了他们8天，才迫使他们（从隐藏的楼里）走了出来。

state¹ [steɪt] **Ⅰ.** *n.* ❶ Ⓒ状态；状况；情形：He was in a poor ～ of health. 他的健康状况不佳。❷ Ⓒ[口]兴奋状态；异常的精神状态：She got herself into a ～ about the exams. 她对考试非常紧张。❸ Ⓒ Ⓤ 国家；领土；政府：Many believe the *State* should provide schools, homes and hospitals for everyone. 许多人认为，政府应当给所有的人提供学校、住房和医疗服务。❹ Ⓒ（构成联邦或共和国的）州；邦：How many ～s are there in the United States? 美国总共有多少个州？❺ Ⓤ（政府的）隆重礼仪；壮丽；华丽：The Queen was in her robes of ～. 女王穿着御礼袍。❻ Ⓤ社会地位；身份；社会阶层：persons of every ～ of life 各阶层的人 **Ⅱ.** *adj.* ❶政府的；国家的；有关国家的：～ relations 国家关系 ❷礼仪上的；正式的；礼仪用的：a ～ occasion 仪式隆重的场合

state² [steɪt]（～d['-ɪd]；stating）*vt.* ❶陈

述；说明；声明：The document clearly ～*s* what is being planned. 这份文件清楚地说明了正在计划的事情。❷规定；预先宣布：at ～*d* times 在规定的时间

state·ly ['steɪtlɪ] (statelier; stateliest) *adj.* 庄严的；堂皇的；雄伟的：a ～ pace 稳重庄严的步子/a ～ old woman 仪态庄重的老太太

state·ment ['steɪtmənt] *n.* ◯❶叙述；说明：Clearness of ～ is more important than beauty of language. 叙述的清楚比辞藻的美丽更重要。❷（正式的）声明：The President made a ～ of his aims. 总统就他的目标发表了一篇声明。❸（[近]bank～）（银行）报告；（银行）结算单：My bank sends me monthly ～*s*. 银行按月寄给我存款账目。

states·man ['steɪtsmən] (statesmen) *n.* ◯政治家；英明的政治领袖

stat·ic ['stætɪk] Ⅰ. *adj.* ❶（[反]dynamic)([近]stationary) 不动的；不变的；静止的；无活力的：House prices, which have been ～ for several months, are now rising again. 房价稳定了几个月，但现在又开始上涨了。❷【物】静电的；产生静电的 Ⅱ. *n.* ◯【电】天电干扰；静电干扰；天电；静电：There was too much ～ to hear their message clearly. 静电干扰太厉害，听不清他们的电讯。

sta·tion ['steɪʃən] Ⅰ. (～*s*[-z]) *n.* ❶◯火车站；（公共汽车的）发车站，终点站：Which ～ are you going to? 你要去哪个火车站？❷◯（政府机关的）局，所；中心：a fire ～ 消防站 ❸◯电台；广播电台；电视台：Which TV ～ is the programme on? 这个节目是由哪家电视台播放的？❹Ｕ◯（社会）地位；职位；身份：He has ideas above his ～. 他的思想超越了自己的地位。❺◯【澳】（常指大的）牧场 ❻◯（军队等的）驻扎地，根据地；军事基地 ❼◯岗位；站立位置；编列位置 Ⅱ. (～*s*[-z]) *vt.* 驻扎；安置；把…置于：The detective ～*ed* himself among the bushes. 那位侦探藏在灌木丛里。

sta·tion·ary ['steɪʃənərɪ] [无比较等级] *adj.* ❶不动的；静止的；([反]portable) 固定的 ❷没有变化的；无增减的

sta·tio·nery ['steɪʃənərɪ] *n.* Ｕ[集合用法] 文具：a ～ cupboard 文具橱

sta·tis·tics [stə'tɪstɪks] [复] *n.* ❶[用作复数]统计；统计资料；统计数字：Politicians love to use ～ to support their arguments. 政治家们爱用数字资料为其论点提供证据。❷Ｕ[用作单数]统计学

stat·ue ['stætjuː] (～*s*[-z]) *n.* ◯雕像；塑像：erect a ～ of the king on a horse 树立一尊骑马的国王塑像

sta·tus ['steɪtəs] *n.* Ｕ◯❶地位；身份；资格：Women have very little ～ in many countries. 在许多国家，妇女的地位微不足道。❷重要地位；（社会上的）信誉，名望 ❸情形；状况；现状：the ～ of the world 世界局势

stat·ute ['stætjuːt] *n.* ◯❶（[近]law）成文法；法规，法令：decreed by ～ 依照法规判定的 ❷（公共机构的）章程，规程；条例：under the university's ～*s* 根据该大学的章程

***stay**[1] [steɪ] Ⅰ. (～*s*[-z]) *vi.* ❶停留（在某处）；留下：I'll ～ here till you come back. 我会留在这里，直到你回来。❷暂住，居留；逗留：How long did you ～ in New York? 你在纽约停留了多久？❸维持…；保持，持续：He never ～*s* sober for long. 他不醉的时候不多。❹[常用于祈使句]稍等；稍停；停下：*Stay*! You have forgotten the umbrella. 等一下！你把雨伞忘了。❺坚持；忍耐；撑到底：He ～*ed* to the end of the race. 他坚持跑完了全程。*vt.* ❶阻止；制止；抵制：～ the inroads of a disease 阻止疾病的侵入 ❷停止；延缓；推迟 Ⅱ. (～*s*[-z]) *n.* ❶◯停留；逗留期间：We intend to make a long ～ here. 我们打算在这里待较长的一段时间。❷◯Ｕ延缓；延期；中止

stay[2] [steɪ] (～*s*[-z]) *n.* ◯❶（船桅、杆等的）支索；牵索 ❷可依靠的人（或事物）；支撑物 ❸[用复数][英]带撑条的旧式紧身内衣

stead [sted] *n.* Ｕ◯❶代替，替代：I can't attend the meeting, but I'll send my assistant in my ～. 这个会我来不了，我让助手代我出席。❷好处；用处：My coat has stood me in good ～ this winter. 这件大衣今年冬年可帮了我大忙了。

stead·fast ['stedfəst,-fɑːst] *adj.* 坚定的；不动摇的；固定不变的：be ～ to one's principles 坚持自己的原则

steady ['stedɪ] Ⅰ. (steadier; steadiest) *adj.* ❶（[反]unsteady)稳的；平稳的；牢固的；不摇晃的：He's not very ～ on his legs after his illness. 他病愈后走路还不太稳。([反]unsteady)均匀而有规律的；稳定的；持续（不断）的：a ～ speed 稳定的速度 ❸稳重的；理智而可靠的：a ～ young man 稳重的年轻男子 ❹（[近]stable）固定的；恒定的；坚定的：Have you got a ～ boyfriend? 你有固定的男朋友吗？Ⅱ. (steadies [-z]; steadied) *vi.* 稳固；不摇晃；保持平稳（或稳定)：Prices are ～*ing*. 物价渐趋稳定。*vt.* 使稳定；使稳固：He *steadied* himself by holding on to the rail. 他抓住栏杆使自己站稳。**Ⅲ**. (steadies [-z]) *n*. ⓒ[美口](关系确定的)情侣 **Ⅳ**. *adv*. 稳定地;稳固地

steak [steɪk] *n*. ⓒⓤ❶大块牛肉片;大块肉(或鱼)片 ❷肉排;鱼排;(尤指)牛排:fried ～ 炸牛排/ham ～ 火腿扒

** **steal** [stiːl] **Ⅰ**. (～s[-z],stole[stəʊl]; stolen['stəʊlən]) *vt*. ❶偷;窃取:He *stole* a bun from the shop. 他从店里偷了一个圆面包。❷偷偷夺取;～ a few minutes' sleep 偷闲睡上几分钟 *vi*. ❶偷盗;行窃:It's wrong to ～. 偷东西是不对的。❷偷偷地行动;溜:He *stole* into the room. 他潜入房间。**Ⅱ**. (～s[-z]) *n*.[口]❶ⓒⓤ偷窃;窃取物 ❷ⓒ极便宜的东西,易做的事情

stealth [stelθ] *n*. ⓤ悄悄的活动,秘密行动: The burglars had entered the house by ～. 窃贼偷偷进了那座房子。

** **steam** [stiːm] **Ⅰ**. *n*. ❶([近]vapour)ⓤ蒸汽;水汽;水蒸气:The laundry was full of ～. 洗衣房里水汽腾腾。❷ ⓤ[口]精力;气力:go full ～ ahead with the technical revolution 大搞技术革命 **Ⅱ**. (～s[-z]) *vi*. ❶蒸发;冒着热气:The vegetable soup ～*ed*. 菜汤冒热气。❷(火车、轮船等)靠蒸汽动力行驶:The train ～*ed* into the station. 火车驶进了车站。❸生气,发怒 *vt*. ❶蒸;煮:*Steam* the fish for 10 minutes. 把鱼蒸 10 分钟。❷用蒸汽发动:～ a ship through the strait 把轮船开过海峡

steam·er ['stiːmə(r)] (～s[-z]) *n*. ⓒ❶([近]steamship)汽船;汽艇 ❷蒸汽车;蒸汽机 ❸蒸锅

** **steel** [stiːl] **Ⅰ**. *n*. ❶ⓤ钢;钢铁:It's made of ～. 这是钢制的。❷ⓤⓒ炼钢工业;钢铁生产:the ～ areas of the north 北方的钢铁工业区 ❸ⓒ钢制品;(尤指)刀,剑:cold ～ 利器 ❹ⓤ(像钢铁般的)坚硬:muscles of ～坚硬的肌肉 **Ⅱ**. (～s[-z]) *vt*. ❶钢化,给…包上钢:～ a razor 把剃刀刀口钢化 ❷使像钢铁;使坚强;使有决心;使经过锻炼:～ oneself in labour 在劳动中锻炼自己 ❸使冷酷无情 **Ⅲ**. *adj*. 钢的,钢制的

steep[1] [stiːp] *adj*. ❶陡峭的,险峻的:I never cycle up that hill — it's too ～. 我从未骑车上过那座小山,它太陡了。❷[口](指价格或要求)过多的;不合理的;过分的

steep[2] [stiːp] (～ed[-t]) *vt*. ❶([近]soak)浸(渍);泡:～ onions in vinegar 把洋葱泡在醋里 ❷沉浸于;使充满;埋头于:He ～*ed* himself in the literature of ancient Greece and Rome. 他沉浸于古希腊和古罗马文学的研究。*vi*. 渍;泡;浸;浸湿;浸透

stee·ple ['stiːpl] (～s[-z]) *n*. ⓒ(教堂顶端的)尖阁;尖塔

steer [stɪə(r)] (～s[-z];～ing['-rɪŋ]) *vt*. ❶驾驶;为(船等)掌舵;指导;筹划:He managed to ～ the discussion away from the subject of money. 他设法将讨论从钱的话题引开。❷沿着…前进:They ～*ed* a straight course for their destination. 他们取直线航线朝着目的地前进。❸使…朝向(某方向);引导…(往某方向) *vi*. ❶驾驶汽车(或飞机等);掌舵:You ～ and I'll push. 你来开,我来推。❷行驶;行进:The car ～*ed* north. 汽车朝北驶去。❸(船、汽车等)被驾驶;驾驶起来:a car that ～*s* well on corners 转弯灵活的汽车

steer·ing ['stɪərɪŋ] *n*. ⓤ驾驶车船的操作装置:power ～ 动力驾驶装置

stem[1] [stem] **Ⅰ**. (～s[-z]) *n*. ⓒ❶(花、草的)茎;(树)干;(叶)梗 ❷(工具的)柄;把;杆 ❸(高脚杯的)柄脚;烟斗柄 ❹([近]bow)(船的)艏柱;艏材;船头 ❺[语]词干;词根(可派生其他词的主体部分) ❻家庭的主系;正支 **Ⅱ**. (～s[-z]或茎) *vt*. ❶除去…的梗(或茎) ❷给…装柄(或把、杆等) *vi*. 起源于;来自;出于:discontent *stemming* from low pay and poor working conditions 由低报酬和恶劣劳动条件引起的不满情绪

stem[2] [stem] (～s[-z];stemmed;stemming) *vt*. ❶阻止;遏制(液体流动等):bandage a cut to ～ the bleeding 用绷带包扎伤口止血 ❷抵抗;对抗…:The government was unable to ～ the tide of popular indignation. 政府压制不住公愤。❸(滑雪时)转动(滑雪屐)以停止滑行 *vi*. ❶堵塞;止住 ❷逆流而行:Our ship *stemmed* on against the current. 我们的船逆流而行。

sten·o·graph ['stenəɡrɑːf] **Ⅰ**. *vt*. 速记;速写;用速记法书写 **Ⅱ**. *n*. ⓤⓒ速记文字;用速记文字写成的文件

** **step** [step] **Ⅰ**. *n*. ❶ⓒ步;脚步:He took a ～ towards the door. 他向门口迈了一步。❷ⓒ一步的距离;短距离:It's only a ～ to the park from here. 公园离这儿很近。❸ⓒ脚步声;走路的声音:We heard ～*s* outside. 我们听到外面有脚步声。❹([近]pace)ⓒⓤ步态;步伐;步调:I don't know the ～*s* for this dance. 我不会这种舞步。❺([近]footmark;footprint)ⓒ 足迹:We found the ～*s* of a bear on the ground. 我们在地面上发现了熊的足迹。❻ⓒ(接近目标

的)一步；一个阶段；进步：This has been a great ～ forward. 这是向前迈出的很大一步。❼ⓒ[用复数]台阶；石阶；阶梯：Mind the ～s when you go down into the cellar. 你走到地下室时要当心台阶。❽ⓒ级别；等级；阶段；晋级：Our marketing methods put us several ～s ahead of our main rivals. 我们的销售方法得力，超过主要对手几个等级。❾ⓒ手段；步骤；措施：The government took an unusual ～. 政府采取了非常措施。Ⅱ. (stepped[-t]；stepping) vi. ❶跨步；步行：～ forwards 向前迈步 ❷踩；踏；踩上：～ on sb.'s foot 踩着某人的脚 ❸跨入；踏进：～ across a stream 越过小溪 vt. ❶跨(步)；踏(脚)；散步于：～ foot on one's native land 踏上故土 ❷步测：～ out the length of a bridge 步测桥的长度

ste•reo ['steriəʊ,'stiə-] Ⅰ. (～s[-z]) n. ❶Ⓤ立体声；立体音响：broadcast in ～ 立体声广播 ❷ⓒ立体声音响器材：Where's your ～? 你的立体声音响设备在哪儿呢？Ⅱ. adj. 立体声的；立体音响的

ste•reo•type ['steriətaip] Ⅰ. n. ⒸⓊ❶【印】铅版；铅版制版法 ❷墨守成规的观念；固定形式；典型之物；陈腔滥调，老套；陈规：break through the ～s 打破旧框框 Ⅱ. (～d[-t]；stereotyping) vt. ❶【印】浇铸…的铅板 ❷使成为刻板文章；把…弄得一成不变

ster•ling ['stɜːlɪŋ] Ⅰ. n. Ⓤ英国货币(尤指英镑) Ⅱ. adj. ❶(指硬币或贵金属)标准纯度的；纯银的：～ silver cutlery 标准纯银的餐具 ❷(指人或其品质等)令人钦佩的；优秀的：her ～ qualities as an organizer 她那高超的组织才能

stern¹ [stɜːn] adj. ❶([近]strict, severe)严肃的；不苟言笑的；要求别人服从的：a ～ face, expression 严肃的面容、表情 ❷严厉的；严格的；严酷的：Police are planning ～er measures to combat crime. 警方正在制订更严厉的措施来打击犯罪活动。

stern² [stɜːn] (～s[-z]) n. ❶Ⓒ船尾 ❷(物体的)后部；尾部；末端；(尤指人的)屁股：Move your ～；I want to sit down. 你把屁股挪一挪，我想坐下。

steth•o•scope ['steθəskəʊp] Ⅰ. n. Ⓒ【医】听诊器 Ⅱ. vt. 【医】用听诊器检查

ste•ve•dore ['stiːvɪdɔːr] Ⅰ. (～s[-z]) n. Ⓒ(船货)装卸工人；码头工人 Ⅱ. vt. & vi. 装卸货船

stew [stjuː] Ⅰ. vt. (用文火)炖着；煨；焖 vi. ❶(食物)炖着；被炖熟：The Meat needs to ～

for several hours. 这肉得炖几个钟头。❷很热；热得难受：Please open a window—we're ～ in here. 请打开窗户吧——我们热死了。Ⅱ. n. ❶ⒸⓊ炖菜：have some more ～ 再吃点儿炖菜 ❷Ⓒ不安；担忧；激动

stew•ard ['stjʊəd,'stjuːəd] Ⅰ. (～s[-z]) n. Ⓒ❶(轮船、飞机或车上的)乘务员，服务员（指巨宅或地产的)管家；管理员 ❷(大学、俱乐部等的)膳食管理员 ❸[英](舞会、赛马大会、表演、公共集会、示威活动等的)组织者；筹备人；干事；理事 Ⅱ. vi. 当乘务员

stew•ard•ess [ˌstjʊə'des] (～es[-ɪz]) n. Ⓒ空中小姐；女服务员，女乘务员

stick [stɪk] Ⅰ. n. Ⓒ❶棍；棒；柴枝：collect dry ～s to make a fire 拾些干柴生火 ❷([近]cane)杖；手杖：The old man cannot walk without a ～. 那位老人离开手杖就走不了路。❸【体】(曲棍球、马球等的)球棍 ❹棒状物；(细长的)条状物：～s of chalk 粉笔 ❺指挥棒 ❻【军】(炸弹等)连续投下的一批；一批连续跳下的伞兵 ❼(家具)一件：a few ～s of furniture 几件(简单的)家具 ❽[口]某种类型的人；(尤指)呆头呆脑的人；不善交际的人：He's a rather boring old ～. 他是个相当乏味的家伙。❾[the ～s][美口]小镇；郊区；乡间；边远森林地带：live (out) in the ～s 住在远离城市的边远地方 ❿手柄；操纵杆；(汽车的)变速杆；换挡杆 Ⅱ. (stuck[stʌk]) vt. ❶刺；戳；刺死；刺猎：She stuck her thumb on a thorn. 她的拇指被刺扎了。❷插入；伸入；放置；塞进：Don't ～ your head out of the window of the car. 别将头伸出车窗外。❸(用糨糊等)粘住；粘上；贴上：～ a broken cup together 把破了的杯子粘在一起 ❹卡住；被困住；陷入：The vessel has been stuck here for a week by bad weather. 由于天气恶劣，船只被阻在此已有一周时间了。❺[口]容忍；忍受：I won't ～ your rudeness any longer. 我再也不能忍受你这种粗暴行为了。vi. ❶扎入；刺；戳：I found a nail ～ing in the tyre. 我发现轮胎上扎着一根钉子。❷被粘住；被钉住：This glue doesn't ～ very well. 这种胶水粘不住。❸停留；坚持；固定：～ to a post 坚守岗位 ❹堵塞；陷住；被难住：The key stuck in the lock. 钥匙在锁中卡住了。❺伸出；突出：He had a packet of handbills ～ing from his pocket. 他的口袋里露出一叠传单。

stick•er ['stɪkə(r)] (～s[-z]) n. Ⓒ❶[美](有黏胶的)图文标签：The child had ～s all over his school books. 那孩子把他的课本贴满了图文标签。❷坚持不懈的人；锲而不舍的人 ❸刺戳的人

sticky ['stɪkɪ] (stickier;stickiest) *adj*. ❶黏的;黏性的:The floor's very ~ near the cooker. 炉具旁边地面上黏黏糊糊的。❷[口](天气)湿热得难受的:~ weather 湿热的天气 ❸[口]不愉快的;困难的:His dismissal was rather a ~ business for all concerned. 他遭解雇一事,有关的人都很为难。❹[口]抱不同意(或不合作)态度的:The bank manager was a bit ~ about letting me have an overdraft. 银行经理不太同意让我透支。

stiff [stɪf] **I**. *adj*. ❶坚硬的;僵直的:a sheet of ~ cardboard 一块硬纸板 ❷黏稠的;难搅拌的:Stir the flour and milk to a ~ paste. 把面粉和牛奶搅成稠的糊。❸不好做的;困难的:a ~ exam 难度大的考试 ❹严厉的;激烈的:The judge imposed a ~ sentence. 法官做出了严厉的判决。❺(态度、举止)生硬的;拘谨的;不友好的:be ~ in manner 态度生硬 ❻[口](价格)坚挺的;昂贵的:pay a ~ membership fee 缴纳很高的会费 ❼(风等)强劲的;猛烈的 ❽(酒)烈性的;未经稀释的:a ~ glass of rum 一杯纯的朗姆酒 **II**. *n*. [C] ❶[美俚]尸体;死尸 ❷[英]不可救药的人 ❸[美]醉;傲慢(或拘谨、讨厌)的人;游民;穷鬼 ❹流通(可转让的)票据;钞票,金钱 **III**. *adv*. [口]极度地;非常,十分:The opera bored me ~. 这个歌剧真把我腻烦透了。

stiff·en ['stɪfn] (~s[-z]) *vi*. 变得(更加)坚硬(僵硬、困难、生硬、强烈等):He ~ed with terror at the horrific sight. 他看到那恐怖的情景吓呆了。*vt*. 使硬(挺);使僵硬:The promise of a reward might ~ their resolve. 答应给他们奖励,他们就可能更勇敢了。

stif·le ['staɪfl] *vt*. ❶使窒息,闷住,闷死:He was ~d with the smoke in the room. 屋子里的烟使他闷得透不过气来。❷扼杀,抑止,制止 *vi*. 窒息;被闷死

stig·ma ['stɪgmə] (~s[-z]) *n*. [C] 耻辱;污名

*****still**¹ [stɪl] **I**. *adj*. ❶([近]motionless)静止的;寂静的:Stand ~ while I take your photograph. 我给你拍照时请别动。❷无风的:a ~ day in August 八月里无风的一天 ❸(饮料等)不含碳酸的;不起泡的:~ cider 无汽的苹果汁 **II**. (~s[-z]) *n*. ❶[the ~]平静;沉默:in the ~ of the night 夜深人静 ❷[C](电影片中某一镜头的)剧照;定格画面:~s from a new film 新影片的剧照 **III**. (~s[-z]) *vt*. 使平静;使静止;止住:She couldn't ~ her anxiety. 她无法消除内心的不安。*vi*. 静止;平静:The wind ~s down. 风息了。**IV**. *adv*. ❶仍然;依旧;还:She's ~ busy. 她仍然

很忙。❷然而;不过;虽然如此;尽管那样:This book is not perfect;~, it is very good. 这本书虽然不是十全十美;但还是本好书。❸([近]even)更;还要:Tom is tall, but Mary is ~ taller. 汤姆很高,但是玛丽更高。❹加之;此外;还有:He came up with ~ more stories. 他写出的小说更多了。

still² [stɪl] **I**. (~s[-z]) *n*. [C] 蒸馏室;酿酒场;蒸馏器 **II**. *vt*. & *vi*. 蒸馏;用蒸馏法提取

stim·u·late ['stɪmjʊleɪt] (~d[-ɪd];stimulating) *vt*. ❶刺激;激励;激发:The exhibition ~d interest in the artist's work. 展览激发了画家作画的兴趣。❷促进;使起刺激作用:This kind of exercise ~s your brains. 这种体操会刺激你的头脑。❸激起…的兴奋和兴趣 *vi*. 起促进(或刺激)作用

stim·u·la·tion [ˌstɪmjʊ'leɪʃən] *n*. [U] 刺激(作用);兴奋(作用);激励(作用)

stim·u·lus ['stɪmjʊləs] (stimuli ['stɪmjʊlaɪ]) *n*. [U][C] 刺激;刺激物;促进(因素):The nutrient in the soil acts as a ~ to make the plants grow. 土壤中的养分刺激植物生长。

sting [stɪŋ] **I**. (~s[-z];stung[stʌŋ]) *vt*. ❶刺;螫;叮:A bee stung me on the cheek. 一只蜜蜂在我脸上蜇了一下。❷使…感到刺痛,使…有火辣辣的感觉:The impact of the tennis ball really *stung* his leg. 网球撞击在了他的腿上,真够疼的。❸刺激;激励:The insulting remarks *stung* him to a rage. 这些污辱性的话惹得他大怒起来。❹[俚]向(某人)索取高价;诈骗(某人)钱财(for):How much did they ~ you for? 他们诈骗了你多少钱? *vi*. ❶刺;叮:Not all nettles ~. 并非所有的荨麻接触后都有刺痛感。❷感到(或引起)刺痛:My eyes are ~ing from the smoke. 我的眼睛让烟熏得很疼。**II**. (~s[-z]) *n*. ❶[C]螫针;螫刺;毒刺 ❷[C]螫痛;刺痛:That bee gave me a nasty ~. 那只蜜蜂狠狠地蜇了我一下。❸[C][U](身体或精神上的)剧痛;造成伤痛的作用力:His words carry a ~. 他话中有刺。

stingy ['stɪndʒɪ] (stingier; stingiest) *adj*. ([反]generous,liberal)吝啬的;吝惜的;小气的:Don't be so ~ with the money! 别那么吝惜钱!

stir [stɜː(r)] **I**. (~s[-z];stirred;stirring ['-rɪŋ]) *vt*. ❶搅动;搅和;搅拌(液体等);将…拌入:~ one's tea with a spoon 用匙搅动茶 ❷([近]move)使…微动;使…活动:A gentle breeze *stirred* the leaves. 微风吹动了树叶。❸激起(感情);唤起…;使…兴奋:The news *stirred* the world. 这条新闻轰动了世

界。*vi.* ❶移动；走动；活动：Nobody was *stirring* in the house. 屋里没有动静。❷（感情等）引起；激起；唤起：Pity *stirred* in her heart. 她油然产生恻隐之心。❸[英口]搬弄是非 ❹搅动，拌和 Ⅱ.（~s[-z]）*n.* ❶ⓒ搅动；搅和 ❷[用单数]混杂，骚动，混乱，激动：The news caused quite a ~ in the village. 那消息在村里引起了一片混乱。

stitch [stɪtʃ] Ⅰ.（~es['-ɪz]）*n.* ❶ⓒ（缝纫或编织的）一针；针脚；缝线：put a few ~*es* in a shirt 在衬衫上缝几针 ❷ⓒⓤ针法；缝法；编结法 ❸[只用单数]（肋部）突然剧痛：Can we slow down and walk for a bit? I'm getting a ~. 我们放慢速度步行一会儿好吗？我觉得肋部突然一阵剧痛。Ⅱ.（~es['-ɪz]；~ed[-t]）*vt.* 缝；缝合；缝纫：~a button on a dress 在连衣裙上钉上纽扣

stock [stɔk] Ⅰ.*n.* ❶ⓒ（商店、货栈等的）库存物；存货：Your order can be supplied from ~. 您订的货可从仓库中提取。❷ⓒⓤ供给；供应（物）；贮备量：*Stocks* of food are running low. 存的食物越来越少了。❸ⓤ（公司的）股票；股份；[英]公债；国债：He has a large sum of money in ~*s*. 他把大笔金钱投资在股票上了。❹ⓤ家畜，牲畜：buy some more ~ for breeding 买更多的家畜饲养 ❺ⓤⓒ家系；世系；血统；祖先：a woman of Irish ~ 一个爱尔兰血统的女人 ❻ⓤ（舆论中）某人的地位和声誉；His ~ is high. 他的声望很高。❼ⓤ（产品的）原料；材料；备料：paper ~ 造纸原料 ❽ⓤ（用骨头、肉、鱼、青菜炖成的）原汤；汤料；调味肉汁：sauce made with chicken ~ 用鸡汤做调味汁 ❾ⓒ（工具的）柄；把；枪托：the ~ of a fishing rod 钓鱼竿的柄 ❿ⓒ树干；根株；根状茎 ⓫[用复数]船底枕木；造船台 ⓬[用复数]足枷；手枷；足械 ⓭ⓒⓤ【植】紫罗兰（油菜料的多年生草本植物）⓮ⓒ（18世纪的男子兼作衣领用的）宽领带 Ⅱ.[无比较等级]*adj.* ❶库存的；现有的；常备的：~sizes 常备的尺码 ❷平常的；普通的；陈腐的：a ~ argument 陈腐的论点 Ⅲ.（~ed[-t]）*vt.* ❶贮存；备置；采办：Do you ~ raincoats? 你有雨衣存货吗？❷供应；提供；供以…存货：That shop is well ~*ed* with foreign videos. 那家店里存有许多外国的录像机。❸使…具备；使…蓄积：The man is well ~*ed* with information. 那个人信息很多。*vi.* 储备；囤积：As soon as they heard about possible food shortages, they began to ~ up. 一听说食品可能要短缺，他们就开始储备。

stock·ing ['stɔkɪŋ]（~s[-z]）*n.* ⓒ[常用复数]长袜；长筒袜 put on ~*s* 穿上长筒袜

stole[staʊl]（~s[-z]）*n.* ⓒ女用披肩，女用长围巾

stole[staʊl] steal 的过去式

sto·len ['staʊlən] steal 的过去分词

stom·ach ['stʌmək] Ⅰ.*n.* ❶ⓒ胃：It's unwise to swim on a full ~. 刚吃完饭不宜游泳。❷ⓒ[口]肚子；腹部：He hit me in the ~. 他击中了我的肚子。❸ⓤ食欲；胃口；欲望；渴求：It goes against my ~. 这不合我的胃口。Ⅱ.（~ed[-t]）*vt.* ❶吃下；消化：I can't ~ seafood. 我吃不惯海味。❷忍受（某事物）；容忍：I can't ~ such an insult. 我无法忍受这种侮辱。

stone [staʊn] Ⅰ.（~s[-z]）*n.* ❶ⓤ石；石料；岩石：lime ~ 石灰岩 ❷ⓒ石块；石子；碎石：Small ~*s* rolled down the hillside as they ran up. 他们跑上山坡，同时有些小石子滚了下来。❸ⓒ宝石；钻石：a ring with six small ~*s* 镶有6颗小宝石的戒指 ❹ⓒ界碑；里程碑；纪念碑；墓碑 ❺[近core]ⓒ（梅、桃等的）果核 ❻ⓒ【医】（膀胱或肾脏中的）结石 ❼ⓒ[亦作 hail ~]冰雹 ❽ⓒ[单复同]英石（重量单位，等于14磅）Ⅱ.（~s[-z]；stoning）*vt.* ❶向…扔石头；用石头砸：~sb. to death 用石头砸死某人 ❷用石头铺；用石（墙）围：~a well 在井的内壁砌上石块 ❸去掉…的果核

stony ['staʊnɪ]（stonier；stoniest）*adj.* ❶多石的；铺石的；有石的：a ~ road 碎石路 ❷铁石心肠的；冷酷的；无同情心的：with a ~ face 板着面孔 ❸[作表语]一文不名的；身无分文的

stood [stʊd] stand 的过去式和过去分词

stool [stuːl]（~s[-z]）*n.* ⓒ❶（常指单人的）凳子：a bar ~ 酒吧间的高凳 ❷ⓒ搁脚凳；跪凳 ❸ⓒⓤ厕所；马桶；大便；粪便

stoop [stuːp] Ⅰ.（~ed[-t]）*vi.* ❶屈身；弯腰：She ~*ed* low to look under the bed. 她俯身查看床底。❷（习惯性）弓背；伛偻：He's beginning to ~ with age. 他年事渐高，背也开始变驼了。❸屈身；屈从；堕落：I would never ~ to cheating. 我可决不至于下贱到骗人的地步。*vt.* 使屈尊；俯（身）；弯（腰）：~one's head to get into the car 俯身进入汽车 Ⅱ.*n.*[用 a ~]弯腰；曲背；驼背：walk with a slight ~弓着背行走

stop [stɔp] Ⅰ.（stopped[-t]；stopping）*vt.* ❶使停止；使中止（或暂停）；中断：He *stopped* the machine and left the room. 他停了机器，离开了房间。❷阻止（某人）做某事；阻碍（某事物）发生：I'm sure he'll go, there's nothing to ~ him. 我肯定他要去的，没法子

S

止他。❸堵塞;阻塞:~ a bottle with a cork 用软木塞塞住瓶子 ❹停付;扣除:The cost was *stopped* out of my wages. 那笔费用已从我的工资中扣除。❺用手压住(乐器的孔、弦) *vi*. ❶停止;中止;停下来:The rain has *stopped*. 雨停了。❷(尤指短时间)停留;逗留:I'm *stopping* at home tonight. 我今晚待在家里。❸被塞住(up):The sink *stopped* up. 水槽堵住了。Ⅱ. *n*. Ⓒ❶停止;中止;停留;逗留:make a short ~ on a journey 在途中作短暂停留 ❷停车站;停靠站:Where is the nearest bus-~? 离这儿最近的公共汽车站在哪里? ❸(门等的)栓;堵塞物;阻挡物 ❹[英]标点符号;(尤指)句号 ❺【音】音管;调音键;音柱;音钮 ❻【摄】光圈;光圈快门 ❼【语】爆破音(如 p、b、k、g、t、d)

stop·page ['stɒpɪdʒ] *n*. ⓊⒸ❶停工;罢工 ❷(工资中用作纳税、购买国民保险等的)扣除(款):There's not much money left after ~s. 工资中扣除税款等费用后所剩无几。❸停止;(付款、假期等的)取消 ❹堵塞;阻塞:a ~ in a gas pipe 煤气管道的堵塞

stor·age ['stɔːrɪdʒ] *n*. ❶Ⓤ贮存;贮藏:keep fish and meat in cold ~ 把鱼、肉冷藏起来 ❷Ⓒ贮藏所;仓库:a ~ room 库房 ❸Ⓤ储存物品的费用;保管费:have to pay ~ 须缴纳保管费

* **store** [stɔː(r)] Ⅰ. (~s[-z]) *n*. Ⓒ❶贮存;储藏;储备:lay in ~s of coal for the winter 储存冬季用煤 ❷丰富;许多;大量:She keeps a ~ of amusing stories in her head. 她头脑里有许多有趣的故事。❸[用复数]储用品;备用品:military ~s 军需品 ❹[英]仓库,贮藏所(=[美]warehouse) ❺[美]店铺;商店(=[英]shop) ❻[英]百货店;百货公司(=[美]department ~) Ⅱ. (~s[-z])storing['-rɪŋ]) *vt*. ❶储存,储备:I've ~d my winter clothes in the attic. 我把冬天的衣物存放在阁楼里了。❷把……存在仓库中;存放:They've ~d their furniture while they go abroad. 他们出国时把家具送到仓库保管起来。❸供应;供给;装备:~ a ship with food 供给船只食物 ❹容纳;装得下:This cupboard can ~ enough food for a month. 这个食橱能装下足够一个月之用的食物。

* **sto·rey** ['stɔːrɪ] (storeys) *n*. ([近]floor) Ⓒ(楼)层:a multi-~ car park 多层停车场

* **storm** [stɔːm] Ⅰ. (~s[-z]) *n*. Ⓒ❶风暴;暴风雨;暴风雪;风暴天气:A ~ is brewing. 暴风就要来了。❷(感情的)猛然爆发,迸发:His proposal was met by a ~ of protest. 他的建议遭到激烈的反对。Ⅱ. (~s[-z]) *vi*.

❶(天)起风暴:It ~ed hard yesterday. 昨天起了一阵大风暴。❷大发雷霆;暴怒;怒骂:~ at the unexpected delay 因意外耽搁而大发雷霆 ❸猛冲;粗暴地冲入:After the argument she ~ed off. 经过争论之后,她愤然离开。*vt*. 攻占;袭取

storm·y ['stɔːmɪ] (stormier;stormiest) *adj*. ❶有暴风雨的;多风暴的:a ~ night 暴风雨之夜 ❷感情冲动的;狂怒的:a ~ discussion 激烈的讨论

* **sto·ry**[1] ['stɔːrɪ] (stories [-z]) *n*. Ⓒ❶故事;记事;逸事;传说;传记;史话:The play is really a love ~. 这出戏实际是一个爱情故事。❷(小说、戏剧等的)情节:a spy novel with a strong ~故事情节扣人心弦的间谍小说 ❸[美](新闻)记事;报道;文章:That'll make a good ~ 这件事可以成为新闻报道的好题材。❹经历;历程:write the ~ of one's life 写自己的生活经历 ❺[口]假话;谎话;说谎者:Don't tell *stories*, Tom. 汤姆,不要撒谎。

sto·ry[2] ['stɔːrɪ] *n*. Ⓒ[美]= storey

stout [staʊt] Ⅰ. *adj*. ❶强壮的;矮胖的;肥胖的:She's growing rather ~. 她渐渐富态了。❷牢固的;结实的:a ~ ship 牢固的船 ❸坚决的;勇敢的;不屈不挠的:a ~ heart 勇气 Ⅱ. *n*. Ⓤ烈性黑啤酒

* **stove**[1] [staʊv] (~s[-z]) *n*. Ⓒ❶(取暖或烹饪用的)炉;火炉;电炉;加热器 ❷窑;烘房;[英]温室

stove[2] [staʊv] stave 的过去式和过去分词

stow [staʊ] (~s[-z]) *vt*. 将……放进;装入:Passengers are requested to ~ their hand-baggage in the lockers above the seats. 旅客须将随身携带的行李放入座位上方的贮藏柜里。

* **straight** [streɪt] Ⅰ. *adj*. ❶([反]crooked, winding, bent)直的;平直的;挺直的;笔直的:a ~ road 一条笔直的路 ❷水平的;垂直的:His hat isn't on ~. 他的帽子戴歪了。❸整齐的;井然有序的;端正的:It took hours to get the house ~. 用了很长时间才把房子收拾好。❹([近]honest, upright)诚实的;值得信任的;正直的;坦诚的:I don't think you're being ~ with me. 我觉得你对我并不坦诚。❺可靠的,正确的:The accounts are ~. 账目正确无误。❻接连的,连续的:the ~ sequence of events 事件的先后顺序 ❼[无比较等级](戏剧)严肃的;正规的;正统的;保守的:a ~ actor 一位正统的戏剧演员 ❽[无比较等级]([近]heat)(酒等)纯净的;不掺水的;未冲淡的:I like my vodka ~. 我喜欢喝纯伏特加。Ⅱ. [无比较等级] *adv*. ❶直;直地;笔

直地;直接地:The road goes ～ across the desert. 那条道路笔直穿过沙漠。❷ 径直地;直接地:She went ～ from school to university. 她从中学一毕业就直接升入大学。❸ 诚实地;坦率;正直的:I told him ～ that I didn't like him. 我坦诚地告诉他,我不喜欢他。❹ 立即,马上:Let's go to the meeting ～ away. 我们立即就开会去吧。Ⅲ. *n.* ❶ [the ～]直线;直线部分;(径赛跑道等的)直线跑道 ❷ C (拳击)直拳,直击 ❸ U 如实的报道,真相

straight·en ['streɪtn] (～s[-z]) *vt.* ([反] bent) ❶ 把…弄直;使挺直:*Straighten* your back! 把背挺直! ❷ 整理,整顿;澄清:You're clearly rather muddled about office procedures, but I'll soon ～ you out. 你显然不大明白办事的手续,我很快就给你解释清楚。❸ 使改正;使好转 *vi.* ❶ 直起来,挺起来:The road ～*s* after a series of bends. 路经过几个转弯后就直了。❷ [美口]改正;好转(out):These problems will ～ out in time. 这些问题总会解决的。

straight·for·ward [ˌstreɪt'fɔːwəd] *adj.* ❶ 易懂的;简单的;浅显的:The procedure is quite ～. 手续很简单。❷ 诚实的;坦率的;老实的;坦白的:～ in one's business dealings 老老实实做生意

strain[1] [streɪn] Ⅰ. (～s[-z]) *vt.* ❶ 拉紧,张紧;绷紧:They ～*ed* the wires in the fence. 他们拉紧栅栏上的铁丝。❷ 竭尽全力;竭力喊出;睁大(眼睛);竖起(耳朵):He ～*ed* himself to swim to the shore. 他竭尽全力游到岸边。❸ ([近]sprain)使过劳;使受损伤;扭伤:I ～*ed* my eyes by watching TV too much. 我因看电视过多而伤了眼睛。❹ 曲解,歪曲;滥用:Her prose ～*s* language to the limits. 她的散文在语言运用上已超过了规范的极限。❺ 过滤(食物等);滤掉 *vi.* ❶ 尽力,努力;竭尽全力:He ～*ed* to catch a glimpse of the sea. 他极目望去,想看一点儿海景。❷ 紧拉;紧推;划(桨):rowers ～*ing* at the oars 用力划桨的划船手 ❸ 被过滤;渗出 Ⅱ. (～s[-z]) *n.* ❶ C U 拉紧;绷紧;张紧:The rope broke under the ～. 绳子拉断了。❷ C U 拉力;张力:What is the breaking ～ of this cable? 这缆索的致断拉力是多少? ❸ C U 负担;压力;(身心的)紧张状态;心力交瘁:He finds his new job a real ～. 他发觉新的工作的确很紧张。❹ C U 劳损;扭伤:a painful ～使人疼痛的扭伤

strain[2] [streɪn] (～s[-z]) *n.* ❶ C (人的)血缘;种族;世系;(动、植物的)系;品系;品种;

类型:He comes of a peasant ～. 他出身于农民世家。❷ C 个性特点;性格倾向;气质;性情:There is a ～ of weakness in him. 他性格有些软弱。❸ C [用复数]曲调;旋律;乐曲;诗节:the ～*s* of a well-known song 一首著名歌曲的旋律 ❹ [用单数]口吻;语气;笔调;情调:Her speech continued in the same dismal ～. 她以悲伤的语调接着往下说。

strained [streɪnd] *adj.* ❶ 勉强的;不自然的;造作的:～relations 紧张的关系 ❷ 过度疲劳和焦虑的;心力交瘁的:She looked very ～ when I last saw her. 我上次看见她时,她显得非常憔悴

strait [streɪt] Ⅰ. *n.* C ❶ [常用复数][用作单]海峡;(连接两个水域之间的)狭窄水道:the *Straits* of Gibraltar 直布罗陀海峡 ❷ [用复数]困难;困境:be in desperate financial ～*s* 陷于极度的财务困境中 Ⅱ. *adj.* 狭窄的;紧的;被束缚的;受限制的

strait·en ['streɪtn] *vt.* ❶ 使狭窄;使紧窄 ❷ 限制;使紧缩 ❸ [常用被动语态]使困苦;使窘迫:in ～*ed* circumstances 处于贫困的境地 *vi.* 变窄,变紧

strand[1] [strænd] (～s[-z]) *n.* C ❶ (绳子、缆索等的)股;缕:a rope of three ～*s* 三股的绳子 ❷ (故事等的)情节发展线索:drawing together the ～*s* of the narrative 把该故事的几条线索联在一起

strand[2] [strænd] Ⅰ. (～s[-z]) *n.* ([近] shore, beach) C (多沙的)湖滨;海滨;海滩;河岸 Ⅱ. (～s[-z];～ed['-ɪd]) *vt.* [常用于被动]使(船等)触礁;使搁浅;使进退两难;使处于困境:a whale ～*ed* by the high tide 被大海潮冲到岸上的鲸鱼 *vi.* 搁浅;处于困境

strange [streɪndʒ] (～r;～st) *adj.* ❶ [无比较等级]([反]familiar)不认识的;陌生的;不熟悉的:I am quite ～ here. 我在这里人生疏 ❷ 奇异的;奇怪的;奇特的;不同寻常的:It's ～ we haven't heard from him. 奇怪的是,我们没有他的音信。❸ [无比较等级]不习惯的;无经验的;感到生疏的;外行的:He's ～ to the work. 他对这工作很外行。❹ 外地的;异乡的:in a ～ land 在异地;在国外

strang·er ['streɪndʒə(r)] (～s[-z]) *n.* C ❶ 陌生人:Our dog barks at ～*s*. 我们那只狗见了生人就汪汪叫。❷ 外国人;外地人;异乡人:I'm a ～ in this town. 我在这个城镇里人地生疏。❸ 外行;生手:I am a complete ～ to this job. 对于这项工作来说,我完全是个外行。

strap [stræp] Ⅰ. *n.* C ❶ 带;皮带;布带:My camera ～ has broken. 我相机上的皮带

断了。❷(连衣裙等套在肩上的)挎带,肩带,背带:a summer dress with thin shoulder-~s 有细肩带的夏季连衣裙 Ⅱ.(strapped[-t];strapping) vt. ❶用(带子)系、扎、绑:Make sure the passengers are *strapped* in before driving off.开车前请乘客务必系好安全带。❷用绷带包扎(伤口等):His injured arm was tightly *strapped*. 他受伤的手臂已妥善地包扎好了。

stra·te·gic·(al) [strəˈtiːdʒɪk(əl)] [无比较等级] adj. 战略的;战略上的;战略性的:~ decisions 战略决策/~materials 战略物资

strat·e·gy [ˈstrætɪdʒɪ] (strategies [-z]) n. ❶U战略;战略学:~ and tactics 战略与战术 ❷UC策略;谋略;计谋:By careful ~ she negotiated a substantial pay rise. 在精心策划后,她谈妥了大幅增加工资的事。❸C针对性措施;对策;行动计划

straw [strɔː] (~s[-z]) n. ❶U稻草;麦秆:a stable filled with ~ 堆满干草的马厩 ❷C (一根)稻草;麦秆:There are a few ~s in your hair.你的头发上有几根稻草。❸C(麦秆状)吸管:drinking lemonade through a ~ 用吸管吸汽水 ❹[用 a ~]微不足道的事物(或数量):not worth a ~ 毫无价值

straw·ber·ry [ˈstrɔːbərɪ] (strawberries [-z]) n. C【植】草莓:~ jam 草莓酱

stray [streɪ] Ⅰ.(~s[-z]) vi. ❶走失,迷失;闲逛:Some of the cattle have ~ed. 有些牛走失了。❷偏离;背离;离题:My mind kept ~ing from the discussion. 我在讨论时总是走神。Ⅱ.[无比较等级] adj. ❶离群的;走失的;迷失的;偏离的:a home for ~ dogs 走失的狗的收容处 ❷零星的;散乱的;孤立的:The streets were empty except for a few ~ passers-by.除了寥寥几个行人外,街上空空如也。Ⅲ.(~s[-z]) n. C迷路的人;流浪者;走失的家畜

streak [striːk] Ⅰ. n. C❶([近]stripe)条纹;斑纹;线条 ❷[用 a ~]倾向;气质:He has a ~ of humour in him. 他略具幽默感。❸[口]一连串;一系列;(短暂的)一段时间:a long ~ of winning 一连串的胜利 Ⅱ.(~ed[-t]) vt.[常用被动语态]在⋯上加条纹:have one's hair ~ed 把头发染成一缕缕不同的颜色 vi. ❶形成条纹 ❷[口]飞跑;疾驰:The children ~ed off as fast as they could. 孩子们拼命地飞跑。

stream [striːm] Ⅰ.(~s[-z]) n. C❶小河;小溪;溪流:a small ~ running through the woods 流过树林的小溪 ❷(液体、气体等的)流出;流向;趋向:A ~ of water is run-

ning down on the rocky wall. 一股细流沿着岩壁流下。❸(人、车辆等的)流动,川流不息:A ~ of people came out of theatre. 人潮川流不息地从剧院涌出。❹[英]按能力分的班级 Ⅱ.(~s[-z]) vi. ❶流,流动:Sweat ~ed down his face. 他脸上汗水直流。❷飘扬;招展:Her hair ~ed out in the wind. 她的头发迎风飘动着。❸流出,流出:The wound ~ed blood.伤口流出了血。❷[英]将(学童)按年龄(或智力)分班(或编组)

stream·er [ˈstriːmə(r)] (~s[-z]) n. C❶([近]banner)横幅;长旗;幡 ❷狭长的彩色纸带;飘带 ❸(报纸上横贯全页的)通栏标题 ❹【气】流光,光幕;[用复数]北极光

stream·line [ˈstriːmlaɪn] Ⅰ.(~s[-z]) n. C❶【物】流线 ❷(飞机、汽车等的)流线型 Ⅱ.(~s[-z];streamlining) vt. ❶使(某物)成流线型 ❷使⋯效率更高;使⋯作用更大;精简:We must ~ our production procedures. 我们必须精简生产程序以提高效率。

street [striːt] n. C❶([近]road,avenue)街,街道;行车道;马路 ❷街区;[总称]街区居民:Our ~ puts on a carnival every year. 我们这条街的居民每年举行一次狂欢会。

strength [streŋθ, streŋkθ] n. ❶([反]weakness)U 力,力量;力气;实力:She doesn't have enough ~ to walk upstairs. 她没有足够的力气走上楼梯。❷CU力量的源泉;强点;长处:Tolerance is one of her many ~s. 宽容是她的一个优点。❸U强度;浓度:How is the ~ of alcoholic drinks measured? 含酒精饮料的浓度是如何测定的? ❹U兵力;人力:What is the ~ of the work force? 职工总数是多少?

strength·en [ˈstreŋθn, ˈstreŋkθn] (~s[-z]) ([反]weaken) vt. 使⋯变强;巩固;增强:This latest development has further ~ed my determination to leave.最近事态的发展更增强了我离开的决心。vi. 变强:The current ~ed as we moved down the river. 我们顺流而下时,水流更急了。

stren·u·ous [ˈstrenjʊəs] adj. ❶努力工作的;劲头十足的;精力充沛的:make ~ efforts 尽全力 ❷费力的;费劲的:~ work 累人的工作

stress [stres] Ⅰ.(~es[ˈ-ɪz]) n. ❶([近]pressure)UC(精神或肉体上的)压力;紧张;重压:He is under great ~ because of his new job.新工作使他感受到沉重的压力。❷([近]emphasis)U 强调,极力主张;重要性:She lays great ~ on punctuality. 她非常强调要遵守时间。❸([近]accent)CU【语】重读;

重音;重读音节;*Stress* and rhythm are important in speaking English. 说英语时,重音和节奏是很重要的。❹©【音】加强音;Put a ~ on the first note in each bar. 每一小节的第一个音符要加强。❺© U【物】应力;High winds put great ~ on the structure. 大风作用于该建筑物上而产生巨大的应力。Ⅱ. (~es['-ɪz];~ed[-t]) *vt*. ❶([近]emphasize)着重;强调(某事物);He ~ed the importance of cooperation. 他强调合作的重要性。❷重读(某音节);加强(某音符)

stretch [stretʃ] Ⅰ. (~es['-ɪz];~ed[-t]) *vt*. ❶拉伸,伸展;扩大,扩张;拉直;~ a hat to fit one's head 把帽子撑一撑以便戴着合适 ❷伸开;伸出(手、脚等);伸懒腰,随便躺卧;She ~ed her neck up. 她伸长脖子。❸对…提出过高要求;超越…的界限;We can't take on any more work—we're fully ~ed at the moment. 我们不能再接受更多的工作了——目前已经全力以赴了。❹曲解;牵强附会;滥用;You can't ~ the rules to suit yourself. 你不能为自己而牵强附会解释这些规则。*vi*. ❶绵延;延续;伸展;The ocean ~ed as far as they could see on all sides. 海洋十分辽阔,他们极目远眺无边无涯。❷伸展肢体,伸懒腰;He woke up,yawned and ~ed. 他一觉醒来,边打呵欠边伸懒腰。Ⅱ. (~es['-ɪz]) *n*. ❶©扩展;延伸;连绵;a beautiful ~ of countryside 一片郊外美景 ❷© 拉长;撑大;搜紧;With a ~ of his arm, he reached the shelf. 他伸出手臂,够着了那个架子。❸U弹性;伸缩性;This material has a lot of ~ in it. 这种材料很有弹性。❹©持续的一段时间;一段路程;a four-hour ~连续 4 小时 ❺©[英口]服役期间;服刑期间;do a ~ in the army 在军队里服役 ❻©[常用单数]直线跑道

stretch·er ['stretʃə(r)] (~s[-z]) *n*. ©❶担架 ❷扩展器;延伸器;撑具

strict [strɪkt] *adj*. ❶([近]severe, stern)([反]lenient)严格的;严厉的;She's very ~ with her children. 她待子女很严。❷明确的;严密的;精确的;the ~ truth 确凿的事实 ❸全的;绝对的

stride [straɪd] Ⅰ. (~s[-z];strode[strəʊd];stridden['strɪdn];striding) *vi*. ❶阔步行进,大步行走;She turned and ~ off. 她转身迈着大步走了。❷跨越;跨过;~ over a ditch 跨过一条沟 Ⅱ. (~s[-z]) *n*. ❶©大步;跨一步;迈大步;I can't keep up with your ~. 我无法跟上你的步伐。❷©[常用复数]进步;前进;make great ~s大有进步,突飞猛击

stri·dent ['straɪdnt] *adj*. (声音)尖厉的;尖

锐刺耳的;~ protests 尖厉的抗议声

strike [straɪk] Ⅰ. (struck[strʌk]; struck 或 stricken['strɪkən]; striking) *vt*. ❶打;击;撞击;击中;He *struck* his head against the stove as he fell. 他倒下时,头撞在炉子上了。❷(灾难、疾病等)侵袭;使折磨;使苦恼;It was not long before tragedy *struck* again. 不久,不幸再次袭来。❸擦(火);划(火柴);打(火);~ sparks from a flint 用燧石打出火花 ❹(时钟)鸣;响;敲;The clock ~s the hours. 这座钟每小时敲响一次。❺使突然成为;使突然处于;The boy was *struck* dumb with amazement. 那男孩惊讶得张口结舌。❻使突然想起;使突然发现;使打动;An awful thought has just *struck* me. 我突然有了一个可怕的念头。❼使产生…效果;使有…感觉、印象;How does the idea ~ you? 你觉得这个主意怎么样? ❽落下;取下;扯下(帆);We'll be *striking* camp tomorrow. 我们打算明天拔营。❾计算出;衡量出;通过计算(或衡量)得出 ❿(借开采、钻探)发现(或钻到)⓫铸造,压制;冲压(钱币、纪念 章)⓬扎(根),插(根);使…生根;The young tree has *struck* root. 这幼树已经扎根了。*vi*. ❶打,击;撞;向…打击;He *struck* at me repeatedly with a stick. 他用棍子不断向我打来。❷攻击;出击;猛扑;The troops *struck* out at the enemy taking advantage of the darkness. 部队利用黑夜攻击敌人。❸罢工;The union has voted to ~ for a pay increase of 10%. 工会投票决定要求增加 10% 的工资而举行罢工。❹被点燃;These damp matches won't ~. 这些火柴受潮划不着。❺(时间)报时;打点;Four o'clock had just *struck* on the church clock. 教堂的钟刚敲到 4 点。❻给予…印象;The room *struck* damp and cold. 那个房间又湿又冷。❼往;朝向;The road *struck* down into sand hills. 道路转入沙丘之间。Ⅱ. *n*. ©❶罢工;罢课;a ~ by bus drivers 公共汽车司机的罢工 ❷打击;殴打;攻击;空袭;In the afternoon a second ~ was flown off. 下午又飞出第二批轰炸机群。❸(金矿、油田等的)突然发现;(意想不到的)运气

strik·ing ['straɪkɪŋ] *adj*. ❶引人注意的;饶有兴趣的;吸引人的;a ~ proof 显著的证明 ❷(时钟等)鸣响报时的

string [strɪŋ] Ⅰ. (~s[-z]) *n*. ❶U©细绳;带子;线;The key is hanging on a ~ by the door. 钥匙挂在门口边的一根绳子上。❷(乐器等的)弦;My D ~ broke. 我的小提琴的 D 弦断了。❸©[the ~s](管弦乐队的)弦乐器;弦乐器演奏者 ❹(穿在线、绳等上的)一串

（东西）；一连串；一系列：a ～ of beads 一串珠子 ❺ⓒ（植物的）筋；纤维 Ⅱ．（～s[-z]；strung[strʌŋ]）vt．❶（用绳、线等）悬挂；系住：I helped her ～ the miniature bulbs on the Christmas tree. 我帮她把那些小电灯泡悬挂在圣诞树上。❷用线（或细绳）将…串起来：I strung the shells to make a necklace. 我把这些贝壳串成了项链。❸为（乐器）上弦；为（球拍）装弦：He strung my violin. 他帮我给小提琴上弦。

strip [strɪp] Ⅰ．（stripped[-t]；stripping）vt．❶剥；剥去；剥下（外皮等）：A strong wind stripped all the leaves from the trees. 一阵强风把所有的树叶都吹落了。❷脱光（衣服）；裸露（身体）：They stripped him of his clothes. 他们把他的衣服剥光了。❸剥夺（财产、荣誉、权力、职务等）：He was stripped of all his possessions. 他的全部财产都被剥夺了。❹拆卸；完全除去…：～ a room of furniture 搬光房间内的家具 ❺折断（齿轮的）齿；磨掉（螺钉、螺栓等的）螺纹 vi．脱去衣服；脱光衣服：The doctor asked the patient to ～. 医生让病人脱掉衣服。Ⅱ．n．ⓒ❶条；带；狭长的一块：a ～ of paper 一张纸条 ❷脱衣（尤指）脱衣舞表演 ❸［英口］（足球队员的）运动服 ❹（刊载于报纸等上的）连环漫画

stripe [straɪp] n．❶（［近］streak）ⓒ条纹；线条：The plates have a blue ～ round the edge. 这些盘子边缘上有一道蓝线。❷（军警等制服上的）级别条纹；V 形臂章：She was awarded another ～. 她又升了一级。❸［常用复数］鞭打；抽打

strive [straɪv]（～s[-z]；strove[strəʊv] 或 ～d；striven['strɪvən] 或 ～d；striving）vi．❶奋斗；努力；力求：～ for success 力争获得成功 ❷（［近］struggle）进行斗争；斗争：～ against oppression 反抗压迫

strode [strəʊd] stride 的过去式

stroke[1] [strəʊk] n．ⓒ❶（［近］blow）打；打击：receive several ～s of the whip 被鞭打了几下 ❷（网球、高尔夫球等的）击球动作；（高尔夫球）得分的一击：She won by two ～s. 她两次击球得分获胜。❸（反复运动的）一个动作；（游泳的）一划；划船的）一划：long powerful ～s of the long oars 长桨的长划动作 ❹（划船者中的）尾桨手（位于船尾、掌握划速）❺（报时的）铃声；钟声：on the ～ of three 钟鸣三响 ❻（［近］touch）（写字、绘画等的）一笔、一画；笔画：put the finishing ～s to a painting 画上最后几笔 ❼一举；一着；一次努力；一次努力的成果：It was a ～ of luck that I found you here. 我在这里碰见你真是运气。❽【医】中风；卒中：

The ～ left him paralysed on one side of his body. 他因患中风而半身不遂。

stroke[2] [strəʊk] Ⅰ．（～d[-t]；stroking）vt．（用手）轻抚；抚摩：～ his beard 捋胡子 Ⅱ．n．ⓒ［常用单数］轻抚；抚摩：give her hair an affectionate ～ 深情地抚摸她的头发

stroll [strəʊl] Ⅰ．（～s[-z]）n．ⓒ散步；漫步；闲逛；溜达：have a ～ 去散步 Ⅱ．vi．散步；漫步；闲逛；溜达：He ～s in and out as he pleases. 他随意地出来进去闲逛。

strong [strɒŋ]（～er['-gə]；～est['-gɪst]）adj．❶（［反］weak）强壮的；强健的；坚固的；牢固的：The chair wasn't ～ enough and it broke when he sat on it. 这把椅子不够结实，他一坐上去就散架了。❷强有力的；强劲的；强大的：～ muscles 强健的肌肉 ❸（性格）坚强的；坚定的；（态度、作风等）坚决的；强烈的；猛烈的：～ will 坚强的意志 ❹强劲的：a ～ wind 急风 ❺（颜色、光线等）强烈的：That light is too ～ for this room. 对这个房间而言，那盏灯光线太强了。❻（味道、气味等）浓的；强烈的；（酒）烈性的，酒精浓度高的：Whisky is ～er than beer. 威士忌比啤酒度数大。❼（人）工作效率高的；有技巧的；能干的：a student who is ～ in physics but weak in English 物理好而英语差的学生 ❽［与数词连用］（人数）多达…的；有…数量的：an army 5,000 ～ 一支5,000人的军队 ❾（价格、货币等）坚挺的；稳步上升的：The stock market is ～er now. 股票行情现在看涨。❿［只作表语］［口］难以容忍的；无法相信的：It was a bit ～ of him to call me a liar in front of the whole department. 他当着全体同事的面说我撒谎，未免太过分了。⓫【语】（动词）强变化的；不规则的

struck [strʌk] strike 的过去式和过去分词

struc·tur·al ['strʌktʃərəl] ［无比较等级］adj．结构（上）的；构造（上）的；建筑上的；组织上的：～ stability 结构稳定性

struc·ture ['strʌktʃə(r)] Ⅰ．（～s[-z]）n．❶Ⓤ结构；构造；机构：rules of sentence ～ 句子的结构规则 ❷ⓒ构造物；建筑物；（整体）结构：a magnificent marble ～ 宏伟的大理石建筑物 Ⅱ．（～s[-z]；structuring）vt．❶构造 ❷安排，组织：～ one's day 安排一天的事宜

strug·gle ['strʌgl] Ⅰ．（～s[-z]）n．ⓒⓤ ❶斗争；扭打；奋斗：a fierce ～ between two wrestlers 两个摔跤运动员之间的激烈搏斗 ❷奋斗，努力；挣扎：After a long ～, she gained control of the business. 经过长期的努力，她在业务上已能应付自如。Ⅱ．（～s[-z]；strug-

S

gling) *vi.* ❶(与某人)争斗;搏斗;挣扎:The shopkeeper ~d with the thief. 店主与那窃贼搏斗起来。❷斗争;拼搏;奋斗;努力:He has been *struggling* for success in his business. 为使事业成功,他一直努力奋斗着。❸艰难地行进

stub·born ['stʌbən] *adj.* ❶执拗的;顽固的;倔强的:as ~ as a mule 象骡子一样顽固 ❷难对付的;棘手的;(病症)难治好的:a ~ cough that has lasted for weeks 已持续几周难以治愈的咳嗽

stud¹ [stʌd] Ⅰ.(~s[-z]) *n.* ⓒ❶大头钉,(装饰在大门、盾牌或皮件等表面的)饰钉 ❷领扣;饰纽 ❸【机】双头螺栓;短轴;柱螺栓 Ⅱ.(~s[-z];studded['-ɪd];studding) *vt.* 镶饰;使散布;点缀:millions of stars *studding* the night sky 布满夜空的繁星

stud² [stʌd] (~s[-z]) *n.* ⓒ种马,留种的雄畜

* **stu·dent** ['stju:dənt] *n.* ⓒ❶(尤指大专院校的)学生;学员:a medical ~ 医科学生 ❷[美]中学生;小学生 ❸研究者;学者:a ~ of politics 研究政治学的学者

stu·dio ['stju:dɪəʊ] (~s[-z]) *n.* ⓒ❶(画家、雕塑家、摄影师等的)工作室,画室,雕塑室,摄影室,照相馆 ❷(电台或电视的)播音室,演播室,录制室 ❸(电影)摄影棚,电影公司,电影制片厂

stu·di·ous ['stju:dɪəs] *adj.* ❶勤学的,好学的;用功的:a ~ pupil 用功的学生 ❷仔细的;用心的,故意的:the ~ checking of details 仔细查对细节

* **study** ['stʌdɪ] Ⅰ.(studies[-z]) *n.* ❶Ⓤ学习;(尤指)读书;攻读:give all one's spare time to ~把业余时间全用于学习 ❷ⓒ研究,研究成果;专题论文;学科;课题:She wrote a ~ of Milton. 她写了一篇有关弥尔顿的研究论文。❸ⓒ(尤指家中)书房 ❹[用 a ~]值得注意的事物;不寻常的景象:His face was a ~ as he listened to their amazing news. 他听到他们那令人惊奇的消息时,脸上呈现出异样的表情。❺ⓒ试画;试作;习作;【音】练习曲 Ⅱ.(studies;studied) *vt.* ❶([近]learn,work)学,学习;([近]research)研究:~ing English 攻读英语 ❷([近]consider)仔细考虑;细想;([近]examine)察看:She *studied* the woman who sat in front of her. 她端详坐在她前面的那个女人。*vi.* ❶学习;研究:She is ~ing for an entrance examination. 她在用功准备入学考试。❷努力;力图:~ to avoid making mistakes 力图不犯错误

* **stuff** [stʌf] Ⅰ.*n.* Ⓤ❶([近]material)原

料;材料;素材;(小说等的)题材;要素:What ~ is this jacket made of? 这件夹克是用什么料子做的? ❷[口]物品;物质;财物;东西:Leave your ~ in the hall. 把你的东西放在门厅里。❸[英口]无聊的东西,不值钱的东西;胡说八道:Do you call this ~ beer? 你把这东西叫作啤酒吗? ❹[英](尤指毛)的织品;呢绒;~ goods 毛织品 Ⅱ.(~ed[-t]) *vt.* ❶把…填满,把…塞满;塞进;塞住:He ~ed the letter through the door and hurried away. 把信塞进门里就匆匆离开了。❷(烹调时)填塞调料于… ❸剥制(标本);把…做成布制玩偶:a ~ed tiger 制成标本的老虎 ❹狼吞虎咽地吃:She sat ~ing herself with biscuits. 她坐在那里吃饼干。❺[俚]将…处理掉;随意处理(某事物):You can ~ the job. 这事情你随意处理。*vi.* 饱食;吃得过多

stuff·ing ['stʌfɪŋ] *n.* Ⓤ❶(填入被褥、枕头等之中的)填塞物 ❷(烹煮时填塞在鸡、鸭等腹中的)佐料;配料

stuffy ['stʌfɪ] (stuffier;stuffiest) *adj.* ❶不通气的;窒息的;闷热的:a ~ room 闷热的房间 ❷[口](人或事物)一本正经的;古板的;拘谨的:a ~ newspaper 沉闷乏味的报纸 ❸(鼻子)不通的;堵塞的

stum·ble ['stʌmbl] Ⅰ.(~s[-z];stumbling) *vi.* ❶绊倒;跌跄;蹒跚而行:I ~d over a tree root. 树根绊了我的脚。❷结巴地说话;踌躇;迟疑:She ~d briefly over the unfamiliar word,but then continued. 她碰到不认识的字愣了一下,接着又往下念。Ⅱ.*n.* ⓒ Ⓤ❶绊倒;跌跄 ❷失策,失败

stump [stʌmp] Ⅰ.*n.* ⓒ❶树桩;树墩 ❷([近]stub)残余部分;残段;残根 ❸(板球)三柱门的一柱 ❹[美](美国竞选时在野外演说的)树桩讲台 Ⅱ.(~ed[-t]) *vt.* ❶砍断(树木);把(树)砍成残株 ❷[常用被动语态]把…难住;使为难:Everybody was ~ed by the problem. 大家都被这个问题难住了。❸[美口]在(某地区)做政治性巡回演说 *vi.* 笨重地行走:They ~ed up the hill. 他们举步困难地登上这座山。

stun [stʌn] Ⅰ.(~s[-z];stunned;stunning) *vt.* ❶把…打晕;使眩晕:The punch *stunned* me for a moment. 那一拳把我打得一阵眩晕。❷使…目瞪口呆(或感到震惊):I was *stunned* by the news of his death. 我得知他的死讯十分震惊。Ⅱ.*n.* ⓒ Ⓤ打昏,击昏

stun·ning ['stʌnɪŋ] *adj.* ❶使人晕倒的;令人震惊的:a ~ blow 把人打得昏倒的一拳 ❷[口]极好的;极漂亮的:You look ~ in your new suit. 你穿着这套新衣服真漂亮。

stunt¹ [stʌnt] (~ed['-ɪd]) *vt.* 阻碍…的正

常发育：Inadequate food can ～ a child's development. 食物不足会影响儿童的发育。

stunt² [stʌnt] **Ⅰ**. **n**. ⓒ❶ [口]惊人的表演；绝技：an acrobatic ～杂技的绝招 ❷引人注意的举动；花招，手腕：pull off a ～要花招

*** stu·pid** ['stju:pɪd] **Ⅰ**. (～er；～est 或 more ～；most ～) **adj**. ❶笨的；头脑迟钝的：a ～ person 笨人 ❷([近]foolish, silly)愚蠢的；傻的：a ～ plan 愚蠢的计划 ❸昏迷的：be ～ with a high fever 因高烧而头脑昏迷 **Ⅱ**. **n**. ⓒ 傻瓜；笨蛋

stu·pid·i·ty [stju:'pɪdɪtɪ] (stupidities [-z]) **n**. ❶Ⓤ愚蠢；愚笨 ❷ⓒ [常用复数]愚蠢的行为、言语等：the *stupidities* of schoolboy humour 男学童调皮的愚蠢言行

stur·dy ['stɜːdɪ] (sturdier；sturdiest) **adj**. ❶强健的；苗壮的；结实的：a ～ lad 强健的小伙子 ❷坚决的；坚强的；坚定的；健全的：～ resistance to the plan 对该计划的坚决抵制

style [staɪl] **Ⅰ**. (～s[-z]) **n**. ❶ⓒ Ⓤ(语言或文字的)风格，文风，文体：She's a very popular writer, but I just don't like her ～. 她是很受欢迎的作家，但我就是不喜欢她的文风。❷ⓒ Ⓤ(生活、行为等的)作风，方式，风格：I like your ～. 我喜欢你做事的方式。❸ⓒ Ⓤ(外表、动作的)优雅；风度：She performs the songs with ～ and flair. 她演唱歌曲既有风度又有才华。❹Ⓤ ⓒ(服装等的)款式，流行式样；形式：the latest ～s in trousers 裤子的最新式样 ❺ⓒ 称谓，称号：Has he any right to use the ～ of Colonel? 他有资格使用上校头衔吗？❻ⓒ【植】花柱 **Ⅱ**. (～s[-z]；styling) **vt**. ❶制成(某型)，设计：This dress is ～d for a formal party. 这件女装是为正式宴会而设计的。❷称呼；命名：How should we ～ her? 我们应该怎样称呼她呢？

sub·con·scious [sʌb'kɒnʃəs] **Ⅰ**. [无比较等级] **adj**. 下意识的，潜意识的：～ urges 下意识的冲动 **Ⅱ**. **n**. ([近]unconscious) Ⓤ [the ～]下意识；潜意识

sub·di·vide [sʌbdɪ'vaɪd] (～s[-z]；～d [-ɪd]；subdividing) **vt**. & **vi**. 重分，(被)再分

sub·due [səb'dju:] (～s[-z]；subduing) **vt**. ❶征服，制伏；击败：～ the rebels 镇压反叛者 ❷克制，抑制(感情、欲望等)：He managed to ～ his mounting anger. 他极力克制郁积在心中的怒气。

*** sub·ject Ⅰ**. ['sʌbdʒɪkt] **n**. ⓒ❶([近]topic, theme)(文章等的)主题，题目；题材：What is the ～ for today's discussion? 今天的讨论题目是什么？❷学科；科目：Physics and maths are my favourite ～s. 物理和数学

都是我最喜欢的科目。❸臣民；国民；臣下：a British ～ 英国国民 ❹受治疗者；受实验者：We need some male ～s for a psychology experiment. 我们需要几个男子作心理学实验对象。❺起因；缘由：a ～ for complaint 抱怨的缘由 ❻【语】主语(略为 S, subj.) ❼【哲】(意识的)主体；自我：～ and object 主体和客体 **Ⅱ**. [səb'dʒekt] **vt**. ❶使隶属；使服从；制伏：Ancient Rome ～ed most of Europe. 古罗马帝国征服了欧洲大部分地区。❷使经受；使蒙受：He was ～ed to criticism for his stupid mistakes. 他因犯了愚蠢的错误而遭受责难。**Ⅲ**. ['sʌbdʒɪkt] [无比较等级] **adj**. ❶服从的；隶属的；受支配的：We are ～ to the law of the land. 我们必须遵守当地的法律。❷以…为条件的；取决于…的：The plan is ～ to the director's approval. 该计划须经主管批准。❸易受…的；易遭…的；常遭～的：Those islands are ～ to typhoons. 那些岛屿易遭台风侵袭。

sub·jec·tion [səb'dʒekʃən] **n**. Ⓤ征服；制服；臣服；顺从：The people were kept in ～. 这个民族已沦为附庸。

sub·jec·tive [səb'dʒektɪv] **adj**. ❶主观的；主观上的；个人性的：a ～ impression 主观印象 ❷由主观想象的；虚构的 ❸【语】主格的

sub·lime [sə'blaɪm] **Ⅰ**. **adj**. ❶([近]noble)庄严的，崇高的，高尚的；卓越的；出众的：a ～ thought 崇高的思想 ❷[无比较等级]极端的；异常的：～ conceit 极其骄横 **Ⅱ**. **n**. Ⓤ [the ～]崇高；庄严；高尚

sub·ma·rine ['sʌbməri:n] **Ⅰ**. [无比较等级] **adj**. 水下的；海底的：～ plants 海生植物 **Ⅱ**. (～s[-z]) **n**. ⓒ❶潜(水)艇 ❷海底生物

sub·merge [səb'mɜːdʒ] (submerging) **vt**. ❶浸没，淹没：The child ～d all his toys in the bath. 那孩子把所有的玩具都泡在澡盆里。❷使完全覆盖于…；遮住；埋头于…：be ～d by paperwork 埋头于文书工作 **vi**. 沉入水中；潜下水

sub·mis·sion [səb'mɪʃən] (～s[-z]) **n**. ❶Ⓤ归顺；降服；投降；服从；顺从：～ to sb.'s will 屈从于某人的意志 ❷ⓒ Ⓤ提交；呈递：the ～ of a claim 提交要求 ❸ⓒ(向法官或陪审团)提出的意见(或论据)：In my ～, the witness is lying. 本人认为，证人所言不实。

sub·mis·sive [səb'mɪsɪv] **adj**. 服从的；顺从的：a humble and ～ servant 恭顺的仆人

sub·mit [səb'mɪt] (submitted[-ɪd]；submitting) **vt**. ❶使服从；使顺从，使屈服：She *submitted* herself to her parents' decision at last. 她最后顺从了父母的决定。❷呈递；提

交：~ plans to the council for approval 向委员会提交计划呈请批准 ❸【律】建议；认为：Counsel for the defence *submitted* that his client was clearly innocent. 被告律师辩称其委托人显然是无辜的。*vi*. 服从；屈服；甘受：refuse to ~ to an unjust decision 拒绝服从不公正的决定

sub•or•di•nate [sə'bɔːdɪnət] Ⅰ. [无比较等级] *adj*. 下级的；次要的；附属的：All the other issues are ~ to this one. 所有的问题都要以这一问题为依据。Ⅱ. *n*. Ⓒ 下级；部属：the commanding officer and his ~s 指挥官及其部下 Ⅲ. [sə'bɔːdɪneɪt] (~d[-ɪd]；subordinating) *vt*. 将…列入次要地位；使服从：In her book, she ~s this issue to more general problems. 在她的书中，她把这个问题处理得不如一般问题重要。

sub•scribe [səb'skraɪb] (subscribing) *vt*. ❶捐助；认捐；出资：~ £200 to the relief fund 认捐 200 英镑救灾基金 ❷签署(文件)；题(词)；签(名)：~ one's name to a petition 在志愿书上签名 *vi*. ❶捐赠；捐款：~ liberally to the relief fund 为救灾基金慷慨捐款 ❷订阅；订购：The magazine is trying to get more readers to ~. 该杂志正大力发展新订户。❸同意；赞成；赞助：Do you ~ to her pessimistic view of the state of the economy? 你是否同意她对经济状况所持的悲观看法？

sub•scrib•er [səb'skraɪbə(r)] (~s[-z]) *n*. Ⓒ❶签名者；捐款人；订阅者，订户，用户：a ~ for a newspaper 报纸订户 ❷(电话)用户

sub•scrip•tion [səb'skrɪpʃən] *n*. ❶Ⓤ捐款；认捐：~ to an animal protection society 对动物保护协会的认捐 ❷ⓊⒸ(报纸、杂志等的)订阅；订购；预订：renew the ~ to a journal 续订杂志 ❸Ⓒ订阅费；订购款；认购额；[英](俱乐部等的)会费：a £5 ~ to charity 向慈善事业提供的 5 英镑的捐款

sub•se•quent ['sʌbsɪkwənt] [无比较等级] *adj*. 继…之后的；随后的；后来的：~ events 后来发生的事件

sub•si•de [səb'saɪd] *vi*. ❶退落；消退；减退：The floods ~d. 洪水退了。❷平息，平静：The storm quickly ~d. 暴风雨很快平息了。❸下沉，沉降；沉淀；下陷

sub•sid•i•ary [səb'sɪdɪərɪ] Ⅰ. (subsidiaries[-z]) *n*. Ⓒ附属的事物；(尤指)附件 Ⅱ. [无比较等级] *adj*. ❶隶属的；从属的；次要的：a ~ stream flowing into the main river 流入大河的支流 ❷(指业务机构)附属的；附设的

sub•si•dy ['sʌbsɪdɪ] (subsidies[-z]) *n*. Ⓒ津贴，补助金：food *subsidies* 食品补贴

sub•sist [səb'sɪst] (~ed[-ɪd]) *vi*. (继续)存活；活下去；生存：~ on wages 靠工资过活

sub•stance ['sʌbstəns] (~s[-ɪz]) *n*. ❶([近]matter)Ⓒ 物质；材料：a ~ that will prevent rust 防锈物质 ❷([近]essence)Ⓤ实质；要义；主旨：the ~ of the speech 讲话的要旨 ❸Ⓤ金钱；财力；资产：a man of ~ 有资产的男子 ❹Ⓤ(质地的)坚实；牢固：a material of marked ~ 极为坚实的材料

sub•stan•tial [səb'stænʃl] [无比较等级] *adj*. ❶([反]insubstantial)物质的；实质的；实体的；真实的；实际上的：We are in ~ agreement. 我们的意见基本一致。❷数目大的；可观的：obtain a ~ loan 获得大笔贷款 ❸牢固的；结实的：a ~ wall 结实的墙壁

sub•sti•tute ['sʌbstɪtjuːt] Ⅰ. *n*. Ⓒ代替者；代替物；代用品：The manager was unable to attend but sent his deputy as a ~. 经理不能出席，派了个副手代表他。Ⅱ. (~d[-ɪd]；substituting) *vt*. 用…代替；代替(某人或物)：We must ~ new chair for the broken one. 我们得把破损的椅子换个新的。*vi*. 代替；替换；代理；取代：He ~d for the typist during her absence. 打字员不在时由他代替。

sub•tle ['sʌtl] (~r；~st) *adj*. ❶少量的；细微的；微妙的；难以捉摸的：a ~ distinction 细微的差别 ❷精巧的；精妙的：a ~ device 精巧的设计 ❸敏感的；敏锐的；有辨别力的：She has a very ~ mind. 她头脑灵敏。❹阴险的；狡诈的

sub•tract [səb'trækt] (~ed[-ɪd]) *vt*. 减；减去；减掉：*Subtract* 10 from 15, and you have 5. 15 减去 10 等于 5。*vi*. 做减法

sub•urb ['sʌbɜːb] (~s[-z]) *n*. Ⓒ❶[用数]郊区；郊外；近郊：live in the ~s 住在郊区 ❷边缘；近处：the ~s of destruction 毁灭的边缘

sub•way ['sʌbweɪ] Ⅰ. (~s[-z]) *n*. ❶Ⓒ[英](尤指公路或铁路下的)地下人行道：Use the ~ to cross the road. 请从地下通道穿越马路。❷ [美]地下铁道(= [英]underground)：I met a friend in the crowded ~. 我在拥挤的地铁中遇见了一个朋友。Ⅱ. *vi*. [美口]乘地铁

suc•ceed [sək'siːd] (~s[-z]；~ed[-ɪd]) *vi*. ❶([反]fail)([近]achieve)成功；做成；做到目的：If at first you don't ~, try again. 一次不成功，要再接再厉。❷继任；继承：When the king died, his eldest son ~ed to the throne. 国王死后，其长子继位。*vt*. 接替；

继承;接着…发生:One event ~ed another. 事情一件接着一件发生。

suc·cess [sək'ses] (~es[-ɪz]) *n*. ([反] failure) ❶Ⓤ成功;成就;胜利;发财:We are sure of ~. 我们一定能成功。❷Ⓒ成功者;达到目的的人或事物:He is a great ~ as a teacher. 做为一个教师,他是很出色的。

suc·cess·ful [sək'sesf(ʊ)l] *adj*. ([反] unsuccessful)获得成功的;达到目的的:be ~ in fulfilling the plan ahead of time 成功地提前完成计划

suc·ces·sion [sək'seʃən] *n*. ❶Ⓤ连续,接续;接连发生:a ~ of gales 阵阵疾风 ❷Ⓒ一连串;一系列:a ~ of wet day 一个接一个的阴雨天 ❸Ⓤ(头衔、王位、财产等的)继承(权):Who is first in ~ to the throne? 谁是王位的第一继承人?

suc·ces·sive [sək'sesɪv] [无比较等级] *adj*. 连续的;依次的;接连发生的

suc·ces·sor [sək'sesə(r)] (~s[-z]) *n*. Ⓒ 接替的人(或事物);后继者;继承人:appoint a ~ to the headmaster 任命继任校长

suc·co(u)r ['sʌkə(r)] Ⅰ. (~s[-z]) *n*. ❶Ⓤ援助;援救:bring ~ to the sick and wounded 援救伤病员 ❷Ⓒ救助者;解救物 Ⅱ. (~s[-z];~ing['-rɪŋ]) *vt*. 援助,救援(某人)

suc·cu·lent ['sʌkjʊlənt] *adj*. ❶(指水果及肉类)汁多味美的 ❷【植】肉质的 ❸活力充沛的;新鲜的;有趣的;引人入胜的

such [sətʃ,sʌtʃ] Ⅰ. [无比较等级] *adj*. ❶那样的;这样的;如此的;这种的:I cannot answer ~ a question. 我无法回答这样的问题。❷如此…(以致):We are not ~ fools as to believe him. 我们不是那样的蠢人,竟会相信他。❸(表示惊讶或加强语气)这样;那样:I've had ~ a shock. 我震惊得不得了。❹如此这般的;某:He told me to go to ~ a place on ~ a date. 他叫我于某日去某地。Ⅱ. *pron*. 这样的人(们);这样的事物;上述的事物(或人):The damage was ~ that it would cost too much money to repair. 损坏得那么严重,要花很多钱才能修复。

such·like ['sʌtʃlaɪk] Ⅰ. [无比较等级] *adj*. 这样的;诸如此类的;类似的 Ⅱ. *pron*. 这一类的人(或物):Do you enjoy plays, films,concerts, and ~? 你喜欢看戏、看电影、听音乐会之类的活动吗?

suck [sʌk] Ⅰ. (~ed[-t]) *vt*. ❶吸,吮,嘬,咂:I was so thirsty that I ~ed the orange dry. 我太渴了,就把那橙汁全部吸干了。❷舔食(液汁、糖果等) ❸吸进…;吸取;吸收(知识等);获得(利益):~ knowledge into one's mind 吸收知识 *vi*. 吸,吮,舐,咂:The baby ~ed at its bottle contentedly. 婴儿心满意足地吸着奶瓶。Ⅱ. *n*. Ⓤ Ⓒ 吮吸,吸食:He took a ~ of juice. 他吸了一口果汁。

suck·er ['sʌkə(r)] (~s[-z]) *n*. Ⓒ ❶吮吸者;乳儿;乳兽 ❷(动物的)吸盘;(寄生性植物的)吸枝,吸根 ❸ [口]涉世未深的人,容易受骗的人 ❹ [俚]对…容易着迷的人:I've always been a ~ for romantic movies. 我对富有浪漫气氛的电影一直很入迷。

suck·ing ['sʌkɪŋ] *adj*. 未断奶的;非常年轻的;羽毛未丰的:a ~ writer 初出茅庐的作家

suck·le ['sʌkl] (suckling)([近] nurse, breast-feed) *vt*. 给…喂奶,哺乳,养育;哺育 *vi*. 吸奶

sud·den ['sʌdn] *adj*. 突然(发生)的,忽然的;意外的;急速的;快速的:a ~ attack 突然袭击/a ~ turn in the road 路上急转弯

sue [sjuː] (suing) *vt*. 控告;控诉;对…提起诉讼:~ sb. in a law-court 向法院控告某人 *vi*. ❶提起诉讼:~ at law 起诉 ❷提出请求:~ for a woman's hand 向女子求婚

suf·fer ['sʌfə(r)] (~s[-z];~ing[-rɪŋ]) *vt*. ❶遭受;蒙受;经历:We ~ed huge losses in the financial crisis. 在财政危机中,我们损失严重。❷忍受,忍耐,忍住:How can you ~ such insolence? 你怎么么能忍受这样的侮辱呢? *vi*. ❶受苦,受难;受痛苦;患病:She's ~ing from loss of memory. 她患有遗忘症。❷受损失;受损害:Her business ~ed when she was ill. 她生病时生意受了损失。

suf·fer·ance ['sʌfərəns] *n*. Ⓤ容许;容忍,忍受

suf·fer·er ['sʌfərə(r)] (~s[-z]) *n*. Ⓒ受难者;患病者:a ~ from influenza 流行性感冒者

suf·fer·ing ['sʌfərɪŋ] (~s[-z]) *n*. ❶Ⓤ(身心的)痛苦;苦难:There is so much ~ in this world. 在这个世界上有许多苦难。❷ [用复数]痛苦的往事,不幸的经历;苦恼;折磨:the ~s of the starving refugees 饥饿的难民所受的折磨

suf·fice [sə'faɪs] (~d[-t];sufficing) *vi*. ❶足够;充足:Your explanation will ~. 你的说明就足够了。❷满足需求;足够:A light lunch should ~ me. 一点儿午餐就够我吃了。

suf·fi·cien·cy [sə'fɪʃənsɪ] *n*. ([反]insufficiency)Ⓤ Ⓒ [常与不定冠词连用](财富、收入、能力等的)充足;足量:a ~ of fuel for the winter 足够过冬的燃料

suf·fi·cient [sə'fɪʃənt] [无比较等级] *adj*.

S

（[近]enough）（[反]insufficient）足够的；充足的：Do we have ～ food for ten people? 我们有够十人吃的食物吗？

suf·fo·cate [ˈsʌfəkeɪt]（～d[-ɪd]；suffocating）*vt*. ❶使窒息而死：Passengers were ～d by the fumes. 乘客们因浓烟窒息而死。❷焖熄：～ the fire 将火焖熄 *vi*. 窒息，被闷死：I am *suffocating* in this terrible crowd. 在这样拥挤不堪的人群中，我快要透不过气来了。

* **sugar** [ˈʃʊɡə(r)] Ⅰ.（～s[-z]）*n*. ❶ⒸⓊ糖，糖块：Don't eat too much ～. 不要吃太多的糖。❷Ⓤ【化】有甜味的一种碳水化合物；糖（如葡萄糖、乳糖、果糖等）❸Ⓒ（餐桌上用的）糖罐 Ⅱ.（～s[-z]；～ing[-rɪŋ]）*vt*. ❶在…中加糖(使甜)；给…包糖衣：Is this tea ～ed? 这杯茶加糖了吗？❷使变得甜蜜，使容易被接受；粉饰；美化：～ one's reproach with words of endearment 用亲热的话使责备不太逆耳

sug·ary [ˈʃʊɡərɪ] *adj*. ❶甜的；含糖的 ❷甜蜜的；媚人的：～ words 甜言蜜语

* **sug·gest** [səˈdʒest]（～ed[-ɪd]）*vt*. ❶（[近]propose，put forward）提议；建议；向…提议：I ～ a tour of the museum. 我提议去参观博物馆。❷表明；暗示；启发：Are you suggesting (that) I'm not suited for the job? 你是在暗示说我不适合那项工作吗？❸使人想起，使人联想到：Her sun-tanned face ～s excellent health. 她那被太阳晒黑的脸表明她身体非常健康。

sug·ges·ti·ble [səˈdʒestəbl] *adj*. 易受影响的

sug·ges·tion [səˈdʒestʃən]（～s[-z]）*n*. ❶ⓊⒸ提议，建议：On your ～, I bought the more expensive model. 根据你的建议，我买了比较贵的这种型号。❷（[近]hint）ⓊⒸ联想；启发；暗示：Most advertisements work through ～. 大部分广告是通过联想奏效的。❸Ⓒ略含；稍带有：There was a ～ of boredom in her tone. 她的语调中略露厌烦情绪。

sug·ges·tive [səˈdʒestɪv] *adj*. ❶暗示的；引起联想的 ❷挑逗色情的

sui·cid·al [ˌs(j)uːɪˈsaɪdl] *adj*. 自杀的；想自杀的；危及生命的

sui·cide [ˈs(j)uːɪsaɪd] Ⅰ.（～s[-z]）*n*. ❶Ⓤ Ⓒ自杀；自杀行为：commit ～ 自杀 ❷Ⓒ自杀者；企图自杀者 ❸Ⓤ自毁；会给自己带来严重后果的行为 Ⅱ. *vi*. 自杀

* **suit** [s(j)uːt] Ⅰ. *n*. Ⓒ❶套装，上下一套的服装；套裙：a two-piece ～ 成套服装 ❷Ⓒ（为某用途的）衣服：a space ～ 宇航服 ❸（[近]lawsuit）ⓊⒸ【律】控告；诉讼；起诉：

bring a ～ against sb. 控告某人 ❹Ⓒ（对上级，尤指对统治者的）请求，恳求：grant sb.'s ～ 答应某人的请求 ❺Ⓒ（扑克牌的）同样花式的一组牌 Ⅱ.（～ed[-ɪd]）（[近]fit，become）*vt*. ❶（衣服、发型等）与…相配；与…相称：The new dress ～ed her very well. 那套新服装和她很相配。❷对…方便（或可接受）；合…之意：Would it ～ you to come at five? 5点钟来对你方便吗？❸使适合；使相配：～ the play to the audience 使话剧适合观众的口味 *vi*. 合适；适当：The seven o'clock train will ～ best. 7点的那一班火车最为适宜。

* **suit·able** [ˈs(j)uːtəbl] *adj*.（[近]fit）（[反]unsuitable）合适的；适合的：books ～ for children 适合儿童阅读的书籍

* **suit·case** [ˈs(j)uːtkeɪs]（～s[-ɪz]）*n*. Ⓒ手提箱；衣箱

sul·fur [ˈsʌlfə(r)] *n*. Ⓤ[美]= sulphur

sulk [sʌlk] Ⅰ. *vi*. 愠怒；生闷气：He's been ～ing for days about being left out of the team. 队里没要他，因而连日来他一直在生闷气。Ⅱ. *n*. [常用复数]愠怒；生闷气

sul·len [ˈsʌlən] *adj*. ❶愠怒的；郁郁不乐的；愁眉不展的：a ～ look 不高兴的样子 ❷（[近]gloomy）（天气等）阴郁的；阴沉的：a ～ sky 阴沉的天空

sul·phur [ˈsʌlfə(r)] *n*. Ⓤ【化】硫(磺)（符号 S）

sul·tan [ˈsʌltən]（～s[-z]）*n*. Ⓒ苏丹；[the S-]苏丹王（某些伊斯兰教国家的君主）

sul·try [ˈsʌltrɪ]（sultrier；sultriest）*adj*. ❶（天气）酷热的；闷热的：a ～ summer afternoon 一个闷热的夏日午后 ❷（指妇女的容貌）黝黑而性感的

sum [sʌm] Ⅰ.（～s[-z]）*n*. ❶（[近]total）(the ～)总数，总和：The ～ of 2 and 6 is 8. 2加6的和是8。❷Ⓒ钱数，金额：Sales amount to a ～ of ten thousand yuan. 销售总额达一万元。❸Ⓒ算术题；运算；计算：do a ～ in one's head 心算 Ⅱ.（～s[-z]；summed；summing）*vt*. ❶计算…的总数：～ the cost of sth. 计算某物的总成本费 ❷总结，概括，概述：Now ～ up your views in a few words. 现在用几句话总结一下你的看法。*vi*. 共计：Contributions *summed* into several thousand yuan. 捐款总数达数千元。

sum·ma·rize，-ise [ˈsʌməraɪz]（～s[-ɪz]；summarizing）*vt*. 概括，总结，概述：a talk *summarizing* recent trends in philosophy 概述当前哲学倾向的报告 *vi*. 作概括

sum·ma·ry [ˈsʌmərɪ] Ⅰ. [无比较等级] *adj*. ❶即时的；即决的；当场的：～ justice 即

决裁判 ❷扼要的;概括的:a ～ account of a long debate 对一项长期的争论所做的概括报道 Ⅱ. (summaries [-z]) n . C摘要,总结,梗概:Here is a ～ of the news. 下面是新闻摘要。

*sum·mer ['sʌmə(r)] (～s[-z]) n . ❶C U夏;夏季;夏天:In (the) ～,we go on holiday. 夏天,我们常去度假。❷[the ～]壮年;最盛期,兴旺时期:He is just in the ～ of life now. 他现在正处于人生的极盛期。❸[用复数][古]年龄;岁

sum·mit ['sʌmɪt] n . (〔近〕top) C ❶最高点;顶点;绝顶:climb to the ～ 登上山顶 ❷[the ～]顶峰;极点:the ～ of her career 她事业的顶峰 ❸(政府首脑间的,尤指强国的)最高级会议,峰会

sum·mon ['sʌmən] (～s[-z]) vt . ❶召唤,召集;号召:Those students were ～ed in the presence of the principal. 那些学生被叫到校长的面前。❷鼓起(勇气、力量等);振作(精神等):I had to ～ all my nerve to face my boss. 我得鼓起勇气去见上司。

sum·mons ['sʌmənz] Ⅰ. (～es[-ɪz]) n . C ❶(法庭、警方等的)传票:issue a ～ 发出传票 ❷传唤,传讯;命令:You must obey the king's ～. 你必须奉召觐见国王。Ⅱ. (～es [-ɪz]) vt . [口]传唤(某人);传讯(某人):He was ～ed for speeding. 他因超速行驶而被传讯出庭。

*sun [sʌn] Ⅰ. (～s[-z]) n . ❶[the ～]太阳,日:The ～ rises in the east and sets in the west. 太阳从东方升起,由西方落下。❷U[the ～]日光;阳光:I like lots of ～ on holiday. 我喜欢在假日里多晒太阳。❸C【天】星体;(尤指)恒星:There are many ～s larger than ours. 有许多恒星比我们的太阳还要大。Ⅱ. (～s[-z];sunned;sunning) vt . & vi . 晒(太阳):He sat in a deck chair sunning himself. 他坐在帆布躺椅上晒太阳。

*Sun·day ['sʌndɪ] (～s[-z]) n . ❶C U星期日;(基督教徒的)礼拜日:I will meet him next ～. 我将在下星期日和他见面。❷[用复数]每逢星期日出版的报纸,星期刊

sunk [sʌŋk] sink 的过去分词

sunk·en ['sʌŋkən] [无比较等级] adj . [作定语] ❶沉没海底的:a ～ ship 沉船 ❷(面颊等)凹陷的:the ～ eyes of the dying man 那垂死男人的凹陷的眼睛 ❸在低洼地里的;比周围低的

*sun·ny ['sʌnɪ] (sunnier;sunniest) adj . ❶阳光照耀的;向阳的;晴朗的:a ～ day 晴朗的一天 ❷快活的;愉快的:She always looks on the ～ side. 她总是看到光明的一面。

su·per ['suːpə(r),'sjuːpər] Ⅰ. (～s[-z]) n . C ❶[口]跑龙套的角色;[喻]无足轻重的人 ❷特级品;特大号商店 ❸[口]监督人 Ⅱ. adj . [口]极好的;了不起的;棒的:a ～ meal 极好的饭菜

su·per- [前缀] ❶表示"上…":superstructure 上层建筑 ❷表示"超…";"超级":superman 超人 ❸表示"极端,非常":superheat 极热

su·perb [s(j)uː'pɜːb] adj . [口]卓越的;杰出的;极好的:The sports facilities are ～. 运动设施是第一流的。

su·p·er·fi·cial [ˌsuːpə'fɪʃəl,ˌsjuː-] adj . ❶[无比较等级]表面的;表面性的:a ～ wound 表皮的损伤 ❷肤浅的;浅薄的:a ～ mind 浅薄无知的头脑 ❸快而粗略的;浮面的:You're too ～ to appreciate great literature like this. 你没有钻劲,无法欣赏这类文学巨著。

su·per·flu·ous [suː'pɜːfluəs,sjuː-] [无比较等级] adj . 过剩的;多余的;不必要的:They were only interested in each other,so I felt rather ～. 他们只是在意对方,所以我自觉在场多余。

su·per·hu·man [ˌsuːpə'hjuːmən,ˌsjuː-] [无比较等级] adj . 超人的;神(奇)的:Her intelligence seems almost ～. 她很聪明,可谓才智超人。

su·per·im·pose [ˌsuːpərɪm'pəuz,ˌsjuː-] (～s[-ɪz];superimposing) vt . 将某物置于另一物上;添上;加上,附加 vi . (两数字等)重叠

su·per·in·tend [ˌsuːpərɪn'tend,ˌsjuː-] (～s [-z];～ed[-ɪd]) vt . & vi . (〔近〕supervise)监督;管理;主管:appointed to ～ the toy department 获任玩具部的负责人

su·per·in·tend·ent [ˌsuːpərɪn'tendənt,ˌsjuː-] Ⅰ. n . C ❶监管人;主管人;负责人:the park ～ 公园管理员 ❷(英国的)警务长 Ⅱ. adj . 监督的,主管的

su·pe·ri·or [suː'pɪərɪə(r),sjuː-] Ⅰ. adj . (〔反〕inferior) ❶(品质、价值等)较好的;优秀的;上等的:This cloth is ～ to that. 这块布比那种好。❷级别(或地位)较高的:She works well with those ～ to her in the firm. 她与公司中的那些上级主管合作愉快。❸有优越感的;高傲的:a ～ smile 带优越感的微笑 ❹不受…左右的;超越…的,不向…屈服的:The boy was ～ to hardship. 这男孩不向困苦屈服。Ⅱ. (～s[-z]) n . C ❶上司;长辈;前辈:obey one's ～s 服从上级 ❷优越的人;优胜者:She is my ～ in knowledge. 她比我有知

识。❸［常用 Superior]修道院院长

su·pe·ri·or·ity [sjuːˌpɪərɪˈɒrɪtɪ] *n*.（［反] inferiority)ⓤ优秀；优良；优越；优胜；her ～ in talent 她才能出众

su·per·mar·ket [ˈsuːpəmɑːkɪt, ˈsjuː-] *n*. ⓒ超级市场(开架出售食品、日用品等的商场)

su·per·nat·u·ral [ˌsuːpəˈnætʃərəl, ˌsjuː] I ．［无比较等级] *adj*. 超自然的；神奇的：～ beings 超自然体 II ．*n*.［the ～]超自然体；超自然的事物：an interest in the ～ 对超自然事物的兴趣

su·per·sede [ˌsuːpəˈsiːd, ˌsjuː-]（～s[-z]; ～d[-ɪd];superseding) *vt*. ❶替代；取代；接替：Motorways have largely ～d ordinary road for long-distance travel. 高速公路多已取代了普通公路。❷把(某人)免职；使让位

su·per·son·ic [ˌsuːpəˈsɒnɪk, ˌsjuː-]［无比较等级] *adj*. 超音速的：a ～ plane 超音速飞机

su·per·sti·tion [ˌsuːpəˈstɪʃən, ˌsjuː-]（～s [-z]) *n*. ⓤⓒ迷信；迷信行为：Do away with all fetishes and ～s. 破除迷信。

su·per·sti·tious [ˌsuːpəˈstɪʃəs, ˌsjuː-] *adj*. 迷信的；由迷信引起的：～ belief 迷信的信仰

su·per·vise [ˈsuːpəvaɪz, ˈsjuː-]（～s[-ɪz]; supervising) *vt*. & *vi*. 监督；管理：The chief clerk ～s the work of the department. 总管理员监督该部门的工作。

sup·per [ˈsʌpə(r)]（～s[-z]) *n*. ⓒⓤ晚餐；晚饭：have a late ～很晚才进晚餐

sup·ple·ment I ．[ˈsʌplɪmənt] *n*. ⓒ❶补充(物)：The money I get from teaching the piano is a useful ～ to my ordinary income. 我教钢琴挣的钱是一笔很有用的外快。❷(报纸的)副刊，(杂志的)增刊；(书籍的)补遗：the colour ～s of the Sunday newspapers 星期天报纸的彩色增刊 II ．[ˈsʌplɪment]（～ed[-ɪd]) *vt*. 补充…，增补…；弥补：I ～ my grant by working in the evenings. 为了弥补助学金的不足，我晚上去打工。

sup·ple·men·ta·ry [ˌsʌplɪˈmentərɪ]［无比较等级] *adj*. ❶补充的，增加的：a ～ payment 附加工资 ❷【数】补角的

sup·ply [səˈplaɪ] I ．(supplies [-z];supplied) *vt*. ❶(［近]provide, furnish, equip)供应，提供：Our company *supplies* wholesalers only. 本公司只供货给批发商。❷满足(需求)；被充(不足等)：Will the new power station be able to ～ our cheap energy requirements? 新建的发电厂能满足我们对廉价能源的需求吗？ II ．(supplies [-z]) *n*. ❶ⓤ供

应；供给：a reliable source of ～可靠的供应来源 ❷ⓒ［常用复数]生活必需品；日用品；(军队等的)必需品，补给品，粮食：We ran out of the *supplies*. 我们的粮食用光了。❸［用复数](供给某人的)生活费用；议会对政府费用的拨款

sup·port [səˈpɔːt] I ．(～ed[-ɪd]) *vt*. ❶ (［近]sustain)支撑；扶持：He was weak with hunger, so I had to ～ him. 他饿得没有力气，我得搀扶着他。❷支持；支援；赞助；拥护：Will you ～ me in my campaign for election? 你会在竞选活动中支持我吗？❸证实(罪状等)；证明：Those facts ～ed his innocence. 那些事实证明他无辜。❹供养；维持；资助：I was ～ed by my parents when I was studying. 在学习期间我得到了父母的资助。❺经受；忍受：I can ～ such insolence no longer. 我不能再忍受这样的无礼。 II ．*n*. ❶ⓤ支持；拥护：a proposal that received no ～无人支持的建议 ❷ⓒ支撑物；支座；支柱：wearing an athletic ～ 穿一件运动护身 ❸ⓒ给予帮助的人，给予同情的人：Jim was a great ～ to us when father died. 父亲死后，吉姆是我们生活的重要支柱。

sup·pose [səˈpəʊz]（～s[-ɪz];supposing) *vt*. ❶认定；相信；想象出；设想：I ～（that) he is not yet twenty. 我猜想他还不到 20 岁。❷假定：*Suppose* you had a million pounds—how would you spend it? 假定你有 100 万英镑，你怎么花？❸不妨…；何不…；让…：*Suppose* we go for a swim! 咱们去游泳吧！❹以…为前提；意味着 *vi*. 猜想，料想

sup·posed [səˈpəʊzd]［无比较等级] *adj*. 想象的；假定的；被信以为真的

sup·pos·ed·ly [səˈpəʊzɪdlɪ]［无比较等级] *adv*. 据推测；想来，大概：This picture is ～ worth more than a million pounds. 这幅画大概值 100 万英镑。

sup·po·si·tion [ˌsʌpəˈzɪʃən]（～s[-z]) *n*. ⓤⓒ假定；想象；假定的事物

sup·press [səˈpres]（～es[-ɪz];～ed[-t]) *vt*. ❶镇压；压制；平定：～ an uprising 镇压起义 ❷压抑，克制；忍住：He could scarcely ～ a laugh. 他几乎抑制不住笑出声来。❸隐瞒(事实、证据等)；隐匿；查禁：Are the police ～ing some evidence? 警察是否隐瞒了一些证据？

su·prem·a·cy [s(j)ʊˈpreməsɪ] *n*. ⓤ至高无上；最高权威；最高等级

su·preme [s(j)ʊˈpriːm]［无比较等级] *adj*. ❶(地位、权力等)最高的；至上的：the ～ idea 最高理想 ❷最重要的；决定性的：make the ～ sacrifice 做出最大的牺牲

sure [ʃʊə(r)] I. (~r['-rə]；~st['-rɪst]) *adj*. ❶([近]certain)([反]unsure)无疑问的；确信的；有信心的：Tom is ~ what he should do now. 汤姆知道他现在应该怎么办。❷[无比较等级]一定会…；必定会…：It's ~ to be fair today. 今天天气一定会晴朗。❸确实的；可靠的；不容置疑的：One thing is ~: we've won a great victory! 有一点是确切无疑的；我们已取得了巨大的胜利！❹[常作定语]经证明可靠的；可信的：She has always been a ~ friend. 她一直就是靠得住的朋友。II.[无比较等级]([近]certainly)*adv*.[美口]的确；当然：It ~ was cold! 确实很冷！

sure•ly ['ʃʊəlɪ] *adv*. ❶[无比较等级]([近]certainly)无疑；确实；当然：He will ~ fail. 他必定会失败。❷确实地；扎实地；稳当地：He is working steadily and ~. 他在踏踏实实地工作。❸[无比较等级](常放在句首或句尾)一定：*Surely* you don't believe that! 你一定不会相信那个吧！❹[美口][常用于答语中]当然："Can I borrow your car?" "*Surely*." "我用一下你的汽车可以吗？" "当然可以。"

surety ['ʃʊərɪtɪ] (sureties [-z]) *n*. ⓊⒸ ❶担保；保证 ❷保证金；担保品；保证人：stand ~ for sb. 做某人的担保人

surf [sɜːf] I. *n*. Ⓤ拍岸浪；拍岸浪花；拍岸涛声 II. *vi*. 冲浪，做冲浪运动

sur•face ['sɜːfɪs] I. (~s[-ɪz]) *n*. Ⓒ ❶面；表面：A cube has six ~s. 立方体有6个面。❷液面；水面：The submarine rose to the ~. 潜艇露出了水面。❸([近]appearance)[喻](人或事物的)表面；外表，外观。看事物不能只看表面现象。II. *adj*. ❶表面上的，外观的，外表上的：~ impressions 表面上的印象 ❷水面上的；地面上的 III. (~d[-t]；surfacing) *vt*. 对…进行表面处理，使光滑，刨光；在…上加面层：~ a road with tarmac 用柏油碎石铺路面 *vi*. ❶(潜水艇、鱼等)浮出水面：The fish ~d and jumped. 鱼露出水面在跳跃。❷显露；呈现；重新出现：After living abroad for years, she suddenly ~d again in London. 她在国外居住多年之后，突然在伦敦重新露面了。

surge [sɜːdʒ] I. (~s[-ɪz]；surging) *vi*. ❶(海浪等)汹涌；(人群)蜂拥而至：The floods ~d along the valley. 洪水沿着山谷滚滚流动。❷急剧上升；激增：When I was left alone, sadness ~d up in me. 我独处时，悲伤涌上心头。II. *n*. Ⓒ[常用单数]❶大浪，波浪；(像波涛般的)汹涌：the ~ of the sea 大海的翻腾 ❷(感情的)高涨；澎湃：a ~ of anger

一阵怒气

sur•geon ['sɜːdʒən] (~s[-z]) *n*. Ⓒ外科医师；a heart ~ 心脏外科医师

sur•ge•ry ['sɜːdʒərɪ] (surgeries [-z]) *n*. ❶Ⓤ外科；手术：prepare the patient for ~ 给病人做术前准备 ❷ⒸⓊ[英](医师的)门诊处，诊所；门诊(时间)

sur•name ['sɜːneɪm] I. (~s[-z]) *n*. Ⓒ姓，姓氏 II. *vt*. 给…姓氏；以姓氏称呼

sur•pass [sə'pɑːs] (~es[-ɪz]；~ed[-t]) *vt*. 超越；优于；胜过：This task ~es my ability. 对这项任务我力不从心。

sur•plus ['sɜːpləs] I. (~es[-ɪz]) *n*. Ⓒ剩余(额)；过剩；盈余；顺差：We have a trade ~ of £400 million. 我们有4亿英镑的贸易顺差。II. *adj*. 剩余的；过剩的，多余的

sur•prise [sə'praɪz] I. (~s[-ɪz]) *n*. ❶Ⓤ惊奇；惊讶：There was a look of ~ on his face. 他脸上带着惊讶的表情。❷令人惊奇的事物；意想不到的事物：We have a Christmas ~ for you. 我们要给你一份意想不到的圣诞礼物。❸Ⓤ突袭；偷袭；袭击：capture sb. by~ 出其不意地俘获某人 II. (~s[-ɪz]；surprising) *vt*. ❶([近]astonish)使吃惊；使惊奇；使感到意外：She was ~d by the boy's intelligence. 那孩子的智力使她吃惊。❷使…感到突然；使…惊慌：The ring of the telephone ~d the man dozing during working hours. 电话铃声惊醒了那个在工作时间打盹的人。❸出其不意地袭击；冷不防地撞见：We returned early and ~d burglars searching through the cupboards. 我们回来得早，没想到正撞见窃贼在柜橱里乱翻。*vi*. 惊奇，吃惊

sur•pris•ing [sə'praɪzɪŋ] *adj*. 令人惊奇的：It's ~ they lost. 他们输了，真令人不可思议。

sur•ren•der [sə'rendə(r)] I. (~s[-z]；~ing[-rɪŋ]) *vt*. ❶使投降；使自首：The hijackers finally ~ed themselves to the police. 劫机者终于向警察投降了。❷交出；放弃：We shall never ~ our liberty. 我们绝不会放弃我们的自由。*vi*. ❶投降；自首：We shall never ~. 我们决不投降。❷屈服(于) II. (~s[-z]) *n*. ⓊⒸ ❶交出；放弃；屈服；自首：She accused the government of a cowardly ~ to big-business interests. 她指责政府怯懦地屈从于大企业利益。

sur•round [sə'raʊnd] I. (~s[-z]；~ed [-ɪd]) *vt*. 围着…；围绕…；包围…；环绕…：Troops have ~ed the town. 部队已经包围了这座城镇。II. (~s[-z]) *n*. Ⓒ(通常指装饰的)围绕物

S

sur·round·ing [sə'raʊndɪŋ] Ⅰ. [无比较等级] *adj*. 周围的;环绕的:the ~ country 近郊 Ⅱ. (~s[-z]) *n*. [用复数]周围的事物;环境:The guesthouse stands in picturesque ~s. 宾馆四周的环境优美如画。

sur·veil·lance [sə'veɪləns] *n*. U 监视;监督;盯梢:place sb. under ~ 把某人置于监视下

sur·vey Ⅰ. [sə'veɪ] (~s[-z]) *vt*. ❶眺望,俯瞰;纵览:~ing the crowds from a balcony 从阳台眺望人群 ❷通盘考察,纵观;概述:~ the international situation 概括地评述国际形势 ❸测量;勘查:~ a plot of land for building 为建房测量一块土地 ❹调查(人的行为、观点):Of the five hundred householders ~ed,40% had dishwashers. 在被调查的 500 户中,40% 有洗碗机。Ⅱ. ['sɜːveɪ, sə'veɪ] *n*. ❶C 概述;概略:a comprehensive ~ of modern music 现代音乐的综述 ❷C U 测量;勘查;测量图;测量记录:geological ~ 地质勘查,地质勘测 ❸C U 调查;审视

sur·viv·al [sə'vaɪvəl] (~s[-z]) *n*. ❶U 幸存;残存:the problem of ~ in subzero temperatures 在零度以下生存的问题 ❷C 生存者;残存者;遗物;遗风

sur·vive [sə'vaɪv] (~s[-z];surviving) *vt*. ❶比…活得长:The old lady had ~d all her children. 那位老妇人比她所有的孩子都活得长。❷幸免于;从…逃生:He ~d the shipwreck. 在这次船只沉没事件中,他幸免于难。*vi*. 活下来;幸存;生存:I can't ~ on £30 a week. 30 英镑不够我用一周。

sur·vi·vor [sə'vaɪvə(r)] (~s[-z]) *n*. C 幸存者;生还者:send help to the ~s of the earthquake 对地震中幸存的人予以救助

sus·cep·ti·ble [sə'septəbl] *adj*. ❶易受影响的;易受害的;敏感的:~ to flattery 易被谄媚所动的 ❷多愁善感的;多情的:a naive person with a ~ nature 一个易动感情而又幼稚的人 ❸可经受…的;有…可能的

sus·pect Ⅰ. [sə'spekt] (~ed[-ɪd]) *vt*. ❶怀疑;对…不信任:I ~ the truth of her statement. 我怀疑她陈述的真实性。❷猜想,疑心;觉得:I ~ that they're trying to get rid of me. 我总觉得他们在试图摆脱我。Ⅱ. ['sʌspekt] *n*. C 嫌疑犯 Ⅲ. ['sʌspekt] *adj*. 靠不住的;不可信的;可疑的:His statements are ~. 他的陈述是可疑的。

sus·pend [sə'spend] (~s[-z];~ed[-ɪd]) *vt*. ❶悬,挂,吊:A lamp was ~ed from the ceiling above us. 一盏灯悬挂在我们上方的天花板上。❷使…悬浮,使…飘浮:a balloon

~ed above the crowd 悬浮在人群上方的一个气球 ❸使…暂停,使…中止;推迟,延期:~ a decision 暂缓决定 ❹使…停职;使…休学:She was ~ed from school for stealing. 由于盗窃,她被勒令停学。*vi*. 悬,挂,吊

sus·pen·sion [sə'spenʃən] (~s[-z]) *n*. ❶U 悬挂;中止;(被)暂时停职:the ~ of a rule 中止一项规则 ❷U C【化】悬浮液;悬浮体 ❸U C (车辆的)缓冲装置(如弹簧、避震器)

sus·pi·cion [sə'spɪʃən] (~s[-z]) *n*. ❶C U 怀疑;疑心:be above ~ 无可怀疑 ❷C [用单数]些微;一点儿:without a ~ of humour 毫无幽默感

sus·pi·cious [sə'spɪʃəs] *adj*. ❶可疑的,易引起怀疑的:a ~ action 可疑的行为 ❷猜疑的;疑心的;多疑的:I'm very ~ about her motives. 我很怀疑她的动机。

sus·tain [sə'steɪn] (~s[-z]) *vt*. ❶([近] support)支撑;支撑住,承受住:Will this shelf ~ the weight of all these books? 这个书架承受得住所有这些书的重量吗? ❷供养;维持;保持:This scanty food will not ~ us for a week. 这少许的粮食不够我们维持一个星期。❸遭受;蒙受:He ~ed a severe blow on the head. 他的头部遭到重重的一击。❹忍耐,忍受;经受住:It will not ~ comparison with another. 这东西经不起与另一个东西相比。❺继续(活动等),持续:The book's weakness is the author's inability to ~ an argument. 该书的缺点在于作者未能把论证展开。❻(法庭等)确认;认可;支持,证明(事实等);证实:~ an applicant in his claim 确定申请人的要求合理

swal·low[1] ['swɒləʊ] (~s[-z]) *n*. C 燕子

swal·low[2] ['swɒləʊ] Ⅰ. (~s[-z]) *vt*. ❶吞下,咽下:Chew your food properly before ~ing it. 食物嚼碎后再咽下。❷吞没,淹没(up):The jungle ~ed up the explorers. 探险人员消失在密林里了。❸耗尽,用尽(up):The cost of the trial ~ed up all their savings. 诉讼费用耗光了他们的全部积蓄。❹忍受:He ~ed all the criticism without saying a thing. 他默默地忍受一切责难。❺[口]轻信;轻易接受 *vi*. 吞,咽;(因紧张等)咽口水 Ⅱ. (~s[-z]) *n*. C 吞咽,一次吞咽量:take a ~ of beer 喝一口啤酒

swam [swæm] swim 的过去式

swamp [swɒmp] Ⅰ. *n*. C U 沼泽;沼泽地,湿地 Ⅱ. (~ed[-t]) *vt*. ❶使陷入沼泽;淹没:A huge wave ~ed the boat. 一个巨浪淹没了那条船。❷[常用被动语态]使…困顿;使…吃尽苦头;使…陷入困难:He is ~ed with a sequence of misfortunes. 他连遭不幸，苦不堪言。

swan [swɒn] I. (~s[-z]) *n.* C 天鹅：*Swans* come to this lake to spend the winter. 天鹅到这个湖上来过冬。II. (~s[-z]；swanned；swanning) *vi.* [英口]随意逛；闲逛：Are you *swanning* off on holiday again? 你不是一走了之度假去了吗？

swap [swɒp] [亦作 swop] I. (swapped [-t]；swapping) *vt.* [口]交换；交流；用…做交易：I wouldn't ~ places with him for anything. 我说什么也不愿意处于他的地位。*vi.* [口]进行交换；做交易 II. *n.* C ❶ [常用单数]交换；交易；交流 ❷ 交换物，适于交换之物

swarm [swɔːm] I. (~s[-z]) *n.* C ❶（昆虫、鸟类等的）大群：a ~ of ants 一大群蚂蚁 ❷ [常用复数]一大群(人)；人群：~s of children in the park 公园里成群的孩子们 II. *vi.* ❶（蜜蜂）成群飞离蜂巢 ❷ 密集，云集；涌往：The guests ~ed round the tables where the food was set out. 客人聚集到摆好饭菜的餐桌周围。❸ 充满；被挤满：The beach was ~ing with bathers. 海滩上挤满了游泳的人。

sway [sweɪ] I. (~s[-z]) *vt.* ❶ 使…摇摆；使…摇动：The mother was gently ~ing her baby. 那个母亲在轻轻摇着她的宝宝。❷ 使动摇，使转向；影响：Your arguments won't ~ her，she's determined to leave. 你说的道理说服不了她，她已下定决心离开。*vi.* ❶ 摇动；摇摆：Branches ~ gently in the wind. 树枝在风中微微摇动。❷ 歪；倾斜；偏向：The car ran into the pavement and ~ed to the right. 这部车开向人行道后向右倾斜。II. *n.* U ❶ 摇晃，摆动：The ~ of the ferry made him feel sick. 渡船摇摇晃晃，他感到恶心。❷ 统治；支配：under the ~ of 受…统治，被…支配

swear [sweə(r)] (~s[-z]；swore [swɔː]；sworn[swɔːn]；~ing[-rɪŋ]) *vt.* ❶ 断言；确定地说…；郑重地说…：She *swore* that she'd never seen him. 她肯定地说她从未见过他。❷ 发(誓)，宣(誓)：He *swore* (that) he would never drink. 他发誓决不再喝酒。❸ 使（某人）发誓…；使（某人）发誓做…：They have *sworn* allegiance to the crown. 他们宣誓效忠君主。*vi.* ❶ 咒骂，诅咒：The foreman is always ~ing at the workers. 那工头总是对工人骂个咧咧的。❷ 宣誓，发誓：Witnesses have to ~ on the Bible. 证人须手按《圣经》宣誓。

sweat [swet] I. *n.* ❶（[近]perspiration）U 汗；汗水：She wiped the ~ from her brow. 她擦掉额头上的汗。❷ C 出汗；流汗；满身大汗：A good ~ will cure a cold. 出一身大汗可以治好感冒。❸ U（物体表面凝结的）

水珠，湿气：the ~ on the window 窗上的水珠 ❹ C [口]艰苦的工作(或努力)：We will take the ~. 我们愿意做这吃苦的工作。II. (sweat 或 ~ed['-ɪd]) *vi.* ❶ 出汗，流汗：The long climb made us ~. 我们攀登了很长距离，已大汗淋漓了。❷ [口]处于焦急万分的状态，不安：They all want to know my decision，but I think I'll let them ~ a little. 他们全都想知道我做出的决定，但我想先不告诉他们。❸ [口]辛苦地工作，苦干 *vt.* 使出汗；使…辛苦工作

sweat·er ['swetə(r)] (~s[-z]) *n.* C 运动衣；套头衫；毛线衣：I'd like to try the red ~ on. 我想试穿这件红色毛衣。

Swe·den ['swiːdn] *n.* 瑞典(欧洲)

Swed·ish ['swiːdɪʃ] I. *adj.* 瑞典(人)的；瑞典语的 II. *n.* ❶ U 瑞典语 ❷ [the ~] [用作复数]瑞典人

sweep [swiːp] I. (swept [swept]) *vt.* ❶ 扫；打扫；扫除：Have the stairs been *swept* clean? 楼梯打扫干净了吗？❷ 卷走…；冲走…；吹走…；刮去…；把…一扫而光：Many bridges were *swept* away by the floods. 洪水冲毁了许多桥梁。❸ 横扫…；（暴风雨等）吹袭…：Her eyes *swept* the room. 她的眼睛扫视了一下那个房间。*vi.* ❶ 扫；扫除；打扫：Have you *swept* in here? 这里你打扫过了吗？❷ 袭击，（风等）刮起；席卷：The fire *swept* rapidly across the wooded countryside. 这场大火迅速席卷了树木茂密的郊野。❸（人）大摇大摆地行走：She *swept* out of the room. 她大模大样地走出了房间。❹ 延伸；绵延；伸展：The road ~s round the lake. 这条路环绕着湖向前蜿蜒。II. *n.* C ❶ 清扫；打扫：Give the room a good ~. 把这房间好好打扫一下。❷（风的）吹；刮；（手的）挥动：with a ~ of her arm 她把手臂一挥 ❸ 绵延的(一片)坡地：the broad ~ of white cliffs round the bay 海湾周围一大片白色的峭壁 ❹ 绵延，伸展；（所及的）范围：within the ~ of my knowledge 在我的知识范围之内 ❺ [美]绝对优势的胜利；全胜 ❻（风、潮水等的）流动 ❼ [口] [也作 chimney ~]扫烟囱工人

sweep·ing ['swiːpɪŋ] *adj.* ❶ 有广泛影响的；深远的：~ reforms 意义深远的改革 ❷ 全面的；决定性的：a ~ victory 全胜 ❸（言语）无例外的；过于笼统的

sweet [swiːt] I. *adj.* ❶（[近] bitter，sour）甜的；含糖的：Do you like your tea ~? 你喝茶喜欢放糖吗？❷ 芳香的；芳香的：gardens ~ with the scent of roses 散发着玫瑰芳香的花园 ❸ 悦耳的；旋律优美的 ❹（[近] fresh）新鲜的；有益于健康的：~ milk 鲜奶 ❺

[口]有吸引力的;漂亮的;可爱的;a ～ young lady 可爱的年轻小姐 ❻温和的;温柔的;可亲的:It is ～ of you to have remembered us. 你还记着我们,真感谢你。Ⅱ. *n*. ❶[C][英]糖果(=[美]candy) ❷[C][U][英](餐后的)甜点 ❸[the ～s]快乐,赏心乐事:the ～s and bitters of life 人生的甘苦 ❹[用 my ～]爱人,亲爱的

sweet·en ['swiːtn] *vt*. ❶使变甜;加糖于;使变香 ❷使温和,使温柔 ❸把…弄清洁;使新鲜;去…的臭味

swell [swel] Ⅰ. (～s[-z];swollen ['swəʊlən] 或～ed) *vi*. ❶肿起;肿大;浮肿;膨胀;His face was swollen (up)with toothache. 他的脸因牙痛而肿了起来。❷(土地等)隆起;(河水等)上涨:The river has swollen with melted snow. 雪融河涨。❸增长,增大,壮大:Our debt has been ～ing. 我们的债务一直在增加。❹(情绪等)高涨;升涨 His breast ～ed with pride at his achievement. 他因取得的成绩而心里充满了骄傲情绪。*vt*. ❶使膨胀;使(力量、数目等)增长;使壮大:Small extra costs all ～ the total. 额外的小笔费用积在一起使总额增加了。❷使隆起;使(河水等)上涨:The wind ～ed the sails. 风使船帆鼓胀起来了。❸使骄傲自大;使(情绪等)高涨:be swollen with indignation 满腔义愤 Ⅱ. *n*. ❶[U][C]鼓起;肿胀;膨胀;壮大 ❷[U][C](声音的)增强,(音量的)增大;【音】渐强到渐弱 ❸[C]【音】渐强到渐弱符号(⟨⟩) ❹[只用单数]浪涛,滚滚的浪潮 Ⅲ. [无比较等级] *adj*. ❶时髦的;漂亮的:You look ～ in that dress. 你穿那件衣服看上去真漂亮。❷[美口]极好的;第一流的:a ～ pianist 第一流的钢琴家

swell·ing ['sweliŋ] (～s[-z]) *n*. ❶[U][C]肿胀(处);膨胀(物);隆起 ❷[C]肿块

swel·ter·ing ['sweltəriŋ] [无比较等级] *adj*. (天气)酷热的,使得得得发昏的

swept [swept] sweep 的过去式和过去分词

swift [swift] Ⅰ. *adj*. ❶快的,迅速的:a ～ reply 迅速的答复 ❷立刻的;突然发生的:She is ～ to anger. 她易于发怒。Ⅱ. *adv*. 快地,迅速地;敏捷地 Ⅲ. *n*. [C]❶【纺】大滚筒;纱筐;绷架 ❷雨燕

****swim** [swim] Ⅰ. (～s[-z];swam[swæm];swum[swʌm]; swimming) *vi*. ❶游泳:Let's go swimming. 咱们去游泳吧。❷浮,漂浮;滑行:Cloud swam slowly across the moon. 浮云慢慢飘过月亮。❸浸,泡;覆盖,充溢:When I heard the good news,my heart swam with joy. 当我听到这好消息时,内心充满喜悦。❹(头)眩晕;眼花;摇晃:The whisky made his head ～. 那威士忌酒使他的头感到眩晕。*vt*.

❶游过(河等);与…游泳:They swam the river. 他们游过了那条河。❷使…游水;使…浮:She swam her horse across the river. 她使自己的马游过了那条河。Ⅱ. (～s[-z]) *n*. [C]游泳:I had only two ～s last year. 我去年仅游泳两次。

swim·ming ['swimiŋ] *n*. ❶[U]游泳,游水 ❷[只用单数]眩晕:I have a ～ in my head. 我头晕。

swin·dle ['swindl] Ⅰ. (～s[-z];swindling) *vt*. & *vi*. 诈取;诈骗;骗取:You're easily ～d!你太容易受欺骗了! *vi*. 诈骗 Ⅱ. (～s[-z]) *n*. [C]❶欺骗,诈取 ❷骗人的人(或假货);名不副实的货色:That newspaper story's a complete ～. 报纸上那篇报道完全是骗人的。

swing [swiŋ] Ⅰ. (～s[-z];swung[swʌŋ]) *vi*. ❶摇摆,摆动,摇荡:The bucket swung from the end of a rope. 吊在绳子上的桶来回摆动。❷转动,旋转;转弯:The gate swung shut. 那扇门关上了。❸突然转向:He swung round to confront his accusers. 他突然转过身来面对指控他的人们。❹荡来荡去:The ape swung from branch to branch. 那只猿猴在树枝间荡来荡去。❺轻快而有节奏地走(跑):A company of guardsmen swung past. 一队卫兵迈着整齐轻快的步伐走了过去。❻改变意见;动摇:Voters have swung to the left. 选民已转向左派。❼[口]有节奏感;有魄力 ❽[俚]被处绞刑 *vt*. ❶摇动;使摆动:He swung his arms as he walked. 他走路的时候手臂摆动。❷使旋转;使转向;使转弯:～ a telescope through 180° 把望远镜旋转 180° ❸挥动…;挥舞:The player swung the bat at the ball,but missed it. 那名球员对球挥棒,可是落了空。❹使改变意见;使动摇:Can you ～ them round to my point of view? 你能使他们改变立场,转而支持我的观点吗? ❺[口]完成;获取;得到(尤指靠不正当的手段):Can you ～ it for me so that I get the job? 你能设法为我谋得那份工作吗? Ⅱ. (～s[-z]) *n*. ❶[U][C]挥舞;(有节奏的)摆动:the ～ of a pendulum 钟摆的摆动 ❷[C]秋千;荡秋千:have a ～荡秋千玩 ❸[U](诗歌、音乐、舞蹈的)韵律;音律;节奏;[美]摇摆舞音乐 ❹[C]大变动;转变:a ～ in prices 物价的大波动

swing·ing ['swiŋiŋ] [无比较等级] *adj*. [俚]活跃的;赶时髦的

swirl [swɜːl] Ⅰ. (～s[-z]) *vi*. ❶打旋;旋动,涡动:Smoke ～ed up the chimney. 炊烟袅袅升起。❷盘曲,盘绕 ❸头晕,晕眩 *vt*. 打旋;使涡动 Ⅱ. *n*. [C]❶漩涡;涡流 ❷卷状;扭曲

Swiss [swɪs] **I**. *adj*. 瑞士(人)的 **II**. *n*. ⒞[单复同]瑞士人

switch [swɪtʃ] **I**. (～es['-ɪz]) *n*. ⒞❶开关；电闸 ❷(铁路的)转辙器 ❸(从树上砍下的)枝条，软枝条；嫩枝条 ❹(突然的)转变；改变：a ～ in method 方法的转变 **II**. (～es['-ɪz]；～ed[-t]) *vt*. ❶打开(关闭)…的开关：～ the light on 开电灯 ❷使转变；使改变：Could you ～ the TV over? 你能把电视换个频道吗? ❸(用鞭或枝条)抽打 ❹使(火车)转辙，转轨 *vi*. 转换，变换：He secretly ～ed to a different company. 他秘密跳槽到别的公司。

swoop [swuːp] **I**. (～ed[-t]) *vt*. 攫取；[口]抢去(up)：The robber ～ed up the banknotes. 劫匪把钞票一把抢走了。*vi*. 突然下降；向下猛冲；猛扑：The owl ～ed down on the mouse. 那只猫头鹰向着老鼠猛扑下来。**II**. *n*. ⒞俯冲，飞扑，急袭：Police made a dawn ～. 警方拂晓时发动了突袭。

*** sword** [sɔːd] (～s[-z]) *n*. ❶⒞剑，刀：draw one's ～把剑拔出 ❷[the ～]武力，战争：the ～ and the purse 武力和财力

swore [sɔːd] swear 的过去式

sworn [swɔːn] **I**. swear 的过去分词 **II**. [无比较等级] *adj*. ❶保证说实话的；宣誓过的：a ～ statement 宣过誓的陈述 ❷感情极深的；盟誓的：～ friends 知己

swum [swʌm] swim 的过去分词

swung [swʌŋ] swing 的过去式和过去分词

syl·la·ble ['sɪləbl] **I**. (～s[-z]) *n*. ⒞❶音节：The accent is on the third ～. 重音在第三个音节上。❷只言片语；些许：I'll never utter a ～ of this. 这件事我连一个字都不会说。**II**. *vi*. 按音节发音

sym·bol ['sɪmbl] (～s[-z]) *n*. ⒞❶象征；标志：The cross is the ～ of Christianity. 十字架是基督教的标志。❷([近]mark，sign)符号，记号：algebraic signs or ～s 代数符号

sym·bol·ic(al) [sɪm'bɒlɪk(əl)] *adj*. ❶符号的，记号的；使用符号的 ❷象征性的

sym·bol·ize，-ise ['sɪmbəlaɪz] (～s[-ɪz]；symbolizing) *vt*. ❶象征；作为…的象征；标志：The dove ～s peace. 鸽子象征和平。❷用符号代表；用符号表示

sym·met·ric(al) [sɪ'metrɪk(l)] *adj*. ([反]asymmetric)对称的；匀称的：The plan of the ground floor is completely ～. 一楼的平面图是完全对称的。

sym·me·try ['sɪmɪtrɪ] *n*. ⒰对称性；匀称

sym·pa·thet·ic [ˌsɪmpə'θetɪk] *adj*. ([反]unsympathetic)❶同情的；出于同情的 ❷可爱的，讨人喜欢的：I didn't find her very ～. 我觉得她不太讨人喜欢。❸同感的；赞成的；共鸣的

sym·pa·thize，-ise ['sɪmpəθaɪz] (～s[-ɪz]；sympathizing) *vi*. ❶同情，表示同情：～ with sb. in his sufferings 对某人遭遇的苦难表示同情 ❷同感，共鸣；赞同，支持：～ with sb. in his point of view 赞同某人的观点

sym·pa·thy ['sɪmpəθɪ] *n*. ⒰⒞❶同情；同情心：feel great ～ for sb. 对某人深为同情 ❷([反]antipathy)同感；赞同；慰问，哀悼：You have my deepest *sympathies* on the death of your wife. 对于令夫人之去世，谨向您表示最深切的慰问。

sym·pho·ny ['sɪmfənɪ] (symphonies [-z]) *n*. ⒞交响曲；交响乐

sym·po·si·um [sɪm'pəʊzjəm] (～s[-z]或 symposia[sɪm'pəʊzjə]) *n*. ⒞❶(专题)讨论会，研讨会：hold a ～ on air pollution 举行有关空气污染的研讨会 ❷(专题)论文集

symp·tom ['sɪmptəm] (～s[-z]) *n*. ⒞症状；征兆，征候

syn·chro·nize，-ise ['sɪŋkrənaɪz] (～s[-ɪz]；synchronizing) *vi*. 同时发生，同步：Action and sound must ～ perfectly. 动作与声音必须完全同步。*vt*. 使一致，使同步：Let's ～ our watches. 咱们把表校准吧。

sy·non·y·mous [sɪ'nɒnɪməs] [无比较等级] *adj*. 同义的；同义词性质的

syn·thet·ic [sɪn'θetɪk] **I**. [无比较等级] *adj*. ❶人造的；合成的：～ chemistry 合成化学 ❷假的，非天然的；虚伪的：～ enthusiasm 虚假的热情 **II**. *n*. ⒞合成物；合成品

sys·tem ['sɪstəm] (～s[-z]) *n*. ❶⒞系统，体系：the nervous ～ 神经系统 ❷⒞(人或动物的)身体；组织：Alcohol is bad for your ～. 喝酒对身体有害。❸⒞(思想、理论、原则等的)体系；方法：a ～ of philosophy 哲学体系 ❹⒰制度，体制：social ～ 社会制度 ❺⒰步骤；条理：You'll find little ～ in his method of work. 他的工作方法甚无条理。❻⒰秩序，规律：He works with ～. 他工作很有规律。

sys·tem·at·ic [ˌsɪstɪ'mætɪk] *adj*. ❶(有)系统的；有条理的：He's very ～ in all he does. 他做一切事情都有条理。❷有预谋的；蓄意的：a ～ attempt to ruin sb.'s reputation 蓄谋破坏某人的名誉

S

T t

tab·le ['teɪbl] I . (～s[-z]) n . C❶桌子,台子;a dining-～ 餐桌 ❷[集合用法](用餐等的)一桌人;(摆上餐桌的)食物:His jokes amused the whole ～.他讲的笑话把满桌子人都逗笑了。❸(机器的)放料盘;手术台;工作台 ❹表;目录;一览表:a ～ of contents 目录 ❺木圓;石板;(碑、板上刻的)铭文,文献 ❻【地】[亦用～ land]高地;台地 II . (～s[-z];tabling) vt . ❶把…列表 ❷[美]搁置(议案等);～ a motion 搁置提议 ❸[英]把…列入议事日程;提出:The Opposition have ～d several amendments to the bill. 反对党已对议案提出几项修正。

tab·let ['tæblɪt] n . C❶药片;药丸:Take two of the ～s three times daily before meals.每日三次,每次两片,饭前服用。❷(肥皂等的)块,小片:a ～ of soap 一块肥皂 ❸碑,牌,匾:a memorial ～ 纪念碑

tack [tæk] I . n . C❶平头钉;大头钉 ❷C(缝纫中的)粗缝,假缝 ❸C【海】(帆船)抢风行驶;抢风航程 ❹U C方针;政策:It would be unwise to change ～ now. 现在改变方向是不明智的。II . (～ed[-t]) vt . ❶用大头针钉住:～ a notice on a bulletin board 把通知钉在广告板上 ❷绷上,绷住(某物):～ a ribbon onto a hat 在帽子上绷一条带子 ❸使(船)抢风转变航向 vi . ❶抢风转变航向:～ with the wind 顺风转舵 ❷工字形航行

tack·le ['tækl] I . (～s[-z]) n . ❶C U(操纵船帆或吊起重物用的)滑车,滑轮,滑轮组 ❷U(尤指钓鱼等的)用具,装置 ❸C(橄榄球赛等中的)擒抱,擒拿 II . (～s[-z];tackling) vt . ❶应付,对付,处理(问题、工作等):It's time to ～ my homework. 现在该对付我的家庭作业了。❷抱住,抓住(小偷等):The security guard ～d the robber. 那个保安人员抱住强盗。❸(橄榄球中)抱住并摔倒(对方球员) vi . (橄榄球等)拦截(对方)抢球,抢截:He was ～d just outside the penalty area. 他恰在罚球区外让对方把球截过去了。

tact [tækt] n . U机敏;机警;圆滑;得体:You need a lot of ～ to be an air hostess. 当空中小姐言行需十分得体。

tac·tics ['tæktɪks] [复] n . ❶[用作单数]战术;兵法 ❷[常用作复数]策略,手法:These ～ are unlikely to help you.这些方法对你未必有帮助。

tag [tæg] I . (～s[-z]) n . C❶(写有姓名、地址、号码、定价等的)牌子,标签,货签:a shipping ～ 货运标签 ❷(鞋带末端的)包头,箍 ❸(衣服等的)垂饰 ❹(为修辞目的或炫耀辞藻而引用的)简短引语;附加语 ❺经常引用的短语,谚语,语录 II . (～s[-z];tagged;tagging) vt . ❶为…加上标签;在(违章车辆)上贴违犯交通规则的条子:～ every item in the store 给每一种商品加上标签 ❷附加于…上 vi . ([近]follow)尾随,紧紧地跟在后面:children tagging along behind their mother 紧跟在妈妈身后的孩子们

tail [teɪl] I . (～s[-z]) n . C([反]head)❶(鸟、兽、鱼或爬行动物的)尾;尾巴:Dogs wag their ～s when they are pleased. 狗高兴时就会摇摆尾巴。❷尾状物;尾部:the ～ of Halley's Comet 哈雷彗星的尾部 ❸后部;末端:We couldn't get our seats because we were at the ～ of the line. 我们排在后面,没能占到座位。❹[常用复数]钱币背面 ❺[用作复数][口]燕尾服;男子晚礼服 ❻[口]跟踪(或盯梢)的人:put a ～ on sb. 派人跟踪监视某人 II . (～s[-z]) vt . ❶截短,切去…的尾巴;摘除(水果的柄、梗)❷[口]尾随,跟踪;追随:He ～ed the spy to his hotel. 他尾随那个间谍直到他所住的那家旅馆。

tai·lor ['teɪlə(r)] I . (～s[-z]) n . C(尤指做外衣的)裁缝,成衣工;成衣商:go to the ～ to be measured for a suit 到裁缝店量尺寸做一套衣服 II . (～s[-z];～ing[rɪŋ]) vi . 做裁缝 vt . ❶裁制(衣服):a well-～ed coat 一件裁制合身的上衣 ❷使…适合;迎合:homes ～ed to the needs of the elderly 适合老年人

需要的活动中心

taint [teɪnt] **I.** *n.* Ⓤ Ⓒ ❶ [常用 a ～]些微的倾向;迹象;样子 ❷ 污点;坏名声;缺点 ❸ 污染;败坏;堕落 **II.** (～ed['-ɪd]) *vt.* 使腐烂;污染;玷污:～ed meat 腐烂的肉

* **take** [teɪk] **I.** (took [tuk]; taken ['teɪkən]; taking) *vt.* ❶ 拿,握,取,抱:Would you mind *taking* the baby for a moment? 请你替我抱一会儿孩子行吗? ❷ 携带;伴同:Don't forget to ～ your umbrella when you go. 你走的时候别忘了带雨伞。 ❸ 夺取;占领;捕捉:The army *took* many prisoners. 这支军队抓获了许多俘虏。 ❹ (未经同意)擅自取用;窃取;拿错:Someone has *taken* my gloves. 有人拿错我的手套了。 ❺ 接受(礼物、金钱等);索取:She was accused of *taking* bribes. 她被指控犯有受贿罪。 ❻ 自…摘录;抄袭;取自:Part of her article is *taken* from my book on the subject. 她的文章中有一部分是直接从我写的有关该问题的一本书里抄来的。 ❼ (从…)除去,减:If you ～ five from twelve,you're left with seven. 12 减 5 得 7。 ❽ 搭乘(交通工具),乘坐;取(道、路线)走:I'm *taking* the next train to London. 我准备搭下一班火车去伦敦。 ❾ 接受(提议、忠告等),采纳:I ～ your point,but my views on the matter remain the same. 我同意你说得有理,但我保留对这件事的看法。 ❿ 收容(某人),收(房客等);接纳:She ～s paying guests. 她收寄宿的房客。 ⓫ (容器)有…的容积,能装进…;(交通工具等)容纳:This bus ～s 60 passengers. 这辆公共汽车能容纳 60 位乘客。 ⓬ 怀,持,抱有(某种感情、情绪、见解等):Police are taking the terrorists' threats of a bombing campaign very seriously indeed. 警察当局对这次恐怖分子要搞爆炸活动的威胁看得的确很严重。 ⓭ 容忍,承受:I'm not ～ any more of your insults! 我再也不会受你的侮辱! ⓮ 理解;看待;领会:I don't think she *took* my meaning. 我想她没有领会我的意思。 ⓯ 把…看作,认为,视为:I *took* you to be an honest man. 我认为你是个诚实的人。 ⓰ 租用(房屋、房间等);订阅(报纸、杂志等),订:I ～ the local newspaper. 我订本地报纸。 ⓱ 选购;购买:I'll ～ the grey trousers,please. 我要买这条灰色的裤子,请你拿给我。 ⓲ 吃,喝,吸入;享受:I ～ some medicine for the cold. 我吃了一点儿感冒药。 ⓳ 取得(头衔);就任(职位等);就(座):He has *taken* the post of manager. 他已就任经理职位。 ⓴ 需要,花费;占用:The journey from London to Oxford ～s about an hour and a half. 从伦敦到牛津的旅程大约需要一个半钟

头。㉑参加(考试、测验等):She ～s her finals next summer. 明年夏天她参加决赛。㉒学习;读;修;获得(学位):She plans to ～ a course in applied linguistics. 她计划选修应用语言学。㉓教授;授课;指导:Who ～s you for French? 谁教你们法语? ㉔发现;记录;写下:The policeman *took* my name and address. 警察记下了我的姓名和地址。㉕检查;测量:The tailor *took* my measurements for a new suit. 裁缝给我量尺寸做一套新衣服。㉖表示进行一次特定的活动:～ a journey 旅行 ㉗越过;绕过(障碍):The horse *took* the first fence beautifully. 那匹马漂亮地跨越过第一道栅栏。㉘持有;采取(观点、态度):The government is *taking* a tough line on drug abuse. 政府对吸毒恶习正采取一种强硬的态度。㉙拍照:He *took* a lot of pictures there. 他在那里拍了许多照片。㉚[常用于祈使句]以…为例:A lot of women manage to bring up families and go out to work at the same time— ～ Angela,for example. 很多妇女既要抚养子女同时还要出去工作,安吉拉就是一个例子。㉛执行;主持:Mr. Peter will ～ the evening service. 彼得先生将主持晚礼拜。 *vi.* ❶(染料等)染上;(种痘)生效;(植物)生根:The dye won't ～ in cold water. 这种染料在冷水中染不上颜色。 ❷(鱼)咬钩:The fish don't seem to be *taking* today. 今天鱼似乎不咬钩。 **II.** *n.* Ⓒ❶得,取,拿;拿取;猎取 ❷捕获量 ❸拿到(或获得)金钱的数额:the yearly ～ from tourism 旅游事业的岁入 ❹(影片)连续拍摄:shoot the scene in a single ～ 拍摄场景一次完成

tak•en ['teɪkən] (～s[-z]) take 的过去分词

* **tale** [teɪl] (～s[-z]) *n.* Ⓒ❶([近]story)故事,传说;叙述:a fairy ～ 神话故事;童话 ❷([近]lie,rumour)传言;传闻;流言蜚语:I've heard some odd ～s about her. 我听到些关于她的传言。

tal•ent ['tælənt] *n.* ❶Ⓒ Ⓤ特殊的能力;才干:Her ～s are well known. 人人都知道她很有才干。 ❷Ⓤ有才能的人;天才;人才:We're always looking for new ～. 我们总是不断寻找新的天才。 ❸Ⓒ(古希腊、罗马、希伯来等地的)重量及货币单位

* **talk** [tɔːk] **I.** (～ed[-t]) *vi.* ❶说,讲;说话:Our baby can already ～. 我们的宝宝已经会说话了。 ❷讲话,谈话:What are you ～ing about? 你们在谈什么? ❸说闲话;讲人坏话:We must stop meeting like this — people are beginning to ～. 我们不能再这样见面了——人们已经开始闲话了。 ❹说出

情况;供认:The police persuaded the suspect to ~.警察劝说嫌疑犯供认.**vt.** ❶说,讲:You're ~ing rubbish. 你在说废话.❷使用(某种语言): ~ French 讲法语 ❸谈论;磋商:We ~ed the situation over. 我们讨论了该形势. ❹说得使…,讲得使…: ~ oneself hoarse 讲得声音嘶哑 **Ⅱ.n.**❶ⒸⓊ谈话;商谈;会谈:The latest round of pay ~s has broken down. 最后一轮的工资谈判已经破裂.❷Ⓤ(不付诸行动而无结果的)空谈;谣言;流言蜚语:There's some ~ of a general election. 关于大选有一些谣言.❸Ⓒ演讲;报告;讲课:She gave a ~ on her visit to China. 她做了一次有关她访问中国的报告.❹Ⓤ讲话方式,语言;方言;隐语:baby ~ 儿语

talk·ing ['tɔːkɪŋ] **Ⅰ.n.**Ⓤ谈话;讲话;讨论 **Ⅱ.adj.**❶讲话的;有讲话能力的:a ~ parrot 会学舌的鹦鹉 ❷喜欢讲话的;多嘴的 ❸富于表情的: ~ eyes 富于表情的眼睛

*__**tall**__ [tɔːl] **adj.**❶([反]short)身材高的;高大的:She's ~er than me. 她比我高.❷有特定高度的:Tom is six feet ~. 汤姆身高6英尺.❸[口]夸大的,过分的;难以置信的:That's a ~ story. 那是吹牛.

tame [teɪm] **Ⅰ.**(~r;~st) **adj.**❶([反]wild)([近]domesticated)驯服的;温顺的;顺从的:Her husband is a ~ little man. 她的丈夫是个没有骨气的小人物.❷[口]乏味的,无趣味的;单调的:I quite enjoyed the book but found the ending rather ~. 我相当喜欢这本书,只不过感觉结尾很平淡.**Ⅱ.**(~s[-z];taming) **vt.**❶驯养;驯服: ~ wild birds 驯养野鸟 ❷征服;控制并利用:man's attempts to ~ the elements 人类征服大自然的尝试

tan [tæn] **Ⅰ.**(tanner;tannest) **adj.**([近]brown)棕黄色的;棕褐色的 **Ⅱ.n.**❶Ⓤ黄褐色;棕黄色 ❷Ⓒ日晒后的肤色;棕褐色:get a good ~ 晒得黑黑的 **Ⅲ.vt.**❶使晒成棕褐色:I want to ~ my back a bit more. 我想再晒一会儿后背.❷打;鞭打;用鞭子抽(某人) **vi.**晒成棕褐色:My skin ~s easily. 我的皮肤很容易晒黑.

tan·gi·ble ['tændʒəbl] **adj.**可触摸的,可触知的;有形的;有实体的

tan·gle ['tæŋgl] **Ⅰ.**(~s[-z]) **n.**Ⓒ❶(头发、线等的)纠结;缠结:brush the ~s of a dog's fur 刷顺狗身上纠在一起的毛 ❷纠纷;混乱:His financial affairs are in such a ~. 他的财务情况是如此混乱.❸[口]吵架;口角:a ~ with sb. 与某人的争执 **Ⅱ.**(~s[-z];tangling) **vt.**使缠结;使变混乱:The cat ~d my wool. 这只猫把我的毛线缠结在了

一起.**vi.**❶缠结;混乱:This yarn ~s easily.这种毛线容易打结.❷[口]卷入争论,发生争论:I shouldn't ~ with Peter — he's bigger than you. 我不该卷入跟彼得争斗的纠纷中去——他的块头可比你大.

*__**tank**__ [tæŋk] **Ⅰ.n.**Ⓒ❶(盛液体或气体的)大容器,大箱;罐:Water is stored in ~s under the roof. 水储存在屋顶下面的水罐里.❷坦克 **Ⅱ.vt.**把…储在槽内;把…放在槽内

*__**tap**__¹ [tæp] **Ⅰ.n.**Ⓒ❶轻轻的拍打(声):They heard a ~ at the door. 他们听到轻轻的叩门声.❷[用~s][用作单数][美]【军】熄灯号,熄灯鼓 **Ⅱ.**(tapped [-t];tapping) **vt.**轻拍;轻击;轻敲:He *tapped* the box with a stick.他用小棍轻轻敲盒子.**vi.**轻拍一下;轻轻敲着:Who's that *tapping* at the window? 谁在敲窗子?

tap² [tæp] **Ⅰ.n.**Ⓒ❶([近][美]faucet)水嘴,龙头:turn the ~ 打开龙头 ❷(酒桶等的)栓子,塞子 ❸【电】分接头(分出电流用的中间接头) **Ⅱ.**(tapped [-t];tapping) **vt.**❶从…中放出液体 ❷在…上割开(以导出液体) ❸开发;开掘;召集:vast mineral wealth waiting to be *tapped* 待开采的大量矿产 ❹在(电话或电报线路)上装窃听器:I think my phone is being *tapped*. 我想现在有人窃听我的电话.

*__**tape**__ [teɪp] **Ⅰ.n.**❶ⓊⒸ(用以捆、系物品或作标记的)带子,线带:a parcel tied up with ~ 用带子捆着的包裹 ❷Ⓒ【体】(赛跑终点的)终点线:He broke the ~ half a second ahead of his rival. 他比对手早半秒钟到达终点.❸ⒸⓊ磁带,录像(带),录音(带):I've got all the Beethoven symphonies on ~. 我有贝多芬交响乐全部的录音带.❹Ⓒ卷尺,带尺:a steel ~ 钢卷尺 ❺ⒸⓊ胶带,(医疗的)胶布带;【电】绝缘胶带 ❻Ⓤ(电传打印机的)收报纸带 **Ⅱ.**(~d[-t];taping) **vt.**❶用带子捆扎;用胶布把…粘牢:Have you finished *taping* all the parcels up yet? 所有的包裹你都用带子绑好了吗? ❷将…录在录像带上;给…录音: ~d a concert from the radio 录下音乐会的无线电广播 **vi.**用磁带录音

ta·per ['teɪpə(r)] **Ⅰ.**(~s[-z]) **n.**Ⓒ❶细支小蜡烛;(点火用的)烛芯 ❷(细长物的)细梢,逐渐变窄 **Ⅱ.**(~s[-z];~ing[-rɪŋ]) **vi.**逐渐变细;逐渐减少:a blade that ~s off to a fine point 缩窄成细尖的叶片 **vt.**使(某物)渐变窄:The trouser legs are slightly ~ed. 裤腿逐渐向里收窄了一些.

tar [tɑː(r)] **Ⅰ.n.**Ⓤ❶焦油;焦油沥青;柏油 ❷(烟草燃烧产生的)烟碱,尼古丁;low-cigarettes 尼古丁含量低的香烟 Ⅱ. (～s [-z];tarred;tarring ['-rɪŋ]) vt. 以焦油（或沥青）覆盖（或涂抹）（某物）；铺以柏油：a tarred road 铺柏油的路

tar·dy ['tɑːdɪ] (tardier;tardiest) **adj.** ❶ （[近]slow, late）（[反]fast, quick）慢的；迟的；行动迟缓的：～ in offering help 提供帮助不及时 ❷ 勉强的；不情愿的；拖拉的：a ～ consent 勉强答应

tar·get ['tɑːgɪt] Ⅰ. **n.** Ⓒ❶(枪、箭等的)靶子；标的，目标：His shot hit the ～. 他的子弹射中了靶子。❷(谴责、嘲笑等的)对象，目标：be made a ～ for attack 被当作攻击的目标 ❸指标；目标：Production so far this year is on ～. 今年到目前为止生产已达到了指标。Ⅱ. **vt.** ❶把…作为目标（或对象）；瞄准：a sales campaign ～ed at the youth 面向青年人市场的大推销 ❷为…定指标：Steel production was ～ed for 50,000 tons last month. 钢产量上月指标定为 5 万吨。

tar·iff ['tærɪf] Ⅰ. **n.** Ⓒ❶关税率；(某类)关税 ❷(旅馆或公用事业的)收费表，价目表 Ⅱ. **vt.** 对…征收关税

task [tɑːsk] Ⅰ. **n.** ([近]job, duty, assignment) Ⓒ❶任务，工作；作业，功课：I set myself the ～ of chopping up the firewood. 我给自己安排了劈柴的任务。❷困难的工作；苦差事：Becoming fluent in a foreign language is no easy ～. 熟练地掌握一门外语是一项艰苦的工作。Ⅱ. **vt.** 使辛劳；使过于劳累；使做艰苦的工作：～ one's mind 伤脑筋

taste [teɪst] Ⅰ. (～d['-ɪd];tasting) **vt.** ❶吃出…的味道；尝出；品出：I can ～ ginger in this cookie. 我吃出这饼干有姜味儿。❷尝…；品尝：She ～d the soup to see if it was too salty. 她尝了一口汤，看是否太咸。❸[主要用于否定句]吃(食物)；喝(饮料)：They hadn't ～d hot food for over a week. 他们已有一个多星期没吃上热东西了。❹([近]feel)尝到，感受到；体验到：My children have never ～d the delights of country life. 我的孩子从来没有体验过乡村生活的乐趣。**vi.** ❶尝起来，吃起来；辨味：It ～s sweet. 这东西吃起来很甜。❷尝到，体验：She has never ～d of success. 她从未领略过成功的滋味。Ⅱ. **n.** ❶([近]flavour)Ⓒ Ⓤ 味道，风味：Sugar has a sweet ～. 糖有甜味。❷Ⓒ Ⓤ 味觉：Having a cold affects my ～. 患感冒使我的味觉受到影响。❸Ⓤ[常用 a ～]一口，少量：Please have a ～ of this cheese. 请尝一口这乳酪。❹Ⓤ首次的经历（或体验），尝试：her first ～ of life in a big city 她对大城市生活的初次体验 ❺Ⓤ Ⓒ

爱好；嗜好：She has a ～ for foreign travel. 她有到国外旅行的爱好。❻Ⓤ 判断力；鉴赏力；审美力：have excellent ～ in clothes 对服装很有鉴赏力

tast·y ['teɪstɪ] (tastier;tastiest) **adj.** ([近]nice, tasteful, delicious)美味的；可口的，引起食欲的：a ～ dish 一道可口的菜

tav·ern ['tævən] (～s[-z]) **n.** Ⓒ 小酒馆；小客栈

tax [tæks] Ⅰ. (～es['-ɪz]) **n.** ❶ Ⓤ Ⓒ 税；税额；税款：There is a heavy ～ on gasoline. 汽油课税很重。❷[用 a ～]繁重的负担，重负：The continual noise of the street was a ～ on her nerves. 街道上不断出现的噪音使她的神经不胜负荷。Ⅱ. (～es['-ɪz];～ed [-t]) **vt.** ❶对…征税：～ rich and poor alike 对贫富一律征税 ❷给(某物)纳税：The car is ～ed until July. 这辆汽车 7 月前已上税。❸使…负担加重；使受压力：All these questions are beginning to ～ my patience. 所有的这些问题逐渐使我不胜其烦。

tax·a·tion [tæk'seɪʃən] **n.** Ⓤ❶ 征税；纳税；课税；赋税 ❷ 税收；税制：reduce ～ 减税

tax·i ['tæksɪ] Ⅰ. (～s 或～es[-z]) **n.** Ⓒ 计程车；出租汽车：take a ～ to the airport 乘出租汽车到机场 Ⅱ. (～s或～es[-z];～ing或 taxying) **vi.** ❶ 乘出租车 ❷ (飞机)在地面（或水面）滑行：The plane ～ed along the runway. 飞机在跑道上滑行。

tea [tiː] (～s[-z]) **n.** ❶Ⓤ Ⓒ 茶树；茶叶：a pound of ～ 一磅茶叶 ❷Ⓤ Ⓒ 茶；饮料：Have a cup of ～, please. 请喝一杯茶。❸Ⓤ Ⓒ 茶点；(尤指)下午茶点：We usually have ～ at half-past four. 我们一般在 4：30 喝下午茶。

teach [tiːtʃ] (～es['-ɪz];taught [tɔːt]) **vt.** ([反]learn) ❶教；讲授；教导；教育：She taught chemistry to the students last year. 她去年教学生化学。❷[口]惩戒；教训；告诫；鉴戒：I'll ～ you to do that again. 你要是再做那种事，我就要教训你。**vi.** 教书；教学，讲授：She ～es at a middle school. 她在中学教书。

teach·er ['tiːtʃə(r)] (～s[-z]) **n.** Ⓒ教师，老师，教员，先生：He is a music ～ at a high school. 他是中学音乐教师。

teach·ing ['tiːtʃɪŋ] Ⅰ. (～s[-z]) **n.** ❶ ([反]learning)Ⓤ 教师工作；教学；教导：Teaching is a demanding profession. 教学是一种费心劳神的工作。❷Ⓒ【宗】教诲；教义：the ～(s) of the church 基督教会的教义 Ⅱ. **adj.** 教学的；教导的

team [ti:m] **I**. (~s[-z]) **n**. © ❶(竞赛等的)队；[用作复数]队员：Which ~ do you play for? 你在哪个队效力？ ❷(一起工作的)一组(群、班)人：a project ~ 计划推动小组 ❸(同拉一辆车的)一组牲畜 **II**. (~s[-z]) **vi**. (为一共同目的与人)合作：The two companies have ~ed up to develop a new racing car. 这两家公司合作研制一种新型赛车。

team·work ['ti:mwɜːk] **n**. Ⓤ团队合作

tear¹ [tɪə(r)] **I**. (~s[-z]) **n**. © [常用复数]眼泪；泪珠：Her eyes filled with ~s. 她眼里满含泪水。 **II**. (~s[-z]; ~ing[-rɪŋ]) **vi**. 流泪；含泪：eyes ~ing in the cold wind 寒风中被吹得流泪的眼睛

tear² [tɪə(r)] **I**. (~s[-z]; tore [tɔː]; torn [tɔːn]; ~ing['-rɪŋ]) **vt**. ❶撕开；撕裂；撕碎：He tore his shirt on a nail. 他的衬衫被钉子刮破了。❷扯破；划破；戳破：The explosion tore a hole in the wall. 这次爆炸把墙炸穿了一个洞。❸扯掉；撕掉：~ a page out of a book 从书上撕下一页 ❹用力拆开，夺走：The child was torn from its mother's arms. 那孩子是硬从母亲的怀里被夺走的。❺[常用被动语态]破坏…的安宁；扰乱：Her heart was torn by grief. 她肝肠寸断。**vi**. ❶撕；扯；被撕裂；被扯破：This paper ~s easily. 这种纸一撕就破。❷[口]飞跑，狂奔，猛闯：She tore down stairs and out of the house. 她飞奔下楼，冲出房间。**II**. (~s[-z]) **n**. © 撕裂；裂口；裂缝：This fabric has a ~ in it. 这织物上有个小洞。

tease [ti:z] **I**. (~s['-ɪz]; teasing) **vt**. ❶取笑；戏弄；奚落：Don't ~ others. 不要取笑别人。❷强求…：She is teasing her mother for something. 她缠着妈妈要东西。❸梳理(羊毛、亚麻等)；使(布等)的表面起毛；使起绒 **vi**. 取笑；嘲笑：Don't take what she said seriously — She was only teasing. 别把她说的话当真了——她只不过是在逗弄人。**II**. **n**. © [口]好戏弄别人的人；嘲弄的人

tech·ni·cal ['teknɪkl] [无比较等级] **adj**. ❶技术的；技术上的；工艺的：The violinist has ~ skill but not much feeling. 这位小提琴家技巧不错，但缺乏感情。❷专门的；专门技术的：The article is rather ~. 这篇文章专业性太强。❸严格按照法律意义的：~ assault 法律意义上的人身伤害(或威胁)

tech·ni·cian [tek'nɪʃən] (~s[-z]) **n**. © 技术员；技师；技术专家；技工

tech·nique [tek'ni:k] **n**. ©Ⓤ❶(工艺或艺术上的)技术，技巧：farming ~ 农业技术 ❷[口]手段，方法

tech·no·log·i·cal [ˌteknə'lɒdʒɪkl] [无比较等级] **adj**. 工艺的；工艺学的；技术的：a major ~ breakthrough 主要的技术性突破

tech·nol·o·gy [tek'nɒlədʒɪ] (technologies[-z]) **n**. Ⓤ❶工艺学；工艺 ❷工业技术：recent advances in medical ~ 医疗技术的新进展 ❸[集合用法]专门用语，术语

te·di·ous ['ti:dʒəs] **adj**. 冗长乏味的；令人厌烦的：The work is ~. 这工作令人厌烦。

teen·age ['ti:neɪdʒ] **adj**. 青少年的

teenag·er ['ti:neɪdʒə(r)] (~s[-z]) **n**. © (13~19 岁的)青少年；十几岁的少年：a club for ~s 青少年俱乐部

teeth [ti:θ] tooth 的复数

tel·e·com·mu·ni·ca·tion ['telɪkəˌmju:nɪ'keɪʃən] (~s[-z]) **n**. ❶Ⓤ© 电信 ❷[常用复数]电信学

tel·e·gram ['telɪgræm] **I**. (~s[-z]) **n**. © 电报：He received a ~ saying that his mother had been in a critical condition. 他接到他母亲病况危险的电报。**II**. **vi**. 发电报

tel·e·graph ['telɪgrɑːf] **I**. **n**. ❶© 电报机，信号机 ❷Ⓤ电信；电报：by ~ 用电报 **II**. (~ed[-t]) **vt**. ❶给…打电报：His wife ~ed him to come back at once. 他太太打电报要他立即回去。❷打电报通知…：I ~ed the result of the exam to her. 我打电报通知她考试的结果。**vi**. 打电报：~ for sb. 电邀某人

tel·e·phone ['telɪfəʊn] **I**. (~s[-z]) **n**. Ⓤ© 电话；电话机：He is on the ~ just now. 他正在听电话。**II**. (~s[-z]; telephoning) **vi**. 打电话，通电话：Will you write or ~? 你写信还是打电话？**vt**. ([近]call(up)，ring(up))给…打电话：I'll ~ you tomorrow. 我明天会给你打电话

tel·e·scope ['telɪskəʊp] **I**. **n**. © 望远镜；望远装置：I look at the ships through a ~. 我用望远镜看船只。**II**. (~d[-t]; telescoping) **vi**. 套入，嵌进，缩短：As a result of the collision, the first two cars ~d. 由于碰撞的结果，头两节车厢叠嵌在一起了。**vt**. 使套入；使直插进；使缩短

tel·e·vi·sion ['telɪvɪʒən] (~s[-z]) ([缩] TV) **n**. ❶Ⓤ电视；电视(播放的)节目：spend the evening watching ~ 看电视节目度过夜晚 ❷© 电视接收机；电视机：a colour ~ 彩色电视机 ❸Ⓤ电视行业；电视台：She works in ~. 她在电视台工作。

te·lex ['teleks] **I**. (~es[-ɪz]) **n**. ❶Ⓤ用户电报，电传系统 ❷© 经用户电报发(或收)的消息；电传：Several ~es arrived this morning. 今天上午收到几份电传。❸ⓒ 电传收发机；电传机：We've installed a new ～ in the office. 我们在办公室里安装了一台新电传机。Ⅱ.（～es[-ɪz]；～ed[-t]）*vt.* 以电传发出（消息）或与（某人）联系

tell [tel]（～s[-z]；told [təʊld]）*vt.* ❶告诉；诉说，讲述：*Tell* your name and address. 说出你的姓名和地址。❷向…提供情况（或信息）：a book which will ～ you all you need to know about personal taxation 一本说明个人纳税须知的书 ❸吩咐；命令：*Tell* him to wait. 叫他等着。❹〖常与 can, could, be able to 连用〗辨别；分辨：Can you ～ the difference between the two? 你能看出两者之间的差别吗？❺泄漏（机密等）；吐露（真情），显示：Her face *told* her joy. 她脸上显示出欢乐的神情。❻数；计算：～ one's beads 边数念珠边祈祷 *vi.* ❶讲述（of, about）：He *told* about his life in Europe. 他讲述了他在欧洲的生活。❷知道，确定地说出来：I can not ～. 我不知道。❸泄密；说坏话；告发：I promise not to ～. 我保证不说出去。❹产生效果；产生影响：All this hard work is ～ing on him. 这些繁重的工作他可吃不消了。

tell·er ['telə(r)]（～s[-z]）*n.* ⓒ❶讲故事的人；讲述者：a story-～ 讲故事的人 ❷［美］（银行）出纳员：a pay ～ 付款员 ❸（投票时的）计票员

tem·per ['tempə(r)]Ⅰ.（～s[-z]；～ing[-rɪŋ]）*vt.* ❶【冶】使（金属）回火：～ed steel 回火钢 ❷使（某事）缓和；减轻：～ justice with mercy 法外施恩（惩罚某人时公正而仁慈）Ⅱ.（～s[-z]）*n.* ❶ⓒ心情；情绪；性情；脾气：in a good ～ 心情好 ❷ⓒⓤ暴躁；坏脾气，容易发怒的性情：My wife has quite a ～. 我太太性情相当暴躁。❸ⓤ（钢、铁等的）硬度，强度；弹性

tem·per·a·ment ['tempərəmənt] *n.* ⓒⓤ气质；性情；禀性：The two brothers have entirely different ～s. 他们兄弟俩的性情完全不同。

tem·per·ance ['tempərəns] *n.* ⓤ❶（在行为或饮食上的）节制，自制，克己：practise ～ in eating and drinking 节制饮食 ❷戒酒；禁酒：a ～ hotel 不卖酒的旅馆

tem·per·ate ['tempərɪt] *adj.* ❶（行为）有节制的；自我克制的：Please be more ～ in your language. 在言语上请再克制一些。❷戒酒的；节酒的 ❸（气候等）温和的：～ zones 温带

tem·per·a·ture ['temprɪtʃə(r)]（～s[-z]）*n.* ⓒⓤ❶温度；气温：This food must

be kept at a low ～. 这种食物必须保存在低温下。❷体温：The nurse took his ～. 护士量了他的体温。❸（［近］fever）〖用 a ～〗发烧

tem·pest ['tempɪst] *n.* ⓒ❶暴风雨；大风暴；暴风雪 ❷（［近］uproar）风波，骚动：a ～ of applause 暴风雨般的掌声

tem·ple¹ ['templ]（～s[-z]）*n.* ⓒ❶（古希腊、罗马、埃及等的）神殿，圣堂：a Greek ～ 希腊神殿 ❷（佛教的）寺院，寺庙 ❸（犹太教、摩门教等的）神殿，教堂 ❹（艺术等的）殿堂

tem·ple² ['templ]（～s[-z]）*n.* ⓒ〖常用复数〗【解】（前额两侧的）太阳穴；鬓角

tem·po·ra·ry ['tempərərɪ]Ⅰ.〖无比较等级〗*adj.* ❶（［近］provisional）（［反］permanent）暂时的，临时的：This arrangement is only ～. 这只是暂时的安排。❷短暂的 Ⅱ.（temporaries[-z]）*n.* ⓒ临时工

tempt [tempt]（～ed['-ɪd]）*vt.* ❶（［近］provoke）引诱，诱惑：She was ～ed to bear a false witness. 她被怂恿做伪证。❷（［近］attract）吸引；使发生兴趣：The dish ～ed my appetite. 那道菜引起了我的食欲。❸触犯；冒…的风险

temp·ta·tion [temp'teɪʃən]（～s[-z]）*n.* ❶ⓤ劝诱，诱惑：resist ～ 抵制诱惑，不受诱惑 ❷ⓒ诱惑物，有吸引力的事物：Clever advertisements are just ～s to spend money. 巧妙的广告正是要引诱人去花钱。

ten [ten]Ⅰ.（～s[-z]）*n.* ❶ⓒⓤ（数字的）10；10 的数字：Open your textbook(s) to page ～. 把课本翻开到第 10 页。❷〖用作复数〗10 个，10 人：*Ten* are still alive. 有 10 个人还活着。❸ⓤ10 时，10 分；10 岁：a child of ～ 10 岁的孩子 ❹ⓒ10 个一组的东西 ❺ⓒ〖口〗10 元纸币 Ⅱ.*adj.* 10 的；10 人的；10 岁的

ten·ant ['tenənt]Ⅰ.*n.* ⓒ❶承租人；租户；佃户；房客；（出租楼房等的）居住者，住户；佃农：evict ～s for non-payment of rent 驱逐未付房租的房客 ❷【律】不动产占有人（或拥有人）Ⅱ.（～ed[-ɪd]）*vt.* 〖常用被动语态〗租借，租用

tend¹ [tend]（～s[-z]；～ed['-ɪd]）（［近］serve, watch over）*vt.* 照管，照料；护理；管理：The nurse skillfully ～ed their wounds. 那位护士熟练地为他们包扎伤口。*vi.* ❶服侍，招待 ❷〖美口〗注意；留心：～ to one's own affairs 管好自己的事务

tend² [tend]（～s[-z]；～ed['-ɪd]）*vi.* ❶趋向；走向；倾向：It ～s to rain here a lot in summer. 夏季，这里的雨水往往很多。❷有助

于：measures ~*ing* to improve working conditions 有助于改善劳动条件的措施

tend·en·cy ['tendənsɪ] (tendencies [-z]) *n*. ⓒ ❶趋向；趋势，倾向：Prices continue to show an upward ~. 物价继续呈现上升的趋势。❷脾性；癖好 ❸（文学作品等的）旨趣，意向，倾向性：writers with radical *tendencies* 有激进倾向的作家

ten·der¹ ['tendə(r)] Ⅰ．(~er[-rə]；~est [-rɪst]) *adj*. ❶([反]tough)嫩的；柔软的；纤弱的：The beef was ~. 那牛肉很嫩。❷一触即痛的；敏感的：My leg is still very ~ where it was bruised. 我腿部的擦伤处仍然一触即痛。❸([近]kind)温柔的；仁慈的、亲切的：~ looks 温柔的神情 ❹年幼的；幼弱的；不成熟的；不懂世故的：a person of ~ age 幼稚未成熟的人 ❺微妙的，棘手的；难对付的 Ⅱ．(~s [-z]；~ing[-rɪŋ]) *vt*. & *vi*. (使)变柔软，(使)变脆弱

ten·der² ['tendə(r)] (~s[-z]) *n*. ⓒ ❶[尤用于复合词]看管人，照料人 ❷铁路煤水车 ❸供应船，补给船；交通船；小船；汽艇

ten·nis ['tenɪs] *n*. ⓤ网球(运动)：Let's play ~ on Sunday. 我们星期日来打网球吧。

tense¹ [tens] (~s[-'-ɪz]) *n*. ⓤⓒ【语】(动词的)时态，时：the present (past, future) ~ 现在(过去，将来)时

tense² [tens] Ⅰ．(~r；~st) *adj*. ❶([反]relaxed)(神经、心理)紧张的；绷紧的；易怒的：He's a very ~ person. 他是个神经紧张的人。❷([反]loose)(绳索、肌肉等)拉紧的；绷紧的：The rope was ~. 那条绳子拉得紧紧的。Ⅱ．(~s['-ɪz]；~d[-t]；tensing) *vt*. & *vi*. (使)拉紧；(使)紧张

ten·sion ['tenʃən] *n*. ❶ⓤ(绳等的)拉紧，伸张；张紧：Massage helps relieve the ~ in your muscles. 按摩可使你僵硬的肌肉松弛。❷ⓤ(心理、情绪或神经等方面的)紧张，不安：*Tension* is a major cause of heart disease. 精神紧张是引起心脏病的主要原因。❸ⓤⓒ(人、团体等间的)关系紧张的状态：The incident has further increased the ~ between the two countries. 该事件导致两国关系更趋紧张。❹ⓤ【物】张力，拉力，牵力；(蒸气等的)膨胀力，压力；【电】电压：surface ~ 表面张力

tent [tent] Ⅰ．*n*. ⓒ帐篷：We always sleep in a ~ when we go camping. 我们去露营时经常睡在帐篷里。Ⅱ．(~ed['-ɪd]) *vi*. 住帐篷；宿营：We *~ed* in a village for a week. 我们在一个村子里宿营了一星期。*vt*. ❶用帐篷遮盖 ❷使在帐篷里宿营

tentative ['tentətɪv] *adj*. ❶试验(性)的，试

探(性)的；暂时(性)的 ❷犹豫的，迟疑不决的

tenth [tenθ] Ⅰ．*adj*. ❶第十的：in the ~ line from the top 从上面数起的第10行 ❷十分之一的 Ⅱ．*n*. ⓒ ❶第10个(人、物、事)；(…月的)10日：on June ~ 在6月10日 ❷十分之一

term [tɜːm] Ⅰ．(~s[-z]) *n*. ⓒ ❶([近]duration)期间，期限：a ~ of office 任期 ❷学期：the spring ~ 春季学期 ❸技术术语，专门术语；用语：a technical ~ 技术术语 ❹【律】(法庭的)开庭期；地产租用期；有限期租用的地产；偿债期 ❺[用复数](契约、谈判的)条件，条款；费用，价钱：the ~s of payment 付款条件 ❻([近]relationship)[用复数]关系，友谊；地位：They are on familiar ~s. 他们彼此很熟悉。❼【数】(数列、比例等的)项 Ⅱ．(~s[-z]) *vt*. 把…称为，把…叫作：~ oneself an authority 自封为"权威"

ter·mi·nal ['tɜːmɪnl] Ⅰ．[无比较等级] *adj*. ❶([近]last)末端的；终点的；结尾的；末尾的：a ~ marker 终点的标志 ❷每期的；定期的；期末的：a ~ examination 期末考试 ❸([近]fatal)晚期的；生命垂危的；临终的：His illness is ~. 他的病已到末期。Ⅱ．(~s [-z]) *n*. ⓒ ❶(铁路、公共汽车等的)终点，终点站；总站：a bus ~ 公共汽车总站 ❷【电】端子；线接头；接线柱 ❸【计】终端(设备)

ter·mi·nate ['tɜːmɪneɪt] Ⅰ．(~d[-ɪd]；terminating) *vt*. ([近]end，stop)使停止；使结束；使终止：The corridor is ~*d* with a staircase. 走廊末端是楼梯。*vi*. 终止，结束：The meeting ~*d* in disorder. 会议在混乱中结束。Ⅱ．[无比较等级] *adj*. 终止的；有界线的

ter·race ['terəs] Ⅰ．(~s[-ɪz]) *n*. ⓒ ❶台地，梯田 ❷露台，平台；阳台 ❸(西班牙式或东方式的)平台屋顶；有列柱的游廊 ❹[英]连栋的房屋，联排屋 Ⅱ．(~s[-ɪz]；terracing) *vt*. 使成阶地；把…筑成坛；使成梯田：We built ~*d* fields on the mountain sides. 我们在山腰上筑了梯田。

ter·ri·ble ['terəbl] *adj*. ❶([近]terrifying，awesome)([反]pleasant，wonderful)可怕的；恐怖的；骇人的：a ~ war 可怕的战争 ❷难以忍受的；厉害的；极端的：~ toothache 难以忍受的牙疼 ❸[口]极坏的；很糟的：I'm ~ at tennis. 我打网球打得很不好。

ter·rif·ic [tə'rɪfɪk] *adj*. ❶([近]enjoyable，excellent)极好的；了不起的：The view was ~. 景色美极了。❷[口]极大的；极度的；非常的：at a ~ speed 以极高的速度 ❸([近]terrible)可怕的；骇人的：a ~ hurricane 可怕

的飓风

ter·ri·fy ['terɪfaɪ] (terrifies [-z]; terrified [-d]) *vt*. ([近]frighten)使恐怖,使害怕: His sudden appearance *terrified* them. 他突然出现,把他们吓了一跳.

ter·ri·to·ry ['terɪtərɪ] (territories [-z]) *n*. ❶U C 领土,版图;地区,地方 ❷U C (推销员等的)营业地区,责任区 ❸U C (知识或活动的)范围,领域 ❹C [用 Territory](加拿大、澳大利亚的)未列为州(或省)的地方

ter·ror ['terə(r)] (~s[-z]) *n*. ❶([近]horror)U C 恐怖,惊骇:run away in ~ 惊慌地跑开 ❷C 引起恐怖的人(或事物):The ~s of the night were past. 夜间的那些恐怖事都已成过去. ❸C [口]极讨厌的人(或物):That puppy is an absolute ~. 那只小狗讨厌极了.

test [test] Ⅰ. *n*. C ❶(物资、性质、效能等的)试验:an endurance ~ 耐力试验 ❷化验;化验法:a blood ~ 验血 ❸(对人在某方面的知识或能力的)测验,测试,考查:give the pupils a ~ in English 对小学生进行英语测验 ❹考验:She left her purse on the table as a ~ of the child's honesty. 她把钱包留在桌上来考验那孩子是否诚实. Ⅱ. (~ed['-ɪd]) *vt*. ([近]try)❶试验,测试,检查;分析:The long climb ~ed our powers of endurance. 那次长距离爬山考验了我们的耐力. ❷测验(某人在某方面的知识或能力):She ~ed the whole class on irregular verbs. 她对全班学生进行不规则动词测验. *vi*. 试验;受测验;(为鉴定而)进行测验:~ing for pollution in the water 检验水的污染情况

tes·ti·fy ['testɪfaɪ] (testifies [-z]; testified) *vi*. 证明;证实;见证:The teacher *testified* to the boy's honesty. 老师证实这男孩诚实. *vt*. 证明;表明:tears that *testified* her grief 证明她悲痛的眼泪

tes·ti·mo·ny ['testɪmənɪ] (testimonies [-z]) *n*. ❶U C 证明;证据;证言:call sb. in ~ 传某人作证 ❷U 表明,表示:His smile was ~ of his approval. 他的微笑表明他同意了.

text [tekst] *n*. ❶C 课本;教科书 ❷U (书中的)正文,文本(以别于注释、图表、插图):The index refers the reader to pages in the ~. 索引告诉读者去参阅正文中的有关各页. ❸C (作者、文件的)原文:the full ~ of the prime Minister's speech 首相讲话的全文 ❹C (《圣经》的)经句;经文

tex·tile ['tekstaɪl] Ⅰ. (~s[-z]) *n*. C 常用复数]纺织品;纺织品材料:factories producing a rage of ~s 生产系列纺织品的工厂

Ⅱ. [无比较等级] *adj*. 纺织品的:~ fibres 纺织纤维

than [强 ðæn;弱 ðən,ðn] Ⅰ. *conj*. ❶(用于形容词、副词的比较级后)比…,比较…:He is taller ~ his brother. 他比他的兄弟长得高. ❷(用于 else,other 等之后)除…(外):What he did was nothing else ~ a practical joke. 他干的事简直是恶作剧. ❸[用于 rather,sooner 之后]与其…(宁愿…):I would rather stay at home ~ go out with them. 我与其和他们出去,不如留在家里. ❹[口][用于 scarcely,hardly 之后](表示时间)就:We had scarcely arrived there ~ it began to rain. 我们刚到那里就下雨了. Ⅱ. *prep*. ❶[用于名词、代词前]比…,比较…:I'm older ~ her. 我比她年纪大. ❷[用在 more 或 less 之后和表示时间或距离的词语前]超过:It cost me more than £100. 这个花了我 100 多英镑.

thank [θæŋk] Ⅰ. (~ed[-t]) *vt*. ❶(因…事)向…致谢;道谢:He ~ed her for help. 他感谢她帮忙. ❷[用于 will 或 'll 后](表示客气的请求.现常用作反语,含有责备的意思)感谢,请求:I will ~ you to shut the door. 请你把门带上,好吗? Ⅱ. *n*. [用复数]感谢,谢意:*Thanks*! 谢谢! (此句语气比~ you 轻)

thank·ful ['θæŋkf(ʊ)l] *adj*. ❶([近]grateful)([反]thankless)感谢的;感激的:I am ~ to you for all this help. 我感谢你的这一切帮助. ❷([近]relieved)欣慰的:You should be ~ that you have caught the train. 你应该为赶上火车而感到高兴.

thank·less ['θæŋklɪs] *adj*. ([反]thankful)❶不感激的;不领情的 ❷徒劳的;不讨好的

thanks·giv·ing ['θæŋksgɪvɪŋ] (~s[-z]) *n*. ❶C U 感谢;感恩;[宗]感恩祈祷 ❷[用Thanksgiving] = Thanksgiving Day

that [ðət,ðæt] Ⅰ. [无比较等级] *adj*. [指示形容词][接复数名词时用 those]❶(用于指稍远的人、物)那,那个:Look at ~ man standing there. 瞧瞧站在那儿的那个男子. ❷(指当事人已知的事物)那种;该:I did meet him ~ day. 那一天我没有遇见他. Ⅱ. [无比较等级] *adv*. [口]达到那样的程度;如此,这般:I know only ~ much. 我只知道那么多. Ⅲ. 1)(those[ðəʊz]) *demonstrative pron*. ❶(指在稍远地方的人、物、事)那个;那个东西,那个事物:What is ~? 那是什么? ❷那时候,当时:Where did you go after ~? 那以后你去哪里了? ❸(用以替代前面所说的单词、短语、从句,以避免重复)那个,那事:*Those* may try it who choose. 想试的人可

T

以试一下。❹〔用来代替句中的名词,以避免重复〕〔常用~of...〕同种事物:The air of a suburb is cleaner than ~ of a city. 郊外的空气比都市的(空气)干净。❺〔与后者 this 相对〕前者:He can speak French and German; this is his father's native language and ~ is his mother's. 他会说法语和德语,后者是他父亲的母语,而前者是他母亲的母语。2)〔强 ðæt;弱 ðət〕〔单复同〕*relative pron*.〔引导限制性定语从句,前面不用逗号〕❶〔在从句中作主语,相当于 who 或 which〕:He is the only one among us ~ knows French. 我们中间只有他懂法语。❷〔在从句中作宾语或前置词宾语,常省略,相当于 whom 或 which〕:The watch (~) you gave me keeps perfect time. 你给我的那个表走得很准。❸〔用来代替主句中的名词及其前置词〕:He doesn't see things the way (~) we see them. 他看问题跟我们不一样。❹〔用于表示时间的词语之后,代替 when〕:We left the day ~ he arrived. 他来的那天我们就离开了。❺〔在从句中用于不加冠词的、表示某种特性的名词后,用作表语〕如此;尽管,虽然:Fool ~ I was, I took his word for it. 我真傻,竟然相信了他的话。**Ⅳ**. *conj*. ❶〔引导名词性从句〕:It's surprising ~ she is so angry. 她那么生气,令人惊讶。❷〔引导状语从句〕(表明原因和理由)因为,由于:We are glad (~) we have reaped another bumper harvest. 我们都感到高兴,因为又获得了丰收。❸〔引导状语从句〕(表明目的或结果)为了;以至于:Speak louder (so) ~ everybody may hear what you say. 声音大一些,让每个人都能听清楚你的话。❹〔引导表示愿望、感叹等的从句,主句常可省略〕:Oh ~ I could see him again! 我真希望能再见到他!

thatch [θætʃ] **Ⅰ**.(~es[-ɪz])*n*. ❶〔U〕〔C〕茅草;干稻草;芦苇;茅草屋顶 ❷〔C〕〔用作单数〕〔口〕浓密的头发 **Ⅱ**. *vt*. 用茅草盖(屋顶);用茅草做(房屋等的)顶

thaw [θɔː] *vi*. ❶(冰、雪等)融化,融解;(江、河等)解冻:The ice (snow) is ~*ing* (out). 冰(雪)在融化。❷〔口〕(人)变暖和 ❸ 变得随和;变得不拘束 *vt*. ❶ 使融化,使融解;使解冻 ❷ 使变得暖起来(out) ❸ 使变得较不拘束

the 〔强 ðiː;弱 ðɪ,ðə〕**Ⅰ**. *art*. ❶〔指特定的人或事物〕:~ river 这条(或那条)河(区别于 a river 一条河)❷〔指已提到或正谈到的人或事物〕:Who was ~ visitor? 来访者是谁?❸〔指谈话双方体会到的人或事物〕:He went to his room and pulled down ~ blinds. 他到自己房间去把百叶窗拉下来。❹〔指独一无二的事物〕:~ sun 太阳/~ earth 地球/~ uni-verse 宇宙/~ world 世界 ❺〔用于表示自然现象等的名词前〕:The wind was blowing. 风在吹着。❻〔用于被限制性短语或从句修饰的名词前〕:~ book on the shelf 书架上的书 ❼〔与表示计算单位的名词连用〕"每","每一":There are 16 ozs. to ~ pound. 每磅合 16 盎司。❽〔代替所有格代词,指已提到过的人的身体或衣着的一部分〕:hit sb. in ~ face 打某人的脸 ❾〔用于乐器名称前〕:play ~ piano 弹钢琴 ❿〔用于可数名词的单数前,统指类别〕:The horse is a useful animal. 马是有用的动物。⓫〔用于表示发明物的单数名词前〕:The compass was invented by ~ Chinese. 指南针是中国人发明的。⓬〔用于具体名词的单数形式前,指其属性、功能等,使具抽象性〕:There is still much of ~ schoolboy in him. 他还带着很多学生气。⓭〔用于集合名词前,指一个整体〕:~ people 人民 ⓮〔用于复数名词前,指全体〕:~ Chinese 中国人 ⓯〔用于姓的复数前,指全家人或全家的一些人〕:The Greens came to China for a visit last year. 格林一家去年来中国访问过。⓰〔用于河、海、洋及山脉或复数形式的地名前〕:~ Yellow River 黄河 ⓱〔用于某些著作、报刊、乐曲的名称前〕:The China Daily《中国日报》⓲〔用于政府机关公共建筑物、团体等之前〕:~ Treasury 财政部 ⓳〔用于形容词前,使成为表示抽象或具体事物的名词〕:The unexpected has happened. 意想不到的事发生了。⓴〔用于形容词、分词前,指一类人〕:~ old and ~ young 老年和青年 ㉑〔用于形容词、副词最高级前,有时也用于形容词比较级前〕:She is ~ tallest girl in the class. 她是班上身材最高的女孩。**Ⅱ**. *adv*. ❶〔用于形容词、副词比较级前〕:So much ~ better. 那就是更好了。❷〔用~+比较级…~+比较级…〕越…越…:The more I knew her,~ more I liked her. 我越了解她,就越加喜欢她。❸〔用于副词最高级前〕:Among them, he works ~ hardest. 在他们中间,他工作最努力。

the·a·tre, thea·ter [ˈθiːətə](~s[-z]) *n*. ❶〔C〕戏院,剧场:an open-air ~ 露天剧场 ❷〔U〕戏剧作品,戏剧表演;戏剧演出;戏剧生涯:She wants to go into the ~. 她想以演戏为业。❸〔C〕(阶梯式的)讲堂,教室;〔英〕(医院的)手术室:The patient is on his way to (the) ~. 病人正被送往手术室。❹〔C〕发生重大事件的场所(尤指战争):the ~ of war 战争领域

theft [θeft] *n*. 〔U〕〔C〕偷窃;盗窃;偷窃行为:A number of ~s have been reported recently. 最近,有许多盗窃事件报道。

their [强 ðeə(r),弱(元音前)ðə(r)] *pron.* ❶ [they 的所有格]他(她、它)们的：*Their parties are always fun.* 他们举行的晚会总是很有趣。❷ [作动名词的形式上的主语]他(她)们之：*She dislike ~ running around in the house.* 她不喜欢他们在家中跑来跑去。

theirs [ðeəz] *pron.* [物主代词](所指者如为单数则作单数,如为复数则作复数)他(她、它)们的东西：*It's a favorite place of ~.* 那是人们最喜欢的一个地方。

them [强 ðem,弱 ðem] *pron.* [they 的宾语] ❶ [用作动词或介词的宾语,也可单独使用或用于 be 之后]他们,她们；它们：*I know both of ~.* 他们两人我都认识。❷ [在口语中,用以代替 him 或 her]：*If a customer comes in before I get back ask ~ to wait.* 我回来之前若有顾客来,就请他等一会儿。

theme [θi:m] (~s[-z]) *n.* ❶ⓒ(谈话或写作的)主题,论题；话题：*The ~ for tonight's talk is disarmament.* 今晚演讲的主题是裁减军备。❷ [美]学生的作文；作文题；(小型)论文 ❸【音】(乐曲的)主题,主旋律

them·selves [ðəm'selvz] *pron.* ❶ [反身代词]他们自己,她们自己；它们本身：*They were ashamed of ~ and sneaked away.* 他们自感羞愧,悄悄溜走了。❷(用以加强语气)他(她、它)们亲自：*They did it ~.* 这是他们亲自干的。

then [ðen] **I.** [无比较等级] *adv.* ❶那时,当时；其时,届时：*We were living in Beijing ~.* 我们那时住在北京。❷其后,然后,继之：*We had a week in Rome and ~ went to Vienna.* 我们在罗马待了一个星期,然后去的维也纳。❸那么,既然这样：*Then what shall we do?* 那么我们接着要做什么？❹还有；而且：*The location is desirable, and ~ the rent isn't very expensive.* 地点合适,另外租金又不很贵。**II.** [无比较等级] *adj.* 那时的；当时的：*the ~ Prime Minister* 当时的首相 **III.** *n.* ⓤ[常用于前置词后]那时；当时：*by ~* 到那时/*from ~ on* 从那时起

thence [ðens] [无比较等级] *adv.* ❶由彼处；从那里：*They travelled by rail to the coast and ~ by boat to America.* 他们乘火车到海岸,再从那里乘船去美国。❷从那时起；由此,因此：*Thence a new trend results.* 于是形成了一种新的倾向。

the·o·ret·i·cal [ˌθiə'retɪkl] [无比较等级] *adj.* ❶理论(上)的；纯理论的：*This book is too ~; I need a practical guide.* 这本书理论性太强,我需要一本实用手册。❷([近]hypothetical)假设的；推理的

the·o·ry ['θɪərɪ] (theories [-z]) *n.* ([近] hypothesis) ❶ⓒ学说；([反]practice)理论：*Darwin's ~ of evolution* 达尔文的进化论 ❷ⓒⓤ原理；原则；论述 ❸ⓒ推测；意见：*We have a ~ that the fire was caused by arson.* 我们认为那场火灾是有人纵火造成的。❹ⓒ想法,设想：*It sounds fine in ~, but will it work?* 道理是不错,但能否行得通？

ther·a·py ['θerəpɪ] (therapies [-z]) *n.* ⓤⓒ治疗；疗法：*have ~* 接受治疗

there [强 ðeə(r),弱 ðə(r)] **I.** [无比较等级] *adv.* ❶在那里；往那里：*We shall soon be ~.* 我们很快就到那里。❷那里；那儿：*Put the keys under ~.* 把钥匙放在那下面。❸在那一点上,关于那一点：*I disagree with you ~.* 在那一点上,我不同意你的意见。❹ [用以引起注意、加强语气等；除主语为人称代词外,须主谓倒装]：*There comes the bus.* 公共汽车来了。❺ [常读作 ðə](与动词 to be 连用)表示"有"：*There is a vase on the table.* 桌子上有一只花瓶。❻ [与 seem,appear 等动词连用]：*There appeared to be nobody willing to help.* 看来没人愿意帮忙。**II.** *int.* [表示安慰、引起注意、加强语气、进行挑衅等]：*There the works done.* 瞧,事情做好了。

there·af·ter [ˌðeər'ɑːftə(r)] [无比较等级] *adv.* 此后,其后；据此：*You will be accompanied as far as the border, ~ you must find your own way.* 有人送你到边境,然后你就得自己走了。

there·by [ˌðeə'baɪ] [无比较等级] *adv.* 因此,由此,从而,借以：*They paid cash, ~ avoiding interest charges.* 他们付的是现金,以免付利息。

there·fore ['ðeəfɔː] [无比较等级] *adv.* ([近]so,then)为此；因此；所以：*It rained, ~ the football match was postponed.* 天下起了雨,所以足球比赛就延期了。

there·in [ˌðeər'ɪn] [无比较等级] *adv.* ❶在那里；在其中：*the house and all the possessions ~* 那房子及其中一切财产 ❷在那方面,在那一点上：*Therein lies the crux of the matter.* 问题的关键就在那里。

there·of [ˌðeər'ɒv] [无比较等级] *adv.* 由此；及其；其：*a problem and the solution ~* 问题及其解决办法

there·up·on [ˌðeərə'pɒn] [无比较等级] *adv.* 于是；因此；随即

ther·mal ['θɜːməl] **I.** [无比较等级] *adj.* ❶热的；热量的：*~ insulation* 热绝缘 ❷温热的；热的：*~ springs* 温泉 ❸(指衣物)保暖的；

防寒的：～ underwear 保暖内衣 **Ⅱ**．**n**．Ⓒ❶
【气】上升的热气流

ther·mom·e·ter [θə'mɒmɪtə(r)] (～s
[-z]) **n**．Ⓒ温度计；寒暑表；体温表：The ～
reads 32℃．温度计显示 32 摄氏度。

these [ðiːz] **Ⅰ**．**pron**．[指示代词 this 的复
数]这，这些：Are ～ all interesting? 这些都
有趣吗? **Ⅱ**．[无比较等级] **adj**．[指示形容
词 this 的复数]这些的：These oranges are
fresh. 这些橙子是新鲜的。

the·sis ['θiːsɪs] (theses['θiːsiːz]) **n**．Ⓒ❶论
题；论点；命题 ❷论文；毕业（或学位）论文；
（学生的）作文：a ～ on the works of Dickens
讨论狄更斯作品的论文

they [强 ðeɪ；弱 ðe] **pron**．[第三人称主格，
复数]❶他们，她们，它们：I've got two
sisters. They're both doctors. 我有两个姐姐。
她们都是医生。❷（笼统地指）人们，世人：
They sell camping equipments in that shop.
那家店里卖露营用品。

they'd [ðeɪd] = they had 或 they would

they'll [ðeɪl] = they will 或 they shall

they're [ðeə(r),'ðeɪə(r)] = they are

they've [ðeɪv] = they have

thick [θɪk] ([反]thin) **Ⅰ**．**adj**．❶厚的；粗
（壮）的：a ～ slice of bread 厚厚的一片面包
❷稠密的；密集的；茂密的：a forest 密林
❸（指液体或糊状物）浓的；黏稠的：～ soup 浓
汤 ❹（指气、烟、雾、空气）不清澈的，混浊的；
看不清的：a ～ puddle 混浊的泥潭 ❺口齿不
清的；（声音）浊的、沙哑的；（口音）重的：speak
with a ～ local accent 说话带着很重的乡土
音 ❻[口]理解力差的；愚钝的，笨的 **Ⅱ**．**adv**．
厚厚地；密密地；浓浓地：Don't spread the
butter too ～. 别把黄油涂得太厚。**Ⅲ**．**n**．Ⓤ
最厚（或密、浓）的部分；最激烈处；（人群等的）
最密集处；最活跃的部分：He's always in the
～ of it. 他总是哪里最忙就在哪里。

thick·en ['θɪkən] (～s[-z]) **vt**．❶使变厚
（或粗、密、浓）：The fog is ～ing. 雾渐渐重
了。❷加强；加深：All this may help to ～
other proofs. 这一切都可以加强其他的证据。
❸使（话等）讲不清晰，使模糊：Several drinks
had ～ed his voice. 他喝了几杯酒以后嗓音变
得沙哑了。**vi**．变厚，变密；变复杂

thick·et ['θɪkɪt] **n**．Ⓒ❶杂木丛；灌木丛 ❷
丛状物，密集的东西

thick·ness ['θɪknɪs] (～es[-ɪz]) **n**．❶Ⓤ厚
度；密度；浓度：4cm in ～ 厚 4 厘米 ❷Ⓒ（一）
层：one ～ of cotton wool and two ～ of felt
一层棉花和两层毛毡 ❸Ⓒ厚（粗、浓、密）处

steps cut into the ～ of the wall 在墙的厚处
凿出来的台阶

thief [θiːf] (thieves[θiːvz]) **n**．Ⓒ小偷；窃
贼；偷窃犯：The ～ hasn't been caught. 小偷
还没被抓到。

thigh [θaɪ] (～s[-z]) **n**．Ⓒ❶股，大腿 ❷
【动】（昆虫的）股节

thin [θɪn] **Ⅰ**．(thinner；thinnest) **adj**．❶
（[近]lean）（[反]thick,fat）薄的；细的；瘦的：
You look rather ～ after illness. 你病后显得
瘦多了。❷（[近]scarce）稀疏的，稀疏的；缺乏
的：He's getting rather ～ on top. 他顶上的
头发相当稀少。❸（[反]thick）稀薄的；淡薄
的；淡的 ❹空洞浅薄的；缺乏重要成分的；薄
弱的：a ～ excuse 不能自圆其说的借口 **Ⅱ**．
(thinner；thinnest) **adv**．薄；细；稀；疏；微：
The bread is cut too ～. 面包切得太薄了。
Ⅲ．**n**．Ⓒ细小部分；稀薄部分 **Ⅳ**．(～s
[-z])；thinned；thinning) **vt**．使变薄；使变
细，使变稀疏：～ wine with water 用水冲淡
酒 **vi**．…变薄；…变细；…变稀薄：The traffic
was thinning out. 路上的车辆行人渐渐稀少
了。

thing [θɪŋ] (～s[-z]) **n**．Ⓒ❶东西，物件；
事物：What's the ～ in your right hand? 你
右手拿的是什么东西? ❷事；事情，事件：That
fire was a terrible ～.那场火灾是一个可怕的
事件。❸[用复数]个人的所有物，服装；用品；
用具；财产：Don't forget your swimming
～s．别忘了带你的游泳用品。❹局面；情况；
形势：Things are going from bad to worse.
形势越来越糟。❺任务；事业；行动步骤：a
difficult ～ to do 一件难办的事 ❻题目；主
题：There is another ～ I want to ask you
about. 我还有一件事要问你。❼[the ～]最
合适（或最重要）的东西：The ～ is not to in-
terrupt him while he's talking. 最要紧的是别
在他讲话时打断他。❽[口]（表示喜爱、怜悯
或轻蔑等）家伙：What a sweet little ～ your
daughter is! 你的女儿是一个多么可爱的小姑
娘呀! ❾[用复数][后接形容词]…的特定事
物；文物

think [θɪŋk] **Ⅰ**．(thought[θɔːt]) **vt**．❶认
为；以为：Do you ～ it's going to rain? 你认
为会下雨吗? ❷想要；打算：He thought to set
off early. 他原来打算早点儿动身。❸想象；料
想；猜想：I never thought to see you here!
我真想不到会在这儿儿见到你。❹考虑，仔细思
考：I was just ～ing what a long way it is. 我
刚才在琢磨那是多么漫长的道路。❺料到；想
到：I never thought (that) I'd see her again.
我从来没想到还会见到她。❻以某种方式思

考;往某处想:If you want to make money,
you've got to ～ money. 你如果要想挣钱,头
脑就得想着钱。**vi.** ❶想;思考:Let me ～ a
moment. 让我想一想。❷熟思;熟虑:You
should ～ before you marry him. 和他结婚
前,你得好好考虑。❸认为;料想:I *thought*
as much. 果然不出我所料。**Ⅱ.** **n.** [用单数]
想;思考:I'd better have a ～ before I de-
cide. 我最好先想一下再做决定。

think·ing [ˈθɪŋkɪŋ] **Ⅰ.** [无比较等级]
adj. 有思考力的;有推理能力的;深思熟虑
的:All ～ people must hate violence. 凡是有
思想的人一定会憎恨暴力行为。**Ⅱ.** **n.** Ⓤ
思考;思想:What's your ～ on this question?
你对这个问题有什么想法?

third [θɜːd] **Ⅰ.** **adj.** ❶[常用 the ～]第三
的,三等的:every ～ day 每隔两天,每逢第三
天 ❷三分之一的 **Ⅱ.** (～s[-z]) **n.** ❶[常用
the ～]第三个(人、物、事);(每月的)第三日:
She was the ～ in the race. 她在那次赛跑中
获得了第三名。❷Ⓒ三分之一:two ～s of the
earth 地球的三分之二 ❸Ⓤ(汽车的)第三速
率,第三挡

thirst·y [ˈθɜːstɪ] (thirstier;thirstiest) **adj.**
❶渴的,口渴的:I feel ～. 我感到口渴。❷渴
望的:The young politician was ～ for pow-
er. 那个年轻的政客渴望获得权力。❸(土地)
缺水的;干旱的:fields ～ for rain 干旱缺雨的
田地 ❹[口]使人渴的:～ work 让人觉得渴
的工作

thir·teen [ˌθɜːˈtiːn] **Ⅰ.** **n.** ❶ⓊⒸ13;13
的数字:Five and eight is ～. 5 加 8 是 13。❷
[用作复数]13 个,13 人 ❸Ⓤ13 点;13 分;13
岁:It's eight ～ now. 现在是 8 点 13 分。**Ⅱ.**
adj. 13 的;13 个的;13 人的;13 岁的:I'm
～. 我 13 岁。

thir·tieth [ˈθɜːtɪɪθ] **Ⅰ.** **adj.** ❶第 30 的 ❷
1/30 的 **Ⅱ.** **n.** ❶[常用 the ～]第 30 个
(人、物、事);(每月的)第 30 日 ❷1/30

thir·ty [ˈθɜːtɪ] **Ⅰ.** (thirties [-z]) **n.** ❶Ⓤ
Ⓒ(数字的)30;30 的数字:Five times six is
～. 5 乘 6 是 30。❷[用作复数]30 个,30 人
❸Ⓤ30 分;30 岁:I'll be waiting at the sta-
tion at six ～. 6 点 30 分我会在车站等你。❹
[用复数]30 年代;第 30 名左右:in the nine-
teen *thirties* 在 20 世纪 30 年代 **Ⅱ.** **adj.** 30
的;30 个的,30 人的:～ pupils 30 个学生

this [ðɪs] **Ⅰ.** [无比较等级] **adj.** [后接复
数名词时用 these]❶(与 that 相对,指近处的
人、物)这,这个:Are *these* books yours? 这
些书是你的吗?❷现在的;今,本的:I was in
the office about ～ time yesterday. 昨天大约

这个时候我在办公室。❸[与表示时间的词组
连用]刚过去的;即将到来的:We have been
discussing the plan ～ ten days. 近 10 天来我
们都在讨论这计划。❹[口]有个,某个:Then
～ little girl came up to me. 这时候有个小姑
娘向我走来。**Ⅱ.** [无比较等级] **adv.** 到此程
度;如此;那么:Can you give me ～ much? 你
能给我这么些吗?**Ⅲ.** (these[ðiːz]) **pron.**
❶(用以指较近的人、物、事等)这;这个:Come
here and look at ～ picture. 过来看看这幅
画。❷现在;今天;这次:What day of the
week is ～? 今天星期几?❸上述之事,此事;
以下要说的事,这种事:*This* is what you must
do first of all. 以上所说的事是你首先必须做
的。❹(与前者相对的)后者(较正式的说法,
一般多用 the latter):Of the two possibilities
～ is more likely than that. 两种可能中,后者
比前者更有可能。

thith·er [ˈðɪðə(r)] **Ⅰ.** [无比较等级] **adv.**
那里;向那里;到那里 **Ⅱ.** [无比较等级] **adj.**
那边的;在远处的,更遥远的:the ～ bank of
the river 河对岸

thorn [θɔːn] (～s[-z]) **n.** ❶Ⓒ(植物的)刺,
棘刺:The ～s on the roses scratched her
hands. 玫瑰上的刺把她的手划破了。❷ⓊⒸ
【植】带刺的灌木;荆棘

thor·ough [ˈθʌrə] [无比较等级] **adj.** ❶
([近]complete)彻底的;完全的;细致的;深入
的:give the room a ～ cleaning 把房间彻底
打扫一番 ❷([近]exhaustive)详尽的;透彻
的;完善的;全面(掌握)的:have a ～ under-
standing of sth. 对某事物有透彻的了解 ❸十
足的;彻头彻尾的:That woman is a ～ nui-
sance. 那个女人讨厌透了。

those [ðəʊz] that 的复数

though [ðəʊ] **Ⅰ.** **conj.** ❶虽然;尽管:The
article is very important ～ (it is) short. 那
篇文章虽然短,但很重要。❷然而;但是;可
是;不过:I'll try to come, ～ I doubt if I'll be
there on time. 我尽量来,但不敢说能准时到。
❸即使:He will never do such a thing ～ he
(should) be forced to. 他即使被迫,但也决不
会做这样的事。**Ⅱ.** [无比较等级] **adv.** 可
是,不过;然而:She promised to phone. I
heard nothing,～. 她答应要打电话来,可我
没听到回信儿。

thought¹ [θɔːt] think 的过去式和过去分词

thought² [θɔːt] **n.** ❶ⓊⒸ思考;思索;推理
能力;思想能力:Give the matter some ～. 这
件事稍加考虑吧。❷Ⓤ思想;思潮;思维方式:
modern scientific ～ 近代科学思潮 ❸ⓊⒸ
考虑;顾虑;关注:I've read your proposal and

given it some serious ~. 我已看了你的建议，并也认真考虑过了。❹ⓊⒸ[常用复数]看法；想法；意见：It's not difficult to read your ~. 不难看出你的意思。❺Ⓤ意向；意图：The ~ of resigning never crossed my mind. 我从没想过要辞职。❻[用 a ~]稍许；少量；一点点：You might be a ~ more considerate of other people. 你该多想着点儿别人。

thought·ful [ˈθɔːtf(ʊ)l] *adj.*（[反]thoughtless）❶沉思的；深思的；思考的：He was quiet and ~ for a while. 他静下来，沉思了一会儿。❷表达思想的；富有思想的；有创见的：a ~ book 一本富有思想的书 ❸（[近]considerate）体贴的；考虑周到的：It was very ~ of you to send flowers. 你送花来，想得真周到。

thought·less [ˈθɔːtlɪs] *adj.*（[反]thoughtful）❶无思想的 ❷考虑不周的；粗心大意的：a ~ person 粗心大意的人 ❸自私的；不顾及他人的：It was very ~ to keep me waiting for so long. 让我等那么久，真是不知道体谅别人。

*thou·sand [ˈθaʊznd] **Ⅰ**. *n.* ❶ⓊⒸ（数目的）千；千的数字：The parts are sold by the ~. 这些零件大批大批地被卖出去。❷Ⓤ千个；千人：This hall can accommodate two ~. 这个大厅可容纳 2,000 人。❸[用复数]几千，数千；无数个：Thousands of buildings fell down in the earthquake. 成千幢建筑物在地震中倒塌了。**Ⅱ**. *adj.* ❶千的；千个的；千人的：two ~ people 2,000 人 ❷多数的；无数的：A ~ thanks for your kindness. 万分感谢你的好意。

thrash [θræʃ] **Ⅰ**. （~es[ˈɪz]；~ed[-t]）*vt.* ❶打（谷物）；脱谷 ❷（用棍或鞭）打或抽（人或动物）❸连续击打（某物）：The whale ~ed the water with its tail. 那条鲸鱼不停地用尾巴击水。❹（在竞赛中）击败…；大胜 *vi.* ❶打谷；（用棍棒等）打击 ❷猛烈摆动；颠簸；翻来覆去：Swimmers ~ing about in the water. 游泳的人在水中用力打水。**Ⅱ**. （~es[ˈɪz]）*n.* ⒸⓊ打，击；（自由泳或仰泳中腿的）打水；拍水

*thread [θred] **Ⅰ**. （~s[-z]）*n.* ❶ⓊⒸ（缝衣、织布用的）线：I sewed this dress with silk ~. 我用丝线缝制这件衣裳。❷Ⓒ细如线状的东西：A ~ of light emerged from the keyhole. 从钥匙孔透出一线亮光。❸Ⓒ头绪；思路，线索：pick up the ~s 接着讲下去 ❹Ⓒ螺纹 ❺[用复数]衣物；衣服 **Ⅱ**. （~s[-z]；~ed[ˈɪd]）*vt.* ❶穿线过（针孔等）；以线穿（珠子等）❷（把影片）装进放映机 ❸通；通过；穿

过：~ narrow alleys 穿过小巷 ❹刻螺纹于… *vi.* 通过；穿过

threat [θret] *n.* ❶ⓊⒸ恐吓；威胁：He carried out his ~ to make my secret public. 他威胁说要把我的秘密公开。❷Ⓒ[常用单数]可能造成危险（或危害）的人（或事）：Terrorism is a ~ to the whole country. 恐怖主义是整个国家的祸根。❸Ⓒ凶兆；征兆：The railway is under ~ of closure. 那条铁路有停止运营的迹象。

threat·en [ˈθretn] （~s[-z]）*vt.* ❶威胁，恐吓，恫吓：Nuclear weapons ~ the peace and security of the world. 核武器威胁着世界的和平与安全。❷预示…的凶兆；有…的危险：The clouds ~ed rain. 乌云预示着将要下雨。*vi.* 似将发生；可能来临，可能造成不理想的结局：a mistake that ~s to be costly 一个可能造成重大损失的错误

*three [θriː] **Ⅰ**. （~s[-z]）*n.* ❶ⓊⒸ（数字的）3；3 的数字 ❷[用作复数]3 个，3 个人：Three were saved from the fire. 火灾中有 3 个人获救。❸Ⓤ3 点；3 分；3 岁：a boy of ~ 3 岁小男孩 **Ⅱ**. *adj.* 3 的；3 个的，3 人的：The girl is ~ years old. 那女孩 3 岁。

thresh·old [ˈθreʃhəʊld, ˈθreʃəʊld] （~s[-z]）*n.* Ⓒ❶门槛 ❷入口；门口 ❸入门；开始；开端：He was on the ~ of his career. 他的事业刚刚开始。❹界限；限度；终点；跑道的尽头 ❺【心】阈限；识阈（指人们对外界刺激产生反应的下限）

threw [θruː] throw 的过去式

thrice [θraɪs] [无比较等级] *adv.* ❶三倍；三次 ❷非常，十分

thrill [θrɪl] **Ⅰ**. （~s[-z]）*n.* Ⓒ❶一阵激动；一阵毛骨悚然的感觉：He gets his ~s from rock-climbing. 从攀岩活动中他得到刺激。❷令人震颤（或激动）的经历：Meeting the President was a great ~. 会见总统令人兴奋不已。**Ⅱ**. （~s[-z]）*vt.* 使感到激动；使紧张；使震颤：The film ~ed the audience. 那部电影使观众受到很大的刺激。*vi.* 感到激动；感到震颤：a film to make you ~ with excitement 使人兴奋至极的电影

thrive [θraɪv] （~s[-z]；throve [θrəʊv] 或 thrived；thriven [ˈθrɪvn] 或 thrived；thriving）*vi.* ❶（[近]prosper）兴旺发达，繁荣；旺盛：Markets are thriving and prices are stable. 市场繁荣，物价稳定。❷（[近]flourish）茁壮成长；Grafted saplings ~ best in hot weather. 嫁接的树苗在热天容易成活。

thriv·en [ˈθrɪvn] thrive 的过去分词

T

throat [θrəʊt] I. n. © ❶咽喉；喉咙；喉头：A fish bone has stuck in my ~.一根鱼刺卡在我喉咙里了。❷咽喉状的部分；入口；窄路 ❸嗓音，嗓门 II.（~ed['-ɪd]）vt. 用喉音说（或唱）；声音沙哑地说

throne [θrəʊn] I.（~s[-z]）n. ❶©王座；皇座；御座 ❷［the ~］王位；王权，帝位，君权：Queen Elizabeth succeeded to the ~ in 1952.伊丽莎白女王于 1952 年继承王位。II. vi. 登上王位

throng [θrɒŋ] I.（~s[-z]）n. © ❶群；人群：There were ~s of passengers at the station. 车站里挤满了乘客。❷众多，大量 II.（~s[-z]）vi. 群集；挤；蜂拥：The students ~ed forward as the exam results were announced. 公布成绩时，学生们都拥到前面去。vt.（［近］press, pack）挤满，使拥塞：Crowds ~ed the main square of the city. 该市的中心广场挤满了人

through [θruː] I. prep. ❶（［近］by way of）通过；穿过；经过；透过：The train went ~ some tunnels. 车通过了若干隧道。❷自始至终；从头到尾：He will not live ~ the night. 他活不过今夜了。❸［美］直到；从…到…：I have to work Monday ~ Friday. 我得从星期一工作到星期五。❹（方法、手段等）经由，以…：I got this pamphlet ~ the office. 我经由办公室获得这本小册子。❺因为…；由于：We missed the plane ~ being held up on the motorway. 由于在高速公路上车辆受阻我们没赶上飞机。II.［无比较等级］adv. ❶自一端到另一端；穿过；通过 ❷自始至终；从头到尾：They looked for him the whole night ~. 他们找他找了整整一个晚上。❸全程地；直达地；过境地：This train goes straight ~. 这次列车直达终点。❹完全地，彻底地：I walked in the rain and got wet ~. 我在雨中行走，成了落汤鸡。❺（电话）接通者：Can you put me ~ Mr. Baker? 请给我接贝克先生。III.［无比较等级］adj. ❶直行的，直达的：a ~ ticket to New York 到纽约的联运票 ❷（道路）可通的；（光线）贯穿的：No ~ road.（告示）禁止通行。

through·out [θruːˈaʊt] I. prep. ❶贯穿；遍及：News spread ~ the country. 消息传遍全国。❷在整个期间，从头到尾：Food was scarce ~ the war. 战争期间，食物一直短缺。II.［无比较等级］adv. ❶到处，全部：The house was painted green ~. 房子全部被漆成绿色了。❷在整个期间，从头到尾：I watched the film and cried ~. 我看了这部电影，并且从开始一直哭到结束。

throve [θrəʊv] thrive 的过去式

throw [θrəʊ] I.（~s[-z]；threw[θruː]；thrown[θrəʊn]）vt. ❶（［近］cast, pitch）投，掷，抛，扔：She threw the ball up and caught it again. 她把球抛起来，再把它接住。❷（将视线、话语等）投向，抛向；（将光、影等）投射；投以（怀疑眼光）：The trees threw long shadows across the lawn. 树在草坪上投下一道道长长的阴影。❸（把衣服）很快穿上（或脱下）：He threw on (off) his clothes. 他匆匆穿上（脱下）衣服。❹快速移动（躯体、手脚等）：Throw your arms out in front of you as you dive.跳水时，把手臂用力伸到前面去。❺将…摔倒；摔落：He seized the robber and threw him to the ground. 他抓住强盗，并把他摔倒在地。❻使处于某种状态；使陷于：Hundreds were thrown out of work. 数百人失业。❼［口］惊扰，使伤心；使苦恼：The speaker was completely thrown by the interruption. 讲话者因为被打断而完全慌乱了。❽打开，推动（开关、杠杆）使运转 ❾（脾气）突然发作：She regularly ~s tantrums. 她经常发脾气。❿［俚］举办（宴会等）⓫掷（骰）子；掷出（骰子点数）⓬［口］放弃（比赛），故意输掉（比赛）vi. 投，掷，抛：He ~s well. 他抛得很远。II.（~s[-z]）n. © ❶投掷；投球 ❷投距；射程 ❸［美］（椅子、沙发的）罩

thrown [θrəʊn] throw 的过去分词

thrust [θrʌst] I.（thrust）vt. ❶插…；刺进；戳进：~ one's bayonet at the enemy 用刺刀向敌人猛刺 ❷猛冲；推；推进：He ~ his way through the crowd. 他用力挤过人群。❸突然提出；不恰当地插进：My mother ~ herself into our conversation. 我们谈话时母亲插嘴进来。❹将…强加于；迫使承担：Some men have greatest ~ upon them. 有些男人的成名是时势造成的。vi. ❶插入；刺；戳：The murderer ~ at her with a knife.那凶手用刀子刺她。❷强行推进；强行进入：He ~ forward through the throng. 他在人群中横冲直撞。II. n. ❶©猛推；刺，戳：He made a ~ with his elbow.他用手肘推着挤过去。❷©（对某人的）抨击；讥讽：a speech full of ~s at the government 一篇处处对政府进行抨击的讲话 ❸Ⓤ［机］（推进器、喷气发动机、火箭的）推动力 ❹Ⓤ（谈话的）要点；主题，主旨

thumb [θʌm] I.（~s[-z]）n. ©拇指 II.（~s[-z]）vt. ❶用（拇指）弄坏，弄脏：The pages were badly ~ed. 书页翻得一塌糊涂。❷翻阅；翻查：I shall prize the book and continue to ~ it.我将珍视这本书并继续翻阅它。

thun·der [ˈθʌndə(r)] I.（~s[-z]）n.

❶Ⓤ雷；雷声：There's ～ in the air. 好像要打雷。❷ⒸⓊ似雷的响声，轰隆声 Ⅱ．（～s [-z]；～ing[-rɪŋ]）*vi*．❶打雷：It ～ed all night. 整夜雷声隆隆。❷发出雷鸣般的响声；轰隆地响：Someone is ～ing at the door. 有人在砰砰地敲门。❸怒喝；恐吓；强烈谴责：reformers ～ing against corruption 大声疾呼反对腐败的改革派 *vt*．大声说出；吼叫：The audience ～ed out its support of his opinion. 听众大声喊叫，支持他的看法。

***Thurs·day** ['θɜːzdɪ]（～s[-z]）*n*．ⓊⒸ星期四：Today's ～. 今天是星期四。

***thus** [ðʌs][无比较等级] *adv*．❶这样；像这样：The President spoke ～ in the conference. 总统于该会议上如此说。❷因而；从而；于是：He is the eldest son and ～ heir to the title. 他是长子，因而是头衔的继承人。❸到这种程度；到这种地步：Having come ～ far do you wish to continue? 已经走了这么远了，你还想走吗？

tick [tɪk] Ⅰ．*n*．Ⓒ❶（钟表等发出的）滴嗒声 ❷［英口］一瞬间，一刹那间：Just wait a ～! 稍等片刻! ❸（核对账目等用的）记号 Ⅱ．（～ed[-t]）*vi*．（钟表等）滴答滴答响：While we waited, the taxi's meter kept ～ away. 我们等待时，出租汽车的计程表一直在滴滴答答地响着。*vt*．［英］在…上打记号：The jobs that are done have been ～ed off. 那些已完成的工作都已经打上了记号。

***tick·et** ['tɪkɪt] Ⅰ．*n*．ⓊⒸ❶车（船、机）票；（电影）入场券；票证：Admission by ～ only. 凭票入场。❷标签；标价牌；价目签 ❸[美]（一政党提出的）候选人名单 ❹[美口]（交通违章的）通知单；罚款单：get a parking ～ 接到违章停车的通知单 ❺[口]（商船船长或飞行员的）执照，资格证明书 ❻[口]适当的事情；合乎需要的事情：That's the ～. 那正合适。Ⅱ．（～ed[-ɪd]）*vt*．❶在…加上标价牌 ❷为…购票；对…发出传票

tick·le ['tɪkl] Ⅰ．（～s[-z]；tickling）*vt*．❶使觉得痒：This blanket ～s me. 这条毯子使我的身体感到发痒。❷（[近]amuse, please）逗乐；使高兴；激起：The story ～d her fancy. 这故事讨她喜欢。*vi*．觉得痒：My nose ～s. 我的鼻子发痒。Ⅱ．（～s[-z]）*n*．ⓊⒸ搔痒；发痒：I've got this ～ in my throat — I think I may be getting a cold. 我喉咙感到发痒——我可能要得感冒。

tide [taɪd] Ⅰ．（～s[-z]）*n*．❶ⒸⓊ潮；潮汐；潮水：the off and flow of the ～ 潮水涨落 ❷Ⓒ潮流；趋势；时机；时运：The ～ turned in our favour. 形势变得对我们有利。❸Ⓤ[用以构成复合词]时节；季节：Christmas ～ 圣诞节节期 Ⅱ．（～s[-z]；～d['-ɪd]；tiding）*vi*．❶潮水般地奔流 ❷（船只进港或离港时）顺潮行驶 *vt*．使随潮漂浮

ti·dings ['taɪdɪŋz][复] *n*．[用作单或复数]消息；音信：Have you heard the glad ～? 你听到那令人高兴的消息了吗？

ti·dy ['taɪdɪ] Ⅰ．（tidier；tidiest） *adj*．（[近]trim）([反]untidy, dirty）❶整齐的；井然的；整洁的：a ～ person 整洁的人 ❷[口]相当大的；相当多的：She left a ～ fortune when she died. 她死时留下了相当大的一笔遗产。Ⅱ．（tidies[-z]）*n*．Ⓒ❶装零碎东西的容器；（厨房等的）垃圾箱 ❷［美］（椅背、扶手的）罩布 Ⅲ．（tidies[-z]；tidied）*vt*．使整洁；整理：You'd better ～ this room(up) before the guests arrive. 你最好在客人到来之前把房间好好整理一下。*vi*．收拾，整理(up)：spend all morning ～ing up 花了一上午时间收拾整理

tie [taɪ] Ⅰ．（～s[-z]）*n*．Ⓒ❶领带；领结：knot one's ～ 打领带 ❷（结物等用的）带子，线，绳，鞋带：～s for sealing plastic bags 塑料袋封口用的带子 ❸联系；关系；纽带：The firm has ～s with an American corporation. 这家商行和一家美国公司有联系。❹（限制行动自由的）累赘；束缚；牵累：be bound by legal ～s 受法律的约束 ❺（比赛、竞赛中的）得分相同，平局，不分胜负：The game ended in a ～. 比赛打成平局。❻[美]铁路枕木，轨枕 ❼【音】连结线，连接符号 Ⅱ．（～s[-z]；tying 或 ～ing）*vt*．❶([近]bind)(用带、绳、线等)系，拴，扎，束紧：Shall I ～ the parcel or use sticky tape? 我把包裹捆起来还是用胶带粘起来？❷系上：Could you ～ this apron round me? 你能给我把围裙系在腰上吗？❸将…打结（或打蝴蝶结）：She ～d a pretty bow. 她打了一个漂亮的蝴蝶结。❹束缚；约束：His new job ～s him up all day. 新工作使他整天忙碌。❺与…打成平局；与…势均力敌：～ the visiting team 与客队打成平手 ❻【音】用连结线连接(音符) *vi*．❶打结；能打结：This rope won't ～ properly. 这根绳子不好打结。❷得同样分数，不分胜负：They ～d for the first place in the high jump. 他们在跳高比赛中并列获得第一名。

***ti·ger** ['taɪɡə(r)]（～s[-z]）*n*．Ⓒ❶虎，老虎 ❷（像虎似的）凶汉，勇夫

***tight** [taɪt] Ⅰ．*adj*．❶([反]loose)紧的；牢固的：The drawer is so ～ I can't open it. 这抽屉太紧了，我打不开。❷紧贴的；紧身的；紧密的：～ shoes 发紧的鞋子 ❸密封的；不漏的；透不过的：water-～ compartments 密封舱

❹装紧的;挤满的;密集的:a ～ schedule 排得很紧凑的日程 ❺严厉的;严格的:～ discipline 严格的纪律 ❻麻烦的;棘手的;困难的:be in a ～ place 处境困难 ❼[口](比赛)势均力敌的 ❽(商品)难得到的;银根紧的:a ～ market 供不应求的市场 ❾[英口]吝啬的,小气的:She's ～ with her money. 她在金钱方面很小气。❿[口]醉醺醺的:got a bit ～ at the party 在宴会上喝得有些醉了 Ⅱ. adv. 紧,紧紧地:The door was shut ～. 门关得紧紧的。

tight·en ['taitn] (～s['-z])([反]loosen) vt. 使变紧;使绷紧:He ～ed the ropes. 他绷紧绳索。vi. 变紧;绷紧:This screw needs ～ing. 这个螺钉需要拧得紧些。

tile [tail] Ⅰ. (～s['-z]) n. ©❶瓷砖,瓦,板,片:carpet ～s 小方地毯 ❷(骨牌戏、麻将等的)(一张)牌 Ⅱ. (～s['-z];tiling) vt. 铺瓦于,用瓦、瓷砖等覆盖:a ～d bathroom 铺瓷砖的浴室

*till¹ [til] Ⅰ. prep. ❶迄…(为止):She works from morning ～ night. 她从早工作到晚。❷[用于否定句]到…为止,直到…(才):Don't wake him ～ midnight. 午夜前不要叫醒他。Ⅱ. conj. ❶(一直)到…时:He lived in New York ～ he died. 他在纽约一直住到去世。❷…终至于,…后不久:She cried ～ her eyes dried. 她一直哭到眼泪哭干为止。❸[放在表示否定的主句后](到…)为止;直到…才:He didn't give up smoking ～ he got ill. 他直到生病才戒烟。

till² [til] (～s['-z]) n. ©(商店等的)放现款的抽屉,钱箱

till³ [til] (～s['-z]) vt. & vi. 耕,耕作:They are ～ing the land. 他们正在耕地。

tilt [tilt] Ⅰ. (～ed['-id]) vt. ❶使倾斜,使歪斜;使翘起:Don't ～ your chair or you'll fall over! 别翘椅子,不然你就摔倒了! ❷投(矛);向(敌人)冲刺 vi. 倾斜;歪斜;翘起:The tree ～s to the south. 树向南倾斜。Ⅱ. n. ❶©Ⓤ倾侧,倾斜;倾斜的位置:The table is on a slight ～. 这张桌子没放平,有点儿歪。❷©骑马用长矛刺杀 ❸©谴责,抨击

tim·ber ['timbə(r)] (～s['-z]) n. ❶Ⓤ(建筑或木工用的)木材,木料:dressed ～ 刨好的木材 ❷Ⓤ(可做木材的)树木,林木:put the hillside under ～ 在山坡上造林 ❸©(造房屋或船用的)木材;(尤指)大梁:roof ～ 房檩

*time [taim] Ⅰ. (～s['-z]) n. ❶Ⓤ时间;【天】时:Don't waste your ～. 别浪费时间。❷Ⓤ(特定事情需要的)时间:There is little ～ left. 剩下的时间不多了。❸Ⓤ时候;时刻:

What ～ is it? 现在几点? ❹Ⓤ时机;机会:Now's your ～. 现在你的机会来了。❺©[常用复数]时代;时势,境况:The ～s are different. 时代不同了。❻Ⓤ时期;时令:in ～ of war 在战时 ❼Ⓤ[常用one's ～](人的)一生;年轻时;死期;(孕妇的)分娩期:She was beautiful in her ～. 她年轻时很漂亮。❽©次,回:He failed his driving test five ～s. 他考驾驶执照5次都没及格。❾Ⓤ(规定的)工作时间;占用时间;所需时间:The runner's ～ was 11 seconds. 这位赛跑运动员的成绩是11秒。❿Ⓤ计时工资率;按时间计资;paid ～ and a half 付一倍半工资 ⓫©[常用复数]…倍:I have four ～s as many records as yours. 我的唱片有你的4倍多。⓬Ⓤ(服务)限;(军队的)服役年限;(囚犯的)刑期:serve one's ～ 服役(服刑)期满 ⓭©(一场或一局等的)比赛时限;暂停:The umpire called ～. 裁判员叫暂停。⓮Ⓤ【音】拍子,节拍;速度:beating ～ to the music 随乐曲打拍子 Ⅱ. (～s['-z];timing) vt. ❶安排…的时间,为…选择时机:The train is ～d to leave at 3 p.m. 火车定于下午3点开出。❷测定…的时间;记录…的时间:Time how long it takes me to do two lengths of the pool. 给我记一下游一个来回的时间。❸调节…使合节拍:～ the revolution of the disk at thirty three and one third per minute 把唱盘的转速调节在每分钟三十三又三分之一转 ❹(把球等)适时击出

tim·id ['timid] adj. ([近]coward(ly))([反]bold)胆怯的;羞怯的;易受惊的:She is ～ of even the sound of wind. 她连听到风的声音都感到害怕。

*tin [tin] Ⅰ. (～s['-z]) n. ❶Ⓤ【化】锡(符号Sn) ❷Ⓤ马口铁,镀锡铁皮 ❸©马口铁器皿;[英](保藏食物的)罐头,罐头盒:open a ～ of beans 开一听豆子罐头 Ⅱ. (～s['-z];tinned;tinning) vt. ❶在…上镀锡 ❷[英]将(食物)制成罐头:tinned sardines 罐头沙丁鱼

tinge [tindʒ] Ⅰ. (～s['-iz]) n. ©❶[用a ～](较淡的)色调,色彩:Her hair has a ～ of red. 她的头发略带红色。❷[用a ～]气味,味道:There was a ～ of sadness in her voice. 她的声音中有几分伤感。Ⅱ. (～s['-iz];tinging) vt. ❶(较淡地)着色于,给…染 ❷使带有气息(或味道、风味):admiration ～d with envy 稍含妒意的赞美

*ti·ny ['taini] (tinier;tiniest) adj. ([反]enormous,huge)很小的,微小的:I feel a ～ bit better today. 今天我觉得好一点儿了。

*tip¹ [tip] Ⅰ. n. ©❶梢,末端;尖,尖端:

the ~ of toe 脚趾尖 ❷装在末端的附加物:
shoes with metal ~s 后跟装有金属片的鞋
Ⅱ. (tipped [-t];tipping) vt. 在…的顶端装
附加物;覆盖…的尖端:The legs of the table
were *tipped* with rubber. 桌子腿装着橡皮
头。

tip² [tɪp] Ⅰ. n. ⓒ❶倾斜;翻倒,倾倒:have
a slight ~ to the south 稍稍向南倾斜 ❷[英]
垃圾弃置场 ❸[口]肮脏(或零乱)的地方:
Their house is an absolute ~. 他们的屋子是
个不折不扣的猪窝。Ⅱ. (tipped [-t];tip-
ping)([近]tilt,upset,overturn) vt. ❶使倾
斜;使翻倒:*Tip* the box up and empty it. 把
箱子翻过来倒空。❷[英]使…被倾斜后倒出:
Tip the dirty water out of the bowl and into
the sink. 把碗里的脏水倒入洗涤槽里。vi. 倾
斜;倾覆;翻转:Don't lean on the table or
it'll ~ up. 别靠上桌子,否则它会翻倒。

tip³ [tɪp] Ⅰ. (tipped [-t];tipping) vt. ❶
([近]pat)拍;轻击:The ball just *tipped* the
edge of his racket. 球正好轻轻地碰在他的球
拍边上。❷给…小费:I *tipped* the taxi driv-
er. 我给了出租车司机小费。❸向(某人)泄露
消息,泄露关于…的消息,暗示;告诫:He has
been widely *tipped* as the President's succes-
sor. 很多人认为他将继任总统。vi. ❶踮着脚
走 ❷给小费:It's unnecessary to ~ here. 这
里不必给小费。Ⅱ. n. ⓒ❶(给服务员或出
租车司机的)小费:He left a ~ under his
plate. 他把小费留在盘子下面了。❷(实用)小
窍门 ❸(有关赛马、证券市场私下或特殊的)
情报

tip·toe ['tɪptəʊ] Ⅰ. (~s[-z]) n. ⓒ脚尖;
脚趾尖:stand on ~ 踮着脚 Ⅱ. (~s[-z])
vi. 踮着脚尖轻轻地走,小心翼翼地走:She
~d to the bed where the child lay asleep. 她
踮着脚尖走到入睡孩子的床边。

tire¹ ['taɪə(r)] (~s[-z]; tiring ['-rɪŋ])
([近]fatigue,exhaust) vi. ❶疲劳;疲倦:
The patient ~s very soon if he exerts him-
self. 病人一用力气就感到疲劳。❷厌倦;厌
烦:He never ~s of the sound of his own
voice. 他对自己喋喋不休的话从来也听不腻。
vt. 使…感到疲倦:Reading small print ~s
the eyes very much. 看细小的印刷字体会使
眼睛非常疲倦。

tire² ['taɪə(r)] n. ⓒ & vt. [美]= tyre

tired ['taɪəd] adj. ❶累的;疲倦的:He was
a ~ man when he got back from that long
climb. 长途爬山回来,他感到疲倦了。❷
([反]interested)厌倦的;厌烦的;厌腻的:The
film had a rather ~ plot. 这部电影的情节相

当枯燥无味。

tire·some ['taɪəsəm] adj. ([反]interest-
ing)使人疲劳的;令人厌烦的;讨厌的:a ~
piece of work 一项累人的工作

tis·sue ['tɪsjuː, 'tɪʃuː] (~s[-z]) n. ❶ⓤ
【生】(动物或植物的)组织;nervous ~ 神经组
织 ❷ⓤ ⓒ 薄纸,棉纸;薄而软的包装纸;toilet
~ 卫生纸 ❸ⓒ ⓤ细薄的织物 ❹ⓒ 相关联
(或相互交织)的事物;一连串;一套

ti·tle ['taɪtl] Ⅰ. (~s[-z]) n. ❶ⓒ标题,题
目;篇名:I don't remember the ~ of the
book. 我想不起那本书的书名了。❷ⓒ 头衔,
称号,职称;爵位:a ~ of nobility 贵族的称
号,爵位 ❸ⓒ ⓤ (财产的)所有权;资格,权利:
He has no ~ to the estate. 他没有那份产业
的所有权。❹ⓒ【体】冠军(称号) Ⅱ. (~s
[-z];titling) vt. ❶加标题于 ❷授予…称号

to¹ [tuː, tʊ, tə] Ⅰ. prep. ❶(表示到达)向,
到,朝(…方向):I'm going ~ the shops. 我去
商店。❷(表示方向)位于…;在…方向:
Brighton is ~ the south of London. 布赖顿
在伦敦南方。❸(表示状态的变化)趋于,倾
向:The mother sang her baby ~ sleep. 母亲
唱歌使她的婴儿入睡。❹(表示程度)达,达
到:The garden extends ~ the river bank. 花
园延伸到河边。❺(表示时间)直到…为止;
在…之前:How long is it ~ lunch? 到吃午
饭时还有多久? ❻(表示间接关系)给…,
于…:He gave it ~ his sister. 他把东西给了
他的姐姐。❼(表示归属)归于,附于…:The
hospital is attached ~ the university. 那所医
院附属于该大学。❽(表示比较)比:We won
by six goals ~ three. 我们以 6 比 3 获胜。
❾(表示数量与单位的关系):50 pieces ~ the
box 每箱 50 件 ❿(表示目的)为了:~ that
end 为了那个目的 ⓫(表示关联、联系)对于,
关于:Water is ~ fish what air is ~ man. 水
对鱼的关系正如空气对人的关系一样。⓬(表
示适应、遵照)按;按照,随同;伴随:The map
was drawn ~ scale. 这地图是按比例绘制的。
⓭(表示结果、效果)致;致使:*To* my shame,I
forgot his birthday. 惭愧的是,我忘了他的生
日。⓮(表示原因)由于:fall ~ one's
opponent's blows 由于受到对手的打击而倒
下 ⓯紧贴,面对:cars queuing bumper ~
bumper on the motorway 在高速公路上排着
长队的汽车 Ⅱ. [tuː] [无比较等级] adv. ❶
向前:put on one's hat wrong side ~ 前后颠
倒地戴上帽子 ❷(门、窗等)关上;虚掩着:The
door snapped ~. 门砰的一声关上了。❸着手
(干):It's time we turned ~. 我们该动手干
了。❹在近旁:We were close ~ when it

happened. 那事发生时我们就在近旁。❺苏醒过来：She didn't come ～ for several hours. 她昏迷了好几小时。

to² [tu:,tʊ,tə] **I** . [与原形动词一起构成的动词不定式]❶[用作主语]：To see is ～ believe. 百闻不如一见。❷[用作表语]：All you have ～ do is(～)apologize to him. 你所要做的就是去向他道歉。❸[用作宾语]：She likes ～ play tennis. 她喜欢打网球。❹[用作定语]：It's time ～ go to school. 现在是该去上学的时候了。❺[用作状语]：He lived ～ be ninety. 他活到 90 岁。❻[用作插入语]：To tell the truth, I know nothing about it. 老实说, 我对此事一无所知。**II** . [用来代替动词不定式或不定式短语, 以避免重复]：I intended to go but forget ～. 我原来想去, 可是忘了去了。

toad [təʊd] (～s[-z]) n . ©❶【动】癞蛤蟆, 蟾蜍❷讨厌的人(或物)

toad•y ['təʊdɪ] **I** . (toadies [-z]) n . ©谄媚者；马屁精 **II** . (toadies [-z]；toadied) vi . 谄媚, 奉承, 拍马 vt . 拍…马屁

toast¹ [təʊst] **I** . n . ⓤ吐司, 烤面包片：a slice of buttered ～ 一片涂奶油的烤面包 **II** . (～ed['-ɪd]) vt . ❶烤, 烘(面包等)：～ the bread very dark 把面包烤得焦黄❷使暖和：～ing oneself in front of the fire 烤火 vi . 烤, 烘；烘热：～ in the sun 在阳光下取暖

toast² [təʊst] **I** . n . ©❶祝酒, 敬酒；祝酒词：We drank a ～ to the bride and groom. 我们向新娘、新郎敬酒。❷被敬酒的人；受到高度敬仰的人：the ～ of the town 城里最受敬仰的人 **II** . (～ed['-ɪd]) vt . 为…举杯祝酒：～ the bride and groom 为新娘和新郎敬酒 vi . 举杯祝酒

to•bac•co [tə'bækəʊ] (～(es)[-(z)]) n . ❶ⓤ烟草；烟叶：a mild ～ 清淡香烟❷ⓤ©烟草制品：users of ～ 抽烟者

to•day [tə'deɪ,tʊ'd-] **I** . [无比较等级] adv . ❶今天, 今日：I saw him ～. 我今天看到过他。❷(在)现在, (在)当今：More women have jobs ～ than past. 现在就业的妇女比以前多了。**II** . n . ⓤ❶今天, 今日：Today is my birthday. 今天是我的生日。❷当今, 现代；当世：Women ～ no longer accept such treatment. 如今女子再也不接受此种待遇。

toe [təʊ] **I** . (～s[-z]) n . ©❶(人的)脚趾；(动物的)足趾：the big ～ 大脚趾❷(袜、鞋等的)足尖部：There's a small hole in the ～ of my sock. 我袜子的脚趾部分有个小洞。❸似脚趾之物(工具的前端等) **II** . (～s[-z]) vt . 用脚尖踢(或触)；用脚趾伸及

to•fu ['təʊfuː] n . ⓤ豆腐

to•geth•er [tə'geðə(r),tʊ'g-] [无比较等级] adv . ([反]alone,separate,apart)❶一起；共同；在一起：Let's go for a walk ～. 咱们一起去散步吧。❷集合起；合计地；混合地：Mix the sand and cement ～. 把沙子和水泥混合在一起。❸一致地, 协调地；变得一致(或协调地)：They were not on good terms ～. 他们彼此间关系不和。❹同时；一齐：They all arrived ～. 他们所有的人一齐到达。❺不间断地, 连续地：It rained three hour's ～. 一连下了 3 个小时的雨。

toil [tɔɪl] **I** . (～s[-z]) vi . ❶([近]labor)(长时间)辛苦工作：We ～ed away all afternoon to get the house ready for our guests. 我们忙了一下午收拾房子准备迎接宾客。❷缓慢而艰难地(向某方向)移动：The bus ～ed up the steep hill. 公共汽车艰难地爬上陡峭的山冈。 vt . 使过度劳累 **II** . n . ⓤ辛苦的(或长时间的)工作；苦活：after years of ～ 辛苦地工作了多年之后

toi•let ['tɔɪlɪt] n . ❶ⓤ©化妆, 梳洗；打扮：make one's ～ 梳洗打扮❷©厕所, 卫生间, 盥洗室：Can you tell me where the ～s are? 您能告诉我洗手间在哪儿吗?

to•ken ['təʊkən] **I** . (～s[-z]) n . ©❶([近]sign,symbol)标志, 象征；记号：He did that as a ～ of good faith. 他那样做是为了表示诚意。❷纪念品；赠券；礼券：give sb. a book as a going-away ～ 送某人一本书作为临别纪念品❸(用以启动某些机器或用作付款形式的)代币, 专用辅币 **II** . adj . [作定语]❶象征性的；作为标志的：a ～ payment 象征性的偿付❷装样子的；敷衍的；表面的

told [təʊld] tell 的过去式和过去分词

tol•er•ance ['tɒlərəns] n . ❶ⓤ©容忍, 忍受；宽容：religious ～ 宗教上的宽容❷ⓤ©【机】(配合)公差；容许偏差, 容限

tol•er•ate ['tɒləreɪt] (～d[-ɪd]；tolerating) vt . ❶容忍(不喜欢或不赞成的某事物)；忍受(某人、某事)：I won't ～ such behaviour. 我不能容忍这种行为。❷对(药品、毒物等)有耐力：The body cannot ～ such large amounts of radiation. 身体经不住那么大剂量的放射线。

to•ma•to [tə'mɑːtəʊ] (～es[-z]) n . ©番茄, 西红柿：～ juice 番茄汁

tomb [tuːm] **I** . (～s[-z]) n . ❶©([近]grave)坟, 冢, 墓；墓碑❷([近]death)[the ～][喻]死亡 **II** . vt . 埋葬；把…葬入坟墓

to•mor•row,to-mor•row [tə'mɒrəʊ,

tʊ'm-] **I**.〔无比较等级〕*adv*. 在明天,在明日:She's getting married ～. 她明天结婚。**II**.(～s[-z])*n*. **U①**明天,明日:*Tomorrow* will be Saturday. 明天是星期六。**②**将来,来日:Who knows what changes ～ may bring? 谁知道将来有什么变化?

ton [tʌn] (～s[-z]) *n*. **C①**(重量单位)吨;公吨:a long (或 gross)～〔英〕长吨(= 2,240磅) **②**货物容积单位 **③**商船登记的容积单位(相当于 100 立方尺) **④**(船舶的)排水吨(相当于海水 35 立方英尺) **⑤**〔常用复数〕〔口〕大量,许多:I've still got ～s of work to do. 我还有许多事要做。

tone [təʊn] **I**.(～s[-z]) *n*. **①C**声音;音调,音质:the alarm bell's harsh ～ 刺耳的警钟的声音 **②C**语气;口气;腔调:Don't speak to me in that ～. 别用那种腔调跟我说话。**③C U**(乐器的)音质,音色:a violin with (an) excellent ～ 音色优美的小提琴 **④**〔用单数〕(某事物的)格调,特性 **⑤C**色调;浓淡;明暗:a picture in warm ～s 暖色调的画 **⑥U**(身心的)正常状态;健康状态:good muscular ～ 肌肉结实 **⑦C**【音】乐音;全音;全音程 **II**.(～s[-z];toning) *vt*. **①**用某种调子说;装腔作势地说(或念) **②**给…定调子;使变调:Excitement ～*d* his voice. 激动使他声调变了。*vi*. 颜色调和(或和谐):The building ～s (in) well with the surroundings. 该建筑物和周围环境颜色很调和。

tongue [tʌŋ] (～s[-z]) *n*. **C①**舌;舌头:The hot soup burned my ～. 那热汤烫伤了我的舌头。**②**说话能力;说话方式;口才:have a rough ～ 说话粗暴 **③**语言;方言,土语:Spanish is his native ～. 西班牙语是他的母语。**④**舌状物;(鞋的)舌皮 **⑤**伸入海(或河、湖)中的狭长陆地;岬角

to·night [tə'naɪt,tʊ'n-] **I**.〔无比较等级〕*adv*. 在今夜,在今晚:It's warm ～. 今晚天气暖和。**II**. *n*. **U**今夜,今晚:*Tonight* will be cloudy. 今天夜间多云。

too [tuː]〔无比较等级〕*adv*. **①**(〔近〕also,as well)…也,又;还:He plays the guitar and sings ～. 他弹吉他,也唱歌。**②**〔用于形容词和副词之前〕过于,太:He drives ～ fast. 他开车太快了。**③**〔口〕很,非常:I'm not ～ sure if this is right. 这是否正确,我十分清楚。**④**〔美〕真正地,确实地:"I won't go there." "You will ～!"我不想到那里去!"不行,你非去不可!"

took [tʊk] take 的过去式

tool [tuːl] **I**.(～s[-z]) *n*.(〔近〕instru-ment,utensil)**C①**工具;器具;刀具;机床:A screw driver and a hammer are the only ～s you need. 你所需要的工具仅仅是螺丝起子和榔头。**②**(一般工作上所需要的)工具,手段:Words are important ～s for a salesman. 语言对于推销员来说是重要的工具。**③**为人利用的工具;走狗:The corrupt politician was a ～ of the criminals. 那个腐败的政客是不法分子的走狗。**II**.(～s[-z]) *vt*. **①**用工具给…加工;压印图案于(书籍封面) **②**用机床(或器械等)装备(工厂) *vi*.〔美口〕驱车旅行;驾驶

tooth [tuːθ] **I**.(teeth[tiːθ]) *n*. **C①**牙,齿:She still has all her *teeth*. 她满口的牙一个也没掉。**②**齿状物:the *teeth* of a comb 梳子的齿 **③**〔用复数〕强制实施的有效手段:The law must be given more *teeth* if crime is to be properly controlled. 如果要真正控制犯罪行为,就要赋予执法机关更有效的权力。**II**.(～ed[-t]) *vt*. 给…刻齿;使…成齿状 *vi*.(齿轮等)啮合

*top*¹ [tɒp] **I**. *n*. **①**(〔反〕bottom,foot)**C**顶,顶部;顶端:My office is at the ～ of the building. 我的办公室在这座楼的顶层。**②C**表面,上方:polish the ～ of the table 擦亮桌面 **③**〔用单数〕最高阶层,最重要的地位:She is (at) the ～ of her class in French. 她的法语是班上第一名。**④**〔用单数〕顶点,最高度:He shouted at the ～ of his voice. 他竭力叫喊。**⑤C**(容器等的)盖,塞子:a bottle with a screw-～ 带螺旋盖的瓶子 **⑥C**(尤指妇女的)上衣:I need a ～ to go with these slacks. 我需要一件同这条宽松裤子相配的上衣。**⑦**〔常用复数〕(根菜类的)茎叶 **⑧U C**〔英〕(汽车的)最高速挡 **II**.(topped [-t];topping) *vt*. **①**给…加盖;做…的顶部:ice-cream *topped* with chocolate sauce 浇上巧克力汁的冰淇淋 **②**达到…的顶峰,位于…的最高位:When we finally *topped* the hill,we had a fine view. 当我们爬到山顶时,看到了优美的景色。**③**超越,高于,胜过:He ～s us all at table tennis. 他的乒乓球打得比我们都好。**④**修剪(植物、水果的)顶部,为…打尖:～ beets 剪去甜菜的叶子 *vi*. 结束,完成(off,out,up)**III**.〔无比较等级〕*adj*. 顶的;顶上的;最高的;头等的:the ～ floor 顶层

*top*² [tɒp] *n*. **C**陀螺:The ～ sleeps. 陀螺转得很稳。

top·ic ['tɒpɪk] *n*.(〔近〕theme)**C**话题;题目;论题:a ～ of conversation 交谈的话题

torch [tɔːtʃ] (～es['-ɪz]) *n*. **C①**火炬;火把:kindle a ～燃起火炬 **②**(焊接用的)喷灯,

喷火器：～ welding 吹管焊接 ❸［英］手电筒，电棒

tore ［tɔː(r)］ tear 的过去式

tor·ment Ⅰ．［tɔː'ment］ n. ❶ C U（肉体或精神上的）折磨；痛苦：be in great ～ 备受折磨 ❷ C 造成痛苦的事（或人）：His shyness made public speaking a ～ to him. 他很腼腆，当众讲话简直是受罪。Ⅱ．［tɔː'ment］（～ed[-ɪd]）vt. ❶ 使痛苦；折磨：be ～ed with headache 因头痛而受苦 ❷ 使烦恼；烦忧：～ their teacher with silly questions 用愚蠢的问题烦扰老师

torn ［tɔːn］ tear 的过去分词

tor·na·do ［tɔː'neɪdəʊ］（～s 或～es[-z]）n. C ❶龙卷风；旋风；【气】陆龙卷 ❷（非洲西海岸）随雷阵雨而来的狂风

tor·pe·do ［tɔː'piːdəʊ］ Ⅰ．（～es[-z]）n. C ❶鱼雷；水雷 ❷（铁路警报用）信号雷管 ❸［美］掷炮（一种掷地爆裂发声的爆竹）Ⅱ．（～es[-z]）vt. ❶用鱼雷进攻（或袭击）❷破坏（政策、事情、制度等）

tor·rent ［'tɒrənt］ n. C ❶（水、火、熔岩等的）急流，湍流：mountain ～s 山洪 ❷（感情等的）爆发；（言语、质问等的）迸发，连发：a ～ of abuse 滔滔不绝的谩骂

tor·toise ［'tɔːtəs］（～(s) [-(ɪz)]）n. C ［动］乌龟，龟

tor·ture ［'tɔːtʃə(r)］ Ⅰ．（～s[-z]）n. C U ❶拷问；拷打；刑讯：She died under ～. 她受严刑拷打致死。❷（精神上或肉体上的）折磨；痛苦：She has suffered the ～ from heart disease. 她因心脏病而受折磨。Ⅱ．（～s[-z]；torturing）vt.（［近］torment）❶拷打；拷问；虐待 ❷折磨；使痛苦：accused the regime of *torturing* its political opponents 谴责该政权迫害政敌

toss ［tɒs］ Ⅰ．（～es['-ɪz]；～ed或tost[tɒst]）vt. ❶（［近］throw）投，掷，抛：He ～ed the ball into the air. 他把球抛向空中。❷（头等）突然抬起：～ one's head angrily 愤怒地把头往后一仰 ❸使摇摆；使颠簸；使动荡：The waves ～ed the boat. 浪打得船只颠簸不停。❹（轻轻地）拌（食品）：～ the salad in oil and vinegar 把油和醋拌入沙拉 vi. ❶摇摆；颠簸：branches ～ing in the wind 迎风摇摆的树枝 ❷掷钱币（看其正反）来决定 Ⅱ．（～es['-ɪz]）n. C ❶扔，抛，掷；摇晃；颠簸：The decision depended on the ～ of a coin. 那项决定是靠掷硬币的方法做出的。❷猛举；猛抬；猛倾：a contemptuous ～ of the head 轻蔑地把头一扬

to·tal ［'təʊtl］ Ⅰ．［无比较等级］adj．（［近］whole）全部的，总计的：The firm made a ～ profit of ￡200,000. 该公司的利润总额达200,000英镑。❷完全的；全然的：～ silence 寂静无声 Ⅱ．（～s[-z]）n. C 合计；总计；总额：the sum ～ 总共，全部，总额 Ⅲ．（～s[-z]；total(l)ed；total(l)ing）vt. ❶计算…的总数；总数达：The takings haven't been ～ed yet. 总营业额还未算出。❷［美俚］彻底毁坏（尤指汽车）；毁灭 vi. 合计为（up）：The costs *total(l)* up to ￥100. 费用合计达币100元。

touch ［tʌtʃ］ Ⅰ．（～es['-ɪz]；～ed[-t]）vt. ❶触摸；接触；碰到：The branches of the willow ～ed the water. 柳枝碰到水面。❷轻敲；轻按：Can you ～ the top of the door? 你够得着门的上边吗？❸移动；妨碍（某人，某物）；损坏：The valuable paintings were not ～ed by the fire. 那场火并未波及这些名画。❹［常与否定词连用］（对食物）吃，喝，尝：I can't ～ anything today. 我今天什么也吃不下。❺感动（某人），使（某人）动心；触动：His story ～ed all the people present. 他的故事感动了所有在场的人。❻触及；触犯；伤…的感情：Her sarcasm ～ed his self-esteem. 她的讽刺伤害了他的自尊心。❼涉及；谈及；提到：They ～ed many questions of mutual concern in their talks. 他们在会谈中谈到了许多双方关心的问题。❽［通常用于否定句］匹敌；比得上：No one can ～ him at chess. 下象棋无人能与他匹敌。❾达到，及，到：The thermometer ～ed 10℃ below zero. 温度计达到零下10摄氏度。vi. ❶触摸；触碰；接触：The two wires were *touching*. 两根金属线碰到一起了。❷与…有关；涉及：I'd like to ～ on the point. 我想要简单地谈谈那一点。Ⅱ．（～es['-ɪz]）n. ❶ C U 触；接触：I felt a ～ on my arm. 我觉得有人摸了一下我的胳膊。❷ U 触觉；触摸：Fur is soft to the ～. 毛皮摸起来很软。❸ C 润色；修饰：I've put the finishing ～es on the painting. 我已在那幅画上做了最后润色。❹［用单数］微量；少许；一点儿：There's a ～ of frost in the air. 天气有点儿寒冷。❺ C（艺术的）技巧；手腕；格调：His work lacks that professional ～. 他的工作缺乏专业性技巧。❻ U（足球、橄榄球的）边线区域

tough ［tʌf］ Ⅰ．adj ❶（［近］firm, strong）坚硬的；强韧的；不易磨损的：as ～ as leather 坚韧如皮革 ❷（［近］strong）（身体）强壮的；结实的：He looked（to be）the ～est of all the challengers. 在所有的挑战者中，他看起

来最强壮。❸粗暴的；凶恶的：one of the ~*est* areas of the city 该市最无法无天的地区之一 ❹(肉等)硬的；咬不动的：a ~ steak 咬不动的牛排 ❺严厉的；强硬的：take a ~ line with offenders 对罪犯施行严厉的政策 ❻困难的；艰难的：It's ~ finding a job these days. 最近找工作很困难。**II**. *n*. [C][美口]恶棍，无赖，地痞：a gang of young ~s 一群年轻的歹徒

tough·en ['tʌfn] (~s[-z]) *vt*. & *vi*. (使)变坚韧；(使)变强硬；(使)变强壮；(使)变坚强：The law needs ~*ing* (up). 法律需要强化。

tour [tʊə(r)] **I**. (~s[-z]) *n*. [C]❶旅行；漫游；周游：a round-the-world ~环球旅行 ❷短暂访问；参观：go on a ~ of the palace 参观宫殿 ❸巡回比赛，巡回演出：The orchestra is currently on ~ in Germany. 该管弦乐队目前正在德国巡回演出。❹(在国外固定场所的)服务期；任职期；公差 **II**. (~s[-z]；~ing ['-rɪŋ]) *vt*. & *vi*. (在…)旅行；巡游；巡回：The play will ~ the countryside in the autumn. 这出戏将于今秋在农村巡回演出。

tourist ['tʊərɪst] *n*. [C]❶旅游者，游客：London is full of ~s in the summer. 伦敦在夏天到处都是游客。❷[英]【体】参加巡回比赛的运动队员

tour·na·ment ['tʊənəmənt,-'ɔ:-] *n*. [C]❶联赛；比赛；锦标赛：a tennis ~ 网球比赛 ❷武士的马上比武；马上比武大会

tow [təʊ] **I**. (~s[-z]) *vt*. ([近] pull, draw, hall)拖，拉；牵引：If you park your car here, the police may ~ it away. 如果你把车停在这儿，警察就会把它拖走。**II**. (~s[-z]) *n*. [C][U]拖，拉，牵，拽

to·ward(s) [tə'wɔ:d(z),tɔ:d(z)] *prep*. ❶[表方向]向；对；朝(…的方向)：She turned her back ~ the sun. 她把背转向阳光。❷[表倾向]向…的趋势；为了…：We have made some progress ~ reaching an agreement. 我们在达成一项协议方面已获得某些进展。❸[表关系]对…；关于：His attitude ~ me has changed. 他对我的态度改变了。❹[表目的]为了；以便：The money will go ~ building a new school. 这笔钱将用于建造一所新学校。❺[表时间、数量]接近：They left ~ ten o'clock. 他们离去时将近10点了。

tow·el ['taʊəl] **I**. (~s[-z]) *n*. [C]毛巾，手巾；擦手纸，擦脸纸：Dry your hands well with a ~ after you wash them. 洗手后要用毛巾把手好好擦干。**II**. (~s[-z]；towel(l)ed；towel(l)ing) *vt*. & *vi*. 用毛巾擦拭：~ one-self 用毛巾擦身

tow·er ['taʊə(r)] **I**. (~s[-z]) *n*. [C]塔；塔楼；(有塔的)堡垒：I got to the top of the ~. 我登上了那座塔的顶端。**II**. (~s[-z]；~ing[-rɪŋ]) *vi*. 屹立；高耸；(才能等)胜过，超越：Shakespeare ~s above all other Elizabethan dramatists. 莎士比亚远远超过所有其他伊丽莎白时代的剧作家。

town [taʊn] (~s[-z]) *n*. ❶[C]镇，城镇，市镇(大于村而小于市)：He lives in a small ~. 他住在一个小镇里。❷[C][集合用法]城镇居民：The whole ~ turned out to welcome the team home. 城镇居民全体出动欢迎运动队归来。❸[U]城镇；城市(尤指与乡间相对而言)：We spend our weekends out of ~. 我们惯于到乡下去度周末。❹[U][常不加冠词](市镇的)商业区，中心区，闹市：I go to ~ to buy dresses. 我惯于进城去买服装。

toy [tɔɪ] **I**. (~s[-z]) *n*. [C]❶(尤指儿童的)玩具；玩物：He was playing with ~s by himself. 他自己一个玩着玩具。❷用于娱乐而非正经使用的东西 **II**. [无比较等级] *adj*. ❶玩物似的；小如玩具的 ❷作为玩具的：a truck 玩具卡车 **III**. (~s[-z]) *vi*. ❶玩弄；戏耍：~*ing* with a pencil 耍弄一支铅笔 ❷不认真地对待；做着玩：I've been ~*ing* with the idea of moving abroad. 对于移居国外的问题，我一直没有做认真的考虑。

trace [treɪs] **I**. (~s['-ɪz]；~d[-t]；tracing) *vt*. ❶([近] follow, study)追踪；跟踪；探索；查出：I cannot ~ the letter to which you refer. 我查找不到你提到的那封信。❷追溯；回溯：He ~s his descent back to an old Norman family. 他的血统可追溯到一个古老的诺尔曼家族。❸([近] copy, imitate, draw) 描摹；画出…的轮廓；标出：We ~d out our route on the map. 我们在地图上标出了我们的路线。❹(缓慢而困难地)书写：He ~d his signature laboriously. 他很费力地写下了他的名字。**II**. (~s['-ɪz]) *n*. ❶[C][U]踪迹，痕迹，遗迹：The ship had vanished without ~. 那船消失得无影无踪。❷[C](记录仪器上存留的)图形；记录 ❸[C]微量，少许：He spoke without a ~ of emotion. 他说话时毫不动感情。

track [træk] **I**. *n*. [C]❶([近] trail)轨迹；行踪；航迹；[用复数]足迹：We followed his ~s through the snow. 我们跟着他在雪里的遗迹前进。❷崎岖的道路，小径：a muddy ~ through the forest 穿过森林的泥泞小径 ❸线路，航路：the ~ of the storm 暴风雨的路径 ❹惯例，常规：keep to the beaten ~ 遵

循常规 ❺（[近] rail）铁轨；轨道：The train left the ~. 火车出轨了。❻【体】跑道；[美] 径赛运动；田径运动：~ events 径赛项目 ❼ （录音于唱片、录音带的）乐曲；（磁带的）声音，音乐 ❽（拖拉机、战车等的）履带 ❾（挂窗帘或柜门借以滑动的）横杆，滑轨槽 Ⅱ.（~ed [-t]）vt. ❶（[近] follow）追踪…，跟踪：The police ~ed terrorists to their hide-out. 警方追踪恐怖分子至其藏身处。❷ [美]在…留下印迹；脚上带（泥）留下印迹：Don't ~ up the floor. 别把地板踩脏了。vi.（摄影机）移动摄影

tract [trækt] n. ⓒ ❶大片土地，地带：huge ~s of forest 大片森林 ❷【解】系统；道，束

trac·tor ['træktə(r)]（~s[-z]）n. ⓒ 拖拉机，牵引车

trade [treɪd] Ⅰ.（~s[-z]）n. ⓤ ⓒ ❶ （[近] commerce，business，transaction）贸易；交易；商业；生意：Since joining the Common Market，Britain's ~ with Europe has greatly increased. 自从加入共同市场以来，英国与欧洲的贸易大增。❷职业；行业；手艺：He is a carpenter by ~. 他是做木工的。❸ [集合用法]（从事某行业的）同人，同行，同业：We sell cars to the ~，not to the general public. 我们向经销商出售汽车，不卖给一般民众。❹[口][集合用法]（某店的）顾客；主顾：That store used to have a lot of ~. 那家商店以前顾客很多。Ⅱ.（~s[-z]；~d ['-ɪd]；trading）vi. ❶做生意；做买卖；进行交易，从事贸易：a firm which ~s in arms 经营军火的公司 ❷[口]购物；买东西：Which store do you ~ at? 你常在哪个商店买东西？vt. 用…进行交换；以物易物：She ~d her roller-skates for Billy's portable radio. 她拿旱冰鞋换了比利的手提收音机。

tra·di·tion [trə'dɪʃən]（~s[-z]）n. ⓤ ⓒ ❶传统，常规，惯例：By ~，people play practical jokes on 1 April. 按照传统风俗，4月1日可以开恶作剧的玩笑。❷传说，代代相传，口传：The story is based mainly on ~(s). 该故事主要是根据传说。

tra·di·tion·al [trə'dɪʃənl] adj. ❶传统的；惯例的；习俗的：It's ~ in England to eat turkey on Christmas Day. 圣诞节时，吃火鸡是英格兰的传统。❷传说的；口传的

traf·fic ['træfɪk] Ⅰ. n. ❶ⓤ交通；通行；往来：There's usually a lot of ~ at this time of day. 每天在这段时间往来车辆都很多。❷运输；客运及货运业务：goods ~ 货运 ❸交通量；运输量：There is little ~ on these roads. 这些道路上行人车辆很少。❹非法的（或不道

德的）买卖：the ~ in drugs 毒品的非法交易 Ⅱ.（trafficked[-t]；trafficking）vi.（[近] trade）交易；买卖；做非法买卖

trag·e·dy ['trædʒɪdɪ]（tragedies [-z]）n. ⓤ ⓒ ❶（[反] comedy）悲剧；悲剧艺术：Shakespeare's tragedies and comedies 莎士比亚的悲剧和喜剧 ❷惨事；灾难：Investigators are searching the wreckage of the plane to try and find the cause of the ~. 调查人员在飞机残骸中搜索，希望找出造成这一悲惨事件的原因。

trag·ic ['trædʒɪk] [无比较等级] adj.（[反] comic）❶悲剧的；悲剧性的：a ~ actor 悲剧演员 ❷悲惨的；悲痛的；可悲的：It's ~ that he died young. 他英年早逝，令人悲痛。

trail [treɪl] Ⅰ.（~s[-z]）n. ⓒ ❶（[近] track，scent）痕迹；遗迹；动物的臭迹；（拖在后头的烟、灰尘等的）余缕，尾迹：The truck left a ~ of dust. 那辆卡车开过后扬起了一道烟尘。❷（[近] path，route）（在荒野中等踏成的）小路，小径：tortuous mountain ~s 曲折崎岖的山路 Ⅱ.（~s[-z]）vt. ❶（[近] track）跟在…后面走；追踪；跟踪（追赶）：~ a suspect 追踪嫌疑犯 ❷拖，曳；拖着…走：The boy was ~ing a toy car on a string. 那男孩用细绳拖着一辆玩具车。vi. ❶（[近] haul，tow）拖曳；拖着：Her long skirt was ~ing along the floor. 她的长裙拖在地板上。❷疲惫地走，磨蹭：The tired children ~ed along behind their parents. 孩子们累了，没精打采地跟在父母后面。❸（在比赛、竞赛等中）输，失败，失利：The party is ~ing badly in the opinion polls. 该党在民意测验中大大失利。❹（植物）蔓生；蔓延：roses ~ing over the walls 蔓生在墙上的蔷薇

train [treɪn] Ⅰ.（~s[-z]）vt. ❶（[近] teach，drill）训练，培养，练习：They ~ed the horse for the next race. 他们为了下次的比赛而训练那匹马。❷将（枪、照相机等）对准（或瞄准）：He ~ed his camera on people in the street. 他把照相机对准街上的人们。❸使（树木、枝干等）沿着（某方向、形状）生长：~ roses against a wall 使蔷薇攀着墙生长 vi. 接受训练；受锻炼：She ~ed for a year as a secretary. 她受过一年做秘书的培训。Ⅱ.（~s[-z]）n. ❶ⓒ列车，火车；电车：I normally catch the 7:15 ~ to London. 我一般乘7点15分的火车去伦敦。❷ⓒ（人、动物的）行；行列：a funeral ~ 送葬队伍 ❸ⓤ[集合用法]追随某人的人群；随员：The pop star was followed by a ~ of admirers. 那位流行歌星周围蜂拥着许多歌迷。❹ⓒ（事件、想法

等的)连续;(事件等的)结果,余波 ❺ ⓒ后拖物,拖裙;裙裾

train·ee [treɪˈniː]（～s[-z]）n. ⓒ受训练者,实习生

train·er [ˈtreɪnə(r)]（～s[-z]）n. ⓒ❶训练人;(体育运动的)教练员 ❷驯兽人 ❸训练器材;飞行练习器 ❹[英]软胶底鞋,运动鞋

train·ing [ˈtreɪnɪŋ] n. ⓤ❶训练,教育,培养;锻炼:flight ～ 飞行训练 ❷(比赛者等的)身体条件,体能状况:be out of ～ 体能状况不佳

trai·tor [ˈtreɪtə(r)]（～s[-z]）n. ⓒ卖国贼;叛徒:He's a ～ to himself. 他背叛了自己的信条。

tramp [træmp] Ⅰ.（～ed[-t]）vi. ❶用沉重的脚步走:They ～ed up the stairs. 他们以沉重的脚步走上阶梯。❷长途跋涉;徒步旅行:We ～ed for miles and miles without finding anywhere to stay. 我们走啊走啊,始终找不到个栖身之处。❸踩,踏 vt. 走;跋涉:We missed the train and had to ～ it. 我们没有赶上火车,因此不得不步行。Ⅱ. n. ⓒ❶(没有固定的家或没有固定工作的)游民,流浪汉 ❷[常用单数]长途步行;徒步旅行:go for a solitary ～ in the country 独自在乡间徒步旅行 ❸[常用单数]沉重的脚步声,踏步声 ❹[美俚]荡妇;轻浮的女人

tram·ple [ˈtræmpl] Ⅰ.（～s[-z];trampling）vt.（用力）踩,践踏:The campers had ～d the corn. 野营的人们把庄稼践踏坏了。vi. ❶踩;践踏;蹂躏:Don't ～ on the grass. 勿踏草地。❷无情地(或傲慢地)漠视:～ on sb.'s feelings 伤害某人的感情 Ⅱ. n. [只用单数]践踏;蹂躏

trans·ac·tion [trænˈzækʃən]（～s[-z]）n. ❶ⓤ办理;处理;执行:the ～ of business 处理事务 ❷([近]trade, business) ⓒ(一笔)交易;(具体)事务:conclude a ～ 达成交易 ❸[用复数](学术团体等的)议事录;会刊;学报

tran·scend [trænˈsend, trɑːnˈsend] vt. ❶超出,超越(经验、信念等)的范围:These issues ～ the limits of language study. 这些问题超出语言研究的范围。❷胜过,优于 vi. 超越;胜过

tran·scribe [trænˈskraɪb]（～s[-z];transcribing）vt. ❶抄写;誊写:She jotted down a few notes, and later ～d them into an exercise book. 她匆匆记了一些笔记,随后再誊写到练习本上。❷写下,录下;用音标记录 ❸【音】改编;编曲 ❹预录(广播节目);播送(录音、唱片等) vi. 播音

tran·scrip·tion [trænˈskrɪpʃən] n. ❶ⓤ抄写;誊写 ❷ⓒ抄本;录音;副本 ❸ⓒ【语】发音符号,音标:a phonetic ～ of what they said 用音标注出的他们的谈话 ❹ⓒⓤ(供广播用的)无线电(或电视)录音

trans·fer Ⅰ. [trænsˈfəː]（～s[-z]; transferred; transferring [-rɪŋ]）vt. ❶([近] transport)转移;传递;传输;使移动:The head office has been transferred from London to New York. 总部已由伦敦移到纽约。❷移交(财产)所有权;转让 ❸转写,描摹(图样、图案等) vi. ❶转移;转职;转学:He has transferred from the warehouse to the accounts office. 他已由仓库调到会计室工作。❷换车;换船 Ⅱ. [ˈtrænsfə(ː)]（～s[-z]）n. ❶ⓒⓤ移动;移民;调任;调动;变换 ❷ⓤⓒ(权利、财产等的)转让;让与;让与证书 ❸[美]旅行途中换车,改变路线 ❹ⓒ移印图案(将装饰画或设计图案通常从衬纸上取下粘在另一物体表面上,通过加压、加热转印)

trans·form [trænsˈfɔːm]（～s[-z]）vt. ❶使改变(外观、性质、机能等):Transform this sentence into the passive. 把这个句子改为被动语态。❷【电】变换(电流);【物】转换(能量) vi. 变形;转换

trans·for·ma·tion [ˌtrænsfəˈmeɪʃən]（～s[-z]）n. ⓤⓒ❶变化;转变:His character seems to have undergone a complete ～ since his marriage. 自从他结婚以后,他的性格似乎已经完全改变了。❷【生】(昆虫等的)变态;【电】变压;【物】转换;变换

trans·form·er [trænsˈfɔːmə(r)]（～s[-z]）n. ⓒ❶促使变化的人(或物);改革者 ❷【电】变压器,变换器:frequency ～ 变频器,频率变换器

tran·si·ent [ˈtrænzɪənt] Ⅰ. [无比较等级] adj. ❶([近] momentary)短暂的;仅持续片刻的;易逝的:～ success 一时的成功 ❷短期停留的 Ⅱ. n. ⓒ[美]暂时居住的旅客;流浪者

tran·sis·tor [trænˈzɪstə(r)]（～s[-z]）n. ⓒ❶【电】[口]晶体管:a ～ set 晶体管收音机 ❷[口]晶体管收音机,半导体收音机

tran·si·tion [trænˈzɪʃən, -ˈsɪʒən]（～s[-z]）n. ⓒⓤ❶转变;变迁;过渡:the ～ period from childhood to adult life 从童年到成年的过渡 ❷过渡期;转变期

tran·si·tive [ˈtrænsɪtɪv] Ⅰ. [无比较等级] adj. ❶([反] intransitive)【语】及物的;a ～ verb 及物动词 ❷有转移力的,转变的;过渡的 Ⅱ.（～s[-z]）n. ⓒ【语】及物动词

T

trans·late [træns'leɪt, trænz-] (~d[-ɪd]; translating) vt. ❶翻译；译；转写：We ~d the novel from English into Chinese. 我们把那本小说从英文翻译成了中文。❷解释；说明：I ~d her silence as assent. 我把她的沉默看作是赞同的表示。❸把…转化成(别的形状、状态)；使变换：~ one's dreams into reality 使梦想变成真实 vi. 翻译；能译成：Most poetry doesn't ~ well. 大多数诗不容易翻译得好。

trans·la·tion [træns'leɪʃən] (~s[-z]) n. ❶ U 翻译，译：errors in ~ 翻译中的错误处 ❷ C 翻译作品；译本，译文

trans·mis·sion [trænz'mɪʃən] (~s[-z]) n. ❶U 传送；传播；传递：the ~ of disease by mosquitoes 由蚊子传播的疾病 ❷ C U (无线电或电视节目的)播送：a live ~ from Washington 在华盛顿进行的现场直播 ❸ C (汽车的)传动装置；变速装置

trans·mit [trænz'mɪt] (transmitted [-ɪd]; transmitting) vt. ❶(由电线线路)发射，传播(信号、节目等)：The World Cup final is being transmitted live to over fifty countries. 世界杯决赛正由现场向 50 多个国家进行直播。❷传送；传达；传染(疾病等)：~ a letter by hand 派专人递送信件 ❸留传；遗传：knowledge from one generation to another generation 把知识从一代人传播给下一代 ❹【物】传导(光、热、声音等) vi. 播送(或发射)信号；发报

trans·par·ent [træns'pærənt] adj. ❶透明的：This plastic is ~. 这种塑料是透明的。❷(文体等)易懂的；明晰的 ❸(人、性格)坦率的，爽朗的，光明正大的 ❹明显的；无疑的

trans·plant [træns'plɑːnt] Ⅰ. (~ed[-ɪd]) vt. ❶移植；移种：~ the seedlings into peaty soil 将幼苗移种到含泥炭的土壤中 ❷【医】移植(取自人、动物或躯体某部分的组织或器官) ❸使迁移；迁徙：He wished to ~ his family to London. 他想把家迁往伦敦。vi. 移居；移植；适宜移植：Some plants do not ~ well. 有些植物不宜移植。Ⅱ. n. U C 【医】❶(组织、器官等)被移的植物 ❷【医】移植(手术)

trans·port Ⅰ. [træn'spɔːt] (~ed[-ɪd]) vt. ❶输送；运送；运输：~ goods by lorry 用卡车运货 ❷流放；放逐；把…驱逐出境 Ⅱ. ['trænspɔːt] n. ❶U 输送，运输：road and rail ~ 公路和铁路运输 ❷ U [英]运输工具；交通车辆：I normally travel by public ~. 我一般乘公交车旅行。❸ C 运输船，运输机

trans·por·ta·tion [ˌtrænspɔː'teɪʃən] (~s [-z]) n. ❶ U 运输；输送；运送；客运：water and land ~ 水陆运输 ❷U C [美] 运输工具：Their ~ was camel. 骆驼是他们的运输工具。❸ U [美] 运费 ❹U 放逐，流放

trap [træp] Ⅰ. n. C ❶(捕鸟、兽等用的)罗网，陷阱：Set a ~ for mice in the kitchen. 请在厨房放置捕鼠器。❷(陷害人的)诡计；谋略；圈套：He fell into a ~. 他中了圈套。❸(排水管内堵住臭气的)U 形(或 S 形)存水弯 ❹[英]双轮轻便马车 ❺飞靶发射器(在碟靶射击中，抛射标靶于空中的装置) Ⅱ. (trapped [-t]; trapping) vt. ❶设陷阱捕捉；诱捕；设陷阱于…：It's cruel to ~ birds. 诱捕鸟是残忍的。❷将(某人)诱入圈套；诱骗(某人)：They trapped her into marrying him. 他们诱骗她嫁给他。❸使陷入困境；使受限制：They were trapped in the burning hotel. 他们被困在燃烧的旅馆中。❹装存水弯于(排水管等)；用防气阀堵住(臭气) vi. 设陷阱；装捕捉器；设圈套

trav·el ['trævl] Ⅰ. (~s[-z]; travel(l)ed; travel(l)ing) vi. ❶[近]trip, journey, tour)游历；旅行：I love (to go) travel(l)ing. 我喜欢旅行。❷(光、声音等)行进；传导：Light ~s faster than sound. 光比声行进的速度快。❸(眼睛、视线等)移动；扫视；(心里)想到；想：His mind travel(l)ed back to his youth. 他的思想回到了他的青年时代。❹(推销员等)外出推销；到处兜售：He ~s in carpets for a big London firm. 他外出为伦敦的一家大公司推销地毯。❺[口]快速行进，飞驰：The car can really ~. 这汽车开起来可轻快了。vt. ❶([近]trip, journey, tour)旅行(一定的距离)；(在某地区)旅行：He's travel(l)ed the whole world. 他已游遍了世界。❷[口]前进；使移动：He travel(l)ed 1,000 miles on the first day. 他在第一天就前进了 1,000 英里。Ⅱ. (~s[-z]) n. ❶ U 旅行；游历：They'll go on their ~ next month. 他们下个月将去旅行。❷[用复数](一系列的)长途旅行，海外旅行；漫游：Did you go to Paris during your ~s? 你在旅途中有没有去巴黎？❸[用复数]游记，旅行记事 ❹ U C (机件的)行程；冲程；移动范围：There's too much ~ on the brake, it needs tightening. 制动器太松了，需要紧一下。

trav·el·(l)er ['trævələ(r)] (~s[-z]) n. C ❶旅行者；旅客：The ~ looked weary. 那位旅行者看起来似乎很疲倦。❷旅行推销员 ❸移动式起重机；行车，活动起重架

trav·el·(l)ing ['trævəlɪŋ] Ⅰ. n. U 旅行；巡回演出 Ⅱ. [无比较等级] adj. 旅行的；旅

行用的：a ～ allowance 旅行津贴

trav·erse ['trævɜːs] I . (～s[-ɪz]；～d [-t]；traversing) vt . ❶横越；横贯；穿过；越过：A bridge ～s the rivulet. 一座桥横跨小溪。❷在…上来回移动，沿…来回移动 vi . 横过；(爬山时) 做 Z 字形攀登 II . (～s[-ɪz]) n . ⓒ❶横越，横贯，横渡 ❷横断物；横木 ❸横越(某物)时的横向爬登(尤指在攀登时横越陡坡时所做的 Z 字形爬坡或下坡)

tray [treɪ] (～s[-z]) n . ⓒ❶浅盘；浅碟；托盘：Take her some breakfast on a ～. 用托盘给她送点儿早点过去。❷(在办公室中放置公文的)公文盘

treach·er·ous ['tretʃərəs] adj . ❶叛逆的；不忠的 ❷危险的(尤指貌似安全的)

treach·er·y ['tretʃərɪ] (treacheries [-z]) n . ⓒⓊ(尤指秘密的)背叛，变节；背信

tread [tred] I . (～s[-z]；trod[trɒd]；trodden['trɒdn]或 trod) vt . ❶([近] trample, beat)践踏；踩；踏：Woodmen trod a path on the mountainside. 伐木工人在山腰上踩出了一条小路。❷在…上走；行走：～ a dozen hurried paces 急促地走了十几步 vi . ([近] trample, walk)踩；踏；步行走：Don't ～ on the crops. 不要踩踏庄稼。II . (～s[-z]) n . ❶Ⓤⓒ走路的姿态；步态；脚步声：walk with a heavy ～ 迈着沉重的脚步 ❷ⓒ(台阶或楼梯的)踏面 ❸ⓒⓊ(轮胎的)胎面

trea·son ['triːzn] n . ([近] treachery)Ⓤ❶叛逆，谋反；叛国罪：a case of ～ 叛国案 ❷不忠，背信

treas·ure ['treʒə(r)] I . n . ❶([近]riches)Ⓤ金，银；珠宝：buried ～ 埋藏的珠宝 ❷ ⓒ 艺术珍品；艺术藏品 ❸ ⓒ [口]宝贵的人；难得的人：Our new secretary is a perfect ～. 我们的新秘书非常理想。II . (～s[-z]；treasuring) vt . ❶([近]hoard)珍藏；珍爱：I shall always ～ the memory of our meetings. 我将永远不会忘记我们的会面。❷([近]prize)重视；珍惜；珍视：He ～s your letters. 他很珍惜你的来信。

treas·ur·er ['treʒərə(r)] (～s[-z]) n . ⓒ掌管钱财的人；会计；财务主管

treas·ury ['treʒərɪ] (treasuries [-z]) n . ❶ⓒ金库；国库 ❷ⓒ(知识等的)宝库；宝典：a ～ of poetic gems 一部诗歌集锦 ❸[the Treasury](英国和其他一些国家的)财政部

treat [triːt] I . (～ed['-ɪd]) vt . ❶([近]regard)接待；对待(人、动物)：You should treat your textbooks with more care. 你使用教科书要更加细心。❷把…当作…，把…看作：My

mother ～ed my proposal as a joke. 母亲把我的建议当玩笑看待。❸探讨；讨论(问题等)；处理：The problem has been better ～ed in other books. 这个问题在其他书里说得更清楚。❹([近]cure)医治(人或疾病)；治疗：Last year, the hospital ～ed over forty cases of malaria. 去年，这所医院医治了 40 余例疟疾病人。❺([近]entertain)款待，宴请(某人)：She ～ed me to lunch. 她请我吃午餐。❻(用防护措施或物质)处理(某物)：They ～ the metalwork with acid. 他们用酸处理那件金属制品。vi . ❶(指书、讲座等)论及：an essay ～ing of philosophical doubt 涉及哲学上有关怀疑的论文 ❷([近]negotiate)与某人谈判：The government refuses to ～ with terrorists. 当局拒绝与恐怖分子谈判。II . n . ⓒ❶乐事，乐趣：Her son's visits are a great ～ for her. 她儿子来看望她，她心里喜滋滋的。❷款待；招待；请客：This is my ～. 这次我请客。

treat·ment ['triːtmənt] n . ❶Ⓤ(对人、物的)对待，处理：receive good ～ from sb. 受到某人良好的待遇 ❷Ⓤⓒ疗程，治疗方法：a new ～ for cancer 癌症的新疗法 ❸ⓒⓊ讨论；论述

treat·y ['triːtɪ] (treaties [-z]) n . ❶ⓒ(尤指国家间的)条约，协定 ❷Ⓤ(人与人之间的)协议，协商；谈判：be in ～ with sb. for sth. 与某人谈判某事

tree [triː] I . (～s[-z]) n . ⓒ❶树；树木，乔木：We sheltered under the ～s. 我们躲在树下。❷木制品；木制构件 ❸树状物；树枝状图表；系统图；家谱 II . (～s[-z]) vt . [美]迫使(人或动物)上树躲避

trem·ble ['trembl] I . (～s[-z]；trembling) vi . ❶([近]shake, shiver)发抖；震颤；哆嗦：His voice ～d with rage. 他气得声音都颤抖了。❷(轻轻)摇晃；颤动：leaves trembling in the breeze 在微风中摇晃的叶子 ❸([近]worry)焦虑；担心；不安：I ～ at the thought of what may happen. 我想到可能出现的情况就不寒而栗。II . (～s[-z]) n . ⓒ颤抖；(一阵)哆嗦：She was all of a ～. 她浑身哆嗦。

tre·men·dous [trɪ'mendəs] adj . ❶极大的，惊人的；巨大的：It makes a ～ difference to me. 这对我来说差别极大。❷[口]极好的；不平常的；格外的：a ～ film 了不起的影片

trench [trentʃ] I . (～es['-ɪz]) n . ⓒ沟，渠；堑壕；战壕：The workmen dug a ～ for the new waterpipe. 工人挖了一条沟敷设新水管。II . (～es['-ɪz]；～ed[-t]) vt . 在(地)

上)开沟(或挖战壕) *vi*. 开沟

trend [trend] Ⅰ. (~s[-z]) *n*. Ⓒ❶(道路、河流、山脉等的)方向,走向:The ~ of the coastline is to the south. 海岸线向南延展。❷倾向,趋向;趋势:The ~ of prices is still upwards. 物价仍有上涨趋势。Ⅱ. (~s[-z]; ~ed['-ɪd]) *vi*. 伸向;折向;趋向;转向:The river ~s towards the east. 这条河向东流。

tres·pass ['trespəs] Ⅰ. (~es[-ɪz]; ~ed [-t]) *vi*. ❶非法侵入;侵犯:He accused me of ~*ing* on his estate. 他控告我擅自进入他的庄园。❷打扰,妨碍:~ on sb.'s time 占用某人的时间 ❸犯过失;冒犯;违规 *vt*. 违背;逾越 Ⅱ. *n*. ❶ⒸⓊ非法侵入;非法侵入的行为 ❷Ⓒ罪过;过失

tri·al ['traɪəl] Ⅰ. (~s[-z]) *n*. ❶ⒸⓊ审问;审讯;审理;审判:The ~ lasted a week. 审讯持续了一个星期。❷ⒸⓊ(对能力、质量、性能等的)测试,试验:The new drug has undergone extensive medical ~. 这种新药已做了大量的医学试验。❸Ⓒ(挑选运动员的)预赛,选拔赛 ❹考验,磨难;棘手的事;令人烦恼的人:Her child is a ~ to his teachers. 她的孩子让老师伤脑筋。Ⅱ. [无比较等级] *adj*. 尝试的;试验性的;试制的

tri·an·gle ['traɪæŋgl] (~s[-z]) *n*. Ⓒ❶【数】三角(形) ❷三角形的物体:a ~ of grass beside the path 路边的三角形草地 ❸【音】三角铁(一种打击乐器) ❹含有三个(人、主意、想法)的情况

tribe [traɪb] (~s[-z]) *n*. Ⓒ❶部落,宗族:the Indian ~s of America 美洲的印第安人部落 ❷一大帮(人):~s of holiday-makers 一大群度假的人 ❸[贬]一伙(人);一类(人)

tri·bu·nal [traɪ'bjuːnl, trɪ'b-] (~s[-z]) *n*. Ⓒ❶审判员席,法官席 ❷法庭(常指特种法庭或作比喻用):a military ~ 军事法庭

trib·ute ['trɪbjuːt] *n*. ⒸⓊ❶(一国向他国交纳的)贡品,贡金,贡:pay yearly ~ to a ruler 对统治者进纳年贡 ❷赞辞,献礼;赠品:*Tributes* to the dead leader have been received from all around the world. 世界各地的人们向已故的领袖表示哀悼。❸有效性的标示:His recovery is a ~ to the doctors' skill. 他能够康复充分说明该医师医术高超。

trick [trɪk] Ⅰ. *n*. Ⓒ❶诡计;计谋;花招,骗术:Her tears were just a ~ to deceive others. 她的眼泪只是欺骗别人的诡计。❷幻影,幻觉:a ~ of the sense 错觉,心理作用 ❸诀窍,技巧;技艺:I can't open the box — is there a ~ to it? 这箱子我打不开——有什么好办法吗?❹戏法,把戏;(尤指)魔术手法:

She had trained her dog to do ~s. 她把狗训练得能表演杂技动作。❺习性,毛病:He has an annoying ~ of scratching his head. 他有搔头的讨厌的怪毛病。❻卑劣行为;无聊的行为:Don't play dirty ~s on me! 别对我耍卑鄙手段! Ⅱ. [无比较等级] *adj*. ❶有诀窍的;特技的;花巧的:a ~ shot (电影)特技镜头 ❷欺诈的;弄虚作假的 ❸漂亮的,潇洒的;有效的;能干的 ❹[美]靠不住的;(骨头等)快要折断的;脆弱的 Ⅲ. (~ed[-t]) *vt*. ❶欺骗,诈骗(某人):They ~ed me into signing the contract. 他们欺骗我,使我在那份合同上签了字。❷打扮;装饰:~ed herself out in all her finery 把她自己竭尽所能地打扮起来 *vi*. 哄骗;愚弄

trick·le ['trɪkl] Ⅰ. (~s[-z]; trickling) *vi*. ❶滴,淌,细流;流出液体:Blood ~d down his arm. 血从他手臂上一滴滴流下。❷慢慢地移动:News is starting to ~ out. 消息逐渐传出。*vt*. 使滴,使淌:~ oil into the mixture bit by bit 把油一点点地注入混合物中 Ⅱ. *n*. Ⓒ❶小股水流;涓涓细流:The stream is reduced to a mere ~ in summer. 夏天那小河水量减少,成了涓涓细流。❷[常作单数]缓慢来的(或离去的)少量事物:a ~ of information 一点点来的少量信息

trif·le ['traɪfl] Ⅰ. (~s[-z]) *n*. ❶Ⓒ小事;琐事;琐碎东西,无聊事物:Don't waste your money on ~s. 不要为无价值的事浪费金钱。❷Ⓒ少量的钱,零钱:It costs a mere ~. 那值不了几个钱。❸ⒸⓊ[英](一种用蛋白、奶油、果酱、糕饼等做成的)甜食;蛋糕;松糕 ❹[用 a ~]少量,一点儿:This dress is a ~ short. 这件连衣裙稍短了点儿。Ⅱ. (~s [-z]; trifling) *vi*. 愚弄;轻视,疏忽;玩弄:The matter is not to be ~d with. 这事可不是闹着玩的。

trig·ger ['trɪgə(r)] Ⅰ. (~s[-z]) *n*. Ⓒ(枪等的)扳机:have one's finger on the ~ 手指触及扳机 Ⅱ. *vt*. 引起;触发(一连串事件等):The smoke ~ed off the alarm. 这些烟把警报器触发了。

trim [trɪm] Ⅰ. (~s[-z]; trimmed; trimming) *vt*. ❶使整齐;整理;修剪:They are *trimming* the hedge. 他们在修剪篱笆。❷将…除去;将(预算等)缩减,削减:We had to ~ a lot off our travel budget. 我们当时只好大量削减旅行预算。❸(以…)装饰;给…加上饰物:a hat *trimmed* with flowers 用花装饰的帽子 ❹调整使(船、飞机)平衡 ❺调整(船帆等)以适应风向 Ⅱ. (~s[-z]) *n*. ❶Ⓒ修剪;修理;理发 ❷ⒸⓊ(装饰门、窗等的)装饰性

部分;(汽车等的)内部装潢,外部装饰 **Ⅲ**. (trimmer; trimmest) *adj*.([近]tidy)❶井然有序的;整齐的:He keeps his garden ~. 他把花园整理得井然有序。❷修长的;苗条的;优雅的:a ~ figure 苗条的身材

trip [trɪp] **Ⅰ**. *n*. ❶ⓒ([近] travel, journey)旅行;远足;(短途的)出行 ❷(为特定目的的)外出;通勤:a ~ to school 上学 ❸跌倒,失足;过失,失败:a ~ of the tongue 失言 ❹【机】松开机械开关的装置 ❺[口](服用致幻剂后的)幻觉体验 **Ⅱ**. (tripped[-t]; tripping) *vi*. ❶轻快地走(或跑):The children *tripped* into a classroom. 孩子们轻快地跑进教室。❷绊,绊倒(over):He *tripped* over a stone. 他被一块石头绊了一下。❸失足,犯错误,出差错 ❹说话结结巴巴:He stammered and *tripped*. 他结结巴巴地说话。❺旅行,远足 *vt*. ❶绊,绊倒,使失足,使失败 ❷找出(某人)的过错;挑剔:The interviewer tried to ~ me up with his question. 采访人员想让他的问题使我露出破绽。

trium·ph ['traɪəmf] **Ⅰ**. *n*. ⓒⓊ❶胜利,得胜:return in ~ 凯旋 ❷非凡的成功 ❸(胜利或成功的)喜悦,狂喜:a smile of ~ 欣喜的笑容 **Ⅱ**. *vi*. 获胜,得胜

tri·vial ['trɪvɪəl] *adj*. 琐碎的;不重的;无价值的:~ matters 琐事

trol·ley ['trɒlɪ] (~s[-z]) *n*. ⓒ❶[英]手推车;手拉车:a luggage ~ 运送行李的手推车 ❷(运或送食物的)脚轮声,台车 ❸在铁轨上行驶的小车(如查道车) ❹(电车与架空电线接触的)触轮 ❺[美]有轨电车(=[英]tram)

troop [truːp] **Ⅰ**. *n*. ⓒ❶[常用复数]军队,部队:demand the withdrawal of foreign ~s 要求撤出外国军队 ❷骑兵队,骑兵连 ❸童子军中队 ❹一群;大量,许多:a ~ of school children 一群小学生 **Ⅱ**. (~ed[-t]) *vi*. 成群地移动,成群结队地走:The students ~ed into their room. 学生们鱼贯而入教室。

tro·phy ['trəʊfɪ] **Ⅰ**. (trophies [-z]) *n*. ⓒ❶(体育比赛的)奖品;奖杯 ❷(狩猎、战争等中获得的)纪念品;战利品 **Ⅱ**. *vt*. 授予…奖品(或战利品)

trop·ic ['trɒpɪk] *n*. ❶ⓒ回归线:the *Tropic* of Cancer 北回归线 ❷[常用复数]热带;热带地区

trop·i·cal ['trɒpɪkl] [无比较等级] *adj*. ❶热带的;位于热带的 ❷炎热的,酷热的

trot [trɒt] **Ⅰ**. (trotted ['-ɪd]; trotting) *vi*. ❶(马)小跑;驾马小跑,骑马小跑 ❷(人)小步跑;快步走;匆忙小跑 ❸[口]步行;走:You away! 走开! *vt*. 使小跑;使快步走 **Ⅱ**. *n*.

[只用单数]小跑;小步快跑

trou·ble ['trʌbl] **Ⅰ**. (~s[-z]) *n*. ❶ⓒⓊ忧虑;困难;苦恼:We're having ~ with our new car. 我们的新车出毛病了。❷Ⓤ不便,麻烦,打扰:I don't want to be any ~ (to you). 我不想给您带来诸多不便。❸ⓒ[用单数]讨厌的事(或人):I find getting up early a great ~. 我觉得早起是极其困难的事。❹ⓒⓊ争端,斗争;动乱不安:There were a lot of ~ in the Middle East. 中东地区动乱不已。❺Ⓤⓒ病,疾病;(身体上的)不适:stomach ~ 胃病 **Ⅱ**. (~s[-z];troubling) *vt*. ❶使忧虑,使痛苦;烦扰:My back's been *troubling* me. 我的后背老是觉得不对劲。❷麻烦(某人);烦劳,打扰:Might I ~ you to give me a lift to the station? 麻烦您让我搭一下车去车站好吗? ❸(病痛)折磨;使不舒服;使疼痛:His wound ~s him a good deal. 伤口把他折磨得厉害。*vi*. [常用于否定句和疑问句]烦恼,苦恼;费心,费神:Don't ~ about it. 别为此而苦恼。

trou·ble·some ['trʌblsəm] *adj*. ([近] annoying, bothersome)讨厌的;麻烦的;难处理的;使人痛苦的:My cough is rather ~ today. 今天我的咳嗽真讨厌。

trou·sers ['traʊzəz] [复] *n*. 裤子,长裤:He never wears (a pair of) black ~. 他从不穿黑色的裤子。

truant ['truːənt] **Ⅰ**. *n*. ⓒ❶逃课的学生;无故缺席者 ❷工作偷懒的人;逃避责任的人;游手好闲的人 **Ⅱ**. *adj*. 逃学的,旷课的

truck¹ [trʌk] **Ⅰ**. *n*. ⓒ❶[美]卡车,载货汽车:They loaded twenty bags of cement onto the ~. 他们把20袋水泥装上卡车。❷[英](铁路)敞车;无盖货车 ❸(车站上推行李的)两轮手推车 **Ⅱ**. (~ed[-t]) *vt*. [美]用车载运 *vi*. [美]驾驶卡车;开卡车运货

truck² [trʌk] *n*. Ⓤ❶[美]供出售的蔬菜,水果 ❷[口]垃圾,废物;破烂东西 ❸以物易物,交换货物 ❹(代替工钱的)实物工资

trudge [trʌdʒ] **Ⅰ**. (~s['-ɪz]; trudging) *vi*. 跋涉,步履艰难地走:*trudging* through the deep snow 在深雪中跋涉 *vt*. 沿着…跋涉,艰难地走过:He ~d 20 miles. 他艰难地走了20英里。**Ⅱ**. (~s['-ɪz]) *n*. ⓒ[常用单数]跋涉,艰难的步履

true [truː] **Ⅰ**. (~r; ~st) *adj*. ❶([反] false)真的,真实的;确实的:This picture is ~ to nature. 这幅画很逼真。❷([近] correct)正确的,准确的:This sculpture is ~ to life. 这雕刻栩栩如生。❸真正的,地道的,纯正的:

The frog is not a ~ reptile. 青蛙不是真正的爬行动物。❹([近] faithful) 忠诚的;坚定的;可靠的:remain ~ to one's principle 仍然忠于自己的原则 ❺(安装、调整、部位、形状等)正的,准的;平衡的,挺直的:Is the wheel ~? 这个轮子装妥了吗? ❻纯粹的;纯种的 ❼限定的,确切的;严格的:in the ~ sense of the word 按照这个词的确切意义 Ⅱ. *adv.* [仅与某些动词连用]真实地;确实地;准确地;纯粹地:Tell me ~. 照实说吧。Ⅲ. *n.* Ⓤ❶ [the ~] 真,真实;真理:tell the ~ from the false 分辨真伪 ❷(安装、调整等的)正,准,精确 Ⅳ. (~s[-z];truing 或~ing) *vt.* (安装、调整等)摆正,装准,配准,校准:~ up a fixture 把夹具装准

tru·ly ['tru:lɪ] *adv.* ❶真正地,确实地;事实上:Her husband is a ~ good man. 她丈夫是个地道的好人。❷真实地,诚实地:Tell me ~ what you think. 实话告诉我你想的是什么。

trum·pet ['trʌmpɪt] Ⅰ. *n.* Ⓒ❶喇叭,号角;【音】小号 ❷喇叭的声音 ❸喇叭形物 Ⅱ. (~ed[-ɪd]) *vi.* 吹喇叭,吹小号;发出喇叭似的声音 *vt.* ❶用小号吹出;以喇叭似的声音说出 ❷鼓吹,宣扬:He's always ~ing his own opinions. 他总是鼓吹自己的主张。

trunk [trʌŋk] *n.* Ⓒ❶树干:The ~ of that fir is about two metres thick. 那棵枞树的树干约有 2 米粗。❷(人、动物的)躯干:He had a powerful ~. 他的身躯强壮有力。❸(存放或运输用的)衣箱,皮箱;汽车尾部的行李箱 ❹(铁路、公路等的)干线,主要路线 ❺(江、河的)主流 ❻象鼻;(鸟、虫等的)长嘴 ❼[用复数](男子游泳、打拳击用的)运动短裤

trust [trʌst] Ⅰ. *n.* ❶([反] distrust)Ⓤ信赖,信任:A good marriage is based on ~. 美满的婚姻是以信任为基础的。❷Ⓒ可信任的人(或事物)❸([近] duty, responsibility)Ⓤ责任;职责:a position of great ~ 责任重大的职位 ❹Ⓒ Ⓤ【律】(财产的)信托;信托财产:In his will, he created ~s for his children. 在他的遗嘱里,他为孩子们建立了信托财产。❺Ⓒ为赞助(或保护)而成立的组织:a wild-fowl ~ 野生禽类保护组织 ❻Ⓒ【经】托拉斯,联合企业 Ⅱ. (~ed[-ɪd]) *vt.* ❶[近] believe, rely on)信赖,信任;相信:You can't ~ what the paper say. 你不能相信报纸上说的话。❷托付,委托:I can't ~ her with my car. 我不能托她保管我的车。❸寄望(于⋯),指望⋯,依靠⋯:You can't ~ the buses to run on time. 你不能指望公共汽车会准时行驶。❹期待,确信,认为:I ~ (that) she's not seriously ill. 我希望她病得不重。*vi.* 希望;

盼望:You're no objection, I ~. 我希望你们不反对。

truth [tru:θ] (~s[tru:ðz;-s]) *n.* ❶Ⓤ Ⓒ真理;universal ~ 公认的真理 ❷ Ⓤ确实,真实性:There was some ~ in what she said. 她所说的有几分真实性。❸ Ⓤ真实,真相,事实:We found out the ~ about him. 我们查明了关于他的真实情况。

try [traɪ] Ⅰ. (tries [-z];tried) *vt.* ❶试;尝试;试用;试验:Would you like to ~ some raw fish? 你要不要尝点儿生鱼? ❷努力做⋯;致力于⋯:He's *trying* his best. 他在尽他最大的努力。❸审理(案件);把(某人)付诸审判,审判(某人):He was tried for murder. 他以谋杀罪受审。❹使⋯感到极度紧张;使⋯感到非常疲劳;使受痛苦;考验:Small print *tries* the eyes. 小字体伤眼睛。*vi.* 尝试;试验;试图;努力:I'll ~ to learn Spanish. 我要设法学会西班牙语。Ⅱ. (tries [-z]) *n.* Ⓒ❶尝试,试验;努力:I'll give it a ~. 我将试试那个东西。❷(橄榄球比赛的)持球触地得分

try·ing ['traɪɪŋ] *adj.* 难受的;难堪的,费劲的:a ~ situation 尴尬的局面

T-shirt ['ti:ʃɜ:t] *n.* Ⓒ T恤衫

tub [tʌb] Ⅰ. *n.* Ⓒ❶[常用于复合词]桶,盆:wash-~s 洗衣盆 ❷类似塑料的小容器 ❸一盒(或一桶)的量 ❹[英口]洗澡,盆浴:have a cold ~ before breakfast 早饭前洗个冷水澡 Ⅱ. *vt.* & *vi.* (给⋯)洗盆浴

tube [tju:b] (~s[-z]) *n.* Ⓒ❶(金属、玻璃、橡胶制的)管,管子:a glass ~ 玻璃管 ❷(装颜料、牙膏等的)金属软管:a ~ of paint 一管颜料 ❸【解】(动、植物的)管状器官 ❹[美]真空管;布朗管,阴极管 ❺[常用 the ~][英口]伦敦地下铁道

tuck [tʌk] Ⅰ. *vt.* ❶折短;卷起;在(衣服)上打横褶:She ~ed her purse under her arm. 她把钱包掖在腋下。❷缩拢,塞:The nurse ~ed her hair into her cap. 护士将她的头发拢到帽子里。❸使隐藏;使蜷缩:The bird ~ed its head under its wing. 鸟把头缩进翅膀下。Ⅱ. *n.* ❶Ⓒ(衣服等的)褶,裥:put in a ~ in the dress 在女服上加褶 ❷Ⓤ[英口]食物;(尤指)糖果,糕饼;点心

Tues·day ['tju:zdɪ] (~s[-z]) *n.* Ⓒ Ⓤ星期二(略作 Tues.)

tuft [tʌft] Ⅰ. *n.* Ⓒ❶(头发、羽毛等的)一簇,一束 ❷(草、树等的)繁茂处,丛 Ⅱ. *vt.* 用丛毛装饰 *vi.* 簇生

tug [tʌg] Ⅰ. (~s[-z];tugged;tugging) *vi.*

([近]haul，pull)用力拖，用力拉：She *tugged* at her mother's hand. 她用力拉着她妈妈的手。*vt.* ❶用力拖(某物)：He *tugged* the book away from me. 他使劲把我手中的书抢走了。❷拖，拽：The child *tugged* the chair across the room. 那孩子把椅子从房间一边拖到另一边。❸用船拖(船只)Ⅱ．(~s[-z]) *n.* ⓒ(突然的)猛拉，猛拽

tu·i·tion [tjuːˈiʃən] *n.* ⓤ❶讲授，教学，授课 ❷[美](尤指大专院校的)学费

tu·lip [ˈtjuːlip] *n.* ⓒ【植】郁金香；郁金香花

tum·ble [ˈtʌmbl] Ⅰ．(~s[-z]；tumbling) *vi.* ❶([近]fall，collapse)摔倒，跌倒：The child ~d over the stone. 那小孩被一块石头绊倒了。❷(价格或数量)急剧下降；暴跌：Share prices ~d on the stock market. 股市上股票价格暴跌。❸打滚；翻滚：The puppies were *tumbling* about on the floor. 小狗在地板上打着滚。❹仓促地行动，匆匆忙忙地倾倒出来：I threw off my clothes and ~d into bed. 我脱掉衣服倒在床上便睡了。❺倒塌，垮掉 ❻翻筋斗，做杂技表演 *vt.* ❶使摔倒，使滚翻：A sudden braking ~d him down. 急刹车使他摔倒了。❷弄乱，搅乱(某物)：The wind ~d her hair. 风把她的头发弄乱了。Ⅱ．(~s[-z]) *n.* ❶ⓒ倒下，摔倒；跌跤，坠落 ❷[用单数]混乱，杂乱：bedclothes in a ~ on the floor 散乱在地上的被褥

tum·bler [ˈtʌmblə(r)] (~s[-z]) *n.* ⓒ❶(平底无把手的)大杯子，大玻璃杯 ❷(锁的)制栓(用钥匙开启锁栓的部件) ❸([近]acrobat)翻筋斗的杂技演员

tu·mult [ˈtjuːmʌlt] *n.* ⓒⓤ❶混乱；(尤指大群人的)骚乱：The demonstration broke up in ~. 示威集会在纷乱中解散了。❷喧闹声，嘈杂声：One had to shout to be heard above the ~. 声音嘈杂，得大喊大叫别人才听得见。❸(思想上的)波动，烦乱：Her mind was in a ~. 她心烦意乱。

tune [tjuːn] Ⅰ．(~s[-z]) *n.* ❶ⓒ调子，曲调；主旋律：Modern music has no ~ to it. 现代音乐毫无旋律可言。❷ⓤ(歌声、乐器等的)正确的音调；(乐器等的)和谐，调和，和音 ❸ⓤ(广播、无线电的)调音，调准 ❹ⓤ声调，语调；语气；态度：In face of these facts, he altered his ~. 在这些事实面前他改变了态度。Ⅱ．(~s[-z]；tuning) *vt.* ❶调准(乐器)的音调，调…的音：~ a piano 调准钢琴 ❷调整(发动机等) ❸调谐，调整(收音机等)的频率；收听：~ one's set to the 25-metre band 把收音机调到 25 米波段 ❹使和谐，使一致；调整，调节：The colours are perfectly ~d to each other.

颜色很协调。

tun·nel [ˈtʌnl] Ⅰ．(~s[-z]) *n.* ⓒ❶地下通道，隧道；地道：The train passed through several ~s. 火车穿过数条隧道。❷烟道，烟囱；风洞 ❸(穴居动物的)洞穴(通道)Ⅱ．(~s[-z]；tunnel(l)ed；tunnel(l)ing) *vt.* ❶在…挖隧道：~ a hill 凿山开隧道 ❷掘(地道等)通过…：~ one's way through the hill 凿隧道通过小山 *vi.* 掘地道，凿隧道

tur·bu·lent [ˈtɜːbjʊlənt] *adj.* ❶骚动的；骚乱的；难以抑制的：~ mobs 骚动的暴民 ❷汹涌的，狂暴的；湍流的：~ waves 汹涌的波浪 ❸不安的，失控的：~ moods 忐忑不安的心情

tur·key [ˈtɜːki] (~s[-z]) *n.* ❶ⓒ【动】吐绶鸡，火鸡 ❷ⓤ(食用)火鸡肉 ❸ⓒ[美口](戏剧、电影等的)失败的作品，烂片，烂戏：His last movie was a real ~. 他最后的那部影片一塌糊涂。

turn [tɜːn] Ⅰ．(~s[-z]) *vt.* ❶([近]circle)转，使转动；使旋转：She ~ed the wheel to the right. 她把方向盘转向右方。❷使…翻转，把…翻过来：Turn the record over and put on the other side. 把唱片翻过来放另一面。❸使…改换方面，转变：He ~ed his back to the wall. 他转过身去背对着墙。❹瞄准，对着(某物)：She ~ed her eyes towards him. 她的眼睛朝他看去。❺使…向某方向走：~ a boat adrift 让船漂流 ❻折起，翻转(某物)：He ~ed up the collar of his coat and hurried out into the rain. 他竖起大衣领子，匆匆冒雨出去了。❼拐过，转过(街角等)：The car ~ed the corner and disappear. 那辆汽车拐过转角消失了。❽表演(旋转动作)：~ somersaults 翻筋斗 ❾集中(注意力、视线)：It's time to ~ our attention to the question of money. 咱们该考虑钱的问题了。❿变成，使成为：She ~ed a deathly shade of white when she heard the news. 她听到这消息时吓得面无人色。⓫使变酸，使变质：The hot weather has ~ed the milk. 天热使牛奶变质了。⓬使(树叶等)变色 ⓭翻译，改写：Can you ~ this passage into English? 你能把这一段译成英语吗？⓮搅乱(心智)，使(心神)不安：His mind was ~ed by grief. 他因悲哀而心神不宁。⓯达到，超过(某年龄或时间)：She has ~ed forty. 她过了 40 岁。⓰使作呕；使(胃)不舒服：The sight of the greasy stew ~ed his stomach. 他一看见油腻的炖肉就恶心。⓱用车床加工(某物)；车削(某物)：~ a chair leg 在车床上车椅子的腿 *vi.* ❶旋转，转动：The hands of a clock ~ very slowly. 时钟的指针走得很慢。❷翻转，翻过来

She couldn't sleep and ~ed all night. 她无法入眠而整夜辗转反侧。❸转变方向，转变，朝向：It's time we ~ed and went back home. 我们该返回家去了。❹(潮水)开始涨(或落)：The tide is turning; we'd better get back. 涨潮了，咱们最好回去吧。❺(河流、道路等)朝某方向转变：The river ~s north at this point. 这条河从这里转向北方。❻(注意力、视线等)集中；(话题)改变：All his attention ~ed to pretty young girls. 他所有的注意力都转到漂亮姑娘身上。❼变成(树叶等)变色；变质，变酸；(天气等)变化无常：The milk ~ed sour in the heat. 牛奶在高温下变酸了。❽(胃)不适；作呕，恶心 ❾…由一种状态转为另一种状态：Water ~s into ice when it freezes. 天气极冷时水能结成冰。Ⅱ.(~s [-z]) n.❶ⓒ转动，旋转：give the handle a few ~s 将那把手转动几下 ❷ⓒ方向的改变，转折；转折点：He took a sudden ~ to the left. 他突然向左转。❸ⓒ(道路的)转弯处：Don't take the ~ too fast. 转弯时不要太快。❹ⓒ发展变化，趋势：Matters have taken an unexpected ~. 事情发生了意想不到的变化。❺ⓒ[常用单数](依次轮流的)轮次；顺次：Whose ~ is it to do the washing-up? 轮到谁刷锅洗碗了？❻ⓒ短时间行走，散步：I think I'll take a ~ round the garden. 我想到花园去转转。❼ⓒ行为；举止：Don't do her a bad ~. 不可苛待她。❽ⓒ性情，气质，素质，才能：She is of a cheerful ~ of mind. 她性情开朗。❾ⓒ[英](表演的)一个节目：The star ~ was a young rock group. 主要的节目是一个青年摇滚乐队的表演。❿[用单数][口]震惊，吃惊：The news gave me quite a ~. 那消息使我十分震惊。⓫ⓒ[口](疾病的)发作，不适：She's had one of her ~. 她的病犯了。

tur·tle ['tɜːtl] (~s [-z]) n.❶ⓒ【动】海龟，玳瑁，甲鱼 ❷ⓤ(食用)海龟肉，甲鱼肉

tusk [tʌsk] n.ⓒ(象、海象、野猪等的)长牙，獠牙

tu·tor ['tjuːtə(r)] Ⅰ.(~s [-z]) n.ⓒ❶家庭教师，私人教师：There is a ~ to teach the children while they're in hospital. 在孩子们住院期间，有个私人教师给他们上课。❷[英](大学、学院中的)指导教师，导师 ❸[美](大专院校中的)助教 ❹[英](某学科的)课本，音乐课本 Ⅱ.(~s [-z]; ~ing [-rɪŋ]) vt.❶当…的教师；当…的监护人：~ sb. for an examination 任私人教师辅导某人准备考试 ❷约束，克制：~ oneself to be patient 培养耐性 vi.当私人教师；当导师：Her work was divided between ~ing and research. 她兼做导师工作和研究工作。

twelfth [twelfθ] Ⅰ.adj.❶[常用 the ~]第12的；第12日的 ❷1/12的 Ⅱ.n.ⓒ❶[常用 the ~]第12个(人、物、事)；(某月的)第12日：on the ~ of June 在6月12日 ❷1/12

twelve [twelv] Ⅰ.(~s [-z]) n.❶ⓤⓒ(数字的)12，12的数字符号：a girl of ~ 12岁的女孩 ❷ⓤ[用作复数]12个，12人：Twelve in our class have colds and are absent. 我们班上有12个人感冒没来上课。❸ⓤ12时，12分，12岁 ❹[the ~]【宗】耶稣的12个门徒 Ⅱ.adj.12的，12个的，12人的，12岁的：My niece is ~ years old. 我的侄女12岁。

twen·ti·eth ['twentɪθ] Ⅰ.adj.❶[常用 the ~]第20的，第20日的：in the ~ century 在20世纪 ❷1/20的 Ⅱ.n.ⓒ❶[常用 the ~]第20个(人、物、事)；(某月的)第20日：on the ~ of July 在7月20日 ❷1/20

twen·ty ['twentɪ] Ⅰ.(twenties [-z]) n.❶ⓒⓤ(数字的)20；20的数字符号：Open to page ~. 把书翻到第20页。❷ⓤ[用作复数]20个，20人 ❸ⓒ20个的一组 ❹[用复数]20年代；20几岁：in the nineteen twenties 在20世纪20年代 Ⅱ.adj.20的，20个的，20人的，20岁的：She has just become ~ years old. 她刚满20岁。

twice [twaɪs] [无比较等级] adv.两次，两倍：I have seen the film ~. 这部影片我看过两遍了。

twig [twɪg] (~s [-z]) n.ⓒ细枝，嫩枝：They used dry ~s to start the fire. 他们用干燥的细树枝来引火。

twi·light ['twaɪlaɪt] Ⅰ.n.ⓤ❶日落后(或日出前)的微光，曙光；暮色：I couldn't see their faces in the ~. 我在曙光朦胧中看不清他们的脸。❷黎明(或薄暮)：I like to take a walk in the ~. 我喜欢在黄昏时分散步。❸衰落时期；没落：the ~ of his career 他事业的衰落时期 Ⅱ.adj.黄昏的；黎明的

twin [twɪn] Ⅰ.(~s [-z]) n.ⓒ❶孪生儿之一；双胞胎之一；[用复数]孪生儿，双胞胎：She is expecting ~s. 她怀着双胞胎。❷一对相似的事物，一对中之一；[用复数]一对：The plate was one of a pair, but I broke its ~. 这盘子原来有一对，我打坏了一个。Ⅱ.[无比较等级] adj.❶孪生的，双胞胎的：They married ~ brothers. 她们与一对孪生兄弟结了婚。❷成对的；非常相似的 Ⅲ.(~s [-z]; twinned; twinning) vt.使…成对；使…

匹配，使（城市）结为姐妹市：Oxford is *twinned with Bonn*. 牛津与波恩结成了友好城市。

twine [twaɪn] **Ⅰ**. *n*. U捻线，合股线；（包装等用的）麻线，麻绳 **Ⅱ**. （~s[-z]；twining） *vt*. ❶捻，搓；使交织；编：~ a wreath of flowers 编花圈 ❷使盘绕，使缠绕；使怀抱：The weed had ~d itself round the branches. 杂草盘绕着树枝。*vi*. 缠绕，盘绕：a vine that ~s about the tree trunk 缠绕树干的藤

twin·kle [ˈtwɪŋkl] **Ⅰ**. （~s[-z]；twinkling） *vi*. ❶闪烁，闪亮，闪耀：Stars ~d in the sky. 星星在天空闪烁。❷（眼睛因愉快、欢乐而）发亮，闪光：His eyes ~d at the good news. 听到好消息时，他的眼里闪着喜悦的光芒。❸（双腿）快速移动；（眼皮）迅速开合 *vt*. 使闪烁，使闪耀 **Ⅱ**. （~s[-z]） *n*. ❶U闪烁；闪光：We could see the distant ~ of the harbour lights. 我们可以看见港湾的灯光在远处闪烁。❷C[常用 a ~]眼睛的闪烁

twist [twɪst] **Ⅰ**. （~ed[ˈ-ɪd]） *vt*. ❶（[近] twine, coil）捻，搓：He ~ed pieces of straw into a rope. 他把几根稻草搓成一条绳子。❷编织；使交织：She ~ed a garland out of clovers. 她用苜蓿编了一个花环。❸使缠绕，使盘绕：I ~ed the bandage round her knee. 我用绷带缠住了她的膝盖。❹扭曲，挤压（某物）：She ~ed oranges off a tree. 她从树上摘下橙子。❺转动（某物）；旋转：I ~ed my head round to reverse the car. 我扭过头去把汽车向后倒。❻扭伤（腕部等）；崴：He fell and ~ed his ankle. 他摔了一跤，扭伤了脚踝。❼歪曲；曲解：The papers ~ed everything I said. 报纸把我说的话全都歪曲了。*vi*. ❶缠绕，盘绕；盘旋：The sweet peas are ~ing up the canes. 香豌豆沿藤向上蔓生。❷扭弯，扭曲；扭伤：The metal frame tends to ~ under pressure. 这种金属框受压后容易变形。❸转动，旋转：I ~ed round in my seat to speak to her. 我坐在位子上转过身来跟她说话。❹C（道路等）曲折，蜿蜒：The path ~ed down the hillside. 那条小路沿山坡蜿蜒而下。❺跳扭摆舞 **Ⅱ**. *n*. ❶C搓，转，扭，拧；旋转：He gave my arm a ~. 他扭了一下我的手臂。❷C搓捻而成之物 ❸C螺旋状（线条）❹C（道路等）的弯曲处，曲折处：a ~ in the

road 道路的转弯处 ❺C转折，转变；发展：the ~s and turns in the economy 经济的转变 ❻C[用单数]怪癖，偏执 ❼C U[棒球投手为投出变化球而做的]旋球 ❽[the ~]扭摆舞（激烈扭摆腰部的一种舞蹈）

two [tuː] **Ⅰ**. （~s[-z]） *n*. ❶U C（数字的）二；二的数字 ❷U[用作复数]两个；两人：*Two* were absent today. 今天有两人缺席。❸U两点，两分；两岁：Please come to my house at ~. 请在两点来我家。❹C两个人的一组 **Ⅱ**. *adj*. 二的；两个的，两人的；两岁的：There were only ~ pieces of cake for three children. 那时有三个小孩，蛋糕却只有两块。

type [taɪp] **Ⅰ**. *n*. ❶（[近]kind）C型，类型，式：different racial ~s 不同人种 ❷（[近]model, example）C典型，样本，范例；有代表性的人物：I don't think she's the artistic ~. 我认为她不属于艺术家那类的人。❸（[近]mark, sign, symbol）C标志，代表；象征；记号，符号 ❹U C[集合用法]活字，（印刷成的）文字，字体：a piece of ~ 一个铅字 **Ⅱ**. （~d[-t]；typing） *vt*. ❶用打字机打…：Please ~ this letter. 请用打字机打这封信。❷（按类型）把…分类：patients ~d by age and blood group 按年龄和血型分类的病人 ❸测定（血的）类型 *vi*. 打字：She ~s very well. 她打得很好。

type-writ·er [ˈtaɪpˌraɪtə] （~s[-z]） *n*. ❶打字机：an electric ~ 电动打字机 ❷[罕]打字员 ❸[英俚]格斗者；拳击手

ty·phoon [taɪˈfuːn] （~s[-z]） *n*. C【气】（尤指发生在太平洋上空的）台风

typ·i·cal [ˈtɪpɪkl] *adj*. ❶典型的；有代表性的 ❷（某人或某事物）特有的，独特的：Her ~ way of speaking didn't change at all. 她独特的讲话方式丝毫没有改变。

typ·ist [ˈtaɪpɪst] *n*. C打字者，打字员

tyr·an·ny [ˈtɪrəni] （tyrannies [-z]） *n*. C U❶暴虐，残暴，专横；专制 ❷暴君统治（的国家）；专制政党

ty·rant [ˈtaɪərənt] *n*. C❶（古希腊等的）专制统治者 ❷专制君主；暴君；压迫者

tyre [ˈtaɪə(r)] （~s[-z]） **Ⅰ**. *n*. C[英]轮胎；车胎（尤指外胎）**Ⅱ**. *vt*. 为…装轮胎

U u

ug·ly ['ʌglɪ] **I**. (uglier; ugliest 或 more ~;most ~) *adj*. ❶([近]hideous) 丑的;丑陋的;难看的:an ~ face 难看的脸 ❷([近]hideous,frightful)可怕的;可憎的;讨厌的:an ~ sound 讨厌的声音 ❸有敌意的,阴险的;不祥的:The situation in the streets was turning ~. 街上的情形越发不妙了。❹([近]quarrelsome)[口]暴躁的;易怒的;刁难的 **II**. (uglies[-z]) *n*. © 丑陋的人(或动物、东西等)

UK,U.K. [缩]United Kingdom 英国

ul·ti·mate ['ʌltɪmɪt] **I**. [无比较等级] *adj*. ❶([近]terminal, farthest, eventual, extreme, utmost)最后的;最终的;最远的;最大的;极限的:Management must take ~ responsibility for the strike. 资方对此次罢工该负完全的责任。❷([近]basic, fundamental)基本的;根本的;首要的:~ principles 基本原理 **II**. *n*. Ⓤ 终极,极限,顶点:the ~ of one's desires 最终的愿望

um·brel·la [ʌm'brelə] (~s[-z]) *n*. © ❶伞,雨伞;阳伞:put up an ~ 把伞张开 ❷[喻]保护伞;起保护作用的力量(或势力):sheltering under the American nuclear ~ 在美国核保护伞的庇护下 ❸企业集团的中央管理机构

um·pire ['ʌmpaɪə(r)] **I**. (~s[-z]) *n*. © ❶(网球,板球等的)裁判员 ❷仲裁人,公断人 **II**. (~s[-z]; umpiring[-rɪŋ]) *vt*. 对…仲裁;当…的裁判:~ a match 在比赛中当裁判 *vi*. 任公断人;当裁判

un·able [ʌn'eɪbl] [无比较等级] *adj*. ❶([近]incapable) 不能的;不会的:He seems ~ to swim. 他好像不会游泳。❷([近]unqualified, incompetent) 无能力的,不能胜任的 ❸([近]helpless) 没有办法的

u·nan·i·mous [juː(ː)'nænɪməs] [无比较等级] *adj*. ([近]agreeing) 全体一致的,一致同意的,无异议的:He was elected by a ~ vote. 他以全票当选。

un·cer·tain [ʌn'sɜːtn] [无比较等级] *adj*. ([反]certain) ❶([近]indefinite) 不确定的,无把握的;feel ~ (about) what to do 对要做什么事拿不定主意 ❷靠不住的,不可信赖的:a person of ~ character 摇摆不定的人 ❸([近]variable, fitful) 可能改变的,常变化的 ❹犹豫的,迟疑不决的:~ voice 吞吞吐吐的说话声

un·cer·tain·ty [ʌn'sɜːtntɪ] (uncertainties[-z]) *n*. ([反]certainty) Ⓤ © ❶不确定,不确知;不确定的事物:There is some ~ about the result. 这项结果有些不明确。❷无常,易变,靠不住

un·cle ['ʌŋkl] (~s[-z]) *n*. © ❶伯父,舅父,姑父,姨父:He is my ~ on my father's side. 他是我的伯(叔)父。❷[口](对年长者的称呼)叔叔,伯伯 ❸[俚]当铺老板

un·com·fort·able [ʌn'kʌmfətəbl] *adj*. ([近]uneasy) ([反]comfortable) 不舒服的,不自在的,不方便的:make someone feel ~ 使某人感到不舒服

un·com·mon [ʌn'kɒmən] *adj*. ([反]common) ❶([近]unusual) 不普通的,罕见的,不寻常的:Hurricanes are ~ in England. 飓风在英国非常罕见。❷非常接近的;极度的:There was an ~ likeness between the two boys. 这两个男孩子长得像极了。

un·con·scious [ʌn'kɒnʃəs] *adj*. ([反]conscious, aware) ❶失去知觉的;不省人事的:knock sb. ~ 把某人打得不省人事 ❷不知道的,未察觉的:be ~ of any change 未察觉出任何变化 ❸无意地做出(或说出)的:an ~ slight 无意的冒犯

un·cov·er [ʌn'kʌvə(r)] (~s[-z]; ~ing [-rɪŋ]) ([反]cover) *vt*. ❶移去…的覆盖物;揭开…的盖子:He ~ed the famous picture. 他把那幅名画的覆盖物掀开了。❷揭露,暴露(某事物);发现:Agents have ~ed a plot against the President. 特工人员发现了一个反对总统的阴谋。

un·der ['ʌndə(r)] **I**. *prep*. ([反]over) ❶(位置) 在…下面,在…底下;在…之中,

在…之内：The cat was ～ the table. 那猫在桌子下面。❷（级别、重量、标准等）低于…；少于…；在…以下：Children ～ six years old are admitted free. 未满 6 岁的儿童可免费入场。❸（表从属关系）在…之下；在…指引下：*Under* its new conductor, the orchestra has established an international reputation. 这个管弦乐队在新指挥的领导下蜚声国际。❹（负荷、条件等）在…之下；根据…：*Under* these circumstances, we are forced to change the original plan. 在这些状况下，我们不得不改变原来的计划。❺（名义、假托等）在…之下：open a bank account ～ a false name 用假名字在银行开户 ❻（表示过程）在…中；在…期间：the question ～ discussion 讨论中的问题 ❼（分类上）属于…：an item ～ biochemistry 属于生物化学的项目 **Ⅱ.**［无比较等级］*adj.* 下面的，次一级的，从属的；标准以下的：the ～ layer 下层 **Ⅲ.**［无比较等级］*adv.* ❶在下，少于；从属地：If you take a deep breath, you can stay ～ for more than a minute. 只要深吸一口气，就能在水里待上一分钟。❷［口］无知觉地，失去知觉地：She felt herself going ～. 她感到渐渐失去了知觉。

under-［前缀］❶表示"在…下"，"在下"：*under*ground 在地下 ❷表示"次于…"，"低于…"：*under*graduate 大学毕业生 ❸表示"…不足"：*under*estimate 对…估计过低

un·der·brush [ˈʌndəbrʌʃ] *n.* ⓤ下木，下层丛林（长在树林下的矮树丛）

un·der·go [ˌʌndəˈɡəʊ]（underwent [ˌʌdəˈɡɒn]；undergone [ˌʌndəˈɡɒn]）*vi.* ❶（［近］endure, undertake, experience）经历，经受；忍受：～ great hardship 遭受极度的艰难 ❷接受（考试、检查等）：He must ～ an operation at once. 他必须立即开刀。

un·der·grad·u·ate [ˌʌndəˈɡrædʒuɪt] **Ⅰ.** *n.* ⓒ（尚未取得学位的）大学生；大学毕业生：Cambridge ～s 剑桥大学学生 **Ⅱ.** *adj.* 大学本科生的

un·der·ground Ⅰ. [ˌʌndəˈɡraʊnd]［无比较等级］*adj.* ❶地下的，地面下的：～ caves 地下洞穴 ❷（［近］secret）秘密的；不公开的：the ～ movement 秘密运动 **Ⅱ.** [ˌʌndəˈɡraʊnd]［无比较等级］*adv.* ❶在地面下；在地下 ❷秘密地，暗中地：He went ～ to avoid the police. 他藏了起来，以免被警方发现。**Ⅲ.** [ˈʌndəɡraʊnd] *n.* ⓒ❶［英］地下铁道：travel by ～ 乘坐地铁 ❷秘密的活动（或组织）

un·der·lie [ˌʌndəˈlaɪ]（～s[-z]；underlay [ˌʌndəˈleɪ]；underlain [ˌʌndəˈleɪn]；underlying [-ɪŋ]）*vt.* ❶ 位于…的下面，放在…的下面，支撑 ❷ 构成…的基础：His moral principles ～ the conduct. 他的道德原则是其行为的规范。

un·der·line¹ [ˌʌndəˈlaɪn]（～s[-z]；underlining）*vt.* ❶在…之下划线，为…划底线：read the ～d part carefully 用心读划底线的部分 ❷强调；加强：～ the importance of cooperation 强调合作的重要性 **Ⅱ.** [ˈʌndəlaɪn]（～s[-z]）*n.* ⓒ底线：draw off an ～ 划底线

un·der·line² [ˌʌndəˈlaɪn]（～s[-z]；underlining）*vt.* 作…的衬里：a collar ～d with white 用白色布作衬里的衣领

un·der·ly·ing [ˌʌndəˈlaɪɪŋ] **Ⅰ.** underlie 的现在分词 **Ⅱ.**［无比较等级］*adj.* ❶在下的；放在下面的 ❷根本的；基础的 ❸隐晦的；潜在的

un·der·neath [ˌʌndəˈniːθ] **Ⅰ.**［无比较等级］*adv.* ❶在下面；在底下：a mansion with a solid foundation ～ 下面有坚实地基的大厦 ❷在底层，在里面：My father is a kind man ～. 我的父亲骨子里是个好人。**Ⅱ.** *prep.* 在…下面，在…底下：The coin rolled ～ the piano. 硬币滚到钢琴下面去了。**Ⅲ.** *n.* ⓤ［口］物体下部的面；底面，底部；下部：the ～ of a car 汽车的底部

un·der·stand [ˌʌndəˈstænd]（～s[-z]；understood [ˌʌndəˈstʊd]）［无进行时］*vt.* ❶懂；理解：I can ～ French perfectly. 法语我完全懂。❷解释…；明了；推测，认为：He is *understood* to be the new president of our company. 大家都认为他将成为我们公司的新总裁。❸据闻，知悉，了解：～ she is in Paris. 我听说她现在在巴黎。❹［常用被动语态］会意，不讲自明，省略不提 *vi.* 懂得，理解：I'm not sure that I fully ～. 我不敢说我已完全听懂了。

un·der·stand·ing [ˌʌndəˈstændɪŋ]（～s[-z]）*n.* ❶ ⓤ理解力；洞察力；智力，智慧：The problem is beyond my ～. 这个问题超过了我的理解力。❷（［近］comprehension）ⓤ ⓒ理解；了解；判断（力）：I have only a limited ～ of French. 我懂的法语很有限。❸ⓤ体谅，谅解；通情达理：work for a better ～ between world religions 为促进世界上各宗教之间的相互谅解而努力 ❹ⓒ协定；协议：reach an ～ with management about pay 与资方就工资问题达成协议 **Ⅱ.** *adj.* 体谅的，谅解的，通情达理的：an ～ approach 体谅的态度

un·der·take [ˌʌndəˈteɪk]（undertook [ˌʌndəˈtʊk]；undertaken [ˌʌndəˈteɪkən]；undertaking）*vt.* ❶（［近］contract, promise）承担（某事物）；承办：She *undertook* the organization of the whole scheme. 她负责整个计划的组织工作。❷（[近] set about, attempt）着手做；进行；企图：He undertook a new experiment. 他着手一项新的实验。❸（[近] guarantee, promise）保证；担保：He undertook to finish the job by Friday. 他答应在星期五以前完成那工作。

un·der·tak·ing [ˌʌndəˈteɪkɪŋ]（~s[-z]）n. ❶（[近] enterprise）ⓒ 事业，企业：Small businesses are a risky ~. 小型企业要担很大的风险。❷（[近] guarantee, pledge）ⓒ 答应，许诺；保证，担保：She gave a solemn ~ to respect their decision. 她郑重地保证尊重他们的决定。❸ⓤ 殡仪业；丧葬事宜

un·der·wear [ˈʌndəweə(r)] n. ⓤ 衬衣，内衣，贴身衣；thermal ~ 保暖内衣

un·dis·turbed [ˌʌndɪˈstɜːbd] adj. 没受到干扰的；宁静的；泰然自若的

un·do [ˌʌnˈduː]（undoes [ʌnˈdʌz]；undid [ʌnˈdɪd]；undone [ʌnˈdʌn]）vt. ❶[近] unfasten, undress）解开，松开（结、纽扣等）；打开，拆开：I can't ~ my shoelaces. 我解不开鞋带。❷取消，消除；使失效：What is done cannot be undone. 已做的事是既成事实。❸使破坏；使身败名裂 vi.（松）开

un·done [ˌʌnˈdʌn] Ⅰ. undo 的过去分词 Ⅱ.[无比较等级] adj. ❶没有做的，未完成的：a task ~ 一项未完成的任务 ❷解开的；松开的：Your buttons are all ~. 你的纽扣全解开了。

un·doubt·ed [ʌnˈdaʊtɪd] adj. 无疑的；肯定的；毋庸置疑的：an ~ authority on the subject 该学科的毫无疑义的权威

un·eas·y [ʌnˈiːzɪ]（uneasier；uneasiest）adj. ❶（[近]worried）不安的；忧虑的：I'm ~ in my mind about the future. 我为前途担忧。❷（[近]awkward, embarrassed）拘谨的，不自在的：~ manners 拘束的态度 ❸（[近] restless, unquiet）不稳定的；不宁静的；汹涌的：~ waters 汹涌的水流 ❹（[近] difficult）不舒服的，不安适的；窘迫的 Ⅱ. adv. 心神不安地；不自在地；不安稳地

un·em·ployed [ˌʌnɪmˈplɔɪd][无比较等级] adj. ❶未受雇用的；失业的：~ workers 失业工人 ❷未加利用的，未被动用的；闲置的：~ capital 闲置的资本

un·em·ploy·ment [ˌʌnɪmˈplɔɪmənt] n. ⓤ ❶失业；失业状况：300 workers face ~ 300 名工人面临失业 ❷失业人数；失业率：Unemployment is on the rise. 失业人数正在增加。

un·ex·pect·ed [ˌʌnɪkˈspektɪd] adj.（[反]

expected）意想不到的；意外的；突然的：His reaction was quite ~. 他的反应完全出乎大家的意料。

un·fair [ʌnˈfeə(r)] adj.（[近] unjust）（[反] fair）❶ 不公正的；不公平的：He received an ~ treatment. 他受到了不公平的待遇。❷不正当的；违反规则（或准则）的：~ tactics 不正当的手段

*****un·fit** [ʌnˈfɪt] Ⅰ. adj.（[反]fit）❶（[近] unsuitable）不适当的；不相宜的：houses ~ for people to live in 不适合居住的房屋 ❷（[近]incapable, incompetent）不胜任的；无能力的：She is ~ for such a senior position. 她不胜任这种高级职务。❸（[近] unsound）不太健康的，不太健壮的：The army rejected him as medically ~. 他因体检不合格而未能入伍。Ⅱ.（unfitted；unfitting）vt.（[反] adapt）使不适合；使不相宜；使不能胜任

un·fold [ʌnˈfəʊld]（~s[-z]；~ed[-ɪd]）（[反] fold）vt. ❶（[近] expand, unwrap）把…打开；展开：The eagle ~ed its wings. 那鹰展开了翅膀。❷（[近]reveal）使（某事物）显露，展现：She ~ed her plans to me. 她向我透露了她的计划。vi. ❶展开，打开：The garden chair ~s to make a camp bed. 花园中这把椅子可以打开当行军床用。❷（[近] develop, evolve）显露，展现：The landscape ~ed before us. 那景色展现在我们面前。❸（[近]expand, blossom）绽开，开花

un·for·tu·nate [ʌnˈfɔːtʃənɪt] Ⅰ. adj. ❶（[近]unlucky, unsuccessful）不幸的；倒霉的：I was ~ enough to lose my keys. 我把钥匙丢了，真倒霉。❷（[近]unsuitable）不适当的，不适宜的；令人遗憾的；可惜的：It is ~ that you missed the meeting. 真可惜，你没参加那次会议。Ⅱ. n. ⓒ 不幸的人，可怜的人：Unlike many other poor ~s, I do have a job. 我同许多不幸的人不一样，我是有工作的。

un·friend·ly [ʌnˈfrendlɪ]（[反] friendly）Ⅰ. adj. ❶（[近] inhospitable, unsympathetic, hostile）不友好的；冷漠的；有敌意的：He was distinctly ~ towards me. 他对我很冷淡。❷（[近]unfavorable）不相宜的；不利的；不顺利的：~ weather 恶劣的气候 Ⅱ. adv. 不友好地；不利地

un·grate·ful [ʌnˈɡreɪtf(ʊ)l] adj.（[反] grateful）❶（[近] thankless, disagreeable）不领情的；不感激的；忘恩负义的：Your ~ wretch! 你这忘恩负义的家伙！❷徒劳的；白费力气的 ❸令人生厌的；讨厌的：a harsh and ~ sound 刺耳、讨厌的声音

un·hap·py [ʌnˈhæpɪ]（unhappier；unhappiest）adj．（［反］happy）❶（［近］sad, wretched）不幸福的；不快乐的；愁苦的；悲惨的：an ～ occasion 不愉快的场合 ❷（［近］unlucky, unfortunate）不幸的；不走运的：an ～ coincidence 不幸的巧合 ❸忧虑的；发愁的；不满意的：Investors were ～ about the risk. 投资者为这一风险而担心。❹（［近］inappropriate）不合适的；不恰当的：an ～ comment 不恰当的评语

un·health·y [ʌnˈhelθɪ]（unhealthier; unhealthiest）adj．（［反］healthy）❶（［近］sickly, diseased, unwholesome）不健康的；身心不健全的：an ～ complexion 不健康的面容 ❷有害于健康的；不卫生的：an ～ lifestyle 不利于健康的生活方式 ❸［口］有生命危险的：Terrorist attacks made our position very ～. 在恐怖分子的袭击下，我们面临生命危险。

***u·ni·form** [ˈjuːnɪfɔːm] Ⅰ．（～s[-z]）n．ⓒ Ū制服：a nurse's ～ 护士制服 Ⅱ．［无比较等级］adj．（［近］various）（形式和特征）无变化的；一律的：The rows of houses were ～ in appearance. 这一排排的房子外观相同。Ⅲ．（～s[-z]）vt．使穿制服（或军服）

un·im·por·tant [ˌʌnɪmˈpɔːtənt] adj．（［反］important）不重要的；琐碎的；无价值的

un·in·ter·est·ed [ʌnˈɪntrɪstɪd] adj．❶不感兴趣的；不关心的；无动于衷的；厌烦的 ❷无利害关系的

un·in·ter·rupt·ed [ˌʌnɪntəˈrʌptɪd]［无比较等级］adj．（［反］interrupted）不间断的；连续的；不停的

***u·nion** [ˈjuːnjən]（～s[-z]）n．❶ Ū结合；联合；合并：support the ～ between our two parties 赞成我们两党的联合 ❷ⓒ联邦；联盟：the Universal postal *Union* 万国邮政联盟 ❸ⓒ会社，协会；俱乐部：the National *Union* of Working Men's Clubs 全国劳工组织联合会 ❹一致；和睦：live together in perfect ～ 十分和睦地在一起生活 ❺ⓒ［机］联管节，管接头

un·i·on·ist [ˈjuːnjənɪst] n．ⓒ❶工会会员；拥护工会的人 ❷［史］联邦主义者

***u·nique** [juːˈniːk] Ⅰ．［无比较等级］adj．❶（［近］sole, peculiar）唯一的，独一无二的；仅有的：a ～ work of art 独一无二的艺术作品 ❷（［近］unusual, excellent）不寻常的；突出的：a rather ～ little restaurant 别具一格的小餐馆 Ⅱ．n．ⓒ独一无二的事物

u·nit [ˈjuːnɪt] Ⅰ．n．ⓒ❶单位，单元：The course book has twenty ～s. 这个课本有 20 个单元。❷（作为计量的）单位：The metre is a

～ of length. 米是长度单位。❸（机器的）部件，元件，构件：a filter ～ 过滤装置 ❹队，班，组：a medical ～ 一支医疗队 ❺（组合家具、成套设备等的）组合件：matching kitchen ～s 配套的厨房设备 ❻［数］最小整数，一；基数 Ⅱ．adj．单位的；单元的

u·nite [juːˈnaɪt]（～d[-ɪd]；uniting）（［反］divide）vt．❶使联合，使团结；合并，使统一：the common interests that ～ our two countries 使我们两国联合起来的共同利益 ❷使黏合；使混合：～ the parts with cements 用水泥把各部分连接起来 ❸使结婚：They were ～d at the church in his hometown. 他们在他故乡的教堂里结的婚。❹兼备；兼有 vi．❶联合，团结：The two parties have ～d to form a coalition. 这两个党已结成联盟。❷黏合，混合：Oil will not ～ with water. 油水不相融。

u·nit·ed [juːˈnaɪtɪd]［无比较等级］adj．❶（政治上）统一的；结盟：the campaign for a ～ Ireland 争取爱尔兰统一的运动 ❷（［近］combined, harmonious）（为共同目标）团结的，联合的：make a ～ effort 一致努力 ❸和睦的：a very ～ family 很和睦的家庭

u·ni·ty [ˈjuːnɪtɪ]（unities [-z]）n．（［近］accord, unification）❶ ⓒ Ū统一；一致；统一性；完整；整体：the ～ of opposites 对立的统一 ❷（［近］union）Ū（目标、思想、情感等的）和谐，协调；和睦，团结：live together in ～ 和睦地在一起生活 ❸ⓒ［数］单位元素

u·ni·ver·sal [ˌjuːnɪˈvɜːsl] Ⅰ．［无比较等级］adj．❶（［近］general）全体的；影响全体的；共同的：War causes ～ misery. 战争给所有人带来了苦难。❷全世界的，宇宙的：a ～ language 世界通用语言 ❸（［近］versatile）通用的，广泛的，万能的；多才多艺的：a ～ meter 通用电表 Ⅱ．（～s[-z]）n．Ū ⓒ普遍性；普遍的特质

***u·ni·verse** [ˈjuːnɪvɜːs]（～s[-ɪz]）n．❶［用 the ～］宇宙，世界，天地万物；全人类：The ～ desires peace. 全世界渴望和平。❷ⓒ星系，银河系：Are there other ～s outside our own? 在我们的银河系之外还有别的星系吗？❸［逻］整体；（思想、学科等自成体系的）领域

***u·ni·ver·si·ty** [ˌjuːnɪˈvɜːsɪtɪ]（universities [-z]）n．❶ ⓒ大学；综合大学（指拥有多种学院的综合大学，单独的学院用 college）：the State *University* of New York 纽约州立大学 ❷［the ～］［集合用法］大学有关人员（包括教职员及学生）

un·just [ʌnˈdʒʌst] adj．（［近］unfair）（［反］just）非正义的；不公平的；不正当的：an ～ accusation 不公正的指控

un·kind [ʌn'kaɪnd] *adj*. ❶([反]kind) 不亲切的；不和蔼的；不仁慈的；不客气的：It's ~ of you to do such a thing. 你做这种事是不通人情的。❷([近] harsh，cruel) 刻薄的；严酷的：an ~ remark 刻薄的话

un·known [ʌn'nəʊn] **Ⅰ**. [无比较等级] *adj*. ❶([反]known) 未知的，不详的；未被认识的；未认出的：His address is ~ to me. 他的地址我不知道。❷不出名的；不闻名的；不熟悉的：The star of the film is a previously ~ actor. 这部电影里的明星以前是个默默无闻的演员。**Ⅱ**. (~s[-z]). *n*. Ⓒ ❶[常用 the ~]未知的（或不了解的）事物、地方：a journey into the ~ 前往陌生的地方 ❷不出名的人：The leading role is played by a complete ~.演主角的是一个毫无名气的演员。❸【数】未知元，未知数，未知量：X and Y are ~s. X 和 Y 代表两个未知数。

****un·less** [ən'les] **Ⅰ**. *conj*. 如果不；除非；除非在…的时候：You'll fail in French ~ you work harder. 你要是不再加把劲，法语就不及格了。**Ⅱ**. *prep*. 除…之外

un·like [ʌn'laɪk] **Ⅰ**. *adj*. ([近]different)([反] like) 不相似的；不同的；相异的：The two cases are quite ~. 这两种情况完全不同。**Ⅱ**. *prep*. ❶与（某事物）不同；不像…：The scenery was ~ anything I'd seen before. 这风景跟我过去见到过的都不一样。❷与… 相反：Unlike me，my husband likes to stay in bed. 我丈夫与我相反，喜欢睡懒觉。

un·like·ly [ʌn'laɪklɪ] (unlikelier；unlikeliest 或 more ~；most ~) *adj*. ([近]improbable，unpromising)([反]likely) ❶不大可能发生的；未必会发生的：It is ~ to rain. 不太可能下雨。❷未必会成功的：the most ~ candidate 最不大可能当选的候选人

un·lim·it·ed [ʌn'lɪmɪtɪd] [无比较等级] *adj*. ([反]limited)无限的；无边际的；无约束的；不定的：an ~ expanse of ocean 无边无际的海洋

un·load [ʌn'ləʊd] (~ s[-z]；~ed[-ɪd]) *vt*. ([反]load) ❶([近] deliver) 从…卸下货物；卸货：~ shopping from a car 从汽车上卸下采购的物品 ❷(从枪、炮等中)退出弹药；从（照相机中）取出胶卷 ❸[口]解除…的拖累；摆脱…的重担：Do you mind if I ~ the children onto you this afternoon? 今天下午我把孩子托付给你，你不介意吧？ *vi*. 卸货：The ships will ~ tomorrow. 这些船明天卸货。

un·lock [ʌn'lɒk] (~ed[-t]) *vt*. ([反]lock) ❶([近]disclose)开…的锁：~ the gate 打开大门的锁 ❷([近]open，undo) 开，开启；使张开：~ the jaw 张开嘴巴 ❸启示，揭露(秘密等)；给…提供答案：exploration to ~ the secrets of the ocean bed 揭开大西洋底部秘密的探险 *vi*. 开着；揭开；不受抑制

un·luck·y [ʌn'lʌkɪ] (unluckier；unluckiest 或 more ~；most ~) *adj*. ([反] lucky) ❶([反] unhappy) 不幸的，倒霉的；不凑巧的；不顺利的：He was ~ enough to lose his key. 他把钥匙丢了，真够倒霉的。❷([近] inauspicious) 不吉祥的 ❸([近] regrettable) 使人感到不足的，令人遗憾的

un·manned [ʌn'mænd] *adj*. ❶无人的；无人操纵的；自动的；send an ~ spacecraft to Mars 把无人驾驶的宇宙飞船发射到火星上去 ❷没有居民的，无人居住的 ❸失掉男子汉气概的

un·matched [ʌn'mætʃt] [无比较等级] *adj*. ❶无敌的，无比的 ❷(颜色、设计等)不相配的

un·nat·u·ral [ʌn'nætʃərəl] *adj*. ([反] natural) ❶不自然的；不正常的；反常的；出乎意料的：His face turned an ~ shade of purple. 他气得脸色发紫，十分难看。❷行为反常的；不合人情的 ❸极残酷的；极邪恶的 ❹虚假的；做作的；勉强的：an ~ high-pitched laugh 装出的尖声大笑

un·ne·ces·sary [ʌn'nesɪsərɪ] **Ⅰ**. [无比较等级] *adj*. ❶不需要的；多余的：It's ~ to cook a big meal tonight. 今晚不必做很多饭。❷超过需要的；过度的：~ expense 多余的开销 **Ⅱ**. (unnecessaries [-z]) *n*. [常用复数]不必要的东西，多余的东西

un·pack [ʌn'pæk] (~ed[-t]) *vt*. ❶打开(包裹)，拆(包)；从包裹中拿出：~ a trunk 打开皮箱 ❷([近] reveal，unburden)卸下(马等)的负荷物；解除…的负担 ❸吐露(心事) *vi*. 打开包裹(或行李等)拆包；吐露心事

un·paid [ʌn'peɪd] [无比较等级] *adj*. ❶未支付的；未缴纳的：The car is three years old and still ~ for. 这汽车用了 3 年还没付购车款呢。❷无报酬的，无偿的：an ~ baby-sitter 无报酬的临时保姆

un·planned [ʌn'plænd] *adj*. ❶无计划的；未经筹划的：an ~ economy 无计划经济 ❷意外的；在计划外的

un·pleas·ant [ʌn'plezənt] *adj*. ([近] displeasing)([反] pleasant) 使人不愉快的；不合意的：I found his manner extremely ~. 我觉得他的态度讨厌极了。

un·prec·e·dent·ed [ʌn'presɪdentɪd] [无比较等级] *adj*. 无前例的；前所未有的；空前的：~ levels of unemployment 失业率达到前所未有的严重程度

U

un·qual·i·fied [ʌn'kwɒlɪfaɪd] [无比较级] *adj.* ❶无资格的;不合格的:an ～ instructor 不合格的教师 ❷不能胜任的;学识不够的:I feel ～ to speak on the subject. 我觉得无资格就此问题发言。❸无限制的;无束缚的;绝对的:an ～ success 完全的胜利

un·ques·tion·a·ble [ʌn'kwestʃənəbl] [无比较等级] *adj.* 无疑的;确实的;无可争辩的:His honesty is ～. 他很诚实,这是毫无疑问的。

un·real [ʌn'rəl] *adj.* 假的;不真实的;虚构的;幻想的:The whole evening seemed strangely ～. 整个晚上的事似乎如梦幻般令人生奇。

un·rea·son·a·ble [ʌn'riːzənəbl] *adj.* ([反] reasonable) ❶不讲道理的;非理智的:an ～ person 不讲道理的人 ❷超越情理的;不合理的;过分的:make ～ demands on sb. 对某人提出无理的要求

un·re·li·a·ble [ˌʌnrɪ'laɪəbl] *adj.* ([反] reliable) 不可靠的;靠不住的;不确定的;不负责任的

un·sat·is·fac·to·ry [ˌʌnsætɪs'fæktərɪ] *adj.* ([反]satisfactory)不能令人满意的,不使人称心如意的;不能解决问题的

un·sat·is·fied *adj.* ([反] satisfied)不满足的;不满意的;未感到心满意足的

un·scru·pu·lous [ʌn'skruːpjʊləs] *adj.* 不审慎的;不讲道德的;无耻的;肆无忌惮的:～ methods 不道德的方法

un·seal [ʌn'siːl] (～s[-z]) *vt.* 开启;开封;拆(信):～ a letter 拆信

un·self·ish [ʌn'selfɪʃ] *adj.* 不谋私利的;无私的

un·sta·ble [ʌn'steɪbl] *adj.* ([反]stable) ❶不稳固的;不固定的;不牢靠的:an ～ load 装得不稳的货物 ❷不稳定的;不安定的;易变的;难以预料的:～ share prices 变化莫测的股票价格 ❸(精神或情绪)不平衡的;波动的:His personality is a little ～. 他这个人有点儿反复无常。

un·stead·y [ʌn'stedɪ] **Ⅰ.** (unsteadier; unsteadiest) *adj.* ([反]steady) ❶不坚固的;不牢靠的;不稳的:an ～ voice 颤抖的声音 ❷不一贯的;不一致的;不规则的:the candle's ～ flame 蜡烛的闪烁不定的火焰 **Ⅱ.** (unsteadies[-z]; unsteadied) *vt.* 使不稳定,使不安宁,动摇

un·strap [ʌn'stræp] (unstrapped [-t]; unstrapping) *vt.* 解开…的带子:～ a trunk 把皮箱的带子解开

un·suc·cess·ful [ˌʌnsək'sesfəl] *adj.* ([反]successful) 不成功的;失败的

un·suit·a·ble [ʌn'sjuːtəbl] *adj.* ([反] suitable)不合适的;不适当的;不相称的:This magazine is ～ for children. 这本杂志不适合儿童看。

un·ti·dy [ʌn'taɪdɪ] (untidier; untidiest 或 more ～; most ～) *adj.* ❶不整齐的;凌乱的:an ～ desk 凌乱的书桌 ❷不修边幅的;不整洁的:～ hair 蓬乱的头发 ❸不适宜的;不合适的

un·tie [ʌn'taɪ] (～s[-z]; untying) *vt.* ❶解开:～ a package 解开包裹 ❷解放,解除 ❸解决(困难等):～ a difficulty 解决困难 *vi.* 松开,解开

un·til [ən'tɪl] **Ⅰ.** *prep.* ❶(表动作、状态的继续)直到…为止,在…以前:I'd like to stay here up ～ Christmas. 我想在这儿待到圣诞节。❷[用于否定句]到…为止,直到…才(常与表示瞬间性动作的动词连用):Don't open it ～ your birthday. 等到你过生日那天再打开。**Ⅱ.** *conj.* ❶(表动作、状态的继续)直到…之前:Wait ～ the rain stops. 等到雨停了再说吧。❷(表程序、结果)至…的程度;终于:Continue in this direction ～ you see a sign. 一直朝着这个方向走就可看见指示牌子。❸[用于否定句]直到…才:It was not ～ he told me that I knew it. 直到他告诉我,我才知道。

un·tir·ing [ʌn'taɪərɪŋ] [无比较等级] *adj.* 不倦的;不屈不挠的:She is ～ in her efforts to help the homeless. 她坚持不懈地帮助无家可归的人。

un·told [ʌn'təʊld] [无比较等级] *adj.* ❶未说过的;未叙述过的;未透露的:Her secret remains ～ to this day. 她的秘密至今仍未透露。❷无数的;无限的:a man of ～ wealth 腰缠万贯的男子

un·true [ʌn'truː] *adj.* ❶不真实的;虚伪的;假的 ❷不忠诚的,不忠实的:She was ～ to him. 她对他不忠实。❸不正确的

un·truth [ʌn'truːθ] *n.* ❶Ⓤ虚假,不真实 ❷Ⓒ谎言,假话:He never told an ～ in his life. 他一生从不说谎话。

un·u·su·al [ʌn'juːʒʊəl] *adj.* ([反]usual) ([近]rare, uncommon) ❶罕有的,异乎寻常的:This bird is an ～ winter visitor to Britain. 这种鸟很少冬季到英国来。❷独特的,与众不同的:This building is nothing if not ～. 这座大楼别具一格。

un·will·ing [ʌn'wɪlɪŋ] *adj.* ([反]willing) 不愿意的;不情愿的;厌恶的,不喜欢的;勉强的:I was ～ to cooperate without having more information. 我不想在了解不足的情况下参与合作。

un·wind [ˌʌnˈwaɪnd] (~s [-z]; unwound [ˈʌnˈwaʊnd]) *vt.* (使某物)从卷状(或团状等)展开;解开(某物):He *unwound* the scarf from his neck. 他从脖子上解下围巾。*vi.* ❶ 摊开;解开;展开 ❷放松,松弛:Reading is a good way to ~. 阅读是休息的好方式。

un·wit·ting [ʌnˈwɪtɪŋ] [无比较等级] *adj.* ❶不知道的;未察觉的;未意识到的 ❷无意的;非故意的;不知不觉的: my ~ interruption of their private conversation 我无意中打断他们的私下谈话

un·wor·thy [ʌnˈwɜːðɪ] (unworthier; unworthiest) *adj.* ([反] worthy) ❶([近] worthless, poor, dishonourable) 无价值的;拙劣的,卑鄙的,可耻的: a ~ person 不足道的人 ❷([近]undeserving) 不值得的;不应得的: I am ~ of such an honour. 我不配获得这样的荣誉。❸不适宜的;不相称的:conduct ~ of a decent citizen 正派的公民不应有的行为

up [ʌp] I. (upper; uppermost) *adv.* ([反] down) ❶向上;在上面;往上;在(较)高处:Lift your head ~. 把头抬起来。❷趋于(或处于)直立的姿势(或位置);起床;起来:It's time to get ~! 该起床了! ❸(在地位、程度、声音、价值等方面)上升,上扬;增加:Prices are going ~ 物价正在上涨。❹靠近(某人或某物):A car drove ~ and he got in. 一辆汽车开来,他上了车。❺(从边远地区、农村、南方、下游、海边等被看作下方的地方往首都、城市、北方、上游、大学等地)往上方,在上方;往较重要处:She is going ~ to Oxford in October. 她在10月份要上牛津大学。❻成碎片,分离:She tore the paper ~. 她把纸撕碎了。❼[口](情绪等)高昂起来,激动起来;(事情)发生;出现;(论题)提出:His spirits went ~. 他的精神振奋起来了。❽[口]发生,进行(尤指不寻常的或不愉快的事):I heard a lot of shouting —what's ~? 我听见很多喊声——出什么事了? ❾完全地,彻底地;安全地,稳妥地:We ate all the food ~. 我们把所有的东西都吃光了。❿(时间)已到;到期:Time is ~. 时间到了。II. *prep.* ([反] down) ❶往…上,往…的上方,登上…:They went ~ the hill. 他们走上了山丘。❷在…的上方:His office is ~ those stairs. 他的办公室在楼梯上面。❸往…的上游;逆着…的方向:sail ~ a river 向上游驶去 ❹([近]along) 沿着(道路等):We walked ~ the street for about half an hour. 我们沿着街道走了大约半小时。III. (upper; upmost [ˈʌpməʊst] 或 uppermost

[ˈʌpəməʊst]) *adj.* ([反]down)向上的;往上的:an ~ line(铁路)上行线 IV. *n.* ([反] down)[C] ❶居高位者;处于有利地位的人 ❷上升;往上;上坡 ❸[口]旺盛,幸运 ❹上行列车,上行公共汽车 V. (upped [-t]; upping) *vi.* ❶起来;跳起;奋起:She *upped* and left without a word. 她一言不发站起来就走了。❷[口]举起;拿起:~ with one's hammer 举起锤子 *vt.* 增加(某事物):~ the price 涨价

up·date I. [ʌpˈdeɪt] (~d [-ɪd]; updating) *vt.* ❶更新(某事物);使现代化:~ production methods 更新生产方法 ❷提供最新信息:I ~d the committee on our progress. 我向委员会报告了我们的进展情况。II. [ˈʌpdeɪt] *n.* [U][C] 更新;现代化;提供最新信息:Maps need regular ~s. 地图需要经常修订。

up·grade [ˈʌpɡreɪd] (~s [-z]; ~d [-ɪd]; upgrading) *vt.* 升级;使升级:She was ~d to sales director. 她已被提升为销售部主任。

up·hill [ˌʌpˈhɪl] I. [无比较等级] *adj.* ([反]downhill) ❶上坡的;向上的:an ~ road 上坡路 ❷费力的;艰难的:It's ~ work learning to ride. 学骑马是件难事。II. *adv.* 往上坡,往山斜:run ~ 往上坡跑

up·hold [ʌpˈhəʊld] (~s [-z]; upheld [ʌpˈheld]) *vt.* ❶举起,高举 ❷维护,支持(决定等):~ a policy 支持某项政策 ❸维持,保持:~ ancient traditions 保护古老的传统

up·hold·er [ʌpˈhəʊldə] (~s [-z]) *n.* [C] 支持者;赞成者;拥护者

up·lift [ʌpˈlɪft] I. (~ed [-ɪd]) *vt.* ❶高举;使…隆起 ❷提高,促进;鼓舞(尤指在精神、道德或情操方面):Their spirits were ~ed by the news. 这个消息使他们振奋起来。II. [ˈʌplɪft] *n.* [U](精神、道德或情绪方面的)振作,振奋;提高:Her encouragement gave me a great sense of ~. 她的鼓励激发了我的上进心。

up·on [əˈpɒn, əpən] *prep.* (= on) 在…之上;在身上;接近;以…支援;以(手段)…;于(时间)…;做了…之后;正在做…之中;根据…

up·per [ˈʌpə(r)] I. *adj.* [up 的比较级]([反]lower) ❶(位置或地位)较高的;上部的:the ~ lip 上唇 ❷位于高地的,靠北(或深入内陆)的:*Upper* Egypt 上埃及地区 ❸级别较高的;较富有的 II. (~s [-z]) *n.* [C] ❶鞋面,靴面;鞋帮 ❷[美](一颗)上齿;上排牙齿;上排假牙 ❸[口] 兴奋剂

up·per·most [ˈʌpəməʊst] [up 的最高级] I. *adj.* 至上的;最高的;最主要的 II. *adv.* 至上;最高:Store this side ~. 此面朝上存放。

up·right ['ʌpraɪt] Ⅰ. [无比较等级] *adj.* ❶垂直的;直立的;竖直的: an ~ tree 笔直的树木/an ~ piano 竖式钢琴 ❷诚实的;规矩的;正直的:an ~ citizen 正直的公民 Ⅱ. [无比较等级] *adv.* 垂直地,直立地:Pull the tent pole ~. 把帐篷杆拉正。Ⅲ. *n.* © ❶(尤指作支撑物的)垂直的柱子(或杆子):The ball bounced off the left ~ of the goal. 球碰到左侧球门柱后弹开。❷【音】竖式钢琴 Ⅳ. *vt.* 把…竖起来

up·roar ['ʌprɔː(r)] *n.* Ⓤ© [只用单数]喧嚷,吵嚷;鼎沸;骚动:There was (an) ~ over the tax increases. 税款增加引起了鼓噪。

up·root [ʌp'ruːt] (~ed[-ɪd]) *vt.* ❶将(树、花草等)连根拔起 ❷(从某地方)赶出;驱逐:She ~ed herself from the farm and moved to London. 她背井离乡从农村搬到伦敦。❸[喻]根除

***up·set** [ʌp'set] Ⅰ. (unset;upsetting) *vt.* ❶弄翻;打翻;使倾覆: The drunken man ~ the vase. 那醉汉打翻了花瓶。❷打乱,扰乱:~ the balance of trade 打破贸易平衡 ❸使心烦意乱,使苦恼: He was ~ at not being invited. 人家没邀请他,他很不痛快。❹使(胃等)不舒适:Cheese often ~s her stomach. 她吃乳酪后常感到肠胃不适。*vi.* 倾覆;翻倒:The glass of wine ~ when he bumped into the table. 他撞上桌子,把那杯酒弄翻了。Ⅱ. *n.* ❶Ⓤ© 翻倒;扰乱,不安;She had a major emotional ~. 她情绪上受到了沉重打击。❷© (肠胃)不适:in bed with a tummy ~ 因肠胃不适而卧床 ❸Ⓤ[口]吵架,打架 ❹©(运动)出乎意料的结局(或成绩)Ⅲ. *adj.* 弄翻的,倾覆的;扰乱的

up·side ['ʌpsaɪd] *n.* © 上侧,上方,上部

up-to-date [ˌʌptə'deɪt] [无比较等级] *adj.* ❶现代的;新式的:~ clothes 新潮衣物 ❷包含最新信息的:an ~ dictionary 最新的词典

up·town [ˌʌp'taʊn] ([反]downtown) Ⅰ. *adj.* 离开闹市区的;在(或向)住宅区的 Ⅱ. *adv.* 在(或向)城镇非商业区;在(或向)住宅区 Ⅲ. *n.* Ⓤ©[美]城镇非商业区,住宅区

up·turn [ʌp'tɜːn] Ⅰ. (~s[-z]) *n.* © ❶向上的曲线,向上的趋势 ❷(情况的)好转;(价格等)提高:Her luck seems to have taken an ~. 她似乎时来运转了。Ⅱ. *vt.* 使向上;使翻转

***up·ward** ['ʌpwəd] [无比较等级] ([反]downward) Ⅰ. *adj.* 上升的;向上的:an ~ climb 向上的攀登 Ⅱ. *adv.* = upwards

up·wards ['ʌpwədz] [无比较等级] *adv.* ❶向上;(数量、程度、质量、职位、比率等方面)趋

向上升:Our production goes steadily ~. 我们的生产稳步上升。❷向上游,向内地:move ~ from the river mouth 从河口向上游移动 ❸在更高处;在上部;朝头部 ❹以上:We have notebooks from five cents ~. 本店有 5 分和 5 分以上的笔记本。❺进入以后的岁月:from one's youth ~ 从青年时代起

u·ra·ni·um [jʊ'reɪnɪəm] *n.* Ⓤ【化】铀(符号 U)

ur·ban ['ɜːbən][无比较等级] *adj.* 城市的;都市的:~ areas 市区

urge [ɜːdʒ] Ⅰ. (~s[-ɪz]; urging) *vt.* ❶驱策,推进:She ~d her mare to jump the fence. 她策马跳过障碍物。❷力劝;催促;怂恿:He ~d our going 他催促我们走。❸竭力推荐(或力劝):We ~d caution. 我们特别提出要小心谨慎。*vi.* 极力主张,强烈要求:~ against the adoption of the measure 极力反对采纳这项措施 Ⅱ. *n.* (~s[-ɪz]) ©[常用单数]强烈的欲望,冲动;迫切的要求:He felt a sudden ~ to write a novel. 他突然有一股要写小说的冲动。

ur·gen·cy ['ɜːdʒənsɪ] *n.* Ⓤ ❶紧急;迫切:a matter of great ~ 非常紧急的事情 ❷强求,催促;坚持要求

ur·gent ['ɜːdʒənt] *adj.* ❶([近]pressing)紧急的,迫切的,急切的:It is most ~ that we operate. 咱们得马上动手术。❷催促的;坚持要求的:speak in an ~ whisper 低声催促

***us** [əs;ʌs] *pron.* [we 的宾格] ❶[用作宾语]我们:Will you go with ~? 你想跟我们一起去吗? ❷ [口][用作表语]我们(=we):Hello,it's ~ back again! 喂,是我们回来了!

us·age ['juːsɪdʒ,-zɪ-] (~s[-ɪz]) *n.* ❶ Ⓤ用法,处理;对待:The tractor had been damaged by rough ~. 这辆拖拉机因使用不当而损坏了。❷Ⓤ© 习惯,惯例;(尤指)词语惯用法:English grammar and ~ 英语的语法和惯用法

use Ⅰ. [juːz] (~s[-ɪz]; using) *vt.* ❶([近]employ, utilize)用;使用;利用:I ~ my bike for (going) shopping. 我买东西时骑自行车去。❷发挥,行使;运用:Use your brain a little more. 多用一点儿你的脑筋。❸([近]treat)(以某种方式)对待(某人):He thinks himself ill-~d. 他认为他遭到虐待。❹([近]expend)耗费,消耗;消费:He has ~d up all his energy. 他已筋疲力尽。❺自私地利用(某人):She simply ~d us for her own ends. 她完全是为了自己的目的而利用我们。❻[口]服用(饮料或药品等);吸(烟)*vi.* 惯常(现主要用过去式,见 used)Ⅱ. [juːs] (~s[-ɪz]) *n.* ❶Ⓤ[用单数]用,使用,

运用；利用：The lock has broken through constant ~. 这把锁经常使用，已经坏了。❷ⒸⓊ用途，功能：Can you find any ~ for these empty boxes? 你能为这些空箱子找到什么用途吗？❸Ⓤ使用权，使用的自由；使用能力：He lost the ~ of his legs by the traffic accidcnt. 那次车祸使他的双腿残废了。❹Ⓤ价值；益处；效用：Recycled materials are mostly of limited ~. 再生材料大多用途有限。❺Ⓤ习惯；惯例。他有每天早晨散步的习惯。

*used¹ [juːst；jʊs(t)；juːs(t)] Ⅰ. vi. [与不定词 to 连接，当助动词用] ❶(以前)常做…，时常做…，习惯做…；I ~ to go fishing on Sundays. 我以前常在星期日去钓鱼。❷从前做…，以前是…(与现在对比，表示过去的事实、情况)：We ~ to live in the city. 我们以前住在城市里。Ⅱ. adj. 习惯于…：I am not ~ to getting up early. 我不习惯于早起。

used² [juːst；jʊs(t)；juːs(t)] adj. 用过的，已用的；半旧的；二手的：a ~ stamp 用过的邮票

*use·ful ['juːsfəl] adj. ❶([近]serviceable)([反]useless) 有用的；有益的；有帮助的：Videos are ~ things to have in the classroom. 教室里有录像设备是很有益的。❷[英口]能干的；有能力的：He's a ~ member of the team. 他是该队的主力队员。

use·less ['juːslɪs] adj. ❶([近]ineffectual)([反]useful) ❶无用的；无效的；无益的：A car is ~ without petrol. 汽车没有汽油就不能使用。❷[口]差劲的；不怎么样的：He's a ~ player. 他技艺很差。

us·er ['juːzə] (~s[-z]) n. Ⓒ[常用以构成合成词] 使用者；用户：drug ~s 使用药的人

ush·er ['ʌʃə(r)] Ⅰ. (~s[-z]) n. Ⓒ❶(电影院、教堂、公正大厅等的)引座员，招待员；迎宾员 ❷(法院等处的)门房，传达员 Ⅱ. (~s[-z]；~ing[-rɪŋ]) vt. ❶引；领；招待：The girl ~ed me along the aisle to my seat. 引座小姐带领我沿着通道到我的座位上去。❷引进；预报(…的来到)；预示：The new government ~ed in a period of prosperity. 新政府的成立带来了一个繁荣的时期。

*u·su·al [强 'juːʒʊəl；弱 'juːʒʊəl] adj. ([近] normal ordinary)([反]unusual) 通常的；平常的；惯常的：She arrived later than ~. 她到的比平常晚。

*u·su·al·ly ['juːʒʊəlɪ] adv. 平常，通常：What do you ~ do on Sundays? 你星期天通常做什么？

u·ten·sil [juːˈtensl] (~s[-z]) n. ([近]tool) Ⓒ 器皿，用具(尤指家庭厨房用具)：houschold ~s 家用器具

u·til·i·ty [juːˈtɪlɪtɪ] Ⅰ. (utilities [-z]) n. ❶Ⓤ有用，实用；效用，功力 ❷Ⓒ有用的东西，实用品 ❸Ⓒ[常用复数]公用事业(如水、电、下水道等) Ⅱ. adj. ❶有多种用途的；通用的：a ~ knife 有多种用途的小刀 ❷实用的，经济实惠的：the ~ value of a dishwasher 洗碟机的实用价值 ❸公用事业的

u·ti·lize, -ise ['juːtɪlaɪz] (~s[-z]) utilizing) vt. ([近]use)利用；使用，运用：~ every opportunity 利用一切机会

ut·most Ⅰ. ['ʌtməʊst] [亦作 uttermost] [无比较等级] adj. 最远的；极度的；最大的；the ~ limits 极限 Ⅱ. Ⓤ[只用单数]最大限度，极限：Our endurance was tested to the ~. 我们已忍无可忍了。

U·to·pi·a [juːˈtəʊpɪə] n. ⒸⓊ乌托邦；理想国；理想社会

U·to·pi·an [juːˈtəʊpɪən] adj. 乌托邦的；空想的；理想主义的：~ ideals 不切实际的理论

ut·ter¹ ['ʌtə(r)] [无比较等级] adj. ❶([近]total, absolute) 完全的；彻底的；十足的：She's an ~ stranger to me. 我根本不认识她。❷无条件的；绝对的：an ~ denial 绝对否认

ut·ter² ['ʌtə(r)] (~s[-z]；~ing[-rɪŋ]) vt. ❶([近]express, speak, pronounce)发出(声音等)；说，讲；表达；述说：He never ~ed a word of protest. 他从来没说一句反对的话。❷使(货币，尤指伪币)流通，行使 vi. 说话；发表意见

ut·ter·ance ['ʌtərəns] (~s[-ɪz]) n. ❶Ⓤ发表；表达：give ~ to one's feelings 以言语表达情感 ❷[只用单数]口才；说法；语调，发音：The speaker had great powers of ~. 那个演讲人很有口才。❸Ⓒ言论；意见

ut·ter·most ['ʌtəməʊst] Ⅰ. [无比较等级] adj. ❶最远的：the ~ parts of the earth 天涯海角 ❷最大的；极大的：~ efforts 最大的努力 Ⅱ. n. [the ~] 最大限度，极端

V v

va·can·cy ['veɪkənsɪ] (vacancies [-z]) *n*.
❶C 空处;空屋;空地:No *vacancies*. 客满。
❷C 空位;空职;空缺:We have *vacancies* for
typists. 我们缺少打字员。❸U (心灵的)空
虚,失神;发呆,茫然的状态

va·cant ['veɪkənt] [无比较等级] *adj*. ❶空
的;空白的:gaze into the immense ～ space
凝视浩瀚的太空 ❷([近]unoccupied)未被占
满的;未占用的;空着的:a ～ house 空屋 ❸
(职位,岗位等)空位的;空缺的:fill a ～ posi-
tion 补空缺职位 ❹无思想(或无智慧)的;木
然的;空虚的:a ～ look 茫然的目光

va·cate ['veɪkeɪt, və'keɪt] (～d[-ɪd]; vaca-
ting) *vt*. ❶使空出,腾出;搬出:The squat-
ters were ordered to ～ the premises. 擅自
占房者被勒令搬出。❷辞去(职位);退(位)
❸[律]撤销,使无效

va·ca·tion [və'keɪʃən;美 veɪ'keɪʃən] Ⅰ.
(～s[-z]) *n*. ❶([近]holiday) C (大学的)
假期;[律](法庭的)休庭期:Where are you
planning to spend your next ～? 下一次的假
期你打算到哪里度假? ❷U (房屋等的)腾出,
搬出;(职位的)辞去;卸任 Ⅱ. (～s[-z]) *vi*.
在(某处)度假;休假:Let's ～ in Hawaii next
month. 我们下个月到夏威夷去度假吧。

vac·ci·nate ['væksɪneɪt] (～d[-ɪd]; vacci-
nating) *vt*. 为预防…接种;给…接种疫苗,
给…种痘:～ children against smallpox 给儿
童种天花 *vi*. 种痘

vac·ci·na·tion [ˌvæksɪ'neɪʃən] (～s[-z])
n. C U 接种疫苗;预防注射;种痘

vac·u·um ['vækjʊəm] Ⅰ. (～s[-z]或vacua
['vækjʊə]) *n*. ❶U C 真空;真空状态;真空
度:create a perfect ～ 形成完全的真空状态
❷[常用单数]空虚,(心灵的)空白;(情况或环
境的)空洞状态:There has been a ～ in his
life since his wife died. 他妻子去世后,他的
生活很空虚。❸C 真空装置;真空吸尘器 Ⅱ.
adj. 真空的;利用真空的;用以产生真空的:
～ distillation 真空蒸馏 Ⅲ. (～s[-z]) *vt*.

用真空吸尘器清扫(某物)

va·gar·y ['veɪgərɪ, və'geərɪ] (vagaries [-z])
n. C 怪异多变;奇想;幻想

vague [veɪg] (～r;～st) *adj*. ❶([近] in-
distinct, obscure)([反]precise)(表达或感
知)含糊的;不明确的;不清楚的:I haven't the
～st idea what you mean. 我一点儿都不明白
你的意思。❷不具体的;不明确的;不精确的:
The terms of the agreement were deliber-
ately ～. 协议的条款故意含糊其辞。❸不清
晰的;模糊的:the ～ outline of a ship in the
fog 船在雾中的模糊的轮廓 ❹犹豫不决的;茫
然的;心不在焉的:a ～ smile 用意不明的微笑

vain [veɪn] *adj*. ❶([近] conceited)虚荣的;
自负的;自以为了不起的:be ～ of one's
learning 对自己的学问很自负 ❷无价值的;无
实在意义的:～ promises 空头的许诺 ❸
([近] useless)无用的;无益的;无效的;徒劳
的:a ～ attempt 徒劳的尝试

val·iant ['væljənt] Ⅰ. *adj*. ([近] brave)
勇敢的;英勇的;坚定的:～ resistance 顽强的
抵抗 Ⅱ. *n*. C 勇敢的人,勇士

val·id ['vælɪd] *adj*. ❶([近]void)[律]有效
的;经过正当手续的:The marriage was held
to be ～. 这一婚姻关系是有效的。❷([近]
sound, convincing)([反]invalid)(论据、理由
等)有充分根据的;符合逻辑的;确凿的

va·lid·i·ty [və'lɪdɪtɪ] *n*. U ❶[律]有效
(性);效力,合法性:test the ～ of a decision
验证某决定是否合法 ❷合逻辑;正确(性)

*val·ley ['vælɪ] (～s[-z]) *n*. C ❶谷;山
谷;溪谷(中间只有溪流) ❷(大河的)流域,平
原;流域地带:the Nile ～ 尼罗河流域 ❸凹
陷处;凹地

*val·u·a·ble ['væljʊəbl] Ⅰ. *adj*. ([反]
valueless) ❶贵重的;值钱的:a ～ collection
of paintings 一批很贵重的画儿 ❷很有用的;
很有价值的;很重要的:This tool is ～ for
doing electrical repairs. 这工具对修理电器
很有用。Ⅱ. (～s[-z]) *n*. C [常用复数]贵

重物品(尤指个人的小件物品、珠宝等)

val·ue ['vælju:] **I** (~s[-z]) *n.* ❶([近]worth)ⓊⒸ价值;gain in ~ 增值 ❷Ⓤ代价;相当的(交换)价值,等价物:This watch is good ~ for your money. 你这只表钱花得很值得。❸Ⓤ实用性,有价值;重要性:Such a magazine has little ~ except when you have time to kill. 像这样的杂志除了消磨时间以外并没有什么价值。❹Ⓒ[常用复数]价值观念,道德观念;职业道德;行为标准:scientific ~s 科学标准 ❺ⓊⒸ【数】数值;【音】音符所表示的长度 ❻ⓊⒸ(语言的)意义;含义:use a word with all its poetic ~ 充分发挥一个词的诗意色彩 ❼(绘画的)明暗程度,浓淡关系 **II.** (~s[-z];valuing) *vt.* ❶估计(某物)的价值,给(某物)估价:He ~d the house for me at 80,000. 那所房子他给我估价 80,000 英镑。❷尊重;重视:Do you ~ her as a friend? 你把她当作好朋友吗?

valve [vælv] (~s[-z]) *n.* Ⓒ❶【机】阀,阀门;活门:a safety ~ 安全阀 ❷【解】(心脏、血管的)瓣(膜) ❸【音】(管乐器上的)活塞 ❹(双壳贝的)壳,贝壳 ❺[英]真空管

van[1] [væn] (~s[-z]) *n.* Ⓒ❶(有篷盖的)客货车 ❷[英](铁路上运送行李、邮件或货物的)厢式货车:the luggage ~ 装运行李的车厢

van[2] [væn] *n.* [the ~] ❶(军队的)前锋;先锋;前卫 ❷(社会运动、艺术等的)先导;前驱;先驱者

van·guard ['vængɑ:d] (~s[-z]) *n.* Ⓒ❶【军】前锋;先头部队;尖兵 ❷(运动或时尚的)先驱,先锋;领导者

van·ish ['vænɪʃ] (~es[-ɪz];~ed[-t]) *vi.* ❶([近]disappear)突然消失;消散:The thief ~ed into the crowd. 那小偷消失在人群中。❷不复存在,消逝:My hopes of success have ~ed. 我的成功希望已破灭。

van·i·ty ['vænɪtɪ] (vanities [-z]) *n.* ❶Ⓤ自负;虚荣;虚荣心:not a trace of ~ in her behaviour 在她的举止中毫无虚荣表现 ❷Ⓤ空虚;虚幻;无意义 ❸[用复数]无意义;无价值的事物(或行为)

van·quish ['væŋkwɪʃ] (~es[-ɪz];~ed[-t]) *vt.* ([近]conquer)征服,战胜,击败,克服:~ the enemy in battle 在战斗中打败对手

vapo(u)r ['veɪpə(r)] **I.** (~s[-z]) *n.* ❶ⓊⒸ潮气,水气,蒸汽 ❷Ⓒ无实质之物;幻想,妄想 ❸[the ~s]突然的眩晕感;have an attack of the ~s 突然一阵头昏眼花 **II.** (~s[-z];~ing[-rɪŋ]) *vi.* ❶蒸发,变成蒸汽;散发蒸汽 ❷自夸,说废话 *vt.* 使汽化;使蒸发

va·ri·a·ble ['veərɪəbl] **I.** *adj.* ([近]inconstant)([反]invariable)❶变化的;易变的:His mood is ~. 他的情绪反复无常。❷可变的;能调整的:The frequency is ~ by twisting this knob on the front of the radio. 转动收音机正面的圆形转钮就可以调整频率。❸【数】变量的 ❹【天】(星)亮度变化的,变光的:a ~ star 变星 **II.** (~s[-z]) *n.* Ⓒ❶可变性;可变因素 ❷【天】变星 ❸【海】(方向或风力不定的)变风,不定风 ❹【数】变量;变数;变项

var·i·ant ['veərɪənt] **I.** [无比较等级] *adj.* 不同的;变异的;有差别的:~ spellings of a word 一个词的不同拼法 **II.** *n.* Ⓒ❶变体;变种;变形 ❷异体;异体字,异文;(同一词的)异读

var·i·a·tion [ˌveərɪ'eɪʃən] (~s[-z]) *n.* ❶ⒸⓊ变化(程度);变动;变更:Prices have not shown much ~ this year. 今年物价没显出多大变化。❷【音】变奏;变奏曲 ❸ⒸⓊ【生】变异,变种;【数】变分,变差 ❹ⓊⒸ【语】词尾变化

var·ied ['veərɪd] *adj.* ❶各种各样的;各不相同的:Holiday jobs are many and ~. 假期的工作又多又杂。❷多变的;多样的:a ~ economy 多种经营的经济/My experience is not sufficiently ~. 我的阅历不够广。

va·ri·e·ty [və'raɪɪtɪ] (varieties [-z]) *n.* ❶([反]monotony)Ⓤ多样(化);变化(性):His writing lacks ~ 他的文体缺乏变化。❷[用 a ~]种种,形形色色:He left for a ~ of reasons. 他由于种种原因而离开了。❸Ⓒ(同物之中的)种类;品种:collect rare *varieties* of stamps 搜集邮票珍品 ❹Ⓤ综艺节目(包括一系列演出,如歌、舞、杂耍、滑稽剧等)

var·i·ous ['veərɪəs] *adj.* ❶([近]different, multifarious)([反]uniform)不同种类的;各种各样的:Their hobbies are many and ~. 他们的业余爱好五花八门。❷([近]individual, separate)各个的;个别的:for ~ reasons 由于种种原因 ❸[无比较等级]有几个的,许多的 ❹([近]varicolored)杂色的;彩色的:birds of ~ plumage 有杂色羽毛的鸟

vary ['veərɪ] (varies [-z];varied) *vt.* ❶([近]change, revise)使…有变化;改变:~ a programme 更改程序 ❷【音】变奏(曲调或主题) *vi.* ❶改变,变化:Prices ~ with the seasons. 物价随季节而变化。❷(在一方面)相异,不同;形形色色:These sweaters ~ in size. 这些毛衣有各种不同的尺寸。

vase [vɑ:z] (~s[-ɪz]) *n.* Ⓒ❶花瓶;(装饰

用的)瓶 ❷【建】瓶饰

vast [vɑːst] **I**. *adj*.（[近] enormous）❶广大的，广泛的；广大无垠的：Siberia is covered in ~ forests. 西伯利亚被一片广大无垠的森林所覆盖。❷（数量、程度等）庞大的，巨大的；众多的；无数的：A ~ crowd of people came to see the baseball game. 众多的人前来观看棒球比赛。**II**. *n*. Ⓤ茫茫，无边无际的空间：the ~ of heaven 万里长空

vault¹ [vɔːlt] **I**. *n*. Ⓒ❶【建】拱形圆屋顶；穹窿 ❷（食品、酒类等）地下储藏室，地窖，地下室：wine ~s 酒窖 ❸（教堂或坟场的）地下墓室 ❹（银行的）金库，保险库 ❺[诗]苍穹，天空 **II**. *vt*. 给…盖以拱顶，使成穹形 *vi*. 成穹状（弯曲）

vault² [vɔːlt] **I**. (~ed[-ɪd]) *vi*.（用手或竿支撑）跳跃：The jockey ~ed lightly into the saddle. 那骑师用手一按马背轻身跃上了马鞍。*vt*. 用手撑物跃过，撑竿跳过：~ a fence 跳过篱笆 **II**. *n*. Ⓒ撑物跳跃；撑竿跳

vec·tor ['vektə(r)] (~s[-z]) *n*. Ⓒ❶【数】矢量，向量 ❷飞机航线；航向指示 ❸【生】（传播疾病的）媒介生物；(尤指)媒介昆虫

˚**veg·e·ta·ble** ['vedʒtəbl] **I**. (~s[-z]) *n*. Ⓒ❶蔬菜，青菜：fresh ~s 新鲜的蔬菜 ❷Ⓤ植物 ❸Ⓒ植物人（因伤病或异常情况而丧失思维能力但仍有生命的人）❹Ⓒ生活单调的人：Stuck at home like this, she felt like a ~. 像这样闷在家里，她觉得生活太单调。**II**.[无比较等级] *adj*. ❶蔬菜的；青菜的：~ soup 蔬菜汤 ❷植物的；植物性的 ❸如植物一般的；单调的，无聊的

veg·eta·ri·an [ˌvedʒɪ'teərɪən] **I**. (~s[-z]) *n*. Ⓒ素食者，吃素食的人 **II**.[无比较等级] *adj*. 素食的；素食主义的；(膳食、菜肴等)只限定蔬菜的

veg·e·ta·tion [ˌvedʒɪ'teɪʃən] *n*. Ⓤ❶植物[集合用法]草木；【植】植被 ❷呆板单调的生活方式 ❸[医]赘生物，增殖体

ve·hi·cle ['viːɪkl] (~s[-z]) *n*. Ⓒ❶运载工具，车辆，机动车；机械器具；推进装置；飞行器 ❷([近]media, carrier)表达思想、感情等的工具(或手段)：Language is a ~ of human thought. 语言是人类表达思想的一种工具。

veil [veɪl] **I**. (~s[-z]) *n*. ❶Ⓒ(尤指女用的)面纱；面罩：She raised her ~. 她撩起面罩。❷Ⓒ幕，帐，幔 ❸[用单数]遮盖物，掩饰物：a ~ of mist over the hills 笼罩小山上的薄雾 **II**. *vt*. ❶以面纱遮掩：These women are ~ed. 这些妇女蒙着面纱。❷遮盖，掩饰，隐蔽：The smoke completely ~ed the moun-

tain. 烟雾完全笼罩着山头。

vein [veɪn] **I**. (~s[-z]) *n*. ❶Ⓒ静脉；血管 ❷Ⓒ【地】【矿】脉，矿脉，岩脉；(地层或冰层中的)水脉 ❸Ⓒ【动】(昆虫的)翅脉；【植】叶脉 ❹Ⓒ(大理石等或某些干酪的)纹理；纹路 ❺[用单数]特征；气质，性情：Her stories revealed a rich ~ of humour. 她的小说饶有风趣。❻[用单数]方式，风格；心情，情绪：I am not in (the) ~ just now. 我目前没有这种兴致。**II**. *vt*.[常用被动语态]使成脉络(或纹理)；像脉络般分布于

ve·loc·i·ty [vɪ'lɒsɪtɪ] (velocities [-z]) *n*.（[近] speed）❶Ⓤ速度，速率：the ~ of sound 音速 ❷Ⓤ迅速，快速：dart off with the ~ of a bird 像鸟一样迅速地掠过

vel·vet ['velvɪt] **I**. *n*. Ⓤ❶平绒；天鹅绒；丝绒 ❷天鹅绒似的东西 **II**.[无比较等级] *adj*. 天鹅绒制的，天鹅绒般的；柔软的，光滑的

ven·er·a·ble ['venərəbl] *adj*. ❶可尊敬的，可崇敬的；年高德劭的：a ~ scholar 德高望重的学者 ❷历史悠久的；令人肃然起敬的；古老的：a ~ monument 神圣庄严的纪念碑 ❸[宗](英国国教)副主教的尊称

ven·geance ['vendʒəns] *n*.（[近] revenge）Ⓤ Ⓒ 报仇，报复；惩罚：seek ~ upon sb. 找机会向某人报复

vent [vent] **I**. *n*. ❶Ⓒ出口，出路，漏孔 ❷Ⓒ通风孔，出烟孔；排气道 ❸Ⓤ(鸟、鱼、爬行动物或小哺乳动物的)肛门 ❹Ⓤ(感情等的)发泄，吐露：give ~ to one's anger 泄怒 **II**. (~ed[-ɪd]) *vt*. ❶在…钻孔；给…开排放口 ❷放出，排出 ❸发泄，吐露(情感)：He ~ed his anger on his long-suffering wife. 他拿一贯受气的妻子出气。

ven·ture ['ventʃə(r)] **I**. (~s[-z]) *n*. ❶Ⓒ Ⓤ 工作项目(或事业)；(尤指有风险的)商业；企业：embark on a risky ~ 从事一项冒险的企业项目 ❷Ⓒ投机，运气：He made a lot of money from a lucky ~ into the stock market. 他在股票市场上因手气顺而赚了很多钱。**II**. (~s[-z]; venturing [-rɪŋ]) *vt*. ❶([近] risk)冒着…的危险：He ~d his life to rescue the drowning child. 他冒着生命危险抢救快淹死的孩子。❷敢于…；大胆表示(或提出)：Nobody ~d any objection at the meeting. 在会上，无人敢提出反对意见。*vi*. 冒险；敢于，鼓起勇气前进：I'm not venturing out in this rain. 我不敢冒这样的雨外出。

˚**verb** [vɜːb] **I**. (~s[-z]) *n*. Ⓒ[语]动词：a regular (an irregular) ~ 规则(不规则)动词

Ⅱ. *adj.* 动词的;动词性质的,有动词作用的

ver•bal [ˈvɜːbl] Ⅰ. [无比较等级] *adj.* ❶ 词语的;言语的;文字的;用言语的;用文字的: ～ skills 阅读和书写的技能 ❷口头的,非书面的:a ～ explanation 口头解释 ❸逐字的,一字不差的:a ～ translation 逐字翻译 ❹【语】动词的 Ⅱ. (～s[-z]) *n.* ⓒ【语】动词的非谓语形式(指不定式、分词和动名词)

verge [vɜːdʒ] Ⅰ. (～s[-ɪz]) *n.* ⓒ❶边缘,边;边界:the ～ of a flower bed 花圃的边缘 ❷边际,界限 Ⅱ. (～s[-ɪz];verging) *vi.* ❶接近;濒于:They seemed to be *verging* toward a quarrel. 他们似乎要吵起来了。❷(太阳)下沉,趋向,斜向;(山脉等)延伸:The hill ～s to the north. 小山向北延伸。

ver•i•fy [ˈverɪfaɪ] (verifies [-z];verified) *vt.* ❶核实,核对;查证:The police are ～*ing* what the suspect confessed. 警察正在查证那名嫌疑人供词的真伪。❷(由事实等)证实…,证明…为正确的【律】(宣誓)证明

ver•sa•tile [ˈvɜːsətaɪl] *adj.* ❶有多种学问、技能或职业的,多才多艺的:a ～ writer 多才多艺的作家 ❷(工具、机械等)多用的;多功能的:～ truck 多用途卡车

verse [vɜːs] Ⅰ. (～s[-ɪz]) *n.* ❶ⓒ韵文,诗,诗体 ❷ⓒ诗句,诗行,诗节:a hymn with six ～s 一首有6节的赞美诗 ❸ⓒ《圣经》的)节,短句;(圣歌等的)独唱部 Ⅱ. (～s[-ɪz];～d [-t];versing) *vt.* ❶用诗表达 ❷把…改写成诗 *vi.* 作诗

versed [vɜːst] *adj.* 通晓的;精通的;熟练的: My daughter is well ～ in popular songs. 我女儿精通流行歌曲。

ver•si•fy [ˈvɜːsɪfaɪ] (versifies [-z];versified) *vi.* 作诗,赋诗 *vt.* 将(散文)改写成韵文;把…写成诗

ver•sion [ˈvɜːʃən] (～s[-z]) *n.* ⓒ❶([近] translation) 译本;译文:the Authorized *Version* of the Bible《圣经》钦定英译本 ❷(书、乐曲等的)版本;改编本: the radio ～ of "Jane Eyre" 根据《简爱》改编的广播 ❸尺寸,型号;种类:the standard ～ of this car 这种汽车的标准型号 ❹(根据个人观点对事件等的)描述;说法,看法:There are three different ～s of what happened. 对所发生的事情有3种不同的说法。

ver•sus [ˈvɜːsəs] *prep.* (在比赛、诉讼等中)…对…(常略作 V 或 Vs):the Chinese team ～ the Japanese team 中国队对日本队

ver•ti•cal [ˈvɜːtɪkl] Ⅰ. [无比较等级] *adj.* ([近] perpendicular)([反] horizontal) ❶

(相对于另一线或平面,或相对于地面)垂直的;竖的,直立的:a ～ cliff 陡直的峭壁 ❷(图等的方向)从上到下的,纵向的:the ～ axis of a graph 图表的纵轴线 Ⅱ. *n.* ⓒ垂直线,垂直部分;垂直位置:out of the ～ 不垂直的

ver•y [ˈverɪ] Ⅰ. [无比较等级] *adv.* ❶(用于修饰形容词、副词或分词)很,甚,极其,非常:We were ～ (much) pleased at the news. 听到这个消息,我们都感到极其高兴。❷(常用于形容词最高级前,以加强语气)最大程度地;完全地,充分地;真正地:That is the ～ last thing I expected. 这完全出乎我意料。❸正是:sitting in the ～ same seat 就座在同一个座位上 Ⅱ. (verier; veriest) *adj.* ❶(与the、this 或 my、your 等连用)正是的;实在的,真正的:This is the ～ book I want! 这正是我想要的书! ❷十足的,绝对的,完全的:a ～ rascal 十足的流氓 ❸([近] mere)仅仅的;只有的:The ～ idea of going there delighted her. 她一想到要到那里去就感到高兴。

ves•sel [ˈvesl] (～s[-z]) *n.* ⓒ❶容器,器皿(尤指盛液体的,如桶、碗、瓶、杯)❷船(尤指大船),舰 ❸【解】管,脉管;导管

vest [vest] Ⅰ. *n.* ⓒ❶[英]内衣,衬衫(= [美]undershirt):the thermal ～s 保暖汗衫 ❷[美]背心,马甲(= [英] waistcoat):a bullet-proof ～ 防弹背心 Ⅱ. *vt.* ❶使穿衣服;给…穿上(尤指法衣,祭服等) ❷授予,赋予,给予权力、财产等:Authority is ～ed in the people. 权力属于人民。

ves•tige [ˈvestɪdʒ] (～s[-ɪz]) *n.* ⓒ❶残余部分,遗迹,痕迹:Not a ～ of the abbey remains. 那座道院的遗迹已荡然无存。❷[常用于否定句] 一点儿,丝毫:He has not a ～ of evidence for this assertion. 他对这个论断提不出一点儿证据。❸【生】退化的器官;退化器官的痕迹:man's ～ of a tail 人的尾巴的痕迹

vet•er•an [ˈvetərən] Ⅰ. (～s[-z]) *n.* ⓒ❶经验丰富的人;老手;(尤)老军人,老兵:war ～s 经历过战争的老战士 ❷[美]退伍军人 Ⅱ. *adj.* 老战士的;老练的,经验丰富的:～ troops 有作战经验的部队

ve•to [ˈviːtəʊ] Ⅰ. (～es[-z]) *n.* Ⓤⓒ否决;禁止;否决权:exercise the right of ～ 行使否决权 Ⅱ. (～es[-z]) *vt.* 否决;禁止:The President ～ed the tax cuts. 总统否决了削减税收的议案。

vex [veks] (～es[-ɪz];～ed[-t]) *vt.* ([近] annoy) ❶使生气,使恼怒:His silly chatter would ～ a saint. 他说的话很无聊,多有涵养的人也得气得发火。❷使…忧虑(或悲哀):He was ～ed at his failure.他失败后垂头丧气。

via [ˈvaɪə] *prep*. ❶经过;经由,取道:go from London to Washington ~ New York 从伦敦经纽约到华盛顿 ❷通过(某种手段或方法):I can send him a note ~ the internal mail system. 我可以通过内部通信系统给他发个通知。

vi·brate [vaɪˈbreɪt] (~d[-ɪd]; vibrating) *vt*. ❶使颤动;使振动;使震动:The roar of a jet plane ~d the windowpanes. 喷气式飞机的轰隆声震动着窗玻璃。❷使振动出声(或发颤声) *vi*. ❶振动;颤动;摇摆:The whole house ~s whenever a heavy lorry passes. 重型卡车一经过,整所房子都震动。❷(人的声音)震颤;(物的声音)响彻:The sound of the wedding bell was *vibrating* through the village. 婚礼的钟声响彻整个村庄。❸受…而感动;悸动,激荡:His voice ~d with passion. 他激动得声音发颤。

vi·bra·tion [vaɪˈbreɪʃən] (~s[-z]) *n*. ❶Ⓤ Ⓒ振动,颤动;震动 ❷Ⓒ【物】振动 ❸Ⓒ[常用复数]感觉,心情,情绪:good ~s 良好的感觉

vice¹ [vaɪs] (~s[-ɪz]) *n*. ([反] virtue) ❶Ⓤ罪恶,恶行,道德败坏:Big cities are full of ~. 大都市里充满了罪恶。❷ⓊⒸ(道德上的)罪行,不良行为:Greed is a terrible ~. 贪得无厌是可鄙的行为。❸Ⓒ缺点,坏习惯,坏毛病:Smoking is a ~. 吸烟是坏习惯。❹Ⓒ[口](组织、制度、性格等的)缺点,缺陷,瑕疵

vice² [vaɪs] Ⅰ. (~s[-ɪz]) *n*. Ⓒ[英]【机】台钳,虎钳:He held my arm in a ~-like grip. 他的手像虎钳一样紧紧抓住了我的手臂。Ⅱ. (~s[-ɪz]; ~d[-t]; vicing) *vt*. 钳住,夹住

vice³ [vaɪs] Ⅰ. (~s[-ɪz]) *n*. Ⓒ[口]副总统;(大学)副校长 Ⅱ. *adj*. 代替的;副的

vice⁴ [vaɪs] *prep*. 代替,接替;取代

vi·ce ver·sa [ˌvaɪsɪ ˈvɜːsə] *adv*. [拉]反过来(也是这样);反之亦然:We gossip about them and ~. 我们议论他们,他们也议论我们。

vi·cin·i·ty [vɪˈsɪnɪtɪ] (vicinities [-z]) *n*. ❶([近]neighbourhood) ⓊⒸ邻近(地区);附近 ❷Ⓤ近;接近

vi·cious [ˈvɪʃəs] *adj*. ❶([近] savage, defective, fierce)有恶意的;恶毒的:a ~ remark 恶毒的言语 ❷([近]depraved, impure) 为非作歹的;邪恶的,道德败坏的,堕落的:a ~ life 堕落的生活 ❸(动物)凶猛的;危险的 ❹[口]剧烈的;恶性的:a ~ headache 剧烈的头痛

vic·tim [ˈvɪktɪm] (~s[-z]) *n*. Ⓤ❶牺牲者,受害者;受灾者:the ~s of a plane crash 空难事件的受害者 ❷(祭神用的)牺牲品,祭品

vic·to·ri·ous [vɪkˈtɔːrɪəs] [无比较等级] *adj*. 胜利的,获胜的:the ~ players 获胜的选手/make a ~ cheer 发出胜利的欢呼声

vic·to·ry [ˈvɪktərɪ] (victories [-z]) *n*. ([反]defeat)ⓊⒸ胜利,获胜;成功

vid·e·o [ˈvɪdɪəʊ] Ⅰ. [无比较等级] *adj*. 电视的;视频的:~ amplifier 视频放大器 Ⅱ. (~s[-z]) *n*. ❶Ⓤ电视,电视录像;电影广播:The bank robbery was recorded on ~. 抢劫银行的情况有录像记录。❷Ⓒ录像;录像带,录像盘 Ⅲ. (~s[-z]) *vt*. [英]录制(录像):~ a TV programme 录制电视节目

view [vjuː] Ⅰ. (~s[-z]) *n*. ❶([近]sight)Ⓤ观看,看;视野;眼界:The sun disappeared from ~ behind a cloud. 太阳被云遮住看不见了。❷([近] scene, prospect)Ⓒ被看见的东西;风景,景色,美景:This room has a fine ~ of the mountains. 从这房间可清楚地看到群山。❸([近]inspection)Ⓒ(一次)观看(如影片或展览):We had a private ~ of the jewels before the public auction. 那些珠宝公开拍卖以前我们私下看了预展。❹([近] opinion)Ⓒ看法,想法,见解;意见:May I have your ~s on the question? 可以让我知道你对这个问题的看法吗？❺[用单数]方式;方法;印象:The author gave a brief ~ of his book. 作者对他的书作了简短的概述。Ⅱ. *vt*. ❶看,查看;观察,视察:A real estate agent came to ~ the house. 房地产代理人来看那一栋房子。❷把…看成是,考虑:How do you ~ your chances of success? 你认为你获得成功有多大把握？ *vi*. 看电视:the ~ing public 电视观众

vig·or·ous [ˈvɪɡərəs] *adj*. ([近] strong, energetic) ❶精力充沛的,充满活力的;健壮的;活泼的:a ~ youngster 健壮的青年 ❷语言犀利的:~ debate 有力的争辩

vig·o(u)r [ˈvɪɡə(r)] *n*. Ⓤ❶体力;精力;活力:work with renewed ~ and enthusiasm 以更加充沛的精力和热情工作 ❷(思想、语言、风格等的)力量,气势;魄力:music of tremendous ~ 气势磅礴的音乐

vile [vaɪl] (~r; ~st) *adj*. ❶非常讨厌的;可憎的:a ~ smell 令人厌恶的气味 ❷卑鄙的,可耻的;邪恶的,不道德的:~ deceits 可耻的欺骗 ❸([近] obnoxious, contemptible)极坏的:be in a ~ temper 脾气很坏

vil·lage [ˈvɪlɪdʒ] Ⅰ. (~s[-ɪz]) *n*. ❶Ⓒ村,村庄:a fishing ~ 渔村 ❷[the ~][集合用法]村民:The whole ~ knew about the scandal. 全村人都知道那件丑闻了。Ⅱ. [无

比较等级] *adj*. 村的;村庄的;乡下的:～ people 村民,乡下人

vil·lain ['vɪlən] (～s[-z]) *n*. ⓒ❶恶棍,歹徒 ❷([反]hero)(小说、戏剧等中的)反面人物,反派角色,坏人 ❸[口]淘气鬼,小鬼

vil·lain·y ['vɪlənɪ](villainies [-z]) *n*. ❶Ⓤ凶恶,邪恶;腐化堕落,道德败坏 ❷[用复数]邪恶的行为;恶劣的行为;犯罪的行为

vine [vaɪn] Ⅰ. (～s[-z]) *n*. ⓒ❶葡萄树 ❷藤本植物;蔓;藤 Ⅱ. *vi*. 爬藤

vin·e·gar ['vɪnɪgə(r)] *n*. Ⓤ醋

vi·no ['viːnəu] *n*. Ⓤ[口]葡萄酒,果酒

vin·ous ['vaɪnəs] *adj*. 似葡萄酒的;似果酒的;由葡萄酒(或其他果酒)引起的

vi·o·late ['vaɪəleɪt] (～d[-ɪd]; violating) *vt*. ❶([近] break, disregard) 违反,违背(规则、原则、条约等):～ an agreement 违背协议 ❷亵渎(神圣的场所):～ a sanctuary 冒渎圣地 ❸干扰;侵犯:～ the peace 扰乱安宁的环境

vi·o·lence ['vaɪələns] *n*. Ⓤ❶猛烈,剧烈;强烈:the ～ of the wind and waves 风浪的凶猛 ❷暴力行为;暴行:resort to ～ 诉诸暴力

vi·o·lent ['vaɪələnt] *adj*. ❶猛烈的;剧烈的;强烈的:Students were involved in ～ clashes with the police. 学生与警方发生了暴力冲突。❷(感情、言语等)激昂的;带有强烈感情的:～ passions 狂热的激情 ❸厉害的,极度的:～ winds 强烈的风

vi·o·let ['vaɪəlɪt] Ⅰ. *n*. ❶ⓒ【植】紫罗兰(堇菜属的多年生草本);紫罗兰花 ❷Ⓤ紫罗兰色,蓝紫色 Ⅱ. [无比较等级] *adj*. 野生紫罗兰色的;蓝紫色的

*****vi·o·lin** [ˌvaɪə'lɪn] (～s[-z]) *n*. ⓒ❶小提琴:play the ～ 拉小提琴 ❷[常用复数][口]小提琴手

vir·gin ['vɜːdʒɪn] Ⅰ. (～s[-z]) *n*. ❶ⓒ处女,少女,未婚女子;童贞男子 ❷[用 the Virgin]圣母玛利亚(亦可称为 the Blessed Virgin Mary) Ⅱ. [无比较等级] *adj*. ❶处女的;像处女的,像少女的,贞洁的;童贞的 ❷未开发的;未经利用的:a ～ forest 原始森林/～ soil 处女地 ❸纯洁的;未玷污的:～ whiteness 洁白 ❹首次的,初始的:a ～ voyage 处女航行

vir·gin·al ['vɜːdʒɪnl] *adj*. ❶童贞的,处女的;适于处女的:～ innocence 贞洁 ❷纯洁的;没有玷污的

vir·gin·i·ty [və'dʒɪnɪtɪ] *n*. Ⓤ童贞,处女状态,原始状况:keep one's ～ 保持童贞

vir·tu·al ['vɜːtʃʊəl] [无比较等级] *adj*. 事实上;实际上的;实质上的:Our deputy manager is the ～ head of the business. 我们的副经理是业务上的实际负责人。

vir·tue ['vɜːtʃuː,-tju:] (～s[-z]) *n*. ❶([反]vice)Ⓤⓒ美德,善行;好处;优点;良好习惯:Patience is a ～. 忍耐是一种美德。❷([近]merit)ⓒⓊ长处;优点:The great ～ of camping is its cheapness. 野营的最大优点是省钱。❸([近]morality)Ⓤ(女人的)贞操;贞洁:a woman of ～ 贞洁的女人 ❹Ⓤ(药等的)功效,效力;效能

vir·tu·ous ['vɜːtʃʊəs] *adj*. ❶有道德的,有德行的;善良的 ❷正直的;公正的 ❸贞洁的 ❹有效力的,有效应的

vi·rus ['vaɪrəs] *n*. ❶Ⓤⓒ病毒 ❷ⓒ病毒性疾病

vis·ib·il·ity [ˌvɪzɪ'bɪlɪtɪ] *n*. Ⓤⓒ❶可见性;明显度,清晰程度 ❷明视度,能见度,可见度:Planes grounded because of poor ～. 由于能见度太差,飞机停飞了。

vis·i·ble ['vɪzɪbl] *adj*. ([反]invisibile) ❶看得见的;可见的:The hills were barely ～ through the mist. 透过薄雾几乎看不清小山。❷明显的;显著的;显而易见的:He seems to have ～ hostility toward me. 我觉得他对我怀有明显的敌意。

vi·sion ['vɪʒn] (～s[-z]) *n*. ❶Ⓤ视力;视觉:have poor ～ 视力差 ❷Ⓤ观察力;想象力;远见,洞察力:I wish I had great ～. 我多希望我有好眼光。❸ⓒ梦幻,幻想;幻景:sweet ～s of schoolgirls 女学生们的美好幻想 ❹ⓒ非常漂亮的人(或景色),美景:She was a ～ of loveliness. 她长得美极了。❺Ⓤ电视(或电影)上所看见的东西,图像

vis·it ['vɪzɪt] Ⅰ. (～ed[-ɪd]) *vt*. ❶访问;拜访,探望:I ～ed my uncle yesterday. 昨天我去探望了我叔叔。❷游览,参观,参拜:The President ～ed five countries in Europe. 总统在欧洲访问了5个国家。❸到…视察,巡逻:The mayor ～ed the petrochemical plant. 市长视察了石化工厂。❹在…逗留;下榻:Owls ～ed the barn to rest. 猫头鹰暂时栖息在库房上。❺(灾害、疾病等)侵袭;降临:We won a bumper harvest as usual, though a drought had ～ed us. 虽然我们遭到过旱灾,但我们照样获得了丰收。❻惩罚(某人),惩治(罪责);施加 *vi*. ❶访问;参观;逗留:The foreign delegation is ～ing in Shanghai. 外国代表团正在上海访问。❷视察;检查:The school inspector is ～ing next week. 督学下周要来学校视察工作。❸[美口]叙谈,闲谈:Please stay and ～ with me for a while. 请待一会儿和我聊聊。Ⅱ. *n*. ⓒ❶访问,探

望:I received a ～ from my classmate. 我同学来探望我。❷参观,观光;见行:the Queen's state ～ to China 女王对中国的国事访问 ❸暂住,逗留:I don't live here;I'm only on a ～. 我不住在这儿,我是在这儿做客的。❹视察,巡视(医生的)出诊 ❺[美口]谈话;聊天:We had a nice ～ on the phone. 我们通过电话谈得很好。

vis·it·a·tion [ˌvɪzɪ'teɪʃən] (～s[-z]) *n*. Ⓒ ❶(正式)访问;(尤指)巡视,视察:a ～ of the sick 对病人的探视 ❷[口](惹人讨厌的)长期逗留,久坐:We had sundry ～s from the Tax Inspector. 税收检查员常来我们这儿待着不走。❸天罚;灾祸,灾难

vis·it·or ['vɪzɪtə] (～s[-z]) *n*. Ⓒ ❶访问者;参观者:She was a frequent ～ to the gallery. 她是常来这个美术馆参观的人。❷来客,宾客;游客 ❸视察者;检查者 ❹候鸟

vis·ta ['vɪstə] (～s[-z]) *n*. Ⓒ ❶(从两排树木或房屋等中间看出去)狭长的景色;深景;远景:This street offers a fine ～ of the cathedral. 这条街的尽头露出大教堂的美丽景色。❷(对未来的)展望,预测;(对过去的)回顾,追忆:look back through the ～s of bygone days 追忆一连串的往事

vis·ual ['vɪzjuəl] [无比较等级] *adj*. 视力的;视觉的;看得见的:Her designs have a strong ～ appeal. 她的设计非常令人赏心悦目。

vis·u·al·ize, -ise ['vɪzjuəlaɪz,-zju-] (～s [-ɪz]; visualizing) *vt*. ❶使可见;使具有形象,使具体化 ❷([近]envisage,imagine)设想,想象:I remember meeting him,but I just can't ～ him. 我记得遇见过他,但还是想象不出他的模样。

vi·tal ['vaɪtl] *adj*. ❶([近]essential,fatal)必要的;极为重要的;关系重大的:It is absolutely ～ that the matter is kept secret. 极端重要的是对这事要保密。❷([近]animated,vigorous)精力旺盛的;充满活力的;生机勃勃的:She's a very ～ sort of person. 她是一个精力旺盛的人。❸与生命有关的;维持生命所必需的:The heart performs a ～ bodily function. 心脏起着维持生命所必需的功能。❹致命的;生死存亡的;生命攸关的:a ～ mistake 致命的错误

vi·tal·i·ty [vaɪ'tælɪtɪ] *n*. Ⓤ ❶活力,生机,精力:The ballet sparkled with ～. 那场芭蕾舞充满了生机勃勃的活力。❷持续力,延续力,生存力:The ～ of the movement is threatened. 这场运动的前景受到威胁。

vit·a·min(e) ['vɪtəmɪn] *n*. Ⓒ维生素

viv·id ['vɪvɪd] (～er;～est或 more ～; most ～) *adj*. ❶([近]sharp,intense) 逼真的;清晰的:The incident left a ～ impression on me. 那件小事给我留下了深刻的印象。❷([近]lively)生动的;活泼的;有生气的:a ～ imagination 生动的想象力 ❸([近]strong)(光线、颜色)强烈的;鲜明的;鲜艳的:a ～ flash of lightning 一道耀眼的闪电

vo·cab·u·la·ry [və(ʊ)'kæbjʊlərɪ] (vocabularies [-z]) *n*. Ⓤ Ⓒ ❶(一种语言的)词汇,字汇 ❷(喻)(某人、某行业或某知识领域所使用的)词汇,语汇;词汇量 ❸(常按词序排列并注有释义等的)词汇表;词汇汇编;词典

vo·cal ['vəʊkl] Ⅰ. [无比较等级] *adj*. ❶嗓音的;适于嗓音的;口头表达的:Callas's ～ range was astonishing. 卡拉斯的音域宽得惊人。❷畅所欲言的;直言的:We were ～ about our rights. 我们直言不讳地表达了我们的权利。❸【语】元音的 Ⅱ. (～s[-z]) *n*. Ⓒ ❶【语】元音 ❷声乐作品;声乐演唱

vo·cal·ist ['vəʊkəlɪst] *n*. Ⓒ歌唱家;歌手

vo·ca·tion [və(ʊ)'keɪʃən] (～s[-z]) *n*. ❶Ⓤ神召;天命;天职,使命 ❷Ⓤ(对某种工作)天生的爱好(或才能):He has little ～ for teaching. 他不是教书的材料。❸Ⓒ行业,职业:take up the ～ of teaching 从事教书工作

vo·ca·tion·al [və(ʊ)'keɪʃənl] [无比较等级] *adj*. 行业的;职业的,业务的:a ～ school 职业学校/～ guidance 就业指导

vod·ka ['vɒdkə] (～s[-z]) *n*. Ⓤ伏特加(尤指俄国产的烈酒)

voice [vɔɪs] Ⅰ. (～s[-ɪz]) *n*. ❶Ⓤ Ⓒ 说话声,嗓音;嗓子:I can hear ～s through the wall. 我听见隔壁有说话的声音。❷Ⓤ Ⓒ (公开或正式表达出的)意见,愿望;发言权;投票权:We have no ～ in the matter. 对这件事我们没有发言权。❸Ⓤ表达;表露:Our newspaper represents the ～ of the people. 我们的报纸代表着人民的心声。❹Ⓒ(风等的)声音,(动物、昆虫等的)叫声,(理性等的)呼声,启示:the ～ of the wind 风声 ❺Ⓤ【语】(动词的)语态:the active ～ 主动语态 ❻Ⓤ【语】浊音(发音时声带震动的音) Ⅱ. (～s[-ɪz]; ～d[-t]; voicing) *vt*. ❶(用言语等)表达情感:A spokesman ～d the worker's dissatisfaction. 发言人表示了工人的不满情绪。❷发(浊音)

voiced [vɔɪst] [无比较等级] *adj*. ❶[用以构成合成词]…声的:loud-～ 嗓门大的/gruff-～ 声音粗哑的 ❷有声的;发声的;讲出来的 ❸【语】浊音的

void [vɔɪd] **I**. *adj*. ❶([近] vacant，deserted) 空的；空虚的；空缺的；空闲的：a ～ space 空无所有的空间 ❷[作语表]没有的；缺乏的：Her face was ～ of all interest. 她面部表情显得对什么都不感兴趣。❸[无比较等级]([反] valid)([近] vain) 无用的；无效的；作废的 **II**.(～s[-z]) *n*. ⓊⒸ❶真空；空间 ❷空虚感，寂寞的心情 ❸(地面的)空隙；隙缝 **III**.(～s[-z]；～ed[-ɪd]) *vt*. ❶使(契约等)无效；把…作废，取消 ❷排泄；放出

vol·ca·no [vɒlˈkeɪnəʊ] (～es或～s) *n*. Ⓒ 火山：an active ～ 活火山

* **vol·ley·ball** [ˈvɒlɪbɔːl] (～s[-z]) *n*. ⓊⒸ 排球；排球运动：play ～ 打排球

* **volt·age** [ˈvəʊltɪdʒ] *n*. ⓊⒸ【电】电压；伏特数：high ～ 高压

vol·ume [ˈvɒljuːm] (～s[-z]) [缩 vol] *n*. ❶Ⓒ 书；(尤指一套或从书中的)册，本，卷，集：an encyclopedia in 20 ～s 一套有 20 册的百科全书 ❷Ⓤ 体积；容积，容量 ❸Ⓒ[常作复数](烟、蒸气等的)大团：*Volumes* of black smoke poured from the chimney. 烟囱里冒出来团团黑烟。❹Ⓤ 音量，响度：The TV was on at full ～. 电视机音量已开到最大了。❺Ⓤ 大量；许多；数量

vol·un·ta·ry [ˈvɒləntərɪ] [无比较等级] *adj*. ❶([近] willing) 自动的；自愿的；主动的：The prisoner made a ～ statement. 那个犯人主动地做了供述。❷志愿的；无偿的；义务的：She does ～ social work. 她义务从事社会工作。❸([近] intentional) 有意的；故意的：～ manslaughter 故意杀人 ❹(身体活动或肌肉活动)由意志控制的，随意的 ❺靠自由捐助维持的；非官办的：a ～ school[英]民办小学

vol·un·teer [ˌvɒlənˈtɪə(r)] **I**.(～s[-z]) *n*. Ⓒ❶自愿(或无偿)效劳的人；志愿者 ❷志愿兵；义勇兵 **II**.(～s[-z]；～ing[-rɪŋ]) *vt*. ❶自愿(做、提供、参加等)：She ～ed for his election campaign. 对于他的选举活动，她志愿助一臂之力。❷当志愿兵

vom·it [ˈvɒmɪt] **I**.(～ed[-ɪd]) *vt*. ❶使呕吐，吐出：He ～ed all he had eaten. 他吐出了所吃的全部食物。❷(火山、烟囱等)喷出：factory chimneys ～ing smoke 喷着烟的工厂烟囱 *vi*. 呕吐：Being seasick，she began to ～. 由于晕船，她开始呕吐。**II**. *n*. ⓊⒸ 呕吐；呕吐物

vote [vəʊt] **I**. *n*. ❶Ⓒ 选举，投票，表决；(选)票：The captain of the team was elected by the ～ of the members. 队长由队员投票选出。❷[the ～] 选举权，投票权；表决权：UK nationals get the ～ at 18. 英国国民 18 岁就有选举权。❸[the ～] 投票总数；得票数 ❹Ⓒ 投票人；(属于同一派别的)一群投票者 **II**.(～d[-ɪd]；voting) *vi*. 投票，表决，发表意见：If we cannot agree，let's ～ on it. 如果我们的意见不能取得一致，我们就对这个问题进行表决吧。*vt*. ❶投票决定；投票通过；投票选举：*Vote* Republican! 投票给共和党吧! ❷选出：I was ～d chairman. 我当选为主席。❸(投票的结果)同意…；赋予… ❹[口]公认；会议决定；公认：The show was ～d a success. 大家都认为展览会很成功。❺[口]建议，提议：I ～d (that) we stay here. 我建议我们待在这儿。

vow [vaʊ] **I**.(～s[-z]) *n*. Ⓒ 誓；誓言；誓约；许愿：pronounce one's marriage ～s 宣布自己的婚约 **II**.(～ed[-d]) *vt*. 立誓，发誓；许愿：They ～ed revenge on their enemies. 他们发誓向敌人报仇。

vow·el [ˈvaʊəl] **I**.(～s[-z]) *n*. Ⓒ【语】元音；元音字母 **II**. *adj*. 元音(化)的

* **voy·age** [ˈvɔɪɪdʒ] **I**.(～s[-ɪz]) *n*. Ⓒ❶航海，航行；乘船旅游 ❷空中旅行；太空旅行：a rocket ～ to the moon 到月球去的火箭航行 **II**.(～s[-ɪz]；voyaging) *vi*. 航海，航空；航行；旅行：～ through the oceans 在各大洋航行 *vt*. 渡过，飞过

vul·gar [ˈvʌlgə(r)] *adj*. ❶粗俗的；庸俗的：a ～ display of wealth 庸俗的财富夸耀 ❷容易冒犯人的；粗野的；令人厌恶的：a ～ joke 粗鄙的笑话 ❸大众的，庶民的；通俗的

vul·gar·ism [ˈvʌlgərɪzəm] (～s[-z]) *n*. ❶Ⓒ【语】俗语；(词语的)俗用 ❷ⓊⒸ 粗俗；庸俗行为

vul·ner·a·ble [ˈvʌlnərəbl] *adj*. ([反] invulnerable) ❶易受伤的；脆弱的：Cyclists are more ～ than motorists. 骑自行车的人比开汽车的人更易受伤。❷易受攻击的；易受责难的：The election defeat puts the party leader in a ～ position. 大选的失败使该党领袖处于易受攻击的地位。

W w

wade [weɪd] (~s[-z]; ~d['-ɪd]; wading) *vi.* ❶费力地走;蹚;跋涉:There's no bridge, we'll have to ~ across the stream. 没有桥,我们必须蹚水走过小溪。❷艰难地行进;困难地通过: ~ through thick and thin 克服一切困难障碍 *vt.* 蹚过…;涉过…:Can we ~ the brook? 我们能够蹚水过这条小河吗?

wag [wæg] Ⅰ. (~s[-z]; wagged; wagging) *vt.* ❶摇;摇摆;摇动:The dog *wagged* its tail excitedly. 那条狗兴奋地摇了摇尾巴。❷饶舌;~ one's tongue 喋喋不休 *vi.* 摇;摆动;摇动:The dog's tail *wagged*. 狗尾巴摆动着。Ⅱ. (~s[-z]) *n.* ❶摇摆,摇动:The dog gave a ~ of its tail. 这只狗摆了摆尾巴。❷好开玩笑的人,诙谐的人

wage¹ [weɪdʒ] (~s[-ɪz]) *n.* ❶[常用复数]工资(通常按周计算):The workers are demanding to be paid a living ~. 工人要求得到能够维持生活的工资。❷[用复数][单复数同][古](罪恶的)代价,报应:The ~s of sin is death. 罪恶的代价乃是死。

wage² [weɪdʒ] (~s[-ɪz]; waging) *vt.* 发起;进行(战争、运动等)

wag(g)on ['wægən] *n.* ❶[C]四轮运货马车;运货车:a covered ~ 一辆有篷的马车 ❷[英](铁路的)无盖货车,货车 ❸[口]旅行车,小型客车 ❹运送食品(尤指茶点)的小型手推车

wail [weɪl] Ⅰ. (~s[-z]) *vi.* ❶恸哭;嚎叫;哀泣;诉苦:The sick child was ~*ing* miserably. 那个病孩儿正在痛苦地哭着。❷(风等)呼啸;(警报器等)尖啸:You can hear the wind ~*ing* in the chimney. 你可以听到风在烟囱里的呼啸声。❸哀叹;哀悼:She was ~*ing* for her lost child. 她为死去的孩子而悲伤恸哭。*vt.* 哭叫着诉说:The child was ~*ing* loudly that she had hurt her foot. 那个女孩儿大声哭着说她的脚受伤了。Ⅱ. (~s[-z]) *n.* [C]❶呼啸声;尖啸声:the ~s of sirens 警报器的尖啸声 ❷([近]cry)尖叫,痛哭:The child burst into loud ~s. 那个孩子突然大哭起来。

wain [weɪn] (~s[-z]) *n.* ❶[C]四轮运货大马车 ❷[the Wain]【天】北斗七星

waist [weɪst] *n.* [C]❶腰,腰身:What size ~ do you have? 你腰围多少? ❷衣服的上身(或腰身)部分;背心;紧身胸衣;[美](妇女、小孩用的)衬衫 ❸(提琴、鞋等)中间细的部分 ❹【船】上甲板中部;船腰

wait [weɪt] Ⅰ. (~ed['-ɪd]) *vi.* ❶等;等待;等候:I'm sorry to have kept you ~*ing* so long. 抱歉,让你等了这么久。❷(为某人)准备好,做好:A letter is ~*ing* for you on the table. 桌上有你的一封信(等着你去拿)。❸推迟;耽搁:The matter can ~ until the next meeting. 这件事不急,可等到下一次开会时再说。*vt.* ❶([近]await)等待,等候:You will just have to ~ your turn. 你只能等着轮到你的时候。❷[口](为等候而)推迟(吃饭、茶点等):I shall be home late tonight, so don't ~ dinner for me. 今天晚上我要晚一点儿回家,别等我吃饭了。Ⅱ. *n.* [C]等待;等待的时间:We had a long ~ for the bus. 我们等公共汽车等了很久。

wait·ing ['weɪtɪŋ] Ⅰ. *n.* [U]❶等候;等待;等待期间 ❷服侍,伺候 Ⅱ. *adj.* 等待的;服侍的,伺候的

waive [weɪv] (~s[-z]) *vt.* ([近]abandon)放弃;不坚持;暂时搁置(要求等):~ a claim 放弃一项要求

wake¹ [weɪk] Ⅰ. (woke [wəʊk] 或 ~d [-t]; woken['wəʊkən] 或 ~d[-t]; waking) *vi.* ❶醒,醒来;醒着(up):He *woke* to find himself in the hospital. 他醒来发现自己在医院里。❷觉醒,醒悟;警觉 ❸意识到;认识到:At last they *woke* up to the seriousness of the situation. 他们终于认识到事态的严重性。*vt.* ❶使…觉醒;醒着,叫醒:Try not to ~ the baby (up). 小心不要把婴儿弄醒。❷([近]awake, alert)使变得活跃;使警觉;

心 ❸使反响;引起回声:His echoing cry *woke* the mountain valley. 他呼喊的声音在山谷中引起了反复回响。Ⅱ. *n*. ⓒ❶醒,不眠 ❷葬礼前的守尸;守夜,守灵

wake² [weɪk] *n*. ⓒ〔近〕track, trail〕(船的)尾波;航迹;(飞机的)尾流;(人、车等经过的)痕迹

wak·en ['weɪkən] (~s[-z]) *vi*. ❶(〔近〕awake)醒来,睡醒 ❷觉醒;振奋 *vt*. ❶(〔近〕wake)唤醒;弄醒 ❷使觉醒;使振奋;激发;激起

* **walk** [wɔːk] Ⅰ. (~ed[-t]) *vi*. ❶走;步行;散步:We ~ed slowly home. 我们慢慢走回家。❷(物体)行走似地移动;步步延伸:pylons ~*ing* across the valley 穿过山谷的一行高压输电塔 ❸处世;行事;生活 ❹(鬼魂等)行走;出现:It was the sort of night when phantoms might ~. 那是幽灵出没的夜晚。*vt*. ❶行于⋯;使行走(尤指伴随⋯一起走):I'll ~ you home. 我陪你走回家去。❷使(动物)走路,遛(动物):He's out ~*ing* the dog. 他正在外边遛狗。❸在⋯上走;沿⋯走:~ the fields looking for wild flowers 在田野上走着寻找野花 Ⅱ. *n*. ❶ⓒ步行;散步:She took the dog for a ~. 她带着狗去散步。❷〔用单数〕步行的距离:The station is ten minutes' ~ from my house. 从我家到车站步行要 10 分钟。❸〔用单数〕步态;步法:I recognized him at once by his ~. 从走路的样子我立刻就把他认出来了。❹ⓒ(正常的)行走速度:After running for ten minutes, he dropped into a ~. 他跑了 10 分钟后就开始步行了。❺ⓒ常走之处;散步场所;人行道

walk·ie-talk·ie ['wɔːkɪ'tɔːkɪ] (~s[-z]) *n*. ⓒ手提式无线电讲机;步话机

walk·ing ['wɔːkɪŋ] Ⅰ. *n*. Ⓤ❶步行;散步:*Walking* is good exercise. 步行是很好的锻炼。❷步态 ❸(步行的)路面状况 Ⅱ. *adj*. ❶能行走的;活的;不需卧床休息的 ❷步行的;步行用的:a ~ tour 徒步旅行

* **wall** [wɔːl] Ⅰ. (~s[-z]) *n*. ⓒ❶墙,城墙;围墙;墙壁:The old town on the hill had a ~ right round it. 小山上的古城四周有城墙。❷〔常用复数〕间隔层;内壁;器壁:cell ~s 〔生〕细胞壁,细胞膜 ❸墙状物;屏障:The mountain rose up in a steep ~ of rock. 这座山高而陡,形成一道崖石屏障。Ⅱ. (~s[-z]) *vt*. ❶用围墙围住(或分隔、防护等):a ~ed city 有城墙的城市 ❷把(进出口、窗子) 用墙壁堵塞

* **wal·let** ['wɒlɪt] *n*. ⓒ(尤用以放纸币、证件等)钱包,皮夹

* **wal·nut** ['wɔːlnʌt] *n*. ❶ⓒ〔植〕胡桃 ❷ⓒ【植】胡桃树;Ⓤ胡桃木

waltz [wɔːlts] Ⅰ. (~es[-ɪz]) *n*. ⓒ华尔兹舞;华尔兹舞曲 Ⅱ. (~es['-ɪz]; ~ed[-t]) *vi*. ❶跳华尔兹舞:He ~ed beautifully. 他华尔兹舞跳得很美。❷〔口〕轻快地走动;轻快地突破 *vt*. 与⋯跳华尔兹舞

wan [wɒn] Ⅰ. (wanner; wannest) *adj*. 〔书〕苍白的;有倦态的;带病容的:a ~ smile 勉强的微笑 Ⅱ. (wanned; wanning) *v*. (使)呈病态

wand [wɒnd] (~s[-z]) *n*. ⓒ❶棍,棒,杖 ❷(妖精、魔术师等的)魔杖

wan·der ['wɒndə(r)] (~s[-z]) *vi*. ❶(〔近〕ramble, meander) 游荡;漫游;闲逛;流浪:I spent the vacation ~*ing* through France. 我的假期是在法国到处漫游中度过的。❷(道路或河流)蜿蜒,迂回曲折地延伸:The road ~s through the range of hills. 这条路在山丘间绕来绕去。❸(〔近〕stray)(人或动物)离群;失散;迷路:The child ~ed off and got lost. 那个孩子自己走开而迷了路。❹(人、思想等)走神;胡思乱想;神智混乱:Her mind seemed to be ~*ing* and she didn't recognize us. 她好像精神恍惚,没认出我们来。*vt*. 漫游(某地);漫步于:I've spent one year ~*ing* the world. 我用了一年时间漫游世界。

wan·der·ing ['wɒndərɪŋ] Ⅰ. 〔无比较级〕*adj*. ❶漫游的;闲逛的;流浪的 ❷(河等)曲折的,蜿蜒的 ❸(精神)恍惚的;错乱的 Ⅱ. (~s[-z]) *n*. 〔常用复数〕❶流浪;流浪之旅 ❷神志恍惚,精神错乱;胡言乱语

wane [weɪn] Ⅰ. (~s[-z]; waning) *vi*. ❶(月)亏,缺:the *waning* moon 下弦月 ❷变暗淡;变小;减少 ❸衰落,衰退;没落;消逝:His strength is *waning*. 他的精力在衰退。Ⅱ. *n*. Ⓤ❶月亏;月亏期 ❷衰退;衰退期

want [wɒnt] Ⅰ. (~ed['-ɪd]) *vt*. ❶要;想要(某物);希望:I ~ some hot milk. 我要些热牛奶。❷要;要求;需要:We shall ~ more staff for the new office. 我们的新办公室需要增加些职员。❸(〔近〕require, need)应该(做某事) You ~ to be more careful. 你应该再细心一些。❹〔常用被动语态〕要(某人)做;需要(某人):The baby ~s its mother. 这个婴儿要找妈妈。❺(〔近〕lack)(东西)不足,缺少;缺乏:The picture ~s something of perfection. 这幅画有些美中不足。*vi*. (〔近〕missing)需要;缺少;生活困难;困乏:We shall not ~ for food. 我们不会缺少食物了。Ⅱ. *n*. ❶(〔近〕need)ⓒ渴望;需要:This book met a long-felt ~. 这本书满足了盼望已久的需要。❷ (〔近〕desire,

W

need) ⓒ 想要的事物；需要的东西：We only have simple ~s. 我们只是需要些简单的东西。❸([近] lack)Ⓤⓒ 不足；缺乏：His work showed ~ of care. 他的工作显得不够细心。❹Ⓤ 贫穷；贫困；匮乏：Their health had suffered from years of ~. 他们长年贫困影响了身体健康。

want·ing ['wɒntɪŋ] Ⅰ.［无比较等级］*adj.* ❶缺少的；没有的：a coat with some buttons ~ 缺少几个纽扣的外套 ❷不够格的；不合标准的 ❸［口］迟钝的 Ⅱ. *prep.*（[近]without）缺；无：a month ~ two days 一个月缺两天

wan·ton ['wɒntən] Ⅰ. *adj.* ❶([近] unruly, undisciplined)(指行动)不怀好意的，恶意的；恣意的：~ bombing 狂轰滥炸 ❷([近] mischievous) 顽皮的；反复无常的；任性的；不负责任的：in a ~ mood 以闹着玩的心情 ❸(生长物等)茂盛的；繁密的；滋生的：The weeds grew in ~ profusion. 遍地野草丛生。❹([近] lewd, bawdy, lustful, sensual) 不正派的；不贞的；放荡的：~ behaviour 不道德的行为 Ⅱ.(~s[-z]) *n.* ⓒ(尤指女子)放荡的人；不道德的人 Ⅲ. *vi.* ❶任性；反复无常；嬉戏 ❷生活奢侈；放肆；淫荡 *vt.* 挥霍(钱财)

war [wɔː(r)] Ⅰ.(~s[-z]) *n.* ❶([反]peace)Ⓤⓒ 战争；战争状态；战争期间：The border incident led to ~ between the two countries. 这一边境事件导致了两国交战。❷Ⓤ战术，兵法；军事：the art of ~ 战术 ❸Ⓤⓒ 竞争；冲突；对抗：There was a state of ~ between the rivals. 竞争对手间已处于敌对状态。Ⅱ.(~s [-z]；warred；warring ['-rɪŋ]) *vi.* 进行战争；交战；论战：~ for national independence 进行民族独立战争 Ⅲ. *adj.* 战争的，战时的；战争中用的；战争引起的：a ~ cabinet 战时内阁

ward [wɔːd] Ⅰ.(~s[-z]) *n.* ❶ⓒ病房；病室：children's ~ 儿科病房 ❷ⓒ行政区；选区 ❸Ⓤ监视；监禁；监护；保护：keep watch and ~ over a person 日夜监视某人 ❹ⓒ【律】被监护人，被保护人 ❺［常用复数］锁孔；(钥匙的)榫槽 Ⅱ.(~s[-z]；~ed['-ɪd]) *vi.* ❶保护；守卫 ❷避开；防止；挡住：~ off blows 避开打击

ward·en ['wɔːdn] (~s[-z]) *n.* ⓒ❶看守人，保管员；管理员；监察员 ❷［美］镇长；区长；要塞的长官 ❸［英］(某些大学的)院长；校长；训导员 ❹［英］高级官员的称号(尤指总督、大臣、港务局长、市场主管等) ❺［美］监狱长，看守长

ward·robe ['wɔːdrəʊb] (~s[-z]) *n.* ❶ⓒ

衣柜,衣橱;藏衣室 ❷［常用复数］(个人的)全部衣物 ❸Ⓤ(剧团的)全部戏装

ware [weə(r)] (~s[-z]) *n.* ❶［常用复数］商品,货物:This shop sells a great variety of ~s. 这家店铺出售许多不同的商品。❷Ⓤ［集合用法］制造品;物品;瓷器

war·fare ['wɔːfeə(r)] *n.* Ⓤ❶作战;战争;战争状态;交战:modern ~ 现代战争 ❷冲突;斗争

war·like ['wɔːlaɪk] *adj.* ❶准备打仗的;好战的;尚武的 ❷战争的;军事的;有战争危险的

warm [wɔːm] Ⅰ. *adj.* ❶([反] cool) 温暖的;暖和的;保暖的:The weather is getting ~. 天气暖和起来了。❷([近] ardent) 热情的;热心的:We received a ~ welcome. 我们受到热烈欢迎。❸富于感情的;慈爱的:She is a ~ kindly person. 她是个和蔼可亲的人。❹(颜色、声音等)暖调的:The room was furnished in ~ reds and browns. 这个房间是用红色和棕色装饰的暖色调。❺([近] fresh)(指猎物的气味)不久前留下的;新鲜的 ❻［英］(游戏中)快要发现的,即将猜中的 Ⅱ.(~s[-z]) *vt.* ❶使暖和;使温暖:Please ~ the milk. 请把牛奶热一热。❷使…开心起来;使兴奋;使激动;使热烈 *vi.* ❶变暖和;变温暖:I turned on the heating, and the room soon ~ed up. 我打开暖气,房间很快就温暖起来了。❷兴奋,激动;变得热烈:He ~ed up as he expounded his views. 他在阐明自己的意见时兴奋起来了。❸同情;喜欢,爱好:He is beginning to ~ to his work. 他开始喜欢他的工作了。Ⅲ. *n.* ❶［常用 a ~］加热,加温:she gave the sheets a ~ by the fire before putting them on the bed. 她把被单烤暖后再铺到床上。❷Ⓤ［the ~］温暖的空气

warmth [wɔːmθ] *n.* Ⓤ❶暖和,温暖:the ~ of the climate 气候的温暖 ❷热情,温情,体贴:He was touched by the ~ of their welcome. 他受到他们热情欢迎,十分感动。❸热心;兴奋,激动:She spoke with great ~. 她讲得非常兴奋。

warn [wɔːn] (~s[-z]) *vt.* ❶警告;告诫:He ~ed us against pickpockets. 他警告我们要当心扒手。❷预告,预先通知:The weather station ~ed that a storm was coming. 气象台预报将有暴风雨来临。*vi.* 发出警告;发出预告

warn·ing ['wɔːnɪŋ] Ⅰ.(~s[-z]) *n.* ❶ⓒ Ⓤ警告;告诫,警报;提醒:He ignored the policeman's ~. 他不理会警察的警告。❷ⓒ 可引以为戒之事(或人):Let that be a ~ to you. 你要把这件事引为鉴戒。❸ⓤ（解雇、辞职等的）预先通知：The boss gave John a week's ～ without reason. 老板毫无理由地通知约翰一星期后离职。Ⅱ．[无比较等级] *adj*. 警告的；告诫的；引以为戒的：give sb. a ～ look 向某人使一个警告的眼色

warp [wɔ:p] Ⅰ．*n*. ❶ⓤ弯曲；翘棱；歪斜 ❷ⓤ（思想、判断、行动等的）偏差；偏见；（性情等的）乖戾，反常心理 ❸ⓒ【海】绞船索 ❹[the ～][集合用法]（纺织品的）经线，经纱 Ⅱ．（～ed[-t]）*vt*. ❶使翘起；弄弯；弄歪：The hot sun had ～ed the cover of the book. 太阳把这本书的书皮晒翘棱了。❷使（性格等）反常；使有偏见：His mind was ～ed by his bad experiences in his youth. 年轻时的坎坷使他的心灵变得扭曲了。❸把（线、纱）排列成经 ❹【海】用绞船索曳（船）*vi*. ❶变弯曲，变歪：The damp wood began to ～. 这块潮湿的木材有些翘棱了。❷（心思、判断、想法等）扭曲，反常：a ～ed mind 反常的想法

war·rant ['wɒrənt] Ⅰ．*n*. ❶ⓤ正当的理由；证据；根据；权限：He had no ～ for doing that. 他那样做毫无道理。❷ⓒ授权，批准；授权令；许可证；逮捕状：issue a ～ for sb.'s arrest 发出逮捕某人的逮捕状 ❸ⓒ付款凭单，收款凭单；(公司发出的)认股证书 Ⅱ．（～ed[-id]）*vt*. ❶使…有(正当)理由；成为…的根据：This state of affairs ～s our attention. 这种事态值得我们注意。❷授权给；批准 ❸向…保证；担保：This material is ～ed (to be)pure silk. 这种料子保证是纯丝的。

war·ri·or ['wɒrɪə(r)] Ⅰ．（～s[-z]）*n*. ⓒ[书]武士；勇士；(老)战士；(原始部落的)斗士 Ⅱ．*adj*. 战斗的；尚武的

wa·ry ['weərɪ]（warier；wariest 或 more ～；most ～）*adj*. ❶[近]cautious)谨慎的；小心翼翼的；警惕的：She was ～ of strangers. 她很警惕陌生人。❷谨防的；唯恐的(of, about)：be ～ of giving offence 唯恐得罪人

*ˣ**was** [强 wɒz；弱 wəz]be 的过去式，与第一人称和第三人称单数形式搭配

*ˣ**wash** [wɒʃ] Ⅰ．（～es['-ɪz]；～ed[-t]）*vt*. ❶洗；洗涤；洗净：Wash your hands before eating. 吃东西前先洗手。❷（海水等）拍打；流过；弄湿：The sea ～ed the base of the cliffs. 海水拍打着悬崖的底部。❸冲走…，(海浪等)卷走：Pieces of the wreckage were ～ed ashore. 遇难船只的残骸物已被冲到了岸上。❹（水）冲成；冲出：The stream had ～ed a channel in the sand. 小河在沙地上冲出了一条沟。❺用水冲(沙砾等)以选出(沙金

等) ❻用水溶性颜料涂饰(物体表面) *vi*. ❶洗(脸、手、衣物等)：Mother ～es every other day. 母亲每隔一天洗一次衣服。❷（布料等）耐洗，经洗：This sweater ～es well. 这件套头衫耐洗。❸（波浪）冲洗(岸边等)；冲击：Water ～ed over the deck. 水从甲板上流过。Ⅱ．（～es['-ɪz]）*n*. ❶ⓒ[常用 a ～]洗涤，清洗：Go to the bathroom and have a ～. 到浴室去清洗一番。❷ⓒⓤ[亦用 a ～][集合用法]洗的衣物；洗衣店：Send the shirts to the ～. 把这些衬衫送到洗衣店去。❸ⓤⓒ洗涤剂；洗药；化妆水：a hair ～ 洗发剂 ❹ⓤ稀淡饮料(或食物) ❺ⓤ[常用 the ～]（波浪的）冲刷；冲击的波浪(声音)：the ～ of the waves against the side of the boat 波浪拍打船舷的声音 ❻ⓒ（水彩等的）薄涂层 ❼ⓤ(剩汤菜混合的)猪饲料 ❽ⓤ[亦用 a ～](船只前进时形成的)涡流；(飞机造成的)气流

wash·er ['wɒʃə(r)]（～s[-z]）*n*. ⓒ❶洗涤器；洗衣机 ❷洗衣人 ❸【机】垫圈

wash·ing ['wɒʃɪŋ] *n*. ❶．ⓒ洗；洗涤；冲洗：Washing is a chore. 洗衣服是一件烦人的事。❷ⓤ(待洗的)衣物

wasp [wɒsp] *n*. ⓒ【动】黄蜂，马蜂

*ˣ**waste** [weɪst] Ⅰ．（～d['-ɪd]；wasting）*vt*. ❶（[反]save）浪费；滥用：Mother told me not to ～ money. 母亲告诉我别浪费钱。❷消耗；使消瘦：His body was ～d by long illness. 他久病体弱。❸使(土地等)荒芜；荒废：The fields were ～d by a long drought. 那些田地由于久旱而荒芜了。*vi*. ❶被浪费：Turn the tap off — the water is wasting. 把水龙头关上——水都白白流掉了。❷被消耗，逐渐减少；变消瘦：He is wasting away from disease. 他病得消瘦了。Ⅱ．*n*. ❶ⓤⓒ浪费；滥用：It's a ～ of time doing that. 做那件事是浪费时间。❷ⓤⓒ废料；废物；垃圾：Dustbins are used for household ～. 垃圾箱是盛扔掉的破烂东西的。❸ⓤ损耗，消耗；毁坏：～ and repair 损耗和修复 ❹ⓒ[常用复数] 无人烟的(或不能住人)地区；荒地；荒漠：Nothing will grow in these ～s. 这种荒地长不出东西来。Ⅲ．*adj*. ❶废弃的；剩下的；无用的：～ material 废弃物 ❷(土地等)荒芜的；未开垦的；不毛的：～ land 荒地

waste·ful ['weɪstf(ʊ)l] *adj*. （[近]lavish）造成浪费的；挥霍的；耗费的：～ habits 造成浪费的习惯／～ expenditure 挥霍浪费的支出

*ˣ**watch** [wɒtʃ] Ⅰ．（～es['-ɪz]；～ed[-t]）*vt*. ❶看；观看；观察：I ～ television every evening. 我每天晚上都看电视。❷注意当心

（某事物）：*Watch* **yourself**! 当心你的言行！❸看守；守卫；照顾；监视：She ~*ed* the patient throughout the night. 她整夜看护那个病人。❹（[近]await，wait for）期待…，伺机：He was ~*ing* his chance. 他在等机会。*vi.* ❶观看；注视：He ~*ed* to see what would happen.他注视着看会发生什么事。❷看守；守卫；监视；注意：There's a policeman ~*ing* outside the house.有一名警察在屋外监视着。❸盼望；等待：They are ~*ing* for further developments. 他们等待着进一步的发展。❹守夜；不睡：~ all night at the bedside of a sick child 守在患病儿床边彻夜不眠 Ⅱ. (~es['-ɪz]) *n.* ❶©[常构成合成词]手表；挂表：a pocket-~ 怀表 ❷Ⓤ[亦用 a ~]看守；监视；警戒，注意：under the close ~ 在严密监视之下 ❸Ⓤ值班人（员）；看守人（员）；哨兵，警卫：The police put a ~ on the suspect's house. 警方派人监视那个可疑的住宅。❹©Ⓤ（值班的）一班；一岗；[海]海员的值班时间（每班通常为 2 到 4 小时）：值班的海员 ❺©[常用复数]夜里醒着的时间

water ['wɔːtə(r)] Ⅰ. (~s[-z]) *n.* ❶Ⓤ水；自来水：I want to drink a glass of ~. 我想喝杯水。❷©大片的水；（尤指）湖，河，海 ❸Ⓤ水深；水位；水面；水路：He likes to dive in the ~. 他喜欢潜水。❹Ⓤ潮水；潮水的水位：at high ~ 处于高潮 ❺©（国家的）海域；领海，近海：in Mexican ~s 在墨西哥近海 ❻Ⓤ含水的（或似水的）制剂：rose-~ 玫瑰香水 ❼Ⓤ（生物体的）体液；分泌液 ❽Ⓤ（宝石的）透明度；光泽度；优质度；（品质或类型的）程度：a diamond of the first ~ 最好的钻石 Ⅱ. (~s['-z]；~ing['-rɪŋ]) *vt.* ❶洒水于…；浇水于…：Would you ~ the rose? 给玫瑰浇浇水好吗？❷给（动物）水喝：~ the horses 饮马 ❸在…中掺水，冲淡：The owner of the pub was accused of ~*ing* beer. 有人指责酒店老板在啤酒里掺水。❹（河流）流经…：a country ~*ed* by numerous rivers 有众多河流水源充足的国家 ❺（发行股票以使资本）虚增 *vi.* ❶流泪；流口水：The smoke made my eyes ~. 烟熏得我直流泪。❷（船等）加水；（动物等）饮水

wa·ter·mel·on ['wɔːtəmelən] *n.* ©Ⓤ西瓜

wa·ter·y ['wɔːtərɪ] *adj.* ❶水的；充满水的：a ~ consistency 稀薄似水的浓度 ❷含水过多的；（烹饪时）加水过多的：~ coffee 加水过多的咖啡 ❸潮湿的；湿润的 ❹（颜色等）淡的

watt [wɒt] *n.* ©[电]瓦(特)（电功率单位）

wave [weɪv] Ⅰ. (~s[-z]) *n.* ❶©浪；波浪；波涛：The storm whipped up huge ~s.

暴风雨掀起了巨浪。❷波动；起伏：the golden ~s of rice 稻子的金色波浪 ❸[喻]（情绪等的）波动；高涨，高潮；（人群的）潮涌，运动：a ~ of anger 一阵愤怒 ❹挥手；招手；摆手：He greeted them with a ~.他挥手向他们致意。❺（头发的）卷曲；烫发：The child's hair grew in pretty ~s. 那个孩子长着的鬖发很好看。❻[物]（光、声等的）波；电磁波：ultrasound ~ 超声波 ❼（天气的）突变，变动：a cold ~ 寒潮 Ⅱ. (~s[-z]；waving) *vi.* ❶摇；摇动，飘扬：a field of *waving* corn 起伏的麦浪 ❷呈波（浪）形：Her hair ~s naturally. 她的头发自然卷曲。❸挥手；摆手：He ~*d* to us when he saw us. 他看见我们时，向我们挥了挥手。*vt.* ❶使波动；使起伏，使飘扬 ❷对…挥动（手或手中物）：They ~*d* their flags in welcome. 他们挥旗表示欢迎。❸（挥手）示意…：We ~*d* a greeting to the teacher. 我们挥手向老师问好。❹使成波浪形；使卷曲：She has had her hair ~*d*. 她烫发了。

wa·ver ['weɪvə(r)] (~s[-z]；~ing ['-rɪŋ]) *vi.* ❶([近] totter, quiver, swing, falter, hesitate)摇摆；摇晃；摇曳：He ~s a little as he walks. 他走路时有些摇晃。❷（声音等）颤抖；（光亮）闪烁：The candle flames ~*ed*. 烛光闪烁。❸减弱；动摇；犹豫不决：His courage never ~*ed*. 他的勇气从未减弱。

wa·vy ['weɪvɪ] (wavier；waviest) *adj.* 波浪的；似波浪的；起伏的，波浪翻腾的

wax[1] [wæks] Ⅰ. *n.* Ⓤ❶蜡；蜂蜡；蜡状物：*Wax* can be easily melted by heat. 蜡容易受热熔化。❷耳垢；耳屎 Ⅱ. (~es['-ɪz]；~ed [-t]) *vt.* 给（某物）上蜡；用蜡涂（某物）：~*ed* floor 打过蜡的地板

wax[2] [wæks] (~es['-ɪz]；~ed[-t]) *vi.* ❶（月亮）渐圆；渐满 ❷变大；增强 ❸（逐渐）变成：~ merry 高兴起来

way [weɪ] Ⅰ. (~s[-z]) *n.* ❶©路，道；街；径：a high ~ 公路 ❷©路线；路途；路程：Which ~ do you usually go to town? 你进城一般走哪条路线？❸([近] direction)©方向,方位：Look both ~s before you cross the street. 过马路时左右两边都要看。❹[用a ~]两点间的距离：It's a long ~ to London. 从这里到伦敦很远。❺[用单数]附近；周围：He lives somewhere Lincoln ~. 他住在林肯市附近。❻([近] means)Ⓤ（做某事的）方法；方式，手段：She showed them the ~ to do it.她向他们示范做这件事的方法。❼([近] custom)©习惯，习俗；作风：I don't like the ~ he looks at me. 我不喜欢他那种样子看着我。❽([近]condition,state)©情形，状况

规模；程度：The ~ things please us tremendously. 形势使我们十分高兴。❾（[近] feature，respect）ⓒ（事物的）某个方面：Can I help you in any ~? 我能帮你点儿忙吗？❿ ⓤ[口]生意，职业；行业：He is in the grocery ~. 他是经营杂货业的。⓫ ⓤ 前进，行进：make one's ~ 前进 Ⅱ. [无比较等级] adv. （[近] far）[口]与介词或副词连用，通常不用于否定句）很远：The price is ~ above what we can afford. 价格高得我们绝对付不起。

way•ward [ˈweɪwəd] adj. ❶不易管教的；不听话的；任性的：a ~ child 任性的孩子 ❷难以捉摸的，反复无常的

we [wiː, wɪ] pron. [主格] ❶我们：We've moved to London. 我们已经搬到伦敦来了。❷（报刊编者等用语）本报；本刊；笔者；本人：We will never allow the bill to pass. 我们绝不可让该项法案通过。❸（泛指）人们：We have shortcomings as well as good points. 人总是既有优点，也有缺点。❹[口]（表示亲切或关心）你（们）：How are ~ feeling today? （对病人的问话）今天感觉怎么样？❺（君主在正式场所使用）朕，寡人

weak [wiːk] adj. （[反] strong）❶弱的；虚弱的；瘦弱的：She was still ~ after her illness. 她病后仍很虚弱。❷（意志、性格等）薄弱的；优柔寡断的：He was too ~ to give up cigarettes. 他意志薄弱，戒不了烟。❸疲软的；萧条的；a ~ currency（economy，market）疲软的货币（经济、市场）❹（能力等）拙劣的，低劣的；不擅长的：The book is ~ on the medieval period. 这本书对中世纪时期论述不足。❺（论据等）无说服力的；不充分的：~ argument 无说服力的论据 ❻不易察觉的；微弱的：a ~ light 微弱的光线 ❼（液体）稀的，稀释的：a solution of salt and water 稀释的盐水 ❽【语】（动词）弱变化的；规则的

weak•en [ˈwiːkən] (~s[-z]) vt. 使…削弱；使…减弱：Hunger and disease had ~ed his constitution. 他贫病交加，体质已削弱。vi. ❶变弱；变衰差：My eyes have ~ed recently. 我的视力最近变弱了。❷（意志、决心等）动摇，软化：They have not yet agreed to our requests，but they are clearly ~ing. 他们还没有同意我们的要求，但态度已明显软化。

wealth [welθ] n. （[反] poverty）❶ⓤ 财富，财产；资源；富有：Nobody knew how she had acquired her ~. 谁也不知道她的财产是怎么来的。❷[亦用 a ~，the ~]大量，众多；丰富：a book with a ~ of illustrations 有大量插图的书

wealth•y [ˈwelθɪ] (wealthier；wealthiest)

adj. （[近]rich）（[反]poor）富的，富有的；丰富的：a ~ family 富裕的家庭

wea•pon [ˈwepən] (~s[-z]) n. ⓒ ❶武器，兵器；凶器：a deadly ~ 致命的武器 ❷（在斗争或竞争中）自卫（或克敌制胜）的行动（或手段）

wear [weə(r)] Ⅰ. (~s[-z]；wore[wɔː]；worn[wɔːn]) vt. ❶穿戴，佩戴；蓄留着（毛发等）；She ~s her hair long. 她留着长发。❷（脸上）呈现出，显出：His face wore a puzzled frown. 他皱着眉显出迷惑不解的样子。❸[口]同意；容忍（尤指不赞成的事物）：He wanted to sail the boat alone，but his parents wouldn't ~ it. 他要独自驾驶船航行，但他父母不让。❹磨损，耗损；用旧，穿坏：I have worn my socks into holes. 我的裤子穿破了。❺（使…）磨损成（洞，道等）：The water had worn a channel in the rock. 水把岩石冲出了一条沟。❻使疲乏；使憔悴 vi. ❶磨损，变旧，穿破；用坏：That coat is starting to look worn. 那件大衣已显得旧了。❷耐用，耐久：You should choose a fabric that will ~ well. 你应该挑选耐穿的料子。❸（时间等）逐渐消逝：Her fever is ~ing off. 她的热度在消退。Ⅱ. n. ⓤ ❶穿；戴；佩带：These shoes will not stand too much ~. 这双鞋子不太耐穿。❷[集合用法]衣类，衣服：children's ~ 童装 ❸磨损，耗损，磨平：This tire is showing ~. 这只轮胎已有磨损的痕迹。❹耐用，经用；耐久性：There is still a lot of ~ left in that old coat. 那件旧大衣还可以穿很久。

wear•ing [ˈweərɪŋ] adj. ❶令人疲倦的；令人厌烦的：I've had a ~ day. 我这一天很累。❷磨损的：a ~ test 磨损试验 ❸穿戴（用）的

weari•some [ˈwɪərɪsəm] adj. 使人感到疲倦（或厌烦）的；乏味的

wear•y [ˈwɪərɪ] Ⅰ. (wearier；weariest) adj. ❶（[近]tired）疲倦的；疲劳的；精疲力竭的：They felt ~. 他们用所有的累活儿都干完后感到精疲力竭。❷厌倦的；不耐烦的：I am ~ of hearing about your problems. 我听腻了你那些麻烦事。❸使人疲倦的，令人厌倦的：a ~ journey 令人厌倦的旅行 Ⅱ. (wearies [-z]；wearied) vt. 使疲乏，使厌倦：It wearies me to have to explain everything in such detail. 让我把一切都得解释得那么详细，可真烦人。vi. 厌倦，不满：She began to ~ of her companions. 她逐渐对同伴心怀不满。

weath•er [ˈweðə(r)] Ⅰ. (~s[-z]) n. ⓤ ❶天气；气象：The success of the crop depends on the ~. 要收成好全得靠天气。❷恶

劣天气:We are expecting some ～. 我们预计天气要变化。❸处境,境遇:run into rough ～ 陷入困境 Ⅱ. *adj.* 【海】上风的;迎风的:on the ～ side 在上风侧 Ⅲ. (-s [-z];-ing[-rɪŋ]) *vt.* ❶使晾干;使风干 ❷使经受风吹雨打,使经受日晒雨露;使褪色:rocks ～ed by wind and water 受风化和水蚀的岩石 ❸经受住;～ the storm 战胜暴风雨 ❹(船航行时)逆风经过(某处):The ship ～ed the cape. 那艘船顶着风经过海角。*vt.* ❶(因风吹雨打而)褪色;受侵蚀,风化:The rock has ～ed away into soil. 岩石风化成土了。

* **weave** [wi:v] Ⅰ. (～s [-z];wove[wəʊv];woven['wəʊvən];weaving) *vt.* ❶编织,编制;织结,织成:It is *woven* of silk. 这是用丝织成的。❷构成,编排:The writer *wove* an interesting story out of the event. 那位作家把那件事编成了一个有趣的故事。❸使迂回行进:～ one's way through a crowd 在人群中曲折穿行 ❹(蜘蛛等)结网 *vi.* ❶纺织;编织:She had been taught to ～ as s child. 她从小就学会了织布。❷迂回行进:The road ～s through the range of hills. 这条路在群山中绕来绕去。Ⅱ. (-s [-z]) *n.* ⓊⒸ织法,编法;纺织式样:loose (tight, coarse, plain) ～ 松(紧、粗、平)织

* **weav·er** ['wi:və(r)] (～s [-z]) *n.* Ⓒ织布工,纺织工人;编织者

web [web] (～s [-z]) *n.* Ⓒ❶(蜘蛛等动物结的)网:a spider's ～ 蜘蛛网 ❷[喻]错综复杂的事物(或网络):a ～ of deceit 一整套骗术 ❸(蛙、水禽、蝙蝠等的)蹼 ❹(印报纸的)卷筒纸;(卷筒纸的)一卷,一筒

* **web·site** ['websaɪt] *n.* Ⓒ网站;网点

wed [wed] (-s [-z];wedded['-ɪd];wedding) *vt.* ❶娶,嫁;与…结婚(主要用作新闻用语,普通多用 marry) ❷(牧师)为…主持婚礼 *vi.* 结婚

wed·ded ['wedɪd] *adj.* ❶[无比较等级](法律上)结婚的,已婚的 ❷结合在一起的,融为一体的:be ～ by common interests 被共同的利益结合在一起 ❸不放弃的,致力于…的:She is ～ to her opinions and nothing will change her. 她坚持己见决不动摇。

 wed·ding ['wedɪŋ] (-s [-z]) *n.* Ⓒ❶婚礼,结婚庆典 ❷结婚周年纪念日:a silver (golden) ～ 银(金)婚

wedge¹ [wedʒ] Ⅰ. (-s[-ɪz]) *n.* Ⓒ❶楔子;劈:force sth. apart with a ～ 用楔子把某物劈开 ❷楔形;楔形物:a ～ of cake 一角蛋糕 Ⅱ. (-s[-ɪz];wedging) *vt.* ❶用楔子楔牢;以楔子钉紧:The window doesn't stay closed

unless you ～ it. 这扇窗子关不严,得用楔子楔上。❷将…塞人(或插入)

wedge² [wedʒ] (-s[-ɪz]) *n.* ❶Ⓒ鞋子的坡跟,坡跟鞋 ❷Ⓤ楔形发式

* **Wed·nes·day** ['wenzdɪ] (～s [-z]) *n.* ⓒⓊ星期三(略作 W.,Wed. 或 Weds.)

wee [wi:] Ⅰ. (～r['-ə];～st['-ɪst]) *adj.* ❶小小的:the poor ～ fellow 可怜的小家伙 ❷很小的;极小的:I'm a ～ bit worried about him. 我对他有些担心。Ⅱ. *n.* Ⓒ一丁点儿;一会儿

weed [wi:d] Ⅰ. (～s [-z]) *n.* ❶Ⓒ杂草;野草;莠草 ❷Ⓒ[俚]瘦弱的人;懦弱的人:Don't be such a ～! 别这么懦弱! ❸[常用 the ～][口]烟草;香烟,大麻烟 Ⅱ. (～s [-z];～ed ['-ɪd]) *vt.* ❶除去…的草:～ a garden 除去花园内的杂草 ❷剔除,清除(out):～ out the weakest saplings 摘除最差的树苗

week [wi:k] *n.* Ⓒ❶周,星期;(从任何时候算起的)七天时间:I haven't seen you for ～s. 我好几个星期没见到你了。❷工作周(指一周中除假日外的工作日):He spends the ～ at the factory and goes home on Sunday. 他平时在工厂,星期天回家。❸[英]从某日起算七天前(或后)的一天:He was here this day ～. 上星期的今天他在这里。

* **week·day** ['wi:kdeɪ] *n.* Ⓒ一周中的工作日

* **week·end** ['wi:k'end] Ⅰ. (～s [-z]) *n.* Ⓒ周末(通常指从星期五晚上或星期六到星期天或星期一早上为止) Ⅱ. (～s [-z];～ed [ɪd]) *vi.* 过周末:They're ～ing at the seaside. 他们在海滨过周末。

* **week·ly** ['wi:klɪ] Ⅰ. [无比较等级] *adj.* 每周的;一周一次的;按周计算的:a ～ magazine 周刊 Ⅱ. [无比较等级] *adv.* 每周,每周一次:Wages are paid ～. 工资每星期支付一次。Ⅲ. (weeklies [-z]) *n.* Ⓒ周报,周刊

* **weep** [wi:p] Ⅰ. (wept[wept]) *vt.* ❶流(泪),为…流泪;哭着使…:～ tears of joy 流出喜悦的眼泪 ❷为…流泪;为…哀伤:one's misfortune 悲叹自己的不幸 *vi.* ❶流泪,哭泣:She *wept* at the sad news. 她听到那个不幸消息后哭了起来。❷(伤口)流出(或渗出)液体(尤指脓):The cut is no longer ～ing and is starting to heal. 伤口已不流脓,渐渐愈合了。Ⅱ. *n.* Ⓒ[口](一阵)哭泣

* **weigh** [weɪ] (～s [-z]) *vt.* ❶称…的重量;称;估量:He ～ed the stone in his hand. 他用手掂了掂这块石头的重量。❷([近] evaluate)掂量,考虑;权衡:*Weigh* your words before speaking. 讲话前要仔细考虑措辞。❸重

压,把…压弯;使下垂;使不平衡:The fruit ~ed the branches down. 果实把树枝压弯了。❹【海】起(锚),拔(锚) *vi*. ❶重…;有…重量:[~ + 名(形)] How much do you ~? 你的体重是多少? ❷[近] count) 具有重要性,有意义:His remarks ~ heavily with me. 他的话对我很有影响。

weight [weɪt] I. *n*. ❶U (物体的)重量,分量;体重:He has grown both in height and ~. 他的身高和体重都增加了。❷C U 重量单位,衡量(制):metric ~ 米制 ❸C 砝码;秤锤,秤砣:a pound ~ 一磅重的砝码 ❹C (尤指用以压住或坠在他物的)重物:The doctor said he must not lift heavy ~s. 医生说他切不可抬重物。❺U【物】重力,地力引力 ❻C (精神上的)重担,压力;负担:He couldn't stand the ~ of the responsibility. 他承受不了该项责任的重担。❼U 重要(性),重大;影响力:What he said has great ~ with us. 他所说的对我们很有影响。II. (~ed['-ɪd]) *vt*. ❶加重量于…,使变重:Don't ~ the boat too heavily. 别把船装得太重。❷用矿物质处理(织物)(使之加重):~ed silk 经加重处理的丝绸 ❸偏袒,使倾斜:a law ~ed in favour of those owning land 对土地持有者有利的法规

weight·less ['weɪtlɪs] [无比较等级] *adj*. 轻的;无重量的;失重的;无重力的

weight·y ['weɪtɪ] (weightier; weightiest) *adj*. ❶[近]heavy)重的;沉重的 ❷繁重的;累人的 ❸慎重的;需认真考虑的 ❹[近]important)重要的;有影响的

weird [wɪəd] *adj*. ([近]odd, fantastic) ❶[口] 不自然的;怪异的;奇怪的:Weird shrieks were heard in the darkness. 在黑暗中听见离奇的尖叫声。❷非传统的;不寻常的;古怪的:~ clothes 古怪的衣物/I found some of her poems a bit ~. 我觉得她的诗有点儿怪。

wel·come ['welkəm] ([反] unwelcome) I. *adj*. ❶受欢迎的:We had the feeling that we were not ~ at the meeting. 我们感到人家不欢迎我们到会。❷可喜的,来得正好的:Your suggestion is most ~ (to us). 你的建议提得好。❸[用作表语]被允许的;可随意使用的;不必感谢的:You are ~ to any books you would like to borrow. 你想借什么书就随便借好了。II. *int*. (迎接时用的招呼语)欢迎:Welcome to Beijing! 欢迎你(们)到北京来! III. (~s[-z]; welcoming) *vt*. ❶欢迎;迎接:He ~d friends to his home. 他欢迎朋友们到他家来。❷对… 表示(或感到)愉快

(或满意):We ~ the opportunity to express our gratitude. 我们十分高兴能有机会表示谢意。IV. (~s[-z]) *n*. C 欢迎;招呼;接待,招待:They gave me a cold ~. 他们待我十分冷淡。

weld [weld] I. (~s[-z]; ~ed['-ɪd]) *vt*. ❶焊接,熔接,锻接:~ the pieces of a broken axle 焊接断轴 ❷用锻焊法(或焊接法)制造(某物) ❸将…结合起来:~ a bunch of untrained recruits into an efficient fighting force 把未经训练的一群新兵组织成有战斗力的部队 *vi*. (铁等)能被锻焊(或焊接):Some metals ~ better than others. 有的金属容易焊,有的不容易焊。II. *n*. C 锻焊点,焊接点

wel·fare ['welfeə(r)] *n*. U ❶(个人或集体的)安康,幸福;繁荣:Parents are responsible for the ~ of their children. 父母要对孩子的幸福负责。❷(对某群体的健康、安全等的)关心,照顾;福利:child ~ 儿童福利 ❸[美口] (政府发放的)福利救济金

well¹ [wel] I. (~s[-z]) *n*. C ❶井,水井;(石油、天然气的)矿井 ❷泉水;泉,池 ❸…的来源;源泉:a ~ of information 消息的来源 ❹【建】井道,通风竖井;(房屋中央的)楼梯井;升降机井道 ❺[英] (法庭上设有围栏的)律师席 II. (~s[-z]) *vi*. (水等)涌出;喷出;涌上:Blood was ~ing out from the wound. 鲜血从伤口流出。

well² [wel] I. (better['betə]; best[best]) *adv*. ❶([反] badly) 好;对;满意地:She speaks English very ~. 她说英语说得很好。❷好意地;友爱地:They treated me very ~. 他们待我很好。❸夸奖地,称赞地:speak ~ of sb. 称赞某人 ❹完全地,彻底地;充分地:Shake the mixture ~. 把这混合物充分摇匀。❺合理地;适当地;可能地:You may ~ be right. 你可能是正确的。❻很,颇,相当:It's ~ worth trying. 这很值得一试。II. (better['betə]; best[best]) *adj*. ❶([近] fine, healthy)([反] ill, sick) 健康的;安好的:You don't look ~. 你的脸色不太好。❷令人满意的,良好的:We're very ~ where we are. 我们目前的处境很好。❸得当的;适宜的:It would be ~ to start early. 最好早点儿动身。III. *int*. ❶(表示惊讶)咳,嘿,唷:Well, who would have thought it? 啊,谁会想得到是这样的呢? ❷(用于表示快慰)好啦:Well, thank goodness that's over! 好了,谢天谢地,这件事总算过去了! ❸(表示无可奈何)嗯,唉:Well, it can't be helped. 唉,这是没办法的事。❹(表示同意、期望、让步等)好吧,喂:Well, you may be right. 好吧,你也许是对的。❺(用于

重新开始说话时)喔,噢,这个: *Well*, let's move on to the next item. 好,我们接着研究下一项吧。❻(用于表示犹豫、疑惑)唔,嗯: "Do you want to come?" "*Well*—I'm not sure!" "你想来吗?" "唔。我还拿不定主意。" **Ⅳ**. *n*. 回好,美满;令人满意的事物: I wish you ~. 愿你称心如意。

went [went] go 的过去式

wept [wept] weep 的过去式和过去分词

were [wə(r);wɜ:(r)] be 的过去式

* **west** [west] ([反]east) **Ⅰ**. *n*. ❶回西;西边;西部: The sun sets in the ~. 太阳在西边落下。❷[the West] 西洋,西方;欧美: the civilization of the *West* 西洋文明;西方文明 ❸[the West] (某一国的)西部地区;(尤指)美国西部: She's lived in the *West* for ten years. 如今,她已在美国西部住 10 年了。**Ⅱ**. [无比较等级] *adj*. ❶西部的;西面的;朝西的: ~ side of London 伦敦的西部地区 ❷从西方来的:a ~ wind 西风 **Ⅲ**. [无比较等级] *adv*. 在西方;向西方: The building faces ~. 这座楼房面向西。

west·bound ['westbaʊnd] *adj*. 西行的;向西的: ~ of the motorway 西行的行人车辆

west·er·ly ['westəlɪ] **Ⅰ**. *adj*. ❶西的;向西方的: ~ shores 西岸 ❷从西面来的 **Ⅱ**. *n*. 回回西风[用复数]西风带 **Ⅲ**. *adv*. 向西

* **west·ern** ['westən] **Ⅰ**. *adj*. ❶西方的;在西方的;往西的;(风)吹自西方的: My house is in the ~ part of the town. 我的家在城西。❷[用 Western]西洋的;欧美的;有西方特征的: *Western* culture 西方文化 **Ⅱ**. (-s [-z]) *n*. 回[常用 Western]西部电影或小说(描写美国西部的牛仔生活,尤指昔日与美国印第安人作战时代的生活)

west·ern·ize, -ise ['westənaɪz] (-s [-ɪz]; westernizing) *vt*. 使西欧化,使欧美化: The island became fully ~d after the war. 战后,这个岛完全西方化了。

west·ern·most ['westənməʊst] *adj*. 最西的;极西的

west·ward ['westwəd] **Ⅰ**. [无比较等级] *adj*. 向西的:go in a ~ direction 向西走 **Ⅱ**. *adv*. 向西 **Ⅲ**. *n*. 回西方;西部

west·wards ['westwədz] *adv*. 向西

* **wet** [wet] ([反]dry) **Ⅰ**. (wetter;wettest) *adj*. ❶湿的;潮(湿)的: Did you get ~? 你淋湿了吗? ❷([近]rainy)(天气)下雨的;多雨的: It was a *wettest* October for many years. 这是许多年来最多雨的一个 10 月。❸(油漆、水泥等)尚未干的;尚未凝固的: Don't

walk on the ~ cement. 不要在尚未干的水泥地上行走。❹[美口]允许制酒(或卖酒)的;反对禁酒的:a ~ State 不禁酒的州 ❺[口]喝醉的 ❻(指人)无气魄的;无效率的;不果断的;迟钝的 **Ⅱ**. *n*. ❶[the ~]雨,雨天: Come in out of the ~. 进来,免得淋雨。❷回湿气;潮湿;水气 ❸回[美口]反对禁酒者 ❹回[英俚]迟钝(或软弱)的人 **Ⅲ**. (wet 或 wetted ['-ɪd];wetting) *vt*. 使潮湿;把…弄湿: *Wet* the clay a bit more before you start to mould it. 先把黏土弄得湿一点儿,再用模子塑成像。

whale [weɪl] **Ⅰ**. (-(s)[-(z)]) *n*. 回鲸 **Ⅱ**. *vi*. 捕鲸

wharf [wɔ:f] **Ⅰ**. (~s 或 wharves) *n*. 回码头;停泊处 **Ⅱ**. *vi*. 靠码头

* **what** [wɒt,wət] **Ⅰ**. *pron*. ❶[疑问代词]什么: *What* did you say? 你说什么? ❷[用于感叹句中]多少: *What* these ancient walls could tell us! 这些古老的城墙能告诉我们多少事情啊! ❸[关系代词]所…的事物(或人)(= that which 或 those which): Show me ~ you have written. 把你所写的给我看看。❹[关系代词]凡是…的事物(= whatever): You may say ~ you will. 你要怎么说就怎么说。**Ⅱ**. *adj*. ❶(表示疑问)什么: *What* commodities do we export? 我们出口什么商品? ❷(表示感叹)多么,何等: *What* awful weather we're having! 多么坏的天气呀! ❸[关系形容词]所…的,尽可能多的: I will give you ~ help I can. 我会尽我的能力帮助你。**Ⅲ**. *adv*. 在哪一方面;到什么程度: *What* does it matter? 这有什么关系? **Ⅳ**. *int*. (表示气愤、惊讶等)什么: *What*, do you really mean it? 什么,你真是这个意思吗?

* **what·ev·er** [wɒt'evə(r)] **Ⅰ**. *pron*. ❶[关系代词]无论什么东西,不管什么事情;凡是…的事物: Take ~ you want. 你要什么就拿什么吧。❷[连接代词]无论什么: *Whatever* happens, don't be surprised. 无论发生什么事,都别惊讶。❸[疑问代词]究竟什么: *Whatever* do you mean by that? 你说这话究竟是什么意思? ❹诸如此类: buffalo or rhinoceros or ~ 水牛或犀牛,或诸如此类 **Ⅱ**. [无比较等级] *adj*. ❶[关系形容词]无论什么样的: You can take ~ tools you need. 你们需要什么工具都可以拿。❷[引导表示让步的状语从句]无论怎样…都: *Whatever* dictionary you have,lend it to me. 不管你有什么词典,把它借给我。❸(用在与 no,any,all 连用的名词之后)一点…都(不),任何…(不): Is there any chance ~? 有一点儿可能性吗?

***wheat** [wiːt] *n*. Ⓤ小麦

***wheel** [wiːl] Ⅰ. (~s[-z]) *n*. Ⓤ❶轮，车轮，机轮：a water ~ 水车，水轮 ❷舵轮，方向盘；转向装置：The driver sat patiently behind the ~. 司机耐心地坐在方向盘的后面。❸[美口]自行车 ❹轮转，旋转(尤指部队、船队等的方向转换)：a left ~ 向左转 ❺[复][美俚]汽车 Ⅱ. (~s[-z]) *vi*. ❶旋转；转弯：They ~ed round in amazement. 他们惊奇地转过身来。❷盘旋：birds ~ (about) in the sky above us 在我们上空盘旋的鸟 ❸骑自行车；驾(或乘)车前进；[美俚]高速驾车 *vt*. ❶滚动，转动；推动：~ a barrow along the street 沿街推动手推车 ❷用车辆运送：~ sb. to the operating theatre on a trolley 用活动担架把某人送到手术室 ❸使变换方向，使旋转 ❹给…安装轮子 ❺[美俚]高速驾(车)

wheeler-dealer ['wiːlə'diːlə] (~s[-z]) *n*. Ⓒ[美]善用不正当手段进行交易的人

***when** [wen] Ⅰ. [无比较等级] *adv*. ❶[疑问副词]什么时候，何时：When will you come (to) see me? 你什么时候来看我? ❷[关系副词，引导定语从句]当…时；在那时：He came at a time ~ we needed help. 他在我们需要人帮忙的时候来到了。Ⅱ. *conj*. ❶当…时：It was raining ~ we arrived. 我们到的时候正在下雨。❷一…(就…)：We'll start ~ the team leader comes. 队长一来，我们就出发。❸如果，倘若：Turn off the switch ~ anything goes wrong with the machine. 如果机器发生故障，就把电门关上。❹虽然；尽管；然而：The boy was restless ~ he should have listened to them carefully. 当时那男孩应当专心听他们的话，但他却坐立不安。❺既然，在…的情况下：How could you do this, ~ you know that this might damage the apparatus? 既然你知道这样会损坏仪器，你怎么还能这样做呢? Ⅲ. *pron*. ❶[疑问代词]什么时候：Since ~ have you lived here? 你从什么时候开始住在这里的? ❷[关系代词]那时：We came back on Tuesday; since ~ we have been working in the repair shop. 我们星期二回来，从那时起就一直在修配间工作。Ⅳ. *n*. [the ~] (事情发生的)时间：the ~ and (the) where of the traffic accident 交通事故发生的时间和地点

***when·ev·er** [wen'evə(r)] Ⅰ. *conj*. ❶无论…的时候，每次，每当：The roof leaks ~ it rains. 每逢下雨屋顶就漏雨。❷在任何时候，无论何时：I'll discuss it with you ~ you like. 你想什么时候我就什么时候和你商量这件事。Ⅱ. [无比较等级] *adv*. [口]究竟何时(when

的强调形式，一般多写成 when ever)：Whenever can I find the time to enjoy a long journey? 究竟什么时候我才能找出时间享受去长途旅行呢?

***where** [weə(r)] Ⅰ. [无比较等级] *adv*. ❶[疑问副词]在哪里；往哪里；在哪一点上：Where does he live? 他住在哪里? ❷[关系副词]在那里；往那里：The town ~ I was born is declining. 我出生的城镇正逐渐没落。❸[连接副词]在…的地方；到…的地方；…的地方：This is ~ I was born. 这是我出生的地方。Ⅱ. *conj*. (在)…的地方：Put it ~ we can see it. 把它放在我们都看得见的地方。Ⅲ. *pron*. 哪里：Where do you come from? 你是哪里人? Ⅳ. *n*. [the ~] 地点，场所：The ~s and whens are important. 地点和时间是最重要的。

where·abouts Ⅰ. [ˌweərə'bauts][无比较等级] *adv*. ❶[疑问副词]在哪里，靠近哪里，(大概)在什么地方：Whereabouts in New York does he live? 他住在纽约的哪一带? Ⅱ. ['weərəbauts] [复] *n*. [用作单数或复数](人的)所在，下落；(物的)位置：a person whose ~ is (或 are) unknown 一个下落不明的人

where·as [weər'æz] *conj*. ❶([近] while)而；却；反之：He is ill, ~ I am only a little tired. 他生病了，而我只不过稍觉疲倦罢了。❷[公文用语]鉴于；考虑到…：Whereas the following incidents have occurred... 鉴于下列事件已经发生，…

where·at [weər'æt][无比较等级] *adv*. ❶[关系副词]在那里；对那个：the gathering ~ sb. was present 某人出席的那次集会 ❷[古][疑问副词]为何：Whereat was he offended? 他为何生气?

where·by [weə'baɪ][无比较等级] Ⅰ. *adv*. ❶[关系副词]凭那个；借以：She devised a plan ~ they might escape. 她想出了一个他们可以逃跑的计划。❷[疑问副词]靠什么：Whereby shall we know him? 我们靠什么认出他呢? Ⅱ. *conj*. 在那个方面

where·in [weər'ɪn][无比较等级] *adv*. ❶[疑问副词]在哪方面，在哪一点上；在什么地方：Wherein does the difficulty lie? 困难在什么地方? ❷[关系副词]在那方面，在那里；在那时：the city ~ sb. resided 某人居住的那个城市

where·up·on [ˌweərə'pɒn][无比较等级] *adv*. ❶[疑问副词]在什么上面，在谁身上 ❷[关系副词]因此，于是：He did not understand the point, ~ I had to explain further.

他不理解这一点，因此我只得进一步作了解释。

wher·ev·er [weər'evə(r)] **I**. *adv*. ❶[口]究竟在哪里；究竟到哪里：*Wherever* did you see such a thing? 你究竟在哪里看到过这样的东西? ❷无论什么地方 **II**. *conj*. ❶([近]no matter where)无论在什么地方：Sit ~ you like. 你愿意坐在哪儿都行。❷在…的各个地方；各处；处处：*Wherever* she goes, there are crowds of people waiting to see her. 她所到之处都有成群的人等着见她。

wheth·er ['weðə(r)] **I**. *conj*. 是否：I don't know ~ he will be able to come. 我不知道他是否能来。**II**. *pron*. [古] ❶疑问代词(两个中的)哪一个 ❷(关系代词)(两个中的)任何一个

which [wɪtʃ] **I**. *pron*. ❶[疑问代词]哪一个；哪一些：Tell me ~ is better. 告诉我哪一个较好。❷[关系代词](用以指提到过的事物)那一个；那一些：Take the book ~ is lying on the table. 把桌子上的那本书拿走。**II**. [无比较级] *adj*. ❶[疑问形容词]哪一个；哪一些：At ~station should I get off? 我应该在哪一站下车? ❷[关系形容词](非限定用法，置于介词之后，在现代英语中是正式的用法)那个；那些：I lived three years in Paris, during ~ time I learned French. 我在巴黎住了3年，在那期间学了法语。

which·ev·er [ˌwɪtʃ'evə] **I**. *pron*. ❶[关系代词]无论哪个；无论哪些：You may choose ~ you want. 你要哪一个，你就挑选哪一个。❷[疑问代词]究竟哪一个：*Whichever* do you intend to buy? 你到底要买哪一个? **II**. [无比较级] *adj*. ❶[关系形容词]无论哪个；无论哪些：Take ~ seat you like. 随便坐。❷[引导表示让步的状语从句]无论…的哪一个：It takes three hours, ~ route you take. 不论走哪条路都要3个小时。

whiff [wɪf] **I**. *n*. ⓒ❶(风、烟等的)一阵，(气味的)一股：catch a ~ of perfume 闻到一股香水味 ❷(烟的)一口：He took a few ~s. 他吸了几口烟。❸[口](小)雪茄 ❹一点点：There is a ~ of sarcasm in it. 这里面带有一点点讽刺的味道。**II**. (~ed[-t]) *vt*. ❶吹到；吹起：The storm ~ed dust into their faces. 风暴把灰尘吹到他们的脸上。❷喷出(烟雾等) ❸吸(烟)；抽(烟) *vi*. ❶轻吹，轻拂；发轻吹声：The wind ~ed through the trees. 风轻轻地吹过树林。❷喷烟，喷气；[英俚](用鼻)嗅气味

while [waɪl] **I**. *n*. [只用单数]一会儿；(一段)时间：I haven't seen him for a long

~. 我好久没有看见他了。**II**. *conj*. ❶当…的时候；和…同时：He fell asleep ~ (he was) doing his homework. 他做着功课就睡着了。❷([近]whereas)而，然而：Motion is absolute ~ stagnation is relative. 运动是绝对的，而静止是相对的。❸([近]although)虽然；尽管：*While* I admit that there are problems, I don't agree that they cannot be solved. 尽管我承认有问题存在，但我不同意说这些问题不能解决。❹([近]as long as)只要：There will be life ~ there is water and air. 只要有水和空气，就会有生命。**III**. (~s[-z]；whiling) *vt*. 消磨(一段时间)：It's easy to ~ a few hours away in a museum. 在博物馆里，很容易打发掉几个小时。

whip [wɪp] **I**. (whipped[-t]；whipping) *vt*. ❶鞭打；鞭笞：The jockey *whipped* the horse to make it go faster. 骑师用鞭子抽马，使它跑得更快。❷使…沿某方向快速(或突然)移动：The wind *whipped* several slates off the roof. 那阵风从屋顶上刮下几块瓦来。❸搅打(蛋、奶油等)：*Whip* the ingredients (up) into a smooth paste. 把配料搅打成均匀的糊状。❹[英俚]偷(某物)：Who's *whipped* my umbrella? 谁把我的伞偷走了? ❺交叉着缝(布边)、锁(缝眼)；(用线或绳)将(棍子的末端)缠起来 *vi*. ❶抽打，拍打：Flags are *whipping* in the wind. 旗在风中沙沙作响。❷([近]whisk)急走；迅速移动：The thief *whipped* round the corner and out of sight. 那个贼一溜烟儿转过街角就看不见了。**II**. *n*. ❶ⓒ鞭子；鞭打：He cracked his ~. 他甩得鞭子噼啪响。❷ⓒ(美、英等政党内督促议员出席的)总干事 ❸ⓒ[英](国会督促议员出席的)书面通知 ❹ⓒ(厨房中用的)搅拌器 ❺ⓒ(用奶油、蛋等加水果或其他调料制成的)甜食 ❻ⓒ(= whipper-in)(打猎时)专管猎狗的人

whip·per ['wɪpə] (~s[-z]) *n*. ⓒ鞭打者，抽打者

whip·ping ['wɪpɪŋ] (~s[-z]) *n*. ⓒ ⓤ鞭打；严惩；搅打

whirl [wɜːl] **I**. (~s[-z]) *vt*. ❶([近]rotate)使回旋；使旋转；使急转：He ~ed his partner around the dance floor. 他带着舞伴环绕舞池旋转。❷卷走；旋风似地急速带走：He ~ed them away in his new sports car. 他开着他的新跑车载着他们疾驶而去。*vi*. ❶([近]rotate)回旋；急转；旋转：The dead leaves ~ed down in the wind. 那些枯叶迎风盘旋落下。❷急走；飞跑；急驶：The car ~ed out of sight. 汽车很快地开得不见了。❸

([近]reel)(头)发晕;感到目眩:My head ~s. 我感到头晕。Ⅱ. n. ❶[the ~]旋转;回旋:the ~ of the propeller blades 螺旋桨叶片的旋转 ❷[用 a ~](头的)混乱;目眩:My mind is in a ~. 我的脑子里一片混乱。❸[C](应酬等的)令人眼花的连续活动

whisk [wɪsk] Ⅰ. (~ed[-t]) vt. ❶拂(灰尘、苍蝇等),掸,扫:The horse ~ed its tail angrily. 那匹马发着怒甩着尾巴。❷打,搅打(鸡蛋等) ❸迅速运走…,突然拿走…:The waiter ~ed away the food before we had finished. 服务员没等我们吃完就把饭菜都拿走了。Ⅱ. n. [C]❶(手、扫帚等的)扫,掸,拂 ❷(掸灰尘等的)小扫帚 ❸(搅打蛋、奶油等的)搅拌器,打蛋器(通常为金属圈制成)

whisk•er ['wɪskə(r)] (~s[-z]) n. ❶[用复数]颊髯,腮须 ❷[C](猫、鼠等的)须;(昆虫等的)触须

whis•ky ['wɪskɪ] Ⅰ. (whiskies)([美]或[爱尔兰]作 whiskey) n. ❶[U]威士忌(酒) ❷[C]一杯威士忌 Ⅱ. adj. 威士忌酒的

*whis•per** ['wɪspə] Ⅰ. (~s[-z]) vi. ❶低语,小声说:Why are you ~ing?你为什么低声说话? ❷(指叶子、风等)发沙沙声,发飒飒声:The wind was ~ing in the trees. 一阵风穿过树林沙沙作响。vt. ❶低声地讲;私下说出:He ~ed a word in my ear. 他对我附耳说了一句话。Ⅱ. (~s[-z]) n. [C]❶低语;耳语;小声说的话:He spoke in a ~. 他低声说话。❷传闻,流言,谣传:I've heard ~s that the firm is likely to go bankrupt. 我听到传闻说公司很可能要破产。❸(风等的)飒飒声,沙沙声

*whis•tle** ['wɪsl] Ⅰ. (~s[-z]) n. ❶[C]哨子;汽笛,警笛:The referee blew his ~. 裁判吹响了哨子。❷[U]哨声;笛声;汽笛声;哨声:the ~ of a steam engine 蒸汽发动机的汽笛声 ❸[U][C](风等的)飕飕声,咻咻声;(小鸟的)尖锐啼声 Ⅱ. (~s[-z];whistling) vi. ❶发出哨子(或汽笛)的声音:He ~d happily as he walked. 他边走边快乐地吹口哨。❷用口哨(或汽笛等)发出信号:She ~d for her dog. 她一吹口哨就把她的狗唤了回来。❸(风)呼啸,飕飕地响;(子弹)咻地飞过:The wind ~d through the buildings. 风从建筑物之间呼啸而过。vt. ❶用口哨吹出(曲调):He ~d a happy tune as he walked along. 他边走边用口哨吹奏快乐的曲子。❷吹哨(或笛)召唤(或通知):She ~d her dog back. 她一吹口哨就把她的狗唤了回来。

*white** [waɪt] Ⅰ. (~r;~st) adj. ❶白的,白色的:Her hair has turned ~. 她的头发已

经变白了。❷(脸色等)苍白的,发白的:~ lips 没有血色的嘴唇 ❸[无比较等级]白(种)人的,白色人种的:the ~ races 白色人种 ❹(圣诞节)下雪的,积雪的:a ~ Christmas 银色圣诞节 ❺[英](咖啡)掺牛奶的 Ⅱ. n. ❶[U]白色;白颜料:Mix some more ~ in to make the paint paler. 再掺些白颜料使涂料淡些。❷[C][U]白布,白衣;[用复数]白色运动服:tennis ~s 白色网球运动服 ❸[U][C]蛋清,蛋白:use the ~s of two eggs 用两个鸡蛋的蛋白 ❹[C]白种人 ❺[C]白眼珠

whit•en ['waɪtn] (~s[-z]) vt. 使变白;使更白 vt. 变白;漂白

whit•ey ['hwaɪtɪ] n. [常用 Whitey][贬]白人;白人社会

*who** [huː] pron. [主格]❶[疑问代词]谁:Who is the woman in the black hat? 戴黑帽子的那个女的是谁? ❷[限制性关系代词]…的人:The man ~ wrote this book is a friend of mine. 写这本书的人是我的朋友。❸[非限制性关系代词]他(她);他(她)们:My wife ~ is out at the moment, will phone you when she gets back. 我的太太现在出去了,等她回来给你去电话。

who•ev•er [huː'evə(r)] pron. [单复同] ❶[引导名词从句]谁:Whoever comes to our public reference library will be welcome. 任何人到我们公共参考图书馆来都欢迎。❷[引导副词从句](表示让步)无论谁,不管什么人:Whoever wants to speak to me on the phone, tell them I'm busy. 不管谁要我接电话,就说我现在正忙着呢。❸[疑问代词]究竟是谁:Whoever told you such a stupid story? 究竟是谁告诉你一件这么愚蠢的事?

*whole** [həʊl] Ⅰ. [无比较等级] adj. ❶([近]all, entire, concentrated)[常置于定冠词或所有格之后,单数形式名词之前]全部的;全体的;所有的:That's the ~ truth about it. 这就是事情的全部真相。❷([近]complete)完整的;齐全的;无损的:a ~ set of "Lu Xun's Complete Works"完整的一套《鲁迅全集》❸([近]unbroken, uncut)整个的;未经分割的:swallow a date ~ 囫囵吞枣 ❹([近]total)(时间,距离等)整整…的;不少于…的:It snowed three ~ days. 下了整整三天雪。❺[古]健康的,健壮的 Ⅱ. (~s[-z]) n. ([近]all)[常用单数] ❶[U]全部;全体,整体;整个:She spent the ~ of the year in hospital. 她住院住了整整一年了。❷[C]完整的东西;有系统的整体:The universe is a ~. 宇宙是一个有系统的整体。

whole•sale ['həʊlseɪl] Ⅰ. n. [U]批发;趸

售:at ～ 以批发价 Ⅱ. [无比较等级] *adj*. ❶批发的;趸售的:a ～ dealer 批发商 ❷大规模的,数量大的;大批的:the ～ slaughter of innocent people 大批屠杀无辜百姓 Ⅲ. [无比较等级] *adv*. ❶以批发方式:We buy our supplies ～. 我们以批发交易方式进货。❷大规模地,大量地;大批地 Ⅳ. (～s[-z];wholesaling) *vt*. 批发(货物)

whole·some [ˈhəʊlsəm] *adj*. ❶([近] healthful) 有益健康的;对身体有益的:～ food 有益健康的食物 ❷([近] healthful) (道德上)有益的;([近]safe)健全的:～ advice 忠告 ❸([近]healthy) 强健的;有生气的;显得健康的:There was something ～ about his smile. 从他的微笑来看,他身心很健康。

whol·ly [ˈhəʊllɪ] [无比较等级] *adv*. ([近] completely) ([反] partly) 全部,全然;完全地:I don't ～ believe him. 我并不完全相信他所说的话。

*__whom__ [huːm] *pron*. [who 的宾格] ❶[疑问代词] 谁:*Whom* (或 Who) did they invite? 他们邀请了谁? ❷[限制性关系代词] 所…的(那个人):The woman(～) we saw this morning is Mrs Brown. 我们今天早上遇见的那个妇人是布朗太太。❸[非限制性关系代词] 那人,那个人:I happened to meet John, ～ I didn't recognize at once. 我碰巧遇到了约翰,但没马上认出他来。

*__whose__ [huːz] *pron*. [who 或 which 的所有格] ❶[疑问代词] 谁的:*Whose* pen is that? 那是谁的钢笔? ❷[限定性关系代词] 那个人的;那些人的,他(她、它)的;他(她、它)们的:That's the painter ～ works are so highly regarded. 那位就是作品受到很高评价的画家。❸[非限定性关系代词] 那个(些)人的,他(她、它)的,他(她、它)们的:His girlfriend, ～ name I forgot, was an actress. 他的女朋友是位演员,名字我给忘了。

*__why__ [waɪ] Ⅰ. [无比较等级] *adv*. ❶[疑问副词] 为什么:*Why* were you late? 你为什么迟到? ❷[关系副词] 为什么:That is (the reason) ～ I came early. 这就是我来早了的原因。Ⅱ. *int*. (表示惊奇、不耐烦、抗议、赞成、犹豫等):*Why*, I will go if you wish. 当然,如果你希望我去,我就会去。Ⅲ. (～s[-z]) *n*. Ⓒ [常用复数] ([近] reason, cause) 理由,原因:I don't need to hear all the ～*s* and the wherefores, I just want to know what happened. 我无须听那些大道理,我只想知道是怎么了。

wick [wɪk] *n*. Ⓒ Ⓤ 灯芯,烛芯

wick·ed [ˈwɪkɪd] (～er;～est 或 more ～; most ～) *adj*. ❶([近] bad, evil) 坏的,邪恶的:That was very ～ of you. 你干的事可真缺德。❷([近] bad)[口] 令人厌恶的,恶劣的:～ weather 糟糕的天气 ❸([近]roguish) 捣蛋的,淘气的:a ～ sense of humour 恶作剧的幽默感

wick·er [ˈwɪkə(r)] Ⅰ. *n*. ❶Ⓒ 枝条;柳条 ❷Ⓤ 柳条制品 Ⅱ. *adj*. 柳条编制的

wick·et [ˈwɪkɪt] *n*. Ⓒ ❶(装在正门上或正门边上的)小门,边门,腰门 ❷(售票处等的)窗口 ❸(板球的) 三柱门;两个三柱门之间的球场

*__wide__ [waɪd] Ⅰ. (～r;～st) *adj*. ❶([反] narrow) ([近] broad) 宽阔的;宽松的,宽的:The gap in the fence was just ～ enough for the sheep to get through. 篱笆上的豁口宽度刚好能让羊钻进去。❷([近] vast, extensive) 广阔的,广大的,广泛的:The affair raises ～*r* issues of national interest. 此事向全民提出了广为关注的问题。❸充分张开的,开得很大的:She stared at him with eyes ～. 她睁大了眼睛注视着他。❹远离目标的;差得远的:Her shot was ～ of the target. 她射得离目标很远。Ⅱ. (～r;～st) *adv*. ❶广大地,广阔地:spread far and ～ 远近传播 ❷([近] completely, fully) 全部地,充分地;张得很大地:Open your mouth ～. 把嘴张大。❸离目标很远地;偏离地:The arrow fell ～. 箭没有射中。

wid·en [ˈwaɪdn] (～s[-z]) ([反] limit, narrow) *vt*. 加宽,放宽:The road is being ～*ed*. 这条路正在拓宽。*vi*. 变宽,变阔:The road ～*ed* there. 这条路在那儿变宽。

wid·ow [ˈwɪdəʊ] Ⅰ. (～s[-z]) *n*. Ⓒ 寡妇,孀妇:She has been a ～ for ten years. 她守寡 10 年了。Ⅱ. (～s[-z]) *vt*. [常用被动语态]使成寡妇(或鳏夫);使丧偶:She was ～*ed* at an early age. 她年轻时就成了寡妇。

wid·ow·er [ˈwɪdəʊə] (～s[-z]) *n*. Ⓒ 鳏夫

width [wɪdθ] *n*. ❶Ⓤ Ⓒ 宽度,阔度:The carpet is available in various ～*s*. 地毯现货尺寸齐全。❷Ⓤ Ⓒ 广阔,广博;宽大;[喻] (心胸、知识、经验等的)宽阔:The river can be used by many ships because of its ～. 这条河很宽,可容许多船航行。❸Ⓒ (某宽度的) 一块料子:a ～ of calico 一块布料

wield [wiːld] (～s[-z];～ed[-ɪd]) *vt*. ❶[书] 挥动(武器等);使用:～ an axe (a sword, a tennis racket) 使用斧头(剑、网球拍) ❷([近] exercise)行使,运用:～ power

行使权力

*wife [waɪf]（wives[waɪvz]）n . ⓒ妻子;已婚妇女

*wild [waɪld] Ⅰ. adj. ❶（[近] uncontrolled）（[反] tame, domestic）野生的;野的,未驯服的;a ~ cat（giraffe, duck）野猫（野生的长颈鹿、野鸭）❷（[近] desolate）（[反] inhabited, cultivated）荒芜的;荒凉的,无人烟的;a ~ mountain region 荒无人烟的山区 ❸（[近] savage, uncivilized）（[反] civilized）（人、部落等）野蛮的,未开化的,原始的 ❹（[近] uncontrolled）失去控制的;放荡的;任性的;He led a ~ life in his youth. 他年轻时放荡不羁。❺[口]狂热的,疯狂的;发怒的;She had a ~ look on her face. 她怒容可掬。❻[口]（对某事物或人）极热心（或热爱）的;The children are ~ about the new computer. 孩子们都特别喜欢这台新计算机。❼（[近] stormy）暴风雨的;狂暴的;a ~ night 有狂风暴雨的夜晚 ❽目标（或计划）不精确的,愚蠢的,不合理的;不切实际的,轻率的;a ~ aim（guess, shot）胡乱的瞄准（猜测,射击）❾（[近] disorderly）（[反] orderly）杂乱的,无秩序的; ~ hair 乱蓬蓬的头发 Ⅱ. adv. 狂暴地;胡乱地;无控制地;shoot ~ 乱射

wil·der·ness ['wɪldənɪs]（~es[-ɪz]）n . ⓤ ⓒ ❶[古] 荒地,荒野;荒芜的地方;the Arctic ~ 北极的荒原 ❷茫茫一片;a ~ of waters 一片汪洋 ❸ⓒ混乱的一群,杂乱的一团

*will [wɪl] Ⅰ.（would）（will not;[缩] won't）v. aux. ❶（表示单纯的将来）将要,会;Next year ~ be the centenary of this firm. 明年是这家公司成立 100 周年。❷（表示意志、意愿、建议）愿,要;He ~ take you home —you only have to ask. 他愿意送你回家。你跟他说一下就行。❸（表示推测）可能;该是;That ~ be the postman now! 这准是邮递员来了！❹（表示习惯,经常性,倾向性）惯于,总是;She ~ listen to records, alone in her room, for hours. 她独自一个人在屋里听唱片,每次一听就是半天。❺（表示命令,指示）务必,必须,应;Will you be quiet! 安静点儿! ❻（用于叙述真理时）能;Oil ~ float on water. 油能浮在水面上。Ⅱ.（~s[-z]）n . ❶ⓤⓒ意志;意志力,决心,意愿;旨意;目的;Man has (a) free ~. 人类有自由的意志。❷ⓒ遗嘱;one's last ~ and testament 自己最后的遗嘱 Ⅲ.（~s[-z]）vt . ❶（[近] intend）意欲,决心要;This happened because God ~ed it. 发生了这件事是上帝的旨意。❷用意志力驱使,主观促成;The crowd were cheering their favourite on, ~ing her to win. 大家都在给他们心目中的热门参赛者加油,使劲儿使之获胜。❸（[近] bequeath）立遗嘱言明,遗赠;Father ~ed me the house and my sister the income from the investments. 父亲把房子遗赠给了我,把投资收入遗赠给了妹妹。vi.（[近] determine, choose）[古] 愿望,希望;Call it what you ~, it's still a problem. 不管怎么说,这仍旧是个问题。

*will·ing ['wɪlɪŋ] adj. ❶（[近] voluntary）愿意的;心甘情愿的;乐意的;Are you ~ to accept responsibility? 你愿意承担责任吗? ❷喜欢的,积极（做）的; ~ cooperation（help, support）自愿地合作（帮助,支持）

wil·low ['wɪləʊ]（~s[-z]）n . ❶ⓒ【植】柳,柳树;柳木;a weeping ~ 垂柳 ❷ⓤ柳木制品;板球（或棒球）的球棒

wi·ly ['waɪlɪ]（wilier; wiliest）adj . 诡计多端的,狡猾的;as ~ as a fox 像狐狸一样狡猾

*win [wɪn] Ⅰ.（~s[-z]; won[wʌn]; winning）vi.（[近] succeed）（[反] lose）获胜,赢;Which team won? 哪个队赢了? vt . ❶打胜,打赢;获胜;She won the first prize（in the raffle）. 她获得了（慈善抽奖）头等奖。❷（[近] earn）赢得,获得,博得;Her performance won her much critical acclaim. 她的表演大获评论界赞颂。❸争取;说服;They are trying to ~ support for their proposal. 他们竭力争取群众支持他们的建议。❹（[近] succeed）（[反] fail）[古]（经过努力）到达,抵达 Ⅱ.（~s[-z]）n . ⓒ胜利,赢;Our team has had five ~s and no losses this season. 我们队这个赛季赢 5 场而未输过。

winch [wɪntʃ] Ⅰ.（~es[-ɪz]）n . ⓒ绞车;起货机;曲柄 Ⅱ.（~es[-ɪz]; ~ed[-t]）vt . 用绞车提升（或拖）;用货物吊起（货物）等

*wind¹ [wɪnd, waɪnd] Ⅰ.（~s[-z]）n . ❶ⓤ ⓒ（常用 a ~）（指风的强度时与 much, little 等连用）风;A gust of ~ blew my hat off. 一阵风把我的帽子刮掉了。❷（[近] breath）ⓤ[口]气息,呼吸;胸口,心窝;The runner had to stop and regain her ~. 那个女的跑到半截停下来大口喘气。❸ⓤ气味;[喻]风声,传说;The deer has got our ~. 鹿已闻到我们的气味了。❹ⓤ[英]肠气（指屁）;get a baby's ~ up 让婴儿胃里的气出来 ❺[the ~]管乐器;[用复数]管乐器演奏者;the ~ section 管乐组 ❻ⓤ空话;空谈,虚无的东西;自负;He's just full of ~, the pompous fool! 他空话连篇,是个自负的蠢材! Ⅱ.（~s[-z]; ~ed['-ɪd]）vt . ❶使喘气;We were ~ed by the steep climb. 我们爬那个陡坡累得上气不接下气。❷嗅出⋯气味;The hounds had ~ed the

fox. 猎狗闻到了有狐狸的气味。❸使（马等）休息一下喘口气：The soldiers stopped to ~ their horses. 士兵们停止前进，让马匹休息一下。

wind² [wɪnd, waɪnd] **I**．（~s[-z]；wound [waʊnd] 或 winded['-ɪd]） **vi**．❶弯曲前进，迂回：The river ~s down to the sea. 这条河蜿蜒流向大海。❷卷曲，缠绕：A snake ~s round a branch. 蛇缠绕在树枝上。**vt**．❶绕，缠绕，卷绕：~ wool（up）into a ball 把毛线缠成团 ❷包，裹；拥抱：~ a shawl round the baby 用围巾裹住幼儿 **II**．（~s[-z]） **n**．Ⓒ❶弯曲；卷绕；绕法 ❷一圈，一盘，一转：Give the clock another couple of ~s. 给这座钟再上两圈发条。

wind³ [wɪnd, waɪnd]（~s[-z]；wound [waʊnd] 或 winded['-ɪd]） **vt**．（[近]blow）吹（号角等）；用号角发出（信号等）：~ a horn 吹号角 **vi**．吹响号角

wind·ing ['waɪndɪŋ] **I**．[无比较等级] **adj**．❶弯曲的；曲折的；迂回的：a ~ staircase 盘旋式的楼梯 **II**．（~s[-z]） **n**．❶Ⓤ卷绕，绕；绕法 ❷Ⓒ卷绕着的线（或绳索等）；迂回曲折的方法（或行为）

win·dow ['wɪndəʊ]（~s[-z]） **n**．Ⓒ❶窗子，窗户，窗口：Please open the ~. 请把窗户打开。❷窗玻璃：The ball smashed a ~. 那个球把一块窗玻璃打碎了。❸橱窗

wind·y ['wɪndɪ]（windier；windiest） **adj**．❶有风的，刮风的；风大的：a ~ day 风大的日子 ❷（[近]bombastic, verbose）[口]空谈的；吹牛的，夸夸其谈的：a ~ speaker 夸夸其谈的人 ❸[英俚]被吓唬的，受惊的

wine [waɪn] **I**．（~s[-z]） **n**．❶Ⓤ葡萄酒；酒：red(rose, white) ~ 红葡萄酒（玫瑰红酒、白葡萄酒）❷ⓊⒸ果子酒，药酒：apple ~ 苹果酒 ❸Ⓤ深红色，紫红色 **II**．（~s[-z]；wining） **vt**．& **vi**．（请…）喝酒

wing [wɪŋ] **I**．（~s[-z]） **n**．Ⓒ❶翼，翅膀，翅：The ~s of a crow can never cover up the sun. 乌鸦的翅膀决不能遮住太阳。❷机翼：the ~s of a plane 飞机机翼 ❸[建]侧厅，边房：the east（west）~ of a house 一所房子的东（西）耳房 ❹（舞台的）侧面布置；[用复数]舞台两侧：She stood watching the performance from the ~s. 她站在舞台的侧面观看演出。❺（政党等的左、右）翼，派别：the radical ~ of the Labour Party 工党中的激进派 ❻[军]（侧）翼；（足球运动中的）翼，边锋：the team's new left ~ 这个球队新的左边锋 ❼[军]空军联队 ❽[用复数]空军徽章：get one's ~s 获得飞行徽章 ❾（汽车的）挡泥板

II．（~s[-z]） **vt**．❶在…上装翼；使飞；使加速：~ an arrow at the mark 放箭射靶 ❷伤（鸟）翼，伤（人）臂 **vi**．飞行；飞速行进（或传播）：planes ~ing across the sky 飞过天空的飞机

wink [wɪŋk] **I**．（~ed[-t]） **vt**．❶眨（眼）；使（眼色）：He ~ed his eye at me and said，"Keep this matter secret." 他对我一眨眼睛说："这件事要保密。"❷眨掉（眼泪） **vi**．❶眨眼；使眼色，眨眼示意：~ at sb. 向某人使眼色 ❷（灯光、星等）闪烁，闪耀：We could see the lighthouse ~ing in the distance. 我们看见远处灯塔一闪一闪地发光。**II**．**n**．Ⓒ❶眨眼；眨眼示意：give sb. a meaningful ~ 向某人眨一下眼示意 ❷霎时，瞬息：in a ~ 瞬息之间

win·ner ['wɪnə(r)]（~s[-z]） **n**．Ⓒ（[反]loser）❶获胜者；（比赛等的）优胜者 ❷（经过努力的）成功者 ❸得奖人（作品）：a Nobel prize ~ 诺贝尔奖得奖人

win·ter ['wɪntə(r)] **I**．（~s[-z]） **n**．Ⓤ Ⓒ❶冬，冬季；冷天：Many trees lose their leaves in ~. 有许多树在冬季落叶。❷萧条期，衰落期；不顺利时期：in the ~ of one's life 在晚年 **II**．（~s[-z]；~ing[-rɪŋ]） **vi**．过冬：It became fashionable for the rich to ~ in the sun. 在阳光充足的地方过冬成了富人的时尚。

wipe [waɪp] **I**．（~d[-z]；wiping） **vt**．❶揩，擦；擦掉；揩干：Please ~ your feet. 擦一擦你的鞋。❷擦去，去除；消灭：~ one's tears 擦干眼泪 ❸用…揩，用…擦：~ a damp sponge across one's face 用湿海绵擦脸 **II**．**n**．Ⓒ擦，揩：Please give the table mats a quick ~. 请把桌上的盘碗垫擦一下。

wire ['waɪə(r)] **I**．（~s[-z]） **n**．Ⓒ Ⓤ❶金属丝，金属线（如钢丝、铁丝、铜丝等）；（乐器的）金属弦乐；金属丝状物：The hamster had got through the ~ at the front of its cage. 仓鼠从其笼子前部的栅栏处钻出去了。❷电信；[口]电报，[美]电话：send sb. a ~ 给某人发电报 **II**．（~s[-z]；wiring） **vt**．❶给…装电线：The house is not ~d for electricity yet. 这所房子没有铺设好电线。❷[美口]电报发送；打电话给：He ~d his brother to send some money. 他给他哥哥打了电报要求寄些钱来。❸用金属丝缚（或串、联接、加固等）：A handle had been ~d（on）to the box. 已经用金属丝把一个把手绑在箱子上了。**vi**．[口]打电报：Please ~（to me）as soon as you hear. 接信后速来电。

wire·less ['waɪəlɪs] **I**．[无比较等级] **adj**．

不用电线的,无线的;[英]无线电的,无线电报（或电话）的:～ telephone 无线电话 **Ⅱ**. (-es [-ɪz]) n . **❶**[U]无线电报(术),无线电话(术):a ～ message 无线电讯 **❷**[C]无线电,无线电收音机;a ～ set 无线电收音机

wis·dom [ˈwɪzdəm] n . [U] **❶**智慧,才智;明智:I question the ～ of giving the child so much money. 我怀疑给这个孩子这么多钱是好事还是坏事。**❷**知识,学问,常识:She had acquired much ～ during her long life. 她经年累月造就了很高智慧。

*\ **wise**[1] [waɪz] **Ⅰ**. (～r;～st) adj . **❶**([反] unwise, foolish, simple)有智慧的,聪明的;英明的,贤明的:I'm sure you're ～ to wait a few days. 我确信你会明智地等候几天。**❷**([近]knowing)博学的,有见识的:a ～ old man 博学多识的老先生 **Ⅱ** (～s[ˈ-ɪz]; wising) vi . 知道;了解:It's about time he ～d up to the fact that people think his behaviour is ridiculous. 他早就该明白大家都认为他很荒唐。

*\ **wise**[2] [waɪz] n . [只用单数]方法,方式

*\ **wish** [wɪʃ] **Ⅰ**. (～es[ˈ-ɪz];～ed[-t]) vt . **❶**[后接表示虚拟语气的从句]但愿:I ～ you hadn't told me all this. 我倒希望你当初别把一切都告诉我。**❷**([近]desire)想要,需要;希望,愿望;渴望:I'll do it if that's what you ～. 要是你要求这样做,我一定照办。**❸**([近]bid)向…致(问候语);祝,祝愿:Wish me luck! 祝我走运吧! vi . ([近]want)希望;想要:I ～ to go to Hawaii someday. 我希望有一天到夏威夷去。**Ⅱ**. (～es[ˈ-ɪz]) n . **❶** ([近]desire)[C][U]希望;愿望:She expressed a ～ to be alone. 她表示希望不要打扰她。**❷** [用复数]祝愿,好意:We all send our best ～es. 我们都祝你早日康复。

wish·ful [ˈwɪʃf(ʊ)l] adj . **❶**怀有希望的,表示愿望的:be ～ to do sth. 想做某事 **❷**出于愿望的:～ with ～ eyes 望眼欲穿地

wist·ful [ˈwɪstf(ʊ)l] adj . **❶**渴望的,想望的;欲望得不到满足似的:～ eyes 露出渴求的眼神 **❷**沉思的,若有所思的,愁闷的:a ～ mood 愁苦的心情

wit [wɪt] **Ⅰ**. n . **❶**([近]mind,intelligence) [U][C]智力;才智;智能;机智:He hadn't the ～s enough to realize the danger. 他悟性差,没有意识到存在的危险。**❷**[U]措辞巧妙的能力;妙语,打趣话,戏谑话:have a ready ～ 随时能说俏皮话 **❸**[C]富于机智的人,才人:a well-known ～ and raconteur 一个有名的妙语如珠会讲故事的人 **❹**([近]sanity)[常用复数]理智;(清醒的)头脑:lose one's ～s 失去

理智 **Ⅱ**. vt . & vi . [古]知道

witch [wɪtʃ] (～es[ˈ-ɪz]) n . [C] **❶**女巫;[英]巫婆 **❷**[口]老丑妇,恶婆 **❸**[口]迷人的女子,美女;[美俚]姑娘,女人

*\ **with**[1] [wɪð, wɪθ] prep . **❶**(表共同、伴随)和…一起,跟…一起;和…;跟:Put the dolls away ～ your other toys. 把这些玩具娃娃和你的其他玩具放在一起。**❷**([近]without)(表属性所有)有或带有某物:He looked at her ～ a hurt expression. 他带着受伤的神情看着她。**❸**(表手段、工具)用:It was easy to translate ～ a dictionary. 借助词典进行翻译就很容易。**❹**(表材料)用…,以…:The bag was stuffed ～ dirty clothes. 这个袋子里塞满了脏衣服。**❺**(表一致、符合、赞成)赞成…;与…同伙:I'm ～ you all the way! 我始终和你的意见一致! **❻**(表结合、连同、包含、伴随)具有;带有;加上;包括…在内:The meal ～ wine came to £ 12 each. 那顿饭连酒每人12英镑 **❼**(表对象、关系)对…;就…来说;关于:careful ～ the glasses 当心这些玻璃杯 **❽**(表比例)随着(某事物):Good wine will improve ～ age. 佳酿越陈越醇。**❾**(表对立、敌对)与…对立,反对…:I had a row ～ Jane. 我与简吵了一架。**❿**(表原因、理由)由于,因:Her fingers were numb ～ cold. 她手指冻木了。**⓫**(表同时、随同)随着:The shadow moves ～ the sun. 这个影子跟着太阳移动。**⓬**(表委托、委任)由…负责(或处理):I leave the baby ～ my mother every day. 我每天都把婴儿交给我母亲照料。**⓭**(表样子、做法)以…,带着…:serve the people ～ one's whole heart 全心全意地为人民服务 **⓮**(表附带情况):She sleeps ～ the light on. 她爱开着灯睡觉。**⓯**(表示分离):I could never part ～ this ring. 我永远戴着这枚戒指。**⓰**(表矛盾)虽有,尽管:With all her faults, he still likes her. 尽管她有这么多缺点,可他还是喜欢她。**⓱**(与副词连用,构成祈使句):On ～ your shoes! 穿上鞋子!

with[2] [wɪð, wɪθ] prep . 对(新的倾向、时装、音乐等)了解并有欣赏能力:I'm not ～ the new plays; I don't understand some of them. 对这些新剧我不了解,谈不上欣赏。我看不懂其中的一些戏。

with·draw [wɪðˈdrɔː] (withdrew [wɪðˈdruː]; withdrawn [wɪðˈdrɔːn]) vt . **❶**使撤退;撤回;撤销,使退出:The general refused to ～ his troops. 那个将军拒不撤出部队。**❷**收回,取回;提取:The old coins have been ～ from circulation. 旧硬币已被收回不再流通了。**❸**撤回;撤销:I insist that you ～ your offensive remarks immediately. 我要求你必须立即收回那些过分的话。*vi.* 撤退；离开，退出：He talked to us for an hour and then *withdrew*. 他跟我们谈了一小时的话就走了。

with·draw·al [wɪð'drɔːəl] (~s[-z]) *n.* Ⓤ Ⓒ ❶收回，撤回，撤退：the ~ of troops 撤回部队 ❷提取，取回：You are allowed to make two ~s a month from the account. 允许你每月从账户中提取两次存款。❸取消，撤销：the ~ of supplies 撤销供应

with·er ['wɪðə(r)] (~s[-z]) *vt.* ❶使枯萎，使凋谢：The flowers will ~ if you don't put them in water. 这些花不放在水里就要枯死了。❷使消亡，使衰亡 ❸使畏缩，使目瞪口呆，使感到羞惭（或迷惑）：She ~ed him with a glance. 她瞟了他一眼把他镇住了。*vi.* ❶枯萎，干枯；凋谢：Flowers ~. 花总要凋谢。❷消亡，衰弱；失去生气

with·hold [wɪð'həʊld] (~s[-z]；withheld [wɪð'held]) *vt.* ❶扣留；不给；拒绝：~ one's consent（permission）拒不同意（准许）❷抑制；制止，阻止：We couldn't ~ our laughter. 我们忍不住大笑起来。

***with·in** [wɪ'ðɪn] Ⅰ. *prep.* ❶（[反]beyond）在…范围之内，不超过：She returned ~ an hour. 她不到一个小时就回来了。❷[书]在…里面，在…内部：~ the medieval walls of the city 在该城中世纪建造的城墙以内 Ⅱ. [无比较等级] *adv.* [书]在里面，在内部；户内：Shop assistant required. Apply ~. 招聘店员，请见面洽谈。Ⅲ. *n.* Ⓤ里面，内部：The easiest way to capture a fortress is from ~. 堡垒是最容易从内部攻破的。

***with·out** [wɪ'ðaʊt] Ⅰ. *prep.* ❶（[反]with）无，没有，不：He acted ~ thought for himself. 他那样做时没有考虑他自己。❷[与现在分词连用]不，不曾，没：Try and do it ~ making any mistakes. 尽量不要出错。❸在无…的情况下，无…的相伴：I feel very lonely ~ my dog. 我的狗不在旁边我就很寂寞。❹[古]在…之外：~ the city walls 在城墙之外 Ⅱ. *adv.* （[近]externally）[古]在外面；（[近]outdoors）户外；没有，不 Ⅲ. *n.* Ⓤ外面，外部：help from ~ 外援

with·stand [wɪð'stænd] (~s[-z]；withstood[wɪð'stʊd])（[近]oppose，resist）*vt.* 抵挡，反抗；顶得住，经受住：~ attacks（pressure，wind）禁得住攻击（压力，风吹）

wit·ness ['wɪtnɪs] Ⅰ. (~es[-ɪz]) *n.* ❶Ⓒ目击者：I was a ~ to their quarrel. 我是他们吵架时的目击者。❷Ⓒ【律】证人；连署人：The ~ was cross-examined by the defending

counsel. 证人受到辩护律师的诘问。❸Ⓒ（尤指见证签署文件的）见证人：Will you act as ~ to the agreement between us? 您做我们协议签署时的见证人行吗？❹Ⓤ（尤指法庭中的）证词：give ~ on behalf of an accused person 为被告作证 ❺（[近]testimony）Ⓒ证据，证明；证言：His ragged clothes were ~ to his poverty. 他的破烂衣物可以证明他很贫穷。Ⅱ. (~es[-ɪz]；~ed[-t]) *vt.* ❶目睹，目击：We were ~*ing* the most important scientific development of the century. 我们亲眼见到本世纪最重要的科学进展。❷（[近]betoken)表明；表示，说明：His flushed face ~ed the great excitement he felt. 他通红的脸表明他很激动。❸（[近]attest)做（协议、遗嘱等）的连署人：~ the signing of a contract 在一份合同签署时作证 *vi.* ❶作证说，证明：~ to the truth of a statement 证明某言语属实 ❷作证据，成为证据

wit·ty ['wɪtɪ]（wittier；wittiest）*adj.* ❶（[近]intelligent)机智的；[方]聪明的，有才智的 ❷（[近]humourous，jocular，jocose)诙谐的：a ~ remark 妙语

wives [waɪvz] wife 的复数

wiz·ard ['wɪzəd] (~s[-z]) *n.* Ⓒ ❶男巫，术士 ❷魔术师 ❸[口]奇才：He's a ~ with computers. 他是计算机天才。

wiz·ened ['wɪznd] *adj.* 枯萎的，凋谢的：a ~ old woman 皮肤干而皱的老妇人

wob·ble ['wɒbl] Ⅰ. (~s[-z]；wobbling) *vt.* 使摇摆，使晃动；使颤抖：Please don't ~ the desk (about) when I'm trying to write. 我写字时，请不要摇晃桌子。*vi.* ❶摇摆，晃动：This table ~s. 这桌子晃动不稳。❷（声音等)颤抖，颤动：Her voice ~s on high notes. 她唱高音时发颤。❸[喻]犹豫不决，反复无常：~ between two opinions 在两种意见之间摇摆不定 Ⅱ. (~s[-z]) *n.* Ⓒ Ⓤ摇摆，晃动；犹豫，波动；(声音的)变量，变度

woe [wəʊ] (~s[-z]) *n.* ❶Ⓤ悲哀，苦恼：She needed someone to listen to her tale of ~. 她需要有人听她述说悲惨的遭遇。❷Ⓒ[常用复数]不幸的事故，灾难

wok·en ['wəʊkən] wake 的过去分词

***wolf** [wʊlf] Ⅰ. (wolves[wʊlvz]) *n.* Ⓒ ❶狼；狼皮 ❷残暴成性的人；阴险狡猾的人，贪婪的人 ❸[口]追逐女性的人，色鬼 Ⅱ. (~ed[-t]) *vt.* ([近]devour)狼吞虎咽地吃

***wom·an** ['wʊmən] Ⅰ. (women['wɪmɪn]) *n.* ❶Ⓒ成年女子，妇女；[不用冠词][集合用法]女人，女性：It's more than a ~ can toler-

ate. 任何女子都忍受不了这种情况。❷[U] [the ～]女子气质；女性感情：Newborn babies bring out the ～ in her. 新生的婴儿唤起了她女性的特性。❸[C][口]女仆 ❹[C]妻子，爱人；情妇 Ⅱ. adj. 妇女的，女性的：I'd prefer a ～ doctor to examine me. 我希望由女医生给我检查。

wom·an·ish ['wʊmənɪʃ] adj. [贬](指男子)像女子的，适合女子的

wom·an·ly ['wʊmənlɪ] adv. 像女子的，女性的：a ～ figure 像女子的外形

womb [wuːm] (～s[-z]) n. [C]❶[解]子宫：falling of the ～【医】子宫脱垂 ❷发源地，孕育处

wom·en ['wɪmɪn] woman 的复数

won [wʌn] win 的过去式和过去分词

****won·der** ['wʌndə(r)] Ⅰ. (～s[-z]) vt. ❶对…感到奇怪，对…感到怀疑：I ～ that you weren't killed. 你竟未遇难，令人称奇。❷想知道：I ～ what happened. 我想知道到底发生了什么事。vi. ❶([近]marvel)感到惊异，感到惊讶，惊叹：He could do nothing but stand and ～. 他只得惊奇地站着不动。❷感到奇怪，感到疑惑：I was just ～ing about that myself. 我就是觉得这件事莫名其妙。Ⅱ. (～s[-z]) n. ❶([近]marvel)[U]惊异，惊奇，惊叹，惊讶：The children watched the conjuror in silent ～. 孩子都一声不响惊奇地看着魔术师。❷[C]([近]miracle)奇迹，奇观；奇事；奇才：the ～s of modern medicine 现代医学的奇迹

won·der·ful ['wʌndəf(ʊ)l] adj. ❶([近] astonishing, amazing, marvelous, remarkable)惊人的；奇妙的；精彩的：It's ～ that they managed to escape. 令人惊奇的是，他们居然设法逃跑了。❷([近]admirable, magnificent, terrific)[口]极好的：The weather is ～. 天气好极了。

wont [wəʊnt] n. [U]([近]habit)[只用单数]惯常做法，习惯：He was ～ to give lengthy speeches. 他惯于做长篇大论的演说。

won't [wəʊnt][缩] = will not

wood [wʊd] Ⅰ. (～s[-z]) n. ❶([近]forest)[C][常用复数][集合用法]树林，森林；林地：a house in the middle of a ～ 树林中间的一所房子 ❷([近]timber)[U]木头，木材：There are many kinds of ～ growing in this forest. 这片森林出产各种木材。❸[U]木柴，柴火：Put some more ～ on the fire. 再往火里添点儿柴。❹[C]木制的东西(如印花用的木模、木材、打高尔夫球的木球棒等)❺[常用

the ～]木制酒桶 ❻[C]【音】木(制)管乐器 Ⅱ. adj. 木头的，木制的：a ～ table 木桌

wood·en ['wʊdn][无比较等级] adj. ❶木制的：～ furniture, houses, toys 木制的家具、房子、玩具 ❷呆板的，毫无表情的，笨拙的

wool [wʊl] Ⅰ. n. ❶[U]羊毛：These goats are specially bred for their ～. 这些山羊是专为剪羊毛而饲养的。❷[C]毛线；毛织物；毛料衣服：a ball of knitting ～ 一团毛线 ❸[U]羊毛状物；(动、植物上的)绵状毛；厚的短卷毛：cotton ～ 原棉 Ⅱ. adj. 羊毛的，羊毛制的；毛料制的：the ～ trade 羊毛生意

wool·(l)en ['wʊlən] Ⅰ. [无比较等级] adj. ❶羊毛制的；毛线的：～ cloth, blankets, socks 毛料、毛毯、毛袜 ❷生产(或经营)毛织品的：～ workers 毛纺工人 Ⅱ. n. [常用复数]毛织品，羊毛织物；毛料衣服：a special wash programme for ～s 专为洗涤针织毛料衣物的程序

wool·(l)y ['wʊlɪ] Ⅰ. (wool(l)ier; wool(l)iest) adj. ❶长满羊毛的；羊毛(制)的；羊毛状的，(动、植物)绵状的；毛茸茸的，长满鬈发的：～ sheep 毛茸茸的绵羊 ❷模糊的，不鲜明的；(声音)嘶哑的：a ～ painting (轮廓、色彩等)不鲜明的图画 Ⅱ. (woolies[-z]) n. [C][常用复数][口]毛绒衣；羊毛内衣

word [wɜːd] Ⅰ. (-s[-z]) n. ❶[C]词，单词：The story is told in ～s and pictures. 讲这个故事的时候配有图片。❷[C][常用复数]话，言辞，言语；歌词：He didn't say a ～ about it. 他对这件事都没说。❸([近]news, information)[U]消息，信息；谣言，传说(常不加冠词)：Please send (me) ～ that you have arrived safely. 请您把平安到达的消息告诉我。❹([近]promise)[C]诺言，保证：I hope you will always respect your ～. 我希望你能始终遵守自己的诺言。❺([近]order, command)[the ～]命令，口令：Stay hidden until I give the ～. 我不下令就藏不动。❻([近]talk)[C][常用复数]谈话；争论，口角：Can I have a ～ with you? 我可以和你谈一下吗？❼[用 the Word]【宗】《圣经》：preach the Word 传福音 Ⅱ. (～s[-z]；～ed[-ɪd]) vt. ([近]phrase)用言辞表达：The advice wasn't very tactfully ～ed. 这份通知措辞不太简略。

word·y ['wɜːdɪ] (wordier; wordiest) adj. 多言的，唠叨的；冗长的：a ～ expression of apology 拖泥带水的道歉

wore [wɔː(r)] wear 的过去式

work [wɜːk] Ⅰ. n. ❶[U]工作，劳动；(要做的)事情；作业：His success was achieved by hard ～. 他靠辛勤劳动而获得成功。❷ Ⓤ 待做的事(不一定与职业有关)：There is plenty of ～ to be done in the garden. 园子里有许多事要做。❸([近]occupation, business) Ⓤ 职业,业务：It is difficult to find ～ in the present economic situation. 在目前的经济情况下很难找到工作。❹Ⓒ[常用复数][亦用 a ～]著作,作品：Have you read her latest ～? 你读过她最近的作品吗? ❺Ⓤ 成果,产品;工艺品;针线活,刺绣品：This book is the ～ of many hands. 这本书是许多人的劳动成果。❻Ⓤ 工作质量;做工,工艺 ❼([近]factor, plant)[常用复数][集合用法]工厂：The steel ～s is (are) closed for the holidays. 这座钢厂假期停工。❽[常用复数](建筑等的)工程；【军】(防御)工事：public ～s 公共建筑工程,市政工程 ❾[常用复数]工件,工作物;活动的机件：There's something wrong with the ～s. 机械装置出故障了。Ⅱ.(～ed[-t])vt.❶([近]operate)使运转,开动;使用,操作：～ a machine 开机器 ❷使工作;使干活：She ～s herself too hard. 她把自己累坏了。❸([近]manage)经营,管理；主管(某部门或地区)的工作(或活动)：He ～s the North Wales area. 他在北威尔士地区做生意。❹使缓慢前进；使逐渐变动：*Work* the stick into the hole. 把棍子慢慢插进洞里。❺([近]excite, provoke)(过去式和过去分词常用 wrought)造成,引起;激起：～ harm 造成伤害 ❻揉(面团),搅(黄油);使(啤酒等)发酵：This stone is easily ～ed. 这种石头容易加工。❼把…精工细做成;织,纺,绣;绘制;雕刻(肖像);切削,铸造,锤炼(金属)：～ a cushion-cover 缝制软垫的套 ❽([近]calculate)研拟(计划等);解决(问题等)：Did you ～ out the problem? 你解出那个问题了吗? vi.❶工作,劳动,干活,做：Most people have to ～ in order to live. 大多数人均须工作以维持生活。❷从事(某种)职业：He ～s for a travel agency. 他在一家旅行社任职。❸(机器、器官等)运转,活动：The machine ～s smoothly. 机器运转正常。❹起作用,产生影响;行得通：The method didn't ～ well in practice. 这个方法实际上做起来没什么效果。❺缓慢而费力地前进；(由于运动、使用等)逐渐变动：The screw ～ed loose. 那个螺丝钉松了。❻抽搐,牵动;激动,不平静：His lips ～ed as he tried to swallow the food. 他使劲儿把食物咽下去,嘴唇都扭曲起来。

work·er ['wɜ:kə(r)] (～s[-z])*n*. Ⓒ❶工作者,工作人员：The company provides houses for some of its ～s. 这家公司为某些工作人员提供住房。❷工人,劳动者;无产者 ❸

【动】职虫(工蜂或工蚁)：a ～ bee 工蜂

work·ing ['wɜ:kɪŋ] Ⅰ.[无比较等级]*adj*.❶工作的,劳动的：The ～ population of the country is growing smaller. 这个国家的劳力正在减少。❷施工用的：The government have a ～ majority. 这个政府握有稳操胜券的多数票。❸运转的,转动的;在使用的：She was still dressed in her ～ clothes. 她还穿着工作服呢。Ⅱ.*n*.❶Ⓤ工作;劳动;作业 ❷Ⓒ运转,转动,操作：the ～s of one's imagination 想象力的运用 ❸Ⓤ活动方式：the ～s of the human mind 人的头脑的活动方式 ❹[用复数](正在开采的或已开采过的)矿坑,采石场(的一部分)：The boys went exploring in some disused ～s. 那些孩子到一些废弃的矿坑去探险。

work·man ['wɜ:kmən] (workmen)*n*. Ⓒ工人,劳动者,工作者;工匠

work·wo·man ['wɜ:kwʊmən] (workwomen['wɜ:kɪwɪmɪn])*n*. Ⓒ女工;女工作者

world [wɜ:ld] *n*.❶[the ～]天下,地球,世界;宇宙,万物：the creation of ～ 天下万物的创造 ❷[the ～]世界：the Old World 旧世界 ❸[the ～]世人,众人：He wanted to tell the news to the ～. 他要把这件事告诉每一个人。❹Ⓒ[常用 the ～]世间,人间;物质生活：this ～ and the next 今世及来世 ❺Ⓒ[喻]界,领域：The medical ～ is divided on this issue. 医学界在这个问题上有分歧。❻Ⓒ(个人)身世,经历;眼界：His ～ is narrow. 他眼界狭窄。❼Ⓒ(类似地球的)天体,星体：other ～s unknown to us beyond the stars 除已知星体之外,我们不了解的其他天体 ❽[用 a ～, the ～]大量,无数：There is a ～ of meaning in his remark. 他的话含意无穷。

world·ly ['wɜ:ldlɪ] (worldlier; worldliest)[无比较等级]*adj*.❶世间的,尘世的：one's ～ goods 个人的财产 ❷俗气的,市侩气的：concerns(distractions, preoccupations)世俗的心思(乐趣、欲念)

worm [wɜ:m] Ⅰ.(～s[-z])*n*. Ⓒ❶虫,蠕虫;蚯蚓,蛆：There are a lot of ～s in the soil. 泥土中有许多蠕虫。❷肠虫,寄生虫：The dog has ～s. 这条狗有肠道寄生虫。❸[口]小人物,可鄙的家伙,可怜虫 ❹【机】螺纹,蜗杆,蛇管 Ⅱ.(～s[-z])*vt*.❶使蠕动 ❷给…驱肠虫;[美]给(花坛等)除虫：We'll have to ～ the dog. 我们得给这条狗打打虫子了。*vi*.蠕动

worn [wɔ:n] Ⅰ. wear 的过去分词 Ⅱ.*adj*.❶用旧的,穿坏的,穿旧的：These shoes are looking rather ～. 这双鞋不成样子了。❷筋

疲力尽的,耗尽的;变得衰弱的: She came back ~ and worried. 她回来时又疲乏又忧虑。

wor·ry ['wʌrɪ] I . (worries [-z]; worried) vt . ❶使焦虑,使担忧: What *worries* me is how he will manage now his wife's died. 他妻子死了,我担心的是他可怎么办。❷([近]annoy)使烦恼: What's ~ing you? 什么事使你烦恼? ❸([近]torment)困扰,折磨: Don't ~ her now. She's busy. 现在别打扰她,她正忙着呢。❹撕咬,啃碎: The dog was ~ing a rat. 那条狗撕咬着一只老鼠。❺使发愁,使担心: He *worried* that he would fail the exam. 他担心会考不及格。vi . ([近] fret)烦恼,担心,发愁: There's nothing to ~ about. 没什么可愁的。 II . (worries [-z]) n . ❶([近]anxiety)[U]烦恼,焦虑,担忧: *Worry* and illness had made him prematurely old. 他心事重重,疾病缠身,落得个未老先衰。❷([近]trouble, difficulty)[C][常用复数]烦恼事: He has a lot of financial *worries* at the moment. 他现在有很多财务上的烦恼事。

wor·ry·ing ['wʌrɪɪŋ] adj . 使人烦恼的,忧虑重重的: It was a very ~ time for them. 那时他们十分忧虑。

worse [wɜːs] I . adj . [bad, ill 的比较级] ❶([反] better)[bad 的比较级]更坏的,更差的;更恶化的: The weather got ~ during the day. 白天天气更坏了。❷[ill 的比较级](病情)更重的: If he gets any ~, we must phone for an ambulance. 要是他情况恶化,我们就得打电话叫救护车了。 II . adv . [bad, ill 的比较级] ❶更坏,更糟;(病情)更重: He is behaving ~. 他表现得更坏了。❷更猛烈地,更厉害地: It's raining ~ than ever. 雨下得更大了。 III . n . [U]更坏的事(或情况): I'm afraid there is ~ to come. 我看更糟的还在后头呢。

wors·en ['wɜːsn] (~s[-z]) vi . 恶化;变得更坏: The patient's condition ~ed during the night. 病人的情况在夜间恶化了。vt . 使变得更坏,使恶化: The drought had ~ed their chances of survival. 出现干旱后,他们就更难活命了。

wor·ship ['wɜːʃɪp] I . n . ❶([近] respect)[U]崇拜,敬仰,敬慕: an act of ~ 对神的崇拜举动 ❷[U]【宗】礼拜: Morning ~ begins at 11 o'clock. 早晨的礼拜从 11 点开始。❸[用 Worship][英]阁下(对地方长官的尊称): His *Worship* the Mayor of Chester 切斯特市长阁下 II . (worship(p)ed[-t]; worship

(p)ing) vt . 崇拜,尊敬 vi . 参加礼拜式;做礼拜: the church where they had ~ed for years 他们多年做礼拜的教堂

worst [wɜːst] I . adj . [bad, ill 的最高级][常用 the ~]([反] best)最坏的,最差的: It was the ~ storm for years. 这场暴风雨是多年来最厉害的。 II . adv . [bad, badly, ill, illy 的最高级]最坏地;最恶劣地;最有害地,最不利地: He is one of the ~ dressed men I know. 他在我认识的人里穿着最差。 III . n . [the ~]最坏者;最坏的部分,最坏的情况(或事件、结果等): The ~ of the storm is now over. 最厉害的一阵暴风雨现在已经过去了。

worth [wɜːθ] I . adj . [用作表语] ❶值…的,相当于…价值的: Our house is ~ about ₤60,000. 我们的房子约值 60,000 英镑。❷值得…的,有…价值的: The book is ~ reading. 这本书值得一读。❸拥有…价值的,财产有…价值的: What's the old man ~? 这个老先生的财产值多少钱? II . n . [U] ❶([近] value)价值,货币价值,物质价值;精神价值: two weeks' ~ of supplies 能维持两个星期的供应品 ❷(发音常作[wə])值一定金额的数量;(折合较高币值的)货币数量: The thieves stole ₤1 million ~ of jewellery. 窃贼偷走了价值 100 万英镑的珠宝。

worth·less ['wɜːθlɪs] [无比较等级] adj . ❶([近] valueless) 无价值的,不值钱的 ❷([近] useless)无用的,不足道的,不可取的: ~ old rubbish 没用的破烂货

wor·thy ['wɜːðɪ] I . (worthier; worthiest) adj . ❶([近] deserving)[常作表语]值得的,配得上的,相称的: Their efforts are ~ of your support. 他们这样努力应得到你的支持。❷([近] admirable)([反] unworthy)有价值的;值得尊敬的: a ~ cause 崇高的事业 II . (worthies [-z]) n . [C](一国或一时代的)知名人士;杰出人士: One of the local *worthies* has been invited to the ceremony. 本地的一个大人物已被邀请参加典礼。

would [强 wʊd, 弱 wəd] (否定式 would not,[缩] wouldn't)(will 的过去式) v . aux . ❶[表示过去将来时]将: The peasants were sure that they ~ have another bumper harvest that year. 农民们肯定他们那年将再获得丰收。❷(表示意志)愿,要;偏爱: I'd love a coffee. 我倒想喝杯咖啡。❸(表示习惯性)总是,总会: That is just what he ~ say. 他就是爱说这种话。❹(表示推测)大概: I ~ imagine the operation will take about an hour. 我猜想这个手术大概就需要一个小时左右吧。❺能,能够(= could): The barrel ~ hold 100 litres. 这桶能装 100 升。❻(表示虚拟、假设、条件等,用于第二、三人称,美式英语也用于第一人称)要,将要;会,就会:If he shaved his beard he ~ look much younger. 他要是把胡子刮了,就显得年轻多了。❼(表示设想的意志)愿意,要:I could do so if I ~. 要是我愿意,我能够这样做。❽(表示愿望)但愿,要是…多好:Would I were a PLA man! 我真希望我是一名解放军战士! ❾(表示请求或个人的想法、看法使语气婉转)愿,倒:Would you like a sandwich? 您想吃三明治吗? ❿(表示目的)绝对,一定:She burned the letters so that her husband ~ never read them. 她把信烧了,这样一来她丈夫就绝看不见了。

*wound¹ [wuːnd] I . (~s[-z]) n . C❶([近] cut) 创伤;伤,伤口;伤疤:The ~ was healing slowly. 伤口慢慢愈合了。❷([近] hurt, blow) (名誉等的)损伤;(感情上的)痛苦:The defeat was a ~ to his pride. 这次失败伤了他的自尊心。 II . (~s [-z]; ~ed ['-ɪd]) vt . ❶([近] injure) 使受伤,伤害:The guard was ~ed in the leg. 护卫员腿部受了伤。❷([近] hurt) (在感情等方面)使受伤害:He was (felt) deeply ~ed by their disloyalty. 因为他们的不忠,他十分伤心。

wound² [waʊnd] wind² and wind³ 的过去式和过去分词

wove [wəʊv] weave 的过去式和过去分词

wov·en ['wəʊvn] weave 的过去分词

*wrap [ræp] I . (wrapped 或 wrapt [wæpt]; wrapping) ([反] unwrap) vt . ❶([近] bundle, enfold, envelope, coil) 裹,包;捆:The Christmas presents were *wrapped* in paper. 圣诞礼物都用纸包起来了。❷用…缠,环绕:*Wrap* a scarf round your neck. 把围巾围在你的脖子上。 II . n . C[常用复数]外衣;围巾,披肩;毯子;手帕,头巾

wrath [rɒθ] n . ([近] anger) U[书] 愤怒,激怒,狂怒;愤慨

wreath [riːθ] (~s[riːðz]) n . C❶花圈;花环,花冠:a laurel ~ 桂冠 ❷圈状物,环状物;螺旋形物:~s of mist 薄雾缭绕

wreathe [riːð] (~s[-z]; wreathing) vt . ❶将…做成圈(或环、冠),编扎成(花圈等):~ flowers into a garland 将花扎成花环 ❷用花环装饰;给…戴花环 ❸遮盖,使笼罩;环绕:The display was ~d in laurel. 展品周围环绕着月桂树叶。❹扭拧 ❺缠绕…,裹住…:The snake ~d itself round the branch. 那条蛇盘绕在树枝上。 vi . (烟等)成圈状,缭绕;旋卷:Smoke ~d slowly upwards. 烟气袅袅。

wreck [rek] I . n . ❶U C 遇难,(船只的)失事:The collision reduced the car to a useless ~. 那辆汽车在碰撞事故中成了一堆废铁。❷C 失事的船(或飞机等);(漂到岸上的)失事船中的货物,(失事船或飞机等的)残骸:Two ~s block the entrance to the harbour. 两艘船的残骸堵塞了通往港口的入口。❸C 遭到严重破坏的建筑物 ❹C[口] 健康极度受损的人(或动物):The stroke left him a helpless ~. 他患中风之后成了不能自理的废人。❺U(希望、计划等的)破坏,毁灭 II . (~ed[-t]) vt . ❶使(船、火车等)失事,使遇难:The road was littered with ~ed cars. 公路上弃置着撞坏的汽车。❷([近] destroy) 摧残(身体健康等);使(计划)破灭:The weather ~ed all our plans. 天气恶劣,我们的计划全毁了。

wreck·age ['rekɪdʒ] n . U❶(船只等的)失事,遇难;毁坏 ❷[美](被毁物的)残骸,残余:*Wreckage* of the aircraft was scattered over a wide area. 那架飞机的残骸散布范围很大。

wrench [rentʃ] I . (~es['-ɪz]; ~ed[-t]) vt . ❶([近] twist; wrest) 猛扭(或拧、扳):He managed to ~ himself free. 他把身体挣脱出来了。❷使扭伤:She must have ~ed her ankle when she fell. 她准是跌倒时把脚踝给崴了。❸曲解,歪曲(事实、意思等):~ the meaning 歪曲意思 II . (~es['-ɪz]) n . C❶猛扭,突然一扭;一拧,一扳:He pulled the handle off with a ~. 他用力一拉就将把手拉下来了。❷扭伤 ❸(离别等场合的)突然的一阵悲痛:Leaving home was a terrible ~ for him. 他觉得离开家十分痛苦。❹扳手,扳头,扳钳

wrest [rest] (~ed['-ɪd]) vt . ❶([近] twist) 扭,拧(尤指用力拧拔、拧拉):The policeman ~ed the pistol from the criminal. 警察从罪犯手中夺下手枪。❷费力取得;抢夺:Foreign investors are trying to ~ control of the firm from the family. 外国投资者尽力从这个家族手中夺取对公司的控制权。❸歪曲,曲解

wres·tle ['resl] (~s[-z]; wrestling) vi . ❶摔跤,角力:The guards ~d with the intruders. 护卫员同闯入的人扭打起来。❷斗争,搏斗 ❸全力对付:The pilot was *wrestling* with the control. 那个飞行员尽力控制住操纵装置。 vt . 摔(跤):He ~d his opponent to the floor. 他把对手摔倒在地上。

wres·tling ['reslɪŋ] n . U【体】摔跤,角力

wretch [retʃ] (-es['-ɪz]) n . C❶可怜的人;不幸的人:a poor half-starved ~ 一个饿得半死的可怜的家伙 ❷[口] 卑鄙的人,可耻的人

wretch·ed ['retʃɪd] *adj.* ❶可怜的,悲惨的,不幸的;感到沮丧的:His stomach-ache made him feel ~ all day. 他一整天都胃疼得十分难受。❷[无比较等级]使人很不舒服的,讨厌的;肮脏的;恶劣的:The hotel food was absolutely ~. 这家旅馆的饭菜糟透了。❸可鄙的,不足道的:a ~ poet 一个不足道的诗人

wring [rɪŋ] I. (~s[-z];wrung[rʌŋ]) *vt.* ❶拧,绞,扭;挤,榨:He *wrung* the clothes (out) before putting them on the line to dry. 他把衣服拧干后晾到绳子上。❷榨出(水分),拧掉(out):*Wring* the water out of your wet bathing costume. 把你的游泳衣里的水拧出去。❸把…扭得变形;扭紧,拧入 ❹榨取,勒索;强求:They managed to ~ a promise out of her. 他们多方设法逼她应允了。❺使苦恼,折磨:The plight of the refugees really *wrung* my heart. 难民处境惨苦真叫我牵肠挂肚。II. (~s[-z]) *n.* ⓒ绞,拧,扭;挤,榨:Give the towels another ~. 把毛巾再拧一拧吧。

wrin·kle¹ ['rɪŋkl] I. (~s[z]) *n.* ⓒ皱,皱纹:She's beginning to get ~s around her eyes. 她眼角上开始出现皱纹了。II. (~s[-z];wrinkling) *vt.* 使起皱纹:Too much sunbathing will ~ your skin. 皮肤被晒得过多就会起皱纹。*vi.* 起皱纹:Her face ~d when she smiled. 她微笑的时候,脸上出现了皱纹。

wrin·kle² ['rɪŋkl] *n.* ⓒ[口]妙计,好主意:be full of ~s 足智多谋

wrist [rɪst] *n.* ⓒ腕,(袖子、手套等的)腕部:sprain one's ~ 扭伤手腕

write [raɪt] (wrote[rəʊt];written['rɪtn];writing) *vt.* ❶写,书写;写下:~ capitals (Chinese characters,shorthand) 写大写字母(写汉字、做笔记)❷写作;创作(乐曲等):He ~s a weekly column for the local newspaper. 他为当地报纸每周专栏撰写文章。❸写(书信);写信给:He *wrote* that he would be coming home soon. 他写信说他快要回家了。*vi.* ❶写,写字:By the age of seven he could ~ beautifully. 他7岁时字就写得很漂亮了。❷写作;作曲:She ~s for a weekly journal. 她为一家周刊写文章。❸写信:Please ~ (to me) often while you're away. 你走后请常(给我)来信。

writ·er ['raɪtə(r)] (~s[-z]) *n.* ⓒ❶作家,写作者;抄写员:an African ~ 非洲作家/a ~ of novel 小说家 ❷撰写人,笔者:the ~ of a report 报告的作者

writhe [raɪð] I. (~s[-z];writhing) *vi.* ❶翻滚,扭动:The patient was *writhing* (about) on the bed in agony. 病人疼得在床上直打滚。❷感到苦恼,不安:Her remarks made him ~ with shame. 她的话羞得他十分难堪。II. *n.* ⓒⓊ❶翻滚;扭动 ❷苦恼

writ·ing ['raɪtɪŋ] (~s[-z]) *n.* ❶Ⓤ书写,写;写作:She doesn't earn much from her ~. 她写作得到的收入不多。❷Ⓤ书法;笔迹:I can never read your ~. 我怎么也看不懂你的笔迹。❸Ⓤ文字,信件;文件:There is some ~ on the other side of the page. 这一页的反面有些字。❹ⓒ[常用复数]著作;文学作品

writ·ten ['rɪtn] I. write 的过去分词 II. *adj.* 写下的;书面的,成文的:a ~ application 书面申请

wrong [rɒŋ] I. (~er;~est 或 more ~;most ~) *adj.* ❶([近]mistaken, incorrect)([反]right, correct)错误的,不正确的:He did the sum, but got the ~ answer. 他做了这道算术题,但答案错了。❷([近]sinful, immoral)不道德的,犯罪的;邪恶的:It is ~ to steal. 偷窃是不道德的。❸([近]improper)([反]suitable)不适当的:You're doing it the ~ way. 你做的方法不当。❹([近]unsound)不正常的,不好的,不健全的:Is anything ~? You look ill. 怎么了? 你脸色不好。❺(织等)反(面)的:the ~ side of the cloth 布的反面 II. (~er;~est 或 more ~;most ~) *adv.* ❶([近]right)[口]错,不对:You guessed ~. 你猜错了。❷邪恶地,不正当地 III. (~s[-z]) *n.* ❶Ⓤ[书]不道德,邪恶 ❷([近]error)ⓒ不正当的行为,坏事;不法行为:She could do no ~ in the opinion of her devoted followers. 那些忠实于她的人都认为她不会做坏事。IV. (~s[-z]) *vt.* ❶[书]无礼地对待,虐待;骗取:We will not tolerate his ~ing her any more. 我们决不能再容忍他虐待她了。❷冤枉,委屈:You ~ me if you think I only did it for selfish reasons. 你要是以为我是出于私心,那就冤枉我了。

wrote [rəʊt] write 的过去式

wrought [rɔːt] [无比较等级] *adj.* [古]制造的,制作的;形成的:elaborately ~ carvings 精制的雕刻品

wrung [rʌŋ] wring 的过去式和过去分词

wry [raɪ] (wrier 或 wryer;wriest 或 wryest) *adj.* (表示厌恶、不满等)面部肌肉扭曲的:pull a ~ face 做个鬼脸

X x

xe•rox [ˈzɪərɒks] I. [常用 Xerox] (～es
[-ɪz]) n. ❶Ⓤ静电影印,复印 ❷Ⓒ静电复印
件,影印件:make a couple of *Xeroxes* of the
contract 复制出合同的影印件 II. vt. 用静
电复印术复制,影印:Could you ～ this letter
please,Paula? 保拉,请你把这封信复印一份
行吗? vi. 用静电复印术复制

X•mas [ˈkrɪsməs,ˈeks-] (～es[-ɪz]) n. Ⓤ
Ⓒ[口]圣诞节(= Christmas)(尤指用于非正
式的文字中):A merry ～ to all our readers!
谨向我们所有的读者敬祝圣诞快乐!

X-ray,x-ray [ˈeksreɪ] I. adj. X 射线的,X
光的:～ therapy X 光治疗 II. vt. 用 X 光
检查(或处理、摄影、治疗等):When his lungs
were ～ed,the disease could be clearly seen.
对他的肺部进行了 X 射线检查之后,疾病一
目了然了。III. (～s[-z]) n. ❶[常用复数]
X 射线,X 光 ❷Ⓒ([近]radiograph) X 光照
片 ❸Ⓒ[口]X 光透视检查

xylophone [ˈzaɪləfəʊn] n. Ⓒ木琴

Y y

yacht [jɒt] **I** . *n* . © **❶** 快艇,游艇: a racing ~ 竞赛用的快艇 **❷** 【体】(尤指专为竞赛用的) 帆船: a sand ~ 沙滩帆船 **II** . (~ed['-ɪd]) *vi* . 驾快艇,赛快艇;乘快艇: I go ~ing most weekends in the summer. 在夏天,我大多数周末都乘快艇游玩。

Yan·kee ['jæŋkɪ] (~s[-z]) *n* . © **❶** [美] (美国的)新英格兰人 **❷** ([近]Yank)[英口] 美国公民,美国佬: ~ hospitality 美国人的好客 **❸** (美国南北战争时期)美国北部各州的人;北方士兵

yard¹ [jɑːd] (~s[-z]) *n* . © **❶** 码(英美长度单位)(略作 yd): Can you still buy cloth by the ~ in Britain? 在英国,买布还论码吗? **❷** 【建】(沙、土等的)立方码 **❸** 【海】(帆)桁

yard² [jɑːd] (~s[-z]) *n* . **❶** © 院子,围场; [美] 庭院: a front ~ 前院 **❷** © (常以构成复合词)(作一定用途的)场地;(露天)广场;堆置场: a ship ~ 造船厂 **❸** © (铁路)车场: a railway (marshalling) ~ (铁路)调车场(编车场) **❹** [口][the Yard]伦敦警察厅;伦敦警察厅刑事部

yarn [jɑːn] **I** . (~s[-z]) *n* . **❶** Ⓤ 纱,纱线; (尤指)毛线: cotton ~ 棉纱/woollen ~ 毛线 **❷** © [口](尤指夸张的或编造的)故事;奇谈 **II** . *vi* . [口]讲故事

yawn [jɔːn] **I** . *vt* . 打着呵欠说: The child ~ed good night. 那孩子打着呵欠说晚安。 *vi* . **❶** 打呵欠: make sb. ~ 使某人困倦 **❷** (指大洞穴)张开;裂开: The deep crevasse ~ed at their feet. 他们脚下的冰川有一道深深的裂缝。/a ~ing chasm 地下裂开的大坑 **II** . *n* . © 哈欠,呵欠: with a ~ 打着呵欠

year [jɪə(r),jɜː(r)] (~s[-z]) *n* . **❶** © 年; 年份: the ~ after next 后年 **❷** ©[常用复数] 年纪,岁数;年龄: He died in his sixtieth ~. 他在步入 60 岁时去世了。 **❸** [用复数]多年,长久;很久: I've worked for this firm for ~s. 我为这家公司工作很多年了。 **❹** © 与某事物(如商业或财政)相关的一年期间;年度:

the fiscal (或 financial) ~ 会计(财政)年度 **❺** ©【天】历年 **❻** [用复数]老年 **❼** [用复数] 时代

yearly ['jɪːlɪ,'jɜː-] [无比较等级] **I** . *adj* . **❶** 每年一次的,一年一度的: a ~ conference 一年一度的会议 **❷** 一年的,按年的 **II** . *adv* . 每年,一年一度地,年年;按年: The examination is held ~. 这种考试每年举行。

yearn [jɜːn] (~s[-z]) *vi* . **❶** 想念,怀念,思慕,留恋: He ~ed for his home and family. 他怀念故国家园。 **❷** ([近]long)渴望,向往,盼望: a ~ing desire 如饥如渴的欲望 **❸** 怜悯,可怜,同情

yeast [jiːst] **I** . *n* . Ⓤ 酵母;发酵之物: baker's ~ 发面用酵母 **II** . *vi* . 发酵

yell [jel] **I** . (~s[-z]) *vi* . 叫喊,叫嚷;忍不住大笑: He ~ed with fear. 他害怕得喊叫起来。 *vt* . 叫喊着说: He ~ed orders at his men. 他对部下大声下命令。 **II** . *n* . © **❶** 叫喊,喊叫: a ~ of terror 恐怖的叫喊 **❷** [美](鼓励运动员的)喊声,啦啦队有节奏的喊声

yel·low ['jeləu] **I** . (~er; ~est 或 more ~; most ~) *adj* . **❶** 黄(色)的 **❷** [贬]黄皮肤的: the ~ races 黄色人种 **❸** [口]胆怯的,胆小的;靠不住的 **❹** (报纸等)采用耸人听闻手法的;作低级趣味渲染的 **II** . *n* . ©Ⓤ **❶** 黄 (色),黄色颜料(或染料): several different ~s in the paintbox 颜料盒中有几种不同色调的黄色 **❷** 蛋黄 **III** . *vt* . & *vi* . 使(某物)变黄 (或发黄)

yes [jes] ([反]no) **I** . [无比较等级] *adv* . **❶** [用作肯定的答复]是,是的: "Are you ready?" "Yes, I am(ready)." "你准备好了吗?""是的,准备好了。" **❷** (应答呼唤)是,嗳,我在这儿: "Waiter!" "Yes." "服务员!""嗳。" **❸** (加强语气)不但如此,而且: He has read ~,and studied the article carefully. 他不但阅读,而且还仔细研究了那篇文章。 **❹** (用以表示说法正确或说话者同意)是: "English is a difficult language.""Yes,but not as difficult as Chinese.""英语很难。""是啊,但没有汉语那么难。" ❺(用升调,表示疑问或鼓励对方进一步陈述)是吗,真的吗:"The boy can run 100 metres in eleven seconds.""Yes?""这个男孩 100 米只跑 11 秒。""真的吗?" Ⅱ.(~es ['-ɪz]) n. C ❶是,同意,赞成:Can't you give me a straight ~ or no? 你能不能给我一个直截了当的答复,行还是不行? ❷赞成票;投赞成票者:How many ~es were there? 赞成票有多少?

*yes·ter·day ['jestədɪ,-deɪ] Ⅰ. adv. ❶(常用在句尾、句首)在昨天,在昨日:He arrived only ~. 他昨天才刚到。❷最近:I was not born ~. 我不是最近才出生的。(意指:你不要认为我一无所知。) Ⅱ. n. 昨天,昨日:Where's ~'s paper? 昨天的报纸在哪里? ❷ U C [常用复数]最近;过去,往昔:all our ~s 我们的往日 ❸ C U [古]昨日

*yet [jet] Ⅰ. adv. ❶[用于否定句]还,尚;仍然:I haven't received a letter from him ~. 我至今尚未收到他的来信。❷[用于肯定疑问句]已经:I doubt if he has read it yet. 我怀疑他是否看过这篇材料。❸[与比较级连用]比…还要,更;再:a recent and ~ more improbable theory 最新而且也是更加不可信的理论 ❹[与最高级连用]到目前(或当时)为止(最…):the highest building ~ constructed 到目前为止最高的建筑物 ❺[与情态动词连用]在不久将来,迟早,早晚:We may win ~. 我们迟早会获胜。Ⅱ. conj. 而,而又,然而,但是:She trained hard all year ~ still failed to reach her best form. 她全年艰苦训练,然而仍未达到自己的最佳状态。

yield [jiːld] Ⅰ.(~s[-z])(~ed['-ɪd]) vt. ❶([近]produce)出产;生产出(作物等),结出果实;产生(效果;收益等):trees that no longer ~ fruit 不再结果实的树 ❷屈服于,让步于,对某人(或事)不再反对:The rich man ~ed (up) part of his possessions to them. 这位富翁把一部分财产让给了他们。❸提供:The empty house ~ed us shelter. 那空房子给我们提供了栖身之处。vi. ❶出产:This land ~s well. 这块土地产量很高。❷(受外力)变形;(受压力)弯曲(或折断):Despite all our attempts to break it open, the lock would not ~. 尽管我们想方设法要把锁弄断,它却仍纹丝不动。❸服从,屈服,投降:The disease ~ed to treatment. 疾病经过治疗有所好转。Ⅱ. n. C U ❶产量;收量:a good ~ of wheat 小麦的好收成 ❷收益,利益

*yo·gurt ['jɒɡət] n. U C (一份)酸奶

yoke [jəuk] Ⅰ. n. C U ❶牛轭;轭 ❷[单复同](同轭的)一对牛(或马等) ❸轭状物;轭状扁担;轭形吊钟横木 ❹[喻]束缚,压力;支配,管辖:throw off the ~ of slavery 摆脱奴隶制的枷锁 ❺[喻](夫妇等间的)联结;情义:the ~ of brotherhood 不可分的兄弟关系,手足之情 ❻(女装)上衣的低肩;裙子的腰部 Ⅱ. vt. ❶给(动物)上轭:~ oxen to a plough 用轭把牛套在犁上 ❷用轭把牛套到(犁等)之上:~ oxen together 用轭把牛套在一起 vi. 结合,连接;匹配:~d (together) in marriage 联姻

yolk [jəuk] n. C U 蛋黄;孵黄:Beat up the ~s of three eggs. 把 3 个蛋黄搅匀。

yon·der ['jɒndə(r)] [无比较等级] Ⅰ. adj. 那边的,远处的:Whose farm is that (over) ~? 那边的农场是谁的? Ⅱ. adv. 在那边,在远处:Yonder stands an oak. 那边有一棵栎树。Ⅲ. pron. 那边

*you [juː;jʊ,jə] [单、复,主格、宾格形式均相同] pron. ❶[主格]你;你们:You said ~ knew the way. 你说过你认识路的。❷[主格][集合用法]某个人,任何人:You never can tell! 谁也没法预料! ❸[宾格]你;你们:Shall I pour ~ a cup of tea? 要给你倒杯茶吗? ❹[宾格](用在介词之后)你(们):These two spades are for ~ and me. 这两把铲子是给你和我(用)的。

*young [jʌŋ] ([反] old) Ⅰ.(~er['-ɡə]; ~est['-ɡɪst]) adj. ❶年轻的,幼小的;青春时期的:a ~ woman 年轻的女子 ❷像青年的;有青春活力的,朝气蓬勃的:The ~ look is in fashion this year. 今年时兴扮青年人的样子。❸(父子、兄弟等之间)年龄较小的;年轻时代的:Young Jones is just like his father. 小琼斯真像他的父亲。❹没有经验的,初出茅庐的 ❺新诞生的,新成立的;初期的:The century is still ~. 这个世纪才刚开始不久。❻(季节、时间)还早的 Ⅱ. n. U ❶崽,仔;雏:The cat fought fiercely to defend its ~. 那只猫拼命反抗以保护小猫。❷[单复同][the ~][集合用法]年轻人,青年:The ~ in our society need care and protection. 我们社会的年轻人应该受到关怀和爱护。

young·er ['jʌŋɡə] ([反] elder) Ⅰ. young 的比较级 Ⅱ. adj. 较年轻的,较幼小的:the ~ Jones 小琼斯 Ⅲ.(~s[-z]) n. C ❶年纪较小的人:His sister is several years his ~. 他妹妹比他小好几岁。❷年轻人,幼小者;[常用复数]子女,小辈:He taught his ~s to swim. 他教他的孩子们游泳。

young·ster ['jʌŋstə(r)] (~s[-z]) n. C ❶年轻人,小伙子 ❷儿童,小孩:How are the ~s? 你的孩子们怎么样?

your [jɔː(r);jə(r)] *pron*. [人称代词 you 的所有格] ❶你的;您的;你们的:Excuse me, is this ~ seat? 请问,这是您的座位吗? ❷[口] (泛指)某个人的,任何人的:When you face the south, the east is at ~ left. 当面朝南的时候,左边是东方。❸[贬](用以指与对方有关的事物):These are ~ famous Oxford colleges, I suppose. 我想这些就是你常说的那些著名的牛津学院了。❹(后接 Excellency, Honour 等,构成对贵族、官员等的尊称,直接称呼用):Your Majesty 陛下

yours [jɔːz] *pron*. ❶[you 的物主代词]你的(东西);你们的(东西):Is that book ~? 那本书是你的吗? ❷你(们)的家属:Best regards to you and ~. 向你和你的家属致意。❸(在信尾具名前)作为客套语:Yours truly 你忠实的

your·self [jɔːˈself] (yourselves[jɔːˈselvz]) *pron*. ❶[反身用法]你自己:Have you hurt ~? 你把自己弄伤了吗? ❷[强调用法]你亲自,你本人:You ~ are one of the chief offenders. 你自己就是其中一个主犯。

youth [juːθ] (~s[juːðz, juːθz]) *n*. ❶([反] age)Ⓤ青(少)年时代;青少年时期;初期:I often went there in my ~. 我小时候常到那里去。❷Ⓤ青春,活力,朝气;血气:Her ~ gives her an advantage over the other runners. 她年轻,这是她比其他赛跑者优越的地方。❸Ⓒ[贬]青年男子,(尤指 10 余岁的)小伙子:As a ~ he showed little promise. 他这个小伙子,看不出有什么出息。❹[单复同][集合用法]青年人:The ~ of today has(have) greater opportunities than ever before. 现在的青年人比以往任何时候都有更多的机会。

youth·ful [ˈjuːθf(ʊ)l] *adj*. ❶年轻的;青年的:a ~ managing director 年轻的总经理 ❷似年轻的:She's a very ~ sixty-five. 她已 65 岁,却显得很年轻。❸富于青春活力的,朝气蓬勃的:~ revolutionary vigour 朝气蓬勃的革命干劲

yu·an [juːˈæn] *n*. [单复同]元(中国货币单位,符号 ￥):RMB 500,000 ~ 人民币 50 万元

Y

Z z

zeal [ziːl] *n*. ⓤ热心;热情,热忱:show ~ for a cause 表现出对某一事业的热忱

zeal·ous ['zeləs] *adj*. 热心的,热情的;积极的:~ succeed at work 一心要做好工作

ze·bra ['ziːbrə,'zebrə] *n*. ⓒ【动】斑马

zen·ith ['zenɪθ] *n*. ❶ [the ~]【天】天顶(观测者正上方的天空) ❷ ⓒ(幸运、繁荣、权力等的)顶点,顶峰;最高点:reach the ~ of one's career,power,influence 达到事业、权力、影响力的顶峰

ze·ro ['zɪərəʊ] Ⅰ. (~(e)s [-z]) *n*. ❶ ⓒ【数】零:Five,four,three,two,one,~,we have lifted off! 5、4、3、2、1、0,我们升空了! ❷ ⓤ零点,零位,(温度计的)零度;【空】零高度:The thermometer fell to ~ last night. 昨夜温度计显示气温下降到零度。❸ ⓤ最低点;无,乌有:Politics has ~ interest for me. 我对政治丝毫不感兴趣。Ⅱ. *adj*. 零的;零点的;零度的 Ⅲ. *vt*. ❶把(机械等的)调节器调至零点 ❷把…减少(或减低到零位)

zest [zest] Ⅰ. *n*. ⓤⓒ❶热心,热情:Her ~ for life is as great as ever. 她对生活的极大兴趣一如既往。❷(辛辣的)滋味,风味,香味;风趣,兴趣:The element of risk gave (an) added ~ to the adventure. 这种冒险成分更给探险活动增添几分乐趣。❸香橙皮,柠檬皮(用作香料) Ⅱ. *vt*. 给……添趣

zig·zag ['zɪgzæg] Ⅰ. (~s [-z]) *n*. ⓒ❶之字形,z字形;锯齿形 ❷锯齿形的线条;之字形小路 Ⅱ. *adj*. ❶Z字形的,之字形的;锯齿形

的 ❷盘旋的,弯弯曲曲的,蜿蜒的:a ~ road,course,flash of lightning 弯弯曲曲的道路、路线、闪电 Ⅲ. *adv*. ❶盘旋地,弯弯曲曲地 ❷成之字形地;成锯齿形地 Ⅳ. (~s[-z];zigzagged;zigzagging) *vi*. 成之字形;作之字形移动,弯弯曲曲地走路:The narrow path ~s up the cliff. 这条狭窄的小径曲曲折折地向峭壁伸延。*vt*. 使呈之字形移动

zip·per ['zɪpər] Ⅰ. (~s[-z]) *n*. ⓒ[美]拉链([英] zip) Ⅱ. *vi*. 扣上拉链

zone [zəʊn] Ⅰ. (~s[-z]) *n*. ⓒ❶([近] area)地区;(城市、运动场等的)区,区域;范围界:smokeless ~s 无烟区 ❷【地】地带;带:frigid (temperate, torrid) ~ 寒(温、热)带 ❸[美](大城市中的)邮区;(铁路运算等按分区计算的)区,段 Ⅱ. (~s[-z]; zoning) *vt*. ❶用带子围绕;环绕 ❷将…分成区;把……划成地带 *vi*. 分成区,划成地带

zoo [zuː] (~s[-z]) *n*. ⓒ[口]动物园:The children enjoy going to the ~. 儿童喜欢到动物园去。

zo·ol·o·gy [zəʊ'ɒlədʒɪ] *n*. ⓤ动物学

zoom [zuːm] Ⅰ. (~s[-z]) *vi*. & *vt*. ❶(使)飞机陡直上升,(使)做急跃升飞行;[喻](开支、销售额等)激增:The jet ~ed low over our heads. 喷气式飞机在我们头上空袭的一声低飞而过。❷发出嗡声(或营营声)而动:~ing along the motorway 沿高速公路嗡一声疾驶而去 Ⅱ. *n*. ⓤ❶(飞机的)陡直上升,急跃升飞行 ❷嗡嗡声(营营声)

汉 英 词 典
CHINESE-ENGLISH
DICTIONARY

体例说明

GUIDE TO THE USE OF THE DICTIONARY

一、词　条

1. 本词典共收单字条目 3,700 余个,多字条目 20,000 余条,多字条目放在"【　】"内。

2. 单字条目按汉语拼音字母顺序排列,同声韵的汉字按声调顺序排列,同音字按笔画数排列。笔画数相同的,按起笔笔形横(一)、竖(丨)、撇(丿)、点(丶)、折(乛)的顺序排列。

3. 多字条目按第一个字分列于领头的单字条目之下。多字条目不止一条时,按第二个字的汉语拼音字母顺序排列。第二个字相同时,按第三个字排列,依次类推。

4. 多音字分立条目,互设"另见",列于单字条目之后。

二、注　音

单字条目标注汉语拼音。

三、词　类

1. 单字条目和多字条目均标注词类,并以缩略语的形式标注在"(　)"内,同一条目的不同词类分别以❶、❷、❸等数码引出。

2. 汉语词类分为:名词、动词、形容词、数词、量词、代词、副词、介词、连词、助词、叹词、拟声词,分别缩略为(名)、(动)、(形)、(数)、(量)、(代)、(副)、(介)、(连)、(助)、(叹)、(拟声)。

四、释　义

1. 单字条目和多字条目提供汉、英两种释义时,汉语释义在前,列在"(　)"内。同一释义有两种或多种译法时,用";"隔开,并将常用释义放在首位。

2. 释义有两种或两种以上时,用❶、❷、❸等数码分别标列。

3. 释义使用正体字。

五、例　证

1. 单字条目和多字条目的释义后,根据需要提供例证。释义与例证间加":"。

2. 例证中与本词目相同的部分,用"～"替代。

3. 例证与例证之间用"/"隔开。例证有两种或多种译法时,用";"隔开。

4. 例证使用斜体字。

略 语 表

ABBREVIATIONS USED IN THE DICTIONARY

〈口〉口语	〈婉〉委婉	〈方〉方言
〈贬〉贬义	〈书〉书面语	〈旧〉旧时用语
〈敬〉敬语	〈套〉套语	〈谦〉谦语

* * *

[解]	解剖学	[材]	材料学	[体]	体育
[天]	天文学	[测]	测量学	[军]	军事
[矿]	矿物学	[地理]	地理学	[力]	力学
[无]	无线电技术	[物]	物理学	[地质]	地质学
[律]	法律	[电]	电学	[动]	动物学
[逻]	逻辑学	[美]	美学	[心理]	心理学
[农]	农业	[纺]	纺织	[工]	工业
[气]	气象学	[药]	药理学	[光]	光学
[冶]	冶金学	[商]	商业	[医]	医学
[航海]	航海学	[摄]	摄影技术	[遗]	遗传学
[航空]	航空;航天工程	[音]	音乐	[化]	化学
[生]	生物学	[生化]	生物化学	[语]	语言学;语法学
[生理]	生理学	[哲]	哲学	[机]	机械工程
[石油]	石油工业	[植]	植物学	[计]	计算机
[建]	建筑;建筑学	[宗]	宗教	[交]	交通运输
[数]	数学				

A

ā

阿 ā（助）（用于称呼前面）：～爸 *daddy*／～哥 *elder brother*
【阿波罗】（名）（希腊神话中的太阳神，宙斯的儿子）Apollo
【阿尔法粒子】（名）alpha particle
【阿基米德定律】（名）Archimedes' principle
【阿拉伯】（名）Arab：～国家 *Arab countries*／半岛 *the Arabian Peninsula*
【阿拉伯的】（形）Arabic
【阿拉伯人】（名）Arabian
【阿拉伯数字】（名）Arabic numeral
【阿司匹林】（名）（解热镇痛药）aspirin
【阿姨】（名）（对母亲的姐妹或母辈妇女的称呼）auntie；nurse

啊 ā（叹）❶（表示惊异）Oh；O：～！多美丽的景色！ *Oh, what a nice view!* ❷（表示赞叹）O；Oh：～，这是一个多么好的小姑娘！ *Oh, what a nice little girl she is!*
另见 605 页 á；605 页 ǎ；605 页 à；605 页 a。

á

啊 á（叹）（表示追问）eh；hey；why：～？ 你说什么？ *Eh? Pardon?*
另见 605 页 ā；605 页 ǎ；605 页 à；605 页 a。

ǎ

啊 ǎ（叹）（表示惊疑）what：～！ 那是真的吗？ *What! Is that true?*
另见 605 页 ā；605 页 á；605 页 à；605 页 a。

à

啊 à（叹）❶（表示应诺）yes：～，我来。 *Yes, I'm coming.* ❷（表示醒悟）Oh；ah：～，我懂了。 *Oh, I see.* ❸（表示赞叹或惊异）

Oh：～，多美的花园！ *Oh, what a beautiful garden!*
另见 605 页 ā；605 页 á；605 页 ǎ；605 页 a。

a

啊 a（助）❶（用于句末，表示赞叹）：多好的地方～！ *What a place!* ❷（用于句末，加强不同的语气或带有不同的感情色彩）：你这话说得是～。 *What you say is quite true.*／快跟我走～！ *Quick, come with me!* ❸（用于句末，表示疑问）：你们哪天开始旅行～？ *When are you going to start on your journey?* ❹（用于列举的事项之后）：茄子～，黄瓜～，卷心菜～，西红柿～，各种蔬菜摆满了货架。 *The shelves were filled with all sorts of vegetables, such as eggplants, cucumbers, cabbages and tomatoes.*
另见 605 页 ā；605 页 á；605 页 ǎ；605 页 à。

āi

哀 āi ❶（名）❶（悲伤；悲痛）grief；sorrow：喜怒～乐 *happiness, anger, grief and joy* ❷（哀悼）mourning：默～ *stand in silent tribute* ❸（形）（悲伤的）doleful；sad；sorrowful：悲～ *sorrowful*
【哀愁】❶（形）sad；sorrowful：心中～ *deeply sorrowful* ❷（名）grief：消除～ *eliminate one's grief*
【哀悼】（动）grieve；mourn；lament：～亡友 *mourn a deceased friend*／我们～他的逝世。 *We lament his death.*
【哀求】（动）entreat；implore：苦苦～ *piteously entreat*
【哀伤】❶（形）sad：为…而～feel sad over... ❷（动）distressed：哀而不伤 *be mournful, but not distressing* ❸（名）grief：心怀～ *with grief in one's heart*
【哀思】（名）grief；sad memories：表达～ *give*

expression to one's grief

【哀叹】（动）lament；bewail；bemoan：～不幸 *lament a misfortune*

【哀乐】（名）dirge；funeral music

埃 āi（名）（尘土）dust：尘～ *dust*

【埃及】（名）Egypt

【埃及人】（名）Egyptian

挨 āi（动）（靠近；紧接着）be close to；be next to：他的家～着公园。*His house is close to the park.*／一个～着一个 *next to one another*

另见 606 页 ái。

【挨次】（副）in turn；one by one；one after another：～发言 *speak in turn*／～上车 *get on the bus one after another*

【挨近】（动）be near to；get close to：这所小学～我家。*This elementary school is near to my house.*

唉 āi（叹）❶（表示应答）yes；right：～，我这就去。*Yes, I'm going right away.* ❷（表示失望或无可奈何的感叹声）alas：～！他被癌症夺去了生命。*Alas! He died of cancer.*

【唉声叹气】（成）heave deep sighs；sigh in despair：你为什么～？*What are you sighing about?*

ái

挨 ái（动）❶（遭受；忍受）suffer；endure：～饿 *suffer from hunger*／～冷受冻 *endure the cold* ❷（困难地度过）drag out；wait：～年头 *drag out a miserable existence* ❸（拖延）delay；stall；dawdle：快走！不要再～时间了。*Hurry up! Stop dawdling.*

另见 606 页 āi。

【挨打】（动）suffer beating；take a beating；come under attack：他准备～。*He was ready to take his licks.*

【挨饿】（动）suffer from hunger；starve：为了减肥她让自己～。*She's starving herself trying to lose weight.*

【挨罚】（动）be punished；get it in the neck：学生遗失图书馆的书会～的。*Students will get it in the neck when they lose library books.*

【挨骂】（动）get a scolding；catch it：你打碎了那花瓶要～了。*You will catch it for breaking that vase.*

癌 ái（名）（恶性肿瘤）cancer；carcinoma：肝～ *cancer of the liver*／肺～ *cancer of the lung*

【癌细胞】（名）cancer cell

【癌症】（名）cancer

ǎi

矮 ǎi（形）❶（身材短）short；dwarf：～个子 *a short man*／他身材～小。*He is short in stature.* ❷（高度低的）low：～墙（屋）*a low wall（house）*

【矮草】（名）bottom grass；short grass：～甸子 *short marshy grassland*

【矮灌木】（名）bush

【矮林】（名）low forest；copse：～地 *copse land*

【矮小】（形）short and small；undersized：身材～ *short and slight in figure*

【矮子】（名）dwarf；a short person：言语的巨人，行动的～ *a giant in words, a dwarf in deeds*

蔼 ǎi（形）（和气；态度好）friendly；amiable

【蔼然可亲】（成）amiable；kindly：这位护士总是以～的态度对待伤员。*The nurse always treated the sick and wounded with kindness.*

ài

爱 ài ㊀（动）❶（对人或事物有很深的感情）love：～祖国 *love one's country* ❷（喜欢；喜好）like；be fond of：～看电视 *like watching TV*／～游泳 *be fond of swimming* ❸（爱惜；爱护）cherish；treasure：～集体荣誉 *cherish the good name of the collective* ㊁（名）（深厚的感情；深切的关怀）男女之间的爱情）love；affection：博～ *universal love*／强烈的～ *a keen affection*

【爱戴】（动）love and esteem：人们都非常～这位老科学家。*The old scientist is very much loved and esteemed.*

【爱尔兰】（名）Ireland：～人 *the Irish；Irishman*

【爱抚】（动）（疼爱并照料）show tender care for：母亲～着自己的孩子们。*The mother shows tender care for her children.*

【爱国】（动）be patriotic；love one's country：强烈的～热情 *deep love of（one's）country*

【爱好】㊀（动）（对某种事物有浓厚的兴趣；喜爱）love；like；be fond of；be keen on：～和平 *love peace* ㊁（名）（对事物所产生的兴趣）hobby；interest：每人都有自己的～。*Everybody has his own hobby.*

【爱护】（动）cherish；treasure；take good care of：～儿童 *take good care of children*

A

【爱恋】（动）be in love with；feel deeply attached to：他深深地～着那位姑娘。*He is head over heels in love with the girl.*

【爱慕】（动）adore；admire：相互～ *adore each other*／～虚荣 *be vain*

【爱情】（名）love；affection：～故事 *love story*／纯洁的～ *genuine love*

【爱人】（名）husband；wife；sweetheart：您～好吗？*How is your husband (or wife)?*

【爱惜】（动）cherish；treasure：～时间 *make the best use of one's time*／～人才 *treasure men of talent*

隘 ài ●（形）（狭隘）narrow：～巷 *a narrow lane* ●（名）（险要的地方）pass；要～ *a strategic pass*

【隘口】（名）pass：～险要。*The entrance to a pass is dangerous and important.*

【隘路】（名）narrow passage

碍 ài（动）（妨碍；阻碍；遮蔽）hinder；obstruct；be in the way of：妨～交通 *obstruct the traffic*／帮帮忙，不要～事。*Help out, don't hinder.*

【碍事】（动）❶（不方便；妨碍）be a hindrance；be in the way：这桌子放在门口太～了。*This table is too close to the door, it gets in the way.* ❷（严重；大有关系）be of consequence；matter：这不～。*It doesn't matter; It's of no consequence.*

【碍眼】（动）be unpleasant to look at；be an eyesore：那些广告牌真～。*Those billboards are a real eyesore.*

暖 ài（形）（日光昏暗）dim

【暧昧】（形）（态度、用意含糊；不明白）ambiguous；equivocal；dubious：他的答复非常～。*His reply was full of ambiguities.*

【暧昧关系】（名）dubious relationship

ān

安 ān ●（形）❶（安定）peaceful：～睡 *sleep peacefully* ❷（平安；安好）safe；in good health：身体～康 *be in good health* ●（动）❶（使安定）calm：～神 *calm the nerves* ❷（感到满足合适；心安）rest content；be satisfied：～于现状 *be satisfied with the existing state of affairs* ❸（安装；设立）install；fix；fit：～电灯 *install electric light*／门上～锁 *fit a lock on the door* ❹（凭空加上）bring：～罪名 *bring charges against* ❺（存着；怀着）harbour：～坏心 *harbour evil intentions* ●（名）

（安全；安逸）security；peace：～不忘危 *mindful of possible danger in time of peace*

【安插】（动）place in a certain position：～亲信 *place one's trusted followers in key positions*

【安定】●（形）（生活、形势等平静稳定）stable；quiet；settled：～的生活 *a stable (settled) life*／过～的生活 *live in quiet* ●（动）（使安定）stabilize；maintain：～人心 *quiet the public sentiment*／～社会秩序 *maintain social order*

【安顿】●（动）（使有着落；安排妥当）arrange for；find a place for；help settle down：家里都～好了吗？*Have you got everything settled down at home?* ●（形）（安稳）peaceful；undisturbed：病人吃了药，睡觉～多了。*The patient slept much better after taking the medicine.*

【安放】（动）lay；place；put：把仪器～好。*Put the instruments in their proper places.*

【安家】（动）❶（安置家庭）settle down；set up a home：哪里艰苦哪里～。*We'll go and settle down where conditions are hardest.* ❷（组成家庭；结婚）get married：他已经在国外～了。*He has already made his home abroad.*

【安静】（形）（没有声音）quiet；peaceful：保持～！*Keep quiet!*／病人需要～。*The patient needs peace and quiet.*

【安居乐业】（成）（安定的生活；愉快的工作）live and work in peace and contentment：这里的人民过着～的生活。*People here all live and work in peace and contentment.*

【安康】（名）（平安和健康）good health：祝您～ *wish you the best of health*

【安宁】（形）❶（秩序正常）peaceful；tranquil：确保两国边境～ *ensure tranquillity on the border of the two countries* ❷（心情安定）calm；free from worry：心里很不～ *feel rather worried*

【安排】（动）plan；fix up；arrange：～参观游览 *arrange visits and sightseeing trips*／告诉他，一切我们都～好了。*Tell him we've fixed it all up.*

【安全】（形）safe；secure：～到达 *arrive safely*／他们～地穿过了马路。*They crossed the road in safety.*

【安然】●（形）（平安）safe：～逃脱 *go scot-free*／～无恙 *safe and sound* ●（副）（没有顾虑，很放心）peacefully；at rest：～入睡 *go to sleep peacefully*

【安设】（动）install；set up：在山顶上～一个气

A

象观测站 set up a weather station at the top of the hill

【安身】（动）make one's home；take shelter：无处～ have nowhere to make one's home

【安适】（形）quiet and comfortable：～的生活 a quiet and comfortable life

【安危】（名）safety；safety and danger：不顾个人～ heedless of one's personal safety

【安慰】❶（动）comfort；console：～他几句 say a few words to comfort him ❷（形）（心情安适）feel at ease；病人听到医生的这番话感到很～。The patient felt much relieved to hear what the doctor had said.

【安稳】（形）smooth and steady：船走得很～。The boat sailed smoothly.

【安息】（动）❶（睡觉）go to sleep：时间很晚了，你去～吧。It's already late, go to bed. ❷（悼念死者的用语）rest in peace；at rest：让他的灵魂～吧！ May his soul rest in peace！

【安闲】（形）（安静清闲）leisurely；peaceful and carefree：他晚年过着十分～的生活。He led a completely peaceful and carefree life in his remaining years.

【安详】（形）（稳重慈祥）serene；composed：举止～ behave with composure／～的神情 serene look

【安歇】（动）（睡觉）go to bed；retire for the night：你几时～? At what time do you go to bed？

【安心】❶（动）（放心）be relieved；feel at ease：听到这个消息，她就～了。She was relieved at the news. ❷（形）（心情安定）keep one's mind on sth.：～工作 keep one's mind on one's work

【安逸】（形）（安闲舒适）easy；easy and comfortable：他过着～的生活。He led an easy life.

【安葬】（动）bury；inter：他们把这些牺牲者～在他们阵亡的地方。They buried the victims where they fell.

【安置】（动）❶（安放）arrange for：你去休息吧，我来～行李。Go and get some rest. Let me put the luggage in the right place. ❷（安排）help settle down：灾民们已经得到了妥善的～。The victims of the natural calamities have been helped to settle down properly.

【安装】（动）erect；fix；install；mount：～电话 install a telephone

氨 ān（名）（氮和氢的化合物）ammonia：合成～ synthetic ammonia

【氨水】（名）ammonia water

鞍 ān（名）（骑马的坐具）saddle：给马备～ put a saddle on a horse

【鞍马】（名）（体育器材或项目）pommelled horse

àn

岸 àn（名）（水边的陆地）bank；shore；coast：江～ the bank of a river／海浪拍～。The sea washes the shore.

【岸标】（名）shore beacon

按 àn ❶（动）❶（用手或手指压）press；push down：～电钮 press a button ❷（压住；搁下）leave aside；shelve：～下此事不提 leave this aside for the moment ❸（抑制）restrain；control：～不住心头怒火 be unable to restrain one's anger ❹（用手按住不动）keep one's hand on：～剑 put one's hand on the sword ❷（介）（依照）according to；in accordance with：～质定价 fix the price according to the quality

【按理】（动）according to reason：～我该接受她的邀请。It stands to reason that I should accept her invitation.

【按钮】（名）button

【按期】（副）on schedule；on time：～完成任务 accomplish a task according to schedule

【按时】（副）on time；on schedule：～到达 arrive on time

【按照】（介）according to；in accordance with：～实际情况 in the light of actual conditions

案 àn（名）❶（长桌）table；desk：书～ studio table／条～ a long narrow table ❷（案件）case；law case：办～ handle a case／破～ solve a criminal case ❸（案卷；记录）record；file：有～可查 be on record

【案件】（名）law case：民事～ civil case／刑事～ criminal case

【案情】（名）details of a case：了解～ investigate the details of a case

【案子】（名）❶（长桌）long table；counter：肉～ meat counter ❷〈口〉（案件）law case；case：律师已接受我的～。The advocate has undertaken my case.

暗 àn ❶（形）❶（暗淡；黑暗；光线不足）dull：～房 darkroom／灯光很～。The light is rather dim. ❷（不显露的；秘密的）hidden；secret：明人不做～事。A person who is above-

board does nothing underhand. ㊂(副)（私
下进行）secretly：～杀 kill secretly
【暗暗】(副)（暗中，私下）secretly；inwardly：
～跟踪 secretly follow
【暗藏】(动)hide；conceal：～枪支 conceal
firearms/～的敌人 concealed enemy
【暗处】(名)dark place：猫头鹰白天躲在～。
Owls stay in dark place in the daytime.
【暗淡】(形)dim；faint；dismal；gloomy：～的
景象 a dismal picture/屋里灯光～。The
room is dimly lit.
【暗害】(动)❶(暗杀)kill secretly：他是被人～
的。He was killed secretly. ❷(陷害)stab in
the back：这人设下圈套，故意～我。This guy
set a trap so as to stab me in the back.
【暗含】(动)imply：我不清楚他的话～着什么
意思。I wasn't quite sure what was implied
by his words.
【暗礁】(名)❶(不露出水面的礁)submerged
reef；reef：航船碰上了～。The sailing ship
ran up against a submerged reef. ❷(比喻潜
伏的障碍和危险)latent obstacles and dan-
ger：我们的事业并非一帆风顺，也难免遇到
～。Our cause sailing is not plain all the
time，as it is inevitable to meet with latent
obstacles.
【暗示】(动)（示意；启示）hint；suggest：他～了
自己来访的意图。He hinted about the pur-
pose of his visit.
【暗中】(名)❶(背地里)in secret：～支持 give
secret support to/～操纵 pull strings from
behind the scenes ❷(黑暗之中)in the dark：
我在～什么也看不见。I couldn't see any-
thing in the dark.

黯 àn (形)（阴暗）dim；gloomy
【黯然】(形)❶(阴暗的样子)dim；faint：～失
色 be eclipsed ❷(情绪低落的样子)deject-
ed：神色～ appear dejected

āng

肮 āng
【肮脏】(形)❶(脏；不干净)dirty；filthy：～的
衣服 dirty clothes ❷(比喻卑鄙、丑恶)dirty；
filthy：～的勾当 dirty business/～的政治交
易 a dirty political deal

áng

昂 áng ❶(动)（抬起；仰着）hold high；raise：
～起头，挺起胸 hold up one's head and throw

out one's chest ㊁(形)（振奋；高涨）high；
soaring：群情激～。Popular feeling ran
high.
【昂贵】(形)expensive；costly：～的珠宝 costly
jewels
【昂然】(形)upright and unafraid：他～直入。
He strode in，chin up and chest out.
【昂首阔步】(成)stride proudly ahead：战士们
～踏上征途。Striding forward with their
chins up，the soldiers embarked on the road.
【昂扬】(形)high-spirited：～的歌声 high-
spirited singing/斗志～ have high-spirited
morale

āo

凹 āo ㊀(形)（比周围低）concave：人的手掌
是微～的。The palm of one's hand is slight-
ly concave. ㊁(动)（向内陷进去）cave in：路
～下去了。The road caved in.
【凹凸不平】(形)uneven
【凹陷】(形)hollow；sunken；depressed：双颊
～ have sunken cheeks/地面～。The ground
caved in.

áo

遨 áo (动)（游玩）stroll；saunter
【遨游】(动)roam；travel：～太空 roam in the
heavens；travel in space

熬 áo (动)❶(煮烂或煎干)boil；stew；de-
coct：～浓糖浆 boil down syrup/～药 decoct
medicinal herbs ❷(忍受；勉力支持)endure；
hold out：～过艰苦的岁月 go through years
of suffering and privation/～红了眼睛 stay
up till one's eyes become bloodshot
【熬煎】(名)suffering；torture：受尽～ be sub-
jected to all kinds of suffering
【熬夜】(动)stay up late；work late at night：
天天～，谁受得了？Who can keep on staying
up late night after night？

鏖 áo (动)（激烈地战斗）fight hard
【鏖战】(动)engage in fierce battle：两军～3
日。The two armies were fiercely engaged for
three days.

ǎo

袄 ǎo (名)（有里子的上衣）coat；jacket：棉～
a cotton-padded jacket/皮～ a fur coat

A

ào

傲 ào ❶（形）（骄傲；轻慢）proud；arrogant；haughty：孤～ *proud and aloof* ❷（动）（高傲地对待）refuse to yield to；defy：红梅～雪凌霜开。*Braving snow and frost, the plum trees blossomed defiantly.*

【傲慢】（形）arrogant；haughty：态度～ *adopt an arrogant attitude*／他是个～的人。*He is an arrogant man.*

【傲气】❶（名）air of arrogance：～十足 *be full of arrogance* ❷（形）conceited；haughty：她可～了。*She's very haughty.*

【傲然】（副）loftily；proudly；unyieldingly：～挺立的山峰 *a mountain peak towering proudly into the skies*

奥 ào（形）（含义深，不容易理解）profound；abstruse：深～ *profound*

【奥博】（形）（知识丰富）learned；erudite

【奥林匹克运动会】（名）the Olympic Games

【奥秘】（名）profound mystery：揭示大自然的～ *reveal the secrets of nature*／探究生命的～ *probe the mystery of life*

【奥妙】（形）profound；secret：神奇～ *mysterious and profound*／其中并无～。*There is nothing secret about it.*

澳 ào

【澳大利亚】（名）Australia

【澳门】（名）Macao

懊 ào ❶（名）（烦恼）annoyed；vexed ❷（动）（悔恨）repent；regret

【懊悔】（动）regret；repent：我～不该错怪了她。*I regretted having blamed her unjustly.*

【懊恼】（形）（烦恼苦闷）annoyed；upset：不要为小事～。*Don't be upset by trifles.*

【懊丧】（形）dejected；despondent；depressed：她因错过聚会而面露～之色。*Her face showed her dejection at missing the party.*

B

B

bā

八 bā（数）eight
【八边形】（名）octagon
【八成】❶（数）（十分之八）eighty per cent：~新 *eighty per cent new* ❷（副）（大概；看样子）most probably；most likely：~她病了。*Most probably she is ill.*
【八方】（名）all directions：四面 ~ *all directions*/一方有难，~ 支援。*When trouble occurs at one spot，help comes from all quarters.*
【八角形】（名）octagon
【八月】（名）August

巴 bā（动）❶（急切盼望）hope earnestly：朝 ~ 夜望 *look forward to night and day* ❷（粘住；紧贴）cling to；stick to：~ 了锅 *crust sticks to the pot*/爬山虎 ~ 在墙中。*The ivy clings to the wall.*
【巴不得】（动）〈口〉（迫切盼望）be only too anxious：~ 立即回到学校 *be only too anxious to get back to school right away*
【巴结】（动）（奉承；讨好）fawn on；curry favour with：~ 上司 *be obsequious to one's superiors*
【巴掌】（名）palm；hand：拍 ~ *clap hands*/打他一 ~ *give him a slap*

扒 bā（动）❶（刨，挖；拆）dig up；pull down；rake：~ 树根 *dig up the root of a tree*/~ 旧房 *pull down an old house* ❷（攀缘）hold on to；cling to：~ 窗台 *hold on to the window sill* ❸（拨动）push aside：~ 开草丛 *push aside a thick growth of grass* ❹（脱掉；剥）strip off；take off：他把棉袄一 ~ 就干起活来。*Stripping off his padded coat，he set to work at once.*
【扒掉】（动）take off：他把鞋袜一 ~，光着脚蹚水。*Taking off his shoes and socks，he waded barefoot.*
【扒开】（动）push aside：~ 芦苇 *push aside the* reeds

疤 bā（名）❶（瘢痕或伤口愈合后的痕迹）scar：疤 ~ *scar*/伤 ~ *scar* ❷（像疤似的痕迹）a scar-like mark：碗边有个 ~ *a spot at the rim of bowl*

bá

拔 bá（动）❶（拉出；抽出）pull out；pull up；pluck：~ 钉子 *pull out a nail*/~ 刺 *pluck a thorn* ❷（吸出）draw；suck out：~ 毒 *draw out toxin* ❸（选取；提升）select；choose：选 ~ *select from candidates*/提 ~ *promote* ❹（超出；高出）stand out among：海 ~ *degrees above sea level*/出类 ~ 萃 *stand out among one's fellows*
【拔除】（动）pull out；remove：~ 杂草 *weed out the rank grass*
【拔掉】（动）❶（拉出；抽出）pluck out：~ 白发（一根白发）*pluck out some grey hairs（a white hair）* ❷（夺取）capture；seize：~ 敌人的哨所 *wipe out enemy's sentry post*
【拔尖儿】（形）（出众；超出一般）tiptop；top-notch：~ 人才 *top-notch personnel*/学习成绩 ~ *be a top-notch student*

跋 bá ❶（动）（翻山越岭）cross mountains：长途 ~ 涉 *make a long and arduous journey* ❷（名）（写在文章、书籍等后面的题词或短文）postscript：序 ~ *preface and postscript*
【跋扈】（形）domineering；bossy：专横 ~ *imperious and despotic*
【跋山涉水】（成）travel across mountains and rivers
【跋涉】（动）trudge；trek：长途 ~ *make a long and difficult journey*

bǎ

把 bǎ ❶（动）❶（执；握住）grasp；hold：~ 住栏杆 *hold on to a railing* ❷（看守；把守）guard：~ 大门 *guard a gate* ❸（掌握；控制）

B

control；dominate：～好舵 *be firm at the helm* ⊜（名）（把手）handle：自行车～手 *the handlebars of a bicycle*
另见 612 页 bà。

【把柄】（名）❶（把手）handle：锄头～ *the handle of a hoe* ❷（可以用来要挟的过失或错误）evidence in lawsuits or arguments that can be got hold of：给人抓住～ *give sb. a handle*

【把持】（动）control；dominate：～一切 *monopolize everything*/～一部分权力 *seize a certain amount of power*

【把关】（动）❶（把守关口）guard a pass ❷（比喻根据原则、标准进行检查）check on：把好质量关 *guarantee the quality of products* / 层层～ *make checks at all levels*

【把守】（动）guard：～关口 *guard the pass*/分兵～ *divide up one's forces for defence*

【把握】⊜（动）hold；grasp；seize：～时机 *seize the opportunity or chance* ⊜（名）（把事情办成的根据或信心；成功的可靠性）assurance；certainty：有必胜的～ *have full confidence in one's victory* /对…有～ *be certain of*

【把着】（动）take … by the hand：什么都～不放手 *keep a control on everything*

【把住】（动）hold on to：～门 *hold on to a door*

靶 bǎ（名）（射击的目标）target：打～ *target practice*

【靶场】（名）shooting range：今天我们去～练习打靶。*Today we are going to the range for shooting practice.*

bà

坝 bà（名）（拦水建筑物）dam；dyke：堤～ *dykes and dams*/拦河～ *a dam across a river*

把 bà（名）（器物上便于用手拿的部分）grip；handle：缸子～儿 *the handle of a mug*
另见 611 页 bǎ。

爸 bà（名）〈口〉（父亲）pa；dad；father

罢 bà（动）❶（停；歇）stop；cease：～手/欲～不能 *try to stop but cannot* ❷（免去；解除）dismiss；terminate：～职 *dismiss or terminate official duties*

【罢工】（动）go on strike；strike：发动～ *call a strike*/镇压～ *put down a strike*

【罢官】（动）dismiss from office：～归田 *resign from office and go home*

【罢课】（动）students be（out）on strike：学生举行～。*The students are out on strike.*

【罢免】（动）recall：通过投票表决，市长被～了职务。*The mayor was recalled by voting.*

【罢休】（动）give up；stop：不达目的，决不～。*We'll not stop until we reach our goal.*

霸 bà ⊜（名）❶（古代诸侯联盟的首领）overlord：春秋五～ *the five overlords in the Spring and Autumn Period* ❷（强横无理、仗势欺人者）despot；tyrant：恶～ *local despot* ❸（指霸权）hegemony：争～ *compete for hegemony* ⊜（动）（强横占据）dominate：各～一方 *dominate a region respectively* ⊜（形）（傲慢，专横）arrogant；tyrannical：～气 *domineering*

【霸道】（形）（蛮不讲理）high-handed；overbearing：做事～ *take the high hand*

【霸权】（名）hegemony；supremacy

【霸王】（名）overlord；despot

【霸占】（动）seize；occupy：～某人财产 *forcibly occupy sb.'s property*

【霸主】（名）（称霸的人或集团）overlord；hegemony：～地位 *dominance*/海上～ *maritime overlord*

bái

白 bái ⊜（形）❶（似雪的颜色）white：雪～ *white as snow*/皮肤～ *have a fair complexion* ❷（清楚；明白）clear：明～ *clear*/真相大～。*Everything is clear now.* ⊜（副）❶（没有效果；徒然）without results；in vain：～费力气 *labour without results*/～跑一趟 *make a trip in vain* ❷（无代价；无报偿）free of charge；gratis：～看戏 *go to a theatre free of charge*/～送 *give away free* ⊜（动）❶（说明；陈述）explain；clear up：表～心迹 *explain one's true intentions*/自～ *explain oneself* ❷（变白）turn white：～了少年头。*The hair turns white on a young head.*

【白皑皑】（形）（形容霜雪洁白）dazzlingly white；white and clean

【白白】（形）in vain；for nothing：不要让时光～过去。*Don't let time slip by.*

【白璧无瑕】（成）flawless white jade

【白布】（名）white cloth

【白菜】（名）Chinese cabbage

【白痴】（名）idiocy；idiot

【白搭】（形）no use；no good：和他争辩也是～。*It's no use arguing with him.*

【白发】（名）white hair：满头～ *have grey hair*

【白费】（动）waste；in vain：～力气 *waste one's energy*/～心思 *bathe one's head for nothing*

【白宫】（名）the White House

【白金】（名）platinum

【白开水】（名）plain boiled water

B

【白茫茫】（形）a vast expanse of whiteness：下了一场大雪，田野上～一片。*After the heavy snow, the fields were a vast expanse of whiteness.*

【白热化】（动）turn white hot：争论达到了～的程度。*The debate became white hot.*

【白日】（名）daylight：～点灯 burn daylight／做～梦 spin a daydream

【白色】（名）white：呈～ be white in color／处在～恐怖之下 be under the white terror

【白手起家】（成）start from scratch：他～开了这家饭馆。*He started his restaurant from scratch.*

【白头】（名）hoary head；old age：～到老 live to a ripe old age in conjugal bliss

bǎi

百 bǎi ❶（数）hundred ❷（形）（众多；所有的）all；all kinds of：千方～计 by all means

【百般】（副）（形容采取多种方法）by every means：～抵赖 try by every means to deny／～刁难 create all sorts of obstacles

【百分比】（名）percentage

【百分率】（名）percentage

【百货】（名）general merchandise

【百货商店】（名）department store

【百年大计】（成）a project of one hundred years

【百万】（数）million：～富翁 millionaire

【百姓】（名）common people；civilian：平民～ the common people／～生活富足。*The people are well-off.*

柏 bǎi（名）［植］（柏树）cypress

【柏油路】（名）asphalt road

摆 bǎi（动）❶（安放；排列）put；place；arrange：把东西～好 set the things in order／～在我们面前的任务 the task confronting us ❷（显示；炫耀）display；put on：～威风 put on airs／～出一副架子 assume the airs of an official ❸（摇动；摇摆）sway；wave：～手 wave hand／～尾巴 wave tail

【摆布】（动）order about：任人～ allow oneself to be ordered about

【摆动】（动）swing；sway：柳条随风～。*The willows swayed in the breeze.*

【摆渡】❶（动）ferry：把旅客～过河 ferry the passengers across the river ❷（名）（摆渡的工作）ferry：～停止了。*The ferry was terminated.*

【摆架子】（动）put on airs：摆老资格的架子 put on the airs of a veteran

【摆弄】（动）fiddle with：不要～那台打字机。*Don't fiddle with the typewriter.*

【摆设】❶（动）（陈设）furnish and decorate：屋里～得很雅致。*The room is tastefully furnished.* ❷（名）（摆设的东西）ornaments；furnishings：简单的～ bare furnishings／他担任的这个职务至多是一个～罢了。*The post he holds is nothing but an ornament.*

【摆脱】（动）cast off；break away from：～困境 extricate oneself from a predicament

【摆样子】（动）do something for show：我想这不过是～。*I thought it was just for show.*

bài

败 bài ❶（动）❶（打败）defeat；beat：击～敌军 defeat the enemy troops／打～对手 beat the opponent ❷（失败）fail：不计成～ not consider success or failure ❸（败坏；毁坏）ruin；spoil：～家 ruin the family／事情可能要～在他手里。*He may spoil the whole show.* ❹（输）be defeated；lose：～下阵来 lose a battle／主队以2比3～于客队。*The home team lost to the visitor's 2 to 3.* ❷（形）（破旧；腐烂；凋谢；衰落）bad；decayed；withered：～絮 cotton waste／永不～谢的花朵 never faded flowers

【败坏】（动）ruin；corrupt；undermine：道德～ morally degenerate／～社会风气 corrupt social values

【败类】（名）scum；degenerate：民族～ scum of a nation

【败落】（动）（由盛而衰）decline：逐渐～ on the decline

【败退】（动）retreat in defeat：节节～ retreat in defeat again and again

【败兴】（动）disappointed；frustrated：假期真让人～。*Our holiday was so disappointing.*

【败仗】（名）lost battle；defeat：打～ be defeated in battle

拜 bài（动）❶（崇拜）do obeisance：～佛 worship Buddha ❷（行礼祝贺）congratulate：～寿 congratulate an elder person on his birthday ❸（拜访）call on：～望 call to pay one's respects

【拜倒】（动）grovel；prostrate：～在某人的脚下 grovel oneself at the feet of sb.

【拜访】（动）call on；visit：～亲友 visit or call on relatives and friends／专程～ make a special trip to call on sb.

【拜会】（动）call on：礼节～ make a courtesy call

【拜见】（动）（拜会）pay an official visit

bān

扳 bān（动）（拨动;拉;扭转）pull;～闸 *pull the switch*/～过来 *pull it over*/～成平局 *equalize the score*
【扳机】（名）trigger

班 bān（名）❶（编成的组织）class;team:作业～ *work team*/高级～ *advanced class* ❷（一天之内的工作时间）shift:上白（夜）～ *be on day（night）shift* ❸（军队的基层单位）squad:～长 *a squad leader*
【班车】（名）regular service bus:没赶上～ *missed the shuttle bus*/每天有～。*There is regular bus service every day.*
【班机】（名）airliner;scheduled flight:乘坐～ *fly a scheduled airliner*
【班长】（名）class monitor;squad leader

般 bān ❶（名）（种;样）sort;kind;way:百～ *by all means*;*in every possible way*/一～人 *the average man* ❷（助）（一样;似）as;like;alike in:一～模样 *look alike*/暴风雨～的掌声 *thunderous applause*

颁 bān（动）（颁布;颁发）issue;promulgate
【颁布】（动）promulgate;issue:～法令 *issue a decree*
【颁发】（动）❶（发布）issue;promulgate:～嘉奖令 *issue an order of commendation* ❷（授予）award;confer:～奖章 *award a medal*/～证书 *award a certificate*

斑 bān ❶（名）（斑点;斑纹;污点）spot;speck;speckle:脸上有块～。*There is a speck on the face.*/窥见一～ *see a segment of a whole* ❷（形）（有斑点或斑纹的）spotted;striped:～马 *zebra*/～竹 *mottled bamboo*
【斑斑】（形）full of stains or spots:墨迹～ *full of ink marks*/血迹～ *bloodstained*
【斑点】（名）spot;stain;speckle:布满…的～ *be speckled with...*/地板上溅上了油漆～。*Freckles of paint spattered on the floor.*

搬 bān（动）❶（移动）move;take away:～家具 *move the furniture*/这些东西我～不动。*I can't move these things.* ❷（迁移）move:～往新居 *move to a new house* ❸（机械地应用）apply indiscriminately:生～硬套 *copy mechanically and apply indiscriminately*
【搬家】（动）move;migrate:～是一件很麻烦的事。*Moving house is quite troublesome.*
【搬运】（动）carry;transport:～行李 *carry luggage*

bǎn

板 bǎn ❶（名）（片状硬物）board;plate:天花～ *ceiling*/地～ *floor board* ❷（形）（少变化、不灵活）stiff;unnatural:古～ *stiffly traditional*/这人做事太～了，缺乏灵活性。*This guy is too rigid, lacking of flexibility.*
【板擦】（名）eraser;scrub brush
【板凳】（名）wooden bench;stool
【板结】（动）harden:～的土壤 *hardened and impervious soil*
【板子】（名）（片状的较硬物体）board;plank:这块～太短了，用不上。*This plank is too short to be of use.*

版 bǎn（名）❶（印刷用底版）printing plate:排～ *compose*/底～ *photographic plate* ❷（书籍排版一次为一版）edition:初～ *first edition*/再～ *second edition* ❸（报纸的一面）page:今天日报共4～。*There are four pages in today's newspaper.*
【版本】（名）edition:这本古书有好几种。*This ancient book has several editions.*
【版面】（名）layout:～设计 *layout*
【版权】（名）copyright:～所有 *all rights reserved*

bàn

办 bàn（动）❶（办理;处理;料理）do;handle;manage;attend to:～得到 *can do it*/～手续 *go through the formalities*/我有点儿事得～一～。*I have something to attend to.* ❷（创设;经营）set up;run:乡～企业 *country-run business*/村里新～了一所中学。*A new middle school has been set up in the village.* ❸（采购;置备）ready;prepare:筹～展览会 *prepare an exhibition* ❹（惩治）punish:重～ *punish severely*
【办案】（动）handle a case
【办到】（动）accomplish;done:原来认为办不到的事，现在～了。*What was thought impossible has now been done.*
【办法】（名）way;means;measure:这种～可行吗？*Is this method feasible?*
【办公】（动）handle official business;work:～时间 *office hours*/～楼 *office building*
【办理】（动）handle;conduct;attend to:～保险 *handle insurance*/这些事情你可以斟酌～。*You may handle these matters as you see fit.*
【办事】（动）handle（or run）work affairs:～认真 *be conscientious in one's work*/按原则～ *act according to principles*

B

半 bàn ❶(数)(二分之一)half：～年 *half a year*/减 ～ *reduce by half* ❷（副）❶（在…中间）in the middle；halfway：～山腰 *halfway up a hill*/夜～时 *in the middle of the night* ❷(比喻很少)very little；the least bit：一星～点 *very little* ❸(不完全)partly；semi-：～新 的 *half new*/～开的门 *partly opened door*

【半成品】(名)semifinished products
【半岛】(名)peninsula
【半导体】(名)semiconductor
【半道儿】(名)halfway；on the way：～遇见某人 *meet sb. halfway*/他在去商店～迷路了。*He lost his way halfway to the shop.*
【半点儿】(数)(极少)the least bit：这种见解～也不正确。*Such a view is not the least bit correct.*
【半价】(名)half price：～出售 *sell at half price*/按～偿还 *refund at half the price*
【半斤八两】(成)much of a muchness：他们俩是不是像你们说的是～呢？*Are they much of a muchness, as you say?*
【半径】(名)radius
【半决赛】(名)semifinals
【半路】(名)halfway；midway：走到～，天就黑了。*We had got only halfway when it began to get dark.*
【半球】(名)hemisphere：北 ～ *the Northern Hemisphere*/西～ *the Western Hemisphere*
【半生半熟】(形)half-baked
【半透明】(形)semitransparent
【半途而废】(成)give up halfway：他不是那种做事～的人。*He is not such a man as would leave his work unfinished.*
【半夜】(名)midnight：他们工作到～。*They worked till midnight.*

扮 bàn (动)(化装成)play the part of；be dressed up as：～男角 *play a male role*
【扮演】(动)play the part of：他们在这场闹剧里～了可耻的角色。*They played a shameful role in this farce.*
【扮装】(名)makeup

伴 bàn ❶(名)(伙伴；伴侣)companion；partner：舞～ *dancing partner*/让我来跟你做个～儿吧。*Let me come and keep you company.* ❷(动)(随同；配合)accompany：陪～ *follow*
【伴侣】(名)(同伴，常指夫妻)companion；mate；partner：她渴望成为他的终身～。*She longs to be his companion through life.*
【伴随】(动)accompany；follow：～着教育的普及，人们的文化水平将逐步提高。*The gradual rise of people's cultural level will fol-low the popularization of education.*
【伴奏】(动)accompany：钢琴～ *piano accompaniment*

拌 bàn (动)(搀和)mix：～糖 *mix sugar*
【拌和】(动)mix and stir；blend
【拌嘴】(动)(争吵)quarrel；bicker：他们两口子经常～。*The couple often bickers.*

绊 bàn (动)(挡住或缠住使跌倒或行走不便)stumble；trip：～手～脚 *be in the way*/～了一跤 *trip and fall*
【绊脚石】(名)(比喻前进中的障碍)stumbling block：搬掉～，争取新胜利。*Remove the stumbling block and fight for a new victory.*

bāng

邦 bāng (名)(国)nation；state；country：友～ *friendly nation or country*/邻～ *neighbouring country*
【邦交】(名)relations between two countries；diplomatic relations：断绝～ *sever diplomatic relations*/建立～ *establish diplomatic relations*

帮 bāng ❶(动)(帮助)help；assist：互～ *help each other*/我来～你拿这些包裹好吗？*Can I assist you with these parcels?* ❷(名)❶(物体两旁或周围部分)side；upper：船～ *the side of ship*/菜～ *outer leaves* ❷(群；伙；集团)gang；clique：搭～ *join a gang*/马～ *caravan*/匪～ *bandit gang* ❸(量)(指人的群伙)a group of；a band (or gang) of：一～小孩子 *a group of children*/一～匪徒 *a band of gangsters*
【帮办】❶(动)(协助)assist in managing：～军务 *assist in handling military affairs* ❷(名)(官职)deputy：副国务卿～ *Under Secretary*
【帮忙】(动)help；do a favour；do a good turn：你帮了我很大的忙。*You have indeed given me a lot of help.*
【帮派】(名)faction：～体系 *factionalist setup*
【帮手】(名)helper；assistant：你愿意做我的～吗？*Would you like to be my assistant?*
【帮凶】(名)accomplice；accessary：他是犯罪分子的～。*He is the criminal's accessary.*
【帮助】(动)help；assist：他从来不愿意接受别人的～。*He is never willing to be helped.*

bǎng

绑 bǎng (动)(用绳等缠绕或捆扎)bind：～紧 *tie up tight*/竹竿上～着一个袋子。*A sack is bound on a bamboo pole.*

【绑匪】(名)kidnapper

【绑架】(动)(用强力把人劫走)kidnap：这个地方昨晚又发生了一起～事件．*Another case of kidnapping took place in this area last night.*

榜 bǎng (名)(张贴的名单)a list of names posted up：光荣～ *honour roll*／～上有名 *with one's name on the list*

【榜样】(名)example；model：为我们树立好～ *set a good example to us*／～的力量是无穷的．*A fine example has boundless power.*

膀 bǎng (名)❶(上臂)arm：臂～ *the upper arm* ❷(鸟类等的翅膀)wing：鸡翅～ *chicken wings*

另见 903 页 páng。

【膀子】(名)(胳膊)upper arm：光着～ *stripped to the waist*

bàng

棒 bàng ㊀(名)(棍子)stick；club；cudgel：木～ *wooden stick*／垒球～ *softball bat* ㊁(形)〈口〉(强；高；好)strong；excellent；good：～小伙 *a very strong young man*／功课～ *excellent in study*／字写得～ *write a good hand*

【棒球】(名)baseball

傍 bàng (动)❶(靠近)draw near；be close to：依山～水 *be situated at the foot of a hill and beside a stream* ❷(时间临近)be close to：～晌 *about midday*

【傍晚】(名)toward evening；at nightfall；at dusk：他喜欢～去河边散步．*He enjoys going for a walk along the riverside toward evening.*

磅 bàng ㊀(量)(英美制重量单位)pound；scales：你体重有多少～? *How many pounds do you weigh?* ㊁(动)(用磅称称)weigh：～体重 *weigh oneself or sb. on the scales*

另见 903 页 páng。

【磅秤】(名)platform scale；platform balance

bāo

包 bāo ㊀(动)❶(用纸、布等裹)wrap：把东西～起来 *wrap things up*／～饺子 *make dumplings* ❷(围绕；包围)surround；encircle；envelop：浓雾～住了群山．*The hills were enveloped in dense fog.* ❸(全部承担)undertake the whole thing：～罗万象 *all-embracing* ❹(约定专用)hire；charter：～了一只船 *hire or charter a boat* ㊁(名)❶(包好了

的东西)bundle；package：这一大～你拿不动．*You can hardly carry such a big bundle.* ❷(装东西的袋)bag；sack：手提～ *handbag*／书～ *satchel* ❸(身体或物体上鼓起的疙瘩)lump；swelling；protuberance：胳膊上起了个～ *have a swelling in the arm* ㊂(量)(用于成包的东西)bale；box；bundle；pack：一大～面粉 *one big sack of flour*／两～糖果 *two packets of sweets*

【包办】(动)run the whole show；monopolize everything：这件事你最好一个人～了．*You'd better do the whole job yourself.*

【包庇】(动)shield；harbour；cover up：父母不要～孩子的错误．*Parents must not cover up their children's mistakes.*

【包抄】(动)outflank；envelop：从右面～敌军 *outflank the enemy on the right*

【包裹】㊀(动)(包；包扎)wrap；bind up：这位伤员的头部全用纱布～着．*The wounded soldier's head was all covered in gauze.* ㊁(名)(包扎成的包)package；parcel：我去邮局寄～．*I'm going to the post office to send a parcel.*

【包含】(动)contain；include；embody：这种药品～哪些成分? *What is the composition of this medicine?*

【包涵】(动)(客套话)excuse；forgive：请多～。*Please excuse me.*

【包括】(动)include；consist of；comprise：运费～在账内．*The freight is included in the account.*

【包围】(动)surround；encircle：亭子被茂密的松林～着．*The pavilion is surrounded by the dense pine woods.*

【包装】㊀(名)(用来包裹东西的物品)pack；package：设计～ *design a package*／要用最好的～来装… *need the best package for...* ㊁(动)(捆扎，包裹起来)pack；package：被～好准备上市 *be packed for the market*／～一些玩具 *parcel up some toys*

胞 bāo ㊀(名)(同一个国家或民族的人)fellow countryman：侨～ *countryman residing abroad* ㊁(形)(同胞的；嫡亲的)born of the same parents：～兄弟 *full or blood brothers*

剥 bāo (动)(去掉外面的皮或壳)shell；skin；peel：～羊皮 *skin a sheep*／～香蕉 *peel a banana*

另见 630 页 bō。

褒 bāo (动)(赞扬；夸奖)praise；honour；commend：～奖 *praise an honour*／～扬 *praise*

【褒贬】(动)❶(评论好坏)pass judgment on；

appraise：～时事 *comment on current affairs* ❷（批评；指责）speak ill of；cry down：背地里～人 *speak ill of sb. behind his back*

báo

薄

báo（形）❶（厚度小的）thin；flimsy：～冰 *thin ice*／～纸 *tissue paper* ❷（感情冷淡的；不深的）cold；indifferent；lacking in warmth：情分不～ *not lacking in affection* ❸（不浓；淡）weak；light：一杯～酒 *a cup of light wine* ❹（不肥沃）poor；infertile：～地 *infertile or poor land*
另见 631 页 bó。

bǎo

饱

bǎo ❶（形）❶（吃足）eating one's fill；be full：吃～喝足 *eat and drink one's fill* ❷（充实；饱满）full；plump：谷粒儿很～。*The grains are quite plump.* ❷（副）（充足；充分）fully；to full：～尝旧社会的辛酸 *endure the full bitter hardships of the old days*
【饱尝】（动）endure；suffer：～艰辛 *suffer the full bitterness of life*
【饱和】（名）saturation：气体～ *gas saturation*／旧汽车市场已经～。*The market for the used car is saturated.*
【饱览】（动）drink in：～海岛的美丽风光 *drink in the beauty of the island scenery*
【饱满】（形）full；plump：我们要以～的热情投入工作。*We must plunge into work with full zeal.*

宝

bǎo ❶（名）（珍贵物）treasure：国～ *national treasure*／粮食是个～。*Grain is our treasure.* ❷（形）（珍贵的）precious；treasured：～刀 *treasured sword*／～玉 *precious jade*
【宝贝】（名）（珍贵的东西）treasure；treasured object：这些书就是我的～。*These books are indeed my treasure.*
【宝贵】（形）（极有价值；难得）valuable；precious：～的时间 *precious time*／～的意见 *valuable suggestion*
【宝剑】（名）sword
【宝库】（名）treasure house：知识～ *treasure house of ideas*
【宝石】（名）gem；precious stone
【宝物】（名）treasure
【宝藏】（名）mineral resources；precious deposits：发掘地下～ *unearth buried treasure*

保

bǎo（动）❶（保卫；保护）protect；defend：～家卫国 *protect our homes and defend our country* ❷（保持）keep；preserve：毛衣穿

了能～暖。*Wearing a sweater will keep us warm.* ❸（保证；担保做到）guarantee；ensure：～质～量 *guarantee both quality and quantity* ❹（名）（保证人）guarantor：找～人 *find a guarantor*／作～ *stand as guarantor*
【保安】❶（动）❶（保卫治安）ensure public security：～队 *a public security corps* ❷（保障工人安全）ensure safety：～装置 *protective device* ❷（名）（保安员）security guard
【保藏】（动）（藏起来以免损失或破坏）keep in store；preserve：冰能帮助～食物。*Ice helps to preserve food.*
【保持】（动）（维持；使不消失或减弱）keep；maintain；preserve：～安静 *keep quiet*／～优势 *hold on to a dominant position*／～警惕 *maintain vigilance*
【保存】（动）preserve；conserve；keep：～实力 *preserve one's strength*／这些书～得很好。*These books are well preserved.*
【保管】（动）take care of：这些东西请你代为～一下。*Please take care of these things for me.*
【保护】（动）（尽力照顾，使不损害）protect；safeguard：～环境，防止污染 *protect the environment against pollution*
【保健】（名）health care；health protection：～操 *setting-up exercises*
【保留】（动）❶（保存不变）retain；persist：他还～着战争年代的革命朝气。*He still retains the revolutionary fervour of the war years.* ❷（暂时留着不处理）reserve；hold back：这张票给你～到明天下午。*This ticket will be reserved for you till tomorrow afternoon.*
【保密】（动）keep sth. secret；maintain secrecy：这事绝对～。*This must be kept absolutely secret.*
【保守】❶（动）（保持使不失去）keep；guard：～秘密 *keep secrets* ❷（形）（守旧的）conservative：你应该克服～的思想。*You should get over your conservative ideas.*
【保卫】（动）defend；safeguard：我们要～世界和平。*We must safeguard world peace.*
【保险】❶（名）（以集中起来的保险费建立保险基金，用于补偿各种原因造成的损失的一种方法）insurance：劳动～ *labor insurance*／养老～ *endowment insurance* ❷（形）（稳妥可靠）safe：为了～起见 *to be on the safe side*／人多～。*There is safety in numbers.* ❸（副）〈口〉（一定）be bound to；be sure to：～能行！*It's bound to work.*／他明天～会来。*He is sure to come tomorrow.*
【保修】（动）guarantee to repair：这只钟～一年。*This clock is guaranteed for a year.*
【保养】（动）❶（保护调养）take good care of：

好好～你的身体．*Take good care of your health*．❷（保护修理）keep in good condition；maintain：机器 ～ *maintenance of machinery*

【保障】（动）guarantee；safeguard；ensure：～人身安全 *safeguard personal safety*/～公民权利 *safeguard civil rights*

【保证】❶（动）（担保做到）ensure；assure；guarantee：我们～把这项工作做好．*We ensure that the work shall be done in the right way*．❷（名）（作为担保的事物）guarantee：他提出3点～．*He put forward three points as a pledge*．

堡 bǎo （名）（堡垒）fort；fortress：碉～ *blockhouse*/城～ *castle*

【堡垒】（名）blockhouse；stronghold：～是最容易从内部攻破的．*The easiest way to capture a fortress is from within*．

bào

报 bào ❶（动）❶（告知；报告）report；declare：～火警 *report a fire*/～忧 *report sorrow* ❷（回答）respond；reply：～之一笑 *respond with a smile*/～友人书 *a reply to a friend* ❸（答谢）repay；respond：以怨～德 *return evil for good* ❷（名）（报纸）newspaper：《中国日～》*the China Daily*/订～ *subscribe to newspapers*

【报偿】（动）repay；recompense：他的辛苦得到了足够的～．*His trouble was sufficiently rewarded*．/得到～ *be repaid*

【报仇】（动）avenge；revenge：替同志们～ *avenge one's comrades*

【报酬】（名）remuneration；reward：他从不计较个人的～．*He is never concerned about pay*．

【报答】（动）repay：～某人的好意 *repay sb. for his kindness*

【报到】（动）report for duty；check in；register：新生已开始～．*The new students have started registering*．

【报道】❶（动）report；cover：中国报纸广泛了这些事件．*The press in China widely reported these affairs*．❷（名）（报道的消息或文章）reportage；report：新闻～ *news report*/详尽的～ *an elaborate report*

【报复】（动）（敌意地回击）make reprisals；retaliate：这种打击～的行为是要不得的．*Such an act of retaliation is not permissible*．

【报告】❶（动）（告诉）report；make known：向大家～一个好消息．*Here's a piece of good news for us all*．/向上级～ *report to the higher authorities* ❷（名）（讲演；书面申请或总结）

speech；lecture：请把这份～交给公司经理．*Please give this report to the manager of the company*．

【报关】（动）（向海关申报）declare sth. at customs；apply to：你有什么东西需要～的吗？*Have you got anything to declare?*

【报价】（名）quoted price：～低于对手 *quote lower than one's opponents*

【报界】（名）the press；journalistic circles：向～发表谈话 *make a statement to the press*

【报名】（动）sign up；enter one's name：～参加篮球比赛 *enter to compete in the basketball match*

【报社】（名）newspaper office

【报信】（动）notify；inform：通风～ *tip off information*

【报纸】（名）newspaper

抱 bào ❶（动）❶（用手臂围住）hold or carry in the arms；carry in breast：～孩子 *hold a child*/～成一团 *hold together to form a clique* ❷（存在心里；怀有）cherish；harbour：我对这件事的成功不～任何幻想．*I cherish no illusion about the accomplishment of the task*．❷（量）（两臂合围的量）armful：一～柴 *an armful of firewood*

【抱病】（动）be in bad health；be ill：～工作 *go on working in spite of ill health*

【抱负】（名）ambition；aspiration：青年人应有～、有理想．*Young people should have aspirations and ideals*．

【抱歉】（动）be sorry；apologize；regret：我又迟到了，真是～．*I'm really sorry that I'm late again*．

【抱怨】（动）complain；grumble：你不要～我．*Don't blame me*．

豹 bào （名）（猫科哺乳动物）panther；leopard：金钱～ *spotted leopard*

暴 bào ❶（形）❶（突然且猛烈）sudden and violent：～雨 *torrential rain*/～病 *sudden attack of a serious illness* ❷（凶狠；残酷）fierce；cruel；savage：粗～ *crude*/brutal/～行 *savage act* ❸（急躁）hot tempered；irascible：这人的脾气很～ *This guy has a very hot temper*．❷（副）（突然且猛烈地）suddenly and fiercely：河水～涨．*The river suddenly rose*．❸（动）（鼓起来；突出）bulge；stick out；stand out：青筋直～．*The blue veins stand out*．

【暴跌】（动）steeply fall；slump：股票价格～ *a slump in the prices of stocks*

【暴发】（动）❶（突然发作）break out：山洪～．*Torrents of water rushed down the moun-*

tain．❷（突然发财得势）get rich quickly：～户 upstart

【暴风】（名）storm wind；storm：～雨 rainstorm／～雪 blizzard

【暴光】●（名）exposure：用更短的～时间拍摄 be taken with a shorter exposure ●（动）（使暴光）expose：被新闻界～ be exposed by the press

【暴力】（名）violence；force：采用～ resort to violence／他们拒绝在～面前低头。They refused to bow to force．

【暴利】（名）sudden huge profits：牟取～ reap staggering profits

【暴烈】（形）（凶暴猛烈）violent；fierce：性情～ have a fierce temper

【暴露】（动）expose；reveal；lay bare：～目标 give away one's position

【暴乱】（名）rebellion；revolt：镇压～ put down a riot

【暴行】（名）（凶恶残酷的行为）savage act；atrocity

【暴躁】（形）irascible；irritable：性情～ have an irascible temperament

爆 bào（动）（猛然破裂或迸出）explode；burst：气球～了。The balloon burst．

【爆发】（动）burst out；break out；erupt：火山～ volcanic eruption

【爆裂】（动）burst；crack：豌豆过熟就会～。Pea pods burst open when overripe．

【爆破】（动）blow up；blast：～敌人的碉堡 blow up an enemy pillbox

【爆炸】（动）explode；blow up；detonate：～性新闻 startling news／炸弹～了。A bomb exploded．

【爆竹】（名）firecracker：在～声中，新年来到了。New year began in the sound of firecrackers going off．

bēi

杯 bēi（名）（杯子）cup；glass：酒～ wine glass／茶～ teacup／奖～ cup／一～茶 a cup of tea

卑 bēi（形）❶（位置低下）low：～贱 lowly／自～ feel oneself inferior ❷（低劣）inferior：～鄙 base／～劣 mean

【卑鄙】（形）mean；despicable：～无耻 mean and shameless

【卑贱】（形）❶（地位低下）lowly：出身～ humble family ❷（卑鄙下贱）mean and low：这种～行为，谁都看不起。Everybody will despise such a base action．

【卑劣】（形）despicable；mean；base：～手法

mean tricks／～行径 base conduct

背 bēi（动）❶（用脊背驮）carry on the back：～行李 carry luggage ❷（担负）shoulder；bear：我怕～不起这样的责任。I'm afraid I can't shoulder such a responsibility．
另见 620 页 bèi．

【背包】（名）knapsack；rucksack

【背债】（动）be in debt；be saddled with debts

悲 bēi ●（形）❶（悲伤的）sad；sorrowful；melancholy：处于可～的境地 be in a sorry plight ❷（怜悯的）compassionate：慈～ merciful；compassionate ●（动）（怜悯）feel pity：～怜 feel sorry for ●（名）（悲伤）sorrow；grief：喜尽～来。Feeling of sadness follows out of pleasure．

【悲哀】（形）grieved；sorrowful：～的心情 sorrow mood／～地哭泣 cry with grief

【悲惨】（形）miserable；tragic：～景象 tragic scene／～遭遇 tragic experience

【悲愤】（名）grief and indignation：～填膺 be filled with grief and indignation

【悲观】（形）pessimistic：没有理由对未来～。There is no reason to be pessimistic about the future．

【悲剧】（名）❶（戏剧的一种）tragedy：莎士比亚的四大～是不朽的杰作。The four tragedies by Shakespeare are immortal masterpieces． ❷（不幸的遭遇）sad event：我们希望历史的～不再重演。We hope that historical tragedies will never repeat．

【悲伤】（形）sad；sorrowful：～心情 sad mood／～的泪水 sorrowful tears

【悲痛】（形）grieved；sorrowful：万分～ extremely grieved／～到了极点 reach the height of grief

【悲壮】（形）solemn and stirring；moving and tragic：～的歌声震人心肺。The solemn and moving singing stirred people's hearts．

碑 bēi（名）（刻上文字竖起作为纪念的石头）monument；tombstone；tablet：墓～ tombstone／人民英雄纪念～ the Monument to the People's Heroes

【碑林】（名）the Forest of Steles（in Xi'an）

bèi

北 běi ●（名）（北方）north：塞～ north of the Great Wall／华～ North China／黄河以～ north of the Huanghe River ●（动）（打败仗）be defeated：败～ be defeated

【北半球】（名）the Northern Hemisphere

【北冰洋】（名）the Arctic Ocean

B

【北斗星】（名）the Big Dipper；the Plough
【北海】（名）the North Sea
【北回归线】（名）the Tropic of Cancer
【北极】（名）the North pole
【北极圈】（名）the Arctic Circle
【北极星】（名）Polaris
【北美洲】（名）North America
【北纬】（名）north（northern）latitude

bèi

贝 bèi（名）（蛤螺等有壳软体动物的统称）shellfish；cowrie：虎斑～ *tiger cowrie*
【贝雕】（名）shell carving
【贝壳】（名）shell：这些～的色彩很鲜艳。*These shells are very colourful*.

备 bèi ●（动）❶（具备；具有）have；be equipped with：德才兼～ *have both ability and political integrity* ❷（准备）prepare；provide with；get ready：出外野营，需要～点儿干粮。*If you go out camping, you need to get some food ready*. ❸（防备）provide against：以～后患 *take precautions against future trouble* ●（名）（设备）equipment：军～ *military equipment*
【备案】（动）（存案以备考查）enter a case in the record；put on records：～存查 *file on record for reference*
【备忘录】（名）memorandum
【备用】（动）reserve；alternate；spare：这笔款项给你～。*These funds are reserved for you*.
【备至】（形）to the utmost：关怀～ *show sb. every consideration*

背 bèi ●（名）❶（后背）the back of the body：汗流浃～ *streaming with sweat*／立正时～要挺直。*When stands at attention, one should keep his back upright*. ❷（物体的反面或后面）back side of an object：手～ *the back of the hand*／刀～ *the back of a knife* ●（形）❶（口）（倒霉）unlucky：手气～ *unlucky at card playing or gambling, etc*. ❷（偏僻）out of the way：～街 *back street*／很～的小路 *a remote path* ❸（听觉不灵）hard of hearing：她的耳朵有些～。*She is a bit hard of hearing*. ●（动）❶（背部对着；转过去）with the back facing；turn away：～墙而立 *stand with the back towards the wall*／脸～过去 *turn one's face away* ❷（离开；抛弃）leave；abandon：～离家园 *leave one's nation place* ❸（躲避；瞒）hide sth. in secret：这家伙总～着人干坏事。*This guy always does something evil behind other's backs*. ❹（背诵）recite；repeat to memory：这些诗句他都能～出来。*He can recite all these verses*.
另见 619 页 bēi。
【背后】（名）❶（后面）at the back；behind；in the rear：山～ *behind the hill*／～有人 *someone else is behind* ❷（不当面；暗地里）behind sb.'s back：～议论 *talk about sb. behind his back*／～做小动作 *get up to little tricks behind one's back*
【背景】（名）background；backdrop：历史～ *historical background*／时代～ *background characteristic of times*／舞台～ *stage background*
【背离】（动）deviate from；depart from：～真理 *depart from the truth*
【背面】（名）the back；the reverse side；the wrong side：邮票不要贴在信封的～。*Don't stick the stamp on the back of an envelope*.
【背叛】（动）betray；forsake：～祖国 *betray one's country*
【背弃】（动）abandon；renounce；desert：～原来的立场 *abandon one's original stand*／～自己的诺言 *go back on one's word*
【背影】（名）a figure view from behind：一个熟悉的～从他眼前闪过。*A familiar figure flashed past his eyes*.

倍 bèi ●（名）（跟原数相同的量）times：5～ *five times*／百～ *hundredfold* ●（形）（加倍）double；twice as much：事半功～ *get twice the result with half the effort*／信心～增 *with redoubled confidence*

被 bèi ●（名）（被子）quilt：棉～ *cotton-padded quilt*／毛巾～ *towelling coverlet* ●（动）❶（覆盖）cover：～覆 *cover* ❷（遭受）suffer ●（助）（用在动词前构成被动词组）：～骗 *be deceived* ●（介）（用在句子中表示主语是动作的承受者）：帽子～风刮掉了。*The cap was blown off*.
【被单】（名）sheet；bedsheet
【被动】（形）passive：变～为主动 *regain the initiative*／陷于～ *find oneself passivity*
【被告】（名）defendant；the accused：～在法庭上做了申辩。*The accused defended himself in the court*.
【被迫】（动）be compelled；be forced：～离开 *be forced to leave*／敌人～放下武器 *The enemy were compelled to lay down their arms*.

辈 bèi（名）（行辈；辈分）generation：长～ *the older generation*／晚～ *the younger generation*
【辈出】（动）come forth in large numbers：人才～ *people of talent coming forth in large numbers*／英雄～的时代 *an age of heroes*

焙 bèi（动）（用微火烘）bake；torrefy：～茶叶 *bake tea leaves*／～干研碎 *dry over a fire and grind into pieces*

bēn

奔 bēn（动）❶（急走；跑）run quickly；gallop：飞～ *dash*；*run like split*／猛～ *run wildly* ❷（紧赶；赶忙；赶急事）rush about；hasten：～来～去 *rushing about*／～向前方 *march on towards future* ❸（逃亡）flee；run away：东～西窜 *flee in all directions*

另见 621 页 bèn。

【奔波】（动）rush about；be busy running about：在两地之间～ *shuttle back and forth between two places*

【奔驰】（动）run quickly；speed；gallop：骏马～ *sturdy steeds galloping*

【奔放】（形）（气势蓬勃、不受拘束的）bold and unrestrained；untrammelled：～不羁的风格 *a bold and flowing style*／热情～ *overflowing with enthusiasm*

【奔赴】（动）hurry to：～战场 *rush to the battlefield*

【奔忙】（动）be busy rushing about；bustle about：我整天～，还有做不完的事。*Though I am busy working all day, there is still work waiting to be done.*

【奔跑】（动）run：一匹马在路上急速～。*A horse is galloping along the road.*

【奔逃】（动）flee；run away：四散～ *flee in all directions*

【奔腾】（动）❶（气势汹涌）surge forward；roll on in waves：洪水沿山谷～而下。*The floods rolled down the valley.* ❷（跳跃奔跑）gallop：犹如万马～ *like ten thousand horses galloping ahead*

běn

本 běn ❶（名）❶（草木的茎或根）stem or root of plants：草～ *herb*／木～ *plants with stiff trunks* ❷（事物的根源）foundation；origin；basis：舍～逐末 *attend to the superficials and neglect the essentials* ❸（量）（用于书籍、簿册等）book；volume：四～书 *four books*／两～账 *two account books* ❹（形）❶（自己方面的）one's own；native：～校 *our school*／～书共 10 章。*This book contains ten chapters.* ❷（现今的）this；present：～年 *this year*／～计划 *the present plan*

【本地】（名）local；native：～特色 *local colour*／～风俗 *local customs*

【本国】（名）one's own country

【本届】（名）current；this year's：～毕业生 *this year's graduates*／～联合国大会 *the current session of the U.N. General Assembly*

【本来】❶（形）（原有的）original：～的面貌 *true colours*／～的颜色 *original colour* ❷（副）（原先；先前）originally；at first：～这条路很窄，后来才加宽的。*Originally this road was very narrow and it was not until some time later that it was widened.*

【本领】（名）skill；ability；capability：有～ *have ability*／～高强 *highly skilled*

【本人】（名）❶（指说话人）oneself；I；myself：我～将坚决执行这个计划。*I myself will firmly carry out this plan.* ❷（指当事人）in person；in the flesh：必须～来。*You must come in person.*

【本身】（名）itself；oneself：运动～就是矛盾。*Motion itself is a contradiction.*

【本意】（名）original idea；real or original intention：我～不想去。*Originally I didn't want to go.*

【本着】（动）in conformity with；in line with：～互谅互让的精神 *in a spirit of mutual understanding and accommodation*

【本职】（名）one's job：做好～工作 *do one's own job well*

【本质】（名）essence；nature：～问题 *a matter of essence*

bèn

奔 bèn（动）❶（直向目的地走去）go straight towards；head for：直～车站 *head straight for the station*／～向远方 *go to a distant place* ❷（年纪接近）approach；be getting on for：～50 岁了 *be getting on for fifty*

另见 621 页 bēn。

笨 bèn（形）❶（能力差；不聪明）stupid；foolish；dull：她太～了，什么都学不会。*She is too stupid to learn anything.* ❷（不灵活；不灵巧）clumsy；awkward：嘴～ *clumsy of speech* ❸（费力气的；笨重的）cumbersome；awkward；unwieldy：粗～ *heavy and awkward*

【笨重】（形）❶（庞大沉重）heavy；cumbersome：～的家具 *heavy furniture* ❷（繁重而费力）heavy：～的体力劳动 *heavy manual labour*

bēng

崩 bēng（动）❶（倒塌；崩裂）collapse：雪～ *avalanche*／山～地裂 *land sliding and ground cracking* ❷（破裂）burst：两个人谈～。*The negotiations between them broke.* ❸（崩裂物

击中)hit；被炸起的石头～伤了 *be hit by bursting stones*

【崩溃】（动）（完全破坏；垮台）crumble；collapse；fall apart：精神 ～ *a nervous breakdown*／～的边缘 *brink of collapse*

【崩裂】（动）（猛然分裂成若干部分）burst apart；crack：轰隆一声巨响，山石～。*Boom！ The rocks were sent flying.*

【崩塌】（动）collapse；crumble：桥 ～ 了。*The bridge collapsed.*

【崩陷】（动）fall in；cave in

绷 bēng（动）❶（拉紧）stretch：把绳子～直 *stretch the rope straight* ❷（衣服、布、绸等张紧）tighten：这件上衣太小了，～在身上不舒服。*The jacket is too tight and it's not comfortable.* ❸（物体猛然弹起）spring；bounce：弹簧～飞了。*The spring jumped out flying.* 另见 622 页 běng。

【绷带】（名）bandage

běng

绷 běng（动）〈口〉❶（板着）look displeased；pull a long face：他～着脸不说话。*He kept a straight face and remained speechless.* ❷（勉强支撑）stifle one's temper；strain oneself：～不住 *cannot contain one's temper anymore*／～住劲 *strain one's muscles* 另见 622 页 bēng。

bèng

泵 bèng（名）（吸入和排出流体的机械）pump：水～ *water pump*／气～ *air pump*

迸 bèng（动）（溅出或喷射）spout；spurt；burst forth：～出一句话来 *blurt out a word*

【迸发】（动）burst forth；burst out：大厅里～出一阵笑声。*There was an outburst of laughter in the hall.*

【迸裂】（动）split；burst：脑浆 ～ *have one's brains dashed out*

蹦 bèng（动）（跳）leap；jump；spring：乐得～了起来 *jump in excitement*／～过沟去 *skip over the ditch*

bī

逼 bī（动）❶（逼迫；给人以威胁）force；compel；drive：寒气～人。*There is a nip in the air.*／～于无奈 *be compelled against one's will* ❷（强迫索取）extort；press for ❸（逼近）press up to：直～城下 *press to the city wall*

【逼近】（动）（靠近）approach；press on towards；close in on：天色已经～黄昏。*Dusk closed in.*

【逼迫】（动）force；coerce；compel：这件事是他～我去做的。*He compelled me to do this.*

【逼真】（形）❶（极像真的）lifelike；true to life：这幅画画得十分～。*This painting is really true to life.* ❷（真切）distinctly；clearly：看得～ *see clearly*／听得～ *hear distinctly*

bí

鼻 bí（名）（鼻子）nose：～梁 *bridge of the nose*／～音 *nasal sound*

bǐ

匕 bǐ（名）（匕首）dagger：这个暴徒身上带有～首。*This thug has a dagger on him.*

比 bǐ ㊀（动）❶（比较）compare；contrast：～质量 *compare quality*／～本领 *compare ability* ❷（比喻；比方）compare to；liken to：把它～作纸老虎 *liken it to a paper tiger* ❸（能够相比）can be compared：日子过得不～以前了。*Life can not be compared with the old-time.* ㊁（介）（用来比较性状和程度的差别）than：一年～一年老 *getting older and older each year*

【比方】（动）（用明白事物说明不容易明白的事物）take for instance；analogy：打～ *draw an analogy*／～说 *suppose*

【比分】（名）score：双方～十分接近。*It's a close game.*／～ 交替上升。*The score seesawed.*

【比较】（动）㊀（动）❶（对比）compare；contrast：有～才能有鉴别。*Only by comparing can one distinguish.* ❷（用来比较性状和程度的差别）：汽车的产量～去年有显著的增长。*The output of cars shows a marked increase over last year.* ㊂（副）（具有一定程度）relatively；comparatively；fairly：这里条件～艰苦。*Conditions are rather tough here.*

【比例】（名）proportion：按～发展 *develop in proportion*

【比如】（副）for example；for instance；such as：有些课程，～数学、物理和英语，本系学生都是必修的。*Some subjects, such as mathematics, physics and English, are compulsory for the students in this department.*

【比赛】（名）match；competition：国际～ *international games*／足球～ *football match*／参加～ *take part in the competition*

【比试】（动）❶（较量）have a competition：～武艺 *have a competition in martial arts*／咱们

B

～一下，看谁的力气大。*Let's have a competition and see who is stronger .* ❷（做出某种姿势）measure with one's hand or arm；make a gesture of measuring：拿长枪一一，他们就对打起来了。*With a flourish of their spears , they started sparring with each other .*

【比喻】❶（动）（打比方）liken to：人们喜欢把美人～成花。*People tend to liken beauties to flowers .* ❷（名）（一种修辞手法）metaphor；figure of speech：采用～手法，可以使表达更加生动鲜明。*Depiction can be made more vivid and colourful by means of figures of speech .*

【比重】（名）❶（物体重量和其体积的比值）gravity：～测量 *specific gravity* ❷（部分在整体中所占的分量；比值）proportion：工业在整个国民经济中的～ *the proportion of industry in the national economy as a whole*

彼 bǐ（代）❶（那；那个）that；other；another：～地 *at that place*／～时 *at that time*／此起～伏 *as one falls , another rises* ❷（对方；他）the other party；he；him：知己知～ *know both one's opponent and oneself*

【彼岸】（名）the other shore

【彼此】（名）（双方）one another；each other：消除～间的误会 *clear up misunderstandings between each other*

笔 bǐ ❶（名）❶（写字画图的用具）pen；writing brush：毛～ *writing brush*／圆珠～ *ballpoint pen* ❷（手法；笔法）technique of writing；calligraphy or drawing：文～ *style of writing*／妙～生花 *brilliant writing* ❷（动）（用笔写）write：代～ *write down for sb .* ❸（量）❶（用于款项等）：一～款 *a fund*／记下一～账 *keep an account* ❷（用于书、画等）：能写一～好字 *can write a good hand*

【笔调】（名）writing tone；style：这位诗人～清新别致。*This poet writes in a fresh and unique style .*

【笔记】❶（名）（做的记录）notes：对～ *check notes*／记～ *take notes* ❷（动）（用笔做记录）take down

【笔迹】（名）handwriting：小赵的～我认得出来。*I can recognize Xiao Zhao's handwriting .*

【笔直】（形）perfectly straight：～的公路 *straight highway*／～地站在那儿 *stand straight over there*

鄙 bǐ ❶（形）（粗俗；低下）low；mean：卑～ *mean*／可～ *despicable* ❷（动）（轻视；看不起）despise；disdain：～薄 *despise*／～视 *disdain*；look down upon／～弃 *disdain*

【鄙陋】（形）（见识浅薄）shallow；superficial：～无知 *shallow and ignorant*

【鄙弃】（动）disdain；loathe：～这种庸俗作风 *disdain such vulgar practices*

【鄙视】（动）disdain；despise；look down upon：他用～的眼光注视着对方。*He stared at the other person in contempt .*

bì

币 bì（名）（货币）money；currency：硬～ *coin*／纸～ *paper money*

【币值】（名）currency value：～稳定 *be a stable currency*／～波动 *currency fluctuation*

必 bì ❶（副）（必定；必然）certainly；surely；necessarily：骄兵～败。*An army swollen with pride is bound to lose .*／未～ *can not be sure*／战则～胜 *surely win the battle if fighting* ❷（动）（必须；一定）have to；must：～备 *must prepare for*／～有缘故 *must have some reasons*／～读书目 *a list of required readings*

【必不可少】（形）absolutely necessary；essential

【必定】（副）be bound to；be sure to：你见了～会喜欢的。*You are sure to like it as soon as you see it .*

【必然】（形）inevitable；certain：生、老、病、死是生物的～规律。*Birth , age , illness and death are an inevitable law of living things .*

【必须】（动）must；have to：学习～刻苦。*One must study hard .*／理论～联系实际。*Theory must be integrated with practice .*

【必需】（形）essential；vital；needed：出门旅行要带上～的生活用品。*When one goes travelling , he needs to carry daily necessities with him .*

【必要】（形）necessary；essential；indispensable：完全～ *absolutely necessary*／这件东西有保存的～。*It is necessary to preserve this object .*

毕 bì ❶（动）（结束；完成）finish；complete：～业 *graduate；finish school*／完～ *finish*／礼～ *end of the ceremony* ❷（副）（全；完全）all；fully；altogether：～生 *all one's life*／～露 *show sth . fully*

【毕竟】（副）（到底；究竟）after all；all in all：～是年轻人，干起活来有力气。*They are physically strong while doing manual labour , they are after all young people .*

【毕生】（名）（一生；一辈子）all one's life；lifetime：～精力 *energy throughout one's life*

【毕业】❶（动）（结束学习）graduate；finish school：大学～ *graduate from university* ❷

（名）graduation：～论文 graduation thesis

闭 bì（动）❶（关,合）shut；close：～门 shut the door／～着眼睛 with one's eyes closed ❷（堵塞不通）block up；obstruct；stop up：～气 hold one's breath／～塞 stop up

【闭合】（动）close：这些花在夜间～。The flowers close up at night.

【闭幕】（动）conclude；close；the curtain falls：在观众热烈的掌声中～。The curtain fell to the loud applause of the audience.

【闭塞】❶（动）❶（堵塞）stop up；close up：管道～ pipelines clogged／喉管～ one's throat stuffed up ❷（交通不便）hard to get to：这个地方非常～,很少有人往来。This place is hard to get to, it has few visitors. ❷（形）（消息不灵通）out of touch：这里的消息很～。People here are rather ill-informed.

庇 bì（动）（遮蔽,掩护）shelter；protect：包～ shield；cover up／～护 put under one's protection

【庇护】（动）shelter；shield：家长不要～自己的孩子。Parents should not be partial to their own children.

毙 bì（动）❶（倒下；死；灭亡）die；fall down；be killed：倒～ fall down dead／束手待～ waiting helplessly for the end ❷〈口〉（枪杀）shoot；枪～ shoot to death

【毙命】（动）meet violent death；get killed：两名匪徒当场～。Two of the bandits were killed on the spot.

婢 bì（名）（女仆）servant girl：奴～ servant girl／奴颜～膝 servile

【婢女】（名）slave girl；servant girl

碧 bì ❶（名）（青玉）green jade ❷（形）（青绿色）blue；bluish；green：～波 blue waves／～草 green grass

【碧海】（名）the blue sea：～青天。There is an azure sky above the blue sea.

【碧空】（名）a clear blue sky：～无云。Not a speck of cloud remains in the clear blue sky.

【碧兰】（形）dark blue

【碧绿】（形）dark green

【碧玉】（名）jasper：小家～ buxom lass

弊 bì（名）❶（欺诈蒙骗、图占便宜的行为）abuse；fraud；malpractice：作～ cheat／舞～ practise fraud ❷（害处；毛病）disadvantage；harm；利与～ advantages and disadvantages／兴利除～ promote what is beneficial and abolish what is harmful

【弊病】（名）❶（弊端）malady；evil；malprac-

tice：社会～ social evils ❷（缺点或毛病）drawback；disadvantage：这种做法～不少。This method has quite a few drawbacks.

【弊端】（名）abuse；malpractice：改进措施,革除～。Improve measures and do away with malpractices.

壁 bì（名）❶（墙）wall：铜墙铁～ bastion of iron ❷（物体上作用像围墙的部分）wall of structure：胃～ stomach wall／锅炉～ boiler wall ❸（像墙那样直立的山崖）perpendicular cliffside ❹（壁垒）rampart；barrier；breast-work：作～上观 watch the fighting from the ramparts

【壁报】（名）wall newspapers：这期～内容很丰富。This issue of the wall newspaper has substantial content.

【壁橱】（名）sideboard；cupboard：她把衣服都放在～里。She keeps all the clothes in the closet.

【壁画】（名）mural；fresco：这些古代～具有很高的艺术价值。These ancient frescoes have very high artistic value.

【壁垒】（名）rampart；barrier：～森严。The military breastwork is stiff.／贸易～ trade barrier

避 bì（动）❶（躲开；回避）avoid；evade：～风雨 seek shelter from wind and rain／不～艰险 defy hardships and dangers ❷（防止；避免）keep away；repel；prevent：～弹 repel a bullet／～孕 contraception

【避开】（动）avoid；turn off：～危险地带 avoid a dangerous zone

【避免】（动）avoid；avert；refrain from：～错误 avoid mistakes／～发生意外 avoid accidents

【避难】（动）take refuge；seek asylum：找个地方～ find a refuge

【避暑】（动）❶（避免中暑）prevent sunstroke ❷（夏天到凉爽的地方去住）go to a summer resort：庐山是～的好地方。Lushan Moun-tain is an excellent summer resort.

臂 bì（名）（胳膊）arm；upper arm：两～ both arms／助一～之力 give sb. a hand

【臂膀】（名）arm：挽着某人强壮的～ hold sb.'s strong arm

biān

边 biān ❶（名）❶（几何图形上夹成角的直线或围成多边形的线段）side；section：几何图形上的一条～ one side of a geometric figure ❷（边缘）edge；margin；side：岸～ near the bank／街道两～ both sides of the street ❸（镶

B

在或画在边缘上的条状饰物）brim；rim；花～
儿 lace／碗～儿 the rim of bowl ❹（边界；边
境）border；frontier；拓～ expand frontiers／成
～ garrison a border region ❺（界限）bound；
limit；无～ boundless／这话可太没～儿了。
That's just absurd. ❻（旁侧；近旁）by the
side；close by；身～ by one's side ❷（副）（表
示动作同时进行）alone：～干～学 learn by
doing／～走～谈 talk while walking
【边防】（名）frontier：～部队 frontier guards／
战士们日夜守卫～。The soldiers guard the
frontier day and night.
【边际】（名）（边界；边缘）limit；boundary：汪洋
大海，漫无～ a boundless ocean of vast ex-
panse
【边疆】（名）border area；borderland：部队长期
驻扎在～。The troops have been stationed in
the frontier region for long years.
【边界】（名）boundary；border：～已经封锁，禁
止通行。The border is closed, no passage is
permitted.
【边境】（名）border；frontier：～冲突 border
clash／开放～ open the borders or frontiers
【边沿】（名）fringe；margin；edge：森林～ the
edge of a forest
【边缘】（名）edge；verge；brink：死亡～ the
verge of death
【边远】（形）remote；outlying：～省份 remote
border provinces／～地区 an outlying district

编 biān（动）❶（编织）weave；plait：～席子
weave a mat／～辫子 plait one's hair ❷（组
织；排列）make a list；arrange in a list；group：
～好次序 arrange the order ❸（编辑）edit；
compile：～杂志 edit a magazine ❹（创作）
write；compose：这个剧本～得很成功。In
terms of writing, the play is a complete suc-
cess. ❺（捏造）fabricate；invent；make up：这
个故事～得太离奇了。The story is made
up fantastically.
【编导】❶（动）（编写和导演）write and direct：
这个话剧是由两位青年作家～的。The play
was written and directed by two young writ-
ers. ❷（名）（编剧和导演的人）playwright di-
rector（戏剧）；choreographer director（舞
剧）；scenarist director（电影）；director
【编辑】❶（动）edit；compile：～诗集 compile
an anthology of poems ❷（名）（做编辑工作的
人）editor；副刊～ editor in charge of the sup-
plementary
【编排】（动）arrange；lay out：课文要按难易程
度～。The texts should be graded in order of
difficulty.

【编造】（动）❶（组织排列资料）compile；work
out；draw up：～预算 draw up a budget／～表
册 compile statistical tables ❷（捏造）fabri-
cate；invent；make up：～事实 fabricate
facts／～谎言 fabricate lies
【编者】（名）editor；compiler：这本书的～是一
位教授。The compiler of the book is a pro-
fessor.
【编织】（动）weave；knit；plait：～地毯 weave a
rug／～毛衣 knit a sweater
【编制】（动）❶（根据资料做出）work out；draw
up：～财务报告 draw up financial report ❷
（名）（组织设置及人员定额）authorized
strength；establishment：缩小～ reduce the
staff；cut down the staff
【编著】（动）compile；write

鞭 biān ❶（名）（鞭子）whip；lash：马～ horse
whip／扬～ flourish the whip ❷（动）（用鞭子
抽打）flog；whip；lash：～马 whip a horse
【鞭策】（动）（驱使；督促）spur on；urge on：我
们要经常～自己努力学习。We should con-
stantly urge ourselves on to study hard.
【鞭炮】（名）firecrackers：这挂～有一百多个。
This string has more than one hundred fire-
crackers.

biǎn

贬 biǎn（动）❶（降低官职）demote；reduce：
～黜 demote ❷（降低价值）reduce；devalue：
～价 reduce price ❸（给予不好的评价）cen-
sure；depreciate：褒～ appreciate or depreci-
ate／～得一钱不值 condemn as worthless
【贬斥】（动）（贬低并排斥）demote；denounce：
报纸～了新税。The newspaper denounced
the new taxes.
【贬低】（动）belittle；play down：这个人经常抬
高自己，～别人。He always belittles others
so as to build himself up.
【贬义】（名）derogatory sense：这句话含有～。
This sentence carries a derogatory sense.
【贬值】（动）devalue；depreciate：由于恶性通
货膨胀，该国货币大大～了。Owing to runa-
way inflation, that country's currency has
greatly depreciated.

扁 biǎn（形）❶（物体面阔而体薄）flat：～盒
子 flat case／蛋糕压～了。The cake was
crushed. ❷（有意看低别人）underestimate：
你把人看～了。You underestimate people.
【扁担】（名）shoulder pole：这根～能挑 15 公
斤。This shoulder pole can carry 15 kilo-
grams.

biàn

变 biàn ●(动) ❶(改变;变化;和原来不同)change;become different:改～change/多～战术 varied tactics/～了样儿 be quite different/情况～了. The situation has changed. ❷(变成)become;change into:少数～多数. The minority has become the majority. ❸(使改变)transform;change;alter:～被动为主动 transform passivity into initiative ●(名)(突然发生的非常事件)an unexpected turn of events:事～ incident/灾～ natural disaster

【变成】(动) change into;turn into;become:结果坏事～了好事. As a result, the bad thing has been turned into a good one./她的希望～了泡影. Her hopes are unrealized.

【变动】(动) change;alter:文字上做一些～ make some changes in the wording

【变更】●(动)(改变,改动)change;alter;modify:我们～了计划. We have modified our plan./～作息时间 alter the daily timetable ●(名)(变更的事物)change;alteration:对计划做一点儿～ make a little change in the plan

【变化】●(名)(事物在形态或本质上产生新的状况)change;variation:引起令人惊异的～ work amazing changes ●(动)(改变,更改)change;vary:～无常 constantly changing

【变幻】(动)(不规则地改变)change irregularly;fluctuate:风云～ unexpected gathering of clouds/～莫测 changeable

【变换】(动) vary;alternate:～手法 vary one's tactics/～方式 vary one's methods

【变迁】(名) changes;vicissitudes:世事～ changes in the affairs of human life

【变心】(动) cease to be faithful;两人发誓,彼此永不～. They pledged that neither of them would cease to be faithful the other.

【变质】(动)(变坏)go bad;deteriorate:这些药已经～了. These medicines have gone bad.

便 biàn ●(名)❶(方便的时候;顺便的机会)convenience;ease:得～ whenever convenient/随～ do what you like/悉听尊～ suit your own convenience ❷(屎或尿)shit or piss:小～ piss/大～ shit ●(形)❶(方便;便利)handy;convenient:轻～ light/简～ simple and convenient ❷(非正式的;简单平常的)informal;plain;ordinary:着～装 in ordinary clothes ●(副)(就;即)just;then;simply:这样～可 just do it like this/这几天不是刮风,～是下雨. It has been either blowing or raining these days.

【便道】(名)❶(近便小路)shortcut:抄～走 take a shortcut ❷(马路边的人行道)pavement;sidewalk:行人走～. Pedestrians walk on the pavement.

【便函】(名)an informal letter

【便利】●(形)(方便)convenient;easy:交通～ have convenient communications/～条件 convenient conditions ●(动)(使方便)facilitate:～居民生活 provide convenience for the daily life of the residents

【便秘】(名)constipation:～患者应该多吃蔬菜和水果. A patient who suffers from constipation should eat more vegetables and fruits.

【便衣】(名)❶(平常的服装)civilian clothes;plain clothes:穿～ wear plain clothes ❷(身着便衣执行任务的军人、警察等)plainclothes men:～人员 plainclothes personnel

【便于】(动) easy to;convenient for:～携带 easy to carry/～工作 convenient for work

遍 biàn ●(副)(全面;普遍)all over;everywhere:我们的朋友～天下. We have friends all over the world./～山～野 all over the mountains and the fields ●(量)(动作全过程)time in repetition:这首曲子我听过好几～. I have heard the melody several times.

【遍布】(动) be bound everywhere;spread all over:公路～全省. Highways extend over the whole province.

【遍及】(动) extend all over:～全球 extend over the entire globe

辨 biàn (动)(辨别;分辨;明察)differentiate:不～真伪 fail to distinguish between truth and falsehood/明～是非 clearly distinguish right from wrong

【辨别】(动) differentiate:～真假 distinguish the truth from the false/～方向 take one's bearings

【辨认】(动) identify;recognize:～相貌 identify one's face

辩 biàn (动)(辩解;辩论)argue;dispute:分～ offer an explanation/真理愈～愈明. The more truth is debated, the clearer it becomes.

【辩驳】(动) dispute;refute:证据确凿,无可～. There is indisputable evidence.

【辩护】(动)❶(说明意见或行为正确)speak in defence of:事实已经很清楚了,你不必再为他～了. The facts are all there. You needn't speak in defence of him. ❷[律](对被告的事件所作的申辩和解释)plead;defend:为被告～ plead for the accused/～律师 counsel for the defense

另见 908 页 pián。

B

【辩解】(动) try to defend oneself；明明是你的过错，用不着再～了。*It's obvious that you are wrong. Don't try to explain it away any more.*

【辩论】(动) argue；debate：展开～ *set off a debate*/～得很激烈 *debate intensely*

辫 biàn (名)(辫子) plait；braid：发～ *plait*/草帽～ *straw braid*/梳小～儿 *wear pigtails*

【辫子】(名)(小辫) plait；braid：梳～ *wear one's hair in braids*

biāo

标 biāo ❶ (名) ❶ (枝节或表面) triviality；symptom；outward sign：治～不如治本 *cure the disease rather than the symptoms* ❷ (标记；记号) mark；sign：路～ *road sign*/商～ *trademark*/音～ *phonetic symbol* ❸ (给竞赛优胜者的奖品) prize；award：锦～ *the banner*/夺～ *compete for the first prize* ❹ (竞争厂商标出的价格) bid；tender：招～ *invite tenders*/投～ *make a tender* ❷ (动)(用文字或他物标明) mark；label：～出价钱 *have a price tag on*

【标本】(名)(实物的原样) specimen；sample：昆虫～ *insect specimen*

【标灯】(名) beacon；beacon light

【标记】(名) sign；mark；symbol：做～ *make a mark*

【标明】(动) mark；indicate：在这幅地图上，北京是用一颗红星～的。*Beijing is indicated on the map by a red star.*

【标签】(名) label：行李上有个～。*There is a label on the luggage.*

【标题】(名) title；heading：耸人听闻的～ *a sensational heading*

【标语】(名) slogan；poster：张贴～ *put up slogans*/～牌 *placard*

【标志】❶ (名)(表明特征的记号) sign；mark；symbol：地图上有各种形式的～。*There are different kinds of marks on the map.* ❷ (动)(表明；显示) indicate；mark；symbolize：这座高大的纪念碑～着先烈们的不朽功绩。*This huge monument symbolizes the immortal deeds of the martyrs.*

【标致】(形)(容貌出色) handsome；beautiful：模样儿～ *beautiful appearance*

【标准】(名)(衡量事物的准则) standard；criterion：用高～要求自己 *set high demands on oneself*

biāo

表 biāo ❶ (名) ❶ (外面；外表) outside；surface；仪～ 不凡 *handsome looks*/由～及里 *proceed from the outside to the inside* ❷ (榜样；模范) example；model：代～ *representative* ❸ (表格) chart；form；graph；list：一览～ *general chart*/登记～ *registration form* ❹ (计量器具) gauge；meter：电～ *power meter*/水～ *water meter* ❺ (计时器具) watch；钟～ *clock and watch*/手～ *wrist watch* ❷ (动)(显示；表达) show；express：发～ *publish*/～情 *express sympathy*/深～同情 *show deep sympathy*

【表白】(动) vindicate：～诚意 *assert one's sincerity*/～心迹 *bare one's heart*

【表层】(名) surface layer

【表达】(动) express；convey；voice；show：文字～ *express in writing*/～技巧 *technique to express*

【表格】(名) form；table：填写～ *fill in a form*/造～ *draw up a table*

【表决】(动) vote；decide by voice；decide by vote：～通过 *vote through*/举手～ *vote by a show of hands*

【表面】(名) surface；face；outside；appearance：～之词 *a superficial statement*/光滑的～ *a smooth surface*

【表明】(动) make known；make clear；state clear；indicate：～态度 *make clear one's attitude*/～意图 *disclose one's intention*

【表情】(名) expression：兴奋的～ *excited expression*/流露出得意的～ *betray one's self-complacency*

【表示】(动) show；express；indicate：～决心 *pledge one's determination*/～关怀 *show concern*

【表现】❶ (名)(所显露的行为或作风等) expression；manifestation：他因在校的～好而获奖。*He won a prize for good behaviour at school.* ❷ (动)(显露；表示出来) show；express；display：他在工作中～很好。*He is doing very well in his work.*

【表演】❶ (动) ❶ (演出) perform；act；play：～节目 *give a performance*/她～得很好。*She performed very well.* ❷ (做示范动作) demonstrate：～实际操作法 *demonstrate operating method* ❷ (名)(以观赏或观摩为目的的展示) performance；show；exhibition：歌舞～ *sing and dance show*/精彩的～ *excellent performance*

【表扬】(动) praise；commend：～优秀学生 *praise outstanding students*/给予～ *award praise*

【表彰】(动) commend；cite；honour：他的出色战功得到～。*He was cited for his distinguished service in the battle.*

biē

憋 biē（动）❶（抑制；堵住）shut：～着一口气 hold one's breath／～着一肚子的话 have pent-up complaints ❷（闷）suffocate；smother：心里～得慌 feel very much oppressed
【憋闷】（动）feel oppressed；be depressed：她心里～，想出去走走。As she felt much oppressed, she wanted to go out for a walk.
【憋气】⊖（名）（窒息的感觉）feel suffocated；short of breath：游泳先要～。In swimming, the first thing one should learn is how to hold his breath. ⊜（动）（有委屈或烦恼而不能发泄）choke with resentment：小顾今天一直～不说话。Xiao Gu has been choking with resentment without a word all the time today.

bié

别 bié ⊖（动）❶（分离；分别）leave；part：告～ part from／久～重逢 meet after a long separation ❷（用别针固定物体）pin：把两张发票～在一起 pin the two receipts together ❸（插住；卡住）stick in：把门～上 bolt the door／腰里～着一把刀 with a dagger stuck in one's belt ⊜（名）（差别）distinction；difference：天壤之～ a world of difference／男女有～ distinction between sexes ⊜（代）（另外）other；another：～处 another place／～有情趣 have a distinctive interest ⊜（副）（不要）don't：～来这一套。Don't try that stuff with me.／～忘了。Don't forget.
另见 628 页 biè。
【别离】（动）leave；take leave to：～家乡，踏上征途 leave home and start on a long journey
【别墅】（名）villa；country house：他在郊区买了一幢～。He has bought a villa in the suburbs.
【别致】（形）（新奇，不同于寻常）unique：设计～ unique design／新颖～ novel and unique

biè

别 biè（动）〈方〉（改变）change：～不过 unable to dissuade
另见 628 页 bié。
【别扭】（形）❶（难对付）difficult：这个人真～。That chap is really difficult to deal with. ❷（意见不相投）not get along well：闹～ be at odds ❸（不通顺；不流畅）awkward；unnatural：这句话有点儿～。This sentence is a bit awkward.

bīn

宾 bīn（名）（客人）guest：贵～ distinguished guest／外～ foreign guest
【宾馆】（名）guesthouse；hotel：高级～ first-class guesthouse
【宾客】（名）guest；visitor

彬 bīn（形）（文雅）refined；urbane
【彬彬有礼】（成）refined and courteous

滨 bīn ⊖（名）（水边；近水处）bank；brink；shore：海～ seashore／湖～ lakeshore ⊜（介）（靠近水边）by；close to：～海 by the sea／～江 by the river

濒 bīn（动）❶（紧靠）be close to；border on：东～大海 overlook the sea on the east ❷（临近；接近）be on the brink of；be on the point of：～危 be in imminent danger／～行 on the point of going
【濒临】（动）be close to；border on：我国～太平洋。Our country borders on the Pacific Ocean.
【濒于】（动）be on the brink of：这些动物由于遭到无情的捕猎而～灭绝。These animals were ruthlessly hunted to the verge of extinction.

bìn

殡 bìn（动）❶（停放灵柩）lay a coffin in a memorial hall ❷（把灵柩送到安葬的地方去）carry a coffin to the burial place：出～ hold a funeral procession

鬓 bìn（名）（面颊两旁近耳的头发）sideburns；temples：两～斑白 grey at the temples／霜～ grey temples
【鬓发】（名）hair on the temples：～皆白 with grey temples
【鬓角】（名）temples：这个青年人两边留着很长的～。This young man wears long hair on his temples.

bīng

冰 bīng ⊖（名）（水凝结成的固体）ice：滴水成～ dripping water freezes／结得很厚 ice up in a thick layer ⊜（动）❶（用冰或凉水冷却物体）ice；put on the ice：～西瓜 ice watermelon／把汽水～一下 ice the bottle of soda drink ❷（使人感到寒冷）feel cold：河水～人。It's freezing in the river.
【冰雹】（名）hail

【冰场】(名)skating rink;ice arena

【冰冻】(动)freeze:～三尺,非一日之寒。*It takes more than one cold day for the river to freeze three feet deep—the trouble has been brewing for quite some time*.

【冰糕】(名)ice cream

【冰块】(名)ice cube;ice rocks

【冰冷】(形)❶(很冷)ice-cold:～的饭菜 *an ice-cold meal* ❷(比喻人的态度)cold;indifferent:～的神情 *cold expression*

【冰凉】(形)(物体很凉)ice-cold:夏天吃～的绿豆汤,真舒服。*It is a real treat to drink ice-cold mung bean soup in summer*.

【冰球】(名)ice hockey;puck

【冰上运动】(名)ice sports

【冰箱】(名)icebox;freezer;refrigerator;fridge

兵 bīng(名)❶(武器)arms;weapons:秣马厉～ *feed the horses and sharpen the weapons*/短～相接 *fight hand to hand* ❷(军人)soldier:当～ *be a soldier*/练～ *train* ❸(军队)army;troops:工程～ *engineer troops*/阅～ *review troops* ❹(军队中的最基层成员)soldier;fighter:官～一致 *unity between officers and men* ❺(关于军事或战争的)military affairs:用～如神 *direct military operations with miraculous skill*

【兵舰】(名)warship

【兵力】(名)military strength;armed forces:～部署 *troop disposition*/集中优势～ *concentrate a superior force*

【兵书】(名)a book on the art of war

【兵役】(名)military service:服～ *serve in the army*

【兵种】(名)arm of the services:技术～ *technical arms*

bīng

秉 bǐng(动)❶(拿着;握着)grasp;hold:～笔 *hold a writing brush*/～烛 *carry a candle* ❷(执掌;主持)control;take charge of:～政 *hold political power*

【秉公】(副)justly;impartially:～办事 *handle a matter impartially*

柄 bǐng ❶(名)❶(器物的把儿)handle:刀～ *the handle of a knife*/伞～ *the shaft of an umbrella* ❷(植物的花、叶或果实与茎或枝连接的部分)stem:叶～ *petiole;leafstalk* ❸(言行中被人抓住的材料)handle;target:话～ *material for gossip*/笑～ *butt of jokes* ❷(量)(用于某些带把儿的东西):两～斧子 *two axes*

饼 bǐng(名)❶(烤熟或蒸熟的面食)a round flat cake:油～ *fried dough cake*/月～ *moon cake* ❷(似饼物)something like the shape of a round flat cake:煤～ *cake shaped briquet*/豆～ *soya bean cake*

屏 bǐng(动)❶(忍住;抑止呼吸)hold (one's breath):～着气 *hold one's breath* ❷(除去;放弃;退避)reject;get rid of;abandon:～除 *get rid of*/～弃 *brush aside*/～ 弃 *discard;abandon*
另见 911 页 píng。

【屏除】(动)get rid of;dismiss:～杂念 *dismiss distracting thoughts*

【屏气】(动)hold one's breath:他屏住气潜入水底。*He held his breath and dived under the water*.

【屏弃】(动)discard;abandon:～旧观念 *discard outdated ideas*

禀 bǐng(动)❶(禀报;禀告)report;petition:～报 *report* ❷(承受)receive;be endowed with:～承 *in accordance with*/～受 *receive*

【禀告】(动)report

【禀性】(名)(本性)natural disposition:～善良 *kind-hearted by nature*/～纯厚 *be simple and honest by nature*

bìng

并 bìng ❶(动)❶(合在一起)combine;merge;annex;join:小溪在山脚下～入大江。*The stream joins the big river at the foot of a hill*. ❷(两种或两种以上的事物平排着)parallel with:～排 *side by side*/～举 *develop simultaneously*/～肩 *shoulder to shoulder* ❷(副)❶(不同事物同时存在;不同事物同时进行)equally;simultaneously:相提～论 *place on a par*/齐头～进 *go forward together* ❷(用于否定词前加强语气,略带反驳之意)(not)at all:～非无因 *not without cause*/天气～不冷。*It is by no means cold*. ❸(连)be discussed and passed:讨论～通过 *be discussed and passed*/同意～拥护 *agree and support*

【并肩】(动)side by side;shoulder to shoulder:两人在大街上～走着。*The two of them walked along the street shoulder to shoulder*./～作战 *fight side by side*/～前进 *march shoulder to shoulder*

【并立】(动)exist side by side

【并排】(副)side by side;abreast:兄弟俩～坐着。*The two brothers sat side by side*.

【并且】(连)❶(表示同时或先后进行)and:我

们应该～能够生产更多的石油。*We ought to and can produce more petroleum .* ❷（表示更进一层）besides；moreover：任务艰巨～时间紧迫。*The task is difficult , and moreover , time is pressing .*

病 bìng ➊（名）❶（疾病；失去健康的状态）illness；sickness；disease：急 性 ～ *acute disease*／心脏 ～ *heart disease* ❷（心病；弊端）trouble；corrupt practices：通 ～ *common trouble*／弊 ～ *abuse*；*corrupt practices* ❸（缺点；错误）fault；defect：语 ～ *ill-chosen expression*／～句 *faulty sentence* ➋（动）（生理上或心理上发生不正常状态）be ill；be taken ill：她～了 3 天。*She has been ill for three days .*

【病床】（名）hospital bed：躺在～上 *ill in bed*
【病房】（名）ward；sickroom：内科 ～ *medical ward*／查～ *make ward rounds*
【病害】（名）disease：庄稼发生～，就会减产。*Plant diseases will result in crop failures .*
【病魔】（名）（疾病）serious illness：～缠身 *be afflicted with a lingering disease*
【病情】（名）state of an illness；patient's condition：孩子的～有了好转。*The child's condition took a favourable turn .*
【病人】（名）patient；invalid
【病态】（名）（心理或生理上不正常的状态）morbid state：一副～ *in a morbid state*

bō

波 bō （名）❶（波浪）wave：～ 涛 *great waves*／碧～ *blue waves* ❷［物］（振动传播的过程）wave：声 ～ *sound wave*／短 ～ *short wave* ❸（意外 变化）unexpected changes：风 ～ *storm；disturbance*

【波动】（动）（不稳定）fluctuate；undulate：情绪 ～ *in an anxious state of mind*
【波及】（动）（牵涉到；影响到）spread to；affect：～范围很广 *extensively affected*
【波澜】（名）（波涛）great wave；billows：～起伏 *with one climax following another*／～ 壮 阔 *on a magnificent scale*
【波浪】（名）wave：～起伏 *waves rising and falling*／～滔天 *billows dashing against the sky*
【波涛】（名）great waves：万顷～ *a myriad of surges*／～汹涌 *roaring waves*
【波折】（名）twists and turns：这件事经过了许多～。*It went through a lot of twists and turns .*

拨 bō（动）❶（用手、脚或棍棒等使东西移动或分开）move；stir；poke：～ 门 闩 *move a door bolt*／钟～快了 *set a clock too fast*／～火 *poke a fire* ❷（分发；调配）set aside；allocate；appropriate：～一笔款子 *allocate a sum of money*／～两个人给我 *send two persons to me*

【拨弄】（动）❶（来回拨动）fiddle with；move to and fro：～琴弦 *pluck the strings of fiddle*／用手不停地～铅笔 *fiddle about with a pencil* ❷（挑拨）stir；incite；rouse：～是非 *stir up troubles by gossip；stir things up*
【拨正】（动）set right；correct：～航向 *correct the course*

玻 bō

【玻璃】（名）glass：窗 ～ *glass sheet*／钢 化 ～ *tempered glass*／雕花～ *cut glass*

剥 bō（动）（去掉外面的皮或壳）shell；skin；peel：生吞活～ *skin and eat sth . alive*
另见 616 页 bāo。

【剥夺】（动）deprive；strip：～人身自由 *deprivation of personal liberty*／他们的生计 *deprive them of subsistence*
【剥落】（动）peel off：门上的油漆～了。*The paint on the door has peeled off .*
【剥削】（动）exploit：～别人的劳动 *exploit other's labour*

菠 bō

【菠菜】（名）spinach：～含有大量的营养成分。*Spinach contains a large amount of nourishment .*
【菠萝】（名）pineapple

播 bō（动）❶（传播）broadcast；spread：电视实况转～ *be televised live to*／广～ *be on the air；broadcast* ❷（播种）sow；seed：～种 *sowing*／春～ *spring sowing*

【播送】（动）broadcast；transmit：由无线电信息 *transmit a message by radio*／～ 音乐 *broadcast music*
【播音】（动）transmit；broadcast：这次～到此结束。*That concludes our programme for this transmission .*
【播种】（动）sow seeds；seed：要及时～。*It is imperative to sow in time .*

bó

伯 bó（名）（伯父）uncle：～父 *father's elder brother；uncle*／～母 *wife of father's elder brother；aunt*／周～～ *Uncle Zhou*

【伯仲】（名）（指兄弟的次第）brothers；elder and younger：～之间 *almost on a par；about the same*

驳 bó ❶(动)❶(列举理由否定别人的意见)refute;denounce;argue：批～ criticize；rebut/辩～ argue/反～ refute ❷(驳运；用船搬运)transport by lighter：～卸 unload from ship by lighter ❷(形)(颜色不纯，杂乱)of different colours：斑～ variegated/～杂 heterogeneous ❸(名)(驳船)barge；lighter：铁～ iron lighter

【驳斥】(动)refute;denounce：～错误言论 refute erroneous views/进行有力的～ flatly refute

【驳倒】(动)refute;score off：～对方 refute an opponent

【驳回】(动)reject;turn down;overrule：～某人的请求 overrule sb.'s claim/她的申请被～了。Her application was turned down.

泊 bó (动)❶(船靠岸；停船)moor；berth；lie at anchor：～岸 anchor alongside the shore/停～ lie at anchor；take up a berth ❷(停留)stop；stay：漂～ lead a wandering life；drift on water

【泊位】(名)berth：深水～ deepwater berth/码头～ quay berth

勃 bó (形)❶(旺盛)vigorous；exuberant：蓬～ vigorous/～然 agitatedly ❷(形容突然兴起的样子)sudden：～发 break out/～兴 grow vigorously

【勃勃】(形)thriving；vigorous：生气～ full of vitality/兴致～ full of enthusiasm/野心～ driven by wild ambition

【勃然】(形)❶(兴起或旺盛)vigorously：～而起 spring into life ❷(发怒变色的样子)agitatedly；excitedly：～大怒 fly into a rage/～变色 agitatedly change colour

脖 bó (名)(脖子)neck：～子上带着金项链 wearing a gold necklace

博 bó ❶(形)❶(量多；丰富)rich；plentiful；abundant：渊～ broad and profound/～大 broad ❷(大)big；large：宽衣～带 a loose garment with a large girdle ❷(动)❶(知道得多)have a wide knowledge of；be well read；erudite：～古通今 be well acquainted with things ancient and modern ❷(取得)gain；win：～得美名 win a good reputation

【博爱】(名)(指对人类普遍的爱)universal love：这些作品宣传～的思想。These works propagate the idea of universal fraternity.

【博大】(形)vast；rich；broad：他的学问～而精深。He has broad and profound knowledge.

【博览】(动)read extensively：～应该和精读相结合。Reading extensively should be combined with reading intensively.

【博取】(动)try to gain；court：～同情 seek sb.'s sympathy/～欢心 curry favour

【博士】(名)❶(指学位)doctor：授予～学位 confer a doctor's degree on sb./文学～ Doctor of Literature/他在哪里攻读～? Where did he do his doctorate? ❷(有学问的人)learned scholar

【博物馆】(名)museum

【博学】(形)learned；erudite：～多才 learned and versatile/～之士 learned scholar

搏 bó (动)❶(搏斗)wrestle；fight；combat：肉～ hand to hand fight；combat/拼～ fight desperately ❷(扑上去抓)pounce on：狮子～兔。The lion pounced on the hare. ❸(跳动)beat；throb：～动 beat rhythmically/脉～ pulse

【搏斗】(动)wrestle；fight；struggle：进行一场殊死～ make a desperate fight/与风浪～ combat with the wind and waves/与…展开～ put up a fight with...

【搏击】(动)(奋力斗争和冲击)strike；fight with hands：～风浪 battle with the winds and waves/～长空 battle in the vast sky

薄 bó ❶(形)❶(轻微；少)slight；meagre；small：单～ thin/浅～ superficial ❷(不厚道)mean；unkind；ungenerous：刻～ unkind；mean/～待 treat ungenerously ❸(不庄重)frivolous：轻～ given to philandering；frivolous ❷(动)❶(看不起；轻视；慢待)despise；belittle：菲～ belittle/鄙～ despise/厚此～彼 favour one and slight the other ❷(迫近)approach；near：日～西山。The sun is setting beyond the western hills.

另见 617 页 báo。

【薄利】(名)small profits：～多销 make small profits but quick turn over

【薄膜】(名)film

【薄弱】(形)weak；frail：意志～ weak-willed/～环节 weak link/技术力量～ lack of qualified technical personnel

bò

簸 bò

【簸箕】(名)dustpan；winnowing pan：把垃圾扫在～里 sweep the dust into the dustpan

bǔ

补 bǔ ❶(动)❶(修理；修补)mend；patch；repair：～鞋 repair shoes/～车胎 mend a *puncture*/～漏 *stop up holes* ❷（补充；补足；填补）*fill*；*supply*；*make up*：弥～赤字 *make up a deficit*/～上这一课 *make up a missed lesson* ❸（补养）*nourish*：～身体 *build up one's health*/～血 *enrich the blood* ❹（名）（利益；用处）*benefit*；*help*；*use*：～益 *benefit*；*help*/～助 *subsidy*/无～于事 *do not help matters*

【补偿】（动）*make up for*；*compensate*：～损失 *indemnify for the losses*；*recover damage*

【补充】❶（动）（补上不足）*replenish*；*supplement*；*complement*：～给养 *supplement provisions*/互相～ *complement each other* ❷（形）（在主要事物之外附加的）*additional*；*complementary*：～规定 *additional regulations*/～合同 *supplementary contract*

【补给】（名）*supply*：缺乏～ *go short of supply*/向…提供～*furnish supplies to...*

【补救】（动）*remedy*：你唯一～的办法是诉诸法律。*Your only remedy is to go to law.*

【补课】（动）*make up a missed lesson*：教师给学生～。*The teacher helped his pupils make up the lessons they had missed.*

【补助】（名）*subsidy*；*allowance*：生活～ *extra expenses*/困难～ *financial difficulties allowance*

捕 bǔ（动）（捉拿；捉取；逮捕）*catch*；*seize*；*arrest*；搜～逃犯 *track down and arrest the escaped criminal*/他在河里～鱼。*He is catching fish in the river.*

【捕获】（动）*catch*；*seize*；*capture*：当场～ *catch sb. red handed*/他只身～一头狮子。*He captured a lion unaided by anyone.*

【捕捉】（动）*catch*；*seize*：～害虫 *catch insects*/～镜头 *seize the right moment to get a good shot*

哺 bǔ（动）（喂）*feed*；*nurse*：～养 *feed*；*rear*/～乳 *breastfeed*；*suckle*/～育 *feed*

【哺乳】（动）*breastfeed*；*suckle*：蓝鲸是最大的～动物。*The blue whale is the largest mammal.*

【哺养】（动）*feed*；*rear*：～儿女 *foster one's children*

【哺育】（动）*feed*；*foster*：～儿女成长 *nurture one's children*/在…～之下 *be nurtured by...*

bù

不 bù（副）❶（用在动词或个别副词前，表示否定）*not*；*no*：天气～怎么冷 *It's not very cold.*/他～答应也就算了。*If he doesn't agree, he doesn't need to.* ❷（加在部分抽象名词前面，表示否定）：～法 *illegal*/～道德 *immoral* ❸（单用，作否定性的回答）*no*："他不知道吧？""是，他不知道。""*Doesn't he know?*""*No, he doesn't.*" ❹（用在句末表示疑问）：你身体好～？ *How are you?* ❺（用在动补结构中间，表示不可能达到某种结果）：拿～动 *can not take it up* ❻（"不"字前后叠用相同的词，前面常加"什么"，表示不在乎或不相干）：什么远～远的，我去定了。*No matter how far it is, I'll go there anyhow.* ❼（跟"就"搭配，表示选择）：晚上他～是看电视，就是看书。*He either watches TV or reads books in the evening.*

【不安】（形）*unstable*；*unpeaceful*；*uneasy*：世界局势动荡～。*The world situation is characterized by turbulence and intranquility.*

【不必】（副）*need not*；*not have to*：～着急。*There is no need to worry.*/～惊慌。*There is no need to panic.*

【不便】（形）❶（不方便）*inconvenient*：交通～ *have poor transport facilities*/如果你感到～，那就算了。*You don't have to do it if it is inconvenient to you.* ❷（缺钱用）*short of cash*：手头～ *have no cash at hand* ❸（不适宜）*unsuitable*；*inappropriate*：～再问。*It's inappropriate to ask again.*/～拒绝 *find difficult to refuse*

【不出所料】（成）*as expected*

【不错】（形）（正确）*correct*；*right*：一点儿～ *perfectly correct*；*quite right*/如果我记得～的话 *if I remember correctly*

【不但】（连）*not only*：这种设备～在国内，而且在国际上也是第一流的。*This kind of equipment is first-rate not only at home but also in the world.*

【不当】（形）*unsuitable*；*improper*：～判决 *unjust judgement*/～行为 *improper act*/处理～ *not be handled properly*

【不道德】（形）*immoral*

【不得不】（副）*have to*；*can not but*：时间有限，我～赶紧。*As time is limited, I have to hurry.*

【不等】（形）*different*：大小～ *differ in size*/数量～ *vary in amount*

【不定】❶（副）（表示不肯定）*indefinitely*：事情还～怎样呢。*It's hard to predict how things will turn out.* ❷（形）（不稳定）*unsteady*；*fitful*：漂泊～ *drifting from place to place*/心神～ *unsteady in mind*

【不断】❶（形）（不断的；连续不间断的）*unceasing*；*continuous*；*ceaseless*：～调整 *continual readjustment* ❷（副）（不断地）*unceasingly*；*continuously*；*ceaselessly*：～前进 *march on unceasingly*

【不对】（形）❶（错误）incorrect；wrong：你说得～。*What you said is wrong.* ❷（不正常）amiss；abnormal；queer：这人神色有点儿～。*He doesn't look his usual self.*

【不法】（形）lawless；illegal：～活动 *illegal activity*／～伤害 *unlawful wounding*／～之徒 *a lawless man*

【不凡】（形）（不平凡）out of the ordinary：自命～ *consider oneself a person of no ordinary talent*

【不妨】（副）might as well：～再试几次。*There is no harm in trying several times more.*

【不分彼此】（成）share everything

【不服】（动）refuse to obey：～裁判 *refuse to accept the referee's ruling*

【不符】（动）not agree with；not conform to：名实～ *have an undeserved reputation*／言行～ *deeds not matching words*

【不甘心】（动）not reconcile to：～于失败 *not take one's defeat lying down*

【不公】（形）（不公平）unjust；unfair：办事～ *be unfair in handling matters*／社会分配～ *income disparities*

【不够】（副）not enough；inadequately：准备～ *be inadequately prepared*／分析～透彻。*The analysis lacks depth.*

【不顾】（动）in spite of；regardless of；ignore：～大局 *ignore the larger issues*／～后果 *regardless of the consequences*

【不管】（连）no matter；regardless of：～谁来，都一样。*It's the same no matter who comes.*

【不合】（动）not conform to：～规定 *not conform to the rules*／～常理 *be repugnant to common sense*／～口味 *not to suit the taste of*

【不和】（形）（不和睦）not get along well：制造～ *sow discord*

【不欢而散】（成）break up in discord：大伙～之后，他一个人孤零零地站在门外。*After they had parted in discord, he stood alone outside his gate.*

【不计其数】（成）countless；innumerable

【不简单】（形）❶（复杂）not simple：这件事～，需要进一步调查。*The matter is not so simple, it requires further investigation.* ❷（不平凡）unusual；remarkable：他进步如此大，真～。*It's remarkable (that) he's made such good progress.*

【不解】（动）not understand：百思～其意 *remain puzzled after pondering over sth. a hundred times*

【不仅】（连）not only：这～是我一个人的主张，也是大家的看法。*I am not the only one who takes this stand, it is also a view shared by all.*

【不久】（形）soon；before long：刚走～ *left just now*／这期工程～就能完工。*This stage of the project will soon be completed.*

【不可】❶（动）（不可）cannot；should not；must not：～一概而论 *must not make sweeping generalizations*／两者～偏废。*Neither can be neglected.* ❷（助）（非…不可；表示一定）must：这部电影太精彩了，我非看～。*The film is extremely good, I just cannot miss it.*

【不愧】（动）be worthy of：～为建设社会主义的积极分子 *be worthy of the title of activist in socialist construction*

【不理】（动）pay no attention：我才～那些闲话呢。*I don't pay attention to such gossip.*

【不利】（形）unfavourable；disadvantageous：吸烟～健康。*Smoking is harmful to health.*

【不良】（形）bad；harmful；unhealthy：～现象 *unhealthy tendencies*／～影响 *harmful effects*／存心～ *have ulterior motives*

【不料】（连）unexpectedly；to one's surprise：今天本想出门去，～下起雨来。*I had intended to go out today, who would have thought it would rain!*

【不论】❶（连）whether：全村～男女老幼都参加了抗旱斗争。*All the villagers, (whether) men and women, old and young, took part in the battle against the drought.* ❷（连）regardless of：～性别年龄 *regardless of sex and age；irrespective of sex and age*

【不满】（形）resentful；dissatisfied：对处境～ *be discontented with one's circumstances*／心怀～ *nurse a grievance*

【不免】（副）would naturally：这是一项新的工作，开头～有点儿生疏。*Since this is a new task, one would naturally find himself knowing very little about it.*

【不明】❶（形）（不清楚）not clear；unknown：下落～ *missing*／～国籍的飞机 *a plane of unidentified nationality* ❷（动）（不明白）fail to understand

【不平】（形）❶（不平坦）uneven；not level：高低～的路 *an uneven road* ❷（不公平）unjust；unfair ❸（动）（因不公平而气愤）indignant；resentful：愤愤～ *very indignant*／消除心中的～ *allay one's resentment*

【不巧】（副）unfortunately；as luck would have it：我到那儿时，～他刚走。*As luck would have it, he had just left when I arrived.*

【不然】❶（形）（不是这样）not so：其实～。*Actually this is not so.* ❷（连）（否则）otherwise：我得早点儿去，～就赶不上火车了。*I've got to leave a bit early, otherwise I'll miss* the train.

【不容】（动）not tolerate；not allow：～申辩 immune to all plead／情况一刻也～迟缓。The situation allows no delay.

【不如】（动）not equal to；not as good as：走路～骑车。It would be better to ride a bicycle than walk.／谁说女同志～男同志。Who says women are inferior to men.

【不时】❶（副）（时时）frequently；often ❷（名）（随时）at any time

【不同】（形）different；distinct：水平～different levels／态度～different attitudes／姐妹俩的性格完全～。The two sisters are entirely not alike in character.

【不妥】（形）inappropriate；not proper：觉得有些～feel that something is a miss／这种方法～。This is not the proper way.

【不稳】（形）unstable；not firm；insecure：步子～not steady on one's legs／他站～立场。He didn't stand firm.／局势～。The situation was unstable.

【不问】（动）（不过问）pay no attention to；ignore；disregard；not consider：～前因后果 not consider the cause and effect／～事实真相 disregard the facts

【不相干】（动）be irrelevant；have nothing to do with：彼此～be irrelevant to one another

【不相容】（动）incompatible：水火～incompatible as fire and water；mutually antagonistic

【不懈】（形）untiring；unremitting：坚持～persevere unremittingly／做～的努力 make unremitting efforts

【不信任】（动）distrust；have no confidence：～他人 be distrustful of others／～投票 vote of noconfidence

【不行】❶（动）（不可以；不被允许）won't do；be not allowed：他干这种工作身体～。He is physically unfit for this kind of work.❷（形）❶（不中用）no-good；not work：这个方法～。This method just doesn't work.❷（不好）not good；poor：这幅画画得～。This painting is not drawn very well.

【不幸】❶（名）（灾祸）misfortune：人生的种种～the various ills of life ❷（形）❶（不希望发生而发生的）unfortunately：～而言中。The prediction has unfortunately come true. ❷（不幸运；使人失望、伤心、痛苦的）sad；unfortunate：～的消息 sad news

【不朽】❶（动）（不腐烂）be not liable to get rotten：这是一块千年～的好木材。This is a piece of fine wood not liable to get rotten in a thousand years. ❷（形）（永不磨灭）immortal：～的著作 an immortal masterpiece／～的

功勋 immortal deeds

【不锈钢】（名）stainless steel

【不许】（动）not allow；must not：～说谎。You mustn't tell lies.／～停车！No Parking！

【不要紧】（形）❶（不成问题；不碍事）It doesn't matter；unimportant；not serious：有点儿伤风，～。Just a slight cold，nothing serious. ❷（表面上似乎不妨碍）it looks all right：你这么一叫，把孩子吵醒了。You may think it's all right for you to shout，but you've woken the child up.

【不要脸】（形）shameless：真～！What a nerve！Shame on you！

【不用】❶（副）（没有必要）need not；needless to say：～着急。You needn't worry. ❷（名）（不使用）disuse：这个词已经完全～了。The word has passed into complete disuse.

【不予】（动）not give；deny；not grant：～承认 deny recognition／～答复 give no reply／～批准 not grant approval

【不愿】（形）reluctant；unwilling：～抛头露面 be reluctant to get too much publicity

【不在】（动）be not in；be out：他～。He is out.

【不在乎】（动）（不放在心上）not mind；not care：满～not care a pin／他～这笔钱数。The sum of money is quite immaterial to him.

【不在意】（动）❶（不在乎）pay no attention to；not mind：别人背后议论，他毫～。He doesn't care at all what people say behind his back. ❷（疏忽）be negligent of；be careless of：人家托你的事，你别～。When people ask you to do something，you should take it seriously.

【不值】（动）not worth：这张邮票～得收藏。The stamp is not worth collecting.

【不止】❶（副）（超出某个范围）more than；exceed：～一次 more than once／他恐怕～60岁了。He is probably over sixty. ❷（动）（继续不停）incessantly；without end：树欲静而风～。The tree stays calm but the wind will not drop.

【不准】（动）not allow；forbid；prohibit：此处～吸烟。Smoking is not allowed here.／～停车！No Parking！

【不足】❶（形）（不充足）not enough；inadequate：营养～inadequately nourished／这所新办的学校师资～。This newly-founded school is short of teaching staff. ❷（动）（不满某个数值）less than：这所医院医务人员～100人。This hospital has a medical staff of less than a hundred. ❸（不值得）not worth：～称道 not worth commending／～为

奇 *no wonder* ❸（不可以；不能）can't；should not：～为凭 *can't be taken as evidence*／～为据 *can't prove the point*

布 bù ❷（名）（布料）cloth；textile：棉～ *cotton cloth*／麻～ *gunny cloth*／花～ *cotton prints* ❷（动）❶（宣告；宣布）announce；declare；proclaim；publish：公～于众 *make known to the public*／开诚～公 *speak frankly and sincerely* ❷（散布；分布）spread；disseminate：遍～全国 *spread all over the country*／阴云密～ *be covered with dark clouds* ❸（布置）arrange；deploy：～阵 *deploy troops*／～网 *cast a net*

【布告】（名）notice；bulletin；proclamation：张贴～ *paste up a notice*／发布～ *issue a proclamation*

【布景】（名）setting；composition：学校话剧团最近设置了一套十分讲究的～。*Recently, the school modern drama troupe has put an exquisite setting.*

【布局】（名）❶（全面安排）layout；distribution：工业的合理～ *rational distribution of industry*／这张图展示了工厂的～。*This map shows the layout of the plant.* ❷（指绘画、作文等格局的分布）composition：这幅画色彩鲜明，但～蹩脚。*This painting has vivid colours but poor composition.*

【布置】（动）❶（安排陈列；摆设）fix up；arrange；decorate：～会场 *fix up a place for a meeting*／这间新房～得很漂亮。*This bridal chamber is decorated beautifully.* ❷（安排活动）assign；make arrangements for；give instructions about：～学习 *make arrangements for study*／～作业 *give instructions about an assignment*／～任务 *assign a task*

步 bù ❷（名）❶（步距；脚步）step；pace：寸～难移 *can not move a single step*／迈开大～ *make a big step*／散～ *take a walk* ❷（阶段）step；stage：分两～做 *accomplish sth. in two stages*／下一～怎么办？*What's the next step?* ❸（地步；境地）condition；situation；state：不幸落到这一～ *unfortunately come to such a pass* ❷（动）❶（用脚走）walk；go on foot：～入会场 *walk into a meeting place*／亦～亦趋 *ape sb. at every step* ❷（踩；踏）tread：～人后尘 *follow in other people's footsteps*

【步调】（名）pace；step：～一致 *keep in step*／统一～ *concert action*

【步伐】（名）step；pace：～整齐 *march in step*／加快～ *quicken one's steps*

【步行】（动）walk；go on foot：路不远，你就～去吧。*Since it is not very far, you might as well walk there.*

【步骤】（名）step；move；measure：工作应该有计划、有～地进行。*Work should be carried on step by step in a planned way.*

【步子】（名）step；pace：改革的～还要跨得大一些。*It is imperative to take bigger steps in the reform.*

部 bù ❷（名）❶（部分；部位）part；section：上～ *the upper part*／胸～ *chest；thorax*／局～ part ❷（部门；机关或组织单位的名称）unit；ministry；department：外交～ *the Ministry of Foreign Affairs*／教育～ *the Ministry of Education*／编辑～ *editorial board*／门市～ *retail department*／销售～ *sales department* ❸（军队等的领导机构或其所在地）headquarters：团～ *regiment headquarters*／司令～ *headquarters；command* ❹（指部队）troops；forces：我～ *our forces* ❷（动）（统辖；统率）command：～属 *subordinate* ❸（量）（用于书籍；影片等）：一～书 *a volume*／两～字典 *two dictionaries*／三～汽车 *three automobiles*

【部队】（名）army；troops；force：边防～ *frontier forces*／导弹～ *missile unit*／特种～ *special troops*

【部分】（名）（整体中的局部或个体）part；section；share：展览会分几个～。*The exhibition is divided into several sections.*

【部门】（名）branch；department：工业～ *industrial department*／文教～ *cultural and educational department*

【部署】（动）❶（安排；布置）arrange；map out；lay out：～计划 *map out the plan*／～工作 *arrange work* ❷（区分和配置兵力）deploy；dispose：战斗～ *battle disposition*／战略～ *a strategic plan*

【部位】（名）（位置）place；position：发音～ *points of articulation*／受伤～ *the location of an injury*

簿 bù（名）（簿子）book：笔记～ *notebook*／日记～ *diary*／账～ *account book*／登记～ *register*

【簿子】（名）book；notebook：这些～的封面很好看。*The covers of these exercise books are quite beautiful.*

C

C

cā

擦 cā（动）❶（摩擦）rub：摩～眼睛赶走睡意 *rub the sleep out of one's eyes*／～火柴 *strike a match* ❷（用布、手巾等摩擦使干净；揩拭；抹）wipe；scrub；clean：～桌子 *wipe the table*／～窗子 *clean the window* ❸（涂抹；搽）spread...on；put...on：～粉 *powder one's face*／在伤口上～碘酒 *paint a wound with iodine；apply iodine to a wound* ❹（贴着或靠近）brush；shave：他～着我的肩膀走过去了。*He brushed past me.* ❺（把瓜果等放在礤床上来回擦，使成细丝）scrape（into shreds）：把萝卜～成丝儿。*Shred the turnips.*
【擦边球】（名）[体]edge ball；touch ball
【擦网球】（名）[体]netball；let

cāi

猜 cāi（动）❶（推测；凭想象估计）guess；conjecture；speculate：～谜 *guess at a riddle*／我～他有 30 岁了。*I should guess his age at 30.* ❷（起疑心）suspect：两小无～。*Two youngsters have no suspicion of one another.*
【猜测】❶（名）（推测的结果）conjecture；guess；surmise：那纯属～。*It's a mere conjecture.* ❷（动）（推测）guess；surmise；speculate：凭～ *by guess*
【猜忌】（动）（猜疑妒忌）be suspicious and jealous of；be envious；envy：互相～ *be suspicious and jealous of each other*
【猜想】❶（动）（猜测）suppose；guess；suspect：我立刻～到他心里想什么。*I at once guessed what has been passing in his thoughts.* ❷（名）[数]conjecture：哥德巴赫～ *Goldbach conjecture*
【猜疑】❶（动）（无中生有地起疑心）be suspicious；have misgivings：毫无理由地～ *suspect without reason* ❷（名）suspicion：受到无根据的～ *be under groundless suspicion*

cái

才 cái ❶（名）❶（才能）ability；talent；gift；endowment：德～兼备 *have both ability and virtue*／天生我～必有用。*There must be some use for the talent Heaven granted me.* ❷（有才能的人）capable person：庸～ *a mediocre person* ❷（副）❶（表示事情在不久前发生；刚才）a moment ago；just：你怎么～来就要走？*You've only just come. Why do you want to leave so soon?* ❷（表示事情发生或结束得晚）（preceded by an expression of time）not until：她 10 点～来，太晚了。*She didn't come until 10 o'clock. That was too late.* ❸（仅仅）only：～5 美元钱吗？真便宜。*Only five dollars？That's really cheap.* ❹（表示强调所说的事，句尾常用"呢"）actually；really：这～好呢！*Now this is really good！*
【才华】（名）literary or artistic talent；talent：～卓越 *one's talent is exceptional*
【才能】（名）（才智和能力）talent；ability；capability：非凡的～ *an unusual talent*／他的～不容置疑。*His ability is unquestionable.*
【才智】（名）（才能和智慧）ability and wisdom：～过人 *far surpass others in ability and wisdom*

材 cái（名）❶（木料）timber：加工木～ *process timber* ❷（可以直接制成成品的东西；材料）material：就地取～ *obtain material from local sources* ❸（供写作或参考的资料）material：搜集素～ *gather source materials* ❹（有才能的人）capable person：因～施教 *teach students in accordance with their aptitude；teach a person according to what he is good for*
【材料】（名）❶（原料）material：易燃～ *highly inflammable material* ❷（资料）data；material：收集背景～ *collect background material* ❸（适于做某事的人才）makings；stuff：那孩

是块好～。*That boy has good stuff in him.*

财 cái（名）（金钱和物资的总称）wealth；property；valuables：～运亨通 *have good luck in making money*

【财宝】（名）money and valuables；treasure

【财产】（名）property；assets；estate：这场火灾使价值数百万的～受损。*The fire destroyed many million dollars' worth of property.*

【财富】（名）wealth；fortune；riches：健康是无形的～。*Good health is an intangible asset.*

【财经】（名）finance and economics

【财力】（名）financial resources：这家公司在～上无法维持下去。*The company does not pay its way.*

【财贸】（名）finance and trade

【财团】（名）（控制许多公司、银行和企业的垄断资本家或其集团）financial group；consortium

【财务】（名）finance；financial affairs：有丰富的～经验 *get much experience in financial affairs*

【财物】（名）property；belongings

【财政】（名）（国家对财资的收入与支出的管理活动）（public）finance；government finance；public economy：制订～计划 *form a financial scheme*／～赤字 *financial deficits*

裁 cái ❶（动）❶（用刀、剪等把片状物分成若干部分；剪裁；割裂）cut（paper，cloth，etc.）into parts：量体～衣 *cut the dress according to one's figure*／沿折痕～纸 *cut the paper along the fold* ❷（把不用的或多余的去掉；消除；削减）reduce；cut down；dismiss：～员 *make a personnel reduction*；*reduce the staff* ❸（衡量；判断）judge；discern；decide：此事如何处理，请您～定。*Please consider the problem and decide how to handle it.* ❷（名）❶（安排取舍，常用于文学艺术）mental planning：别出心～ *adopt an original approach*；*try to be different* ❷（控制；抑制）check；sanction：独～ *exercise dictatorship* ❸（样式；形态）form

【裁缝】（名）tailor；dressmaker

【裁减】（动）reduce；cut down：～军备 *reduce military preparations*；*make arms reduction*

【裁剪】（动）❶（剪裁）cut（paper，cloth）into certain shape；tailor：～衣服 *cut out garments* ❷（修剪；取舍）line through

【裁决】❶（动）make a ruling；judge；decide；rule；adjudicate：法院将对此事做出～。*The court will rule on the matter.* ❷（名）verdict；arbitration；award；adjudication：该案由最高法院做最后～。*The case was up for the final decision in the Supreme Court.*

【裁军】（动）disarmament；disarm

【裁判】❶（动）judge：公正地～ *judge equitably* ❷（名）❶［律］（判决和裁定）judgement ❷［体］（裁判）judge；umpire；referee：～应不偏不倚。*An umpire should have no bias in favour of either side.*

cǎi

采 cǎi ❶（动）❶（摘取；采集）pick；pluck；gather：～茶 *pick tea*／～花 *pluck flowers* ❷（开采）mine；extract：～煤 *mine coal*／矿 *drill for minerals* ❸（搜集）gather；collect：～集民歌 *collect folk songs*／～集标本 *collect specimens* ❹（采取；选取）adopt；select：博众长 *adopt the advantages of all others* ❷（名）（精神；神色；神态）complexion；spirit；colour and facial expression：兴高～烈 *be in high spirits*／神～奕奕 *brim with energy and vitality*

【采伐】（动）fell；cut；cut over；harvest cutting

【采访】❶（动）have an interview with；cover（news）；make inquiries；be on assignment；gather material ❷（名）interview：接受记者～ *grant an interview to a journalist*

【采购】（动）make purchases for an organization or enterprise；purchase；select and purchase；procure：～大量的原料 *make extensive purchases of raw materials*

【采纳】（动）（接受）accept；adopt；take（sb.'s advice）：他的意见未被～。*His proposal was turned down.*

【采取】（动）adopt；take：～行动 *make a move*／各种卑劣手段 *employ every base device*

【采用】（动）put to use；adopt；use；employ

彩 cǎi（名）❶（多种颜色）variegated colour：流金溢～ *shine with glittering gold and colourful decorations* ❷（彩色丝绸）coloured silk；colour festoons：为开幕式剪～ *cut the ribbon at the opening ceremony* ❸（称赞夸奖的欢呼声）applause；cheer：喝～ *acclaim*；*cheer* ❹（花样；光彩；文采）variety；splendour；brilliance；grace in art；gracefulness：大放异～ *yield unusually brilliant results* ❺（赌博或某种游戏中给得胜者的东西）lottery prize；winnings：中～ *win a prize in a lottery* ❻（负伤流血）blood from a wound：挂～ *be wounded in battle*

【彩车】（名）float in a parade

【彩绸】（名）coloured silk；silk of various colours

【彩带】（名）coloured ribbon

【彩虹】（名）rainbow

【彩礼】(名)betrothal gifts (from the bridegroom to the bride's family);bride price
【彩排】(名)(正式演出前的化装排练)dress rehearsal
【彩票】(名)lottery ticket;发行～ run a lottery;institute a lottery
【彩旗】(名)bunting;coloured flags
【彩色】(名)multicolour;colour:～照片 colour pictures/～电视 colour television
【彩霞】(名)rosy clouds

踩 cǎi(动)(脚底接触地面或物体;践踏)step on;stamp;tread;trample:勿～草地 come off the grass/把花～坏 tramp the flower down
【踩水】(动)(一种游泳方法)tread water

cài

菜 cài(名)❶(能做副食品的植物;蔬菜)vegetable;greens:野～ edible wild herbs ❷(泛指副食)(nonstaple)food:～刀 a kitchen knife/让市民的～篮子更丰富 supply more subsidiary food to the citizens ❸(经过烹调的蔬菜、禽蛋、肉类等副食品)dish;item or course in menu(whether of meat or vegetable):主～ the main dish/家常～ a homely dish ❹(专指油菜)～籽 rapeseed
【菜场】(名)〈方〉food market
【菜单】(名)menu;bill of fare
【菜花】(名)cauliflower
【菜农】(名)vegetable grower
【菜园】(名)vegetable garden

cān

参 cān(动)❶(加入;参加)join;enter;take part in:～军 join the army/～政 participate in government and political affairs ❷(参考)refer;consult:～看下面的注释。See the notes below. ❸(进见;谒见)call to pay one's respects to:～谒总统 make a formal visit to the President
【参观】(动)visit;look around:～展览的人很多。The exhibition was largely visited.
【参加】(动)(加入)join;attend;take part in;participate in;go in for;partake in sth. with sb.:～体育运动 join into sports
【参军】(动)(参加军队)join the army;join up;enlist
【参考】(动)❶(查阅)consult;refer to;read sth. for reference:～有关书籍 consult relevant books ❷(用于帮助了解情况)reference:仅供～ be for reference only
【参谋】(名)❶[军](各级司令机关的主要

工作人员)staff officer ❷(泛指代出主意的人)adviser ⊜(动)(代人出主意)give advice:这事可以让他给你～一下。You might ask him for advice on this matter.
【参数】(名)parameter
【参议员】(名)senator
【参议院】(名)senate
【参与】(动)partake;participate in;have a hand in;take participation in;get involvement in:～竞争 join the competition
【参赞】(名)counsellor
【参照】(动)refer to;consult

餐 cān ❶(动)(吃饭)eat:饱～ eat one's fill ⊜(名)(饭食)meal;food:西～ Western food/去吃自助～ go for a buffet ⊜(量)(饮食的顿数)regular meal:一日三～ have three meals a day
【餐叉】(名)fork
【餐车】(名)restaurant car;dining car;diner;buffet car
【餐刀】(名)table knife
【餐巾】(名)(table)napkin
【餐具】(名)tableware;dinnerware;dinner service;cover
【餐厅】(名)❶(饭厅,食堂)dining room:学生～ the students' dining hall ❷(饭馆)restaurant

cán

残 cán ❶(形)❶(不完整;残缺)incomplete;deficient:找到～碑 find broken stone tablets ❷(剩余的;将尽的)remnant;remaining:贡献～年余力 exert the remaining efforts in one's old age ❸(凶恶)savage;barbarous;ferocious:凶～如虎狼 be more savage than a tiger or a wolf ⊜(动)(伤害;毁坏)injure;damage:～身志坚 though physically handicapped,be firm in spirit
【残暴】(形)savage;cruel and ferocious;brutal:犯下～罪行 commit cruelties
【残存】(形)remnant;remaining;surviving
【残废】(动)(四肢或双目等失去一部分或丧失机能)be crippled;be disabled:在战争中一了 be crippled in the war ⊜(名)(残废人)a disabled person
【残害】(动)persecute or kill cruelly:～忠良 persecute the faithful and honest
【残酷】(形)cruel;brutal;ruthless:进行一场～的战争 undertake a cruel war
【残品】(名)damaged article;defective goods
【残缺】(形)incomplete;fragmentary
【残杀】(动)murder;massacre;slaughter:～无

辜 kill the innocent
【残余】（名）remnants；remains；survivals；vestiges

蚕 cán（名）（能吐丝作茧的昆虫，通常专指家蚕）silkworm：～作茧。*The silkworm spins its cocoon.*
【蚕农】（名）silkworm raiser
【蚕丝】（名）natural silk；silk

惭 cán（形）（惭愧）feel ashamed
【惭愧】（形）be ashamed：为自己感到～ *be ashamed of oneself*

cǎn

惨 cǎn（形）❶（悲惨；凄惨）miserable；pitiful；tragic：处境很～ *be in abject misery* ❷（程度严重；厉害）to a serious degree；disastrous：亏～了 *make a serious loss* ❸（凶恶；狠毒）cruel；savage
【惨案】（名）❶（指政性的）massacre ❷（凶杀）murder case
【惨败】（动）crushing defeat；disastrous defeat：在选举中～ *suffer a terrible defeat in elections*
【惨杀】（动）massacre；murder
【惨死】（动）die a tragic death：他～于车祸。*He died a tragic death in a traffic accident.*
【惨重】（形）heavy；grievous；disastrous：敌军伤亡～，被迫撤退。*The enemy's heavy losses forced them to draw off.*
【惨状】（名）pitiful sight：你可以想见灾民的那种～。*You can well imagine the miserable condition of the disaster victims.*

càn

灿 càn（形）（光彩鲜明耀眼）bright
【灿烂】（形）magnificent；splendid；resplendent；bright：～夺目 *dazzle with brilliance*

cāng

仓 cāng（名）（仓库；仓房）storehouse；warehouse：把谷物贮备在仓～里 *keep one's crops in the barn*
【仓促】（形）hastily；hurriedly：～离开 *hasten away*
【仓皇】（形）in a flurry；in panic：感到～不安 *feel consternation*
【仓库】（名）storehouse；warehouse：把货物存入～ *store goods in a warehouse*

苍 cāng ❶（形）❶（深绿色）dark green：山谷一片～翠。*The valley is carpeted with verdure.* ❷（蓝色）blue ❸（灰白色）grey；ashy：～颜白发 *be white haired and pale faced* ❷（名）（指天空）the blue sky
【苍白】（形）pale；pallid；wan：吓得面色～ *turn pale with fright*
【苍老】（形）❶（老态）hoary and old aged；old：面色～ *have an old and weathered face* ❷（笔力雄健）vigorous；forceful：这幅画笔势～遒劲，显出画家功力深厚。*This painting exhibits a force and vigour characteristic of a master's hand.*
【苍茫】（形）❶（空阔辽远）vast；boundless：～的大海 *vast seas* ❷（没有边际；迷茫）indistinct：夜色～。*The shades of dusk are deepening.*
【苍天】（名）❶（天空）the blue sky ❷（天，天神）Heaven：～不负有心人。*Heaven helps those who help themselves.*

沧 cāng（形）❶（青绿色，指水）（of the sea）dark blue ❷〈书〉（寒冷）cold
【沧海】（名）the（wide，blue）sea：～孤舟 *a lonely boat on an ocean*

舱 cāng（名）（船或飞机中分隔开来载人或装东西的部分）cabin；module
【舱面】（名）deck
【舱室】（名）cabin
【舱位】（名）❶（铺位或座位）cabin seat or berth ❷（船舱）shipping space

cáng

藏 cáng（动）❶（躲藏；隐藏）hide；conceal：笑里～刀 *hide a dagger in one's smile* ❷（收存；储藏）store：～垢纳污 *store dirt and take filth*
【藏匿】（动）conceal；hide；go into hiding
【藏身】（动）❶（躲藏）hide oneself；go into hiding：～屋内 *conceal oneself in a house* ❷（安身）make one's home；take shelter
【藏书】❶（动）（收藏书籍）collect books：他有～的爱好。*His hobby is book collecting.* ❷（名）（所藏的书籍）a collection of books；library：有大量～ *have a large collection of books*

cāo

操 cāo ❶（动）❶（抓在手里；拿；掌握）hold；grasp：他的命～在我手里。*His life was in my hands.* ❷（做；从事）do；operate ❸（用某种语言、方言说话）speak（a language or dia-

lect) ❹（操 练）drill（troops）；exercise
（body）🔲（名）❶（由一系列动作编排起来的
体育活动项目）drill；exercise：课间 ～ class-
breaks setting-up exercises ❷（品行；行为）
conduct；behaviour：保持贞 ～ retain one's
virginity
【操场】（名）playground；sports ground；drill
ground
【操持】（动）❶（料理；处理）manage；handle：
～办公室的杂事 handle the odd jobs in the
office ❷（筹划；筹办）plan and prepare：～某
人的婚事 arrange sb.'s marriage
【操劳】（动）❶（辛苦劳动）work hard：为国事
～ be much occupied with affairs of state ❷
（费心料理）take care；look after
【操练】（动）drill；practice
【操心】（动）（费神；担心）worry about；trouble
about；take pains；rack one's brains：为钱～
trouble one's head about money matters
【操纵】（动）❶（控制；开动）operate；control：
～电梯 operate an elevator ❷（支配；控制）
rig；manipulate：～物价 manipulate the price
【操作】（动）（按照一定的程序和技术要求进行
活动）operate；manipulate：他能独立～了。
He can operate the machines by himself./改
变～方法 change the mode of operations

cáo

槽 cáo 🔲（名）❶（盛牲口饲料或饮料等液体
的器具）trough ❷（两边高中间凹的物体的凹
下部分）groove；slot：把～放入～内 put...in
a groove 🔲（量）〈方〉（门窗隔断的单位）sec-
tion in lattice window

cǎo

草 cǎo 🔲（名）❶（草本植物的统称）grass：把
～晒干 dry grass for hay ❷（指用作燃料、饲
料等的稻、麦之类的茎和叶）straw ❸（草书；汉
字书写形式的一种）a cursive style of writing
🔲（形）❶（口语中指雌性家畜、家禽）female
❷（草率；不细致）careless；rough：字迹潦～。
The handwriting is hasty and careless. ❸（初
步的；非正式的）drafted 🔲（动）〈书〉（起草）
draft：～拟报告 draw up a report
【草案】（名）draft（of a plan，law，etc.）：提出
一项议案的～ bring forward a draft for a bill
【草地】（名）❶（草原）meadow；grassland：生长
在肥沃的～上 grow in fertile meadows ❷（草
坪）lawn
【草稿】（名）rough draft；manuscript：打～

write out a draft
【草料】（名）forage；fodder：我去给马喂点儿
～。I'll go and feed the horse.
【草帽】（名）straw hat
【草拟】（动）draw up；draft：～一份文件 draw
up a document
【草签】（动）initial：协议书已由双方代表～。
Representatives from both sides have ini-
tialed the agreement.
【草率】（形）careless；perfunctory：～了事 do
a job carelessly
【草图】（名）draft；sketch：画一张机器的～
make a draft for machine
【草药】（名）medicinal herbs
【草原】（名）grasslands；prairie
【草约】（名）draft treaty；draft agreement
【草纸】（名）❶（用稻草等做原料制成的纸）
rough straw paper ❷（卫生纸）toilet paper

cè

册 cè 🔲（名）（册子）volume；book 🔲（量）（用
于书籍）copy：这本书已销售 10 万～。
100,000 copies of the book have been sold.
【册子】（名）book；volume

厕 cè 🔲（名）（厕所）lavatory；toilet；wash-
room；W.C. 🔲（动）〈书〉（夹杂在里面；参与）
join；take part in
【厕所】（名）lavatory；toilet；W.C.

侧 cè 🔲（名）（旁边）side：坐在某人左～ sit to
the left of sb. 🔲（动）（向旁边歪斜）incline；
lean：把脸～过去 avert one's face
【侧门】（名）side door；side entrance
【侧面】（名）side；flank；aspect：从～听说 learn
by a side wind
【侧重】（动）lay particular emphasis on：～学
术研究 place more emphasis on scholarly re-
search

测 cè（动）❶（测量）survey；fathom；meas-
ure：深不可～ be too deep to be fathomable
❷（测度；推测）conjecture；infer：居心叵～
have concealed intentions
【测定】（动）determine：～风向 determine the
wind direction
【测绘】（动）survey and draw mapping
【测量】（动）measure；survey；gauge：～角度
take measurement of an angle
【测验】（动）test：老师～学生的拼写。The
teacher tested the students in spelling./心理
～ mental test

策

策 cè ❶（名）❶（通"册"，古代写字用的竹片或木片）bamboo or wooden slips used for writing on in ancient China ❷（古代考试的一种文体）a type of essay in ancient China ❸（计谋；办法）plan；scheme；strategy：出谋划～ give counsel ❹（古代赶马用的棍子）whip ❷（动）（用策赶马）whip；鞭～自己 spur oneself ahead

【策划】（动）plan；plot；scheme；engineer：～进行报复 plan a revenge

【策略】（制定的行动方针和斗争方式）tactics：变换～ vary one's tactics ❷（形）（讲究斗争艺术）tactful：有～的回答 a tactful reply

céng

层 céng ❶（量）❶（用于重叠、积累的东西，如楼层、阶层、地层）storey：在第 2 ～楼 be on the second storey ❷（用于可以分项、分步的东西）level：进行深一～讨论 have a further discussion ❸（用于可以从物体表面揭开或抹去的东西）layer：铺一～土 spread a layer of clay ❷（动）（重叠）add layer upon layer ❷（名）（重叠起来的东西一部分）layer

【层层】（形）layer upon layer：～把关 check at each level

曾 céng（副）（表示有过某些行为或情况；曾经）once

【曾经】（副）once：她～参加过校队。She once played for the school team.

另见 1105 页 zēng。

chā

叉 chā ❶（名）❶（用于扎取东西的器具）fork ❷（叉形符号，"×"）cross：在错句前打～ put a cross in front of the faulty sentences ❷（动）（用叉取东西）work with a fork；fork：把干草～到马车里 fork hay into a wagon

【叉子】（名）fork

差 chā ❶（名）❶（不相同；不相合）different；dissimilar：千～万别 differ widely ❷（名）（差错）mistake：发现仪器上的误～ see the instrumental errors ❸［数］（差数）difference：5 和 2 的～是 3。The difference between 5 and 2 is 3. ❷（副）〈书〉（稍微；较；尚）slightly；a bit

另见 642 页 chà；643 页 chāi。

【差别】（名）difference；disparity：微小的～ a trifling difference

【差错】（名）❶（错误）mistake；error；slip：计算中出～ slip up in one's calculations ❷（意外的变化）accident

【差额】（名）difference；balance；margin：国际收支～ balance of international payments

【差价】（名）price difference

【差距】（名）❶（差别程度）gap；disparity：消除贫富之间的～ close the gap between the rich and the poor ❷［机］difference

【差异】（名）difference；divergence；discrepancy；diversity：情趣上的～ the difference in taste

插

插 chā（动）❶（把细长或薄的东西放进、挤入、刺进或穿入；插上；插进）stick in；insert：把花～在花瓶里 set flowers in a vase ❷（中间加进去；加进中间去）interpose；insert：～队加塞儿 jump the queue

【插话】❶（动）（在别人讲话时插话）interpose（a remark，etc.）；chip in ❷（名）（插曲；穿插在大事件中的小故事）digression

【插口】❶（名）（插孔）socket；jack ❷（动）（插嘴）interrupt；chip in

【插入】（动）insert；plug in：这本书再版时～了新的一章。A new chapter is included in the second edition.

【插手】（动）❶（参加做事）take part；lend a hand ❷（参与；干预）have a hand in；poke one's nose into；meddle in：～别人的事 poke one's nose into other's business

【插头】（名）plug：电灯～ a plug for a lamp

【插图】（名）illustration；plate：绘制～ make illustrations

【插座】（名）socket；outlet：弹簧～ cushion socket

chá

茶 chá ❶（名）❶（常绿灌木，嫩叶加工后就是茶叶）tea plant：种～ grow tea ❷（用茶叶做成的饮料）tea：供应～水 serve tea water ❸（某些饮料的名称）certain kinds of drink or liquid food ❹（指油茶树）tea oil tree

【茶杯】（名）teacup

【茶匙】（名）teaspoon

【茶壶】（名）teapot

【茶会】（名）tea party

【茶几】（名）tea table；teapoy；side table

【茶色】（名）dark brown：～玻璃 brown coloured glass

【茶叶】（名）tea；tea leaves：买 100 克～ buy 100 grams of tea

查 chá（动）❶（检查）check；examine：～视力 have an eyesight test ❷（调查）look into；

investigate：～根源 find out the source ❸（翻检着看）look up；consult：～目录 look into the catalogue

【查办】（动）investigate and deal with accordingly：严加～ be strictly prosecuted

【查点】（动）check the number or amount of；make an inventory of：～货物 check out the goods

【查对】（动）check；verify：～名单上的姓名 make a check of the names on the list

【查封】（动）seal up；close down：～走私货物 confiscate and seal up smuggled goods

【查号台】（名）information desk

【查看】（动）look over；examine：～情况 observe conditions

【查明】（动）prove through investigation；find out；ascertain：～死因 find out the cause of the death

【查票】（动）examine or check tickets

【查问】（动）inquire；question；interrogate：～口令 demand the password

【查询】（动）inquire about：向邮局～…inquire about…at the post office

【查账】（动）check or audit accounts：停业～。The books were closed for audit.

【查证】（动）investigate and verify；check：证据必须～核实。Evidence must be examined and verified.

碴

碴 chá（动）〈方〉（碎片碰破皮肉）be cut（by broken glass，china，etc.）

【碴儿】（名）❶（小碎块）broken pieces；fragments ❷（器物上的破口）sharp edge of broken glass，china，etc. ❸（嫌隙；争执的事由）quarrel ❹（提到的事或人家刚说完的话）sth. just said

察

察 chá（动）（仔细看；调查）examine；observe；look into：明～暗访 investigate openly and secretly

【察觉】（动）be conscious of；become aware of；perceive：～到有人在屋里 be conscious of the presence of somebody in the room

【察看】（动）watch；look carefully at；observe：～某人脸色 read sb.'s face

chà

岔

岔 chà ❶（名）❶（道路、山脉由主干分出来的部分）a forked road ❷（事故；错误）accident；trouble：找～儿 pick fault ❷（动）（分岔；离开原来的方向而偏到一边）fork；branch off；turn off：公路在山下分～。The highway branches off at the foot of the hill.

【岔开】（动）❶（分岔）branch off；diverge：线路在这儿～了。The line branches off here. ❷（离题）diverge to（another topic）；change（the subject of conversation）：她伤心得要流泪了，我赶紧把话题～。When she came near to tears，I quickly changed the subject. ❸（使分开）stagger

【岔路】（名）branch road；byroad；side road：开出一条～。A branch road was opened.

【岔子】（名）❶（事故）accident；trouble：你放心吧，出不了～。Don't worry，nothing will go wrong. ❷（错误）fault：工作中出～ commit a fault in one's job ❸（岔路）branch road

诧

诧 chà（动）（惊讶）be surprised

【诧异】（形）surprised；astonished

差

差 chà ❶（动）（缺欠；短少）wanting；short of：离要求～得远 be far short of meeting the requirements ❷（形）❶（不相同；不相合）differ from；fall short of：所～无几 be of little difference ❷（错误）wrong：他们把我的地址搞～了。They were wrong about my address. ❸（不好；不符合标准）not up to standard；poor：视力～ be weak in sight

另见 641 页 chā；643 页 chāi。

【差不多】❶（副）（时间、距离上相差有限）almost；nearly；just about：我～等了 2 小时。I waited for nearly two hours. ❷（形）❶（程度上相差有限）about the same；similar：姐妹俩长相～。The two sisters look very much alike. ❷（过得去）just about right；not far off；not bad：这一个还～。This is just okay.

【差劲】（形）no good；disappointing：你那么做真～。It is too bad of you to do that.

chāi

拆

拆 chāi（动）❶（把合在一起的东西打开）tear open；take apart：～下零部件 take away component parts ❷（拆毁；拆除）pull down；dismantle：～东墙，补西墙 pull down a wall in the east for bricks to build a wall in the west

【拆除】（动）demolish；dismantle；remove：～篱笆 break down a fence

【拆穿】（动）expose；unmask：～阴谋 lay open a plot

【拆毁】（动）demolish；pull down：～许多建筑物 demolish many buildings

【拆开】（动）take apart；open；separate：～信封 open an envelope

【拆散】（动）❶（使成套的物体分散）break（a set）：～一个书架 dismantle a bookcase ❷（使

家庭、集体分散)break up (a marriage, family, etc.)：～婚姻 break up the marriage tie

【拆台】(动) cut the ground from under sb.'s feet；pull away a prop：给自己～ cry stinking fish

【拆洗】(动) ❶(拆洗衣被)unpick and wash：～棉被 wash quilt after removing the padding ❷(拆洗机器)strip and clean：～机器 strip and clean a machine

【拆卸】(动) dismantle；disassemble；dismount：～一艘旧战舰 dismantle an old warship

差

chāi ❶(动)(派遣)send sb. on an errand；dispatch ❷(名) ❶(被派遣去做的事；公务；职务)errand；job：得到美～ capture a plum ❷(旧时的差役)corvée；runner of bailiff in a feudal yamen

另见 641 页 chā；642 页 chà。

【差遣】(动) send sb. on an errand；dispatch；assign：～两个人去做这个工作 assign two men to the job

【差使】(名) official post；commission：我一点儿也不喜欢这个新～。I don't like this new job at all.

chái

柴

chái ❶(名)(柴火)firewood：劈～ chop firewood ❷(形)〈方〉(干瘦)skinny；bony

【柴油】(名) diesel oil：～机 diesel engine

豺

chái (名)[动](哺乳动物)jackal

【豺狼】(名) jackals and wolves

chān

搀

chān (动) ❶(搀扶)help sb. by the arm；support sb. with one's hand：～着他点儿。Help him along. ❷(把一种东西混合到另一种东西里)mix：～入一点儿牛奶 mix in some milk

【搀扶】(动) support sb. with one's hand：～老人下床 help an old man down from his bed

chán

馋

chán (形) ❶(看见好的食物就想吃；专爱吃好的)greedy；gluttonous：又懒又～ be lazy and gluttonous ❷(比喻看到喜爱的事物想得到)greedy；covetous：眼～ 某人的新衣 covet sb.'s new dress

缠

chán (动) ❶(缠绕)twine；wind：～毛线团 wind wool into a ball ❷(纠缠)tangle：公务～身 be tied up by one's duties ❸〈方〉(应付)deal with：阎王好见，小鬼难～。You may get through a meeting with the lord of Hell, but his little imps won't let you out alive.

【缠绕】(动) ❶(条状物回旋地束缚在别的物体上)twine；bind；wind：青藤 ～ 树干。The green vines twine about the tree trunk. ❷(纠缠；搅扰)worry；harass：孩子们～着我不让我走。The children kept pestering me and would not let me go.

【缠手】(形) troublesome；hard to deal with

chǎn

产

chǎn ❶(动) ❶(人或动物的幼体从母体中分离出来)give birth to；be delivered of：临～ be about to give birth ❷(创造财富；生产；出产)produce；yield：增 ～ 粮食 produce more food ❷(名) ❶(物产；产品)product；produce：林～ forest products ❷(产业)property；estate：不动～ immovable property

【产地】(名) place of production or origin：在～加工 be processed in the place of origin

【产房】(名) delivery room

【产科】(名) obstetrical department

【产量】(名) output；yield：导致～减少 result in a diminished output

【产品】(名) product；produce：工农业～ industrial and agricultural products

【产权】(名) property right：拥有～ hold property right

【产生】(动) ❶(出现)produce；engender：～副作用 produce evil reactions ❷(形成；发生)emerge；come into being：～ 一种想法 form an idea

【产物】(名) outcome；result；product：天然～ natural products

【产业】(名) ❶(私有财产)estate；property：变卖～ sell off one's property ❷(实业，工业生产)industrial：参加～工会 join the industrial union

【产值】(名) value of output；output value：工业总～ gross output value of industry

铲

chǎn ❶(名)(撮取或清除东西的铁制用具)shovel ❷(动)(用锹或铲撮取或清除)lift with a shovel；shovel：把沙子～到车里 shovel the sand into a car

【铲车】(名) forklift (truck)

【铲除】(动) root out；uproot；eradicate：～罪恶 eradicate crime

【铲球】(名)[体]a slide tackle

【铲子】(名) shovel

阐

chǎn (动)(讲明白)explain

C

【阐明】（动）expound；clarify：～理由 explain one's reasons

【阐述】（动）expound；elaborate；state；set forth：清楚地～想法 clearly set forth one's thought

chàn

忏 chàn

【忏悔】（动）❶（认识错误、罪过而感到痛心）repent；be penitent：～的声音 a penitent voice ❷［宗］（指向上帝忏悔）confess（one's sins）：做临终～ confess on one's deathbed

颤 chàn（动）（颤动；发抖）quiver；tremble；vibrate：吓得腿发～ tremble in one's shoes
另见 1108 页 zhàn。

【颤动】（动）quiver；vibrate：在空中～ quiver in the air

【颤抖】（动）shake；tremble；quiver；shiver：神经质地～ quiver nervously

chāng

昌 chāng（形）（兴旺；兴盛）prosperous；flourishing

【昌盛】（形）prosperous；flourishing

猖 chāng（形）〈书〉（凶猛）mad；unruly

【猖獗】（形）rampant；wild：盗贼活动～。Robbers arose in swarms.

【猖狂】（形）savage；furious：发起～反攻 launch a furious resistance attack

娼 chāng（名）（妓女）prostitute：嫖～ visit prostitutes

【娼妇】（名）bitch；whore

【娼妓】（名）prostitute；streetwalker

cháng

长 cháng ❶（形）❶（两端之间的距离大，兼指时间和空间）long：她～发垂肩。Her long hair hung neatly straight to her shoulders. ❷（引申为永远）forever；lasting：～生不老 live forever and never get old ❷（名）❶（长度）length：南京长江大桥全～6772米。The overall length of the Changjiang River Bridge at Nanjing is 6772 metres. ❷（长处）strong point；forte：扬～避短 develop strong points and avoid weak points ❸（动）（对某事做得特别好；擅长）be good at；be strong in：～于计算 be good at figures
另见 1109 页 zhǎng。

【长波】（名）long wave：～通信 long wave com-munication

【长城】（名）❶（中国的万里长城）the Great Wall ❷（坚不可摧的堡垒）impregnable bulwark

【长处】（名）good qualities；strong points：学习别人的～ learn from others' good points

【长存】（动）live forever

【长度】（名）length：～相等 be of equal length

【长短】（名）❶（长度）length：这两条扁担～差不多。The two carrying poles are about the same length. ❷（意外变故）accident；mishap：万一这孩子的母亲有个～怎么办？What if anything should happen to the child's mother? ❸（是非；好坏）right and wrong；strong and weak points：背地里议论别人～是不应该的。It is not right to gossip about a person behind his back.

【长方体】（名）rectangular parallelepiped；cuboid

【长江】（名）the Yangtze or Changjiang River：～天堑。The Yangtze River is known as a natural barrier.

【长久】（形）for a long time；permanently：～地等待 have a long wait

【长裤】（名）trousers；slacks；pants

【长年】（副）all the year round

【长跑】（名）［体］long-distance race

【长期】（形）over a long period of time；long-term：需要～训练 require long practice

【长寿】（形）long life；longevity：出生于一个～之家 come out of a long-lived family

【长途】（形）long-distance：经过～飞行 after a long-distance flight

【长夜】（名）long night；eternal night

【长远】（形）long-term；long-range：做～打算 take long views

【长征】（动）（长途旅行；长途出征）go on expedition；long-distance march

肠 cháng（名）❶（消化器官的一部分，通称肠子）intestines：消化系统主要由小～构成。The small intestine makes up a major part of the digestive system. ❷（用肠衣塞肉、鱼等制成的食品）sausage ❸（感情；情绪；情感）heart

【肠胃】（名）intestines and stomach；stomach；belly

【肠炎】（名）enteritis

尝 cháng ❶（动）❶（吃一点儿试试，辨别滋味）try the flavour of：请勿品～！No samples，please! ❷（体验；体会）taste；experience；come to know：～到甜头 gain some profit ❷（副）〈书〉（曾经）ever；once

【尝试】❶（动）（试；试验）try：～过乡间生活

try a country life ❷（名）（探索性的试验）at-
tempt：果断的～ a resolute attempt

常 cháng ❶（形）❶（一般；普通；平常）ordi-
nary；common；normal：这是大家习以为～的
事。It is a matter of common practice. ❷
（不变的；经常的）constant；invariable：变幻无
～ be changing all the time ❷（副）（时常；常
常）frequently；often；usually：我～在晚上来
看他。I often call to see him at night. ❸
（名）〈书〉（准则）norms
【常常】（副）frequently；often；usually：火车～
误点。The trains are late more often than
not.
【常规】（名）❶（沿袭下来的规矩）convention；
rule；common practice；routine：违背～ go
against the established rules ❷［医］（经常使
用的处理方法）routine：做～化验 make rou-
tine tests
【常见】（形）common：是～的事 be a common
event
【常年】❶（副）❶（终年）throughout the year：
～都是绿的 remain green throughout the
year ❷（长期）year in year out：～守卫在边疆
guard the frontier of the country year in year
out ❷（名）（平常的年份）average year
【常青】（形）evergreen：四季～ have green
leaves throughout the year
【常任】（形）permanent；standing：派出～代表
send a permanent delegate
【常设】（形）standing；permanent：组成一个～
机构 constitute a standing body
【常识】（名）❶（普通知识）general or elemen-
tary knowledge：了解化学方面的～ possess
an elementary knowledge of chemistry ❷（生
活经验和见识）common sense：运用～ exercise
common sense
【常委】（名）member of the standing commit-
tee
【常务】（形）day to day business；routine：公司
的～董事 managing directors of the company
【常用】（形）in common use：更～的词 more
commonly used words
【常住】（动）long-term reside；permanent re-
side：派遣～外交使团 dispatch permanent
diplomatic envoys

偿 cháng（动）❶（归还；抵补）repay；com-
pensate for：得不～失 get advantage at too
great cost ❷（满足）meet；fulfil：如愿以～
have one's wish fulfilled
【偿付】（动）pay back；pay
【偿还】（动）repay；pay back：～血债 pay a
debt of blood

【偿命】（动）pay with one's life（for a mur-
der）；a life for a life
【偿清】（动）clear off：尽快～欠债 clear one's
debts as quickly as possible

chǎng

厂 chǎng（名）❶（工厂）factory；mill；plant；
works：建～ start a factory ❷（厂子，指有宽
敞地面存放货物并进行加工的商店）yard；
depot
【厂房】（名）❶（房屋）factory（or mill，plant，
workshop）building ❷（车间）workshop
【厂矿】（名）factories and mines
【厂商】（名）firm
【厂长】（名）factory director

场 chǎng ❶（名）❶（进行某种活动的场所）a
place where people gather：在竞技～搏斗
fight in the arena／农～ farm／经营林～ op-
erate a forest farm ❷（事情发生地）site；
spot；scene：在现～ be on the spot ❸（舞台）
stage：粉墨登～ make oneself up and go on
the stage ❹［物］（物质存在的一种基本形式）
field：磁铁四周有磁～。A magnet has a
magnetic around it. ❷（量）❶（用于文娱体育
活动）for sports and recreation：去看～戏 do
a show ❷（戏剧中较小的段落）scene
【场地】（名）space；place；site：节省～ save
space
【场合】（名）occasion；situation：活跃～的气氛
enliven the occasion
【场面】（名）❶（戏剧、电影中的场景）scene（in
drama，fiction，etc.）；spectacle：厨房的～ a
kitchen scene ❷（情景）occasion；scene：控制
～ dominate the scene ❸（排场）appearance；
front
【场所】（名）place；arena：空旷的～ an open
space

敞 chǎng ❶（形）（房屋、庭院等宽大的；没有
遮挡的）spacious：这屋子太～。This room is
too big. ❷（动）（张开；打开）open：～着窗睡
觉 sleep with the window open
【敞开】❶（动）（打开；大开）open wide：～心
扉 say what's in one's mind ❷（副）（尽量；任
意）unlimitedly；unrestrictedly：～供应 unlim-
ited supply
【敞亮】（形）❶（宽敞明亮）light and spacious：
这间屋子很～。This room is light and spa-
cious. ❷（心里豁亮）clear（in one's think-
ing）：学习了这篇社论，心里更～了。After I
studied the editorial，things seemed much
clearer.

【敞篷车】（名）coupe

chàng

怅 chàng （形）（不如意）disappointed；sorry

【怅然】（形）disappointed；upset：～若失 *fell lost*

畅 chàng （形）❶（无阻碍；不停滞）smooth；unimpeded；译文流～。*The translation reads smoothly*. ❷（痛快；尽情）free；uninhibited：～抒己见 *express one's view freely and fully*

【畅谈】（动）talk freely：～见解 *state one's opinion freely*／～无阻 *There is no impediment in speaking freely*.

【畅通】（形）unimpeded；unblock：使交通～ *clear up traffic congestion*

【畅销】（动）sell well；be in great demand：使产品～ *create a big demand for the products*／～书 *best seller*

倡 chàng （动）（带头发动；提倡）initiate；advocate

【倡导】（动）initiate；propose：～改革 *advocate reforms*

【倡议】（动）propose；sponsor：～召开一次会议 *propose the calling of a conference*

唱 chàng （一）（动）❶（唱歌）sing：合～ *sing in chorus* ❷（大声叫）call；cry：～票 *call out the names of those voted for while counting ballot slips* （二）（名）（歌曲；唱词）a song or a singing part of a Chinese opera

【唱歌】（动）sing（a song）：边工作边～ *sing over one's work*

【唱机】（名）gramophone；phonograph：电～ *record player*

【唱片】（名）gramophone record：放～ *play a phonograph record*

【唱戏】（动）act in an opera：她从小就跟她爸爸学～。*She began to learn opera singing and acting from her father when she was a mere child*.

chāo

抄 chāo （动）❶（誊写）copy；transcribe：照～ *copy word for word* ❷（靠着别人的作品写）plagiarize；lift：～别人的文章 *plagiarize from somebody else's writing* ❸（搜查并没收）search and confiscate：～获赃物 *ferret out stolen goods* ❹（拿取）go or walk off with ❺（走简捷的路）take a shortcut：～近路 *cut off a corner* ❻（两手相互插在袖筒里）fold（one's

arms）：～着手站在一边 *stand by with folded arms* ❼（匆忙地抓取）grab；take up：～一把铁锹就干 *take up a spade and plunge into the job*

【抄本】（名）hand-copied book；transcript：《红楼梦》～ *a handwritten copy of a Dream of Red Mansions*

【抄件】（名）transcript；duplicate：现将报告的～转发给你们。*A copy of the report is forwarded herewith*.

【抄录】（动）make a copy of；copy：他读了这首诗爱不释手，一定要～一份。*He loved the poem so much that he insisted on making a copy of it*.

【抄写】（动）copy；transcribe：～稿件 *make a fair copy of the manuscript*

钞 chāo （名）❶（钞票）banknote；paper money ❷（誊写下来的文字）collected writings：诗～ *collected poems*

【钞票】（名）banknote；paper money；bill：发行～ *issue banknotes*

超 chāo （一）（动）❶（越过；高出）exceed；surpass；overtake：～到某人前面 *get ahead of sb*. ❷（在某个范围以外；不受限制）transcend；go beyond：～物外 *hold aloof from the world* （二）（形）（超出寻常的）super；ultra：～高温 *superhigh temperature*

【超产】（动）overfulfil a production target：石油生产～ *overfulfil the oil production target*

【超车】（动）overtake：试图～ *try to cut in*

【超出】（动）overstep；go beyond；exceed：～文章范围 *exceed the limitations of this article*

【超导体】（名）superconductor

【超短波】（名）ultrashort waves

【超额】（动）above the quota：那个国家～征税。*That country is overtaxed*.

【超高额】（名）ultrahigh frequency：～变压器 *ultrahigh frequency transformer*

【超过】（动）surpass；exceed：～权限 *exceed one's competence*

【超级】（形）super：～大国 *superpower*／～市场 *supermarket*／～间谍 *superspy*

【超速】（动）❶（超出速度限制）exceed the speed limit：因～被罚款 *be fined for speeding* ❷［力］hypervelocity

【超音速】（名）supersonic speed：～战斗机 *supersonic fighter plane*

【超音学】（名）ultrasonics

【超载】（动）overload：～量 *the overload capacity*／升降机～了。*The elevator is weighted too heavily*.

【超支】（动）overspend：他～了。*His expenses

exceeded his income.

【超重】（动）❶（超过载重量）overload ❷（超过规定的重量）overweight：你的信～了。*Your letter is overweight.*／行李 *excess luggage*

cháo

朝 cháo ❺（名）❶（朝廷）court；government：上～ *hold court* ❷（朝代）dynasty：清～ *the Qing Dynasty* ❸（一个君主的统治时期）an emperor's reign：康熙皇～ *the reign of Emperor Kangxi* ❻（动）❶（朝见；朝拜）make a pilgrimage to：～见帝王 *go to court* ❷（面对着）face；look：那个门～西。*The door faces to the west.* ❼（介）（向）to；towards：～前看 *look to the front*
另见 1111 页 zhāo。

【朝拜】（动）pay respects to；worship：这座寺庙常有善男信女来～。*Devotees often come to this temple to worship.*

【朝代】（名）dynasty：改换～ *change a dynasty*

【朝廷】（名）❶（君主听政的地方）royal or imperial court ❷（以君主为首的中央政府）royal or imperial government

嘲 cháo（动）（用言谈笑话对方）ridicule；deride：自我解～ *console oneself with soothing remarks*

【嘲讽】（动）sneer at；taunt：～地攻击某人 *turn on sb. with sarcasm*

【嘲笑】（动）ridicule；deride；jeer at；laugh at：当面～某人 *laugh in sb.'s face*

潮 cháo ❺（名）❶（潮汐；潮水）tide：人海如～。*People are surging ahead like a tide.* ❷（比喻大规模的社会变动或运动发展的起伏形势）（social）upsurge；current；tide：闹风～ *create agitation* ❻（形）❶（潮湿）damp；moist：·发～ *get damp* ❷〈方〉（成色低劣）inferior：银子成色～ *low content of silver* ❸〈方〉（技术不高）inferior：手艺～ *inferior skill*

【潮流】（名）❶（潮汐引起的水流运动）tide；tidal current：逆～而上 *stem the tide* ❷（社会变动或发展的趋势）trend：领导服装新～ *set the latest trend in clothes*

【潮气】（名）moisture；humidity：吸收空气中～ *absorb moisture from the air*

【潮湿】（形）damp；moist：生长在～的环境里 *grow in a damp atmosphere*

【潮水】（名）tidewater；tide：～在急剧上涨。*The tide is making fast.*

【潮汐】（名）morning and evening tides；tide：利用～ *make use of the tides*

chǎo

吵 chǎo ❺（形）（声音杂乱扰人）noisy：教室里很～。*The classroom is noisy.* ❻（动）（争吵）quarrel；wrangle：他们好像要～起来了。*They seemed to be verging toward a quarrel.*

【吵架】（动）quarrel；wrangle；have a row：找碴儿与某人～ *force a quarrel on sb.*

【吵闹】❺（动）（大声争吵）wrangle；kick up a row：他们俩各不相让，～不休。*As neither of them was willing to give ground, they quarrelled on and on.* ❻（形）（喧哗，骚动）din；hubbub：～声逐渐消失。*The hubbub gradually died down.*

炒 chǎo（动）（把食物放在锅里加热并随时翻动使熟）stir-fry：～肉片 *fry sliced meat*

【炒菜】❺（动）（炒）stir-fry；make dishes：我～，你做饭。*I'll make the dishes while you cook the rice.* ❻（名）（炒的菜）a fried dish：我要了两个～，一个汤。*I ordered two dishes and a soup.*

【炒面】（名）❶（炒面条）fried noodles ❷（炒熟的面粉）parched flour

chē

车 chē ❺（名）❶（陆地上有轮子的运输工具）vehicle：倒～ *back a car* ❷（利用轮轴旋转的器具）wheeled machine or instrument：风～ *wind mill* ❸（机器）machine：这台～停了。*This machine has stopped.* ❻（动）❶（用车床切削东西）lathe；turn：～光 *smooth sth. on a lathe* ❷（用水车取水）lift water by waterwheel：把河里的水～到稻田里 *lift water from a river into paddy fields* ❸〈方〉（转动，常指身体）turn：她把脸～了过去。*She turned away her face.*

【车床】（名）lathe：多刀～ *multicut lathe*

【车次】（名）❶（列车的编号）train number ❷（汽车行动的次第）motor coach number（indicating order of departure）

【车刀】（名）lathe tool：木工～ *wood turning tool*

【车费】（名）fare：到动物园～多少？*What's the fare to the zoo?*

【车工】（名）❶（工种）lathe worker ❷（技工）turner：～车间 *turning shop*

【车祸】（名）traffic accident：减少～ *cut down traffic accidents*

【车间】（名）workshop；shop：工具～ *tool shop*

【车库】（名）garage：～买卖 *a garage sale*

【车辆】（名）vehicle；car：指挥来往～ *direct vehicular traffic*／～拥挤 *traffic jam*

【车轮】（名）wheel：修理～ *repair wheels*

【车票】（名）train or bus ticket；ticket：全价～ *full-fare tickets*

【车速】（名）speed：～太快！ *The car is going too fast!*

【车厢】（名）railroad car；carriage：头等～ *first-class carriages*

【车站】（名）station；stop：到达～ *get to the station*

【车照】（名）licence

chě

扯 chě（动）❶（拉）pull：～某人的耳朵 *pull sb. by the ear* ❷（撕；撕下）tear：愤怒地～头发 *tear one's hair with rage* ❸（买布等）buy（cloth，thread，etc.）：～三尺布 *buy three chi of cloth* ❹（漫无边际地闲谈）chat：东拉西～ *talk aimlessly* ❺〈方〉（拔）pull up：～草 *pull up weeds*

【扯谎】（动）tell a lie：～骗钱 *tell lies to swindle money out of people*

【扯皮】（动）dispute over trifles；argue back and forth：把时间耗费在～上 *waste one's time on quarrels over trifles*

chè

彻 chè（形）（贯通；深透）thorough：冷～骨髓 *It was so cold that one felt frozen to the marrow.*

【彻底】（形）thoroughgoing；thorough：～崩溃 *entirely collapse*／～扫房间 *give the room a thorough cleaning*

【彻夜】（副）all night：～工作 *work through the night*／～灯火通明。 *The lights were ablaze all through the night.*

撤 chè（动）❶（除去）remove；take away：把茶杯～下去 *take away the tea cups* ❷（向后转移，退出）withdraw：～防 *withdraw a garrison*

【撤除】（动）remove；dismantle：～军事设施 *dismantle military installations*

【撤换】（动）dismiss and replace；recall

【撤回】（动）❶（召回；命令回来）recall；withdraw：～大使 *recall the ambassador home* ❷（收回）revoke；retract；withdraw：～邀请 *withdraw an invitation*

【撤退】（动）withdraw；retreat；pull out：下令～ *order to retreat*／被迫～ *be forced to retreat*

【撤销】（动）cancel；rescind；revoke：～专利 *repeal a patent*／控诉 *call back an accusation*

【撤职】（动）dismiss；discharge：～检查 *be dismissed for a self-examination*

【撤走】（动）withdraw：～军用物资 *withdraw and transfer military supplies*

chén

尘 chén（名）❶（尘土）dust；dirt：为某人接风洗～ *treat sb. to dinner on arriving* ❷（尘世）this mortal world：看破红～ *see through the vanity of the human world* ❸〈书〉（踪迹）trace：步人后～ *follow in other people's footsteps*

【尘埃】（名）dirt；dust：扬起～ *kick up a dust*

【尘土】（名）dust：拂去～ *flick off dust*

沉 chén ➊（动）❶（沉没；下陷）sink：船～了。 *The boat sank.* ❷（沉下，常指抽象事物）keep down：～得住气 *be able to keep one's equanimity* ❸〈方〉（停止）rest：～～再办 *rest a while, then take it up again* ➋（形）❶（程度深）deep；profound：～～入睡 *sink into a deep sleep* ❷（分量重）heavy：这口箱子真～。 *The box is rather heavy.* ❸（感觉沉重）heavy：感到腿脚很～。 *The legs and feet felt heavy.*

【沉甸甸】（形）heavy：任务还没有完成，我心里老是～的。 *The thought of the unfinished task weighed heavily on my mind.*

【沉淀】➊（名）（沉淀过程中析出的物质）sediment：数千年中国文化的～ *the sedimentary accretion of Chinese culture over thousands of years* ➋（动）（从溶液中析出固体物质的过程）precipitate：水太浑了，～一下再用。 *The water is muddy, let it settle for a while.*

【沉浸】（动）immerse；steep：～在悲痛中 *be engulfed in grief*

【沉静】（形）❶（寂静）quiet；calm：打破夜晚的～ *break the deep stillness of the night* ❷（安静；平静）calm；serene；placid：这姑娘性格～。 *She is a placid girl.*

【沉闷】（形）❶（天气、气氛等使人感到沉重烦闷）oppressive：活跃～的气氛 *enliven the dullness* ❷（心情不舒畅）depressed：陷入～抑郁之中 *collapse into a dreary depression* ❸（性格不爽朗）withdrawn：性格～ *be not frank and open*

【沉没】（动）sink：那船～了。 *The ship sank to the bottom.*

【沉默】➊（形）（不爱说笑）reticent：安静而～ *be quiet and uncommunicative* ➋（动）（不说

话)silent：对这件事保持～ *pass over this affair in silence*

【沉睡】(动) be fast asleep：～的古城 *a sleepy old town*

【沉思】(动) meditate；ponder；deep think：～半晌 *be wrapt in thoughts for quite a while*

【沉痛】(形) ❶(深刻的悲痛)deep feeling of grief or remorse：～悼念 mourn with deep grief ❷(深刻；严重)deeply felt：从～的经验中学习 *learn through bitter experience*

【沉陷】(动) ❶(下陷)sink；cave in：地震后路基～了。*The earthquake made the roadbed cave in.* ❷[建](沉降)settlement：不均匀～ *unequal settlement*

【沉重】(形) ❶(分量大；程度深)heavy：付出～的代价 *pay a high price* ❷(严重)serious：病情～ *critically ill*

【沉着】(形) cool-headed；steady；calm；composed：～应战 *meet the attack calmly*／～果断 *have nerves of iron*

【沉醉】(动) get drunk；become intoxicated：～于成功的喜悦之中 *be intoxicated with the joy of success*

陈

chén ●(动) ❶(安放；摆设)lay out：～兵百万 *deploy a million troops* ❷(叙说)state：慷慨～词 *present one's views with excitement* ●(形)(时间久的；旧的)old；stale：说些～芝麻烂谷子的事 *have petty and stale gossip* ●(名) ❶(朝代名，南朝之一)the Chen Dynasty (one of the Southern Dynasties) ❷(周朝国名)Chen，a state in the Zhou Dynasty

【陈货】(名)old stock；shopworn goods

【陈旧】(形) old-fashioned；out-of-date：思想～ *have an antiquated mind*

【陈列】(动) display；exhibit：～在布告栏里 *be exhibited on a notice board*

【陈设】●(动)(摆设)set out；display：屋子里～着几件工艺品。*There is some artware set out in the room.* ●(名)(摆设的东西)furnishings：房间里的～朴素大方。*The room was furnished simply and in good taste.*

【陈述】(动) state：～自己的观点 *state one's opinion*

晨

chén (名)(早晨)morning；dawn：凌～ *before dawn*／清～ *early morning*

【晨光】(名)early morning light：～伊始 *beginning of morning twilight*

【晨曦】(名) light at dawn；first rays of the morning sun

【晨星】(名) stars at dawn：寥若～ *as few as stars at dawn*

chèn

衬

chèn ●(名)(衬在里面的附属品)lining：需要一块～板 *need a backing* ●(动) ❶(在里面托上一层)line：给衣服～上一层绸子面 *back one's dress with silk* ❷(陪衬；衬托)set off；做…的陪～ *serve as a contrast to...*

【衬布】(名)lining cloth

【衬垫】(名)liner；接合：joint liner

【衬衫】(名)shirt：运动～ *sports shirt*

【衬套】(名)bushing：隔离～ *dividing bushing*

【衬衣】(名)shirt

称

chèn (动)(适合；相当)fit；suit；match：对～ *symmetry* 另见 649 页 chēng。

【称心】(动) be gratified：这孩子一不～就发脾气。*The child will kick up a row if he doesn't get his own way.*

【称职】(形) fit to post；be competent；be qualified：很～ *worthily fill one's position*

趁

chèn ●(动) ❶(利用机会)take advantage of：我想～这个机会讲几句话。*I'd like to take this opportunity to say a few words.* ❷〈方〉(富有；拥有)be rich in：～好多衣服 *have a large wardrobe* ●(介)(利用时间)while；这面～热吃吧。*Eat the noodles while they are hot.*

【趁机】(副) seize the chance：～下手 *take the good chance and begin...*

【趁空】(副) use one's spare time：我～去看了看老王。*I went to see Lao Wang when I happened to have a few minutes to spare.*

【趁早】(副) as early as possible：咱们～动身，争取 10 点以前赶到。*Let's start off early and try to get there by ten.*

chēng

称

chēng ●(动) ❶(叫作；号称)call：我们都～他老李。*We all call him Lao Li.* ❷(说)say；state：据外交部发言人～ *according to the Foreign Ministry spokesman* ❸〈书〉(赞扬)commend；praise：以诚实著～ *have the name for honest* ❹(测定重量)weigh：把盐～出来零售 *weigh out the salt for retail* ❺〈书〉(举)raise；start ●(名)(名称)name：有个总～ *have a collective name* 另见 649 页 chèn。

【称霸】(动) seek hegemony；dominate：～世界 *dominate the world*

【称号】(名)title；name；designation：保持冠军

～ *retain a championship*/她获得了先进工作者的～. *She has won the title of advanced worker*.

【称呼】❶(动)(叫)call；address：～某人的姓 *call sb. by his surname* ❷(名)(当面招呼用的名称)form of address：工人中最流行的～是"师傅". *Shifu is the most popular form of address among workers*.

【称颂】(动) praise；eulogize；extol：人人～他的崇高品德. *Everyone extols his noble qualities*.

【称赞】(动) praise；acclaim；commend：～某人诚实 *commend sb. for his honesty*/我们都～她办事公道. *We all praise her for her impartiality*.

chéng

成 chéng ❶(动)❶(完成；成功)accomplish；succeed：功～名就 *accomplish both success and fame* ❷(成为；变为)become；turn into：两个人～了好朋友. *The two of them became good friends*. ❸(成全)help complete：～人之美 *help others to completion of worthy goal* ❹(可以，能行)all right；OK：什么时候都～. *Any time will do*. ❷(形)❶(有能力的)able；capable：说起口译，他可真～. *When it comes to oral interpretation，he really knows his job*. ❷(成熟)fully developed：～虫 *imago* ❸(已定的；现成的)established：生产半～品 *manufacture a semifinished product* ❹(整；够；强调数量多或时间长)in considerable numbers or amounts：产量～倍增长. *Output has doubled and redoubled*. ❸(名)(成果；成就)achievement；result：一生无～ *find oneself complete failure in life* ❹(量)(十分之一)one tenth：增产两～ *20% increase in output*

【成败】(名) success or failure：～在此一举. *Success or failure hinges on this one action*.

【成本】(名)cost：提高～ *raise the cost*/材料～低. *The cost of material is low*.

【成分】(名)❶(组成部分)composition；component part：有害～ *pernicious ingredient* ❷(个人成分)one's profession or economic status：定～ *determine sb.'s class status*

【成功】❶(名) success：～之路 *the way to success*/大会开得很～. *The congress was a great success*. ❷(动) succeed

【成规】(名)established practice；set rules；事事按～办 *do everything by rule*

【成果】(名)gain；achievement；positive result；fruit：获得可喜的～ *achieve admirable re-*

sults/改革的 ～ *successes scored in reform*

【成婚】(动) get married

【成绩】(名)result；achievement；success：公布考试～ *give out the examination results*/取得很大～ *achieve great successes*

【成家】(动) get married：他还没有～。*He's not married yet*.

【成就】❶(名)(成绩)achievement；success：工程技术～ *engineering achievement* ❷(动)(完成)achieve；accomplish

【成立】(动)❶(建立)found；establish；set up：～一个组织 *set up an organization* ❷(有根据；站得住)be tenable：能～的理论 *a tenable theory*

【成名】(动) become famous：急于～ *be anxious for fame*/为了～而工作 *work with the object of earning fame*

【成年】❶(动)(长大；达到成熟年龄)grow up：刚刚～ *be only just of age* ❷(形)(已成熟的；已成年的)adult；grown-up：～男子 *adult man* ❸(副)〈口〉(整年)year after year：～累月 *year after year*

【成批】(副) group by group：～的新钢材 *batches of new-type steel products*

【成品】(名)finished product

【成群】(副) in groups：～地去看球赛 *troop away to the ball game*

【成人】❶(动)(发育成熟)grow up：这孩子长快～了. *The boy rapidly became a man*. ❷(名)(成年人)adult；grown-up：提供～教育 *dispense adult education*

【成熟】❶(动)(果实或谷物长到可以收获的程度；发育而成)ripe；mature：桃子快～了. *The peaches will soon be ripe*. ❷(形)(事物发展到能有效果的阶段)ripe；mature：时机尚未～. *The time is not yet ripe for it*.

【成套】❶(动)(配成整套)form a complete set：这些仪器是～的，不要拆散. *These instruments form a complete set. Don't separate them*. ❷(名)(一整套)complete set：～家具 *complete sets of furniture*

【成为】(动) become；turn into：～笑柄 *become a laughing stock*

【成效】(名)effect；result：迅速见～ *get quick results*/进行富有～的教学 *do efficient teaching*

【成形】(动) take shape：我们的计划开始～了. *Our plan is beginning to take shape*.

【成衣】(名)❶〈旧〉(做衣服的手艺活)tailoring ❷(成品服装)ready-made clothes

【成员】(名)member：领导～ *a leading member*/丧失～资格 *lose one's membership*

【成长】(动) grow：在红旗下～ *be brought up*

under the red flag/妨碍健康～ arrest the healthful growth

呈 chéng ●(动)❶(呈现)assume(form, colour,etc.):～方形 resemble a square in shape ❷(呈送,恭敬地送上去)submit;present:交某人转～系主任 hand to sb. for transmission to the Dean ●(名)(呈文)memorial:转送～文 forward a memorial

【呈报】(动)submit a report:将此件～领导批准 submit the document for approval by the leadership

【呈递】(动)present;submit:～辞职信 send in one's written resignation/向政府～请愿书 present a petition to the government

【呈请】(动)apply:～上级审批 apply to the higher level for approval

【呈现】(动)present;appear:～一派繁荣 have an air of prosperity/～一片节日气氛 take on a festival air

诚 chéng ●(形)(真心实意)sincere;honest;坦～相见 meet others in sincerity ●(副)〈书〉(实在;的确)really;actually;indeed:生命～可贵,自由价更高。People price liberty more than life.

【诚恳】(形)sincere;earnest:进行～的道歉 make a sincere apology/～地做自我批评 practise self-criticism sincerely

【诚然】●(副)true;indeed:她喜欢她的小狗,那小狗也～可爱。She loves her puppy and the puppy is really lovable. ●(连)to be sure:旱情～是严重的,但是它吓不倒我们。True, the drought is serious, but it can't scare us.

【诚实】(形)honest:～善良 be honest and kind-hearted/一贯～ be honest as the day is long

【诚心】●(名)sincere desire:他的～感动了上天。His sincerity moves the Heaven. ●(形)devout:她长年吃斋念佛,可～了。Over the years she's been abstaining from meat and praying to Buddha. She's such a devout Buddhist.

【诚意】(名)good faith;sincerity:怀疑某人的～ doubt sb.'s sincerity

【诚挚】(形)sincere;cordial:表示～的慰问 express one's sincere condolence

承 chéng (动)❶(托着;接着)bear;hold;carry:～上启下 form a connecting link between the preceding and the following ❷(承担)undertake;contract(to do a job):～印名片 undertake the printing of visiting cards ❸

(讲客套话,承蒙)be indebted(to sb. for a kindness):昨～蒙盛情款待,不胜感激。I am much indebted to you for the kind hospitality shown me yesterday. ❹(继续;接续)continue;carry on:继～某人遗志 carry on the unfinished work of sb. ❺〈书〉(接受命令或吩咐)receive from above(instructions,mandate):～命 take(orders)

【承办】(动)undertake:～一个案件 undertake a case/～婚礼 cater for a wedding

【承包】(动)contract(with,for):把工程～给建筑公司 contract a project out to a building company

【承担】(动)bear;undertake;assume:～全部工作 undertake the full share of the labor/～一定责任 accept some degree of responsibility

【承揽】(动)contract to do a job:～物资运输业务 undertake the transportation of materials

【承认】(动)❶(肯定;认可)admit;acknowledge;recognize:～对事故应负责任 admit one's liability for the accident/公开地～ openly acknowledge ❷(肯定法律地位)recognize:得到公众～ gain the recognition of the public

【承受】(动)❶(承担;经受)bear;support;endure:～很重的学习负担 bear a heavy study load ❷(继承)inherit(a legacy,etc.)

【承望】(动)expect:不～您帮了这个忙,太感谢了。Thank you very much for your unexpected help.

【承载】(动)bear the weight of:超过～能力 be beyond the bearing capacity

【承重】(动)load-bearing:～墙 bearing wall

城 chéng (名)❶(城墙)city wall;wall:万里长～ the Great Wall ❷(城墙以内的地方;城区)city:钢～ a steel city ❸(城市)town:缩小～乡差别 narrow down the difference between town and countryside

【城堡】(名)castle:这座～矗立天际。The castle stands out against the sky.

【城郊】(名)outskirts of a town:位于～的西部 stand on the western outskirts of a city

【城里】(名)inside the city;in town:～很热闹。The city is bustling with activity.

【城市】(名)city;town:～规划 city planning/保卫～ defend a city

【城镇】(名)town;cities and towns:落后的边远～ a backward town

乘 chéng ●(动)❶(用交通工具或牲畜代替步行;乘坐)ride:～船渡河 ride in a boat across a river ❷(趁;乘便,乘机;利用条件、机

会等）take advantage of：～夜出击 *attack under cover of night* ❸［数］（进行乘法运算）multiply：自～两次 *multiply twice by itself* ⊜（名）（佛教的教派或教义）a main division of Buddhist schools：大～ *Mahayana*

【乘法】（名）［数］multiplication：5 乘 6 是一道容易的～题。*5 × 6 is an easy multiplication.*

【乘方】（名）involution；power：n 的 5 次～ *the fifth power of n*

【乘机】（副）seize the opportunity：～造谣 *seize the opportunity to spread rumors*／～捣乱 *seize the opportunity to create disturbances*

【乘客】（名）passenger：容纳许多～ *accommodate many passengers*

【乘凉】（动）enjoy the cool；relax in a cool place：到林子里～ *go into the wood to cool off*／晚上～ *enjoy the cool of the evening*

【乘胜】（副）follow up a victory：～追击敌人 *chase an enemy force in full retreat*

【乘务员】（名）attendant

盛 chéng（动）❶（把东西放在器具里；装）fill；ladle：把食物～进盘子里 *dish food onto plates* ❷（容纳）hold；contain：～不下所有东西 *can't hold all the things*
另见 962 页 shèng。

程 chéng（名）❶（规章；法则）rule；regulation：按协会章～办事 *work under the rules of the association* ❷（进度；程序）order；procedure：议～ *agenda* ❸（路途；一段路）journey；stage of a journey：踏上归～ *start one's return journey* ❹（里程）distance：射～ *range (of fire)*

【程度】（名）❶（知识、能力的水平）level；degree：达到高级～ *reach an advanced level* ❷（事物变化达到的状况）extent；degree：在某种～上被接受 *win some degree of acceptance*

【程式】（名）form；pattern；formula：公文～ *forms and formulas of official documents*

【程序】（名）❶（进行次序）order；procedure；course；sequence：报关～ *procedure of customs*／符合～ *be in order* ❷（计算机程序）program：编～ *write programs of computers*

惩 chéng（动）❶（处罚）punish；penalize：～恶扬善 *punish the evildoers and praise the good* ❷（书）（警戒）take or give warning：～前毖后 *take warning from the past in order to be more careful in the future*

【惩办】（动）punish：严加～ *punish severely*／～少数，改造多数 *punish the few and reform*

the many

【惩罚】（动）punish；penalize：逃脱～ *escape without punishment*／减轻～ *mitigate punishment*

澄 chéng ❶（形）（清澈不流动）clear；transparent：～空 *a clear, cloudless sky* ⊜（动）（使清楚）clarify：～其思虑 *purify one's thoughts*
另见 683 页 dèng。

【澄清】❶（形）（清亮）clear；transparent：加点儿明矾以使水～ *clarify water by adding a little alum* ⊜（动）❶（弄清楚）clear up；clarify：～事实真相 *clarify the truth of the matter* ❷（肃清）purify：～天下 *bring peace and order to the country*

橙 chéng（名）❶（橙树）orange ❷（橙树的果实）orange ❸（红和黄合成的颜色）orange colour

chěng

逞 chěng（动）❶（显示；夸耀）show off；flaunt：～阔气 *flaunt one's riches* ❷（坏主意达到目的；施展；称愿）carry out (an evil design)；succeed (in a scheme)：他的阴谋没有得～。*His scheme went bankrupt.* ❸（纵容；放任）indulge；give free rein to：～性妄为 *act on impulse*

【逞能】（动）show off one's skill or ability：他的缺点是好～。*The trouble with him is that he likes to show off.*

【逞凶】（动）act violently

chèng

秤 chèng（名）（测定物体重量的器具；杆秤）balance；steelyard：拿～称称 *weigh it in a balance*

chī

吃 chī ❶（动）❶（吃东西）eat；take；make：～得很饱 *have eaten one's fill* ❷（在某一出售食物的地方吃）have one's meals；eat：～馆子 *eat in a restaurant* ❸（依靠某种事物来生活）live on or off：～老本 *live off one's past gain* ❹（消灭，常用于军事、棋戏）annihilate；wipe out ❺（耗费）exhaust；be a strain：感到～力 *feel the strain (of work, etc.)* ❻（吸收液体）absorb；soak up：～墨水 *absorb ink* ❼（受；挨）suffer；incur：软硬不～ *neither listen to reason nor bow to force* ⊜（介）（被，常见于早

期白话）by：～那厮骗了 *was swindled by that fellow*

【吃不住】（动）be unable to bear or support：在我军的强大攻势下，敌人～了。*In the face of our strong attacks，the enemy couldn't stand their ground.*

【吃穿】（名）food and clothing：她很讲究～。*She's fastidious about her food and clothing.*

【吃醋】（动）be jealous（of a rival in love）：他不过请你女朋友跳了两次舞，你干吗～啊！*He's only had a couple of dances with your girlfriend. Why should you eye him with such jealousy?*

【吃得消】（动）be able to stand（exertion，fatigue，etc.）：高空飞行，要身体结实才～。*One needs a strong physique for high altitude flying.*

【吃饭】（动）❶（进餐）eat；have a meal：用筷子～ *eat with chopsticks* ❷（指生活或生存）keep alive；make a living：靠打猎～ *make a living by hunting*

【吃紧】（形）critical；hard pressed：前后方都～ *be hard pressed both at the front and in the rear*

【吃惊】（动）be startled；be shocked；be amazed：他那坚强的毅力使人～。*His will power is amazing.*

【吃苦】（动）bear hardships：怕～就干不成大事。*Those who fear hardships will not accomplish anything great.*

【吃亏】（动）❶（受损失）suffer losses：～上当 *have suffered losses and have been deceived* ❷（在某方面条件不利）at a disadvantage：他跑得不快，踢足球～。*He can't run fast and that puts him at a disadvantage as a footballer.*

【吃水线】（名）water-line

【吃透】（动）have a thorough grasp：～文件精神 *understand a document thoroughly*

【吃香】（形）very popular：这种花布在群众中很～。*This kind of cotton print is very popular.*

痴 chī（形）❶（傻；愚笨）silly；idiotic：白～ *idiot* ❷（极度迷恋某人或某事物）crazy about：～迷于足球 *be crazy about football* ❸〈方〉（由于某种事物影响变傻了的；精神失常的）mad：～子 *mad man*

【痴情】⊝（名）（痴心的爱情）unreasoning passion；infatuation：他对那姑娘是一片～。*He's infatuated with that girl.* ⊜（形）（多情达到痴心的程度）crazy about

【痴想】（名）wishful thinking；illusion

chí

池 chí（名）❶（池塘）pool；pond：养鱼～ *fish pond* ❷（旁边高中间洼的地方）an enclosed space with raised sides：在乐～里 *in the orchestra pit* ❸（旧指剧场正厅前部）stalls（in a theatre）：～座 *the stalls* ❹〈书〉（护城河）moat：城～ *city wall and moat*

【池塘】（名）❶（蓄水的坑）pool；pond：蛙在～里鸣叫 *Frogs were croaking in the water pond.* ❷（浴池）a big pool in a bathhouse

弛 chí（动）❶〈书〉（松开；松懈）relax：松～ *relax* ❷（解除；免除）fall off；废～ *be forgotten，ignored*

【弛缓】（形）relax；calm down：局势渐趋～。*Things are easing up.*

驰 chí（动）❶（车、马等跑得很快，使车、马等跑得很快）speed；gallop：疾～而去 *gallop away at full speed* ❷（传播）spread：名～天下 *be known all over the world* ❸〈书〉（心神向往）turn eagerly towards：令人心～神往 *make people entranced*

【驰名】（动）known far and wide；well-known；famous：世界～的万里长城 *the world-famous Great Wall*

迟 chí（形）❶（缓慢）slow；tardy；obtuse：说时～那时快 *in less time than it takes to tell it* ❷（晚）late：下班～ *be late from work*

【迟到】（动）be late；come late；arrive late：因～而挨批评 *get a scolding for being late*

【迟钝】（形）slow（in thought or action）；obtuse：头脑～ *want brains*／想象力～ *have a dull imagination*

【迟缓】（形）slow；tardy；sluggish：工作进展得很～。*The work moves slowly.*

【迟延】（动）delay；retard：毫不～地执行命令 *carry out orders without delay*

【迟疑】（形）hesitate：你要是再～不决，就失去机会了。*If you remain undecided，you'll let the chance slip.*

【迟早】（副）sooner or later：他～会来的。*He will come sooner or later.*

持 chí（动）❶（拿着；握着）hold；grasp：～枪 *hold a gun* ❷（持有；保持）keep；hold：～怀疑态度 *keep a sceptical attitude* ❸（支持；保持）support；maintain：～之以恒 *make unremitting efforts* ❹（主管；料理）manage；run：把家操～得井井有条 *manage one's household properly* ❺（对抗）oppose：相～不下 *be* locked in stalemate

【持家】(动)run one's home;keep house:会~是主妇的本分。*It is the duty of a mistress to run a household effectively.*

【持久】(形)lasting;enduring;protracted:打~战 *undertake a protracted war*/他们之间的感情是不会~的。*Their love won't last.*

【持续】(动)(延续)last;continue;sustain:封锁可能要~一段时间。*The blockade is likely to last for some time.*/做~不断的努力 *make a sustained effort*

【持有】(动)hold:~入境签证 *hold an entrance visa*/~证件 *have a certificate*

匙 chí ❶(名)(匙子)spoon:汤~ *soup spoon* ❷(量)(一匙的量)spoonful:三~糖 *three spoonfuls of sugar*

【匙子】(名)spoon

chǐ

尺 chǐ ❶(量)(长度单位,1 市尺合 1/3 米)chi, a unit of length ❷(名)❶(量长度的器具)rule;ruler:米~ *a meter rule* ❷(像尺的东西)an instrument in the shape of a ruler:戒~ *teacher's ruler for beating pupils*

【尺寸】(名)measurement;size:这块木板~正好。*This board is just the right size.*

【尺度】(名)measure;scale;yardstick:检验真理的~ *yardstick of truth*

【尺码】(名)size;measures:~差不多合适 *be about the right size*

【尺子】(名)rule;ruler:用~比着画直线 *make a straight line with a ruler*

齿 chǐ ❶(名)❶(牙;牙齿)tooth:咬牙切~ *grit one's teeth* ❷(物体上齿形的部分)a tooth-like part of anything:耙~ *the teeth of a rake* ❸〈书〉(年龄)age:稚~ *very young* ❷(动)〈书〉(说到;提起)mention:不足挂~ *be not worth mentioning*

【齿轮】(名)gear wheel;gear:转向~断裂。*The steering gear broke.*

【齿条】(名)rack

耻 chǐ ❶(动)(觉得羞愧)be ashamed of:不~下问 *not feel ashamed to ask and learn from one's subordinates* ❷(名)(耻辱)shame;disgrace;humiliation:不忘国~ *never forget one's national humiliation*

【耻辱】(名)shame;disgrace;humiliation:洗雪~ *wipe out a humiliation*/中华民族的~ *a disgrace to the Chinese nation*

【耻笑】(动)sneer at;mock:~某人贫困 *mock at sb.'s poverty*

chì

斥 chì ❶(动)❶(责备)scold;denounce:怒~某人 *angrily rebuke sb.* ❷(驱逐;排斥;使离开)repel;exclude;oust:相~ *reprehend each other* ❸〈书〉(开拓;扩展)open up;expand:~地 *expand territory* ❹〈书〉(侦察;探测)scout:~骑 *a cavalry on the watch* ❷(名)〈书〉(斥卤,指盐碱地)land impregnated with salt,therefore barren

【斥退】(动)❶(旧)(罢免)dismiss sb. from his post ❷(旧)(开除)expel from a school ❸(喝令退出)shout at sb. to go away

【斥责】(动)rebuke;denounce:~某人失职 *denounce sb. for neglect of duty*

赤 chì ❶(形)❶(红色)red:~日当空。*The red sun is hanging in the sky.* ❷(忠诚)loyal;sincere:他对祖国的~心从不动摇。*His loyalty to his motherland never wavers.* ❷(动)(光着;裸露)bare:~脚 *barefoot*

【赤膊】(动)be barebacked:~跳进水里 *leap into the water, barebacked*

【赤诚】(形)absolute sincerity:赞赏某人的~ *appreciate sb.'s loyal devotion*

【赤胆忠心】(成)wholeheartedness:~地为人民服务 *serve the people with wholehearted devotion*

【赤道】(名)the equator:美国位于~以北。*The United States is in the north of the equator.*

【赤裸裸】(形)❶(光着身子)stark-naked ❷(毫无掩饰)naked;out-and-out:~的威胁 *a naked threat*/~的勾结 *undisguised collusion*

【赤手空拳】(成)barehanded;unarmed:~斗歹徒 *struggle with a gangster with naked fists*

【赤字】(名)deficit:出现~ *show a deficit*/消灭~ *wipe out deficits*

炽 chì (形)(热烈旺盛)flaming;ablaze:~情似火 *be as passionate as a flame*

【炽烈】(形)burning fiercely;flaming;blazing:使热情更~ *feed the flame of sb.'s enthusiasm*

【炽热】(形)❶(极热)red-hot;blazing:~的沙漠 *the burning plain of the desert* ❷(极热烈)passionate:相信某人表白的~的爱情 *believe in sb.'s confessions of passionate love*

翅 chì (名)❶(像翅膀的东西)wing:插~难逃 *be unable to escape even if given wings* ❷(鱼翅)shark's fins ❸[动](翼;翅)wing ❹

[植]（翼瓣）alula

【翅膀】（名）wing：折断了～ break its wing/拍～ beat its wings

chōng

冲 chōng ➊（名）❶（通行的大道；重要的地方；交通要道）thoroughfare；important place：要～ hub ❷〈方〉（山区的平地）a stretch of flatland in a hilly area ❸[天]（外行星运行到跟地球、太阳成一直线，且地球处于中间位置）opposition；～ favourable opposition ➋（动）❶（迅猛地直闯；突破障碍）charge；dash：～上舞台 rush on the stage ❷（猛烈地撞击）clash；collide：～到墙上 clash against the wall ❸（用开水等浇）pour boiling water on：～茶 make tea ❹（冲洗；水力冲击）rinse；flush：用清水～去壶里的茶叶 rinse the tea leaves out of a tea pot ❺[摄]（指冲洗胶卷）develop：～胶卷 develop a roll of film ❻（指冲喜）counteract bad luck：～喜 save a patient's life by giving him a wedding to counteract bad luck

另见 656 页 chòng。

【冲程】（名）stroke：四～发动机 four-stroke engine

【冲淡】（动）❶（稀释）dilute：用水～牛奶 dilute milk with water ❷（使减弱）water down；weaken；play down：官方报纸故意～这次罢工的意义。The government newspapers played down the significance of the strike．

【冲动】➊（名）（能引起某种动作的神经兴奋）impulse：写作的～ the writing impulse ➋（形）（情感强烈，理性控制很弱的心理现象）excited；impetuous：他很容易～。He easily gets excited．➌（动）[机]（冲击推动）impulse

【冲锋】（动）assault；charge（forward）：向敌人阵地发起～ charge an enemy position

【冲击】（动）❶（水流等撞击）lash；pound：波涛～着海岸。Waves were dashing on the shore．❷（迅猛攻击）charge；assault：文化～ culture shock

【冲浪】（动）[体]surf：～板 surfboard

【冲破】（动）break through；breach：～封锁 break a blockade/～牢笼 shake off the bonds

【冲天】（动）tower；soar：干劲～ work with soaring enthusiasm

【冲突】（动）clash；conflict：东西方～ the East-West conflict/挑起～ stir up a conflict

【冲洗】（动）wash；rinse；develop：～汽车 give the car a wash/～胶片 develop photographic film

【冲撞】（动）❶（撞击）collide；bump；ram：渔船遭到敌舰的～。The fishing boat was rammed by an enemy warship．❷（冲犯）give offense；offend：我没想到这句话竟～了他。I didn't expect him to take offence at that remark．

充 chōng ➊（形）（满；充足）sufficient；full；ample：供应～分 have ample supplies ➋（动）❶（装满；塞住）fill；charge：填～空白 fill in the blanks ❷（担任；充当）serve as；act as：～任向导 serve as a guide ❸（冒充）pretend to be；pose as；pass sth. off as：以次～好 pass off substandard products as quality goods

【充当】（动）serve as；act as；play the part of：～诱饵 serve as a bait/～中间人 act as a go-between

【充电】（动）charge（a battery）：汽车发动不起来，因为电瓶没～。The car won't start because the battery is dead．

【充分】（形）❶（足够）full；ample；abundant：～协商 full consultation/～证据 ample evidence ❷（尽量）fully；to the full：～发扬优点 develop the strong points to the full/～发动群众 fully arouse the masses

【充满】（动）❶（填满；布满）be filled with；be full of：空气中～了花香。The air was full of the fragrance of flowers．❷（充分具有）fill to the brim；be full of：～自豪 be filled to the brim with pride

【充实】➊（形）（丰富；充足）substantial；rich：使报告～ fill a report out ➋（动）（使充足；加强）substantiate；enrich；replenish：～生活 enrich one's life

【充裕】（形）abundant；ample；plentiful：有～的时间供自己支配 have ample time at one's disposal

【充足】（形）adequate；sufficient；abundant；ample：睡眠～ get enough sleep/提供～的原料 furnish ample material

chóng

虫 chóng（名）（虫子）insect；worm：寄生～ a parasitic insect

【虫害】（名）insect pest：这些树木发生了～。These trees were infested with insects．

【虫子】（名）insect；worm：～蠕动。The worms wriggle．

重 chóng ➊（动）（重复）repeat；duplicate：这两个例子～复了。These two examples duplicate each other．➋（副）（重新；再一次）again；once more：～修旧好 renew cordial re-

lations ❸（量）（层）layer：双～性格 *double personality*
另见 1126 页 zhòng。

【重版】（动）republication：好几家公司提出希望～他的小说。*Several firms offered to obtain republication of his novel.*

【重返】（动）return：～政治舞台 *return to political stage*/～故土 *be on one's native soil again*

【重逢】（动）meet again；have a reunion：期待与某人～ *expect to meet sb. again*/意外～ *meet again by accident*

【重建】（动）rebuild；reconstruct；reestablish：战后的～工作 *postwar reconstruction*

【重申】（动）reaffirm；reiterate；restate：～我国政府的一贯立场 *reiterate the consistent stand of our government*

【重孙】（名）great-grandson

【重提】（动）bring up again；mention again：旧事～ *bring up an old case again*

【重温】（动）review：与故友～旧情 *review one's friendship with old friends*

【重现】（动）❶（再现）reappear：当年的战斗场面又～在他眼前。*The battle scenes of those years reappeared in his mind's eye.* ❷（描绘出）reproduce：逼真地～这一情景 *reproduce the scene to the life*

【重新】（副）again；anew；afresh：～分配财产 *redistribute a property*/～开始生活 *begin life again*

【重演】（动）❶（重新上演）put on an old play, etc. ❷（再次出现）recur；repeat：历史的错误不许～。*Past mistakes should not be repeated.*

【重印】（动）reprint

崇 chóng ❶（形）（高）high；lofty；sublime：～山险川 *lofty mountains and turbulent rivers* ❸（动）（重视；尊敬）esteem；worship：～古非今 *prize the past and despise the present*

【崇拜】（动）worship；adore：对英雄的～ *hero worship*/虔诚地～上帝 *adore God with true devotion*

【崇高】（形）lofty；sublime；high：～的精神境界 *the lofty moral stature*/～的美德 *sublime virtue*

【崇敬】（动）esteem；respect；revere：我很～这位老教授。*I have great respect for the old professor.*

chǒng

宠 chǒng（动）（宠爱；偏爱）dote on；bestow favour on：受～若惊 *feel uneasy about sud-*
den honor received

【宠爱】（动）make a pet of sb.；dote on：赢得某人～ *win sb.'s favour*/失去主人的～ *fall into disgrace with one's master*

【宠儿】（名）favourite；pet：家中的～ *the pet of the family*/惯坏了的～ *the spoiled pet*

【宠信】（动）be specially fond of and trust unduly (a subordinate)：得到某人～ *gain the favour and trust of sb.*

chòng

冲 chòng ❶（形）〈口〉❶（力量大；劲头足）vigorously：他说话很～。*He speaks bluntly.* ❷（气味浓烈刺鼻）(of smell) strong：这药味很～。*This medicine has a strong smell.* ❸（介）〈口〉❶（向着；对着）in the face of；towards：这话是～他说的。*That remark was aimed at him.* ❷（凭；根据）on the strength of；on the basis of；because of：～他们这股子干劲儿，没有克服不了的困难。*With such drive, there's no difficulty that they can't overcome.* ❸（动）❶〈口〉（朝；面向）face：那幢房子～着大海。*The house faces the sea.* ❷［机］（冲压）punch；punching：在金属板上～孔 *punch holes in a sheet of metal*
另见 655 页 chōng。

【冲床】（名）punch (press)；punching machine

【冲压】（动）punching

【冲子】（名）punching pin

chōu

抽 chōu（动）❶（把夹在中间的东西拉出；提取）take out (from in between)：从文件夹里～出一份申请书 *take an application out of the file* ❷（从全部里取出一部分；腾出）take (a part from a whole)：～出一部分劳力去抗旱 *release part of the labour force from other work to combat the drought* ❸（某些植物体长出）(of certain plants) put forth：～枝 *branch out* ❹（引出；吸）obtain by drawing, etc.：～血 *draw blood* ❺（收缩）shrink：那件衬衣～得走了样。*The shirt shrunk out of shape.* ❻（用条状物等打；抽打）lash；whip；thrash：狠～马匹 *lash a horse hard*

【抽查】（动）selective examine；spot check：～计算结果 *make a spot check on the calculation*/～的结果表明⋯ *the results of the spot checks show...*

【抽打】（动）❶（用鞭子抽）lash；whip；thrash：树枝～着窗户。*The branches of the trees thrashed against the windows.* ❷（掸灰）beat clothing to remove dust：毯子得好好～一下。

The blanket needs a good beating .

【抽调】（动）transfer（personnel or material）：～科室人员充实第一线 *transfer some of the office workers to strengthen the front line*

【抽空】（动）manage to find time：～学习 *study at odd moments*/～去那儿 *spare time to go there*

【抽气机】（名）air exhauster；air pump

【抽签】（动）draw lots；cast lots；draw by lot：～分配奖品 *distribute the prizes by lot*

【抽身】（动）leave（one's work）；get away：～引退 *retire from active public life*

【抽水】（动）❶（用水泵吸水）draw water；pump water：从井里～ *pump water from a well* ❷（缩水）（of cloth through wetting）shrink：羊毛衫会～。 *Wool sweaters will shrink with water .*

【抽屉】（名）drawer：拉开～ *open a drawer*/整理～ *clean out a drawer*

【抽象】（形）abstract：～名词 *an abstract noun*/～思维 *abstract thought*

【抽烟】（动）smoke（a cigarette or a pipe）：～消磨时间 *smoke one's time away*/无节制地～ *indulge oneself in smoking*

【抽样】（动）sample；sampling：～调查 *sample survey*/～检验 *take a sample for examination*

chóu

仇 chóu（名）❶（仇敌）enemy；foe：疾恶如～ *hate evil like an enemy* ❷（仇根）hatred；enmity：有～ *have a score to settle*/记～ *bear grudges*

【仇敌】（名）foe；enemy：决不宽恕自己的～ *never forgive one's enemy*

【仇恨】（名）hatred；enmity；hostility：刻骨的～ *bitter enmity*/他满怀～。 *His heart is aflame with hatred .*

【仇人】（名）personal enemy：向～报仇 *revenge oneself on one's enemy*/～相见，分外眼红 *Meeting enemies open old wounds .*

【仇杀】（动）kill in revenge

【仇视】（动）regard as an enemy；be hostile to：～侵略者 *be hostile to the invaders*

绸 chóu（名）（绸子）silk fabric；silk：那件连衣裙是～子的。 *The dress is made of silk .*

【绸缎】（名）silks and satins

【绸子】（名）silk fabric

酬 chóu ●（动）❶〈书〉（敬酒）propose a toast；toast ❷（报答）pay；repay ❸（交际往来）friendly exchange：应～ *have social in-*tercourse with ❹（实现）fulfil；realize：壮志未～ *have one's high ambition frustrated* ●（名）（报酬）reward；payment：计～ *calculate the sum of payment*

【酬报】（动）requite；reward；repay；recompense：作为对某人服务的～ *in reward for sb.'s services*

【酬金】（名）monetary reward；remuneration：优厚的～ *a generous remuneration*

【酬谢】（动）thank sb. with a gift：他帮了我们大忙，我不知道怎么～他才好。 *He has given us a lot of help. I don't know what to give him to express my thankfulness .*

稠 chóu（形）❶（浓）thick：加面粉使汁变～ *thicken the sauce with flour* ❷（稠密）dense：地窄人～ *small in area but densely populated*

【稠密】（形）dense：这座小城人口～。 *The town has a dense population .*

愁 chóu ●（动）（忧虑）worry；be anxious：这件事可把我～死了。 *This is really worrying me to death .* ●（名）（忧愁）sorrow：借酒消～ *drown one's sorrows in drink* ●（形）（忧虑的；愁闷的；惨淡的）sad；sorrowful：～思 *feeling of sadness*

【愁苦】（形）anxiety；distress

【愁闷】（形）feel gloomy；be in low spirits：他工作不顺利，心里十分～。 *He was very cast down by setbacks in his work .*

【愁容】（名）worried look；anxious expression：他面带～。 *His face wore an anxious expression .*

筹 chóu ●（名）❶（竹、木等制成的小棍或小片，常用来计数或作凭证）chip；counter：酒～ *wine counters* ❷（计策；办法）means：一～莫展 *be without resources or expedients* ●（动）（谋划；筹措）prepare；plan：～款 *raise money* ●（量）（用于人，常见于早期白话）：六～好汉 *six big fellows*

【筹办】（动）make preparations；make arrangements：～盛大招待会 *make arrangements for a grand entertainment*

【筹备】（动）prepare；arrange：～展览 *arrange an exhibition*/婚礼在～之中。 *Preparations are under way for a wedding .*/～会议 *preliminary meeting*

【筹划】（动）plan and prepare：～自己的未来 *map out one's future*

【筹集】（动）raise（money）：～研究所 *make preparations for the setting up of a research institute*

踌 chóu

【踌躇】（形）hesitate；shilly-shally to：此事颇费～。It took much hesitation.

chǒu

丑 chǒu ㊀（形）❶（相貌或样子难看）ugly；unsightly；hideous：～媳妇怕见公婆。The ugly bride is afraid to meet her mother-in-law.❷（叫人厌恶或瞧不起的）disgraceful；shameless；scandalous：揭穿某人的一事 cast reflections on sb.㊁（名）❶（戏曲中的丑角）clown in Beijing opera，etc.❷（地支的第二位）the second of the Twelve Earthly Branches

【丑恶】（形）ugly；repulsive；hideous：犯下～罪行 commit a hideous crime/向～现象做斗争 combat repulsive phenomena

【丑态】（名）ugly performance；disgusting manner：～毕露 show the cloven hoof

【丑闻】（名）scandal：捏造～ make up a scandal/政治～ political scandals

chòu

臭 chòu ㊀（形）❶（气味难闻）smelly；foul；stinking：有～鱼味儿 stink of decayed fish ❷（惹人厌恶的）disgusting；disgraceful：摆～架子 put on nauseating airs ❸〈方〉（感情由亲近变疏远）suffering decay：他们本来是好友，近来忽然～了。The two good friends have recently cooled off.㊁（副）（狠狠地）severely：～骂某人 give sb. a good scolding ㊂（动）❶（发臭；变臭）stink；smell：那条鱼～了。That fish stinks.❷〈方〉（使名声不好）discredit：她用难听的流言蜚语～他。She discredited him with ugly gossip.

另见 1057 页 xiù.

【臭名远扬】（成）notorious

【臭气】（名）bad smell；stink：消除～ destroy foul odors/～熏天 stink to high heaven

【臭氧】（名）ozone

chū

出 chū ㊀（动）❶（从里面到外面）go or come out：～城下乡 leave town for the country ❷（来到）arrive；come：～席 attend ❸（超出）exceed；go beyond：球～了边线。The ball went beyond the sideline.❹（往外拿）issue；put out：～证明 issue a certificate ❺（出产；产生）produce；turn out：要多～人才。We must turn out a greater number of qualified personnel.❻（发生）arise；happen：～乱子

lead to trouble ❼（出版）publish：这本书是1970 年～的。The book was published in 1970.❽（发出；发泄）put forth；vent：树上～了不少花蕾。The tree has put forth many buds.❾（显露）appear：～头 appear in public ❿（显得量多）rise well：他工作起来很～活儿。He works with great efficiency.⓫（支出）pay out；expend：量入为～ keep expenditures within the limits of income ㊁（量）（传奇中的一大段；戏曲的一个独立剧目）a dramatic piece：一～戏 a play

【出版】（动）come off the press；publish；come out：～报纸 publish newspapers/～社 publishing house

【出殡】（动）hold a funeral procession

【出兵】（动）dispatch troops：～某个国家 dispatch troops to a country

【出操】（动）do exercises

【出差】（动）be away on official business；be on a business trip：派某人～ send sb. on a business mission/～旅费 travel allowance

【出产】（动）produce；manufacture：东北～大豆。Soybean is the staple of Northeast China.

【出场】（动）❶（登台；表演）come on the stage；appear on the scene：她一～，台下就响起了热烈的掌声。There was enthusiastic applause as soon as she came on the stage.❷（剧本用语）enter ❸（运动员进运动场）enter the arena：他～准赢。If he enters the contest，he's sure to win.

【出车】（动）❶（开出车辆）dispatch a vehicle：公共汽车早5 点～。Bus service starts at 5 a.m.❷（开车出去）be out driving a vehicle：老王～去了。Lao Wang is out with the car.

【出丑】（动）❶（出洋相）make a fool of oneself：站起来，别躺在地上～了。Get up off the floor and stop making such a show of yourself.❷（丢脸）bring shame on oneself：使某人～ hold sb. up to infamy

【出错】（动）make mistakes：他管账很少～。He seldom makes a mistake in the accounts.

【出点子】（动）offer advice；make suggestions：给我们～，告诉我们怎么做 give us some pointers on how to do it

【出动】（动）❶（队伍外出行动）set out；start off：紧急～ come into prompt action ❷（派出军事力量）send out；dispatch：～救援飞机 dispatch a rescue plane ❸（行动起来）turn out：全体居民～除四害。The whole community turned out to wipe out the four pests.

【出发】（动）❶（离开原地去其他地方）set out；start off：拂晓～ set out at dawn ❷（从某一方面着眼）start from；proceed from：从客观

实际～ *proceed from objective realities*

【出国】(动) go abroad：～定居 *go abroad to settle down there*／～留学 *study abroad*

【出海】(动) go to sea；put out to sea：扬帆～ *sail out to sea*

【出航】(动) ❶(船离开港口)set out on a voyage；set sail：班轮按时～。*The liner set sail on schedule.* ❷(飞机离开机场)set out on a flight：飞机～侦察 *The plane set out on a reconnaissance flight.*

【出价】(动) offer a price；bid：请商人～ *ask dealers to submit bids*

【出境】(动) leave the country：被押送～ *be sent out of the country under escort*／签证 exit visa／～手续 *exit formalities*

【出口】❶(名) ❶(出口处)exit：有几个～ *have several exits* ❷(排出端)outlet：水管～堵住了。*The outlet of water pipe was blocked.* ❷(动) ❶(说出话来)speak；utter：～谨慎 *speak with reserve* ❷(本国或本地区的货物运出去；输出)export：扩大～ *expand exports*／贸易～ *export trade*／商品 *export commodities*／～税 *export duties*

【出来】(动) come out；emerge：从房子后面～ *emerge from behind the room*／大胆地讲～ *speak out boldly*

【出卖】(动) ❶(卖)offer for sale；sell：～自己在公司的股份 *sell out one's shares in that company* ❷(背叛)sell out；betray：为了财富～灵魂 *barter away one's soul for wealth*

【出毛病】(动) be or go out of order；go wrong with；break down：发电机～了。*The generator broke down.*

【出面】(动) lend one's name (to an occasion or enterprise)：今晚由学生会～,召开迎新晚会。*This evening the Students' Union will give a party to welcome the new students.*

【出名】(形) (著名；有名声)famous；well-known：以自然风景～ *be very famous scenically*

【出纳】(名) ❶(现金、票据的付出和收进)reception and payment of money or bills ❷(泛指付出和收进的管理工作)the management of receipt and lending books, etc ❸(名)(担任出纳的人)cashier；teller：～掌管现金。*A cashier is responsible for handling cash.*

【出奇】(形) unusual；extraordinary：力气～大 *have extraordinary strength*／～制胜 *win a victory through unusual means*

【出去】(动) go out；get out：～一下 *go somewhere*／他刚～。*He's just gone out.*

【出任】(动)〈书〉take up the post of：～总统 *take up office as President*／～总经理 *take up*

the position of general manager

【出色】(形) outstanding；remarkable；splendid：工作～ *work very well*／这部小说确实是～的作品。*This novel is really a remarkable performance.*

【出生】(动) (胎儿从母体中分离出来)be born；birth：他是 1990 年～的。*He was born in 1990.*／～地 *place of birth*／～年月日 *date of birth*／～证 *birth certificate*

【出示】(动) show；produce：～驾驶执照 *show one's driving license*／在出口～证件 *show one's papers at the gate*

【出事】(动) meet with a mishap；have an accident：赶到～地点 *hasten to the site of the accident*／飞机～了。*The plane crashed.*

【出售】(动) offer for sale；sell：减价～ *a reduction sale*／～财产 *sell out one's property*

【出席】(动) attend；be present：亲自～会议 *attend the conference in person*

【出现】(动) appear；arise；emerge：～在脑海 *be present to one's mind*／他们之间可能会～分歧。*Differences between them may arise.*

【出于】(动) start from；proceed from；stem from：～礼貌 *out of politeness*

【出众】(形) out of the ordinary；outstanding：才华～ *be out of uncommon brilliance*／人品～ *excel in virtue*

【出租】(动) hire out；let；rent out：有小船～ *keep boats on hire*／房屋～。*The house is to let.*

【出租车】(名) taxicab；taxi；cab：叫～ *call a taxi*

初 chū ❶(名)(开始的部分)at the beginning of；in the early part of：本世纪～ *the beginning of this century* ❷(助)(附着在数词一至十之前表示次序)～一 *the first day (of a lunar month)* ❸(形) ❶(开始的)first (in order)：～战 *first battle* ❷(等级最低的)elementary：～级班 *elementary course* ❸(原来的；原来的情况)original：～愿 *one's original intention* ❹(副)(第一次；刚开始)for the first time：～有成效 *have achieved initial success*

【初步】(形) initial；preliminary：～估计 *make preliminary estimates*／提出～想法 *utter one's tentative idea*

【初次】(名) the first time：～夺魁 *come out of top place for the first time*

【初稿】(名) first draft：他目前正修改他的文章～。*He's now revising the first draft of his essay.*

【初级】(形) elementary；primary：～小学 *lower primary school*／～教育 *elementary*

education

【初恋】(动)first love：一个人的～是最难以忘怀的。One can never forget one's first love.

【初期】(名)initial stage；early days：在铁路出现的～ in the early days of railroad／在某人创作的～ during the first period of sb.'s authorship

【初中】(名)junior middle school

chú

除 chú ➊(动)❶(去掉)get rid of；eliminate；remove：～四害 eliminate the four pests ❷[数](用一个数把另一个数分成若干等份)divide：这个数字可被整～。The figure can be divided without a remainder. ❸〈书〉(授；拜官职)invest in office：～某官 be appointed to certain office ➋(介)❶(不计算在内)except：～周末外，我抽不出时间。I can't spare any time except on the weekend. ❷(计算在内)besides：～水稻外，我们还种棉花和小麦。Besides rice, we grow cotton and wheat. ➌(名)〈书〉(台阶)steps to a house；doorsteps：洒扫庭～ sweep the courtyard

【除尘器】(名)dust remover：真空～ vacuum cleaner

【除法】(名)division

【除非】➊(连)(表示唯一的条件)only if；only when：～他做不了，他才会找我帮忙。Only when he can't do it does he ask me for help. ➋(介)(表示不计算在内，相当于"除了")unless：～你用功，否则不会及格。Unless you study hard, you will not pass the exam.

【除了】(介)❶(表示所说的不计算在内；除开)except：～一把椅子，屋子里什么也没有。The room was empty except for a chair. ❷(表示在什么之外；还有别的)besides；in addition to：～我，懂日语的还有两个人。There are two others besides me who know some Japanese. ❸(跟"就是"连用，表示不这样就那样)either...or...：这几天～刮风，就是下雨。Recently, we've been having either windy or rainy days.

【除外】(动)❶(不计算在内)except；not include：展览会每天开放，星期一～。The exhibition is open every day except Monday. ❷(计算在内)besides：参观的人中，我～还有其他人。There are other visitors besides me.

【除夕】(名)New Year's Eve：举行～晚会 have a party on New Year's Eve

厨 chú (名)(厨房)kitchen：下～ go to the kitchen

【厨房】(名)kitchen：在～里忙活 knock round in a kitchen／～用具 kitchen utensils

【厨师】(名)cook；chef：家庭～ a plain cook／饭店～ a hotel cook

锄 chú ➊(名)(松土和除草用的农具)hoe：果园中耕～ a berry hoe ➋(动)❶(用锄松土除草)work with a hoe：～地 hoe the fields ❷(铲除)uproot；eliminate；wipe out：～强扶弱 fight for the weak against the strong

【锄奸】(动)eliminate traitors；ferret out spies：反霸～ oppose local despots and eliminate traitors

【锄头】(名)hoe：用～挖 dig with a hoe

橱 chú (名)(放置衣服、物件的家具)cabinet；closet：玻璃～ glass-fronted cabinet／衣～ wardrobe

【橱窗】(名)❶(商店玻璃橱窗)display or show window；shopwindow：布置商店～ dress a shopwindow ❷(宣传橱窗)glassfronted billboard

【橱柜】(名)❶(食具柜)cupboard ❷(矮立柜)sideboard

chǔ

处 chǔ (动)❶〈书〉(居住)dwell：穴居野～营 live in the wilds and dwell in caves ❷(跟别人一起生活；相处)get along (with sb.)：和谁都～不好 can't get along with anybody ❸(处于)be situated in；be in a certain condition：身～逆境 be in adversity ❹(处置；办理)manage；handle；deal with：～事 handle affairs ❺(处罚)punish；sentence
另见 661 页 chù。

【处罚】(动)punish；penalize：～犯人 impose a punishment upon a criminal／使～适合于罪行 make the punishment fit the crime

【处方】➊(动)(开药方)write out a prescription；prescribe：为某种病开～ prescribe for a disease ➋(名)(药方)prescription：照～配药 make up a prescription

【处分】(动)take disciplinary action against；punish：受到撤职～ retire from office in disgrace

【处境】(名)unfavourable situation；plight：～险恶 be in a tight place／发现～困窘 find oneself in a pitiable plight

【处决】(动)❶(执行死刑)put to death；execute：当众执行～ hold executions in public ❷(处理决定)handle and decide：大会休会期间，一切事项由常委会～。When the Congress is not in session, all affairs are handled by the standing committee.

【处理】(动)❶(安排；解决)handle；deal with；dispose of：必须严加～ should be dealt with *sternly* ❷（变价、减价出售）sell at reduced prices：削价～不合格的货物 *sell substandard goods at reduced prices* ❸［工］（用特定方法加工）treat by a special process：污水～和利用 *sewage treatment and utilization* ❹［医］（处置）disposal；handling

【处女】❶（名）（未出嫁的女子）virgin；maiden：年轻的～ *a young virgin* ❷（形）（比喻初次）maiden：～作 *maiden work*

【处置】（动）❶（处理）handle；deal with；manage；dispose of：对自己财产做妥善～ *make a good disposition of one's property* ❷（发落；惩治）punish：从轻～某人 *give sb. a light sentence*

储 chǔ ❶（动）（储藏；存放）store up：～粮备荒 *store up grain against natural disasters* ❷（名）（继承人）heir；王～ *crown prince*

【储备】（动）（储存备用）store for future use；lay in；lay up：～过冬粮 *lay in provision for the winter* ❷（名）（储藏品）reserves；stores：银行～ *the bank's reserves*／基金储备 *reserve fund*／～粮 *grain reserves*

【储藏】（动）❶（保藏）save and preserve；store；keep：鲜果～ *preservation of fresh fruit*／～室 *storeroom* ❷（蕴藏）deposit：黄金～ *deposits of gold*

【储存】（动）lay in；lay up；store up；stockpile：～钱以备将来用 *lay in money for future use*

【储户】（名）depositor

【储量】（名）reserves：探明～ *proved reserves*／可采～ *recoverable reserves*

【储蓄】❶（名）（存款）savings；deposits：活期～ *current deposit*／～存款 *savings deposit*／～所 *savings bank* ❷（动）（把节约下来或暂时不用的钱或物存起来）save；deposit：～很多钱 *save a lot of money*

chù

处 chù ❶（名）❶（地方）place：找到落脚～ *find a temporary lodging* ❷（方面；某一点）part；point：有可取之～ *have its points of course* ❸（机关或机关里的一个部门）department；office：财务～ *finance section* ❷（量）发现两～印刷错误 *find two misprints* 另见 660 页 chǔ。

【处处】（副）everywhere；in all respects：～设防 *set up defenses everywhere*／～起带头作用 *always play a leading role*

【处所】（名）place；location

【处长】（名）section chief

畜 chù（名）（禽兽，常指家畜）domestic animal；livestock：六～兴旺 *The domestic ani-*

mals are all thriving. 另见 1058 页 xù。

【畜力】（名）animal power：～农具 *animal-drawn farm implements*

【畜生】（名）❶（泛指禽兽）domestic animal ❷（骂人话）beast；dirty swine

触 chù（动）❶（接触）touch；contact：肥皂泡轻轻一～就会弄破。*A slight touch will break a soap bubble.* ❷（碰；撞）strike；hit：～雷 *touch a mine*／～到痛处 *touch a sore spot* ❸（感动）move（sb.）；stir up sb.'s feelings：～起前情 *awaken one's old love*

【触电】（动）get an electric shock：～而死 *be killed by an electric shock*

【触动】（动）❶（碰；撞）touch，move it slightly：～某人心弦 *touch sb. to the heart* ❷（因某种刺激而引起感情变化、回忆等；感动；感触）move（sb.）；stir up sb.'s feelings：群众的批评对我们～很大。*The masses' criticisms shook us up a lot.*

【触发】（动）detonate by contact；touch off；trigger；spark：～动乱 *touch off a disturbance*／～某人的灵感 *arouse sb.'s inspiration*

【触犯】（动）offend；violate；go against：～法庭的尊严 *violate the authority of court*

【触及】（动）touch：～伤心处 *touch a nerve*／～争论的焦点 *touch the point at issue*

【触礁】（动）run on rocks；strike a reef：船～搁浅。*The ship grounded on the rock.*

【触觉】（名）sense of touch：～器官有几种。*There are several kinds of touch organs.*

【触怒】（动）make angry；infuriate；enrage：被某人的粗鲁玩笑～ *be offended by sb.'s rude joke*

矗 chù（形）（直立；高耸）stand tall and upright

【矗立】（动）stand tall and upright；tower over：人民英雄纪念碑～在天安门广场上。*The Monument to the People's Heroes towers aloft in Tian'anmen square.*

chuǎi

揣 chuǎi（动）〈书〉❶（量度）reckon；calculate ❷（估计；推测）estimate；surmise；conjecture：不～冒昧 *take the liberty*

【揣测】（动）guess；conjecture：这只是人们的～，不可信。*It is mere conjecture, so it doesn't merit belief.*

chuān

川 chuān（名）❶（河流）river：由山～相连

be linked by rivers and mountains ❷（平地；平野）plain：一马平～ a vast expanse of flat land ❸（指四川）short for Sichuan Province：～菜 Sichuan cuisine

穿 chuān（动）❶（破；透）pierce through；penetrate：看～诡计 see through a trick ❷（通过孔、隙、空地等）pass through；cross：～针 pass a thread through the eye of a needle ❸（穿衣服、鞋袜）wear；put on；be dressed in：～上工作服 put on work clothes ❹（用绳等通过物体把物品连贯起来）string：用珠子～成一串项链 string the beads into a necklace

【穿刺】（动）［医］puncture：腰椎～ lumbar puncture

【穿戴】（名）apparel；dress：不讲究～ not be particular about one's dress

【穿堂】（名）［建］hallway：～风 draught

【穿越】（动）pass through；cut across：～国境 cross the border

【穿着】（名）dress；apparel：～体面大方 be decently dressed／注意～打扮 care much about one's dress and makeup

chuán

传 chuán（动）❶（由一方交给另一方）pass；pass on：此文件请按名单顺序向下～。 Please pass on this document in the order of the name list. ❷（由上代交给下代）hand down：世代相～ be handed down（to sb.）from one generation to another ❸（传授）pass on（knowledge，skill，etc.）；impart；teach：言～身教 set up examples for others with both precept and practice ❹（传播）spread：～为美谈 become an anecdote ❺（传导）transmit；conduct：易～热 readily conduct heat ❻（表达）convey；express：眉目～情 flash amorous glances ❼（发出命令叫人来）summon：～证人 summon a witness ❽（传染）infect：～上了霍乱 be infected with cholera
另见 1131 页 zhuàn。

【传播】（动）❶（广泛散布）propagate；spread：～谣言 spread rumors／～科学知识 spread the knowledge of science ❷［物］propagation：散射～ scatter propagation

【传布】（动）disseminate；spread：～基督教 spread Christianity

【传达】❶（动）（转达）pass on（information，etc.）；transmit；relay；communicate：通过口头～ be passed on by word of mouth ❷（机关等门口的传达室工作）receive and register callers at a public establishment ❸（名）（机关等门口担任传达工作的人）janitor

【传导】（动）［物］conduct；transmit：金属都有

～作用。 All metals are conductive.

【传递】（动）transmit；deliver；transfer：依次～火炬 hand on the torch in turn

【传动】（动）transmit；drive：变速～ change drive／齿轮～ gear drive

【传感器】（名）sensor：激光～ laser sensor

【传话】（动）pass on a message：～给某人 send word to sb.

【传票】（名）❶［律］（传唤到案的凭证）（court）summons；subpoena：把～送达某人 serve a summons on sb. ❷［会计］（登记账目的凭单）voucher：～制度 voucher system

【传染】（动）infect；be contagious：预防～病 keep off infection／把感冒～给某人 communicate one's cold to sb.

【传声筒】（名）❶（喊话筒）megaphone ❷（照别人话说，无主见的人）one who parrots another

【传授】（动）pass on（knowledge，skill，etc.）；impart；teach：把知识～给学生 impart knowledge to one's students

【传输】（动）transmit：～损耗 transmission loss

【传送】（动）convey；deliver：村里的邮件都由他～。 He's the postal delivery man in his village.

【传统】（名）tradition：摆脱～束缚 clear one's mind of the obsession of tradition／体现～观念 embody the traditional ideas

【传闻】❶（动）（流传）it is said；they say：～物价要下降。 It is said the prices will decline. ❷（名）（流传的事情）hearsay；rumour；talk：～失实。 The rumour was unfounded.

【传讯】（动）summon for interrogation or trial；subpoena；cite：听从法庭的～ obey the summons of a court

【传真】❶（动）（写真，指画家描绘人物的形状）portraiture ❷（名）［电信］（利用电信号传送，以传送文字、文件、图表等的通信方式）facsimile；fax：无线电～ radio facsimile

船 chuán（名）（水上的运输工具，船舶的通称）boat；ship：装～ load a ship／打捞沉～ raise a sunken ship

【船舶】（名）shipping；boats and ships

【船舱】（名）❶（货舱）ship's hold ❷（客舱）cabin

【船壳】（名）hull

【船首】（名）stem；bow：海水在～下面泛起浪花。 The sea water foams under the bow.

【船尾】（名）stern：～向下沉没 sink by stern

【船坞】（名）dock；shipyard：干～ dry dock

【船舷】（名）side（of ship or boat）

【船员】（名）（ship's）crew；seaman：商船

merchant seaman/～名单 crew list

【船长】(名)captain;skipper:～已弃船逃生。The captain of the ship has deserted.

【船只】(名)shipping;vessels:装备～ equip a ship

chuǎn

喘 chuǎn (动) ❶(急促呼吸)breathe heavily;gasp for breath;pant:苟延残～ linger on with one's last breath of life ❷(气喘) have an asthma attack

【喘气】(动)❶(呼吸)breathe (deeply);pant;gasp:他跑完后费力地～. He was breathing hard when he finished the race. ❷(在紧张活动中短时休息)take a breather:喘口气儿再干. Let's take a breather before we go on.

【喘息】(动)❶(急促呼吸)pant;gasp for breath:～着说出几句话 manage to puff out a few words ❷(紧张活动中的短时休息)breather;breathing spell:给自己留一个的机会 allow oneself a little breathing time

chuàn

串 chuàn ❸(动) ❶(连贯)string together:把鱼～起来 string the fish together ❷(勾结)conspire;gang up:～供 act in collusion to make each other's confessions falsely ❸(错误地连接)get things mixed up:电话～线 get the telephone lines crossed ❹(由这里到那里走动) go from place to place;run about;move:走街～巷 make rounds of the streets and lanes ❺(担任戏曲角色)play a part (in a play):反～ a man to play female part and a woman to play male part ❺(量)(用于连贯起来的东西)string;bunch;cluster:一连～的诅咒 a string of curses ❺(名)(连贯而成的物品)string

【串联】(动)❶（共同行动进行联系）establish ties with;contact:～几个人 liaise with several persons ❷[电工] (把元件连接起来)connect series;～电阻 series resistance

chuāng

创 chuāng (名)(创伤)wound:予以敌人重～ cause the enemy heavy losses
另见 663 页 chuàng。

【创伤】(名)wound;trauma:造成心灵的～ cause a psychic trauma/精神上的～依然存在。The mental scar remains.

窗 chuāng (名)(窗户)window:看～外 look out of the window/玻璃～破了。The win-dow cracked.

【窗户】(名)window;casement:打碎～ smash a window/这扇～打不开。The window won't open.

【窗框】(名)window frame

【窗帘】(名)curtain:拉拢～ draw the window curtain together

【窗纱】(名)window screen:用金属丝网做～ use wire gauze for screens

chuáng

床 chuáng ❺(名)❶(供人睡觉的家具)bed:躺在～上 lie on one's bed ❷(像床的器具、地面)sth. shaped like a bed:河～升高了。The riverbed is raised. ❺(量)(用于被褥等)(for quilts,bedding):三～铺盖 three sets of bedding

【床单】(名)sheet:换～ change the sheet

【床垫】(名)mattress:弹簧～ spring mattress

【床头柜】(名)bedside cupboard

chuǎng

闯 chuǎng (动)❶(猛冲)rush;dash;charge:夜～民宅 break into a resident's house at night ❷(闯练;突破)temper oneself (by battling through difficulties and dangers):在文学上～出自己的新路 strike out for oneself new paths in literature

【闯红灯】(动)run the red light

【闯祸】(动)get into trouble;bring disaster:他老是～。He's always getting into trouble.

chuàng

创 chuàng (动)(开始做;初次做)start (doing sth.);achieve (sth. for the first time);initiate;establish:～记录 establish a new record
另见 663 页 chuāng。

【创办】(动)establish;set up:～了一所孤儿院 found an establishment for the maintenance of orphans/～一家工厂 start a factory

【创建】(动)found;establish;set up:努力～一家新公司 work hard to establish a new company

【创刊】(动)start publication:该杂志于 1950 年～。The magazine began its publication in 1950.

【创立】(动)found;originate:～新理论 set up a new theory

【创设】(动)❶(创办)set up;found;create:～一个新的研究所 set up a new research institute ❷(创造条件)create:为青少年～有利的

学习条件 create favourable study conditions for young people

【创新】（动）bring forth new ideas；blaze new trails：勇于实践，大胆～ Be bold in putting things into practice and blazing new trails.

【创业】（动）start or found an undertaking（a business，a project）；do pioneering work：表现出～精神 show the pioneering spirit／～的艰辛 hardships endured in pioneering work

【创造】（动）create；produce；bring about：进化～新的生命形态。New form of life is created by the forces of evolution.

【创作】❶（动）（创造文艺作品）create；produce；write：～大量现实主义小说 write many realistic novels ❷（名）（文艺作品）creative work；creation：文学～ literary works

chuī

吹 chuī（动）❶（合拢嘴唇用力出气）blow；puff：～哨子 blow a whistle ❷（吹气演奏）play（wind instruments）：～号报警 sound an alarm on the bugle ❸（风、气流等流动；冲击）blow；puff：微风从窗户～进来。A little breeze is blowing in the window. ❹〈口〉（夸口）boast；brag：～得天花乱坠 praise in superlative terms ❺（吹捧）flatter：他们把他～上了天。They puffed him to skies. ❻〈口〉（事情、交情破裂；失败；取消）break off or up；fall through：我们的谈判～了。Our negotiations broke down.

【吹风机】（名）air blower；drier

【吹捧】（动）flatter；lavish praises on：大肆～ lavish an astonishing amount of praise

【吹奏】（动）play（wind instruments）：他～了一首优美的笛子曲。He played a nice tune on the flute.

炊 chuī（动）（烧火做饭）cook a meal：野～ cook a meal in the open／～烟缭绕。Smoke is curling up from the kitchen chimneys.

【炊具】（名）cooking utensils

【炊事员】（名）a cook or the kitchen staff

chuí

垂 chuí ❶（动）❶（东西的一头向下）hang down；droop；let fall：～泪 shed tears／他～下眼睛。His eyes fell. ❷（将近）nearing；approaching：在～暮之年 in one's old age ❸〈书〉（流传）hand down：某人名～青史 sb.'s name will go down in history ❷（副）〈书〉（敬辞，常用于长辈、上级对自己的行动）conde-

scendingly：～爱 have a gracious affection

【垂死】（形）moribund；dying：敌人在做～挣扎。The enemy were making a last desperate stand.

【垂危】（动）critically ill；at one's last gasp：抢救～病人 give emergency treatment to a dying patient

【垂直】（动）perpendicular；vertical：在～平面上 on a vertical plane

锤 chuí ❶（名）❶（一种古代兵器）mace ❷（秤砣；像锤的东西）weight：平衡～ balance weight ❸（锤子）hammer：用～敲击 pound with a hammer ❷（动）（用锤子敲打）hammer into shape：千～百炼 be repeated tempered

【锤炼】（动）❶（磨炼）temper；steel and temper：在实践中～自己 temper oneself through practice ❷（刻苦钻研，反复琢磨）polish：～词句 polish a piece of writing ❸（用锤子敲打）hammer into shape

【锤子】（名）hammer

chūn

春 chūn（名）❶（春季）spring：一年之计在于～。The whole year's work depends on a good start in spring. ❷（男女情欲）love；lust：怀～ be in love ❸（比喻生机）life；vitality：枯木逢～。A withered tree comes to life again.

【春播】（动）spring sowing：有～才有秋收。As one sows in spring，so one reaps in autumn.

【春风】（名）spring breeze：～吹绿原野。Spring breezes bring greenness to the country.

【春季】（名）spring；springtime

【春节】（名）the Spring Festival：庆祝～ celebrate the Spring Festival

【春卷】（名）spring roll（a thin sheet of dough，rolled，stuffed and fried）

【春联】（名）Spring Festival couplets

【春秋】（名）❶（春秋两季；指整个一年）spring and autumn；year：历经几度～ cover several years ❷（指人的年岁）age：～已高 be advanced in years ❸（编年体的史书）annals；history：《春秋》"The Spring and Autumn Annals" ❹（中国历史上的一个时代）the Spring and Autumn Period

【春色】（名）❶（春天的景色）spring scenery：欣赏美丽的～ admire the charming spring scenery ❷（酒后脸上泛红或脸上呈现的喜色）cheerful looking

【春游】（动）spring outing

纯 chún（形）❶（纯净；不含杂质）pure；unmixed：～牛奶 *pure milk* ❷（纯粹；单纯）simple；pure and simple：这件事的发生～属偶然。*It all happened by sheer chance.* ❸（纯熟）skilful；practised；well versed：达到炉火～青的地步 *rise to the high degree of professional proficiency*

【纯粹】❶（形）（不掺杂别的成分，引申指德行完美无缺）pure；unadulterated：捏造一个～的谎言 *invent an absolute lie* ❷（副）（单纯地）purely：～出于好奇 *out of sheer curiosity*

【纯度】（名）pureness；purity：保持适当的空气～ *maintain proper air purity*

【纯碱】（名）[化]soda ash

【纯洁】❶（形）（纯粹清白）pure；clean and honest：思想～ *be pure in thought* ❷（动）（使纯洁）purify：～空气 *purify air*

【纯净】（形）pure；clean：饮～水 *drink pure water*

【纯朴】（形）honest；simple；unsophisticated：～善良 *be honest and kind-hearted*

【纯真】（形）pure；sincere：～的儿童 *a pure and innocent child*

唇 chún（名）（嘴唇）lip：紧闭双～ *press one's lips together*

【唇膏】（名）lipstick

淳 chún（形）〈书〉（淳朴）pure；honest

【淳厚】（形）pure and honest；simple and kind

【淳朴】（形）honest；simple；unsophisticated：那里民风～。*The people there are simple and honest.*

chǔn

蠢 chǔn ❶（动）〈书〉（蠢动）wriggle ❷（形）❶（愚蠢）stupid；foolish；dull：真～ *be as stupid as an owl* ❷（笨拙）clumsy：动作显得～ *be clumsy in one's action*

【蠢材】（名）idiot；fool

【蠢人】（名）fool

chuō

戳 chuō ❶（动）❶（用尖端触击；捅；刺）jab；poke；stab：用手指～某人的额头 *poke sb. in the forehead with one's finger* ❷〈方〉（被触，因猛戳另一物体而本身受伤或损坏）sprain；blunt：钢笔尖～了。*The nib is blunted.* ❸〈方〉（竖立）stand sth. on end：有话进来说，别在门口～着。*Don't stand in the doorway.*

Come in if you have something to say. ❷（名）〈口〉（戳记的简称）stamp；seal：刻～ *engrave a seal*

【戳穿】（动）❶（刺穿）puncture：把口袋～ *puncture a hole in a bag* ❷（揭穿）lay bare；expose；explode：～阴谋 *lay bare a plot*／～谎言 *nail a lie to the counter*

【戳子】（名）stamp；seal：在文件上盖个～ *put a seal on a document*

chuò

绰 chuò（形）（宽绰）ample；spacious：阔～ *liberal with money*

【绰绰有余】（成）more than sufficient；enough to spare：他的收入应付生活～。*His income is more than enough for living expenses.*

【绰号】（名）nickname：给某人起个～ *fasten a nickname upon sb.*

辍 chuò（动）（中止；停止）stop：～学 *stop schooling*

cí

词 cí（名）❶（说话或诗歌、文章、戏剧中的语句）speech；statement：致悼～ *deliver a memorial speech* ❷（一种韵文形式，起于唐代，盛于宋代，又称"长短句"）ci，a type of classical Chinese poetry（originating in the Tang Dynasty and fully developed in the Song Dynasty）❸[语]（语言中最小的、可以自由运用的单位）word；term：选～填空 *choose words for the blanks*／组～连句 *put words together in sentences*

【词典】（名）dictionary：修订～ *revise a dictionary*／借助于～ *by the help of a dictionary*

【词根】（名）root

【词汇】（名）vocabulary；words and phrases：专业术语～ *a vocabulary of technical terms*／扩大～量 *enlarge one's vocabulary*

【词句】（名）words and phrases；expressions：寻找合适的～ *seek the proper phrases*

【词义】（名）the meaning or sense of a word

【词组】（名）word group；phrase：使用固定～ *use set phrases*

瓷 cí（名）（用高岭土、长石、石英等烧制成的材料）porcelain；china：薄～ *eggshell china*／细～ *fine china*

【瓷雕】（名）porcelain carving

【瓷漆】（名）enamel paint；enamel

【瓷器】（名）porcelain；chinaware：生产～ *produce china*／给～上釉 *glaze china*

【瓷碗】（名）china bowl

辞 cí ❶(名)❶(优美的语言;文辞;言辞)diction:修～ *rhetoric* ❷(古典文学的一种体裁)a type of classical Chinese literature:《楚～》"*The Songs of Chu*" ❸(古体诗的一种)a form of classical poetry:《木兰～》"*The Ballad of Mulan*" ❷(动)❶(告别)take leave:～旧迎新 *ring out the old year and ring in the new* ❷(推辞;辞谢)decline:固～ *firmly decline* ❸(辞职)resign:～工另就 *leave one's work and go to another* ❹(辞退;解雇)dismiss;discharge:因某事被～ *be discharged for sth.* ❺(躲避;推托)shirk:不～辛劳 *not shirk any hardships*

【辞别】(动)bid farewell;say good-bye;take one's leave:挥泪～某人 *say a tearful good-bye to sb.*

【辞退】(动)dismiss;discharge:我没有正当理由～他。*I can't injustice dismiss him.*

【辞行】(动)say good-bye(to one's friends, etc.)before setting out on a journey:我专程来～。*I specially came to wish good-bye.*

【辞职】(动)resign;hand in one's resignation:因身体虚弱而～ *resign on account of feeble health*

慈 cí ❶(形)(和善)kind;loving:～眉善目 *have a benignant look* ❷(动)〈书〉(上对下慈爱)love:敬老～幼 *respect the old and love the young* ❸(名)(指母亲)mother:家～ *my mother*

【慈爱】(形)love;affecting;kind:用～的态度对待孩子 *treat children with loving kindness*

【慈善】(形)charitable;benevolent;philanthropic:献身～事业 *be devoted to charity*

【慈祥】(形)kindly:一个～的老人 *a kind old man*

磁 cí (名)❶[物](磁性:能吸引铁、镍等的性质)magnetism:地～ *terrestrial magnetism* ❷〈旧〉(瓷)porcelain;china

【磁场】(名)magnetic field:产生～ *create a magnetic field*

【磁带】(名)(magnetic)tape:听录音～ *listen to a tape*

【磁力】(名)magnetic force:～勘探 *magnetic prospecting*

【磁铁】(名)magnet:条形～ *bar magnets*

【磁性】(名)magnetism:失去～ *lose magnetism*

雌 cí (形)(生物中能产生卵细胞的)female:～鸟 *female bird*

【雌性】(名)female

此 cǐ (代)❶(这;这个)this:～乃天意。*This is the will of Heaven.* ❷(此时;此地)now;here:请勿在～吸烟。*No smoking allowed here.*

【此地】(名)this place;here:～人 *local people*

【此刻】(名)this moment;now;at present

【此时】(名)this moment;right now:～此刻 *at this very moment*

【此外】(连)besides;in addition;moreover:他一生就写过这两部书,～没有别的著作了。*Besides these two books, he didn't produce any other work during his lifetime.*

次 cì ❶(名)❶(次序;等第)order;sequence:飞机的班～ *number of runs of flights* ❷〈书〉(出外远行时停留的处所)stopping place on a journey;stopover:旅～ *a stopover* ❷(形)❶(排在第二的)second;next:～年 *next year* ❷(形)(质量较差的)second-rate;inferior:～布 *cloth of a poor quality* ❸(量)(用于可以重复的事物或动作):三～ *three times*

【次等】(形)second-class;second-rate;inferior

【次品】(名)substandard products;defective goods

【次序】(名)order;sequence:按～入场 *enter in proper order*/颠倒～ *reverse the right order*

【次要】(形)less important;secondary;subordinate:区别主要矛盾和～矛盾 *distinguish between the principal and the secondary contradictions*

伺 cì

【伺候】(动)wait upon;serve:他有几个仆人～着。*He has several servants to wait on him.* 另见 984 页 sì。

刺 cì ❶(动)❶(尖的东西进入或穿过物体)stab;prick:手指被～ *be stung in the finger* ❷(刺激)irritate;stimulate:～鼻 *irritate the nose* ❸(暗杀)assassinate:防止有人行～ *avert assassination* ❹(侦探;打听)detect;spy:～探出敌人的一个秘密 *spy out a secret of the enemy* ❺(指责;讽刺)criticize;satirize ❷(名)❶(尖锐像针的东西)thorn;splinter:他话中有～。*His words carry a sting.* ❷〈书〉(名片)visiting card:投～ *send in one's card*

【刺激】(动)❶(推动事物起积极变化)stimulate;excite:～工农业生产 *give a stimulus to* agriculture and industry ❷（使激动）provoke；irritate；upset：情绪上受到～ be upset emotionally

【刺客】（名）assassin

【刺绣】❶（动）（中国优秀的民族传统工艺之一）embroider：在天鹅绒上～图案 embroider figures on velvet ❷（名）（指产品）embroidery

赐 cì ❶（动）（赏赐）grant；confer；favour；gift：～福 bless ❷（名）〈敬〉（指所受的礼物）favour；grant；gift：厚～受之有愧。 I feel unworthy of the precious gift you have bestowed on me.

【赐予】（动）grant；bestow

cōng

匆 cōng（形）（急；忙）hasty；hurried

【匆匆】（形）hurried：～就座 seat oneself in haste／～逃离村庄 hurriedly desert the village

【匆促】（形）hasty；in a hurry：～做出决定 jump at a conclusion／～办事 hurry on the business

【匆忙】（形）hasty；in a hurry：～离去 hurry away／～钻进汽车 hurry into a car

葱 cōng ❶（名）［植］（多年生草本植物）onion；scallion：小～ shallot ❷（形）（青绿色）green

聪 cōng ❶（名）〈书〉（听觉）faculty of hearing：失～ lose one's hearing ❷（形）（听觉灵敏）acute hearing：耳～目明 able to see and hear clearly

【聪明】（形）intelligent；bright；clever：～好学 be intelligent and fond of study／才智～ intelligence and wisdom

cóng

从 cóng ❶（动）❶（跟随）follow：盲～ follow blindly ❷（顺从；听从）comply with；obey：对某人言听计～ act at sb.'s beck and call ❸（从事；参加）join；be engaged in：～政 be engaged in politics ❹（采取某种方针或态度）in a certain manner or according to a certain principle：～轻发落某人 give sb. a light sentence ❷（名）（跟随的人）follower；attendant；侍～ attendant ❸（形）❶（从属的；次要的）secondary；accessary：主～ the primary and the secondary ❷（堂房亲属）relationship between cousins, etc.（of the same paternal grandfather, great-grandfather or a yet earlier common ancestor）：～兄弟 cousins on the paternal side ❹（介）（表示起于或经过）

from；through：～天而降 drop out of the sky ❺（副）（从来，用在否定词前面）ever：～未去过那里 have never been there

【从此】（副）from this time on；from now on；from then on；henceforth：他～将会刻苦学习。 He will study harder from this time on.

【从句】（名）subordinate clause

【从来】（副）always；at all times；all along：我～没有见过他。 I've never seen him before.

【从前】（名）before；formerly；in the past：我们村～大不一样了。 Our village is very different from what it was before.

【从容】（形）❶（不慌不忙；镇静）calm；unhurried：～不迫 take it leisurely and unoppressively ❷（时间或经济宽裕）plentiful；enough：时间很～ have enough time to spare

【从事】（动）❶（投身到）go in for；be engaged in：～舞台艺术 go in for the stage／开始～教育工作 take up teaching as a profession ❷（处理）deal with：鲁莽～ throw caution to the winds

【从属】（动）subordinate：～关系 relationship of subordination

【从速】（动）hasten；as soon as possible；without delay：～处理 deal with the matter as soon as possible

【从头】（副）❶（从最初）from the beginning：～做起 start from the very beginning ❷（重新）anew；once again：～再来 start afresh

丛 cóng ❶（动）（聚集）crowd together：～生 grow in clumps ❷（名）❶（生长在一起的草木）clump；thicket；grove：在灌木～中 in a clump of bushes ❷（泛指聚集在一起的人或物）crowd；collection：论～ a collection of essays

【丛林】（名）jungle；forest：在～中开辟一条路 cut a path through the jungle

【丛书】（名）series of books；collection：自学～ self-study series

còu

凑 còu（动）❶（聚集）gather together；pool；collect：把积蓄～在一起 pool the savings ❷（碰；赶；趁）happen by chance；take advantage of：不巧～上雨天。 It so happened to be a rainy day. ❸（接近）move close to；press near：别往跟前儿～。 Don't approach to the front.

【凑集】（动）gather together：晚饭后工人们～在一起研究技术革新问题。 After supper, the workers got together to discuss technical innovations.

【凑巧】（形）lucky；fortunate；as luck would

have it:在那儿,我一遇到了他。*I was lucky enough to meet him there.*

【凑趣】(动)❶(迎合别人兴趣)join in(a game,etc.)just to please others:他也说了几句玩笑话,凑了个趣。*He also cracked a few jokes to make everybody happy.* ❷(逗笑取乐)make a joke about;poke fun at:别拿我～。*Don't poke fun at me.*

【凑热闹】(动)❶(和大家一起玩儿)join in the fun ❷(添麻烦)add trouble to:我们够忙的,别再来～了。*We're busy enough as it is, don't give us more trouble.*

cū

粗 cū ❶(形)❶(长条东西直而大的)wide (in diameter);thick:～柱子 *big pillars* ❷(长条东西两边长距离宽的)wide (in breadth);thick:～线条 *thick lines* ❸(颗粒大;毛糙)coarse;crude;rough:～粮 *coarse food grain* ❹(声音大而低)gruff;husky:～声咒骂 *rap out an oath* ❺(疏忽;不周密)careless:～枝大叶 *be crude and careless* ❻(鲁莽;粗野)rude;vulgar:市井一话 *billingsgate language* ❷(副)(略微;稍微)roughly;slightly:～知一二 *have a rough idea*

【粗暴】(形)rude;rough;crude;brutal:无法忍受某人～的举止 *can't bear sb.'s crude behavior*

【粗糙】(形)coarse;rough;crude:表面～ *have a surface rough to the feel*/做工～ *be of rude workmanship*

【粗劣】(形)of poor quality;cheap;shoddy:一件～的作品 *a shoddy piece of work*

【粗略】(形)rough;sketchy:～说明自己的想法 *roughly explain one's ideas*/据～估算 *as roughly estimated*

【粗细】(名)❶(粗细的程度)(degree of)thickness:碗口～的钢管 *steel tubes as big as the mouth of a bowl* ❷(粗糙和细致的程度)crudeness or fineness;degree of finish;quality of work:庄稼长得好坏,也要看活儿的～。*Whether the crops grow well or badly depends also on how the work is done.*

【粗心】(形)careless;thoughtless:也许是我～。*Maybe it was thoughtless of me.*/～招致失败。*Careless invites failure.*

【粗壮】(形)❶(粗而健壮)sturdy;thickset;brawny:～的身体 *a thickset body* ❷(粗大而结实)thick and strong:～的树干 *a thick tree trunk* ❸(声音大)deep and resonant:声音～ *have a deep;resonant voice*

cù

促 cù ❶(形)(时间短、紧迫)(of time)short;hurried;urgent:时间短～ *be pressed for time* ❷(动)❶(催;推动)urge;promote:～其实现 *help to bring it about* ❷〈书〉(距离短;靠近)be close to;near:～膝谈心 *sit side by side and talk intimately*

【促成】(动)help to bring about;facilitate:～此事 *help to accomplish the thing*

【促进】(动)promote;advance;accelerate:～医学发展 *promote medical development*/～文明进步 *facilitate the progress of civilization*

【促使】(动)impel;urge;spur:～某人向更高的目标努力 *spur sb. up to higher attainment*/～某人采取行动 *motivate sb.'s action*

醋 cù ❶(名)❶(调味品)vinegar:老陈～ *mature vinegar* ❷(比喻嫉妒,常指在男女关系上)jealousy(as in love affair):争风吃～ *fight for a lover's affections*

【醋精】(名)vinegar concentrate

【醋熘鱼片】(名)sweet & sour fish

簇 cù ❶(动)〈书〉(聚集;簇拥)crowd together ❷(名)(聚集成的团或堆)cluster ❸(量)(用于聚集成团或堆的人或东西)cluster:一～鲜花 *a bunch of flowers*

cuán

攒 cuán (动)(聚集;集中;拼凑)assemble:自己～成一辆自行车 *assemble a bicycle by oneself*

cuàn

窜 cuàn (动)❶(乱跑;乱逃)flee;scurry:仓皇逃～ *flee in disorder hastily* ❷〈书〉(放逐;驱逐)exile;expel ❸(改动文字)change(the wording in a text,manuscript,etc.);alter:点～ *make some alterations(in wording)*

【窜犯】(动)raid;make an inroad into:～某个国家 *make inroads into a country*

【窜逃】(动)flee in disorder;scurry off

篡 cuàn (动)(夺取,常指篡位)usurp;seize:～位 *usurp the throne*

【篡夺】(动)usurp;seize:王位被～了。*The throne was unlawfully seized.*

【篡改】(动)distort;misrepresent;tamper with;falsify:～遗嘱 *falsify a will*/～原文 *tamper with the text*

cuī

催 cuī（动）❶（催促；叫人赶快行动或做某事）urge；hurry；press：去～他一下。*Go and hurry him up.* ❷（促使；使事物的产生和变化加快）hasten；expedite；speed up：～人泪下 *make the angels weep*
【催逼】（动）press for（payment of debt, etc.）：～还债 *push and force payment of a loan*
【催促】（动）urge；hasten；press：～某人答复 *press sb. for an answer*
【催化】（动）catalysis：～反应 *catalytic reaction*／～促进剂 *catalytic promoter*

摧 cuī（动）（折断；破坏）break；destroy：坚不可～ *be so strongly built as to be unbreakable*
【摧残】（动）wreck；destroy；devastate：身心受到～ *be physically injured and mentally affected*
【摧毁】（动）destroy；smash；wreck：～城市 *destroy a town*／～某人的希望 *wreck sb.'s hopes*

cuì

脆 cuì（形）❶（容易折断破碎）fragile；brittle：这种纸张～。*This kind of paper is very fragile.* ❷（较硬的食物容易弄碎弄裂）crisp：～的烤面包 *crisp toast* ❸（声音清脆）（of voice）clear；crisp：小孩～生生的声音 *the clear and sharp voice of a child* ❹〈方〉（说话、做事爽快；干脆）neat：这件事办得很～。*That was a neat job.*
【脆弱】❶（形）（禁不起挫折；不坚强）fragile；frail；weak：神经～ *be of weak nerves* ❷（名）（意志薄弱）fragility；frailty：女性的～ *female frailty*

淬 cuì
【淬火】（动）quench：～硬化 *quench hardening*

粹 cuì ❶（形）（纯粹）pure：～而不杂 *pure and unadulterated* ❷（名）（精华）essence；the best；the quintessence：国～ *the quintessence of Chinese culture*

翠 cuì ❶（形）（青绿色）emerald green；green：～竹 *green bamboos* ❷（名）❶（翡翠鸟）kingfisher ❷（翡翠）jadeite：珠～ *pearls and jade jewellery*
【翠绿】（形）emerald green；jade green

cūn

村 cūn ❶（名）（村庄）village：渔～ *a fishing village* ❷（形）（粗俗）rustic；boorish：～野的质朴 *boorish simplicity*
【村落】（名）village；hamlet：破败的～ *a shabby village*
【村镇】（名）villages and small towns

cún

存 cún（动）❶（存在；生存）exist；live；survive：皮之不～，毛将附焉。*A thing can't exist without its basis.* ❷（储存；保存）store；keep：～粮食 *store up grain* ❸（蓄积；聚集）accumulate；collect：雨水～积在低洼的地方 *Rain water collects on low ground.* ❹（储蓄）deposit：把钱～银行 *deposit money in a bank* ❺（寄存）leave...with；check：～车处 *parking lot for bikes* ❻（保留）reserve；retain：去伪～真 *discard the false and retain the true* ❼（结存；余留）remain on balance；be in stock：有库～ *have a stock of goods* ❽（心里怀着）cherish；harbour：心～希望 *cherish a hope*
【存储】（动）store：～容量 *memory capacity*／～元件 *memory element*
【存单】（名）deposit receipt：定期～ *time certificate*
【存档】（动）keep in the archives；place on file；file：每次会议记录都～。*Records of each meeting are made for file.*
【存放】（动）❶（寄存）leave...with；leave in sb.'s care：把行李～在火车站 *leave one's luggage at the station* ❷（储存）deposit（money）：把节余的钱～在银行里。*Put your savings in the bank.*
【存根】（名）counterfoil；stub：票据的～ *ticket stubs*
【存户】（名）depositor
【存货】（名）goods in stock；existing stock：清点～ *check a stock*／市场～充足。*The market is fully stocked.*
【存款】❶（动）（把钱存在银行里）deposit money ❷（名）（存在银行里的钱）bank savings；deposit：支取～ *draw one's deposit*／～单 *deposit certificate*／～人 *depositor*／～收据 *deposit receipt*
【存亡】（名）life or death：是关系生死～的大事 *be a matter of life or death*
【存在】❶（动）（事物持续地占据着时间和空间）exist；be：那个问题已经不～了。*That problem no longer exists.* ❷（名）（不依赖人的意志为转移的客观境界，即物质）being；existence：人们的社会～决定人们的意识。*Men's social existence determines their consciousness.*

cùn

寸 cùn ❶（量）（长度单位）cun，a unit of length：得～进尺 *ask for a yard after getting an inch* ❷（形）（极短或极小）very little；very short；small：鼠目～光 *see only what is under one's nose*

cuō

磋 cuō（动）❶〈书〉（把象牙等磨光）grind ❷（引申为仔细商量）consult：切－琢磨 *study carefully and learn by mutual discussion*
【磋商】（动）consult；exchange views：家庭～ *a family consultation* / 与各有关部门进行～ *hold consultations with all departments concerned*

撮 cuō ❶（动）❶〈书〉（聚合；聚拢）gather；bring together ❷（把聚拢的东西用簸箕等物铲起）scoop up（with a dustpan or shovel）：～起一簸箕土 *scoop up a dustpan of dirt* ❸〈方〉（用指头捏取细碎的东西）take up with the fingers：～一点儿盐 *take a pinch of salt* ❹（摘取要点）extract；summarize：～要 *make an abstract* ❷（量）❶（容量单位）cuo，a unit of capacity ❷（指用两三个指头撮取的分量，借以形容极少的坏人）pinch：一～盐 *a pinch of salt*
【撮弄】（动）❶（摆布；戏弄）make fun of；play a trick on；tease：他无情地～一个孩子。*He teased a child unmercifully.* ❷（教唆；煽动）abet；instigate；incite

cuò

挫 cuò（动）❶（挫折；失败）defeat；frustrate：受～ *suffer a setback* ❷（压下去；降低）subdue；lower：得～～他的锐气。*He needs to be taken down a peg.*
【挫败】（动）frustrate；foil；defeat：～进攻 *foil an attack* / 某人的欺诈手段 *frustrate sb.'s knavish tricks*
【挫折】（动）reverse：屡遭～ *suffer repeated setbacks*

措 cuò（动）❶（安排；处置）arrange；manage；handle：处于手足无～的混乱状态 *be in bewildering confusion* ❷（筹划）make plans：筹～款项 *raise funds* ❸〈书〉（施行）execute ❹〈书〉（废弃；放弃）abandon
【措辞】（动）wording；diction：～不当 *inappropriate wording* / 夸张的～ *heightened diction*
【措施】（名）measure；step：补救～ *remedial measures* / 立刻采取～ *take immediate steps*

锉 cuò ❶（名）（一种手工切削工具）file：三角～ *triangular file* ❷（动）（用锉进行切削）make smooth with a file；file：～去铁锈 *file away rust*
【锉刀】（名）file：粗～ *bastard file*

错 cuò ❶（形）❶（错误；不正确）wrong；mistaken；erroneous：走～路 *take the wrong path* ❷（坏；差，用于否定）bad；poor：提供一个不～的工作 *offer a good job* ❷（动）❶（交叉；参差；错杂）interlocked and jagged：～落有致 *be uneven but well-proportioned* ❷（两个物体相对摩擦；磨）grind；rub：～牙 *grind one's teeth（in one's sleep）* ❸（更迭；交错；错开）alternate；stagger：这两个会不能同时开，得～一下。*We can't hold the two meetings at the same time, we must stagger them.* ❹（相对行动时避开而不碰上；错过）miss：～车 *vehicle gives another the right way* ❸（名）❶（过错；错处）fault；demerit：挑～ *find fault* ❷〈书〉（打磨玉石的石头）grindstone for polishing jade
【错案】（名）misjudged case
【错处】（名）fault；demerit
【错过】（动）miss；let slip：～一生中难得的好机会 *let the chance of lifetime slip through one's fingers* / ～这趟车 *miss the bus*
【错乱】（形）in disorder；in confusion；deranged：因悲伤而精神～ *be deranged by grief*
【错误】❶（形）（不正确）wrong；mistaken；erroneous：执行～路线 *pursue an erroneous line* ❷（名）（不正确的事物、行为等）mistake；error；blunder：承认～ *admit one's mistakes* / 致命的～ *fatal error*
【错综复杂】（成）intricate；complex：我的心绪～。*My heart is rent by conflicting emotions.* / 使局势更加～ *further complicate the situation*

D

dā

耷 dā（名）〈书〉（大耳朵）big ear

搭 dā（动）❶（支；架设）put up；build：～浮桥 *put up a pontoon bridge*／～帐篷 *pitch a tent* ❷（把柔软的东西放在可以支架的东西上）hang over；put over：把洗好的衣服～在竹竿上 *hang the washing on a bamboo pole* ❸（连接在一起）come into contact；join：～上关系 *strike up a relationship with*／前言不～后语 *speak incoherently；mumble disconnected phrases* ❹（凑上；加上）throw in more（people，money，etc.）；add：你忙不过来，给你～一个人吧。*You are terribly busy. We'll send someone to help you.* ❺（共同抬起）lift sth. together：帮我把这个箱子～到桌子上。*Help me lift the chest up on the table.*／请把桌子～到楼上去。*Please carry the desk upstairs.* ❻（乘；坐）take（a ship，plane，etc.）；travel by；go by：～长途汽车 *travel by coach*／～飞机 *go by plane*

【搭伴】（动）join sb. on a trip；travel together：～旅行 *travel in company*／跟他们～ *join company with them*

【搭车】（动）lift；get a lift：他～进城。*He got a lift into town.*

【搭档】❶（动）（搭对；协作；合伙）cooperate；work together：咱俩～吧。*Let us two team up.* ❷（名）（协作人）partner；workmate：老～ *old partner*

【搭救】（动）rescue；go to the rescue of：把某人从危险中～出来 *rescue sb. from danger*；*save sb. from danger*

【搭理】（动）acknowledge（sb.'s greeting，etc.）；respond；answer：他甚至不～我。*He didn't even return my greeting.*

【搭配】（动）❶（按一定的安排分配）assort or arrange in pairs or groups：合理～使用 *be used in proper proportions* ❷（配合）collo-cate：这两个词～不当。*These two words don't go together.*

答 dā

另见 672 页 dá。

【答应】（动）❶（应声回答）answer；respond：我敲了几下门，但没人～。*I knocked at the door several times，but there was no answer.* ❷（许诺）promise；comply with：他～尽力而为。*He promised to do his best.* ❸（同意）agree；consent：～她的请求 *consent to her request*／他～帮我忙。*He agreed to help me.*

dá

达 dá ㊀（动）❶（畅通）extend：公路四通八～。*Highways radiate in all directions.* ❷（达到）reach；attain；amount to：不～目的，决不罢休 *refuse to give up before the aim is achieved*／欲速则不～。*The more you hurry，the less progress you are likely to make.* ❸（通晓；明白）understand thoroughly：通权达变 *be able to adapt oneself to circumstances*／通情～理 *be understanding and reasonable；be sensible* ❹（表达；传达）express；communicate：传～命令 *transmit an order*／词不～意。*The words fail to convey the idea.* ㊁（形）（显贵）eminent；distinguished：～官 *ranking official*

【达标】（动）reach the standard；up to the standard

【达成】（动）reach（an agreement）；conclude：～交易 *strike a bargain；conclusion of business*／～谅解 *come to an understanding*／～协议 *reach an agreement*

【达到】（动）achieve；attain；reach：～标准 *up to scratch*／～目的 *achieve the goal；attain the goal*

【达意】（动）express one's ideas；convey one's ideas：抒情～ *express one's thoughts and feelings*／词不～。*The words fail to convey the idea* .

答 dá (动) ❶ (回答) answer；reply；respond：对～如流 *answer fluently*；*fluently repartee*/笑而不～ *smile without replying* ❷ (还报) return（a visit，etc.）；reciprocate：报～ *repay*；*requite*/酬～ *thank sb. with a gift*；respond with a poem or speech
另见 671 页 dā。

【答案】(名) answer；solution；key：练习的～ *key to an exercise*/找到问题的～ *find a solution to the problem*

【答辩】(动) reply（to a charge，query or an argument）；reply in support of one's own idea or opinion：公开～的权利 *the right of public reply*/毕业～会 *graduation oral examination*

【答复】(动) formal reply；answer：～他的询问 *reply to his inquiry*

【答谢】(动) express appreciation（for sb.'s kindness or hospitality）；acknowledge：～宴会 *return banquet*

dǎ

打 dǎ ❶ (动) ❶ (撞击；敲打) strike；hit；knock：～门 *knock at the door*/敲锣～鼓 *beat gongs and drums*/趁热～铁。*Strike while the iron is hot* . ❷ (因撞击而破碎) break；smash：窗玻璃～了。*The windowpane is broken*./鸡飞蛋～。*The hen has flown away and the eggs in the coop are broken* . ❸ (殴打；攻打) fight；attack：～成一团 *fight together*/～碉堡 *attack a stronghold* ❹ (发生与人交涉的行为) negotiate；make representations to：～官司 *go to law（against sb.）*/～交道 *deal with*；*negotiate* ❺ (建造；修筑) construct；build：～坝 *construct a dam*/～把刀 *forge a knife* ❻ (搅拌) mix；stir；beat：～鸡蛋 *beat eggs* ❼ (捆) tie up；pack：～行李 *pack one's luggage*/*pack up* ❽ (编织) knit；weave：～毛衣 *knit a sweater* ❾ (涂抹；画，印) draw；paint；make a mark on：～方格儿 *draw squares*/～手印 *put one's fingerprint on a document* ❿ (揭；凿开) open；bore；dig：～开盖子 *take off the lid*/～井 *dig a well* ⓫ (举；提) hoist；raise：～灯笼 *carry a lantern*/～起精神来 *raise one's spirits*；*cheer up*/～伞 *hold up an umbrella* ⓬ (放射；发出) send；dispatch；project：～雷 *thunder*/～信号 *give a signal* ⓭ (付给或领取) issue or receive（a certificate，etc.）：～介绍信 *write a letter of introduction（for sb. ）* ⓮ (除去) remove；get rid of：～蛔虫 *take medicine to get*

rid of roundworms；*take worm medicine* ⓯ (舀取) ladle；draw：从井里～水 *draw water from a well*/～粥 *ladle gruel* ⓰ (买) buy：～酱油 *buy soy sauce* ⓱ (捕捉禽兽等) catch；hunt：～野鸭 *go duck-hunting*/～鱼 *catch fish* ⓲ (收割；收集) gather in；collect；reap：～柴 *gather firewood* ⓳ (定出；计算) estimate；calculate；reckon：成本～500 元钱 *estimate the cost at 500 yuan* ⓴ (拟定) work out：～草稿 *work out a draft* ㉑ (做；从事) do；engage in：～短工 *work as a day or seasonal labourer* ㉒ (喷撒) spray；spread：～农药 *spray insecticide* ㉓ (做某种游戏或运动) play：～篮球 *play basketball*/～秋千 *have a swing* ㉔ (表示身体上的某些动作)：～个跟斗 *turn a somersault*/～手势 *make a gesture*；*gesticulate* ㉕ (采取某种方式) adopt；use：～个比方 *draw an analogy* ❷ (介) ❶ (表示处所、时间、范围的起点) from；since：～那以后 *since then*/你～哪儿来? *Where did you come from?* ❷ (表示经过的路线、场所)：他们将～水路去香港。*They'll go to Hong Kong by water* .

【打败】(动) ❶ (战胜) defeat；beat；worst：他们队以很高比分～了我们队。*Their team beat ours by a large score* . ❷ (失败) suffer a defeat；be defeated：那支部队因为没有援军而被～。*The army was defeated through having no reinforcements* .

【打扮】(动) (装饰；装束) dress up；make up；deck out；dress；attire：～得整整齐齐 *all dressed up*

【打倒】(动) overthrow；down with；strike down：～暴君 *overthrow a tyrant*/他一拳把对手～。*With one blow he knocked his opponent down* .

【打电话】(动) phone；ring up；call（up）；give sb. a call：请于明晨给他～。*Please give him a call tomorrow morning* .

【打断】(动) ❶ (打折) break；break in：～脊梁骨 *break the backbone* ❷ (使中断) interrupt；cut short：～思路 *interrupt sb.'s train of thought*

【打发】(动) ❶ (派出去) send；dispatch：～人医生 *send for a doctor* ❷ (使离开) dismiss；send away：把孩子们～出去 *send the children away* ❸ (消磨) while away（one's time）

【打官司】(动) ❶ (进行诉讼) go to court；go to law；engage in a lawsuit；litigate ❷ 〈口〉 (争吵；口角) squabble：打不完的官司 *endless squabbles*

【打架】(动) come to blows；fight；scuffle

【打搅】(动) disturb；interrupt；trouble：～您一

下。*May I trouble you a minute?*
【打开】(动) ❶(揭开;拉开;解开)open;unfold:～包袱 *untie a bundle* ❷(接通电路)turn on;switch on:～收音机 *turn on the radio* ❸(攻开)break through:～一条出路 *break through an encirclement*;*fight a way out* ❹(展开;扩展)open up;spread:～局面 *open up a new prospect*/～思路 *broaden one's scope of mind*
【打猎】(动) go hunting:爱好～ *be fond of hunting*;*be fond of shooting*
【打破】(动) break;smash:～界线 *break down barriers*/～平衡 *upset a balance*
【打扫】(动) sweep;clean
【打听】(动) ask about;inquire about;get a line on:～某人的地址 *try to find out sb.'s address*
【打招呼】(动) ❶(用语言或动作表示问候)greet sb.;say hello;tip one's hat ❷(事先提醒)give a previous notice;warn:先给某人打个招呼 *give sb. notice before*
【打针】(动) give or have an injection:打肌肉针 *inject into a muscle*
【打字】(动) typewrite;type:用打字机打一封信 *type a letter*

dà

大 dà ❶(形) ❶(体积、面积等大)big;large:～厦 *a large building* ❷(强度大)strong(wind,etc.);heavy(rain,etc.);loud:～风 *a strong wind*/～雨 *a heavy rain* ❸(伟大的;重要的)great;important:～人物 *important person*;*great personage* ❹(主要的;大规模的)general;main;major:～路 *main road*/～手术 *major operation* ❺(尺寸大小)size:你穿多～的鞋? *What size shoes do you wear?* ❻(年龄大小)age:他比我～三岁。*He is three years senior to me.* ❼(排行第一)eldest:～哥 *eldest brother* ❽〈敬〉(称与对方有关的事物)your:～作 *your writing* ❾(用在时令或节日前,表示强调)～白天 *in broad daylight*/～清早 *early in the morning* ❸(副) ❶(表示程度深)greatly;fully:～吃一惊 *be greatly surprised*/～献殷勤 *do one's utmost to please and woo* ❷(用在"不"后,表示程度浅或次数少)not very;not often:不～好 *not very good* ❸(名) ❶(年纪大的人)adult;grown-up:一家～小 *the whole family* ❷〈方〉(伯父或叔父)one's father's brother;uncle
【大白菜】(名)Chinese cabbage
【大本营】(名) ❶(最高统帅部)supreme headquarters ❷(登山营地)base camp:登山队～

the base camp of a mountaineering expedition ❸(堡垒;要塞)stronghold
【大部】(名)the greater part;歼敌～ *annihilate the greater part of the enemy*
【大胆】(形)bold;daring;audacious:～的革新 *a bold innovation*/～探索 *explore courageously*
【大地】(名)ground;earth;mother earth:～回春。*Spring returns to the earth.*
【大多】(副)for the most part;mostly:这次测验,学生的成绩～很好。*In the main, the pupils did well on the test.*
【大概】 ❶(名)(大致内容或情况)general idea;broad outline:只知道个～ *have only a general idea*/描述个～ *describe in broadest outline* ❷(形)(大约)general;rough;approximate:～相同 *be roughly the same*/～的分析 *a general analysis* ❸(副)(可能)probably;most likely;presumably:会议～要延期。*The meeting will probably be postponed.*
【大过】(名)serious mistake:记～一次 *record a serious mistake*
【大话】(名)big talk;boast;bragging:说～ *talk big*
【大姐】(名) ❶(最年长的姐)eldest sister ❷(对与自己年龄相仿的女人的尊称)elder sister
【大理石】(名)marble
【大量】(形) ❶(数量多)a large number;a great quantity:～库存 *huge stocks*/～时间 *plenty of time*/～事实 *a host of facts* ❷(气量大;能容忍)generous;magnanimous:宽宏～ *magnanimous*;*large-minded*
【大陆】(名)continent;mainland
【大略】 ❶(名) ❶(大致内容或情况)summary;general idea;broad outline:只说说故事～ *give only a broad outline of the story* ❷(远大的谋略)great talent;bold strategy:雄才～ *great talent and bold vision* ❸(副)(大约)generally;roughly;approximately:～相同 *roughly the same*/时间不多了,你～说说吧。*There isn't much time left. Could you speak just briefly?*
【大门】(名)entrance door;gate
【大米】(名)(husked) rice
【大名鼎鼎】(成)famous;celebrated;well-known:他已经是～的人物了。*He has become a celebrity.*
【大气】(名) ❶(地球周围的气体)atmosphere;air ❷(呼吸;沉重的呼吸)breath;heavy breathing:吓得连～也不敢出 *catch or hold one's breath in fear*
【大前天】(名)three days ago
【大人】(名)(成人)adult;grown-up

【大失所望】（成）greatly disappointed；body blow

【大使】（名）ambassador；待命全权～ ambassador extraordinary and plenipotentiary

【大腿】（名）thigh

【大西洋】（名）the Atlantic（Ocean）

【大学】（名）❶（高等学校）university；college：广播电视～ radio broadcasting and television university／师范～ normal university ❷（"四书"之一）The Great Learning

【大雁】（名）wild goose

【大洋洲】（名）Oceania

【大意】（名）main points；general idea；gist；tenor：段落～ the gist of a paragraph

【大约】❶（形）（约略）approximate；about：～有12个人。There were around a dozen people．／～半小时路程。It's about half an hour's journey． ❷（副）（可能）probably：他～是到北京去了。He has probably gone to Beijing．

【大丈夫】（名）true man；real man；man

【大致】❶（形）（大体上）rough；on the whole：～相同 roughly the same ❷（副）（大概；大约）approximately；more or less：这活儿他们已经～干完了。They've more or less finished the job．

【大众】（名）the masses；the people；the public；the broad masses of the people：～歌曲 popular songs

【大自然】（名）nature：征服～ conquer nature

dāi

呆 dāi ❶（形）❶（头脑迟钝；不灵敏）slow-witted；dull：～头～脑 dull-looking ❷（脸上表情死板；发愣）blank；wooden：吓～了 be stupefied；be scared stiff；be struck dumb ❸（动）（停留；耽搁；居住）stay：～在家里 stay at home

【呆滞】（形）❶（不灵活）dull；inert；lifeless：目光～ with a dull look in one's eyes ❷（不流通；不景气）idle；sluggish；stagnant；slack：商业～ slack in business／市场～。It is a dull market．／贸易～ stagnant in trade

dǎi

歹 dǎi（形）（坏，常指人和事）bad；evil；为非作～ do evil

【歹徒】（名）scoundrel

dài

代 dài ❶（动）❶（代替）take the place of；be in place of：～人受过 suffer for the faults of another／请～我向他致意。Please give him my regards． ❷（代理）act on behalf of；act for：～部长 acting minister ❷（名）❶（历史上的分期）historical period：古～ ancient times／近～ modern times ❷（朝代）dynasty：汉～ the Han Dynasty ❸（世系的辈分）generation：～～相传 pass on from generation to generation ❹［地］（地质年代分期的第一级）era：古生～ the Palaeozoic Era

【代表】❶（名）（委派的代表）deputy；delegate；representative：双方～ representatives from both sides／全权～ plenipotentiary ❷（动）❶（体现）represent；stand for：～时代精神 embody the spirit of the era ❷（替人办事或讲话）on behalf of；in the name of：～全厂工人讲话 speak in the name of the workers of the factory

【代词】（名）pronoun：反身～ reflexive pronoun／人称～ personal pronoun

【代理】（动）❶（暂时代人担任某种职务）act on behalf of sb. in a responsible position：～厂长 acting manager of a factory ❷（依法接受委托代表别人工作）act as agent：～关系 agent relation

【代数】（名）algebra

【代替】（动）replace；substitute for；take the place of：你要是自己不能去，可以找个人来～。If you cannot go yourself，try to find someone to substitute for you．

【代销】（动）sell goods on a commission basis；be commissioned to sell something；act as a commission agent：～店 shop commissioned to sell certain goods

【代言人】（名）spokesman；mouthpiece

【代用】（动）substitute：～材料 substitute materials

带 dài ❶（名）❶（窄而长的条状物）belt；girdle；ribbon；band；tape：磁～（magnetic）tape／领～ necktie／皮～ leather belt ❷（地带；区域）zone；area；belt：热～ torrid zone／林～ forest belt ❸（轮胎）tyre：自行车～ bicycle tyre ❹［医］（白带）leucorrhea；whites ❷（动）❶（随身拿着；携带）take；bring；carry：～个向导 take a guide／我没有～钱。I haven't any money on me． ❷（捎带着做某事）do something incidentally：给某人～口信 take a message to sb.／你出去请把门～上。Please pull the door when you go out． ❸（呈现；含有）bear；have：面～笑容 wear a smile／说话别～刺儿。Don't be sarcastic． ❹（连带；附着）having something attached；simultaneous；～叶的苹果 apples with their leaves on/连说～笑地走进来 enter laughing and talking ❺（引导；领）lead；head：～队 lead a group of people/她带我～进会客室。She led me into the reception room. ❻（带动）lead；bring along：以点～面 use the experience of one point to lead the whole area/先进～后进。The more advanced bring along the less advanced. ❼（照料；培养）look after；bring up；raise：～孩子 look after children/他是由他奶奶～大的。He was brought up by his grandmother.

【带动】（动）drive；spur on；bring along：抓好典型，～全局 take firm hold of typical examples to promote the work as a whole

【带领】（动）（领导；引导）lead；head；guide：～部队 lead an army/～人民前进 guide the people along the path of progress

【带子】（名）belt；band；girdle；ribbon；tape

贷 dài ❶（名）（借给的款项）loan：信～ credit/高利～ usurious loan ❷（动）❶（借入或借出钱）borrow or lend；向银行～款 get a bank loan ❷（推卸责任）shift（responsibility）；shirk：责无旁～ be one's unshirkable responsibility ❸（饶恕）pardon；forgive：严惩不～ punish without mercy

【贷方】（名）credit side；credit：～余额 credit balance

【贷款】❶（名）（贷给的款项）loan；credit：银行～ bank loan/工业～ industrial loan/信用～ fiduciary loan ❷（动）（借钱给需要用钱者）provide a loan；make an advance to；extend credit to：从银行～ obtain loans from a bank

待 dài（动）❶（对待）treat；deal with：～人诚恳 treat people sincerely/你应该～他更客气些。You should deal with him more politely. ❷（招待）entertain：受到款～ be hospitably entertained/～客 entertain a guest ❸（等待）wait for；await：有～改进 have yet to be improved/时不我～。Time waits for no man. ❹（需要）need：自不～言。This goes without saying. ❺（要；打算）be going to；be about to：我正～出门，有人来了。I was about to go out when someone came.

【待命】（动）await orders：～出发 await orders to set off

【待遇】（名）❶（权利）treatment：最惠国～ most-favored-nation treatment/政治～ political treatment ❷（物质报酬）remuneration；pay；wages；salary：～优厚 be paid at high remuneration

怠 dài ❶（动）（懒惰；松懈）idle；neglect；slack ❷（形）（怠惰）idle；lazy；indolent

【怠工】（动）slow down；go slow：消极～ be slack in work；remain passive and slow down

袋 dài ❶（名）（口袋）bag；sack；pocket；pouch：帆布～ canvas sack/塑料～ plastic-film bag ❷（量）❶（用于装口袋的东西）：一～糖果 a sack of candy ❷（用于水烟或旱烟）：抽一～烟 smoke a pipe

【袋鼠】（名）kangaroo

逮 dài（动）❶（逮捕）arrest ❷〈书〉（到；及）reach；力有未～ beyond one's reach

【逮捕】（动）arrest；take into custody：～法办 arrest and deal with according to law/你被～了。You are under arrest.

戴 dài（动）❶（把东西放在头、面、颈、胸、臂等处）put on；wear：～上手套 put on one's gloves/～眼镜 wear glasses ❷（拥护尊敬）respect；honour：爱～ love and respect/拥～ support（sb. as leader）

dān

丹 dān ❶（形）（红色）red：～枫 red maple ❷（名）❶〔矿〕（朱砂）cinnabar：炼～（try to）make pills of immortality（as a Taoist practice）❷〔药〕（依成方制成的颗粒状或粉末状的中药）pellet or powder；pill：灵～妙药 a wonderful remedy for all diseases

【丹麦】（名）Denmark

【丹心】（名）a loyal heart；loyalty：留取～照汗青 that my loyalty may leave a page in the annals

担 dān（动）❶（用肩膀挑）carry on a shoulder pole：～水 carry water（with a shoulder pole and buckets）❷（担负；承当）take on；undertake：不怕～风险 ready to face any danger/～责任 undertake the responsibility 另见 677 页 dàn

【担保】（动）vouch for；guarantee；assure：出口信贷～ export credit guarantees/我向你～他的能力。I assure you of his competence.

【担当】（动）❶（担负）take on；undertake；assume：～重任 take on heavy responsibilities ❷（承当）deserve；be worthy of：这样的光荣称号，我可～不起。I don't think I am worthy of such an honourable title.

【担负】（动）bear；shoulder；take on；be charged with：～责任 shoulder one's responsibilities/～领导工作 hold a leading post

【担任】(动) assume the office of；hold the post of：～裁判 serve as referee/～主席 take the chair .

【担心】(动) worry；feel anxious；无须～ have no reason for anxiety/他身体不好，使人十分～。His ill health has been a very anxious business .

【担忧】(动) worry；be anxious；全家人都在～。The worry is shared by the whole family .

单 dān ㊀(形)❶(单独；一个)one；single：～身汉 a single person/～丝不成线，独木不成林．One strand of silk doesn't make a thread；one tree doesn't make a forest . ❷(奇数的)odd：～号 odd number/～数 uneven number ❸(只有一层的)unlined (clothing)：～衣 unlined garment/～裤 unlined trousers ❹(项目或种类少；不复杂)simple：简～的问题 a simple question ❺(薄弱)thin；weak：势孤力～ be deficient in strength/你的衣服太～了．Your dress is too little for the weather . ㊁(副)❶(单独；独自)singly；alone：把这几件东西～放在一个地方．Keep these things in a separate place . ❷(只；仅)only；alone；solely：他不～卑鄙，而且丑陋．He is not only mean，but also ugly . ❸(单单)only：你为什么～挑这件事批评呀？Why have you singled out this incident for criticism？㊂(名)❶(盖在床上的大幅布)sheet；被～ top sheet/床～ bed sheet ❷(分项记载事物的纸片)bill；list：菜～ menu；bill of fare/名～ name list

【单薄】(形)❶(衣服薄而少)thin；little：穿得～ be thinly clad ❷(弱)thin and weak；frail：力量～ weak in strength/身体～ have a poor physique ❸(内容不充实)insubstantial；flimsy；thin：论据～ a feeble argument

【单程】(名)one-way：～车票 one-way ticket

【单纯】(形)❶(简单纯一)simple；pure：思想～ pure in mind/像孩子一样～ as simple as a child ❷(单一；只顾)alone；purely；merely：～追求数量 concentrate on quantity only

【单词】(名)❶(词)individual word；word ❷(由一个词素构成的词；单纯词)single-morpheme word

【单打】(名)singles；single game：男子～ men's singles

【单调】(形)(简单、重复而没有变化)monotonous；dull；drab：色彩～ dull colouring/声音～ in a monotonous tone

【单独】(副)alone；by oneself；on one's own：～行动 take one's own line/～旅行 travel alone/他～住一间屋子．He has a room to himself .

【单杠】(名)❶(体操器械的一种)horizontal bar：～表演 performance on horizontal bar ❷(竞技体操项目之一)horizontal bar gymnastics

【单个儿】㊀(副)(独自一个)individually；alone：最好集体去，不要～去。We'd better go in a group，not individually . ㊁(形)(成套或成对中的一个)odd：这双鞋剩下～了。There's only an odd shoe left .

【单轨】(名)monorail；single track：～运输 monorail transport

【单价】㊀(名)(单位价格)unit price ㊁(形)(一价的)univalent

【单身】㊀(名)(没结婚的人)unmarried；single：～女人 an unmarried woman/他仍是～。He is still single . ㊁(动)(不跟家属住在一起)not to be with one's family；live alone：～在外 live alone away from home

【单位】(名)❶(计量事物的标准量的名称)unit (as a standard of measurement)：长度～ a unit of length ❷(机关、团体或属于某一机关、团体的各个部分)unit (as an organization，department，division，section，etc.)：下属～ a subordinate organization/基层～ basic unit

【单向】(形)one-way

【单项】(名)individual event

【单相】(形)[物] single-phase

【单元】(名)(自为一组的单位)unit：运算～ arithmetic unit/记忆～ memory location

耽 dān (动)❶(迟延)delay ❷(沉溺；入迷)abandon oneself to；indulge in：～迷享乐 be immersed in pleasure

【耽搁】(动)❶(停留；逗留)stop over；stay：我不打算在这里～多久。I won't be here for long . ❷(迟延)delay：毫不～ without delay/一分钟也不能～。Not a single minute is to be lost .

【耽误】(动) delay；hold up：～功夫 waste time/～了整个工程 hold up the whole project

胆 dǎn (名)❶(胆囊)gallbladder ❷(胆量)courage；guts；bravery：壮～ boost sb.'s courage/闻风丧～ become panic-stricken at the news/～战心惊 tremble with fear ❸(装在器物内部，可容纳水、空气等物的东西)bladder-like inner container：热水瓶～ the glass liner of a vacuum flask

【胆大】(形) bold；audacious：～包天 be extremely audacious/艺高人～。Boldness of execution stems from superb skill.

【胆量】（名）courage；guts；pluck；spunk：很有～ have plenty of guts/有～过来。Come on if you've got the guts.

【胆怯】（形）timid；cowardly；nervous：他～了。His courage failed.

【胆小】（形）timid；cowardly：～如鼠 be as timid as a mouse/他一生～怕事。He had been a coward all his life.

【胆子】（名）courage；gall；nerve：放开～ pluck up courage/好大的～！What a nerve！

dàn

但 dàn ❶（副）（只）only；just；merely：不求有功，～求无过 do not hope to distinguish oneself, but only not to make mistakes/～说无妨 just speak out what is on your mind ❷（连）（但是）but；yet；still；nevertheless：他们都去了，～我没去。They all went, but I didn't./他很努力，～还是失败了。He worked hard, yet he failed.

【但是】（连）but；yet；still；nevertheless：我原以为我能去，～去不了啦。I thought I could go, but I can't.

【但愿】（动）if only；I wish：～他能及时赶到。If only he arrived in time.

担 dàn ❶（名）（担子）load；burden ❷（量）❶（重量单位）dan, a unit of weight ❷（用于成担的东西）：两～水 two buckets of water 另见675页 dān。

诞 dàn ❶（动）（诞生）give birth to；be born：～子 give birth to a son ❷（名）❶（生日）birthday：圣～ the birthday of Jesus Christ ❷（出生）birth ❸（形）（荒唐的；不实在的；不合情理的）absurd；fantastic：怪～的故事 a curious story/荒～的念头 an absurd idea

【诞辰】（名）birthday：庆祝某人70岁～ celebrate the 70th birthday of sb.

【诞生】（动）be born；come into being；emerge

淡 dàn（形）❶（液体或气体稀薄）thin；light：～酒 light wine/云～风轻。The clouds are pale and a light breeze is blowing./天高云～。The sky is high and the clouds are pale. ❷（味道不浓；不咸）tasteless；weak：粗茶～饭 live on weak tea and simple meals/～而无味 be weak and tasteless ❸（颜色浅）light；pale：～黄色 light yellow/浓妆～抹总相宜 be charming with either light or heavy makeup ❹（冷淡；不热心）indifferent：～然处之 treat with indifference ❺（营业不旺盛）slack；dull：

惨～经营 build up a business by years of painstaking effort and persistence/生意为清～。Business is deplorably dull. ❻〈方〉（没有意味的；无关紧要的）meaningless；trivial：扯～ talk nonsense

【淡薄】❶（形）❶（稀薄）thin；light：朝雾渐渐地～了。The morning mist gradually thinned. ❷（渐渐消失）faint；dim；hazy：时间隔得太久，印象也就～了。With the passage of time, these impressions became dim. ❸（动）（不浓厚）become indifferent；flag：她对音乐的兴趣逐渐～了。Her interest in music has begun to flag.

【淡季】（名）slack season；dull season；off season：圣诞节过后是商业～。The quiet business season came after Christmas.

【淡漠】（形）❶（冷漠）indifferent；apathetic；nonchalant：～无情 be sternly cool and unmoved ❷（记忆不清）faint；dim；hazy：他童年的记忆已经～了。His childhood memories have grown dim.

【淡水】（名）fresh water：～养鱼 do freshwater fish-farming

弹 dàn（名）❶（弹子；小球形的东西）ball；pellet：泥～儿 mud ball/打～子球 play marbles ❷（内装爆炸物，具有破坏和杀伤能力的东西）bullet；bomb：导～ guided missile/中～ receive a bullet 另见992页 tán。

【弹头】（名）bullet；projectile nose；warhead

【弹药】（名）ammunition：运送～ transport ammunition

蛋 dàn（名）❶（鸟类或龟、蛇类所产的卵）egg：下～ lay eggs/鲜～ fresh eggs/～白 egg white/～黄 yolk ❷（像蛋形的东西）an egg-shaped thing：脸～儿 cheeks/泥～儿 mud ball ❸（辱骂之词）：混～ bad egg/笨～ idiot

【蛋白】（名）❶（卵中透明的胶状物质）egg white；albumen ❷［生化］（蛋白质）protein

【蛋白质】（名）protein：动物～ animal protein/提供身体所需的～ supply proteins that the body needs

【蛋炒饭】（名）fried rice with eggs

【蛋糕】（名）cake

dāng

当 dāng ❶（形）（相称）equal：门～户对 be of equal rank ❷（动）❶（担任；充当）work as；serve as；be：～翻译 serve as interpreter/我长大要～飞行员。I want to be a pilot when I grow up. ❷（承当；承受）bear；

accept;deserve：敢作敢～ *dare to act and dare to bear responsibility for*/一人做事一人～。*One should answer for what he does.* ❸(主持；掌管)direct；manage；be in charge of：～家 *manage household affairs*/坏人一道。*Bad elements hold sway.* ❹(应当)ought；should；must：理一 如此. *That's just as it should be.* ㊁(介)❶(面对着；向着)in sb.'s presence；to sb.'s face：～仁不让 *not decline to shoulder a responsibility*/你在～着我的面撒谎. *You are telling me lies to my very face.* ❷(正在那时候、那地方)just at (a time or place)：～场 *on the spot*/～时 *at that time* ㊃(拟声)(撞击金属器物的声音)clank；clang：～～的钟声 *the tolling of a bell* 另见 679 页 dàng。

【当场】(副)on the spot；then and there：～决定 *decide on the spot*/～解决 *resolve the matter then and there*

【当初】(名)❶(开始时)originally；at the outset；in the first place；at that time：～你就不该这么做. *You should never have acted the way you did in the first place.*/早知今日，何必～? *If I had known it would come to this，I would have acted differently.* ❷(从前)in the past

【当代】(名)the present age；the contemporary era：～文学 *contemporary literature*/～的英雄 *the hero of our time*

【当地】(名)at the place in question；in the locality；local：～时间 *local time*/～土特产 *local specialty*

【当即】(副)at once；right away：～表示同意 *give one's consent right away*

【当家】(动)manage (household) affairs：～做主 *be master in one's own house*/在他们家是他妻子～. *His wife has the say in their home.*

【当今】(名)now；at present；nowadays

【当局】(名)the authorities：地方～ *the local authorities*/有 关 ～ *the authorities concerned*/政府～ *the government authorities*

【当面】(副)to sb.'s face；in sb.'s presence：～撒谎 *tell a barefaced lie*/书是我～交给他的. *I handed the book to him personally.*/～一套，背后一套 *act one way in public and another in private*

【当年】(名)❶(过去某一时间)in those years；in those days：他的精力不减～. *He is as energetic as ever.* ❷(身强力壮时)the prime of life；她正～. *She is in her prime.*

【当前】㊀(动)(在面前)before one；facing one：大敌～ *with a formidable enemy before*

us ㊂(名)(目前；现阶段)present；current：～的中心任务 *the central task at present*/～利益 *immediate interests*

【当然】㊀(形)(应当这样)as it should be；only natural；理所～ *be natural and right* ㊁(副)❶(合情合理)without doubt；certainly；of course；sure：你～可以用我的字典了. *You can certainly use my dictionary.*/我～要帮助你. *Of course，I will help you.* ❷(理所应当)natural：～同盟军 *natural ally*/你取得成功是～的. *It is quite natural that you should succeed.*

【当心】㊀(名)(正中间)in the middle；in the centre ㊁(动)(小心)take care；be careful；look out：～碰头! *Mind your head!*/～别出错. *Take care there is no mistake.*

【当选】(动)be elected：他～为班长. *He was elected monitor.*

【当中】(名)❶(正中)in the middle；in the centre：河～水流最急. *The current is swiftest in the middle of the river.* ❷(中间；之内)among：工人～出现了许多技术革新能手. *Many technical innovators have emerged from among the workers.*

【当众】(副)in the presence of all；in public：～出丑 *be disgraced in public*/～认错 *acknowledge one's mistakes in public*

dǎng

挡 dǎng ㊀(动)❶(拦挡；抵挡)keep off；ward off；block：～风 *keep off the wind*/～道 *block the road* ❷(遮蔽)cover；block；get in the way of：山高～不住太阳. *The highest mountains can't shut out the sun.* ㊁(名)❶(遮挡用的东西)fender；blind：窗～子 *window blind* ❷(排挡的简称)gear：高速～ *top gear*

党 dǎng ㊀(名)❶(政党)political party；party：保守～、工～和自由～ *the Conservative，Labour and Liberal Parties* ❷(在我国特指中国共产党)the Party；the Communist Party of China：～组织生活 *Party Life*/入～ *join the Party* ❸(由私人利害关系结成的集团)clique；faction；gang：死～ *sworn follower*/结～营私 *form a clique to pursue selfish interests* ❹〈书〉(亲族)kinsfolk；relatives：父～ *one's father's kinsfolk* ㊁(动)〈书〉(偏袒)be partial to；take sides with：无偏无～ *hold the scales even*

【党报】(名)party newspaper

【党费】(名)party membership dues

【党纲】(名)party programme

【党派】(名)political parties and groups；party groupings：～关系 *party affiliation*

【党委】(名)Party Committee：～制 *the Party committee system*

【党员】(名)party member：全体～ *all the party members*/预备～ *probationary member of the Party*

【党中央】(名)the Party Central Committee；the central leading body of the party

dàng

当 dàng ❶(形)(合宜；合适)proper；right：措辞不～ *use wrong words*/举例得～ *cite an example in point* ❷(动)❶(抵得上)match；equal to：他一个人能～两个人用。*He can do the work of two persons put together .* ❷(作为；当作)treat as；regard as；take...for：不要把我～小孩看待。*Don't treat me as a child ./*把…～耳边风 *take... like a passing wind* ❸(以为；认为)think：我～你知道。*I thought you knew it ./*我～是她呢。*I thought it was her .* ❹(用实物做抵押向当铺借钱)pawn：～衣服 *pawn one's clothes* ❸(名)(指押在当铺里的实物)sth. pawned；pawn；pledge：赎～ *take sth. out of pledge* ❹(代)(事情发生的时间)that very (day，etc.)：～月 *the same month*
另见 677 页 dāng。

【当铺】(名)(收取抵押品、放高利贷的店铺)pawnshop：～老板 *pawnbroker*

【当日】(名)the same day；that very day：～有效 *good for the date of issue only*

【当时】(副)right away；at once；immediately：他一接到电报，～就回去了。*He hurried back the moment he received the telegram .*

【当作】(动)treat as；regard as；look upon as：我们把雷锋～学习的榜样。*We take Lei Feng as our model .*

荡 dàng ❶(动)❶(摇动；摆动)swing；sway；wave：～秋千 *play on a swing*/随风飘～ *whirl about in the wind* ❷(无事走来走去；闲逛)loaf：游～ *loaf about* ❸(冲洗；洗涤)rinse：冲～ *rinse out* ❹(全部搞光；清除)clear away；sweep off：倾家～产 *lose a family fortune*/～然无存 *have nothing left* ❺(形)(放纵；行为不检点)dissolute；loose (in morals)：放～ *dissolute*/淫～ *lustful* ❸(名)(浅水湖)shallow lake；marsh：芦苇～ *a reed marsh*

【荡涤】(动)(洗涤)cleanse；clean up；wash away：～邪秽 *get rid of impurities*/～污泥浊水 *clean up the filth and mire*

档 dàng ❶(名)❶(带格子的架子或橱)shelves (for files)；pigeonholes：把文件归～ *file a document* ❷(档案)files；archives：查～ *consult the files* ❸(器具上起支撑固定作用的木条或细棍)crosspiece (of a table，etc.) ❹(等级)grade：高～商品 *high-grade goods* ❸(量)(方)(用于事件)：一～子事 *an affair*

dāo

刀 dāo ❶(名)❶(切、割、削、砍、铡的工具)knife；sword：餐～ *table knife*/拔～相助 *take up the cudgels against an injustice* ❷(形状像刀的东西)sth. shaped like a knife：冰～ *ice skates* ❸(量)(计算纸张的单位，通常为一百张)one hundred sheets (of paper)：一～草纸 *one hundred sheets of toilet paper*

【刀叉】(名)knife and fork：～模型 *knife and fork model*

【刀具】(名)cutting tool

【刀片】(名)❶(刮胡刀片)razor blade ❷[机](片状零件)(tool)bit；blade

dǎo

导 dǎo (动)❶(引导)lead；guide：因势利～ *guide in the light of its general trend* ❷(传导)transmit；conduct：～热 *conduct heat*/～电 *transmit electric current* ❸(开导)instruct；teach；give guidance to：教～ *teach*

【导弹】(名)guided missile：地对空～ *ground-to-air missile*/反坦克～ *anti-tank missile*/～未中目标。*The missile missed the target .*

【导航】(动)navigation：无线电～ *radio navigation*/雷达～ *radar navigation*

【导线】(名)lead；wire

【导演】❶(动)(根据剧本进行艺术构思、组织和指导排练或拍摄)direct (a film，play，etc.)：～一出闹剧 *direct a farce* ❷(名)(担任导演工作的人)director：电影～ *a screen director*/戏剧～ *a stage director*

【导游】❶(动)(带领、指导游览)guide a sightseeing tour ❷(名)(担任导游工作的人)tourist guide；guide：做～ *serve as a guide*

【导致】(动)lead to；bring about；result in；cause：～车祸 *result in an automobile accident*/理论上的错误必然～实践上的失败。*Errors in theory inevitably result in failures in practice .*

岛 dǎo (名)(被水环绕的比大陆小的陆地)island：半～ *peninsula*/幽灵～ *spooky island*

【岛屿】(名)islands and islets；islands

捣 dǎo（动）❶（用木棒等的一端撞击；舂；引申为捣毁、打落）pound with a pestle, etc. ; smash：～药 *pound medicine in a mortar*/～碎 *pound to pieces* ❷（捶打）beat with a stick：～衣 *beat clothes*（*in washing*）❸（搅扰）harass；disturb

【捣蛋】（动）❶（捣乱）give sb. a hard time；别～, 伙计们, 我要学习了。*Don't give me a hard time, boys. I'm trying to study.* ❷（调皮；顽皮）act up；make trouble：调皮～ *be mischievous*/老在课堂上～ *be always fooling in class*

【捣鬼】（动）❶（捉弄人）play tricks；do mischief ❷（背地里干坏事）play a deep game；play the deuce with（sb. or sth.）：当面奉承, 背后～. *Say nice things to a person's face, but play devil with him behind his back.*/他在捣什么鬼？*What is he up to?*

【捣毁】（动）smash up；destroy；demolish：～敌人司令部 *completely shatter the enemy headquarters*

【捣乱】（动）make trouble；create a disturbance：经常～ *make frequent disturbance*/别跟我～! *Don't make trouble with me!*

倒 dǎo（动）❶（人或竖立的东西横躺下来）fall；topple：摔～ *fall over*/～地不省人事 *fall down senseless on the ground*/树～了。*The tree crashed down.* ❷（事业失败；垮台）collapse；fail：内阁～了。*The cabinet collapsed.* ❸（嗓子变低或变哑）（of voice）become hoarse：他的嗓子～了。*He has lost his voice.* ❹（转移；转换）change；exchange：～肩 *shift a burden from one shoulder to the other*/在北京～车去兰州 *change train at Beijing for Lanzhou* ❺（腾挪）move around：地方太小, ～不开身。*There is no room to move around.* ❻（出倒）offer（house, shop）for sale ❼（打倒）down with；down：～阁 *down with the cabinet*
另见 680 页 dào。

【倒闭】（动）close down；go bankrupt；go into liquidation；濒临～ *be on the verge of bankruptcy*/许多小工厂～了。*Many small plants closed down.*

【倒卖】（动）resell at a profit：～车票 *scalp train tickets*/～商品 *resell goods in short supply*

【倒手】（动）（of merchandise, etc.）change hands：这批货他一～就赚了 1 000 元。*As soon as this batch of goods passed through his hands, he made a 1,000 yuan profit.*

【倒台】（动）fall from power；downfall：政府的

～使国家陷入混乱。*The collapse of the government left the country in chaos.*

祷 dǎo（动）❶（祷告；求神保佑）pray：默～ *perform a silent prayer* ❷（盼望，旧时书信用语）ask earnestly；beg：盼～和平 *beg for peace*

【祷告】（动）pray；say one's prayers：感恩～ *a prayer of thankfulness*/做 ～ *utter one's prayers*

蹈 dǎo（动）❶（践踏；踩）tread；step：赴汤蹈火 *go through fire and water* ❷（跳动）skip：手舞足～ *dance and stamp*

dào

到 dào ㊀（动）❶（达到某一点；到达；达到）arrive；reach；get to：～家 *arrive home*/时间～了。*Time's up.* ❷（往；去）go to；leave for：～农村去 *go to the countryside*/～群众中去 *go among the masses* ❸（用作动词的补语, 表示动作达到目的或有了结果）：办得～ *can be done*/想不～你来了。*I didn't expect you would come.* ㊁（介）（表示动作或行为达到的时间）up；until；up to：从早～晚 *from morning till night*/～次日 *up to the next day* ㊂（形）（周到）thoughtful；considerate：不～之处请原谅。*Please excuse me if I have been inconsiderate in any way.*

【到场】（动）be present；show up；turn up：市长～为展览会剪了彩。*The mayor was present and cut the ribbon for the exhibition.*

【到处】（副）at all places；everywhere：～流浪 *wander from place to place*/烟头不要～乱扔。*Don't drop cigarette ends about.*

【到达】（动）arrive；reach；get to：～终点 *reach the end of the line*/火车正点～。*The train arrived to the moment.*

【到期】（动）become due；mature；expire：房租明天～。*The rent falls due tomorrow.*

【到手】（动）in one's hands；in one's possession：尚未～ *be not yet to hand*

【到职】（动）take office；arrive at one's post

倒 dào ㊀（动）❶（上下或前后颠倒）reverse：次序～了。*The order is reversed.* ❷（使向相反的方向移动或颠倒）move backward：火车～回去了。*The train backed up.* ❸（倾斜或反转容器使里面的东西出来）pour；tip：～垃圾 *tip rubbish* ㊁（形）（上下或前后颠倒的）upside-down；inverted；inverse：小孩把画挂～了。*The children hung the picture upside-down.* ㊂（副）❶（表示跟意料相反, 相当于"反倒"）but；on the contrary：都春天了, ～下

起雪了．*It's spring，yet it is snowing.* ❷（表示事情不是那样）indicating that something is not what one thinks：你说得～容易，事情哪有这么简单！*It's easy for you to say that，but actually it is not so simple.* ❸（表示让步或转折）used to denote a transition or concession：东西～不坏，就是太贵了些．*It is not bad，only it is a bit too dear.* ❹（表示催促或追问，含不耐烦语气）carrying the sense of 'urge'：你～快点儿走啊！*Can't you be quicker?* 另见 680 页 dǎo。

【倒车】（动）back a car：～以便掉头 *back a car up and turn around*

【倒立】❶（动）（顶端朝下）stand upside down：宝塔影子～在水里．*The pagoda is reflected upside down in the water.* ❷（名）［体］handstand

【倒流】（动）flow backwards：河水不能～．*Rivers don't flow backwards.*

【倒退】（动）go backwards；fall back：坚持进步，反对～ *persist in progress and oppose retrogression*

【倒影】（名）inverted image

【倒转】❶（动）❶（倒过来；反过来）turn the other way round；reverse：～来说，也是这样．*The same is true the other way round.* ❷［空］back motion：使螺旋桨全速～ *back a propeller at full speed* ❷（副）〈方〉（反倒）contrary to reason or one's expectation：你做错了，～来怪我．*You made mistakes yourself and now you put the blame on me.*

盗 dào ❶（动）❶（偷窃；劫掠）steal；rob：墓 *rob a tomb*／鸡鸣狗～ *be able to crow like a cock and snap like a dog* ❷（用不正当的手段营私或谋取）usurp：欺世～名 *gain a reputation to which one is not entitled by cheating the public* ❷（名）（强盗）thief；robber：江洋大～ *river pirates*

【盗匪】（名）bandits；robbers：沦为～ *turn to banditry*

【盗卖】（动）steal and sell：～文物 *steal and sell cultural relics*

【盗窃】（动）steal：～国家机密 *steal state secrets*

【盗用】（动）embezzle；usurp：～公款 *embezzle public funds*／～公章 *illegally use an official seal*

【盗贼】（名）robbers；bandits：～活动猖獗．*The bandits are giving a lot of trouble.*

悼 dào（动）（怀念死者，表示哀痛）mourn；grieve：哀～死者 *mourn for the dead*

【悼词】（名）memorial speech：致～ *make a memorial speech*

【悼念】（动）mourn；grieve over：沉痛～ *mourn with deep grief*

道 dào ❶（名）❶（道路）road；way；path：山间小～ *a mountain path*／林荫小～ *a shady path* ❷（水流通过的途径）channel；course：河～ *river course*／泄洪～ *flood-relief channel* ❸（方向；方法；道理）way；method：生财之～ *the way to make money quickly* ❹（道德）morals；morality：～义 *morality and justice* ❺（学术或宗教的思想体系；宇宙万物的本源）doctrine；principle：尊师重～ *honour the teacher and respect his teachings* ❻（属于道教的）道教徒）Taoist：老～ *Taoist priest* ❼（线条；细长的痕迹）line：画一条斜～儿 *draw a slanting line* ❽（身体内的管道）tract：胃肠～ *gastrointestinal tract* ❾（技术；技艺）skill：医～ *physician's skill* ❷（量）❶（用于某些长条形的东西；条）：一～光 *a streak of light*／一～缝儿 *a crack* ❷（用于门、墙等；重）：三～防线 *three lines of defence* ❸（用于命令、题目等）：出五～题 *set five questions（for an examination，etc.）* ❹（次）：上四～菜 *serve four courses* ❸（动）❶（说）say；talk；speak：说三～四 *make carping comments（on...）*／能说会～ *have a glib tongue* ❷（以为；认为）think；suppose：我～是老周呢，原来是你！*So it's you！I thought it was Lao Zhou.*

【道德】（名）（人们共同生活及其行为的准则和规范）morals；morality；ethics：～败坏 *moral degradation*／树立～标准 *set up an ethic*

【道家】（名）Taoist school

【道理】（名）❶（事物的规律）principle；truth；hows and whys：讲科学～ *explain scientific principles*／双方都有几分～．*There is some truth on both sides.* ❷（情理；理由）reason；argument；sense：摆事实，讲～ *bring out facts and reason things out*／这个人不讲～．*This man doesn't listen to reason.*

【道路】（名）road；way；path：铺平～ *pave one's path*／指出正确的～ *point out the right way*／～曲折，前途光明．*The road is tortuous，but the future is bright.*

【道歉】（动）apologize；make an apology：登门～ *call on sb. at his house and apologize*／我得向你～ *I owe you an apology.*

【道谢】（动）express one's thanks；thank：低声～ *murmur thanks*

【道义】（名）morality and justice：给予～上的支持 *administer moral support*

稻 dào（名）（一年生草本植物，籽实叫稻谷，

去壳后叫大米)rice；paddy：水～ *paddy rice*/
早～ *early rice*
【稻谷】（名）paddy：～脱壳 *paddy husking*
【稻田】（名）rice field；paddy field：一大片～ *a large field of rice*
【稻子】（名）rice；paddy

dé

得 dé ❶（动）❶（得到）get；obtain；gain：非法所～ *illicit gain*/～不偿失 *give a lark to catch a kite*/愚者千虑，必有一～。*A fool occasionally hits on a good idea.* ❷（演算产生结果）（of a calculation）result in：4 乘 2＝8。*Four times two makes eight.* ❸（染上疾病）take；catch：～病 *be taken ill* ❹〈口〉（完成）be finished；be ready：那幢房子快要建～了。*The house will soon be finished.* ❺（用在其他动词前，表示许可）：这笔钱非经批准不～动用。*This fund may not be drawn on without permission.* ❻〈口〉（表示同意或禁止）：～，就这么办。*All right! Just go ahead.* ❼（用于情况变坏时，表示无可奈何）：～，又搞错了！*Look! I've got it wrong again!* ❷（形）❶（适合）fit；proper：～用 *fit for use* ❷〈书〉（得意）satisfied；complacent：扬扬自～ *be very pleased with oneself*
【得逞】（动）have one's way；prevail；succeed：他的野心没有～。*His ambition was not satisfied.*
【得宠】（动）find favour with sb.；be in sb.'s good graces：很～ *be in high favour（with sb.）*/～于某人 *find favour in the eyes of sb.*
【得出】（动）reach（a conclusion）；obtain（a result）：～结论 *draw one's conclusion*/没有～结果 *arrive at no result*
【得当】（形）apt；appropriate；proper；suitable：说话～ *speak quite apropos*/处理～ *be properly handled*
【得到】（动）get；obtain；gain；receive：～教训 *draw lessons（from）*/～普遍好评 *find wide spread favour*
【得奖】（动）win a prize：得最高奖 *receive the highest reward*
【得胜】（动）win a victory；triumph：～回朝 *return victoriously to one's palace*
【得失】（名）❶（所得和所失）gain and loss；success and failure：不计较个人～ *give no thought to personal gain or loss* ❷（利弊）advantages and disadvantages；merits and demerits：权衡某事的～ *weigh the advantages and disadvantages of sth.*
【得势】（动）❶（掌权）be in power：又～了 *be*

again in the ascendant ❷（有影响）get the upper hand
【得手】（动）go smoothly；come off；do fine；succeed：连连～ *succeed in doing sth. once and again*
【得意】（形）proud of oneself；pleased with oneself；complacent：～忘形 *be beside oneself with joy*
【得罪】（动）offend；displease：不～人 *offend nobody*/我的话把他给～了。*My words offended him.*

德 dé （名）❶（道德；品行；政治品质）virtue；morals；moral character：以～服人 *win people by virtue* ❷（心意）heart；mind：同心同～ *be of one heart and one mind* ❸（恩惠）kindness；favour：以～报怨 *render good for evil*
【德国】（名）Germany
【德育】（名）moral education：忽视～ *neglect moral education*

dēng

灯 dēng （名）❶（照明等用的发光器具）lamp；lantern；light：红绿～ *traffic light*/台～ *desk lamp* ❷（燃烧液体或气体用来对别的东西加热的器具）burner：酒精～ *alcohol burner* ❸（俗称电子管）valve；tube：六～收音机 *a six-valve radio set*
【灯光】（名）❶（灯的光度）the light of a lamp；lamplight：～照在桌子上。*The lamplight shines on the desk.* ❷（舞台或摄影棚的照明设备）（stage）lighting：舞台～ *stage lights*
【灯火】（名）lights：～辉煌 *be ablaze with lights*/广场上彻夜～通明。*The square was brilliantly illuminated throughout the night.*
【灯泡】（名）light bulb：～烧坏了。*The light bulb was burned out.*
【灯塔】（名）lighthouse；beacon：～税 *lighthouse dues*

登 dēng （动）❶（由低处到高处）ascend；mount；scale（a height）：～山 *ascend a mountain* ❷（记载；刊登）publish；record；enter：消息已在报上～出来了。*The news has been published in the newspaper.* ❸（谷物成熟）be gathered and taken to the threshing ground：五谷丰～ *reap a bumper grain harvest* ❹（腿和脚向脚底的方向用力）press down with the foot；pedal；treadle：～自行车 *pedal a bicycle* ❺（踩，踏）step on；tread：～上窗台 *step onto the windowsill* ❻〈方〉（穿）wear（shoes，etc.）：他脚一～长筒靴。*He is in long boots.*

【登岸】（动）go ashore；land
【登报】（动）publish in the newspaper：～声明 *clarify by a newspaper advertisement*
【登场】（动）come on stage；粉墨～ *mount the stage in full makeup*
【登程】（动）start（off）on a journey；set out
【登机】（动）boarding
【登记】（动）register；check in；enter one's name：结婚～ *marriage registration* ／向有关部门～ *register with the proper authorities*
【登陆】（动）land；disembark：在月球～ *land on the moon*
【登山】（动）mountain-climb；mountaineer：～队 *mountaineering party*
【登载】（动）publish（in newspapers or magazines）；carry：～在头版 *be published on the front page*

dēng

等 dēng ❶（量）❶（用于等级）class；grade；rank：二～奖 *the second prize* ❷（种；类）kind；sort；type：这～事 *this sort of thing* ❷（形）（程度或数量上相同）equal：大小不～ *unequal in size* ❸（动）（等候；等待）wait；await：～着瞧吧。*Wait and see.* ／岁月不～人。*Time and tide wait for no man.* ❹（介）（等到）when；till：～我做完再走。*Stay till I'm through.* ❺（助）❶〈书〉（用在人称代词或指人的名词后面，表示复数）我～ *we* ／李红～3人 *Li Hong and two others* ❷（表示列举未尽）and so on；etc.：他买了许多水果，如苹果、桃子～～。*He bought a lot of fruit such as apples and peaches，etc.* ❸（用于列举后煞尾）：长江、黄河、黑龙江、珠江～四大河流 *the four large rivers—the Changjiang，the Huanghe，the Heilongjiang and the Zhujiang*
【等待】（动）wait；await：～消息 *wait for the arrival of news* ／～时机 *await a favourable opportunity*
【等等】❶（助）and so on；and so on and so forth ❷（动）wait a minute
【等号】（名）equal sign
【等候】（动）wait；await；expect：～命令 *await orders* ／～进一步指示 *wait for further instruction*
【等级】（名）❶（按质量、程度、地位等的差异而做出的区别）grade；rank：分～出售 *be sold in grades* ❷（在社会地位和法律地位上不平等的社会集团）order and degree；social estate；social stratum：社会～ *social scale* ／观念~sense of hierarchy*
【等同】（动）equate；be equal：你不能把现象和本质～起来。*You must not equate the appearance with the essence.*
【等于】（动）❶（相等）equal to；be equivalent：4加2～6。*Four plus two equals six.* ❷（几乎就是）amount to：吸烟～慢性自杀。*Smoking is suicidal.*

dèng

凳 dèng（名）（凳子）stool；bench：方～ *square stool*

澄 dèng（动）（使液体里的杂质沉下去）（of a liquid）settle
另见 652 页 chéng。
【澄清】（动）（of a liquid）settle；become clear：把浑浊的水～了。*The muddy water became clear.*

瞪 dèng（动）❶（用力睁大眼）open（one's eyes）wide：惊讶使她～大了眼睛。*The surprise made her eyes pop out.* ❷（睁大眼睛注视，表示不满意）stare；glare：她不高兴地～他。*She glared at him with displeasure.*
【瞪眼】（动）❶（睁大眼睛）open one's eyes wide；stare；glare：干～ *look on helplessly* ❷（跟人生气或发态度）glower and glare at sb.；get angry with sb.：你怎么老爱跟人～？ *Why are you always glowering at people?*

dī

低 dī ❶（形）❶（从下向上距离小；离地面近）low：～水位 *low water level* ❷（在一般标准或平均程度之下）low：～声 *in a low voice* ❸（等级在下的）low：～年级学生 *students of the junior years* ❷（动）（头向下垂）let droop；hang down：他把头～了下来。*He hung his head.*
【低产】（形）low-yield：～田 *low-yield land*
【低潮】（名）low tide；low ebb：处于～ *be at a low tide*
【低估】（动）underestimate；underrate：～敌人的力量 *underestimate the enemy's strength*
【低级】（形）❶（初步）elementary；lower：～生物 *low forms of life* ❷（庸俗）vulgar：～趣味 *vulgar interests* ❸（低等级的）low-grade
【低廉】（形）cheap；low：价格～。*Prices are low.*
【低劣】（形）inferior；low-grade：质量～ *of inferior quality*
【低频】（名）low frequency：～变压器 *low frequency transformer*
【低烧】（名）low fever；slight fever

【低声】（形）in a low voice；under one's breath：～细语 have a buzz of talk

【低头】（动）❶（垂下头）lower (or bow，hang) one's head：～默哀 bow one's head in silent mourning ❷（指屈服）yield；submit：决不向困难～ never bow to difficulties

【低温】（名）❶（低温度）low temperature：～阴雨 low-temperature overcast and rainy days ❷［气］（低气温）microtherm：～气候 micro-thermal climate ❸［医］（低体温）hypother-mia

【低压】（名）❶［物］（较低的压力）low pressure ❷［气］（低气压区）low pressure ❸［电］（较低的电压）low voltage ❹［医］（心脏舒张时血液对血管的压力）minimum pressure

堤 dī（名）（用土、石等筑成的防水建筑物）dyke；dam：加固～防 strengthen the dykes

提 dī（动）（垂手拿着）carry (in one's hand with the arm down)
另见 998 页 tí。

【提防】（动）beware of；be on guard against：～扒手。Be on your guard against pickpock-ets.

滴 dī ❶（动）（液体一点一点地向下落）drip：雨水～在我头上。The rain dripped onto my head. ❷（名）（一点一点地向下落的液体）drop：毛毛雨～ drizzle drop ❸（量）（用于滴下的液体的数量）drop：一～水 a drop of wa-ter

dí

敌 dí ❶（名）（敌人）enemy；foe：天～ a natu-ral enemy/人民公～ public enemy ❷（动）（对抗；抵挡）oppose；fight；resist：寡不～众 be hopelessly outnumbered ❸（形）（力量相等）match；equal：势均力～ match each other in strength

【敌对】（动）oppose：～双方 opposing sides/～行为 a hostile act

【敌情】（名）the enemy's situation：侦察～ make a reconnaissance of the enemy's situa-tion

【敌人】（名）enemy；foe：歼灭～ annihilate the enemy

【敌视】（动）be hostile (or antagonistic)to：互相～的国家 nations inimical to one another

【敌手】（名）❶（对手）match；opponent；adver-sary：击败～ defeat one's antagonist ❷（敌人的掌握）enemy hands：落入～ fall into enemy hands

【敌特】（名）enemy spy；enemy agent

【敌意】（名）hostility；enmity；animosity：对任何人没有～ feel no hostility towards anyone

嫡 dí ❶（名）❶（宗法制度下指正妻）legal wife ❷（宗法制度下指家庭的正支）of or by the wife (as distinguished from a concubine under the feudal-patriarchal system)：～长子 the wife's eldest son ❷（形）（家族中血统关系最近的）closely related

【嫡亲】（名）blood relations：～弟兄 blood brothers

【嫡系】（名）❶（一线相传的派系）direct line of descent：他是英国名门贵族～出身。The best blood of English flows in his veins. ❷（正支）one's own clique：～部队 troops under one's direct control

dǐ

抵 dǐ（动）❶（支撑；顶住）support；sustain；prop：双手～着下巴 prop one's chin in one's hands ❷（抵挡；抵抗）resist；withstand：～住外来压力 withstand the pressure from out-side ❸（抵偿）compensate for；make good：～命 pay with one's life (for a murder，etc.) ❹（抵押）mortgage：用房屋做～ mortgage a house ❺（抵销）balance；set off：收支相～. Income balances expenditure. ❻（相当；能代替）be equal to：家书～万金。A letter from home is worth ten thousand pieces of gold. ❼〈书〉（抵达；到）reach；arrive at：安全～家 get home safely ❽（彼此对立；排斥）butt (by horned animals)：与…相～触 conflict with

【抵偿】（动）compensate for；make good：～损失 compensate for losses

【抵触】（动）conflict；contradict：与法律相～ contravene the law

【抵达】（动）arrive；reach：～美洲海岸 arrive on the American coasts

【抵抗】（动）resist；stand up to：奋起～ rise in resistance/进行坚决～ make a determined resistance

【抵消】（动）offset；cancel out；counteract：相互～ cancel out each other

【抵制】（动）boycott；resist：～劣质商品 put goods of poor quality under a boycott

底 dǐ ❶（名）❶（物体的最下部分）bottom；base：谷～ valley bottom ❷（事情的根源或内情）the heart of a matter；ins and outs：摸～ know the real situation/刨根问～ get to the bottom of sth. ❸（草稿）rough draft；打～ make out a rough draft ❹（可作根据的底子）

a copy kept as a record；留下～儿 keep a copy on file ❺（年和月的末尾）end；年～ the end of a year ❻（花纹图案的衬托面）ground；background；foundation：红～金字 golden characters on red ground ▤（动）〈书〉（达到）end up with；come to ▤（代）〈书〉❶（何；什么）what：～处 what place ❷（此；这）this ❸（如此；这样）so；such；like this

【底层】（名）❶（一楼）［英］ground floor；［美］first floor ❷（地下室）basement ❸（社会最低阶层）the lowest rung：在社会的最～ at the bottom of society ❹（基层）base course

【底稿】（名）draft；manuscript：编辑为这篇～进行了润色。The editors have polished the manuscript.

【底细】（名）ins and outs；exact details：不明～ not know the bottom of a thing

【底下】（名）❶（下面）under；below：脚～ under one's feet／参见～的注释。See the note below. ❷（以后）next；later；afterwards：我们～再谈吧。We can discuss it later.

【底座】（名）base

dì

地 dì（名）❶（地球）the earth：天长～久。Heaven and earth endure forever. ❷（陆地）land；soil：山～ hilly land／荒～ wasteland ❸（土地；田地）fields：下～干活 go and work in the fields ❹（地面）ground；floor：水泥～ cement floor ❺（地区）place；locality：全国各～ all parts of the country ❻（地点）place；site：目的～ destination ❼（地位）position；situation：设身处～ put oneself in another's place ❽（花纹或文字的衬托面）background；ground：白～红花的桌布 a white table cloth with a pattern of red flowers on it ❾（路程，用于里数、站数后）distance：20 里～ a distance of 20 li

【地板】（名）（室内地面）floor：水漫在～上。The water spread over the floor.

【地表】（名）the earth's surface

【地带】（名）district；region；zone；belt：防火～ a fire-prevention zone／森林～ a forest region

【地点】（名）place；site；locale：出生～ the place of birth／犯罪～ the locality of a crime

【地方】（名）❶（各行政区）locality：～当局 local authorities ❷（当地）local：～的积极性 local initiative ❸（某一区域）place；space；room：它不会占很多。It will not occupy much space. ❹（部分）part；respect：有很多～错了 be wrong in many respects

【地方政府】（名）local government

【地瓜】（名）〈方〉❶（甘薯）sweet potato ❷（豆薯）yam bean

【地基】（名）❶（土层）ground：这房子～牢固。This house stands on firm ground. ❷［建］（基础）foundation：打～ lay the foundation ❸（路基）subgrade

【地极】（名）［地］terrestrial pole

【地雷】（名）（land）mine：埋～ plant mines

【地理】（名）❶（全世界或一个地区的山川、气候与自然环境及物产、交通、居民点等社会经济因素的总情况）geographical features of a place：熟悉～民情 be familiar with the place and its people ❷（地理学）geography：自然～ physical geography

【地貌】（名）landforms

【地面】（名）❶（地的表面）the earth's surface；ground：填平～ level up the ground ❷［建］（建筑内铺筑的一层东西）ground；floor：水磨石～ terrazzo floor ❸（地区）region；area：这一带属辽宁～。This region is within the Province of Liaoning.

【地名】（名）place name：～辞典 dictionary of place names

【地壳】（名）（the earth's）crust

【地球】（名）the earth；the globe：环游～ circle the globe／在～上 on earth

【地区】（名）❶（较大的地方）area；district；region：沙漠～ desert area／热带～ the tropical region ❷（行政划分单位）prefecture：河北省保定～ the Baoding Prefecture of Hebei Province ❸（位置）locality：这两家工厂在同一～。The two factories are in the same locality.

【地毯】（名）carpet；rug：织花～ carpet with a flowery pattern

【地图】（名）map：市区～ city map／最新～ up-to-the-minute map

【地位】（名）❶（人或团体在社会关系中所处的位置）position；standing；place；status：～平等 equal in status／领导～ leading position ❷（人或物所占的地方）place：体育运动在他的生活中没有～。Sports never had a place in his life.

【地下】❶（形）（秘密活动的）secret（activity）；underground：做～工作 do underground work ❷（名）❶（地面之下）underground；subterranean：开发～资源 exploit underground resources ❷（地面上）on the ground：掉到～ drop on the ground

【地下室】（名）basement

【地下铁道】（名）subway

【地狱】（名）inferno；hell：人间～ a living hell

D

【地震】（名）earthquake；seism；火山～ *volcanic earthquake*

【地址】（名）address；通讯～ *the mail address*

【地主】（名）❶（土地占有者）landlord；破落～ *bankrupt landlord* ❷（主人）host；尽～之谊 *perform the duties of the host*

【地租】（名）land rent；ground rent；rent；实物～ *rent in kind*

弟 dì（名）❶（同父母或只同父、只同母而年纪比自己小的男子）younger brother；令～ *your younger brother* ❷（泛指家族或亲戚中同辈而年纪比自己小的男子）；表～ *cousin* ❸（朋友相互间的谦称，常用于书信）

【弟兄】（名）brothers；亲～ *blood brothers*

帝 dì（名）❶（宗教徒或神话中称最高的天神）the Supreme Being；上～ *God* ❷（君主；皇帝）emperor；称～ *proclaim oneself emperor* ❸（帝国主义的简称）（short for）imperialism；反～斗争 *anti-imperialist struggle*

【帝国】（名）empire；罗马～ *the Roman Empire*

【帝王】（名）emperor；monarch

递 dì ●（动）（传送；传递）hand over；pass；give；把报～给我。 *Hand me the newspaper, please.* / 给他一个口信 *take a message to him* ●（副）（顺着次序）in the proper order；～升 *promote to the next rank*

【递减】（动）decrease progressively（or successively）；decrease by degrees；产品的成本随着生产率提高而。 *Increase in productivity is accompanied by a progressive decrease in production costs.*

【递交】（动）hand over；present；submit：～辞呈 *hand in one's resignation*

【递送】（动）send；deliver；～公文 *deliver a document*

【递增】（动）increase progressively；increase by degrees；人口的～ *a progressive increase in population*

第 dì ●（前缀）（用在整数的数词前，表示次序）auxiliary word for ordinal numbers；宪法～3条 *Article 3 of the Constitution* ●（名）❶〈书〉（科第）grades into which successful candidates in the imperial examinations were placed；及～ *pass the imperial examinations* ❷（封建社会官僚的住宅）the residence of a high official；府～ *mansion* ●（副）〈书〉（只管；只）only；～恐 *only fear* ●（连）〈书〉（但是）but；only

【第三世界】（名）the third world（composed of the developing countries in Asia，Africa，Latin America and elsewhere）；～成员国 *a member state of the third world*

【第一】（数）first；primary；foremost；天下～ *the best in the world* / 他跑百米得了～。 *He came in first in the 100-metre dash.*

【第一线】（名）forefront；front line；first line；生产～ *the forefront of production*

缔 dì（动）（结合；订立）form（a friendship）；conclude（a treaty）

【缔交】（动）❶（缔结邦交）establish diplomatic relations ❷〈书〉（朋友订交）form（or contract）a friendship

【缔结】（动）conclude；establish；～邦交 *establish diplomatic relations*

【缔造】（动）found；create；～共和国 *found a republic*

diān

颠 diān ●（动）❶（颠簸；上下震荡）jolt；bump；汽车在崎岖的道路上～得很厉害。 *The car jolted badly over the rough road.* ❷（跌落；倒下来）fall；turn over；topple down；～覆 *overturn* ❸〈方〉（跳起来跑；跑）run；go away；整天跑跑～～ *be on the go all day long* ●（名）❶（头顶）crown（of the head）❷（高而直立的物体的顶端）top；summit；山～ *mountain top*

【颠倒】（动）（上下倒置）put upside down；reverse；invert；～事实 *stand facts on their heads* ❷（心神错乱）confused；disordered；神魂～ *be in a confused state of mind*

【颠覆】（动）overturn；subvert；～破坏 *subvert and sabotage*

diǎn

典 diǎn ●（名）❶（标准；法则）standard；law；canon；～章 *institutions* ❷（典范性书籍）standard work of scholarship；词～ *dictionary* ❸（典故）allusion；literary quotation；引经据～ *make classical allusions* ❹（典礼）ceremony；举行盛～ *perform a grand ceremony* ●（动）❶〈书〉（主持；主管）be in charge of；～狱 *prison warden* ❷（向人借钱时用地产、房屋做抵押）mortgage；～出住房 *mortgage one's house*

【典范】（名）（学习、仿效的人或事物）model；example；paragon；堪称～ *be good enough to serve as a model*

【典礼】（名）ceremony；celebration；毕业～ *the graduation ceremony*

D

【典型】 ●（名）❶（在同类中最具有代表性的人或事）typical case；model；type：抓 ～ grasp typical cases／树立一个 ～ set an excellent example ❷（文艺作品中用艺术概括的手法创造出来的，既具有鲜明的个性特征，又能反映社会本质的某些方面，同时还能表现人的阶级性的艺术形象）model personalities ●（形）（具有代表性的）typical；representative：～的中国村庄 a representative Chinese village

【典雅】（形）（优美而不粗俗）（of diction，etc.）refined；elegant：举止～ refined in manners

点 diǎn ●（名）❶（液体的小滴）drop（of liquid）：雨～ raindrops ❷（细小的痕迹）spot；dot；speck：墨～ ink spots ❸（汉字的笔画 "、"）dot；stroke（in Chinese characters）❹（小数点）decimal point；point：三～五 three point five ❺［数］（几何学中指没有长、宽、厚而只有位置的几何图形）point：两～成一直线。A line is formed by connecting two points. ❻（一定的地点或限度）place；point：沸～ boiling point／居民～ residential area ❼（事物的方面或部分）aspect；feature：特～ characteristic feature／重～ focal point ❽（规定的钟点）appointed time：误～ behind time／正～到达 arrive on time ●（量）❶（表示少量）a little；a bit；some：吃～东西 get something to eat／给我～纸。Give me some paper，will you？❷（用于事项）：我有几～不成熟的想法。I have some tentative suggestions. ❸（时间单位，一昼夜的二十四分之一）o'clock：现在几～了？What time is it now？❹［印］（计算活字及字模的大小的单位）point，a unit of measurement for type ●（动）❶（用笔加上点子）put a dot：画龙～睛 put in the eye pupil in painting a dragon ❷（触到物体后立刻离开）touch on very briefly；skim：蜻蜓～水 dragonflies skimming the water ❸（向下稍移动一动立刻恢复原位）nod：她友好地向我～头。She nodded to me in a friendly fashion. ❹（使液体一滴一滴地向下落）drip：～眼药 put drops in the eyes ❺（点播）sow in holes；dibble：～豆子 dibble beans ❻（一个个地查对）check one by one：～货 check over goods ❼（在许多人或事物中指定）select；choose：～菜 order dishes in a restaurant ❽（指点；启发）hint；point out：一～他就明白。He quickly took the hint. ❾（引着火）light；burn；kindle：～灯 light a lamp

【点菜】（动）choose dishes from a menu；order dishes（in a restaurant）：请为我。Please order for me.

【点焊】（名）spot welding：～枪 spot-welding gun

【点火】（动）❶（挑起是非）stir up trouble：这家伙就爱乎煽风～的勾当。This guy often stirs up troubles. ❷（点燃；打火）light a fire：～做饭 kindle a fire and cook a meal

【点名】（动）❶（查点人数时叫名字）call the roll；make a roll call：我到的时候刚要～。I arrived just before roll call. ❷（指名）mention sb. by name：他～要你去。He named you as the one he wanted.

【点明】（动）point out；put one's finger on：～问题产生的原因 put one's finger on the cause of the trouble

【点燃】（动）❶（使燃烧）light；kindle；ignite：～革命之火 kindle the flames of revolution ❷［机］（发火；点火）ignite

【点头】（动）nod one's head；nod：～示意 signal by nodding／她～表示同意。She gave a nod of assent.

【点心】（名）light refreshments；pastry；dessert：～刀 dessert knife

【点缀】（动）❶（衬托；装饰）embellish；ornament；adorn：用鲜花～房间 embellish a room with fresh flowers ❷（应景儿）use sth. merely for show：他在董事会里纯粹是个～。He was a mere ornament to the board of directors.

碘 diǎn（名）［化］（53号元素，符号 I）iodine：海藻富含～。Seaweeds are rich in iodine.

【碘酒】（名）tincture of iodine

diàn

电 diàn ●（名）❶（有电荷存在和电荷变化的现象）electricity：导～ conduct electricity／静～ static electricity ❷（电报）telegram；cable：贺～ congratulatory telegram／急～ urgent telegram ●（动）❶（触电）give or get an electric shock：被～死 be killed by an electric shock ❷（打电报）telegraph；send a telegram：我已把结果～告他了。I telegraphed him the result.

【电报】（名）telegram；cable：国际～ international telegram／新闻～ press cable

【电冰箱】（名）（electric）refrigerator；fridge；freezer：单门～ single-door refrigerator

【电场】（名）electric field：～强度 electric field intensity／～分布 electric-field distribution

【电车】（名）❶（有轨电车）tram；tramcar；streetcar ❷（无轨电车）trolleybus；trolley：～线路 trolley line

D

【电池】（名）cell；battery：蓄～ *storage battery*/干～ *dry cell*

【电传】（名）telex：～打印机 *teleprinter*

【电磁】（名）electromagnetism：产生～场 *generate an electromagnetic field*

【电灯】（名）electric lamp；electric；light：关上所有～ *switch out all the lights*

【电动】（形）motor-driven；power-driven；power-operated：～车 *electrically operated motor car*

【电动剃须刀】（名）electric shaver

【电镀】（名）electroplate：～车间 *electroplating workshop*

【电感】（名）inductance：～电桥 *inductance bridge*

【电工】（名）❶（电工学）electrical engineering：～器材 *electrical appliances* ❷（制造、安装电气设备的工人）electrician：～修好了灯。*The electrician put the light right*.

【电功率】（名）electric power：～系统 *electric power system*

【电焊】（动）electric welding：～机 *electric welding machine*

【电荷】（名）electric charge；charge：正～ *positive charge*

【电话】（名）❶（电话装置）telephone；phone：公用～ *public telephone*/专线～ *special line* ❷（用电话装置传递的话）phone call：打～ *make a phone call*

【电话亭】（名）telephone booth

【电汇】（动）remittance by telegram；telegraphic transfer：～汇率 *rate for telegraphic transfer*

【电机】（名）electrical machinery：～厂 *electrical machinery plant*

【电极】（名）electrode：阴～ *negative electrode*

【电解】（动）electrolysis：～在工业上很重要。*Electrolysis plays an important part in industry*.

【电缆】（名）cable；electric cable：海底～ *submarine cables*

【电烙铁】（名）electric iron

【电离】（名）ionization

【电力】（名）power；electric power：～机械 *electric power equipment*

【电流】（名）electric current：反向～ *reverse current*/～可以产生磁场。*An electric current produces a magnetic field*.

【电流表】（名）ammeter

【电炉】（名）❶（取暖电炉）electric stove；hot plate ❷［冶］electric furnace：～炼钢 *electric furnace steel-making*

【电路】（名）electric circuit：集成～ *the inte-grated circuits*/切断～ *break the circuit*

【电码】（名）code：～本 *code book*

【电脑】（名）computer；electronic brain：台式～ *a desk-top computer*

【电钮】（名）push-button；button：按～ *press a button*

【电气】（名）electricity：～机车 *electric locomotive*

【电容】（名）electric capacity；capacitance：～率 *permittivity*

【电扇】（名）electric fan

【电视】（名）television；TV；彩色～ *colour television*/立体～ *stereoscopic television*

【电台】（名）❶（无线电台）transceiver ❷（广播电台）broadcasting（or radio）station

【电梯】（名）lift；elevator：开～ *operate an elevator*

【电筒】（名）flashlight

【电位】（名）（electric）potential：～差 *potential difference*

【电文】（名）text（of a telegram）；message：～交换 *message switching*

【电压】（名）voltage：改变～ *change the voltage of current*

【电影】（名）film；movie；motion picture：拍摄～ *shoot a film*/儿童～ *movies of children*

【电源】（名）power supply；power source；mains：切断～ *cut off the electricity supply*

【电子】（名）electron：正～ *positron*/～工业 *electronics industry*

【电子表】（名）electronic watch

【电子琴】（名）electronic organ

【电阻】（名）resistance：～使电能变成热能。*Resistance changes electric energy into heat*.

店 diàn（名）❶（商店）shop；store：花～ *florist shop*/珠宝～ *jewellery store* ❷（旅店）inn：住～ *stop at an inn*

【店铺】（名）shop；store：照看～ *keep shop*/拥有一家～ *own a shop*

【店员】（名）shop assistant；clerk

玷 diàn ❶（名）（白玉上面的斑点）a flaw in a piece of jade ❷（动）（使有污点）disgrace

【玷污】（动）（弄脏）smear：～某人的名誉 *smear sb.'s reputation*

垫 diàn ❶（动）❶（用东西支、铺或衬，使加高、加厚或平正）fill up；pad：在地上一块毯子 *spread out a rug on the ground* ❷（填补空缺）fill a vacancy：～戏 *preliminary performance before the big play proper* ❸（暂时替人付钱）pay for sb. and expect to be repaid later：你先给我～上好吗？我以后再还你。

D

Would you mind paying for me? I'll pay you back later. ●（名）（垫子）pad；cushion；mat；床～ *mattress*/椅～ *chair cushion*

【垫片】（名）pad；spacer；shim：绝缘～ *insulation spacer*/轴承～ *bearing shim*

【垫圈】（名）washer；cushion ring：毡～ *felt washer*/锁紧～ *locking washer*

【垫子】（名）mat；pad；cushion：茶杯～ *teacup mat*/沙发～ *sofa cushion*

淀 diàn ●（动）（沉淀）form sediment；settle ●（名）（浅的湖泊，常用于地名）shallow lake：白洋～ *Baiyangdian Lake*

【淀粉】（名）starch：生～不溶于水。*Uncooked starch doesn't dissolve in water.*

惦 diàn（动）（挂念）remember with concern；be concerned about；keep thinking about：我一直～着这件事。*I've been thinking about that all the time.*

【惦记】（动）remember with concern；be concerned about；keep thinking about：她老～给孩子打件毛衣。*She's always thinking of knitting a sweater for her child.*

【惦念】（动）be anxious about；worry about：我一切都好，请您不要～。*Everything's fine with me. Don't worry.*

奠 diàn（动）❶（奠定；建立）establish；settle：～都北京 *establish the capital in Beijing* ❷（向死者献上祭品）make offerings to the spirits of the dead；祭～死者 *hold a memorial ceremony for the deceased*

【奠定】（动）establish；settle：～成名的基础 *lay the foundations of one's fame*

【奠基】（动）lay a foundation：为一门科学～ *lay the foundation of a science*

殿 diàn ●（名）（高大的房屋，特指供奉神佛或帝王受朝理事的房屋）hall；palace；temple：太和～ *the Hall of Supreme Harmony* ●（动）（行军时走在最后）march at the rear ●（形）（在最后）last；at the rear

【殿下】（名）Your Highness

diāo

刁 diāo（形）（狡猾）tricky；artful；sly：放～ *make difficulties for sb.*

【刁难】（动）create difficulties；make things difficult：百般～ *create obstructions of every description*

凋 diāo（动）（草木花叶枯萎脱落）fade：瓶中的花～了。*The flowers in the vase have fa-*

ded.

貂 diāo（名）（哺乳动物的一属）marten

【貂皮】（名）fur or pelt of marten；marten：～大衣 *marten coat*

碉 diāo（名）（碉堡）pillbox；blockhouse：明～暗堡 *blockhouse and bunker*

【碉堡】（名）pillbox；blockhouse：炸～ *blast away a blockhouse*

雕 diāo ●（名）❶（鸟类的一属）vulture；eagle ❷（雕刻艺术或雕刻成的作品）carving：浮～ *chip carving*/玉～ *jade carving* ●（动）（在竹木、玉石、金属等上面刻画）carve；engrave：～栏玉砌 *have carved balustrades and marble steps*

【雕刻】●（动）（刻画）carve；engrave：～一尊木雕像 *carve a statue out of wood* ●（名）（雕刻成的作品）sculpture；carving；engraving

【雕像】（名）statue：大理石～ *marble statue*

【雕琢】（动）❶（雕刻）cut and polish；carve：～一块玉 *cut and polish jade* ❷（过分修饰）write in an ornate style；polish：～文章 *polish a composition*

diào

吊 diào ●（动）❶（悬挂）hang；suspend：门前～着两盏红灯。*There were two red lanterns hanging over the door.* ❷（用绳子等系着向上提或向下放）lift up or let down with a rope，etc.：从井里～一桶水 *lift a pail of water from a well* ❸（把皮桶子加面子或里子缝成衣服）put a fur lining：～皮袄 *line a coat with fur* ❹（收回发出来的证件）revoke；withdraw：～销护照 *withdraw a passport* ❺（祭奠死者或对遭到丧事的人家、团体给予慰问）condole；mourn：～丧 *pay a condolence call* ●（量）（旧时钱币单位，一般是一千个小铜钱叫一吊）a string of 1,000 cash ●（名）（吊车）crane：塔～ *tower crane*

【吊车】（名）crane；hoist：～钢丝绳 *crane rope*

【吊灯】（名）pendant；pendent lamp；ceiling lamp：～线 *cord pendant*

【吊销】（动）revoke；withdraw：～驾驶执照 *suspend a driving licence*/～营业执照 *revoke a business licence*

【吊唁】（动）condole；offer one's condolences：～函电 *message of condolence*

钓 diào ●（动）❶（用钓竿捉鱼或其他水生动物）fish with a hook and line；angle：他喜欢在晴朗的夏日去垂～。*He loves to go angling* on a fine summer day. ❷（用不正当的手段骗取）angle;fish:沽名～誉 angle for fame and compliments ⊜（名）〈书〉（钓钩）fishhook

【钓鱼】（动）angle;go fishing:他很爱～. Fishing is a passion with him.

调 diào ⊖（动）❶（调动;分派）transfer; shift:被～职 be transferred to another post ❷（拨给）allot;allocate:～来一批钢材. A batch of rolled steel was allocated to us. ❸（交换）exchange:让我们～一～位子. Let's trade seats. ⊜（名）❶（腔调）accent:南腔北～ speak with a mixed accent ❷[音]（乐器以什么音作 do,就叫什么调）key:G 小～ G minor ❸（曲调;调式;音调）air;tune;melody:老～重弹 strike up an old tune ❹[语]（语言上的声调）tone;tune:升～ rising tone
另见 1002 页 tiáo。

【调拨】（动）❶（调动拨付）allocate and transfer（goods or funds）;allot:～物资 allocate supplies ❷（配给）allocation:目前木材是～供应. Timber is under allocation at present.

【调查】（动）❶（为了了解情况进行考察）investigate;inquire;look into;survey:他们决定彻底～这件事. They determined to inquire thoroughly into the matter. ❷（为此所进行的考察）investigation;research:做社会～ make a social investigation

【调动】（动）❶（更动）transfer;shift:～工作 transfer sb. to another post ❷（调动军队）move（troops）;manoeuvre;muster:部队～频繁. There have been numerous troop movements. ❸（动员）bring into play; arouse;mobilize:～积极性 bring the enthusiasm into play

【调度】⊖（名）（调度员）dispatcher:做～ work as dispatcher ⊜（动）❶（调遣）dispatch（trains,buses,etc.）:在终点站～公共汽车 dispatch buses at a terminal ❷（安排）manage;control:生产～ production management ❸（安排时间、进度）scheduling:任务～ task scheduling

【调换】（动）❶（彼此互换）exchange;change; swap:～座位 exchange seats ❷（更换）conversion:～发行 conversion issue

【调派】（动）send;assign:～大批干部下乡 assign large numbers of cadres to the countryside

【调配】（动）allocate;deploy:～原材料 allocation of raw materials

【调遣】（动）assign;dispatch:听从～ be ready to accept an assignment

【调运】（动）allocate and transport:～工业品

下乡 arrange to send industrial products to the countryside

【调子】（名）❶（音乐上高、低、长、短配合和谐,听起来好听的一组音;曲调）tune;melody:这个～倒挺熟的. The tune is quite familiar. ❷（说话时带的某种情绪）tone（of speech）; note:降低新闻评论的～ lower the tone of the press ❸〈贬〉（论调）view

掉 diào（动）❶（物体因失去控制而下落）fall;drop;shed;come off:～进水里 fall into the water ❷（落在后面）fall behind:～在别人后面 drop behind others ❸（遗失;遗漏）lose; be missing:你～了一个词. You missed a word. ❹（减少;降低）decrease;lessen:他害了一场大病,体重～了十多斤. During his serious illness,he lost over ten jin. ❺（摇动;摆动）wag:～尾巴 wag the tail ❻（回;转）turn:把车头～过来 turn the car round ❼（互换）change;exchange:～座位 change seats ❽（用在某些动词后,表示动作的完成）:擦～ wipe off/扔～ throw away

【掉头】（动）turn round;turn about:这地方太窄,汽车不好～. The place is too narrow for the truck to turn about.

【掉转】（动）turn round:～枪口 turn one's gun（against one's superiors or old associates）

diē

爹 diē（名）〈口〉father;dad;pa:～娘 father and mother

跌 diē（动）❶（身体失去平衡而倒下）fall;tumble:～入小河 tumble into a stream ❷（物体落下）fall;go down:花瓶～个粉碎. The vase fell in pieces. ❸（物价下降）drop; fall:物价骤～. The prices drop sharply.

【跌倒】（动）fall;tumble:在哪～就从哪儿爬起来. Pick yourself up from where you fell—correct your mistake where you made it.

【跌价】（动）fall or drop in price;go down in price:银行股票大～. There was a big fall in the bank stock.

【跌落】（动）fall;drop:物价～了. The prices dropped.

dié

谍 dié ⊖（名）❶（谍报活动）espionage ❷（进行谍报活动的人）intelligence agent;spy ⊜（动）（刺探敌情）spy on

【谍报】（名）information（obtained through espionage）；intelligence report：～员 *intelligence agent*

碟 dié（名）（盛菜或调味品的器皿）small plate；small dish：两～冰淇淋 *two dishes of ice cream*

【碟子】（名）small plate；small dish

dīng

盯 dīng（动）（把视线集中于一点；注视）fix one's eyes on；gaze at；stare at：～着陌生人的脸看 *gaze into the stranger's face*

【盯梢】（动）shadow sb.；tail sb.：他被警察～。*He was shadowed by the police.*

钉 dīng ⊜（名）（钉子）nail；tack；螺～ *a screw nail*/订书～ *staple* ⊜（动）❶（紧跟着不放松）follow closely；tail：贼被警察～住了。*The thief was tailed by a policeman.* ❷（督促；催问）urge；press：～着孩子做作业 *urge the child to do his homework* ❸（注视）fix one's eyes on；gaze at；stare at
另见 691 页 dìng。

【钉子】（名）❶（铁钉）nail：把～敲进木头 *drive a nail into wood* ❷（意外的障碍）snag：碰～ *hit a snag*

dǐng

顶 dǐng ⊜（名）（人体或物体的最上部）crown；peak；top：山～ *mountaintop*/屋～ *roof* ⊜（动）❶（用头支承）carry on the head：头上～着一罐水 *carry a pitcher of water on one's head* ❷（从下面拱起）push from below or behind；push up：嫩芽把土～起来了。*The sprouts have pushed up the earth.* ❸（用头撞击）gore；butt：被公牛～死 *be gored to death by a bull* ❹（支撑；抵住）prop；sustain；support：把门～起来 *prop up the door* ❺（对面迎着）go against：～风雪，战严寒 *face blizzards and brave severe cold* ❻（用强硬的话反驳别人）retort；turn down：我～了他几句。*I said a few words to him in retort.* ❼（担当；支持）cope with；stand up to：妇女能～半边天。*Women hold up half of heaven.* ❽（相当；抵）equal；be equivalent to：他能～两个劳动力。*He can do the job of two laborers.* ❾（顶替）take the place of；substitute；replace：他～患病的工人干活。*He substituted for the worker who was ill.* ⊜（介）〈方〉（到某个时间）until；till：～10 点他才回来。*He did not return till ten o'clock.* ㉣（量）（用于某些有顶的东西）：一～轿子 *a sedan chair* ⊜（副）（表示程度最高）very；most；extremely：～有用 *very useful*

【顶层】（名）top floor

【顶风】⊜（名）（迎面的风）head wind ⊜（动）（迎着风）against the wind：～骑车 *cycle against the wind*

【顶峰】（名）peak；summit；pinnacle：在他事业的～ *at the peak of his career*

【顶棚】（名）ceiling

【顶替】（动）❶（顶名代替）replace；take sb.'s place；take the place of：他走了谁来～他？*Who's going to take his place after he leaves?* ❷（替换）displacement：～法 *displacement method*

【顶用】（动）be of use；serve the purpose：我去也不～。*I can't be of any help even if I go.*

【顶住】（动）withstand；stand up to：～诱惑 *withstand temptation*

【顶嘴】（动）reply defiantly；answer back；talk back：你不该跟你奶奶～。*You shouldn't talk back to your grandmother.*

dìng

订 dìng（动）❶（经过研究或商议后立下）conclude；draw up；agree on：～合同 *make a contract* ❷（预先约定）subscribe to（a newspaper，etc.）；book（seats，tickets，etc.）；order（merchandise，etc.）：～车票 *book a ticket* ❸（改正文字中的错误）make corrections；revise：修～词典 *revise a dictionary* ❹（装订）staple together；bind：他把两封信～在一起。*He stapled the two letters together.*

【订单】（名）order for goods；order form：所有～均须付汇款。*A remittance must accompany all orders.*

【订购】（动）order（goods）；place an order for sth.；send for：～一套家具 *order a set of furniture*

【订户】（名）❶（报刊的订阅者）subscriber（to a newspaper or periodical）❷（牛奶的用户）a person or household with a standing order for milk

【订婚】（动）be engaged to；be betrothed to：汤姆已与安妮～。*Tom is engaged to Anne.*

【订货】（动）order goods；place an order for goods：取消～ *annul an order for goods*

【订阅】（动）subscribe to（a newspaper，periodical，etc.）：～杂志 *take subscriptions for magazines*

钉 dìng（动）❶（用钉子固定）nail：把窗子～死 *nail up a window* ❷（用针线缝）sew on：

～扣子 *sew a button on*
另见 691 页 dīng。

定 dìng ㊀(形)❶(平静;稳定)calm;stable:
心神不～ *be ill at ease* ❷(已经确定的;不改变的)fixed;settled;established:已成～局.
It is the inevitable outcome. ㊁(动)❶(决定;使确定)decide;fix;set:～方针 *decide on a policy* ❷(固定;使固定)fix:～居在大连 *fix one's residence in Dalian* ❸(稳定;使稳定)calm down;stabilize:安邦～国 *bring peace and stability to the country* ❹(约定)subscribe to(a newspaper, etc.);book (seats, tickets, etc.);order (merchandise, etc.):这本书已有人～了. *The book is on order*. ㊂(副)〈书〉(一定;必定)surely;certainly;definitely:～可成功 *certainly will succeed*

【定案】㊀(动)(对案件、方案等做最后决定)decide on a verdict;reach a conclusion on a case ㊁(名)(所作出的最后决定)verdict;final decision

【定额】(名)quota;norm:超额完成～ *overfulfill the quota*

【定购】(动)order (goods);place an order for

【定价】㊀(动)(规定价格)fix a price:这家店里衣服～偏高. *The clothes in this shop are priced high*. ㊁(名)(规定的价格)fixed price:这种衬衫的～为每件 10 元. *The marked price of these shirts is 10 yuan each*.

【定金】(名)earnest money;bargain money;down payment:要他支付～. *A money deposit is required of him*.

【定居】(动)settle down:回乡～ *return to settle down in one's native place*

【定理】(名)theorem:几何～ *geometrical theorems*

【定律】(名)law:万有引力～ *the law of universal gravitation*

【定期】㊀(动)(定下日期)fix a date:会议尚未～。*The date for the meeting has not been fixed*. ㊁(形)(有一定期限的)regular;periodical:～汇报工作 *regularly report back on one's work*/～存款 *fixed deposit*

【定时钟】(名)timer

【定位】㊀(名)(确定的位置)fixed position;location;orientation ㊁(动)(用仪器测定位置)orientate;fix position

【定向】(动)follow a certain direction:～爆破 *directional blasting*

【定义】㊀(名)(确切而简要的说明)definition:下～ *give a definition* ㊁(动)(给以确切而简要的说明)define:被～为…*be defined as…*

【定做】(动)have sth. made to order:这双鞋是

～的。*This pair of shoes was made to order*.

diū

丢 diū (动)❶(遗失)lose;mislay:～三落四 *miss this and that* ❷(扔)throw;cast;toss:乱～废纸 *throw waste paper about* ❸(搁置;放)put or lay aside:只有这件事～不开. *That's the one thing that keeps worrying me*. ❹(留下)leave (behind):当心别～下东西. *Take care not to leave anything behind*.

【丢丑】(动)lose face;be disgraced:简直是～! *It's really a disgrace*!

【丢掉】(动)❶(遗失)lose:我～了一支笔. *I've lost my pen*. ❷(抛弃)throw away;cast away;discard:～错误观点 *discard mistaken views* ❸(丧失)lose:由于这次争端,他的工作～了. *He lost his job as a result of the dispute*.

【丢脸】(动)lose face;be disgraced:别给集体～. *Don't be a discredit to the collective*.

【丢弃】(动)discard;abandon;give up:～旧衣服 *cast aside the old clothes*

【丢失】(动)lose:图书馆～了几本书. *A few books have been lost from the library*.

dōng

东 dōng (名)❶(东方;太阳出来的一边)east:城～ *east of the city* ❷(主人)master;owner:房～ *landlord* ❸(东道)host:今天是我的～. *I'll be the host today*.

【东半球】(名)the Eastern Hemisphere

【东北】(名)❶(东北方向)northeast:朝～航行 *sail northeastwards* ❷(中国东北地区)northeast (of) China;the Northeast:～平原 *the Northeast China Plain*

【东道国】(名)host country

【东方】(名)❶(东)east:～红,太阳升. *The east is red;the sun is rising*. ❷(指亚洲)the East;the Orient:～文化 *oriental culture* ❸(指东欧和独联体等国)the East

【东海】(名)the Donghai Sea;the East China Sea

【东经】(名)east longitude:北京位于～116 度,北纬 40 度. *Beijing is located at 40°N and 116°E*.

【东南亚】(名)Southeast Asia

【东欧】(名)Eastern Europe

【东西】(名)❶(东边和西边)east and west:～南北 *every part of the world* ❷(从东到西)from east to west:～长 5 英里 *be five miles long from east to west* ❸(泛指各种具体的或抽象的事物)thing:浪费～ *waste things*/他收

拾好～就走了。*He packed his things and left.* ❹(特指人或动物,常含喜爱或厌恶的感情)thing;creature:这小～真可爱。*What a sweet little thing!*

冬 dōng ❶(名)(冬季)winter:～暖夏凉 *be warm in winter and cool in summer* ❷(拟声)(形容敲鼓或敲门等声音)rub-a-dub;rat-tat;rat-a-tat:～～地敲门 *drum at the door*

【冬瓜】(名)wax gourd;white gourd

【冬季】(名)winter:举办～运动会 *have a winter sports*

【冬小麦】(名)winter wheat

【冬装】(名)winter dress or clothes

dǒng

董 dǒng ❶(动)〈书〉(监督管理)direct;superintend;supervise:～其成 *supervise the project until its completion* ❷(名)(董事)director;trustee:校～ *board of directors of a school*

【董事】(名)director;trustee:选举公司的～ *elect the directors of the company*

【董事会】(名)❶(企业的领导机构)board of directors ❷(学校等的领导机构)board of trustees

【董事长】(名)chairman of the board (of directors)

懂 dǒng (动)(知道;了解)understand;know:～礼貌 *have good manners*/～英语 *know English*

【懂得】(动)understand;know;grasp:～最多的人,说得最少。*Who knows most says least.*

【懂行】(动)know the business;know the ropes:他很认真,也很～。*He is a conscientious man and knows his job.*

dòng

动 dòng ❶(动)❶(改变原来的位置或脱离静止状态)move;stir:火车启～了。*The train was just on the move.* ❷(行动)act;get moving:轻举妄～ *commit a rash act* ❸(改变事物原来的位置或样子)change;alter:把时间表～一～ *make a change in a schedule* ❹(使用;动用)use:～脑筋 *use one's head* ❺(触动)touch;arouse:～肝火 *flare up* ❻(感动)move;touch(one's heart):～天地,泣鬼神 *move the universe and cause the god to weep* ❼〈方〉(吃,常用于否定式)eat or drink:饭菜一口没～ *leave the meal untouched* ❷(名)

(动作)movement;action:一举一～ *every movement* ❸(副)(动不动;常常)frequently;easily:～辄得咎 *be blamed for every move*

【动产】(名)movable property;movables;personal property:～抵押 *chattel mortgage*

【动词】(名)verb:～不定式 *infinitive*

【动机】(名)motive;intention:作案～ *the motive for committing the crime*

【动力】(名)❶(各种作用力)motive power;power:产生～ *make power*/～学 *dynamics* ❷(推动力量)motive force;driving force;impetus:社会发展的～ *the motive force of the development of society*

【动脉】(名)artery:～脉搏 *arterial pulse*

【动人】(形)moving;touching:～的情景 *a moving scene*/～的故事 *a moving story*

【动身】(动)go or set out on a journey;leave (for a distant place):你何时～? *When will you leave?*

【动手术】(动)❶(做手术)perform an operation;operate on(sb.) ❷(被做了手术)have an operation;be operated on

【动态】(名)❶(事物的发展情况)trends developments:科技新～ *recent developments in science and technology* ❷(运动变化状态)dynamic state:进行～分析 *make dynamic analysis*

【动物】(名)animal:脊椎～ *vertebrate*/展出～ *exhibit animals*

【动向】(名)trend;tendency:他～不明。*It is uncertain which way he went.*

【动摇】(动)shake;vacillate;waver:～军心 *shake the morale of the army*

【动员】(动)mobilize;arouse:～国家所有财力物力 *mobilize all national resources*

【动作】❶(名)❶(全身或身体的一部分的活动)movement;motion;action:舞蹈～ *dance movements* ❷(机动行为;操作)manoeuvre:飞机的一种特技～ *an acrobatic manoeuvre of the plane* ❷(动)(活动;行动起来)act;start moving:且看他下一步如何～。*Let's see how he acts next.*

冻 dòng ❶(动)❶(液体或含水分的东西遇冷凝固)freeze:冰～三尺,非一日之寒。*Rome was not built in a day.* ❷(受冷或感到冷)feel very cold;freeze;be frostbitten:他～坏了。*He was frozen to the bones.* ❷(名)(凝结成半固体的汤汁)jelly:李子～ *plum jelly*/肉～ *meat jelly*

【冻僵】(动)be frozen stiff;numb with cold:我～了。*I'm frozen with cold.*

【冻结】(动)❶(液体遇冷凝固)freeze;congeal：湖面～。*The lake was frozen over*. ❷（阻止流动或变动）be frozen in；freeze up；freeze：银行存款～ *bank deposits freeze*

【冻肉】（名）frozen meat

【冻死】（动）freeze to death；freeze and perish；die of frost：昨天来寒流时，～了两只小羊。*When the cold snap set in yesterday, two lambs froze to death*.

洞 dòng ❶（名）（物体上穿通的或凹入较深的部分；窟窿；洞穴）hole；cavity：山～ *mountain cave*／衬衣破了个～ *have a hole in one's shirt* ❷（形）（深远；透彻）profound；thorough；clear：～识虚实 *have a thorough understanding of the actual situation（as of the opposing side）*

【洞察】（动）see clearly；have an insight into：～是非 *see clearly the rights and wrongs of the case*

【洞房】（名）bridal or nuptial chamber：闹～ *celebrate wedding in bridal chamber*

【洞穴】（名）cave；cavern

恫 dòng（动）〈书〉（恐惧）fear

【恫吓】（动）threaten；intimidate：威逼～ *intimidate and threaten by force*

dōu

都 dōu（副）❶（表示总括全部）all：大家～到了吗？*Is everybody here?* ❷（跟"是"字合用，说明理由）just because of：～是下雨，运动会才延期的。*Just because of the rain, the sports meet was put off*. ❸（表示强调）even：连他～不知道。*Even he doesn't know it*. ❹（表示"已经"）already：她～90岁了。*She's already ninety*.

另见 695 页 dū。

兜 dōu ❶（名）（口袋一类的东西）bag：网～儿 *string bag* ❷（动）❶（做成兜形把东西拢住）wrap up in a piece of cloth，etc. ❷（绕；绕弯儿）move around：我们乘车在城里～了一圈。*We went for a drive around in town*. ❸（招揽）canvass：～售 *peddle* ❹（承担或包下来）take upon oneself：没关系，出了问题我～着。*Don't worry. If anything goes wrong, I'll take responsibility for it*.

dǒu

斗 dǒu ❶（名）❶（量粮食的器具）dou, a measure for grain ❷（形状像斗的东西）an

object shaped like a cup or dipper：漏～ *funnel* ❸（圆形的指纹）whorl（of a fingerprint） ❹（二十八宿之一）Dou，one of the lunar mansions ❺［天］（北斗星的简称）the Big Dipper：～柄 *the handle of the Dipper* ❷（量）（容量单位）dou，a unit of dry measure for grain

另见 694 页 dòu。

【斗胆】（形）〈谦〉（大胆）make bold；venture：我～说一句，这件事您做错了。*May I make bold to suggest that you were wrong to do so?*

【斗室】（名）〈书〉a small room

抖 dǒu（动）❶（颤动）tremble；shiver；quiver：浑身发～ *tremble all over* ❷（振动；甩动）shake；jerk：～开桌布 *shake out a tablecloth* ❸（振作；鼓起精神）rouse：～起精神 *pluck up one's spirits* ❹（得意，常含讥讽意）get on in the world：这下他可～起来了。*This time he has made good*.

【抖动】（动）shake；tremble；vibrate：树叶在微风中～。*The leaves trembled in the breeze*.

陡 dǒu ❶（形）（山势峻峭；坡度大）steep；precipitous：山～路险。*The hill is steep, and the climb is dangerous*. ❷（副）（陡然；突然）suddenly；abruptly：天气～变。*The weather changed suddenly*.

【陡立】（动）rise steeply

【陡峭】（形）precipitous：～的山 *steep hill*

【陡然】（副）suddenly；unexpectedly：～下降 *fall suddenly*

dòu

斗 dòu（动）❶（对打；争斗）fight；tussle：～殴 *have a fist* ❷（斗争）struggle against；denounce：～强扶弱 *fight for the weak against the strong* ❸（使动物斗）make animals fight（as a game）：～牛 *bullfight* ❹（比赛争胜）contest with；contend with：坐山观虎～ *sit on a hill to watch tiger fight* ❺（接合；拼合）往一块儿凑）fit together：大家～一～情况。*Let's pool our information and size up the situation*.

另见 694 页 dǒu。

【斗争】（动）❶（矛盾的双方互相冲突，一方力求战胜另一方）struggle；fight；combat：做坚决的～ *fight resolutely against* ❷（用说理、揭发、控诉等方式打击敌对分子）accuse and denounce at a meeting ❸（努力奋斗）strive for；fight for：为完成五年计划而 *strive for the fulfillment of the five-year plan*

【斗志】（名）will to fight；fighting will；鼓舞～

arouse the fighting will（of...）

豆 dòu（名）❶（豆类作物或豆类作物的种子）beans；peas：蚕～ *broad beans* ❷（古代盛食物用的器具）an ancient stemmed cup or bowl

【豆腐】（名）bean curd；冻～ *frozen bean curd*

【豆浆】（名）soya bean milk

【豆油】（名）soya bean oil

【豆制品】（名）bean products

逗 dòu ❶（动）❶（引逗）tease；play with：～孩子玩 *play with a child* ❷（招引）provoke（laughter，etc.）；amuse：这小女孩儿～人喜欢。*She's a lovable little girl.* ❸（停留）stay；stop：在北京～留 *stay in Beijing* ❷（形）（方）（逗笑儿）funny：你真～！*How funny you are!* ❸（名）（语句中的停顿）a slight pause in reading

【逗号】（名）comma

【逗留】（动）stay；stop：～一夜 *make an overnight stop*

【逗引】（动）tease：这孩子被～哭了。*The child has been teased to tears.*

dū

都 dū（名）❶（首都）capital：迁～ *move the capital to another place* ❷（大城市）big city；metropolis：鞍山是我国的钢～。*Anshan is our country's steel metropolis.*

另见 694 页 dōu。

【都城】（名）capital

【都市】（名）city；metropolis

督 dū（动）（监督指挥）superintend and direct：～战 *supervise operations*

【督促】（动）supervise and urge：～孩子做作业 *supervise and urge children to do their homework*

dú

毒 dú ❶（名）❶（对生物体有害的性质或物质；毒物）poison；toxin：服～自杀 *commit suicide by taking poison* ❷（毒品）drug；narcotics：吸～ *take drugs* ❸（形）❶（有毒的）poisonous；noxious；poisoned：有～气体 *noxious gas* ❷（毒辣；凶狠；厉害；猛烈）malicious；cruel；fierce：～如蛇蝎 *be as vicious as a viper* ❸（动）（用毒物害死）kill with poison；poison：把老鼠～死 *poison a rat*

【毒草】（名）❶（有毒的草）poisonous weeds ❷（比喻对社会有害的作品或言论）harmful speech；writing，etc.：～大批出笼 *unre-*

strained growth of all poisonous weeds

【毒害】（动）poison（sb.'s mind）：预谋～ *premeditatedly poison*

【毒品】（名）narcotic drugs；narcotics：注射～ *inject drugs*

【毒气】（名）poison gas：在战争中使用～ *use poison gas in the war*

【毒死】（动）kill with poison；poison：这药～了3个人。*Three people were poisoned by this chemical.*

【毒药】（名）poison；toxicant：服～自杀 *end one's life with poison*

独 dú ❶（形）（一个）single；only：～子 *only son* ❷（副）❶（独自）alone；by oneself；in solitude：～居 *live a solitary existence* ❷（唯独）only：大家都来了，～有他还没来。*He's the only one who isn't here yet.* ❸（名）（年老没有儿子的人）old people without offspring；the childless：鳏寡孤～ *widowers，widows，orphans and the childless*

【独霸】（动）dominate exclusively；monopolize：～世界 *dominate the world exclusively*

【独裁】（动）dictatorship；autocratic rule：～专断 *arbitrary dictation*

【独唱者】（名）soloist

【独断】（形）arbitrary；dictatorial：我痛恨他的～作风。*I resent his dictatorial manner.*

【独立】（动）❶（单独站立）stand alone：～山巅的苍松 *a pine tree standing alone on a mountain peak* ❷（自主自立；不受人支配）independence：国家的～完整 *the country's independence and integrity* ❸（不依靠他人）independent；on one's own：～思考 *think things out for oneself*

【独身】❶（副）（只身）separated from one's family：～在外 *be away from home and family* ❷（动）（没有结婚）unmarried；single：她现在还是～。*She's still single.*

【独生女】（名）only daughter

【独生子】（名）only son

【独特】（形）unique；distinctive：～的风格 *a unique style*

【独资】（名）exclusive investment：～企业 *exclusive investment in enterprises*

【独自】（副）alone；by oneself：～完成任务 *fulfil the task all by oneself*

读 dú ❶（动）❶（看着文字发出声音）read aloud：请再给我～一遍。*Please read it back to me.* ❷（阅读；看）read：～万卷书，行万里路 *read ten thousand books and travel ten thousand miles* ❸（上学）attend school：走～ *attend a day school*／～完大学 *finish college*

㊂(名)(字的念法;读音)pronunciation
【读书】(动)❶(出声或不出声地看书)read;
study:专心～ give oneself to study ❷(上学)
attend school:送孩子去～ send a child for
schooling
【读数】(名)reading:温度计～ thermometer
reading
【读物】(名)reading matter;reading material:
科普～ popular science readings
【读者】(名)reader:青少年～ juvenile readers

dú

堵 dǔ ❶(动)(堵塞)stop up:这管子～了.
The pipe is stopped up. ㊁(形)(闷)stifled;
suffocated;oppressed:心里～得难受 have a
load on one's mind ㊂(书)(墙)wall:观
者如～。There was a crow of spectators. ㊃
(量)(用于墙):一～墙 a wall
【堵击】(动)intercept and attack:～逃敌 in-
tercept the fleeing enemy
【堵塞】(动)stop up;block up:～漏洞 stop up
a loophole

赌 dǔ(动)❶(赌博)gamble:～了个通宵
gamble all night ❷(争输赢)bet:打～make a
bet
【赌博】(动)gamble;gambling:他～输了很多
钱。He lost a lot of money in gambling.
【赌场】(名)gambling house:在～上碰运气 try
one's luck at the gambling tables
【赌棍】(名)hardened or professional gambler
【赌咒】(动)take an oath;swear:～要做某事
take an oath to do sth.

dù

杜 dù ❶(名)(杜梨,即棠梨)birch leaf pear
㊁(动)(阻塞)shut out;stop;prevent:以～流
弊 so as to put an end to abuses
【杜绝】(动)stop;put an end to:～浪费 put
an end to waste

肚 dù(名)❶(人和动物的腹部)belly;abdo-
men;stomach:长个啤酒～ have a beer belly
❷(内心)heart:～量 capacity for tolerance
and forgiveness
【肚皮】(名)(方)belly
【肚子】(名)❶(腹部)abdomen;belly:笑得～
疼 laugh till one's sides split ❷(物体圆而凸
起像肚子的部分)a thing shaped like a belly

妒 dù(动)(嫉妒)be jealous or envious of;
envy:～火中烧 be burning with jealousy

【妒忌】(动)be jealous or envious of envy:～
某人的成功 envy at sb.'s success

度 dù ❶(名)❶(计量长短的标准)linear
measure ❷(程度;限度)limit;extent;degree:
长短适～ be the right length ❸(对人、对事宽
容的程度;器量;胸襟)tolerance;magnanimi-
ty:豁达大～ open minded and magnanimous
❹(所打算或计较的)consideration:把生死置
之～外 give no thought to personal safety ㊁
(后缀)(加在名词、动词、形容词后构成名词)
❶(指程度)厚～ thickness ❷(指幅度)经～
longitude ❸(指时间段落)年～ year ㊂(量)
❶(计量单位)a unit of measurement for an-
gles,temperature,etc.;degree:水的沸点是摄
氏100～。The boiling point of water is 100
degrees centigrade. ❷(1千瓦小时的电量)
kilowatt hour(kwh)❸(次)occasion time:一
年一～ once a year ㊃(动)(过)spend;pass:
在农村～过童年 spend one's childhood in the
countryside
【度假】(动)spend one's holidays or vacation;
go vacationing:去中国～ spend one's holi-
days in China
【度数】(名)number of degrees reading:那个
表上的～是多少? What does that meter
read?

渡 dù ❶(动)❶(由此岸到彼岸;通过)cross
(a river,the sea,etc.):飞～大洋 fly across
the ocean ❷(渡过)tide over;pull through:
～过难关 tide over a difficulty ❸(载运过河)
ferry(people,goods,etc.)across:～人过河
ferry people across a river ㊁(名)(渡口,常用
于地名)ferry crossing:深～ Shendu（in An-
hui Province）
【渡船】(名)ferryboat;ferry:登上～ board the
ferry(for...)
【渡口】(名)ferry crossing;ferry

镀 dù(动)(用电解或其他化学方法使一种金
属附着到别的金属或物体表面上)plate:～铝
钢 aluminium plated steel
【镀金】(动)❶(镀上一层金子)gold plating ❷
(为图虚名而深造或锻炼)get gilded
【镀银】(动)silver plating;silvering

duān

端 duān ❶(名)❶(东西的头)end;extremi-
ty:岛的南～ the southern tip of the island
❷(事情的开头)beginning:成为新时期的开
～ form the beginning of a new period ❸(门
类;方面)item;point:变化多～ change

constantly ❹（原因）reason；cause：无～地 without rhyme or reason ❸（形）（端正）proper；upright：品行不～ improper behaviour ❹（动）（平举着拿）hold sth. level with both hands；carry：～汤送水 serve the soup and bring water

【端午节】（名）the Dragon Boat Festival

【端线】（名）end line

【端详】❶（名）（详情）details：细说～ give a full and detailed account ❷（形）（端庄安详）dignified and serene：举止～ behave with serene dignity ❸（动）（仔细看）look sb. up and down：良久～ look at it for a good while

【端正】❶（形）❶（不歪斜）upright；regular：五官～ have regular features ❷（正派）proper；correct：品行～ correct in behaviour ❷（动）（使端正）correct：～态度 take a correct attitude（toward...）

【端庄】（形）dignified；sedate：举止～ conduct oneself sedately

duǎn

短 duǎn ❶（形）（空间、时间两端之间的距离小）short；brief：他说话简～。He is brief of speech. ❷（动）（缺少；欠）lack；owe：理～ lack sound argument ❸（名）（缺点）weak point；fault：遮～ shield a shortcoming or fault

【短程】（名）short distance；short range

【短裤】（名）shorts

【短路】（动）［电］short circuit

【短跑】（名）dash；sprint：～运动员 dash man

【短评】（名）short commentary；brief comment；他为这些月刊写～。He writes short reviews for the monthly magazines.

【短期】（名）short term：～计划 a short-term planning

【短缺】（名）shortage：～产品 goods which are badly needed and short supply

【短少】（动）deficient；short；missing：～一页。There is one page missing.

【短途】（形）short-distance：～运输 short-distance transport

【短语】（名）phrase

【短暂】（形）of short duration；transient；brief：做～的停留 make a brief stay

duàn

段 duàn（量）（部分）section；segment；part；paragraph；passage：把文章分成几～ divide the article into paragraphs

【段落】（名）❶（文章的一段）paragraph：这篇

文章～清楚。This article is well paragraphed. ❷（阶段）phase；stage：第一期工程已经告一～。The first phase of the project has been completed.

断 duàn ❶（动）❶（分成段）break；snap：绳子～了。The string broke. ❷（断绝；隔断）break off；cut off；stop：～水 cut off the water supply ❸（戒除）give up；abstain from：～烟 give up smoking ❹（判断；决定）judge；decide：当机立～ decide promptly and opportunely ❷（副）〈书〉（绝对；一定）absolutely；decidedly：～无此理。It is absolutely unreasonable.

【断案】❶（动）（审判案件）settle a lawsuit ❷（名）［逻］（结论）conclusion（of a syllogism）

【断定】（动）conclude；form a judgment；decide；determine：我们有理由可以～，会议推迟了。We may reasonably conclude that the meeting has been postponed.

【断交】（动）❶（结束友谊）break off a friendship ❷（断绝外交关系）sever diplomatic relations

【断绝】（动）break off；sever：～供应 cut off the supplies（of...）

【断然】❶（副）（断乎）absolutely；flatly；categorically：～拒绝 flatly refuse ❷（形）（坚决；果断）resolute；drastic：采取～态度 assume a resolute attitude

锻 duàn（动）（把金属加热后捶打；锻造）forge：～铁 forge iron

【锻炼】（动）❶（体育锻炼）take exercise；have physical training：缺乏～ not get enough athletic exercise ❷（磨炼）temper；steel；toughen：在劳动中～自己 steel oneself in labour

【锻造】（动）forging；smithing：手工～ hand forging

duī

堆 duī ❶（动）（堆积）pile up；heap up；stack：桌上～满了书。The desk was piled with books. ❷（名）❶（堆积成的东西）heap；pile；stack：垃圾～ a dump heap ❷（小山，常用于地名）hillock；mound：双～集 Shuangduiji（in Anhui Province）❸（量）（用于成堆的物或成群的人）heap；pile；crowd：一大～书 a big heap of books

【堆放】（动）pile up；stack：库房里～着许多农具。A lot of farm tools are piled in the storehouse.

【堆积】（动）pile up；heap up：工地上建筑材料

～如山。*Building materials are piled up mountain high on the construction site.*

duì

队 duì ➊（名）❶（人排成的行列）a row of people；line：排成两～ *fall into two lines* ❷（具有某种性质的集体）team；group：田径～ *track and field team* ❸（特指少年先锋队）Young Pioneers：～员 *Young Pioneer* ➋（量）（用于成队的人或动物等）：一～战士 *a file of soldiers*

【队列】（名）formation：～教练 *formation drill*

【队伍】（名）❶（军队）troops：召集～ *muster in troops* ❷（有组织的群众行列）ranks；contingent：参加革命～ *join the revolutionary ranks*

【队形】（名）formation：以密集～前进 *advance in close order*

【队员】（名）team member：替补～ *substitute*

【队长】（名）captain；team leader：足球～ *the captain of a football team*

对 duì ➊（动）❶（回答）answer；reply：无言以～ *have nothing to say in reply* ❷（对待；对付）treat；cope with；counter：以不变～万变 *cope with shifting events by sticking to a fundamental principle* ❸（朝；向）面对）be trained on；be directed at：～镜梳妆 *make up in front of the mirror* ❹（使两个东西配合或接触）bring（two things）into contact；fit one into the other：～暗号 *exchange code words* ❺（投合；适合）suit；agree；get along：～心思 *suit one down to the ground* ❻（把两个东西放在一起互相比较，看是否相符合）compare；check；identify：～答案 *check on one's answers* ❼（调整使合于一定的标准）set；adjust：～表 *set one's watch* ❽（掺和）mix；add：牛奶里～了水了 *The milk has been adulterated with water.* ➋（副）❶（二者相对；彼此相向）mutually；face to face：～坐 *sit facing each other* ❷（平均分成两份）divide into halves：～半劈 *go halves* ➌（形）❶（对面的；敌对的）opposite；opposing：唱～台戏 *put up a rival show* ❷（相合；正确；正常）right；correct：是他的不～。*It's his fault.* ➍（名）（对偶的词句；对联）antithetical couplet；couplet：喜～ *wedding couplet* ➎（量）（双）pair；couple：一～夫妇 *a married couple* ➏（介）（用法与"对于"相似）：～这个问题的不同意见 *different views on this question*

【对比】➊（动）（相对比较）contrast；balance：强烈的～ *a poignant contrast* ➋（名）（比例）ratio：双方人数～是一对四。*The ratio be-tween the two sides is one to four.*

【对不起】（动）❶（对人有愧）sorry；Pardon me.；I beg your pardon.；Excuse me.：～，麻烦您了。*Pardon me for troubling you.* ❷（辜负）let sb. down：～人民 *let the people down*

【对策】（名）❶（对付的策略或办法）counter-measure；countermove：采取某种～ *take some countermeasures* ❷〔数〕game：～理论 *game theory*

【对答】（动）answer；reply：～如流 *answer questions without hesitation*

【对待】（动）treat；approach；handle：～同志像春天般的温暖 *treat one's comrades with the warmth of spring*

【对等】（形）reciprocity；equity：根据～的原则办事 *act on a principle of reciprocity*

【对方】（名）the other or opposite side；the other party：听取～的意见 *hear the opposite side*

【对付】（动）❶（应付）deal with；cope with；tackle：那人好～。*That man is easy to deal with.* ❷（将就）make do：我可以吃饼干～一下。*I can make do on biscuits.* ❸（反对）oppose；counter：用暴力～暴力 *oppose violence with violence*

【对话】（动）dialogue：进行～ *carry on a dia-logue*

【对讲机】（名）walkie-talkie：无线～ *wireless intercom*

【对抗】（动）❶（对立）antagonism；confronta-tion：平息～ *lay to rest an antagonism* ❷（抵抗）resist；oppose：与敌人～ *oppose a resist-ance to the enemy*

【对口相声】（名）cross talk

【对立】（动）oppose；set sth. against；be antag-onistic to：～统一 *be a unity of opposites*

【对流】（动）〔物〕convection：～雨 *convective rain*

【对面】➊（名）（对过）opposite：马路～ *on the opposite side of the street* ➋（副）❶（正前方）right in front：～来了一位解放军。*A PLA man came towards us.* ❷（面对面）face to face：他俩～坐着。*The two of them sat fa-cing each other.*

【对手】（名）❶（竞赛的对方）opponent；adver-sary：击倒～ *flatten one's opponent* ❷（劲敌）match；equal：他不是你的～。*He's no match for you.* ❸（对等者）fellows：超过所有的～ *pass all one's fellows*

【对外贸易】（名）foreign trade：～顺差 *foreign trade surplus*

【对虾】（名）prawn

D

【对象】（名）❶（目标）target；object：研究～ an object of study ❷（恋爱的对方）boy or girl friend：找～ look for a partner in marriage

【对应】（动）corresponding；homologous：一一～ one to one correspondence

【对照】（动）contrast；compare：形成鲜明的～ form a sharp contrast

【对准】（动）❶（瞄准）aim at：把枪口～敌人 aim a gun at the enemy ❷［机］align：～轴 align a shaft

兑 duì ❶（动）❶（凭票据支付或领取现款）exchange；convert：用纸币～黄金 convert notes into gold ❷（掺和）add（water，etc.）：～水 mix with water ❷（名）（八卦之一）dui，one of the Eight Diagrams

【兑付】（动）cash：～人民币 cash a cheque，etc. in Renminbi

【兑换】（动）exchange；convert：把它～成现金 convert it into cash

【兑换率】（名）rate of exchange

【兑现】（动）❶（用票据换现款）cash：银行拒绝～他的支票。The bank dishonoured his check. ❷（实现诺言）honour（commitment，etc.）；fulfil；make good：～对某人的承诺 honour one's commitment to sb.

dūn

吨 dūn（量）（重量单位）ton：公～ metric ton

【吨位】（名）tonnage：净～ net tonnage

敦 dūn（形）（诚恳）honest；sincere：～请 cordially invite

【敦促】（动）（sincerely）urge；press：～他早启程 urge him to start on his journey early

dùn

盾 dùn（名）（盾牌）shield

【盾牌】（名）❶（防护武器）shield：～上的图案 devices on the shields ❷（借口）pretext；excuse

顿 dùn ❶（动）❶（稍停；停顿）pause：停～一下 make a short pause ❷（书法上指用力使笔着纸而暂不移动）（in Chinese calligraphy）pause in writing in order to reinforce the beginning or ending of a stroke：～笔 make a pause for breath in writing ❸（头叩地）touch the ground（with one's head）：～首 kowtow ❹（脚跺地）stamp（one's foot）；捶胸～足

stamp one's foot and beat one's breast ❺（处理；安置）arrange；settle：安～ arrange for ❷（形）（疲乏）fatigued；tired：劳～ tired out ❸（副）（立刻；忽然）suddenly；immediately：～开茅塞 suddenly see the light ❹（量）（用于吃饭、斥责、劝说、打骂等行为的次数）：一天三饭 three meals a day

【顿时】（副）immediately；suddenly；at once：喜讯传来，人们～欢呼起来。People broke into cheers soon as they heard the good news.

duō

多 duō ❶（形）❶（数量大）many；much；more：很～人 many people ❷（比原来的数目有所增加）too many：你～给了我两个。You gave me two too many. ❸（过分的；不必要的）excessive；too much：～虑 be over anxious ❷（数）（用在量词前表示概数）：铁有～种用处。Iron has a variety of uses. ❸（助）（用在数量词后，表示有零头）more；over；odd：50～岁 over fifty years old ❹（动）（超出原有的或应有的数量或限度）exceed a number：～一个人就～一份力量。If we get one more person，we will become stronger. ❺（副）❶（用在疑问句中，问程度、数量）how：你女儿～大了？How old is your daughter? ❷（用在感叹句中，表示程度很高）what：～美的声音啊！What a beautiful voice! ❸（表示任何一种程度）very；much：有～大劲使～大劲。Use all your strength. ❹（相差程度大）much more；far more：容易得～ much easier

【多边】（名）multilateral：～贸易 multilateral trade

【多变】（动）changeable；changeful；varied：～的气候 a changeable climate

【多次】（名）many times；time and again；repeatedly：她曾～访问中国。She's visited China many times.

【多弹头】（名）multiple warhead

【多方】（名）in many ways；in every way：～调查 carry out many inquiries

【多亏】（副）thanks to；luckily：～你的帮助 thanks to your help

【多么】（副）how；what：～新鲜的水果啊！How fresh the fruit is!

【多少】❶（代）❶（指数量的大小）number；amount：～不等 vary in amount or number ❷（问数量）how many；how much：这个班有～学生？How many pupils are there in this class? ❸（表示不定的数量）so much；as much as：我知道～说～。I'll tell all I know. ❷

（副）（或多或少）somewhat；more or less；to some extent：他～会说几句英语。*He speaks a little English*.

【多时】（名）a long time：等候～ *have waited a long time*

【多数】（名）majority；most：以～票当选 *be elected by a majority*

【多谢】（动）many thanks；thanks a lot

【多余】（形）unnecessary；surplus；superfluous：有～的一份。*There is an extra copy*.

duó

夺 duó（动）❶（强取；抢）take by force；seize；wrest：巧取豪～ *take away by artful deceit or by force* ❷（用力冲开）force one's way：～门而出 *force one's way out* ❸（争先取到）contend for；compete for；strive for：～标 *win the first prize* ❹（使失去）deprive：那场病～去了他的生命。*The illness ended his life*. ❺〈书〉（失去）lose；take away：勿～农时 *not miss the farming season* ❻〈书〉（做决定）decide：定～ *make a final decision* ❼〈书〉（文字脱漏）omit (a word in a text)

【夺回】（动）recapture；retake；seize back：～冠军称号 *regain a championship*

【夺取】（动）❶（用武力强取）capture；seize；wrest：武装～政权 *seize state power by armed force* ❷（努力争取）strive for：～桂冠 *take the crown laurel*

【夺权】（动）seize power；take over power

duǒ

躲 duǒ（动）❶（隐藏）hide (oneself)：～进深山老林 *hide in a mountain forest* ❷（避让）avoid；dodge：～过初一，～不过十五。*You may escape this time，but not the next*.

【躲避】（动）❶（回避）dodge；avoid；elude：～惩罚 *avoid punishment* ❷（躲藏）hide：你还是～起来为好。*You had better hide*.

【躲藏】（动）hide or conceal oneself；go into hiding：～在树林中 *hide among the trees*

duò

舵 duò（名）（船、飞机等控制方向的装置）rudder：倒车～ *flank rudder*

堕 duò（动）（落；掉）fall；sink：如～烟海 *as lost in fog*

【堕落】（动）degenerate；sink low：～风尘 *become a prostitute*

【堕入】（动）sink or lapse into；land oneself in：～泥坑 *fall into the pit*

惰 duò（形）（懒）lazy；indolent：懒～ *lazy*

【惰性】（名）inertia

【惰性气体】（名）inert gas

【惰性元素】（名）inert element

跺 duò（动）（用力踏地）stamp (one's foot)：气得直～脚 *stamp one's foot with fury*

E

é

讹 é ●（形）（错误的）erroneous；mistaken：～言～语 erroneous and irresponsible talk ●（动）（讹诈）extort；blackmail；bluff：这简直是～人。It is simply a blackmail.
【讹传】（名）false rumor；false report：听到一些～ hear about some groundless rumors
【讹诈】（动）extort；blackmail：～某人 levy blackmail on sb.

俄 é ●（副）（时间很短；突然间）very soon；presently；suddenly：～顷即归 come back very soon ●（名）❶（俄罗斯帝国的简称）the Russian Empire ❷（俄罗斯的简称）Russia ❸（俄语）Russian
【俄语】（名）Russian（language）

鹅 é（名）goose：把～赶进田里 drive the geese into the fields
【鹅卵石】（名）cobble；cobblestone
【鹅毛】（名）goose feather：天下起～大雪。Heavy snow fell in big flakes.

额 é（名）❶（额头）forehead：她～前垂着刘海儿。A fringe of hair hung over her forehead. ❷（牌匾）a horizontal tablet：匾～ a horizontal inscribed board ❸（规定的数目）a specified number or amount：劳动定～ work quota
【额定】（形）specified or fixed（number or amount）；rated：～马力 rated horsepower
【额外】（形）extra；additional；added：～开支 extra expenses／～收入 additional income

ě

恶 ě
另见 701 页 è。
【恶心】●（动）（要呕吐）feel sick；nauseate：那

东西闻起来～。It is disgusting to the smell. ●（形）（使人厌恶）nauseating；disgusting：令人～的故事 a nauseating story

è

厄 è〈书〉●（名）❶（险要的地方）strategic point：险要关～ the critical strategic pass ❷（灾难；困苦）adversity；disaster；hardship：困～ dire straits ●（动）（受困）be in distress；be stranded：没有食物和燃料，他们被困～山中。They are stranded in the mountains without food and fuel.
【厄运】（名）adversity；misfortune：他们遭到意外的～。They met with an unexpected reverse.

扼 è（动）❶（用力掐住）clutch；grip：它死死地～住我的脖子。It grips my neck in its death like clutch. ❷（把守；控制）guard；control：～守关口 guard the pass
【扼杀】（动）strangle；nip
【扼要】（形）to the point：他的发言简明～。He gave a speech which was concise and to the point.

恶 è ●（名）（很坏的行为；犯罪的事情）evil；vice；wickedness：他～名远扬。Everyone knows him for his evil reputation. ●（形）❶（凶恶；凶狠；凶猛）fierce；ferocious：警察制止了一场～斗。The police had broken up a brawl. ❷（恶劣；坏）bad；evil；wicked：口出～言 wag one's vicious tongue
另见 701 页 ě。
【恶报】（名）retribution for evildoing；judgment：恶行会有～。Evil actions will bring retribution.
【恶毒】（形）vicious；malicious；venomous：用心极其～ entertain most evil design
【恶棍】（名）ruffian；scoundrel；bully：可怕的～ a hideous devil

【恶化】(动) worsen; deteriorate; take a turn for the worse: 局势越来越～. *The situation is getting worse and worse*.

【恶劣】(形) odious; abominable; disgusting: 他的态度～. *He had a ghastly attitude*.

【恶习】(名) bad habit; evil practice; pernicious habit: 坚决根除～ *uproot bad habits resolutely*

【恶意】(名) evil intentions; ill will; malice: ～的眼光 *a vicious glance*

饿 è ❶(形)(肚子空,想吃东西) hungry: ～狼扑羊 *a hungry wolf pouncing on the lamb* ❷(动)(使受饿) starve: 饱汉不知～汉饥 *Those who have not known hunger can never imagine how it feels*.

噩 è (形)(凶恶惊人的) shocking; upsetting

【噩耗】(名) sad news of the death of one's beloved: 听到这一惊人的～ *hear about astonishing grievous news*

【噩梦】(名) nightmare; horrible or frightening dream: 从～中惊醒 *wake from a nightmare*

鳄 è (名)(鳄鱼) crocodile; alligator: ～皮坤包 *crocodile handbag*

【鳄鱼】(名) crocodile; alligator: ～皮 *crocodile skin*

ēn

恩 ēn (名)(恩惠;恩德) kindness; favour; grace: ～重如山 *favours weighing as mountain*

【恩爱】(形) conjugal love; affectionate: 两人十分～. *The couple love each other tenderly*.

【恩惠】(名) favour; grace; kindness; bounty: 得到某人的～ *obtain a favour from sb*.

【恩情】(名) loving-kindness: 报答某人的～ *repay sb.'s obligation*

ér

儿 ér ❶(名)❶(小孩子) child: 幸运～ *a child of fortune* ❷(年轻的人) youngster; youth: 体育健～ *skillful athletics* ❸(儿子) son: 生～育女 *bear children and rear them* ❷(形)(雄性的) male: ～马 *stallion* ❸(后缀): 没门～! *There is no chance*.

【儿科】(名)(department of) paediatrics

【儿女】(名)❶(儿子和女儿) sons and daughters; children: 他们没有亲生～. *They have no children of their own*. ❷(青年男女) young man and woman (in love): ～情长 *love between man and woman is long*

【儿童】(名) children: 学龄前～ *preschool children*

【儿子】(名) son: 人民的～ *child of the people*

而 ér (连)❶(连接语意相承的成分): 伟大～艰巨的任务 *a great and arduous task* ❷(连接肯定和否定互相补充的成分): 中看～不中用 *appear sound but is not good to use* ❸(连接语意相反的成分,表示转折): 言～无信 *make a promise but doesn't keep* ❹(连接事理上前后相因的成分): 三思～后行. *Look before you leap*. ❺(有"到"的意思): 死～后已 *until one's dying day* ❻(把表示时间或方式的成分连接到动词上面): 逆流～上 *go up the river* ❼(插在主语和谓语中间,有"如果"的意思): 当官～不为民办事,那就不称职. *If an official does not give services to his people, he is not qualified*.

【而后】(连) after that; then: 先小组讨论～投票表决. *First discuss in small groups and then subject to vote*.

【而今】(副) now; at the present time: ～战争已结束. *The war is over now*.

【而且】(连)❶(表示进一层) not only... but (also); and that: 我们不但战胜了自然灾害,～获得了丰收. *We not only came through the natural calamity, but also won a bumper harvest*. ❷(表示并列) and: 他们很勇敢,他们厌恶暴力. *They were brave, and what's more, they hated violence*.

ěr

尔 ěr 〈书〉❶(代)❶(你) you: ～虞我诈 *deceive each other* ❷(如此;这样) like that; so: 不过～～ *just so-so* ❸(那;这) that: ～时 *at that time* ❷(后缀): 莞～一笑 *give a soft smile*

【尔后】(副)〈书〉thereafter; subsequently: ～的讨论 *the subsequent discussion*

耳 ěr ❶(名)❶(耳朵) ear: ～聪目明 *have good ears and eyes* ❷(形状像耳朵的东西) any ear-like thing;ear of a utensil:锅～ *the ears of a pot* ❸（位置在两旁的部分）on bothsides;side:～房 *side rooms* ❤（助）〈书〉（罢了）only;just:想当然～。*It is mere conjecture.*

【耳朵】（名）ear:他的～很灵。*He has a quick ear.*

【耳光】（名）a slap on the face;a box on the ear:他被打了一～。*He had his ear boxed.*

【耳环】（名）earrings

【耳机】（名）earphone:戴上～ *put on the earphones*

【耳闻】（动）hear of;hear about:～目睹 *witness or hear about sth.*

èr

一 èr ❤（数）（一加一后所得）two:～外 *second language*/～虎相争,必有一伤。*When two tigers fight,one is sure to lose.* ❤（形）（两样）different:说一不～ *never change one's mind*

【二进制】（名）binary system

【二氧化物】（名）dioxide

【二月】（名）❶（公历）February ❷（农历）the second month of the lunar year;the second moon

F

fā

发 fā ❶（动）❶（送出；交付）send out；distribute；issue；deliver：～信 send letters ❷（发射）launch；shoot：万箭齐～。Ten thousand arrows shot at once. ❸（产生；发生）produce；generate；come or bring into existence：天气～蒙。The weather is closed. ❹（表达）express；utter：～号施令 call the shots ❺（扩大；开展）expand；develop：～育 grow ❻（因得财物而兴旺）flourish：～家 build up a family fortune ❼（食物因发酵或水浸而膨胀）（of foodstuffs）rise or expand when fermented or soaked：～面 leaven dough ❽（放散；散开）spread out；disperse：蒸～ evaporate ❾（揭露；打开）expose；open up：～掘 excavate ❿（因变化而显现、散发）become；get into a certain state：气得脸～紫 turn purple with rage ⓫（流露感情）show one's feeling：～笑 laugh ⓬（感到）feel；have a feeling：他有点儿～懵。He feels a bit depressed. ⓭（启程）start；set out：车船齐～。All the boats and cars set out at the same time. ⓮（开始行动；引起行动）begin an undertaking；cause to do：奋～ rouse oneself ❷（量）（颗，用于枪弹、炮弹）：10～炮弹 ten shells

另见 706 页 fà。

【发表】（动）publish；issue：～论文 publish thesis

【发布】（动）issue；release：～消息 give out information

【发财】（动）get rich；make a fortune；make a pile：她一心想～。She was possessed by the desire to be rich.

【发愁】（动）worry；be anxious：他为还债的事～。He was worried about paying the debts.

【发出】（动）issue；send out；give out：～请柬 send out invitations

【发达】（形）developed；flourishing：高度～的通信 highly-developed communications

【发电】（动）❶（发出电力）generate electricity；furnish power：用水力～ generate electricity from water power ❷（打电报）send a telegram

【发电厂】（名）power plant（or station）：～的发电容量 capacity of a power station

【发电机】（名）generator；electric generator：热核～ a thermonuclear generator

【发动】（动）❶（使开始；使机器运转）start；launch：～汽车 start up the car ❷（使行动起来）call into action；mobilize；arouse：～群众 arouse the masses to action

【发放】（动）provide；grant；extend：～信用贷款 grant credits

【发疯】（动）go mad；go crazy：气得～ beside himself with fury

【发给】（动）issue；distribute；grant：将口粮～士兵了。Food rations were issued to the soldiers.

【发光】（动）give out light；shine；be luminous：太阳与星星都是～体。The sun and stars are luminous bodies.

【发挥】（动）❶（表示出内在的能力）bring into play；give play to；give free rein to：充分～某人的才干 do justice to sb's talents ❷（详尽论述）develop；elaborate：根据笔记～ expand upon one's notes

【发火】（动）❶（开始燃烧）catch fire；ignite ❷（使爆发）go off：我扣了扳机，但枪没有～。I pulled the trigger, but the gun didn't go off. ❸（发脾气）get angry；lose one's temper：她真的～了。She is really fuming. ❹〈方〉（炉灶生火容易生得旺）（of a stove）draw well

【发奖】（动）award, or give or hand out prizes：～以鼓励优秀作品 encourage good writing by awards of prize

【发觉】（动）❶（开始知道）come to know：她突然～身后有人跟踪。Presently she became aware of someone following her. ❷（发现）find；detect；discover：我们～我们做错了。We found that we had made a mistake.

【发掘】（动）excavate；unearth；explore：～古迹 *unearth culture relics*
【发冷】（动）feel cold；feel chilly：感到手脚～ *feel a chill both in hands and feet*
【发亮】（动）shine：她的黑发闪闪～。*Her black hair shone glisteningly.*
【发明】❶（动）（创造）invent：蒸汽机是何时～的？*When was the teams engine invented?* ❷（名）（创造出的新事物或新方法）invention：完成一项～ *complete an invention*
【发脾气】（动）lose one's temper；get angry：乱～ *give loose rein to one's temper*
【发票】（名）bill；receipt：开～ *make an invoice*
【发热】（动）❶（发出热量）give out heat；generate：电机～。*The motor feels hot.* ❷（发烧）have a fever；fever heat：医生看他是否～。*The doctor tried to observe and deduce whether he had a temperature.* ❸（不冷静）be hotheaded：头脑～ *have a hothead*
【发烧】（动）have a fever；have a temperature：他正在～。*He is down with a fever.*
【发射】（动）❶（射出）launch；fire；shoot；discharge；project：～导弹 *launch a guided missile* ❷［物］transmit；emit
【发射机】（名）transmitter
【发生】（动）happen；occur；take place；arise；crop up：～了一场争论。*A controversy arose.*
【发誓】（动）vow；pledge；swear：他们～要保守秘密。*They were sworn to secrecy.*
【发售】（动）sell；put on sale：联票在各主要车站～。*Through tickets are issued at principal stations.*
【发送】（动）❶（把无线电信号发射出去）transmit by radio ❷（送出）dispatch（letters，etc.）
【发问】（动）ask a question；put，pose or raise a question
【发现】（动）find；discover：～新大陆 *discover a new continent*
【发笑】（动）laugh：逗某人～ *provoke sb. to a smile*
【发行】（动）issue；publish；distribute；put on sale：政府～债券。*The government issues bonds.*
【发言】（动）speak；make a speech：正在～的是我们的党支书。*The man on the floor is our party secretary.*
【发炎】（动）inflame：伤口～了。*The wound has become inflamed.*
【发扬】（动）❶（发展和提倡）develop；carry on or forward：～成绩 *carry forward one's achievements* ❷（发挥）make the most of；make full use of

【发育】（名）growth；development：～良好 *physically well develop*
【发展】（动）❶（变化）develop；expand；grow：～国民经济的总方针 *the general policy of developing national economy* ❷（扩大）recruit；admit：～新党员 *recruit new members into the party*

fá

乏 fá ❶（动）（缺少）lack：我感到回天～术。*I felt unable to save the situation.* ❷（形）❶（疲倦）tired：因年迈身体易～ *fell weary easily because of the old age* ❷（贫困）poor：～地 *poor soil* ❸〈方〉（没力量；不起作用）exhausted；useless：火～了，该续煤了。*The fire is going out. Put on some more coal.*
【乏味】（形）dull；insipid；drab；tasteless：枯燥～的谈话 *an insipid conversation*

伐 fá（动）❶（砍树）fell；cut down：乱砍乱～ *cut down trees without a plan* ❷（攻打）attack；strike：讨～ *send a punitive expedition* ❸〈书〉（自夸）boast：～善 *boast about one's own goodness*
【伐木】（名）felling；cutting：～工人 *lumberman*

罚 fá ❶（动）〈书〉（处罚）punish；penalize；fine；forfeit：～她唱个歌。*Let her sing a song as forfeit.* ❷（名）（处罚）punishment；penalty：代人受～ *bear a vicarious punishment*
【罚金】（名）fine；forfeit：付小额～ *pay a small fine*
【罚款】❶（动）（处以罚金）impose a fine：违反交通规则要～。*Fines are imposed for breach of traffic rules.* ❷（名）（被罚缴纳的钱）fine；forfeit；penalty：交付～ *pay a fine*
【罚球】（名）❶（用于篮球）penalty shot ❷（用于足球）penalty kick：裁判员判～。*The referee awarded a penalty.*

阀 fá（名）❶（指某方面有支配势力的人物或家族）a powerful person or family：军～ *warlord* ❷［机］（活门）valve：提升～ *poppet valve*
【阀门】（名）valve

fǎ

法 fǎ ❶（名）❶（由国家制定或认可的行为规则的总称）law：继承～ *Law of Succession* ❷（方法；方式）way；method；mode：做～ *the* way to do a thing ❸（标准；范例；可仿效的）standard；model：～书 model calligraphy ❹（佛教的道理）Buddhist doctrine ❺（法术）magic arts：戏～ conjuring tricks ㊀（动）（仿效；效法）model after；follow

【法案】（名）proposed law；bill：正式通过人权～ adopt the Bill of Rights

【法办】（动）punish by law；bring to justice：杀人凶手已送交～ The murderer was brought to justice.

【法定】（形）legal；statutory：～年龄 lawful age／～汇率 official rate（of exchange）

【法官】（名）judge；justice：首席～ a chief justice

【法规】（名）laws and regulations：教育～ education legislation

【法国】（名）France

【法令】（名）laws and decrees；act：紧急～ an emergency act

【法律】（名）law；statute：滥用～ take the law into one's hands／～顾问 legal adviser

【法人】（名）legal person；corporation：～团体 corporate group

【法庭】（名）（law）court；tribunal：少年～ juvenile court

【法学】（名）law；the science of law：～家 jurist／研读～ study law

【法语】（名）French（language）

【法院】（名）law court；court；court of justice：终审～ court of last instance

【法制】（名）legality；legal institutions；legal system：社会主义～ the socialist legal system

【法子】（名）way；method：想个～ think of a way

fà

发 fà（名）（头发）hair：留～辫 wear her hair in a plait
另见 704 页 fā。

【发乳】（名）hair cream

【发型】（名）hair style；hairdo

【发油】（名）hair oil

fān

帆 fān（名）（挂在桅杆上的布篷）sail：把～扯起来。Raise the sails.

【帆船】（名）sailing boat；sailboat；junk：～俱乐部 yacht club

番 fān ㊀（形）（指外国或外族）foreign：～邦 a foreign land ㊁（量）（种；回；次）a course；a turn；time：几～周折 after several setbacks

【番茄】（名）tomato：～浓汤 tomato cream soup

【番薯】（名）sweet potato

翻 fān（动）❶（变换位置；歪倒；反转）turn over；reverse：～谷子 turn over the grain ❷（移动物体寻找）rummage；search：～箱倒柜地找也没找着 rummage through chests and cupboards but in vain ❸（推翻原来的）reverse；withdraw：～供 withdraw a confession ❹（爬过；越过）climb over；get over；cross：～墙 climb over a wall ❺（成倍地增加）multiply：效率将～好几番。Efficiency would be multiplied several times. ❻（翻译）translate：把英文～成中文 translate the English into Chinese ❼〈口〉（翻脸）break up；fall out：谁把他惹～了？Who made him so angry?

【翻案】（动）reverse a verdict

【翻脸】（动）fall out；suddenly turn hostile：～不认人 deny a friend

【翻身】（动）❶（躺着转动身体）turn over：一～从床上爬起来 roll off the bed ❷（解放出来）free oneself；stand up：～得解放 free oneself and stand up ❸（改变落后面貌或不利处境）thoroughly change the backwardness of sth.：打～仗 work hard to bring about a decisive turn

【翻腾】（动）❶（跳水）tuck dive：向前～两周半 forward tuck dive with two and a half somersaults ❷（上下滚动）seethe；rise；churn：水在瀑布下～。Water seethed under the falls. ❸（翻动）turn sth. over and over ❹（反复考虑）think about again and again；turn（sth.）over in one's mind

【翻译】㊀（动）（把一种语言译成另一种语言）translate；interpret：机械地～ translate mechanically ㊁（名）❶（译员）translator；interpreter：给某人当～ act as interpreter for sb. ❷（翻译出的文章）translation；interpretation

【翻印】（动）reprint；reproduce

【翻阅】（动）look over；glance over；leaf through

fán

凡 fán ㊀（名）❶（指人世间）this mortal world；the earth ❷［音］（民乐音阶上的一级，乐谱上用作记音符号，相当于简谱的"4"）❸〈书〉（大概；要略）outline ㊁（形）（平凡）ordinary；commonplace：～夫俗子 ordinary people；common herd ㊂（副）❶（凡是）any；all；every：～事都要认真考虑 think everything over carefully ❷〈书〉（总共）in all；altogether：全书～10卷 The set consists of 10 vol-

umes altogether.

【凡事】(名)everything

【凡是】(副)every;any;all:～要求的,你都必须做。*You should do all that are required.*

烦 fán

⊖(动)❶(使厌烦)trouble;bother ❷(烦劳)trouble;request:～交某人 *please forward this to sb.* **⊜**(形)❶(厌烦)be annoyed;vexed;troubled:这话我都听～了。*I'm fed up with this kind of talk.* ❷(又多又乱)superfluous and confusing

【烦劳】(动)trouble:～您给她捎个信儿。*May I trouble you to take a message to her?*

【烦闷】(形)unhappy;worried:雨天令人～。*The rain weather is depressing.*

【烦恼】(形)vexed;worried:因悔恨而～ *fret oneself with regret*

【烦扰】**⊖**(动)(搅扰)bother;disturb:用各种噪音来～某人 *plague sb. with all kinds of noises* **⊜**(形)(心烦)feel disturbed

【烦琐】(形)loaded down with trivial details:～的礼节 *tedious formalities*

【烦躁】(形)fidgety;agitated:处于～不安中 *be in a state of agitation*

繁 fán

⊖(形)(繁多;复杂)in great numbers;numerous;manifold:天空～星闪烁。*A myriad of stars glistened in the sky.* **⊜**(动)(繁殖牲畜)multiply:农场自～自养的牲畜 *livestock bred and reared by the farm itself*

【繁多】(形)various:花色～ *a great variety*

【繁华】(形)flourishing;bustling;busy:～的市场 *a busy market place*

【繁忙】(形)busy:工地上一片～。*The work site bustled with activity.*

【繁茂】(形)lush;luxuriant:～的牧场 *a lush pasture*

【繁荣】**⊖**(形)(蓬勃发展)flourishing;prosperous;booming:～富强 *rich, strong and prosperous* **⊜**(动)(使昌盛)make sth. prosper:～文学创作 *promote literary creation*

【繁殖】(动)[生]breed;reproduce;propagate;multiply:嫁接～ *propagation by grafting*

【繁重】(形)heavy;strenuous;onerous:～的家务负担 *heavy burden of household*

fǎn

反 fǎn

⊖(名)❶(方向相背)reverse side:这件上衣～两面都可以穿。*This coat is reversible, you can wear it inside out.* ❷(造反)rebellion ❸(指反革命、反动派)counterrevolutionaries;reactionaries **⊜**(动)❶(转换;翻过来)turn over:物极必～。*Things will*

develop in the opposite direction when they become extreme.* ❷(回;还)return;counter:～证 *disproof* ❸(反抗;反对)oppose;combat:～干扰 *anticlutter* ❹(背叛)rebel;revolt:～朝廷 *rebel against the imperial government* **⊜**(形)(相反的)opposite;contrary;reversed **⊜**(副)❶(反而;相反地)on the contrary;instead;害人～害己。*The damage recoils upon his own head.* ❷(从反面)back

【反比】(名)inverse ratio:价格的～ *inverse price ratio*/～例 *inverse proportion*

【反常】(形)unusual;abnormal;strange:她的态度有点～。*Her attitude is a bit strange.*

【反潮流】(动)go against the tide

【反帝】(形)anti-imperialist

【反动】**⊖**(形)(逆革命潮流而动)reactionary:批判～观点 *criticize the reactionary viewpoint* **⊜**(名)(相反的作用)reaction:对科学的～ *reaction against science*

【反对】(动)oppose;be against;fight;combat:～霸权主义 *combat hegemonism*

【反而】(副)on the contrary;instead:她的病不但没好,～恶化了。*She was no better, but rather grew worse.*

【反复】**⊖**(副)(重复)repeatedly;again and again:～尝试 *make requested attempts* **⊜**(动)❶(翻悔)reverse;relapse;changeable;fickle:～无常 *be changeable* ❷(回到原有状态)reversal;relapse:斗争上出现了～ *meet with a setback in the struggle*

【反感】(名)be disgusted with;be averse to;dislike;take unkindly to:这是我最～的事。*It is my utter aversion.*

【反革命】(形)counterrevolutionary:～罪行 *a counterrevolutionary crime*

【反攻】(名)counteroffensive;counterattack:发起～ *launch a counterattack*

【反悔】(动)go back on one's word (or promise)

【反抗】(动)revolt;resist:消极～ *passive resistance*

【反面】(名)❶(与正面相反的一面)reverse side;wrong side;back:布的～ *the reverse of the cloth* ❷(坏的、消极的一面)opposite;negative side:～教材 *negative example which may serve as a lesson* ❸(事情、问题等的另一面)opposite;inverse:爱的～是恨。*The antipode of love is hatred.*

【反射】(动)❶[生](反应)reflex ❷[物](折回)reflect;reflection:日光～在水面上。*The water reflected the sunlight.*

【反向】(名)opposite direction;reverse

【反应】(名)❶(打针或服药所引起的症状)

reaction ❷（化学变化）reaction：把酸和金属放在一起便产生化学～. *Putting an acid and a metal together causes a reaction.* ❸（原子核受外力作用而发生变化）reaction ❹（有机体受到刺激而引起的相应活动）reaction ❺（事情所引起的意见、态度或行为；反响）response；repercussion；reaction：做出～ *make a response*

【反映】（动）❶（反照，比喻客观事物的实质表现出来）reflect；mirror：～新社会的特点 *mirror the features of the new society* ❷（报告上级）report；make known：把群众的呼声及时地～上去 *transmit the voices of the people to the leading bodies without delay*

【反之】（连）conversely；on the contrary；otherwise：猫讨厌狗，～亦然. *Cats hate dogs, and vice versa.*

【反作用】（名）counteraction；reaction：你要起好作用，不要起～. *You should set a good example, not a bad one.*

返 fǎn（动）（回）return：～乡 *return to one's native place*

【返航】（动）return to the base or port：轮船正从上海～. *The steamer is bound from Shanghai.*

【返回】（动）return；come or go back：～工作岗位 *return to one's post*

【返销】（动）buy back；resell to the place of production：吃～粮 *eat 'resold grain'*

　　　　　　fàn

犯 fàn ➊（动）❶（抵触；违犯）offend；violate：～禁 *violate a ban* ❷（侵犯）attack；violate；work against：～境 *invade the frontiers of another country* ❸（发作；发生）have a recurrence of；revert to：坏毛病又～了 *revert to bad habit* ➋（名）（罪犯）criminal：惯～ *a habitual criminal*

【犯病】（动）have an attack of one's old illness：三天两头～ *get ill too often*

【犯愁】（动）worry；be anxious：为孩子的升学～ *be anxious about the child's further education*

【犯法】（动）violate or break the law：他不愿做任何～的事. *He would not do anything against the law.*

【犯规】（动）❶（违反规定）break the rules ❷［体］foul：足球比赛中以手触球即～. *It's against the rules to handle the ball in soccer.*

【犯人】（名）prisoner；convict；criminal：获释的～ *a discharged criminal*

【犯罪】（动）commit a crime（or an offense）：智能～ *intellectual crime*

饭 fàn（名）❶（煮熟的谷类食品）cooked cereals：中午吃米～ *have rice for lunch* ❷（每天定时吃的食物）meal：家常便～ *a homely meal*

【饭菜】（名）❶（饭和菜）meal；repast ❷（下饭的菜）dishes to go with rice, steamed buns, etc.

【饭店】（名）❶（大旅馆）hotel：北京～ *Beijing Hotel* ❷〈方〉（饭馆）restaurant

【饭馆】（名）restaurant：下～ *eat in a restaurant*

【饭食】（名）food（esp. with regard to its quality）

【饭厅】（名）dining hall；dining room；mess hall：这个～可容 300 人就餐. *The dining hall can seat 300 people.*

【饭碗】（名）❶（盛饭的碗）rice bowl ❷（指职业）job：找～ *hunt for a job*

【饭桌】（名）dining table

泛 fàn ➊（动）❶〈书〉（漂浮）float：～舟湖上 *go boating on the lake* ❷（透出；冒出）be suffused with：天空～出一片深红色. *The sky is suffused with crimson.* ❸（淹没）inundate；flood ➋（形）（广泛的；一般的）extensive；general：～称 *general term*

【泛读】（名）extensive reading

【泛滥】➊（动）（溢出）be in flood；flow：洪水～ *be inundated with flood* ➋（形）（扩展）spread unchecked：自由～的思想 *an idea spread unchecked*

【泛指】（动）make a general reference；be used in a general sense

范 fàn（名）❶〈书〉（模子）pattern；mould；matrix ❷（模范；榜样）model；example：～文 *model essay* ❸（范围）limits ❹〈书〉（限制）restrictions

【范例】（名）example；model

【范围】（名）scope；limits；range：兴趣～广 *a wide range of interests*

贩 fàn ➊（名）（买卖人）monger；pedlar：鱼～ *a fishmonger* ➋（动）（商人买货）buy to resell：～毒 *traffic in narcotics*

【贩卖】（动）traffic；peddle：～皮毛 *traffic in furs*

【贩运】（动）transport goods for sale；traffic：在广州和东北之间搞长途～ *transport goods for sale between Guangzhou and the Northeast*

fāng

方 fāng ●（名）❶（方形；方体）square ❷［数］（乘方）involution；power：3 的 4 次～是 81。*The fourth power of 3 is 81.* ❸（方向）direction：位于观众席的正前～ *be located directly in front of the grandstand* ❹（方面）side；party：父～ *the spear side* ❺（地方）place；region；locality ❻（方法）method；way：多～寻找 *search in various ways* ❼（方子）prescription：医生开了张～子 *The doctor wrote out a prescription.* ●（形）❶（方的）square：～脸 *square face* ❷（正直）upright；honest ●（副）❶（正在；正当）just；at the time when ❷（方才）just now ●（量）❶（用于方形物）：三～图章 *three seals* ❷（平方或立方的简称）：土石～ *cubic metres of earth or stone work*

【方案】（名）scheme；plan；programme：政府～ *a government* program

【方便】●（形）（便利）convenient：备有～食品 *have convenience food on hand* ●（动）❶〈婉〉（有富裕的钱）have money to spare or lend：要是你手头～，就借我一点儿钱吧。*Please lend me some money if you have any to spare.* ❷（使便利）make things convenient for sb.：～顾客 *make things convenient for customers* ❸〈口〉（上厕所）go to the lavatory：你要不要～一下？ *Do you want to use the lavatory?*

【方程】（名）［数］equation：列～ *establish an equation* / ～式 equation

【方法】（名）method；means；way：减肥～ *a reducing method*

【方面】（名）respect；aspect；side；field：研究问题的各个～ *study every aspect of a problem*

【方式】（名）way；fashion；pattern：个人的思维～ *one's way of thinking*

【方糖】（名）cube sugar

【方位】（名）position；bearing；direction；points of the compass：在陌生的地方确定自己的～ *find one's bearings in a new place*

【方向】（名）direction；orientation：按顺时针～转动 *revolve in the direction of the clock*

【方言】（名）dialect：用家乡～演唱 *sing in one's local dialect*

【方针】（名）policy；guiding principle：采取我党的一贯～ *adopt the constant policy of our party*

芳 fāng（形）❶（香）fragrant ❷（美好的）good（name or reputation）；virtuous：流～百世 *leave a good name to posterity*

fáng

防 fáng ●（动）（防备）provide against；guard against：～涝 *prevent waterlogging* ●（名）❶（防守；防御）defence：边～ *frontier defence* ❷（堤；挡水的建筑物）dyke；embankment：堤～ *dyke*

【防备】（动）guard against；take precautions against：～事故发生 *take precautions against accidents*

【防潮】（动）❶（防潮湿）dampproof；moistureproof：～层 *dampproof course* ❷（防潮水）protection against the tide

【防尘】（动）dustproof

【防盗】（动）guard against theft；take precautions against burglars：装～门 *install an iron door to guard further against burglars*

【防毒】（名）gas defense

【防腐】（名）anticorrosive：木材～剂 *a wood preservative*

【防护】（动）protect；shelter：～涂层 *protective coating*

【防火】（动）fireproof：～墙 *fire wall*

【防卫】（动）defend：正当～ *legal defence*

【防御】（动）defense：～部队 *defending force*

【防震】（动）❶（采取措施，预防地震）take precautions against earthquakes ❷（防震动）shockproof；quakeproof：～表 *shockproof watch*

【防止】（动）prevent；guard against；forestall；avoid：～眼睛疲劳 *protection against eyestrain*

【防治】（动）prevent and cure

妨 fáng（动）（妨碍）hamper；hinder；impede；obstruct：不～早点儿动身 *There is no harm in leaving a little earlier.*

【妨碍】（动）hinder；hamper；impede；obstruct：～他人学习 *disturb those who are studying*

【妨害】（动）impair；be harmful to：～风化 *be offensive to morality*

房 fáng ●（名）❶（房子）house：建～ *build a house* ❷（房间）room：三间～ *three rooms* ❸（结构和作用像房子的东西）a house-like structure ❹（指家族的一支）a branch of a family：三～ *the third branch* ❺（店铺）shop ❻（服务部门及人员的名称）name of an office or service ●（量）：娶一～小老婆 *take a concubine*

【房顶】（名）roof

【房基】（名）foundations（of a building）

【房间】(名)room；宽敞的～ a spacious room
【房子】(名)❶(供人居住或作其他用途的建筑物)house；building：拐角处的～ a corner house ❷(房间)room：我弄到了一套两室一厅的。I've got a flat with two bedrooms and a living room.
【房租】(名)rent (for a house，flat，etc.)：适中的～ moderate rent

fǎng

访 fǎng (动) ❶(访问)call on；visit：遍～东亚诸国 pay a round of visits in South Asia countries ❷(调查；寻求)seek by inquiry or search；try to get
【访问】(动)visit；call on；interview：对某国进行友好～ be on a good will visit to a country

仿 fǎng ㊀(动)❶(仿效；效法)imitate；copy：～宋体 imitation Song Dynasty style typeface ❷(类似；像)resemble：俩人年纪相～。These two persons are about the same age. ㊁(名)(依照范本写的字)letters modelled after a copy
【仿佛】㊀(副)(好像)seem；as if：～有所知晓 seem to know about it already ㊁(动)(类似)more or less the same；be alike：他的模样还和10年前相～。He looks about the same as he did ten years ago.
【仿效】(动)imitate；follow the example of：～某人的做派 be imitative of sb.'s style
【仿造】(动)copy；be modelled on：～外国机器 copy foreign models
【仿制】(动)copy；be modelled on：～品 imitation

纺 fǎng ㊀(动)(拧纱；捻线)spin：把棉花～成线 spin cotton into yarn ㊁(名)(丝织品)a thin silk cloth
【纺纱】(名)spinning
【纺织】(名)spinning and weaving：～工业 textile industry／～机 textile machine

fàng

放 fàng (动)❶(解除约束；使自由)release；set free；let go：～虎归山 let the tiger return to the mountain ❷(在一定的时间停止)stop：～学回家 leave school and go home ❸(放纵)give way to；let oneself go ❹(把牛、羊等赶到草地里吃草)put out to pasture ❺(把人驱逐到边远的地方)send away ❻(发出)give out：～光 give off light ❼(点燃)light；fire：～火烧房 set fire to a house ❽(借钱给人，收取利

息)lend money for interest：～债 lend money at a certain rate of interest ❾(扩展)enlarge；let out：～几张相片 have a few photos enlarged ❿(花开)blossom ⓫(搁置)lay aside；leave alone：不把某人～在心上 not care a pin for sb. ⓬(弄倒)fell ⓭(使处于一定的位置)place；put：～在抽屉里 place sth. in the drawer ⓮(加进去)add；put in：汤里～点儿胡椒粉。Put some pepper in the soup. ⓯(控制自己)readjust oneself to a certain extent：～明白些。Be sensible. ⓰(放映)show：～录音 play back a recording ⓱(保存)keep：这鱼怕～不住。This fish won't keep，I'm afraid.
【放出】(动)give out；let out；give off：～浓烟 give off heavy smoke
【放大】(动)amplify；magnify；enlarge：用显微镜～物体 magnify objects with a microscope／～器 amplifier
【放电】(动)discharge：下雷雨时，云层会～。In a thunderstorm，there is a discharge of electricity from clouds.
【放火】(动)❶(引火烧毁房屋等)set fire to；set on fire；commit arson：～烧山 set the mountain on fire ❷(煽动)create disturbances
【放假】(动)have a holiday or vacation；have a day off：连续3天～ have three consecutive holidays
【放弃】(动)give up；abandon；renounce：～学业 chuck in one's studies
【放射】(动)radiate：太阳～出热。The sun radiates heat.
【放声大哭】(动)cry loudly and bitterly
【放下】(动)lay down；put down：～屠刀，立地成佛。A butcher becomes a Buddha the moment he drops his cleaver.
【放心】(动)set one's mind at rest；be at ease；rest assured：直到收到电报，我们才～。We were worried until the telegraph came.
【放行】(动)let sb. pass：免税～ tax free clearance
【放映】(动)show；project：剧院有时也用来～电影。Occasionally theatres are used for film shows.

fēi

飞 fēi ㊀(动)❶(鸟、虫等在空中活动)fly；flit：从窗口～进来 fly in by the window ❷(利用动力机械在空中行动)fly：我明天～广州。I'm flying to Guangzhou tomorrow. ❸(在空中飘浮游动)fly；float or flutter in the air：～絮 willow-catkins fluttering in the air ❹〈口〉(挥发)volatilize：樟脑丸放久了会～净的. Camphor balls will disappear as time goes on. ㊁(形)❶(意外的)unexpected；accidental ❷(凭空而来的)unfounded；groundless ㊂(副)(形容极快)swiftly；speedily：～沙走石 flying sands and howling wind ㊃(名)(自行车上的飞轮)free wheel of bicycle

【飞机】(名)aircraft；aeroplane；plane：派出救援～ dispatch a rescue plane／一场～airport；airfield

【飞快】(形)❶(非常迅速)very fast：电梯～上升. The elevator shot upward. ❷(锋利)extremely sharp；razor-sharp：把镰刀磨得～。Sharpen the sickles till they are like razors.

【飞速】(副)at full speed：～运转 run at full speed

【飞舞】(动)dance in the air；flutter：蝴蝶在花丛中～. Butterflies fluttered about among the flowers.

【飞行】(动)flight；flying：～表演 demonstration flight／一班次 flight number

【飞扬】(动)fly upward；rise：他是一个～跋扈的人。He is a domineering sort of fellow.

【飞涨】(动)(of prices，etc.)soar；skyrocket：无限制地～ soar up without limit

妃 fēi(名)❶(皇帝的妾)imperial concubine ❷(太子、王、侯的妻)the wife of a prince

【妃子】(名)imperial concubine

非 fēi ㊀(名)❶(错误)wrong；mistake：死于～命 die an unnatural death ❷(指非洲)Africa ㊁(动)❶(不以为然；反对；责备)blame；censure：无可～难 above criticism ❷(不合于)not conform to；run counter to：～分之想 inordinate ambitions ❸(不是)be not：～卖品 not for sale ㊂(副)(跟"不"相呼应，表示必须)have got to；simply must：～下苦功不可 require pains taking effort ㊃(前缀)(表示否定或不属于某种范围)un-；non-；in-；i-；ir-；im-：～党员 non-party member

【非常】㊀(形)(特殊)extraordinary；unusual；special：～事件 uncommon incident ㊁(副)(十分)very；extremely；highly：～整洁 special and span

【非法】(形)illegal；unlawful；illicit：～入境 illegal entry

【非凡】(形)outstanding；extraordinary；uncommon：有～的经营才能 have exceptional administrative ability

【非…非…】(连)neither ... nor ...

【非…即…】(连)either ... or ...：～亲～友 either relative or friend

【非金属】(名)nonmetal：～材料 non metallic materials

【非正式】(形)unofficial；informal

【非洲】(名)Africa

féi

肥 féi ㊀(名)(肥料)fertilizer；manure：化～chemical fertilizer ㊁(动)❶(使肥沃)fertilize：～田 fertilize the field ❷(由不正当收入变富)enrich by illegal income ㊂(形)❶(含脂肪多)fat：这肉太～了。The meat is too fat. ❷(肥沃)fertile；rich：土地很～。The soil is extremely fertile. ❸(肥大)loose and large；loose-fitting：袖子太～了。The sleeves are too baggy.

【肥大】(形)❶(又宽又大)loose；large：～的衣服 a loose garment ❷(粗大)fat；plump：果实～ lush and plump fruit ❸[医](身体某部分体积增大)hypertrophy

【肥料】(名)fertilizer；manure：骨粉和硝酸盐是普通的～. Bone meal and nitrates are common fertilizer.

【肥胖】(形)fat；corpulent：太～而走不远 be too fat to walk far

【肥沃】(形)fertile；rich：施粪肥使土地～ fertilize his land with manure

【肥皂】(名)soap：～粉 soap powder

fěi

匪 fěi ㊀(名)(强盗)bandit；robber：～首 bandit chieftain ㊁(副)〈书〉(非)not：～夷所思 unimaginably queer

【匪帮】(名)bandit gang

【匪徒】(名)bandit；gangster：～集团 gangs of outlaws

诽 fěi(动)(毁谤)slander

【诽谤】(动)slander；calumniate；libel：～某人的声誉 cast aspersions on a person's honor

翡 fěi(名)(古书上指一种有红毛的鸟)halcyon

【翡翠】(名)❶[矿]jade ❷[动]halcyon

fèi

肺 fèi(名)(人和高等动物的呼吸器官)lungs：出自～腑之言 words from the bottom of one's heart

【肺癌】(名)lung cancer

【肺结核】(名)pulmonary tuberculosis

【肺炎】(名)pneumonia

废 fèi ❶（动）（不再使用；不再继续）abandon；abolish；abrogate；give up：把条约～了 *abrogate the treaty* ❷（形）❶（没用的；失去原作用的）useless；disused；waste：～票 *invalidated ticket* ❷（残废）disabled；maimed：残～人 *the disabled*
【废除】（动）abolish；abrogate；repeal：～繁文缛节 *do away with tedious formalities*
【废话】（名）nonsense；rubbish；无关痛痒的～ *irrelevant inanities*
【废料】（名）waste；scrap；waste material：～堆 *scrap heap*
【废品】（名）❶（不合格产品）waste product；reject ❷（废旧物品）scrap；waste：你可以把这东西当～卖。*You could sell it for scrap.*
【废气】（名）waste gas
【废弃】（动）discard；abandon；cast aside：～多年的旧机器零件 *old machine parts discarded for years*
【废水】（名）waste water；liquid waste：～渗透 *waste water infiltration*
【废物】（名）waste material；trash
【废墟】（名）ruins；debris：清除战争的～ *clear away the war debris*
【废止】（动）abolish；put an end to：～法令 *annul a decree*

沸 fèi ❶（动）（滚开）boil；bubble ❷（形）（滚开的；沸腾的）boiling；bubbling：～水 *boiling water*
【沸点】（名）boiling point
【沸腾】（动）❶［物］（液体气化）boiling；ebullition：锅里的牛奶～而溢出。*The milk in the pot is boiling over.* ❷（情绪高昂）seethe with excitement；boil over：工地上一片～。*The construction site was seething with excitement.*

费 fèi ❶（名）（费用）fee；expense；dues；charge：订报～ *subscription for a newspaper* ❷（动）（花费；耗费）cost；expend；spend：～尽心机 *rack one's brains* ❸（形）（耗费大）wasteful；consuming too much：烧电炉～电。*An electric stove consumes too much electricity.*
【费解】（形）hard to understand；obscure：说话令人～ *speak in riddles*
【费劲】（动）need or use great effort；be strenuous：安装这台机器真～。*It really took a lot of effort to install this machine.*
【费钱】（动）cost a lot；be costly：这很让他～。*It will cost him dearly.*
【费用】（名）cost；expenses：这笔～由我们负担。

We'll bear the expenses.

fēn

分 fēn ❶（动）❶（使整体事物变成几部分或使连在一起的事物分开）divide；separate；part：～组讨论 *hold discussion in groups* ❷（分配）distribute；assign；allot：把杂志～送给订户 *distribute magazines to subscribers* ❸（辨别）distinguish；differentiate：～清敌我 *make the identification of friend or foe* ❷（名）❶（分支；部分）branch（of an organization）：～局 *branch office* ❷（分数）fraction ❸（量）❶（表示分数）portion；part：三～之二 *two thirds* ❷（十分之一）one tenth：他已经有三～醉了。*He is bit tipsy already.* ❸（长度单位）fen，a unit of length；五尺零四～ *five chi and four fen* ❹（地积单位）fen，a unit of area：二亩八～地 *2.8 mu of land* ❺（重量单位）fen，a unit of weight：三两二钱一～ *3.21 liang* ❻（货币单位）fen，a fractional unit of money in China：五元八角三～ *5.83 yuan* ❼（时间单位）minute：五点二十～起床 *get up at twenty past five* ❽（弧或角的计量单位）minute ❾（经度或纬度的计量单位）minute ❿（利率单位）rate of interest：利息一～二厘 *12% annual interest* ⓫（评定成绩等的计量单位）point；mark：60～为及格。*Sixty is the passing mark.*
另见 714 页 fèn。
【分辨】（动）❶（辨别）distinguish；differentiate：很难～谁是谁非 *hard to tell who's right and who's wrong* ❷［物］（分辨率）resolution
【分辩】（动）defend oneself（against a charge）；offer an explanation：不容～ *allow no explanation to be offered*
【分别】❶（动）❶（离别）part；leave each other：～时哭泣 *cry at parting* ❷（辨别）distinguish；differentiate ❷（名）（不同）difference ❸（副）（各自）respectively；separately：～对待两人 *treat the two of them differently*
【分布】（动）distribute；spread；scatter：地理～ *geographic distribution*
【分词】（名）participle
【分担】（动）share responsibility for：～痛苦 *participate in sb.'s suffering*
【分发】（动）distribute；hand out；issue：给优胜者～奖品 *distribute prizes to the winners*
【分工】（动）divide the work：～合作 *share out the work and help one another*
【分管】（动）be put in charge of：工会委员会有专人～妇女工作。*One of the members of the trade union committee is in charge of*

women's affairs.

【分行】（名）branch（of a bank）：中国人民银行成都～ Chengdu Branch of the People's Bank of China

【分红】（动）draw extra profits（of dividends）；share out bonus：年底～ share out the bonus at the end of the year

【分化】❶（动）（变为不同物；分裂；使分化）split up；break up：～瓦解敌军 split and disintegrate the enemy forces ❷（名）［生］（分化的现象）differentiation

【分机】（名）extension（telephone）

【分级】（动）grade；classify：～考试 a placement test

【分家】（动）divide up family property and live apart

【分居】（动）（of members of a family）live apart；separate without a legal divorce（of husband and wife）：法院判定的夫妇～ a judicial separation on married persons

【分开】（动）separate；part；split；break up：我绝不和他～. I would not part with him for anything.

【分类】（动）❶（使分别归类）classify：～索引 classified index ❷（分门别类）classification

【分离】（动）❶（分开）separate；sever：用机器～出奶油 separate cream by machine ❷（离别）part（for a time）；leave：～多年的好友又重逢了，他们非常高兴. The friends were glad to meet after so long a separation.

【分裂】（动）❶（使整体事物分开）split；divide；break up：～成几派 split up into several factions ❷（整体事物分开）fission：～繁殖 reproduction by fission

【分米】（名）decimetre

【分派】（动）assign（to different persons）；apportion

【分配】（动）distribution；distribute；allot；assign：财产的公平～ an equitable distribution of wealth

【分期付款】（名）payment by instalments

【分数】（名）❶［数］fraction ❷（表示成绩等的数字）mark；grade：给某人一个及格～ grade sb. a passing mark

【分析】（动）analyse：～句子成分 parse a sentence

【分享】（动）share（joy，rights，etc.）；partake：～荣华 share sb.'s wealth and splendor

【分忧】（动）share sb.'s cares and burdens；help sb. to get over a difficulty：～解劳. A trouble shared is a trouble halved.

【分子】（名）❶［数］numerator（in a fraction）❷［化］molecule

【分组】（动）divide into groups；grouping：对学生的多层～被证明是成功的. Multilevel grouping of students has turned out to be a success.

芬 fēn ❶（名）（香气）sweet smell；fragrance ❷（形）（香）fragrant

【芬芳】❶（形）（香）sweet-smelling ；fragrant：～的花朵 sweet-smelling flowers ❷（名）（香气）fragrance：～扑鼻. A fragrance strikes the nostrils.

【芬兰】（名）Finland：～人 Finn

吩 fēn

【吩咐】（动）tell；instruct：～某人做某事 tell sb. to do sth.

纷 fēn（形）❶（杂乱）confused；tangled；disorderly：思绪～杂 a confused train of thought ❷（多）many and various；profuse；numerous：大雪～飞. Snowflakes were falling thick and fast.

【纷纷】（形）❶（接二连三）one after another；in succession：各种猜测～出笼. All kinds of guesses are swarming out. ❷（多而杂乱）numerous and confused：敌人～逃窜. The enemy troops fled pell-mell.

fén

坟 fén（名）（坟墓）grave；tomb：掘开一座～ open a tomb

【坟墓】（名）grave；tomb：自掘～ dig one's own grave

焚 fén（动）（烧）burn：～香拜神 burn incense or joss sticks to worship god

【焚烧】（动）burn；set on fire：～庄园 burn down the manor houses

fěn

粉 fěn ❶（名）❶（粉末）powder：磨成～ grind into powder or flour ❷（用淀粉制成的粉条或粉丝）noodles or vermicelli made from bean, potato or sweet potato starch：～丝 vermicelli made from bean starch，etc. ❷（动）❶（弄成碎末）crush to powder ❷〈方〉（变成粉末）turn to powder ❸〈方〉（粉刷）turn whitewash ❸（形）❶（带着白粉的；白色的）white：～底布鞋 cloth shoes with white soles ❷（粉红）pink：～红色 pink or rosy color

【粉笔】（名）chalk：两根～ two chalks

【粉红】（形）pink：一张～的圆脸 a round face

with rosy cheeks

【粉刷】（动）whitewash：～一新 *take on a new look after whitewashing*

【粉碎】❶（动）❶（使失败、毁灭）smash；shatter；crush：～叛乱 *crush out a rebellion* ❷（使粉碎）break sth. into pieces ❷（形）（碎成粉状）grinding；crushing：被砸得～ *be smashed to pieces*

【粉碎机】（名）pulverizer；kibbler；grinder

fèn

分 fèn ❶（名）❶（成分）component：盐～ *salt content* ❷（职责和权利的限度）what is within one's duty or rights：尽本～ *do one's duty* ❸（动）〈书〉（料想）expect
另见 712 页 fēn。

【分外】❶（副）（特别）particularly；especially：战友重逢～亲。*Meeting again after a long separation , comrades-in-arms are drawn to each other more closely than ever .* ❷（名）（本分以外）not one's job or duty：不要把帮助别人看作～的工作。*Don't think that helping others is not one's job .*

【分子】（名）member；element：反动～ *reactionary element*

份 fèn ❶（名）❶（整体的一部分）portion：股～ *share* ❷（用于"省、县、年、月"后面，表示划分的单位）the unit of division：省～ *province* ❷（量）❶（用于搭配成组的东西）：一～饭 *a set of meal* ❷（用于报刊、文件等）：一～报纸 *a copy of newspaper*

奋 fèn ❶（动）❶（鼓起劲来；振作）exert oneself；act vigorously ❷（摇动；举起）raise；lift：～臂高呼 *raise one's arm and call out aloud* ❷（副）（劲头十足；有力）energetically

【奋斗】（动）struggle；fight；strive：～到底 *struggle to the very end*

【奋起】（动）rise with force and spirit；rise：～抗敌 *rise against the enemy*

【奋战】（动）fight bravely：连续～七天 *fight for seven days on end*

愤 fèn（名）（因不满而激动；发怒）anger；indignation

【愤恨】（动）indignantly resent；detest：对她讲话的方式表示～ *be resentful of the way of her speaking*

【愤怒】（名）indignation；anger；wrath：因～而发抖 *shake with violent anger*

fēng

丰 fēng（形）❶（丰富）abundant；plentiful：～年 *a fat year* ❷（大）great ❸（容貌和姿态美好的）fine-looking；handsome

【丰碑】（名）monument；monumental work：某人天才的不朽的～ *an imperishable monument to sb .'s genius*

【丰产】（名）high yield；bumper crop：～经验 *experience in getting bumper crops*

【丰富】❶（形）（种类多；数量大）abundant；rich；plentiful：品种～ *be rich in variety* ❷（动）（使丰富）enrich：～自己的生活经验 *enrich one's experience of life*

【丰功伟绩】（成）great achievements：在历史上有～的人 *a celebrated contributor to the historical record of achievement*

【丰盛】（形）rich；sumptuous：去餐馆吃了一顿～的午餐 *have a substantial luncheon at the restaurant*

【丰收】（名）bumper harvest：～在望。*A good harvest is in sight .*

【丰硕】（形）plentiful and substantial；rich：结出～的成果 *bear rich fruits*

风 fēng ❶（名）❶（空气流动）wind：微～ *a slight wind* ❷（风气；风俗）style；custom：掀起一股抢购～ *start a wave of buying* ❸（景象）scene；view ❹（态度）attitude：文～ *style literature* ❺（风声；消息）news；information：～闻关于某人的谣言 *get wind of rumor about sb .* ❻（指民歌，《诗经》里的《国风》，是古代十五国的民歌）a section in "The Book of Songs" consisting of ballads ❼（某些疾病）disease ❷（动）❶（借风力吹干）put out to dry or air ❷（借风力使纯净）winnow ❸（形）❶（借风力吹干的）air-dried：～干鸡 *air-dried chicken* ❷（传说的；没有事实根据的）rumoured：～闻… *It is rumoured . . .*

【风暴】（名）storm；windstorm：海上～ *a storm at sea*

【风车】（名）❶（动力机械）windmill ❷（吹净糠皮的扇车）winnower ❸（玩具）pinwheel

【风格】（名）style；manner：西洋～ *western style*

【风光】（名）scene；view；sight：田园～ *a rural scene*

【风景】（名）scenery；landscape：美化～ *glorify the landscape*

【风力】（名）❶（风的力量）wind-force ❷（风产生的动力）wind power：～发电 *wind power generation*

【风流】（形）❶（有功绩并有文采的）distinguished and admirable：他举止～。*His be-*

havior is reined and tasteful . ❷（有才学但不拘礼法的）talented and romantic ❸（行为放荡的）dissolute；loose：～寡妇 *a merry widow*

【风沙】（名）sand blown by the wind：受～袭击 *be caught in a sand storm*

【风扇】（名）❶（电扇）electric fan ❷［机］fan

【风湿】（名）rheumatism

【风霜】（名）wind and frost-hardships of a journey or of one's life

【风速】（名）wind speed；wind velocity

【风土】（名）natural conditions and social customs of a place：～人情 *local conditions and customs*

【风味】（名）special flavour；local flavour or colour：本地～ *a native flavour*

【风险】（名）risk；hazard：～投资 *risk investment*

【风衣】（名）windbreak；wind coat

【风雨】（名）wind and rain；trials and hardships：～同舟，患难与共 *go through storm and stress together , sharing weal and woe*

【风云】（名）wind and cloud；a stormy or unstable situation：～变幻的时局 *a changeable situation and events*

【风筝】（名）kite：放～ *fly a kite*

封 fēng ⊜（动）❶（封闭）seal；把信～上 *seal a letter* ❷（封火）bank (a fire) ❸（古时帝王把爵位或称号赐给臣子）confer (a title，territory，etc.) upon：～王 *be made a prince* ⊜（名）❶（封起来的或用来封东西的纸包或纸袋）envelope：赏～ *an envelop with money reward sealed in* ❷（封建主义）feudalism ⊜（量）（用于装封套的东西）：两一信 *two letters*

【封闭】（动）❶（密闭）关住使不能通行）seal off；seal (up)：～瓶口 *seal a bottle* ❷（查封）close (down)：～这家报社 *close down the newspaper*

【封存】（动）seal up for safe keeping

【封建主义】（名）feudalism

【封面】（名）❶（指线装书印有书名的一页）the title page of a thread-bound book ❷（指书最外面的书皮）the front and back cover of a book ❸［印］（封一）front cover：～女郎 *cover girl*

【封皮】（名）〈方〉❶（封条）paper strip seal ❷（图书的封面）(of a book) front cover ❸（包裹在物品外面的纸等）paper wrapping ❹（信封）envelope

【封锁】（动）blockade；block；seal off：实行～ *enforce a blockade*

疯 fēng（形）❶（神经错乱；精神失常）mad；crazy；insane：被逼～了 *be driven crazy* ❷

（指农作物生长过盛而不结实）(of plants and crops) spindle：～长 *spindling*

【疯狂】（形）❶（发疯）insane ❷（猖狂）frenzied；unbridled：～咒骂 *frenzied vilification*

【疯子】（名）lunatic；madman

峰 fēng ⊜（名）❶（山突出的尖顶）peak；summit：～巅 *mountain peak* ❷（形状像山峰的事物）peak-like thing ⊜（量）（用于骆驼）：四～骆驼 *four camels*

【峰峦】（名）ridges and peaks

【峰值】（名）［电］peak value；crest value

锋 fēng（名）❶（锐利或尖端的部分）the sharp point or cutting edge of a sword，etc.：刀～ *the cutting edge of a knife* ❷（在前列带头的）van ❸［气］front

【锋利】（形）❶（尖，面薄）sharp；keen ❷（文笔尖利）incisive；sharp；poignant

蜂 fēng ⊜（名）❶（昆虫名）wasp ❷（特指蜜蜂）bee ⊜（副）（比喻成群地）in swarms：～起 *rise in swarms*

【蜂蜜】（名）honey

【蜂拥】（动）swarm；flock：～而入 *crash in swarms*

féng

逢 féng（动）（遇到；遇见）meet；come upon：～人便问 *ask whoever happens to come one's way*

【逢凶化吉】（成）turn ill luck into good

缝 féng（动）（用针连合）sew；stitch：～被子 *stitch a quilt cover on*

【缝补】（动）sew and mend；mend

【缝纫】（名）sewing；tailoring：辛勤地～ *stitch assiduously*／～机 *sewing machine*

fěng

讽 fěng（动）❶（用含蓄的话指责或劝告）satirize；mock ❷〈书〉（诵读）chant；intone

【讽刺】（动）satire；satirize；mock：尖刻地～ *scathingly satire*／别～他了。*Don't ridicule him .*

fèng

凤 fèng（名）（凤凰）phoenix

奉 fèng（动）❶（给；献给）give；present：双手～上 *present respectfully with both hands* ❷（接受）receive ❸（尊重）esteem；respect：～若

神明 warship sb. ❹(信仰)believe in;素~基督 have always believed in Christianity ❺(侍候)attend to;wait upon:~养父母 support and wait upon one's parents ❻(敬)(用于自己的举动涉及对方时):~送 offer as a gift

【奉告】(动)let sb. know;inform:详情容后~。I'll give you the details later.

【奉还】(动)〈敬〉return sth. with thanks

【奉命】(动)receive orders;act under orders:~行事 do as ordered to do

【奉陪】(动)keep sb. company:很遗憾,我今天不能~你们了。I am sorry I can't have the pleasure of accompanying you today.

【奉行】(动)pursue (a policy,etc.):一贯~的政策 a consistently pursued policy

【奉养】(动)support and wait upon (one's parents,etc.)

fó

佛 fó (名)❶(佛陀)the Buddha ❷(修行圆满之人)real Buddhist ❸(佛教)Buddhism ❹(佛像)statue of the Buddha

【佛教】(名)Buddhism

【佛爷】(名)the Buddha

fǒu

否 fǒu ⊖(动)(否定)deny;negate ⊜(副)❶〈书〉(不)nay;no:你这样说合适吗?~! Is it right for you to say so? No! ❷〈书〉(用于"是否、能否、可否"中,表示"是不是、能不能、可不可"之意):明日能~出发? Shall we set off tomorrow or not? ⊜(助)(用在疑问句尾表示询问):知其事~? Do you know anything about it?

【否定】⊖(动)(否认事物的存在或真实性)negate;deny:你不能~他的话是合乎事实的。You can't deny the truth of his statement. ⊜(形)(表示否定的、反面的)negative:坚持~的观点 uphold the negative

【否决】(动)vote down;veto:~提案 veto a proposal

【否认】(动)deny;repudiate:坚决~那个事实 vehemently deny the fact

【否则】(连)otherwise;if not;or else:快跑,~就晚了。Run, or else you'll be late.

fū

夫 fū (名)❶(丈夫)husband;~唱妇随 domestic harmony ❷(成年男子)man:国家兴亡,匹~有责。Every man alive has a duty to his country. ❸〈旧〉(从事某种体力劳动的

人)a person engaged in manual labour ❹〈旧〉(服劳役的人)a person served in forced labour

【夫妇】(名)husband and wife:一对年轻~ a young couple

【夫人】(名)Madame;Mrs:公爵~ the Duchess

肤 fū (名)(皮肤)skin:~若凝脂 skin smooths like lard

【肤浅】(形)superficial;shallow:~的谈话 a shallow talk

敷 fū (动)❶(搽上;涂上)apply external application ❷(铺开;摆开)spread:~施 spread ❸(够;足)be sufficient for:入不~出 income falling short of expenditure

fú

伏 fú ⊖(动)❶(身体向前靠在物体上;趴)bend over;lie prostrate:~案读书 bend over one's desk reading ❷(低下去)subside;go down:此起彼~ rise one after another ❸(隐藏)hide:~兵 troops in ambush ❹(屈服;低头承认)admit (defeat or guilt):~罪 admit one's guilt ❺(使屈服)vanquish;subdue:降龙~虎 subdue wild animals ⊜(名)❶(初伏、中伏、末伏的统称)(伏天)hot season;dogdays:三~ the three hottest periods of the year ❷[电](伏特的简称)volt

【伏击】(动)ambush:进行~ attack from an ambush

【伏特】(量)volt

扶 fú (动)❶(用手支持不倒下)support with the hand;hold up:~着老人 hold the old folk by the arm ❷(用手帮助躺着或倒下的人起来)straighten sth. up ❸(扶助)help:~危济困 help those in distress and difficulty

【扶持】(动)help to sustain;give aid to;support:相互~ lean on each other for support

【扶养】(动)provide for;bring up:把某人~成人 bring sb. up

【扶助】(动)help;assist;support:获得某人的大力~ receive great assistance of sb.

拂 fú (动)❶(轻轻擦过)stroke:微风~过湖面。Breezes swept over the lake. ❷(甩动;抖)whisk;flick:~袖而去 leave with a flick of one's sleeve ❸(违背)go against

【拂晓】(名)daybreak;dawn:~动身 start at dawn

服 fú ⊖(名)(衣裳)clothes;dress:婴儿~ baby clothes 〓(动)❶(穿衣服)dress；～丧期满。*The period of mourning is over.* ❷(吃药)take (medicine)：～中药 *take traditional Chinese medicine* ❸(担任；承担)serve：～役 *serve in the army* ❹(服从；信服)obey；be convinced：他不～老。*He didn't give in to his old age.* ❺(使信服)convince；以理～人 *convince sb. by reasoning* ❻(适应)be accustomed

【服从】(动)obey；submit (oneself) to；be subordinated to：～命令 *obey orders*

【服毒】(动)take poison；被迫～ *be forced to take poison*

【服气】(动)be convinced；我完全～了。*I was fully convinced.*

【服务】(动)give service to；be in the service of；serve；优质～ *fine service*

【服刑】(动)serve a sentence；～三年 *serve three years in prison*

【服装】(名)dress；clothing：～厂 *clothing factory*／～商店 *clothes shop*

【服罪】(动)plead guilty；admit one's guilt

俘 fú 〓(动)(俘获)capture；take prisoner of war 〓(名)(俘虏)captive；prisoner of war

【俘获】(动)capture；我军～甚众。*Our army captured a lot of enemy soldiers and weapons.*

【俘虏】❶(动)(俘获)capture；take prisoner：被敌人～ *be taken prisoner by enemy* ❷(名)(被俘的敌人)captive；captured personnel；prisoner of war：宽待～的政策 *the policy of lenient treatment of prisoners of war*

浮 fú 〓(动)❶(漂在液体表面)float：～在水上 *float on the water* ❷〈方〉(在水里游)swim：一口气～到对岸 *swim across the opposite bank* 〓(形)❶(在表面上的)on the surface：～土 *dust collected on the surface* ❷(可移动的)movable：～财 *movable property* ❸(暂时的)temporary：～支 *temporary expenditure* ❹(轻浮的；浮躁的)superficial：他这个人太～，办事不踏实。*He is too frivolous to do solid work.* ❺(空虚；不切实)hollow；inflated：逃离城市的～华 *get away from the empty pomp of the city* ❻(超过；多余)excessive；surplus：～额 *surplus number*

【浮标】(名)buoy

【浮动】(动)❶(漂动)float；drift ❷(不稳定)be unsteady ❸[经]float

【浮夸】(形)be boastful；exaggerate：不要～。*Don't exaggerate.*

【浮力】(名)buoyancy：～中心 *the center of buoyancy*

【浮面】(名)surface：把～的一层泥铲掉 *scrape the mud off the surface*

【浮桥】(名)pontoon bridge；floating bridge

【浮现】(动)appear before one's eyes；她的脸上～愁云。*A heavy cloud came upon her brow.*

【浮云】(名)floating clouds

符 fú 〓(名)❶(符节)tally (with two halves，made of wood，bamboo，jade，metal，issued by a ruler to generals，envoys，etc. as credentials in ancient China) ❷(标记；记号)symbol ❸(道士所画的图形或线条，声称能驱使鬼神、给人带来祸福)magic figures(drawn by Taoist priests to invoke or expel spirits and bring good or ill fortune)：护命～咒 *life charm* 〓(动)(符合)accord with；tally with：两个结果相～。*Two results agree with each other.*

【符号】(名)❶(记号；标记)symbol；mark：重音～ *an accent mark* ❷(表明职务、身份等的标志)insignia

【符合】(动)accord with；tally with；conform to；be in keeping with：～条件 *be fully qualified for*

幅 fú 〓(名)❶(布帛、呢绒等的宽度)width of cloth：宽～白布 *extra wide white cloth* ❷(泛指宽度)size：～员 *the size of a country* 〓(量)(用于布帛、呢绒、图画等)：两～布 *two breadths of cloth*

【幅度】(名)range；scope；extent：价格变化～不大。*The range of prices was narrow.*

辐 fú (名)(车轮中车毂和轮辋的连接物)spoke

【辐射】(动)radiation：～损伤 *radiation injury*

福 fú 〓(名)❶(幸福；福气)blessing；happiness；good fortune：～寿双全 *enjoy both happiness and longevity* ❷(指福建)Fujian Province 〓(动)(指旧时妇女行"万福"礼)bow：～了一～ *make a curtsy*

【福利】(名)material benefits；well-being；welfare：～设施 *welfare projects*

【福气】(名)happy lot；good fortune：他很有～。*He had abundance of blessings.*

fǔ

抚 fǔ (动)❶(安慰；慰问)comfort；console：～平某人心中的怒火 *soothe sb.'s rage* ❷(保护)nurture；foster ❸(轻轻地按着)stroke：～

掌 clap one's hands
【抚爱】（动）caress；fondle
【抚养】（动）foster；raise；bring up：慈爱地悉心
～孩子 rear children with the utmost care
and affection
【抚育】（动）foster；nurture；tend：～孤儿 foster orphans

斧 fǔ（名）（斧子）axe；hatchet：使～口锋利
give an edge to the axe
【斧头】（名）axe；hatchet：磨～grind an axe

府 fǔ（名）❶（国家政权机关）government
office ❷（旧时称达官贵族的住宅，现称国家
元首办公或居住处）official residence：总统～
Presidential Residency ❸（唐朝至清朝的行政
区划，比县高一级）prefecture（from the
Tang to the Qing Dynasty）❹（旧时官府收藏
文书、财物处）treasury ❺〈敬〉（尊称对方的
家）your home：您～上哪里？Where are you
from？

俯 fǔ ㊀（动）（低下）bow；bend down：～身
bend over ㊁（副）〈敬〉（旧时公文书信中用来
称对方对自己的动作）condescend to：～允
condescend to give permission
【俯冲】（动）❶（飞机以高速度和大角度向下
飞）dive：～轰炸 dive-bombing ❷［地］（俯冲
带）subduction
【俯视】（动）look down at；overlook：站在山上
～蜿蜒的公路 stand on the top of the hill
looking down at the winding highway below

辅 fǔ ㊀（动）（辅助）assist ㊁（形）（辅助）sub-
sidiary：～料 subsidiary material ㊂（名）❶
（车轮外旁增缚夹毂的两条直木）side poles of
cart acting as wheel guard ❷〈书〉（颊骨）
cheekbone ❸（古代官名）official assistant ❹
〈书〉（国都附近的地方）territory surrounding
the capital
【辅导】（动）give guidance in study or train-
ing：～某人的功课 coach sb. in the lesson/
～员 instructor
【辅音】（名）consonant
【辅助】㊀（动）（从旁帮助）assist：多加～ assist
（sb.）as much as possible ㊁（形）（非主要
的）supplementary；auxiliary；subsidiary：～仪
器 supplementary instruments

腐 fǔ ㊀（名）（豆腐）bean curd：～乳 fermen-
ted bean curd ㊁（动）（腐烂；变坏）decay ㊂
（形）（腐烂的）rotten；corroded；putrid：～肉
rotten meat
【腐败】（形）❶（腐烂）rotten；putrid；decayed：

～食物 putrid food ❷（思想陈旧；行为堕落）
corrupt；rotten：消除～现象 put an end to
corrupt dealings
【腐化】㊀（动）❶（腐烂）rot；decay ❷（使腐化
堕落）corrupt；rot ㊁（形）（思想行为变坏）
degenerate；corrupt；dissolute
【腐烂】（动）❶（有机体由于微生物的滋生而破
坏）become putrid；rot：细菌性～ bacterial
decay ❷（堕落）corrupt
【腐蚀】（动）❶（通过化学作用使物体逐渐消损
破坏）corrode；etch：耐～的材料 corrosion-
resistant material ❷（使思想行为逐渐变质堕
落）deprave；corrupt：警惕懒惰思想的～ be
on guard against the corrosive influence of
laziness
【腐朽】（形）❶（木料等由于长期风吹、雨淋或
微生物侵害而破坏）rotten；decayed：～的木材
rotten timber ❷（比喻陈腐、堕落、败坏）deca-
dent；degenerate：封建主义～思想 decadent
feudal ideology

fù

父 fù（名）❶（父亲）father：生～ natural fa-
ther ❷（家族或亲戚中的长辈男子）male rela-
tive of a senior generation ❸（创始人；奠基
人）a person who invents or begins sth.
【父母】（名）father and mother；parents：尊敬
～ respect one's parents
【父亲】（名）father：无情的～ a heartless father

讣 fù（名）（报丧的信）obituary
【讣告】㊀（动）（报丧）announce sb.'s death ㊁
（名）（报丧的通知）obituary（notice）

付 fù ㊀（动）❶（交给）commit to；hand（or
turn）over to：～之一炬 commit to the flames
❷（给钱）pay：～定金 pay earnest money ㊁
（量）（用于成套的东西或用于面部表情）：三～
手套 three pairs of gloves
【付出】（动）pay；expend：～生命 give one's
life for
【付方】（名）credit side；credit
【付款】（动）pay a sum of money
【付息】（名）payment of interest
【付账】（动）pay a bill：这次我～。This is my
treat.
【付租金】（动）pay rent

负 fù ㊀（名）❶（负担）burden；load ❷（亏
损）loss ❸（失败）defeat ㊁（动）❶〈书〉（背）
carry on the back or shoulder：～手散步
stroll along with one's hands clasped behind
one's back ❷（担负）shoulder；bear：～有法律

上的义务 be under a legal obligation ❸（依仗；依靠）rely on：～ 隔死守 set one's back against the wall and fight to the death ❹（遭受）suffer：～ 伤 be wounded ❺（享有）enjoy ❻（亏欠；拖欠）owe：～ 债 run into debt ❼（背弃；违背）betray ❽（失败）lose；be defeated：以 1 比 2~给对手 lose the match 1：2 ㊁（形）❶（小于零的）negative；minus：～ ～ 得正。Two negatives make an affirmation. ❷[电]（得到电子的）negative：～ 极 negative pole

【负担】㊀（动）（承担）bear（a burden）；shoulder：使某人～沉重的赋税 burden people with heavy taxes ㊁（名）（承受的责任）burden；load；encumbrance：过于沉重的～ too weighty burden

【负电荷】（名）negative charge

【负电极】（名）negative electrode；cathode

【负号】（名）negative sign

【负离子】（名）anion

【负伤】（动）be wounded；be injured：颈部两处～ have two wounds in the neck

【负约】（动）break a promise；go back on one's word

【负责】㊀（动）（担负责任）be responsible for；be in charge of：～管理工作 be in charge of the management ㊁（形）（认真踏实的）conscientious：她对工作很～。She is very conscientious in her work.

【负债】㊀（动）（欠人钱财）be in debt；incur debts ㊁（名）（资产负债表的一方）liabilities

妇 fù（名）❶（妇女）woman：～ 孺皆知 be known even to women and children ❷（已婚的女子）married woman ❸（妻子）wife

【妇科】（名）（department of）gynaecology

【妇联】（名）the Women's Federation

【妇女】（名）woman：职业～ career women

附 fù（动）❶（附带）attach；add；enclose：～注 notes appended to a book ❷（靠近）get close to；be near：～在耳边低声说话 whisper in sb.'s ear ❸（依从；依附）agree to：～身（a or one devil，spirit，demon，etc.）possess a person

【附和】（动）echo；chime in with：她一味～丈夫的意见。She is only an echo of her husband's opinions.

【附加】㊀（动）（额外加上）add；attach：我们在下面～一个地名表。We append below a list of geographical names. ㊁（形）（附带的；额外的）additional；attached：～ 条款 additional article

【附件】（名）❶（随同主要文件一同制定的文件）appendix；annex ❷（随同文件发出的有关文件或物品）enclosure ❸[机]（附带的零件或部件；配件）accessories；attachment：自行车～ the attachment of a bicycle

【附近】㊀（形）（靠近某地的）nearby；neighbouring：～的市镇 towns in near vicinity ㊁（名）（附近的地方）vicinity；close to：住在公司～ live close to the company

【附录】（名）appendix：词典的～ appendix to a dictionary

【附属】（形）subsidiary；attached：公司的～机构 the corporation's subsidiary

【附着】（动）adhere to；stick to：地衣～在岩石、树干上。Lichens adhere to rocks and tree trunks.

赴 fù（动）❶（到某处去）go to；attend：～ 会 attend a meeting ❷（在水里游）swim

【赴任】（动）go to one's post；be on the way to one's post

复 fù ㊀（形）❶（重复）duplicate ❷（繁复）complex；compound：～比例 complex proportion ㊁（动）❶（转过去或转过来）turn round；turn over：循环往～ move in cycle ❷（回答）answer；reply：敬～ reply with respect ❸（恢复）recover：～明 recover lost eyesight ❹（报复）revenge ㊂（副）（再；又）again：死而～苏 be restored to life again

【复辟】（动）restore；restoration of the old order：～活动 restorationist activities

【复查】（动）check；reexamine：～数字 check up on the figures

【复仇】（动）revenge；avenge：～心理 a desire for revenge

【复合】（动）compound；complex；composite：～词 compound word

【复活】（动）❶（死了又活过来）bring back to life；revive：奇迹般的～ a miracle revival ❷[宗]（耶稣复活日）Resurrection

【复活节】（名）Easter

【复赛】（名）semi-final

【复述】（动）❶（重说一遍）repeat：他把这消息逐字地～一遍。He repeated the message verbatim. ❷（语言教学用语）retell（in language learning）：把故事～一遍 retell a story

【复习】（动）review；revise：总～ a general review

【复印】（动）duplicate：～机 duplicator/～一封信 duplicate a letter

【复员】（动）demobilize：小王去年从部队～。Xiao Wang was demobilized from the army last year.

【复原】（动）❶（病后康复）recover from an illness；be restored to health：病人有可能～吗？ *Is it possible that the patient is recovered？* ❷(恢复原状)restore：这座在战争中惨遭破坏的城市已经～。*The city, which was destroyed in the war, has been restored.*

【复杂】(形) complicated；complex：高度～的程序 *a highly complex process*

【复制】 (动) duplicate；reproduce；make a copy of：为某人～钥匙 *duplicate the key for sb.*

副 fù ❶(名)(辅助的职务；担任辅助职务的人)assistant：队～ *assistant captain of a team* ❷(动)(符合)fit；correspond to：名不～实 *the name fall short of the reality* ❸(形)❶(居第二位的；辅助)deputy；vice：～总统 *vice-president* ❷(附带的)auxiliary；subsidiary：～泵 *auxiliary pump* ❹(量)❶(用于成套物)：一～手套 *a pair of gloves* ❷(用于面部表情)：装出一～庄严的面孔 *put on solemn looks*

【副产品】 (名) by-product：～回收 *by-product recovery*

【副词】 (名)[语] ❶(in Chinese grammar)adverbial word，any of a class of words that are used mainly to modify a verb or an adjective ❷(in English grammar)adverb

【副食商店】 (名)grocer's；grocery

【副业】 (名)sideline；side occupation

【副作用】 (名) ❶(附带发生的不好作用)side effect；by-effect：干扰素几乎没有～。*Interferon has few side effects.* ❷[机]secondary action

赋 fù ❶(动) ❶(交给)bestow on；endow with ❷(作诗、词)compose (a poem)：～诗一首 *compose a poem* ❷(名) ❶(旧指田地税)tax ❷(古代文体，是韵文和散文的综合体，用来写景叙事)fu, descriptive prose interspersed with verse：苏轼《赤壁～》*Su Shi's "Fu on the Red cliff"*

【赋税】 (名)taxes

富 fù ❶(名)(资源；财产)wealth：不以正道致～ *get rich by devious ways* ❷(形) ❶(财产多)wealthy；rich：他不是很～的。*He is not very rich.* ❷(丰富；多)rich；abundant：使祖国更加繁荣～强 *make our country more prosperous and powerful*

【富贵】 (形) riches and honour；wealth and rank：～人家 *a rich and powerful family*

【富强】 (形) prosperous and strong

【富饶】 (形) richly endowed；fertile；abundant：加拿大～的平原 *the rich plains of Canada*

【富有】 ❶(形)(拥有大量财产)rich；wealthy：他家非常～。*His family is very rich.* ❷(动)(大量具有)rich in；full of：～朝气的青年 *young people of vigor*

【富裕】 (形) prosperous：中国农民一天天～起来了。*Peasants in China are getting more prosperous day by day.*

腹 fù (名) ❶(躯干的一部分)abdomen；belly；stomach：心～之患 *disease in one's vital organs* ❷(鼎、瓶子等器物的中空而凸出处)empty and protruding part in the middle of a vessel or a vase：一个～大颈细的瓶子 *a narrow-necked, big-bellied bottle*

【腹痛】 (动) abdominal pain

覆 fù (动) ❶〈书〉(盖住)cover：种子播下后～土大约10厘米厚。*The sown seeds shall be covered with about 10 cm of soil.* ❷〈书〉(底朝上翻过来；歪倒)overturn；upset

【覆盖】 ❶ (动)(遮盖)cover：终年积雪～的山顶 *the mountain top perpetually covered with snow* ❷ (名) ❶(植被)plant cover ❷(保护层，覆盖物)cover；coverage

【覆灭】 (名) destruction；complete collapse

【覆没】 (动) ❶〈书〉(翻而沉没)capsize and sink ❷(被消灭)be overwhelmed

G

gāi

该 gāi ➊（动）❶（应当）should；ought to：他～早点儿告诉我。*He should have told me earlier.* ❷（应当是）be sb.'s turn to do sth.：～你发球了。*It is your turn to serve the ball.* ❸（理应如此）deserve：好人～有好报。*Good people deserve good return.* ／谁叫他不听劝，活～。*It serves him right, for he didn't take anybody's advice.* ❹（欠）owe：他还～我 100 块钱呢。*He still owes me 100 yuan.* ➋（副）❶（表示推测、估计）most likely；probably；ought to：我们走这么快，～比昨天到的早些。*We're walking so fast that we ought to arrive earlier than yesterday.* ❷（用在感叹句中加强语气）：再过十年，这里～有多大的变化啊！*Another ten years, and what great changes will have taken place here!* ➌（代）（指上文提到过的人或事物）this；that；the above-mentioned：～厂效益很好。*This factory makes good profits.*

【该当】（动）❶（应受）deserve：你～何罪？*What punishment do you think you deserve?* ❷（应当）should：集体的事，我们～尽力。*It's for the collective and we should do our best.*

【该死】（动）〈口〉（表示厌恶、愤恨或埋怨的话）：～的天气！*What wretched weather!* ／～！我又忘了带钥匙了。*Oh, no! I've forgotten my key again.*

【该账】（动）be in debt：他总是～。*He is always in debt.*

gǎi

改 gǎi（动）❶（改变）change；transform：他已～名换姓。*He has changed his whole name.* ／把商店～成餐馆 *transform the shop into a restaurant* ❷（修改）revise；alter；modify：这个戏已经～了好多次了。*The play has been revised many times.* ❸（改正）rectify；correct；put right：～大量的学生作业 *correct a lot of students' homework* ／把错字～过来 *put the wrong words right* ❹（改换，后接动词）switch over to(doing sth. else)：～种水稻 *switch over to growing rice*

【改编】（动）❶（根据原著重写）adapt；rearrange；revise：把原著～成剧本 *adapt the original into a play* ❷（改变原来的编制）reorganize；redesignate：经过～将该部队派往前方 *send the army unit to the front after the redesignation*

【改变】（动）change；alter；transform；turn：～主意 *change one's mind*

【改掉】（动）remove；drop；give up：不易～的坏习惯 *the bad habits that are not given up easily*

【改动】（动）change；amend；alter；modify：对计划的几处简单的～ *a few simple modifications to the plan*

【改革】➊（动）reform：～财政 *reform the financial affairs* ／～不当的制度 *reform the unjust system* ➋（名）reformation：工艺的另一～ *another process modification* ／将一项～付诸实施 *put the change into effect*

【改过】（动）correct one's mistakes；mend one's ways：答应～自新 *promise to correct one's errors and make a fresh start*

【改进】（动）improve；make better；better：～服务态度 *improve the service*

【改良】（动）❶（去掉事物的个别缺点，使它更符合要求）improve；ameliorate：～土壤 *ameliorate the soil* ❷（改进）reform：着手农具～ *institute farm tool reform* ／实施农田～ *initiate the farmland reform*

【改期】（动）change the date：将会议～ *change the date of the meeting*

【改善】（动）improve；ameliorate；perfect：～工作条件 *improve working conditions*

【改写】（动）rewrite；adapt：～第二章 *rewrite the second chapter* ／根据某人的小说～的 *be adapted from a novel by sb.*

【改选】(动)reelect:～后,他再度当选为学生会主席。He was reelected as the chairman of the Students Union.

【改造】(动)transform;reform;remould;remake:～犯人 reform the wrong-doers

【改正】(动)correct;amend;put right:～拼写错误 correct spelling mistakes/认识到错误并～ realize one's mistake and make amends

【改装】(动)❶(改变装束)change one's costume or dress ❷(改变包装)repack;repackage ❸(改变原来的装置)reequip;refit:～一辆卡车 refit a truck

【改组】(动)reorganize;reshuffle:～管理机构 reorganize the management

gài

盖 gài ❺(名)❶(器物上部有遮蔽作用的东西)cover;lid;cap:打开盒～ open the lid ❷(动物背部的甲壳)shell (of a tortoise,crab,etc.)❸(古时把伞叫盖)canopy:华～ canopy ❹(筹)a farm tool used for levelling land ❻(动)❶(遮掩;蒙上)cover;shield:～住房顶的漏洞 cover over the holes in a roof/那封信被一堆报纸～住了。The letter was buried under a pile of newspaper.❷(打上印)affix a seal to;seal:～戳 stamp ❸(超过;压倒)surpass;top;excel:他的技术～过他的同行。He surpasses his fellowmen in skill.❹(建筑)build;construct:～宿舍 build dormitories/～写字楼 construct an office building

【盖章】(动)affix one's seal;seal;stamp:在文件上～ affix a seal to a document

【盖子】(名)❶(器物上部遮蔽物)lid;cap;cover;top:一个没～的箱子 a box without a cover/拧上～ screw a lid on ❷(甲壳)shell (of a tortoise,etc.)

概 gài ❺(名)❶(大略)general outline:梗～ broad outline ❷(神气)manner of carrying and conducting oneself;deportment:气～ spirit;mettle ❻(副)(一律)without exception;categorically:凡应聘者均须参加考核,～无例外。Whoever applies for the position must take the examination without exception.

【概观】(名)general survey;review

【概况】(名)general situation;basic facts;survey:介绍英国文学～ give a survey of English literature

【概括】❺(动)(总括)summarize;generalize;epitomize:根据资料进行～ base a generalization on data ❻(形)(简明扼要)brief;in general:～地叙述了那个问题 treat the subject in brief outline/～地说 to be brief

【概略】(名)outline;summary:这只是故事的～。This is only an outline of the story.

【概貌】(名)general picture:反映人民生活的～ give a general picture of the life of the people

【概念】(名)concept;conception;notion;idea:提出一个新～ present a new concept/纠正错误的～ correct the mistaken conception

【概要】(名)(重要内容的大概,常用于书名)essentials;outline:写文章的～ make a outline of an article

gān

干 gān ❺(名)❶(古代指盾)shield ❷(天干)short for Ten Heavenly Stems ❸(加工制成的干食品)dried food:萝卜～儿 dried radish/牛肉～儿 dried beef;jerked beef ❻(形)❶(没有水分或水分很少)dry:拧～毛巾 dry off the towel/长途跋涉令他口～舌燥。Long walk made him dry.❷(不用水的)waterless:～洗 dry cleaning ❸(空虚;空无所有)empty;hollow:内容空洞,～巴巴的文章 an essay empty of matter/把口袋里的东西掏得一～二净 empty one's pockets of all their contents ❹(指拜认的亲属关系)taken into nominal kinship:她是那女孩的～妈。She is the girl's adoptive mother.❺〈方〉(形容说话太直太粗)rough;rude;boorish:你说话别那么～,要不他会生气的。Don't say it too bluntly,or he'll get angry.❼(动)❶(牵连;涉及)have to do with;be concerned with;be implicated in:这事与我何～? Does it concern me? ❷〈方〉(当面使人难堪)scold:我又～了他一顿。I embarrassed him again.❸〈方〉(慢待;置之不理)cold-shoulder;leave sb. out in the cold:被～在一边 be left out in the cold ❹〈书〉(冒犯)offend:～犯 offend ❺〈书〉(追求)request;seek:～禄 seek official emoluments ❽(副)❶(徒劳)with no result;futility;in vain:末班车已过,咱们别～等了。The last bus has gone. Let's not waste time waiting any longer.❷(只具形式的)superficially:制止小男孩的～号 stop the little boy from crying aloud without shedding tears ❸(仅仅)only;with nothing else:～靠这点儿工资 depend only on the small salary

另见 725 页 gàn。

【干杯】(动)drink a toast;cheers;bottom up:为我们的友谊～! To our friendship,cheers! /～! Bottoms up!

【干脆】❺(形)(直截了当的)clear-cut;straightforward;not mince one's words:回答得很

give a clear-cut answer ❷(副)(爽快)simply；just；altogether；对某人的劝告～不理睬 simply turn a deaf ear to sb. 's advice/～告诉我你想要什么。Tell me just what you want.

【干旱】(形)(因降水不足而土壤、气候干燥)arid；dry：～地区 an arid region/给～的植物浇水 douse the thirsty plants with water

【干净】❶(形)(没有尘土、杂质等)clean；neat and tidy：十分～，一尘不染的房间 a spotlessly clean room ❷(副)(彻底)；一点儿不剩completely；totally：把自己的生日忘得干干净净 have completely forgotten all about one's own birthday

【干枯】(形)❶(干涸)dried-up：井～了。The well has dried up. ❷(枯萎)withered；wizened；逐渐～的青草 the withering grass/～的草地 the parched grass ❸(皱缩)shrivelled：种子不久就～了。The seed soon shrivelled up.

【干扰】(动)❶(影响)impact：排除外界的～overcome the outside interference ❷(扰乱)disturb；interfere；obstruct：～正常教学 disturb the normal teaching ❸(名)[电](邻近电路或电台)jam；interference：收音机受到～，杂音很大。The radio was jammed and there was a lot of interference.

【干涉】(动)❶(过问或制止，常指不该管硬要管)interfere；intervene；meddle：不～他人的事 keep one's nose out of other's business ❷〈书〉(关联)relate

【干预】(动)(过问别人的事)intervene；interpose；meddle：～此事 interpose in the matter/从不～政治 never meddle in politics

【干燥】(形)❶(没有水分或水分很少)dry；arid：～的沙漠 the arid desert/～的大地 the blighted ground ❷(枯燥，没有趣味)dull；uninteresting：～乏味 dull and tiresome ❸(蒸发去水)drying；seasoning：由于～引起的收缩 the shrinkage due to drying out

甘 gān ❶(形)(使人满意的；甜的)pleasant；sweet：～露 sweet dew/苦尽～来。All sufferings have their reward. ❷(动)(自愿；乐意)be willing to；be contented or satisfied with：不～落后 unwilling to lag behind

【甘苦】(名)❶(比喻美好和艰苦的处境)sweetness and bitterness；weal and woe：同甘共苦的朋友 friends both in joy and in sorrow ❷(体会到的滋味)hardships and difficulties experienced in work：历尽～ have suffered many hardships

【甘心】(形)❶(愿意)willing；ready：～情愿献血 perfectly willing to donate one's blood/～

把机会让给他人 choose to give the opportunity to other people ❷(称心满意)be reconciled to；resign oneself to；be content with：不～失败 not reconcile oneself to failure

【甘愿】(动)be willing to：～做出让步 make the concession willingly/～代人受过 bear the blame for another readily

【甘蔗】(名)[植]sugarcane：～渣 bagasse

肝 gān (名)(人和高等动物消化器官之一)liver

【肝胆】(名)❶(肝和胆)liver and gall：儿子的死令她～俱裂。She was beside herself with grief when her son died. ❷(勇气，血性)heroic spirit；courage：他～过人。He is unsurpassed in valor. ❸(真诚的心)open-heartedness；sincerity：他们俩～相照。They treat each other with all sincerity.

【肝功能】(名)liver function：～试验 liver function test/～正常。The liver is functioning normally.

【肝炎】(名)hepatitis

【肝脏】(名)liver；hepar：～创伤 liver trauma

柑 gān (名)[植](芸香科常绿灌木)mandarin orange；citrus fruit；tangerine

【柑橘】(名)❶(橙；红桔)oranges and tangerines ❷(柑橘)citrus：～酱 marmalade

gǎn

赶 gǎn ❶(动)❶(追)catch up with；overtake：～上世界先进水平 catch up with advanced world levels/～上了跑在前面的选手 overtake the lead runner ❷(加快行动，使不误时间)rush for；try to catch；hurry through；rush through：～时间 be rushed for time/～火车 rush for the train ❸(驾驭)drive：～大车 drive a cart ❹(驱逐)drive away；expel：把人们从现场～ drive the people away from the spot ❺(遇到；趁着)happen to；avail oneself of：她结婚时正～上我不在。I happened to be away when she got married. ❷(副)(迅速，快)swiftly；quickly：～快 at once；quickly ❸(介)(用在时间词前面表示等到某个时候)till；until：～晌午我走。I'll be leaving at noon.

【赶集】(动)go to market；go to a fair：一家都去～了。The whole family have gone to market.

【赶紧】(副)lose no time；hasten；run：～叫医生 bring the doctor in haste/～把好消息告诉父母 hasten to tell the good news to one's parents

【赶快】（副）at once；quickly：～交卷 hand in one's paper at once／咱们～动身吧！ Let's get out quick！

【赶忙】（副）hasten；hurry；make haste：～加快步伐 hasten one's steps／～上前迎接某人 hurry forward to meet sb.

【赶巧】（副）happen to；it so happened that：我今晚儿～有空。 I just happen to be free to-night.

【赶上】（动）❶（追上）overtake；catch up with；keep pace with；emulate；keep abreast of：～发达国家 catch up with the developed countries／～时代的发展 keep pace with the times ❷（碰上）run into：那天正好～他值班。 He happened to be on duty that day. ❸（及时）be in time for：正好～了火车 be just in time for the train ❹（差不多一样）about as...as

【赶时髦】（动）follow the fashion；try to be in the swim：为了～而学开车 learn to drive to be in fashion

敢 gǎn

❶（动）❶（表示有胆量做某事）dare；venture：～走夜路 dare to walk in thick darkness／他生气时没人～和他讲话。 No one ventured to speak to him when he was angry. ❷（表示有把握做某种判断）have the confidence to；be certain；be sure：没人～说结局会如何。 No one can say with confidence what the outcome will be. ❸〈书〉（谦辞，表示冒昧地请求别人）make bold；venture：～问 I venture to ask；may I ask ❷（形）（有勇气；有胆量）bold；daring；courageous；brave：勇～的行为 a courageous action

【敢情】（副）〈方〉❶（表示发现原来没有发现的情况）why；so I say：～是这么回事呀！ So that's how matters stand！ ❷（表示情理明显，不必怀疑）of course；indeed；really：去西安参观？那～好！ We're going to visit Xi'an？ That'll be really wonderful.

【敢是】（副）〈方〉maybe；possibly

【敢于】（动）dare to；be bold in；have the courage to：～讲真话 dare to tell the truth／～面对现实 have the courage to face the facts

感 gǎn

❶（动）❶（觉得）feel；sense：对某人产生好～ feel a mild affection for sb. ❷（怀有谢意）be grateful；be obliged；appreciate：对他人的宝贵帮助～之不尽 be extremely grateful for sb.'s valuable help ❸（感动）move；touch：令人～动得落泪 be moved to tears ❹（中医指感受风寒）be affected：他的伤口有点儿～染。 His wound is affected a little. ❷（名）（感觉）sense；feeling；emo-

tion：培养乐～ cultivate a musical sense／流露出真情实～ reveal true feelings

【感动】（动）touch；move：深受～ be deeply moved／～得不知说什么好 be touched beyond words

【感激】（动）feel grateful；be thankful；feel indebted：对某人的捐赠～不尽 cannot be thankful enough to sb. for his donation

【感觉】❶（名）（对客观事物的反映）sense；perception；sensation；feeling：有一种茫然的～ have a blank sensation ❷（动）（觉得）perceive；become aware of：～不舒服 feel under the weather／～到气氛有些紧张 be aware of the tension

【感冒】❶（名）（一种传染病）cold；common cold；influenza：患～ have a cold ❷（动）（患感冒）catch (a) cold；have cold；take cold：容易～ catch cold very easily

【感情】（名）❶（对外界刺激的心理反应）emotion；feeling；sentiment：未流露任何～ show no emotion／好～用事 easily give way to one's feelings ❷（关切、喜爱之情）affection；attachment；love：他们彼此之间有了～。 A feeling of affection grew up between them.

【感染】（动）❶infect；be infected with：受病菌的～ be infected by disease germs／手术后～了 become affected after the operation ❷（引起相同的思想感情）influence；infect；attack：受到某人信心的～ be infected with sb.'s confidence

【感受】❶（动）❶（受到；接受）be affected by：～风寒 be affected by the cold ❷（体会；感觉；感到）experience；feel：～到集体的温暖 experience the warmth of the collective ❷（名）（接触外界事物得到的影响）experience；feeling：理解某人的～ understand sb.'s feeling

【感想】（名）impressions；reflections；thoughts：写下读那本书的～ record one's impressions in black and white

【感谢】（动）thank；be grateful：～某人的良好祝愿 thank for sb.'s good wishes／～你的关心 be grateful for your consideration

【感应】（名）❶（受外界影响而引起相应的感情或动作）response；reaction；interaction ❷［生］（刺激感受性）irritability ❸［电］（诱导）induction：电磁～ electromagnetic induction

橄 gǎn

【橄榄】（名）［植］❶（齐墩果；青果）Chinese olive；the fruit of the canary tree ❷（油橄榄）olive

【橄榄球】（名）［体］rugby (football)；American

football

gàn

干 gàn ❶（名）❶（事物的主体或重要部分）trunk；main part：无枝的树～ *an unbranched trunk* ❷（干部的简称）short for cadre：入党提～ *join the Party and be promoted to an officer* ❸（动）❶（做事）do；work；attend to：他现在～得挺不错的。*He is getting along well with his work.* ❷（担任；从事）hold the post of；be engaged in：在一家公司～警卫 *work as a security guard in a company* ❸（斗争；奋斗）fight；strike；struggle：他们俩都急了，于是～了起来。*They both lost their temper and struck out widely.* ❹（形）（有能力的）able；capable：～将 *capable person*
另见 722 页 gān。

【干部】（名）cadre：培养青年～ *foster young cadres*

【干掉】（动）〈口〉eliminate；kill；get rid of；put sb. out of the way：一拳～了一个罪犯 *kill a criminal at one blow*

【干活】（动）labour；work；work on a job：没白天没黑夜地～ *work around the clock*

gāng

刚 gāng ❶（形）（硬；坚强）hard；rigid；firm；unyielding；strong；indomitable：意志～强 *firm in purpose* ❷（副）❶（恰好）just；exactly：这衬衣他穿～好合适。*The shirt fits him exactly.* ❷（表示勉强达到某种程度；仅仅）barely；only；just：有～够买杯茶的钱 *have barely enough money to buy a cup of tea* ❸（表示行动或情况发生在不久以前）only a short while ago；just：我～听说。*I've just heard of it.* /～出院 *be just out of hospital*

【刚才】（副）just now；a moment ago；a short while ago：她～还在这儿呢。*She was here a moment ago.*

【刚刚】（副）❶（正好）just；only；exactly：她上大学时～17 岁。*She was just seventeen when she entered the university.* ❷（刚才）a moment ago；just now：我们～还在说起你呢。*We were talking about you a moment ago.*

【刚好】（副）❶（正合适）just；exactly：这～出我所料。*That's exactly what I expected.* ❷（正巧）happen to；it so happened that：事故发生时，他～在场。*It so happened that he witnessed the accident.*

【刚毅】（形）resolute and steadfast：～果断 *res-olute and daring*

【刚正】（形）upright；honourable principled：～不阿 *frank and straightforward；standing on principles and not yielding to pressure*

【刚直】（形）upright and outspoken

纲 gāng（名）❶（提网的总绳，常用于比喻）the headrope of a fishing net：～举目张。*Once the headrope of a fishing net is pulled out，all its meshes open.* ❷（比喻事物最主要的部分）key link；outline；programme：教学大～ *the teaching programme* /传记提～ *a biographical outline* ❸（生）（动、植物分类系统上所用的等级之一）class：这类动物属于什么～？*Under what class does this animal fall?*

【纲领】（名）creed；programme；guiding principle：政治性～ *a political programme*

【纲目】（名）（大纲和细目，常用于书名）detailed outline（of a subject）；outline：《本草～》"*Compendium of Materia Medica*" /把动物、植物和矿物分成许多～ *divide animals，plants and rocks into classes*

【纲要】（名）❶（提纲）outline；sketch：提出计划的～ *outline a program* ❷（概要，常用于书名）essentials；compendium：《中国历史～》"*A Concise Outline of Chinese History*"

钢 gāng（名）（铁和碳的合金）steel：炼～ *make steel* /废～ *scrap steel*

【钢板】（名）[冶] ❶（板状钢材）steel plate；nickel-clad steel sheet；plate：造船～ *ship plate* ❷（汽车上的片状弹簧）spring ❸（誊写钢板的简称）stencil steel board

【钢笔】（名）pen；fountain pen：～帽 *the cap of a pen* /这支～不好写。*This pen doesn't write well.*

【钢材】（名）steel products；steels；rolled steel；rolled products

【钢管】（名）steel pipe；steel tube：无缝～ *seamless steel tube*

【钢轨】（名）rail；metals；steel rail；railroad：～起重机 *rail crane*

【钢琴】（名）piano；pianoforte：调～ *tune a piano* /用～为某人伴奏 *accompany sb. on the piano*

【钢铁】（名）❶（钢和铁的总称）iron and steel；steel：～工人 *a steel worker* ❷（坚强）iron；unbreakable：具有～意志的人 *a man of iron*

缸 gāng（名）❶（盛东西的器物）jar；jug；vat；crock：水～ *water vat* ❷（缸瓦）earthen ware with crude glaze：～砖 *clinker tile* ❸（像缸的器物）jar-like things：汽～ *cylinder*

gǎng

岗 gǎng (名) ❶(不高的山)hillock；mound：登上山～ mount a hill ❷(平面凸起的一长道)ridge；welt；wale：他眉毛脱了，只剩下两道肉～儿。Only the two superciliary ridges are left there since his eyebrow hair fell out. ❸(岗位；岗哨)post；sentry：设～ post a sentry

【岗楼】(名)watchtower；watch box

【岗哨】(名)❶(站岗放哨的处所)lookout post ❷(站岗放哨的人)sentry；sentinel：设置～ post sentries

【岗亭】(名)sentry box；police box；watch box；watchhouse

【岗位】(名)post；station：坚守战斗～ stick to one's action station

港 gǎng (名)(港湾)harbour；port：进～ come into port／在纽约～停泊 be in harbour at New York

【港币】(名)Hong Kong currency；Hong Kong dollar

【港口】(名)port；harbour；navigation opening：沿海～ coastal port

【港务局】(名)port office；port trust

gàng

杠 gàng (名)❶(抬重物或栓门的粗棍子)thick stick；stout carrying pole；crowbar ❷[体](锻炼身体的一种器械)bar：双～ parallel bars

【杠杆】(名)lever；heaver；pry bar：～定律 lever law

gāo

高 gāo ❺(形)❶(从下向上距离大；离地面远)tall；high：～～的山冈 high hills／太阳～挂在空中。The sun stood high in the sky. ❷(在一般标准或平均程度之上；等级在上的)above the average；of a high level or degree：地位～的人 a man of a high degree ❸(声音大的)loud；讲话声调极～ talk in a very loud key ❹(超过实际价值或市场价格的)high-priced；dear；expensive；fancy：最～价 ceiling price／索取过～的酬金 ask a excessive fee ❺(名)(高度)height；altitude：此山～达 30,000 英尺。The mountain has an altitude of 30,000 ft.

【高昂】(形)❶(高高地扬起)hold high（one's head,etc.）：～着头 hold one's head erect ❷(声音、情绪向上高起)high；elated；exalted；一整天情绪～ have been in high spirits all day／消息使人情绪～ be elated at the news ❸(昂贵)dear；expensive；exorbitant；costly：索要～的费用 charge exorbitant prices

【高潮】(名)❶(最高潮位)high tide；high water；spring tide；flood：～线 high-water mark ❷(事物高度发展的阶段；矛盾发展的顶点)upsurge；climax；high tide；culmination；top；summit：激动人心的～ a thrilling climax

【高大】(形)❶(又高又大)tall and big；tall：～的建筑物 towering buildings ❷(崇高；高尚)lofty；high and noble：树立～的形象 set up a lofty image

【高档】(形)top-grade；superior quality：～商店 fashionable shops／只买～商品 buy goods of top-grade only

【高等】(形)higher；advanced；high；of a higher level：～教育 higher education／～法院 high court

【高度】❺(名)(高低程度)altitude；height；elevation：达到新的～ reach a new height／上升到惊人的～ rise to a breath-taking altitude ❺(形)(程度高)high；high degree；highly：～文明的时代 a highly civilized age

【高尔夫球】(名)❶(指体育项目)golf：～场 golf course ❷(指球)golf ball

【高峰】(名)peak；summit；climax；height：耸入云端的～ cloud-capped summits

【高级】(形)❶(阶级、级别达到一定高度的)senior；high-ranking；high-level；high；superb；higher；high-stage：～职员 a senior clerk／～人民法院 higher people's court ❷(质量、水平超过一般的)high-grade；top-grade；high-quality；advanced：～产品 high-grade products

【高价】(名)high price：～收购 offer high prices for

【高举】(动)hold aloft；hold high：～火炬 hold aloft the torch

【高空】(名)high altitude；upper air；welkin：在 5,000 米～飞行 fly at an altitude of 5,000 meters

【高粱】(名)[农]kaoliang；Chinese sorghum：～酒 spirit distilled from sorghum

【高炉】(名)[冶]blast furnace；shaft furnace：～煤气 blast furnace gas／～寿命 life of a blast furnace

【高明】(形)brilliant；bright；wise；better-qualified：他自认为比别人都～。He thinks he is a cut above others.

【高频】(名)high frequency：超～ ultrahigh frequency／～扬声器 tweeter

【高强度】(形)high-strength：～钢 high-strength steel

【高尚】（形）noble；lofty；respectable：～的行为 a noble act

【高深】（形）advanced；profound；recondite：～的研究 advanced studies／内容～的书 a profound book

【高速】（形）（高速度）high-speed；high-velocity（HV）；high-rate：～行驶 travel at a high-speed／增长 grow with leaps and bounds

【高温】（名）high temperature；elevated temperature：在～中熔化 melt at a very high temperature／耐～ be tolerant of great heat

【高兴】（形）❶（愉快而兴奋）glad；happy；pleased；elated；joyful；cheerful：听到这消息很～ be happy at the news ❷（喜欢做某件事）be willing to；be happy to；be in high feather：很～能帮你忙 be happy to be of your help

【高压】❶（形）（残酷迫害；极度压制）high-handed：反对政权的～政策 the high-handed policy of a reactionary regime ❷（名）❶［气］（高气压）high pressure ❷（高电压）high-tension；high-voltage：～电力网 high-tension network／～电 high-tension power ❸［医］（心脏收缩时血液对血管的压力）maximum pressure

【高雅】（形）elegant and in good taste；noble and graceful：情趣～ be elegant in taste／举止～ be graceful in manner

【高原】（名）［地］continental plateau；plateau；highland；tableland：青藏～ the Qinghai-Tibet Plateau／～气候 plateau climate

【高涨】（动）upsurge；surge ahead（forward）；rise high；run high；boom：情绪～ an upsurge of emotions

糕 gāo（名）（用米粉、面粉等制成的食品）cake；pudding；pastry：绿豆～ green bean cake

【糕点】（名）cookie；pastry；cake：～面粉 cake flour

gǎo

搞 gǎo（动）❶（做；弄；干）do：～家务 do housework／现场调查 do an on-the-spot investigation ❷（进行；开展）carry on：～政治运动 carry on a political campaign ❸（从事）be engaged in；be in；go in for：忙着～研究 be busy in studies／～人事管理 be engaged in human engineering／～生产 engage in production ❹（拟定）draw up；work out：～个计划 draw up a plan／～一次试验 work out a test ❺（生产）produce：～出一件艺术品 produce a work of art ❻（玩弄）play：～花样

play tricks ❼（开办；建设；创立）set up；start；run；organize：～培训班 start a training course ❽（挣；做）make：为客人～了许多菜 make a lot of dishes for the guests／～出一些科研成果 make achievements in scientific research ❾（设法得到）get；get hold of；secure：～到一份好工作 get a good post／替他～张票 secure a ticket for him ❿（后面接补语）produce a certain effect or result；cause to become：把问题～得复杂化 complicate the problem

【搞鬼】（动）play tricks；be up to some mischief：他怀疑有人暗中～。He suspected there was someone playing tricks.

【搞好】（动）do well；make a good job of；sweeten：～夫妻关系 build good relations between husband and wife

稿 gǎo（名）❶〈书〉（谷类植物的茎）stalk of grain；straw ❷（稿子）draft；sketch：拟出一份合同的草～ frame a rough draft on a contract ❸（外发公文的草稿）manuscript；original text：亲笔手～ manuscript in one's handwriting／定～ finalize a text

【稿费】（名）payment for an article or book written；an author's remuneration；royalty from a book or an article：他写书的～ returns from his books／得到一大笔～ receive a large sum of contribution fee

【稿子】（名）❶（草稿）draft；sketch：改～ revise the draft ❷（稿件）manuscript；contribution：未完成的～ an unfinished manuscript ❸（心里的计划）idea；plan：心里还没个准～ haven't got any definite plan

gào

告 gào ❶（动）❶（向人解说、陈述）inform；tell；notify：何时动身盼～之。Please notify us when you leave.／别把这事～她。Don't tell her about the matter. ❷（检举；控诉）accuse；sue：被～受贿 be accused of taking bribes／～他们并要求赔偿损失 sue them for damages ❸（请求）ask for；request；solicit：～假 ask for leave／～饶 beg for mercy ❹（表明）make known：不～而别 go away without taking leave ❺（宣布）announce；declare；proclaim：这一活动已一段落。This activity has been brought to a temporary close. ❷（名）（通知）announcement；declaration：广～ advertisement

【告别】（动）❶（离别；分手）leave；part from（with）：向某人正式～ take formal leave of sb. ❷（辞行）bid farewell to；say good-bye to：～演讲 *farewell speech*/～宴会 *farewell banquet*

【告辞】（动）farewell；take leave；谢过主人之后便～了 *take leave after thanking the host*/该～了！*It's time to say farewell!*

【告急】（动）❶（出现紧急情况）be in an emergency：洪水使交通～。*A flood created an emergency in transportation.* ❷（报告紧急情况并请求援救）report an emergency；ask for emergency help：～电报 *a telegram reporting an emergency*

【告捷】（动）❶（取得胜利）win victory：他们首战～。*They had won their first victory.* ❷（报告取胜的消息）report a victory；announce a victory：向司令部～ *report the victory to the headquarter*

【告诫】（动）warn；enjoin；counsel；dissuade from；exhort：～他注意自己行为的后果 *warn him of the consequences of his action*

【告示】（名）official notice；bulletin；placard：张贴～ *post up a placard*

【告诉】（动）tell；let know；make know：～他去火车站怎么走 *tell him the way to the railway station*

【告知】（动）inform；notify：被含糊地～此事 *be only vaguely informed of it*/被突然～… *be abruptly got notified that…*

gē

疙 gē

【疙瘩】（名）❶（皮肤上凸起或肌肉上结成的硬块）a swelling on the skin；pimple；lump：额头上肿起一个大～ *have a bad lump on the forehead* ❷（结成团或块状的东西）lump；knot：解开～ *loosen a knot*/一块土～ *a lump of clay* ❸（难解决的问题）a knot in one's heart；hang-up：解开她心中的～ *get rid of her hang-up*/为某件事而心里结下了～ *get tied up into knots over sth.*

哥 gē（名）（哥哥）elder brother；brother

【哥们儿】（名）❶（弟兄们）brothers：这俩～都是司机。*Both of the brothers are drivers.* ❷（用于朋友间）buddies；pals：他是我～。*He is my friend.*

胳 gē（名）〈书〉（腋下）armpit

【胳臂】（名）arm

鸽 gē（名）（鸽子）pigeon；dove：和平～ *dove of peace*/信～ *carrier pigeon*

【鸽子】（名）pigeon；dove：～笼 *dovecote*

搁 gē（动）❶（放）put；place：往咖啡里～点儿糖 *put some sugar in the coffee*/把信～在抽屉里 *lay away the letter in a drawer* ❷（搁置）put aside；lay aside；leave over；shelve：把工作～下 *put one's work aside*

【搁浅】（动）❶（船只等陷进浅滩）be stranded；stranding；aground；beach；ground；strand；take the ground；run aground；run ashore：船在礁石上～了。*The ship was stranded on the rocks.* ❷（比喻事情遇阻停顿）deadlock；be held up；be at a deadlock；reach a deadlock：那次旅行因故～。*The trip was shelved for some reason.*

【搁置】（动）shelve；lay aside；be in abeyance；pigeonhole；lay down；put off；put on the shelf：～一项计划 *shelve a plan*/把玩具～一边做功课 *lay up one's toys to do the homework*

割 gē（动）（截断）cut；mow：～草 *mow the grass*/风如刀～。*The wind cuts like a knife.*

【割断】（动）sever；cut off；chop up；lop off：用刀～绳子 *sever a rope with a knife*/他们俩之间有割不断的血缘关系。*There is a blood relationship between them that can not be cut off.*

【割裂】（动）cut apart；separate；isolate；carve up；rend：把事件的发生与当时的历史背景～开来 *isolate the taking place of the event from its historical context*

歌 gē ㊀（名）（歌曲）song：颂～ *a song of praise*/齐唱国～ *sing in unison the national song* ㊁（动）（唱）sing：高～一曲 *sing a song loudly*/引吭高～ *sing joyfully in a loud voice*

【歌唱】（动）❶（唱歌）sing：欢快地～ *sing merrily*/用～驱除烦恼 *sing one's trouble away* ❷（用唱歌、朗诵等形式颂扬）praise（in a song）；sing in praise of：～我们伟大的祖国 *sing the praise of our great motherland*

【歌剧】（名）opera：～团 *opera troupe*/～院 *opera house*

【歌手】（名）singer；vocalist：民～ *a folk song singer*

gé

革 gé ㊀（名）（去毛并加过工的兽皮）leather；hide：原～ *heavy leather*/给皮～着色 *colour the leather* ㊁（动）❶（改变）change；transform；reform：经历彻底的变～ *undergo a complete change* ❷（开除；撤除）dismiss；remove from office；expel：被～除 *be expelled*

【革除】（动）❶（去掉）abolish；get rid of：～不良作风 get rid of a bad style／～陋习 abolish irrational practices ❷（开除）expel；dismiss；remove from office：因玩忽职守而被～职务 be dismissed from the service for one's careless behaviour

【革命】（名）revolution；revolutionary：掀起一场～ start a revolution

【革新】❶（名）renovation；reform；reformation；innovation：技术～ technical innovation／反对～ oppose innovation ❷（动）innovate；improve：传统的手工艺技术不断～。Traditional handicraft techniques are being steadily improved.

【革职】（动）remove from office；cashier；dismiss；discharge from a position：宣布将该经理～ announce the removal of that manager from his position

【革制品】（名）leather

阁 gé（名）❶（一种建筑物）pavilion ❷（旧时指女子的住屋）chamber for girls in the old times；boudoir：出～ leave the boudoir ❸（指内阁）cabinet：组～ form a cabinet ❹〈书〉（放东西的架子）shelf；stand：束之高～ bundle sth. up and place it on the top shelf

【阁下】（名）〈敬〉（直接称呼）Your Excellency；（间接称呼）His or Her Excellency

格 gé ❶（名）❶（方格）check；squares formed by crossed lines；grid；lattice：横～纸 ruled paper ❷（格子）division（horizontal or otherwise）：书橱中的最高一～ the top shelf in the bookcase ❸（规格；格式）standard；shape；form；pattern；style：合～ be up to the standard／他的写作具一一～。He has a style of his own in writing. ❹（某些语言中名词、代词、形容词的词法范畴）case：主～ the nominative case ❷（动）（打）fight

【格调】（名）❶（艺术特点的综合表现）（literary or artistic）style：明快的～ a lucid and lively style ❷〈书〉（人的风格或品格）one's style of work as well as one's moral quality：他～低下，这使他处处不受欢迎。His vulgarity made him unwelcome everywhere.

【格斗】（动）grapple；wrestle；fistfight；melee；strive：与敌人～ grapple with an enemy

【格局】（名）pattern；setup；structure；style；manner：观察自然界的～ look for patterns in nature

【格式】（名）form；layout；pattern；format：固定的～ a set form／使用正确的写信～ employ a proper form of letter writing

【格外】（副）especially；all the more；extraordi-narily；exceptionally：她今天看起来～高兴。She seems especially happy today.

【格言】（名）（含有教育意义的成语）maxim；motto；aphorism：通俗的～ a popular maxim

隔 gé ❶（动）❶（遮断；阻隔）partition；separate：把房间～出一部分 partition off part of the room／把两个打架的男孩～开 separate those two boys who are fighting ❷（间隔；距离）be at a distance from；after or at an interval of：～着玻璃朝外看 look out of the window／～一段时间给某人写封信 write sb. a letter every now and then ❷（形）（紧接着的）following；next：～一日 a following day

【隔壁】（名）（左右相毗连的屋子或人家）next door：谁住在你的～？Who lives next door to you? ❷［生］（隔膜）septum；dissepiment ❸（隔板）bulkhead

【隔断】❶（动）cut off；separate；obstruct：与外面的联系～ cut off from the outside ❷（名）［建］partition（wall，board，etc.）：屋子中间有个木质大～把一间一分为二。There is a wooden partition across the room to divide it into two parts.

【隔绝】（动）completely cut off；isolate：与外界～了很久 have been cut off from the outside world for a long time

【隔离】（动）keep apart；isolate；segregate：把新生婴儿与母亲～ isolate newborn babies from their mothers

【隔膜】（名）❶（情意不相通）lack of mutual understanding；estrangement：误解使两个朋友间产生了～。A misunderstanding had caused the estrangement of the two friends. ❷（不通晓；外行）unfamiliar with：对这种技术实在～ be not familiar with that technology at all

【隔片】（名）parting slip；septum；parting beat；spacer

【隔热】（动）heat insulation；heat protection：～舱 insulated hold

【隔音】（动）sound insulation；deadened；sound-proofing：～墙 acoustic barrier

gè

个 gè ❶（量）❶（用于没有专用量词的名词）：我们三～ the three of us／足足一～月 for a full month ❷（用于约数的前面）：再有～两三天可完成论文 finish one's thesis in a couple of days ❸（用于带宾语的动词后面）：打～电话 make a phone call／给某人来～出其不意 catch sb. by surprise ❷（助）❶（用于动词和补语之间）：玩儿～痛快 have a grand time／与

某人比～高低 vie with sb. ❷(用在指示代词后面):这～ this ❸〈方〉(加在某些时间词后面):明儿～ tomorrow ⊜(形)(单独的)individual:～性 individual character/～人 individual(person)

【个别】(形)❶(单个;各个)individual;separately;specific:给每个学生以～关注 give individual attention to each student/申请～辅导 apply for individual tuition ❷(极少数;少有)very few;one or two;rare;exceptional:只有～人缺席. Very few were absent.

【个人】(名)❶(一个人)individual(person);personal:保护～权利 protect the rights of the individual/交纳～所得税 pay personal income tax ❷(自称,我)I:就我～而言 as far as I am concerned

【个体】❶(名)(单个的人或生物)individuality;personality ⊜(形)(个人的;单独的)individual;particular;solo:～户 privately-owned small enterprise/～经济 individual economy

【个性】(名)specific character;individual character;individuality;personality:具有～的人 a man with personality

 各 gè ❶(代)❶(表示不止一个)every;all;each:卖～类的书 sell every kind of books/～界人士 people from all walks of life ❷(表示不止一个并且彼此不同)different;various:到～家公司去找工作 go to the different firms to ask for work ❷(副)(表示不止一人或一物同做某事或同有某种属性):两个方案～有优点. Each of the two plans has its own merits.

【各别】(形)❶(各不相同;有区别)distinct;separate;different:产生了一种新的、～的典型 produce a new and a distinct type/需要～对待 required different handling ❷〈方〉(别致;新奇)peculiar;out of the ordinary:举止～ be peculiar in one's behaviour ❸〈贬〉(特别)odd;eccentric;funny:他那个人很～. He is rather odd.

【各个】❶(代)(每个)each;every;various:考虑问题的～方面 consider every aspect of the matter/看到生活的～方面 see life in its various aspect ⊜(副)(逐个)one by one;separately:～击破 knock out one adversary after another

【各级】(名)all or different levels:～政府 the government at all levels

【各界】(名)all walks of life;all circles:～人士 personages of various circles

【各人】(代)each one;everyone:～自扫门前雪 each one sweeps the snow from his own door-step—each one minds his own business

【各色】(形)of all kinds;of every description;assorted:商店里～货物一应俱全. The shop is wellstocked with goods of all kinds.

【各自】(代)each;by oneself;respective:～为政 each does things in his own way

给 gěi ❶(动)❶(送对方某物;使对方得到)give;grant:～某人一次机会 give sb. a chance ❷(用在动词后,表示交与、付出)pass;pay:把钱留～子女 pass one's money to one's children ❸(叫;让)let;allow:她不～他看那封信. She did not allow him to read that letter. ❷(介)❶(为)for;to:～病人开处方 make a prescription for a patient ❷(被)by:这孩子～宠坏了. The child is terribly spoiled. ❸(助)(用在表示被动、处置等意思的谓语动词前,以加强语气):别把工作～搁下. Don't put your work aside.
另见 788 页 jǐ。

【给以】(动)give;grant:～满意的答复 give a favourable answer

根 gēn ❶(名)❶(植物的营养器官)root(of a plant):深深扎～于土壤中 strike deep roots in soil/叶落归～. Falling leaves settle on their roots. ❷(比喻子孙后代)descendants;posterity:～苗 offspring ❸[数](方根的简称)root:立方～ cube root ❹[化](指带电的基)radical:酸～ acid radical ❺(物体的下部、底部或某部分和其他东西连接处)base;foot;root:沿墙～爬行 creep along the foot of the wall/舌～ the root of the tongue ❻(事物的本源;人的出身底细)the bottom of things;source;origin:对每件事均追～究底 want to know the bottom of everything ❼(依据)basis;foundation ⊜(副)(彻底)completely;thoroughly:～除 completely do away with ⊜(量)(用于细长物):一～火柴 a match

【根本】❶(形)(基本的;主要的)root;radical;basic;fundamental;essential;cardinal:了解失败的～原因 discover the root reason for the failure ⊜(副)❶(全然)utterly;completely;entirely;at all:～不值得信任 be not worthy of trust at all ❷(彻底)radically;thoroughly:使问题得到～解决 have the problem settled thoroughly

【根除】(动)thoroughly do away with;eradicate;root out;eliminate;uproot:～罪恶

eliminate the root of evil/～贫困 *uproot poverty*

【根底】(名) ❶(基础)foundation：打下扎实的汉语～ *build up a sound foundation in Chinese* ❷(底细)ins and outs；cause；root：追问～ *inquire into the cause of matter*

【根基】(名)foundation；basis；radical：～牢固 *a firm foundation*

【根据】❶(介)(依据；按照)on the basis of；according to；in the light of；in line with；based on：～表现来评价一个人 *judge a person on the basis of his performance* ❷(名)(作为根据的事物)basis；grounds；foundation；reason；bottom：为推理提供～ *give a basis for reasoning*

【根源】(名)source；origin；grass roots；root：有相同的～ *have the same origin*

跟 gēn ❶(名)(脚的后部或鞋袜的后部)heel：一双磨掉了后～的鞋子 *a pair of shoes down at the heels*/站稳脚～ *keep one's feet* ❷(动)❶(在后面紧接着行动)follow：整天～在父母身后 *follow one's parents about all day long*/～我来。*Follow me .* ❷(指嫁给某人)be married to：他要是老这样游手好闲，我就不～他。*I won't marry him if he doesn't stop fooling around.* ❸(介)❶(和；同)with：～老朋友邂逅 *encounter with an old friend*/～某人私下谈话 *talk to with sb . in private* ❷(从；由)from ❸(向；对)to；towards：～邻居夸耀自己的孩子 *boast to the neighbours about one's children*/因迟到～老师道歉 *apologize to one's teacher for being late* ❹(引进比较的对象)as：～往常一样准时到达 *arrive on time as usual*/～某人一样高 *be as tall as sb .* ❹(连)(和)and：城市～乡村之间的巨大差别 *the great differences between the country and the city*

【跟前】(介)❶(前面；面前；附近)in front of；close to；near；nearby：书桌～有把椅子 *There is a chair in front of the desk .* ❷(身旁，专指有无儿女说)(of one's children)living with one：他～没子女。*He doesn't have any children living with him .*

【跟上】(动)keep pace with；catch up with；keep abreast of：～时代 *keep abreast of the times*/他必须努力学习才能～班里其他同学。*He has to study hard so as to catch up with the rest of the class .*

【跟随】(动)follow；go after：这条狗紧紧～在主人身后。*The dog followed closely behind his master .*

【跟着】❶(动)(跟随)follow；in the wake of：

水灾后～出现了一系列问题。*A series of problems followed in the wake of the flood .* ❷(连)(紧接着)at once；right away：我们听完报告就～讨论。*We held a discussion right after the speech .*

【跟踪】(动)follow (be) the tracks of；tail after；be following：～逃犯 *follow the trace of the escaped prisoner*/被警察～ *be tailed by the police*

gēng

更 gēng ❶(动)❶(改变；改换)change；replace：～衣 *change one's clothes*/变～作息时间 *alter the daily timetable* ❷(书)(经历)experience：少不～事 *young and inexperienced* ❷(名)(旧时一夜分成五更，每更大约两小时)one of the five two-hour periods into which the night was formerly divided；watch：～夫 *a night watchman*/打～ *beat the watches*
另见 732 页 gèng。

【更动】(动)change；alter；modify：计划的～ *a change in a plan*

【更改】(动)change；alter：～姓名 *change one's name*/这个决定是不可～的。*The decision is unalterable .*

【更换】(动)renew；change；replace；transpose：同意～机器 *agree to change the machinery*

【更年期】(名)climacteric；menopause；change of life

【更生】(动)❶(重新得到生命；复兴)regenerate；revive：自力～ *regeneration through one's own efforts*；self-reliance ❷(再生)renew：世界正转向开发可～能源。*The world is turning to renewable energy resources .*

【更新】(动)renew；replace；renovate；update：～租约 *renew the lease*

【更衣室】(名)changing room；locker room

【更正】(动)make corrections；amend：对文章的错误加以～ *make corrections of errors in an article*/～拼写错误 *correct wrong spellings*

耕 gēng (动)(用犁翻地)plough；plow；cultivate；till：～田 *plow a field*/～地 *till the land*

【耕畜】(名)farm animal；draught animal

【耕地】❶(动)(用犁把土翻松)plough；till：耕了两亩地 *plough two mu of land* ❷(名)(种植农作物的土地)cultivated land；farmland；plough-land：～面积 *area under cultivation*；cultivated area

【耕种】(动)plough and sow；work on the farm；till；cultivate：～土地 *cultivate the* soil/～更多的土地 bring more land under cultivation

【耕作】(名)tilth；tillage；farming；cultivation：先进的～方法 advanced farming methods/～的最佳季节 the best season for cultivation

gěng

耿 gěng (形) ❶〈书〉(光明)shining；bright ❷(忠诚；耿直)dedicated；upright；honest and just

【耿直】(形)(正直；直爽)honest and frank；upright；fair and just：秉性～ be upright by nature

梗 gěng ㊀(名) ❶(植物的枝或茎)stalk；stem；stick：荷～ lotus stem/菠菜～儿 spinach stalk ❷(细长的木棍或金属棍)a slender piece of wood or metal：火柴～ matchstick ㊁(动) ❶(阻塞；妨碍)obstruct；block；hinder：～塞 block；obstruct；clog ❷(挺直)straighten：～着脖子 straighten up one's neck ㊂(形) ❶(直爽)forthright；frank；candid：～直 honest and frank ❷〈书〉(顽固)obstinate；stubborn：顽～ obstinate

【梗概】(名)(broad)outline；main idea；model：故事的～ the gist of a story；synopsis

【梗阻】㊀(动)(拦挡；阻塞)block；obstruct；hamper：山川～ be separated by mountains and rivers；be far away from each other ㊁(名)[医]obstruction：肠～ intestinal obstruction

gèng

更 gèng (副) ❶(更加)more；still more；even more：做出～合乎情理的解释 make a more rational explanation/希望能～常见到某人 hope to see more of sb. ❷(再，又)further；still further；furthermore：～进一步调查此事 make further investigation into the affair

另见 731 页 gēng。

【更加】(副)to a higher degree；still further；still more；even more：～思念远在外地上大学的儿子 miss one's son at a distant college even more

gōng

工 gōng ㊀(名) ❶(工人和工人阶级)worker；workman；the working class：熟练技～ skilled workers/～农出身的 be of worker and peasant origin ❷(工作；生产劳动)work；

labour：消极怠～ be slack in work/计日～ day labour ❸(工程)project；engineering：竣～ complete a project/大楼已提前完～。The building has been completed ahead of time. ❹(工业)industry：轻～产品 the product of light industry/～商管理局 the Industry and Commerce Bureau ❺(一个劳动日的工作)man-day；working-day：这项工程需要 5000 个～。This project will take 5,000 man-days to complete. ❻(技术和技术修养)craftsmanship；skill：做～精细的家具 furniture of exquisite craftsmanship /手～技能 manual skill ㊁(动)(长于；善于)be good at；be versed in；be expert in：～诗善画 be well versed in painting and poetry ㊂(形)(精巧；精致)exquisite；delicate：～巧 exquisite；fine

【工兵】(名)[军](工程兵)engineer：～部队 Engineering Corps

【工厂】(名)factory；mill；plant；works：校办～ a factory run by the school/使～自动化 automate a plant

【工程】(名)engineering；project；programme：～技术人员 engineers and technicians/～技术师 engineer

【工地】(名)construction plant；building site；construction site；work-site：～上一片繁忙景色。The construction site was a scene of bustling activity.

【工会】(名)trade union；labour union

【工件】(名)job；work；workpiece：～夹具 workpiece holder；(work) fixture

【工具】(名) ❶(进行生产劳动所使用的器具)tool；means；implement；appliance：一套～ a set of tools/已准备齐全的～ the tools ready to hand ❷(用以达到目的的事物)instrument：作为交际～的语言 language as an instrument for communication/充当他人的～ act as other's instrument

【工科】(名)engineering course；faculty of technology；faculty of engineering：～大学 college of engineering

【工人】(名)worker；workman；wright；factory hand：退休～ a retired worker/雇用～ employ workmen

【工商界】(名)industrial and commercial circles；business circles

【工商业】(名)industry and commerce：私营～ privately owned industrial and commercial enterprises/～联合会 association of industry and commerce

【工序】(名)production processes；procedure；working procedure；stages of production

【工业】(名)industry：航空～ the air industry/

发展中的～ *an expanding industry*

【工艺】(名)❶(产品制作加工技术或方法) technology；craft；industrial art；workmanship；process；technique：化学～学 *chemical technology*/～精细的花瓶 *vases of delicate workmanship* ❷(手艺) handicraft art：～品 *handicraft article*/主要的手～ *the chief handicrafts*

【工资】(名) salary；wages；remuneration；pay：～级别 *the scale of wages*/靠有限的～生活 *live on a modest salary*

【工作】❶(动)(从事脑力或体力劳动；泛指机器发挥生产作用) work；operate：全神贯注地～ *put one's whole soul into one's work*/分班日夜～ *work in shifts day and night* ❷(名)❶(职业) job：找～ *look for a job*/辞职另找更好的～ *quit one's job and look for something better* ❷(业务；任务) work：棘手而乏味的～ *tough and tedious work*/把全部精力投入～ *fling all one's energies into one's work*

弓 gōng ❶(名)❶(射箭或发弹丸的器械) bow：用～和箭射鹿 *shoot a deer with a bow and arrow* ❷(弓子) bow-shaped things：弹棉花用的绷～儿 *a bow used to tease cotton* ❸(动)(使弯曲) bend；arch；bow；crook：～着背 *arching one's back*/bending low/～着腿坐着 *sitting with arched legs*

【弓形】(名)❶[数] segment of a circle ❷(像弓的形状) bow-shaped；arch；curved；arch form

公 gōng ❶(形)❶(属于国家或集体的) state-owned；collective；public：假～济私 *promote one's private interests under the guise of serving the public*/～报私仇 *avenge a personal wrong in the name of public interests* ❷(共同的；大家承认的) common；general：～分母 *common denominator* ❸(属于国际间的) international：～海 *high seas* ❹(公平；公正) equitable；fair and just；impartial：秉～办事 *be candid about the matter* ❺(雄性的) male (animal)：～象 *male elephant*/你的狗是个他还是母的? *Is your dog a he or a she?* ❷(动)(使公开) make public；publicize：～之于世 *make public to the world*/将证据～之于众 *bring the evidence to light* ❸(名)❶(公事；公务) public affairs；official business：因～殉职 *die at one's post*/因～出国 *go abroad on business* ❷(集体) authority；collective ❸(封建五等爵位的第一等) duke：～爵 *duke* ❹(丈夫的父亲；公公) husband's father；father-in-law：孝顺～婆 *show filial obedience to one's parents-in-law*

【公安】(名) public security：～人员 *public security officer*/～机关 *public security organs*

【公报】(名) communique；bulletin：发表联合～ *issue a joint communique*

【公布】(动) promulgate；announce；publish；make public：～一项政府法令 *promulgate a decree of the government*/～考试结果 *announce the result of the examination*

【公差】(名)❶(临时公务) public errand；noncombatant duty：有～要办 *have a noncombatant duty to perform*/前往美国出～ *leave for the U. S for a public errand* ❷(差役) a person on a public errand：派两个～ *assign two men to noncombatant duty* ❸[数](等差级数中任意两项之差) common difference ❹[机](允许误差) allowable error；allowance；tolerance；limit：制造～ *manufacturing tolerance*

【公尺】(名) meter；metre

【公出】(名) be away on official business

【公道】❶(形)(公平) fair；just；reasonable；impartial：一贯办事～ *always play fair*/价钱～ *be reasonable in price* ❷(名)(正义) justice：讨回个～ *receive justice*/为人民主持～ *give justice to the people*

【公德】(名)(公共道德) social morality；social ethics：讲～ *have social morality*/败坏～ *corrupt social ethics*

【公费】(名) at public expense；at state expense：～留学 *study abroad on state scholarship*/～医疗 *free medical service；public health services*

【公告】(名) announcement；public announcement；proclamation；notice：发表～ *issue a public proclamation*

【公共】(形) public；common；communal：～娱乐场所 *a public amusement establishment*/关心～教育事业 *be concerned about the educational welfare of the public*/～汽车 bus

【公害】(名) pollution nuisance；public nuisance；public disaster；public hazard：构成～ *constitute a public nuisance*/减轻～ *reduce the environmental pollution*

【公家】(名)〈口〉the state；the public；the organization：～的财产就是人民的财产。*Public property is the people's property.*

【公斤】(名) kilogram (kg.)；kilo

【公开】❶(形)(不加隐蔽；面对大家) open；overt；public：～露面 *appear in public*/～赛 *open game*/～的组织 *overt organizations* ❷(动)(使成为公开的) make public；make known to the public；open to the public：～失业数字 *make public the unemployment figures*

【公里】（名）kilometre（km.）

【公路】（名）highway；driveway；trafficway；road；highroad；无坡度的高速～ *a gradeless superhighway*／～桥 *highway bridge*

【公民】（名）citizen；civil：～权 *civil rights*／加入美籍的～ *a naturalized American citizen*

【公平】（形）fair；just；impartial；equitable；justice：～交易 *a fair exchange；a square deal*／～对待员工 *do justice to the staff*

【公认】（动）universally acknowledged；（universally，generally）accepted；established：～的用法 *a usage well established*／一个～的权威人士 *a generally acknowledged authority*

【公审】（动）［律］public trial；open trial：进行～ *conduct a public trial*／不～罪犯 *exclude the public from the trial of the criminal*

【公升】（名）litre

【公使】（名）envoy；minister：～馆 *legation*

【公式】（名）formula；expression：数学～ *a mathematical formula*／积分～ *formula of integration*

【公事】（名）public affairs；official business：例行～ *daily routine*／有要紧～ *have official business that presses*

【公司】（名）corporation；incorporation；company：跨国～ *a multinational corporation*／使～陷于瘫痪 *paralyze the company*

【公文】（名）official document：伪造～ *forge an official document*／将～分类 *classify the public documents*

【公用】（动）for public use；public；communal：～电话 *public telephone*

【公寓】（名）❶（能容许多家居住的房屋）flats；apartment house；apartment；housing；rookery：豪华的～ *luxurious apartments*／新建的一排～ *a new block of flats* ❷（租期较长、房租论月计算的旅馆）lodging house

【公园】（名）park；public garden：国家～ *a national park*／设计～ *lay out a park*

【公章】（名）official seal；common seal

【公正】（形）（公平正直）just；fair；impartial；fair-minded；righteous：做出～的解决 *work out a just settlement*／做出～的评论 *make an impartial review*

【公证】（动）notarize：～处 *notary public office*／～人 *notary*

【公众】（名）the public；public：使～震惊 *shock the public*／受到～的称赞 *receive public praise*

【公制】（名）the metric system：～尺寸 *metric size*

【公主】（名）princess；infanta

功 gōng（名）❶（功劳）exploit；merit；meritorious service：立战～ *perform military exploits*／～不补过 *Demerits outweigh merits*. ❷（成效和表现成效的事情）achievement；efficacy；result：力求成～ *strive toward achievement*／～成名就 *achieve success and acquire fame* ❸（技术和技术修养）skill；craftsmanship：基本～ *basic skill* ❹（一个力使物体沿力的方向通过一段距离）work：机械～ *mechanical work*

【功臣】（名）meritorious statesman；a person who has rendered outstanding service：开国～ *founders of a state*

【功课】（名）schoolwork；school lesson；lessons；task；homework：完成～ *finish one's homework*／～负担太重 *be heavily burdened with schoolwork*

【功劳】（名）contribution；meritorious service；credit：立下汗马～ *perform deeds of valour in battle*

【功率】（名）［物］power；rate of work；capacity factor；activity：～计 *dynamometer*

【功能】（名）function：肝～检查 *a test for liver function*／该机构的双重～ *double functions of that institution*

【功效】（名）effect；efficiency；behaviour；efficacy：取得～ *achieve efficiency*／有神奇的～ *be of miraculous efficacy*

攻 gōng（动）❶（攻打）attack；assault；take the offensive：大进～ *mass offensive*／发起总～ *launch an all-out attack* ❷（指责别人的过错；驳斥别人的议论）accuse；charge：～人之短 *criticize the faults of others* ❸（致力研究；学习）specialize in；study；work at：使文学成为自己专～的学科 *make literature one's exclusive study*

【攻读】（动）❶（勤奋学习）assiduously study；diligently study；study hard；work hard at：博士学位 *study for one's doctorate* ❷（钻研某一门学问）specialize in；read：～自然科学 *specialize in natural science*

【攻击】（动）❶（进攻）attack；assault；launch an offensive：从背后出其不意地～敌人 *attack the enemy unexpectedly in the rear* ❷（恶意指责）attack；accuse；charge；slander；vilify：彼此用恶毒的语言互相～ *attack each other with vicious words*／在报纸上受到～ *be vilified in newspapers*

【攻克】（动）capture；take：从内部～堡垒 *capture the fortress from within*／～城堡 *take the castle by storm*

【攻势】（名）offensive：发起贸易～ *initiate a*

trade offensive/准备已久的～ long prepared offensive

【攻占】(动)attack and occupy;storm and capture:用突然袭击方式～敌人要塞 reduce the enemy fortress by a sudden attack

供 gōng (动) ❶(供给;供应)supply;feed:免费～水 supply water gratuitously/原材料～不上. The raw materials are in short supply. ❷(提供某种利用的条件给对方)provide for (the use or convenience of):～消遣的书 books for pleasure/可～选择的职业很多 a wide choice of occupation

另见 736 页 gòng。

【供给】(动)supply;provide;furnish;feed:～家里人衣食 provide food and clothes for one's family

【供暖】(动)[建]supply heating;heating:这幢楼正在安装～设备. A heating system is being installed in this building.

【供求】(动)supply and demand:做到～平衡 sth. coped in evening up the supply to meet the demand

【供销】(动)supply and marketing;supply and sell for:～合作社 supply and marketing cooperative

【供应】(动)supply;accommodate:～不足的市场 poorly supplied market/给机器～原料 feed the machine with raw materials

宫 gōng (名) ❶(帝后太子等居住的房屋)palace:故～ the Imperial Palace ❷(神话中神仙居住的房屋)palace;paradise:月～ the noon;lunar palace ❸(庙宇的名称)temple (used in a name) ❹(文化娱乐等的房屋)a building for cultural activities and recreation:工人文化～ the Workers' Cultural Palace ❺[生理](子宫)womb;uterus

【宫殿】(名)palace:～式建筑 palatial architecture

【宫廷】(名)❶(帝王的住所)palace ❷(由帝王及其大臣构成的统治集团)the monarch and his officials;royal court;imperial court;court

恭 gōng (形)(恭敬)polite;respectful;reverent:洗耳～听导师的指导 listen with respectful (attention) to one's tutor/毕～毕敬,一动不动地站着 come smartly to attention and stand still

【恭贺】(动)congratulate:～新禧 Happy New Year

【恭候】(动)〈敬〉await respectfully:～光临. We request the pleasure of your company.

【恭敬】(形)respectful;with great respect:对老板毕恭毕敬 be respectful to one's boss /对年长者十分～ show great respect to old age

【恭喜】(动)〈套〉congratulations;wish one joy respectfully:～发财! Congratulations and may you be prosperous!

gǒng

巩 gǒng (动)(巩固)consolidate

【巩固】❶(动)(使坚固)consolidate;strengthen;solidify;secure:～自己的地位 consolidate one's position ❷(形)(坚固;不易动摇)consolidated;strong;solid;firm;stable:政权～ strong political power

汞 gǒng (名)〈化〉mercury (Hg)

拱 gǒng ❶(动)❶(两手相合,臂的前部上举)cup one hand in the other before the chest:～手 make an obeisance by cupping one hand in the other before the chest ❷(环绕)encircle;surround:四山环～的大湖 a large lake surrounded by mountains ❸(肢体弯曲成弧形)arch;hump:猫～了腰. The cat arched its back. ❹(用身体撞某物体)push without using one's hands:用肩膀把门一～ push the door open with one's shoulder ❺(用身体拨开土地等)(of pigs,etc.) dig earth with the snout:(of earthworms,etc.) wriggle through the earth:蚯蚓从地下～出许多土来. The earthworms wriggled their way out, pushing up a lot of earth. ❻(植物生长,从土里向外钻或顶)sprout up through the earth:苗儿～出土了. The sprouts are coming out of the earth. ❷(名)(成弧形的建筑物)arch:～道 archway

【拱门】(名)[建]arch;archway;arched door

【拱桥】(名)[建]arch bridge:双曲～ double-curvature arch bridge

gòng

共 gòng ❶(形)(相同的;共同拥有的)common;joint;general:～用的起居室 a common sitting room/～性 general character ❷(动)(共同具有或承受)share with:同甘～苦 share weal and woe, partake in each other's joys and sorrows ❸(副)❶(在一起;一齐)together:患难与～ go through thick and thin together/住一个房间 share a room together ❷(总共)altogether;in all:～多少人出席? How many people are present in all?

【共产党】(名) the Communist Party:～员

member of the Communist Party；Communist；Party member

【共产国际】(名) the Communist International；Comintern

【共产主义】(名) communism：～人生观 communist outlook on life／～青年团 the Communist Youth League

【共存】(动) coexist；survive together

【共和】(名) republicanism；republic：～党 the Republican Party／～国 republic

【共计】(动) amount to；add up to；total；altogether：参观展览会的～20 万人。Altogether 200，000 people visited the exhibition.

【共事】(动) work together（at the same organization）；be fellow workers：愿意与某人 ～ like to work together with sb.

【共同】●(形)(属于大家的；彼此都具有的) common：有一～语言 share a common language／有～之处 have sth. in common with one another ●(副)(大家一起) together；jointly：与家人～欢度佳节 observe a festival with one's family together

【共享】(动) enjoy together；share：～胜利的喜悦 share the joys of victory

贡 gòng ●(名)(贡品) tribute：迫使劳动人民进～ lay the labouring people under tribute ●(动)(封建时代向朝廷推荐人才) recommend a suitable person to the imperial court

【贡献】●(动) contribute；dedicate；devote：不断为世界和平做出 ～ contribute unceasingly to the world peace／为人类造福～自己的一生 devote one's life to benefiting mankind ●(名) contribution：在这一领域中做出的学术 ～ an erudite and scholarly contribution in this field

供 gòng ●(名) ❶(供品) offerings：各式各样的感恩～品 various thanksgiving offerings ❷(口供；供词) confession；deposition：逼～ extort confession／录下某人的口～ record one's confession ●(动) ❶(供奉) lay (offerings)：被～起来 be enshrined ❷(受审者陈述案情) confess；own up：～出自己的罪行 own up to one's crime
另见 735 页 gōng。

【供认】(动) confess：～抢劫银行 confess to robbing the bank

gōu

勾 gōu (动) ❶(删除或截取) cancel；cross out；delete；strike out：～出重点词汇 tick off

the key words／把他的名字～掉 cross out his name；strike his name off the register ❷(描画) draw：几笔～出教堂的轮廓 draw the outline of the church ❸(用灰、水泥等涂抹砖石建筑物的缝) fill up the joints of brickwork with mortar or cement；point：～墙缝 point a brick wall ❹(调和使黏) add sth. to make thicker；thicken ❺(招引；引) seduce；induce；evoke；call to mind：～起幸福的回忆 evoke happy memories／～起新的话题 lead to a new topic of conversation ❻(结合) collude with；gang up with：与罪犯～上了 get entangled with criminals

【勾搭】(动) ❶(互相串通) gang up with：这四个坏家伙～上了。The four scoundrels ganged up. ❷(引诱) seduce：用花言巧语～一个姑娘 seduce a girl by fair speech

【勾结】(动) collude with；play footsie with；in league with；gang up with；collaborate with：与走私犯～ collude with smugglers

【勾通】(动) collude with；work hand in glove with；join in a plot

【勾销】(动) liquidate；cancel；expunge；wipe out；strike out

沟 gōu (名) ❶(挖掘的水道或工事) channel；ditch；gutter；trench：挖排水～ dig a drainage ditch ❷(浅槽；似沟的注处) groove；rut；furrow：准备开～播种 be ready to make furrows for sowing ❸(水道) gully；ravine：爬上一条狭窄的山～ climb up a narrow gully

【沟渠】(名) irrigation canals and ditches；cut；kennel；lake：田野上～纵横。The fields are crisscrossed by irrigation canals and ditches.

【沟通】 link up；connect；communicate：很难与老一辈人～ be difficult to communicate with the older generation

钩 gōu ●(名) ❶(钩子) hook：把饵装在鱼～上 bait a hook／把画挂在天花板下面的～子上 hang the picture from a hook in the ceiling ❷(汉字的笔画) hook stroke in Chinese characters ❸(钩形符号) hooklike mark；tick ●(动) ❶(用钩子搭、挂或探取) secure with a hook；hook：杂技演员用脚～住绳圈儿。The acrobat hooked his foot into the loop. ❷(用带钩的针编织) crochet：～针 crochet hook ❸(用粗针缝) sew with long stitches

【钩心斗角】(成) intrigue against each other；jockey for position：远离～、争风吃醋的气氛 keep away from the range of intrigues and jealousies

gǒu

苟 gǒu ❶（形）（随便）careless；heedless；indifferent；negligent：不～言笑 be serious in speech and manner ❷（副）（仅仅）just；merely；barely：～全性命 barely manage to survive ❸（连）〈书〉（假使；如果）if：～能坚持，必会胜利．If you can persist, you are sure to win．

【苟且】（形）❶（得过且过）drift along；be resigned to circumstances；muddle along：～偷生 drag out an ignoble existence ❷（马虎；敷衍）muddle with；perfunctorily；carelessly：～了事 dispose of sth. perfunctorily ❸（不正当的）illicit（sexual relations）；improper

狗 gǒu（名）[动]dog

【狗屁】（名）horseshit；rubbish；nonsense：～不通 unreadable rubbish

【狗腿子】（名）〈口〉hired thug；lackey；henchman

【狗熊】（名）❶（黑熊）black bear ❷（懦夫；胆怯者）coward

gòu

构 gòu ❶（动）❶（构造；组合）construct；form；compose：～词 form a word ❷（结成）fabricate；make up：～想一个故事 make up a story ❸（建造；架屋）build ❷（名）❶（结构）structure ❷（指文艺作品）literary composition ❸（构树）paper mulberry

【构成】（动）constitute；form；consist of；compose；make up：～潜在的危机 constitute a potential crisis／～死罪 form a capital crime／

【构词法】（名）[语] word-building；word-formation

【构件】（名）（结构或机构的组成单元）member；construction member；component；structural member

【构思】❶（动）（运用心意，常指写文章）（of writers or artists）work out the plot of a literary work or the composition of a painting：根据自己的经历～这个故事 construct the story from one's own experience ❷（名）（形成的想法）conception：表现了作者独特的～ show the author's unique conception／大胆的～ boldness of conception

【构造】（名）structure；construction；constructional detail；tectonic：人体～ the structure of the human body

【构筑】（动）construct（military works）；build：～堡垒 build a fortress／～新防线 construct

new defense

购 gòu（动）（买）purchase；buy：抢～ scare buying／采～科 the purchasing department

【购货单】（名）order form；indent

【购买】（动）purchase；buy：只～那个牌子的咖啡 only purchase that brand of coffee

【购销】（动）purchase and sale；buying and selling：～两旺 brisk buying and selling

够 gòu ❶（形）（数量上可以满足需要）enough；sufficient；adequate：挣得钱不～养活一个三口之家 cannot earn enough to keep a family of three ❷（动）❶（能达到、触到或摸到）reach：伸手去～桌子上的字典 reach out for the dictionary on the desk ❷（达到某一点或某种程度）be up to（a certain standard, etc.）：～标准 be up to the standard／～资格 be qualified ❸（满足需要）suffice ❸（副）（相当；很；确实）quite；enough；rather；really：她看起来真～老的．She looks quite old．／你可真～粗心大意的．You are rather careless．

【够本】（动）make enough money to cover the cost；break even

【够格】（动）be qualified；be to standard：开业行医他还不～．He is not qualified medicine．

【够意思】❶（副）〈口〉（好极了）really sth.；terrific：这课讲得～．The lecture was really good．❷（形）〈口〉（慷慨；大方）generous；really kind：他对朋友特～．He is very generous to his friends．

gū

估 gū（动）（估计；揣测）estimate；assess；appraise：～定价值 assessed value／客观地评～历史人物 appraise historical characters objectively

【估产】（动）estimate the yield；appraise the assets；assess；crop estimate：这块地～800 斤．The estimated yield of this plot of land is 800 jin．

【估计】（动）estimate；evaluate；take stock of；size up；calculate；appraise；reckon：过低地～自己的竞争对手 underestimate one's rivals／我～他会来．I reckon he will come．

【估价】（动）❶（估计商品的价格）evaluate；assess；appraise：appraised price：～为 20 万元的财产 the value of property assessed at 200,000 yuan／～古董 appraise the value of an antique ❷（对人或事物给以评价）appraise；evaluate；judge；appreciate：恰如其分地～每个人的工作表现 properly evaluate everyone's performance at work

【估量】（动）appraise；estimate；assess；value；weigh；balance；ponder：无法～战争造成的损失 be impossible to estimate the loss caused by war／对国家做出无法～的贡献 render the country immeasurable service

孤 gū ●（名）（幼年丧父或父母双亡的儿童）orphan：托～ entrust an orphan to sb.／～老病残 the orphaned, old, sick and disabled ●（形）（单独；孤单）lonely；isolated；solitary：～家寡人 the man who is totally isolated／～芳自赏 indulge in self-admiration ●（代）（封建王侯的自称）I；my humble self（used by feudal princes）：称～道寡 address oneself as king

【孤傲】（形）proud and aloof：去掉～习气 rid oneself of aloofness and arrogance

【孤单】（形）❶（单身无靠）alone：～一人在异国他乡 be alone in a strange land／孤孤单单一个人 all alone；alone soul；all by oneself ❷（感到寂寞）friendless；lonely：异常～ be extremely lonely

【孤独】（形）lonely；lonesome；single；reclusive；solitary：内心～的人 a lonely man at heart

【孤儿】（名）orphan：～寡妇 orphan and widow／收养～ adopt an orphan

【孤立】（形）（与其他事物不相联系）isolated；solitary；separate：～无援 isolated and cut off from help ●（动）（使得不到同情、支援）isolate；seclude：从政治上～某人 isolate sb. politically

【孤僻】（形）unsociable and eccentric；solitary；unsocial；odd：天生～ be rather solitary by nature；be naturally solitary

姑 gū ●（名）❶（姑母）one's father's sister；aunt ❷（丈夫的姐妹）husband's sister；sister-in-law ❸（出家修行或从事迷信职业的妇女）nun；woman engaged in a superstitious occupation：尼～ Buddhist nun ❹（少女）maiden；young girl ●（副）〈书〉（姑且；暂且）for the time being；temporarily；for the moment；tentatively：～置勿论 leave sth. aside for the moment

【姑母】（名）one's father's sister（married）；aunt

【姑娘】（名）❶（未婚女子）girl：～十八变。A girl changes all the time before reaching womanhood. ❷〈口〉（女儿）daughter

【姑息】（动）appease；indulge；tolerate：对个人主义不能过分地～迁就。When it comes to individualism, we can't afford to be exces-

sively tolerant or accommodating.／～养奸。To tolerate evil is to abet it.

骨 gū
另见 739 页 gǔ。

【骨朵】（名）flower bud

辜 gū（名）（罪）crime；guilt：清白无～的人 a person who is clear of a crime／他并非有罪而是无～的。He is innocent not guilty.

【辜负】（动）let down；wrong；fail to live up to；be unworthy of；disappoint：因未考入大学而～父母的期望 let one's parents down by not being accepted by the university

gǔ

古 gǔ ●（名）（古代）antiquity；ancientry：那是一座很～老的城市。That was a city of the highest antiquity. ●（形）（经历多年的）archaic；ancient；age-old：～今名著 ancient and modern classics／～往今来 across all the ages

【古代】（名）ancientry；ancient times；antiquity：～史 ancient history／～文明的最好遗产 the best legacy of the old civilization

【古典】●（名）（典故）classical allusion ●（形）（古代流传下来的在一定时期被认为是正宗或典范的）classical：～文学 classical literature／～音乐 classical music

【古董】（名）❶（古代流传下来的器物）antique；curio：鉴定一件～的年代 judge the age of an antique／～鉴赏家 a connoisseur of curios ❷（守旧的人）old fogy：是个老～ be fogyish

【古怪】（形）eccentric；odd；strange；quaint：～的想法 odd notions

【古话】（名）old saying：～说，有志者事竟成。As the old saying goes, "Where there's a will, there's a way."

【古迹】（名）archaeology；archeology；monument；historic site；place of historic interest：参观名胜～ visit places of historic interest

【古老】（形）ancient；antique：唱一首～的歌 sing an ancient song／相当～的物件 an object of respectable antiquity

【古文字】（名）ancient writing：～学 paleography

【古物】（名）ancient objects；antiquities；archaeology；archeology：～陈列馆 museum of antiquities

谷 gǔ（名）❶（两山或两块高地中间的狭长而有出口的地带）valley；ravine；gorge ❷（谷类作物）cereal；grain：～类作物 cereal crops ❸（谷子：粟）millet ❹〈方〉（稻或稻谷）unhusked

rice ❺(困境)difficulty;dilemma:进退维～ *difficult either to advance or draw back*; *find oneself in dilemma*
【谷物】(名)grain;cereal

股 gǔ ❶(名)❶(大腿)thigh;haunches ❷(机关、企业、团体中的组织单位)section of an office or enterprise:人事～ *personnel section* ❸(绳线等的组成部分)ply;strand:三～的绳子 *a rope of three strands* ❹(集资或财物平分的一份)share of capital stock;one of several equal parts:分～ *divide into equal parts*/每～500元。*Five hundred yuan for each share.* ❷(量)❶(用于成条的东西):一～潺潺作响的泉水 *a stream of babbling spring water*/一～纷乱的思绪 *a complicated skein of thought* ❷(用于气体、气味、力气等):一～热浪 *a wave of heat*/一～烟味 *a whiff of smoke*
【股东】(名)shareholder;stockholder
【股份】(名)share;stock;interest;allotment:在那家公司拥有～ *own some stock in that company*/～公司 *joint-stock company;stock company*
【股票】(名)shares;share certificate;stock certificate;equity security;stock;capital stock:～交易所 *stock exchange*/～市场 *stock market*

骨 gǔ(名)❶(骨头)bone:瘦得皮包～ *pine away to skin and bones*/脱胎换～ *be reborn into wholeness* ❷(物体内部的支架)framework;skeleton:伞～ *umbrella frame* ❸(品质;气概)character;spirit:有一副傲～ *have lofty and unyielding character* ❹(死尸)corpse
另见 738 页 gū。
【骨干】(名)❶[解](长骨的中央部分)diaphysis ❷(比喻起主要作用的人或事物)backbone;mainstay:～教师 *the backbone of teachers*/起～作用 *be a mainstay*/分子 *core member*;*key member*
【骨骼】(名)[医]skeleton:人体的～ *a human skeleton*
【骨灰】(名)❶(骨头烧成的灰)bone ash;cinder;bone char:火化后的～ *the ashes of sb.'s cremated corpse* ❷(火葬的骨灰)cremains;ashes of the dead:将～撒入大海 *scatter sb.'s ashes over the sea*
【骨科】(名)[医](department of) orthopaedics:～医生 *orthopaedist*
【骨气】(名)strength of character;moral integrity;backbone:有～ *have backbone*/被看作～的人 *be counted as a man of integrity*
【骨肉】(名)flesh and blood;kindred:亲～ *one's own flesh and blood*/～之情 *love of one's own flesh and blood*/～情谊 *kindred feedings*/～团聚 *a family reunion*
【骨折】(动)[医]fracture:他摔了一跤,右臂～了。*He fell and fractured his right arm.*

鼓 gǔ ❶(名)❶(打击乐器)drum:打腰～ *beat waist drums*/击～传花 *pass the flower while the drum is beaten* ❷(形状、声音、作用像鼓的东西)drum-like things ❷(动)❶(使物体发声;敲)sound;beat;strike:～琴 *play the zither*/热烈～掌 *clap one's hands heartily* ❷(用风箱等)fan;blow with bellows:～风 *work a bellows* ❸(发动;振奋)stir up;rouse;agitate;pluck up;incite:～起勇气 *pluck up one's courage*;*take heart of grace*;*gather heart*/一～作气爬上山 *go up a mountain at a burst* ❹(凸起;涨大)bulge;pout:～满风的帆 *sails swollen with the wind*/明显朝外～的双眼 *eyes that bulge noticeably* ❸(形)(凸起的;涨大的)bulging;swelling:被书塞得～～的书包 *the schoolbag bulging with books*
【鼓吹】(动)❶(宣传提倡)advocate:强烈～废除种族隔离 *strongly advocate the abolition of racial segregation* ❷(贬)(吹嘘,散布)preach;advertise;play up;agitate:公开～暴力 *openly preach up violence*
【鼓动】(动)❶(激发人们行动)promote;tickle;actuate;agitate;arouse:～群众 *arouse the masses* ❷(唆使)instigate;incite:～工人罢工 *instigate workers to a strike*
【鼓风】(动)[冶]airing;blast;blow in:富氧～ *oxygen-enriched blast*/～机 *air-blower*;*blower*
【鼓励】(动)encourage;incite;embolden;hearten;pull for;urge:～学生独立思考 *encourage the students to think their own thoughts*/～进行经济改革 *urge economic reforms*
【鼓舞】(动)inspire;hearten;embolden;encourage:～士兵英勇奋战 *inspire one's men to fight bravely*/被榜样所～ *be encouraged by the example*
【鼓掌】(动)clap one's hands;applaud:为钢琴演奏家热烈～ *clap the pianist heartily*/向演员们热烈～ *applaud the performers warmly*
【鼓足干劲】(动)go all out;exert the utmost effort

gù

固 gù ❶(形)(结实;牢固;坚硬)firm;hard;solid:坚～的绳结 *a hard knot*/基础已～。*The foundation is solid.* ❷(副)❶(坚决地;

坚定地)firmly;resolutely:～辞 *resolutely refuse*;*firmly decline* ❷〈书〉(本来;原本)originally;in the first place;as a matter of course:～当如此. *It is just as should be.* ❸〈书〉(固然)certainly;admittedly;assuredly ⊜(动)(使坚固)solidify;consolidate;strengthen:巩～两国间的贸易关系 *cement the trading relations between the two countries*

【固定】❶(形)(不变动)fixed;regular:～工资 *regular pay*/～版式 *a fixed format* ❷(动)(使固定)fasten;fix;regularize:用桩～帐篷 *fix a tent by means of pegs*

【固然】(连)❶(承认某个事实,引出下文转折) no doubt;it is true:这个方案～比那个好,但却更难于操作. *This plan is no doubt better than that one, but it is more difficult to carry out.* ❷(承认一种事实,也不否认另一种事实)of course;admittedly:他若会使用电脑～很好,但不会也没关系. *If he can use the computer, of course that'll be fine, but if he can't, it doesn't matter.*

【固守】(动)defend tenaciously;be firmly entrenched in:～城池 *tenaciously defend the city wall and moat*

【固态】(名)[物](物质的固体状态)solid state;solid phase;solidity:～物理学 *solid-state physics*

【固体】(名)solid body;solid;solidity:～力学 *solid mechanics*/病得很重而不能吃～食物 *too ill to take solids*

【固有】(形)intrinsic;inherent;inherence;innate:该金属～的特性 *the intrinsic feature of that metal*/英国人～的幽默 *humour inherent in the British*

【固执】❶(形)(不肯改变)obstinate;stubborn:行为～的老人 *an old man obstinate in his conduct*/～得不肯让步 *be too stubborn to give in* ⊜(动)(坚持己见)persist in;cling to:～己见 *cling persistently to one's opinion*

故 gù ❶(名)❶(事故)event;incident;happening;accident:严重事～ *a nasty accident* ❷(原因)cause;reason:不知何～被解雇 *be dismissed from some unknown cause*/因～取消会议 *call off the meeting for some reason* ❸(朋友;友情)friend;acquaintance:在北京无亲无～ *have neither relatives nor friends in Beijing* ❹(指旧的、过去的事物)the old ❺(旧识;老朋友)old friend:一见如～ *feel like old friends at the first meeting* ⊜(动)(死亡)die:两年前病～ *die of illness two years ago* ⊜(形)❶(原来的;从前的;旧的)former;

ancient;old:～伎重演 *play the same old trick*/盼望着～友重逢 *look forward to meeting one's old friends again* ❷(已死的)deceased 㕮(副)(故意;有意)purposely;intentionally:～弄玄虚 *make a mystery of sth.*/～作深沉 *pretend to be deep* 㕮(连)(所以;因此)so;therefore;consequently;hence:她身体不好,～提前退休. *She is in poor health. For this reason, she has retired earlier.*

【故宫】(名)the Imperial Palace;the Palace Museum

【故居】(名)former residence;former home:参观名人～ *visit the former residence of a famous person*

【故事】(名)❶(用作讲述的事情)story;tale:神话～ *fairy tale*/构思巧妙的～ *a skillfully constructed story*/～片 *feature firm* ❷(情节)plot:复杂的～情节 *very complicated plot*/～性强 *have an interesting plot*

【故土】(名)native land;homeland:～难离 *be reluctant to depart from one's native land*

【故乡】(名)native place;hometown;birthplace:重返～ *return to one's birthplace*/思念～ *miss one's native shores*

【故意】(副)(有意识地)intentionally;willfully;deliberately;on purpose;intentionally:～大吵大闹 *raise the mischief intentionally*/～这样做 *do it on purpose*/～歪曲事实 *distort the facts deliberately*

【故障】(名)hitch;breakdown;stoppage;fault;trouble:小小的～ *a slight hitch*/这机器出了什么～? *What's the trouble with the machine?*

顾 gù ❶(动)❶(转过头来看;看)turn round and look at;look back;look at:瞻前～后 *look before and after*/不要左～右盼! *Stop gazing round!* ❷(注意;照管)take into account or consideration;take care of;attend to:奋不～身 *dash ahead regardless of one's safety*/只～自己不～他人 *think only of oneself;not care about other people* ❸(顾客来买货或要求服务)patronize:光～那家商店 *give one's patronage to that shop*/得到外宾的惠～ *secure the patronage of foreigners* ❹(拜访)visit;call on:三～茅庐 *call on sb. repeatedly* ⊜(副)〈书〉❶(但;只是)but;however;nevertheless ❷(反而)on the contrary

【顾及】(动)take into account;attend to;give consideration to:～到外界的影响 *take the external influences into account*

【顾忌】(动)stick;qualm;scruple:无所～ *not stick at scruples*

【顾客】（名）customer；shopper；client；patient：
～的惠顾 the kind patronage of our customers/节假日时商店里的～多得应接不暇。
Shops have more customers than they can take care of during holidays.

【顾虑】（名）misgiving；apprehension；scruple；worry：～重重 stand on scruple/消除对做手术的～ remove apprehensions regarding the operation

【顾问】（名）adviser；consultant：公司的法律～ an adviser on legal affairs to the company

雇 gù（动）❶（出钱让人为自己做事）hire；employ：又～两名帮手 hire two more hands/受～于一家大公司 be in the employ of a large company ❷（租赁交通工具）hire：我们大家～了一艘船。We hired a boat between us.

【雇工】❶（动）（雇用工人）hire labour；hire hands ❷（名）（受雇用的工人）hired labourer or hand，worker

【雇佣】（动）hire；employ：～观点 hired hand mentality — the attitude of one who will do no more than he is paid for/～军 mercenary army

【雇员】（名）employee：普通～ rank and file employees/解雇大批～ throw a large number of employees

【雇主】（名）employer：一视同仁的～ equal opportunity employer/以罢工威胁～ threaten the employer with strike

guā

瓜 guā（名）❶［植］（葫芦科植物）any kind of melon or gourd：西～ watermelon/丝～ sponge gourd/种～得～，种豆得豆 plant melons and you get melons，sow beans and you get beans — as you sow，so will you reap ❷（带有贬义地比喻一个人）fellow

【瓜分】（动）carve up；divide up；partition：～世界的野心 the ambition for dividing up the world

【瓜葛】（名）（互相牵连的关系）connection；association；implication：否认与此案有任何～ deny one's connection with the case

【瓜子】（名）melon seeds：嗑～儿 crack melon seeds

刮 guā（动）❶（用剃刀剃去）shave：～胡子 shave off one's beard/～脸 shave the face ❷（去掉表面黏附的或多余的物质）scrape：把锈～掉 scrape the rust off/去靴子上的泥 scrape one's boots ❸（在物体表面上涂抹）

smear with（paste，etc.）❹（使光滑、平坦）plane ❺（搜刮）fleece；extort；plunder：从父母处～点儿钱 extort money from one's parents/搜～民脂民膏 feed on the flesh and blood of the people ❻（吹）blow：被大风～倒的树 trees blown down in the gale

【刮刀】（名）scraping cutter；scraper；slicker

guǎ

寡 guǎ ❶（形）❶（少；缺少）few；little；scant：沉默～言的人 a taciturn person/郁郁～欢 be depressed ❷（淡而无味）tasteless ❷（名）❶（丈夫死去并未再嫁的女人）widow：孤儿～妇 widows and orphans/照顾鳏～老人 look after the elderly widowers and widows ❷（妇女丧偶独居的性状或状态）widowhood：守～多年 live for many years in widowhood ❸（代）〈谦〉（古代君主自称）I：称孤道～ style oneself king

【寡妇】（名）widow：戴孝的～ a widow dressed in mourning

guà

挂 guà ❶（动）❶（使物体附着于某处）hang；put up；suspend：～历 a calendar hanging against the wall ❷（中断电话）ring off：～断电话 hang up the receiver ❸〈方〉（接通电话；打电话）put sb. through to；call up；phone；ring up：我过一会儿给你～电话。I'll give you a ring later. ❹（钩住）hitch；get caught：风筝～在树上了。The kite was caught up on the tree. ❺〈方〉（牵挂）keep in mind；be concerned about：把员工的福利～在心上 concern oneself in the welfare of one's employees/一辈子无牵无～ have nothing to worry about in one's life ❻〈方〉（蒙上；糊着）coated with；be covered with：他脸上～了一层尘土。His face was covered with dust. ❼（登记）put on record；register：～耳、鼻、喉科 register for E.N.T. department/没～上外科 fail to register for surgery ❷（量）（用于成套或成串的东西）：一～珠子 a string of pearls

【挂齿】（动）mention：不足～的区区小事 a trifling thing beneath mention

【挂钩】❶（动）❶［交］couple（two railway coaches）；articulate ❷（联系）link up with；establish contact with；get in touch with：产销直接～，减少中间环节。With direct contact between producing and marketing departments，the number of intermediate steps are reduced. ❷（名）（用来吊起重物或把车厢连接起来的钩）tieback；pullback；shackle；

hitch

【挂号】(动)❶(编号登记)register (at a hospital,etc.):挂专家号 register for specialist/排队～ stand in the queue to register ❷(付邮时登记编号)stand by registered mail:一封～信 a registered letter/寄～信 register the letter:have the letter registered

【挂面】(名)fine-dried noodles;vermicelli

【挂念】(动)worry about;miss at sb's heart:十分～远在外地上大学的儿子 miss badly one's son at a distant college

【挂失】(动)report the loss of (identity papers,checks,etc.)

【挂图】(名)❶(地图)wall map ❷(图表)hanging chart;wall chart

【挂钟】(名)wall clock;wag-on-the-wall

guāi

乖 guāi (形)❶(不闹;听话)well-behaved;lovely;good:他在学校很～。He is as good as gold at school. ❷(伶俐;机警)quick-witted;shrewd;alert;clever:自那次痛苦的教训之后学～了 become wise after that bitter lesson ❸〈书〉(违反情理)contrary to reason:有～常理 run counter to reason ❹(反常的)perverse

【乖戾】(形)perverse（behaviour）;disagreeable（character）;unreasonable:由于行为～而与他人相处得不好 not mix well with the others because of one's perverse behaviour

guǎi

拐 guǎi ❶(名)(走路拄的棍子)crutch;cane;walking stick:架着双～的伤兵 the wounded soldier on crutches/拄着双～走路 go on crutches ❷(动)❶(转变方向)turn:～过街角 turn the corner/这是条死胡同,咱们～回去吧。This is a dead end. Let's turn back. ❷(拐骗)swindle;make off with;abduct;kidnap:～卖妇女 abduct and sell women/诱～ carry off by fraud;kidnap a child ❸(瘸)limp;be lame:一瘸一～地走开 limp away/走路～得很厉害 limp badly;have a bad limp

【拐角】(名)corner;turning:一个不被人注意的街～ an unobserved corner of the street

【拐骗】(动)❶(用于财物)swindle:～某人钱财 swindle sb. out of his money;swindle money out of sb. ❷(用于人)abduct:那个失踪的妇女一定是被～了。The missing woman must have been abducted.

【拐弯】(动)❶(行路转换方向)turn a corner

turn:山路突然向右～。The path on the mountain takes a sudden turn to the right. ❷(思路、语言等转换方向)turn round;pursue a new course:～抹角 talk in a roundabout way;beat about the bush

【拐杖】(名)walking stick;crutch;crosier:拄着～的病人 a patient on crutches

guài

怪 guài ❶(形)(奇怪)strange;odd;queer;peculiar;bewildering:样子很～ be very strange in one's manner/他这个人阴阳～气的。He is a queer chap. ❷(动)❶(觉得奇怪)find sth. strange;wonder at;be surprised:对小事大惊小～ make a fuss about trifles/不足为～。There is nothing to be surprised at. ❷(责备;埋怨)blame;rebuke:～自己的记性不好 complain of one's bad memory/都～我不好。I'm very much to blame. ❸(副)〈口〉(很;非常)very;quite;rather:这个问题～可笑的。This question is quite ridiculous. ❹(名)(怪物;妖怪)monster;demon;devil;evil being:妖魔鬼～ demons and ghosts

【怪不得】(副)❶(明白原因后,不觉得奇怪)no wonder;so that's why;that explains with:～她没来。No wonder she didn't come. ❷(动)(不能责备)not to blame:这事～学生。The students are not to blame for it.

【怪诞】(形)weird;absurd;strange:这事儿有些～。There's something strange about that.

【怪话】(名)cynical remark;complaint;grumble:无意中说些～ let slip some ironical remarks

【怪僻】(形)eccentric;cranky:一个十分～的人 an eccentric person

【怪物】(名)❶(妖怪)monster;monstrosity;freak ❷(性情古怪的人)an eccentric person

【怪异】(形)monstrous;strange;unusual:一些～的传统 some monstrous legends

guān

关 guān ❶(动)❶(使开着的物体合拢)close;shut:～窗时把手指夹出了血 close the window on one's finger and makes it bleed/这扇窗子不好～。This window does not shut easily. ❷(圈起来)shut in;lock up:把自己～在屋里 shut oneself up in the room ❸(倒闭;歇业)close down;go out of business:那家商店～了。That shop has closed down. ❹(中断)turn off;switch off:把收音机的声音～小 turn down the radio/～电视 switch off

G

the TV ❺(牵连；关系)involve；concern；connect：有～当局 *the authority concerned*／这可是生死攸～之事. *This is a matter of life and death.* ❷(名) ❶(守卫处所)pass；check point：请专家把～ *ask the expert to guard the pass*／把好产品的质量～ *guarantee the quality of products* ❷(货物出口和入口的收税处)customhouse ❸(转折点或难点)turning point or barrier：帮助该公司渡过经济难～ *help the company through its financial difficulties* ❹(起转折关联作用的部分)critical juncture；mechanism

【关闭】(动) ❶(使开着的物体合拢)close；shut；shut off：～门窗 *close the doors and windows* ❷(企业、学校等歇业或停办)close down；shut down：～工厂 *shut down a factory*／战后～飞机制造厂 *postwar closing of an aircraft factory*

【关怀】(动)show loving care for；show solicitude for：对子女～备至 *show the utmost solicitude for one's children*

【关键】(名)crux；key；hinge：世界和平的～ *the key to the world peace*／～在哪里? *Where does the crux lie?*

【关节】(名) ❶[生理](骨头连接处)joint：指～ *finger joints*／～炎 *arthritis* ❷(起关键作用的环节)key links；links

【关税】(名)customs；duty；customs duties；tariff：需纳～的商品 *the article which is subject to customs duties*／协定～ *conventional tariff*／～条约 *tariff treaty*

【关系】❶(名) ❶(相互关系)relation；relationship；filiation：公共～ *public relations*／人际～ *personal relationships* ❷(有影响或重要性)baring；impact；significance：对经济改革～重大 *have a vital bearing on the economic reform*／他来不来没～. *Whether he comes or not is of no significance.* ❸(泛指原因条件)：由于天气～，运动会延期了。*The sports meet was postponed on account of the weather.* ❹(组织关系)credentials showing membership in or connection with an organization；转党的组织～ *transfer the registration of one's Party membership from one unit to another* ❷(动)(关联；牵涉)concern；affect；have a bearing on；have to do with：这～到我们的共同利益. *It concerns our common interest.*

【关心】(动)be concerned with；show solicitude；be interested in；care for；regard：不～他人 *have no regard for others*；be thoughtless of others

【关押】(动)lock up；put in prison；put behind bars：被～的犯人 *prisoners incarcerated in prison*

【关于】(介)about；on；with regard to；concerning；in regard to：征求某人～某事的意见 *ask sb.'s opinion about sth.*

【关照】(动) ❶(关心照顾)look after；keep an eye on：对某人多方～ *have been kind to sb.*；in more ways than one／我去上班了，你一下孩子. *I'm going to work. Please keep an eye on the child.* ❷(口头通知)notify by word of mouth：他～我说他要出门两个礼拜. *He informed me that he was going away for a fortnight.*

【关注】(动)follow with interest；pay close attention to；show solicitude for：目前尤为引人～的问题 *the question which gains a special interest at present*／密切地～形势的发展 *follow closely the development of situation*

观 guān

❶(动)(看)observe；behold；look at；watch：袖手旁～ *watch with folded arms*／坐井～天 *look at the sky from the bottom of a well*—*have a very narrow view* ❷(名) ❶(景色或样子)sight；view；range of vision：自然景～ *the natural sight* ❷(对事物的认识或看法)outlook；concept；notion；idea：不同世界～的人 *people of different world outlooks*／乐～ *be optimistic*

【观测】(动)observe；watch：～敌情 *watch enemy movements*／～站 *observation station*

【观察】(动)observe；watch；survey；review：～员 *observer*／从这一点来～ *observe from this point of view*

【观点】(名)point of view；viewpoint；standpoint；blush：正统的～ *an orthodox view*／解释自己的～ *explain one's standpoint*

【观感】(名)impression：谈中东之行之～ *express one's impression of the trip to the Middle East*

【观光】(动)go sightseeing；visit；tour：旅游～者 *a sightseeing traveler*；*a traveler for sightseeing*

【观看】(动)watch；view：兴致勃勃地～足球赛 *watch the football match with much interest*

【观念】(名)sense；idea；concept；perception：缺乏审美～ *lack a sense of beauty*

【观赏】(动)view and admire；enjoy the sight of：～名胜古迹 *contemplate antiquity*

【观望】(动) ❶(怀着犹豫的心情观看事物的变化发展)wait and see；look on(from the sidelines)：采取～态度 *take a wait-and-see attitude* ❷(张望)look around：四下～ *look around*

【观众】（名）spectator；audience；viewer：电影～ film viewers/有欣赏力的～ appreciative audiences

官 guān ㊀（名）❶（经过任命的、一定等级以上的公职人员）government official；officer；public servant；officeholder：警～ a police officer/做～ be an official；secure official position ❷（器官）organ：五～ the five-sense organs（ears，eyes，lips，nose and tongue）㊁（形）（旧时称属于政府或公家的）government-owned；belonging to the government or public：～办企业 an enterprise run by the government

【官邸】（名）official residence；official mansion；praetorium：首相～ the Prime Minister's residence

【官方】（名）authority；of or by the government；official：获得～认可 obtain official authorization/～语言 an official language

【官价】（名）official price；official rate

【官僚】（名）bureaucrat：守旧派～ old-school bureaucrats/～主义 bureaucracy；bureaucratism

【官衔】（名）official title；rank

【官员】（名）official：政府～ a government official/高级～ top-level official

【官职】（名）government post；official；position

冠 guān（名）❶（帽子）hat：衣～整齐 be neatly dressed ❷（状似帽子或在顶上的东西）crown；corona：花～ corolla ❸（鸟禽头上的一束羽毛或凸起）crest；comb
另见 745 页 guàn。

【冠冕】（名）royal crown；official hat：～堂皇 highfalutin；highsounding

【冠心病】（名）[医]coronary heart disease；coronary disease

棺 guān（名）（棺材）coffin：～床 coffin platform/～木 coffin

【棺材】（名）coffin

guǎn

馆 guǎn（名）❶（宾客住所）accommodation for guests：旅～ hotel ❷（一国在另一国外交人员的常驻处所）embassy；legation；consulate：使～ diplomatic mission；embassy ❸（服务性商店的名称）shop：茶～ tea shop ❹（储藏、陈列文物或进行文化活动的场所）a place for cultural activities：博物～ museum

【馆子】（名）restaurant；eating house：下～ eat at restaurant

管 guǎn ㊀（名）❶（管子）pipe；tube：烟囱～ a stove pipe/试～婴儿 a test-tube baby ❷（吹奏的乐器）wind musical instrument：弦乐器与铜～乐器 the strings and brasses ❸（形状似管的电器件）valve；tube：电子～ electron tube ❹（动、植物体内细长的中空组织；通道或管道）duct；canal；vessel ㊁（动）❶（管理）be in charge of；manage；run；supervise：在班上～学习 be in charge of studies in one's class ❷（管辖）administer；govern：警察归市政府～。 The police force is under the control of the city government. ❸（管教）subject sb. to discipline：他～学生比其他教师严。 He enforces discipline more strictly than others. ❹（担任）take on；shoulder ❺（过问）mind；interfere；bother about：好～闲事 be busy in another's affair/别～闲事 Mind your own business. ❻（保证；负责；供给）guarantee；assure；provide：售出商品的质量不符～退。 Goods are sold with money-back guarantee. ／会议期间食宿全～ provide accommodation for the meeting ㊂（量）（用于细长圆筒形的东西）a tube of paint ㊃（介）（作用近似于"把"，专跟"叫"配合）地～他叫"头儿"。 His inferiors lovingly call him Chief. ㊄（连）〈方〉（不管，无论）no matter（what，how，etc.）：～你怎么说，我也要再试一下。 No matter what you say，I'll try again.

【管保】㊀（动）（保证）guarantee；assure：～令顾客满意。 Perfect satisfaction is guaranteed to our customers. ㊁（副）（一定；肯定）certainly；surely：你～能很快复原。 You will certainly recover soon.

【管道】（名）[工]pipeline；channel；tunnel；piping：煤气～ gas piping

【管理】（动）manage；run；administer；supervise：～公司的财务 administer the financial affairs of a company

【管路】（名）pipeline；channel；canal：～输送能力 carrying capacity of a pipeline；delivery capacity

【管辖】（动）have jurisdiction over；administer：在国务院的直接～之下 under the direct jurisdiction of the state council

【管弦乐】（名）orchestral music：～队 orchestra/～法 orchestration

【管乐队】（名）wind band；band

【管制】（动）❶（强制管理）control：对该城市实行交通～ exercise traffic control over that city/取消灯火～ abolish light control ❷（对罪犯强制管束）put under surveillance：交由

方〜 *put under the surveillance of the police*/将该犯严加〜 *place the criminal under strict surveillance*

【管子】（名）［工］tube；pipe；valve：〜 工 plumber；pipe fitter/自 来 水 〜 *tap-water pipe*

guàn

贯 guàn ●（动）❶（穿；贯通）pass through；pierce；thread：横〜三省的铁路 *the railway that passes through three provinces* ❷（连贯）be linked together；follow in a continuous line；be connected：沿着狭窄的小路鱼〜而行 *thread along the narrow pass*/这个句子前后不〜通。*The sentence doesn't cohere.* ●（名）（世代居住的地方）place of one's ancestral home；birthplace；native place：他的籍〜是上海，但却在北京长大。*His birthplace was Shanghai, but he has been brought up in Beijing.*

【贯彻】（动）carry out；implement；put into effect：不折不扣地〜经理的意图 *carry out the manager's intention to the full*

【贯穿】（动）❶（贯串）run through：他的许多作品都〜着这种悲观的调子。*A note of pessimism runs through many of his writings.* ❷（穿过；连通）break through；penetrate：修改〜式轨道和非〜式轨道的概念 *modify the concepts of penetrating and non-penetrating orbits*

【贯串】（动）run through；permeate；string：这一主题〜全书的各章。*This theme runs through all the chapters.*

【贯通】（动）❶（全部透彻地了解）have a thorough knowledge of；be well through a comprehensive study of the subject ❷（连接；沟通）link up；thread together；hole：各大陆的通信系统〜。*The communications systems on various continents are linked up.*

【贯注】（动）❶（集中）concentrate on；be absorbed in：全神〜在科研上 *concentrate on scientific research*/把精力完全〜在学习上 *be completely absorbed in study* ❷（连贯；贯穿）be connected in meaning or feeling：这两句是一气〜下来的。*These two sentences are closely connected.*

冠 guàn ●（动）❶（书）（戴帽子）put on a hat（formerly as a sign of adulthood）：未〜 *not wear a hat—not yet an adult*；under twenty ❷（在前面加上某种名号或文字）precede with；crown with：县名前〜上省名。*The county name is preceded by province name.*

●（名）（居第一位）first place；the best：〜军 a champion/她的成绩为全班之〜。*She stands first in her class.*

另见 744 页 guān。

【冠词】（名）［语］article

【冠军】（名）（竞赛中的第一名）champion；gold medalist：成为世界〜 *become world champion*

惯 guàn ●（动）❶（习以为常，积久成性；习惯）be used to；be in the habit of：过〜单身生活 *be so used to living alone*/听〜了古典音乐 *be in the habit of listening to classical music* ❷（纵容；放任）spoil；indulge：把某人〜坏了 *spoil sb. rotten*/她从小娇生〜养。*She has been pampered since her childhood.* ●（形）❶（习惯性的；习以为常的；惯常的）habitual；customary；confirmed：〜犯 *habitual offender* ❷（积久成性的）incorrigible；hardened：〜窃 *hardened thief*

【惯例】（名）usual practice；convention：根据一般的〜 *according to the normal practice*

【惯性】（名）［力］inertia：〜定律 *the law of inertia*/〜领航 *inertial navigation*

【惯用】●（动）（惯于使用）habitually practise；consistently use：〜两面派的手法 *consistently use double-faced tactics* ●（形）（惯于使用的）habitual；customary：〜伎俩 *customary tactics*/〜手法 *habitual practice*

盥 guàn ●（动）〈书〉（洗手、脸）wash（the hands or face）：〜漱 *wash one's face and rinse one's mouth* ●（名）〈书〉（盥洗用具）toilet articles

【盥洗】（动）wash one's hands and face：〜室 *washroom*/〜台 *washstand*

灌 guàn ●（动）❶（输水浇土）irrigate：用河水浇〜庄稼 *irrigate crops with water from a river* ❷（倒进去；注入）pour in；fill：〜钢笔水 *fill the pen with ink*/把水〜入容器 *pour water into a vessel* ❸（饮酒；勉强他人饮酒）drink wine；force to drink ❹（指录音）record ●（名）❶（丛生的矮小树木）shrub；bush：〜木丛 *shrubbery*/〜木 *bush*；shrub ❷（灌溉）irrigation

【灌溉】（动）irrigate：〜面积 *irrigated area*；area under irrigation/〜农田 *irrigate the fields*

【灌输】（动）instil into；inculcate；imbue with；beat into sb.'s head：向他们〜商业道德 *instil in them commercial morality*/向某人〜新思想 *imbue sb. with new ideas*

【灌注】（动）pour into；prime；flood：把铁水〜到砂型里 *pour molten iron into a sand* mould

罐 guàn（名）❶（罐子）jar；pot；tin；jug；tank：一～苹果酱 *a jar of apple jam* ❷（煤矿用装煤车）coal tub

【罐头】（名）tin；can：～食品 *tinned food*；canned food

【罐子】（名）pot；jar；jug；pitcher：两～水 *two jugs of water*

guāng

光 guāng ⊖（名）❶（照耀在物体上、使人能看见物体的一种物质）light；ray；发～ *give off a light*／带来一线阳～ *bring a ray of sunshine* ❷（景物）scenery：欣赏田园风～ *admire idyllic scenery*／春～明媚 *a sunlit and enchanting scene of spring* ❸（光彩；荣誉）honour；glory；lustre：～宗耀祖 *reflect glory on one's ancestors*／为祖国争～ *win honour for one's motherland* ❹（明亮；生辉）brightness：容～焕发 *have a red glow on the face* ❺（恩惠）favour；grace ❻〈书〉（时光）time ⊜（动）❶（光大）glorify；recover；regain ❷（露在外面）bare；be naked：～着脚 *be bare-footed*／～着上身 *be naked to the waist* ⊜（形）❶（光滑；光溜）smooth；glossy：地板上～滑 *floor polish*／这种纸很～。*This kind of paper is very smooth.* ❷（露着的）naked；nude；bare：画里有个～着身子的小男孩 *There is a nude boy in the picture.* ❸（一点儿不剩）used up：把汽油用～ *use up all the petrol*／盘里的食物被吃得精～。*There was nothing left in the dish.* ❹〈敬〉（表示光荣）glorious；gracious ❺（明亮的）bright：使灯～变亮 *make the light bright* ⊜（副）（只；单）only；alone；merely：做事～考虑自己 *always act merely from a regard to oneself*／～有热情是不够的。*It is not enough to have enthusiasm alone.*

【光波】（名）light wave；optical wave

【光电】（名）[物]photoelectricity：～发射 *photoelectric emission*；photoemission／～导体 *photoconductor*／～子 *photoelectron*

【光棍儿】（名）bachelor；unmarried man

【光滑】（形）smooth；glossy；slick；sleek：她皮肤雪白、细腻，～。*Her skin is white, subtle and silken.*

【光辉】⊖（名）（闪烁耀目的光）brilliance；flame；shine；halo；radiance：灿烂的～ *prismatic radiance*／显示了中国文化的灿烂～ *demonstrate the brilliance of China's culture* ⊜（形）（光明；灿烂）brilliant；magnificent；glorious：取得～成就 *achieve magnificent*

successes／回忆他～的一生 *recall his glorious life*

【光洁】（形）bright and clean：在灯光照耀下，平滑的大理石显得格外～。*In the lamplight, the smooth marble looks especially bright and clean.*

【光景】（名）❶（情景）scene：他眼前浮现出当年的～。*Scenes of the past rose before his eyes.*／一派美丽的草原～ *a beautiful scene of grasslands* ❷（境况）circumstances；conditions：她家的～还不错。*Her financial circumstance is good.* ❸（大约）about；around：我们大约有三四年的～没见面了。*We haven't seen each other for about three or four years.* ❹（表示有很大的可能性）very probably；quite likely：天阴下来了，看～是要下雨。*The sky has become overcast. It is likely to rain.*

【光临】（动）〈敬〉presence（of a guest，etc.）：敬请～。*Your presence is requested.*

【光芒】（名）rays of light；brilliant rays；radiance；flame；shine：一线智慧的～ *a ray of intelligence*

【光明】⊖（名）（亮光）light：看见了黑暗中的一线～ *see a streak of light in the darkness* ⊜（形）❶（明亮）bright；promising：把某人引上～大道 *set sb. up bright road*／～的就业前景 *rosy job prospects* ❷（坦白；没有私心）openhearted；guileless：～正大地当选 *be elected honestly*／他一贯～磊落。*He is always guileless.*

【光年】（名）[天]light-year

【光谱】（名）light spectrum；optical spectrum；spectrum：～比较仪 *spectrocomparator*／～分析 *spectrum analysis*／～学家 *spectroscopist*／～学 *spectroscopy*

【光荣】⊖（名）（荣誉）glory；honour；credit：他是他家的～。*He is an honour to his family.* ⊜（形）（公认为值得尊敬和称赞的）proud：执行一项～的使命 *carry out a glorious mission*

【光速】（名）velocity of light；speed of light；light velocity；ray velocity

【光线】（名）light；luminous beam；ray；ray of light：避开强烈的～ *shun the intense light*

【光学】（名）[物]optics；photics：～玻璃 *optical glass*／～纤维 *light guide*；optical fibre／～仪器 *optical instrument*

【光阴】（名）time：虚度～ *racket away one's time*／一寸～一寸金。*Time is money.*／寸金难买寸～。*Money can't buy time.*

【光泽】（名）lustre；gloss；burnish；sheen：～好的珍珠 *pearls with a good gloss*

【光照】（名）beam；illumination：～日月 *shine*

like the sun and the moon

【光子】(名)［物］photon；quantum photon：～火箭 photon rocket

guǎng

广 guǎng ❶(形)①(宽阔)broad；wide；vast；extensive：～种薄收 extensive cultivation／见识～的人 a person of wide scope ②(多)numerous：在大庭～众之下不引人注目 be unnoticed in any large group ❷(动)(扩大；扩充)expand；spread；broaden：推～先进经验 spread advanced experience ❸(副)(广泛)extensively；widely

【广播】(动)broadcast；be on the air；airing：收音机里～的音乐 music broadcast by radio

【广博】(形)(of a person's knowledge)extensive；width；wide：学识～的人 a man of extensive learning；an erudite man ／ ～的见识 a mind of wide scope

【广场】(名)public square；square；esplanade：天安门～ Tian'anmen Square

【广大】(形)①(宽阔)vast；wide；extensive：～乡村地区 the extensive country regions／科学研究的～领域 the vast area of scientific investigation ②(巨大)large-scale；widespread：有～的组织 have widespread organizations ❸(众多)numerous：团结～人民群众 rally the broad masses of the people

【广度】(名)range；scope；extent：他的知识的～和深度给人印象极深。The range and depth of his knowledge was profoundly impressive.

【广泛】(形)extensive；wide-ranging；widespread；widely：在读者中享有～的声望 have extensive popularity among readers

【广告】(名)advertisement；advert；ad；poster：别具匠心的～ a well-designed advertisement

【广阔】(形)broad；vast；wide；spacious；expansive；extensive：开辟～的前程 open up broad prospects／～的视野 a wide-field vision

【广义】(名)(范围较大的定义)broad sense；generalization：从～上讲 in the broad sense；in a large sense／使用这个词的～ use the word in a wide sense

guàng

逛 guàng (动)(外出散步；闲游；游览)ramble；roam；stroll；saunter；wander about：～大街 stroll around the streets；go window-shopping／～旧书店 rambles among second hand bookstores／到处～ roam from place to place

【逛荡】(动)loiter；loaf about：在商店附近～ loiter about the shop／在街上～无所事事 loaf about the streets with nothing to do

guī

归 guī (动)①(返回)return；go back to：～国华侨 returned overseas Chinese／～心似箭 be anxious to return ②(还给；归还)return sth. to；give back to：物～原主 return the things to their owners／完璧～赵 bring the jade back unscathed；return a thing whole to its owner／叶落～根 a person residing elsewhere finally returns to his ancestral home ❸(趋向或集中于一地)converge；come together：殊途同～ reach the same goal by different routes／众望所～ enjoy popular confidence ❹(由某人负责)put in sb.'s charge：这事～他管。He was in charge of the matter.／这儿～我管。I am in charge here. ❺(归属)belong to：～政府所有 belong to the government／全部功劳～他们。Full credit belongs to them. ❻(用在相同的动词之间，表示动作并未引起相应的结果)：交情～交情，生意～生意。Friendship is friendship，but business is business.／兴奋～兴奋，他却仍然头脑冷静。In spite of some excitement，he kept his head cool.

【归队】(动)①(回原部队)(of soldiers)report for duty；rejoin one's unit；return to the ranks：他的伤已经好了，可以～了。Now that his wound has healed，he can go back to his unit. ②(重干本行)return to the profession one was trained for：前几年改行做其他工作的教师现在逐渐～了。Those teachers who went in for other jobs during the past few years are now gradually returning to their teaching posts.

【归根结底】(成)in the final analysis；in the long run；after all：和平～是一个人权问题。Peace，in the final analysis，is a matter of human rights.

【归功于】(动)give the credit to；attribute the success to；owe to：把别人的工作～自己 take credit for what has been done by others

【归还】(动)return；revert；send back；give back：将财产～原主 return the property to its original owner

【归类】(动)①(分类)sort out；classify：把苹果按大小～ sort out apples according to their sizes／按科目将图书～ classify books according to subjects ②group：把动物归成几类 group animals into several types

【归纳】(动)conclude；induce；sum up：用几句

话～各种不同的意思 *sum up varied opinions in a few words*/将上述情况～如下 *summarize the situation as follows*

【归期】（名）date of return

【归属】（动）belong to；come under the jurisdiction of：无所～ *belong nowhere*

【归宿】（名）（结局）a home to return to：找到自己的～ *find one's home*/万物的唯一～ *one sole end of everything*

【归于】（动）❶（属于）belong to；be attributed to：把失败～运气不佳 *attribute one's failure to bad luck* ❷（趋向于）tend to；result in；end in：他的努力～失败。*His efforts resulted in failure.*

【归罪】（动）put the blame on；impute to；incriminate；inculpate：～于其他人 *lay the blame on others*

龟 guī（名）[动]（爬行动物的一科）tortoise；turtle：海～ *marine turtle*/～甲 *tortoise shell*

规 guī ❶（名）❶（画图形的工具）instrument for drawing circles：圆～ *a pair of compasses* ❷（规则；成例）rule；regulation：犯～ *violate the rules* /墨守成～ *follow the stereotyped course；follow the routine* ❷（动）❶（劝告）admonish；advise：～善罚恶 *admonish to do good and punish evil*/～谏上司 *remonstrate with one's superior* ❷（谋划；打主意）plan；map out：～划 *plan*

【规避】（动）（设法躲避）avoid；evade；dodge；set around：～问题的实质 *evade the substance of the issue*/～战术 *evasion tactics*

【规程】（名）rules；directive rules；standards：操作～ *rules of operation*

【规定】❶（动）❶（做出决定）provide；stipulate：法律～的措施 *measures provided by law* ❷（确定；制定）fix；set；specify；formulate：～工人的工作日额 *set the worker's day norm* ❷（名）（所规定的内容）stipulation；rule；provision：必不可少的～ *standard rules*

【规范】（名）❶（约定俗成或明文规定的标准）norm；standard；specification：为检验工作提供一个～ *provide specifications of an inspection*/基本的生活～ *the fundamental moralities of life* ❷（合于一定的标准）norm；standard：使用～词语 *use words of reputable origin*/～教科书 *standard textbooks*

【规格】（名）❶（产品质量的标准）specifications；norms；standards；specs：技术～ *the technical specifications*/建筑材料的～ *standards of architectural materials* ❷（泛指规定的要求或条件）standard；format；requirement：符合标准～ *meet standard require-*

ments

【规划】❶（名）（比较全面的长远的发展计划）planning；programming；plan；programme：制订城市～ *work out city plan*/修改补贴～ *modify the subsidy programme* ❷（动）（做规划；筹划）plan；programme：仔细～湖水的抽取 *carefully regulate the withdrawal of lake water*

【规矩】❶（名）（一定的标准、法则或习惯）rule；established practice；custom：不成文的～ *an unwritten rule*/没有～，不成方圆。*Without the compass and square one can't form squares and circles.* ❷（形）（端正老实；合乎标准或常理）well-behaved；well-disciplined：守～的男孩 *a well-behaved boy*

【规律】（名）law；regular pattern：社会发展的～ *the law of the development of society*/一成不变的～ *a regular rule*

【规模】（名）scale；scope；dimensions：试验计划的～ *the scope of the test program* / 小～经营 *operate on limited scale*

【规劝】（动）advise；admonish；expostulate：～他戒烟 *advise him to give up smoking*/～他不要懒惰 *admonish him not to be lazy*

【规则】❶（名）（规定的制度或章程）rule；regulation：违反考试～ *break rules in examinations*/执行交通～ *carry out traffic rules* ❷（形）（整齐）regular：不～动词 *irregular verbs*

【规章】（名）regulations；rules：遵守学校的～ *abide by the school rules* /废除旧的～制度 *abolish old rules and regulations*

闺 guī（名）❶〈书〉（上圆下方的小门）a small gate ❷（闺房）boudoir：～房 *lady's chamber*；*boudoir*/～怨 *boudoir repinings*/～阁 *lady's chamber*；*boudoir*

【闺女】（名）❶（未婚女子）girl；maiden ❷〈口〉（女儿）daughter

硅 guī（名）[化]silicon：～钢 *silicon steel*

【硅胶】（名）silica gel

【硅酸盐】（名）silicate：～砖 *silicate brick*

瑰 guī ❶（形）〈书〉（珍奇）rare；marvellous；fabulous ❷（名）（次于玉的美石）fine jasper

【瑰宝】（名）（特别珍贵的东西）rarity；treasure；gem：这宫殿里藏有许多艺术～。*The Palace contains many art treasures.*

【瑰丽】（形）（异常美丽）surpassingly beautiful；magnificent：这些作品为我国的文学艺术增添了新的～的花朵。*These works are new additions to the glories of our country's literature and art.*

guǐ

轨 guǐ（名）❶（路轨；轨道）rail；track：铁～ *a railroad track* /火车出～ *jump the rails* ❷（比喻办法、规矩、秩序等）rut；path；course：偏离正～ *leave the path of righteousness*

【轨道】（名）❶（供火车、电车等行驶的由条形钢材铺成的路线）track；pathway；rail；runway；circle；railway：火车～ *a track for a train*；*train rails* /拆除旧～ *rip up old rails* ❷（天体在宇宙间运行的路线）orbit；trajectory：月球的～ *the lunar orbit* /确定飞船的～ *determine spaceship trajectories* ❸（规则；范围）course；path：他的人生走上了错误的～。*His life had switched onto the wrong track.*

【轨迹】（名）❶［数］（某点在空间移动的路线）locus；trajectory；trail；travel；path；way；［电子］trace；line；pathway ❷［天］（天体在宇宙间运行的路线）orbit；path：飞行～ *the flight path*

诡 guǐ（形）❶（欺诈；奸猾）sly；cunning；deceitful；tricky：异常～诈 *have a lot of cunning* /～诈的人 *a man of deceit* ❷〈书〉（奇异）weird；eerie；extraordinary：～异的手法 *strange tactics*

【诡辩】（动）sophistry；sophism；quibbling：老练但不负责任的～ *masterful but irresponsible sophistry* /一种美丽的～ *a beautiful sophism*

【诡计】（名）crafty plot；ruse；trick；cunning scheme：识破～ *discover a deceit*；*see through a trick* /～多端 *be full of craft and cunning*；*be up to all dodges*

【诡秘】（形）surreptitious；secretive：独自一人，行踪～ *be alone and secretive*

【诡诈】（形）crafty；cunning；treacherous：～的独裁者 *a crafty autocrat*

鬼 guǐ ❶（名）❶（迷信的人指人死后的灵魂）spirit；apparition；ghost：驱除～怪 *drive away evil spirits* /他不信～。*He doesn't believe in ghosts.* ❷（有不良嗜好或行为使人厌恶的人）used to form a term of abuse for ignoble character：懒～ *lazybones* /吝啬～ *a miser* /冒失～ *a reckless devil* ❸（称逗人喜爱的人）fellow：小淘气～ *a young fellow* ❹（不可告人的打算或勾当）sinister plot；dirty trick：搞～ *play a dirty trick* /心里有～ *have a bad conscience* ❷（形）❶（躲躲闪闪；不光明）evasive；stealthy；surreptitious；tricky：人不知～不觉地溜了出去 *slip away by stealth* /～～祟祟地溜进一间屋子 *enter a house surreptitiously* ❷（恶劣；糟糕）terrible；bad；

harsh；vile；damnable：～主意 *a bad idea* /～天气 *damnable weather* ❸〈口〉（机灵）clever；crafty；smart：他太～了，咱们斗不过他。*He was too clever for us.* /他做生意～得很。*He is smart about business.*

【鬼怪】（名）ghosts and monsters；monsters of all kinds；forces of evil：驱除～ *exorcise the evil spirit*

【鬼话】（名）lie；deceptive remark；nonsense；outright lies：简直是～连篇！*What a pack of lies!* /这全是～。*It's all nonsense.*

【鬼魂】（名）ghost；spirit；apparition；spectre：在梦中见到死去的某人的～ *see the apparition of a dead person in one's dream*

【鬼脸】（名）❶（故意做出来的滑稽面部表情）funny face；wry face；grimace：扮滑稽的～ *make funny grimaces* /扮嘲弄人的～ *make wry faces* ❷（用厚纸做成的假面具）mask used as toy

guì

柜 guì（名）❶（收藏物品用的器具）cupboard；cabinet；chest：～子 *cupboard*；*cabinet* ❷（柜房，也指商店）counting-house；counter；shop：现款都交了～了。*The cash has all been handed into the cashier.*

【柜台】（名）bar；counter

贵 guì（形）❶（价格高；价值大）expensive；costly；dear：漂亮华～的衣服 *fine and costly clothes* /～得普通人买不起 *be too expensive for ordinary people* ❷（评价高；值得珍视或重视）highly valued；valuable；precious：珍～的动物 *a valuable animal* /浪费宝～的时间 *waste the precious time* ❸（旧时指地位优越）noble；honourable：～友 *noble friends* /招待～客 *receive honoured guests* ❹〈敬〉（称与对方有关的事物）your

【贵宾】（名）honoured guest；distinguished guest：与～亲切会谈 *talk with the honoured guests cordially*

【贵重】（形）precious；valuable：～的材料 *precious materials* /把～的珠宝锁在保险箱里 *lock one's valuable jewels in a safe*

【贵族】（名）aristocrat；noble；nobleman；nobility：天生的～ *a born aristocrat* /受封的～ *patented nobilities*

跪 guì（动）（两膝弯着地）kneel；go down on one's knees：～拜 *warship on bent knees* /～倒/ *throw oneself on one's knees*；*prostrate oneself*；*grovel* /～姿 *a kneeling position*

gǔn

滚 gǔn ●(动)❶(翻转;滚动)roll;trundle; turn round:～下楼梯 *tumble downstairs*/波 涛翻～,巨浪如山 *The waves rolled mountain high*. ❷(走开;离开)get away;beat:～ 开! *Beat it!* /～出去! *Get out!* ❸(液体沸 腾)boil:把水煮个～开 *boil up water*/水煮～ 了。*The water is boiling briskly*. ❹(缝纫方 法)bind;trim;hem:给衣服～花边 *trim a dress with lace*/ ●(形)❶(滚动的)rolling: ～动轴承 *rolling bearing* ❷(达到沸点以上 的)boiling:～水 *boiling water* ❸(奔流的;急 速的)rushing;torrential ●(副)(非常;达到 很高程度的)very;to a high degree:～热 *piping hot;burning hot;boiling hot*

【滚动】(动)roll;trundle;run:～摩擦 *rolling friction*

【滚烫】(形)boiling hot;burning hot:～的汤 *a scalding soup*/～的炸糕 *a fried cake hissing hot*

【滚筒】(名)expansion cylinder;rattler;rotary drum:～印刷机 *cylinder press*

【滚珠】(名)[机]steel ball:～轴承 *ball bearing*

【滚子】(名)running pulley:～链 *roller chain*

gùn

棍 gùn(名)❶(棍子)rod;stick;cudgel:拐～ *a walking stick*/用警～驱退群众 *drive the crowd back by using the police batons* ❷(无 赖;坏人)rascal;scoundrel;devil:十足的恶～ *a thorough rascal*/赌～ *a hardened gambler*

【棍棒】(名)(武术器械)club;cudgel;bludg- eon:挥舞～ *brandish a club*/～底下出孝子 *spare the rod and spoil the child*

【棍子】(名)rod;stick

guō

锅 guō(名)❶(炊事用具)pan;pot:沙～ *earthenware pot;casserole*/平底～ *a flatbot- tomed pan* ❷(装液体加热用的器具)boiler; cauldron:用铝～烧水 *use an aluminum boil- er to heat water* ❸(某些器物上像锅的部分) bowl (of a pipe,etc.):烟袋～儿 *the bowl of a pipe*

【锅炉】(名)boiler;furnace:除去～里的水垢 *scour out a boiler*/漏水的～ *a leaky boiler*

guó

国 guó ●(名)(国家)country;nation;state: 治～ *administer a country*/最惠～ *the most favoured nation* ●(形)❶(代表国家的)na- tional;of the state:～徽 *the national em- blem*/款待～宾 *entertain the state guests* ❷ (指我国的)of our country;Chinese:～画 *a Chinese painting*

【国宝】(名)national treasure:大熊猫是中国的 ～。*The Giant Panda is known as the na- tional treasure of China*.

【国宾】(名)state guest:～馆 *state guesthouse*

【国策】(名)national policy;the basic policy of a state

【国都】(名)capital;national capital:北京是中 华人民共和国的～。*Beijing is the capital of the People's Republic of China*.

【国法】(名)the law of the land;national law: ～难容 *punishable by law*

【国防】(名)national defence:～大学 *national defence university*/～部 *the Ministry of Na- tional Defence*/～委员会 *the National De- fence Council*

【国会】(名)parliament;[美]Congress;[日] the Diet

【国籍】(名)nationality:入中国～ *be natural- ized as a Chinese citizen*

【国际】(名)international:～贸易 *foreign trade*/～日界线 *international date line*/～形 势 *international situation*/～歌 *The Inter- nationale*/～主义 *internationalism*

【国家】(名)country;state;nation:～银行 *na- tional bank*/～兴亡,匹夫有责。*The rise and fall of a nation is the concern of every citi- zen*.

【国境】(名)territory;frontier:在中国～内 *be on China's territory*/逃越～ *escape over the border*

【国立】(形)state-run;state-maintained:～大 学 *national university*

【国民】(名)national:提高～收入 *increase na- tional income*/估计～生产总值 *estimate gross national product*

【国内】(名)domestic;home;internal:扩大～ 市场 *broaden domestic market*/鼓励～贸易 *encourage internal trade*/广播～新闻 *broad- cast home news*

【国旗】(名)national flag:向～敬礼 *salute the national flag* / ～降半致哀 *hoist a national flag at half mast*

【国情】(名)the condition of a country;na- tional conditions

【国庆】(名)National Day:～节 *National Day*

【国土】(名)territory;land:神圣～ *our sacred land*

【国外】(形)abroad;overseas;external:在~求学 *study abroad*/处理~事务 *handle external affairs*

【国王】(名)king

【国务】(名)national affairs;affairs of the state:~会议 *state conference*/~卿 *Secretary of State*/~院 *the State Council*

【国宴】(形)state banquet

【国营】(形)state-operated;state-run:~工商业 *state-operated industry and commerce*

guǒ

果 guǒ ㊀(名)❶(果子)fruit:采野~ *pick wild fruit*/把水~制成蜜饯 *preserve fruit in sugar* ❷(事情的结局;结果)result;consequence:衡量教学效~ *measure the results of teaching*/愿意承担后~ *be willing to accept the consequences* ㊁(形)(果断)resolute;determined:言必信,行必~ *be always true in word and resolute in action* ㊂(副)(果然)as expected;actually;really:他~不其然又迟到了。*He was late again as expected.* ㊃(连)(如果)if;if indeed:他~能戒烟的话… *if he can really give up smoking...*

【果断】(形)decisive;resolute:做出~的答复 *give a decisive answer*/性格不~的人 *a man of no resolution of character*

【果脯】(名)preserved fruit;sweetmeat;candied fruit

【果酱】(名)jam;squish:一瓶~ *a jar of jam*/把~抹在面包上 *spread fruit jam on one's bread*

【果品】(名)fruit:干鲜~ *fresh and dried fruit*

【果然】㊀(副)(表示事实与所说或所料相符)really;sure enough;as expected:她~讲一口流利的英语。*She really speaks English with great fluency.* ㊁(连)(假设事实与所说或所料相符)if indeed;if really:他~不学无术。*He is ignorant and incompetent indeed as he is said to be.*

【果实】(名)❶(果子;被子植物的具有果皮及种子的器官)fruit;fructification:~累累的树 *trees heavy with fruit*/结出丰硕的~ *bear rich fruit* ❷(通过劳动或斗争所取得的成果)gains;fruits:保卫胜利~ *defend the fruits of one's victory*/享受劳动~ *enjoy the fruits of one's work*

【果树】(名)fruit tree;fruiter:~栽培 *fruit growing*;pomiculture

【果园】(名)orchard;garden

【果汁】(名)fruit juice;must

【果子露】(名)fruit syrup

guò

过 guò ㊀(动)❶(通过;经过)cross;pass:~马路 *cross the street*/从桥拱下~ *pass under an arch of a bridge* ❷(度过)spend(time);pass(time):~年 *pass the New Year*/在南方~冬 *spend the winter in the South* ❸(使经过某种处理)undergo a process;go through;go over:再~一遍台词 *go over one's lines again* ❹(从甲方转移到乙方)shift;transfer ❺(超过)exceed;go beyond;surpass:学问超~某人 *go beyond sb. in learning*/供~于求。*The supply exceeds the demand.* ❻(用在动词后面,跟"得"或"不"连用,表示胜过或通过):大家信得~他。*People have confidence in him.*/论辩论谁也比不~他。*Nobody surpasses him in argument.* ❼(生活)live:独自一人~ *live alone*/和父母一块儿~ *live with one's parents* ❽(庆祝)celebrate:~生日 *celebrate a birthday*/~圣诞节 *observe the Christmas Day* ㊁(副)❶(过分;太)too;excessively;unduly:~长 *too long*;*unduly long*/雨水~多 *excessive rainfall*;*too much rain* ❷(过去)after;past:~了一会他就走了。*He left after a while.* ❸(用在动词后面,表示趋向)across;past;through;over:穿~街道 *pass across a street*/通~一条崎岖不平的山路 *go through a rugged pass*/跳~不认识的字不读 *skip over unknown words* ㊂(名)(过失)fault;mistake;demerit;error:人皆有~。*Every man has his fault.*

【过程】(名)course;process:回顾该公司的发展~ *review the course of the company*

【过错】(名)fault;mistake:原谅某人的~ *look over sb.'s faults*/把~推给别人 *put blame upon others*;*shift a blame to another*

【过冬】(动)pass the winter;winter;hibernate:在南方~ *winter in the South*;*pass the winter in the South*

【过度】(形)excessive;over;undue:要努力工作但不要~。*Work hard but don't overdo yourself.*/饮酒~对身体有害。*Excessive drinking is harmful to the health.*

【过渡】(动)transit;interim;transition:从春天~到夏天 *the transit of spring to summer*/采取~措施 *adopt interim measures*

【过分】(形)excessive;undue;bellyful;over:拒绝~的要求 *reject the excessive demands*

【过关】(动)❶(通过关口)pass a barrier;go through an ordeal ❷(比喻通过检验)pass a test;reach a standard:过技术关 *be technically up to standard*;*be technically proficient*

【过后】（副）afterwards；later：～她又改主意了。*She changed her mind afterwards*.

【过火】（形）go too far；overdo；go to extremes：把玩笑开得～ *carry the joke too far*

【过奖】（动）〈谦〉overpraise；undeserved compliment：您～了。*You flatter me*.

【过境】（动）transit；pass through the territory of a country；be in transit：～贸易 *transit trade*/～签证 *transit visa*/～税 *transit duty*

【过来】（动）❶（向着自己的方向）come over；come up：一个警察走～叫人们散开。*A policeman came up and told people to disperse*. ❷（用在动词后，常ند "得" 或 "不" 连用，表示时间、能力、数量充分或不足）can manage：你一个人忙得～吗? *Can you manage by yourself?*

【过敏】（名）[医]irritability；allergic；allergy：～性反应 *allergic reaction*/皮肤～ *skin allergy*

【过目】（动）look over（papers，lists，etc.）；so as to check or approve：交一份书面报告请某人～ *send in a written account of the affair for sb. to go over*

【过期】（动）exceed the time limit；be overdue；overdue；expire：～支票 *an overdue check*

【过去】（动）❶（以前）in or of the past；formerly；previously：无法改变～ *cannot change the past*/～曾在经济上帮助过某人 *previously aid sb. with money* ❷（动）（离开或经过说话人或叙述对象所在地）go over；pass by：请让我～。*Please let me get by*.

【过剩】（名）excess；surplus；redundancy：精力～ *overflow of energy*；have an excess of energy/人口～ *surplus of population*

【过失】（名）❶（因疏忽而犯的错误）fault；slip；error；misconduct：双重～ *a two-fold fault*/无法弥补的～ *an irreparable error* ❷[律]unpremeditated crime；offense；negligence

【过时】❶（形）（陈旧不合时宜）out-of-date；outmoded；obsolete；antiquated；out of fashion：唱一些～的曲调 *sing some obsolete airs*/这种式样已～了。*This style is out of fashion*. ❷（动）（错过规定的时间）past the appointed time

【过头】（形）go beyond the limit；overdo：小心谨慎不讲～话 *be careful not to make exaggerated claims*

【过问】（动）concern oneself with；take an interest in：不～世事 *take no interest in mundane affairs*/从不～他人的私生活 *never concern oneself with other people's private life*

【过夜】（动）stay overnight；pass the night；put up for the night：与某人一起～ *pass a night with sb.*

【过于】（副）too；unduly；excessively：～轻率 *be unduly reckless*/他～严酷。*He is too strict and ruthless*.

【过载】（动）❶（超载）overload ❷（转载）transship

【过重】（动）overweight；excess weight；excessive weight；overcharge：学习负担～ *be overloaded with studies*/身体～对健康有害。*Being overweight is harmful to people's health*.

H

hā

哈 hā ㊀（动）❶（张口）blow one's breath;
breathe out(with the mouth open)：对着镜子
～气 breathe upon the mirror ❷（弯下）bend
㊁（拟声）(形容笑声,大多叠用)ha：～～大笑
laugh a hearty laugh；roar with laughter ㊂
（叹）(表示得意或满意,大多叠用)aha：～～,
小鬼,这下你可跑不了啦。Aha, you can't get
away from me this time, you little devil.
另见 1085 页 hǎ。

【哈哈镜】（名）distorting mirror；magic mirror
【哈雷彗星】（名）［天］Halley's Comet；the
Halley Comet
【哈欠】（名）yawn：深深地打个～ give a heavy
yawn；yawn heavily／伸懒腰打～ stretch one-
self with a yawn
【哈腰】（动）〈口〉❶（弯腰）bend one's back;
stoop：哈着腰划船 bend to oars／走起路来～
曲背 stoop in walking ❷（稍微弯腰表示礼
貌）bow：对上司点头～ bow humbly and re-
spectfully to one's superiors

há

蛤 há
【蛤蟆】（名）❶（青蛙）frog ❷（蟾蜍）toad

hǎ

哈 hǎ（动）〈方〉(斥责) reprimand；rebuke
另见 1085 页 hā。
【哈达】（名）hada

hái

还 hái（副）❶（表示现象继续存在或动作继
续进行；仍旧）still；yet：他～没到呢。He
hasn't arrived yet.／他～那么充满青春活力。
He is still full of youth and vigour.❷（表示
在某种程度之上有所增加）even more；still
more：今天比昨天～热。It is even hotter to-
day than yesterday.❸（表示在某个范围外有
所补充）also；too；as well；in addition：他不仅
聪明～勤奋。He is not only intelligent but
also diligent.❹（用在形容词前,表示程度上
勉强过得去）passably；fairly：他的英语不够准
确,倒～流畅。His English is not very accu-
rate, but it is fairly fluent.❺（尚且,用在上
半句话里,表示陪衬,下半句进行推论,常用反
问的语气）even：你～回答不上来,何况我呢?
If you can't answer the question, how can I?
❻（表示对某件事物没想到如此,而居然如
此）：这药～真管用。This medicine really
worked.／你～真有两下子! You are really
smart! ❼（用以加强语气）：这～了得! How
outrageous!
另见 771 页 huán。
【还好】㊀（形）(不坏)no bad；passable：他今天
感觉～。He is not feeling too bad today.㊁
（副）(幸运)fortunately：～,她没伤着自己。
Fortunately, she didn't hurt herself.
【还是】㊀（副）❶（仍旧）still；nevertheless；all
the same：他～带病来上班了。He still came
to work in spite of his illness.❷（表示希望）
had better：你～不要吸烟。You'd better stop
smoking.❸（表示意外）：我们万万没料到事
情～落到如此地步。We had least expected
that things would come to such a pass.㊁
（连）(表示选择)or：咱们是去公园～游乐场?
Shall we go to the park or the fun fair?

孩 hái（名）(孩子)child：一个可爱的男～ a
lovely boy／把小～放在膝上跳 dance a child
on one's knees
【孩子】（名）❶（儿童）child：没规矩的～ a pert
child／把某人当～看待 treat sb. like a
child／～气 childishness ❷（子女）son or
daughter；children：溺爱～ humour one's
child

hǎi

海 hǎi ㊀（名）❶（大洋靠近陆地的部分，有的大湖也叫海）sea；big lake：波浪起伏的大～ *a broken sea*／无边无际的大～ *a boundless sea* ❷（比喻连成一大片的很多同类事物）a great number of people or things gathering together：学～无涯. *The field of learning is boundless*. ／苦～无边. *The area of bitterness has no bounds*. ㊁（形）（形容容量、口气等大）extra large；of great capacity：夸下～口 *talk big*／～吃～喝 *eat a lot and drink a lot*

【海岸】（名）coast；seacoast；seashore；seaboard；seabeach；shore：未设防的～ *an unfortified coast*

【海拔】（名）elevation；height above sea level；height

【海豹】（名）[动]seal

【海滨】（名）[地]seashore；seaside；strand：去～避暑 *go to the seashore for the summer*

【海潮】（名）[地]tide；sea tide

【海船】（名）seagoing vessel；seacraft；seagoer；ship

【海岛】（名）island（in the sea）

【海底】（名）seabed；the bottom of the sea；seafloor：开发～资源 *develop seabed resources*

【海防】（名）（在沿海地区和领海内布置的防务）coast defence：～部队 *coastal defence force*／～艇 *coastal defence boat*

【海港】（名）harbour；seaport；dock：建造～ *construct a seaport*

【海关】（名）customs；customhouse：～检查 *customs inspection*／～手续 *customs formalities*／～税则 *customs tariff*

【海军】（名）navy；sea service：～基地 *naval base*／～学校 *naval academy*

【海口】（名）❶（港口）seaport ❷（说大话）brag；boast of：夸～说自己能得最高分 *brag of being able to get the highest grade*

【海里】（名）sea mile；nautical mile；mile

【海量】（名）❶（敬）（宽宏的度量）magnanimity ❷（酒量大）great capacity for liquor

【海螺】（名）conch；sea snail；whelk

【海洛因】（名）[药]heroin

【海米】（名）dried shrimps

【海鸥】（名）seagull；sea mew；mew

【海平面】（名）sea level

【海上】（形）at sea；on the sea；seaborne：～航行 *a voyage at sea*／发展～贸易 *develop seaborne commerce*

【海参】（名）sea cucumber；sea slug

【海水】（名）seawater；brine；the sea：淡化～ desalinize seawater／喜欢洗～澡 *like to bathe in the sea*／～浴场 *seawater baths*

【海滩】（名）beach；seabeach；coastal beach：孩子们喜欢在～上玩耍。*Children love playing on the beach*.

【海外】（名）overseas；abroad：～同胞 *a compatriot residing abroad*／从～归来 *return from abroad*

【海峡】（名）channel；strait；gullet：马六甲～ *the Straits of Malacca*

【海鲜】（名）seafood

【海洋】（名）ocean；seas and oceans：发展～渔业 *cultivate sea fishery*／制定～公约 *formulate maritime convention*

【海域】（名）sea area；maritime space：国际～ *international waters*

【海员】（名）sailor；seaman；mariner：饱经风雨的～ *a weather-beaten sailor*

【海运】（动）ocean shipping；sea transportation；ocean carriage；transport by sea

【海蜇】（名）jellyfish

hài

害 hài ㊀（名）（祸害；害处）evil；harm；calamity：遭受灾～ *suffer a calamity*／多益少 *do more harm than good* ㊁（形）（有害的）harmful；destructive；injurious：～鸟 *injurious birds*／～人精 *a mischief-maker* ㊂（动）❶（使受损害）do harm to；impair；cause trouble to：对健康有～ *be bad for health*；*do harm to health*；*be destructive of health*／造成严重损～ *cause serious harm* ❷（杀害）kill；murder：遇～ *be murdered*／图财～命 *murder a person for money* ❸（发生疾病）contract（an illness）；suffer from：～眼 *have eye trouble*／～传染病 *suffer from an infectious illness* ❹（发生不安的情绪）feel（ashamed，afraid，etc.）：～羞 *be shy；be bashful*

【害处】（名）harm：田鼠对庄稼～很大。*Field mice can do a lot of damage to crops*.

【害怕】（动）be afraid of；fear；be afraid；be scared：有点儿～丢掉工作 *be half afraid of losing one's job*

【害臊】（动）〈口〉feel ashamed；be bashful：装着～的样子 *feign bashfulness*

【害羞】（动）be bashful；be shy：干什么事都～ *be bashful in doing anything*／在生人面前～ *by shy in the presence of strangers*

hān

酣 hān（形）（饮酒尽兴，泛指尽兴、畅快等）（drink，etc.）to one's heart's content；be given to heavy drinking

【酣畅】(形) ❶(指饮酒)merry and lively ❷(指睡眠)sound ❸(指文艺作品)with ease and verve;fully:笔墨~ *write with ease and verve*

【酣睡】(动)sleep soundly;be fast asleep;be sound asleep:闹钟的响声将我从~中惊醒。*The alarm clock roused me from my deep sleep.*

【酣醉】(动)be dead drunk

憨 hān (形) ❶(傻;痴呆)foolish;silly:~态 *a silly appearance*/~子 *an idiot*/~头~脑 *be stupid* ❷(朴实;天真)straightforward;naive;ingenuous:~厚 *be simple and honest*/~直 *be honest and straightforward*/~态可掬 *be charmingly naive*

【憨厚】(形)simple and honest;straightforward and good-natured

hán

含 hán (动) ❶(东西放在嘴里,不咽下也不吐出)keep in the mouth:嘴里~着糖 *keep a candy in one's mouth* ❷(藏在里面;包含)contain:~有酒精的百分比甚高 *contain a large percentage of alcohol*/眼里~着幸福的泪水 *with happy tears in one's eyes* ❸(带有某种意思、情感等,不完全表露出来)nurse;cherish;harbour:~怨 *bear a grudge*;*nurse a grievance*/~恨 *cherish resentment*

【含量】(名)content

【含笑】wearing a smile;with a smile on one's face;grin:~回答 *reply with a smile*/~九泉 *be able to smile in Hades*;*die with satisfaction*

【含羞】(动)with a shy look:~草 *sensitive plant*

【含义】(名)meaning;implication;sense;import;message:具有深刻的~ *have a profound meaning*

【含冤】(动)suffer a wrong;be the victim of a false of unjust charge:~而死 *die uncleared of an unjust charge*

函 hán (名) ❶(书)(匣;封套)case;envelope ❷(信件)letter:投递公~ *deliver official letters*/请尽早复~。*Kindly favour us with an early reply.*

【函复】(动)reply by letter;write a letter in reply

【函件】(名)correspondence;letters:商业~ *a business letter*/有大量~要处理 *have a great deal of correspondence to handle*

【函授】(动)teach by correspondence;give a correspondence course:~教育 *the correspondence course of education*/~学校 *a correspondence school*

【函数】(名)[数] function

涵 hán ❶(动)(包含;包容)contain ❷(名)(涵洞)culvert:~洞 *culvert*/~管 *pipes for making culverts*;*pipe-shaped culvert*

【涵养】❶(名)(修养)ability to control oneself;the virtue of patience;self-restraint:他从不发火,很有~。*He has self-control and never loses his temper.* ❷(动)(蓄积并保持)conserve

寒 hán (形) ❶(冷)cold:严~ *the extreme cold*;*the intense cold*/尸骨未~ *be hardly cold in one's grave* ❷(害怕;畏惧)afraid;fearful;tremble (with fear):令人心~ *chill the heart*/这想法令她不~而栗。*The thought made her fearful.* ❸(贫困)poor;needy:出身~苦 *be born in poverty*/他家境贫~。*His family is pretty poor.* ❹〈谦〉(寒微的)humble:~舍 *my humble home*

【寒带】(名)frigid zone;cold zone

【寒假】(名)winter vacation;winter holidays

【寒冷】(形)(温度低的)cold;frigid:空气里夹杂着刺骨的~ *a cold nip in the air*/在~的黑暗中把某人唤醒 *wake sb. in frigid darkness*

【寒流】(名)[气]cold current;cold wave

hǎn

罕 hǎn (形)(稀少)rare;seldom;unusual:一个~有的例外 *a rare exception*/人迹~至的地区 *an untraversed region*

【罕见】(形)seldom seen;rarely seen;rare:极其~的珍品 *the great treasures*

喊 hǎn (动)(大声叫)shout;cry out;yell:把嗓子~哑了 *shout oneself hoarse*/疼得~起来 *call out with pain*/气得大~ *yell with fury*

【喊叫】(动)shout;cry out;yip:拼命~ *shout with the utmost strength*/扯着嗓子~ *shout at the top of one's voice*

hàn

汉 hàn (名) ❶(汉族)the Han nationality ❷(朝代)the Han Dynasty ❸(汉语)Chinese (language) ❹(男子)man ❺(指银河)the Milky Way

【汉奸】(名)traitor (to China)

【汉语】(名)Chinese (language):《~拼音方案》

"*The Scheme for the Chinese Phonetic Alphabet*"/～拼音字母 *the Chinese phonetic alphabet*

【汉字】(名)Chinese character：～注音 *phonetic annotation of Chinese characters*

汗 hàn (名)(从皮肤排泄出来的液体)sweat；perspiration：～如雨下 *dripping with perspiration*

【汗衫】(名)T-shirt；undershirt

旱 hàn ⊖(名)(陆地交通)on land：～路 *overland route* ⊜(形)❶(没有降水或降水太少)dry spell；drought：庄稼都～了. *All the crops dried up .* ❷(非水田的；陆地上的)dry land

【旱地】(名)dry farmland；dry land：耕作～ *farming dry land*

【旱季】(名)dry season；dry summer

【旱烟】(名)tobacco (smoked in a long-stemmed Chinese pipe)：～袋 *long-stemmed Chinese pipe*

【旱灾】(名)drought；dry damage

捍 hàn (动)(保卫；防御)defend；guard

【捍卫】(动)defend；guard；protect：～光荣的旗帜 *guard the glorious banners*/誓死～人民的权利 *defend to death the rights of the people*

焊 hàn (动)(用熔化的金属修补金属器物或使金属工件连接起来)weld；solder：电～ *electrical welding*/点～ *point welding*

【焊工】(名)❶(做金属焊接工作的工人)solderer；welder；weldor ❷(金属焊接的工作)welding；soldering

【焊接】(动)weld；seal：～机 *welder*/把金属板～在一起 *solder sheets of metal together*

【焊料】(名)solder；welding flux；soldering flux

【焊条】(名)welding rod；wire solder

撼 hàn (动)(摇；摇动)shake：摇～某人的肩膀 *shake sb . by the shoulder*/为革命热情所震～ *be vibrant with the revolutionary enthusiasm*

【撼动】(动)shake；vibrate；rock：改革将～人心。*Reforms will shake people's faith .*

憾 hàn (名)(失望；不满足)regret：死而无～ *die without regret*

【憾事】(名)a matter for regret；pity：某人一生中最大的～ *the greatest regret of one's life*

háng

行 háng ⊖(名)❶(行列)line；row：第三～ *the third line*/站成一～ *stand in a row* ❷(排行)seniority among brothers and sisters：你～第几？*Where do you come among your brothers and sisters?* ❸(行业)trade；profession；line of business：干老本～ *ply the same old trade*/改～ *change one's profession* ❹(某些营业机构)business firm：银～ *bank*/商～ *trading company；commercial firm* ⊜(量)(用于成行的东西)：一首六～诗 *a poem of six lines*/隔～书写 *write in alternate lines*
另见 1053 页 xíng。

【行家】(名)expert；connoisseur：成为打桥牌的～ *become adept at bridge*/两人都是～，彼此一点就通。*Both were professionals；both understood .*

【行列】(名)ranks：在光荣的～中前进 *march in the ranks of honour*

【行频】(名)line frequency

【行情】(名)market quotations price；conjuncture：每日市场～ *the daily market quotations*/调查股票～ *study stock market*

【行业】(名)trade；profession；industry：服务～ *service trades*/选择～ *choose a trade*

航 háng ⊖(名)(船)boat；ship ⊜(动)(航行)navigate (by water or air)；sail

【航班】(名)scheduled flight；flight-number；flight

【航程】(名)air-range；sail；flying range；voyage；course；passage；range：～记录器 *odograph*

【航道】(名)channel；course；passage；fairway：主～ *the main channel*

【航海】(动)voyage；navigation：～仪器 *nautical instrument*/～法规 *navigation law*/～日志 *logbook；log*

【航空】(名)aviation；voyage：～联运 *through air transport*/～通信 *air communications*/～运输 *air transportation*/～兵 *air arm*/～信 *airmail*

【航天】(名)space flight；aerospace：～技术 *space technology*/～飞机 *space shuttle*/～站 *spaceport*

【航线】(名)airline；air route；route；course；shipping line：内河～ *inland navigation line*

【航向】(名)azimuth；heading；course (of a ship or plane)：改变～ *change course*/～指示器 *direction indicator*

【航行】(动)❶(水中行驶)navigate by water；seaway；sail：内河～ *inland navigation* ❷(空

中行驶）navigate by air；fly：空中～ *aerial navigation*

【航运】（名）shipping：～保险 *shipping insurance*/～公司 *shipping company*

háo

号 háo（动）❶（拖长声音大声叫唤）howl；yell：风的怒～ *the howl of the wind*/痛苦的哀～ *a howl of pain* ❷（大声哭）wail：哀～ *a wailing cry*/～天哭地 *bewail loudly；weep to the very Heaven and to the very earth* 另见 758 页 hào。

【号叫】（动）howl；yell：歇斯底里地～ *cry hysterically*/求救 *yell for help*

【号哭】（动）wail；cry loudly：令人毛骨悚然的～ *a thrilling cry*/拼命～ *howl horribly*

【号啕】（动）cry loudly；wail：～大哭 *cry one's heart out*；*wail aloud*/～痛哭 *bewail mournfully*

毫 háo ❶（名）❶（细长而尖的毛）fine long hair：羊～笔 *a writing brush made of goat's hair*/狼～笔 *a writing brush made of wolf's hair* ❷（毛笔）writing brush：～墨 *writing brush and ink*/挥～ *wield one's writing brush* ❷（副）（一点儿，只用于否定式）in the least；at all：～无诚意 *have no sincerity at all*/～不讳言 *declare in no uncertain terms*/秋～无犯 *not commit the slightest offence against the civilians* ❸（量）（某些公制计量单位的千分之一）milli-：～米 *millimetre*/～克 *milligram*

豪 háo ❶（名）（具有杰出才能的人）a person of extraordinary powers or endowments：英～ *heroes*；*outstanding figures*/他是位大文～。*He is a great writer.* ❷（形）❶（气魄大；直爽痛快，没有拘束的）bold and unconstrained：～饮 *drink like a fish*/雷电过后～雨即来。*After lightning and thunder came a heavy downpour.* ❷（强横）despotic；bullying：～门 *a rich and powerful family*/巧取～夺 *seize forcibly and acquire craftily*

【豪富】❶（形）（有钱有势）powerful and wealthy ❷（名）（有财势的人）the powerful rich；the rich and powerful

【豪华】（形）❶（指生活过分铺张；奢侈）luxurious；luxury：住在一家～饭店 *stay in a swanky hotel*/过着～的生活 *lead a luxurious life* ❷（指建筑、装饰等富丽堂皇；过分华丽）splendid；sumptuous：～的私人府邸 *a sumptuous private mansion*/建造得十分～ *be luxuriously built*

【豪杰】（名）person of exceptional ability；hero：女中～ *heroine*/英雄～ *hero*

【豪爽】（形）bold and forthright；straightforward；forthright：性情～ *be of generous nature*/报答某人的慷慨～ *repay sb.'s generosity*

【豪壮】（形）grand and heroic：～的声音 *a firm，strong voice*/～的事业 *a grand and heroic cause*

hǎo

好 hǎo ❶（形）❶（优点多的；使人满意的）good；fine；nice：～意 *goodwill*/～话 *a word of praise*/～马 *a fine horse* ❷（健康；痊愈）be in good health；get well：病～得很快 *make a quick recovery*/她的发烧～了。*She is rid of fever.* ❸（亲爱；和睦；友好）friendly；kind：对某人很～ *be friendly towards sb.；be good toward sb.* ❹（用在动词后，表示完成或达到完善的地步）：把事情做～ *put the thing through*/下笔之前先打～腹稿 *make thorough mental preparation before one puts pen to paper* ❺（容易）be easy（to do）；be convenient：～查阅的书 *a book easy of reference* ❻（用在动词前，表示使人满意的性质在哪方面）：这支歌很～听。*This is a very pleasant song.* ❼（表示赞许、同意或结束等语气）：～，现在回到座位上去。*Now go back to your seat.*/～家伙！我从未见过干得这么利落的事！*My God！Never have I seen anything so neat.* ❽（反话，表示不满意或幸灾乐祸）：～哇，竟然如此！*Well，of all things！*/～了，我本来就认为你会改变主意的。*All right，I thought you'd come round.* ❾（用于套话）：～走！*Goodbye！* ❷（动）（便于）so as to；so that：大点儿声～让每个人都能听到。*Please speak louder so that everybody can hear you.* ❸（副）❶（用在数量词、时间词前面，表示多或久）：有～几件事要办 *have a few errands to do*/讲了～几个问题 *speak of many things* ❷（用在形容词、动词前，表示程度深，并带感叹语气）：～漂亮！*How beautiful！*/这事～险呐！*That was a near thing！* ❹（代）（用在形容词前面，问数量或程度，用法跟"多"相同）：火车站离这儿～远？*How far is the railway station from here？* 另见 758 页 hào。

【好办】（动）easy to handle：处理不～的事情 *deal with touchy things*/事情有点儿不～。*The thing is a little awkward.*

【好比】（动）can be compared to；may be likened to；be just like：根据这一观点，管理者有时就～电话总机。*In this view，a manager is sometimes likened to telephone switchboard .*

【好处】（名）❶（益处）good；benefit；advantage：获得～ *obtain an advantage*／对健康有～ *be of real benefit to health* ❷（利益）gain；profit；mileage；package：从战争中捞到～ *benefit from the war*

【好感】（名）good opinion；favourable impression：给参观者留下～ *leave a favourable impression on the visitors*

【好过】（形）❶（日子容易过）have an easy time；be in easy circumstances：她的日子不太～。*She does not have an easy life.*／穷人的日子不～。*Life is not so easy with poor people .* ❷（形）（好受）feel well：他的冷淡令我很不～。*His coldness depressed me exceedingly .*

【好汉】（名）brave man；true man；hero：～不提当年勇。*A hero is silent about his past glories .*

【好话】（名）❶（有益的话；赞扬的话）a good word；word of praise：对任何人都讲～ *have a good word for everyone*／为某人说句～ *have a word of praise for sb .* ❷（漂亮话）fine words：光说好听的话没有行动 *good words and no deeds*

【好看】（形）❶（美观）good-looking；nice：写一手～的字 *write a good hand* ❷（使人感兴趣的）interesting：一本～的书 *an interesting book* ❸（脸上有光彩）honoured：这么好的孩子令爹妈脸上都～。*Such good children would do honour to their parents .* ❹（难堪）be in a fix；in an embarrassing situation；on the spot：他觉得她是故意要他的～。*He felt that he had been deliberately fooled by her .*

【好评】（名）favourable comment；high opinion：赢得公众的～ *with the good opinion of the public*

【好听】（形）pleasant to hear：～的鸟鸣声 *tuneful sound*／给她起个～的名字 *give her a beautiful name*

【好玩儿】（形）interesting；amusing：对他～的倒霉遭遇笑个没完 *have unending laughter over his amusing misadventures*／这么严肃的事情可没什么～的。*Such serious thing is no joking matter .*

【好像】（动）seem；be like：他～是个流浪者。*He looks like a tramp .*

【好意】（名）good intention；kindness：不怀～ *harbour evil designs*／此事是出于～ *It was done with good intentions .*

hào

号 hào ㊀（名）❶（名称）name：国～ *the name of a dynasty*／年～ *the title of an emperor's reign* ❷（商店）business house：商～ *a business firm*；*a trading company*；商业～ *a business firm*；*a trading company*／分～ *branch of a firm* ❸（标志；信号）mark；sign；signal：负～ *a minus sign*／擦掉铅笔记～ *erase pencil marks* ❹（排定的次第）number：编～ *serial number*／挂～ *register at a hospital* ❺（等级）size：大了一～的衬衣 *a shirt one size too large* ❻（日期）date：今天几～？ *What's date today?* ❼（号令）order：发～施令 *issue orders* ❽［音］（军队或乐队里所用的喇叭）any brass-wind instrument：军～ *bugle*／小～ *trumpet* ❾（号角）anything used as a horn ❿（用号吹出来表示一定意义的声音）bugle call；any call made on a bugle：吹～发布命令 *sound orders by bugle call* ㊁（量）（用于人数）100 来～人 *about one hundred people* ㊂（动）（切）feel：～脉 *feel the pulse*

另见 757 页 háo。

【号称】（动）❶（以某名称著称）be known as：莎士比亚～文坛巨匠。*Shakespeare is known as a great master of literature .* ❷（名义上是）claim to be：他信誓旦旦地～自己是现实派。*He avowed that he was a realist .*

【号令】（名）verbal command；order

【号码】（名）number：座位～ *a seat number*／彩票的中奖～ *the winning number in a lottery*／打这个电话～ *call up this number*

【号召】（动）call；appeal：～士兵保卫国家 *summon men to the defence of their country*

好 hào（动）❶（喜欢；喜爱）like；love；be fond of：～学 *be eager to learn*／～动脑筋 *like to use one's head*／～出风头 *have the tendency to seek limelight* ❷（易于）be liable to：～动肝火 *flare up easily*／～动感情 *be carried away by emotion frequently*

另见 757 页 hǎo。

【好奇】（形）curious；full of curiosity：出于～问问而已 *ask out of mere curiosity*

【好战】（形）bellicose；warlike：～分子 *a war hawk*

耗 hào ㊀（动）（减损；消耗）consume；cost：消～能源 *consume energy resources*／人体要消～能量。*The body expends energy .* ㊁（名）（坏的音信或消息）bad news

【耗费】（动）consume；expend；cost：写书既～时间，也～精力 *consume both time and ener-*

gy in writing a book

【耗尽】(动) exhaust; use up; deplete: 体力～ be perfectly exhausted/游手好闲地待在家里～青春 wear out one's youth in idleness at home

【耗损】(动) wastage; consume; lose; waste: 易于～的矿产资源 exhaustible mineral sources/所有的材料都～了。All the materials are used up.

【耗子】(名)〈方〉rat; mouse: ～药 ratsbane

浩

hào (形) ❶(浩大) great; vast; grand ❷(多) a great many: ～博 extensive; wide embracing

【浩大】(形) very great; huge; vast: 一场声势～的语言改革 a gigantic language reform/筹划一次～的工程 organize a huge project

【浩瀚】(形) vast: ～如海 be vast as the ocean

hē

喝

hē (动) ❶(把液体咽下去) drink: ～粥 drink porridge/一口就把药～了 drink up the medicine at a draught ❷(特指喝酒) drink alcoholic liquor: 大吃大～ eat a lot and drink a lot

另见 761 页 hè.

hé

合

hé ❶(动) ❶(闭;合拢) close; shut: ～上书 close the book/～上铅笔盒 shut the pencil box ❷(结合在一起; 凑在一起; 共同) join; combine: ～刊 combined issue of a periodical ❸(符合) suit; agree; conform to: 志同道～ cherish the same ideals and follow the same path/情投意～ find each other congenial ❹(折合; 共计) be equal to; add up to: 这件衣服连工带料～多少钱? How much will this dress cost, including material and tailoring? ❷(形)(全; 整个) whole: ～家欢 a family reunion; a photograph of the whole family ❸(量)(旧时小说中指交战的回合) round: 较量了五个回～. Five rounds were fought.

【合并】(动)(结合到一起) merge; amalgamate; combine; mesh: 把两家小商号一起来 merge the two small firms together

【合唱】(动) chorus: ～曲 music for chorus sung by a group of singers

【合成】(动)(由部分组成整体) compose; compound; [化] synthesize

【合法】(形) lawful; legal; legitimate; rightful: 重新执政的～政府 the restored lawful government/有～的地位 have a rightful place

【合格】(形) qualified; on test; up to standard: 完全～的人 a fully qualified person/这项产品不～. This product does not measure up.

【合伙】❶(动) form a partnership: ～拥有一家公司 own a firm in partnership/他的～人卷款逃走. His partner flew the coop with all the money. ❷(名) partnership: 制订～条款 draw up articles of partnership

【合计】(动) ❶(盘算) think over; figure out: 他头脑里迅速地～了一下. He did a swift mental calculation. ❷(商量) consult ❸(总共) amount to; add up to; total: ～约为 100 美元 total around 100 dollar

【合金】(名) alloy; compound metal: 二元～ binary alloy/～钢 alloy steel

【合理】(形) rational; reasonable: 一个完全～的解释 a rational explanation/在～的时间内完成工作 get the work done in reasonable time

【合力】❶(动)(一起出力) join forces; pool efforts; make a concerted effort: 齐心～地战胜困难 overcome difficulties with concerted effort ❷(名)[物] resultant of forces; resultant

【合谋】❶(动)(共同策划) conspire; plot together ❷(名)[律] conspiracy

【合身】(形) fit: 衣服不～ a bad fit of clothes/这衣服～极了. The coat is a beautiful fit.

【合时】(形) fashionable; in vogue; betimes

【合适】(形) suitable; appropriate; becoming; right: 对孩子非常～ be peculiarly suitable for children

【合算】❶(形)(划得来) paying; worthwhile: 现在购买政府债券～吗? Does it pay to invest in the government bonds? ❷(动)(算计) reckon up: ～账单上的各项 reckon up the bill

【合同】(名) agreement; contract: 签订长期～ sign a long-term contract/履行～ execute one's contract

【合营】(动) jointly owned; jointly operated

【合作】(动) cooperate; collaborate; work together: ～融洽 work together in complete harmony

何

hé (代) ❶(表示疑问): 不知他为～人,住在～处 not know who he is and where he lives/猜猜包裹中装有～物 guess what is in the parcel/～时 when; what time ❷(表示反问): 有～不可? Why not? /区区小事,～足挂齿? Such a trifling matter is not worth mentioning.

【何必】(副)(用反问语气表示不必) there is no need; why: ～小题大做. There is no need for a fuss.

【何不】(副)(为什么不)why not：～先尝一尝? *Why not taste it first?* /我们～先走? *Why don't we go first?*

【何尝】(副)(用于反问,表示未曾或并非)：我～不着急,可那又有什么用呢? *Not that I don't worry；what's the use?*

【何等】❶(代)(什么样的)what kind；what sort：他受过～训练? *What sort of training has he had?* ❷(副)(多么)how；what：～珍贵的动物! *What a valuable animal!* /生命是～可贵呀! *How valuable a life is!*

【何妨】(副)why not；might as well：试一试～。 *You might as well have a try.* /问老师～? *Why not ask the teacher?*

【何苦】(副)why bother；is it worth the trouble：你这是～? *Why bring this trouble on yourself?*

【何况】(连)(用反问语气表示更进一层的意思) much less；let alone：他连小汽车都不会开,～卡车。 *He can't even drive a car, much less a truck.*

【何以】(副)〈书〉how；why：～ 如 此? *How so?* /～见得? *How do you think so?*

【何在】(动)where：你良心～? *Where is your conscience?* /他们居心～? *What are they up to?*

【何止】(副)far more than；not only：他的兴趣爱好～这些。 *He has far more hobbies than these.*

和

hé ❶(形)❶(平和；和缓)gentle；mild；kind：性格温～ *be mild in one's temper* /心平气～地说下去 *go on again properly* ❷(和谐；和睦)harmonious：on good terms：一件小事使他们失～。 *A small matter divided them.* ❷(动)(结束战争或争执)peace：～谈 *peace talks* /求～ *sue for peace* ❸(名)[数](和数)sum：两数之～ *the sum of the two numbers* ❹(介)❶(连带)together with：～ 衣 *with one's clothes on* ❷(表示相关、比较等)to；with：他～我一样高。 *He's the same height as I.* ❺(连)(表示联合；跟；与)and：父～子 *father and son* /这对你～我来说都重要。 *It is important for you as well as for me.*
另见 779 页 huó。

【和蔼】(形)kindly；affable；amiable：～地笑了 *smile amiably* /觉得某人～谦虚 *find sb. affable*

【和风】(名)❶(温和的风)soft breeze；gentle breeze：～拂面 *a gentle breeze caressing one's face* /～丽日 *a gentle breeze and a bright sun* /*fine weather* ❷[气]moderate breeze

【和睦】❶(名)harmony；concord；amity：保持好感与～ *preserve good feelings and harmony* /危及两国间的～关系 *endanger the concord between the two nations* ❷(形)friendly；in amity with；peaceful：促进～交流 *promote harmonious exchange* /现在两家相处得非常～。 *The two families are now on the best of terms.*

【和平】❶(名)(无战争状态)peace：全面～ *an overall peace* /有助于国际～ *be conductive to international peace* /坚持 ～ 共处五项原则 *adhere to the Five Principles of Peaceful Coexistence* ❷(形)(温和)mild：她内心～。 *Her heart was full of peace.* /听了这番话,他心里～了一些。 *He was at ease on hearing those words.*

【和气】❶(形)❶(态度温和)gentle；kind；polite：彼此很～ *be polite to each other* ❷(和睦)harmonious；friendly；amiable：咱们和气气地谈谈吧。 *Let's discuss it friendly.* ❷(名)(和睦的感情)friendship；harmonious relations

【和尚】(名)Buddhist monk

【和谐】(形)harmonious；melodious；tuneful；accord：创造一种～的气氛 *create a harmonious atmosphere*

【和约】(名)peace treaty：签订～ *sign a peace treaty* /违反～ *break a treaty of peace*

河

hé (名)❶(天然的和人工的大水道)river ❷(指银河系)the Milky Way system

【河岸】(名)river bank

【河床】(名)riverbed；bed；poised river

【河流】(名)rivers；stream：～沉积 *fluvial deposit；fluviatile deposit* /～袭 夺 *river capture；river piracy*

【河山】(名)rivers and mountains；land；territory

【河运】(动)river transport；transport by boat on the river

荷

hé (名)(莲)lotus
另见 761 页 hè。

【荷包】(名)❶(随身带的小包)small bag (for carrying money and odds and ends)；pouch ❷(衣袋)pocket (in a garment)：～蛋 *fried eggs；poached eggs*

【荷花】(名)lotus；lotus flower

核

hé ❶(名)❶(核果中心的坚硬部分)pit；stone：桃～ *peach-pit* /李子里面有～。 *Plums have stones inside.* ❷(核状物)nucleus ❸(原子核、核能、核武器等)nucleus：～试验 *nuclear test* /潜艇 ～ 动力 *nuclear-powered submarine* /～辐射 *nuclear radiation* /～导弹 *nu-*

clear missile/～弹头 nuclear warhead/～爆炸 nuclear explosion ◼(动)(仔细地对照考察)examine;check:审～各项财务收支 check all the financial transactions/～查某些商号的账目 audit the accounts of some firms

【核定】(动)check and ratify;appraise and decide

【核对】(动)check;collate;verify:～账目 check accounts

【核计】(动)(核算)calculate;assess;estimate:～成本 assess the cost

【核能】(名)nuclear power;energy of nucleus;nuclear energy;atomic energy:～发电厂 nuclear power plant

【核实】(动)verify;check:～一下电话 verify the call/写报告前先将事实～ check the facts up before writing a report

【核算】(动)adjust accounts;check computation;business accounting:～生产成本 work out the costs of production

【核桃】(名)(胡桃)walnut:～仁 walnut meat

【核心】(名)core;kernel;nucleus;heart:深入到事情的～ get at the core of a matter/领导～ a nucleus of leadership

【核子】(名)[物]nucleon:～学 nucleonics

hè

贺 hè(动)(庆祝;庆贺)congratulate:用电话致～ send congratulations by telephone

【贺词】(名)speech of congratulation;congratulations;greetings;message of congratulation:致～ offer one's congratulations/圣诞～ Christmas greetings

【贺电】(名)message of congratulation;congratulatory telegram:发～ send a congratulatory message/收到～ receive a message of greetings

【贺年片】(名)New Year card

【贺喜】(动)congratulate sb. on a happy occasion:朋友们为他的成功～。Friends congratulated him on his success.

荷 hè ◼(动)❶(背或扛)carry on one's shoulder or back ❷(承受恩惠,常用在书信里表示客气)grateful;obliged:无任感～。I'll be very much obliged. ◼(名)(负担)burden;responsibility
另见 760 页 hé。

【荷载】(动)load

喝 hè(动)(大声喊叫)shout loudly:吆～ cry out/大～一声以吸引注意 shout to attract attention

另见 759 页 hē。

【喝彩】(动)acclaim;cheer:自发地～ acclaim spontaneously/这句话博得了大声～。The word was received with loud cheers.

赫 hè ◼(形)(显著;盛大)conspicuous;grand ◼(名)[电](频率单位,赫兹的简称)hertz

【赫赫】(形)(显耀)illustrious;very impressive:～有名 distinguished;illustrious/～战功 illustrious military exploits;brilliant military success

【赫兹】(名)(频率单位)hertz

褐 hè(形)(像生栗子皮那样的颜色)brown

鹤 hè(名)(鸟类的一种)crane:～立鸡群 like a crane standing among chickens—stand head and shoulders above others/～发童颜 white hair and ruddy complexion—healthy in old age;hale and hearty

hēi

黑 hēi ◼(形)❶(像煤或墨的颜色)black:白纸～字 be written in black and white/皮肤晒得很～ get a good tan on one's skin ❷(黑暗)dark:～影 a dark shadow/天一片漆～。It was pitch dark. ❸(秘密;不公开)secret;shady:～社会 secret societies/～市 a black market/～道人物 a gangster ❹(坏;狠毒)wicked;sinister:～心 an evil heart ❺(象征反动)reactionary:～帮 reactionary gang;sinister gang;cabal ◼(名)(夜晚)night:～天白日 day and night;night and day

【黑暗】(形)❶(没有光)dark;dim;midnight:让某人独自在～中 leave sb. alone in the dark/午夜的～ the gloom of midnight ❷(落后;腐败)reactionary:～世界 a dark world;a world without justice/看到事物的～面 look on the dark side of things

【黑板】(名)blackboard:擦～ clean off the blackboard

【黑名单】(名)blacklist:被列入～ be put on the blacklist

【黑人】(名)Black people;Black;Negro

【黑色】(名)black(colour):～人种 the black race/～幽默 black humour

hén

痕 hén(名)(痕迹)mark;trace:留下永久的伤～ mark for life/洗去泪～ wash the traces of tears from one's eyes

【痕迹】（名）mark；vestige；imprint；impression；trace；trail；print：有用过的～ bear marks of use／掩盖犯罪的～ hide the traces of one's guilt

hěn

很 hěn（副）（表示程度相当高）very；quite；awfully：感到～震惊 be very much shocked／～合理 quite reasonable／～热 awfully hot

狠 hěn ❶（形）❶（凶恶；残忍）ruthless；relentless：凶～残酷的暴君 a cruel despot／办事变得心～手辣 develop into a ruthless operator ❷（坚决）firm；resolute：～除弊病 brutally eradicate the rot／为通过考试～下一番功夫 make a desperate effort to pass one's exams ❸（动）（控制感情，下定决心）suppress（one's feelings）；harden（the heart）：～下心做某事 suppress one's feelings to do sth.／一～心把汽车给卖了 harden the heart to sell one's car

【狠毒】（形）vicious；atrocious；brutal；cruel；malicious；venomous：对待犯人异常～ be very brutal to the prisoners

【狠心】❶（动）（下定决心不顾一切）make up one's mind；be resolute ❷（形）（心肠残忍）cruel；cruel-hearted；heartless；callous：～不予同情 steel one's heart against pity／变得比以前更～ grow more hardened than ever

hèn

恨 hèn ❶（动）（仇视；怨恨）hate：痛～ bitter hate／对入侵者怀有深仇大～ conceive a deep-seated hatred for the invaders ❷（名）（悔恨；不称心）regret：饮～终身 regret to the end of one's days／相见～晚 regret having not met earlier

héng

恒 héng ❶（形）❶（永久；持久）permanent；lasting：永～的爱 everlasting love／除了变化以外，没有任何东西是永～的。There is nothing permanent except change. ❷（平常；经常）usual；common；constant：～言 a common saying；a proverb／人之～情 the way of the world；what is natural in human relationships ❷（名）（恒心）perseverance：学习有～心 persevere with one's lessons／靠持之以～、勤奋刻苦起家 rise by perseverance and industry

【恒量】（名）constant

【恒温】（名）constant temperature：～器 ther-

mostat／～动物 homoiothermal animal

【恒心】（名）perseverance；constancy of purpose：你要是没有～可学不好。Unless you persevere with a subject, you can't hope to master it.

横 héng ❶（形）❶（跟地面平行的；跟物体的长的一边垂直的）horizontal；transverse：～梁 crossbeam／～断面 transversal section ❷（左右向的或地理上东西向的）across；sideways：～写 write words sideways／～渡大洋 sail across the ocean ❷（副）❶（纵横交错；杂乱）unrestrainedly；turbulently：～尸遍野。The field was strewn with enemy dead.／他才华～溢。His genius soars. ❷（蛮横；凶恶）violently；fiercely；flagrantly：～行霸道 play the tyrant／～加阻拦 wilfully obstruct ❸（动）（使物体成横向）move crosswise；traverse：～越海底 traverse the bottom of the sea／在沟渠上～铺木板 pile timbers crosswise to a ditch ❹（名）（汉字由左向右平着写的笔画，形状是"一"）horizontal stroke（in Chinese characters）

另见 763 页 hèng。

【横幅】（名）❶（横的书画）horizontal scroll of painting or calligraphy ❷（横的标语）banner；streamer：阳台上挂着欢迎的～。Welcoming banners hung from the balconies.

【横跨】（动）stretch over；stretch across：一座桥～河上。A bridge is stretched across the river.

【横梁】（名）crossbeam；cross member；cross girder

【横剖面】（名）cross section；transverse section

【横扫】（动）sweep away；make a clean sweep of：～千军 sweep away the millions of enemy troops；sweep all before one

【横行】（动）（行动蛮横；倚仗暴力做坏事）run wild；run amuck；be on a rampage：～霸道 ride roughshod；play the tyrant；tyrannize；domineer／～一时 run wild for a time／～无忌 run wild；run amuck

衡 héng ❶（名）❶（秤杆）the graduated arm of a steelyard ❷（称重量的器具）weighing apparatus：～器 a weighing apparatus ❷（动）（衡量）weigh；measure；judge：权～其利弊 weigh its advantages against its disadvantages

【衡量】（动）weigh；measure；judge：～利弊 weigh choices／不能以金钱来～ cannot be measured in terms of money

hèng

横 hèng（形）❶（蛮横;凶暴）harsh and unreasonable;perverse:蛮～ *rude and unreasonable* ❷（不吉利的;意外的）unexpected:～祸 *sudden misfortune* /～事 *an untoward accident*
另见 762 页 héng。
【横暴】（形）perverse and violent
【横祸】（名）unexpected calamity;sudden misfortune;unexpected misfortune or disaster:驾驶不慎常招致～。*Careless driving often result in unexpected disaster.* /他们的闯入是飞来～。*Their intrusion was a random mischance.*

hōng

轰 hōng ❶（拟声）(指雷、炮击等发出的巨大声音)bang;boom:它～的一声被炸得粉碎。*It was blown to atoms with a bang.* /大钟敲得～～响。*The great bell rolled with a deep boom.* ❷（动）❶（雷鸣;轰击;爆炸）rumble;bombard;explode:～沉战舰 *sink a vessel by bombardment* ❷（赶;驱逐）shoo away;drive off:把乳牛～进牛棚 *drive cows into a cowshed* /把演讲者～下台 *hoot the speaker off the platform*
【轰动】（动）make a stir;cause a sensation;create quite a stir:～全国 *create a great stir in the country* /在科学界引起～ *make a stir in scientific circles*
【轰击】（动）(用炮火攻击或用中子等撞击原子核)bombard;bombardment;shell:猛烈的～ *heavy bombardment*
【轰炸】（动）bomb;bombardment:在战争期间被～过数百次 *suffer hundreds of air bombardments during the war*

哄 hōng ❶（拟声）(哄然;形容许多人的大笑声或喧哗声)roars of laughter or hubbub:观众～一～而散。*Making a roaring noise, the audience dispersed.* ❷（动）(许多人同时发出声音)roar;clamour:～动 *excite the public*
另见 764 页 hǒng。
【哄堂大笑】（成）the whole room rocking with laughter:观众～。*The audience exploded in laughter.*

烘 hōng（动）❶（使热;使干）dry or warm by the fire:～干 *dry by heat* /在炉火上～～手 *warm one's hands over the fire* ❷（衬托）set off:～衬 *set off writing or painting;make*

conspicuous by contrast or other
【烘烤】（动）bake;roast;toast;warm or dry by the fire;burn off:用烤箱～面包 *bake bread in the oven* /她善于～食品。*She bakes well.*
【烘箱】（名）oven;bake furnace;bake oven;baking box;baking oven;dry oven

hóng

红 hóng ❶（形）❶（像鲜血或石榴花的颜色）red:穿～衣服 *dressed in red* /气得满脸通～ *be flushed with anger* /她脸色～润。*Her cheeks have a fine bloom on them.* ❷（象征顺利、成功或受人重视、欢迎）symbol of success;luck;popularity:满堂～ *all-round victory;success in every field* /这个歌手现在很走～。*The singer is very popular now.* ❸（象征革命和政治觉悟高）revolutionary;red:～军 *the Red Army* /又～又专 *be both red and expert* ❶（象征喜庆的红布）red cloth;used on festive occasions ❷（红利）bonus;dividend:分～ *distribute dividends*
【红宝石】（名）ruby;rubious gem
【红茶】（名）black tea;bohea
【红利】（名）bonus;extra dividend:股票的～ *a bonus on stocks* /你得到多少～? *What dividend did you receive?*
【红脸】❶（动）❶（害羞）blush:跟生人说话就～ *blush when speaking to strangers* ❷（发怒）flush with anger;get angry:她和婆婆从未红过脸。*There has never been a cross word between her and her mother-in-law.* ❷（名）(戏剧脸谱的一种)red face;face painting in Beijing opera,etc.;traditionally for the heroic or the honest;唱～ *wear the red make up of the stage hero;play the hero;pretend to be generous and kind*
【红楼梦】（名）A Dream of Red Mansions
【红绿灯】（名）traffic light;traffic signal
【红旗】（名）red flag;red banner:～单位 *red banner unit;advanced unit* /～手 *red-banner pace-setter;advanced worker*
【红润】（形）(红而滋润)ruddy;rosy:少女～的双颊 *the rosy cheeks of maidenhood* /他得意时气色变得～。*Ruddy bulk has been added during the days of his prosperity.*
【红色】（名）❶（红颜色）red;blush ❷（象征革命）revolutionary:～政权 *red political power*
【红烧】（动）braise in soy sauce:～肉 *pork braised in brown sauce;red-cooked pork*
【红薯】（名）(甘薯)sweet potato
【红外线】（名）[物]infrared ray;infrared;ultrared rays:～辐射 *infrared radiation* /～探

测器 infrared detector

【红细胞】（名）（血细胞的一种）erythrocyte；red blood cell

【红星】（名）red star

【红药水】（名）（汞溴红溶液）mercurochrome

【红运】（名）good luck：～高照 have fortune on one's side；born under a fortunate star；lucky star shines bright

【红晕】（形）（中心浓而四周渐淡的一团红色）blush；flush：她脸上显出粉红色的淡淡～。She showed a faint pink flush.

【红肿】（形）red and swollen

宏 hóng（形）（宏大；远大）great；grand；magnificent：宽～ large minded

【宏大】（形）grand；great；immense；vast：一场气势～的战争 a grand warfare

【宏观】（形）viewable；［物］macroscopic：～经济学 macroeconomics／对市场进行～调控 globally regulate and control markets

【宏图】（名）（宏伟的计划；远大的设想）great plan；gránd prospect：这是他们大展～之地。There is the place for them to issue their prospects.

【宏伟】（形）magnificent；grand：～的教堂 grand cathedrals

【宏扬】（动）disseminate：～民族精神 disseminate our national spirit

洪 hóng ●（形）（大）big；vast；grand：～福齐天 boundless bliss／～恩 great kindness／～才大略 a great mind with great schemes ●（名）（洪水）flood：～峰 flood peak／山～暴发。Torrents of water rushed down the mountain.

【洪亮】（形）loud and clear；resonant；sonorous：他嗓音～。His voice carries well.

【洪流】（名）（巨大的水流）flood current；mighty torrent；powerful current：顺应时代～ go with the powerful current of times

【洪水】（名）floodwater；deluge；flood：与～搏斗 battle against the flood

hǒng

哄 hǒng（动）❶（用假话或手段骗人）fool；kid；humbug：你～不了我。You can't fool me.／他们天真幼稚，都被～了。They are naive and have been humbugged. ❷（用言语或行动引人高兴，特指看或带小孩儿）coax；humour：～他起床 coax him out of bed／唱歌～婴儿入睡 sing the baby to sleep
另见 763 页 hōng。

【哄骗】（动）cheat；cajole；humbug；hoodwink：

在紧要关头～某人 cheat sb. at the last minute／～出情报 coax forth information

hóu

喉 hóu（名）（介于咽和气管之间的部分，是呼吸和发音器官的一部分）larynx；throat；gullet：～擦音 guttural fricative／～炎 laryngitis

【喉咙】（名）throat；the gullet：他～叫哑了。He shouted himself hoarse.

猴 hóu ●（名）（哺乳动物，通称猴子）monkey ●（形）〈方〉（乖巧；机灵）clever；smart

【猴子】（名）monkey

hòu

后 hòu（名）❶（在背面的，指空间）behind；back；rear：～门 back door／从～门进 enter by the rear door ❷（未来的，较晚的）after；afterwards；later：～天 the day after tomorrow／两天～ two days later ❸（次序靠近末尾的）back；last：～几页 the last few pages／最～ at last ❹（后代；子孙）offspring；posterity：不孝有三，无～为大。The greatest of the three filial impieties was not to have a male heir. ❺（君主的妻子）empress；queen：～妃 empress and imperial concubines

【后备】（名）reserve：动员～军 mobilize the reserve

【后尘】（名）〈书〉footsteps：步某人～ follow in sb.'s footsteps

【后代】（名）❶（某一时代以后的时代）later periods（in history）；later ages：那仅仅是～人们的推测。That was merely an assumption made by the people of later periods. ❷（后代的人）later generations；descendants；posterity；offspring：做父母的总希望留给～一个名声。Parents are bound to give their offspring a name. ❸［生］offspring；produce；progeny；posterity

【后盾】（名）prop；posterior shield；backing；backup force：有所有的朋友做～ have the backing of all one's friends

【后方】（名）rear：～勤务 rear service；logistics

【后果】（名）consequence；aftermath：～自负 take the consequence

【后患】（名）future trouble：～无穷 no end of trouble for the future

【后悔】（动）regret；remorse；repent：～失去了一个学习的好机会 repent of having missed a good opportunity to learn

【后继】（动）succeed；carry on：没人能代替他，但他必须～有人。No one could replace him, *but someone had to succeed him .*

【后来】（副）afterwards；later；then：他～有个机会表现他的才能．*He later had a chance to display his abilities .*

【后路】（名）❶（退路）communication lines to the rear；route for retreat：抄～ *attack from the rear* ❷（回旋余地）room for manoeuvre；a way of escape

【后门】（名）❶（后面的门）back door ❷（舞弊的途径）backdoor influence

【后面】（名）❶（位置靠后的部分）at the back；in the rear；behind：跟在～ *follow in the rear* /从门～走出来 *come out from behind the door* ❷（次序靠后的部分）later：至于细节，咱们～再讨论．*Let's talk about the details later .*

【后娘】（名）〈口〉（后母）stepmother

【后勤】（名）rear service；logistics；logistic service in the rear：～机关 *rear service establishments*

【后人】（名）❶（后代之人）later generations；futurity ❷（子孙）posterity；descendants

【后生】（名）〈方〉❶（青年男子）young man；lad ❷（相貌年轻）having a youthful appearance

【后事】（名）❶（以后的事情）what happened afterwards ❷（丧事）funeral affairs

【后台】（名）❶（舞台后部）backstage；background；greenroom ❷（背后操纵和支持的人）backstage supporter；behind-the-scenes backer：～很硬 *have very strong backing*

【后天】（名）❶（明天的明天）the day after tomorrow ❷（人或动物离开母体后单独生活和成长的时期，与先天相对）postnatal；acquired

【后退】（动）draw back；fall back；retreat；back away：没有～的可能 *be beyond retreat*

【后卫】（名）❶［军］rear guard：～战斗 *rear guard action* ❷［体］fullback；guard

【后遗症】（名）sequelae

【后裔】（名）descendant；offspring；posterity；progeny

【后者】（名）the latter

厚 hòu ❶（形）❶（扁平物上下两面之间的距离大）thick：树叶～～地落了一地．*The leaves lay thick on the ground .* ❷（感情深）deep；profound：～爱 *great kindness* /结成深～的友谊 *cement a profound friendship* ❸（忠厚；厚道）kind；magnanimous；憨～ *straightforward and good-natured；simple and honest* /为人忠～ *be honest and kind* ❹（利润、礼物价值等大）large；generous：给某人优～的条件 *give sb. generous conditions* ❷（动）❶（优待；推崇；重视）favour；stress：～此薄彼 *favour one*

and be prejudiced against the other /～古薄今 *emphasize the past but slight the present* ❸（名）（厚度）thickness；depth

【厚度】（名）thickness；depth：～不一的煤层 *coal seams of different thicknesses*

【厚望】（名）great hope；high expectations：对某人寄以～ *have great expectations of sb .* /不负～ *live up to sb .'s expectations；not let sb . down*

【厚颜】（形）（脸皮厚；不知羞耻）thick-skinned；brazen；cheeky：～无耻 *impudent；brazen；shameless*

【厚意】（名）great cordiality；goodwill；kind thought；kindness：～不忘．*A sincere purpose is unforgettable .*

候 hòu ❶（动）❶（等待）wait；await：～审 *await trial* /请稍～．*Please wait a moment .* ❷（问候；问好）inquire after：互致问～ *exchange greetings* /致～ *send one's regards* ❷（名）❶（时节）time；season：时～ *time* /～鸟 *migratory birds* ❷（情况）condition；state：征～ *symptom；sign* /火～ *time used in cooking a certain food*

【候补】（名）be a candidate（for a vacancy）；be an alternate：中共中央政治局～委员 *an alternate member of the Political Bureau of the Central Committee of the CPC*

【候车室】（名）waiting room

【候机室】（名）airport lounge or waiting room

【候选人】（名）candidate：提名～ *set up one's name as a candidate* /支持某位～ *support a candidate*

【候诊】（动）wait to see the doctor：～室 *waiting room in a hospital*

hū

呼 hū ❶（动）❶（生物体把体内的气体排出体外）breathe out；exhale：～吸 *inhale and exhale* /～气时发出急促的声音 *expire with a rushing sound* ❷（大声喊）shout；cry：～救 *cry for help* /别对我大～小叫的！*Don't shout at me .* ❸（叫；叫人来）call：一～百应 *hundreds respond to a single call* /你怎么称～它？*How do you call that?* ❷（拟声）（常形容风声）：风～～地刮．*The wind is howling .*

【呼喊】（动）call out；shout：向孩子们～ *call out to the children* /扯着嗓子～ *shout out at the top of one's voice*

【呼唤】（动）call；shout to：用哨声～ *call by whistle* /响应祖国的～ *respond to the call of one's country*

【呼叫】（动）❶（呼喊）call out；shout：大声～他

的妻子 call out for his wife ❷[电信](电台上用呼号叫对方)call;ring;～器 a pager;a beeper/～信号 calling signal

【呼救】(动)call for help:尖声～ scream for help/听到游泳者的～声 hear the swimmer's call for help

【呼声】(名)cry;voice:良心的～ the voice of conscience/要求改革的～日益高涨。The cry for reform has gone up daily.

【呼吸】(动)(生物体同外界进行气体交换)breathe;respire:～自由的空气 breathe the breath of liberty/用嘴～ breathe through the mouth/屏住～ bate one's breath

【呼应】(动)act in cooperation with each other;echo;work in concert with:遥相～ echo each other over a distance;echo from afar

【呼吁】(动)(向个人或社会申述,请求援助或主持公道)appeal;call on:紧急～ an urgent call

忽 hū ❶(动)(不注意;不重视)neglect;overlook;ignore:～略 neglect/～视 ignore/疏～ carelessness;negligence ❷(副)❶(忽而)now ...,now ... ❷(忽然)suddenly:～见 see suddenly/～发奇想 suddenly hit upon a strange idea

【忽而】(副)now ...,now ...:～欢天喜地,～凄然泪下 be by turns merry and lachrymose

【忽略】(动)ignore;elide;lose sight of;neglect;overlook:～健康 neglect one's health/～主要目的 lose sight of the main purpose

【忽然】(副)suddenly;all of a sudden;unexpectedly:～从角落里传出两个人的声音 Suddenly from the corner two voices were heard.

【忽视】(动)ignore;look down upon;give a cold shoulder;overlook;neglect:被上司～ be ignored by one's superiors

hú

狐 hú (名)(哺乳动物的一属,通称狐狸)fox:～朋狗友 a bunch of rogues/～群狗党 a pack of rogues;a gang of scoundrels

【狐狸】(名)fox:～精 fox spirit—a seductive woman

【狐媚】(动)(用诌媚的手段迷惑人)bewitch by cajolery;charm by flattery;be sycophantic

【狐疑】(动)(怀疑)doubt;suspicion:看上去满腹～ look suspicious/她心中有些～。A slight misgiving is found place in her mind.

弧 hú (名)❶[数](圆周的任意一段)arc ❷(古代指弓)bow

胡 hú ❶(名)(胡子)moustache;beard;whiskers;～须 beard;moustache;whiskers ❷(副)(随意乱来)recklessly;outrageously;wantonly:～闹 run wild;be mischievous/～花乱用 spend money extravagantly and recklessly

【胡扯】(动)❶(瞎说)talk nonsense;drivel:他～。He talked wild. ❷(闲谈)chat;small talk

【胡话】(名)ravings;wild talk:她先是满口～,继而热病呻吟。She had raved in delirium and then moaned in fever.

【胡搅】(动)❶(瞎捣乱;扰乱)pester sb.;mischievous;behave at random:～蛮缠 harass sb. with unreasonable demands;pester sb. endlessly ❷(狡辩;强辩)argue tediously and vexatiously

【胡来】(动)❶(不按规程,任意乱做)mess things up;fool with sth.:你要是不会煮就别～ If you don't know how to cook it,don't fool with it. ❷(胡闹;胡作非为)run wild;make trouble:他们或许会～。They might make trouble.

【胡乱】(副)(马虎;草率;任意)carelessly;casually;at random:～花钱 be careless with one's money

【胡萝卜】(名)carrot

【胡说】❶(动)(瞎说)talk nonsense;drivel:信口～ make irresponsible remarks;wag one's tongue too freely/她～。She talks wild. ❷(名)(无道理的话)nonsense:真是～! What rubbish!

【胡同儿】(名)lane;alleyway

壶 hú (名)❶(盛液体的容器)kettle;pot:～里是开水。There's boiled water in the pot. ❷(瓶)bottle;flask

湖 hú (名)(被陆地围着的大片积水)lake:～光山色 a beautiful scenery of lakes and mountains/～泊 lakes/～泽 lakes and marshes

【湖滨】(名)lakeside;beside the lake;the shore of a lake

蝴 hú

【蝴蝶】(名)butterfly:～结 bow;bowknot

糊 hú ❶(动)(用黏性物把纸、布等粘起来或粘在别的器物上)stick with paste;paste:～墙 paper a wall/用纸～窗户 paste up window ❷(形)(食物经火变焦发黑)(of food)burnt

【糊涂】(形)muddled;confused;bewildered;头

脑～ be confused in mind/喝得有点儿～了 be slightly muddled with liquor

hǔ

虎 hǔ ❶(名)(哺乳动物,通称老虎)tiger:幼～ a tiger cub ❷(形)(比喻勇猛威武)brave; vigorous:～将 a brave general
【虎钳】(名)jaw vice;vice;nip
【虎穴】(名)(比喻危险的境地)tiger's den;a tiger's cave;a dangerous place:～追踪 track the tiger to its lair

琥 hǔ (名)(雕成虎形的玉)tiger-shape jade
【琥珀】(名)amber;lynx stone

hù

互 hù (副)(相互;彼此)each other;mutual:～通有无 give mutual help financially;supply each other's needs/～不侵犯 refrain from invading each other
【互访】(动)exchange visits
【互感】(动)[电]common reactance;mutual inductance
【互换】(动)interchange;counterchange;mutual exchange;exchange:～礼物 exchange gifts/～座位 exchange seats
【互惠】(形)mutually beneficial;reciprocal:～待遇 reciprocal treatment/～关税 mutually preferential tariff/～条约 reciprocal treaty
【互利】(动)mutually beneficial;of mutual benefit
【互相】(副)mutual;each other:～牵制 hold each other up/～勉励 encourage each other
【互助】(动)help each other;mutual aid:～合作 mutual aid and cooperation/～组 mutual aid group

户 hù (名)❶(单扇的门;泛指门)one-panelled door:足不出～ never step out of doors;confine oneself within doors ❷(人家;住户)household;family:无房～ residents who do not have their own living quarters ❸(门第)family status ❹(户头)(bank) account
【户口】(名)❶(住户和人口)number of households and total population ❷(户籍)registered permanent residence:他在北京没～。 He's an unregistered resident in Beijing.
【户头】(名)(bank) account;a depositor:开～ open an account
【户主】(名)head of a household

护 hù (动)❶(保护;保卫)protect;guard; shield:～国安民 guard the state and pacify the people ❷(祖护;包庇)be partial to;shield from censure:官官相～ bureaucrats shield one another/祖～一方 be partial to one side
【护航】(动)escort;convoy:由5艘军舰～ be convoyed by five warships;have an escort of five warships
【护理】(动)nurse;tend and protect:体贴地～病人 nurse the patient kindly/～某人使之恢复健康 nurse a person back to health
【护士】(名)nurse:～长 head nurse/～学校 nurses' school
【护送】(动)escort;convoy:由武装卫队～ be escorted under an armed guard
【护卫】(动)protect;guard:～舰 escort vessel;corvette/他在保卫人员的～下离开了机场。 He left the airport under the protection of the security guards.
【护照】(名)passport:向当局申请～ apply to the authorities for a passport/持有外交～ carry a diplomatic passport

沪 hù (名)(上海的别称)another name for Shanghai
【沪剧】(名)Shanghai opera

huā

花 huā ❶(名)❶(种子植物的有性繁殖器官)flower;blossom;bloom:果树一朵 a fruit blossom/开～ produce flowers ❷(可供观赏的植物)flower:养～ raise flowers/把～插在花瓶里 arrange flowers in a vase ❸(形状像花朵的东西)anything resembling a flower:空中飞舞的雪～ the dancing snowflakes/海水的浪～ the sea spray ❹(烟火的一种)fireworks:礼～ fireworks display/昼夜放～ display fireworks both day and night ❺(花纹)pattern;design:学会了一个织毛衣的新～ learn a new pattern of knitting/这块儿布料的～儿很新颖。 The design on this cloth is quite novel. ❻(棉花)cotton:～布 cotton print ❼(作战时受的外伤)wound:头部挂～ be wounded in the head ❷(形)❶(颜色或种类错杂的)multicoloured;coloured;variegated:捕～蝴蝶 catch variegated butterflies/喜欢穿～衣服 like to wear bright-coloured clothes ❷(眼睛模糊迷乱)blurred;dim:令人眼～缭乱的景色 a dazzling spectacle ❸(用来迷惑人的;不真实或不真诚的)fancy;florid;flowery;showy ❸(动)(用;耗费)spend;expend:～费 expenses/～钱 spend money
【花茶】(名)scented tea
【花朵】(名)flower;inflorescence:盛开的～

flowers in full bloom

【花费】❶（名）（消耗的钱）money spent；expenditure；expenses：有节制的～ *a modest expenditure*/需要很大的～ *incur great expense* ❷（动）（因使用而消耗掉）spend；expend；cost：在业余爱好上～过多的钱 *spend money lavishly on a hobby*

【花岗岩】（名）（火成岩的一种，比喻顽固不化）granite：～化 *granitize*

【花环】（名）garland；floral hoop；torse

【花卉】（名）❶（花草）flowers and plants ❷［美术］（以花草为题材的中国画）painting of flowers and plants in traditional Chinese style：～画 *flower-and-plant painting*

【花卷】（名）steamed twisted roll

【花露水】（名）floral water；toilet water

【花圃】（名）parterre；flower nursery

【花圈】（名）（floral）wreath；torse：真花做的～ *natural wreath*/把～安放在纪念碑下 *lay wreaths at the foot of a monument*

【花色】（名）❶（花纹色彩）design and colour：这布的～很好看。*This cloth is beautiful in both design and colour*. ❷（品种）（of merchandise）variety of designs，sizes，colours，etc.

【花生】（名）［植］（落花生）peanut；groundnut：～油 *peanut oil*/～糖 *peanut brittle*/～米 *shelled peanut；peanut kernel*

【花园】（名）（flower）garden

huá

划 huá（动）❶（拨水前进）paddle；row：把船～开 *row off a boat*/坐独木舟向下游～ *paddle down the stream in a canoe* ❷（合算）be to one's profit；pay：接受良好的教育～得来。*It pays to get a good education*. ❸（用尖锐的东西在别的东西上割）scratch；cut the surface of；被刺～破 *be scratched with thorns* ❹（一种东西在另一种东西上擦或扫过）scratch；strike：在火柴盒上～火柴 *strike a match on the box*

另见 769 页 huà。

【划算】（动）❶（盘算）calculate；weigh：在心里～ *calculate mentally* ❷（合算）be to one's profit；pay：养蜂很～。*Honey pays off*.

华 huá ❶（形）❶（光彩；光辉）magnificent；resplendent；splendid：～丽的钻戒 *a magnificent diamond ring* ❷（繁盛）prosperous；flourishing：繁～ *be flourishing* ❸（奢侈；浮华）flashy；extravagant：豪～的宴会 *extravagant parties* ❷（名）❶（精华）best part；essence；cream：才～ *literary talent*/国家的精

～ *the cream of a nation* ❷（中国）China：中 *central China*/～侨 *overseas Chinese* ❸（汉语）Chinese：～语 *the Chinese language* ❹（时光；年岁）course of time

【华尔街】（名）Wall Street

【华尔兹】（名）waltz

【华贵】（形）luxurious；costly；gorgeous；sumptuous

【华丽】（形）magnificent；resplendent；gorgeous：使用夸张、～的语言 *use swelling and magnificent words*/～的宫殿 *a gorgeous palace*

【华沙条约】（名）the Warsaw Treaty

【华氏温度计】（名）the Fahrenheit thermometer

滑 huá ❶（形）❶（光滑；滑溜）slippery；smooth：打～的地面 *slippery floor*/水面平～如镜 *The water was oily smooth*. ❷（油滑；狡诈）cunning；crafty；slippery：老奸巨～ *a crafty old scoundrel；a wily old fox*/圆～世故的神态 *slippery manner* ❷（动）（贴着物体表面移动）slip；slide：～了一跤 *slip and fall*/汽车在冰上打～。*The car went into a slide on the ice*.

【滑冰】（动）ice-skate；skate：自由式～ *free skating*/穿上～鞋 *get one's skates on*

【滑车】（名）❶［机］（滑轮）block；wheel；purchase tackle；pulley；purchase ❷［生理］trochlea

【滑动】（动）slither；slippage；slide；run

【滑稽】（形）（引人发笑）funny；amusing；comical：令某人感到～ *have a funny effect on sb*.

【滑轮】（名）pulley；sheave；block：～组 *assembly pulley*

【滑润】（形）smooth

【滑雪】（动）［体］ski：他们上周去～了。*They went skiing last week*.

huà

化 huà ❶（动）❶（变化；使变化）change；turn；transform：～险为夷 *turn danger into safety*/～干戈为玉帛 *bury the hatchets and work for peace* ❷（感化）convert；influence：对人们的思想起着潜移默～的作用 *exert an imperceptible influence on people's thinking* ❸（熔化；融化）melt；dissolve：湖里的冰～完了。*The ice of the lake melted off*. ❹（烧化）burn up ❺［宗］（僧道死）die ❷（名）（化学的简称）chemistry

【化工】（名）（化学工业；化学工程）chemical industry；chemical engineering：～厂 *chemical plant*/～原料 *industrial chemicals*

【化肥】（名）（化学肥料）chemical fertilizer

【化合】（名）[化]chemical combination

【化石】（名）fossil：整理～ dress fossils／微体～ microfossil

【化纤】（名）（化学纤维）chemical fiber

【化学】（名）chemistry：～变化 chemical change／～成分 chemical composition

【化验】（动）chemical examination；laboratory test：～室 laboratory／～单 laboratory test report

【化妆】（动）put on makeup；make up；apply cosmetics：～品 cosmetics／她妆化得很重。 Her makeup is too showy.

【化装】（动）❶（装扮角色）（of actors）make up：～室 dressing room／～用具 toilet set ❷（假扮）disguise oneself：～成乞丐 be disguised as a beggar／～混入敌人中 go among the enemy in disguise

划 huà ❶（动）❶（划分）delimit；differentiate：～界 fix boundaries；delimit a boundary／～定两国的疆界 define the boundary of the two countries ❷（划拨）transfer；assign：～款 transfer money／把他该干的那份劳动给他 assign his share of labour ❸（计划）plan：筹～ plan and prepare／策～ scheme；plan；plot ❹（用笔或类似笔的东西做出线或作为标记的文字）draw；mark；delineate：～了几道平行线 draw several parallel lines／在拼错的词上～叉 mark the wrongly spelled word with a cross ❷（名）（汉字的一笔叫一划）stroke（of a Chinese character）
另见 768 页 huá。

【划定】（动）delimit；designate：～年龄范围 delimit the range of ages

【划分】（动）❶（分成部分）divide：～植物类群 delimit groups of plants ❷（区别）differentiate：～物种 differentiate a species from another／～阶级 determine classes

【划清】（动）draw a clear line of demarcation；make a clear distinction；distinguish：跟某人～界限 make a clear break with sb.

画 huà ❶（动）❶（用笔或类似笔的东西做出图形）draw；paint：在墙上～风景画 paint a landscape on a wall／这幅像～得惟妙惟肖。 The portrait is drawn to the life. ❷（用笔或类似笔的东西做出线或作为标记的文字）draw；mark；delineate：～一个圈 draw a circle ❷（名）❶（画成的艺术品）drawing；painting；picture：漫～ comic pictures／油～ a painting in oils／水墨～ a wash drawing ❷（汉字的一笔叫一划）stroke（of a Chinese character）❸（形）（用画装饰的）be decora-

ted with paintings or pictures：～廊 painted corridor；（picture）gallery／～屏 painted screen

【画报】（名）illustrated magazine or newspaper；pictorial

【画册】（名）an album of paintings；picture album

【画家】（名）painter；artist：一位天才～ an artist of genius／最富有创造性的～之一 one of the most original painters

【画面】（名）❶（画幅上呈现的形象）general appearance of a picture ❷（电影的镜头）frame

【画图】❶（动）（画各种图形）draw designs，maps，etc. ❷（名）（图画）picture：这些诗篇构成了一幅农村生活多彩的～。 These poems give a colourful picture of country life.

【画像】❶（动）（画人像）draw a portrait；portray：给某人～ draw a portrait of sb./请人给自己～ have one's portrait taken ❷（名）（画成的人像）portrait；portrayal：自～ a self portrait／栩栩如生的～ a life-like portrait

【画展】（名）art exhibition；exhibition of paintings；art show：参观～ visit an exhibition of paintings

话 huà ❶（名）（说出来的能够表达思想的声音，或者把这种声音记录下来的文字）word；talk：说俏皮～ play on words／废～连篇 volubly pour forth senseless words ❷（动）（说；谈）talk about；speak about：～别 say a few parting words／谈～离了题。 Conversation strayed from the subject.

【话剧】（名）modern drama；stage play：～团 modern drama troupe；theatrical company

【话题】（名）subject of a talk；topic of conversation：提出交谈的～ broach a topic in conversation／把～转向战争 turn the subject to the war

【话筒】（名）microphone；transmitter；megaphone

【话务员】（名）telephone operator

【话音】（名）❶（说话的声音）one's voice in speech：～未落 when one has hardly finished speaking ❷〈口〉（言外之意）tone；implication：听她的～儿，她似乎愿意去。 From her tone of voice，she seems to be willing to go.

【话语】（名）utterance；words；what one says：他～不多，可句句中听。 His words are few，but everything he says makes good sense.

huái

怀 huái ❶（名）❶（胸部或胸前）bosom：把书

塞进～里 *thrust a book into one's bosom*/她把孩子的头紧紧搂在～里。*She nestled the child's head close against her.* ❷(心怀;胸怀)mind;胸～坦荡 *be frank and open-minded*/我不理她,她对此就耿耿于～。*I ignored her and she resented it.* ❸(动)❶(思念;怀念)think of;yearn for:～土 *yearn for home*/～古 *think of the past with emotion* ❷(腹中有胎)conceive(a child):～着第一胎 *be pregnant with her first child* ❸(心里存有)keep in mind;cherish:～才不遇 *have talent but no opportunity to use it*

【怀抱】❶(动)❶(抱在怀里)embrace;carry in the arms:～着婴儿 *carry a baby in one's arms* ❷(心里存有)cherish;keep in mind:对大自然～着爱 *cherish a love of nature* ❸(名)(胸部;胸前)bosom:回到祖国～ *return to the embrace of one's homeland*

【怀恨】(动)nurse a hatred(for);harbour resentment;bear a grudge:对某人～在心 *nurse a grudge against sb.;owe sb. a spite;have a spite against sb.*

【怀念】(动)cherish the memory of;think of:～自己的父亲 *cherish the memory of one's father*

【怀胎】(动)be pregnant;conceive;be in the family way

【怀疑】(动)distrust;doubt;suspect:～某人说谎 *suspect sb. of telling lies*/对某人的话产生～ *throw doubt on sb.'s word*

【怀孕】(动)(妇女或雌性哺乳动物怀胎)be pregnant;conceive:～4 个月 *be four months pregnant*

huài

坏 huài ❶(形)❶(不好的;恶劣的;使人不满意的)bad:～天气 *nasty weather*/他的家境很～。*His family is very poor.* ❷(表示程度深,常用在表示心理状态的动词或形容词后面)badly;awfully;very:笑～了 *die with laughter*/别把自己累～了。*Don't work yourself to death.* ❸(动)❶(变成不健全、无用、有害)go bad;spoil;ruin:肉～了。*The meat has gone bad.*/我的表～了。*There is something wrong with my watch.* ❷(使变坏)spoil;destroy:别让我们亲手把事情搞～。*Let's not destroy it with our own hands.* ❸(名)(坏主意)evil idea;dirty trick:使～ *play a dirty trick*/到处洒～水 *spread evil ideas*

【坏处】(名)harm;disadvantage:这对健康有～。*It is bad for one's health.*/我看这样做

并无～。*I see no harm in doing so.*

【坏蛋】(名)〈口〉(坏人)bad egg;scoundrel;bastard;bad hat

【坏话】(名)❶(恶意的话)malicious remarks;vicious talk:到处说别人～ *fling dirt about*/不要在背后说人～。*Don't speak evil of people behind their backs.* ❷(不好听的话)unpleasant words;好话～都要听。*You should listen to criticisms as well as praises.*

【坏人】(名)bad person;evildoer;scoundrel

【坏事】❶(名)(不好的事)bad thing;evil deed:做～ *commit a wicked deed*/向坏人～做斗争 *struggle against evildoers and evil deeds* ❷(动)(把事搞坏)ruin sth.;make things worse:他坏了事了! *He has ruined everything!*/鲁莽只能～。*Overboldness will only make things worse.*

huān

欢 huān ❶(形)❶(快乐;高兴)joyous;merry;jubilant:～颜 *happy looks*/～闹 *have a bust;make busts* ❷(方)(起劲;活跃)vigorously;with great drive;in full swing:晚会开得正～。*The party is in full swing.* ❷(名)(情人)sweetheart

【欢唱】(动)sing merrily

【欢度】(动)spend(an occasion)joyfully:热闹地～圣诞节 *hilariously celebrate Christmas*

【欢呼】(动)hail;cheer;acclaim;jubilate:～某人为英雄 *hail sb. as a hero*/热烈地～ *acclaim enthusiastically*

【欢聚】(动)happy get-together;happy reunion:享受他们～的快乐 *enjoy their happy reunion*

【欢快】(形)cheerful and light-hearted;in a merry mood;lively:～的乐曲 *a lively music composition*

【欢乐】(形)happy;joyous;gay:～的庆祝活动 *joyous celebrations*

【欢庆】(动)celebrate joyously:～胜利 *celebrate victory*

【欢送】(动)see off;send off:～会 *farewell meeting;send off meeting*/去火车站～某人 *see sb. off at the railway station*

【欢喜】❶(形)(快乐)joyful;happy;delighted:～得快要发疯 *be half-wild with delight* ❷(动)(喜欢)like;be fond of;delight in:一个十分讨人～的姑娘 *a very delightful girl*/社交 *be fond of society*/～音乐 *find delight in music*

【欢笑】(动)laugh heartily:纵情～ *laugh a hearty laugh*/这笑话引起一阵～声。*The* joke raised a good laugh.

【欢心】(名)favour;liking;love:赢得某人的～ win sb.'s heart/他尽所能地讨得她的～。He does all he can to win her favour.

【欢迎】(动)(高兴地接受)welcome;greet:～词 welcoming speech/在机场热烈～客人 warmly greet the guests at the airport

huán

还 huán (动) ❶(返回原来的地方或恢复原来的状态)go back;come back:～乡 return to one's hometown/～俗 return to the laity ❷(归还)give back;return;repay:～借的钱 repay the money one has borrowed/如无法投寄,则退～寄件人。In case of nondelivery, return to the sender. ❸(回报别人对自己的行动)give or do sth. in return:～礼 return a salute/以眼～眼,以牙～牙 an eye for an eye and a tooth for a tooth
另见753页 hái。

【还击】(动)❶(回击)fight back;return fire;counterattack:对诽谤者的～ a counterattack on detractors/他们奉命～。They were ordered to strike back. ❷[击剑]riposte

【还清】(动)pay off;wipe off;meet:～债务 clear off debts/希望能～借款 hope to get out of debt

【还手】(动)strike back;hit back

【还债】(动)pay one's debt;repay a debt:无力～ be unable to discharge one's debts/欠债容易～难。It's easy to get into debt than to get out of it again.

【还嘴】(动)〈口〉answer back;retort:没有立即～ not retort at once/她～说我才应该受责备。She retorted upon me,saying I was to blame.

环 huán ❶(名)❶(环子)ring;hoop:光～ a ring of light/滚铁～ drive a hoop ❷(环节)link:缺少的一～ the missing link/一系列证据中的一～ a link in a chain of evidence ❸(动)(围绕)surround;encircle;hem in:四面～水 be surrounded by water/这个池塘四面～树。This pool was encircled by trees. ❹(量)[体](靶子上的圈)ring

【环保】(名)(环境保护)environmental protection

【环抱】(动)surround;encircle;hem in:这个池塘被树木～。This pool was encircled by trees./这棵树被其他树种～。The tree was surrounded by other species.

【环顾】(动)look about;look around:～房间 look around the room/～四周审视自己的环

境 look about and inspect one's environment

【环节】(名)❶(互相关联的许多事物中的一个)link:关键的～ the key link/某人推论中的薄弱～ the weak link in sb.'s reasoning ❷[动](某些低等动物的环状结构)segment

【环境】(名)environment;surroundings;circumstances:工作～ work environment/社会～ social surroundings

【环球】❶(动)(围绕地球)round the world:～旅行 travel round the world;a round-the-world tour ❷(名)(整个地球)the earth;the whole world

【环绕】(动)embrace;surround;encircle;revolve around:～太阳运行 revolve round the sun

【环视】(动)look around:～房间 look around the room

【环形】(名)annular;ringlike:～交叉口 traffic circle/绕～跑道跑几圈 run several times round the circuit

huǎn

缓 huǎn ❶(形)❶(迟;慢)slow;unhurried:～步 walk slowly ❷(缓和;不紧张)not tense;relaxed:～冲 serve as a buffer ❸(动)❶(延缓;推迟)delay;postpone;put off:刻不容～ admit of no delay/把当晚的谈话先～～ postpone the conversation for that evening ❷(恢复正常状态)recuperate;revive;come to:从昏迷中～过来 revive from a swoon

【缓冲】(动)buffer;cushion:～作用 buffer reaction/矮树丛～了他的下跌。The bush acted as a cushion to his fall.

【缓和】(动)relax;ease up;mitigate;alleviate:～激动的情绪 allay inflammation

【缓急】❶(形)(和缓与急迫)degree of urgency;pressing or otherwise;greater or lesser urgency ❷(名)(急迫的事)emergency

【缓慢】(形)slow:行动～ slow in action/语气～地说话 speak in a slow tone

【缓期】(动)delayed schedule;postpone a deadline;suspend:判处死刑,～两年执行 condemned to death with the sentence suspended for two years;sentenced to death with a two-year reprieve

【缓刑】(动)[律]probation;imprisonment with a suspension of sentence;reprieve:准某人～ grant sb. probation

huàn

幻 huàn ❶(形)(没有现实根据的;不真实的)

unreal;imaginary;illusory;梦～ *dream*/虚～ *visionary*/～想 *illusion* ◐(动)(奇异地变化)magically change;changeable;变～莫测 *changeable*;*unpredictable*/风云变～ *constant change of events*

【幻灯】(名)❶(映射在白幕上的图画或文字)slide show;～片 *a lantern slide*/放映某人度假～ *show slides of sb.'s holiday* ❷(幻灯机)slide projector

【幻境】(名)dreamland;fairyland

【幻觉】(名)[心]megrim;delusion;hallucination;造成宛如真实的～ *create an illusion of reality*/他想自己一定是被～欺骗了。*He thought his fancy must have deceived him.*

【幻术】(名)magic;conjuring;sorcery

【幻想】◐(动)(对还没有实现的事物有所想象)imagine;dream:浪漫地～ *romantically fancy*/她～自己是个歌星。*She fantasies herself a singer.* ◑(名)(不切实际的想象)illusion;fancy;fantasy:甜蜜的～ *a sweet illusion*/自由驰骋的～ *unbridled fancy*

换
huàn (动)❶(给人东西同时从他那里取得别的东西)exchange;barter;trade:和某人～座位 *exchange seats with sb.*/同某人交～某物 *trade sth. with sb.* ❷(变换;更换)change:～衣服 *change a dress*/从公共汽车乘电车 *transfer from a bus to a tram* ❸(兑换)exchange;cash:把美元～成英镑 *exchange American dollars into pounds*

【换班】(动)❶(轮流替换)change shifts:日班和夜班的工人正在～。*Daytime and night-time workers are changing shifts now.* ❷(交接班)relieve a person on duty ❸[军]change of the guard

【换车】(动)transfer;change trains or buses:我从学校回家路上要换4趟车。*I have to change buses four times going home from school.*

【换钱】(动)❶(钱兑换钱)change money (into small changes or to other currency) ❷(把东西卖出得到钱)barter (goods) for money;sell;废铁也可以～。*Scrap iron can be sold for money.*

【换算】(动)[数]convert;conversion:～表 *conversion table*

【换文】◐(动)exchange notes ◑(名)exchange of notes:建立外交关系的～ *an exchange of notes on the establishment of diplomatic relations*

涣
huàn (动)(消散)melt;vanish

【涣散】(形)lax;slack:工作～ *be slack in one's work*

唤
huàn (动)(发出大声,使对方觉醒、注意或随声而来)call out:电话紧急召～ *emergency calls on the telephone*/把狗～走 *call off the dog*

【唤起】(动)❶(号召使奋起)arouse:～公众对某事的充分注意 *arouse public attention to sth.* ❷(引起)call;recall:～童年时代的情景 *call up scenes of childhood*/～某人的责任心 *recall sb. to a sense of his duties*

【唤醒】(动)rouse;wake up;awaken:～勤务 *wake the orderly*

患
huàn ◐(名)❶(祸害;灾难)trouble;peril;disaster:后～无穷 *no end of trouble for the future*/有备无～。*Preparedness averts peril.* ❷(忧虑)anxiety;worry:忧～ *misery*;hardship/～得～失 *worry about personal gains and losses*;*be swayed by considerations of gain and loss* ◑(动)(害病)contract;suffer from

【患病】(动)suffer from an illness;be ill;get sick;fall ill

【患难】(名)trials and tribulations;adversity;hardship;trouble:～之交 *friends in adversity*;*companions in misfortunes*/一个真正的朋友会～与共。*A true friend sticks through thick and thin.*

【患者】(名)patient;sufferer:精神病～ *the sufferer from mental troubles*

焕
huàn (形)(光明,光亮)shining;glowing;brilliant

【焕发】(动)shine;glow;irradiate;vivacious:容光～的笑脸 *faces radiant with smile*/～青春活力 *call forth one's youth vigor*

huāng

荒
huāng ◐(形)❶(荒芜)waste:许多土地都～了。*Much land has become waste.* ❷(荒凉)desolate;barren:大片～瘠不毛的沙漠地区 *immense stretch of barren desert*/这里树木稀少,～无人烟。*It was sparsely wooded and desolate.* ❸(不合情理)fantastic;absurd ❹〈书〉(迷乱;放纵)dissolute;self-indulgent ◑(名)❶(荒歉)famine;crop failure:备～ *prepare against natural disaster*/遭受饥～ *suffer from famine* ❷(荒地)wasteland;uncultivated land:开～ *open barren lands*/垦～ *reclaim wasteland* ❸(严重的缺乏)shortage;scarcity:粮～ *a shortage of grain*/大～年 *a year of great scarcity* ◒(动)(荒疏)neglect;be out of practice:～废功课 *neglect one's*

lessons
【荒诞】(形)fantastic;absurd;incredible:～不经的故事 a tall tale/一个～无稽的故事 a fantastic story
【荒地】(名)wasteland;uncultivated land:开垦～ bring land into cultivation/在那片寸草不生的～上 in that treeless waste
【荒废】(动)❶(不耕种)leave uncultivated;lie waste:地～了。The land lies waste. ❷(浪费;不利用)fall into disuse;leave completely unattended to:那口井已经～不用了。The well has fallen into disuse. ❸(荒疏)neglect;be out of practice:不能～学业。Don't neglect your studies./你的英语不要～掉。Keep yourself in practice of English.
【荒凉】(形)bleak and desolate;wild:～的沼泽地 the desolate marsh/旅行经过～的山区 travel through wild mountainous country
【荒谬】(形)absurd;preposterous:～绝伦 the height of absurdity/～透顶 utterly absurd
【荒疏】(动)neglect practice;be out of practice;be rusty:对唱歌～ be out of practice at singing
【荒唐】(形)❶(荒谬)absurd;fantastic;preposterous:～的命令 a preposterous order/他的要求很～。His claim is quite absurd. ❷(放荡)dissipated;loose;intemperate:～地过一生 pass one's life in dissipation/她断言这是～行为。She declared it to be an ungodly performance.
【荒芜】(形)aridity;waste;go out of cultivation:让土地～ allow land to go out of cultivation
【荒淫】(形)dissolute;licentious;debauched:～无度 be immeasurably dissolute
【荒原】(名)wasteland;wilderness

慌 huāng (形)❶(慌张;忙乱)flurried;confused:心～意乱 be all in a flutter/不要～。Don't be in flutter. ❷(恐惧;不安)scared;flustered:心～ be flustered/惊～失措 be seized with a panic
【慌乱】(形)hurry and confusion;alarmed and bewildered;flurried:在学生中引起～ cause a flutter among the students/心情变得十分～ fall into a flutter
【慌忙】(形)in a great rush;in a flurry;hurriedly:不慌不忙地 without hurry or bustle/他总是慌慌忙忙地。He is always on the rush.
【慌张】(形)flurried;flustered;confused:非常～ be covered with confusion/慌慌张张 be in

a flurry

huáng

皇 huáng ❶(形)〈书〉(盛大)grand;magnificent ❷(名)(君主;皇帝)emperor;sovereign
【皇帝】(名)emperor
【皇宫】(名)imperial palace;palace
【皇后】(名)empress

黄 huáng ❶(形)(像丝瓜花或向日葵花的颜色)yellow;sallow:一个面～肌瘦的小妇人 a little sallow woman/她的脸色一片蜡～。Her face had turned a milky yellow colour. ❷(动)〈口〉(事情失败或计划不能实现)fizzle out;fall through:他的休假计划～了。His vacation plans fell through.
【黄豆】(名)soya bean;soybean;soya;soy
【黄蜂】(名)wasp;hornet
【黄瓜】(名)cucumber
【黄海】(名)the Yellow Sea;the Huanghai Sea
【黄河】(名)the Yellow River;the Huanghe River
【黄花鱼】(名)yellow croaker
【黄昏】(名)dusk;gloaming:从黎明到～ from dawn till dusk/～是归家的时候。Dusk is for homecoming.
【黄金】(名)gold:～时代 age of gold;the golden age/～无足赤,白玉有微瑕。The yellow gold has insufficient color;and the white jade has slight blemishes.
【黄牛】(名)❶(牛的一种)ox;cattle ❷(投机贩子)scalper
【黄色】(名)❶(颜色)yellow:喜欢～ like yellow colour ❷(象征腐化堕落)decadent;obscene;pornographic:～电影 sex film/～故事 dirty story/～小说 pornographic novel
【黄铜】(名)yellow metal;brass
【黄土】(名)[地]loess:～高原 loess plateau
【黄油】(名)❶(奶油)butter ❷[化](石油中分馏出来的油脂)grease

惶 huáng (动)(恐惧)fear;anxiety:仓～失措 be in a flurry of alarm/诚～诚恐 in fear and trepidation
【惶惑】(形)perplexed and alarmed;apprehensive:带着～不解的神情摇了摇头 shake one's head in a gesture of perplexity
【惶恐】(形)terrified;fearful:～万状 be seized with fear/被自己的种种想法搅得～不安 be terrified of one's thoughts

huǎng

恍 huǎng（副）❶（恍然）all of a sudden；suddenly：～然间一切水落石出。*All of a sudden, the whole thing came light.* ❷（仿佛，与"如、若"等连用）seem；as if：～如隔世 *so different that it is as if a generation had passed*／～如一场梦。*It seems if it were a dream.*

【恍惚】❶（形）（神志不清；精神不集中）in a trance；absent-minded：她脸上呈现出一种悲伤、～的神色。*There was a sad, absent look on her face.*／她的目光里带有一种奇怪的、～的神情。*Her eyes have taken on a strange, dreamy quality.* ❷（副）（不真切）；不清楚）dimly；faintly；seemingly：他～觉得自己被盯梢。*He was faintly aware that he was being followed.*

谎 huǎng（名）（谎话）lie；falsehood：弥天大～ *a flat lie*／她一定是在说～。*She must be lying in her teeth.*

【谎报】（动）lie about sth.；give false information：～军情 *make a false report about the military situation*／～迟到的原因 *lie about one's reasons for being late*

【谎话】（名）lie；falsehood：～连篇 *a tissue of lies*／她讲的全是一套～。*Her whole story was a tissue of lies.*

【谎言】（名）lie；falsehood：厚颜无耻的～ *a bald-faced lie*／轻信～ *believe falsehood*

huàng

晃 huàng（动）（摇动；摆动）shake；sway：左右摇～ *sway from side to side*／～掉树上的果子 *shake down fruit from a tree*

【晃动】（动）rock；sway：随着音乐的节奏～ *sway to the music*／坐在椅子里前后～ *rock back and forth in one's chair*

huī

灰 huī❶（名）❶（物质燃烧后剩下的粉末状的东西）ash：木～ *wood ashes*／把烟～弹在烟～缸里 *drop the cigarette ashes into the ashtray* ❷（尘土；某些粉末状的东西）dust：掸～ *dust off*／～头土面 *be dusty and dirty in appearance* ❸（特指石灰）lime；(lime) mortar：～泥 *plaster*；*mortar*／把墙上的洞用～抹上 *fill the holes on the wall with plaster* ❷（形）❶（介于黑色和白色之间，像木柴灰的颜色）grey：浅～ *light grey*／深～ *dark grey*；*Oxford grey* ❷（消沉；失望）disheartened；discour-

aged：感到一种不曾有过的心～意懒 *feel so wretchedly dejected*／他失望地挥手转身就走，觉得万念俱～。*He turned away with a gesture of discouragement, his heart sinking.*

【灰暗】（形）murky grey；gloomy：～的天空 *murky sky*／这些东西的色彩主要是～。*The colour of these objects was chiefly sombre.*

【灰白】（形）hoary；greyish white；pale；ashen：黎明时分的～天色 *the grey of the morning*／脸色变得～ *turn pale*

【灰尘】（名）dust；dirt；ash：打扫～ *sweep up dust*／用吸尘器清除地毯上的～ *do the carpets with the vacuum cleaner*

【灰色】（形）❶（像木柴灰的颜色）grey；ashy：他的脸变成～。*His face went ashy.*／一缕～的烟袋袅上升。*A thin grey smoke wavered up.* ❷（颓废失望）pessimistic；gloomy：～的心情 *gloomy mood*／～的作品 *pessimistic works*

【灰心】（动）lose heart；be discouraged；be disheartened：～丧气 *be disheartened*／我并不～。*I'm not discouraged.*

诙 huī（动）〈书〉❶（戏谑）tease ❷（嘲笑）mock

【诙谐】（形）humorous；jocular：他们谈论着一些～的流言。*They passed jocular rumors.*

挥 huī（动）❶（挥舞）wave；wield：把手一～ *with a wave of one's hand*／～鞭 *swish a whip* ❷（用手把眼泪、汗珠等抹掉）wipe off：～泪 *wipe away tears*／～汗如雨 *drip with sweat* ❸（指挥军队）command（an army）：～兵 *march troops to wars* ❹（散出；散）scatter；disperse

【挥动】（动）brandish；wave：威胁地～剑 *wave a sword threateningly*／在头顶上～武器 *brandish a weapon over one's head*

【挥发】（动）volatilize：～性 *volatility*

【挥霍】（动）spend lavishly；spend freely；squander：～钱财 *squander one's wealth*／这家公司～到破产为止。*The company spent itself into bankruptcy.*

【挥手】（动）wave；wave one's hand：～告别 *wave away*／～示意车辆通行 *wave the traffic on*

【挥舞】（动）wave；wield；brandish：～着双臂 *wave one's arms about*／拔剑向敌人～ *draw one's sword and brandish it at the enemy*

恢 huī（形）（广大；宽大）extensive；vast

【恢复】（动）❶（变成原样）resume；renew：～职务 *resume one's duties*／试图～自己对种田的兴趣 *try to revive one's interest in farming*

❷（使变成原样）recover；regain：～知觉 *regain consciousness*/逐渐～健康 *gradually recover one's health* ❸（把失去的收回）restore；reinstate；rehabilitate：使某雇员～原职 *restore an employee to his old post*/帮助诚实的债务人～自己的地位 *help honest debtors rehabilitate themselves*

辉 huī ❶（名）（闪耀的光彩）brightness；splendour；brilliance：落日的光～ *flashing glory of sunset* ❷（动）（照耀）shine：与日月同～ *shine forever like the sun and the moon*

【辉光】（名）［电］glow：～放电管 *glow discharge tube*

【辉煌】（形）（光辉灿烂）brilliant；splendid；glorious；magnificent：～的战绩 *brilliant achievements in a war*/创下～的记录 *make a splendid record*

【辉映】（动）（照耀；映射）shine；reflect：大海～着灿烂的阳光。 *The sea reflected back the bright sunlight.*

huí

回 huí ❶（动）❶（曲折环绕）circle；wind：～旋 *circle round*/巡～ *go the rounds*；*make a circuit of* ❷（从别处回到原来的地方；还）return；go back：～程 *the return trip*/～家 *go home* ❸（掉转）turn round：～头 *turn the head around* ❹（答复）answer；reply：～信 *send a letter in reply* ❷（量）❶（用于事情、动作的次数）time：没去过一～ *have never been there* ❷（说书的一个段落；章回小说的一章）chapter：这本小说共 120～。 *This novel has 120 chapters.*

【回报】（动）❶（报告工作）report back on what has been done ❷（报答）repay；requite；reciprocate：～恩惠 *requite an obligation*/不知如何感谢和～某人 *not know how to thank or repay sb.* ❸（报复）retaliate；get one's own back：他终于遭到了～。 *The retribution at last overtook him.*

【回避】（动）avoid（meeting sb.）；dodge；evade：～挑战 *evade challenge*/～分配问题 *dodge the distribution issue*

【回答】（动）answer；reply；response：彬彬有礼地～ *answer courteously*/对调查表所做的～ *replies submitted to a questionnaire*

【回访】（动）pay a return visit

【回复】（动）❶（回答；答复）reply；answer ❷（恢复原状）reflex；revert

【回顾】（动）look back；review：～了军事部署情况 *review the military dispositions*/满意地～自己的过去 *look back to one's past with*

satisfaction

【回归线】（名）［地］tropic；regression line

【回扣】（名）discount；commission on sales（for an agent）：扣除～ *deduct a commission*/付给 20% 的售货～ *allow a commission of 20 percent on sales*

【回来】（动）return；come back；be back：从乡下～ *be back from the country*/她还没～呢。 *She has not come back yet.*

【回路】（名）［电］return circuit；return

【回去】（动）（从别处回到原来的地方去）return；go back；be back：我和你一块儿～。 *I'll go back with you together.*

【回声】（名）echo：山中的～ *an echo among the hills*

【回升】（动）rise again（after a fall）；pick up：物价又～了。 *Prices have risen again.*/销售～。 *Sales picked up.*

【回首】（动）❶（回头）turn one's head；turn round ❷〈书〉（回忆）look back；call to mind；recollect：～往事 *recall the past*

【回想】（动）think back；recollect；recall：使起…的情景 *recall to the mind the picture of...*

【回忆】（动）call to mind；look back upon；recollect；recall：像逗趣一般地～某些往事 *look back upon the past with sth.* like amusement/它使人～起那些一去不复返的日子。 *It recalls the memory of days now irretrievably past.*

【回音】（名）❶（回声）echo：在某人的言谈话语中听到自己话语的～ *catch echoes of one's own speech in sb.'s speech* ❷（回信）reply；response：我打电话给你～。 *I'll give you a reply by telephone.* ❸［音］turn

huǐ

悔 huǐ（动）（懊悔；后悔）regret；repent：后～不已 *be overcome with regret*/追～莫及 *be too late to repent*

【悔改】（动）repent and mend one's ways：他一句话没说，也没有丝毫～的表示。 *He neither spoke nor gave any indication of repentance.*

【悔过】（动）repent one's error：她愿意～自新。 *She wants to repent and turn over a new leaf.*/～自新永不为迟。 *It's never too late to repent.*

【悔恨】（动）regret deeply；be bitterly remorseful：一种对误入歧途的～ *a sense of remorse over one's transgressions*

【悔悟】（动）awake from sin；repent：真心的～ *sincere repentance*/～自己的罪过 *repent of one's sin*

毁 huǐ（动）❶（破坏；糟蹋）destroy；ruin；damage：摧～三艘巡洋舰 *destroy three cruisers*／～于一旦 *be ruined or destroyed in a moment* ❷（烧掉）burn up：飞机坠落以后完全烧～了。*The plane was completely burnt out after the crash.* ❸（毁谤；说别人坏话）defame；slander：恶毒的诋～ *a wicked slander* ❹〈方〉（把成件的旧东西改成别的东西，常指衣服）refashion；make over：大女儿的上衣可以～小给她的妹妹们穿 *The eldest girl's frocks can be made down for her sister.*

【毁谤】（动）slander；malign；calumniate：恶毒的～ *a wicked slander*

【毁坏】（动）destroy；damage：被部分～ *be partially destroyed*／～国家财产 *damage state property*

【毁灭】（动）destroy；exterminate；ruin：～前途 *ruin one's prospects*／战争将～人类的一切希望。*War is the great destroyer of all the hopes of mankind.*

【毁损】（动）damage；impair：用流言蜚语～某人的名声 *injure sb.'s reputation by gossip*

【毁约】（动）❶（食言）break one's promise：毫不犹豫地～ *not hesitate to tear up one's promise*／他从不～。*He never breaks his promise.* ❷（毁弃协议、条约）scrap a contract or treaty：不同意～ *disagree to tear up a contract*

huì

汇 huì ㊀（动）❶（汇合）converge：～成奔腾的洪流 *converge into rushing torrent*／千条江河～入大海。*All rivers flow into the sea.* ❷（聚集；聚合）gather together：～报 *report；give an account* ❸（通过邮局、银行把款项划拨到别处）remit：～支票付款 *remit by cheque* ㊁（名）（聚集而成的东西）things collected；assemblage；collection：文献～总 *a collection of documents*

【汇编】㊀（动）（把文章、文件编在一起）collect and edit；compile；assemble：把资料～成书 *compile materials into a book*／把它们～成一册 *collect them under one cover* ㊁（名）（编在一起的文章、文件等）assembler；compilation；collection；corpus：旁征博引的～ *an erudite compilation*／极有价值的～ *an invaluable compilation*

【汇集】（动）❶（聚集）adduct collect；compile：把杂志上的文章～成册 *collect magazine articles into volume form* ❷（集合）come together；converge；assemble：匆忙～来的旁观

者 *the hastily assembled group of spectators*

【汇款】㊀（动）（寄出款）remit money；make a remittance：每月～回家 *remit home every month*／你何时能～？*When can you send remittance?* ㊁（名）（收到或寄出的款项）remittance：银行～ *bank remittance*／～通知单 *a remittance slip*

【汇率】（名）exchange rate：固定～ *fixed rate*／中心～ *central rate*

【汇票】（名）draft；bill of exchange；money order：银行～ *bank draft*／邮政～ *postal money order*

【汇总】（动）gather；collect；pool：这个标题把问题很好地～起来。*This title best gathers up the subject.*／这些徒步旅行者把他们所有的食物和钱～在一起。*The hikers put all their food and money in a pool.*

会 huì ㊀（动）❶（聚合；合在一起）get together；assemble：在校门口～齐 *assemble at the school gate*／～审 *joint hearing* ❷（见面；会见）meet；see：偶然相～ *meet together by accident*／我最近常和他～面。*I have often seen him lately.* ❸（理解；懂得）understand；grasp：心领神～ *understand tacitly*／只可意～，不可言传 *can be sensed, but not explained in words* ❹（表示懂得怎样做或有能力做；通晓）can；be able to：～游泳 *can swim*／～钢琴 *be able to play the piano* ❺（善于做某事；擅长）be good at；be skillful in：很～看孩子 *be awfully good at looking after children*／能写～画 *be skillful at writing and painting* ❻（表示有可能实现）be likely to；be sure to：天可能～下雨。*It is likely to rain.*／他一定～来。*He is sure to come.* ㊁（名）❶（有一定目的的集会）meeting；gathering；party；get-together；conference：运动～ *a sports meet*／安排聚～ *arrange a party* ❷（某些团体）association；society；union：贸易协～ *a trade association*／学生～ *the students' union* ❸（庙会）a temple fair；赶～ *go to the fair* ❹（主要的城市）chief city；capital；省～ *provincial capital*／国际大都～ *a world city* ❺（时机）opportunity；occasion：利用机～ *take occasion to...* ❻（很短的一段时间）a moment：一～儿 *a little while*
另见 839 页 kuài。

【会餐】（动）dine together；have a dinner party

【会场】（名）meeting place；conference hall

【会费】（名）membership dues；membership fees

【会合】（动）（聚集到一起）join；meet；converge；assemble：他将从美国前来与我们～。

He will join us from America .

【会聚】(动)(聚集)assemble;flock together;我们应当～在一起就这一问题交换意见。*We should get together and compare notes on the problem .*

【会客】(动)receive a visitor;receive a guest;礼貌～ *receive the visitor graciously*

【会面】(动)meet;come together;约定～时间 *appoint meeting*/他约定在电影院门口和我们～。*He appointed to meet us at the entrance of the cinema .*

【会谈】❶(动)talk;我们有共同的立场可以～。*We have common ground on which we meet .* ❷(名)talks;最高级～ *summit talks*

【会演】(名)joint performance (by a number of the theatrical troupes,etc.)

【会议】(名)meeting;conference;组织～ *organize a meeting*/秘密～ *a hush-hush conference*/～记录 *minutes*

【会员】(名)member;名誉～ *an honorary member*/恢复～资格 *reinstate a membership*

【会诊】(名)［医］consultation of doctors;(group)consultation

海 huì (动)(教导;诱导)teach;instruct;～人不倦 *be tireless in teaching*;*teach with tireless zeal*

绘 huì (动)(画出图形;描写)paint;draw;描～ *depict*;*describe*;*portray*/～画 *draw a picture*;*make a drawing*

贿 huì (名)(贿赂)bribe;行～ *give a bribe*/受～ *accept a bribe*

【贿赂】❶(动)(用财物买通别人)bribe;～贪官 *bribe a corrupt official* ❷(名)(用以买通别人的财物)bribery;被指控接受～ *be charged with bribery*/公务人员接受～是项重罪。*Bribery of a public official is a felony .*

晦 huì ❶(名)❶(农历每月的末一天)the last day of a lunar month;～朔 *the last and first days of a lunar month* ❷(夜晚)night;～往明来 *as day follows night and night follows day* ❷(形)(昏暗;不明显)dark;obscure;gloomy;～暝 *dark and gloomy*/文字写得很隐～ *be couched in ambiguous terms*

【晦气】(形)unlucky;bad luck;encounter rough going;十分～ *be in hard luck*/把星期五视为～的日子 *regard Friday as an unlucky day*

惠 huì ❶(名)(给予或受到的好处;恩惠)favour;kindness;benefit;小恩小～ *small fa-*

vours/受～于人 *receive benefits from other people* ❷(动)(给人好处)favour;give benefit;平等互～ *equality and mutual benefit* ❸(形)〈敬〉(用于对方对待自己的行动)kind;generous;～存 *please keep (this photograph , book , etc. as a souvenir)*

【惠顾】(动)〈敬〉(惠临)your patronage (kindness;favour);be my customer;patronize;顾客的～ *the kind patronage of our customers*

【惠临】(动)〈敬〉your gracious presence;敬请～。*Your presence is requested .*

慧 huì (形)(聪明)intelligent;bright;智～ *wisdom*;*intelligence*

hūn

昏 hūn ❶(名)(傍晚;黄昏)dusk;从黎明到～ *from dawn till dusk* ❷(形)❶(黑暗;模糊)dark;dim;～花 *dim-sighted*/天～地暗 *a murky sky over a dark earth* ❷(头脑迷糊;神志不清)confused;muddled;～头～脑 *be muddle-headed*/累得头～眼花 *be faint with fatigue* ❸(动)(失去知觉)lose consciousness;faint;～倒 *fall in a faint*/把某人打得～了过去 *knock the daylights out of sb .*

【昏暗】(形)dim;dusky;习惯了～的光线 *be used to the dim light*/她在～的房间里,别人看不见她。*She was invisible in the dusk of the room .*

【昏沉】(形)❶(暗淡)murky;暮色～ *murky twilight* ❷(昏乱)dazed;befuddled;他躺在地上,头脑～,浑身无力。*He lay on the ground , dazed and weak .*

【昏黑】(形)dusky;dark

【昏迷】(名)stupor;coma;unconsciousness;仍处于～状态 *be still in a coma*/那个受伤的人～了两个小时。*Consciousness did not return to the injured man for two hours .*

【昏睡】(动)lethargic sleep;lethargy;他很虚弱,依然～,几乎不能说话。*He was weak and lethargic , hardly able to talk .*

【昏庸】(形)(糊涂而愚蠢)fatuous;imbecile;stupid;老朽～ *senile and fatuous*

婚 hūn ❶(动)(结婚)wed;marry;晚～ *marry late in life*/新～ *newly-married* ❷(名)(婚姻)marriage;wedding;求～ *a proposal of marriage*/结～ *get married*

【婚嫁】(名)marriage;wed;take a wife or marry a man

【婚礼】(名)wedding ceremony;wedding;教堂～ *church wedding*/～将在这里举行。*Here will the wedding be kept solemnized .*

【婚期】（名）wedding day
【婚姻】（名）marriage；matrimony：～自由 *freedom of marriage*/避免～纠纷 *avoid matrimonial dispute*
【婚约】（名）marriage contract；engagement：取消～ *call off an engagement*/解除～ *dissolve a marriage contract*

hún

浑 hún（形）❶（浑浊）muddy；turbid：～水 *muddy water*/～水摸鱼 *fish in troubled waters* ❷（糊涂；不明事理）foolish；stupid：～蛋 *blackguard*；*wretch*；*scoundrel*；*bastard*；*skunk* ❸（天然的）simple and natural；unsophisticated：～金璞玉 *unrefined gold and unpolished jade*—（*said of a person*）*pure*；*unsophisticated* ❹（全；满）whole；all over：～身 *one's entire body*

【浑厚】（形）❶（淳朴老实）simple and honest；sincere ❷（艺术风格朴实雄厚）simple and vigorous：笔力～（*of handwriting*）*bold and vigorous strokes* ❸（声音低沉有力；不花哨）vigorous：他的声音～洪亮。*He has a deep and rich voice.*
【浑然】❶（副）（完全地；全然）completely；without leaving a trace ❷（形）（形容完整而不可分割）integral and indivisible：～一体 *one integrated mass*；*a unified entity*；*an integral whole*
【浑身】（名）（全身）from head to foot；all over：吓得～发抖 *tremble all over with fear*/～都是伤 *be wounded from head to toe*
【浑浊】（形）（混浊）muddy；turbid：把井搞得～不堪 *muddy up the well*

馄 hún

【馄饨】（名）dumpling soup

混 hún（形）❶（浑浊）muddy；turbid ❷（糊涂；不明事理）foolish；stupid
　　另见778页 hùn。

魂 hún（名）❶（灵魂）soul：～灵 *a soul*/相信灵～不死 *believe in the immortality of the soul* ❷（精神；情绪）mood；spirit：神～颠倒 *be infatuated*/吓得～不附体 *be scared out of one's wits* ❸（指国家、民族的崇高精神）the lofty spirit of a nation：民族～ *national spirit*

hùn

诨 hùn（名）（戏谑；开玩笑）joke；jest：打～

make gags
【诨名】（名）（外号）nickname：我还没忘记你给我取的～呢。*I've not forgotten the nickname you gave me.*

混 hùn ❶（动）❶（搀杂）mix；confuse；mingle：～入到人群中去 *mingle in the crowd*/常把两个词的词义搞～ *often confuse the meanings of the two words* ❷（蒙混）pass for；pass off as：～不过去 *be unable to fool others* ❸（苟且地生活）muddle along；drift along；设法～完大学 *manage to muddle through university* ❹（相处）get along with sb.：她们在一起～熟了。*They all mingled too freely.* ❷（副）（胡乱）thoughtlessly；recklessly；irresponsibly：～出主意 *make thoughtless suggestions*
　　另见778页 hún。

【混纺】（名）blending：～毛线 *blended wool*
【混合】（动）（搀杂在一起）mix；blend；mingle：化学～物 *a chemical mixture*/这几种颜色～成一色。*The colours blended into one.*
【混进】（动）infiltrate；sneak into；worm one's way into：没付钱便～剧场 *sneak into the theater without paying*
【混乱】（形）confusion；chaos：一片～ *a complete confusion*/生活于～之中 *live in a state of chaos*
【混凝土】（名）concrete：～搅拌机 *concrete mixer*
【混频器】（名）[电子]mixer
【混淆】（动）obscure；blur；confuse；mix up：～是非界线 *blur out distinctions between right and wrong*/老是把他们的姓名～起来 *always get their names mixed up*
【混杂】（动）（混合搀杂）mix；mingle：这些色彩漂亮地～在一起。*These colours are mixed up together in picturesque confusion.*
【混浊】（形）（含有杂质，不清洁，不新鲜）muddy；turbid：～的水 *turbid water*/两眼～ *bleary-eyed*

huō

豁 huō（动）❶（裂开）split；break；crack：碗上有个～儿。*There is a crack in the bowl.*/大坝被炸～了一个口子。*The explosion made a breach in the dam.* ❷（狠心付出代价；舍弃）give up；sacrifice：不赞成～出学业而从事体育运动 *not approve of any sacrifice of studies to sports*
【豁出去】（动）go ahead regardless；be ready to risk everything：把自己的健康～才获得成功 *succeed at the sacrifice of one's health*

【豁口】(名)opening；break；breach：大堤上的
一 *a break in the levee*

huó

和huó (动)(在粉状物中加液体搅拌或揉弄使
有黏性)mix (powder)with water, etc.：~点
儿灰泥把洞堵上。*Prepare some plaster to
fill the hole*.
另见 760 页 hé。

活huó ⊖(动) ❶(生存；有生命)live：独自生
一 *live by oneself* /多年来她第一次想一下
去。*For the first time in years, she wanted
to stay alive*. ❷〈书〉(救活)save (the life of
a person)：将某人救~ *bring sb. back to life*
⊜(形) ❶(在活的状态下)alive；living：一标
本 *a living specimen* /她一着的时候我从未见
过她。*I never met her alive*. ❷(生动活泼；
灵活)vivid；lively；active：一个生龙~虎的青
年 *a lively young man* /~跃 *be active* ❸(活
动)movable；moving：~水 *flowing water* /~
页 *loose-leaf* ⊜(副)(真正；简直)exactly；
simply：~现 *come alive* /~像 *be the spit and
image of* ⑩(名) ❶(工作，一般指体力劳动)
work：体力~ *manual work* /干两个人的~
do the work of two men ❷(产品；制成品)
product；这些~儿做得好。*These products
are well made*.
【活动】(动) ❶(运动)move about；exercise：在
教室里~ *move about in the classroom* /赛
前一下筋骨 *limber up before the game* ❷
(动摇)shaky；unsteady：一的楼梯 *the shaky
steps* /这个桌子直~。*The table is unsteady*.
❸(不固定)movable；mobile；flexible：~房屋
a movable building /~快餐馆 *a mobile
snack bar* ❹(为达到某种目的而采取的行动)
activity；manoeuvre：课外~ *extracurricular
activity* /留有~的余地 *leave room for ma-
noeuvre* ❺(说情)use personal influence or
irregular means：立即开始四处~ *immedi-
ately begin lobbying* /为某人找工作而~ *use
one's influence to get sb. a job*
【活力】(名)vigour；vitality；energy：青春的~
the vigour of youth /一个~充沛的人 *a man
of great vitality*
【活路】(名) ❶(维持生活的办法)means of
subsistence；way out；way to make a living：
旧社会没有穷人的~。*There was no way out
for the poor people in the old society*. ❷(行
得通的方法)workable method：大家觉得他提
出的改革方案是条~。*Everybody thought of
his reform plan as workable*.
【活命】⊖(动) ❶(维持生命)earn a bare liv-

ing；scrape along；eke out an existence：为了
一才打仗 *fight to live* ❷〈书〉(救活性命)save
sb.'s life：~之恩 *indebtedness to sb. for sav-
ing one's life* ⊜(名)(性命)life：留他一条~
leave him alive
【活泼】(形) ❶(生动自然；不呆板)active；full
of life；lively；vivacious；vivid：她的性格很
~。*Her disposition was vivacious*. ❷[化]
(活性的)reactive
【活期】(形)current：~储蓄 *current deposit* /
~存款账户 *current account*
【活现】(动)appear vividly；come alive：他的英
雄形象又~在我们眼前。*His heroic image
once again appeared vividly in our mind's eye*.
【活像】(动)look exactly like；be the spit and
image of；be an exact replica of：~自己的父
亲 *be the replica of one's father*
【活性】(形)active；activated：~炭 *active car-
bon*
【活跃】⊖(形)(活泼而积极；蓬勃热烈)brisk；
active；dynamic；lively：俱乐部的~分子 *an
active club member* /市场相当~。*The mar-
kets are quite lively*. ⊜(动)(使活跃)enliven；
animate；invigorate：讲笑话以~谈话 *enliven
the conversation with jokes* /~学术气氛 *in-
vigorate academic atmosphere*

huǒ

火huǒ ⊖(名) ❶(物体燃烧时所发的光和焰)
fire：点~ *light a fire* /灭~ *quell a fire* ❷(枪
炮弹药)firearms；ammunition：军~ *muni-
tions* /向敌人开~ *open the fire on the enemy*
❸[中医](六淫之一，指引起发炎、红肿、烦躁
等症状的病因)internal heat (one of the six
causes of disease)：上~ *suffer from excessive
internal heat* /败~ *relieve internal heat* ❹
(暴躁；愤怒)anger；temper：满腔怒~ *be
filled with anger* /给某人一上浇油 *aggravate
sb.'s anger* ⊜(形) ❶(红色)fiery；flaming：~
红 *red as fire*；*flaming* ❷(紧急)urgent；
pressing：需要~速援助 *need urgent help* ⊜
(动)(发怒)get angry；lose temper
【火柴】(名)match：~盒 *matchbox*
【火车】(名)train：上~ *get into a train* /~正
停在车站。*The train is waiting at the sta-
tion*. /~头 *locomotive*
【火光】(名)flare；blaze；flame：~明亮 *burn
bright* /~冲天。*The flames lit up the sky*.
【火锅】(名)chafing dish；hot pot
【火花】(名)spark：生命的~ *spark of life* /
四溅 *sparks flying off in all directions*
【火化】(动)(火葬)cremate

【火鸡】(名)(吐绶鸡)turkey
【火箭】(名)[空]rocket：～部队 rocket troops/水下～ submarine rocket
【火炬】(名)torch light；torch：～点着了。Torches are lighted.
【火力】(名)❶[军](弹药发射后所形成的杀伤力和破坏力)firepower；fire：～支援 support fire；fire support ❷(利用燃料所获得的动力)thermal power；heat power
【火炉】(名)stovepipe；(heating) stove
【火炮】(名)[军]artillery；cannon；gun
【火热】(形)❶(非常热)burning hot；fervent；fiery：～的眼睛 burning eyes ❷(十分亲近的)intimate：他俩正打得～ They both are carrying on intimately with each other.
【火山】(名)[地]volcano：～岩 volcanic rocks/～爆发。The volcano burst into eruption.
【火速】(副)at top speed；posthaste：～增援 rush up reinforcements/食物必须～送给灾民。It's urgent that food must be sent to the sufferers.
【火腿】(名)gammon；ham
【火星】(名)❶(极小的火)spark；打出～ strike out sparks/～窜上烟囱。The sparks flew up the chimney. ❷[天](太阳系中接近太阳的第四颗行星)Mars
【火焰】(名)[化]flame；blaze：～烧得正旺。A lively blaze was underway.

伙 huǒ ❶(名)❶(伙食)mess；board；meals：起～ cook meals/在附近的饭馆里包～ board at a nearby restaurant ❷(同伴；伙计)partner；mate：～伴 companion ❷(量)(用于人群)group；crowd；band：遭到一～强盗的抢劫 be robbed by a predatory band ❸(动)(共同；联合)combine；join：与朋友合～做生意 carry on the business in combination with one's friends
【伙伴】(名)partner；companion：志趣相投的～ good company/一直是日本的主要贸易～ has been Japan's principle trading partner
【伙计】(名)❶(合伙人)partner ❷(口)(同伴)fellow；mate：～，上哪儿去? Where are you going, mate? ❸(旧)(店员)salesman；salesclerk ❹(长工)farm labourer
【伙食】(名)mess；food；meals：学校的～ school meals/管理简单的～ take care of simple mess

huò

或 huò ❶(副)(或许；也许)perhaps；maybe；probably：他们明天～可到达。They will probably arrive tomorrow. ❷(连)(或者)or；

either...or...；你是去～是留下? Will you go or stay?
【或许】(副)(也许)perhaps；maybe：信～今天会到。Perhaps the letter will come today./～我还会在那儿碰见你呢。Maybe I'll see you there.
【或者】❶(副)(或许；也许)perhaps；maybe：他们这一去，～要在两年以后才返回中国。They left China with the probability of being nearly a two-year absent. ❷(连)(表示选择关系)or；either...or...；你可以选英语～日语 You may choose either English or Japanese.

货 huò (名)❶(货币；钱)money：制止通～膨胀 stem inflation ❷(货物；商品)goods；commodity：旧～ secondhand goods/按照要求立即供～。Goods will be supplied promptly to order. ❸(骂人的话，指人)：一个傲慢无礼的蠢～ an impertinent idiot
【货币】(名)money；currency：～贬值 devaluation/～单位 monetary unit
【货舱】(名)❶(装载货物的船舱)(cargo) hold ❷(飞机客舱下的货舱)bellyhold；cargo bay (of a plane)
【货车】(名)❶(货运列车)goods train；freight train ❷(运货车皮)goods van；freight car ❸(运货卡车、车辆)truck；lorry
【货船】(名)freighter；cargo ship；cargo vessel：定期～ cargo liner
【货单】(名)manifest；waybill；shipping list
【货款】(名)money for buying or selling goods；payment for goods
【货物】(名)goods；cargo；commodity：中国的主要出口～ the major exportations of China/运载～ carry cargo
【货源】(名)source of goods；supply of goods：开辟～ open up new sources of goods/市场～不足。The market is poorly supplied.
【货运】(名)freight transport；freight：～量 volume of freight/乘～列车旅行 travel on a freight
【货主】(名)owner of cargo

获 huò (动)❶(捉住；擒住)capture；catch：截～并没收走私货物 the capture and condemnation of the smuggled goods ❷(得到；取得)obtain；win；reap：～胜 win victory/准对收藏品进行复制和拍照 obtain permits to copy or photograph objects in the collection ❸(收割)reap；harvest
【获得】(动)(取得；得到)acquire；gain；obtain；win；achieve：从书本中～知识 obtain knowledge through books/～很大荣誉 win great honour

【获胜】（动）win victory；be victorious；triumph：克服一切障碍而～ win against all obstacles／理性终于～。Rationality triumphed at last.

【获悉】（动）〈书〉learn（of an event）：我们～他已派使者前往该国。We learned that he had sent emissaries to that country.

祸 huò ❶（名）（祸事；灾难）misfortune；disaster；calamity：横～ sudden misfortune／天灾人～ natural and man-made calamity ❷（动）（损害）bring disaster upon；ruin：～国殃民 bring calamity to the country and the people

【祸根】（名）bane；curse；the cause of ruin；the root of the trouble：把女人视为他的～ regard women as his ruin／贪婪是损毁幸福的～。Avarice is a bane to happiness.

【祸害】❶（名）❶（祸事）disaster；curse；scourge ❷（引起灾难的人或事物）scourge；curse；bane：黄河在历史上经常引起～。Throughout the ages, the Huanghe River was a scourge of the nation. ❷（动）（损害）bring disaster to；damage；destroy：～庄稼 damage the crops

【祸首】（名）chief culprit；chief offender：严惩罪魁～ heavily punish the chief culprit

霍 huò（副）（霍然）suddenly；quickly

【霍乱】（名）❶［医］（霍乱弧菌引起的烈性传染病）cholera ❷［中医］（泛指剧烈吐泻、腹痛、转筋等症）acute gastroenteritis

【霍然】（副）（突然）suddenly；quickly；rapidly

豁 huò ❶（形）（开阔；开通；通达）clear；open；open-minded；generous：～达大度 be open-minded and magnanimous ❷（动）（免除）exempt；remit：～免赋税 have exemption from taxes and levies

【豁亮】（形）❶（宽敞明亮）roomy and bright：这个教室很～。This classroom is bright and spacious. ❷（响亮）sonorous；resonant：他说话的声音很低，但却圆润～。His voice was rather low, but full and resonant.

【豁免】（动）（免除）exempt（from taxes or from customs inspection, etc.）；remit：～债务 remit a debt／享有外交～权 have diplomatic immunity

【豁然开朗】（成）suddenly see the light；be suddenly enlightened

J

jī

几 jī ❶(名)(小桌子)a small table：茶～儿 *tea table*；*teapoy* ❷(副)〈书〉(几乎；近乎) nearly；almost；practically：到会者～3,000 人。*Nearly 3,000 people came to the meeting.*
另见 788 页 jǐ。

【几乎】(副)nearly；almost；practically：他～一夜没睡。*He lay awake almost the whole night.*/我脚下一滑，～摔倒。*I slipped and nearly fell.*

讥 jī (动)(讥讽)ridicule；mock；satirize：反唇相～ *turn against another in mutual recrimination*

【讥讽】(动)ridicule；satirize：～腐败现象 *ridicule corrupt dealings*/冷言冷语～他人 *make derisive sarcastic remarks about people*

【讥笑】(动)ridicule；jeer；sneer at；deride：～别人的错误 *jeer at the mistakes of others*

击 jī (动)❶(打；敲打)beat；hit；strike：～鼓 *beat the drums*/～石敲金 *strike bells and stones — to play Chinese ancient musical instruments* ❷(攻打)attack；assault：声东～西 *make a feint to the east and attack in the west* ❸(碰；接触)come in contact with；bump into：目～整个事件 *witness the whole event*/海浪拍～着悬崖。*The surf beat upon the cliff.*

【击败】(动)defeat；beat；vanquish：～对手 *beat one's opponents*/在赛场上～强手 *defeat a master player in the contest*

【击毙】(动)shoot dead；strike dead：四名匪徒被当场～。*Four bandits were shot dead on the spot.*

【击沉】(动)bombard and sink；send (a ship) to the bottom：～敌舰七艘 *sink seven enemy warships*

【击穿】(动)[电]breakdown；puncture：～电压 *breakdown voltage*/用冲击钻～墙壁 *puncture the wall with a drill*

【击毁】(动)smash；wreck；shatter；destroy：～敌机 *smash the enemy planes*

【击剑】(名)[体]fencing

【击落】(动)shoot down；bring down；down：～敌机两架 *bring down two enemy planes*

【击伤】(动)wound；injure (a person)；damage (a plane, tank, etc.)

【击退】(动)beat back；repel；repulse：被～到城外 *be repulsed outside the city*/被～得走投无路 *be repelled to the wall*

【击中】(动)hit：～要害 *hit the nail on the head*；*hit sb.'s vital point*；*hit home*/子弹～目标。*The bullet hit home.*

饥 jī ❶(形)(饿)hungry；starved；famished：～肠辘辘 *be so hungry that the stomach is beginning to gurgle*/～不择食。*Hunger is the best sauce.* ❷(名)(饥荒)famine；crop failure：遭受百年不遇的～荒 *suffer a crop failure which is rarely met in a century*

【饥饿】(形)hungry；starved：～难忍 *feel unbearably hungry*/忍饥挨饿 *suffer hunger*

【饥荒】(名)❶(庄稼收成不好或无收成)famine；crop failure：引起～ *cause famine*/～迫在眉睫。*Famine stared us in the face.* ❷〈口〉(经济困难)be hard up；be short of money：宁愿平时节省些，也不愿意闹～ *would rather be frugal usually than be hard up*/不知闹～的滋味 *have no taste of being short of money* ❸〈口〉(债)debt：因交学费拉～ *be in debt for paying for one's tuition fees*

机 jī ❶(名)❶(机器)machine；engine ❷(飞机)aircraft；aeroplane；plane ❸(事情变化的关键；有重要关系的环节)crucial point；pivot；key link：充满生～ *be full of life*/掌握事物发展的契～ *seize the turning point of the development of events* ❹(机会)chance；occasion；opportunity：坐失良～ *watch a golden chance slip by*/随～应变 *adjust to changing* circumstances ❺（生活机能）organic ❻（形）（能迅速适应事物的变化的；灵活的）flexible；quick-witted：见～行事 see the conditions and act accordingly；take the cue and act accordingly/沉着～敏 be calm and resourceful

【机舱】（名）❶（船舶机器房）engine room ❷（飞机客舱）passenger compartment；cabin；machinery space

【机场】（名）airfield；airport；aerodrome：～标志 aerodrome markings/～灯标 airport beacon

【机床】（名）machine tool

【机动】（形）❶（利用机器开动的）motor-driven；motorized：～车辆不得停靠。No parking for motor-driven vehicles. ❷（权宜的；灵活的）flexible；expedient；mobile；manoeuvrable：有～余地 have room for mobility/有一定的～性 be flexible within certain limits ❸（准备灵活运用的）keep in reserve；for emergency use：集结～力量 concentrate reserve force

【机构】（名）❶［机］（机械的内部构造或一个单元）mechanism：分离～ disengaging mechanism/程序～ preset mechanism ❷（机关；团体等工作单位或其内部组织）organ；organization；setup the internal structure of an organization：政府～ government organization/宣传～ propaganda organ/调整～ adjust the organizational structure

【机关】（名）❶（机械的关键部分）mechanism；gear ❷（办理事务的部门）office；organ；institution；body：～干部 office workers/行政～ an administrative organ ❸（周密巧妙的计谋）stratagem；scheme；intrigue：识破～ see through a trick/～败露 one's plot failed/～失算。The scheme fell through.❹（形）（用机械控制的）machine-operated：～布景 machine-operated stage scenery

【机会】（名）chance；opportunity：放弃～ forgo an opportunity/失去出国的～ lose the chance of going abroad

【机警】（形）alert；sharp-witted；vigilant：游击队～地监视敌人的动静。The guerrillas kept a close watch on the movements of the enemy.

【机灵】（形）（聪明伶俐；机智）clever；smart；intelligent：浑身透着～劲 be clever wholly/是个～鬼 be an intelligent guy

【机密】（名）❶（形）（重要而秘密的）secret；classified；confidential：窃～情报 steal classified information ❷（名）（机密的事）secret：泄露～ disclose secrets to sb./从不透露任何～ never allow any secrets to be leaked

【机能】（名）［生］function；enginery：保留～ retain a function/体内各～运行正常。The bodily functions work well.

【机器】（名）（用来转换或利用机械能的机构）machine；machinery；engine：操作～ operate machines/给～加油 oil the machine/～人 robot

【机枪】（名）machine gun

【机械】❶（名）（利用力学原理组成的各种装置）machinery；machine；mechanism：～化 mechanize/～师 machinist ❷（形）（死板；刻板）mechanical；inflexible；rigid：～模仿 imitate rigidly/工作方法太～。One's method of working is too inflexible.

【机型】（名）（飞机、机器等的型号）type model

【机要】（形）confidential：～工作 confidential work

【机翼】（名）［航空］wing

【机油】（名）engine oil；machine oil

【机遇】（名）〈书〉（好的境遇；机会）favourable circumstances；opportunity：错过～ balk an opportunity/是千载难逢的～ be the opportunity of a lifetime

【机制】❶（名）（机器的构造和工作原理；有机体的构造、功能和相互关系；泛指一个复杂的工作系统或某些自然现象的规律）mechanism：改进～ improve mechanism/使～运转 make mechanism operate ❷（形）（机器制造或加工的）machine-processed；machine-made

【机智】（形）quick-witted；resourceful：～勇敢 be resourceful and brave/～灵活 be quick-witted and elastic

【机组】（名）❶［工］（一组机器）set；assembling unit ❷（飞机上的工作人员）aircrew；flight crew

肌
jī（名）❶（肌肉）muscle；flesh ❷〈书〉（皮肤）skin：～理细腻 have fine-textured skin

【肌肤】（名）〈书〉（human）skin：美丽的～使你更加动人。Your fine skin and muscle will make you more charming.

【肌肉】（名）muscle：绷紧的～ taut and strained muscles/使～发达 develop muscles

【肌体】（名）human body；organism

鸡
jī（名）（家禽的一种，也叫家鸡）chicken：公～ cock/母～ hen

【鸡蛋】（名）（hen's）egg：～糕（sponge）cake

【鸡尾酒】（名）flip；cocktail；sour：～会 cocktail party

奇
jī（形）（单的；不成对的）odd（number）另见915页 qí。

【奇数】（名）odd number；odd

积 jī ❶（动）（积累）amass；store up；accumulate：～粮备荒 *accumulate grains against a lean year*／～劳成疾 *fall ill from overwork* ❷（形）（长时间积累下来的）long-standing；long-pending；age-old：侦破～案 *solve the long-pending case*／消除～弊 *eliminate age-old malpractice* ❸（名）［数］（乘积的简称）product

【积存】（动）store up；lay up；stockpile

【积分】（名）［数］integral：定（不定）～ *definite（indefinite）integral*

【积极】（形）❶（肯定的；正面的）positive：调动一切～因素 *bring all positive factors into play* ❷（进取的；热心的）active；energetic；vigorous：对社会工作～ *be energetic in social activities*／～分子 *activist*／～性 *initiative*

【积聚】（动）gather；build up；accumulate：～资源 *gather resources*

【积累】（动）（逐渐积累）accumulate：～宝贵经验 *accumulate valuable experience*／靠勤劳～大量财富 *accumulate great wealth by hard work*

【积蓄】❶（动）（积存）put aside；save；accumulate；salt away：～能源 *save energy*／～资金 *accumulate funds* ❷（名）（存款）savings：取出～做某事 *take out savings to do sth.*

【积压】（动）keep long in stock；overstock：～大量商品 *overstock a lot of commodities*

【积攒】（动）〈口〉save bit by bit：～硬币 *collect coins*／～些钱以备不时之需 *save for a rainy day*

基 jī ❶（名）（基础）base；foundation：浇注坚实的水泥地～ *pour a solid foundation of cement* ❷（形）（起头的；根本的）basic；key；primary；cardinal：是该楼的～层 *be the ground floor of the building*／是个～数 *be a cardinal number*

【基本】❶（形）❶（根本的）basic；fundamental：～词汇 *basic vocabulary*／～功 basic train-ing／发～工资 *give sb. the basic wage* ❷（主要的）main；essential：本单位用人的～条件是…… *the essential conditions to get employed in this unit are...*／该书的～内容是… *the main content of this book is...* ❸（基础的）elementary；rudimentary：是…的最～知识 *be the most rudimentary knowledge of...* ❷（副）（大体上）basically；in the main；on the whole；by and large：～正确 *be in the main true*／品质～上是好的。*The quality of a person is good by and large.*

【基层】（名）❶（各种组织中最低的一层）grass roots unit；basic level；primary level：进行～选举 *conduct elections at the basic level*／是～领导 *be leaders of grass roots* ❷［生］（基质）substrate；matrix ❸［房］（底层）base course；foundation course

【基础】（名）❶（泛指事物发展的根本或起点）foundation；base；basis：有群众～ *have a mass basis*／为改革提供可靠的～ *provide a sound base for reform* ❷（把建筑物、机器等的荷重传递给地基的结构）base；seat；groundwork

【基地】（名）base：是最重要的工业～ *be the most important industrial base*／在国外保持军事～ *maintain military bases on foreign soil*

【基点】（名）（事物发展的起点；中心）basic point；starting point：总结基本点 *sum up the basic point*／掌握所有的～ *master all the starting points*

【基督】（名）［宗］Christ

【基建】（名）capital construction

【基金】（名）fund；foundation：取消一笔～ *cancel a fund*／建立研究～ *establish a foundation for research*

【基石】（名）foundation stone；cornerstone：是国家的～ *be the cornerstone of the state*

【基数】（名）［数］cardinal number；base

【基因】（名）［遗］（生物体遗传基本单位）gene

【基于】（介）because of；in view of；on account of：～现状 *because of the present circumstances*／～这种考虑 *in view of this consideration*

【基准】（名）❶［测］（测量时的起算标准）datum ❷（泛指标准）standard；criterion

缉 jī（动）（缉拿）seize；arrest：～赌 *seize the gamblers*

【缉捕】（动）seize；arrest：公安人员在～逃犯 *The police are pursuing the escaped prisoner.*

【缉拿】（动）seize；arrest；apprehend：被突然～ *be seized with a surprise*／～凶手 *apprehend the murderer*

【缉私】（动）seize smugglers or smuggled goods；suppress smuggling：～船 *anti-smuggling patrol boat；coast guard vessel*

畸 jī（形）❶（偏）lopsided；unbalanced：～重～轻 *be lopsided；be prejudiced favoring either one side or other* ❷（不正常的；不规则的）irregular；abnormal

【畸变】（名）［电］distortion

【畸形】（形）❶（人或生物形态异常）deformity：肢体发育～ *have deformed limbs*／先天～ *congenital malformation* ❷（事物发展不平衡，不正常）unbalanced：～增长 *increase unbalancedly*

稽 jī（动）❶（查考）check；examine；investigate ❷（计较；争论）find fault with ❸〈书〉（停留；拖延）delay；procrastinate

【稽查】❶（动）（检查以prevent smuggling，tax evasion，etc.）；inspect ❷（名）（检查人员）inspector；customs officer

【稽留】（动）〈书〉（停留）delay；detain

激 jī ❶（动）❶（水因受到阻碍或震荡而向上涌）swash；surge；dash：发出～浪声 give out the swash of turbulent waves ❷（冷水突然刺激身体使得病）fall ill from getting wet；叫雨给～着了 catch a chill from getting wet in the rain／虽然受了～，没得病 be all right though one gets wet in the rain ❸〈方〉（用冷水冲或泡食物等使变凉）chill（by putting in ice water，etc.）❹（使发作；使感情冲动）arouse；stimulate；excite：～发天良 arouse one's conscience／故意刺～某人 irritate sb. on purpose ❺（感情激动）excite；stir ❷（形）（急剧；强烈）sharp；fierce；violent；通过～流险滩 shoot the rapids and dangerous shoals

【激昂】（形）roused；aroused；excited and indignant：～慷慨 be fervent and excited／平息～的情绪 let the feelings roused subside

【激动】（动）excite；stir；agitate：～人心 be soul-stirring

【激发】（动）（使奋发）arouse；stimulate；set off：～某人学习兴趣 arouse sb.'s interest in study／你的鼓励会～我进一步努力。 Your encouragement will stimulate me to further efforts.

【激愤】（形）wrathful；indignant；enraged

【激光】（名）［物］laser：用～治病 cure diseases with laser beam／～导弹跟踪系统 laser missile tracking system

【激励】（动）（激发鼓励）encourage；impel；urge：～某人刻苦学习 impel sb. to study diligently／成功能～人更加努力。 Success will stimulate a man to further efforts.

【激烈】（形）intense；sharp；fierce；acute：言辞～ vehement words／两国发生～的贸易冲突。 A fierce trade conflict erupted between the two countries.

【激起】（动）arouse；evoke：～人们的愤慨 arouse the people to indignation／～一场风波 stir up a disturbance

【激情】（名）intense emotion；fervour；passion；enthusiasm：充满～ be filled with enthusiasm／燃起～ set one's passion aflame

【激素】（名）［生理］hormone

【激增】（动）jump from；increase sharply：第二

次世界大战之后，世界人口～。 The world population shot up after World War Ⅱ.

jí

及 jí ❶（动）❶（达到）reach；come up to：普～ popularize／波～ spread to；involve ❷（够得上；比得上）can compare with；be comparable；be up to ❸（赶上）be in time for ❷（连）（连接并列的名词或名词性词组）and；老师、学生～家长 the teacher，students and parents of the children ❸（介）（到）to

【及格】（动）pass a test，examination，etc.；pass：考试未～ fail to pass the examination

【及时】❶（动）（正赶上时候）timely；in time；seasonable：～雨 timely rain—timely help／～赶到 arrive in the very nick of time ❷（副）（不拖延；立即）promptly；without delay：～解决问题 solve a problem promptly／～收割庄稼 gather in crops without delay

【及物动词】（名）［语］transitive verb

吉 jí（形）（吉利；吉祥）lucky；auspicious；propitious：开业大～ be propitious to the opening for business；grand opening for business；grand open

【吉利】（形）lucky；auspicious；propitious：给某人取个～名字 choose an auspicious name for sb.／为图～而保存某物 keep sth. for luck

【吉普车】（名）jeep

【吉日】（名）lucky day：结婚的～良辰 a lucky time and day for wedding

【吉他】（名）guitar

【吉祥】（形）lucky；auspicious；propitious：～如意 good luck and happiness／送～物 present sb. with propitious gifts

【吉兆】（名）good omen；propitious sign：是个～ be a good omen／遇到～ come across a propitious sign

级 jí ❶（名）❶（等级）level；rank；grade：各党组织 Party organizations at all levels／一～战备 NO. 1 alert ❷（年级）any of the yearly divisions of a school course；grade；class；form ❸（台阶）step：拾～而登 follow the steps up ❹［语］（形容词和副词的级）degree：比较～ the comparative degree／最高～ the superlative degree ❷（量）（用于台阶、楼梯等）step；stage：20～的梯子 a ladder of twenty steps

【级别】（名）rank；level；grade；scale：她的～比我高。 She is above me in rank.／她是什么～的干部？ What rank of cadre is she?

【级数】（名）［数］progression；series

极

jí ●（名）❶（顶点；尽头）the utmost point; extremity：登峰造～ reach one's climax/痛苦之～ be in an extremity of pain ❷（地球的南北两端；磁体的两端；电源或电器上电流进入或流出的一端）pole ●（动）（尽）达到顶点）reach the end of：～山 push to extremes/～一时之盛 reach a temporary magnificence/物～必反。Things that have reached their extremes turn into their opposites. ●（形）（最终的；最高的）utmost; extreme; final：被处以一刑 be sentenced to death ●（副）（表示达到最高程度）extremely; exceedingly：～通情达理 be plentifully endowed with sound common sense/～快 be exceedingly

【极地】（名）[地理]polar region：到～旅行 travel in the polar region/观察～气象 observe meteorological phenomena in the polar region

【极点】（名）❶（顶点）the limit; the extreme; the utmost：兴奋到～ be extremely excited ❷（两极之端；磁体两端等）pole

【极度】（副）extremely; exceedingly; to the utmost：～悲伤 be extremely sad/～危险 be in extreme danger

【极端】●（名）❶（事物发展达到的顶点）extremes：从不走～ never run to an extreme ❷[物]（极部）pole tip ●（副）（达到极点的）extremely; exceedingly：～相信某人 trust sb. to the utmost/是～个人主义者 be out-and-out egoists

【极力】（副）do one's utmost; spare no effort：～反对 oppose actively/～避免发生事故 do one's utmost to avoid accidents

【极其】（副）most; extremely; exceedingly：～惨痛的教训 be a most bitter lesson/～困难 be extremely difficult

【极圈】（名）[地测]polar circle

【极限】（名）❶（最高的限度）the limit; the maximum：超过～ overstep the limit/确立～ establish a maximum ❷[数]limit

即

jí ●（动）❶（靠近；接触）approach; reach; be near ❷（到；开始从事）assume; undertake ❸（就着）prompted by the occasion ❹[书]（表示判断：就是）be; mean; namely ●（形）（当下；目前）the same（day, etc.）; immediate; at present; in the immediate future ●（副）〈书〉（就；便）promptly; at once：以上问题盼～答复。We expect prompt answers to the above questions. ●（连）〈书〉（即使）even; even if：～遇到困难，亦应按期完成任务。We should fulfill the mission even if we run up against difficulties.

【即便】（连）even; even if; even though：～你有理，也不应该发火。You shouldn't have lost your temper even if you were in the right.

【即将】（副）be about to; be on the point of; in no time：胜利～到来。Victory is at hand.

【即刻】（副）at once; immediately; instantly：警察～出发，火速赶到出事现场。The police left immediately, and rushed to the scene of the accident.

【即时】（副）immediately; forthwith

【即使】（连）even; even if; even though：～条件再好，也还要靠自己努力。No matter how favourable the conditions are, we'll still rely on our own efforts.

急

jí ●（形）❶（想要马上达到某种目的而激动不安；着急）impatient; anxious：～功近利 be anxious to achieve quick success and get instant benefits/～不可待 can scarcely wait; be in too much of a hurry to wait ❷（容易发怒；急躁）irritated; annoyed; nettled：把某人惹～ make sb. annoyed/～赤白脸 flush red in the face with fury ❸（迅速而猛烈；急促）fast; rapid; violent：～转直下 take a sharp turn for the worse; turn abruptly towards a new vista/个～刹车 put on the brake suddenly; apply the emergency brake ❹（急迫；紧急）urgent; pressing：～不暇择 be too urgent to make careful choice/～来抱佛脚 seek help in time of emergency; do nothing until the last moment ●（名）（紧急的事情）urgency; emergency：到医院看～诊 go to the hospital for emergency treatment ●（动）❶（使着急）worry：为就业而～ worry about one's work/为孩子不如期归家而～ be anxious about one's child for his being out so late ❷（对大家的事或别人的困难尽快帮助）be eager to help：～人所～ be a worrier over others' worries; be eager to meet the needs of others/～公好义，乐于助人 be zealous for the common weal and ready to help others

【急促】（形）❶（快而短促）hurried; rapid：心跳加快，呼吸～ one's heart beats so fast and one is out of breath/脚步声～ one's footsteps are hurried ❷（时间短促）（of time）short; pressing：时间～，赶快做出决定。Time is running short, make decision quickly.

【急电】（名）urgent telegram; urgent cable

【急件】（名）urgent document or dispatch

【急救】（动）give first aid treatment; emergency treatment：前往～中心 go to the first-aid center/赶 快 ～ be quick with emergency treatment

【急剧】（形）rapid；sharp；sudden：成绩～下滑。The achievement deteriorated rapidly.

【急流】（名）❶（湍急的水流）torrent；rapid stream；rapids：～勇进 advance through the rapids；press on in the teeth of difficulties/闯过～险滩 sweep over rapids and shoals ❷〔气〕（大气中狭窄的强风带）jet stream；jet flow

【急忙】（副）in a hurry；in haste；hurriedly；hastily：～吃饭 have one's meal hurriedly/～报告给某人某事 tell sb. the news in haste

【急迫】（形）urgent；pressing；imperative：情况～。The situation is urgent./时间～。Time is pressing.

【急切】（形）❶（迫切）eager；impatient：～要求到贫困地区工作 ask eagerly to be sent to work in poor areas/大家心情～地等着他的消息。Everyone was impatient expecting his news. ❷（仓促）in a hurry；in haste：～间忘了留下地址 forget to leave one's address in a hurry/～间忘了锁门 forget to lock the door in one's haste

【急性】（形）acute：～病 acute disease

【急需】（动）❶（迫切需要）be badly in need of：～日用品 be badly in need of daily necessities/～援助 be in urgent need of help ❷（紧急需要）urgent need：以备～ be prepared for urgent need

【急用】（动）urgent need：有～ be urgently needed

【急于】（形）eager；anxious；impatient：～求成 be anxious for success；rush things through to completion/～获得某人的欢心 be eager in winning sb.'s heart

【急躁】（形）❶（遇事好激动烦躁）irritable；irascible：～得发脾气 be so irritable as to lose one's temper/对孩子们不要～。Don't be impatient with your children. ❷（性急）impetuous；rash；impatient：～冒进，中了敌人的埋伏 advance impatiently and fall into the ambush of the enemy

【急诊】（名）emergency call；emergency treatment：～室 emergency room

疾 jí ❷（名）❶（疾病）disease；sickness；illness：攻克顽～ succeed in curing a stubborn disease/积劳成～ fall ill from constant overwork ❷（痛苦）suffering；difficulty：对…感到痛心～首 feel bitter about ... ❸（动）（痛恨）hate；abhor：～恶如仇 hate evil as one does

one's enemy ❸（形）❶（急速）fast；quick；rapid：～驰如风 go like the wind/车辆在高速公路上～驶。Cars are going fast on the highway. ❷（猛烈）vigorous；strong：～言厉色 utter harsh words and put on stern looks/大声～呼 raise a cry；shout at the top of one's voice

【疾病】（名）disease；illness；sickness：忍受着～的折磨 bear one's illness/有些～是不治之症。Some diseases are incurable.

【疾苦】（名）sufferings；hardships：不被～所难倒 be not afraid of the sufferings/勇敢地面对～ face difficulties bravely

棘 jí（名）❶（荆棘）thorn bushes ❷（动）（刺；壳针）spine

【棘手】（形）thorny；troublesome；knotty

集 jí ❶（动）（集合；聚集）gather；assemble；collect：～邮 collect stamps/调～兵力 assemble forces quickly ❷（名）❶（集市）country fair；market：赶～ go to market；go to a fair ❷（集子）collection；anthology：做成图片～锦 make an outstanding examples of a fine collection of pictures ❸（全书分成的若干部分中的一部分；分段落放映的影片中的一个段落）volume；part：分上下一 be in two parts/分几～出版 be published in several volumes

【集成电路】（名）〔电子〕I. C.；integrated circuit

【集合】（动）（聚集）gather；assemble；muster；call together：在某个时间～ assemble at a certain time/下紧急～令 call an emergency muster

【集会】（名）assembly；rally；gathering；meeting：安排～ arrange an assembly/～如期举行。The rally was held as arranged.

【集聚】（动）（集合；聚合）gather；collect；assemble：～资金 accumulate funds

【集市】（名）country fair；market：在～上出售sell sth. on the market/到～上收税 go to the country fair to assess taxes on the vendors

【集体】（名）collective：关心～ show concern for the collective/住在～宿舍 live in a dormitory

【集团】（名）group；bloc；clique；circle：组织军事～ form a military bloc

【集训】（动）assemble for training：同学们在军事基地进行～。The students are being trained at the military base.

【集邮】（名）stamp collecting；philately：～家 stamp collector

【集中】（动）concentrate；centralize；focus；amass；put together：～力量 concentrate

forces/～大量财富 amass vast fortunes
【集装箱】(名)container
【集资】(动)raise funds；collect money；pool resources：～帮助失学儿童 raise funds to assist children who are unable to go to school/～建房 collect money for building houses

辑 jí ㊀(动)(编辑；辑录)collect；compile；edit：根据原文～ edit a book from the original text/汇～各方资料 edit data from various sources ㊁(名)(整套书籍、资料的各个部分)part；volume；division：百科全书将分～出版。The encyclopaedia will be issued in parts.
【辑要】(名)summary；abstract

嫉 jí(动)❶(忌妒)be jealous；be envious：～贤妒能 be envious of people of worth and ability ❷(憎恨)hate：～恶如仇 hate evil as one does one's enemy
【嫉妒】(动)be jealous of；envy：不～任何人的成就 be jealous of nobody's achievement/克服～心 overcome jealousy
【嫉恨】(动)envy and hate；hate out of jealousy：对别人的批评从不～ never show envy and hatred for the criticism of others

籍 jí(名)❶(书籍)book；record ❷(册子)registry ❸(籍贯)native place；hometown；birthplace ❹(代表个人对国家、组织的隶属关系)membership
【籍贯】(名)the place of one's birth or origin；native place

jǐ

几 jǐ(代)❶(多少，用于询问数量和时间)how many：4 乘 6 等于～? What's four times six? ❷(表示不定的少数目)a few；several；some：他过不了～天就会回来的。He'll be back in a couple of days./来了十～二十个人。About twenty people came.
另见 782 页 jī。
【几分】(名)a bit；somewhat；rather：让她～humour her a little/他说的有～道理。There's something in what he said.
【几何】(名)❶〈书〉(多少)how much；how many ❷(几何学)geometry：～学 geometry/～图形 geometrical figure

挤 jǐ(动)❶(人、物紧挨在一起；事情集中在同一时间内)crowd；pack；cram：～得透不过气 be crowded to the point of suffocation ❷(使劲用身体推开人或物)jostle；push

against：～进银行 jostle into the bank/别～。Don't push. ❸(榨；用力压使排出)squeeze；press：～牙膏 press toothpaste/～出水分 squeeze the water out
【挤压】(动)extrude；squeeze：～机 extrusion press；extruder

济 jǐ(名)(济水)the Ji River
另见 791 页 jì。
【济济】(形)(of people)many；numerous：人才～ there is a galaxy of talents；be full of men of talents

给 jǐ ㊀(动)(供给；供应)supply；provide：自～自足 be self-sufficient；be self-reliant ㊁(形)(富裕充足)ample；well provided for：家～户足 each family is provided for and every person is well-fed and well-clothed
另见 730 页 gěi。
【给水】(名)[机]feed water；water supply
【给养】(名)provisions；victuals；rations：～不足 be short of provisions/中断…的～ shut off the victuals of...
【给予】(动)〈书〉give；render：～法律保护 give legal protection/～…协助 render assistance to...

脊 jǐ(名)❶(人或动物背中间的骨头；脊柱)spine；backbone：干重活扭伤～骨 strain one's backbone by heavy work ❷(物体上形状像脊柱的部分)ridge：屋～ ridge(of a roof)/书～ spine(of a book)
【脊背】(名)back(of a human being or any other vertebrate)
【脊梁】(名)〈方〉(脊背)back(of the human body)
【脊柱】(名)spinal column；vertebral column

jì

计 jì ㊀(动)❶(计算)count；compute；calculate；number：数以万～ number in tens of thousands/共～ amount to...；add up to... ❷(设想；打算)plan；plot：做～划 make a plan/用反～对抗阴谋 counterplot a plot ㊁(名)❶(测量或计算度数、时间等的仪器)meter；gauge：体温～ (clinical)thermometer/雨量～ rain gauge ❷(主意；策略；计划)idea；ruse；stratagem；plan：将～就～ meet another's scheme with one's own；turn a person's trick against him/无～可施 be at one's wits' end
【计策】(名)stratagem；plan：制定～ make a plan/采用～ adopt a stratagem

【计划】●(名)(工作、行动以前预先拟定的内容和步骤)plan；project；programme：讨论～ *discuss plans*/实施～ *put a plan into action*；set a plan on foot ●(动)(做计划)map out；plan；plot；design：～未来 *map out one's future*/周密～ *plan sth. out*

【计较】(动)❶(计算比较)bother about；haggle over；fuss about：斤斤～ *be calculating and unwilling to make the smallest sacrifice*/不～价格 *not haggle about prices* ❷(争论)argue；dispute：不同某人～ *not argue with sb.*

【计量】(动)calculate；estimate；meterage；measure：～长度 *measure length*/～重量 *calculate the weight*

【计时】(动)reckon by time；timing：～服务 *render service by the hour*/进入倒～阶段 *come to the period of reckoning time backwards*/～工资 *payment by the hour*；time wage

【计数】(动)count；tally：～器 *counter*

【计算】(动)❶(求得未知数)count；compute；calculate：～机 *computer*/～器 *calculator*/～精确 *calculate to a nicety* ❷(考虑；筹划)consideration；planning：精于～ *be adept in planning*/不善～ *be not good at consideration* ❸(暗中谋划损害别人)secretly scheme against others：从不～别人 *never scheme against others*/阴谋～某人 *plot against sb.*

记 jì ●(动)❶(把印象保持在脑子里)remember；bear in mind；commit to memory：～错了 *remember wrongly*/把知识～在脑子里 *commit knowledge to one's memory* ❷(记录；记载；登记)write (or jot；take) down；record：～家谱 *record one's family tree*/把要做的事～在纸上 *write down what one is going to do on a piece of paper* ●(名)❶(记载、描写事物的书或文章)notes；record：做笔～ *jot down notes*/撰写旅行漫～ *make a random record of travel* ❷(标志；符号)mark；sign：有明显的标～ *bear obvious signs* ❸(皮肤生下来就有的深色的斑)birthmark：许多亚洲新生儿有胎～. *Many Asian newborn babies have birthmarks on them.* ●(量)〈方〉(用于动作的次数)slap

【记仇】(动)bear grudges；harbour bitter resentment：她心胸狭隘，好～. *She is narrow-minded and tends to bear grudges.*

【记得】(动)remember；recall：～清 *can recall exactly*/依稀～ *remember vaguely*

【记分】(动)❶(比赛用)keep the score；record the points (in a game)：以工作表现～ *keep the score by one's performance in work* ❷(学

校用)register a student's marks：不～数 *not register students' marks* ❸(农业生产单位用)record workpoints：出一天工记1分 *keep one mark for sb.'s attendance to work a day*

【记过】(动)record a demerit：把～处分记入档案 *record a demerit on file*/给予～处分 *give sb. a demerit*

【记号】(名)mark；sign：擦掉粉笔～ *rub off chalk marks*/根据～行动 *take actions according to the signs*

【记录】●(动)(写下来)take notes；record；keep the minutes：做速记～ *take shorthand-writer's notes*/～所发生的一切 *record all that happened* ●(名)❶(当场记录下来的材料)minutes；notes；record：整理～ *collate the minutes*/是事实的忠实～ *be a faithful record of facts* ❷(最高成绩)record：刷新～ *better a record*/创历史最高～ *top the highest record in history*

【记述】(动)record and narrate；give an account of：～这段历史 *record and narrate this period of history*/～冒险故事 *narrate the adventures of...*

【记性】(名)memory：～好极了 *have a splendid memory*

【记忆】●(动)(记住或想起)remember；recall：～犹新 *remember vividly* ●(名)(保持在脑子里的印象)memory：恢复～ *regain one's memory*/对青年时代有着美好的～ *have lovely memories of one's youth*

【记载】●(动)(写下来)put down in writing；record：生动地～某次战役 *vividly record the battle*/忠实地～事实 *record facts faithfully* ●(名)(记事的文章)record；account：做详细～ *keep detailed accounts of...*/阅读现存的～ *read extant record*

【记账】(动)❶(记录账目)keep accounts：记流水账 *keep day-to-day accounts*/对自己的收支定期～ *keep a regular account of one's income and expenses* ❷(索取付款)charge to an account：～付款 *pay by putting it to one's account*

【记者】(名)reporter；correspondent；newsman；journalist：是一位出类拔萃的～ *be a brilliant journalist*/接受本报～采访 *be interviewed by a staff reporter*

【记住】(动)remember；learn by heart；bear in mind：～难忘的一刻 *remember the unforgettable moment*/～亲人的嘱托 *learn one's entrustment made by one's dear by heart*

伎 jì (名)(技能；本领)skill；ability；trick

【伎俩】(名)trick；intrigue；manoeuvre：玩弄卑

劣的～ play a nasty trick

纪 jì ❶（名）❶（纪律）discipline ❷（古时以十二年为一纪；泛指较长的时间）age；epoch：发生在中世～ happened in the Middle Ages／在年～很轻时便出名 become famous at an early age ❸［地质］（地质年代分期的第二级）period：始于白垩～ originated from the Cretaceous Period ❷（动）（记录下来）put down in writing；record：查阅会议～实 consult an on-the-spot of the meeting

【纪律】（名）discipline：～严明 be highly disciplined／目无组织～ disregard organizational discipline

【纪念】❶（动）（表示怀念）commemorate；mark：举行集会～某事 hold a meeting to commemorate sth.／作为节日来～ be observed as a holiday ❷（名）（纪念物）souvenir；keepsake；memento：～碑 monument；memorial tablet／～馆 memorial hall；museum in memory of／～塔 memorial tower

【纪要】（名）summary of minutes；summary：会谈～ summary of conversations／编年～ a chronological summary

【纪元】（名）❶（纪年的开始）the beginning of an era（e.g. an emperor's reign）❷（时代）epoch；age：开创人类历史的新～ usher in a new epoch in the history of mankind／迈进新～ stride over a new epoch

技 jì（名）（技能；本领）skill；ability；trick：黔驴～穷 be at one's wits' end；be at the end of one's rope／身怀绝～ have unique skill

【技工】（名）（技术工人）skilled worker；mechanic；technician

【技能】（名）technical ability；mastery of a skill or technique：有多种～ be capable of doing a variety of technical work／有创造发明的～ possess the ability of inventing things

【技巧】（名）skill；technique；craftsmanship：～娴熟 display consummate technique／卖弄～ show off one's skill

【技师】（名）artificer；mechanic；technician

【技术】（名）technology；skill；technique：～人员 technician；technical personnel／～知识 technological know-how／～职称 titles for technical personnel／～员 technician

【技艺】（名）skill；artistry；feat：～超群 be distinguished for one's superb skill

系 jì（动）（打结；扣）tie；fasten；do up；button up：～鞋带 tie shoelaces／～上安全带 fasten one's safety belt／～紧 button up tightly
另见 1034 页 xì。

【系泊】（动）moor；moor a boat：～浮筒 mooring buoy

忌 jì（动）❶（忌妒）be jealous of；envy：～恨别人 envy and hate others ❷（怕；忌讳）fear；dread；scruple：无所顾～ hesitate at no act；go all lengths／抛开顾～ put away one's scruples ❸（认为不适宜而避免；禁忌）avoid；shun；abstain from：～口 avoid eating certain food；be on a diet／主观性 shun subjectivity ❹（戒除）quit；give up：～毒 quit addictive drugs／～烟 give up smoking／～酒 give up alcohol；abstain from wine

【忌辰】（名）the anniversary of the death of a parent，ancestor，or anyone else held in esteem：在…～送上鲜花 present flowers on the death date of...

【忌惮】（动）（畏惧）dread；fear；scruple：毫无～ scruple at nothing／肆无～ be unbridled；be without any scruples

【忌妒】（动）be jealous of；envy：克服～心 overcome jealousy

【忌讳】（动）❶（禁忌）taboo：她最～别人说她长相丑陋。She resents being called an ugly girl. ❷（避忌；顾忌）avoid as taboo ❸（力求避免）avoid as harmful；abstain from：～做（提及）某事 avoid doing（mentioning）sth. as harmful／～讲别人的坏话 abstain from speaking ill of others

际 jì（名）❶（靠边的或分界的地方）border；boundary；edge：水～ the edge of a body of water；waterside ❷（里边；中间）inside ❸（彼此之间）between；among ❹（时候）occasion；time：生死之～ the moment between life and death ❺（遭遇）one's lot；circumstances ❷（动）（正当；适逢其时）on the occasion of：～此盛会 on the occasion of this grand gathering

【际遇】（名）〈书〉favourable or unfavourable turns in life；spells of good or bad fortune：他～好，很快就提升了。Fortune smiled on him and he was soon promoted.

妓 jì（名）（妓女）prostitute

【妓女】（名）prostitute

【妓院】（名）brothel

季 jì ❶（名）❶（三个月的气候期）season：一年四～ the four seasons of the year ❷（季节）season：旱～ the dry season／忙～已过。The busy season is over. ❸（指一个时期的末了）the end of an epoch ❹（一季的末一个月）the last month of a season ❺（在兄弟排行里代表

第四或最小的;次序在末的）the fourth or youngest among brothers ❸（量）（用于种植次数）the yield of a product in one season;crop

【季度】（名）quarter (of a year);season:按～订阅杂志 subscribe to magazines by the quarter

【季风】（名）[气] monsoon:～气候 monsoon climate/～雨 monsoon rain

【季节】（名）season;time:收获～ harvest time/春播～到了。The spring-sowing season has set in.

【季军】（名）third winner in contest;third place

【季刊】（名）quarterly publication;quarterly

剂 jì ❶（名）❶（药剂;制剂）a pharmaceutical or other chemical preparation ❷（某些有化学作用的物品）agent ❸（量）（用于若干味药配合起来的汤药）dose

【剂量】（名）[物][医] dosage;dose

迹 jì（名）❶（留下的印子;痕迹）mark;trace:留下足～ leave footprints on.../搅乱踪～ double on one's trace ❷（前人遗留的建筑或器物等）remains;ruins;vestige:发掘…的遗～ unearth traces of... ❸（形迹）an outward sign;indication

【迹象】（名）sign;token;indication:所有的～都表明… all indications point to...

济 jì（动）❶（过河;渡）cross a river:同舟共～ be in the same boat;be together through thick and thin;share with one in trouble ❷（帮助;救济）aid;relieve;help:～困扶危 help those in distress and aid those in peril ❸（对事情有益;成）be of help;benefit:无～于事 be of no help to the matter;be no use
另见788页 jǐ。

既 jì ❶（副）（已经）already ❷（连）❶（既然）since;as;now that:他～如此坚决,我也不便多说。Since he is so determined, I consider it wise to say no more./来了,就多待会儿吧。As you are here, you may as well stay a little longer. ❷（跟"且、又、也"等副词连用,表示两种情况兼而有之）both... and;as well as:他～懂英语也懂日语。He knows Japanese as well as English./他～没来过,我也没去过。He didn't come, nor did I go.

【既成事实】（名）an established fact;an accomplished fact;a fact already accomplished:造成～ make sth. an accomplished fact

【既得利益】（名）vested interest:～集团 vested interests

【既定】（形）set;fixed;established:就按～方案办吧,不要再改了。Let's do it according to the existing plan, don't make any further changes.

【既然】（连）since;as;now that:你～表示了决心,就应该见之于行动。Now that you have expressed your determination, you should act./你～没准备好,我们只能先走了。As you are not ready, we must go without you.

继 jì ❶（动）（继续;接续;接着）continue;succeed;follow:～往开来 carry forward the cause and forge ahead into the future/前赴后～ advance wave upon wave;take up the positions of the fallen and rise to fight one after another ❷（连）（继而）then;afterwards

【继承】（动）❶（依法承接财产或权利）inherit;succeed (to):从…大笔财产 inherit a large fortune from sb./～王位 succeed to the crown/～权 right of succession/～人 heir;successor;inheritor ❷（继续前人未完成的事业）carry on;carry forward:～光荣传统 carry forward glorious traditions/革命事业carry on the revolutionary

【继父】（名）stepfather

【继母】（名）stepmother

【继任】❶（动）（接替前人职务）succeed;succession;succeed sb. in a post:～首相 succeed sb. as Prime Minister ❷（名）（接替前任职务的人）successor

【继位】（动）succeed to the throne;accede;accession to the throne:乔治六世死后,伊丽莎白二世～。When George Ⅵ died, Elizabeth Ⅱ succeeded to the throne.

【继续】❶（动）（延续下去）continue;go on (with);keep on;proceed:～革命 continue the revolution/物价～上涨。Prices go on upward. ❷（名）（跟某事有连续关系的另一事）continuation:是改革的～ be the continuation of the reform

祭 jì（动）❶（祭奠）hold a memorial ceremony for:～奠革命先烈 hold a memorial ceremony for the revolutionary martyrs ❷（祭祀）offer a sacrifice to:～祖 offer sacrifices to one's ancestors/～坛上供着～品。There are oblations on the altar.

【祭奠】（动）hold a memorial ceremony for

【祭礼】（名）❶（祭祀仪式）sacrificial rites ❷（祭奠仪式）memorial ceremony ❸（祭品）sacrificial offerings

【祭品】（名）sacrificial offerings;oblation

【祭坛】（名）sacrificial altar;altar

【祭文】(名)funeral oration;elegiac address

寄 jì(动)❶(递送)send;post;mail:～包裹 send a parcel/挂号信 post registered letter ❷(托付;寄托)entrust;deposit;place:对某人不～希望 place no hope on sb. ❸(依附)depend on;attach oneself to:把某物放到商品里～卖 consign one's goods in a shop for sale

【寄存】(动)(寄放)deposit;leave with;check:～自行车 deposit one's bicycle/～行李 check one's luggage/～器 register

【寄放】(动)leave with;leave in the care of:把自己的孩子～在某人处 leave one's child in the care of sb.

【寄居】(动)live away from home:从小～在亲戚家 live with one's relatives since childhood/～异国 reside in a foreign country

【寄卖】(动)consign for sale on commission;put up for sale in a secondhand shop:～商店 commission store;second hand shop

【寄生】➊(名)[生](一种生物生活在另一种生物的体内或体表,并从后者获取营养以维持生活的现象)parasitism:～现象 parasitism/～动物 parasitic animal ➋(形)(靠别人生活的;附加的)parasitic:过着～生活 lead a parasitic life

【寄宿】(动)❶(借宿)lodge;put up:～寺院 lodge in a temple/～避暑山庄 make an overnight stay in mountain resort ❷(住校)board:在～学校受到严格的教育 receive rigid education in a boarding school

【寄托】(动)❶(托付)entrust to the care of sb.;leave with sb.:把孩子～给忠实的朋友照料 entrust one's children to a faithful friend ❷(把希望、理想等放在某人某事上)place(hope,etc.)on;find sustenance in;repose:精神有所～ have spiritual sustenance/事业是他唯一的～。Cause is the only hope that he nurses.

【寄予】(动)❶(寄托)place(hope,etc.)on:～厚望 cherish high hopes/对某事仍～一线希望 still have a ray of hope on sth. ❷(给予)show;give;express:～无限同情 show infinite sympathy for.../～无私的支持 give selfless support to...

【寄语】(动)〈书〉send word:～亲人报喜讯。Send our dear ones the happy news.

寂 jì(形)❶(寂静)quiet;still;silent:～如空室 be as still as an empty room/万籁俱～。A profound silence prevailed over all. ❷(寂寞)lonely;lonesome;solitary:枯～ be bored and lonely/过着孤～的生活 lead a solitary life

【寂静】(形)quiet;still;silent:沉闷的～ lifeless quiet/无声 be silent and still;be quite quiet

【寂寞】(形)lonely;lonesome:到了晚年方感到～。It is not until one approaches old age that one feels lonesome./梧桐深院锁清秋。One lonely tree is lapped in the cold autumn air in the deep yard.

jiā

加 jiā(动)❶(两个或两个以上的东西或数目合在一起)add;plus:把这些数字～起来 add up these figures/1～2等于3。One plus two makes three. ❷(使数量比原来大或程度比原来高)increase;augment:～大油门 open the throttle;step on the gas/和去年相比,今年的产量增～了8%。Compared with last year's,the output this year increased by 8%. ❸(把本来没有的添上去;安放)put in;add;append:雪上～霜 add insult to injury/给文章～注解 append notes to an article ❹(表示施以某种动作;加以)大～赞扬 praise highly/妄～猜测 make wild guesses

【加班】(动)work overtime;work an extra shift;work extra hours:～费 overtime pay/～加点地工作 work overtime;work extra hours

【加倍】➊(动)(加一倍)double;be twice as much:～补偿损失 compensate twice for a loss/技术革新后产量可以～。The technical innovation will double the output. ➋(副)(泛指程度深)double;redouble:～小心 be doubly cautious;be twice as careful/～努力 redouble one's efforts

【加法】(名)[数]addition;additive

【加工】(动)(对原材料、半成品等做各种工作,使符合规定要求)process;machining;working:～食品 process food

【加固】(动)reinforce;consolidate:～堤坝 reinforce the dam/～工事 improve defense works

【加害】(动)injure;do harm to:否认～某人 deny doing sb. an injury/他并无意～于你。He doesn't mean any harm to you.

【加号】(名)[数]plus sign

【加紧】(动)step up;speed up;intensify:～训练 intensify the training/～准备 speed up preparation

【加劲】(动)put more energy into;make a great effort:再加把劲 put in more effort/～推 push with greater effort

【加剧】(动)aggravate;intensify;exacerbate:

~紧张局势 aggravate the tension
【加快】（动）quicken;speed up;accelerate;pick up speed:~细胞的分裂 accelerate cell division
【加宽】（动）broaden;widen
【加仑】（名）（容量单位）gallon
【加强】（动）strengthen;enhance;augment;reinforce:~各民族间的团结 strengthen the unity among nationalities/~论证 reinforce one's argument
【加热】（动）heat;warm:把水~到100摄氏度 heat the water to one hundred degrees/发明一种新的~器 invent a new heater
【加入】（动）❶（加上）add;mix;put in:给面粉里~水 add water to flour/往红油漆里~点儿黄的 mix some yellow paint into the red one ❷（参加）join;accede to:~合唱团 join in the chorus/~条约 accede to a treaty
【加深】（动）（加大深度;变得更深）deepen:~理解 deepen understanding;get a deeper understanding/~裂痕 widen the rift
【加速】（动）quicken;speed up;accelerate;expedite:~生产 speed up production
【加油】（动）❶（加润滑油、燃料油等）oil;oiling;lubricate;fuel charging;fuel filling:给车轮~ put oil on the wheels;lubricate the wheels/飞机有时在空中~。Aircraft sometimes fuel in midair.❷（加劲）make a greater effort;make an extra effort:~干 work harder

夹 jiā（动）❶（从两个相对的方面加压力，使物体固定不动）press from both sides:被~在…中间 be pressed between...❷（放在两者之间;从两旁限制住）place in between:那孩子~在父母中间。The child was sandwiched between his parents.❸（用胳膊夹住）carry a book under one's arm:~着一本书 carry a book under one's arm ❹（夹杂;掺杂）mix;mingle;intersperse:~在人群中 mingle with the crowds
【夹道】❶（名）（窄的道）a narrow lane;passageway:开车穿过一条~ drive through a narrow lane/把~拓宽 widen a passageway ❷（动）（排列在道路两旁）line both sides of the street:~欢迎 line the street to welcome/松柏~ be lined with the pine and cypress on both sides
【夹缝】（名）a narrow space between two adjacent things
【夹攻】（动）attack from both sides;converging attack:对敌人发动左右~ make an attack from left and right upon the enemy/受

到两面~ be under a pincer attack
【夹克】（名）jacket:~衫 jacket;spencer
【夹杂】（动）be mixed up with;be mingled with:早晨清新的空气中~着玫瑰花香。A perfume of rose is in the fresh morning air.
【夹子】（名）clamp;clip;folder:纸~ paper clip/文件~ folder

佳 jiā（形）（美;好）good;fine;beautiful:每逢~节倍思亲。On festive occasions everyone longs for home more than ever./才子~人 talented scholars and beautiful ladies
【佳话】（名）a deed praised far and wide;a story on everybody's lips;a much told tale
【佳节】（名）happy festival time;joyous festival
【佳境】（名）〈书〉the most enjoyable or pleasant stages
【佳偶】（名）〈书〉a happily married couple
【佳人】（名）〈书〉beautiful woman
【佳肴】（名）delicacies:美味~ delicious food
【佳音】（名）〈书〉welcome news;good tidings;favourable reply
【佳作】（名）a fine piece of writing;an excellent work

枷 jiā（名）❶（旧时套在罪犯脖子上的木质刑具）cangue:披~戴锁 be in chains and shackles ❷（连枷）flail
【枷锁】（名）（比喻所受的压迫和束缚）yoke;chains;shackles;fetters:戴着~ be in shackles/受到无形的~的束缚 be fettered by intangible chains

家 jiā ❶（名）❶（家庭;人家）family;household:小康之~ a well-to-do family/治~有方 be good at managing a household ❷（家庭的住所）home:离~出走 run away from home/在~靠父母，出门靠朋友。One needs parents at home,but friends away from home.❸（经营某种行业的人家或具有某种身份的人）a person or family engaged in a certain trade:渔~ fisherman's family ❹（掌握某种专门学识或从事某种专门活动的人）a specialist in a certain field:科学~ scientist ❺（学术流派）school of thought;school:百~争鸣。A hundred schools of thought contend.❻（同姓的人）member of same clan ❼（民族）nationality:苗~ the Miao nationality ❽（代）（谦辞，用于对别人称自己的辈分高或年纪大的亲属）my:~父 my father ❾（形）❶（饲养的）domestic;tame:~兔 rabbit ❷（内部的）internal:~贼 pilferer working from within ❿（量）（用来计算家庭或企业）:开一~饭馆

run a restaurant/创办一～公司 *set up a company*

【家产】（名）family property：拥有可观的～ *have a handsome family property*

【家常】（名）the daily life of a family；domestic trivia：～便饭 *homely food*；*simple meal*

【家畜】（名）domestic animal；livestock：屠宰～ *slaughter domestic animals*/饲养～ *raise livestock*

【家当】（名）〈口〉family belongings；property

【家伙】（名）〈口〉❶（指工具或武器）tool；utensil；weapon：不要打架，更不能动～。*You shouldn't fight，still less use weapons.* ❷（指人）fellow；guy：那个～是谁？ *Who's that fellow?*

【家具】（名）house furnishings；gear；furniture：购买新～ *buy some new furniture*

【家禽】（名）fowl；domestic bird；domestic fowl；poultry

【家属】（名）family members；(family) dependents：慰问烈士～ *extend one's regard to martyrs' families*

【家庭】（名）family；household；home：抛弃～ *abandon one's family*/开办～工厂 *start a household factory*

【家务】（名）household duties：做～ *do housework*/承担所有的～ *take on all the household duties*

【家乡】（名）hometown；homeplace；native place

【家业】（名）family property；property：不要以为我们厂～大，浪费一点儿不算啥。*Don't think，just because our factory is big and well-off，that we can waste things.*

【家园】（名）home；homeland：重返～ *return to one's homeland*

【家长】（名）❶（一家之长）the head of a family；patriarch：废除～制 *abolish patriarchal system* ❷（父母或监护人）the parent or guardian of a child：征求～的同意 *ask for approval of one's parents or guardian*

【家族】（名）clan；family

嘉 jiā ❶（形）（美好）good；fine：被邀为～宾 *be invited as an honoured guest* ❷（动）（夸奖；赞许）praise；commend：可敬可～ *be worthy of respect and praise*/其志可～。*One's aspiration is worthy of praise.*

【嘉宾】（名）honoured guest；welcome guest

【嘉奖】（动）praise or reward by superiors；commend；cite：传令～ *cite sb. for meritorious service*/值得～ *deserve commendation*

【嘉勉】（动）〈书〉praise and encourage

jiǎ

甲 jiǎ ❶（名）❶（爬行动物和节肢动物身上的硬壳）shell；carapace：研究～骨文 *make a study of the inscriptions on bones or tortoise shells*/在龟～上雕花样 *engrave designs on tortoise shells* ❷（盖或围在人体或物体外面起保护作用的装备）armour：解～归田 *take off one's armor and go home*；*retire from office*/开着装～车 *drive an armored car* ❸（数）（第一）first：进入一级队行列 *be a member of the Grade A teams* ❹（动）（居第一位）occupy first place；be better than：订一个～等舱位 *book a first-class cabin seat*

【甲板】（名）deck；deck armour

【甲虫】（名）beetle

【甲醇】（名）［有化］methyl alcohol

【甲鱼】（名）（鳖）soft-shelled turtle

假 jiǎ ❶（形）（虚伪的；不真实的；伪造的；人造的）false；fake；sham；phoney；artificial：装～牙 *put in an artificial tooth*/～作真时真亦～。*When false is taken for true，what's true is false.* ❷（动）（借用）borrow；avail oneself of：狐～虎威 *assume someone else's authority as one's own*；*take advantage of the influence of others* ❸（连）（假如）if；suppose：～若天下雨，我们干什么？ *Suppose it rains，what shall we do?*

另见 795 页 jià。

【假扮】（动）disguise oneself as；dress up as

【假充】（动）pretend to be；pose as：～英雄 *pose as a hero*/～正经 *pretend to be honest*

【假定】（动）（姑且认定）suppose；assume；grant；presume：～这是真的 *assuming this to be true*/～地球是平的。*Suppose the earth is flat.* ❷（名）（科学上的假设，从前也叫假定）hypothesis：提出～ *put forward a hypothesis*

【假发】（名）wig

【假借】（动）（利用）make use of：～外力 *make use of outside forces*

【假冒】（动）palm off；pass oneself off as：～公安人员 *pass oneself off as a public security officer*/谨防～。*Beware of bogus imitation.*

【假面具】（名）mask；false front：撕下伪君子的～ *unmask a hypocrite*

【假如】（连）if；supposing；in case：～有这必要，就这么干吧。*Do so，if necessary.*/～有空，我一定来。*I will come provided I have the time.*

【假若】（连）if；supposing；in case：～我来不了，我会通知你的。*If I should be unable to come，I'll let you know.*

【假设】❶（动）（假使；假定）suppose；assume；grant；presume ❷（名）（科学研究上对客观事物假定的说明）hypothesis：科学～ a scientific hypothesis

【假使】（连）if；in case；in the event that：～他到这儿来，通知我一下。 Let me know should he come here.

【假释】（动）［律］release on parole；release a prisoner on probation

【假想】❶（名）（想象；假设）imagination；hypothesis ❷（形）（想象的；假定的）imaginary；hypothetical；fictitious

【假象】（名）（跟事实不符合的表面现象）false appearance；false impression：被～所迷惑 be confused by false appearance／制造～ create a false impression；put up a false front

【假意】❶（名）（虚假的心意）unction；insincerity；hypocrisy：虚情～ put up a phoney show；be pure hypocrisy／原谅某人的～ forgive sb.'s insincerity ❷（动）（故意表现出）pretend；put on：～推辞 pretend to decline

【假造】（动）❶（伪造）forge；counterfeit：～公文 forge official papers／～纸币 counterfeit paper currency ❷（捏造）invent；fabricate：～事实 invent a story／～证据 fabricate evidences

【假装】（动）pretend；feign；simulate；make believe：～积极 pretend to be active／～是盲人 make believe to be blind

jiǎ

价 jià（名）❶（价格）price：减～ reduce the price／～廉物美 be cheap but excellent；be of high quality at cheap prices ❷（价值）value：等～交换 exchange of equal values

【价格】（名）price；tariff：～昂贵 be of great price／～公道。 The price is very reasonable.

【价钱】（名）price：售得好～ realize good prices／讲～ bargain

【价值】（名）❶［经］（体现在商品里的社会必要劳动）value：利用～规律 take advantage of the law of value／具有使用～ have use value ❷（值多少钱）cost；be worth：～连城 be worth many cities；be very valuable；be of great worth ❸（积极作用）worth；value：认识一位朋友的～ know a friend's worth

驾 jià ❶（动）❶（使牲口拉车或拉农具）harness；draw（a cart，etc.）：两匹马～着车。 Two horses are drawing the cart. ❷（驾驶）drive（a vehicle）；pilot（a plane）；sail（a boat）：～船 sail a boat ❸（乘；骑）ride：～鹤升天 ride a crane to ascend to heaven ❷（名）

❶（指车辆，借用为对人的敬辞）：大～ your good self ❷（特指帝王的车，借指帝王）emperor：保～ escort the emperor／御～亲征 under the personal command of the emperor

【驾驶】（动）drive；pilot：～飞机 pilot a plane／谨慎～！ Drive with caution！

架 jià ❶（名）❶（用来放置东西或支撑物体等的东西；架子）frame；rack；shelf；stand：把车～弄折了 break the frame of a cart／支起乐谱～ put up a music stand ❷（殴打；争吵）fight；quarrel：打～ exchange blows；come to blows；fight／和某人吵～ have a quarrel with sb. ❷（动）❶（支撑；支起）put up；erect：～梯子 put up a ladder／鼻梁上～着一副眼镜 wear glasses over the bridge of one's nose ❷（承受；抵挡）fend off；ward off；withstand：拿枪～住砍过来的刀 ward the sword off with a gun ❸（扶持；搀扶）support；prop；help：～着某人走 help sb. to walk／用几块砖头把锅～起来 prop the pot with bricks ❹（绑架）kidnap；take sb. away forcibly：强行～走某人 kidnap sb.；take sb. away by force ❸（量）（用于有支柱或有机械的东西）：装配一～机器 assemble a machine／击落两～敌机 bring down two enemy aircrafts

【架设】（动）set up；erect：～电话线 set up telephone lines／～输电线路 erect power transmission lines

【架子】（名）❶（框架，支架；搁置物品的架子）frame；stand；rack ❷（事物的组织、结构）framework；skeleton；outline：搭～ build a framework／成了一副空～ turn into a mere skeleton ❸（傲慢作风）airs；haughty manner：摆官～ put on bureaucratic airs／放下～ come off the high horse；discard one's haughty airs ❹（架势）posture；stance

假 jià（名）❶（按照规定不工作或不学习的时间；假期）holiday；vacation：放暑～ have summer holidays；have a summer vacation／休～ take a holiday；take a vacation from work ❷（经过批准暂时不工作或不学习的时间；休假）leave of absence；furlough：给某人准～ grant sb. leave of absence／交～条 hand in an application for leave

另见 794 页 jiǎ。

【假期】（名）❶（放假期间）vacation；holiday ❷（休假期间）period of leave

【假日】（名）holiday；day off

【假条】（名）（写明请假理由和期限的纸条）application for leave；leave permit：病～ doctor's certificate（for sick leave）

嫁 jià（动）❶（女子结婚）(of a woman)marry：把女儿～给一个律师 marry one's daughter（off）to a lawyer/男婚女～。A man should take a wife and a woman should take a husband．❷（转移罪名、损失、负担等）shift；transfer：～祸于人 shift the blame on sb．else；transfer the trouble to others

【嫁接】（动）[植]graft
【嫁娶】（动）marriage
【嫁妆】（名）dowry；trousseau

jiān

尖 jiān ❶（形）❶（末端细小）(尖锐)pointed；tapering：长着～下巴 have a pointed chin/这个人～嘴猴腮的。The man's mouth sticks out and he has a chin like an ape's．❷（声音高而细）shrill；piercing：～着嗓子喊 cry in a shrill voice ❸（耳、目等灵敏）sharp；acute ❷（名）❶（物体锐利的末端或细小的头儿）point；tip；top：咬破了舌～ break the tip of tongue by the teeth/山～上顶着白雪。The top of the mountain is covered with snow．❷（出类拔萃的人或物品）the best of its kind；the pick of the bunch；the cream of the crop：全班学生中他是个～儿。He is a top-notch student in the class．

【尖刀】（名）sticker；sharp knife；dagger
【尖端】❶（名）（尖锐的顶端）pointed end；peak；acme：标枪的～牢牢地扎入地面。The point of the javelin stroke firm into the earth．❷（形）（发展得最高的）most advanced；sophisticated：研究～科学 study the most advanced branches of science
【尖刻】（形）acrimonious；caustic；biting：说一些～的话 make some cutting remarks/speak some biting words/接受某人～敏锐的批评 accept sb.'s keen and sensitive criticism
【尖利】（形）❶（锋利）sharp；keen；cutting：笔锋～ write in an incisive style；wield a pointed pen ❷（声音高而刺耳）shrill；piercing：鸣了一声～的汽笛 sound a shrill siren
【尖锐】（形）❶（锋利）sharp-pointed；keen：把锥子磨得很～ grind an awl sharp-pointed ❷（深刻；敏锐）penetrating；incisive；sharp；keen：眼光～ have sharp eyes；be sharp-eyed/这个问题很～。The problem is acute．❸（声音高而刺耳）shrill；piercing：被～的哨声惊醒 be woken up with a start by a shrill whistle ❹（激烈）intense；acute；sharp：矛盾进一步～起来。The contradiction sharpens．
【尖子】（名）❶（细小的头儿或物体锐利的末端）point；tip；top ❷（超出同类的可作为榜样的人）the best of its kind ❸（戏曲中指忽然高亢的唱腔）a sudden rise in pitch（in opera singing）

奸 jiān ❶（形）❶（奸诈）wicked；evil；treacherous：为人～诈 be treacherous/心生～计。An evil plot came to someone．❷（自私；取巧）self-seeking and wily：严惩～商 punish unscrupulous merchants severely ❷（名）❶（出卖国家、民族和阶级利益的人）traitor：谨防内～。Beware of hidden traitors./～臣当道。The evil governors ruled the state．❷（男女之间不正当的性行为）illicit sexual relations

【奸臣】（名）treacherous court official；traitor minister
【奸猾】（形）treacherous；crafty；deceitful
【奸商】（名）unscrupulous merchant；profiteer
【奸污】（动）rape；seduce
【奸细】（名）spy；enemy agent
【奸险】（形）wicked and crafty；treacherous
【奸诈】（形）fraudulent；crafty

歼 jiān（动）（消灭）annihilate；wipe out；destroy：围～敌人 surround and annihilate enemy/全～入侵之敌 wipe out the invaders

【歼击机】（名）fighter plane；fighter
【歼灭】（动）annihilate；wipe out；destroy：～敌人有生力量 wipe out the enemy's effective strength

间 jiān ❶（名）❶（中间）between；among：体会字里行～的意思 read between the lines/隐藏在树丛～ hide among the bushes ❷（一定的空间或时间里）with a definite time or space；during：做课～操 do setting-up exercises during the break/咫尺之～ within a foot of ❸（一间屋子；房间）room：出租房～ let the rooms out；rent out the rooms/打扫卫生～ clean the toilet ❷（量）（房屋的最小单位）：盖两～瓦房 build a tile-roofed house with two rooms
另见 800 页 jiàn。

坚 jiān ❶（形）❶（硬；坚固）hard；solid；firm；strong：～如磐石 be as solid as rocks；remain steadfast as a rock/～甲利兵 be equipped with strong armor and sharp weapons ❷（坚定；坚决）firm；steadfast；resolute：～信 firmly believe/～韧不拔 be firm and unyielding ❷（名）（坚固的东西，多指阵地）a heavily fortified point；fortification；stronghold：无～不摧 carry all before one；overrun all fortifications

【坚持】（动）persist in；persevere in；uphold；insist on；stick to；adhere to；～原则 *stick to one's principles*；*adhere to principles*；*uphold principles*/～不懈 *persevere unremittingly*

【坚定】●（形）（稳定坚强）firm；staunch；steadfast：采取～的立场 *take a firm stand*/意志～ *be firm in purpose*；*be strong-willed* ●（动）（使坚定）strengthen：～信念 *strengthen one's conviction*

【坚固】（形）firm；solid；sturdy；strong：～耐用 *be sturdy and durable*

【坚决】（形）firm；resolute；determined；resolved：用～的语气说 *speak in a firm tone*

【坚强】●（形）（强固有力，不可动摇或摧毁）strong；firm；staunch：～不屈 *be firm and inflexible*/意志～ *be strong-willed* ●（动）（加强）strengthen

【坚韧】（形）tough and tensile；firm and tenacious：～不拔 *firm and indomitable*；*persistent and dauntless*

【坚守】（动）stick to；hold fast to：～岗位 *stick to one's post*；*stand fast and remain at one's post*/～诺言 *stand to one's word*

【坚硬】（形）hard；solid：～的岩石 *solid rock*

【坚贞】（形）faithful；constant：～不屈 *remain faithful and unyielding*；*stand firm and unyielding*/在爱情上～不渝 *be constant in love*

肩 jiān ●（名）（肩膀）shoulder：耸～ *shrug one's shoulders*/并～战斗 *fight shoulder to shoulder* ●（动）（负担）take on；undertake；shoulder；bear：身～重任 *shoulder heavy responsibilities*

【肩膀】（名）shoulder：露出～ *bare one's shoulder*/我～痛。*My shoulder aches.*

【肩负】（动）take on；undertake；shoulder；bear：～巨额债务 *shoulder a heavy debt*/～神圣的使命 *assume sacred mission*

艰 jiān（形）（困难）difficult；hard

【艰巨】（形）arduous；formidable；onerous：分配给某人一项～的任务 *assign an arduous task to sb.*

【艰苦】（形）difficult；hard；tough；arduous：～奋斗 *work hard and perseveringly*/保持～朴素的优良传统 *keep up the fine tradition of hardworking and plain-living*

【艰难】（形）difficult；hard；arduous：步履～ *walk with difficulty*；*walk with infirm steps*/历尽～ *pass through all trials*；*go through untold hardships*

【艰险】（形）hardships and dangers；perilous：不畏～ *be fearless of danger and difficulty*；

not to shrink from hardships and crisis

监 jiān ●（动）（从旁察看；监视）supervise；inspect；watch：～工 *supervise work*；*oversee*/受～护 *be under guardianship* ●（名）（牢狱）prison；jail：负责管理女～ *be in charge of the women's prison*/～外执行 *execute a sentence outside of jail*

【监察】（动）supervise；control：加强对行政工作人员的～ *strengthen supervision over administrative personnel*

【监督】●（动）（察看并督促）supervise；superintend；control：～某人的工作 *supervise the work of sb.*/行使～权 *exercise authority to supervise* ●（名）（监督人）supervisor

【监禁】（动）take into custody；imprison；put in jail：被终身～ *be imprisoned for life*/罪犯被～起来了。*The criminal was taken into custody.*

【监考】●（动）invigilate ●（名）monitor examinations

【监牢】（名）〈口〉prison；jail

【监视】（动）keep watch on；keep a lookout over；guard：严密～敌人的行动 *keep close watch on the movements of the enemy*

【监守】（动）have custody of；guard；take care of：～自盗 *steal what is entrusted to one's care*；*embezzle*；*defalcate*

【监听】（动）monitor：～器 *monitor*

【监狱】（名）prison；jail：看守～ *be in charge of a prison*/被投进～ *be sent to jail*

兼 jiān ●（形）（两倍的）double；twice：～程 *travel at double speed* ●（副）（同时涉及几种事物）simultaneously；concurrently：德才～备 *combine ability with political integrity*；*possess both political integrity and practical ability* ●（动）❶（同时进行几件事情或占有几样东西）hold two or more jobs concurrently：～职 *concurrent post*；*part-time post* ❷〈书〉（兼并；并吞）bring together；unite in one；annex

【兼备】（动）have both... and...；combine with

【兼并】（动）merger；annex（territory，property，etc.）：～同类厂家 *annex factories of the same trade*

【兼程】（动）travel at double speed：风雨～ *press forward regardless of the weather*

【兼顾】（动）give consideration to two or more things：发展生产和改善人民生活二者必须～。*Consideration must be given to both the development of production and the improvement of the people's livelihood.*

【兼任】 ❶(动)(同时担任几个职务)hold a concurrent post❷(形)(非专职)part-time

【兼容】(动)[电]compatible：～制电视 compatible television

【兼职】❶(动)(同时担任几个职务)hold two or more posts concurrently：～过多 hold too many posts at the same time ❷(名)(在本职之外兼任的职务)concurrent post；part-time job：放弃～ abandon a concurrent post／接受一份～ take a part-time job

jiǎn

拣 jiǎn（动）❶(挑选)choose；select；pick out：挑肥～瘦 pick the fat and choose the thin；choose whichever is to one's own advantage／～最便宜的东西买 choose and buy the cheapest ❷(拾取)pick up；collect；gather：把书从地上～起来 gather the books from the floor

【拣选】(动)select；choose

柬 jiǎn（名）(信件、名片、帖子等的统称)card；note；letter：请～ invitation card

【柬帖】(名)note；short letter

俭 jiǎn（形）(俭省)thrifty；frugal：勤～持家 be industrious and thrifty in managing a household／～为美德。Thrift is a virtue.

【俭朴】(形)thrifty and simple；economical：她是个～的主妇。She is a thrifty house wife.

【俭省】(形)economical；thrifty；frugal：过日子～ live a frugal life；live economically

捡 jiǎn（动）(拾取)pick up；collect；gather：把笔～起来 pick up the pen／～贝壳 collect seashells

检 jiǎn（动）❶(查)check up；inspect；examine：～阅军队 hold an inspection of the troops／～票 examine tickets ❷(约束；检点)restrain oneself；be careful in one's conduct：行为失～ commit an indiscretion.

【检查】(动)❶(用心查看)check up；inspect；examine：～官 inspector／～站 checkpoint；inspection station ❷(检讨)make a self-criticism：写～ write a self-criticism

【检察】(动)do procuratorial work：～官 public procurator／～院 procuratorate／～长 chief procurator；public procurator-general

【检举】(动)report（an offense）to the authorities；inform against；accuse：～人 accuser／～信 letter of accusation；written accusation

【检漏】(名)[电]leak detecting；leak hunting：

～器 leak detector；leak localizer

【检讨】(动)make a self-criticism：做工作～ make a self-criticism on one's work

【检修】(动)examine and repair；overhaul：～供暖设备 examine and repair the heating equipment／对汽车进行～ have a car overhauled

【检验】(动)test；examine；inspect；checkout：～新设计的汽车 test out new designs of cars／经受时间的～ pass the test of time

【检疫】(动)quarantine：～证明书 quarantine certificate

【检阅】(动)review（troops，etc.）；inspect：～仪仗队 review a guard of honour

减 jiǎn（动）❶(由原有数量中去掉一部分)subtract：从票据面值中～去此金额 deduct this amount from the face of the note ❷(降低；衰退)reduce；decrease；cut：～税 reduce taxes／热情有增无～。There is increase but no decrease in enthusiasm.

【减产】(动)reduction of output；drop in production：～10%。Output dropped by ten percent.

【减低】(动)reduce；lower；bring down；cut：～关税 reduce the tariff／～音量 lower the volume

【减法】(名)[数]subtraction

【减号】(名)[数]minus sign

【减缓】(动)retard；slow down：～进程 slow down the pace

【减价】(动)reduce the price；mark down：～出售 sell at reduced prices

【减轻】(动)lighten；ease；alleviate；mitigate：～疼痛 ease the pain／～刑罚 mitigate punishment

【减弱】(动)weaken；abate：体力大大～ be much weakened physically／声音逐渐～。The sound abated gradually.

【减少】(动)decrease；reduce；lessen；cut down：～事故 reduce accidents／～睡眠时间 cut down sleep

【减速】(动)slow down；decelerate；retard：～运动 retarded motion

【减压】(动)reduce pressure；decompress：～器 pressure reducer；decompressor

【减震】(动)shock absorption：～器 shock absorber；damper

剪 jiǎn ❶(名)(剪刀)scissors；shears；clippers ❷(动)❶(用剪刀等使细的或薄片的东西断开)cut（with scissors）；clip；snip；trim；shear ❷(除去)wipe out；exterminate：～恶除奸 eliminate the cruel and the evil；weed out the wicked

【剪裁】（动）❶（裁衣料）cut out（a garment）；tailor：～服装 cut out dresses ❷（做文章时对材料取舍安排）cut out unwanted material（from a piece of writing）；prune：写文章要下一番～的功夫。In writing an essay one must do a lot of pruning.

【剪彩】（动）cut the ribbon at an opening ceremony

【剪除】（动）wipe out；annihilate

【剪刀】（名）scissors；shears

【剪辑】❶（名）（电影制片工序之一）montage；cutting；film editing ❷（动）（剪裁重编）editing and rearrangement：话剧录音～ highlights of a live recording of play

【剪毛】（动）cropping；[牧]shearing；clipping

【剪票】（动）punch a ticket：～钳 conductor's punch

【剪贴】（动）❶（剪贴资料）clip and paste（sth. out of a newspaper，etc.）in a scrapbook or on cards ❷（儿童手工）cutting out（as school children's activity）

【剪纸】（名）[工美]paper-cut；scissor-cut

简 jiǎn ❶（形）（简单）simple；simplified；brief：～而言之 briefly speaking；in brief；in a few words／做一个～要的介绍 make a brief introduction ❷（动）❶（使简单；简化）simplify：精兵～政 have better troops and simpler administration；streamline the administrative structures ❷〈书〉（选择人才）select；choose：～拔 select and promote ❸（名）❶（古代用来写字的竹片）bamboo slips（used for writing on in ancient times）：在竹～上写字 write on bamboo slips ❷（信件）letter：保存着一些重要的书～ keep some important letters

【简报】（名）bulletin；brief report：浏览每日～ glance over the daily bulletin／呈递一份工作～ present a brief report on one's work

【简便】（形）handy；simple and convenient：找到一个～的方法 find a handy way／操作～ be easy to operate

【简称】❶（名）（名称的简化形式）the abbreviated form of a name；abbreviation ❷（动）（使名称简化）be called sth. for short

【简单】（形）❶（不复杂）simple；uncomplicated：构造～ be simple in structure／采用一种～的技巧 adopt an unsophisticated technique ❷（平凡，多用否定式）commonplace；ordinary：他的领导才能真是不～。His leadership ability is very great. ❸（草率；不细致）oversimplified；casual：看问题～ oversimpli-

fy a problem

【简短】（形）brief；short：做～的介绍 make a brief introduction

【简化】（动）simplify：～手续 simplify the process

【简洁】（形）succinct；terse；pithy：写出一个～的句子 write a terse sentence

【简介】（名）brief introduction；synopsis；summarized account

【简历】（名）résumé；biographical notes

【简陋】（形）simple and crude：设备～ be simply equipped

【简略】（形）simple（in content）；brief；sketchy：～地拟出计划要点 sketch out the main points of the plan

【简明】（形）simple and clear；concise：～扼要 be concise and to the point；be terse and concise／他的讲话～有力。His speech was brief and forceful.

【简朴】（形）plain；simple and unadorned：生活～ live a simple and frugal life／文笔～ have a plain style of writing

【简讯】（名）news in brief

【简要】（形）brief；concise and to the point：～记录 a summary record

【简易】（形）❶（简单而容易的）simple and easy：引进一种～的方法 introduce a simple and easy method ❷（设备不完备的）simply constructed；simply equipped；unsophisticated：设计一种～衣柜 design a simply constructed wardrobe／把教室改为～病房 transform classrooms into simply equipped wards

【简章】（名）general regulations

【简直】（副）simply；at all；virtually：～不可思议 be virtually unimaginable／这次旅行～糟透了。The journey is simply terrible.

碱 jiǎn（名）❶（含氢氧根的化合物的统称）alkali ❷（碳酸钠）soda

【碱性】（名）basicity；alkalinity：～反应 alkaline reaction／～土 alkaline soil

jiàn

见 jiàn ❶（动）❶（看到；看见）see；catch sight of：～异思迁 change one's mind the moment one sees something new；be fickle／～机行事 act according to circumstances；do as one sees fit ❷（接触；遇到）meet with；be exposed to：一～如故 become intimate at the first meeting／一～～钟情 fall in love at first sight ❸（看得出；显得出）show evidence of；appear to be：～效 become effective／天已～晴。It appears to be sunny. ❹（指明出处或

需要参看的地方)refer to;see:～第 5 课 *see Lesson 5* ❺(会见;会面)meet;call on;see:他要来～你。*He will come to see you .* ❹(名)(对于事物的看法;意见)view;opinion;idea:固执己～ *stubbornly adhere to one's opinions*

【见报】(动)appear in the newspapers

【见多识广】(成)experienced and knowledgeable:他去过许多地方，～。*He is well travelled , and is a man of wide experience .*

【见怪】(动)mind;take offence:批评得不对，可别～。*Don't take offence if my criticism is incorrect .*

【见机】(动)(看机会;看形势)as the opportunity arises;according to circumstances:～行事 *act according to circumstances；do as one sees fit；use one's discretion*

【见解】(名)view;opinion:阐述自己的～ *set forth one's opinion*

【见面】(动)(相见;接触)meet;see contact;link:我和家人好久没～了。*I haven't seen my family for a long time .* /和群众～ *keep contact with the masses*

【见识】❶(名)(见闻;知识)experience knowledge;sensibleness:有～ *be of rich experience* ❷(动)(扩大见闻)widen one's knowledge;enrich one's experience:到各处走走，～一下也是好的。*It is helpful to go around and experience more .*

【见世面】(动)see the world;enrich one's experience

【见闻】(名)knowledge;information;what one sees and hears:谈自己的～ *talk about what one sees and hears*

【见习】(动)learn on the job;be on probation:～医生 *intern*

【见效】(动)become effective;produce the desired result:这些企业投资少，～快。*These enterprises call for small investments and yield quick returns .*

【见证】(名)witness;testimony:～人 *witness*

间 jiàn ❶(名)(空隙)space in between;opening:亲密无～ *be on very intimate terms with each other* ❷(动)❶(隔开)separate:以 10 米的～隔分开 *separate by a space of ten meters* ❷(挑拨使人不和；离间)sow discord:挑拨离～ *sow dissension；set one person against another* ❸(拔去或锄去多余的幼苗)thin out(seedlings):～萝卜苗 *thin out radish seedlings*
另见 796 页 jiān 。

【间谍】(名)spy;secret agent

【间断】(动)be disconnected;be interrupted:～性 *discontinuity*

【间隔】(名)interval;intermission:每两行树苗～ 3 米。*There is a space of three metres between each two rows of saplings .*

【间接】(形)indirect;secondhand:获得～经验 *acquire indirect experience*

【间隙】(名)(空隙)interval;gap;space;clearance:在工作～ *in the intervals of business*

【间歇】(动)intermittence；intermission;break:～泉 *intermittent spring*

饯 jiàn(动)❶(饯行)give a farewell dinner ❷(浸渍果品)candy;preserve

【饯别】(动)give a farewell dinner:～友人 *give a friend a farewell dinner*

【饯行】(动)farewell party:我们将设宴为他～。*We'll give a farewell dinner for him .*

建 jiàn(动)❶(建筑)build;construct;erect:～飞机场 *construct an airport* /～一座纪念碑 *erect a monument* ❷(建立;设立;成立)establish;set up;found:～党 *found a party* /～交 *establish diplomatic relations* ❸(提出;首倡)propose;advocate

【建都】(动)found a capital

【建国】(动)found a state

【建立】(动)build;establish;found;set up:～空军基地 *establish an air base*

【建设】(动)build;construct:～祖国 *build up one's motherland*

【建议】❶(动)(提建议)propose;suggest;recommend:我～采纳他的意见。*I suggest accepting his idea .* ❷(名)(提出的建议)proposal;suggestion;proposition;recommendation:同意某项～ *agree to a proposal*

【建造】(动)(建筑)build;make;construct:～房屋 *build houses*

【建筑】❶(动)(建造)build;construct;erect:～楼房 *build a building* /～工人 *construction laborer；construction worker* ❷(名)(建筑物)building;structure;edifice:设计一座漂亮的～ *design a comely building*

荐 jiàn ❶(动)(推举)recommend:～贤举能 *recommend able men* ❷(名)(书)(草,草垫子)grass;straw ；straw mat

贱 jiàn(形)❶(价钱低)low-priced;inexpensive;cheap:～买贵卖 *buy cheap and sell dear* ❷(地位低下)lowly;humble:出身卑～ *be of humble origin* ❸(卑鄙;下贱)low-down;base;despicable:～民 *low-down people；people of low status* ❹(谦辞,称有关自

己的事物）my：老妪～躯尚健。*My mean body is still strong.*

剑 jiàn（名）（古代兵器）sword；sabre：腰佩宝～ *carry a double-edged sword at the waist*
【剑术】（名）art of fencing；swordsmanship

健 jiàn ❶（形）（强健）healthy；strong；well-set：～壮如牛 *be as strong as an ox* ❷（动）❶（使强健）strengthen；toughen；invigorate：～身 *strengthen one's body* ❷（在某一方面显示的程度超过一般；善于）be strong in；be good at：～忘 *be forgetful*；*have a bad memory*
【健儿】（名）❶（英勇善战的人）valiant fighter ❷（运动员）good athlete；skilled athlete：乒坛～ *skillful ping-pong players*
【健将】（名）master sportsman；top-notch player：足球～ *top-notch footballer*
【健康】（形）❶（生理机能正常）health；sound；fit：～长寿 *enjoy good health and live long*；*stay healthy and live long* ❷（情况正常）healthy；wholesome；sound：创造一个～的环境 *create a wholesome environment*
【健美】（形）strong and handsome；vigorous and graceful：～的体操表演 *a vigorous and graceful performance of callisthenics*
【健全】❶（形）❶（强健而无缺陷）sound；sane；perfect：身心～ *be sound in mind and body* ❷（完善；完备）regular；integrity；perfect：体制～ *be perfect in system* ❸（动）（使完备）perfect；improve；strengthen：～民主集中制 *strengthen democratic centralism*
【健身房】（名）gym；gymnasium
【健壮】（形）healthy and strong；robust：～的小伙子 *a robust young man*

舰 jiàn（名）（大型军用船只；军舰）naval vessel；warship；man-of-war
【舰队】（名）fleet；naval force：联合～ *a combined fleet*
【舰艇】（名）naval ships and boats；naval vessels
【舰只】（名）warships；naval vessels：海军～ *naval vessels*

渐 jiàn（副）（逐步）gradually；by degrees：循序～进 *follow in proper order and advance gradually*
【渐渐】（副）gradually；by degrees；little by little：他激动的心情～平息了。*His excitement gradually died down.*
【渐进】（动）advance gradually；progress step by step：实现这个目标是一个～过程。*The attainment of this goal is an evolutionary*

process.

践 jiàn（动）❶（踩）trample；tread：不要～踏青苗。*Keep off the young crops.* ❷（履行；实行）act on；carry out：实～自己的主张 *carry out one's plan*
【践踏】（动）tread on；trample underfoot：这是对国际关系准则的～。*This is a flagrant violation of the principles of international relations.*

键 jiàn
【键子】（名）shuttlecock：踢～ *kick the shuttlecock*

溅 jiàn（动）（液体受冲击向四外射击）splash；spatter：浪花飞～。*Waves splash about.*
【溅落】（动）[宇航]splash down：～点 *splash point*

鉴 jiàn ❶（名）（可以作为警戒或引为教训的事）warning；object lesson：前车之～ *take warning by another's failure* ❷（动）❶（照）reflect；mirror：水清可～。*The water is clear that you can see your reflection in it.* ❷（仔细看；审查）inspect；scrutinize；examine：～别真伪 *discern the false from the genuine*
【鉴别】（动）distinguish；differentiate；discriminate；discern；identify：～是非 *discern between right and wrong*
【鉴定】❶（名）（评语）appraisal（of a person's strong and weak points）：仔细阅读毕业～ *carefully read the graduation appraisal* ❷（动）（评定）appraise；identify；authenticate；determine：～产品质量 *appraise the quality of a product*
【鉴赏】（动）appreciate：缺乏～能力 *lack ability to appreciate*
【鉴于】（动）in view of；seeing that：～情况紧急，我们立即做了决定。*We made up our minds at once in view of the urgency of the situation.*

键 jiàn（名）❶[机]（使轴与齿轮、皮带轮等连接并固定在一起的零件）key：轴～ *shaft key* ❷〈书〉（插门的金属棍子）bolt（of a door）❸（琴、打字机或其他机器上，使用时按动的部分）key（of a type writer，piano，etc.）❹[化]（在化学结构式中表示元素原子价的短横线）bond
【键盘】（名）keyboard；fingerboard：～乐器 *keyboard instrument*

箭 jiàn（名）（古代兵器）arrow：归心似～ *be anxious to return home as soon as possible*；

with one's heart set on speeding back home

jiāng

江 jiāng（名）❶（大河）（large）river：～雾弥漫．*A mist hangs over the river.* ❷（指长江）the Changjiang River：大～东去．*Eastward flows the Changjiang River.*

【江湖】（名）❶（江和湖）rivers and lakes ❷（旧时泛指四方各地）all corners of the country：闯～ *make a living wandering from place to place* ❸（旧时指各处流浪卖艺、卖药等生活的人）itinerant entertainers, quacks, etc.：～郎中 *a quack doctor; a wandering physician*

【江轮】（名）river steamer

【江山】（名）❶（江河山川）rivers and mountains; land; landscape：～如此多娇．*The land is so rich in beauty.* ❷（国家）country（national）territory; state power：～依旧．*The country remains the same.*

将 jiāng ❶（动）❶〈书〉（搀扶；领；带）support; take; bring：相～而去 *go off supporting each other* ❷（保养）take care of（one's health）：～养 *rest; recuperate* ❸（做事）do sth.; handle（a matter）：慎重～事 *handle a matter with care* ❹（下象棋时攻击对方的"将"或"帅"）check：他连～我三次．*He checked me three times in a row.* ❺（用言语刺激）incite sb. to action; challenge; prod：只需几句话一～，他就会干．*Just a few words will incite him to action.* ❷（介）❶（拿；用，多见于成语）with; by means of; by：～计就计 *turn sb.'s trick to one's own use; beat sb. at his own game* ❷（把）：～革命进行到底．*Carry the revolution through to the end.* ❸（副）❶（将要）be going to; be about to; will; shall：我们～考虑你的建议．*We will take your advice into consideration.* ❷（叠用，表示"又、且"的意思）partly ... partly ... ❹（助）〈方〉（用在动词和"进来、出去"等表示趋向的补语中间）赶～出去 *hurry to catch up* 另见 803 页 jiàng．

【将近】（副）close to; almost; nearly：～10 人 *close to ten people*

【将就】（动）make do with; make the best of; put up with：没有什么再好的工作了，你就～点儿吧．*There is no better job, so make the best of it.*

【将军】 ❶（名）（将级军官）general; admiral ❷（动）❶（下象棋时攻击对方将或帅）check：他将了我两次军．*He checked me twice in a row.* ❷（使人为难）put sb. on the spot; embarrass; challenge：他们要我唱歌，这可将了我一军．

They embarrassed me by calling on me to sing.

【将来】（代）（in the）future：在可以预见的～ *in the foreseeable future*

【将要】（副）will; shall; be about to; be going to：他～到西藏去工作．*He's going to work in Xizang.*

姜 jiāng（名）（生姜；生姜的根茎）ginger

浆 jiāng ❶（名）（较浓的液体）thick liquid; syrup ❷（动）（用粉浆或米汤浸纱、布或衣服使干后发挺）starch：～衣服 *starch clothes*

【浆洗】（动）wash and starch

僵 jiāng（形）❶（僵硬）stiff; rigid; stark; numb：～直地站着 *stand stiff and rigid* ❷（事情难于处理，停滞不前）have reached a stalemate; deadlocked：～持不下 *end in a deadlock*

【僵持】（动）（of both parties）refuse to budge：谈判处于～状态．*The negotiations are now in a stalemate.*

【僵化】（动）become rigid; ossify：摆脱～的模式 *depart from the ossified pattern*

【僵局】（名）deadlock; impasse; stalemate：打破～ *break a deadlock*

【僵硬】（形）❶（不能活动）stiff：他的舌头变得有点儿～．*His tongue became a bit stiff.* ❷（呆板的）rigid; inflexible：抛弃～的工作方法 *scrap the rigid method*

疆 jiāng（名）（边界；疆界）boundary; border：扩大～界 *expand the boundary*

【疆场】（名）battlefield：驰骋～ *gallop across the battlefield*

【疆界】（名）border; boundary

【疆土】（名）territory

jiǎng

讲 jiǎng ❶（动）❶（说）speak（of）; talk（about）; relate; say; tell：～英语 *speak English*／～故事 *tell stories* ❷（解释；说明）explain; make clear; interpret：～课 *teach; lecture* ❸（商量；商议）discuss; consult; negotiate：～价 *negotiate a price; haggle over a price; bargain*／～和 *make peace; settle a dispute* ❹（讲求；注重）stress; pay attention to; lay stress on; be particular about：～信誉 *stress credit* ❷（介）（就某方面说；论）as far as sth. is concerned; when it comes to; as to; as regards：～技术，他不如你．*As to skills, he is not your match.*

【讲稿】(名)❶(讲话稿)the draft or text of a speech:起草～ *draft out an speech* ❷(讲课稿)lecture notes:检查教师的 ～ *check teachers' lecture notes*

【讲话】●(动)(说话)speak;talk;address:不善于在公众面前～ *not good at public speaking* ●(名)(讲演)speech;talk:他的～吸引了很多人。*His speech drew large audiences.*

【讲解】(动)explain;interpret:～员 *guide*; *announcer*;*narrator*;*commentator*

【讲究】●(动)(力求精美完善;讲求;重视)be particular about;pay attention to;stress; strive to:诗歌～押韵。*Poems stress rhyme.* ●(形)(精美)exquisite;tasteful;elegant:会议室布置得很～。*The conference hall is elaborately decorated.* ●(名)(值得注意或推敲的内容)careful study:插花大有～。*Flower arrangement needs careful study.*

【讲明】(动)explain;make clear;state explicitly:～立场 *explain one's stand*

【讲评】(动)comment on and appraise:～学生的作业 *comment on the students' work*

【讲情】(动)intercede;plead for sb.:为他～ *plead for him*

【讲师】(名)lecturer

【讲授】(动)lecture;instruct;teach:他～哲学。*He teaches philosophy.*

【讲述】(动)tell about;give an account of;narrate;relate:故事～两姐妹在恋爱和婚姻中的遭遇。*The story tells about the fortunes of two sisters in love and marriage.*

【讲台】(名)platform;dais;rostrum

【讲学】(动)give lectures;discourse on an academic subject:应邀来华～ *be invited to give lectures in China*

【讲演】●(名)lecture;speech:他的～你听了没有? *Did you attend his lecture?* ●(动)give a speech or lecture

【讲义】(名)(mimeographed or printed)teaching materials;lecture notes

奖 jiǎng ●(动)(奖励;夸奖)encourage; praise;reward;commend:～罚分明 *be strict in meting out rewards and punishment* ●(名)(为了鼓励或表扬而给予的荣誉或财物等)award;prize;reward:获～ *win a prize*

【奖惩】(名)rewards and punishments;rewards and penalties

【奖金】(名)money award;bonus;premium

【奖励】(动)encourage and reward;award;reward:获得大量的物质～ *receive large material reward*

【奖品】(名)prize;award;trophy:向某人颁发

～ *hand out awards to sb.*

【奖章】(名)medal;decoration:拍卖奥运会～ *sell a medal of the Olympic Games by auction*

【奖状】(名)certificate of merit;certificate of award;citation:发此 ～,以资鼓励。*Issue this certificate as an encouragement.*

jiàng

降 jiàng (动)❶(落下)fall;drop:从天而～ *drop from the clouds*;*fall from the sky* ❷(使落下;降低)lower;reduce:～温 *lower the temperature*
另见 1042 页 xiáng。

【降低】(动)reduce;cut down;drop;lower:～标准 *lower the standard*

【降级】(动)❶(降低级别)reduce to a lower rank;demote;degrade:这个军官因行为不端而被～。*The officer was demoted for misconduct.* ❷(留级)send (a student)to a lower grade

【降临】(动)〈书〉befall;arrive;come:期待着好运～ *expect the arrival of good luck*

【降落】●(形)(落下;下降;低落)descend;fall; alight ●(动)(下降着陆)land;touch down:使飞机安全～ *land a plane safely*

【降水量】(名)rainfall:年～ *annual rainfall*

【降压】(动)❶[电](降低电压)step-down ❷[医](降低血压)bring high blood pressure down

将 jiàng ●(名)❶(将官;将领)general:～门之子 *come of a line of generals* ❷(统兵者;象棋中的主棋)commander in chief,the chief piece in Chinese chess ●(动)〈书〉(带兵)command;lead:～兵 *command troops*
另见 802 页 jiāng。

【将官】(名)❶general ❷〈口〉high-ranking military officer

【将士】(名)〈书〉officers and men

酱 jiàng ●(名)❶(豆、麦发酵后,加上盐做成的糊状调味品)a thick sauce made from soya beans,flour,etc. ❷(像酱的糊状食品)sauce;paste;jam ●(动)(用酱或酱油腌菜;用酱油焖肉)cooked or pickled in soy sauce

【酱菜】(名)pickles;vegetables pickled in soy sauce

【酱油】(名)soy sauce;soy:～瓶 *soy bottle*

jiāo

交 jiāo ●(动)❶(把事物转移给有关方面)

hand over;give up;deliver:～还 hand back；give back；return/～班 hand over a duty；turn over one's duty ❷(到某一时辰或季节)reach（a certain hour or season）；set in；come:今年～春早. *Spring came early this year.* ❸(交叉)cross；intersect:两条直线相～于一点. *Two lines cross at a point .* ❹(结交)associate with:结～各行各业的人 *associate with people of various walks of life* ❺(交配)mate；breed ❺(形)(互相)mutual；reciprocal；each other:～相辉映 *illuminate one another；contrast finely with sth.* ❺(副)(一齐；同时)together；simultaneously:饥寒～迫 *live in hunger and cold；be threatened by cold and hunger* ❿(名)❶(友谊)acquaintance；friendship；relationship:患难之～ *tested friend* ❷(交易)business；transaction；deal；bargain:成～ *make a bargain；make a deal；conclude a transaction*

【交叉】❶(动)❶(互相穿过)cross；intersect；crisscross:～而行 *move crosswise*/～点 junction ❷(间隔穿插)alternate；stagger:～进行 *do alternately* ❸(形)(相重的)overlapping:我们的职责有～的部分. *Our duties overlap .*

【交代】(动)❶(移交)turn over；hand over；transfer:～工作 *hand over work to one's successor；brief one's successor on handling over work* ❷(嘱咐)tell；leave words；order:这可是经理亲自～的. *It is ordered by the manager personally .* ❸(说明)explain；give an account of；make clear；brief:～政策 *explain policy* ❹(说清楚)account for；justify oneself:～问题 *account for a problem* ❺(坦白)confess:～罪行 *confess a crime*

【交点】(名)❶[数](线与线、线与面相交的点)crossover point；point of intersection ❷[天]node:～月 *nodical month*

【交锋】(动)cross swords（with）；engage in a battle or contest；fight with；struggle with:敌人不敢和我们～. *The enemy dare not fight with us .*

【交付】(动)❶(付钱)pay:～学费 *pay for education* ❷(交给)turn over；hand over；deliver；consign:～审查 *hand over for investigation*

【交换】(动)exchange；swap；interchange:～意见 *exchange views；interchange opinions*

【交际】(动)social intercourse；communication:语言是～的工具. *Languages are means of making communications .*

【交接】(动)❶(连接)join；connect:夏秋～的季节 *when summer is changing into autumn*

❷(移交；接替)hand over and take over:保证顺利～ *ensure a smooth transfer* ❸(结交)associate with；make friends with

【交流】❶(动)(彼此把自己有的供给对方)exchange；interflow；interchange:～经验 *exchange experience；draw on each other's experience* ❷(名)[电](交流电流)AC（alternating current）；alternating

【交纳】(动)pay（to the state or an organization）；hand in:照章～税款 *pay customs duty according to the regulation*

【交配】(动)mating；copulation:～期 *mating season*

【交涉】(动)negotiate；make representations；take up with:这件事目前正在～。 *This matter is under negotiation .*

【交谈】(动)talk with each other；converse；chat:自由～ *a freewheeling conversation*

【交通】❶(动)(往来通达)be unobstructed ❷(名)(运输事业)traffic；communications:～部 *Ministry of Communications*/～灯 *traffic light*/～岗 *traffic post*/～规则 *traffic regulations*/～警察 *traffic cop*

【交往】(动)contact；associate with；be in contact with:～甚密 *have an intimate association with；have close contact with*

【交响乐】(名)[音]symphony；symphonic music:～队 *orchestra*

【交易】(名)business；deal；trade；transaction:～所 *exchange*

【交战】(动)be at war；fight war:～双方 *the two belligerent parties*

【交织】(动)interweave；intertwine；mingle:兴奋与惊奇～在一起。 *Excitement mingled with surprise .*

郊 jiāo (名)(城市周围的地区)suburbs；outskirts:在莫斯科～区 *in the suburbs of Moscow*

【郊区】(名)suburbs；suburban district；outskirts

【郊外】(名)the countryside around a city；outskirts

浇 jiāo (动)❶(水或别的液体落在物体上)pour liquid on；sprinkle water on:火上～油 *pour oil on the fire* ❷(灌溉)irrigate；water:～花 *water flowers* ❸(印)(浇铸)cast:用青铜～铸一尊像 *cast a statue in bronze*

【浇灌】(动)❶(灌溉)water；irrigate；potting ❷(灌进模子内)pour

【浇铸】(动)[冶]casting；pouring；fill in；cast:～机 *casting machine*

娇 jiāo ●（形）❶（女子、小孩、花朵等柔嫩、美丽可爱）tender；lovely；charming：千～百媚 *be exquisitely dainty and ravishingly beautiful*；*be beautiful and charming* ❷（娇气）squeamish；finicky：她太～气了，走不了这么长的路. *She is too squeamish to walk so far.* ❸（虚弱）fragile；frail；delicate：身子骨～贵 *be enervated* ●（动）（过度爱护）spoil；pamper：～生惯养 *be spoiled and pampered*；*be brought up by indulgent parents*

【娇惯】（动）pamper；coddle；spoil：～孩子 *pamper a child*

【娇嫩】（形）❶（柔嫩）tender and lovely：亲吻着婴儿～的脸颊 *kiss the baby on the delicate cheek* ❷（柔弱）fragile；delicate；frail：身子～ *be in frail health*

【娇气】（形）squeamish；finicky：粗粮细粮一样吃，别那么～. *Coarse grain is just as good as fine. Don't be so finicky.*

【娇艳】（形）delicate and charming；tender and beautiful：雨后的玫瑰～欲滴. *Roses looked extremely charming after the rain.*

骄 jiāo（形）❶（骄傲）proud；arrogant；conceited：戒～戒躁 *be on guard against conceit and impetuosity*；*avoid pride and haste* ❷〈书〉（猛烈）strong；fierce：～阳似火. *The sun is shining fiercely.*

【骄傲】●（形）❶（自大）arrogant；conceited：～自大 *be swollen with pride*；*be conceited and arrogant* ❷（自豪）proud：我为你感到～. *I'm proud of you.* ●（名）（值得自豪的人或事物）pride：这是中华民族的～. *It's the pride of the Chinese nation.*

【骄气】（名）arrogance；overbearing airs

胶 jiāo ●（名）❶（某些具有黏性的物质）glue；gum：如～似漆 *stick together like glue and varnish*；*be firmly attached to each other* ❷（橡胶）rubber：～鞋 *rubber overshoes*／～布 *rubberized fabric* ●（动）（用胶粘）stick with glue；glue：镜框坏了，把它～上. *The picture frame has been broken；make it fast ended with glue.*

【胶卷】（名）roll film；film；film strip

【胶木】（名）bakelite

【胶片】（名）film：正色～ *orthochromatic film*

【胶水】（名）glue；mucilage

【胶印】（名）[印]（胶版印刷）offset printing

教 jiāo（动）（把知识或技能传给别人）teach；instruct：～书育人 *impart knowledge and educate people*

另见 807 页 jiào。

【教书】（动）teach school；teach：在小学～ *teach in a primary school*

焦 jiāo ●（形）❶（物体受热失去水分，呈现黄黑色并发硬、发脆）burnt；scorched；charred ❷（着急）worried；anxious：～头烂额 *scorched and burned*；*be badly battered*／心苦虑 *be in deep anxiety*；*be deeply anxious* ●（名）（焦炭）coke：把煤制成～煤 *turn coal into coke*

【焦点】（名）❶[物]（二次曲线焦点；主焦点）focal point；focus：这影像在～上. *The image is in focus.* ❷（问题的关键所在或争论的集中点）central issue；point at issue：成为世人瞩目的～ *be the focus of world attention*

【焦急】（形）anxious；worried：万分～ *be desperately anxious*

【焦距】（名）[光]focal distance；focal length

【焦虑】（形）feel anxious；have worries and misgivings：～不安 *be racked with anxiety*

【焦炭】（名）[材]coke；hard coke

礁 jiāo（名）（礁石）reef：触～遇难 *wreck on a sunken rock*

【礁石】（名）reef；rock：散布着～ *be scattered with reefs*

jiǎo

角 jiǎo ●（名）❶（牛、羊、鹿等头上长出的坚硬的东西）horn：抵～相斗 *lock horns with* ❷（古时军中吹的乐器）bugle；horn：吹响号～ *blow the bugle* ❸（形状像角的东西）sth. in the shape of a horn ❹（岬角）cape；promontory；headland：好望～ *the Cape of Good Hope* ❺（物体两个边沿相接的地方）corner：延伸到天涯海～ *extend to the four corners of the earth* ❻[数]（从一点引出的两条直线形成的，或从一条直线上展开的两个平面或从一点上展开的多个平面所形成的空间）angle ❼（量）（中国货币的辅助单位）jiao，a fractional unit of money in China

另见 826 页 jué。

【角度】（名）❶[数]（角的大小）angle：撑条和横梁之间～太大. *The angle between the brace and the beam is too big.* ❷（看事情的出发点）point of view；angle：从各个～来研究问题 *examine the matter from various angles*

【角楼】（名）a watchtower at a corner of a city wall；corner tower；turret

【角落】（名）corner；nook：喜讯传遍了祖国的各个～. *The good news spread to every corner of the country.*

【角球】（名）[足球]corner kick；corner

侥 jiǎo

【侥幸】（形）lucky；by luck；by a fluke：心存～ leave things to chance；trust in luck

佼 jiǎo （形）〈书〉（美好）handsome；beautiful

【佼佼】（形）〈方〉above average；outstanding：～者 an outstanding figure；a giant among dwarfs

狡 jiǎo （形）（狡猾）crafty；foxy；cunning：～诈多疑 be crafty and suspicious

【狡辩】（动）quibble；indulge in sophistry：任何～都不能掩盖事实真相。No amount of sophistry can cover up the truth.

【狡猾】（形）sly；cunning；tricky；crafty

【狡诈】（形）deceitful；crafty；cunning

饺 jiǎo （名）（饺子）dumpling：吃水～ have boiled dumpling

【饺子】（名）dumpling：拌～馅 mix filling for dumpling

绞 jiǎo ●（动）❶（把两股以上条状物扭在一起）twist：心如刀～ feel as if a knife were being twisted in one's heart ❷（握住条状物的两端同时向相反的方向转动，使受到挤压；拧）wring：把毛巾～干 wring out the towel ❸（纠缠）entangle；entwine：好多问题～在一起。Many problems got entangled. ❹（用绳索勒）hang by the neck：被某人～死 hang sb. on the gibbet ❺（转动轮轴）wind：～着纺车 wind a spinning wheel ❻[机]（用铰刀切削）bore with a reamer；ream ❼（费心思）give a lot of care：～尽脑汁 rack one's brains；task one's mind ●（量）（用于纱、毛线等）skein；hank

【绞车】（名）winch；windlass

【绞架】（名）gallows

【绞索】（名）(the hangman's) noose

【绞刑】（名）death by hanging；sentence to be hanged；sentence to the gallows：将某人处以～ send sb. to the gallows

铰 jiǎo ●（动）〈口〉❶（用剪子剪断东西）cut with scissors：～成两半 cut in two；cut into halves；cut in half ❷（用铰刀切削）bore with a reamer；ream ●（名）（指铰链）hinge

【铰链】（名）hinge：～接合 hinge joint

矫 jiǎo ●（动）❶（矫正；改正）rectify；straighten out；correct：～揉造作 falsify；behave in an affected way ❷（假托）pretend；

feign；dissemble：～饰 feign in order to conceal sth.；dissemble ●（形）（强壮；勇武）strong；brave：～若游龙 be as powerful as a flying dragon；as strong and brave as a lion

【矫健】（形）strong and vigorous；robust：迈着～的步伐 walk with vigorous strides

【矫正】（动）correct；rectify；put right：～不道德行为 correct immoral conduct

皎 jiǎo （形）（白而亮）clear and bright：～月当空。A bright moon hung in the sky.

【皎洁】（形）(of moonlight) bright and clear

脚 jiǎo （名）❶（人或动物的腿的下端，接触地面的部分）foot：手忙～乱 be so busy that one's hands and feet were all in confusion；act with confusion ❷（东西的最下部）base；foot：在山～下 at the foot of the mountain

【脚本】（名）script；scenario：电影～ film script

【脚步】（名）step；pace：迈着蹒跚的～ walk with tottering steps

【脚跟】（名）heel；footing

【脚踏车】（名）bicycle；bike

【脚印】（名）footprint；footmark；track：踏着革命前辈的～前进 follow in the footsteps of the older generation of revolutionaries

【脚指头】（名）〈口〉toe

搅 jiǎo （动）❶（搅拌）stir；mix：残渣被～起。The dregs are stirred up. ❷（扰乱；搅扰）disturb；annoy：胡～蛮缠 harass sb. with unreasonable demands；pester sb. endlessly

【搅拌】（动）stir；mix；agitate：～机 agitator；mixer

【搅动】（动）mix；stir：拿棍子～灰浆 stir the plaster with a stick

【搅混】（动）〈口〉mix；blend；mingle：歌声和笑声～成一片。Singing and laughing were mingled together.

【搅乱】（动）confuse；throw into disorder：这消息～了她的心。The news disturbed her very much.

缴 jiǎo （动）❶（交出）pay；hand over：～枪不杀！Lay down your arms and we'll spare your life! ❷（收缴；缴获）capture：～敌人的枪 capture arms from the enemy

【缴获】（动）capture；seize：～很多战利品 seize a lot of booty

【缴械】●（动）❶（迫使敌人交出武器）disarm：使敌人～投降 disarm the enemy ❷（被迫交出武器）surrender one's weapons；lay down one's arms：～投降 lay down one's arms and surrender

jiào

叫 jiào ❶（动）❶（人或动物等发出较大的声音）cry；shout：～骂 shout curses ❷（招呼；呼唤）call；greet：快去～医生。Call in a doctor at once. ❸（告诉某些人员送来所需要的东西）hire；order：～出租车 hire a taxi ❹（名称是；称为）name；call：这～不锈钢。It's called stainless steel. ❺（吩咐；让）ask；order；bid：随～随到 be on call at any hour；be available anytime on call ❻（叫牌）bid ❷（介）（用在被动式里引进主动者）：敌人～我们打得落花流水。The enemy was utterly routed.

【叫喊】（动）shout；yell；howl：高声～ shout at the top of one's voice
【叫好】（动）applaud；applause
【叫唤】（动）cry out；call out：咬紧牙关，一声也不～ clench one's teeth and not utter a sound
【叫苦】（动）complain of hardship；moan and groan：～连天 complain to high heaven
【叫屈】（动）complain of being wronged；protest against an injustice
【叫嚣】（动）clamour；raise a hue and cry：大肆～ raise a terrific hue and cry；raise a hullabaloo

校 jiào（动）❶（订正；校对）check；proofread；collate：～改 read and correct proofs ❷（比较）compare contrast
另见 1046 页 xiào。

【校对】❶（动）❶（核对）proofread；proof；check：按原稿～一下文章 proofread an article against the original manuscript ❷（核对是否符合标准）check against a standard；calibrate：一切计量器都必须～合格后才可发售。All the measuring instruments must be calibrated before sale. ❷（名）（校对人员）proofreader：他在印刷厂当～。He works as a proofreader in a printing house.
【校样】（名）[印] proof sheet；proof：同意把～付印 pass the proofs for press
【校阅】（动）read and revise
【校正】（动）rectify；proofread and correct：～错字 correct misprints
【校准】（名）[机] calibration；correct：～器 calibrator

轿 jiào（名）（轿子）sedan (chair)：上花～ get on the bridal sedan chair
【轿车】（名）❶（旧）（供人乘坐的用骡、马拉的车）(horse-drawn) carriage ❷（汽车）bus；closed car；car：小～车 car；limousine；sedan

较 jiào ❶（动）❶（比较高低大小等）com-

pare：将两者相～，我发现它们截然不同。I compared the two things and found they are completely different. ❷（书）（计较）dispute：斤斤计～ haggle over every ounce；be calculating ❷（介）（用来比较性状和程度）comparatively；relatively；fairly；quite；rather：成绩～佳 be fairly good／～好 fairly good；quite good ❸（形）（书）（明显）clear；obvious；marked：两者～然不同。The two are totally different from each other.

【较量】（动）❶（比高低）measure one's strength with；have a contest；have a trial of strength：经过反复的～ after repeated trials of strength ❷（计较）haggle；dispute

教 jiào ❶（动）❶（教导；教育）teach；instruct：因材施～ teach students in accordance with their aptitude ❷（使；吩咐；让）ask；order ❷（名）（用在被动式里引进主动者）❸（名）（宗教）religion：传～ preach religion
另见 805 页 jiāo。

【教案】（名）teaching plan；lesson plan
【教材】（名）teaching materials
【教导】❶（动）（教育指导）instruct；teach；give guidance：～有方 be skillful in teaching and providing guidance ❷（名）（学说；指引）teaching；guidance：遵循某人的～ follow the teachings of sb.
【教会】（名）church
【教科书】（名）textbook
【教练】❶（动）（训练）train；dill；coach ❷（名）（教练员）coach；trainer；instructor：～员 coach；trainer；instructor
【教师】（名）teacher；schoolteacher：吸引优秀的～ attract good teachers
【教室】（名）classroom；schoolroom
【教授】❶（名）（高校中最高的职称）professor：被晋升为～ be promoted as a professor ❷（动）（讲解说明教材内容）instruct；teach；lecture on：～得法 have tact in teaching
【教堂】（名）church；cathedral
【教务】（名）educational administration：～处 Dean's Office
【教学】（名）❶（传授知识技能的过程）teaching；education；制定～大纲 work out a teaching program ❷（教和学）teaching and studying ❸（教师和学生）teacher and student
【教研室】（名）teaching and research section；teachers' office
【教养】❶（动）（教育和培养）bring up；train；educate：把某人～成律师 bring sb. up as a lawyer ❷（名）❶（文化品德修养）upbringing；education；culture；breeding：缺乏～ lack breeding ❷（对罪犯的感化改造）correction

【教育】㊀(名)(培养新生一代准备从事社会生活的整个过程)education：～部 Ministry of Education／～部长 Minister of Education／～家 educator ㊁(动)(教导；启发)teach；educate；inculcate：对某人进行说服～ persuade and educate sb.
【教员】(名)teacher；instructor

jiē

阶 jiē (名) ❶(台阶)steps；stairs ❷(等级)rank
【阶层】(名)(social)stratum；rank；section：代表不同的社会～ represent different social classes
【阶段】(名)stage；phase；period：在关键～ at the critical period
【阶级】(名)(social)class；step：消除～差异 eliminate class differences

皆 jiē (副)〈书〉(都；都是)all；each and every
【皆大欢喜】(成)everybody is happy

结 jiē (动)(长出果实或种子)bear (fruit)；form (seed)：那些花儿～籽儿了吗? Have those flowers produced seeds?
另见 809 页 jié。
【结巴】㊀(动)(口吃)stammer；stutter：他结结巴巴地道了歉. He stammered out an apology. ㊁(名)(口吃的人)stammerer；stutterer
【结实】㊀(动)(结果实；结籽儿)bear (fruit)；form (seed)；produce：花已凋谢～. The flowers have run to seed. ㊁(形)❶(坚固耐用)solid；sturdy：这些物品～吗? Are they durable goods? ❷(健壮)strong；sturdy：我很～. I am a fairly strong man.

接 jiē (动)❶(靠近；接触)come into contact with；come close to：战争～近尾声. The war is coming close to the end. ❷(连接；使连接)connect；join；put together：将软管～到水龙头上 connect a hose to the faucet ❸(接收；接受)receive：～到上级指示 receive instructions from higher authorities ❹(托住；承受)catch；take hold of：请～住! Please catch it! ❺(迎接)meet；welcome：为～风 give a reception in honour of a guest ❻(接替)take over：这个班下学期由他来～. He will take over this class next term.
【接班】(动)take one's turn on duty；take over from；carry on；succeed：～人 successor
【接触】(动)❶(交往)come into contact with；get in touch with：与某人～密切 be in close contact with sb. ❷(冲突)engage ❸(挨着；碰着)contact；touch：～很多新思想 get in touch with many new ideas
【接待】(动)receive；admit：～室 reception room
【接管】(动)(接收并管理)take over control；take over：～铁路 take over the railways
【接合】(动)joint：～点 junction point
【接见】(动)receive sb.；grant an interview to：～代表团 grant an interview to a delegation
【接近】(动)(靠近；相距不远)be close to；near；approach：～死期 be near to death
【接纳】(动)admit (into)；take in；adopt：他被～为伙伴. He was admitted as a partner.
【接洽】(动)take up a matter with；arrange with；consult with：谁来与有关部门～呢? Who will consult with departments concerned?
【接壤】(动)border on；be bounded by；be contiguous to：这花园与墓地～. The garden is adjacent to a graveyard.
【接任】(动)take over a job；replace；succeed：～市长职务 succeed to the mayoralty
【接生】(动)deliver；deliver a child；midwife：～婆 midwife
【接收机】(名)receiver
【接受】(动)accept；take；embrace：～新的考验 face up to a new test
【接替】(动)take over；replace；relieve：我来～你. I am here to replace you.
【接头】(动)❶(连接起来)connect；joint；join ❷(了解情况)know about；have knowledge of：这个部门的工作我不～. I have no knowledge of the affairs in this department. ❸(找人联系)contact；get in touch with；meet：你最好直接和他～. You'd better make immediate contact with him.
【接吻】(动)kiss
【接线】(名)[电](连接导线)wiring：～图 wiring diagram；connection diagram
【接续】(动)continue；follow：此段应～前页行. This paragraph should follow the last line of the previous page.
【接着】(动)❶(用于接)catch：～! Catch it! ❷(连着；紧跟着)follow；carry on：～干下去 proceed with one's work
【接踵】(动)〈书〉following on sb.'s heels：～而来 follow hard at heel

揭 jiē (动)❶(把粘在别的物体上的片状物取下)tear off；take off：～封 tear off the seal ❷(把盖在上面的或遮挡的东西拿起)uncover；lift (the lid, etc.)：～盖儿 lift up the lid ❸(揭露)expose；show up；bring to light：～晓 announce；make known；make public；publish ❹〈书〉(高举)raise；hoist

【揭穿】（动）expose；lay bare；show up：～阴谋 *show up an evil plot*

【揭底】（动）reveal the inside story；lay bare the inside story：揭了他的老底 *exposed his old secret*；*dragged the skeleton out of his closet*

【揭发】（动）expose；bring to light；lay open；unmask：～罪行 *bring a crime to light*

【揭露】（动）expose；unmask；ferret out；uncover；disclose：～事物的本质 *uncover the essence of a thing*

【揭幕】（动）unveil（a monument，etc）；inaugurate：市长为展览会～。*The mayor inaugurated the exhibition.*

【揭示】（动）❶（公布）announce；make public；promulgate；proclaim：公开～ *publicly proclaim* ❷（使人看到）reveal；bring to light：清楚地～ *clearly reveal*

【揭晓】（动）announce；make known；publish：选举结果已经～。*The result of the election has been published.*

街 jiē（名）❶（街道；街市）street：他不想在大～小巷叫卖货物。*He doesn't want to hawk his wares about the streets.* ❷〈方〉（集市）country fair；market

【街道】（名）❶（马路；行车道）street；road；way：美化城市～ *beautify the city streets* ❷（街道地区）residential district；neighbourhood：～办事处 *subdistrict office*

【街坊】（名）neighbour：～四邻 *neighbours*；*neighbourhood*

【街头巷尾】（成）streets and lanes：～议论纷纷 *You hear the affair discussed on the street corners everywhere and by everybody.*

jié

节 jiē（名）❶（物体各段之间相连的地方）joint；knot；node：竹～ *bamboo joint* ❷（段落）division；part：音～ *syllable* ❸（节日）festival；red-letter day；holiday：欢度佳～ *celebrate a festival with jubilation*；*spend a holiday joyfully* ❹（事项）item：请给我们讲一下事情的细～。*Please tell us the details of the event.* ❺（节操）moral integrity；chastity：他是个有～气的人。*He was a man of moral integrity.* ❸（量）section；length：今天我有两～课。*I have two classes today.* ❸（动）（节约；节制）economize；save：～衣缩食 *economize in dress and food*；*economize on clothing and food* ❷（删节）abridge：这是原著的～译本。*This is an abridged translation of the original work.*

【节目】（名）program；item（on a program）：～单 *programme*；*playbill*

【节日】（名）festival；red-letter day；holiday：～气氛 *festive air*

【节省】（动）economize；save；use sparingly；cut down on：～精力 *be sparing of sb.'s energy*

【节食】（动）be moderate in eating；diet：她要保持身材苗条就不得不～。*She has to diet to stay slim.*

【节余】（名）surplus（as a result of economizing）

【节育】（名）birth control

【节约】（动）economize；save：～燃料 *economize on fuel*

【节制】（动）❶（限制；控制）control；check；be moderate in：～饮酒 *be moderate in drinking*；*practice temperance in drinking* ❷（指挥；管辖）command；direct；control ❸（克制）temperance；abstinence

【节奏】（名）rhythm：～明快 *lively rhythm*

劫 jié ❶（动）❶（抢劫）rob；plunder；raid：听说他在那里以～掠为生。*It's said that he lived by plunder there.* ❷（威逼；胁迫）coerce；compel ❷（名）（灾难）calamity；disaster；misfortune：遭受～难 *meet a disaster*

【劫持】（动）kidnap；hijack；hold under duress：～一架飞机 *hijack a plane*

杰 jié ❶（名）（才能出众的人）outstanding person；hero：俊～ *a person of outstanding talent*；*hero* ❶（形）（杰出）outstanding；prominent：～作 *masterpiece*

【杰出】（形）outstanding；remarkable；distinguished：～的作家 *a distinguished writer*

诘 jié（动）〈书〉（追问；质问）closely question；interrogate

【诘问】（动）〈书〉closely question；interrogate

【诘责】（动）〈书〉censure；rebuke；denounce

拮 jié

【拮据】（形）short of money；(be) hard up；in straitened circumstances

洁 jié ❶（形）（清洁；纯洁）clean：把房间收拾整～ *clean the room up* ❶（动）〈书〉（使纯洁）clean；cleanse；purify

【洁白】（形）spotlessly white；pure white：他买了一件～的衬衫。*He bought a spotless white shirt.*

【洁净】（形）clean；spotless：房间～得一尘不染。*The room is spotlessly clean.*

结 jié ❶（动）❶（用线、绳等打结或编织）tie；knit；knot；weave：他们不会～网。*They do not know how to weave a net.* ❷（发生某

联系或关系;凝聚)unite;connect;join;form; coagulate;congeal;forge;cement:我们～下了深厚的友谊. *We have formed a profound friendship*. ❸(结束;了结)settle;conclude:～账 *settle accounts* （名）❶(用线、绳等打成的扣;结成物)knot ❷[生理]node
另见 808 页 jié。

【结案】(动)wind up a case;close a case;settle a lawsuit

【结伴】(动)go with:～而行 *go together*

【结存】(名)❶(结算后余下的款项)cash on hand;balance:现金～ *cash balance* ❷(结算后余下的货物)goods on hand;inventory

【结构】(名)❶(各组成部分的搭配形式)structure;composition;construction:简化句子～ *simplify a sentence structure* ❷[建](建筑物承重或承受外力部分的构造)architecture structure;construction:这座桥梁是钢～的. *The bridge is a structure made of steel*. ❸[地质]texture

【结果】●(名)(结局)result;outcome;consequence:取得令人满意的～ *achieve satisfactory results* ●(副)(最终)finally;at last:～,他们赢了那场比赛. *They won the game finally*. ●(动)(杀死)kill;finish off:一颗子弹差点～了他的性命. *A bullet nearly finished him off*.

【结合】(动)❶(发生密切联系;联合)combine;unite;integrate;link:将教育和娱乐～在一起 *combine education with recreation* ❷(结为夫妻)marry;be tied in wedlock:婚姻是两个人的～. *Marriage is an alliance between two people*.

【结核】(名)❶[医]tuberculosis ❷[地质]concretion ❸[矿]nodule

【结婚】(动)marry;get married;marry up:～礼服 *wedding dress*

【结局】(名)final result;outcome;ending;upshot:故事的～是美满的. *The story came to a happy ending*.

【结论】(名)❶[逻](从推理的前提中推出来的判断)conclusion (of a syllogism) ❷(最后的论断) conclusion;verdict:～对我们有利. *The verdict was given in our favor*.

【结束】(动)finish;end;conclude;wind up;close up;come to a close:～战争 *finish off a war*;*end a war*

【结算】(动)settle accounts;close an account:月底之前所有的账要～. *All the accounts should be closed at the end of the month*.

【结尾】(名)❶(末尾;结束的阶段)ending;winding-up stage:文章的～很有力量. *The article has a forceful ending*. ❷[音]coda ❸[计]trailing end

【结余】(名)cash surplus;surplus;balance

捷 jié ●(形)(快;迅速)prompt;nimble;quick:～足先登. *The first prize will go to the nimblest*. ●(名)(胜利;成功)victory;triumph:你们打算如何庆祝这次大～? *How do you plan to celebrate the great victory?*

【捷报】(名)news of victory;report of a success:～频传 *news of victory keeps pouring in*

【捷径】(名)cut;shortcut;beeline:走～ *take a shortcut*

截 jié ●(动)❶(切断;割断)cut;sever:请用刀将绳子～断. *Please sever the rope with a knife*. ❷(阻拦)stop;check;stem;intercept:～击敌人的飞机 *intercept the enemy's planes* ●(量)(段)section:一～儿木头 *a log* ●(介)(截止)by (a specified time);up to

【截断】(动)❶(切断)cut off;block:这个港口与世界各地的通航被～了. *The harbor was blocked from the rest of the world*. ❷(打断;拦住)cut short;interrupt:他的演讲不时被愚蠢的问题～. *His speech was constantly interrupted by silly questions*.

【截获】(动)intercept and capture:游击队～了一辆敌人的卡车. *The guerrillas intercepted and captured an enemy truck*.

【截击】(动)intercept:～增援部队 *intercept the reinforcements*

【截面】(名)[数][物]section;cross section:横～ *cross section*

【截止】(动)(停止)end;close:注册～到6月30日. *The enrollment will close on June 30*.

【截至】(动)by (a specified time);up to;as of:～目前为止 *up to now*

竭 jié (动)❶(完;尽)exhaust;use up:精疲力～ *be overcome by fatigue*;*be entirely fatigued* ❷〈书〉(干涸)dry up;drain

【竭尽】(动)use up;exhaust;devote to the utmost:～全力地帮助别人 *exert oneself to the utmost to help others*

【竭力】(动)do one's utmost;use every ounce of one's energy;try by every possible means:～克服困难 *try one's best to overcome the difficulty*

jiě

姐 jiě (名)❶(姐姐)elder sister;sister ❷(称呼年轻的女子)a general term for young women

【姐夫】(名)elder sister's husband;brother-in-law

【姐姐】(名)elder sister;sister

【姐妹】（名）❶（姐和妹）sisters：她没有～，只有一个哥哥。*She has a brother but no sisters.* ❷（兄弟姐妹）brothers and sisters

解 jiě ❶（动）❶（剖开；分开）separate；divide ❷（把束缚或系着的东西打开）untie；undo：～鞋带 *undo shoelaces* ❸（解除；使不存在）allay；dispel；dismiss：～渴 *allay one's thirst* ❹（分析说明；解释）explain；interpret；solve：详～ *explain in detail；detailed explanation* ❺（了解；理解；明白）understand；comprehend：令人费～ *above comprehension* ❻（解手）relieve oneself ❷（名）[数]（代数方程中的未知数的值）solution

【解除】（动）remove；get rid of；secure；release：～警报 *clear signal；sound the all clear；all clear*

【解答】（动）answer；explain；key：谁能～这些疑难问题？ *Who can answer these difficult questions?*

【解冻】（动）❶（冰冻的江河、土地等融化）thaw；unfreeze：外交关系稍有～。*A slight diplomatic thaw is just beginning.* ❷（使冷冻的食物融化）thaw：在做冷冻食品前必须先～。*Frozen food must be thawed before cooking.* ❸（解除对资金等的冻结）unfreeze（funds，assets，etc.）：～物价 *unfreeze the prices*

【解放】（动）liberate；emancipate：～思想 *emancipate the mind*

【解雇】（动）discharge；dismiss；fire；get fired；give the sack：一个月后他因无能而被～。*At the end of a month, he got fired for incompetence.*

【解救】（动）save；rescue；deliver：医生把他从死亡中～出来。*The doctors delivered him from death.*

【解决】（动）❶（处理问题）solve；resolve；settle：～问题 *solve a problem；work out a solution* ❷（消灭）finish off；dispose of：我已经将对手全部～。*I've disposed of all the opponents.*

【解聘】（动）dismiss an employee（usu. at the expiration of a contract）

【解剖】（动）[生]dissect；anatomy：～麻雀 *dissect a sparrow—analyze a typical case*

【解散】（动）❶（集合的人分散开）dismiss：工人们～后吃饭去了。*The workers were dismissed for lunch.* ❷（取消）dissolve；disband：～议会 *dissolve a parliament*

【解释】（动）explain；expound；interpret；explicate；elucidate；tale：用正确的观点～历史 *interpret history from the correct point of view*

【解说】（动）explain orally；comment；commentate：新闻～ *news explanation*

【解约】（动）cancel a contract；terminate an agreement

【解职】（动）dismiss from office；discharge；relieve sb. of his post

jiè

介 jiè ❶（动）❶（在两者当中）be situated between；interpose：～于…之间 *lie between...* ❷（存留；放在心里）take seriously；take to heart；mind ❷（名）（介词）preposition

【介词】（名）[语]preposition

【介入】（动）intervene；interpose；get involved：～战争 *get involved in the war；intervene in the war*

【介绍】（动）❶（使双方相识）introduce；present：他将本市最好的大夫～给我。*He presented the best doctor in this city to me.* ❷（引进；带入）recommend；suggest：为某人～工作 *recommend sb. for a position* ❸（使了解或熟悉）let know；brief；provide information：向新闻界～欧洲之行 *brief the newsmen about the European trip*

【介意】（动）（多用于否定词后）take offense；mind；get annoyed；care about：不要～这种小事。*Never mind such trifles.*

【介质】（名）[物]medium：工作～ *actuating medium*

戒 jiè ❶（动）❶（防备；警惕）guard against：～骄～躁 *guard against arrogance and rashness* ❷（警告；劝告）exhort；admonish；warn ❸（戒除）give up；drop；stop：～烟 *give up smoking；stop smoking；abstain from smoking* ❷（名）❶（佛教戒律）Buddhist monastic discipline ❷（戒指）（finger）ring：钻～ *diamond ring*

【戒备】（动）guard；take precautions；be on the alert：～森严 *be heavily guarded*

【戒严】（动）enforce martial law；impose a curfew；cordon off an area：在某地实行～ *impose a curfew upon a place*

【戒指】（名）（finger）ring：结婚～ *wedding ring*

届 jiè ❶（动）（到达指定或规定的日期）fall due：～时 *when the time comes；of the appointed time；on the occasion* ❷（量）（用于定期的会议或毕业的班级等）session（of a conference）；year（of graduation）：第五～全国人民代表大会 *the Fifth National People's Congress*

界 jiè （名）❶（相交的地方；划分的界限）boundary：跨越国～ *cross the boundary of a*

country；pass across the border ❷（一定的范围）scope；extent ❸（按职业、工作或性别等分成的范围）circles；world：艺术 ~ art circles ❹（大自然中动物、植物、矿物等的最大的类别）primary division；kingdom：昆虫~ the insect kingdom ❺〔地质〕（地层系统分类的最高一级，相当于地质年代中的代）group ❻〔数〕bound：下~ lower bound

【界限】（名）❶（分界）demarcation line；dividing line；bounds；limits；boundary：打破行业 ~ break the bounds of different trades ❷（限度）limit；end；确定~ fix a limit

【界线】（名）❶（两个地区分界的线）boundary line ❷（不同事物的分界）dividing line；limits ❸〔数〕boundary line

借 jiè（动）❶（借进）borrow：从图书馆~书 borrow a book from the library ❷（借出）lend：~给朋友钱 lend money to a friend；offer a loan to a friend ❸（假托）use as a pretext：~故推托 find an excuse to refuse；use as a pretext to refuse ❹（凭借；趁着）make use of；take advantage of（an opportunity, etc.）：~风使船 take advantage of the wind to sail；sail with the wind

【借贷】❶（动）（借钱）borrow or lend money ❷（名）（借方和贷方）debit and credit sides

【借方】（名）debit；debit side；debtor

【借故】（动）find an excuse：他~走了。He found an excuse and left.

【借火】（动）ask for a light：劳驾，借个火儿。Excuse me, would you mind giving me a light？

【借鉴】（动）use for reference；draw lessons from；draw on the experience of：~他人的经验是聪明之举。It is wise to draw lessons from others.

【借据】（名）receipt for a loan；IOU；certificate of indebtedness；debt on bond；evidence of debt

【借口】❶（动）（以某事为理由）use as an excuse；on the pretext of；on the excuse of：别拿忙做~而放松学习。Don't slacken your study on the excuse of being too busy.❷（名）（假托的理由）excuse；pretext；cop-out：他老爱找~。He is always making pretenses.

【借款】❶（动）❶（向人借钱）borrow money；ask for a loan ❷（借钱给人）lend money；offer a loan ❷（名）（借用的钱）loan

【借以】（动）so as to；for the purpose of；by way of：我举几个例子，~说明问题的严重性。Let me give a few examples to show how serious the problem is.

【借债】（动）borrow money；raise a loan：~度

日 live by borrowing

【借助】（动）have the aid of；draw support from；with the help of：~科学知识 by the aid of scientific knowledge

jīn

斤 jīn ❶（量）（重量单位）jin, a unit of weight ❷（名）（古代砍伐树木的工具）axe；chopper

【斤斤计较】（成）haggle over every ounce；be calculating：~个人得失 be preoccupied with one's personal gain sand losses

今 jīn（名）❶（现在；现代）modern；present-day；nowadays；now：the present；~昔对比 contrast the past with the present ❷（当前的）this（year）；of this year：~生~世 this life ❸（今天）today：~明两天我休息。I am on holiday today and tomorrow.

【今后】（名）from now on；in the days to come；henceforth；hereafter；in future：~你应该更细心些。For the future, try to be more careful.

【今年】（名）this year

【今日】❶（名）（今天）today：下星期的~ today week；a week today ❷（形）（当前的）present；now：他很了解~印度的社会状况。He has a very good knowledge of the social conditions in present-day India.

【今生】（名）this life

【今世】（名）❶（今生）this life ❷（当代）this age；the contemporary age

【今天】（名）❶（今日）today ❷（现在；目前）today；present；now

金 jīn ❶（名）❶（金属）metals ❷（钱）money：抚恤~ consolation money ❸（古时金属制的打击乐器）ancient metal percussion instruments ❹（金子；黄金）gold：那个盒子里有一座~像。There is a statue in gold in the box. ❷（形）（像金子的颜色）golden：红底~字 golden characters on a red background

【金币】（名）gold coin；gold

【金额】（名）〈书〉amount of money；sum of money

【金刚砂】（名）emery；corundum；carborundum：~磨床 emery grinder

【金刚石】（名）diamond：~婚 diamond wedding

【金刚钻】（名）diamond：~钻头 diamond bit

【金黄】（形）golden yellow；golden：菜花一片~ a vast stretch of golden rape flowers

【金钱】（名）money

【金融】（名）finance；banking：~汇票 finance bill

【金属】（名）metal：～工艺品 metal handicrafts

【金星】（名）Venus

【金子】（名）gold

【金字塔】（名）pyramid

津 jīn ❶（名）❶（唾液）saliva；生～止渴 help produce saliva and slake thirst ❷（汗）sweat：遍体生～ perspire all over ❸（渡口）ferry crossing；ford ❷（形）〈书〉（润湿）moist；damp

【津津有味】（成）with relish；with gusto；with keen pleasure：～地谈着那件事 talk about it with great pleasure

【津贴】❶（名）（工资以外的补助费）subsidy；allowance；financial aid：应该享受政府～ deserve a government allowance ❷（动）（给津贴）subsidize

筋 jīn（名）❶（肌的旧称）muscle：～肉 muscle ❷〈口〉（肌腱或骨头的韧带）tendon；sinew ❸〈口〉（可以看见的皮下静脉血管）veins that stand out under the skin：青～直暴。Blue veins stood out．❹（像筋的东西）anything resembling a tendon or vein：这菜～真多。The vegetable is full of fibres．

【筋骨】（名）muscles and bones：伤筋动骨 be injured in the sinews or bones；have a fracture

【筋疲力尽】（成）exhausted；worn-out；tired-out；played-out：看上去～ look tired-out

禁 jīn（动）❶（禁受；耐）bear；stand；endure：～洗 stand a lot of washing ❷（忍住）contain oneself；restrain oneself：不～落泪 melt into tears；can't restrain one's tears

另见 816 页 jìn。

【禁不住】（动）❶（承受不住）be unable to bear or endure：～这样的痛苦 be unable to endure such pain ❷（抑制不住；不由得）can't help （doing sth.）；can't refrain from：～发出赞叹 can't help sighing with admiration

襟 jīn（名）❶（上衣、袍子前面的部分）front of garment ❷（胸怀）bosom；mind ❸（连襟）brothers-in-law whose wives are sisters：～兄 husband of one's wife's elder sister；brother-in-law

【襟怀】（名）〈书〉（胸怀）bosom；（breadth of）mind：～坦白 openhearted and aboveboard；honest and straight forward

jǐn

仅 jǐn（副）（仅仅；只）only；merely；barely：～一人缺席。Only one is absent．

【仅仅】（副）only；merely；alone；barely：他～是

个孩子。He was merely a child．

尽 jǐn ❶（动）（力求达到最大限度）to the greatest extent：请～快通知我们。Please inform us as early as possible．❷（副）❶（用在表示方位的词前面，跟"最"相同）at the furthest end of：～底下 at the very bottom ❷〈方〉（尽自）keep on doing sth.：这些日子～下雨。We're having an awful lot of rain these days．❸（介）❶（以某个范围为极限，不得超过）within the limits of：～着 100 块钱花。Don't spend more than 100 yuan．❷（让某些人或事物尽先）give priority to：～着年," 大的坐。Let the older people sit down first．

另见 814 页 jìn。

【尽管】❶（副）（不必考虑别的）feel free to；not hesitate to：有什么问题～问。If you have any questions，don't hesitate to ask them．❷（连）（虽然）though；even though；despite；even if；in spite of：～如此，你还是可以信赖他。You can count on him，though．

【尽快】（副）as quickly （or soon，early）as possible：请～答复。Please reply at your earliest convenience．

【尽量】（副）to the best of one's ability；as far as possible：～充分地利用时间 make the best use of one's time

紧 jǐn ❶（形）❶（物体受到几方面的拉力或压力后呈现出的紧张状态）taut；tight：～握手枪 hold the gun tight in one's hands ❷（物体受外力作用变得固定或牢固）fast；firm：他的双眼～盯着珠宝。His gaze fastened on the jewels．❸（事物之间非常接近；空隙极小）close；tight；hard：那条船～贴着海岸行驶。The ship kept close to the coast．❹（动作先后密切接连；事情急迫）urgent；pressing；tense；critical：～要关头 a critical moment；a critical juncture／他没有～迫感。He had no sense of urgency．❺（严格）strict；stringent；管得～ exercise strict control；be strict with ❻（经济不宽裕；拮据）hard up；short of money：他们手头很～，需要我们的帮助。They were very much pressed needed our help．❷（动）（使紧）tighten；勒～裤带 tighten one's belt

【紧凑】（形）compact；terse；well-knit；tight：这部电视连续剧情节很～。The television series has a well-knit plot．

【紧急】（形）urgent；pressing；critical；emergent；pressure；emergency：采取～措施 take emergency measures

【紧密】（形）❶（密切）close together；inseparable ❷（密集）thick and fast；rapid and intense：枪声～。There was rapid，intense firing.

【紧迫】(形)pressing;urgent;imminent:形势很～。The situation is critical.

【紧缩】(动)reduce;tighten;cut down;retrench;curtail:他们拼命～开支。They pushed the retrenchment in expenditure to an extreme.

【紧要】(形)critical;crucial;vital;important:这一点十分～。That's an extremely important point.

【紧张】●(形)❶(精神处于高度准备状态,兴奋不安)nervous;keyed up:他们对考试感到～。They were keyed up for the examination.❷(激烈或紧张,使人精神紧张)tense;intense;strained:缓和～局势 ease a tense situation;ease a tension ❸(供应不足)in short supply;tight:资金～ be short of funds ●(名)[医]tension;tone

锦 jǐn ●(名)(有彩色花纹的丝织品)brocade:～囊妙计 have sth. up one's sleeve;instructions for dealing with an emergency/～上添花 add flowers to the brocade;make what is good still better ●(形)(色彩鲜明华丽)bright and beautiful:～霞 rose-tinted clouds

【锦标赛】(名)championships;championship contest:世界乒乓球～ the World Table Tennis Championships

【锦绣】(形)as beautiful as brocade;beautiful;splendid:～河山 a land of charm and beauty;a land of splendors/～前程 bright prospect;glorious future

谨 jǐn (形)❶(谨慎;小心)careful;cautious;circumspect:～守诺言 keep one's promise carefully ❷(郑重;恭敬)solemn;sincere;respectful:我一向你致以我最真诚的感谢。I wish to present you my most cordial thanks.

【谨防】(动)guard against;beware of;be alert to;be cautious of:～假冒 Beware of imitations.

【谨慎】(形)prudent;careful;cautious;circumspect:谦虚～ be modest and prudent

【谨严】(形)careful and precise:文章结构～。The article is compact and carefully constructed.

jìn

尽 jìn ●(动)❶(完)exhaust;finish:想～各种方法 try all possible means ❷(达到极端)come to an end;to the utmost;to the limit:～情享乐 enjoy oneself to one's heart's content ❸(全部用出)exhaust;use up:筋疲力～

be completely exhausted;be in a state of exhaustion;use up all one's energy ❹(用力完成)try one's best;put to the best use:我将～心竭力地为人民服务。I will serve the people with all my heart.●(形)(全部的;所有的)all;exhaustive:人～皆知 be known to all;be common knowledge
另见 813 页 jǐn。

【尽力】(动)do all one can;to the best of one's ability;do sth.;do one's best;try one's best;exert oneself:我将～完成任务。I'll fulfil the task to the best of my ability.

【尽量】(副)to the full;to the utmost;～发挥聪明才智 display one's talent and wisdom to the full

【尽情】(副)with all one's heart;to the full;to one's heart's content;as much as one likes:～歌唱 sing to one's heart's content

【尽头】(名)end:学问是没有～的。There is no limit to knowledge.

【尽心】(动)with all one's heart;put one's heart and soul into:医护人员为照看受伤的工人真是尽了心。The doctors and nurses did their utmost to tend the injured workers.

【尽职】(动)fulfil one's duty;discharge one's duty:他工作一向～。He has always been a conscientious worker.

进 jìn (动)❶(向前移动)advance;move forward;move ahead:～退两难 difficult to advance or to retreat;equally difficult to go on or retreat ❷(从外面到里面)enter;come or go into;get into:～站 get in;pull in;pull into a station;draw up at a station ❸(收入)receive;income:～账 income;receipts;earnings ❹(进食)eat;drink;take:我们何时共～晚餐呢? When shall we have supper together? ❺(呈上)submit;present;offer:我想向你～一言。I'd like to offer you a word of advice.❻(用在动词后,表示到里面)into;in:闯～某人的房间 break into sb.'s room ❼(用于足球等)score a goal:～了! Goal!

【进步】●(动)(向前发展)advance;progress;improve;step forward;move forward:他的绘画～很慢。He is progressing slowly with his painting.●(形)(先进的)(politically)progressive:她碰巧是个有～意识的人。She happened to be a woman of progressive views.

【进程】(名)course;process;progress;proceeding:改变历史的～ change the course of history

【进出】(动)❶(进来和出去)pass in and out;get in and out:这儿进进出出的人真多。

What a lot of people are coming in and out of here . ❷（收入和支出）receipts and payments；turnover：这个商店每天有好几千元的～。*This store has a daily turnover of several thousand yuan .*
【进度】（名）❶（工作进行的速度）rate of progress；rate of advance：加快～ *quicken the pace* ❷（工作进行的计划）planned speed；schedule：～表 *progress chart*
【进攻】（动）attack；assault；offensive：向敌人～ *advance on the enemy*
【进货】（动）stock (a shop) with goods；lay in a stock of merchandise；replenish one's stock：这家商店进了一批货。*The shop laid in a new stock of goods .*
【进军】（动）march；advance；move：向科学技术现代化～ *march towards the modernization of science and technology*
【进口】❶（动）❶（船只进港）enter a port；sail into a port ❷（外贸进口）import ❷（名）（入口）entrance；［机］inlet；admission；intake：鼓风～ *blast inlet*
【进去】（动）❶（到里面去）go in；get in；enter：洞口太小，我进不去。*The opening of the cave is too small；I can't get in .* ❷（用在动词后，表示到里面去）in (there)；冲～ *rush in*
【进入】（动）enter；get into：～角色 *get inside the character that one is playing；enter into the spirit of a character；live one's part*
【进行】（动）❶（开展）be in progress；be under way；go on：为试验所作的准备正在～。*Preparations for the trial are under way .* ❷（从事）carry on；carry out；conduct；make：按计划～ *proceed as planned；proceed according to the schedule* ❸（前进）be on the march；march；advance；proceed
【进修】（动）engage in advanced studies；take much fresher course：出国～ *go abroad for advanced studies*
【进一步】（副）go a step further；further；make further efforts：～改善 *make further improvements*
【进展】（动）evolve；march；make progress；make headway：～顺利 *make good progress with ...；progress smoothly；make smooth advances*

近 jìn ❶（形）❶（空间或时间短）near；close：～在咫尺 *near at hand；be well within one's reach；right round the corner* ❷（亲近；关系密切）intimate；closely related：他们俩关系很～。*They are very close with each other .* ❷（动）（接近）approaching；approximate；close to：贴～自然 *get close to nature*

【近便】（形）close and convenient；close at hand：咱们找个～的饭馆吃点儿吧。*Let's have a snack at the nearest restaurant .*
【近代】（名）modern times：～史 *modern history*
【近郊】（名）outskirts of a city；suburbs；environs
【近况】（名）recent developments；how things stand：多日不见来信，不知～如何？*I haven't heard from you for a long time . How are things with you？*
【近来】（名）recently；lately；of late：～他身体很不好。*Recently he has been rather unwell .*
【近期】（名）in the near future；short-term；recent：～预报 *short-term forecast*
【近亲】（名）close relative；near relation；flesh and blood；proximity of blood
【近日】（名）❶（指过去）recently；in the past few days：～未曾见到他。*I haven't seen him recently .* ❷（指将来）within the next few days：这项工程～即将完工。*The project will be completed within the next few days .*
【近视】（名）shortsightedness；nearsightedness；myopia：她稍微有点儿～。*She is slightly myopic .*
【近似】（形）approximate；similar；approach：这两幅画有些～。*These two paintings are somewhat similar .*

劲 jìn（名）❶（力量；力气）strength；energy：有用不完的～儿 *have inexhaustible energy* ❷（精神；情绪）vigour；spirit；drive；zeal：欣赏某人那股扎实苦干的～儿 *appreciate sb.'s down-to-earth and hardworking spirit* ❸（神情；态度）air；manner；expression：你这骄傲儿得好好改改。*You've got to get rid of your arrogant ways .* ❹（趣味）interest；relish；gusto：这本书真没～。*The book is of no interest at all .*
另见 819 页 jìng。
【劲头】（名）❶（力气）strength；energy ❷（精神；情绪）vigour；spirit；drive；zeal：～十足 *be full of vigour*

晋 jìn（动）❶（进）enter；advance：～谒 *call on a superior* ❷（升）promote：～级 *get promoted (in ranks，grades，etc .)*
【晋级】（动）rise in rank；be promoted
【晋见】（动）call on (sb. holding high office)；have an audience with：他要～主席。*He will call on the chairman .*
【晋升】（动）promote to a higher office：～为副教授 *be promoted to an assistant professor*

浸 jìn ❶（动）❶（泡在液体里）soak；steep；

immerse：把衣服放在肥皂水里～一会儿再洗。*Soak the clothes in soapy water for a while before you wash them.* ❷（液体渗入）soak；saturate；steep：她的衣服让汗～湿了。*Her clothes were soaked with sweat.* ❸（副）〈书〉（逐渐）gradually；step by step；little by little：友情～厚。*Friendship gradually deepened.*

【浸泡】（动）soak；bath；immerse；steep：～棉籽 *soak cotton seed*

【浸润】（动）（渐渐渗入）soak；infiltrate：春雨～着田野。*The spring rain is soaking into the fields.* ❷（名）[医]infiltration

【浸透】（动）soak；saturate；infuse；impregnate：他伤口出的血～了绷带。*The blood from his wound has soaked right through the bandage.*

禁 jìn

❶（动）❶（禁止）prohibit；forbid；ban：这里严～吸烟。*Smoking is absolutely banned here.* ❷（监禁）imprison；detain ❷（名）❶（法令或习俗所不允许的事项）what is forbidden by law or custom；a taboo：入国问～ *on entering a country ask about its taboos* ❷（旧时称皇帝居住的地方）royal residence；forbidden area

另见 813 页 jīn。

【禁地】（名）forbidden area；restricted area；out-of-bounds area

【禁忌】❶（动）（戒）avoid；abstain from：～烟酒 *abstain from smoking and drinking* ❷（名）❶（犯忌讳的话和行动）taboo：这种行为属～之列。*This behavior is under taboo.* ❷[医]contraindication

【禁令】（名）prohibition；injunction；ban：撤销～ *withdraw a ban*

【禁区】（名）❶（禁止进入的地区）forbidden zone；restricted zone；out-of-bounds area：那里是～，不准过去。*You can't go there. That place is out-of-bounds.* ❷（自然保护区）preserve；reserve；natural park ❸[足球]penalty area ❹[篮球]restricted area

【禁运】（动）embargo：实行～ *lay an embargo on sth.*

【禁止】（动）prohibit；ban；forbid：～吸烟。*No Smoking.*

jīng

茎 jīng（名）（植物体的一部分）stem（of a plant）；stalk

京 jīng ❶（名）（首都）the capital of a country：进～ *go to the capital* ❷（数）（古代数目名，指 1,000 万）ten million（an ancient numeral）

【京城】（名）（旧时称国都）the capital of a country；capital

【京剧】（名）Beijing opera

经 jīng ❶（名）❶[纺]（织物上纵方向的纱或线）warp ❷[中医]（中医指人体内气血运行通路的主干）channels ❸[地理]（经度）longitude ❹（经典）scripture；canon；classics：《金刚～》"*The Diamond Sutra*" ❺（经书）Confucian classics ❻（月经）menses；menstruation ❷（动）❶（经营；治理）manage；deal in；engage in：～商 *engage in trade；be in business；go into business* ❷〈书〉（上吊）hang oneself ❸（经过；经历）pass through；undergo：身～百战 *have fought many battles* ❹（禁受；经受）stand；bear；endure；withstand：～得起严峻的考验 *withstand severe tests* ❸（介）（通过）as a result of；after；through：～彻底调查 *after an exhaustive investigation* ❹（形）（历久不变的；正常的）constant；regular

【经常】❶（形）（日常；平常）day-to-day；everyday；daily：～工作 *day-to-day work* ❷（副）（常常）constantly；frequently；regularly；often：他～上图书馆去。*He goes to the library regularly.*

【经典】❶（名）❶（具有权威的著作）classics ❷（宗教教义著作）scriptures：佛教～ *Buddhist scriptures* ❷（形）（著作具有权威性）classical：马列主义～著作 *Marxist-Leninist classics；classical works of Marxism-Leninism*

【经度】（名）[地理]longitude

【经费】（名）funds；outlay：～不足 *be short of funds*

【经管】（动）be in charge of：～财务 *be in charge of financial affairs*

【经过】❶（动）❶（从某处过）pass；go through；go by：从公园～ *pass a park* ❷（通过）as a result of；after；through：～精心治疗 *after careful treatments* ❷（名）（过程；经历）process；course：对于谈判的～我一无所知。*I know nothing about the process of the bargaining.*

【经纪人】（名）broker；middleman；agent：房地产～ *estate agent*

【经济】❶（名）❶[经]（社会物质生产和再生产的活动）economy：规划国民～ *plan the national economy* ❷（个人生活用度）financial condition；income：减轻～负担 *reduce the financial burden* ❷（形）❶（对国民经济有价值或影响的）economic；of industrial or economic value：～部长 *economic minister*／～舱机票 *economy class* ❷（节省的）economical；thrifty：～实惠 *economical and practical*

【经久】（形）❶（经过很长时间）prolonged ❷（耐久）durable：～耐用 durable；able to stand wear and tear

【经理】❶（动）（经营管理）handle；manage ❷（名）（企业负责人）manager；director

【经历】❶（动）（亲身体验）go through；undergo；experience：～艰难困苦 undergo great hardships ❷（名）（经历之事）experience：体验愉快的～ live a delicious experience

【经商】（动）engage in trade；be in business；go into business；engage in business deals：一毕业就去～ go to business on graduation

【经手】（动）handle；deal with：这件事是他～的。He's the one who handled this matter.

【经受】（动）undergo；experience；withstand；stand；weather：～巨大悲痛 experience a pang of sadness

【经售】（动）sell on commission；deal in；distribute；sell：这商店～邮票。The shop sells postage stamps.

【经销】（动）sell on commission；deal in；distribute；sell

【经心】（形）careful；conscientious；mindful：～搜集各种资料 take great care to collect all kinds of data

【经验】❶（名）（由实践得来的知识或技能）experience：～丰富 have rich experience；be well-experienced ❷（动）（经历）go through；experience

【经营】（动）manage；run；engage in；operate：独家～ engage in a line of business without competition

【经由】（动）via；by way of：～北京到广州 be bound for Guangzhou via Beijing

惊 jīng（动）❶（由于突然来的刺激而精神紧张；害怕）start；be frightened：～醒 awake with a start；wake with a start；cause to wake up；awaken suddenly ❷（惊动）surprise；shock；alarm：～呆 be paralyzed with amazement；be dumbfounded；be frightened out of one's wits ❸（骡、马等因害怕而狂跑不受控制）shy；stampede

【惊动】（动）❶（使吃惊）startle；alarm；shock：火警～了全城的人们。The whole town was startled by the fire alarm. ❷（使警惕）alert ❸（惊扰）disturb；bother：对不起，我这么早就来～你。I'm sorry to disturb you so early.

【惊慌】（形）alarmed；scared；panic-stricken：没有半点儿～ not in the least scared

【惊恐】（形）alarmed and panicky；terrified；panic-stricken；seized with terror：～万状 be seized with panic；be lost in astonishment；be in a great panic；be terribly frightened

【惊奇】（形）wonder；surprised；amazed：～得目瞪口呆 in open-eyed wonder；in open-mouthed surprise；gape from wonder

【惊人】（形）astonishing；amazing；alarming：他是个有～毅力的人。He was a man with amazing willpower.

【惊喜】（形）pleasantly surprised：～地叫了起来 call out in happy astonishment

【惊险】（形）alarmingly dangerous；breathtaking；thrilling：～的场面 thrilling scene

【惊心动魄】（成）soul-stirring；profoundly affecting：～的革命运动 stirring revolutionary movements

【惊讶】（形）surprised；amazed；astonished；astounded：他的无知令人～。His ignorance is astonishing.

晶 jīng ❶（形）（光亮）brilliant；glittering：～莹 sparkling and crystal-clear；glittering and translucent ❷（名）❶（水晶）quartz；（rock）crystal ❷（晶体）any crystalline substance

【晶体】（名）crystal：～管 transistor

精 jīng ❶（形）❶（经过提炼或挑选的）refined；picked：派遣～兵 send picked troops；send an elite battalion ❷（完美；最好）perfect；excellent：～良 excellent；superior；of the best quality ❸（细）meticulous；fine；precise：～打细算 careful and meticulous calculation ❹（机灵心细）smart；sharp；clever；shrewd：～于讨价还价 be shrewd at a bargain ❺（精通）skilled；conversant；proficient：～于绘画 be skilled in painting ❷（名）❶（提炼出的精华）essence；extract：从诗歌中摘录出来的～粹 extracts from a poem ❷（精神；精力）energy；spirit：无～打采 out of spirit；spiritless ❸（精液；精子）sperm；semen；seed ❹（精怪；精灵）goblin；spirit；demon ❺［中医］the fundamental substance which maintains the functioning of the body；essence of life ❸（副）（方）（十分；非常）extremely；very：～瘦肉 completely lean meat

【精兵】（名）picked troops；crack troops

【精彩】（形）brilliant；splendid；wonderful：做～的表演 give a wonderful performance

【精读】❶（动）read carefully and thoroughly ❷（名）intensive reading；perusal；detailed reading

【精度】（名）precision；accuracy：高～ high precision

【精干】（形）❶（指人少而精）small in number but highly trained；crack：一支～的小分队 a small detachment of picked troops ❷（精明强干）keen-witted and capable：队长虽然年轻，

但很～。 *Young as he is，the team leader is very capable.*

【精华】（名）cream；essence；choice；quintessence

【精简】（动）retrench；simplify；cut；reduce：～开支 *retrench；cut down expenses*

【精力】（名）energy；vim；vigour：～充沛地干活 *do sth. with extraordinary energy*

【精练】（形）（使没有多余词句）concise；succinct；terse；refining：语言～ *succinct language*

【精美】（形）exquisite；elegant；fine：包装～ *beautifully packaged*

【精密】（形）precise；accurate：～的观察 *accurate observation*／～度 *precision*

【精疲力竭】（成）exhausted；worn-out；tired-out

【精确】（形）accurate；exact；precise：她使自己的措辞更加～。 *She fined down her choice of words.*

【精锐】（形）crack；picked：～部队 *crack troops；picked troops*

【精神】（名）❶（指人的意识、思维活动和一般心理状态）spirit；mind；consciousness：表现出忘我～ *display the spirit of selflessness* ❷（宗旨；主要意义）essence；gist；spirit；substance：符合时代～ *suit the spirit of the age*

【精神病】（名）[医]mental disease；mental disorder；psychosis：～院 *psychiatric hospital；mental home*

【精通】（动）be proficient in；have a good command of；master：～音乐 *be conversant with music*

【精细】（形）meticulous；fine；careful：考虑问题很～ *think matters over carefully；be circumspect*

【精心】（形）meticulously；painstakingly；elaborately：为…做～的准备 *prepare meticulously for...*

【精盐】（名）refined salt；table salt

【精致】（形）fine；delicate；exquisite：～的烟盒 *an exquisite cigarette case*

鲸 jīng（名）（哺乳动物，俗称鲸鱼）whale：幼～ *whale calf*

【鲸鱼】（名）whale

jing

井 jǐng ❶（名）❶（从地面往下凿成的能取水的深洞）well：打～ *sink a well；drill a well* ❷（形状像井的东西）sth. in the shape of a well：～灌 *well irrigation* ❸（乡里或人口聚居的地方）home village or town ❸（形）（整齐）neat；orderly

【井井有条】（成）in perfect order；shipshape：

methodical：把生活安排得～ *order one's life methodically*

【井喷】（名）[石油]blowout

【井盐】（名）well salt

颈 jǐng（名）（颈项，脖子）neck：～动脉 *carotid*

景 jǐng ❶（名）❶（风景；景物）view；scenery；scene：森林～观 *woodland scenery* ❷（情形；情况）situation；condition：我们目前的～遇相当不错。 *Our present circumstances are rather good.* ❸（戏剧、电影的布景和摄影棚外的景物）scenery（of a play or film）：换一～ *change of scenery* ❸（动）（尊敬，佩服）admire；revere；respect：～慕 *admire；respect；hold sb. in deep respect；look up to sb.；admiration* ❸（量）（剧本的一幕中因布景不同而划分的段落）scene（of a play）：第二幕第三～ *Act Ⅱ，Scene 3*

【景色】（名）scenery；view；scene；landscape：欣赏壮丽的～ *admire glorious views*

【景泰蓝】（名）cloisonne；cloisonne enamel

【景物】（名）（可供观赏的景致和事物）scenery：站在山上眺望山下的～ *stand on the top of the hill looking down at the scenery below* ❷[光]photographic field

【景象】（名）scene；sight；picture：呈现出一派繁荣的～ *present a scene of prosperity*

【景仰】（动）respect and admire；hold in deep respect：怀着无限～的心情 *with boundless respect and admiration*

警 jǐng ❶（动）❶（戒备）guard against；garrison ❷（使人注意）warn；alarm：敲～钟 *sound the alarm* ❷（形）（感觉敏锐）alert；vigilant：～醒 *be a light sleeper* ❸（名）❶（危险紧急的情况或事情）alarm：报火～ *raise an alarm of fire* ❷（警察的简称）police

【警报】（名）alarm；warning；alert：得到～ *receive an alert；receive a warning*

【警察】（名）police；policeman：女～ *policewoman*

【警告】（动）❶（提醒；对错误行为提出告诫）warn；caution；admonish：我～过她不要开得太快。 *I gave her a warning against driving too fast.* ❷（名）（一种处分）warning：给予～处分 *give sb. a disciplinary warning*

【警戒】（动）❶（告诫人使注意改正错误）warn；admonish ❷[军]（为防备敌人的侦察和突然袭击而采取的保障措施）be on the alert against；guard against；keep a close watch on

【警觉】（名）vigilance；alertness：政治～性 *political alertness*

【警惕】（动）be on guard against；watch out

for；be vigilant；be on the alert：提高～ *heighten one's vigilance*

【警卫】（名）（security）guard：～人员 *security personnel*

jìng

劲 jìng（形）（坚强有力；刚强）strong；powerful；sturdy：～松 *sturdy pines*

另见 815 页 jìn。

【劲敌】（名）（强有力的敌人或对手）formidable adversary；strong opponent：遇到了～ *have a vigorous opponent*

【劲旅】（名）（强有力的队伍）strong contingent；crack force：这个篮球队可算是全市的一支～。*The basketball team is one of the strongest in the city.*

径 jìng ❶（名）❶（狭窄的道路；小路）footpath；path；track：林中小～ *a path through the woods* ❷（达到目的的方法）way；means：通过各种途～ *by all means* ❸（直径的简称）diameter：口～ *bore；calibre* ❷（副）（径直）directly；straightaway

净 jìng ❶（形）❶（清洁；干净）clean：～水 *pure water* ❷（净尽；没有剩余）empty；hollow；bare ❸（纯）net：～增 *net increase；net growth* ❷（动）（使干净；擦洗干净）cleanse；wash：～街 *clear the streets of people and traffic* ❸（副）（表示单纯而没有别的；只管；全都）entirely；only；merely；nothing but：～是些无用的东西。*There are nothing but useless things.* ❹（名）（戏曲角色，通称花脸）the "painted face"，a character type in Beijing opera，etc.

【净化】（动）purify；urge：～心灵 *purify one's soul*

【净利】（名）net profit

【净值】（名）net worth；net value：进口～ *net import value*

【净重】（名）net weight；suttle weight；weight empty；suttle；net

竞 jìng ❶（动）（竞争；竞赛）compete；vie；〈书〉contest：～走 *heel-and-toe walking race* ❷（形）〈书〉（强劲）strong；powerful

【竞技】（名）sports；athletics：～状态良好 *be in good form；be in top form*

【竞赛】（名）contest；competition；emulation；race：作文～ *a composition contest*

【竞选】（动）enter into an election contest：～总统 *run for the presidency*

【竞争】（动）compete；vie；contend：他们在为冠军称号而～。*They are competing for the championship.*

【竞走】（名）［体］heel-and-toe walking race

竟 jìng ❶（动）❶（完毕）finish；complete：未～之业 *unaccomplished cause；unfinished task* ❷〈书〉（彻底追究）investigate ❷（形）（从头到尾；全）whole；throughout：～夜 *the whole night；throughout the night* ❸（副）❶（终于）in the end；eventually ❷（表示出乎意料）unexpectedly；actually：这么陡的峭壁，谁知他～爬上去了。*Who would have expected that he could climb up that steep cliff?*

【竟敢】（动）have the audacity；have the impertinence；dare：你～跟我讲这种话！*How dare you say that to me!*

【竟然】（副）❶unexpectedly；to one's surprise；actually：想不到他们～把一座荒山变成了花果山。*Who would have thought that they could turn a barren hill into an orchard?* ❷ go so far as to；go to the length of；have the impudence to：～不顾事实 *go so far as to disregard the facts*

敬 jìng ❶（动）❶（尊敬）respect；esteem：令人肃然起～ *command respect* ❷（有礼貌地送上）offer politely：向新郎新娘～酒 *drink a toast to the bride and bridegroom* ❸（副）（恭敬）respectfully：～候差遣 *await assignment respectfully*

【敬爱】（动）respect and love；esteem：～的领袖 *esteemed and beloved leader；beloved leader*

【敬酒】（动）propose a toast；toast

【敬礼】（动）❶（行礼）salute；give a salute ❷（致敬意）extend one's greetings ❸〈敬〉（用于书信结尾）此致～ *salutations；with high respect；with best wishes*

【敬佩】（动）esteem；admire；have a great esteem for；express admiration for：令人～ *command sb.'s esteem；command the esteem of sb.*

【敬仰】（动）revere；venerate；admire；look up to：深受人民的爱戴和～ *command deep love and reverence among the people*

【敬意】（名）respect；tribute；regards；salute；esteem：对某人怀有无限的～ *have a boundless respect for sb.*

【敬重】（动）highly esteem；look up to with respect；deeply respect；revere；honour：我们都很～他。*We entertain the highest regard for him.*

静 jìng（形）❶（安定不动；平静）still；calm；motionless：～态 *a motionless state* ❷（没有声响；清静）silent；quiet：～以养神 *refresh*

one's spirit by keeping quiet
【静电】(名)[物]static electricity：～感应 *electrostatic induction*
【静脉】(名)[生理]vein
【静悄悄】(形)very quiet：屋子里～的. *It was very quiet in the room*.
【静态】(名)[物]static state：～电阻 *static resistance*
【静止】(形)static；motionless；at a standstill：生命永远不是～的. *Life is never at a standstill*.
【静坐】(动)❶(气功采用的安坐疗法)sit still as a form of therapy ❷(表示抗议或要求而安静地坐着)sit quietly (as a form of protest)

境 jìng (名)❶(疆界；边界)border；boundary：在本省～内 *within the boundaries of this province* ❷(地方；区域)place；area；territory：敌～ *enemy territory* ❸(境况；境地)condition；situation；circumstances：处于逆～ *be in adverse circumstances*；*be under unfavorable conditions*
【境界】(名)❶(地界)boundary ❷(情况；程度)extent reached；plane attained；state；realm：理想～ *ideal state*；*ideal*
【境况】(名)condition；circumstances：～十分优裕 *be in very comfortable circumstances*

镜 jìng ⊖(名)❶(镜子)looking glass；mirror：湖平如～. *The lake is as smooth as a mirror*. ❷(帮助视力或做光学实验的器具)lens；glass ⊜(动)〈书〉❶(照)mirror ❷(明察)perceive ❸(借鉴)use for reference
【镜框】(名)❶(装相片等的框子)picture frame ❷(镜架)spectacles frame
【镜片】(名)[光]lens；optic
【镜头】(名)❶(摄影机或放映机上由透镜组成的光学装置)camera lens：远摄～ *telephoto lens* ❷(画面)shot；scene：特写～ *close-up shot*
【镜子】(名)❶(各种面镜)mirror；looking glass ❷(眼镜)glasses；spectacles

jiǒng

窘 jiǒng ⊖(形)❶(穷困)in straitened circumstances；hard up：～境 *awkward situation*；*predicament*；*plight*／～困潦倒 *be miserably poor and greatly disappointed* ❷(为难)awkward；embarrassed；ill at ease：～态百出 *be most embarrassed*；*to one's great embarrassment* ⊜(动)(使为难)embarrass；disconcert：这个问题～得他无言以对. *The question embarrassed him so much that he was quite at a loss for an answer*.

【窘迫】(形)❶(非常困难)poverty-stricken；very poor：生活～ *live on poverty* ❷(十分为难)hard pressed；embarrassed；in a predicament：深感～ *be deeply embarrassed*

jiū

纠 jiū (动)❶(缠绕)entangle：将鱼线与杂草～缠在一起 *get one's fishing line entangled in some weeds* ❷(集合)gather together ❸(纠正)correct；rectify：～正错误 *correct a mistake*
【纠察】⊖(动)(维持秩序)maintain order at a public gathering ⊜(名)(维持秩序者)picket：～队 *pickets*
【纠缠】(动)❶(缠绕在一起，难解难分)tangle；foul；twist；get entangled；be in a tangle：她的头发都～在一起了. *Her hair is full of tangles*. ❷(烦扰)nag；worry；pester：那个乞丐～着她要钱. *The beggar pestered her for money*.
【纠纷】(名)dispute；issue：调解～ *mediate an issue*；*adjust a trouble*
【纠集】(动)〈贬〉get together；muster；draw together：～一批打手 *gather together a bunch of thugs*
【纠正】(动)correct；put right；redress；rectify；set right；reform；mend：～不正之风 *overcome an unhealthy tendency*；*amend unwholesome ways*

究 jiū ⊖(动)(仔细推求；追查)study carefully；go into；investigate：追根～底 *try to know the bottom of . . .* ⊜(副)〈书〉(到底；究竟)actually；really；after all
【究竟】⊖(名)(结果；原委)outcome；what actually happened：让他自己说个～吧. *Ask him to tell you what actually happened*. ⊜(副)❶(用于问句，表示追究)actually；exactly：你～什么意思？ *What actually do you mean?* ❷(毕竟；到底)after all；in the end：他还是让了步. *But in the end he gave in*.

揪 jiū (动)❶(紧紧地抓)hold tight；seize：～住衣襟 *seize sb. by the jacket* ❷(抓住并拉)pull；tug；drag：把某人～到警察局 *drag sb. off to the police station*
【揪心】⊖(动)〈方〉(放不下心)anxious；worried：他还没脱险,真让人～. *He isn't out of danger yet；I am really getting worried*. ⊜(形)〈方〉(疼痛难忍)heartrending；agonizing；gnawing：胃痛得～ *have a gnawing pain in one's stomach*

jiǔ

九 jiǔ ❶（数）❶（八加一后所得）nine：～车间 No.9 workshop ❷（表示多次或多数）many；numerous：三弯～转 many twists and turns ❷（名）（从冬至起每九天是一个"九"）each of the nine-day periods beginning from the day after the Winter Solstice

【九泉】（名）〈书〉grave；the nether world：含笑于～ rest happy in one's grave

【九死一生】（成）a narrow escape from death；survival after many hazards

【九月】（名）❶（公历）September ❷（农历）the ninth month of the lunar year；the ninth moon

久 jiǔ ❶（形）（时间长）for a long time；long：很～以前 long ago ❷（名）（时间的长短）of a specified duration：两个月之～ for as long as two months

【久久】（形）for a long；long time：他知道这消息后心里很难过，～不能平静。 He was deeply grieved to learn the news, and it was a long time before he calmed down.

【久仰】（动）〈套〉I've long been looking forward to meeting you.；I have long desired to know you.；I'm very pleased to meet you.

玖 jiǔ ❶（数）（"九"的大写）nine（used for the numeral 九 on cheques, etc., to avoid mistakes or alterations）❷（名）〈书〉（像玉的浅黑色石头）a jade-like dark-hued stone

韭 jiǔ（名）（韭菜）fragrant-flowered garlic；(Chinese) chives：青～ young chives；chive seedlings

【韭菜】（名）fragrant-flowered garlic；(Chinese) chives

【韭黄】（名）hotbed chives

酒 jiǔ（名）（用粮食、水果等含淀粉或糖的物质经发酵制成的含酒精的饮料）alcoholic drink；wine；liquor；spirits：～消百愁。 All anxieties are drowned in the cups.

【酒吧间】（名）bar；barroom

【酒菜】（名）food and drink；food to go with wine or liquor

【酒店】（名）wineshop；public house；tavern；dispensary；grogshop

【酒馆】（名）public house；tavern

【酒鬼】（名）winebibber；tippler；drunkard；sot；toper

【酒会】（名）cocktail party；wine party；reception

【酒家】（名）wineshop；restaurant

【酒精】（名）［化］（乙醇）ethyl alcohol；alcohol；spirit

【酒肉朋友】（名）a mercenary friend；fair-weather friends

【酒席】（名）feast；banquet

【酒意】（名）a tipsy feeling：已有几分～ be slightly tipsy；be mellow

jiù

旧 jiù ❶（形）❶（过去的；过时的）past；bygone；old：～事重提 rake up the past；bring up a matter of the past ❷（因经过长时间或经过使用而变色或变形的）used；worn；old：你的鞋～了，买一双新的吧。 Your shoes are worn. Buy a new pair. ❸（曾经有过的；以前的）former；onetime：他们失去了许多～日的威严。 They have lost much of their former authority. ❷（名）（老交情；老朋友）old friendship；old friend

【旧货】（名）secondhand goods；junk：我买的是～。 I bought it secondhand.

【旧交】（名）old acquaintance；old friend

【旧日】（名）old days；former days

【旧时】（名）old times；old days

【旧式】（名）old type；of an old type；old-style：～婚姻 old-style marriage

救 jiù（动）❶（救助；使脱离灾难或危险）rescue；save；salvage：～死扶伤 heal the wounded and rescue the dying ❷（援助；使人、物免于灾难或危险）help；relieve；succour：～苦～难 help people in distress；bring sb. out of the pit of misery

【救国】（动）save the nation

【救护】（动）relieve a sick or injured person；give first-aid (to)；rescue：战地～工作 rescue work on the battlefield

【救生】（动）lifesaving：～衣 life jacket

【救援】（动）rescue；come to sb.'s help

【救灾】（动）provide disaster relief；help the people tide over a natural disaster；relieve the victims of a disaster；send relief to a disaster area

【救助】（动）help sb. in danger or difficulty；succour：～贫困儿童 render help to the poor children

就 jiù ❶（动）❶（凑近；靠近）come near；move towards：你～着桌子吃西瓜。 Eat your watermelon over the table. ❷（到；开始从事）go to；take up；undertake；engage in；enter upon：～职 take up a post；assume office；come into office；enter upon office ❸（完成；

确定)accomplish;make:你迟早会功成名～的。 *You will achieve success and win recognition sooner or later.* ④(顺着;趁着)accommodate oneself to;suit;fit:我们～这个机会谈谈。*We'll take this opportunity to have a talk.* ⑤(搭着吃或喝)go with;eat with:他用花生～酒。*He has peanuts with his drinks.* ㊁(介)(从某方面)with regard to;concerning;on;in respect of:～这个问题大家还有什么建议? *Do you have any more proposals concerning this matter?* ㊂(副)①(表示在很短的时间以内)at once;right away:我～来。*I am coming right away.* ②(表示事情发生或结束得早)as early as;already;long since:今天我5点钟～来了。*I was here as early as 5 o'clock today.* ③(表示前后事情紧接着)as soon as;right after:我吃了饭～出去了。*As soon as I finished eating, I went out.* ④(表示在某种条件或情况下自然怎么样)in that case;then:不经过艰苦奋斗,～不能胜利。*We cannot be victorious without arduous struggle.* ⑤(表示对比起来数目大,次数多,能力强等)as many as;as much as:光衬衫他～有20件。*He has as many as 20 shirts.* ⑥(放在两个相同的成分之间,表示容忍或无所谓):丢了～丢了吧,以后小心点儿。*If it's lost, it's lost. Just be more careful from now on.* ⑦(仅仅;只)only;merely;just:～一道题没有做完。*Just one problem was left unsolved.* ⑧(表示坚决)just;simply;exactly;precisely:我不知道为什么,我～不喜欢他。*I don't know why, I just don't like him.* /这～是我期盼的那封信。*This is exactly the letter I have been expecting.* ㊃(连)(表示假设的让步)even if:～是忙你也要完成这项工作。*You must finish your job, even though you are busy.*

【就此】(副)at this point;here and now;thus:讨论～结束。*The discussion was thus brought to a close.*

【就地】(动)on the spot;locally:～正法 *execute a criminal right on the spot*; carry out the execution on the spot

【就范】(动)(听从支配和控制)submit;give up:我军迫使敌人～。*The enemy were subdued by our soldiers.*

【就近】(动)(do or get sth.)nearby;in the neighbourhood;without having to go far:～找个住处 *find accommodation in the neighbourhood*

【就寝】(动)retire for the night;go to bed

【就任】(动)take up one's post;take office;assume one's post:～领导职务 *assume a position of leadership*; assume a leading position

【就是】㊀(动)①(表示同意)quite right;exactly;precisely:～嘛,我也是这么想的。*Precisely, that's just what I had in mind.* ②(用在句末表示肯定,常加"了"):放心吧,我照办～了。*Don't worry. I promise to do just as you say.* ㊁(连)(即使)even if;even

【就业】(动)obtain employment;take up an occupation;get a job:充分～ *full employment*

【就医】(动)seek medical advice;go to a doctor

【就义】(动)be executed for championing a just cause;die a martyr

【就座】(动)take one's seat;be seated:在主席台上～ *take up one's seat on the rostrum*; seated on the rostrum

舅 jiù (名)①(舅父,母亲的兄弟)mother's brother;uncle ②(妻子的弟兄)wife's brother;brother-in-law ③〈书〉(丈夫的父亲)husband's father

【舅父】(名)mother's brother;uncle

【舅母】(名)〈口〉wife of mother's brother;aunt

jū

拘 jū ㊀(动)①(逮捕或拘留)arrest;detain:听说他被～了。*I heard that he is under detention.* ②(拘束)restrain;restrict;constrain:讲话～谨 *speak with constraint* ③(限制)limit ㊁(形)(不变通)inflexible:不～小节 *not bother about small matters*; not be punctilious

【拘捕】(动)arrest;capture:警察还未～到那个犯人。*The police have not captured the criminal yet.*

【拘谨】(形)overcautious;reserved:初次见面时,他有些～,不大爱说话。*At the first meeting, he was rather reserved and withdrawn.*

【拘留】(动)detain;hold in custody;intern:被～在监狱 *be detained in a cooler*

【拘束】㊀(动)(加以不必要的限制)restrain;restrict:～某人的自由 *restrain sb. of his liberty* ㊁(形)(过分约束自己)constrained;awkward;ill at ease:无～地交谈 *engage in a conversation without restraint*; talk with ease

居 jū ㊀(动)①(住)reside;dwell;live:独～ *live by oneself* ②(处于;在)be(in a certain position);occupy(a place):他们的产量～世界之最。*Their output ranks first in the world.* ③(当;任)claim;assert ④(积蓄;存)store up;lay by ⑤(停留;固定)stay;put;be at a standstill ㊁(名)(住的地方;住所)resi-

dence;house;迁～ move house;change one's residence

【居留】(动)reside;～证 residence permit

【居民】(名)resident;inhabitant;城镇～ residents in cities and towns;urban residents

【居然】(副)❶(出乎意料)unexpectedly;to one's surprise;他～没有来开会。To my surprise,he did not show up at the meeting. ❷(甚至于)go so far as to;have the impudence to;have the effrontery to;～做某事 have the impudence to do sth.;go so far as to do sth.;go to the length of doing sth.

【居心】(名)harbour (evil) intentions;～叵测 harbor ulterior motives;cherish evil designs

【居住】(动)live;reside;dwell;他有在中国～的合法权利。He has the right of abode in China.

鞠 jū ❶(动)❶〈书〉(抚养;养育)rear;bring up ❷(弯曲)bend ❷(名)(古代的一种球)football

【鞠躬】❶(动)(弯身行礼)bow;～致谢 bow one's thanks ❷(形)〈书〉(小心谨慎的样子)a discreet and scrupulous manner

jú

局 jú ❶(名)❶(棋盘)chessboard ❷(下棋或其他比赛一次叫一局)game;set;innings;下一～棋 play a game of chess ❸(形势;情况;处境)situation;state of affairs;世界～势 the world affairs;the world situation ❹(人的器量)largeness or smallness of mind;extent of one's tolerance of others ❺(旧时称某些聚会)gathering ❻(圈套)ruse;trap ❼(机关组织系统中按业务划分的单位)office;bureau;教育～ Bureau of Education ❽(部分)part;portion ❾(某些商店的名称)shop ❷(动)(拘束;拘泥)limit;confine

【局部】(名)part (in a contrast to the whole);locality;～服从整体。The part must be subordinated to the whole.

【局面】(名)aspect;phase;situation;prospects;～焕然一新 take on an entirely new aspect

【局势】(名)situation;控制～ command the situation

【局限】(动)limit;confine;把讲话～于教育改革上 confine one's remarks to educational reforms

菊 jú

【菊花】(名)chrysanthemum

橘 jú (名)(橘子树;橘子树的果实)tangerine

【橘红】❶(形)(颜色)tangerine (colour);red-

dish orange ❷(名)[中药] dried tangerine peel

【橘黄】(形)orange (colour)

【橘汁】(名)orange juice

【橘子】(名)tangerine;mandarin

jǔ

沮 jǔ (动)❶〈书〉(阻止)stop;prevent;～其成行 stop sb. from going ❷(气色败坏)turn gloomy;turn glum

【沮丧】(形)dispirited;depressed;dejected;disheartened;敌人士气～。The enemy's morale is low.

举 jǔ ❶(动)❶(往上托;往上伸)lift;raise;hold up;～杯祝某人身体健康 lift one's glass to the health of sb. ❷(兴起;起)start ❸〈书〉(生孩子)give birth to;一～得男 give birth to a boy ❹(推选;选举)elect;choose;我们选～他当主席。We elected him as chairman. ❺(提出)cite;enumerate;我可以～好几件事来说明。I can cite quite a few instances to illustrate. ❷(名)(行动;动作)act;deed;move;爱国之～ a patriotic action ❸(形)〈书〉(全)all;whole;entire;～国上下一片欢腾 The whole nation was a scene of jubilation.

【举办】(动)hold;run;conduct;～国际博览会 run an international exhibition

【举动】(名)movement;move;act;activity;做出幼稚的～ play the baby act;perform a childish act

【举国】(名)the whole nation;entire nation;the whole country;throughout the country;得到～一致的支持 enjoy nationwide support

【举例】(动)give an example;cite an instance;～说明 illustrate with examples

【举棋不定】(成)hesitate about what move to make;be unable to make up one's mind;vacillate;shilly-shally;接受好还是不接受好,他～。He vacillated between accepting and not accepting.

【举世】(名)all over the world;the world over;throughout the world;～瞩目 attract world wide attention;become focus of world attention;gain world attention

【举手】(动)raise one's hand or hands;赞成的请～。Those in favour please put up their hands.

【举行】(动)hold;stage;～记者招待会 hold a news conference

【举止】(名)habit;bearing;manner;front;mien;是否绅士,从～上就可以看得出来。A gentleman is known by his deportment.

【举重】（名）weight lifting：～运动员 *weight lifter*

矩 jǔ（名）❶（画直角或正方形、矩形用的曲尺）carpenter's square；square：～尺 *carpenter's square* ❷（法度；规则）rules；regulations：循规蹈～ *follow rules, orders, etc. docilely*；conform to convention ❸［物］moment：力～ *moment of force*

jù

巨 jù（形）（大；很大）huge；tremendous；gigantic：～型运输机 *a giant transport plane*

【巨大】（形）huge；tremendous；enormous；gigantic；giant；immense：做出～的努力 *make gigantic efforts*

【巨额】（名）a huge sum；a big amount：积累了～财富 *have accumulated a huge amount of wealth*

【巨轮】（名）❶（巨大的车轮）a large wheel：历史的～ 是拖不回来的。*The wheel of history cannot be turned back.* ❷（载重量很大的轮船）a large ship：远洋～ *a large oceangoing ship*

【巨人】（名）giant；colossus

【巨著】（名）monumental work；great work：历史～ *a magnum opus of historic significance*

句 jù ⊜（名）（句子）sentence：这～我不懂。*I don't understand this sentence.* ⊜（量）（用于语言）：他说的一～实话也没有。*There's not a word of truth in what he says.*

【句法】（名）❶（句子的结构方式）sentence structure ❷［语］syntax

【句号】（名）full stop；full point；period

【句型】（名）sentence pattern

【句子】（名）sentence：～成分 *sentence element；member of a sentence*

拒 jù（动）❶（抵抗；抵挡）resist；repel：～敌 *resist the enemy*；keep the enemy at bay ❷（拒绝）refuse；reject：～不出庭做证 *refuse to serve as a witness at court*

【拒捕】（动）resist arrest

【拒绝】（动）refuse；reject；turn down；repel；decline：婉言～某人的请求 *refuse sb.'s request modestly*

具 jù ⊜（名）（用具）utensil；tool；implement ⊜（量）〈书〉（用于棺材、尸体和某些器物）：座钟一～ *a desk clock* ⊜（动）❶（具有）possess；have：各～特色 *have different features* ❷〈书〉（备；办）provide；furnish：谨～薄礼 *allow me to present to you this trifling gift*

【具备】（动）possess；have；be provided with：申请贷款者应～上述条件。*Those who ask for loans should satisfy the conditions listed above.*

【具体】（形）concrete；specific；particular：没有～的目的 *have no specific purpose*

【具有】（动）possess；have；be provided with：～优秀的品德 *possess excellent qualities*

俱 jù（副）〈书〉（全；都）all；complete：罪证～在。*All the evidence of the crime is available.*

【俱乐部】（名）club：组织～ *organize a club*

【俱全】（副）complete in all varieties：样样～。*Everything necessary is available.*

剧 jù ⊜（名）（戏剧）theatrical work；drama；play；opera：电视～ *TV play；TV drama* ⊜（形）（猛烈）acute；severe；intense：～痛 *a severe pain*

【剧本】（名）❶（剧）drama；play：为～选演员 *cast a play* ❷（手稿；原稿）script；（电影）scenario；（京剧、歌剧等）libretto：～创作 *play writing；script writing*

【剧烈】（形）violent；acute；severe；fierce：～的火山爆发 *violent eruption of volcano*

【剧情】（名）the story of a play or opera：这部电影的～令人惊心动魄。*The movie has a thrilling plot.*

【剧院】（名）❶（剧场）theatre ❷（演出团体）theatre

【剧照】（名）stage photo；still

据 jù ⊜（动）❶（占据）occupy；seize ❷（凭借；依靠）rely on；depend on：～险固守 *take advantage of a natural barrier to put up a strong defence* ⊜（介）（按照；依据）according to；on the grounds of：～观察 *according to observations* ⊜（名）（可以用作证明的事物）evidence；certificate

【据点】（名）strongpoint；fortified point；stronghold

【据守】（动）guard；be entrenched in：～交通要道 *guard vital lines of communication；be entrenched in communication centres*

【据说】（动）it is said；they say：～他在那里干得不错。*They say he is doing quite well there.*

【据悉】（动）it is reported；by report：～，他将于明天辞职。*He is reportedly going to resign tomorrow.*

距 jù ⊜（名）❶（距离）distance ❷（雄鸡、雉等腿的后面突出像脚趾的部分）spur（of a cock, etc.）⊜（动）（相距）be apart from；be at a distance from：他们的观点相～甚远。*Their views are wide apart.*

【距离】❶(名)(相隔的长度)distance；range：与某人保持一定～ *keep sb. at a distance* ❷(动)(相距)be apart from；be away from；be at a distance from：那个村子～这儿还很远。*The village is a good distance off.*

惧 jù ❶(动)(害怕；恐惧)fear；dread：无所畏～ *have nothing to fear；show no fear*

【惧怕】(动)fear；dread：毫不～死亡 *know no fear of death；not manifest the slightest fear of death*

【惧色】(名)a look of fear：面无～ *look undaunted*

飓 jù

【飓风】(名)typhoon；hurricane

锯 jù ❶(名)(拉开木料等的工具)saw：钢丝～ *a scroll saw* ❷(动)(用锯拉)cut with a saw；saw：这根圆木快～断了。*The log was nearly sawn through.*

【锯齿】(名)sawtooth；serration

【锯床】(名)[机]hacksaw(ing) machine；saw machine；sawing machine：圆盘～ *circular sawing machine*

【锯条】(名)hack saw；saw blade

聚 jù (动)(聚集；聚积)assemble；gather；get together：～精会神 *do sth. attentively*；concentrate all one's attention on.../相～ *meet together*

【聚餐】(动)dine together；have a dinner party

【聚光镜】(名)collecting mirror；condensing lens；condenser

【聚合】❶(动)(聚集到一起)get together；meet ❷(名)❶[化](单体结合成高分子化合物)polymerization：～反应 *polyreaction* ❷[生](族聚；群聚)aggregation

【聚会】❶(动)(会合)get together；meet：老战友～在一起，格外亲热。*The meeting of the old comrades-in-arms was extremely cordial.* ❷(名)(集会)get-together；gathering；meeting：准备家庭～ *prepare a family gathering*

【聚积】❶(动)(一点一滴地凑集)accumulate；collect；build up：～军事力量 *build up military forces* ❷(名)[物]coalescence

【聚集】(动)(集合；凑在一起)gather；assemble；collect：～兵力 *assemble forces*

【聚焦】(动)[物](使光或电子束等聚集于一点)focus；concentrate：指向～ *directional focusing*

juān

捐 juān ❶(动)❶(舍弃；抛弃)relinquish；abandon ❷(捐助)contribute；donate；subscribe：向难民～助食品和衣物 *contribute food and clothing for the refugees* ❸(名)(税收的一种名称)tax：车～ *a tax on cars*，*etc*.

【捐款】❶(动)(捐助款项)contribute money；gift：为救济金～ *contribute to the relief fund；donate money to the relief fund* ❷(名)(捐助的款项)contribution；donation；subscription：这是我向饥荒救济基金会提供的～。*This is my contribution to the Famine Relief Fund.*

【捐躯】(动)sacrifice one's life；lay down one's life

【捐税】(名)taxes and levies

【捐献】(动)contribute (to an organization)；donate；present：把全部藏书～给图书馆 *present one's whole collection of books to the library*

【捐赠】(动)contribute (as a gift)；donate；present：～一大笔钱作为教会经费 *donate a large sum of money for church expenses*

【捐助】(动)offer (financial or material assistance)；contribute；donate

juàn

卷 juǎn ❶(动)❶(把东西弯转成圆筒形或环形)roll up：把竹帘子～起来 *roll up the bamboo screen* ❷(一种大的力量把东西撮起或裹住)sweep off；carry along：一个大浪把小船～走了。*A huge wave swept the boat away.* ❸(陷入)embroil ❷(名)❶(裹成圆筒形的东西)cylindrical mass of sth.；roll：把书裹成一个～儿寄出去。*Roll up the book and take it to the post.* ❷(卷子)steamed roll ❸(形)(弯曲)curly ❹(量)(用于成卷的东西)roll；spool；reel：一～铺盖 *a roll of bedding* 另见825页 juàn。

【卷尺】(名)band tape；tape measure：钢～ *steel tape*

【卷心菜】(名)〈方〉(结球甘蓝)cabbage

【卷烟】(名)cigarette；cigar：～纸 *cigarette paper*

juàn

卷 juàn ❶(名)❶(书本)book：开～有益。*One will be benefited whenever one opens a book.* ❷(卷子；试卷)examination paper ❸(机关里保存的文件)file；dossier：被记录在警察案～上 *be recorded on the police file* ❷

（量）（全书的一部分；书籍册数）volume：这部长篇小说应该单独出一～。*The novel deserves a volume to itself.*
另见 825 页 juǎn。

【卷子】（名）examination paper；发～ *distribute examination papers*

【卷宗】（名）❶（纸夹子）folder ❷（文件）file；dossier ❸（档案；案卷）archives

倦 juàn ❶（形）（疲乏）weary；tired：十分疲～ *very tired* ❷（动）（厌倦）be weary of；be tired of：诲人不～ *be tireless in teaching；teach with tireless zeal*

绢 juàn（名）（质地薄而坚韧的丝织品）thin tough silk

眷 juàn ❶（名）（亲属）family dependant：家～ *wife and children；one's family* ❷（动）〈书〉❶（关心；怀念，爱恋）have tender feeling for；have an affection for：～爱 *regard with affection；love* ❷（回视）look back

【眷恋】（动）〈书〉be sentimentally attached to（a person or place）：对祖国怀有深深的～之情 *have a strong attachment to one's homeland*

【眷念】（动）〈书〉think fondly of；feel nostalgic about

【眷属】（名）family dependants：有情人终成～。*The lovers finally got married.*

jué

决 jué ❶（动）❶（做出主张；决定）decide；determine：犹豫不～ *hesitate；feel some hesitation（in doing sth.）；not to know one's mind* ❷（执行死刑；杀死）execute a person ❸（裂开；断开）（of a dyke, etc.）be breached；burst ❷（副）（用在否定词前面，一定）definitely；certainly；under any circumstances：～无此事 *no such things ever happened*

【决策】❶（动）（决定策略或办法）make policy；make a strategic decision：运 筹 ～ *devise strategies* ❷（名）（决定的策略或办法）policy decision；decision-making；decision of strategic importance：战略～ *strategic decision*

【决定】❶（动）❶（做出主张）decide；resolve；make up one's mind：我～马上度假。*I decide for having a holiday at once.* ❷（起决定作用）determine；decide：～权 *power to make decisions* ❷（名）（决定的事项）decision；resolution：重新考虑一项～ *reconsider one's decision；make a fresh decision*

【决斗】❶（动）（用武器格斗）duel ❷（名）（你死我活的斗争）decisive struggle

【决断】❶（动）（做决定）make a decision ❷（名）（决定事情的魄力）resolution；resolve；decisiveness：他很有～。*He shows great resolve.*

【决赛】（名）〔体〕finals

【决算】（名）final accounts；final accounting of revenue and expenditure；final settlement of account

【决心】（名）determination；resolution：下～ *make up one's mind；come to a resolution*

【决议】（名）resolution：～草案 *a draft resolution*

【决战】（名）decisive battle；decisive engagement

诀 jué ❶（名）❶（歌诀；口诀）rhymed formula：珠算口～ *abacus rhymes* ❷（解决问题的好方法）knack；tricks of the trade：秘～ *secret of success* ❷（动）（分别）bid farewell；part：～别 *say goodbye；bid farewell；part*

【诀窍】（名）secret of success；tricks of the trade；knack：掌握了～就容易了。*It's easy once you've got the knack of it.*

抉 jué（动）〈书〉（剔出；剜出）pick out；single out

【抉择】（动）choose：必须在生存和死亡之间做出～ *have to choose between life and death*

角 jué ❶（名）❶（角色）role；part；character：主～ *a leading character；protagonist；title character* ❷（戏曲演员专业分工的类别）type of role（in traditional Chinese drama）❸（演员）actor or actress：名～ *a famous actor or actress* ❷（动）❶（竞赛；斗争）contend；wrestle ❷（衡量）weight
另见 805 页 jiǎo。

【角色】（名）role；part：扮演主要～ *assume the principal role*

【角逐】（动）contend；tussle；enter into rivalry；juggle for：重新～ *compete again；renew competition*

觉 jué ❶（动）❶（发生某种感觉）feel：身上～着不舒服 *not feel well* ❷（睡醒）wake（up）；awake ❸（觉悟）become aware；become awakened：他的意思你还没～出来吗？*Haven't you figured out what he meant yet?* ❷（名）（人或动物的器官对刺激的感受和辨别）sense；feel：丧失知～ *lose one's senses*

【觉察】（动）detect；become aware of；perceive：～到别人看不到的东西 *perceive what can not be seen by others*

【觉得】（动）❶（发生某种感觉）feel；be aware；sense：我～他们改变了策略。*I was conscious that they had changed their tactics.* ❷（认

为)think;feel;find;我～她总不讨人喜欢。*To my mind, she is always unpleasant.*

【觉悟】❶(名)(认识程度)consciousness; awareness;understanding:政治～ *political consciousness* ❷(动)(醒悟)come to understand;become aware of:从沉睡中～过来 *awaken from a heavy sleep*

【觉醒】❶(动)(醒悟;觉悟)awaken;awake ❷(名)[心理]arousal;waking state

绝 jué ❶(动)(断绝)cut off;sever:掌声不～ *prolonged applause* ❷(形)❶(完全没有了;穷尽;净尽)exhausted;used up;finished:法子都想～了。*All possibilities have been exhausted.* ❷(走不通的;没有出路的)desperate;hopeless ❸(独一无二的;特别出色)unique;superb;matchless:～技 *unique skills;feats;stunts* ❹(确定;肯定)leaving no leeway;making no allowance;uncompromising:他尽管不同意,但是没把话说～。*He disagreed, but he didn't say anything definitive.* ❸(副)❶(极;最)extremely;most:～代佳人 *a rare beauty;an extremely beautiful woman or girl;a beauty of beauties* ❷(用在否定词前面,绝对)absolutely;in the least;by any means;on any account:～无此意 *have absolutely no such intentions* ❹(名)(绝句)a poem of four lines

【绝对】❶(形)(没有任何条件;不受任何限制)absolute:～真理 *absolute truth* ❷(副)(完全;一定)absolutely;perfectly;definitely:这事～保密。*This must be kept absolutely secret.*

【绝迹】(动)disappear;vanish;be stamped out:吸虫病在我们县已经～。*Schistosomiasis has been stamped out in our county.*

【绝交】(动)break off relations (as between friends or countries);break off;sever diplomatic relations with

【绝境】(名)hopeless situation;impasse;blind alley;cul-de-sac:陷入～ *be in helpless situation;come to a dead end*

【绝路】(名)road to ruin;blind alley;impasse;disaster:被逼上～ *be driven into a corner;be driven to desperation*

【绝密】(形)top secret (TS);most confidential;(for your)eyes only:～文件 *top-secret papers*

【绝妙】(形)extremely clever;excellent;perfect;ingenious:～的讽刺 *a perfect irony*

【绝食】(动)fast;go on a hunger strike

【绝望】(动)give up all hope;despair;lose all hope of:在～中放弃尝试 *give up an attempt in despair*

【绝育】(动)[医]sterilize

【绝缘】(动)❶[电](隔断电流)insulate;isolate:～线 *isolated wire* ❷(跟外界不发生接触)be cut off from;be isolated from

【绝招】(名)❶(绝技)unique skill ❷(最后一招)unexpected tricky move (as a last resort)

【绝症】(名)incurable disease;fatal illness

【绝种】(动)(of a species)become extinct;die out:老虎在这个地区现在几乎～了。*The tiger is now practically extinct in this area.*

倔 jué (形)(性子直,态度生硬)stubborn;unbending
另见827页jué。

【倔强】(形)(刚强不屈)stubborn;unbending;unyielding;obstinate

掘 jué (动)(刨;挖)dig:～井 *dig a well*

【掘墓人】(名)gravedigger

【掘土机】(名)power shovel;excavator

崛 jué (动)〈书〉(突起;兴起)rise abruptly

【崛起】(动)❶(突起)rise abruptly;rise sharply;suddenly appear on the horizon ❷(兴起)rise;spring up:一座新的钢铁城正在～。*A new city of steel is emerging on the horizon.*

爵 jué (名)❶(爵位)the rank of nobility;peerage:封～ *confer a title upon* ❷(古代饮酒的器皿)an ancient wine vessel with three legs and a loop handle

【爵士】(名)❶(欧洲君主国的最低封号)knight ❷(放在姓名前,用于称呼)Sir:约翰·史密斯～ *Sir John Smith*

【爵士乐】(名)(一种舞曲音乐,20世纪初产生于美国新奥尔良)jazz

【爵位】(名)the rank of nobility;title of nobility

jué

倔 jué (形)(性子直,态度生硬)gruff;surly:这老头儿脾气挺～。*The old man is rather surly.*
另见827页jué。

jūn

军 jūn (名)❶(军队)armed forces;army;troops:正规～ *a regular army;regular troops* ❷(参加某种活动的许多人)army;contingent ❸(军队的编制单位)army:全歼敌人一个～ *wipe out an enemy army*

【军备】(名)armament;arms:～限制 *arms limitation*/～竞赛 *armament race*

【军刀】(名)soldier's sword;saber;sabre
【军队】(名)armed forces;army;troops;host;调动～ put forces in motion
【军阀】(名)warlord;～战争 war among warlords
【军费】(名)military expenditure
【军服】(名)military uniform;uniform;regimentals monkey suit;toggery;～呢 army coating
【军港】(名)military harbour;fortified port;naval port
【军官】(名)officer
【军管】(名)(军事管制)military control
【军火】(名)munitions;arms and ammunition;ordnance materials;～工业 munitions industry;armament industry
【军纪】(名)military discipline
【军舰】(名)warship;naval vessel
【军旗】(名)army flag;colors;ensign
【军情】(名)military situation;war situation;刺探～ spy out military secrets;gather military intelligence
【军人】(名)soldier;serviceman;armyman;～大会 soldiers conference
【军事】(名)military affairs;～部署 military deployment;disposition of military forces
【军衔】(名)military rank;～制度 system of military ranks
【军校】(名)military school;military academy
【军需】(名)❶(军用物资)military supplies;～品 military supplies;military stores ❷〈旧〉(军需官)quartermaster
【军装】(名)military uniform;army uniform;uniform

均 jūn ❶(形)(均匀)equal;even;人口分布不～. The population is unevenly distributed. ❷(副)(都;全)without exception;all;各项准备工作～已就绪. All the preparatory work has been completed.
【均衡】(形)(平衡的)balanced;proportionate;harmonious;even;国民经济的～发展 the balanced development of the national economy
【均摊】(动)share equally;～费用 share the expenses equally
【均匀】(形)even;uniform;homogeneous;well-distributed;～的呼吸 even breathing

君 jūn (名)❶(君主)monarch;sovereign;supreme ruler;～无戏言. The king's words are to be taken seriously. ❷〈书〉(对人的尊称)gentleman;Mr.;诸～ gentlemen
【君主】(名)monarch;sovereign;～专制 autocratic monarchy;absolute monarchy
【君子】(名)a man of noble character;gentleman;～协定 gentlemen's agreement

菌 jūn (名)❶(真菌)fungus ❷(细菌)bacterium

jùn

俊 jùn ●(形)❶(相貌清秀好看)handsome;pretty;这小伙子长得挺～的. That lad is very handsome. ❷(才智出众的)talented;smart;bright;outstanding ●(名)(才智超群的人)a person of outstanding talent;hero
【俊杰】(名)a person of outstanding talent;hero
【俊俏】(形)pretty and charming
【俊秀】(形)pretty;of delicate beauty

骏 jùn (名)(好马)fine horse;steed
【骏马】(名)fine horse;steed;gallant horse

竣 jùn (动)(完毕)complete;finish;～事（of a task）be completed
【竣工】(动)(of a project)be completed;提前～ be completed ahead of schedule/纪念大桥～ commemorate the completion of the great bridge

K

kā

咖 kā
【咖啡】（名）coffee：～壶 coffee pot/在～中加糖 take sugar in one's coffee

kǎ

卡 kǎ ❶（动）❶（把人或财物留住；阻挡）block；check：～住通往海港的公路 block the road to the seaport ❷（用手的虎口紧紧按住）clutch：～脖子 seize sb. by the throat ❷（量）（热量单位，卡路里的简称）calorie ❸（名）（卡片）card：信用～ credit card
另见 918 页 qiǎ。
【卡车】（名）truck；lorry
【卡片】（名）card：借书～ library card/～索引 card index

kāi

开 kāi ❶（动）❶（使关闭着的东西不再关闭；打开）open；turn on：～门 open the door ❷（挖；打通；开辟）open up；make an opening：在森林中～一条路 open a path through the woods ❸（舒张；分离）come to flower ❹（河流解冻）thaw；become navigable ❺（解除）lift（a ban，restriction，etc.）❻（发动；操纵）start；operate：～机器 operate a machine ❼（队伍开拔）（of troops，etc.）set out；move ❽（建立；开办）set up；run：～茶馆 run a teahouse ❾（开始）begin；start ❿（举行）hold（a meeting；exhibition，etc.）：～展览会 hold an exhibition ⓫（写出）write out：～支票 write out a check ⓬（支付；开销）pay（wages，fares，etc.）：～工资 pay wages ⓭（沸腾）boil：把汤煮～ boil up the soup ⓮（用在动词后，表示扩大或扩展）：请把烦恼丢～。Put your troubles aside. ⓯（用在动词后，表示开始并继续下去）：冻得他哆嗦～了。He was shivering with cold. ❷

（名）（十分之几的比例）percentage ❸（量）❶（黄金中含纯金量的计算单位）carat ❷（开尔文，热力学温度单位）kelvin（k）
【开拔】（动）move；set out：第三天拂晓前，部队～了。On the third day, the troops set out before dawn.
【开办】（动）open；set up；start：～一所学校 start a school/～一家企业 launch a new enterprise
【开采】（动）mine；extract；exploit：～石油 recover petroleum
【开车】（动）drive a car；start a car：～的时候精神要集中。You should concentrate when driving.
【开除】（动）expel；discharge：～学籍 expel sb. from school/～某人 fire sb.；give sb. the sack
【开创】（动）start；initiate：～新纪元 open a new epoch
【开刀】（动）operate：给病人～ operate on a patient/（医生）～ perform an operation
【开导】（动）enlighten：～某人 help sb. to see what is right or sensible
【开道】（动）❶（在前引路）clear the way ❷〈方〉（让路）make way
【开动】（动）❶（开行；运转）start；set in motion：～宣传机器 set the propaganda machine in motion/～一下脑筋！Use your brain！❷（开拔前进）move；march
【开端】（名）beginning；start：一个平淡无奇的～ a modest beginning/良好的～是成功的一半。A good start is half the battle.
【开发】（动）develop；open up：～油田 open up oil fields/～山区 develop mountain areas
【开赴】（动）march to；be bound for：～前线 march to the front/～建设工地 head for the construction site
【开工】（动）❶（工厂开始生产）go into operation：～不足 be operating under capacity ❷（土木工程开始修建）start：水库工程～了。Construction of the reservoir has started.

【开关】（名）switch；通断～ *on-off switch*

【开荒】（动）open up wasteland

【开会】（动）hold a meeting；在大会～期间 *during the session of the convention*/我们将～讨论一下这个问题。*We will call a conference to discuss the problem.*

【开火】（动）open fire；fire；前线～了。*Fighting has started at the front lines.*

【开课】（动）❶（学校开始上课）school begins：学校 9 月 1 日～。*School will begin on September 1st.* ❷（担任某一课程的教学）give a course；deliver a course：给外国学生开中国文化课程 *give a course in Chinese culture for foreign students*

【开矿】（动）open up a mine；exploit a mine

【开阔】❶（形）❶（宽广）open；wide：～的原野 *wide open fields* ❷（乐观、畅快、不阴郁低沉）tolerant；broad-minded：思想～的人 *a broad-minded person* ❷（动）（使开阔）widen：～思路 *expand one's mind*

【开朗】（形）❶（乐观、畅快）optimistic：性格活泼～ *have a cheerful temperament* ❷（地方开阔；光线充足）open and clear：我们在森林中穿行约数百米，便豁然～。*We pushed ourselves through the thick forest for a hundred meters and then reached an open space.*

【开门】（动）open the door：～整风 *open-door rectification of the work style（of the Communist Party）*

【开明】（形）enlightened：～人士 *enlightened persons*/生活在～的时代 *live in an age of enlightenment*

【开幕】（动）the curtain rises；open：致～词 *give an opening address*/庆祝…的～ *celebrate the opening of...*/～典礼 *opening ceremony*

【开辟】（动）❶（打开通路）open up：～一片地 *open a piece of land* ❷（创立）open up；start；establish：～专栏 *start a special column* ❸（开拓发展）open up；develop：～科学新领域 *open up a new field in science*

【开票】（动）❶（选举）open the ballot box and count the ballots ❷（开发票）make out an invoice

【开始】❶（动）（从头起；着手进行）begin；start：～新生活 *enter on a new existence* ❷（名）（开始阶段）beginning；outset：从一～ *from the outset*

【开水】（名）boiling water；boiled water：开过的水 *boiled water*/用～沏茶 *make tea with boiling water*

【开玩笑】（动）joke；make fun of：～地 *by way of a joke*/半～地 *half in joke*

【开胃】（动）stimulate the appetite：～的食品 *appetizing food*；*appetizers*

【开销】❶（动）pay expenses ❷（名）expense：日常～ *daily expenses*；*running expenses*/住在乡下～不大。*Living in the country is cheap.*

【开心】（动）feel happy：拿某人～ *make fun of sb.*/讲故事逗孩子们～ *amuse the children with stories*

【开学】（动）school opens：学校何时～? *When does the school begin?*

【开演】（动）begin；start：晚场在 8 点钟～。*The evening performance is at 8 o'clock.*

【开业】（动）start business：～时的投资额 *the amount of the investment on commencing business*/这家商店明天～。*The store will open for business tomorrow.*

【开凿】（动）cut：在山岩上～渠道 *hew a channel through stony mountains*

【开展】❶（动）（使展开）develop；launch：～体育运动 *develop an athletics program*/～批评与自我批评 *carry out criticism and self-criticism* ❷（形；开豁）open-minded：他思想很～。*He is very open-minded.*

【开战】（动）❶（对敌对国、民族发动战争）make war ❷（开发自然、自然资源的斗争）battle：向穷山恶水～ *battle against barren hills and untamed rivers*

【开张】❶（动）❶（开始营业）open a business：那家新杂货店～了。*The new grocery store has opened for business.* ❷（做第一笔交易）the first transaction of a day's business ❷（形）（雄伟开阔）wide and magnificent：气势～ *grand and imposing*

【开支】❶（名）（费用）expenses；spending：家庭和个人～ *one's household and personal expenditure* ❷（动）❶（支付）pay（expenses）；spend：公司不能～这笔钱。*The company shouldn't foot this bill.* ❷〈方〉（发工资）pay wages；get the pay：我们每月 2 日～。*We get our pay on the 2nd of every month.*

kǎi

凯 kǎi ❶（形）（胜利的）triumphant；victorious：～歌 *a song of triumph*；*paean* ❷（名）（胜利的乐歌）triumphant strains

【凯旋】（动）triumphant return：大军～。*The army returned in triumph.*

慨 kǎi（形）❶（愤激）indignant ❷（感慨）deeply touched ❸（大方；慷慨）generous：～允 *generously permit*；*generously promise*

【慨然】（副）❶（感慨地）with deep feeling：～长叹 *heave a sigh of regret* ❷（慷慨地）gener-

ously：～相赠 *give generously*
【慨叹】(动)sigh with regret

楷 kǎi (名) ❶(法式；模范)model；pattern ❷(楷书)(in Chinese calligraphy) regular script
【楷模】(名)example；model；pattern：为其他国家树立一个～ *afford an example to other nations*

kān

刊 kān ❶(动) ❶(排印出版)print；publish：～登一则广告 *print an advertisement* ❷(削除；修改)delete；correct ❷(名)(刊物)periodical；publication：月～ *monthly*
【刊登】(动)publish；carry：今天的《中国日报》～了两封读者来信。*Two letters to the editor were published in today's China Daily.*
【刊物】(名)publication：主要～ *leading publications*
【刊载】(动)publish；carry：报纸上～了几篇有关激光技术的文章。*The newspaper carried a few articles about laser technology.*

看 kān (动) ❶(守护；照料)look after；take care of；tend：～孩子 *look after the children* ❷(看押；监视；注视) keep under surveillance：～住对方中锋 *mark the opponent's centre*
另见 831 页 kàn。
【看管】(动)look after；attend to：～房间 *look after one's room*/～犯人 *guard prisoners*
【看护】(动)nurse；take care of：～病人 *nurse the sick*/找～婴儿的人 *get a baby-minder in*
【看门】(动)❶(看管大门)guard the entrance ❷(看家)look after the house
【看守】(动)❶(守卫,照料)watch；guard：一群羊 *watch over a flock of sheep* ❷(监视和管理)guard：在严密～之下 *be under close guard*

勘 kān (动) ❶(校订；核对)read and correct the text of；collate ❷(实地查看；探测)investigate；survey：～探石油 *explore for oil*
【勘测】(动)survey：地质～ *geological survey*
【勘察】❶(动)(实地调查)survey ❷(名)[地质](勘探)prospecting
【勘探】(动)(查明矿藏分布情况)do exploration；prospect：地震～ *seismic prospecting*/～队 *prospecting team*

kǎn

坎 kǎn (名) ❶(地面高起像台阶的地方)bank；ridge：田～儿 *a raised path through fields* ❷〈书〉(低洼的地方；坑)pit；hole
【坎坷】(形) ❶(坑坑洼洼)bumpy；rough：～不平的道路 *a rough and bumpy road* ❷(比喻不得志)unlucky；bad luck；full of frustrations：～一生 *a lifetime of frustrations*

砍 kǎn (动) ❶(用刀斧猛力把东西断开)cut；chop：～树 *chop at a tree* ❷(去掉) cut (down) ❸〈方〉(把东西扔出去打)throw sth. at：拿砖头～狗 *throw a brick at a dog*
【砍伐】(动)fell trees：～森林 *cut down trees in a forest*；lumber

kàn

看 kàn (动) ❶(使视线接触人或物)see；look at：～电影 *see a film* ❷(阅读)read：～报 *read a newspaper* ❸(观察并加以判断)think；consider；view：～事物的全部 *view things in their totality* ❹(访问；探望)visit；call on：她什么时候再来～你？ *When will she visit you again?* ❺(对待)regard；look upon：把人民的利益～得高于一切 *put the interests of the people above all else* ❻(诊治)treat (a patient or an illness)：王大夫把她的肺炎～好了。 *Dr. Wang has cured her of pneumonia.* ❼(照料)look after：衣帽自～。 *Take care of your own hats and coats.* ❽(小心；注意)mind；watch out：别跑这么快！～摔着！ *Don't run so fast! Mind you don't fall.* ❾(依靠)depend on ❿(用在动词或动词结构后面,表示试一试)：等一等～ *wait and see*
另见 831 页 kān。
【看病】(动)❶(医生治病)treat；attend：医生现在就给你～。 *The doctor will see you now.* ❷(病人就医)see a doctor；go to a doctor：带病人去～ *take sb. to a doctor*
【看不起】(动)look down upon；despise：～外国人 *look down one's nose at foreigners*/～某人 *think meanly of sb.*
【看穿】(动)see through：～敌人的阴谋 *see through the enemy's plots*
【看待】(动)look upon；regard：冷静地～这个建议 *look coldly upon the proposal*/带有偏见地～这事 *view it with a partial eye*
【看得起】(动)think highly of：送这么点儿礼物,人家～吗? *If we send such a small gift, will they scorn us?*
【看法】(名)view：持相同的～ *hold the same*

view/持乐观的～ entertain hopeful views；take a bright view
【看来】(动)it seems：～要下雨。It looks like rain./在我～，事情就是这样。That's how it seems to me.
【看破】(动)see through：～那些卑劣勾当 see through those base tricks
【看齐】❶(动)(作为学习榜样)keep up with；emulate：向先进工作者～ emulate the advanced workers ❷(名)(口令)dress：向左～！Dress left，dress！
【看轻】(动)underestimate；look down on：我们不应～自己的力量。We must not underestimate our own strength.
【看透】(动)❶(透彻地了解)understand thoroughly：这一着棋我看不透。I don't quite understand this move. ❷(透彻地认识)see through：这个人我～了，没有什么真才实学。I've seen through him；he's not a man of real learning.
【看望】(动)call on；visit；see：经常去～他们 visit them frequently/他出去～他的老师。He went out to visit with his teacher.

kāng

康 kāng (形) ❶(健康；安康)well-being；health ❷〈书〉(广大)broad
【康复】(动)recover；be restored to health：病体～ be restored to health/祝您早日～。Hope you'll soon be well again.
【康健】(形)healthy；in good health

慷 kāng
【慷慨】(形)❶(意气激昂)fervent；vehement：～激昂 impassioned/～就义 die a martyr's death ❷(不吝惜)generous；liberal：对穷人～大方 be generous to the poor

糠 kāng ❶(名)❶(稻、麦、谷子等作物籽实的皮或壳)chaff；bran；husk ❷(无价值之物)worthless stuff ❷(形)(发空，质地变得松而不实)spongy：这萝卜～了。This radish has gone spongy.

káng

扛 káng (动)(用肩膀承担物体)carry on the shoulder；shoulder：～着锄头 carry a hoe on one's shoulder

kàng

亢 kàng (形) ❶(高)high；haughty：不～不

卑 neither supercilious nor obsequious ❷(过度；极；很)extreme：～旱 severe drought

伉 kàng ❶(动)〈书〉(对等；相称)be equal to ❷(形)〈书〉(高大)tall and big
【伉俪】(名)〈书〉married couple：～之情 affection between husband and wife

抗 kàng (动) ❶(抵抗；抵挡)resist；fight：坚决抵～ make a determined resistance ❷(拒绝；抗拒)refuse；defy：～税 refuse to pay taxes ❸(对等)contend with；be a match for：～衡 contend with；match
【抗旱】(动)fight a drought：～保丰收 fight the drought to ensure a harvest
【抗衡】(动)(抵得过，不相上下)contend with；match
【抗击】(动)beat back；resist：～侵略者 resist the aggressors
【抗拒】(动)resist；defy：具有无法～的魅力 have irresistible charm/历史的潮流不可～。No one can reverse the tide of history.
【抗议】(动)protest；object：发起～运动 launch a protest movement
【抗争】(动)take a stand against；resist：以理～ fight sb. with rational arguments

kǎo

考 kǎo ❶(动) ❶(考试；考问)examine：补～ take a make-up exam ❷(检查)check；inspect ❸(推求；研究)study；investigate ❷(名)〈书〉(死去的父亲)one's deceased father
【考察】(动)❶(实地调查)inspect；investigate：～水利工程 investigate a water conservancy project ❷(细致深刻地观察)observe and study：～组 a study group
【考核】(动)examine；check：顺利通过～ check out all right
【考究】❶(动)(查考；研究)observe and study：这问题很值得～。We need to go into the matter seriously. ❷(讲究)care about；be particular about：穿衣服不必过于～。One need not be overly particular about dress. ❸(形)(精美)fine：用料～ use choice materials
【考虑】(动)think over；consider：仔细～问题 give a problem careful considerations/忽略某事 leave sth. out of consideration
【考取】(动)be admitted to：他～了师范大学。He's been admitted to a normal university.
【考试】❶(动)(进行考试)take an exam：有化学～ have an examination in chemistry ❷(名)(考查知识或技能的一种方法，有口试、笔试、现场作业等方式)examination；test：开卷

~ an open-book exam

【考问】(动)question;examine orally

【考验】(名)test;trial:受到严峻的~ meet a severe test

拷 kǎo (动)(打)flog;beat;torture

【拷贝】(动)copy:~纸 copy paper

【拷打】(动)flog;beat;torture

【拷问】(动)interrogate with torture

烤 kǎo ㊀(动)(用火烘熟或烘干)bake;roast;toast:~馒头 toasted steamed buns ㊁(形)(太热)scorching:太阳~得大地火辣辣的。 The earth, scorched by the sun, was burning hot.

【烤电】(动)diathermy

【烤火】(动)warm oneself by a fire:围炉~ sit around a fire

【烤炉】(名)oven

【烤鸭】(名)roast duck:北京~ Beijing roast duck

kào

铐 kào ㊀(名)(手铐)handcuffs ㊁(动)(给犯人戴上手铐)put handcuffs on;handcuff:把犯人~起来。 Handcuff the criminal.

犒 kào

【犒劳】(动)reward with food and drink:~解放军 reward the PLA soldiers with food and drink

靠 kào (动)❶(凭借别的东西的支持立着或竖起来;倚靠)lean against:懒洋洋地~在沙发上 lounge on a sofa ❷(接近;挨近)get close to;be near to:~岸 draw into the shore ❸(依靠)depend on:~写作生活 depend on one's pen for a living ❹(信赖)trust:他这个人不可~。 He can't be relied on.

【靠边】(动)keep to the side:行人~。 Pedestrians keep to the side of the road.

【靠不住】(动)unreliable:这话~。 The story cannot be relied upon./她的好朋友原来~。 Her good friend proved to be untrustworthy.

【靠垫】(名)cushion

【靠近】(动)❶(挨近)near;(be) close to:两个人坐得十分~。 The two of them sat quite close together. ❷(靠拢)draw near;approach:从背后~某人 approach sb. from the rear

【靠山】(名)backer;patron;backing

kē

苛 kē (形)(苛刻;烦琐)severe;harsh:对方提出的条件太~了。 The terms advanced by the other party are too harsh./~捐杂税 exorbitant taxes and levies

【苛刻】(形)harsh;severe:这些条件太~,我们接受不了。 The terms are too harsh. We cannot accept them.

【苛政】(名)harsh government:~猛于虎。 Tyranny is fiercer than a tiger.

科 kē ㊀(名)❶(学术或业务的类别)a branch of academic or vocational study:文~院校 colleges of arts ❷(机关按工作性质而分设的单位)section;department:~长 section chief ❸[生](把同一目的生物分成的若干群)family:豆~植物 bean family ㊁(动)〈书〉(判定)pass a sentence:~以罚金 impose a fine on sb.

【科班】(名)❶(旧时招收儿童,培养为戏曲演员的教学组织)old-type opera school ❷(正规的教育或训练)regular professional training:~出身 be a professional by training

【科技】(名)(科学技术)science and technology:~大学 a university of science and technology/~领先 technological lead

【科目】(名)subject;headings:选修~ optional subjects/喜欢的~ favourite subjects

【科室】(名)office:~人员 office staff;administrative personnel

【科学】(名)science:~幻想小说 science fiction/~的进展 advancement of science

【科研】(名)scientific research:~成果 the fruits of scientific research/从事~工作 engage in scientific research

颗 kē (量)(常用于颗粒状的东西):一~珠子 a pearl

【颗粒】(名)❶(小而圆的东西)pellet;bead:这个玉米棒子上有多少~? How many grains are there on this corncob? ❷(一颗一粒粮食)grain:~归仓 every grain to the granary ❸(细粒)granule;particle

磕 kē (动)❶(碰;撞在硬东西上)knock (against sth. hard):牙~掉了一颗 have one's tooth knocked out ❷(磕打)knock sth. out of a vessel,container:~烟袋锅儿 knock the ashes out of a pipe;empty out a pipe

【磕碰】(动)❶(东西互相撞击)knock against;collide with;bump against:搪瓷的比瓷的禁得起~。 Enamelware can withstand jostling

K

better than chinaware. ❷（发生冲突）clash; squabble：几家住一个院子难免有些～。*With several families living in a quadrangle, there will inevitably be some minor squabbles.*

【磕头】（动）kowtow; kotow：～碰脑 *bump against things on every side; push and bump against one another*

瞌 kē

【瞌睡】（形）sleepy; drowsy：一宿没睡，白天～得很。*I'm terribly sleepy today; I didn't sleep a wink last night.*

kě

可 kě ❴（动）❶（同意）approve：得到校方认～ *be approved by the university* ❷（可能；能够；许可）can; may：今秋～望丰收。*We can expect a good harvest this autumn.* ❸（值得）need (doing); be worth (doing)：～喜的成就 *gratifying achievements* ❹（适合）fit; suit：这菜很～口。*This dish is very tasty.* ❵（连）（表示转折）but; yet：劳动虽苦，～大家干劲十足。*It was hard work, but everybody went at it with a will.* ❶（副）❶（表示强调）我跑得～不快。*I'm by no means a fast runner.* ❷（表示加强反问）都这么说，～谁见过呢？*So they say, but who has ever actually seen it?* ❸（表示加强疑问语气）一向～好？*Have you been all right?* ❹〈书〉（大约）about：年～三十 *about thirty years of age*

【可爱】（形）lovable; lovely：她真是一个～的少女！*Isn't she a delightful young lady?*

【可鄙】（形）contemptible; mean：行为～ *act in contemptible way*

【可耻】（形）shameful; disgraceful：人穷并不～。*Being poor is nothing to be ashamed of.*/以勤劳为光荣，以懒惰为～。*It's praiseworthy to work hard, and shameful to idle.*

【可观】（动）（值得看）worth seeing：这出戏大有～。*This play is well worth seeing.* ❶（形）（不少的；多的）considerable; sizable：他挣得一份～的收入。*He earns a handsome income.*

【可贵】（形）valuable：～的品质 *fine qualities*/时间是～的。*Time is of the essence.*

【可恨】（形）hateful; detestable：他这人真～，老在背后说别人的坏话。*He's a most hateful person, always saying nasty things behind people's back.*

【可敬】（形）worthy of respect; respected：他是位～的老师。*He is a respected teacher.*

【可靠】（形）reliable; dependable：获得～的证据 *obtain reliable evidence*/永远不要信赖不

～的人。*Never rely on a broken reed.*

【可怜】（动）（怜悯）pity; have pity on：～那些迷途的猫狗 *take pity on the stray cat and dog* ❶（形）（值得怜悯）pitiful; poor：使陷入～的境地 *reduce sb. to a pitiful plight* ❶（副）（数量少或质量坏不值一提）meagre; pitifully：无知到～的程度 *be so pitifully ignorant*

【可能】（副）❶（可以实现）possible; probably：唯一～的解释 *the only possible explanation* ❷（或许）probably; maybe：～要下雪了。*It looks like snow.* ❶（名）（可能性）possibility：事情发展有两种～。*The matter may develop in two possible directions.*

【可怕】（形）fearful; terrible; frightful：做一个～的梦 *have a terrible dream*

【可取】（形）desirable：这个方案有～之处。*This plan has something to recommend it.*

【可是】（连）but; yet; however：我的房间是小，～却很舒适。*My room is small; however, it's very comfortable.*

【可惜】（形）it's a pity; it looks bad：半途而废，实在太～了！*It's really a shame to give it up when we're already halfway there.*

【可笑】（形）laughable; ridiculous：～不自量 *ridiculously overrate oneself*/荒唐～ *be absurdly ridiculous*

【可疑】（形）suspicious：一个相当～的人 *a rather dubious fellow*/那有点儿～。*There is something suspicious about it.*

【可以】（动）（表示可能）can; may：这间屋子～住四个人。*This room can accommodate four people.* ❶（形）（口）❶（好；不坏）pretty; good; not bad：她的英语还～。*Her English is not at all bad.* ❷（利害）awful; terrible：他今天忙得真～。*He's awfully busy today.*

渴 kě ❴（形）（口干想喝水）thirsty：我有点儿～了。*I'm getting a little thirsty.* ❶（副）（迫切地）yearningly：～念 *long for; yearn for*

【渴望】（动）thirst for; long for：～自由 *have a great longing for liberty*

kè

克 kè ❴（动）❶（能）can; be able to：弗～如愿 *could not have it as one wished* ❷（克制；克服）restrain：～己奉公 *wholehearted devotion to public duty* ❸（攻下据点；战胜）overcome; capture：选～名城 *capture one important city after another* ❹（消化）digest ❵（严格限定期限）set a time limit：～期 *set a date; set a time limit* ❶（量）（公制重量或质量单

位）gram (g.)

【克服】（动）❶（战胜）overcome；conquer：～缺陷 *overcome one's shortcomings*／～私心杂念 *overcome selfish considerations* ❷〈口〉（克制；忍受困难）put up with：这儿生活条件不太好，咱们先～点儿吧。*The living conditions here are not very good，but let's put up with them for a while.*

【克制】（动）restrain：～感情 *restrain one's passion*／以～的态度说话 *speak with restraint*

刻 kè ❶（动）❶（雕刻）carve；cut；engrave：～图章 *engrave a seal* ❷（严格限定期限）set a time limit ❷（量）（计时单位，十五分钟为一刻）a quarter (of an hour)：六点一～ *a quarter past six*；*six fifteen* ❸（名）（时候；时间）moment：此时此～ *at this present moment* ❹（形）❶（形容程度极深）in the highest degree：留下深～印象 *leave a deep impression* ❷（刻薄）cutting；harsh；mean

【刻薄】（形）（待人说话冷酷无情；过分苛求）unkind；harsh；mean：待人～ *treat people meanly*

【刻不容缓】（成）brook no delay；demand immediate attention

【刻度】（名）graduation：～盘 *graduated disc*／～瓶 *graduated bottle*

【刻骨】（动）deeply ingrained；deep-rooted：～仇恨 *deep-seated hatred*／～铭心 *be engraved on one's bones and heart——be remembered with deep gratitude*

【刻苦】（形）❶（很能吃苦）assiduous；hardworking：～耐劳 *bear hardship and work hard* ❷（俭朴）simple and frugal：生活～ *lead a simple and frugal life*

客 kè ❶（名）❶（客人）visitor；guest：不速之～ *a casual visitor* ❷（旅客）passenger：～流 *the flow of passengers* ❸（寄居或迁居外地的人）be a stranger：～死他乡 *die in a strange land*；*die abroad* ❹（客商）travelling merchant ❺（顾客）customer ❻（奔走各地从事某种活动的人）a person engaged in some particular pursuit：政～ *politician* ❷（形）（在人类意识独立存在的）objective

【客车】（名）❶［铁路］passenger train：350 次列车是～还是货车？*Is train No.350 a passenger train or a cargo train?* ❷［公路］bus：你坐大～还是小面包车？*Are you going to take a bus，or a minibus?*

【客店】（名）inn

【客队】（名）visiting team

【客房】（名）guest room

【客观】（形）objective：～真理 *objective truth*／提出～的批评意见 *offer some objective criticisms*

【客机】（名）airliner

【客票】（名）passenger ticket

【客气】（形）❶（在交际场合有礼貌；说客气话；做出客气的动作）polite；courteous：他对人很～。*He is very polite to people.* ❷（谦虚）modest：您太～了。*You are being too modest.*

【客人】（名）❶（宾客）visitor；guest：接待～ *receive visitors* ❷（旅客）passenger；guest ❸（商客）travelling merchant

【客商】（名）travelling trader

【客厅】（名）drawing room；sitting room；parlour

【客运】（名）passenger transport；passenger traffic：～列车 *passenger train*

【客栈】（名）inn

课 kè ❶（名）❶（有计划的分段教学）class：上～ *go to class* ❷（教学的科目）subject；course：讲授英国文学～ *conduct a class in English Literature* ❸（旧的赋税）tax：完粮交～ *pay the grain tax* ❹（旧机关中分设的办事部门）section ❷（量）（教学的时间单位；教材的段落）lesson：第二～ *Lesson Two* ❸（动）（征收）impose；levy：～以罚款 *impose a fine on sb.*；*fine sb.*

【课本】（名）textbook

【课程】（名）course；curriculum：减少～ *cut down the curriculum*／开设语言学～ *establish a course in linguistics*

【课堂】（名）classroom；schoolroom：组织～教学 *handle classes*／进行一次～讨论 *have a classroom discussion*

【课外】（名）outside class；after class：～辅导 *instruction after class*／～阅读 *outside reading*

【课余】（名）after class；after school：利用～时间进行义务劳动 *do voluntary labour after school*

kěn

肯 kěn ❶（动）❶（同意）agree；consent：～帮忙 *agree to help* ❷（乐意；愿意）be ready to；be willing to：～动脑 *be ready to beat one's brains* ❷（名）（附着在骨头上的肉）meat attached to bone

【肯定】❶（动）（承认事物的存在或真实性）affirm；confirm：～成绩 *affirm the achievements* ❷（形）❶（正面的）affirmative：站在持～意见的一方 *take the affirmative* ❷（明确的；确定的）definite；positive；sure：给我一个

~的答复 give me a definite answer ⊜（副）（一定；无疑问）certainly；definitely：完全可以～你错了。 It is absolutely certain that you're wrong.

垦 kěn（动）（翻土；开垦）cultivate：～了 3 亩地 have cultivated 3 mu of land
【垦荒】（动）reclaim wasteland；open up virgin soil

恳 kěn ⊖（形）（真诚；诚恳）earnest；sincere：～切希望 earnestly hope ⊜（动）（请求）request；entreat
【恳切】（形）earnest；sincere：～的态度 a sincere attitude/言辞～ speak in an earnest tone
【恳求】（动）implore；entreat：～体恤 implore for sympathy/～某人援助 implore aid from sb.

kēng

坑 kēng ⊖（名）❶（洼下去的地方）hole；pit；hollow：～～洼洼 be full of bumps and hollows ❷（地洞；地道）tunnel；pit：挖一道～ cut a tunnel ⊜（动）❶（古时指活埋人）bury alive ❷（坑害）entrap；cheat：～蒙拐骗 swindle
【坑道】（名）gallery；tunnel：～战 tunnel warfare
【坑害】（动）entrap；lead into a trap：～国家 cause great harm to the country/～某人使其陷入困境 entrap sb. into a difficult situation

kōng

空 kōng ⊖（形）（不包含什么；里面没有东西或没有内容；不切实际的）empty；hollow：～手而归 come back empty-handed ⊜（名）（天空）sky；air：万里晴～ a clear and boundless sky ⊜（副）（没有效果；白白地）for nothing；in vain：～忙 make fruitless efforts
另见 837 页 kòng.
【空话】（名）empty talk；hollow words：～骗人 mock someone with empty promises/他光说～，没有行动。 He is all talk and no deed.
【空间】（名）space：外层～ outer space/提供充裕的～ provide an ample space
【空降】（动）be airborne；land from the air：～地点 landing area
【空军】（名）air force：～武官 air attache/～司令员 commander of the air force
【空气】（名）❶（大气）air；atmosphere：享受凉爽的～ enjoy the cool air ❷（气氛）atmos-

phere：北京的政治～很浓厚。 In Beijing, people take a great interest in politics. ❸（气闸）air brake
【空前】（形）unprecedented：～的规模 an unprecedented scale/绝后 unprecedented and unrepeatable
【空头支票】（名）❶（不实践的诺言）an empty promise：他这回又给我开了张～。 His promises turned out to be empty again this time. ❷（因票面金额超过存款余额或透支限额而不能生效的支票）dud cheque；bad cheque
【空投】（动）airdrop；paradrop：一场 dropping ground/～特务 air-dropped agent
【空想】（名）idle dream；fantasy：～的计划 a utopian scheme/这纯属～。 It's nothing more than a wishful thinking.
【空虚】（形）hollow；void：他生活很～。 He leads a life devoid of meaning.
【空运】（动）airlift；air transport：～救灾物资 airlift relief supplies（to a stricken area）
【空中】（名）in the air；in the sky：～走廊 air corridor；air land/～待战 air alert

kǒng

孔 kǒng（名）（洞；窟窿；眼儿）hole；opening：穿个～ perforate a hole/仅有的光亮来自一个小～。 The only light came through a narrow aperture.
【孔洞】（名）opening；hole
【孔庙】（名）Confucian temple
【孔穴】（名）hole；cavity

恐 kǒng ⊖（动）❶（害怕；畏惧）fear；dread：惊～万状 be greatly paralyzed with fear；be frightened out of one's senses ❷（使害怕）terrify；threaten：～吓 threaten ⊜（副）（恐怕）I'm afraid：他们的婚姻～难持久。 I am afraid their marriage can not last long.
【恐怖】（形）terror；horror：发出～的叫声 emit cries of terror/对某事感到～ have a terror of sth./～电影 horror film/～分子 terrorist
【恐吓】（动）threaten；menace；intimidate：～某人做某事 intimidate sb. into doing sth.
【恐慌】（动）（因担忧、害怕而慌张不安）panic；fright：防止～ avert panic/金融界开始～了。 A financial panic has commenced.
【恐惧】（动）fear；dread：～不安 be frightened and restless/不表露丝毫的～ do not show the slightest fear
【恐怕】（副）I'm afraid：～不成。 I'm afraid it won't do./～另有原因。 There may be some other reason for it.

kòng

空 kòng ❶(动)(腾出来；使空)empty；vacate：～出一只盒子 empty a box ❷(形)(没有被利用或里面缺少东西)vacant；blank ❸(名)❶(尚未占用的地方)empty space：各行之间多留点儿～. Leave a little more space between the rows. ❷(尚未占用的时间)free time；spare time：在～闲时间读书 read books in leisure hours
另见 836 页 kōng。

【空白】(名)blank space：填补知识上的～ fill up a lacuna in one's knowledge／在行与行之间不留～ leave no space between the lines

【空缺】(名)vacant position：眼下没有～ have no immediate vacancy

【空隙】(名)space；gap；interval：战士们利用战斗～加固工事. The soldiers strengthened defensive works in the intervals of fighting.

【空暇】(名)free time；spare time：她一有～就背英文单词. Whenever she has a bit of spare time, she uses it to memorize English words.

【空闲】(形)idle；free：虚度～时光 pass one's leisure in idleness／把毕生的～时间用于写作 devote the leisure of a lifetime to writing

控 kòng (动)❶(告发；控告)accuse；charge ❷(控制)control；dominate ❸(使容器口儿朝下，让里面的液体慢慢流出)turn (a container)upside down to let the liquid trickle out

【控告】(动)charge；accuse；complain：～某人受贿 accuse sb. of taking bribes／他犯失职罪 charge delinquency against him

【控诉】(动)accuse；denounce：对…提出～ file a complaint against

【控制】(动)control；dominate；command：失去对局势的～ lose control over the situation

kǒu

口 kǒu ❶(名)❶(人或动物进饮食的器官；嘴)mouth：祸从～出. Out of the mouth comes evil. ❷(容器通外面的地方)mouth；rim：瓶～ the mouth of a bottle ❸(出入通过的地方)opening；entrance：在大厦门～等我 wait for me at the entrance to the plaza ❹(有关联的部门形成的系统)department；section：文教～ departments of cultural and educational affairs ❺(长城的关口，常用作地名，也泛指这些关口)a gateway of the Great Wall(often used in place names) ❻(口子)cut；hole：衣服撕了个～儿. A hole was torn in the jacket. ❼(刀、剑、剪刀等的刃)the edge of a knife：刀卷～了. The edge of the knife is turned. ❽(牲口的年龄)the age of a draft animal：这匹马～还轻. This horse is still young. ❷(量)❶(用于人)：他家四～人. There are four people in his family. ❷(用于牲畜，主要是猪)：二～猪 two pigs ❸(用于有口或有刃的某些器物)：一～井 a well ❹(用于语言)：她说一～流利的英语. She speaks fluent English. ❺(用于口腔动作次数)：他咬了一～苹果. He took a bite at the apple.

【口袋】(名)pocket：在～里塞满糖果 cram one's pocket with sweets

【口号】(名)slogan：提出～ put forward a slogan／标语～ posters and slogans

【口红】(名)lipstick

【口径】(名)❶(器物圆口的直径)bore；calibre ❷(比喻说话的内容)statement：咱俩说话～要一致. We two must speak along the same lines. ❸(泛指要求的规格、性能等)requirements：～不合 not meet the requirements

【口角】(名)(争吵)quarrel：因某事与某人～ quarrel with sb. about sth；have a quarrel with sb. over sth./他们之间发生了～. A quarrel arose among them.

【口渴】(动)thirsty

【口气】(名)❶(说话的感情色彩)tone；note：严肃的～ a serious tone ❷(言外之意)what is actually；implication：听他的～，好像感到为难. Judging by the way he spoke, he seemed to be in an awkward situation. ❸(说话的气势)manner of speaking：他的～真不小. He talked big.

【口琴】(名)mouth organ；harmonica

【口试】(名)oral test

【口头】(名)oral：～答复 oral reply／～上赞成，实际上反对 agree in words but oppose in deeds

【口味】(名)❶(饮食品的滋味)the flavour or taste of food：地道的～ a racy flavour ❷(各人对味道的爱好)a person's taste：不合～ be not to one's taste

【口香糖】(名)chewing gum；gum

【口译】(动)oral interpretation：～员 interpreter

【口音】(名)❶(说话的声音)voice：她一听是她儿子的～，就赶紧出来了. Recognizing her son's voice, she hurried out. ❷(方言)accent：说话带广东～ speak with a Guangdong accent

【口语】(名)❶(口头语言，与"书面语言"相对)spoken language ❷〈书〉(毁谤的话)slander；calumny

kòu

叩 kòu（动）❶（敲；打）knock：~门 knock at a door ❷（磕头）kowtow ❸〈书〉（询问；打听）ask：~其姓名 ask sb.'s name
【叩头】（动）kowtow；kotow：~大哭 beat one's head on the floor and cry

扣 kòu ㊀（动）❶（套住或搭住）button up；buckle：~紧 button up tightly ❷（把有口的器物倒过来或罩在别的东西上）place a cup，bowl upside down：把缸~过来 Turn the vat upside down. ❸（扣留）detain；arrest：把可疑分子~起来 detain a suspect ❹（叩；敲击）knock；smash（the ball）❺（从原数额中减去一部分）deduct：~工资 deduct a part of sb.'s pay ❻（扳动）press；pull ㊁（名）❶（绳子等打成的结）knot；buckle：系个~儿 make a knot ❷（纽扣）button
【扣除】（动）deduct；take off：从账目中～一项 deduct an item from an account
【扣留】（动）detain；arrest：~船只 detain the ship／～走私犯 detain the smuggler
【扣压】（动）withhold：～稿件 withhold a manuscript from publication
【扣子】（名）❶（纽扣）button ❷（皮带扣）buckle ❸（结）knot

kū

枯 kū（形）❶（植物等失去水分；干枯）（of a plant, etc.）withered：~木逢春 Spring comes to the withered tree. ❷（井、河流等变得没有水）（of a well, river, etc.）dried up：~井 a dry well ❸（没有生趣；枯燥）dull：文字～涩 a dull and heavy style
【枯竭】（形）dried up；exhausted：水源~。The source has dried up.
【枯燥】（形）dull and dry；uninteresting：想逃避家里那种难以忍受的～生活 try to escape the intolerable boredom at home／这本书～无味。The book is as dry as dust.

哭 kū（动）（因痛苦、悲哀或感情激动而流泪）cry；weep；sob：~着问 ask with a sob／～了整整一个小时 weep away a whole hour
【哭泣】（动）cry；weep：因遭受的苦痛而～ weep at the pain inflicted／为自己悲惨的命运而～ weep over one's sad fate

kǔ

苦 kǔ ㊀（形）❶（像胆汁或黄连的味道）bitter：良药～口。Good medicines taste bitter.

❷（难受的；痛苦的）painful；hard ❸〈方〉（除去得太多；损耗太多）（cut off）too much：指甲剪得太～ trim one's nails too short ㊁（名）（难受；痛苦）hardship；suffering：白白受～ suffer in vain ㊂（动）❶（使痛苦；使难受）cause sb. suffering：她~了一辈子，也没~出头。She never knew anything but hardship her whole life. ❷（苦于）suffer from：~于时间紧 be hard pressed for time ㊃（副）（有耐心地；尽力地）painstakingly：~劝某人戒烟 earnestly advise sb. to give up smoking
【苦处】（名）suffering；hardship；difficulty：你可不知道她当童养媳那时的～。You don't know how she suffered as a child bride.
【苦功】（名）hard work；painstaking effort：下~学习 study hard／学好一门语言不易，非下~不可。The mastery of a language is not easy and requires painstaking effort.
【苦瓜】（名）bitter melon
【苦闷】（形）depressed；dejected；gloomy：因不幸而~ be distressed by misfortune
【苦难】（名）suffering；misery；distress：经受很多~ undergo much sufferings／忍受~，不屈不挠 bear up under affliction
【苦恼】（形）vexed；worried：令人非常~ be extremely vexing／因失败而~ be vexed at one's failure
【苦痛】（形）pain；suffering：经历~ experience the pain
【苦笑】（动）forced smile；wry smile
【苦于】（动）❶（对于某种情况感到苦恼）suffer from；trouble：~不识字 be handicapped by illiteracy ❷（相比之下更苦些）（of life, etc.）be more bitter than：半自耕农，其生活~自耕农。The semi-owner peasants were worse off than the owner-peasants.

kù

库 kù（名）❶（储存大量东西的建筑物）warehouse；storehouse：~房重地。闲人免进！Storage Room. No Admittance！❷（国家预算资金的保管出纳机关）treasury
【库藏】（动）have in storage：图书馆~图书30万册。There are 300,000 books in the library.
【库存】（名）stock；reserve：有大量~ have a large stock of goods
【库房】（名）storehouse；storeroom

裤 kù（名）（裤子）trousers；pants：~子 trousers；pants／~腰 waist of trousers

酷 kù ㊀（形）（残酷）cruel；oppressive：冷~无情 be hard of heart；be cold-blooded；be merciless ●(副)(程度深；极)very；extremely：～好 have a deep love for；be very keen on

【酷热】(形)extremely hot：天气～ sweltering hot weather

【酷暑】(名)the intense heat of summer；high summer

【酷刑】(名)cruel torture

kuā

夸 kuā (动) ❶(夸大)exaggerate；boast；overstate：～～其谈 indulge in exaggeration；indulge in verbiage ❷(夸奖)praise：自～ praise one's own wares；crack oneself up

【夸大】(动)exaggerate；overstate：～困难 exaggerate difficulties/～缺点 exaggerate the shortcomings

【夸奖】(动)praise；commend：～某人 speak well of sb.；sing one's praises

【夸口】(动)boast；brag；talk big

【夸耀】(动)brag about；show off：～自己 brag about oneself/～自己的学问 show off one's knowledge

【夸张】(动)exaggerate；overstate：能允许稍加～ be allowed a little exaggeration/不要～你的情况。Don't overstate your case.

kuǎ

垮 kuǎ (动) ❶(倒塌；坍下来)collapse；fall：这面墙要～了。The wall is going to collapse.❷(人的精神和身体衰退)break down；crack up：他的身体彻底～了。He has completely broken down in health.

【垮台】(动)collapse；fall from power：敌人彻底～了。The enemy has completely collapsed.

kuà

挎 kuà (动) ❶(胳膊弯起来挂住或钩住东西)carry on the arm：～着胳膊 arm in arm ❷(把东西挂在肩头、脖颈或腰里)carry sth. over one's shoulder or at one's side：～着照相机 have a camera slung over one's shoulder

【挎包】(名)satchel

跨 kuà (动) ❶(抬起一只脚向前或向左右迈)step；stride：向前～一步 take a step forward ❷(两腿分在物体的两边坐着或立着)bestride；straddle：～上战马 bestride a warhorse ❸(超越一定数量、时间或地区之间的界限)cut across；go beyond：组织～地区的商品供应 organize transregional commodity supplies

【跨度】(名)span

【跨国公司】(名)transnational corporation

【跨年度】(动)go beyond the year：～预算 a budget to be carried over to the next year

【跨越】(动)stride across；leap over：～障碍 surmount an obstacle/～几个历史阶段 span several historical stages of development

kuài

会 kuài ●(动)(计算；总计)compute ●(名)〈书〉(古代的一种旗)ancient flag

另见 776 页 huì。

【会计】(名) ❶(会计工作)accounting；accountancy ❷(会计人员)accountant；book-keeper：～师 chartered accountant

快 kuài ●(形) ❶(速度高；走路、做事等用的时间短)fast；quick；rapid：以最～的速度奔跑 run as quick as one can ❷(赶快；从速)hurry up；make haste：～进来，下雨啦! Hurry in. It's raining! ❸(速度)speed：这车能跑多～? How fast can the car go? ❹(灵敏)quick-witted；clever：他脑子～。He's quick-witted. ❺(刀、剪、斧子等锋利)sharp；keen：～刀 a sharp knife ❻(爽快；痛快；直截了当)straightforward；forthright ❼(愉快；高兴；舒服)pleased；happy：感到十分爽～ feel refreshed ●(副) ❶(迅速地)quickly：～来! Come here quickly! ❷(快要；将近)soon；before long：～下课了。The class will be over soon.

【快报】(名)bulletin

【快餐】(名)quick meal；snack：～部 quick-lunch counter；snack counter

【快车】(名)express

【快递】(名)express delivery：～邮件 express mail

【快活】(形)happy；merry；cheerful：日子过得很～ live a happy life/度过了一段非常～的时光 have a ripping time

【快乐】(形)happy；joyful：表达自己的～ express one's pleasure/节日过得很～。The festival was spent joyfully.

【快门】(名)shutter：～开关 shutter release

【快速】(形)fast；quick；high speed：～切削 high speed cutting/～行军 forced march

【快艇】(名)speedboat；motor-boat

【快信】(名)express letter

筷 kuài (名)(筷子)chopsticks：～子 chopsticks

kuān

宽 kuān ●(形) ❶(横的距离大；范围广)

wide；broad：胸 怀 ～ 广 *have largeness of mind*；*be broad-minded* ❷（宽大；不严厉；不苛求）generous；lenient：待某人 ～ *treat sb. with leniency* ❸（宽裕；富余）comfortably off：生活 ～ 裕 *be comfortably off*；*be well off*；*live in decent comfort* ⊜（动）❶（放松；使宽缓）relax；relieve：把心放～一点儿。*Relax, don't worry so much.* ❷（放宽）extend：限期能再～限几天吗？*Can the deadline be extended a few more days?* ⊜（名）（宽度）width；breadth：4 英尺～ *be 4 inches wide*

【宽敞】（形）spacious；roomy；commodious：～的房子 *a commodious house*

【宽畅】（形）free from worry；happy

【宽大】（形）❶（面积或容积大）spacious；roomy：我的房间很～。*My house is of considerable dimensions.* ❷（从宽处理）lenient；magnanimous：～政策 *a policy of leniency* ❸（大度；宽容）lenient；generous

【宽度】（名）width；breadth：这料子的～是多少？*What is the width of this material?*

【宽广】（形）broad；vast；extensive：～的田野 *a broad expanse of country*／心 胸 ～ *broad-minded*

【宽厚】（形）❶（待人宽容厚道）generous；kind；lenient：待人 ～ *be generous towards others* ❷（宽而厚）wide and thick：～的胸膛 *a big and strong chest*

【宽阔】（形）broad；wide：～的林荫道 *a broad avenue*／人们的眼界～了，信心也就增强了。*When people's minds are broadened, their confidence is also strengthened.*

【宽容】（动）tolerant；lenient：～某人 *be tolerant to sb.*；*show forbearance for sb.*／～地看待… *look with tolerance upon...*

【宽恕】（动）forgive：～过错 *forgive an offense*

【宽慰】（动）comfort；console：听到某事感到十分～ *feel much relieved to hear sth.*

【宽裕】（形）well-to-do；ample：经济～ *in easy circumstances*；*well-off*／时间很～。*There's plenty of time yet.*

kuǎn

款 kuǎn ⊜（形）❶（诚恳）sincere ❷〈书〉（缓；慢）slow；leisurely ⊜（动）❶（招待；款待）receive with hospitality；entertain ❷〈书〉（敲；叩）knock ⊜（名）❶（法令、规章、条约等条文里分的项目）section of an article in a legal document；paragraph ❷（款项；钱）a sum of money；fund：贪污公～ *embezzle public money* ❸（书画上题的作者或赠送对象的姓名）the name of sender or recipient inscribed on a painting or a piece of calligraphy presented as a gift

【款待】（动）treat cordially；entertain：慷慨地～某人 *entertain sb. handsomely*／～客人 *entertain guests*；*receive guests cordially*

【款式】（名）pattern；style；design：这些上衣的～都不错。*The styles of these coats are good.*

【款项】（名）❶（为某种用途而储存或支出的钱）fund；a sum of money ❷（条文的项目）section of an article in a legal document

kuāng

筐 kuāng ⊜（名）（用竹篾、柳条等编的容器）basket ⊜（量）basketful

【筐子】（名）basket：编～ *weave a small basket*

kuáng

狂 kuáng（形）❶（精神失常；疯狂）mad；crazy：高兴得发～ *be crazy with delight* ❷（猛烈；急剧；声势大）violent；wild：引起物价～跌 *bring about a heavy slump in prices* ❸（纵情；无拘束）wild；raving：欣喜若～ *be wild with joy*；*be beside oneself with joy* ❹（狂妄）arrogant；overbearing：～妄自大 *be arrogant and conceited*

【狂暴】（形）violent；wild：～的山洪 *raging mountain torrents*

【狂风】（名）fierce wind；whole gale：遇到～恶浪 *encounter a severe gale and heavy seas*

【狂欢】（动）revelry；carnival：～节 *carnival*／～之夜 *a night of revelry*

【狂人】（名）madman；maniac：～呓语 *ravings of a madman*

【狂笑】（动）laugh wildly

【狂言】（名）ravings；wild language：口出～ *talk wildly*

kuàng

旷 kuàng ⊜（形）❶（空而宽阔）vast；spacious：野～天低树，江清月近人。*Wilds so vast, the sky stoop to the trees; the river so clear, moon close to man.* ❷（心境开阔）free from worries and pretty ideas ❸（间隙过大）loose-fitting：螺丝～了。*The screw has come loose.* ⊜（动）（耽误；荒废）neglect；waste；skip：～日废时 *waste time*

【旷工】（动）stay away from work without leave reason

【旷课】（动）be absent from school without leave；cut school：旷一堂课 *cut a class*

【旷日持久】（形）long-drawn-out：～的谈判 *long-drawn-out negotiations*

况

况 kuàng ❶(名)(情形)condition;situation ❷(动)(比方)compare：以古～今 *draw parallels from history* ❸(连)〈书〉(况且;何况)moreover;besides

【况且】(连)moreover;besides;in addition：这房子太贵，～地点也不适中。*The price is too high, and moreover, the house isn't in a suitable position.*

矿

矿 kuàng (名)❶(矿床)ore deposit：报～ *report where deposits are found* ❷(矿石)ore：这里新发现了一种～。*A kind of ore has been discovered here recently.* ❸(开采矿物的场所)mine：他在～上工作。*He works at the mine.*

【矿藏】(名)mineral resources：～丰富 *be rich in mineral resources*
【矿产】(名)mineral products;minerals
【矿工】(名)miner
【矿井】(名)mine pit：～火灾 *mine-shaft fire*
【矿泉】(名)mineral spring：～水 *mineral water*
【矿山】(名)mine：开发～ *develop a mine*/关闭～ *shut down a mine*
【矿石】(名)ore
【矿业】(名)mining industry

框

框 kuàng (名)(框架;框子)frame;case：弄断眼镜～ *break the frames of one's eyeglasses*/把照片放在木～中 *place the photo in a wooden frame*

【框架】(名)frame;framework：窗户的～ *a window frame*/计划商品经济的～ *the framework for a planned commodity economy*
【框子】(名)frame;rim：眼镜～ *rims of spectacles*

kuī

亏

亏 kuī ❶(动)❶(受损失;亏折)lose (money,etc.);have a deficit：做生意～了 *have lost money in business* ❷(欠缺;短少)be short of;be deficient;lack：～你 10 块钱。*I owe you 10 yuan.* ❸(使吃亏;辜负)treat unfairly：人不～地，地不～人。*The land won't fail people as long as people don't fail the land.* ❷(副)(多亏;幸亏)fortunately;thanks to：～他提醒了我，要不我早忘了。*Luckily he reminded me; otherwise I'd have forgotten all about it.* ❷(反说，表示讥讽)：～他说得出口！*And he had the nerve to say so!* ❸(名)(月食初亏)(of the moon)wane：月满则～。*When the moon reaches the full, it begins to wane.*

【亏本】(动)lose money in business;lose one's

capital：～生意 *a losing proposition*/～卖出 *sell one's hen on a rainy day*
【亏待】(动)treat unfairly;treat shabbily：我可从来没～过你。*I've never treated you unfairly.*
【亏欠】(动)have a deficit
【亏损】(动)❶(支出超过收入)loss;deficit：造成财政上的严重～ *involve a serious financial loss*/今年有很大～ *have a great deficit this year* ❷(身体虚弱)general debility：久病而～ *be in general debility after a long illness*
【亏心】(形)have a guilty conscience：～事 *a deed that troubles one's conscience*

窥

窥 kuī (动)(从小孔或缝里看；暗中察看)peep;spy：～见一斑 *see segment of a whole*
【窥测】(动)spy out：～时机 *bide one's time*
【窥见】(动)detect;get a glimpse of：从这首诗里可以～他的胸怀。*From his poem, we can get a hint of his breadth of mind.*
【窥视】(动)peep at;peep on：往室内～ *peep into the room*/透过栅栏～某人 *peep through the fence at sb.*
【窥探】(动)spy upon;spy about：从幕后～ *peep behind the scenes*/～敌情 *spy on the enemy situation*

kuí

葵

葵 kuí (名)(某些开大花的草本植物)certain herbaceous plants with big flowers：向日～ *sunflower*

魁

魁 kuí ❶(名)(为首的;居第一位的)chief;head ❷(形)(身体高大)of stalwart build
【魁首】(名)chief;the brightest and best：文章～ *outstanding writer of the day*
【魁伟】(形)big and tall;stalwart

kuǐ

傀

傀 kuǐ
【傀儡】(名)puppet：～政权 *puppet regime*/殖民主义者及其～ *colonialists and their puppets*

kuì

匮

匮 kuì (形)〈书〉(缺乏)deficient
【匮乏】(形)short (of supplies);deficient：物资～ *short of supplies*/极度～ *a serious shortage in the supply*

馈

馈 kuì (动)(馈赠)make a present of：～以鲜果 *make a present of fresh fruit*

溃 kuì（动）❶（水冲破堤坝）(of a dyke or dam) burst：千里之堤，～于蚁穴。*One ant hole may cause the collapse a thousand-li dyke.* ❷（突破包围）break through (an encirclement) ❸（溃败）be routed：一触即～ *be defeated at the first encounter; collapse like a house of cards* ❹（肌肉组织腐烂）fester；ulcerate
【溃败】（动）be defeated；be routed
【溃烂】（动）fester；ulcerate
【溃散】（动）be defeated and dispersed
【溃逃】（动）escape in disorder
【溃退】（动）retreat in disorder

愧 kuì（形）(惭愧)ashamed：～不敢当。*I really don't deserve such an honour.*
【愧色】（名）a look of shame：面有～ *look ashamed*/毫无～ *look unashamed*

kūn

昆 kūn（名）❶（哥哥）elder brother ❷〈书〉（子孙；后嗣）offspring
【昆虫】（名）insect：～学 *entomology; insectology*/传病～ *insect vector*

kǔn

捆 kǔn ❶（动）（用绳子等把东西缠紧打结；捆绑）tie；bind；bundle up：～住手脚 *bind hand and foot*/～谷草 *bundle up millet stalks* ❷（量）（用于捆起来的东西）bundle：两～稻草 *two bales of hay*
【捆绑】（动）truss up；bundle up

kùn

困 kùn ❶（动）❶（陷在艰难痛苦中或受环境、条件的限制无法摆脱）be hard pressed：～于酒色 *be addicted to wine and women* ❷（控制在一定范围里；围困）surround；pin down：把敌人～死在据点里 *bottle up the enemy in his stronghold* ❸〈方〉（睡）sleep ❷（形）❶（疲乏）tired：～惫不堪 *be in a state of utter exhaustion* ❷（疲乏想睡）sleepy：你～了就睡吧。*Go to bed if you feel sleepy.*
【困乏】（形）tired；fatigued
【困惑】（形）puzzled；perplexed：～不解 *feel puzzled*/面对令人～的事 *face perplexities*
【困境】（名）difficult position：使某人陷入～ *run sb. into a fix*/试图摆脱～ *try to find a way out of dilemma*

【困倦】（形）sleepy：昨晚没有睡好，现在感到十分～。*I feel very sleepy because I didn't sleep well last night.*
【困苦】（形）difficulties and hardships：经历～ *experience hardships*/耐心地忍受～ *endure hardship patiently*
【困难】（形）❶（事情复杂，阻碍大）difficult；hard：情况十分～。*Conditions are very difficult.* ❷（生活穷困）with financial difficulties：经济～的学生 *students in financial straits*

kuò

扩 kuò（动）（扩大）expand；enlarge：～军备战 *engage in arms expansion and war preparations*
【扩充】（动）expand；strengthen：～知识 *expand knowledge*/～实力 *expand (military or political) forces*
【扩大】（动）enlarge；expand；extend：～化 *magnify; broaden the scope*/～政治影响 *extend political influence*
【扩散】（动）extend；spread：～谣言 *spread rumour*/～影响 *extend influence*
【扩音器】（名）megaphone
【扩展】（动）extend；expand；spread；develop：公司的势力～到海外。*The company's power extends beyond the seas.*
【扩张】（动）extend；enlarge；spread：～野心 *expansionist ambitions*/用武力～领土是一种野蛮行径。*It is a barbarous way to extend dominion by arms.*

括 kuò（动）❶（扎；束）draw together ❷（包括）include
【括号】（名）brackets：～中的数字 *the figure between brackets*
【括弧】（名）parentheses

阔 kuò（形）❶（面积宽；广阔）wide；broad；vast：广～无垠 *be boundlessly broad* ❷（阔绰；有钱）wealthy；rich：生活～绰 *lead an extravagant life*
【阔别】（动）long parted；long separated：～多年的战友 *long separated comrades-in-arms*/我们已～多年了。*We've been apart for many years now.*
【阔步】（动）take big strides：～前进 *advance with giant strides*
【阔气】（形）luxurious；extravagant；lavish：花钱～ *spend lavishly*/摆～ *display one's wealth*

L

lā

垃 lā
【垃圾】(名)rubbish;garbage;refuse:一堆～ *a heap of refuse*/清除～ *remove rubbish*
【垃圾堆】(名)rubbish heap;garbage heap
【垃圾桶】(名)trash can
【垃圾箱】(名)dustbin;garbage can

拉 lā (动)❶(用力移动)pull;drag;draw;tug:～到一边 *draw aside*/～开门 *pull the door open* ❷(用车载运)haul;transport;carry:开卡车～货 *drive a truck to carry cargo* ❸(演奏乐器)play:～小提琴 *play the violin* ❹(拖长;使延长)drag out;draw out;space out:～下脸 *pull a long face* ❺(牵累;拉扯)implicate;drag in;involve in:自己做的事,为什么要～上别人? *Why drag in others when it was all your own doing?* ❻(拉拢;联络)solicit;draw in;canvass:～选票 *canvass votes*/～生意 *solicit trade* ❼〈方〉(抚养)bring up:～扯大了两个孩子 *brought up two children* ❽(排泄)empty the bowels:～肚子 *have loose bowels*
【拉扯】(动)❶〈口〉(拉)drag;pull;draw:孩子～着他妈妈的外衣。*The child is pulling his mother's coat.* ❷(辛勤抚养)take great pains to bring up:她自己把孩子～大的。*She raised the children by herself.* ❸(牵扯;牵涉)implicate;involve;drag in:干吗把我也～进去? *Why drag me in?*
【拉倒】(动)〈口〉drop it;forget about it:他不来就～。*Since he won't come, let him alone.*
【拉关系】(动)try to establish a relationship with sb.:为了个人利益,他试图与有钱人～。*He tried to establish connections with the rich for his own interest.*
【拉后腿】(动)hold sb. back;be a drag on sb.:他们不会拉我的后腿。*They can't be a drag*

on me.
【拉架】(动)try to stop people from fighting each other;part
【拉力】(名)pulling force;thrust;tension:～杆 *tension bar*/～弹簧 *tension spring*
【拉链】(名)zipper;fastener
【拉拢】(动)draw sb. over to one's side;rope in:不要受坏人～。*Don't get roped in by bad people.*
【拉手】➊(动)〈口〉(握手)shake hands ➋(名)(把手)handle:门～ *doorknob*

là

落 là (动)❶(遗漏)leave out;be missing;omit:这里～了两行。*Two lines are missing here.* ❷(遗忘)forget to bring;leave behind ❸(跟不上)fall behind:～下很远 *fall far behind*
另见 867 页 luò。

腊 là (形)(冬天腌制后风干或熏干的)cured:～鱼 *dried or salted fish*
【腊肠】(名)sausage
【腊月】(名)the twelfth month of the lunar year;the twelfth moon

蜡 là (名)❶(动物、矿物或植物所产生的油质)wax:撕毁一张～纸 *tear up a piece of wax paper* ❷(蜡烛)candle:点燃一只～烛 *light a candle*
【蜡笔】(名)wax crayon
【蜡黄】(形)wax yellow;sallow:～的脸 *a sallow face*
【蜡梅】(名)wintersweet
【蜡纸】(名)wax paper
【蜡烛】(名)candle:～照亮了他人,燃烧了自己。*A candle lights others and consumes itself.*

辣 là (形)❶(有刺激性的味道)peppery;pungent;hot:～不可言 *be too hot to be told*

❷(狠毒)cruel;ruthless;vicious:心狠手～ *be vicious and ruthless*

【辣酱】(名)thick chilli sauce

【辣椒】(名)hot pepper;chilli

【辣手】❶(名)(毒辣的手段)ruthless method; vicious device ❷(形)(棘手;难办)knotty; troublesome

lái

来 lái ❶(动)❶(来到)come;arrive:～去匆匆 *come and go in haste*/快～。*Come along!* ❷(发生)crop up;take place;arise; happen:这场风波一～势凶猛。*The disturbance cropped up in full fury.*/事儿又～了! *Something has cropped up again!* ❸(得到) win;get;come by:～之不易 *be not easily won* ❷(形)(未来的)future;coming;next:～生 *next life*/～日方长。*There will be ample time.*

【来宾】(名)guest;visitor:～接踵而至。*Guests arrived one after another in rapid succession.*

【来电】(名)incoming telegram;your message:～收到。*Your telegram received.*

【来访】(动)come to visit;come to call

【来回】❶(名)(往复一次)make a round trip; make a return journey:他三天打了一个～。*He made a round trip in three days.* ❷(副)(往复多次)back and forth;to and fro:～飞翔 *hover back and forth*

【来历】(名)origin;source;antecedents;background:发现一个～可疑的人 *find a person of doubtful antecedents*

【来临】(动)arrive;come;approach:春节即将～。*Spring Festival is coming up soon.*

【来龙去脉】(成)origin and development; cause and effect:弄清事情的～ *find out the cause and effect of the incident*

【来年】(名)next year;the coming year

【来往】❶(动)(来和去)come and go:道路整修,禁止～。*Road under repair. No thoroughfare.* ❷(名)(交际往来)dealings;contact; intercourse:促进两国间的友好～ *cultivate friendly intercourse between the two countries*

【来信】❶(动)(寄信来)send a letter here;请经常给我～。*Please write to me frequently.* ❷(名)(寄来的信)incoming letter:我好久没收到她的～了。*I haven't heard from her for a long time.*

【来意】(名)one's purpose in coming:说明～ *make clear what one has come for*

【来由】(名)reason;cause:没～ *without rhyme or reason*

【来源】❶(名)(事物从所来的地方)source;origin:经济～ *source of income* ❷(动)(起源;发生)originate;stem from:知识～于实践。*Knowledge stems from practice.*

lài

赖 lài ❶(动)❶(依靠)rely;depend:～以生存的条件 *conditions on which persons or things depend for existence* ❷(逗留不肯离去)hang on in a place;drag out one's stay in a place:她仍～着不走。*She still lingered around and wouldn't go.* ❸(抵赖;不认错) deny one's error or responsibility;go back on one's word;disavow:在铁证面前你还想抵～吗? *Do you still try to deny it before the irrefutable evidence?* ❹(诬赖)lay the blame on others;falsely incriminate:请不要诬～好人。*Don't fix the blame on the wrong party.* ❺(责怪)blame:这事全～我。*I'm entirely to blame for that.* ❷(形)(口)(不好;坏)bad; poor;not good:这道菜真不～。*It's really a delicious dish.*

【赖皮】(名)(口)rascally;shameless:耍～ *act shamelessly*

【赖账】(动)❶(赖债)repudiate a debt ❷(食言)go back on one's word:他竟有脸～吗? *Did he have the nerve to go back on his word?*

lán

拦 lán (动)(不让通过;阻挡)bar;block;hinder;obstruct;hold back:～住敌人的去路 *block the enemy's way*

【拦截】(动)intercept:～敌机 *intercept an enemy plane*

【拦网】(动)block;shut:单人～ *one-man block*/～成功 *shut out*

【拦腰】(副)by the waist;round the middle;in the middle:我们将敌人的部队～切断了。*We cut the enemy troops through about the middle.*

【拦阻】(动)block;hold back;obstruct;barrage:他们进来时无人～。*They came in without being obstructed.*

栏 lán (名)❶(栏杆)fence;railing;hurdle:栅～ *palisade* ❷(养家畜的圈)pen;fold;sty:牲畜～ *livestock shed* ❸(报刊书籍的栏目)column:广告～ *advertisement column*

蓝
lán（形）（像晴天天空的颜色）blue：蔚～ *sky blue*

【蓝宝石】（名）sapphire

【蓝色】（名）blue；blueness

【蓝图】（名）blueprint；positive print

褴
lán（名）〈书〉（破旧短衣）ragged jacket

【褴褛】（形）ragged；shabby：衣衫～ *be dressed in rags*

篮
lán（名）❶（篮子）basket：竹～ *bamboo basket* ❷［体］（篮球架上的铁圈和网）basket：投～ *shoot a basket*

【篮球】（名）basketball：打～ *play basketball*

【篮子】（名）basket

lǎn

览
lǎn（动）（看）take a look at；read；see；view；watch：一～无余 *command the whole view of*／饱～美丽风光 *drink in the beautiful scenery*

揽
lǎn（动）❶（用胳膊围住）pull sb. into one's arms；take into one's arms：父亲将儿子～在怀里。*The father clasped the son to his bosom.* ❷（拉到自己方面）take on；take upon oneself；canvass：～生意 *solicit trade*／你不用将责任都～到自己身上。*You don't have to take all the responsibility on yourself.* ❸（把持）take hold of；grasp；monopolize：～权 *grasp full authority*

缆
lǎn（名）❶（拴船用的铁索或多股粗绳）cable；hawser；mooring rope：新船砍～下水。*The new ship cut her cable and slipped into the water.* ❷（拧成多股的似缆物）thick rope；cable：钢～ *steel cable*／电～ *power cable*

【缆车】（名）cable car；telpher；trolley

【缆绳】（名）anchor line；rope

懒
lǎn（形）❶（懒惰）lazy；idle；indolent；slothful：好吃～做 *caring for nothing but eating*／人勤地不～。*Where the tiller is tireless, the land is fertile.* ❷（疲倦；没力气）sluggish；languid：身上发～ *feel languid*

【懒惰】（形）lazy；idle：请不要这么～。*Don't be so lazy.*

【懒汉】（名）sluggard；idler；lazybones：～思想 *the way of thinking of the sluggard*

【懒散】（形）sluggish；negligent；indolent：不要这样～，振作起来。*Don't be so sluggish. Put yourself together.*

【懒洋洋】（形）languid；listless；slouchingly：～地躺在沙发上 *lounge on a sofa*

làn

烂
làn ❶（形）❶（物质组织破坏或水分增加后松软）mashed；mushy；sodden；pappy：～泥 *soft mud*／米饭煮～了。*The rice is thoroughly boiled.* ❷（腐烂）spoiled；decayed：水果～ *spoiled fruits* ❸（破碎；破烂）torn to pieces；worn-out：～纸 *pieces of torn paper*／这双鞋穿～了。*This pair of shoes are worn-out.* ❹（头绪乱）messy：一本～账 *a messy account* ❷（动）（腐烂）rot；fester；decay：伤口～了。*The wound is festering.*／苹果～在了树上。*The apples rotted on the trees.*

【烂漫】（形）❶（鲜明而美丽）bright-coloured；brilliant：这里山花～。*The bright mountain flowers are in full bloom here.* ❷（坦率自然）unaffected：她是个天真～的小女孩。*She is a naive little girl.*

【烂泥】（名）mud；slush；slime

【烂醉】（形）dead drunk：～如泥 *be as drunk as a lord*

滥
làn ❶（动）（泛滥）overflow；flood；inundate：夏天河水经常泛～。*In the summer, rivers often overflow their banks.* ❷（形）（差的；陈腐的）shoddy；hackneyed；stale：宁缺毋～ *rather go without than have sth. shoddy* ❸（副）（过度；无限制）excessively；indiscriminately；immoderately：～收费 *charge excessively*／～砍乱伐 *fell trees wantonly*

【滥调】（名）hackneyed tune；worn-out theme：陈词～ *hackneyed and stereotyped expressions*

【滥用】（动）abuse；misuse：～特权 *abuse one's privilege*／～公款 *expend public funds irregularly*

【滥竽充数】（成）hold a post without the necessary qualifications just to make up the number；make up a number without active work：我不会唱歌，我在这儿只是～。*I am not good at singing. I am here just to make up the number.*

láng

狼
láng（名）wolf

【狼狈不堪】（成）be thrown into a panic；be in an awkward predicament：父母回来时发现室内～。*When the parents came back, they found the room was in utter disorder.*

【狼狈为奸】（成）act in collusion with each

other;join in a conspiracy;partners in crime

【狼吞虎咽】(成)eat like a wolf and tiger;gobble up;wolf down:他将食物～地吃了个光。*He wolfed the food down*,*bones and all*.

【狼心狗肺】(成)cruel and unscrupulous;brutal and cold-blooded;heartless and ungrateful:那是个～的东西。*That guy is rotten to the core*.

【狼烟四起】(成)warning signals of approaching enemy forces are seen on all sides;smoke signals rising on all sides—war alarms raised everywhere

【狼子野心】(成)wild ambition;wolfish ambition;wolfish nature:他是个满怀～的政客。*He is a politician full of wicked ambition*.

lǎng

朗 lǎng(形)❶(光线充足;明亮)light;bright:明～ clear and bright/昨天天气晴～。*It was a sunny day yesterday*. ❷(声音清晰响亮)clear and loud:～～的读书声 *resonant voice of reading*

【朗读】(动)read aloud;read loudly and clearly:～对你大有好处。*Reading aloud may do you a lot of good*.

【朗诵】(动)read aloud with expression;declaim;recite:用英语～ *recite in English*

làng

浪 làng ❶(名)❶(波浪)wave;swell;billow;breaker:白～滔天 *white breakers leaping skyward*/小船在波～中颠簸。*The boat tossed about in the waves*. ❷(像波浪起伏的东西)things undulating like waves:麦～ *rippling wheat* ❸(形)(无约束;放纵)unrestrained;profligate:～蝶游蜂 *lascivious people* ❹(动)〈方〉(逛)stroll;ramble:～迹天涯 *wander about far away from home*

【浪潮】(名)tide;wave:掀起了服饰的新～ *set a new wave in the fashion*

【浪费】(动)waste;squander;dissipate;wanton;profusion:～青春 *waste one's youth*/他在小事上～了许多时间。*He wasted a lot of time on things of no importance*.

【浪花】(名)spindrift;spray:生活的～ *episodes in*(*one's*)*life*

【浪漫】(形)romantic:一次～的约会 *a romantic assignation*

【浪涛】(名)wave;great wave;billow;surge

【浪子】(名)prodigal;loafer;wastrel:～回头金不换。*When the prodigal has returned*,*he is worth much more than gold*.

lāo

捞 lāo(动)❶(从水或其他液体里取东西)drag for;fish for;dredge up:大海～针 *fish a needle out of the ocean*/在河底打～沉船 *drag a river for a sunken boat* ❷(用不正当的手段取得)get by improper means;gain:趁机～一大笔钱 *seize the opportunity to make a fast buck*

【捞取】(动)fish for;gain:他们在选举活动中～政治资本。*They fished for political capital in the election campaign*.

láo

劳 láo ❶(动)❶(劳动)work;labour:～逸结合 *combine exertion and rest* ❷(烦劳)trouble;worry;bother:～你帮个忙好吗？*Would you please do me a favor?* ❸(慰劳)express one's appreciation:～军 *bring greetings and gifts to army* ❷(名)❶(功劳)merit;achievements;service:汗马之～ *one's contributions in work* ❷(劳动者)workers;labourers:～资纠纷 *trouble between workers and management*

【劳保】(名)❶(劳动保险)labour insurance ❷(劳动保护)labour protection

【劳动】(名)(人类创造物质或精神财富的活动)work;labour:～创造世界。*Labour creates the world*. ❷(动)(专指体力劳动)physical labour:靠诚实的～维持生活 *maintain oneself by honest labour*

【劳改】(动)reform criminals through labour

【劳驾】(动)excuse me;～,请你把收音机关上好不好？*Would you have the goodness to turn off the radio?*

【劳苦】(名)toil;hard work:～大众 *toiling masses*/不辞～ *spare no pains*

【劳累】(形)tired;exhausted;run-down;overworked:他已～不堪。*He is much exhausted*.

【劳力】(名)labour force;work force

【劳碌】(动)work hard;toil:他整天～。*He toiled all day long*.

【劳民伤财】(成)harass the people and waste money;waste money and manpower

【劳逸】(形)work and rest

【劳资】(名)labour and capital:～关系 *labour-capital relationship*

牢 láo ❶(名)❶(养牲畜的圈)fold;stables:亡羊补～ *mend the fold after a sheep is lost* ❷(监狱)prison;jail:他坐了3个月的～。*He*

spent three months in jail. ❺（形）（牢固；经久）firm；durable；fast：～不可破的城堡 *an impregnable castle*/～～地抓住绳子. *Take a fast hold of the rope.*

【牢不可破】（成）be too strong to break；adamant；be indestructible：～的友谊 *unbreakable friendship*

【牢固】（形）firm；secure；fast；solid：～的基础 *solid foundation*

【牢记】（动）keep firmly in mind；remember well；learn by heart：～过去的教训 *remember well the lessons of the past*

【牢靠】（形）❶（坚固；稳固）firm；strong；sturdy：这个建筑的基础很～. *The building has a stable foundation.* ❷（稳妥可靠）dependable；reliable：此人办事～. *He is dependable in handling matters.*

【牢骚】（名）complaint；grievance；discontent；grumble：他总是发～. *He's always grumbling.*

lǎo

老 lǎo ❶（形）❶（年岁大）aged；old：～妪 *old woman* ❷（很久以前就存在的）of long standing；old：～相识 *an old acquaintance*/～部下 *a former subordinate* ❸（陈旧）old；outdated：一件～式外套 *a garment of the old fashion* ❹（原来的）traditional；old：按～一套进行 *go on in the same old rut* ❷（名）（老年人）old people：～少皆宜 *suit the taste of both the old and the young* ❸（副）❶（经常）always；constantly：～爱管闲事 *be always meddling* ❷（很；极）very：～远 *very far*/他今天一～早就起来了. *He got up very early today.*

【老百姓】（名）〈口〉common people；civilians：这些利民措施受到～的欢迎. *The measures which benefit the public are acclaimed by common people.*

【老板】（名）boss；shopkeeper；proprietor：公司～ *the proprietor of an establishment*

【老本】（名）principal；capital：输掉～ *lose one's last stakes*

【老成持重】（成）experienced and steady（person）；appear mature；experienced and prudent

【老搭档】（名）old partner；old workmate

【老当益壮】（成）old but vigorous；old in age but young in spirit

【老调】（名）hackneyed theme；platitude

【老调重弹】（成）sing the same old song；beat over the old ground

【老虎】（名）tiger：纸～ *paper tiger*

【老化】（形）ageing；preburning；maturing：设备～ *the ageing of equipment*

【老奸巨猾】（成）a crafty old scoundrel；an old hand at trickery and deception

【老将】（名）veteran；old-timer；veteran sportsman

【老练】（形）seasoned；experienced；tactful：～的外交官 *a master diplomat*/他办事很～. *He is experienced and works with a sure hand.*

【老谋深算】（成）make every move only after mature deliberation；circumspect and farseeing

【老年】（名）old age

【老婆】（名）〈口〉wife

【老气横秋】（成）❶（摆老资格）act as an elder；arrogant on account of one's seniority ❷（没有朝气）lacking in youthful vigour

【老前辈】（名）one's senior；one's elder：革命～ *a veteran of the revolution*

【老师】（名）teacher

【老实】（形）❶（诚实）honest；frank：做～人，说～话，办～事 *be an honest man，honest in word and honest in deed* ❷（规矩）well-behaved；good：～点儿! *Behave yourself!*

【老式】（形）old-fashioned；outdated

【老鼠】（名）mouse；rat

【老眼昏花】（成）can't see clearly；dim-sighted from old age

lào

烙 lào（动）❶（烫；熨）brand；iron：～衣服 *iron clothes* ❷（用锅或铛加热面食使熟）bake in a pan

【烙饼】（动）a kind of pancake

【烙印】（名）brand；sear：在大农场，牲畜通常是打～的. *On big farms，cattle are usually stamped with brands.*

涝 lào ❶（动）（受淹；淹）inundate；waterlog：庄稼～了. *The crops are waterlogged.* ❷（名）（因雨水过多而积在田里的水）waterlogging：防～ *prevent waterlogging*

lè

乐 lè ❶（形）（快乐）happy；glad；joyful；cheerful：欢～ *happy and gay*/～中必有苦 *No pleasure without pain.* ❷（动）❶（喜欢）enjoy；be glad to；love：～善好施 *willing to do good and give help to the poor* ❷〈口〉（笑）laugh；be amused：你～什么呀? *What are*

you laughing at? 〓（名）(愉快;满足)pleas-
ure;enjoyment:享～ enjoy life/作～ amuse
oneself
另见 1098 页 yuè。
【乐不可支】（成）be overwhelmed with joy;be
beside oneself with happiness
【乐不思蜀】（成）have much enjoyment and
forget to go back home;abandon oneself to
pleasures
【乐观】（形)optimistic;hopeful;sanguine:对事
情的～看法 an optimistic view of events
【乐趣】（名）delight;pleasure;joy:读书的～
the pleasure of reading/人生的～ joys of life
【乐善好施】（成）be happy in doing good;be
always ready to help in a worthy cause
【乐事】（名)pleasure;delight;bit of jam:以助
人为～ find pleasure in helping others
【乐意】〓（动)(甘心愿意)be willing;be ready
to:～接受这样一项建议 be too ready to ac-
cept such a proposal 〓（形)(满意;高兴)
pleased;happy:～的表情 pleased look
【乐于】（动)be happy to;take delight in:～从
命 be willing to follow/他～帮助朋友。He is
happy to help friends .
【乐园】（名)paradise;amusement park

勒 lè（动）❶（收住骡马等的缰绳)rein in:悬
崖～马 rein in one's horse at the brink of the
precipice ❷（强制;逼迫)coerce;force;com-
pel:～交 force sb . to hand sth . over
【勒令】（动)compel;order:～退学 suspend a
student from school
【勒索】（动)extort;blackmail:进行敲诈～
practice extortion

léi

累 léi〈书〉〓（动)(捆绑)tie;bind;truss up
〓（名)(绳索)rope;cord
另见 848 页 lěi;849 页 lèi。
【累赘】〓（形)❶（多余;麻烦)burdensome;
cumbersome:这种解释既～又容易引起误解。
Such a description is rather cumbersome and
open to misunderstanding . ❷（不简洁)
wordy;verbose:这本书写得很～。The book
was wordily written . 〓（名)(使人感到多余、
麻烦的事物)encumbrance;burden;nuisance:
这孩子成为他的～。The child was an en-
cumbrance to him .

雷 léi（名)❶（云层放电时发出的响声)thun-
der:打～了。It is thunder . ❷（军事上用的
爆炸武器)mine:鱼～ torpedo
【雷达】（名)radar:～追踪飞机飞行 follow the

flight of an aircraft by radar
【雷电】（名)thunder and lightning
【雷厉风行】（成）carry out（one's task）with
drive and sweep;be exceptionally vigorous
in sth . :别看他快 50 岁了,工作却是～。
Though nearly 50 , he is exceptionally vigor-
ous in work .
【雷鸣】（形)thunderous;thundery:～般的掌声
thunderous applause
【雷霆万钧】（成）an irresistible force;as pow-
erful as a thunderbolt
【雷阵雨】（名)thunder shower

lěi

垒 lěi 〓（名)❶（军营的墙壁或工事)ram-
part;wall;partition:堡～ fort ❷（垒球球场四
角所设守方据点)base:一～ first base 〓（动)
(用砖、石、土块等砌或筑)build by piling up
bricks,stones,earth,etc . :～猪圈 build a
pigsty
【垒球】（名）❶（球类运动项目之一）softball
game ❷（垒球运动所使用的球)softball:打～
play softball

累 lěi 〓（动)❶（积累)accumulate;pile up:
日积月～ accumulate day by day and month
by month ❷（牵连)involve;implicate:拖～
get sb . into trouble ❸（用砖、石等砌或筑)
build by piling up bricks,stones,earth,etc .
〓（形)(屡次;连续)repeated;continuous;
running:他们～日工作,没有节假日。They
worked day in and day out , without a holi-
day .
另见 848 页 léi;849 页 lèi。
【累积】（动)accumulate:～经验 accumulate
experience /靠勤劳～大量财富 accumulate
great wealth by hard work
【累计】（动)❶（总计)accumulative total;
grand total:～超过 3,000 美元 total over
$3,000 ❷（加起来计算)add up

磊 lěi 〓（形)❶（众石累积的)heaps of
stones of ❷（高大的)great 〓（动)(堆砌)
build
【磊落】（形)(心地光明正大的)open and up-
right:光明～ open and aboveboard

lèi

肋 lèi（名)❶（肋骨)rib ❷（胸部的侧面)cos-
tal region:两～ both sides of the chest
【肋骨】（名)rib;costa

泪 lèi（名）(眼泪)tear;teardrop:伤心～ bitter tears/她～流满面。*Tears bath her cheeks* .

【泪痕】(名)tear stains:满脸～ a face bathed in tears

【泪花】(名)tears in one's eyes:她眼里含着喜悦的～。*There are tears of joy in her eyes.*

【泪流满面】(成)one's face is covered with tears

【泪如雨下】(成)shed floods of tears;Tears trickle down like rain .

【泪水】(名)tear;teardrop:为某人白流～ waste tears on sb .

类 lèi ❶(名)(许多相似或相同事物的综合;种类)class;category;kind;type:同～书籍 books of the same class/其他种～的东西 other kinds of things ❷(动)(类似)resemble;be similar to:我见过许多～似这样的例子。*I have seen many instances similar to this.*

【类别】(名)classification;category:职业～ job classification/属于不同～ belong to a different category

【类似】(形)similar;analogous:～事件 similar incidents/互相～ be analogous to each other

【类型】(名)type:另一种～的人 a different sort of man/正统～的 of the orthodox type

累 lèi ❶(形)(疲劳)tired;fatigued;weary:～极了 tired out ❷(动)❶(使疲劳;使劳累)tire out;wear out:～眼睛 strain the eyes ❷(操劳)work hard;toil:劳～过度 work oneself too much

另见 848 页 léi;848 页 lěi。

léng

棱 léng（名）❶(物体上不同方向的两个平面接连的部分)arris;edge:桌子～儿 edges of a table ❷(物体上一条一条的凸起部分)corrugation;ridge;raised angle:搓衣板的～儿 ridges of a washboard

【棱角】(名)❶(棱和角)edges and corners ❷(比喻显露出来的锋芒)edge;pointedness:他的话很有～。*His remarks were pointed* .

【棱镜】(名)prism;glass prism:～分光 prismatic decomposition

lěng

冷 lěng ❶(形)❶(温度低;感觉温度低)cold:～饮 cold drinks/感到～ feel cold ❷(不热情;不温和)cold in manner;frosty:～眼相待某人 give sb. the cold shoulder/他怕他那位～若冰霜的妻子。*He hated his iceberg of a wife.* ❸(寂静;不热闹)unfrequented;desolate:那个房子又大又～清。*The house was big and deserted.* ❹(背静;偏僻)deserted:漫步在～清的街道 walk down a deserted street ❺(不受欢迎的;没人过问的)unwelcome;neglected ❻(生僻;少见的)uncommon;rare;strange ❼(暗中发射的)shot from hiding ❷(动)❶(方)(使冷)cool:太烫了,～一下再吃。*It is too hot. Let it cool off before you eat it.* ❷(变凉;变得不关心、淡漠)cool;freeze ❸(不理会)ignore

【冷藏】(动)keep in cold storage;refrigerate;be kept under refrigeration;put into cold storage:～汽车 cold storage truck

【冷处理】(动)refrigerating treatment;subzero cooling;cold treatment;subzero treatment

【冷淡】❶(动)(使受到冷淡的待遇)treat coldly;give the cold shoulder to;turn the cold shoulder to sb.;leave sb. in the cold;frozen mitten;slight:她～我。*She slighted me .* ❷(形)❶(不热闹)slack;cheerless;desolate ❷(不热情)cold;indifferent;frigid:做～的回答 give a cold reply/对政治表示～ be indifferent about politics

【冷冻】(动)freeze;freezing;be kept under refrigeration:将某物～ refrigerate sth ./购买～食品 buy frozen foods

【冷箭】(名)an arrow shot from hiding;sniper's shot

【冷静】(形)sober;calm;in cold blood:对某事表示～ be calm about sth ./使某人～下来 sober sb. down

【冷酷】(形)unfeeling;callous;grim:～无情的心 a cold and unfeeling heart/他是个～的人。*He is a callous person* .

【冷冷清清】(形)coolly and quietly;cold and cheerless:～的秋夜 a cold and cheerless autumn night

【冷落】❶(形)(不热闹)unfrequented;desolate;deserted:狭窄～的胡同 an unfrequented narrow alley/门第～。*One's family is on the decline .* ❷(动)(使受到冷淡待遇)treat coldly;cold-shoulder;leave out in the cold:不受～ come in from the cold/遭～ be given the cold shoulder;be left out in the cold;be treated coldly

【冷凝】(动)condensate;form condensation:～装置 condensing works

【冷气】(名)air conditioning;cool air:～团 cold air mass/这个学校有～设备。*The* school is air-conditioned.

【冷清】(形)cold and cheerless;desolate;lonely;deserted:～的旧房子 a lonely old house

【冷却】(动)cooling;burial;chill down:～器 cooling unit/～液 cooling liquid

【冷水】(名)cold water:～浇头 splashing the head with cold water

【冷饮】(名)cold drink

【冷遇】(名)freeze;a cold welcome;cold reception:遭到～ be given the cold welcome

lí

厘 lí(量)❶(长度单位)li,a unit of length ❷(重量单位)li,a unit of weight ❸(地积单位)li,a unit of area ❹(人民币单位)li,one thousandth of a yuan ❺（月利率）li,a unit of monthly interest rate ❻(年利率)li,a unit of annual interest rate ❼(一点儿)a fraction the least

【厘米】(量)centimetre

离 lí(动)❶（离开）leave;part from;be away from;separate;擅～职守 leave one's office without permission/～谱 far away from what is normal ❷(背离)go against ❸(缺少)dispense with;go without;be independent of:～了阳光不能长 cannot grow without sunlight ❹(偏离)deviate from;shift from ❺(距离)be apart from;be at a distance from:～开很远 be far away/这儿两英里 be two miles away from here

【离别】(动)part;leave;bid farewell:～故土 part from one's native land/那是一次令人痛苦的～。That was a painful farewell.

【离合器】(名)clutch;throw-out;ratcheting

【离婚】(动)divorce;break a marriage;get a divorce:与某人的～ a divorce from sb. /协议～ divorce by consent/～证 a certificate of divorce

【离开】(动)(跟人、物或地方分开)leave;depart from;deviate from:～会议室 leave the meeting room

【离奇】(形)odd;fantastic;bizarre;weird:～的谎言 a fantastic lie/这事很～。This is a very odd business.

【离任】(动)leave one's post:～回国 leave one's post for home

【离散】(动)disperse;be scattered about;be separated from one another;spread:～了的母女终于重新团聚了。Mother and daughter who were separated from each other have at long last been reunited.

【离心离德】(成)dissension and discord;dis-

unity

【离职】(动)❶(暂时离开职位)leave one's job temporarily ❷(离开工作岗位)leave office

【离子】(名)[物]ion:阴～ anion/阳～ cation/氩～ argon ion

梨 lí(名)❶[植](梨树)pear ❷(梨子)pear：～膏 pear syrup

黎 lí ❶(名)〈书〉(众)multitude;host ❷(形)〈书〉(众多)numerous:～民 the common people

【黎明】(名)aurora;dawn;daybreak:等待～的到来 wait for the dawn

篱 lí(名)(篱笆)hedge;fence

【篱笆】(名)hedge;bamboo fence;hurdle;wattle:栽种树～ plant a hedge

lǐ

礼 lǐ(名)❶(仪式)ceremonial observances in general;ceremony:葬～ funeral rites/毕业典～ the graduation ceremony/婚～ the marriage ceremony/参加婚～ attend a wedding/举行就职典～ hold an inaugural ceremony ❷(表示尊敬的言语或动作)courtesy;manners:虚～ company manners/拘～ stand on ceremony/行屈膝～ drop a curtsy/对某人还～ return the courtesy of sb. ❸(礼物)gift;present:～金 a cash gift/聘～ betrothal gifts/薄～ a trifling present/～轻情义重。The gift is trifling but the feeling is profound.

【礼拜】❶(动)[宗](向神行礼)religious service ❷(名)❶〈口〉(星期)week:下～ next week ❷〈口〉(星期中的某一天)day of the week:今天～几? What day is today? ❸(星期天)Sunday:今儿个～。Today is Sunday.

【礼服】(名)ceremonial robe or dress;full dress;formal attire

【礼节】(名)courtesy;etiquette:社交～ social etiquette

【礼貌】(名)courtesy;politeness;manners:～的举止 polite manners/高雅的～举止 polished courtesy

【礼品】(名)gift;present:圣诞～ Christmas gifts/订婚～ betrothal presents

【礼堂】(名)assembly hall;auditorium

【礼物】(名)gift;present:新年～ a gift for the New Year

【礼仪】(名)etiquette;rite;protocol:～大全 a book of etiquette

【礼遇】(名)courteous reception:受到～ be

accorded courteous reception

李 lǐ（名）❶［植］(李子树) plum：～下不整冠 *don't adjust one's hat below a plum tree* ❷ (李子) plum

里 lǐ ❶（名）❶（衬料；纺织品的反面）lining；liner；inside：衣服～儿 *the lining of a garment* ❷（里边；里面）inner ❸（街坊）neighbourhood ❹［书］(家乡) native place；hometown ❺（量）（长度单位）li，a Chinese unit of length
【里程】(名)❶(路程)mileage ❷(发展的过程)course of development：革命的～ *the course of the revolution*
【里程碑】(名)milepost；bosom；milestone：历史的～ *a milestone in history*
【里面】(名)inside；interior；inward：宿舍～清洁豁亮。*It is clean and bright inside the dormitory.*
【里屋】(名)inner room
【里子】(名)lining：棉袄～ *the lining of a cotton-padded jacket*

理 lǐ ❶（名）❶（物质组织的条纹）texture；grain：木～ *the grain of wood* ❷（道理；事理）reason；logic；truth：公 ～ *an axiomatic truth*/使某人讲~ *bring sb. to reason* ❸（自然科学，特指物理学）natural science ❷（动）❶（管理；办理）manage；run；deal with：精心管 ～ *manage with delicacy*/～事会 *the board of governors* ❷（整理；使整齐）put in proper order；tidy up；clean up：整 ～ 文件 *put papers in order*/整 ～ 房 间 *tidy up a room* ❸（表示态度；表示意见）take notice of；pay attention to：爱～不～ *look cold and indifferent*/不予~睬 *deign no answer*
【理财】(动)manage money matters；conduct financial transactions：～之道 *the way of managing financial affairs*
【理发】(动)haircut；hairdressing：～店 *barbershop*/～师 *barber*
【理会】(动)❶(懂；了解)understand；comprehend ❷(理睬；过问)take notice of；pay attention to：没人～我的建议。*No attention was paid to my advice.*
【理解】(动)understand；comprehend：缺乏～力 *lack understanding*/培养 ～ 力 *develop sb.'s comprehension*
【理科】(名)❶(教学上对物理、化学、数学、生物等学科的统称)science ❷(理科系)science department in a college
【理论】(名)theory：采纳一种新～ *adopt a new theory*/～联系实际 *unite theory with prac-* *tice*
【理事】(名)member of a council；director：～会 *trustee council*
【理想】(名)ideal：崇高的～ *high ideals*/实现～ *realize one's ideal*
【理应】(动)❶(应该)ought to；should：他有困难我们～帮助。*He's in difficulties, and we ought to help him.* ❷(应该做到而并没有做到)ought to have；should have
【理由】(名)account；regard；justification；reason；ground；argument：争吵的～ *the reason for the quarrel*/以…为～ *on the grounds of*
【理智】(名)reason；intellect：保 持 ～ *keep one's senses*/具有清醒的～ *with clear intellect*

鲤 lǐ（名）［动］(鲤鱼)carp
【鲤鱼】(名)carp：～领 *carp collar*

lì

力 lì ❶（名）❶（力量；能力）power；strength；ability：战斗～ *fighting strength*/创造～ *creative power* ❷［物］(改变物体运动状态的作用)force；energy；power ❸（专指体力）physical strength ❷（副）(尽力；竭力)energetically；strenuously ❸（动）(努力，尽力)do all one can；make every effort：～谏 *try all one can to remonstrate*
【力量】(名)❶(力气)physical strength：分散～ *scatter one's forces* ❷(能力；效能)ability；power；force；strength：显示～ *assert one's power*/给某人以～ *bring strength to sb.*
【力气】(名)physical strength；effort：他的～不小。*He has great strength.*
【力求】(动)make every effort to；do one's best to；strive to：文字～精练。*Strive to be concise in writing.*
【力图】(动)(极力谋求)try hard to；strive to：～否认 *try hard to deny*
【力学】(名)mechanics：天体 ～ *celestial mechanics*
【力争】(动)❶(极力争取)work hard for；do all one can to ❷(极力争辩)argue strongly；contend vigorously：～最好 *strive for the best*/～胜利 *strive hard for victory*

历 lì ❶（名）❶（经历）experience：～险 *meet with dangers* ❷［天］(历法)calendar ❸（历书；年鉴；历本）almanac ❷（动）(经过)pass；go through ❸（形）(统指过去的各个或各次)all previous：～次比赛 *all the previous contests* ❹（副）(遍；一个一个地)all through；all over

【历代】（名）successive dynasties；past dynasties

【历届】（名）all previous：～委员会 all previous committees

【历来】（副）always；constantly；all through the ages：～准时 be always very punctual/～我行我素 have constantly persisted in one's old ways

【历年】（名）❶（过去多少年）over the years ❷［天］（历法上的年）calendar year；civil year

【历史】（名）history；past records：～事件 historical events/隐瞒～ conceal one's past record

【历书】（名）almanac；ephemeris

厉 lì（形）❶（严格）strict；rigorous：严～的教师 a strict teacher/受到严～的惩罚 bear a rigorous punishment ❷（严肃；猛烈）severe；stern：批评严～ be severe in criticism

【厉行】（动）strictly enforce：～节约 enforce economy rigorously

立 lì ❶（动）❶（站）stand：起～ stand up ❷（使竖立；使物体上的上端向上）erect；stand：为纪念某人而～碑 erect a monument in sb.'s honor ❸（建立；制定）found；establish ❹（订立）sign；conclude ❺（存在；生存）exist；live ❻（指君主即位）ascend the throne ❼（确定继承地位；确立）appoint；adopt ❷（形）（直立的）upright；vertical；erect ❸（副）（立刻）immediately；at once：～见功效 produce immediate results

【立案】（动）❶（备案）register；put on record ❷［律］（设立专案）place a caseon file for investigation and prosecution

【立场】（名）position；stand；standpoint：阶级～ class standpoint/改变～ shift one's position

【立法】（名）legislation：经济～ economic legislation

【立方】（名）❶［数］cube：2 的～ the cube of 2 ❷（立方体）（立方米）cubic metre：一～土 one cubic metre of earth

【立功】（动）render meritorious service；make contributions：～者受奖。Those who render meritorious service receive awards.

【立即】（副）immediately；at once；promptly：～离开房间 leave a room at once/～答复 give an immediate reply

【立刻】（副）immediately；at once；right away：～出发 start out at once

【立体】❶（形）（三维的）three-dimensional ❷（名）［数］（几何体）solid；body：～几何 solid geometry

【立正】（动）stand at attention

【立志】（动）resolve；be determined：～改革 be resolved to carry out reforms/～做大事 be determined to do great service

【立足】（动）❶（站得住脚）have a foothold somewhere ❷（处于某种立场）base oneself upon

利 lì ❶（形）❶（锋利；锐利）sharp：～齿 sharp teeth/～剑 a sharp sword ❷（流利）fluent；eloquent ❸（顺利；便利）favourable；convenient ❷（名）❶（利益）advantage；benefit：为某人提供便～ offer advantages to sb./做有～于公众的事 do a public benefit ❷（利润或利息）profit；interest：迅速获～ turn a quick profit/一心想获～ bent solely upon profit ❸（资源；财富）resources；wealth ❸（动）（使有利）benefit

【利弊】（名）advantages and disadvantages：各有～ there are both advantages and disadvantages

【利害】❶（名）（利益和损害）advantages and disadvantages ❷（形）（难以对付或忍受；剧烈）terrible；formidable

【利率】（名）interest rate：市场～ market rate of interest

【利润】（名）profit：销售～ a profit on the sale/纯～ clear profits

【利息】（名）interest：～回扣 interest rebate/应付～ interest in red

【利益】（名）interest；benefit：经济～ economic benefits/影响自己的～ affect one's interests

【利用】（动）❶（使发挥效用）use；utilize；make use of：～太阳能 make use of solar energy ❷（利用手段使为自己服务）take advantage of；exploit：～某人 take advantage of sb.

沥 lì ❶（动）（液体滴落）drop；drip；trickle ❷（名）（液体的点滴）drop；drip；trickle

【沥青】（名）pitch；asphalt；bitumen：～煤 pitch coal/～油纸 asphalt paper

例 lì ❶（名）❶（用来帮助说明或证明某种情况或说法的事物）example；instance：算术～题 an example in arithmetic ❷（从前有过，后来可以仿效或依据的事情）precedent：违反先～ violate precedents ❸（事例）case；instance：判～ a leading case ❹（规则；体例）regulations；rules；statutes ❷（形）（按条例规定的；照规进行的）regular；routine

【例会】（名）regular meeting

【例如】（动）for instance；for example：～，你不注意发音。For instance, you are careless with your pronunciation.

【例外】（名）exception：不许有～ allow no

exception/几乎无～地 with few exceptions
【例子】(名)example;instance;case:举出恰当的～ give cases in point

隶 lì ⊖(动)(附属)be subordinate to:～属于公司的利益 be subordinate to the company's interests ⊜(名)❶(被奴役的人)a person in servitude;a lowly person ❷(汉字形体的一种)one of the ancient styles of Chinese calligraphy
【隶属】(动)be subordinate to:这个学校～师范学院。The school is attached to the Normal College.

荔 lì
【荔枝】(名)litchi

栗 lì ⊖(名)❶[植](栗子树)chestnut tree ❷(栗子)chestnut ⊜(动)(发抖;哆嗦)tremble;shudder
【栗子】(名)chestnut

粒 lì ⊖(名)(小圆珠形或小碎块形物)small particles;grain;granule;pellet:砂～儿 grains of sand ⊜(量)(用于粒状物):一～米 a grain of rice
【粒子】(名)[物]particle:～束 particle beam

痢 lì (名)[医](痢疾)dysentery
【痢疾】(名)dysentery:细菌性～ bacillary dysentery

liǎ

俩 liǎ (数)〈口〉❶(两个)two:咱～ we two;the two of us ❷(不多;几个)some;several:给他～钱儿。Give him some money.

lián

连 lián ⊖(动)❶(连接)link;join;connect:这两个城镇有铁路连接。The two towns are connected by a railway. ❷(连累)involve ❸〈方〉(缝)sew ⊜(名)❶(军队的编制单位)company ❷(连词)conjunction ⊜(副)❶(连续;接续)in succession:～发3封电报 send three telegrams in succession ❷(甚至)even:他～报纸也看不懂。He can't even read a newspaper. ⊜(介)(包括在内)including:这个办公室～我共有9人。There are nine people in this office including me.
【连词】(名)[语]conjunction
【连队】(名)[军]company
【连贯】(动)❶(接连贯通)link up;piece together:长江大桥把南北交通～起来了。The Changjiang bridges link up the communication lines between north and south. ❷(首尾一致)coherent:文章写得很不～。This article is rather incoherent.
【连接】(动)connect;joint:将电线与绳子～在一起 connect a wire with a rope
【连累】(动)implicate;involve;incriminate:受～ be involved in
【连忙】(副)promptly;immediately;at once:他～去那儿。He went there promptly.
【连绵】(动)continuous;unbroken:～秋雨 the continuous autumn rain/～不绝 in an unbroken line
【连年】(动)in successive years;in consecutive years:～丰收 reap rich harvests for many years running
【连任】(动)be reappointed or reelected consecutively;renew one's term of office:～主席 be reelected chairman
【连同】(连)together with;along with:图纸～清单一齐送去。Send the blueprints along with the inventory.
【连续】(副)continuously;successively:～作战 successive battles
【连夜】(副)the same night;that very night:～赶到… hurried to...overnight
【连衣裙】(名)a woman's dress;one-piece dress
【连用】(动)use consecutively;use together
【连载】(动)publish in instalments;serialize:杂志上刊登的～小说 some serials published in magazines
【连长】(名)company commander

怜 lián (动)❶(怜悯)feel tender toward;pity;be sympathetic with:同病相～。The fellow sufferers have mutual sympathy. ❷(爱)love
【怜爱】(动)love tenderly;have tender affection for:这小姑娘惹人～。The little girl is so lovable.
【怜悯】(动)pity;take pity on:引起～ arouse pity/无需～ need no pity
【怜惜】(动)take pity on;have pity for:我们决不～恶人。We should never take pity on evil people.

帘 lián (名)(遮蔽门窗的器物)curtain:窗～ window curtain
【帘子】(名)〈口〉screen;curtain:竹～ a bamboo screen or curtain

莲 lián (名)[植](多年生草本植物)lotus:采～ pick lotus

【莲花】（名）lotus flower；lotus
【莲藕】（名）lotus rhizome：种植～ plant lotuses

联 lián ⊖（动）（联结；联合）unite；join：～营企业 a joint venture /～姻 unite to marriage ⊜（名）（对联）antithetical couplet
【联合】（动）❶（联系使不分散；结合）unite；ally ❷（结合在一起）alliance；union ❸（共同）joint
【联合国】（名）the United Nations：～安理会 the United Nations Security Council /～大会 the United Nations General Assembly
【联欢】（动）have a get-together：军民～ army-civilian get-together
【联结】（动）bind；tie；join：共同目标把我们紧紧～在一起。A common goal has bound us closely together.
【联军】（名）allied forces；united army
【联络】（动）（接触；联系）get in touch with；come into contact with：恢复与某人的～ regain contact with sb. /与某人失去～ lose touch with sb.
【联络处】（名）liaison office
【联盟】（名）alliance；coalition；league；union：结成～来制止战争 league together to stop the war
【联名】（动）jointly signed；jointly
【联赛】（名）[体] league matches：足球～ league football matches
【联席会议】（名）joint conference；joint meeting
【联系】（动）❶（接上关系）contact；touch；connection；relation：恢复与某人的～ regain contact with sb. ❷（使结合）integrate：将结果与原因～起来 relate the results with the causes
【联想】（动）associate；connect in the mind：提到中国就～到长城 connect China with the Great Wall
【联运】（动）combined transport；through transport：火车汽车～ train-and-bus coordinated transport

廉 lián ⊖（形）❶（廉洁）honest and clean：清正～洁 keep the hands clean ❷（价格低；便宜）low-priced；inexpensive；cheap：～价书 a cheap book ⊜（动）（考察；查访）investigate
【廉价】（形）low-priced；cheap；at a low price：碰巧买到～货 pick up a cheap bargain
【廉洁】（形）honest：～奉公 be honest in performing one's official duties

liǎn

脸 liǎn（名）❶（面孔）face ❷（某些物体的前部）front：门～儿 the front part of door ❸（情面；面子）feelings；face：～上下不来 haven't the face do sth. ❹（面部表情）facial expressions：把～一变 get angry
【脸红】（动）❶（因害臊而脸变红）blush with shame；blush：窘得～ be put to the blush /因失言而～ blush at one's words ❷（因愤怒等而脸色变红）flush with anger
【脸面】（名）face；self-respect：竭力想保全～ try to save face /不顾～ have no regard of face
【脸皮】（名）face；cheek：～厚 have plenty of cheek /～薄 thin-skinned
【脸色】（名）❶（气色）complexion；look：健康的～ a healthy complexion ❷（表情）facial expression；face：傲慢的～ an arrogant face

liàn

练 liàn ⊖（名）（白绢）white silk ⊜（动）❶（加工处理生丝）treat ❷（练习；训练）practise；train：～球 practise a ball game ⊜（形）（经验多；纯熟）experienced
【练兵】（动）troop training；training：～场 drill ground
【练功】（动）do exercises in gymnastics；practise one's skill
【练习】⊖（动）（反复学习）practise；do practice：～打字 practise at typing /～钢琴 practice on the piano ⊜（名）（习题或作业等）exercise：做～ do one's exercises

炼 liàn（动）❶（用加热等方法使物质纯净或坚韧）refine；smelt：～糖 refine sugar ❷（烧）temper with fire ❸（使词句精美简洁）polish：～句 polish and repolish a sentence
【炼钢】（动）steelmaking：～工人 steelworker
【炼焦】（动）coke making；coking：～厂 coking plant /～炉 coke oven
【炼铁】（动）ironmaking；iron-smelting
【炼油】（动）oil refining

恋 liàn（动）❶（恋爱）love；be enamoured of：相～ be in love with each other ❷（想念不忘；不忍分离）long for
【恋爱】（动）love：精神～ platonic love /与某人～ be in love with sb.
【恋恋不舍】（动）be reluctant to part from：他～地离开故土。He was reluctant to part with his homeland.

链 liàn ❶(名)(链子)chain ❷(动)(用链拴住)chain;enchain ❸(量)(计量海洋上距离的长度单位)cable length
【链球】(名)[体]hammer;掷～ *hammer throw*
【链条】(名)chain
【链子】(名)chain:铁～ *iron chain*

liáng

良 liáng ❶(名)(善良的人)good people ❷(形)(好)good;fine;nice:～家子女 *children of good parentage*/训练～马 *train fine horses* ❸(副)(很)very;感动～深 *be deeply moved*
【良策】(名)good plan;sound strategy
【良方】(名)❶(好药方)effective prescription ❷(好办法)good plan
【良好】(形)good;fine:运转～ *be in good working order*/健康状况～ *be in a good state of health*
【良机】(名)〈书〉good opportunity:等待～ *wait for a good chance*/莫失～。*Don't let the fair opportunity slip.*
【良心】(名)conscience:违背～ *be against conscience*/凭～办事 *act according to conscience*
【良种】(名)❶[农](优良作物品种)improved variety ❷(优良性畜品种)fine breed:～马 *a horse of fine breed*

凉 liáng ❶(名)(冷)cold:着～ *catch cold* ❷(形)❶(温度低;冷)cool;cold:～风 *a cool breeze*/饭～了。*The food's got cold.* ❷(比喻灰心或失望)disheartened
【凉拌】(名)cold and dressed with sauce:～面 *cold noodles in sauce*
【凉菜】(名)cold dish
【凉快】❶(形)(天气清凉爽快)nice and cool;pleasantly cool;天气变得越来越～。*It's getting cooler and cooler.* ❷(动)(纳凉)cool oneself;cool off:到树林里去～～ *go into the woods to cool off*
【凉爽】(形)nice and cool;pleasantly cool:～的空气 *cool air*
【凉水】(名)❶(温度低的水)cold water:～有助于他大脑清醒。*Cold water helped to clear his head.* ❷(生水)unboiled water
【凉台】(名)balcony;veranda
【凉鞋】(名)sandal;foothold

量 liáng (动)❶(度量)measure:～身高 *measure sb.'s height*/～尺寸 *take the measures*/～体温 *take sb.'s temperature* ❷(估量)estimate;size up:用眼睛估～某物 *measure sth. by the eye*/用金钱衡～某事 *esti-*

mate sth. in money
另见 856 页 liàng。
【量杯】(名)counting cup;glassful;measuring glass
【量度】(名)[数]measure;measurement
【量具】(名)measuring implement;measuring tool

粮 liáng (名)❶(粮食)grain;provisions;food:～棉双丰收 *a bumper harvest of grain and cotton* ❷(作为农业税的粮食)farm tax;grain tax
【粮仓】(名)granary;grain elevator;barn:东北是祖国的～。*The North east is the granary of the country.*
【粮食】(名)grain;cereals;food:～局 *food bureau*/～加工 *grain processing*/～作物 *cereal crops*

liǎng

两 liǎng ❶(数)❶(数目)two:在～者之间平分 *divide equally between the two* ❷(表示不定的数目)some;a few:我想说～句。*I'd like to say a few words.* ❷(量)(市两的通称)liang,a unit of weight ❸(名)(双方)both;either:他们～个都是医生。*Both of them are doctors.*
【两半儿】(名)two halves;in half;in two:碟子摔成～了。*The dish is broken in two.*
【两边】(名)❶(物体的两个边儿)both sides;both places:～跑 *go back and forth between two places* ❷(双方)both parties:～说情 *intercede between two parties*/～为难 *between two difficulties*
【两重】(名)double;dual;twofold:～意义 *double meaning*/～性 *dual nature*
【两极】(名)❶(地球的两极)the two poles of the earth ❷(两个极端;两个对立面)polarization ❸[物](阴阳极)the two poles
【两口子】(名)[口]husband and wife;couple:他们～都工作。*Both he and his wife work.*
【两面派】(名)double-dealer;～手段 *a double-dealing trick*
【两栖】(形)[生][军]amphibious:～部队 *amphibious forces*
【两全其美】(成)satisfy both sides;be complete in both respects
【两手】(名)dual tactics
【两头】(名)❶(两端)both ends;either end:大人坐在当间儿,孩子们坐在～儿。*The grown-ups sat in the middle, the children at both ends.* ❷(双方)both parties:～讨好 *try to please both sides*
【两性】(名)❶(两种性别)both sexes ❷[化]

（两种性质）amphoteric：～胶体 *amphoteric colloid*

【两样】（形）（不一样）different：他跟别人～。*He is different from other people.*

【两用】（名）dual-purpose：～炉子 *dual-purpose stove*

liàng

亮 liàng ⊖（形）❶（光线强；明亮）bright；light：屋里很～。*The room is very bright.* ❷（声音强；响亮）loud and clear ❸（开朗；清楚）enlightened；open and clear ❹（灯光；亮光）light：你挡了我的～儿了。*You're standing in my light.* ⊜（动）❶（发光）light；brighten；shine：天～了。*It's light already.* ❷（使声音响亮）lift voice ❸（显露；显示）reveal；show：～出通行证 *show one's pass*／～观点 *declare one's position*

【亮度】（名）luminance；brightness；brilliance：星的～ *the brightness of a star*／屏幕～ *screen brilliance*

【亮光】（名）light：～漆 *lacquer polish*

【亮堂】（形）❶（敞亮；明朗）light；bright：这屋子又宽敞又～。*The room is light and spacious.* ❷（开朗；清楚）clear；enlightened

谅 liàng（动）❶（原谅）excuse；forgive；understand：原～某人 *forgive sb.*／因…而原谅某人 *excuse sb. for...* ❷（料想）I believe；I think：～必如此。*I think it must be so.*

【谅解】（动）understand：你的情况我能～。*I can understand your situation.*／互相～ *understand each other*

量 liàng ⊖（名）❶（古代指测量用的器物）measure ❷（能容纳或禁受的限制）capacity：他饭～大。*He's a big eater.* ❸（数量；数目）quantity ⊜（动）（估计；衡量）estimate 另见 855 页 liáng。

【量变】（名）quantitative change

【量词】（名）[语]measure word

【量力】（动）estimate one's own strength or ability：～而行 *act according to one's ability*

【量子】（名）quantum：～力学 *quantum mechanics*／～数 *quantum number*

晾 liàng（动）❶（使干燥）air；dry in the air：草垫子该～了。*The straw mattress needs to be aired.* ❷（晒）sun；dry in the sun：～衣服 *sun clothes*／海滩上～着渔网 *Fishnets are spread out on the beach to dry.* ❸（把热的东西放一会儿，使温度降低）make or become cool：～一会儿再吃。*Let it cool off a bit before you eat it.*

（晾干）（动）dry by airing：把衣服拿出去～。*Hang the clothes out to dry.*

liáo

辽 liáo ⊖（名）（朝代）the Liao Dynasty ⊜（形）（远）distant；faraway

【辽阔】（形）vast；extensive：我国幅员～。*Our country has a vast territory.*

疗 liáo（动）（医治）cure；treat；recuperate：电～ *electrical treatment*／接受医～ *be medically treated*

【疗程】（名）course of treatment：五日～ *a course of five days*／重复～ *repeat a treatment*

【疗法】（名）treatment：尝试新的～ *try a new treatment*

【疗效】（名）curative effect：影响～ *affect the treatment*／没有～ *be of no curative effect*

【疗养】（动）recuperate：～院 *sanatorium*／去～ *go for a convalescence*

聊 liáo ⊖（副）❶（姑且）merely；just ❷（略微）a little；slightly ⊜（动）（口）（闲谈）chat ⊜（名）（趣味）interest：无～ *bored*；*boring*

【聊天】（动）（口）chat；gossip；small talk：来～儿 *come in for a chat*

寥 liáo（形）❶（稀少）few；scanty；scarce ❷（静寂）quiet；silent ❸（空虚；空旷）abstruse

【寥寥无几】（成）very few left：号召自愿参加，但响应者～。*A call for volunteers was sent out, but very few people responded.*

嘹 liáo

【嘹亮】（形）resonant；loud and clear：歌声～。*The singing is loud and clear.*

潦 liáo

【潦草】（形）❶（不工整）hasty and careless；illegible：字迹～ *careless handwriting* ❷（不仔细）sloppy；slovenly：干活儿～ *work in a slipshod in work*

【潦倒】（形）（颓伤；失意）frustrated：穷愁～ *down and out*

缭 liáo（动）❶（缠绕）entangle；twine ❷（用针斜着缝）stitch or sew with slanting stitches

【缭乱】（形）dazzling；confused；in a confused state of：心绪～ *in a confused state of mind*

【缭绕】（动）coil up；curl up：炊烟～ *smoke curling up from kitchen chimneys*

liǎo

了 liǎo ❶（动）❶（完毕；结束）finish；complete；end；fulfil：一笑～之 end in a laugh／～却心愿 have one's wish fulfilled ❷（明白；懂得）understand；know；realize：对某事～如指掌 have sth. at one's fingertips；know sth. through and through ❸（放在动词后，跟"不、得"连用，表示可能或不可能）：你骗不～我。You can't fool me.／你来得～来不～? Will you be able to come? ❷（副）〈书〉（完全；一点儿）entirely；a bit：～不相涉 have nothing at all to do with it

【了不得】（形）❶（大大超过寻常）terrific；extraordinary：他真～。He's really terrific. ❷（情况严重）terrible；awful：可～，他昏过去了! Good God! He's fainted! ❸（了不起）remarkable；wonderful；extraordinary

【了不起】（形）amazing；terrific；extraordinary：取得～的进步 make extraordinary progress／这没什么～。It's nothing extraordinary.

【了结】（动）finish；settle；wind up：～工作 finish up one's work／一场辩论 wind up a debate

【了解】（动）❶（知道得清楚）understand；comprehend；acquaint：几乎不～… be scarcely acquainted with.../对～有全面的～ have a full understanding of ❷（打听；调查）find out：～真相 find out the facts

【了局】（名）❶（结局）end：这就是故事的～。This is how the story ends. ❷（解决办法）solution；settlement：拖下去不是个～。Putting things off is no solution.

【了却】（动）settle；solve：这就～了我的一桩心事。That settled a matter which had been weighing on my mind.

【了然】（动）understand；be clear：真相如何，我也不大～。I don't have a clear picture of the real situation either.

liào

料 liào ❶（名）❶（材料；原料）material；stuff：～备足了没有 Have we got enough material? ❷（喂牲口用的谷物）feed；fodder：多给牲口加点儿～。Put more grain in the fodder. ❸（器material）glassware ❹（素质；内在因素）makings；stuff：是当老师的～ have the makings of a teacher／他是当官的～。He has the makings of an executive. ❷（动）（预料；料想）expect；predict：预～明天天晴 calculate on fine weather tomorrow／～事如神

predict like a prophet ❸（量）（用于中医配制丸药）：配一～药 make up one prescription of pills

【料到】（动）foresee；expect：没～她会来。We didn't expect her to come.

【料理】（动）arrange；manage：精心～ manage with delicacy／～家务 manage household affairs

【料想】（动）expect；think；presume：～到最坏的情况 expect the worst／这事我很难～。It's difficult for me to guess.

【料子】（名）material for making clothes；woollen fabric：～服 suits of woollen cloth

撂 liào（动）〈口〉❶（放；搁）put down；drop：他把东西都～在地上了。He put everything down on the floor. ❷（弄倒）knock down；throw down：一枪就～倒一个敌人 hit an enemy soldier with each shot ❸（抛弃；抛）cast aside

【撂挑子】（动）throw up one's job；refuse to work：不该挨了批评就～。It's bad to quit one's job just because one's been criticized.

镣 liào（名）fetters；shackles：手铐脚～ handcuffs and fetters

【镣铐】（名）shackle；bond：戴上～ be shackled；be in chains

liè

列 liè ❶（动）❶（排列）arrange；form a line：名～前茅 stand first on the list／～表 arrange in tables columns ❷（安排到某类事物之中）list；enter in a list：代表姓名～后。Listed below are the names of the delegates. ❷（名）❶（行列）row；rank：行军队～ line of march／出～ break the ranks ❷（类）kind；sort：属于历史上伟大人物之～ rank with the great names of history／在讨论之～ be among the subjects to be discussed ❸（代）（各；人人）each and every；various：～祖～宗 an array of ancestors／～强 each big power／～位 every lady and gentleman present ❹（量）（用于成行列的事物）：一～车 a train

【列车】（名）［交］train：旅客～ passenger train／直达～ through train／15 次～ No. 15 train

【列岛】（名）a chain of islands

【列举】（动）list；enumerate：～大量事实 cite numerous facts

【列席】（动）attend as a nonvoting delegate：～代表 delegate without the right to vote

【列传】（名）collected biographies：《李将军～》"The Biography of General Li Guang"

劣 liè（形）❶（坏；不好）bad；inferior；of low quality：粗～商品 coarse goods/质量低～ be bad in quality ❷（小于一定标准的）minor

【劣等】（形）low-grade；of inferior quality；poor：～货 goods of inferior quality/帮助～生 help the dull students

【劣势】（名）inferior strength or position：处于～ be in an inferior position

【劣质】（形）of poor quality；inferior：～商品 goods of bad quality

烈 liè ❶（形）❶（强烈；猛烈）strong；violent；intense：～日 scorching sun/进行激～的斗争 fight an acute struggle ❷（刚直；严正）staunch；upright；stern：壮～牺牲 die a heroic death/刚～ upright and unyielding ❸（名）❶（为正义而死难的人）martyr who sacrifices themselves for a just cause：缅怀先～ cherish the memory of the martyrs ❷（功业）exploits

【烈火】（名）raging fire；raging flames：熊熊的～ a raging fire

【烈日】（名）burning sun；scorching sun：～当空. The hot sun high in the sky./～炎炎. The sun is shining fiercely.

【烈士】（名）❶（为正义事业而牺牲的人）martyr：革命～ a revolutionary martyr ❷（古代指有志于建立功业的人）a person of high endeavor

猎 liè ❶（动）（打猎；捕捉禽兽）hunt：去～狮 go for a lion hunt ❷（名）（打猎）hunting：身穿～装 be in a hunting dress/收缴～枪 take over hunting guns

【猎场】（名）hunting ground

【猎狗】（名）hunting dog；hound

【猎获】（动）capture or kill in hunting：～一头幼象 trap a young elephant

【猎枪】（名）shotgun；fowling piece；hunting rifle

【猎取】（动）❶（打猎获得）hunt ❷（夺取）pursue；seek：～荣誉的人 a hunter after glory/～功名 be after fame

【猎人】（名）hunter；huntsman

裂 liè ❶（动）（破而分开）break open；crack；split：～纹 crackle/制造分～ cause a rift/与某人决～ split with sb. ❷（名）（叶子或花冠的边缘上较大、较深的缺口）breach；gap

【裂缝】（名）❶（裂开的缝儿）rent；rip；rift；crevice；crack：弥合～ span a rift/修补～ mend a split ❷〔地〕fracture

【裂口】（名）chap；breach；gap；split：堤上～了. The dike has cracked./他的手冻得～了. His hands are chapped by the cold.

lín

邻 lín ❶（名）（住处接近的人家）neighbour；neighbourhood：四～ surrounding neighbours/左～右舍都知道 be known to the whole neighbourhood ❷（形）（邻接的；邻近的）adjacent；close；neighbouring：坐在～座 sit on an adjacent seat/睡在～室 sleep in an adjacent room

【邻邦】（名）neighbouring country：我们两国历来是友好～。Our two countries have always been good neighbours.

【邻近】（动）（位置接近）near；close to；adjacent to ❷（名）（附近）vicinity：学校～的一家商店 a shop in the vicinity of the school

【邻居】（名）neighbour：隔壁～ next door neighbours/与～和睦相处 be on friendly terms with one's neighbours

【邻里】（名）❶（乡里）neighbourhood ❷（同一乡里的人）people of the neighbourhood；neighbours

林 lín（名）❶（成片的树木或竹子）forest；woods；grove：松～ pine forest ❷（聚集在一起的同类的人或事物）circles；group ❸（林业）forestry

【林场】（名）tree farm；forestry centre；forestry station

【林木】（名）❶（树林）forest；woods ❷（生长在森林中的树木）forest tree；crop

【林区】（名）forest zone；forest region；forest district

【林业】（名）forestry：～资源 forest resources

【林荫道】（名）avenue：一条长着参天大树的～ an avenue of giant trees

临 lín（动）❶（靠近；对着）be close to；face；overlook：～街的房子 houses facing the street/～危不惧 face danger fearlessly ❷（来到；到达）be present；arrive：亲～会议 be present at the meeting/贵客～门. A guest of honor arrived. ❸（将要；快要）be about to；be going to：～产 be about to give birth to a child/～行前 on the point of setting out ❹（照字画模仿）copy ❺（从高处向下看）look down from above：居高～下 look down from a height

【临别】（动）at parting；just before parting：～赠言 parting advice/～前夕 on the eve of departure

【临床】（动）〔医〕clinical：～诊断 clinical diagnosis/～表现 clinical manifestation

【临界】（动）〔物〕critical；crisis：～点 critical point/～角 critical angle

【临近】（动）close to：随着婚期的～ *as the wedding day drew near*／当温和天气～时 *on the approach of mild weather*

【临时】 ❶（动）（临到事情发生时）at the time when sth. happens：你现在不准备，～怎么办呢？ *If you don't prepare now, what will you do when the time comes?* ❷（形）（暂时的）temporary；for a short time：做～安排 *make temporary arrangements*／做～工 *take up a temporary job*

【临危】（动）❶（病重将死）be dying ❷（面临危险）facing death or deadly peril；in the hour of danger

【临行】（动）before leaving；on departure：～告别 *say goodbye to sb. before departure*

【临终】（动）approaching one's end：～坦白 *make a deathbed confession*／记下～遗言 *note down a deathbed will*

淋 lín（动）（浇）sprinkle；pour；drench：被雨～湿 *be soaked with rain*／大汗～漓 *sweat profusely*

【淋巴】（名）[生理]lymph：～结 *lymph node*

磷 lín（名）[化]phosphorus

【磷肥】（名）[农]phosphate fertilizer

【磷酸】（名）[化]phosphoric acid：～盐 *phosphate*

lǐn

凛 lǐn（形）❶（寒冷）cold ❷（严肃；严厉）austere；severe；strict；stern ❸（畏惧；害怕）fearful；afraid

【凛冽】（形）piercingly cold：北风～，大雪纷飞。 *The north wind was blowing cold ; the snowflakes were flying.*

【凛然】（形）stern；awe-inspiring：一副～不可侵犯的样子 *look stern and forbidding*

lìn

吝 lìn（形）（吝啬）stingy；mean；miserly

【吝啬】（形）stingy；niggardly；miserly；mean：～鬼 *miser*；*niggard*

【吝惜】（动）grudge；spare；stint：不～钱财 *spare no expense*

líng

伶 líng（名）（旧时指戏曲演员）actor or actress

【伶俐】（形）（聪明；灵活）clever；bright；quick-witted：这孩子真～！ *What a clever child!*／口齿～ *be clever and fluent*

灵 líng ❶（形）❶（灵活；灵巧）quick；clever；bright：耳朵～ *have sharp ears*／心～手巧 *be quick-witted and nimble-fingered* ❷（灵验）effective：～丹妙药 *a ready-made panacea* ❷（名）❶（精神；灵魂）spirit；soul；intelligence ❷（旧时称神仙或关于神仙的）fairy；sprite ❸（灵柩或关于死人的）bier；hearse

【灵便】（形）❶（四肢五官灵活）nimble；agile：他虽然上了年纪，手脚倒还～。 *Though getting on in years, he is still nimble.* ❷（工具轻巧）easy to handle：这把钳子使着真～。 *This pair of pliers is really handy.*

【灵车】（名）hearse；dead wagon；meat wagon

【灵感】（名）inspiration：中国画家的～来源于大自然。 *Chinese painters' inspiration comes from nature.*

【灵魂】（名）soul；spirit；thought：出卖～ *sell one's soul*／相信～ *believe in spirits*

【灵活】（形）（敏捷）nimble；agile；quick：机动的战术 *flexible and ingenious tactics*／采取～措施 *take flexible actions*

【灵敏】（形）sensitive；keen；quick；agile；acute：反应～ *be quick on the draw*／动作～ *be active in one's movements*／～度 *sensitivity*

【灵巧】（形）dexterous；nimble；skillful；ingenious：身手～ *be as nimble as a squirrel*

玲 líng（拟声）（玉碰击的声音）sound of jade

【玲珑】（形）❶（精巧细致）ingeniously and delicately wrought ❷（灵活敏捷）clever and nimble

铃 líng（名）❶（金属制成的响器）bell：门～ *door bell*／～响了。 *The bell is ringing.* ❷（铃状物）bell-shaped things：杠～ *barbell* ❸（蕾铃）boll；bud：棉～ *cotton boll*

【铃铛】（名）small bell

凌 líng ❶（动）❶（侵犯；欺侮）invade；insult ❷（升高）rise high ❸（逼近）approach ❷（名）〈方〉（冰）ice

【凌晨】（名）in the small hours；before dawn：火车将于明日～4点半到达。 *The train arrives at half past four tomorrow morning.*

【凌空】（动）be high up in the air；soar or tower aloft：雪花～飞舞。 *Snowflakes were flying in the sky.*／飞机～而过。 *The plane streaked across the sky.*

【凌乱】（形）in disorder；in a mess：楼上传来～的脚步声。 *A flurry of footsteps could be heard in the room above.*

【凌辱】（动）insult；humiliate：忍受～ *pocket an insult*

陵 líng（名）❶（丘陵）hill；mound ❷（陵墓）mausoleum；imperial tomb

【陵墓】（名）mausoleum；tomb

【陵园】（名）cemetery

聆 líng（动）〈书〉（听）hear；listen

【聆听】（动）〈书〉listen

零 líng ㊀（数）❶（零数）zero；zero sign ❸（表示没有数量；无）nil；nought：化为～ go for naught／使己告化为～ set sb.'s advice at naught ❹（温度表上的零度）zero ❺（小数目）with a little extra ❻（放在两个数量之间，表示较大的量之下附有较小的量）；3 个月～3 天 three months and three days ㊁（形）❶（零碎；零头）odd：～活 odd jobs ❷（部分）fractional；part：化整为～ break up the whole into parts ㊂（动）（枯萎而落下）wither and fall；凋～ withered，fallen and scattered about

【零度】（名）❶（温度计上的度数）zero；zero degree：～以上 above zero ❷［数］nullity

【零花】㊀（名）〈口〉（零用钱）pocket money ㊁（动）（零碎地花钱）incidentally expend money

【零件】（名）［工］part；element；detail；spare part：生产飞机～ produce airplane parts

【零乱】（形）all over the shop；in a mess

【零钱】（名）❶（币值小的钱）small change；change ❷（零花钱）pocket money

【零售】（动）retail；sell retail：降低～价格 bring down retail price／当～商 work as a retailer

【零用钱】（名）pocket money

líng

领 lǐng ㊀（名）❶（颈；脖子）neck ❷（领子，领口）collar；neckband：把大衣～儿翻起来 turn up one's coat collar ㊁（动）❶（带；引）head；lead：～路 lead the way／～衔主演 play the lead in a film ❷（领有）possess ❸（领取）receive ❹（接受）accept ❺（了解）understand ❻（领养）adopt ㊂（形）（领有的）under jurisdiction of：～海 territorial waters

【领带】（名）necktie；tie：打～ tie the necktie／穿衬衫系～ wear a shirt and tie

【领导】㊀（动）（率领并引导前进）lead：在党的～下 under the leadership of the Communist Party／～某人从胜利走向胜利 lead sb. from victory to victory ㊁（名）（领导者）leadership；leader：最高～ top-ranking leaders／担任～ assume the leadership

【领队】㊀（动）（率领队伍）lead a group ㊁（名）（领队的人）the leader of a group

【领海】（名）territorial waters；territorial sea：～线 boundary line of territorial waters

【领航】（动）（引导船舶或飞机航行）navigate；pilot：～员 navigator

【领会】（动）understand；comprehend：我还没～你的意思。I still don't see your point.

【领结】（名）bow tie

【领路】（动）lead the way：我在前面～。I'll be in front leading the way.

【领略】（动）have a taste of；realize；appreciate：～大概 get a general impression of things／某人的技艺 have a taste of sb.'s skills

【领事】（名）consul：～馆 consulate

【领土】（名）territory：为～而战 fight for territory／扩大～ extend one's territory

【领袖】（名）leader

【领域】（名）❶（一个国家行使主权的区域）territory；domain；realm：～广大。The domain is vast. ❷（范围）field；domain：涉及一个新～ cover a new field

【领章】（名）collar badge；collar insignia

lìng

另 lìng ㊀（代）（别的）another；other：那是～一回事。That's another matter. ㊁（副）（另外）in addition：～有打算 have other plans／～搞一套 go one's own way

【另外】（副）moreover；in addition；besides；other；another：我虽然有一个，可是我还想～买一个。Even though I already have one，I want to buy another one besides.

令 lìng ㊀（名）❶（命令）order；command；decree：按～行事 act on orders／发出进军～ give advance orders ❷（酒令）drinker's wager game ❸（古代官名）an ancient official title ❹（时节）season ❺（小令）song-poem ㊁（动）❶（发出命令）order ❷（使）make；cause：别～我们扫兴了！Don't make us feel disappointed！／十分～人尊敬的老人 a highly respectable old man ㊂（形）❶（美好）good ❷（敬）（尊称对方的亲属）your：～爱 your daughter／～尊 your father

liū

溜 liū ㊀（动）❶（滑行；下滑）slide；slip；glide：顺坡～下去 slide down the slope／～过冰湖 skate across the lake ❷（偷偷地走开）slip away；sneak off：～入房间 slide into a room／从窗口～进来 slide in by the window ❸（加热）heat up ㊁（形）（光滑；平滑）

smooth;sleek;glossy:～圆 *very round*
【溜边】(动)〈口〉(靠着边)keep to the edge
【溜冰】(动)❶(滑冰)slide on the ice;skate ❷
(溜旱冰)roller skating
【溜达】(动)〈口〉(散步;闲步)stroll;saunter;go
for a walk:在林间～ *stroll in a wood*
【溜光】(形)〈方〉(很光滑)very smooth;sleek;
glossy:他的头发梳得～。*His hair is combed
sleek.*
【溜号】(动)〈方〉(溜走)sneak away;slink off

liú

浏 liú (形)〈书〉❶(形容水流清澈)clear;lim-
pid ❷(形容风疾)swift
【浏览】(动)glance over;skim through;
browse;pass over:～手稿 *run through the
manuscripts*

留 liú (动)❶(停止在某处不动;不离去)re-
main;stay:～在水下 *remain under water*/～
在办公室 *stay in the office* ❷(使留;不使离
去)ask sb. to stay:～客 *ask a guest to stay*/
～某人吃饭 *ask sb. to stay for supper* ❸(注
意力放在某方面)concentrate on ❹(保留)re-
serve;keep;save:～作参考 *be kept for refer-
ence*/为来宾～出座位 *reserve seats for guests*
❺(蓄;留长)let grow;grow;wear:～卷发
wear curly hair/～须 *grow a beard* ❻(收留)
accept;take ❼(遗留)leave behind ❽(留学)
study abroad
【留存】(动)❶(保存)preserve;keep:此稿～
keep this copy on file ❷(存在)remain;be
extant
【留级】(动)stay down;retardation
【留恋】(动)❶(不忍离开)be reluctant to
leave:～家乡 *be reluctant to leave one's
homeland* ❷(缅怀过去)recall with nostal-
gia:不要太～过去了。*Don't yearn too much
for the past.*
【留情】(动)show mercy:对敌人毫不～ *show
the enemy no mercy*
【留任】(动)retain a post;remain in office
【留心】(动)be careful;take care:～听讲座
listen attentively to a lecture
【留学】(动)study abroad:～生 *student abroad*
【留意】(动)be careful;look out;keep one's
eyes open:～细节 *pay attention to details*
【留影】(动)take a photo as a memento
【留用】(动)continue to employ;keep on

流 liú ❶(动)❶(液体移动;流动)flow:～泪
shed tears/血～成河 *flow with rivers of
blood* ❷(移动不定)drift;move;wander:飘
～ *drift about* ❸(流传;传播)spread ❹(向

坏的方面转变)degenerate ❸(名)❶(指江河
的流水)stream of water;stream;current ❷
(像水流的东西)sth. resembling a stream of
water:寒～ *cold current* ❸(品类;等级)
class;grade;rate:上～社会 *upper classes*/上
一～大学 *go to a first-class university*
【流产】(动)❶[医]abort ❷(失败)miscarry:
他们的计划～了。*Their project miscarried.*
【流畅】(形)easy and smooth:唱得很 ～ *sing
with fluency*/线 条 ～。*The lines flow
smoothly.*
【流传】(动)spread;circulate;hand down:众口
～ *spread from mouth to mouth*
【流动】(动)❶(液体或气体移动)flow;run:向
下～ *flow downward* ❷(经常变换位置)go-
ing from place to place;mobile:～基金 *cir-
culating fund*
【流浪】(动)roam about;lead a vagrant life;on
the tramp:街头～汉 *street waifs*/～到某城市
drift into a city
【流利】(形)fluent;smooth:讲话～的演说家 *a
fluent speaker*/说话～ *speak with fluency*
【流露】(动)reveal;betray:～实情 *reveal the
truth*
【流氓】(名)❶(为非作歹的人)rogue;hood-
lum:逮捕一伙 ～ *arrest a gang of hoodlums*
❷(施展下流手段等恶劣行为)immoral be-
haviour;hooliganism:要 ～ *behave like a
hoodlum*
【流失】(动)run off;be washed away:制止美
元～ *stop the dollar drain*/防止土壤～ *pre-
vent soil loss*
【流逝】(动)efflux;elapse;pass:随着时光的～
with the passage of time/岁月快速～。*The
seasons pass rapidly.*
【流水】(名)❶(流动的水)running water;
stream ❷(旧时指商店的销售额)turnover:
本月做了 15 万元的～。*We have had a turn-
over of ￥150,000 this month.*
【流速】(名)velocity of flow
【流体】(名)[物]fluid;fluor:～动力学 *fluid
dynamics*/～静力学 *fluid statics*
【流亡】(动)exile;be forced to leave one's
native land
【流行】(动)prevalent;popular;fashionable:～
歌曲 *pop song*/～歌星 *pop singer*
【流血】(动)shed blood;bleed:你的鼻子～了。
Your nose is bleeding.
【流言】(名)rumour;gossip:～纷飞。*Rumours
and gossip are everywhere.*/～止于智者。*A
wise man does not believe in rumours.*
【流域】(名)watershed;basin;valley:黄河 ～
Yellow River basin

L

硫 liú（名）[化]sulphur
【硫酸】（名）[化]sulphuric acid：～钡 barium sulfate

liǔ

柳 liǔ（名）[植]（柳树）willow：白～ white willow／脆～ brittle willow
【柳暗花明】（成）enchanting sight in spring time

liù

六 liù（数）（五加一后所得）six：～天 six days／～班 the sixth class
【六月】（名）June

lóng

龙 lóng ⊖（名）❶[动]（古代传说中的神异动物）dragon ❷（古代巨大的爬行动物）a huge extinct reptile：恐～ dinosaur ⊜（形）（属于帝王的）imperial：～袍 imperial robe
【龙船】（名）dragon boat
【龙灯】（名）dragon lantern
【龙卷风】（名）tornado
【龙王】（名）the Dragon King
【龙虾】（名）lobster；Bermuda lobster
【龙舟】（名）dragon boat：～竞渡 dragon-boat regatta

聋 lóng（形）（听不见声音；听觉迟钝）deaf；hard of hearing：他耳朵～。He is deaf.
【聋哑】（形）deaf and dumb；deaf-mute：～学校 school for deaf-mutes／～人 deaf mute

笼 lóng（名）❶（笼子）cage；coop：鸟～ birdcage／鸡～ chicken coop ❷（笼屉）steamer：蒸～ steamer for steaming food ❸（筐、篮）basket：竹～ bamboo basket
另见 862 页 lǒng。
【笼子】（名）cage；coop；basket

隆 lóng ⊖（形）❶（盛大）grand ❷（兴盛）prosperous；flourishing：生意兴～。Business is brisk. ❸（深厚；程度深）deep；intense：～夏 high summer ⊜（动）（凸出）bulge；swell up：～起 swell or be swollen up

lǒng

垄 lǒng（名）❶（耕地上成的土埂）ridge ❷（田地分界的稍稍高起的小路）raised path between fields ❸（像垄的东西）ridge-like things：瓦～ tile ridges

【垄断】（动）monopolize；forestall；have monopoly on：～集团 monopoly group／～市场 monopolize the market／～资本 monopoly capital

笼 lǒng ⊖（动）（笼罩）cover；envelop：～着 put each hand in the opposite sleeve ⊜（名）（笼子）bamboo trunk or case；large box
另见 862 页 lóng。
【笼络】（动）win sb. over by any means：～人心 win the people's support
【笼统】（形）general；sweeping；indistinct：～地谈一谈 speak in general terms
【笼罩】（动）envelop；shroud：晨雾～在湖面上。The lake is shrouded in morning mist.／会场上～着一种悲痛的气氛。A cloud of gloom hung over the meeting.

lóu

楼 lóu（名）❶（楼房）a storied building：租一幢写字～ rent an office building ❷（楼房的一层）floor；storey：住在顶～ live on the top floor／从～上下来 come down from the upper storey ❸（房屋或其他建筑物上加盖的一层房子）superstructure：登上城～ mount a tower
【楼板】（名）floor；floor slab
【楼道】（名）corridor；passageway
【楼房】（名）a building of two or more storeys
【楼上】（名）upstairs：跑到～去 run upstairs
【楼梯】（名）stairs；staircase；stairway：爬上一段～ climb a flight of stairs／下～ come down stairs
【楼下】（名）downstairs：在～等候 wait downstairs／～有人叫你。Somebody is calling you downstairs.

lǒu

搂 lǒu ⊖（动）（搂抱）hug；embrace；cuddle：她温柔地～住儿子。She embraced her son tenderly. ⊜（量）（表示两臂合用的量）：一～粗的树 a tree one can get one's arm's around its trunk

lòu

陋 lòu（形）❶（不好看；丑）plain；ugly ❷（狭小；简陋）narrow；humble；mean ❸（不文明；不合理）vulgar；corrupt；coarse ❹（见闻少）scanty；limited；shallow：孤～寡闻 ignorant and ill-informed

漏 lòu ⊖（动）❶（从孔或缝中滴下、透出或掉出）leak；drip：～得厉害 leak badly／～光

have a light leak/～雨 *leak rain* ❷（泄露）divulge；disclose：泄～真情 *disclose the truth*/将计划泄～给秘密警察 *divulge a plan to the secret police* ❸（遗漏）leave out；be missing：～写 *fail to write*/名单上～掉了某人的名字 *leave sb.'s name out of a name list* ❹（名）（漏壶的简称，借指时刻）hourglass；water clock

【漏电】（动）leakage of electricity

【漏洞】（名）❶（空隙；小孔）leak：弥补～ *patch a leak*/出现～ *start a leak* ❷（破绽）flaw；hole；loophole：～百出 *be full of holes*

【漏斗】（名）funnel；hopper

【漏风】（名）❶（走气）air leak；air leakage；not airtight：这个风箱～. *This bellows is not airtight*. ❷（由于牙齿脱落而说话时拢不住气）speak indistinctly through having one or more front teeth missing ❸（走漏风声）leak out

【漏税】（动）evade payment of a tax；evade taxation

【漏网】（动）escape unpunished；slip through the net：决不让一个犯罪分子～. *Don't let a single criminal escape*.

露 lòu（动）〈口〉（显露；表现）reveal；show：初～头角 *begin to show one's ability* 另见 864 页 lù.

【露面】（动）show one's face；show one's head：不愿意～ *be reluctant to show one's face*

【露头】（动）❶（露出头部）show one's head ❷（刚出现）appear；emerge：太阳刚～，我们就起来了. *The sun had hardly appeared when we got up*.

【露一手】（动）make an exhibition of one's abilities or skills；show off：我来做鱼，给你们～。*Let me cook the fish and have a chance to show off*.

lú

卢 lú

【卢比】（名）rupee

【卢布】（名）rouble

芦 lú（名）[植]（芦苇）reed

【芦苇】（名）[植]reed；ditch reed：～荡 *reed marshes*/～丛生。*The land was covered with reeds*.

【芦席】（名）reed mat

炉 lú ❶（名）（炉子）stove；furnace：新出～的烧饼 *baked sesame buns fresh out of the oven* ❷（量）heat：一～钢 *a heat of steel*

【炉膛】（名）lead basin；the chamber of a stove

【炉子】（名）stove；furnace；oven

lǔ

卤 lǔ ❶（名）❶（盐卤）bittern ❷[化]（卤素）halogen ❸（用肉类、鸡蛋等做汤加淀粉而成的浓汁）thick gravy：打～ *make such gravy* ❷（动）（用盐水加五香或用酱油煮）stew in soy sauce：～菜 *pot-stewed meat or fowl*

鲁 lǔ（形）❶（迟钝；笨）stupid；dull ❷（莽撞；粗野）rash；rough；rude

【鲁莽】（形）crude and rash；rash；reckless：～之人 *a rough fellow*/做出～决定 *take a rash decision*

lù

陆 lù（名）（陆地）land：走～路 *travel by land*/在机场登～ *land at an airport*

【陆地】（名）dry land；land；terrace；earth：接近～ *approach land*/驶离～ *clear the land*

【陆军】（名）army；ground force：～大学 *military college*

【陆路】（名）land route：～交通 *overland communication*

【陆续】（副）one after another；in succession：～归国 *return to one's country one after another*

录 lù ❶（名）（用作记载物的名称）record；register；collection：同学～ *register of alumni* ❷（动）❶（记载；抄写）record；write down；copy ❷（采取或任用）select；employ；hire：～用某人 *employ sb.* ❸（用磁带记录）tape-record：为某人～一盘磁带 *copy a tape for sb.*/～演讲 *record a speech*

【录取】（动）enroll；recruit；enter；admit to：～一名学生 *enroll a student*

【录音】（动）sound recording；film recording：给谈话～ *tape-record a conversation*/放～ *play back the recording*/～报告 *tape-recorded speech*/～带 *tape*/～机 *recorder*

【录用】（动）employ；give a post to sb.：可能被～的人 *a prospective employee*/～10 名工人 *take on ten workers*

鹿 lù（名）（哺乳动物反刍类的一科）deer：小～ *fawn*

【鹿角】（名）antler；deer horn：～胶 *deer horn glue*

【鹿茸】（名）pilose antler

碌 lù（形）❶（平凡）commonplace；mediocre ❷（事务繁杂）busy：劳～ *very busy*

【碌碌】（形）❶（平庸）mediocre；commonplace ❷（辛苦）busy with miscellaneous work：～一生。 *I have been bustling and hustling all my life.*

路 lù（名）❶（道路）road；way；path：带～ lead the way/给某人让～ give sb. the road ❷（路程）journey；distance：～很远。 *It's a long way.* ❸（途径；门路）way；means：无～可走 be at a dead end/找一条新的生～ find a new way out ❹（条理）sequence；line：思～ train of thought ❺（地区；方面）region ❻（路线）route：7～公共汽车 No. 7 bus ❼（种类；等次）kind；sort：这一～人 this sort of people

【路标】（名）guidepost；road sign；route marking

【路程】（名）distance travelled；journey：漫长而艰难的～ a long and difficult journey

【路灯】（名）street light；road lamp；street lamp

【路费】（名）travelling expenses

【路轨】（名）❶（铺设火车或电车道用的长条钢材）rail ❷（轨道）track

【路过】（动）pass by：从天津到上海，～济南 pass through Jinan en route from Tianjin to Shanghai

【路警】（名）railway police

【路上】（名）❶（道路上面）on the road：～停着一辆车。 *There is a car parking on the road.* ❷（在途中）on the way；en route：～不要耽搁。 *Don't waste any time on the way.*

【路途】（名）❶（道路）road；path ❷（路程）way；journey

【路线】（名）❶（从一地到另一地所经过的道路）route；way；itinerary：到纽约的～ the route to New York/改变旅行～ change the route of a journey ❷（思想上、政治上或工作上所遵循的根本途径）line：违反政策～ violate the line of policy

【路障】（名）roadblock

【路子】（名）way；approach：杀出一条生存的～ fight one's way out

露 lù ❶（名）❶（凝结的水珠）dew：甘～ sweet dew ❷（用花、叶或果子蒸馏成的饮料）syrup ❷（动）（显露；表现）reveal；expose；show；betray：崭～头角 show promise/不～生色 show no trace of one's feeling 另见 863 页 lòu。

【露点】（名）dew point：～湿度表 dew-point hygrometer

【露水】（名）dew：～珠 dewdrops

【露天】（形）in the open；open-air；outdoors：在～晒衣服 dry clothes in the open air/参加～音乐会 attend an outdoor concert

【露营】（动）camp；encamp；bivouac：～示威 camp-in

lǘ

驴 lǘ（名）[动]（马科哺乳动物）donkey；ass：～车 donkey cart/～年马月 impossible date

lǚ

旅 lǚ ❶（名）❶（军队的编制单位）brigade：轻骑兵～ light brigade ❷（泛指军队）troops；force：军～之事 military affairs ❷（动）❶（在外地做客；旅行）travel；journey ❷（植物不种自生）self-grow ❸（副）（共同）together：～进～退 move forward and backward jointly

【旅伴】（名）travelling companion；fellow traveller

【旅程】（名）route；itinerary：登上～ start on a journey/缩短～ shorten one's journey

【旅店】（名）inn；hostel

【旅费】（名）travelling expenses

【旅馆】（名）hotel；tavern：找一家像样的～ try to find a decent hotel/建立一家现代化～ set up a modern hotel

【旅居】（动）reside abroad；stay abroad：这几张照片是我～成都时照的。 *These pictures were taken during my residence in Chengdu.*

【旅客】（名）hotel guest；traveller；passenger：长途～ long-distance passengers/接待外国～ accommodate foreign travellers/～登记卡 registration card

【旅社】（名）hotel；hostel：住在一家舒适的～ stay at a comfortable hotel

【旅途】（名）journey；trip：在回家的～中 during one's journey home/祝～愉快! Have a pleasant journey!

【旅行】（动）travel；journey；tour：独自～ travel alone/做蜜月～ take a honeymoon trip/保险 travel insurance/～袋 travelling bag/～社 travel service/～旺季 on season/～支票 traveler's check

【旅游】（动）tour；tourism：去上海～ go for a tour in Shanghai/发展～业 develop tourism

铝 lǚ（名）[化]aluminium

【铝合金】（名）aluminium alloy：～导线 aluminium alloy conductor

屡 lǚ（副）（屡次）repeatedly；time and again：～见不鲜 common occurrence

【屡次】（副）time and again；repeatedly：我～告诉你，你总是不听。 *I've told you time and again, but you never listened.*

【屡次三番】（副）time and again；time after time；again and again：我～提醒他要谨慎。

I've reminded him over and over again that he should be cautious.

缕 lǚ ㊀（名）（线）thread；细针密～ *delicate and fine needlework* ㊁（副）（一条一条；详详细细）in fine detail；条分～析 *make a careful and detailed analysis* ㊂（量）（用于细的东西）wisp；lock：一～头发 *a lock of hair*

履 lǚ ㊀（名）❶（鞋）shoe；布～ *cloth shoes* ❷（脚步）footstep ㊁（动）❶（踩；走）tread on；walk on；step on ❷（履行）fulfil；carry out；honour：～约 *keep an agreement*
【履历】（名）personal details；antecedents
【履行】（动）perform；fulfil；carry out：～义务 *fulfil one's obligations*／～公务 *perform one's official duty*

lǜ

律 lǜ ㊀（名）（法律；规则）law；rule；statute；regulation：起草新～ *draft a new law* ㊁（动）〈书〉（约束）restrain；discipline：～己甚严 *be strict with oneself*
【律师】（名）lawyer；barrister；attorney：辩护～ *a lawyer for the defense*／聘请～ *employ a lawyer*

绿 lǜ（形）（像草和树叶茂盛时的颜色）green：深～ *a deep green*
【绿宝石】（名）emerald；beryl
【绿灯】（名）❶（可通行的绿色灯光）green light ❷（准许前进）permission to go ahead with some project；green light：开～ *give the green light to*
【绿豆】（名）mung；mung bean：～芽 *mung bean sprouts*
【绿化】（动）make green by planting trees；afforest：～城市 *plant trees in and around the city*
【绿洲】（名）oasis

氯 lǜ（名）[化]chlorine
【氯化物】（名）chloride：～电解 *electrolysis of chloride*
【氯气】（名）[化]chlorine

滤 lǜ（动）（除去液体杂质）filter；strain：把水～一下再喝。*Filter the water before you drink it.*
【滤波器】（名）electric filter；wave filter
【滤纸】（名）[化]filter paper：定性～ *qualitative filter paper*

luán

孪 luán ㊀（名）（双生）twin ㊁（动）（变）change
【孪生】（名）twin：～姐妹 *twin sisters*／～子 *twin sons*

luǎn

卵 luǎn（名）（动、植物的雌性生殖细胞）ovum；egg；spawn：受精～ *a fertile egg*／产～ *lay eggs*
【卵石】（名）pebble；cobble：鹅～ *cobblestone*
【卵子】（名）[生]ovum；egg

luàn

乱 luàn ㊀（形）❶（无秩序；无条理）in a mess；confused；disordered：避免混～ *avoid confusion*／陷入一片混～ *fall into general disorder* ❷（心绪不宁）in a turmoil ㊁（名）❶（战争；武装骚扰）chaos；turmoil ❷（不正当的男女关系）promiscuity ㊂（动）（使混乱；使紊乱）confuse ㊃（副）（任意；随便）arbitrary：他在墙上～写。*He scribbled on the wall.*
【乱套】（动）〈方〉muddle things up；turn things upside down
【乱子】（名）（祸事；纠纷）disturbance；trouble；disorder：添～ *aggravate the trouble*／避免出现任何～ *avoid any trouble*

lüè

掠 lüè（动）❶（抢夺）ransack；plunder；pillage ❷（轻轻擦过或拂过）graze；sweep past：燕子～水而过。*The swallows skimmed over the water.*
【掠夺】（动）plunder；rob；pillage：～弱小国家 *plunder the weaker nations*
【掠取】（动）seize；grab；plunder：～别国资源 *plunder the resources of other countries*

略 lüè ㊀（名）❶（简单扼要的叙述）summary；outline；brief：和某人简～地谈 *be brief with sb.*／简～回答 *give a reply briefly* ❷（计划；计谋）strategy；plan：方～ *overall plan* ㊁（动）❶（夺取）capture；seize ❷（省去；简化）omit；delete；leave out ㊂（形）（简单）brief；sketchy；simple ㊃（副）（略微）slightly；just a little；somewhat：对某事～有所闻 *have heard a little about sth.*
【略略】（副）slightly；briefly：微风吹来，湖面上～起了点儿波纹。*The lake rippled gently in the breeze.*

L

【略图】（名）sketch map；sketch
【略微】（副）slightly；a little；somewhat：说话～有些快 *speak a little faster*／～有点儿失望 *be slightly disappointed*

lún

伦 lún（名）❶（人伦）human relations；ethics：～常之道 *normal human relations* ❷（条理；次序）logical sequence；order：语无～次 *speak incoherently* ❸（同类；同等）peer；match：不～不类 *neither fish nor fowl*

沦 lún（动）❶（沉没）sink：～于海底 *sink to the bottom of the sea* ❷（没落；陷入）decline；fall；be reduced to：～落到行骗的地步 *sink to cheating*／使某人沦～ *make sb. sink into depravity*
【沦落】（动）fall low；come down in the world：～异乡 *get lost in a strange land*／～街头 *be driven into the streets*
【沦陷】（动）be occupied by the enemy；fall into enemy's hands：使一座城市～ *reduce a city*／进入～区 *enter an enemy-occupied area*

轮 lún ❶（名）❶（轮子）wheel：坐在～椅里 *sit in a wheelchair*／推独～小车 *push a wheelbarrow* ❷（像轮子的东西）wheel-like object；ring；disc：年～ *annual ring* ❸（轮船）steamer；steamboat ❷（动）（依次一个接替一个）take turns：～番上阵 *take turns going to battle*／～班工作 *work by relays* ❸（量）❶（用于红日、明月等）：一～红日 *a red sun*／一～明月 *a bright moon* ❷（用于循环的事物或动作）round：第一～比赛 *the first round of the match*／新一～会谈 *a new round of talks*
【轮船】（名）steamer；steamship；steamboat
【轮渡】（动）ferry；火车～ *train ferry*
【轮换】（动）rotate；take turns；alternate：我们～着照料他。*We take turns looking after him.*
【轮廓】（名）outline；line；lineament：讲述某事的大概～ *describe the broad outline of sth.*
【轮流】（动）take turns；do sth. in turn；do sth. in rotation：～开车 *take turns driving*／～值日 *be on duty by turns*
【轮胎】（名）tyre；shoe：双层～ *two-ply tyre*／防滑～ *antiskid tyre*
【轮休】（动）have holidays by turns；rotate days off；stagger holidays
【轮子】（名）wheel：给～加油 *grease the wheels*

lùn

论 lùn ❶（名）❶（分析和说明事理的话或文章）opinion；view；idea；statement：评～文章 *a critical essay*／你这真是高～！*What a big idea you've got!* ❷（学说）theory；doctrine：维护进化～ *advocate the theory of evolution*／你了解分子运动～吗？*Do you know anything about the kinetic molecular theory?* ❸（文章等题目用语）dissertation；essay ❷（动）❶（分析和说明事理）discuss；argue；talk about：议～某件事 *talk about sth.*／辩～得头头是道 *argue with much reason* ❷（说；看待）mention；regard；consider ❸（衡量；评定）weigh；decide on ❸（介）（按照单位或类别）by；regarding；in terms of：～吨卖粮食 *sell grain by the ton*／～功提升 *offer a promotion to sb. by merit*
【论点】（名）argument；thesis：持相同的～ *hold the same view*／举例说明一个～ *illustrate an argument*／概括主要～ *sum up one's principal thesis*
【论调】（名）view；argument：陈腐的～ *a stock argument*／失败主义～ *a view of defeatism*
【论断】（动）inference；judgment；thesis：提出新的～ *proffer a new conclusion*／科学～ *scientific thesis*
【论据】（名）grounds of argument：～充分 *have sufficient grounds*／驳斥错误的～ *refute a fallacious argument*
【论述】（动）discuss；expound；relate and analyze：～一个问题 *discourse on a problem*
【论文】（名）thesis；dissertation；treatise；paper：交学期～ *hand in a term paper*／发表学术～ *have a learned dissertation*
【论证】❶（名）❶（论述过程）demonstration；proof ❷（论据）argument；argumentation ❷（动）（论述并证明）expound and prove
【论著】（名）treatise；works；book：一本权威性的～ *an authoritative book*／撰写学术～ *work on a scholarly work*

luō

啰 luō
【啰唆】（形）〈口〉（繁复）verbose；wordy；long-winded：做～的发言 *make a wordy speech*

luó

罗 luó ❶（名）❶（捕鸟的网）a net for catching birds：天～地网 *nets above and snares below* ❷（筛子）sieve；sifter；screen ❸（质地稀疏的丝织品）a kind of silk gauze ❷（动）❶（张网捕鸟）catch birds with a net ❷（陈列）spread out；display：～列象牙珍品 *set out or display precious ivory crafts* ❸（招请；搜集）

collect together ❹（过罗）sieve；sift ❺（量）
（十二打为一罗）a gross；twelve dozen
【罗列】（动）❶（分布；陈列）spread out；set
out：～在巨大的橱窗里 be displayed in a big
window ❷（列举）list；cite；enumerate：～许多
事实 cite many facts／～一大堆数字 list a
large number of figures
【罗马】（名）❶（古代罗马帝国）Roman ❷（意
大利首都）Rome
【罗网】（名）net；trap：陷入～ fall into a trap／
逃脱～ escape the net

萝 luó（名）［植］（通常指某些能爬蔓的植物）
trailing plants：藤～ Chinese wistaria
【萝卜】（名）turnip radish；turnip：～干儿 dried
radish

逻 luó ❶（动）❶（巡察）patrol ❷〈书〉（遮拦）
block ❺（名）❶（巡察）patrol ❷〈书〉（山溪的
边缘）edge
【逻辑】（名）logic：遵循～ follow logic／没有～
not governed by logic／～电路 logical circuit

锣 luó（名）（打击乐器）gong：鸣～ strike the
gong
【锣鼓】（名）❶（锣和鼓）gong and drum ❷（传
统的打击乐器）traditional percussion instru-
ments

骡 luó
【骡子】（名）mule

螺 luó（名）❶［动］（软体动物）spiral shell；
snail；conch：田～ field snail ❷（螺旋形的指
纹）whorl
【螺钉】（名）nut bolt；screw：十字槽～ Phillips
screw
【螺母】（名）nut；blind nut；cap nut：～垫圈
nut collar
【螺栓】（名）bolt；screw bolt；threaded bolt
【螺丝】（名）〈口〉screw：～帽 nut／～刀 screw-
driver
【螺旋桨】（名）screw propeller；propeller：飞机
～ aircraft propeller

luǒ

裸 luǒ（形）（露出；没有遮盖）exposed；na-
ked；bare；nude：赤～着双脚走路 walk in
one's bare feet／赤身一体 in the nude
【裸露】（形）uncovered；exposed；nude：走过～
的地板 walk across the bare floor
【裸体】（形）naked；nude：拍一照 take a pic-
ture of a nude／跳～舞 have a naked dance

luò

骆 luò（名）［动］（古书上指黑鬃白马）a white
horse with a black mane
【骆驼】（名）camel：～绒 camel hair cloth

落 luò ❶（动）❶（掉下）fall；drop：掉～ drop
out／滴～ fall in drops ❷（下降）go down：价
格猛～。Prices fell heavily. ❸（使下降）low-
er ❹（衰败；飘零）decline；come down：败～
come down in the world／堕～ go down in
degradation ❺（遗留在后面）lag far behind／～在…
后面 lag behind／～在…
后面 fall behind... ❻（停留；留下）stay；stop
over：～在树梢上 stay on a tree branch ❼
（归属）fall onto：责难～在某人身上 rest
blame on sb. ❽（得到）get；receive ❾（用笔
写）set ink ❺（名）❶（停留的地方）where-
abouts ❷（聚居的地方）settlement
另见 843 页 là。
【落潮】（动）ebb tide
【落成】（动）completion；be completed
【落地】（动）❶（落在地上）fall to the ground
❷（婴儿出生）be born
【落后】（动）❶（落在后面）fall behind；lag be-
hind：～三年 be behind three years／生产～
lag behind in production ❷（不先进）be
backward：～的看法 backward view／～思想
backward thoughts
【落户】（动）settle：在农村～ settle in the cou-
ntryside
【落空】（动）come to nothing；fail；fall
through：努力～ fail in one's attempt／计划
～ fail in one's scheme
【落泪】（动）shed tears；weep
【落难】（动）（遭受灾难；陷入困境）meet with a
misfortune；encounter difficulty：为某人的～
而悲伤 cry over one's misfortune／使某人～
bring misfortune on sb.
【落日】（名）setting sun：～余晖 light of the
setting sun
【落实】（动）❶（切合实际）practicable；work-
able ❷（确定）fix in advance；make sure：～
事实 check out the facts／～出发日期 fix the
date for departure ❸（实现）carry out；fulfil；
implement：～政策 put the policies into
practice ❹〈方〉（安稳）feel at ease
【落网】（动）fall into the net；be caught；be
captured：不幸～ unfortunately fall into the
net
【落选】（动）fail to be chosen；fail to be elec-
ted：在选举中～ fail to carry an election

M

mā

妈 mā（名）❶〈口〉（母亲）ma；mum；mummy；mother ❷（称长一辈或年长的已婚妇女）a form of address for a married woman one generation one's senior ❸（旧时称中年或老年的女仆）a form of address for a middle-aged or old maidservant

【妈妈】（名）〈口〉ma；mum；mummy；mother

抹 mā（动）❶（擦）rub；wipe：~一把脸 wipe one's face ❷（用手按着向下移动）slip sth. off：~掉帽子 slip one's cap
另见 885 页 mǒ；885 页 mò。

【抹布】（名）rag

má

麻 má ㊀（名）❶（麻类植物的统称）a general term for hemp；flax；jute ❷（麻类植物的纤维）fibre；hemp；flax；jute：用~纱织布 weave cloth with yarn of flax ❸（芝麻）sesame ❹［医］（麻醉法）anaesthesia ㊁（形）❶（表面不平；不光滑）rough：墙壁有些~糙. The walls are a bit rough. ❷（带细碎斑点的）pockmarked：长着一张~脸 be with a spotty face／出水痘成了~子 be pockmarked by chicken pox ❸（感觉麻木）numb；tingle：脚~了 feel pins and needles in one's feet

【麻痹】（动）❶（神经系统的病变引起的身体某一部分知觉能力和运动机能丧失）to affect with paralysis；palsy：全身~ have general paralysis／患小儿~ infect infantile paralysis ❷（使丧失警惕；疏忽大意）benumb；lull：~大意 lower one's guard and become careless

【麻烦】㊀（形）（费事）troublesome；inconvenient：避免~ avoid trouble／摆脱~事 get out of trouble ㊁（动）（使费事）put sb. to trouble；trouble sb.：尽量不~别人 try not to bother others

【麻花】㊀（名）（一种油炸面食品）fried dough

twist ㊁（形）〈方〉（衣服磨损成要破没破的样子）worn smooth and shining

【麻利】（形）（敏捷）quick and neat：手脚~ be keen and quick in one's work

【麻雀】（名）sparrow：捉~ catch sparrows

【麻醉】（动）❶［医］（用药物或针刺等方法使整个机体或机体一部分暂时失去知觉）anaesthetize；narcotize；anaesthetization：~后不省人事 lose one's consciousness with an injection of anaesthetic／进行全身~ anaesthetize sb. generally ❷（使人认识模糊）anaesthetize；poison：~青少年 corrupt the minds of youngsters

mǎ

马 mǎ ㊀（名）［动］（哺乳动物）horse：喂~ feed a horse／骑~ ride a horse ㊁（形）（大）big：~勺 ladle

【马鞍】（名）bridge piece；saddle：~形 the shape of a saddle

【马车】（名）carriage；coach；cab；cart

【马达】（名）（电动机）motor

【马到成功】（成）（形容迅速取得胜利）win success immediately upon arrival：一帆风顺~ proceed without meeting difficulties and accomplish immediately

【马虎】（形）（草率；敷衍；疏忽大意；不细心）careless；casual；perfunctory：做某事~ do sth. carelessly

【马克思主义】（名）Marxism：~哲学 Marxist philosophy

【马拉松】㊀（名）（指马拉松赛跑）marathon：举行~比赛 hold a marathon race ㊁（形）（比喻时间持续得很久的）marathon

【马力】（名）［物］horsepower

【马铃薯】（名）potato；white potato

【马马虎虎】（形）❶（马虎；草率）palter with sth.；careless；casual：你最近工作有些~。You've been slack in your work recently. ❷（凑合；将就；勉强）fair to middling

【马匹】（名）horse
【马赛克】（名）（嵌镶小瓷砖）mosaic
【马术】（名）horsemanship
【马戏】（名）circus：～团 circus troupe
【马靴】（名）gambado；riding boots；jackboots

吗 mǎ

【吗啡】（名）（由鸦片制成的镇痛剂）morphine；morphia

码 mǎ ➊（动）（表示数目的符号或用具）a sign or object indicating number；code ➋（量）❶（指一件事或一类事）一～事 the same thing ❷（英美制长度单位）yard ➌（动）〈口〉（堆叠）pile up；stack：～砖 stack bricks／～木头 pile up wood
【码头】（名）❶（停船的地方）wharf；dock；pier ❷〈方〉（商业城市）port city

mà

骂 mà（动）❶（用粗野或恶意的话侮辱人）call names；abuse；curse：肆意～ 某人 heap abuse on sb.／把某人痛～一顿 shower abuse on sb. ❷（斥责）scold；condemn；rebuke：～某人行为不良 condemn sb. for bad conduct／～某人失职 rebuke sb. for his neglect of duty

mái

埋 mái（动）（盖住）cover；bury；lay：～地雷 lay a mine／活～某人 bury sb. alive
另见 870 页 mán。
【埋藏】（动）❶（藏在土中）lie hidden in the earth；bury：山下～着金子。Gold lies hidden beneath the mountain. ❷（隐藏）hide；conceal：～心头 nurse in one's bosom
【埋伏】（动）❶（秘密布置兵力，伺机出击）ambush；lie in wait：中敌人的～ be attacked from the enemy's ambush／避开敌人的～ elude the enemy's ambush ❷（潜伏）hide；lie low
【埋没】（动）❶（埋起来）bury；cover up：足迹被～了。The footprints were covered up. ❷（使显不出来）neglect；stifle：～人才 stifle real talents／她的音乐天赋被～了。Her talent for music was neglected.
【埋头】（动）（专心；下功夫）immerse oneself in；be engrossed in：～工作 immerse oneself in work／～过小日子 bury oneself in the easy life of one's small family
【埋葬】（动）bury：被隆重地～ be reverently buried

mǎi

买 mǎi（动）（拿钱换东西）buy；purchase；ask for；get：～东西 buy things／他这辆车～得便宜。He bought that car cheap.
【买方】（名）buyer；purchaser；vendee：到～市场询问行情 go to the buyer's market to inquire about quotations
【买卖】（名）❶（生意）buying and selling；business；deal：～公平 be fair in buying and selling／做成一笔～ make a deal ❷（商店）shop：办起自己的～ set up one's shop／在城里开了几家～ open several shops in the city
【买主】（名）customer；buyer；bargainee：～过多 buyers over

mài

迈 mài ➊（动）（提脚向前走；跨）step；stride；pass：～过界线 stride over the boundary／～过小溪 step across a stream ➋（形）（老）old；年～ aged ➌（名）（英里）mile：这卡车 1 小时走 70 ～。This truck can go 70 miles per hour.
【迈步】（动）take a step；make a step；step forward：～走上主席台 step up to the rostrum
【迈进】（动）stride forward；forge ahead：～新纪元 stride forward into a new epoch

麦 mài（名）❶［植］（麦类统称）a general term for wheat ❷［植］（专指小麦）wheat
【麦克风】（名）microphone；mike
【麦片】（名）oatmeal：～粥 oatmeal porridge
【麦芽】（名）malt：～糖 malt sugar
【麦子】（名）wheat；barley

卖 mài（动）❶（拿东西换钱）sell：～掉某物 sell sth. away／零～ sell at retail ❷（出卖）betray：～主求荣 betray one's master for personal gain ❸（故意表现）do one's best／尽量用出来；不吝惜）do one's best／show off
【卖方】（名）the selling party；seller；vendor：寻找～市场 look for a seller's market／与～达成协议 make a deal with the seller
【卖国】（动）betray one's country；turn traitor to one's country：～投降 capitulate and engage in national betrayal
【卖力】（动）❶（尽量使出自己的力量）exert oneself to the utmost；spare no effort；do all one can：～气帮助某人 exert all one's strength to help sb. ❷（出卖劳动力）live by the sweat of one's brow
【卖弄】（动）show off；parade：～本领 parade

M

one's abilities/~学问 show off one's knowledge

【卖身】(动)❶(卖自己或家人)sell oneself or a member of one's family ❷(出卖灵魂或肉体)sell one's body;卖艺不~ sell art but not body

【卖淫】(动)prostitution

【卖主】(名)seller;bargainor;~市场 seller's market

脉

脉 mài (名)❶(动脉和静脉的统称)arteries and veins ❷(脉搏的简称)pulse;病人的~很弱。The patient's pulse was weak. ❸(像血管的组织;连贯成系统的东西)vein

【脉搏】(名)pulse;sphygmus;他的~每分钟100次。His pulse was one hundred beats per minute./这部小说把握了我们时代的~。The novel throbs with the pulse of our times.

【脉冲】(名)impulse;pulse;~计数器 pulse counter/~信号 pulse signal

mán

埋 mán
另见 869 页 mái。

【埋怨】(动)complain;blame;grumble;murmur at;~气候 complain about the climate/~食物不好 grumble at one's food/因某事~某人 blame sb. for sth.

蛮 mán ❶(名)(我国古代称南方的民族)an ancient name for southern nationalities ❷(形)(粗野;凶恶;不通情理)boorish;rough;fierce;胡搅~缠 argue tediously and vexatiously ❸(副)〈方〉(很;挺)very;quite;pretty

【蛮干】(动)act rashly;act recklessly;be foolhardy;违反自然规律~ be foolhardy by violating the natural law

【蛮横】(形)rude and unreasonable;arbitrary;~地拒绝做某事 refuse to do sth. arbitrarily/服务态度~ serve people rudely

馒 mán

【馒头】(名)steamed bun;steamed bread

瞒 mán (动)(隐瞒实情)hide the truth from;conceal;~天过海 try to deceive everybody

【瞒哄】(动)deceive;pull the wool over sb.'s eyes

mǎn

满 mǎn ❶(形)❶(全部充实;达到容量的极点)full;filled;packed;~是花香 be full of the fragrance of flowers/~纸空言 be empty

phrases on a scrap of paper/~屋是人。The room is packed with people. ❷(满足)satisfied;contented;content;~意 be satisfied with.../~足 be content with... ❸(骄傲)conceited;complacent;content;~招损。Pride leads to loss or downfall. ❷(动)(使满)fill;~上杯子 fill up the cup ❸(副)❶(很;挺)very;rather;quite;~好看 be quite good-looking/~有意思 be very interesting ❷(完全)completely;entirely;perfectly;~有感 have a good impression entirely/~够格 be completely qualified ❹(名)(满族)the Man nationality

【满不在乎】(成)make nothing of...;be totally unconcerned;do not mind at all;装作~ pretend not to worry at all/对某事~ be indifferent to sth.

【满额】(动)fulfil the quota;征兵~ fulfil the quota of conscription/未达~ fail to fulfil quotas

【满腹】(动)be full of;have one's mind filled with;~牢骚 be full of complaints about sth./~忧愁 be full of sorrow/~经纶 be possessed of learning and ability

【满怀】❶(动)(心中充满)have one's heart filled with;be imbued with;~对知识的渴望 have one's heart filled with a longing for knowledge/~热情 make a warm-hearted effort/~信心 be full of confidence/~豪情 be filled with boundless pride ❷(名)(整个前胸部分);撞了个~ bump right into sb.

【满意】(动)be satisfied;be pleased;得到~的消息 get satisfactory news/取得~的结果 realize satisfactory results/对自己~ be pleased with oneself

【满员】(动)❶(部队人员达到规定人数)at full strength ❷(乘客等达到规定名额)all seats taken;2号车厢已经~。No. 2 carriage is full.

【满载】(动)❶(运输工具装满了东西)loaded to capacity;fully loaded;laden with;fully laden;~货物 be loaded with cargo/~而归 return fully loaded ❷(机器、设备在额定负载的情况下工作)full-load

【满足】(动)❶(感觉足够)be satisfied;content;be contented;得到精神上的~ have satisfaction for the soul ❷(使满足)satisfy;fulfil;wreak;meet;~某人愿望 satisfy the desire of sb. /~精神需求 meet the needs for the soul

【满座】(动)capacity audience;capacity house;full house;天天~ have a full house every day/~高朋。The whole audience is *full of men of wisdom.*

màn

曼 màn（形）❶（柔和）graceful; soft and beautiful: ~妙而舞 *dance lithely and gracefully*/音乐～美. *The music has lyric and melody.* ❷（长）prolonged
【曼延】（动）（连绵不断）draw out; stretch

谩 màn（形）（轻慢，没有礼貌）disrespectful; rude
【谩骂】（动）hurl invectives; fling abuses: ~命运 *rail against fate*/~无济于事. *It is no use flinging abuse.*

蔓 màn ❶（名）（细长不能直立的茎）a ten-drilled vine ❷（动）〈书〉（蔓延; 滋长）creep; spread; extend
【蔓延】（动）❶（向周围扩展）creep; spread; extend; sprawl: 控制灾情～ *keep the condition of a disaster from spreading*/有～的趋势 *have the tendency to spread* ❷（传染; 侵扰）infest

漫 màn ❶（动）（水满外流）overflow; flood; brim over; inundate: 洪水～过房屋. *The flood overflowed houses.*/水从槽中～出. *The water brimmed over its sink.* ❷（形）❶（到处都是; 遍）all over the place; everywhere: ~江碧透. *The whole stream was emerald green.* ❷（不受约束; 随便）unrestrained; free; random; casual: ~无目标 *be of random*/~无限制 *be without any limit*
【漫不经心】（成）pay no heed to...; wanting in care; in a careless way; careless; casual; negligent: ~地看一眼 *cast a casual glance*/对未来～ *be careless about future*
【漫步】（动）stroll; ramble; roam: ~校园 *take a walk on campus*/沿街～ *roam through the streets*/庭中～ *have a stroll in one's garden*
【漫长】（形）very long; endless: 走过～而曲折的道路 *take a long and torturous course*/熬过～的等待 *put up with a long wait*
【漫画】（名）caricature; cartoon
【漫漫】（形）very long; endless: ~长夜 *endless night*/路～. *The road is endless.*
【漫谈】（动）random talk; informal discussion: ~人生观 *discuss the outlook on life informally*
【漫无边际】（成）❶（非常广阔; 望不到边的）boundless; limitless: ~的海洋 *the immense sea*/~的沙漠 *a vast expanse of desert* ❷（谈话，写文章没有中心，离题甚远）straying far

from the subject; rambling: ~的长篇大论 *a long rambling talk*/谈话～ *be discursive in one's speech*
【漫游】（动）（随意游玩）go on a pleasure trip; roam; rove; wander: 骑自行车～ *go on a pleasure trip on one's bike*

慢 màn ❶（形）❶（速度低; 走路、做事等费的时间长）slow: ~手～脚 *be slow in doing things*/干事～ *be slow at one's work* ❷（态度冷淡，没有礼貌）supercilious; rude ❷（动）（从缓）postpone; defer: ~点儿吃饭，来得及. *Don't rush through your meal.*/这件事以后我会～～跟你讲的. *I shall tell you about this a couple of days later.*
【慢车】（名）slow train; milk train: ~道 *slow-traffic lane*
【慢慢】（副）slowly; leisurely; gradually: ~腾腾 *loiteringly slow*
【慢走】（动）❶（不要着急走）don't go yet; stay; wait a minute ❷（用于送别时）goodbye; take care

máng

忙 máng ❶（形）（事情多; 不得空）busy; bustling: ~于做某事 *be busy with sth.*/~得不可开交 *be fully occupied* ❷（动）（急迫不停地，加紧地做）hurry; hasten; bustle: ~下结论 *jump to a conclusion*/~着赶往某地 *hasten to the place*
【忙碌】（动）be busy; bustle about; get one's hand full: 度过～的一生 *lead a busy life*/为做某事而～ *bustle about doing sth.*

盲 máng ❶（形）（看不见东西; 瞎）blind: 半～ *be half-blind*/全～ *be utterly blind* ❷（副）（不加思考地; 胡乱地）blindly
【盲动】（动）act blindly; act rashly: ~性 *rashness in action*
【盲目】（形）blind: ~服从 *obey blindly*/~乐观 *be unrealistically optimistic*/~做事 *do sth. blindly*/爱使人变得～. *Love is blind.*
【盲人】（名）blind person: ~摸象 *draw a conclusion from incomplete data*
【盲文】（名）braille; braille alphabet: ~图书馆 *braille library*

茫 máng（形）❶（形容水或其他事物无边际，看不清楚）boundless and indistinct; widespread and unclear: 失业后感到前途渺～ *feel that one's prospects are bleak after being out of work* ❷（无所知）ignorant; in the dark; at sea: ~然 *be in the dark*

【茫茫】（形）boundless and indistinct；vast：～白雪 a boundless expanse of white snow/大海～。There is a vast expanse of sea./～苍天。Vast is the blue sky.

【茫然】（形）ignorant；vacant；blank；in the dark；at a loss：～不知 be utterly ignorant of.../～无言以对 be at a loss about what to say/～若失 lose oneself in a reverie

mǎng

莽 mǎng ●（名）（密生的草）rank grass；thick weeds ●（形）❶（鲁莽）rash；reckless：是个～汉 be a boorish fellow ❷〈书〉（大）vast

【莽撞】（形）crude and impetuous；thrust；sassy；rush；rash：举止～ be rash in one's manners

蟒 mǎng（名）[动]（蟒蛇）boa；python

māo

猫 māo ●（名）[动]（哺乳动物）cat ●（动）〈方〉（躲藏）hide oneself；go into hide：他一听我们来了，就赶紧～了起来。As soon as he heard us coming，he quickly hid himself somewhere.

【猫头鹰】（名）owl；cat owl

máo

毛 máo ●（名）❶（动、植物的皮上长的丝状物；鸟类的羽毛）hair；down；feather；fur：羊～ wool/这马长得一身好～。The horse has a fine coat of hair. ❷（东西上长的霉）mildew ❸〈口〉（一元的十分之一；角）ten cents ●（形）❶（粗糙；未加工的）rough；crude ❷（不纯净的）gross ❸（小）little；small ❹（做事粗心；不细致）careless；rash：～～糙糙 be careless ❺（惊慌）flurried；scared；frightened：吓～了/发～了 fell flurried ●（动）❶（指货币贬值）depreciate：钱～了。Money has devalued. ❷〈方〉（发怒；发火）get angry；flare up

【毛病】（名）❶〈方〉（疾病）illness；disease：腿有～ have trouble in the leg ❷（故障）trouble；mishap；breakdown：手表有～了。There is a defect in the watch. ❸（缺点）shortcoming；defect；fault：～多 be full of shortcomings/犯粗心的～ commit the error of carelessness

【毛糙】（形）crude；coarse；careless：活儿做得～ do one's work crudely

【毛发】（名）hair：～悚然 with one's hair standing on end

【毛巾】（名）towel；loop towel：～架 towel rail or rack

【毛料】（名）woollen cloth；woollens

【毛毯】（名）woollen blanket；carpet

【毛线】（名）knitting wool；woolen yarn；hand knitting：打～ do knitting work

【毛衣】（名）woollen sweater；sweater；woolly

【毛躁】（形）❶（性情急躁）short-tempered；irritable ❷（不沉着；不细心）rash and careless

【毛毡】（名）felt；hair felt

【毛织品】（名）❶（毛料）wool fabric；woollens ❷（编织物）woollen knitwear

【毛重】（名）rough weight；gross weight

矛 máo（名）（古代兵器）spear；lance；pike

【矛盾】（名）●（相互依赖而又相互排斥的关系）contradiction：～的普遍性 the universality of contradiction/～的转化 the transformation of a contradiction ●（动）（泛指相互抵触，互不相容）contradict；in contradiction with：～重重 be beset with numerous contradictions/自相～ be contradictory

【矛头】（名）bunt；spearhead：～直指… aim one's arrow directly at...

茅 máo

【茅房】（名）latrine

【茅屋】（名）thatched cottage；shed

锚 máo（名）（铁制的停船设备）anchor

【锚地】（名）（停泊地）anchor ground；anchorage；road

mǎo

铆 mǎo ●（动）（铆接）rivet ●（名）（铆接时锤打的操作）riveting：对接～ butt riveting

【铆钉】（名）rivet；clinch；clinch bolt：～距 rivet pitch/开口～ bifurcated rivet

【铆工】（名）riveting man；riveter

mào

茂 mào（形）❶（茂盛）luxuriant；profuse；exuberant：～木繁花 flourishing trees and flowers/～草繁木。Trees and grass grow luxuriantly. ❷（丰富精美）rich and splendid：声情并～ be excellent in both voice and affection

【茂密】（形）dense；thick：松树～。The pine trees are thick./草木～。The trees and grass are thick.

【茂盛】（形）luxuriant；flourishing；exuberant；plenitude：庄稼长得～。The crops are flour-

ishing./花开得～。*The flowers are blooming exuberantly.*

冒 mào ⊖（动）❶（向外透；往上升）emit；give off；sent up：～出香味 *give off delicious smell*/～着黑烟 *emit black smoke* ❷（不顾）risk；brave：～火救人 *have the courage to go in a blaze to save sb.* /～着枪林弹雨 *brave the gunfires* /～大不韪 *go in the face of public opinion or statutes* ⊜（副）❶（冒失；冒昧）boldly；rashly ❷（冒充）pretendedly；falsely；fraudulently：～用他人身份 *claim the identity of others fraudulently*

【冒充】（动）pretend to be；pass sb. or sth. off as：～百万富翁 *pose as a millionaire* /～记者 *pass oneself off as a journalist*

【冒犯】（动）give offence；offend；affront：当众～某人 *give an insult to sb. in public*

【冒号】（名）[语]colon

【冒进】（动）prematurely advance；rashly advance

【冒昧】（形）〈谦〉（指言行不顾地位、能力、场合是否合适）make bold；venture；take the liberty：～行事 *rush upon an affair heedlessly* /～提出要求 *venture to make a request* /给某人写信 *take the liberty of writing to sb.*

【冒牌】（形）imitation brand；imitation；fake：是～货 *be pirated goods* /～货必须禁止。*Pirated goods must be prohibited.*

【冒险】（动）（不顾危险）take a risk；take chances；risk；adventure；venture：～做事 *run the risk of doing sth.*

贸 mào（名）（贸易）trade

【贸易】（名）trade：影响～ *affect trade* /扩大～ *extend trade* /从事海外～ *conduct overseas trade* /额 *volume of trade* /逆差 *unfavourable balance of trade* /～协定 *trade agreement*

帽 mào（名）❶（帽子）cap；hat；helmet ❷（作用或形状像帽子的东西）cover；cap-like things

【帽子】（名）❶（头上用品）cap；hat：戴上～ *put on a hat or cap* ❷（罪名或坏名义）label；tag；brand：摘掉文盲的～ *rid oneself of the label of "illiterate"*

貌 mào（名）❶（相貌）looks；appearance；face：～美 *have attractive appearance* /～不虚传 *be as beautiful as is said to be* ❷（外表的形象；样子）appearance；manner；aspect；外～不整 *present a seedy and slovenly appearance* /换了面～ *take on a new look*

【貌似】（动）be seemingly；seem：～强大 *be powerful only in appearance* /～忠厚 *appear to be honest*

méi

没 méi ⊖（动）❶（不领有；不具有）not have：她～有珠宝首饰。*She doesn't have jewelry.* ❷（不存在）there is not；be without ❸（不及；不如）not be as good as：你～他高。*You are not so tall as he is.* /人能在学习上赶上他。*No one is good as he is in studies.* ❹（不够；不到）less than：这男孩～到 10 岁。*The boy is under ten.* /这婴孩～满月呢。*The baby is less than one month old.* ⊜（副）（否定动作或状态已经发生，有"不曾"的意思）no；not；never

另见 885 页 mò。

【没错儿】（动）❶（可以肯定；确实）I'm quite sure；you can rest assured：～，此话是我说的。*There is no denying that these were what I said.* /～，就是他干的。*You can rest assured that he is the one that did it.* ❷（不会错）can't go wrong：照说明书做，～。*Just follow the directions. You can't go wrong.*

【没法子】（动）can do nothing about it；can't help it：～，只好下岗 *can't help it but go off one's post* /～，只好打工 *can do nothing about it but do odd jobs*

【没关系】（动）It doesn't matter；It's nothing；That's all right；Never mind：我多干一会儿活～。*I don't mind working a while longer.*

【没命】（动）❶（死亡）lose one's life；die：差点儿～ *nearly lose one's life* ❷（拼命）do sth. recklessly；do sth. desperately；do sth. like mad；do sth. for all one's worth：～地看书 *read like mad* /～地挣钱 *earn money for all one's worth*

【没事】（动）❶（没有工作；空闲）have nothing to do；be at leisure；be at a loose end：一天到晚～干 *be at a loose end all day long* /这段时间～，去度假 *go for a holiday as one is free these days* ❷（没关系）it doesn't matter；it's nothing；that's all right；never mind：他刚才还生气呢，现在就～儿了。*He is all right again but a moment ago he was angry.* /"让你受惊了。""～儿。" *"Sorry to have startled you." "Never mind."*

【没有】（动）❶（无）not have；there is not；be without：我身上～钱。*I don't have money on me.* /～过不去的河。*There is no river that can't be crossed.* ❷（不及；不如）not so ...as：谁都～他精明。*No one is as astute*

as he is. ❸(不到)less than；回家～一个月就
走了 stay at home for less than a month ❹
（表示"已然"、"曾经"的否定，未）did not；
have not：饭还～做好呢。The meal is not
ready yet.
【没辙】（动）〈方〉can find no way out；be at the
end of one's rope；be hopeless

玫 méi

【玫瑰】（名）[植]rose：～多刺。The rose is
prickly.

眉 méi（名）❶（眉毛）eyebrow；brow：描～
pencil the eyebrows／～来眼去 exchange love
glances with sb. ❷（书页上方的空白处）the
top margin of a page
【眉开眼笑】（成）look cheerful；be all smiles；
beam with joy：得满分使某人～ be all smiles
when sb. got the full marks

梅 méi（名）❶[植]（蔷薇科落叶乔木）plum
❷（梅花）plum blossom ❸（梅子）plum
【梅毒】（名）[医]syphilis
【梅花】（名）❶（梅树的花）plum blossom：～傲
雪 plum blossoms defying frost and snow／～
针 plum-blossom needle ❷〈方〉（蜡梅）win-
tersweet

媒 méi（名）❶（媒人）matchmaker；go-be-
tween：做～ act as a matchmaker ❷（媒介）
intermediary：风～ wind pollination
【媒介】（名）intermediary；medium；vehicle：新
闻～ news media／利用～ utilize the medium
【媒婆】（名）woman matchmaker

煤 méi（名）（黑色固体矿物）coal：一块烧红的
～ a live coal／炉子上添点儿～。Put some
coal on the fire.
【煤层】（名）coal rake；coal seam；coal bed
【煤场】（名）coal yard
【煤焦油】（名）coal tar
【煤矿】（名）coal mine；colliery：～工人 coal
miner
【煤气】（名）coal gas；gas：你家烧～吗？Do
you use a gas stove at home？／～管 gas
pipe／～灶 gas range
【煤田】（名）coal field：～地质学 coal geology
【煤窑】（名）coal pit
【煤油】（名）kerosene；paraffin：～灯 kerosene
lamp

霉 méi ❺（名）（霉菌）mould；mildew：被～菌
毁了 be ruined by mildew ❻（形）（变质）
mouldy；mildewed：发～ be mouldy／～变
become mildewy

每 měi ❺（代）（指全体中的任何一个或一组）
every；each；per：～星期五 every Friday／节约
～一分钱 save every penny ❻（副）（表示反复
动作中的任何一次或一组）often；every：～逢
春节，我都要去看老师。I always go to see my
teachers during the Spring Festival.
【每当】（副）whenever；every time
【每时每刻】（名）all the time；at all times

美 měi ❺（形）❶（美丽；好看）beautiful；
pretty：～观大方 be beautiful and dignified／
～如鲜花 be as pretty as a flower ❷（令人满
意；好）satisfactory；satisfying；good；pleas-
ing：～酒佳肴 good wine and dainty dishes／
日子过得～ live quite happily ❻（动）❶（使
美丽）beautify；prettify ❷〈方〉（得意）pride
oneself upon；be pleased with oneself：收入丰
厚，～得不得了 be pleased with oneself with
a liberal income ❼（名）❶（指美洲）short for
America ❷（指美国）the United States of
America
【美称】（名）laudatory title；good name：杭州有
人间天堂的～。Hangzhou enjoys the reputa-
tion of being heaven on earth.
【美德】（名）virtue；moral excellence：培养…的
～ cultivate the virtue of.../有值得尊重的
～ have an estimable virtue
【美观】（形）beautiful；pleasing to the eye；ar-
tistic：穿着～大方 be dressed elegantly／设计
～ be designed beautifully
【美国】（名）the United States：～人 American
【美好】（形）fine；happy；glorious：憧憬～未来
yearn for a glorious future／享受～人生 en-
joy a life of happiness
【美景】（名）beautiful scenery；fine view：西湖
～ the enchanting scenery of the West Lake
【美丽】（形）beautiful：让我们的青春更～。
Let's make the days of our youth as beautiful
as they can！
【美满】（形）happy；perfectly satisfactory：生活
～ lead a happy life／祝某人幸福～ wish sb.
every happiness
【美妙】（形）beautiful；splendid；wonderful：青
春～。Youth is wonderful.／感觉～至极。
The sensation is simply wonderful.
【美名】（名）good name；good reputation：英雄
～天下扬。A hero's good name spreads far
and wide.
【美人】（名）beautiful woman；beauty：～计
beauty trap／～芳草 beautiful woman and
fragrant grass

【美容】❶(动)(使容貌美丽)improve one's looks ❷(名)(美容术)cosmetology
【美容师】(名)beautician
【美容院】(名)beauty parlor
【美术】(名)❶(造型艺术)the fine arts;art:~人型 artist figurine/~工作者 art worker/~馆 art gallery/~家 artist/~设计 artistic design/~字 art lettering ❷(绘画)painting
【美味】❶(名)(味道鲜美的食品)delicious food;delicacy ❷(形)(味美)delicious;dainty;tasty
【美元】(名)American dollar;U. S. dollar

mèi

妹 mèi (名)❶(妹妹)younger sister ❷(亲戚中同辈而年纪比自己小的女子)sister

媚 mèi ❶(动)(有意讨人喜欢;巴结)flatter;toady to;fawn on;curry favour with:~上骄下 fawn on and please superiors and be arrogantly contemptuous to inferiors ❷(形)(美好;可爱)pleasing;enchanting;fascinating:~人的景色 be an enchanting scenery

魅 mèi (名)(传说中的鬼怪)goblin;evil spirit;demon
【魅力】(名)glamour;charm;enchantment;fascination:音乐的~ the magic of music/他是个很有~的男人。He's a very attractive man./永恒的~ unfailing charm

mēn

闷 mēn ❶(动)❶(使不透气)cover tightly ❷(不说话)be tongue-tied;stop speaking:~不作声 keep silent/有什么事,总~在心里 always keep silent with a troubled heart ❸(待在屋里,不去外面)shut oneself or sb. indoors:~在屋里看书 shut oneself indoors reading ❷(形)❶(气压低或空气不流通)stuffy;close:天气太~热。It's so oppressive./卫生间里太~。The air is too stuffy in the closet. ❷(方)(声音不响亮)muffled;dull in sound
另见 875 页 mèn。
【闷气】(形)stuffy;close
【闷热】(形)frowsty;stuffy;sultry;muggy

mén

门 mén ❶(名)❶(房屋、车船等的出入口)entrance;exit;door;gate:走南~ use the south entrance/~禁森严。The gate is strict-

ly guarded. ❷(形状或作用像门的东西)switch;valve ❸(门径;关键)way;method;access ❹(家;家族)family;house:~无杂宾 never associate with bad companions/满~抄斩 destroy sb.'s whole family ❺(宗教、学术思想上的派别)school;sect ❻(事物的分类)category;class ❷(量)(用于大炮、功课、技术等):一~大炮 a piece of artillery/两~课 two subjects
【门房】(名)❶(看门用的房子)gate house ❷(看门人)gatekeeper;doorman;janitor
【门岗】(名)gate sentry
【门口】(名)(门跟前)entrance;doorway;threshold;door;gate:走过学校~ walk past the school entrance/把客人送到~ see the guest to the door
【门类】(名)class;kind;category
【门帘】(名)door curtain;portiere;curtain
【门路】(名)❶(达到个人目的的途径)pull;social connections:找~ solicit help from potential backers/有~ know the right places to go to get sth. done ❷(做事的诀窍)knack;way;know-how:找到~ catch the knack of.../广开生财~ tap new sources of making money
【门牌】(名)❶(钉在大门外的牌子)number plate ❷(房子号码)house number
【门票】(名)entrance ticket;admission ticket:~一元 one yuan for each ticket
【门市】(名)retail sales:~部 retail department
【门厅】(名)vestibule;hallway
【门诊】(动)treat outpatients;provide outpatient service:~时间 consulting hours/~部 clinic

mèn

闷 mèn (形)❶(心情不舒畅;心烦)depressed;vexed;sad and silent:~得发慌 be bored beyond endurance/~出病来 be depressed into illness ❷(密闭;不透气)sealed;airtight:屋子里空气污浊,使人憋~。The air in the room is so impure and vile that one can hardly breathe.
另见 875 页 mēn。
【闷闷不乐】(成)feel depressed;be depressed in spirits:他~,满腹心事。He was in low spirits and laden with anxiety.
【闷气】(名)the sulks:生~ be sulky

mēng

蒙 mēng ❶(动)❶(欺骗)cheat;deceive;

dupe;cozen:～下欺上 *deceive one's superiors and dupe one's subordinates* ❷（胡乱猜测）make a wild guess:～对了 *make a lucky guess*/瞎～ *give a random guess* ❸（形）（昏迷）unconscious;senseless:脑袋发～ *feel one's head swimming*
另见 876 页 méng。

【蒙蒙亮】（形）first glimmer of dawn;daybreak:天～就进行锻炼 *do physical exercise at daybreak*

【蒙骗】（动）deceive;cheat;hoodwink;delude:～消费者 *cheat consumers*

【蒙头转向】（成）lose one's bearings;be utterly confused:乍一到新地方,有点儿～ *have some difficulty finding one's way on arriving at a new place*/使敌人～ *make the enemy utterly confused*

méng

萌 méng ㊀（动）❶（萌芽）sprout;shoot forth;germinate ❷（开始;发生）start;occur:故态复～ *slip back into one's old ways* ❸〈书〉（锄去）hoe ㊁（名）（植物的芽）bud;sprout;shoot

蒙 méng ㊀（动）❶（遮盖）cover;overspread:～头盖脸 *cover one's face*/～被而睡 *sleep with one's head covered by a quilt* ❷（受到）encounter;come under;receive;meet with:～您教诲,顿开茅塞。*Your excellent advice has enlightened me.*/～您热情招待,十分感谢。*Thank you very much for your having received us cordially.* ㊁（名）（蒙昧）ignorance;illiteracy
另见 875 页 měng。

【蒙蔽】（动）hoodwink;deceive;darken;fool;swindle;hide the truth from:一时受了～ *be hoodwinked for the moment*/不再受～ *no longer be deceived*

【蒙混】（动）deceive or mislead people:～过关 *get by under false pretences*/～别人 *mislead others*/～自己 *deceive oneself*

【蒙受】（动）suffer;sustain:～不白之冤 *be unjustly accused*/～精神上的痛苦 *suffer mental agony*

盟 méng ㊀（名）❶（宣誓缔结;联合）alliance:加～ *enter into alliance with...*/保持联～ *maintain an alliance* ❷（内蒙古自治区的行政区域）league ㊁（形）（旧时指拜的）sworn:～兄 *sworn brothers*

【盟邦】（名）allied country;ally

【盟国】（名）allied country;ally

【盟军】（名）allied forces;allied armies;allies

【盟约】（名）oath of alliance;treaty of alliance:废除～ *abrogate the oath of alliance*

朦 méng

【朦胧】（形）❶（月光不明）dim moonlight;hazy moonlight:～的月色给人以神秘感。*The dim moonlight made one feel a sense of mystery.* ❷（不清楚）obscure;dim;hazy:～地听到音乐声 *hear the sound of music dimly*/有过～的意识 *have hazy notions of...*/烟雨～。*It is misty and rainy.*/景色～。*The view is hazy.*

měng

猛 měng ㊀（形）（猛烈）fierce;valiant;violent;vigorous:水势很～。*The flow of flood is fierce.* ㊁（副）❶（忽然;突然）suddenly;abruptly:～地听到门响 *hear a sudden knock on the door*/～地吼一声 *shout suddenly*/～来个急转弯 *take a sharp turn abruptly* ❷（强烈;猛烈）fiercely;violently

【猛不防】（副）by surprise;unexpectedly;suddenly;unawares:～抓住某人 *catch sb. unawares*/～冒出一句 *make an utterance suddenly*

【猛进】（动）push ahead vigorously:学业～ *make a rapid progress in one's studies*/科技发展突飞～。*Science and technology have made huge strides.*

【猛力】（副）vigorously;with sudden force;jam on:～把门踹开 *kick the door open with sudden force*/～往前冲 *dash forward*

【猛烈】（形）fierce;vigorous;violent:～地振动 *quake fiercely*/～地摇晃 *shake vigorously*

【猛士】（名）brave warrior

锰 měng（名）[化]manganese

【锰钢】（名）manganese steel

mèng

孟 mèng ㊀（名）（指农历一季的第一个月）the first month of a season ㊁（形）（旧时在兄弟排行里最大的）eldest

【孟子】（名）Mencius

梦 mèng ㊀（名）（睡眠时脑中的表象活动）dream:～中惊醒 *wake startled from a dream*/做白日～ *have a daydream* ㊁（动）（做梦）dream:～见 *dream about*

【梦话】（名）❶（睡梦中说的话）words uttered in one's sleep ❷（胡言乱语）daydream;non-

sense
【梦幻】（名）illusion；dream；reverie：丢掉～ cast away illusions／陷入～ fall in a reverie
【梦境】（名）dreamland；dreamworld；dream：走出～ be out of dreamland／仿佛置身于～ be as if in a dreamworld
【梦想】（动）❶（幻想；妄想）dream of；vainly hope；pipe dream；woolgathering：～ 财富和幸福 have dreams of wealth and happiness／～好事儿 vainly hope for happy events ❷（渴望）fond dream；earnest wish：～成真 realize one's dream
【梦游症】（名）sleepwalking；night-walking；somnambulism

mí

弥 mí ❶（动）❶（遍布；充满）overflow；fill：～天要价 open one's mouth too wide／撒～天大谎 tell a monstrous lie ❷（填满；填补）fill：～补水堤的裂口 plug up a hole in the dyke ❸（形）（满）full；whole ❹（副）（更加）more
【弥补】（动）make up；remedy；make good；offset；make reparation：～失去的时间 make up for lost time／～缺陷 remedy a defect／～不足 make up the deficiency
【弥漫】（动）suffuse；pervade；veil；fill the air；spread all over the place：春意～。Spring reigns everywhere.／烟雾～。Smoke and fog fill the air.

迷 mí ❶（动）❶（分辨不清；失去判断力）be confused；lose one's way；get lost：～失正确方向 lose one's correct bearings／神色～惘 put on a perplexed look ❷（沉醉于）be fascinated by；indulge in；be crazy about：～上踢球 be crazy about playing football／～上这位美丽少女 be fascinated by the beautiful young girl ❸（使看不清；使迷惑；使陶醉）confuse；perplex；fascinate；enchant ❷（名）（沉醉于某一事物的人）fan；enthusiast；fiend
【迷航】（动）drift off course；lose one's course；get lost
【迷惑】（动）puzzle；confuse；perplex：～不解 be baffled and puzzled／～人心 confuse the masses
【迷恋】（动）be infatuated with；madly cling to；have an infatuation for：～某人 be crazy for sb.
【迷路】（动）（迷失道路）miss one's way；lose one's way；get lost；go the wrong way：在森林里～ lose one's way in the forest
【迷失】（动）lose：～方向 lose one's bearings
【迷雾】（名）❶（浓厚的雾）dense fog ❷（使人

迷失方向的事物）anything that misleads people
【迷信】❶（名）（信仰神仙鬼怪）superstition；superstitious beliefs；blind faith：破除～ abolish superstition／信仰～ believe in superstition ❷（动）（盲目地信仰崇拜）have blind faith in；make a fetish of：～权威 have blind faith in authority

谜 mí（名）❶（谜语）riddle：猜～ answer a riddle／出～ propose a riddle ❷（尚未弄明白或难解之事）enigma；conundrum；mystery；puzzle：是永恒的人生之～ be the eternal riddles of life／仍是一个～ be wrapped in mystery
【谜语】（名）riddle；conundrum

mǐ

米 mǐ ❶（名）❶（稻米）rice ❷（泛指去壳或皮的可吃种子）shelled or husked seed ❷（量）（公制长度的主单位）metre
【米饭】（名）rice；cooked rice
【米黄】（形）cream-coloured
【米酒】（名）rice wine
【米粒】（名）rice grains
【米制】（名）metric system

mì

秘 mì ❶（形）（秘密的）secret；mysterious：公开～方 make a secret recipe known to the public／发现某事～诀 discover the secret of sth.❷（动）（保守秘密）keep sth. secret；hold sth. back：～不可解 be wrapped in mystery ❸（名）（秘书）secretary ❹（副）（私下；暗地）secretly
【秘方】（名）secret recipe；secret prescription
【秘密】（形）secret；clandestine；confidential：～会议 secret meeting／军事～ a military secret／～活动 clandestine activities
【秘书】（名）secretary：～长 secretary general

密 mì ❶（名）❶（秘密）secret：～谈 hold private counsel／～约 reach agreement in private ❷［纺］（密度）density ❷（形）❶（距离近；空隙小）close；dense；thick：～ 如雨点 be as thick as hail／～～麻麻 be close and numerous ❷（关系近；感情好）intimate；close：他们是～友。They are bosom friends.／他们在亲～交谈。They are talking intimately.❸（精致；细致）delicate；fine；careful ❸（副）（秘密地）secretly
【密闭】（形）be airtight；be hermetic：～容器

airtight container

【密度】（名）❶（密集的程度）density；thickness：人口的相对～ the relative thickness of population ❷［物］（物体的质量和其体积的比值）density

【密封】（动）seal up；seal；seal airtight；seal hermetically：～舱 sealed cabin/～试卷 seal up test papers/～垫圈 sealing washer

【密集】（形）concentrated；crowded together；dense；close；intensive：对敌人进行～包围 closely surround the enemy/人群～。The crowd is dense.

【密件】（名）confidential paper；confidential；classified matter

【密林】（名）jungle；dense crop

【密码】（名）cipher；cypher；cryptogram；cipher code；secret code；code：知晓～ know the cipher/发～电报 send cipher telegram

【密谋】（名）conspire；plot；scheme；conspiracy：～叛变 conspire to defect/～政变 plot a coup

【密切】（形）❶（关系近）close；intimate：与某人关系～ be close with sb. ❷（重视）careful；intent；close：～关注某事 pay close attention to sth./值得～注意 deserve careful attention

【密使】（名）secret envoy；secret emissary

【密谈】（动）secretly talk；talk behind closed doors

【密探】（名）secret agent；spy；stool pigeon；undercover man；nark

【密友】（名）close friend；fast friend；intimate friend；bosom friend

【密约】（名）secret agreement；secret treaty

幂 mì ❶（名）❶〈书〉（覆盖东西的巾）cloth cover ❷［数］（表示一个数自乘若干次的形式）power：～函数 power function/～指数 power exponent ❷（动）〈书〉（覆盖；罩）cover with cloth

蜜 mì ❶（名）❶（蜂蜜）honey ❷（像蜂蜜的东西）honey-like things ❷（形）（甜美）sweet；honeyed：甜言～语 honeyed words

【蜜蜂】（名）honeybee；bee

【蜜饯】（名）preserves；sweetmeats；sweet paste；succade；candied fruit

【蜜月】（名）honeymoon：度～ spend a honeymoon

mián

绵 mián ❶（名）（丝绵）silk floss ❷（形）❶（绵延）continuous：～长 be very long/连～ be uninterrupted ❷（柔软）soft；lithe：～软的

枕头 a soft pillow/某人是～里藏针。One is outwardly mild and gentle but inwardly strong.

【绵绵】（形）continuous；unbroken：～不绝 remain unbroken/情思～。One's tender regards are endless./细雨～。The drizzle is continuous.

【绵软】（形）❶（柔软）soft：～衣被 soft clothes and quilts/～的纸张 soft paper ❷（身体无力）weak：身体～ be weak

【绵羊】（名）sheep

【绵纸】（名）tissue paper

棉 mián ❶（名）❶（草棉和木棉的统称）a general term for cotton and kapok ❷（棉花）cotton ❷（形）（填棉絮的）cotton-padded；quilted：～袄 cotton-padded jacket

【棉布】（名）cotton cloth；cotton

【棉花】（名）cotton：种～ grow cotton/把～纺成纱 spin cotton into yarn

【棉毛衫】（名）cotton jersey

【棉织品】（名）cotton goods；cotton textiles；cotton fabrics：穿～ wear clothes made of cotton fabric/用～ use cotton goods

miǎn

免 miǎn （动）❶（去掉；除看）dismiss；relieve；remove：～刑 exempt from punishment/～试入学 enter the college without sitting for the entrance examinations ❷（避免）avoid；escape：避～灾祸 avert an accident/～受制裁 escape from punishment ❸（免去）excuse sb. from sth.；exempt from；dispense with：～掉某人的负担 relieve sb. of his load/市长被～去职务。The mayor was removed from his office. ❹（不允许；不可；不要）not allowed：闲人～进。Admittance to staff only.

【免除】（动）❶（免去）prevent；avoid：～隐患 remove a hidden peril/～水旱灾害 prevent droughts and floods ❷（免掉）remit；excuse；exempt；relieve：～债务 remit a debt/～给予某人的处分 exempt sb. from punishment

【免得】（副）so as not to；so as to avoid：～走弯路 avoid taking a roundabout course

【免费】（名）free of charge；cost free；free；gratis：～入学 go to school free of charge

【免票】❶（名）（不收费的票）free ticket；free pass ❷（动）（免费）free of charge

【免税】（动）free of duty；exemption from duty；be duty-free；be tax-free：购买～商品 purchase duty-free goods

【免职】（动）remove sb. from office；relieve sb. of his post

勉 miǎn（动）❶（努力）endeavour to；exert oneself；strive：奋～ make a determined effort ❷（勉励）encourage；urge：互～ encourage one another ❸（力量不够而尽力做）force oneself to work hard：～～强强 be with half a heart

【勉励】（动）encourage；urge：～某人拼搏 urge sb. to go all out／～孩子学习 encourage a child in his studies

【勉强】❶（形）❶（尽力）with an effort；with difficulty：～及格 scrape through the examination ❷（不心甘情愿）reluctant；grudging：～一笑 force a smile／请客 be reluctant to give a dinner party ❸（刚刚够）barely enough：工资只能～维持生活。We can eke out a bare living with the salary.❷（动）（强迫）force sb. to do sth.：凡是别人不愿意做的事，就不要～他。Never force a person to do what he does not want.

缅 miǎn ❶（形）（遥远）remote；farback ❷（名）〈书〉（细丝）fine filament ❸（动）❶（沉思）ponder ❷（卷）turn

【缅甸】（名）Burma：～人 Burmese

【缅怀】（动）cherish the memory of；think of；recall：～往事 recall past events with deep feeling／～革命先烈 cherish the memory of our revolutionary martyrs

腼 miǎn（名）〈书〉（指人的脸）face

【腼腆】（形）shy；bashful：接受面试，有些～ be shy while being interviewed

miàn

面 miàn ❶（名）❶（头的前部；脸）face：～无表情 put on a blank look／～如桃花。Her face was like a peach blossom.／～红过耳 flush up to one's ears ❷（物体的表面）surface；top：～儿磨得很光。The surface has been polished shining bright.❸（外露的一层或正面）outside；cover ❹〔数〕（几何学上称线移动所形成的图形）surface ❺（部位或方面）side；aspect ❻（范围）extent；range ❼（粉末）powder ❷（动）（向着）face：～南坐北 face south with one's back to the north／～水背山 face the waters with mountains behind ❸（形）❶〈方〉（食物纤维少而柔软的）soft and floury ❷（表面的）superficial ❹（副）（当面）personally；directly：～商 consult personally／向某人～授机宜

personally instruct sb. on the line of action to pursue ❺（量）❶（用于扁平的物件）：一～锦旗 a silk banner ❷（用于会见的次数）：见过一～ have met once

【面包】（名）bread；～碟 bread plate

【面对】（动）face；confront：～而坐 sit facing each other／～事实 face up to the facts／～面 face-to-face

【面额】（名）（票面数额）denomination：小～纸币 notes of small denominations

【面粉】（名）wheat flour；flour：～厂 flour mill

【面积】（名）〔数〕area：棉花种植～ the acreage under cotton

【面颊】（名）cheek；chap

【面孔】（名）face；map：～严肃 put on a stern expression／她的～涨得通红。Her face blushed.

【面临】（动）be faced with；be confronted with；be up against；frontage：～激烈竞争 confront fierce competition／～重大选择 be up against vital choice

【面貌】（名）❶（相貌）face；features；looks；lineament；visage：～清秀 have delicately modeled features／～丑陋 have an ugly face ❷（事物所呈现的景象、状态）appearance；look；aspect：社会～ the social physiognomy of...／～焕然一新 assume an entirely new aspect

【面前】（名）in face of；in front of；before：在困难～不低头 not yield to difficulties／把某人叫到～ call sb. in the face of...

【面商】（动）discuss with sb. face to face；consult personally；take up a matter with sb. personally

【面食】（名）cooked wheaten food

【面谈】（动）speak to sb. face to face；take up a matter with sb. personally

【面条】（名）noodles

【面向】（动）❶（朝着）turn one's face to；turn in the direction：～观众表演 turn one's face to the spectators and give a performance ❷（使适合）be geared to the needs of；cater to：～群众 meet the needs of the masses

【面值】（名）❶（票据等上面标明的金额）par value；face value；nominal value ❷（纸币面额）denomination

miáo

苗 miáo（名）❶（初生的种子植物）seedling；sprout；shoots：育～ grow seedlings／拔～ lift seedlings ❷（初生的饲养动物）the young of some animals；撒鱼～ toss fish fry

【苗圃】（名）nursery；nursery garden

【苗条】(形)slender；slim：保持～ keep oneself slim/为了身材～而节食 go on a diet so as to stay slim
【苗子】(名)❶(苗)young plant；seedling：麦～ wheat seedlings/青～ young crops ❷(比喻继承某种事业的年轻人)young successor：是个好～ be a good young successor/发现～ discover young successors

描 miáo (动)❶(照底样画)copy；depict；trace：～一幅画 copy a picture/～图样 copy designs ❷(在原来颜色淡或需改正之处重复涂抹)retouch；touch up：这个字母写得太轻了看不清，再～一下。Please retouch the letter, for it can hardly be seen clearly.
【描画】(动)draw；paint；depict；describe：～出美好的前景 paint a bright future
【描绘】(动)describe；display；depict；portray：生动地～某地生活 depict the life of a place vividly/非语言所能～ defy description
【描述】(动)describe；represent：～在战争中的经历 describe one's experience in the war/～某人的模样 give a description of sb.
【描图】(动)tracing：～纸 tracing paper
【描写】(动)describe；depict；portray：～女主人公的内心世界 describe the internal world of the heroine/这段～非常生动。This description is very vivid.

miǎo

秒 miǎo (量)❶(时间计量单位)second ❷(弧或角度以及经纬的计量单位)second
【秒表】(名)stopwatch；chronograph
【秒针】(名)second hand

渺 miǎo (形)❶(渺茫)distant and indistinct：这是一个荒岛，～无人迹。This is a deserted island which is remote and uninhabited./这件事的成功，～若烟云。The success of this matter is as vague as mist.❷(浩渺)extending into the distance：太湖的湖水浩～，使人感到心胸非常开阔。The water in Lake Tai is so vast that one can't help feeling boundless.❸(渺小)insignificant；negligible；tiny；petty：～不足道 be insignificant
【渺茫】(形)❶(因遥远而模糊不清)distant and indistinct；vague：某人音信～ not hear from sb.❷(因没有把握而难以预期)uncertain：遇难者生还的希望～。There is little hope for the victims to survive.
【渺小】(形)tiny；negligible；paltry；very small：我所做的事情是～的。What I have done is not worth mentioning.

藐 miǎo ❶(动)(轻视；小看)despise；slight；ignore；look down upon ❷(形)(小)very small；tiny；petty
【藐视】(动)despise；look down upon；treat with contempt：～法律 defiance of law
【藐小】(形)tiny；negligible；insignificant；paltry

miào

妙 miào (形)❶(好；美妙)fine；wonderful；excellent；extraordinary：～不可言 be too wonderful for words/简直～极了。It's simply wonderful.❷(神奇；巧妙；奥妙)exquisite；ingenious；clever：～答问题 answer a question ingeniously
【妙计】(名)excellent plan；wonderful idea；brilliant scheme：顿生～ an idea occurs to sb. suddenly/使用～ make use of a brilliant scheme
【妙诀】(名)a clever way of doing sth.；knack
【妙用】(名)magical effect：小小银针，大有～。A tiny acupuncture needle can work wonders.

庙 miào (名)❶(旧时供祖宗神位或神佛、历史名人的处所)temple；shrine；joss house：龙王～ Temple of the Dragon King ❷(庙会)temple fair：赶～会 go to the fair
【庙宇】(名)temple

miè

灭 miè (动)❶(熄灭)go out：篝火渐渐熄～了。The campfire died out gradually./一盏明灯突然熄～了。A bright light went out suddenly.❷(使熄灭)extinguish；put out；turn off：睡前～灯。Please put out the lights before you go to sleep./人走灯～。Turn off the light when you leave.❸(淹没)submerge；inundate；drown ❹(消亡；灭亡)destroy；perish ❺(使不存在；使消灭)wipe out；blot out；exterminate：～门绝户 exterminate everyone in the family/杀人～口 silence a witness by killing him
【灭顶之灾】(成)catastrophe
【灭火】(动)❶(把火弄灭)outfire；put out a fire：～器 fire extinguisher ❷(使发动机熄火)cut out an engine
【灭亡】(动)be destroyed；become extinct；遭到～ meet destruction/逃不脱～的命运 be doomed to destruction

蔑 miè

蔑 miè ㊀（动）❶（轻视；小看）belittle；disdain；slight：轻～ disdain ❷（诽谤）smear；insult；诬～ slander；calumniate；vilify ㊁（形）（小）little；small ㊂（副）（无；没有）not；nothing；none：～以复加 in the extreme

【蔑视】（动）despise；show contempt for；scorn：～荣华富贵 show contempt for glory, honour and riches

mín

民 mín ㊀（名）❶（人民）the people：～脂～膏 flesh and blood of the people/～富国强。The people are wealthy and the country is powerful. ❷（某族的人）a member a nationality：汉～ the Han people ❸（从事某种职业的人）a person of a certain occupation：农～ peasants/渔～ fisherman ❹（非军人）civilians：公～ citizen/平～ civilians ㊁（形）❶（民间的）folk：～歌 folk song/～俗 folk custom ❷（非军事的）civilian；civil：～用品 civilian products/～用船 a small boat for civilian use

【民办】（形）run by the local people；civilian-run：～学校 a school run by the local people/～企业 an enterprise operated by the local people

【民法】（名）civil law：～学 science of civil law

【民航】（名）（民用航空）civil aviation：～机 civil aircraft

【民间】（名）（劳动人民中）among the people；popular；folk：～传说 popular legend/～习俗 folk custom ㊁（形）（非官方的）nongovernmental：是个～组织 be a nongovernmental organization/开展～贸易 establish people-to-people trade

【民警】（名）people's police；people's policeman：当～ serve as people's police

【民权】（名）civil rights；civil liberties；democratic rights：争取～ strive for civil liberties/保护～ protect civil liberties

【民事】（名）relating to civil law；civil：是～责任 be civil liability/处理～纠纷 deal with civil litigation/～案件 civil case/～诉讼 civil action

【民心】（名）popular feelings；popular sentiments：～所向 the common aspirations of the people/失去～ lose the support of the people

【民政】（名）civil administration：～局 bureau of civil affairs

【民众】（名）the masses of the people；the common people；the populace：教育～ educate the populace

【民主】㊀（名）（人民在政治上享有的自由发表意见，参与国家政权管理的权利）democracy；democratic rights：～党派 democratic parties/～原则 the principles of democracy ㊁（形）（合于民主原则）democratic：营造～氛围 create democratic atmosphere

【民主党派】（名）democratic parties

【民主集中制】（名）democratic centralism

【民族】（名）nation；nationality：少数～自治 autonomy of minority nationalities/～团结 unity among nations

mǐn

敏 mǐn（形）（灵敏；敏捷）quick；agile；smart；nimble：～而好学 be bright and fond of studying/听觉灵～ be quick of hearing

【敏感】（形）sensitive；susceptible；tactful：对讽刺很～ be very susceptible/对冷热极其～ be extremely sensitive to cold and heat

【敏捷】（形）quick；nimble；sharp；agile：思维～ be mentally quick/动作～ be quick in action

【敏锐】（形）sharp；acute；keen：听觉极其～ have extremely sensitive ears/嗅觉～ have a keen sense of smell

míng

名 míng ㊀（名）❶（名字；名称）name；appellation：起～ name a person/在…上签～ sign one's name on... ❷（名声；名誉）fame；reputation：～弛中外 win fame both at home and abroad/出～ achieve reputation ❸（名义）name：～存实亡 cease to exist except in name/～是实非 be only an empty title ㊁（动）❶（说出）describe；express：不可～状 beggar description/莫～其妙 make neither head nor tail of... ❷（名字叫作）given name ㊂（形）（出名的；有名声的）famous；well-known；notable：～山大川 well-known mountains and rivers/受～家指点 be instructed by famous experts ㊃（量）（用于人）：两～教师 two teachers

【名册】（名）register；roll：找出～查询 find the roll and inquire about...

【名称】（名）name；designation；nomenclature；definition

【名词】（名）❶[语]（表示人或事物名称的词）noun；substantive ❷（术语）term；phrase：化学～ chemical term ❸[逻]（表达三段论法结构中概念的词）name

【名单】（名）name list；roster：入伍～ list of recruits/保存～ keep the name list

【名额】(名)the number of people assigned or allowed;quota of people:提职～ the quota of people to be promoted /～有限。The number of people allowed is limited.

【名贵】(形)famous and precious;rare:发现～真迹 find famous and precious authentic work/保存～物品 preserve rare things

【名利】(名)fame and gain;fame and wealth;fame and money:～双收 gain both fame and wealth/淡泊～ not seek fame and wealth

【名牌】(名) ❶(出名的牌子)famous brand; designation strip;placard;prestige:上～大学 go to a prestigious university/吸～香烟 have famous-brands of cigarettes ❷(写着人名、地名等的牌子)nameplate;name tag:举着～的那个人是来接我的。The man who is holding the nameplate has come to meet me.

【名胜】(名)a place famous for its scenery or historical relics;monument;scenic spot:～古迹 scenic spots and historical sites

【名望】(名)fame and prestige;good reputation;renown:享有～ enjoy fame and prestige/失去～ lose one's good reputation

【名誉】 ●(名)fame;reputation:～扫地 be discredited/影响国家的～ affect the country's reputation ●(形)(名义上的)honorary:～会员 honorary member

【名著】(名)famous book;famous work;masterpiece;masterwork:购买～ purchase famous books /收藏～ collect and store up famous works

明

míng ●(形)❶(明亮)bright;brilliant;light:～月 bright moon/～灯 a bright light ❷(明白;清楚)clear;distinct:问～白 make a clear inquiry about.../黑白分～ make a clear distinction between white and black ❸(公开;显露在外;不隐蔽)open;overt;visible;apparent:～着竞争 have open competition/～枪交战 attack by overt means ❹(眼力好;眼光正确;对事物现象看得清)clear-sighted;discerning:这小伙子很精～强干。The guy is intelligent and capable. ❺(心地光明)aboveboard;candid;honest ●(动)(懂得;了解)understand;comprehend;know:～大义 be clear on matters of principle/不～是非 confuse right and wrong ●(名)❶(视觉)sight ❷(次于今年、今天的)immediately following in time:～晨 tomorrow morning/～春 next spring

【明暗】(名)light and shade:～度 shading value

【明白】 ●(形)❶(清楚;明确)clear;obvious;plain:讲得～易懂 speak clearly and simply/这是大家都～的。This is plain to everybody. ❷(懂道理)sensible;reasonable ❸(公开的,不含糊的)frank;unequivocal;explicit:～提出意见 state one's opinions openly/和某人讲～了 be frank with sb. ●(动)(懂得)know;understand:～利害 know the consequence of sth.

【明摆着】(形)obvious;clear;plain:是～的事儿。It's as clear as daylight. /道理是～的。The truth is evident.

【明处】(名)❶(明亮的地方)where there is light:找个～坐下 sit where there is light/把某物拿到～ bring sth. to the light ❷(公开场合)public occasion:有意见摆在～ air one's complaints in the open/把事做到～ do sth. in public

【明晃晃】(形)gleaming;shining:～的刺刀 gleaming bayonets

【明净】(形)bright and clean;clear and bright:～的橱窗 a bright and clean shop window

【明朗】(形)❶(光亮)bright and clear:～的月色 bright moonlight/～的秋色 the bright and clear autumn ❷(明显)clear;obvious:态度～ adopt an unequivocal attitude/分界线～ there is a clear demarcation line between... ❸(开朗;爽快)forthright;bright and cheerful:布置得～ be decorated with bright and cheerful things/格调～ have a sanguine style

【明亮】(形)❶(光线足)light;well-lit;bright:～的商店 a well-lit shop/～的教室 a bright classroom ❷(发亮的)bright;shining:～的星星 shining stars/～的餐具 shining dinner sets ❸(明白)become clear:心里～了许多 straighten out one's thinking

【明媚】(形)bright and beautiful;radiant and enchanting:～的阳光 bright and beautiful sunshine/～的夏日 a radiant and enchanting day in summer

【明明】(副)obviously;undoubtedly;plainly:～是诬陷某人 frame a case against sb. plainly/这～是你干的,你抵不了赖。This is obviously you doing, you can't deny it.

【明年】(名)next year

【明确】 ●(形)(明白确定)clear and definite;clear-cut;explicit;unequivocal:指示～ give explicit directions/目的～ have a clear aim ●(动)(使明白确定)make clear;make definite:～学习目的 be clear about the purpose of one's study/～自己的立场 clarify one's stand

【明天】(名)❶(明日)tomorrow ❷(不远的将来)the near future:光辉灿烂的～ a bright future

【明显】(形)clear;obvious;evident;sharp;distinct:有～进步 have made marked progress/有～好转 take an evident turn for the better/有～提高 increase remarkably

【明信片】(名)postcard;postal card:寄～ send postcards/收到～ receive a postcard

【明星】(名)star:想当～ dream of being a star/追逐～ pursue the stars

【明月】(名)bright moon:～高挂。The moon rode high in the sky./秋空～ the silvery bright moon in the clear autumn sky

【明知】(动)know perfectly well;be fully aware:～故犯 commit a crime purposely/～故问 ask while knowing the answer

【明智】(形)sensible;sagacious;wise:是个～的人 be a sensible person/采取～举措 take sagacious measures

【明珠】(名)bright pearl;jewel:～美玉 brilliant pearls and beautiful works in jade/～暗投 fling a gleaming pearl into the darkness

鸣 míng (动)❶(鸟兽或昆虫叫)cry:蜂～。The bees buzzed. ❷(发出声音;使发出声音)sound;make a sound:～金收兵 beat the gongs and withdraw the army/～鼓而攻 drum and attack ❸(表达;发表)express;voice:～叫屈 voice complaints and grievances/～不平 complain of unfairness

【鸣笛】(动)whistle;blow:火车～。The train whistled./～志哀 sound the siren in mourning

冥 míng ❶(形)❶(昏暗)dark;obscure ❷(深奥;深沉)profound;abstruse;deep:～思出神 be in a brown study ❸(糊涂;愚昧)stupid;benighted ❷(名)(迷信者称人死后进入的世界;阴间)the underworld;the nether world

【冥王星】(名)[天]Pluto

【冥想】(动)muse;deep thought;be in meditation:歌声把我们带到对草原的～中去了。On hearing the song, I fell into a reverie about the grasslands.

铭 míng ❶(名)(在器物上的刻印文字)inscription:纪念碑上刻着感人的碑～。There is touching inscription on the monument. ❷(动)(在器物上刻字纪念)engrave;inscribe:～镌于心 imprint on one's heart

【铭记】(动)engrave on one's mind;always remember:～国耻 always remember national humiliation/～不忘 be branded on one's memory

【铭刻】❶(名)(刻在器物上的文字)inscription ❷(动)(铭记)engrave on one's mind;engrave:～在心 be engraved in memory

mìng

命 mìng ❶(名)❶(生命;性命)life:～为志存 live for fulfilment of one's aspiration/是某人的～根子 be the very life of sb. ❷(命运)fate;lot;fortune;destiny:～不该绝 be not fated to die/～中注定 be decreed by fate ❸(命令;指示)order;command:从～ obey a command/待～ await orders ❷(动)❶(命令;指派)order;appoint:～某人速归 order sb. to return immediately ❷(给予名称等)assign:～题 assign a topic

【命令】(动)order;command;direct;instruct:～某人做某事 order sb. to do sth./～某人离开某地 order sb. out of a place

【命名】(动)denominate;nomenclature;name:以发明者的名字～ be named after its inventor/被～为战斗英雄 be named as a combat

【命题】(动)(出题目)assign a topic;set a question:给作文～ assign a subject for composition

【命运】(名)destiny;fate;lot;fortune:人类的～ man's lot/决定一生的～ decide the destiny of a lifetime/～捉弄人。Fate always teases people.

【命中】(动)hit the target;score a hit:～靶心 hit the bull's-eye/未～ fail to score the hit

miù

谬 miù ❶(形)(错误;差错)wrong;false;absurd;mistaken;erroneous ❷(名)(差错)falsehood;error

【谬论】(名)fallacy;false theory;falsehood;absurd theory:散布～ spread absurd theories/揭露～ expose a fallacy

【谬误】(名)falsehood;error;fallacy;mistake:发现～ detect an error/消除～ get rid of mistakes

mō

摸 mō (动)❶(触摸)feel;stroke;touch:跳起来～树枝 jump to touch the tip of a twig/丝绸～上去很软。Silk feels soft. ❷(用手探取;寻找)feel for;fumble;grope for:～着路走 feel one's way/～着扶梯上楼 feel the staircase and go upstairs ❸(试着了解)try to get at;feel out;sound out;～出做某事经验 *gain experience of doing sth.*/～～某人的意见 *sound sb. on the question of...*

【摸底】（动）（了解底细）know the real situation;sound sb. out;举行～考试 *hold a selective examination*/对某事不～ *know little about sth.*

【摸索】（动）❶（试探着）grope;feel about;fumble;～前进 *feel one's way into...*/在口袋中～着找票 *grope in one's pocket for the ticket* ❷（寻找）try to find out;～出某事的规律 *try to find out the secret of sth.*

mó

摹 mó（动）（照着样子写或画;模仿）trace;copy

【摹写】（动）❶（照样子写）copy;imitate the calligraphy of ❷（描写）describe;depict;～人物情状 *depict characters in various situations*

模 mó ⊜（名）❶（法式;规范;标准）model;pattern;standard ❷（指模范）model ⊜（动）（仿效）imitate;copy
另见 886 页 mú。

【模范】（名）an exemplary person or thing;model;fine example;～党员 *model member of the Communist Party*/树立～ *set a good example for imitation*

【模仿】（动）imitate;copy;model oneself on;simulate;pattern;in imitation of;～言谈方式 *imitate the speech patterns*

【模糊】⊜（形）（不清楚）dim;vague;indistinct;obscure;fuzzy;blurred;～不清 *be blurred and indistinct*/思想～ *have a vague idea on...* ⊜（动）（混淆）blur;obscure;confuse;mix up;把两个概念搞～了 *obscure the distinction between two concepts*

【模拟】（动）imitate;simulate;analogy;in imitation of;～练习 *do simulated exercises*/～训练 *train by the model of imitation*

【模特儿】（名）model;时装～ *a fashion model*/摄影～ *a photographic model*

【模型】（名）❶（仿制实物）model;pattern;设计～ *design a model*/提供～ *supply a model* ❷（制砂型的工具）mould;pattern ❸（模子）model set;mould pattern;type

膜 mó（名）❶［生］（像薄皮的组织）membrane;鼓～ *tympanic membrane* ❷（像膜的薄皮）film;thin coating

摩 mó（动）❶（摩擦;接触）rub;scrape;

stroke ❷（研究切磋）mull over;study

【摩擦】⊜（动）（互相接触的两个物体做来回相对运动）rub;chafe ⊜（名）❶［物］（相互接触的两个物体在接触面上发生阻碍相对运动的现象）friction ❷（因利害冲突而引起的明争暗斗）friction;conflict;clash;工作中的～ *conflicts in work*

【摩托】（名）motor;～车 *motor bicycle*/～船 *motorboat*

磨 mó（动）❶（摩擦）rub;wear;～拳擦掌 *rub one's palms together in impatience*/把鞋～出洞来 *wear one's shoes out into holes* ❷（用磨料磨物体使光滑或达到其他目的）grind;mull;polish;～刀 *grind a knife*/～斧头 *have an axe to grind* ❸（折磨）grind down;wear down;棱角都被～没了 *wear down one's horns after suffering repeated setbacks*/被疾病折～得衰弱不堪 *be worn down by illness* ❹（纠缠）trouble;annoy;pester;～着某人干某事 *pester sb. for doing sth.* ❺（消磨;磨灭）die out;obliterate;efface;这种高尚的精神百世不～。*The noble spirit will not die out for centuries.* ❻（消耗时间;拖延）waste time;～工夫 *consume time*/～时间 *dawdle away one's time*
另见 886 页 mò。

【磨蹭】（动）❶（轻微摩擦）lightly rub;～掉鞋上的泥 *rub one's shoe on the ground to scrape the mud off it* ❷（行动缓慢）dawdle;move slowly;～着往前走 *move slowly forward* ❸（纠缠）pester;worry;keep on at

【磨床】（名）［机］grinding machine;grinder;高精度～ *high precision grinder*

【磨灭】（动）wear away;efface;obliterate;留下难以～的印象 *leave an indelible impression*

【磨蚀】（动）wear,grind,rub away by friction

【磨损】（动）wear and tear;abrasively wear;abrase;wear;～得很厉害 *show serious signs of wear and tear*

蘑 mó（名）［植］（蘑菇）mushroom

【蘑菇】⊜（名）（食用菌类）mushroom;agaric ⊜（动）❶（故意纠缠）worry;pester;keep on at;别跟我～了,我还有急事呢。*Don't pester me. I've got something urgent to attend to.* ❷（拖延时间）dawdle;dillydally;play for time

魔 mó ⊜（名）（魔鬼）devil;demon;evil spirit;fiend;monster;是混世～王 *be a fiend in human shape*/～鬼缠身 *be possessed by the devil* ⊜（形）（神秘;奇异）mystic;mysterious；magic；着～ be under a charm/走火入～ be possessed by the devil

【魔鬼】（名）devil；demon；monster

【魔力】（名）magic power；magic；charm：用～骗某人 cheat sb. by magic power

【魔术】（名）magic；conjuring；sleight of hand：表演～ perform magic

mǒ

抹 mǒ（动）❶（涂抹）smear；apply；put on：往面包上～果酱 spread some jam on a piece of bread ❷（擦）wipe：～～嘴儿 wipe one's mouth ❸（勾掉；除去；不计在内）cross out；strike out；cancel；erase：～销一笔账 cross off an account/～了良心 be devoid of conscience

另见 868 页 mā；885 页 mò。

【抹杀】（动）blot out；obliterate；write off：～历史事实 deny the facts of history/～成就 obliterate attainment

mò

末 mò ❶（名）❶（东西的梢；尽头）tip；terminal；end ❷（非根本、非重要的事物）nonessentials；minor details ❸（终了）end：月～ the end of a month ❹（末子）powder；dust：茶叶～儿 tea dust ❷（形）（最后；末尾）last：～班车 last bus

【末代】（名）the last reign of a dynasty；last generation：～皇帝 the last emperor of a dynasty

【末后】（名）last；final

【末了】（名）last；final；in the end：第五行～的那个字我不认识。 I don't know the last word of the fifth line. /他～还是同意了大家的意见。 In the end, he agreed with the others.

【末日】（名）❶[基督教]doomsday ❷（死亡或灭亡的日子）end；doom

【末尾】（名）（最后的部分）end；tag end；foot：信的～ at the end of the letter

没 mò ❶（动）❶（沉下或沉没）sink；submerge：淹～在海里 be submerged in the sea ❷（漫过或高过）overflow；rise beyond：洪水已～过了房顶。 The flood went above the roof. ❸（隐藏；隐没）hide；disappear ❹（没收）confiscate；expropriate ❺（死）die ❻（形）（一直到完了；尽；终）last；end：～齿不忘 will never forget to the end of one's days

另见 873 页 méi。

【没落】（动）decline；wane：帝国从此走向～。 The empire declined since then.

【没收】（动）confiscate；expropriate：～走私物品 confiscate smuggled goods/～某人地产 expropriate sb. from an estate

抹 mò（动）❶（用抹子弄平泥或灰）daub；plaster ❷（紧挨着绕过）turn；bypass；skirt：～过林子 skirt the edge of the forest

另见 868 页 mā；885 页 mǒ。

【抹不开】（动）❶（脸上下不来）feel embarrassed；be put out ❷（不好意思）unable to act impartially for fear of offending sb.

茉 mò

【茉莉】（名）[植]jasmine：～花茶 jasmine tea

沫 mò（名）（沫子）foam；froth；lather：啤酒～ froth on beer

陌 mò（名）❶（田间东西方向的道路）footpaths among fields running east and west ❷（泛指田间的道路）road

【陌路】（名）〈书〉stranger：～相逢 a casually met acquaintance/是个～人 be a stranger

【陌生】（形）strange；unfamiliar；inexperienced：～的地方 an unfamiliar place/对某事感到～ be strange to sth.

莫 mò ❶（代）〈书〉（没有谁；没有哪一种东西）no one；none；nothing ❷（副）❶（不）not；no；～知所措 not know what to do ❷（不要）don't：～性急。 Don't be impatient. ❸（表示推测或反问）can it be that；might it not be；is it possible that

【莫大】（形）greatest；utmost：～的幸福 the greatest happiness/～的愤慨 the utmost indignation

【莫非】（副）（表示揣测或反问）can it be that；is it possible that：听你的意思，～是我错了？ Do you mean to say that I'm in the wrong?

【莫名其妙】（成）be rather baffling；be all adrift；inexplicable：她～地哭了起来。 Quite unaccountably she burst out crying.

【莫须有】（形）unwarranted；groundless；fabulous；fabricated

蓦 mò（副）（突然）suddenly

【蓦然】（副）suddenly：～想起 suddenly remember

漠 mò ❶（名）（沙漠）desert ❷（形）❶（冷淡；不经心）indifferent；unconcerned；aloof；cold：冷～ cold and indifferent

【漠不关心】（成）be indifferent to…；apathetic；be unconcerned；care nothing about：长官必须爱护士兵，不能～。 Officers must cher-

ish their men and must not be indifferent to their well-being.

墨 mò ❶（名）❶（写字绘画的用品）China ink;ink cake;ink stick ❷（写字、绘画或印刷用的颜料）ink ❸（写的字和画的画）handwriting or painting ❹（比喻学问或读书识字的能力）learning ❸（形）❶（黑）black;dark ❷〈书〉（贪污的）corrupt

【墨迹】（名）❶（墨的痕迹）ink mark：他衬衫上有～。*There were ink stains on his shirt.* ❷（亲笔字画）sb.'s writing or painting：这是鲁迅的～。*This is Lu Xun's calligraphy.*

【墨镜】（名）sunglasses

【墨水】（名）❶（墨汁）prepared Chinese ink ❷（钢笔用的水）ink：蓝～ blue ink ❸（学问）book learning

默 mò ❶（形）（不说话；不出声）silent;tacit：～不作声 keep silent/～想沉思 ponder over sth. ❷（动）（默写）write from memory：～写课文 write out the text from memory

【默哀】（动）stand in silent tribute：～几分钟 observe several minutes' silence/向某人～ pay silent tribute to sb.

【默默】（副）quietly;silently;mute：～无言 be without saying a word/～落泪 weep in silence

【默契】（名）❶（心照不宣）tacit agreement；tacit understanding：达成～ reach tacit agreement/彼此很～ have a perfect mutual understanding in doing things ❷（秘密约定或协定）secret agreement：曾有过～ had a secret agreement once/为了各自的利益达成～ reach secret agreement for one's own benefits

【默认】（动）give tacit consent to；tacitly approve;acquiesce in：～某人的所作所为 tacitly approve sb.'s deeds/以～表示赞同 express one's agreement by acquiescence

【默许】（动）tacitly consent to；acquiesce in；tacit permission：～某事 tacitly consent to sth./得到～ obtain tacit consent

磨 mò ❶（名）（弄碎粮食的工具）mill；millstones：电～ electric mill ❷（动）❶（用磨弄碎粮食）mill；grind：～麦子 grind wheat ❷（掉转）turn round：把大车～过来。*Turn the cart round.*

另见 884 页 mó。

【磨坊】（名）mill

谋 móu ❶（名）（主意；计谋；计策）plan；scheme；strategy；stratagem：～为不轨 plan an uprising/～陷敌人 plan a stratagem to trap the enemy ❷（动）❶（图谋；谋求）plan；plot；seek;work for：～求幸福 work for the happiness of.../～求福利 seek the well-being of... ❷（商议）consult;confer;discuss

【谋财害命】（成）murder sb. for his money；murder for gain;kill for money

【谋害】（动）❶（阴谋杀害）plot to murder：～某人 plot the murder of sb. /被～ be murdered ❷（阴谋陷害）plot a frame-up against；plot against sb.：捏造案情～某人 frame a case against sb.

【谋划】（动）plan；scheme；try to find a solution：～阴谋 concoct a scheme/～一个方案 make a plan

【谋求】（动）seek;strive for；be in question of：～职业 look for a job/～出路 seek one's fortune/～独立 strive for independence

【谋杀】（动）murder：政治～ political murders/残忍的～ a cold-blooded murder

【谋生】（动）seek a livelihood；earn one's living；make a living：～糊口 win one's bread/～不易 It's not easy earning a living.

某 mǒu（代）❶（指一定的或不定的人或事物）certain；some：～日 at a certain date ❷（用来代替自己的名字）for one's name

模 mú（名）（模子）mould；pattern；matrix：～板 a pattern plate/砂～ a sand mould
另见 884 页 mó。

【模具】（名）mould；matrix；pattern；die

【模样】（名）❶（人的长相或装束打扮的样子）appearance；look：～很俊 be pretty/～很可爱 look lovely/～变了 be altered in appearance ❷（表示约略的情况）approximately；about；around：等了有半小时～ wait for about half an hour/有 40 岁～ be around forty

【模子】（名）mould；matrix；pattern；die

母 mǔ ❶（名）❶（母亲）mother：～女 mother and daughter/慈～ a fond mother ❷（泛指女性长辈）one's elderly female relatives ❸（配套的两样东西里的凹的一件）concave ❹（有产生出其他事物的能力或作用的事物）source；origin；parent ❸（形）（雌性的）female

【母爱】（名）mother love；maternal love：伟大

的～ great maternal love/无私的～ selfless mother love

【母亲】(名)mother：可敬的～ a worthy mother/让～高兴 make one's mother happy

【母校】(名)one's old school

mù

木 mù ❶(名)❶(树木)tree：果～ fruit tree ❷(木头)timber；wood ❸(棺材)coffin ❷(形)❶(木制的)wooden ❷(质朴)plain；simple and honest ❸(麻木)numb；wooden：两脚都冻～了。Both feet were numb with cold.

【木材】(名)wood；timber；lumber；log：～加工 wood processing

【木柴】(名)firewood

【木耳】(名)edible tree fungi；agaric

【木工】(名)❶(木工工作)woodwork；carpentry ❷(做木工的人)woodworker；carpenter

【木瓜】(名)papaya

【木匠】(名)carpenter：～多了盖歪房。Too many cooks spoil the broth.

【木器】(名)woodenware；wooden furniture；wooden articles

【木星】(名)[天]Jupiter：～卫星 Jovian satellite

目 mù ❶(名)❶(眼睛)eye：～力所及 as far as the eye can see/不旁顾 sit without even letting one's eyes wander ❷(大项中再分的小项)item：细～ specific item ❸[生](把同一纲的生物按彼此相似的特征分为几个群)order ❹(目录)catalogue；list；number：公布货物价～表 issue a catalogue with prices of things ❷(动)〈书〉(看)look；regard：～为奇迹 regard as a miracle

【目标】(名)❶(对象)target；objective：发现～ find the target/追踪～ follow the trail of the objective ❷(目的)goal；aim；destination：选择合适～ choose a fitting goal/放弃～ forgo one's aim

【目瞪口呆】(成)gaping；dumbstruck；stupefied：吓得～ be struck with fear/惊得～ stand aghast with surprise

【目的】(名)purpose；aim goal；objective；end：明确～ have a definite purpose/达到～ attain one's goal/到达～地 reach the destination

【目睹】(动)witness：～所发生的一切 witness what has happened/～了那场战争 witness the battle

【目光】(名)❶(眼光)sight；vision；view：～短浅 be shortsighted/～远大 have a broad vision ❷(眼睛的神采)gaze；look：～相接 meet one's eye/～炯炯 flash light from the eyes

【目击】(动)see with one's own eyes；witness：～其事 witness the event

【目录】(名)❶(列出的事物名目)catalogue；contents；list：打出报价～ type the catalogue quoted prices ❷(书刊上列出的篇章名目)contents；table of contents：书的～ the contents of a book

【目前】(名)at present；at the moment；now：～还没有明确目标 have no definite aim for the time being/～在国外 be out at present

【目送】(动)follow sb. with one's eyes；watch sb. go；gaze after：～某人远航 watch sb. sail to a distant place

【目下】(名)at present；now：～较忙，过几天再来看你。I'm busy at the moment. I'll see you again in a couple of days.

沐 mù (动)(洗头发)wash one's hair；shampoo：栉风～雨 work very hard regardless of weather

【沐浴】(动)❶(洗澡)have a bath；take a bath：～更衣 take a bath and put on clean clothes ❷(受润泽；沉浸在)bathe；immerse：～在节日的气氛里 be bathed in a festive atmosphere

牧 mù (动)(放牧)herd；tend：～马 herd horses/～羊 tend sheep

【牧场】(名)pasture；grazing land；pasture land；green land：绿茵茵的～ green pastures/保护～ preserve the grazing land

【牧放】(动)herd；tend；put out to pasture

【牧民】(名)herdsman

【牧师】(名)(基督教新教的神职人员)pastor；minister；clergyman；priest

【牧业】(名)animal husbandry；stock raising：发展～ develop stock raising/开发～ exploit livestock farming

募 mù (动)(募集)collect；enlist；raise；recruit：～款 raise money/～兵 recruit soldiers

【募集】(动)raise；collect：～军饷 collect soldier's pay and provisions/～建房基金 collect funds for building houses

【募捐】(动)solicit contributions；collect donations；pass the hat around：～粮食 solicit for grain/～救济穷人 take up a collection to help the needy

墓 mù (名)(坟墓)tomb；grave；mausoleum

【墓碑】(名)grave monument；gravestone；tombstone：建～ build a gravestone/立～ set up a tombstone

【墓地】（名）cemetery；dust；graveyard；burial ground

幕 mù（名）❶（覆盖用的布、绸、毡子等；帐篷）covering cloth；silk or felt；tent ❷（挂着的帘子）curtain；screen：落～ *drop the curtain*／启～ *raise the curtain* ❸（戏剧较完整的段落）act；scene：第一～ *the first act*／五～话剧 *a play in five acts*

【幕布】（名）curtain；screen；act-drop

【幕后】（名）behind the scenes；backstage：～活动 *backstage manoeuvring*／～交易 *behind the scenes deal*

【幕间休息】（名）interval；intermission

睦 mù（形）（和睦）peaceful；harmonious：婆媳不～ *mother-in-law and daughter-in-law not getting along well*

【睦邻】（名）good-neighbourliness；remain on friendly terms with the neighbours

暮 mù ➊（名）（傍晚）dusk；evening；sundown：～霭沉沉。*Dusk is falling.* ➋（形）（将尽；晚）declining；late：～春 *late spring*／天寒岁～。*The weather is freezing and it is toward the end of the year.*

【暮年】（名）declining years；old age；evening of one's life：将至～ *approach one's old age*／安度～ *spend one's declining years with happiness*

【暮气】（名）lethargy；apathy：～沉沉 *be apathetic*／已是暮年却毫无～ *be not lethargic although one is advanced in years*

【暮色】（名）dusk；twilight；shadow；gloaming：～渐浓。*Twilight was merging into darkness.*／～深沉。*The dusk is deepening.*

穆 mù（形）（恭敬）reverent；respectful

【穆斯林】（名）（伊斯兰教徒）Moslem；Muslim

M

N

ná

拿 ná ⊝(动)❶(用手或其他方式抓住或搬动物体)hold；take：～走 *take away*/～住 *lay hold of* ... ❷(用强力取；捉拿)seize；capture：～金牌 *win gold medal*/～第一名 *get a first* ❸(掌握；把握)have a firm grasp of；be able to do；be sure of：十～九稳 *be quite certain of* ... ❹(刁难；要挟)put sb. in a difficult position：～着某人的把柄 *have a hold on sb.* ⊜(介)❶(引进所凭借的工具、材料、方法等)：～眼睛看 *see sth. with one's eyes*/～笔写 *write with a pen* ❷(引进所处置的对象)：～他没办法 *can't do anything with him*

【拿架子】(动)put on airs；throw one's weight around：处处～ *throw one's weight around wherever one is present*/从不～ *never assume great airs*

【拿手】(形)adept；expert；good at：～杰作 *be one's forte*/使出～招数 *make use of one's forte*

【拿主意】(动)make a decision；make up one's mind：在两者之间选谁，自己～ *decide between the two by oneself*

nǎ

哪 nǎ ⊝(代)❶(表示疑问)which；what：～课是重点? *Which lesson is more important?*/您是～国人? *What's your nationality?* ❷(泛指)any：～天都行。*Any time will do.*/～个都可以。*Whichever will do.* ⊜(副)(表示反问)：～有这样的好事? *Where can one find such unmerited advantages?*

【哪个】(代)❶(哪一个)which：你们是～班的? *Which class are you in?* ❷(谁)who：～在打电话? *Who's using the telephone?*

【哪会儿】(代)❶(问时间)when：船～开? *When will the ship leave?* ❷(泛指时间)whenever；any time：～有空，就过来看看我们。*Come to see us whenever you can.*

【哪里】(代)❶(问什么处所)where：你究竟躲到～去了? *Where the hell have you been hiding?* ❷(泛指任何处所)wherever；where：～跌倒，～爬起来 *pick oneself up exactly where one has fallen* ❸(谦辞)：你真漂亮。——～,～。*You are really beautiful.——I'm flattered.* ❹(用于反问句,意在否定)：我～知道他会改变主意的? *How could I know that he should change his mind?*

【哪怕】(连)even；even if；even though：～是一滴水，也要节约。*We should save even one drop of water.*/～是苦苦的活,他也从不报怨。*He won't grumble no matter how hard the work is.*

【哪些】(代)which；who；what：～是你的? *Which ones are yours?*

【哪样】(代)❶(问性质、状态)what kind of；which ❷(泛指性质、状态)any kind of

nà

那 nà ⊝(代)(指示比较远的人或事物)that：～时候 *at that time*/～两棵树 *those two trees* ⊜(连)(那么)then；in that case：～我们就不再等了。*In that case,we won't wait any longer.*

【那个】(代)❶(那一个)that：～孩子 *that child* ❷(那东西；那事情)that：～你甭担心。*You don't worry about that.* ❸〈口〉(用在动词、形容词之前,表示夸张)：他～高兴劲儿啊,就别提了! *There is no need to tell how happy he was.* ❹〈口〉(代替不便直说的话)：你刚才的脾气也太～了。*The way you lost your temper was a little too—you know what I mean.*

【那会儿】(代)〈口〉at that time；then：傍晚～下了一阵小雨。*Toward evening,there came a drizzly rain.*

【那里】(代)that place；there：我刚从～回来。*I've just come from there.*

【那么】⊝(代)❶(指示性质、状态、方式和程度等)like that;in that way:她不好意思～说. *It embarrassed her to say that.* ❷(放在数量词前,表示估计)about;or so:估计得走～三四个钟头才能到. *I think it will take three or four hours to get there.* ❸(连)(申说应有的结果)then;in that case:如果你们都要去,～我就一个人留下吧. *If you all want to go, then I'll stay home alone.*

【那时】(代)at that time;then;in those days:～正是冬天. *It was wintertime then.*

【那些】(代)those:～饭店都是最近几年盖的. *Those hotels were all built in recent years.*

【那样】(代)of that kind;like that;such;so:～慷慨 *be so generous*/气得～ *be very angry*

纳 nà(动)❶(收进来;放进来)receive;admit:～吉延祥 *bring in good fortune*/～妾 *take a concubine* ❷(接受)accept;take in:～忠言 *accept advice*/虚心～谏 *accept an admonition modestly* ❸(享受)enjoy:～福 *enjoy a life of ease and comfort* ❹(放进去)bring into ❺(交付)pay;offer:～学费 *pay tuition*/～彩礼 *present gifts to the girl's family at the time of betrothal* ❻(缝纫)sew close stitches

【纳粹】(名)Nazi:～党 *Nazi Party*

【纳闷儿】(动)〈口〉feel puzzled;be perplexed;wonder:对某事感到～ *be perplexed at...*

【纳入】(动)bring into;fit into:～计划 *bring sth. into the plan*/～正轨 *guide into a normal path*

【纳税】(动)pay taxes;pay duty:拒绝～ *refuse to pay taxes*/应该～ *be subject to taxation*

捺 nà ❶(动)(按;抑制)press down;restrain:勉强按～住心头的怒火 *barely manage to restrain one's anger* ❷(名)(汉字的笔画,形状是"\")right-falling stroke (in Chinese characters)

nǎi

奶 nǎi ❶(名)❶(乳房)breasts ❷(乳汁)milk ❷(动)(用自己的乳汁喂孩子)suckle;breast-feed:他是奶妈～大的. *He was breast-fed by a wet nurse.*

【奶茶】(名)tea with milk;milky tea

【奶粉】(名)milk powder;powdered milk;dried milk:冲一杯～ *make a cup of milk with milk powder*

【奶酪】(名)cheese

【奶牛】(名)dairy cattle;milk cow;cow

【奶品】(名)milk products;dairy products

【奶头】(名)〈口〉❶(乳头)nipple;teat ❷(奶嘴)nipple

【奶油】(名)cream;butter:～蛋糕 *cream cake*

【奶罩】(名)brassiere;bra

nài

耐 nài(动)(受得住;禁得起)be able to bear or endure:～着性子做事 *do sth. with patience*/能吃苦～劳 *be hardworking and able to endure hardships*

【耐烦】(形)patient;tolerant;have patience:察觉到某人不～ *detect sb.'s impatience*

【耐火】(动)fire-resistant;refractory:～层 *flame retardant coating*

【耐久】(形)lasting;long;durable:～性能 *lasting quality*

【耐力】(名)endurance;staying power;stamina

【耐磨】(动)abrasion resistant;anti-friction;wear resistant;wear-resisting;wearproof:有很好的～性 *have good wearability*/～性差 *wear no resistance*

【耐热】(动)heat-resisting;heatproof;resist heat:～性 *heat resistance*

【耐心】(形)patient:～解释 *explain patiently*/～倾听 *listen to sb. patiently*

【耐用】(形)durable;stand wear and tear:经久～ *there is a great deal of wear in....*

nán

男 nán(名)❶(男性)man;male:～护士 *male nurse* ❷(儿子)son;boy

【男孩】(名)boy

【男女】(名)men and women:～青年 *young men and women*

【男配角】(名)male supporting role

【男朋友】(名)boyfriend

【男人】(名)❶(男子)man ❷(男性)menfolk ❸〈口〉(丈夫)husband

【男性】(名)❶(人类两性之一)the male sex ❷(男人)man

【男演员】(名)actor

【男子汉】(名)man;real man:～大丈夫,一人做事一人当. *A man should have the courage to take the blame for what he does.*

南 nán ❶(名)(早晨面对太阳时右手的一边)south:～岸 *south coast*/～风 *a south wind* ❷(副)(向南)southward

【南半球】(名)the Southern Hemisphere

【南部】(名)southern part;south:～非洲 *southern Africa*

【南瓜】(名)pumpkin;squash

【南回归线】(名)the Tropic of Capricorn

【南极】(名)❶(地轴的南端)the South Pole；the Antarctic Pole：～圈 *Antarctic Circle* ❷(南磁极)the south magnetic pole
【南美洲】(名)South America

难 nán ❶(形)❶(做起来费事的)difficult；hard；troublesome：很～想象 *it's hard to imagine*/这道题～解. *This problem is hard to solve.* ❷(不容易；不大可能)hardly possible：～免犯错误 *be prone to errors* ❸(不好)bad；unpleasant：～闻 *the smell is unpleasant in...*/～喝 *be not tasty* ❶(动)(使感到困难)put sb. into a difficult position：把某人～住 *put sb. in an awkward position*/刁～某人 *make difficulties for sb.*
另见 891 页 nàn。
【难产】(动)❶[医](分娩时胎儿不易产出)dystocia ❷(不易完成)be difficult of fulfilment
【难处】❶(名)difficulty；trouble：遇到～ *meet with trouble*/理解某人的～ *be considerate of sb.'s difficulties* ❷(动)hard to get along with：相当～ *be quite difficult to get along*/是个～的人 *be a rather difficult person to get along with*
【难得】(形)❶(不易得到)hard to come by；rare：机遇～ *be a rare opportunity*/有许多～的人才 *have many people of ability* ❷(不常发生)seldom；rarely：～见面 *seldom meet*/～请假 *rarely ask for leave*
【难度】(名)degree of difficulty；difficulty：有～ *have degrees of difficulty*/～大 *be very difficult*
【难怪】❶(副)(怪不得)no wonder：～他今天如此高兴，原来他接到录取通知书了. *No wonder he is so happy today, he has received admission notice.* ❷(动)(不应当责怪)understandable；pardonable
【难关】(名)difficulty；crisis；barrier：～重重 *there are a lot of obstacles*/战胜～ *clear away all difficulties*
【难过】(动)❶(不易过活)have a hard time：找不到工作日子～ *live an uneasy life for being out of work* ❷(难受)feel sorry；feel bad：一点儿不感到～ *not feel bad at all*
【难堪】(动)❶(难以忍受)intolerable；unbearable：说让人～的话 *make annoying remarks*/行为举止让人～ *one's behaviours are intolerable* ❷(难为情)embarrassed：使某人～ *put sb. in a very awkward position*
【难看】(形)❶(不好看)ugly；unsightly：长相～ *look ugly*/家具～ *furniture be unsightly* ❷(不体面)shameful；embarrassing：拿不出好

成绩感到～ *feel embarrassed at one's inability to attain good results*
【难免】(形)hard to avoid；be booked for：～发脾气 *can hardly hold oneself back from being angry*
【难受】(动)❶(身体不舒服)feel unwell；feel ill；suffer pain：胳膊、腿～ *have pain in one's arm and leg*/只感觉～ *simply feel ill* ❷(心里不痛快)feel unhappy；feel bad：失恋了，心里～ *feel unhappy at one's being out of love*
【难说】(动)it's hard to say；you never can tell：谁拿冠军还很～。*Who will win the championship is hard to say.*
【难题】(名)difficult problem；poser：提出新的～ *raise new difficulties*/解决～ *solve the difficulty*
【难听】(形)❶(不悦耳)unpleasant to hear：唱得～ *be not good at singing* ❷(粗俗刺耳)offensive；coarse：向来说话～ *be always offensive* ❸(不体面)scandalous：真不要瞎传别人～的隐私. *Don't spread scandalous rumors of others.*
【难忘】(动)unforgettable；memorable：美好记忆～. *The sweet memories are unforgettable.*
【难为】(动)❶(使人为难)embarrass；press：故意～某人 *press sb. on purpose*/从不～某人 *never embarrass others* ❷(多亏)be a tough job to：连续干这么多工作，真～你们了. *It's no easy job for you to have done so much work incessantly.* ❸〈套〉(感谢别人代自己做事)：给你添了这么多乱，真～你了. *Sorry to have made so much trouble for you.*
【难为情】(形)❶(害羞)ashamed；embarrassed；shy：试验不成功，也别～. *Don't feel ashamed if your experiment isn't a success.* ❷(为难)find it difficult；embarrassing：拒绝盛情邀请～ *find it disconcerting to turn down the not-to-be-refused invitation*

nàn

难 nàn ❶(名)(不幸的遭遇；灾难)catastrophe；calamity；disaster；adversity：遇～ *meet with adversity*/脱～ *get out of trouble* ❶(动)(质问)take to task；blame：非～ *blame sb. for sth.*
另见 891 页 nán。
【难民】(名)refugee：沦为～ *be reduced to refugees*/遣返～ *repatriate refugees*
【难友】(名)fellow sufferer：成为～ *become fellow sufferers*/帮～脱险 *help one's fellow sufferer to escape*

náng

囊 náng（名）❶（口袋）bag；pocket；sack；purse：皮～ *a leather bag*/空～ *an empty pocket* ❷（像口袋的东西）anything shaped like a bag：智～团 *brain trust*
【囊括】（动）include；embrace：～一空 *sweep everything into one's net*

nāo

孬 nāo（形）〈方〉❶（坏；不好）bad ❷（怯懦；没有勇气）cowardly
【孬种】（名）coward

náo

挠 náo（动）❶（轻轻地抓）scratch：～痒痒 *scratch an itch*/～头 *scratch one's head* ❷（扰乱；阻止）hinder：阻～别人成功 *hinder sb. from his success* ❸（弯曲，比喻屈服）yield；flinch：百折不～ *keep forging ahead in spite of all setbacks*

nǎo

恼 nǎo ❶（动）（生气；恼恨）be angry；be irritated：动不动就～ *get angry easily*/为某人的话而～ *be angry at sb.'s words* ❷（形）（烦闷；心里不痛快）unhappy；worried：心里烦～ *feel worried*/有许多苦～ *have manifold vexations*
【恼恨】（动）resent；hate：～某人的批评 *resent sb.'s criticism*/～不公平的待遇 *hate one's unfair treatment*
【恼火】（形）annoyed；irritated；vexed：对赶不上火车感到～ *be annoyed to learn that one missed the train*
【恼怒】（形）angry；indignant；furious：久等使某人～ *be furious at being kept waiting for long*

脑 nǎo（名）❶［生理］（脑子）brain：用～过度 *overtax one's brain*/健～ *make the brain healthy* ❷（脑筋）brains；head：不爱动～ *not like to use one's brain* ❸（头部）head ❹（领导者）head
【脑袋】（名）〈口〉head：～发热 *turn one's head*/掉～ *lose one's head*
【脑海】（名）brain；mind：～一片空白 *have a blank mind*/不时在～闪现 *appear in one's mind frequently*

nào

闹 nào ❶（形）（喧哗；不安静）noisy：～中取静 *seek peace and quiet in noisy surroundings*/远离～区 *be far away from a noisy area* ❷（动）❶（吵；扰乱）make a noise：～着提职 *make a noise to get promoted* ❷（发泄）give vent：～脾气 *vent one's spleen*/～性子 *lose one's temper over nothing* ❸（害；发生）suffer from；be trouble by：～眼睛 *have eye trouble*/～虫害 *suffer from insect pests* ❹（干；弄；搞）go in for；do；make：～学潮 *carry on student unrest*/～罢工 *go on strike*
【闹乱子】（动）cause trouble：没想到会～ *it never occurs to sb. that he will cause trouble*
【闹情绪】（动）be disgruntled；be in low spirits：得奖金少～ *be disgruntled for being distributed little bonus*
【闹市】（名）busy shopping centre；downtown area；busy streets
【闹事】（动）create a disturbance；make trouble：上街～ *take to the streets and make trouble*/不要～。*Make no disturbance.*
【闹钟】（名）alarm clock：开～ *wind up an alarm clock*/把～拨准 *put the alarm clock right*

nèi

内 nèi（名）❶（内部；里头；里边）inner；inside；within：校～ *in the school*/月～ *within the month* ❷（妻子或妻子的亲属）one's wife or her relatives：～弟 *brother-in-law*
【内部】（名）interior；inside；inward；indoor；depth：～矛盾 *interior contradictions*/～消息 *inside information*
【内地】（名）inland；interior；hinterland：销往～ *be sold inland*
【内服】（动）［医］to be taken orally；for oral administration：是～药 *be oral tablets*/只能～ *be take only by the mouth*
【内阁】（名）cabinet：组建～ *form a cabinet*/举行～会议 *hold cabinets*
【内行】（名）expert；adept；specialist；proficient；expert in：计算机很～ *be expert at figures*/都是～ *be all experts*
【内河】（名）inland river：～运输 *inland water transport*
【内讧】（名）internal conflict；internal strife
【内奸】（名）a secret enemy agent within one's ranks；hidden traitor
【内疚】（形）compunction；guilty conscience：～良深 *suffer from a twinge of remorse*

【内科】(名)[医]internal medicine；department of medicine：～病房 medical ward/～医生 physician

【内陆】(名)inland；interior：～国 landlocked country/～口岸 inland port

【内乱】(名)civil strife；internal disorder：引起～ beget civil strife/平息～ put down internal disorder

【内幕】(名)inside story：关心～ be concerned with inside story/揭露～ expose the inside story

【内情】(名)inside information：泄露～ disclose inside information

【内容】(名)content；substance：～空洞 lack content in.../～丰富 be rich in content

【内外】(名)❶(内部和外部)inside and outside；domestic and foreign：～夹攻 attack from both inside and outside ❷(表示概数)around；about：一个月～ about one month

【内心】(名)(心里头)inward；heart；innermost being：～有愧 have a guilty conscience/～平静 have inner peace

【内衣】(名)underclothes；underwear

【内在】(形)inherent；intrinsic；inward：～规律 inherent law/～美 inner beauty

【内政】(名)internal affairs：属～问题 be internal affairs/自行处理～ deal with home affairs by oneself

nèn

嫩 nèn (形)❶(初生而柔弱；娇嫩)tender；delicate：～草 delicate grass/～芽 delicate shoots ❷(某些食物烹调时间短，容易咀嚼)tender；underdone：这肉炒得很～。This stir-fried meat is very tender. ❸(某些颜色浅)light：～绿 tender green/～色 light color ❹(阅历浅)(不老练)inexperienced；unskilled：办起事来太～ be too inexperienced in handling affairs

néng

能 néng ㊀(名)❶(能力；才干)ability；capability；skill：掌握技～ acquire skill/无～为力 be in capable of action ❷[物](能量)energy；power ㊁(形)(有能力的)able；capable：～自立 be able to support oneself ㊂(动)(能够) can；be able to；be capable to：～吃苦 be able to bear hardships/～攻～守 be good at offense and defense/～歌善舞 can both sing and dance

【能干】(形)able；capable；competent：～得很 be very competent/一点儿都不～ be completely incompetent

【能够】(动)can；be able to；be capable of：～自理 can take care of oneself/～完成 be capable of doing

【能见度】(名)visibility；seeing：地面～ ground visibility

【能力】(名)ability；capacity；capability：培养～ cultivate one's ability

【能量】(名)❶[物]energy；amount of energy：～交换 energy exchange/～守恒 conservation of energy ❷(能力)capabilities；capacity：人数少，～大。Though few in number，they have enormous capacity for manoeuvre.

【能人】(名)able person；capable brains；able man：找个～帮忙 turn to an able person for help

【能手】(名)dab；expert；crackajack；proficient：是持家～ be a dab who is good at running one's home

【能源】(名)the sources of energy；energy resources；energy source；energy：～危机 energy crisis/爱护～ treasure energy resources

ní

尼 ní (名)(尼姑)Buddhist nun

【尼姑】(名)Buddhist nun

【尼龙】(名)nylon：～丝 nylon yarn/～伞 nylon umbrella

【尼罗河】(名)the Nile

呢 ní (名)(一种较厚的毛织品，呢子)wool；woollen cloth：厚～大衣 heavy woollen overcoat

【呢子】(名)woollen cloth；heavy woollen cloth

泥 ní (名)❶(含水的半固体状的土)mud；mire ❷(像泥的东西)any pastelike matter：土豆～ mashed potato

【泥坑】(名)mud pit；mire；morass；mud puddle：陷入～ get stuck in the mud

【泥沙】(名)silt；sediment

【泥石流】(名)[地]mud-rock flow；debris flow

【泥土】(名)❶(土壤)earth；soil；dirt ❷(黏土)clay

霓 ní (名)(副虹)secondary rainbow

【霓虹灯】(名)neon lamp；neon light；neon tube；neon

nǐ

拟 nǐ (动)❶(设计；起草)draw up；draft：～发言稿 draw up one's speech/～个…的草图

draft a sketch of... ❷(打算;想要)intend; plan:~于明年出国 *plan to go abroad next year*/~近期举行婚礼 *intend to hold one's wedding ceremony soon* ❸(模仿)imitate:模~别人的风格 *imitate the style of others*

【拟订】(动)draw up;draft;work out:~方针政策 *draw up general and specific policies*/~教学大纲 *work out the syllabus*

【拟稿】(动)make a draft;这一套规章是校长亲自~的。*The principal himself drafted this set of rules.*

【拟议】❶(名)(事先的考虑)proposal;recommendation:事实证明,他的~是正确的。*Facts show that his recommendations were sound.* ❷(动)(草拟)draw up;draft:小组一致通过了她所~的意见书 *The group unanimously adopted the proposal she drew up.*

你 nǐ (代)❶(第二人称单数)you:~带了多少钱? *How much money do you have on you?* ❷(第二人称复数)you:~校 *your school* ❸(泛指任何人)you;one;anyone:~一言,我一语,大家谈得很热闹。*A lively conversation went on with everybody joining in.*

【你们】(代)you:这就是~的责任所在。*This is where your responsibility lies.*

nì

逆 nì ❶(形)❶(方向相反)contrary;counter:~流 *a contrary current* ❷[数]inverse;converse:~反应 *inverse reaction*/~定理 *converse theory* ❷(动)❶(抵触;不顺从)go against;disobey;defy:~天行事 *act against the way of Heaven* ❷〈书〉(迎接)welcome ❸(预先;事先)anticipate ❸(名)(背叛者)traitor:~臣 *traitorous vassal*

【逆差】(名)adverse balance of trade;trade deficit

【逆耳】(动)grate on the ear;be unpleasant to the ear;offend the ear:忠言~。*Good advice is always unpleasant to the ear.*

【逆风】(动)❶(迎面对着风)against the wind ❷(跟车、船等行进方向相反的风)contrary wind;head wind

【逆境】(名)adverse circumstances;adversity:摆脱~ *get out of adversity*/陷入~ *be in adverse circumstances*

【逆流】(名)adverse current;counter current:~而行 *go against the stream*

匿 nì (动)(隐藏;不让人知道)hide;conceal:~影藏形 *hide from public notice*/~伏周围 *lurk around*

【匿迹】(动)go into hiding;stay in concealment:~天涯海角 *stay in concealment in the remotest corners of the earth*

【匿名】(动)anonymous:~投票 *vote anonymously*/~揭发 *expose sb. anonymously*

腻 nì ❶(形)❶(食品中油脂过多,使人不想吃)greasy;oily:炖肉有点儿~。*The stew is a bit greasy.* ❷(腻烦;厌烦)be bored with;be tired of:呆得~得慌 *be bored with staying for long*/这首歌都听~了 *be bored with the song* ❸(细致)meticulous ❷(名)(污垢)dirt;grime ❸(动)(用腻子塞缝)fill small cracks with putty

【腻烦】(动)〈口〉❶(厌烦)be bored;be fed up:看书看得~了 *be bored with reading* ❷(厌恶)loathe;hate:~别人吸烟 *hate smoking by other people*

溺 nì ❶(动)❶(淹没在水里)drown;submerge:~水身亡 *be drowned*/抢救~水儿童 *rescue the drowning child* ❷(沉迷不悟)be addicted to:~于名利 *be ambitious for fame and wealth*/~于逸乐 *welter in pleasure* ❷(形)(过分)excessive

【溺爱】(动)spoil;dote on:~子女 *spoil one's children*/~宠物 *dote on one's pets*

nián

年 nián ❶(名)❶(时间单位)year:今~ *this year*/三~五载 *for three or five years* ❷(元旦或春节)New Year:给某人拜~ *pay New Year calls to sb.* ❸(岁数;年纪)age:~幼无知 *be young and ignorant*/~近半百 *be about fifty years of age* ❹(一生中按年龄划分的阶段)a period in one's life:少~ *early youth*/中~ *middle age* ❺(时期;时代)a period in history:近~ *in recent years* ❻(年成)harvest:丰~ *abundant harvest* ❷(形)(每年的)annual;yearly:~收入 *yearly income*/~会 *annual meeting*

【年报】(名)❶(按年度的报表)annual report ❷(每年出版一次的刊物)annual

【年初】(名)the beginning of the year

【年代】(名)❶(时代)age;years;time:进步~ *progressive age*/和平~ *the time of peace* ❷(十年的时期)a decade of a century:19世纪30~ *the 1830's*

【年华】(名)time;years:~无悔 *make full use of one's time*/~似水。*Time passes like water.*

【年级】(名)grade;year:大学一~学生 *the first year university student*;freshman

【年纪】(名)age：～大 be old/活到很大～ live to a ripe old age

【年轻】(形)young：～有为 be young and capable/～貌美 be young and pretty

【年岁】(名)❶(年纪)age：～已高 be advanced in years/～不饶人. Decay and age are inexorable laws. ❷(年代)years：～流逝。The years flowed away.

【年终】(名)the end of the year；year-end：～岁末 at the end of the year/～评比 year-end appraisal of work

黏 nián (形)(像糯糊等那样能使一个物体附着在另一物体上的性质)sticky；glutinous

【黏合】(动)bind；adhere；bonding；adhesion：～剂 bonding agent

【黏结】(动)cohere；bond

【黏土】(名)clay：耐火～ refractory clay

niǎn

碾 niǎn ❶(名)(碾子)roller：推～子 push the stone roller ❷(动)❶(用碾子等使谷物去皮、破碎)grind or husk with a roller ❷(碾碎)crush ❸(碾平)flatten ❹〈口〉(踩)step on；trample

niàn

念 niàn ❶(动)❶(看着文字发出声音；读)read aloud：～信 read a letter aloud/给某人～诗 read some poems aloud to sb. ❷(上学)study；attend school：～完了研究生 have attained the Master's degree/没～过大学 have never been to a university ❸(想念；考虑)think of；miss：思～故乡 long for one's native place ❷(名)(念头)thought；idea：乐意接受新观～ be willing to accept new ideas

【念念不忘】(成)think constantly of...；bear in mind constantly：～别人给予的帮助 harp on the help rendered to him

【念头】(名)thought；idea；intention：放弃…～give up the idea of.../断绝某个～ abandon a thought

niáng

娘 niáng (名)❶(母亲)mum；mother ❷(称长一辈或年长的已婚妇女)：老大～ grandma ❸(年轻妇女)a young woman：新～ bride

【娘子】(名)❶〈方〉(妻子)a form of address for one's wife ❷(尊称青年或中年妇女，多见于早期白话)a polite form of address for a young woman

niàng

酿 niàng ❶(动)❶(酿造)make；brew：～酒 make wine/～啤酒 brew beer ❷(蜜蜂做蜜)of bees make honey ❸(逐渐形成)lead to；result in：～祸 lead to disaster ❷(名)(酒)wine：佳～ good wine

【酿酒】(动)make wine；brew beer：～工业 brewing industry

【酿造】(动)make；brew：～葡萄酒 make grape wine/～酒精 brew alcohol

niǎo

鸟 niǎo (名)(脊椎动物的一纲)bird：养～breed birds/训练～唱歌 train a bird to sing

【鸟瞰】(动)❶(从高处往下看)look down from above；get a bird's-eye view：～山下美丽景色 overlook the beautiful scenery below the mountains ❷(事物的概括描写)general survey of a subject；bird's-eye view：古代史～ a general survey of ancient history

【鸟笼】(名)birdcage；mew

niào

尿 niào ❶(名)(由尿道排泄出来的液体)urine ❷(动)(撒尿)urinate；pass water：这孩子～了我一身. The baby has wetted my clothes.

【尿床】(动)wet the bed；bed-wetting：这孩子又～了. The child wetted the bed again.

【尿素】(名)urea；carbamide

niē

捏 niē (动)❶(用拇指和别的手指夹)hold between the fingers；pinch：～着鼻子做鬼脸 make faces by pinching one's nose ❷(用手指把软东西弄成一定的形状)knead with the fingers；mould：～面团 make dough ❸(编造事实)fabricate；make up：～个罪名陷害某人 trump up charges to frame sb.

【捏合】(动)❶(使合在一起)mediate：～促成某人的婚事 bring sb. together to promote their marriage ❷(凭空虚造；捏造)fabricate；make up

【捏造】(动)fabricate；concoct；fake；trump up：～罪名 trump up a charge/～一份报告 fake a report

níng

宁 níng（形）(安宁；平安) peaceful；tranquil
另见 896 页 nìng。
【宁静】（形）peaceful；tranquil；quiet：～的夜晚 a tranquil night／～的院落 a quiet yard

拧 níng（动）❶(扭绞) twist；wring：～麻绳 twist hemp into rope／把衣服～干 wring wet clothes ❷(用手指扭住皮肉使劲转动) pinch；tweak：～某人耳朵 tweak sb.'s ear／～某人脸蛋 pinch sb.'s face
另见 896 页 nǐng。

柠 níng
【柠檬】（名）lemon；citron lemon：～露 lemon cordial／～汁 lemon juice

凝 níng（动）❶(凝结) congeal；curdle；coagulate：～滞的目光 staring eyes／湖水～了。The lake is frozen. ❷(注意力集中) fix：～思默想 meditate profoundly
【凝固】（动）solidify；solidification；coagulation：水泥～ the cement solidifies／胶水～ the glue solidifies
【凝结】（动）❶(气体变为液体) condense；condensation：使水气～成雨 condense vapour into rain ❷(液体变为固体) coagulate；congeal：牛奶已经～。The milk has curdled. ❸(结合) cement；concrescence
【凝聚】（动）condense；coherence；coagulating：增加～力 increase the cohesion of...
【凝视】（动）gaze fixedly；stare：～着那幅名画 fix one's eyes on the famous painting

nǐng

拧 nǐng ⊝（动）❶(旋转) twist；screw：～上盖子 screw a lid on ❷(别扭；抵触) differ；disagree ⊜（形）(颠倒；相反；错) wrong；mistaken
另见 896 页 níng。
【拧紧】（动）screw home；screw up；tighten
【拧开】（动）rive；screw off

nìng

宁 nìng（副）❶(宁可) rather；would rather；better：～买勿借 better buy than borrow ❷〈书〉(岂；难道) could there be
另见 896 页 níng。
【宁可】（副）would rather；better：～站着死，不愿跪着生 better die standing than live kneeling
【宁肯】（副）would rather：～花钱买好的 would rather spend more money to buy the good one

niú

牛 niú（名）(哺乳动物) cattle；ox；母～ cow／小～ calf
【牛奶】（名）milk：～场 dairy／～糖 toffee
【牛排】（名）beefsteak；steak
【牛肉】（名）beef：～干 dried beef／～汤 slice beef soup
【牛仔】（名）cowboy：～裤 cowboy suit

niǔ

扭 niǔ（动）❶(掉转；转动) turn round：～头就走 turn round and walk off ❷(拧；旋转) twist；wrench：～弯钢丝 wrench the wires／断树枝 twist a twig and break it ❸(扭伤) sprain；wrench：～了腰 twist one's waist ❹(走路时身体摇动) roll；swing：模特们～着腰肢走来走去 The models walked to and fro with swaying motions. ❺(揪住) seize；grapple with：～作一团 be grappling with each other
【扭打】（动）wrestle；grapple：～摔跤 wrestle and blunder／与某人～起来 grapple with sb.
【扭伤】（动）sprain；wrench；strain：～肩部 sprain one's shoulder
【扭转】（动）❶(掉转) turn round；turn about ❷(纠正；改变) turn back；reverse；remedy：～看法 reverse oneself about sth./～局面 bring about changes in the situation

纽 niǔ（名）❶(器物上可以抓住而提起来的部分) handle；knob ❷(纽扣) button ❸(枢纽) bond；tie
【纽带】（名）link；tie；bond；vinculum：真友谊的～ ties of friendship
【纽扣】（名）button：钉～ sew a button on

nóng

农 nóng（名）❶(农业) agriculture；farming：务～ go in for agriculture ❷(农民) peasant；farmer
【农产品】（名）produce；farm produce；agricultural products
【农场】（名）farm
【农村】（名）rural area；countryside；village：～集市 village fair／～经济 rural economy
【农夫】（名）farmer；husbandman；tiller
【农妇】（名）peasant woman
【农户】（名）peasant household

【农活】(名)farm work
【农具】(名)farm implements;farm tools
【农历】(名)the lunar calendar
【农忙】(名)busy season:～季节 *busy farming season*
【农民】(名)peasant;peasantry;husbandman
【农田】(名)farmland;cropland:～水利 *irrigation and water conservancy*
【农业】(名)agriculture;farming:～人口 *people engaged in agriculture*/～投入 *agricultural input*
【农作物】(名)crops

浓 nóng (形)❶(液体或气体中所含的某种成分多;稠密)dense;thick;concentrated:～荫蔽日 *be with foliage*/～云密布。*Dense clouds gathered.*❷(程度深)great;strong:～情蜜意 *display strong affection and deep love*/爱更～ *show deeper love for...*
【浓度】(名)potency;thickness;concentration;consistency;density
【浓厚】(形)❶(烟雾、云层等很浓)dense;thick:煤气味～ *is a strong smell of gas in...*❷(色彩、气氛、意识等浓重)deep;strong;pronounced:学习气氛～ *be motivated to learn*❸(程度深)strong:兴趣～ *take a keen interest in sth.*
【浓眉】(名)heavy eyebrows;thick eyebrows
【浓郁】(形)rich;strong:香气～ *give off a strong fragrance*

弄 nòng (动)❶(做;搞;干)do;manage;fetch:～到一个差事 *be dispatched a job* ❷(设法取得)get;fetch ❸(玩;摆弄)play with;fool with ❹(玩弄;耍弄)play:～墨舞文 *play on words*
【弄错】(动)make a mistake;misunderstand:～时间 *make a mistake about the time*
【弄坏】(动)ruin;put out of order:～玩具 *play with the toy and break it*
【弄僵】(动)bring to a deadlock;deadlock:～两国之间的关系 *bring a deadlock to the relationship of the two countries*
【弄清】(动)make clear;clarify;gain a clear idea of;understand fully;button down:～计划 *make a clarification of one's plans*/～问题 *clear up problems*
【弄糟】(动)mar;make a mess of;mess up;bungle;spoil:～一笔买卖 *mess up a business*/把事情～了 *make a mess of the job*

奴 nú ❶(名)(丧失自由受人役使的人)bondservant;slave ❷(动)(当作奴隶一样地看待、使用)enslave
【奴才】(名)flunkey;lackey:一副～相 *bear oneself with servility*
【奴隶】(名)slave:贩卖～ *trade in slaves*/把某人当～ *make a slave of sb.*
【奴仆】(名)servant;lackey
【奴役】(动)enslave;keep in bondage

努 nǔ (动)❶(使出)put forth;exert:～劲儿 *put forth all one's strength* ❷(凸出)protrude;bulge ❸(用力太过,身体内部受伤)injure oneself through overexertion:～了腰 *wrench the waist by overexertion*
【努力】(动)make great efforts;try hard;exert oneself:～做某事 *exert oneself to do sth.*/加倍～ *redouble one's efforts*

怒 nù ❶(形)❶(生气;发怒)angry;furious ❷(形容气势很盛)vigorous;raging;violent:百花～放。*The flowers are blooming gaily.* ❷(名)anger;rage;fury:～发冲冠 *bristle with anger*/被激～ *be stung to fury*
【怒斥】(动)angrily rebuke;indignantly denounce:～某人 *denounce sb. indignantly*
【怒放】(动)in full bloom:山花～。*The mountain flowers are in full bloom.*
【怒吼】(动)roar;howl:～着冲向敌人 *charge the enemy howling*/发出一声～ *set up a howl*
【怒火】(名)flames of fury;fury:～万丈 *fly into a towering passion*/～中烧 *simmer with rage*
【怒骂】(动)curse in rage
【怒气】(名)anger;rage;fury:～未消 *be still nursing one's anger*/～冲冲地走了 *go away in a great rage*
【怒视】(动)glare at;glower at;scowl at:～以示抗议 *glower at sb. to protest*

女 nǚ (名)❶(女性;女子)woman;female:～教师 *woman teacher*/～医生 *woman doctor* ❷(女儿)daughter;girl
【女厕所】(名)Ladies;Women;ladies' room;women's lavatory

N

【女儿】(名)daughter;girl：～是娘的挂心钩。*A daughter is always on her mother's mind.*

【女孩】(名)girl

【女皇】(名)empress;queen

【女教师】(名)woman teacher

【女人】(名)❶ woman;womenfolk ❷〈口〉wife

【女士】(名)lady;madam

【女性】(名)femininity;the female sex;woman

【女婿】(名)❶(女儿的丈夫)son-in-law ❷〈口〉(丈夫)husband

【女主人】(名)hostess;woman of the house

nuǎn

暖 nuǎn ➊(形)(暖和)warm;genial：～衣饱食 *be well-fed and clothed*/到处是～融融的 *be nice and warm everywhere* ➋(动)(使东西变热或使身体变温暖)warm up：烤火取～ *warm oneself at the fire*/情～人心 *be warmed by sb.'s kindness*

【暖和】➊(形)(气候不冷)warm;nice and warm：春天一到,就～了。*It's warm as soon as spring arrives.* ➋(动)(使暖和)warm up：进屋～～ *go inside to warm oneself up*/晒太阳～～ *warm oneself up in the sunshine*

【暖气】(名)central heating;heating installation：～片 *heating radiator*

【暖色】[摄]warm;warm colour

【暖水瓶】(名)thermos flask;thermos bottle

nüè

疟 nüè (名)(疟疾)malaria

【疟疾】(名)malaria;ague：恶性～ *pernicious malaria*

虐 nüè ➊(形)(残暴狠毒)cruel;tyrannical ➋(名)〈书〉(灾害)disaster;calamity

【虐待】(动)maltreat;ill-treat;tyrannize：～儿童 *tyrannize over children*/～动物 *maltreat animals*

【虐政】(名)tyrannical government;tyranny

nuó

挪 nuó (动)(搬动;移动)move;shift：～开凳子 *move the stool off*/～借一笔钱 *borrow money from...*

【挪动】(动)move;shift：～几步 *move a few steps*/～家具 *shift the furniture about*

【挪借】(动)borrow money for a short time;get a short-term loan

【挪用】(动)❶(把钱移作别用)divert：～专款建房 *divert a special fund to build offices* ❷(私自动用)misappropriate;embezzle：～公款买股票 *embezzle funds to buy stocks*/～公款牟利 *misappropriate funds to seek personal gain*

nuò

诺 nuò ➊(动)(答应;允许)promise：允～ *make a promise*/承～ *hold out a promise* ➋(叹)(答应的声音)yes：唯唯～～ *murmur one's agreement*

【诺言】(名)promise：遵守～ *abide by one's promise*/违背～ *break a promise*

懦 nuò (形)(软弱,没有勇气)cowardly;weak：怯～ *be timid and overcautious*

【懦夫】(名)coward;craven;weakling：决不当～ *will never be a weakling*/只有～才会临危逃脱。*Only a coward would run from danger.*

【懦弱】(形)cowardly;weak：～无能 *be weak and useless*/表现～ *show cowardice*

O

ōu

讴 ōu ❶(动)(歌唱)sing ❷(名)(民歌)folk songs
【讴歌】(动)sing the praises of;celebrate in song;eulogize:～英雄 celebrate the heroes in song

欧 ōu (名)(欧洲的简称)short for Europe
【欧洲】(名)Europe:周游～ tour Europe/有～血统 be of European origin

殴 ōu (动)(打;殴打)beat up:～伤 beat and injure/警察制止了～斗。The police broke up the fight.
【殴打】(动)❶(打)beat up;hit:～警察 beat up a policeman ❷[律]battery:他犯了～罪。He was guilty of assault and battery.

ǒu

呕 ǒu (动)(吐)vomit;throw up:婴儿把药丸～了出来。The baby spat out the pill.
【呕吐】(动)vomit;throw up;retch;emesis;sickness:引起～ cause vomiting/～不止 keep vomiting
【呕心】(动)exert one's utmost effort:～之作 a work embodying one's utmost effort/～沥血 take infinite pains

偶 ǒu ❶(名)❶(用木头、泥土等制成的人像)image;idol:儿童喜欢看木～戏。Children enjoy the puppets. ❷(双数;成对的)even;in pairs:～数 even number ❸(配偶)mate;

spouse:择～ choose a spouse ❷(副)(偶然;偶尔)by chance;by accident;once in a while;occasionally:～遇某人 meet sb. by chance
【偶尔】(副)once in a while;occasionally:父亲～也会来接孩子。The father comes to pick up the children between times.
【偶然】(副)accidental;fortuitous;casual;incidental:～现象 fortuitous phenomena/一个～的错误 an accidental negligence
【偶数】(名)[数]even number;even
【偶像】(名)image;idol:崇拜～ worship idols/成为大众的～ become a popular idol

耦 ǒu ❶(动)〈书〉(两人并耕)plough side by side ❷(名)❶(古代农具名)plough ❷〈书〉(两人一组)a team of two ❸(双数)pair;couple;even ❹(配偶)mate;spouse
【耦合】(名)[物]coupling;interconnection;linkage;linking:～电路 coupling circuit/～系数 coefficient of coupling

藕 ǒu (名)(莲的地下茎)lotus root:～粉 lotus roots starch
【藕色】(名)pale pinkish grey

òu

怄 òu (动)❶(怄气)be irritated;be annoyed ❷(使怄气;使不愉快)irritate;annoy:你是故意～我。You are purposely annoying me.
【怄气】(动)be difficult and sulky:不要～。Don't sulk.

P

pá

爬 pá（动）❶（爬行）crawl；creep：向前～ *crawl forward*/～入洞中 *crawl into a hole* ❷（抓东西往上去，攀登）climb；clamber；scramble：～上树 *climb up a tree*/～上房顶 *climb to the top of the roof*

【爬行】（动）crawl；creep；serpent：跟在别人的后面一步一步地～ *trail behind others at a snail's pace*

pà

怕 pà ❶（动）❶（害怕；畏惧）fear；dread；be afraid：～死 *be afraid to die*/～独自在家 *be afraid to stay at home alone* ❷（不能经受）be unable to bear；be afraid of；have a fear of；for fear；fear lest：为某人的安全担惊受～ *feel grave fears for sb.'s safety*/说心里话，我是～他有危险. *To tell the truth, I worry about his safety.* ❸（副）（也许，表示估计）I'm afraid；I suppose；perhaps：我～是不能参加这次演讲比赛了. *I'm afraid that I will not be able to participate in this speech contest.*

【怕事】（动）be afraid of getting into trouble；timid；take no initiative：胆小～ *timid and overcautious*

【怕死】（动）fear death；be afraid of death：只有～鬼才会临阵脱逃. *Only a coward would run away from danger.*

【怕羞】（形）shy；coy；bashful：这女孩子～. *She is a bashful girl.*

pāi

拍 pāi ❶（动）❶（用手或工具轻轻地打）clap；pat；beat；slap：～球 *bounce a ball*/～手称快 *clap for joy* ❷（挥动翅膀）flap；beat ❸（浪涛冲击）lash；beat；lap ❹（发电报等）send：～发消息 *cable a dispatch* ❺（拍摄）take；shoot：～电影 *shoot a film* /给某人照 *take a picture of sb.* ❻〈口〉（拍马屁）flatter；fawn on：吹吹～～ *boast and toady* ❷（名）❶（拍东西的用具）bat；racket：网球～ *tennis racket* ❷［音］（节奏；拍子）beat；time：他唱得合乎～节. *He always carries a tune.*

【拍板】 ❶（名）［音］clappers ❷（动）❶（打拍板）beat time with clappers ❷［商］rap the gavel：～成交 *strike a bargain* ❸（做出决定）have the final say；give the final verdict：这件事由谁来～? *Who has the final say in the matter?*

【拍发】（动）send：～电报 *dispatch a telegram*

【拍卖】（动）❶（当众出售，由顾客争议，以最高价成交）auction；sell sth. at auction：当场～ *a Dutch auction*/～被延期了。*The auction was postponed.* ❷（减价抛售；甩卖）selling off goods at reduced prices

【拍摄】（动）take；shoot：在～外景 *be on location*

【拍手】（动）clap one's hands；applaud：～大笑 *clap one's hands and roar with laughter*/～赞成 *clap one's hands in approval*

【拍照】（动）take a picture；photograph：为别人～ *take a picture of sb.*

pái

排 pái ❶（动）❶（按次序摆；排列；编排）arrange；put in order：～队 *line up*/～名次 *arrange the position in name list* ❷（排演）rehearse：刻苦～练 *rehearse painstakingly* ❸（用力除去）exclude；eject：～涝 *drain flooded fields* ❹（冲开；推开）push ❷（名）❶（横着排成的行列）row；line：坐在后～ *sit in the back row* ❷（军队编制单位）platoon：～长 *platoon leader* ❸（扎成排的竹子或木头）raft ❹（量）（用于成行列的东西）row；line：一～椅子 *a row of chairs*

【排版】（动）set type；compose type；composing：自动～ *automatic typesetting*

【排斥】（动）repel；exclude；reject；eject：遭到

~ be excluded

【排除】（动）get rid of；remove；overcome；eliminate；reject；exclude：~危险 *eliminate danger*/~恐惧心理 *get rid of one's fear*

【排队】（动）❶（顺次排列成行）form a line；line up；queue up：在公共汽车站~ *queue up at a bus stop*/~买电影票 *line up to buy tickets for the film* ❷（归类排列）classify；list

【排挤】（动）push aside；push out；squeeze out；exclude：~某人 *push sb. out*/互相~。*Each tries to squeeze the other out.*

【排涝】（动）drain flooded fields：~补种 *plant again after the water recedes*

【排练】（动）rehearse：音乐会的节目正在做最后一次~。*They are having the final rehearsal for the concert.*

【排列】（动）（顺次序放）arrange；rank；place；range；put in order：~成行 *arrange in a line*/整齐 *arrange in good order*

【排球】（名）volleyball：打~ *play volleyball*

【排水】（动）drain off water；drain away water；dewatering：~管 *drain pipe*/~量 *displacement*

【排外】（动）exclusive；antiforeign：盲目~ *blind opposition to everything foreign*

【排泄】（动）❶（使雨水、污水等流走）drain：下水道~不畅 *have drainage difficulty* ❷（把体内废物排出）excrete；let off；excretion：~系统 *excretory system*

徘 *pái*

【徘徊】（动）❶（来回走）pace up and down；linger about；tramp ❷（犹豫不决）hesitate；waver；hover

牌 *pái*（名）

❶（牌子，用作提示、奖励、凭证等的东西）plate；tablet；board；placard：布告~儿 *notice board*/指示~ *destination board* ❷（牌子，商品的专用名称）brand；trademark：创名~ *establish famous brands* ❸（娱乐用品）cards；dominoes：玩~ *play cards*/洗~ *shuffle the cards*

【牌号】（名）❶（商店字号）the name of a shop；shop sign ❷（商标）trademark

【牌价】（名）❶（标出价格）list price：按~打8折出售 *goods sold at a discount of 20% off the list prices* ❷（市价）market quotation；market price：外汇~ *exchange quotations*

【牌照】（名）license plate；license tag：申请~ *apply for a license tag*/吊销~ *revoke a license plate*

【牌子】（名）❶（标志板）plate；sign ❷（商标）brand；trademark：在那个商店能买到最好~的酒。*The best brands of wine are available in that department store.*

pài

派 *pài* ❤（名）

❶（派别；派系）group；school；faction；clique：党~ *political parties*/守旧~ *people of the old school* ❷（作风；风度）style；manner and air：有气~ *be possessed of dignity* ❤（量）（用于派别）：两~意见 *two different views* ❤（动）❶（分配；派遣；委派）send；dispatch；assign；appoint：~某人出国 *send sb. abroad*/谢绝委~ *decline an appointment* ❷（指摘）censure

【派别】（名）group；school；faction：互相争斗的~ *contending factions*

【派出所】（名）local police station；police sub-station

【派款】（动）impose levies of money；collection of compulsory contributions；levy

【派遣】（动）send someone on mission；dispatch：~代表团 *send a delegation*/~某人去干某事 *send sb. on an errand*

【派生】（动）derive：这些词都是同一词~出来的。*These words are derived from the same root.*

【派驻】（动）accredit；garrison：~中国的代表 *representatives accredited to China*/互相~大使 *exchange ambassadors*

pān

攀 *pān*（动）

❶（抓住东西向上爬）climb；clamber：~着铁索向上爬 *climb up a cable hand over hand* ❷（跟地位高的人结交或拉关系）seek connections in high places：高不可~ *be too high to reach* ❸（设法接触；牵扯）involve；implicate：和某人~关系 *befriend sb. of higher social position*

【攀登】（动）climb；clamber；scale：吃力地~ *climb with great effort*

【攀亲】（动）❶（拉亲戚关系）claim kinship：~道故 *claim ties of blood or friendship* ❷〈方〉（议婚）arrange a match

【攀折】（动）pull down and break off：请勿~花木。*Please do not pick the flowers.*

pán

盘 *pán* ❤（名）

❶（盘子）tray；plate；dish：端~子 *hold a plate*/洗~子 *wash dishes* ❷（形象或功能像盘的东西）disc：打算~ *work an abacus*/划分地~ *carve up territory under one's control* ❸（价格；行情）market quotation；current price ❹[体]（比赛中的一局、一场）game；set：下一~棋 *play a game of chess* ❤（动）❶（回旋绕绕）coil；wind；twist：蛇~

在树枝上。*The snake winds round a branch.*
❷(垒、砌、搭炕或灶)build ❸(仔细查问或清点)check;examine;interrogate:遭到非法～问 *be interrogated illegally* ❹(转让工商企业)transfer ❺(搬运)carry ❸(量)四～菜 *four dishes*

【盘查】(动)interrogate and examine;question;examine thoroughly:～可疑的人 *examine a suspicious person*/～账目 *check accounts*

【盘秤】(名)a steelyard with a pan;hang scoop scale

【盘点】(动)check;make an inventory

【盘踞】(动)illegally or forcibly occupy;settle in:暴徒～了整个大楼。*The gangsters occupied the whole building.*

【盘绕】(动)twine;coil;wreathe;weave:～树干的藤 *a vine that twines about the tree trunk*

【盘算】(动)calculate;consider and weigh;figure;plan:精心～做某事 *carefully plan to do sth.*

【盘问】(动)cross-examine;interrogate;inquire

【盘旋】(动)❶(环绕着飞或走)circle around;spiral;circle;wheel;hover:～下降 *spiral down*/飞机在空中～。*The plane is circling about in the sky.* ❷(徘徊;逗留)linger;stay:他在花房里～了半天。*He lingered about in the greenhouse for some time.*

【盘子】(名)tray;plate;dish

pàn

判 pàn ❸(动)❶(分开;分辨)distinguish;discriminate ❷(评定)judge;decide:给出轻率的评～ *give a rash judgement* ❸(判决)sentence;condemn:被～重刑 *receive a heavy sentence* ❸(副)(显然有区别)obviously:～若云泥 *be as far removed as heaven is from earth*

【判别】(动)differentiate;distinguish;discriminate:很难～ *have trouble in distinguishing sth.(from sth.)*

【判处】(动)sentence;condemn:被～死刑 *be sentenced to death*/被～罚金 *be sentenced to a fine*

【判定】(动)judge;decide;vote;determine

【判断】(动)❶(断定)judge;determine:～是非 *judge between right and wrong* ❷[逻]judgement:自己做出～ *make one's own judgement*

【判决】(动)[律]court decision;judgement:撤销～ *reverse the judgement*/宣读～书 an-

nounce the court verdict

【判罪】(动)declare guilty;convict

盼 pàn ❸(动)❶(盼望;希望)hope for;long for;expect:～丰收 *look forward to a good harvest* ❷(看)look;左顾右～ *look round* ❸(形)〈书〉(眼睛清朗)clear-eyed

【盼望】(动)hope for;long for;yearn for;look forward to;expect:～解放 *long for liberation*/热切～ *earnestly hope for*

叛 pàn(动)(背叛)betray;rebel against:背～祖国 *betray one's country*/反～政府 *rebel against the government*

【叛变】(动)betray one's country;turn traitor;rat:听到他～的消息,我们都非常气愤。*We were very angry when we knew he had turned traitor.*

【叛党】(动)betray the Party;turn traitor to the Party

【叛离】(动)betray;desert

【叛乱】(动)rebel;rise in rebellion;armed rebellion;revolt:掀起～ *raise a rebellion*/平息～ *quash a rebellion*

【叛徒】(名)traitor;renegade;rebel;rat:那个可耻的～得到了应有的下场。*The shameful traitor received a well-deserved punishment.*

pāng

滂 pāng(形)〈书〉(形容水涌出)pouring

【滂湃】(动)roaring and rushing

【滂沱】(形)torrential;pouring:大雨～。*It's raining in torrents.*

páng

彷 páng

【彷徨】(动)walk back and forth;not knowing which way to go;hesitate:～歧途 *hesitate at the crossroads*

庞 páng ❸(形)❶(庞大)huge ❷(多而杂乱)innumerable and disordered ❸(名)(脸盘)face

【庞大】(形)huge;enormous;colossal;gigantic:派出～的代表团 *send a large delegation*

【庞然大物】(成)huge monster

旁 páng ❸(名)(旁边)side:搁置一～ *be put aside*/坐在某人一边 *sit by sb.'s side* ❸(形)(其他,另外)other;else:提供～证 *give side evidence*

【旁边】(名)side;near by position;right by:～有一棵树。*There is a tree nearby.*

【旁观】(动)look on；observe from the side-lines：～者 bystander／袖手～ look on with folded arms
【旁人】(名)other people；others
【旁听】(动)be a visitor at a meeting；in a school class：～生 auditor／～席 visitor's seats
【旁证】(名)circumstantial evidence；side witness

膀 páng
另见 616 页 bǎng。
【膀胱】(名)bladder：～结石 bladder calculi

磅 páng
另见 616 页 bàng。
【磅礴】(形) ❶(广大) boundless；majestic；vast：气势～ of tremendous momentum ❷(充满)fill；permeate

螃 páng
【螃蟹】(名)crab

pàng

胖 pàng (形)(人体脂肪多，肉多)fat；stout；plump：有一点儿发～ put on a little weight／矮～身材 be of stout build
【胖子】(名)fat person；fatty；stout：受到～们的欢迎 find favor with the fatties

pāo

抛 pāo (动) ❶(扔；投掷)throw；toss；fling：～开一切烦恼 fling aside all the trouble／向山下～石头 throw stones down the hill ❷(丢下；抛弃)leave behind；cast aside：被时代～在后面 be left behind by the time
【抛光】(动)polishing；burnishing：～机 polishing machine
【抛锚】(动) ❶(下锚使船停稳)drop anchor；cast anchor：在离岸不远处～ anchor off the shore／船在岸边～。The ship anchored along the shore. ❷(车辆发生故障) break down；get stuck midway：他的车在路上～了。His car broke down on the way.
【抛弃】(动)throw away；abandon；forsake；cast away：～坏习惯 forsake bad habits／～偏见 cast off prejudices
【抛售】(动)undersell；sell sth. in big quantities

páo

刨 páo (动) ❶(挖掘)dig；excavate：用镐～

dig with a pick／～马路上的冰 dig the ice on the road ❷〈口〉(除去；减去)deduct；exclude：～去 10 天病假 subtract ten day's sick leave
【刨根儿】(动)get to the root of the matter：对某事～问底 make detail inquiries into sth.

咆 páo (动)〈书〉(猛兽怒吼；嗥)roar；howl
【咆哮】(动)rage and roar；roar；thunder：黄河～。The Huanghe River roars on.

炮 páo (动)[医](把生药放在热铁锅里炒，使焦黄爆裂)prepare
另见 903 页 pào。
【炮制】(动) ❶[医]prepare；processing drugs ❷(编造；制定)dish up；concoct；cook up：～反动纲领 concoct a reactionary programme

pǎo

跑 pǎo (动) ❶(脚迅速向前移动；跑步)run；～上楼 run upstairs／全速奔～ run at full speed ❷〈方〉(走)walk ❸(逃走)run away；escape：见到危险就～ run away at sight of danger／别让兔子～了。Don't let the rabbit escape. ❹(为某种事物而奔走)run about doing sth.；run errands：～买卖 be a commercial traveller ❺(泄；漏)leak；escape：车带～气了。Air is escaping from the tyre. ❻(液体挥发)evaporate ❼(离开所在位置)away；off：防止～电 prevent electric leakage
【跑步】(动)run；march at the double；double march：～过去 run over／～前进 advance at the double
【跑马】(动) ❶(骑着马跑)run a horse ❷(赛马)horse race
【跑鞋】(名)[体]track shoes；running shoes

pào

泡 pào ❺(名) ❶(气泡)bubble：冒～ rise in bubbles／吹～～ blow bubbles ❷(像泡一样的东西)sth. shaped like a bubble：脚上起～ get blisters on one's feet ❻(动) ❶(较长时间地放在液体中)steep；soak：～茶 make tea／把人参～在酒里 soak the ginseng in the liquor ❷(故意消磨时间)dawdle：不要在这～时间。Don't dawdle about here.
【泡菜】(名)pickled vegetables；pickles
【泡沫】(名)foam；froth：海浪撞到礁石上～飞溅。Waves broke into foam round the rocks.／～塑料 foamed plastics
【泡影】(名)visionary hope；plan；bubble：化为～ vanish like soap bubbles

炮 pào (名) ❶(火炮)big gun；cannon；artillery piece：开～ *fire a cannon* ❷（爆竹）fire-crackers ❸［体］（象棋棋子的一种）cannon 另见 903 页 páo。

【炮兵】（名）artillery；artillerymen：～阵地 *artillery position*

【炮弹】（名）cannonball；shell；bullet

【炮火】（名）artillery fire；gunfire：～连天 *gunfire licks the heavens*

【炮击】（动）cannonry；bombard；shell；cannonade

【炮舰】（名）gunboat：～政策 *gunboat policy*

【炮楼】（名）gun turret；blockhouse

【炮手】（名）gunner；artilleryman；gun crew；cannoneer

pēi

胚 pēi（名）［生］（初期发育的生物体）embryo

【胚胎】（名）［生］embryo：～发育 *embryonic development*／～学 *embryology*

péi

陪 péi（动）（陪伴）accompany；keep sb. company；show；serve：～客人参观学校 *show the guests round the school*／～某人待在家中 *keep sb. company at home*

【陪伴】（动）accompany；keep sb. company：这只小猫～着她度过了余生。*The cat kept her company for the rest of her lifetime*.

【陪衬】●（动）（衬托）serve as a contrast or foil；set off by contrast ●（名）（陪衬物）foil；setoff：给主角做～ *play the foil to the chief actor*

【陪审】（动）act as an assessor；serve as an assessor；serve on a jury

【陪同】（动）accompany；be in the company of；keep company with：他由他母亲～前往参加高考。*His mother saw him to the college entrance examination site*.

培 péi（动）❶（在根基部分堆上土）bank up with earth；earth up：给花园里的植物～土 *earth up the plants in the garden* ❷（有目的地使成长、壮大）cultivate；foster；train

【培训】（动）cultivate；train：正在～ *be under training*／参加在职～ *take a training on the job*

【培养】（动）❶（教育和训练）foster；train；develop；educate；cultivate：～感情 *develop friendship*／～接班人 *train successors* ❷［生］culture；cultivate：～细菌 *cultivate bacteria*

【培育】（动）cultivate；foster；raise；breed：～树苗 *grow saplings*

赔 péi（动）❶（赔偿）compensate；pay for：索要～款 *charge payments*／损坏东西就得～。*Pay for anything you damage*. ❷（做买卖亏本钱）stand a loss：～了夫人又折兵 *pay a double penalty*

【赔本】（动）sustain losses in business；run a business at a loss：这是一笔～的买卖 *This is a losing business*.

【赔偿】（动）compensate for；make compensation；pay for：得到～ *obtain an indemnity*／拒绝支付～ *refuse to offer any compensation*

【赔款】●（动）（赔偿损失）pay an indemnity；pay reparations ●（名）（赔偿费）cash indemnity；indemnity；reparations

【赔礼】（动）offer an apology；apologize：你做错了事就该向人家～道歉。*Since you've done wrong, you should make an apology*.

【赔罪】（动）apologize；make an apology

pèi

佩 pèi ●（动）❶（佩带）wear：腰～手枪 *carry a pistol in one's belt* ❷（佩服）admire：我真钦～他的工作能力。*I really admire his capacity for work*. ●（名）（古时系在衣带上的装饰品）：玉～ *jade pendant*

【佩带】（动）wear；bear；carry：身边～着剑 *wear a sword by one's side*

【佩服】（动）admire；have admiration for：～某人 *feel admiration for sb*. ／很～某人的勇气 *admire sb. for his courage*

配 pèi ●（动）❶（两性结合）join in marriage：成双～对 *match sb. with sb*. ❷（按适当的标准或比例加以调和或凑在一起）compound；mix：去药店～药 *go to the drug store to make up a prescription* ❸（有计划地分派）apportion ❹（补足；配齐）complete；fit：～副眼镜 *be fitted with a pair of glasses* ❺（衬托；陪衬）match：他们俩还真挺～的。*They are a fine match*. ❻（够得上；符合；相当）deserve；be worthy of；be qualified：只有他才～得这笔奖学金。*Only he deserved the scholarship*. ●（名）（配偶）spouse

【配备】（动）❶（根据需要分配）allocate；provide；fit out：～助手 *provide assistants* ❷（布置兵力）dispose；deploy

【配方】（动）❶（配药）make up a prescription；fill a prescription ❷（配制方法）formula；recipe：发明一种新的～ *invent a new formula*

【配合】（动）❶（分工合作）coordinate；cooperate；concert：互相～ *coordinate with each other*／默契 *cooperate harmoniously* ❷（零件结合在一起）join

【配给】(动)ration;allotment:削减大米的~量 cut the rice ration

【配件】(名)❶(装配机器的零件或部件)fittings ❷(损坏后重新安上的零件)a replacement

【配偶】(名)spouse;consort:外交官及其~ diplomats and their spouses

【配套】(动)form a complete set;assort:找不到与它相~的酒杯。I can't find another wine glass to match it.

【配音】(动)dub;dubbing;mixing:给外国电影~ dub a foreign film

pēn

喷 pēn (动)❶(液体等受压力而射出)spurt; spout;gush;jet ❷(喷洒)spray;sprinkle 另见 905 页 pèn。

【喷灌】(名)sprinkling irrigation;spray irrigation

【喷壶】(名)watering can;sprinkling can

【喷漆】(动)spray paint;spray lacquer:~枪 paint spray gun

【喷枪】(名)spray gun;airbrush

【喷泉】(名)fountain

【喷射】(动)spray;jet;spurt:~火焰 spurt flames

pén

盆 pén (名)(盛东西或洗东西用的器具)basin;tub;pot:脸~ washbasin

【盆地】(名)[地]basin;saucer;bowl:准噶尔~ the Junggar Basin

【盆景】(名)potted landscape

pèn

喷 pèn ❶(名)(果品、鱼虾等大量上市的时期) time on the market;in season:西瓜正在~儿上。Watermelons are in season now. ❷(量)(开花结实的次数;成熟收割的次数)crop:头一~棉花 the first crop of cotton 另见 905 页 pēn。

【喷香】(形)fragrant;delicious:饭菜~。The dishes smell delicious.

pēng

抨 pēng (动)〈书〉(抨击;弹劾)attack;impeach

【抨击】(动)attack;assail;lash out at;flay

烹 pēng (动)❶(煮)boil;cook ❷(热油略炒加作料搅拌)fry quickly in hot oil and stir in

sauce

【烹饪】(动)cooking;culinary art:擅长~ be good at cooking

【烹调】(动)cook:中国式~ Chinese cooking

péng

朋 péng (名)(朋友)friend

【朋友】(名)❶(有交情的人)friend:广交~ make many friends ❷(恋爱对象)boyfriend; girlfriend:他有女~了。He has got a girlfriend now.

棚 péng (名)❶(用竹木等搭成的遮蔽太阳或风雨的设备)canopy ❷(简陋的房屋)shed; shack:自行车~ bicycle shed/牲口~ livestock shed

【棚子】(名)shed;shack:草~ straw mat shed

蓬 péng ❶(名)[植](飞蓬)bitter fleabane ❷(形)(蓬松)fluffy;dishevelled ❸(量)(用于枝叶茂盛的花草等):一~竹子 a clump of bamboo

【蓬勃】(形)vigorous;flourishing;exuberant; full of vitality:~兴起 spring up/~发展 grow vigorously

【蓬松】(形)fluffy;puffy;fur:~的棉桃 a fluffy cotton boll/我刚洗过头,所以头发很~。I've just washed my hair, so looks fluffy.

澎 péng (动)(溅)splash;spatter

【澎湃】(动)surge;be in a upsurge:心潮~ feel an upsurge of emotion

膨 péng (动)(物体的长度或体积增加)expand;swell

【膨大】(动)expand;inflate

【膨胀】(动)expand;swell;dilate;inflate:消费~ inflated consumption

pěng

捧 pěng ❶(动)❶(用双手托)hold or carry in both hands:双手~着孩子的脸 hold the child's face in both hands/小姑娘~着一本厚书在读。The little girl was holding a thick book, reading. ❷(奉承;吹嘘)boost;extol:自我吹~ sing one's own praises/擅长~人 be good at flattering others ❷(量)(用于能捧的东西):一~枣儿 a double handful of dates

【捧场】(动)❶(在剧场喝彩)be a member of a claque ❷(替别人吹嘘)be a member of a boost

P

pèng

碰 pèng（动）❶（一物体突然接触另一物体；撞击）touch；bump：～一鼻子灰 meet with a rebuff／～翻水杯 knock the glass over ❷（碰见；遇到）meet；run into：～到意外的困难 run into a snag／偶尔～见某人 meet up with sb.❸（试探）try one's luck；take one's chance：这绝不是～运气的事。This is no game of chance.

【碰杯】（动）clink glasses

【碰壁】（动）run up against a stone wall；be rebuffed：我们不能因一次～就退缩不前。We shouldn't shrink back when suffering from a rebuff.

【碰见】（动）meet unexpectedly；run into；encounter

【碰巧】（副）by chance；by coincidence；happen to：我俩～同时到家。We arrived at home at the same time by coincidence.

【碰头】（动）❶（开简短的会）meet and discuss ❷（见面）see each other：他一回来就会和你～。As soon as he returns, he will meet with you.

【碰运气】（动）try one's luck；take a chance

【碰撞】（动）❶（猛然碰上）collide；run into：两架飞机在空中发生～。Two planes collided in the air. ❷［物］collision；impact

pī

批 pī ㊀（动）❶（在下级的文件上写下意见）write instructions or comments on ❷（批判；批评）criticize；refute：挨了某人一通～ be criticized by sb. ❸〈书〉（用手掌打）slap ㊁（副）（大量买卖货物）wholesale：成～卖出 sell by wholesale ㊂（名）〈口〉（棉麻等未捻成线、绳时的细条）fibres of cotton ㊃（量）（用于货物和人）batch；lot：收到一～新的订货单 receive a new batch of orders

【批驳】（动）❶（否决别人的意见或请求）veto an opinion ❷（批评别人的意见或要求）refute；criticize

【批发】（动）❶（成批销售）wholesale：这批货物是以～价格买来的。This lot of goods were bought at wholesale price. ❷（批准发布）be authorized for dispatch

【批改】（动）correct：～作文 correct compositions

【批判】（动）❶（分析、否定错误的思想、言论或行为）criticize；repudiate ❷（批评）critique

【批评】（动）criticize；criticism；因某事～某人 criticize sb. for sth./愿意接受～ be willing

to accept criticism

【批示】㊀（名）（批示的话）written instructions ㊁（动）（写意见和指示）make comments and instructions

【批语】（名）❶（对文章的评语）remarks on a piece of writing ❷（批示）comments and instructions

【批阅】（动）read over；read over and give remarks

【批准】（动）ratify；approve；sanction；authorize；得到～ be given the ratification／～建议 give sanction to the proposals

披 pī（动）❶（覆盖或搭在肩背上）drape over one's shoulders；wrap around：肩上～着大衣 drape an overcoat over one's shoulders ❷（打开；散开）open；unroll；spread out：～头散发 be with one's hair dishevelled ❸（竹木等裂开）split open；crack

【披风】（名）cloak；smock

【披肩】（名）cape；wraps；tippet

【披露】（动）❶（发表；公布）publish；announce；make public：这一事件已在报上～。The affair has been published in the press. ❷（表露）reveal；show；disclose

劈 pī（动）❶（用刀、斧等使物破开）split；chop；cleave：～成两半 cleave sth. in two ❷（雷电毁坏或击毙）strike ❸（正对着；冲着）right against
另见 907 页 pǐ。

【劈波斩浪】（成）cleave through the waves

【劈柴】（动）chop wood

【劈头盖脸】（成）scold sb. to his face；right in the face

pí

皮 pí ㊀（名）❶（人或物体表面的一层组织）skin：香蕉～ banana skin／荞麦～ buckwheat husk ❷（皮革）leather；hide ❸（毛皮）fur：～大衣 fur topcoat／～袄 fur-lined jacket ❹（包在外面的一层东西）cover；wrapper ❺（表面）surface ❻（某些薄片状的东西）a broad ❼（橡胶）rubber ㊁（形）❶（酥脆的东西受潮后变韧）become soft and soggy ❷（顽皮；调皮）naughty ❸（感到无所谓）case-hardened

【皮包】（名）leather handbag；briefcase；portfolio：～公司 fundless company engaged in speculation

【皮肤】（名）skin；derma；hide：～科 dermatological department

【皮革】（名）leather；hide

【皮货】（名）fur；pelt：～商 fur dealer

【皮匠】（名）❶（制鞋的）cobbler；shoemaker

❷(制革或鞣皮的)tanner

【皮毛】(名)❶(带毛兽皮)pelage;fur ❷(表面的知识)smattering;superficial knowledge

【皮箱】(名)leather suitcase;leather trunk

【皮鞋】(名)leather shoes

【皮衣】(名)❶(毛皮的)fur clothing ❷(皮革的)leather clothing

疲 pí (形)(疲乏;劳累)tired;weary;exhausted:使某人筋～力竭 tire sb. *out*

【疲惫】❶(形)(非常疲乏)weary;exhausted:～不堪 be tired beyond endurance ❷(动)(使非常疲乏)wear

【疲乏】(形)weary;worn out;exhausted:感到十分～ feel very weary

【疲倦】(形)tired;weary;fatigued;jaded:工作起来从不知～ be always tireless in one's work

【疲劳】(形)❶(疲乏劳累)tired;fatigued;weary:过度～ excessive fatigue/摆脱～ relieve one's fatigue ❷(机能或反应能力减弱)fatigue;strain

【疲软】(形)❶(疲乏无力)fatigued and weak ❷[金融]weaken;slump

啤 pí

【啤酒】(名)beer:生～ draught beer/～杯 beer mug

脾 pí (名)(脾脏)spleen

【脾气】(名)❶(性情)temperament;disposition:～很好 have a good temper ❷(易怒的性情)bad temper:发～ lose one's temper ❸(事物的特性)behaviour

【脾胃】(名)taste:～相投 have similar tastes

【脾脏】(名)spleen

pǐ

匹 pǐ ❶(动)(比得上;相当;相配)be equal to;be a match for ❷(形)(单独)lone ❸(量)❶(用于马、骡等):三～马 three horses ❷(用于整卷的绸或布):一～布 a bolt of cloth

【匹敌】(动)equal in force;be equal to

【匹夫】(名)❶(平常人)ordinary man ❷(无学识、无智谋者)an ignorant person:～之勇 courage without discipline

【匹配】(动)❶〈书〉(婚姻配合)mate;marry ❷[电]matching:阻抗～ impedance matching

痞 pǐ ❶(痞块)a lump in the abdomen ❷(恶棍;流氓)ruffian;riffraff

【痞子】(名)ruffian;riffraff

劈 pǐ (动)❶(分开;分)divide;split ❷(分

裂;使离开原物体)break off;strip off
另见 906 页 pī。

【劈掉】(动)strip off

癖 pǐ (名)(癖好;嗜好)addiction;weakness for

【癖好】(名)special hobby;favourite hobby:他有集邮的～。His favourite hobby is stamp collecting.

【癖性】(名)natural inclination;proclivity

pì

屁 pì (名)❶(由肛门排出的臭气)wind ❷(屁股)hip ❸(用来骂人或指斥诗文、言语的荒谬)nonsense

【屁股】(名)❶(臀部)hip;buttocks;bottom:拍拍～就走了 leave without a word of explanation ❷(动物的臀部)rump;haunch ❸(物体的末尾部分)end;butt

辟 pì ❶(动)❶(开辟)open up;break:新～一座果园 lay out a new orchard ❷(驳斥;排除)refute;repudiate ❷(形)(透彻)penetrating;incisive ❸(名)〈书〉(法律;法)law

【辟谣】(动)refute a rumour;refute slanders

僻 pì (形)❶(偏僻)secluded:～巷 side lane ❷(性情古怪)eccentric ❸(不常见的)rare

【僻静】(形)secluded;lonely:～的街道 a quiet street

譬 pì (名)(比喻;比方)example;analogy

【譬如】(动)for example;for instance;take for example;such as

【譬喻】(名)metaphor;simile;analogy

piān

偏 piān ❶(形)❶(不正;歪斜)inclined to one side;slanting;leaning:中间～左 take a position left of centre ❷(只侧重一面)partial;prejudiced ❷(动)(移向一边)move to one side ❸(副)(相当于"偏偏")deliberately:他～不听我们的劝告。He simply wouldn't listen to our advise./他～要我陪他一块儿去。He insisted that I go with him.

【偏爱】(动)favour;have partiality for sth.;be partial to:得到某人的～ find favour with sb./～小儿子 favour the youngest son

【偏差】(名)deviation;deflection;error:存在细微～ have slight deviations

【偏见】(名)prejudice;bias;preconception;warp:根除种族～ eradicate racial bias/消除心中的～ banish the prejudice from one's

mind
【偏离】（动）deviate；diverge；deflect：～正题 digress from the main subject／～航线 deviate from the course
【偏僻】（形）remote：地点～。It is an out-of-the-way place.
【偏向】（名）❶（不正确的倾向）erroneous tendency；deviation ❷（袒护）be partial to
【偏心】（名）❶（不公正）partiality；bias：阅卷教师不应有丝毫～。The teachers who go over the papers should be absolutely impartial. ❷［机］eccentric
【偏远】（形）remote；faraway
【偏转】（动）deflection；diversion

篇 piān ❶（名）❶（首尾完整的诗文）a piece of writing ❷（写着或印着文字的单张纸）sheet：歌～儿 song sheet ❷（量）（用于纸张、书页、文章等）piece；sheet：三～儿纸 three sheets of paper
【篇幅】（名）❶（文章的长短）length：这篇文章～不太长。This article is not very long. ❷（书籍报刊等篇页的数量）space：～有限 have limited space
【篇目】（名）chapter heading；table of contents；contents
【篇章】（名）sections and chapters；literary piece：～结构 structure of an article

pián

便 pián（形）〈书〉（安适的）quiet and comfortable
另见 626 页 biàn。
【便宜】（形）❶（价钱低）cheap；inexpensive：碰巧买到～货 pick up a cheap bargain ❷（不应得的利益）small advantages：他从不占别人的～。He never takes advantage of other people. ❸（对…从轻处理）let sb. off lightly：这次～你了。This time we have let you off lightly.

piàn

片 piàn ❶（名）❶（平面薄的东西）a flat，thin piece；slice；flake：切牛肉～儿 cut the beef into slices／一～～落下 fall in flakes ❷（较大地区内划分的较小地区）part of place ❸（动）（用刀切成薄片）cut into slices；pare：～肉片 slice meat ❸（形）（不全的；零星的）简短的；incomplete；partial；brief：～刻不停 never stop for an instant ❹（量）❶（用于成片的东西）piece；slice：吃一～面包 have a slice of bread ❷（用于地面和水面等）stretch；tract：一～草地 a tract of meadow ❸（用于景色、气

象、声音、语言、心意等）：一～欢腾 a scene of great rejoicing
【片段】（名）part；passage；extract；segment：谈话的～ parts of a conversation
【片刻】（名）an instant；a moment；a short while：稍等～ wait a little while
【片面】（形）❶（单方面）unilateral：～宣布 declare unilaterally ❷（不全面）one-sided；lopsided：～观点 a lopsided view

骗 piàn（动）❶（欺骗）deceive；fool；hoodwink：～某人相信 deceive sb. into believing／从不～人 never deceive others ❷（骗取）cheat；swindle：财产被～走 be cheated out of one's inheritance
【骗局】（名）fraud；hoax；swindle：巧妙的～ a clever fraud／揭穿一个～ see through a fraud
【骗取】（动）gain sth. by cheating；cheat sb. out of sth.：～奖赏 obtain a prize by fraud／～某人同情 obtain sympathy from sb. by fraud
【骗人】（动）deceive people；cheat others；swindle others：他经常～。He often deceives others.
【骗子】（名）swindler；cheat；trickster：被错当成～ be mistaken as a cheat／他是个十足的～。He is an absolute swindler.

piāo

漂 piāo（动）（浮在液体表面上）float；drift：～洋过海 travel far away across the sea／小船随着水流向前～去。The current drifted the boat along.
另见 909 页 piǎo；909 页 piào。
【漂泊】（动）lead a wandering life；rove；drift：在异乡四处～ drift about in a foreign country
【漂浮】（动）❶（漂）float：小船～在宁静的水面上。The boat drifted on the still water. ❷（工作不踏实）showy；superficial
【漂流】（动）❶（漂在水面随着水流浮动）be driven by the current；drift about：小船在河中顺水～而下。The boat drifted down the river. ❷（漂泊）lead a wandering life；drift
【漂移】（动）（漂流移动）be driven by the current；drift about

飘 piāo（动）（随风摇动或飞扬）wave to and fro；float；flutter：天上～着很多白云。White clouds are floating in the sky.
【飘荡】（动）drift；wave；flutter：红旗在风中～。The red flag was flapping in the wind.
【飘扬】（动）wave；flutter；fly：彩旗～。Colored flags were fluttering in the wind.

【飘摇】（动）drift about；sway；shake：风雨～ buffeted by wind and rain

piáo

瓢 piáo（名）（舀水或撮取粮食等的器具）gourd ladle；wooden dipper

【瓢泼】（动）heavy；torrential：～大雨 heavy rain

piǎo

漂 piǎo（动）❶（漂白）bleach：～过的布特别白。Cloth becomes much whiter when bleached. ❷（用水冲去杂质）rinse
另见 908 页 piāo；909 页 piào。

【漂白】（动）decolourize；bleach：～粉 bleaching powder

piào

票 piào（名）❶（作为凭证的纸片）ticket：验～ check the tickets／退～ return the ticket ❷（选票）ballot：投了某人一～ cast a ballot for sb./以投～方式决定 take a ballot ❸（钞票）bank note；bill ❹（强盗绑架时用作抵押的人）hostage：撕～ kill a hostage

【票房】（名）❶〈口〉（车站等的）booking office ❷〈口〉（戏院等的）box office：～欠佳 a box office failure

【票价】（名）the price of a ticket：提高～ raise the admission fee／火车～上涨了。The train fare has gone up.

【票据】（名）❶（写有支付金额义务的证件）bill；note：应收～ bills receivable／即期～ a demand note ❷（出纳或货运凭证）voucher；receipt

【票子】（名）bank note；paper money；bill：一大摞～ a thick stack of bank notes

漂 piào（动）〈方〉（事情、账目等落空）fail；end in failure
另见 908 页 piāo；909 页 piǎo。

【漂亮】（形）❶（好看；美观）handsome；good-looking；pretty；beautiful：～的小伙子 a handsome young man／～的小姑娘 a pretty little girl ❷（出色）smart；remarkable；beautiful：打一个～仗 fight a fine battle

piē

撇 piē（动）❶（弃置不顾；抛弃）cast aside；throw overboard；neglect：不能只抓一头，把别的事都～在一旁。We should not just concentrate on one thing to the neglect of every-thing else. ❷（从液体表面上轻轻地舀）skim：～沫儿 skim off the scum

【撇开】（动）put aside；dismiss；leave aside；by-pass：～这个问题 bypass this issue

【撇弃】（动）❶（抛弃）abandon；desert ❷（丢弃）cast away

瞥 piē（动）（很快地看一下）shoot a glance at；dart a look at

【瞥见】（动）get a glimpse of；catch sight of：在大街上无意中～了一位多年不见的老友。In the street, I caught sight of an old friend whom I had not seen for years.

pīn

拼 pīn（动）❶（合在一起；连合）put togeth-er；piece together：将玻璃碎片～起来 piece together the broken glass ❷（不顾一切地干；豁出去）be ready to risk one's life：～到底 fight to the bitter end ❸（拼写）spell：～写单词 spell out the words

【拼凑】（动）scrape together；piece together；knock together：把零碎布头～起来 piece to-gether the odds and ends of cloth

【拼命】（动）❶（把性命豁出去；舍命）risk one's life；defy death：准备与敌人～到底 be ready to fight with the enemy to the last ditch ❷（尽最大的力量；极度地）exerting the utmost strength；for all one is worth：～地赚钱 make every effort to make money

【拼写】（动）spell；transliterate：～测验 spell-ing quiz

【拼音】（名）phonetic transcription；phoneti-cize

pín

贫 pín（形）❶（穷）poor；impoverished：～富不均 unequal distribution of wealth ❷（缺少；不足）inadequate；deficient ❸〈方〉（絮叨可厌）garrulous

【贫乏】（形）poor；meagre；thin；short；lacking：经验～ lack experience

【贫寒】（形）poor；poverty-stricken：～人家 an impoverished family

【贫贱】（形）poor and lowly：～不移 poor but with lofty ideals／～之交不可忘 a man should not forget the friends he made when he was poor

【贫困】（形）poor；impoverished；poverty-stricken：生活～ live in poverty

【贫穷】（形）poor；needy；impoverished；privation：～落后 be poor and backward

频 pín ●（形）（次数多）frequent ●（副）（屡次）frequently;repeatedly ●（名）[物]（物体每秒钟振动的次数）frequency

【频道】（名）frequency channel;channel:这个电视台现有 3 个～。*This TV station has three channels.*

【频繁】（副）frequently;often

【频率】（名）frequency;rate:～范围 *frequency range*

【频频】（副）again and again;repeatedly:～点头称是 *nod approval repeatedly*

pǐn

品 pǐn ●（名）❶（物品）article;product:申请～名的专利 *apply for a patent for the name of a product* ❷（等级;品级）grade;class;rank:极～ *best quality*/一等～ *first-grade product* ❸（品质）character;quality:～行不端 *have bad conduct* ●（动）（辨别好坏;品评）taste;sample;savour:～茶 *sample tea*

【品尝】（动）taste;sample;savour:～生活中的酸甜苦辣 *taste joys and sorrows of life*

【品德】（名）moral character;morality;quality

【品格】（名）❶（品性;品行）character of person;one's character and morals ❷（文学、艺术作品的质量和风格）quality and style

【品类】（名）category;class

【品貌】（名）❶（相貌）looks;appearance:～俊俏 *handsome and charming* ❷（人品和相貌）character and looks:～兼优的女郎 *a pretty girl of good character*

【品行】（名）conduct;behaviour:～端正 *behave oneself well*

【品质】（名）❶（人的本质）character;quality:学习他的优秀～ *learn from his fine qualities* ❷（物品的质量）quality:～证明书 *certificate of quality*

【品种】（名）❶[生]breed;cultivated varieties:小麦优良～ *improved strains of wheat* ❷（产品种类）variety;assortment

pìn

聘 pìn（动）❶（聘请）engage:被～为名誉会长 *be invited to be honorary chairman* ❷（定亲）betroth ❸〈口〉（女子出嫁）get married

【聘礼】（名）betrothal gifts;bride price:过～ *send betrothal gifts over to the bride's family*

【聘请】（动）engage;invite;employ

【聘任】（动）engage;appoint to a position

【聘书】（名）letter of appointment;contract

pīng

乒 pīng ●（拟声）:～的一声枪响 *the crack of a rifle or pistol* ●（名）（乒乓球）table tennis;ping-pong

【乒乓球】（名）❶[体]（球类运动项目之一）table tennis;ping-pong ❷（乒乓球运动用的球）table tennis ball;ping-pong ball

píng

平 píng ●（形）❶（没有高低凹凸,不倾斜）flat;level;even;smooth:把土铲～ *even out the earth with a spade*/～整土地 *level the ground* ❷（高度相同;不相上下）on the same level;equal:将比分拉～ *even up the scores*/～了一项世界纪录 *equal a world record* ❸（平均;公平）equal;fair:～分秋色 *have equal shares* ❹（安定;宁静）calm;peaceful;quiet ❺（经常的;普通的）average;common:～民 *the common people* ●（动）❶（使平）level;even:～在比较时没有高低先后 *be on the same level;equal* ❸（抑止怒气）pacify;calm down ❹（用武力镇压;平定）put down;suppress:～了一场叛乱 *put down a rebellion* ●（名）[体]（平局）make the same score;tie;draw

【平安】（形）safe and sound;without mishap;well:～归来 *return without mishap*/祝你一路～。*Wish you a good trip.*

【平常】（形）❶（普通;不特别）ordinary;common:过～的生活 *live an ordinary life* ❷（平时）generally;usually;ordinarily:～我很少看电影。*I seldom go to the cinema.*

【平淡】（形）flat;dull;insipid;prosaic:～无奇 *appear trite and insignificant*

【平等】（名）equal;equality:要求男女～ *claim equality between the sexes*/享受～的权利 *enjoy equal rights*

【平定】（动）❶（平稳安定）calm down;pacify:～激动的心情 *calm down one's emotion* ❷（平息）quell;pacify;put down

【平凡】（形）ordinary;common

【平方】（名）❶[数]square:3 的～是 9。*The square of 3 is 9.* ❷（平方米）square metre:那间房子有 12～。*The room has a floor space of 12-square-metre.*

【平分】（动）divide equally;share and share alike:～天下 *divide the country*

【平衡】（名）balance;equilibrium:失去～ *out of balance*/达到心理～ *achieve mental balance*

【平静】（形）calm;quiet;tranquil:～的海面 *a*

calm sea

【平均】(形) ❶(按份均匀计算)average;mean:超出～水平 be above the average ❷(没有轻重多少的区别)equally:～分配土地 distribute the land equally

【平时】(形) ❶(一般的、通常的时候)in normal times;at ordinary times ❷(指平常时期)in peacetime

【平坦】(名) even;smooth;level;flat:地势～ smooth terrain

【平息】(动) ❶(风势、纷乱等平静或静止)calm down;quiet down;subside ❷(用武力平定) put down;stamp out:～暴乱 put down a riot

【平行】(名) ❶(等级相同;没有隶属关系的)of equal rank;parallel:这两个机构是～的。The two units are of equal rank. ❷(同时进行的)simultaneous;parallel ❸[数]parallel

评 píng (动) ❶(评论;批评)comment;criticize;review:获得好～ receive favourable comments ❷(评判)judge;appraise:得找他～个理。Let's reason things out with him.

【评比】(动) appraise through comparison;compare and assess

【评定】(动) judge;pass judgement on;evaluate;appraise;assess:～技术职称 grade technical personnel and give them appropriate titles

【评价】(动) appraise;evaluate;assess;estimate;valuation:对某事做出新的～ form a fresh judgement about sth./受到高度～ be greatly prized by

【评理】(动) ❶(评断是非)judge between right and wrong ❷(讲道理)reason things out;have it out

【评论】❶(动)(批评或议论)comment on;discuss;review:对某事发表～ make comment on sth./引起广泛的～ provoke wide comment ❷(名)(批评或议论的文章) comment;commentary;review;appreciation:为报纸写～ write a review for a newspaper

【评选】(动)choose through public appraisal;appraise and elect;discuss and elect:被～为先进工作者 be chosen as an advanced worker

【评议】(动)appraise sth. through discussion;deliberate

苹 píng

【苹果】(名)apple:～酱 apple jam/～园 apple orchard/～酒 applejack

凭 píng ❶(动) ❶(靠着)lean on;lean against ❷(依靠;依仗)rely on;depend on:～我们的双手重建家园 rebuild our hometown with our own hands ❸(根据)go by;base

on;take as the basis:～原则办事 act according to one's principles ❷(名)(证据)evidence;proof:获得文～ obtain a diploma ❸(连)(任凭;不论)no matter:～你跑得多快,我也能追上。I will catch up with you no matter how fast you run.

【凭借】(动) ❶(依靠)rely on;depend on;resort on:～丰富的想象力 draw on one's abundant imagination/～个人努力 rely on one's own efforts ❷(借助于)by means of;on the basis of

【凭据】(名)evidence;proof

【凭照】(名)certificate;permit;licence

【凭证】(名)voucher;proof;evidence;certificate:没有足够～定他的罪。There isn't enough evidence to prove him guilty.

屏 píng ❶(名) ❶(屏风)screen ❷(屏条)a set of scrolls ❷(动)(遮挡)shield sb. or sth.;screen
另见 629 页 bǐng。

【屏蔽】(动)shield;screen;screening:两条林带～着农田。Two forest belts screen the farmland from the wind.

【屏幕】(名)screen:电视～ the television screen

【屏障】(名)protective screen

瓶 píng (名)(瓶子)bottle;vase;jar;flask:花～ flower vase

【瓶装】(形)bottled:～奶粉 bottled milk powder/～液化气 bottled gas

【瓶子】(名)bottle

pō

坡 pō ❶(名)(地面倾斜的地方)slope:平～ a slight slope ❷(形)(倾斜)sloping;slanting:把板子～着放 put the board on a slant

【坡度】(名)falling gradient;slope;declivity:有 30 来度～的一段山路 a mountain path with a slope of about 30 degrees

泼 pō ❶(动)(用力把液体向外倒或向外洒)sprinkle;splash;spill:先～点儿水再扫。Sprinkle some water before you sweep. ❷(形)(蛮横不讲理)rude and unreasonable;shrewish

【泼辣】(形) ❶(凶悍而不讲理)rude and unreasonable;shrewish ❷(文章有力)pungent;forceful ❸(有魄力)bold and vigorous:她工作很～。She is bold and vigorous in her work.

【泼冷水】(动)pour cold water on;dampen the enthusiasm of

pó

婆 pó（名）❶（年老的妇女）old woman ❷（旧时指从事某些职业的妇女）a woman in a certain occupation ❸（丈夫的母亲）mother-in-law

【婆婆】（名）❶（丈夫的母亲）husband's mother；mother-in-law ❷〈方〉（祖母；外祖母）grandmother

pò

迫 pò ❶（动）❶（逼迫；强迫）compel；force；press：被～投降 be compelled to surrender／被～离家出走 be forced to leave one's native place ❷（接近）approach ❷（形）（急促）urgent；pressing：～不及待 be too impatient to wait

【迫害】（动）persecute；oppress cruelly：遭受严重～ suffer terrible persecution／遭受种种～ undergo numerous persecutions

【迫近】（动）approach；get close to；draw near：行期～。The day of departure is drawing near.

【迫切】（形）urgent；pressing：怀着～的心情 be with great eagerness／～地希望 hope with great eagerness

【迫使】（动）force；oblige；compel；coerce：～当局妥协 force the authorities to compromise

破 pò ❶（动）❶（完整的东西受到损伤）be broken；be damaged：～衣服 worn-out clothes ❷（使损坏）break；break down；damage：～门而入 smash in a door ❸（使分裂；劈开）break；split ❹（把整的换成零的）change：我想把 10 元钱～开。I want change for the ten yuan note. ❺（突破）break；break through：～一项世界纪录 break a world record ❻（破除）get rid of；break with：～旧俗 break with outmoded customs ❼（打败；攻下）defeat：攻～防线 break through the defence line ❽（花费）spend ❾（使真相露出；揭穿）expose the truth of：案子已经～了。The case has been solved. ❷（形）❶（破旧）broken；damaged ❷（讥讽质量等不好）poor；bad：这台～电视机真讨厌。This lousy TV set really drives me mad.

【破案】（动）solve a case；clear up a case

【破产】（动）❶（丧失全部财产）go bankrupt；go broke：宣告～ declare bankruptcy ❷（失败）go bankrupt；fall through；他们的阴谋完全～了。Their conspiracy failed completely.

【破除】（动）do away with；get rid of：～迷信 do away with superstitions／～社会偏见 break down the social prejudice

【破费】（动）〈套〉spend money；go to some expense：让你～了。You really shouldn't have spent all this money.

【破坏】（动）❶（使建筑物等损坏）destroy；wreck；ruin：～桥梁 destroy a bridge ❷（使事物受到损害）do great damage to；do harm to；damage：～他人名誉 damage other's reputation ❸（变革）change completely；destroy ❹（违反）violate；break：～友好协定 violate agreement of friendship

【破获】（动）unearth；uncover：～走私集团 unearth a smuggling ring

【破旧】（形）old and shabby；worn-out；dilapidated：戴一顶～的草帽 wear a shabby straw hat

【破裂】（动）break；fracture；burst；split：两国外交关系～了。The diplomatic relations between the two countries broke down.

【破灭】（动）be shattered；fall through；evaporate：他的幻想～了。He was disillusioned.

【破碎】❶（形）（破成碎块的；零碎的）tattered；broken：～的玻璃 broken glass ❷（动）（使破成碎块）smash sth. to pieces

【破损】（形）damaged；worn；torn：字典中有几页已有～。Some pages of the dictionary were damaged.

【破晓】（动）dawn；daybreak：天将～。Day is breaking.

魄 pò（名）❶（魂魄）soul：惊心动～ profoundly affecting ❷（魄力；精力）vigour；spirit：气～ boldness of vision

【魄力】（名）daring and resolution；boldness；courage：工作有～ be bold and resolute in one's work

pōu

剖 pōu（动）❶（破开）cut open：将鱼腹～开 cut open the belly of a fish ❷（分辨；分析）analyse；examine：～明事理 analyse the whys and wherefores

【剖面】（名）[地]bisection；section；profile

【剖析】（动）analyse；dissect；decompose；parse：～小说中的人物 analyse the characters in the novel

pū

扑 pū ❶（动）❶（使身体迅速地伏在物体上）throw oneself on；pounce on：向门口～去 throw oneself against the door ❷（把全部精力用到工作、事业等上面）dedicate all one's energies to cause;devote:一心～在科研工作上 *devote oneself to scientific research* ❸(扑打;进攻)rush at;attack:火舌从四面八方向我们～来. *The fire drew near towards us from various directions.* ❹(拍打;拍)flap;flutter;鸟儿～着翅膀从水那边飞过来. *The bird came flapping over the water.* ❺(伏)bend over ⊜(名)(扑粉用具)puff

【扑打】(动)❶(猛然打)swat ❷(轻轻地拍)beat;pat

【扑克】(名)playing cards;poker

【扑灭】(动)❶(扑打消灭)stamp out;put out;extinguish:～火灾 *stamp out a fire* ❷(消灭;灭亡)exterminate;wipe out

铺 pū ⊖(动)❶(把东西展开或推开)spread;extend;unfold:～桌布 *spread a tablecloth*/～床罩 *spread the bed with a cover* ❷(铺设)pave;lay:用砖～路 *pave a path with bricks*/～设管道 *lay pipes* ⊜(量)(用于炕或床):一～床 *a bed*

另见913页pù。

【铺盖】(名)bedding;bedclothes:～卷儿 *bedding roll*

【铺路】(动)pave;build a road:～砖 *paving brick*

【铺设】(动)spread out;lay;build:～友谊之路 *open up a path of friendship*

【铺张】(形)extravagant:反对～浪费 *oppose extravagance and waste*

pú

仆 pú (名)(仆人)servant

【仆从】(名)footman;retainer;henchman:～如云 *myriads of servants*

【仆人】(名)servant

菩 pú

【菩萨】(名)❶(佛;神)Buddha;Buddhist idol ❷(心肠慈善的人)a term applied to a kind-hearted person:～心肠 *kindhearted and merciful*

葡 pú (名)(葡萄)grape

【葡萄】(名)grape:～干 *raisin*/～酒 *port wine*/～园 *vineyard*/～汁 *grape juice*

【葡萄牙】(名)Portugal:～人 *Portuguese*

pǔ

朴 pǔ (形)(朴实;朴质)simple;plain

【朴实】(形)❶(朴素)simple;plain:穿着很～ *be plainly dressed* ❷(踏实)sincere and honest

【朴素】(形)simple;plain:衣着～ *be simply dressed*

普 pǔ (形)(普遍;全面)general;universal:～天同庆. *The whole world joins in the jubilation.*

【普遍】(形)universal;general;widespread;common:这是一个很～的现象. *This is a common practice.*

【普及】(动)❶(普遍推广)popularize;disseminate;spread:～科学文化知识 *spread cultural and scientific knowledge among the people* ❷(普遍地传到)universal;popular:这本书已～全国. *This book is spread all over the country.*

【普通】(形)common;general;ordinary;plain;honest;average:长得很～ *be ordinary-looking*/有着很～的名字 *have a common name*

【普选】(动)general election:只要到了18周岁,人人可以参加～. *As long as you are eighteen years old, you will have the right to vote.*

谱 pǔ ⊖(名)〈书〉❶(按类别或系统编成的书或册子等)table;chart;register:食～ *cookbook* ❷(指导练习的格式或图形)manual;guide:棋～ *chess manual* ❸(曲谱)music score ❹(大致的标准;把握)sth. to count on ⊜(动)(给歌词配曲;谱曲)set to music

【谱写】(动)compose

【谱子】(名)music score;music

pù

铺 pù (名)❶(铺子;商店)shop;store ❷(用板子搭的床)plank bed ❸(旧时的驿站,现多用于地名)post

另见913页pū。

【铺位】(名)bunk;berth

【铺子】(名)shop;store

瀑 pù (名)(瀑布)waterfall

【瀑布】(名)waterfall;falls;cataract;spout

曝 pù (动)〈书〉(晒)expose to the sun

【曝露】(形)〈书〉exposed to the open air

Q

qī

七 qī（数）（六加一后所得）seven：开门～件事 the seven necessities of life/～窍生烟 fume with anger

【七零八落】（成）all a hideous mess；scattered here and there：一些小岛～地分布在海上。Some isles are scattered here and there in the sea.

【七上八下】（成）be agitated；in a mental flurry of indecision：他心里～的，不知怎么办才好。He was so agitated that he didn't know what to do.

【七月】（名）❶（阳历）July ❷（阴历）the seventh month of the lunar year

妻 qī（名）（妻子）wife：正～ one's lawful wife/娶某女为～ take a woman to be one's wife

【妻离子散】（成）break up families；be separated from one's wife and children

【妻子】（名）❶（妻子和儿女）wife and children ❷（妻子）wife：温柔的～ an amiable wife

栖 qī（动）❶（鸟停在树上）perch；roost ❷（居住；停留）dwell；stay：无处～身 have no place to stay

【栖身】（动）stay；dwell；obtain shelter；sojourn

【栖息】（动）perch；rest

凄 qī（形）❶（寒冷）chilly；cold：～风切切。The wind sobbed. ❷（冷落萧条）bleak and desolate：夜色～迷。It was a dreary and hazy night. ❸（悲伤难过）sad；wretched；miserable：～楚 be desolate and miserable/～然一笑 force a wane smile

【凄惨】（形）sad；wretched；miserable；tragic：生活～ lead a miserable life/呈现出～的景象 present a heartrending scene

【凄凉】（形）dreary；desolate；miserable；bleak：满目～ desolation all round/我的心中一片

～。My heart is bleak.

期 qī ⊖（名）❶（预定的时日）designated；time：定～ assign a date/限～ set a time limit ❷（一段时间）a period of time；phase；stage：休眠～ rest period/通过见习～ pass one's probation ⊜（量）（用于分期的事物）issue；number；term：分～发表 appear in installments/两周出一～ appear fortnightly ⊜（动）❶（约定时日）make an appointment ❷（等待；盼望）expect：达到预～的效果 achieve the desired results

【期待】（动）anticipate；await；expect；wait in hope：～某人的到来 look for sb.'s arrival/～成功 hope for success

【期间】（名）time；period；course；duration；term：就在这～ during this time

【期刊】（名）journal；periodical：创办新的～ start a new journal

【期满】（动）expire；run out；come to an end：契约～ take up one's indentures

【期望】（动）（抱有希望；期待）hope；expect；wish：～成名 be ambitious of distinction/～过高 expect too much

【期限】（名）time limit；allotted time；deadline；due time：保修～ term of service

欺 qī（动）❶（欺骗）deceive；cheat：～上瞒下 conceal the true state of affairs from above and below oneself ❷（欺负）bully；take advantage of：软弱可～ be weak and easy to bully/～负某人老实 take advantage of sb.'s good nature

【欺负】（动）bully；treat sb. high-handedly：～某人年幼无知 bully sb. for his youth and inexperience

【欺骗】（动）deceive；cheat；dupe；swindle；take in：不会～人 be incapable of deceit/～群众 delude the masses

【欺压】（动）bully and oppress；ride roughshod over：～人民 ride roughshod over the people

【欺诈】（动）fake；cheat；deceive；swindle：～旅

客 *swindle travelers*/揭发～行为 *show up a fraud*

漆 qī ㊀(名)(用漆树皮里的黏汁或其他树脂制成的涂料)lacquer;paint:生～ *raw lacquer*/快干～ *quick-drying paint* ㊁(动)(把漆涂在器物上)coat with lacquer;paint:～成红色和白色 *paint in red and white*

【漆黑】(形)pitch-dark;pitch-black:四周～一片 *be pitch-dark all round*/眼前一片～ *be left in the dark*

【漆器】(名)lacquerware;lacquerwork;lacquer;japan

qí

齐 qí ㊀(形) ❶(整齐)neat;even;uniform ❷(同样;一致)alike;similar:～口同声 *say in unison*/～头并进 *keep pace with* ❸(完备;全)all ready;all present:货物～备 *have a variety of goods*/一切准备～了。*Everything is ready.* ㊁(动)(达到同样高度)reach the height of;on a level with ㊂(副)(一块儿;同时)together;simultaneously ㊃(介)(跟某一点或某一直线取齐)along

【齐全】(形)complete;all in readiness:租一间设备～的房子 *rent a completely furnished apartment*

【齐声】(形)in chorus;in unison:～朗读 *read in chorus*/～欢呼 *cheer in unison*

【齐心】(形)be of one mind;be of one heart:～协力地工作 *work with one heart*

其 qí (代) ❶his;her;its;their:～貌不扬 *be far from being handsome* ❷ he;she;it;they:任～自流 *let things slide* ❸(自己;自己的)oneself:自食～果 *make one's own bed* ❹(那个;那样)that;such

【其次】(代) ❶(次第较后)next;secondly;then:我最喜欢春天,～是冬天。*I like spring best, and winter next.* ❷(次要的地位)next in importance;secondary

【其实】(副)actually;in fact;as a matter of fact;really;in truth:名副～。*The name matches the reality.*/～不然。*In fact, that was not the case.*

【其他】(代)other;else:～思想派别的人 *other schools of opinion*

【其余】(代)the others;the rest;the remaining;the remainder:照顾～的人 *care for the rest*/～的听其自然。*Nature will do the rest.*

【其中】(名)among;in;inside:乐在～ *find pleasure in it*/这是～一个错误。*This is one of the mistakes.*

奇 qí ㊀(形) ❶(罕见的;特殊的;非常的)strange;queer;rare;uncommon;unusual:世界一大～景 *one of the great marvels in the world*/穿上～装异服 *put on fantastic costume* ❷(出人意料的;令人难测的)unexpected;unpredictable:发生～效 *work like a charm*/期待命运的～变 *expect whims of fate* ㊁(动)(惊异)surprise;wonder:这是不足为～的。*It's little to be wondered at.* ㊂(副)(十分;很;极)extremely:～贵 *be excessively expensive*

另见 783 页 jī。

【奇怪】(形)strange;odd;queer;surprising:感到有点儿～ *feel a bit peculiar*

【奇迹】(名)miracle;wonder;marvel;wonderful:～般地逃走 *escape by a miracle*/一个～出现了。*A miracle appeared.*

【奇景】(名)wonderful view;extraordinary sight

【奇妙】(形)marvellous;wonderful;intriguing:～莫测 *be mysterious and hard to guess*/具有～的特征 *acquire a wondrous quality*

【奇闻】(名)sth. unheard-of;a thrilling,fantastic story

【奇异】(形) ❶(奇怪)queer;strange;bizarre;odd:具有～的诱惑力 *have peculiar fascination*/呈现出～的景色 *present an extraordinary sight* ❷(惊异)surprising;curious

【奇遇】(名) ❶(意外相逢)happy encounter;fortuitous meeting ❷(奇特遭遇)adventure:经历种种～ *go through strange adventures*

歧 qí ㊀(名)(岔道;大路分出的路)fork;branch:～路 *branch road* ㊁(形)(不相同;不一致)divergent;different:产生～义 *produce ambiguity*

【歧视】(动)discriminate against:～某人 *discriminate against sb.*

【歧途】(名)wrong road;wrong path:误入～ *take the wrong road by mistake*

祈 qí (动) ❶(祈祷)pray ❷(请求;希望)beg;entreat

【祈祷】(动)pray;say one's prayers;supplicate:在教堂里～ *pray in a church*/为世界和平而～ *pray for peace on earth*

【祈求】(动)earnestly hope;pray for:～丰年 *pray for a year of abundance*/～某人的身体康复 *pray for sb.'s recovery*

崎 qí

【崎岖】(形)rugged;rough:走过一条～难行的道路 *traverse a rough and difficult road*

Q

骑

qí ●(动)(两腿跨坐)ride;sit on the back of:～在马背上 stick on a horse/～自行车 have a ride on a bicycle ●(名)(骑兵)cavalryman;cavalry

【骑兵】(名)cavalryman;cavalry;sowar:～部队 mounted troops

【骑马】(动)ride a horse;be on horseback;ride horseback:善于～ sit one's horse well

【骑士】(名)knight;cavalier:使一个平民赢得～身份 win a commoner knighthood

棋

qí (名)(文娱项目的一类)chess or any board game:～高一着 be superior in stratagem/～逢敌手。A chess player meets his match.

【棋迷】(名)chess fan;chess enthusiast

【棋盘】(名)chessboard;checkerboard:拿出～ get out the chessboard

【棋子】(名)chess pieces;chessman;draughtsman

旗

qí (名)(旗子)flag;banner;standard:升～ raise a flag/飘扬着中国国～ waving Chinese flags

【旗号】(名)banner;flag:打着…的～ flaunt the banner of...

【旗手】(名)standard-bearer

【旗帜】(名)●(旗子)banner;flag;colours:举起～ lift a flag ●(比喻有代表性的思想、学说或政治力量等)stand;colours:～鲜明 take a clear-out stand ●(比喻榜样或模范)good example;model

qǐ

乞

qǐ (动)(向人讨;乞求)beg;supplicate:沿街求～ beg for money or food in the street

【乞丐】(名)pauper;beggar:是一个～聚集的场所 be a place of beggars

【乞怜】(动)beg for pity;piteously beg help

【乞求】(动)beg for;supplicate;implore;fall on one's knees:～援助 ask for assistance/～怜悯 supplicate for mercy

【乞讨】(动)beg;go begging:～食物 beg for food/挨家挨户地～ beg from door to door

岂

qǐ (副)〈书〉(表示反问):这样做～不更实际些? Wouldn't it be more practical to do it this way?

【岂敢】(动)〈套〉You flatter me;I don't deserve such praise or honour.

【岂有此理】(成)absurd;fantastic;preposterous;outrageous:这个破录音机要这么多钱,真是～! This lousy tape-recorder is outrageously expensive.

企

qǐ (动)●(抬起脚后跟站着)stand on tiptoe ●(盼望)anxiously expect sth.;look forward to

【企求】(动)desire to gain;seek for;hanker after

【企图】(动)attempt;seek;try:～逃走 attempt an escape

【企望】(动)hope for;yearn for;look forward to:我们都～有一个持久的和平。We all hope for an enduring peace.

【企业】(名)enterprise;establishment;business:创办自己的～ be in business for oneself

启

qǐ ●(动)●(打开)open:～封 break the seal/难以～齿 have a bone in one's throat ●(开导)enlighten;awaken ●(开始)start;initiate:～用 start using ●(陈述)state;inform ●(名)〈书〉(旧时文体之一,较简短的书信)letter;note

【启程】(动)set out;start on a journey;getaway:～回家 take off for home

【启动】(动)firing;pulse on;start;switch on:我们到达车站时,火车正好～。We arrived at the station just as the train was leaving.

【启发】(动)arouse;inspire;illuminate;enlighten:需要～ need enlightenment/～思维 develop the mind

【启封】(动)●(除去封印、封条)unseal;break the seal ●(拆信;拆包)open an envelope or wrapper

【启蒙】(动)●(使初学者得到基本的入门知识)initiate:提供～读物 afford enlightening reading material ●(使摆脱愚昧和迷信)enlighten:致力于人类的～ work for the enlightenment of mankind

【启示】(名)inspiration;enlightenment;revelation:对…是个～ be an inspiration to...

起

qǐ ●(动)●(站起;坐起)rise;get up;stand up:早～ rise with the lark ●(取出;取走)draw out;remove;extract:～钉子 draw out a nail ●(长出)appear;raise:这种布易～皱。This kind of cloth crumples easily. ●(发生)rise;grow:～作用 take effect ●(拟定)draft;work out:～名 give a name ●(建立)build ●(开始)start;begin:～程 start out ●(量)●(件;次)case;instance ●(群;批)batch;group

【起草】(动)draft;draw up;compose:～条约 make a draft of treaty/～一份计划 draft out a plan

【起程】(动)leave;set out;start on a journey

【起初】(副)originally;at first;at the outset:这个工厂～很小. *The factory was originally very small .*

【起床】(动)rise;get up:我习惯 6 点～. *I am in the habit of getting up at six o'clock .*

【起点】(名)origin;starting point;zero:以…为～ *take ... as a starting point*

【起飞】(动)take off;launch:准时 ～ *take off on time*/顺利 *make a good take-off*

【起航】(动)set sail;weigh anchor

【起来】(动)❶(站起;坐起)stand up;rise to one's feet ❷(起床)get up:他们一～就下地了. *They went to work in the fields as soon as they got up .* ❸(奋起)rise;arise;revolt:坚强地～反抗 *rise in one's strength*

【起落】(动)rise and fall;up and down:心潮～ *one's mind being in a tumult*

【起码】(形)❶(最低的;初步的)minimum;elementary;rudimentary:具有～的知识 *possess an elementary knowledge*/满足某人～的要求 *fulfil sb.'s minimum requirements* ❷(最低限度)at least:这趟旅行～得一星期. *The trip will take a week , at least .*

【起跑】(名)[体]start of a race:发信号枪使赛跑者～ *start runners in a race*

【起誓】(动)swear;take an oath:他～决不泄露秘密. *He swore that he would not divulge the secret .*

【起诉】(动)sue;prosecute;charge;bring a suit against:正式～ *begin a prosecution in due form*/向法院～ *submit a case to the court*

【起跳】(动)[体]take off;～板 *take-off board*

【起义】(动)uprising;insurrection;revolt:～军 *insurrectionary army*

【起因】(名)cause;origin;as a result of:～可疑 *be of suspicious origin*/～不明 *start from some unknown cause*

【起源】❶(名)(根源)origin;beginning:研究语言的～ *study the origin of language* ❷(动)(开始发生)originate from;originate in;stem from:有些日本文字是～于中文的. *Some Japanese words are Chinese in origin .*

qì

气 qì ❶(名)❶(气体)gas:废～ *waste gas*/烧煤～ *burn gas* ❷(空气)air:到户外透～ *take the air* ❸(气息)breath:上～不接下～ *be out of breath* ❹(自然界冷热阴晴等现象)weather ❺(气味)smell;odour ❻(精神状态)spirit;morale:灰心丧～ *lose heart*/鼓足勇～ *summon up one's spirit* ❼(作风;习气)airs;

manner ❽(受到的欺侮)insult;bullying ❷(动)❶(生气;发怒)get angry;be enraged:发脾～ *get into a temper*/正在～头上 *be in a fit of anger* ❷(使人生气)make angry;enrage:故意～某人 *get sb. angry on purpose*

【气泵】(名)air pump

【气氛】(名)atmosphere;air:破坏～ *trouble the air*

【气愤】(形)indignant;furious;angry:～地离开 *leave in a rage*/因～而哭泣 *sweep through anger*

【气概】(名)lofty quality;mettle;spirit:不畏强暴敢于斗争的英雄～ *the heroic spirit of daring to struggle against brute force*

【气候】(名)❶(气象情况)climate;weather:利于健康的～ *a healthy climate* ❷(局势)climate;situation ❸(结果;成就)successful development

【气力】(名)effort;energy;physical strength:花～ *make the effort*/不费～地做某事 *do sth. without effort*

【气流】(名)❶(流动的空气)air current;airflow ❷(吸入或呼出的气)breath

【气馁】(动)downhearted;become dejected;be discouraged:他多次遇到挫折,但从不～。*He never lost heart despite repeated setbacks .*

【气魄】(名)daring;courage:他办事很有～。*He's very bold and decisive in doing things .*

【气球】(名)balloon;air balloon

【气势】(名)momentum;imposing manner:～十足 *be full of momentum*/～汹汹 *be in a threatening manner*

【气体】(名)gas;gaseous fluid:排出～ *discharge gas*

【气味】(名)❶(鼻子可以闻到的味儿)smell;odour;flavour:散发出～ *emit an odour* ❷(性格;志趣)smack;taste:～相投 *have the same likes and dislikes*

【气温】(名)air temperature;atmospheric temperature

【气象】(名)❶(大气现象)meteorological phenomena ❷(气象学)meteorology ❸(情景)atmosphere;scene

【气压】(名)pressure;atmospheric pressure;air pressure

【气焰】(名)arrogance;bluster:～嚣张 *be puffed up with pride*

迄 qì ❶(动)(到;至)up to;till ❷(副)(始终;一直)so far;all along

【迄今】(动)so far;up to now;to this day;to date:～为止 *thus far*

弃 qì (动)(放弃;扔掉)throw away;discard;

abandon：～文从艺 *give up the pen for the stage*/放～希望 *abandon one's hope*

【弃权】（动）（放弃权利）abstain from voting；waiver：自动～ *spontaneous abandonment of a right*

【弃世】（动）pass away；die

汽 qì（名）❶（由液体或某些固体变成的气体）vapour ❷（水蒸气）steam

【汽车】（名）automobile；motor vehicle；car：～保险 *car insurance*/～旅馆 *motel*

【汽船】（名）steamboat；steamer；steamship

【汽化】（名）vaporization；evaporation：～热 *heat of vaporization*

【汽水】（名）（饮料）mineral waters；aerated water；soft drink；soda water

【汽艇】（名）motorboat；motor launch；gasboat

【汽油】（名）gasoline；gasolene；petrol

泣 qì ❀（动）❶（小声哭）weep；sob：抽～起来 *begin to sob* ❷（使哭泣）cause to weep：惊天地而～鬼神 *move the universe and cause the gods to weep* ❀（名）（眼泪）tears：饮～吞声 *weep silent tears*

【泣不成声】（成）choke with sobs：说到伤心处，她～。*When she got to the saddest part of the story, her voice was choked with sobs.*

契 qì ❀（动）❶〈书〉（用刀雕刻）engrave；carve ❷（投合）agree；get along well：默～ *a tacit agreement* ❀（名）（文书；凭证）contract；deed：立～把财产转让给某人 *deed the estate to sb.*

【契据】（名）deed；contract；receipt：信托～ *deed of trust*

【契约】（名）contract；agreement；indenture；deed：口头～ *an oral contract*/起草～ *draw up a contract*

器 qì（名）❶（器具）implement；utensil；ware：蓝白两色的陶～ *a blue and white ware*/安装仪～ *install instruments* ❷（器官）organ ❸（度量；才能）capacity；talent

【器材】（名）equipment；material；apparatus：体育～ *sports apparatus*

【器官】（名）organ；apparatus：嗅觉～ *the organ of the sense of smell*/听觉～ *the auditory organ*

【器械】（名）❶（器具）apparatus；appliance；instrument：医疗～ *medical appliances* ❷（武器）military；weapon；weaponry

qiā

掐 qiā（动）❶（用指甲按；用手指使劲捏或截断）pinch；nip：～花 *nip off the flowers*/把嫩枝～短 *pinch back the young shoots* ❷（用手的虎口紧紧按住）clutch：～某人的脖子 *seize sb. by the throat*

qiǎ

卡 qiǎ ❀（动）（夹在中间，不能活动）wedge；get stuck；be jammed：有东西～在抽屉里，拿不出来。*Something has got wedged inside the drawer，so I can't pull it out.* ❀（名）❶（夹东西的用具）clip；fastener ❷（关卡）checkpost

另见 829 页 kǎ。

【卡具】（名）clamping apparatus；fixture

qià

洽 qià ❀（动）❶（和睦；协调一致）be in harmony：感情融～ *harmonize in feeling* ❷（接洽）consult；arrange with：与有关单位接～ *consult with departments concerned* ❀（形）〈书〉（广博；周遍）extensive；wide

【洽商】（动）make arrangements with；talk over with：正在～之中 *be under discussion*

恰 qià ❀（形）（恰当）appropriate；proper ❀（副）（恰恰；正）just；exactly：做得～到好处 *do sth. just fine*

【恰当】（形）proper；suitable；fitting；appropriate：想起一个～的词 *bring the fitting word to mind*/采取～的措施 *adopt appropriate measures*

【恰好】（副）just right；exactly right：～赶到 *arrive in the nick of time*

【恰恰】（副）just；exactly；precisely：这～是我想说的话。*That's exactly what I wanted to say.*

【恰巧】（副）by chance；fortunately：～是个晴天 *happen to be a fine day*/～在街上遇到某人 *meet sb. by chance on the street*

【恰如其分】（成）to a proper extent；appropriate；apt；just right：寻觅～的字眼 *search for the right word*/举止～ *deport oneself properly*

qiān

千 qiān（数）❶（十个百）thousand：认购一～股 *subscribe for 1000 shares* ❷（比喻很多）a great amount of；a great number of：～篇一律 follow the same pattern/万古～秋 through all eternity

【千锤百炼】（成）❶（多次斗争和考验）thoroughly tempered：在艰苦环境中工作，经过～，他意志越来越坚强了。Toughened by working under difficult conditions，his willpower became stronger. ❷（多次精细修改）be polished again and again

【千古】（名）（长远的年代）through the ages；eternal；for all time：～绝唱 a poetic masterpiece through the ages/～奇闻 a forever strange tale

【千克】（名）kilogram

【千米】（名）kilometre

【千瓦】（名）kilowatt：～小时 kilowatt-hour

【千万】❶（数）（一千个万）ten million；millions upon millions ❷（动）（务必）be sure to；do：～别忘。Be sure not to forget./～珍重。Do take care of your health.

迁 qiān（动）❶（迁移）move：～户口 change one's residence registration/～居到另一个城市 move to another city/～怒于某人 visit one's anger on sb. ❷（转变）change：～延时日 cause a long delay

【迁就】（动）accommodate oneself to；yield to；give in to：～错误 pass over one's mistakes/互相～ give in a little to each other

【迁移】（动）move；remove；migrate；shift：向内地～ migrate inland

牵 qiān（动）❶（拉）lead along；pull：手～手 hand in hand/～着马的缰绳 lead a horse by the bridle ❷（牵涉）involve；implicate：他被～在这里头。He gets involved in it.

【牵动】（动）affect；influence：～某人的心 affect sb.'s feeling/～全局 affect the situation as a whole

【牵挂】（动）worry；care；be concerned：一无～ have no ties at all/～某人的安全 be solicitous for sb.'s safety

【牵累】（动）❶（因牵制受累）tie down：受家庭～ be tied down by one's family/无儿女～ without encumbrance ❷（连累）implicate；involve：～某人 drag sb. down/～父母 involve parents

【牵连】（动）❶（连累；牵扯）involve；implicate；concern；tie up with：与某事～很深 be deeply concerned in sth./被～在一桩案件中 be implicated in a crime ❷（联系在一起）link together：使某人注意到某事物的普遍～性 remind sb. of the universal implications of sth.

【牵涉】（动）concern；drag in；involve：～进去 catch up in/～到业务方面的问题 concern matters of business

【牵引】（动）❶（拉）tow；drag；draw ❷[医]be in traction

【牵制】（动）pin down；tie up；tie down；check：互相～ hold each other up/不受别人～ be one's own master

铅 qiān（名）❶（金属元素）lead：子弹的～头 the lead of the bullet/重得像～ be as heavy as lead ❷（铅笔芯）lead；black lead

【铅笔】（名）pencil：绘画～ a drawing pencil/用～书写 write with a pencil

【铅球】（名）shot：～运动员 shot-putter

【铅印】（名）letterpress printing；stereotype

【铅字】（名）type；letter：～盘 type case/用小号～印刷 be printed in small type

谦 qiān（形）（谦虚）modest：自～ be modest about oneself/不要～让了。Don't decline out of modesty.

【谦让】（动）modestly decline：客人们互相～了一下，然后落了座。The guests politely offered their seats to each other before finally setting down in them.

【谦虚】❶（形）（虚心）modest：～谨慎 be modest and prudent/～而不忸怩 be modest without being bashful ❷（动）（说谦虚的话）make modest remarks：～一番 make a few modest remarks

【谦逊】（形）modest；unassuming：假装～ affect modesty/保持～的态度 maintain an attitude of modesty

签 qiān ❶（动）❶（签名）sign；autograph：～到 sign in/～收挂号信 sign for a registered letter ❷（签署意见）make brief comments on a document ❸（粗粗地缝）tack ❷（名）❶（竹签）bamboo slips used for divination or drawing lots ❷（作为标志用的小条或硬纸片）label；sticker：给一个瓶子贴上标～ label a bottle

【签订】（动）conclude and sign：～条约 sign a treaty/～合同 sign a contract

【签发】（动）sign and issue：～护照 issue passports

【签名】（动）sign one's name；autograph：～留念 give one's autograph as a memento/在书上～ put one's signature to a book

【签署】（动）sign；affix；subscribe：～协议 subscribe to the agreement/～议案 sign the bill

【签证】（名）visa：旅游～ a tourist visa/～号码 visa number

Q

【签字】(动)sign;affix one's signature:拒绝～ withhold one's signature/～盖章 sign and seal

qián

前 qián ⊖(名)❶(在正面的)front ❷(次序在先的)first;top ❸(过去的;较早的)ago;before:解放～ before liberation ❹(从前的)former:从～的同事 former colleagues ⊜(动)(向前进)go forward

【前辈】(名)senior;elder;predecessor;the older generation:革命～ revolutionaries of the older generation

【前边】(名)❶(前面)in front;ahead ❷(次序靠前的部分)above;preceding

【前程】(名)❶(前途)future;prospect:～远大 have the world before someone /有美好～ have good prospects ❷(功名职位)career

【前额】(名)forehead;front;pate

【前方】(名)❶(前面)the place ahead ❷(前线)the front:支援～ support the front

【前后】(名)❶(时间接近)around;about:天亮～ shortly before and after daybreak ❷(自始至终)from start to finish:～几种版本 several consecutive editions ❸(前面和后面)front and back:～受敌 be attacked by the enemy both front and back

【前进】(动)(向前行动或发展)advance;go forward;forge ahead:不停地～ incessant advance/稳步～ advance slowly but steadily

【前景】(名)❶[摄]foreground ❷(将要出现的景象)prospect;vista:开辟广阔的～ open vast vistas

【前面】(名)❶(位置靠前)in front;at the head;ahead:站在～ keep oneself in the foreground ❷(次序靠前)above;preceding

【前驱】(名)progenitor;forerunner

【前提】(名)❶[逻]premise ❷(必要的条件)prerequisite

【前天】(名)the day before yesterday:～晚上 the night before last

【前途】(名)future;prospect;promise:有～ have a future/着眼于自己的～ with an eye to one's future

【前往】(动)go to;leave for;proceed to:～闹事地区 proceed to the disturbed area/～机场迎接某人 go to the airport to welcome sb.

【前卫】(名)❶[军]advance guard;vanguard ❷[体]halfback

【前夕】(名)eve:毕业～,学生们都在紧张地备考试。As graduation day drew near, the students were all anxiously preparing for their final exams.

【前线】(名)front;front line:奔赴～ start for the front/远离～ be far from the front line

【前沿】(名)forward position:～指挥所 forward command post

【前奏】(名)prelude

虔 qián (形)(恭敬)pious;sincere

【虔诚】(形)pious;devout

钱 qián (名)❶(铜钱)copper coin;cash ❷(货币)money:容易赚的～ easy money/管～ handle money ❸(款子)fund;sum:净赚一大笔～ net a large sum ❹(钱财)wealth;riches

【钱包】(名)wallet;purse:拿出～ take out one's purse

【钱财】(名)wealth;money:浪费～ waste money/挥霍～ squander wealth

钳 qián ⊖(名)(钳子)pincers;pliers;tongs ⊜(动)❶(夹住)grip;clamp ❷(限制;约束)restrain

【钳子】(名)tongs;pliers;pincers;choker

潜 qián ⊖(动)❶(隐在水下)go under water;hide under water:～入水底 dive into the water/～得太深 dive too deeply ❷(隐藏)hide ❸〈书〉(涉水)wade across water ❹〈书〉(埋藏)bury ❺〈书〉(逃亡)flee from home ⊜(形)(不显露在外的)latent;hidden ⊜(副)(秘密地)stealthily;secretly

【潜藏】(动)hide;be in hiding;go into hiding

【潜伏】(动)hide;conceal;fly low;incubate;lurk:～多年 be dormant for many years/～在附近 lurk in the vicinity

【潜力】(名)latent capacity;potential;potentiality:宣传的～ propaganda potentiality/具有表演～ have acting potential

【潜入】(动)❶(偷偷地进入)slip into;sneak into;steal in:～室内 sneak into a room ❷(钻进水中)dive into;go under;submerge

【潜水】(动)(在水下潜游)go under water;dive:～艇 submarine/～员 frogman

【潜逃】(动)desert;abscond;slink:非法～ abscond illegally/畏罪～ abscond to avoid punishment

【潜在】(形)latent;potential;lurking:～的不安心情 the latent uneasiness in one's mind

qiǎn

浅 qiǎn (形)❶(从上到下或从外到里的距离小)shallow:～井 shallow wells ❷(浅显)simple;easy ❸(浅薄)superficial:学识～陋

have meager knowledge/获得肤～的认识 obtain superficial knowledge ❹（感情不深厚）not intimate；not close：交情很～ be not on familiar terms ❺（颜色淡）light：穿上～色衬衣 put on a light-coloured shirt ❻（时间短）not long in time：经历很～ be new in the business

【浅薄】（形）shallow；superficial；meagre；limited；thin：蔑视～的人 slight the shallow man

【浅海】（名）shallow sea：～水域 the shallow waters along the coast

【浅黄】（名）pale yellow

【浅蓝】（名）light blue

【浅陋】（形）shallow；meagre；mean

【浅色】（名）undertint；tint；light colour

【浅滩】（名）shoal；shoal patch；shallows

【浅易】（形）simple and easy

遣 qiǎn（动）❶（派遣；打发）send；dispatch：～一信使 send away a messenger /～送回原籍 send back to one's native town ❷（消除；发泄）dispel；expel：无以自～ have no diversion

【遣返】（动）repatriate：～战俘 repatriate prisoners of war

【遣送】（动）send back；repatriate：他因没护照，被～回国。He was sent back to his country because he had no passport.

谴 qiǎn ❶（动）〈书〉❶（谴责）condemn ❷（旧时官吏被贬或谪戍）relegate ❷（名）〈书〉（罪过）fault

【谴责】（动）❶（严正申斥）condemn；blame；censure；denounce ❷（责备）call sb. on the carpet：他做了错事，受到良心的～。He had done wrong, and his conscience plagued him for it.

qiàn

欠 qiàn（动）❶（困倦时张口出气）yawn ❷（身体一部分稍微向上移动）raise slightly：～身表示敬意 lean forward to show respect ❸（没有还；没有给）owe；be behind with：没～债 be out of debt /在杂货店～账 run up bills at the grocer's ❹（不够，缺少）short of；not enough；lacking：～考虑 be wanting in consideration/经验～缺 be lacking in experience

【欠款】（名）money that is owing；arrears；balance due；debt：还清～ pay off one's debt

【欠缺】❶（动）（不够）be deficient；be short of；be lack in ❷（名）（不够的地方）shortcoming：我们的工作还有很多～。There are still many shortcomings in our work.

【欠妥】（形）not proper；improper；indecorous：这件事你办得～。You didn't handle the matter properly.

【欠账】（名）bills due；outstanding accounts

歉 qiàn ❶（形）（收成不好）poor；crop failure：大麦～收 have a poor barley crop ❷（名）（对不住人的心情）apology：要求公开道～ demand a public apology /非常抱～地 much to one's regret

【歉收】（动）have bad crops；have crop failure；have poor harvest

【歉意】（名）apology；regret；sorry：接受某人的～ accept sb.'s apologies /替某人表示～ apologize for sb.

qiāng

枪 qiāng（名）❶（旧式兵器）spear ❷（兵器）rifle；gun；firearm：扛～ shoulder a gun /拔出～对准某人 pull a gun on sb. ❸（枪形的东西）a gun-shape thing

【枪毙】（动）❶（打死）execute by shooting ❷（否定）reject；turn down

【枪弹】（名）riflery；cartridge；bullet

【枪杀】（动）shoot dead；gun killing：当场被～ be gunned down on the spot

【枪声】（名）shot；crack；report of a gun：听到远处的～ hear gunshots in the distance

【枪械】（名）firearms

【枪支】（名）firearms；gun：～弹药 firearms and ammunition

腔 qiāng（名）❶（动物体内空的部分）cavity；chamber：满～怒火 be aflame with indignation ❷（话）speech：不开～ keep mum ❸（乐曲的调子）tune；pitch：唱走了～ sing out of tune ❹（说话的腔调）accent；tone：学生～ schoolboy talk /哭～ tearful accent

【腔调】（名）❶（曲调）tune：圆滑的～ an oily tone of voice ❷（口音；语调）accent；intonation：喜欢某人的～ like sb.'s tone /说话带有美国～ speak with an American accent

qiáng

强 qiáng ❶（形）❶（力量大；程度高）strong；powerful：精明～干 be intelligent and capable/意志坚～ be strong of will ❷（优越；好）better：一年比一年～ get better each year /比某人～ have a superiority over sb. ❸（略多些）slightly more than；plus：三分之一～ be slightly more than one third ❷（副）（使用强力；强迫）by force：～求服从 exact obedi-

ence/～压怒火 swallow one's anger
另见 922 页 qiǎng。

【强暴】 ❶(形)(强横凶暴)violent;brutal:～对待… do violence to... ❷(名)(强暴的势力) ferocious adversary;铲除～ eradicate fiendish adversary

【强大】(形)big and powerful;powerful;formidable:～的演员阵容 strong cast of actors

【强盗】(名)robber;bandit;pirate:～头子 gang boss

【强敌】(名)formidable enemy;powerful enemy

【强调】(动)stress;emphasize;lay stress on;underline:需要～ require emphasis/特别～某事 bring sth. into strong relief

【强度】(名)intensity;strength;strike

【强国】(名)powerful nation;power

【强化】(动)strengthen;intensify;consolidate:英语～训练班 an intensive English training course

【强健】(形)strong and healthy;stout:体魄～ have a strong constitution

【强烈】 ❶(形)(极强的)strong;intense;violent:～的求知欲 a strong thirst for knowledge ❷(副)(极强地)strongly;intensely:提出～抗议 lodge a strong protest

【强取】(动)take by force:～豪夺 seize by force

【强盛】(形)powerful and prosperous

【强行】(动)force;jam;break:～进入 force one's way in/～通过一项议案 force a bill through

【强硬】(形)strong;flinty;tough;unyielding:～的性格 a strong flinty character/奉行～的政策 pursue a strong policy

【强占】(动)forcibly occupy;seize

【强制】(动)force;compel;coerce:～某人做事 constrain sb. to do sth.

【强壮】(形)strong;sturdy:～的四肢 stout limbs/～的体力 lusty strength

墙 qiáng（名）(砖、石等筑成的屏障或外围) wall:别墅的围～ the wall of the villa/翻～头 get over the walls

【墙壁】(名)wall:粉刷～ whitewash a wall/把～涂白 colour the wall white

【墙角】(名)corner;corner of wall:～石 cornerstone

qiǎng

抢 qiǎng（动）❶(抢劫)rob;loot:～了某人的钱 rob sb. of his money ❷(抢夺)snatch;grab:～球 make a snatch at the ball/～某

的饭碗 grab sb.'s job ❸(抢先;争先)vie for;scramble for:～占 race to control/～座位 scramble for seats ❹(赶紧;突击)rush:～收 rush in the harvest ❺(刮掉或擦掉物体表面的一层)scrape;scratch:～掉了皮 scrape the skin off

【抢夺】(动)snatch;wrest;seize;grab

【抢购】(动)rush to purchase;make panic buying:去商店～ lead a rush on the shops/被～一空 be all sold out

【抢劫】(动)rob;loot;plunder:武装～ armed robbery/拦路～ a highway robbery

【抢救】(动)rescue;save;salvage:～队 a rescue party/～国家财产 save state property

【抢先】(动)try to be the first;anticipate:会议一开始，她就～发言。As soon as the meeting started, she rushed to speak before everyone else.

【抢险】(动)rush to deal with an emergency:～救灾 deal with emergencies and disasters and provide relief

【抢修】(动)rush to repair;do rush repairs:～房屋 make urgent repair on houses

【抢占】(动)race to control;seize;grab:～制高点 race to control a commanding point

强 qiǎng（动）(勉强)make an effort;strive:～人所难 constrain sb. to do things that are beyond his power
另见 921 页 qiáng。

【强逼】(动)force;compel:我并不想来，是被～着来的。I didn't want to come, I was forced to.

【强迫】(动)enforce;force;compel;impel:～自己离开 tear oneself away/采取～手段 drag by the ear

【强求】(动)insist on;impose:～感情一致 coerce uniformity of sentiment

qiāo

悄 qiāo（副)quietly:
另见 923 页 qiāo。

【悄悄】(副)❶(低声或无声)quietly:～地走进 steal up on/对某人～地说某事 whisper sth. in sb.'s ear ❷(不让人知道)without being noticed:～地做好事 do good by stealth

锹 qiāo（名)(铁锹)spade;shovel:一把～ a spade/一～煤 a shovelful of coal

敲 qiāo（动)❶(在物体上面打;击)knock;beat;strike:～警钟 sound the alarm/～桌子 knock on the table ❷〈口〉(敲竹杠;敲诈;

overcharge；fleece sb.：被～去 10 元 *be stung for ten yuan*

【敲打】（动）❶（在物体上面打）beat；strike；rap；tap：～地毯 *beat the rugs*/用锤～ *strike with a hammer* ❷〈方〉（用言语刺激）say sth. to irritate sb.：冷言冷语～人 *irritate sb. with sarcastic words*

【敲诈】（动）extort；blackmail；racketeer：想～某人 *try to blackmail sb.*/进行～勒索 *practice extortion*

qiáo

乔 qiáo ❺（形）（高）tall ❻（动）（假扮）disguise

【乔迁】（动）（多用于祝贺）move to a better place；have a promotion：恭贺～之喜 *best wishes for your new home*

【乔装】（动）disguise；dress up：～旅行 *travel in disguise*/～跟踪 *follow and watch someone in disguise*

侨 qiáo ❺（动）（在国外居住；侨居）live abroad ❻（名）（侨民）a person living abroad：华～ *overseas Chinese*

【侨胞】（名）countrymen residing abroad

【侨居】（动）emigrate；live abroad：他在国外～了 30 年。*He lived abroad for thirty years.*

【侨眷】（名）relatives of nationals living abroad

桥 qiáo（名）（桥梁）bridge：走过～ *go along a bridge*/起～梁作用 *play the role of a bridge*

【桥梁】（名）bridge；approach：在河上架～ *build a bridge across a river*

【桥牌】（名）bridge：打～ *play bridge*

憔 qiáo

【憔悴】（形）❶（瘦弱；面色不好看）haggard；wan and sallow；thin and pallid；being pine away：～不堪 *pine away dreadfully*/因失眠而显得疲倦～ *be haggard from sleeplessness* ❷（用于花木）withered

瞧 qiáo（动）〈口〉（看）look；see：等着～ *wait and see*/～得起某人 *look up to sb.*

【瞧病】（动）〈口〉❶（就医）see a doctor ❷（诊病）see a patient

【瞧不起】（动）〈口〉have no regard for；hold in contempt；look down upon：～别人 *turn up one's nose at sb. else*

【瞧见】（动）〈口〉see；catch sight of：你在图书馆～我弟弟了吗？*Did you see my brother in the library?*

qiǎo

巧 qiǎo（形）❶（灵巧；技术高明）skilful；ingenious；clever：一只小～的船 *a sweet craft*/灵～得惊人 *be amazingly skilful* ❷（恰好；正遇某种机会）opportune；coincidental：碰～的相逢 *the fortuitous encounter*/～遇某人 *chance on sb.* ❸（虚浮不实的）cunning；deceitful；artful

【巧干】（动）work ingeniously；do sth. in a clever way：你光是苦干是达不到指标的，得～才行。*You can't meet the standards only by working hard, you have to do the work in a clever way.*

【巧合】（名）coincidence；by chance；by coincidence：如此相似不会是～ *be too consistent to be coincidental*

【巧计】（名）clever device；artful scheme；artifice

【巧克力】（名）chocolate：～饼干 *chocolate biscuit*

【巧妙】（形）ingenious；clever：构思～ *be skilfully constructed*/使用～的手法 *by means of a clever trick*

【巧遇】（动）chance to encounter

悄 qiāo（形）❶（没有声音或声音很低）quiet；silent：低声～语 *speak in a low voice* ❷〈书〉（忧愁）sad；worried

另见 922 页 qiāo。

【悄然】（副）❶（忧愁）sorrowfully；sadly：～泪下 *shed tears in sorrow* ❷（寂静无声）quietly；softly：～无声。*All was quiet.*

【悄声】（形）quietly；in a low voice：他～地告诉我窗外有人在偷听。*He whispered to me that there was an eavesdropper outside the window.*

qiào

俏 qiào（形）❶（俊俏；样子好看）pretty；smart：打扮得真～ *be smartly dressed* ❷（销路好）sell well：～货 *goods in great demand*

【俏皮】（形）❶（俊俏）smart；beautiful：她穿上那套新衣服，显得很～。*She looks very smart in her new dress.* ❷（活泼，风趣）witty；clever：他讲的话很～。*What he said was very clever.*

峭 qiào（形）❶（山势又高又陡）high and steep ❷〈书〉（严厉；严峻）severe；stern

【峭壁】（名）cliff；precipice；steep

Q

窍 qiào（名）❶（窟窿）aperture ❷（事情的关键）a key to sth.

【窍门】（名）key；knack；懂得～ know the ropes

qiē

切 qiē（动）（用刀把物品分开）cut；slice：～蛋糕 cut into a cake／把每个信封～下个边 slice off an edge from each envelope
另见 924 页 qiè。

【切除】（动）［医］excise；resect；abscise；cut off；sever：阑尾～ resection of appendix

【切磋】（动）learn from each other by exchanging views；compare notes：～琢磨 study and learn by mutual discussion

【切断】（动）cut off；switch off；turn out；key off：～电流 turn off the current／～某人的退路 have sb.'s retreat cut off

【切面】（名）❶［数］tangent plane ❷（剖面）section ❸（面条）cut noodles

【切削】（动）cut：高速～ high-speed cutting／～土豆 cut a potato

qié

茄 qié（名）eggplant

【茄子】（名）eggplant；aubergine

qiě

且 qiě ❶（副）❶（暂且；姑且）just；for the time being：～慢 wait a moment／～听下回分解 be analyzed and explained below ❷〈方〉（经久）for a long time：这饭～煮呢。This rice takes a long time to cook. ❷（连）〈书〉❶（尚且）even：死～不怕，况困难乎？Even death holds no fears for us，to say nothing of difficulties. ❷（并且；而且）both and...：～信～疑 be half-believing and half-doubting

【且慢】（动）wait a moment；not go or do so soon

qiè

切 qiè ❶（动）（合；符合）correspond to；be close to：咬牙～齿 gnash one's teeth／批评～中要害。The criticism struck home. ❷（形）（急切；殷切）eager；anxious：～～请求 earnestly request／急～地望着某人 watch sb. eagerly／殷～地期盼某人 be eager for sb. ❸（副）（切实；务必）be sure to：～忌饮酒过度 by all means avoid excessive drinking
另见 924 页 qiē。

【切记】（动）be sure to keep in mind；be sure to remember：妈妈的嘱咐，你要～在心。You must never forget what your mother told you.

【切忌】（动）must guard against；avoid by all means：～主观片面。Be careful to avoid being subjective and one-sided.

【切身】（形）❶（跟自己有密切关系的）of immediate concern to oneself：保护自己的～利益 safeguard one's immediate interests ❷（亲身）personal：～体会 personal understanding

【切实】（形）❶（切合实际）practical；feasible；realistic：不～ not sound feasible／采用～可行的方法 adopt a feasible method ❷（实实在在）conscientiously；earnestly：～地工作 do one's job conscientiously

怯 qiè（形）（胆小；害怕）timid；cowardly：～声～气 in a timid and unnatural tone

【怯场】（动）have stage fright：他～，在台上一句话也说不出来。He was suffering from stage fright and could not utter a word.

【怯懦】（形）timid and overcautious：他在困难面前毫不～。In the face of difficulties，he's completely unafraid.

窃 qiè ❶（动）（偷）steal；pilfer：剽～了全部情节 steal all one's plots／夜间入室盗～ commit burglary at night ❷（副）（暗中；偷偷地）secretly；surreptitiously；furtively：～～絮语 engage in a low-keyed continuous talk／为某事～喜 hug oneself with pleasures over sth. ❸（代）〈书〉（谦指自己）I：～以为 I presume

【窃据】（动）usurp；entrench；seize；unjustly occupy

【窃取】（动）usurp；steal；grab：公然～ take a sheet off a hedge

【窃听】（动）eavesdrop；wiretap；bug；intercept；tap：～电话 tap a telephone wire／～器 tapping device

【窃贼】（名）thief；burglar；pilferer：追赶～ take after the burglars／痛打～ hail blows upon the thief

qīn

钦 qīn ❶（动）（敬重）admire；respect ❷（副）（皇帝亲自）by the emperor himself

【钦差】（名）imperial envoy；imperial commissioner

【钦佩】（动）admire；respect；esteem：表示～ express admiration for

侵 qīn ❶(动)(侵入)invade;intrude into:抵抗入～ *resist an invasion* /～扰某人的私生活 *invade sb.'s privacy* ❷(形)(接近)approaching

【侵犯】(动)encroach on;infringe upon;violate:～民权 *infringe on civil rights* /～一国的主权 *violate a country's sovereignty*

【侵害】(动)encroach on;make inroads on:防止蝗虫～农作物 *prevent the inroads of locusts on the crops*

【侵略】(动)invade;aggress:经济～ *economic invasion* /发动～ *launch an invasion*

【侵入】(动)invade;intrude into:～领空 *intrude into a country's air space* /非法～私宅 *trespass in one's house*

【侵蚀】(动)corrode;erode:防止土壤被～ *prevent soil erosion*

【侵吞】(动)❶(暗中非法占有)embezzle;misappropriate;peculate:～税款 *embezzle tax funds* /控告某人～公款 *accuse sb. of having peculated the public money* ❷(用武力吞并)swallow up;annex

【侵占】(动)invade and occupy;seize:～吃茶时间 *infringe on tea time* /～某人的空闲时间 *occupy sb.'s leisure time*

亲 qīn ❶(名)❶(父母)parents:因空难失去双～ *lose one's parents in a plane crash* ❷(有血统或婚姻关系的)relative:～兄弟 *blood brother* /～人团聚 *reunite with one's family and relatives* ❸(婚姻)marriage;match:说～ *act as a matchmaker* /成～ *get married* ❹(新妇)bride:迎～ *send a party to escort the bride to the groom's home* ❷(形)❶(血统最接近的)related by blood;next of kin ❷(关系近;感情好)close;intimate;dear:～如骨肉 *be as one's own flesh and blood* ❸(副)(亲自)in person;personally:～手做 *do it yourself* /～口答应 *make a promise personally* ❹(动)❶(用嘴唇接触)kiss ❷(亲近)be close to

【亲爱】(形)dear;beloved:～的同志们 *dear comrades*

【亲近】(动)be close to;be on intimate terms with:愿意～某人 *want to be friends with sb.* /与某人最～ *enjoy the closest intimacy with sb.*

【亲密】(形)close;intimate:变得非常～ *become very intimate*

【亲戚】(名)relative;kinsman;kinswoman;kinsfolk:与…不是～ *be no kin to...*

【亲切】(形)cordial;kind;warm;sincere;hearty:待人～ *be cordial to sb.* /对某人温柔～ *be affectionate to sb.*

【亲热】(形)warmed;affectionate;intimate;warmhearted:表示～ *make a display of one's affection*

【亲人】(名)❶(直系亲属或配偶)one's parents;relative;kinsfolk ❷(关系密切、感情深厚的人)one's dear

【亲生】(形)one's own:～子女 *one's own children*

【亲事】(名)marriage:他的～快成了吧? *Is he going to get married soon?*

【亲属】(名)kinsfolk;relatives;clan:最近的～ *next of kin* /与某人有～关系 *claim kin with sb.*

【亲信】(名)trusted follower

【亲兄弟】(名)blood brother:～明算账。*Even brothers keep careful accounts.*

【亲友】(名)relatives and friends;kith and kin

【亲自】(副)personally;in person;oneself:～到场 *appear in person* /～给某人送行 *see sb. off personally*

【亲嘴】(动)kiss;give sb. a smack on the lips

qín

芹 qín

【芹菜】(名)celery;smallage

琴 qín (名)(某些乐器的统称):风～ *organ* /口～ *harmonica*

【琴键】(名)key:～开关 *piano-key switch*

【琴弦】(名)music wire;string

禽 qín (名)❶(鸟类)birds:饲养家～ *breed fowls* ❷〈书〉(鸟兽的总称)birds and beasts

【禽兽】(名)birds and beasts:衣冠～ *a beast in human clothing* /～不如 *be worse than a beast*

勤 qín ❶(形)❶(努力;不偷懒)diligent;industrious;hardworking:～勉好学 *be diligent and eager to learn* /～能补拙 *make up for lack of natural talent by hard work* ❷(次数多;经常)often;frequent:来得～ *come very frequently* /～洗～换 *be changed and washed regularly* ❷(名)❶(勤务)duty;service ❷(在规定时间内准时到班的劳动)attendance:值～ *be on duty* /缺～ *be absent from work*

【勤奋】(形)diligent;assiduous;industrious;hardworking:～研究 *be diligent in one's studies* /～苦读 *plod at one's books*

【勤俭】(形)hardworking and thrifty:～持家 *be industrious and thrifty in managing a household* /～节约 *be diligent and thrifty*

Q

【勤恳】（形）diligent and conscientious：～工作 be painstaking with one's work

【勤务】（名）duty；service：～训练 service training

【勤杂工】（名）odd-job man；handyman

qīn

寝 qǐn ❶（动）❶（睡）sleep：独～ sleep alone／废～忘食 forget about eating and sleeping ❷〈书〉（停止；平息）stop；end ❷（名）（卧室）bedroom：打扫～室 clean one's chamber

【寝室】（名）chamber；bedroom；dormitory

qīng

青 qīng ❶（形）❶（蓝色或绿色）blue or green：～菜 green vegetables／冻得发～ be blue with cold ❷（黑色）black：～一块，紫一块的 be black and blue ❸（年轻）young：～工 young workers ❷（名）❶（青草）green grass：踏～ walk on the green grass ❷（没有成熟的庄稼）young crops：看～ keep watch on the ripening crops ❸〈书〉（青的竹简）green bamboo strip

【青菜】（名）（蔬菜的统称）green vegetables；greens

【青草】（名）green grass

【青春】（名）youth；young：珍惜～ cherish one's youth／充满～活力 be full of youth and vigor

【青年】（名）youth；young people：有才华的～ a talented youth

【青山】（名）green hill：～叠嶂 green hills roll on in undulating waves／～绿水 green hills and blue waters

【青少年】（名）youngsters；teenagers：迎合～心理 appeal to the juvenile idea

【青天】（名）❶（蓝天）blue sky ❷〈旧〉（清官）a just judge

轻 qīng ❶（形）❶（重量小；比重小）light：～型卡车 a light truck／如鸿毛 be as light as a feather ❷（数量少；程度浅）small in number；degree；light：年纪～ be young／～描淡写 touch on lightly ❸（不重要）not important：责任～ carry a light responsibility ❹（轻松）light；relaxed：～快的脚步 brisk steps ❺（用力不大、不猛）gentle；soft；light：～咳一声 clear one's throat／说话声音～柔 speak in a soft voice ❻（轻率）rash：～率少年 a light-hearted youth ❷（动）（轻视）belittle；make light of：～敌 take the enemy lightly／对某事

掉以～心 take sth. lightly

【轻便】（形）light；portable；handy：～自行车 lightweight bicycle

【轻薄】（形）frivolous

【轻浮】（形）frivolous；flippant；flighty；light：表现～ show levity／态度～ have a frivolous manner

【轻工业】（名）light industry

【轻快】（形）❶（不费力）brisk；spry：以～的步调前进 move at a brisk pace ❷（轻松愉快）relaxed；lively：唱一首～的歌 sing a cheerful song

【轻蔑】（形）scornful；disdainful：她用～的目光扫了他一眼。She cast a contemptuous glance at him.

【轻巧】（形）❶（灵巧；轻便）light and handy：这录音机真～。This is a handy tape recorder. ❷（操作轻松灵巧）deft；dexterous ❸（简单容易）easy；simple

【轻柔】（形）soft；gentle：～的音乐 a gentle voice／～的枝条 pliable twigs

【轻视】（动）despise；look down on；make light of：～某人 hold sb. in contempt／～某事 slur over sth.

【轻率】（形）rash；hasty；indiscreet：一个～的人 a light man／做了～的许诺 make a rash promise

【轻松】（形）light；relaxed：～自在 be happy and unrestrained／带着～的心情回家 go home with a light heart

【轻微】（形）light；slight；trifling：受到～的打击 receive a mild shock／遭受～损失 suffer a trifling loss

【轻信】（动）be credulous；take for granted；believe easily；readily believe：～恭维话 swallow flattery／～某人的谎言 lap up the lies of sb.

【轻易】（副）❶（简单；容易）easily；readily：～胜过某人 knock sb.'s head off／～得到一笔财产 step into a fortune ❷（随随便便）lightly；rashly：不～称赞人 be sparing of one's praise

氢 qīng（名）［化］（气体元素）hydrogen

【氢弹】（名）super bomb；hydrogen bomb

【氢气】（名）hydrogen：～球 hydrogen balloon

倾 qīng ❶（动）❶（歪；斜）incline；lean；bend：身子向前～ bend forward ❷（倒塌）collapse ❸（尽数倒出）overturn and pour out：～家荡产 dissipate one's fortune／～销货物 dump goods ❹（用尽力量）do all one can ❺（钦佩；倾慕）admire ❻（胜过；超越）surpass ❷（名）（倾向）deviation；tendency

【倾倒】（动）❶（由歪斜而倒下）topple and

fall；topple over ❷（十分佩服）greatly admire：为某人的美貌所～ be infatuated with sb.'s beauty

【倾听】（动）listen for；listen attentively to；lend an ear to：专心～ be all ears／～某人的独白 lap up sb.'s monologue

【倾吐衷情】（动）unbosom oneself

【倾向】●（动）（偏于赞成）be inclined to；prefer：～自己的爱好 bend towards one's own taste／～某人的观点 prefer the view taken by sb.．●（名）（发展的方向；趋势）inclination；tendency；trend：总的～ the general temper／抵制错误的～ resist erroneous tendencies

【倾销】（动）dump：～货物 dump goods

【倾斜】（动）bias；tilt；lean；incline；slope：有点儿～ be at a slight tilt

【倾注】（动）❶（由上而下流入）pour into：山涧向河里～。A mountain stream pours into the rivers．❷（精力、感情等集中于一个目标）devote to；direct to：把感情～在歌里 pour out one's feeling in the song／～全部精力做事 devote all one's energies to do sth.

清 qīng ●（形）❶（纯净）unmixed；clear：～水 clear water ❷（寂静）quiet：享～福 live in quiet comfort／生活～苦 live in poverty ❸（清楚）distinct；clarified：问～底细 make sure of every detail ❹（一点不留）with nothing left：把账还～ pay up what one owes ●（动）❶（清除；使清洁）clean up ❷（还清；结清）settle；clear up：～账 clear an account ❸（点验）count

【清白】（形）pure；clean；stainless：过～的生活 follow virtue／断定某人～无辜 give sb. a clean bill of health

【清查】（动）❶（查对）check：～户口 check on residents ❷（查出）ferret out

【清澈】（形）limpid；clear：～的水 clear water／～的小溪 a limpid stream

【清晨】（名）early morning；matinal

【清除】（动）clean up；dump；get rid of；clear away：～障碍 remove obstacles／～债务 rid oneself of debt

【清楚】●（形）❶（容易让人了解、辨认）clear；distinct：来历～ have a clear record／说明～ give a clear explanation ❷（不糊涂）clear；lucid：需要～的头脑 require a clear brain ●（动）（了解）be clear about；understand：弄清安排 clear one's mind about the arrangement

【清单】（名）inventory；repertoire；detailed list：物品～ list of articles／总～ general list

【清洁】（形）clean：保持～ keep clean／注意卫生 pay attention to sanitation and hygiene

【清净】（形）peace and quiet：图～，怕麻烦 seek peace and quiet and shirk taking any trouble

【清静】（形）quiet；secluded；tranquil：过着～的日子 lead a secluded life／打扰某人的～生活 invade sb.'s private life

【清朗】（形）❶（清澈晴朗）clear and bright：～的天气 clear and bright weather ❷（清楚响亮）clear；ringing：～的声音 a loud and clear sound

【清冷】（形）❶（微寒）chilly：一个～的秋夜 a chilly autumn night ❷（冷清）deserted

【清理】（动）put in order；clean；check up；clear；disentangle：～排水沟 clean out a drain／～脏乱的东西 sweep up a mess

【清凉】（形）cool and refreshing：～饮料 cold drink

【清明】●（形）❶（清澈明朗）clear and bright：月色～ clear and bright moonlight ❷（心里清楚而镇静）sober and calm ●（名）（节气）Clear and Bright

【清爽】（形）❶（清洁凉爽）fresh and cool；brisk；refreshing：晚风吹来，十分～。The evening breeze is cooling and refreshing. ❷（轻松爽快）easy；light；relieved：事情解决了，我心里也～了。Now that the matter is settled, I feel relieved.

【清算】（动）❶（彻底地计算）clear；square；audit ❷（列举全部罪恶并做出处理）settle accounts；expose and criticize

【清晰】（形）limpid；vivid；distinct；clear：获得～图像 get a distinct image／使表达～ impart clearness to expression／～度 definition

【清洗】（动）❶（洗干净）wash；clean；rinse：～伤口 clean a wound ❷（清除）purge；comb out；eliminate

【清醒】（形）（清楚；明白）clear-headed；sober：十分～ be wide awake／保持～的头脑 keep a cool head ●（动）（神志恢复正常）come to；come round：有其～作用 have its soberizing qualifications

【清早】（名）〈口〉early in the morning；early morning

蜻 qīng

【蜻蜓】（名）dragonfly；skimmer：～点水 use a light touch in writing as dragonfly skims water surface

qíng

情 qíng（名）❶（感情）feeling；affection；sentiment：多～ be sentimental／盛～款待 entertain in a lavish style ❷（情分；情面）

favour;kindness;feelings：替某人说～ *plead for sb.'s favour*/深知人～世故 *know the score* ❸（爱情）love：～敌 *rival in love*/堕入～网 *be caught in the snares of love* ❹（情形；情况）situation；circumstances；condition：～急生智 *hit on a good idea in a moment of desperation*

【情报】（名）intelligence；information：搜集～ *collect intelligence*/窃取～ *steal information*

【情敌】（名）rival in love

【情怀】（名）feelings：抒发～ *express the thoughts and feelings*

【情节】（名）❶（内容）plot；story：紧凑的～ *a tightknit plot*/别出心裁的～ *a novel plot* ❷（事实经过）details of a case：了解事件的详细～ *know the ins and outs of an incident*

【情景】（名）scene；sight；circumstances：令人厌恶的～ *a revolting sight*

【情况】（名）❶（情形）circumstances；situation；condition：比赛～ *playing conditions*/说明～ *explain the situation* ❷（军事上的变化）military situation：前线有什么～？ *How is the situation at the front?*

【情侣】（名）sweethearts；lovers：快乐的～ *the happy lovers*

【情形】（名）circumstances；situation；condition：运作～良好 *be in working order*

【情绪】（名）❶（心理状态）mood；sentiments；morale；feeling：控制～ *control the emotion*/表露自己的～ *show one's feelings* ❷（不愉快的情感）depression；moodiness；sulks：闹～ *be in a fit of depression*/引起强烈的厌恶～ *excite rather bitter feelings*

【情谊】（名）friendship；friendly feelings；friendly sentiments：战斗～ *militant bonds of friendship* /兄弟～ *brotherly affection*

【情愿】（动）❶（愿意）be willing to：他很～付这个价钱。*He's quite willing to pay the price.* ❷（宁愿；宁可）prefer；would rather；had rather：她～粉身碎骨，也不在敌人面前屈服。*She would rather be cut to pieces than yield to the enemy.*

晴 qíng（形）（天空中没有云或云很少）fine；clear：天气～和 *a fine and warm day*/～空万里 *a clear and boundless sky*

【晴空】（名）clear sky；cloudless sky；serene：～万里 *a stretch of cloudless blue skies*

【晴朗】（形）fine and cloudless；fine；sunny：～的天空 *a serene sky*/在～的日子里 *on a clear day*

【晴天】（名）clear day；fine day；fine weather；cloudless day；shine

顷 qǐng ❶（量）（面积单位）qing，a unit of area；碧波万～ *a boundless expanse of blue water* ❷（名）〈书〉（顷刻）a little while；少～ *after a while* ❸（副）〈书〉（不久以前）just；just now：～闻 *just heard*

【顷刻】（名）in a moment；instant：～之间 *in a twinkling*/～瓦解 *collapse instantly*

请 qǐng（动）❶（请求）request；ask：～他进来。*Ask him in.*/～人来修机器 *get sb. to repair the machine* ❷（邀请；聘请）invite；engage：～私人教师教某人英语 *have a tutor to instruct sb. English* ❸（招待；款待）entertain：被邀～去吃饭 *be requested to supper* ❹〈敬〉（用于希望对方做某事）please：～赏光品尝 *please have a taste*/～签名。*Please sign your name.*

【请假】（动）ask for leave：～回家 *go home on leave*

【请柬】（名）invitation card：起草一份～ *draft an invitation*/凭～入场。*Admission by invitation only.*

【请教】（动）ask for advice；consult：向专家～ *call in the experts*/虚心向群众～ *learn modestly from the masses*

【请客】（动）stand treat；entertain guests；invite sb. to dinner；give a dinner party：～送礼 *invite guests and give them presents*/～做东 *stand one's hand*

【请求】（动）ask；request；demand；beg：提出～ *advance a request*/～宽恕 *ask for forgiveness*

【请示】（动）request instructions；ask instructions from：向上级～ *ask the higher authorities for instructions*

【请帖】（名）invitation card；invitation；card：发～ *send out invitations*

【请问】（动）❶〈敬〉（用于请对方回答问题）excuse；please：～，到火车站怎么走？ *Excuse me, but could you tell me how to get to the railway station?* ❷（向对方提出问题时用）we should like to ask；one may ask

【请罪】（动）❶（请求处分）admit one's error and ask for punishment ❷（道歉）apologize；humbly apologize

庆 qìng ❶（动）（庆祝；庆贺）celebrate；congratulate：～丰收 *celebrate a bumper harvest* ❷（名）（值得庆祝的周年纪念日）occasion for celebration：国～ *National Day*/校～ *anni-*

versary of the founding of a school

【庆典】（名）celebration；a ceremony to celebrate；举行盛大的～ hold grand celebrations

【庆功会】（名）victory meeting

【庆贺】（动）congratulate；celebrate：前来～ appear to offer one's congratulations /表示～ express one's congratulations

【庆幸】（动）rejoice：～平安到达 congratulations on one's safe arrival/暗自～ to one's secret relief

【庆祝】（动）celebrate：值得～ deserve celebration/～节日 observe the day/～大会 celebration meeting

qióng

穷 qióng ❶（形）（贫穷）poor；poverty-stricken：生活～苦 live in misery /～得可怜 be pitifully poor ❷（名）（穷尽）limit；end：～途末路 be driven into an impasse/知识是没有～尽的。Knowledge knows no bounds. ❸（副）❶（彻底）thoroughly：～究 make a thorough inquiry ❷（极端）extremely：～奢极侈 extremely extravagant and luxurious

【穷苦】（形）poverty-stricken；impoverished

【穷困】（形）poverty-stricken；destitute；in straitened circumstances：～不堪 be pinched with poverty

【穷人】（名）poor people；the poor；pauper：经常挨饿的～ starved-out paupers/救济～ relieve the poor

【穷凶极恶】（成）behave in a vicious and unrestrained way；extremely vicious：一副～的样子 with the look of a fiendish brute

穹 qióng（名）〈书〉❶（穹隆）vault；dome ❷（天空）the sky

【穹形】（形）vaulted；arched：～的屋顶 a vaulted roof

qiū

丘 qiū（名）❶（小土山；土堆）mound；hillock：荒～ a barren hillock ❷（坟）grave：坟～ grave

【丘陵】（名）（连绵成片的小山）hills：～地带 hilly country；hilly land

秋 qiū（名）❶（秋季）autumn；fall：～风 autumn wind /～去冬来。Winter comes after autumn. ❷（庄稼成熟时节）harvest time；麦～ time for the wheat harvest ❸（一年的时间）year：千～万代 for thousands of years ❹（某个时期，多指不好的）a period of time：多

事之～ an eventful period

【秋后】（名）after autumn；after the autumn harvest：～算账 wait one's opportunity to settle accounts with sb.

【秋季】（名）autumn；fall：～作物 autumn crops

【秋色】（名）autumn scenery；autumnal tints：平分～ divide equally between two/～宜人 charming autumn scenery

【秋收】（动）autumn harvest：农民们都在忙着～。The farmers are all busy with autumn harvest./～在望。The autumn harvest is at hand.

【秋天】（名）autumn；fall

qiú

囚 qiú ❶（动）（囚禁）imprison：被～ be thrown into prison ❷（名）（囚犯）prisoner；convict：死～ a convict sentenced to death

【囚犯】（名）prisoner；convict：获释的～ discharged prisoners/押送～ carry convicts

【囚牢】（名）prison；jail

求 qiú ❶（动）❶（请求；要求）ask；beg；request；entreat：有事相～ be with favors to ask ❷（追求；探求；寻求）strive for；seek；try：寻～学问 seek knowledge/～得一致 try to achieve a consensus ❸（需求；需要）demand：需～量很大 be in great demand

【求爱】（动）pay court to；woo；court：笨拙的～ tactless advances/拒绝某人的～ refuse sb.'s advances

【求和】（动）❶（请求停战）sue for peace ❷（设法做成平局）try to draw a match ❸［数]summation

【求婚】（动）make an offer of marriage；make a proposal；propose：主动～ take the initiative in courtship

【求见】（动）ask to see；request an interview；beg for an audience

【求救】（动）cry for help；seek help；ask sb. to come to the rescue：～无门 call in vain for help/拼命呼喊～ strain one's voice for help

【求情】（动）plead；appeal to another's mercy；ask for a favour；beg for leniency：～告饶 beg for leniency and mercy/向某人～ plead with sb.

【求饶】（动）beg for mercy；beg for one's life；ask for pardon

【求人】（动）ask for help：～不如求己 better depend on oneself than ask for help from others

【求学】（动）❶（在学校学习）go to school；

Q

attend school ❷（探求学问）pursue one's studies；seek knowledge：他决心到国外～。 *He set his heart on pursuing his studies abroad .*

【求战】（动）❶（寻求战斗）seek battle ❷（要求参加战斗）ask to take part in battle：战士们～心切。 *The soldiers are itching for action .*

【求知】（动）seek knowledge：渴望～ *yearn to seek knowledge*／～心切 *be eager for knowledge*

【求助】（动）turn to sb. for help；seek help：～于法律的力量 *invoke the power of the law*／可～于某人 *go to sb . for help*

泅 qiú（动）（浮水）swim

【泅渡】（动）swim across：武装～ *swim across fully armed*

【泅水】（动）swim：～渡河 *swim the river*

球 qiú（名）❶（以半圆的直径为轴，使半圆旋转一周而成的立体；由中心到表面各点距离都相等的立体）sphere；globe ❷（球形物）anything shaped like a ball：卷入火～中 *enter the fireball*／旋转～形门把手 *turn the door knob* ❸（某些体育用品）ball：拍皮～ *bounce the ball*／接～ *catch the ball* ❹（球类运动）ball game：看～ *watch a ball game* ❺（地球）the globe；the earth：是全～性的问题 *be a global problem*／做环～漫游 *go for a ramble round the globe*

【球场】（名）❶（打球的场地）a ground where ball games are played；ball park；diamond ❷（排、篮、网、羽毛球场）court ❸（足、棒、垒球场）field ❹（高尔夫球场）course；links

【球队】（名）ball game team

【球门】（名）goal：～网 *goal-net*

【球迷】（名）ball game fan：足～ *football fan*

【球赛】（名）ball game；match

【球网】（名）net

【球鞋】（名）gym shoes；tennis shoes；sneakers

qū

区 qū ⊖（动）（区别；划分）distinguish；classify；subdivide ⊜（名）❶（地区；区域）area；district；region：人口稠密地～ *a thickly-populated district*／游览风景～ *visit the scenic spot* ❷（行政区划单位）an administrative division：设立特别行政～ *set up a special administrative area*

【区别】⊖（动）（比较；分别）distinguish；differentiate：把两者～开来 *differentiate one from the other*／～好坏 *distinguish between good and bad* ⊜（名）（彼此不同的地方）differ-

ence；distinction；discrimination：留心细微的～ *take notice of the nice distinction*

【区分】（动）discriminate；differentiate；distinguish：不易～ *be not easily distinguishable*／～友谊和爱情 *demarcate friendship from love*

【区时】（名）zone time

【区域】（名）area；beat；reach；domain；part；district；region：～会议 *regional conference*／～性 *pertaining to a region*

曲 qū ⊖（形）❶（弯曲）bent；crooked：～背而行 *stoop in walking*／弯腰～背 *with one's back bent* ❷（理亏）wrong；unjustifiable：～直不分 *not distinguish between right and wrong* ⊜（动）（使弯曲）bend；twist ⊜（名）❶（弯曲的地方）bend ❷（发酵剂）leaven；yeast 另见 931 页 qǔ。

【曲柄】（名）crank：～摇杆机构 *crank and rocker mechanism*

【曲解】（动）misinterpret；distort；misrepresent；twist：～原文 *pervert the text*／～了某人的意思 *misinterpret sb .'s meaning*

【曲面】（名）hook face；curve；curved surface：外～ *positive camber*

【曲线】（名）[数]curve；bight；profile；net：画一条～ *draw a curve*／围绕～行驶 *go around a curve*

【曲折】（形）❶（弯曲）circuitous；tortuous；winding：～地前进 *go in a zigzag*／走过一条～的道路 *traverse a winding road* ❷（情节复杂、不顺当）complicated；intricate：编排～的情节 *weave a very complicated plot*

驱 qū（动）❶（赶）drive：～走邪魔 *drive out evil spirits*／～走某人的悲伤 *charm away sb .'s sorrow* ❷（快跑）run quickly；并驾齐～ *stay with one's rival*／长～直入 *drive straight in*

【驱动】（动）drive：～齿轮 *driving gear*

【驱使】（动）❶（迫使；使唤）order about：任人～ *be ordered about* ❷（推动）prompt；urge；spur on：为野心所～ *be spurred on by ambition*／为好奇心所～ *be prompted by curiosity*

【驱逐】（动）drive out；expel；dislodge；banish：被～出境 *go into banishment*／～侵略者 *drive out the aggressors*

屈 qū（动）❶（弯曲；使弯）bend；bow；crook：～膝 *bend one's knees*／～指算来 *reckon on one's fingers* ❷（屈服；使屈服）subdue；submit：至死不～ *remain to the very end of an unwilling spirit* ❸（委屈；冤枉）suffer wrong or injustice:你说他不诚实是～了他了。*You wronged him when you said that he was dishonest.*/叫～ *complain of being wronged*/因某事觉得受委～ *feel aggrieved at sth.* ❹（理亏）in the wrong:有点儿理～ *have a rather weak case*/做那种～心的事 *do a mean thing like that*

【屈从】（动）submit to;yield to:～于外来压力 *yield to pressure from outside*/过分～某人 *submit to sb. too passively*

【屈服】（动）surrender; yield; bow to; give away; knuckle under; submit to:使某人～ *make sb. submit*/向某人～ *bend before sb.*

【屈膝】（动）go down on one's knees

趋 qū（动）❶（快走）hasten;hurry along:疾～而过 *hurry past*/～前迎接某人 *step forward to welcome sb.* ❷（向某个方向发展;趋向）tend towards;tend to become:～时附势 *follow the popular trend*/日～多样化 *become more diverse*

【趋势】（名）trend; tendency; drift; current; tide:有下降的～ *have a declining tendency*

【趋向】❶（动）（朝某个方向发展）tend to;incline to:～简单 *tend to simplicity* /～高潮 *work up to a climax* ❷（名）（趋势）tendency;trend;direction:上升～ *the upward drift*

qú

渠 qú ❶（名）❶（人工开凿的水道）canal; ditch;channel:灌溉～ *irrigation canal* ❷〈书〉（车轮外圈）outer wheel ❸〈书〉（盾）shield ❷（形）〈书〉（大）big

【渠道】（名）❶（引水灌溉的水道）irrigation ditch;canal;channel ❷（途径）medium of communication;channel:通过外交～ *through diplomatic channels*/商品流通～不畅。*The commodity circulation is poor.*

qǔ

曲 qǔ（名）❶（歌曲）song;tune;melody:高歌一～ *lustily sing a song* ❷（歌谱;乐谱）music:为歌词谱～ *set a song to music*/作～ *compose music*
另见 930 页 qū。

【曲调】（名）[音]tune;melody;strain:哼出愉快的～ *fling off a merry tune*/穿插一些古老的～ *bring in old melodies*

【曲艺】（名）folk art

取 qǔ（动）❶（拿到身边）take;get;fetch:～柴生火 *get wood for a fire*/给某人～一杯酒

fetch sb. a drink ❷（得到;招致）aim at; seek;～闹 *amuse oneself at sb.'s expense*/汲～知识 *take in knowledge* ❸（采取;选取）adopt; assume; choose:～样检查 *take a sample to check*/～慎重态度 *adopt a cautious attitude*

【取代】（动）displace;replace;substitute for; take over;supersede;supplant:～某人当了董事长 *replace sb. as President*/找到可～某物的东西 *find a substitute for sth.*

【取得】（动）acquire;gain;obtain:～学位 *take one's degree*/通过进一步学习～进步 *gain by further study*

【取缔】（动）outlaw;ban;prohibit;forbid;suppress:～非法组织 *ban illegal organization*/～非法交易 *outlaw illicit trade*

【取景】（动）find a view:～器 *viewfinder on a camera*

【取决】（动）depend on;be decided by;hinge on:～于天气 *depend on the weather*/～于某人的答复 *hinge on sb.'s reply*

【取暖】（动）warm oneself;烤火～ *warm oneself by the fire*

【取胜】（动）win victory;score a success:以多～ *win victory through numerical superiority*/有可能～ *be likely to win*

【取消】（动）cancel;call off;abolish;remove:～决定 *rescind a decision*/～旅行 *call the trip off*/～订位 *cancellation*

【取样】（动）sample:～检查 *take a sample to check*

娶 qǔ（动）（把女子接过来成亲）marry;take to wife:三十不～ *be unmarried at thirty*

【娶亲】（动）get married

qù

去 qù ❶（动）❶（从所在地到别的地方）go; leave:～机场接人 *go to the airport to meet someone* ❷（除去;除掉）remove;get rid of:～油渍 *take out oil stains* ❸（距离;差距）be apart from:～今 50 余年 *more than fifty years ago* ❹（寄出;发出;派出）send:我给他～过两封信。*I sent him two letters.* ❺（用在另一动词前,表示要做某事）:～生炉子 *go and light the stove* ❻（用在动宾结构后面,表示去做某件事）:她游泳～了。*She's gone to swim.* ❼（用在动词结构或介词结构之间,前者表示方式,后者表示目的）:到工厂～看一位老朋友 *go to a factory to see an old friend* ❽〈方〉（扮演）play the part of:他～什么角色？*What role is he given to play?* ❾（副）〈口〉（用在某些形容词后面,表示"非常、极"）very;

extremely:他家远了～了。*His home is far faraway*. 😑(形)(过去了的)past;last:～年 last year 😑(名)(去声)falling tone(one of the four tones in classical Chinese and the fourth tone in modern standard Chinese pronunciation):这个字该读～声。*This word should be read with falling tone*.

【去处】(名)❶(去的地方)place to go;whereabouts:有谁知道他的～? *Who knows his whereabouts*? ❷(场所;地方)place;site:这是一个风景优美的～。*This is a beautiful place*.

【去年】(名)last year:～今日 *this day of last year*

【去世】(动)die;pass away:他爷爷是前年～的。*His grandfather died the year before last*.

【去向】(名)the direction in which sb. or sth. has gone:她～不明。*Her present whereabouts is unknown*.

趣 qù 😑(名)❶(趣味;兴味)interest;delight:自讨没～ *ask for a snub* ❷(志趣)bent:志～ *bent* 😑(形)(有趣味的)interesting:～事 *an interesting episode*

【趣味】(名)❶(使人愉快和吸引力的特性)interest;delight:～无穷 *afford the greatest delight* ❷(爱好)taste;liking:～相投 *be congenial to one's tastes*

quān

圈 quān 😑(名)❶(环形;环形物)circle;ring:救生～ *a life ring* ❷(一定的范围)circle;group:他不是～里人。*He doesn't belong to the inner circle*. 😑(动)❶(在四周加上限制;围)enclose;encircle:用篱笆把菜园～起来 *enclose the vegetable garden with a fence* ❷(画圈做记号)mark with a circle:～出拼错的词 *circle the misspelled words*

【圈套】(名)snare;trap:中了～ *be caught in a trap*/落入坏人的～ *fall into the snare of the scoundrel*

【圈子】(名)❶(环形)circle;ring:兜一个～ *come full circle* ❷(集体或生活范围)circle;community:待在自己的小～里 *stay in one's own circle*

quán

权 quán 😑(名)❶〈书〉(秤锤)weight;(of a steelyard) ❷(权力)power;authority:夺～ *seize power* ❸(权利)right:专利～ *patent right* ❹(有利的形势)advantageous position;霸～ *hegemony* ❺(权变;权宜)expedi-

ency:通～达变 *adapt oneself to circumstances* 😑(动)〈书〉(权衡)weigh:～其轻重 *weigh up one thing against another* 😑(副)(权且;姑且)tentatively:～做某人的替身 *act as sb.'s temporary substitute*

【权衡】(动)weigh;balance:～利弊 *weigh the advantages and disadvantages*

【权力】(名)power;authority:一切～属于人民。*All power belongs to the people*.

【权利】(名)right:有追求幸福的～ *have the right to the pursuit of happiness*/保护某人的～ *protect sb.'s rights*

【权威】(名)authority:蔑视～ *defy authority*

【权限】(名)limits of authority;jurisdiction;competence:在法律规定的～内 *within the limits of one's authority as prescribed by law*

【权益】(名)rights and interests:经济～ *economic rights and interests*/维护合法～ *safeguard lawful rights and interests*

全 quán 😑(形)❶(完备;齐全)complete:尺码齐～ *have a complete range of sizes* ❷(整个)whole;entire;full;total:～军覆没。*The whole army is drowned*. 😑(副)(完全;都)entirely;completely:这事～怪我。*It's entirely my fault*. 😑(动)(保全;使完整不缺)make perfect of;complete:两～其美 *satisfy both sides*

【全部】(形)whole;complete;total;all:说出事情的～真相 *speak out the whole truth about sth*.

【全场】(名)❶(全部在场者)the whole audience:～爆发出一片欢呼声。*The audience broke out into cheers*. ❷[体]full-court:～紧逼 *full-court press*

【全程】(名)whole journey;whole course:自行车比赛～120公里。*The whole course of the bicycle race is 120 kilometres*.

【全都】(副)all;without exception:～结束了。*All is over*.

【全国】(名)the whole nation;countrywide;throughout the country:震撼～ *shock the nation*/向～发出号召 *make a nationwide call*

【全景】(名)full view;whole scene:将城市的～尽收眼底 *look at a whole view of the town below*

【全局】(名)overall situation:～性问题 *a matter of overall importance*

【全面】(形)overall;comprehensive;all-round:发动～攻击 *launch an all-out attack*/培养学生～发展 *train the students to develop in an all-round way*

【全年】（形）annual；yearly：～平均温度 *annual average temperature*／～雨量 *yearly rainfall*

【全球】（名）the whole world；global：采用～战略 *try the global strategy*

【全然】（副）completely；entirely：～无视某人的要求 *ignore sb.'s request completely*

【全日制】（名）full-time：～学校 *a full-time school*

【全速】（名）full speed：～前进 *advance at full speed*

【全体】（名）all；entire；whole：～罢工 *a general strike*／看问题，不但要看部分，也要看～。*In approaching a problem, one should see the whole as well as the parts.*

【全天候】（名）all-weather：～公路 *all-weather road*

【全文】（名）full text：宣读～ *read out in full*

【全休】（名）complete rest：大夫建议～一星期。*The doctor prescribed a complete rest of one week.*

泉 quán（名）❶（泉水）spring：温～ *a hot spring* ❷（泉眼）the mouth of a spring；spring：从～中涌出 *well from a spring* ❸（钱币的古称）an ancient termfor coin：～币 *ancient coin*

【泉水】（名）spring water；spring：在～边会面 *meet at the spring*

【泉源】（名）❶（水源）fountainhead ❷（来源）source：大脑是知识的根本～。*The brain is the ultimate source of ideas.*

拳 quán ❶（名）❶（拳头）fist：以～重击某人 *smash sb. with the fist* ❷（拳术）boxing；pugilism：练～ *practise shadow boxing* ❸（拳曲）curl：老大娘～着腿坐在炕上。*The old woman sat on the kang with her legs curled up.*

【拳击】（名）boxing；pugilism：对～一窍不通 *don't know how to box*／～运动员 *boxer*

【拳头】（名）fist：举起～喊口号 *raise one's fist and shout slogans*／用～捶门 *beat a door with one's fist*

痊 quán
【痊愈】（动）fully recover from an illness：她还没有～。*She's not recovered yet.*／基本～ *be almost recovered*

蜷 quán（动）（蜷曲）curl up；huddle up：小猫在沙发上～作一团睡觉。*The kitten was sleeping curled up on the sofa.*

【蜷曲】（动）curl；coil；twist：他把两腿～起来做了个前滚翻。*Drawing up his knees against his chest, he did a forward roll.*

【蜷缩】（动）roll up；huddle up；curl up：刺猬一受到攻击就～成一团。*A hedgehog rolls itself into a ball when attacked.*

鬈 quán（形）（头发弯曲）curly；wavy：～发 *curly hair*

【鬈曲】（形）crimpy；crinkle；curl：～羊毛 *crimpy wool*

quǎn

犬 quǎn（名）（狗）dog：警～ *police dog*／猎～ *hunting dog*

【犬牙交错】（成）interlocking：形成～的状态 *form a jagged, interlocking pattern*

quàn

劝 quàn（动）❶（拿道理说服人；使人听从）advise；urge；try to persuade：我们～他别去了。*We tried to persuade him not to go.* ❷（勉励）encourage：～学 *encourage learning*

【劝导】（动）try to persuade；advise；induce：经过同志们的～，他终于想通了。*With the help of his comrades, he has finally straightened things out in his mind.*

【劝告】（动）advise；urge；exhort：医生～他注意休息。*The doctor advised him to have a good rest.*

【劝解】（动）❶（劝导宽解）help sb. to get over his worries, etc.：大家～了半天，她才消了气。*It was some time before we succeeded in pacifying her.* ❷（劝架）mediate；make peace between；bring people together：他们吵架了，你去～一下。*They've had a quarrel, you try and patch things up between them.*

【劝阻】（动）dissuade sb. from；advise sb. not to：看到损害群众利益的行为，我们就要进行～。*Whenever we see a person doing something antisocial, we should try to stop him.*

quē

缺 quē ❶（动）❶（缺乏；短少）be short of；lack：～医少药 *have few trained doctors and very little medicine* ❷（残缺）be missing；be incomplete：这本书～了两页。*Two pages are missing from this book.* ❸（该到而未到）be absent：一个也不～。*No one is absent.* ❷（形）（残破；残缺）incomplete；imperfect：保存得完好无～ *keep in good condition* ❸（名）（空额）vacancy；opening：被选出来补～ *be*

elected to the vacancy

【缺德】（形）mean；wicked：这样对待她真～！ *What a rotten thing to do to her！*

【缺点】（名）shortcoming；defect；weakness：纠正～ *remedy shortcomings*／指出某人的～ *point out sb.'s defects*

【缺额】（名）vacancy：他们厂按编制还有 50 名～。*Their factory is still 50 people short of its quota of workers.*

【缺乏】（动）be short of；lack：～灵感 *lack inspiration*／～了解 *be short in understanding*

【缺课】（动）be absent from school；miss a class：因病～ *miss classes on account of illness*

【缺口】（名）breach；gap：篱笆上有个～。*There is a gap in the fence.*

【缺少】（动）lack；be short of：～训练 *lack in training*／仿佛生命中～了什么 *seem to leave sth. out of life*

【缺席】（动）be absent（from a meeting，etc）：擅自～ *be absent without notice*／捏造一个～的借口 *invent an excuse for being absent*

【缺陷】（名）defect；drawback：成为致命的～ *become fatal defects*／弥补先天的～ *make up natural deficiency*

què

却 què ⊖（动）❶（后退）step back ❷（使退却）drive back；repulse：～敌 *repulse the enemy* ❸（推辞；拒绝）decline；refuse：推～ *decline；refuse* ❹（用在某些动词后，表示动作的完成）：冷～ *cool off* ⊜（副）（表示转折）but；yet：文章虽短，～很有力。*The essay is short but forceful.*

【却步】（动）step back；hang back：不要因为困难而～。*Don't hang back in the face of difficulties.*

确 què（形）❶（符合事实；真实）true；reliable：千真万～ *absolutely true* ❷（坚固；坚定）firm：～信 *firmly believe*

【确保】（动）ensure；guarantee：～不发生类似事件 *ensure against the occurrence of similar incidents*

【确定】⊖（动）（明确地定下）define；fix；determine：～目标 *set up a purpose*／～时限 *fix a time frame* ⊜（形）（明确而肯定）definite：～的答复 *a definite reply*

【确立】（动）establish：～社会主义制度 *establish the socialist system*

【确切】（形）❶（准确；恰当）definite；exact；precise：～的日期 *an exact date*／下个～的定义 *give a precise definition* ❷（确实）true；reliable：～的保证 *a reliable guarantee*

【确认】（动）affirm；confirm；acknowledge：被～无效 *be confirmed to be void*

【确实】⊖（形）（真实可靠）true；reliable：得到～的消息 *get reliable information* ⊜（副）（的确）really；indeed：～有进步 *make some progress indeed*

【确信】（动）firmly believe；be convinced；be sure：～某人无辜 *be sure of sb.'s innocence*／～某人有罪 *be convinced of sb.'s guilt*

【确凿】（形）conclusive；authentic；irrefutable：～的事实 *irrefutable facts*／～的证据 *conclusive evidence*

qún

裙 qún（名）（裙子）skirt：百褶～ *pleated skirt*／围～ *apron*

群 qún ⊖（名）（聚在一起的人或物）crowd；group：～居 *live in groups*／远离人～ *be far from the crowd* ⊜（量）（用于成群的人或物）group；herd；flock：被一～小孩围住 *be surrounded by a group of children*

【群岛】（名）archipelago：～海域 *archipelagic sea*

【群情】（名）public sentiment；feelings of the masses：～振奋。*Everyone is exhilarated.*

【群众】（名）the masses：脱离～ *isolate oneself from the masses*

【群众运动】（名）mass movement；mass campaign：开展～ *launch a mass movement*

R

rán

然 rán ❶（形）（对；不错）right；correct：不以为～ object to ❷（代）（如此；这样；那样）so；like that：不尽～ not exactly so；not exactly the case／知其～，不知其所以～ know the hows but not the whys／到处皆～．It's like this everywhere．❸（连）〈书〉（然而）but；however：此事虽小，～亦不可忽视．This is a minor point，but it must not be overlooked．❹（动）❶（燃烧）burn ❷（点燃）light

【然而】（连）〈书〉but；yet；however：他说是这样的，～他错了．He said that it was so；he was mistaken，however．

【然后】（副）then；after that；afterwards：学～知不足．One discovers one's ignorance only through learning．／请将这封信打印出来，～把它马上发出去．Please type this letter and then post it at once．

燃 rán（动）❶（燃烧）burn：易～物品 combustibles；inflammables ❷（引火点着）ignite；light：～灯 light a lamp／～起一堆篝火 light a bonfire

【燃放】（动）set off：～爆竹 set off firecrackers

【燃料】（名）fuel：标准～ ideal fuels

【燃眉之急】（成）as pressing as a fire singeing one's eyebrows；a pressing need：你们目前的～是什么？ What is your pressing necessity right now？

【燃烧】（动）burn；light；kindle：纸张易于～．Paper burns easily．／复仇的欲望在他胸中～．A desire for revenge burned within him．

rǎn

染 rǎn ❶（动）❶（用染料着色）dye；paint：～不上色 will not dye／好～ dye easily ❷（感染）catch an illness；infectious：～病 fall ill；catch a disease／～上了流感 have caught flu；get infected with influenza ❸（沾染）acquire

（a bad habit）；soil：～上恶习 acquire a bad habit／一尘不～ not soiled by a speck of dust；spotless ❷（名）〈书〉（用以调味的豆酱）fermented and seasoned soybeans in paste form

【染病】（动）catch an illness；be infected with a disease：他染上了艾滋病．He became infected with Aids．

【染坊】（名）dyehouse；dye-works

【染料】（名）dyestuff；dye：活性～ reactive dye

【染色】（名）dyeing；colouring：～机 dyeing machine／～性能 dyeing property

【染指】（动）（比喻分取非分的利益）have a "cut" in illegal profit；encroach on（upon）：～他人权力 encroach on other people's rights

ràng

让 ràng ❶（动）❶（把方便或好处给别人）give way；yield；give ground：寸步不～ not yield a step／各不相～．Neither is willing to give ground．❷（请人接受招待）invite；offer：把客人～进里屋 invite guests into the inner room／～茶 offer sb．tea ❸（出让；转让）let sb．have sth．at a fair price；transfer；turn over：将某物～给某人 transfer sth．to sb．；turn sth．over to sb．❹（指使；听任；容许）let；allow；permit：～我想一想．Let me think it over．／此处不～抽烟．Smoking is not allowed here．❺（避开；躲闪）dodge：幸亏我～得快，要不早被那辆自行车撞倒了．Luckily I dodged in time，or I'd have been knocked down by the bike．❷（介）（在被动式里引进主动者）：太阳～云彩遮住了．The sun was hidden by clouds．

【让步】（动）make a concession；give way；give in；yield：勉强做出～ reluctantly make a concession／迫使某人做出～ force a concession out of sb．

【让茶】（动）offer sb．tea

【让路】（动）make way for；give sb．the right

of way:大家让让路。*Please get out of the way everybody.*

【让位】(动)❶(让出统治地位)resign sovereign authority;abdicate:国王拒绝～给其弟。*The king refused to abdicate the throne in favor of his younger brother.* ❷(让座)offer one's seat to sb.:车内拥挤时年轻人就应该主动。*When it is crowded on the bus,young people should willingly offer their seats to others.* ❸(转向)yield to;give way to;change into:经过大家的努力,困难的局面终于～于顺利的局面。*As a result of collective effort,the difficult situation changed into a favourable one.*

【让座】(动)❶(将座位让给别人)offer one's seat to sb.;yield a seat to sb.:不肯给某人～ *be reluctant to yield one's seat to sb.* /请给这位客人～。*Please offer the guest a seat.* ❷(请客人入座)invite guests to be seated:饭做好了,她给客人们～。*Dinner was ready and she asked the guests to be seated.*

ráo

饶 ráo ㊀(形)(丰富;多)rich;full of;abundant;fertile;plentiful:～有风趣 *full of interest* ㊁(动)❶(另外添加)give sth. extra;let sb. have sth. into the bargain:我会给你～上一个。*I will let you have one more.* ❷(饶恕;宽容)have mercy on;spare;forgive;pardon:向某人求～ *beg the mercy of sb.*;*throw oneself on sb.'s mercy*/下一次我不会～你的。*I won't let you off next time.* ㊂(连)〈口〉(表示让步,跟"虽然,尽管"意思相近)although;in spite of the fact that:这孩子,～怎么说他也不听。*That child! Whatever you said,he simply wouldn't listen.*

【饶命】(动)spare sb.'s life

【饶恕】(动)forgive;pardon:不能～ *allow no mercy*/乞求～ *beg forgiveness*/得到～ *receive forgiveness*/～某人某事 *forgive sb. for sth.*

rǎo

扰 rǎo (动)❶(扰乱;搅扰)harass;disturb;trouble:～民 *harass the people*/～人清梦 *disturb one's sweet dream* ❷(打扰;叨扰,表示客气)trespass on sb.'s hospitality;叨～,叨～。*Thank you for your hospitality.*

【扰乱】(动)harass;disturb:～边境 *harass the border of a country*/～治安 *disturb peace and order*;*disturb public peace*

rào

绕 rào (动)❶(缠绕)wind;coil:把线～在线轴上 *wind thread on to a reel* ❷(围着转动)move round;circle;revolve:～轴而转 *revolve on its axis*/一场一周 *go round the stadium*;*walk one round*/地球～着太阳转。*The earth moves round the sun.* ❸(迂回过去)go round;make a detour;bypass:～山穿谷 *go round mountains or through valleys*/道路施工,车辆～行。*Detour. Road under repair.* ❹(困扰)confuse;baffle:你的话把他给～住了。*What you said confused him.*

【绕道】(动)make a detour;go by a roundabout route:～而行 *take a devious route*;*go in a roundabout way*

【绕圈子】(动)❶(走迂回曲折的路)circle;go round and round:昨天夜里我走错了路,绕了一个大圈子。*Last night I got lost,and took a very roundabout way.* ❷(不直说)take a circuitous route;make a detour;beat about the bush:他说话爱～。*He likes to beat about the bush when he speaks.*

【绕嘴】(形)not smooth;difficult to articulate;jawbreaking:这句话很～。*This sentence is quite jawbreaking.*

rě

惹 rě (动)❶(引起)invite or ask for(sth. undesirable);provoke:～乱子 *bring trouble*;*stir up trouble*/～麻烦 *ask for trouble*;*invite trouble* ❷(触动对方)offend;provoke:～某人生气 *make sb. angry*/～得起某人 *dare to provoke sb.* /～不起某人 *dare not provoke sb.* ❸(引起爱憎的反应)attract;cause:～眼 *attract attention*/～人讨厌 *make a nuisance of oneself*;*cause dislike*

【惹祸】(动)court disaster;stir up trouble:你定会～的。*You'll be courting disaster.* /这里没有人想～。*No one wants to bring calamity on himself here.*

【惹气】(动)get angry:不值得为这点儿小事～。*It's senseless to get angry over such a trifle.*

【惹事】(动)stir up trouble;create trouble;provoke:没看见我正忙着吗? 还净给我～。*Can't you see how busy I am? And still all you do is making trouble for me.*

【惹是生非】(成)incur unnecessary trouble;stir up trouble:他经常～。*He is always stirring up trouble.*

rè

热 rè ㊀(名) ❶(物体内部分子不规则运动放出的一种能)heat:传~ conduct heat/裂变~ fission heat/摩擦生~。Friction generates heat. ❷(生病引起的高体温)fever;temperature:发~ have a fever/猩红~ scarlet fever/这种药会退~。The medicine will bring the temperature down. ❸(某些事物风行)craze;fad;fever:电子计算机~ computer fever/插花~ flower-arranging craze/集邮~ a fad of collecting stamps ㊁(形)❶(温度高)hot:今天很~。It's very hot today. ❷(情意深厚)ardent;warm-hearted:富有~心肠 be full of warm-heartedness/采取不冷不~的态度 be neither cold nor warm(towards sb.);take a lukewarm attitude ❸(形容羡慕并想得到)envious;eager:眼~ feel envious at the sight of sth. ❹(放射性强)thermal:~中子 thermal neutron/~磁 thermomagnetic ❺(受很多人欢迎的)in great demand;popular:~货 goods in great demand;goods which sell well ㊂(动)(使热;加热)heat up;warm up;warm:~水器 a water heater/做~身运动 do some warming up exercise/把牛奶~一下 heat up the milk

【热爱】(动)ardently love for;have deep love for:对祖国的~ intense love to one's country/~科学 take a keen interest in science

【热潮】(名)great mass fervor;upsurge:体育运动~ an upsurge in sports activities

【热忱】(名)zeal;enthusiasm and devotion;earnest:急于表现自己的~ be eager to show one's ardor/激某人的~ whet the ardor of sb.;whet sb.'s ardor

【热诚】(形)warm and sincere;cordial:~地希望 sincerely hope/~欢迎 cordially welcome/怀疑某人的~ doubt sb.'s sincerity

【热带】(名)torrid zone;the tropics:研究~植物 study tropical plants/饱览~风光 drink in the tropical scene

【热火朝天】(成)buzzing with activity;in full swing;seething with activity:大家都在~地工作。Everyone got into the full swing in his work.

【热恋】(动)be passionately in love;be head over heels in love:他们~着。They are passionately in love with each other.

【热烈】(形)warm;ardent;enthusiastic:气氛~ lively atmosphere/~的评论 enthusiastic comment/反应~ respond enthusiastically/进行~的讨论 have a lively discussion

【热门货】(名)goods in great demand:这些可都是~。All these goods are in great demand.

【热闹】㊀(形)(繁盛活跃)lively;bustling with noise and excitement:~的街道 busy streets/~的气氛 exciting atmosphere/~的广场 a square bustling with activity ㊁(动)(使场面活跃,精神愉快)liven up;have a joyful time;have fun:晚会开始~起来了。The party has begun to warm up. ㊂(名)(令人兴奋的景象)a scene of bustle and excitement;a thrilling sight:凑~ take part in the fun/看~ watch the excitement;watch the fun

【热切】(形)fervent;earnest:~的关心 earnest concern/~的态度 earnest attitude /~地希望 earnestly hope;ardently wish;fervently hope

【热情】㊀(名)(热烈的感情)enthusiasm;zeal;warmth:~奔放 an outburst of enthusiasm/激发青春的~ fire the ardor of youth/满腔~ be full of ardor;be filled with ardor and sincerity/~洋溢 be glowing with enthusiasm;be brimming over with enthusiasm;be overflowing with enthusiasm ㊁(形)(有热情的)warm;fervent;enthusiastic;warm-hearted:~欢迎 a warm welcome;warmly welcome/~接待 warmly receive;give sb. a warm reception

【热水】(名)hot water:~器 water beater/瓶 thermos bottle/~循环 hot-water circulation/~浴 hot-water bath

【热望】㊀(名)fervent hope:未能满足知识分子的~ fail to satisfy the cravings of educated people ㊁(动)ardently wish:~得到朋友们的帮助 earnestly hope to get help from friends

【热心】㊀(形)(有热情;有兴趣)enthusiastic;ardent;earnest;warmhearted:~传授技术 make earnest efforts to pass on one's skill/提倡 enthusiastic about promoting ㊁(名)(热情)enthusiasm;earnestness

【热血】(名)(比喻为正义事业而献身的热情)warm blood;righteous ardor:~青年 ardent youth/满腔~ be filled with righteous ardor;be full of zeal;be full of sympathetic feelings/~沸腾 be burning with righteous indignation;seethe with fervor;have a boiling passion

【热衷】(动)❶(急切想望)hanker after;bent on;intent on;crave;aspire:~于完美 aspire after perfection/~于名利 hanker after fame and gain;pursue fame and wealth with fervor/~于追求真理 aspire after truth ❷(十分

爱好）be fond of；be keen on：～于流行音乐 *be fond of pop music*

rén

人 rén（名）❶（泛指人；人类）human being；man；person；people：～尽其才 *make the best use of men*／～非草木。*Man is a sentimental creature.*／～为财死，鸟为食亡。*Human beings die in pursuit of wealth, and birds die in pursuit of food.* ❷（某种人）a person engaged in a particular activity：文化～ *cultural worker*／体育～ *sportsman*；*physical education worker*／承包～ *contractor* ❸（别人；他人）other people；people：与～为善 *do sth. for the good of others*／助～为乐 *take pleasure in helping others*／～云亦云 *parrot what others say*；*echo the views of others* ❹（人品；性格）personality；character：为～公正 *be upright in character*／为～谦恭 *be modest in character* ❺（人的身体或意识）state of one's health；how one feels：～死债烂。*Death pays all debts.*／～死不能复活。*The dead can never come to life.* ❻（每人）everybody；everyone；each；all：～所共知 *be known to all*／～各有志。*Different people have different aspirations.*／爱美之心～皆有之。*Everybody has a love of beauty.* ❼（人手；人才）manpower；hand：缺～ *be short of manpower*

【人才】（名）❶（德才兼备的人）a person of ability；a talented person；talent；qualified personnel：～济济 *a galaxy of talent*／～出众 *a person of exceptional ability of striking appearance*／～辈出。*People of talent come forth in large numbers.* ❷（美丽端庄的相貌）handsome appearance：她哥哥长得一表～。*Her brother is a man of striking appearance.*

【人道】❶（名）（爱护、尊重、关怀人的道德）humanity；human sympathy：以～的名义 *in the name of humanity* ❷（形）（仁慈的）human；humane：～主义援助 *humane assistance*

【人格】（名）❶（品性）personality；character；moral quality：～高尚 *have a noble character*；*have moral integrity* ❷（尊严）human dignity：损害某人的～ *hurt sb.'s dignity*

【人工】❶（形）（人为的）man-made；artificial：～草场 *artificially sown-pastures*／～器官 *artificial organs* ❷（名）（人力）manual work；work done by hand：完成这项任务需要大量的～。*A great deal of human labor is needed to accomplish the task.* ❸（量）（工作量的计算单位，指一个人做工一天）manpower；a calculating unit of the amount of work done：完

成这项工作你们需要多少～? *How many man-days are needed to have the work done?*

【人间】（名）the world；the world of mortals：享受～乐趣 *enjoy earthly pleasure*／历尽～沧桑 *have gone through all the shifts and changes of life*

【人口】（名）❶（居住某地人的总数）population：～控制 *population control*／～分布 *population distribution* ❷（一户人家的人数）number of people in a family：你家～情况如何? *How many people are there in your family?*

【人类】（名）mankind；humanity：解放～ *liberate mankind*／为全～谋幸福 *benefit all mankind*／～创造了世界。*It is mankind that has created the world.*

【人力】（名）manpower；labour power：非～所及 *be beyond human power*

【人们】（名）people；men；public：被压迫的～ *the oppressed people*／爱好和平的～ *the peace-loving people*；*people who love peace*

【人民】（名）the people：关心～群众 *show concern to the masses*

【人品】（名）character；personality；moral quality：～出众 *with an excellent character*

【人情】（名）❶（人之常情）human feelings；human sympathy：不近～ *be not amenable to reason*；*be unreasonable*／～薄如纸。*Human sympathy is as thin as paper.* ❷（情面）human relationship：～练达 *be experienced in the ways of the world*；*understand worldly wisdom*／是～之常 *be natural and normal*；*be constant occurrence in human relationship* ❸（恩惠）favour：空头～ *lip service*／做个～ *do sb. a favour*

【人权】（名）（指人身自由和其他民主权利）human rights：～宣言 *the declaration of human rights*／侵犯～ *infringe upon human rights*

【人生】（名）life：～七十古来稀。*A man seldom lives to be seventy years old.*／～如梦。*Life is but a dream.*

【人士】（名）personage；public figure：各界～ *people of all walks of life*／文艺界～ *people of literary and art circles*／知名～ *well-known figures*；*noted personages*；*outstanding personalities*

【人世】（名）this world；the world：在～ *be on this side of the grave*；*be still alive*／～沧桑。*Human events are as uncertain as the weather.*

【人事】（名）❶（人的处境）human affairs：～变迁 *births and deaths, comings and goings* ❷（人员的调动、安排等工作）personnel matters：～管理 *personnel administration*；*human engineering*/负责～调动 *be in charge of the transfer of personnel* ❸（事理人情）*ways of the world*；*ways of the people*：不懂～ *not know the ways of the world*/很懂～ *know the ways of people very well* ❹（人的意识的对象）*consciousness of the outside world*：不省～ *lose consciousness*/睡眠时我们似乎不省～。*It seems that we have no consciousness during sleep.* ❺（人力能做到的事）*what is humanly possible*：尽～ *do what is humanly possible*；*do one's best*

【人体】（名）*human body*：～解剖 *human anatomy*/～钟 *body clock*

【人物】（名）❶（有代表性或突出特点的人）*figure*；*personage*：大～ *a big shot*/小～ *a nobody*；*a small potato*/知名～ *a public figure*；*noted personage*/权力大的～ *powerful figure* ❷（文学作品中描写的人）*person in literature*；*character*：真实的～ *a real character*

【人行道】（名）*pavement*；*sidewalk*

【人性】（名）❶（人的本性）*human nature*；*humanity*：灭绝～ *be most barbarous*；*be utterly inhuman*/～不善。*Human nature is evil.* ❷（正常的情感和理性）*normal human feelings*；*reason*：失去～ *lose one's reason*/你这样做是不合～的。*It is against human nature for you to do so.*

【人员】（名）*personnel*；*staff*：特务～ *the secret service*/技术～ *technical personnel*/情报～ *intelligence personnel*/～不足 *be understaffed*

【人缘】（名）*relations with people*；*popularity*；*personality*：～差 *be unpopular*；*enjoy little popularity*/～好 *be very popular*；*enjoy great popularity*

【人证】（名）*witness*：～物证 *witness and material evidence*/传唤～ *summon a witness*

【人质】（名）*hostage*：被扣作～ *be held as a hostage*

【人种】（名）*race*；*human race*；*ethnic group*：～起源 *origin of human race*

仁 rén ●（名）❶（仁爱）*benevolence*；*love*；*humanity*：～君 *your lordship*；*his lordship*/～人 *a kindhearted person*；*a benevolent person*/～义道德 *humanity, justice and virtue*；*virtue and morality* ❷（果仁等）*kernel*：核桃～儿 *walnut kernel*/杏～儿 *almond*；*apricot kernel* ●（形）（敏感）*sensitive*：麻木不～ *be insensitive*；*be apathetic*

【仁爱】（名）*kindheartedness*；*love*；*benevo-*lence；*humanity*：满怀～之心 *be filled with benevolence*/对所有人的～ *charity to all*

【仁慈】（形）*merciful*；*benevolent*；*kindness*；*humanity*：～的行为 *an act of humanity*/～地对待某人 *treat sb. with humanity*

rěn

忍 rěn（动）❶（忍耐；忍受）*bear*；*endure*；*tolerate*；*put up with*：～辱含垢 *eat humble pie*/～俊不禁 *cannot help laughing*；*cannot help smiling*；*cannot repress one's smile* ❷（忍心）*be hardhearted enough to*；*have the heart to*：做某事于心不～ *not have the heart to do sth.* ❸（克制）*hold back*；*refrain*：男孩～住没哭。*The boy refrained from tears.*

【忍耐】（动）*exercise patience*；*restrain*：～到底 *endure to the end*/无法～ *be out of patience*；*be beyond forbearance*

【忍让】（动）*exercise forbearance*：相互～ *have forbearance for each other*/采取极大的～态度 *exercise the utmost forbearance*

【忍受】（动）*bear*；*endure*；*stand*：～侮辱 *swallow an insult*/～不幸 *bear up against misfortune*

rèn

认 rèn（动）❶（认识；分辨）*recognize*；*know*；*make out*；*identify*：～字 *learn to read individual characters* ❷（建立关系）*enter into a certain relationship with*；*adopt*：～敌为友 *take a foe for a friend*/～贼作父 *take the foe for one's father*；*regard the enemy as kith and kin* ❸（同意；承认）*admit*；*recognize*；*own*：公～ *be generally acknowledged*/公开～错 *publicly admit one's fault* ❹（应承）*undertake to do sth.*；*subscribe*；*donate*：～购股票 *subscribe shares* ❺（甘愿吃亏）*accept as unavoidable*：～吃亏 *accept losses*；*tolerate an unfavorable situation*

【认错】（动）*admit a fault*；*make an apology*；*mistaken identity*：向某人～ *make an apology to sb.* /对不起，我～人了。*Sorry, I have identified you for someone else.*

【认定】（动）❶（确定地认为）*firmly believe*；*affirm*；*maintain*；*hold*：我～那是错的。*I maintained that it was wrong.* ❷（决心要；很想要）*set one's mind on*：～了的事情就应该设法把它干好。*Once you have set your mind on a work, you'd better try your best to do it well.*

【认可】（动）*approve*；*accept*；*confirm*：点头表示～ *nod one's approval*/得到普遍～ *gain*

universal acceptance

【认清】（动）see clearly；recognize：～问题的性质 *grasp the nature of a problem*／～形势 *get a clear understanding of sth.*

【认识】❶（动）（了解；知道）know；understand；recognize：～自己的错误 *realize one's fault*／正确～当前形势 *have a correct understanding of the current situation* ❷（名）[哲]（头脑对客观世界的反映）understanding；knowledge：客观～ *objective understanding*／提高～水平 *raise the level of understanding*

【认为】（动）think；consider：想当然地～… *take it for granted that...*／坚决～… *hold very strongly that...*；*be strongly of the opinion that...*

【认真】（形）❶（不马虎）conscientious；earnest；serious：～学习 *be earnest about one's study*／～执行政策 *carry out the policy conscientiously* ❷（当真）take sth. seriously；take to heart；be in earnest：你是开玩笑还是～的? *Are you joking or serious?*

【认罪】（动）admit one's guilt；acknowledge a fault：～书 *statement of confession*／不～ *plead not guilty*

任 rèn ❶（动）❶（任用）appoint：新～的市长 *the newly appointed mayor of the city*／～人唯亲。*Only relatives are employed.* ❷（担任）assume a post；take up a job：～公职 *hold public office*／～课 *teach a course*（*at school or college*）❸（任凭；听任）let；allow；give free rein to：～你挑选 *choose any as you like*／～其自流 *let things run their own course*；*leave sb. to his own course* ❷（名）（职务）official post；office：赴～ *proceed to take up one's post*／～重道远。*The burden is heavy and the road is long.* ❸（量）（用于任职的次数）the first；the second；once；twice：前～书记 *former secretary*／竞选下～总统 *run for the next presidency* ❹（连）（不论；无论）no matter（how，what，etc.）：～他怎么说，也别信他。*Don't trust him，no matter what he says.*

【任何】（代）any；whichever；whatever：我们将粉碎～侵略。*We will smash any aggression.*

【任免】（动）appoint and remove：享有～权 *have the power of appointment and removal*／～行政人员 *appoint and remove administrative personnel*

【任命】（动）appoint；commission；designate：～某人的继任人或接班人 *appoint a successor to sb.*／～某人为校长 *appoint sb. president*

【任期】（名）term of office；tenure of office：五年的～ *a five-year term of office*；*a five-year tenure of office*／～将满 *be at the end of one's incumbency*

【任务】（名）mission；task；job：光荣而艰巨的～ *a glorious but arduous task*／胜任某项～ *be equal to a task*

【任意】（副）wantonly；arbitrarily；willfully：～享乐 *abandon oneself to pleasures*／～摆布某人 *order sb. about at will*；*manipulate sb. at will*

【任职】（动）hold a post；be in office：～期满 *expiration of one's term of office*

韧 rèn（形）（不易折断；柔软而结实）pliable but strong；tenacious；tough

【韧性】（名）❶（指顽强持久的精神）tenacity：富有～ *with tenacity* ❷[力]toughness；ductility

rēng

扔 rēng（动）❶（抛）throw；toss；cast：乱～某物 *throw sth. about*／将某事～到九霄云外 *throw sth. to the winds* ❷（抛弃；丢）throw away；cast away：把它～了吧。*Throw it away.*

【扔掉】（动）throw away；cast aside；discard：～幻想 *cast away illusions*／～一切伪装 *throw off all disguise*

【扔下】（动）abandon；put aside；leave behind：我们不能～他不管。*We should not leave him behind.*

réng

仍 réng ❶（动）（依照）remain：一～旧贯 *stick to the old practice*；*follow the old routine* ❷（副）（仍然）still；yet：～须努力 *must continue to make efforts* ❸（连）〈书〉（因而；于是）hence

【仍旧】（副）❶（照旧）remain the same；as before：他～那样生活。*He lives as of old.* ❷（仍然）still；yet：他病得很厉害，但～支撑着。*He was very ill，but he was still keeping his end up.*

【仍然】（副）still；yet：他～很忙。*He is still busy.*

rì

日 rì ❶（名）❶（太阳）sun：～新月异 *change with each passing day*／～上三竿。*It's late in the morning.* ❷（白天）daytime；day：对某人～思夜想 *have sb. daily and nightly in one's*

thoughts/～夜不宁 be restless by day and sleepless by night ❸(一昼夜;天)day:～行千里 cover a thousand li in a single day; be very fast/不可同～而语. It is not to be mentioned on the same day. ❹(泛指某一段时间)time:～薄西山 approach one's grave; have one foot in the grave ❺(副)(每天;一天一天地)daily; every day:～不暇给 be fully occupied every day; be very busy

【日报】(名) daily paper; daily:为～撰写通讯 correspond for a daily newspaper

【日本】(名)Japan:～财团 Japanese interest group/～海 the Sea of Japan/～人 Japanese

【日常】(形) day-to-day; everyday; daily:丰富～生活 enrich everyday life/掌握～用语 grasp words and expressions for everyday use

【日程】(名) programme; schedule:会议议事～ a conference program/安排旅行～ arrange the itinerary

【日出】(名) sunrise; rise:～东方. The sun comes up in the east./～而起 rise with the sun

【日光】(名) sunlight:～灯 fluorescent lamp/～浴 sunbath/～照明 daylight illumination

【日记】(名)diary:～本 a diary; a diary book; a notebook/记～ keep a diary

【日历】(名)calendar

【日期】(名)date:未注明～ bear no date/填写出生～ fill in the date of birth

【日夜】(名)day and night:～警惕地守卫着边疆 vigilantly guard the borders day and night/～苦干 work double tides

【日益】(副) increasingly; day by day; more and more:～艰难 be increasingly difficult/～壮大 be getting stronger day by day

【日用】❶(名)(日常生活费用)daily expenses:贴补～ help out the daily expenses/减少～ cut down the daily expenses ❷(形)(日常生活应用的)be of daily use; be of everyday use:压缩～支出 keep down general expenses/从某个国家进口～品 import articles of everyday use from a country

【日照】(名)sunshine:～时间 duration of sunshine; insolation duration; sunshine time

【日子】(名)❶(日期)date; day:迎来更加美好的～ welcome in better days/确定出发的～ fix the day for departure ❷(天数)days; time:混～ lounge away one's time/在未来的～里 in the future days ❸(生活)life; livelihood:过苦～ have a hard time/靠自己的双手过～ depend one's livelihood on one's own hands

róng

荣 róng ❶(动)❶(草木茂盛)grow luxuriantly; flourish:春～冬枯 grow in spring and wither in winter ❷(草类开花)bloom ❸〈书〉(抛弃)throw ❺(形)❶(茂盛的;繁荣的)flourishing; luxuriant:欣欣向～的景象 scenes of flourishing life; a picture of prosperity ❷(光荣的)glorious:～归故里 return home with honour ❺(名)(光荣)honour; glory:引以为～ take it as an honour

【荣获】(动) have the honour to get; win; be awarded:～诺贝尔奖 win the Nobel Prize/～爵位 receive the honour of knighthood

【荣幸】(形)be honoured:～地受到邀请 be honoured to be invited/见到你不胜～. It's a great honour to meet you.

【荣耀】(形)honour; glory:～的一生 a glorious life; an honourable life

【荣誉】(名) honour; credit; glory:～问题 a point of honour/具有～感 have a sense of honour

绒 róng (名)❶(短而柔软的毛)fine hair; down:驼～ camel's hair ❷(上面有一层绒毛的纺织品)cloth with a soft nap or pile on one or either side ❸(刺绣用的细丝)fine floss for embroidery

【绒裤】(名)sweat pants

【绒衣】(名)sweat shirt

容 róng ❶(动)❶(容纳;包含)hold; contain:找一个～身之处 find a place to stay; find a place to shelter oneself; find a living place ❷(宽容;原谅)tolerate; forgive; pardon:待人宽～ show forbearance in dealing with people ❸(允许;让)permit; allow:不～置疑 permit of no doubt; not allow any doubt ❺(名)❶(脸上的神情和气色)facial expression; a face; a countenance:愁～ a worried look; anxious expression/～光焕发 have a shining countenance; have a face radiant with well-being ❷(比喻事物所呈现的景象、状态)appearance; looks:市～ the appearance of a city/阵～强大 have a strong lineup

【容积】(名)volume

【容量】(名)capacity

【容貌】(名)appearance; looks; features:～出众 be superior in looks/～清秀 have delicately-modeled features

【容纳】(动)hold; have a capacity of:这间屋子可～多少人? How many people can this room hold?

【容忍】(动)tolerate;put up with:无法～某人 *can not put up with sb.* /相互～ *have forbearance with each other*

【容许】❶(动)(许可)tolerate;permit;allow:～某人出去 *permit sb. out* /欣然～ *willingly allow* ❷(副)(或许)perhaps;possibly:这类事情,10年前~有之。*Such thing might possibly have happened ten years ago.*

【容易】❶(形)(不难)easy;ready:～接近 *be easy of access* /说来～做来难。*Easier said than done.* ❷(副)(可能性大)easily;be apt to;be subject to;be liable to:～变质 *be apt to deteriorate* /～引起误解 *be apt to be misleading*

溶 róng (动)dissolve;melt:将某物～于水中 *dissolve sth. in water* /天海～为一体 *The sky and the sea blended into each other.*

【溶化】(动)dissolve:容易～ *dissolve easily* /冰块在热水中易～。*A piece of ice dissolves easily in hot water.*

【溶剂】(名)solvent

【溶解】(动)dissolve;melt:～于水 *dissolve in water*

【溶液】(名)solution:～浓度 *solution concentration*

熔 róng (动)melt;smelt;fuse:～炉 *smelting furnace* ;*melting pot* ;*crucible furnace* /～为一体 *fuse into one*

【熔点】(名)[物]melting point;fusing point

【熔化】(动)melt;smelt;fuse:在火中～ *melt in fire* /热将使金属～。*Heat will melt metals.*

【熔炼】(动)smelt:～炉 *smelting furnace*

【熔融】(动)melt;fusion

融 róng ❶(动)❶(融化)melt;thaw:春雪易～。*Spring snow easily melts.* ❷(融合;调和)blend;fuse:～会贯通 *achieve mastery through a comprehensive study of the subject* ;*know a subject from A to Z* ❷(形)❶〈书〉(长远;持久)permanent ❷(明亮)very bright ❸(流通)current ❸(名)〈书〉❶(火)fire ❷(白昼;黎明)broad daylight

【融合】(动)mix together;fuse;graft;merge:民族的～ *a fusion of nationalities* /于古老传统中的新习俗 *new customs grafted on to old traditions*

【融化】(动)melt;thaw:这里的雪已经～了。*The snow here has melted.*

【融洽】(形)harmonious;on friendly terms:精神～ *enjoy spiritual harmony* /建立～的关系 *establish a harmonious relationship*

柔 róu ❶(形)❶(软)soft;supple;flexible:～枝嫩叶 *supple twigs and tender leaves* /～肠寸断 *be broken-hearted* ❷(柔和)gentle;yielding;mild:～声细语 *a soft voice* /～中有刚 *be firm but gentle* ❷(动)❶〈书〉(安抚)placate ❷(使变软)soften:热能使铁～化。*Heat can soften iron.*

【柔和】(形)soft;gentle;mild:声音～ *be gentle in voice* /他性情～,从不发脾气。*He has too mild a nature to get angry.*

【柔情】(名)tender feelings;tenderness;affection:～似水 *as tender and soft as water* /充满～地说 *speak in a melting voice*

【柔软】(形)soft;lithe;yielding;pliable:使某人的皮肤变～ *soften up sb.'s skin*

【柔弱】(形)weak;delicate:她声音～。*She has a weak voice.* /你应该对这个～的女子表示宽容。*You should show forbearance to the delicate woman.*

【柔顺】(形)gentle and yielding;meek;flexible:性情～ *have a gentle spirit* /她的头发很～。*Her hair is quite soft.*

蹂 róu

【蹂躏】(动)trample on;ravage:遭到敌国的～ *be ravaged by an enemy country* /遭到～ *suffer devastation*

肉 ròu ❶(名)❶(人或动物体内接近皮的部分的柔韧物质)meat;flesh:～店 *a butcher's shop* /切～ *carve the meat* ;*chop up the meat* ;*chop the meat up* ❷(某些瓜果里可以吃的部分)pulp;flesh(of fruit):椰子～ *coconut meat* /果～ *pulp of fruit* ;*fruit flesh* ❷(形)❶〈方〉(不脆;不酥)spongy:这西瓜瓤儿太～了。*The pulp of this watermelon is too spongy.* ❷(性子缓慢;动作迟钝)slow moving:这人真～。*He is slow moving.*

【肉麻】(形)nauseating;sickening;fulsome:令人～的奉承 *fulsome flattery* /～地恭维某人 *lay one's flattery on sb.*

【肉片】(名)sliced meat

【肉食】❶(名)(肉类食物)meat:储备冷冻～ *lay up cold meat* ❷(形)(以肉类为食物)carnivorous;meat-eating:～植物 *carnivorous plants*

【肉丝】(名)shredded meat

【肉体】(名)the human body;flesh:丰满的～

plump flesh/精神支配～。*The mind governs the body.*

【肉馅】（名）meat stuffing；chopped meat；ground meat

rú

如 rú ⊖（动）❶（适合；依照）in compliance with；according to：～约而至 *come in compliance with one's promise；come as promised* ❷（如同；像）like；as；as if：完好～初 *be excellent as before*/～出一辙 *be exactly the same；be cut from the same cloth；be quite similar* ❸（用于否定；及比得上）can compare with；be as good as：在写作方面我不～他。*I'm not as good as he is in writing.* ❹（例如）for instance；for example；such as ⊜（连）（如果）if；supposing：～有困难我会帮助你的。*If you have any trouble，I will give you a hand.*

【如此】（代）so；such；in this way；like that：尽管～ *even so*/他的情况并非～。*The case is different with him.*

【如故】（动）❶（跟原来一样）as before；as usual：这里的生意兴隆～。*The business here is brisk as before.* ❷（跟老朋友一样）like an old friend：他们俩一见～。*They felt like old friends at the first meeting.*

【如果】（连）if；in case；in the event of：～情况有利 *if circumstances favor*/～不信的话，就拭目以待吧。*If you don't believe it，just wait and see.*

【如何】（代）how；what：一起散步～？*How about going for a walk together？*/将他请到这里来～？*What about inviting him here？*

【如今】（名）nowadays；now：～咱们山村也有了自己的大学生。*Now our mountain village has its own college students.*

【如期】（副）as scheduled；by the scheduled time；on schedule：计划～实施。*The plans have been carried out according to schedule.*

【如若】（连）if；in case：～不然 *if not；otherwise*

【如上】（动）as above：～所述 *as stated above；as mentioned above；as remarked above*

【如实】（副）strictly according to the facts：这些表格应～填写。*The forms should be filled out as things really are.*

【如数】（副）exactly the number：钱已～偿还。*The money has been returned full.*

【如下】（动）as follows：原文～。*The text is as follows.*/总结～。*It can be summed up as follows.*

【如意】（动）as one wishes：打～算盘 *indulge in wishful thinking*/万事～。*Everything turns out as one wishes.*

儒 rú ⊖（名）❶（儒家）Confucianism；Confucianist ❷（旧时指读书人）scholar；learned man ⊜（形）〈书〉❶（懦弱的）cowardly ❷（愚昧无知的）ignorant ❸（缓慢的）slow

【儒家】（名）the Confucianists

【儒教】（名）Confucianism

【儒生】（名）Confucian scholar

蠕 rú（动）（蠕动）wriggle；squirm

【蠕动】（动）❶（爬行）wriggle；creep；motion ❷［生理］peristalsis：～波 *peristaltic wave*

rǔ

乳 rǔ ⊖（动）（生殖）give birth to ⊜（名）❶（乳房）breast：患～腺癌 *suffer from breast cancer* ❷（奶汁）milk：母～ *the mother's milk*/用～汁喂养 *feed on milk* ❸（像奶汁的东西）any milk-like liquid：豆～ *bean milk*/石灰～ *cream of lime；milk of lime* ⊜（形）（初生的）newborn（animal）：～燕 *young swallows*/～猪 *sucking pigs；suckling pigs*

【乳白】（形）milky white；cream colour：～玻璃 *opal glass；milk glass；bone glass*

【乳酪】（名）cheese

【乳牛】（名）dairy cattle

【乳糖】（名）milk sugar；lactose

【乳罩】（名）brassiere；bra

【乳汁】（名）milk；latex

【乳制品】（名）dairy products

辱 rǔ ⊖（名）（耻辱）disgrace；dishonour：忍～偷生 *live in dishonour*/可杀而不可～。*Choose death before disgrace.* ⊜（动）（使受耻辱；侮辱）bring disgrace to；insult；shame：有～使命 *fail to accomplish a mission*/他的入狱使家庭受～。*He shamed his family by being sent to prison.*

【辱骂】（动）abuse；hurl insults；call sb. names：互相～ *hurl insults back and forth*/他们～他。*They called him vile names.*

【辱没】（动）bring disgrace to；be unworthy of；disgrace：～门楣 *disgrace one's family name；bring disgrace upon one's family*/你不能做～祖先的事情。*You should not do anything that might lose face for all your ancestors.*

rù

入 rù ⊖（动）❶（进来或进去）enter：～狱 *be put in prison；be sent to jail*/从大门而～ *en-*

ter at a gate ❷（参加）join；become a member of：～教 *become a follower of believer of a religion*／～党 *enter the Party；join the Party；become a member of the Party* ❸（合乎）conform to；agree with：～情～理 *be fair and reasonable*；*be perfectly logical and reasonable* 㒳（名）❶（收入）income；means：～不敷出 *run behind one's expenses；income falling short of expenditure；live beyond one's means*／量～为出 *Put your hand no further than your sleeve will reach*. ❷［语］（入声）entering tone

【入场】（动）entrance；admission：免费～ *entrance free；admission free*／凭票～。*Admission by ticket only*.

【入党】（动）join the Party：～申请报告 *an application for Party membership*／他～已10年了。*He has been a Party member for ten years*.

【入港】（动）❶［交］（进港）enter a port ❷（交谈投机）in full agreement；in perfect harmony

【入伙】（动）❶（加入某集团）join a gang；join in partnership：与某人～ *enter into partnership with sb.*／同意某人～合作 *offer sb. the right hand of fellowship* ❷（入集体伙食）join a mess

【入境】（动）enter a country：～问俗并不难。*It is not difficult for you to learn the customs of a new place when you go there*.

【入口】㊀（动）（进入嘴中）enter the mouth：不得～！*Not to be taken orally!* ㊁（名）（进入的门）entrance；entry：封锁海港的～ *block the entrance to the harbor*

【入门】㊀（动）（初步学会）cross the threshold；learn the rudiments of a subject；initiate into：给某人提供～教育 *give the rudiments of education to sb.* ㊁（名）（初级读物；基础知识）a primer；an elementary course：电子学～ *elementary electronics*

【入梦】（动）❶（入睡）fall asleep ❷（出现在梦中）appear in one's dream

【入迷】（形）be fascinated；be enchanted：对某事非常～ *be as keen as mustard about sth.*

【入侵】（动）invade；intrude；make an incursion：～某国 *make an incursion into a country；make inroads on a country*

【入神】（形）❶（兴趣浓厚）be entranced；be enthralled：想得～ *be entranced in thought*／对某物～ *be entranced at sth.；be enthralled by sth.* ❷（精妙）superb；marvellous

【入手】（动）start with；begin with；proceed from：现在让我们从基本训练～。*Now, let's*

start with the basic training.

【入席】（动）take one's seat at a banquet：～就座 *take one's seat at the table*

【入学】（动）❶（开始进小学学习）start school：刚～ *be just beginning school* ❷（开始进某学校学习）enter a school；entrance：获得～资格 *gain permission to enter a college*

【入院】（动）be admitted to hospital；be hospitalized：办理～手续 *fill out forms for admittance to a hospital*

【入账】（动）enter an item in an account；enter into the account book：把一笔账目～ *enter an item in an account；enter up an account*

褥 rù（名）（褥子）cotton-padded mattress；被～ *bedding；bedclothes*

【褥单】（名）bed sheet

【褥子】（名）cotton-padded mattress；bed pad

ruǎn

软 ruǎn（形）❶（质地不硬）soft；flexible；supple；pliable：杨柳的～枝条 *the pliable twigs of willows* ❷（柔和）soft；mild；gentle：～语 *gentle words*／他善于～硬兼施。*He is skillful in using both hard and soft tactics*. ❸（软弱）weak；feeble：他是个欺～怕硬的人。*He is such a man who bullies the weak and fears the strong*. ❹（能力弱，质量差）poor in quality (or ability)：他视力和听力都～ *He is weak in sight and hearing*. ❺（容易被感动或动摇）easily moved or influenced：她看到这可怜的情景，心就～了下来。*Her heart softened at the pitiable sight*.

【软管】（名）flexible pipe；hose

【软化】（动）❶（由硬变软）soften：铁受热就会～。*Iron softens with heat*. ❷（由坚定变为动摇）win over by soft tactics：实施～政策 *practice soft tactics* ❸（由倔强变成顺从）soften up；become compliant：他的态度越来越～了。*He has become more and more compliant*.

【软和】（形）❶（口）（柔软）soft：这面包真～。*The bread is really soft*. ❷（柔和）gentle；kind；soft：你就讲几句～的话吧。*Please say a few kind words*.

【软件】（名）software：～工程 *software engineering*

【软弱】（形）（缺乏力气；不坚强）weak；feeble；flabby：生性～ *be weak by nature*／意志～ *be as weak as water*

【软水】（名）soft water：～管 *hose*

【软糖】（名）soft sweets；jelly drops

【软席】（名）soft seat；soft berth：～车厢 *rail-*

way carriage with soft seats or berths
【软椅】（名）soft chair

ruì

锐 ruì ❶（形）❶（锐利）sharp；keen；acute：尖 ～ pointed and sharp ❷（急剧）quick；rapid； fast：～减 sharp fall；sudden drop ❷（名）❶ （勇敢、坚强的气势）vigor；fighting spirit：养 精 蓄 ～ store up vigor；build up one's strength ❷（锐利的兵器）sharp weapons
【锐利】（形）sharp；keen：他用～的目光审视着 我。He studied me with his sharp bright eyes.
【锐气】（名）dash；drive；vigor；spirit：保存～ preserve vigor/挫败某人的～ break sb.'s spirit

瑞 ruì ❶（形）（吉祥）lucky；auspicious ❷ （名）❶（瑞玉）a jade tablet used as a token of authority and good faith in ancient times ❷（征兆）omen；祥～ a happy omen
【瑞典】（名）Sweden：～人 Swede
【瑞士】（名）Switzerland：～人 Swiss
【瑞雪】（名）timely snow：～霏霏。The snow began to fall./～兆丰年。A fall of seasonable snow gives promise of a fruitful year.

rùn

闰 rùn（名）［天］（余数）intercalary
【闰年】（名）［天］leap year；intercalary year
【闰月】（名）［天］leap month

润 rùn ❶（形）（细腻光滑；滋润）moist； smooth：这里的草为什么是～湿的呢？Why are the grasses moist here? ❷（动）（加油或水， 使不干枯）moisten；lubricate：雨露滋～禾苗 壮。Moistened by rain and dew, young crops grow strong. ❸（名）（利益；好处）profit； benefit：与某人分～ share profits with sb.
【润滑】（动）lubricate；smooth：～油 lubricant/

这链子可能需要～一下了。The chain might need lubricating.
【润色】（动）add color；polish；embellish：～一 篇文章 polish up an essay/谢谢你为我的文章 ～。Thank you for your adding color to my article.

ruò

若 ruò ❶（动）（如；好像）like；seem；as if：～ 有所思 as if thinking of sth.；as if deep in thought；seem to be lost in thought ❷（连） 〈书〉（如果）if；suppose；provided that：～要人 不知，除非己莫为。If you don't want others to know about it, just don't do it. ❸（代） 〈书〉you
【若非】（连）if not；unless；were it not for：～饿 了，这婴儿很少哭闹。The baby seldom cries unless he is hungry.
【若干】（代）❶（一些）a certain number；some； several：我给你打了～次电话，但你都不在。I telephoned you several times, but you were not in. ❷（多少）how many；how much：你共 得～金奖？How many gold medals have you got in all?
【若是】（连）if；supposing：我～你，我就去。If I were you, I would go.

弱 ruò（形）❶（气力小；势力差）weak；fee-ble：生性软～ be weak by nature/不要欺负～ 者。Don't bully the weak and timid. ❷（年 幼）young：老～ old and young ❸（差；不如） inferior；weak：在…方面比某人～ be sb.'s inferior in...；be inferior to sb. in...
【弱点】（名）weakness；weak point：承认自己的 ～ admit one's weakness/人人都有～。Everyone has his own weaknesses.
【弱小】（形）small and weak：～民族 small and weak nations
【弱者】（名）the weak

R

S

sā

撒 sā（动）❶（放开；发出）cast；let go；let out：把手～开 *let go one's hold*／网捕鱼 *cast for fish* ❷（尽量使出来或施展出来）throw off all restraint：～酒疯 *act crazy after drinking*
另见 946 页 sǎ。

【撒谎】（动）〈口〉tell a lie；lie；make up a story：故意～ *lie intentionally*／当面斥责某人～ *throw the lie in sb.'s face*

【撒娇】（动）act like a spoiled child

【撒赖】（动）make a scene；raise hell

【撒手】（动）let go one's hold；let go：～不干 *chuck up one's job*；*give up work irresponsibly*／～尘寰 *pass away*；*leave this mortal world*

【撒野】（动）act wildly；behave atrociously：对人～ *be rude to sb*.

sǎ

洒 sǎ（动）（使分散地落下；四散地落下）sprinkle；spray；spill；shed：～水洗礼 *baptism by sprinkling water*／别把汤～了。*Don't spill the soup*.

【洒泪】（动）shed tears：～告别 *take a tearful leave*

【洒水】（动）watering；purling：～车 *watering car*

【洒脱】（形）free and easy

撒 sǎ（动）❶（散布，扔出）scatter；sprinkle；spread：把爱～向人间 *cast love over the earth*／把面粉～在肉上 *sprinkle the flour over the meat*；*spread the meat with the flour* ❷（散落；洒）spill；drop：她把～在路上的麦粒儿扫到一块儿。*She swept up the grains of wheat that had spilled on the ground*.
另见 946 页 sā。

【撒播】（动）broadcast sowing

sà

萨 sà
【萨克斯管】（名）saxophone；sax

sāi

腮 sāi（名）cheek：～帮子 *cheek*

塞 sāi ❶（动）（堵；填入）fill in；squeeze in；stuff：把杂志～进口袋 *stuff the magazines into the bag*／将枕头～满 *stuff a pillow* ❷（名）（塞子）stopper；tap；plug：由于感冒而鼻～ *have got a stuffed nose after the cold*
另见 946 页 sài。

sài

塞 sài（名）（可作屏障的险要地方）a place of strategic importance：要～ *fort*；*fortress*；*fortification*
另见 946 页 sāi。

【塞外】（名）beyond the Great Wall；north of the Great Wall

赛 sài ❶（动）❶（比赛）match；compete；contest：不～而胜 *walk over* ❷（胜；比得上）be comparable to；surpass：～过 *overtake*；*exceed* ❷（名）（比赛活动）match；game；competition：参加拼字比～ *take part in a spelldown*

【赛车】❶（动）[体]（自行车、汽车等比赛）cycle racing；motorcycle race：热衷于汽车与～ *be crazy about cars and racing* ❷（名）（比赛用车）racing bicycle：改装成～ *convert a car into a racing car*

【赛马】（名）horse race：骑一匹好～ *ride a good racing horse*

【赛跑】（名）race：长距离～ *long-distance race*／越野～ *cross-country race*

【赛艇】❶（名）（比赛用艇）racing boat ❷（动）

（赛艇比赛）rowing

sān

三 sān（数）❶（数目）three：隔～年才出生 be born three years apart ❷（表示多数或多次）more than two；several；many：再～考虑 consider over and over again

【三番五次】（成）again and again：～地麻烦某人 put sb. to trouble again and again

【三角形】（名）triangle

【三明治】（名）sandwich

【三思】（动）think carefully：～而后行 think before you leap

【三心二意】（成）❶（犹豫不决）be of two minds：她做事从不～。She's not a person of two minds. ❷（非全心全意）half-hearted：为人民服务切不可～。We must not serve the people half-heartedly.

【三月】（名）❶（阳历）March ❷（阴历）the third month of the lunar year；the third moon

sǎn

伞 sǎn（名）❶（挡雨或遮太阳的用具）umbrella：挥动雨～ wave one's umbrella ❷（像伞的东西）sth. shaped like an umbrella：降落～ parachute

【伞兵】（名）paratrooper；parachuter：～部队 paratroops

散 sǎn ⊖（动）（没有约束；松开；分散）come loose；fall apart：头发～了。The hair became loose. ⊜（形）（零碎的；不集中的）scattered：松～的队伍 open ranks ⊜（名）[中药]（药末）medicine in powder form
另见 947 页 sàn。

【散乱】（形）in disorder；lie scattered：～的头发 dishevelled hair

【散漫】（形）❶（随便）undisciplined；careless and sloppy：克服～ overcome slackness（especially in daily discipline）❷（分散）unorganized；scattered：～无组织 in a disorganized state

【散文】（名）prose：～诗 prose poem

【散装】（形）bulk；in bulk：～货物 bulk cargo／出售～汽油 sell petrol in bulk

sàn

散 sàn（动）❶（由聚集而分离）break up；disperse：乌云～了。Dark clouds have dispersed. ❷（散布）distribute；disseminate；give

out；疏～人口 decentralize the population ❸（排除）dispel；let out：打开窗子～一～烟 open the window to let the smoke out
另见 947 页 sǎn。

【散布】（动）spread；scatter；diffuse：～流言蜚语 spread slanderous rumours

【散步】（动）take a walk；go for a stroll：～消遣 walk for amusement／在海边～ take a walk along the beach

【散发】（动）❶（发出）send out；send forth；diffuse；emit：～出芳香 give out a sweet perfume／～魅力 turn on the charm ❷（分发）give out；issue；distribute：～传单 distribute leaflets

【散会】（动）be over；break up：宣布～ declare the meeting over

【散开】（动）spread out；disperse；scatter：人群～了。The crowd dispersed.

【散热器】（名）radiator

【散心】（动）relieve boredom；ease up：我建议举行一个茶会来散散心。I suggested holding a tea party for relaxation.

sāng

丧 sāng（名）（跟死了人有关的事情）funeral；mourning：～礼 funeral／～事 funeral arrangements
另见 947 页 sàng。

【丧服】（名）mourning apparel：穿着～ be in mourning apparel

sǎng

嗓 sǎng（名）❶（嗓子）throat：～子 throat；larynx／～子疼 have a sore throat ❷（嗓音）voice：～子好 have a good voice

【嗓门】（名）voice：大～ have a loud voice／提高～ raise voice

sàng

丧 sàng（动）（丧失）lose：～尽天良 be utterly devoid of conscience／惶惶如～家之犬 as scared as a stray cur；as pitiful as a lost pup
另见 947 页 sāng。

【丧命】（动）meet one's death；get killed：因驾车不慎而～ forfeit one's life for careless driving

【丧偶】（动）〈书〉be bereft of one's spouse

【丧气】（动）feel disheartened；lose heart；be unlucky：决不灰心～。Be undepressed.

【丧生】（动）meet one's death；lose one's life；get killed：无人～ suffer no loss of life

S

【丧失】（动）lose；forfeit：～时机 *miss the opportunity*／～信心 *lose one's confidence*

sāo

骚 sāo ❶（动）（扰乱）disturb；upset：听见一阵～嚷 *hear a sudden uproar* ❷（形）（举止轻佻）coquettish

【骚动】❶（名）（秩序紊乱；动乱）disturbance：引起～ *cut a swath*；*kick up a shindy*／发生～ *make tumult* ❷（动）（扰乱使不安宁）riot；kick up：使百姓～ *ferment the people*

【骚乱】（动）disturbance；riot：没有～的社会 *an orderly society*／镇压～ *repress a disturbance*

【骚扰】（动）harass；molest：～不已 *make harassment incessantly*

sǎo

扫 sǎo（动）❶（扫除；打扫）sweep；clear away：～街 *sweep the streets*／打～房间 *sweep up a room* ❷（很快地左右移动）pass quickly along or over；sweep：眼光一～ *a sweeping glance*／微风～过树梢。*The breeze over-sweeps the trees*.

另见 948 页 sào。

【扫除】（动）❶（清除）cleaning；clean up：进行一次春季大～ *have a spring cleaning* ❷（消除）clear away；remove；wipe out：～枯叶 *sweep up dead leaves*

【扫荡】（动）mop up；wipe out：～海盗 *sweep the pirates from the seas*

【扫地】（动）❶（打扫）sweep the floor：～抹桌 *sweep the floor and clean the tables* ❷（丧失名誉等）reach rock bottom；be dragged in the dust：威信～ *be shorn of one's prestige*／名声～ *be thoroughly discredited*

【扫黄】（动）anti-vice；anti-porno：～运动 *campaign to beat down pornography*

【扫盲】（动）eliminate illiteracy：～班 *literacy class*

【扫描】（动）scanning；sweep

【扫墓】（动）sweep a grave

【扫兴】（形）feel disappointed：～的东西 *a fly in the ointment*／真扫兴！*How disappointing!*

嫂 sǎo（名）❶（哥哥的妻子）elder brother's wife；sister-in-law：～子 *sister-in-law* ❷（泛称年纪不大的已婚妇女）sister (a form of address for a married woman about one's own age)

sào

扫 sào
【扫把】（名）〈方〉broom；broomstick
另见 948 页 sǎo。

臊 sào（形）（难为情；不好意思）shy；bashful：害～ *be bashful*

sè

色 sè（名）❶（颜色）colour：大惊失～ *change colour from fear* ❷（脸上显现的神情）look；expression：满面喜～ *look happy*／察颜观～ *watch sb.'s expression* ❸（种类）kind；description：形形～～ *of all descriptions* ❹（情景；景象）scene；scenery：夜～最深的时刻 *the dead of night* ❺（物品的质量）quality (of precious metals, goods, etc.)：成～好 *of good quality* ❻（女子美貌）woman's looks：姿～ *good looks*

【色彩】（名）colour；hue；tint；shade：～鲜明 *be bright in colour*／缺乏感情～ *lack emotional colouring*

【色调】（名）tone；hue：柔和的～ *soft colour*

【色盲】（名）[医]achromatopsia；colour blindness

【色情】（名）sex；salacity：～狂 *sex maniac*／～思想 *voluptuous thoughts*／～作品 *pornography*

sēn

森 sēn（形）❶（树木多）full of trees：松柏～～ *dense pine and cypress trees* ❷〈书〉（繁密；众多）multitudinous；in multitudes：～罗万象 *all-embracing*；*all-inclusive* ❸（阴暗）dark；gloomy：阴～ *gloomy*；*grim*

【森林】（名）forest：～资源 *forest reserves*／～火灾 *forest fire*

【森严】（形）stern；strict；forbidding：～壁垒 *be closely guarded*；*be strongly fortified*

sēng

僧 sēng（名）（和尚）Buddhist；monks：～徒 *Buddhist monks*／～院 *Buddhist temple*

【僧侣】（名）monks and priests：～集团 *theocracy*

shā

杀 shā（动）❶（使失去生命；弄死）kill；slaughter：自～ *kill oneself intentionally*／～

一儆百 *make an example of the offender* ❷（战斗）fight；go into battle：～出重围 *fight one's way out of a heavy encirclement* ❸（削弱；消除）weaken；reduce；abate：The wind abated. ❹〈方〉（药物等刺激皮肤或黏膜使感觉疼痛）smart：碘酒涂在伤口上真～得慌 *Iodine smarts when applied onto the wound.* ❺（去除）take off；counteract：白菜馅里放点儿盐——～水 *put some salt in the chopped cabbage to draw out the water*

【杀害】（动）murder；kill：千千万万的平民百姓在战争中惨遭～. *Thousands upon thousands of civilians were slaughtered during the wars.*

【杀人】（动）kill a person；murder：～不见血 *kill without spilling blood by subtle means*

【杀伤】（动）kill and wound；inflict casualties on：～大批敌军 *inflict heavy casualties on the enemy*

【杀手】（名）killer：职业～ *professional killer*

沙 shā ❶（名）❶（沙子）sand：～粒 *grains of sand*／陷入～中 *sink in the sand* ❷（某些呈沙状的食物）granulated；powdered：豆～ *bean paste* ❷（形）（嗓音不清脆）(of voice) hoarse；husky

【沙发】（名）sofa；settee：买一个三人～ *buy a three-seater settee*

【沙拉】（名）salad：拌～ *dress a salad*

【沙漠】（名）desert

【沙滩】（名）sand beach：～上的脚印 *the prints of footsteps in the sand*

【沙特阿拉伯】（名）Saudi Arabia

【沙子】（名）sand；grit：好事中掺～ *bring trouble into the good thing*

纱 shā（名）❶（棉花、麻等纺成的较松的细丝）yarn：棉～ *cotton yarn* ❷（经纬线很稀的织物）gauze；sheer：铁～ *wire gauze*

【纱布】（名）gauze：～条 *ribbon gauze*

【纱窗】（名）screen window：装有～门的走廊 *the screened porch*

【纱巾】（名）gauze kerchief

刹 shā（动）（止住）stop；check：把车～住 *stop the car*／～住歪风 *check the unhealthy tendency*

【刹车】❶（动）❶（用闸止住车辆行进）stop a vehicle by applying the brakes；put on the brakes ❷（使机器停止运转）turn off a machine ❷（名）（制动机件）brake；skid：～失灵. *The brakes wouldn't act.*

砂 shā（名）（沙子）sand；grit：～纸 *sand pa-*

per／～土 *sandy soil*；sand

【砂轮】（名）emery wheel；grinding wheel：～机 *grinder*

煞 shā（动）❶（结束；止住）stop；halt：～住脚 *stop short* ❷（勒紧；扣紧）tighten：～腰带 *tighten one's belt* ❸（削弱；消除）weaken；abate；reduce

【煞车】（动）firmly fasten a load（on a vehicle）；stop car；brake：踩～ *apply the brakes*

【煞风景】（动）spoil the fun；be a wet blanket：那就太～了. *That takes all the fun out of it.*

鲨 shā（名）shark：～鱼 *shark*／～鱼皮 *sharkskin*

shǎ

傻 shǎ（形）❶（头脑糊涂，不明事理）stupid；silly；foolish：吓～了 *be dumbfounded*；be stunned ❷（死心眼，不知变通）think or act mechanically：别一个劲儿～干，讲究一点儿方法. *Don't just keep slogging away. Pick out a better way.*

【傻瓜】（名）fool；blockhead；simpleton：把某人当～看 *take sb. for a fool*／～摆酒席，聪明人吃酒席. *Fools make feasts and wise men eat them.*

【傻气】（名）foolishness：傻里～ *soft in the head*；foolish-looking

【傻笑】（动）laugh foolishly；giggle；smirk

【傻子】（名）fool；blockhead；simpleton

shà

霎 shà（名）（短时间；一会儿）a very short time；moment；instant

【霎时间】（名）in a twinkling；in a split second

shāi

筛 shāi ❶（名）（筛子）sieve；sifter；screen：～子 *sieve*；*sifter* ❷（动）（筛东西）sift；sieve；screen：～面 *sieve flour*；*sift flour*

【筛煤】（动）screen coal

【筛选】（动）screen；select：～出最好的 *sift out the best*

shài

晒 shài（动）❶（太阳光照射在物体上）(of the sun)shine upon：日～雨淋 *be exposed to the sun and the rain* ❷（在阳光下吸收光和热）dry in the sun；bask；bathe：～粮食 *dry*

grain in the sun
【晒被子】（动）air a quilt
【晒干】（动）dry in the sun
【晒台】（名）flat roof
【晒图】（名）blueprint：～员 blueprinter

shān

山 shān（名）❶（地面形成的高耸的部分）hill；mountain：一座高～ a high mountain ❷（形状像山的东西）anything resembling a mountain：堆起一般高的书 pile mountain-high books ❸（山墙）gable；pediment
【山顶】（名）the summit of a mountain；hilltop：登上～ crest a hill
【山洞】（名）cave；cavern：在～里栖身 inhabit the caves
【山峰】（名）mountain peak：登上这座～ top the mountain peak
【山冈】（名）low hill；hillock：矿量丰富的～ richly mineralized hills
【山歌】（名）folk song：一支优美的～ a pretty folk song
【山谷】（名）mountain valley：住在偏僻的～里 live down in a lonesome valley
【山涧】（名）mountain stream
【山口】（名）mountain pass；pass
【山林】（名）forest；wooded mountain：～地区 mountain and forest region；wooded and hilly lands
【山坡】（名）hillside；mountain slope：爬上种着树木的～ climb a treed hillside
【山泉】（名）mountain spring
【山水】（名）❶（山上流下的水）water from mountain：一股～汩汩而下。A stream gurgles down the mountain. ❷（山和水）mountains and rivers
【山头】（名）❶（山的上部）the top of a mountain；hilltop ❷（设立山寨的山头；宗派）mountain stronghold；faction：～主义 mountain stronghold mentality
【山崖】（名）cliff：～险峻。The cliffs are steep.
【山楂】（名）hawthorn；haw：～糕 haw jelly cake
【山寨】（名）mountain fastness；village
【山珍海味】（成）the delicacies from land and sea

删 shān（动）（去掉）delete；leave out：～繁就简 simplify complicated material
【删除】（动）delete；strike；cut out：这一段可以～。This paragraph can be left out.
【删改】（动）revise；delete and change：稿子几

经～才定下来。The draft was revised several times before it was finalized.
【删节】（动）abridge；abbreviate：购买未经～本 buy the unabridged version／由原著～而成 be abridged from the original work
【删去】（动）cross off；delete：从目录中～一项 omit an item from a list／～书中的一段 expunge a passage from a book

珊 shān
【珊瑚】（名）coral：～岛 coral island／～礁 coral reef

舢 shān
【舢板】（名）sampan

扇 shān（动）❶（摇动扇子等使空气流动）fan：～走苍蝇 fan away flies ❷（用手掌打）strike with the palm of the hand；slap：被～耳光 receive slaps on the face ❸（鸟抖动翅膀）flap；flutter：那只鸟在笼子里～翅膀。The bird fluttered its wings in the cage.
另见 951 页 shàn。

煽 shān（动）（鼓动）incite；instigate；stir up：～风点火 inflame and agitate people
【煽动】（动）（鼓动别人干坏事）instigate；incite；stir up；whip up：～罢工 agitate for a strike
【煽惑】（动）incite；agitate：～人心 agitate people by demagogy

shǎn

闪 shǎn ➊（动）❶（躲闪；闪避）dodge；get out of the way：东躲西～ dodge about ❷（扭伤）twist；sprain：～了腰 sprain one's back ❸（突然出现）flash：～念 an idea which flashes through one's mind ❹（闪耀）sparkle；shine：她的眼里～着泪花。Her eyes glistened with tears. ❺〈方〉（甩下；丢下）leave behind：你去的时候叫我一声，可别把我～下。Please call for me when you go；don't leave me behind. ➋（名）（闪电）lightning
【闪避】（动）dodge；sidestep：～某人的拳头 dodge sb.'s blows／迅速～到一旁 make a sudden dodge aside
【闪电】（名）lightning：～战 lightning war；blitzkrieg；blitz
【闪光】➊（名）（突然一现或忽明忽暗的光亮）a flash of light：～灯 flash light／发出～ give a flare ➋（动）（光亮突现；光亮忽明忽暗）glint；gleam；glitter：在路上架起～信号灯 put up flares on the road

S

【闪开】(动)get out of the way;jump aside:车来了，快 ～! Look out! There's a bus coming.

【闪烁】(动)❶(光亮动摇不定)twinkle;glimmer;眼里 ～ 着喜悦的光芒 have a merry twinkle in one's eyes/天空 ～ 着星星。The sky is twinkling with stars. ❷(不直说)evasive;vague:～其词 speak evasively;hedge

【闪现】(动)flash before one

【闪耀】(动)glitter;shine:星星在天空 ～。The stars shine in the sky./他眼中 ～ 着兴奋的光芒。His eyes glistened with excitement.

shàn

扇 shàn ●(名)❶(扇子)fan:一把 ～ 子 a fan ❷(板状或片状的东西)leaf:八 ～ 屏风 an eight-leaf screen ●(量)(用于门窗等):五 ～ 窗子 five windows
另见 950 页 shān。

【扇形】●(形)fan-shaped:队伍到达开阔地便成 ～ 摆开阵势。The troops fanned out as they reached open ground. ●(名)[数]sector

善 shàn ●(形)❶(善良;慈善)good;virtuous:～恶不分 be unable to tell good from bad/慈眉 ～ 目 have a benign countenance ❷(良好)satisfactory;good:～ 策 a wise policy ❸(友好;和好)friendly;与人为～ well-intentioned ❹(熟悉)familiar:面 ～ look familiar ●(动)❶(办好;弄好)make a success of;perfect:～ 始 ～ 终 start well and end well;do well from start to finish;see sth. through ❷(擅长;长于)be good at;be expert in:能言 ～ 辩 have a ready and eloquent tongue/勇猛 ～ 战 be courageous and skillful in battle ❸(容易;易于)be apt to:～变 be apt to change;be changeable ●(副)(好好地)properly;well:～ 自保重 take good care of yourself/～ 为说辞 put in a good word for sb. ❹(名)(善行;善事)good:真，～，美 the true, the good and the beautiful

【善良】(形)good and honest;kindhearted:心地～ be kindhearted;have a kind heart

【善意】(名)goodwill;good intention:提出 ～ 的批评 offer well-meaning criticism/接受 ～ 的忠告 accept kindly advice

【善于】(动)be good at;be adept in:～演说 be adept in public speaking/～ 向他人学习 be good at learning from others

擅 shàn ●(动)〈书〉❶(超越范围,独断独行)arrogate to oneself;claim arbitrarily:～离职守 leave one's post without permission ❷(长于;擅于)be good at;be expert in:不 ～ 辞令 lack facility in polite or tactful speech ●(副)(擅自)do sth. on one's own authority;arbitrarily:～ 作主张 make a decision without authorization

【擅长】(动)be good at;be expert in;be skilled in:～ 计算 be good at figures/～ 烹饪 know how to cook

【擅自】(副)do sth. without permission:～行动 act presumptuously/～ 挪用公款 misappropriate the public funds without authorization

膳 shàn (名)(饭食)meals;board:用 ～ 不寄宿的人 a day boarder

【膳费】(名)board expenses

【膳食】(名)meals;food:不提供 ～ give no board/改善学校 ～ improve school meals

【膳宿】(名)board and lodging;accommodation:提供 ～ provide board and lodging

赡 shàn ●(动)(赡养)support;provide for:～家养口 support a family ●(形)〈书〉(丰富;充足)sufficient;abundant:力不 ～ beyond one's strength

【赡养】(动)support;provide for:～ 费 payment for support of one's parents;alimony/～家庭 the support of the family

shāng

伤 shāng ●(名)(人体或其他物体受到的损害)wound;injury:轻 ～ a light wound/受内 ～ receive internal injuries ●(动)❶(伤害)injure;hurt:出口 ～ 人 say sth. that will hurt other's feelings;speak bitingly ❷(悲伤)be distressed:哀 ～ be grieved and heartbroken/～ 感 be sick at heart;be sentimental ❸(因过度而感到厌烦)get sick of sth.;develop an aversion to sth.:～食 dyspepsia caused by excessive eating or improper diet ❹(妨碍)be harmful to;hinder:～风败俗 offend public decency/无 ～ 大雅 not matter much;not affect things as a whole

【伤兵】(名)wounded soldier

【伤风】(动)catch cold;have a cold:～ 败俗 offend public decency;corrupt public morals

【伤害】(动)injure;harm;hurt:～ 某人的虚荣心 hurt sb.'s vanity/免受 ～ escape injury

【伤口】(名)wound;cut:洗 ～ bathe a wound/治愈 ～ heal a wound

【伤亡】(名)casualties;injuries and deaths:～惨重 suffer heavy casualties/～ 人数 the number of casualties

S

【伤心】（形）sad；grieved；brokenhearted：～落泪 shed sad tears；weep in grief／男人有泪不轻弹，只因未到～处。A man does not easily shed tears until his heart is broken.

【伤员】（名）the wounded；wounded personnel

商 shāng ❶（动）（商量）discuss；consult：协～ talk things over／共～大计 discuss matters of vital importance ❷（名）❶（商业）trade；commerce；business：经～ be engaged in trade／弃～从政 quit business to go into politics ❷（商人）merchant；trader；dealer：奸～ a tricky trader／杂货～ a grocer ❸（数）（除法运算的得数）quotient

【商标】（名）trademark：名牌～ a well-known brand

【商场】（名）market；bazaar：西单～ the Xidan Bazaar

【商店】（名）shop；store：友谊～ Friendship Store

【商定】（动）agree；decide through consultation：～好的开会日子 the day agreed upon for the meeting

【商贩】（名）small retailer；pedlar：路边的～ a street trader

【商行】（名）trading company；commercial firm：互相竞争的～ rival firms

【商会】（名）chamber of commerce

【商量】（动）consult；discuss；talk over：与某人～ hold a consultation with sb.／咱们去和他～一下。Let's talk it over with him.

【商品】（名）commodity；goods：购买廉价～ buy bargain goods／～检验局 bureau of commodity inspection／～流通 commodity circulation

【商人】（名）businessman；trader：谨慎勤奋的～ prudent and industrious traders／狡猾的～ a wily merchant

【商谈】（动）exchange views；confer；negotiate：去和某人～一下 have a conference with sb.／有关合同的事宜 discuss matters concerning the contract

【商讨】（动）discuss；deliberate over：～共同关心的问题 confer upon matters of mutual concern

【商务】（名）commercial affairs；business affairs：～参赞 commercial counsellor；commercial attaché／～代表 commercial representative

【商业】（名）commerce；trade；business：～区 business district／～信贷 commercial credit／～繁荣。Business is booming.

【商议】（动）confer；discuss：是件可～之事 be a

matter of negotiation／开会～这一问题 call a conference to discuss the question

shǎng

晌 shǎng（名）❶（一天以内的一段时间）part of the day：前半～儿 morning ❷〈方〉（晌午）noon：歇～ take a midday nap or rest

【晌饭】（名）〈方〉midday meal；lunch

【晌午】（名）〈口〉midday；noon：～觉 afternoon nap

赏 shǎng ❶（动）❶（赏赐；奖赏）grant a reward；award：论功行～ reward according to the achievements ❷（欣赏；观赏）admire；enjoy；appreciate：～月 enjoy a beautiful full moon／雅俗共～（of a work of art or literature）appeal to all；suit both refined and popular tastes ❷（名）（赏赐或奖赏的东西）reward；award：悬～ offer a reward／领～ receive an award

【赏赐】（动）grant a reward；award：～他很多钱 give him a lot of money as a reward

【赏罚】（名）rewards and punishments：～分明 be fair in meting out rewards and punishments；be discriminating in one's rewards and punishments

【赏鉴】（动）appreciate：～名画 appreciate and evaluate a famous painting

【赏金】（名）money reward：提供大笔～ hold out a substantial pecuniary reward／认领～ claim the reward

【赏识】（动）recognize the worth；appreciate：非常～某人的才干 have great appreciation of sb.'s ability

shàng

上 shàng ❶（名）❶（位置在高处的）upper；up；upward：～铺 upper berth／～肢 upper limbs ❷（等级或品质高的）higher；superior；better：～等 first class；superior／～流社会 high society；polite society ❸（次序或时间在前的）first（part）；preceding；previous：～届 previous term or session／～次 last time ❹（旧时指皇帝）the emperor：～谕 imperial decree ❷（动）❶（由低处到高处）go up；mount；get on：～楼 go or come upstairs／～马 mount a horse ❷（到；去）go to；leave for：～街 go to the street；go shopping ❸（呈递）submit；send in；present：随函附～邮票一张。Enclosed here with is a stamp. ❹（向前进）forge ahead；go ahead：快～，投篮！Go ahead. Quick! Shoot! ❺（添补；增加；摆出）

fill；supply；serve：～货 *get in stocks*；*replenish stocks* ❻（安装）place sth. in position；set；fix：～螺丝 *fix the screws in place* ❼（涂；搽）apply；paint；smear：～药膏 *apply ointment*/给家具～漆 *paint the furniture* ❽（登载）be put on record（in a publication）：～报 *appear in the newspaper*/～电视 *report on TV* ❾（拧紧）wind；screw；tighten：～表 *wind the watch* ❿（进行工作或学习）be engaged（in work，study，etc.）at a fixed time：～岗 *go to one's post*；*go on duty*/～大学 *be in college* ⓫（达到，够）up to；as many as：成千～万 *thousands and tens of thousands*；*thousands upon thousands*

【上班】（动）go to work；be on duty：下午不～。*We'll take the afternoon off.*

【上报】（动）❶（登载）appear in the newspapers：不将此事～ *keep the matter out of the newspaper* ❷（向上级报告）report to a higher body；report to the leadership：将计划～审批 *submit the plan for approval*

【上宾】（名）distinguished guest；guest of honour：待为～ *be treated as a distinguished guest*

【上菜】（动）serve up

【上策】（名）the best plan；the best way out

【上层】（名）upper levels：～社会 *upper classes of society*/～人士 *upper circles*

【上当】（动）be fooled；be taken in：彻底～ *be completely taken in*/别～！*Don't walk into that trap！*

【上等】（形）first-class；first-rate：～货 *first-class goods*/～料子 *high-quality material*

【上帝】（名）God：～保佑 *God bless（you）！*

【上级】（名）higher level；higher authorities：～领导 *a leading body at a higher level*/报告～ *report to the higher authorities*；*report to one's superior*

【上集】（名）the first part

【上交】（动）turn over to；hand in：～税费 *turn over taxes to the state*

【上缴】（动）turn over to：多余器材应该～。*Surplus equipment should be turned over to the higher authorities.*

【上课】（动）❶（学生听课）attend class；go to class：不能来～ *can not meet one's classes*/～听不懂 *can not follow the lecture* ❷（教师讲课）conduct a class；give a lesson：为留学生开班～ *hold classes for foreign students*/用英语～ *conduct a lesson in English*

【上流】❶（名）（上游）upper reaches（of a river）❷（形）（旧指社会地位高的）upper class：～社会 *high society*；*polite society*

【上面】（名）❶（位置较高的地方）above；over；

on the surface of：飞机在云层～飞行。*The plane flew above the clouds.* ❷（次序靠前的部分）above-mentioned；aforesaid；foregoing：～所举的例子 *the above-mentioned example* ❸（上级）the higher authorities；the higher-ups：～有指示。*There are instructions from above.* ❹（方面）aspect；respect；regard：她在英语上～下了很多功夫。*She has put a lot of effort into her study of English.*

【上去】（动）go up；upward：计划已经交～了。*The plan has been sent up to the higher-ups.*

【上升】（动）rise；go up；raise：使经验～为理论 *raise experience to the level of theory*/一缕炊烟袅袅～。*A wisp of smoke is curling up from the kitchen chimney.*

【上市】（动）❶（货物开始在市场出售）appear on the market：西红柿大量～。*There are plenty of tomatoes on the market.* ❷（到市场去）go to market：～购物 *do one's marketing*/他～买菜去了。*He went to market.*

【上述】（形）above-mentioned：达到～目标 *achieve the aforementioned objectives*/严格遵守～原则 *strictly abide by the above-mentioned principles*

【上司】（名）superior；boss：巴结～ *fawn on one's superior*/顶头～ *one's immediate superior*

【上天】❶（名）（上苍）Heaven；God ❷（动）（升到天空）go up to the sky：我们又有一颗卫星～了。*Another of our satellites has gone up.*

【上午】（名）morning；forenoon：～班 *forenoon watch*

【上下】❶（名）❶（职务、辈分上的高低）high and low；old and young：举国～ *the whole nation from top to bottom*；*from the leaders of the nation to all the people* ❷（从上到下）from top to bottom；up and down：～打量陌生人 *look the stranger up and down* ❸（程度高低）relative superiority or inferiority：不相～ *be equally matched* ❹（用在数量词后面）about；or so：15 岁～ *about fifteen years old*；*fifteen or so* ❷（动）（从高到低或从低到高）go up and down：山上修了公路，汽车～很方便。*With the completion of the highway up the mountain，cars can easily go up and down.*

【上限】（名）upper limit：～公差 *high limit of tolerance*

【上学】（动）go to school：没有～的机会 *have no chance of going to school*

【上演】（动）perform；put on the stage：国庆节将～几部新戏。*Several new plays will be performed on National Day.*

【上涨】（动）rise；go up：股票正在～。*Stocks are going up.*／物价～。*The prices are going up.*

【上座】（名）❶（最尊的座位）seat of honour ❷（戏院、饭馆等处有顾客到来）customers begin to come into theatre（restaurant，etc.）：戏园子里～已达八成。*The theatre is already 80% full.*

尚 shàng ㊀（副）〈书〉（还）still；yet：为时～早。*It is still too early.*／此事～未解决。*The matter remains to be settled.* ㊁（动）（尊崇；注重）esteem；value：～武 *encourage a military or martial spirit*

shāo

捎 shāo（动）（顺便带）take along sth. to or for sb.；bring to sb.：替我给大家～个好。*Please give my regards to everybody.*

烧 shāo ㊀（动）❶（使东西着火）burn：～成平地 *burn to the ground*／木头～成炭。*The wood was fired into charcoal.* ❷（加热或接触某些化学药品，放射性物质等使物体起变化）cook；bake；heat：～砖 *bake bricks*／～煮食物 *cook food* ❸（烹调方法，先用油炸，再加汤汁来炒或炖，或先煮熟再用油炸）stew after frying or fry after stewing：～茄子 *stewed eggplant* ❹（烹调方法，烤）roast：～乳猪 *roast sucking pig* ❺（发烧）run a fever；have a temperature：不发～ *have no temperature*／一连三天都在～ *have a temperature for three days* ㊁（名）（比正常体温高的体温）fever：发高～而死 *be carried off by a fever*／～退了。*The fever is down.*

【烧火】（动）make a fire；light a fire：劈柴～ *chop wood and make a fire*

【烧伤】（动）burn：被严重～ *be severely burnt*

【烧香】（动）burn joss sticks：～许愿 *burn incense and make a vow to the god*／～拜佛 *burn incense and worship the gods；burn incense and pray*

稍 shāo（副）（稍微）a little；a bit：～加修改 *make a few alterations；make slight changes*／请～等一会儿。*Please wait a moment；Just a moment，please.*

【稍微】（副）a little；a bit；slightly：今天～有点儿冷。*It's rather chilly today.*

sháo

勺 sháo（名）（舀东西的用具）spoon；ladle：汤～ *soup ladle*／～子 *scoop；spoon*

shǎo

少 shǎo ㊀（形）（数量小）few；little；less：～走弯路 *avoid detours*／以～胜多 *defeat the many with the few* ㊁（动）❶（不够原有或应有的数目；缺少）be short；lack：缺医～药 *be short of doctors and medicine* ❷（丢；遗失）lose；be missing：羊群里～了几只羊。*A few sheep have been lost from the flock.* ❸（不要）stop；quit：～废话！*Stop talking rubbish!* ㊂（副）❶（稀有）seldom ❷（暂时；稍微）a little while；a moment：请～候。*Wait a moment，please.*
另见954页shào。

【少刻】（名）after a short while；a moment later

【少量】（形）a small amount；a little；a few：吃～食物 *eat a light meal*／放～盐 *add a pinch of salt*

【少顷】（名）〈书〉after a few moments；presently

【少数】（名）minority；few：～民族 *minority nationality*／他们是～。*They are in the minority.*／～服从多数。*The minority is subordinate to the majority.*

【少许】（形）a little；a few；a modicum：喝～水 *drink a little water*

shào

少 shào ㊀（形）（年纪轻）young：男女老～ *men and women，old and young*／～壮不努力，老大徒伤悲。*Laziness in youth spells regret in old age.* ㊁（名）（少爷）son of a rich family；young master
另见954页shǎo。

【少年】（名）❶（人从10至16岁的阶段）early youth：打从～时代我们就是好朋友了。*We have been close friends since early youth.* ❷（从10岁到16岁的人）juvenile；young person；teenage youths：～老成 *have an old head on young shoulders；be an old young man*

【少女】（名）young girl：展示～的妩媚 *show one's girlish charm*／在乡下度过～时代 *spend one's girlhood in the country*

【少尉】（名）second lieutenant

【少校】（名）major

【少先队】（名）Young Pioneer：～员 *Young Pioneer*

哨 shào ㊀（名）❶（为警戒侦察等而设的岗

位）sentry post；post：观察～ *observation post* ❷（哨子）whistle：吹口～壮胆 *whistle away fear* ❸（动）（鸟叫）(of birds) warble；chirp

【哨兵】（名）sentry；guard：活捉～ *carry off a sentry*/从～身边走过而没被察觉 *get past a sentinel without detection*

【哨所】（名）sentry post；post：前沿～ *forward post*；*outpost*/边防～ *frontier guard post*

shē

奢 shē（形）❶（奢侈）luxurious；extravagant：穷～极欲 *be lapped in luxury* ❷（过分的）excessive；extravagant：不抱～望 *entertain no high hopes*

【奢侈】（形）luxurious；wasteful：生活～ *wallow in luxury*

【奢望】（名）extravagant hopes；wild wishes：我对此不抱～。*I entertain no high hopes in this regard.*

赊 shē（动）（赊欠）buy or sell on credit：～购 *buy on credit*/～销 *sell on credit*

【赊账】（动）on credit；on account：概不～。*No credit given.*

shé

舌 shé（名）❶（舌头）tongue (of a human being or animal)：唇枪～剑 *a war of words*/被一个油嘴滑～的人给骗了 *be cheated by a smooth-tongued man* ❷（像舌的东西）sth. shaped like a tongue：鞋～头 *the tongue of a shoe*

【舌尖】（名）the tip of the tongue：～音 *apical*

【舌头】（名）tongue：伸出～ *put out one's tongue*

【舌战】（动）have a verbal battle with；argue heatedly：～群儒 *argue heatedly with a group of learned men*

折 shé（动）❶（断）break；snap：扁担～了。*The shoulder pole broke.* ❷（亏损）lose money in business：～钱 *suffer losses in business transactions*；*lose money in business* 另见1112页zhē；1112页zhé。

【折本】（动）lose money in business：～生意 *a losing business*；*a bad bargain*

蛇 shé（名）snake；serpent：虎头～尾 *a flash in the pan*/画～添足 *gild the lily*/～嘶嘶作响。*Snakes hiss.*

shě

舍 shě（动）❶（舍弃；扔掉）give up；abandon：～身救人 *give one's life to rescue sb.*；*sacrifice oneself to save others*/～生取义。*Lay down one's life for a just cause.* ❷（施舍）give alms；dispense charity：乞求施～ *beg for alms*

【舍得】（动）be willing to；not grudge：练字必须～下功夫。*To acquire good handwriting, one mustn't begrudge time spent on practicing it.*

【舍命】（动）risk one's life；sacrifice oneself：～不舍财 *rather die than abandon one's properties*

【舍身】（动）give one's life：～报国 *sacrifice oneself for the country*/～救人 *sacrifice one's life to save others*；*give one's life to rescue sb.*

shè

设 shè（动）❶（设立；布置）set up；establish；build；found：建～我们的国家 *build our country*/总部～在北京。*The headquarters was established in Beijing.* ❷（筹划）work out：～立一个慈善机构 *set up a charity* ❸［数］（假设）given；suppose；if：试验一种～想 *try out an idea*

【设备】（名）equipment；facilities：安装～ *install equipment*/备有通讯～ *have communications equipment*

【设法】（动）try；think of a way；do one's best to：～操纵股市的价格 *try to manipulate stock prices*/～搞到钱 *manage for money*

【设计】（动）design；plan：～图 *design drawing*/～院 *designing institute*/～版面 *lay out a printed page*

【设立】（动）establish；set up；found：～新的机构 *set up a new organization*

【设施】（名）facilities；installation：提供教育～ *provide educational facilities*/充分利用大学所有的～ *make full use of all the facilities of a university*

【设想】（动）❶（想象）imagine；conceive；assume：政府～的计划 *the programme envisaged by the government* ❷（着想）have consideration for：多为青少年～ *give much thought to the needs of the younger generation*（名）（想法）tentative plan；tentative idea：这些只是我们的初步～。*Those are just our tentative ideas.*

【设宴】（动）give a banquet；fete：～招待贵宾

give a banquet in honour of the distinguished visitors; fete the distinguished guests

【设置】（动）❶（设立）set up; put up:～专门机构 set up a special organization ❷（设置）install; fit:实验室里～了闭路电视。A closed circuit TV system has been installed in the laboratories.

社 shè（名）❶（共同工作或生活的一种集体组织）organized body; agency; society:出版～ publishing house ❷（古代把土神和祭土神的地方、日子和祭礼都叫社）the god of the land:春～ spring sacrifice

【社会】（名）society:～地位 social position; social status/～关系 one's social connections; relatives and friends/维护～治安 maintain public order/～福利 social welfare/～保险 social insurance/～学 sociology

【社交】（名）social contact; social intercourse:出入～界 live in society/经常参加～活动 go out a lot

【社论】（名）editorial; leading article:为报纸撰写～ write editorials for the newspaper

【社团】（名）mass organizations; corporation:组成～ form a society/参加～ join a society

【社员】（名）a member of a society; commune member:成为合作社～ become a cooperative member

射 shè（动）❶（用推力或弹力送出）shoot; fire:～门 have a shot at the goal/能骑善～ be a good horseman as well as a crack shot ❷（液体受到压力迅速挤出）discharge in a jet:注～ inject ❸（放出）send out(light, heat, etc.); emit:月亮透过云层放～出寒光。The moon is emitting cool light through clouds. ❹（有所指）allude to sth. or sb.; insinuate:含沙～影地攻击 attack by insinuation

【射程】（名）range:有效～ effective range

【射击】❶（动）（开枪、开炮）shoot; fire:向目标瞄准并～ aim and fire at the target ❷（名）[体]shooting

【射箭】❶（动）（用弓把箭射出）shoot an arrow ❷（名）[体]archery

【射门】（动）[体]shoot at the goal:～手 goal getter

【射手】（名）shooter; gunner:机枪～ machine gunner

【射线】（名）ray:～疗法 radiotherapy

涉 shè（动）❶（徒步过水，泛指从水上经过、渡）wade; ford:～水 wade into the water/跋～过山 toil over the mountains ❷（牵涉）involve:～足其间 set foot there

【涉及】（动）involve; relate to:～丑闻 be caught up in the scandal/双方的分歧～一些重大原则性问题。The differences between the two sides involve major matters of principle.

【涉外】（形）concerning foreign affairs:～经济法规 laws and regulations governing business relations with foreigners

【涉嫌】（动）be a suspect:他因～此案而被传讯。He was cited for suspected involvement in this law case.

【涉足】（动）〈书〉set foot in:～街头 walk the streets

摄 shè（动）❶（吸取）absorb; assimilate:～取营养 absorb nourishment ❷（摄影）take a photograph of; shoot:被～录到 be on camera

【摄取】（动）❶（吸收）absorb; assimilate; take in:～营养 absorb nourishment ❷（拍摄）take a photograph of; shoot:～几个镜头 take several shots

【摄像机】（名）video camera:数字～ digital video camera

【摄影】（动）❶（照相）take a photograph:舞台～ stage photography/新闻～ reportage photography ❷（拍电影）shoot a film; film

【摄影机】（名）camera:电影～ motion-picture camera; cine-camera; cine-matograph

【摄政】（动）act as regent:～王 prince regent

麝 shè（名）❶（哺乳动物,形状像鹿但小些）musk deer ❷（麝香）musk

shēn

申 shēn ❶（动）（说明；陈述）state; express; explain:～言势必要向迫害者报复 vow revenge on one's persecutors ❷（名）❶（地支的第九位）the ninth of the twelve Earthly Branches ❷（上海的别称）another name for Shanghai

【申报】（动）❶（向上报告）report to a higher body:向税务局如实～营业额 report the turnover to the tax bureau accurately ❷（向海关申报纳税等）declare sth. (to the Customs):出国人员向海关～携带物品。Travellers leaving the country must declare things they take.

【申辩】（动）defend oneself; argue one's case:被告有权～。The accused has the right to defend himself.

【申斥】（动）rebuke; reprimand:受到不应受的～ be undeservingly reprimanded/小孩不听

话,不要一味～. *Don't scold your children every time they don't listen to you*.

【申明】(动)declare;state;avow:公开～ *openly avow*/～自己的立场 *state one's position*

【申请】(动)apply for:～书 *application*/～入党 *apply for Party membership*/填写～表格 *fill out an application*

【申述】(动)state;explain in detail:～立场 *state one's position*/～来意 *explain the purpose of one's visit*

【申诉】(动)appeal:～理由 *show cause*/向上级提出～ *appeal to the higher authorities*

【申冤】(动)❶(洗雪冤屈)redress an injustice;right a wrong:～雪恨 *ask for redress of an injustice to wreak revenge;revenge a wrong* ❷(申诉所受的冤屈)appeal for redress of a wrong

伸 shēn (动)(展开)stretch;extend:～舌头 *stick out one's tongue*/～入海湾 *stretch into the bay*/腿要～直 *keep one's legs straight*

【伸出】(动)stretch out;thrust out;reach out:～援手 *stretch out a helping hand*/向上～枝丫 *thrust the branches upward*

【伸手】(动)❶(伸出手)stretch out one's hand:他～去拿碗. *He reached for the bowl.* ❷(向别人要东西)ask for help(money,gifts,etc.):一见美差就～ *try to seize any cushy job that comes along*

【伸缩】❶(动)(引长或缩短)stretch out and draw back:这部照相机的镜头可以前后～. *The lens of this camera can be pulled back and forth.* ❷(形)(可变动的)flexible;adjustable:没有～余地 *leave no latitude*/这些规定～性很大. *These regulations are quite flexible.*

【伸展】(动)spread;extend;stretch:向四处～ *spread abroad*/草原一直～到遥远的天边. *The prairie stretches to the distant horizon.*

【伸张】(动)uphold;promote:～正气,打击歪风 *promote healthy tendencies and combat unhealthy ones*

身 shēn ❶(名)❶(身体)body:强～ *invigorate the body*/～居要职 *occupy an important position* ❷(生命)life:献～报国 *devote one's life to the service of one's country* ❸(自己;本身)oneself;personality:宁愿过独～生活 *prefer the single life* ❹(人的品格和修养)one's moral character and conduct:修～养性 *purify one's character* ❺(物体的中部或主要部分)the main part of a structure;body:船～遭到损坏 *destroy the body of a ship* ❷(量)(用于衣服)suit:一～新衣服 *a suit of new clothes*

【身材】(名)stature;figure:～苗条 *have a slender figure*/中等～ *be medium in stature*

【身份】(名)❶(人的社会、法律地位)status;capacity;identity:隐瞒～ *conceal one's identity*/以个人～ *in one's individual capacity*/～不明 *of unknown identity* ❷(受人尊敬的地位)dignity:降低～ *lower one's dignity*/符合～ *befit one's position*

【身价】(名)social status:～百倍 *a meteoric rise in social status*

【身躯】(名)body;stature:健壮的～ *a sound body*

【身体】(名)❶(人体)body:挺直～ *erect one's figure*/保持～平衡 *keep one's balance* ❷(健康)health:～素质好 *have a strong constitution*

【身心】(名)body and mind:～不健全 *be in an ill condition of body and mind*/～受到摧残 *be physically injured and mentally affected*

【身影】(名)a person's silhouette;form;figure:一个高大的～ *a tall figure*/他的～被黑暗吞没了. *His figure was swallowed up in the gloom.*

【身孕】(名)pregnancy:她有了3个月的～. *She is three months pregnant.*

【身子】(名)❶(身体)body:～不大舒服 *not feel well* ❷(身孕)pregnancy:有了7个月的～ *be seven months pregnant*

深 shēn ❶(形)❶(从上到下或从外到里的距离大)deep:雪～过膝 *be knee-deep in the snow* ❷(深奥)difficult;profound:这本书给孩子们看太～了. *The book is too difficult for children.* ❸(深刻;深入)thoroughgoing;penetrating;profound:高～莫测的秘密 *a deep secret*/～植于记忆中 *fix in one's memory* ❹(感情厚;关系密切)close;intimate:交情～ *be very close;be on intimate terms* ❺(颜色浓)dark;deep:～蓝色 *a dark shade of blue* ❻(距离开始的时间很久)late:夜色最～的时刻 *the dead of night* ❷(名)(深度)depth:～不可测的洞穴 *the bottomless cave*

【深奥】(形)abstruse;profound:～的哲理 *abstruse philosophy;a profound truth*/显示出～的洞察力 *show a profound insight*

【深沉】(形)❶(程度深)dark;deep:暮色～. *The dusk is deepening.* ❷(低沉)deep;heavy;dull:喜爱大提琴～的音调 *love the deep notes of the cello* ❸(思想感情不外露)concealing one's real feelings:这人很～. *He's a deep one.*

【深处】(名)depth;recesses:内心～ *in the*

S

depth of one's heart/在灵魂的～ within the depth of one's soul

【深度】（名）❶（深浅程度）degree of depth；depth：保持河道的～ maintain the depth of the river ❷（触及事物本质的程度）profundity；depth：他的发言缺乏～。His speech lacks depth．

【深海】（名）deep sea：～鱼 deep-sea fish/～资源 deep-sea resources

【深厚】（形）❶（浓厚）deep；profound：结成～的友谊 establish a profound friendship ❷（坚实）solid；deep-seated：打下～的基础 build up a solid foundation

【深化】（动）deepen：矛盾的～ intensification of a contradiction

【深究】（动）get to the bottom of：对这些小事不必～。These are small matters and you don't have to go into them seriously．

【深刻】（形）deep-going；profound：给某人留下～的印象 make a deep impression on sb．/～地印在记忆中 impress itself on one's memory

【深浅】（名）❶（深浅的程度）depth：去探一下这条小河的～ go and find out how deep the stream is ❷（分寸）proper limits (for speech or action)；sense of propriety：说话没个～ speak without thought and often inappropriately ❸（颜色的浓淡）shade：颜色～不同 be of different shades

【深切】（形）heartfelt；deep；profound：～的同情 deep sympathy/低声倾诉～的悲伤 whisper one's sad well away/～怀念 dearly cherish the memory of

【深情】（名）deep feeling；deep love：～厚谊 profound sentiments of friendship；profound friendship

【深秋】（名）late autumn

【深入】❶（动）（达到事物的内部）go deep into；penetrate into：～生活 plunge into the thick of life/～事物本质 probe deeply into the essence of things ❷（形）（深刻）thorough；deep-going：进行～的讨论 hold a profound discussion/运动正在～发展。The movement is developing in depth．

【深思】（动）think deeply about：经过～熟虑之后 after much cogitation/这个问题值得我们～。This matter gives us much food for thought．

【深信】（动）firmly believe：～谗言 have implicit faith in slander

【深夜】（名）late at night：谈到～ talk deep into the night/～时分抵达 arrive at the deep of night

【深渊】（名）abyss：苦难～ the abyss of suffering/陷入绝望的～ be caught in the toils of despair

【深远】（形）profound and lasting；far-reaching：影响～ have a far-reaching influence/具有～的历史意义 have profound historic significance

【深造】（动）take a more advanced course：出国～ pursue advanced studies abroad

【深重】（形）very grave；extremely serious：危机～ be in the grip of a crisis

shén

什 shén
另见 965 页 shí。

【什么】（代）❶（表示疑问）what：你找～？ What are you looking for？ ❷（用在名词前面，问人或事物）有～消息？ What news？ ❸（表示不肯定的事物）我想吃点儿～。I'd like to have something to eat．❹（用在"也"或"都"前面，表示所说的范围之内没有例外）时间比～都宝贵。Time is more precious than anything else．❺（两个"什么"前后照应，表示由前者决定后者）冰箱里有～，咱们就吃～。We'll eat whatever we can find in the fridge．❻（表示惊讶和不满）～！没有水？ What！No water？❼（表示列举不尽）～乒乓球啊，羽毛球啊，篮球啊，他都会玩。He can play table tennis，badminton，volleyball，anything．

神 shén ❶（名）❶（神灵）god；deity；divinity：～鬼 gods and ghosts/俨然以～自居 play God ❷（精神；精力）spirit；mind：双目有～ have a pair of bright piercing eyes/聚精会～ pay undivided attention ❸（神气；神情）expression；look：用哀伤的眼～望着某人 give sb．a mournful look ❷（形）❶（特别高超或出奇的；令人惊异的）supernatural；magical：～医 miracle-working doctor ❷〈方〉（聪明；机灵）smart；clever：这家伙～了！This fellow is incredible！

【神采】（名）expression；look：～奕奕 glow with health and radiating vigour/他的眼睛充满了喜悦的～。His eyes beamed with joy．

【神化】（动）deify

【神经】（名）nerve：消除～紧张 allay nervousness/成了～过敏的人 become a bundle of nerves

【神灵】（名）gods；deities；divinities：崇拜～ adore gods/视…为～ make a god of…

【神秘】（形）mysterious；mystical：保持一股～的色彩 keep a certain air of mystery about one

【神妙】（形）wonderful；marvellous：～的笔法 *wonderful style of writing*；*ingenious brushwork*

【神奇】（形）magical；miraculous：获得～的力量 *acquire wizardly power*

【神圣】（形）sacred；holy：拯救不～而且不纯洁的灵魂 *save souls unholy and unclean*

【神态】（名）manner；expression：～悠闲 *look perfectly relaxed*

【神通】（名）remarkable ability；magical power：～广大 *have vast magic powers*；*possess unusual powers*；*be infinitely resourceful*

【神学】（名）theology：～家 *theologian*／～院 *seminary*；*yeshivas*

【神志】（名）mind；intellect：～清醒：*in one's right mind*／人发高烧时～恍惚。*A person's mind wanders during very high fever.*

shěn

审 shěn ❶（形）（详细；周密）careful：～察 *careful observation* ❷（动）❶（审查）examine；go over：～稿 *go over a manuscript or draft and give comments* ❷（审讯）interrogate；try：～案 *try a case*／据陪～团裁决 *in the jury's judgment* ❸〈书〉（知道）know：未～其详 *not know the details*

【审查】（动）examine；investigate：～手稿 *vet a manuscript*

【审订】（动）revise：～教材 *revise teaching materials*

【审定】（动）examine and approve：计划已由委员会～。*The plan has been examined and approved by the committee.*

【审核】（动）verify：～预算 *verify a budget*／～存货清单 *check an inventory list*

【审理】（动）try；hear：～案件 *try a case*；*hear a case*

【审判】（动）bring to trial；judge：～经济案件 *try economic cases*／受到人民的～ *be tried by the people*

【审批】（动）approve：报请上级～ *submit to the higher level for examination and approval*

【审问】（动）interrogate；question：经过草率～ *after a hasty trial*／正在进行～。*The interrogation is going on.*

【审讯】（动）interrogate；try：在～时 *during the trial*／下午～最后一位证人 *hear the last witness in the afternoon*

【审议】（动）review；deliberate：～机构 *deliberative body*／计划在～中。*The project is un-*

der review.

【审阅】（动）go over；check and approve：此讲话记录未经本人～。*These notes of the speech have not been checked and approved by the speaker.*

shèn

肾 shèn（名）［生理］（肾脏）kidney

【肾炎】（名）nephritis

甚 shèn ❶（形）（很；极）very；extremely：超出估计～多 *be well over the estimate*／知者～少。*Very few people know about it.* ❷（动）（超过；胜过）more than：喜爱咖啡更～于茶 *prefer coffee to tea* ❸（代）（什么）what：那有～要紧？*What does it matter?*

【甚至】❶（副）even：他忙得～好几夜没睡觉。*He was so busy that he didn't even go to bed for several nights.* ❷（连）so far as to；so much so that：他对同志的批评置若罔闻，～反唇相讥。*He not only ignored the criticism of his comrades but went so far as to be sarcastic.*

渗 shèn（动）ooze；seep：从岩石中～出 *ooze out of a rock*／包扎伤口的绷带上～出了血。*Blood oozed out of the dressing.*

【渗漏】（动）leak；leakage；seepage：～水 *percolating water*

【渗入】（动）❶（液体渗到里面去）permeate；seep into：～地下 *permeate the ground*；*seep into the ground* ❷（比喻某种势力钻进来）（of influence, etc.）penetrate；infiltrate：无法避免西方观念逐渐～东方 *cannot prevent Western ideas from penetrating slowly through the East*

【渗透】（动）❶（液体从细小空隙中透过）permeate；seep；seepage；inflow：～到皮肤 *penetrate to the skin*／水～沙。*Water seeps through sand.* ❷（比喻一种事物或势力逐渐进入到其他方面）infiltrate：分析商业～ *analyze the commercial penetration*／～前进 *advance by infiltration*

慎 shèn（形）（谨慎；小心）careful；cautious：避免交友不～ *avoid bad company*／保守国家机密应～之又～。*One cannot be too careful in guarding state secrets.*

【慎重】（形）cautious；discreet；careful：既热情又～ *combine prudence with zeal*／～回答 *give a careful answer*

shēng

升 shēng ⊖（动）❶（由低往高移动）rise；hoist；go up；ascend ❷（等级提高）promote：以功绩为准的提～ *promotions based on merit*／追求～官 *gun for a promotion* ⊜（量）（容量单位）litre：三～啤酒 *three litres of beer*

【升格】（动）promote；upgrade

【升级】（动）go up one grade；promote：～到管理阶层 *promote upstairs to management*

【升起】（动）rise；come up：感到一股黑暗的背叛力量自心中～ *feel the black worm of treachery growing in one's heart*

【升学】（动）go to a higher school；enter a higher school：～率 *the proportion of students entering schools of higher grade*

【升值】（动）revalue；appreciate；upvaluation：这幅画～了。*The painting gained in value.*

生 shēng ⊖（动）❶（生育；生殖）give birth to；bear：～养后代 *bear and foster offspring* ❷（出生）be born：～不逢时 *be untimely born* ❸（生长）grow：合抱之树，～于毫末。*Great oaks from little acorns grow.* ❹（生存；活）live；exist：宁愿站着死，不愿跪着～。*Better die standing than live kneeling.* ❺（产生；发生）get；have；cause：～冻疮 *get chilblains*／节外～枝 *cause complication*／望而～畏 *stand in awe of* ❻（使燃料燃烧）light（a fire）：～起一堆篝火 *light a bonfire* ⊜（名）❶（生命）life；living：人～祸福 *the haps and mishaps of life*／自力更～ *stand on（one's）own feet* ❷（生计）livelihood：谋～ *earn one's livelihood*；*make a living* ❸（学生）pupil；student：师～关系 *teacher-student relations* ❹（旧时称读书人）scholar：儒～ *Confucian scholar* ⊜（形）❶（有生命力的；活的）living：～物 *living things* ❷（果实没有成熟）unripe；green：～苹果 *a green apple* ❸（没有煮过或煮得不够的）uncooked：～米做成熟饭 *the rice is cooked—what's done can't be undone* ❹（未经加工或锻炼过的）crude；unrefined：购买～橡胶 *buy crude rubber* ❺（生疏；不熟练）strange；not familiar：怕～ *be shy of strangers* ❻（生硬；勉强）stiff；mechanical：～凑 *mechanically put together* ⓸（副）（用在某些表示感情、感觉的词的前面）very：～疼 *very painful*

【生病】（动）fall ill：因为～而脸色苍白 *blanch with illness*／以～为借口 *plead illness*

【生产】⊖（动）❶（使用工具创造生产、生活资料）produce；manufacture：新车间已投入～。*The new workshop has gone into operation.* ❷（生孩子）give birth to a child：她快～了。*She's having her baby soon.* ⊜（名）（创造生产、生活资料的活动）production：鼓励大量～ *encourage high-volume production*／生活在一个消费与～同样迅速的社会里 *live in a society that consumes as fast as it produces*

【生产过剩】（名）overproduction

【生产率】（名）productivity

【生存】（动）exist；live：～竞争 *struggle for existence*／鱼离开了水是不能～的。*Fish cannot live without water.*

【生动】（形）vivid；moving：～的描写 *a lively description*

【生活】⊖（名）❶（为生存和发展而进行的各种活动）life：不在意都市～的烦恼 *care not the least about the social ills of urban life* ❷（衣、食、住、行等方面的事或情况）livelihood：挣得仅够维持～的工资 *earn subsistence wages*／必需品 *necessaries of life*／～费 *living expenses*／～习惯 *habits and customs* ⊜（动）（生存）live；exist：～在充满紧张的时代 *live in stressful times*／～有品位 *live in style*

【生机】（名）❶（生存的机会）lease of life：一线～ *a slim chance of survival*；*a gleam of hope*；*fighting chance* ❷（生命；活力）life；vitality：～盎然 *be full of life*；*be overflowing with vigour*

【生命】（名）life：尽情享受～ *indulge in an earthly enjoyment of life*／～不息，战斗不止 *fight as long as one has a breath in one's body*；*go on fighting till one breathes one's last*

【生气】⊖（动）（因不合心意而不愉快）get angry；take offence：无缘无故～ *get angry over nothing*／因～而咬牙切齿 *grate one's teeth in anger* ⊜（名）（生命力；活力）vim；vitality；vigour：～勃勃 *be vivid with life*

【生人】（名）stranger：辨认～ *distinguish strangers*

【生日】（名）birthday：庆祝～ *celebrate one's birthday*

【生疏】（形）❶（没有接触过或很少接触的）not familiar；strange：对环境～ *be like a fish out of water*／在这里人地～ *be quite strange here* ❷（因长期不用而不熟练）out of practice；rusty：对唱歌～ *be out of practice at singing* ❸（疏远；不亲近）not as close as before：多年不来往，我们的关系～了。*We haven't been in touch with each other for years, so we're not as close as we used to be.*

【生物】（名）living things；organisms：～学 *biology*／～钟 *biological clock*

【生效】（动）become effective；go into effect：

签字后立即～ *become effective immediately upon signature*

【生锈】（动）get rusty；rust：容易～ *get rusty easily*/因不用而～ *rust from disuse*

【生涯】（名）career；profession：昙花一现的～ *a meteoric career*/达到教职～的巅峰 *reach the capstone of one's teaching career*

【生意】（名）❶（买卖）business；trade：～经 *the knack of doing business*；*shrewd business sense*/～兴隆 *Business is brisk.*；*Business is booming.* ❷（生机）tendency to grow；life and vitality：～盎然 *full of life*/春天的大地充满一片蓬勃的～. *Spring has filled the earth with life and vitality.*

【生长】（动）grow；grow up；be brought up：～茂盛 *grow abundantly*/他～在北京. *He was born and brought up in Beijing.*

【生殖】（动）reproduction：～器 *genitals*/营养体～ *vegetative reproduction*

声 shēng ❶（名）❶（声音）sound；voice：轻～细语地说 *speak in a murmur*/林中充满了悦耳的鸟鸣～ *full the woods with tuneful sound* ❷（名声）reputation：不可靠的～誉 *a questionable reputation* ❷（动）（发出声音；宣布；陈述）make a sound；declare；announce：不～不响 *not utter a word*；*keep quiet* ❸（量）（表示声音发出的次数）：我听见一～炮响. *I heard the sound of a cannon going off.*

【声辩】（动）argue；justify；explain away：为自己的行为～ *try to justify oneself for one's conduct*

【声波】（名）[物]sound wave

【声称】（动）claim；profess；assert：一致～ *declare with one accord*/～信奉天主教 *profess Catholicism*

【声调】（名）❶（音调）tone；pitch of voice：柔和的～ *in tender accents*/以高于通常的～讲话 *speak above an ordinary tone* ❷[语]the tone of Chinese character

【声名】（名）reputation：攻击～狼藉的政客 *attack the politician of ill fame*/使某人～狼藉 *hold sb. up to infamy*

【声明】❶（动）（公开表明态度或说明真相）state；declare；announce：郑重～ *declare solemnly*/事先～一下 *declare beforehand* ❷（名）（声明的文告）statement；declaration：联合～ *joint statement*/否认一项～ *deny a statement*

【声速】（名）[物]velocity of sound

【声望】（名）popularity；prestige：在文学界逐渐树立～ *build up a reputation in literary circles*

【声响】（名）sound；noise：发出奇怪的～ *make a curious noise*

【声音】（名）voice；sound：以低沉～发号施令 *boom out orders*/被众多的～所淹没 *be drowned by a wilderness of voices*

【声誉】（名）reputation；fame；prestige：享有极高的～ *stand high in reputation*

【声援】（动）support：～正义战争 *give one's voice for a just war*

【声张】（动）make public；disclose：不要～。*Don't let it out.*

牲 shēng（名）❶（家畜）domestic animals：养～口 *keep domestic animals* ❷（古代祭神用的牛、羊、猪等）sacrifice：献～ *offer animals in sacrifice*

【牲畜】（名）domestic animals；beast：良种～ *a well-bred beast*/可怜的哑巴～ *poor dumb beasts*

【牲口】（名）draught animals：～棚 *stock barn*；*livestock shed*

shéng

绳 shéng ❶（名）❶（绳子）rope；cord；string：跳～ *a jump rope*/收紧缰～ *draw in the reins* ❷（墨线）the line in a carpenter's ink marker：准～ *guideline*；*criterion* ❷（动）〈书〉（纠正；约束；制裁）restrict；restrain：～某人以纪律 *enforce discipline upon sb.* ❷（衡量）measure ❸（继续）continue

【绳索】（名）rope；cord

【绳子】（名）string；rope：解开～ *cast off a line*/在～上表演特技 *perform on the tightrope*

shěng

省 shěng ❶（动）❶（俭省；节约）economize；save：～钱的方法 *an economical approach*/～时间 *save time* ❷（免掉；减去）omit；leave out：～掉不少麻烦 *save a lot of trouble*/～一道工序 *eliminate one step from the process* ❷（名）（行政区划单位，直属中央）province：吉林～ *Jilin Province*
另见 1054 页 xǐng。

【省城】（名）provincial capital：我上～去办点儿事. *I'm going to the provincial capital on business.*

【省得】（连）so as to save：到了就来信，～我挂念. *Send me a letter as soon as you arrive so that I won't worry.*

【省会】（名）provincial capital：湖南省的～是

长沙。*Changsha is the provincial capital of Hunan.*

【省力】(动)save effort;save labour:这种耕种方法~不少。*This method of farming saves a lot of labour.*

【省略】❶(动)(除去)omit;leave out;skip:~故事中的细节部分 *skip the minor details of the story* ❷(名)ellipsis;abbreviation

【省钱】(动)save money;be economical:每月省点儿钱 *save some money each month*

【省事】(动)save trouble;simplify matters:不能只图~ *not just try to save trouble*/在食堂里吃饭~。*It's more convenient to eat in the canteen.*

【省心】(动)save worry:孩子进了托儿所,她~多了。*Having the child in kindergarten saves her a lot of worry.*

shèng

圣 shèng ❶(形)❶(最崇高的)holy;sacred:神~的誓言 *a solemn vow*/为~杯而远征 *the quest for the Holy Grail* ❷(属于、关于皇帝的)imperial:~谕 *imperial decree* ❷(名)❶(圣人)sage;saint:守护~者 *a tutelary saint*/天上诸~ *the blessed in heaven* ❷(封建社会尊称帝王)emperor:~上 *Your Majesty;His Majesty*

【圣诞】(名)the birthday of Jesus Christ:~树 *Christmas tree*/~老人 *Santa Claus*/~节 *Christmas Day*

【圣洁】(形)holy and pure:一个~的少女 *a holy and pure young girl*/~的人 *a holy person*

【圣经】(名)the Holy Bible:出自~的典故 *biblical allusions*/对~发誓要说实话 *swear by the Bible to tell the truth*

【圣人】(名)sage;wise man:~无常师 *sages have no constant teachers;a sage has more than one teacher*

【圣旨】(名)imperial edict:你把他的话当成~啦?*Do you take everything he says as seriously as an imperial edict?*

胜 shèng ❶(动)❶(打败对方)win;defeat;beat:大~ *win by a handsome margin*/不赛而~ *walk over;run away with*/努力求~ *be out to win* ❷(比另一个优越;超过)surpass;be superior to:远~于迷恋 *transcend infatuation*/事实~于雄辩 *Facts speak louder than words.* ❸(能够担当或承受)be equal to;can bear:海中不可~数的鱼类 *the myriad fish in the ocean*/力不能~ *beyond one's ability* ❷(形)(优美的)superb;wonderful:~

景 *wonderful scenery*/~境 *a scenic spot;a beautiful place* ❸(名)(胜利)victory;success:~不骄,败不馁 *not made dizzy with success,nor discouraged by failure*

【胜地】(名)famous scenic spot;resort:避暑~ *a famous summer resort*

【胜负】(名)victory or defeat:战争的~ *the outcome of a war*/比赛的~是暂时的,友谊是永久的。*To win or lose in a match is temporary,while friendship between the contestants is lasting.*

【胜利】(动)❶(获胜)win;victory;triumph:确定一定会~ *cinch a victory*/因~而欢喜 *rejoice at victory*/~时刻 *be in at the kill* ❷(达到预定目的)successfully;triumphantly:~完成任务 *successfully carry out one's task*

【胜任】(动)be qualified;be equal to:完全不能~ *gross incompetence*/~工作 *be competent at a job;prove equal to the task*

盛 shèng ❶(形)❶(兴盛;繁盛)flourishing;prosperous:生长茂~ *riotous growth*/桃花开得很~。*The peach trees are in full bloom.* ❷(强烈;旺盛)vigorous;energetic:年轻气~ *young and aggressive* ❸(盛大;隆重)magnificent;grand:~况空前 *an exceptionally grand occasion* ❹(深厚)abundant;plentiful:~意 *great kindness* ❺(盛行)popular;common;widespread:学术气氛很~。*An academic atmosphere prevails.* ❷(副)(用力大;程度深)greatly;deeply:~夸 *praise highly*

另见 652 页 chéng。

【盛产】(动)abound in;teem with:石油~带来的富足年代 *flush times resulting from the oil boom*/~番茄的时节 *tomato season*

【盛大】(形)grand;magnificent:~的招待会 *a grand reception*/准备一场~的婚礼 *arrange for a big wedding*

【盛典】(名)a grand ceremony:皇帝的大婚~ *the grand wedding ceremony of the emperor*

【盛会】(名)grand meeting;distinguished gathering:体育~ *a magnificent sports meet*/团结友谊的~ *a grand gathering of unity and friendship*

【盛名】(名)great reputation:~之下,其实难副。*A high reputation is hard to live up to.*

【盛情】(名)great kindness;boundless hospitality:受到~款待 *be accorded lavish hospitality*/~难却 *It would be ungracious not to accept your kindness.*

【盛宴】(名)grand banquet:举行~ *give a Lucullan feast*/~款待 *kill the fatted calf for*

【盛意】(名)great kindness;generosity:衷心感谢您的一片～。*I heartily appreciate your great kindness to me.*

【盛装】(名)splendid attire;rich dress:～打扮 *be dressed up fit to kill*/天安门广场披上了节日的～。*Tian'anmen Square is splendidly decorated for the festive occasion.*

剩

shèng ❶(动)(剩余)be left over;remain:有许多食物～下来 *with lots of food left over*/所～无几。*There is not much left.* ❷(形)(剩余的)surplus;remnant:～货 *surplus goods*

【剩下】(动)be left over;remain:同志们都走了,就～我一个人了。*The other comrades have all gone;I'm the only one left.*

【剩余】(动)surplus;remainder:～价值 *surplus value*

shī

尸

shī (名)(尸体)corpse;dead body;remains:行～走肉 *a living corpse*/政治僵～ *a political corpse*

【尸体】(名)corpse;dead body;remains:血淋淋的～ *a bleeding corpse*/辨认～ *identify corpse*

失

shī ❶(动)❶(失掉;失去)lose:迷～了方向 *lose one's bearings*/～而复得 *lose and find again* ❷(错过)miss;let slip:～去良机 *miss the chance* ❸(没有达到目的)fail to achieve one's end:大～所望 *be greatly disappointed* ❹(改变)deviate from the normal:～常 *not normal*;*odd* ❺(违背;背弃)break (a promise);go back on (one's word):～信于民 *(of a government) lose the confidence of the people* ❷(名)(错误;过失)mistake;defect;mishap:唯恐有～ *fear that there may be some mishap*

【失败】(动)❶(被打败)be defeated;lose (a war,etc.):有一种某人会～的预感 *have a hunch that sb. would lose* ❷(没有达到预定目的)fail;come to nothing:实验～ *the failure of an experiment*/～了不止一次 *fail more than once*

【失策】❶(动)(策略上有所错误)err in tactics;do sth. unwise:这样做非常～。*It was a very unwise move.* ❷(名)(错误的策略)an error:觉察到自己的～ *perceive one's error*

【失常】(动)not normal;odd:情绪～ *an emotional illness*/举止～ *act oddly*

【失措】(动)lose one's head;panic-stricken:惊惶～的逃窜 *panic flight*/茫然～ *be at a loss what to do*

【失掉】(动)❶(原有的不再具有)lose:～理智 *lose one's senses*/～民心 *lose popular support* ❷(没有取得;没有把握住)miss:～机会 *miss a chance*

【失火】(动)catch fire;be on fire:昨晚城里～了。*There was a fire in town last night.*

【失控】(动)out of control;runaway

【失礼】(动)impoliteness;discourtesy:对不起～了。*Pardon me for my lack of manners.*

【失恋】(动)be disappointed in love affair:～的痛苦 *the bitter tastes of disappointed love*

【失落】(形)frustrated

【失眠】(动)sleepless;insomnia:经常性的～ *persistent insomnia*/夜晚～ *have a restless night*

【失明】(动)go blind;lose one's sight:双目～ *lose the sight of both eyes*

【失窃】(动)suffer loss by theft:归还～款项 *restore the stolen funds*

【失去】(动)lose:～理性的冲动 *a brute impulse*/～精神依托 *lose one's moorings*/弥补～的时光 *make up lost time*

【失事】(动)accident;crash:飞机～ *aviation accident;aeroplane crash*

【失调】❶(动)❶(失去平衡)lose balance;dislocate:供求～ *imbalance of supply and demand*/雨水～ *abnormal rainfall* ❷(失去调养)lack of proper care (after an illness, etc.):产后～ *lack of proper care after childbirth* ❷(名)[无]maladjustment;disturbance

【失望】(动)❶(感到没有希望)lose hope;beyond (all) hope:没有完全～ *never give up hope* ❷(因希望落空而不愉快)disappointed:感到～ *be disappointed*/对某人～ *be disappointed with sb.*

【失误】(名)fault;muff:轻微的～ *a bit of a mess-up*/经验不足,难免会有～。*Because of lack of experience, mistakes are hard to avoid.*

【失效】(动)❶(失去效力)lose efficacy;cease to be effective:这药已～。*The medicine no longer has any effect.* ❷(无效)(of a treaty, an agreement, etc.) be no longer in force;become invalid:条约的～ *voidness of a treaty*

【失信】(动)break one's promise;go back on one's word:～于民 *lose the confidence of the people*/～于朋友 *cop out on one's friends*

【失业】(动)lose one's job;be unemployed;on the beach:～的普遍性 *an unemployment epidemic*/～工人 *job-hopping workers*

【失迎】（动）fail to meet：昨天～了，很抱歉。 *Sorry I was out when you called yesterday*.

【失主】（名）loser；owner of lost property

【失踪】（动）be missing：追踪～人口 *trace missing persons*/伤亡之外，尚有多人～。*In addition to the killed and wounded, many are missing*.

【失足】（动）❶（不小心跌倒）lose one's footing；slip：～落水 *slip and fall into the water* ❷（堕落或犯严重错误）take a false step in life；go astray：一～成千古恨。*One false step brings everlasting grief*.；*A single slip may cause lasting sorrow*.

师 shī ㊀（名）❶（传授知识、技术的人）teacher；master：～者，传道授业解惑 *It takes a teacher to transmit wisdom, impart knowledge, and resolve doubts*. ❷（学习的榜样）model；example：～表 *a person of exemplary virtue* ❸（掌握专门学术或技艺的人）a person skilled in a certain profession：漫画大～ *a master of caricature* ❹（由师徒关系产生的）of one's master or teacher：～母 *the wife of one's teacher or master* ❺（军队的编制单位）division：～指挥官 *a divisional commander* ❻（军队）troops：正义之～ *an army fighting for a just cause* ㊁（动）〈书〉（学习；仿效）imitate：～古 *imitate the ancients*

【师傅】（名）master worker：～领进门，修行在个人。*The master initiates the apprentices, but their skill depends on their own efforts*.

【师资】（名）persons qualified to teach：～力量不足 *shortage of teachers*

诗 shī（名）❶（文学体裁的一种）poetry；verse；poem：田园～ *pastoral poems*/感恩的赞美～ *a hymn of thanksgiving*/～意的罗曼史 *a poetic romance* ❷（指《诗经》）The Book of Songs

【诗歌】（名）poems and songs：悦耳的教会～ *a harmonic liturgical chant*/～朗诵 *recitation of poems；poetry readings*

【诗集】（名）poem；poetry anthology

【诗篇】（名）❶（诗的总称）poem：这些～抒发了作者的豪情。*These poems express the fervour of the poet*. ❷（好文章，动人的故事）an inspiring story；epic：我们时代的壮丽～ *a magnificent epic of our era*

【诗人】（名）poet：有灵感的～ *inspired poets*/～的洞察力 *poetic insight*/超越当代其他的～ *tower over other poets of the day*

虱 shī（名）louse：～子 *louse*

狮 shī（名）lion：～子 *lion*

施 shī（动）❶（实行；施展）execute；carry out：软硬兼～ *use both a carrot and a stick*/略～小技 *hatch a little scheme* ❷（给予）exert；impose：对某人～以魔法 *put the whammy on sb*. ❸（施舍）give；bestow；grant：～恩于某人 *bestow favours on sb*. ❹（用；加上）use；apply：～底肥 *apply fertilizer to the subsoil*

【施放】（动）discharge：～烟幕 *lay a smokescreen*

【施肥】（动）spread manure；apply fertilizer：未～的田地 *unfertilized fields*/合理～ *adequate fertilization*

【施工】（动）carry out construction or large repairs：～现场 *construction site*/道路～，车辆绕行。*Detour. Road under repair*.

【施加】（动）put pressure on；bring to bear on：对某人～压力 *bring pressure to bear on sb*.；*put pressure on sb*. /对某人～影响 *exert one's influence on sb*.

【施行】（动）❶（执行）go into effect；put in force；execute：开始～ *go into effect*/本条例自公布之日起～。*These regulations come into force upon promulgation*. ❷（做；实行）perform；carry out：～手术 *perform a surgical operation*

【施展】（动）give free play to：～本领 *put one's ability to good use*/～出种种威逼利诱的伎俩 *resort to all kinds of threats and inducements*

湿 shī（形）（沾了水的或显出含水分多的）wet；damp；humid：潮～天气 *wet weather*/衣袖被泪水所～ *wet one's sleeves with tears*

【湿度】（名）humidity；moisture：～表 *hygrometer*/空气～ *air humidity*

【湿气】（名）moisture；dampness

【湿润】（形）moist；humidification：空气～ *humid air*/她的眼睛～了。*Her eyes were moist with tears*.

shí

十 shí ㊀（数）（九加一后所得）ten：长达数～年的工作生涯 *a career that reached over several decades*/～之八九 *in all probability* ㊁（形）（表示达到顶点）topmost：～成 *100 per cent*

【十二月】（名）❶（公历）December ❷（农历）the twelfth month of the lunar year；the twelfth moon

【十分】（副）very；fully；extremely：～高兴 *be very pleased*/～宝贵 *be most valuable*/似乎～令人喜爱 *seem quite likable*

【十一月】（名）❶（公历）November ❷（农历）the eleventh month of the lunar year；the eleventh moon

【十亿】（数）billion：～分之一 *part per billion*

【十月】（名）❶（公历）October ❷（农历）the tenth month of the lunar year；the tenth moon

【十字架】（名）cross：佩在胸前的～ *a pectoral cross*/耶稣在～上所受的苦难 *Christ's agony on the cross*

【十字路口】（名）intersection；crossroads：人迹罕至的～ *a lonely crossroads*

【十足】（形）❶（成色纯）pure：～的黄金 *pure gold* ❷（十分充足）100 per cent；sheer；downright：～的恶棍 *a regular scoundrel*/相当年轻但经验～ *be on the young side but experienced*

什 shí ⊖（形）（多种的；杂样的）assorted；varied ⊜（数）〈书〉（十，多用于分数或倍数）ten

另见 958 页 shén。

【什锦】（形）assorted；mixed：～奶糖 *assorted toffees*

石 shí（名）❶（岩石）stone；rock：铁～心肠 *a heart of marble*/翻腾的河水拍打着岸边的岩～。*The turbulent water slapped against the rocks on the river banks.* ❷（石刻）stone inscription：一件～雕品 *a piece of stonework*

【石碑】（名）stone tablet；stele

【石雕】⊖（动）（在石头上雕刻）stone carving ⊜（名）（用石头雕刻的作品）carved stone

【石灰】（名）lime：一些含镁～ *some dolomitic lime*/风化～ *air-slaked lime*

【石刻】（名）carved stone

【石墨】（名）graphite

【石头】（名）stone；rock：触摸平滑的～ *touch the smooth stone*/进入一个巨大的～堡垒 *get into a mighty stone fortress*

【石英】（名）quartz：～表 *quartz watch*/～玻璃 *quartz glass*

【石油】（名）petroleum；petrol：～化工部 *petrochemical ministry*/～盛产带来的富足年代 *flush times resulting from the oil boom*

时 shí ⊖（名）❶（比较长的一段时间）time；times；days：古～ *old times*/高峰～的混乱 *the rush-hour melee*/需要即～把握的机会 *a hot opportunity* ❷（规定的时间）fixed time：养成守～的习惯 *make a practice of being punctual* ❸（计时单位）hour：报～的钟 *a clock that rings the hour*/在一小～之内 *within an hour* ❹（季节）season：春耕～节 *the season for spring ploughing* ❺（时机）chance；opportunity：待～而动 *bide one's time* ❻（当前；现在）present；：～的习俗 *an extinct custom* ❼［语］（时态）tense ❽（时辰）a period of two hours：子～ *from 11 p.m. to 1 a.m.* ⊜（副）（时常；经常）now and then；occasionally：～有发生 *occur from time to time* ⊜（连）（叠用，表示不同现象或事情交替发生）now...now...；sometimes...sometimes...：天气～热～冷。*The weather is now hot, now cold.*

【时差】（名）❶［天］（平太阳时和真太阳时的差）equation of time ❷（不同时区之间的时间差别）time difference：～反应 *jet lag；jet fatigue*

【时常】（副）often；frequently：～哭泣的易受感动的人 *an emotional person who often weeps*

【时代】（名）❶（时期）times；age；era；epoch：电子～ *the era of electronics*/新～的凯歌 *a paean of triumph to the new age* ❷（生命中的某个时期）a period in one's life：从青年～到老年～ *from youth to old age*

【时而】（副）❶（事情重复发生）from time to time；sometimes：天上～飘过几片薄薄的白云。*Every now and then fleecy clouds floated across the sky.* ❷（叠用）now...now...；sometimes...sometimes...：这儿天气变化无常，～晴天，～下雨！*What changeable weather, fine one moment, raining the next!*

【时光】（名）❶（时间；光阴）time：～流逝 *the race of time*/弥补失去的～ *make up the lost time* ❷（时期，日子）times；years；days：飞逝的青春 *youth that is soon flown*

【时机】（名）opportunity；chance：等待～ *wait for an opportunity*/错过最有利的～ *let slip a golden opportunity*

【时间】（名）time：～表 *timetable*/～已满。*Time's up.*/在我们这个宇宙出现以前的无限～ *the aeonian ages preceding our present universe*

【时刻】⊖（名）（时间里的某一点）time；hour；moment：回忆幸福的～ *recapture a happy moment*/记录下历史上的一个光辉～ *record a bright moment in history* ⊜（副）（每时每刻；经常）constantly；always：～留意 *keep one's eyes open*/时时刻刻为人民利益着想 *always keep the people's interests in mind*

【时令】（名）season：～不正 *unseasonable weather*/～已是初秋。*It is already early autumn.*

【时髦】（形）stylish；fashionable：穿着～ *be fashionably dressed*

【时期】（名）a particular period：巅峰～ *noontide of*

【时时】（副）often；constantly：～想起 *often recall oneself in all matters*／抵抗～发生的危险 *confront danger at every turn*

【时势】（名）current situation：～造英雄。*The times produce their heroes.*

【时事】（名）current events；current affairs：～学习 *make a study of current affairs*／做～报告 *report on current events*

【时兴】（形）fashionable；popular；in vogue：变得不再～ *get out of fashion*／落后于～式样 *fall behind the fashion*

【时运】（名）luck；fortune：～不济 *have bad luck*；*be down on one's luck*

【时装】（名）fashionable dress；the latest fashion：秋天的流行～ *the hot fashions for fall*／参加～表演 *take part in a fashion show*

识 shí ⊖（动）❶（认识）know：素不相～ *not know a person from Adam*／介绍两人认～ *get a person acquainted with* ❷（懂得）know；understand：不～时务 *show no understanding of the times* ⊜（名）（见识；知识）knowledge；insight：见多～广 *have wide experience and extensive knowledge*

【识别】（动）distinguish；discern：～真伪 *distinguish true from false*／培养敏锐的～力 *cultivate a subtle discrimination*

【识破】（动）see through；penetrate：易～的谎言 *transparent lies*／～骗局 *see through a fraud*

【识字】（动）learn to read：～班 *literacy class*／～知礼 *recognize characters and be acquainted with rules of etiquette*

实 shí ⊖（形）❶（内部完全填满，没有空隙）solid：一块～心的木头 *a solid block of wood*／里面是～的。*It's solid.* ❷（真实；实在）true；real；honest：～利 *actual tangible benefits*／充满了华而不～的词句 *be full of pretty phrases* ⊜（名）❶（实际；事实）reality；fact：既成事～ *accomplished facts* ❷（果实；种子）fruit；seed：开花结～ *blossom and bear fruit*

【实地】（名）on the spot：～考察 *on-the-spot investigation*／进行～考察旅行 *make field trips*

【实话】（名）truth：说～ *speak frankly*；*talk straight*／对圣经发誓要说～ *swear by the Bible to tell the truth*

【实惠】（名）material benefit；real benefit

【实际】⊖（名）（客观存在的事物、情况）reality；

practice：符合～ *correspond to reality*／思想落后于～。*Thinking lags behind reality.* ⊜（形）❶（实有的）practical；realistic：获得一点儿～的智慧 *get a little practical wisdom* ❷（合乎事实的）real；actual；concrete：体验～的人生 *experience real life*／持有很不～的想法 *hold impractical ideas*

【实践】⊖（名）（有意识的活动）practice：把理论付诸～ *put theory into practice*／～出真知。*Genuine knowledge comes from practice.* ⊜（动）（实行）put into practice；carry out；live up to：不容易～ *be difficult to put into practice*／在生活中～自己的信念 *live one's faith*

【实力】（名）actual strength；strength：国防～ *national defence capabilities*／保持与对手相当的～ *keep abreast of one's opponent*

【实施】（动）put into effect；implement；carry out：强行～法律 *put some muscle into law enforcement*／～新的程序 *implement new procedures*

【实习】（动）practice；fieldwork：～教师 *student teacher*；*trainee teacher*／进行护理～ *do practice nursing*

【实现】（动）realize；achieve：未～的梦想 *an unrealized dream*／他的夙望～了。*His long-cherished wish has come true.*

【实效】（名）actual effect；substantial results：确有～ *prove to be really effective*／讲求～ *strive for substantial results*

【实心】（形）❶（心地诚实）sincere：～话 *words spoken from one's heart*／～实意 *be honest and sincere* ❷（内部是实的）solid：～球 *solid ball*

【实行】（动）put into practice；carry out：不能强制～的改革 *unenforced reform*／～一项新策略 *carry out a new policy*

【实验】（名）experiment；test：～失败 *fail in an experiment*／～室 *laboratory*／进行一项～ *run an experiment*

【实用】（形）practical；available：非常～的设计 *a device that will serve well*／既美观，又～ *be both beautiful and practical*

【实在】⊖（形）（真实；不虚假）true；real；honest：说话～ *shoot straight*／他这个人可～了。*He is an honest and truly dependable man.* ⊜（副）❶（的确）indeed；really：～太好了 *very good indeed* ❷（其实）in fact；in essence：他装懂，～并没懂。*He pretends to understand, but as a matter of fact he doesn't.*

【实质】（名）substance；essence：取得～性进展 *make substantial progress*／～上 *in substance*；*in essence*

【实足】（形）full；solid：～年龄 *exact age*；

chronological age/～ 两个钟头 *two solid hours*

拾 shí ❶(动)(把地上的东西拿起来,捡)pick up;collect:～麦穗儿 *glean wheat*/～到一个钱包 *pick up a purse* ❷(数)("十"的大写)ten

【拾掇】(动)❶(收拾)tidy up;put in order:我们把屋子～一下。*Let's tidy up the room.* ❷(修理)repair;fix:这机器有点儿毛病,你给～一下好吗? *Something is wrong with the machine. Will you help me fix it?* ❸〈口〉(惩治)settle with;punish

食 shí ❶(动)(吃)eat:多～蔬菜。*Eat plenty of vegetables.* ❷(名)❶(吃饭)meal:废寝忘～ *forget meals and sleep* ❷(人吃的东西)food:面～ *food made of flour* ❸(一般动物吃的东西;饲料)feed:小猫出去找～儿了。*The kittens are out looking for food.* ❹(天体现象)eclipse:全～ *total eclipse*

【食粮】(名)grain;food:供应～ *food supplies*

【食品】(名)foodstuff;food:～部 *food department*/～商店 *provisions shop*

【食谱】(名)recipes;menu

【食物】(名)food;eatable:～中毒 *food poisoning*/～链 *food chain*

【食盐】(名)salt;table salt

【食欲】(名)appetite:促进～ *stimulate the appetite*;be appetizing/～不振 *have a jaded appetite*;*have a poor appetite*

【食指】(名)❶ index finger ❷ mouths to feed (in a family):～众多,入不敷出 *have a large family to support and can hardly make both ends meet*

shǐ

史 shǐ (名)❶(历史)history:经历一个漫长的发展～ *have a long history of growth*/人类有～以来 *within the memory of humankind* ❷(古代掌管记载史事的官)an official who was in charge of historical record and historical events in the ancient times:太～ *official historian*

【史册】(名)history;annals:名垂～ *remain immortal in the annals*/在民族解放～上写下灿烂的篇章 *add an illustrious page to the annals of national liberation struggles*

【史迹】(名)historical site of relics

使 shǐ ❶(动)❶(派遣;支使)send;tell sb. to do sth.:～人去打听消息 *send sb. to make inquiries* ❷(用;使用)use;employ;apply:～

出浑身解数 *use all one's skill* ❸(让;叫;致使)make;cause;enable:～得家喻户晓 *make it known to everyone*/～ 某人着迷 *knock sb.'s eye out* ❷(名)(奉使命办事的人)envoy;messenger:天～般的婴孩 *an angel of a baby*

【使馆】(名)embassy;diplomatic mission:～区 *diplomatic quarter*/～工作人员 *the staff of a diplomatic mission*;*embassy personnel*

【使唤】(动)❶(叫人替自己做事)order about:爱～ 人 *be in the habit of ordering people about*;*be bossy* ❷〈口〉(使用)use;handle:这匹马不听生人～。*This horse won't obey a stranger.*

【使节】(名)diplomatic envoy;envoy:外交～ *a diplomatic envoy*/为派驻他国的～送行 *see off an envoy to another country*

【使命】(名)mission:承担其历史～ *shoulder its historical mission*/成功地完成～ *carry out the mission successfully*

【使用】(动)make use of;employ:～价值 *use value*/～无礼的措辞 *use distasteful language*

【使者】(名)emissary;messenger:上帝的～ *God's messenger*/他是一位和平～。*He is an ambassador of peace.*

始 shǐ ❶(名)(最初;起头)beginning;start:～乱终弃 *forsake after having dallied with*/有～无终地 *by halves* ❷(动)(开始)start;begin:不知～于何时 *not know exactly when this came into being* ❸(副)〈书〉(才)only then;not...until:坚持学习,～能不断进步。*Only persistent study yields steady progress.*

【始终】(副)from beginning to end:他～言行一致。*His actions are always consistent with his words.*

shì

士 shì (名)❶(古代指未婚的男子)bachelor (in ancient China) ❷(读书人)scholar ❸(军人的一级)noncommissioned officer:将一个～官降级 *disrate a noncommissioned officer* ❹(某种技术人员)a person trained in a certain field:当了医学～ *become a Bachelor of Medicine* ❺(对人的美称)person:总是让自己保持绅～的风范 *hold oneself as a gentleman at all times* ❻(棋子)bodyguard (one of the pieces in Chinese chess)

【士兵】(名)soldiers:英勇的～ *a brave soldier*/～失去勇气而退缩了。*The soldiers lost heart and retreated.*

【士气】(名)morale:振作～ *bring up the morale*/保持旺盛的～ *keep up the morale*

S

示 shì ❶(动)（摆出或指出使人知道；表明）show；notify；instruct：悄声暗～ *breathe the faintest hint*/欣赏充满启～的一幅画 *admire a painting full of inspiration* ❷(名)〈书〉（给下级或晚辈的话或文字）letter；instructions：请～ *ask for instructions*

【示范】(动)demonstrate；set an example：～飞行 *demonstration flight*/我先给大家～一下。*I'll first show you how to do it.*

【示例】(动)give typical example

【示威】(动)❶（表示抗议或要求）demonstrate；parade；march：举行群众～ *have a mass demonstration*/在窗口观看～游行 *watch the demonstration from the window* ❷（显示力量）put on a show of force

【示意】(动)signal；hint；motion：以目～ *give a hint with the eyes*/～某人出去 *motion to sb. to go out*/～图 *sketch map*；*schematic drawing*

【示众】(动)publicly expose：游街～ *parade sb. through the streets*

世 shì (名)❶（人的一辈子）lifetime；life：一～ *all one's life*/相信有来～ *believe in a hereafter* ❷（一代又一代）generation：在影片中饰演伊丽莎白一～ *do Elizabeth I in the film* ❸（时代）age；era：盛～ *flourishing age* ❹（世界）world：珍视在尘～间短暂的存在 *value one's temporal existence in the world*

【世代】(名)❶（好几辈子）for generations；from generation to generation：～相传 *pass on from generation to generation* ❷（年代）an epoch or era

【世纪】(名)century：宣告新～的来临 *usher in the new century*/历经几个～而化为尘埃 *have fallen to dust over the centuries*

【世界】(名)world；the universe：赶超～水平 *catch up with and surpass the world standards*/在变化的～中 *in the world of change*

【世上】(名)in the world；on earth：～无不散的筵席。*Even the longest feast must break up at last.*/～无难事，只怕有心人。*Nothing in the world is difficult for one who sets his mind to it.*

【世态】(名)the ways of the world：～炎凉。*Warmth or coldness is the way of the world—people are friendly or unfriendly, depending on whether one is successful or not.*

市 shì ❶(名)❶（市场）market：上～ *be in season*/掌握股～行情 *follow the stock market* ❷（城市）city；municipality：～内交通 *city traffic*/努力改善城～内的生活质量 *endeavor to improve the quality of life in the inner city* ❷(动)〈书〉（买卖货物）buy；sell；deal in：～马 *deal in horses*

【市场】(名)❶（商品交易场所）market house；marketplace：在～大声叫卖商品 *cry one's wares in the marketplace* ❷（商品行销区域）market：～机制 *market mechanism*/进入欧洲共同～ *get into the European Economic Community Common Market*

【市价】(名)market price

【市郊】(名)suburb；outskirts：～群集 *a city-suburban conglomerate*/典型的～社区 *a typical suburban community*

【市面】(名)market condition：～繁荣。*Trade is flourishing.*；*Business is brisk.*

【市民】(名)residents of a city；residents：一位诚实的～ *a solid citizen*/通知～宵禁 *notify the citizens of the curfew*

【市容】(名)appearance of a city：保持～整洁 *keep the city clean and tidy*

【市长】(名)mayor：委任的～ *an accredited mayor*/竞选～ *run for mayor*

【市镇】(名)small towns；towns：步行至～的边界 *walk to the end of town*/观赏着沿岸的～ *admire the towns along the coast*

【市政】(名)municipal administration：～厅 *city hall*/～当局 *municipal authorities*

式 shì (名)❶（样式）type；style：采用散文的形～ *adopt the prose form* ❷（格式）pattern；form：从电脑程～中得知讯息 *get information from the computer program* ❸（仪式；典礼）ceremony；ritual：参加新博物馆的开幕仪～ *attend the opening of the new museum* ❹（自然科学中表明某种规律的一组符号）formula：算出方程～ *work out the equations* ❺［语］（表示说话者对所说事情的主观态度）mood；mode：叙述～ *indicative mood*

【式样】(名)style；type；model：不同～的房屋 *houses of different designs*/按照～ *according to the pattern*

【式子】(名)❶（姿势）posture：他的太极拳～摆得好。*The postures he assumes when doing taijiquan exercises are correct and graceful.* ❷（自然科学中的一组符号）formula：列出这道代数题的～。*Write down the formula for this algebraic problem.*

势 shì (名)❶（势力）power；force；influence：～如中天 *be in a most powerful position* ❷（一切事物力量表现出来的趋向）momentum；tendency：以排山倒海之～ *with the momentum of an avalanche* ❸（自然界的现象或形势）the outward appearance of a natural object：山～ *the lie of mountain* ❹（状况，情势）situation；state of affairs；circumstances：～难从命．*Circumstances make it difficult for me to follow your instructions*．❺（姿态）sign；gesture：采取攻～ *take the aggressive*

【势必】（副）certainly will；be bound to：饮酒过度，～影响健康．*Excessive drinking will undoubtedly affect one's health*．

【势力】（名）force；power；influence：摧毁某人的～ *destroy sb.'s influence* ／在～范围以内 *within sphere of influence*

事 shì ❶（名）❶（事情）matter；affair；thing；business：～必躬亲 *take care of every single thing personally* ❷（事故）trouble；accident：惹～ *make trouble* ❸（职业；工作）job；work：找到轻松的差～ *find a light berth* ❹（关系或责任）responsibility；involvement：这件案子里还有他的～呢．*He was involved in the case，too*．❷（动）❶（书）（侍奉）wait upon；serve：～父母 *wait upon one's parents* ❷（从事）be engaged in：无所～事浪费了一星期的时间 *lose a week in idle occupations*

【事变】（名）❶（重大事件）incident：七七～ *the July 7th incident of 1937* ❷（重大变化）emergency；exigency：能够应付紧急～ *rise to the emergency* ❸（泛指事物的变化）the course of events；events：研究周围～的联系 *look into the relations of events occurring around one*

【事端】（名）disturbance；incident：制造～ *create disturbances* ／在大学里引起～ *provoke incidents in universities*

【事故】（名）accident；mishap：防止发生～ *try to avert accidents* ／死于突然～ *be killed in a sudden accident*

【事后】（名）after the event；afterward：～诸葛亮 *be wise after the event* ／不要老是只做～的指挥 *Don't get into the habit of criticizing only after the event*．

【事迹】（名）deed；achievement：讲述夸大的英雄～ *tell tall tales of heroic exploits*

【事件】（名）incident；event：目睹不寻常的发生 *witness a rare event* ／那一意外～给我以宝贵的教训．*The accident taught me a valuable lesson*．

【事例】（名）example；instance：典型～ *a typical case*

【事情】（名）affair；matter：对～不关心 *let things go along* ／有了转机 *bring matters to a head*

【事实】（名）fact；showing：～上 *in fact；in re-*ality／歪曲～ *strain a point* ／～胜于雄辩．*Facts are stronger than rhetoric*．；*Facts speak louder than words*．

【事事】（名）everything：～如意 *be in smooth water* ／～顾全大局 *take the public interests into account in whatever one does*

【事态】（名）state of affairs；situation：但～毕竟并非如此绝望．*But the case is not so desperate after all*．

【事物】（名）thing；object：～的矛盾的法则 *the law of contradiction in things* ／～都是一分为二的．*Everything divides into two*．

【事先】（名）in advance；beforehand：～做好准备 *get everything ready beforehand*

【事项】（名）item；matter：注意～ *matters needing attention* ；points for attention／将讨论的焦点移到其他～ *move the discussion to other matters*

【事业】（名）❶（从事的活动）cause；undertaking：全心致力于～ *be completely wedded to a profession* ／处于～的巅峰时期 *be at the height of one's career* ❷（非企业）enterprise；facilities：慷慨捐助慈善～ *give generously to charity*

【事宜】（名）matter concerned：商谈有关建使馆～ *discuss matters relating to the establishment of the embassy* ／讨论春耕～ *discuss problems about the spring ploughing*

侍 shì（动）（陪伴侍候）wait upon；serve：骑马～卫 *horse guards* ／～奉父母 *look after one's parents*

【侍从】（名）attendant：他是国王的一位～．*He is one of the King's attendants*．

【侍候】（动）wait upon；look after：～病人 *look after a patient* ／～少爷 *wait upon the young master*

【侍女】（名）maidservant；maid

【侍者】（名）attendant；servant；waiter：向一个～打手势 *gesture to a waiter*

饰 shì ❶（动）❶（装饰）decorate；adorn；polish；cover up：好东西无须多加装～．*True coral needs no painter's brush*．❷（扮演）play the role of；act the part of；impersonate：他～小张．*He played Xiao Zhang*．❷（名）（装饰品）decorations；ornaments：对于保守风格的服～有独特的眼光 *have a good eye for understated fashion*

试 shì ❶（动）（试验；尝试）try；test：～一～ *have a try* ／用来哄骗受害者而且屡～不爽 *use so effectively to lull the victims* ❷（名）（考试）examination；test：参加入学考～ *take*

the entrance examinations

【试点】㊀(动)(先做小型实验)make experiments；conduct tests at selected points：进行以税代利的～ conduct experiments in substituting taxes for delivery of profit ㊁(名)(做小型试验的地方)a place where an experiment is made；experimental unit：在～单位进行试验 experiment in selected units

【试剂】(名)reagent

【试卷】(名)examination paper：打印～ type a test paper/在～上作答 answer on the examination paper

【试探】(动)feel out；probe；explore：～虚实 try to find out the abstract and the concrete/进行～性攻击 make probing attacks

【试图】(动)attempt；try：～找出答案 make a stab at the answer/～抓住救生艇 clutch at a life raft

【试行】(动)try out：先～，再推广 first try out，then popularize/由上级批准～ be ratified by the higher authorities for trial implementation

【试验】(动)trial；test；experiment：用各种方法做～ experiment with various methods

【试样】(名)sample：请拿一个～给我看看。Show me a sample，please．

【试用】(动)try out；on probation：～人员 person on probation/在～时被发现不合格 be found on trial to be incompetent

【试制】(动)trial-produce；trial-manufacture：一种新的播种机～成功了。A new seeding machine has been successfully trial-produced．

视 shì (动)❶(看)look at：混淆～听 throw dust in people's eyes ❷(看待)regard；look upon：一～同仁 treat all men alike ❸(考察)inspect；watch：审～ look closely at

【视察】(动)inspect：～现场 take a view of the scene/在外地～工作 be on an inspection tour

【视觉】(名)[生理]visual sense；sense of sight：～印象 eye impressions；visual impressions

【视力】(名)vision；sight：～不佳 have got poor vision/通过～测验 pass the eyesight test

【视频】(名)[物]video frequency

【视线】(名)line of sight：挡住～ obstruct the view/在～内 within view

【视野】(名)field of vision：清晰 get a clear view/进入～ come into view

柿 shì (名)(柿子；柿树)persimmon

是 shì ㊀(形)(对；正确)correct；right：你说得～。What you said is right．㊁(代)❶

〈书〉(这；这个)this：如～ like this ❷(用在名词前，含有"凡是"的意思)all；any：～什么种子，就开出什么花。Each kind of seed produces its own flowers．㊂(叹)(表示应答)yes；right：～，我就去。Yes，I'll go right away．㊃(动)〈书〉(认为正确)praise；justify：～古非今 praise the past and condemn the present/沉迷于自以为～的世界中 wallow in self-righteousness ㊄(名)〈书〉(大计；事务)(important)affairs：共商国～ discuss affairs of state

【是非】(名)❶(事理的正确与错误)right and wrong：～颠倒 confound right and wrong/明辨～ distinguish clearly between right and wrong；know right from wrong ❷(口舌)quarrel；dispute：～之地 a place where one is apt to get into trouble

【是否】(副)whether；whether or not；if：犹豫不决～要买房子 waver over buying a house

适 shì ㊀(形)❶(适合)fit；suitable；proper：～时抵达 arrive opportunely/提出～合的建议 make poignant suggestions ❷(恰好)right；opportune：～逢其会 happen to be present on the occasion ❸(舒服)comfortable；well：享受舒～ enjoy the comfort ㊁(动)❶(去，往)go；follow；pursue：无所～从 not know what course to pursue；be at a loss what to do ❷〈书〉(出嫁)(of a woman) marry：～人(of a woman) get married (to sb．)

【适当】(形)suitable；proper；appropriate：～的措辞 an appropriate wording/找了个不～的借口 give a clumsy excuse

【适合】(动)suit；fit：～这个季节 be appropriate to the season/失去～行动的时刻 miss the right time to act

【适时】(形)timely；at the right moment；in good time：发出～的号召 make a timely call/～播种 begin sowing in good time

【适宜】(形)suitable；fit；appropriate：特别～作圣诞礼物 be particularly appropriate for Christmas gifts/那里有～步行的小路。There is a walkable path．

【适应】(动)suit；adapt to；fit：～时代的要求 keep abreast of the times/手段必须～目的。The adjustment of the means to the end is necessary．

【适用】(形)be applicable；suit：普遍～ be universally applicable/这项原则并非～于一切情况。The rule does not apply in all cases．

【适中】(形)❶(适度)moderate：雨量～ moderate rainfall ❷(位置不偏于哪一面)well

situated;地点～ *be conveniently situated*

室 shì (名) ❶(屋子)room;会客～ *reception room*/将毛巾散置在更衣～里 *litter towels all over the locker room* ❷(工厂、机关、学校等内部的工作单位) section;office;忍受办公～里恶劣的环境 *stick out a bad situation in the office* ❸〈书〉(妻子)wife;妾～ *concubine*

【室内】(名)indoor;interior;参加～运动 *take part in indoor sports*/喜爱严肃的～装潢风格 *like a clinical style of decoration*

【室外】(名)outdoor;outside;～活动 *outdoor activities*

【室友】(名)roommate;与～彼此和睦相处 *live in peace with one's roommates*/偶然遇到某人以前的～ *come across one's old roommate*

逝 shì (动) ❶(时间、水流等过去)pass;elapse;一瞬即～的时光 *fugitive hours*/时光易～。*Time passes quickly.* ❷(死亡)die;pass away;病～ *die of illness*

【逝世】(动)pass away;die;为某人的～而悲伤 *lament over the death of sb.*/他的影响随着他的～而消失。*His influence ceased with his death.*

释 shì (动) ❶(解释)explain;elucidate;～义 *explain the meaning* ❷(消除)clear up;dispel;用蒸馏水稀～威士忌 *cut whiskey with distilled water* ❸(放开;放下)let go;be relieved of;内心如～重负 *unburden one's mind* ❹(释放)release;set free;～去气球中的空气 *let the air out of the balloon*

【释放】(动)❶(恢复被拘押者的人身自由)release;set free;clearing;无罪～ *go scot-free*/被～出狱 *be released from the gaol* ❷〔物〕relief;rid;trip;～出能量 *give off energy*

嗜 shì (动)(特别爱好)have a liking for;be addicted to;～酒 *be addicted to drink*/～好 *hobby*;*addiction*

誓 shì ❶(动)(决心照说的话实行;发誓)swear;vow;pledge;～报此仇 *swear vengeance*/～不两立 *swear not to exist together under the same heaven* ❷(名)(表示决心的话)oath;vow;向上帝起～ *vow to God*/立～要当修女 *take the vows of a nun*

【誓词】(名)oath;pledge

【誓死】(名)pledge one's life;dare to die;～保卫祖国 *pledge to fight to the death in defending one's country*;*be ready to die in defence of one's country*

vow;履行～ *fulfill a pledge*

【誓约】(名)vow;solemn promise;庄严的～ *a holy pledge*/取消～ *abrogate one's vow*

shōu

收 shōu ❶(动) ❶(把摊开的或分散的事物聚集、合拢)put away;take in;信尾～笔 *close a letter*/把玩具～好 *put the toys away* ❷(收取)collect;～税 *collect taxes*/坐～渔利 *play both ends against the middle*;*play off against* ❸(收割)harvest;gather in;～割麦子 *shear through the wheat* ❹(接;接受;容纳)receive;accept;～受贿款 *receive bribery payments* ❺(收缩)close;伤～口了。*The wound has healed.* ❻(约束;控制)restrain;control;有些～敛 *show some restraint* ❼(结束;停止)bring to an end;stop;～工 *stop work for the day* ❷(名)❶(收获)harvest;取得丰～ *get an abundant harvest* ❷(收入)money received;income;receipt;将税～花费在政府业务上 *expend tax revenue on government operations*

【收藏】(动)collect;store up;～古画 *collect old paints*/在图书馆里～珍本书 *house rare books in a library*

【收成】(名)harvest;crop;从来没有过的好～ *a record harvest*/坏～ *poor harvests*;*crop failures*

【收到】(动)receive;get;obtain;achieve;～大量的求职信 *receive a flood of applications*

【收复】(动)recover;recapture;～失地 *recover lost territory*/～城市 *recapture a city*

【收购】(动)purchase;buy;～农副产品 *purchase farm produce and sideline products*/以～价格出售 *sell at purchasing price*

【收回】(动)❶(取回)take back;call in;recover;regain;～主权 *regain sovereignty*/～借出的书籍 *call in books lent out* ❷(撤销)withdraw;countermand;～成命 *countermand an order*;*revoke a command*

【收获】❶(动)(取得成熟的农作物)gather in the crops;harvest;reap;春天播种,秋天～ *sow in spring and reap in autumn* ❷(名)(比喻心得、成果等)results;gains;毫无～ *get nowhere*/你们的艰苦劳动一定会有～。*Your hard work will be duly rewarded.*

【收集】(动)collect;gather;～标本 *make a collection of specimens*/～民间验方 *collect time-tested folk prescriptions*

【收据】(名)receipt

【收录】(动)❶(吸收任用)employ;recruit;～几个职员 *recruit some office workers* ❷(编

集子时采用)include:这篇文章已～在他的选集里。*This essay is included in his selected works.* ❸(录音)listen in and take down;record:～机 *record player*

【收盘】(名)[经] closing quotation:～汇率 *closing rate*/～价格 *closing price*

【收票员】(名)ticket collector

【收起】(动)pick up;cut out;pack up:～你那套鬼把戏! *None of your dirty tricks!*

【收讫】(动)❶(收清)payment received ❷(如数收到)(on a bill of lading;an invoice,etc.) all the above goods received;received in full

【收容】(动) take in;accept;house:救济～所 *a welfare hotel*/～流亡者 *house a fugitive*

【收入】❶(名)(收进来的钱)income;earning;receipt:～相当可观 *earn quite a handsome income*/～不足以维生。*The income can barely provide maintenance.* ❷(动)(收进来)take in;include:修订版～许多新词语。*Many new words and phrases have been included in the revised edition.*

【收拾】(动)❶(整理)put in order;tidy;clear away:～床铺 *make the bed* ❷(准备)get things ready;pack:～行李 *pack one's luggage* ❸(修理)repair;mend:～鞋子 *mend shoes* ❹〈口〉(整治)settle with;punish:早晚我们要～这个坏蛋。*We'll settle with the scoundrel one of these days.*

【收缩】(动)❶(由大变小;由长变短)contract;shrink:金属遇冷就会～。*Metals contract as they become cool.* ❷(紧缩)concentrate one's forces;draw back:敌人～到几个据点里。*The enemy drew back into a few fortified points.*

【收听】(动)listen in;listen to:～元旦社论 *listen in to the New Year's Day editorial*/～新闻广播 *listen to the news broadcast*

【收效】(名) yield results;produce effects:～显著 *bring notable results*/～甚微 *produce very little effect*

【收音机】(名)radio:听～ *listen to the radio*

【收支】(名) income and expenses:～逆差 *balance of payments deficit*/～平衡 *make ends meet*

shǒu

手 shǒu ❶(名)❶(人体上肢前端能拿东西的部分)hand:～拉～ *hand in hand*/～不释卷 *be a diligent reader* ❷(擅长某种技能的人或做某事的人)a person doing or good at a certain job:闲置不用的人～ *idle hands*/一个数学高～ *a real demon at math* ❷(动)(拿着)

have in one's hand;hold:人～一册。*Everyone has a copy.* ❸(形)handy;convenient:～册 *handbook* ❹(量)(用于技能、本领)他真有两～。*He really knows his stuff.*

【手臂】(名)arm:～不能动 *lose motion in one's arm*/抓住某人的～ *catch sb. by the arm*

【手表】(名)wristwatch:调准～ *adjust a watch*/修理～ *mend a watch*

【手册】(名) handbook;manual:劳动～ *worker's book*/阅读英语语法～ *read a handbook on English grammar*

【手段】(名)❶(方法)means;measure;method:强制～ *coercive method*/紧急时诉诸非常～ *resort to extremes in emergency* ❷(不正当的方法)trick;artifice:采用种种～ *resort to all sorts of tricks*

【手法】(名)❶(技巧)skill;technique:艺术表现～ *means of artistic expression*/研究教学～ *study pedagogic skills* ❷(不正当的方法)trick;gimmick:两面～ *dual tactics*

【手风琴】(名)accordion:弹奏～ *play on an accordion*/看到一位街头～师 *catch sight of an organ grinder*

【手稿】(名)original manuscript:小说的～本 *an autographed copy of a novel*/润色～ *polish manuscript*

【手工】(名)❶(手做的工作)hand-work:～艺 *handcraft art*/倦于～劳动 *be tired of manual labor* ❷〈口〉(手工劳动的报酬)charge for a piece of handwork:交～费 *pay for a piece of handwork*

【手巾】(名)towel

【手帕】(名)handkerchief

【手枪】(名)pistol:用～射击 *shoot with a pistol*/杀死一个带有～的恶棍 *kill a thug who carries a pistol*

【手巧】(形)skillful;deft:那姑娘～,裁剪、缝纫、刺绣,样样都擅长。*The girl is nimble-fingered and is good at garment-cutting, sewing and embroidery.*

【手势】(名) gesture;sign;signal:做～表示赞同 *sign one's approval*/打～使群众安静下来 *silence the crowd with a gesture*

【手术】(名)operation;surgical operation:～后的追踪检查 *a follow-up examination after the surgery*/因～而注射麻醉药 *be doped up for the operation*

【手套】(名)gloves:戴上～ *draw on one's gloves*/找出两副洁净的～ *find two pairs of spandy gloves*

【手提包】(名)handbag;bag

【手提箱】(名)suitcase:装得满满的～ *a tight*

suitcase/独力提～ carry the suitcase alone

【手续】（名）formalities；procedures：～费 service charges/履行～ perform formalities

【手艺】（名）craft；handicraft：～人 craftsman/ ～高超 be highly skilled

【手语】（名）finger language；sign：聋哑者所用的～ finger language/用～表达 talk with one's hands

【手指】（名）finger：～僵木 have one's fingers all thumbs/用～指向天空 stab the air with one's fingers

【手镯】（名）bracelet：钻石～ a diamond bracelet/在～上镶嵌红宝石 stud a bracelet with rubies

【手足】（名）❶（兄弟）brothers：～之情 brotherly affection/我把他视同～。I used to brother him. ❷（动作）movement：～无措 be all in a fluster；be at a loss what to do

守 shǒu（动）❶（防守；看守）guard；defend：～球门 keep goal/～住阵地 hold the position ❷（守候；看护）keep watch：～着伤员 watch over the wounded ❸（遵守；遵循）observe；abide by：严～中立 observe a strict neutrality ❹（靠近；依傍）close to；near：～着水的地方要多养鱼。Where there is water nearby, make a special effort to breed fish.

【守候】（动）❶（等待）wait for；expect：～着前线的消息 wait for news from the front ❷（看护）keep watch：～在某人身边 keep watch by sb.'s bedside

【守护】（动）guard；defend：～神 guardian spirit；tutelary spirit

【守旧】（动）adhere to past practices；be conservative：在语言问题上思想～ be conservative about language/摆脱根深蒂固的～性 get rid of deep-rooted conservatism

【守门】（动）keep goal：～员 goalkeeper

【守卫】（动）guard；defend：～在祖国的边防线上 keep guard on the frontiers of one's homeland/～着那座房子 keep guard over the house

【守信】（动）keep one's promise；be of one's word：那是一个～的女子。That is a woman of her word.

【守则】（名）rules；regulation：工作～ work regulations

首 shǒu ●（名）❶（头）head：傲然昂～ carry one's head proudly/翘～盼望 be on tiptoe ❷（首领）leader；head；chief：贫穷为犯罪率上升的罪魁祸。Poverty is the villain in the increase of crime. ●（形）（第一；首先）first：～批 the first batch ●（量）（用于诗歌）写一～

诗 write a poem/唱一～情歌 sing a love song

【首创】（动）initiate；originate；pioneer：充满～精神 be full of creative initiative/～器官移植 pioneer organ transplants

【首都】（名）capital：住在～ stay in the capital/穿梭于欧洲各～之间 shuttle between European capitals

【首领】（名）chieftain；leader：成为工会～ become a union chieftain/安抚叛乱～ appease the leaders of the revolt

【首脑】（名）head：～人物 leading figure/美国总统是政府的行政～。The President of the United States is the executive head of the government.

【首饰】（名）jewelry：～店 jewelry store/她戴很多～。She wears a lot of jewelry.

【首席】❶●（名）（最高的席位）seat of honour ●（形）（职位最高的）chief：～代表 chief representative/～顾问 chief adviser

【首先】❶●（副）（最先）first：～发言 speak first ●（数）（第一）first of all；above all：～不要新来的人太接近 keep the newcomer at arm's length at first

【首相】（名）prime minister

【首要】（形）chief；most important；first：完成～的任务 accomplish the most important task/～的事先办。First things first.

【首长】（名）leading cadre；senior officer：担任～职务已 6 年了 hold the governorship for six years

shòu

寿 shòu（名）❶（活的岁数大；长命）longevity：福～双全 have both good fortune and long life ❷（年岁；生命）life；age：延年益～ be calculated to prolong one's life/～终正寝 die a natural death ❸（寿辰）birthday：给某人祝～ congratulated sb. on his birthday ❹（婉辞，生前预备的）for burial：～木 coffin

【寿辰】（名）birthday

【寿礼】（名）birthday present

【寿命】（名）life；lifespan：机器～ service life of a machine/延长人的～ increase man's lifespan

受 shòu（动）❶（接受）receive；accept：～恭维 receive many compliments/～教育 receive an education ❷（遭受）suffer；be subjected to：饱～拮据之苦 suffer from financial anemia/在事业上～挫 have a setback in one's career ❸（忍受；禁受）stand；bear；endure：～委屈 be upset by some unkindness/～够了某人的侮辱 have enough of sb.'s insolence ❹

〈方〉(适合) be pleasant:～听 be pleasant to hear

【受潮】(动) become damp;effect with damp：不要～。Keep dry.

【受挫】(动) be foiled;be baffled;suffer a setback:在事业上～ have a setback in one's career

【受害】(动)suffer injury;fall victim:恶作剧的～者 victim of mischief/～的一方 the aggrieved party

【受贿】(动) accept bribes:不敢～ dare not take bribes/被指控～ be charged with bribery

【受奖】(动) be rewarded；be prized:立功者～。Those who perform deeds of merit shall be rewarded.

【受尽】(动)suffer all kinds of:～旧社会的苦 have one's fill of sufferings in the old society

【受惊】(动)be frightened;be startled:～的鸟 a frightened bird/～而死 pass out from fright

【受苦】(动) suffer hardship and misery:～受难 live in misery;have one's fill of sufferings

【受伤】(动)be injured；be wounded:头部受重伤 sustain a severe head injury/打斗时～ get wounded in battle

【受听】(动)be pleasant to hear

【受托】(动)be commissioned；be entrusted:～照看房子 be entrusted with the care of a house/～人 trustee;fiduciary

【受益】(动)profit by;benefit from;be benefited:这本书使我～不浅。This book has benefited me a great deal.

【受用】(动)enjoy;benefit from:终身～ benefit from sth. all one's life

【受孕】(动)become pregnant;conceive

【受罪】(动)endure hardships:大热天穿这么厚的衣服,真～! It's really awful to be wearing such heavy clothes on a hot day like this!

授 shòu (动) ❶(交付;给予)award;vest;confer;give:给某人～奖 award a prize to sb./～某人以把柄 give sb. a handle ❷(传授;教) teach;instruct:无法传～的技巧 an unteachable skill/全心全意地听着教～的每一字每一句 hang on professor's every word

【授奖】(动)award a prize:～仪式 medal-awarding ceremony

【授课】(动) give lessons;give instruction

【授命】(动)❶(下命令)give orders;authorize ❷〈书〉(献出生命)give one's life;lay down one's life

【授权】(动)empower;authorize:～书 a letter of authorization;a letter of attorney/～总统

援助不发达国家 give the President authorization to help underdeveloped countries

【授勋】(动)confer orders or medals:～仪式 medal-conferring ceremony

【授意】(动)inspire;incite:是谁～他这样干的? Who got him to do that?

【授予】(动)confer;award:～学位 award a degree

售 shòu (动) ❶(卖)sell:禁～某物 put an embargo on the sale of sth./分～ shop around ❷〈书〉(施展)make (one's plan, trick,etc.) work;carry out:其计不～。His plan didn't work.

【售货】(动) sell goods:～员 shop assistant;salesman

【售价】(名)selling price:这本书～6元。The book sells for 6 yuan.

【售票处】(名)ticket office;box office:在～排队 queue up at the box office

【售票口】(名)wicket

【售票员】(名)ticket seller

兽 shòu ❶(名)(哺乳动物的通称)beast;animal:食肉的猛～ beast of prey ❷(形)(比喻野蛮;下流)beastly;bestial:～性大发 reveal one's brutish nature

【兽类】(名)beast;animals

【兽性】(名)brutish nature;barbarity:～难改。Wild beasts never change their nature.

【兽医】(名) veterinarian:～学 veterinary medicine/～院 hospital;veterinary hospital

【兽欲】(名)animal desire

瘦 shòu (形) ❶(脂肪少;肉少)thin;emaciated:骨～如柴的人 a flesh-fallen man/～骨嶙峋的人 an angular man ❷(食用的肉脂肪少)lean:～肉 lean meat ❸(窄小)tight:这件上衣腰身～了点儿。The coat is a bit tight at the waist. ❹(地力薄;不肥沃)not fertile;poor:～土薄田 poor soil and barren land

【瘦长】(形)long and thin:～纤弱的青年 a reedy young person/～的人 a man like a string bean

【瘦弱】(形)lean;meager;thin and weak;frail:身体～ weak health/～的男孩子 thin boy

【瘦小】(形)thin and small:身体～ slight of figure

shū

书 shū ❶(动)(写字;记录;书写)write:振笔

直～ take up the pen and write vigorously ❸ （名）❶（字体）style of calligraphy；script：楷～ regular script ❷（装订成册的著作）book：啃～本 hit one's books／埋头读～ be buried in one's books ❸（书信）letter：情～ love letter ❹（文件）document：离职～ a letter of dismissal／填写申请～ write an application

【书包】（名）schoolbag；satchel

【书本】（名）book：～知识 book learning；book knowledge

【书店】（名）bookshop；bookstore

【书法】（名）calligraphy：～家 calligraphist／～练习 drills to improve one's handwriting

【书籍】（名）books；works；literature：充满幽默的～ a book that crackles with humor／收集～ collect books

【书记】（名）secretary：党委～ secretary of the Party committee／总～ general secretary

【书架】（名）bookshelf：固定式～ a built-in bookcase

【书刊】（名）books and periodicals：黄色～ porn books／订很多～ book many journals

【书目】（名）booklist：参考～ a list of reference books／～学 bibliography

【书写】（动）write：～潦草 have a bad handwriting／用大字体～ write in large letters

【书信】（名）letter；written message：以～建立的友谊 an epistolary friendship／～往来以互相学习 exchange letters for mutual study

【书桌】（名）desk；writing desk

抒 shū（动）（表达；发表）express；give expression to；convey：无情可～ have no feeling to express

【抒发】（动）express；voice；give expression to：～感情 express one's feelings／～某人的壮志豪情 convey the determination and lofty ideals of sb．

【抒情】（动）express one's emotion：～散文 lyric prose／～诗 lyric poetry

【抒写】（动）describe；express：这篇文章～了他在日内瓦工作时的一些感受．The article describes how he felt while working in Geneva．

枢 shū（名）❶（门上的转轴）door-hinge ❷（重要的或中心的部分）pivot；centre：神经中～ nerve centre

【枢纽】（名）pivot；hub；key position：～作用 a pivotal role／交通～ a hub of communications

叔 shū ❸（名）❶（叔父）father's younger brother；uncle：～父 uncle；father's younger brother／买下～父的企业 buy one's uncle's business ❷（称呼跟父亲辈分相同而年纪较小的男子）uncle：张大～ Uncle Zhang ❸（丈夫的弟弟）husband's younger brother：～嫂 brother-in-law and sister-in-law ❸（数）（在弟兄排行的次序里代表第三）（of brothers）third in order of birth

梳 shū ❸（名）（梳子）comb：木～ a wooden comb ❸（动）（梳理）comb（one's hair，etc．）：～头发 comb one's hair／把头发向上～ keep the hair in an upsweep

【梳洗】（动）wash and dress

【梳妆】（动）dress and make up：～台 dressing table／～打扮 deck oneself out；dress smartly；be dressed up

【梳子】（名）comb：一把～ a comb

舒 shū ❸（动）（伸展；宽解）stretch；unfold；spread：～了一口气 heave a sign of relief／～筋活血 relax the muscles and stimulate the blood circulation ❸（形）（书）（缓慢；从容）easy；leisurely：～徐 be in no hurry

【舒畅】（形）happy；free from worry：心情～ have ease of mind；feel happy／山上的空气使人感到～．Mountain air is very refreshing．

【舒服】（形）❶（轻松愉快）comfortable：令人不～的姿势 an awkward pose／这把椅子又软又～．This chair is soft and comfortable．❷（无病）be well：感到不～ feel very bad

【舒适】（形）comfortable；cosy；snug：气候～宜人 the pleasantness of the climate／房间不大，但很～．The rooms are not big，but they're very cosy．

【舒展】（动）❶（不卷缩）unfold；extend；smooth out：荷叶～着，发出清香．The lotus leaves are unfolding，sending forth a delicate fragrance．❷（使舒适）limber up；stretch：～一下筋骨 limber up one's muscles and joints

疏 shū ❸（动）❶（疏通）dredge（a river，etc．）：～清游行的路线 clear the way for the parade ❷（疏忽）neglect：～于练习 be out of practice ❸（分散；使从密变稀）disperse；scatter ❸（形）❶（事物之间距离远；事物的部分之间空隙大）thin；sparse；scattered：几点～星 a few scattered stars ❷（关系远；不亲近）（of family or social relations）distant：不分亲～ be regardless of relationship ❸（不熟悉）not familiar with：人地生～ be a complete stranger／对环境生～的人 be like a fish out of water ❹（空虚）scanty：才～学浅 have little talent and less learning ❸（名）❶（封建时代臣下向君主分条陈述事情的文字）memorial to

the throne ❷（古书的比"注"更详细的注解）
commentary

【疏忽】（动）carelessness；negligence；over-
sight：矫正～之处 repair an oversight/～职责
be neglectful of one's responsibilities

【疏密】（形）density；spacing：～不匀 of uneven
density/花木栽得～有致。The flowers and
trees are artistically spaced.

【疏散】❶（动）（分散）evacuate：～建筑物里的
人 evacuate the building ❷（形）（疏落）
sparse；scattered；dispersed：～的村落 scat-
tered villages

【疏松】❶（形）（土壤等松散；不紧密）loose；
puff：土质～。The soil is porous. ❷（动）
（使松散）loosen：～土壤 loosen the soil

【疏通】（动）dredge：～田间的排水沟 dredge
the irrigation ditches in the fields/～水道
unclog the channel

【疏远】（动）drift apart；become estranged：互
相～ be estranged from each other/我们越来
越～了。We have become more and more es-
tranged.

输 shū（动）❶（运输；运送）transport；con-
vey：～血 a blood transfusion ❷〈书〉（捐献）
contribute money；donate：慷慨～财 make
generous donations ❸（失败）lose；be beaten：
认～ admit oneself beaten/～得很惨 be bad-
ly beaten

【输出】（动）export；output：资本～ export of
capital/血液从心脏～，经血管分布全身。
Blood is pumped by the heart through the
blood vessels to all parts of the body.

【输电】（动）transmit electricity：这个发电站
已开始向山区～。The power station has be-
gun to transmit electricity to the mountain
area.

【输入】（动）input；import；introduce：～新思想
the influx of new ideas/～员 data operator

【输送】（动）carry；transport；convey：～新鲜血
液 infuse new blood/卡车把货物～到边疆地
区。Commodities are transported to border
areas by truck.

【输血】（动）❶ blood transfusion ❷ give aid
and support；give sb. a shot in the arm

【输液】（动）infusion：～管 transfer line

【输赢】（名）❶ victory or defeat：两个球队要
较量一番，非见个～不可。The two teams are
determined to fight it out. ❷ winnings and
losses (in gambling)：他们常打麻将，而且～
很大。They were always playing mahjong,
and the winnings and losses were very high.

蔬 shū（名）（蔬菜）vegetables：～果 vegeta-

bles and fruits

【蔬菜】（名）vegetables；greens；greenstuff：～
栽培 vegetable growing；vegetable farming/
不耐寒的～芽 tender green shoots

shú

赎 shú（动）❶（用财物换回抵押的）redeem；
ransom：劫持某人勒取～金 hold sb. to ran-
som ❷（抵消；弥补）atone for (a crime)：你要
做什么来～这罪呢？What will you do to
atone for this sin？

【赎金】（名）ransom money；ransom

【赎买】（动）buy out；redeem

【赎罪】（动）atone for one's crime：立功～ per-
form meritorious services to atone for one's
crime/以生命～ atone one's sin with life

熟 shú（形）❶（植物的果实完全长成）ripe：
一年两～ two crops a year/成～ ripen into
maturity ❷（加热到可以吃的程度）cooked；
done：～而不烂 be thoroughly well cooked
but not mushy ❸（加工制造或锻炼过的）
processed：～铜 wrought copper ❹（知道得清
楚）familiar；well acquainted：对坏人坏事一
视无睹 close one's eyes to evil doers and evil
deeds ❺（熟练）skilled；practised：雇用～手
hire the practised hand ❻（程度深）deep：睡
得很～ sleep soundly

【熟谙】（动）be familiar with；be good at：～水
性 be an expert swimmer

【熟记】（动）learn by heart；memorize

【熟练】（形）skilled；practised；proficient：～工
人 skilled workers

【熟人】（名）acquaintance；friend：～办事更难。
It is even more difficult to do things with
acquaintances.

【熟识】（动）know well；be well acquainted
with：彼此很～ know each other well/～敌我
双方的情况 familiarize oneself with all as-
pects of the enemy's situation

【熟食】（名）prepared food；cooked food

【熟悉】（动）be familiar with；know well：～内
情 know the ins and outs of the matter；
know the inside story of/他们彼此很～。
They know each other very well.

【熟习】（动）be skilful at；be practised in：～业
务 be practised in one's field of work

shǔ

暑 shǔ（名）（热）heat；hot weather：酷～
high summer/～气逼人。The summer heat
is very oppressive.

【暑假】（名）summer vacation：什么时候开始放～？ *When shall the summer vacation begin?*

【暑期】（名）summer vacation time：～训练班 *summer course*／～学校 *summer school*

【暑天】（名）hot summer days；dog days：～苦练 *study hard in the summer days*

属 shǔ ❶（名）❶（类别）category：把金～铸成一座雕塑品 *work the metal into a sculpture* ❷［生］（生物分类系统上所用的等级之一）genus ❸（家属；亲属）family members；dependents：我们在加拿大的亲～ *our Canadian cousins* ❷（动）❶（隶属）under；subordinate to：这些厂～地方领导．*These factories are run by the local authorities.* ❷（归属）belong to：胜利终～我们！*The final victory is ours!* ❸（系；是）be：实～无理 *be really unreasonable* ❹（用十二属相记生年）be born in the year of（one of the twelve animals）：她是～牛的．*She was born in the year of the ox.*

【属性】（名）attribute；property：钢铁的～ *the property of steel*

【属于】（动）belong to；be a part of：～同一范畴 *fall into the same category*

署 shǔ ❶（名）（办公的处所）a government office；office：警政～长 *a police commissioner* ❷（动）❶（布置）make arrangements for；arrange：战略部～ *strategic arrangement* ❷（签；题）sign；put one's signature to：签～契据 *execute a deed*

【署名】（动）sign；put one's signature to：在文件上～ *attach one's signature to a document*

鼠 shǔ（名）mouse；rat：用毒药灭～ *exterminate rats by poison*／老～过街，人人喊打．*A rat crossing the street is chased by all.*

【鼠辈】（名）mean creatures；scoundrels：无能～ *useless kind*／此等～ *such a good for nothing*

数 shǔ（动）❶（查点）count：～不清的星星 *millions of stars*／倒～ *count down* ❷（计算或比较起来最突出）be reckoned as exceptionally（good, bad, etc.）：全班～他个儿最高．*He is the tallest in the class.* ❸（列举）enumerate；list：历～其罪 *enumerate the crimes*
另见 978 页 shù。

【数落】（动）〈口〉rebuke；scold sb. by enumerating his wrong-doings；reprove：把某人～一顿 *give sb. a good scolding*／某人的迟到～lace into sb. for arriving so late

曙 shǔ（名）〈书〉（天刚亮；拂晓）daybreak；dawn：～光 *dawn；the first light of morning*／胜利的～光 *the dawn of victory*／玫瑰色的～光 *rosy-hued dawn*

shù

术 shù（名）❶（技艺；技术；学术）art；skill；technique：防身～ *the art of self-defense*／不学无～ *have neither learning nor skill* ❷（方法；策略）method；tactics：采用闪电战～ *adopt the blitz tactics*

【术语】（名）technical terms；terminology：军事～ *military terms*／医学～ *medical terminology*

束 shù ❶（动）❶（捆；系）bind up；tie：把某人的计划～之高阁 *put sb.'s plan on the shelf* ❷（控制；约束）control；restrain：无拘无～ *be without any restraint* ❷（量）（用于捆在一起的东西）bundle；bunch；sheaf：一～美丽的红玫瑰 *a beautiful bunch of red roses* ❸（名）（聚集成一条的东西）beam：光～ *a beam of light*

【束缚】（动）tie；bind up；fetter：～生产力 *fetter the productive forces*／冲破旧思想的～ *smash the trammels of old ideas*

【束手】（形）have one's hands tied；be helpless：～无策 *feel quite helpless*／～就擒 *allow oneself to be arrested without offering any resistence*

述 shù（动）（陈说；叙述）state；relate；describe：略～其经过 *relate briefly how it happened*；give a brief account of the matter

【述评】（名）review；commentary：每周时事～ *weekly review of current affairs*／新华社记者～ *commentary by a Xinhua correspondent*

【述说】（动）state；relate；narrate：～故事给孩子们听 *spin tales for the children*／～自己的观点 *state one's views*

树 shù ❶（名）（木本植物的通称）tree：几棵常青～ *some indeciduous trees*／植～ *plant trees* ❷（动）❶（种植；栽培）plant；cultivate：十年～木，百年～人．*To cultivate a tree needs 10 years, but a man, 100 years.* ❷（树立；建立）set up；establish；uphold：～正气 *uphold healthy tendencies*／～雄心 *have lofty ambitions；aim high*

【树丛】（名）grove；thicket：成荫的～ *a shady grove*／在矮～中砍出一条小径 *slash a path through the underbrush*

【树立】(动)set up;establish:～榜样 set an example/～正确的世界观 acquire a correct world outlook

【树林】(名)woods;grove:～里的动物 woods animals/穿过～ walk through the woods

【树木】(名)trees:青葱的～ green wood/只见～不见森林 cannot see the wood for the trees

【树荫】(名)shade:在～下找到野餐的好地方 find a likely spot under a shady tree for the picnic

【树枝】(名)branch;twig:光秃秃的 ～ naked tree limbs

竖 shù ⬤(形)(跟地面垂直的;从上到下的)vertical;upright:画一条～线 draw a vertical line ⬤(动)(使物体跟地面垂直)set upright;erect;stand:～旗杆 erect a flagpole/把东西～直 set things upright ⬤(名)(汉字的笔画,形状是"丨")vertical stroke（in Chinese characters）

【竖立】(动)set upright;stand:～一座纪念碑 erect a monument

【竖起】(动)hold up;erect:～大拇指 hold up one's thumb in approval

数 shù ⬤(名)❶(数目)number;figure:心中有～ know what's what ❷[数](表示事物的量和基本数学概念)number:自然～ natural number ❸[语](表示名词或代词所指事物的数量)number:单～ singular number/复～ plural number ❹(天数)fate:劫～ predestined fate ⬤(数)(几;几个)several;a few:～十年如一日 be with perseverance and consistency

另见 977 页 shǔ。

【数词】(名)[语]numeral:基～ cardinal number

【数额】(名)number;amount:超出～ exceed the number fixed/不足规定～ fall short of the amount required

【数据】(名)data:科学～ scientific data/下文中所引用的～ figures quoted below

【数量】(名)quantity;amount:强调～和质量 stress both quantity and quality/生产～有限 be produced in limited quantities

【数目】(名)number;amount:一笔～可观的金钱 a round sum of money/限制～ limit the number

【数学】(名)mathematics:擅长～ be good at math/～不好 be weak in math

【数字】(名)❶(表示数目的文字;表示数目的符号）figure;digit;numeral:天文～ astronomical figures/玩弄～ juggle with figures ❷(数量)quantity;amount:达到惊人的～ run up to amazing figures

漱 shù（动)gargle;rinse:～口 rinse the mouth;gargle/用盐水～口 gargle with salt water

shuā

刷 shuā ⬤(名)(刷子)brush:鞋～ boot brush ⬤(动)❶(用刷子清除)brush;scrub:～锅 clean a pot/～去 brush off ❷(用刷子涂抹)daub;paste up:～标语 paste up posters ❸〈口〉(淘汰;清除)eliminate;remove:那个队直到半决赛才给～下来。That team was not eliminated until the semifinals. ⬤(拟声)(形容迅速擦过去的声音)swish;rustle:玉米叶子被风吹得～～响。The corn leaves rustled in the wind.

【刷新】(动)❶(刷洗一新)renovate;freshen:～门面 put up a new shopfront ❷(创出新的)break:～纪录 break a record

【刷牙】(动)brush one's teeth;scrub

【刷子】(名)brush;scrub:三把～ three brushes

shuǎ

耍 shuǎ（动)❶〈方〉(玩;玩耍)play:在玩～ be at play ❷(玩弄;戏弄)play with;flourish:～把戏 be up to one's tricks ❸(施展;表现出来)play (tricks):～威风 make a show of authority

【耍花招】(动)play tricks:他又在～了。He is up to his tricks again.

【耍滑】(动)try to shirk work or responsibility;act in a slick way:不想努力,就想～ never try to make an effort but to shirk responsibility through tricks

【耍闹】(动)have horseplay:上课铃响以前,孩子们在教室里嘻嘻哈哈地～着。Before the bell rang, the children were having horseplay in the classroom.

【耍弄】(动)make fun of;deceive

【耍脾气】(动)get into a huff;show bad temper

【耍钱】(动)gamble

【耍笑】(动)joke;play a joke on;make fun of

shuāi

衰 shuāi（动)decline;wane:～竭而死 die of exhaustion/风势渐～。The wind was dying down.

【衰败】(动)decline;wane:～的社会风气 the declining morals

【衰减】(动)decrease;attenuate:他的记忆力已

日见～。*His memory is failing fast.*

【衰老】（形）old and feeble；senile：并不～ *be not old and feeble*/～无用 *outlive one's usefulness*

【衰弱】（形）❶（失去强盛的精力）weak；feeble；debilitate：～过甚 *be far gone in decay*/～以致憔悴 *be reduced almost to emaciation* ❷（事物由强转弱）collapse；frail：攻势已经～。*The offensive is losing momentum.*

【衰退】（动）fail；decline；ruin：引起～ *bring about its decline*/记忆力～ *be losing one's memory*

【衰亡】（动）become feeble and die；decline and fall：罗马帝国的 ～ *the decline and fall of the Roman Empire*

捽 shuāi（动）❶（失去平衡而倒下）fall；lose one's balance：重重地～一跤 *have a bad fall* ❷（很快往下落）hurtle down；plunge：～下马来 *tumble off a horse* ❸（使落下而破损）cause to fall and break；break：～成两半 *break into two* ❹（扔）cast；throw；fling：把书～在桌上 *throw a book on the desk*

【捽打】（动）❶（磕打）beat；knock：把扫帚上的泥～～ *beat the dirt off the broom* ❷（磨炼）rough in；temper oneself：青年人应该到艰苦的环境中去～～。*Young people should temper themselves in difficult circumstances.*

【捽跤】❶（动）❶（跌倒）tumble；trip and fall：他捽了一跤，把腿给捽折了。*He had a fall and broke his leg.* ❷（犯错误）trip up；blunder：骄傲就会～。*Pride goes before a fall.* ❷（名）[体]wrestling：～运动员 *wrestler*

shuǎi

甩 shuǎi（动）❶（挥动；抡）swing ～着胳膊 *swinging one's arms* ❷（用甩的动作往外扔）throw；toss：～手榴弹 *throw handgrenades* ❸（抛开）throw off；reject：他的女朋友把他～了。*His girlfriend gave him the brush-off.*

shuài

帅 shuài ❶（名）❶（军队中最高的指挥员）commander in chief：挂～ *take command* ❷（棋子）commander in chief，the chief piece in Chinese chess ❷（形）（英俊；潇洒；漂亮）beautiful；handsome；smart：这个小伙子长得真～！*What a handsome strapping young man!*

率 shuài ❶（动）❶（带领）lead；command：～众前往 *go at the head of many people* ❷〈书〉

（顺着；随着）follow：～由旧章 *follow the beaten track* ❷（形）❶（不加思考；不慎重）rash；hasty：天性直～ *be frank by nature* ❷（直爽坦白）frank；straightforward：坦～和某人谈某事 *be frank with sb. about sth.* ❸（名）〈书〉（楷模）model：表～ *model；example*

【率领】（动）lead；head；command：～代表团 *lead a delegation*/～军队攻城 *lead the army to attack against the city*

【率先】（动）be the first to do sth.；take the head of

【率真】（形）forthright and sincere

shuàn

涮 shuàn（动）❶（冲洗；漂洗）rinse：把衣服～一～。*Rinse the clothes.* ❷（把肉片等放在开水里烫一烫使熟）scald thin slices of meat in boiling water

shuāng

双 shuāng ❶（形）❶（两个）two；twin；both：～膝跪倒 *fall on one's knees*/一语～关 *make a pun on the word* ❷（偶数的）even：～数 *even numbers* ❸（加倍的）double：～份 *double the amount* ❷（量）（用于成对的东西）pair；两～鞋 *two pairs of shoes*

【双胞胎】（名）twins：～姐妹 *twin sisters*/无法分辨的～ *indistinguishable twins*

【双边】（名）bilateral；two-way：～关系 *bilateral relations*/签订～协定 *sign a bilateral agreement*

【双层】（名）double-decker：～桥 *double-decker bridge*/～床 *double-deck bed；double-decker*

【双重】（形）double；dual；twofold：起～作用 *serve a dual purpose*/具有～性格 *have a double personality*

【双打】（名）doubles：女子～ *women's doubles*/男女混合～ *mixed doubles*

【双方】（名）both sides；the two parties：缔约国～ *both signatory states；the contracting parties*/～各执一词。*Each side persisted in its own views.*

【双杠】（名）parallel bars

【双面】（名）double-edged；double-faced：～刀片 *a double-edged razor blade*

【双亲】（名）parents；father and mother

【双人床】（名）double bed

【双人房间】（名）double room

【双手】（名）both hands：～合十 *put one's palms together devoutly*/举～赞成 *be all for it*

【双数】（名）even numbers
【双双】（形）in pairs：～对对 *in pairs and couples*／～殉情 *a double suicide for love*
【双向】（名）two-way：～开关 *two-way switch*／～交通 *two-way traffic*
【双月刊】（名）bimonthly
【双职工】（名）working couples

霜 shuāng ⊖（名）❶（水汽凝结在物体上的白色冰晶）frost：浓～ *strong frost*／有一张饱经风～的脸 *have a weather-beaten face* ❷（像霜的东西）frostlike powder：冷～ *cold cream* ⊜（形）（比喻白色）white；hoar：～鬓 *grey temples*
【霜冻】（名）frost
【霜期】（名）frost season
【霜叶】（名）frosty leaves；autumn maple leaves：停车坐爱枫林晚，～红于二月花。*I stop my carriage to admire the maple grove at nightfall，whose frosty leaves are redder than the flowers of early spring.*

孀 shuāng（名）widow：～妇 *widow*／～居 *be a widow*；*live in widowhood*

shuǎng

爽 shuǎng ⊖（形）❶（明朗；清亮）bright；clear；crisp：神清目～ *have a clear mind and sharp eyes* ❷（率直，痛快）frank；straightforward：～直不羁 *be a frank and straightforward fellow by nature* ❸（舒服）feel well：身体不～ *not feel well* ⊜（动）（违背；差失）deviate：～约 *break an appointment*
【爽快】（形）❶（舒服；痛快）refreshed；comfortable：心里～ *be at ease* ❷（直爽）frank；straightforward：他人很～。*He is openhearted.* ❸（痛快）with alacrity；readily：办事～ *work readily and briskly*
【爽朗】（形）❶（明朗而畅快）bright and clear：天气～。*It is serene.* ❷（开朗）hearty；candid；frank and open：～的笑声 *hearty laughter*
【爽身粉】（名）talcum powder
【爽直】（形）frank；straightforward

shuí

谁 shuí（代）❶（什么人）who：她是～？*Who is she?* ❷（任何人）someone；anyone：有～能帮助我就好了。*If only someone would help me!*

shuǐ

水 shuǐ（名）❶（由两个氢原子和一个氧原子结合而成的液体）water：喝～ *drink water*／寻找～源 *seek sources of water* ❷（河流）river：汉～ *the Han River* ❸（指江、河、湖、海、洋）rivers；lakes；sea：在山～之间度过夏天 *spend the summer among the mountains and the waters* ❹（水流）current：顺～ *with the current* ❺（稀的汁）liquid：流下感激的泪～ *shed tears of gratitude* ❻（指附加的费用或额外的收入）extra charges or income：挣薪～ *earn money*
【水泵】（名）water pump
【水表】（名）water meter
【水兵】（名）seaman；sailor；bluejacket
【水产】（名）aquatic product：～丰富 *abound in aquatic products*／～资源 *aquatic resources*
【水池】（名）pool；pond；cistern；sink
【水稻】（名）rice；paddy：～插秧机 *rice transplanter*
【水电站】（名）hydroelectric station
【水分】（名）❶（物体内所含的水）moisture content；dew；humidity：吸收～ *absorb moisture* ❷（夸大的成分）exaggeration：这份报告有～。*This report is somewhat exaggerated.*
【水管】（名）water pipe：用～浇花园 *water the garden with the hose*
【水果】（名）fruit：～罐头 *tinned fruit*／～取得丰收 *reap a rich harvest of fruit*
【水火】（名）❶（水和火）fire and water：～无情。*Floods and fires have no mercy.* ❷（灾难）extreme misery：拯救人民于～之中 *save the people from untold miseries*
【水饺】（名）boiled dumpling
【水晶】（名）crystal：～玻璃 *crystal glass*／如～般清澈透明 *be as clear as crystal*
【水井】（名）well
【水库】（名）reservoir
【水力】（名）waterpower；hydraulic power：～开采 hydraulic mining
【水流】（名）❶（江河）rivers；waters；streams：在我国，一切矿藏～都属于全民所有。*In China，all mineral resources and waters are the property of the whole people.* ❷（流动的水）current；water flow；flow：～湍急 *rapid flow；rushing current*
【水陆】（名）land and water：～两用 *amphibious*／～联运 *water-land transshipment*
【水泥】（名）cement：搅拌～ *mix cement*
【水平】⊖（形）（跟水面平行的）horizontal；level：鼓励～贸易 *encourage horizontal trade* ⊜

S

（名）（达到的高度）standard；level；赶超世界先进～ *attain and surpass advanced world levels*

【水球】（名）water polo

【水上运动】（名）aquatic sports；water sports：～会 *aquatic sports meet*

【水手】（名）sailor；seaman：成为一名优秀的～ *make a good sailor*

【水位】（名）water level：高～ *high water level*/地下～ *water table*；*groundwater level*

【水文】（名）hydrology：～工作者 *hydrologist*

【水星】（名）[天]Mercury

【水银】（名）mercury：～灯 *mercury-vapour lamp*/～温度计 *mercury thermometer*

【水源】（名）❶（河流发源的地方）headwaters；waterhead：黄河的～ *the headwaters of the Yellow River* ❷（水的来源）source of water：寻找～ *seek new sources of water*

【水灾】（名）flood；inundation

【水蒸气】（名）steam；water vapour

【水质】（名）water quality：～保护 *water quality protection*

【水准】（名）level；standard：高～的诗篇 *poetry of a high order*/到达～ *up to standard*

shuǐ

税 shuì（名）（征收的货币或物）tax；duty；due：进口～ *import duty*/征～ *collect taxes*

【税额】（名）amount of tax

【税款】（名）tax payment；taxation

【税率】（名）tax rate；tariff rate：对提高～的意见无动于衷 *be cool to the idea of higher taxes*

【税收】（名）tax revenue：～政策 *tax policy*

【税务】（名）taxation：～局 *tax bureau*

睡 shuì（动）（睡觉）sleep：酣～ *sleep the sleep of the just*

【睡觉】（动）sleep；go to bed：～时间 *time for bed*/在值班时～ *sleep at one's post*

【睡梦】（名）slumber；dream：进入甜美的～ *enter into sweet dreams*

【睡醒】（动）wake up

【睡衣】（名）night clothes；pajamas：穿～睡觉 *sleep in pajamas*

【睡意】（名）sleepiness：有几分～ *feel somewhat sleepy；be drowsy*

shùn

顺 shùn ➊（介）❶（向着同一个方向）in the same direction as；with：～时针方向运动 *move clockwise* ❷（依着自然情势；沿着）along；in the direction of：～水推舟 *push the boat along with the current* ➋（形）❶（有条理）clear and well-written ❷（依次）in sequence：～次往下排 *arrange into a line in such sequence* ➌（动）❶（使有条理次序）arrange；put in order：～理成章 *follow as a matter of course* ❷（适合；如意）be suitable；be agreeable ❸（趁便）take the opportunity to：～道拜访某人 *drop in on sb.* ❹（顺从）obey；yield to：～乎情理 *conform to reason*

【顺便】（副）convenient；in passing；by the way：～走访 *drop round*

【顺畅】（形）smooth：～的运作 *a smooth operation*/呼吸逐渐～ *begin to breathe more easily*

【顺次】（副）in order；in succession：～发出信号 *send signals in succession*

【顺从】（动）be obedient to；yield to；submit to：～时势 *swim with the current*

【顺利】（形）smooth；successful：进行～ *go on smoothly*

【顺路】❶（副）（顺着所走的路线到另一处去）on the way：我昨天回家时～去看了看李大爷。*I dropped in at Uncle Li's on my way home yesterday.* ❷（形）（道路没有曲折）direct route；regular route：到我们学校这么走不～。*This is not the most direct route to our school.*

【顺手】➊（形）❶（顺利）smoothly；without difficulty：事情办得相当～。*It was done without a hitch.* ❷（合用）handy：这把扳子使起来挺～。*This spanner is very handy.* ➋（副）❶（随手）conveniently；without extra trouble：～牵羊拿走某物 *pick up sth. on the sly* ❷（顺便）do sth. as a natural sequence or simultaneously：我们打扫完房间，～把院子也扫一扫好了。*After cleaning the rooms, we might as well sweep the courtyard.*

【顺水】（动）downstream：～人情 *a favour done at little or no cost*/～推舟 *push the boat along with the current——make use of an opportunity to gain one's end*

【顺心】（形）satisfactory：不～ *go amiss*/诸事～。*All is well.*

【顺序】➊（名）（次序）sequence；order：颠倒惯常的～ *reverse the usual order* ➋（动）（顺着次序）in proper order；in turn

【顺延】（动）postpone；put off：运动会定于6月5日举行，遇雨～。*The sports meet is scheduled for June 5th——subject to postponement in case of rain.*

【顺应】（动）comply with；conform to：～历史发展潮流 *go with the tide of historical development*

瞬 shùn ●（名）（眼珠一动；一眨眼）wink；twinkling：转～之间 *in a twinkling* ●（动）（眨眼）wink；珍惜一～即逝的时光 *value the fugitive hours*

【瞬时】（形）instantaneous；momentary：～速度 *instantaneous velocity*

【瞬息】（名）twinkling；fast changing：～万变 *undergoing a myriad of changes in the twinkling of an eye；fast changing*

shuō

说 shuō ●（动）❶（用话表达）speak；talk；say：～到做到. *No sooner said than done.* ❷（解释）explain：我一～他就明白了. *I told him how and he caught on at once.* ❸（责备；批评）scold；criticize：把某人～得哑口无言 *talk sb. down* ●（名）（言论；主张）theory；teachings；doctrine：来世报应～ *the retribution theory*

【说不定】（副）perhaps；indefinitely；maybe：～要下雨. *It looks as if it might rain.*

【说穿】（动）reveal；disclose：～了，无非是想推卸责任. *To put it bluntly，this is shifting responsibility.*

【说定】（动）settle；agree on；determine：这件事基本上已经～了. *The matter is as good as settled.*

【说法】（名）❶（措辞）way of saying a thing；wording；formulation：温和的～ *gentle language* ❷（意见）statement；version；argument：～不一 *have different versions*

【说服】（动）persuade；convince；prevail in：缺乏～力 *lack persuasion*

【说合】（动）bring two parts together

【说话】（动）❶（用话表达）speak；talk；say：～算数 *keep one's word* ❷（闲谈）chat；talk；找某人～ *have a chat with sb.* ❸（指责）gossip；talk：你这样干，别人当然要～。*Considering what you've done，it's natural that people should be talking.*

【说谎】（动）tell a lie；lie：习惯性的～ *habitual lying*/认定某人～ *give the lie to sb.*

【说来】（动）come to speak of it：～话长 *it's a long story*

【说理】（动）argue；reason things out：找某人～ *go reason things out with sb.*

【说明】●（动）（解释明白）explain；illustrate；show：～理由 *give reasons* ●（名）（解释意义的话）illustration；explanation：等待～ *await explanation*

【说情】（动）plead for mercy for sb.；intercede for sb.：为某人向…～ *speak for sb. to...*

【说笑】（动）chatting and laughing：～打诨 *make all manner of quips and jokes*

shuò

硕 shuò （形）（大）large；great：壮～的青年 *strapping young man*

【硕大】（形）very large：～无朋 *of enormous size；huge；gigantic*

【硕果】（名）rich fruit；great achievements：～累累 *numerous significant achievements*

【硕士】（名）Master：～学位 *Master's degree*

sī

司 sī ●（动）（主持；操作；经营）take charge of；attend to；manage：各～其事. *Each attends to his own duties.* ●（名）（部一级机关里的一个部门）department（under a ministry）：百货公～ *department stores*

【司法】（名）judicature：～部门 *judicial departments；judiciary*

【司机】（名）driver：公车～ *a bus driver*

【司令】（名）commander：～部 *headquarters；command*

【司务长】（名）mess officer

【司仪】（名）master of ceremonies

丝 sī （名）❶（蚕丝）silk：～～入扣 *be intricately woven together* ❷（像丝的物品）a threadlike thing：雨～ *fine drizzle* ❸（极少或极小的量）a tiny bit；trace：一～不差 *be not a bit of difference*

【丝绸】（名）silk cloth；silk：～之路 *the Silk Road* /～织品 *silk clothes*

【丝带】（名）silk ribbon

【丝毫】（形）a bit；not in the slightest：～不差的复制品 *an exact replication*

【丝棉】（名）silk floss；silk wadding

【丝网】（名）silk screen：～印刷 *screen printing*

【丝织品】（名）silk fabrics；silk knit goods

私 sī ●（形）❶（个人的）personal；private：营～中饱 *feather one's nest* ❷（自私）selfish：公平无～ *have a crossbench mind* ❸（暗地里；私下）secret；private：～话 *confidential talk* ❹（秘密而不合法的）illicit；illegal：～吞公款 *pocket public money* ●（名）❶（私家的财产）private property ❷（私利）private interests；personal gain

【私产】（名）private property

【私仇】（名）personal enmity：公报～ *use official regulations as a pretext to settle a score*

【私房】（形）private savings：～钱 *private sav-*

ings of a family member
【私愤】(名)personal spite：泄～ vent personal spite
【私交】(名)personal friendship
【私立】(动)privately run：～大学 a private college／～疗养院 a private sanatorium
【私情】(名)personal relationship：不徇～ be not swayed by personal considerations
【私人】❶(形)(个人的)private；personal：～关系 personal connections ❷(名)(自己的人)one's own man；personal friends or relatives：任用～ fill a post with one's own man
【私生活】(名)private life：扰乱某人安静的～ disturb sb.'s privacy
【私事】(名)private affairs：干涉某人的～ intrude on sb.'s privacy
【私下】(副)in private；in secret：～商议 discuss a matter in private
【私心】(名)selfish motives；selfishness：～杂念 selfish ideas and personal considerations
【私营】(形)privately owned：～企业 private enterprise
【私有】(动)privately owned；private：～财产 private property
【私欲】(名)selfish desire
【私自】(副)privately；secretly：～做事 do things without asking anyone

思 sī ❶(动) ❶(思考；想)think；consider；deliberate：苦～ think hard ❷(思念；怀念)think of；long for：～亲 think of one's parents with affection ❷(名)(思路)thought；thinking：紊乱的心～ an unregulated mind
【思潮】(名) ❶(思想潮流)trend of thought；ideological trend：古希腊的～ ancient Greek thought ❷(接二连三的思想活动)thoughts：～起伏 the flood of ideas now rising now falling
【思考】(动)think deeply；ponder on：～问题 ponder a problem
【思路】(名)thinking；train of thought：她的～很清楚。She thinks very clearly.
【思念】(动)think of；long for；miss：～战友 long for one's comrades-in-arms
【思索】(动)consider；think deeply；ponder：用心～ do some hard thinking
【思维】(名)thought；thinking；idea：～方式 mode of thinking
【思想】(名)thought；thinking；ideology：～教育 ideological education

撕 sī(动)(用手使东西裂开或离开附着处)tear；rip：～得粉碎 tear to shreds
【撕毁】(动)tear up；tear to shreds：～手稿 tear up the manuscript
【撕下】(动)tear down：～假面具 tear off the mask

sǐ

死 sǐ ❶(动)(失去生命)die：视～如归 accept death with perfect equanimity ❷(形) ❶(不顾生命；拼死)to the death ❷(达到极点)extremely；to death：高兴～了 be extremely happy ❸(不可调和的)implacable；deadly：～敌 deadly enemy ❹(固定；死板；不活动)fixed；rigid；inflexible：～规矩 a rigid rule
【死板】(形)rigid；stiff；inflexible：动作～ stiff movements
【死党】(名)sworn followers；diehard followers
【死敌】(名)deadly enemy：～也可能成为朋友。Deadly enemies can turn into friends.
【死鬼】(名)devil：你这个～，刚才跑到哪儿去了？You devil！Where have you been all this while？
【死活】❶(名)(死或活；活得下去活不下去)life or death：不知～ have no idea of death or danger ❷(副)〈口〉(无论如何)anyway；simply：他～不让我走。I wanted to go，but he simply wouldn't hear of it.
【死寂】(名)deathly stillness：夜深了，山谷里一片～。As night wore on，a deathly silence filled the valley.
【死路】(名) ❶(不通的路)blind alley；impasse：这是一条～。This is a blind alley. ❷(毁灭的途径)the road to ruin；no way out
【死难】(动)die in an accident or a political incident：为～者报仇 revenge for the dead
【死尸】(名)dead body；corpse
【死亡】(动)death；doom：以听天由命的态度对待～ accept death with fatalistic resignation

sì

四 sì(数)(三加一后所得)four：～边 four sides
【四处】(名)all around；in all directions；everywhere：～奔走 go hither and thither
【四方】❶(名) ❶(四处)all sides；the four directions：～响应。Response came from every quarter. ❷(正方形)square：一块～玻璃 a square of glass ❷(形)(立方体的)cubic：一块～木 a wooden cube
【四季】(名)the four seasons：～不凋 bloom throughout the year
【四邻】(名)one's near neighbours：～八舍 all the neighbours；the neighbours all around

【四面】（名）four sides：～八方 all directions

【四围】（名）all around：这村子～都是菜地。All around the village are vegetable fields.

【四月】（名）❶（阳历）April ❷（阴历）the fourth month of the lunar year

【四周】（名）all around；surrounding

似 sì ❶（动）❶（像；如同）be similar；look like：骄阳～火。The sun was scorching hot. ❷（好像）seem；appear：～属可行 seem to be feasible ❸（表示超过）exceed：生活一年强～一年。Life is getting better every year. ❷（副）（似乎）it seems；as if

【似乎】（副）it seems；as if；seemingly：～明天要起风。It looks as if it'll be windy tomorrow.

伺 sì（动）（观察；守候）watch；await；wait for：～隙 wait for a chance

另见 666 页 cì。

【伺机】（动）watch for one's chance：～而动 wait for the opportunity to go into action

饲 sì ❶（动）（饲养）raise；rear ❷（名）（饲料）forage；fodder；feed

【饲料】（名）forage；fodder；feed：～加工厂 feed-processing plant

【饲养】（动）raise；rear：～场 feed lot；dry lot；farm／～员 stockman；animal keeper

肆 sì ❶（形）（不顾一切；任意妄为）wanton；unbridled：～无忌惮地攻击 make unbridled attacks ❷（数）（"四"的大写）four ❸《书》（铺子）shop：茶楼酒～ teahouses and wineshops

【肆意】（副）wantonly；recklessly；willfully：～生长 grow wild

sōng

松 sōng ❶（名）❶（松树）pine ❷（绒状或碎末状食品）dried meat floss；dried minced meat：猪肉～ dried minced pork ❷（形）❶（松散）loose；slack：这里的土质很～。The soil here is very loose. ❷（经济宽裕）not hard up：现在手头～些 be better off ❸（不坚实）light and flaky；soft：这点心～脆可口。The pastry is light and crisp. ❸（动）（使松）loosen；relax；slacken：～一～螺丝 loosen the screw a little bit

【松弛】（形）❶（松；不紧张）limp；flabby；slack：肌肉～ flabby muscles ❷（执行得不严格）lax：纪律～ lax discipline

【松动】（动）❶（不拥挤）become less crowded ❷（活动）become flexible；loosen：他的口气有

点儿～。He has become a bit more flexible. ❸（不稳当）tottering

【松紧】（名）❶（松或紧的程度）degree of tightness ❷（伸缩）elasticity：～带 elastic cord

【松劲】（动）relax one's efforts；slacken off

【松快】（形）❶（不拥挤）less crowded：搬走一张桌子，屋里～多了。With a desk moved out，there's much more space in the room. ❷（轻松爽快）feel relieved：吃了药以后身上～多了。I feel much better after taking the medicine.

【松软】（形）soft；loose；spongy：～的羊毛 fluffy wool／～的面包 spongy bread

【松散】❶（形）❶（结构不紧密）loose：掺点儿沙子使土质～一些。Add sand to make the soil more porous. ❷（精神不集中）inattentive ❷（动）（使轻松舒畅）relax；take one's ease：屋里太闷热，出去～～吧。It's too hot and stuffy in here. Let's go out for a breath of air.

【松树】（名）pine tree；pine

【松懈】❶（形）lax；slack：工作～ be slack in one's work ❷（动）relax；slacken：～斗志 relax one's will to fight

sǒng

耸 sǒng（动）❶（耸立）tower aloft；rise straight up：～入云霄 tower to the skies ❷（引起注意；使人吃惊）alarm；shock：～人听闻 deliberately exaggerate so as to create a sensation

【耸肩】（动）shrug one's shoulders：他耸了～肩，他对此事一无所知，也丝毫不感兴趣。He shrugged his shoulders，saying he didn't know and didn't care.

【耸立】（动）tower aloft

sòng

讼 sòng（动）❶（打官司）bring a case to court ❷（争辩是非）dispute；argue

送 sòng（动）❶（运送；传送）deliver；carry：～秋波 cast amorous glances；make eyes ❷（赠送）give as a present；give：奉～ offer as a gift ❸（伴送；送别）see sb. off；accompany；escort：～往迎来 see off those who depart and welcome those who arrive

【送还】（动）give back；return

【送货】（动）deliver goods：～上门 deliver goods right to the doorstep of a customer

【送交】（动）hand over；deliver：把小偷～警察

deliver the thief over the police
【送客】(动)see a visitor off
【送礼】(动)present a gift to;give sb. a present:给上司～ offer gifts to one's superiors
【送命】(动)lose one's life;get killed
【送信儿】(动)send word;run message for:一去不回的～人 a corbie messenger
【送行】(动)see sb. off;give a send-off party;send off

诵 sòng (动)❶(读出声音来;念)read aloud;chant ❷(背诵)recite

颂 sòng ❶(动)❶(颂扬)praise;eulogize;laud:给某人歌功～德 eulogize sb.'s virtues and achievements ❷(祝颂)express good wishes ❷(名)(颂歌)song;ode;paean;eulogy:《祖国～》"Ode to the Motherland"
【颂歌】(名)song;ode:谱写一支～ compose an ode
【颂扬】(动)sing sb.'s praises;laud;extol:值得～ be laudable

sōu

搜 sōu (动)❶(寻找)collect;gather ❷(搜查)search;ransack:～章摘句 search for chapters and pick sentences
【搜捕】(动)track down and arrest
【搜查】(动)search;ransack;rummage:～住宅 make a domiciliary visit
【搜刮】(动)extort;plunder;fleece:～某人钱财 extort money from sb.
【搜集】(动)collect;gather:～反馈 search for feedback
【搜罗】(动)recruit;collect;gather:～一批精干的人 recruit a group of effective people
【搜身】(动)search a person
【搜索】(动)search for;hunt for;scout around:在四面八方进行～ make a search in every direction
【搜寻】(动)look for;seek;search for:～线索 search for clues

sū

苏 sū (动)(苏醒)revive;come to:死而复～ come back to life
【苏打】(名)soda:～水 soda water
【苏醒】(动)revive;come to;regain consciousness:他昏迷了一个多小时才～过来。He remained unconscious for more than an hour before he came to.
【苏伊士运河】(名)the Suez Canal

酥 sū ❶(形)❶(松而易碎)crisp;short:～糖 crunchy candy ❷(酥软)(of a person's limbs)limp;weak;soft ❷(名)(点心)shortbread:杏仁～ almond shortbread ❷〈书〉(酥油)butter:～油茶 buttered tea
【酥饼】(名)crisp biscuit;short cake
【酥脆】(形)crisp;short:～的饼干 crisp biscuit
【酥松】(形)loose;porous;flaky;crisp:～的土壤 porous soil／～薄脆饼干 flaky crackers

sú

俗 sú ❶(名)❶(风俗)custom;convention:陈规旧～ old habits and customs ❷(没出家的人)secular;lay ❷(形)❶(大众的)普遍流行的)popular;common:玉蜀黍～称棒子。Corn is commonly called bangzi. ❷(庸俗;俗气)vulgar:脱～ free from vulgarity
【俗话】(名)common saying;popular saying:～说 as the saying goes
【俗气】(形)vulgar;in poor taste:她穿得很～。The clothes she wears are in poor taste.

sù

夙 sù (形)〈书〉❶(早)early in the morning:～兴夜寐 rise early and retire late—hard at work night and day ❷(素有的)old;long-standing:～愿 a long-cherished wish

诉 sù (动)❶(说给人听)tell;relate;inform:告～某人某事 tell sb. sth. ❷(倾吐)complain;accuse:～苦 vent one's grievances ❸(控告)appeal to;resort to
【诉苦】(动)pour out one's woes:～诉冤 voice one's grievances and state the wrong
【诉说】(动)tell;relate;recount:～自己凄凉的身世 recount one's sad life
【诉讼】(动)lawsuit;litigation:～法 procedural law／放弃～ abandon proceedings
【诉诸】(动)appeal to;resort to:～武力 resort to force;appeal to arms

肃 sù ❶(形)❶(恭敬)respectful:～然起敬 be filled with deep veneration ❷(严肃)solemn:以严～的语气说话 speak in a solemn strain ❷(动)(肃清)eliminate
【肃静】(形)solemn silence:全场～无声。A solemn silence reigned.
【肃立】(动)stand as a mark of respect:奏国歌时全场～。All stood as the band struck up the national anthem.
【肃清】(动)eliminate;clean up;mop up:～流

毒 liquidate a pernicious influence

素 sù ❶（形）❶（本色；白色）white：～幡 white streamers ❷（颜色单纯）plain；simple；quiet：～色 plain colour ❸（本来的；原来的）native：～性 one's natural instincts ❷（名）❶（蔬菜、瓜果等食物）vegetable：～菜 vegetable dish ❷（带有根本性质的物质）basic element；element：色～ pigment ❸（副）（素来；向来）usually；habitually；always：～不往来 have never had anything to do with each other

【素净】（形）plain and neat；quiet：一套～的蓝衣服 a plain blue suit

【素来】（副）always；usually：他在公司里～威信很高。He has always enjoyed high prestige in the company.

【素描】（名）❶（不加色彩的画）sketch ❷（不加渲染的描写）literary sketch

【素朴】（形）❶（朴素；不加修饰）simple and unadorned；plain and simple：这些描绘草原人民生活的画面～动人。These pictures depict life on the grasslands with a charming simplicity. ❷（萌芽的；未发展的）rudimentary

【素雅】（形）simple but elegant：房间布置～。The room is simply and tastefully furnished.

【素质】（名）quality；character：提高部队的军政～ enhance the military and political quality of the troops

速 sù ❶（形）（迅速；快）fast；rapid；quick：～战～决 fight a quick battle to force a quick decision ❷（名）（速度）speed；velocity：违章超～ exceed the regulation speed ❸（动）（邀请）invite：不～之客 uninvited guest

【速成】（动）speed-up；accelerate：～教学法 a quick method of teaching

【速冻】（动）quick-freeze：～饺子 quick-frozen dumplings

【速度】（名）❶［物］velocity；speed：匀～ uniform velocity ❷（快慢的程度）speed；rate；pace：加快～ increase the speed

【速记】（名）shorthand；stenography：用～写 write in shorthand

【速率】（名）speed；rate：冷却～ rate of cooling

【速效】（形）quick result：～肥料 quick-acting fertilizer

宿 sù ❶（动）（夜里睡觉；过夜）lodge for the night；stay overnight：夜～古刹 stay in an ancient temple for the night ❷（形）〈书〉❶（旧有的；一向有的）long-standing；old：～志 a long-cherished ambition ❷（年老的；久于其

事的）veteran；old：～将 a veteran general

【宿舍】（名）hostel；dormitory；dorm；living quarters：学生～ students' hostel

【宿愿】（名）long-cherished wish

塑 sù（动）（塑造）model；mould：～一尊佛像 mould a statue of Buddha

【塑料】（名）plastics：～薄膜 plastic film

【塑像】❶（动）（塑造人像）mold a statue ❷（名）（塑成的人像）statue

【塑造】（动）❶（造型）model；mould：～一座石膏像 mould a plaster figure ❷（描写）portray：～一个女警察的英雄形象 portray a heroic policewoman

suān

酸 suān ❶（名）［化］（能在水溶液中产生氢离子的化合物的统称）acid ❷（形）❶（像醋的气味或味道）sour；tart：～梨 sour pear ❷（悲痛；伤心）sick at heart；grieved；distressed：大娘鼻子一～，流下泪来。The old woman felt a twinge in her nose and she began to weep. ❸（迂腐）pedantic；impractical：穷～（of a scholar）poor and pedantic ❸（动）（酸痛）tingle；ache：腰～背痛 have a pain in the back；have backache

【酸度】（名）［化］acidity

【酸苦】（名）bitterness；misery；hardship：历尽～ have experienced all kinds of hardships

【酸辣汤】（名）vinegar-pepper soup；sour-chilli soup

【酸味】（名）tart flavour；acidity

【酸洗】（名）pickling；acid pickling

suàn

蒜 suàn（名）（多年生草本植物）garlic：一头～ a bulb of garlic

【蒜苗】（名）garlic bolt

【蒜薹】（名）garlic sedge

算 suàn ❶（动）❶（计算数目）calculate；reckon；compute；figure：清～ take stock ❷（计算进去）include；count：把破的～在内 count in the broken ones ❸（谋划；计划）plan；calculate：失～ make an unwise decision ❹（推测）think；suppose：我～他今天该动身了。I suppose he'll have started today. ❺（认作；当作）consider；regard as：身体还～健康 be in tolerable health ❻（算数；承认有效力）carry weight；count：你怎么刚说了又不～了？ You just made a promise and now you've gone back on it! ❼（后面跟"了"：作

罢；不再计较）let it be；let it pass：～了，别说了。*That's enough！Let it go at that.* ❸（副）（总算）at long last；in the end；finally：问题～解决了。*The problem is finally solved.*

【算计】（动）❶（计算数目）calculate；reckon：～一下全部收入 *count up all one's earnings* ❷（考虑）consider；plan：～着做某事 *plan to do sth.* ❸（估计）expect；figure；guess：我～他昨天回不来，果然没回来。*I thought he wouldn't come back yesterday, and he didn't.* ❹（暗中谋划）scheme；plot：挫败某人的～ *baffle sb.'s calculations*

【算盘】（名）abacus：用～算 *reckon on the abacus*／打如意～ *reckon without one's host*

【算术】（名）arithmetic：一道～题 *a problem in arithmetic*／做～ *do sums*

【算数】（动）count；hold；stand：说话～ *live up to one's word*

【算账】（动）❶（计算账目）do accounts；make out bills：～算得快 *be quick at accounts* ❷（清算）get even with sb.；square accounts with sb.：与某人～ *square accounts with sb.*；settle one's accounts with sb.*

suī

虽 suī（连）〈书〉❶（虽然）though；although：～非同日生，但愿同日死。*Though we were born on different days, we are prepared to die on the same day.* ❷（纵然）even if：～死犹荣 *have died a glorious death*

【虽然】（连）though；although：他～在北京住了十来年了，可是家乡口音一点儿没变。*Though he has lived in Beijing for ten years or so, he still speaks with a heavy accent.*

suí

随 suí（动）❶（跟；跟随）follow：～大溜 *follow the general trend* ❷（顺从）comply with；adapt to：去不去～你。*Whether you go or not is up to you.* ❸（顺便）along with（some other action）：请～手关门。*Please shut the door after you.* ❹〈方〉（像）look like；resemble：～父亲 *look like one's father*

【随便】❶（形）❶（不加限制）casual；random；informal：讲话～ *be free with one's tongue* ❷（不加考虑）careless；in a slipshod way：对工作不能～。*Don't do your work in a slipshod manner.* ❷（副）（任意；任性）wanton；willful：～撕毁协议 *wantonly tear up an agreement* ❸（连）（无论）anyhow；anywhere：～什么时候走都行。*Go any time you like.*

【随从】❶（动）（跟随）accompany（one's supe-

rior）；attend ❷（名）（随员）retinue；suite；attendants：国王的～ *an attendant of the king*

【随地】（副）anywhere；everywhere：随时～ *at all times and all places*

【随和】（形）amiable；obliging：脾气～ *have an amiable disposition*

【随口】（动）speak thoughtlessly：～答应 *promise at once without hesitation*

【随身】（动）take with one；carry on one's person：～行李 *personal luggage*

【随时】（副）❶（任何时候）at any time；at all times：～注意新的趋势 *keep an ear to the ground* ❷（有需要时）whenever necessary；as the occasion demands：～准备应急 *be ready for emergency*

【随手】（动）conveniently（when doing sth.）；without extra trouble：出门时～关灯。*Turn the light off as you go out.*

【随同】（动）be in company with；accompany：～代表团出国访问 *accompany a delegation on a visit abroad*

【随意】（动）at will；as one pleases：～散播 *throw away*

【随着】（动）along with；in pace with：～季节变化 *change with seasons*

suì

岁 suì ❶（名）❶（年）year：～末 *the end of the year* ❷〈书〉（年成）year（for crops）：丰～ *good year* ❷（量）（表示年龄的单位）year（of age）：四～男孩儿 *a four-year-old boy*

【岁数】（名）〈口〉age；years：我爷爷是上了～的人了。*My grandfather is getting on in years.*

【岁月】（名）years：～不待人。*Time and tide wait for no man.*

遂 suì ❶（动）❶（顺；如意）satisfy；fulfil：～意 *fulfil one's desire* ❷（成功）succeed：她自杀未～。*She did not succeed in committing suicide.* ❷（副）〈书〉（就；于是）then；thereupon：～和好如初 *then became reconciled*

【遂心】（动）after one's own heart；to one's liking：～如意 *be perfectly satisfied*

碎 suì ❶（动）（破成零片；使碎）break to pieces；smash：破～ *come to smash* ❷（形）❶（零星；不完整）broken；fragmentary：～布 *small scraps of cloth* ❷（说话唠叨）garrulous；gabby：嘴太～ *talk too much*

【碎片】（名）fragment；patch；chip：已成～ *lie in fragments*／把～取出 *take the splinter out*

【碎石】（名）broken stones：～机 *stone crusher*／～路 *broken stone road；macadam road*

隧 suì ㊀（名）❶（隧道；地道）tunnel；underground pass ❷〈书〉（道路）road ❸（郊外的地方）suburbs ㊁（动）〈书〉（旋转）turn

【隧道】（名）tunnel：～测量 tunnel survey

sūn

孙 sūn（名）❶（孙子）grandson：～子 grandson；son's son ❷（孙子以后的各代）generations below that of the grandchild

【孙女】（名）granddaughter：～婿 granddaughter's husband；grandson-in-law

sǔn

损 sǔn ㊀（动）❶（减少）decrease；lose：斟酌～益 consider making necessary adjustments ❷（损害）harm；damage：～人利己 harm others to benefit oneself ❸〈方〉（用尖刻的话挖苦人）speak sarcastically；deride：～人 deride others ㊁（形）〈方〉（刻薄；恶毒）mean；shabby：这办法真～。That's a mean trick.

【损害】（动）harm；damage；injure：～某人的健康 do injury to sb.'s health

【损耗】㊀（动）（损失；消耗）loss；wear and tear：摩擦～ friction loss ㊁（名）[商] wastage；spoilage：运输过程中造成的～ damage and spoilage incurred during transportation

【损坏】（动）damage；injure：～名声 damage one's good name

【损伤】（动）❶（伤害）harm；damage；scuff：未受～ be without damage ❷（损失）loss；cause loss to：～兵力 reduce military strength

【损失】㊀（动）（失去）lose ㊁（名）（失去的东西）loss；wastage：承担～ bear a loss

笋 sǔn（名）（竹的嫩芽）bamboo shoot：～干 air-dried bamboo shoots

suō

唆 suō

【唆使】（动）instigate；abet：～者 instigator；abettor

缩 suō（动）❶（收缩）contract；shrink：热胀冷～ expand with heat and contract with cold ❷（退缩）draw back；recoil：～头～脑 recoil in fear ❸（减缩）economize：节衣～食 economize on food and clothing

【缩短】（动）shorten；cut down：～学制 shorten the period of schooling

【缩减】（动）reduce；cut；decrease：～开支 cut back on expenditure

【缩水】（动）shrink：一洗要～ shrink in the wash

【缩小】（动）reduce；narrow；lessen：～范围 reduce the scope

【缩写】㊀（名）[语] abbreviation ㊁（动）abridge：～本 abridged edition

suǒ

所 suǒ ㊀（名）❶（处所）place：流离失～ be nomadic ❷（用作机关或其他办事地方的名称）office；institute：研究～ research institute ㊁（量）（用于房屋等）：两～学校 two schools ㊂（助）❶（跟"为"或"被"连用，表示被动）：为贪欲的恶魔～苦 be pursued by the demons of lust and greed ❷（跟动词连用）：理～当然 stand to reason

【所得】（名）gains；income；earnings：略有～ have gained something

【所得税】（名）income tax

【所属】（形）❶（统属之下的）subordinate：外交部～单位 the organizations under the Foreign Ministry ❷（自己隶属的）belong to：向～派出所填报户口 apply at the local police station for residence

【所谓】（形）❶（所说的）what is called：～华北 what is called North China ❷（某些人所说的）so-called：在～的文明世界里 in the so-called civilized world

【所以】㊀（连）❶（表示因果关系）so；therefore；as a result：她运用策略成功，～升官了。She played her cards right and got promoted. ❷（表示"原因就在这里"）the reason why：我们～没有去，是因为我们得到通知太晚了。The reason why we didn't go was that we were informed too late. ㊁（名）（表示实在的情由或适宜的举动）：忘乎～ forget oneself

【所有】㊀（动）（拥有）own；possess：属国家～ be owned by the state ㊁（名）（所有的东西）possessions：尽其～ give one's all ㊂（代）（一切；全部）all：抹去了～记忆 get rid of every memory

【所在】（名）❶（处所）place；location：发现某人的～ locate sb. ❷（存在的地方）where：事情的核心～ where it's at

索 suǒ ㊀（名）（大绳子；大链子）a large rope：在山谷上架起～道 throw a cableway across the valley ㊁（动）❶（搜寻；寻找）search：帮助搜～ assist to search ❷（要；取）demand；ask：～贿受贿 demand and receive bribes ㊂（形）〈书〉❶（孤单）all alone；all by oneself：离群～居 live all alone ❷（没有意味）dull；insipid

【索赔】（动）claim：向保险公司～ *claim on the insurance*/接受～要求 *accept a claim for compensation*

【索取】（动）extort；ask for；demand；exact：～报酬 *exact payment*

【索然】（形）dull；dry；insipid：～无味 *be in bad taste*/～涕下 *be depressed and shed tears*

【索引】（名）index：作者～ *an authors' index*

琐 suǒ （形）（细碎）trivial；petty

【琐事】（名）trifles；trivial matters：家庭～ *household affairs*

【琐碎】（形）trifling；trivial：摆脱这些～的事，多抓些大问题。*Don't get bogged down in these trivialities；try to grasp the essentials.*

锁 suǒ ➊（名）（安在开合处使人不能随便打开的器具）lock：用钥匙开～ *open the lock with the key* ➋（动）❶（上锁）lock up：把某人～在门外 *lock sb. out* ❷（皱眉）knit：双眉紧～ *with knitted brows* ❸（缝纫方法）lockstitch：～边 *lockstitch a border*

【锁定】（动）locking；lock：～范围 *lock-in range*/～电路 *lock-in circuit；locking circuit*

【锁骨】（名）clavicle；collarbone

【锁紧】（动）locking：自～ *self-locking*/～垫圈 *lock washer*

【锁链】（名）chains；detent

【锁门】（动）lock a door

S

T

tā

他 tā（代）❶（称自己和对方以外的某个人）he：～俩 *the two of them* ❷（泛指，不分男性和女性）：从远处看不出～是男的还是女的。*I can't tell if it's a man or a woman from a distance.* ❸（虚指，用在动词和数量词之间）：好好睡一觉 *have a good sleep* ❹（另外的；其他的）another；other：别无～求 *have no other requests* ❺（别处）elsewhere：早已～去 *have gone elsewhere*

【他们】（代）they：～三位科学家都是国际知名的。*The three scientists are well-known throughout the world.*

【他人】（代）another person；other people：不为～所惧怕 *be an unfeared opponent*

【他杀】（动）homicide：是～，而不是自杀。*It is homicide not suicide.*

【他乡】（名）an alien land：异国～ *total unknown places*

它 tā（代）（称人以外的事物）it：这些画报我都看过了，你把～拿去吧。*I've finished with these pictorials. You can take them away.*

【它们】（代）they：猿、猴子、猩猩虽然是高等动物，但～都不会制造工具。*Apes, monkeys and orangutans are higher animals, but they can't make tools.*

她 tā（代）（称自己和对方以外的某个女性；对祖国、党旗等称呼"她"，表示敬爱）she：我明天找～去。*I'm going to see her tomorrow.*

【她们】（代）they：～都是女子排球队队员。*All of them are members of the women's volleyball team.*

塌 tā（动）❶（倒塌）collapse；fall down：地震的时候～了几间房。*Several houses collapsed during the earthquake.* ❷（凹下）sink；droop：他病了好久，两腮都～下去了。*His cheeks were sunken after his long illness.* ❸

（安定；镇定）calm down；settle down to：～下心去 *set one's mind at ease*

【塌方】（动）❶（指修筑上的）cave in；collapse：大坝出现～。*A section of the dam has caved in.* ❷（指地层结构上的）landslide；landslip

【塌实】（形）❶（切实）dependable；steady and sure：～的人 *a dependable man* ❷（安定）free from anxiety；having peace of mind：睡得很～ *enjoy a deep, quiet sleep；have a good, sound sleep*

【塌陷】（动）sink；subside：这座房子的地基～了。*The foundations of this building have subsided.*

tǎ

塔 tǎ（名）❶（佛教的建筑物）Buddhist pagoda；pagoda ❷（塔形的建筑物）tower：金字～ *pyramid*

【塔吊】（名）tower crane

【塔台】（名）control tower

tà

踏 tà（动）❶（踩）step on；stamp on；tread：～着烈士的血迹前进 *march ahead along the path crimson with the blood of martyrs* ❷（现场查勘）make an investigation or survey on the spot：～查 *investigate on the spot*

【踏步】（动）mark time：原地～ *tread water*

【踏青】（动）walk on the green grass；go for an outing in early spring：～的人群 *visitors in countryside during the spring*

tāi

胎 tāi（名）❶（幼体）foetus；embryo：～教 *antenatal training* ❷（怀孕或生育的次数）birth：头～ *first baby；firstborn* ❸（衣服、被褥等的面子和里子之间的衬物）padding；stuffing：枕～ *pillow stuffing* ❹（某些器物的坯）base；roughcast ❺（轮胎）tyre：备～ *an*

auxiliary tyre
【胎儿】(名)embryo;foetus;~学家 fetologist

tái

台 tái ●(名)❶(平而高的建筑物)tower ❷(高出地面便于讲话或表演的设备)platform;stage;stand;走上~ mount a platform ❸(像台的东西)anything shaped like a platform or stage:工作~ working table ❹(指广播电台)broadcasting station;中央人民广播电~ the Central People's Broadcasting Station ●(量):两~机器 two machines
【台布】(名)tablecloth
【台词】(名)actor's lines;给演员提示~ feed lines to an actor
【台灯】(名)desk lamp;reading lamp;table lamp;~也是一件艺术品。Table lamps are also pieces of art .
【台风】(名)[气]typhoon;强~ a violent typhoon/可怕的~ a terrifying hurricane
【台阶】(名)❶(踏级)footstep;step;bench;上个新~ have a leap forward ❷(避免因僵持而受窘的途径或机会)an opportunity to extricate oneself from an awkward position;给我个~下吧。Give me a way out .
【台历】(名)desk calendar;小型~ small desk calendar
【台球】(名)billiards;billiard ball
【台子】(名)❶〈口〉(讲台;舞台)stage;platform ❷(台球桌)billiard table ❸〈方〉(桌子)desk;table ❹(乒乓球桌)ping-pong table

抬 tái (动)❶(往上托;举)lift up;raise;~胳膊 raise one's arm ❷(共同用手或肩膀搬)carry together;~担架 carry a stretcher ❸(指抬杠)wrangle;quarrel;bicker
【抬杠】(动)〈口〉bicker;wrangle;与别人~ profitlessly argue with others
【抬价】(动)force up commodity prices;抬高小麦的价格 bid up the price of wheat
【抬举】(动)praise or promote sb. to show favor;~别人 praise others
【抬手】(动)❶(抬起手)raise one's hand;~可以摘下这个苹果。Just reach your hand and get the apple . ❷(宽容)be magnanimous;not be too hard on sb.;对某人高抬贵手 let sb. pass certain qualification
【抬头】(动)look up;raise one's head;rise;~见喜 meet happiness wherever you go

tài

太 tài ●(形)❶(极高;极大)highest;grea-

test;~湖 great lake ❷(极;最)extreme;most;~古 remote antiquity ❸(身份最高或辈分更高的)more or most senior;~爷 great grandfather ●(副)❶(表示程度过分)too;~草率 be too careless ❷(表示程度极高)extremely;very;又见到您,~高兴了。I'm extremely glad to see you again . ❸(用于否定,很)very;这~不好了。It's very bad .
【太后】(名)queen mother;mother of an emperor
【太监】(名)eunuch
【太空】(名)outer space;space;the firmament;~船 spaceship
【太平】(形)peaceful and tranquil;~间 mortuary/~洋 the Pacific/~无事。All is well .
【太上皇】(名)❶(皇帝的父亲的称号)a title assumed by an emperor's father who abdicated in favour of his son ❷(在幕后操纵的掌握实权者)overlord;supersovereign;backstage ruler;在这个小地方,他是~。He is in charge of everything in this little place .
【太太】(名)❶(对已婚妇女的称呼)Mrs;madame;王~ Mrs. Wang ❷(旧社会仆人尊称女主人)madam;lady ❸(妻子)wife;他~ his wife
【太阳】(名)❶(银河系的恒星之一)the sun;~落山了。The sun sets . ❷(太阳光)sunshine;sunlight;~光耀眼 have the sun in one's eyes
【太阳镜】(名)sunglasses
【太阳帽】(名)sun helmet
【太阳能】(名)solar energy
【太阳系】(名)the solar system
【太阳穴】(名)the temples
【太子】(名)crown prince;prince

态 tài (名)❶(形状;状态)form;condition;appearance;表现出病~ disclose one's pathologies ❷[物](物质结构的状态或阶段)state;绝大多数物质有三~。Most matter has three states . ❸[语](一种语法范畴)voice
【态度】(名)❶(举止;神情)manner;bearing;以友好的~ in an amicable matter ❷(对于事情的看法)attitude;表现出冷淡的~ show an attitude of indifference
【态势】(名)state;situation;posture;战略~ strategic situation

钛 tài (名)[化](金属元素)titanium (Ti);~泵 titanium pump/~铁矿 ilmenite
【钛白】(名)titanium white;~粉 titanium dioxide;titanium white

泰 tài ●(形)❶(平安;安宁)safe;peaceful ❷(傲慢)arrogant ●(副)(极;最)extreme;

T

most
【泰然】(形)calm;composed;self-possessed:~自若 behave with perfect composure

tān

坍 tān (动)(倒塌)collapse;fall down:~方 cave in;collapse/~塌 cave in;collapse

贪 tān ㊀(动)❶(欲望不满足;求多)have an insatiable desire for;be greedy for:~小失大 covet a little and lose a lot;seek small gains but incur big losses ❷(片面追求;贪图)covet;hanker after:~生怕死 be mortally afraid of death ❸(贪污)corrupt;venal:~赃枉法 take bribes and bend the law ㊁(形)(贪心)greedy;avaricious
【贪财】(动)be greedy for money:~好利 covet wealth and profits
【贪得无厌】(成)be insatiably avaricious
【贪婪】(形)〈书〉avaricious;greedy;rapacious:~追求知识 be greedy for knowledge
【贪恋】(动)be reluctant to part with;cling to:~西湖景色 hate to leave the beautiful West Lake
【贪图】(动)seek;hanker after;covet:~享受 seek a life of pleasure
【贪玩】(动)be too fond of play
【贪污】(动)embezzle;be corrupt;practice graft:~盗窃 graft and embezzlement
【贪心】㊀(名)(贪得的欲望)greed;avarice;rapacity:~难改 unrepent greediness ㊁(形)(贪得无厌;不知足)greedy;insatiable;voracious:他是个~鬼。He never says he has too much.
【贪赃】(动)take bribes;practise graft:~枉法 take bribes and bend the law;pervert justice for a bribe

摊 tān ㊀(动)❶(摆开;铺平)spread out:~开报纸 open a newspaper ❷(把糊状食物倒在锅中摊开)fry batter in a thin layer:~煎饼 make pancakes ❸(分担)share:~派任务 assign tasks forcibly ❹(碰到;落到)run up against;befall:~上事,就不怕事。When trouble comes,just face it.㊁(名)(设在路旁、广场上的售货处)stall;booth;stand:水果~儿 fruit stand;fruit stall ㊂(量)(用于摊开的糊状物):一~水 a pool of water
【摊贩】(名)street pedlar;stall keeper
【摊牌】(动)lay one's cards on the table;show one's hand:要某人~ call sb.'s bluff
【摊派】(动)apportion
【摊子】(名)stall;booth;vendor's stand;收拾

烂~ sweep the remains

瘫 tān ㊀(名)(瘫痪)palsy;paralysis ㊁(形)(瘫软)paralysed:吓~了 be paralysed with fright
【瘫痪】(动)❶(风瘫)paralysis;palsy:终生~ be paralysed for life ❷(机构涣散;不能正常工作)break down;be at a standstill:交通运输陷于~。Transportation was at a standstill.

tán

坛 tán (名)❶(祭坛)altar:骨灰~ a cinerary urn ❷(土台)raised plot:花~ flower bed ❸(有共同兴趣、爱好的人组成的圈子)circles;world:欧洲政~上的无赖 the political roughstuff of Europe ❹(台子)platform;forum:讲~ speaker's platform ❺(坛子)earthen jar;jug:一~醋 a jar of vinegar
【坛坛罐罐】(名)pots and pans:求得大业,就不应该考虑~。To be a great success,one should not worry about little things.

昙 tán (名)〈书〉(密布的云彩)densely covered clouds
【昙花】(名)[植]broad-leaved epiphyllum:~一现 flower briefly as the broad-leaved epiphyllum;be a flash in the pan

谈 tán ㊀(动)(说话或讨论)talk;speak;chat;discuss:~了一夜 talk the night away ㊁(名)(所说的话)talk;conversation:无稽之~ nonsense
【谈话】㊀(动)(多人在一起说话)talk;chat:和班上同学~ have a talk with the class ㊁(名)(用谈话的形式发表意见)talk;statement:发表书面~ make a written statement
【谈论】(动)discuss;talk about:~国事 discuss state affairs/~音乐 talk music
【谈判】(动)negotiate;hold talks:和平~ peace talks/秘密~ backstage negotiations
【谈天】(动)chat:~说地 talk of everything under the sun
【谈吐】(名)style of conversation:有风度的~ a talk with good manners
【谈笑】(动)talk and laugh:~风生 talk and laugh cheerfully
【谈心】(动)heart-to-heart talk:促膝~ a heart-to-heart talk

弹 tán ㊀(动)❶(弹射)shoot:~石子 shoot pebbles with a catapult ❷(使纤维变松软)fluff;tease:~棉花 fluff cotton ❸(轻弹)轻

拂）flick；flip：～烟灰 flick the ash off a ciga-rette ❹（用手指或器具拨弄、敲打）play；pluck：～钢琴 play the piano ❺（抨击）im-peach；lash out at ❻（弹跳）spring；leap：从跳板上～起来 leap from the springboard ⊜（形）（有弹性）elastic：这个皮筋的～力不好了。This rubber band has no elasticity.
另见 677 页 dàn。

【弹劾】（动）impeach
【弹簧】（名）spring：～秤 spring balance
【弹力】（名）elasticity；elastic force：～鞋 con-gress shoes／失去了～ lose elastic force
【弹球】（名）marbles
【弹射】（动）launch；shoot off
【弹跳】（动）bounce；spring：～力好 have a lot of spring
【弹性】（名）❶（弹力）elasticity；spring；stress：又软又有～的地毯 soft and springy carpets ❷（事物的伸缩性）elastic；flexible：这些规定是有～的。These regulations are elastic.
【弹奏】（动）play：～钢琴 play the piano

痰 tán（名）（肺泡、气管分泌的黏液）phlegm；sputum：～桶 spittoon

潭 tán（名）❶（深的水池）deep pool；pond：明～ clear pond ❷〈方〉（坑）pit；depression

檀 tán（名）[植]（落叶乔木）wingceltis：～木 sanders
【檀香】（名）sandalwood

tǎn

忐 tǎn
【忐忑】（形）perturbed：～不安 uneasy at heart；nervous and uneasy

坦 tǎn（形）❶（平）level；smooth：～途 level road ❷（坦白）candid；frank；open：～诚的人 an ingenuous man ❸（心里安定）calm；com-posed：心怀～荡 with honest and open heart
【坦白】⊜（形）（直率）honest；frank；candid：～的谈话 plain talk／直言～ in so many words ⊜（动）（如实说出）confess：～自首 surrender and confess one's crimes
【坦荡】（形）❶（宽广平坦）broad and level ❷（心地纯洁）big-hearted；magnanimous：胸怀～ have largeness of mind
【坦克】（名）tank：～兵 tank force
【坦然】（形）unperturbed；calm：～无惧 be calm and fearless
【坦率】（形）candid；frank；straightforward：不～ be unfrank

祖 tǎn（动）❶（脱去或敞开上衣，露出）ex-pose；uncover：～胸露臂 expose one's neck and shoulders ❷（袒护）shield；shelter：偏～ have partiality（for，to）；be one-sided
【袒护】（动）be partial to；shield：～某人 take sb.'s part／公然～ openly shield

毯 tǎn（名）（毯子）blanket；carpet；rug：～子 blanket／毛～ woollen blanket

tàn

叹 tàn（动）❶（叹气）sigh：～一声 heave a sigh ❷（发出赞美声）acclaim；praise：～为观止 acclaim as the acme of perfection
【叹气】（动）sigh；heave a sigh：他～道："这一次出门真倒霉！" He said with a sigh，"This trip has really had its share of bad luck！"
【叹赏】（动）admire；express admiration for：～不绝 express profuse admiration（for）
【叹息】⊜（动）heave a sigh；sigh：～某人愚蠢的错误 lament over sb.'s foolish mistakes ⊜（名）sigh：深深的～ a deep sigh

炭 tàn（名）❶（木炭的通称）charcoal ❷（像炭的东西）sth. resembling charcoal ❸〈方〉（煤）coal
【炭笔】（名）charcoal pencil
【炭窑】（名）charcoal kiln

探 tàn ⊜（动）❶（试图发现）try to find out；explore：～路 explore the way ❷（看望）visit；call on：～监 visit a prisoner ❸（向前伸出）stretch forward；stick out：～身 lean forward ❹〈方〉（过问）inquire；bother about ⊜（名）（做侦察工作的人）detective；spy：国家侦～ international detective
【探测】（动）survey；probe；sound：～器 sound-er；detector／～海底情况 survey the seabed
【探访】（动）❶（搜寻）seek by inquiry or search：～民间秘方 seek out secret medicinal recipes from among the people ❷（探望）call on；visit；pay a visit to：～亲友 visit one's rel-atives and friends
【探戈】（名）tango
【探究】（动）make a thorough inquiry；probe into：～原因 look into the causes
【探明】（动）ascertain；verify：新油田的含油层结构已经～。The oil-bearing structure of the new oilfield has been verified.
【探亲】（动）go home to visit one's family：到故乡～访友 return to one's homeland to visit one's relatives and friends

【探求】(动)seek；pursue；search for：～真理 *seek truth*

【探视】(动)visit；pay a visit to：～时间 *visiting hours*(*in a hospital*)

【探索】(动)explore；probe；seek：星际～ *interplanetary exploration*

【探讨】(动)inquire into；probe into：～性的访问 *an exploratory visit*

【探听】(动)try to find out；make inquiries：～消息 *make inquiry about sb. or sth.*

【探望】(动)❶(看望)visit；pay a visit to；call on：回国～亲友 *return to one's home country to visit relatives and friends* ❷(伸出头去看)look about：我在车站上四处～，哪儿也找不到那位朋友。*I look all around the station but can't find my friend anywhere.*

【探险】(动)venture into；explore：～者 *explorer*/～队 *exploring party*

【探照灯】(名)searchlight：～的灯光 *searchlight beam*

碳 tàn (名)[化](非金属元素)carbon (C)：～黑 *carbon black*/～粉 *carbon dust*

【碳化】(名)carbonization：～物 *carbide*

【碳氢化合物】(名)hydrocarbon

【碳水化合物】(名)carbohydrate

【碳酸】(名)carbonic acid：～钠 *sodium carbonate*；*soda*/～盐 *carbonare*

tāng

汤 tāng (名)❶(热水；开水)hot water；boiling water：赴～蹈火 *go through water and fire* ❷(食物煮后的汁水)soup；broth：饺子～ *jiaozi water* ❸(烹调后汁特别多的副食)soup：三菜一～ *soup and three other dishes*

【汤匙】(名)soupspoon

【汤面】(名)noodles in soup：别往～里加其他调料了。*Don't put any additives into the noodles.*

【汤碗】(名)soup bowl

趟 tāng (动)❶(涉水)ford；wade：～水过河 *wade*(*across*)*a stream* ❷(犁地)turn the soil and dig up weeds (with a hoe, etc.)：～田 *turn the soil and dig up weeds*

táng

唐 táng ❶(名)(唐朝)the Tang Dynasty ❷(形)❶(虚夸)exaggerative；boastful：荒～的生活 *riotous living* ❷(空；徒然)in vain；for nothing

【唐人街】(名)Chinatown

堂 táng (名)❶(某种活动用房)hall；room：生动活泼的课～ *lively class* ❷(旧时指官府中举行仪式、审案的地方)court of law：升～ *open court session* ❸(用于商店牌号)the name of a shop ❹(象征家庭主室的厅堂)：正房)the main room of a house：四世同～ *four generations living together*

【堂倌】(名)waiter

【堂皇】(形)grand：富丽～ *beautiful and imposing*

【堂堂】(形)❶(容貌庄严大方)dignified or impressive：相貌～ *be dignified in appearance* ❷(阵容或力量壮大)imposing：～之阵 *an imposing array of troops* ❸(有志气或有气魄)(of a man) having high aspirations and boldness of vision

【堂屋】(名)central room

塘 táng (名)❶(堤岸；堤防)dyke；embankment：海～ *sea embankment* ❷(水池)pond；pool；到池～嬉水 *go for a splash in the lake* ❸(浴池)hot-water bathing pool；澡～ *public bath* ❹(方)(火塘)fire pit

【塘泥】(名)pond sludge；pond silt

搪 táng (动)❶(抵挡)ward off；keep out：～风 *keep out the wind* ❷(搪塞)evade；stall sb. off：～账 *put off a creditor* ❸(往炉灶、瓷器上涂泥或涂料)daub (clay or paint)：～炉子 *line a stove with clay* ❹(用镗床切削机器零件上已有的孔眼)

【搪瓷】(名)enamel：～茶缸 *enamel mug*

【搪塞】(动)palter；stall sb. off：～推诿 *dodge about*

糖 táng ❶(名)❶[化](碳水化合物)sugar ❷(食糖的统称)sugar：方～ *lump sugar* ❸(糖果)sweets；candy：一袋～ *a bag of sweets* ❷(形)(用糖腌制或浸泡的)sugared

【糖醋】(名)sugar and vinegar；sweet and sour：～排骨 *sweet and sour spareribs*

【糖果】(名)candy；sweets；sweetmeats：～店 *sweet shop*；*candy store*

【糖精】(名)saccharin

螳 táng (名)[动](螳螂)mantis：～螂捕蝉 *the mantis stalking the cicada*

tǎng

倘 tǎng (连)(倘若)if；supposing；in case：～有不测 *in case of accidents*

【倘若】(连)supposing；in case：～发现情况，立即报告。*In case you find anything unusual,* report immediately.

躺 tǎng（动）(身体倒在地上或物体上)lie；recline：懒洋洋地～着 lounge about
【躺倒】（动）lie down；stay in bed：～不干 stay in bed—refuse to shoulder responsibilities any longer
【躺下】（动）lie down
【躺椅】（名）sling chair

tàng

烫 tàng ❶（动）❶(灼人)burn；scald：～了个泡 get a blister through being scalded ❷(用热水加热或洗)heat up in hot water；warm：～澡 take a hot bath ❸(熨烫)iron；press：～衣服 iron clothes ❹(指烫发)perm；冷～ cold wave ❷（形）(物体温度高)very hot；scalding：红～的脸颊 fiery cheeks
【烫发】（动）perm；wave；have a permanent wave：她烫了发显得精神了。Her new permanent makes her look perky.
【烫伤】（动）scald
【烫手】❶（动）burn the hand：热得～ so hot that it burns one's hand ❷（形）troublesome；knotty：这事有些～。This is a sticky business.

tāo

涛 tāo（名）(大的波浪)billows；big waves：波～汹涌的大海 heavy seas／怒～ angry waves
【涛浪】（名）crashing waves

掏 tāo（动）❶(拿出；取出)take out；draw out：～手枪 draw a pistol ❷（挖）dig (a hole，etc.)；scoop out：在墙上～一个洞 make a hole in the wall ❸（偷）steal from sb.'s pocket：他的皮夹子被～了。His wallet was stolen.

滔 tāo ❶（动）❶(大水弥漫)flood；inundate ❷(涌聚)swarm ❷（形）❶(傲慢)haughty ❷(汹涌的)surging ❸(广大的)wide and long
【滔滔】（形）❶(大水滚滚)surging；torrential ❷(话多)keeping up a constant flow of words：～不断 talk on and on
【滔天】（形）❶(形容波浪极大)dash to the skies；billowy：波浪～ waves running high ❷(罪恶、灾祸极大)heinous；monstrous；罪行～ monstrous crimes

táo

逃 táo（动）❶(逃跑；逃走)run away；flee；

escape：～出虎口 flee from the jaws of death ❷(逃避)escape；evade；dodge：～债 escape from debt
【逃奔】（动）run away
【逃避】（动）escape；evade：无法～的现实压力 the inevitable pressure of realities
【逃兵】（名）deserter：战场上的～ a deserter in the battlefield
【逃窜】（动）flee in disorder；run away：惊慌失措地～ panic flight
【逃犯】（名）escaped criminal：精神错乱的～ a brainsick fugitive／追踪～ trail a fugitive
【逃荒】（动）flee from famine：天灾人祸，何处～? Everywhere is natural and human-made calamities，where to go to get away from the famine?
【逃命】（动）run for one's life：纷纷～去 scatter around for their lives
【逃跑】（动）run away；flee：有～的冲动 have an impulse to run away
【逃生】（动）flee for one's life：死里～ a narrow escape／无处～ nowhere to escape
【逃税】（动）evade a tax：设法～ try to avoid the tax／对～者要重罚 punish the evasion of tax
【逃脱】（动）succeed in escaping：无法～欺骗的圈套 an inextricable web of deceit
【逃亡】（动）go into exile；flee from home：～地主 a runaway landlord
【逃学】（动）play truant：他总是～。He always plays truant.
【逃走】（动）run away；take flight；flee：～的机会 a chance to escape

桃 táo（名）❶[植](桃树及其果实)peach：～花雪 spring snow ❷(桃状物)peach-shaped things：～叶柳 peach-leaf willow
【桃红】（形）pink：～柳绿 red peach flowers and green willows—a spring scene
【桃花】（名）peach blossom
【桃李】（名）❶(比喻所教的学生)one's pupils or disciples：～满天下 have pupils everywhere ❷(桃树和李树)peaches and plums：～满园 be full of peach and plum trees (in the garden)
【桃树】（名）peach tree
【桃子】（名）peach：成熟的～ ripe peaches

陶 táo ❶（名）(用黏土烧制的器物)pottery；earthenware：～制花瓶 a ceramic vase ❷（动）❶(制造陶器)make pottery；参加～艺课 sign up for a pottery course ❷(比喻教育；培养)educate；mould；cultivate：受到熏～ be cultivated ❸（形）❶(用黏土烧制的)earthen

❷（快乐）happy；contented：乐～～ *feel happy and contented*
【陶瓷】（名）pottery and porcelain；ceramics：～业 *ceramic industry*；*ceramics*
【陶冶】（动）mould：～性情 *mould a person's temperament*／～情操 *cultivate one's mind*
【陶醉】（动）be intoxicated；revel in：自我～ *have self-complacence*

淘 táo ❶（动）❶（在水或其他液体中搅荡，除去杂质）wash in a pan or basket；rinse：～米 *wash rice*／～金热 *a rush to the goldfield* ❷（舀出污水等）clean out；dredge：～井 *dredge a well* ❸（耗费）tax；trouble ❷（形）〈方〉（顽皮）naughty：～孩子一般都聪明。*Naughty children are usually bright.*
【淘气】（形）naughty；mischievous：～鬼 *a regular little mischief*
【淘汰】（动）❶（排除）eliminate through selection or competition；weed out：～赛 *elimination series* ❷（废除不用）die out；fall into disuse：这种机器已经～了。*This kind of machine is already obsolete.*

tǎo

讨 tǎo（动）❶（讨伐）send army or despatch troops to suppress or assault：出席声～会 *attend a denouncing meeting* ❷（索取；请求）ask for；beg for；demand：～个公道 *ask for a fair answer* ❸（遣责）denounce；condemn ❹（娶）marry：～个年轻的女子做妻子 *get a young girl as one's wife* ❺（招惹）invite；incur；court：～个没趣儿 *court a rebuff* ❻（讨论）discuss：商～ *discuss*
【讨伐】（动）send armed forces to suppress；send a punitive expedition against：～叛军 *suppress the rebellion through armed forces*
【讨饭】（动）beg for food：在外～ *be out on the scran*
【讨好】（动）❶（迎合别人）ingratiate oneself with；curry favour with；fawn on：～领导 *curry favour with the leadership* ❷（得到好效果）get good result：这个工作怎么干也讨不了好儿。*No matter how hard you work on this job, it's always a thankless task.*
【讨价】（动）ask a price：和某人～还价 *bargain with sb.*
【讨教】（动）ask for advice：特来～ *take one's way out for advice*
【讨论】（动）talk over；discuss：充分～一个概念 *bat an idea around*
【讨便宜】（动）look for a bargain；seek undue advantage：想～，结果却吃了亏 *want to get advantage, but get a loss*

【讨厌】❶（形）❶（惹人厌烦）disagreeable；disgusting；repugnant：～的酷热 *the dreadful heat* ❷（事情难办）hard to handle；nasty：气管炎是很～的病。*Tracheitis is a nasty illness.* ❷（动）（厌恶）dislike；loathe：她～狗。*She dislikes dogs.*

tào

套 tào ❶（名）❶（套子）cover；case；sheath：毛笔～ *cap of a writing brush* ❷（河流或山势的弯曲处）a bend of a river or a curve in a mountain range ❸〈方〉（棉衣、棉被里的棉絮）cotton padding or wadding；batting：袄～ *the padded lining of a Chinese jacket* ❹（拴牲口的挽绳）harness；traces：牲口～ *harness for a draught animal* ❺（用绳子等结成的环状物）knot；loop：活～儿 *running knot* ❻（应酬的话；陈陈相因的办法）convention；formula：又来这一～了 *play one's old tricks again* ❼（阴谋）trick；trap ❷（动）❶（互相衔接或重叠）overlap；interlink：～接两个环 *interlink two rings* ❷（罩在外面）slip over：把枕套～上 *put the pillow in the pillowcase* ❸〈方〉（把棉胎和被褥或袄缝合）sew a padding into a jacket or a quilt ❹（用套拴系）harness；hitch up：我去～牲口。*I'll go and harness the beast.* ❺（模仿）model after；copy：生搬硬～ *accept and imitate blindly* ❻（引出；诱出）trick into talking；pump out：拿话～某人 *trick sb. into telling the truth* ❼（拉拢）try to win：与某人～交情 *try to get in good with sb.* ❸（量）（用于成组的事物）set；suit；series：一～家具 *a set of furniture* ❹（形）（罩在外面的）over；outer：一双新～鞋 *a new pair of overshoes*
【套购】（动）fraudulently purchase；illegally buy up：～统购统销物资 *illegally buy up goods for which there is a state monopoly of purchase and marketing*
【套管】（名）casing pipe；casing：～程序 *casing programme*
【套间】（名）❶（一套房间）apartment；flat；suite ❷（在正房一侧或两侧的房间）a small room opening off another；inner room
【套近乎】（动）try to be friendly with sb.；cotton up to sb.：总想和名人～ *seek opportunities to make friends with famous persons*
【套衫】（名）pullover
【套袖】（名）oversleeve
【套用】（动）apply mechanically；use indiscriminately：没有深度，只有～ *just mechanically*

remold

【套语】（名）polite formula

【套种】（动）interplant：实行间作～ *adopt intercropping and interplanting*

tè

特 tè ❶（形）（特殊；超出一般）particular；special：～等食品 *special quality food* ❷（副）❶（特别）especially；very：这苹果～甜。*The apple is very sweet.* ❷（特地）for a special purpose；specially：～在此等候某人 *wait only for sb. here* ❸（名）❶（指特务）special or secret agent；spy：～工人员 *special agent* ❷〈书〉（公牛）bull ❹（连）〈书〉（只；但）but；only：不～如此 *not only that*

【特别】❶（形）（与众不同）special；particular：一个～的计划 *a special plan* ❷（副）❶（格外）especially；specially：～快乐的节日 *an especially joyful holiday* ❷（特地）specially；especially：这些花是我～为你摘的。*I picked these flowers specially for you.*

【特产】（名）special local product；specialty：东北～ *specialties of the Northeast*

【特长】（名）strong point；specialty：发挥每个人的～ *give scope to everyone's special skill*

【特大】（形）especially big；the most：百年未遇的～干旱 *the worst drought in a century*

【特等】（名）special grade；top grade：～舱 *stateroom；deluxe cabin*

【特点】（名）characteristic；peculiarity：生理～ *physiological characteristics*

【特定】（形）❶（特别指定的）specially appointed：达到～的标准 *make the grade* ❷（某一个）given；specific：在～的条件下 *under given conditions*

【特工】（名）secret service：～人员 *special agent；secret service personnel*

【特级】（名）special grade：～教师 *teacher of a special classification*

【特急】（形）extra urgent：～电 *extra urgent telegram；flash message*

【特技】（名）❶（特殊技能）stunt；trick：～跳伞 *trick parachuting* ❷（电影）special effects：～镜头 *trick shot*

【特价】（名）special offer：享有～权 *enjoy privilege in buying sth.*

【特刊】（名）special issue：国庆～ *special National Day issue*

【特快】（形）express：～车 *express train；special express*

【特派】（动）specially appoint：～记者 *special correspondent；accredited journalist*

【特遣部队】（名）task force；party

【特权】（名）privilege；prerogative：享受～ *exercise a privilege*

【特色】（名）characteristic；distinguishing feature：具有东方～ *have an Oriental character*

【特使】（名）special envoy

【特殊】（形）special；peculiar；exceptional；particular：受到～照顾 *receive special care*

【特务】（名）❶〔军〕（特殊任务）special task：～营 *special task battalion* ❷（从事刺探情报等活动的人）secret agent；spy：负有秘密使命的～ *an agent on a secret mission*

【特效】（名）specially good effect；special efficacy：～药 *a medicine with special properties；specific drug；effective cure*

【特性】（名）specific property：可疑的～ *a dubious distinction*

【特邀】（动）specially invite：～代表 *a specially invited representative*

【特有】（形）peculiar；characteristic：少数人～的兴趣 *esoteric interests*

【特约】（动）engage by special arrangement：～记者 *special correspondent*

【特征】（名）characteristic；feature：人格的～ *a feature of one's personality*

【特种】（形）special type；particular kind：～工艺 *special arts and crafts*

téng

疼 téng（动）❶（痛）ache；pain；sore：浑身都～ *be aching all over* ❷（心疼；疼爱）love dearly；dote on：奶奶最～小孙子。*Granny dotes on her little grandson.*

【疼爱】（动）love dearly；be very fond of；dote on：一个有惹人～魅力的小孩 *the endearing charm of a little child*

【疼痛】（形）pain；sore；ache：忍受～ *bear the pain*／～加剧。*The pain increased.*

腾 téng（动）❶（奔跑或跳跃）jump；prance：策马～跃 *whip a horse to prance* ❷（升到空中）rise；soar：～云驾雾 *ride the clouds and harness the mists* ❸（使空出）vacate；make room；clear out：给新来的人一个地方 *make room for a newcomer* ❹（用在某些动词后面，表示反复）：折～ *do sth. over and over again*

【腾飞】（动）make rapid advance；develop rapidly：事业的～ *developing cause*

【腾空】（动）soar；rise to the sky：～飞越 *soar into the sky to jump over*

【腾越】（动）jump over：～障碍 *jump over obstacles*

眷 téng（动）（誊写）transcribe；copy out：~清稿 *clean copy*

【誊写】（动）transcribe；copy out：把这篇文章连同我的修改部分~出来。*Copy out the article, including all the corrections I have made.*

藤 téng（名）（某些植物的匍匐茎或攀缘茎）vine；cane；rattan：西瓜~ *watermelon vine*

【藤牌】（名）cane shield；shield

【藤条】（名）rattan

tī

剔 tī（动）❶（从骨头上刮肉）scrape meat off bone ❷（从缝隙里往外挑）pick out：~牙 *pick one's teeth* ❸（剔除）pick out and get rid of：把烂梨~出去 *pick out the rotten pears*

【剔除】（动）reject；get rid of：继承文化遗产要吸取精华，~糟粕 *absorb the essence and reject the dross in inheriting the cultural legacy*

梯 tī ❶（名）（梯子；楼梯）ladder；steps：成功的阶~ *a ladder to success* ❷（形）（形状像楼梯的）shaped like a staircase：~形队列 *echelon formation*

【梯队】（名）echelon formation；echelon

【梯恩梯】（名）[化]（三硝基甲苯）trinitrotoluene（TNT）

【梯田】（名）terraced fields：修~ *build terraced fields*

【梯子】（名）ladder：有~的顶楼 *a laddered loft*/扶稳~ *steady the ladder*

踢 tī（动）（用脚撞击）kick：~小石子 *kick a pebble*/把球~进 *kick the ball in*

【踢罚球】（动）penalty kick

【踢毽子】（动）kick the shuttlecock

【踢皮球】（动）❶（儿童游戏）kick a ball ❷（推卸责任）pass the buck；shift responsibility onto each other：擅于~ *be good at escaping responsibilities*

【踢踏舞】（名）step dance

tí

提 tí ❶（动）❶（垂手拿着）carry（in one's hand with the arm down）：~起皮箱 *lift the suitcase* ❷（由下往上移）lift；raise：~嗓子 *raise one's voice* ❸（把预定的期限往前挪）advance；move up a date：把会议的日期往前~ *move the date of the meeting up* ❹（提出或举出）bring up；put forward：不值一~的事

a matter unworthy of mark ❺（提取）extract；draw out：~成 *deduct a percentage from a sum of money* ❻（带关押的犯人）bring；deliver：~犯人 *fetch a prisoner for interrogation* ❼（谈起）mention；bring up：别再~那件事了。*Don't bring that up again.* ❷（名）❶（舀油或酒的器具）dipper：酒~ *wine dipper* ❷（汉字的笔画，即挑）rising stroke（in Chinese characters）
另见 684 页 dī。

【提案】（名）motion；proposal：撤销~ *withdraw a proposal*

【提拔】（动）promote：~人才 *advance a talent*

【提包】（名）handbag；shopping bag

【提倡】（动）advocate；promote；encourage：~勤俭建国 *spread the idea of building the country through diligence and thrift*

【提成】（动）deduct a percentage

【提出】（动）raise；put forward：~重要的问题 *raise an important question*

【提纯】（动）purify；refine：~器 *purifier*

【提单】（名）bill of lading：直达~ *direct bill of lading*/联运~ *through bill of lading*

【提法】（名）way；wording；formulation：这只是个~问题。*This is just a matter of wording.*

【提纲】（名）outline：教学~ *outline of teaching*/写发言~ *make an outline for a speech*

【提高】（动）raise；heighten；enhance；increase；improve：~政治觉悟 *heighten one's political consciousness*

【提供】（动）provide；supply；furnish；offer：~新的证据 *furnish fresh evidence*

【提货】（动）pick up goods；take delivery of goods：~单 *bill of lading*

【提交】（动）submit ... to；refer to：~一个案子给委员会 *lay a case before a committee*

【提炼】（动）extract and purify；refine：未~的石油 *unrefined oil*/~蔗糖 *refine cane sugar*

【提起】（动）❶（提到）mention；speak of：昨天他还~你来着。*He spoke of you only yesterday.* ❷（激起）raise；arouse；brace：~人们的注意 *arouse people's attention*

【提前】（动）❶（动）（往前移）shift to an earlier date；bring forward；advance：将期限~一周 *advance a deadline by a week* ❷（副）（事先）in advance；ahead of time；beforehand：~付租金 *be beforehand with one's rent*

【提请】（动）submit sth. to：~大会批准 *submit to the congress for approval*

【提取】（动）❶（取出）draw；pick up；collect：~银行存款 *draw money from a bank*；withdraw bank deposits ❷（提炼）extract；abstract：从油页岩中~石油 *extract oil from* shale

【提神】（动）refresh：喝杯茶提提神 *refresh oneself with a cup of tea*

【提升】（动）❶（提高职级）promote；advance：～某人当排长 *promote sb. to be platoon leader* ❷（向高处送出）hoist；elevate

【提示】（动）prompt；point out；给演员～台词 *feed lines to an actor*

【提问】（动）put questions to；quiz：老师～以后，他答不上来。*The teacher put the question to him, but he couldn't answer it.*

【提箱】（名）suitcase

【提醒】（动）remind；warn；call attention to：～某人做某事 *remind sb. to do sth.*

【提要】（名）summary；abstract：论文～ *abstract of the thesis*

【提议】❶（名）（提出的主张）proposal；motion：善于接纳～ *be receptive to the proposals* ❷（动）（提出主张）propose；suggest；move：～进行投票 *move that a vote be taken*

啼 tí（动）❶（啼哭）cry；weep：哭哭～～ *keep crying* ❷（鸟兽叫）crow；caw：鸟儿在树林间发出～鸣声 *birds chattering in the trees*

【啼哭】（动）cry；wail：止不住～ *could not help crying*

题 tí ❶（名）（题目）subject；title；topic：命～ *assign a topic* ❷（动）（写上）inscribe；write：～诗一首 *inscribe a poem*

【题材】（名）subject matter；theme：～范围 *range of subjects*

【题词】（名）❶（指题的词）inscription；dedication ❷（序文）foreword ❸（动）（写一段话表示纪念或勉励）write an inscription

【题解】❶（动）（详细解答）key to exercises or problems：《平面几何～》*Key to Exercises in Plane Geometry* ❷（名）（解释性文字）explanatory notes on the title or background of a book

【题目】（名）❶（标题）title；topic；subject：作文～ *title for composition* ❷（习题；考题）exercise problems：考试～ *examination questions*

【题字】❶（名）（为留纪念而写的字）inscription；autograph：书上有作者亲笔～。*The book is autographed by the author.* ❷（动）（题写）inscribe

蹄 tí（名）（牲畜趾端的角质物）hoof：炖猪～ *stew pig's trotters*

tǐ

体 tǐ ❶（名）❶（身体）body；part of the body：把某人吓得魂不附～ *scare the daylights out of sb.* ❷（物体）substance；object：固～物质 *solid material* ❸（文字的书写形式；作品的体裁）style；structure；form：文～ *writing style*/字～ *style of calligraphy* ❹（体制）system：政～ *political system* ❷（动）（亲身；设身处地）personally do or experience sth.：～行某事 *do sth. personally*

【体操】（名）gymnastics：自由～ *floor exercise*

【体罚】（动）physical punishment：～不会造就学者。*Punishment of the body can not make a scholar.*

【体格】（名）physique；build：一副强壮的～ *a muscular build*/运动选手的～ *an athletic build*

【体会】（动）realize；know from experience：～言外之意 *read between the lines*

【体积】（名）volume：～庞大的卡车 *a voluminous truck*/～膨胀 *volume expansion*

【体力】（名）physical strength：～充沛 *be full of physical strength*

【体谅】（动）show understanding and sympathy：～别人的感觉 *attention to others' feeling*

【体面】❶（名）（体统）dignity：他并不认为干这些事就会有失～。*He did not consider it a loss of face to concern himself with these things.* ❷（形）❶（光荣）honorable：过～的生活 *lead an honorable life* ❷（好看）handsome：你出去的话，得穿～一些。*You're not going out unless you're decently dressed.*

【体态】（名）posture；carriage：优美的～ *beautiful posture*/～轻盈 *have a graceful carriage*

【体贴】（动）show consideration for；give every care to：～某人 *be thoughtful for sb.*

【体温】（名）temperature；temp：～计 *a clinical thermometer*

【体系】（名）system；setup：不健全的经济～ *a sick economy*/发展自己的～ *develop a system of one's own*

【体现】（动）embody；reflect；give expression to

【体验】（动）learn through practice：～孤独 *experience loneliness*

【体育】（名）physical culture；physical training；sports：～馆 *gym；gymnasium*

【体制】（名）system of organization；structure；system：管理～ *managerial system*

【体质】（名）constitution；physique：增强～ *build up health*

【体重】（名）weight：增加～ *gain weight*

tì

剃 tì（动）（用刀子刮去）shave：～胡子 *have a shave*；*shave oneself*

【剃头】（动）❶（剃去头发）*have one's head shaved* ❷（理发）*have one's hair cut*；*have a haircut*

涕 tì（名）❶（眼泪）tears：～零 *shed tears* ❷（鼻涕）*mucus of the nose*；*snivel* ❸［医］（五液之一）*nasal discharge*

替 tì ❶（动）replace；substitute for；take the place of：昼夜循环交～。*Day alternates with night.* ❷（介）（为）for；on behalf of：～天行道 *enforce justice on behalf of heaven*

【替代】（动）supersede；substitute for；replace：用石油～煤 *replace coal with petroleum*

【替换】（动）displace；substitute；take the place of：带上一套～的衣服 *take a change of clothes*

【替身】（名）❶（替身演员）substitute；replacement：特技～ *a stunt double* ❷（替罪羊）scapegoat

tiān

天 tiān ❶（名）❶（天空）sky；heaven：～崩地裂 *heaven falling and earth rending—violent political or social upheavals* ❷（一昼夜；白天）day：忙了一～ *have had a busy day*；*have done a good day's work* ❸（一天里的某一段时间）a period of time in a day：五更～ *around four in the morning* ❹（季节）season：冷～ *the cold season*；*cold days* ❺（天气）weather：～公作美。*The weather favoured us.* ❻（自然）nature：战～斗地 *combat nature* ❼（迷信者指自然界的主宰者；造物主）God；Heaven：谋事在人，成事在～。*Man proposes, God disposes.* ❽（迷信者指神佛仙人的处所）heaven ❷（形）❶（位置在顶部的；凌空架设的）overhead：～桥 *overpass* ❷（天然的；天生的）natural：～性 *natural instincts*

【天才】（名）genius；gift；talent：～儿童 *a gifted child*

【天窗】（名）skylight：房子的～ *scuttle in the house*／打开～说亮话 *Let's be frank.*

【天地】（名）❶（天和地）heaven and earth：～不容。*Heaven and earth do not tolerate.* ❷（活动范围）scope of operation：开拓新～ *break new ground*

【天鹅】（名）swan：～绒 *velvet*

【天赋】❶（动）（自然赋予）inborn；endowed by nature：～多才 *be endowed with talents* ❷（名）（天资）natural gift；talent：具有学习语言的～ *possess the gift of learning languages*

【天花】（名）［医］smallpox

【天花板】（名）ceiling

【天机】（名）nature's mystery：泄漏～ *give away a secret*

【天经地义】（成）unalterable principle：爸爸打儿子并不是～。*Beating sons up is not the born privilege of fathers.*

【天空】（名）the sky；the heavens：星光点点的～ *a starry sky*

【天蓝】（形）sky blue

【天亮】（名）daybreak；dawn：守夜到～ *outwatch the night*

【天命】（名）God's will；fate；destiny：一切都是～。*Everything is decided by God.*

【天平】（名）balance；scales

【天气】（名）weather：～预报 *weather forecast*

【天堑】（名）natural moat：长江～ *the natural moat of the Changjiang River*

【天然】（形）natural：～景色 *natural scenery*

【天色】（名）colour of the sky；time of the day：～已晚。*It's getting dark.*

【天坛】（名）the Temple of Heaven

【天堂】（名）paradise；heaven

【天体】（名）celestial body：～力学 *celestial mechanics*

【天天】（副）every day；daily：～锻炼身体 *do physical training every day*

【天王星】（名）［天］Uranus

【天文】（名）astronomy：～数字 *astronomical figure*；*enormous figure*

【天下】（名）❶（指中国或世界）China or the world；land under heaven：～无双 *be unparalleled in the world* ❷（统治权）rule；domination：打～ *conquer the country*

【天仙】（名）❶（仙女）goddess ❷（美女）a beauty：～都配不上他。*The best beauty can not match him.*

【天险】（名）natural barrier：长江～ *natural barrier of Yangtze River*

【天性】（名）nature：～忠厚 *have a sincere and kindly nature*

【天涯】（名）the end of the world：～海角 *the ends of the earth*

【天意】（名）God's will；the will of Heaven：～呀！*It is God's will!*

【天灾】（名）natural disaster：～人祸 *natural calamities and man-made misfortunes*

【天真】（形）innocent；artless；naive：～无邪的小孩 *an innocent child*

【天主教】（名）Catholicism

【天资】（名）natural gift；talent：～很好 be gifted／有音乐～ have an aptitude for music

添 tiān（动）❶（增加）add；increase：画蛇～足 gild the lily ❷（方）（生小孩）give birth to：～人加口 have more family members

【添补】（动）replenish；get more：～几件衣服 buy some clothes

【添枝加叶】（成）embellish a story：照我说的对他讲，可别～。Tell him exactly what I said and don't embroider it.

tián

田 tián ⊖（名）（田地）field；farmland；cropland：耕～ till a field ⊜（动）〈书〉（打猎）hunt：～猎 go hunting

【田地】（名）❶（种植用的土地）field；farmland：从～里收割 reap a field ❷（地步）plight；wretched situation：真没想到事会发展到这步～。I never dreamed things would come to such a pass.

【田径】（名）track and field；athletics：～队 track and field team

【田赛】（名）field events

【田野】（名）field；open country：广阔的～ a vast field；a vast expanse of farmland

【田园】（名）countryside；fields and gardens：～风光 rural scenery

恬 tián（形）❶（恬静）quiet；calm：～适 quiet and comfortable ❷（满不在乎；坦然）not care at all；remain unperturbed

【恬静】（形）tranquil；peaceful；quiet

【恬然】（形）unperturbed；calm：～自若 be calm and at ease／处之～ remain unruffled

甜 tián（形）❶（像糖和蜜的味道）sweet；honeyed：比蜜～ outsweeten honey ❷（觉睡得踏实）sound：～美的梦乡 sweet and beautiful dreamland

【甜菜】（名）beet；糖～ sugar beet

【甜点】（名）dessert：分享～ split a dessert

【甜瓜】（名）muskmelon；melon

【甜美】（形）❶（像糖和蜜的味道）sweet；luscious：味道～ have a sweet taste ❷（愉快；舒适）pleasant；comfortable：享受～的生活 enjoy comfort and ease in life

【甜蜜】（形）sweet；happy：唤起～的回忆 awaken happy memories

【甜食】（名）sweet food；dessert：爱吃～ have a sweet tooth

【甜言蜜语】（成）sweet words and honeyed

phrases：他们的～不过是引鱼上钩的诱饵罢了。Their honeyed words are nothing but bait to hook the fish.

填 tián（动）❶（垫平或塞满）fill；stuff：～饱肚子 fill the belly ❷（补足；充满）replenish；complement：～补缺门 fill in some gaps in production ❸（填写）fill in；write：～表 fill in a form

【填充】（动）fill up；stuff：用～物堵住缝隙 stuff a crack with caulking

【填空】（动）❶（填补）fill a vacant position ❷（填空测验）fill in the blanks

【填料】（名）packing；stuffing；filling；filler：将火箭的失误归咎于设计错误的～ impute the rocket failure to a faulty gasket

【填写】（动）fill in；write：～附表 fill out the attached blank

tiāo

挑 tiāo ⊖（动）❶（用肩膀支起扁担来搬运）tote with a carrying pole；shoulder：勇～重担 be brave in shouldering heavy loads ❷（挑选）choose；pick；select：～精拣肥地吃 pick at one's dinner ❸（挑剔）nitpick：～毛病 find fault ⊜（名）（挑子）carrying pole with its load

另见 1002 页 tiǎo。

【挑拣】（动）pick；pick and choose：～饮食 be particular about food

【挑毛病】（动）pick faults；find fault

【挑起】（动）shoulder

【挑剔】（动）nitpick：爱～的女人 a choosy woman／无可～的 be unimpeachable

【挑选】（动）choose；select；pick out：随意～ pick out at random

tiáo

条 tiáo ⊖（名）❶（细长的树枝）twig：柳～ willow twigs ❷（条子）slip；strip：纸～ a strip of paper ❸（分项目的）item；article：逐～ item by item ❹（层次；秩序；条理）order；method：安排得有～有理 put in perfect order ⊜（量）❶（用于细长的东西）：两～蛇 two snakes ❷（用于以固定数量合成的某些长条形的东西）：一～裤子 a pair of trousers ❸（用于分项的）：两～新闻 two pieces of news ❹（引申用于人体）：三～人命 three human lives

【条幅】（名）scroll

【条件】（名）❶（客观的因素）condition；term；factor：利用有利的～ make use of the favorable factors ❷（提出的要求）requirement；

T

qualification：无～地允诺 *promise without qualification*

【条款】（名）clause；article；provisions：法律的～ *a statutory provision*

【条理】（名）orderliness；method：～贯通 *go through in regular sequence*

【条例】（名）regulations；rules：组织～ *organizational rules*

【条令】（名）regulations：内务～ *routine service regulations*（for barracks）

【条目】（名）entry；clauses

【条文】（名）article；clause：～范例 *standard clause*

【条纹】（名）stripe；streak：有～的猫 *a tabby cat*/纵向的～ *longitudinal stripes*

【条约】（名）treaty；pact：互惠～ *a two-way treaty*/违反～ *break a treaty*

【条子】（名）❶（狭长的东西）strip：布～ *strips of cloth* ❷（便条）a brief informal note：写个～ *write out a note*

迢 tiáo（形）（遥远）far；remote

【迢迢】（形）far away；remote：～牵牛星，皎皎河汉女。*Far away twinkles the Herd-boy star；Brightly shines the Lady of the Silver River.*

调 tiáo（动）❶（配合得均匀合适）harmonize；suit well：饮食失～ *ailment caused by an unbalanced diet* ❷（使配合得均匀合适）mix；adjust：～工资 *adjust wages* ❸（调解）mediate：～停争端 *arbitrate a dispute* ❹（挑逗）tease；make fun of：～弄取笑 *make fun of and excite with laughter* ❺（挑拨）provoke；alienate

另见 690 页 diào。

【调幅】（名）amplitude modulation：～广播 *AM broadcast*

【调和】❶（形）（配合适当）be in harmonious proportion：雨水～ *Rainfall is well distributed.* ❷（动）（调解）mediate；reconcile：～折中 *strike a balance* ❸（妥协）compromise；make concessions：进行不～的斗争 *wage uncompromising struggles*

【调剂】（动）adjust；regulate：～劳动力 *redistribute labor power*

【调节】（动）regulate；adjust：～器 *regulator*

【调解】（动）mediate；make peace：～人 *trouble shooter*/～争端 *arbitrate a case*

【调料】（名）condiment；spices；flavouring

【调弄】（动）❶（戏弄）make fun of；tease ❷（整理）arrange；adjust ❸（调唆）instigate；stir up

【调配】（动）mix：～颜色 *mix colours*

【调皮】（形）❶（顽皮）naughty；mischievous：～捣蛋 *make trouble* ❷（不驯服）unruly；tricky：～的牲口 *skittish beasts* ❸（要小聪明）play tricks：科学是老老实实的学问，任何一点～都是不行的。*Science means honest, solid knowledge；you can't just play around.*

【调频】（名）frequency modulation：～广播 *FM broadcast*

【调情】（动）flirt：～作乐 *make love for amusement*/与某人～ *flirt with sb.*

【调停】（动）mediate；intervene：对争端进行～ *mediate a dispute*

【调味】（动）season；flavour：加点儿生姜调～ *flavour food with some ginger*

【调戏】（动）take liberties with；assail

【调谐】❶（形）（和谐）harmonious ❷（名）［电］tuning：～范围 *tuning range*

【调整】（动）adjust；regulate；revise：～计划 *revise a plan*

【调制】（动）modulation：～间隙 *modulation gap*

tiǎo

挑 tiǎo ❶（动）❶（从一头支起）lift up；raise：～眉毛 *raise one's eyebrows* ❷（用细长物拨）poke；prick：～火 *poke a fire* ❸（挑拨；挑动）instigate；stir up：～事 *stir up trouble；sow discord* ❷（名）（汉字的笔画）rising stroke（in Chinese characters）

另见 1001 页 tiáo。

【挑拨】（动）instigate；incite；sow discord：～是非 *foment discord*

【挑动】（动）provoke；stir up；incite

【挑逗】（动）provoke；tease；tantalize：～动物 *tease animals*

【挑起】（动）provoke；stir up；instigate：～边境冲突 *provoke a border conflict*

【挑衅】（动）provoke：故意～ *deliberately provoke*/向某人～ *try to provoke sb.*

【挑战】（动）❶（挑衅）challenge to battle：接受某人的～ *take sb. up on the challenge* ❷（提出竞赛）challenge to a contest；challenge：他向我～，下一盘围棋。*He challenged me to a game of weiqi.*

tiào

眺 tiào（动）（眺望）look into the distance from a high place；survey the distance：远～ *look far into the distance；survey the distance*

【眺望】（动）overlook；survey：从窗口～山谷 *overlook a valley from a window*

跳 tiào（动）❶（腿用力弹起）jump；leap：从座位上～起来 *jump from a seat* ❷（弹力使物体突然向上移动）spring；leap：球在篮筐上～了一下滚入篮内。*With one bounce on the ring, the ball rolled into the basketball net.* ❸（一起一伏地动）move up and down；beat：他激动得心直～。*His heart was throbbing with excitement.* ❹（越过）skip over；drop：～过了 3 页 *skip over three pages*

【跳动】（动）move up and down；pulsate；beat：只要我的心脏还在～，我就要为人民工作。*As long as my heart still beats, I will go on working for the people.*

【跳高】（名）[体] high jump：～运动员 *high jumper*

【跳栏】（名）hurdle race

【跳伞】（名）[体] parachute jumping：～运动员 *parachutist；parachuter*

【跳绳】（名）rope skipping

【跳水】（名）[体] dive；diving：～表演 *diving exhibition*／头向下的～ *a headlong dive*

【跳舞】（动）dance：～跳得忘乎所以 *dance one's sense off*／带头～ *lead the dance*

【跳远】（名）[体] long jump；broad jump

【跳跃】（动）jump；leap；bound：～运动 *saltatorial exercises*／～前进 *bound forward*

tiē

贴 tiē ❶（名）❶（粘贴）stick；paste：～邮票 *stick on a stamp* ❷（紧挨）nestle up to；keep close to：～墙站着 *stand against the wall* ❸（贴补）subsidize；help financially：由国家补～ *be subsidized by the state* ❷（名）（津贴）allowance；subsidies：米～ *food allowance* ❸（形）（服从；顺从）submissive；obedient

【贴补】（动）subsidize；help financially：～家用 *help out with the family expenses*

【贴近】（动）press close to；nestle closely to：把耳朵～门边 *press one's ear close to the door*

【贴切】（形）aptly worded：措辞～ *aptly worded；well-put*

【贴心】（形）intimate；close：～话 *words spoken in confidence*

tiē

帖 tiē ❶（名）❶（请帖）invitation：喜～ *wedding invitation* ❷（写着字的小纸片）card；note ❸（量）（用于配合起来的若干味汤药）：一～药 *a dose of herbal medicine*
另见 1003 页 tiè。

铁 tiě ❶（名）❶（金属元素）iron（Fe）：趁热打～。*Strike while the iron is hot.* ❷（指刀枪等）arms；weapon：手无寸～ *be empty-handed for a fight* ❷（动）（使坚硬）resolve；determine ❸（形）❶（形容坚硬；坚强）hard；strong：～腕人物 *ironhanded man* ❷（形容强暴或精锐）violent and crack ❸（形容确定不移）unshakable；determined：对某事～了心 *be resolved at sth.*

【铁窗】（名）❶（安铁栅的窗户）a window with iron grating ❷（监狱）prison：～风味 *prison life；life behind bars*

【铁道】（名）railway：～兵 *railway corps*

【铁饭碗】（名）a secure job；iron rice-bowl：端着～ *have a lifelong job*

【铁轨】（名）rail

【铁柜】（名）cabinet

【铁汉】（名）man of iron；a strong determined person：刚强～ *a man of iron will*

【铁合金】（名）ferroalloy

【铁矿】（名）iron ore；iron mine

【铁链】（名）iron chain

【铁路】（名）railway；railroad：～线 *railway lines*

【铁丝】（名）iron wire：拉紧的～ *a tight wire*／细～ *thin wire*

【铁腕】（名）iron hand；strong rule（over the country）：～人物 *an ironhanded person*

【铁锈】（名）rust

tiè

帖 tiè（名）（临摹用的样本）a book containing models of handwriting or painting for learners to copy：看着～写字 *practise calligraphy after a model*
另见 1003 页 tiè。

tīng

厅 tīng（名）❶（聚会或招待客人用的大房间）hall；自助餐～ *a self-service cafeteria* ❷（大机关里一个办事部门的名称）office ❸（某些省属机关的名称）a government department at the provincial level：教育～ *the Education Department*

听 tīng ❶（动）❶（用耳朵接受声音）hear；listen：全神贯注地～ *listen with all one's mind* ❷（听从；接受）obey；accept；heed：～信谗言 *lend a ready ear to slander* ❸（治理；判断）supervise；administer：～政 *administer state affairs* ❹（听凭；任凭）let be；allow：～其自然

let things take their own course ⊜(名)〈方〉(听子)tin;can:一～肉 a can of meat

【听从】(动)obey;heed;comply with:～指挥 obey orders

【听候】(动)wait for:～分配 wait for one's job assignment/～某人吩咐 be at sb.'s service

【听话】(动)be obedient:～的孩子 a tractable child

【听见】(动)hear:～有人敲门 hear a knock at the door

【听讲】(动)listen to;attend a lecture:一面～，一面记笔记 take notes while listening to a lecture

【听觉】(名)sense of hearing;sound sense

【听课】(动)❶(听人讲课)attend a lecture;sit in on a class ❷(了解课堂教学)visit a class;visit classroom

【听力】(名)❶hearing (ability):经过针刺恢复了～ regain one's hearing after receiving acupuncture treatment ❷aural comprehension (in language teaching)

【听命】(动)take orders from;be at sb.'s command:～于人 be at sb.'s beck and call

【听凭】(动)allow;let（sb. do as he pleases）:～别人的摆布 be at the mercy of others

【听取】(动)listen to:～工作报告 listen to a work report

【听任】(动)allow;let（sb. do as he pleases）:听之任之 let things be

【听说】(动)be told;hear of:隐约～某事 vaguely hear of sth.

【听写】(动)dictate:教师让学生～。The teacher gave the pupils dictation.

【听众】(名)audience;listeners:与会的～ attendant hearers

tíng

亭 tíng ⊜(名)❶(亭子)pavilion;kiosk:让我们使用他们的凉～ give us the use of their summerhouse ❷(像亭子的小房子)a house resembling a pavilion:电话～ telephone booth ⊜(形)(适中;均匀)well-balanced;even

【亭亭】(形)erect;upright:～玉立 be tall and straight

庭 tíng ⊜(名)❶(厅堂)hall:前～ front hall ❷(正房前的院子)courtyard:黎明即起，洒扫～院。Rise at dawn and sweep the courtyard.❸(指法庭)law court:开～ open court session ⊜(形)(直)straight

【庭院】(名)courtyard:荒废的～中月色斑驳 moonlight splashing the deserted courtyard

停 tíng ⊜(动)❶(停止)stop;halt;cease:～笔凝思 stop writing to think ❷(停留)stop over;stay;remain:我在杭州～了5天。I stopped over at Hangzhou for five days. ❸(停放;停泊)park;anchor:船～在江心。The ship anchored in the middle of the river. ⊜(形)(停当)ready;settled

【停办】(动)close down:因经费不足而暂时～ suspend for lack of finances

【停泊】(动)anchor;berth:你们的货船～在5号码头。Your cargo boat is berthed at No.5 wharf.

【停产】(动)stop production:～整顿 suspend operation pending consolidation

【停车】(动)❶(车辆停留或停止行驶)stop;pull up:下一站～10分钟。At the next station, it'll have a ten-minute stop. ❷(停放车辆)park:～场 parking lot ❸(机器停止转动)stall;stop working:3号车间～修理。No.3 workshop has stopped working to undergo repairs.

【停电】(动)power cut;power failure

【停顿】(动)❶(事情中止或暂停)stop;halt;pause:～不前 be at a dead end ❷(说话时语音上的间歇)pause (in speaking):念到这里要～一下。When you've read up to here, you pause.

【停工】(动)stop work;shut down:～待料 work being held up for lack of material

【停火】(动)cease fire:～协议 cease-fire agreement

【停留】(动)stay for a time;remain:～一会儿 stay for a while

【停息】(动)stop;cease:这场战争何时才能～? When will the war come to an end?

【停业】(动)stop doing business;close a business:今天～。Close today.

【停战】(动)armistice;truce:～谈判 armistice talks/～协定 truce agreement

【停职】(动)be relieved of one's post:他被～了。He is suspended from his duties.

【停止】(动)stop;cease;suspend:骤然～ dead stop/～争吵 cease from quarrelling

【停滞】(动)stagnate;bog down:～的空气 dead air

tǐng

挺 tǐng ⊜(动)❶(伸直或凸出)stick out;straighten up（physically）:～胸抬头 straight up and keep one's chin up ❷(勉强支撑)stand;endure:～过一场大病 succeed in pulling through the illness ⊜(形)❶(硬而

直)stiff；straight；erect：穿着笔～的制服 *wear the well-ironed uniform* ❷(杰出)distinguished ❸(副)(很)very；rather：～好 *very good*

【挺拔】(形)tall and straight：～的白杨 *tall, straight poplars*

【挺进】(动)push forward；press onward；boldly drive on：～敌后 *boldly drive into the areas behind the enemy lines*

【挺立】(动)stand upright；stand firm：～山头 *stand firmly on the hill*

【挺身】(动)straighten one's back：～反抗 *stand up and fight*

【挺直】(形)straight；erect：有一个～强壮的背脊 *have a straight, strong back*

tōng

通 tōng ❶(动) ❶(戳开)open up or clear out by poking or jabbing：用铅丝～烟嘴儿 *poke a piece of wire through a cigarette holder to clean it* ❷(有路达到)lead to；go to：这趟列车直～昆明. *This train goes straight to Kunming.* ❸(连接；相来往)connect；communicate：互～情报 *exchange information* ❹(传达；使知道)notify；tell：～名报姓 *tell one's name* ❺(了解；懂得)understand；know：他～3种语言. *He knows three languages.* ❷(名)(精通某一方面的人)authority；expert：中国～ *an old China hand*；Sinologue ❸(形) ❶(不堵塞的)open；through：天堑变～途 *turn the natural moat into a thoroughfare* ❷(通顺)logical；coherent：文理不～ *incoherent and illogical* ❸(普通；一般)common；general：～称 *a general term* ❹(整个；全部)all；whole：～观全局 *take an overall view of the situation*

【通报】❶(动) ❶(书面通知)circulate a notice：～表扬 *circulate a notice of commendation* ❷(通知)brief；give information to：随时向某人～情况 *keep sb. closely informed of sth.* ❷(名)(文件)circular：关于情况的～ *a circular on the situation*

【通病】(名)common failing；common fault：学习英语的～ *common errors in learning English*

【通常】(形)general；usual；normal：～的方法 *a usual way*

【通畅】(形)clear；easy and smooth：血液循环～ *free circulation of the blood*

【通达】(动)understand things；be sensible or be reasonable：～人性 *be understanding and considerate*

【通牒】(名)diplomatic note：最后～ *last warning*/发～ *send diplomatic note*

【通风】(动) ❶(使空气流通)ventilate；air：让室内～ *ventilate a room* ❷(透气)be well ventilated：炉子不～. *The stove doesn't draw well.* ❸(透露消息)divulge information：向某人～报信 *tip sb. off*

【通告】❶(动)(普遍通知)announce：～全国 *let the public know* ❷(名)(文告)public notice：发出重要～ *give out an important announcement*

【通过】❶(动) ❶(从一端到另一端)pass through；get past：～敌人的封锁线 *get through the enemy blockage* ❷(同意议案)adopt：～宪法 *adopt a constitution* ❸(征得有关人员同意)ask the consent or approval of ❸(介)(以人、事物等为媒介)by means of；through：～讨论取得一致 *reach unanimity through discussion*

【通航】(动)be open to navigation：～水域 *navigable waters*/开始～ *open up navigation*

【通红】(形)very red；red through and through：高炉照得满天～. *The sky was aglow with the fires of the blast furnaces.*

【通货】(名)currency：～膨胀的主因 *the leading cause of inflation*

【通缉】(动)list as wanted；order the arrest of a criminal at large：下～令 *issue a wanted circular*/被警察局～ *be wanted by the police*

【通力】(动)put in a concerted effort：～合作 *make a concerted effort；give full cooperation*

【通令】(动)circular order；general order：～嘉奖 *issue an order of commendation*

【通明】(形)well-illuminated；brightly lit：灯火～ *be ablaze with lights；be brightly lit*

【通年】(名)throughout the year

【通气】(动) ❶(使空气流通)ventilate：黏土结构紧，不容易～. *Clayey soils are dense and poorly aerated.* ❷(互通声气)be in touch with each other：各单位要经常～. *The various work units must keep in touch with each other.*

【通窍】(动)understand things：道理讲得很明白，可他就是不～. *The reason was explained to him clearly, but he couldn't see it.*

【通情达理】(成)show good sense

【通融】(动)make an exception；stretch rules：这事可以～. *We can make an exception in this case.*

【通顺】(形)(of writing)clear and coherent；smooth：文理～ *coherent writing*

【通俗】(形)popular；common：～科学 *popular*

science/～易懂 be easy to understand

【通通】（副）entirely；completely；all：唱片～卖完了。The discs are all sold out.

【通宵】（名）all night；throughout the night；the whole night：干了个～ work all night

【通晓】（动）thoroughly understand：～英文 understand English

【通信】（动）communicate by letter；correspond：与某人～ correspond with sb.

【通行】（动）❶（行人、车马等在交通线处通过）go through；pass through：～证 permit；pass ❷（流通；普遍使用）current；general：这项规定在一些地区仍然～。This regulation is still in force in some districts.

【通讯】❶（动）（利用电讯设备传递消息）communicate：建立无线电～联系 establish wireless communication ❷（名）（报道消息的文章）news report；newsletter：～社 news agency；news service

【通用】（动）general；in common use；current：～货币 current money

【通知】❶（名）（通知事项的文书或口信）notice；circular：发出解雇～ give the bucket ❷（动）（告诉）advise；notify：～书 notice

tóng

同 tóng ❶（形）（相同；一样）same；alike；similar：不～步调 be out of steps ❷（动）（跟…相同）be the same as ❸（副）（共同；一齐）together；in common：我们两国～属第三世界。Both our countries belong to the Third World. ❹（介）❶（引进动作的对象，与"跟"相同）with：～某人告别 say good-bye to sb. ❷（引进比较的事物，与"跟"相同）as：湖面～明镜一样清澈。The limpid lake is like a mirror. ❸（方）（表示替人做事，与"给"相同）for：这封信我一直～你保存着。I've kept this letter for you all this time. ❺（连）（表示联合关系，与"和"相同）and；as well as；with：老师～学生 teachers and students

【同胞】（名）❶（同一父母所生）born of the same parents：～手足 be born of the same father and mother ❷（同一国或同一民族的人）fellow countryman；compatriot：港澳～ compatriots in Hongkong and Macao

【同窗】❶（动）（同在一所学校里学习）study in the same school ❷（名）（在同一所学校学习的人）schoolmate：～友情 friendship as schoolmate

【同等】（形）of the same class；on an equal basis：～对待 put on an equal footing

【同感】（名）the same feeling：有～的一群人 a

group of people with the same experience

【同行】（名）of the same trade or occupation：～是冤家。Same profession is competitive.

【同伙】（名）partner：与～分离 be separated from one's fellows

【同盟】（名）alliance；league：民主～ a democratic union/～条约 treaty of alliance

【同谋】（动）conspire

【同情】（动）sympathize：富有～心 have wide sympathies

【同时】❶（名）（同一个时间）at the same time；simultaneously：～发生 happen at the same time ❷（连）（并且）moreover；besides：任务艰巨，～时间又很紧迫。The task is arduous；besides，there's not much time.

【同事】❶（动）（一同工作）work together：我们～已经多年。We've worked together for years. ❷（名）（在一起工作的人）fellow；mate：从～的经验中获取心得 draw from the experience of fellow workers

【同乡】（名）a fellow villager；townsman：～会 an association of fellow provincials or townsmen

【同心】（动）with one heart：～同德 be of one heart and one mind；be dedicated to the same cause

【同学】❶（动）（在同一学校学习）be in the same school：我和他～过3年。I studied in the same school with him for three years. ❷（名）（在一起学习的人）schoolmate；fellow student：和班上～们谈话 have a talk with the class

【同样】（形）similar；same；equal：用～的方法 use the same method

【同一】（形）same；identical 向～目标前进 advance towards the same goal

【同意】（动）approve；consent；agree：～仲裁 agree to arbitration

【同志】（名）comrade：致以～的敬礼 with comradely greetings

铜 tóng（名）（金属元素）copper：～版 copperplate/～合金 copper alloy

【铜板】（名）copper；copper coin：～的正面 the upside of a tossed coin

【铜臭】（名）the stink of money：满身～ be stinking with money；be filthy rich

【铜器】（名）copper ware；brass；bronze：～时代 the Bronze Age

【铜丝】（名）copper wire

【铜像】（名）bronze statue

童 tóng ❶（名）❶（儿童；小孩子）child：～叟无欺 deal honestly with one's customers ❷

（旧指未成年的仆人）young servant ㊁（形）❶（未婚的）virgin：～男～女 virgin boys and virgin girls ❷（秃）bald；bare
【童话】（名）children's stories；fairy tales：脑子中都是～ get a head full of fairy tales
【童年】（名）childhood：忆起快乐的～ remember one's happy childhood
【童声】（名）child's voice：～合唱 children's chorus
【童心】（名）childishness；child's heart：具有很强的～ have the very heart of a child
【童装】（名）children's wear

瞳 tóng ㊀（名）（瞳孔）pupil (of the eye)：～孔 pupil ㊁（形）〈书〉（无知的）ignorant

tǒng

统 tǒng ㊀（名）❶（事物间连续的关系）interconnected system：中华传～ Chinese tradition ❷（衣服等的筒状部分）any tube-shaped part of an article of clothing ㊁（动）（统一；统领）unite；lead：由老李～管 be under Lao Li's overall leadership ㊂（副）（总起来；总括；全部）all；together；entirely：这些东西～归你用。 You have all these things at your disposal .
【统舱】（名）steerage：～旅客 steerage passenger/坐～ travel steerage
【统筹】（动）plan as a whole：～全局 take the whole situation into account and plan accordingly
【统计】（动）❶（对有关数据的搜集、整理、计算和分析）statistics：据不完全～ according to incomplete statistics ❷（总括地计算）add up；count：～出席人数 count up the number of people present
【统帅】（名）（武装力量最高领导人）commander；commander in chief （动）（统辖率领）command
【统率】（动）command
【统一】㊀（动）（联成整体）unify；integrate：把理论同实践～起来 integrate theory with practice ㊁（形）（一致的；整体的）unified：～战线 united front
【统治】（动）rule；dominate：维持～地位 maintain rule
【统制】（动）control：严格～军用物资 exercise strict control over military supplies

捅 tǒng （动）❶（戳；扎）poke；stab：用刺刀～ stab with a bayonet ❷（碰；触动）poke；touch：他用胳膊肘～了我一下。 He gave me a nudge . ❸（戳穿；揭露）disclose；give away；let out：谁把秘密给～出去了？ Who gave away the secret?

桶 tǒng ㊀（名）（圆形或方形器具）barrel；tub；pail：汽油～ petrol drum ㊁（量）（一种容量单位）barrel：一～牛奶 a pail of milk

筒 tǒng （名）❶（粗大的竹管）a section of thick bamboo ❷（粗管状物）thick tube-shaped things ❸（衣服等的筒状部分）the tube-shaped part of clothes

tòng

痛 tòng ㊀（动）（疾病创伤处等引起的难受感觉）ache；pain：隐隐作～ have a dull ache ㊁（名）（悲伤）grief；sorrow：悲～ deep sorrow ㊂（副）（尽情地；深切地；彻底地）bitterly；deeply：～哭 cry bitterly ㊃（形）（疼的，悲伤的）sore；painful；sad
【痛斥】（动）bitterly attack；scathingly denounce：～谬论 sharply denounce a fallacy
【痛处】（名）sore spot；tender spot：专说人家的～ pick out other's shortcoming
【痛感】（动）keenly feel：～失望 really feel no hope
【痛恨】（动）hate bitterly；utterly detest：～在心 harbor a bitter hatred in the mind
【痛哭】（动）cry bitterly；wail：～一场 have a good cry
【痛苦】（名）agony；pain；suffering：精神上的～ mental agony
【痛快】（形）❶（高兴）very happy；delighted；joyful：感到从来没有过的～ be filled with joy as never before ❷（尽兴）to one's heart's content；to one's great satisfaction：～淋漓 be impassioned and forceful ❸（爽快）simple and direct：把心里话～地说出来 speak one's mind out
【痛恶】（动）bitterly detest；abhor：他的两面派行为令人～。 His double-dealing was disgusting .
【痛惜】（动）deeply regret；deplore：～良机 regret the chance
【痛心】（形）distressed；grieved；pained：使某人～ break sb .'s heart
【痛饮】（动）drink one's fill：～黄龙 hold victory celebrations at a conquered enemy stronghold

tōu

偷 tōu ㊀（动）❶（私拿别人的东西）steal；pilfer；make off with：～鸡摸狗 do things stealthily ❷（抽出）find（time）：忙里～闲 *snatch a little leisure from a busy life* ❸（苟且敷衍）dispose of sth. perfunctorily：～安 *seek temporary ease* 〓（名）（偷东西的人）thief；burglar 〓（副）（瞒着人）stealthily；secretly；on the sly：～袭 *sneak attack*

【偷盗】（动）pilfer；steal：靠～发家 *get rich through stealing*

【偷渡】（动）slip out of a blockade in a water area；run a blockade：～船 *snake boat*

【偷看】（动）steal a glance；peep；peek：～某人一眼 *peek at sb*

【偷懒】（动）be lazy；loaf on the job：你敢～？ *Can you stop working to idle？*

【偷窃】（动）pilfer；steal：拿别人的东西就是～。 *Taking things of others is stealing.*

【偷税】（动）evade taxes

【偷听】（动）listen on the sly；eavesdrop：～别人谈话 *eavesdrop on a conversation*

【偷偷】（副）covertly；secretly；stealthily：～告诉某人 *tell sb. on the quiet*

【偷袭】（动）sneak attack；surprise attack

【偷眼】（副）steal a glance：他～看了一下母亲的神色。 *He stole a glance at his mother's face.*

tóu

头 tóu 〓（名）❶（人或动物的顶部）head：垂～丧气 *hang one's head* ❷（指头发或所留的发式）hair or hairstyle：梳～ *comb the hair* ❸（物体的顶端或末梢）top；tip；end：从～到脚 *from top to toe* ❹（事情的起点或终点）beginning or end：从～开始 *start from scratch* ❺（物品的残余部分）remnant；end：铅笔～儿 *pencil stub* ❻（头目）head；chief：当～的 *be in charge of* ❼（方面）aspect；side：事情不能只顾一～。*We mustn't pay attention to only one aspect of the matter.* ❽（是非界限）bounds 〓（形）（领头的；次序居先的）lead；head：～雁 *leading wild goose* 〓（数）❶（第一）first：在其他日报上占一条新闻 *get the jump on the other daily papers* ❷（用在数量词前面，表示次序在前的）first：～两排位子 *the two front rows of seats* ❸（方）（用在"年"或"天"前面，表示时间在先的）last；previous：～一天晚上 *last night* 〓（介）（临；接近）prior to；before：～5点就得动身 *have to start before five*

【头版】（名）front page：～新闻 *front-page news*

【头等】（形）first-class；first-rate：～大事 *a matter of prime importance*

【头发】（名）hair：把～弄乱 *wave one's hair*

【头骨】（名）skull；cranium

【头号】（形）❶（第一号）number one；size one：～敌人 *number one enemy* ❷（最好的）first-rate；top-quality：～大米 *top-grade rice*

【头昏】（形）dizzy；giddy：～眼花 *feel giddy*

【头巾】（名）scarf；kerchief

【头面人物】（名）prominent figure；a big shot：他是个～。*He is a big shot.*

【头目】（名）chieftain；ringleader：小～ *head of a small group in a gang*／～人 *leader；head*

【头脑】（名）❶（思维能力）brains；mind：～简单 *simple-minded* ❷（头绪）clue；main threads：摸不着～ *cannot make head or tail of sth.* ❸〈口〉（首领）head；leader

【头痛】（形）(have a) headache：令人痛苦的～ *a lousy headache*

【头头是道】（成）clear and logical：他说得～。*What he said was clear and logical.*

【头衔】（名）title：自封的～ *a self-assumed title*／授予某人～ *bestow a title on sb.*

【头晕】（形）dizzy；giddy：～目眩 *have a dizzy spell；be afflicted with vertigo*

投 tóu 〓（动）❶（扔向目标）throw；hurl：～手弹 *throw a hand grenade* ❷（放进去；送进去）drop；put in：把信～进邮筒 *drop a letter into the mailbox* ❸（跳进去）throw oneself into（a river to commit suicide）；plunge into：～河 *drown oneself in a river* ❹（投射）cast；project：把眼光～到来访者身上 *cast one's eye on the visitor* ❺（寄出）deliver；send；post：～寄 *send by post* ❻（找上去；参加）go to；seek；join：弃暗～明 *forsake darkness for light* ❼（迎合）agree with；fit in with；cater to：意气相～ *find each other congenial* 〓（介）❶（表示时间，相当于"到"、"临"）to ❷（表示方位、方向，相当于"朝"、"向"）to；towards：～暮 *towards dusk*

【投案】（动）give oneself up to the police；surrender：无人～ *no give-up*

【投奔】（动）go to for shelter：～亲戚 *seek refuge with relatives；go to one's relatives for help*

【投产】（动）(of a factory) go into operation；put into production：～庆典 *ceremonies for the first production*

【投敌】（动）go over to the enemy；surrender to the enemy：～者杀。*Kill the betrayers.*

【投递】（动）deliver：～信件 *deliver letters*

【投稿】（动）contribute：欢迎～。*Contributions are welcome.*

【投机】〓（动）（利用时机谋取私利）speculate；

seize a chance to seek private gain：～者 *opportunist* ❷（形）（见解相同）congenial；agreeable：话不～半句多 *If two people have nothing in common，exchanging a few words can be difficult.*

【投靠】（动）❶（前去依靠别人）go and seek refuge with sb.：～亲友 *go and seek refuge with one's relatives and friends* ❷（屈膝；向对方屈服）give oneself up to；surrender to：卖身～某人 *barter away one's honour for sb.'s patronage warmed up to each other.*

【投篮】（动）shoot：～不中 *miss the basket*

【投票】（动）cast a vote；vote：～赞成 *vote for*；*vote in favor of*

【投入】（动）put into；throw into：～战斗 *throw（oneself，troops，etc.）into the battle*／狂热地～工作 *work away like a demon*

【投身】（动）throw oneself into：～到事业中去 *throw oneself into a career*

【投宿】（动）seek temporary lodging：～客栈 *put up at an inn for the night*

【投降】（动）surrender；give up：宣布无条件～ *announce the unconditional surrender*

【投缘】（动）find each other congenial；hit it off as soon as they met：两人越谈越～。*As they talked，they warmed up to each other.*

【投资】（动）（投放资金）invest：～不动产 *invest in real estate* ❷（名）（投入的资金）investment；money invested：冒险的～ *a chancy investment*

<h2>tòu</h2>

透 tòu ❶（动）❶（渗透；穿透）penetrate；pass through：～支薪金 *anticipate one's pay* ❷（暗地里告诉）tell secretly：这次会谈，一点儿情况也没～出. *Little was revealed about the talks.* ❸（显露）show；appear：她的一双眼睛～着机灵. *Her large eyes show intelligence.* ❷（副）❶（透彻）thoroughly；completely：恨～了某人 *be full of hatred for sb.* ❷（达到饱满的、充分的程度）fully：桃熟～了. *The peaches are quite ripe.* ❸（形）❶（彻底的）thorough ❷（透明的）transparent

【透彻】（形）penetrating；thorough：对物理学了解得很～ *have a good hold on physics*

【透风】（动）❶（让风通过）let in air；ventilate：打开窗户透透风 *open the window and let in some air* ❷（透露风声）divulge a secret；leak：这个人嘴很紧，一点风也不透. *The man was closemouthed and didn't drop a hint.*

【透镜】（名）lens：分光～ *beam-splitting lens*

【透漏】（动）leak；reveal；disclose：消息～出去

了. *The news has leaked out.*

【透明】（形）transparent：～度 *pellucidity*

【透气】（动）❶（空气通过）ventilate：屋子太闷了，打开窗子透透气. *The room is too stuffy. Open the windows and let some air in.* ❷（呼吸空气）breathe freely：透一口气 *catch a breath*

【透视】❶（名）（在平面上表现立体的方法）perspective ❷（动）❶〔医〕fluoroscopy；be X-rayed ❷（看到事物的本质）grasp the essence

<h2>tū</h2>

凸 tū ❶（动）（高出）bulge；protrude：～起背 *throw one's back out* ❷（形）（高于周围）raised；protruding：凹～不平的地面 *broken terrain*

【凸版】（名）relief printing plate：～轮转机 *rotary letterpress machine*

【凸透镜】（名）convex lens

秃 tū（形）❶（无头发；无毛）bald；bare：他的头开始～了. *He's getting bald.* ❷（无枝叶；无树木）bare；barren：～树 *bare trees* ❸（物体失去尖端）blunt；pointless：铅笔～了. *The pencil is blunt.* ❹（首尾结构不完整）incomplete；unsatisfactory：这篇文章的结构显得有点儿～. *This article seems to end rather lamely.*

突 tū ❶（动）❶（猛冲）dash forward；charge：～入敌阵 *charge into enemy positions* ❷（高于周围）bulge；protrude：～出的高地 *prominent highland* ❷（副）（突然）abruptly；suddenly：文章中～如其来的转折 *an abrupt turn in the article* ❸（名）〈书〉（烟筒）chimney

【突出】❶（形）❶（鼓出来）protruding；sticking out：眼球～ *bug-eyed* ❷（明显；出众）outstanding；prominent：反映出某人的～特点 *reflect the prominent characteristics of sb.* ❷（动）❶（强调）stress；highlight：～重点 *lay stress on the key points* ❷（冲出）break through：～重围 *break through a tight encirclement*

【突击】（动）❶（猛烈急速地攻击）make a sudden and violent attack；assault：赞成～战术 *approve shock tactics* ❷（加快完成）make a concentrated effort to finish a job quickly；do a crash job：～任务 *rush one's job*

【突破】（动）❶（打开缺口）break through；make a breakthrough：～防线 *break through a defence line* ❷（打破）surmount；break：成功地～困苦 *pull through*

【突起】（动）❶（突然发生；兴起）break out；suddenly appear：股票市场～抛售狂潮 a wave of panic selling on the stock market ❷（高耸）rise high；tower：奇峰～。Peaks tower magnificently. ❸（隆起）protuberance；ledge

【突然】（副）suddenly；abruptly：～大笑 burst out laughing

【突围】（动）break out of an encirclement：～而出 rush out through the line of besiegers；force one's way through the besieging lines

【突袭】（动）surprise attack；strike

tú

图 tú ㊀（名）❶（绘画表现出的形象；图画）picture；chart；map：看～识字 learn reading by way of pictures ❷（计划）plan；scheme：宏伟蓝～ great future plan ❸（意图）intention ㊁（动）（贪图）pursue；seek：贪～私利 pursue private ends

【图案】（名）design；pattern：构想～ conceive a design

【图表】（名）diagram；figure；graph

【图解】（动）diagram；figure；graph：～法 graphic method

【图谋】（动）conspire；plot；scheme：～私利 seek personal interests

【图书】（名）books：～资料 books and reference materials

【图书馆】（名）library：设备齐全的～ a library with all the amenities

【图像】（名）image；picture：～识别 pattern recognition

【图章】（名）seal；stamp

【图纸】（名）drawing；blueprint：建筑物的～ drawing of a building

徒 tú ㊀（名）❶（徒弟；学生）apprentice；pupil：师～关系 the relationship between teacher and students ❷（信仰某种宗教的人）believer；follower：信～ believer ❸（同一派系的人）factionary；gang ❹（指某种人，含贬义）person；fellow：成为叛～ turn traitor ❺（徒刑）imprisonment；sentence ㊁（形）（空的；无凭借的）bare；empty：～手操作 free-standing exercises ㊂（副）❶（仅仅）only；merely：～有其表 have a good appearance only ❷（步行）on foot：～步 walk on foot ❸（徒然）in vain；for nothing：～费心机 waste one's contrivances

【徒步】（副）on foot：～旅行 travel on foot

【徒劳】（动）futile effort；fruitless labour：～无益 flog a dead horse

【徒涉】（动）ford；wade through

【徒手】（副）bare-handed：～上树 climb trees with no equipment

【徒刑】（名）imprisonment：服无期～的囚犯 a life termer／服两年～ serve a two-year stretch

途 tú（名）（道路）road；route；way

【途程】（名）road；course；way：艰难的～ difficult way

【途经】（动）by way of；via：武汉前往广州 go to Guangzhou by way of Wuhan

【途径】（名）channel；way：寻找成功的～ look for the door to success

涂 tú ㊀（动）❶（抹）spread on；apply：～敷伤口 paint a wound ❷（乱写或乱画）scrawl；scribble：在墙上乱～ scribble on the wall ❸（抹去）cross out：～掉几个字 cross out a few words ㊁（名）❶〈书〉（泥）mud；mire ❷（海涂）seabeach；beach ❸（道路）road

【涂层】（名）coating；coat：减磨～ friction coat／反雷达～ antiradar coating

【涂改】（动）alter：～液 liquid eraser

【涂料】（名）coating；paint：无光泽的～ flat paint／耐火～ refractory coating

【涂写】（动）scribble；scrawl；doodle：禁止～！No scribbling！

屠 tú（动）❶（宰杀）slaughter or butcher（animals for food）：～刀 butcher's knife ❷（屠杀）massacre；slaughter：～烧城池 massacre the inhabitants and burn the city

【屠杀】（动）massacre；slaughter：造成一场可怕的～ result in a frightful slaughter

【屠宰】（动）butcher；slaughter：～牲畜 slaughter animals；butcher fat stock

tǔ

土 tǔ ㊀（名）❶（土壤；泥土）soil；earth：一把～ a handful of soil ❷（土地）land；ground：故～ native land ❸（未熬制的鸦片）opium ㊁（形）❶（本地的；地方性的）local；native：～音 local accent ❷（我国民间的）folk；popular；indigenous：～办法 indigenous methods ❸（不合潮流的；不开通的）unfashionable；uncouth：打扮得很～ dress like a country bumpkin

【土布】（名）handwoven cloth

【土产】（名）local product：～公司 local produce corporation

【土地】（名）❶（田地）land；soil：开拓～ clear land ❷（疆域）territory：我国～辽阔，资源丰富。Our country has a vast territory and abundant resources.

【土豆】（名）potato

【土匪】（名）bandit；brigand：两个～似的人

two brigandish men

【土话】（名）colloquial expressions；local dialect

【土皇帝】（名）local tyrant

【土木】（名）construction：～工程 *civil engineering*／～工程师 *civil engineer*

【土气】（形）rustic；uncouth：人很～ *be a rustic man*／这衣服～。*The suit is of rustic style.*

【土壤】（名）soil：肥沃的～ *fertile soil*

【土人】（名）natives

【土星】（名）[天]Saturn：～光环 *Saturn's rings*

吐 tǔ（动）❶（从嘴里出来）spit：扬眉～气 *blow off steam in rejoicing* ❷（从口儿或缝儿里长出或露出）stick：蚕～丝。*Silkworms spin silk.* ❸（说出来）say；tell；pour out：～实 *tell the truth*
另见 1011 页 tù。

【吐露】（动）tell；reveal：～某人的怨恨 *air sb.'s pet peeves*

【吐弃】（动）spurn；cast aside；reject

【吐司】（名）toast

【吐痰】（动）spit；expectorate：不准随地～！*No Spitting*！

【吐字】（动）(of an actor in traditional opera) enunciate：～清楚 *enunciate clearly*

tù

吐 tù（动）❶（从嘴里涌出）vomit；throw up：恶心要～ *feel sick；feel like vomiting* ❷（退还侵占的财物）disgorge：～赃 *disgorge ill-gotten gains*
另见 1011 页 tǔ。

【吐血】（动）spitting blood

【吐泻】（动）vomiting and diarrhoea

兔 tù（名）[动]（哺乳动物）hare；rabbit：～毛 *cony hair*

【兔子】（名）hare；rabbit：～很多的地区 *a rabbity region*

tuān

湍 tuān〈书〉❶（形）（湍急）rapid；rushing；swift ❷（名）（急流的水）rapids；rushing waters

【湍急】（形）rapid；torrential：水流～。*The current is swift.*

【湍流】（名）❶（急流）swift current；rushing waters ❷[物]turbulent flow；turbulence；whirling

tuán

团 tuán ❶（名）❶（团子）dumpling ❷（成球形的东西）sth. shaped like a ball：缩成一～ *curl up into a ball* ❸（工作或活动的集体）group；society：剧～ *drama troupe* ❹（军队的编制单位）regiment ❺（特指中国共产主义青年团）the Communist Youth League of China；the league ❷（动）❶（把东西揉成球形）roll sth. into a ball；roll：～药丸 *roll pills* ❷（会合在一起）rally；unite：春节～拜 *exchange greetings on New Year's Day* ❸（形）❶（圆形的）round；circular：～扇 *a round fan* ❷（集体的）collective ❹（量）（用于成团的东西）：一～乱发 *a mass of loose hair*

【团结】（动）rally；unite：～一致 *unite as one*

【团聚】（动）❶（亲人相聚）reunite：全家～ *family reunion* ❷（团结聚集）unite and gather

【团体】（名）group；team；organization：～冠军 *team title*／～票 *group ticket*

【团员】（名）❶（共青团员）League member ❷（代表团成员）member of a delegation：代表团～ *a member of a delegation*

【团圆】（动）reunion：～节 *the Mid-Autumn Festival*／吃～饭 *enjoy a reunion dinner*

【团长】（名）❶[军]regimental commander ❷（代表团的领导）head of a delegation

tuī

推 tuī（动）❶（向外用力使物体移动）push；shove：把门～开 *push the door open* ❷（磨或碾）grind；turn a mill or grindstone：～点儿白面 *grind some wheat into flour* ❸（剪或削）cut；pare：用刨子～光 *make smooth with a plane* ❹（使事情开展）push forward；promote；advance：把运动～向高潮 *push the movement to a climax* ❺（推断）deduce；infer：～究事理 *study the whys and wheres of things* ❻（辞让）decline ❼（推诿；推托）push away；shift；shirk：～脱责任 *shirk responsibility* ❽（推迟）put off；postpone：往后～几天 *postpone for a few days* ❾（推选；推举）elect；choose；select：～贤与能 *select capable men and put them in power* ❿（推崇）hold in esteem；praise highly

【推测】（动）infer；guess：不过是～而已 *mere guesswork；nothing but conjecture*

【推迟】（动）put off；postpone；defer：～做出决定 *defer making a decision*

【推辞】（动）decline：～之词 *words of declining sth.*／别～了，走吧。*Don't say no；let's go.*

【推倒】（动）❶（使倒下）push over；overturn：把他～在地 *shove him to the ground* ❷（推翻）repudiate；cancel；一切诬蔑不实之词，应予～。*All slanders and libels should be repudiated*.

【推动】（动）push forward；promote：～工作 *push the work forward*；*expedite the work*

【推断】（动）infer；deduce：从前因～后果 *deduce from cause to effect*

【推翻】（动）❶（用武力打垮）overthrow；overturn：～现有的政府 *shake off the government* ❷（根本否定）repudiate；cancel：～原定计划 *cancel the original plan*

【推广】（动）popularize；spread：～普通话 *popularize the common spoken Chinese*

【推荐】（动）recommend：值得大力～ *deserve strong recommendation*

【推进】（动）❶（推动工作，使前进）push on advance：将车子在车流中徐徐～ *nose the car into the flow of traffic* ❷［军］move forward；drive on：朝敌军位置～ *advance on the enemy's position*

【推举】（动）elect；choose：大家～他到大会发言。*They chose him to speak on their behalf at the meeting*.

【推理】（名）inference；reasoning：类比～ *reasoning from analogy*

【推论】（名）inference；deduction：让某人自己去做出～ *leave sb. to draw his own deduction*

【推敲】（动）weigh；deliberate：～词句 *weigh one's words*；*seek the right word*

【推让】（动）decline：反复～ *decline even the sincere invitation*

【推算】（动）calculate；reckon：日食发生的时间可以～出来。*The time when a solar eclipse will occur can be calculated*.

【推托】（动）plead：她～嗓子疼，不肯唱。*Pleading a sore throat, she refused to sing*.

【推脱】（动）evade；shirk：～责任 *evade responsibility*

【推想】（动）imagine；guess；reckon：～某事有一定的道理 *think sth. reasonable*

【推销】（动）promote sales；peddle：～员 *salesman*／～商品 *promote the sale of goods*

【推卸】（动）shirk：～责任 *absolve oneself from responsibility*

【推行】（动）carry out；pursue；practise：～一项运动 *carry out a cause*

【推选】（动）choose；elect：他人很好，就是无人～。*He was a good man, but no one chose him*.

【推延】（动）put off；postpone：把讨论～到明天 *put off the discussion till tomorrow*

tuī

颓 tuī ❺（形）❶ruined ❷（衰败）declining；decadent：挽回～势 *retrieve oneself from an inferior position* ❸（萎靡）dispirited；dejected：～丧 *dejected*；*dispirited* ❺（动）〈书〉❶（倒塌）collapse ❷（衰败）decline ❸（落下）set ❹（水向下流）flow down ❺（名）〈书〉（暴风）storm wind

【颓败】（形）〈书〉declining；decadent

【颓废】（形）dispirited；decadent：～的情绪 *decadent sentiments*

tuī

腿 tuī（名）❶（下肢）leg：伸伸～ *stretch one's legs* ❷（像腿的支撑部分）a leglike support：眼镜～ *legs of spectacles* ❸（指火腿）ham

tuì

退 tuì（动）❶（向后移动）retreat；move back：进～两难 *be difficult to advance or to retreat* ❷（使向后移动）withdraw；cause to move back：打～敌人 *make the enemy retreat* ❸（退出）quit；withdraw from：打～堂鼓 *draw in one's horns* ❹（减退；下降）recede；decline；ebb：～烧 *bring down the fever* ❺（颜色变淡）fade：～色 *fade* ❻（退还）give back；return：把这份礼～掉。*Return this gift*. ❼（撤销已定的事）cancel；break off：～亲 *break off an engagement*

【退避】（动）withdraw and keep off：～三舍 *retreat ninety li*；*give way to avoid a conflict*

【退潮】（动）ebb tide；ebb

【退出】（动）secede；withdraw from；quit：～战斗 *withdraw from acting*

【退还】（动）return：～公物 *return public property*／～抗议照会 *reject a protest note*

【退换】（动）exchange a purchase：货物出门，概不～。*Goods sold are not returnable*.

【退回】（动）return；send back：原稿已经～。*The manuscript has been sent back*.

【退伙】（动）cancel meal arrangement

【退路】（名）❶（退回去的道路）route of retreat：断绝～ *burn（one's）bridges* ❷（回旋的余地）room for manoeuvre；a way of escape：留个～ *leave some leeway*

【退赔】（动）pay compensation：～损失 *return the damages*

【退票】（动）refund for a ticket：等～ *look for a returned ticket*

【退却】（动）❶［军］retreat；withdraw：战略～

strategic retreat ❷（畏难后退）hang back；flinch：在危险面前～ flinch from danger

【退让】（动）make a concession；yield；决不～一步 never yield an inch

【退烧】（动）bring down a fever；服～药 take an antipyretic

【退缩】（动）shrink back；cower；flinch：在困难面前从不～ never flinch from difficulty

【退伍】（动）retire；leave the army

【退席】（动）❶（退出宴席）leave a banquet：～后集合 assemble after the banquet ❷（退出会场）walk out；leave a meeting：～以示抗议 walk out in protest

【退休】（动）retire：～金 pension；retirement pay／～后享受富裕舒适的生活 retire upon a handsome competence

【退学】（动）leave school；discontinue schooling：因不及格而（被）～ flunk out

【退役】（动）retire；be released：～军官 retired officer／～的 be out of commission

【退职】（动）resign；quit working：～年龄 an age of retiring

蜕 tuì ❷（动）❶（蛇、蝉等脱皮）slough off；moult；exuviate ❷（鸟换毛）moult ❷（名）（蛇、蝉等脱下的皮）exuviae；slough：蛇～ snake slough

【蜕变】（动）（发生质变）change qualitatively；transform ❷（名）[物]decay；感生～ induced decay

【蜕化】（动）❶（脱发）slough off；exuviate ❷（腐化的堕落）degenerate：～变质 become morally degenerate

褪 tuì（动）❶（脱掉）take off（clothes）；shed（feathers）：～去冬衣 leave off winter clothes ❷（颜色变淡）（of colour）fade：～色 fade；colour fading

tūn

吞 tūn（动）❶（整个儿地或成块地咽下去）swallow；gulp down：饮泣～声 gulp down sobs ❷（吞没）annex；take possession of：独～钱款 take exclusive possession of the whole money

【吞并】（动）annex；gobble up：～财物 take other property

【吞没】（动）❶（据为己有）embezzle：～巨款 misappropriate a huge sum ❷（淹没）absorb；engulf：小船被波浪～了。The little boat was engulfed in the waves.

【吞噬】（动）swallow；gobble up：被大火～的一栋建筑物 a building swallowed up by fire

【吞吞吐吐】（成）hem and haw；hesitate in speech：～地说 peep to say

【吞咽】（动）swallow；gulp down：他说到嘴边，却又～下去了。He was on the point of saying something when he checked himself.

tún

屯 tún ❶（动）（聚集；储存）collect；station；quarter ❷（名）（村庄）village

囤 tún（动）（储存）hoard up store up：～货 store goods

【囤积】（动）hoard for speculation；corner：～居奇 hoarding and cornering；hoarding and profiteering

臀 tún（名）（人体的一部分）buttocks

【臀部】（名）buttocks：在～打一针 give an injection in the buttock

tuō

托 tuō ❶（动）❶（向上承受）support with the hand or palm；hold in the palm：～着盘子 hold a tray on one's palm ❷（陪衬）set off；serve as a contrast or foil：衬～某物 make sth. stand out by contrast ❸（委托；寄托）entrust；trust：～某人照看孩子 leave a child in sb.'s care ❹（推托）give as a pretext：～故早退 leave early under some pretext ❺（依赖）rely on；thanks to ❷（名）（托子）base；support

【托词】❶（动）（找借口）find a pretext；make an excuse：～谢绝 decline on some pretext ❷（名）（借口）excuse：他说有事，不过是～。He said he was busy，but that was just an excuse.

【托福】❶（动）（多用于回答别人的问候）thanks to you：托共产党的福，我们才能过上今天的好日子。We owe our happy life to the Communist Party. ❷（名）（英语作为外国语的考试）TOEFL（Test of English as a Foreign Language）

【托付】（动）commit sth. to sb.'s care；entrust：～某人看护小孩 put a child in sb.'s charge

【托管】（动）trusteeship：～区 trust area

【托架】（名）bracket：发动机～ engine bracket

【托盘】（名）tray

【托运】（动）consign for shipment；check：你有几件～的行李？How many pieces of consigned baggage have you got？

拖 tuō（动）❶（拉着物体使移动）pull；drag；haul：把小船～到海滩 trail the boat to the beach ❷（用拖把擦洗）mop：～地板 mop the floor ❸(在身后拖拉着)trail：在雨中将长袍～脏 draggle a gown in the rain ❹(拖延)delay；drag on：做事～沓 do things sluggishly

【拖把】(名)mop：用碎布做～ make mops with strips of cloth／用～拖走廊 mop the hallway

【拖车】(名)trailer

【拖地板】(动)mop the floor

【拖拉】(形)dilatory；slow；sluggish：办事拖拖拉拉的 be dilatory in doing things

【拖拉机】(名)tractor

【拖累】(动)❶(成为负担)encumber；be a burden on：受家务～ be tied down by household chores ❷(牵连)implicate；involve

【拖欠】(动)be behind in payment；be in arrears：～房租 arrears of rent

【拖沓】(形)dilatory；sluggish

【拖网】(名)trawlnet；trawl：～渔船 trawler

【拖鞋】(名)slippers

【拖延】(动)delay；procrastinate；put off：～时间 play for time；stall for time

【拖债】(动)be behind in paying one's debt；be in arrears with one's debt：他拖的债没有还清。He hasn't cleared up his debt yet.

脱 tuō (动)❶(脱落)cast；shed：～臼复位 replace dislocated joints ❷(取下；除去)take off；cast off：～下外套 take one's coat off ❸(脱离)get out of；escape from：摆～困境 extricate oneself from a predicament ❹(漏掉)miss ❺〈书〉(轻慢)neglect；slight

【脱产】(动)be released from production：～学习一年 be released from work for one year's study

【脱节】(动)be disjointed；come apart：使内容～ disarticulate the contents

【脱离】(动)break away from；separate oneself from：～关系 break off relations；cut ties

【脱漏】(动)be left out；be omitted；be missing：～法网 get out of the clutches of the law／这里～了一行。A line is missing here.

【脱落】(动)drop；come off：门的把手～了。The door handle has come off.

【脱毛】(动)moult；shed：那只骆驼刚脱了毛。That camel has just shed.

【脱贫】(动)shake off poverty；lift oneself out of poverty：～致富 shake off poverty and build up a fortune

【脱身】(动)get away；extricate oneself：～离去 go away quietly and quickly

【脱手】(动)❶(脱开手)slip out of the hand：～坠地 fall out of one's hand ❷(卖出)sell：这些货不好～。These goods are difficult to dispose of.

【脱俗】(形)free from vulgarity；refined：～的话语 distinguished words

【脱胎】(动)emerge from the womb of：～换骨 cast off one's old self；be reborn

【脱险】(动)escape danger：虎口～ a narrow escape

【脱销】(动)be sold out；out of stock：～的商品 goods unavailable on the market

tuó

驮 tuó (动)(用背部承受物体)carry on the back：这头驴子能～3袋粮食。This donkey can carry three sacks of grain.

【驮畜】(名)pack animal

驼 tuó ⊖(名)(指骆驼)camel：骆～ camel ⊜(形)(背弯曲)hunchbacked：老爷爷的背～了。The grandpa's back has become bent.

【驼背】(形)hunchbacked

【驼绒】(名)camel's hair

鸵 tuó

【鸵鸟】(名)ostrich：～自欺 an ostrich deceiving itself

tuǒ

妥 tuǒ (形)❶(妥当)appropriate；proper：～为照料 take good care ❷(多用在动词后：备；停当)ready；settled：事已办～。The matter has been settled.

【妥当】(形)appropriate；proper：事务处理～ get one's affairs in order

【妥善】(形)proper；appropriate；well arranged：～安排 make appropriate arrangements

【妥协】(动)compromise；come to terms：达成～ reach a compromise

tuò

拓 tuò (动)(开辟；扩充)open up；develop：开～新天地 break new ground

【拓宽】(动)widen：～马路 broaden the road

唾 tuò ⊖(名)(唾液)saliva；spittle：～沫纷飞 foam at the mouth ⊜(动)❶(用力吐唾沫)spit ❷(吐唾沫表示鄙视)spit out；spurn：为世人所～骂 be the opprobrium of the community

【唾弃】(动)cast aside；spurn：被人～ be looked down upon

【唾液】(名)saliva；spittle

W

wā

挖 wā（动）(用工具或手从物体的表面向里掘取)dig;excavate:～大楼的地基 excavate the foundations of the building

【挖根】(动)dig sth. up by the roots;uproot:从思想上～ analyse one's ideological roots（when examining one's mistakes）

【挖掘】(动)excavate;unearth:～机 excavator/～潜能 tap the latent power

【挖苦】(动)speak sarcastically;dig at:～嘲笑朋友 cut and thrust friends

【挖墙脚】(动)〈口〉undermine the foundation:你把我们最好的教师都弄走了，你这是在挖我们系的墙脚。You've taken away our best teachers，so you're undermining the foundation of the department．

洼 wā ● (名)(凹陷处)low-lying area ● (形)(凹陷)low-lying;hollow:这地太～，不适于种棉花。This is low-lying land and not suitable for cotton．

【洼地】(名)low-lying land;depression

蛙 wā（名)［动］(两栖动物)frog:～鸣蝉噪 croaks of frogs and chirp of cicadas；meaningless argument

【蛙人】(名)frogman

【蛙泳】(名)［体］breaststroke:～蹬腿 frog kick

wá

娃 wá（名）❶(小孩)baby;child ❷〈书〉(年轻女子)girl ❸〈书〉(美女)pretty girl ❹〈方〉(某些幼小的动物)newborn animal;猪～ piglet

【娃娃】(名)baby;child:胖～ a chubby child

wǎ

瓦 wǎ ● (名)(铺屋顶用的建筑材料)tile:无棱～ plain tile ● (形)(用泥土烧成的)earthen ● (量)(瓦特的简称)watt

【瓦房】(名)tile-roofed house

【瓦工】(名)tiler;brick-layer

【瓦解】(动)disintegrate;collapse:～士气 sap morale

【瓦砾】(名)rubble;debris:成了一片～ be reduced to rubble

【瓦斯】(名)gas:～爆炸 gas explosion

wà

袜 wà（名)(袜子)socks;stockings;hose:一双～子 a pair of socks；a pair of stockings

wāi

歪 wāi ● (形）❶(不正;斜;偏)askew;crooked:～打正着 hit the mark by a fluke ❷(不正当的;不正派的)devious;crooked:～门邪道 dishonest practices ● (动)(斜;偏)incline;slant:～着头看别人 look at sb. with head aslant

【歪风】(名)evil wind;unhealthy trend:～邪气 evil winds and noxious influences

【歪曲】(动)twist;distort;misrepresent:对事实加以～ give the fact a twist

【歪斜】(形)askew;aslant;crooked

【歪主意】(名)evil ideas

wài

外 wài ● (名）❶(外面)outside:在～面走廊里等 wait outside in the corridor ❷(外国)foreign country:促进对～贸易 promote foreign trade ❸(以外)besides;in addition:捞～快 make extra money ● (形）❶(外边的)

outer;outward：穿上～衣 *put on one's out-door clothes* ❷（指自己所在地以外的）other：～逃出境 *run out of the country* ❸（称母亲、姐妹或女儿方面的亲戚）on one's mother's, sister's or daughter's side：～甥女 *sister's daughter；niece* ❹（关系疏远的）not closely related：不足为～人道 *not be mentioned to outsiders* ❺（非正式的；非正规的）informal：～号 *nickname* ❻（另外）extra；moreover

【外币】（名）foreign currency：～市场 *bourse*

【外边】（名）❶（超出某一范围的地方）outside；out：到～散步 *go out for a walk* ❷（外地）another place：她儿子在～工作。*Her son works somewhere away from home.* ❸（表面）exterior；outside：行李卷儿～再裹一层塑料布。*Wrap a plastic sheet round the bedroll.*

【外表】（名）outward appearance；exterior surface：追求～的美 *seek outward beauty*

【外宾】（名）foreign guest

【外部】（名）❶（某一范围以外）outside；external：事物的～联系 *external relations of things* ❷（表面）exterior；surface

【外调】（动）❶（调出）transfer（materials or personnel）to other localities：～物资 *materials allocated for transfer to other places* ❷（外出调查）investigation mission outside the city or town

【外公】（名）grandfather

【外观】（名）outward appearance；exterior：这座大楼～很美。*This is a fine-looking building.*

【外国】（名）foreign country：～人 *foreigner*

【外行】（名）layman；nonprofessional：对…是～ *be ignorant about...*

【外汇】（名）foreign exchange：～储备 *foreign exchange reserve*/～兑换率 *rate of exchange*

【外货】（名）foreign goods；imported goods

【外籍】（名）foreign nationality：～工作人员 *foreign personnel*

【外加】（动）with the addition of：给你们 10 份报纸，～3 本小册子。*Here you are—ten copies of the newspaper, plus three pamphlets.*

【外交】（名）diplomacy；foreign affairs：～部 *Ministry of Foreign Affairs*

【外界】（名）❶（某个物体以外的空间）the external world；the outside world：来自～ *come from the outside* ❷（某个集体以外的社会）outside：与～隔绝 *be hedged off from the outer world*

【外景】（名）outdoor scene；exterior：拍摄～ *film the exterior；shoot a scene on location*

【外科】（名）surgical department：～医生 *surgeon*/～病房 *surgical ward*

【外壳】（名）shell；case：热水瓶～ *the outer casing of a thermos flask*/电池～ *battery case*

【外来】（形）outside；external：被看作是～者 *be regarded as an outsider*

【外力】（名）❶（外部力量）outside force ❷［物］external force

【外贸】（动）foreign trade：～部 *Ministry of Foreign Trade*

【外貌】（名）appearance；looks：不要以～取人。*Don't judge people by their appearance.*

【外婆】（名）grandmother

【外侨】（名）foreign national

【外人】（名）❶（局外人；无亲友关系的人）stranger；outsider：别客气，我又不是～。*Don't stand on ceremony. I'm no stranger.* ❷（外国人）foreigner；alien

【外商】（名）foreign merchants；foreign businessman

【外甥】（名）nephew；sister's son

【外甥女】（名）niece；sister's daughter

【外省】（名）other provinces

【外事】（名）foreign affairs：～往来 *dealings with foreign nationals or organizations*

【外孙】（名）grandson；daughter's son

【外孙女】（名）granddaughter

【外胎】（名）tyre；outer cover（of a tyre）

【外逃】（动）❶（潜逃别处）flee to some other place ❷（逃到国外）flee the country：～出境 *run out of the country*

【外套】（名）❶（大衣）overcoat ❷（外衣）loose coat；outer wear

【外头】（名）out；outside：汽车在～。*The car is outside.*

【外文】（名）foreign language

【外屋】（名）outer room

【外线】（名）❶［军］exterior lines：～作战 *fight on lines；exterior-line operations* ❷（对外通话的线路）outside connections

【外乡】（名）another part of the country；some other place：他是～人。*He is not from these parts.*

【外向】（名）extroversion：～型经济 *export-oriented economy*

【外销】（名）sale abroad：～产品 *products for export；articles for sale in other areas*

【外形】（名）appearance；external form

【外衣】（名）❶（外套）coat；jacket ❷（遮盖物）semblance；appearance

【外语】（名）foreign language

【外遇】（名）extramarital relations：她怀疑她丈夫有～。*She suspected her husband of carrying on with some other woman.*

【外援】（名）foreign aid；outside help：需要～

need outside help
【外债】(名)external debt;foreign debt
【外资】(名)foreign capital;引进～ *absorb foreign capital*/～流入 *foreign capital inflow*
【外祖父】(名)grandfather
【外祖母】(名)grandmother

wān

弯 wān ❶ (形)(弯曲)curved;bent;crooked;被积雪压～ *be bowed down with the snow* ❷ (动)❶(使弯曲)curve;bend;～下身子 *lean over* ❷〈书〉(拉弓)draw;bend;～弓搭箭 *one's bow arched and arrow set* ❸ (名)(弯子)turn;curve;bend;急剧转～ *turn sharp*
【弯道】(名)curve;crooked road
【弯路】(名)❶(不直的路)crooked road;tortuous path ❷(多费的冤枉功夫)roundabout way;detour;少走～ *avoid detours*
【弯曲】(形)crooked;curved;meandering;winding;zigzag;沿着弯弯曲曲的小河散步 *walk along the meandering river*
【弯头】(名)bend;elbow;回转～ *return bend*

湾 wān ❶ (名)❶(水流弯曲处)bend;河～ *river bend* ❷(海湾)gulf;cove;渤海～ *Bohai Bay* ❷ (动)(使船停住)anchor;moor;把船～在那边。*Moor the boat over there.*

蜿 wān
【蜿蜒】(形)❶(蛇类爬行的样子)(of snakes, etc.) wriggly;在地上～爬行 *twine over the ground* ❷(弯弯曲曲地延伸的样子)zigzag;meandering;winding;～曲折地延伸 *wind in and out*

豌 wān
【豌豆】(名)pea;～黄 *pea-flour cake*

wán

丸 wán (名)❶(球形的小东西)ball;pellet ❷(丸药)pill;bolus;每次服两～ *take two pills each time*
【丸剂】(名)pill;pilule
【丸药】(名)pill

完 wán ❶ (形)(全;完整)intact;whole;～璧归赵 *return a thing intact to its owner* ❷ (动)❶(完结;完成)end;finish;说个没～ *run off at the mouth* ❷(交纳)pay ❸(消耗尽;不剩)run out;use up;有花不～的钱 *have money to burn*

【完备】(形)complete;perfect;一套～的工具 *a complete set of tools*
【完毕】(动)complete;end;finish;第一期工程已经～。*The first phase of the project has been completed.*
【完成】(动)complete;accomplish;bring to success;提前～ *be completed ahead of time*
【完工】(动)complete a project;finish doing sth.;get through;走向～ *move towards the completion*
【完好】(形)in good condition;intact;～无缺 *intact;undamaged*
【完婚】(动)get married;marry
【完结】(动)be over;end;finish;事情并没有～。*This is not the end of the matter.*
【完满】(形)satisfactory;successful;找个～的解决办法 *seek a satisfactory solution*
【完美】(形)consummate;perfect;追求某种～的东西 *aspire towards sth. perfect*
【完全】❶ (形)(不缺;齐全)complete;whole;他话没说～。*He didn't give a full picture.* ❷ (副)(全部)fully;entirely;completely;～靠决心取得了成功 *get ahead by sheer determination*
【完善】(形)consummate;perfect;臻于～ *reach perfection*
【完整】(形)complete;intact;用～的句子说话 *speak in completed sentences*

玩 wán ❶ (动)❶(玩耍;游戏)play;have fun;逗小猫～ *play with the kitten* ❷(使用)employ;～邪的 *employ underhand means* ❸(轻视;戏弄)treat lightly;trifle with;～世不恭 *make a playful use of life* ❹(观赏)appreciate;enjoy;值得一味 *be worth pondering* ❷ (名)(供观赏之物)object for appreciation
【玩火】(动)play with fire;～自焚 *he who plays with fire will get burnt*
【玩具】(名)toy;plaything;～火车 *toy trains*
【玩弄】(动)❶(戏弄)dally with;flirt with;～某人的感情 *dally with sb.'s affections* ❷(搬弄)play with;juggle with;～辞藻 *play with words* ❸(施展)resort to;employ;～权术 *resort to the expediency*
【玩赏】(动)enjoy;take pleasure in;～风景 *enjoy the scenery*
【玩味】(动)ponder;ruminate;他的话很值得～。*His words are worth pondering.*
【玩物】(名)plaything;toy;～丧志 *riding a hobby saps one's will to make progress*
【玩笑】(名)joke;jest;爱开无伤大雅的～ *indulge in harmless pleasantries*

顽 wán (形)❶(愚蠢无知)stupid;insensate;

～钝 be dull and obtuse ❷（固执；不容易开导或制伏）stubborn；负隅～抗 put up a desperate struggle ❸（顽皮）naughty：～劣成性 be ill-natured

【顽固】（形）stubborn；headstrong：～的小孩 a difficult child

【顽抗】（动）stubbornly resist：敌人再～就消灭它。If the enemy continue to resist stubbornly, wipe them out.

【顽皮】（形）naughty；mischievous：天生～ be naturally naughty

【顽强】（形）staunch；indomitable：～地抵抗 offer stubborn resistance

【顽童】（名）naughty child；urchin

wǎn

宛 wǎn ❶（形）(曲折)winding；tortuous ❷（副）〈书〉(仿佛)as if：这里山清水秀，～然江南风景。The scenery here has great charm, reminding one of the land south of the Changjiang River.

【宛如】（副）just like：欢腾的人群～大海的波涛。The jubilant crowds are just like the surging waves of the sea.

挽 wǎn（动）❶（拉）pull；draw：～手同行 walk hand in hand ❷（向上卷）roll up：～起袖子 roll up one's sleeves ❸（牵引）pull；draw：～车 pull a cart or carriage ❹（哀悼死者）lament sb.'s death：致～词 make a memorial speech ❺（把长条形的东西盘绕起来打成结）coil up：～发成髻 gather hair into a knot

【挽歌】（名）dirge；elegy

【挽回】（动）retrieve；redeem：～面子 redeem one's reputation

【挽救】（动）save；rescue：～失足青少年 redeem juvenile delinquents

【挽联】（名）elegiac couplet

【挽留】（动）urge sb. to stay：再三～ repeatedly urge sb. to stay；press sb. to stay

晚 wǎn ❶（名）❶（晚上）evening；night：观看～霞 watch the sunset ❷（旧时在书信中后辈对前辈自称）your humble juniors ❷（形）❶（时间靠后的）far on in time；late：～景凄凉 be lonely and poor in old age ❷（后来的）junior；younger：是某人的～辈 be sb.'s junior in life ❸（迟）coming late：大器～成 reach success late in life

【晚安】（名）good night

【晚班】（名）night shift：上～ be on the night shift

【晚报】（名）evening paper

【晚餐】（名）dinner；supper：与某人共进～ share a supper with sb.

【晚车】（名）night train

【晚点】（动）(of a train, ship, etc.)late；behind schedule：火车～了。The train is late.

【晚会】（名）evening party：安排英语～ arrange an English evening

【晚间】（名）evening；night：～新闻 evening news

【晚年】（名）old age；late in life：安度～ spend one's remaining years in happiness

【晚霞】（名）sunset clouds

【晚宴】（名）dinner party

惋 wǎn（动）〈书〉(叹惜)sigh：～叹 feel sorry for

【惋惜】（动）sympathize with；feel sorry：～某人的损失 regret sb.'s loss

婉 wǎn（形）❶（婉转）tactful；polite：委～ be mild and roundabout ❷〈书〉(柔顺)gentle and agreeable ❸〈书〉(美好)beautiful；graceful：～若游龙 be as graceful as a swimming dragon

【婉言】（名）gentle words；tactful expressions：～拒绝 refuse with many regrets

【婉转】（形）❶（温和而曲折）mild and indirect；tactful：说得～些 put it mildly ❷（抑扬动听）sweet and agreeable：歌喉～ have a sweet voice

碗 wǎn（名）❶（盛饮食的器具）bowl：摆～筷 put out bowls and chopsticks for a meal ❷（像碗物）bowl-like thing

【碗柜】（名）cupboard

【碗筷】（名）bowl and chopsticks

wàn

万 wàn ❶（数）❶（数目；十个千）ten thousand：～丈高楼 lofty tower ❷（比喻很多）a very great number；myriad：由于失败而感到～念俱灰 lose all ambition through failure ❷（副）(极；很；绝对)absolutely；extremely：感慨～端 have all sorts of feelings welling up in one's mind

【万般】❶（数）(各种各样)all the different kinds ❷（副）(极其；非常)utterly；extremely：～无奈 have no alternative

【万恶】（形）absolutely vicious；extremely evil：～之源 the root of all evil

【万分】（副）extremely；very much：～抱歉 be extremely sorry

【万籁俱寂】（成）all is quiet and still; silence reigns supreme: 当夜 ～，月色初上。*The night was very still and the moon had just risen.*

【万里长城】（名）the Great Wall

【万能】（形）❶（无所不能的）all-powerful ❷（多用途的）universal: ～虎钳 universal vice

【万千】（数）multifarious; myriad: 变化 ～ *eternally changing; changing all the time*

【万全】（形）perfectly sound; surefire: ～之计 *a completely safe plan; a surefire plan*

【万世】（名）all ages: ～师表 the Model Teacher of a Myriad Ages

【万事】（名）all things: 人生 ～ *everything in life* / ～大吉 *everything is just fine*

【万寿无疆】（成）a long life

【万岁】❶（动）（千秋万世，永远存在）long live ❷（名）（指皇帝）the emperor; Your Majesty

【万物】（名）all things on earth: ～丛生 *grow in great variety and profusion*

【万幸】（形）very lucky: 他差点儿没淹死，真是 ～。*What luck he escaped being drowned!*

【万一】❶（名）❶（可能性很小的意外）contingency; eventuality: 防备 ～ *be ready for all eventualities; be prepared for the worst* ❷（极小的一部分）one ten thousandth; a very small percentage: 笔墨不能形容其～。*It simply beggars description.* ●（连）（表示可能性极小的假设）just in case; if by any chance: ～这传闻是事实呢? *What if the rumour is true?*

【万丈】（数）lofty or bottomless: 怒火～ *a towering rage; a fit of violent anger*

腕 wàn（名）（腕子）wrist: 手～ wrist

wāng

汪 wāng ❶（形）〈书〉（of water）vast and deep: 一片～洋 *a vast expanse of water* ●（动）（液体聚集）collect; accumulate: 汤里～着油。*There are blobs of fat in the soup.* ●（量）（用于液体）: 一～雨水 *a puddle of rain water* ❹（名）〈方〉（池塘）pond ❺（拟声）（狗叫声）bark; bowwow

【汪汪】❶（形）（充满眼泪）tears welling up; tearful: 泪～地 *with tearful eyes* ●（拟声）bark; yap: 狗～地叫。*A dog is barking.*

【汪洋】（形）（of a body of water）vast; boundless: ～大海 *a vast ocean*

wáng

亡 wáng ❶（动）❶（逃跑）flee; escape; run away: 仓皇逃～ *flee in utter confusion* ❷（失去；丢失）lose; be gone: 唇～齿寒。*If the lips are gone, the teeth will feel cold.* ❸（死）perish: 因为蛇咬而身～ *die from snake bites* ❹（灭亡）conquer; die out ●（形）（死去的）deceased: ～妻 *deceased wife*

【亡命】（动）❶（逃亡；流亡）flee; seek refuge ❷（不顾性命）desperate: ～之徒 *desperado*

王 wáng ●（名）❶（君主；最高的爵位）king; monarch: 先～ *the late king* ❷（头目）head; chief: 擒贼先擒～。*To catch bandits, first catch the ringleader.* ❸（同类中居首位的）the best or the strongest of its kind; kind; 称～称霸 *act like an overlord* ●（形）〈书〉（大）grand; great

【王朝】（名）❶（朝廷）imperial court; royal court ❷（朝代）dynasty: 封建～ *feudal dynasties*

【王法】（名）the law of the land: ～无亲。*The law has no respecter of persons.*

【王冠】（名）royal crown; imperial crown

【王国】（名）❶（国家）kingdom: 推翻一个～ *overthrow a kingdom* ❷（领域）realm; domain: 走向自由～ *advance to the realm of freedom*

【王后】（名）queen; queen consort

【王牌】（名）trump card: 定～ *declare trumps*

【王子】（名）prince; king's son: ～犯法，与庶民同罪。*If a prince violates the law, he must be punished like an ordinary person.*

wǎng

网 wǎng ●（名）❶（捕鱼捉鸟的器具）net: 用～捕鱼 *net fish* ❷（像网的东西）thing which looks like a net: 陷入情～ *be head over heels in love* ❸（像网一样的组织或系统）network: 扩大广播～ *extend the radio network* ●（动）❶（用网捕捉）catch with a net ❷（像网似的笼罩着）cover as with a net

【网兜】（名）string bag; net bag

【网络】（名）network: 开放式、～型的经济区 *an open and interconnected economic zone*

【网球】（名）tennis ball; tennis: 练习打 ～ *do practice at the nets*

枉 wǎng ●（形）（弯曲或歪斜）crooked; bent: 矫～ *right a wrong* ●（动）❶（使歪曲）distort; pervert: 贪赃～法 *take bribes and pervert the law* ❷（冤屈）treat unjustly; wrong: 受冤～ *suffer wrong* ●（副）（白白地；徒然）in vain; without avail: ～为人世 *have lived a worthless life*

【枉法】（动）pervert the law：～从私 *bend the law to suit private interest*

【枉费】（动）be of no avail；try in vain；waste：～唇舌 *a mere waste of breath*

【枉然】（形）futile；in vain；no purpose：既然他不讲理，跟他争辩也是～。*It's no use arguing with him when he refuses to listen to reason.*

往 wǎng ㊀（动）（去）go：勇～直前 *march forward without hesitation* ㊁（形）（过去的）past；previous：一如既～ *just as in the past* ㊂（介）（向）toward；to：～地里撒种 *throw the seed on the ground*

【往常】（名）habitually in the past；as usual；before：像～一样健康 *be as healthy as usual*

【往返】㊀（动）（来回）come and go；go there and back：～要多少时间？*How long does it take to go there and back?* ㊁（副）（反复）journey to and fro：～奔波 *ceaselessly come and go*

【往来】（动）❶（去和来）come and go；to and fro：大街上～的车辆很多。*Various kinds of vehicles run to and fro in the street.* ❷（互相访问；交际）contact；dealings：～驰骋 *gallop to and fro*

【往来账】（名）current account

【往年】（名）in former years：～人们不怎么外出旅游。*In former years, people did not travel so much.*

【往日】（名）former days：～这个地区全是些低矮的小房子。*In the past, all houses in this area were small and low.*

【往事】（名）past events；the past：回忆～ *recollections of the past*

【往往】（副）often；more often than not；frequently：历史～重演。*History repeats itself.*

惘 wǎng（动）（失意）feel disappointed；feel frustrated

【惘然】（形）disappointed；frustrated：～若失 *disconcertingly feel lost；wear a blank look*

妄 wàng ㊀（形）（荒谬不合理）absurd；preposterous：使某人狂～的野心遭受挫折 *frustrate sb.'s wild ambition* ㊁（副）（非分地；出了常规地；胡乱）rashly；recklessly：～断 *jump to a conclusion*

【妄动】（动）act rashly：轻举～ *take rash action*

【妄求】（动）request inappropriately

【妄图】（动）try in vain；vainly attempt：～虚名 *run after empty fame*

【妄想】（动）vainly hope to do sth.：～更高的荣誉 *covet higher honors*

忘 wàng（动）❶（忘记）forget：废寝～食 *be forgetful of one's sleep and meals* ❷（疏忽；漏做）forget；neglect；overlook：别～了代我向他问好。*Don't forget to give my regards to him.*

【忘本】（动）forget one's past suffering：我们在过上了幸福的生活，可不能～。*We must not forget our old sufferings, now that we are living happy lives.*

【忘掉】（动）forget；slip one's mind：～烦恼 *keep one's mind off one's troubles*

【忘恩负义】（成）ungrateful；devoid of gratitude：不要～。*Don't cut down the tree that gives you shade.*

【忘乎所以】（成）forget oneself：不要因为胜利而～。*Don't get swollen-headed because of victory.*

【忘怀】（动）forget：当时情景我久久不能～。*For a long time afterwards I could not get the scene out of my mind.*

【忘记】（动）❶（不记得）forget：不能～ *bear in memory* ❷（忽略）forget；neglect；overlook：～开会 *forget about the meeting*

【忘我】（动）be selfless：～的精神 *spirit of selflessness*

旺 wàng（形）（旺盛）flourishing；vigorous：～销 *sell well*

【旺季】（名）peak period；busy season：过了～ *be out of season*／苹果～ *apple season*

【旺盛】（形）vigorous；exuberant：有～的生命力 *possess exuberant vitality*

望 wàng ㊀（动）❶（向远处看）look over；gaze into the distance：东张西～ *gaze around* ❷（探望）visit；call on；顺便看～ *look in* ❸（盼望；希望）expect；hope：展～未来 *take a glance into the future* ❹（怨）resent；hate ㊁（名）❶（希望）hope；expectation：寄～于某人 *have great expectations of sb.* ❷（名望）reputation；prestige：德高～重 *be of noble character and high prestige* ㊂（介）（对着；朝着）at；to：～某人挥手致意 *wave to sb.*

【望风】（动）keep watch；be on the lookout：～而逃 *flee at the mere sight of the oncoming force*

【望远镜】（名）telescope：设计～ *design a telescope*

wēi

危 wēi ❶(名)(危险)danger;peril:居安思～ *think of danger in times of peace* ❷(动)(使处于危险境地;危害)endanger;imperil ❸(形)❶(危险的;不安全)dangerous;perilous:～言耸听 *say frightening things just to raise an alarm* ❷(人快要死去)dying ❸〈书〉(高)high;precipitous ❹〈书〉(端正)proper;upright

【危害】(动)endanger;harm;jeopardize:～公共利益 *harm the public interest*

【危机】(名)crisis;in imminent danger:历经多次～ *pass through many crises*

【危急】(形)critical:～之秋 *critical time*

【危惧】(动)worry and fear

【危难】(名)calamity;danger and disaster:处于～之中 *be in dire peril*

【危险】❶(形)dangerous;perilous:安全地通过～的道路 *negotiate safely a dangerous road* ❷(名)danger;peril:面临～ *face a danger*

威 wēi ❶(名)(力量)power;might:显神～ *show an invincible might* ❷(动)(用武力吓唬)threaten by force

【威逼】(动)coerce;bully;threaten by force:～某人干活 *bully sb. into working*

【威风】❶(名)(使人敬畏的声势或气派)power and prestige:摆出～凛凛的样子 *draw oneself up to one's full height* ❷(形)(有威风)imposing:穿上军装显得很～ *look majestic in uniform*

【威吓】(动)bully;threaten;intimidate:大声～ *bluster out threats*

【威力】(名)power;might:人民战争～无穷。*People's war is an invincible force.*

【威慑】(动)deter;terrorize with military force:～力量 *deterrent force*

【威望】(名)prestige;reputation:逐步树立～ *work up a reputation*

【威胁】(动)imperil;menace;threaten:～某人做某事 *bully sb. into doing sth.*

【威信】(名)prestige:保持～ *keep up one's prestige*/追求个人～ *seek personal prestige*

【威严】(形)dignified:外貌～的男人 *a man of commanding appearance*

逶 wēi

【逶迤】(形)meandering;winding:～的山路 *a winding mountain path*

偎 wēi (动)(亲热地靠着;紧挨着)lean close to;snuggle up to:紧～着某人 *nestle up against sb.*

【偎抱】(动)hug;cuddle:把婴儿～在怀里 *cuddle a baby in one's arms*

【偎依】(动)lean close to;snuggle up to:～着某人 *snuggle up to sb.*

微 wēi ❶(形)❶(细小,轻微)minute;tiny:希望甚～ *hold out little hope* ❷(精深奥妙)profound;subtle:～妙无穷 *be extremely subtle* ❸(动)(衰落)decline

【微安】(名)microampere

【微波】(名)microwave:～炉 *microwave oven*

【微薄】(形)meagre;scanty:挣得～的工资 *earn a pittance*

【微分】(名)differential:～学 *differential calculus*

【微风】(名)gentle breeze;breeze:享受凉爽清新的～ *enjoy the cool refreshing breeze*

【微米】(名)micron

【微妙】(形)delicate;subtle:观察～的形势 *observe the delicate situation*

【微弱】(形)faint;feeble;weak:在～的月光下 *in the faint moonlight*

【微生物】(名)microbe:～学 *microbiology*

【微微】(副)(略微;稍微)slightly;faintly:对某人～一笑 *throw sb. a faint smile*

【微细】(形)very small;tiny:～的血管 *very small blood vessels*

【微小】(形)small;little;tiny:取得～的进步 *make meagre progress*

【微笑】(名)smile:含泪～ *smile through one's tears*

【微型】(形)miniature:～汽车 *minicab*;*mini*

巍 wēi (形)(高大)towering;lofty:～然不动 *stand firm*

【巍峨】(形)towering;lofty

wéi

为 wéi ❶(动)❶(做;作为)do;act:～所欲～ *do what one likes* ❷(充当)serve as;act as:无能～力 *be incapable of action* ❸(变成;成)become;turn into:化悲痛～力量 *turn grief into strength* ❹(是)be;mean:还是接受某人的劝告～好 *do well to take sb.'s advice* ❷(后缀)❶(附于某些单音节形容词后,表示程度、范围):大～高兴 *be very happy* ❷(附于某些表示程度的单音节副词后,加强语气):比过去更～进步 *become more advanced than before* ❸(介)(跟"所"字合用,表示被动)by:～好奇心所驱使 *be prompted by curiosity*
另见 1023 页 wèi。

【为难】❶(形)(感到难以应付)awkward:左右～ stand at a nonplus ❷(动)(刁难;作对)make things difficult for;故意～某人 deliberately make things difficult for sb.

【为首】(动)headed by;under the leadership of:以某某的代表团 a delegation headed by so-and-so

【为数】(动)number;amount to:～不少 come up to a large number;amount to quite a lot

【为限】(动)be within the limit of;not exceed:费用以 100 元为。The expenses shall not exceed 100 yuan.

【为止】(动)up to;till:迄今～ up to now

【为主】(动)give first place to;give priority to:以自力更生～,外援为辅 rely mainly on one's own efforts while making external assistance subsidiary

违 wéi (动)❶(不遵照;不依从)disobey;violate:阳奉阴～ comply in public but oppose in private ❷(离别)part;be separated:久～haven't seen for a long time

【违背】(动)go against;run counter to;violate:～传统 run counter to tradition

【违法】(动)be illegal;break the law:毫无～之处 without any infraction of the laws

【违反】(动)run counter to;violate:～礼节 violate etiquette

【违犯】(动)act contrary;infringe;violate:～规则 infringe rules/～法律 violate the law

【违禁】(动)violate a ban:～品 contraband

【违抗】(动)disobey;defy:～命令 disobey orders

【违例】(名)breach of rules

【违令】(名)disobey orders

【违心】(动)against one's will:～服从 comply against one's will

【违约】(动)❶(违反条约、契约)break a contract;violate a treaty ❷(失约)break one's promise;breach

【违章】(动)break rules and regulations:～行驶 drive against traffic regulations

围 wéi ❶(动)❶(四周拦挡起来,使里外不通;环绕)enclose;surround:～成一圈 form a circle ❷(绕;裹)wrap:把…～在身上 wrap...around one ❸(名)(四周)all round;around

【围攻】(动)❶(攻击)besiege;lay siege to:～要塞 lay siege to a fortress ❷(用言语围攻)jointly attack sb.:遭到～ come under attack from all sides

【围歼】(动)surround and annihilate

【围剿】(动)encircle and suppress

【围巾】(名)muffler;scarf:摘掉～ take off one's muffler

【围绕】(动)❶(围着转动)round;around:～四周 lie around ❷(以…为中心)centre on:～着选举问题 centre on the election ❸(包围)embrace;enclose

桅 wéi (名)(桅杆)mast:船～ mast

【桅灯】(名)❶[航海]masthead light ❷(马灯)barn lantern

唯 wéi (副)(单单;只)only;alone

【唯独】(副)only;alone:她心里装着别人,～没有她自己。She always bears others in mind, scarcely does she ever think of herself.

【唯恐】(动)lest;for fear that:～落后 fear that one should lag behind

【唯物辩证法】(名)materialist dialectics

【唯物论】(名)materialism

【唯物主义】(名)materialism

【唯心论】(名)idealism

【唯心主义】(名)idealism

【唯一】(形)only;sole:找到～出路 find the only way out

惟 wéi ❶(副)(单单;只)only;alone:～愿 only wish ❷(动)(思考;想想)think;thought ❸(副)(只是但):但:我母亲已经痊愈,～一体力尚未恢复。My mother is well now, but she hasn't recovered her strength yet.

维 wéi ❶(动)❶(连接)tie up;hold together:进退～谷 stand at a nonplus ❷(保持;保全)maintain;safeguard:～和部队 peace-keeping force ❸(思想)think;thought ❸(名)[数](构成空间的每一个因素)dimension

【维持】(动)keep;maintain:仅能～生活 keep body and soul together

【维护】(动)safeguard;defend:～祖国统一 safeguard the unity of the homeland

【维纶】(名)polyvinyl alcohol fibre

【维生素】(名)vitamin:～缺乏症 vitamin-deficiency;avitaminosis

【维修】(动)maintain;keep in good repair:～房屋 maintain houses and buildings

wěi

伟 wěi (形)(伟大)big;great;mighty:身体～岸 be tall and sturdy

【伟大】(形)great;mighty:经历～的变革 undergo a great change

【伟绩】(名)great feats:建立～ establish greatness/建立丰功～ achieve famous feats

【伟人】(名)a great man;a great personage:历史～ a great historical character

伪 wěi(形)❶(虚假)false;fake:作～证 bear false witness ❷(不合法的;窃权而不受拥护的)illegal;puppet:推翻～政府 overturn the illegal government

【伪币】(名)❶(伪造的)counterfeit money ❷(伪政府发行的)money issued by a puppet government

【伪善】(形)hypocritical:～的言辞 hypocritical words/～者 hypocrite

【伪造】(动)falsify;fabricate:～货币 counterfeit money;forge money

【伪装】❶(动)❶(假装)feign;pretend:～积极 pretend to work diligently ❷[军]camouflage:高射炮已经用树枝～起来。The anti-aircraft guns have been camouflaged with boughs of trees. ❷(名)(假的装扮)disguise;mask:抛开～ throw off one's disguise

尾 wěi(名)❶(尾巴)tail ❷(末端;末尾)end:接近～声 be drawing to an end ❸(主要部分以外的部分;没有了结的事情)remnant;remaining part:收～ accomplish the remaining part

【尾巴】(名)❶(动物身体末端突出的部分)tail:夹着～逃跑 flee with one's tail between one's legs ❷(尾部)tail-like part:做成…～ make the tail of... ❸(无主见、完全随声附和的人)servile adherent ❹(尾随者)a person shadowing sb.:做某人的～ tail behind sb.

【尾灯】(名)tail lamp;tail light

【尾声】(名)❶[音](乐章的最后一部分)coda ❷(结局部分)epilogue:序幕和～ prologue and epilogue ❸(临近结尾的阶段)end:会议已接近～。The talks are drawing to an end.

【尾数】(名)odd amount

【尾追】(动)in hot pursuit

纬 wěi(名)❶(织物上横向的纱或线)weft;woof ❷(纬度)latitude

【纬度】(名)latitude:高～ high latitudes

委 wěi ❶(动)❶(托付)entrust;trust:～某人以重任 entrust sb. with an important task ❷(抛弃)cast aside ❸(推诿)shift:～过于人 shift the blame on to sb. else ❹〈书〉(积聚)accumulate ❷(形)❶(曲折)roundabout;indirect ❷(无精打采;不振作)dispirited;dejected:～靡不振 be in low spirits ❸(名)❶(委员)committee member ❷(委员会)committee;council ❸〈书〉(水流所聚;水的下游;

末尾)end ❹(副)〈书〉(的确;确实)really;actually:～实不容易 be by no means easy

【委派】(动)appoint;delegate;designate:～某人为代表 appoint sb. as a representative

【委屈】(形)feel wronged;suffer from injustice

【委托】(动)entrust;trust:把任务～给某人 trust sb. with a charge

【委婉】(形)tactful;mild:以～的语气说话 speak in a mild tone

【委员】(名)committee member:～会 committee;council

娓 wěi

【娓娓】(形)tirelessly:～动听 talk in an impressive way

萎 wěi(动)(干枯;衰落)wilt;wither;fade:因缺水而凋～ languish from lack of water

【萎缩】(动)❶(经济衰退)contraction;shrink;sag:经济～ economic contraction ❷(干枯)wither;shrivel

猥 wěi(形)❶(多;杂)numerous;multifarious ❷(卑鄙;下流)base;mean

【猥贱】(形)humble;lowly

【猥劣】(形)abject;base;mean

【猥亵】❶(形)(言行下流的;淫乱的)obscene;salacious:使用～的语言 use obscene language/引起～的念头 inspire indecent ideas ❷(动)(做下流动作)act indecently towards(a woman)

wèi

卫 wèi(动)(保卫)defend;guard;protect:卫冕 defend one's championship

【卫兵】(名)guard;bodyguard:设一～ place a guard

【卫队】(名)armed escort;squad of bodyguard:检阅～ inspect the guard

【卫生】(名)hygiene;health:讲究～ practice hygiene

【卫星】(名)❶(围绕行星运行的天体)satellite;moon:月亮是地球的～。The moon is a satellite of the earth. ❷(人造卫星)artificial satellite;man-made satellite:气象～ a weather satellite

为 wèi ❶(动)〈书〉(帮助;卫护)support;stand for ❷(介)❶(表示行为的对象):～国尽力 serve one's country ❷(表示目的):～生存而斗争 fight for existence ❸(表示原因):～友谊干杯 toast our friendship ❹(对;向):

不足～外人道 *not worth speaking to others* 另见 1021 页 wéi。

【为此】（动）for this reason；to this end：～而做出努力 *make efforts to that end*

【为何】（副）why；for what reason

【为了】（介）for；in order to；for the sake of：～求知而学习 *study for knowledge*

【为什么】（代）why：你～没来？ *Why didn't you come*？／～犹豫不决呢？ *Why hesitate*？

未 wèi（副）❶（没）did not；have not：尚～过目 *have not seen it yet* ❷（不）not：～为晚也。 *It is not too late*.

【未必】（副）may not；not necessarily：～知道 *not necessarily know*

【未曾】（副）did not；have not：历史上～有过的奇迹 *a miracle unprecedented in history*

【未定】（形）undecided；undefined；uncertain：行期～。 *The date of departure is not yet fixed*.

【未婚】（形）single；unmarried：～夫 *fiance*

【未决】（形）outstanding；unsettled：提出悬而～的问题 *raise an outstanding issue*

【未来】❶（形）（将要到来的）coming；next：建设～的世界 *build tomorrow's world* ❷（名）（将来）future；tomorrow：展望～ *view the future*／在遥远的～ *be in the long hereafter*

【未免】（副）a bit too；rather；truly：～太过分 *go a bit too far*／～话太多 *be rather talkative*

【未能】（动）cannot；fail to：～说服某人 *fail in persuading sb*.

【未完】（动）unfinished：～待续 *to be continued*

【未知】（动）unknown：～数 *unknown number*／全然～ *be utterly unknown*

位 wèi ❶（名）❶（所在或所占的地方）place；location：给某人让～ *make a place for sb*. ❷（职位；地位）position；post：坚守岗～ *stick to one's post* ❸（特指皇帝的地位）throne：在～ *be on the throne* ❸（量）❶［数］（用于数，数码所占的位置）place；digit：十～ *ten's place* ❷（用于人，含敬意）各～代表！ *Fellow Delegates*！

【位于】（动）be located；be situated；lie：～商业中心 *be located in a business center*

【位置】（名）❶（所在或占的地方）seat；place；site：在恰当的～上 *be in the proper place* ❷（地位）place；position：把某人放在很高的～上 *place sb. near the top of the list*

【位子】（名）place；seat

味 wèi ❶（名）❶（味道）taste；flavour：尝到成功的滋～ *feel the taste of success* ❷（气味）

smell；odour：散发臭～ *give off an offensive smell* ❸（意味；趣味）significance：充满人情～ *be full of human touches* ❷（动）（辨别味道）distinguish the flavour of：回～ *ponder over*

【味道】（名）❶（味觉）taste；flavour：没有～ *have no taste* ❷（指兴趣）interest：这是一部伟大的小说，越读越觉得它有～。 *This is one of the world's great novels，whose richness increases with each new reading*.

【味精】（名）monosodium glutamate

【味觉】（名）sense of taste

畏 wèi（动）❶（畏惧）fear：～首～尾 *be overcautious* ❷（佩服）respect：敬～某人 *regard sb. with reverence*

【畏惧】（动）fear；dread：有一种～感 *have a feeling of awe*

【畏缩】（动）shrink；recoil：在苦难面前～ *recoil before sufferings*

【畏罪】（动）escape punishment：～潜逃 *abscond to avoid punishment*

胃 wèi（名）（消化器官的一部分）stomach：～痛 *have a pain in the stomach*

【胃癌】（名）cancer of the stomach

【胃病】（名）stomach trouble

【胃口】（名）❶（食欲）belly；appetite：～不佳 *have no appetite* ❷（对事物或活动的兴趣）liking：对～ *to one's liking*

【胃痛】（名）stomachache

【胃炎】（名）gastritis

【胃液】（名）gastric juice

谓 wèi ❶（动）❶（说）say：或～ *someone says* ❷（称呼；叫作）call；name：此之～形式主义。 *This is what is called formalism*. ❷（名）（意义）meaning；sense：无～ *meaningless；no meaning*

【谓语】（名）［语］predicate

尉 wèi（名）❶（古官名）officer ❷（尉官）a junior officer；a military rank：～官 *a junior officer*／上～ *captain*

喂 wèi ❶（动）（饲养；喂养）feed：给小孩～饭 *feed a baby* ❷（叹）（招呼的声音）hello；hey：～！停一下车。 *Hey！Please stop the car for a minute*.

【喂奶】（动）suckle：给婴儿～ *feed the baby with milk*

【喂养】（动）feed；raise；keep：母乳～ *breastfeeding*／～家禽 *keep fowls*

蔚 wèi（形）〈书〉❶（茂盛；盛大）luxuriant；

grand ❷（云气弥漫）colourful；impressive

【蔚蓝】（形）sky-blue；azure：～的天空 *a bright blue sky*／～的海洋 *the blue sea*

慰 wèi（动）❶（使人心情安适）comfort；console：给某人安～ *offer sb. comfort* ❷（心安；宽慰）be relieved：使某人欣～ *bring relief to sb.*

【慰劳】（动）bring gifts to

【慰问】（动）salute；console；condole：写～信 *write a letter of consolation*

wēn

温 wēn ⊖（形）（不冷不热）warm；hot；lukewarm；mild：～室里的花朵 *flowers grown in a green house* ⊜（名）（温度）temperature：达到高～ *reach a high temperature* ⊜（动）❶（稍微加热）warm up；reheat：～酒 *heat wine* ❷（温习）review；revise：与某人重～旧交 *brush up one's acquaintance with sb.*

【温差】（名）[物]difference in temperature：这里白天和夜晚的～很大。*The temperature here varies greatly between day and night.*

【温带】（名）temperate zone：北～ *the north temperate zone*

【温度】（名）[物]temperature：～表 *thermometer*／～计 *thermograph；thermometer*

【温和】（形）❶（气候不冷不热）temperate；mild：～的天气使我心情愉快。*The balmy weather puts me in a cheerful mood.* ❷（平和）facile；gentle；mild：性情～ *be as mild as a lamb*

【温暖】（形）❶（暖和）warm：享受春天的～阳光 *enjoy the warm spring sunshine* ❷（亲切）warmth；kindness：对某人像春天般的～ *be as mild as spring towards sb.*

【温情】（名）tender feeling：充满～ *be full of tender feelings*

【温泉】（名）hot springs：在～胜地度夏 *spend the summer at the spa resort*

【温柔】（形）gentle；soft：对某人～地笑了笑 *give sb. a gentle smile*

【温习】（动）revise；review：～功课 *review one's lessons*

wén

文 wén ⊖（名）❶（字）character；writing ❷（文字）language：情～并茂 *be excellent in both content and language* ❸（文章）literary composition；writing：注释正～ *add glosses to a text* ❹（文言）literary language ❺（指社会发展到较高阶段表现出来的状态）civiliza-

tion；culture ❻（旧指礼仪）formal ritual ❼（自然界的某些现象）certain natural phenomena：水～ *hydrology* ⊜（动）❶（古时称在身上、脸上刺画花纹或字）tattoo：～身 *tattoo* ❷（掩饰）cover up；paint over：～过饰非 *conceal faults and gloss over wrongs* ⊜（形）❶（非军事的）civil：～官 *civil official* ❷（柔和；不猛烈）gentle；elegant：斯～ *gentle* ⊗（量）（旧时的铜钱）一一钱 *a cent*

【文才】（名）literary talent

【文风】（名）style of writing：创立自己的～ *make a style of one's own*

【文豪】（名）literary giant；great writer

【文化】（名）❶（精神财富）civilization；culture：～参赞 *cultural attache* ❷（知识）education；literacy：提高某人的～水平 *raise the educational level of sb.*

【文集】（名）collected works

【文件】（名）documents：～袋 *despatch case*

【文教】（名）culture and education：～事业 *cultural and educational work*

【文具】（名）stationery：～商 *stationer*

【文科】（名）liberal arts：～学校 *liberal arts school*／～院校 *colleges of arts*

【文盲】（名）an illiterate person：扫除～ *wipe out illiteracy*

【文明】⊖（名）（文化）civilization；culture：～的摇篮在亚洲。*Civilization was cradled in Asia.* ⊜（形）（社会发展到较高阶级和具有较高文化的）civilized：树立～的典范 *set up the ideal of civilization*

【文凭】（名）diploma：获得～ *obtain a diploma*

【文人】（名）scholar：～相轻 *scholars tend to scorn each other*

【文书】（名）❶（从事公文、书信工作的人员）copy clerk ❷（公文）document

【文坛】（名）the literary world：轰动～ *make a sensation in the literary world*

【文体】（名）❶（文章的体裁）style；type of writing：使用优美的～ *use fine language* ❷（文娱体育）recreation and sports

【文物】（名）cultural relics：修复～ *restore relics*

【文献】（名）document；literature：整理参考～ *sort out the reference documents*

【文选】（名）selected works

【文学】（名）literature：具有～价值 *be possessed of literary merit*

【文艺】（名）literature and art：～工作者 *literary and art workers；writers and artists*

【文娱】（名）cultural recreation；entertainment：～活动 *recreational activities*

【文摘】（名）abstract

【文章】（名）❶（短篇论著）essay；article：润色

~ *polish up an essay* ❷（著作）*literary works*；*writings*：找到写好~的秘诀 *find a key to good writing* ❸（暗含的意思）hidden meaning：在枝节问题上大做~ *kick up a rumpus over some side issue*

【文职】（名）civilian post：~人员 *nonmilitary personnel*

【文字】（名）❶（书写符号）writing；characters ❷（语言的书面形式）written language：用~嘲弄某人 *play at sb. in print* ❸（文章形式）writing（as regards form or style）❹（词汇量；用词）wordage

闻 wén ❶（动）❶（听见）hear：~鸡起舞 *rise at cock's crow* ❷（用鼻子嗅）smell：~来~去 *keep nosing about* ❷（名）❶（听见的事情；消息）story；news：散布丑~ *hawk scandal* ❷（名声）reputation；repute ❸（形）〈书〉（有名望的）famous；well-known

【闻名】（动）❶（有名）be well-known；be famous：~全球 *be well-known throughout the world* ❷（听到名声）be familiar with sb.'s name：使…~丧胆 *make...over-awed by one's name*

【闻人】（名）（有名气的人）well-known figure

蚊 wén（名）[动]（蚊子）mosquito：~香 *mosquito-repellent incense*/~帐 *mosquito net*

wěn

吻 wěn ❶（名）❶（嘴唇）lips：甜蜜的~ *a sweet kiss* ❷（动物的嘴）an animal's mouth ❷（动）（用嘴唇接触人或物）kiss：偷~某人 *steal a kiss from sb.*

【吻合】（形）identical；coincide：意见~ *have identical views*

紊 wěn（形）（紊乱）confused；disorderly

【紊乱】（形）in chaos；confusing；disorder：秩序~ *in a state of chaos*

稳 wěn ❶（形）❶（稳定；稳当）steady；stable；firm：~如磐石 *be as firm as a rock* ❷（稳重）steady；staid ❸（稳妥）sure；certain：~操胜券 *have full assurance of success* ❷（副）（无疑；一定）surely ❸（动）（使稳固或安全）stabilize；steady；staid

【稳步】（副）steadily：~前进 *make steady progress*/~上升 *go up steadily*

【稳当】（形）reliable；safe；secure：想出一个~的方法 *devise a reliable method*

【稳定】❶（动）（使稳定）stabilize；steady：~某人的情绪 *set sb.'s mind at rest* ❷（形）（稳固；安定）stable；steady：享有~的收入 *enjoy a steady income*

【稳固】（形）firm；stable：建立~的政权 *establish a stable government*

【稳妥】（形）safe；reliable：制定~的计划 *formulate a safe plan*

【稳重】（形）steady；staid；sedate：既~又热情 *be both steady and warm-hearted*

wèn

问 wèn ❶（动）❶（请人解答）ask；inquire：~东~西 *ask all sorts of questions* ❷（询问；慰问）question；ask about；inquire about：~心无愧 *have a clear conscience* ❸（审讯）examine；question：拷~某人 *put sb. to the torture* ❹（追究）hold responsible ❺（管；干预）care；bother；manage：不闻不~ *not bother to ask questions* ❷（介）（表示动作的方向）：我~老师借了几本书。*I borrowed some books from my teacher.*

【问安】（动）wish somebody good health

【问答】（名）questions and answers：~练习 *question-and-answer drills*

【问好】（动）say hello to；send one's regard to：请代我向你父母~。*Give my remembrances to your parents.*

【问号】（名）❶（标点符号）question mark：使用~ *use a question mark* ❷（疑问）unknown factor：我脑子里满是~。*My mind is crowded with whys.*

【问候】（动）send one's respects to；send one's regards to：~某人的近况 *ask after sb.'s recent situation*

【问世】（动）come out；be published：本书作者的一部新小说即将~。*A new novel by the same author will soon come out.*

【问题】（名）❶（需回答的题目）question；problem：把~辩个水落石出 *argue out the question* ❷（需研究解决的矛盾等）problem；matter：澄清~ *clear up problems* ❸（事故或意外）trouble；mishap：出~ *get into trouble* ❹（重要之点）the point；the thing：~就在那儿！*There lies the trouble!*

【问讯】（动）inquire；ask：~处 *inquiry office*；*information desk*

【问罪】（动）denounce；condemn：~之师 *an army for punitive purpose*

wēng

翁 wēng（名）❶（年老的男子；老头儿）old man ❷（父亲）father：尊~ *your father* ❸（丈夫的父亲或妻子的父亲）father-in-law

wèng

瓮 wèng（名）（盛东西的陶器）urn；earthen jar：菜～ *a jar for pickling vegetables*
【瓮中之鳖】（成）a turtle in a jar
【瓮中捉鳖】（成）catch a turtle in a jar

wō

倭 wō（名）（我国古代称日本）an old name for Japan
【倭瓜】（名）〈方〉pumpkin
【倭寇】（名）Japanese pirates

涡 wō（名）❶（漩涡）eddy；whirlpool：水～ *eddies of water* ❷（酒窝）dimple
【涡流】（名）whirling fluid；vortex flow
【涡轮】（名）turbine

窝 wō ⊖（名）❶（鸟兽、昆虫的住处）nest；掏鸟～ *take a nest* ❷（比喻坏人聚居处）den；lair：贼～ *a den for thieves* ❸〈方〉（比喻人体或物体所占的位置）place，钻进被～ *crawl into one's bed* ❹（凹进处）pit；hollow：眼～ *eye socket* ⊜（动）❶（窝藏）harbour；shelter ❷（郁积不得发作或发挥）hold in；check：～工 *lay up workers* ❸（使弯或曲折）bend；flex：别把书～了。*Be careful not to crease the book.* ⊜（量）（用于动物）brood；litter：一～小鸡 *a brood of chickens*
【窝藏】（动）harbour；shelter：～罪犯 *give shelter to a criminal*
【窝棚】（名）shed；shack
【窝主】（名）a person who harbours criminals or goods

蜗 wō（名）[动]（蜗牛）snail：行～牛步 *at a snail's pace*
【蜗轮】（名）[机]worm gear
【蜗牛】（名）snail

wǒ

我 wǒ（代）❶（称自己）I；me；my ❷（称我们）we；us；our：～军 *our army* ❸（"我、你"对举，表示泛指）：大家帮～，～帮你，很快就把活儿干完了。*With each one giving the other a hand, they soon got the job done.* ❹（自己）self：忘～ *oblivious of oneself；selfless*
【我们】（代）❶（包括自己的若干人）we；us ❷（我们的）our：～祖国 *our motherland*

wò

卧 wò ⊖（动）❶（躺下）lie：醉～街头 *lie drunk in the street* ❷（动物趴下）crouch；sit：母鸡～窝。*The hen sits in the hencoop.* ❸〈方〉（煮去壳蛋）poach ⊜（形）（睡觉用的）for sleeping in：～房 *bedroom*
【卧车】（名）❶（设有卧铺的车厢）sleeping car；sleeper ❷（小轿车）automobile；car
【卧床】（动）lie in bed：～休息 *repose on a bed*
【卧铺】（名）sleeper；sleeping berth：订～票 *book a berth*
【卧式】（形）horizontal：～发动机 *horizontal engine*
【卧室】（名）bedroom

握（动）（拿；抓）hold；grasp：大权在～ *hold power*
【握别】（动）shake hands at parting：～以来，已逾三月。*It is more than three months since we parted.*
【握拳】（动）make a fist
【握手】（动）shake hands；clasp hands：与某人～言欢 *greet sb. with a hearty handshake*

斡 wò（动）〈书〉（旋转）turn round
【斡旋】（动）（调解）mediate

wū

乌 wū ⊖（名）（乌鸦）crow；raven；rook：爱屋及～。*Love me, love my dog.* ⊜（形）（黑色）black；dark：有一双～溜溜的大眼睛 *have sparkling black eyes*
【乌龟】（名）❶[动]（爬行动物）tortoise ❷（讥称妻子有外遇的人）cuckold
【乌黑】（形）jet-black；pitch-black
【乌亮】（形）glossy black：～的头发 *dark, glossy hair；raven locks*
【乌七八糟】（成）❶（十分杂乱）in a horrible mess；in a great disorder ❷（淫秽）obscene；dirty；filthy：那本小说里全是些～的东西。*That novel is filled with filth.*
【乌云】（名）black clouds；dark clouds：等到～消散 *wait till the clouds roll by*

污 wū ⊖（名）（脏水；脏东西）slops；dirt；filth：染有血～ *be imbued with blood* ⊜（形）❶（脏）dirty；filthy：被玷上～名 *be branded with infamy* ❷（不廉洁）corrupt：犯贪～罪 *commit embezzlement* ⊜（动）（弄脏）defile；dirty：溅～窗子 *spot the window*
【污点】（名）stain；spot：有～ *have a stain*

【污垢】（名）dirt；filth

【污泥】（名）mud；mire；sludge：沾满～ be foul with mud

【污染】（动）pollute；contaminate：～社会风气 debase the standards of social conduct

【污辱】（动）❶（侮辱）humiliate；insult ❷（玷污）sully；defile

【污水】（名）polluted water；waste water：处理～ deal with effluents

巫 wū（名）（指女巫、巫师）witch；shaman：～医 witch doctor

【巫婆】（名）witch

【巫术】（名）witchcraft；sorcery

钨 wū（名）［化］（金属元素）tungsten：～砂 tungsten ore

【钨钢】（名）tungsten steel

【钨丝】（名）tungsten filament：～灯 tungsten lamp

诬 wū（动）（捏造事实冤枉人）accuse falsely

【诬赖】（动）falsely incriminate：～好人 incriminate innocent people

【诬蔑】（动）slander；vilify；smear；defile：造谣～ calumny and slander

【诬陷】（动）frame somebody：捏造案情～某人 frame a case against sb.

屋 wū（名）house；room：租间小～ take a cottage

【屋顶】（名）roof；housetop：爬上～ climb onto the roof

【屋脊】（名）ridge

wú

无 wú ❶（动）（没有）not have；be without：～本之木 be like a tree without roots ❷（名）（没有）nothing；nil：～中生有 make sth. out of nothing ❸（副）（不）not：孤立～援 stand alone without support ❹（连）（不论；无论）no matter what：～时～刻不在盼望某人的到来 be in momentary expectation of the arrival of sb.

【无比】（动）be incomparable；be matchless：～忧伤 devour one's heart

【无边无际】（成）boundless；limitless；vast：在～的海洋上航行 sail in an unbounded ocean

【无产阶级】（名）the proletariat：～专政 dictatorship of the proletariat

【无产者】（名）proletarian

【无耻】（形）shameless；brazen：捏造～的谎言 invent brazen lies

【无敌】（动）be unmatched：～于天下 be unmatched anywhere in the world

【无动于衷】（成）unmoved；untouched：对某人的劝告～ turn a deaf ear to sb.'s advice

【无法】（动）unable；incapable：～确定某人的身份 be unable to establish sb.'s identity

【无妨】（动）there's no harm：与某人取得联系也～ might get in touch with sb.

【无非】（副）simply；nothing but：～是时间问题。It is simply a question of time.

【无辜】❶（形）（没有罪）innocent：坚持说自己清白～ maintain one's innocence ❷（名）（有罪的人）an innocent person：株连～ involve the innocent in a criminal case

【无故】（副）without cause；without reason：～迟到 be late without cause

【无怪】（副）no wonder：门是锁着的，～你打不开。The door was locked. No wonder you couldn't open it.

【无轨电车】（名）trolley bus

【无几】（名）very few；very little；hardly any：相差～ be almost the same／寥寥～ very few

【无价之宝】（名）priceless treasure

【无精打采】（成）listless；in low spirits：看起来～的 look downcast

【无拘无束】（动）unrestrained：～地讲话 speak without restraint

【无可争辩】（成）indisputable：～的事实 an indisputable fact

【无赖】❶（形）（不讲道理）rascally；scoundrelly ❷（名）（品行不端的人）scoundrel；rascal

【无理】（形）unreasonable：提出～要求 make the demand beyond all reason

【无力】（动）❶（没有力气）feel weak：浑身～ feel weak all over ❷（没有力量）lack strength；unable：～控制感情 be unable to govern the passions

【无聊】（形）❶（闲得烦闷）bored：装出一副～的样子 pretend to be bored ❷（没有意义）senseless；silly：讲～的话 make silly remarks

【无论】（连）no matter what：～如何 in any case；whatever

【无能】（形）incompetent；incapable：是个～的人 be a real nothing

【无情】（形）merciless；ruthless：表现得冷酷～ show an icy indifference

【无权】（动）have no right：～干预 have no right to interfere

【无神论】（名）atheism：～者 atheist

【无声】（动）be noiseless；be silent：淹没在～无息之中 pass into silence

【无时无刻】（成）all the time：登山队员～不在和风雪搏斗。The mountaineers had to fight *the blizzard the whole time*.

【无事生非】（成）make trouble out of nothing

【无视】（动）ignore；disregard：～法令 *ignore a decree*／～原则 *disregard a rule*

【无数】❶（动）（不知道底细）be uncertain：对某事心中～ *be not sure about sth*. ❷（形）（难以计算）innumerable；countless：举出～事实 *adduce innumerable facts*

【无私】（形）selfless；unselfish：提供～的帮助 *give unselfish service*

【无条件】（动）be unconditional：～服从命令 *absolutely obey orders*

【无味】❶（动）（没有滋味）be tasteless：供应淡而～的食物 *supply insipid food* ❷（形）（没有趣味）dull；insipid：枯燥～ *be dry as dust*

【无暇】（动）have no time：～娱乐 *have no time for amusement*

【无限】（形）infinite；limitless；boundless：使某人～痛苦 *cause sb. infinite pain*

【无限期】（名）indefinite duration：～罢工 *a strike of indefinite duration*

【无线电】（名）radio：～报 *radio telegram*；*wireless telegram*

【无效】（动）be invalid：终止～的契约 *terminate an invalid contract*

【无须】（副）need not；not have to：～忍受痛苦 *need not endure anguish*

【无疑】（动）beyond doubt；be undoubtedly：确凿～ *well established and irrefutable*

【无益】（动）be useless；be no good：徒劳～ *get nothing for one's pains*

【无意】❶（动）（无意愿）have no intention：～于此 *be not in the vein for it* ❷（副）（不是故意地）accidentally；unwillingly：有意～地将一句话说给某人听 *drop a word in sb.'s ear*

【无意识】（形）unconscious：悔恨自己～的动作 *regret one's unconscious action*

【无用】（动）be useless；of no use：全然～ *be all to no avail*

【无原则】（形）unprincipled：～纠纷 *an unprincipled dispute*

【无中生有】（成）fabricated：纯粹是～，当面造谣。*Nothing but rumours fabricated out of thin air and brazen lies*.

【无罪】（动）be innocent；not guilty：相信某人～ *be convinced of sb.'s innocence*

wǔ

五 wǔ（数）（四加一后所得）five：～个班 *five classes*／～班 *the fifth class*；*class 5*

【五更】（名）❶（一夜分为五更）the five watches of the night ❷（第五更）the fifth watch of the night；before dawn

【五谷】（名）❶（指稻、黍、稷、麦、豆）the five cereals（rice，two kinds of millet，wheat and beans）❷（粮食作物）food crops：～丰登 *an abundant harvest of all food crops*

【五官】（名）❶［中医］the five sense organs（ears，eyes，lips，nose and tongue）❷（脸上的器官）facial features

【五金】（名）❶（指金、银、铜、铁、锡）the five metals（gold，silver，copper，iron and tin）❷（金属或金属器具）metals；hardware

【五线谱】（名）［音］staff；stave

【五一国际劳动节】（名）May Day；May 1，International Labour Day

【五月】（名）❶（阳历）May ❷（阴历）the fifth month of the lunar year；the fifth moon

【五脏】（名）［中医］the five internal organs（heart，liver，spleen，lungs and kidneys）

午 wǔ（名）❶（地支的第七位）the seventh of the twelve Earthly Branches ❷（日中的时候；白天 12 点）noon；midday

【午餐】（名）lunch；midday meal

【午饭】（名）lunch

【午后】（名）afternoon

【午前】（名）morning；forenoon

【午睡】❶（名）（午觉）afternoon nap ❷（动）（睡午觉）take a nap after lunch

【午休】（名）noon break；midday rest

【午宴】（名）luncheon

【午夜】（名）midnight

伍 wǔ ❶（数）（五的大写）five ❷（名）❶（古代军队的最小单位）the basic five-man unit of the army in ancient China ❷（泛指军队）army ❸（同伙的人）company

武 wǔ（形）❶（关于军事的）military：～艺高强 *be highly skilled in military drill* ❷（关于技击的）connected with the art of attack and defence in *wushu*：是一位～林高手 *be a master of martial arts* ❸（勇猛；猛烈）martial；vigorous；fierce

【武打】（名）acrobatic fighting

【武官】（名）❶（军官）military officer ❷（使馆的组成人员之一）military attache

【武力】（名）❶（强暴的力量）force：用～阻止人群 *use force to hold back the crowd* ❷（军事力量）military force；armed might：用～扩张领土 *extend dominion by arms*

【武器】（名）weapon；arms：放下～ *throw down one's weapon*

【武士】（名）❶（宫廷卫士）palace guards in ancient times ❷（有勇力的人）knight；warrior

【武装】❶（动）（用武器备装）equip with arms：～到牙齿 be armed to the teeth ❷（名）❶（军事装备）arms；military equipment：全副～ fully armed；in full battle gear ❷（武装力量）armed forces：～夺取政权 seizure of power by armed force

侮 wǔ（动）（欺负；轻慢）bully；insult；humiliate：欺～某人 treat sb. high-handedly
【侮辱】（动）insult；humiliate：大肆～某人的名声 shower insults upon sb.'s name

舞 wǔ ❶（名）（舞蹈）dance；dancing：领～ lead a dance ❷（动）❶（舞蹈；做出舞蹈的动作）dance：高兴得手～足蹈 dance for joy ❷（手持某物舞蹈）dance with sth. in one's hands ❸（挥舞）brandish；wield：随风飘～ dance in the wind ❹（耍；玩弄）play tricks with；juggle：喜欢～文弄墨 be rather literary ❺〈方〉（搞；弄）get
【舞伴】（名）dancing partner
【舞场】（名）dance hall；ballroom
【舞池】（名）dancing floor
【舞蹈】（名）dance：排练～ rehearse for a dance
【舞会】（名）ball；dance：举行～ give a dance
【舞剧】（名）dance drama；ballet
【舞女】（名）dancing girl；taxi dancer
【舞台】（名）stage；arena：退出历史～ quit the historical stage
【舞厅】（名）dance hall；ballroom

wù

勿 wù（副）（表示禁止或劝阻）do not：请～入内。No Admittance.

务 wù ❶（名）（事情）affair；business：料理家～ keep house ❷（动）（从事；致力）be engaged in；devote to：不～正业 not engage in honest work ❸（副）（务必）must；be sure to：～必认真考虑某事 must think about sth. seriously
【务必】（副）must；be sure to：这信请你～带到。Please deliver this letter without fail.

物 wù（名）❶（东西）thing；matter：价廉～美 low prices and fine wares ❷（指自己以外的人或与自己相对的环境）other people：游心～外 let the mind soar free from the material world ❸（内容；实质）content；substance：空洞无～ have no content
【物产】（名）products
【物价】（名）price：提高～ mark up prices

【物理】（名）❶（物理学）physics：～学家 physicist ❷（事物的内在规律）innate laws of things
【物力】（名）material resources：节约人力～ use manpower and material resources sparingly
【物品】（名）article；goods：拍卖某人的～ sell by auction the contents of sb.
【物体】（名）body；object；substance：运动～ a body in motion
【物证】（名）material evidence
【物质】（名）matter；substance；material：～财富 material wealth
【物资】（名）goods and materials：～交流 interflow of commodities／～局 supply bureau

误 wù ❶（名）（错误）mistake；error：判断失～ bet on the wrong horse ❷（动）❶（耽误）miss：～工 delay one's work ❷（使受损害）harm：～人不浅 do people great harm ❸（副）❶（弄错）by mistake：～入歧途 foul up ❷（不是故意地）by mistake
【误差】（名）error：～率 error rate
【误点】（动）overdue；late；behind schedule：火车～10分钟。The train was ten minutes late.
【误断】（动）misjudge
【误会】❶（动）（误解对方的意思）mistake；misunderstand：我～你了。I am mistaken about you. ❷（名）（对对方意思的误解）misunderstanding：澄清～ clear up a misunderstanding
【误解】❶（动）（理解得不正确）misread；misunderstand；misconstrue：～某人的意思 misconstrue sb.'s remarks ❷（名）（不正确的理解）misunderstanding：消除引起～的根源 remove the sources of misunderstanding
【误伤】（动）accidentally injure
【误事】（动）❶（耽误事情）cause delay in work；hold things up ❷（把事情搞糟了）bungle matters

悟 wù（动）realize；awaken：～出其中的道理 realize why it should be so
【悟性】（名）power of understanding；comprehension

雾 wù（名）❶（水蒸气凝结成的小水点）mist；fog：～里看花 see flowers through a mist ❷（像雾的许多小水点）fine spray
【雾标】（名）fog buoy
【雾气】（名）fog；vapour；mist

X

xī

夕 xī（名）❶（日落的时候；傍晚）sunset：朝～相处 *be together from morning to night* ❷（泛指晚上）night；evening：在除～吃团圆饭 *have family reunion dinner on New Year's Eve*

【夕阳】（名）the setting sun：～西下。*The sun sets in the west.*

【夕照】（名）the glow of the setting sun；evening glow：满目青山～明。*On all sides, verdant sunset-bathed hills greet the eye.*

西 xī（名）❶（太阳落下的方向）west：今天刮～风。*There's west wind today.* ❷（西洋）the West；the Western world：～方国家 *the Western countries*

【西半球】（名）Western Hemisphere

【西北】（名）north-west：～风 *north-west wind*

【西方】（名）west：太阳在～落下。*The sun sets in the west.*

【西方国家】（名）the Western countries

【西服】（名）Western-style clothes：他脱下了～换上了 T 恤。*He took off his suit and put on a T-shirt.*

【西瓜】（名）watermelon

【西瓜子】（名）watermelon seed

【西化】（动）westernize：全盘～ *wholesale westernization*

【西南】（名）south-west

【西欧】（名）Western Europe：～共同市场 *European Common Market*

【西式】（名）Western style：～点心 *Western-style pastry*

【西医】（名）Western medicine

吸 xī（动）❶（把液体、气体等引入体内）inhale；breathe in；draw：把空气～进肺里 *suck air into one's lungs* ❷（吸收）absorb；suck up：～墨水 *suck up ink* ❸（吸引）attract；

draw to oneself：磁石～铁。*A magnet attracts iron.*

【吸尘器】（名）vacuum cleaner；dust catcher；dust collector

【吸毒】（名）drug taking：～者 *drug addict*

【吸附】（动）absorb：～作用 *absorption*

【吸取】（动）absorb；draw；assimilate：～教训 *draw a lesson*

【吸收】（动）❶（吸到内部）absorb；suck up；assimilate；imbibe：～养分 *absorb nourishment* ❷（接受）recruit；admit；enroll：我们决定～他为正式会员。*We have decided to admit him to full membership.*

【吸铁石】（名）magnet

【吸烟】（动）have a smoke；smoke：～车厢 *smoking car；smoking compartment*

【吸引】（动）attract；draw：展览～了成千上万观众。*The exhibition draws thousands of visitors.*

希 xī（动）（希望）hope；wish；welcome：敬～读者指正。*It is hoped that the readers will kindly point out our errors.*

【希腊】（名）Greece

【希腊人】（名）Greek

【希腊语】（名）Greek

【希望】⚊（动）hope；wish；expect：我～马上宣布胜利者的名字。*I hope to announce the winner shortly.* ⚋（名）hope；wish；expect；desire：对未来充满～ *have high hopes for the future*

昔 xī（名）（从前；过去）former times；the past：今胜于～。*The present is superior to the past.*

【昔年】（名）in former years

【昔日】（名）in former days：～的荒地今天成良田。*The formerly barren land has been changed into stretches of fertile fields.*

析 xī（动）❶（分开；散开）divide；separate：分崩离～ *fall to pieces；come apart* ❷（分析）

analyse；dissect；resolve：剖～ *dissect*；*analyse*
【析出】（动）find results on analyses；separate out

牺 xī（名）〈书〉（祭祀用的毛色纯一的牲畜）a beast of a uniform colour for sacrifice
【牺牲】● （名）（祭祀用的牲畜）a beast slaughtered for sacrifice ● （动）❶（舍弃生命）sacrifice oneself；lay down one's life：不怕～ *no fear of sacrifice* ❷（放弃或损害一方的利益）sacrifice；give up：～个人利益 *sacrifice one's personal interests*

息 xī ● （名）❶（呼吸时进出的气）breath：喘～ *gasp for breath* ❷（消息）news；message：传递消～ *transmit message* ❸（利钱；利息）interest：还本付～ *repay capital with interest* ● （动）❶（停止）cease；stop：风止雨～。 *The wind has subsided and the rain stopped*. ❷（休息）rest：按时作～ *work and rest according to the timetable* ❸（滋生；繁殖）grow；multiply：生～ *grow*；*propagate*
【息怒】（动）calm one's anger
【息息相关】（成）be closely bound up；be closely linked

奚 xī（代）〈书〉（何）why；how；where
【奚落】（动）scoff at；taunt：我被他～了一顿。 *I was scoffed at by him*.

惜 xī（动）❶（爱惜）cherish；treasure；value highly：爱～ *cherish*；*treasure* ❷（吝惜）spare；grudge：不～工本 *spare neither labour nor money* ❸（惋惜）have a pity on sb.；feel sorry for sb.：惋～ *feel sorry for*
【惜别】（动）be reluctant to part：依依～ *reluctantly part with sb.*

稀 xī（形）❶（事物出现得少）rare；uncommon：物以～为贵。 *When a thing is scarce, it is precious*. ❷（事物之间距离远；空隙大）sparse；scattered：地广人～ *a vast area but sparsely populated* ❸（含水多；稀薄）watery；thin：粥太～了。 *The gruel is too thin*.
【稀薄】（形）thin；rare：我们越往上爬，空气越～。 *The higher we climb, the thinner the air gets*.
【稀罕】● （形）（稀奇）rare；scarce：十月下雪在东北不是什么～的事。 *Snow in October is nothing strange in northeast China*. ● （名）（稀罕的事物）rare thing；rarity：看～儿 *enjoy the rare sight of sth*.
【稀烂】（形）completely mashed；pulpy：把土豆

捣得～ *beat and crush potatoes into a mash*
【稀奇】（形）strange；curious：这不是～的事情。 *This is nothing strange*.
【稀少】（形）few；rare；scarce：人口～ *have a sparse population*
【稀有】（形）rare；unusual：～金属 *rare metals*

锡 xī（名）[化]（金属元素）tin
【锡箔】（名）tinfoil；tin leaf

熙 xī（形）❶（光明）bright；sunny ❷（兴盛）prosperous ❸（和乐）gay；merry
【熙熙攘攘】（形）bustling with activity：集市上人们～，好不热闹。 *The country fair was busy with people coming and going all the time*.

熄 xī（动）（熄灭）extinguish；put out：～灯 *put out the light*
【熄灭】（动）go out；die out：篝火～了。 *The campfire died out*.

嘻 xī（拟声）（形容笑声）：～～地笑 *giggle*
【嘻嘻哈哈】（形）laughing and joking

膝 xī
【膝盖】（名）knee
【膝关节】（名）knee joint

嬉 xī（动）〈书〉（游戏；玩耍）play；sport
【嬉皮笑脸】（成）grinning cheekily；smiling and grimacing
【嬉笑】（动）be laughing and playing

xí

习 xí ● （动）❶（温习；练习）practise；exercise；review：温～功课 *review one's lessons* ❷（对某事物常常接触而熟悉）get accustomed to：不～水性 *be no good at swimming* ● （名）（习惯）habit；custom；usual practice：恶～ *bad habit*
【习惯】● （动）（适应）be used to；be inured to：他～于做艰苦的工作。 *He is accustomed to hard work*. ● （名）（长期养成的行为、倾向）habit；custom；convention：改变思维～ *change the habit of thought*
【习气】（名）bad habit；bad practice：官僚～ *habitual practice of bureaucracy*
【习俗】（名）custom；convention：保持古老的～ *maintain an old custom*
【习题】（名）exercises：～解答 *key to the exercises*
【习性】（名）habits and characteristics：爱说闲话的～ *the gossiping habit*

【习语】(名)idiom

席 xí (名) ❶(用草等编成的片状物)mat:草～ straw mat/凉～ summer sleeping mat ❷(席位)seat;place:座无虚～ a full house ❸(酒席)feast;banquet;dinner:入～ sit down to dinner

【席卷】(动)take away everything:～全球 sweep across the globe .

【席棚】(名)mat shed

【席位】(名)seat:失去～ lose one's seat

袭 xí (动) ❶(袭击;侵袭)make a surprise attack on;raid:空～ air raid ❷(照样做)follow the pattern of:～用古方酿酒 take over the old recipe for wine

【袭击】(动)make a surprise attack on:受到暴风雪～ be hit by a snowstorm

媳 xí (名)(媳妇)daughter-in-law

【媳妇】(名)daughter-in-law

xǐ

洗 xǐ (动) ❶(用水等去掉物体上的脏东西)wash;bathe:～衣服 wash clothes ❷[宗](洗礼)baptize:受～ accept baptism ❸(杀光或抢光)kill and loot;sack ❹(冲洗;显影)develop ❺(清除)clear away;eliminate:清～阶级异己分子 comb out the alien class elements

【洗尘】(动)give a dinner of welcome (to a visitor from afar):为远道而来的客人～ give a dinner to greet a visitor from afar

【洗涤】(动)wash;clean;scrub:～液 cleaning mixture

【洗发膏】(名)shampoo cream

【洗发剂】(名)shampoo

【洗礼】(名)baptism:教父出席了～。Godfather attended the baptism .

【洗染店】(名)laundering and dyeing shop

【洗手】(动) ❶(清洁身体的一部分)wash:饭前～ wash before each meal ❷(改邪归正)stop doing evil:～不干 wash one's hand of sth .

【洗刷】(动)wash and brush;scrub:～地板 scrub the floor

【洗头】(动)wash one's hair

【洗衣】(动)wash clothes;laundry:～房 wash-house/～粉 washing powder

【洗澡】(动)have a bath;bathe:给小孩～ bathe the baby

铣 xǐ (动)(用铣床切削金属)mill

【铣床】(名)[机]milling machine;miller

【铣刀】(名)[机]milling cutter;milling tool

【铣工】(名)miller

喜 xǐ ㊀(形)happy;pleased:面带～色 wear a happy expression ㊁(动) ❶(快乐,高兴)be happy;be delighted:～庆新春 celebrate the Spring Festival ❷(爱好;喜欢)be fond of;like;have an inclination for:～好爬山 love mountain-climbing ㊂(名) ❶(可庆贺的事)happy event;occasion for celebration:报～ announce good news ❷(怀孕)pregnancy:她有～了。She's pregnant .

【喜爱】(动)like;love;be fond of:～古典音乐 be fond of classical music

【喜欢】㊀(动)(喜爱)like;love;be fond of;prefer:你～牛奶还是咖啡? Would you prefer milk or coffee? ㊁(形)(高兴)happy;delighted;filled with joy

【喜剧】(名)comedy:～演员 comedian

【喜庆】㊀(形)joyous;jubilant;happy:红色显得～。Red indicates joyfulness. ㊁(名)(值得喜欢和庆贺的事)happy event ㊂(动)(庆贺)celebrate:～丰收 celebrate the bumper harvest

【喜事】(名) ❶(高兴的事)happy event;joyous occasion:～一件接着一件发生。Happy events occurred one after another. ❷(结婚)wedding:办～ manage a wedding

【喜讯】(名)happy news;good news:～传遍全国。It is greeted throughout the country as tidings of great joy .

【喜悦】(形)happy;joyful;delightful:怀着万分～的心情 with a feeling of immeasurable joy

xì

戏 xì ㊀(动) ❶(玩耍,游戏)play;sport:做游～ play games ❷(开玩笑;嘲弄)make fun of;joke:～言 say sth. for fun ㊁(名)(戏剧;杂技)drama;play;show:唱～ act in an opera

【戏班】(名)theatrical troupe

【戏剧】(名)drama:现代～ modern drama

【戏迷】(名)theatre fan

【戏弄】(动)make fun of:不要～残疾人! Don't make fun of the disabled !

【戏院】(名)theatre

系 xì ㊀(名) ❶(系统)system;series:太阳～ the solar system/山～ the mountain system ❷(高等学校中按学科所分的教学行政单位)department;faculty:社会学～ the department of sociology ㊁(动) ❶(联结;联系)relate to;bear on;depend on:成败～于此举

stand or fall by this ❷（牵挂）feel anxious；
be concerned：～念 *feel concerned about* ❸
（拴；绑）tie；fasten：把马～在树上 *tether a
horse to a tree*
另见 790 页 jì。

【系词】（名）[语]linking verb
【系列】（名）series；set：～报道 *serial reports*
【系数】（名）coefficient；factor：安全～ *coeffi-
cient of safety*
【系统】（名）（按一定关系组成的同类事物）sys-
tem：财贸～ *departments of trade and fi-
nance and affiliated organization*

细 xì（形）❶（条状物横剖面小）thin；slen-
der：～线 *fine thread* ❷（颗粒小）in small
particles；fine：玉米面磨得很～。*The corn
flour has been ground very fine.* ❸（音量小）
thin and soft：～嗓子 *a soft voice* ❹（精细）
fine；exquisite；delicate：江西～瓷 *fine porce-
lain made in Jiang Xi* ❺（仔细；详细；周密）
careful；meticulous；detailed：分工很～ *have
an elaborate division of labour*
【细胞】（名）cell：～构造 *cell structure*
【细长】（形）long and thin；tall and slender：～
的身材 *a tall and slender figure*
【细节】（名）details；particulars：具体的～ *con-
crete details*
【细菌】（名）germ；bacterium：～的传播 *the
spread of bacteria*
【细目】（名）detailed catalogue；specific item
【细嫩】（形）delicate；tender：婴孩～的皮肤 *the
delicate skin of a baby*
【细腻】（形）❶（精细光滑）fine and smooth：她
的皮肤娇嫩而～。*She has a delicate and
smooth skin.* ❷（细致入微）exquisite；mi-
nute：感情～ *be sensitive*
【细微】（形）slight；fine；subtle：做～的区分
make fine distinctions
【细小】（形）very small；tiny；fine：～的声音 *a
still small voice* /～的零件 *small parts*
【细心】（形）careful；attentive：对工作很～ *be
careful with one's work*
【细致】（形）careful；meticulous；painstaking：
工作～ *be careful with one's work*

xiā

虾 xiā（名）（节肢动物）shrimp；prawn：～群
a shoal of shrimps
【虾米】（名）small shrimp；shelled shrimps
【虾片】（名）shrimp chip
【虾油】（名）shrimp sauce

瞎 xiā ❶（形）（丧失视觉的）blind：～子摸

象。*A blind man feels elephant—take a part
for the whole.* ❷（副）（没有根据地；没有效
果地）blindly；aimlessly；groundlessly：～猜
make a random guess；*guess at random* ❸
（动）（丧失视觉；失明）become blind：他～了
一只眼。*He is blind of one eye.*
【瞎扯】（动）talk irresponsibly：他所说的全是
～。*What he said was all rot.*
【瞎闹】（动）❶（胡闹）act senselessly；mess
around：别在那儿～了。*Stop messing about
there.* ❷（没有事由或没有效果地做）fool
around；be mischievous
【瞎说】（动）talk rubbish：那纯属～！*That's
sheer nonsense!*
【瞎子】（名）a blind person

xiá

侠 xiá ❶（名）（侠客）chivalrous swordsman：
游～ *roaming swords-man* ❷（形）（侠义）
chivalrous：～骨 *chivalrous frame of mind*
【侠义】（形）chivalrous：～心肠 *a generous and
gallant heart* /～行为 *a chivalrous act*

峡 xiá（名）（两山夹水的地方）gorge；strait
【峡谷】（名）gorge；canyon：那条大路穿过～。
*The main road goes through the mountain
gap.*

狭 xiá（形）（窄）narrow：坡陡路～。*The
slope is steep and the path is narrow.*
【狭隘】（形）❶（宽度小）narrow：～的山道 *a
narrow mountain path* ❷（不宽广；不宏大）
narrow and limited；parochial：～的观点 *a
parochial point of view*
【狭长】（形）long and narrow：～的山谷 *a long
and narrow valley*
【狭义】（名）narrow sense：～地说 *in a narrow
sense of the word*
【狭窄】（形）❶（宽度小）narrow；cramped：～
的走廊 *a narrow passageway* ❷（心胸、见识不
宏大宽广）narrow and limited；narrow：心胸
～的人 *a narrow-minded man*

辖 xiá（动）（管辖；管理）govern；administer：
统～ *have under one's command*
【辖区】（名）area under one's jurisdiction：它几
乎不在该派出所的～之内。*It hardly falls
within the area under the police station's ju-
risdiction.*

霞 xiá（名）（彩色的云）rosy clouds；morning
or evening glow：朝～ *rosy clouds of dawn*
【霞光】（名）rays of morning or evening sun-

light：～万道。*Glowing rays shine in all directions.；myriads of sun rays*

xià

下 xià ❶ （名）❶（位置在低处的）below；under；underneath：上有父母，～有儿女 *have parents above and children below* ❷（等级低的）lower；inferior：分为上、中、～三等 *divided into three grades；the upper，the middle and the lower* ❸（次序或时间在后的）next；latter；second：这部词典有上、中、～三册。*This dictionary is in three volumes：first，second，and third.* ❹（表示属于一定范围、情况、条件等）：在这种情况～ *in such circumstances* ❺（用在数字后，表示方面或方位）：往四～里一看 *look around* ❷（副）（向下面）downward；down：防止原木～滑 *prevent the logs from rolling down* ❸（动）❶（由高处到低处）descend；alight；get off：～车 *get off a car* ❷（雨、雪等降落）fall：雪～得很大。*The snow is falling heavily.* ❸（颁发；投递）issue；deliver；send：～达指示 *give instructions* ❹（去，到）go to：～矿井 *go down into a mine* ❺（放入）put in；cast：～网打鱼 *cast a net to catch fish* ❻（卸除；取下）take away；dismantle；unload：～货 *unload cargo* ❼（做出决定、判断等）：～定义 *give a definition；define* ❽（使用）apply；use：～力气 *put forth strength；make an effort* ❾（动物生产）give birth to：～了一窝小猪 *give birth to a litter of piglets* ❿（攻陷）capture；take：连～数城 *capture several cities in succession* ⓫（退让）give in；yield：双方相持不～。*Neither side would give in.* ⓬（用于否定式：低于；少于）be less than：参加大会的不～3,000人。*No less than 3,000 people attend the conference.* ⓮（量）（用于动作的次数）stroke；time：钟敲了三～。*The clock struck three times.*

【下巴】（名）chin
【下班】（动）knock off；go off work：我们每天下午 6 点～。*We knock off at six p.m. every weekday.*
【下半场】（名）second half：客队踢进了一个球。*The visiting team scored one goal in the second half of the game.*
【下半夜】（名）the latter half of the night：他全神贯注地工作，经常工作到～。*He was so engrossed in his work that he frequently stayed up until the small hours.*
【下辈】（名）future generations；the younger generation of a family
【下笔】（动）begin to write；put pen to paper：

～成章 *produce a piece of writing as soon as the pen is put to paper*
【下策】（名）a bad plan：为何出此～？*Why do you resort to such an unwise move?*
【下场】❶（动）（演员或运动员退场）go off stage ❷（名）（不好的结局）end；fate：搞阴谋诡计的人绝不会有好～。*Those who plot and conspire will certainly come to no good end.*
【下沉】（动）sink；subside；submerge：潜水艇逐渐～。*The submarine gradually submerged.*
【下达】（动）make known to lower levels：～任务 *assign a mission*
【下跌】（动）fall；drop；slide；plummet：价格的～ *a fall in prices*
【下级】（名）lower level：～军官 *a low-ranking officer*
【下降】（动）descend；come down：飞机开始～。*The plane began to descend.*
【下课】（动）get out of class；finish class：～后再去。*Go there after class.*
【下来】（动）come down：掉～ *drop down*
【下列】（形）listed below：应注意～几点。*Attention should be paid to the following points.*
【下令】（动）order；command：～紧急集合 *order an emergency muster*
【下流】❶（名）（下游）lower reaches：黄河～ *the lower reaches of the Huanghe River* ❷（形）（卑鄙龌龊）dirty；mean；low-down behaviour：～的勾当 *a dirty deal*
【下落】❶（名）（寻找中的人或物所在的地方）whereabouts：打听某人的～ *inquire about sb.'s whereabouts* ❷（动）（下降）drop；fall：气球～的地点 *the place where the balloon has fallen*
【下面】（名）❶（位置较低的地方）below；under；underneath：图片～的说明 *the caption below the picture* ❷（次序靠后的部分）next；following：必须记住～几点。*The following points should be borne in mind.*
【下坡路】（名）downhill journey；downhill path：走～ *go downhill*
【下铺】（名）lower berth
【下棋】（动）play chess
【下去】（动）❶（由高往低去；由近处向远处去）go down；descend：～看看是谁在敲门。*Go downstairs and see who's knocking at the door.* ❷（继续）go on；continue：她激动得说不～。*She was so overcome with emotion that she couldn't go on.*
【下手】❶（动）（动手）start；set about：我完全不了解情况，无从～。*I'm entirely in the dark about this matter, so I have no idea*

how to handle it . ㊁（名）（助手）assistant；helper：打～ *act as assistant*

【下属】（名）subordinate；branch：这个厂是我们公司的～单位。*That's one of the subsidiary factories of our company .*

【下水】（动）❶（进入水中）enter the water；be launched：又一艘新船～了。*Another new ship was launched .* ❷（做坏事）take to evildoing；fall into evil ways：拖人～ *involve sb. in evil-doing*

【下水道】（名）sewer；gully drain

【下榻】（动）stay；put up：～于新侨饭店 *stay at the Xinqiao Hotel*

【下台】（动）❶（下舞台或讲台）step down from the stage or platform ❷（失去权力，卸去公职）resign；out of power；leave office：被赶～ *be driven out of office* ❸（多用于否定式，比喻摆脱困境）get out of a predicament or an embarrassing situation：没法～ *be unable to back down with good grace*

【下文】（名）❶（文章某一段或一句以后的部分）what follows in the passage，paragraph，article，etc.：～再作阐述 *be explained in the ensuing chapters or paragraphs* ❷（事情的发展和结果）what follows；outcome；later development：这件事情现在还没有～。*There is no news about this matter so far .*

【下午】（名）afternoon：～有场电影。*There's a movie this afternoon .*

【下乡】（动）go to the countryside：～务农 *go in for farming in the countryside*

【下旬】（名）the last ten-day period of a month

【下药】（动）prescribe medicine：对症～ *prescribe the right remedy for an illness*

【下野】（动）（of a ruler）retire from the political arena

【下议院】（名）lower house；the House of Commons

【下游】（名）❶（河流下游）lower reaches；downstream：长江～ *the lower reaches of the Chanjiang River* ❷（落后的地位）backward position：这孩子的学习成绩属～。*The child is backward in his studies .*

夏 xià（名）❶（夏季）summer：消～ *pass the summer in a leisurely way* ❷（中国古时的一个朝代名）an ancient name for China

吓 xià（动）（使害怕）frighten；scare；intimidate：别～着孩子 *Be careful not to frighten the child .*

【吓唬】（动）frighten；scare；intimidate：别～她，她胆儿小。*Don't frighten her，she's rather timid .*

【夏季】（名）summer；summertime：～已过 *Summer is gone .*

【夏收】（名）summer harvest：～作物 *summer crops*

【夏衣】（名）summer clothing：收起～ *put away summer clothes*

xiān

仙 xiān（名）celestial being

【仙境】（名）fairyland；wonderland

【仙女】（名）fairy maiden

【仙人】（名）celestial being

先 xiān ㊀（名）❶（时间或次序在前的）earlier；before；first：有言在～ *make clear beforehand* ❷（祖先；上代）elder generation；ancestor：祖～ *ancestor* ❸（尊称死去的人）deceased；late：～父 *my late father* ㊁（副）（表示某一动作、行为发生在前）earlier；before sb. else；first；in advance：他比我～到。*He arrived earlier than I did .*

【先辈】（名）elder generation：继承革命～的事业 *carry on the cause of the elder generation of revolutionaries*

【先导】（名）guide；forerunner；precursor：错误常常是正确的～。*Error is often the precursor of what is correct .*

【先锋】（名）vanguard；van：～模范作用 *exemplary vanguard role*

【先后】（形）early or late：办事应有个～次序。*Things should be taken up in order of priority .*

【先进】（形）advanced：～经验 *advanced experience*

【先例】（名）precedent：开～ *set a precedent*

【先令】（名）shilling

【先遣】（动）sent in advance：～部队 *advance troops；advance forces*

【先驱】（名）pioneer：宇宙航行的～ *forerunner of space travel*

【先生】（名）❶（老师）teacher ❷（对男子的尊称）mister：总统～ *Mr . President*

【先头】㊀（形）（位置在前）ahead；front；advance：～部队 *an advance party of soldiers*；vanguard ㊁（名）（以前）before；formerly；in the past：她～已来过两次。*She's been here twice already .*

【先兆】（名）sign；indication；omen：不祥的～ *ill omen*

【先知】（名）prophet；a person of foresight：～先觉 *having foresight；a person of foresight*

纤 xiān（形）（细小）fine；minute

【纤巧】（形）dainty；delicate：这些精美的绣品都出自她那～的双手。*All these elegant embroideries are creations of her dainty and dexterous hands.*

【纤维】（名）fibre；staple；filament：～板 *fibre board*／～植物 *fibre plant*／～蛋白 *fibrin*

【纤细】（形）very thin；slender；fine：～的头发 *fine hair*

掀 xiān（动）lift；take off：～门帘 *lift the door curtain*

【掀开】（动）open；lift；draw：～窗帘 *draw the curtains open*

【掀起】（动）❶（揭起）lift；raise：一阵狂风～了她的大衣衣角。*A sudden gust lifted the corners of her overcoat.* ❷（翻腾）surge；cause to surge：大海～了巨浪。*Big waves surged on the sea.* ❸（大规模兴起）set off；start；create：就这个问题～了一场激烈的辩论。*This question set off a fierce debate.*

鲜 xiān ⊖（形）❶（新鲜）fresh：～奶 *fresh milk*／～鱼 *fresh fish* ❷（鲜明）bright：这块布颜色太～。*The colour of this cloth is too bright.* ❸（鲜美）delicious；tasty：这汤味道很～。*The soup tastes delicious.* ⊜（名）❶（鲜美的食物）delicacy：尝尝～ *have a taste of a delicacy of the season* ❷（鱼等水产食物）aquatic foods；海～ *seafood*
另见 1039 页 xiǎn。

【鲜红】（形）bright red；scarlet：～的旗帜 *a bright red flag*

【鲜花】（名）fresh flower：一束～ *a bunch of flowers*

【鲜货】（名）fresh food

【鲜美】（形）❶（滋味好）delicious；tasty：～的菜肴 *delicious dish* ❷（新鲜美丽）（of flowers, grass, etc.）fresh and beautiful

【鲜明】（形）❶（颜色明亮）bright；sharp：色彩～ *in bright colours* ❷（分明而确定）clearcut；distinct；distinctive；crystal clear：～的节奏 *strongly accented rhythms*

【鲜嫩】（形）fresh and tender：～的藕 *fresh and tender lotus roots*

【鲜血】（名）blood：她的手沾满了～。*Her hands are covered with blood.*

【鲜艳】（形）bright-coloured；brilliant：～夺目 *dazzlingly beautiful*

xián

闲 xián ⊖（形）❶（没有事情，没有活动；有空）idle；unoccupied；not busy：～居 *live in leisure* ❷（不在使用中）not in use；unoccu-

pied；lying idle：别让机器～着。*Don't let the machine stand idle.* ⊜（名）（闲空儿）spare time；leisure：忙里偷～ *snatch a little leisure from a busy life*

【闲逛】（动）saunter；stroll：星期天在街上～的人比平时多。*On Sundays, there are more people strolling along the streets than on weekdays.*

【闲话】（名）❶（与正事无关的话）chat；chitchat；digression：～少说，书归正传。*Enough of this digression, let's return to our story.* ❷（不满意的话）complaint；gossip：别让人说咱们的～。*We mustn't give anyone cause for complaint.*

【闲空】（名）free time；spare time：很少有～的人们 *people with scanty leisure*

【闲聊】（动）chat：她俩正在院子里～呢。*They are in the courtyard chatting.*

【闲钱】（名）spare cash；spare money

【闲人】（名）idler；an unoccupied person：～免进。*No admittance except on business.*

【闲散】（形）❶（空闲而无拘束）free and at leisure；at a loose end ❷（闲着不使用的；没事干的）unused；idle：～资金 *idle capital*

【闲事】（名）❶（与自己无关的事）a matter that does not concern one；other people's business：别管～！*Mind your own business.；None of your business.* ❷（无关紧要的事）unimportant matter

【闲谈】（动）chat；engage in chitchat：工作时禁止～。*No chattering over work.*

【闲暇】（名）leisure：请你在～时读一读。*Please read over at your leisure.*

【闲心】（名）leisurely mood：没有～管这种事 *be too busy to think about such matters*

【闲杂】（形）without fixed duties：～人员 *people without fixed duties*

【闲置】（动）leave unused；let sth. lie idle：～的机器 *idle machines*／～资金 *idle funds*

贤 xián ⊖（形）❶（有德行的；有才能的）worthy；virtuous：～人 *a person of virtue* ❷（敬辞，用于平辈或晚辈）：～弟 *my worthy brother* ⊜（名）（有德行的人，有才能的人）a worthy person；an able and virtuous person：任人唯～ *appoint people on their merits*

【贤惠】（形）virtuous：他有一位十分～的夫人。*He has a genial and devoted wife.*

【贤良】（形）able and virtuous：广纳～ *widely invite men of ability and virtue*

【贤明】（形）wise and able：为～的君主歌功颂德 *sing praises of the wise and able monarch*

【贤人】（名）worthy；virtue person

弦 xián（名）❶（弓弦）bowstring；string ❷（乐器上发声的线）the string of a musical instrument ❸［数］（连接圆周上两点的直线）chord
【弦乐队】（名）string orchestra；string band
【弦乐器】（名）stringed instrument

咸 xián ㊀（形）（像盐的味道）salty；salted：～鱼 salt fish ㊁（副）〈书〉（全，都）all：老少～宜 good for the old and the young
【咸菜】（名）pickles；salted vegetables
【咸淡】（名）degree of saltiness：这汤的～正合适。This soup tastes just right，neither too salty nor too flat．

娴 xián（形）❶（文雅）refined ❷（熟练）adept；skilled
【娴静】（形）gentle and refined
【娴熟】（形）adept；skilled：～的技巧 consummate skill
【娴雅】（形）refined；elegant：举止～ poised and elegant

衔 xián ㊀（名）（级别）rank；title：大使～常驻代表 permanent representative with the rank of ambassador ㊁（动）❶（用嘴含）hold in the mouth：～着烟斗 have a pipe between one's teeth ❷（存在心里）harbour；bear：～恨 harbour resentment；bear a grudge
【衔接】（动）link up；join：大桥把两条公路一起来。The bridge links up the two highways．

舷 xián（名）（船的两侧）board；the side of a ship
【舷窗】（名）porthole
【舷梯】（名）gangway ladder

嫌 xián ㊀（名）❶（嫌疑）suspicion：涉～ be suspected of being involved；be a suspect ❷（嫌怨）ill will；resentment；enmity；grudge：前～尽释．All previous ill will has been removed．㊁（动）（厌恶，不满意）dislike；mind；complain of：～麻烦 not want to take the trouble；think it troublesome
【嫌弃】（动）dislike and avoid：这老人遭到了儿女们的～。The old man is deserted by his children．
【嫌恶】（动）detest；loathe；disgust：我们都非常～这些旧习惯。We all hold these old customs in detestation．
【嫌疑】（名）suspicion：有间谍～ be suspected of being a spy

显 xiǎn ㊀（形）❶（明显）apparent；obvious：药的效果还不～。The effect of the medicine is not yet noticeable．❷（有名声、有权势的）illustrious and influential：～官 high officials ㊁（动）（表现；露出）show；display；appear：～本领 display one's skill
【显得】（动）look；seem；appear：她～很健康。She looked to be in good health．
【显赫】（形）illustrious；celebrated：～的名声 great renown
【显露】（动）become visible；appear：～出个性 unfold one's personality
【显明】（形）obvious；manifest：～的对比 a sharp contrast
【显示】（动）show；display；manifest；demonstrate：～自己的美丽 show one's brilliance
【显微镜】（名）microscope：在～下观察 observe under a microscope
【显现】（动）manifest oneself；appear：雾气逐渐消失，重叠的山峦一层一层地～出来。As the mist lifted，the mountains revealed themselves one behind the other．
【显像管】（名）kinescope；picture tube
【显眼】（形）showy；conspicuous：穿得太～ be showily dressed
【显要】（形）powerful and influential：～人物 an influential figure
【显耀】（动）❶（显摆；炫示）show off：～自己的身份 show off one's status ❷（声誉、势力等著称）be well-known for one's fame or power：～一时 be highly renowned for a time
【显影】（动）develop：使软片～ develop a film
【显著】（形）notable；marked；remarkable；outstanding：收效～ yield notable results

险 xiǎn ㊀（名）❶（险恶不容易通过的地方）a place difficult of access；narrow pass；defile：天～ natural barrie ❷（危险）danger；peril；risk：冒～ run a risk ㊁（形）❶（危险的）dangerous；risky：干～事 do sth. at the risk of one's life ❷（狠毒）sinister：为人阴～ be sinister ㊂（副）（险些）by a hair's breadth；by inches：～遭不幸 come within an ace of death
【险恶】（形）❶（凶险可怕）dangerous；perilous：处境～ be in a dangerous situation ❷（邪恶的；恶毒的）sinister；vicious：用心～ have evil motives；have sinister intentions
【险峰】（名）perilous peak：攀登～ scale the perilous peak／翻越～ cross the perilous peak
【险境】（名）dangerous situation：脱离～ be

out of danger

【险情】（名）dangerous case：河水不断上涨，大堤出现～．*The river keeps rising and the dam is threatened.*

【险些】（副）narrowly；nearly：～掉到水里 *nearly fall into the water*

【险阻】（名）dangerous and difficult：崎岖～的山路 *a dangerous and difficult mountain path*

鲜 xiān（形）（少）little；rare：～见 *rarely seen*；*seldom met with*

另见 1037 页 xiān。

【鲜为人知】（成）rarely known by people

xiàn

县 xiàn（名）（行政区划单位）county

【县城】（名）county town

【县长】（名）county head

现 xiàn ❶（名）❶（现在；此刻）present；now；current：～阶段 *the present stage* ❷（现款）cash；ready money：付～ *pay cash* ❷（副）（临时，当时）in time of need；extempore：～编一个故事 *improvise a story* ❸（形）（当时可以拿出来的）on hand：～金 *cash*；*ready money* ❹（动）（表露在外面，使人可以看见）show；appear；reveal：～了原形 *reveal one's true colours*

【现场】（名）❶（出事地点）scene：访问受灾～ *visit the scene of the disaster* ❷（工作地点）site；spot：试验～ *testing ground*

【现成】（形）ready-made：吃～的 *eat whatever is ready or prepared by others*

【现存】（动）be extant；be in stock；exist：调度～物资 *distribute goods and materials in stock*

【现代】（名）modern；contemporary：～交通工具 *modern means of communication*

【现代化】（动）modernize：实现四个～ *achieve the four modernizations*

【现货】（名）merchandise on hand：～价格 *spot price*

【现金】（名）ready money；cash：～付款 *cash payment*

【现款】（名）ready money；cash：这些购置是用～支付的。*The purchases were paid in cash.*

【现实】❶（名）（客观存在的现象）reality；actuality：客观～ *objective reality* ❷（形）（合乎客观情况的）real；actual：～生活 *real life*

【现象】（名）appearance；phenomenon：社会～ *social phenomenon*

【现行】（形）（现在施行的；现在有效的）cur-

rently in effect；in force；in operation：～法令 *decrees in effect*

【现役】（名）active service；active duty：服～ *be on active service*

【现有】（形）now available；existing：～基金 *fund on hand*／～人口 *existing population*

【现在】（名）now；at present；today：从～开始 *from now on*

【现状】（名）present situation；current situation：安于～ *be content with things as they are*

限 xiàn ❶（名）（指定的范围；限度）limit；bounds；期～ *time limit* ❷（动）（指定范围，不许超过）set a limit；limit；restrict：～你一个月完成。*You are allowed one month to finish the job.*

【限定】（动）limit；restrict：～时间完成 *prescribe a time limit for fulfilment*

【限度】（名）limit；limitation：超过～ *go beyond the limit*

【限额】（名）quota；norm；limit：本年度的移民～已满。*The quota of immigrants for this year has already been filled.*

【限价】（名）check price；limited price：最低～ *the floor price*

【限期】❶（动）（限定日期）set a definite time；set a time limit：这项工程～完成。*This project must be completed within the specified time.* ❷（名）（限定的日期）deadline；time limit：～已满。*The time limit has been reached.*

【限于】（动）be limited to；be confined to：～篇幅，来信不能一一登载。*As space is limited, it is impossible to publish all the messages we have received.*

【限制】（动）confine；limit；restrict：由于时间～ *owing to the limitation of time*

线 xiàn ❶（名）❶（用线、棉、金属等制成的细长的东西）thread；string；wire：～团 *a ball of string*；*a reel of thread* ❷［数］（一个点任意移动所构成的图形）line：曲～ *curve*；*curved line* ❸（用棉布做的）made of cotton thread：编织～毯 *weave a cotton blanket* ❹（细长像线的东西）sth. shaped like a line，thread，etc.：避开光～ *shut the light* ❺（交通路线）route；line：铁道～ *railway line* ❻（边缘交界的地方）demarcation line；boundary：在死亡～上 *on the verge of death* ❼（思想上、政治上的路线）line：上纲上～ *raise to a higher plane of principle and two-line struggle* ❽（线索）clue；thread：案子的～儿断了。*The clue could not be followed up.* ❷（量）（用于抽象事物，数词限用"一"）：一～光明 *a gleam of*

light

【线路】（名）❶[电]circuit；line：电话～ *telephone line* ❷line；route：公共汽车～ *bus line*

【线圈】（名）[电]coil：初级～ *primary coil*

【线索】（名）clue；thread：关于他的下落，没有找到任何～． *No clues have been found as to his whereabouts*．

【线毯】（名）cotton blanket

【线条】（名）❶[美]line（in drawing）：用～和色彩描绘实物 *translate life into line and colour* ❷（人体等的）lines；figure：～优美 *of fine lines*

【线性】（名）linear：～方程 *linear equation*

宪 xiàn（名）❶（法令）statute ❷（宪法）constitution：制～ *draw up a constitution*

【宪兵】（名）military policeman；military police：～队 *military police corps*

【宪法】（名）charter；constitution：～草案 *draft constitution*

【宪章】（名）charter：联合国～ *the United Nations Charter*

陷 xiàn ⊖（名）❶（陷阱）pitfall；trap：设～阱 *lay a trap* ❷（缺点）defect；deficiency：缺～ *defect*；*flaw* ⊜（动）❶（掉进）get stuck or bogged down；entrap：～进泥里 *get stuck in the mud* ❷（凹进）sink；cave in：深～的两颊 *sunken cheeks* ❸（陷害）frame：～人于罪 *frame sb.*；*incriminate sb.* ❹（被攻破）被占领）（of a town，etc.）be captured；fall：失～ *fall into enemy hands*．

【陷害】（动）frame；make a false charge against：～好人 *frame up an innocent person*

【陷阱】（名）pitfall；pit；trap；snare：落入～ *be caught in a trap*

【陷落】（动）❶（下陷沉降）subside；sink in；cave in：许多盆地都是因地壳～而形成的． *Many basins were formed by the subsidence of the earth's crust*．❷（沦陷）fall into enemy's hands：一枪未发，堡垒就～敌手． *The fort fell into the enemy's hands without a shot being fired*．

【陷】（动）❶（落入不利的境地）sink into；fall into；be caught in：～被动地位 *fall into a passive position* ❷（深深地进入）be lost in；be immersed in；be deep in：～沉思 *be lost in thought*；*be deep in meditation*

【陷于】（动）sink into；fall into；land oneself in；be caught in：～被动 *fall into a passive position*

羡 xiàn（动）admire；envy：临渊～鱼 *stand on the edge of a pool and idly long for fish*

【羡慕】（动）admire；envy：她很～我有这样一个好丈夫． *She envies me for having such a good husband*．

献 xiàn（动）❶（恭敬庄严地送给）offer；present；dedicate；donate：～血 *make a blood donation* ❷（表现给人看）show；put on；display：～媚 *try to ingratiate oneself with*

【献丑】（动）show oneself up；show one's incompetence：一定要我唱，就只好～了． *Since you insist，I'll make a fool of myself and sing*．

【献词】（名）congratulatory message：新年～ *New Year message*

【献计】（动）offer advice；make suggestions：在技术革新中人人～献策． *Everyone suggested ways and means for technical innovation*．

【献礼】（动）present a gift：以优异的成绩向国庆～ *greet National Day with new and outstanding successes*

【献身】（动）devote oneself to；give one's life for：～工作 *devote oneself to one's work*

【献艺】（动）demonstrate one's talents：他应邀去日本～． *He was asked to demonstrate his talent to Japan*．

xiāng

乡 xiāng（名）❶（乡村）country；countryside；village：深入～间 *go up into a country* ❷（家乡）native place；home village：回～ *return to one's native place* ❸（行政区划单位）township：～长 *township head* ❹（以产某种物品著名的地方）land or place famous for producing sth.：鱼米之～ *the land of fish and rice*

【乡村】（名）village；countryside：那是一个边远的～． *That is a remote village*．

【乡间】（名）village；country：～别墅 *country villa*

【乡亲】（名）❶（同乡）a person from the same village or town；fellow villager of townsman ❷（当地群众）local people；villagers：全体～都非常兴奋． *All the countrymen were in a state of great excitement*．

【乡土】（名）❶（本乡本土）native soil；home village；local；of one's native land：～风味 *local flavour*

【乡下】（名）countryside；village：他刚从～来． *He's just come from the countryside*．

【乡镇】（名）villages and towns；small town：～企业 *town and township enterprise*

相 xiāng ⊖（副）❶（互相）each other；one

another；mutually：～视而笑 *look and smile at each other* ❷（表示一方对另一方的动作）：好言～劝 *advise sb. with kind words* ❸（动）（亲自观看是否合意）see for oneself：～女婿 *take a look at one's prospective son-in-law*
另见 1044 页 xiàng。

【相比】（动）compare with；match：二者不能～。*There's no comparison between the two.*

【相差】（动）differ：两者～无几。*There's hardly any difference between the two.*

【相称】（动）match；suit：这两种颜色配在一起很～。*The two colours match very well.*

【相处】（动）get along：不好～ *difficult to get along with*

【相当】❶（形）❶（两方面差不多，配得上或能够相抵）match；balance；correspond to；be equal to：他们俩年龄～。*They are well-matched in age.* ❷（适宜；合适）suitable；fit；appropriate：他一时想不出～的字眼来。*At the time he couldn't think of a suitable word for it.* ❷（副）（程度高）quite；fairly：～成功 *quite successful*

【相等】（动）equal；be equal to：数量～ *be equal in amount*；be numerically equal

【相对】❶（动）（面对面）opposite；face to face：～而坐 *sit opposite each other*；sit face to face ❷（形）❶（非绝对的）relative：～真理 *relative truth* ❷（比较的）relative；comparative：～稳定 *relatively stable*

【相对论】（名）relativity：广义～ *the general theory of relativity*

【相反】（形）opposite；contrary：我的意思跟你正～。*My opinion is contrary to yours.*

【相仿】（形）similar；more or less the same：内容～ *be similar in content*

【相符】（动）conform to；correspond to：报告与事实～。*The report tallies with the facts.*

【相隔】（动）be separated by；be part；be at a distance of：～多年 *after a lapse of many years*

【相关】（动）be interrelated；be bound up with；be related to：体育事业和人民健康密切～。*Physical culture has a direct bearing on the people's health.*

【相互】（副）mutual；each other：增进～了解 *promote mutual understanding*

【相继】（副）one after another；in succession：代表们～发言。*The delegates spoke one after another.*

【相交】（动）❶（相交叉）intersect：圆的直径必～于圆心。*Any two diameters of a circle intersect each other.* ❷（做朋友）be friends；

make friends with：～多年 *have been friends for years*

【相近】（形）❶（距离接近）close；near；in the neighbourhood of：地点～的两个学校 *two neighbouring schools* ❷（相似）similar；close：两人性格～。*The two of them are similar in character.*

【相距】（动）apart；at a distance of：他们的观点仍然～甚远。*Their views are still wide apart.*

【相连】（动）be linked together；be joined：两地有铁路～。*The two places are linked by rail.*

【相配】（形）well-matched；matching：他们是很～的一对。*They are a right match.*

【相劝】（动）persuade；offer advice：好意～ *offer well-meaning advice*

【相识】❶（动）（彼此认识）be acquainted with each other：素不～ *have never met；not be acquainted with each other* ❷（名）（相识的人）acquaintance：老～ *an old acquaintance*

【相思】（动）pine away with love；yearn for sb.'s love；languish with lovesickness：单～ *one-sided love；unrequited love*

【相似】（形）similar；alike；resemble：他们的性格很～。*They are much alike in character.*

【相通】（动）communicate with each other：这两个院子有门～。*The two courtyards open onto each other.*

【相同】（形）identical；the same；equal：我们在这个问题上观点～。*We have identical views on this question.*

【相像】（形）similar；alike：这两种花很～。*These two flowers are very much alike.*

【相信】（动）believe in；be convinced of：～真理 *believe in truth*

【相依】（动）depend on each other：～为命 *depend on each other for survival*

【相应】❶（形）（相适应）relevant；corresponding：采取～的措施 *take appropriate measure* ❷（动）（互相呼应或照应）in responses；work in concert with：这篇文章前后不～。*The composition is not well organized.*

【相遇】（动）meet：我俩在美术馆偶然～。*We ran across each other in the art gallery.*

【相约】（动）reach agreement；make an appointment

【相知】❶（动）（相互了解，感情深厚）be well acquainted with each other：～恨晚。*It is much to be regretted that we have not met earlier.* ❷（名）（相互了解，感情深厚的朋友）bosom friend

【相中】（动）take a fancy to；settle on：这些姑娘我一个也相不中。*I'm interested in none*

of these girls .

香 xiāng ❶（形）❶（气味好闻）fragrant；sweet-smelling；aromatic：稻～千里 *the fragrance of ripening rice spreading a thousand li* ❷（食物味道好）savoury；appetizing：这饭真～！*This rice is really appetizing!* ❸（吃东西胃口好）with relish；with good appetite：昨晚没睡好，吃饭不～。*I have no appetite because I didn't sleep well last night* . ❹（受欢迎）popular；welcome ❷（名）（香料）perfume or spice：檀～ *sandalwood*

【香槟酒】（名）champagne
【香菜】（名）caraway
【香草】（名）vanilla：～冰淇淋 *vanilla ice cream*
【香肠】（名）sausage
【香粉】（名）face powder
【香菇】（名）mushroom
【香瓜】（名）muskmelon
【香蕉】（名）banana
【香炉】（名）incense burner
【香水】（名）perfume；scent：在某物上喷～ *spray perfume over sth* .
【香甜】（形）❶（又香又甜）fragrant and sweet：～的瓜果 *sweet melons and fruits* ❷（睡得踏实）sound：睡得～ *sleep soundly*
【香烟】（名）cigarette；incense smoke：嘴上叼着一支～ *hold a cigarette between one's lips*
【香油】（名）sesame oil
【香皂】（名）perfumed soap；toilet soap：这种～起泡很多，并且有好多香味。*This toilet soap lather so nicely and has several fragrances* .
【香脂】（名）face cream；balm

厢 xiāng（名）❶（厢房）wing；wing-room ❷（类似房子隔间的地方）compartment：车～ carriage ❸（边，旁）side：让开大路，占领两厢 *leave the high road alone and seize the land on both sides*
【厢房】（名）wing room

箱 xiāng（名）❶（箱子）chest；box；case；trunk：大木～ *wooden box* ❷（像箱子的东西）anything in the shape of a box
【箱子】（名）chest；box；case；trunk：他把～装满了书。*He packed the boxes full of books* .

襄 xiāng（动）〈书〉（帮助）assist；help：共～义举 *let everybody help to promote this worthy undertaking*
【襄助】（动）assist

镶 xiāng（动）❶（嵌入）inlay；set；inset；in-sert；mount：给窗子～玻璃 *glaze a window* ❷（围在边缘）rim；edge；border；lace：给裙子～上绸边 *border a skirt with silk*
【镶板】（名）panel
【镶嵌】（动）inlay；set；mount：～钻石的王冠 *a crown mounted with diamond*
【镶牙】（动）put in a false tooth

xiáng

详 xiáng ❶（形）（详细）detailed；minute：～谈 *speak in details；go into details* ❷（动）❶（说明；细说）tell；explain：内～（*written on envelope*）*for contents please see inside* ❷（清楚）know clearly：作者生卒年月不～。*The author's dates are unknown* .
【详尽】（形）thorough；exhaustive；pinpoint：做～的安排 *make detailed arrangements*
【详情】（名）details；particulars：急于了解～ *be anxious to know the particulars*
【详谈】（动）expand；talk out：她希望能与他～一次。*She wished she could talk things out with him* .
【详细】（形）detailed；minute：～的报道 *a detailed news report*

降 xiáng（动）❶（投降）surrender；capitulate：宁死不～ *rather die than surrender* ❷（降伏）subdue；vanquish：～人以心 *win sb. to one's side by winning upon his heart*
另见 803 页 jiàng。
【降伏】（动）subdue；vanquish：～野马 *break in a wild horse*
【降服】（动）yield；surrender：表示～ *show one's submission*

祥 xiáng（形）（吉利）auspicious；propitious；lucky：不～ *ominous；inauspicious*
【祥和】（形）happy and auspicious；kind；benign

翔 xiáng（动）（盘旋地飞）circle in the air
【翔实】（形）full and accurate：～的材料 *full and accurate data*

xiǎng

享 xiǎng（动）（享受）enjoy；share joy：坐～其成 *sit idle and enjoy the fruits of other's work*
【享福】（动）enjoy a happy life
【享乐】（动）lead a life of pleasure：尽情～ *enjoy oneself to heart's content*
【享年】（名）die at the age of：他～74 岁。*He*

died at the age of 74 .

【享受】（动）enjoy（rights，prestige，etc.）；case and comfort：～公费医疗 *enjoy public health services*

【享用】（动）enjoy the use of；enjoy：～自己的劳动果实 *enjoy the fruits of one's own labour*

【享有】（动）enjoy：～盛誉 *gain a high repute*

响 xiǎng ● （名）❶（声音）sound；noise：发出一声巨～ *produce a thundering noise* ❷（回声）echo：得到反～ *meet with response* ● （动）（发出声音）make a sound；sound；ring：铃声～了。*The bell rang.* ● （形）（响亮）noisy；loud：收音机开得太～了。*The radio's too loud.*

【响彻】（动）resound through：歌声～云霄。*The strains echoed to the sky.*

【响动】（名）sound of sth. astir：夜很静，一点儿～也没有。*The night was quiet，and there was no sound of anything astir.*

【响度】（名）[物]loudness；volume

【响亮】（形）loud and clear；resounding：～的回答 *a loud and clear reply*

【响声】（名）sound；noise：教堂的钟敲出低沉的～。*The church clocks strike with a muffled sound.*

【响应】（动）（表示赞同）respond；answer：～号召 *answer the call*

想 xiǎng （动）❶（思索）think；ponder：～问题 *think over a problem* ❷（推测；认为）suppose；reckon；consider：我～我该走了。*I'm afraid I must be going now.* ❸（希望，打算）want to；would like to；feel like：你～看足球赛吗？*Do you want to see a football match?* ❹（怀念；想念）remember with longing；miss：我们很～你。*We miss you very much.*

【想必】（副）presumably；most probably：这事～你知道。*You most probably know this.*

【想不到】（动）unexpected：这真是～的事！*This is something quite unexpected!*

【想不开】（形）take things too hard：别为这些小事～。*Don't take such small things to heart.*

【想到】（动）call to mind；think of；try：我们没～你会来。*We didn't expect you to come.*

【想法】（名）idea；opinion：你有什么～？*What do you have in mind?*

【想念】（动）remember with longing；long to see again；miss：我们都很～你。*We all miss you very much.*

【想起】（动）remember；recall；think of；call to mind：我忽然～忘了锁门。*It suddenly oc-*

curred to me that I had left the door unlocked.

【想通】（动）straighten out one's thinking；come round；become convinced：只要～了，他就会积极地去干。*Once he's straightened out his thinking，he'll go all out on the job.*

【想象】（动）imagine；fancy；visualize：难以～ *hard to imagine*

xiàng

向 xiàng ● （名）（方向）direction：风～ *wind direction* ● （动）❶（对着）face；turn towards：那间房子～东。*That room faces east.* ❷（偏袒）take sb.'s part；side with；be partial to：穷人～穷人。*The poor people side with each other.* ● （介）（表示动作的方向）towards：河水～东流去。*The river flows east.* ❹ （副）（向来）always；all along：他对此～有研究。*He has always been doing research in this field.*

【向导】（名）guide：探险队急需一位～。*The exploring party needs a guide urgently.*

【向后】（动）towards the back：～看 *look back*

【向前】（动）forward；onward；ahead：奋勇～ *forge ahead*

【向日葵】（名）sunflower

【向上】（动）upward；up：卡车沿盘山公路～爬去。*The trucks climbed the twisting mountain road.*

【向往】（动）yearn for；look forward to：～幸福生活 *look forward to a happy life*

【向下】（动）downward；down：他把帽檐～拉了拉。*He pulled the visor of his cap down a little.*

【向右】（动）right turn；towards the right：～转！（口令）*Right face!*

【向着】（动）❶（朝着，对着）turn towards；face：～光明的未来前进 *advance towards a bright future* ❷（偏袒）take the part of；side with；be partial to：她说话在理，我就～她。*I take her part because she's right.*

【向左】（动）left turn；towards the left：～转！（口令）*Left face!*

项 xiàng ● （名）❶（颈的后部）nape（of the neck）：颈～ *neck* ❷（款项）sum（of money）：进～ *income* ❸[数]（不用加、减号连接的单式）term：同类～ *similar terms* ● （量）（用于分项目的事物）两～声明 *two statements*

【项背】（名）a person's back：不可望其～ *cannot hold a candle to sb.*

【项链】（名）necklace

【项目】（名）item；project：出口～ *goods for ex-*

port/援助~ aid project

巷 xiàng（名）(较窄的街道)lane；alley：我们住在同一条小~里。*We live in the same alley*.

【巷战】（名）street fighting

相 xiàng ⊖（名）❶(相貌；外貌)looks；appearance：一副可怜~ *a pitiful appearance*；*a sorry figure* ❷(坐、立等的姿态)bearing；posture：站有站~，坐有坐~ *have a graceful carriage* ❸[物](相位)phase：三~变压器 *three-phase transformer* ❹(照片)photograph：照个~ *take a photo* ⊜（动）❶(观察；察看)look at and appraise：人不可以貌~。*Never judge a person by his appearance*. ❷(辅助)assist：~夫教子 *assist one's husband and teach one's children*
另见 1040 页 xiāng。

【相册】（名）photo album

【相机】（名）camera：单镜头反光~ *single-lens reflex camera*

【相貌】（名）looks；facial features：~端正 *have regular features*

【相片】（名）photograph；photo

【相扑】（名）sumo

【相声】（名）comic dialogue；cross talk

【相位】（名）phase

【相纸】（名）printing paper

象 xiàng ⊖（名）❶(哺乳动物)elephant：非洲~ *African elephant* ❷(形状；样子)appearance；shape；image：万~更新。*All things take on a new look*. ⊜（动）(仿效；模拟)imitate：~声 *onomatopoeia*

【象棋】（名）Chinese chess

【象声】（名）onomatopoeia

【象牙】（名）ivory：~雕刻 *ivory carving*

【象征】（动）symbolize；stand for：友谊的~ *emblem of friendship*.

像 xiàng ⊖（名）❶(比照人物制成的形象)likeness (of sb.)；portrait；picture：金~ *gold statue* ❷[物]image：实~ *real image* ⊜（动）❶(在形象上相同或有共同点)be like；resemble；take after：这孩子~他父亲。*The child takes after his father*. ❷(好像)look as if；seem：~要下雨了。*It looks like rain*. ❸(比如；如)such as；like：做学问的人就该~他那样。*Scholars should work as he does*.

【像章】（名）badge with sb.'s likeness on it

橡 xiàng（名）❶(橡树)oak ❷(橡胶树)rubber tree

【橡胶】（名）rubber：天然~ *natural rubber*

【橡皮】（名）❶(硫化橡胶的通称)rubber ❷(用橡胶制成的文具)kneaded eraser

xiāo

逍 xiāo

【逍遥】（形）leisure；free and unfettered：~法外 *be still at large；beyond the arm of the law*

消 xiāo（动）❶(消失)disappear；vanish：他的气~了。*He has cooled down*. ❷(使消失；消除)eliminate；dispel；remove：~炎 *diminish inflammation* ❸(度过；消遣)pass the time in a leisurely way：~夏 *pass the summer in a leisurely way* ❹〈方〉(需要，前面常有"不、只、何"等)need；take：只~几句话就可以说清楚。*A few words will be enough to make it clear*.

【消沉】（形）downhearted；low-spirited：意志~ *demoralized；despondent*

【消除】（动）eliminate；dispel；remove；clear up：~分歧 *eliminated differences*

【消毒】（动）disinfect；sterilize：用酒精~ *sterilize in alcohol*

【消防】（名）fire control；fire fighting：~泵 *fire pumps*

【消费】（动）consume：~基金 *funds for consumption*／~结构 *consumption patterns*／~水平 *level of consumption*

【消费品】（名）consumer goods

【消耗】（动）consume；use up：~精力 *consume one's energy*

【消化】（动）digest：这种药片有助于~脂肪。*These tablets will help to digest fats*.

【消火栓】（名）fire hydrant

【消极】（形）❶(否定的，反面的)negative：~因素 *negative factor*／~影响 *negative influence* ❷(不求进取的；消沉的)passive；inactive：态度~ *take a passive attitude*

【消灭】（动）eliminate；perish；wipe out：~文盲 *wipe out illiteracy*／~赤字 *wipe out deficits*

【消磨】（动）❶(逐渐消失)wear down；fritter away：~志气 *sap one's will* ❷(度过)while away；idle away：~时间 *kill time；pass the time*

【消气】（动）cool down；be mollified：我向她赔个不是，她也就消了气。*Her anger melted as soon as I said sorry*.

【消遣】⊖（动）(用自己感觉愉快的事来度过空闲时间)amuse oneself；while away the time：在火车上打扑克 *beguile the train journey by playing cards* ⊜（名）(消遣的事)pleasure；

pastime：下棋是我喜爱的一种～。*Playing chess is one of my favorite pastimes.*

【消散】（动）dissipate；scatter and disappear：晨雾～了。*The morning mist has lifted.*

【消失】（动）disappear；vanish；die away；fade away：～在人群中 be lost in a crowd

【消瘦】（动）become thin：身体一天天～下去 be getting thinner every day

【消退】（动）decrease；disappear：他的笑容渐渐～了。*His smile gradually disappeared.*

【消亡】（动）die out；wither away：这些旧习惯在逐渐～。*These old customs are dying out.*

【消息】（名）❶（情况报道）news；information：～灵通人士 a well-informed source ❷（音信）tidings；news：你弟弟最近有～吗？*Have you had any news of your brother?*

【消炎】（动）diminish inflammation：～剂 *anti-inflammation prescriptions*

宵 xiāo（名）（夜）night：通～ *all night*；*throughout the night*

【宵禁】（名）curfew：实行～ impose a curfew

萧 xiāo（形）（萧索；萧条）dreary；bleak；desolate

【萧条】（形）❶（寂寞冷落；毫无生气）desolate；bleak：一片～的景象 a desolate scene on all sides ❷［经］depression；slump：生意～。*Business is bad.*

硝 xiāo（名）（硝石）nitre；saltpetre

【硝酸】（名）nitric acid

【硝烟】（名）smoke of gunpowder：～滚滚 *billows of powder smoke*

销 xiāo ❶（动）❶（熔化金属）melt ❷（除去；解除）cancel；annul：这笔账已经～了。*This item has been written off.* ❸（销售）sell；market：产～平衡 *balance between production and marketing* ❹（消费）expend；spend：缩减日常开～ keep down daily expenses ❷（名）（销子）pin；bolt：门～ *door bolt*

【销毁】（动）destroy by melting or burning：～罪证 *destroy incriminating evidence*

【销量】（名）the quantity sold：本月～猛增。*This month has seen a sharp increase in sales.*

【销路】（名）sale；market：～很好 *have a good sale*／没有～ *find no sale*

【销声匿迹】（成）keep silent and lie low；disappear from the scene：这位大明星近来～，不知去向。*The renowned film star has of late disappeared from the scene and is nowhere to be found.*

【销售】（动）sell；market：～价格 *selling price*

【销赃】（动）disposal of stolen goods：一定有人帮助窃贼～。*Somebody must have helped the thief sell the stolen goods.*

潇 xiāo（形）〈书〉（水深而清）deep and clear

【潇洒】（形）natural and unrestrained：举止～ *carry oneself with ease and natural poise*

嚣 xiāo（动）（吵闹；喧哗）clamour；hubbub；din

【嚣张】（形）rampant；arrogant；aggressive：～一时 *run rampant for a time*

xiǎo

小 xiǎo ❶（形）❶（体积、面积、数量、强度等不大）small；little；petty；minor：～屋 *a small room or house*／～河 *a small river* ❷（年纪小的；年幼的）young：～儿子 *the youngest son* ❸（谦称，称自己或与自己有关的人或事物）：～女 *my daughter* ❷（名）❶（年纪小的人）the young：妻～ *wife and children*（指妾）concubine：讨个～ *take a concubine* ❸（副）（短时间地）for a while；for a short time：～坐 *sit for a while*／～住 *stay for few days*

【小百货】（名）small articles of daily use

【小报】（名）small-sized newspaper；tabloid

【小辈】（名）junior；younger member of a family

【小便】❶（动）urinate；pass water ❷（名）urine

【小病】（名）a minor illness：～大养 *take an unduly long rest for a slight illness*

【小菜】（名）pickled vegetables；pickles

【小册子】（名）pamphlet；brochure；booklet

【小吃】（名）❶（非正餐）snack；refreshment：～部 *refreshment room* ❷（西餐中的冷盘）cold dish；made dish

【小丑】（名）❶（戏曲等中的丑角，比喻举动不庄重、善于凑趣的人）clown；buffoon；knave：扮演～角色 *play the buffoon* ❷（指小人）a contemptible wretch：跳梁～ *contemptible scoundrel*

【小聪明】（名）cleverness in trivial matters；petty trick：耍～ *play petty tricks*

【小儿】（名）children

【小贩】（名）pedlar；vendor；hawker

【小费】（名）tip；gratuity：给～ *give gratuities*

【小个子】（名）little chap；small fellow

【小工】（名）unskilled labourer

【小狗】（名）puppy；little dog

【小姑娘】（名）a little girl

【小规模】（形）small-scale：～的农场 *small-scale farm*／～工厂 *semiworks*

【小孩】(名)child;kid

【小号】(名)(一种管乐器)trumpet

【小伙子】(名)young fellow

【小集团】(名)clique;faction：～活动 *small-group activities*

【小节】(名)trifle;small matter：不拘～ *not bother about small matters*

【小结】➊(名)(整个过程中一个段落的总结) brief summary：期末～ *an end-of-term summary* ➋(动)(做小结)summarize briefly：～一下前阶段的工作 *summarize briefly the work done in the previous stage*

【小姐】(名)miss;young lady：张～ *Miss Zhang*

【小酒馆】(名)dramshop;bar

【小舅子】(名)brother-in-law

【小看】(动)belittle：你不该这么～人。*You really shouldn't look down on people like this.*

【小康】(形)relatively comfortable;fairly well-off：家道～。*The family was comfortably well-off.*

【小两口】(名)young couple

【小麦】(名)wheat

【小卖部】(名)canteen;retail department;snack counter

【小米】(名)millet

【小牛】(名)calf

【小便宜】(名)small gain：占～ *gain petty advantages*

【小品】(名)essay;sketch：～文 *familiar essay*

【小气】(形)➊(吝啬的)stingy;niggardly;mean：在金钱问题上很～ *be mean about money matters* ➋(气量小)small;narrow-minded

【小商品】(名)small items;petty commodities：～生产 *commodity production*

【小时】(名)hour：整整浪费一个～ *waste a full hour*

【小事】(名)trifle;petty thing：～聪明,大事糊涂 *penny wise and pound foolish*

【小叔子】(名)husband's younger brother;brother-in-law

【小数】(名)decimal number;decimal fraction

【小说】(名)novel;fiction：～家 *novelist;writer of fiction*

【小提琴】(名)violin：～手 *violinist*

【小偷】(名)thief;pilferer

【小心】(动)take care;be careful;be cautious：～轻放！*Handle with care!*

【小型】(形)small-sized;small-scale;miniature：～企业 *small enterprise*

【小学】(名)primary school：～教师 *primary school teacher*

【小雨】(名)sprinkle;light rain

【小组】(名)group；领导～ *the leading group*

晓 xiǎo ➊(名)(天刚亮的时候)dawn;daybreak：拂～ *foredawn* ➋(动)➊(知道)know：家喻户～ *be known to all* ➋(使人知道)let sb. know：～以利害 *warn sb. of the consequences*

xiào

孝 xiào (名)➊(孝顺)filial piety：尽～ *treat one's parents with filial piety* ➋(丧服)mourning dress：带～ *be in mourning*

【孝敬】(动)give presents;show filial respect to：他带了些南方土特产来～他奶奶。*He brought his grandmother some local products from the south as a gift.*

【孝顺】(动)show filial obedience：她对父母十分～。*She is extremely filial towards her parents.*

【孝子】(名)dutiful son：不辱～之名 *live up to the name of a dutiful son*

肖 xiào (动)(相似;像)resemble;be like：惟妙惟～ *absolutely lifelike*

【肖像】(名)portrait;portraiture：画～ *make a portrait*

校 xiào (名)➊(学校)school：全～同学 *all students of the school* ➋(校官)field officer 另见807页 jiào。

【校风】(名)school spirit：这所学校以具有良好的～闻名。*The school boasts of excellent school spirit.*

【校服】(名)school uniform

【校规】(名)school regulations：遵守～ *abide by school regulations*

【校徽】(名)school badge：佩带～ *wear a school badge*

【校刊】(名)school magazine;college journal

【校庆】(名)anniversary of the founding of a school

【校舍】(名)schoolhouse;school building

【校外】(名)outside school;outside the school campus：住～ *not live on the school campus*

【校友】(名)alumnus;alumna：～会 *an alumni association*

【校园】(名)campus;school yard

笑 xiào (动)➊(露出愉快的表情,发出欢喜的声音)smile;laugh：哈哈大～ *laugh heartily;roar with laughter* ➋(讥笑)ridicule;laugh at：他刚学,别～他。*He's just started*

learning.*Don't laugh at him*.

【笑柄】（名）laughing stock；butt；joke：他这句话已成为～。*That remark of his has become a standing joke*.

【笑话】❶（名）（引人发笑的故事，笑料）joke；jest：闹～ *make a fool of oneself*；*make funny mistake* ❷（动）（耻笑，讥笑）laugh at；ridicule；sneer at：别总～人。*Don't hold others up ridicule*.

【笑脸】（名）smiling face：～相迎 *greet with a genial smile*

【笑容】（名）smiling expression；smile：她脸上露出一丝～。*A faint smile crept over her face*.

【笑谈】（名）laughing stock；object of ridicule；joke；comic stories：传为～ *become a standing joke*

【笑嘻嘻】（形）grinning；smiling broadly

【笑逐颜开】（成）beam with smiles；one's face wreathed in smiles：张太太不由得～。*Mrs. Zhang couldn't restrain a smile of joy*.

效 xiào ❶（名）（效果，功用）effect；efficiency；result：疗～ *curative effect* ❷（动）❶（仿效）imitate；follow the example of：上行下～。*Those in subordinate positions will follow the example set by their superiors*. ❷（献出）devote（one's energy or life）to；render（a service）

【效法】（动）follow the example of；model oneself on；learn from：他治学严谨，值得～。*His meticulous scholarship is worthy of emulation*.

【效果】（名）❶（产生的结果）effect；result：取得良好的～ *achieve good results* ❷［剧］sound effects

【效劳】（动）work in the service of；work for；offer one's services：为祖国～ *work for the benefit of one's country*

【效力】❶（动）（效劳）render a service to；serve：为国～ *serve one's country* ❷（名）❶（事物所产生的有利作用）potency；effect；efficacy：这药很有～。*The medicine is efficacious*. ❷（约束力）force；effect；avail：两种文本具有同等～。*Both texts are equally authentic*.

【效率】（名）efficiency；productivity：～就是生命。*Efficiency is life*.

【效能】（名）efficacy；usefulness；effect；potency：充分发挥水、肥的～ *make the best possible use of irrigation and fertilizer*

【效益】（名）benefit；beneficial result：社会～ *social effect*/经济～ *economic returns*

【效应】（名）effect：热～ *fuel factor*

【效用】（名）effectiveness；usefulness：发挥明显的～ *show obvious effectiveness*

【效忠】（动）pledge loyalty to；devote oneself heart and soul to：～于祖国 *pledge one's loyalty to one's country*

啸 xiāo ❶（动）❶（打口哨）whistle ❷（拉长声音叫）howl；roar：虎～。*Tigers growl*. ❷（名）（野兽的叫声）howl；roar：虎～ *the roar of a tiger*

【啸傲】（形）〈书〉leisurely and carefree

xiē

楔 xiē ❶（名）❶（榫头）wedge ❷（木钉；竹钉）peg ❷（动）（揳入）wedge

【楔子】（名）❶（插在榫子缝里的木片等）wedge；chock；cleat：用～固定 *fasten with a wedge* ❷（木钉；竹钉）peg；wooden peg

歇 xiē ❶（动）❶（休息）have a rest；rest；break：～一会儿 *have a short rest* ❷（停止）stop；knock off：咱们一会儿，喝杯茶。*Let's knock off for a cup of tea*. ❸〈方〉（睡）go to bed；sleep：你～了吗？*Are you in bed?* ❷（量）〈方〉（一会儿）a little while：过了一～ *after a while*

【歇班】（动）be off duty；have time off：今天小王～。*Xiao Wang is off duty today*.

【歇工】（动）stop work；knock off：今天我们早早就～了。*We stopped work early today*.

【歇脚】（动）stop on the way for a rest：咱们到那边阴凉地歇歇脚吧。*Let's stop for a rest in the shade over there*.

【歇斯底里】（名）hysteria：她～地大哭起来。*She broke into hysterical sobs*.

【歇息】（动）have a rest；go to bed：今晚就在我这儿～吧。*Stay here for the night*.

xié

协 xié ❶（形）（共同）joint；common：～同作战 *fight in coordination* ❷（动）（协助）assist；help；aid

【协定】❶（名）（协商而定的条款）agreement；accord；treaty：文化合作～ *agreement on cultural cooperation* ❷（动）（协商订立）reach an agreement on sth.：～关税 *conventional duty*

【协会】（名）society；association；institute：贸易～ *trade association*

【协力】（动）unite efforts；join in a common effort：齐心～ *make concerted efforts*

【协商】（动）consult；talk things over：有问题可

以～解决. *The problems can be solved through consultation*.

【协调】（动）coordinate；harmonize；concert；bring…into line：～自己的动作 *coordinate one's movement*

【协同】（动）work in coordination with；cooperate with：～工作 *teamwork*；*associate*

【协议】❶（动）（协商）agree on：双方～提高收购价格. *The two sides agreed to raise the purchasing price*. ❷（名）（协商取得的一致意见）agreement；treaty；understanding：达成～ *reach an agreement*

【协助】（动）assist；help；give assistance：副总理～总理工作. *The vice Premier assist the Premier in his work*.

【协作】（动）cooperate；coordinate；combine efforts：这是几个厂的～产物. *This is a product of the combined efforts of several factories*.

邪 xié ❶（形）（不正当）evil；heretical；irregular：改～归正 *give up one's evil ways and return to the right path* ❷（名）（迷信的人指鬼神给予的灾祸）misfortune：中～ *suffer misfortune*

【邪恶】（形）evil；wicked；vicious：～的念头 *wicked thoughts*

【邪路】（名）evil ways；vice：走上～ *take to evil ways*/把某人引向～ *lead sb. astray*

【邪门歪道】（成）crooked ways；underhand means

【邪念】（名）evil thought；wicked idea：他起了～。*A wicked idea came into his head*.

【邪气】（名）perverse trend；evil influence：使正气上升，～下降 *encourage healthy trends and check unhealthy ones*

【邪说】（名）heresy；heretical ideas；fallacy

胁 xié ❶（名）（从腋下到腰上的部分）the upper part of the side of the human body ❷（动）（胁迫）coerce；force：威～ *threaten*

【胁从】（动）be an accomplice under duress：～者 *reluctant follower*；*accomplice under duress*

【胁迫】（动）coerce；force：被～参与犯罪 *be coerced into participating in a crime*

挟 xié（动）❶（用胳膊夹住）hold sth. under the arm ❷（挟制）coerce；force sb. to submit to one's will：要～ *coerce* ❸（心里怀着）harbour ❹〈书〉（倚仗）rely on；depend on

【挟持】（动）❶（从两旁抓住）seize sb. on both sides by the arms ❷（强迫对方服从）hold sb. under duress

【挟制】（动）take advantage of sb.'s weakness to enforce obedience

偕 xié（副）（一同）together with；in the company of：～行 *travel together*；*go together with*

【偕同】（动）in the company of；along with

斜 xié（形）（跟平面或直线既不平行也不垂直的）oblique；inclined；askew：柱子有点儿～。*The pillar is a little tilted*.

【斜路】（名）wrong path；evil way：走到～上去 *go astray*

【斜面】（名）inclined plane；obliquity

【斜坡】（名）slope；inclination：把球滚上～ *roll a ball up a slope*

【斜射】（动）（光线不垂直地照射到物体上）slant；shine obliquely：～的阳光穿过树丛，洒落在大道上。*The rays of the setting sun slanted through the trees onto the road*.

【斜体字】（名）italics

谐 xié ❶（形）❶（和谐）in harmony；in accord；in tune：和～ *harmonious* ❷（诙谐）humorous：亦庄亦～ *serious and facetious at the same time* ❷（动）（商量好，办妥）come to an agreement；settle：事～之后，即可动身 *We shall set out immediately once the matter is settled*.

【谐和】（形）harmonious：～的家庭 *harmonious families*

【谐振】（名）［物］resonance：～变压器 *resonance transformer*

携 xié（动）❶（携带）carry；take along：扶老～幼 *bring along the old and the young* ❷（拉着手）take sb. by the hand：～手同行 *walk hand in hand*

【携带】（动）carry：～方便 *be easy to carry about*

【携手】（名）hand in hand：～并进 *go forward hand in hand*

鞋 xié（名）（穿在脚上、走路时着地的东西）shoes：穿～ *put on shoes*/脱～ *take off shoes*

【鞋带】（名）shoelace；latchet

【鞋垫】（名）shoe-pad；insole

【鞋刷】（名）shoe brush

【鞋油】（名）shoe polish

xiě

写 xiě（动）❶（用笔在纸或其他东西上做字）write：～封信 *write a letter* ❷（写作）compose；write：～小说 *write a novel* ❸（描写）

describe;depict:～景 describe the scenery ❹
(绘画)paint;draw

【写法】(名)style of writing;literary style:文
体不同,～也不同. Different types of writing
call for different styles of writing.

【写生】(动)paint from life;draw;paint or
sketch from nature:人物～ portrait from
life /静物～ still life painting

【写信】(动)write;write letters:她每星期都要
给母亲～. She writes every week to her
mother.

【写照】(名)portrayal;portraiture:真实的～ a
portrayal true to life

【写作】(名)writing:～技巧 writing technique

血 xiě (名)(血液,多用于口语)blood:滴～ a
drop of blood
另见 1061 页 xuè。

【血淋淋】(形)❶(鲜血不断地流的样子)drip-
ping with blood ❷(比喻严酷;残酷)bloody:
～的现实 a grim reality

xiè

泄 xiè (动)❶(液体、气体排出)let out;dis-
charge;release:～洪 discharge the flood ❷
(泄露)let out (a secret);leak (news,secret,
etc.):～露消息 let out the news ❸(发泄)
give vent to;vent:她的感情容易外～. She
is apt to give vent to her feelings.

【泄洪】(动)flood discharge:开闸～ open a
sluice to release floodwater

【泄漏】(动)let out;reveal:消息已～出去了.
The news has leaked out.

【泄露】(动)let out;reveal:敌人无意中～了行
动计划. The enemy unwillingly revealed
their plan of action.

【泄密】(动)divulge a secret;betray confiden-
tial matters:～事件 case of leakage of a se-
cret

【泄气】(动)lose heart;feel discouraged:我不
该说那些～话. I shouldn't have made those
discouraging remarks.

泻 xiè (动)❶(很快地流)flow swiftly;rush
down;pour out:大江奔腾,一～千里. The
river rolls and roars on and on for a thou-
sand li. ❷(腹泻)have loose bowels;have di-
arrhea:上吐下～ suffer from vomiting and
diarrhea

【泻肚】(动)have loose bowels;have diarrhea

卸 xiè (动)❶(从运输工具上搬下来)remove
cargo or freight;unload;discharge:～下船上

的货物 discharge a ship of the cargo ❷(把加
在人或牲口身上的东西取下)lay down;take
away:～担子 lay down a burden ❸(拆卸)
remove;dismantle;dismount:把门一～下来
lift a door off its hinges ❹(解除)get rid of;
be relieved of ❺(推卸)shirk:～责 shirk the
responsibility

【卸车】(动)unload a vehicle

【卸货】(动)unload cargo;discharge cargo:这
些船明天～. The ships will unload tomor-
row.

【卸任】(动)be relieved of one's office

谢 xiè (动)❶(感谢)thank:多～. Thanks a
lot./不用～. Don't mention it. ❷(认错;道
歉)make an apology;excuse oneself:～过
apologize for having done sth. wrong ❸(辞
去;拒绝)decline:闭门～客 decline visits ❹
(花或叶子脱落)wither;凋～ wither and fall

【谢词】(名)thank-you speech;thanks address

【谢绝】(动)refuse;decline:婉言～ politely
decline /～参观. Not open to visitors.

【谢谢】(动)thank you;gratitude:～你的好意.
Thank you for your kindness.

【谢意】(名)thankfulness:她请我吃饭以表～.
She showed me her gratitude by inviting me
to dinner.

【谢罪】(动)offer apology

xīn

心 xīn (名)❶(心脏)the heart:感觉到～怦
怦直跳 feel one's heart thumping ❷(指思想
的器官和思想、感情等)heart;feeling;mind;
intention:眼不见,～不烦. Out of sight, out
of mind. ❸(中心,中央的部分)centre;core:
降低重～ lower the center of gravity

【心爱】(形)love;treasure:～的人 one's belov-
ed /loved one /～的东西 treasured possession

【心不在焉】(成)absent-minded;inattentive:
～地听着 listen absent-mindedly

【心潮】(名)a tidal surge of emotion:～澎湃
feel an upsurge of emotion

【心电图】(名)electrocardiogram

【心烦】(动)be vexed;be perturbed:这事真叫
人～. This is really a bother.

【心腹】(名)❶(亲信)trusted subordinate;bos-
om friend:起用～ fill key posts with one's
confidants ❷(藏在心里轻易不对人说的)
confidential

【心狠】(形)cruel;merciless:～手辣 cruel and
ruthless;wicked and merciless

【心花怒放】(成)burst with joy

【心慌】(动)be nervous;get alarmed:我考试的时候～。 *I was nervous while I was taking the exam.*

【心灰意懒】(成)be disheartened;be dispirited

【心肌】(名)myocardium:～梗塞 *myocardial infarction*

【心急】(形)impatient;short-tempered:～火燎 *burning with impatience;in a nervous state*

【心焦】(形)anxious;worried:真叫人～! *This is really worrying!*

【心境】(名)mental state;mood:保持宁静的～ *keep a tranquil mind*

【心旷神怡】(成)relaxed and happy

【心里】(名)in the heart;at heart;in the mind:他将永远活在我们～。 *He will live forever in our hearts.*

【心理】(名)psychology;mentality:采用～疗法 *adopt psychotherapy*

【心灵】●(形)(心思灵敏)clever;quick-witted;intelligent:～手巧 *clever and deft* ●(名)(内心)heart spirit;soul:高雅的作品能陶冶～。 *Works of taste can refine the mind.*

【心领神会】(成)understand tacitly;readily take a hint:这个奴才对主子的意图～。 *The lackey immediately understood what the master wanted.*

【心满意足】(成)be satisfied perfectly:如果我的女儿能大学毕业,我就～了。 *If my daughter finishes the university, I'll call that well and good.*

【心平气和】(成)even-tempered;calm:～地交换意见 *exchange views calmly*

【心情】(名)mood;frame of mind:～沉重 *with a heavy heart*

【心神】(名)mind;state of mind:～不定 *have no peace of mind;feel restless*

【心声】(名)heartfelt wishes;aspirations:表达人民的～ *voice the aspirations of the people*

【心事】(名)a load on one's mind;worry:了结一桩～ *take a load off one's mind*

【心思】(名)●(念头)thought;idea:我猜不透他的～。 *I can't read his mind.* ●(脑筋)thinking;thoughts:用～ *go to of thinking* ●(心情)state of mind:没有～去看戏 *not be in the mood to see a play*

【心疼】(动)●(疼爱)love dearly:这样惯孩子不是～他。 *Pampering a child like this is not loving him.* ●(惋惜)feel sorry;make one's heart ache:这么浪费,叫人看了～。 *It makes one's heart ache to see such waste.*

【心细】(形)careful;scrupulous:胆大～ *bold but cautious*

【心胸】(名)breadth of mind:～开阔 *broad-minded*/～狭窄 *narrow-minded;intolerant*

【心虚】(形)●(怕人知道)afraid of being found out;with a guilty conscience ●(缺乏自信心)lacking in self-confidence:对于这种生疏的工作,我感到～。 *I don't know much about the job, and I'm diffident about my ability to do properly.*

【心眼儿】(名)●(内心)heart;mind ●(心地)存心)intention:没安好～ *have bad intentions;be up to no good* ●(聪明机智)intelligence;cleverness:长点儿～,别上人家的当。 *Smarten up and don't be taken in.* ●(不必要的顾虑)unfounded doubts:～太多 *full of unnecessary misgivings;oversensitive*

【心意】(名)regards;kindly feelings:这点儿礼物是我们大家的一点儿～。 *This little gift is a token of our regards.*

【心有余悸】(成)have a lingering fear;one's heart still fluttering with fear

【心愿】(名)cherished desire;wish;dream:这就了却了我的一桩～。 *This serves to fulfil a cherished desire of mine.*

【心脏】(名)the heart:～搏动 *heartbeat*

【心照不宣】(成)have a tacit understanding

【心直口快】(成)frank and outspoken;straightforward and plain-spoken:他喜欢这个小伙子,～,有啥说啥。 *He has always liked this straightforward, outspoken youngster.*

【心中有数】(成)know what's what;know the score;have a pretty good idea of how things stand:进行调查研究,做到～ *make investigations to find out how things stand*

【心醉】(动)be fascinated;be charmed:这美妙的音乐使我～。 *I was enchanted with the sweet music.*

芯 xīn (名)(草木的中心部分)core:灯～ *lampwick;wick*

【芯板】(名)core;core veneer

辛 xīn (形)●(辣)hot (in taste, flavour);pungent:忌食～辣食品 *avoid pungent food* ●(辛苦)hard;laborious:他的～劳有了收获。 *A rich harvest rewarded his hard work.* ●(痛苦)suffering:～酸 *sad;bitter*

【辛苦】●(形)(身心劳苦)hard;toilsome:～的工作 *hard work;laborious work* ●(动)(套语,用于求人做事)work hard;go to great trouble:路上～了。 *You must have had a tiring journey.*

【辛辣】(形)pungent;bitter;acrid:～的讽刺 *bitter irony*/～的味道 *a sharp flavour*

【辛劳】(动)pains;toil:日夜～ *toil day and*

night/不辞～ *spare no pains*
【辛勤】(形)industrious;hardworking:～劳动 *work hard*;*labour assiduously*
【辛酸】(形)(痛苦悲伤)sad;bitter;miserable:～的往事 *sad memories*

欣 xīn (形)(喜悦)glad;happy;joyful:～逢佳节 *on the happy occasion of the festival*
【欣然】(形)joyful;with pleasures:～接受 *accept with pleasure*/～同意 *gladly consent*
【欣赏】(动)appreciate;enjoy:我很～这个花园的格局。*I admire the layout of this garden.*
【欣慰】(形)gratified:获悉你身体康复,至感～。*I am relieved to learn that you have recovered from your illness.*
【欣喜】(形)glad;happy;joyful:～若狂 *be wild with joy*;*go into raptures*
【欣欣向荣】(成)thriving;prosperous:一派～的景象 *a picture of prosperity*

锌 xīn (名)[化](金属元素)zinc
【锌版】(名)zinc plate
【锌矿】(名)zinc ore

新 xīn ❶(形)❶(刚出现的或刚经验到的)new;fresh;novel;up-to-date:～技术 *new technique*/～品种 *a new variety* ❷(没有用过的)unused;new:～衣服 *new clothes* ❸(结婚不久的)recently married:～人 *newly wed* ❷(副)(新近;刚)newly;freshly;recently:这本书是我～买的。*This is the book I've just bought.* ❸(动)(使变成新的)make new;renew:改造自～ *reform oneself* ❹(名)(新的人或事物)new:推陈出～ *weed through the old to bring forth the new*
【新兵】(名)recruit;new recruit:训练～ *drill recruits*/征募～ *draft recruits*
【新潮】(形)new trend;new fashion:领导～ *lead the fashion*
【新陈代谢】(成)❶(新的事物滋生发展,代替旧的事物)the new supersedes the old:～是宇宙间普遍的永远不可抵抗的规律。*The supersession of the old by the new is a general, eternal and inviolable law of the universe.* ❷[生]metabolism:生物都有～,有生长、繁殖和死亡。*All living matter undergoes a process of metabolism*
【新春】(名)the 10 or 20 days following lunar New Year's Day:～贺岁 *wish sb. a Happy New Year on New Year's Day*
【新婚】(形)newly-married:～夫妇 *a newly-married couple*
【新纪元】(名)new era;new epoch:开创～ *usher in a new epoch*

【新交】(名)new acquaintance;new friend:他与老王是～。*He and Lao Wang have become acquainted only recently.*
【新教】(名)Protestantism
【新近】(副)recently;lately:～建的桥 *a bridge of recent construction*
【新居】(名)new home;new residence:我们有了一个舒适的～。*We have a comfortable new residence.*
【新郎】(名)bridegroom
【新年】(名)New Year:～献词 *New Year message*
【新娘】(名)bride
【新奇】(形)new;novel;strange:～的想法 *a novel idea*/～的事物 *novelty*
【新生】❶(形)(刚产生的)newborn;newly born:～婴儿 *a newborn baby* ❷(名)❶(新生命)newlife;rebirth;a new lease of life:获得～ *be given a new life* ❷(新入学的学生)new student;new pupil
【新闻】(名)news:头版～ *front page news*
【新闻参赞】(名)press attache
【新闻界】(名)the press;press circles
【新闻人物】(名)newsmaker
【新鲜】(形)❶(没有变质,没有经过腌制、干制的)fresh:～牛奶 *fresh milk*/～空气 *fresh air* ❷(新生的;少见的)new;novel;strange:～感 *feeling of freshness*
【新兴】(形)new and developing;newly developing;rising:发展～工业 *expand new industries*
【新颖】(形)novel;new and original:题材～ *original in choice of subject*

薪 xīn (名)❶(柴火)firewood;faggot;fuel:采木为～ *gather wood for fuel* ❷(薪水)salary;wages;pay:加～ *increase the salary*
【薪金】(名)salary;pay:少得可怜的～ *a pitiful salary*
【薪水】(名)salary;pay;wages:这一工作～多少? *How much salary does the job pay?*

xìn

信 xìn (名)❶(书信)letter;mail:写封～ *write a letter* ❷(信息,消息)message;word;information:你到了那儿就给我来个～儿。*Please send me word of your arrival.* ❸(凭据)sign;evidence ❹(信用)confidence;trust;faith:言而无～ *fail to keep faith* ❺(引信)fuse
【信标灯】(名)beacon light
【信步】(动)take a leisurely walk;walk aimlessly:～街市 *stroll about the street*

【信贷】（名）credit：长期～ long-term credit

【信封】（名）envelope：拆开～ open an envelope

【信奉】（动）believe in：～上帝 believe in God

【信服】（动）be convinced；completely accept：令人～的论据 convincing argument

【信号】（名）signal：灯光～ light signal

【信汇】（名）mail transfer

【信件】（名）mail；letters：格式化～ a form letter

【信赖】（动）trust；count on；have faith in：她是群众～的好干部 She's a good cadre trusted by the masses.

【信念】（名）faith；belief：我的～不会动摇。Nothing can shake my belief.

【信任】（动）trust；have confidence in：得到人民的～ enjoy the trust of the people

【信守】（动）abide by；stand by：～协议 abide by an agreement

【信条】（名）article of creed：基本～ the primal faith

【信筒】（名）mailbox

【信徒】（名）believer；follower：忠实的～ faithful disciple

【信托】（动）trust；entrust：～投资公司 trust and investment cooperation

【信息】（名）information；message；news：～传递 information transmission

【信心】（名）confidence；faith：满怀～ full of confidence

【信仰】（名）faith；belief；conviction：政治～ political conviction／背弃～ break faith

【信用】（名）❶（信任）trustworthiness；credit：讲～ keep one's word ❷［经］credit：～额度 line of credit

【信用卡】（名）credit card

【信用证】（名）letter of credit

xīng

兴 xīng ㊀（动）❶（兴盛；流行）prosper；rise；become popular：今年不～这种款式了。This style is no longer fashionable this year. ❷（使盛行）encourage；promote：大～调查研究之风 energetically encourage the practice of investigation and study ❸（开始；发动；兴办）start；begin：大～土木 go in for large-scale construction ❹〈书〉（起；起来）get；rise：晨～ get up in the morning ❺〈方〉（准许，多用于否定句）permit；allow：不～胡说！None of your nonsense! ㊁（副）〈方〉（或许）maybe；perhaps：明天他也～来，也～不来。He may or may not come tomorrow.

另见 1054 页 xìng。

【兴办】（动）initiate：～工厂 set up factories

【兴奋】❶（形）（振奋；激动）excited：他～过度睡不着觉。He was too excited to fall asleep. ❷（动）（使兴奋）excite：～剂 excitant

【兴建】（动）build；construct：正在～一座大坝 A dam is now under construction.

【兴隆】（形）brisk；prosperous；flourishing：生意～。Business is brisk.

【兴起】（动）rise；spring；be on the upgrade：在这个工业区～了一座新城市。A new town has grown up in this industrial district.

【兴盛】（形）flourishing；prosperous；thriving：事业～。Business is thriving.

【兴衰】（动）rise and decline：这个城市经历了多次～。The city has been through many vicissitudes.

【兴旺】（形）prosperous；flourishing；thriving；boom：到处呈现一片～景象。Everywhere is a scene of prosperity.

【兴修】（动）start construction：～居民楼 construct apartment building on large scale

【兴许】（副）perhaps；maybe：他～会在那里。Perhaps he will be there.

星 xīng（名）❶（夜晚天空中闪烁发光的天体）star：月明～稀。The moon is bright and the stars are sparse. ❷［天］（宇宙间能发光的或反射光的天体）heavenly body：恒～（fixed）star ❸（明星）star：歌～ singing star ❹（细碎或细小的东西）bit；particle：一～半点 a tiny bit

【星辰】（名）stars

【星斗】（名）stars：满天～ a star，studded sky

【星光】（名）starlight：在～下漫步 go for a walk under the starlight

【星空】（名）starry sky；starlit sky

【星罗棋布】（成）scattered all over like stars in the sky or pieces on a chessboard

【星期】（名）❶（一周）week：三个～ three weeks ❷（星期日的简称）Sunday：～休息。Sunday is a holiday.

【星球】（名）heavenly body

【星星】（名）star：在夜晚观看天上的～ watch the stars in the sky at night

【星夜】（名）on a starlit night：～启程 set out by starlight

猩 xīng

【猩猩】（名）［动］orangutan

腥 xīng ㊀（名）（肉类、鱼类等食物）raw meat；fish：荤～ dishes of meat or fish ㊁（形）（有腥气）having the smell of fish

【腥臭】（形）stench；stink
【腥味儿】（形）fishy；smelling of fish

xíng

刑 xíng（名）❶（刑罚）punishment：～满释放 be released after serving a sentence ❷（对犯人的体罚）torture；corporal punishment：用～ put sb. to torture
【刑场】（名）execution ground
【刑罚】（名）punishment：减轻～ mitigate punishment／野蛮的～ barbarous punishment
【刑法】（名）criminal law；penal code
【刑警】（名）criminal police
【刑具】（名）instruments of torture
【刑律】（名）criminal law：触犯～ violate the criminal law
【刑期】（名）prison term：～7年 a sentence of seven years in prison；a 7-year prison sentence
【刑事】（名）criminal；penal：～案件 criminal case ～／犯罪 criminal offence

行 xíng ❶（动）❶（走；行驶）go：日～三千步 walk three thousand steps a day ❷（做；办；从事）do；perform；carry out：简便易～ simple and easy to do ❸（流行；推行）prevail；circulate：风～一时 be popular for time；be all the rage ❹（用于双音节动词前，表示进行某一项活动）：另～通知 will notify separately ❺（可以）be all right；O. K.：我去～吗? Is it all right if I go? ❻（跟旅行有关的）travel：欧洲之～ a trip to Europe ❷（形）（能干）capable；competent：不要认为只有自己才～。Don't think you're the only capable one. ❸（名）（行为）behaviour；conduct：品～ character；conduct ❹（副）（将要）soon：～将完毕 soon to be completed
另见 756 页 háng。
【行不通】（动）won't do：这个计划～。This plan won't work.
【行车】（名）drive a vehicle：千万注意～安全。Ensure safety in driving.
【行程】（名）distance of travel：1 小时的～ an hour's march
【行动】❶（动）❶（行走；走动）move about；get about：～敏捷 move quickly ❷（为实现某种意图而活动）act；take action：按计划～。Proceed according to plan. ❷（名）（行为；举动）action；operation；behaviour：～纲领 programme of action
【行贿】（动）bribe；pay off：这商人向他～。The merchant offers a bribe to him.
【行军】（动）（of troops）march：夜～ night march
【行李】（名）luggage；baggage：超重～ excess luggage／手提～ hand luggage
【行人】（名）pedestrian：公路上～稀少。There were very few pedestrians on the highway.
【行使】（动）exercise；perform；wield：～职权 exercise one's functions and powers
【行驶】（动）go；travel；ply：列车向南～。The train is going south.
【行事】❶（动）（办事；做事）act；handle matters：按计划～ act according to plan ❷（名）（行为）behaviour；conduct
【行为】（名）action；behaviour；conduct：正义的～ righteous action／不法的～ an illegal act
【行销】（动）sell；be on sale：～全国 be on sale through out the country
【行凶】（动）murder；do violence：～作恶 break the law and commit evils
【行政】（名）administration：～部 administrative department
【行之有效】（成）effective；effectual：～的办法 effective measures
【行装】（名）outfit for a journey；luggage：整理～ pack for a journey
【行踪】（名）whereabouts；track：～不定 be of uncertain whereabouts
【行走】（动）walk；go on foot：并肩～ walk side by side

形 xíng ❶（名）❶（形状）form；shape：不成～ shapeless；formless ❷（形体）body；entity ❷（动）❶（显露；表现）appear；look：喜～于色 look very pleased ❷（对照）compare；contrast：相～之下 by comparison；by contrast
【形成】（动）take shape；form：～鲜明的对比 form a sharp contrast
【形迹】（名）❶（举动和神色）movements；expression：不露～ betray nothing in one's expression and movements ❷（礼貌）formality：不拘～ without formality
【形容】❶（名）（形体和容貌）appearance；countenance：～俊俏 looking handsome ❷（动）（描述）describe：难以～ difficult to describe；beyond description
【形式】（名）（事物的形状、结构等）form；shape；layout：流于～ become a mere formality／～多样 be various in forms
【形势】（名）❶（地势）terrain：～险要 strategically important terrain ❷（事物发展的状况）situation；circumstances：国际～ the international situation
【形态】（名）（事物的形状或表现）form；shape；pattern：社会经济～ social-economic forma-

tion; the economic formation of society

【形影不离】（成）be always together; be inseparable as body and shadow

【形状】（名）shape; form; appearance: 所有圆的～都是相同的. *All circles have the same shape.*

型 xíng（名）❶（模型）mould; model ❷（类型）model; type; pattern: 新～ *new model*

【型号】（名）model; type: 他的车子是什么～的？ *What model is his car?*

xǐng

省 xǐng（动）❶（检查自己的思想行为）examine oneself critically: 反～ *make a self-examine* ❷（探望；问候）visit: ～亲 *pay a visit to one's parents or elders* ❸（醒悟；明白）become conscious: 不～人事 *lose consciousness* 另见 961 页 shěng.

【省悟】（动）come to see the truth

醒 xǐng（动）❶（神志恢复正常）regain consciousness; come to: 他昏迷了 3 天，刚刚～过来。 *He was unconscious for three days and has just come to.* ❷（尚未入睡）wake; be awake: 他还～着呢. *He is still awake.* ❸（明显；清楚）be clear in mind: 头脑清～ *keep a cool head* ❹（觉悟；醒悟）come to understand; become aware of

【醒目】（形）striking; eye-catching: ～的标题 *bold headlines*

【醒悟】（动）wake up to reality; come to realize: 使某人～过来 *awaken sb. to the reality*

xìng

兴 xìng（名）（兴致；兴趣）mood or desire to do sth.; interest; excitement: 助～ *liven things up; add to the fun* 另见 1052 页 xīng.

【兴冲冲】（副）excitedly（do sth.）with joy and expedition: ～地走进教室 *enter the classroom with great joy*

【兴奋】（形）cordial; excited: 极度～ *be crazy with excitement*

【兴高采烈】（成）in high spirits; jubilant; in great delight: 孩子们听说要去动物园都～。 *The children were all excited when they heard they were going to the zoo.*

【兴趣】（名）interest: 他的报告引起了大家的～。 *His report aroused the interest of all.*

【兴致勃勃】（成）full of zest; in high spirits

杏 xìng（名）apricot

【杏脯】（名）preserved apricot

【杏仁】（名）almond; apricot kernel

幸 xìng ❶（名）❶（幸福；幸运）good fortune: 有～结识你，我真高兴. *I'm very glad to know you.* ❷（书）（宠幸）favour: 得～ *gain favour* ❷（动）❶（认为幸福而高兴）rejoice: ～灾乐祸 *rejoice at other's misfortune* ❷〈书〉（望；希望）I hope; I trust: ～勿推却. *I hope that you will not refuse.* ❸（副）（侥幸）luckily; fortunately: ～未成灾. *Fortunately it didn't cause a disaster.*

【幸而】（副）luckily; fortunately: ～是你. *Luckily it was you and not anyone else.*

【幸福】（名）❶（好的境遇和生活）happiness; well-being: 人生的～ *happiness of life* ❷（称心如意）happy: 非常～ *perfectly happy*

【幸亏】（副）fortunately; luckily: ～你提醒我，不然我就忘了. *I'm happy you reminded me, otherwise I would have forgotten all about it.*

【幸免】（动）escape by sheer luck; have a narrow escape: ～于难 *escape death by sheer luck; escape death of hair's breadth*

【幸运】❶（名）（好运气）good fortune; good luck: 我真～，赶上了最后一班公共汽车. *I was lucky enough to catch the last bus.* ❷（形）（称心如意）fortunate; lucky: 这是我特别～的一年. *The year has been an especially fortunate one for me.*

性 xìng（名）❶（性格）nature; character; disposition: 人～ *human nature* ❷（性能；性质）property; quality: 做酸～试验 *make an acid test* ❸（性别）sex: 交异～朋友 *make friends of the opposite sex* ❹（语）（名词以及代词、形容词的类别）gender: 阴～ *feminine gender*

【性别】（名）sex; sexual distinction: ～差异 *gender differences; sex difference*

【性病】（名）venereal disease

【性感】（名）sex appeal: 那个女演员很～. *That actress has a lot of sex appeal.*

【性格】（名）nature; disposition: 夫妻俩～不合. *The couple are not compatible.*

【性急】（形）impatient; short-tempered

【性命】（名）life: 他差点儿丢了～. *He came very near to lose his life.*

【性能】（名）function; performance: ～试验 *performance test*

【性器官】（名）sexual organs; genitals

【性情】（名）disposition; temper: ～温柔 *have a gentle disposition*

【性欲】(名)sexual desire
【性质】(名)quality；nature；character：～的变化 a change in nature
【性子】(名)temper；potency：急～ have a hot temper／使～ get into a temper

姓 xìng ❶ (名)(表明家族的字)surname；family name：王是一个很常见的中国～。Wang is a very common Chinese surname . ❷ (动)(以…为姓)one's surname is：她～王。She is surnamed Wang .
【姓名】(名)surname；full name

xiōng

凶 xiōng ❶ (形) ❶ (不幸的)inauspicious；ominous：～兆 ill omen ❷ (年成很坏)crop failure：～年 a year of crop failure or famine；a bad year ❸(凶恶)fierce；ferocious：～相毕露 look thoroughly ferocious ❹(厉害)terrible；fearful：病得很～ be terribly ill ❷ (名)(杀害或伤害人的行为)act of violence；murder：行～ commit murder
【凶暴】(形)fierce and brutal
【凶残】(形)fierce and cruel；savage：～成性 be cruel by nature
【凶恶】(形)fiendish；fierce；ferocious：最～的敌人 the most vicious enemy
【凶猛】(形)violent；ferocious：虎豹都是～的野兽。Both tigers and leopards are ferocious beasts .
【凶杀】(名)homicide；murder：这是一起～案。This is a case of murder .
【凶手】(名)murderer；assassin：～当场被抓获了。The murderer was caught red-handed .
【凶兆】(名)ill omen；boding of evil：这是那项计划失败的～。This bodes ill for failure of the programme .

兄 xiōng (名) ❶ (哥哥)eld brother：胞～ elder brother of the same parents ❷(对男性朋友的尊称)a courteous form of address between men
【兄弟】(名)brothers：我们～三人都是新闻工作者。We three brothers are all journalists .
【兄长】(名)a respectful form of address for an elder brother or a man friend

汹 xiōng (形)〈书〉(水向上涌的样子)turbulent；tempestuous；uproarious
【汹涌】(形)turbulent；tempestuous：波涛～ turbulent waves
【汹涌澎湃】(成)surging；tempestuous：～的历史潮流 a tempestuous historical trend

胸 xiōng (名) ❶ (胸部)chest；bosom；thorax：孩子把脸贴在母亲～前。The child buried its face in its mother's bosom . ❷(心里)mind；heart：心～ breadth of mind
【胸部】(名)breast；chest；bosom；bust：她的～很美。She has a beautiful bust .
【胸怀】(名)mind；heart：～宽广 broad-minded
【胸围】(名)chest measurement；bust：量～ measure one's bust
【胸有成竹】(成)have a well-thought-out plan

xióng

雄 xióng ❶ (形) ❶ (生物中能产生精子细胞的)male ❷ (有气魄的)grand；imposing：～伟 imposing；magnificent ❸(强有力的)powerful；mighty：～兵 a powerful army ❷ (名)(强有力的人或国家)a person or state having great power and influence：战国七～ the seven powerful states of the Warring States Period
【雄辩】(名)eloquence；convincing argument：事实胜于～。Facts speak louder than words .
【雄厚】(形)rich；solid；abundant：～的人力、物力 rich human and material resources
【雄鸡】(名)cock；rooster
【雄师】(名)powerful army
【雄伟】(形)grand；magnificent：～壮丽 grand；magnificent；sublime
【雄心】(名)great ambition；lofty aspiration：～壮志 lofty aspirations and high ideals
【雄壮】(形)magnificent；majestic：～的军乐 majestic martial music
【雄姿】(名)heroic posture：亲眼看见长城的～ see the grand appearance of the Great Wall for oneself

熊 xióng ❶ (名)(哺乳动物)bear：玩具～ teddy bear ❷ (动)〈方〉(斥责)rebuke；scold；upbraid：别老是～人。Don't scold too much .
【熊猫】(名)panda
【熊掌】(名)bear's paw

xiū

休 xiū ❶ (动)(停止)stop；cease：争论不～ argue ceaselessly ❷ (休息)rest：～大礼拜 have every other Sunday off ❸ (副)(别；莫)don't：～要胡言乱语 don't talk nonsense ❷ (名)〈书〉(吉庆；欢乐)good fortune：～咎 good and bad fortune
【休会】(动)adjourn；recess：无限期～ adjourn

indefinitely

【休假】(动) have a holiday：～一周 have a week's holiday

【休克】(名) shock：电～ electric shock／病人～了。The patient suffered from shock.

【休眠】(名) dormancy：～期 rest period

【休息】(动) have a rest；have a break；rest：～一会儿 rest for a while；have a rest

【休养】(动) recuperate；convalesce：他到北戴河～去了。He has gone to Beidaihe for recuperation.

【休业】(动) ❶(停止营业) suspend business；be closed down：今天～。Closed today. ❷(学习暂告结束) come to the end of a short-term course

【休止】(动) stop；cease：无～地重复 endless repetitions／无～地争论 argue ceaselessly

修 xiū ❺(动) ❶(修饰) embellish；decorate：装～铺面 paint and decorate the front of a shop ❷(修理；整治) repair；mend；overhaul：～鞋 mend shoes ❸(写；编写) write；compile：～史 write history ❹(学问、品行方面的学习和锻炼) study；cultivate：进～ engage in advanced studies ❺(兴建；建筑) build；construct：～铁路 build a railway ❻(剪或削；使整齐) trim；prune：～指甲 trim fingernails ❸(形)〈书〉(长) long；tall and slender：茂林～竹 dense forests and tall bamboos

【修补】(动) (修理破损的东西使完整) mend；repair；patch up；revamp：～渔网 mend fishing nets／～衣服 patch clothes

【修长】(形) tall and thin；slender：～的身材 a slender figure

【修辞】(名) rhetoric

【修订】(动) revise：～草案 revise a treaty

【修复】(动) (修理使恢复完整) repair；restore；renovate：这段铁路已～通车。This section of the railway has been repaired and reopened to traffic.

【修改】(动) revise；amend；alter：～宪法 amend a constitution

【修建】(动) build；construct；erect：～桥梁 construct a bridge

【修理】(动) ❶(使损坏的东西恢复原状或作用) repair；mend；overhaul；fix：～机器 repair a machine ❷(修剪) trim；prune

【修配】(动) make repairs：～车间 repair and spare parts workshop

【修饰】(动) ❶(整理；装饰) decorate；adorn；embellish ❷(梳妆打扮) make up and dress up ❸(修改润饰) polish：请你把这篇稿子～一下。Please polish this piece of writing.

【修养】(名) ❶(理论、知识、艺术等的一定水平) accomplishment；training；mastery：有艺术～ be artistically accomplished ❷(待人处事的态度) self-cultivation；self-possession：他无论做什么事总是非常稳重、不急躁，的确很有～。He is always steady and reliable in whatever he does. He is really self-possessed.

【修业】(动) study at school：～年限 length of schooling

【修正】(动) correct；amend；revise：～草案 a revised draft

【修正液】(名) correction fluid

【修正主义】(名) revisionism：～思潮 revisionist trend／～者 revisionist

【修筑】(动) build；construct；put up：～工事 construct defences；build fortifications

羞 xiū ❺(形)(难为情，不好意思) shy；bashful：怕～ feel bashful ❺(名) ❶(羞耻) shame；disgrace：恼～成怒 get angry from shame ❷(滋味好的食物) delicacy；dainty ❸(动) ❶(感到耻辱) feel ashamed：～与为伍 feel ashamed to associate with sb. ❷(使难为情) shame：～得某人无地自容 shame a person to death

【羞耻】(名) shame；sense of shame：不知～ lose all sense of shame

【羞愧】(形) ashamed；abashed：～难言 be ashamed beyond words

【羞辱】(名) dishonour；shame；humiliation：他在那里屡遭～。There he suffered many humiliations.

【羞涩】(形) shy；bashful；embarrassed

xiǔ

朽 xiǔ (形) ❶(腐烂) rotten；decayed：枯木～株 withered trees and rotten stumps ❷(衰老) senile：老～ old and useless

【朽木】(名) ❶(烂木头) rotten wood or tree ❷(不可造就的人) a hopeless case；a good-for-nothing

xiù

秀 xiù (形) ❶(清秀) elegant；beautiful：山清水～ beautiful hill and waters；lovely scenery ❷(特别优异) excellent：优～ excellent

【秀才】(名) ❶(明清两代生员的通称) Xiucai，one who passed the imperial examination at the county level in the Ming and Qing dynasties ❷(泛指读书人) scholar；skilful writer：他是我们班里的～。He is the scholar in our class.

【秀丽】（形）beautiful；handsome：～的桂林山水 the beautiful mountains and waters of Guilin

【秀美】（形）graceful；elegant：书法～ beautiful handwriting

【秀气】（形）❶（清秀）delicate；elegant：眉眼生得～ have beautiful eyes ❷（文雅）refined；urbane ❸（小巧灵便）delicate and well-made

臭 xiù ❶（名）（气味）odour；smell：纯空气是无色无～的。 Pure air is colourless and odourless. ❷（动）同“嗅”。
另见658页 chòu。

袖 xiù ❶（名）（袖子）sleeve：～长 the length of the sleeves ❷（动）（藏在袖子里）tuck inside the sleeve：他～着手，踱来踱去。 He paced the floor，his hands tucked deep in his sleeves.

【袖标】（名）armband

【袖口】（名）cuff（of a sleeve）；wristband：衬衫～ wristband

【袖章】（名）armband；sleeve badge

【袖珍】（名）pocket；pocket-size：～字典 pocket dictionary／～计算器 pocket calculator

【袖子】（名）sleeve：卷起～ roll up one's sleeves

绣 xiù ❶（名）（绣成的物品）embroidery ❷（动）（刺绣）embroider：在桌布上～花 embroider flower on a tablecloth

【绣花】（动）embroider：在天鹅绒上～ do embroidery on velvet

嗅 xiù（动）（用鼻子辨别气味）smell；scent；sniff：警犬～来～去，终于找到了踪迹。 The police dog scented about till he found the trail.

【嗅觉】（名）sense of smell；scent：～很灵 have a keen sense of smell

xū

须 xū ❶（动）（须要；应当）must；have to：我们～做出很大努力。 We'll have to make a great effort. ❷（名）❶（胡须）beard；mustache：剃～ shave the beard ❷（动物须子）palpus；feeler ❸（植物的须子）tassel

【须发】（名）beard and hair

【须臾】（名）moment；instant：～之间，雨过天晴。 In an instant，the rain stopped and the sky cleared up.

【须知】❶（动）（一定要知道）one should know that；it must be understood that：～胜利来之不易。 It must be borne in mind that the victory is hard won. ❷（名）（必须知道的事项）notice；information：旅客～ notice to travellers，passengers，etc.

虚 xū ❶（名）（空虚）void；emptiness：乘～而入 get a chance to step in ❷（动）（空着）reserve space：～位以待 leave a seat vacant for sb. ❸（形）❶（空着的）empty；void；unoccupied：座无～席。 All seats were occupied. ❷（心虚；勇气不足）diffident；timid：由于没有做充分准备，他对参加这次竞赛感到心～。 He is diffident about the contest because he has not fully prepared. ❸（不真实；虚假）false；nominal：探听～实 try to find out the actual situation of ... ❹（不自满；虚心）humble；modest：～怀若谷 be extremely modest ❺（虚弱）weak；in poor health：冒～汗 perspire abnormal sweat ❹（副）（徒然；白白地）in vain：～有其表 appear better than it is

【虚报】（动）make a false report：～账目 cook accounts；falsify accounts

【虚度】（动）spend time in vain；waste：我们不能～青春。 We must not let our youth slip idly by.

【虚构】（动）fabricate；make up：～的情节 a made-up story；trumped-up story

【虚假】（形）false；sham：～证明 false testimony／～的友谊 hypocritical friendship

【虚惊】（名）false alarm：受了一场～ be the victim of false alarm

【虚荣】（名）vanity；vain glory：爱慕～ be vain

【虚弱】（形）❶（不结实）in poor health；weak；debilitated：病后身体很～ suffer from general debility after an illness ❷（软弱；薄弱）weak；feeble；flabby：兵力～ weak in military strength

【虚伪】（形）false；hypocritical：～的情谊 hypocritical affection

【虚线】（名）dotted line

【虚像】（名）virtual image

【虚心】（形）modest；open-minded：～学习 learn modestly；learn with an open mind

【虚张声势】（成）bluff and bluster

墟 xū（名）（已经荒废了的地方）ruins：废～ ruins

需 xū ❶（动）（需要）need；want；require：急～ need badly／所～物品 goods in great need ❷（名）（需要的东西）needs；necessaries：军～ military supplies

【需求】（名）requirement；demand；needs：满足消费者的～ supply consumer demand；meet the consumer's demands

【需要】❶（动）（应该有或必须有）need；want；require；demand：这本书我非常～。*I need this book badly．* ❷（名）（对事物的欲望或要求）needs：从群众的～出发 *make the needs of the masses as our starting point*

嘘 xū ❶（动）❶（慢慢地吐气）breathe out slowly ❷（叹气）utter a sigh：仰天而～ *staring up at the sky and sighing deeply* ❸（发出"嘘"声来制止、驱逐）hiss；boo：他们把他一下了台。*They hissed him off the stage．* ❷（叹）（表示制止、驱逐）hush：～！小声点儿，孩子们，你们太闹了。*Hush，boys，the party's getting noisy．*
【嘘声四起】（成）a wave of hisses all round；hiss and boo everywhere

xǔ

许 xǔ ❶（动）❶（称赞；承认优点）praise：赞～ *praise；commend* ❷（答应）promise：他～过我一张票。*He promised me a ticket．* ❸（允许；许可）allow；permit：此处不～吸烟。*Smoking is not permitted here．* ❹（许配）betroth a girl；engage to ❷（副）❶（也许；或许）maybe；possibly；perhaps：他今天没来，～是生病了。*He didn't come today；perhaps he's ill．* ❷（表示程度或大约的数目）about；approximately：少～ *somewhat；a little* ❸（名）（处；地方）place：何～人？ *Where does the person come from？*
【许多】（形）many；much；a great deal of；numerous：～人 *many people*
【许久】（形）for a long time；for ages：～以前 *a long time ago*
【许可】（动）permit；allow：如时间～ *if time permits*／天气～的话 *weather permitting*
【许可证】（名）licence；permit：没有～不准入内。*No entrance without a permit．*
【许诺】（动）promise；make a promise：他～过帮我解决困难。*He promised that he would help me out．*

xù

旭 xù（名）（刚出的太阳）the rising sun
【旭日】（名）the rising sun；the morning sun：～东升。*The red sun rises in the east．*

序 xù ❶（名）❶（次序）order sequence：井然有～ *be in perfect order* ❷（序文）preface：原～ *the original preface* ❷（动）（排次序）arrange in order
【序列】（名）❶（按次序排好的行列）align-ment；array；order：战斗～ *battle array* ❷［数］［计］sequence
【序幕】（名）prologue；prelude
【序数】（名）ordinal number
【序文】（名）preface；foreword

叙 xù（动）❶（说；谈）talk；chat：～家常 *chit-chat* ❷（记述；叙说）narrate；recount；relate ❸（评定等级、次第）assess；appraise：～功 *assess service and give credit for it*
【叙旧】（动）talk about the old days
【叙事】（动）narrate；recount
【叙述】（动）narrate；recount；relate：～自己的经历 *narrate one's experience*
【叙谈】（动）chat；chitchat：他们经常～过去的时光。*They often chat of old days．*

畜 xù（动）（畜养）raise
另见 661 页 chù。
【畜产品】（名）animal by-products：～产量 *output of livestock product*
【畜牧】❶（名）poultry ❷（动）raise livestock

酗 xù（动）〈书〉（沉湎于酒）be given to heavy drinking
【酗酒】（动）indulge in excessive drinking

绪 xù（名）❶（丝的头）thread end ❷（事情的开端）thread；order in sequence or arrangement：头～ *main threads；main lines* ❸（心情、思想等）mental or emotional state：心～不宁 *be in a state of agitation* ❹（事业；功业）task；cause；undertaking：续未竟之～ *carry on an unfinished task；take up where another has left off*
【绪言】（名）introduction

续 xù ❶（形）（连续不断）continuous；successive：陆～ *one after another；in succession* ❷（动）❶（接在原有的后头）continue；extend；join：这条绳子太短，再～上一截儿吧。*This piece of rope is too short．Join another piece on to it．* ❷（添；加）add；supply more：给客人～茶 *offer more tea to the guest*
【续编】（名）continuation；sequel：故事～ *a continuation of a story*
【续假】（动）extend one's leave of absence：～一星期 *have one's leave extended for another week*
【续借】（动）renew：书～两星期 *renew a book for another two weeks*

蓄 xù（动）❶（储存；积蓄）store up；save up：～洪防旱 *store floodwater for use against a drought* ❷（留着而不剃掉）grow：～发 *wear*

one's hair long ❸（心里藏着）entertain；harbour：～念已久 *have long entertained an idea*
【蓄电池】（名）storage battery
【蓄积】（动）store up；save up：水库可以～雨水。*Reservoirs can store up rainwater.*
【蓄谋】（动）premeditate：～已久 *long premeditated*
【蓄意】（动）deliberate；premeditated：～挑衅 *premeditated provocation*

xuān

宣 xuān（动）❶（公开说出来；传播、散布出去）declare；proclaim；announce：～誓 *take an oath*／心照不～ *have a tacit understanding* ❷（疏导）lead off；drain：～泄洪水 *drain off floodwater*
【宣布】（动）declare；proclaim；pronounce；announce：～独立 *declare independence*
【宣称】（动）profess；assert；declare；allege：被告～自己是无辜的。*The accused declared that he was innocent.*
【宣传】（动）disseminate；conduct；give publicity to：～交通规则 *publicize traffic regulations*
【宣读】（动）read out（in public）；read off：～论文 *present one's thesis*
【宣告】（动）declare；proclaim；pronounce：～成立 *proclaim the founding of（a state, organization, etc.）*
【宣判】（动）pronounce judgment：～有罪 *pronounce sb. guilty*
【宣誓】（动）make a vow；take an oath：～就职 *take an oath of office；be sworn into office*
【宣泄】（动）❶（使积水流走）lead off；drain：～洪水 *drain off floodwater* ❷（舒散；吐露）get sth. off one's chest；unbosom oneself：～心中的积郁 *give vent to one's pent-up feelings*
【宣言】（名）declaration；manifesto：和平与裁军～ *Declaration on Peace and Disarmament*
【宣扬】（动）publicize；propagate：大肆～ *give enormous publicity to*
【宣战】（动）declare war；proclaim war：起草～文告 *draw up the declaration of war*

喧 xuān（形）（声音大）noisy：锣鼓～天 *a deafening sound of gongs and drums*
【喧哗】❶（名）（声音大而杂乱）confused noise；hubbub；uproar：笑语～ *uproarious talk and laughter* ❷（动）（喧嚷）make a lot of noise
【喧闹】（名）noise and excitement：～声息了。*The noise subsided.*

【喧嚣】（动）❶（声音杂乱；不清静）noisy：～的车马声 *the noise of dense traffic* ❷（叫嚣；喧嚷）clamour；hullabaloo：大肆～ *raise a hullabaloo*

xuán

玄 xuán（形）❶（黑色）black；dark：～玉 *black jade* ❷（深奥）profound；abstruse；recondite：～理 *a profound theory* ❸（不实在；靠不住）unreliable；incredible：这话太～了。*That's pretty tall story.*
【玄妙】（形）mysterious；abstruse；profound：～莫测 *difficult to guess or comprehend*
【玄虚】（名）deceitful trick：故弄～ *purposely turn simple things into mysteries*

悬 xuán ❶（动）❶（挂）hang；suspend：～在空中 *suspend in midair* ❷（挂念）feel anxious；be solicitous：～念 *be concerned about（sb. who is elsewhere）* ❸（凭空设想）imagine ❷（形）❶（无着落；没结果）outstanding；unresolved：这事不能老～着，得抓紧解决。*We can't leave the matter unresolved any longer. Let's have it settled without delay.* ❷（距离远，差别大）far apart：～隔 *be separated by a great distance* ❸〈方〉（危险）dangerous：在快车道上骑自行车，可真～。*Cycling in the fast traffic lane is really dangerous.*
【悬案】（名）unsettled question；unsettled law case
【悬浮】（动）suspension：～染色 *suspension dyeing*
【悬挂】（动）hang；fly：半空中～着两个彩色大气球。*Two big coloured balloons were suspended in midair.*
【悬空】（动）hang in the air；suspend in midair
【悬念】❶（动）（挂念）be concerned about ❷（名）（电影、戏剧的）suspense：一篇充满～的侦探小说 *a suspenseful detective story*
【悬赏】（动）offer a reward：～缉拿逃犯 *set a price on a runaway criminal's head*
【悬殊】（形）great disparity；wide gap：贫富～ *a wide gap between the rich and the poor*
【悬崖】（名）overhanging cliff：～勒马 *rein in at the brink of the precipice*

旋 xuán ❶（动）❶（旋转）revolve；circle；spin：感到天～地转 *feel dizzy* ❷（返回；归来）return；come back：凯～ *return in triumph* ❷（副）〈书〉（不久，很快地）soon：入场券～即发完。*All the tickets were soon distributed.*
另见 1060 页 xuàn。
【旋律】（名）melody；canto

【旋钮】(名)knob：音量控制～ volume control knob

【旋塞】(名)cock：放水～ drain cock

【旋涡】(名)whirlpool；vortex

【旋转】(动)revolve；rotate；spin：顺时针方向～ clockwise rotation

xuǎn

选 xuǎn ⊖（动）❶（挑选）select；choose；pick：～一种你喜欢的样式 select a style that takes your fancy ❷（选举）elect：大～ general election ⊜（名）（挑选出来编在一起的作品）selections；anthology：诗～ selected poems

【选拔】(动)select；choose：～人才 select talented people

【选读】⊖（动）pick out（pieces or passages）to read；read excerpts ⊜（名）selected readings：文学～ selected readings in literature

【选购】(动)pick out and buy；choose：她为小女儿～了一件漂亮衣服。She chose a pretty dress for her little daughter.

【选集】(名)selected works；selections；anthology：现代戏剧～ an Anthology of Modern Drama

【选举】(动)elect；vote：～会议主席 elect a chairperson

【选美】(动)beauty contest

【选民】(名)voter；elector：～登记 registration of voters／全体～ the constituency

【选派】(动)select；detail：～代表参加会议 depute sb. to attend a conference

【选手】(名)an athlete selected for a sports meet：参加体操比赛的～有几百名。There were hundreds of contestants in the gymnastics competition.

【选修】(动)take as an elective course：我们班大部分同学～欧洲史。Most of the students of our class take European history as elective course.

【选择】(动)select；choose；opt：～日期 choose a date／～职业 choose an occupation

【选中】(动)pick on；decide on；settle on：她最后看了黄白条儿的那种料子。Finally，she decided on the white and yellow striped material.

xuàn

炫 xuàn（动）❶（光线晃眼睛）dazzle：光彩～目 blindingly bright；dazzling splendour ❷（夸耀）show off；display：自～其能 show off one's ability

【炫耀】(动)show off；flaunt：～力量 flaunt one's strength

绚 xuàn（形）（色彩华丽）gorgeous；effulgent

【绚丽】(形)gorgeous；magnificent：～的景色 magnificent scenery

眩 xuàn（形）❶（眼睛昏花）dizzy；giddy：头晕目～ feel dizzy ❷（迷惑；执迷）dazzled；bewildered

【眩晕】(名)dizziness：一阵～ a fit of dizziness

旋 xuàn ⊖（形）（旋转的）whirl：～风 whirlwind ⊜（动）（用车床切削或用刀子转着圈地削）turn sth. on a lathe；pare：给孩子～一个苹果吃。Peel an apple for the child. ⊜（名）（旋子）vessel for warming wine
另见 1059 页 xuán。

【旋床】(名)lathe

【旋风】(名)whirlwind

渲 xuàn（动）（渲染，中国画的一种画法）wash（a piece of drawing paper）with watercolours

【渲染】⊖（名）（国画的一种画法）apply colours to a drawing ⊜（动）（比喻夸大的形容）play up；exaggerate：～战争的恐怖 play up the horrors of war

xuē

削 xuē（动）（用力斜着去掉，专用于合成词）pare；whittle；cut：～足适履 cut one's feet to fit the shoes；act in a procrustean manner

【削价】(动)cut prices；lower the price：～甩卖 dump goods on the market at the fraction of their costs

【削减】(动)reduce；cut down：～非生产开支 cut down nonproductive expenditures

【削弱】(动)weaken；cripple：～某人的权力 weaken sb.'s power

xué

穴 xué（名）❶（岩洞；窟窿）cave；grotto：洞～ cave ❷（动物的窝）den；hole：蚁～ ant hole ❸（墓穴）grave ❹［中医］（穴位）acupuncture point；acupoint

【穴位】(名)acupuncture point；acupoint：～注射疗法 therapy of point injection

学 xué ⊖（动）❶（学习）study；learn：～文化 learn to read and write ❷（模仿）imitate；mimic：～某人的笔迹 imitate sb.'s handwriting ⊜（名）❶（学问）learning；knowledge：～识浅薄 have little learning ❷（学科）

subject of study；branch of learning：天文～ *astronomy* ❸（学校）school；college：上～ *go to school*

【学报】（名）academic journal；journal：大学～ *a college journal*

【学费】（名）tuition；tuition fee：交～ *pay tuition*

【学分】（名）credit：～制 *the credit system*

【学风】（名）style of study：发扬理论联系实际的～ *carry forward the style of study of integrating theory with practice*

【学会】❶（动）（学后能掌握）learn；master：～新技术 *master a new skill* ❷（名）（学术团体）society；institute：物理～ *the Physics Society*

【学科】（名）course；subject

【学历】（名）record of formal schooling：具有较高的～ *have a relative high educational level*

【学年】（名）school year：～考试 *year-end examination*

【学期】（名）school term；term：在学校度过 4 个～ *spend four terms at school*

【学生】（名）❶（在学校学习的人）student；pupil：医科～ *a medical student* ❷（向老师或前辈学习的人）disciple；follower

【学识】（名）learning；knowledge；scholarly attainments：～渊博 *have great learning*

【学士】（名）❶（文人）scholar：文人～ *scholar；men of letters* ❷（学位）bachelor：～学位 *bachelor's degree*

【学术】（名）learning；science：～领域 *sphere of learning*／～报告 *learned report*

【学说】（名）theory；doctrine：达尔文的进化论～ *Darwin's theory of evolution*

【学徒】（名）trainee；apprentice：～期满 *have served out one's apprenticeship*

【学位】（名）degree；academic degree：博士～ *doctor's degree；doctorate*／～证书 *diploma*

【学问】（名）learning；knowledge；scholarship：生物工程是一门新兴的～。*Bioengineering is an emergent branch of learning.*

【学习】（动）learn；emulate；study：～文化 *acquire an elementary education*；learn to read and write*

【学校】（名）school；academy；educational institution：师范～ *teachers school；normal school*

【学业】（名）one's studies；school work：中断～ *discontinue one's studies*

【学院】（名）college；academy；institute：美术～ *school of arts*

【学者】（名）scholar；learned man：访问～ *a*

visiting scholar

【学制】（名）❶（教育制度）educational system；school system：～改革 *reform in the school system* ❷（学习年限）length of schooling：缩短～ *shorten the period of schooling*

xuě

雪 xuě ❶（名）（空气中降落的白色结晶）snow；积～ *bear snow* ❷（动）（洗掉耻辱、仇恨、冤枉等）wipe out（a humiliation）；avenge：～耻 *avenge an insult*

【雪白】（形）snow-white

【雪崩】（名）snowslide；snowslip

【雪耻】（动）avenge an insult；wipe out a humiliation or disgrace：报仇～ *avenge a grievance and wipe out a disgrace*

【雪糕】（名）ice cream

【雪花】（名）snowflake：～在空中飞舞。*Snowflakes are dancing in the air.*

【雪茄】（名）cigar

【雪亮】（形）bright as snow；shiny：把自行车擦得～ *polish the bike till it has a good shine*

【雪片】（名）snowflake：贺电如～飞来。*Messages of congratulations poured in.*

【雪橇】（名）sled；sleigh

【雪中送炭】（成）provide timely help

xuè

血 xuè ❶（名）（血液）blood：抽～ *draw blood*／出～ *bleed* ❷（形）（有血统关系的）related by blood：～亲 *blood relation*
另见 1049 页 xiě。

【血案】（名）murder case：～如山 *with a long list of bloody crimes*

【血管】（名）blood vessel：～瘤 *haemangioma；angioma*／～硬化 *vascular sclerosis*

【血汗】（名）sweat and toil：～钱 *money earned by hard toil*

【血库】（名）blood bank

【血脉】（名）blood vessel；blood relationship；blood lineage：～相通 *be related by blood*

【血球】（名）blood cell

【血统】（名）blood relationship；blood lineage；extraction：中国～的外国人 *foreign nationals of Chinese descent*

【血吸虫】（名）blood fluke

【血小板】（名）platelet

【血型】（名）blood type：～分类 *blood grouping；blood typing*

【血压】（名）blood pressure：高～ *high blood pressure*／低～ *low blood pressure*

【血液】（名）blood：新鲜～ *fresh blood*

【血债】（名）a debt of blood
【血战】（动）bloody battle：一场～ a bloody battle

xūn

勋 xūn（名）（功勋）merit；meritorious service；achievement
【勋章】（名）medal；decoration：荣誉～ Medal of Honor／自由～ Medal of Freedom

熏 xūn ➊（动）❶（烟、气等接触物体）smoke；fumigate：臭气～天 stink to heaven ❷（熏制）treat with smoke；smoke：～火腿 smoked ham ➋（形）（书）（和暖）warm：～风 a warm southerly breeze
【熏鸡】（名）smoked chicken
【熏染】（动）exert a gradual，corrupting influence on：受环境～ gradually influenced by environment
【熏陶】（动）exert a gradual，uplifting influence on；nurture：在集体主义精神的～下，孩子们互相关心、互相帮助。Nurtured in the spirit of collectivism，the children care for each other and help each other.
【熏鱼】（名）smoked fish；bloated fish

醺 xūn（形）（酒醉）drunk：醉～～的 dead drunk；tight
【醺醺大醉】（成）be irrecoverably drunk

xún

寻 xún（动）（找）look for；search；seek：自～烦恼 bring trouble on oneself
【寻常】（形）ordinary；usual；common：～人家 an ordinary family
【寻访】（动）look for；try to locate；make inquiries about
【寻欢作乐】（成）seek pleasure and make merry
【寻机】（动）look for an opportunity：～突围 seek an opportunity to break out of an encirclement
【寻觅】（动）seek；look for：这幅古画我们已～多年了。We have been looking for this old painting for years.
【寻求】（动）seek；go in quest of；explore：～打开僵局的途径 explore possible paths for ending the stalemate
【寻找】（动）seek；look for；search：～失物 look for lost articles／～真理 seek truth

巡 xún（动）（巡查；巡视）patrol；make one's rounds：外出～视 set out on a round of official calls
【巡捕】（名）police；policeman：～房 police station
【巡回】（动）go the rounds；tour；make a circuit of：剧团正在全国各地～演出。The theatrical troupe is touring the country.
【巡逻】（动）patrol；go on patrol：水上警察缉私船沿海～搜寻走私犯。The coast-guard cutter cruised along the coast looking for smugglers.
【巡视】（动）make an inspection tour；tour：～各地 make an inspection tour of various places
【巡洋舰】（名）cruiser

询 xún（动）（询问）ask about；inquire：查～ make inquiries about
【询问】（动）（征求意见；打听）ask about；inquire：～某人的情况 inquire about sb.

循 xún（动）（遵守；依照；沿袭）follow；abide by：～声望去 look in the direction of sound
【循环】（动）circulate；cycle；repeat；loop：～不息 move in endless cycles
【循序】（动）in proper order or sequence：～渐进 follow in order and advance step by step
【循循善诱】（成）be good at giving systematic guidance；teach with skill and patience

xùn

训 xùn ➊（动）❶（教导；训诫）lecture；teach；train：他专爱～人。He's always lecturing people. ❷（解释）explain ➋（名）（准则）standard；model；example：遵循先父的遗～ follow the teachings of one's deceased father
【训斥】（动）reprimand；rebuke：他考试不及格，受到爸爸的～。He got a reprimand for his failing in test from his father.
【训词】（名）admonition；instructions；keynote address
【训导】（动）instruct and guide
【训诲】（动）instruct；teach
【训诫】（动）❶（教导告诫）admonish；advise ❷（对犯罪者进行公开的批评教育）rebuke；reprimand；be reprimanded
【训练】（动）train；drill；practise：～部队 train troops

讯 xùn ➊（动）（讯问）interrogate；question：审～犯人 interrogate a prisoner ➋（名）（消息；信息）message；dispatch：电～ a telegraphic report；dispatch

【讯问】（动）❶（审问）interrogate；question：～被告人 interrogate the defendant ❷（问）ask about；inquire about：向医生～病人的病情 ask a doctor about the condition of a patient

汛 xùn（名）（河流定期的涨水）flood；high water：防～ flood control

【汛期】（名）flood season；high-water season：在～期间，受灾人民受到了国际社会的同情和支持。The flood victims have received both sympathy and assistance from the international community during the flood season.

【汛情】（名）flood situation：～严重。The flood is serious.

迅 xùn（形）（快；迅速）fast；swift；rapid：～跑 run swiftly

【迅捷】（形）fast；quick；agile

【迅猛】（形）swift and violent：水势～异常。The flood roared on, swift and violent.

【迅速】（形）rapid；speedy；quick：动作～ swift in action；quick-moving

驯 xùn ➊（形）（驯服的；善良的）tame and docile：这匹马很温～。This horse is very tame. ➋（动）（使顺服）tame；domesticate：善于～虎 good at taming tigers

【驯服】➊（形）（顺从的）docile；tame：猫是很～的。Cats are very docile. ➋（动）（使顺从）tame；break；domesticate：这匹野马终于被～了。The wild horse was finally broken in.

【驯良】（形）tractable；docile；tame and gentle

【驯养】（动）raise and train；domesticate

逊 xùn ➊（动）（让出）abdicate ➋（形）❶（谦虚；谦恭）modest：出言不～ speak insolently／谦～ modest ❷〈书〉（差；比不上；不及）inferior：稍～一筹 be slightly inferior

【逊色】（名）inferior：毫无～ be by no means inferior

殉 xùn（动）❶（殉葬）be buried alive with the dead ❷（牺牲）sacrifice one's life for：以身～职 die at one's post

【殉国】（动）die for one's country

【殉难】（动）die for a just cause or for one's country

【殉情】（动）die for love

【殉葬】（动）be buried alive with death：这里出土了大量～品。A large number of sacrificial objects were unearthed here.

Y

yā

压 yā ㊀（动）❶（对物体施压力）press；push down；hold down；weigh down：～扁 *press flat*；*flatten* ❷（使稳定；使平静）keep under control；control；quell：～低嗓门 *lower one's voice* ❸（压制）bring pressure to bear on；suppress；daunt；intimidate：以 势 ～ 人 *overwhelm people with one's power* ❹（逼近）approach；begetting near ❺（搁着不动）pigeonhole；shelve：这份公文～了不少时间。*This document was pigeonholed for quite some time.* ㊁（名）（压力）pressure：水～ *hydraulic pressure*

【压倒】（动）overpower；overwhelm；prevail over：～一切的任务 *an overriding task*

【压服】（动）force to submit：解决思想问题只能靠说服，不能～。*Ideological problems can be solved only through persuasion, not by coercion.*

【压价】（动）force prices down；demand a lower price：～出售 *undersell*

【压力】（名）pressure；overwhelming force：大气～ *a atmospheric pressure*

【压迫】（动）❶（强制别人）oppress；repress ❷（对有机体某部施加压力）constrict：病人胸部有～感。*The patient feels a constriction in the chest.*

【压强】（名）pressure；intensity of pressure：～计 *pressure gauge*

【压缩】（动）reduce；compress；condense；cut down：空气是可以～的气体。*Air is a compressible gas.*

【压抑】（动）❶（情绪、感情低落）constrain；inhibit；depress；hold back：精神～ *feel much depressed* ❷（憋闷）oppressive；stifling：胸口感到～ *feel tight in the chest*

【压榨】（动）❶（压取汁液）press；squeeze：～葡萄汁 *press the juice from grapes* ❷（剥削或搜刮）oppress and exploit：高利贷者～穷人。*The usurer squeezed the poor people.*

【压制】（动）❶（强力限制）suppress；inhibit；stifle；repress：～不同意见 *clamp down on different opinions* ❷［机］（用压的方法制造）pressing；calendering：～玻璃 *pressed glass*

押 yā ㊀（动）❶（把财物交给对方作为保证）give sb. as security；mortgage；pawn；pledge：这房子以两万美元～给银行。*The house is mortgaged to the bank for twenty thousand dollars.* ❷（扣留）detain；take into custody：被抓起来～做人质 *be captured and detained as a hostage* ❸（跟随着照料或看管）escort：～车 *escort goods on a train* ㊁（名）（签的名字或画的符号）signature；mark in lieu of signature：画～ *mark in lieu of signature*

【押金】（名）deposit；cash pledge

【押送】（动）send under guard；escort

【押运】（动）escort in transportation：～货物 *transport goods under the escort of sb.*

鸦 yā（名）（鸟类的一属）crow

【鸦片】（名）opium：～战争 *Opium War*

鸭 yā（名）（鸟类的一科）duck：公～ *drake*

【鸭蛋】（名）❶（鸭生的蛋）duck's egg ❷（零分）zero（as a score or mark）

【鸭梨】（名）a kind of pear

【鸭绒】（名）duck's down；eiderdown：～背心 *duck's down waistcoat*

yá

牙 yá（名）❶（牙齿）tooth：拔～ *extract a tooth* ❷（象牙）ivory：～筷 *ivory chopsticks* ❸（形状像牙齿的东西）tooth like thing

【牙齿】（名）tooth：爱护～ *take good care of one's teeth*

【牙膏】（名）toothpaste

【牙关】（名）mandibular joint：～紧闭 *lockjaw*

【牙科】（名）dentistry：～医生 *dentist*；*dental surgeon*

【牙签】(名)toothpick
【牙刷】(名)toothbrush
【牙痛】(名)toothache
【牙医】(名)dentist

芽 yá (名)(植物刚长出来的可以发育成茎、叶或花的部分)bud;sprout;shoot:幼～ budlet
【芽孢】(名)gemma;brood

崖 yá (名)❶(山石或高地陡直的侧面)precipice;cliff:悬～绝壁 sheer precipice and overhanging rocks ❷(边际)limit;margin

yǎ

哑 yǎ (形)❶(不能说话的)mute;dumb:他又聋又～。He's deaf and dumb. ❷(嘶哑的)hoarse;husky:嗓子喊～了。Shout oneself hoarse. ❸(炮弹、子弹等打不响的)(of bomb,etc.) unexploded
【哑巴】(名)a dumb person;mute:你今儿个怎么～了? Why are you so silent today?
【哑口无言】(成)be left without an argument:他论辩有力,把对方说得～。His forceful argument silenced his opponent.
【哑谜】(名)puzzling remark;riddle:别给我们打～啦! Don't keep us guessing!

雅 yǎ (形)❶(高尚的;不粗俗的)refined;elegant:你这房间的布置～得很。Your rooms is furnished in excellent taste. ❷(合乎规范的)standard;proper;correct ❸(敬辞,用于称对方的情意、举动):～教 your esteemed opinion
【雅观】(名)refined;nice-looking;good taste:很不～ most unseemly;rather unsightly
【雅兴】(名)aesthetic mood:～不浅 be really in an aesthetic mood;have a really keen interest in sth.
【雅致】(形)tasteful;refined:陈设～ tastefully furnished
【雅座】(名)private room

yà

轧 yà (动)❶(碾;滚压)roll;run over:把路面～平 roll a road surface ❷(排挤)oust;squeeze out;push out:倾～ engage in internal strife;jostle against each other
另见 1106 页 zhá。

亚 yà ❶(形)❶(较差的)inferior;second:不～于人 second to none;not inferior to anyone ❷(次一等)sub:～种 subspecies ❷(名)(亚洲)short for Asia:东南～ Southeast Asia

【亚军】(名)second place;runner-up:他在百米赛跑中得了～。He came second in the 100-metre dash.
【亚热带】(名)subtropical zone:～果树 subtropical fruit tree
【亚运会】(名)Asian Games:第 11 届 ～ the 11th Asian Games
【亚洲】(名)Asia:～杯 the Asian Cup

yān

咽 yān (名)(咽头)pharynx
另见 1069 页 yàn。
【咽喉】(名)❶(咽头和喉头)pharynx and larynx ❷(险要的交通孔道) strategic passage;key link

胭 yān (名)(胭脂)rouge:擦～抹粉 paint rouge and powder
【胭脂】(名)rouge

烟 yān (名)❶(物质燃烧时产生的气体)smoke:满屋子都是～。The room was full of smoke. ❷(像烟的东西)mist;vapour:云～clouds and mist ❸(烟草)tobacco:点～ light up a cigarette ❹(鸦片)opium:禁～ ban opium/～枪 opium pipe
【烟草】(名)tobacco:～种植园 tobacco plantation
【烟囱】(名)funnel;chimney;stove pipe:打扫～ sweep a chimney
【烟斗】(名)pipe
【烟盒】(名)cigarette case
【烟火】(名)fireworks;smoke and fire:严禁～! Smoking or lighting fires strictly forbidden!
【烟具】(名)smoking set
【烟幕】(名)smoke screen;smoke curtain:放～ put up a smoke screen
【烟雾】(名)smoke;smog;mist:厨房里～腾腾 The kitchen is filled with steam and smoke.
【烟消云散】(成)vanish like smoke and disperse like clouds:她方才那一阵兴奋又～了。Her high spirits of a moment ago suddenly passed away like a breath of wind.
【烟瘾】(名)a craving for tobacco:他～可大了。He's a heavy smoker.

淹 yān (动)❶(淹没)flood;submerge;inundate:大雨过后,路被～了。The road was under water after the heavy rain. ❷(皮肤被汗液等浸痛或痒)be tingling from sweat ❸〈书〉(停留;滞留)stay;stop over
【淹埋】(动)flow or blow over and cover com-

pletely：一段铁路被淤泥～了。*A section of the railway was buried in mud* .

【淹没】（动）flood；drown；inundate：河里涨水，小桥都～了。*The river flooded and submerged the small bridge* .

【淹死】（动）be drowned

嫣 yān（形）（容貌美好的）handsome；beautiful

【嫣然】（形）beautiful；sweet：～一笑 *give a charming smile*

yán

延 yán（动）❶（延长）prolong；extend；protract：～年益寿 *prolong life*；*lengthen life-span* ❷（向后推迟）postpone；delay：拖～谈判 *put off a negotiation* ❸〈书〉（聘请）engage；send for：～师 *engage a teacher*

【延长】（动）lengthen；extend；prolong：～会议时间达 10 分钟 *prolong the meeting by 10 minutes*

【延迟】（动）delay；prolong；postpone；defer；lag；hold over：～付款 *be tardy in one's payments*

【延缓】（动）delay；postpone；put off：～衰老 *prevent premature senility*

【延期】（动）postpone；defer；put off：～付款 *delay payment*

【延伸】（动）extend；stretch；elongate：森林～到边界。*The forest extends to the border* .

【延误】（动）delay；incur loss through delay：～时机 *miss an opportunity owing to a delay*

【延续】（动）continue；last；go on：干旱～了半年之久。*The drought lasted for as long as six months* .

【延展】（动）extend

严 yán（形）❶（严密的；紧密的）tight；rigorous：他的嘴很～。*He is tight-mouthed* . ❷（严格的；严厉的）strict；severe；rigorous；stern：～于律己 *set strict demands on oneself*

【严办】（动）deal with severely

【严惩】（动）punish severely：～入侵之敌 *deal the invaders with a crushing blow*

【严冬】（名）severe winter

【严格】（形）strict；rigorous；rigid：～的规则 *strict rules*

【严寒】（形）severe cold；bitter cold：～酷暑 *in freezing winter and in sultry summer*

【严谨】（形）❶（严密谨慎）strict；rigorous：～的治学态度 *rigorous scholarship* ❷（紧密）compact；well-knit：文章结构～。*The essay is well-knit* .

【严禁】（动）strictly forbid；prohibit：～吸烟 *Smoking is strictly prohibited* .

【严峻】（形）severe：遇到～考验 *meet a severe test*／经受住～的考验 *withstand a severe test*

【严酷】（形）❶（严厉；严格）harsh；bitter：在～的事实面前 *facing the cold facts* ❷（残酷；冷酷）cruel；ruthless

【严厉】（形）severe；stern：～对待 *handle very sternly*

【严密】（形）tight；close；strict：～监视 *put under close surveillance*；*keep close watch over*

【严肃】❶（形）❶（令人敬畏）serious；solemn；earnest：～认真 *be strict and conscientious* ❷（认真）serious；sober；earnest：～对待 *take a grave view of the matter* ❷（动）（使严肃）enforce：～党纪 *enforce Party discipline*

【严刑】（名）cruel torture：～逼供 *extort a confession by cruel torture*

【严正】（形）solemn and just；serious and principled：～立场 *solemn and just stand*

【严重】（形）serious；solemn；critical：～后果 *serious consequences*

言 yán ❶（名）❶（话）speech；word：发～ *make a speech* ❷（汉语的一个字）character；word：全书近 20 万～。*It is a book of nearly 200,000 words* . ❷（动）（说）say；talk；speak：自～自语 *talk to oneself*

【言传】（动）explain in words：只可意会，不可～。*Only to be sensed , not explained* .

【言辞】（名）one's words；what one says：～恳切 *be sincere in what one says*／～不逊 *make impertinent remarks*；*speak insolently*

【言论】（名）opinion on public affairs：～自由 *freedom of speech*

【言谈】（名）the way one speaks：～举止 *speech and deportment*

【言行】（名）words and deeds：～一致 *suit one's action to one's words*

【言语】（名）spoken language：简洁的～ *brief speech*

岩 yán（名）（岩石）rock；cliff；crag

【岩层】（名）rock stratum；rock formation

【岩洞】（名）grotto

【岩浆】（名）magma

【岩溶】（名）karst：～地貌 *karst landform*

【岩石】（名）rock：～力学 *rock mechanics*

【岩心】（名）core

炎 yán ❶（形）（极热的）scorching；burning hot：～夏 *hot summer* ❷（名）（炎症）inflammation：因感染发～ *be inflamed by infection*

【炎热】（形）scorching；blazing；burning hot：经

受住～ *withstand intense heat*
【炎暑】（名）sweltering summer days；hot summer；dog days
【炎夏】（名）hot summer
【炎症】（名）inflammation

沿 yán ⊖（介）（顺着）along：～路设岗 *set up sentinels along the streets* ⊜（动）❶（依照）follow（a tradition，pattern，etc.）：世代相～ *be handed down from generation to generation* ❷（镶边）trim（with tape，ribbon，etc.）：～鞋口 *trim the top of a shoe* ⊜（名）（边，多用在名词后）edge；border：床～ *the edge of a bed*
【沿岸】（名）bank；along the bank；along the beach；coast：长江～ *along the ChangJiang River*
【沿海】（名）coast；along the coast：～航行 *coastal navigation；cabotage*
【沿路】（名）on the way；along the road；throughout a journey：～都种着树。*There are trees all along the road.*
【沿途】（名）on the way；throughout journey：参观团～受到热情的接待。*The visiting group was warmly received throughout its journey.*
【沿袭】（动）carry on as before：～陈规 *follow convention*
【沿线】（名）along the line：铁路～的村镇 *villages and towns along the railway line*
【沿用】（动）continue to use：～常规 *follow conventional lines*

研 yán（动）❶（细磨）grind；polish；pestle：把某物～成细末 *grind sth. into fine powder* ❷（研究）study：钻～历史 *grind at history*
【研究】（动）❶（探求）study；research：～自然规律 *study the laws of nature* ❷（考虑或商讨）consider；discuss：这些问题现在正在～。*These matters are under review.*
【研究生】（名）postgraduate：考～ *take a graduate admission test*
【研究员】（名）researchist
【研磨】（动）grind；polish；pestle
【研讨】（动）discuss；deliberate：～会 *symposium；seminar*
【研制】（动）prepare；manufacture；develop：～一种新产品 *research and produce a new variety of products*

盐 yán（名）（食盐；盐类）salt：加点儿～ *add a little salt*／食～ *common salt*
【盐层】（名）salt deposit；salt bed
【盐湖】（名）salt lake
【盐水】（名）salt solution
【盐酸】（名）hydrochloric acid

筵 yán ❶（名）（古人席地而坐时铺的席）formerly，a bamboo mat spread on the floor for people to sit ❷（筵席）feast；banquet：盛～ *grand banquet*
【筵席】（名）feast；banquet

颜 yán（名）❶（脸，脸上的表情）face；countenance：和～悦色 *with a kind and pleasant countenance* ❷（体面）面子 prestige；face：无～见人 *be ashamed to see others* ❸（颜色）colour：穿得五～六色 *be dressed in all the colours of the rainbow*
【颜料】（名）pigment；colouring：油画～ *oil colours*／天然～ *natural pigments*
【颜面】（名）❶（脸部）face；～神经 *facial nerve* ❷（体面）面子 prestige；face：顾全～ *save face*
【颜色】（名）❶（色彩）colour：你最喜欢什么～？*What colour do you like most?* ❷（显示给人看的厉害的脸色或行动）countenance；facial expression：给他一点儿～看看 *make it hot for him；teach him a lesson*

yǎn

奄 yǎn ⊖（动）〈书〉（覆盖）cover；overspread ⊜（副）〈书〉（忽然）突然）all of a sudden
【奄奄一息】（成）at one's last gasp；on the verge of death

衍 yǎn〈书〉⊖（动）（开展；发挥）spread out；develop；amplify ⊜（形）（多余）redundant；superfluous ⊜（名）❶（低而平坦的土地）low and smooth land ❷（山坡）hillside ❸（沼泽）marsh
【衍变】（动）develop；evolve
【衍射】（名）diffraction：～角 *angle of diffraction*／～线 *diffracted ray*

掩 yǎn（动）❶（遮盖；掩蔽）cover；hide：她双手～面。*She covered her face in her hands.* ❷（关；合）shut；close：虚～着门 *with the door left unlocked or unlatched* ❸〈方〉（被卡住）get squeezed：小心门～了手。*Don't get your fingers caught in the door.* ❹（乘人不备进行袭击）attack by surprise：～袭 *launch a surprise attack*
【掩蔽】（动）shelter；screen；cover；mask：高射炮上有树枝～着。*The antiaircraft guns were covered with tree branches.*
【掩藏】（动）hide；conceal：把某物～起来不让

某人看见 *hide sth. out of sb.'s sight*

【掩盖】(动)cover；conceal；blanket：谎言～不了事实. *Lies cannot cover up the facts.*

【掩护】(动)shield；cover：在宗教外衣～下 *be under the veil of religion*

【掩埋】(动)bury：把某物～在地下 *hide sth. in the ground*

【掩饰】(动)(使用手法掩盖)cover up；conceal；gloss over：～内心的激动 *conceal one's inner excitement*

眼 yǎn ❶ (名) ❶(眼睛)eye：扫视某人一～ *run one's eyes over sb.* ❷(小洞；窟窿)small hole；aperture：拿锥子扎个～儿 *pierce with an awl* ❸(事物的关键所在)key point：节骨～儿 *critical juncture* ❷ (量)(用于井等)：两～井 *two wells*

【眼巴巴】(副) ❶(急切地盼望)eagerly；anxiously：大家～地盼望他回来. *We were eagerly looking forward to his return.* ❷(急切地看着不如意的事情发生而无可奈何)helplessly：他～地看着老鹰把小鸡抓走了. *He helplessly looked on when the hawk snatched the chick away.*

【眼光】(名) ❶(视线)eye：大家的～都集中到他身上了. *Everyone turned their eyes on him.* ❷(观点)view；way of looking at things：他开始用新的～来观察周围事物. *He began to view everything around him in a different light.* ❸(观察事物的能力)sight；foresight；insight：历史～ *historical perspective*/政治～ *political foresight*

【眼睫毛】(名)eyelash

【眼睛】(名)eye：她那双～十分动人. *Her eyes are very beautiful.*

【眼镜】(名)eyeglass；glasses；spectacles：一副～ *a pair of spectacles*

【眼看】 ❶ (副)(马上)soon；in a moment：暴风雨～就要来了. *The storm will start any moment.* ❷ (动)(听凭)watch helplessly：咱们哪能～着他走邪道不管呢? *How can we sit idly by and watch him go astray?*

【眼泪】(名)tears：流～ *shed tears*

【眼里】(名)within one's vision：看在～，记在心里 *bear in mind what one sees*

【眼前】(名) ❶(跟前)before one's eyes：～是一片碧绿的稻田. *Before our eyes was a stretch of green paddy fields.* ❷(目前)at the moment；at present；now：胜利就在～. *Victory is at hand.*

【眼色】(名)hint given with the eyes；meaningful glance：她给我递了个～. *She cast me a meaningful glance.*

【眼神】(名)expression in one's eyes：从他的～里,我能猜测他的心事. *I can guess what's on his mind from the expression in his eyes.*

【眼熟】(形)look familiar：这人看着很～. *That person looks familiar.*

【眼下】(名)(目前)at the moment；at the present；now：～正是秋收大忙季节. *We're right in the middle of the autumn harvest rush.*

【眼睁睁】(副)looking on helplessly or unfeelingly：咱不能～地看着庄稼被水淹了. *We can't just sit here and watch the crops being flooded.*

演 yǎn (动) ❶(演变；演化)develop；evolve：～绎 *deduction* ❷(发挥)deduce；elaborate ❸(依照程序练习或计算)drill；practise：操～ *drill；demonstrate* ❹(表演；演出)perform；play；put on：重～一出戏 *put on an old play*

【演变】(动)develop；evolve：从猿到人的～过程 *evolution from ape to man*

【演唱】(动)sing：能～很多歌曲 *have a large repertoire*

【演出】(动)perform；show；put on a show：登台～ *appear on the stage*

【演讲】(动)give a lecture；make a speech：发表～ *deliver an address*

【演示】(动)demonstrate：工人们为我们～了他们自己的发明创造. *The workers gave us demonstration of their own inventions.*

【演说】 ❶ (动)(说明事理)deliver a speech；make an address ❷ (名)(发表的见解)speech：做告别～ *make a farewell address*

【演习】(动)drill；practice；exercise：军事～ *military manoeuvre；war exercise*

【演戏】(动) ❶(演出戏剧)put on a play；act in a play：他～很投入. *He got into the character when he was acting in a play.* ❷(装假)playact；pretend：他没病,纯粹在～. *He was not ill but was putting on a show.*

【演员】(名)actor；actress；performer：主要～ *featured players*/舞台～ *a stage performer*

【演奏】(动)perform；play a musical instrument：～数种乐器 *play on several musical instruments*

【演奏会】(名)concert

【演奏家】(名)concert performer

yàn

厌 yàn (动) ❶(满足)be satisfied：贪得无～ *be insatiably greedy* ❷(因过多而不喜欢)be fed up with；be bored with：不～其烦 *be willing to take all the trouble* ❸(憎恶)be disgusted with；detest：喜新～旧 *dislike the*

old and take a delight in the new

【厌烦】(动)be sick of;be fed up with;boredom:他非常～他现在做的工作。*He is thoroughly fed up with his job at the moment.*

【厌倦】(动)be tired of;be weary of:整天坐办公室,我早就～了。*I've long been tired of sitting in an office all day.*

【厌世】(动)be world weary;be pessimistic

【厌恶】(动)detest;abhor;abominate;be disgusted with:大家都～他。*Everybody is disgusted with him.*

咽 yàn (动)(吞)swallow:～口水 *take a swallow of water*
另见 1065 页 yān。

【咽气】(动)die;breathe one's last

艳 yàn ❶(形)❶(色彩光泽鲜明好看的)gorgeous;colourful;gaudy:这布的花色太～了。*The cloth is too gaudy.* ❷(关于爱情方面的)amorous:～诗 *love poem in a flowery style* ❷(动)〈书〉(羡慕)admire

【艳丽】(形)bright-coloured;gorgeous:～夺目 *of dazzling beauty*

【艳羡】(动)admire immensely

唁 yàn (动)(对遭遇丧事者表示慰问)extend condolences:吊～ *condole*

【唁电】(名)telegram of condolence;message of condolence

【唁函】(名)letter of condolence

宴 yàn ❶(动)(请人或聚会在一起吃酒饭)entertain at a banquet;fete:～客 *entertain guests at a banquet;give a banquet* ❷(名)(酒席;宴会)feast;banquet:盛～ *a grand banquet;a magnificent feast* ❸(形)(安乐的;安闲的)ease and comfort

【宴会】(名)banquet;feast;dinner party:举行～ *give a banquet*

【宴会厅】(名)banquet hall:国宴在人民大会堂～举行。*State banquets are given in the banquet hall of the Great Hall of the People.*

【宴请】(动)entertain to dinner;fete:～贵宾 *entertain the distinguished guests*

【宴席】(名)banquet;feast

验 yàn (动)❶(察看;查考)examine;check;test:～货 *check goods* ❷(产生预期的效果)prove effective;produce the expected result:灵～ *be effective*/应～ *come true*

【验货】(动)examine goods

【验收】(动)check and accept;check before delivery:逐项～ *check item by item before acceptance*

【验血】(动)blood test

【验证】(动)test and verify:～理论 *verify a theory*

谚 yàn (名)(谚语)proverb;saying:农～ *peasant's proverb;farmers' saying*

【谚语】(名)proverb;saying;adage

雁 yàn (名)(鸟类的一属)wild goose

焰 yàn (名)(火苗)flame;blaze:烈～ *blazing fiercely*

【焰火】(名)fireworks

燕 yàn (名)(鸟类的一科)swallow:家～ *house swallow*/一群飞～ *a flight of swallows*

【燕麦】(名)oats

【燕尾服】(名)swallowtail;tailcoat

【燕窝】(名)edible bird's nest

赝 yàn (形)〈书〉(伪造的)counterfeit;fake

yāng

央 yāng ❶(动)❶(恳求)entreat:我能～你一件事吗? *May I ask a favor of you?* ❷(终止;完结)end;finish:夜未～。*The night is not yet spent.* ❷(名)(中心)centre:房间中～ *the middle of a room*

【央告】(动)beg;plead;implore:苦苦～ *beg piteously*

【央求】(动)beg;plead;implore:不管我怎么～,她就是不答应。*No matter how earnestly I plead with her,she wouldn't agree.*

殃 yāng ❶(名)(祸害)calamity;disaster;misfortune:遭～ *suffer disaster* ❷(动)(使受祸害)bring disaster to:祸国～民 *bring calamity to the country and the people*

【殃及】(动)bring disaster to:这场暴风雪～上万牧民。*The snowstorm was a disaster to thousand of herdsmen.*

秧 yāng (名)❶(植物的幼苗)seedling;sprout:黄瓜～儿 *cucumber sprout* ❷(稻苗)rice seedling:插～ *transplant rice seedlings* ❸(某些植物的茎)vine;stem:白薯～ *sweet potato vine*

yáng

扬 yáng (动)❶(高举;往上升)raise:～眉 *raise one's eyebrows* ❷(往上抛撒)throw up and scatter;winnow:～掉谷壳 *winnow the*

husks from the grain ❸(传播出去)spread; make known:～名 become celebrated

【扬名】(动)make a name for oneself;become famous:～天下 become world-famous

【扬琴】(名)dulcimer

【扬声器】(名)loudspeaker

【扬言】(动)threaten:～要进行报复 threaten to retaliate

羊 yáng(名)(哺乳动物)sheep:放～ put sheep out to pasture;graze sheep

【羊毛】(名)sheep's wool;wool;fleece:纯～的 of pure wool/剪～ shear the sheep

【羊毛背心】(名)cardigan

【羊毛衫】(名)woollen sweater;cardigan

【羊皮】(名)sheepskin:一双～靴子 a pair of sheepskin boots

【羊肉】(名)mutton:烤～串 mutton cubes roasted on a skewer

阳 yáng ❶(名)❶(太阳;日光)the sun:夕～ the setting sun ❷(山的南面,水的北面)south of a hill or north of a river ❸(男性生殖器)male genitals ❷(形)❶(外露的;表面的)open;overt ❷(属于活人或人世的)belonging to this world;concerned with living beings:～宅 human habitation ❸[物](带正电的)positive:～离子 positive ion

【阳光】(名)sunlight;sunshine:～充足 full of sunlight;with plenty of sunshine

【阳极】(名)positive pole;anode

【阳历】(名)solar calendar

【阳台】(名)balcony

杨 yáng(名)poplar

【杨柳】(名)poplar and willow

【杨树】(名)poplar

佯 yáng(动)(假装)pretend;feign;sham:～作不知 feign ignorance;pretend not to know

【佯攻】(动)feign attack

【佯言】(动)allege falsely;tell lies:～不知情 pretend ignorance

洋 yáng ❶(名)❶(海洋)ocean:四大～ the four oceans ❷(洋钱)silver coin ❷(形)❶(盛大的;丰富的)vast;multitudinous ❷(外国的;外国来的)foreign:恐～ be in awe of foreigners ❸(现代化的)modern:土～结合 combine indigenous methods with modern ones

【洋白菜】(名)cabbage

【洋葱】(名)onion

【洋房】(名)foreign-style house

【洋鬼子】(名)foreign devil

【洋气】(形)foreign flavour;Western style;穿着～ be dressed in an ostentatious Western style

【洋溢】(动)brim with;be permeated with:宴会上～着团结友好的热烈气氛. The banquet was permeated with a warm atmosphere of unity and friendship.

yǎng

仰 yǎng(动)❶(脸向上)face upward:～着睡 sleep on one's back/～头 raise one's head ❷(敬慕)admire;respect;look up to:敬～ revere;venerate ❸(依靠;依赖)rely on;depend on:～人鼻息 live at the mercy of others

【仰面】(名)face upward:～朝天 lie on one's back/～倒下 fall on one's back

【仰慕】(动)admire;look up to:～盛名已久. I have long been aware of your high fame.

【仰视】(动)look up:～天空 look up at the sky

【仰望】(动)look up at:～星空 look up at the starlit sky

【仰卧】(动)lie on one's back

【仰泳】(动)backstroke

【仰仗】(动)rely on;look to sb. for backing:我们～你啦! We rely on you!

养 yǎng ❶(动)❶(供养)support;provide for:我从小没了父母,是姑姑把我～大的. I lost my parents when I was a child, and was brought up by my aunt. ❷(饲养,培植)raise;keep;grow:～鸭 raise ducks ❸(生育)give birth to:她～了个儿子. She gave birth to a boy. ❹(培养)form;acquire;cultivate:～成良好的习惯 cultivate good habits ❺(使身心得到滋补或休息,以增进精力或恢复健康)rest;heal;recuperate one's health:你这回病得不轻,应该好好～一～. You've been seriously ill and should take a good rest. ❻(养护)maintain;keep in good repair:～路 maintain a road or railway ❷(形)(抚养的;非亲生的)foster;adoptive:～父 foster father

【养病】(动)recuperate;take rest:他在家～呢. He's recuperating at home.

【养护】(动)maintain;conserve:道路～ road maintenance

【养活】(动)support;feed:～一家子 support a family

【养老】(动)❶(奉养老人)provide for the aged ❷(年老闲居休养)live out one's life in retirement

【养老金】(名)old-age pension

【养料】(名)nutriment;nourishment:树根从土

壤中汲取水分和～。*The roots of trees draw water and nourishment from the soil .*

【养神】（动）repose；rest to attain mental tranquility：闭目～ *sit in repose with one's eyes closed*

【养生】（动）care for life；conserve one's vital powers：懂得～之道 *have the secret of keeping good health*

【养育】（动）bring up；rear：～子女 *bring up children*

【养殖】（动）breed：～海带 *cultivate kelp*

氧 yǎng（名）［化］（气体元素）oxygen

【氧化】（动）oxidize；oxidate

【氧化铁】（名）ferric oxide

【氧化物】（名）oxide

【氧气】（名）oxygen

痒 yǎng（动）（皮肤或黏膜受到轻微刺激时引起想挠的感觉）itch；tickle：浑身发～ *itch all over*

【痒痒】（动）itch；tickle：蚊子咬得腿上直～。*The mosquito bites on my legs itch terribly .*

yàng

样 yàng ❶（名）❶（形状）appearance；shape：几年没见，他还是那个～儿。*It's years since I last saw him , but he still looks the same .* ❷（样品）sample；model；pattern：抽查事物的种类）kind；type：提供多～化的娱乐活动 *afford amusements of various kinds*

【样本】（名）sample book；specimen：临摹习字～ *imitate a model for copying*

【样品】（名）sample；specimen：符合～的规格 *come up to sample；be up to sample*

【样式】（名）pattern；form；type；style：提供最新～ *supply the latest model*

【样样】（名）every kind；each and every；all：～俱全 *have all kind of things*

【样子】（名）❶（形状）appearance；shape：这件大衣的～很好看。*This coat is well cut .* ❷（神情）manner；air：看他那高兴的～！*How happy he looks !* ❸（作为标准供模仿）sample；model；pattern：给我个～照着做。*Give me a model to follow .* ❹〈口〉（趋势）tendency；likelihood：天像是要下雨的～。*It looks like rain .*

yāo

夭 yāo ❶（动）（夭折）die young；come to a premature end ❷（形）（草木茂盛的）tender；

young

【夭亡】（动）die young

【夭折】（动）❶（未成年而死）die young ❷（事情中途失败）come to a premature end：谈判中途～。*The negotiations came to a premature end .*

约 yāo（动）〈口〉（用秤称）weigh；measure：给我～一公斤猪肉。*Weigh me out one kilo of pork .*

另见 1098 页 yuē。

妖 yāo ❶（名）（妖怪）goblin；demon；evil spirit：～不胜德。*Evil never prevail over good .* ❷（形）❶（邪恶而迷惑人的）evil and fraudulent：施～术 *practise black art* ❷（装束奇异的）bewitching：～艳 *be enticing*

【妖怪】（名）monster；bogy；demon；evil spirit

【妖娆】（形）〈书〉enchanting；fascinating：～迷人 *seductive and fascinating*

【妖艳】（形）（艳丽而不庄重）pretty and coquettish

【妖冶】（形）（美丽而不正派）pretty and coquettish

要 yāo（动）❶（求）demand；ask ❷（强迫；威胁）force；coerce

另见 1073 页 yào。

【要求】（动）demand；ask；request：～收回某物 *claim sth . back*

【要挟】（动）coerce；put pressure on；threaten：～对方 *put pressure on the other party*

腰 yāo（名）❶（腰部）waist；small of the back：齐～深 *waist-deep；up to the waist* ❷（裤腰）waist：裤～ *waist of trousers* ❸（腰包；衣兜）pocket：我～里还有些钱。*I've still got some money in my pocket .* ❹（事物的中间部分）middle：半山～ *halfway up the mountain*

【腰带】（名）belt；waistband

【腰身】（名）waistline；waist；waist measurement；girth：她的～很细。*She has a slender waist .*

【腰围】（名）waistline；waist measurement：你的～粗了。*Your waistline is getting bigger .*

邀 yāo（动）❶（邀请）invite；request：～几个朋友来打桥牌 *invite some friends over for a game of bridge* ❷〈书〉（求得）solicit；seek：～准 *seek approval；ask permission*

【邀集】（动）call together；invite to meet together：今天～大家来开个座谈会。*You have been invited here today to hold a forum .*

【邀请】（动）invite：～代表团来中国访问 *invite*

a delegation to visit China
【邀请赛】（名）invitation game

yáo

窑 yáo（名）❶（烧制砖瓦等的建筑物）kiln；石灰～ *limekiln* ❷（土法生产的煤矿）pit；小煤～ *small coal pit* ❸（窑洞）cave dwelling
【窑洞】（名）cave dwelling

谣 yáo（名）❶（歌谣）ballad；rhyme；民～ *popular verse*；ballad ❷（谣言）rumour；散布～言 *spread a rumour*
【谣传】（名）rumour；hearsay：这只是～而已。*This is mere hearsay.*
【谣言】（名）rumour：有关战争的～引起惊慌。*Warlike rumours caused a panic.*

摇 yáo（动）（摇摆；使物体来回地动）shake；wave；rock；turn：～铃 *ring the bell*
【摇摆】（动）sway；swing；rock；vacillate：船在浪中～。*The boat rocked in the swell.*
【摇摆舞】（名）rock and roll
【摇动】（动）❶（摆动）wave；shake；swing：向某人～手指 *wag one's finger at sb.* ❷（摇东西使它动）sway；rock：房子在地震中～。*The house was rocked by the earthquake.*
【摇滚乐】（名）swing music；rock and roll
【摇晃】（动）rock；sway；shake：在风中～ *shake in the wind*
【摇篮】（名）cradle：把婴儿放在～里。*Lay the baby in the cradle.*
【摇手】（动）shake one's hand
【摇头】（动）shake one's head：他说起话来～晃脑。*He has a way of nodding and rolling his head about priggishly whenever he speaks.*
【摇曳】（动）flicker；sway：～的灯光 *flickering light*
【摇椅】（名）rocking chair

遥 yáo（形）（遥远的）distant；remote；far：千里之～ *be from afar*；*be a long way off*
【遥感】（名）remote sensing：红外～ *infrared remote sensing*
【遥控】（动）remote control：～飞机 *remote control aircraft*
【遥望】（动）look into distance
【遥想】（动）recall；recollect；reminisce：～当年 *reminisce about the good old days*
【遥遥】（副）far away；a long way off：～相对 *stand far apart facing each other*
【遥远】（形）distant；remote；faraway：～的将来 *the distant future*

杳 yǎo（形）〈书〉（远得不见踪影的）distant and out of sight：～无音信 *there has been no news whatsoever about sb.*

咬 yǎo（动）❶（上下牙齿用力对着）bite；snap at：～一口 *take a bite*；*have a bite* ❷（夹住；卡住）grip；bite：这个旧螺母～不住扣儿了。*This old nut won't bite.* ❸（狗叫）bark：鸡叫狗～。*Cocks crow and the dogs bark.* ❹（受责难时牵扯别人）incriminate another person when blamed or interrogated：反～一口 *make a false countercharge* ❺（正确地念出）pronounce；articulate：～字清楚 *clear articulation*
【咬紧牙关】（成）grit one's teeth；endure with dogged will：他～忍受。*He gritted his teeth and resolved to hold out.*
【咬文嚼字】（成）pay excessive attention to wording
【咬牙】（动）grit one's teeth：恨得直～ *gnash one's teeth in hatred*
【咬住】（动）❶（上下牙齿咬合）bite into；grip with one's teeth：用嘴～绳子 *grip the rope with one's teeth* ❷（盯住；抓住）grip；seize；take firm hold of：别老～我那句话不放。*Don't keep nagging me about that remark of mine.*

窈 yǎo
【窈窕】（形）〈书〉（文静而美好的，指女子）gentle and graceful：～淑女 *a quiet and modest maiden*；*a gentle and graceful young woman*

药 yào ❶（名）❶（药物）medicine；drug；remedy：你吃过～了吗？*Have you taken your medicine yet?* ❷（某些有化学作用的物质）certain chemicals；insecticide；pesticide ❷（动）〈书〉❶（用药治疗）cure with medicine：不可救～ *incurable*；*incorrigible* ❷（用药毒死）kill with poison：把老鼠～死 *kill rats with rat poison*
【药材】（名）medicinal materials
【药店】（名）drugstore；pharmacy
【药方】（名）prescription；formula
【药剂】（名）drug；dose
【药剂师】（名）druggist
【药酒】（名）medicinal liquor
【药棉】（名）absorbent cotton
【药片】（名）tablet

【药品】（名）medicine；remedy
【药水】（名）liquid medicine
【药丸】（名）pill
【药箱】（名）medical kit；medicine chest：急救～ first-aid kit
【药效】（名）pesticide effect
【药性】（名）property of a medicine；drug properties

要 yào ⊖（形）（重要）important；essential：～事 an important matter ⊜（名）（重要的内容）essential points：摘～ summary；abstract ⊜（动）❶（希望得到；希望保持）want；ask for；wish；desire：他～一架手风琴． He wants an accordion． ❷（请求；要求）ask sb. to do sth：是你～我来的． It was you who asked me to come． ❸（想要）want to：他～学游泳． He wants to learn swimming． ❹（表示做某事的意愿）want；have a desire for：他～学世界语． He wants to learn Esperanto． ❺（需要；应该）must；should；it is necessary：我们～相信群众． We must have faith in the masses． ❻（将要）shall；will；be going to：天快～黑了． It is going to be dark soon． ❼（需要）need；take：这项任务～10天才能完成． It will take ten days to get the work done． ❽（表示估计，用于比较）might；must：你们～比我们辛苦得多． You must have had a much tougher time than we did． ⓴（连）（如果）if；suppose；in case：明天～下雨，我们就不去了． If it rains tomorrow，we won't go．
另见 1071 页 yāo。
【要不得】（动）no good；be intolerant：这种自私行为～。 Such selfish acts are not tolerated．
【要道】（名）thoroughfare：交通～ important line of communications；vital commute
【要点】（名）❶（主要内容）main points；key points：抓住～ grasp the main points ❷（重要的据点）key strong point：战略～ strategic point
【要犯】（名）important criminal
【要害】（名）❶（身体上致命的部分）vital part；crucial point：～部分 vital part ❷（比喻重要的部分、地点或部门）strategic point：地处～ be located at a strategic point
【要价】（动）charge；ask a price：对方在谈判中～越来越高． The other party demanded more and more in the negotiation．
【要紧】（形）❶（重要）important；essential：我有点～的事跟他商量． I have something urgent to discuss with him． ❷（严重）critical；serious：他只受了点儿轻伤，没什么～的． He was only slightly injured—nothing serious．

【要领】（名）❶（要点）main points；essentials；gist：不得～ fail to grasp the main points；not see what sb. is driving at；miss the point ❷（基本要求）essentials：掌握～ grasp the essentials
【要略】（名）summary；outline
【要么】（连）either...or：～他来，～我去，我们总得碰个头。 Either she comes here or I go there；In any case we've got to see each other．
【要命】（动）❶（使丧失）drive sb. to his death；kill：这活可真～． This work is really killing． ❷（程度达到极点）be confounded；extreme；be awful：热得～ awfully hot ❸（令人讨厌）be a nuisance：真～，车胎又没气了． What an awful nuisance，the tyre's flat again．
【要强】（形）be eager to excel；be anxious to outdo others
【要是】（连）suppose；if；in case：～下雨怎么办？ What if it rains？
【要素】（名）essential factor；key element：经济～ economic factor
【要闻】（名）important news；front-page story：～版 the front page of a newspaper
【要账】（动）demand payment of a debt；dun
【要职】（名）important post：身居～ hold an important post

钥 yào
【钥匙】（名）key：开门的～ key to a door

耀 yào ⊖（动）❶（阳光强烈地照射）shine；illuminate；dazzle：照～ shine upon；illuminate ❷（夸耀）boast；laud：夸～ boast about ⊜（名）（光荣）honour；credit：荣～ glory；honour
【耀眼】（形）dazzling；bright：雪原上的阳光～． The sunlight was dazzling on those plains of snow．

yē

椰 yē（名）（椰子）coconut tree；coconut palm
【椰油】（名）coconut oil；coconut butter
【椰子】（名）coconut tree；coconut palm

yé

爷 yé（名）❶〈方〉（父亲）father：～娘 father and mother ❷〈方〉（祖父）grandfather ❸（旧时对官僚、财主等的称呼）a form of address for an official or rich man；master；lord：少～ young master
【爷爷】（名）grandfather

yě

也 yě ㊀（副）❶（表示同样）also; too; as well; either:你不去，我～不去. *If you've not going, I'm not going either.* ❷（表示转折或让步）你不说我～知道. *You don't have to tell me; I know already.* ❸（表示强调）:他病得一点儿～不想吃. *He is so ill that he doesn't feel like eating anything.* ❹（表示委婉等语气）:～只好这样了. *We'll have to leave it at that.* ㊁（助）〈书〉❶（表示判断、解释等语气）:是不为～,非不能～. *This is a case of choosing not to, not of being unable to.* ❷（表示感叹）:何其毒～! *How pernicious!* ❸（用于句中,表示停顿）:大道之行～,天下为公. *When the great Tao prevailed, the whole world was one community.*

【也好】（助）❶（表示容忍）may as well:让他们自己干一干～,实践出真知嘛. *We might as well let them do it themselves, strict real knowledge comes from practice.* ❷（叠用,表示不以某种情况为条件）whether...or...; no matter whether:学习～,劳动～,他都很积极. *He is enthusiastic about both study and physical labor.*

【也许】（副）perhaps; maybe; probably:我～来,～不来. *I may or may not come.*

冶 yě ㊀（动）（熔炼）smelt ㊁（形）（女子装饰艳丽,含贬义）seductively dressed or made up:妖～ *pretty and coquettish*

【冶金】（名）metallurgy:～炉 *metallurgical furnace; furnace*

【冶炼】（动）smelt:～操作 *smelting operation*

野 yě ㊀（名）❶（野外）open country; the open:开拓荒～ *pioneer wilderness; subdue the wilderness* ❷（界限）limit; boundary:分～ *line of demarcation* ❸（不当政的地位）not in power; out of office:在～ *be not in office* ㊁（形）❶（野生的;非驯养的）wild; uncultivated; untamed:采～花 *pick wild flowers* ❷（蛮横的;粗鲁的）rough; 撒～ *act wildly; behave rudely* ❸（不受约束的）abandoned; unruly:出去～跑 *run wild*

【野餐】（名）picnic

【野草】（名）weeds:～丛生 *be overgrown with weeds*

【野果】（名）wild fruit

【野蛮】（形）❶（不文明）uncivilized; savage:过着～的生活 *live in savagery* ❷（蛮横残暴）barbarous; cruel; brutal:～的行为 *barbarous act; savage behaviour*

【野兽】（名）wild beast; wild animal

【野兔】（名）hare

【野外】（名）open country; outdoor:去～旅行 *go on excursion to an open country*

【野心】（名）wild ambition; careerism:狂妄的～ *audacious ambition*

【野性】（名）wild nature; unruliness:～难改. *Wild nature can't be changed easily.*

【野营】（名）camp:～一周 *camp for a week*

【野战】（名）field operations:装备一支～部队 *equip a field army*

【野猪】（名）wild boar

yè

业 yè ㊀（名）❶（行业）line of business; trade; industry:开～ *be open for business* ❷（职业）occupation:择～ *choose one's work for life* ❸（学业）course of study:毕～ *finish school* ❹（事业）cause; enterprise:立～ *start one's career* ❺（产业）estate; property:家～ *family property* ㊁（动）（从事）engage in:～农 *engage in farming* ㊂（副）（已经）already:～已核实 *have already been verified*

【业绩】（名）outstanding achievement:光辉～ *glorious achievements*

【业务】（名）vocational work; professional work; business:钻研～ *diligently study one's profession*

【业余】（形）❶（工作时间以外的）sparetime; after hours:他利用～时间给同志们修收音机. *He repaired radios for his comrades during his spare time.* ❷（非专业的）amateur:～文艺工作者 *amateur literary and art workers*

叶 yè（名）❶（叶子）leaf; foliage:红花绿～ *red flowers and green leaves* ❷（像叶子的）leaf-like thing:一～扁舟 *a small boat* ❸（较长时间的分段）part of a historical period:20世纪中～ *the middle of the twentieth century*

【叶轮】（名）vane wheel; impeller:～泵 *vane pump*

【叶片】（名）blade:～式压缩机 *vane compressor*

【叶子】（名）leaf

页 yè（名）（张）page; leaf:这本书掉了一～. *A leaf is missing from the book.*

【页码】（名）page number

曳 yè（动）（拖;拉;牵引）drag; haul; tug:弃甲～兵（*of troops*）*throw away their armour and trail their weapons behind*

夜 yè（名）（从天黑到天亮的一段时间）night; evening:冬天昼长～短. *In winter, the days*

are short and the nights long.

【夜班】（名）night shift；值～ be on night duty；work on the night shift

【夜半】（名）midnight；～时分 at midnight

【夜车】（名）❶（夜里开出、到达或经过的火车）night train ❷（夜间工作或学习）：开～ work or study deep into the night

【夜大学】（名）evening university

【夜航】（名）night flight；night navigation

【夜间】（名）night；at night；nighttime：～行军 march by night

【夜景】（名）night scene：一幅壮丽的长江大桥～ the magnificent view of the Changjiang bridge at night

【夜空】（名）the night sky：一道道探照灯光划破～. Searchlight beams pierced the night sky.

【夜幕】（名）curtain of night：～笼罩着大地. The land is enveloped in a curtain of darkness.

【夜色】（名）starlight；moonlight：趁着～ by starlight or moonlight

【夜晚】（名）night：在一寒冷的～ on a chill night

【夜宵】（名）midnight snack

【夜以继日】（成）day and night；round the clock：工程正在～地进行. Work on the project is going on day and night.

液 yè（名）（液体）liquid；fluid；juice：冷却～ cooling fluid／胃～ gastric juices

【液冷】（名）[机]liquid cooling

【液态】（名）[物]liquidstate：制造～空气 make liquid air

【液体】（名）liquid；liquor：～是物质存在的三种形态之一。 Liquid is one of the three states in which matter exists.

【液压】（名）hydraulic pressure：～泵 hydraulic pump／～表 hydraulic pressure gauge

腋 yè（名）[生理]（腋窝）armpit

【腋臭】（名）underarm odour

yī

一 yī ❶（数）❶（最小的正整数）one：～瓶牛奶 one bottle of milk ❷（同一）same：意见不～. Opinions differ. ❸（另一）also；otherwise ❹（全；满）whole；all；throughout：～冬 the whole winter；all winter；throughout the winter ❺（专一）concentrated；wholehearted：专心～意 singled-minded；concentrated ❻（单一；唯一）single；alone：你～个人行吗？ Can you manage all by yourself? ❼（表示动作是一次或短暂的）：等～等 wait a bit ❽（每

一）each；per；every time：～小时 60 公里 at 60 kilometres per hour ❷（副）（一旦；一经）once；as soon as：你～看就会清楚的. You will be clear about it as soon as you look at it.

【一败涂地】（成）fail completely；suffer a crushing defeat：他在西药业信用～. He had become completely discredited in the Western drug business.

【一般】（形）❶（一样）same as；just like：他们俩～高. The two of them are the same height. ❷（普通；通常）general；ordinary；common：～工作人员 ordinary personnel；an ordinary member of the staff

【一半】（数）one half；half；in part：农作物歉收～是由于干旱，～是由于虫灾. The crop failure was due in part to drought and in part to insect pests.

【一包】（名）one packet

【一辈子】（名）all one's life：～也忘不了. I won't forget as long as I live.

【一边】（名）❶（一面；一方）one side：这块木料只有～光滑. Only one side of this piece of wood is smooth. ❷（旁边）by the side；beside：她站在～看着我们玩桥牌. She stood on one side watching us play bridge. ❸（表示一个动作与另一个动作同时进行）while；at the same time：他悠闲地往前走，～唱着歌儿. He sang as he strolled leisurely along.

【一次】（数）once：我只跟他见过～面. I've met him only once.

【一道】（副）together；alongside；side by side

【一等】（名）first rate；top grade；first class：～品 first-rate product

【一定】❶（形）❶（规定的；确定的）fixed；regular：工人们每个月都有～的生产指标. The workers have fixed monthly production quotas. ❷（固定不变的）definite；constant：她一忙起来，吃饭睡觉都没有～的时间了. When she gets really busy，she doesn't keep regular hours for eating or sleeping. ❸（特定的）certain；specific：在～条件下 under given conditions ❹（相当的）proper；fair；due：达到～水平 reach a fairly high level ❷（副）（必定）surely；certainly；be bound to：我们的目标～能达到. Our goal must be attained.

【一度】❶（数）（一次）once；at one time；for a time：一年～ once or a time；yearly；annually ❷（副）（有过一次）on one occasion：他因病～休学. He stopped going to school for a time on account of illness.

【一发千钧】（成）a hundredweight hanging by a hair—in imminent peril：在这～的时刻 at this critical moment

【一帆风顺】（成）plain sailing

【一方面】（名）one side；on the one hand...，on the other hand：这只是事情的～。*This is only one side of the matter*.

【一概】（副）one and all；totally；all；without exception：～拒绝 *reject without exception*

【一共】（副）altogether；in all：～多少人? *How many are there altogether*?

【一贯】（形）consistent；all along：～方针 *consistent policy*／～原则 *consistent principle*

【一哄而散】（成）break up in a hubbub

【一晃】（动）flash：窗外有个人影，～就不见了。*A figure flashed past the window*.

【一会儿】（数）❶（很短的时间）a little while：咱们歇～。*Let's rest for a while*. ❷（在很短的时间内）in a while；in an instant；in a moment：我～就来。*I'll be coming in a moment*.

【一刻】（数）a short while；a moment：他在最后～失去了勇气。*His courage failed him at the last moment*.

【一路】●（名）❶（在整个的行程中）all the way；throughout the journey：～上说说笑笑 *chat cheerfully all the way* ❷（同一类）of the same kind：～货 *one of a kind*；*birds of a feather* ●（副）（一起）go the same way；take the same route：咱们是～吗? *Are we going the same way*?

【一路顺风】（成）happy landing；good journey

【一律】●（形）（一个样子）same；alike；uniform：不宜强求～。*No rigid uniformity should be sought*. ●（副）（无例外）all；without exception：值勤人员～佩戴臂章。*All personnel on duty are to wear an armband*.

【一鸣惊人】（成）amaze the world with brilliant feat；set the world on fire

【一模一样】（成）exactly alike；as like as two peas：她长得跟她母亲～。*She's the image of her mother*.

【一目了然】（成）be clear at a glance

【一贫如洗】（成）penniless；utterly destitute

【一齐】（副）at the same time；simultaneously：～努力 *make a concerted effort*

【一切】（代）all；every；everything：抓住～机会 *seize every opportunity*

【一瞬】（名）an instant；a flash：～即逝 *vanish in a flash*

【一丝不挂】（成）be stark naked

【一塌糊涂】（成）in a complete mess；in an awful state：他把事情弄得～。*He has made a mess of the job*.

【一同】（副）together；at the same time and place：～工作 *work together*

【一无所知】（成）know nothing about：真奇怪，他们至今对那样重要的事还～。*It's really surprising that they should still be in the dark about such important events*.

【一系列】（名）a series of：～问题 *a whole series of questions*

【一下】●（数）（表示做一次动作或试着做）one time；once：拍～他的肩膀 *give him a pat on the shoulder* ●（副）（短暂的时间）in a short while：请等～。*Wait a minute, please*.

【一小撮】（名）a handful：～战争贩子 *a handful of warmongers*

【一些】（数）some；a number of；a few；有～事情我还不明白。*There are a few things that still puzzle me*.

【一心一意】（成）heart and soul：他～要叫儿子去上学。*He was set on sending his son to school*.

【一行】（名）party；a group：代表团～15 人于昨日下午抵京。*The fifteen-person delegation arrived in Beijing yesterday afternoon*.

【一言难尽】（成）it's a long story：说来话长，其中底细，～。*It would take too long to tell you that in full*.

【一氧化碳】（名）carbon monoxide

【一氧化物】（名）monoxide

【一意孤行】（成）act willfully；insist on having one's own way

【一月】（名）January

【一再】（副）time and again：～宣称 *declare time and again*

【一直】（副）❶（不拐弯）straight；straight-forward：～往西走 *go straight towards the west* ❷（始终）always；all along：我～在等你。*I've been waiting for you all the time*.

【一致】（形）identical；unanimous；consistent：观点～ *hold identical views*

伊 yī ●（代）（他或她）he or she ●（助）〈书〉（用于词语的前面）：下车～始 *the moment one alights from the official carriage*

【伊拉克】（名）Iraq：～人 *Iraqi*

【伊朗】（名）Iran：～人 *Iranian*

【伊始】（动）beginning：就职～ *upon assuming office*

衣 yī（名）❶（衣服）clothing；clothes；garment：～不蔽体 *be in rags* ❷（包在物体外面的一层东西）coating；covering：糖～ *sugar coating*

【衣服】（名）clothing；clothes：外边冷，多穿些～。*It's cold outside. Put on more clothes*.

【衣柜】（名）wardrobe

【衣架】（名）clothes-rack；coat hanger

【衣料】（名）dress material：这种～适合做工作服。*This material is suitable for making*

overalls.

【衣箱】（名）trunk；suitcase

【衣着】（名）clothing；headgear and footwear：～整洁 *be neatly dressed*

医 yī ⊖（名）❶（医生）doctor；physician：军～ *medical officer*；*surgeon* ❷（医学）medical science；medicine：她是学～的。*She studies medicine*. ⊜（动）（医治）cure；treat：把他的病～好 *cure him of his illness*

【医科】（名）medicine；medical courses in general：～大学 *medical university*

【医疗】（名）medical treatment：～队 *medical team* / ～机构 *medical establishment*

【医生】（名）doctor：内科～ *physician*

【医书】（名）medical book

【医术】（名）medical skill：～高超 *have superb medical skill*

【医务】（名）medical matters：～工作者 *medical worker*

【医学】（名）medicine；medical science：～科学院 *academy of medical sciences*

【医药】（名）medicine：～常识 *general medical knowledge* / ～费 *medical expenses*

【医院】（名）hospital：综合性～ *general hospital*

【医治】（动）cure；treat；heal：～无效 *fall to respond to any medical treatment*

【医嘱】（名）doctor's advice

依 yī ⊖（动）❶（依靠；依仗）depend on；rely on；相～为命 *depend on each other for existence* ❷（依从；同意）comply with；listen to；yield to：不～不饶 *not forgive sb. and let him off easily* ⊜（介）（按照）according to；in the light of：～计行事 *act according to the plan*

【依次】（副）in proper order：他们～入座。*They take their seats in proper order*.

【依从】（动）comply with；yield to：她坚持要单独去，我只好～她了。*Since she insisted on going alone，I had to comply*.

【依旧】（副）still；as before：他～是那个老样子。*He still looks his old self*.

【依据】⊖（介）according to；in the light of：～上述意见 *in accordance with the above views* ⊜（名）（作为论断前提或言行基础的事物）basis；foundation：毫无～ *utterly baseless*

【依靠】⊖（动）（根据）rely on；depend on：～自己的力量 *depend on one's own strength* ⊜（名）（可以依靠的人或东西）sb. to fall back on；support；backing：生活有～ *have one's livelihood assured*

【依赖】（动）rely on；be dependent on：～别人 *be dependent on others*

【依然】（副）still；as before：～故我 *I'm just the same as before*.

【依照】（介）according to；in accordance with：～他的指示 *in accordance with his instructions*

yí

仪 yí（名）❶（人的外表）appearance；bearing：～表堂堂 *be noble and dignified* ❷（礼节；仪式）ceremony；rite：取消传统礼～ *abandon traditional ceremonies* ❸（礼物）present；gift：贺～ *present for wedding，birthday，etc*. ❹（仪器）apparatus；instrument：地震～ *seismograph*

【仪表】（名）❶（人的外表）appearance；bearing：～大方 *poised and graceful* ❷（各种测定仪）instrument and meter：～板 *instrument panel*；*dashboard*

【仪器】（名）instrument；apparatus：精密～ *precision instrument*

【仪容】（名）looks；appearance：～举止端庄淑静 *have a very modest bearing*

【仪式】（名）ceremony；rite；function：毕业～ *a graduation ceremony*

怡 yí（形）〈书〉happy；joyful；cheerful：心旷神～ *feel relaxed and happy*

【怡然】（形）pleasant and contented：～自得 *be happy and pleased with oneself*

宜 yí ⊖（形）（合适的）suitable；appropriate；fitting：老幼咸～ *suitable for both young and old* ⊜（动）（应当）should；ought to：对孩子不～要求过高。*You shouldn't ask too much of a child*.

【宜人】（形）pleasant；delightful：气候～ *pleasant weather*

贻 yí（动）〈书〉❶（赠送）make a gift of sth.；present ❷（遗留）bequeath；leave behind：～患 *sow seeds of disaster*

【贻害无穷】（成）entail untold troubles

【贻误】（动）affect adversely；bungle：～工作 *affect the work adversely*

姨 yí（名）❶（姨母）mother's sister；aunt ❷（妻子的姐妹）wife's sister

【姨妈】（名）aunt；maternal aunt

移 yí（动）❶（移动）move；remove；shift：把桌子～到那边去 *move the table over there* ❷（改变；变动）change；alter：～风易俗 *alter old customs and habit*

【移动】（动）（改变原来的位置）shift；move：冷

气团正向南～。*A cold air mass is moving southward.*

【移交】(动)transfer;turn over;deliver to:他临走前把工作～给我了。*Before he left，he handed over his job to me.*

【移居】(动)migrate;move one's residence:～国外 *emigrate to a foreign country*

【移民】● (动)(迁移至外地或外国)migrate;emigrate or immigrate:～某国 *immigrate into a country* ● (名)(迁移的人)emigrant or immigrant:取得～签证 *obtain immigrant visa*

【移植】(动)❶[农](移苗)transplant:～秧苗 *transplant seedlings* ❷[医](机体移植)transplanting;removal:心脏～ *a heart transplant*

遗 yí ●(动)❶(遗失)lose:～失 *lose* ❷(遗漏)omit;slip over:巨细无～ *observe everything，big or small* ❸(留下)leave behind;keep back:～恨绵绵 *feel a lasting remorse* ❹(指死人留下)leave behind at one's death:～骨 *remains(of the dead)* ●(名)(遗失的东西)something lost:路不拾～。*No one pockets anything found on the road.*

【遗产】(名)heritage;legacy:历史～ *a legacy of history* / 文化～ *cultural heritage*

【遗传】(名)inheritance;heredity:～特征 *hereditary feature;heredity*

【遗传学】(名)genetics

【遗憾】● (名)(感到悔恨或不称心的事)regret;pity:对此表示～ *express regret over the matter* ● (动)(不称心，感到十分惋惜)regret;sorry:很～，我不能去。*I am very sorry I won't be able to go.*

【遗留】(动)leave over;hand down:草案中仍然～几个问题。*There are still a few points to clear up in the draft.*

【遗漏】(动)omit;leave out;miss:～一行 *miss out a line*

【遗弃】(动)abandon;forsake;cast off:～妻儿 *forsake one's wife and children*

【遗失】(动)lose:他的借书证～了。*He has lost his library card.*

【遗孀】(名)widow

【遗忘】(动)forget:他学过的知识，很多都已经～了。*He's forgotten much of what he learned.*

【遗言】(名)last words;words of the deceased

【遗愿】(名)last wish;unfulfilled wish of the deceased

【遗嘱】(名)will;testament:立～ *make a will*

【遗著】(名)posthumous work

颐 yí ●(名)〈书〉(颊;腮)cheek ●(动)(保养)keep fit;take care of oneself

【颐和园】(名)the Summer Palace

【颐养】(动)keep fit;take care of oneself:～天年 *take good care of oneself so as to fulfill one's allotted life span*

疑 yí ●(动)(怀疑)doubt;disbelieve;suspect:～信参半 *be in a half-and-half state of belief and doubt* ●(形)(不能确定或解决的)doubtful;uncertain:存～ *leave the question open*

【疑案】(名)mystery;doubtful case

【疑点】(名)doubtful point:这个案件还有几个～。*There are still a few questionable points in the case.*

【疑惑】(动)feel uncertain;not be convinced;have doubts:～不解 *feel puzzled*

【疑虑】(名)misgivings;doubt:～重重 *be beset with doubts and worries*

【疑难】(形)difficult;knotty:解决～问题 *solve tangled problems*

【疑问】(名)doubt;query;question:毫无～。*There is no room for doubts.*

【疑心】(名)suspicion;doubt:起～ *cast doubt*

【疑义】(名)doubt;doubtful point:毫无～ *no doubt*

yǐ

乙 yǐ ●(名)(天干的第二位)the second of the ten Heavenly Stems ●(数)(第二)second

【乙醇】(名)[化]ethanol;alcohol

【乙醛】(名)[化] acetic aldehyde

【乙烯】(名)[化]ethylene

【乙种射线】(名)beta ray

已 yǐ ●(动)(停止)stop;cease;end:争论不～ *argue endlessly* ●(副)(已经)already:为时～晚。*It's too late.*

【已故】(形)deceased;late:～主席 *the late chairman*

【已经】(副)already:～到冬天了。*It's winter already.*

【已往】(名)before;previous;the past:他能记得～的事情。*He could remember events in the past.*

以 yǐ ●(介)❶(用;拿)with;by:～诚相待 *treat sb. with all sincerity* ❷(依;依照)according to:～此类推 *on the analogy of this* ❸(因)because of:不～失败自馁 *not lose heart because of failure* ❹(放在单纯的方位词前，表示时间、方位、数量的界限):20 年前 *twenty years ago or earlier* ●(连)(表示目的)in order to;so as to:～示区别 *so as to distinguish this from other cases*

【以便】（连）so that；in order to；so as to；with the aim of；for the purpose of：今晚做好准备，～明天一早动身。*Make preparations today for an early start tomorrow*.

【以后】（名）after；afterwards：全国解放～ *after the liberation of the whole country*

【以及】（连）so well as；along with：党和国家领导人～各有关方面负责人 *Party and government leaders as well as responsible cadres of departments concerned*

【以来】（名）since：长期～ *for a long time past*

【以理服人】（成）convince people by reasoning：只有～，才能使人心悦诚服。*Only by reasoning can we convince people completely*.

【以免】（连）in order to avoid：仔细检查～出错 *check carefully to avoid mistakes*

【以内】（名）within；less than：本年度～ *within this year*／50 人～ *less than fifty people*

【以前】（名）before；formerly：解放～ *before liberation*

【以求】（介）in order to；in the hope of：～生存下去 *in order to survive*

【以上】（名）❶（某一点以上）more than；over：10 岁～的孩子 *children of ten and over* ❷（指前面的话）the above；the foregoing：～是我的几点建议。*Those are a few of my suggestions*.

【以身试法】（成）defy the law

【以外】（名）beyond；outside；except：长城～ *beyond the Great Wall*

【以往】（名）before；in the past：今年的收成比～哪年都好。*This year's harvest is better than any previous year's*.

【以为】（动）think；believe：我还～是她呢。*I thought it was her*.

【以下】（名）❶（在某一点之下）below；under：零度～ *below zero；subzero* ❷（指下面的话）the following：～就来谈谈具体办法。*Now I'm coming to the concrete measures*.

【以至】（连）❶（表示延伸）down to；up to：循环往复，～无穷 *repeat itself in endless cycles into infinity* ❷（表示结果）to such an extent as to；so...that：他工作非常专心，～连饭都忘了吃。*He was so absorbed in his work that he even forgot his meals*.

【以致】（连）so that；as a result：他平时学习不努力，～考试不及格。*He hadn't studied hard so that he failed in the exam*.

倚 yǐ ❶（动）❶（靠着）lean on or against；rest on or against：～墙站着 *lean on the wall* ❷（仗恃）rely on；count on；depend on：～老卖老 *take advantage of one's seniority* ❸（形）〈书〉（偏；歪）biased；partial：不偏不～

unbiased；impartial

【倚靠】（动）❶（身体靠在物体上）lean on or against；rest on or against：她轻轻～在他肩上。*She leaned lightly against his shoulder*. ❷（依靠）depend on；rely on

【倚仗】（动）rely on；count on：～权势 *rely on one's power and position*；count on one's powerful connections

椅 yǐ（名）（椅子）chair

【椅套】（名）chair cover

【椅子】（名）chair：舒适的～ *a cozy chair*

yì

亿 yì（数）a hundred million

【亿万】（数）millions upon millions

义 yì ❶（名）❶（正义）justice；righteousness：～不容辞 *be duty bound* ❷（情谊）human ties；relationship：无情无～ *show ingratitude for favors* ❸（意义）meaning；significance：望文生～ *interpret the meaning of a word or sentence superficially* ❸（形）❶（合乎正义或公益）righteous；just：～行 *righteous deed* ❷（因抚养或拜认而成为亲属的）adopted；adoptive：～父 *adoptive father* ❸（人工制造的）artificial；false：～齿 *false tooth*

【义不容辞】（成）be duty-bound：维持世界和平是我们～的国际主义义务。*Maintaining world peace is our unshirkable internationalist duty*.

【义愤】（名）righteous indignation；moral indignation：～填膺 *be filled with indignation*

【义气】（名）personal loyalty；code of brotherhood：讲～ *be loyal to one's friend*

【义务】❶（名）（责任）duty；obligation：履行所承担的～ *carry out commitments* ❷（形）（不要报酬的）volunteer；voluntary：我是来尽～的。*I've come to do voluntary service*.

艺 yì（名）❶（技能；技术）skill：是个多才多～的人 *be a person of varied powers* ❷（艺术）art：登台献～ *put on a performance on stage*

【艺人】（名）❶（演员）actor；杂耍～ *music hall artists；variety show artists* ❷（手工艺人）handicraftsman

【艺术】❶（名）❶（文艺）art：民族～ *national art* ❷（富有创造性的方法）skill；art；craft：懂得打扮的～ *understand the art of how to be dressed* ❷（形）（形状独特而美观的）conforming to good taste：这个装饰品很～。*The decoration is in good taste*.

【艺术家】（名）artist：卓越的～ distinguished artist／天才的～ the talented artist

忆 yì（动）（回想心得）recall；recollect

【忆苦】（动）recall one's suffering：～会 a meeting to recall past suffering

议 yì ❶（名）（意见；言论）opinion；view：倡～ initiate；advocate ❷（动）（商议）discuss；exchange views on；talk over：参政～政 participate in government and discuss political affairs

【议案】（名）motion；proposal；bill：起草～ draw up a bill／提出～ present a bill

【议程】（名）agenda：安排～ prepare the agenda

【议订】（动）negotiate：与某人～契约 negotiate a contract with sb.

【议定书】（名）protocol：贸易～ trade protocol／附加～ additional protocol

【议会】（名）parliament；congress：解散～ dissolve parliament

【议论】（动）comment；talk；discuss：～不休 carry on endless discussions

【议题】（名）topic for discussion：提出一个～ mention a topic for discussion

【议员】（名）member of parliament；congressman or congresswoman：当选为～ be elected to parliament

【议院】（名）parliament；congress；legislative assembly

【议长】（名）president；speaker（of legislative body）

异 yì ❶（形）❶（有分别的；不相同的）different：～口同声 be all in one story ❷（奇异的；特别的）strange；unusual：～想天开 have one's head full of bees ❸（另外的；别的）other；another：～军突起 appear all of a sudden ❷（动）❶（惊奇；奇怪）surprise：惊～ be astonished ❷（分开）separate：～居 live separate rate

【异常】（形）❶（不同于寻常）unusual；abnormal：举止～ behave strangely ❷（非常）extremely；exceedingly：对某事～积极 be extremely active in sth.

【异国】（名）foreign country

【异口同声】（成）with one voice；in unison：大家～地称赞她献身教育事业的精神。Everybody spoke in praise of her devotion to the cause of education.

【异乡】（名）foreign land；strange land

【异性】（名）the opposite sex；different nature

【异样】（名）❶（不同）difference：多年没见了，看不出他有什么～。We haven't seen each other for many years，but he doesn't look any different. ❷（不寻常）unusual；peculiar：人们都用～的眼光打量他。Everyone sized him up with curious eyes.

【异议】（名）objection；dissent：提出～ raise an objection；take exception to；challenge

抑 yì（动）（向下按；压制）restrain；repress；curb：～价 keep down the prices

【抑郁】（形）depressed；despondent；gloomy：～不平 feel disgruntled

【抑止】（动）restrain；check

【抑制】（动）restrain；check；control：～自己的愤怒 restrain one's anger

译 yì（动）（翻译）translate；interpret：～成英语 translate into English

【译码】（名）decode

【译文】（名）translated text；translation：正式～ an official translation

【译员】（名）interpreter

【译者】（名）translator

【译制】（动）dub：～片 dubbed film

【译注】（动）translate and annotate：～古籍 translate and annotate ancient books

【译著】（名）translations

易 yì ❶（形）❶（容易的）easy：～轻信别人 be too ready to believe others ❷（平和的）amiable：平～近人 amiable and easy of access ❷（动）❶（改变；变换）change：～地而居 move to another place ❷（交换）exchange：以物～物 barter

【易货】（动）barter：～贸易 barter；barter trade

【易燃】（形）inflammable；combustible：～材料 inflammable material／～物 inflammables

【易熔】（形）fusible：～合金 eutectic alloy；low-melting alloy；bend alloy

益 yì ❶（名）（好处）benefit；profit；advantage：受～良多 derive much benefit ❷（形）（有益的）beneficial ❸（动）（增加）increase：延年～寿 prolong life ❹（副）（更加）all the more；increasingly：多多～善 the more，the better

【益虫】（名）beneficial insect

【益处】（名）benefit；profit；good；advantage：没得到什么～ gain little advantage

【益友】（名）friend and mentor：成为～ become one's helpful friend

逸 yì ❶（名）（安乐；安闲）ease；leisure：有劳有～ alternate work with rest ❷（动）❶（逃跑）escape；flee：逃～ escape ❷（散失；失传）be lost：～书 ancient works no longer extant ❸（超过一般）excel

【逸乐】（名）comfort and pleasure
【逸事】（名）anecdote

意 yì（名）❶（意思）meaning；idea；明白言外之～ *see an undermeaning* ❷（心愿；愿望）wish；desire；intention；善～地批评 *criticize with good will* ❸（人或事物流露的情态）suggestion；hint；trace：醉～ *signs or feeling of getting drunk*

【意大利】（名）Italy；～人 *Italian*
【意见】（名）❶（看法或想法）idea；view；opinion；suggestion：个人～ *individual opinion* ❷（反对或不满意）objection；differing opinion：我对她很有～。*I have a lot of complaints about her.*
【意境】（名）artistic conception
【意料】（动）expect；anticipate：这是～中的事。*That's to be expected.*
【意念】（名）idea；thought
【意识】❶（名）（人脑对客观世界的反映）consciousness：恢复民族道德～ *recover the moral consciousness of a nation* ❷（动）（觉察）be conscious of；be aware of：～到犯了错误 *be conscious of one's short comings*
【意识形态】（名）ideology：～方面普遍存在的问题 *problems prevalent in the realm of ideology*
【意思】（名）❶（语言文学的意义）meaning；idea：这个字的～是什么？*What is the meaning of this word?* ❷（意见；愿望）opinion；wish；desire：你是不是有～跟她见面？*Do you wish to meet her?* ❸（礼物代表的心意）a token of affection appreciation；gratitude ❹（趋势）look like；seem：天有放晴的～。*The weather looks promising.* ❺（情趣）interest；fun：我觉得学英语挺有～。*I think English study is very interesting.*
【意图】（名）intention；purpose；intent：他的～很明显。*His intention is obvious.*
【意向】（名）intention；purpose：～不明。*One's intention is not clear.*
【意义】（名）meaning；sense：在某种～上 *in a sense*
【意愿】（名）wish；desire；aspiration：表达人民的～ *express the wishes of the people*
【意旨】（名）intention；wish；will：秉承某人的～ *in compliance with sb.'s wish*
【意志】（名）will；willpower；determination：～薄弱 *weak-willed*
【意中人】（名）the person one is in love with

溢 yì ❶（动）（充满而流出来）overflow；spill：河水四～。*The river overflowed.* ❷（形）（过分）excessive：美～ *undeserved praise*；compliment

【溢出】（动）overflow；spill over：水从桶中～。*Water spilled from the pail.*

毅 yì（形）（坚决）firm；resolute
【毅力】（名）willpower；will；stamina：惊人的～ *amazing willpower*
【毅然】（副）resolutely；firmly；determinedly

翼 yì（名）❶（翅膀）the wing of a bird：鼓～ *winnow the wings* ❷（像翅膀的东西）the wings of an aeroplane：机～ *wings of an aeroplane* ❸（侧）side；flank：从左右两～夹攻敌人 *attack the enemy on both flanks*

yīn

因 yīn ❶（动）〈书〉（沿袭）follow；carry on：陈陈相～ *follow a set routine* ❷（介）❶（凭借；根据）on the basis of；in accordance with；in the light of：疗效～人而异。*The curative effect varies from person to person.* ❷（因为；由于）because of；as a result of：～雨，比赛延期了。*The game was postponed because of rain.* ❸（名）（原因）cause；reason：必有他～ *there must be some other reason* ❹（连）（因为）because；for：他～有其他事情未能出席。*He was absent because he had other things to attend to.*

【因此】（连）therefore；for this reason；consequently：雪融化时吸收热量，气温～下降。*Melting snow absorbs heat，and so makes the temperature drop.*
【因而】（连）thus；as a result；with the result that：新机器的运转速度要快一倍，～会大大降低成本。*The new machines will work twice as fast，thus greatly reducing costs.*
【因果】（名）cause and effect：～关系 *causality*／～倒置 *confuse cause and effect*
【因素】（名）factor；element：积极～ *positive factors*
【因为】（介）since；for；because；on account of：～治疗及时，他的伤好得很快。*His wound healed quickly because of timely treatment.*
【因由】（名）reason；cause；origin

阴 yīn ❶（名）❶（一切事物中的两大对立面之一）yin，the feminine or negative principle in nature ❷（月亮）the moon ❸（不见阳光的地方）shady place：树～ *the shade of a tree* ❹（山的北面，水的南面）north of a hill or south of a river ❷（形）❶（天空中绝大部分被云遮住的）overcast；cloudy：天～了。*The sky is overcast.* ❷（凹进的）in intaglio ❸（隐藏的；不露在外面的）hidden；secret；sinister：这个人真～。*This chap's very sinister.* ❹（属于鬼

神的；阴间的）of the nether world：～宅 graveyard ❺[物]（带负电的）negative

【阴暗】（形）dark；gloomy：天色～．*The sky is dark.*／～的角落 *a dark corner*

【阴部】（名）private parts；pudenda

【阴沉】（形）gloomy；cloudy；sombre：天色～．*The sky is cloudy.*

【阴电】（名）negative electricity

【阴魂】（名）soul；spirit：～不散 *the ghost lingers on；the evil influence remains*

【阴极】（名）[物]negative pole

【阴间】（名）the nether world

【阴历】（名）lunar calendar

【阴谋】（名）plot；scheme；conspiracy：～破坏 *plot sabotage*

【阴森】（形）gloomy；frightful：～的树林 *a deep，dark forest*

【阴天】（名）overcast；cloudy day：明天是～．*Tomorrow will be overcast.*

【阴性】（名）negative

【阴影】（名）shadow；shade；cloud：图画的～部分 *shaded parts of a picture*

【阴雨】（名）overcast and rainy

音 yīn（名）❶（声音）sound：发～ *enunciate sounds* ❷（消息）news；tidings：得不到回～ *receive no answer* ❸（音质）tone：纯～ *pure tone*

【音标】（名）phonetic symbol：国际～ *the International Phonetic Symbols*

【音波】（名）sound wave

【音调】（名）tone：悦耳的～ *dulcet tones*／宛如笛声的～ *flute-like tones*

【音符】（名）note；musical note

【音节】（名）syllable：～表 *syllabary*

【音量】（名）volume；sound volume：～控制 *volume control*

【音频】（名）audio frequency：～振荡器 *audio oscillator*

【音速】（名）speed of sound：超～ *supersonic*

【音响】（名）sound；acoustics；audio：～效果 *sound effects；acoustics*

【音像】（名）audio-visual：～出版社 *audio-visual publishing house*

【音信】（名）mail；message；news：互通～ *communicate with each other；be in correspondence with each other*

【音乐】（名）music：严肃～ *solemn music*

【音乐会】（名）concert：组织告别～ *organize a farewell concert*

【音乐家】（名）musician

【音乐学院】（名）conservatory of music

姻 yīn（名）❶（婚姻）marriage：婚～美满 *have a happy marriage* ❷（姻亲关系）relation by marriage；affinity

【姻亲】（名）relation by marriage

【姻缘】（名）the happy fate which brings lovers together；conjugal felicity：美满～ *a happy marriage*

殷 yīn（形）〈书〉❶（丰盛的）丰富的）abundant；rich ❷（深厚的）eager；ardent：～～叮嘱 *urge again and again* ❸（殷勤的）hospitable：招待甚～ *offer cordial hospitality* ❹（盛大的）grand；magnificent ❺（众多的）numerous；many

【殷切】（形）ardent；eager：～的期望 *ardent expectations*

【殷勤】（形）eagerly attentive；solicitous：受到～接待 *be accorded solicitous hospitality*

【殷实】（形）well-off；substantial：～人家 *well-off families*／家道～ *be a man of substance*

yín

吟 yín ❶（动）❶（吟咏）chant；recite：～诗 *recite or compose poetry* ❷（呻吟）groan；moan ❷（名）❶（古典诗歌的一种名称）song （as a type of classical poetry）：《秦妇～》 *"Song of a Qin Lady"* ❷（一些动物的叫声） the cry of certain animals：猿～ *monkeys squealing*

【吟诵】（动）chant；recite：～唐诗 *recite a Tang poem*

银 yín ❶（名）（金属元素）silver：纯～ *pure silver* ❷（形）❶（跟货币有关的）relating to currency or money：～行 *bank* ❷（像银子的颜色）silver-coloured：～发 *silver hair*

【银币】（名）silver coin

【银耳】（名）tremella

【银行】（名）bank：～储备金 *bank reserve*

【银河】（名）the Milky Way：～系 *the Milky Way system*

【银两】（名）silver（used as currency）

【银幕】（名）screen；projection screen：他看上去比在～上要年轻漂亮得多。*He looks much younger and handsome than on the screen.*

【银牌】（名）silver medal

【银器】（名）silverware

【银子】（名）silver

淫 yín（形）❶（过多或过甚的）excessive：～雨成灾．*Excessive rains became a calamity.* ❷（放纵的）loose；wanton：施～威 *abuse power* ❸（关于色情的）obscene；pornographic ❹（淫荡的）licentious；lewd；lascivious

【淫荡】（形）loose in morals；lascivious：～无耻 *licentious and shameless*

【淫秽】（形）obscene；salacious；bawdy；porno-graphic：～书刊 pornographic literature

【淫猥】（形）obscene：充满～内容的文学 litera-ture full of filth

龈 yín （名）(齿龈)gum

yǐn

引 yín （动）❶(牵引；拉)draw；stretch：～而不发 draw the bow but not discharge the ar-row ❷(引导)lead；guide：～路 lead the way ❸(离开)leave：～退 retire from office ❹(伸着)stretch：～吭高歌 sing with an out-stretched neck ❺(引起；使出现)lure；attract：抛砖～玉 cast a brick to attract jade ❻(惹；招)cause；make：他这一句话～得大家笑起来。His remark set everybody laughing. ❼(用来做证据或理由)quote；cite：广征博～ quote extensively

【引爆】（动）ignite；detonate：～装置 igniter

【引出】（动）draw forth；lead to：～结论 lead up to a conclusion

【引导】（动）guide；lead；pilot：把谈话～到自己热衷的话题 lead up to one's favorite topic

【引渡】（动）extradite：要求～逃犯 demand an extradition

【引号】（名）quotation marks

【引进】（动）import；introduce：～新品种 in-troduce a new variety

【引力】（名）gravitation；attraction：受到太阳的～ gravitate towards the sun

【引起】（动）give rise to；lead to；cause：～某人回忆 touch up sb.'s memory

【引擎】（名）engine：开动～ crank an engine

【引入】（动）lead into；draw into：～圈套 lure into a trap／～新品种 introduce new varieties

【引退】（动）resign；retire from office

【引言】（名）foreword；introduction：评论性的～ critical introduction

【引用】（动）quote；cite

【引诱】（动）lure；seduce：～某人做不正当生意 lure sb. into questionable dealings

【引证】（动）quote as proof；cite as evidence：恰当地～ quote appositely

饮 yín ●（动）❶(喝)drink：～茶 drink tea ❷(心里存着，含着)nurse；keep in the heart：～恨而终 die with a deep regret ●（名）(可以喝的东西)drink：冷～ cold drinks

【饮茶】（动）drink tea

【饮料】（名）drink；beverage；soft drink：瓶装～ bottled drinks

【饮食】（名）food and drink；diet：～无度 have an excess in eating and drinking

【饮食店】（名）eating house

【饮用水】（名）drinking water

隐 yǐn ●（动）(隐瞒；隐藏)hide；conceal：～姓埋名 conceal one's name and surname ●（形）❶(隐藏不露的)hidden from view；concealed ❷(潜伏的；藏在深处的)latent；dormant；lurking：～患 hidden danger ●（名）(隐秘的事)secret；hidden matters：难言之～ a secret which could not be told

【隐蔽】●（动）take cover：游击队～在高粱地里。The guerrillas took over in the sorghum fields. ●（形）sheltered：公开的和～的活动 overt and covert activities

【隐藏】（动）conceal；remain under cover：～在密林深处 hide in obscurity of the thick woods

【隐患】（名）hidden trouble；hidden danger：消除～ remove a hidden peril

【隐晦】（形）obscure；veiled：文字写得很～ be couched in ambiguous terms

【隐居】（动）live in seclusion；be a hermit；withdraw from society

【隐瞒】（动）conceal；hide；hold back；with-hold：～错误 conceal one's mistakes

【隐情】（名）secrets；facts or circumstances one wishes to hide

【隐忍】（动）bear patiently；forbear：～不言 forbear from speaking

【隐私】（名）one's secret；private matter：刺探某人～ pry into sb.'s own secret

【隐退】（动）retire from political life；go and live in seclusion：～乡间 retire into the coun-tryside；retire from society

【隐形眼镜】（名）contact lens

【隐隐】（形）indistinct；faint：～可见 faintly visible／感到～作痛 feel a dull pain

【隐约】（形）indistinct；faint：～可以听到远处传来的歌声。We could faintly hear singing in the distance.

yìn

印 yìn ●（名）❶(图章)seal；stamp：盖～ affix a seal；stamp a seal ❷(痕迹)print；mark：踩上脚～ mark one's footsteps ●（动）❶(留下痕迹)print；engrave：～书 print books ❷(符合)tally；conform：心心相～ have identical feelings and views

【印第安人】（名）American Indian

【印度】（名）India：～人 Indian

【印度尼西亚】（名）Indonesia：～人 Indonesian

【印度洋】（名）the Indian ocean

【印发】（动）print and distribute

【印记】（名）signet；brand；stamp：鲜红的～ the

red impression of a seal

【印染】(名)printing and dyeing：～厂 printing and dyeing mill

【印刷】(名)printing：这本书正在～中。The book is in the press.

【印刷机】(名)press；printing machine：滚筒～ cylinder press

【印刷品】(名)printed matter

【印象】(名)impression：我对他～很好。I have a good impression of him.

【印章】(名)seal；signet

【印证】(动)confirm；verify：有待～ yet to be confirmed

yīng

应 yīng (动)❶(答应)answer；respond：～声开门 answer the doorbell ❷(答应做,应许)agree；promise；accept：这事是我～下来的,由我负责吧。I'm the one who took on the job, so let me take care of. ❸(应该)should；ought to：～尽的义务 one's bounden duty 另见1085页 yìng。

【应当】(动)should；must；have to：～不成问题。There should be no problem.

【应该】(动)should；ought to：你～冷静些。You should cool down.

【应有】(动)due；proper；deserved：发挥它～的作用 play its proper role

【应允】(动)assent；consent：点头～ nod assent；nod approval

英 yīng (名)❶〈书〉(花)flower：落～缤纷 Fallen petals lie in profusion. ❷(才能或智慧过人的人)hero；outstanding person：国家精～ the cream of the nation ❸(英语)English：～汉字典 English-Chinese dictionary

【英镑】(名)pound sterling：～结存 sterling balance

【英尺】(名)foot

【英寸】(名)inch

【英吨】(名)long ton

【英国】(名)Britain；England：～人 the British；Englishman

【英吉利海峡】(名)the English Channel

【英俊】(形)smart；handsome；brilliant：一个～的小伙子 a handsome young chap

【英联邦】(名)the British Commonwealth

【英灵】(名)spirit of a martyr

【英明】(形)wise；brilliant：～领袖 wise leader

【英文】(名)English

【英武】(形)soldierly bearing

【英雄】(名)hero：战斗～ combat hero

【英勇】(形)heroic；valiant；brave；gallant：～奋斗 fight heroically

【英语】(名)English language：英国～ British English／标准～ standard English

【英姿】(名)heroic bearing

婴 yīng (名)(婴儿)baby；infant

【婴儿】(名)baby；infant：试管～ test-tube baby／早产～ prematurely born infant

樱 yīng (名)❶(樱桃)cherry ❷(樱花)Oriental cherry

【樱花】(名)oriental cherry：日本～ Japanese cherry

【樱桃】(名)cherry

鹦 yīng

【鹦鹉】(名)parrot：长尾～ parakeet

鹰 yīng (名)(鸟类的一科)hawk；eagle

【鹰犬】(名)❶(打猎用的鹰和狗)falcons and hounds ❷(比喻做爪牙的人)lackeys；hired thugs

yíng

迎 yíng (动)❶(迎接)go to meet；greet；welcome；receive：到门口去～客 go to meet a visitor at the gate ❷(对着,冲着)move towards；meet face to face：～着困难上 meet difficulties head-on

【迎宾】(动)greet guests

【迎风】(动)facing the wind；against the wind；windward：彩旗～招展。Coloured flags fluttered in the breeze.

【迎合】(动)cater to；pander to：～对方心理 go along with the other side

【迎接】(动)welcome；greet；receive：到机场～一个朋友 meet a friend at the airport

【迎面】(动)head-on；face to face：微风～吹来。A breeze is blowing in one's face.

【迎头】(动)head-on；directly：～赶上 try hard to catch up／～痛击 deal a head-on blow

【迎新】(动)❶(迎新年)see the New Year in：送旧～ usher in the New Year and send off the Old ❷(迎接新来的人)welcome new arrivals：～晚会 an evening party to welcome newcomers

荧 yíng (形)〈书〉❶(光亮微弱的样子)glimmering：一灯～然。A light is glimmering. ❷(眼光迷乱的；疑惑的)dazzled；perplexed：～惑 bewilder

【荧光】(名)fluorescent light；fluorescence；fluorescent lamp；daylight lamp

盈 yíng (动)❶(充满)be full of；be filled with：他热泪～眶。His eyes are full of tears.

❷(多出来;多余)have a surplus of

【盈亏】(名)❶(月亮的圆和缺)the waxing and waning of the moon:月有～。*The moon waxes and wanes.* ❷(赚钱和赔本)profit and loss

【盈利】(名)profit;gain:～被亏损抵销了。*The gains are balanced by the losses.*

【盈余】(名)surplus;profit:略有～ *with a small favourable balance*

营 yíng ❶(动)❶(谋求)seek:～利 *seek profits* ❷(经营;管理)operate;run;manage:国～ *state-operated;state-run* ❷(名)❶(军队驻扎的地方)camp;barracks:兵～ *military camp* ❷(军队的编制单位)battalion

【营房】(名)barracks

【营火】(名)campfire;watch fire:围着～谈话 *sit talking in the fire light*

【营建】(动)construct;build:～厂房 *erect a factory building*

【营救】(动)rescue;succour:～某人脱险 *rescue sb. from danger*

【营私】(动)seek private gain:结党～ *gang up to pursue one's own interests*

【营养】(名)nutrition;nourishment:～丰富 *be highly nutritious;be very nourishing*

【营业】(动)do business:停止～ *close business;shut up business*

【营长】(名)battalion commander

蝇 yíng (名)(苍蝇)fly:果～ *fruit fly*

【蝇拍】(名)flyswatter

赢 yíng (动)❶(胜)win;beat:这场比赛谁～了? *Who won the game?* ❷(获利)gain(profit)

【赢得】(动)win;gain;obtain:～独立 *win independence*

【赢利】(名)profit;benefit:～300元 *make a profit of 300 yuan*

yíng

影 yíng (名)❶(物体挡住光线后映出的形象)shadow:树～ *the shadow of a tree* ❷(镜中、水面等反映出来的物体形象)reflection;image:湖光塔～ *a lake with the reflection of a pagoda in it* ❸(模糊的形象或印象)trace;vague impression;sign:至今也没见他的～儿。*I haven't seen any sign of him yet.* ❹(照片)photograph;picture:留～ *have a photograph taken* ❺(电影)motion picture;film;movie

【影集】(名)photo album

【影迷】(名)movie fan

【影片】(名)film;movie:彩色～ *colour film*

【影射】(动)allude to;insinuate:～攻击 *attack by innuendo*

【影响】❶(动)influence;affect:吸烟～健康。*Smoking affects health.* ❷(名)(对人或事物所起的作用)effect influence:社会～ *social influence*

【影印】(动)photo-offset process;photocopy:～珍本书籍 *photolithograph rare books*

【影印机】(名)copier;duplicator

【影院】(名)cinema;movie theatre

【影子】(名)❶(影)shadow;reflection:在墙上投下很淡的～ *produce a soft shadow upon the wall* ❷(模糊的形象)trace;sign;vague impression:哪儿也没失踪男孩的～。*There were no signs of the missing boy anywhere.* ❸(人的踪影)the trace of a person's presence;figure:我等了半天连个～也没见到。*I waited a long time but no a soul turned up.*

yìng

应 yìng (动)❶(回答)answer;respond to;echo:～和意见 *echo an opinion* ❷(满足要求)comply with;grant:有求必～ *grant whatever is asked* ❸(顺应;适应)suit;respond to:～运而生 *rise because of demand* ❹(应付)deal with;cope with:～敌 *deal with the enemy*

另见 1084 页 yīng。

【应变】(动)(应付突然发生的事情)meet an emergency:随机～ *do as the circumstances require;adapt oneself to circumstances*

【应酬】(动)have social intercourse with;treat with courtesy:不善～ *socially inept*

【应答】(动)reply;answer:～如流 *answer with a readiness;answer quickly*

【应付】(动)❶(对人、对事采取方法、措施)meet;deal with;cope with;handle:准备～可能的突然事件 *be prepared against possible emergencies* ❷(敷衍了事)do sth. perfunctorily:工作时～ *do one's work perfunctorily* ❸(将就)make do:我这双凉鞋今年夏天还可以～过去。*I'll make do with these sandals for this summer.*

【应急】(动)meet an urgent need;meet an emergency:～措施 *emergency measure*

【应考】(动)take an examination

【应力】(名)[物]stress;tension:内～ *internal stress* /交变～ *alternate stress*

【应聘】(动)accept an offer of employment:她～到大学执教。*She accepted a teaching post at university.*

【应时】❶(形)(适合时令的)seasonable in season：～瓜果 fruits of the season ⊜（副）（立刻）at once；immediately：～而动 act according to circumstance

【应邀】（动）on invitation；at sb.'s invitation：～访问 visit sb. at the invitation

【应用】（动）apply；use：这种方法～得相当普遍. This is a most widely used method.

【应征】（动）❶（响应征兵号召）be recruited；enlist：～入伍 be recruited into the army ❷（泛指响应某种征求）answer to calls；respond to a call for contributions

映 yìng（动）❶（因光线照射而显出物体的形象）reflect；mirror；shine：朝霞～在湖面上. The glory of the dawn is mirrored on the lake. ❷（放映）project a movie：首～ first showing

【映衬】（动）set off；relieve against：红墙碧瓦，互相～。The red walls and green tiles set each other off beautifully.

【映射】（动）shine upon；cast light upon：阳光～在江面上. The sun shines upon the river.

【映照】（动）shine upon；cast light upon：月亮～着大地. The moon is shining on the earth.

硬 yìng（形）❶（坚硬）hard；stiff；tough：～如钢铁 be as hard as steel；be solid and firm ❷（刚强；坚定；强硬）strong；firm；tough；obstinate：有～骨头精神 show an unflinching courage ❸（勉强）manage to do sth. with difficulty：～顶着干 do sth. in disregard of obstacles ❹（能力强；质量好）able；good：牌子～ a trademark of high standing；a prestigious trademark

【硬邦】（形）very hard；very stiff

【硬币】（名）coin；specie：一个5分的～ a five-fen piece／用～支付 payment in specie

【硬度】（名）hardness；solidity：维氏～ Vickers hardness

【硬件】（名）hardware：计算机～ computer hardware

【硬朗】（形）hale and hearty：他70多岁了，身子骨还挺～. He's over seventy but still going strong.

【硬木】（名）hardwood：～家具 hardwood furniture

【硬气】（形）❶ strong-willed；firm ❷ have no qualms；have an easy conscience：她觉得自己挣的钱用着～. She had no qualms about spending money she's earned herself.

【硬卧】（名）hard sleeper；hard berth

【硬席】（名）hard seats

yōng

佣 yōng ⊖（动）（雇佣）hire：雇～ employ；hire ⊜（名）（仆人）servant；maid：女～ woman servant；maid
另见1087页 yòng。

【佣工】（名）servant；maid

拥 yōng（动）❶（抱）hold in one's arms；embrace：把孩子紧紧～在怀里 hug the child tightly ❷（围着）gather around：簇～着某人 cluster round sb.；gather round sb. ❸（挤着走）crowd；throng；swarm：欢乐的人群～向天安门. Jubilant crowds surged towards Tian'an Men. ❹（拥护）support：～政爱民 support the government and cherish the people ❺（拥有）have；possess：～有藏书 own a library

【拥抱】（动）embrace；hug：紧紧～ embrace closely

【拥护】（动）support；uphold；endorse：我们～这个决定. We endorse this decision.

【拥挤】（动）crowd；push；squeeze：不要～！Don't push！

【拥有】（动）possess；have；own：～广大的人力资源 command vast reserves of manpower

庸 yōng ⊖（形）❶（平凡；平庸）commonplace；mediocre：～言～行 commonplace words and deeds ❷（不高明；没有作为）inferior；second-rate：～人自扰 worry about troubles of one's own imagining ⊜（动）〈书〉（用于否定式；用；须）need：毋～讳言 no need for reticence

【庸才】（名）mediocre person；mediocrity

【庸俗】（形）vulgar；philistine；low：相互吹捧的～作风 the vulgar ways of logrolling

臃 yōng（形）〈书〉（胖）swelling；swollen

【臃肿】（形）❶（过度肥胖；动作不灵）too fat to move：穿得太～ be cumbersomely dressed；be encumbered by too much clothing ❷（指机构庞大，调度不灵）overstaffed：精简～的机构 streamline personnel in an overstaffed organization

yǒng

永 yǒng（副）（永远；久远）perpetually；forever；always：～结同心 a couple for life

【永别】（动）part never to meet again；part forever：他没想到那竟是～. It had never occurred to him that it was an eternal farewell.

【永恒】(形)eternal;perpetual;建立～的友谊 *form a durable friendship*

【永久】(形)permanent;perpetual;everlasting;forever;期望～和平 *wish for everlasting peace*

【永世】(副)forever;～难忘 *will never forget it for the rest of one's life*

【永远】(副)always;forever;ever;～记住我的劝告。*Always remember my advice.*

咏 yǒng (动)(诵读)chant;intone:～诗 *chant poems*

【咏唱】(动)chant

【咏叹】(动)intone;chant;sing

勇 yǒng (形)(勇敢)brave;valiant;courageous:～不可挡 *be too courageous for anyone to face*

【勇敢】(形)brave;courageous:勤劳～的人民 *a brave and industrious people*

【勇猛】(形)bold and powerful:～无比 *be unsurpassed in valor*

【勇气】(名)courage;nerve:鼓起～ *pluck up one's courage*

【勇士】(名)a brave and strong man;warrior

【勇于】(动)be brave in;be bold in:～负责 *be brave in shouldering responsibilities*

涌 yǒng (动)❶(水或云气冒出)gush;pour;surge:石油喷～而出。*Oil gushed out.* ❷(从水或云气中冒出)rise;surge;emerge:多少往事～上心头。*Memories of the past welled up in my mind.*

【涌现】(动)emerge in large numbers;spring up:新生事物不断～。*Newly born things constantly emerged.*

踊 yǒng (动)(往上跳)leap up;jump up

【踊跃】(动)❶(跳跃)jump;leap:～欢呼 *leap and cheer* ❷(情绪激烈)eagerly;enthusiastically;vie with one another:今晚的晚会大家肯定会～参加的。*I'm sure everybody will be eager to come to this evening's party.*

yòng

用 yòng ㊀(动)❶(使用)use;employ;apply:学以致～ *use what one has learned* ❷(多用于否定;需要)need:不～担心。*Don't worry.* ❸〈敬〉(吃;喝)eat;drink:请～茶。*Won't you have some tea please?* ㊁(名)❶(费用)expense;outlay:～项很大 *have many expenses* ❷(用处)usefulness;use:哭有什么～? *What's the use of crying?*

【用处】(名)use;good:这两件东西各有各的～。*Each of the two things has its own use.*

【用法】(名)use;usage:～说明 *directions (for use)*

【用功】(动)hardworking;diligent:他还在图书馆里～呢。*He's still working hard in the library.*

【用户】(名)consumer;user:征求～意见 *ask for consumers' opinions*

【用具】(名)apparatus;equipment:消防～ *fire-fighting apparatus*

【用品】(名)articles for use;necessities:生活～ *articles of daily use;daily necessities*

【用人】(动)❶(选择与使用人员)choose a person for a job;make use of personnel:善于～ *know how to choose the right person for the right job* ❷(需要人手)need hands;现在正是～的时候。*Now's the time when we are in need of personnel.*

【用途】(名)use;application:橡胶的～很广。*Rubber has many uses.*

【用心】㊀(形)(集中注意力)diligently;attentively:～学习 *concentrate on one's studies* ㊁(名)(居心)motive;intention:～险恶 *have vicious intentions*

【用意】(名)intention;purpose:我说这话的～只是想劝告他一下。*I said all that just to give him some advice.*

佣 yòng (名)(佣金)commission
另见 1086 页 yōng。

【佣金】(名)commission;middleman's fee;brokerage

yōu

优 yōu ㊀(形)❶(优良;美好)excellent;fine;good;outstanding:品学兼～ *be a good student of good character* ❷(充足;富裕)ample;liberal:养尊处～ *enjoy high position and live in ease and comfort* ㊁(动)(优待)give preferential treatment ㊂(名)(旧时称演戏的人)actor or actress

【优待】(动)(给予好的待遇)give special treatment:我们受到了特别的～。*We were accorded preferential treatment.*

【优等】(形)high-class;first-rate:～品 *high-class product*／～生 *top student*

【优点】(名)merit;advantage;strong point:这个办法有很多～。*This method has many advantages.*

【优厚】(形)favourable;liberal;munificent:待遇～ *excellent pay and conditions*

【优惠】(形)favourable;preferential:～价格 *preferential price*

【优良】(形)fine;good;excellent:成绩～ *get*

good marks；make a good showing

【优美】（形）exquisite；fine；graceful：风景～ fine scenery/～的语言 beautiful language

【优胜】（形）superior；winning：在比赛中获得～奖 win in a contest

【优势】（名）superiority；preponderance：军事～ military superiority

【优先】（动）have priority；take precedence；preferential：～发展基础工业 give priority to the development of the basic industries

【优秀】（形）excellent；fine；outstanding；splendid：～作品 works of excellence

【优雅】（形）graceful；elegant；in good taste：客厅布置得十分～。The drawing room was furnished with elegance and taste.

【优异】（形）exceedingly good；excellent；outstanding：考试成绩～ do exceedingly well in an examination

【优越】（形）superior；advantageous：处于～的地位 be in advantageous position

【优质】（名）high grade；high quality：～名牌产品 high-quality famous brand products

忧 yōu ❶（动）（忧愁）worry；be worried；be anxious ❷（名）（使人忧愁的事）sorrow；anxiety；concern；care：无～无虑 care free；free from all anxieties

【忧愁】（形）depressed；sad；worried：面容～ look worried

【忧患】（名）hardship；misery；suffering：饱经～ have gone through a good deal

【忧虑】（动）anxious；be concerned；be worried：为孩子的前途～ worry about one's son's future

【忧伤】（形）distressed；gloomy；grief；weighed down with sorrow：陷入～ sink into melancholy / 使某人很～ distress sb. greatly

【忧郁】（形）dejected；heavy-hearted：～成疾 fall ill of sorrow

幽 yōu ❶（名）❶（深远；僻静；昏暗）deep and remote；dim；secluded：～林 a secluded wood ❷（隐蔽的；不公开的）secret；hidden：～居山中 live in seclusion among the mountains ❸（沉静）quiet；tranquil；serene：～深 deep and quiet ❹（阴间）of the nether world ❷（动）（囚禁）imprison：～囚 imprison；place in confinement

【幽暗】（形）dim；gloomy：～的角落 a dark corner

【幽会】（名）a secret meeting of lovers

【幽魂】（名）ghost

【幽静】（形）peaceful；quiet and secluded：～的环境 a peaceful and secluded place

【幽灵】（名）ghost；spirit

【幽默】（形）humorous：他很～。He's full of humour.

【幽闲】（形）❶（安详文雅）gentle and serene ❷（闲适自得）leisurely and carefree

【幽雅】（形）quiet and tastefully laid-out：～清静 retired and quiet

悠 yōu ❶（形）❶（远；久）long-drawn-out；remote in time or space：塔里传来～长的笛声。The drawn-out sound of siren floated out of the tower. ❷（闲适；闲散）leisurely ❷（动）❶（悠荡）swing：他抓住绳子～了过去。He held on the rope and swung across. ❷（节制；控制）do things in a leisurely way

【悠荡】（动）sway；swing：在街上～ walk up and down the street in a leisurely way

【悠久】（形）long；age-old；longstanding：～的文化 a longstanding civilization

【悠闲】（形）leisurely and carefree；floating about：～自在 leisurely and carefree

【悠扬】（形）rising and falling；melodious：～的小提琴声 mellifluous notes flowing from the violin

yóu

尤 yóu ❶（形）（特异的；突出的）outstanding：择～ pick out the best ❷（副）（更；尤其）particularly；especially：这一点～为重要。This is even more important. ❸（动）（怨恨；归咎）have a grudge against；blame：怨天～人 blame God and man；blame everybody but oneself

【尤其】（副）especially；particularly：我喜欢音乐，～喜欢古典音乐。I love music，especially classical music.

由 yóu ❶（名）（缘由）cause；reason：无原～地发火 fall into rages without any reason ❷（动）❶（经过）pass through ❷（顺随；听从）follow；obey：～着性子 do as one pleases ❸（介）❶（由于）because of；due to：～粗心大意造成的错误 mistakes due to carelessness ❷（通过）by；through：～此入内。This way in. ❸（表示某事归某人去做）by：这个钱该～我付。This money should be paid by me. ❹（表示凭借）by means of：水～氢与氧化合而成。Water is composed of hydrogen and oxygen. ❺（表示起点）from：～下而上 from bottom to top；from the lower lever upward

【由此】（介）from this；there from；thus：～看来 judging from this；in view of this

【由于】（介）owing to；because of；due to；thanks to：～健康关系 on health grounds

【由衷】（动）sincere；heartfelt：表示～的感激

extend one's heartfelt thanks

邮 yóu ⊖ （动）(邮寄；邮汇) post；mail：信～了吗？ Has the letter been posted？ ⊜ （名）(有关邮政业务的) postal；mail：付～资 take to the post；post

【邮包】（名）parcel；postal parcel
【邮差】（名）postman
【邮车】（名）postal car；mail car
【邮戳】（名）postmark
【邮电】（名）post and telecommunications：～局 post office
【邮费】（名）postage：付附加～ pay extra postage
【邮汇】（动）remit by post
【邮件】（名）mail；postal matter
【邮票】（名）stamp：一套纪念～ a set of commemorative stamps
【邮筒】（名）mailbox；pillar box
【邮政】（名）postal service：～编码 postcode

犹 yóu ⊖ （动）〈书〉(如同) just as；just like；as if：～未为足。 As if this were not enough． ⊜ （副）(还；尚且) still：记忆～新 be still fresh in one's mind／虽死～荣 have died a glorious death

【犹如】（连）as if；just as；like：灯火辉煌，～白昼。 The place was lit up as bright as day．
【犹豫】（动）be irresolute；hesitate：～不定 hesitate；remain undecided

油 yóu ⊖ （名）(脂肪；油脂) oil；fat；grease：汽车该加～了。 The car's engine is in need of oil． ⊜ （动）(用油涂抹) apply tung oil or paint：～门窗 paint the doors and windows ❷（被油弄脏）be stained with oil or grease：把手弄～了 stain one's hands with grease ⊜ （形）(油滑) oily；glib：说话～腔滑调 speak in an unctuous manner

【油泵】（名）oil pump
【油菜】（名）rape：～籽 rapeseed
【油层】（名）oil layer；oil reservoir：～压力 reservoir pressure
【油船】（名）tanker；oil carrier；ship tanks
【油灯】（名）oil lamp
【油管】（名）oil pipe；oil tube：铺设～ lay oil pipes
【油画】（名）oil painting：画～ paint in oils
【油井】（名）oil well：钻一口～ drill a well
【油库】（名）oil depot；tank farm：转运～ oil terminal
【油轮】（名）tanker；oil tanker；oil carrier
【油腻】（形）greasy；oily：不爱吃～的东西 not care for greasy food
【油漆】⊖ （名）(涂料) paint；oil colour：～未干！ Wet paint！ ⊜ （动）(涂抹) paint；cover with paint：把大门～一下 have the gate painted
【油田】（名）oil field；oil deposit：发现新～ discover new oil fields
【油条】（名）deep-fried sticks；twisted cruller
【油污】（名）greasy dirt；oil contamination
【油箱】（名）fuel tank；oil box
【油脂】（名）oil；fat；tallow：植物～ vegetable fat or oil／动物～ animal fat or oil；grease
【油纸】（名）oilpaper

游 yóu ⊖ （动）❶ (人或动物在水里行动) swim：这条河太宽，我～不过去。 I can't swim across the river；it's too wide． ❷（各处从容地行走）rove；wander；travel；tour：闲逛～世界 travel round the world；go on a world tour ⊜ （形）(不固定的；经常移动的) roving；floating：～民 vagrant ⊜ （名）(江河的一段) part of a river；reach

【游船】（名）pleasure boat
【游逛】（动）go sight-seeing；stroll about
【游击】（名）guerrilla warfare：～队 guerrilla forces；a guerrilla detachment
【游记】（名）travel notes；travels：出版马可·波罗的～ publish the travels of Marco Polo
【游客】（名）visitor；tourist；sightseer：招徕观光～ lure sightseeing travellers
【游览】（动）visit；tour；go sightseeing：外出～ go out for an excursion
【游民】（名）vagrant；vagabond：无业～ vagrant
【游牧】（动）move about in search of pasture；rove around as a nomad：～部落 nomadic tribe／～生活 nomadic life
【游人】（名）visitor；sightseer；tourist
【游手好闲】（成）loaf；idle about：别～的，干点儿正经活儿。 Stop fooling around，do some serious work．
【游艇】（名）pleasure boat；yacht
【游玩】（动）❶ (游戏) amuse oneself：孩子们经常去海滨～。 The children often go to the beach to play． ❷（游逛）go sightseeing；stroll about
【游戏】⊖ （名）(娱乐活动) game recreation：做～ play games ⊜ （动）(玩耍) play：孩子们在公园里～。 The children are playing in the park．
【游行】（动）parade；march；demonstration：节日～ gala parade
【游弋】（动）cruise：在海上～ cruise on the sea
【游泳】（动）swim；go swimming：参加～比赛 take part in a swimming contest
【游泳衣】（名）swimsuit

【游园】➊（名）（参加在公园里举行的联欢会）take part in a garden party ➋（动）❶（游览公园）visit a garden or park：陪外宾～ *accompany a foreign guest on a visit to a park* ❷（参加在公园里举行的庆祝活动）mass celebrations in parks

yǒu

友 yǒu ➊（名）（朋友）friend：好～ *a good friend* ➋（形）（有友好关系的）friendly
【友爱】（名）friendly affection；fraternal love：团结～ *fraternal unity*
【友好】➊（名）（好朋友）close friend；friend：生前～ *friends of the deceased* ➋（形）（亲切和睦）friendly；amicable：～人士 *friendly personage*／～协会 *friendship association*
【友情】（名）friendship；friendly sentiment：珍惜～ *treasure friendship*
【友人】（名）friend：国际～ *foreign friend*
【友善】（形）friendly；amicable
【友谊】（名）friendship：日益增长的～ *the growing friendship*
【友谊赛】（名）friendly match

有 yǒu（动）❶（表示领有或具有）have；possess：我～一个弟弟。*I have a younger brother.* ❷（表示存在）there is；exist：屋里～人吗？*Is there anyone in the room?* ❸（表示估量或比较）：水～3米多深。*The water is more than 3 metres deep.* ❹（表示发生或出现）：一～问题就去解决 *deal with a problem as soon as it crops up* ❺（表示多，大）：他很～学问。*He is quite a scholar.* ❻（泛指，跟"某"的作用相近）：～一天我在街上碰见他了。*One day, I ran into him in the street.* ❼（用在"人、时候、地方"前面，表示一部分）：这个措施～地方适用，～地方不适用。*This measure is suited to some localities, but no to others.* ❽（用在某些动词的前面组成套语，表示客气）：～劳远迎。*I deeply appreciate your kindness in coming so far to meet me.*
【有待】（动）remain；await：～解决 *remain to be solved*／～研究 *await research*
【有点儿】（名）❶（不多）some；a little：现在看来还～希望。*It looks bit hopeful now.* ❷（略微）somewhat；rather；a bit：～不大舒服 *feel a little under the weather*
【有关】（动）concern；relate to；involve：这件事与他～。*He has something to do with the matter.*
【有害】（形）detrimental；harmful；pernicious：对健康～ *harmful to one's health*
【有机】（形）［化］organic：～酸 *organic acid*
【有赖】（动）depend on；rest on：要实现这项革

新～于大家共同努力。*The success of the innovation depends on our concerted efforts.*
【有理】（形）reasonable；justified：你讲的～。*What you say is quite reasonable.*
【有力】（形）strong；powerful：进行～的斗争 *conduct a vigorous struggle*；*wage an energetic struggle*
【有利】（形）advantageous；beneficial：形势对我们～。*The situation is to our advantage.*
【有利可图】（成）be profitable；stand to gain
【有名无实】（成）merely nominal；titular：那个委员会～。*That committee exists only in name.*
【有目共睹】（成）be obvious to anyone who has eyes：他成就之大～。*The greatness of his achievements is obvious.*
【有钱】（形）rich；wealthy：他很～。*He has a lot of money.*
【有趣】（形）interesting；fascinating：～的故事 *an interesting story*
【有色玻璃】（名）coloured glass
【有神论】（名）theism
【有时】（副）sometimes；at times；now and then：那里的天气～冷～热。*The weather there is now cold, now hot.*
【有所】（副）somewhat；to some extent：两国关系～改善。*The relations between the two countries have improved to some extent.*
【有望】（形）hopeful：丰收～。*There's hope of a bumper harvest.*
【有为】（形）promising：～的青年 *a promising young person*／年轻～ *young and promising*
【有限】（形）finite；limited：为数～ *limited in number*；*not many*
【有线】（形）wired：～通信 *wire communication*／～电报 *wire telegraph*
【有效】（形）effective；efficacious；valid：采取～步骤 *take effective steps*／这药治哮喘病很～。*This is an efficacious drug for asthma.*
【有效期】（名）validity；time of efficacy：延长合同的～ *prolong the contract's period of validity*
【有些】➊（代）（有的）some：～人在看书，～人在聊天。*Some people were reading; some were talking.* ➋（副）（有一些）somewhat；rather：～失望 *be rather disappointed*
【有形】（形）visible；tangible：～贸易 *visible trade*／～资产 *tangible assets*；*tangibles*
【有益】（形）beneficial；profitable；useful：～于健康 *be good for one's health*
【有意】➊（动）（有心思）have a mind to；disposed；be inclined to：～帮忙 *be disposed to help* ➋（副）（故意）deliberately；purposely；intentionally：～歪曲 *deliberately distort*

【有意思】（形）❶（有意义）significant；meaningful：他说的话很～. *What he said was significant*. ❷（有趣味）interesting；enjoyable：今天的晚会很～. *The performance this evening was most enjoyable*.

【有朝一日】（成）some day；one day

yòu

又 yòu（副）❶（表示重复或继续）：他～来了. *Here he comes again*. ❷（表示几种情况或性质同时存在）：他要买肉～要买鱼. *He wants to buy meat and also fish*. ❸（表示意思上更进一层）：天很黑，～下着雨，路更难走了. *On top of it being dark it was raining, which made the going even tougher*. ❹（表示在某个范围之外有所补充）：除了拖拉机，我们～添了一台插秧机. *In addition to the tractor, we have acquired a new rice transplanter*. ❺（表示整数之外再加零数）：一～二分之一 *one and a half* ❻（表示转折，有"可是"的意思）：我想去，～怕没时间. *I'd like to go, but I'm not sure if I can find the time*. ❼（表示有矛盾的两件事情）：刚才太冷，现在～太热了. *Just a moment ago it was too cold, now it's too hot*. ❽（用在否定句里，加强语气）：这样做～有什么好处呢？ *What good is there in doing that?*

【又红又专】（成）both red and expert

【又名】（动）also called；alias；also known as

右 yòu ❶（名）❶（面向南时靠西的一边）the right side；the right：靠～走 *keep to the right* ❷〈书〉（地位居上；上）the right side as the side of precedence：无出其～ *second to none* ❷（形）（保守的，反动的）the Right：思想太～ *too far to the Right in thinking*

【右边锋】（名）[体]right wing

【右后卫】（名）[体]right back

【右面】（名）the right side；the right

【右派】（名）the Right：给～分子平反 *rehabilitate a rightist*

【右舷】（名）starboard

幼 yòu ❶（形）（小，未成年）young；underage：年～无知 *be young and ignorant* ❷（名）（小孩）children；the young：扶老携～ *bringing along the old and the young*

【幼儿】（名）child；infant：从事～教育 *be engaged in preschool education*

【幼苗】（名）seedling

【幼年】（名）childhood；infancy

【幼芽】（名）young shoot；bud

【幼稚】（名）❶（年龄小）young ❷（头脑简单）childish；naive：～的想法 *naive ideas*

诱 yòu（动）❶（诱导）guide；lead；induce：循循善～ *teach with skill and patience* ❷（使用手段引人随从自己的意愿）lure；seduce；entice：以利～之 *allure sb. by the promise of profit*

【诱导】（动）guide；induce；lead：这些问题可以～大家去思考. *These are thought-provoking questions*.

【诱饵】（名）bait：用金钱做～ *use money as bait*

【诱发】（动）bring out；induce：因饮酒过度而～的疾病 *diseases induced by overdrinking*

【诱供】（动）trap person into a confession：既不～也不逼供. *Neither trickery nor coercion is used to secure confessions*.

【诱拐】（动）abduct；kidnap：～儿童 *abduct a child*

【诱惑】（动）❶（使用手段引诱人做坏事）entice；seduce；lure ❷（吸引）attract；allure：这种～使人难以抵御. *The temptation is too strong to be resisted*.

【诱骗】（动）cajole；inveigle；trap；trick：被～成婚 *be tricked into a marriage*

【诱人】（形）alluring；fascinating；captivating：～的景色 *captivating scenery*

【诱使】（动）lure；seduce；entice：～某人放弃某事 *seduce sb. from sth.*

yū

淤 yū ❶（动）❶（淤积）become silted up：水渠里～了很多泥沙. *The channel is almost choked with silt*. ❷（血液不流通）(of blood) stagnate ❷（名）（淤积的泥沙）silt：引～肥田 *fertilize the soil with silt* ❸（形）（淤积起来的）stagnant；deposited

【淤积】（动）silt up；deposit：洪水过后，地里～了一层泥浆. *When the flood subsided, it left a layer of mud in the field*.

【淤泥】（名）sludge；ooze；silt：积满～ *become filled with silt*

【淤塞】（动）silt up；be choked with silt：航道～。*The waterway is silted up*.

【淤血】（动）extravasated blood

yú

于 yú（介）❶（表示时间、处所、范围等）：此项工程将～3年内完成. *This engineering project is to be completed within three years*. ❷（表示动作的方向）：求助～人 *ask people for help* ❸（用在动词后面，表示交与、付出等）：嫁祸～人 *shift the misfortune onto sb. else* ❹（引进对象或事物的关系者）：操之过急，～事

无补。*It would be of no avail to act with undue haste*. ❺(表示起点或出发点)认识来源～实践. *Knowledge comes from practice*. ❻(表示比较)金星略小～地球. *Venus is a little smaller than the earth*. ❼(表示被动)主队败～客队. *The home team was defeated by the visiting team*.

【于今】(介)❶(到现在)up to the present；since ❷(如今)nowadays；today；now:这城市建设得真快,～看不出它原来的面貌了. *The city has been built up really fast，it's changed beyond recognition*.

【于是】(介) as a result；thereupon；hence；consequently:当太阳的辐射能落在地球上时就变为热能,～,地球暖和起来了. *When the radiant energy of the sun falls on the earth it is changed into heat energy，and as a result the earth is warmed*.

余 yú ●(动)(剩下)remain；leave:收支相抵,尚～50元. *After paying all the expenses，there is a balance of fifty yuan*. ●(形)(剩下的) surplus；spare；remaining：～钱 spare money ●(数)(大数或度量单位等后面的零头) more than；odd:50～年 *fifty odd years* ●(指某事事、情况以外或以后的时间)spare time:在工作之～ *after working hours；after work* ●(代)(我)I

【余存】(名)balance；remainder:核对销售数量和～数量 *check the amount of sales and stock*

【余额】(名)❶(名额中余下的空额) vacancies yet to be filled ❷(剩余的金额)remaining sum；balance:我的银行存款～不多了. *My bank balance isn't very large*.

【余晖】(名)afterglow：落日～ *the last rays of the setting sun；afterglow*

【余粮】(名)surplus grain:把～卖给国家 *sell surplus grain to the state*

【余钱】(名)spare money

【余剩】(名)surplus；remainder

【余数】(名)remainder

【余暇】(名)spare time；leisure time:利用～时间赚钱 *convert one's spare time into money*

【余弦】(名)[数]cosine

【余兴】(名)❶(未尽的兴致) lingering interest；a wish to prolong a pleasant diversion ❷(附带的文娱活动) entertainment after a meeting or a dinner party

【余音】(名)lingering sound:～绕梁 *the music lingering around the beams*

【余震】(名)aftershock

鱼 yú (名)(生活在水中的脊椎动物)fish

【鱼刺】(名)fishbone:剔掉～ *bone a fish*

【鱼饵】(名)bait

【鱼钩】(名)fishhook

【鱼雷】(名)torpedo

【鱼肉】●(名)the flesh of fish；fish and meat ●(动)(压榨；宰割)cut up like fish and meat；cruelly oppress:反动官宦～百姓. *The reactionary officials savagely oppressed the people*.

【鱼汛】(名)fishing season

娱 yú ●(动)(使快乐)give pleasure to；amuse:聊以自～ *just to amuse oneself* ●(名)(快乐)joy；pleasure；amusement:耳目之～ *pleasures of the senses*

【娱乐】(名)amusement；entertainment；recreation:象棋是他爱好的～. *Chess is his favorite recreation*.

渔 yú ●(动)❶(捕鱼)catch fish；fish:竭泽而～ *drain the pond to get all the fish* ❷(谋取)take sth. one is not entitled to:～利 *reap unfair gains* ●(形)(渔业的；与渔业有关的) fishing:～舟 *fishing boat*

【渔船】(名)fishing boat:远洋～队一次出海数月. *Long-range fishing fleet stay at sea for months at a time*.

【渔港】(名)fishing port；harbour

【渔利】●(动)(谋取不正当的利益) reap unfair gains；profit at other's expense:从中～ *take advantage of a situation to benefit oneself；reap profit from it* ●(名)(谋取的不正当利益)easy gains；spoils:坐收～ *effortlessly reap the spoils of a contest fought by others*

【渔民】(名)fisherman；fisherfolk

【渔网】(名)fishnet

【渔业】(名)fishery:～协定 *fisheries agreement*/～资源 *fishery resources*

逾 yú ●(动)(超过；越过)exceed；go beyond:～额 *exceed the allowed amount*/这位老人已年～70. *The old man is over seventy*. ●(副)[书](更加)even more

【逾期】(动)be overdue；exceed the time limit:在图书馆借书～不还要罚款. *You must pay a fine for overdue library books*.

【逾越】(动)exceed；go beyond:～界限 *go beyond the limit；go out of bounds*

愉 yú (形)(愉快) pleased；happy；joyful:面有不～之色 *wear an annoyed expression；look displeased*

【愉快】(形)cheerful；happy；joyful；delighted:祝你在中国逗留期间过得～. *I hope you'll have a pleasant stay in China*.

愚 yú ❶（形）（愚笨;傻）foolish;stupid:为人～直 be stupidly honest ❷（动）（愚弄）make a fool of;fool:为人所～ be fooled by sb. ❸（用于自称的谦辞）I:～以为不然. I beg to differ.

【愚蠢】（形）foolish;stupid;silly;clumsy:～无知 foolish and ignorant

【愚昧】（形）benighted;ignorant:～无知 benighted;unenlightened;ignorant

【愚弄】（动）deceive;dupe;hoodwink;make a fool of:在愚人节～某人 make sb. on April fool

舆 yú ❶（形）（众人的）public;popular:～论 public opinion ❷（名）〈书〉❶（车）carriage;chariot:舍～登舟 change from a carriage to a boat ❷（地）area;territory

【舆论】（名）public opinion:做～准备 prepare public opinion/大造～ whip up opinion

yǔ

与 yǔ ❶（动）❶（给）give;offer;grant:～人方便,自己方便. To help others is to help oneself. ❷（交往;友好）get along with;be on good terms with:此人易～. He is easy to get along with. ❸（赞许;赞助）help;support:～人为善 have good intentions toward others ❷（介）（引进动作的对象,跟）:～困难做斗争 strive to overcome difficulties ❸（连）（和）and;together with:工业～农业 industry and agriculture
另见 1093 页 yù。

【与世长辞】（成）pass away;depart from the world forever

【与众不同】（成）out of the ordinary;different from the rest;distinctive;unusual

予 yǔ（动）（给）give;grant;bestow:不～考虑 refuse to take into consideration

宇 yǔ（名）❶（房檐）eaves ❷（房屋）house ❸（上下四方,所有的空间;世界）space;universe;world:寰～ the earth;the whole world

【宇航】（名）astronavigation;space navigation:～飞船 aerospace craft

【宇宙】（名）universe;cosmos;space:我们的世界仅仅是～的一小部分而已. Our world is but a small part of the cosmos.

【宇宙飞船】（名）spaceship;spacecraft

【宇宙飞行员】（名）astronaut;spaceman

【宇宙航行】（名）space navigation

【宇宙火箭】（名）space rocket

【宇宙空间】（名）cosmic space

【宇宙速度】（名）cosmic velocity

【宇宙线】（名）cosmic ray

羽 yǔ（名）（羽毛）feather;plume

【羽毛】（名）feather;plume:美丽的～ beautiful plumage

【羽毛球】（名）badminton;shuttlecock

【羽毛扇】（名）feather fan

【羽绒】（名）fine soft feathers;down:～背心 down vest/～服 down jacket

雨 yǔ（名）（从云层中降向地面的水）rain:～下得很大. It's raining hard.

【雨布】（名）waterproof cloth

【雨季】（名）rainy season

【雨量】（名）rainfall:～强度 rainfall density

【雨露】（名）❶（雨和露）rain and dew ❷（恩惠）favour;grace

【雨伞】（名）umbrella

【雨水】（名）❶（降雨而来的水）rainwater;rainfall;rain:～充足 adequate rainfall ❷（节气）Rain Water

【雨鞋】（名）rubber boots;rain boots;rain shoes

【雨衣】（名）raincoat;waterproof

语 yǔ ❶（名）❶（话）language;tongue;words:本族～ mother tongue ❷（谚语;成语）proverb;saying ❷（动）（说）speak;say:不言不～ not say a word;keep silent

【语调】（名）intonation:模仿一种～ imitate an intonation

【语法】（名）grammar:结构～ structural grammar/比较～ comparative grammar

【语句】（名）sentence

【语录】（名）quotation

【语气】（名）（说话的口气）tone;manner of speaking:用婉转的～说 speak in a tactful manner

【语文】（名）❶（中文）Chinese ❷（语言文字）language（oral and written）❸（语言和文学）language and literature

【语言】（名）language:～与文字 spoken and written language

【语音】（名）pronunciation;speech sounds:她的～好. She has good pronunciation.

yù

与 yù（动）（参与）take part in;participate in
另见 1093 页 yǔ。

【与会】（动）participate in a conference:～国 countries attending a conference

玉 yù ❶（名）（玉石）jade:～石不分 mix jewels and stones together ❷（形）（比喻洁白

或美丽)(of a person, esp. a woman) pure; fair; handsome; beautiful: ~洁冰清 be pure-hearted; have a clean heart

【玉雕】(名) jade carving; jade sculpture: 一尊~佛像 a Buddha carved in jade

【玉米】(名) maize; corn: 种~ grow corn

【玉器】(名) jade object; jadeware; jade article

【玉石】(名) jade

郁 yù (形) ❶ (香气浓厚) strongly fragrant: ~香扑鼻. Fragrance strikes the nostrils. ❷ (茂盛) luxuriant; lush ❸ (忧愁等在心里积聚不得发泄) gloomy; depressed: 忧~ sad and depressed

【郁闷】(形) gloomy; depressed: 我们有什么办法能消除她的~? What can we do to chase her gloom away?

育 yù (动) ❶ (生育) give birth to: 生儿~女 give birth to children; have children ❷ (养活; 培育) rear; raise; bring to: ~秧 raise rice seedlings ❸ (教育) educate: 教书~人 teach and train the character of one's pupils

【育秧】(动) raise rice seedlings

【育种】(动) breeding: 杂交~ do cross breeding/混合~ do mass breeding

狱 yù (名) ❶ (监狱) prison; jail: 出~ be released from prison; come out of prison ❷ (官司; 罪案) lawsuit; case: 冤~ an unjust charge or verdict

【狱吏】(名) jailer; warder

浴 yù (动) (洗澡) bath; bathe: 洗冷水~ take a cold bath/洗淋~ take a shower

【浴场】(名) outdoor bathing place: 海滨~ bathing beach

【浴池】(名) pool; public bathing pool

【浴巾】(名) bath towel

【浴盆】(名) bathtub

【浴室】(名) bathroom; shower room

【浴衣】(名) bathrobe

预 yù ❶ (副) (预先; 事先) in advance; beforehand: 老师要我们上新课前~习. The teacher required us to prepare the new lessons before class. ❷ (动) (参与) take part in: 干~ interfere in

【预报】(名) forecast: 天气~ weather forecast/准确的~ an accurate forecast

【预备】(动) get ready; prepare; reserve: 你们~好了吗? Are you all ready?

【预测】(动) calculate; forecast: 商情~ business forecast

【预订】(动) subscribe; book; reserve: ~杂志 subscribe to a magazine

【预定】(动) predetermine; schedule: 这项工程~在明年完成. The project is scheduled for completion next year.

【预防】(动) prevent; guard against: ~火灾 take precautions against fire

【预告】❶ (动) (事先通告) announce in advance; herald: ~明天有雨 predict rain for tomorrow ❷ (名) (事先的通告) advance notice: 新书~ notice on forthcoming books

【预购】(动) purchase in advance: ~合同 forward purchasing contract

【预计】(动) estimate; calculate in advance: 大楼~10个月可以完工. It is estimated that the building will be completed in ten months.

【预见】❶ (动) (能预料到未来) predict; foresee: ~不到的困难 unforeseen difficulties. ❷ (名) (能预先料到将来的见识) foresight; prevision: 和我们的~相反 contrary to our expectations

【预料】(动) expect; anticipate; predict: 今年的收成比人们~的要好得多. This year's harvest was much better than expected.

【预谋】(动) premeditate; plan beforehand: ~报复 deliberately plan revenge

【预期】(动) expect; anticipate: 达到~的效果 achieve the desired results

【预赛】(名) preliminary contest: 他在~中获胜. He won the first heat.

【预示】(动) indicate; forebode: 灿烂的晚霞~明天又是好天气. The splendid evening glow in the sky means another fine day tomorrow.

【预算】(名) budget: ~经费 budgetary resources/~年度 budget year

【预先】(副) beforehand; in advance: ~通知 notify in advance

【预想】(动) anticipate; expect: 得到~的结果 obtain the anticipated results

【预约】(动) ❶ (预先约定时间) make an appointment: 向图书馆~借一本书 put a hold on a library book ❷ (预订) order; subscribe: ~面试某人 appoint to interview sb.

【预兆】(名) omen; sign; presage: 凶险的~ an evil omen/下雨的~ a sign of coming rain

欲 yù ❶ (名) (欲望) desire; longing; wish: 占有~ desire of possession ❷ (动) ❶ (想要; 希望) wish; want; desire: ~言又止 hold back the words which sprang to one's lips ❷ (将要) be about to; on the point of: 望眼~穿 aspire earnestly

【欲望】(名) desire; wish; lust: 他对财富有很强的~. He has much desire for wealth.

遇 yù ❶（动）❶（相逢；遭遇）meet：不期而～ *run across sb.* ❷（对待；款待）treat；receive ❷（名）（机会）chance；opportunity：抓住机～ *seize a good opportunity*
【遇刺】（动）be attacked by an assassin：～身亡 *be assassinated*
【遇到】（动）run into；encounter；come across：在路上～一个老同学 *run into an old schoolmate on the way*
【遇见】（动）meet；come across：偶然～ *accidentally meet*
【遇难】（动）❶（意外死亡）die in an accident：他在一次飞机失事中～。*He was killed in an air crash.* ❷（被杀害）be murdered
【遇险】（动）be in danger；meet with a mishap；be in distress：～船只 *ship in distress*

寓 yù ❶（动）❶（居住）reside；live：～居某地 *make one's home in a place* ❷（寄托；包含）imply；contain：～教于乐 *make entertainment a medium of education* ❷（名）（住的地方）residence；abode：去某人～所拜会他 *visit sb. at his residence*
【寓所】（名）residence；dwelling place；abode
【寓言】（名）fable；parable：～给人以教诲。*A fable teaches a moral.*

愈 yù ❶（动）❶（病好）heal；recover；become well：她大病初～。*She has just recovered from severe illness.* ❷〈书〉（胜过；较好）be better than ❷（副）（叠用，表示程度随着条件的发展而发展）more；increasingly：山路～走～陡。*The mountain path becomes steeper and steeper as you go up.*
【愈合】（动）heal：伤口很～了。*The wound healed quickly.*
【愈加】（副）increasingly；even more；all the more：变得～模糊 *become even more indistinct*

yuān

冤 yuān ❶（名）❶（冤枉；冤屈）wrong；injustice：含～ *suffer a wrong* ❷（冤仇）feeling of bitterness：与某人无～无仇 *have no enmity against sb.* ❷（形）（吃亏；不合算）bad luck；loss；disadvantage：我买那辆车真～。*I was taken in when I bought that bike.* ❸（动）（欺骗）kid；fool；pull sb.'s leg：我没～人。*I am not kidding.*
【冤案】（名）unjust case；injustice
【冤仇】（名）enmity；rancour
【冤家】（名）enemy；foe：～路窄 *enemies are bound to meet on a narrow road*

【冤屈】❶（动）（冤枉）wrong；treat unjustly ❷（名）（不公平的待遇；不应受的损害）wrongful treatment；injustice：这是莫大的～。*This is gross injustice.*
【冤枉】（动）❶（受到不公平的待遇）wrong；treat unjustly：～某人 *do sb. wrong* ❷（不值得；吃亏）not worthwhile；not repaying the effort：在这件小事上，花那么多时间真～。*It wasn't worthwhile to spend so much time on such a trifle.*

渊 yuān ❶（名）（深水潭）deep pool：深～ *a deep pool*；abyss ❷（形）（深）deep：～深的海洋 *the profound sea*
【渊博】（形）broad and profound：他的学识很～。*His erudition is wide and profound.*
【渊源】（名）origin；source：历史～ *historical origins*／文明的～ *origin of civilization*

yuán

元 yuán ❶（形）❶（开始的；第一）first；primary：～月 *the first month of the year*；January ❷（为首的；居首的）chief；principal ❸（主要；根本）basic；fundamental：～素 element ❹（构成一个整体的）unit；component ❷（量）（货币单位）yuan，the monetary unit of China ❸（名）（元素）element；origin
【元旦】（名）New Year's Day：～贺词 *New Year's message*
【元件】（名）element；component；part：传输～ *transfer element*／电路～ *circuit component*
【元老】（名）senior statesman；founding member
【元气】（名）vitality；vigour：大伤～ *undermine one's constitution；sap one's vitality*
【元首】（名）head of state
【元帅】（名）marshal；supreme commander：陆军～ *Field Marshal*
【元素】（名）❶（要素）element；elementary substance ❷［数］［化］element：这些～具有相似的化学性质。*These elements have similar chemical properties.*
【元音】（名）vowel：～符号 *vowel sign*

园 yuán（名）❶（种蔬菜、花果、树木的地方）an area of land for growing plants：花～ *flower garden* ❷（供人游览娱乐的地方）a place for public recreation：公～ *park*
【园丁】（名）gardener：人们常把老师比作辛勤的～。*The teacher is usually compared to a hard-working gardener.*
【园林】（名）gardens；park：～绿化 *landscaping*／～设计 *landscape design*
【园艺】（名）gardening；horticulture：中国的～设计独具一格。*The Chinese landscape gar-*

Y

dening is of a unique style .

员 yuán ⊖ （名）❶（指工作或学习的人）a person engaged in some field of activity：教 ～ *teacher* ❷（指团体或组织中的成员）member：集体中的一一 *a member of the collective* ⊜ （量）（用于武将）：一一大将 *an able general*
【员工】（名）staff；personnel：师生～ *teachers，students，administrative personnel and workers*

原 yuán ⊖ （形）❶（最初的，原来的）primary；original；former：～路返回 *retrace one's steps* ❷（没有加工的）unprocessed；raw：开采 ～煤 *mine raw coal* ⊜ （动）（原谅）excuse；pardon：情有可～。*It is forgivable .* ⊜ （名）（宽广平坦的地方）level；open country；plain：雪～ *snowfield*
【原本】⊖ （名）❶（原稿）original manuscript；master copy ❷（翻译所根据的原书）the original ⊜ （副）（本来）originally；formerly：他～一无所有，现在成了暴发户。*Formerly a poor man，he suddenly turned rich .*
【原材料】（名）raw material：～消耗下降 *a drop in consumption of raw materials*
【原籍】（名）ancestral home：他～广东。*His ancestral home is Guangdong Province .*
【原来】⊖ （形）（起初）original；former；in the first place：～的计划 *the original plan* ⊜ （副）（以前某一时期）originally；formerly；at first：他～在一家工厂干活 *He formerly worked in a factory .*
【原理】（名）principle；theory：根本的～ *a cardinal principle*
【原谅】（动）excuse；pardon；forgive：乞求某人 ～ *seek sb .'s forgiveness*
【原料】（名）raw material；stock：～基地 *raw material base area*
【原始】（形）❶（最初的）original；firsthand：～记录 *original record* ❷（最古老的；未开发的）primeval；primitive：～森林 *primeval forest*
【原文】（名）original text；master copy：我没有看过这本书的～。*I have not read the book in the original .*
【原先】（形）original；former：照～的计划做 *act according to the original plan*
【原形】（名）original shape；the true shape：现 ～ *show one's true colours；betray oneself*
【原因】（名）cause；reason：～和结果 *cause and effect*
【原油】（名）crude oil；crude：含硫～ *sour crude*
【原则】（名）principle：我们～上同意这个计划。*We agree to the plan in principle .*
【原著】（名）original work：参考～ *refer to the*

original
【原子】（名）atom：～结构 *atomic structure*
【原作】（名）original work：译文保持了～的风格。*The translation reproduces the style of the original .*

圆 yuán ⊖ （形）❶（圆形的）round；circular；spherical：～孔 *a round hole* ❷（圆满，周全）tactful；satisfactory：他这话说得不～。*What he said was not very tactful .* ⊜ （名）❶[数]（圆周）circle：半～ *semicircle* ❷（圆形的货币）a coin of fixed value and weight：银～ *silver dollar* ⊜ （动）（使圆满，使周全）make plausible；justify：自～其说 *make one's statement consistent；justify oneself*
【圆规】（名）compasses：制图～ *drawing compasses*／长杆～ *beam compasses*
【圆号】（名）horn
【圆滑】（形）smooth and evasive；slick and sly：～的手段 *tactful means*
【圆括号】（名）parentheses
【圆满】（形）satisfactory；perfect：～的成功 *complete success*
【圆盘】（名）disk；platform；roundel：金属～ *a metal disk*
【圆圈】（名）circle；ring：他们围成～跳舞。*They dance in a round .*
【圆舞曲】（名）waltz
【圆周】（名）circle；circumference：～角 *angle in a circular segment*
【圆珠笔】（名）ball pen
【圆柱】（名）cylinder
【圆锥】（名）circular cone
【圆桌】（名）round table

援 yuán （动）❶（以手牵引）pull by hand；hold ❷（引用）quote；cite：历史上有例可～。*There are precedents in history to quote from .* ❸（援助）help；aid；rescue：～外 *aid a foreign country*
【援救】（动）rescue；save；deliver from danger：奇迹般地获得～ *be saved by a miraculous deliverance*
【援军】（名）reinforcement
【援外】（动）foreign aid：～物资 *materials in aid of a foreign country*
【援引】（动）quote；cite：～例证 *cite an example*／～法律条文 *invoke a legal provision*
【援助】（动）help；support；aid：国际～ *international support*／技术～ *technical assistance*

缘 yuán ⊖ （名）❶（缘故）reason：～何到此？*What's your reason for coming here?* ❷（缘分）predestined relationship：人～儿 *relations with people* ❸（边）edge；fringe；brink；

这个城市处于沙漠南～。*This city is located on the southern fringe of the desert.* ⊜ (介)(沿着；顺着)along：～溪而行 *walk along the stream*

【缘分】(名)❶(发生联系的机会)lot or luck by which people are brought together：咱俩又在一起了，真是有～。*So we're together again, it must be fate.* ❷[宗]destiny as conditioned by one's past

【缘故】(名)cause；reason：他这样生气，不知什么～。*I wonder what reason he had for getting so angry.*

【缘由】(名)reason；cause：凡事皆有～。*There is no effect without cause.*

猿

yuán (名)(哺乳动物)ape：从～到人 *from ape to man*

【猿人】(名)ape-man：北京～ *Beijing man*

源

yuán (名)❶(水流起头的地方)source；fountainhead：河～ *source of a river* ❷(来源)source；cause：货～ *the source of supplies*

【源泉】(名)fountain；fountainhead；source：知识的～ *well of knowledge*

【源头】(名)❶fountainhead；source；headstream：民歌是文学的～之一。*Folk songs are one of the sources of literature.*

【源源】(副)in a steady stream：～而至 *come in an endless flow*

yuǎn

远

yuǎn ⊜ (形)❶(空间或时间的距离长)far；distant；remote：别走～了。*Don't go far.* ❷(血缘关系疏远)distant in relationship：～亲 *distant relation* ❸(差别程度大)with great difference：～不及 *far inferior to* ⊜ (动)(不接近)keep away from：敬而～之 *stay at a respectful distance from sb.*

【远程】(名)long-range；long-distance：～导弹 *long-range missile*／～航行 *long voyage*

【远大】(形)long-range；broad；ambitious：前途～ *have a bright future*

【远道】(名)a long way：～而来 *come a long way；come from afar*

【远东】(名)the Far East

【远见】(名)foresight；vision：有 ～ *have breadth of vision；be far-sighted*

【远郊】(名)outer suburbs：这个风景区位于北京的西北～。*The scenic spot is on northwestern outskirts of Beijing.*

【远景】(名)❶(远距离的景物)distant view：我喜欢从高处眺望～。*I like looking into the distance from a high place.* ❷(将来的景象)long-range perspective：规划～ *plan one's future*

【远期】(名)forward；long-term：签订～合同 *make a forward contract*

【远视】(名)long sight；farsightedness：～眼镜 *spectacles for long sight*

【远洋】(名)❶(大洋)ocean ❷(距离大陆远的海洋)of the open sea beyond the littoral zone；oceanic：～航行 *oceangoing voyage*／～货轮 *oceangoing freighter*

【远征】(名)expedition：进行～ *go on an expedition*

【远走高飞】(成)fly far and high；be off to distant parts

【远足】(名)hike；walking tour；pleasure trip on foot：孩子们要到海边去～。*The children will hike out to the seaside.*

yuàn

怨

yuàn ⊜ (名)(怨恨)resentment；enmity；grudge：煽动民～ *stir up popular discontent*／与某人结～ *contract enmity against sb.* ⊜ (动)(责怪)blame；complain：～天尤人 *blame everybody and everything but oneself*

【怨愤】(名)discontent and indignation

【怨恨】⊜ (动)(对人或事强烈不满或仇恨)have a grudge against sb.；hate：不～某人 *bear sb. no grudge；owe sb. no grudge* ⊜ (名)(强烈的不满或仇恨)resentment；grudge；enmity：消除～ *settle a grudge；allay resentment*

【怨气】(名)complaint；grievance：他的～平息下来。*His resentment has cooled.*

【怨言】(名)complaint；resentment：人们对物价上涨颇有～。*There were a lot of complaints about the rising prices.*

院

yuàn (名)❶(院子)courtyard；yard；compound：一座四合～ *a quadrangle* ❷(某些机关和公共场所的名称)：电影～ *cinema*

【院落】(名)courtyard；yard；compound

【院士】(名)academician

【院子】(名)courtyard；yard：我们家有个～，孩子们可以在那里玩儿。*Our house has a yard for the children to play in.*

愿

yuàn ⊜ (名)(愿望)hope；wish；desire：平生之～ *one's lifelong wish* ⊜ (动)❶(愿意)be willing；be ready：出了事我～负全责。*I would take upon myself the whole responsibility if anything went wrong.* ❷(希望)hope；wish：～天下有情人终成眷属。*May all lovers in the world finally be united.*

【愿望】(名)desire；wish；aspiration：实现美好的～ *realize one's fair hope*

【愿意】(动)❶(因符合心愿而同意)be will-ing;be ready:不～服从 be reluctant to obey ❷(希望)wish;like:他们～你留在这里。They want you to remain here.

yuē

约 yuē ❸(动)❶(提出或商量)make an ap-pointment;arrange:我想和王经理～个时间谈谈。I'd like to make an appointment with Mr. Wang, the manager. ❷(邀请)ask or in-vite in advance:我已～了王同志。I've invi-ted Comrade Wang. ❸(拘束)restrict;re-strain ❸(名)(约定的事)pact;agreement;appointment:违～ commit a breach of con-tract ❸(形)❶(俭省)economical;frugal:～减办公费 stint on office expenses ❷(简单,简要)simple;brief:一篇简～的新闻报道 a brief news report ❸(模糊)indistinct:隐～ in-distinct;faint ❹(副)(大概)about;around;approximately:现在大～有 6 点了。It is about 6 o'clock now.
另见 1071 页 yāo。

【约定】❸(动)arrange;agree on;appoint:～会晤地点 agree on a meeting place ❸(名)convention;arrangement:按照～他们联合到一起。As agreed they united their strength.

【约法】(名)provisional constitution

【约分】(名)reduction of a fraction

【约会】❸(名)appointment;date;engage-ment:预定～ make an appointment ❸(动)arrange a meeting;make an appointment:他们～过我,我没去。They invited me, but I didn't go.

【约莫】(介)about;roughly:现在～是 10 点钟。It is about ten now.

【约期】❸(名)❶(约定的日子)appointment or engagement;the appointed time:误了～ fail to keep the appointment ❷(契约的期限)the time limit of a contract:～未满,你无权终止再订新的。Before the contract ex-pires, you have no right to terminate it and sign a new one. ❸(动)(约定日期)fix a date;appoint a time:～会谈 fix a date to hold talks

【约请】(动)invite;ask:～某人到家里来 invite sb. to one's house

【约束】(动)restrain;bind;keep within bounds:摆脱～ break restraints

yuè

月 yuè ❸(名)❶(月球;月亮)the moon:残～ an old moon ❷(计时的单位)month:元～

the first lunar month ❸(形)❶(每月的)monthly:我 的 ～ 收入 为 3000 元。My monthly income is 3000 yuan. ❷(形状像月亮的)圆的)full-moon shaped;round

【月报】(名)monthly magazine

【月饼】(名)moon cake

【月份】(名)month:上～ last month

【月光】(名)moonlight;moonbeam:～从窗户射进来。The moonlight streamed through the window.

【月经】(名)period;menses

【月亮】(名)the moon

【月票】(名)monthly ticket

【月球】(名)the moon:在～上着陆 land in the moon;make a landing on the moon

【月色】(名)moonlight:～辉映。The moon is shining in the clear sky.

【月食】(名)eclipse of the moon

【月息】(名)monthly interest:这笔款的～是 1.5%。Interest on this sum of money is charged at 1.5 per cent monthly.

【月薪】(名)monthly pay:领取～ receive one's monthly salary

【月夜】(名)moonlit night

乐 yuè (名)(音乐)music:奏～ play music
另见 847 页 lè。

【乐队】(名)orchestra;band:在～里演奏 play an instrument in a band

【乐器】(名)instrument:演奏～ play an in-strument

【乐曲】(名)music;musical composition:演奏～ perform music

【乐团】(名)orchestra

【乐章】(名)movement

岳 yuè (名)❶(高大的山)high mountain:五～ the Five Mountains ❷(称妻子的父母)wife's parents

【岳父】(名)father-in-law

【岳母】(名)mother-in-law

阅 yuè (动)❶(看)read;go over:～报 read newspapers ❷(检阅)review;inspect:～兵 inspect troops

【阅兵】(动)review troops:～典礼 dress pa-rade

【阅读】(动)read:～杂志 read magazines

【阅历】❸(动)(亲身见过、听过或做过)see, hear or do for oneself:～过很多事 have seen much of the old ❸(名)(由经历得来的知识)experience:～颇深 have seen much of life

悦 yuè ❸(形)(高兴;愉快)happy;pleased;delighted:大～ feel very pleased ❸(动)(使

愉快)please;delight：取～于人 *try to please sb.*

【悦耳】(形)sweet-sounding：～的音乐 *sweet music*

跃 yuè (动)(跳)leap;jump：～～欲试 *be eager to have a try;itch to have a go*

【跃进】(动)leap;make a leap;leap forward：他们县小麦亩产由 200 公斤～到 500 公斤。 *Their county's output of wheat has jumped from 200 kilos to 500 kilos per mu.*

【跃跃欲试】(成)have a go;be eager to have a try

越 yuè (动)❶(跨过;跳过)get over;jump over：～墙而逃 *escape by climbing over the wall* ❷(超出)exceed;overstep：～出政策界限 *go beyond the bounds of policy* ❸(昂扬)(of one's voice or emotion)be at a high pitch：歌声清～ *sing in a clarion voice*

【越过】(动)cross;surmount：～戈壁 *cross the Gobi Desert* /～障碍 *surmount obstacles*

【越界】(动)cross the border

【越位】(动)[体]offside

【越野】(名)cross-country：～汽车 *cross-country vehicle*

【越狱】(动)break prison;escape from prison：组织～ *organize a jailbreak*

晕 yūn ⊖ (形)(头脑发昏)dizzy;giddy：有点儿头～ *feel a bit dizzy* ⊜ (动)(昏迷)swoon;faint：她看见血就～过去了。 *She swooned at the sight of blood.*

另见 1100 页 yùn.

【晕倒】(动)fall in a faint;pass out：她～时正好有个医生在场。 *A doctor happened to be there when she fainted.*

云 yún ⊖ (动)(说)say：人～亦～ *parrot；echo others' view* ⊜ (名)(云彩)cloud：～雾 *mists and heavy clouds*

【云层】(名)clouds;cloud layer;atmosphere：在～上面飞行 *fly above the clouds*

【云集】(动)gather;converge;come together in crowds：各地代表～首都。 *Representatives from all over the country gathered in the capital.*

【云雾】(名)mist;cloud and mist：拨开～见青天 *scatter the clouds and see the blue sky*

匀 yún ⊖ (形)(均匀的)even：颜色涂得不

～。*The colour is not evenly spread.* ⊜ (动)❶(使均匀)even up;divide evenly：这两份多少不均，再～一～吧。 *These two shares are not equal. Please even them up.* ❷(分出一部分)spare：我～不出时间。 *I have no time to spare.*

【匀称】(形)well-balanced;symmetrical：这间房子很～。 *The room is of good proportions.*

【匀速】(名)uniform velocity：～运行 *travel at the uniform speed*

yǔn

允 yǔn ⊖ (动)(允许)permit;allow;consent：不～ *refuse to consent* ⊜ (形)(公平的;适当的)fair;just：公～ *be just and fair*

【允诺】(动)promise;consent;undertake：欣然～ *readily consent*

【允许】(动)permit;allow：不～任何破坏纪律的现象存在 *permit no breach of discipline*

陨 yǔn (动)(陨落)fall from the sky or outer space

【陨落】(动)fall from the sky of outer space

【陨石】(名)aerolite;stony meteorite

yùn

孕 yùn ⊖ (动)(怀胎)be pregnant：她怀～5 个月了。 *She is five months pregnant.* ⊜ (名)(身孕)pregnancy：有～在身 *be pregnant;be in the family way*

【孕妇】(名)pregnant woman

【孕育】(动)breed;be pregnant with：黄河流域～了中国古代文明。 *The Huanghe valley gave birth to ancient Chinese civilization.*

运 yùn ⊖(动)❶(物体位置不断变化)move;revolve：～行 *move;be in motion* ❷(搬运;运输)carry;transport：～货 *transport goods* ❸(运用)use;wield;utilize：～笔如飞 *rotate one's pen like flying* ⊜ (名)(运气)fortune;luck;fate：好～ *good luck;happy lot*

【运动】❶[物]motion;movement;locomotion：圆周～ *circular motion；circling motion* ❷(体育活动)sports;athletics;exercise：室外～ *outdoor sports* ❸(政治、文化、生产等活动)movement;campaign;drive：竞选～ *election campaign*

【运动会】(名)sports meet;games：世界大学生～ *World University Games*

【运动衫】(名)sports shirt

【运动鞋】(名)sports shoe

【运费】(名)freight;carriage;transportation expenses：～一览表 *a schedule of freight*

notes
【运河】(名)canal:开凿～ cut canal
【运气】(名)(命运;幸运)fortune;luck:他～好,提升了. *He had the good fortune to be promoted*.
【运输】(名)transport;conveyance:陆路～ *the overland transit*/中转～ *traffic in transit*
【运输机】(名)transport plane
【运送】(动) transport;ship;convey:～物资 *ship goods and materials*
【运算】(名)operation:四则～ *the four fundamental operations of arithmetic*
【运行】(动)move;be in motion;run:地球绕太阳～. *The earth revolves round the sun.*
【运用】(动)utilize;apply;put to use:～你自己的判断力 *use your own judgment*
【运载】(动) deliver;carry:～火箭 *carrier rocket*;*launch vehicle*
【运转】(动)❶(沿一定轨道运转)revolve;turn round:行星绕着太阳～. *The planets revolve round the sun.* ❷(指机器转动)work;operate;run:机器～正常. *The machine is running well.*

晕 yùn ⊜ (形)(头脑发昏的)dizzy;faint;giddy:他一坐汽车就～. *He feels dizzy whenever he travels by car.* ⊜ (名)[气](日光或月光形成的光圈)halo:日～ *solar halo* 另见 1099 页 yūn。
【晕车】(名)carsickness
【晕船】(名)seasickness

【晕机】(名)airsickness

酝 yùn ⊜ (动)(酿酒)ferment（wine） ⊜ (名)(酒)wine
【酝酿】(动)❶(图谋)brew;ferment:这场大辩论～已久. *This great debate has been brewing for a long time.* ❷(非正式讨论,仔细考虑)have a preliminary informal discussion; deliberate on:～候选人名单 *consider and talk over the list of candidates*

韵 yùn (名)❶(好听的声音)musical sound:琴～悠扬. *Sweet music was being played on the lute.* ❷(一个音节收尾部分的音)rhyme:押～ *be in rhyme* ❸(情趣)charm:风～ *personal charm*;*graceful bearing*
【韵律】(名)rhyme scheme:和谐的～ *harmonious rhythm*
【韵味】(名)lingering charm;aroma:她的唱腔很有～. *Her singing has a special pleasing quality about it.*

蕴 yùn (动)(包含)accumulate;contain;hold in store
【蕴藏】(动)hold in store;contain:我国地下～着丰富的矿物资源. *Our country is rich in mineral resources.*

熨 yùn (动)(用烙铁或熨斗烫平)iron;press:～衣服 *iron clothes*
【熨斗】(名)flatiron;iron

Z

zá

杂 zá ❶（形）（多种多样的；混杂的）miscellaneous；varied；sundry；mixed：～事儿 *miscellaneous affairs* ❷（动）（混合在一起；掺杂）mix；blend；mingle：这片苹果树中～有几棵梨树。*There are a few pear trees scattered among these apple trees.*

【杂费】（名）❶（零碎费用）incidental expenses；incidentals ❷（额外费用）sundry fees；extras

【杂货】（名）sundry goods；groceries；general cargo：日用～ *various household supplies*

【杂技】（名）acrobatics：～表演 *acrobatic show*

【杂交】（动）hybridize；cross：通过～改良水稻品种 *improve paddy varieties through hybridization*

【杂乱】（形）mixed and disorderly；in a jumble：抽屉里的东西很～。*The things in the drawer were all in a jumble.*

【杂念】（名）distracting thoughts：排除～ *banish distracting thoughts from one's mind*

【杂牌】（名）a less known and inferior brand：～货 *goods of an inferior brand*

【杂文】（名）essay：出版一本～集 *publish a collection of essays*

【杂志】（名）magazine：订一份～ *subscribe to a magazine*

【杂质】（名）impurity：～含量 *impurity content*

【杂种】（名）hybrid；crossbreed

砸 zá（动）❶（用重物撞击；重物落在物体上）pound；tamp：砰砰～门 *pound at the door* ❷（打破）break；crush；smash：～核桃 *crack walnuts* ❸（事情失败）fail；foul up；fall through；be bungled：事儿办～了。*The job was bungled.*

【砸碎】（动）break to pieces；break into pieces；smash

zāi

灾 zāi（名）❶（灾害）disaster；calamity：去年有～害。*There was a natural calamity last year.* ❷（个人的不幸）personal misfortune；unluckiness：多～多难 *always dogged by misfortune*

【灾害】（名）calamity；disaster；damage：自然～ *natural calamity*

【灾荒】（名）famine due to crop failures：去年，他老家闹～。*Famine hit his home district last year.*

【灾民】（名）victims of a natural calamity

【灾难】（名）suffering；calamity；disaster：避免一场大～ *avert a catastrophe*

【灾区】（名）disaster area：地震～ *earthquake-stricken area* / 旱～ *drought-stricken area*

栽 zāi（动）❶（栽种）plant；transplant；grow：～树 *plant trees* ❷（插上）insert；stick in；plant：～电线杆 *erect a wire pole* ❸（硬给安上）impose；force sth. on sb.：～上罪名 *frame sb.* ❹（摔倒；跌倒）tumble；trip；fall：～倒 *fall down*

【栽培】（动）❶（种植；培养）cultivate；grow；plant：人工～ *artificial cultivation* ❷（造就）foster；educate；train：我今天的成就离不开王教授的～。*I owe my success to the education and training Professor Wang gave me.*

【栽赃】（动）frame sb.；fabricate a charge against sb.：他声称受到～诬陷。*He claimed that he had been framed.*

【栽种】（动）plant；grow

zǎi

载 zǎi ❶（名）（年）year：一年半～ *six to twelve months；six months to a year* ❷（动）（记载）put on record；write down：～入记录 *record in the minutes；place on record*
另见 1102 页 zài。

宰 zǎi（动）❶（主持；主管）govern；rule：主～ lord over；dominate；dictate ❷（杀牲畜、家禽等）slaughter；butcher；kill：～鸡杀鹅 kill hens and geese

【宰杀】（动）slaughter；butcher

【宰相】（名）prime minister（in feudal China）

崽 zǎi（名）❶〈方〉（儿子）son ❷（幼小的动物）young animal；whelp

zài

再 zài（副）❶（又一次）another time；again；once more：我还得～去几次。*I have to go there a few more times.* ❷（表示更加）still；further：声音～大一点儿。*Still louder, please.* ❸（表示如果继续怎样）：～不走我们就赶不上火车了。*We will miss the train if we delay any longer.* ❹（表示一个动作发生在另一个动作结束之后）：你做完功课～出去。*Finish your homework before you go out.* ❺（表示另外有所补充）：到会的有教职员工，～就是学生代表。*Present at the meeting were staffs and faculty members，and also representatives of the students.* ❻（再继续，再出现）come back；continue：～创新纪录 *try to set another new record*

【再版】（名）second edition

【再次】（名）once more；once again：防止类似事件～发生 *prevent the occurrence of similar incidents*

【再会】（动）good-bye；see you again

【再婚】（动）remarry；marry again

【再见】（动）good-bye；see you again

【再三】（名）over and over again；time and again：～考虑 *consider over and over again*

【再现】（动）reappear：～在眼前 *reappear before one's eyes*

【再者】（副）moreover；furthermore；besides

在 zài ㊀（动）❶（存在；生存）exist；be living：他父亲还～，母亲早就不～了。*His father is still alive，but his mother passed away long ago.* ❷（表示人或事物的位置；留在）stay；remain：你去那儿找他，他准～。*Go and see him，he must be there.* ❸（参加；属于）join or belong to an organization；be a member of an organization：～组织 *belong to a certain organization* ❹（在于；决定于）depend on；lie in；rest with：学习好，主要～自己努力。*Getting good results in one's studies depends mainly on one's own efforts.* ㊁（副）（正在）in process of；in course of：一切都～变。*All are changing.* ㊂（介）（表示时间、处

所、范围等）：～这种情况下 *under these circumstances*

【在案】（动）be on record；记录～ *be put on record*；be a matter of record

【在场】（动）be on the scene；be on the spot：当时我没～。*I wasn't there at the time.*

【在行】（动）be expert at：她对计算机很～。*She knows a lot about computers.*

【在家】（动）be at home；be in：我们让她～好好休息。*We told her to stay home and have a good rest.*

【在所不辞】（成）will not refuse under any circumstances；will not hesitate to

【在所不惜】（成）will not grudge；will never balk at

【在所难免】（成）can hardly be avoided：工作没有经验，出点儿差错也是～。*Slips are unavoidable when you are new to your work.*

【在位】（动）be on the throne；reign

【在押】（动）be in prison；be under detention：～犯 *criminal in custody；prisoner*

【在野】（动）be out of office；not be in office：～党 *a party not in office*

【在意】（动）care about；care for；take notice of：这些小事他是不会～的。*He won't take such trifles to heart.*

【在职】（动）be on the job；be at one's post：～期间 *during one's tenure of office*

【在座】（动）be present：请～的同志们多提意见。*We hope you comrades here will not hesitate to give your opinions and criticisms.*

载 zài ㊀（动）❶（装载）load；carry；hold：～誉而归 *return with honours* ❷（充满道路）（the road）be filled with：风雪～途。*Whirling snow swept over the road.* ㊁（连）〈书〉（又，且）and；as well；while：～歌～舞 *festively singing and dancing*
另见 1101 页 zǎi。

【载波】（名）carrier frequency：～电报 *carrier telegraphy*／～电流 *carrier current*

【载荷】（名）load

【载频】（名）carrier frequency；carrier：～终端设备 *carrier frequency terminal equipment*

【载人飞行器】（名）manned vehicle

【载运】（动）convey；transport；ship：本市公共汽车每天～乘客 10 万左右。*The city buses carry about 100,000 passengers a day.*

【载重】（名）load；carrying capacity：这辆卡车～多少？*What's the carrying capacity of this truck？*

zán

咱 zán（代）❶（咱们）we：～班的人呢？

Where are our classmates？ ❷〈方〉（我）I：～不会说英语。I don't speak English．

【咱们】（代）we：～商量一下。Let's talk it over．

zàn

暂 zàn ❶（形）（时间短）short；momentary：在那里做短～停留 make a short stay there ❷（副）（暂时）temporarily；for the moment；for the time being：～留 stay for a while

【暂定】（动）arrange for the time being：训练期限～一年。The period of training is tentatively fixed at one year．

【暂缓】（动）postpone；put off；defer：～答复 defer making a reply

【暂且】（介）for the moment：～让事情保持现状 leave the matter as it is for the present

【暂时】（名）temporary；transient：～的需要 temporary needs

【暂停】（动）suspend：内部装修，～营业。Business suspended for internal repairs．

【暂行】（形）temporary；provisional：～规定 interim provisions

赞 zàn ❶（动）❶（帮助）help；assist；support：～助 support；sponsor ❷（称赞）praise；laud；commend：称～ praise；acclaim；commend ❷（名）（颂词）a literary eulogy：《祖国～》"Ode to the Motherland"

【赞不绝口】（成）be full of praise；be profuse in praise

【赞成】（动）approve of；favour；agree with；endorse：我完全～。I'm all for it．

【赞美】（动）praise；eulogize：他的大公无私受到人们的～。He was praised for his selflessness．

【赞赏】（动）appreciate；admire：对这一友好行动表示～ express appreciation for this friendly act

【赞扬】（动）speak highly of；praise；commend：受到高度～ be highly commended

【赞助】（动）support；assist：这个展览会得到当地华侨的～。The exhibition had the help and support of the overseas Chinese there．

zāng

赃 zāng（名）（赃物）booty；bribes；stolen goods：分～ divide the spoils

【赃款】（名）stolen money

【赃物】（名）stolen goods；booty：警察追回了～。The police recovered the stolen goods．

脏 zāng（形）（不干净的）dirty；filthy；foul：～衣服 dirty clothes；dirty linen
另见 1103 页 zàng。

zàng

脏 zàng（名）（内脏）internal organs；entrails：五～六腑 the vital organs of the human body；entrails；viscera
另见 1103 页 zāng。

【脏器】（名）visceral organ；internal organs of the body

葬 zàng（动）（掩埋死者遗体）bury；inter：他～在西山。He was buried in the Western Hills．

【葬礼】（名）funeral；funeral rites

【葬送】（动）ruin；spell an end to：封建婚姻制度～了她一生的幸福。The feudal marriage system condemned her an unhappy married life．

zāo

遭 zāo ❶（动）（遇到）meet with；suffer：～人白眼 be treated with disdain ❷（量）（回）time；turn；occasion：在这么多人面前讲话，我还是头一～。This is the first time I have ever spoken to such a big audience．

【遭到】（动）suffer；encounter：～冷遇 meet with disfavor

【遭受】（动）suffer；be subjected to；sustain：～压迫 suffer oppression

【遭遇】❶（动）（碰上；遇到）meet with；encounter；run up against：～不幸 meet with misfortune ❷（名）（遇到的事情）（bitter）experience；（hard）lot：严峻的～ severe experience

糟 zāo ❶（名）（残渣）dregs；dross；grains：酒～ distillers' grains ❷（动）（用酒或糟腌制食物）pickle with wine or grains：～鱼 fish pickled with grains or wine；pickled fish ❸（形）❶（腐烂的；不结实的）rotten；decayed；poor：他身体很～。He is in very poor health．❷（事情办坏）in a wretched state；in a mess：把事情搞～了 make a mess of sth．

【糟糕】（形）terrible；bad：真～！我们误了火车啦。What bad luck！We've missed the train．

【糟蹋】（动）❶（浪费；损坏）waste；ruin；spoil：不要～粮食。Never waste grain．❷（侮辱；蹂躏）insult；violate；ravage：说话可不要这样～人。You shouldn't talk about anyone like that．/侵略军把这个村子～得不成样子。The invading troops left the village in a terrible state .

záo

凿 záo ❶（名）(凿子)chisel ❷（动）(打孔；挖掘)cut a hole;chisel;dig:～一个窟窿 bore a hole/把船～沉 scuttle the ship

【凿井】（动）dig a well;sink a well

【凿子】（名）chisel

zǎo

早 zǎo ❶（名）(早晨)morning:从～到晚 from morning till night ❷（副）(很久以前)long ago;as early as;for a long time:他～走了。He went away a long time ago . ❸（形）❶(时间在先的)early:～稻 early rice ❷(比一定的时间靠前）early;beforehand;in advance:提～交货 goods delivered in advance ❸(问候的话,用于早晨见面时互相招呼)good morning:老师～。Good morning , teacher .

【早安】（名）good morning

【早餐】（名）breakfast

【早操】（名）morning exercises:做～ do morning exercises

【早产】（名）premature delivery;premature birth

【早晨】（名）morning

【早春】（名）early spring;early in spring

【早稻】（名）early rice

【早点】（名）(light) breakfast

【早婚】（动）marry too early:～妨碍工作和学习。Marrying too early hinders one's work and study .

【早期】（名）early stage;early phase:～作品 sb.'s early works

【早上】（名）morning:～好! Good morning!

【早晚】（名）❶(早晨和晚上)morning and evening:～各服一粒药丸 take one pill in the morning and one in the evening ❷(或早或晚)sooner or later:他～得去。He'll have to go there sooner or later . ❸〈书〉(将来某个时候)some time in the future;some day

枣 zǎo（名）[植](枣树;枣)jujube;date

【枣红】（形）purplish red;claret

【枣树】（名）jujube tree;date tree

澡 zǎo（动）(洗身)bath;bathe:擦～ rub oneself down with a towel;bathe

【澡盆】（名）bathtub

zào

造 zào（动）❶(做;制作)make;build;create;produce:～句 make a sentence ❷(假编)cook up;fabricate;concoct:编～借口 cook up an excuse ❸〈书〉(前往,到)go to;arrive at:～访 pay a visit ❹(成就)achieve;attain:～诣（academic）achievements ❺(培养)train;educate:深～ pursue advanced studies;achieve one's high aim

【造成】（动）create;cause;bring about:～巨大损失 cause enormous losses

【造船】（动）shipbuilding:～厂 shipyard;dockyard/～工业 shipbuilding industry

【造福】（动）bring benefit to;benefit:～于人类 bring benefit to mankind

【造价】（名）cost of construction;cost of building:这种桥～比较低。It cost less to build this kind of bridge .

【造就】❶（动）(培养使有成就)bring up;train:～一代新人 bring up a new generation ❷（名）(造诣;成就)achievements:他在这一领域是一位颇有～的学者。He is a scholar of the highest achievements in this field .

【造句】（名）sentence-making

【造型】❶（名）(创造出来的物体形象)modelling;profiling;mould-making:这些工艺品～优美。These art objects are beautifully shaped . ❷（动）(创造物体形象)model;mould

【造谣】（动）start a rumour;cook up a story and spread it around:～惑众 fabricate rumours to mislead people

【造纸】（名）papermaking:～厂 paper mill

噪 zào（动）❶(虫或鸟叫)chirp:蝉～ the chirping of cicadas ❷（大声叫嚷)make noise;make an uproar;clamour:鼓～ make a row;be in an uproar;clamour

【噪音】（名）noise;undesired sound:机器的～ the noise of machinery

zé

则 zé ❶（名）❶(规范)standard norm;criterion:以身作～ set an example by one's own conduct ❷(规则)regulation;rule;law:原～ principle ❸（书〉(效法)imitate;follow;copy:～先烈之言行 follow the example of the martyrs in word and deed ❷（量)(用于分项或自成段落的文字的条数)an item:新闻一～ an item of news ❸（连）❶(表示因果、条件等)少～几年,多～十年 several years at least and several decades at most;between several years and several decades ❷(表示对比、转折、让步等)南方雨水充沛,北方比较干燥。It is wet in the South , while the North is dry . ❸（助）(用于列举原因或理由):

这篇课文不合适,一～太长,二～太难。 *This text is unsuitable. For one thing it's too long,for another it's too difficult.*

责 zé ⊖（名）(责任)duty;responsibility:～无旁贷 *be one's unshirkable responsibility* ⊜（动）❶(要求做成某事或行事达到一定标准)demand;ask for;require:求全～备 *demand perfection* ❷(诘问)question closely:～问 *call sb. to account* ❸（责备）blame;reproach;reprove:自～ *reprove oneself* ❹(责罚)punish
【责备】（动）reproach;blame;reprove:受到良心的～ *feel a prick of conscience*
【责怪】（动）blame:这事不应该～他。 *He should not be blamed for this.*
【责令】（动）order;instruct:～主管部门采取有力措施 *instruct the department in charge to take effective measures*
【责骂】（动）scold;rebuke;dress down:老师～他不该考试作弊。 *The teacher rebuked him for cheating in the exam.*
【责任】（名）❶(应做的事)duty;responsibility:～重大 *have a grave responsibility* ❷(应承担的过失)blame;responsibility for a fault or wrong:追究～ *ascertain where the responsibility lies*

择 zé（动）(挑选)select;choose;pick:～友 *choose friends*
【择偶】（动）choose a spouse
【择优】（动）select the superior ones:～录取 *employ or enroll on the basis of competitive selection*

zéi

贼 zéi ⊖（名）❶(偷东西的人)thief:老练的～ *an expert thief* ❷(背叛国家、民族利益的人)traitor;enemy:民～ *a traitor to the people* ⊜（形）❶(邪的;不正派的)crooked;evil;wicked:～眉鼠眼的人 *thievish-looking people* ❷(狡猾的)crafty;cunning;deceitful
【贼船】（名）pirate ship:上～ *board the pirate ship*
【贼喊捉贼】（成）a thief crying "Stop thief"
【贼眉鼠眼】（成）thievish-looking
【贼头贼脑】（成）stealthy;furtive
【贼心】（名）wicked heart;evil designs

zěn

怎 zěn（代）〈方〉(怎么)why;how:你～么不早说呀? *Why didn't you say so earlier?*
【怎么】（代）❶(询问性质、状况、方式、原因等)

how:你是～来的? *How did you come here?* ❷(泛指性质或方式):不知道我～就滑倒了。 *Somehow I slipped and fell.* ❸(用于否定式,表示程度不够):这个地方我不～熟。 *I'm not too familiar with the place.*
【怎么样】（代）how;what about:你觉得～? *How are you feeling?*
【怎样】（副）how:你现在感觉～? *How are you feeling now?*

zēng

曾 zēng（形）(亲属关系间隔两代的)relationship between great-grand children and great-grandparents 另见641页 céng。
【曾孙女】（名）great-granddaughter
【曾祖父】（名）great-grandfather

增 zēng（动）(增加)increase;gain;add:产量猛～。 *Output increased sharply.*
【增补】（动）supplement;augment:人员略有～。 *The staff has been slightly augmented.*
【增产】（动）increase production:～节约 *increase production and practise economy*
【增多】（动）increase;grow in number or quantity:来华参观访问的外国朋友日益～。 *More and more foreign friends come to visit China.*
【增加】（动）increase;add;raise:～积累 *increase accumulation*
【增进】（动）enhance;promote:～健康 *improve one's health*
【增强】（动）strengthen;heighten;enhance:～信心 *heighten one's confidence*
【增添】（动）add;increase:～设备 *get additional equipment*
【增援】（动）reinforce:～部队 *reinforcements;reinforcing units*
【增长】（动）increase;rise;grow:平均～40% *register an average increase of 40%*

憎 zēng（动）(厌恶;恨)dislike;hate;abhor;detest:面目可～ *repulsive in appearance*
【憎恨】（动）hate;detest
【憎恶】（动）abhor;loathe:有些人～现代艺术。 *Some people loathe modern art.*

zèng

赠 zèng（动）(赠送)give as a present;present as a gift:临别～言 *advice given by one just before parting*
【赠品】（名）gift;giveaway
【赠送】（动）give as a present;present as a

gift：向演员～花篮 present a basket of flowers to the performers
【赠言】（名）words of advice；encouragement：临别～ parting words of advice or encouragement

zhā

扎 zhā（动）❶（刺）prick；run or stick（a needle，etc.）into：手指上～了一根刺 prick one's finger on a thorn；have a splinter in one's finger ❷（驻扎）station；quarter：安营～寨 make camp；pitch a tent or camp；encamp ❸〈方〉（钻进去）get into；plunge into：一头～进书堆里 bury oneself in books
【扎根】（动）take root：水和阳光充足，树苗很快就会～ Saplings take root quickly with plenty of water and sunlight.
【扎实】（形）❶（结实的）sturdy；strong ❷（实在的）solid；sound：这门基础课她学得很～。She has a good grasp of this basic course.

zhá

轧 zhá（动）（压钢坯）roll（steel）
【轧钢】（名）steel rolling：～机 rolling mill
【轧机】（名）rolling mill
另见 1065 页 yà。

闸 zhá ➊（名）❶（水闸）floodgate；sluice gate ❷（制动器）brake：开～ take off the brake ❸〈口〉（电闸）switch：扳～ operate a switch；switch on or off ➋（动）（截住水）dam up water：～住河水防洪 dam up a river to control flooding
【闸门】（名）sluice gate；gate

炸 zhá（动）（在油里弄熟食物）fry in deep fat or oil：把花生～一～ deep-fry the peanuts
另见 1106 页 zhà。
【炸鸡】（名）fried chicken

zhǎ

眨 zhǎ（动）（眼睛闭上又立刻睁开）blink；wink：他向我～了～眼。He winked at me.
【眨眼】（动）wink；twinkle；blink；very short time：～的工夫 in the twinkling of an eye

zhà

诈 zhà（动）❶（欺骗）cheat；deceit；swindle：～人钱财 swindle people out of their money；get money by fraud ❷（假装）pretend；feign：～败 feign defeat ❸（用假话试探，使对方吐

露真情）bluff sb. into giving information：他是拿话～我。He was trying to draw me out.
【诈骗】（动）defraud；swindle：～财物 defraud money and property

栅 zhà（名）（栅栏）railings；palisade；bars：木～ paling；palisade
【栅栏】（名）（铁条或木条组成的篱笆状物）railings；paling；bars

炸 zhà（动）❶（突然破裂）explode；burst：暖瓶～了。The thermos flask has burst. ❷（用炸药爆破）blast；blow up；bomb：把障碍物～掉 blast away the barriers ❸〈口〉（因愤怒而激烈发作）flare up；burst into rage：肺都气～了 flare up；explode with rage
另见 1106 页 zhá。
【炸弹】（名）bomb：～坑 bomb crater；crater
【炸药】（名）explosive：烈性～ high explosive

榨 zhà（动）（压出物体里的汁液）press；extract；squeeze：～甘蔗 press sugar cane

zhāi

斋 zhāi（名）❶（斋戒）fast：开～ break one's fast ❷（信徒的素食）vegetarian diet ❸（屋子）room；building：书～ study
【斋戒】（动）abstain from meat，wine，etc.；fast
【斋期】（名）fast days；fast

摘 zhāi（动）❶（取下）pick；pluck；strip；take off：～水果的季节 the time to pick fruit ❷（选取）select；extract：～记要点 jot down the main points ❸（摘借）borrow money when in urgent need
【摘抄】➊（动）（摘录）take passages；make extracts：～长诗 take passages from the long poem ➋（摘录的文章）extracts；excerpts
【摘除】（动）excise；remove
【摘记】➊（动）（摘要记录）take notes：～讲话要点 take down the gist of a speech ➋（名）（摘录）extracts；excerpts
【摘录】➊（动）（选一部分记下来）take passages；make extracts；extract；excerpt：从书中～一段 take passages from a book ➋（名）（摘记的要点）extracts；excerpts：文件～ extracts from a document
【摘要】➊（动）（摘录要点）make a summary：成果～ a summary of the results ➋（名）（摘录下来的要点）summary；abstract；remark：做～ make an abstract／写～ write a précis

zhái

宅 zhái（名）（住所；房子）residence；house：住

~ residence；dwelling house
【宅邸】（名）hotel；residence；abode；habitation
【宅地】（名）croft；parterre
【宅区】（名）resident area
【宅子】（名）residence；house

zhǎi

窄 zhǎi（形）❶（横的距离小的）narrow：~道 narrow path ❷（心胸不开朗的，气量小的）petty；narrow：心胸狭~ narrow-minded ❸（不宽裕的）hard up；badly off；short of：父亲死后，家里的日子过得挺~。We were very hard up after my father died.

zhài

债 zhài（名）（欠别人的钱）debt；loan：公~ government loan／国~ national debt
【债户】（名）debtor
【债款】（名）loan
【债权】（名）creditor's rights；financial claim：~人 creditor／~国 creditor nation
【债券】（名）bond；debenture：~持有者 bondholder；bond holder
【债务】（名）debt；liabilities：他的~猛增。His debts jumped.
【债主】（名）creditor

zhān

沾 zhān（动）❶（浸湿）wet；soak；moisten：泪~襟 tears wet the front of one's jacket ❷（被东西附着上）be stained with：~水 get wet ❸（碰上；挨上）touch：一~枕头就着 fall asleep as soon as one's head hits the pillow ❹（得到好处）benefit by：~点光便宜 get a bargain
【沾边】（动）❶（略有接触）touch on only lightly：检讨多少遍，思想不~ make self-criticism again and again but never touch on one's real thinking ❷（接近应有的样子）be close to what it should be：你讲的一点儿也不~。What you say is completely irrelevant.
【沾染】（动）be infected with；be tainted with；be contaminated by：~坏习气 be tainted with bad habits
【沾沾自喜】（成）feel complacent；be pleased with oneself：不要~于一得之功。Don't be complacent over an occasional success.

粘 zhān（动）（黏附）glue；stick；paste；adhere：把信封~上 seal an envelope
【粘贴】（动）paste；stick：在墙上~标语 paste slogans on the wall

瞻 zhān（动）（往前或往上看）look forward or up：~前顾后 peer ahead and look behind
【瞻顾】（动）look ahead and behind
【瞻前顾后】（成）peer ahead and look behind；be overcautious and indecisive
【瞻望】（动）look forward；look far ahead：~未来 look to the future
【瞻仰】（动）look at with reverence：~遗容 pay respects to the remains of sb.

zhǎn

斩 zhǎn（动）（砍）cut；chop；behead：~掉 cut away
【斩钉截铁】（成）resolute and decisive：~地拒绝 give a round rebuff
【斩首】（动）behead；decapitate

展 zhǎn ➊（动）❶（张开；放开）open up；spread out；expand；unfold：风~红旗 the red flags are fluttering in the wind.❷（施展）put to good use；give free play to：~一~才华 display one's talents ❸（展缓）extend；postpone ❹（展览）exhibit；show：预~ preview ➋（名）（展览）exhibition：画~ painting exhibition
【展出】（动）put on display；be on show：展览会上~了各种各样的机床。A good variety of machine tools are on display at the exhibition.
【展缓】（动）postpone；extend；prolong：行期一再~。The date for departure was postponed again and again.
【展开】（动）❶（张开）develop；spread；spread out；unfold：把地图~ unfold the map ❷（大规模地进行）launch；unfold；carry out：~攻势 unfold an offensive
【展览】（动）exhibit；show；put on display：书籍~ an exhibit of books
【展品】（名）exhibit；item on display：请勿抚摸~。Please do not touch the exhibits.
【展期】（名）exhibition period
【展望】（动）look ahead；forecast；prospect：~未来 look forward to the future
【展现】（动）unfold before one's eyes：这本书~了我们的现代生活。The book reflects our modern life.

崭 zhǎn（形）❶〈书〉（高峻；高出）towering：~然 rising steeply ❷〈方〉（优异）fine；excellent；swell
【崭露头角】（成）begin to show one's brilliant talents；display remarkable ability or talent
【崭新】（形）brand-new；completely new：穿一

身～的制服 *wear a brand-new tunic suit*

zhàn

占 zhàn（动）❶（占据）occupy；seize；take up：攻～ *attack and occupy*；*storm and capture* ❷（处在某一地位，属于某一情形）hold；constitute；make：～优势 *gain advantage*；*stand ahead*

【占据】（动）occupy；take over；hold：～重要的战略地位 *occupy a position of strategic importance*

【占领】（动）capture；occupy：～要塞 *capture a fort*／～市场 *dominate the market*

【占便宜】（形）❶（取得额外利益的）gain extra advantage by unfair means：别老想占我的便宜。*Don't always try to take advantage of me.* ❷（有优越条件的）be in an advantageous position；favorable：你个子高，打篮球～。*A tall fellow like you has an advantage in playing basketball.*

【占线】（动）the line's busy

【占有】（动）❶（占据）own；have；possess：～第一手资料 *have firsthand data* ❷（处在）occupy；hold：商业在国民经济中～重要地位。*Commerce occupies an important place in the national economy.*

栈 zhàn（名）❶（养牲畜的栅栏）shed；pen：羊～ *sheep pen* ❷（栈道）a plank road built on sides of cliffs for army ❸（栈房）storehouse；warehouse：客～ *inn*

【栈桥】（名）landing stage（in a port）；loading bridge（at a railway station）

战 zhàn ⊜（名）（战争；战斗）war；warfare；battle；fight：冷～ *a war without battle* ⊜（动）❶（进行战争或战斗）fight；battle：为祖国而～ *battle for our motherland* ❷（发抖）shiver；shudder：胆～心惊 *tremble with fear*

【战败】（动）❶（打败仗）be defeated；be vanquished；suffer a defeat：敌军～了。*The enemy troops were defeated.* ❷（打胜）defeat；vanquish；beat

【战场】（名）battlefield；battlefront：奔赴～ *go to the front*／开辟新～ *open another front*

【战车】（名）war chariot

【战刀】（名）sabre

【战斗】（名）❶（武装冲突）fight；battle：进行了数十次～ *have fought scores of battles* ❷（斗争）militant；fighting：满怀～豪情 *be filled with militant pride*

【战俘】（名）prisoner of war：遣返～ *repatriate prisoners of war*

【战果】（名）result of battle；victory：取得辉煌

～ *achieve splendid results on the battlefield*

【战舰】（名）warship

【战局】（名）war situation：～大有好转。*The war situation has improved a lot.*

【战略】（名）strategy：全球～ *global strategy*

【战胜】（动）defeat；triumph over；overcome：～困难 *overcome difficulties*

【战士】（名）soldier；fighter：新～ *a new recruit*

【战术】（名）tactics：～训练 *tactical training*

【战线】（名）battle line；battle front；front：思想～ *the ideological front*

【战役】（名）campaign；battle：部署新～ *map out a new campaign*

【战友】（名）comrade-in-arms：老～ *one's old comrade-in-arms*

【战争】（名）war；warfare：挑起～ *provoke a war*

站 zhàn ⊜（动）❶（站立）stand；be on one's feet：我都～了一天了。*I've been on my feet all day.* ❷（停下来，停留）stop；halt；pause：这车中途不～。*This bus makes no stops along the way.* ⊜（名）❶（停车点）stop；station：长途汽车～ *bus station* ❷（为某种业务设立的机构）centre；station：供应～ *supply centre*

【站队】（动）line up；fall in；stand in line：～等候电车 *queue up for a tram*

【站岗】（动）stand guard；be on sentry duty：一个哨兵在门口～。*A sentry kept guard at the entrance.*

【站台】（名）platform：～票 *platform ticket*

【站长】（名）head of a station；station master

【站住】（动）❶（停止行动）stop；halt：他听到有人叫他～。*He heard someone calling him to stop.* ❷（站稳）stand firmly on one's feet；keep one's feet：风刮得人都站不住了。*The wind was so strong that one could hardly keep one's feet.* ❸（理由成立）hold water；be tenable：他的说法站不住。*His opinion doesn't hold water.*

颤 zhàn（动）（发抖）shiver；shudder；tremble：吓得打～ *quake with fear*

另见 644 页 chàn。

zhāng

张 zhāng ⊜（动）❶（分开；放开）open；spread；stretch：～翅膀 *spread the wings* ❷（伸展；扩大）expand；extend：扩～ *expand*；enlarge；spread ❸（铺张，夸大）magnify；exaggerate：夸～的语言 *inflated language* ❹（看，望）look：四处～望 *gaze around* ❺（商店开业）（of a shop）start business；set up：开～

open a business；begin doing business ⊜
（量）❶（用于纸、皮子等）：一～纸 a piece of
paper ❷（用于床、桌子等）：一～床 a bed ❸
（用于嘴、脸）：一～笑脸 a smiling face

【张大】（动）magnify；exaggerate：～其词 ex-
aggerate；overstate

【张口结舌】（成）be agape and tongue-tied；be
at a loss for words

【张力】（名）tension；tensile force：～式平台
tension-type platform

【张罗】（动）❶（料理）take care of；get busy
about：为婚事～ make arrangements for wed-
ding ❷（筹划）raise；get together：～一笔钱
raise a sum of money ❸（接待）greet and en-
tertain；attend to：顾客很多，一个售货员～不
过来。There were too many customers for
one shop assistant to attend to .

【张贴】（动）put up：～海报 put up posters

【张望】（动）❶（从孔、缝里看）peep：从窗子向
里～ peep through the window ❷（向四周、远
处看）look around；look into the distance：别
四处～，注意力集中点儿。Don't look
around , please concentrate .

【张扬】（动）（有意宣扬）make widely known；
make public：四处～ publicize everywhere；
spread all over the place

【张应力】（名）tensile stress

【张嘴】（动）❶（开口说话）open one's mouth
（to say sth .）：他正要～，一个年轻妇女抢先说
了。He was on the point of saying something
when a young woman started to speak . ❷
（向人借贷或请求）ask for a loan or a favour

章 zhāng（名）❶（歌曲、诗文的段落）chap-
ter；verse；section：全书共 20～。The book
has twenty chapters . ❷（条理）order：顺理成
～ be logical ❸（作品）literary writing ❹（章
程）rules；regulations；constitution：简～ gen-
eral regulations ❺（图章）stamp；seal：刻个～
engrave a seal

【章节】（名）chapter and section

樟 zhāng（名）[植]（樟树）camphor tree

【樟脑】（名）camphor：～丸 camphor ball；
mothball

【樟树】（名）camphor tree

zhǎng

长 zhǎng ⊖（形）❶（年纪较大）older；elder；
senior：他比我～一辈。He belongs to my
father's generation . ❷（排行最大）eldest；ol-
dest：～兄 eldest brother ⊜（名）（领导人）
chief；head；leader：代表团～ the head of a
delegation ⊜（动）❶（生）come into being；

begin to grow；form：～芽 shoot out buds ❷
（生长；成长）grow；develop：青年时期是～身
体的时期。Youth is the time of physical
growth . ❸（增进；增加）acquire；enhance；in-
crease：～见识 increase one's knowledge
另见 644 页 cháng．

【长辈】（名）elder member of a family；elder；
senior

【长大】（动）grow up；be brought up：我～了要
当医生。I'm going to be a doctor when I
grow up .

【长官】（名）senior officer；commanding of-
ficer

【长势】（名）the way that a crop is growing：作
物～良好。The crops are doing well .

【长相】（名）looks；features；appearance：～好
be good-looking

【长子】（名）eldest son

涨 zhǎng（动）（升高；提高）rise；go up；swell：
潮～了。The tide is rising .

【涨潮】（动）rising tide；flood tide：正在～。
The tide is at the flood .

【涨价】（动）rise in price

【涨落】（动）（of water，price，etc .）rise and
fall；fluctuate：水的～ ebb and flow of the
tide／价格的～ fluctuations of prices

掌 zhǎng ⊖（名）❶（手掌）palm：击～ clap
one's hands ❷（动物的脚掌）the bottom of
certain animals' feet；pad ❸（人的脚掌）sole
（of a human foot）❹（似掌状物）paw-like ob-
ject ❺（马蹄铁）horseshoe：钉马～ put on
horseshoe ❻（钉或缝在鞋底的皮子或橡胶）
shoe sole or heel：钉一块～儿 have a shoe
soled ⊜（动）❶（用手掌打）slap：～嘴 slap
sb .'s face；box sb .'s sears ❷（掌管，掌握）con-
trol；hold in one's hand；be in charge of：～
舵 be at the helm；operate the rudder

【掌故】（名）anecdotes：他熟悉这座城市的～。
He knows a lot of historical anecdotes about
this city .

【掌管】（动）be in charge of；administer：～财
政 administer finances

【掌柜】（名）shopkeeper；manager

【掌上明珠】（成）a pearl in the palm；a beloved
daughter：女儿是他的～。His daughter was
the apple of his eye .

【掌声】（名）applause：经久不息的～ prolonged
applause

【掌握】（动）❶（支配；运用）grasp；master；
know well：～新情况 keep abreast of new de-
velopments ❷（控制，主持）control；hold in
one's hand；be in charge of：～局势 have the
situation well in hand；have the situation

under control

zhàng

丈 zhàng ❶ (量)(市丈的通称)zhang,a unit of length ❷ (动)(丈量)measure:春耕前要把地～完. *We must finish measuring the land before spring ploughing*. ❸ (名)❶(古时对老年男子的尊称)respectful address to an old man in ancient China ❷(丈夫)husband

【丈夫】(名)man;husband

【丈量】(动)measure:～ 土地 *measure land*; *take the dimensions of a field*

【丈母娘】(名)mother-in-law

【丈人】(名)father-in-law

仗 zhàng ❶ (名)❶(兵器的总称)weaponry;weapon:仪～ *flags*, *weapons*, *etc*. *carried by a guard of honour*; *parade of insignia of power* ❷(战争或战斗)warfare;war:打胜～ *win a battle*; *triumph in war* ❷ (动)❶(拿着)hold;take up:～剑 *hold a sword* ❷(凭借;倚仗)rely on;depend on:这事我一人干不了,全～大家帮忙. *I can't manage it on my own*; *I must rely on all of you for help*.

【仗势欺人】(成)take advantage to bully others

【仗义执言】(成)speak out from a sense of justice

杖 zhàng ❶ (名)❶(拐杖;手杖)cane;walking stick;staff:扶～而行 *walk with a cane* ❷(泛指棍棒)rod;club ❷ (动)(用棍子打)flog with a stick

帐 zhàng (名)(用布、纱或绸子等做的遮蔽物)curtain:蚊～ *mosquito net*

【帐篷】(名)tent

账 zhàng (名)❶(关于货币、货物出入的记载)account:从～上看我们超支了. *The accounts show we have spent more than we received*. ❷(账簿)account book ❸(债)debt;credit:～都还清了. *All of the debt was paid off*.

【账单】(名)bill;check:侍者拿来了～. *The waiter came with the bill*.

【账户】(名)account:在银行开立～ *open an account with a bank*

【账目】(名)items of an account;accounts:清理～ *square accounts*

胀 zhàng (动)❶(膨胀)expand;distend:热～冷缩 *expand with heat and contract with cold* ❷(胀大)swell;distend;bloat:我吃多了,肚子有点～。 *I've overeaten and feel bloated*.

障 zhàng ❶ (动)(阻隔;遮挡)block;hinder ❷ (名)(遮挡物)barrier;block;obstacle

【障碍】❶ (动)(阻碍)hinder;obstruct;rub ❷ (名)(阻挡前进的东西)obstacle;obstruction;roadblock:扫清～ *clear away obstacles*

zhāo

招 zhāo ❶ (动)❶(挥手叫人)beckon:他把手一～,要我跟上. *He beckoned me to follow*. ❷(登广告或通知招人)enlist;recruit:～生意 *get new customers* ❸(引来)attract;court;incite ❹(惹;招惹)provoke;tease:别～他生气。 *Don't provoke him to anger*. ❺(承认罪行)confess;own up:犯人已经～了。 *The prisoner has confessed*. ❷ (名)(计策;手段)trick;device;move:你这一～可真高。 *That was really a brilliant stroke of yours*.

【招标】(动)invite tenders;invite bids:采用国际竞争性～方式采购 *purchase by way of international competitive bidding*

【招待】(动)receive;entertain;serve:设宴～外宾 *give a dinner for foreign guests*

【招供】(动)confess one's crime

【招呼】(动)❶(呼唤)call;hail;greet:那边有人～你。 *Someone over there is calling you*. ❷(问候)hail;greet:热情地打～ *greet warmly* ❸(照料)take care of:～客人 *take care of the guests*

【招揽】(动)solicit;canvass:～顾客 *solicit customers*

【招牌】(名)shop sign;signboard:打着人道主义的～ *under the signboard of humanitarianism*

【招聘】(动)advertise for:这家报社～两名编辑. *The paper advertises for two editors*.

【招惹】(动)provoke;incur;bring trouble:这人～不得. *You'd better not provoke that fellow*.

【招生】(动)enroll new students;recruit students

【招收】(动)recruit;take in:～打字员 *recruit typists*

【招手】(动)wave;beckon:～致意 *wave one's greetings*; *wave back in acknowledgement*

【招展】(动)flutter;wave:工地上红旗～。 *Red flags fluttered over the construction site*.

【招致】(动)❶(搜罗)recruit:～人才 *recruit qualified personnel* ❷(引起)incur;bring about;cause:～失败 *cause defeat*

昭 zhāo（形）（明显的）obvious；clear；manifest

【昭雪】（动）rehabilitate：冤案得到了～。*The wrong has been righted.*

着 zhāo（名）❶（下棋时下一子或走一步）a move in chess：输他一～ *lose a move to him* ❷（计策或手段）trick；means；device：这一～厉害。*That's a shrewd move.*

另见 1111 页 zháo；1134 页 zhuó。

【着数】（名）❶（下棋的步子）a move in chess ❷（手段，计策）trick；device

朝 zhāo（名）❶（早晨）early morning；morning：一～一夕 *in one morning or evening* ❷（日；天）day：明～ *tomorrow*

另见 647 页 cháo。

【朝晖】（名）morning sunlight

【朝气】（名）youthful spirit；vitality：有～ *be full of vigor*

【朝夕】（名）❶（天天；时时）day and night；morning and evening：～～相处 *be together from morning to night*；be closely associated ❷（非常短的时间）a very short time：只争～ *seize the day，seize the hour；seize every minute*

【朝阳】（名）the rising sun；the morning sun

zháo

着 zháo（动）❶（接触；挨上）touch：我手上的烫伤一～水就疼。*The burns on my hand hurt when they get into contact with water.* ❷（感受；受到）feel；be affected by：～凉 *catch cold* ❸（燃烧；灯发光）burn；light：汽油一点就～。*Gasoline is highly inflammable.* ❹（用在动词后，表示已经达到目的或有了结果）：这回你可说～了。*This time you really hit the nail on the head.*

另见 1111 页 zhāo；1134 页 zhuó。

【着慌】（动）get alarmed；become flustered：这下子他可～了。*At that point he panicked.*

【着火】（动）catch fire；be on fire：木头容易～。*Wood catches fire easily.*

【着急】（动）worry；feel anxious：别～，安心养病。*Just take care of yourself and don't worry.*

【着迷】（动）be fascinated；be captivated：观众越看越～。*The audience watched the performance with growing fascination.*

zhǎo

爪 zhǎo（名）（动物的脚趾甲或鸟兽的脚）claw；talon：利～ *sharp claws*

另见 1130 页 zhuǎ。

找 zhǎo（动）❶（寻找）look for；try to find；discover；seek：他到处在～你。*He's been looking for you all over the place.* ❷（退还余钱）give change：这是～你的零钱。*Here is your change.* ❸（求见；查找）ask for；want to see；look into；call on：有人～你。*Someone wants to see you.*

【找出路】（动）seek a way out

【找对象】（动）look for a partner in marriage

【找麻烦】（动）❶（自找麻烦）look for trouble ❷（给人添麻烦）cause sb. trouble：对不起，给你们～了。*I'm sorry to have caused you so much trouble.*

【找钱】（动）give change

【找事】（动）❶（寻找工作）look for a job ❷（故意挑毛病，引起争吵）pick a quarrel

【找寻】（动）look for；seek

zhào

召 zhào（动）（召唤）call up；convene；convoke；summon：奉～回国 *be summoned home*

【召唤】（动）call；summon：紧急～ *call urgently*

【召回】（动）recall：～大使 *recall the ambassador from his post*

【召集】（动）call together；convene：～大会 *call an assembly*／～在一起 *call together*

【召见】（动）call in：分别～ *summon sb. separately*／听候～ *wait for sb.'s summons*

【召开】（动）convene；convoke：～会议 *call a meeting*

兆 zhào ❶（名）（预兆）omen；augury；sign：吉～ *a good omen* ❷（数）（一百万）million；mega- ❸（动）（预示）portend；foretell：瑞雪～丰年。*A timely snow promises a good harvest.*

【兆赫】（名）megahertz

【兆周】（名）megacycle

照 zhào ❶（动）❶（照射）illuminate；light up；shine：车灯把大路～得通亮。*The headlights lit up the road.* ❷（反映）reflect；mirror：湖面～出了她的倒影。*Her image was reflected in the lake.* ❸（拍摄）take a picture；shoot：这张照片里的我没被～好。*I don't come out well in this photo.* ❹（照料）look after；take care of；care for：关～ *look after；keep an eye on；attend to* ❺（比照）contrast：对～ *contrast；check against* ❻（知晓；明白）know of；understand：心～不宜 *have a tacit understanding* ❷（名）❶（相

片)photograph;picture:拍～ *take a photograph* ❷(执照;凭证)certificate;license;permit:禁止无～行车。*It is forbidden to drive without a license.* ❸(光亮)illumination;glow ⊜(介)❶(对着;向着)in the direction of;towards:～这个方向走。*Go in this direction.* ❷(依照;按照)according to;in accordance with:～他们的说法 *according to what they say*

【照办】(动)act accordingly:你们提出的要求我们尽量～。*We'll try our best to comply with your request.*

【照常】(副)as usual:～营业 *business as usual*

【照抄】(动)❶(照原文抄写或引用)copy word by word:这个材料请你～一份。*Please make a copy of this material.* ❷(照搬)indiscriminately imitate

【照发】(动)issue as before

【照顾】(动)❶(考虑到;注意到)give consideration to;take account of:～全局 *take the whole into account* ❷(关心;照料)look after:英烈军属受到政府的特别～。*Families of martyrs and servicemen receive special care from the government.*

【照管】(动)look after;be in charge of:～孩子 *look after a child;mind a child*

【照会】⊝(动)(外交用语)present a note ⊜(名)(外交文件)note:提出～ *present a note*

【照例】(副)as a rule;as usual;usually:那天早上,他一起得很早。*That morning he got up very early,as usual.*

【照料】(动)take care of;attend to:你放心走吧,这里的事有我们～。*You don't worry. We'll take care of everything while you're away.*

【照明】(名)illumination;lighting:舞台～ *stage illumination*

【照片】(名)photograph;picture:彩色～ *colour photograph*

【照射】(动)light up;shine;illuminate:用紫外线～ *irradiate with ultraviolet rays*

【照相】(动)❶(拍照)take a picture;take a photo:我给你照张相好吗?*My I take your picture?* ❷(请别人给自己拍)have one's picture taken

【照相机】(名)camera

【照耀】(动)shine;illuminate:灿烂的阳光～着祖国大地。*A bright sun is shining over our country.*

罩 zhào ⊝(动)(遮盖)扣住;套在外面)cover;overspread;wrap:工人们下班时都细心地把仪器～好。*The workers carefully covered all the instruments before they went off*

work. ⊜(名)❶(罩子)cover;shade;hood:玻璃～ *glass cover* ❷(外罩;罩衣)outer jacket;overall

肇 zhào(动)❶(开始)start;originate;commence;initiate ❷(发生)create;cause

【肇事】(动)cause trouble;create a disturbance:～后即逃逸的 *hit-and-run*

zhē

折 zhē(动)❶(翻转)roll over;turn over:～跟头 *turn a somersault* ❷(倒过来倒过去)pour back and forth between two containers:开水太烫,拿两个杯子～一～就凉了。*The water's boiling hot. Pour it from one cup to another to cool it.*
另见 955 页 shé;1112 页 zhé。

【折腾】(动)❶(翻来倒去)turn from side to side;toss about:他一了好几个钟头才睡着。*He tossed about in bed for hours before he got to sleep.* ❷(反复做某事)do sth. over and over again ❸(折磨)cause physical or mental suffering:牙疼真～人。*A toothache can get you down.*

遮 zhē(动)❶(使不显露)cover;hide from view:用面具～住脸 *screen one's face with a mask* ❷(拦住)block;obstruct;impede:～道 *block the way* ❸(掩盖)conceal:～人耳目 *cover up from the public*

【遮蔽】(动)hide from view;cover; cover up:～视线 *obstruct the view*

【遮藏】(动)hide;conceal;cover up

【遮盖】(动)❶(遮住)cover;overspread:山路全给大雪～住了。*The mountain paths were all covered by snow.* ❷(隐瞒)hide;conceal;cover up:错误总是～不住的。*Mistakes can never be hidden.*

【遮羞】(动)hush up a scandal

【遮掩】(动)❶(遮蔽)cover;overspread;envelop:远山被云雾～着。*The distant hills were enveloped in clouds and mist.* ❷(掩饰)cover up;hide;conceal:～错误 *cover up the mistakes*

【遮阳】(名)sunshade;shadow

zhé

折 zhé ⊝(动)❶(断;弄断)break;snap;fracture:～断一根树枝 *break off a branch* ❷(损失)lose;损兵～将 *suffer heavy casualties* ❸(弯;弯曲)bend;flex;twist:这条路由此～向东。*The road turns eastward from here.* ❹(回转;转变方向)turn back;change direction：半路～回 turn back halfway ❺（折服）be convinced；be filled with admiration：心～ be deeply convinced ❻（折合；抵换）amount to；convert into：这笔外币～成人民币是多少？ How much does this sum of foreign money amount to in Renminbi？ ❼（名）❶（折扣）discount；rebate：票价打8～ 20 percent discount on tickets ❷（折子）booklet；folder：存～ deposit book；bankbook 另见 955 页 shé；1112 页 zhě。

【折半】（动）reduce by half；give 50 percent discount：按原价～出售 sell at 50% discount；sell at half price

【折叠】（动）fold：把报纸～好。Fold up the newspaper.

【折合】（动）convert into；amount to：把美元～成瑞士法郎 convert dollars into Swiss francs

【折价】（动）convert into money：～退赔 pay compensation at the market price

【折旧】（名）depreciation（in value of property）：～费 depreciation charge

【折扣】（名）discount；rebate：这价钱已经打了～了。This is the discounted price.

【折磨】（动）cause physical or mental suffering；torment：受疾病的～ suffer severely from a lingering illness

【折射】（名）refraction：～线 refracted ray

【折中】（名）compromise：拟定一个～方案 work out a compromise

哲 zhé ❶（形）（有智慧的）wise；sagacious：明～ wise and discreet ❷（名）❶（有智慧的人）wise man；sage：圣～ the sages ❷（智慧）wisdom：贤～ wit and wisdom

【哲学】（名）philosophy：～家 philosopher

zhě

褶 zhě （名）（褶）pleat；fold；crease：把衬衫上的～儿熨平 iron the wrinkles out of the shirt

【褶皱】（名）wrinkle：脸上的～ wrinkle on the face

zhè

这 zhè ❶（代）（指示较近的人或事物）this：～一回 this time ❷（副）（这时候）this moment；now：他～才知道锻炼身体的好处。Only now does he see the good of taking exercise.

【这边】（副）here；this side：到～来。Come over here.

【这次】（名）this time；present；current：～会议 the present session

【这个】（名）this one；this：～比那个沉。This one is heavier than that one.

【这会儿】（副）now；at present：你～又上哪儿去呀？ Where are you going now？

【这些】（代）these：～日子我们特别忙。We've been particularly busy these days.

【这样】（副）so；such；like this：情况就是～。That's how it is.

蔗 zhè （名）（甘蔗）sugarcane：～汁 sugarcane juice

【蔗糖】（名）cane sugar

zhēn

贞 zhēn ❶（形）❶（忠于自己所重视的原则；坚定不变）loyal；faithful：忠～ be loyal and steadfast ❷（贞洁的）chaste；pure ❷（名）（指女子的贞节）（of women）chastity；virginity：守～ keep one's virginity

【贞节】（名）chastity or virginity

【贞洁】（形）chaste and undefiled：～的妇女 a woman of virtue

针 zhēn （名）❶（缝衣物用的工具）needle：绣花～ an embroidery needle ❷（细长像针的东西）needle-like things：时～ the hour hand ❸（针剂）injection；shot：打～ give an injection ❹（针脚；针线）stitch：在袜子上缝两～ sew a couple of stitches in a sock ❺（中医针刺穴位）acupuncture

【针对】（动）❶（对准）be directed against；be aimed at：～这个问题发表意见 express one's opinion on this question ❷（依照）in the light of；in accordance with；in connection with：～儿童的特点进行教育 educate children in accordance with their special characteristics

【针锋相对】（成）give tit for tat；进行～的斗争 wage a tit for tat struggle against

【针灸】（名）acupuncture and moxibustion

【针织】（名）knitting；weave：～外衣 knitted coat／～机 knitting machine

侦 zhēn （名）（暗中察看；调查）detect；scout；investigate；spy

【侦察】（动）reconnoitre；scout：敌后～ reconnoitre the enemy rear

【侦探】（名）detective；spy：私家～ a private detective

【侦听】（动）monitor：～台 intercept station

珍 zhēn ❶（名）（宝贵的东西）treasure；valuables：山～海味 delicacies from land and sea ❷（动）（重视；爱惜）value highly；treasure：敝帚自～ value one's own old broomstick；treasure one's own things ❸（形）（宝贵的；

贵重的)valuable;precious;rare;priceless:～禽 rare birds

【珍爱】（动）love dearly;be fond of:他非常～老战士送给自己的针线包。He treasures the sewing kit the old soldier gave him.

【珍宝】（名）treasure;jewellery:～馆 Treasure Hall

【珍藏】（动）collect（rare books，art treasures，etc.）

【珍贵】（形）precious:～药材 valuable ingredients of traditional Chinese medicine

【珍品】（名）treasure:艺术～ art treasure

【珍奇】（形）rare:～的动物 rare animals

【珍视】（动）value;cherish;treasure:～我们两国人民之间的友谊 treasure the friendship between the peoples of our two countries

【珍惜】（动）treasure;value;cherish:～革命的成果 treasure the fruits of the revolution

【珍珠】（名）pearl

【珍珠岩】（名）pearlite

真 zhēn ㊀（形）（真实的）true;genuine;real:～功夫 a true skill ㊁（副）❶（的确;实在）really;truly;indeed:我～不知道。I really don't know.❷（清楚;确实）clearly;distinctly;unmistakably:你看得～么? Can you see clearly?

【真诚】（形）sincere;genuine:～的友谊 true friendship/～合作 sincerely cooperate

【真话】（名）the truth:你要说～。You must tell the truth.

【真假】（形）true and false:辨别～ tell the truth from the false

【真空】（名）vacuum:～处理 vacuum treatment/～吸尘器 vacuum cleaner

【真理】（名）truth:坚持～，修正错误 uphold the truth and correct mistakes

【真情】（名）❶（真实情况）the real situation;the facts:几小时的审讯后，犯人开始吐露～。The prisoner opened up after hours of grilling.❷（真诚的心情、感情）true feeling;real sentiments:倾诉～ open one's heart to

【真善美】（名）the true，the good and the beautiful

【真实】（形）true;real;authentic:～的情况 the real situation;how things actually stand

【真相】（名）the real facts;truth:掩盖～ cover up the facts

【真心】（形）heartfelt;wholehearted:说～话 speak from the bottom of one's heart

【真正】（形）genuine;true;sincere:～的朋友 a true friend

【真挚】（形）sincere;cordial:～的友谊 sincere friendship

斟 zhēn（动）（往杯子或碗里倒）pour（wine or tea):给她～一杯酒。Pour her a glass of wine.

【斟酌】（动）consider;deliberate:再三～ consider carefully again and again

zhěn

诊 zhěn（动）（诊察）examine（a patient):出～ visit a patient at home

【诊察】（动）examine（a patient）

【诊断】（动）diagnose:医生～这病是胸膜炎。The doctor diagnosed the illness as pleurisy.

【诊所】（名）clinic

【诊治】（动）make a diagnosis and give treatment

枕 zhěn ㊀（名）❶（枕头）pillow ❷［机］block:靠～ backing block ㊁（动）（把头搁在枕上;垫着）rest one's head on;pillow:～着胳膊睡觉 sleep with one's head resting on one's arm

【枕巾】（名）towel for pillow

【枕木】（名）sleeper;tie

【枕套】（名）pillow case

【枕头】（名）pillow

zhèn

阵 zhèn ㊀（名）❶（作战队伍的行列或组合方式）battle array:布～ deploy the troops in battle array ❷（阵地）position;front:上～ go into battle ❸（一段时间）a spell;a period of time:病了一～儿 be ill for some time ㊁（量）（表示事情或动作经过的段落）:一～风 a blast of wind

【阵地】（名）position;front:进入～ get into position/思想～ ideological front

【阵容】（名）❶（队伍外貌）battle array;battle formation ❷（人力的配备）lineup:～强大 have a strong lineup

【阵线】（名）front;alignment:民族统一～ national united front

【阵营】（名）camp;a group of people who pursue a common interest

【阵雨】（名）shower

振 zhèn（动）❶（摇动；挥动）shake;flap;wield:～翅飞走 flap away/～臂一呼 arouse to action ❷（奋起）brace up;rise with force and spirit:一蹶不～ be unable to get up after a fall

【振臂】（动）raise one's arm:～高呼 raise one's arm and shout

【振荡】(动)vibration；generation；oscillation：～电路 *oscillating circuit*／～器 *oscillator*

【振动】(动)vibration：等时～ *isochronous vibration*／～计 *vibrometer*

【振奋】(动)❶(振作奋发) rouse oneself ❷(使振奋)inspire：～士气 *boost the morale*(*of the troops*)

【振幅】(名)[物]amplitude：脉冲～ *pulse amplitude*

【振兴】(动) promote；develop vigorously；cause to prosper：～工业 *vigorously develop industry*

赈 zhèn (动)(赈济)relieve；aid

【赈济】(动) relieve；aid：～灾民 *relieve the people in stricken areas*

震 zhèn ⊖(动)❶(震动)quake；shake；shock；vibrate：两辆卡车相撞，把车窗都～坏了。*The two trucks collided and the impact broke the windows.* ❷(情绪过分激动)be greatly excited：～慑四海 *hold the four seas in awe* ⊜(名)(地震)earthquake

【震波】(名)earthquake wave

【震荡】(动)shake；shock；vibrate；quake：五洲～风雷激。*The five continents are rocking, wind and thunder roaring.*

【震动】(动)shake；shock；vibrate；quake：～全国 *reverberate throughout the nation*

【震撼】(动)shake；shock；vibrate；rock：～人心 *excite people's minds*；*thrilling*；*stirring*

【震惊】(动) shock；astonish；amaze：～中外 *shock the world*

【震源】(名)focus；seat；hearth；origin

镇 zhèn ⊖(名)❶(镇守的地方)garrison post：重～ *key positions* ❷(行政区划单位)town：乡～ *villages and towns* ⊜(动)❶(压；抑制)suppress；press down；keep down：～痛 *ease pain* ❷(用武力维持安定)guard；garrison：～服敌人 *subdue one's enemies* ❸(冷却)cool with ice or in cold water：把某物放在冷水里～一～ *put sth. in icy water to chill them* ⊜(形)(平静的)calm；tranquil：～静 *calm*

【镇定】(形)calm；cool：保持～ *keep cool*；*remain calm*；*keep one's head*

【镇静】(形)(情绪稳定或平静) calm；cool；composed：遇到紧急情况要～。*Keep calm in an emergency.*

【镇守】(动)guard；garrison：～边疆 *defend the frontier*

【镇痛】(动)ease pain

【镇压】(动)❶(用强力压制)suppress；repress；put down：种族～ *racial repression* ❷(处决)execute：～凶手 *execute a murderer*

zhēng

争 zhēng (动)❶(力求得到或达到；争夺)contend；vie；compete；strive；struggle for：～宠 *strive for sb.'s favor* ❷(争执；争论)argue；dispute；debate：你们在～什么？ *What are you arguing about?*

【争辩】(动)argue；debate；contend：无休止的～ *an endless debate*

【争吵】(动)quarrel；wrangle；squabble：激烈地～ *fierce wrangling*／～不休 *bicker endlessly*

【争斗】(动)fight；struggle：那些狗为了一块骨头而～。*The dogs were fighting over a bone.*

【争端】(名)dispute；conflict：国际～ *an international dispute*

【争夺】(动)fight for；enter into rivalry with sb. over sth.：～市场 *scramble for markets*

【争光】(动)win honour for；win glory for：为祖国～ *win honour for our homeland*

【争论】(动) argue；dispute；debate：引起～ *arouse controversy*

【争取】(动)strive for；fight for；win over：～时间 *race against time*

【争议】(动)dispute；controversy：有～的地区 *a disputed area*

【争执】(动)disagree；dispute：～不下 *each stands his ground*

征 zhēng ⊖(动)❶(走远路)go on a journey；travel ❷(征讨)go on a punitive expedition；start a campaign：去远～ *go on an expedition* ❸(政府召集人民服务) recruit；levy：应～入伍 *be drafted into the army* ❹(征收)collect；impose：国家～购 *government purchases* ❺(征求)solicit；ask for：～订 *solicit for subscriptions* ⊜(名)❶(证明；证验)evidence；proof：有实物可～。*There is solid evidence.* ❷(表露出的迹象；现象) sign；portent；symbol：象～ *symbol*；*emblem*；*token*

【征调】(动)requisition；call up：～物资和人员 *requisition supplies and draft personnel*

【征服】(动)conquer；subjugate：～自然 *conquer nature*

【征购】(动)(国家向生产者或所有者购买)requisition；requisition by purchase：粮食～ *grain purchases by the state*

【征候】(名)sign；indication：病人已有好转的～。*The patient shows signs of a turn for the better.*

【征集】(动)collect；call up：～签名 *collect signatures*／～物资 *acquire for supplies*

【征求】(动)ask for；seek：～意见 *solicit opinions*；*ask for criticisms*

【征税】（动）collect taxes；levy taxes：～货物 *dutiable goods*

【征文】（动）solicit articles：～启事 *a notice soliciting contributions of a special issue，etc.*

【征召】（动）call up；enlist：～入伍 *enlist in the army*

挣 zhēng

另见 1117 页 zhèng。

【挣扎】（动）struggle：～着坐起来 *struggle to a sitting position*

峥 zhēng

【峥嵘】（形）❶（山势高峻）lofty and steep；towering：山势～ *mountains towering high* ❷（才华超群）outstanding；extraordinary

狰 zhēng

【狰狞】（形）ferocious；hideous；savage：～面目 *ferocious features；a vile visage*

睁 zhēng （动）（张开）open（eyes）：～着眼 *keep one's eyes open*

蒸 zhēng ⊝（动）❶（蒸发）evaporate ❷（利用水蒸气的热力使食物熟或热）steam：～饭 *steam rice* ⊜（名）[中医]（将药物隔水蒸熟）steaming

【蒸饼】（名）steamed cake

【蒸发】（动）evaporate：沸水～很快。*Boiling water evaporates rapidly.*

【蒸饺】（名）steamed dumpling

【蒸馏】（动）distill：真空～ *vacuum distillation*／～器 *distiller；retort*

【蒸馏水】（名）distilled water

【蒸气】（名）vapour；steam

【蒸蒸日上】（成）becoming more prosperous every day；flourishing；thriving：随着机械化的发展，农业生产～。*With the development of mechanization，agriculture is flourishing.*

zhěng

拯 zhěng（动）（救）save；rescue；deliver：～民于水火之中 *deliver the people from an abyss of misery*

【拯救】（动）save；rescue；deliver：改善环境，～珍稀野生动物 *improve the environment to save rare wild animals*

整 zhěng ⊝（形）❶（全部在内；完整）whole；all；complete：～天 *the whole day* ❷（整齐）neat；tidy；orderly：工～的笔迹 *neat handwriting* ⊜（动）❶（整理；整顿）put in order；adjust；reorganize：～一下领带 *adjust one's tie* ❷（修理）repair；mend；renovate：～旧如

新 *repair sth. old and make it as good as new* ❸（使吃苦头）make sb. suffer；punish：～苦某人 *fix sb. good* ❹〈方〉（搞；弄）make；do：把事情～糟了 *make a mess of the matter*

【整编】（动）reorganize（troops）

【整党】（动）consolidate the Party organization

【整队】（动）dress the ranks；line up：～出发 *get the ranks in good order and set out*

【整顿】（动）rectify；reorganize；consolidate：～财务 *straighten out financial affairs*

【整个】（形）whole；entire；total：～上午 *the whole morning*

【整洁】（形）clean and tidy；neat；trim：一个衣着～的女人 *a neat woman*

【整理】（动）put in order；straighten out；sort out：～房间 *put a room in order*

【整流】（名）rectification：～管 *rectifier tube*

【整齐】（形）❶（有秩序；有条理）in good order；neat；tidy：保持队伍～ *keep the ranks in good order* ❷（大小、长短相差不多）even；regular：一排排～的工人住宅 *well-laid-out blocks of workers' quarters*

【整容】（动）tidy oneself up

【整体】（名）whole；entirety：～方案 *an overall plan*

【整天】（名）the whole day；all day：～操劳 *work day in and day out*

【整修】（动）rebuild；renovate；repair；put in order：～旧房子 *renovate old houses*

【整治】（动）❶（修理；整理）renovate；repair：～河道 *the realignment of a river* ❷（使吃苦头）punish；fix：这坏蛋得～一下。*That scoundrel needs to be punished.*

zhèng

正 zhèng ⊝（形）❶（垂直或符合标准方向）straight；upright：～前方 *straight ahead* ❷（位置居中）main；situated in the middle：～厅 *the main hall* ❸（正面）right；obverse：这件夹克～面穿反面穿都可以。*You can wear this jacket inside out.* ❹（正直）honest；upright：他作风不～。*His behaviour is not proper.* ❺（正当）right；correct：路子走得～ *follow a correct path* ❻（纯正）pure；unmixed：～黄 *pure yellow* ❼（基本的；主要的）principal；chief；major：～课目 *major subjects* ❽（图形的各边长度和各角大小都相等的）regular：～八边形 *regular octagon* ❾（大于零的）positive；plus：～量 *plus* ❿（失去电子的）positive；plus：～离子 *positive ion；cation* ⓫（用于时间，指正在那一点上或在那一段正中）sharp；exact：10 点～ *at ten o'clock*

sharp ⬛ (动) ❶ (使位置正;使不歪斜) set right:把帽子～～～ *put one's cap straight* ❷ (使端正;改正;纠正) rectify;correct;adjust:～人先～己 *set a good example with one's own conduct* ⬛ (副) ❶ (恰好) just;right;precisely;exactly:我～要谈这个问题。*I'm just coming to that point.* ❷ (表示动作的进行、状态的持续):他～吃着饭呢。*He's eating just now.*

【正比】(名) direct ratio

【正比例】(名) direct proportion

【正步】(名) [军] parade step

【正常】(形) normal;regular:在～情况下 *under normal conditions*

【正当】(形)(合理合法的) proper;rightful;appropriate:～收入 *legitimate income*

【正道】(名) the right way

【正点】(名) on time;on schedule:火车～到。*The train arrived on time.*

【正极】(名) positive electrode

【正派】(形) upright;honest;decent:他为人～。*He's honest and upright.*

【正品】(名) quality products

【正气】(名)(光明正大的作风或风气) healthy atmosphere:发扬～ *encourage healthy trends*

【正巧】(副) ❶ (正好) happen to;chance to:该公司～有空缺。*As it happens,that company has a vacancy.* ❷ (刚好) just in time;at the right time;in the nick of time:～赶到 *arrive in the nick of time*

【正确】(形) correct;right;proper:～的答案 *a correct answer*

【正式】(形) formal;official;regular:办理～手续 *go through due formalities*

【正视】(动) face up to;face squarely:～现实 *look reality in the face*

【正数】(名) positive number

【正题】(名)(主要题目) subject of a talk or essay:转入～ *come to the subject*

【正文】(名) main body;text:书的～ *the text of a book*

【正义】 ⬛ (名)(公正的道理) justice:主持～ *uphold justice* ⬛ (形)(公正的) just;righteous:～的立场 *a just stand*

【正在】(副) in process of;in course of:他们～聊天。*They're having a chat.*

【正中】(名) middle;centre:把茶具放在桌子～。*Put the tea-things right in the middle of the table.*

【正宗】 ⬛ (名)(正统派) orthodox school ⬛ (形)(正统的) genuine

证 zhèng ⬛ (动)(证明) prove;verify;demonstrate:查～ *examine and verify*;check ⬛ (名) ❶ (证据) evidence;proof;testimony:罪～ *criminal evidence* ❷ (证件) certificate;card

【证词】(名) testimony;evidence:听取证人的～ *hear the evidence of a witness*

【证件】(名) certificate;papers:海关～ *customs papers*/出示～ *show one's credentials*

【证据】(名) evidence;proof;testimony:掌握～ *hold proofs*

【证明】 ⬛ (动)(表明、断定真实性) prove;testify:充分～ *fully prove* ⬛ (名)(证明书或信) certificate;identification:医生～ *medical certificate*

【证券】(名) bond;security:把～给债权人做抵押 *deposit bonds with a creditor as security*

【证人】(名) witness:主要的～ *star witness*

【证实】(动)(证明其确实) confirm;demonstrate:经过研究,他的理论得到了～。*Research bore out his theory.*

【证书】(名) certificate

郑 zhèng

【郑重】(形) serious;solemn;earnest:～表示 *earnestly declare*;*solemnly state*

政 zhèng (名) ❶ (政治) politics;political affairs:执～ *be in power* ❷ (国家某一部门主管的业务) certain administrative aspects of government:民～ *civil administration* ❸ (指家庭或团体的事务) affairs of a family or an organization:家～ *household management*

【政变】(名) coup;coup d'etat:发动～ *stage a coup d'etat*/宫廷～ *palace coup d'etat*

【政策】(名) policy:提高～水平 *enhance the understanding of policy*

【政党】(名) political party

【政府】(名) government:～部门 *government departments*/～官员 *government official*

【政界】(名) political circles:进入～ *enter politics*/退出～ *withdraw from political life*

【政局】(名) political situation;political scene:～稳定。*The political situation is stable.*

【政客】(名) politician

【政权】(名) political power;regime:现～ *the present regime*

【政协】(名)(中国人民政治协商会议) the Chinese People's Political Consultation Conference

【政治】(名) politics;political affairs:～表现 *political behaviour or record*

【政治局】(名) the Political Bureau

挣 zhèng (动) ❶ (用力使自己摆脱束缚) struggle to get free;try to throw off:～脱枷

锁 *throw off the shackles* ❷（用劳动换取）earn；make；labour for：～饭吃 *earn a living*/她～得挺多的。*She earns a high salary*.

另见 1116 页 zhēng。

【挣钱】（动）earn money；make money：～糊口 *earn a living*

症 zhèng（名）（疾病）disease；illness；顽～ *an intractable disease*/绝～ *a fatal disease*

【症候】（名）disease；symptom

【症状】（名）symptom：早期～ *early symptoms*

zhī

之 zhī ❶（代）❶（代替人或事物，限于作宾语）取而代～ *replace someone*；*take it over* ❷（虚用，无所指）：手之舞～，足之蹈～ *dance with joy* ❸（这，那）this：～子于归。*The maiden goes to her future home*. ❷（助）❶（用在定语和中心词之间，表示领属关系或一般的修饰关系）：普天～下 *all under heaven*；*all over the world* ❷（用在主谓结构之间，取消它的独立性，使变成偏正结构）：感激～至 *be deeply grateful*

【之后】（名）later；after；afterwards：从那～她没来过。*She hasn't been here since then*.

【之前】（名）before；prior：在她动身～ *before her departure*

支 zhī ❶（名）（分支；支派）branch；offshoot：邮政～局 *branch post office* ❷（动）❶（撑）put up；hold：～帐篷 *put up a tent* ❷（伸出；竖起）stick；prick；protrude：～着耳朵 *prick up one's ears* ❸（支持）support；sustain；hold up；bear：体力不～ *be too tired to go on doing sth*. ❹（调度；指使）order；send away；put sb. off：用口头许诺把他～走 *put him off with a mere promise* ❺（付出）pay out；disburse：开～ *pay expenses* ❻（领取）receive；get payment；draw：上银行～款 *go to the bank to draw money* ❸（量）❶（用于队伍等）：两～队伍 *two contingents of troops* ❷（用于歌曲或乐曲）：一～曲子 *a tune* ❸（用于细长物）：一～钢笔 *a pen*/一～箭 *an arrow*

【支部】（名）branch：～大会 *general membership meeting of the branch*

【支撑】（动）❶（抵抗住压力）prop up；sustain；support：用柱子～栅栏 *prop up the fence with pillars* ❷（勉强维持）support；prop up

【支持】（动）❶（勉强维持）sustain；hold out；bear：他冻得～不住了。*He was so cold that he couldn't hold out any longer*. ❷（给予鼓励或赞助）support；back；stand by：我完全～这个建议。*I am all for this proposal*.

【支出】❶（动）（付出去）pay；expend；disburse ❸（名）（支付的款项）expense；expenditure；outlay：收入与～相抵。*The income balances the expenditure*.

【支派】（动）（支使）order；send；dispatch

【支配】（动）❶（安排）arrange；allocate：合理～劳动力 *make a proper allocation of the labor force* ❷（控制）control；dominate；govern：受人～ *be controlled by others*

【支票】（名）cheque；check：空头～ *rubber cheque*/转账～ *cheque for transfer*

【支气管】（名）bronchus

【支线】（名）branch line

【支援】（动）support；assist；help：各行各业都要大力～农业。*All trades and professions must do their best to support agriculture*.

【支柱】（名）pillar；prop：矿用～ *pit prop*

只 zhī ❶（形）（单独的）single；lonely：形单影～ *be extremely lonely* ❷（量）❶（用于某些成对物中的一个）：两～鞋 *a pair of shoes* ❷（用于动物）：一～鸟 *a bird* ❸（用于某些器具）：三～箱子 *three suitcases*

另见 1120 页 zhǐ。

【只身】（副）alone；by oneself：～在外 *be away from home all by oneself*

汁 zhī（名）（含有某种物质的液体）juice：西瓜红瓤多～。*Watermelons have juicy red flesh*.

【汁液】（名）juice

芝 zhī

【芝麻】（名）sesame；sesame seed

枝 zhī ❶（名）（枝子）branch；twig：柳～ *willow branches* ❷（量）❶（用于带枝子的花朵）：一～梅花 *a spray of plum blossoms* ❷（用于杆状物）：一～钢笔 *a pen*

【枝节】（名）❶（次要的问题）minor matters：～问题 *a minor problem*；*a side issue* ❷（麻烦事情）complication；unexpected trouble

知 zhī ❶（动）❶（知道）know；realize；be aware of：～难而进 *press forward in spite of difficulties* ❷（使知道）inform；notify ❷（名）（知识）knowledge；information：一～半解 *incomplete comprehension*

【知道】（动）know；realize；be aware of：我不～这事儿。*I know nothing about it*.

【知己】❶（名）（情谊深切的人）bosom friend ❷（形）（情谊深切的）intimate；understanding：～话 *heart-to-heart talk*

【知交】（名）bosom friend；intimate friend：他和我父亲是～。*He is an intimate friend of my father's*.

【知觉】（名）consciousness：失去～ lose consciousness/恢复～ recover consciousness

【知名】（形）well-known；noted；famous：～人士 a well-known figure；celebrity

【知识】（名）knowledge；know-how；science：～渊博 have a wide range of knowledge

【知悉】（动）know；learn；be informed of：无从～ have no way of finding out about it

【知晓】（动）know；be aware of；understand：业已～ have already learned of the matter

【知心】（形）intimate；understanding：～话 intimate words

肢 zhī（名）（人的胳膊、腿；某些动物的腿）limb

【肢体】（名）limbs；limbs and trunk

织 zhī（动）（编织）knit；weave：～席 weave a mat/～毛衣 knit a sweater

【织布】（名）weaving；weaving cotton：～工 weaver

【织机】（名）loom；weaving machine

【织针】（名）knitting needle

脂 zhī（名）❶（动、植物所含的油质）fat；grease；tallow：含～羊毛 wool in the grease ❷（胭脂）rouge：唇～ lipstick

【脂肪】（名）fat；grease：动物～ animal fat

蜘 zhī

【蜘蛛】（名）spider

【蜘蛛网】（名）spider web

zhí

执 zhí ❶（动）❶（拿着）hold：手～红旗 hold a red banner ❷（执掌）take charge of；control；wield：～教多年 had been a teacher for many years ❸（坚持）persist in；stick to；insist on：～意要走 insist on going ❹（执行）carry out；execute：～法如山 uphold the law strictly；enforce the law strictly ❷（名）（凭单）written acknowledgement；voucher：回～ receipt

【执笔】（动）write；do the actual writing

【执法】（动）enforce the law：有法必依，～必严，违法必究。 When there is a law，it must be obeyed，its enforcement must be strict，and lawbreakers must be prosecuted.

【执行】（动）carry out；execute；implement：～任务 carry out a task；perform a mission

【执意】（动）insist on；be determined to：他～要走。 He insisted on leaving.

【执照】（名）license：驾驶～ driver's license

【执政】（动）be in power：开始～ come into power/～党 the party in office

直 zhí ❶（形）❶（成直线的；硬挺的）straight；stiff：街道又宽又～。 The streets are wide and straight. ❷（跟地面垂直的；从上到下的；从前到后的）erect；vertical；perpendicular：竖～ erect ❸（公正的；正义的）just；fair；upright：理～气壮 bold and assured with justice on one's side ❹（直爽的；直接的）frank；straightforward：～认不讳 admit frankly；own up readily ❷（动）（挺直；使笔直）straighten；stretch：～起腰来 straighten one's back；stand up straight ❸（名）（汉字的笔画，即竖）vertical stroke（in Chinese characters）❹（副）❶（一直）directly；straight：一～走 go straight ahead ❷（一个劲地；不断地）continuously：他冻得～哆嗦。 He was so cold that he kept shivering.

【直播】（动）❶［农］direct seeding ❷（广播）direct broadcast

【直达】（动）through；nonstop：～路线 through route

【直到】（动）until：我们～昨天才接到通知。 We didn't get the notice until last night.

【直观】（动）audio-visual：～教学 object teaching

【直角】（名）［数］right angle

【直接】（形）direct；immediate：～原因 immediate cause；direct cause

【直径】（名）diameter

【直流电】（名）direct current

【直升机】（名）helicopter；copter

【直属】（形）directly under；directly subordinate to：国务院～机关 departments directly under the State Council

【直爽】（形）frank；candid；forthright：性格～ forthright in character

【直辖】（形）directly under：文化部～机构 organizations directly under the Ministry of Culture

【直线】❶（名）（不弯曲的线）straight line：两点之间以～为最短。 A straight line is the shortest distance between two points. ❷（形）（急剧的）steep；sharp：废品率～下降。 The rate of rejects fell sharply.

【直言】（动）speak bluntly；state outright：恕我～。 Excuse me for speaking bluntly.

【直至】（动）until；till；up to：～此时 up to this moment

侄 zhí（名）（侄子）brother's son；nephew

【侄女】（名）brother's daughter；niece

【侄子】（名）brother's son；nephew

值 zhí ❶（名）❶（价值；数值）price；value；面

～*face value* ❷［数］value：绝对～ *absolute value* ❸（动）❶（货物与价钱相当）be worth：花得～ *be good value* ❷（碰上；遇到）happen to；come upon：～此佳节 *on this festive occasion* ❸（担任轮到的职务）be on duty；take one's turn at sth.：～班 *be on duty*

【值班】（动）be on duty：今天谁～? *Who's on duty today?*

【值得】（动）be worth；deserve：～仔细考虑 *warrant careful consideration*

【值钱】（形）valuable；costly：这张画～。*This is a valuable painting.*

【值勤】（动）be on duty：晚上有民兵～巡逻。*There are night patrols by the militia.*

【值日】（动）be on duty；be one's turn to be on duty：今天谁～打扫教室? *Whose turn is it to clean the classroom today?*

职 zhí ❶（名）❶（职务；职责）duty；job：尽～ *fulfil one's duty* ❷（职位）office；post；position：要～ *a high post* ❸（动）（掌管）administer

【职称】（名）the title of a technical or professional post：学术～和技术～ *academic and technical titles*

【职工】（名）❶（职员和工人）staff and workers ❷（旧时指工人）workers；labour

【职能】（名）function：货币的～ *the functions of money*／～机构 *functional institution*

【职权】（名）power of office；authority of office：行使～ *exercise one's functions and powers*

【职位】（名）position；post：他在银行谋得一个～。*He got a position in the bank.*

【职务】（名）duties；job；post：履行～ *do one's duties*／解除某一官员的～ *dismiss an official*

【职业】（名）occupation；profession：从事各种～的人 *people of all occupations*

【职员】（名）office worker；staff member

【职责】（名）duty；obligation；responsibility：履行～ *do one's duty*；*administer one's office*

植 zhí（动）❶（栽种）plant；grow；cultivate：～苗 *plant seedlings* ❷（树立）establish；set up：扶～新生力量 *foster new rising forces*

【植树】（动）tree planting：～造林 *afforestation*

【植物】（名）plant：～园 *botanical garden*／保护～ *plant protection*

殖 zhí（动）（生息；孳生）breed；grow；multiply：生～ *breed；reproduce*

【殖民地】（名）colony：沦为～ *be reduced to a colony*

【殖民主义】（名）colonialism：新～ *new colonialism*

止 zhǐ ❶（动）❶（停止；拦阻）stop；cut out：～咳 *relieve a cough* ❷（截止）close；end：申请到下星期五截～。*The deadline for making application is next Friday.* ❸（副）（仅，只）only；just：～此一家 *This is the only shop.*

【止步】（动）halt；stop；go no further：～不前 *halt；stand still*

【止咳】（动）relieve a cough

【止痛】（动）stop pain；relieve pain

只 zhǐ（副）（限于某个范围）only；merely；just：我～想问一个问题。*I have just one question.*
另见 1118 页 zhī。

【只不过】（副）merely：这～是一种猜测。*It's just a guess.*

【只顾】（副）❶（专一不变）be absorbed in：他～赚钱。*He's just trying to make money.* ❷（仅仅顾到）merely；only care for；simply：你别～自己。*Don't just think of yourself.*

【只好】（副）have to；be forced to：末班车过去了，我们～走回家。*As the last bus had gone, we had to walk home.*

【只是】❶（副）❶（仅仅是）merely；only；just：大家问他是什么事，他～笑，不回答。*When people asked him what had happened, he simply laughed without replying.* ❷（强调限于某种情况或范围）simply：这～手续问题。*This is simply a question of formalities.* ❸（连）（但是）however；only；but then：他各方面都很好，～身体差些。*He's good in every aspect except in health.*

【只要】（连）so long as；provided：～你在这儿，我就放心了。*As long as you are here, I have nothing to worry about.*

【只有】（连）only；alone：～在紧急情况下，才能动用这笔款项。*We can draw on the fund only in an emergency.*

【只争朝夕】（成）race against time

旨 zhǐ（名）❶（意义；用意；目的）purport；purpose；aim：条款的意～ *the intention of a clause*／抓住要～ *grasp the main purport of* ❷（意旨）decree：圣～ *an imperial decree*／抗～ *disobey orders*

【旨意】（名）decree；order：你这样做是奉谁的～? *On whose orders did you do this?*

纸 zhǐ ❶（名）（用植物纤维制成的纸张）paper：一张～ *a piece of paper*／造～工业 *paper industry* ❷（量）（书信、文件的张数）：一～空

文 a piece of worthless paper

【纸板】（名）paperboard；cardboard：～盒 cardboard case of box

【纸币】（名）paper money；paper currency；note

【纸牌】（名）playing cards

【纸烟】（名）cigarette

指 zhǐ ● （名）（手指头）finger：食～ index finger ● （量）（一个手指头的宽度）finger breadth；digit：两～宽的纸条 a strip of paper two finger breadth's wide ● （动）❶（对着，向着）point at；point to：时针～向 12 点。The hour hand points to twelve. ❷（指点）indicate；demonstrate；show；point out：～出正确方向 point out the correct way ❸（意思上指着）refer to；direct at：他的话不是～你说的。His remarks were not directed at you. ❹（仰仗；依靠）count on；depend on；rely on：一家子都～着我。My wife and children depend on me.

【指标】（名）target；quota；norm；index：完成国家计划规定的～ attain the targets set in the state plan

【指导】（动）guide；direct：教师正在～学生做化学实验。The teacher was supervising his students in doing chemical experiments.

【指点】（动）give directions：经他一～，我就全明白了。A few pointers from him made it all clear to me.

【指定】（动）appoint；assign；allocate：～谈判代表 appoint representatives to the negotiations

【指挥】● （动）（发令调度）command；direct；conduct：～交通 direct traffic ● （名）（发令调度的人）commander；director

【指甲】（名）nail；fingernail：修～ have a manicure

【指教】（动）give advice；give comments：请多多～。Kindly give us your advice.

【指控】（动）accuse；charge：有人～他受贿。He's been accused of taking bribes.

【指令】● （动）（指示；命令）instruct；order；direct ● （名）（上级机关对下级机关的指示）instructions；order；directive

【指南】（名）guidebook；guide：行动的～ guide to action

【指南针】（名）compass

【指派】（动）appoint；name：双方各～一名大使级的首席代表。Each side shall designate a senior representative who shall be of ambassadorial rank.

【指示】● （动）❶（指给人看）indicate；point out ❷（指示下级）instruct：～部队立即出发 instruct the troops to set out at once ● （名）

（指示的话或文字）directive；instruction：下达～ give instructions

【指示器】（名）indicator

【指望】● （动）（盼望）look to；count on；look forward to：别～他能帮你的忙。You can't count to him for help. ● （名）（盼头）prospect；hope：他这病还有～吗？Is there still hope of his recovery?

【指引】（动）point；guide；show：猎人～他通过了林区。The huntsman showed him the way to pass through the forest.

【指责】（动）criticize；censure：横加～ make unwarranted charges

【指战员】（名）officers and men

【指针】（名）❶（钟、表的针）hand；indicator；needle；pointer ❷（分辨正误的依据）guide；guiding principle：作为今后工作的～ as a guide for future work

趾 zhǐ （名）❶（脚指头）toe ❷（脚）foot

【趾高气扬】（成）strut about and give oneself airs；be swollen with arrogance：～地从上司面前走过 swaggered in front of the boss

【趾甲】（名）toenail

zhì

至 zhì ● （介）（到）to；till；until：从左～右 from left to right ● （副）（极；最）extremely；most；utmost：我的～交 my best friend；the most intimate friend of mine

【至迟】（动）at latest；no later than：这条铁路～5 月通车。This railway will be opened to traffic in May at the latest.

【至多】（副）at most；no more than：这张画～两个星期就能画好。It'll take two weeks at most to finish the painting.

【至今】（副）up to now；so far：～没有人提出过反对意见。Up to now no one has raised any objections.

【至亲】（名）very close relative；close kin：骨肉～ close kin；one's own flesh and blood

【至少】（副）at least：～可以说，这样处理不妥。This is not the proper way to handle the matter，to say the least.

【至于】● （动）（表示达到某种程度）go so far as to：你要是早请大夫看，何～病成这样？If you had seen the doctor earlier，you wouldn't be so seriously ill. ● （介）（表示另提一件事）as for；as to；concerning：～其他问题，以后再说。As for other matters，we'll take them up later.

志 zhì ● （名）❶（志向；志愿）aspiration；ambition；will：～坚如钢 have an iron will；

Z

have a will of steel ❷（文字记录）records；annals：人物～ biographical notes and data ❸（记号）mark；sign：交通标～ traffic signs ❹（动）（记）keep in mind；bear in mind：永～不忘 forever bear in mind

【志气】（名）aspiration；ambition

【志趣】（名）aspiration and interest：～相投的朋友 friends of similar purpose and interest

【志士】（名）person of ideals and integrity：爱国～ a noble-minded patriot

【志向】（名）aspiration；ambition；ideal：青年人应有远大的～。Young people should have lofty aspirations.

【志愿】❹（名）（志向和愿望）aspiration；wish；ideal：实现自己的～ fulfil one's wish；carry one's wishes into effect ❺（动）（自愿）do sth. of one's own free will；volunteer：～参加这项事业 volunteer in the undertaking

制 zhì ❹（动）❶（制造）make；manufacture：～图 make a drawing ❷（拟订；规定）draw up；establish：因地～宜 work out measures to suit local conditions ❸（用强力约束）限定）管束）restrain；restrict；control：抑～不住眼泪 can hardly restrain one's tears ❺（名）（制度）system：私有～ private ownership

【制版】（名）[印]plate making：平版～ lithographic plate making

【制裁】（动）sanction；punish：实行～ impose sanctions upon/法律～ legal sanctions

【制成品】（名）finished products

【制订】（动）work out；formulate：～方案 work out a scheme

【制定】（动）lay down；formulate；draw up：～政策 formulate a policy

【制动】（动）brake；apply the brake：～距离 braking distance

【制度】（名）system；institution：教育～ system of education/规章～ rules and regulations

【制冷】（动）refrigerate

【制片人】（名）producer

【制品】（名）products；goods：奶～ dairy products

【制约】（动）restrict；restraint：受历史条件的～ be restricted by historical conditions

【制造】（动）❶（对原材料进行加工）make；manufacture；produce：～设备 manufacture equipment ❷（人为地制造气氛或局面等）engineer；create；fabricate：～纠纷 create trouble；sow dissension

【制止】（动）check；prevent；stop；curb：～流言蜚语 put down the gossip

质 zhì ❹（名）❶（性质；本质）nature；character；essence：气～ temperament ❷（质量）

quality：保～保量 guarantee both quality and quantity ❸（物质）matter；substance；material：清除杂～ eliminate impurity ❹（抵押品）security；pledge：被扣作人～ be held in hostage ❺（动）❶（询问；责问）question；call to account：～疑 call in question ❷（抵押）pawn；mortgage

【质变】（名）qualitative change：部分～ partial qualitative change

【质量】（名）❶[物]mass：相对论～ relativistic mass ❷（产品或工作的优劣程度）quality：提高～ improve the quality

【质问】（动）question；interrogate：向某人提出～ bring sb. to account

【质子】（名）proton

治 zhì ❹（动）❶（治理）rule；administer；govern；manage：～家 manage a household ❷（医治）treat（a disease）；cure；heal：根～ a radical cure ❸（消灭害虫）wipe out；eliminate：～蝗 eliminate locusts ❹（整治）harness；regulate；control：～水土流失 control soil erosion ❺（惩办）punish：他老是违反监规，非好好～～他不可。He always violates the prison regulations and should be given a good punishment. ❺（名）（旧称地方政府所在地）seat of a formerly local government：省～ provincial capital

【治安】（名）public order；public security：该市～情况良好。Public order is good in that city.

【治理】（动）❶（统治；管理）administer；govern；run：～国家 administer a country；run a state ❷（处理；整修）harness；bring under control；put in order：～河流 harness a river；bring a river under control

【治疗】（动）treat；cure；remedy：接受手术～ be treated surgically

挚 zhì（名）〈书〉（诚恳）sincere；earnest：真～ sincere；cordial；true

【挚友】（名）bosom friend；intimate friend

致 zhì ❹（动）❶（给予，向对方表示礼节、情意等）deliver；send；extend：～电 send a telegram ❷（集中于某个方面）devote（one's efforts, etc.）；work for；concentrate：专心～志 be whole-heartedly devoted to；be wholly absorbed in ❸（招致）cause；incur；invite：～癌 cause cancer ❹（达到；实现）achieve：学以～用 learn in order to practise；apply what one learned ❺（名）（情趣；兴致）interest；manner or style that engages attention or arouses interest：错落有～ be well-arranged ❻（形）（精密；精细）fine；delicate；meticulous:工作细～ *be careful with one's work*

【致辞】（动）make a speech:新年～ *New Year message*

【致电】（动）send a telegram

【致贺】（动）extend one's congratulations

【致敬】（动）salute;pay tribute to:鸣礼炮 21 响以～ *fire a 21-gun salute*

【致命】（动）be fatal;be mortal;cause death:～的弱点 *fatal weakness*

【致使】（动）cause;result in:由于地址字迹不清,～信件无法投递 *It is impossible to deliver this letter because the address is illegible.*

【致死】（动）cause death:因伤～ *die of a severe wound*

【致谢】（动）express one's thanks:谨此～。 *We hereby express our thanks.*

【致意】（动）give one's regards;give best wishes:向欢呼群众挥手～ *wave to the cheering crowd in acknowledgement*

秩 zhì（名）(次序) order;sequence

【秩序】（名）order;sequence:维持社会～ *maintain public order*

掷 zhì（动）(扔;投) throw;cast:向某人～石块 *hurl a stone at sb.*

【掷标枪】（动）[体] throw javelin

【掷铁饼】（动）[体] throw discus

窒 zhì（动）(阻塞不通) stop up;suffocate;block:在屋里感到～闷 *be stifling in the room*

【窒息】（动）stifle;suffocate:浓烟几乎使他～。 *The dense smoke almost suffocated him.*

智 zhì ● （名）(智慧;见识) wisdom;intelligence;knowledge:斗～ *fight a battle of wits* ● （形）(有智慧的;聪明的) resourceful;wise;clever;astute

【智慧】（名）wisdom;intelligence:吸取群众的～ *draw on the wisdom of the masses*

【智力】（名）intelligence:开发～ *tap intellectual resource*/～测验 *intelligence test*

【智谋】（名）resourcefulness:靠勇敢也靠～ *rely on both courage and resourcefulness*

【智取】（动）take by strategy:只可～,不可强攻。 *The only way to take the enemy position is by strategy, not by forceful attack.*

【智勇双全】（成）both brave and resourceful:～的将军 *a brave and sagacious general*

【智育】（名）intellectual education

滞 zhì ● （动）(使停滞;使不流通)stagnate;block up:凝～ *stagnate; move sluggishly*;

freeze up ● （形）(停滞的;不流通的)sluggish;stagnant:～流 *sluggish stream or current*

【滞留】（动）be detained;be held up:因事～在办公室 *be detained in the office by business*

【滞销】（动）be unsalable;be unmarketable:消费品出现积压～现象。 *There has appeared the problem of overstocking and sluggish sales of consumer goods.*

置 zhì（动）● (搁;放) place;put;lay:处～ *deal with*/搁～一边 *place sth. aside* ● (设立;布置)set up;establish;arrange;fix up:布～房屋 *decorate a house* ● (购置)buy;purchase:购～大量物品 *make extensive purchases*

【置换】（动）replace;displace

【置身】（动）place oneself;stay:～于群众之中 *place oneself in the midst of the masses*

【置信】（动）believe;have confidence in:难以～ *hard to believe;incredible*

【置之不理】（成）ignore;brush aside;pay no attention to:对于这种挑衅,我们不能～。 *We cannot ignore such provocations.*

稚 zhì（形）(幼小的) young;childish:幼～ *naive*

【稚气】（名）childishness:～的声音 *childish voice*/极为～ *be extremely childish*

zhōng

中 zhōng ● （名）● (跟四周的距离相等;中心)centre;middle:居～ *in the centre* ● (指中国) China:～外闻名 *be known in China and abroad* ● (范围内;内部)in;among;inside:含在口～ *keep in the mouth* ● (位置在两端之间)middle;mid:～途 *halfway;midway* ● (等级在两端之间)medium;intermediate:～等舱 *middle-class cabin* ● （形）(不偏不倚)mean;halfway between two extremes:采取～庸之道 *hit a happy medium* ● （动）(适于;合于)good for;agreeable to:～看 *be good to look at*/～意 *pleasing to the eye*

另见 1125 页 zhòng.

【中班】（名）middle shift:上～ *be on the middle shift;work the swing shift*

【中波】（名）medium wave

【中餐】（名）Chinese food

【中草药】（名）Chinese herbal medicine

【中产阶级】（名）middle class;middle bourgeois

【中程】（名）medium range;intermediate range:～导弹 *intermediate-range missile; medium-range missile*

Z

【中等】（形）❶（等级介于上下之间的）secondary：～教育 *secondary school education* ❷（不高不低的，不大不小的）medium；moderate：～身材 *of medium height；of middle size*

【中点】（名）midpoint

【中东】（名）the Middle East

【中断】（动）（中途停止或断绝）suspend；break off；discontinue：～谈判 *break off the negotiations*

【中锋】（名）［体］centre forward

【中共】（名）（中国共产党）the Communist Party of China（CPC）

【中共中央】（名）the Central Committee of the Communist Party of China

【中国】（名）China：～国籍 *Chinese nationality*

【中国共产党】（名）the Communist Party of China

【中国共青团】（名）the Communist Youth League of China

【中国科学院】（名）the Chinese Academy of Science

【中国人民解放军】（名）the Chinese People's Liberation Army（PLA）

【中国人民政协】（名）the Chinese People's Political Consultative Conference

【中华】（名）China：～民族 *the Chinese nation*

【中级】（名）middle rank；intermediate：～人民法院 *intermediate people's court*

【中间】（名）❶（里面）among；between：她是我们三人～最年轻的 *She is the youngest of us three.* ❷（中心）centre；middle：在主席台～就座 *be seated in the middle of the rostrum* ❸（两端或两事物之间的位置）intermediate：～路线 *middle road*

【中介】（名）intermediary；medium

【中距离】（名）［体］middle distance

【中立】（名）neutrality：永久～ *permanent neutrality* /～政策 *policy of neutrality*

【中美洲】（名）Central America

【中年】（名）middle age：我虽然还算年轻，但心态已近～了。*I may still be young, but I feel middle-aged.*

【中期】（名）middle period：20 世纪～ *mid 20th century*

【中秋节】（名）the Mid-Autumn Festival

【中世纪】（名）Middle Ages

【中枢】（名）centre：领导～ *leading centre*

【中途】（名）halfway；midway：～停留 *stop halfway；stop over*

【中外】（名）China and foreign countries

【中文】（名）Chinese：～书刊 *books and magazines in Chinese*

【中午】（名）noon

【中心】（名）centre；heart；core：在广场～ *at the centre of the square*

【中型】（名）medium-sized：～词典 *a medium-sized dictionary*

【中性】（名）neuter：～名词 *neutral noun*

【中学】（名）middle school：初级～ *junior middle school*

【中央】（名）❶（中心）centre；middle：湖的～有一座亭子。*At the centre of the lake, there is a pavilion.* ❷（最高领导机构）central authorities：发挥～和地方两个积极性。*Both central and local initiative should be brought into play.*

【中央气象局】（名）National Weather Bureau

【中央情报局】（名）the Central Intelligence Agency（CIA）

【中央政府】（名）central government

【中医】（名）Chinese medicine；herbalist doctor：～师 *traditional Chinese physician*

【中用】（形）useful：不～的零件 *not serviceable parts*

【中原】（名）Central Plains

【中止】（动）discontinue；break off；suspend：～发行 *discontinue publishing*

【中子】（名）［物］neutron：～反应堆 *neutron reactor* /～星 *neutron star*

忠 zhōng（形）（忠诚的）loyal；devoted；honest：～言 *honest advice；faithful words*

【忠臣】（名）official loyal to his sovereign

【忠诚】（形）loyal；faithful：～的朋友 *a loyal friend*

【忠告】❶（动）（诚恳地劝告）sincerely advise：～某人不可把车开得太快 *advise sb. not to drive too fast* ❷（名）（忠告的话）sincere advice；advice：善意的～ *friendly counsel*

【忠厚】（形）sincere and kindly；honest and tolerant：他为人～老实。*He is kindly and simple-hearted.*

【忠实】（形）❶（忠诚可靠的）true；faithful；loyal；truthful：～的信徒 *a faithful disciple* ❷（真实的）true；truthful：～执行协议条款 *faithfully implement the provisions of an agreement*

【忠心】（名）loyalty；devotion：赤胆～ *ardent loyalty；wholehearted devotion*

【忠于】（动）true to；be loyal to；be faithful to；devoted to：～职守 *be faithful in the discharge of one's duty*

终 zhōng ❶（名）（最后；末了）end；ending；finish：以失败告～ *end in a failure* ❷（动）（指人死）die；end ❸（形）（自始至终的）all；entire；whole：～审 *final trial* ❹（副）（终归；到底）after all；in the end；finally：～非良策。*It's not a good plan after all.*

【终点】(名) ❶(一段路程结束的地方)terminal point;destination:旅行的～ *destination of a journey* ❷[体]finish

【终究】(副)eventually;after all:一个人的力量～有限。*The strength of the individual is limited after all.*

【终局】(名)end;outcome:战争的～ *the outcome of a war*

【终身】(名)lifelong;all one's life:～大事 *an important event in one's life*

【终生】(名)all one's life:～难忘的教训 *a lesson for life*

【终于】(副)at last;finally:她～到了,晚了近半个小时。*At long last she arrived,about half an hour later.*

【终止】(动) ❶(结束)stop;end;suspend:要求～这种不正常状态 *demand an end to this abnormal state of affairs* ❷(停止)terminate;abrogate:～条约通知书 *notice of termination of a treaty;notice of denunciation*

钟 zhōng ● (名)❶(用铜或铁制成的响器)bell:晨～ *the morning bell* ❷(计时器)clock:自鸣～ *striking clock* ❸(指钟点、时间)time:8 点～ *eight o'clock* ● (动)(感情等集中)concentrate:情有所～ *have already had a lover in one's heart*

【钟爱】(动)cherish;dote on

【钟表】(名)clocks and watches;timepiece:～店 *watchmaker's shop*

【钟头】(名)hour:我等了他一个～。*I've been waiting for him for an hour.*

衷 zhōng (名)(人心)heart;innermost feeling:无动于～ *be completely indifferent*

【衷情】(名)heartfelt emotions;inner feelings:久别重逢,互诉～。*Meeting again after a long separation,they opened their hearts to each other.*

【衷心】(形) heartfelt;wholehearted:表示～的感谢 *express one's heartfelt gratitude*

zhǒng

肿 zhǒng ● (名)(隆起处)swelling:水～ *hydrophilic swelling* ● (动)(突起)swell;be swollen:我的腿～了。*My legs are swollen.*

【肿瘤】(名)tumour:切除恶性～ *remove the malignant tumour*

【肿胀】(动)swell;plump

种 zhǒng ● (名)❶(物种的简称)species:野～ *a man of wild origin* ❷(人种)race:有色人～ *coloured races* ❸(生物代代繁殖的物质)seed;breed;strain:谷～ *grain seeds* ❹

(指胆量或骨气)guts;spunk;backbone:有～ have guts ● (量)(表示种类,用于人和任何事物)kind;sort;variety:各～各样 *all kinds of*

另见 1126 页 zhòng。

【种类】(名) kind;sort;variety;species:不同～的刀具 *cutters of different kinds*

【种子】(名)seed:～处理 *seed treatment*

【种族】(名)race:～平等 *racial equality*

zhòng

中 zhòng (动)❶(正对上;恰好合上)hit;fit exactly:你说～了。*You've hit it.* ❷(受到;遭受)be hit by;fall into;be affected;suffer;sustain:他腿上～了一枪。*He got a shot in the leg.*

另见 1123 页 zhōng。

【中毒】● (名)(由毒药或有毒物质引起的一种病理状态)poisoning:煤气～ *gas poisoning* ● (动)(人或动物受到有害物质的侵害)be poisoned:他因误服药而～。*He was poisoned by taking the wrong medicine.*

【中风】(名) apoplexy;apoplexia:死于～ *die of apoplexy*

【中伤】(动)slander;malign:～好人 *malign an innocent person*

【中暑】● (名)(日射病)heatstroke;sunstroke ● (动)(得了日射病)suffer heatstroke;suffer sunstroke

【中选】(动)be chosen;be selected

【中意】(动)be to one's liking;take fancy to:她花了 1,000 元买了一件很～的西服连衣裙。*She paid 1,000 yuan for a coat dress that had taken her fancy.*

仲 zhòng ● (形)(地位居中的)middle;intermediate;mediate ● (名)❶(指一季的第二个月)second month in a season:～夏 *second month of summer;midsummer* ❷(在弟兄排行里代表第二)(of brothers) second in order of birth

【仲裁】(动) arbitrate;go to arbitration:对争端进行～ *arbitrate a dispute*

【仲裁条约】(名) arbitration treaty

众 zhòng ● (形)(许多)many;numerous;a lot of:～口一词。*All tell the same story.* ● (名)(许多人)multitude;crowd;the masses:关于…～说纷纭 *there are different opinions about...*

【众多】(形)numerous:我国人口～,地大物博。*Our country has a large population,vast territory and abundant resources.*

【众人】(名)everybody

【众所周知】（成）as everybody knows; known to all

【众望】（名）people's expectations; 不孚～ fall short of people's expectations

【众议院】（名）House of Representatives

种

zhòng（动）（种植）plant; sow; grow; cultivate: ～水稻 grow rice／～庄稼 grow crops
另见 1125 页 zhǒng。

【种菜】（动）plant vegetable

【种地】（动）till land; cultivate land

【种花】（动）cultivate flower

【种田】（动）till the land; farm; go in for farming

【种植】（动）plant; grow; cultivate: 油菜～面积 rape-growing areas; areas sown to rape

重

zhòng ❶（名）（重量; 分量）weight: 毛～ gross weight ❷（动）（重视）lay stress on; place value upon; attach importance to: ～友情 highly value the friendship; set store by friendship ❸（形）❶（重量大）heavy; weighty: 别把船装得太～。Don't load the boat too heavily. ❷（程度深）deep; serious: ～伤 serious injury ❸（重要）important; momentous: ～大决策 a momentous decision ❹（不轻率）discreet; prudent: 慎～ careful; cautious; prudent; circumspect ❺（优厚）considerable in amount or value: ～赏 a handsome reward; substantial reward ❹（副）（加重）heavily; severely: ～打 flog heavily
另见 655 页 chóng。

【重大】（形）great; important; major; significant: ～案件 important case

【重担】（名）heavy burden; difficult task: 敢挑～ dare to shoulder heavy burdens

【重地】（名）important place; restricted area: 施工～, 闲人免进。Construction site, no admittance.

【重点】（名）key point; focal point; stress; emphasis: 突出～ make the focal points stand out

【重工业】（名）heavy industry

【重金属】（名）heavy metal

【重力】（名）gravity; force of gravity; gravity force: ～加速度 acceleration of gravity

【重量】（名）weight: ～单 weight list

【重任】（名）important task; heavy responsibility: 身负～ be charged with important tasks

【重视】（动）attach importance to; pay attention to: ～群众意见 pay much attention to the opinions of the general public

【重心】（名）❶（事情的中心或主要部分）heart; core; focus; key point: 工作的～ the main emphasis of the work ❷［物］centre of gravity; median point

【重型】（形）heavy-duty; heavy: ～机床 heavy-duty machine tool／～卡车 heavy-duty truck

【重要】（形）important; major; significant: ～人物 important figure

【重音】（名）stress: 句子～ sentence stress

zhōu

舟

zhōu（名）〈书〉（船）boat: 泛～ go boating／一叶扁～ a small rowboat

【舟楫】（名）ships; vessels: 江河湖泽给我们以～和灌溉之利。Rivers and lakes provide us with water transport and irrigation.

周

zhōu ❶（名）❶（圈子; 周围）circumference; periphery: 四～ all around ❷（星期）week: 上～ last week ❷（动）（绕一圈）make a circuit; move in a circular course ❸（形）❶（普通的; 全）whole; all over; entire: ～身 the whole body; all over the body ❷（完备; 周到）thoughtful; attentive: 考虑不～ not be carefully thought out ❹（量）（用于动作环绕的圈数）circuit: 地球绕太阳一～是一年。It takes a year when the earth finishes a circuit around the sun.

【周长】（名）perimeter; girth; circumference: 水库的～ the perimeter of a reservoir

【周到】（形）thoughtful; considerate; attentive: 服务～ offer good service

【周密】（形）careful; considerate: 制订～的计划 formulate a well-conceived plan

【周末】（名）weekend: 与朋友共度～ spend a weekend with friends

【周年】（名）anniversary: 纪念校庆 50 ～ to observe the 50th anniversary of the founding of the university

【周期】（名）period; cycle: ～表 a periodic table／自转～ period of rotation

【周围】（名）around; about; round; on every side: ～环境 surrounding circumstances

【周旋】（动）❶（回旋; 盘旋）circle round ❷（打交道）socialize; have social intercourse with: ～于达官贵人之间 move in high society ❸（较量）deal with; contend with: 游击队长期在山区和侵略者～。For a long time, the guerrillas fought the invaders in hilly country.

【周游】（动）travel round; journey round: ～世界 travel round the world

【周折】（名）twists and turns; setbacks: 这事恐怕要费一番～。I'm afraid this business will cause us a good deal of bother.

【周转】（动）❶［经］turnover: 加速资本～

speed up capital turnover ❷(开支调度情况) have enough to meet the need:我目前手头的钱～不开。*I am hard up for money.*

洲 zhōu（名）❶(大陆和附近岛屿的总称) continent:七大～ *the seven continents* ❷(河流中由沙石、泥土淤积而成的陆地)islet in a river;sandbar:沙～ *sandy islet*

【洲际】(形)intercontinental:～弹道导弹 *intercontinental ballistic missile*

粥 zhōu（名）(稀饭;半流质食物)porridge;congee;gruel:小米～ *millet gruel*

zhóu

轴 zhóu（名）❶(圆柱形的零件)axle;shaft:这个～磨坏了。*The axle is worn.* ❷(对称部分的直线)axis;椭圆的长～ *the major axis of an ellipse* ❸(圆柱形的缠绕器物)roller;spool:天线卷～ *aerial reel*

【轴承】(名)bearing:～衬 *bearing bush*

【轴套】(名)axle sleeve

【轴向】(名)axial:～剖面 *axial section*

【轴心】(名)axle centre;axis

zhòu

昼 zhòu（名）(从天亮到天黑的一段时间;白天)daytime;day;daylight:白～ *daylight*

【昼夜】(名)day and night;round the clock:～看守 *keep watch round the clock*

皱 zhòu ⊜（名）(皱纹)crease;wrinkle;crinkle:我的上衣在箱子里搁久了,～得不像样子。*My jacket has been in the suitcase so long that it's full of creases.* ⊜（动）(起皱纹)wrinkle up;crease;crumple;crinkle:眉头一～,计上心来。*Knit the brows and you will hit upon a stratagem.*

【皱纹】(名)wrinkles;lines;crease:起～的皮肤 *wrinkled skin*/细细的～ *little creases*

骤 zhòu ⊜（形）(急速的)rapid;swift:一阵～雨 *a passing heavy shower* ⊜（副）(突然,忽然)suddenly;abruptly:狂风～起。*A sudden gale struck.*

zhū

珠 zhū（名）❶(珍珠)pearl:～宝 *jewelry* ❷(小的球形物)bead:算盘～ *beads on an abacus*

【珠宝】(名)pearls and jewelry;jewelry:～店 *jewelry shop*

【珠算】(名)abacus

【珠子】(名)❶(珍珠)pearl ❷(像珍珠般的颗粒)bead:汗～ *beads of sweat*

诸 zhū ⊜（形）(众,许多)all;every;various:编辑部～同志 *all the comrades of the editorial department* ⊜（介）〈书〉("之于"或"之乎"的合音)at;to;from:付～实施 *put into practice;bring into effect*

【诸如】(连)such as;like:他当总经理,职务繁多,～主持会议、制定计划和预算,以及洽谈贷款等等。*His duties as general manager are complex and many, such as presiding over meetings, making plans and budgets, and negotiating loans.*

猪 zhū（名）[动](哺乳动物)hog;pig;swine:野～ *wild boar*/小～ *piglet*

【猪场】(名)piggery;pig farm

【猪肉】(名)pork

蛛 zhū（名）[动](蜘蛛)spider

【蛛丝马迹】(成)the thread of a spider and the trail of a horse;clues;traces:此案有～可寻。*There are clues for solving the case.*

zhú

竹 zhú（名）(竹子)bamboo:～篓 *bamboo crate*/～林 *bamboo forest;groves of bamboo*

【竹板】(名)bamboo clappers

【竹竿】(名)bamboo pole;bamboo

【竹刻】(名)bamboo carving

【竹笋】(名)bamboo shoots

【竹子】(名)bamboo

逐 zhú ⊜（动）❶(追赶)pursue;chase;run after:随波～流 *follow others blindly* ❷(驱逐)drive out;expel;banish:～出门外 *drive out of the door* ⊜（介）(挨着次序)one by one:～月上升 *increase monthly*

【逐步】(副)step by step:～加以解决 *settle sth. step by step*

【逐个】(副)one by one:我们得～研究这些问题。*We must look into these matters one by one.*

【逐渐】(副)gradually;by degrees;little by little:天～变暗了。*It is getting darker.*/他对情况～熟悉起来了。*He's gradually getting better acquainted with the situation.*

【逐年】(副)year by year;year after year:产量～增加。*Production has been increasing year after year.*

【逐字】(副)word for word;verbatim:～记录 *verbatim record*

烛 zhú ⊜（名）(蜡烛)candle:花～ *wedding*

candle ⊜（动）〈书〉（照亮；照见）illuminate；light up；shine upon：火光～天。*Leaping flames lit up the sky.*

【烛光】（名）candlepower；candle

【烛台】（名）candlestick

zhǔ

主 zhǔ ⊖（名）❶（接待别人的人）host：店～ *shop owner* ❷（权力或财物的所有者）master；owner；possessor：房～ *a home owner* ❸（当事人）person or party concerned：大买～ *a heavy buyer* ❹（基督教徒对上帝、伊斯兰教徒对真主的称呼）God；lord ⊜（动）❶（负主要责任；主持）lead；manage；take charge of：～事 *manage the affairs*；take charge of the business ❷（主张）advocate；stand for：～战 *advocate war* ⊜（形）（最重要的；最基本的）main；principal；primary：～编 *chief editor*

【主办】（动）direct；sponsor；hold；host：～展览 *sponsor an exhibition*

【主编】⊖（动）（负编辑工作的主要责任）supervise the publication of（a newspaper, magazine, etc.）；edit：～一份日报 *edit a daily paper* ⊜（名）（编辑工作的主要负责人）chief editor；editor in chief：辞掉～职务 *leave the chair of editorship*

【主持】（动）❶（负责处理）take charge of；manage；direct：～日常工作 *take care of the daily routine* ❷（负责掌握）preside over；host；chair；boss the show：～会议 *take the leadership of the meeting* ❸（主张）uphold；stand for：～正义 *stand for righteousness*

【主次】（形）primary and secondary：我们干工作要分清～。*In our work, we must differentiate what is primary from what is secondary.*

【主导】⊖（形）（主要的并引导事物向某方面发展的）leading；dominant；guiding：起～作用 *play a leading role*（名）（起主导作用的事物）leading factor：工业是国民经济的～。*Industry is the leading factor in the national economy.*

【主动】（形）（能够造成有利局面）initiative：争取～ *try to gain the initiative*；contend for the initiative

【主队】（名）home team；host team

【主犯】（名）principal criminal：～和从犯 *principal and accessories in a crime*

【主妇】（名）housewife

【主攻】（动）main attack：～部队 *main attack force*／～方向 *main direction of attack*

【主观】（形）subjective：～愿望 *subjective desire*；wishful thinking

【主管】⊖（动）（负责管理）be responsible for；be in charge of：谁～这项工作？*Who is in charge of this job?* ⊜（名）（主管人员）person in charge：他是这项工程的～。*He is the person in charge of the project.*

【主机】（名）[机]main engine

【主教】（名）bishop

【主句】（名）[语]main clause

【主角】（名）❶（艺术表演中的主要演员或主要角色）leading role：在该片中演～ *play the leading in the film* ❷（主要人物）major character

【主课】（名）main subject

【主力】（名）main force：～兵团 *main formations*

【主流】（名）❶（干流）main stream；main current ❷（事物发展的主要方面）essential or main aspect：当代世界的～ *the main trend in the world today*

【主权】（名）sovereignty：领土～ *territorial sovereignty*／～平等 *sovereign equality*

【主人】（名）master；host：女～ *hostess*

【主人翁】（名）❶（当家做主的人）master：新社会的～ *masters of the new society* ❷（中心人物）hero；heroine

【主任】（名）director；head；chief：教研室～ *chief of teaching and research section*

【主食】（名）principal food；staple food

【主题】（名）subject；theme：作品的～思想 *the theme of a literary work*

【主体】（名）❶（事物的主要部分）main body；main part；principal part：建筑群的～ *the main part of a building complex* ❷[哲]subject：～和客体 *subject and object*

【主席】（名）❶（主持会议的人）chairman：当～ *be in the chair*；preside over a meeting ❷（最高领导职位）chairman；president

【主演】（动）act the leading role

【主要】（形）main；chief；principal；major：～理由 *main reasons*

【主义】（名）doctrine

【主意】（名）❶（办法）idea；plan：巧～ *a bright idea* ❷（主见）decision；definite view：拿不定～ *be in two minds*

【主语】（名）[语]subject

【主宰】（动）dominate；decide；dictate：～自己的命运 *decide one's own destiny*；be master of one's own fate

【主张】⊖（名）（持有的见解）proposal；opinion；view；stand：这是我们一贯的～。*That has been our consistent stand.* ⊜（动）（持有见解）advocate；stand for；hold；maintain：～变革 *stand for change*

【主子】（名）master；boss

煮 zhǔ（动）(把食物等放在有水的锅里烧) boil;cook;stew:～鸡蛋 boil eggs

嘱 zhǔ（动）(嘱咐;嘱托) enjoin;advise;entrust:遵医～戒烟 give up smoking on medical advice/千叮万～ exhort sb. repeatedly

【嘱咐】(动) enjoin;tell;exhort:～某人好好休息 bid sb. take a good rest

【嘱托】(动) entrust:她～我办这件事。She entrusted me with the task.

瞩 zhǔ（动）(注视) gaze;look steadily;focus eyes on:高瞻远～ have great foresight and plan for the future;stand high and see far

【瞩目】(动) focus one's attention upon:举世～ become the focus of world attention

zhù

助 zhù（动）(帮助;协助) help;assist;aid;support:互～ mutual help

【助词】(名)[语] auxiliary word

【助动词】(名)[语] auxiliary verb

【助教】(名) assistant

【助理】(名) assistant:～秘书长 assistant secretary-general

【助手】(名) helper;aide:能干的～ an able assistant

【助听器】(名) hearing aid;deaf aid

【助威】(动) cheer for;encourage:给我们的篮球队～ cheer for our basketball team

【助学金】(名) stipend;grant-in-aid:领～的学生 a grant-aided student

【助长】(动) encourage;abet;foment:～歪风邪气 encourage the evil trends

住 zhù（动）❶(居住;住宿) live;lodge;reside;stay;accommodate:我～这间屋。I live in this room. ❷(停住;歇下) stop;cease;knock off:～口 stop talking;shut up ❸(作动词的补语,表示牢固或稳当、停顿或静止,以及胜任等) 抓～机遇 seize the opportunity

【住处】(名) residence;lodging:找到适当的～ find suitable quarters

【住房】(名) housing;lodgings:～宽敞 be abundantly housed

【住手】(动) stop;stop one's hand;hands off:他不做完不肯～。He won't stop until he finishes the job.

【住宿】(动) stay;put up;get accommodation:他今晚在旅店～。He will put up at an inn for the night.

【住院】(动) be in hospital:～部 inpatient department/～费 hospitalization expenses

【住宅】(名) residence;dwelling:～区 residential quarters/～建设 housing construction

【住址】(名) address:临时～ a temporary address

贮 zhù（动）(储存;积存) store;save;lay aside;hoard:～水池 a pond for storing water;a reservoir

【贮藏】(动) store up;lay in:把货物～起来 keep the goods in storage

注 zhù ❶（动）❶(灌入) pour;irrigate:伤口血流如～。Blood flowed out of the wound. ❷(集中) concentrate on;fix on;focus on:关～ follow with interest ❸(用文字来解释字句) annotate;explain with notes:～明 give clear indication of ❹(记载;登记) record;register ❷（名）❶(赌注) stakes:赌～下得很大 stake very high ❷(解释字句的文字) notes:旁～ marginal notes/脚～ footnote

【注册】(动) register:～商标 registered trademark/～资本 registered capital

【注定】(动) be destined;be doomed:～要失败 be doomed to failure

【注入】(动) pour into;empty into:长江～东海 The Changjiang River empties into the East China Sea.

【注射】(动) inject:肌肉～ intramuscular injection

【注视】(动) look attentively at;gaze at:久久～着陌生人的脸 look fixedly at the stranger's face for a long time

【注释】(名) explanatory note:一本～详尽的书 a book copiously annotated

【注销】(动) cancel;write off:把借条～ cancel a written acknowledgment of a loan

【注意】(动) pay attention to;take note of:我没～他什么时候走的。I didn't notice when he left.

【注音】(动) phonetic notation:课文有～吗? Is the text marked with phonetic symbols?

【注重】(动) lay stress on;pay attention to:～基本功的训练 lay stress on basic training

驻 zhù（动）❶(停留) stay;halt;stop:敌～我扰。When the enemy halts, we harass him. ❷(住在执行职务的地方,设在某地) be stationed;encamp:我国～英大使 our ambassador to Britain

【驻防】(动) be on garrison duty;garrison:～部队 garrison troops

【驻守】(动) garrison;defend:～后方 place troops in the rear for defense

【驻扎】(动) be stationed;be quartered:～重兵 station a huge force

Z

柱 zhù（名）❶（柱子）pillar；post；column：立一根～子 erect a post ❷（似柱物）column-shaped things：水银～ a column of mercury
【柱子】（名）post；pillar

祝 zhù（动）（表示良好愿望）express good wishes；wish；bless：庆～ celebrate
【祝词】（名）（表示良好愿望或庆贺的话）congratulatory speech；congratulations：致～ offer one's congratulation
【祝贺】（动）congratulate：～演出成功 congratulate the artists on their successful performance
【祝酒】（动）toast；drink a toast：向来宾们～ toast the guests
【祝愿】（动）wish：～贵国日益繁荣昌盛 We wish your country ever-growing prosperity.

著 zhù ㊀（形）（显著的）outstanding；notable；striking：恶名昭～ be distinguished for one's vices ㊁（动）❶（显出）show；prove；display：颇～成效 prove rather effective ❷（写作）write；compose：～书立说 write books and establish one's theory ㊂（名）（著作）work；writings；book：名～ a famous work
【著名】（形）famous；well-known：～作家 a writer of distinction
【著述】㊀（动）（写作）write；compile：从事～ be engaged in writing scholarly works ㊁（名）（写成的作品）book；author's work：主要～ major works
【著者】（名）author；writer
【著作】㊀（名）（作品）work；book；writings：学术～ a scholarly work ㊁（动）（写作）write：一生～甚多 write many books during one's lifetime；be a prolific author

铸 zhù（动）（铸造）cast；coin；make：～钟 cast a bell
【铸件】（名）cast；casting：干砂～ dry sand casting
【铸铁】（名）iron casting：～管 cast-iron pipe
【铸造】（名）［冶］casting；founding：～车间 foundry；casting shop

zhuā

抓 zhuā（动）❶（手指聚拢，使物体固定在手中）grab；seize；get；clutch；grasp：～一把糖 take a handful of sweets ❷（搔抓）scratch：～痒痒 scratch an itch ❸（捉拿）捕捉）arrest；catch；seize：～小偷 catch a thief ❹（特别着重）stress；pay special attention to：～重点 stress the essentials ❺（负责做）take charge of；be responsible for：他是～工会工作的. He is in charge of trade union work.
【抓紧】（动）firmly grasp；pay close attention to：～时间 make the best use of one's time
【抓住】（动）catch hold of；grasp；grip：～时机 grasp at an opportunity

zhuǎ

爪 zhuǎ（名）（动物的脚趾或鸟类的脚）claw；paw；talon
另见 1111 页 zhǎo。
【爪子】（名）claw；paw；talon：猫～ a cat's paws

zhuài

拽 zhuài（动）（拉）drag；haul；pull：一把～住不放 catch hold of sb. or sth. and not let go

zhuān

专 zhuān ㊀（名）❶（专门业务或技术）speciality；expert：一～多能 be expert in one thing and good at many ❷（专科学校）college for professional training：商～ commercial college ㊁（动）（独自掌握或占有）monopolize；take possession alone：～责 specific responsibility ㊂（形）（集中在一件事上）concentrated；devoted；focused on one thing；special：～项贷款 special-purpose loans
【专案】（名）special case：～材料 material connected with a case
【专长】（名）special skill；speciality：学有～ have specialized knowledge of a subject
【专场】（名）special performance：学生～ a special show for students
【专机】（名）special plane
【专家】（名）expert；specialist：水稻～ expert in rice-growing
【专刊】（名）special issue
【专款】（名）special fund：～专用 earmark a fund for its specified purpose only
【专栏】（名）special column：评论～ opinion column／报纸～作家 newspaper columnist
【专利】（名）patent：～品 patent；patented article／～法 patent law／～权 patent right
【专门】（形）special；specialized：～机构 special agency；special organ
【专题】（名）special subject；special topic：～报告 report on a special topic
【专心】（动）be absorbed；concentrate one's attention：学习必须～。Study requires undivided attention.

【专修】（动）specialize in：～数学 *specialize in mathematics*

【专业】（名）❶（学校学科分类）special field of study；speciality；specialized subject；discipline：以英语为自己的～ *make a speciality of English* ❷（生产部门的各业务部门）specialized trade of profession：～生产会议 *a conference on specialized trades*

【专政】（名）dictatorship：～对象 *object of dictatorship*／～工具 *instrument of dictatorship*

【专职】（名）❶（由专人担任的职务）sole duty；specific duty ❷（专门从事）full time：他是工会的～干部。*He is a full-time cadre of the trade union.*

【专著】（名）treatise；monograph：这是一本有关计算机的～。*This is a book about computers.*

砖 zhuān（名）❶（烧制成的建筑材料）brick：水泥～ *cement brick* ❷（形状像砖的东西）brick-shaped things：茶～ *tea brick*

zhuǎn

转 zhuǎn（动）❶（改换方向、位置、形势、情况等）change；shift；transfer；turn：～业 *be transferred to civilian work* ❷（传递）transmit；transfer；pass on：这封信请你～给他。*Please pass the letter on to him.*
另见 1131 页 zhuàn。

【转变】（动）change；transform；turn；convert：～态度 *change one's attitude*

【转播】（动）retransmit；relay：～台 *relay station*

【转动】（动）turn；move；turn round：～门把手 *turn the door knob*

【转发】（动）transmit；relay；repeat：此件～全国。*This document is to be transmitted throughout the country.*

【转告】（动）pass on；transmit：他把这消息～了他的姐姐。*He passed on the news to his sister.*

【转化】（动）change；transform：将先进技术～为生产力 *turn advanced technology into productive force*

【转嫁】（动）❶（妇女改嫁）marry again；remarry ❷（把自己应承受的负担、损失、罪名等加在别人身上）shift；transfer：把责任～给他人 *shift off one's responsibility*

【转交】（动）pass on；transmit：请把这个包裹～给王同志。*Please pass this parcel on to Comrade Wang.*

【转卖】（动）resell：～货物 *resell goods*

【转让】（动）transfer the possession of；make over：技术～ *technology transfer*

【转入】（动）change over to；shift to；switch to：～下一个议题 *move on to the next topic for discussion*

【转手】（动）❶（转卖）sell what one has bought ❷（转交）pass on：你就直接交给他，不必经我～了。*Give it directly to him, there is no need to do it through me.*

【转弯】（动）turn a corner；make a turn：向右～ *take a turn to the right*

【转向】（动）change direction；turn：把注意力～重大的事情 *turn one's attention to important matters*

【转眼】（动）（形容一刹那的时间）in the twinkling of an eye；in an instant；in a flash：这孩子一～就不见了。*The child disappeared in the twinkling of an eye.*

【转移】（动）❶（改换位置）shift；transfer：～某人的注意力 *distract people's attention from sth. or sb.* ❷（改变）change；transform：～社会风气 *change prevalent social customs*

【转账】（动）transfer accounts：～凭单 *transfer document*

zhuàn

传 zhuàn（名）❶（传记）biography：外～ *an anecdotal biography* ❷（叙述历史故事的作品）novels about historical events
另见 662 页 chuán。

【传记】（名）biography：现存的最详尽的～ *the fullest biography in being*

转 zhuàn ❶（动）❶（旋转）revolve；turn；rotate；swivel：地球绕着太阳～。*The earth revolves round the sun.* ❷（闲逛）stroll：你在这儿～来～去干什么？*What are you hanging around here for?* ❷（量）（绕一圈叫绕一转）revolution：每分钟 2,000～ *2,000 revolutions per minute*
另见 1131 页 zhuǎn。

【转动】（动）turn；rotate；revolve：经过修理，机器又～起来了。*The machine started working again after being put right.*

【转炉】（名）［冶］converter：～钢 *converter steel*

【转数】（名）revolution：每分钟～ *revolutions per minute*

【转速】（名）rotational speed：～计 *tachometer*

【转椅】（名）swivel chair；revolving chair

赚 zhuàn ❶（动）❶（获得利润）make a profit；gain：这家商行做出口生意～得可多了。*The firm made large profits from exports.* ❷〈方〉（挣钱）earn：你一星期～多少

钱？*How much do your earn a week?* ❷（名）
〈方〉（利润）profit
【赚钱】（动）make money；make a profit

zhuāng

庄 zhuāng ❶（名）❶（村庄）village；hamlet：
农～ *a farm village* ❷（旧时君主、贵族等所占有的成片土地）manor or private park in ancient times ❸（旧时称规模较大或做批发生意的商店）a place of business：布～ *shop for clothing materials* ❷（形）（庄重）solemn；serious；grave：端～ *dignified；sedate*
【庄稼】（名）crops：收～ *gather crops*
【庄严】（形）solemn；dignified；stately：～宣告 *proclaim solemnly*
【庄重】（形）serious；grave；solemn；sedate：～的表情 *a solemn look*

装 zhuāng ❶（名）❶（服装）dress；attire；clothing：时～ *the costume of the period* ❷（演员的化装品）stage makeup and costume：卸～ *remove the makeup* ❸（动）❶（修饰、打扮）adorn；dress up；decorate：扮～女角的男演员 *an actor of female roles* ❷（假装）pretend；make believe；disguise：不懂～懂 *pretend to know what one doesn't know* ❸（把东西放进器物内）hold；pack；load：～货上船 *ship the cargo* ❹（装配；安装）furnish；fit；install；assemble：～电话 *set up a telephone*
【装扮】（动）❶（打扮）dress up；attire；deck out：～整齐地去参加晚会 *doll up for the party* ❷（化装）disguise；masquerade：～成农民 *garb oneself as a peasant*
【装备】❶（动）（配备）equip；fit out：～新式武器 *be equipped with modern weapons* ❷（名）（配备的东西）equipment；outfit：军事～ *military equipment*
【装船】（动）shipment：分批～ *partial shipment*
【装船单】（名）shipping order
【装订】（动）binding；bookbinding：布面～clothbound／硬面～ *hardbound*
【装潢】❶（动）（装饰）mount；dress；decorate：用绢～的画 *a picture mounted upon silken cloth* ❷（名）（物品的装饰）decoration；mounting；packaging：一间～精美的卧室 *a bedroom with elegant decoration*
【装货】（动）loading；shipping
【装甲车】（名）armoured car
【装配】（动）assemble；fit together；fit out：～机器 *assemble a machine*
【装饰】（动）ornament；decorate；adorn；deck：彩旗和鲜花把公园～得十分绚丽。*The park*

was gaily decorated with bunting and flowers.
【装束】（名）dress；attire：～入时 *be in fashionable dress or attire*
【装卸】（动）load and unload：～货物 *load and unload a truck，ship，etc.*
【装运】（动）load and transport；ship：从底特律把大量货物～出去 *ship a lot of goods out of Detroit*
【装置】❶（名）（机器设备的配件）installation；device；unit：雷达～ *radar installation* ❷（动）（安装）install；fit：仪器已经～好了。*The instrument has been installed.*

zhuàng

壮 zhuàng ❶（形）❶（强壮的）strong；robust：强～ *strong；robust* ❷（雄壮的；大的）grand；magnificent；grandiose：悲～ *solemn and stirring* ❷（动）（加强，使壮大）strengthen；expand：～门面 *create a good public impression*
【壮大】（动）❶（使强大）strengthen；expand：～集体经济 *strengthen the collective economy* ❷（变得强大）grow：科技工作人员的队伍不断～。*The ranks of the scientists and technological workers are growing steadily.*
【壮观】（形）grand：天安门广场～的夜景 *the spectacular night view of Tian'an Men Square*
【壮丽】（形）majestic；magnificent；glorious：一篇～的史诗 *a magnificent epic*
【壮烈】（形）heroic；brave：～牺牲 *heroically give one's life；die a hero's death*
【壮志】（名）great aspiration；lofty ideal：～凌云 *with soaring aspirations*

状 zhuàng ❶（名）❶（形状）form；shape：奇形怪～ *fantastic shapes* ❷（情况）state；condition；situation：罪～ *facts about a crime* ❸（指诉状）legal complaint；plaint：告～ *lodge a complaint；file a suit* ❹（褒奖、委任等文件）certificate；official document：奖～ *a certificate of commendation* ❷（动）（陈述或描摹）describe；narrate：难以言～ *be beyond description*
【状况】（名）condition；state；state of affairs：婚姻～ *conjugal condition*
【状态】（名）state；condition；state of affairs：心理～ *psychological condition*

撞 zhuàng（动）❶（猛然碰上）collide；strike；knock；run into；bump against：一辆卡车～坏了我们的汽车。*A lorry ran into our car and damaged it.* ❷（碰见）bump into；run into;meet by chance;come across:我不想见他,偏～上他了。*I tried to avoid him,but it was just my luck to bump into him.* ❸(试探)trust to;try:～运气 *try one's luck;take a chance* ❹(莽撞行事,闯)rush;barge;dash:车在街上横冲直～。*The car was madly driven on the street.*

【撞击】(动)impact;strike;ram;dash:波浪～着岩石。*The breakers dashed on the rocks.*

【撞骗】(动)swindle;look about for a chance to swindle

zhuī

追 zhuī (动)❶(追赶)chase after;run after;pursue;catch up with:紧～某人 *run sb. hard* ❷(追究)trace;look into;get to the bottom of:他们决心一定要把这事的根底～出来。*They were determined to get to the bottom of the matter.* ❸(追求)hanker for;go after;seek:～名逐利 *seek fame and wealth* ❹(回溯)recall;remember;reminisce:～思 *think back* ❺(事后补办)act retroactively;act posthumously

【追捕】(动)pursue and capture:～逃犯 *pursue and capture an escaped prisoner*

【追查】(动)trace;find out;investigate:～事故原因 *investigate the causes of an accident*

【追悼】(动)mourn over a person's death:～会 *memorial meeting;memorial service*

【追赶】(动)run after;pursue;chase after:～世界先进水平 *measure up to far advanced world levels*

【追击】(动)pursue and attack;follow up:～敌人 *pursue and attack the enemy*

【追记】(动)write down afterwards

【追加】(动)add to(the original amount):～支出 *make an additional expenditure*

【追究】(动)look into;find out;investigate:～事故的责任 *investigate and affix the responsibility for an accident*

【追求】(动)❶(争取)seek;pursue:～真理 *seek truth;be in pursuit of truth* ❷(求爱)court;chase;run after

【追随】(动)follow:～错误路线 *follow an erroneous line*

【追问】(动)question closely;inquiry:～事实真相 *make detailed inquiries about the facts*

【追寻】(动)pursue;search;track down;seek

【追踪】(动)follow the trail of;track;pursue:～嫌疑犯 *trail a suspect*

锥 zhuī ⊜(名)❶(锥子)awl ❷(似锥物)awl-shaped things:冰～ *icicle* ❸(锥体)cone ⊜(动)(钻)drill;bore:～孔 *make a hole with an awl*

【锥子】(名)awl

zhuì

坠 zhuì ⊜(动)❶(往下垂;吊在下面,因分量重而下垂)weigh down:苹果把树枝～得弯弯的。*The branches were bending down with the weight of the apples.* ❷〈书〉(落)fall;drop:～马 *fall off a horse* ⊜(名)(吊在下面的东西)a hanging object;a pendant:扇～ *pendant of a fan*

【坠毁】(动)fall and break;crash:飞机在山中～。*The plane crashed in the mountains.*

【坠落】(动)fall;drop:飞机向地面～。*The airplane fell towards the earth.*

zhūn

谆 zhūn (副)(恳切)sincerely;warmly:～嘱 *give earnest exhortations*

【谆谆】(形)earnest and tireless:～教导 *earnestly and tirelessly instruct*

zhǔn

准 zhǔn ⊜(名)(标准)standard;guideline;norm:达到标～ *reach a standard* ⊜(介)(依据;依照)follow;act up to:～前例处理 *to be settled by following precedent* ⊜(动)(准许)permit;allow;grant;approve:～假两周 *grant sb. two weeks' leave* ⓸(形)❶(准确的)accurate;exact;precise:这表走得～。*The watch keeps good time.* ❷(可靠的)reliable;dependable:说话不～ *one's words are not dependable* ❺(副)(一定)definitely;certainly;surely:我明天一去。*I'll certainly be there tomorrow.*

【准备】(动)❶(预先安排)prepare;get ready:为会议～文件 *prepare documents for a meeting* ❷(打算)intend;plan:下一步你～怎么做?*What do you intend to do next?*

【准确】(形)accurate;exact;precise:计算～ *be accurate at figures*

【准时】(形)on time;on schedule;punctual:火车～到达。*The train arrived on schedule.*

【准许】(动)permit;allow:～某人进入房间 *permit a person into a room*

【准则】(名)standard;criterion;norm:行为～ *code of conduct*

Z

zhuō

拙 zhuō（形）❶（笨的）clumsy；awkward；dull；stupid：手～ *be all thumbs* ❷〈谦〉(称自己的文章、见解等)my
【拙笨】(形) clumsy；awkward；dull：口齿～ *clumsy of speech；inarticulate*
【拙劣】(形) inferior；clumsy：～表演 *a clumsy performance；a bad show*

捉 zhuō（动）❶（握；抓）clutch；hold；grasp；seize：～住不放 *seize hold of sb. or sth. and not let go* ❷（使落入手中）catch；capture：～鱼 *catch a fish*
【捉拿】(动) arrest；catch：～逃犯 *arrest an escaped prisoner*
【捉弄】(动) tease；make fun of：他们千方百计地～那个新来的人。*They played a thousand tricks on the newcomer.*

桌 zhuō ❶（名）(桌子) desk；table：把它搁～上。*Put it on the table.* ❷（量）(用于成桌摆放的饭菜或围着桌子坐的客人)：一～菜 *a table of dishes*
【桌布】(名) tablecloth
【桌面】(名) top of a table；table top
【桌子】(名) table；desk

zhuó

灼 zhuó ❶（动）(火烧；火烫) burn；scorch：～伤 *burn* ❷（形）(明亮) bright；shining：～热 *broiling hot*
【灼热】(形) scorching hot

卓 zhuó（形）❶（高而直）tall and erect；upright：～立 *stand upright* ❷（高明）eminent；excellent；outstanding：英勇～绝 *be extremely brave*
【卓识】(名) sagacity；judicious judgement：远见～ *foresight and sagacity*
【卓越】(形) outstanding；remarkable：～的成就 *remarkable achievements*

酌 zhuó（动）❶（饮）drink：独～ *drink alone* ❷（斟）pour out (wine)：～满一杯酒 *pour a full cup of wine* ❸（斟酌；考虑）consider；deliberate；think over：请～加修改。*Make any alterations as you may think fit.*
【酌量】(动) consider；deliberate：这事儿你～着办吧。*You can handle the matter as you think fit.*
【酌情】(动) take into consideration：～处理 *settle a matter as one sees fit；act at one's*

discretion

着 zhuó ❶（动）❶（穿）wear；dress：吃～不尽 *have as much food and clothing as one wants* ❷（接触）挨上）touch；come into contact with；get close to：说话不～边际 *strayed from the point in one's speech* ❸（派遣）send；dispatch：请～人前来领取。*Please send someone here for it.* ❹（加上；附上；用）apply；use：～墨不多 *sketchily painted or described* ❷（名）(着落) whereabouts
另见 1111 页 zhāo；1111 页 zháo。
【着陆】(动) land；touch down：飞机就要～了。*The plane is about to land.*
【着落】(名)❶（下落）whereabouts：遗失的行李已经有～了。*The missing luggage has been found.* ❷（可指望的来源）assured source：这笔经费还没有～。*We still don't know where to get the funds from.*
【着实】(副)❶（确实）really；indeed：这孩子～讨人喜欢。*The child is really very cute.* ❷（分量重）severely：～说了他一顿 *give him a good talking-to；lecture him severely*
【着手】(动) put one's hand to；set about：～一项工作 *set about a job*
【着想】(动) consider：为人民的利益～ *think about the interests of the people*
【着重】(动) stress；emphasize：～指出 *emphatically point out*

zī

咨 zī ❶（动）(与人商量) consult；discuss with：～询 *consult；seek advice from* ❷（名）(咨文) official communication
【咨询】(动) seek advice from；consult：技术～ *technical consultation*

姿 zī（名）❶（容貌）appearance；looks；aspect；mien：～色平平 *be plain；be not pretty* ❷（姿势）gesture；bearing：千～百态 *various postures and carriages*
【姿色】(名) charm；good looks：略有几分～ *be rather good-looking*
【姿势】(名) posture；gesture：舞台～ *theatrical poses*
【姿态】(名)❶（姿势）posture；gesture：摆出一副矫揉造作的～ *make an affected pose* ❷（态度）attitude；pose：做出强硬的～ *take a strong posture*

资 zī ❶（名）❶（钱财；费用）money；wealth；expense：投～ *invest；put money in* ❷（资质）intelligence；endowment：天～

native intelligence ❸（资格）qualification；record of service：年～ years of service；seniority ❹（材料）material：谈～ topic of conversation ㊀（动）❶（资助）aid；support ❷（提供）furnish；provide；supply：可 ～ 对比 provide a contrast

【资本】（名）❶（经营工商业的本钱）capital：～的周转 turnover of capital ❷（牟取利益的凭借）what is capitalized on；sth. used to one's own advantage：你怎么能把集体取得的成绩看作个人的～？ How could you capitalize on what the group has achieved？

【资本家】（名）capitalist

【资本主义】（名）capitalism

【资财】（名）capital and goods；assets：清点～ make an inventory of the assets

【资产】（名）❶（财产）property；means：有形～ tangible property ❷（资金）capital fund；capital ❸（资金的运用情况）assets：固定～ fixed assets／国有～ state-owned assets

【资方】（名）capital：～人员 capitalists and their representatives

【资格】（名）❶（从事某种活动所必备的条件）qualification：比赛的～被取消 be disqualified from the contest ❷（从事某种活动所形成的身份）seniority：他因～老而当选主席。 He was elected chairman by virtue of his seniority.

【资金】（名）fund；capital：建设～ funds for construction

【资力】（名）financial strength；means：～雄厚 have a large capital；be financially powerful

【资料】（名）❶（生产或生活的必需品）means：生产～ means of production；capital goods ❷（依据的材料）data；material：参考～ reference material

【资源】（名）resources；natural resources：～丰富 abound in natural resources

【资助】（动）aid financially：他经常～穷人。 He often helps the poor with money.

滋 zī ㊀（动）❶（滋生）grow；multiply：～事 create trouble；disturb peace ❷（增添；加多）wax；increase：～益 increase interests ❸〈方〉（喷射）burst；spurt：水管裂缝了，直往外～水。 Water is spurting from the crack in the pipe. ㊁（名）〈书〉（滋味；味道）taste；flavour

【滋补】（动）nourish；be nutritious：～食品 nourishing food；nourishment

【滋润】㊀（形）（不干燥的）moist：～的土地 moist soil ㊁（动）（使不干燥）moisten：在雨水～下庄稼长得很快。 Moistened by rain,

crops grow fast.

【滋味】（名）taste；flavour；tang：这个菜很有～。 This dish tastes good.

【滋长】（动）grow；develop：防止～骄傲自满情绪 guard against arrogance and conceit

zǐ

子 zǐ ㊀（名）❶（儿子）son；child：父与～ father and son ❷（人的通称）person：男～ male person；man ❸（古代特指有学问的男人）ancient title of respect for a learned or virtuous man ❹（种子）seed：结～儿 bear seed；go to seed ❺（卵）egg：鱼～ roe ❻（小而坚硬的块状物或粒状物）small and hard things：石～儿 small stone；pebble ❼（铜子儿，铜圆）copper coin；copper：一个～儿也没有 penniless ㊁（形）（幼小的；小的；嫩的）young；small；tender：～猪 pigling；piglet；shoat ㊂（量）（用于能用手指拈住的一束细长物）：一～儿毛线 a hank of knitting wool ㊃（代）（古代指你）（in ancient times）you

【子弹】（名）bullet；cartridge：步枪～ rifle bullet／～箱 cartridge box

【子弟】（名）sons and younger brothers；children：职工～ children of the workers and staff

【子宫】（名）[生理]uterus；womb

【子女】（名）sons and daughters；children

【子孙】（名）children and grandchildren；descendants：～满堂 be blessed with many children

【子午线】（名）meridian line

仔 zǐ（形）（幼小的）（of domestic animals or fowls）young：～畜 new-born animal；a young animal

【仔细】（形）❶（细心的）careful；attentive：～分析 analyse carefully ❷〈方〉（俭省）frugal；economical：日子过得～ be frugal of one's expenses

姊 zǐ（名）（姐姐）elder sister；sister

【姊妹】（名）sisters；elder and younger sisters

紫 zǐ（形）（红和蓝合成的颜色）purple；violet：他气得脸色发～。 He became purple with rage.

【紫罗兰】（名）[植]violet

【紫外线】（名）ultraviolet ray：～辐射 ultraviolet radiation

zì

自 zì ➊ (代)(自己) self; oneself; one's own：～以为是 consider oneself in the right ➋ (副)(自然；当然) certainly; of course; naturally：～当努力 will certainly do one's best ➌ (介)(从；由) from; since：～即日起生效 become effective from this date

【自爱】(动) have regard for oneself; have self-respect

【自卑】(形) self-abased; feel oneself inferior：不自满，也不～ be neither self-satisfied nor self-abased

【自备】(动) provide for oneself：～干粮 bring your own food with you

【自便】(动) at one's convenience：听 其～。Let him do as he pleases.

【自称】(动) call oneself：～内行 call oneself an expert; claim to be an old hand

【自从】(介) since; from：～去年秋天到现在 from last autumn till now; since last fall

【自动】(副) ➊(自己主动) voluntarily; of one's own accord：～帮忙 make a spontaneous offer of help ➋(不凭借人为的力量) automatically; spontaneously：～音量控制 automatic volume control

【自费】(动) at one's own expense：～旅行 travel at one's own expense

【自负】➊ (动)(自己负责) be responsible for one's own action：～盈亏 assume sale responsibility for its profits or losses ➋ (形)(自以为了不起) think highly of oneself; conceited：这个人很～。This person is rather conceited.

【自豪】(形) be proud of; have a proper sense of pride or dignity

【自己】(代) oneself：成功在于～的努力。Success lies in one's own efforts.

【自给】(动) be self-sufficient; be self-supporting：他们的粮食～自足。They are self-sufficient in grain.

【自觉】➊ (动)(自己感觉到) be aware of：他犯了错误还不～。He was unconscious of his mistakes. ➋(形)(自己有所认识而觉悟) on one's own initiative; conscious：～遵守纪律 conscientiously observe discipline

【自来水】(名) running water

【自力更生】(成) self-reliance：～重建家园 rebuild one's homeland through self-reliance

【自满】(形) complacent; self-satisfied：要学习一点儿东西，必须从不～开始。We cannot really learn anything until we rid ourselves of complacency.

【自然】➊ (名)(自然界) nature; natural world：改造～ transform nature ➋ (副)(表示理所当然) naturally; of course：只要努力，～会取得好成绩。If you work hard, you're bound to get good results. ➌ (形)➊(自由发展，不经人力干预) natural; in the ordinary course of events：你先别问，到时候～明白。Don't ask now. You'll understand in due course. ➋ (不勉强，不局促，不呆板) at ease; natural; free from affectation：态度非常～ be quite at ease

【自若】(形) calm and at ease：神态～ appear calm and at ease; appear composed

【自杀】(动) commit suicide; take one's own life

【自首】(动) ➊(向司法机关或有关部门检举自己)(of a criminal) voluntarily surrender oneself; confess one's crime; give oneself up ➋ (叛变；投降) make a political recantation; surrender to the enemy

【自私】(形) selfish; self-seeking：～自利/他比较～。He's rather selfish.

【自卫】(动) defend oneself：～能力 the capacity to defend oneself

【自习】(动) study by oneself; review one's lessons：～时间 time for individual study

【自信】(动) be self-confident; believe in oneself；缺乏～ lack confidence in oneself

【自行车】(名) bicycle; bike：～棚 bicycle shed

【自修】(动) study by oneself; have self-study：～法语 teach oneself French

【自选】(形) free; optional：～动作 optional exercise/～商场 supermarket

【自由】➊ (名) ➊(法律规定的范围内，随自己意愿活动的权利) freedom; liberty：人身～ freedom of person ➋[哲] freedom：～和必然 freedom and necessity ➋ (形)(不受拘束，不受限制) free; unrestrained：～行动 be free in action

【自愿】(动) be voluntary; volunteer; of one's own free will：～报名 enter one's name voluntarily

【自在】(形) free; unrestrained：逍遥～ at leisure and free from care

【自治】(动) be autonomous; be self-governed：～的权限 autonomous jurisdiction

【自主】(动) decide for oneself; act on one's own：～管理 manage independently

【自传】(名) autobiography

【自尊】(动) have self-respect; self-esteem：伤了他的～心 injure his self-esteem; wound his pride

字 zì（名）❶（文字）character；word：～义 *meaning of a word* ❷（字音）pronunciation：说话～～清楚 *pronounce every word clearly* ❸（字体）form of a written or printed character：草体汉～ *the running style of Chinese writing* ❹（字眼；词）wording；diction：咬文嚼～ *pay excessive attention to wording* ❺（字据）receipt；written pledge：你收到款子后写个～儿给他。*Write him a receipt when you get the money from him.*

【字典】（名）dictionary：查～ *consult a dictionary*

【字画】（名）calligraphy and painting

【字据】（名）written pledge

【字谜】（名）riddle about a character or word

【字母】（名）letter：大写～ *a capital letter*

【字幕】（名）captions（of motion pictures，etc.）；subtitles：中文～ *Chinese subtitles*

zōng

宗 zōng ❶（名）❶（祖宗）ancestor；forebears：列祖列～ *successive generations of ancestors* ❷（家族）clan：同～ *of the same clan* ❸（宗派；派别）sect；school；faction：～派 faction ❹（宗旨）principal aim；purpose：开～明义 *make clear the purpose and main theme from the very beginning* ❺（为众人所师法的人物）model；great master：一代诗～ *an outstanding figure among the poets of the time* ❷（量）（桩；批）：一～心事 *a matter that worries one；a matter on one's mind*

【宗教】（名）religion：信仰～ *believe in religion*／～改革 *religious reform*

【宗派】（名）faction；sect：～斗争 *factional strife*／～活动 *factional activities*

【宗旨】（名）aim；purpose：建党～ *the aim of Party building*

综 zōng（动）（总起来；聚在一起）combine；put together；sum up：～观 *make a comprehensive survey*

【综合】（动）（归在一起，联合成一个统一的整体）synthesize：～群众的意见 *synthesize the opinions of the masses*

【综括】（动）sum up：来稿～ *a summary of reader's contributions*

棕 zōng（名）［植］❶（棕榈树）palm ❷（棕毛）palm fibre；coir

【棕色】（形）brown：～森林土 *brown forest soil*

踪 zōng（名）（脚印；踪迹）footprint；track；trace：失～ *be missing；get lost*

【踪迹】（名）trace；track：他不见了，未留下任何～。*He disappeared without a trace.*

【踪影】（名）trace；sign：我已好几天不见她的～了。*I haven't seen a trace of her for several days now.*

zǒng

总 zǒng ❶（动）（总括；汇集）assemble；gather；put together；sum up：汇～材料 *collect data* ❷（形）❶（全部的；全面的）general；overall；main；all；whole；total：～机 *telephone exchange* ❷（总负责的）head；general；chief：～编 *editor-in-chief* ❸（副）❶（一直；一向）always；consistently：他～是言行不一。*He doesn't match his words with his action consistently.* ❷（毕竟；总归）anyway；anyhow；after all：他～会成功的。*He's bound to succeed.* ❸（大约；至少）at least：明天他～该回来了。*He certainly ought to be back tomorrow.*

【总产量】（名）total output

【总代理】（名）general agency

【总得】（副）must；have to；be bound to：～想个办法 *have got to find a way out*

【总额】（名）total：工资～ *total wages；payroll*

【总纲】（名）general programme；general principles：党章～ *the general programme of the Party Constitution*

【总工会】（名）federation of trade unions

【总共】（副）in all；altogether：这个地区～有 200 家工厂。*There are altogether 200 factories in this area.*

【总管】（名）manager

【总归】（副）anyhow；eventually：困难～是可以克服的。*Difficulties can after all be overcome.*

【总行】（名）head office（of a bank）

【总和】（名）sum；total：头 3 个月产量的～ *the total output of the first three months*

【总机】（名）telephone exchange

【总结】❶（动）（分析研究经验做出结论）sum up；summarize：～经验 *sum up one's experience* ❷（名）（概括出来的结论）summary：做～ *make a summary*

【总理】（名）premier；prime minister：国务院～ *the Premier of the State Council*

【总领事】（名）consul general：～馆 *consulate general*

【总路线】（名）general line

【总评】（名）overall appraisal

【总体】（名）total：～规划 *overall plan*

【总统】（名）president（of a republic）

Z

【总务】（名）❶（机关、学校中的行政杂务）general affairs ❷（负责行政杂务的人）person in charge of general affairs

【总之】（连）in a word；in short；all in all；long and short of sth.：我是既没工夫又没兴趣，～，我不干。*I have neither the time nor the inclination, in short, I refuse.*

【总支】（名）general branch：党～书记 *secretary of the general Party branch*

zòng

纵 zòng ❶（动）❶（释放撤走）release；set free：～虎归山 *set free a tiger；let an evildoer go unpunished* ❷（放任；不约束）indulge；give oneself up to：～声大笑 *laugh heartily* ❸（纵身）jump；leap：他向前一～把球接住了。*He leaped forward and caught the ball.* ❷（形）❶（地理上南北向的）from north to south：～览四周 *look all round* ❷（从前到后的）longitudinal：～长 *lengthwise* ❸（跟物体的长的一边平行的）vertical；lengthwise：～断面 *vertical section* ❸（连）〈书〉（纵然）though；even if；even though

【纵队】（名）column；file：～队形 *column formation*

【纵横】（形）❶（竖和横）in length and breadth；vertically and horizontally ❷（奔放自如）with great ease；free：笔意～ *write with great ease*

【纵情】（副）to one's heart's content；as much as one likes：～歌唱 *sing to one's heart's content；sing heartily*

【纵然】（连）even if；even though：～成功的机会不大，我们也要试试。*We will try even if there isn't much hope of success.*

【纵容】（动）connive；wink at：在某人～下 *with the connivance of sb.*

【纵使】（连）even if；even though：～明天下雨，他们也要去游览。*Even if it should rain tomorrow, they will go for an outing.*

zǒu

走 zǒu（动）❶（人或鸟兽的脚交互向前移动）walk；go：一直往前～ *go straight ahead* ❷（移动、挪动）run；move：这个表～得很准。*This watch keeps good time.* ❸（离开；去）leave；depart；go away：别～开！*Don't go away!* ❹（来往）visit；call on：他们两家～得很近。*The two families often visit each other.* ❺（漏出；泄漏）leak；let out；escape：～气了。*The gas is leaking.* ❻（改变或失去原样）depart from the original；lose the original

shape, flavor, etc.：讲～题了 *speak beside the point；explain away from the point*

【走动】（动）❶（行走使身体活动）walk about；stretch one's legs：病人能～了。*The invalid is able to get about now.* ❷（彼此来往）visit each other：过节要到亲戚那儿～～。*We call on relatives on holidays.*

【走访】（动）❶（访问）interview；have an interview with：本报记者～了几位著名的小说家。*Our reporter interviewed several famous novelists.* ❷（拜访）pay a visit to；go and see

【走后门】（动）get in by the back door；get sth. done through pull；secure advantage through influence

【走廊】（名）corridor；passage；gallery

【走路】（动）walk；go on foot：你们是坐车去还是～去? *Will you go there by bus or on foot?*

【走兽】（动）beast

【走私】（动）smuggle：～的货物 *smuggled goods*／～者 *smuggler*

【走味儿】（动）lose flavour

【走运】（形）being in luck；having good luck：不～ *have bad luck*

【走着瞧】（动）wait and see

zòu

奏 zòu（动）❶（演奏）play；perform：～国歌 *play the national anthem* ❷（取得）win；achieve ❸（臣子对帝王陈述意见或说明事情）present a memorial to an emperor：先斩后～ *execute a person on the spot without prior approval from the court*

【奏鸣曲】（名）sonata

【奏效】（动）prove effective；get the desired result：这药服了马上～。*This medicine will have immediate efficacy.*

【奏乐】（动）play music；strike up a tune

揍 zòu（动）〈口〉（打人）beat；hit：挨～ *get a thrashing*／把他～一顿 *beat him up*

zū

租 zū ❶（动）❶（租用）hire；rent：～三间房 *rent three rooms* ❷（出租）rent out；let out；lease：这块地已经～出去了。*This piece of land has been leased out.* ❷（名）❶（出租所收取的金钱或实物）rent：收～ *collect rent* ❷（旧指田赋）land tax

【租户】（名）hirer

【租借】（动）rent；hire；lease：～地 *leased territory；leasehold*

【租金】（名）rent；rental：这套房间每月～500

元。*The rent for this is five hundred yuan a month.*

zú

足 zú ❶（名）（脚；腿）foot；leg：～不出户 *never go out of one's room；stay indoors* ❷（形）（充足；足够）sufficient；ample；enough；full：赚～了钱 *made plenty of money* ❸（副）❶（够得上某种数量或程度）fully；as much as：路上～～走了两个钟头。*The journey took fully two hours.* ❷（足以；多用于否定式）enough；sufficiently：无～挂齿 *not worth mentioning*

【足够】（动）enough；ample；be sufficient for：我们对困难要有～的估计。*We must take full account of our difficulties.*

【足迹】（名）footmark；footprint：雪地上的～ *footprints in the snow*

【足球】（名）football；soccer：踢～ *play soccer*

【足以】（副）enough；sufficient：你的话不～说服她。*What you say isn't enough to convince her.*

【足智多谋】（成）resourceful；wise and full of stratagems

zǔ

阻 zǔ（动）（阻挡；阻碍）block；hinder；impede：劝～ *dissuade sb. from*

【阻碍】（动）hinder；block；impede：～交通 *block the traffic*

【阻挡】（动）stop；resist；obstruct：不可～的历史潮流 *an irresistible historical trend*

【阻隔】（动）separate；cut off：山川～ *be separated by mountains and rivers*

【阻力】（名）❶（阻碍事物发展的外力）resistance；obstruction：遇到～ *meet with resistance* ❷［物］resistance；drag：空气～ *air resistance*/摩擦～ *friction drag*

【阻塞】（动）block；clog；obstruct：交通～。*The traffic is held up.*

【阻止】（动）prevent；stop；hold back：别～他，让他去吧。*Don't try to stop him, let him go.*

组 zǔ ❶（名）（由不多的人员组成的单位）group：骨干小～ *a ginger group* ❷（动）（组织）organize；form：～阁 *form a cabinet* ❸（量）（用于事物的集体）set；series；suite：两～发电机 *two generators*

【组成】（动）form；make up；compose：～新的国务院 *form a new State Council*

【组阁】（动）form a cabinet

【组合】❶（动）（组织成为整体）make up；compose；constitute：各政治力量的重新～ *a realignment of various political forces* ❷（名）（组织起来的整体）association；combination：词组是词的～。*A phrase is a group of words.*

【组织】❶（名）❶（组织系统）organization；organized system：群众～ *mass organizations* ❷［纺］weave：平纹～ *plain weave* ❸［生理］tissue：神经～ *nerve tissue* ❷（动）（组成）organize；form：这篇文章～得很好。*This article is well-organized.*

祖 zǔ（名）❶（父母亲的上一辈）grandfather ❷（祖宗）ancestors；forefathers；forebears：始～ *first ancestor*/远～ *remote ancestor* ❸（事业或派别的首创者）originator；founder

【祖辈】（名）ancestors；forefathers；ancestry

【祖父】（名）grandfather

【祖国】（名）homeland；motherland

【祖母】（名）grandmother

【祖宗】（名）forefathers；ancestry

zuān

钻 zuān（动）❶（用尖物在另一物体上转动）drill；bore：～孔 *drill a hole* ❷（穿过；进入）go through；penetrate；pierce：火车走这条线得～许多山洞。*The train has to pass through quite a few tunnels on this railway line.* ❸（钻研）make a penetrating study of；study intensively：～业务 *study one's trade；dig into one's job or a subject* 另见 1139 页 zuàn。

【钻探】（动）drilling：海底～ *offshore drilling*

【钻研】（动）study intensively；dig into：～技术 *perfect one's skill；master technique*

zuàn

钻 zuàn（名）❶（打眼用的工具）drill；auger：手摇～ *hand drill；drill* ❷（指钻石）diamond；jewel：～戒 *diamond ring* 另见 1139 页 zuān。

【钻井】（动）well drilling：构造～ *core drilling*

【钻石】（名）diamond；jewel：～戒指 *diamond ring*/～项链 *diamond necklace*

zuǐ

嘴 zuǐ（名）❶（口的通称）mouth：闭上～ *keep one's mouth shut* ❷（形状或作用像嘴的东西）anything shaped or functioning like a mouth：茶壶～儿 *the spout of a teapot*

【嘴巴】(名)〈口〉❶(嘴部附近)face：打～ *slap sb. in the face*；*box sb.'s ears* ❷〈方〉mouth：张开～ *open your mouth*

【嘴唇】(名)lip：上～ *the upper lip*

【嘴角】(名)corners of the mouth：他～叼着一支烟走了进来。*He came in with a cigarette dangling from a corner of his mouth.*

【嘴紧】(形)tight-lipped；secretive

【嘴快】(形)have a loose tongue：她～，跟谁都会说。*She has a loose tongue and will tell everybody.*

【嘴脸】(名)face；features；countenance：一副丑恶～！*What a hideous face!*

【嘴碎】(形)loquacious；garrulous

【嘴甜】(形)honeymouthed；ingratiating in speech

zuì

最 zuì (副)(表示某种属性超过所有同类的人或事物)most；best；worst；first；very；above all：～低价格 *the lowest price*；*bottom price*

【最初】(形)initial；first：～阶段 *the initial stage*

【最低】(形)lowest；minimum：～纲领 *minimum programme*

【最多】(形)most；at the most；maximum：屋里～不过 10 个人。*There were at most ten people in the room.*

【最高】(形)highest；supreme；tallest：～权力 *supreme power*/～速度 *maximum speed*

【最好】❶(形)(顶好的)best；first-rate：～的办法 *the best way* ❷(副)(最好还是)had better；it would be best：我想我们～还是马上出发。*I think we'd better set off at once.*

【最后】(名)finally；lastly；ultimately：～解决了问题 *brought the issue to a final solution*

【最佳】(形)the best；optimum：～运动员 *the best athlete*

【最近】❶(名)❶(近来)recently；lately；of late：我～很忙。*I've been very busy recently.* ❷(最近的将来)in the near future；soon：～要上演许多新电影。*Many new films will be released soon.* ❷(形)(距离最近的)nearest

【最终】(名)final；ultimate：～结果 *the final outcome*

罪 zuì (名)❶(犯法的行为)crime；guilt：贪污～ *crimes of corruption* ❷(苦难；痛苦)hardship；suffering；agony；pain：遭～ *suffer all kinds of hardship* ❸(过失)fault；blame；misconduct：请～ *ask sb. for pardon*

【罪恶】(名)crime；guilt：～活动 *criminal activities*

【罪犯】(名)criminal；offender：不知悔改的～ *a hardened criminal*

【罪名】(名)charge；accusation：偷窃的～ *a charge of theft*

【罪人】(名)guilty person；sinner：历史的～ *a person condemned by history*

【罪行】(名)crime；guilt；offence：他的～较轻。*His offence is a minor one.*

【罪证】(名)evidence of a crime；proof of one's guilt：～确凿 *proof of a crime beyond a shadow of a doubt*

醉 zuì (动)❶(沉迷；过分爱好)be addicted to；indulge in：心～神迷 *be in ecstasies over* ❷(饮酒过量；神志不清)drunk；intoxicate；tipsy：他喝～了。*He's tipsy.* ❸(用酒泡制)soak or steep in liquor：～蟹 *liquor-saturated crab*

【醉鬼】(名)drunkard；sot

【醉态】(名)drunkenness

zūn

尊 zūn ➊(动)(敬重)respect；revere；honour；venerate：～长敬上 *be deferential to one's superiors and elders* ➋(形)(地位或辈分高)senior；of a senior generation：～亲 *one's senior relations* ➌(名)(古代的盛酒器具)a kind of wine vessel used in ancient times ➍(量)(用于塑像、大炮等)：一～佛像 *a statue of a Buddha*

【尊称】➊(动)(尊敬地称呼)address sb. respectfully ➋(名)(对人尊敬的称呼)honorific title

【尊贵】(形)honourable；respected：～的客人 *an honoured guest*

【尊敬】(形)respect；honour；esteem：我们都非常～他。*We have the greatest esteem for him.*

【尊严】(名)dignity；honour：国家～ *national dignity*

【尊重】(动)respect；esteem；make much of：互相～ *respect each other*

遵 zūn (动)(依照)follow；obey；abide by：～医嘱 *follow the doctor's advice*

【遵从】(动)follow；defer to；comply with：～上级的指示 *in compliance with the directives of the leadership*

【遵命】(动)obey your command；comply with your wish

【遵守】(动)observe；abide by；comply with：～公共秩序 *observe public order*

【遵循】(动)follow；adhere to；abide by：制定一个章程，使大家有所～ *work out a set of*

rules so that people will have something to go by

【遵照】（动）obey；conform to；comply with：～上级的命令 in obedience to orders from above

zuō

作 zuō（名）（作坊）workshop；mill 另见 1141 页 zuò。

【作坊】（名）workshop：生产纺织品的～ a workshop for manufacturing textiles

zuó

昨 zuó（名）（昨天）yesterday：～宵 last night

【昨天】（名）yesterday

琢 zuó

【琢磨】（动）think over；ponder：这件事她～了很久。She pondered over the matter for a long time.

zuǒ

左 zuǒ ⊖（名）❶（面向南时靠东的一边，与右相对）the left side；the left：～上方 the upper left ❷（东）east ⊜（形）❶（偏；邪；不正常）queer；bigoted；heretical ❷（错；不对头）wrong；incorrect：你想～了。You're not thinking in the right way. ❸（相反）different；opposite；contrary：方向相～ in the opposite direction ❹（进步的；革命的）the left；progressive；revolutionary：～翼作家 the progressive writers

【左边】（名）the left；the left side：房子～有一棵榆树。There's an elm tree on the left of the house.

【左派】（名）the Left；the Left wing：～势力 the Left forces；forces of the Left

【左翼】（名）left wing；left flank：～分子 leftist；left-winger

【左右】⊖（名）❶（左和右两方面）the left and right sides ❷（用在数量词后面，表示概数）about；or so：一个月～ a month or so ❸（随从）entourage；retinue；attendants：屏退～ order one's attendants to clear out ⊜（动）（支配；操纵）master；control；influence：他这个人不是别人能～得了的。He is not a man who can be influenced by others. ⊜（副）（反正）anyway；anyhow；in any case：我～闲着没事，就陪你一趟吧。Anyway I'm free now, let me go with you.

zuò

作 zuò ⊖（动）❶（起）rise；get up；stand up：日出而～ begin work at sunrise ❷（写作）write；compose ❸（装）pretend；affect；assume：故～多情 pretend to be affectionate ❹（当作；作为）regard as；look on as；take for：把某人看～傻瓜 consider sb. as foolish ❺（发作）have；feel：令人～呕 make sb. feel like vomiting ⊜（名）（作品）writing；work：新～ a new work 另见 1141 页 zuō。

【作弊】（动）practise fraud；cheat

【作法】（名）way of doing things；practice：习惯～ a habitual practice

【作废】（动）become invalid：声明～ declare invalid

【作风】（名）style；style of work；way：工作～ style of work

【作家】（名）writer；author：多产～ a prolific writer／～协会 the Writers' Union

【作客】（动）sojourn：～他乡 sojourn in a strange land

【作弄】（动）tease；make a fool of；play a trick on

【作品】（名）works

【作曲】（动）write music；compose：～家 composer

【作文】⊖（动）（写文章）write a composition ⊜（名）（文章）composition

【作业】（名）❶（功课）school assignment：做～ do one's assignment ❷（军事活动或生产活动）work；job；task：野外～ fieldwork

【作用】⊖（动）（产生影响）act on；affect：摩擦力～于运动着的物体，并使其停止。Friction acts on moving bodies and brings them to a stop. ⊜（名）❶（产生影响的活动）action；function：化学～ chemical action ❷（影响；效果）effect：起积极～ play a positive role ❸（用意）intention；motive：他说那句话有什么～？What was his purpose in saying that?

【作战】（动）fight；do battle：英勇～ fight heroically／～部署 operational preparations

【作者】（名）author；writer：本文～ the present writer

【作证】（动）testify；bear witness；give evidence：在法庭上～ bear witness in a law court

坐 zuò（动）❶（臀部放在物体上支持体重）sit；be seated；take a seat：请进来～～。Please come in and sit for a while. ❷（乘；搭）travel by；take：～电梯上楼 go upstairs by an elevator ❸(房屋背对着某一方向)have the back towards：这幢楼～北朝南。*This building faces south.* ❹(把锅、壶等放在炉火上)put (a pan，kettle，etc.)on a fire：盆不能～在火上 *the basin cannot be put on the fire* ❺(瓜果等植物结实)bear (fruit)；form (seed)：～果 *bear fruits*

【坐标】(名)[数]coordinate：～轴 *coordinate axis*

【坐等】(动)sit back and wait：～胜利 *sit back waiting for victory with folded arms*

【坐垫】(名)cushion

【坐牢】(动)be in jail；be in prison：他坐了3年牢。*He's been in prison for three years.*

【坐落】(动)be located；be situated：我们工厂～在山脚下。*Our factory is located at the foot of a hill.*

【坐卧不安】(成)feel restless；be unable to sit down or sleep at ease

座 zuò ❶(名)❶(座位)seat；place：这个剧场有5，000个～儿。*The theatre seats 5,000.* ❷(放在器物底下垫着的东西)base；stand；pedestal：花瓶～儿 *vase stand* ❸[天](星座)constellation：天琴～ *Lyra* ❹(量)(多用于较大或固定的物体)：一～桥 *a bridge*

【座谈会】(名)symposium

【座位】(名)❶(供人坐的地方)a place to sit；seat：留几个～ *reserve some seats* ❷(椅子、凳子等)a thing to sit on；seat：这个体育馆有18，000个～。*The stadium seats 18,000.*

【座钟】(名)desk clock

做 zuò(动)❶(制造)make；produce；manufacture：～衣服 *make clothes* ❷(写作)write；compose：～一首诗 *write a poem* ❸(从事某种工作或活动)do；work at；engage in：～好本职工作 *do one's best at one's own job* ❹(充当；担任)be；become；act as：～演员 *become an actor or actress* ❺(用作)be used as：树皮可以～造纸的原料。*Bark may be*

used as one of the raw materials for paper. ❻(结成关系)form or contract a relationship：～朋友 *make friends with* ❼(烹调)cook；prepare：～条鱼 *cook a fish*

【做伴】(动)company；accompany；keep sb. company：我也来，和你做个伴儿。*I'll come too，and keep you company.*

【做法】(名)way of doing；way：惯常的～ *the usual practice*；*the usual way of doing sth.*

【做工】❶(动)(从事劳动)do manual work；work：她在纺织厂～。*She works in a textile mill.* ❷(名)(工作质量)workmanship：～精细 *of exquisite workmanship*

【做客】(动)be a guest：我昨天到一个老朋友家里去～。*I was a guest of an old friend's yesterday.*

【做礼拜】(动)go to church；be at church

【做媒】(动)be a go-between；be a matchmaker

【做梦】(动)❶(睡觉做梦)dream；have a dream：昨晚我做了一个可怕的梦。*I had a terrible dream last night.* ❷(比喻幻想)have a pipe dream；daydream：他岂不是在～吗？*Isn't he just daydreaming?*

【做人】(动)❶(待人接物)conduct oneself；behave：懂得如何～处世 *know how to conduct oneself in society* ❷(当个正派人)be an upright person：重新～ *turn over a new leaf*

【做事】(动)❶(从事某种工作或处理某件事情)handle affairs；do a deed；act：他～做得很好。*He does his work well.* ❷(工作)work；have a job：他在钢铁厂～。*He works in an iron and steel mill.*

【做文章】(动)❶(写文章)write an essay ❷(抓住一件事发议论)make an issue；make a fuss about sth.：抓住一点儿小事～ *seize on a trifle and make an issue of it*

【做作】(形)affected；artificial：他老是那么～。*He's always affected.*

汉字笔画索引

字	页	字	页	字	页	字	页	字	页	字	页
隶	853	项	1043	泵	622	眨	1106	怎	1105	胎	990
录	863	垮	839	面	879	哄	763	牲	961	勉	879
居	822	城	651	耐	890		764	选	1060	狭	1034
届	811	政	1117	耍	978	显	1038	适	970	狮	964
刷	978	赴	719	牵	671	哑	1065	秒	880	独	695
屈	930	某	886	残	638	冒	873	香	1042	狰	1116
弧	766	甚	959	殃	1069	映	1086	种	1125	狡	806
弥	877	革	728	挂	741	星	1052		1126	狱	1094
弦	1038	荐	800	持	653	昨	1141	秋	929	狠	762
陋	862	巷	1044	拮	809	昭	1111	科	833	贸	873
陌	885	带	674	拷	833	畏	1024	重	655	怨	1097
降	803	草	640	拱	735	胃	1024		1126	急	786
	1042	茶	641	挎	839	贵	749	复	719	饶	936
限	1039	荒	772	挟	1048	界	811	段	697	饺	806
妹	875	茫	871	挠	892	虾	1034	便	626	饼	629
姑	738	荡	679	挡	678	思	983		908	弯	1017
姐	810	荣	941	搜	1130	虽	987	俩	853	孪	865
姓	1055	荧	1084	挺	1004	品	910	贷	675	哀	605
始	967	故	740	括	842	咽	1065	顺	981	亭	1004
虱	964	胡	766	拾	967		1069	修	1056	亮	856
迢	1002	荔	853	挑	1001	骂	869	俏	923	度	696
驾	795	南	890		1002	勋	1062	保	617	庭	1004
参	638	药	1072	指	1121	咱	1102	促	668	疯	715
艰	797	标	627	垫	688	响	1043	俄	701	疤	611
承	651	栈	1108	挣	1116	哈	753	侮	1030	施	964
线	1039	柑	723		1117		753	俭	798	迹	791
练	854	枯	838	挤	788	咬	1072	俗	985	亲	925
组	1139	柄	629	拼	909	哪	889	俘	717	音	1082
细	1034	查	641	挖	1015	炭	993	信	1051	帝	686
织	1119	相	1040	按	608	峡	1034	皇	773	恒	762
孟	876		1044	挥	774	罚	705	鬼	749	恢	774
孤	738	柏	613	挪	898	峥	1116	侵	925	恍	774
终	1124	栅	1106	拯	1116	贱	800	泉	933	恫	694
驻	1129	柳	862	轴	1127	贴	1003	追	1133	恬	1001
绊	615	柱	1130	轻	926	贻	1077	俊	828	恰	918
驼	1014	柿	970	皆	808	骨	1088	盾	699	恼	892
经	816	栏	844	鸦	1064	幽	991	待	675	恨	762
贯	745	柠	896	韭	821	钛	646	衍	1067	闺	748
函	755	树	793	背	619	钞	1125	律	865	闻	1026
九画		勃	631		620	钟	1108	很	762	阀	705
契	918	要	1071	战	1108	钢	687	须	1057	阁	729
奏	1138		1073	点	687	钥	1073	舢	950	差	641
春	664	柬	798	虐	898	钦	924	叙	1058		642
帮	615	咸	1038	临	858	钨	1028	剑	801		643
珐	688	威	1021	览	845	钩	736	食	967	养	1070
珍	1113	歪	1015	竖	978	卸	1049	逃	995	美	874
玲	859	研	1067	省	961	缸	725	盆	905	姜	802
珊	950	砖	1131		1054	拜	613	胚	904	进	622
玻	630	厘	850	削	1060	看	831	胆	676	叛	902
毒	695	厚	765	尝	644		831	胜	962	送	984
型	1054	砂	949	是	970	矩	824	胞	616	类	849
封	715	砍	831	盼	902	氢	926	胖	903	迷	877
								脉	870	前	920

逢	715	准	1133	谁	980	菱	1023	虚	1057	笼	862
鸵	1014	脊	788	调	690	菜	638	堂	994		862
留	861	凋	689		1002	菊	823	常	645	符	717
皱	1127	瓷	665	冤	1095	菩	913	匙	654	第	686
饿	702	资	1134	谅	856	菠	630	野	1074	敏	881
恋	854	涛	995	谆	1133	营	1085	晨	649	做	1142
衰	978	涝	847	谈	992	萧	1045	眺	1002	偕	1048
衷	1125	凉	855	恳	836	萨	946	睁	1116	袋	675
高	726	酒	821	剥	616	彬	628	眼	1068	悠	1088
席	1033	涉	956		630	梦	876	悬	1059	偿	645
座	1142	消	1044	展	1107	梗	732	曼	871	偶	899
斋	1106	涡	1027	剧	824	梅	874	晦	777	偎	1021
效	1047	浩	759	弱	945	检	798	晚	1018	傀	841
症	1118	海	754	陵	860	梳	975	距	824	偷	1007
病	630	涂	1010	陶	995	梯	998	趾	1121	售	974
疾	787	浴	1094	陷	1040	桶	1007	跃	1099	停	1004
疼	997	浮	717	陪	904	匮	841	略	865	偏	907
疲	907	涣	772	娱	1092	副	720	蛇	955	兜	694
离	850	流	861	娴	1038	票	909	累	848	皎	806
紊	1026	润	945	娘	895	酝	1100		848	假	794
唐	994	涕	1000	娓	1023	酗	1058		849		795
站	1108	浪	846	通	1005	厢	1042	唱	646	徘	901
剖	912	浸	815	能	893	硅	748	患	772	得	682
竞	819	涨	1109	难	891	硕	982	啰	866	衔	1038
部	635	烫	995		891	奢	955	唾	1014	盘	901
旁	902	涌	1087	预	1094	爽	980	唯	1022	船	662
旅	864	害	754	绢	826	聋	862	啤	907	舷	1038
畜	661	宽	839	绣	1057	袭	1033	啸	1047	舵	700
	1058	家	793	验	1069	盛	652	崖	1065	斜	1048
悟	1030	宵	1045	继	791		962	崎	915	鸽	728
悄	922	宴	1069	骏	828	雪	1061	崭	1107	欲	1094
	923	宾	628			捧	905	崽	867	彩	637
悔	775	窍	924	**十一画**		措	670	崩	621	领	860
悦	1098	窄	1107	球	930	描	880	崇	656	脚	806
阅	1098	容	941	琐	989	捺	890	崛	827	脖	631
羞	1056	窈	1072	理	851	掩	1067	赈	1115	脸	854
瓶	911	宰	1102	堵	696	捷	810	婴	1084	脱	1014
拳	933	案	608	堆	697	排	900	赊	955	象	1044
粉	713	请	928	教	805	掉	690	圈	932	够	737
料	857	朗	846		807	推	1011	铐	833	逸	1080
益	1080	诸	1127	培	904	掀	1037	铝	864	猜	636
兼	797	诺	898	职	1120	授	974	铜	1006	猪	1127
烤	833	读	695	基	784	掏	995	铣	1033	猎	858
烘	763	扇	950	聆	860	掐	918	铭	883	猫	872
烦	707		951	勘	831	掠	865	铰	806	猖	644
烧	954	诽	711	聊	856	接	808	铲	643	猛	876
烛	1127	袜	1015	娶	931	掷	1123	银	1082	祭	791
烟	1065	祖	993	著	1130	控	837	矫	806	馄	778
烙	847	袖	1057	勒	848	探	993	甜	1001	馆	744
递	686	被	620	黄	773	据	824	梨	850	毫	757
凌	859	祥	1042	萌	876	掘	827	移	1077	烹	905
凄	914	课	835	萝	867	辅	718	逐	1021	麻	868
浆	802	冥	883	菌	828	救	821	笨	621	痊	933

痒	1071	淳	665	绿	865	醋	754	跑	903	傲	610
痕	761	液	1075			酥	985	遗	1078	牌	901
庸	1086	淬	669	**十二画**		厨	660	蛙	1015	堡	618
康	832	淤	1091	琴	925	硬	1086	蛛	1127	集	787
鹿	863	淡	677	琢	1141	硝	1045	蛤	753	焦	805
旋	1059	淀	689	琥	767	确	934	喝	759	傍	616
	1060	深	957	斑	614	硫	862		761	储	661
章	1109	涮	979	替	1000	雁	1069	喂	1024	奥	610
竟	819	婆	912	款	840	殖	1120	喘	663	街	809
商	952	渗	959	塔	990	裂	858	喉	764	惩	652
望	1020	涵	755	越	1099	雄	1055	啼	999	循	1062
率	979	寄	792	趁	649	揍	1138	喧	1059	舒	975
情	927	寂	792	趋	931	搭	671	幅	717	逾	1092
惜	1032	宿	986	超	646	揽	845	帽	873	番	706
惭	639	窒	1123	堤	684	提	684	崽	1102	释	971
悼	681	窜	1072	博	631		998	赋	720	禽	925
惧	825	密	877	喜	1033	揭	808	赌	696	貂	689
惆	1020	谋	886	煮	1129	揣	661	赎	976	腊	843
惟	1022	谍	690	裁	637	插	641	赐	667	脾	907
惊	817	谎	774	期	914	揪	820	赔	904	腋	1075
恬	689	谐	1048	欺	914	搜	985	黑	761	腔	921
惋	1018	祷	680	联	854	援	1096	铸	1130	腕	1019
惨	639	祸	781	散	947	揿	643	铺	913	鲁	863
惯	745	谓	1024		947	搁	728		913	猩	1052
阐	643	谚	1069	惹	936	搂	862	链	855	猥	1023
着	1111	谜	877	葬	1103	搅	806	销	1045	猴	764
	1111	逮	675	募	887	握	1027	锁	989	飓	825
	1134	敢	724	董	693	暂	1103	锄	660	然	935
盖	722	尉	1024	葡	913	辍	665	锅	750	馈	841
眷	826	屠	1010	敬	819	雅	1065	锉	670	馋	643
粘	1107	弹	677	葱	667	辈	620	锋	715	装	1132
粗	668		992	落	843	悲	619	锌	1051	蛮	870
粒	853	堕	700		867	紫	1135	锐	945	就	821
断	697	随	987	朝	647	凿	1104	短	697	敦	699
剪	798	蛋	677		1111	辉	775	智	1123	痘	907
兽	974	隆	862	辜	738	敞	645	毯	993	痢	853
焊	756	隐	1083	葵	841	赏	952	犍	801	痛	1007
焕	772	娼	644	棒	616	掌	1109	氯	865	童	1006
凑	667	婢	624	棱	849	晴	928	剩	963	竣	828
减	798	婚	777	棋	916	暑	976	稍	954	愤	714
盗	681	婉	1018	椰	1073	最	1140	程	652	慌	773
清	927	颈	818	植	1120	量	855	稀	1032	惰	700
添	1001	绪	1058	森	948		856	税	981	惶	773
淋	859	续	1058	焚	713	喷	905	筐	840	愧	842
淹	1065	骑	916	椅	1079		905	等	683	愉	1092
渠	931	绰	665	棍	750	晶	817	策	641	慨	830
渐	801	绳	961	棉	878	遇	1095	筛	949	阔	842
混	778	维	1022	棚	905	喊	755	筒	1007	善	951
	778	绵	878	棕	1137	景	818	筵	1067	翔	1042
渊	1095	绷	622	棺	744	晾	856	答	671	羡	1040
淫	1082		622	惠	777	践	801		672	普	913
渔	1092	绸	657	逼	622	跋	611	筋	813	奠	689
淘	996	综	1137	棘	787	跌	690	鹅	701	尊	1140